سلسلهٔ فرهنگهای «معین»
شمارهٔ «۳»

فرهنگ فارسی

(متوسط)

شامل یک مقدمه و سه بخش : لغات، ترکیبات خارجی، اعلام

حاوی: لغات و اصطلاحات فصیح و عامیانه فارسی (ایرانی و غیر ایرانی)، ترکیبات خارجی، اعلام (نامهای بزرگان جهان، اسامی جغرافیایی، کتابها وفرقه‌های دینی)

تألیف

دکتر محمد معین

استاد دانشگاه تهران

مؤسسهٔ انتشارات امیرکبیر

تهران، ۲۵۳۶

مؤسسهٔ انتشارات امیرکبیر
معین، محمد
فرهنگ فارسی (متوسط)
چاپ اول: ۱۳۴۲
چاپ دوم: ۱۳۵۳
چاپ سوم: ۲۵۳۶ شاهنشاهی
چاپ و صحافی: چاپخانهٔ سپهر، تهران

حق تجدید طبع و اقتباس و ترجمه محفوظ است.

مقدّمه

(منابع زبان فارسی ، عناصر اصلی فارسی ، اهمیّت فارسی ، فرهنگهای فارسی ، فرهنگهای ما ، روش ما ، فواید و مزایای فرهنگ حاضر، همکاران ، مآخذ ، نشانه های اختصاری ، جدول تطبیق حروف یونانی و لاتینی با حروف فارسی)

۱- منابع زبان فارسی

یك‌دستهٔ مهم اززبانها بنام‌زبانهای «هند واروپایی»[1] نامیده میشود، وآن شامل: گروه‌های هتی[2]، هندوایرانی[3] یاآریایی[4]، ارمنی، بالتی واسلاوی،آلبانی وونیزی وایلیری، یونانی، تراکی وفریژی، کلتی(سلتی)، لاتینی، تخاری (اگنی وکوچی)، و ژرمنی است.

یکی از بخشهای مهم هند و ایرانی (آریایی)، دستهٔ زبانهای ایرانی‌است که‌آنهارا میتوان برحسب مراحل تحول بسه دسته تقسیم کرد:

الف- زبانهای‌ایرانی کهن. ب- زبانهای ایرانی میانه. ج- زبانهای‌ایرانی کنونی.

الف- زبانهای ایرانی‌کهن - زبانهای ایرانی‌کهن شامل‌السنهٔ ذیل‌است:

۱ -مادی- زبان شاهان سلسلهٔ مادی ومردم مغرب ومرکز ایران‌بوده‌است. از سال ۸۳۵ قم. ببعد درکتیبه‌های شاهان آشور از مردم «ماد» نام برده شده وکلماتی ازین زبان‌نیز درزبان‌یونانی باقی مانده ، ولی مأخذ عمدهٔ اطلاع ما از زبان مادی کلمات وعباراتی است‌که درکتیبه‌های‌شاهنشاهان هخامنشی-که‌جانشین شاهان مادی بودند- بجای مانده‌است، ازجملهٔ این کلمات‌است: xšāyaθiya- (شاه)، vazraka- (بزرگ)، Bāxtriš (باختر، بلخ) ، Zara^{n}ka (زرنج، سیستان)، vispa- (همه)، asan - (سنگ) ، Mitra- / Miθra- (مهر). تشخیص مادی بودن این‌کلمات برحسب قواعد زبانشناسی‌است[5].

1–Indo–Européen 2–Hittite

3 – Indo–Iranien 4 – Aryen

۵ - دکتر یارشاطر . زبانها ولهجه‌های ایرانی . مجلهٔ دانشکدهٔ ادبیات تهران ۵ : ۱-۲ ص ۱۱ - ۱۴ ؛ A. Meillet et Marcel Cohen , les Langues du Monde. Paris 1952 , p. 16 sqq. ورك . مقدمهٔ برهان قاطع ص چهارده - پانزده بقلم م.معین.

۲ ـ پارسی باستان ـ این زبان که فرس قدیم و فرس هخامنشی نیز خوانده شده ، زبان مردم پارس و زبان رسمی ایران در دورهٔ هخامنشیان بود ، و آن، با سنسکریت و اوستایی خویشاوندی نزدیك دارد . مهمترین مدارکی که از زبان پارسی باستان‌در دست‌است، کتیبه‌های شاهنشاهان‌هخامنشی‌است که قدیمترین آنها متعلق به اریارمنه Ariyāramna پدر جد داریوش بزرگ (حدود ۶۱۰ـ ۵۸۰ قم.) و تازه‌ترین آنها از اردشیر سوم (۳۵۸ـ۳۳۸ قم.) است. مهمترین و بزرگترین‌اثر از زبان مورد بحث‌کتیبهٔ بغستان (بیستون) است که بامرداریوش برصخرهٔ بیستون (سرراه همدان بکرمانشاه) کنده شده . این‌کتیبه‌ها بخط میخی نوشته شده واز مجموع آنها قریب۵۰۰لغت بزبان پارسی باستان استخراج‌میشود. علاوه بر کتیبه‌ها تعدادی مهر وظرف بدست آمده که برآنها نیز کلماتی بپارسی باستان نقش‌شده. منبع دیگر برای لغات‌این زبان اسامی خاص (اعلام)وبعض‌لغات پارسی باستان است که‌مورخان‌یونانی پس‌ازتبدیل بزبان خود نقل‌کرده‌اند[۱]. محض نمونه عباراتی از پارسی باستان نقل میکنیم.

داریوش درکتیبه‌ای‌که بشرح ساختمان کاخ خود درشوش تخصیص داده ، اطلاعات مشروحی در باب نوع‌کار و استادکارانی‌که کاخ را ساختند، وهمچنین منشأ مواداولیه ومصالح قصرآورده‌است. درسطرهای ۳۷ تا ۴۰ چنین‌میخوانیم:

kāsaka hya kapautaka utą sinkabruš hya idą kṛta hauv hačā Suguda abariy kāsaka hya axšaina hauv hačā (H)uvārazmiyā abarıy hya idą kṛta.

ترجمه: سنگ بلورآبی وشنگرفی‌که دراینجا بکاررفته ازسغدآمده،وسنگ بلورآبی سیر که دراینجا بکاررفته از خوارزم آمده‌است.

همهٔ‌کلماتی‌که دراین‌کتیبه ثبت شده ، باوجودی‌که تصریف پردامنهٔ آن‌در دوره‌های بعد‌منسوخ گردیده درزبانهای متأخر ایرانی سهم‌مهمی‌رادارا هستند. مثلا کلمهٔ«کپوته»[۲](آبی،خاکستری) درفارسی‌جدید«کبود»[۳]گردیده، کلمهٔ«سنکبرش»[٤] (قرمز) درفارسی جدید «شنگرف»شده. «هچا»[۵] (از) درفارسی‌جدید بصورت «از» درآمده‌است(ودرلهجهٔ‌بلوچی کمتر تغییریافته و«اچ»[٦]تلفظ‌میشود)، «برـ»[۷](آوردن)[۸] هنوز هم درفارسی[۹] وغالب زبانهای ایرانی بکار میرود .

اکنون نظری بمتنی از نوع دیگر بیندازیم . در این کتیبه خشیارشا

---

۱ ـ م . معین. پارسی باستان. مقدمهٔ لغت‌نامهٔ دهخدا۱۳۳۷ص۳۸ـ۳۹.

۲ـ kapauta　　۳ ـ kabūd　　۴ـ sinkabruš

۵ـ hačā　　۶ ـ ač　　۷ ـ bar　　۸ ـ نیز «بردن» (م.م.)

۹ ـ درفارسی ریشه وفعل امر از «بردن» (بضم اول) است (م.م.)

فعالیتهای دینی‌خودرا شرح میدهد (کتیبهٔ مزبوررامعمولاکتیبهٔ«دیو»[1] مینامند)

utą antar aitā dahyāva āha yadā tya paruvam daivā ayadiy pasāva vašnā A[h]uramazdahā adam avam daivadānam viyakanam utą patiyazbayam daivā mā yadiyaiša yadāyā paruvam daivā ayadiy avadą adam A[h]uramazdām ayadaiy.

ترجمه : دراین ایالتها بود (مکانی) که سابقاً خدایان دروغی (دیوه) پرستیده میشدند . آنگاه بخواست اهورمزدا من آن سرای خدایان باطل را برافکندم، واعلام کردم: تو نبایدخدایان‌باطل‌را بپرستی . جایی که سابقاً خدایان دروغین پرستیده میشدند، همانجا من اهورمزدا را پرستیدم.»

دراین کتیبه بلغات معروف ذیل برمیخوریم : «دیوه-»[2] (خدای دروغی، اهریمن) که بعدها «دیو»[3] (و امروزه «دیو»[4]) شده‌است ، لغت «ید-»[5] (پرستش) شکل اصلی ایرانی کلمهٔ «یز-»[6] است که درمتون زردشتی برای تعبیرپرستش‌بکار میرود، و شکل هندی قدیم‌آن «یج-»[7] بوده‌است ، وازهمه مهمتر نام بزرگترین «بگه»[8] (بغان، خدایان)، یعنی اهورمزدارا می‌بینیم که بعدها تبدیل‌به «هرمزد» شده است .

اگر جمله‌ای از پارسی باستان مانند «اوهیه رادی»[9] (برای‌آن [یا او]) را در نظربگیریم وبامعادل‌آن درفارسی جدید «او-را» مقایسه‌کنیم، می‌بینیم که‌تا چه حد زبان فارسی تغییر کرده‌است: پنج‌هجا تبدیل به‌دو هجا شده؛ درهمهٔ کلمات تغییرات مهم، نه‌تنها ازجهت‌کاستن تعداد هجاها ، بلکه همچنین از جهت کاستن اشکال، صورت گرفته‌است . بدین‌وجه درکلمهٔ «ازبیم» [10](نامیدم) پیشوند «ا»[11] «زبیم»[12] را بصورت ماضی درمیآورد، درصورتیکه اگر پیشوند مزبور نبود، کلمهٔ مذکور ممکن بود مفهوم حال‌مطلق «می‌نامم» یامستقبل«خواهم نامید» یامستقبل ارادی «میخواهم بنامم» ویاماضی «نامیدم» را برساند. ولی این‌شکل «ا» ازهمهٔ زبانهای ایران رخت بربسته و فقط دریک‌زبان ایرانی جدیدکه درجوار سمرقند در درهٔ «یغناب»[13] بدان تکلم میشود، بجامانده‌است[14].

۱- Daiva ۲- daiva ۳- dēv ۴-dīv

۵- yad- ۶- yaz ۷-yaj- ۸ - baga-

۹ - avahya rādiy ۱۰ - azbayam ۱۱ -a-

۱۲ - zbayam ۱۳ - Yaghnāb

۱۴ - بیلی. زبان فارسی «میراث‌ایران» ترجمهٔ م.معین. چاپ‌بنگاه ترجمه ونشر کتاب. ص۲۹۸-۳۰۰

صرف‌ونحو پارسی باستان واوستا، هرچند نظر بکافی نبودن متون موجود، کاملا شناخته نیست، ولی میتوان آنرا درهمان درجهٔ وسعت قدیمترین زبان هندی که شناخته شده، دانست. درپارسی‌باستان هشت‌حالت برای‌اسم وجود دارد وروش صرف افعال چنان پیچیده ومفصل است که نه‌تنها مطالب راجع بماضی، حال و استقبال را میتوان نقل‌کرد بلکه حالات مختلف اراده، قصد، تمنی واحتمال را نیز باتغییر آخر افعال میتوان تعبیر کرد. غالب این اشکال درتاریخ بعدی‌زبان پارسی بعلت‌فقدان حروف مصوت درهجاهای نهایی از میان رفت، ولی اندیشه‌ها را بوسایل دیگر مخصوصاً توسط پیشوندها وزواید دیگرتعبیر میکردند. فارسی جدید از لهجه‌های دیگر ایرانی بیشتر بسوی نوع‌زبانهایی‌که حرف آخرکلمات درآنها تغییر نمیکند پیشرفته‌است، مثلا پسوند «آن‌ـ»[1] (درپارسی‌باستان، بصورت «ـآنام»[2] درجمع اضافه بکارمیرفت) در کلماتی مانند «شاهنشاه» (شاه شاهان) و«موبدان موبد» (روحانی بزرگ) دیگر ارزش قدیم‌خودرا ندارد وفقط بصورت علامت جمع درآمده‌است. در فارسی جدید روابط حالات مختلف بوسیلهٔ حروف اضافه، بسیار استعمال‌میشود درحالیکه‌درپارسی‌باستان بسیارکم مستعمل‌بوده‌است[3].

۳ـ اوستاییـ زبان اوستایی زبان مردم قسمتی ازنواحی مشرق و شمال شرقی ایران بود وکتب مقدس‌دینی(اوستا) درادوارمختلف بدین زبان تألیف‌شده. سرودهای زردشت (قسمتی از گاتها) ـ‌که قدیمترین بخش اوستا محسوب میشودـ ازلهجهٔ کهنتری اززبان مورد بحث حکایت میکند. اوستا بخطی نوشته شده که بنام «خط اوستایی» یا «دین‌دبیری» معروف‌است، وآن در اواخر دورهٔ ساسانی (احتمالا در حدود قرن ششم م.) ازخط پهلوی استخراج وتکمیل گردیده[4].

اینك نمونه‌هایی از زبان مذکور:

درکتاب یشتها از اوستا، ابیات ذیل درستایش «میثره» (مهر) آمده‌است:

Miθrəm vouru.gaoyaoitīm yazamaide
yō paoiryō mainyavō yazatō
tarō Harąm āsnaoiti paurva.naēmāṯ
aməšahe hū yaṯ aurvaṯ.aspahe
yō paoiryō zaranyō.pīsō
srīrå barəšnava gərəwnāiti
aδāṯ vīspəm ādiδāiti airyō.šayanəm səvištō،

---

۱ -- ān ۲ -- ānām

۳ - بیلی. ایضاً ص۳۰۱-۳۰۲. راجع به پارسی باستان، رك. مقدمهٔ برهان قاطع مصحح نگارنده ص یك - سه بقلم پور داود.

۴ - م. معین. مزدیسنا و ادب پارسی. ۱۳۳۸ ص ۱۷۲ ببعد.

ترجمه: مامیثره را می‌پرستیم، دارندهٔ چراگاههای وسیع، او که نخستین موجود پرستیدنی از جهان مینوی‌است ، از فرازکوه « هرا »[۱] پیش از خورشید تنداسب جاویدان‌بسوی ما می‌آید، او که نخست‌فرازقله‌های زرین وباشکوه کوههارا فرامیگیرد، وازآنجا برهمهٔ سراهای آریایی‌می‌تابد. او نیرومندترین موجوداتست.

از یك سلسله سرودهای قدیمتری که منسوب بخود زردشت‌است،ابیات ذیل استخراج شده‌است :

tat̰ θwā pərəsā ərəš mōi vaočā Ahurā
kə̄ hvapå raočås-čā dāt̰ təmås-čā
kə̄ hvapå xᵛafnəm-čā dāt̰ zaēmā-čā؟
kə̄ yā ušå arəm.piθwā xšapā-čā
yā manaoθriš čazdōŋhvantəm arəθahyā

ترجمه: این‌را از تو میپرسم. بمن راست بگو، اهورا: چه‌کسی، که عاملی ماهراست، خواب وبیداری را آفریده؟ که بامداد، نیمروز، وشب‌را آفریده، که مرد اندیشمند را متوجه وظیفهٔ خویش میکند؟

این متون، ازمتون پارسی باستان بهتر حفظ شده‌اند. دراینجا،صرف‌نظر از تصریف مفصل‌افعال. بسیاری ازلغات را می‌بینیم که‌درمنابع‌بعدی‌هم آمده‌اند. مثلا لغت «پرس»[۲] (پرسیدن) درفارسی جدید «پرس،»[۳]شده، «رئوچه»[۴] را امروزه «روز» گویند (امادر لهجهٔ بلوچی «رچ»[۵]شده). «دا»[۶] (آفریدن)درکلمهٔ «نهادن»[۷] (گذاشتن) بجای مانده ، «خشپا»[۸] بصورت «شب» در آمده‌است[۹] . بدیهی است جزئیات تلفظ درمورد بسیاری ازاین‌لغات همان‌طورکه در همهٔ زبانهای قدیم پیش میآید، مورد بحث ومجادله قرار میگیرد[۱۰] .

ب- زبانهای ایرانی میانه- این زبانها فاصل بین زبانهای کهن‌وزبانهای کنونی ایران‌اند. دشوار میتوان‌گفت‌که زبانهای میانه ازچه تاریخی‌آغاز شده‌اند، ولی ازکتیبهٔ شاهنشاهان متأخر هخامنشی میتوان‌دریافت‌که زبان‌پارسی باستان‌از

۱- Harā (مراد البرزاست م.م.)

زبانهای ایرانی میانه-که ازآنها اثری بجامانده- ازین قرارند :

۲- Pᵊrᵊs-   ۳- purs-   ۴- raočah-   ۵- rōč   ۶- dā-

۷-nihādan   ۸-xšapā-   ۹ - šab-

۱۰ - بیلی. زبان‌فارسی «میراث ایران» ص۳۰۰-۳۰۱- راجع باوستا، رك. مقدمهٔ برهان قاطع مصحح نگارنده ص‌سه-شش(بقلم پورداود)

همان ایام روبسادگی میرفته واشتباهات دستوری این کتیبه‌ها ظاهراً حاکی ازاین است که رعایت قواعددستوری ازرواج افتاده بوده‌است. بنا براین مقدمهٔ ظهورپارسی میانه (پهلوی) راباواخر دورهٔ هخامنشی (حدود قرن چهارم ق م.) میتوان منسوب داشت[1].

I- پارتی (پهلوی اشکانی)- زبان قوم پارت از اقوام شمال شرقی ایران است وزبانی است که درعهد اشکانیان رواج داشته . از این زبان دو دسته آثار موجود است: نخست آثاری که بخط پارتی- که مقتبس از خط آرامی است - نوشته شده؛ دیگر آثارمانوی است که بخط مانوی- مقتبس ازخط سریانی -ضبط گردیده.

۱- پارتی- قسمت عمدهٔ نوع اول کتیبه‌های شاهان متقدم ساسانی است که علاوه بر زبان پارسی میانه بزبان پارتی هم نوشته شده (و گاه نیز بیونانی) . قدیمترین نوع این آثار اسنادی‌است که دراورامان کردستان بدست آمده[2]. (کتیبهٔ «کال جنگال» نزدیك بیرجند نیز باحتمال قوی متعلق بدورهٔ ساسانی است[3]) . از مهمترین این آثار روایت پارتی کتیبهٔ شاپور اول بر دیوار کعبهٔ «زردشت» (نقش رستم) وکتیبهٔ نرسی‌در «پایکولی»وکتیبهٔ شاپور اول درحاجی آبادفارس‌است.

در این کتیبه‌ها مانند کتیبه‌های پهلوی عدهٔ زیادی « هزوارش » آرامی بکاررفته که عموماً با هزوارشهای خط پهلوی متفاوت است..

اسناد سفالی که در اکتشافات اخیر « نسا »، شهرقدیمی پارتی ، که محتملا مقبرهٔ شاهان اشکانی درآن قرار داشته، بدست آمده بخط آرامی (نزدیك بخط

۱- دکتر یارشاطر. زبانها و لهجه‌های ایرانی . مقدمهٔ لغت نامهٔ دهخدا (شمارهٔ مسلسل لغت نامه: ۴۰) تهران ۱۳۳۷ ص۱۳ ببعد

۲- ازاسناد اورامان که برروی پارشمن نوشته شده یکی‌متعلق به ۸۸ق‌م. است که بخط وزبان یونانی است وبرپشت آن چندکلمه‌ای بخط پارتی نوشته شده که‌ظاهراً جدیدتراست. سند دیگر متعلق‌به۸۸ق‌م. یا ۱۲م. است (بسته باینکه تاریخ‌سطر اول را۳۰۰یا۴۰۰ بخوانیم)که همهٔ آن پارتی است. رجوع شود به:

H.S. Nyberg توسط The Pahlavi Documents from Avromān

در Le Monde Oriental سال۱۹۲۳ صفحهٔ ۱۸۲ببعد ، و Paikuli تألیف E. Herzfeld صفحهٔ ۸۳ ببعد

۳- رجوع شود بمقالهٔ W. B. Henning در Jour. of Roy. Asi. Soc. ، اکتبر ۱۹۵۳ .

نسخهٔ اوْرامان) است. اکنون مسلم است که زبان این اسناد پارتی است، نه آرامی[1].

گذشته از آثاری که یادشد، کلمات پارتی که در زبان ارمنی باقی مانده، بخصوص از این جهت که باحرکات ضبط شده، برای تحقیق این زبان اهمیت بسیار دارد.

انحطاط زبان پارتی را میتوان ببعداز قرن چهارم میلادی- یعنی پس از جایگیر شدن سپاهیان ساسانی در مشرق ایران برای مقابله باحملات اقوام شمالی- منسوب داشت.

ازلهجه‌های موجود ایران هیچیك را نمیتوان دنبالهٔ مستقیم زبان پارتی شمرد. لهجه‌های امروزی خراسان عموماً لهجه‌های زبان پارسی‌اند و زبان اصلی این نواحی دربرابرْ هجوم اقوام مختلف ونفوذ زبان رسمی دورهٔ ساسانی ازمیان رفته است. ولی زبان پارتی دردورهٔ حکومت اشکانیان، ونیزپس ازآن، بنوبهٔ خود درزبان پارسی میانه (پهلوی) تأثیر کرده واین تأثیر را درزبان فارسی امروز نیز میتوان دید[2].

۱ـ جدیدترین این سفالهای مخطوط متعلق بقرن اول مسیحی است وبسیاری از آنها قدیمتر است . بنابراین، مخطوطات این سفالها قدیمترین اثر پارتی محسوب میشود. مضمون این مخطوطات که شامل عدهٔ زیادی از اسامی ایرانی، خاصه نامهایی که نام امشاسپندان وبعضی ایزدان آریایی چون مهرورشن وسروش را دربردارد، حاکی ازجامعه‌ای زردشتی است. گاه شماری این آثارنیز گاه‌شماری زردشتی است. اما قسمت عمدهٔ این آثار هزوارشهای آرامی است. شبهه‌ای که نخست درآرامی بودن آنها پیش‌آمد ازاینرو بود. رجوع شود به :

Parthian Administrative Documents from South Turkemenistan «Papers Presented by the Soviet Delegation at - the XXIII Intern. Cong. Orien.»

قسمت ایران و ارمنستان و غیره ، مسکو ۱۹۵۴ صفحهٔ ۹۴ ببعد . در بیست وچهارمین کنگرهٔ بین‌المللی مستشرقین (اوت-سپتامبر ۱۹۵۷، مونیخ) باگفتار آقای دیاکونوف درشعبهٔ ایرانی، شکی درپارتی بودن این آثار نمی‌ماند. تااین تاریخ بنابگفتهٔ دانشمند مزبور ۲۰۰ قطعه ازین آثار خوانده شده.

۲ - رجوع شود به:

Die nordiranischen Elemente in der neupersischen Literatursprâche bei Firdosi توسط W. Lentz در Zeitsch. für Indologie u. iranistik سال ۱۹۲۶ ص۳۱۶-۲۵۱.

رك. دکتر یارشاطر. ایضاً ۲۴-۲۶

۲ـ مانوی- آثار مانوی پارتی از جملهٔ آثاریست که در اکتشافات اخیر آسیای مرکزی (تورفان) بدست آمده. این آثار همه بخطی که معمول مانویان بوده ومقتبس ازخط سریانی است نوشته شده وبخلاف خط پارتی هزوارش ندارد، ونیز بخلاف خط کتیبه‌های پارتی که‌صورت تاریخی دارد، یعنی تلفظ قدیمتری از تلفظ زمان تحریر رامینمایاند، حاکی از تلفظ زبان تحریراست.

این‌آثار را میتوان بدوقسمت تقسیم کرد: یکی آنهایی‌که درقرنهای سوم وچهارم میلادی نوشته‌شده وزبان پارتی اصیل است، دیگر آثاری‌که ازقرن ششم ببعد نوشته شده ومحتملا پس‌از متروك شدن زبان پارتی برای رعایت سنت مذهبی بوجود آمده (هنوز اثری که قطعاً بتوان بفاصلهٔ میان قرن چهارم و ششم منسوب دانست ، بدست نیامده).

نسخی که از آثار مانوی بدست آمده عموماً متأخر ازتاریخ تألیف‌ومتعلق بقرنهای هشتم ونهم میلادی است. درخط مانوی حرکات و حروف مصوت بصورت ناقص ادا شده است[۱] .

اینك نمونه‌هایی ازآثار مانوی:

درکتاب معروف مانی موسوم به شاپوهرگان[۲] (کتاب شاپور) میخوانیم:

'wd 'č ps pr'whr w'd 'wd 'č ps w'd rwšn 'wd 'č ps rwšn 'b 'wd
'č ps 'b 'dwr 'pwwr 'ws pymwxt hynd 'wš 'dwr pd dst d'št 'wd 'br,k
'hrmyn 'wd dyw'n prnft 'wš zd
(uδ az pas frawahr wāδ uδ az pas wāδ rōšn uδ az pas rōšn āβ
uδ az pas āβ āδur āfur u-š paimōxt hend u-š āδur paδ dast dāšt uδ
ᵒaβar Ahrmen uδ dēwān franaft u-š zaδ)

ترجمه: وپس از اثیر باد آفریده شد،وپس از باد روشنایی، پس‌ازروشنایی آب، وپس‌از آب‌آتش، واوخود را بدین جامه‌ها پوشانید وآتش را دردست‌گرفت و بسوی اهریمن ودیوان تاخت وآنان را نابودکرد .

یکی از امثال سایر مانی این است :

''wn č'wn r'zmyrd ky q'myd ''ywn qyrdn 'wd pd xwyš d'nyšn'z 'bč'r ʻy
gwnggwng ʻy ''ywn pd qdgqdg ẅ pd drdr hmbxšyd 'wd dysyd
(āōn čaōn rāz-merd kē kāmēδ āywan kerdan uδ paδ xwēš dānišn az
aβzār ī gōnay-gōnay ī āywan paδ kaδay-kaδay uδ paδ dar-dar hambaxšēδ
uδ dēsēδ)

۱ ـ دکتریار شاطر. ایضاً ص ۲۵ـ۲۶.

۲- šāβuhraγān

ترجمه: درست مانند معماری که بخواهد کاخی بسازد، بادانش خودمصالح گوناگون کاخ خود را باطاقها ودروازه‌ها تخصیص میدهد ومیسازد.

درحقیقت، صرف نظر از چند اصطلاح فنی که اززبان سریانی (که معمولا مانی بدان زبان مینوشت) عاریت گرفته‌شده، این نوشته‌های مانویان بفارسی خالص است، همانطورکه متون پارتی مانوی بزبان خالص پارتی است. در ضمن مشاهده میشود که حتی در زمان خود « مانی » صرف اسماء کلاً از میان رفته و صرف افعال نیز برقاعدهٔ جدیدی استوار شده ، ولی فرهنگ لغات شامل عدهٔ کثیری از لغات ساده، مرکب ومشتق است .

برای نشان دادن زبان مزبور ادبیات‌موشح ذیل ازمتنی بزبان پارتی‌مانوی انتخاب میشود .

(دراینجا کلمات را باحرکات وحروف مصوت‌نقل میکنیم،امادر متن‌اصلی آنها بدون حروف مصوت نوشته شده‌اند):

až rōšn uδ yazdān hem uδ izdeh būδ hem
až hawēn amwašt aβar man dušmanēn u-šān ō murdān ēδwāst hem
āfrīδ ku bōxtay bawāh kē man grīw bōžāh až wiδang
bay hem kē zāδ až bayān
bāmēn humyāst uδ nīsāy
brāzāy xumbōy uδ hužihr
bēδ awās gaδ hem ō niyāz

ترجمه: من‌از نورم واز خدایانم، ولی‌اکنون رانده (تبعید شده) و ازآنان دورافتاده‌ام.دشمنان بسیاربرروی من‌ایستاده‌اند ومرا بسوی‌مردگان‌میبرند. درود برتو (که‌تو نجات یابی) که روان مراازبدی برهانی. من‌خدایی هستم وازخدایان زاده‌ام، درخشان، براق، نورانی، درخشنده، خوشبو ودوست داشتنی ، ولی اکنون ببدبختی درافتاده‌ام.

در اینجا لغت کهن «بغ»[1] در پارسی‌باستان «بگه»[2] (خدا) ، بشکل پارتی ذکرشده که آن هم درفارسی بصورت «بی»[3] درآمده، ولغت «گذ»[4] (رفته) ،پارسی باستان «گته-»[5] بامعادل فارسی آن یعنی «شذ»[6] اختلاف دارد.

این متون پارسی وپارتی که بخطی که مانویان ازسریانی اقتباس کرده‌اند نوشته شده بیشتر آشنا بنظر میآیند . وضوح این اسناد پایه‌های محکمی برای مطالعهٔ دوران وسطای تاریخ زبان باختر ایران محسوب میشود. مشکلاتی که در

1-baγ 2- baga 3-bay 4- gaδ 5- gata 6- šuδ

(تلفظ متأخر «شد» م.م.)

راه حل مسایل مورد بحث موجود است، بعلت لغات ایرانی ازدست رفته‌ایست که هنوز بدست نیامده‌اند. اما همهٔ اسناد موجود تاکنون بچاپ نرسیده‌اند و پس از طبع آنها محققاً برخی ازاین مشکلات مرتفع خواهد شد[1].

II- پارسی میانه[2]- ازاین زبان که‌صورت میانهٔ پارسی باستان وپارسی کنونی است، وزبان رسمی ایران در دورهٔ ساسانی بوده ، آثار مختلف بجا مانده‌است که آنها را میتوان بچند دسته تقسیم کرد:

۱ - کتیبه‌های دورهٔ ساسانی که بخطی مقتبس ازخط آرامی- ولی جدا از خط پارتی- نوشته شده.

مهمترین کتیبهٔ زبان پهلوی کتیبهٔ شاپور اول درکعبهٔ زردشت (نقش‌رستم) است. ازکتیبه‌های دیگرمیتوان کتیبه‌های «کرتیر»موبد ساسانی رادر «کعبهٔزردشت» و «نقش رستم» و«سرمشهد» و«نقش رجب»، وکتیبهٔ نرسی‌رادر «پایکولی»نام‌برد[3].

۲ - «کتابهای پهلوی» که بیشترآنها آثار زردشتی است. خط این آثار دنبالهٔ خط کتیبه‌های پهلوی و صورت تحریری آنست. ازکتابهای پهلوی که‌خاص ادبیات زردشتی است دینکرد (دینکرت)، بندهش(بندهشن)،دادستان دینی(داتستان دینیك)، مادیگان (ماتیکان) هزار دادستان (داتستان)، ارداویراف نامه،مینوگ خرد، نامه‌های منوچهر ، پندنامهٔ آذرباد مارسپندان، وهمچنین تفسیر پهلوی‌بعض اجزای اوستا- یعنی زند - رانام باید برد. ازآثاری‌که جنبهٔ دینی برآنها غالب نیست یادگار (یاتکار) زریران ، کارنامهٔ اردشیر بابکان (کارنامك ارتخشیر پاپکان)، درخت آسوری (درخت آسوریك)، خسرو غبادان وریذك (خسروکواتان اریتك) ومادیگان (ماتیکان) شترنگ درخور ذکر است[4].

ما مدتها است‌که از وجود منابع زردشتی در کتابخانهای اروپا و نزد زردشتیان کنونی ایران وهندوستان آگاه هستیم ، ولی تاکنون مشکلات عظیمی درراه حل‌آنها موجود بوده‌است. دراین‌متون‌که‌باصطلاح موسوم به متون(پهلوی) زردشتی‌است، مطالب بسیاری راجع به‌پارسی قدیم‌موجود است‌که برای مطالعات ایرانشناسی بسیار مهم است. زبانی‌که در آنها بکار رفته‌است بس وسیع است :

۱ - بیلی ایضاً ۳۰۴-۳۰۶. ۲ - این زبان معمولا «پهلوی» نامیده میشود، ولی هرتسفلد وبعضی دیگر از ایرانشناسان اصطلاح «پهلوی» راکه ازکلمهٔ «پرثو = پارتی» مشتق‌میشود برای‌زبان پارتی بکاربرده وزبان‌دورهٔ ساسانیان راکه‌اصلا زبان جنوب ایران است «پارسی» نامیده‌اند.

۳- دکتریارشاطر. ایضاًص ۲۶-۲۷ ۴- رك. دکتریارشاطر. ایضاً ص ۲۶-۲۷.

نویسندگان آنها فلسفهٔ ارسطو را بعلاوهٔ بسیاری از مباحث حکمت الهی اقتباس کرده‌اند.

نخستین مشکل در تفسیر متون پهلوی مذکور ناشی از رسم‌الخط آنست که بیست و چهار حرف صامت اصلی و مختلف مأخوذ از الفبای آرامی را فقط به - چهارده شکل مختلف تقلیل داده‌اند. در سکه‌ها و کتیبه‌های عهد ساسانی همین خط، ولی بدون آنکه تقلیل مزبور زیاد پیش رفته باشد، بکار رفته و فقط «و» w و «ر» r و «ع» ain' باهم خلط شده‌اند. در نوشته‌های پهلوی از لحاظ نظری میتوان بعض لغات بدون حروف مصوت را چندین قسم قرائت کرد و برای قرائت صحیح در هر مورد امارات خارجی لازم است.

بسیاری از این قراین و امارات در منابع پارسی و پارتی که اخیراً کشف شده موجود است.

دستگاه حروف مصوت در الفبای پهلوی قدیمتر از دستگاهی است که در متون مانوی بکار رفته است، و نشان میدهد که شاید آن از حدود قرن چهارم ق.م. به‌ارث رسیده بوده است، مثلا کلمهٔ «تاپیت»[۱] * «تاپیت»[۲] از شکل قدیمتر «تاپیتی»[۳] (میسوزد، می‌تابد) آمده و معادل تلفظ ساسانی آن *تابیذ[۴] (که میتوان باملاء عربی تاڤیذ نوشت) میباشد.

اشکال دوم بسبب بکار بردن لغات آرامی در دستگاهی است که بنام «اوزوارشن»[۵] (گزارش، تعبیر) معروف شده و این کار از زمان قدیمتری بجای مانده است که در آن عهد دبیران متون خالص آرامی را، نه به زبان آرامی بلکه ترجمهٔ آنرا بزبان پارسی میخواندند. همین روش آثاری در زبان سغدی بخصوص در متون بودایی بجای گذاشته است، اما در متون پارسی و پارتی کتب مانوی که زبان پارسی محاوره‌یی در قرن سوم مسیحی بوده اثری از آن مشاهده نمیشود.

اینک قطعه‌ای کوتاه از حماسهٔ پیکار ویشتاسپ (گشتاسب) وارژاسپ (اَرجاسب) برای نشان دادن این نوع پارسی که در کتابهای زردشتی بکارمیرود:

AHL 'rč'sp hywn'n hwt'y MN kwp sr nk's ʿBDWNyt W YMRWNyt AYK ZK MNN AYT MNN ZK 10 ŠNTk lhyk MNN gwrtw'r SWSYA d'ryt W gwrtw'r zyn YHSNNyt k'ryč'r 'wgwn tg ʿBDWNyt čygwn zryr 'yr'n sp'hpt krt

(pas Aržāsp Xyōnān xvatāy hač kōf nikās kunēt ut gōβēt ku ān kē hast kē ān dah-sālak rahīk (rētak) kē gurtvār asp dārēt ut gurtvār zēn dārēt, kārīčār ōgōn tak kunēt čēgōn Zarēr Ērān spāhpat kart)

---

۱ - t'pyt ۲ - *tāpēt ۳ - * tāpayati-
۴ - * tāβēδ ۵ - Uzvārišn (هزوارش م.م.)

ترجمه : آنگاه ارژاسپ (ارجاسب) سرور خیونان از فراز تپه‌ای نظر افکند و گفت : آن بچهٔ ده‌ساله‌ای که بدان سوی است کیست که‌مرکب جنگاوران دارد وسلاح جنگاوران دارد ومتهورانه همانند زریرسپهسالار ایرانی می‌جنگد ؟

پارسی و پارتی دو لهجهٔ کاملا مرتبط و نزدیك بفارسی جدید است[1] .

III- **سغدی** -این زبان در کشور سغد -که سمرقند و بخارا از مراکز آن بودند - رایج بوده است . زمانی سغدی زبان بین المللی‌آسیای مرکزی بشمار میرفت و تا چین نفوذ یافت. آثار سغدی هم‌از اکتشافات اخیر آسیای مرکزی وچین است. این آثار را میتوان از چهار نوع شمرد :

آثار بودایی، آثار مانوی، آثار مسیحی، آثار غیردینی. ازین‌میان آثار بودایی بیشتراست .

خط سغدی خطی است مقتبس ازخط‌آرامی ودرآن هزوارش بکار میرود، اما عدهٔ این هزوارشها اندك است. همهٔ آثار بودایی و همچنین آثار غیر دینی وروایت سغدی کتیبهٔ «قربلگسون» درمغولستان (متعلق بقرن سوم هجری‌وبسه‌خط چینی واویغوری وسغدی) بدین خطاست.

آثار مسیحی بخط سریانی و آثار مانوی بخط خاص مانویان نوشته شده .

میان آثار بودایی و مسیحی و مانوی مختصر تفاوتی از حیث زبان دیده میشود که‌محتملا نتیجهٔ تفاوت لهجه و تفاوت زمانی این آثار است. آثار سغدی مسیحی ظاهراً تلفظ تازه‌تری رانشان میدهد. خط‌اصلی سغدی که‌آثار بودایی‌بدان نوشته شده مانند خط پهلوی خط تاریخی است وحاکی از تلفظی قدیمتر ازتلفظ زمان تحریراست .

زبان سغدی دربرابر نفوذ زبان‌فارسی وترکی بتدریج ازمیان رفت.ظاهراً این زبان تا قرن ششم هجری نیز باقی بوده‌است[2].

زبان سغدی در سه لهجه بجای مانده و حتی امروزه در درهٔ یغناب تکلم میشود[3].

برای تلفظ سغدی قدیم زبان سغدی امروز- که‌دردرهٔ مزبور بکارمیرود- راهنمای خوبی است. این زبان برای کشف زبان قدیم سغدی درست مانند زبان فارسی معاصر نسبت بفارسی قدیم است.

قطعهٔ ذیل بخشی ازداستان رستم قهرمان معروف «سکاییان»[4] است که در

---

۱ - بیلی. ایضاً ص ۳۰۵- ۳۰۷. -ونیز رك. مقدمهٔ برهان قاطع مصحح نگارنده ص هفت -یازده بقلم پور داود.

۲- دکتر یارشاطر .ایضاً ص ۲۸ -۲۹ .

۳- بیلی. ایضاً ص۳۰۳.

4 - Sakas

متن سغدی بدست آمده (و مانند بسیاری از متون ایرانی فقط با حروف صامت نوشته شده‌است):

rxšy ptysynt ywnyδ zyw'rt xw rwstmy č'n'kw 'xw δywt wyn'nt ywnyδ zγ'rt ZKw β'r'yčyk' βr'p'š'nt wβyw xw pδ'k 'sp'δ 'yw δβty m'yδ w'β'nt 'kδry ZKn srδ'nk'xw myn'y 'nxw'st 'sk'tr rm m'xw 'nx''s LA pršt't βwt k'm šw kδ'č LA w'č'yδ k'm šw ms LA ptxwyδ' p'rZY m'yδ zw'ntkw 'ny'sδ' ktšw 'βzyw βr's zγw tr'nk'' nšt'ymn xw δywt 'yw δβty šyr wys'yδ'nt sγtm'nn p'zγyr'nt wytr'nt ZḰn rwstmy 'škrčy wyδ'γty zyw'rt 'xw rwstmy

ترجمه: رخش پذیرفت. رستم فوراً بازگشت، و چون دیوان چنین دیدند بزودی سواران وپیادگان‌را باهم بکشتند. آنان بیکدیگر فریاد زدند: «اکنون جرأت سردار محو شده ودیگر نخواهد توانست باما بجنگد. مگذارید فرارکند، ولی‌اورا مکشید، بلکه‌زنده دستگیرش کنید تا وی‌را بیرحمانه شکنجه دهیم.» دیوان یکدیگر رابشدت برمی‌انگیختند وبایکدیگر فریاد میزدند. آنان‌بتعقیب رستم پرداختند. آنگاه رستم باز گشت.

در هر یك از قطعات سغدی مسایل بسیار مربوط بتلفظ وجود دارد که تاکنون حل‌نشده؛ و بنابراین طبع متن باحروف مصوت عاقلانه نخواهد بود ولی بسیاری ازلغات سغدی رامیتوان بااطمینان نسبی یادکرد، مثلاً«ذوت»[۱] (دیوان)، «وننت»[۲] (ببینند)، «وسذنت»[۳] (نامیدند، صدا کردند)، «اسپاذ»[٤] (سپاه)، «انخاس»[۵] (ستیزه، نزاع)، «اوذی‌ب(ی)تی»[٦] (یکدیگر)، و«ژونتك»[۷] (زنده). تهجی این‌لغات گاهی‌به‌روش کهن صورت‌میگیرد، مثلا«ـ اکو»[۸] مأخوذاز ایرانی باستان«ـاکم»[۹] را میتوان بجای «ـاو»[۱۰] نوشت، وبدین‌ترتیب صدای«ـاو»[۱۱] یا«اُ»[۱۲] ویاحتی «او»[۱۳] را میدهد. همچنین قراینی موجوداست که میرساند تلفظ قدیم «ـ نت»[١٤] بتلفظ «ـ ند»[۱۵] نزدیك شده و حرف نهایی «او»[١٦] و«ـی»[۱۷] محتملا هنوز تلفظ میشده‌اند. محققاً درزبان سغدی معاصرملاحظه میکنیم که‌درحالت‌مفعولی واضافی، حرف‌نهایی «ـی»[۱۷] تلفظ میشود. نیز بایدیادآورشدکه«ـ ك»[۱۸]، «ـ کو»[۱۹]«ـی»[۲۰] ممکن است که‌مثل هم‌تلفظ شده‌باشند. همچنانکه ـی[۲۱]، یا ی[۲۲] ویاحتی ـِ[۲۳]

---

۱ - δēwt ۲ - vēnant ۳ - vēsēδant ۴ - aspāδ
۵ - anxās ٦ - ēw δiβ(i)ti ۷-žuvantak ۸-'kw
۹-akam ۱۰ -'w ۱۱ - au ۱۲ - -o ۱۳ - -u
۱۴ - -nt ۱۵ - -nd ۱۶ - -u ۱۷ - -i ۱۸ - -ak
۱۹ - -aku ۲۰ -'y ۲۱ - -ai ۲۲ - -ē ۲۳ - -e

درآغازکار هنگامی که ـَ[1] رادرکلماتی مانند «اکثری»[2] ، «اسپاذ»[3] ، «اسکاتر»[4] وغیره بکاربردند ، صوت غیرمعینی بشکل «ـِ»[5] یا «ـُ»[6] بوجود آمد. بجای «ـِ»[7] تلفظ بالبان جمع شده محتملا «ـی»[8] تلفظ میشد.

بنابرآنچه گفته شد باقید احتیاط و شروط بسیار عبارت فوق را میتوان بصورت ذیل تعبیر کرد:

Rāxši patẹsint. yōnēθ zẹwart xō Rustami. čāno axō δēwt wēnant yōnēθ žγar tawu βārēčīk frāpāšant uβiu xō paδak aspāδ. ēw δiβ(i)ti maiθ βāwant: akθri awin sarθang xō mēnē anxwāst, askātar ram māxu anxās nē parštāt βaut-kām, šu kaδā-č nā wāčēθ-kām, šu mas nā patxwayθa, pār-ti maiθ žuwantaku anyāsθa, kat-šu aβžiu frās žaγu trang anštāyman xō δēwt ēw δiβ(i)ti šir wẹsēδant, saγtmān pāžγērant, wẹtarant awin Rustami aškarči. wēδaγtē zẹwart xō Rustami.

لغات کاملا ایرانی خالص است، ولی از زبان پارسی که در مغرب ایران توسعه یافته جدا مانده‌است و تصور نمیرود اگریك ایرانی آنرا می‌شنیده‌معنای آنرا می‌فهمیده‌است . یقین داریم که‌سغدیان لغت نامه‌هایی داشتند که بوسیلهٔ آنها لغات پارسی وپارتی مذکور درمتون مقدس خودرا تعبیر وتفسیر میکردند . زبان خوارزمی قرن‌یازدهم‌مسیحی، که بسیار کم‌ازآن‌اطلاع داریم ، قرابتی بس نزدیك بازبان سغدی دارد. بخشی ازلغات فارسی جدید اززبان سغدی نشأت یافته‌است از جمله«سرچیك»[9] (رئیس)،ازسغدی«سرچیك»[10].«مل»[11](شراب)،ازسغدی«مذـ»[12]، پساك[13](تاج گل). ازسغدی «اپسك»[14]،«لنجـ»[15] (بیرون کشیدن)ازسغدی«ذنچ»[16] آمده‌اند وهمچنین بسیاری ازلغات دیگر[17].

IV- ختنی- یکی از زبانهای پارسی‌میانه که منابع‌بسیارازآن دردسترس ماميباشد زبانی‌است‌که سابقاً درسرزمین قدیم ختن- درجنوب شرقی کاشغر-بدان تکلم‌میشد. لهجه‌ای نزدیك‌به‌ختنی،ولی بااختصاصاتی جداگانه،درمنطقهٔ«تمشق»[18] درشمال شرقی کاشغر متداول بود. ولی از این زبان آثار بسیار کمی یافته شده

۱- a- ۲ - akθri ۳- aspāδ ۴- askātar

۵- θ ۶- ō ۷- ē ۸ - ī ۹ - sarčīk ۱۰ - srč'yk

۱۱ - mul ۱۲ - mwδ ۱۳ - pasāk ۱۴- 'ps'k

۱۵ - linǰ ۱۶ - δynč-

۱۷- بیلی . ایضاً ص ۳۰۷ - ۳۰۹ ؛ و نیز رك . مقدمهٔ برهان قاطع مصحح نگارنده ص هفده - بیست و دو بقلم نگارنده .

۱۸ - Tumshuq

فرهنگ فارسی

وآنچه هم که موجوداست کاملا تفسیر وترجمه نشده‌است. زبان ختنی دوشکل کاملا متفاوت دارد: قدیم ومتأخر. زبان ختنی قدیم دارای صرف و نحو بسیار پیچیده ودارای هفت حالت اسمی وحالات فعلی مفصل است. اشعار ذیل که بوجهی غیرمنتظر درمجموعه‌ای کهن از متون مذهبی بدست‌آمده نمونه‌ای اززبان ختنی قدیم‌است.

hamätä pasālä ysama-śśaṃdya grāmu hämätu
späte vicitra banhya vätä hārsta biśśa
karāśśä haṣprīye haphastāre kāḍe
padamäna banhyānu padamä būtte śśäru
viysāṃgye hārste khāhe āṣṣiṃgye ggare
murka briyūnu kāḍe bagyeṣṣāre pharu
ūtce pastāte ysarūñe tcalce jahe
haḍā pätaunda ysaṃthauna ttauda kāḍe

ترجمه: بهار آمده‌است. در زمین گرماست. گلهای رنگارنگ در همهٔ درختان شکوفه داده‌اند، پیچك(ها) جوانه زده؛ آنها درباد سخت تاب‌میخورند. نسیمی که از درختان میگذرد عطرآگین‌است. استخرهای پرلبلاب، چشمه‌ها، برکه‌ها، وتپه‌ها شکفته‌اند. پرندگان مکرر دلنشین‌ترین آوازها را میخوانند، آبها برکرانهٔ سبز چشمه سارها روان گشته‌اند. روزها پر ابر است و موجودات زنده بسیار گرم هستند.

تلفظ ختنی را میتوان با مطالعهٔ اصواتی که از حروف بسیط و مرکب موجود در خط آن، مأخوذ ازخط هندی، برمیآید بتقریب بدست‌آورد. در زبان ختنی ما دستگاهی پرپیچ وخم ازحروف مصوت وحروف صامت می‌یابیم که حتماً خط «هندی» براهمی[1] نمیتواند آنرا بقدر کفایت برساند.

در زبان ختنی متأخر صرف افعال ساده‌تر گردیده و تغییرات عمده‌ای در اصوات حاصل شده‌است.

قطعهٔ ذیل که از داستان شاهزاده «سودهانا»[2] و عروس پری اوموسوم به «مانوهرا»[3] اقتباس شده، زمانی راشرح میدهد که پری راشکارگران گرفته‌اند:

sūdhaṇa raispūrri byahi ṇetsve vyūhä:nā
kalyāṇa ysīrī bve'yāscye raha baidä
ttu bījāṣa pyūṣṭa strīyi hīyai ysairka
vsīrai pana tta ye se mū cī ṣṭā nvāśe

ترجمه: شاهزاده سودهانا با همراهان خویش‌بشکاربیرون رفت. (سوار)

1- Brāhmī ۲- Sudhana ۳- Manoharā

بر گردونهٔ درخشان، دلش پرغم بود. آواز متضرعانهٔ زنرا شنید. دردل خود اندیشید: «آنجا کیست که مینالد؟»

دراین قطعه ما بکلمهٔ «نتسو»[1] (بیرون رفت) برمیخوریم که معادل آن در ختنی قدیم «نلتسوته»[2] است، «یه»[3] درختنی متأخر معادل «وته»[4] (بود) ختنی قدیم است، و«ستا»[5] در ختنی متأخر معادل «ستانا»[6] در ختنی قدیم است ؛ بدین وجه می‌بینیم که کلمات ختنی متأخر از کلمات سابق لااقل یك هجا کمتر دارند و کوتاهتر شده‌اند. همچنین باتغییر دادن اصوات در هجای آخر کلمات اساس تصریف نیز بسیار ساده شده‌است ، مثلا در زبان ختنی قدیم حالت فاعلی مفرد را با «ـا»[7] وحالت مفعول به مفرد را با «ـ و»[8] ختم میکردند درحالی که در ختنی متأخر برای هردو حالت فقط یك حرف نهایی «ـا»[7] بکاررفته‌است. علامت «ـ انو»[9] که درزبان قدیم برای نشان دادن حالت اضافی بکار میرفته درزبان متأخر به «ـ ام»[10] و«ـ ا»[11] بدل شده‌است[12].

۷- خوارزمی - زبان خوارزمی معمول خوارزم بوده وظاهراً تاحدود قرن هشتم هجری رواج داشته‌است ، و پس از آن جای خودرا بزبان فارسی و زبان ترکی سپرده.

کشف آثار زبان خوارزمی ، گذشته از کلماتی که ابوریحان بیرونی در «آثارالباقیه» ذکر کرده، بکلی تازه‌است واز سال **۱۹۲۷** میلادی آغاز گردیده. این آثار عبارتست از دو نسخهٔ فقهی بزبان عربی که درآن عباراتی بزبان خوارزمی نقل شده، ونیز لغت نامه‌ای که برای توضیح عبارات خوارزمی یکی ازین نسخ نوشته شده. ولی مهمترین اثرزبان خوارزمی «مقدمةالادب» زمخشری‌است مشتمل برلغات عربی وترجمهٔ خوارزمی آنها که درسال **۱۹۴۸** بدست آمده[13].

آثار خوارزمی همه بخط عربی نوشته شده ولی هنوز خواندن و تعبیر آنها پایان نیافته.

اشکال عمده‌ای که درخواندن عبارات خوارزمی مقدمةالادب وجود دارد این است

---

۱ - netsve ۲ - naltsute ۳ - ye ۴ - väte
۵ - ṣṭā ۶ - ṣṭānā ۷ - -ä ۸ - -u ۹ - ānu
۱۰ - -ām ۱۱ - -ā

۱۲- بیلی. ایضاً ض۳۰۹-۳۱۱ . - رك . مقدمهٔ برهان قاطع مصحح نگارنده ص پانزده - هفده بقلم نگارنده . ۱۳ - رك . دکتر یار شاطر . آثار با بازیافتهٔ زبان خوارزمی. مجلهٔ مهر شمارهٔ ۱۰ ، دی ۱۳۳۱ .

که کلمات عموماً اعراب ندارد و نقطه‌گذاری آنها نیز ناقص است.

زبان خوارزمی با زبان نواحی اطراف، یعنی زبان سغدی وسکایی (ختنی) وآسی نزدیك است. درزبان خوارزمی چنانکه ازمقدمة الادب ونسخ فقهی مذکور برمیآید عده‌ای لغات فارسی وعربی وارد شده که حاکی ازتأثیر این دو زبان در خوارزمی است[1].

ج- زبانهای ایرانی کنونی- شامل زبانهای ذیل است:

I- فارسی نو (دری)- این زبان مهمترین زبانها ولهجه‌های ایرانی است، وآن دنبالهٔ فارسی میانه (پهلوی) وپارسی باستان است که اززبان قوم پارس سرچشمه میگیرد، و نمایندهٔ مهم دستهٔ زبانهای جنوب غربی است[2]. از قرن سوم و چهارم ببعد این زبان راکه پس ازتشکیل دربارهای مشرق درعهد اسلامی بصورت رسمی درآمد باسامی مختلف مانند: دری. پارسی دری، پارسی، فارسی خوانده‌اند این زبان چون جنبهٔ درباری واداری یافت، زبان شعرونثر آن نواحی شد واندك اندك شاعران ونویسندگان بدین زبان شروع بشاعری و نویسندگی کردندوچندی نگذشت که استادان مسلمی مانند رودکی ودقیقی وفردوسی وکسائی ودیگران درقرن چهارم ظهور کردند وبدین لهجه آثار گرانبها پدید آوردند وکتابهای بزرگ بنثر درهمین لهجه پرداختندومنتشر کردند وبعدازآنکه درنواحی دیگر ایران شاعران ونویسندگانی خواستند بپارسی شعرگویند وکتاب بنویسند ازهمین لهجهٔ آماده ومهیا که صورت یك زبان رسمی یافته بود استفاده کردند وبامطالعهٔ دواوین وکتبی که بدان لهجه فراهم آمده بود، خودرا آمادهٔ گویندگی بدان لهجه ساختند.

پیداست که لهجهٔ دری بعدازآنکه بعنوان یك لهجهٔ رسمی سیاسی و ادبی درهمهٔ ایران انتشاریافت بهمان وضع اصلی وابتدایی خود باقی نماند، و شعرای نواحی مرکز ومغرب وشمال وجنوب ایران هریك مقداری ازمفردات و ترکیبات

---

۱ - رجوع شود به:

W.B.Henning اثر Uber die Sprache der Chwarezmier

در ZDMG سال ۱۹۳۶، صفحات ۳۴ - ۳۰؛ گزارشها ومقالهٔ اخیر او

Zeki Velidi Togana Armagan در «The Khwarezmian Language»

اسلامبول ۱۹۵۵، و به A.A.Freiman اثر KhorazmiskiyYazik،

مسکو و لنین‌گراد ۱۹۵۱ - رك. دکتر یارشاطر. ایضاً ص ۳۰-۳۱. - و رك. برهان قاطع مصحح نگارنده ص بیست و دو - بیست وسه بقلم نگارنده.

۲ - آ. میه و مارسل کوهن. ایضاً ص ۱۶ ببعد.

لهجات محلی خودرا در آن وارد کردند، واز طرفی دیگر بنا بعلل وجهاتی تأثیر زبان عربی در آن بهمان نحو که از آغاز غلبهٔ اسلام شروع شده بود، ادامه یافت وبتدریج بسیاری از ترکیبات و مفردات و برخی از اصول صرف و اشتقاق زبان عربی در آن راه جست ولهجه‌ای که درقرون متأخر معمول شده است ازاین راه پدید آمد[1].

زبان فارسی جدید خود از زبانی که صرف ونحوی کاملا معقد داشته بزبانی بسیار ساده و تحلیلی تبدیل شده واز قیود سنگین تصریف ایرانی باستان رهایی یافته است؛ با این حال بسبب استعمال دستگاه جدیدی در افعال واستفادهٔ بسیار ازحروف اضافه[2] توانسته است همان مقاصدی راکه در ادوار گذشته بوسایل مختلف بیان میکردند، تعبیر کند. زبان پارسی اواخر دورهٔ ساسانی درقرن هفتم مسیحی بیش ازز بان پشتوی عصرحاضر- که در افغانستان متداول است- توسعه یافته بود. گذشته ازتفاوت املایی که درکتب پهلوی زردشتی، سکه‌های ساسانی وکتیبه‌ها دیده میشود ، اختلافی که بین پارسی دورهٔ ساسانی (که نمونهٔ آنرا بطور وضوح در کتابهای مانوی قرن سوم مسیحی مشاهده میکنیم) وفارسی دوره‌های اول اسلامی موجود است، فقط از لحاظ لغات میباشد[3].

زبان فارسی در قواعد دستوری دنبالهٔ پارسی میانه است و با آن تفاوت چندانی ندارد (ازجملهٔ تفاوتهای معدودی که دارد این است که در فارسی کنونی ماضی افعال متعدی نیزمانندافعال لازم صرف میشود، مثلا: نوشتم، نوشتی، نوشت... مانند: آمدم، آمدی، آمد ... و حال آنکه در پارسی میانه اولی بوسیلهٔ ضمایر ملکی ودومی بامضارع فعل بودن (-ha) صرف میگردد)[3].

رسم الخطی که پایهٔ آن برحروف صامت استوار بود تغییرات صوتی یافت، ولی تاقرن سیزدهم مسیحی دوصوتیهای[4] پارسی باستان یعنی «-ی»[5] و ، «- و»[6] بصورت «ی»[7] و، «و»[8] باقی مانده و حرف «- ت -»[9] واقع بین مصوتین درپارسی باستان بصورت حرف مصمت[10] «ذ»[11] درآمد، مثلا «باذ»[12] که بعدها بصورت «باد»[13] (ریح) تلفظ شد ودرایرانی باستان اصل آن «واته»[14] بوده است. درنسخهٔ خطی معروف

---

۱ - دکتر صفا . تاریخ ادبیات درایران . ج ۱ .چاپ ۲ ص ۱۵۹-۱۶۰.

2-Prepositions بیلی. ایضاً ص۳۱۱-۳۱۲. ۳- دکتر یارشاطر . زبانها و لهجه‌های ایرانی. ایضاًص۳۸.

۴ - diphtongs ۵ - ai ۶ - av ۷ - ē ۸ - ō ۹ - -t

۱۰ - fricative حرف مصمتی که با گذراندن نفس از راه تنگی ادا شود مانند f و v و th

۱۱ - dh ۱۲ - bādh ۱۳ - bād ۱۴ - vāta-

مورخ سال ۹۷۰ مسیحی، که رسالهٔ طبی هروی[۱] را شامل است، هنوز حرف مصمت ڤ β بجای ب b وپ p واقع بین حروف مصوت درزبان پارسی باستان بکارمیرفته است (مانند بنفش فام «بنفش رنگ»). ولی محرران بعدی الفبای جدیدتری را بکار بردند واز روی این خطوط تمیز اصوات حروف میسر نیست[۲].

اینك نمونه‌ای از شعر فارسی دری:

ابوالقاسم فردوسی در شاهنامه (که درحدود ۳۸۴ ه ق . بپایان رسیده)، پس از ذکر نبرد شوم رستم قهرمان سکزی ، باپسر ناشناختهٔ خود سهراب، زبان حال رستم را چنین بیان میکند :

چو بشنیذ[۳] رستم سرش خیره گشت — جهان پیش چشم اندرش تیره گشت
همی[۴] بی‌تن وتاب و بی‌توش گشت — بیفتاذ[۳] از پای و بی هوش گشت
بپرسیذ[۳] از ان پس که آمد بهوش — بذو[۳] گفت با ناله و با خروش
بگو تا چه داری ز رستم نشان — که گم باد نامش زگردنکشان[۵].

اکنون تلفظ این اشعاررا بخط لاتینی نقل میکنیم[۶]:

ču bi-šnīδ Rustam sar-aš xīra gašt
jihān pēš i čašm andar-aš tīra gašt
ham-ē bé tan u tāb u bē tōš gašt
biy - uftāδ az pāy u bē hōš gašt
bi-pursīδ az ān pas ki āmaδ bi-hōš
baδ ō guft bā nāla u bā xurōš
bi-gō tā či dārē zi Rustam nišān
ki gum bāδ nām - aš zi gardan - kašan

اگر دراین اشعار ازلحاظ زبانشناسی بنگریم، ما خود را کاملا درمحیطی ایرانی خواهیم یافت.

برای هرکلمه می‌توانیم اشکال قدیم آنرا بدون‌خروج ازایران، نقل‌کنیم. بدیهی است اشعار فردوسی هم ازلغات عربی که‌جبراً با دین جدید بکشور آمده‌بود، خالی نیست،اما بآسانی میتوان قطعاتی کاملا فارسی مانند قطعهٔ فوق در شاهنامهٔ

---

۱ - مراد «الابنیه عن حقائق الادویه» تألیف ابومنصور موفق هروی است که اسدی شاعر معروف در سال ۴۴۸ ه ق. آنرا استنساخ کرد (م.م.)

۲ - بیلی . ایضاً ص ۳۱۲ . ۳ - بیلی این کلمه را بطرزتلفظ قدیم با ذال منقوطه ضبط‌کرده . ۴- ن‌ل : همه. ۵- شاهنامه‌چاپ بروخیم ج ۲ ص۵۰۳، بامقابلهٔ‌نسخ دیگر. ۶ - از مقالهٔ بیلی با اصلاحی مختصر .

فردوسی یافت. نسخ خطی که از شاهنامه بجای مانده ، طبعاً متعلق بدورهٔ بعد از فردوسی است وقطعاً بصورتی جدیدتر درآمده‌است،ولی‌بااستفاده از قراین‌وشواهد زبانشناسی میتوانیم تلفظ تقریبی زبان فردوسی را بدست آوریم .

فردوسی بجای دوصوتیهای[1] ai و au حروف مصوت‌سادهٔ متأخرترēوōرا بکاربرده، که ازآن دو ī و ū درفارسی جدید ناشی‌شده‌است. کلماتی مانند «تاب» (tāb) و «تاو»(tāv) (نیرو) اشتقاق ساده‌ای ازریشهٔ - tav (قوی‌بودن ،قدرت داشتن) است ، ونیزازهمین ریشه ، با افزوده‌شدن پسوندقدیم -iš کلمهٔ « توش » (tōš) (قدرت) پدید آمده است. اشکال کلمات درقطعهٔ مزبور- صرف‌نظرازبعض تغییرات صوتی- همانست‌که تا امروز هم برجای مانده‌است[2].

اینك نمونه‌ای ازنثر قدیم. درمقدمهٔ شاهنامهٔ ابومنصوری آمده:

«واین‌را شاهان کارنامه ازبهر دوچیز خوانند: یکی ازبهرکار کردورفتار وآیین شاهان، تابدانند ودرکدخدایی‌باهرکس بتوانند ساختن، ودیگر[3]که‌اندرو داستانهاست‌که‌هم‌بگوش وهم‌بگوش[4]خوش آید، که اندرو چیزهای نیکو وبادانش هست همچون: پاذاش‌نیکی وپاذافراه بذی...»[5]

تلفظ بخط لاتینی:

u īn-rā šāhān kārnāma az bahr-i do čīz x^{v}ānand : yak-ē az bahr-i kār-kard u raftār u āyīn-i šāhān, tā bi-dānand u dar kaδ-xoδāyī bā har kas bi-tavānand sāxtan, u dīgar[3] ki andar-ō dāstānhā-st ki ham ba-gōš u ham ba goviš x^{v}aš āyaδ, ki andar-ō čīzhā-yi nēkō u bā-dāniš hast ham-čun: pāδāš-i nēkī u pāδ - afrāh-i baδī ...

دراینجا«کارنامه» فارسی‌جانشین kār-nāmak (کتاب‌اعمال)پهلویست. «کارکرد» امروزه kār-kerd تلفظ شود.« کدخدایی» بجای kaδ-xoδδāhīh و katak-x^{v}atāyīh پهلوی است . « گوش »[6] جانشین اسم مصدر پهلوی goβišn شده . « پاذاش » قایم مقام pāt-dahišn پهلوی و pādāišn[7]

1- Diphtongs.

۲ - بیلی. ایضاً ص ۲۹۵ - ۲۹۶.

۳- ممکن استدر اصل « د دیگر » (دو دیگر) do-dīgar باشد بمعنی دوم. ۴ - دراصل : بکوشش،متن‌تصحیح دهخداست. ۵- م.معین. برگزیدهٔ‌نثر. چاپ دوم ص ۱۲ .۶- در صورت اصالت‌حدس مرحوم‌دهخدا. ۷- رك .برگزیدهٔ نثر ،ایضاً ص ۱۲،ورك. همین کلمات درحواشی برهان قاطع مصحح م.معین.

و pādāšn پازند است و « پاذافره» بجای pāti-frās پهلوی‌است . ارجاع ضمیر «او» بغیر ذی‌روح درین عبارات قابل توجه‌است .

اکنون بنوشتهٔ یکی از نویسندگان معاصر نظری بیفکنیم. دراینجا اثر هزار سال نفوذ فرهنگ اسلامی کاملا مشهوداست :

«چون بعضی از مطالبی که عرض خواهم کرد نظری است وممکن است با مذاق وعقیدهٔ بعضی اشخاص صاحب نظر موافق نیاید، امیدوارم از شنیدن این عقاید ملول نشده روش تساهل پیش گیرند.»

این عبارت ازعناصر خارجی مشحون است(تقریباًهمهٔ لغات مهم عربی‌است) وآنها تنوع وآهنگی خاص بزبان داده‌اند که‌حتی اشخاص خارجی هم میتوانند آنهارا بخوبی تشخیص دهند. درهرحال، عناصر کاملاایرانی براثر تحولات بیرون افکنده شدند ، ولی این امر بنفسه غیرقابل اجتناب نیست ، چه میتوان بسهولت افکار را بدون کلمات خارجی بااشکال قدیمتر فارسی بیان کرد . براثر این روش ، زبان فارسی دارای دوفرهنگ لغات شده‌است که ازنظر زبانشناسی مطلق، برای تعبیر مقاصد مؤثرتراست[1]. در زبان فارسی ریشهٔ دولغت تقریباً مترادف رامیتوان درهر زمان ازطریق تحقیق رابطهٔ نزدیك آنها تشخیص داد. درهرحال زبان فارسی جدید درمقام مقایسه با زبان ایرانی قدیم آزادی سابق را در استعمال مشتقات بوسیلهٔ الحاق پیشوندهای دال برجهات بریشه‌های فعل، ازدست داده‌است . کلماتی مانند «فره» fra (پیش)، «اوز» uz (بیرون، بالا)، «هم» ham (هم، بایکدیگر)، «نی» ni (پایین)، «اپه» apa (دور)، «ابی» abi (بسوی)، «پتی» pati (به، ضد ، بجای)، «انه» ana و«انو» anu (همراه)، «ادی» adi (روی)، «پرا» parā (دور)، «وی» vi (جدا)،ومواردی‌که دوپیشوند باهم بکار میرفتند مانند «وی‌ـ آ» vi-ā یا«ادی‌ـ آ» adi-ā وامثال آنرا دیگر بآزادی برای رساندن مقصودی بصورت فعل بکار نمیبرند. در فارسی جدیدمانند پارسی میانه، فقط بعض مرکبات از این نوع باقی مانده . بدین ترتیب سرچشمه‌ای برای تعبیرات جدید متروك وخشك گردیده‌است ، ولی خوشبختانه‌سرچشمهٔ دیگری را حفظ کرده‌اند ، و آن آزادی کامل در استعمال ترکیبات اسمی است ، بسیاری از مرکبات قدیم مانند «سوار» suvār، درپارسی باستان «اسه‌باره» assa-bāra ، بجای مانده وعناصر مرکبهٔ آنهاغیرقابل تشخیص گردیده‌اند، واین طرز ترکیب راایرانیان هم‌درمورد

1 ــ همچنانکه در زبان انگلیسی هم سه رشته وجود دارد یعنی : شعبهٔ انگلیسی بومی ازآلمانی ، زبان « آنگلونرماندی » قرون وسطی ، و عدهٔ کثیر لغات علمی لاتینی ، واین شعب از یکدیگر تشخیص داده میشوند .

کلمات بومی و هم لغات خارجی ادامه داده‌اند[1].

II- آسی (استی)[2] - زبانی‌است که درقسمتی از نواحی کوهستانی قفقاز مرکزی رایج است ودرآن دولهجهٔ مهم را- یکی «ایرون»[3] ودیگری «دیگورون»[4] میتوان تشخیص داد. آسها یا آلانها که بنام آنان در تاریخ مکرر برمیخوریم، اصلا از مشرق دریای خزر باین نواحی کوچ کرده‌اند و از این رو زبان آنان بازبان سغدی و خوارزمی ارتباط نزدیك دارد.

آسی درمیان زبانهای ایرانی کنونی مقامی خاص دارد. این زبان یکی اززبانهای بسیار معدودی است که زبان فارسی در آن تقریباً نفوذی نیافته[5]، و بسیاری از خواص زبانهای کهن ایران را تاکنون محفوظ داشته[6].

طریقهٔ حالات هشتگانهٔ تصریف، که درزبانهای دیگر ایرانی بسیار تقلیل یافته درزبان کنونی آسی ادامه‌دارد. هرچند تغییرات صوتی متکلمان بدین زبان را ناگزیر ساخته است که طرق جدیدی برای رسانیدن مقصود بکار برند، دستگاه افعال نیز بامقایسهٔ نظایر آنها در ایران باستان بسیار تغییر کرده ، ولی باقوت وقدرت تمام تجدیدحیات یافته واکنون میتواند همهٔ نکته‌های باریکی را که فعل ایرانی باستان دربر داشت، برساند وازراه پیشوندهای فعل[7] مانند:

(fäl fä ، ni ، i ، ärba ، ba ، ra ، ära ، är ، a)

منجزاً ومصرحاً مقاصد گوینده را تعبیر کند.

همین پیشوندهای فعلی‌است که کهن‌ترین اختصاصات زبان آسی را میرساند. دراین زبان هم مانند قدیمترین متون ایرانی باستان پیشوند فعل از اصل بوسیلهٔ یك یا چند کلمه جداست. همان‌طور که در زبان اوستایی میخوانیم « پئیتی ستوس اینی»[8] (من‌مایلم ستایش بگویم)، در زبان آسی‌هم‌می‌بینیم: «به‌جیمه‌چو»[9] (برو بسوی او) ، «اربه مبل خودتج»[10] (آن‌روی من افتاد)، «نی‌جارت‌کدته»[11] « .او آنرا آتش‌زد). امتیاز عمدهٔ زبان آسی از لهجه‌های خویشاوند خود داشتن حرف تعریف «نه» است که بسیار توسعه یافته‌است .

---

۱ ــ بیلی . ایضاً ص ۲۹۶ــ۲۹۷. ــ راجع به فارسی دری رك . برهان قاطع مصحح نگارنده مقدمه. ص بیست وپنج ببعد بقلم م . معین .

۲ - Ossète   ۳ - Iron   ۴ - Digoron

۵ ــ لهجهٔ کومزاری از لهجه‌های ایرانی‌عمان نیز از دایرهٔ نفوذ زبان فارسی بیرون است .   ۶ ــ دکتر یارشاطر. ایضاً ص ۳۲ .

۷-preverbs   ۸ - paiti stavas ayenī   ۹ -ba jimä co

۱۰- ärba mäbäl xaudtäj   ۱۱ - ni'j art kodta

درقرن گذشته بتحریر ادبیات شفاهی بسیار بکر و بدیع شروع کردند، وهمان زبان را برای مقاصد جدید بکار بردند. داستان قهرمانان «نارت»[1] ممتازترین داستانهای بسیاری است که بدین زبان نوشته‌اند و قطعهٔ ذیل ازیکی ازآن داستانها استخراج شده‌است.

ustur i Nārtmä bärägdār ādtäj duuā mugkāgi Bōriātä āmā Äxsärtäg-kātä, Bōriātä ādtäncā bērā mugkāg, Äxsärtägkātä bā ādāmäj mink'i, äxsārā bā iting mugkāg

ترجمه: درزمرهٔ بزرگان نارت دوخانواده برجسته‌تر بودند: «بوریاته»[2] و«اخسرتگ کاته»[3]. بوریاتا خاندانی بزرگ بود، اماخاندان اخسرتگ کاته ازحیث افراد کم بود ولی ازنظر شجاعت بزرگ مینمود.

درزبان آسی لغات بسیاری هست که درزبانهای دیگرایرانی معادلی برای آنها وجود ندارد. منشأ برخی ازاین لغات از قفقازیه‌است که‌اکنون این زبان در آنجا تکلم میشود. کلمات متعارف عربی که درزبان فارسی جدید متداول‌است کمتر درزبان آسی دیده میشود. درقطعهٔ فوق کلمهٔ «آدم»[4] (مردم) آمده است، ولی‌این کلمه وچندکلمهٔ دیگر مانند آن درمیان همهٔ ملل اسلامی متداول میباشد. درقدیم متکلمان بزبان آسی هروقت باقتباس لغات محتاج میشدند ازهمسایگان اقتباس میکردند، ولی درعصرحاضر بیشتر اززبان روسی عاریت میگیرند. آسی از نظر اختصاصات کهنی که دارد در مطالعهٔ گروه زبانهای ایرانی مقام مهمی را احراز کرده است[5].

III-پشتو (پختو) ـ این زبان زبان محلی مشرق افغانستان و قسمتی از ساکنان مرزهای شمال غربی پاکستان است. هرچندزبانهای فارسی وعربی‌دراین زبان نفوذ یافته، پشتو بسیاری ازخصوصیات اصیل زبانهای ایرانی را حفظ کرده وخود لهجه‌های مختلف دارد مانند: وزیری، آفریدی، پیشاوری، قندهاری، غلزه‌ای، بنوچی و غیره[6]. درپشتو هنوز تشخیص جنس (مذکر و مؤنث) وصرف اسامی رایج‌است[7].

زبان پشتو، پس ازطی یك دورهٔ طولانی که نزد تحصیل کردگان درمحاق بود، در سالهای اخیر بیشتر در میان ملت افغان متداول و رایج شده و ادبیاتی

---

۱ ـ Nart ۲ ـ Bōriātä ۳ ـ Äxsärtägkātä

۴ ـ ādäm ۵ ـ بیلی. ایضاً ص۳۱۵ ـ ۳۱۶.

۶ ـ ونتسی Vanetsi را باید حقاً لهجهٔ جدایی بشمارآورد که باپشتو رابطهٔ قوی دارد. ۷ ـ دکتر یارشاطر. ایضاً ص ۳۳.

پدیدآورده‌است . ازجمله دیوانهای شعری که باین زبان تصنیف‌شده دیوان‌خوشحال خان خطك معاصر اورنگ زیب‌است. اینك نمونه‌ای ازاشعاراو:

rā ša wārwa dā dāstān　　nēk wa bad pa kṣ̌ē bayān
ham ʿabrat ham naṣīḥat dai　　prē di pōh šī dānāyān

ترجمه: بیا واین داستان راگوش‌کن!خوب وبد درآن نشان داده شده‌است. هم عبرت است وهم‌نصیحت. خردمندان! بدان توجه‌کنید.

نظری بدین شعرنشان‌میدهدکه عربی وفارسی کاملادرآن مخلوط شده‌است، وهمهٔ اشعار «خوشحال» نیز بهمین منوال است ، ولی اختصاصات عمدهٔ پشتو در دستگاه افعال ودرتصریف‌اسما ــ که هنوز هم‌بسیار پیچیده‌است ــ محسوس میباشد[1].

IV- بلوچیــ این زبان درقسمتی از بلوچستان وهمچنین در بعض نواحی ترکمنستان شوروی رایج است. در بلوچستان علاوه بر بلوچی زبان دیگری نیز بنام «براهویی»[2] متداول است که از جملهٔ زبانهای «دراوید» یعنی زبان بومیان هندوستان(قبل از نفوذ اقوام آریایی)است.

بلوچی اصلا از گروه شمالی زبانهای غربی است، وبلوچهاظاهراً ازشمال بجنوب کوچ کرده‌اند، ولی‌بلوچی بعلت‌مجاورت بازبانهای شرقی ایرانی بعضی‌از عوامل آنهارا اقتباس‌کرده‌است (مانند gis = خانواده، gwand = کوتاه، gud = جامه، که نظایر آنها راتنهادر زبانهای شرقی ایران میتوان‌یافت). همچنین بلوچی بعضی از لغات براهویی وسندی را اقتباس‌کرده‌است.

زبان بلوچی لهجه‌های مختلف‌دارد که مهمترین‌آنها بلوچی غربی وبلوچی شرقی است‌که‌هریك‌نیز تقسیمات فرعی دارد ، امارویهم رفته بعلت ارتباط‌قبایل بلوچ بایکدیگر تفاوت میان این لهجات زیاد نیست[3].

جهانگردان اشعار حماسی و چکامه‌هایی از بلوچی ضبط کرده‌اند . در اینجانیز ما زبانی قدیمتراز فارسی می‌یابیم،مثلا ازبلوچی«روچ»[4] فارسی(روز)[5]، فارسی امروز (روز)[6]، نسبت به «رئوچه‍ــ»[7] متون پارسی باستان اندکی‌تغییریافته است؛ دربلوچی «بندگ»[8](الزامی)، شبیه پارسی باستان «بندکه‍ــ»[9] (بنده، نوکر)؛ دربلوچی«کپته»[10](افتاده)که درپارسی میانه بصورت‌کلمهٔ مستعار«کفت»[11]شناخته

---

۱ ــ بیلی. ایضاً ص ۳۱۷ .　　۲ – Brahui

۳- دکتر یارشاطر. ایضاً ص ۳۴ - ۳۵.

۴ – rōč　۵ – rōz　۶ – rūz　۷ – rauča-　۸ – bandag

۹ – bandaka-　۱۰ – kapta　۱۱ – kaft

شده، ولی در فارسی جدید مستعمل نیست[1].

این لغات نشان میدهد که بلوچی تاچه حد درمقابل تغییرات صوتی مقاومت کرده‌است . دربلوچی هم‌مانند بسیاری اززبانهای دیگر لغات بسیار ازهمسایگان وارد شده و میراث ایرانی آنرا غصب کرده‌است ۰ مع‌هذا قطعهٔ ذیل شاهدی کافی برای ادامهٔ استقلال اساسی آن میباشد :

kahnē ō kavōt murγānī
hāl mahramē dōstānī
dīrēŋ mizilō rahiyānī
gwar tau manī minnat āŋ savzēŋ murγ
udrē až murγānī kamundēŋ kōhā.
bi rō gwar mēravā dōstēγā
tau nindē manjava rāstiyā

ترجمه: ای کبوتر وقمری درمیان پرندگان، ای پیک حال من بسوی دلبرم، دور پرواز کن! ای پرندهٔ خاکستری فام، دعای من همراه تست. از تخته سنگ شب واز صخرهٔ خشن طیور پرواز کن. بسرای محبوب من درآی وبرطرف راست بستر او بنشین!

در زبان بلوچی علاوه بر کلمات متعارف عربی وفارسی عنصر «سندی»[2] نیز مشاهده میشود،ولی بعضی بخشهای تصریف دورهٔ قدیمتر ایرانی، که درِزبان فارسی جدید اثری ازآن نیست، درزبان بلوچی باقی مانده‌است[3].

۷-کردی - کردی نام عمومی یک دسته اززبانها ولهجه‌هایی است که درنواحی کرد نشین ترکیه وایران وعراق رایج است . بعضی ازاین زبانها را باید مستقل شمرد، چه تفاوت آنها باکردی (کرمانجی) بیش از آنست که بتوان آنها را با کردی پیوسته دانست. دو زبان مستقل از این نوع یکی «زازا» یا «دملی» است که بنواحی کردنشین غربی متعلق است. دیگری «گورانی» که در نواحی کردنشین جنوبی رایج است وخود لهجه‌های مختلف دارد. گورانی لهجه‌ایست که آثار مذهب «اهل‌حق» بدان نوشته شده ومانند زازا بشاخهٔ شمالی دستهٔ غربی تعلق دارد.

زبان کردی اخص را «کرمانجی» می‌نامند که خود لهجه‌های متعدد دارد مانند: مکری. سلیمانیه‌یی، سنندجی، کرمانشاهی، بایزیدی، عبدوئی، زندی ۰

زبان کردی با دستهٔ شمالی لهجه‌های ایرانی غربی بعض مشابهات دارد ،

---

۱ - اما درگیلکی آمده ، ba-kafta (افتاده) (م م.)
۲ - sindhī
۳ - بیلی ایضاً ص ۳۱۷ - ۳۱۸ ۰

واززبانهای مهم دستهٔ غربی بشمار میرود وصاحب اشعار وتصانیف. قصص وسنن ادبی است . هر چند کردی ازحیثیت ساختمان مستقل است ولی زبانهای اطراف یعنی فارسی وعربی وترکی وارمنی در آن تأثیر کرده‌اند وبسیاری ازلغات آن مقتبس ازاین زبانهاست[1] .

این زبان نمونهٔ خوبی ازگروه شمال غربی السنهٔ ایرانی است و مانند خود فارسی تحت تغییرات صوتی عمده‌ای قرار گرفته که در برابر آنها زبانهای پشتو وبلوچی بسیار قدیم بنظر میرسد. اشعار ذیل ازیك حماسهٔ کردی بنام «مام آلان»[2] انتخاب شده است(باملایی که بیشتر از ترکی مقتبس است):

hebūn sē qīzēn padişahē periyane
rojekā derketin, çūn ser kaniya gulane
ji xwe danīn postēn kewane
ketine nava hewza gulane

ترجمه : سه دختر پادشاه پریان بودند . روزی بچشمهٔ گلهای سرخ رفتند. جامه‌های خودرا که ازبال پرندگان بود بدرآوردند ودر میان استخر گلهای سرخ فرورفتند .

درنظر اول آسان نیست که شخص متوجه شود لغت « کت»[3] همان« کفت»[4] (افتاده) است که در متون لهجه‌های شمالی قدیمتر متعارفست، یالغت« کوانه »[5] (کبوتران) نزدیك بلغت پارسی باستان «کپوته»[6] (کبود، خاکستری آبی) است لغت «روج»[7] یعنی (روژ)[8] ، درزبان بلوچی ، که خویشاوند آنهاست ،« روچ »[9] شده است[10] .

براثر مقایسهٔ این زبانها وبسیاری دیگر ازاشکال محلی زبانهای ایرانی است که میتوانیم موقع زبان فارسی‌را در جامعهٔ زبانهای‌ایران وهند تشخیص دهیم، وازآنجا بافق وسیعتر زبانهای هند واروپایی نظرافکنیم.

خلاصهٔ فهرست مانند ذیل رابطهٔ بین زبانهای ایران را تا حدی روشنتر خواهد کرد:

۱ــ قدیمترین مرحله (ایرانی باستان).

پارسی‌باستان درکتیبه‌های هخامنشی.

---

۱ ــ دکتر یارشاطر. ایضاً ص ۳۵ .   ۲ – Mame Alan   ۳ – ket

(رك . ص بیست و هفت ، سطر آخر و بیست و هشت ، سطر اول)   ۴ – kaft

۵ – kewane   ۶ – kapauta   ۷ – roj   ۸ – rōž   ۹ – rōč

۱۰ ــ بیلی . ایضاً ص ۳۱۸ــ۳۱۹ .

زبان مادی دراسماءِ خاص(اعلام) وبرخی از لغات آشوری، یونانی ومتون پارسی باستان.

متون اوستا که محل اصلی آنها مسلم نشده و شاید ازخوارزم قدیم باشد.

۲ ـ مرحلهٔ بعدی (پارسی میانه).

متون پارسی و پارتی مربوط بایران عهد ساسانی و آسیای مرکزی.

متون سغدی ازآسیای مرکزی وجبال نزدیك سمرقند.

زبان خوارزمی که درنسخه‌های خطی قوانین ودیگر نسخه‌های عربی مربوط بقرن یازدهم میلادی نقل شده‌است.

زبان ختنی، درختن، درآسیای مرکزی که بین قرنهای چهارم ودهم میلادی نوشته شده‌است.

۳ ـ مرحلهٔ معاصر (ایران جدید).

زبان فارسی که زبان رسمی ایران‌است و درآن عناصر بسیاری اززبانهای پارتی وسغدی داخل شده‌است.

زبان کردی در ایران، عراق وترکیه.

زبان بلوچی در بلوچستان.

زبان پشتو که زبان عمدهٔ افغانستان‌است.

زبان وخی و زبانهای دیگر پامیر.

زبان سغدی جدید که نزدیك سمرقند در درهٔ یغناب بدان تکلم میشود

زبان آسی که درقرون وسطی زبان آلانان بوده و امروزه درقفقازیه بدان تکلم میکنند.

اکنون در ایران و آذربایجان شوروی به‌بسیاری، ازلهجه‌های دیگر نیز گفتگو میشود[1].

---

۱ ـ بیلی. ایضاً ص ۳۱۹ـ۳۲۲. ـ از ذکر و شرح لهجه‌های ایرانی (مرده و زنده) درین مبحث صرفنظر میشود وخوانندگان را بمقدمهٔ برهان قاطع چاپ‌دوم ج ۱مقدمه‌ص‌سی‌وهفت ـ چهل‌وچهار، وج۵ص۹ببعد(بقلم‌م.معین) ومقدمهٔ لغت نامه (شمارهٔ مسلسل۴۰) ص۱۹ـ۲۴ (بقلم دکتریارشاطر) مراجعه میدهیم.

رابطهٔ زبان فارسی و زبانهای دیگر هند واروپایی[1]

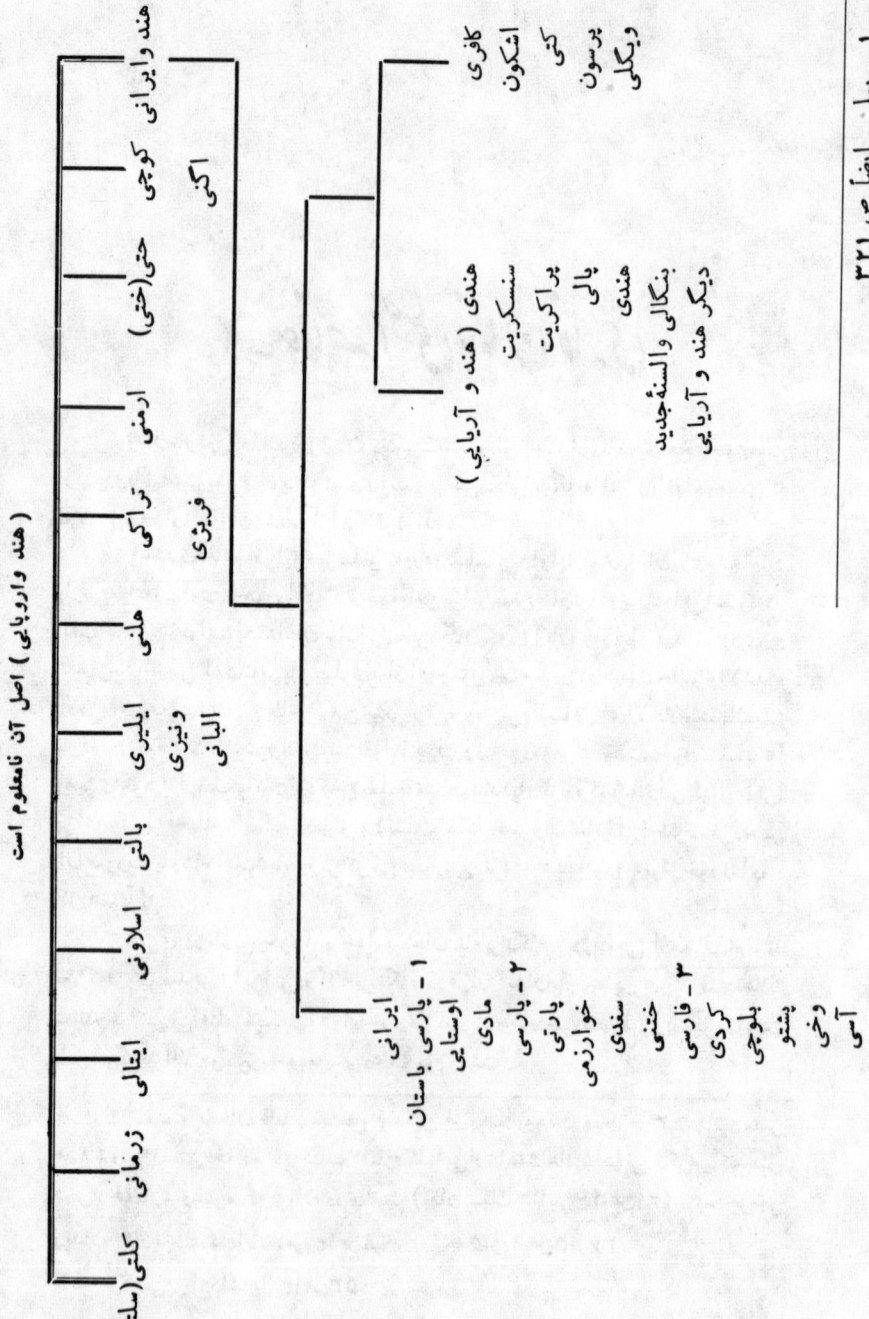

(هند واروپایی) اصل آن نامعلوم است
هند وایرانی
کوچی
حتی(ختی)
ارمنی
تراکی
فریژی
هلنی
ایلیری
البانی
بالتی
اسلاونی
ایتالی
ژرمانی
کلتی(سلتی)
ایرانی
۱ - پارسی باستان
اوستایی
مادی
۲ - پارسی
پارتی
خوارزمی
سغدی
ختنی
۳ - فارسی
کردی
بلوچی
پشتو
وخی
آسی
هندی (هند و آریایی)
سنسکریت
پراکریت
پالی
هندی
بنگالی والسنهٔ جدید
دیگر هند و آریایی
کافری
اشکون
کتی
پرسون

۱ - بیلی. ایضاً ص ۳۲۱

۲ - عناصر اصلی زبان فارسی

زبان‌فارسی ـ مانند هرزبان دیگر ـ مخلوطی است اززبانهای مختلف. بعضی ازاین زبانهاهمریشه وخویشاوند وی‌اند، وبرخی بکلی بیگانه‌اند. زبانهای مهمی که لغات آنها وارد فارسی شده ازاین قرارند :

۱-دری قدیم-قراین‌میرساندکه‌درعهدساسانی واوایل اسلام‌زبان‌دری بمحاذات پارسی‌میانه(پهلوی)وجودداشته[۱]، ازجملهٔ این‌قراین‌بعض‌عبارتها وجمله‌هایی‌است‌که‌در کتب عربی ازقول شاهنشاهان ساسانی وبزرگان دورهٔ آنان واوایل عهد اسلام درج شده‌بزبان‌پارسی است‌نه‌بزبان‌پهلوی، ازآن‌جمله: جاحظدرکتاب المحاسن‌والاضداد آرد[۲]: «ووقع عبدالله‌بن طاهر: من سعی رعی، ومن‌لزم‌المنام رأی‌الاحلام.هذاالمعنی سرقة من‌توقیعات انوشروان،فانه یقول: هرك‌روز چرز وهرك خسپذ خواب بینذ.»[۳] دمیری نوعی ازمسکوکات راکه «بغلیه»مینامیدند،یادکرده‌گوید: رأس‌البغل آنرا برای عمربن خطاب بسکهٔ کسرویه (بسبك سکهٔ خسروان ساسانی) ضرب کرده‌وبر آن صورت پادشاه حك‌شده وزیر کرسی بفارسی نوشته شده بود: «نوش‌خور!»ای : کل هنیئاً[۴].

طبری درتاریخ خودآرد[۵]:«اسبیدهان نام‌پرتگاهی درکوهی ازمحال نهاوند بودکه‌قریب صدهزارایرانی‌درآن پرتگاه درفرار ایشان از مقابل عرب افتاده‌هلاك شدندوهرکس‌می‌افتاد میگفت: «وایه‌خرد» (یعنی‌ای‌وای خردشدم‌ظ) وبهمین‌مناسبت طبری گویدآن موضع به«وایه خرد» موسوم گشت[۶].

---

۱ - رك. مقدمهٔ برهان قاطع مصحح م.معین ص‌بیست وهفت ببعد. ۲- چاپ مصر ص۱۲۸. ۳-نیز جاحظ درکتاب التاج کلماتی‌ازشاهنشاهان‌ساسانی ذکرمیکندمثل «خرم خفتار» وغیره که‌بزبان دری‌است (بهار.سبكِ شناسی‌ج۱ ص۲۱). ۴- جرجی زیدان، تاریخ‌التمدن‌الاسلامی‌ج۱ص۹۸. ۵-ج۱ ص۲۶۲۵ .

۶ - قزوینی. یادداشتها ج۱ص۵۴.

ابن‌قتیبه درعیون الاخبار ازقول علی بن‌هشام روایت‌کند[1]: « در شهر مرو مردی بود که برای ماقصه‌های گریه‌آور نقل میکرد ومارامیگریانید. پس‌ازآستین طنبوری برمی‌آورد وچنین می‌خواند: ابااین تیماربایداندکی‌شادی...»واین‌جمله هم پارسی‌است[2].

۲- پارتی- عده‌ای‌ازلغات اززبان پارتی درفارسی دیده میشود از جمله: افراشتن،اندام، جاوید، خاست،فرشته ،مرغ که درپارسی آثارتورفان‌بترتیب بشکل awrāst، hanām، ǰāyēd، -xist، frēstag و mūrv آمده‌است .

همچنین پور، پهلوان، چهر، شاهپور،شهر، فرزانه‌را طبق‌قواعد زبانشناسی باید ازکلمات پارتی محسوب داشت[3].

۳- پارسی‌میانه (پهلوی)- غالب لغاتی‌که ازاین زبان مستقیماً واردفارسی شده[4]، لغات دینی (زردشتی) است، ازاین قبیل‌است:

آبان، پارسی میانه āpān (یکی از ایزدان)؛ آفرینگان ، پارسی میانه āfrīgān(رشته‌ای ازنیایشهای‌زردشتی)؛ ارد، پارسی میانه art (یکی‌ازایزدان)؛ اردش، پارسی میانه arduš (ضربتی بوسیلهٔ سلاح باسوء قصد)؛اردیبهشت، پارسی میانه urt-vahišt (یکی ازامشاسپندان)؛ اشتاد، پارسی‌میانه aštād (یکی از ایزدان)؛ امرداد، پارسی‌میانه amurdāt (یکی ازامشاسپندان).انیران ، پارسی میانه anirān (یکی از ایزدان)؛ اوستا، پارسی میانه apistāk (اوستا، کتاب دینی)؛ ایارده، پارسی میانه āyārtak (تفسیر اوستا)؛ ایزد (خدا)، پارسی‌میانه yazd (فرشته)؛ برسم، پارسی‌میانه barsum(شاخه‌های بریده از درختی‌مقدس)؛ بهشت، پارسی vahišt (فردوس‌برین)؛ بهمن، پارسی میانهvahuman (یکی از امشاسپندان)؛تنافور، پارسی‌میانهtanāpuhr(محکوم‌ازلحاظ‌دینی)؛خرداد، پارسی میانهxordāt(یکی‌ازامشاسپندان)؛ خرده‌اوستا، پارسی‌میانهxurtak apistāk (بخش پنجم ازاوستا)؛ خورشید ، پارسی میانه xvaršēt (یکی از ایزدان ، آفتاب)؛ دین ، پارسی میانه dīn (وجدان ، دین)؛ رشن ، پارسی میانه rašn (یکی از ایزدان)؛زند، پارسی میانه zand (تفسیر اوستابپارسی میانه‌یاپهلوی)؛ سروش، پارسی‌میانهsrōš(یکی‌ازایزدان)؛ سفندارمذ، پارسی‌میانهspandār-mat (یکی ازامشاسپندان)؛ شهریور، پارسی میانه šatrivar (یکی ازامشاسپندان)؛

۱- عیون‌الاخبار چاپ قاهره ج۴ص۹۱. ۲ - مرحوم بهار این‌جمله را شعر هفت هجایی بزبان دری دانسته‌اند (سبك شناسی ج ۱ ص ۲)

۳- دکتریار شاطر. ایضاً ص ۲۸ و۳۸.

۴- صرف‌نظر ازلغاتی که طبق‌قانون تحول بصورت فارسی‌دری در آمده.

گوش پارسی‌میانه gušـ(یکی ازایزدان)؛ماراسپند؛ پارسی میانه amahraspend (یکی ازایزدان)؛ مهر ، پارسی میانه mitr (یکی از ایزدان)؛وچر،پارسی میانه vičar (فتوی)؛هرمزد هرمز،پارسی میانه auharmazd؛ همستکان،پارسی‌میانه hamēstagān؛ یزدان، پارسی‌میانه yazdān (خدا)[1].

۴- هندی - در دورهٔ ساسانیان وعهد اسلامی تعدادی از لغات هندی وارد فارسی‌شده، از آن جمله است:

انبه، برشکال، جمدر (جمدهره)، جنگل، چنم، جوکی (جوگی، یوگی)، چاپ، چمپا (چنپا)، دهره، شل (نوعی نیزهٔ کوچك)، کافور، کپی، کتاره(قداره)، نارگیل، نیلوفر، هلاهل[2].

۵- عربی- درنتیجهٔ حملهٔ عرب بایران وتسلط اسلام، مقداری معتنی به‌از لغات عربی وارد زبان فارسی گردیده. این نکته شایان ذکر است که زبان‌عربی باهمان قوتی که بمصروسوریه متوجه گردیده بود بایران هم‌توجه‌کرد، ولی‌ایرانیان-تاآنجاکه مقدور بود- در مقابل این‌زبان مقاومت‌کردند ومانند قبطیان، نبطیان، آرامیان وسریانیان بکلی زبان خود رااز دست‌ندادند.

درقرون اول (تاقرن پنجم) تنها لغاتی که معادل فارسی نداشته و همچنین لغات اداری عربی وبعض مترادفات (که درنگارش بکار میآمده یابدرد قوافی‌شعر میخورده) ویالغات کوتاه وفصیح‌عربی‌که دربرابرآن لغات دراز وغیر فصیح‌فارسی وجود داشته، داخل ادبیات فارسی‌شد.

نمونه لغاتی که در فارسی نبوده [3](وغالب آنها دینی است): زکات (زکاة)، حج، مسلم، مؤمن، کافر، جهاد، منافق، فاسق، خبیث، آیت، قرآن، اقامه، متعه، طلاق، قبله، محراب، مناره، مأذنه، اذان، شیطان، سجین، غسلین، زقوم، تسنیم، کوثر، منکر ونکیر، حشر، نشر، واجب، مستحب، حلال، حرام، مبارك، برکت، وسوسه،غالیه، لخلخه، جبه، مقنعه، دراعه، طیلسان ، کعبه، تکبیر ، عقاب ،عذاب، جحیم، سقر، غاشیه، سعیر، طوبی، حور، غلمان، خلد، نعیم، شهادت، رکوع،سجود، سجده، سلام، مسجد، صدقه،هدیه، دعا، ورد، عزرائیل، اسرافیل، جبرئیل،میکائیل، عرش، فرش، کرسی ، لوح، قلم، ازل، ابد، تسبیح، تهلیل، تهجد، نافله ، حنوط ، کفن، تشییع،شهید، شهادت، افترا، استغفار ، آدم،حوا،لعنت، رجیم،مرحوم،قربان، شنبه، جمعه،انفاق وغیره.

۱- برای‌اطلاع بیشتر ازهریك ازاین‌کلمات،رك. حواشی برهان‌قاطع‌مصحح نگارنده؛روزشماری‌درایران‌باستان‌بقلم‌نگارنده،ومتن‌کتاب حاضر (کلمات‌مذکور).

۲- رك . سبك‌شناسی ۱:۲۸۰-۲۸۱ ؛ برهان‌قاطع مصحح نگارنده (کلمات‌مذکور)؛ متن‌کتاب حاضر (کلمات مذکور). ۳- بدیهی‌است که‌معادل‌بعضی ازین‌لغات‌درفارسی وجود دارد (م.م.)

لغات اداری که بوسیلهٔ دولت رواج گرفته [1] **:** اول وثانی و باقی اعداد خاصه درسال‌شماریها وماههای عربی و بروج ، حرب ، هیجا ، غازی ، غزا ، غزو،سلطان، شحنه، حرس، شرطه، محتسب ، اجتناب، امرونهی ، معروف ومنکر، امیر ، ملك (بفتح‌اول‌وکسردوم).ملك(بضم‌اول)،ملکت،رعیت،مملکت، کاتب، کتاب(بتشدیددوم)، رسول،انهی(انهاء)، منهی،اشرف، مشرف،دولت،ملت،حبس،خادم،خدمت،غلام،علم، تعبیه، عصیان، خلاف،طغیان، طاغی، خارجی، خوارج، امام،عفو،سخط،لجاج،صلح، خلافت، خلیفتی، خلیفه، حرم، اتفاق، نفاق، رایت، علم ، علامت ، مقدمه،ساقه ، فرار،هزیمت، سبب،اسباب،اختیار، اعتبار، عامل، حاکم، بیعت، استخفاف،ولیعهد، خلف، سلف، نسب، حسب، خطبه (بضم‌اول)، خطبه (بکسر اول)، خطیب، مخاطبه، عتاب، زجر، حساب، معاونت، طلب، حق، اجابت، دعوت، داعی ، ادعا ، غوغا ، فساد، ترتیب، راتب، عطا، اجرا، اجری، غنیمت، کفایت، کافی، صعب، خوف، رجا ، دفع، رد،التماس، التجا، جوار، حمایت، حامی، تعصب، عصبیت، حمیت ، فخر، عار، مباهات، حد، رباط، حصن ، حصار ، قضا ، قدر ، امن، ایمن،عبره، عبرت، بعض، نفر، جمع ،جمعیت،شرافت، شریف ، سید، عظیم ، اطاعت ، مطیع ، طاعت، تعزیت، تهنیت، انتقام، حمد، شکر ، حیلت، وسیله، کرم، اکرام، سخا ، بخل، فارغ، فراغت، سلاح، خدعه، مکر،حاجت، احتیاج، اضطرار، مضطر،مهلت، قبل (بکسر اول وفتح دوم) ، طرف (بفتح اول ودوم)، جهت، شهر(ماه)، محل ، محلت، عرض، عرضه ، جیش، مصاف،نصرت، فتح، غلبه،قلیل،کثیر، اعتماد،معتمد، عهد، تعهد، طعام، تبدیل، بیت‌المال، معلوم، قوم، هلاك، نفقه، عدل، ظلم، وقعت ، جنیبت،خیل، نعل،غریب،غربت،قربت،قرب،قریب،صنعت،صنع،اسیر، مولی، موالی، شکایت،مدارا،رفق، تعجیل،غافل،قرار،مقر ،اقرار، ذکر(بکسراول)، شرح،واقعه، موسم، اهل، اهل‌بیت، موکل، مستحث، قسم، خذلان، علف، مبارز، بطل ، شجاع ، جبان، جبن، نعره، قصد، عزم، عزیمت، وفا، جفا، احسان، اکرام، لجاج، الحاح، مقام (بفتح اول)، مقام(بضم اول) ،نزول، قفل، غل، جامع، بأس، یأس،قوت،قوی، حجت، خضوع، خاضع ، خبیث، خبث، لعین، ملعون، میمنه، میسره، جناح، قلب، طلایه (طلایع) ، حمله،محابا ،حاشا ،غیب،غیبت،آلت، عدت(بکسر اول)، عدت(بضم اول)، ذلیل، ذل، ذلت، غارت، قتل، طبع، طمع، قول، خاص، عام، حربه، عذر، معذور، عم، خال، محال، فال، جراحت، جاه، عز، عقوبت، عقب، عمده ، سهل ، خجل، خجلت، من‌یزید، حرج، اقبال، قبول، رد، قاعده، اساس، خفیه ، مشرق ،

۱ــ این‌لغات‌ازترجمهٔ تاریخ‌طبری‌وتاریخ‌سیستان واشعار استخراج شده و در عهد سامانیان رایج بوده‌است (بهار، سبك شناسی ج۱ ص۲۵۹) .

مغرب، شرق، غرب، حق، باطل، قدر، محل، عمر، وداع تحیت، سلام، رضا، تقصیر، خلق، کفایت، مظالم، قصه، صاعقه، صوافی، حوالی، حدود، رفع قصه، مظلمه، قسمت، تقسیم، تمییز، میزان، جمع وخرج، اخراجات، مال، نظم، لغت، شعر، مدح، ذم، مدیح، هجا، قصیده، غزل، صلت، عجز، عجم، هجرت، تصویر، شکل، نسل، نسب وغیره[1].

۶ ـ لغات ترکی ـ بسبب تسلط سلسله‌های ترك (غزنویان، سلجوقیان، خوارزمشاهیان وایلك خانیان) واستقرار سپاهیان ترك درشهرها وقری و قصبات ایران وممالك همجوار تعدادی معتنی‌به از لغات ترکی وارد زبان‌فارسی شده که از آن جمله‌است:

اتا، اتابیك (اتابك)، اتسیز، اطاق (وطاق)، باشی، بغرا، بلدرچین، بیگ (بگ)، بیگم (بگم)، تاش (در: خیلتاش، خواجه تاش)، تیلاق، چاروق (چارق)، چخماق (چخماخ)، خاتون، خاقان، خان، سنجاق (سنجق)، طوغان (طغان)، قاپچی، قراول، قربان (کماندان)، قنجوقه، قولاج، گلن، یتاق، یرگه (جرگه)، یزك، یونجه[2].

۷ـ لغات مغولی ـ بسبب استیلای مغولان برایران (ازقرن هفتم ببعد) تعدادی از لغات مغولی وارد فارسی شده که ازآن جمله‌است:

آغروق، آقا، آل‌تمغا، آلتون، آلتون تمغا، ارتاق، اردو، اروغ، الاغ (اولاغ)، الوس، الوك، ایراخته، ایغاغ (ایقاق)، ایل، ایلخان، ایلچی، ایناق، اینی، باشقاق، بالش، نعناغ، بهادر، پایزه، ترغو، تغار، تکشمیشی، تمغا، تنسوق (تنگسوق)، تومان، چریك، چوك، ساوری، سوغات، سولوق، سیورسات، سیورغامیش، سیورمیش، طرقاق، غاغمیشی، قراغچی، قمیز، قوبچور، قورچی، قوریلتای، کتل، کریاس، کنکاش، نوکر، یارغو (یرغو)، یاسا (یاسه)، یاغی، یام، یای، یرلیغ، یورت[3].

۸ـ لغات اروپایی ـ ازعهدصفویه بمناسبت رفت‌وآمد سفیران‌و بازرگانان‌ممالك خارجه‌بایران وبعکس‌بتدریج بعض‌لغات‌اززبانهای بیگانه‌وارد فارسی شد. درعهد قاجاریه بمناسبت‌اعزام‌سفیران‌بممالك‌اروپایی وتأسیس‌سفارتخانه‌ها وکنسولخانه‌های آنها درتهران و شهرهای دیگر، و بالاخص پس‌از اعزام‌محصلان باروپا (در زمان ناصرالدین‌شاه) گروهی معتنی‌به‌ازلغات غربی‌عاریت گرفته شدند. پس‌از مشروطیت وایجاد روابط مستقیم بین ایران وکشورهای غربی هجوم‌لغات اروپایی‌وآمریکایی

---

۱ ـ رك. بهار. سبك شناسی ج۱ص۲۵۷ـ۲۶۵. ۲ ـسبك‌شناسی ۱:۲۸۰؛ برهان قاطع مصحح نگارنده. مقدمهٔ نگارنده‌ص‌صد؛ ورك. لغات‌مذکور، درمتن وحواشی برهان و فرهنگ حاضر. ۳ ـ سبك شناسی ج۱ ص۹۸ـ۱۰۰.

محسوستر شد. از میان زبانهای اروپایی بیش‌ازهمه لغات‌فرانسوی وارد فارسی‌شده.

نمونه‌ای از لغات فرانسوی: آدرس، آرتیکل، آژان، اتومبیل، ارگ(آلت موسیقی)، بانك، بلیط، پارتی، پارك، پارلمان، پانسیون، پرگرام، پلیس، پلیتیك، پیانو، تآتر، ترور، تروریست، تریبون، تلفن، تلگراف، تلگرام، دفیله، دموکرات، دموکراسی، دیپلم، دیپلمات، دیپلماسی، دیپلمه، دیکته، رادیکال، رفورم، رمان، ژاندارم، ساردین، سالن، سانسور، سئانس، سندیکا، سوپ، سوسیالیست، سوسیالیسم، سیفون، سیکل (دورهٔ تحصیلی)، فئودال، فئودالیسم، فکل، کابینه، کتلت، کلاس، کمد، کمونیست، کمونیسم، کمیته، کمیساریا، کمیسیون، کنسول، کنفرانس، کنیاك، گاز، لامپ، لیموناد، مارش، ماشین، مبل، مد، مرسی، موزیك، نمره.

نمونه‌ای از لغات انگلیسی: استوپ، اسموکینگ، اوت، باسکت‌بال، بطری، بك، تایم، تراموای، تی‌پارتی، جنتلمن، ساندویچ، سنتر، سنترفوروارد، فوتبال، فوروارد، فول، کتری، کوکتل، گیلاس (لیوان)، گل، گلر، گل‌کیپر، واگن، والیبال، هاف‌بك، هاف‌تایم.

نمونه‌ای از لغات روسی: استکان، اسکناس، بلشویسم، بلشویك، چتور، چرتکه (چتکه)، درشکه، روبل، سماور، شوشکه، کالسکه، منات، وتکا.

خلاصه- درزبان فارسی عناصر متعدد اززبانهای مختلف‌شرقی وغربی‌وارد شده، ازین قرار:

I- زبانهای هند و اروپایی

الف- زبانهای هند وایرانی

۱ - سنسکریت. ۲ - هندی.

ب- زبانهای ایرانی

۱ - سغدی. ۲ - ختنی. ۳ - خوارزمی.

ج- زبانهای اروپایی

۱ - فرانسوی. ۲ - انگلیسی. ۳ - آلمانی. ۴- روسی

۵-ایتالیایی. ۶ - اسپانیایی.

II - زبانهای سامی

الف- زبانهای قدیم (مرده)

۱- اکدی. ۲- آشوری. ۳- بابلی. ۴- عبری قدیم.

۵-آرامی. ۶ - سریانی.

ب- زبانهای متأخر (زنده)

۱- عربی. ۲- حبشی.

III- زبانهای آسیای وسطی وآسیای خاوری

۱- چینی. ۲- ترکی. ۳- منولی.

۳ - اهمیّت فارسی

فارسی یکی ازبزرگترین زبانهای ایرانی‌است‌که امروزبدان‌تکلم‌وکتابت میشود. درمیان زبانهای متعدد ایرانی، فارسی یگانه زبانی‌است که درقارهٔ آسیا بمقام ونفوذی دست یافته است که هیچیك ازالسنهٔ دیگر ایرانی بدان نرسیده[۱] .

وسعت آن از شمال شرقی بآسیای وسطی واز مشرق بچین وازجنوب‌بتمام شبه قارهٔ هندوستان وازمغرب بسراسرآسیای صغیر سرایت‌کرده بود، وقرنهازبان ادبی ودرباری هندوستان فارسی بود.

هم‌اکنون زبان رسمی دوکشور ایران وافغانستان(که پشتو نیززبان‌دیگر آنست)فارسی است،ودرکشورهای مجاورمانند پاکستان، هندوستان، عراق(عرب)، تاجیکستان و ققفازیه (آذربایجان شوروی) بزبان‌فارسی کمابیش تکلم وکتابت میشود .

ادبیات فارسی و مخصوصاً اشعار (عشقی و عرفانی) آن در میان ادبیات جهانی رتبه‌ای شامخ دارد.

زبان فارسی درمطالعات ایران شناسی نیزمقامی بسیار برجسته‌ومهم دارد ودرزمینهٔ مطالعات کلی زبانشناسی، زبان مزبورخاصیت انعطاف‌و توسعهٔ خودرا، از لحاظ طول زمان و نوع زبان نشان داده‌است ، وآنچه که از اشکال قدیم وی بجای مانده قابل تجزیه وتحلیل بسیاراست[۲].

فارسی ازلحاظ تأثیر درزبانهای عربی ، ترکی، اردو وزبانهای اروپایی (فرانسوی، انگلیسی، روسی وغیره) نیزشایان توجه است[۳].

---

۱ ــ بیلی . ایضاً ص ۳۱۵ .   ۲ ــ بیلی. ایضاً ص ۳۲۰ .

۳ ــ این مقدمه گنجایش بحث در بارهٔ آنها را ندارد وبدین‌جهت‌از ذکر شواهد صرف‌نظرمیکنیم .

۴ ـ فرهنگهای فارسی

ایرانیان ـ ایرانیان بسیار دیر بفکر تدوین فرهنگ برای فارسی دری افتادند، وظاهراً فرهنگ نویسی درقرن پنجم ه. آغاز گردید. نام دوفرهنگ که در قرن مذکور تألیف شده بما رسیده: «رسالهٔ» ابوحفص سغدی[1] و «تفاسیر فی لغة ـ الفرس» تألیف شرف الزمان قطران بن منصور ارموی شاعر معروف (متوفی ۴۶۵ ه ق.) ولی هیچیك ازین دوکتاب بما نرسیده[2].

قدیمترین کتابی که درین زمینه دردست است «لغت نامه» تألیف اسدی طوسی شاعر است که بنام فرهنگ اسدی یا لغت فرس مشهوراست. این لغت نامه یا فرهنگ اسدی یکی از کتابهایی است که درآنها بسیار دست برده‌اند و در هر زمانی برای تکمیل چیزی برآن افزوده‌اند، چنانکه بجرأت نمی‌توان گفت آنچه از اسدیست کدامست. بااین همه کتابی جالب توجه وسودمنداست که اساس ومبنای همهٔ لغت نویسانی است که پس از اسدی آمده‌اند[3].

ظاهراً پس ازاسدی تامدتها کتابی نظیر آن تألیف نشده تادرقرن هشتم «صحاح ـ الفرس» توسط شمس الدین محمد هندوشاه نخجوانی مشهور به شمس منشی تألیف شد (بسال ۷۲۸ ه ق.) [4]. سپس در همان قرن شمس فخری اصفهانی در «معیار جمالی ومفتاح ابواسحاقی» یك فصل (فن چهارم) رابه «لغت فرس» تخصیص داد.

۱ـ آقای نفیسی بقراینی این ابوحفص سغدی رابجز ابوحفص حکیم بن احوص سغدی مخترع شهرود که درحدود ۳۰۰ و ۳۰۶ میزیسته دانند (مقدمهٔ برهان قاطع مصحح م. معین ج ۱. ص شصت وهشت). ۲ـ رساله‌ای خطی بنام فرهنگ قطران در دست است که مجعول مینماید. ۳ ـ رك. نفیسی. مقدمهٔ برهان. ایضاً ص هفتاد.
۴ـ رك. برهان قاطع مصحح م. معین دورهٔ دوم ج ۵ (تعلیقات) ص ۱۳-۱۴؛ لغت نامهٔ دهخدا. مقدمه ص ۱۸۷-۱۸۸؛ مقدمهٔ صحاح الفرس مصحح دکتر عبدالعلی طاعتی.

در زمان شاه طهماسب صفوی (۹۳۰–۹۸۴) میرزا ابراهیم بن میرزا شاه حسین اصفهانی فرهنگی تألیف کرد که بنام «فرهنگ میرزا ابراهیم» معروف است[۱].

در اوایل قرن یازدهم، محمد قاسم متخلص به سروری کاشانی ابن حاج محمد «مجمع الفرس» را بسال ۱۰۰۸ه ق. تألیف کرد. چون این فرهنگ بهند رسید، مؤلف جهانگیری از آن استفاده کرد وسپس فرهنگ جهانگیری بایران وارد شد وسروری در تجدید نظر فرهنگ خود آنرا مورد استفاده قرارداد[۲].

در قرن سیزدهم «برهان جامع» توسط محمد کریم تبریزی تألیف ودر ۱۲۶۰ ه ق. در تبریز چاپ شد، و آن خلاصهٔ برهان قاطع است و در حاشیه بعض شواهد برای لغات آمده.

«انجمن آرا» بقلم رضاقلی خان هدایت لله باشی درهمین قرن منتشر گردیده (خاتمهٔ تألیف ۱۲۸۸ه ق.).

فرهنگ ناظم الاطباء یا «فرنودسار» تألیف دکتر میرزاعلی اکبرخان نفیسی ناظم الاطباء (متوفی ۱۳۴۲ه ق.) است که در ۵ مجلد منتشر شده[۳].

«لغت نامهٔ دهخدا» تألیف علی اکبر دهخدا که در سال ۱۳۲۵ ه ش. بطبع دورهٔ آن ازطرف مجلس شورای ملی آغاز گردید و سپس اداره و طبع آن بعهدهٔ دانشگاه تهران محول شد و تاکنون ۸۱ مجلد آن طبع شده، و آن مشروحترین فرهنگ ودائرة المعارف فارسی است.

درسالهای اخیر فرهنگهای کوچك ومتوسط متعدد چاپ ومنتشرشده که مؤلفان آنها بحد خود درین راه خطیر کوشیده اند وسعی آنان مشکوراست.

هندوان– ازقرن هشتم هجری هندوان شروع بتألیف فرهنگ فارسی کردند. نخستین فرهنگی که درهند نوشته شده تألیف مبارك شاه غزنوی مشهور به فخر–قواس (متوفی ۷۱۶ ه ق.) است بنام فرهنگ قواس[۴].

سپس محمد بن قوام بن رستم بن محمود بدر خزانهٔ بلخی معروف به کری کتاب «بحر الفضائل فی منافع الافاضل» راتألیف نمود (اواخرقرن هشتم)[۵].

پس ازاو قاضی خان بدرمحمد دهلوی معروف به دهاروال در ۸۲۲ه ق. «اداة الفضلاء» را برشتهٔ نگارش درآورد:

دراوایل قرن نهم، ابراهیم قوام فاروقی درولایت بهارهند « شرف نامه » را

۱– فرهنگ نظام. ج۵ مقدمه ص۱۵ یه. ۲– رك. مقدمهٔ برهان قاطع مصحح نگارنده، مقدمه، ص هشتادویك – هشتادوپنج؛ فرهنگ نظام ج۵ ص۱۷ یز–۱۹ یط. ۳ – رك. مقدمهٔ فرهنگ مزبور بقلم سعید نفیسی. ۴ – رك. فرهنگ نظام ج۵. مقدمه ص۴ د (حاشیه) وص ط. ۵– ایضاً ص۱۰۹ – ط ی.

بنام مرشد خود شرف‌الدین احمد منیری تألیف کرد[1].

محمدبن داودبن محمود بسال ۸۷۳ ه‍ ق. «مفتاح‌الفضلاء» را تدوین کرد[2].

محمودبن شیخ ضیاء درزمان اسکندربن بهلول‌شاه کتاب «تحفة‌السعاده» را بسال ۹۱۶ برشتهٔ نگارش درآورد[3].

در اوایل قرن دهم کتاب «مؤیدالفضلاء» را محمدلاد تألیف کرد، و در اواسط قرن مذکور «فرهنگ شیرخانی» یا «فوائدالصنائع» تألیف شد، و خلاصهٔ آن بنام «زبدة‌الفوائد» بسال ۹۵۵ تنظیم گردید[4].

نیز در اوایل همان قرن «کشف‌اللغات» توسط عبدالرحیم‌بن احمد سور تألیف شد، و همچنین درهمان اوان حسین وفائی «فرهنگ وفائی» را بسال ۹۳۳ ه‍ ق. تألیف کرد[5].

همچنین درهمان قرن «فتح‌الکتاب» بقلم ابوالخیربن سعد انصاری بنام فتح خان الهنی بسال ۹۹۱ ه‍ ق. برشتهٔ تحریر درآمد[6].

در پایان قرن مذکور «مجمع‌اللغات» توسط ابوالفضل وزیر جلال‌الدین اکبر شاه تألیف شد (بسال ۹۹۴ ه‍ ق.)[7].

در اوایل قرن یازدهم «مدارالافاضل» بقلم‌الله داد فیضی ابن اسدالعلماء علی شیرسرهندی برشتهٔ نگارش درآمد (سال ۱۰۰۱ ه‍ ق.)[8].

جمال‌الدین حسین‌بن فخرالدین حسن انجوی شیرازی در سال ۱۰۰۵ ه‍ ق. «فرهنگ جهانگیری» را بنام نورالدین جهانگیر شروع و در ۱۰۱۷ بپایان رسانید و سپس در آن تجدید نظر کرد و در ۱۰۳۲ نسخهٔ مجددی از آن بپادشاه هند عرضه داشت[9].

درهمان قرن «جهار عنصر دانش» در زمان سلطنت جهانگیر (۱۰۱۴ - ۱۰۳۷ ه‍ ق.) توسط امان‌الله ملقب به خانه‌زاد خان فیروز جنگ برشتهٔ تألیف درآمد[10].

۱- ایضاً ص ۱۰ ی. ۲- ایضاً ص ۱۱ یا. ۳- ایضاً ص ۱۲ یب.
۴- ایضاً ص ۱۳ یج. ۵- فرهنگ نظام. ایضاً ص ۱۳ یج - ۱۴ ید.
۶- ایضاً ص ۱۵ ید. ۷- ایضاً ص ۱۵ یه - ۱۶ یو. ۸- ایضاً ص ۱۶ یو.
۱۷- یز. ۹- رک. برهان قاطع مصحح نگارنده ج۱. مقدمه ص هشتاد و یک - هشتاد و پنج (بقلم علی‌اصغر حکمت) و مقدمهٔ لغت‌نامه ص ۱۹۶ - ۱۹۷ تکرار مقالهٔ برهان)؛ فرهنگ نظام. ج ۵ مقدمه ص ۱۹ ایط ببعد. ۱۰- فرهنگ نظام ج ۵ ص ۲۴ کد.

نیز علی‌محمدبن شیخ‌عبدالحق‌دهلوی کتاب «جمع‌الجوامع» را بسال ۱۰۳۹ تألیف نمود[۱].

عبداللطیف‌بن عبدالله‌کبیر گجراتی (متوفی ۱۰۴۸) «لطایف‌اللغات» را تدوین کرد[۲].

محمد حسین بن خلف تبریزی متخلص به‌برهان در سال ۱۰۶۲ «برهان قاطع» راتألیف نمود[۳].

دوسال پس‌از تألیف برهان، یعنی‌در۱۰۶۴ ه‍ ق. عبدالرشیدبن عبدالغفور حسینی مدنی ازمردم تتهٔ سند «فرهنگ رشیدی» رابرشتهٔ تحریر درآورد[۴].

درقرن دوازدهم «سراج‌اللغات» و«چراغ هدایت» بقلم‌سراج‌الدین‌علی‌خان اکبرآبادی متخلص به‌آرزو تألیف ومنتشرشد[۵].

محمود بن‌شیخ عبدالواحدبن‌قاضی شمس‌الدین ساکن‌بریلی«محموداللغات» را در۱۱۵۰ ه‍ ق. تدوین کرد[۶].

تیك‌چند متخلص به‌بهار «بهارعجم» را بسال۱۱۵۲ه‍ ق. باتمام رسانید[۷].

درقرن سیزدهم «قسطاس‌اللغه» تألیف شیخ نورالدین محمدمعروف به‌محمد یوسف متخلص به‌حکیم تألیف شد(آغاز تألیف۱۲۱۴ه‍ ق.)[۸].

درسال۱۲۲۰ ه‍ ق. «شمس‌اللغات» تألیف وانتشاریافته[۹]. «اصطلاحات شعرا» تألیف رحیم‌الدین بن‌کریم‌الدین از همان قرن‌است[۱۰].

«هفت‌قلزم» در زمان غازی‌الدین حیدرپادشاه اود (جلوس ۱۲۲۹ه‍ ق.) بدست قبول‌محمد تدوین و تنظیم گشته[۱۱].

«غیاث‌اللغات» تألیف محمدغیاث‌الدین بن‌جلال‌الدین رامپوری در ۱۲۴۲ ه‍ ق. پایان یافته[۱۲].

«تسهیل‌اللغات» تألیف‌شیخ احمد متخلص به‌حسرت بن‌محمدعلی بن‌عبدالصانع بسال ۱۲۵۹ه‍ ق. باتمام رسیده[۱۳].

«بحرعجم» تألیف محمدحسین‌متخلص به‌راقم وملقب بافضل‌الشعراعشیرین-

---

۱ - ایضاً ص ۲۵ که. ۲ - ایضاً ص ۲۵ که - ۲۶ کو.
۳- رك. مقدمهٔ برهان مصحح نگارنده. ۴- ایضاً ص۲۷ کز ببعد.
۵ - ایضاًص ۳۱ لا-۳۲ لب. ۶- ایضاً ص۴۲ مب. ۷- ایضاًص ۴۳ مج.
۸-ایضاً ص۴۵مه. ۹ -نام‌مؤلف ذکر نشده ولی بسرپرستی مسترجوزف‌بر تیوجو نیر صاحب انجام یافته (فرهنگ نظام. ایضاً ص ۴۵ مه). ۱۰ - ایضاً ص۴۶ مو.
۱۱-ایضاًص ۴۶مو؛ورك برهان‌مصحح نگارنده.ج۵ص۱۷. ۱۲-ایضاًص۴۶مو-۴۷ مز؛ مقدمهٔ غیاث‌اللغات طبع دبیرسیاقی. ۱۳- فرهنگ‌نظام ایضاًص۴۷مز.

سخن‌خان درهمین قرن منتشرشده (آغاز تألیف ۱۲۶۸ه ق)[۱].

«ارمغان آصفی» توسط محمد عبدالغنی‌خان متخاص به‌غنی بنام میرمحبوب علی شاه آصف ششم پادشاه دکن بسال ۱۲۹۰ ه ق. تألیف گردیده[۲].

درآغاز قرن چهاردهم«فرهنگ آنندراج» توسط محمد پادشاه متخلص به‌شادبن غلام محیی‌الدین منشی مهاراجه «آنند راج» راجهٔ ولایت ویجی‌نکر تألیف ومنتشرشده (پایان تألیف ۱۳۰۶ ه ق.)[۳].

«آصف‌اللغات» تألیف نواب عزیزجنگ بهادر (متوفی ۱۳۴۳ه‌ق.)در۱۷جلد تاحرف جیم منتشر شده، ومؤلف موفق باتمام آن نگردیده[٤].

«نقش بدیع» تألیف وجاهت حسین عندلیب شادانی رامپوری‌درسال ۱۳۴۲ ه ق . درلاهور بچاپ رسیده.

«فرهنگ نظام» تألیف سید محمد علی داعی‌الاسلام بنام نظام دکن در پنج مجلدتألیف ودرحیدر آباد دکن(۱۳۴۶-۱۳۵۸ ه ق.) بطبع رسیده .

دراین مقدمه از ذکر فرهنگهای فارسی بترکی[۵] ، انگلیسی[٦] ، روسی[۷] ، فرانسوی[۸]، لاتینی[۹]، آلمانی[۱۰]، ارمنی[۱۱]، ایتالیایی[۱۲] ،اردو[۱۳]، وغیره صرف‌نظر میشود .

همچنین‌از ذکر مزایای فرهنگهای فارسی ومعایب آنها خودداری میکنیم وخوانندگان را بمراجع دیگر[۱٤]حواله میدهیم.

۱ـایضاً ۴۷ مز. ۲ـایضاًص۴۹ مط . ۳ـ ایضاًص۴۹مطـ ۵۰ ن. ۴ـایضاًص۵۰ ن. ۵ـ ایضاً ص۵۱ناـ ۵۳نج. ۶ـ مقدمهٔ لغت‌نامه‌ص ۳۷۵ـ۳۷۸(بقلم ایرج افشار). ۷ـ ایضاً ص ۳۷۶. ۸ ـ ایضاً ص ۳۷۶ـ۳۷۷ و۳۷۸. ۹ـ ایضاًص۳۷۷. ۱۰ـ ایضاًص۳۷۷ و۳۷۸. ۱۱ـایضاًص۳۷۷. ۱۲ـ ایضاً ص۳۷۷. ۱۳ـنظیرفرهنگ رازی.

۱۴ـ رك. مقدمهٔ برهان قاطع مصحح نگارنده ؛ مقدمهٔ جلد پنجم فرهنگ نظام.

۵ - فرهنگهای ما

پیر لاروس Pierre Larousse مؤسس لغت‌نامه‌های « لاروس» که معلم بود واراده‌ای آهنین‌داشت‌هدف دیدرو ودالامبر راتعقیب میکرد ومیگفت:« کتابی تألیف خواهم کردکه درآن، هرکس، بترتیب الفبایی،همهٔمعلوماتی‌را- که امروزه مغز بشری راغنی میسازد- بدست آورد. ثروتی‌که من کسب کرده‌ام ، آنرا برای شخص خودبکار نمی‌برم ودرین کار هم چیزی ازدست نخواهم داد، زیرا تمتعاتی که تنها فردی وشخصی باشد ، قلب را تهی میکند و از نظر سعادت واقعی جز خودپرستی بیهوده بشمار نمیآید.»[۱]

نگارنده نیز- هرچند چنین شایستگی رادر خودنمی‌بیند- باگامهای آهسته بهمان راه میرود وامید داردکه توفیق یابد.

نویسنده از دیرباز در اندیشهٔ تألیف فرهنگی بود که نیازمندیهای نسل معاصررا رفع‌کندوبرای تحقق این آرزو درمدت بیست سال ازمتون ادبی (شعر ونثر) وکتب وداستانهای‌متداول وهمچنین از مکالمات روزانهٔ اشخاص فیشهایی تهیه‌کرده‌که تاکنون تعداد آنها از ۳۰۰،۰۰۰ متجاوز گردیده‌است.

درضمن. طی مسافرتهای متعدد ازمؤسسات فرهنگ نویسی ممالك خارجه (مانند لاروس درپاریس، وبروکهاوس درویسبادن) دیدارکرد و از نزدیك بروش کارآنان آشنا شد.

درملاقات بانویسندگان، شاعران، منتقدان، و هنرمندان رشته‌های مختلف استفاده‌ها برد ویادداشتها تدوین کرد.

مدتی‌در موزه‌های باستان شناسی،نقاشی وطبیعی‌کشورهای مختلف(آمریکا، انگلستان، فرانسه، سویس، آلمان،بلژیك، هلند، ایتالیا، سوئد، فنلاند،شوروی)

۱- Larousse ,Catalogue génerale 1961 , p. 2.

بمطالعه وتهیهٔ یادداشت گذرانید.

پس‌از تهیهٔ مواد، سازمانی بنام «سازمان فرهنگ فارسی» بوجودآورد که گروهی‌از همکاران[1] بطور مستمر وعده‌ای ازیاران گاه‌گاه مارا دراین راه‌خطیر یاری وهمراهی کرده‌اند.

نخستین گامی که نگارنده عملا درین راه برداشت تصحیح متن برهان‌قاطع و تدوین حواشی وتعلیقات (شامل وجه‌اشتقاق وشواهدوامثال وتصاویر وجداول) بودکه باراول، ازسال ۱۳۳۰ تا ۱۳۳۵ هـ ش. بچاپ رسید، وچون نسخ‌آن نایاب شد، باردیگرپس‌از تجدید نظر وافزودن یك‌مجلد (تعلیقات) در سال‌گذشته بطبع آن‌اقدام‌گردیدومجموع دورهٔ برهان‌درپنج مجلد بزودی منتشر خواهدشد.

فرهنگ، دستور، تصحیح متون- عده‌ای گویند: «تدوین لغت فارسی نباید صورت بگیرد جزپس ازتصحیح وطبع کلیهٔ متون.» ادعایی است شگفت، چه‌این عده همین‌گفتاررا دربارهٔ دستور نیز تکرار‌کنند وگویند: «تاهمهٔ متنهای نظم ونثر فارسی چاپ نشود، دستور زبان فارسی نباید تدوین‌گردد.»

اما باید دانست‌که تصحیح متون جزبامراجعهٔ بکتب لغت واطلاع برقواعد صرف ونحو زبان میسر نیست. پس‌درین صورت «دور» لازم آید: دستور ولغت را نباید تدوین‌کرد،زیرا همهٔ متون چاپ‌نشده.متون‌رانباید تصحیح کرد، زیرالغت ودستورزبان تدوین نگردیده‌است.

عقل سلیم حکم میکندکه با مراجعه بمتون نظم و نثر چاپ شده و نسخ خطی-تاآنجا که مقدوراست- وبااستفاده از تحقیقات‌گذشتگان ومعاصران-شرقی و غربی- دستورزبان ولغت تدوین شود، وهمین‌دستور ولغت درتصحیح متون‌مورد استفاده قرارگیرد. متنهایی‌که بعداً تصحیح وطبع خواهد شد، ناگزیر بعض نقاط تاریك لغت ودستور راروشن خواهدکرد، وموجب تجدید نظردر برخی از قواعد دستوری-که براثر استقرای ناقص صورت‌قاعده بخودگرفته-خواهد شد.

بنابراین درطبع دوم دستور ولغت (هردو) اصلاحاتی بعمل خواهد آمد، واین مجموع برای چاپ‌دوم همان متون طبع شده-که غالباً اشکالاتی‌همراه‌دارند-بکار خواهدرفت، وبرمواضع تاریك آنها روشنایی خواهد افکند. بنابرآنچه گفته شد طبع وانتشار دستور ولغت ومتون نظم ونثر، متلازم یکدیگر وغیرقابل انفکاك‌اند. این‌نکته راهم باید درنظر داشت‌که اگرمنتظر طبع تمام متون(نظم ونثر) فارسی بشوند، شاید ناگزیرگردند یك‌قرن انتظار بکشند، چه بتحقیق از آغاز ایجاد چاپخانه در ایران تاکنون‌عشرکتابها ورساله‌های فارسی طبع ومنتشر نشده‌است. جمع‌آوری نسخه‌های‌خطی وعکس‌برداری ازنسخه‌های موجود درایران،

۱- که نام آنان بیاید.

ترکیه، افغانستان، پاکستان، هندوستان و کشورهای اروپا و امریکا خودکاریست بزرگ، ومستلزم مدت وفرصتی طولانی وصبر وحوصله ای عظیم وصرف وجهی هنگفت. درین صورت جایز نیست که تدوین لغت ودستور زبان فارسی را بیك قرن بعد موکول کنیم.[1]

فرهنگهای ما ـ سلسلهٔ فرهنگهای ما شامل سه گروه است :
الف ـ فرهنگهای عمومی ـ شامل کتابهای ذیل:

شمارهٔ ۱ـ فرهنگ (مشروح) زبان و ادب فارسی ـ شامل لغات زبان فارسی (اعم از ایرانی، عربی، ترکی، مغولی، هندی و اروپایی) فصیح و عامیانه، با تلفظهای مختلف وتاریخچهٔ تلفظ، نوع کلمه ازلحاظ دستور، وجوه اشتقاق و ترکیب، تاریخچهٔ استعمال درقرون مختلف، معانی متعدد، شواهد (نظم و نثر)، ترکیبات لغت، مترادفات و متضادات، استعمال کلمه ازلحاظ معانی و بیان وغیره. این کتاب برای دانشمندان و محققان تدوین گردیده، و آن شامل چند جلد خواهد بود.

شمارهٔ ۲ـ فرهنگ (بزرگ) فارسی ـ شامل لغات زبان فارسی (اعم از ایرانی، عربی، ترکی، مغولی، هندی و اروپایی) فصیح و عامیانه با تلفظهای مختلف، هویت دستوری، وجه اشتقاق و ترکیب (باختصار)، معانی متعدد، شاهد (نظم ونثر)، مترادف ومتضاد. این فرهنگ برای دانشجویان دانشکده ها و معلمان و خاورشناسان تألیف گردیده، وشامل چند جلد خواهد بود.

شمارهٔ ۳ـ فرهنگ (متوسط) فارسی ـ کتاب حاضر در ۴ مجلد (شرح آن بیاید) برای دانشجویان دانشکده ها، نویسندگان، گویندگان، بازرگانان، ایران ـ شناسان وغیره.

شمارهٔ ۴ـ فرهنگ (کوچك) فارسی ـ مختصر فرهنگ شمارهٔ ۳ در یك مجلد، برای دانش آموزان ودانشجویان وکسانی که در آن حدود اطلاع دارند.

شمارهٔ ۵ـ فرهنگ (مختصر) فارسی ـ مختصر فرهنگ شمارهٔ ۴ در یك مجلد کوچك، برای دانش آموزان دورهٔ اول متوسطه وکسانی که در آن حدود آگاهی دارند.

شمارهٔ ۶ـ فرهنگ (جیبی) فارسی ـ مختصر فرهنگ شمارهٔ ۵ در یك مجلد جیبی، برای نوآموزان ومبتدیان ومراجعهٔ سریع دیگر کسان.

ب ـ فرهنگهای اختصاصی مربوط بزبان وادب فارسی ـ شامل کتابهای ذیل: **۱ـ فرهنگ فارسی ازلحاظ ریشه شناسی و لغت شناسی. ۲ ـ فرهنگ**

---

۱ ـ رك. مقدمهٔ رساله های «طرح دستور زبان فارسی» شماره های۱ـ۵ چاپ دوم ص۳ـ۴.

فارسی ازلحاظ دستور زبان فارسی . ۳ـ فرهنگ فارسی از لحاظ تلفظهای مختلف وتاریخ آنها. ۴ ـ فرهنگ فارسی از لحاظ املاء (رسم‌الخط) . ۵ ـ فرهنگ تصحیفات وتحریفات. ۶ـ فرهنگ مترادف و متضاد. ۷ـ فرهنگ فارسی ازلحاظ تاریخ‌استعمال‌لغات.۸ـ فرهنگ فارسی ازلحاظ موارداستعمال ونکات ادبی.

ج ـ فرهنگهای موضوعی ـ شامل کتابهای ذیل :

۱ ـ فرهنگ عروض‌فارسی ۲ـفرهنگ هنری (موسیقی، نقاشی، مینیاتور، مجسمه سازی، معماری، عکاسی، صحافی، تذهیب و غیره) . ۳ ـ فرهنگ طبیعی (جانورشناسی، گیاه شناسی،زمین شناسی، فیزیك وشیمی). ۴ـ فرهنگ پزشکی.

ازمیان شش کتاب گروه اول (فرهنگهای عمومی) شمارهٔ۳ را برگزیده‌ایم ونخست بطبع وانتشار آن پرداخته‌ایم، زیرا اولا این‌فرهنگ حدوسط فرهنگهای بزرگتر وفرهنگهای کوچکتر است، و میتوان آنرا اساس طبع‌فرهنگهای دیگر قرار داد ، ثانیاً احتیاج جامعه در مرحلهٔ اول بدین فرهنگ بیش از فرهنگهای دیگراست[1].

۱ ــ در مبحث آینده ما از روش خود در تدوین فرهنگ حاضر بحث خواهیم کرد.

۶- روش ما

روش ما درفرهنگ حاضر ممزوجی است از روش فرهنگهای ذیل:

المنجد (عربی بعربی)، استینگاس (فارسی بانگلیسی)[۱]، میلر (فارسی بروسی)[۲]، وبستر (انگلیسی بانگلیسی)[۳]، بروکهاوس (آلمانی بآلمانی)[٤]، لاروس (فرانسوی بفرانسوی)[۵]، با مطابقه با فرهنگهای متداول فارسی.

ازین میان عنایت و توجه ما به لاروس کوچك - که مورد استقبال کامل ایرانیان قرار گرفته - بیشتر بوده است.

فرهنگ حاضر مبتنی بر ۳۰۰۰۰۰ « فیش » است که نگارنده بهمراهی گروهی از دوستان[٦]، ودانشجویان خود در طی مدت بیست سال تدوین کرده.

۱– Steingass (F.), A Comprehensive Persian – English Dictionary. Fourth impression. London 1957.

۲– فرهنگ فارسی وروسی. تألیف پروفسور ب. و. میلر. چاپ دوم. ادارهٔ نشریات دولتی مسکو ۱۹۵۳.

۳- Webster's New International Dictionary of the English Language. Second edition(2 vols.) Springfield, Mass., U.S.A 1958; Webster's New Collegiate Dictionary, Based on Webster's New International Dictionary. Second ed. Springfield, Mass. 1950.

۴– Der Sprach-Brockhaus (Deutsches Bildwörterbuch für jedermann). Brockhaus. Leipszig1940; Der Kleine Brockhaus. 2 vols. Brockhaus. Wiesbaden 1951.

۵– Petit Larousse illustré. Librairie Larousse. Paris 1961.

۶ – که نام آنان بیاید.

«فرهنگ فارسی» کنونی شامل یك مقدمه وسه بخش است:

بخش ۱ـ لغات.

بخش ۲ـ ترکیبات خارجی.

بخش ۳ـ اعلام.

مقدمه

در مقدمهٔ حاضر مطالب ذیل مورد بحث قرار گرفته است:

منابع زبان فارسی، عناصر اصلی زبان فارسی، اهمیت زبان فارسی، فرهنگهای ما، روش ما، همکاران، مآخذ، نشانه‌های اختصاری، جدول تطبیق حروف یونانی ولاتینی با حروف فارسی.

بخش اول لغات

بخش لغات دارای مشخصات ذیل است:

الف ـ مواد

۱ـ شامل تعدادی معتنی‌به از لغات و اصطلاحات فارسی، عربی، ترکی، مغولی، هندی ولغات زبانهای اروپایی مستعمل در فارسی است، و بنابر این لغات فصیح مضبوط درمتون نثر ونظم وهمچنین لغات غیر فصیح و متداول و عامیانه دراین کتاب درج شده.

۲ـ کلمات متشابه مأخوذ از یك زبان که از ریشه‌های مختلف میباشد، جداگانه پشت سر هم قید شده‌اند.

تبصره ـ این نوع کلمات را با شماره‌های ۱، ۲، ۳ ... مشخص ساخته‌ایم.

۳ـ کلمات متشابه مأخوذ از زبانهای مختلف هریك جداگانه واحدی بشمار رفته پشت سر هم قید شده‌اند.

تبصرهٔ ۱ـ این نوع کلمات هم باشماره‌های ۱، ۲، ۳ ... مشخص شده‌اند.

تبصرهٔ ۲ـ لغت فارسی مقدم بر عربی وعربی مقدم بر دیگر زبانهای شرقی و لغات زبانهای شرقی مقدم بر زبانهای غربی هستند.

۴ـ لغاتی که از لحاظ هویت دستوری اختلاف دارند، ولی ریشهٔ آنها یکی است تحت یك ماده ذکر شده‌اند، مثلاً «جور» نخست از لحاظ اسم مورد بحث قرار گرفته وسپس ازلحاظ صفت، ودربارهٔ «تثنیه» نخست ازلحاظ مصدر (متعدی) سپس اسم مصدر وبعد اسم بحث شده.

۵ـ هر کلمهٔ بسیط یا مرکب واحدی مستقل بشمار رفته.

تبصرهٔ ۱ـ مصادر مرکب از دو سه کلمه ـ که در تداول بسیار بکاررونده ـ جداگانه یك واحدرا تشکیل میدهند.

تبصرهٔ ۲ـ مصادر و تعبیراتی که از سه کلمه ببالا ترکیب شده‌اند، ذیل کلمهٔ اهم آمده‌اند، تحت عنوان «ترکیبات‌فعلی»؛ مثلاً «آب‌از آب‌تکان‌نخوردن» و «آب از سرچشمه گل (آلود) بودن» ذیل «آب» آمده‌اند، و «احوالت چطور است» ذیل «احوال» یاد شده.

۶ـ اسم مصدر، اسم فاعل، صفت فاعلی (مختوم به ـان)، اسم مفعول، صفت مشبهه، صیغهٔ مبالغه، صیغهٔ شغلی ومشتقات دیگر هریك جداگانه یك واحد راتشکیل داده، مثلاً «آموزش»، «آموزنده»، «آموخته»، «آموزگار» هریك جداگانه تشریح شده‌استو «دانش»، «داننده»، «دانسته»، «دانا» جدا و«ناله»، «نالنده»، «نالان» و« نالیده» جدا. همین روش در مشتقات عربی بکار رفته، مثلاً «ضارب»، «مضروب» و«ضراب» هریك مستقلاً مورد بحث قرارگرفته‌است.

۷ـ اغلاط مشهور یا کلمات مصحف ومحرف که بسیار استعمال میشوند، دراین فرهنگ وارد شده‌اند، منتهی برای امتیاز از لغات دیگر، آنها را داخل پرانتز یاد کرده‌ایم. مثلاً (تالسقیر) که محرف «تالسفیس» و(دیباچه) که‌مصحف «دیباجه»است.

تبصره‌ـ از توضیح کلمات مصحف ومحرف که‌فقط دریکی دونسخهٔ خطی یا چاپی بعمل آمده صرف نظر میشود.

۸ ـ از ذکر لغات دساتیری ـ جز آنها که بسیار متداول گردیده[1]ـ خودداری شده.

تبصره‌ـ فرهنگی خاص اغلاط مشهور ومصحف ومحرف و لغات دساتیری ترتیب داده شده[2] که‌امیدوار است بعداً بطبع آن اقدام شود.

۹ـ لغات پازند وپهلوی (که‌در فرهنگها بنام زند وپازند ذکر شده‌اند) غیر مستعمل ولغات لهجه‌های ایرانی غیر متداول در فارسی، درکتاب حاضر نقل نشده‌اند.

۱۰ـ کلمات عربی مختوم بالف ممدوده درعربی باالف‌ممدوده (-ā') ودر فارسی معمولاً بصورت الف مقصوره(-ā) استعمال میشوند ولی درصورت اضافه‌یا صفت همزه باز می‌گردد ویایایی بدل‌آن‌می‌آید. ماهر دو صورت را نقل وصورت دوم‌را باول ارجاع کرده‌ایم، مثلاً «ایما» به« ایماء» ارجاع ودرشکل‌اخیر شرح شده‌است.

۱۱ـ دربعض‌مصادر عربی از باب «تفاعل» و«تفعل» (ناقص)، درفارسی گاه حرف آخر بدل به الف‌مقصوره (-ā) شده. ماهردو صورت را نقل و شکل

۱ـ آن هم باتوضیح (رك. تیمسار) ۲ـ رك.ص‌چهل‌وهفت همین مقدمه.

فارسی را بشکل اصل ارجاع کرده‌ایم، مثلا «تعدا» به «تعدی» و «تولا» به «تولی» ارجاع شده. اگر دو صورت با اختلافی درمعنی استعمال میشوند هردو صورت را شرح داده‌ایم، مثلاً «تمنا» و «تمنی» و «تماشا» و «تماشی» هردو شرح شده‌اند.

۱۲- بعض مصادر عربی از باب مفاعله (ناقص) درفارسی حرف آخر آنها (ة) غالباً حذف میشود. ماهردو صورت را آورده‌ایم، مثلاً «مدارا» و «مدارات» و «محابا» و «محابات».

۱۳- کلمات عربی مختوم به ـ ة درفارسی گاه با تلفظ «ت» وتحریر بصورت «ـ ت» پذیرفته شده‌اند وگاه با تلفظ a وبا تحریر «ـ ه (غیرملفوظ)» و گاه هردو صورت، مثلاً «رحمة» عربی بشکل «رحمت» و «نعمة» بصورت «نعمت» و «تصفیة» بصورت «تصفیه» و «ادارة» باشکال «ادارت» و «اداره» و «ارادة» بصور «ارادت» و «اراده» آمده‌اند (بیشتر مصادر باب دوم تفعیل وباب مفاعله از قسم اخیرند). ما همهٔ صور مستعمل در فارسی را ذکر وشرح کرده‌ایم.

۱۴- ترتیب ثبت کلماتی که بیك صورت نوشته میشود ازین قرار است‌که نخست کلماتی که بفتح اول تلفظ گردند نقل شوند، سپس کلماتی که بکسر اول، آنگاه کلماتی که بضم اول تلفظ شوند.

کلمات مشدد درردیف خود پس از کلمات مخفف آیند مثلاً خل (1) xal [ع.]، خل xel، خل (1) xel [ع.]، ۱- خل xol، ۲- خل xol، ۳- خل xol پشت سرهم آمده‌اند.

۱۵- بسیاری از مواد اصلی دارای موادفرعی هستند. این موادممکنست ترکیبات اسمی، ترکیبات فعلی یا جملات باشند. درصورتیکه یك ماده شامل این انواع باشد، ماعنوان «ترکیبات اسمی» و «ترکیبات فعلی (وجملات)» را - برای امتیاز - ذکر خواهیم کرد، ودرصورتیکه فقط دارای ترکیباتی ازیکی از این دونوع باشند، یا یکی دو نمونه از دو نوع داشته باشند، احتیاجی بذکر عنوان نیست.

دراین مورد بسبك بعض فرهنگهای جدید، برای احتراز از تکرار عنوان ماده علامت (ـــ) رابکار میبریم (مثلاً درمادهٔ «اخبار» بجای «زنگ اخبار» چنین آمده: زنگ ـــ. اگر عنوان ماده بصورت اضافه - باکسره - درترکیب بکاررود علامت (ـــِ) را استعمال کرده‌ایم (درمادهٔ «آب» از ترکیبات اسمی بجای «آب آتش‌خو» نوشته شده: ـــِ آتش‌خو، وبجای «آب تلخ» نوشته شده: ـــِ تلخ). در صورتیکه مادهٔ اصلی کلمه‌ای مختوم به ـ ه غیر ملفوظ باشد که‌در ترکیب بصورت اضافه آید، مانشانهٔ (ـــٔ) رابکار برده‌ایم (مثلاً در «ابنیه»

بجای «ابنیهٔ تاریخی» نوشته شده: ـــ ٔتاریخی، در «ادامه» بجای «ادامهٔ کار» نوشته شده: ـــ ٔکار.

تبصره- اساس ما درین کتاب در ترکیبات اضافی و توصیفی براین است که اگر صورت اضافه حفظ شده در ذیل کلمهٔ اهم، بعنوان مادهٔ فرعی یادمیکنیم (مثلاً چشم‌بینا، چشم پرویزن، چشم‌خروس، چشم‌فتراك، چشم‌میم وغیره را ذیل «چشم» آورده‌ایم[1].

اما اگر فك اضافه شده بعنوان ماده‌ای مستقل نقل کرده‌ایم (مثلاً چشم بلبل، چشم بلبلی، چشم‌زاغ هریك جداگانه آمده).

ب - املا

۱- بعض لغات بدو صورت نوشته میشود (نفت، نفط؛ غاز، قاز). ما هر دو صورت را ضبط کرده یکی را بدیگری- که اصح وارجح است- ارجاع کرده‌ایم.

۲- برخی از کلمات عربی مختوم به‌الف مقصوره که بصورت «ی» نوشته میشوند، درفارسی غالباً بصورت «ـ ا» میآیند (اعلی=اعلا؛ مولی=مولا)؛ ما یکی‌را بدیگری ارجاع کرده‌ایم.

۳- کلمات عربی مختوم‌به ـ ة در فارسی گاه‌بصورت ـ ت وگاه بصورت ـ ه (های‌غیرملفوظ) تلفظ وضبط‌شوند. ماصورت فارسی‌را (هردوصورت- ت و ـه[2]؛ یا یکی از دو صورت را که در فارسی متداول شده) ضبط و داخل [ ] صورت عربی را نقل کرده‌ایم (چه جمع و چه مفرد) مثلاً: حیازت hiyāzat [=ع حیازة]، رحمت rahmat [= ع رحمة]، قضات γozāt [=ع.قضاة]، دعات do'āt [=ع.دعاة]، تصفیه tasfiya(-e) [= ع. تصفیة]، حصه hessa(-e) [=ع.حصة]، ادارت edārat [=ع. ادارة] واداره edāra(-e) [=ع.ادارة][3].

۴- در کلمات مختوم به ـ ه غیرملفوظ بهنگام الحاق‌به «ی» وحدت ونکره، نشانهٔ اخیر بصورت «ای» نوشته‌شده[4]: آشیانه‌ای، خانه‌ای، لانه‌ای؛ وبهنگام اتصال به «ی» نسبت بصورت «یی» (برای امتیاز از انواع دیگر): پسته‌یی، قهوه‌یی.

۵- بعض کلمات مهموز عربی بدو صورت متداول گردیده، مثلاً «هیأت»

۱- ازین قاعده درموارد محدود (مثلاً وقتی که کلمه‌هم بصورت اضافی وهم‌فك‌اضافه متداولست ویا شهرت بسیار دارد (مثلاً «چشم خروس») عدول کرده و آنها را ماده‌ای مستقل محسوب داشته‌ایم. ۲- در دو مادهٔ مستقل. ۳- دو صورت اخیر را بیکدیگر ارجاع داده‌ایم ۴- رك. معرفه ونکره. بقلم نگارنده. چاپ دوم ص ۴۳-۴۶.

(صورت اصل) و «هیئت» (صورت متداول).«مسؤول» (صورت اصل) و«مسئول» (صورت متداول)، «مسأله» (صورت اصل) و «مسئله» (صورت متداول)[1]. ما غالباً هردوصورت ثبت کرده‌ایم.

۶ـ برخی‌ازلغات (فارسی وخارجی) واعلام دارای‌صوت t بدو صورت‌تحریر میشود، مثلاً «تپیدن» و«طپیدن»، «شست» و«شصت»، «تشت» و« طشت »، «تهران» و« طهران ». ماهردو صورت راضبط‌کرده یکی را بدیگری ـ که‌اشهر وارجح است ـ ارجاع داده‌ایم.

۷ ـ بعض‌کلمات (فارسی وخارجی) باملایی‌غلط شهرت‌یافته‌اند. ماعنوان‌این گونه لغات راداخل پرانتز درج وباصل ارجاع‌کرده‌ایم‌مثلا «آذوقه» به«آزوقه»، «حیز» به «هیز» و«ذغال» به «زغال» ارجاع شده.

ج- تلفظ

۱- درفرهنگهاگاه‌تلفظ‌کلمه‌را با ذکرحرکات‌وسکنات یادمیکنند، مثلاتلفظ کلمهٔ «منتخب »راچنین‌توضیح‌دهند: «بضم‌اول و سکون‌ثانی وفتح‌ثالث‌ورابع‌وسکون آخر» ویاچنین: « بضم‌میم‌مهمله وسکون نون معجمهٔ موحدهٔ‌فوقانی‌وفتح تاء معجمهٔ مثناة فوقانی وفتح‌خاء معجمه وسکون باء». این طریقه هم‌مایهٔ اطناب وتفصیل وهم فهم‌آن‌برای‌بسیاری‌ازمراجعان مشکل وهم‌فاقد دقت ازلحاظ تلفظ‌بعض‌کلمات‌است.

طریقهٔ دیگرآنکه تلفظ کلمه‌ای را باهموزن نشان دهند، مثلا «جلکاره» بروزن «هرکاره» و«دهانه» بروزن «بهانه». این طریقه درموارد محدودکه‌هموزن کلمه معروف ومتداول است، تلفظ رامیرساند، ولی دربسیاری ازموارد که‌خواننده تلفظ‌هموزن را نمیداند دچار اشکال‌میشود، مثلاً درموردی که‌نوشته‌اند« زندان » بروزن «پنهان»، اگرخواننده نداند پنهان‌بفتح‌یا بکسراول است ، ناگزیرتلفظ‌زندان هم براو مجهول میماند، و اگرهم‌بخواهد بهمان فرهنگ مأخذ برای‌تلفظ «پنهان» رجوع‌کندغالباً می‌بیندکه«پنهان»رابه «زندان» ارجاع‌کرده ودورپیش آورده‌است.

روش دیگرآنست‌که‌کلیهٔ حروف (یالااقل متحرکات) راباشکل(زیر، زبر، پیش) ضبط‌کنند. اشکال این طریقه نخست‌نایاب بودن این نوع حروف (مخصوصاً حروفی که حرکات همراه آنها باشد) درچاپخانه‌های ایران است و ثانیاً عدم‌دقت این‌روش برای ابلاغ تلفظ حقیقی مثلا «مو» (maw)را با «مو» (mav)بیك‌نحو

---

۱ - پیشینیان برای احتراز از اشکال کتابت همزه (طبق قواعد عربی) کوشیده‌اند که‌در غالب موارد همزه‌را بصورت (ئـ) بنویسند (مگرآنجا که نتوان) ازطرف دیگرهمزهٔ پس ازفتحه a رابدل به ـا (ā)وهمزهٔ پس از ضمه را بدل به ـو (ū) کرده‌اند ، مثل : بأس‌که‌تبدیل به bās‌و رأی که‌بدل به‌رای rāy شده ؛ بؤس که مبدل به بوس būs گردیده .

(مَـوْ)مینویسد و «تو» (tū) را با «تو» (tov) یك‌جور(تُـوْ)،وقس‌علی‌هذا.

راه دیگر آنست که داخل «پرانتز» یا «کروشه» حروف متحرك را شکل بگذارند، مثلا: اخطف [اَطَ]، ارتماسی [اِتِ]، ازدهار [اِدِ][1]. این طریقه بهتراز طرق دیگراست ولی همان نقص عدم دقت را (که در بالا شرح شد) دارد.

درکتاب‌حاضر ماتلفظ دقیق هرکلمه‌را باالفبای لاتینی‌معمول‌خاورشناسان[2]ـ که‌درپایان مقدمه نقل خواهدشد- ضبط کرده‌ایم وتصور میکنیم که این طریقه از طرق دیگر سودمندتر وآسانتر باشد[3]. درضبط‌هرکلمه‌ما transliterationرا (نمایش تلفظ کلمه بحروف زبان دیگر) بکار برده‌ایم نه transcription (نمایش صورت تحریری کلمه بحروف زبان دیگر)[4].

۲ـ اگر کلمه‌ای بدو یا چندصورت تلفظ شود،همهٔ صورتها نقل خواهدشد؛ مثلا نهادن- nahādan,nehā ,هزار -.hazār,he

۳ـ لغاتی‌که از عربی یازبانهای دیگر واردفارسی‌شده‌وتلفظ‌دیگری گرفته، در صورتیکه اکثریت آن‌صورت‌را پذیرفته باشند ملاك همان تلفظ فارسی است نه تلفظ اصل. عرب بسیاری از کلمات خارجی را بگونهٔ دیگر تلفظمیکند،مثلاً کلمهٔ یونانی spinákionوفارسی اسپاناخ رابصورت«اسفناج»و«اسفاناج» تلفظمینماید وترکان کلمهٔ عربی«محمد»راMehmetو کلمهٔ فارسی«بنده» راbendeمیگویند و مینویسند [5]. بعض لغات‌عربی تلفظی دارندکه درفارسی تلفظ آنها عوض شده ،

۱ـ فتحهٔ ماقبل الف وکسرهٔ ماقبل یاء وضمهٔ ماقبل واو و ساکن را ذکر نکنند.طریقهٔ مذکور درلغت نامهٔ‌دهخدا بکاررفته. ۲ـ هرچندخاورشناسان‌وزبانشناسان ممالك‌مختلف درخط لاتینی‌که برای‌امور علمی(زبانشناسی، لهجه‌شناسی، فونتیك) وضع شده اتفاق ندارند، معهذا غالباً الفبای لاتینی مخصوص راـ که‌بیشترزبان‌ـ شناسان‌آلمانی بکاربرده‌اندـ پذیرفته‌اند، ما هم از همان تبعیت‌کرده‌ایم.

۳ـ فقط ممکن است بعض مراجعان بالفبای لاتینی‌آشنایی نداشته‌باشند، ولی باجدولی‌که‌درپایان مقدمه آورده‌ایم درظرف دو سه‌ساعت میتوان‌این الفبا را آموخت. ماامیدواریم درفرهنگهای آینده تلفظ هرکلمه را هم با شکل (فتحه ، کسره، ضمه) و هم با حروف لاتینی ضبط‌کنیم‌که دیگر جای اشکالی نماند.

۴ـ ولی‌گاهی برای نشان دادن تلفظ اصل هر دورا آورده‌ایم .

۵ ـ فرانسویان‌کلمهٔ عربی ـ فارسی«مشهد» (مرکزخراسان) راMeched و نام شهر «تبریز» را Tauris و « کاروان » فارسی را Caravane نویسند وتلفظ‌کنند.

وحتی خواص ماهم‌همان تلفظ متداول راقبول کرده‌اند[1]، ازآن جمله‌است «زنبور» که‌در عربی zunbūr ودرفارسی zanbūr تلفظ شود، و«صندوق» که‌در عربی sundūq و درفارسی sandūγ گویند. همهٔ مصادر هموزن «مفاعله» در عربی بروزن mufā'ala ودر فارسی mofāele تلفظ شوند(مانند: معالجه، مکاتبه، معاشقه). ماتلفظ فارسی را ملاك قرار داده‌ایم، وداخل پرانتز تلفظ عربی را نقل کرده‌ایم.

۴ـ مخرج «ع» درفارسی نیست. درکلمات مأخوذ ازعربی ع (مفتوح) را بصورت أ=a تلفظ کنند (عدم—adam)، «عا» راآā گویند (ساعاتsāāt) ، ع (مکسور)راإ=e اداکنند (علم=elm)،ع (مضموم)زا o تلفظ کنند(علومolūm). اما اگرع در وسط کلمه وساکن باشد ، آنرا بصورت همزه تلفظ نمایند (معلوم ma'lūm). مادرنقل تلفظ همین نکات‌رامراعات کرده‌ایم (در فرهنگهای بزرگتر بعدی عین تلفظ عربی آنها را نیز نقل خواهیم کرد).

۵ـ درتلفظ کلمات عربی، ترکی، مغولی، ماتلفظ ایرانیان را ملاك قرار داده‌ایم نه‌تلفظ‌اصل‌را، بنابرین «ث»، «ص»، «س» بیك‌نحو (s)و«ذ»، «ز».«ض»، «ظ» راهم یك‌جور (z)، و«ح» و«ه»رابیك شکل(h)، و«ت» و«ط» رابصورت(t) ضبط کرده‌ایم.

۶ـ ضمه درعربی (u) تلفظ شود وخاورشناسان هم همینطور ضبط کنند ، ولی درفارسی مانند o تلفظ گردد، وماهم همین صورت‌را بکاربرده‌ایم.

۷ـدوصوتی (diphtongue) —و(aw) را نخست‌بتلفظ‌قدیم واصیلaw‌ـ نوشته‌ایم وداخل پرانتزصورت متأخر(ow-) را ضبط کرده‌ایم، مثلاً «اوره» بصورت awra(owre)، «اوزان» بشکل(ـ.awzān(ow و«مو» بصورت maw(-ow)ضبط شده،ودوصوتی (diphtongue)ـَ ی(ay)رااول بتلفظ‌قدیم‌واصیل ay-نقل کرده‌ایم ودرداخل‌پرانتزصورت‌متأخر(ey‌ـ)راآورده‌ایم،مثلا«پیدا» بصور(ـpaydā(pey ضبط‌شده . این قاعده‌را هم درلغات فارسی وهم عربی بکاربرده‌ایم.

۸ـ مصوت o (ضمه) درقدیم بصورتu تلفظ میشد[2]، ازاین‌رو برخی‌ازخاورشناسان‌آنرا بشکل‌اخیرضبط نمایند،ولی در زبان معمول و«استاندارد» فارسی o تلفظ گردد. ماهم همین ضبط را پذیرفته‌ایم.

۹ـ مصوت e (کسره)درقدیم‌بصورت i تلفظ میشد[2]،ازین‌روبعض‌خاورشناسان

---

۱ ـ صرف‌نظر از بعض مستعربان . ۲ ـ هنوز هم روستاییان و مردم بیسواد چنین تلفظ‌کنند .

آنرا بشکل اخیر ضبط کنند، ولی در زبان معمول و «استاندارد» فارسی e تلفظ گردد. ما نیز همین شکل را قبول کرده‌ایم.

۱۰- کلمات مختوم به- ه‌غیرملفوظ (های‌مختفی یاهای بیان حرکت ماقبل) در قدیم اَ a- تلفظ میشد، وهنوز در بسیاری ازولایات وقرای‌ایران چنین تلفظ میشود، ولی درلهجهٔ مرکزی که‌زبان نمونه (استاندارد) شناخته شده بصورت اِ e- تلفظ میگردد. مانخست صورت اصیل راضبط کرده‌ایم وداخل پرانتز تلفظ اخیر ومعمول‌را، مثلاً آشیانه رابشکل āšiyān-a(-e) وخانه رابصورت xāna(-e) نقل کرده‌ایم.همین روش‌را در ضبط کلمات عربی بکار برده‌ایم، مثلاً «ترویه» را tarviya(-e) و«تصفیه»را tasfiya(-e) و«حصه»را hessa(-e) و «خاصه» را xāssa(-e) ضبط کرده‌ایم.

۱۱- همین نظررا درحاصل مصدرهای مختوم به «ـ گی»مراعات کرده‌ایم، مثلاً دایگی بصورت dāya(e)g-ī و خاصگی بصورت xāssa(e)g-ī درج شده

۱۲- درکلمات(لغات واعلام) مأخوذ از فرانسوی، «oi» را ما بصورت oā تلفظ میکنیم وهمین‌تلفظ درکتاب حاضر مراعات شده (بوآ boā [فر. boa]).

۱۳- درکلمات‌مأخوذ از فرانسوی وآلمانی، «u»و«ü» (که‌صدای‌مخصوص دارد) درفارسی بدل به‌او.ـو(ū) شده وماهمین تلفظرامراعات‌کرده‌ایم (اورانیوم ūrānyom [فر. uranium]،اوره ūre[فر. urée]).

۱۴- درکلمات مأخوذ ازفرانسوی، «eu»بصورت o تلفظ میشود(اوبه obe [فر. Eubée]، اوژن ožen [فر. Eugène]).

۱۵- درکلمات مأخوذ ازفرانسوی، «au» بشکل o تلفظ‌گردد (اوب ob [فر. Aube]، اوبیناك[فر. Aubignac]).

۱۶- کلمات اروپایی که بقول قدما مسبوق بدو حرف ساکن(وبتعبیر علمی دوحرف صامت) هستند، در نقل بزبان فارسی روشهای ذیل بکار میرود:

الف- گاه اِ = e (اصطلاحاً "همزهٔ مکسور) در اول کلمه افزایند: اسپاگتی espāgettī [انگلیسی spaghetti].

ب- گاه حرف اول‌رامکسور کنند، یعنی پس‌از حرف صامت‌اول، مصوت e را افزایند (این نوع بیشتراست): بریج berīǰ [انگ. bridge]، کلاس kelās [فر. classe].

ج- اگر حرف سوم کلمه o، u، ū باشد حرف اول را مضموم‌کنند (یعنی پس از حرف صامت اول مصوت o را افزایند: برنز boronz [فر: bronze]، برنشیت boronšīt[فر. bronchite]، برودری boroderī[فر. broderie]،

۱۷ ـ در مورد کلماتی که در عربی مختوم بالف ممدوده هستند ، رجوع بصفحهٔ پنجاه همین مقدمه مادهٔ ۱۰ شود.

۱۸ـ بسیاری از لغاتی که درعربی باهمزهٔ مکسور آمده، در فارسی (وگاه درعربی) همزهٔ مزبور بصورت ی(مکسور) تلفظ وضبط میشود، وماهردو صورت‌را ضبط کرده‌ایم، ولی‌در ی (ye) شرح داده‌ایم، مثلاً حوائج رابه «حوایج» ارجاع کرده ودر مادهٔ اخیر توضیح داده‌ایم، وازین قبیل است: حوائل وحوایل، حائل و حایل.

۱۹ـ درکلمات مرکب که پشت سرهم آیند وکلمهٔ اول آنها تکرار شوددربار دوم وسوم ببعدبجای تکرار جزو اول‌فقط حرف اول‌آن بانقطه ثبت میشود، مثلاً «حیله»بصورت hīla(-e) نقل‌شده،سپس «حیله‌باز» بصورت h·-bāz و«حیله‌کار» بصورت h·-kār آمده.

۲۰ـ درنواحی مختلف‌ایران تلفظ غ و ق را بگونه‌های مختلف‌اداکنند. درشمال‌ایران هر دورا «غ» (γ) ودرجنوب (فارس) «ق» (q) و درکرمان ق مخلوط به‌خ‌تلفظ‌نمایند. مادرکتاب‌حاضر کلیهٔ «غ»ها و«ق»ها را بصورت‌غ (γ)که ضبط اصیلتراست ، آورده‌ایم[۱].

۲۱ـ کلماتی‌که‌آخرآنها درعربی مشدد است، درفارسی‌معمولامخفف آیند مگردرحالت اضافه وصفت. ماآنها رابهردوصورت ضبط‌کرده‌ایم، یعنی‌نخست‌صورت مخفف‌را آورده‌ایم و داخل پرانتز عین‌حرف آخر را تکرارکرده‌ایم ، مثلاحق haγ(γ)، حی hay(y).

د ـ اصل وریشه .

۱ـ داخل [　] اصل هرکلمه‌که ازچه زبانی است باریشهٔ آن‌درزبان مذکور یاد شده (بانشانهٔ اختصاری).

۲ـ درین طریق ما راه ایجازپیموده‌ایم ، بدین‌معنی‌که در لغات ایرانی در صورتیکه «پهلوی» آنهادردست بوده فقط بذکرلغت‌پهلوی‌اکتفاکرده‌ایم[۲]، و اگر دردست‌نبوده‌لغت‌پارسی باستان‌یا لغت اوستایی آنهاراآورده‌ایم، واگردردست‌نبود لغت‌سنسکریت‌آنهایادشده. درلغات‌فارسی که‌ریشه‌ای‌برای‌آنهادرزبانهای‌قدیم‌ایرانی بدست نیامده ، یاهمریشه‌های‌آنها درخود زبان فارسی نقل‌شده و یا از لهجه‌های محلی ایرانی نمونه‌هایی بدست داده شده‌است .

۱ـ امیدواریم‌که درفرهنگهای بزرگترتلفظ اصل(عربی، ترکی و غیره) را هم نشان دهیم.

۲ـ جزدر موارد محدودکه لازم‌مینمود اوستایی یاپارسی باستان آنها هم ذکر شود .

۳ـ لغاتی که اصلا فارسی هستندطبق معمول فرهنگها باصل آنها اشاره نشده مگر در ترکیب با لغات بیگانه.

۴ـ اگر کلمه‌ای مخفف‌یا مزید علیه و یا ممال کلمهٔ دیگراست بدان اشاره شده است.

۵ـ نخست درنظرداشتیم که‌درین مقدمه فصلی‌را باصول زبانشناسی‌وریشه‌شناسی فارسی اختصاص‌دهیم ولی برای‌احتراز ازتطویل،ازآن‌چشم پوشیدیم،مع‌هذا در دیباچهٔ حاضر منابع زبان فارسی را مورد بحث قرار داده‌ایم[1].

هـ ـ دستور

۱ـ هویت دستوری هر کلمه داخل پرانتز ذکر خواهد شد. درین‌مورد انواع کلمه (اسم، عدد، صفت، ضمیر، فعل، قید، حرف اضافه،حرف ربط، اصوات) را با نشانهٔ اختصاری ذکر کرده‌ایم.

۲ـ اسم فاعل، اسم مفعول را با نشانهٔ اختصاری خود ممتاز کرده‌ایم[2].

۳ـ صفت فاعلی (مختوم‌به‌ ـ ان)، صفت مشبهه وصیغهٔ مبالغه راتحت‌عنوان «صفت فاعلی» با نشانهٔ اختصاری نشان داده‌ایم.

۴ـ عدد اصلی رادربعض زبانها اسم گیرند[3]، ماهر دوصورت (عدد،اسم) را با علامت اختصاری یادآور شده‌ایم.

۵ ـ عددترتیبی درغالب زبانها صفت محسوب شود ، ما بهر دو صورت (عدد، صفت) اشاره کرده‌ایم .

۶ـ ذیل هرمصدر، حروف اضافه‌ای که آن مصدر با آنها استعمال شود ، ذکرشده، مثلا: پرداختن‌از... (فارغ شدن، آسوده گشتن)، پرداختن‌به... مشغول شدن.

۷ـ درمصدر لازم متعدی آن ـ درصورت لزوم ـ یادشده و بعکس .

۸ـ بعض مصادر ترکیبی‌مرکب‌ازاسم‌وفعل‌اند واسم دراصل مفعول‌بوده‌است مثلا « جهان خوردن » در اصل « جهان را خوردن » بوده ولی ترکیب « جهان خوردن» ازلحاظ دستور لازم‌است ، زیرا مفعول‌نگیرد و درخود ترکیب علامت‌مفعول (را) نیاید. همچنین است «کار کردن» که‌دراصل «کار را کردن» بوده. بعض‌مصادرازین نوع‌مفعول بواسطه‌گیرند وباحروف‌اضافه استعمال شوند مثلا «جور کردن» بکسی

۱ـ همانگونه که درصفحهٔ‌چهل‌وشش‌اشاره کرده‌ایم؛ یکی‌ازفرهنگهای‌اختصاصی که‌نگارنده تألیف‌کرده«فرهنگ‌فارسی‌ازلحاظ ریشه‌شناسی ولغت‌شناسی»است، ونیز در فرهنگهای شمارهٔ ۱ و۲ درمورد اصل وریشهٔ‌کلمات تفصیل بیشتر خواهیم داد.

۲ـ اسم فاعلهای مرکب رابعنوان صفت فاعلی و اسم مفعولهای مرکب را بعنوان صفت مفعولی یادکرده‌ایم.

۳ـ ودر برخی صفت.

و«اقتباس کردن» از کسی یا چیزی درفرهنگ حاضر این نوع مصدر لازم محسوب شده.

۹ــ در هر کلمهٔ مفرد، جمعهای شاذ فارسی(دانا؛ داناآن) و جمعهای عربی (اداره، ادارات؛ جلباب، جلابیب؛ حدسیه، حدسیات؛ خادم، خدام، خدم، خادمین) یادشده، ودر هر کلمهٔ جمع، مفرد آن ثبت گردیده.

تبصرهٔ ۱ــ چون طبق قاعده کلمات فارسی وعربی بهـ ان، و ــ ها جمع بسته شوند، ما درذیل لغات مفرداین دونوع جمع رایادنکرده‌ایم وخود این جمع‌ها را هم واحدی مستقل بشمار نیاورده‌ایم

تبصرهٔ ۲ــ کلمات عربی که بسیاق عربی بهـ ان، ــ ون، ــ ین جمع بسته شوند ماذیل کلمهٔ مفرد، جمع‌های مزبور راآورده‌ایم وهریك ازآنهارا هم درجای خودــ بعنوان واحدی مستقل ــ ثبت کرده‌ایم.

تبصرهٔ ۳ــ کلمات مختوم بهـ ه غیرملفوظ(فارسی، عربی وترکی) در جمع بهـ ان آخر آنها بصورت «ــ گان» درآید:(بنده، بندگان؛ گذشته، گذشتگان؛ سفله، سفلگان؛ شحنه، شحنگان) . مادر صورت لزوم ذیل مفرد، جمع رانقل کرده‌ایم، ولی صورت جمع را بعنوان واحدی مستقل بحساب نیاورده‌ایم.

تبصرهٔ ۴ــ جمعهای معمول غیرفصیح یا غلط مشهور هریك درجای خود، بعنوان واحدی مستقل ذکرشده باتذکر غلط یاغیر فصیح بودن آنها، مثلا: اداره، ادارجات؛ باغ، باغات؛ بلوك، بلوکات؛ میوه، میوجات.

تبصرهٔ ۵ــ گاه یك کلمه درفارسی (یاترکی) وعربی هردو آمده، ودرهریك، جمعی مخصوص داردوهردو درفارسی مستعمل است، مثلا «بستان» فارسی است، جمع فارسی آن «بستانها» وجمع عربی آن «بساتین» است، و «خاتون» ترکی است، جمع فارسی آن «خاتونان» وجمع عربی «خواتین». ماشکل دوم (عربی) راهمیشه نقل کرده‌ایم وصورت اول را گاهی (درصورت لزوم) آورده‌ایم.

تبصرهٔ ۶ــ درصورتیکه یك کلمهٔ مفرد، جمع الجمع (جمع منتهی الجموع) داشته باشد ذکر میشود، و خود آن جمع الجمع ــ درصورت استعمال درفارسی ــ درجای خودــ بعنوان واحدی مستقل ــ نقل گردیده.

۱۰ــ کلمات تثنیهٔ عربی معمول درفارسی جداگانه ماده‌ای راتشکیل دهند و به تثنیه بودن آنها تصریح شده: زنمتان، ساقین.

۱۱ــ درنقل تلفظ مصادر بحروف لاتینی ما آنهارا بریشهٔ دستوری و پسوند مصدری تجزیه کرده‌ایم. معمولا نشانهٔ مصدری رادر فارسی ــ دن و ــ تن دانند، ولی این تقسیم کافی نیست، زیرا این دو همیشه نشانهٔ مصدر نیستند وگاهی بخشی ازنشانهٔ مصدری محسوب شوند. بطورکلی مصادر مختوم به ــ دن ازین قرارند: ۱ــ دن(خور+دن، بر+دن). ۲ــ یدن (بر+یدن، دو+یدن). ۳ــ ادن(گشا+

دن، نه+ادن). ۴ـ اندن، متعدی (دو+اندن، ره + اندن). ۵ـ انیدن،متعدی (خور+انیدن، کش + انیدن).

مصادر مختوم بهـ تن ازین قرارند: ۱ـ ـ تن (کش+تن ،گش+تن) ، ـستن (توان+ستن، گری+ستن). ما در تجزیهٔ مصادر این نکاترا رعایت کرده‌ایم.

۱۲ـ ذیل هرمصدر، داخل پرانتز،صرف مشتقات آنرا بطریق ذیل نشان داده‌ایم: سوم شخص مفرداز: ماضی، مضارع، مستقبل؛ دوم شخص‌مفرد امر حاضر، اسم فاعل (مختوم بهـ نده)، صفت فاعلی(مختوم به ـ ان)، صفت مشبهه (مختوم بهـ ا)، اسم مفعول (مختوم به ـ ده یا ـ ته)، اسم مصدر (شینی، هایی، آری).

تبصرهٔ ۱ـچون سوم شخص از ماضی، مضارع ومستقبل یاد شده صرف بقیهٔ صیغه‌ها آسان خواهد بود، باین‌طریق مثلا:

ماضی (سوم شخص مفرد = سوخت) باافزودنـم am=سوختم (اول‌شخص مفرد)تشکیل میشود، باافزودن ـِی ī = سوختی (دوم شخص مفرد) ، با افزودن ـ یم īm=سوختیم (اول‌شخص‌جمع)، باافزودن ـ ید īd=سوختید (دوم‌شخص جمع)، وباافزودن ـ ند and=سوختند (سوم شخص جمع) پدید آید.

حال ومضارع (سوم شخص‌مفرد=سوزد). دراینجانخست حرف‌آخر(ـد= ad)را حذف میکنیم وملاك‌قرار میدهیم. باافزودنـَم am= سوزم (اول شخص مفرد)، باافزودنـِی=ī سوزی (دوم شخص مفرد) تشکیل شود ، با اضافه‌کردن ـِیمīm=سوزیم(اول‌شخص‌جمع)، باعلاوه کردنـید īd= سوزید (دوم شخص جمع)، وباافزودن ـ ند and=سوزند (سوم شخص جمع) بدست آید.

در مستقبل(سوم شخص مفرد=خواهدسوخت) جزو اخیر تغییرنکند وفعل اول طبق معمول صرف میشود : خواهم سوخت، خواهی سوخت، خواهد سوخت ، خواهیم سوخت، خواهید سوخت، خواهند سوخت (رك.خواستن).

تبصرهٔ ۲ـ چون دوم شخص مفرد از امر حاضر یادشده، صرف‌بقیهٔ صیغه‌ها آسانست، بدین‌طریق:امرحاضر (دوم‌شخص مفرد= بسوز [= به‌سوز])، باافزودنـ ـیمīm= سوزیم(اول‌شخص جمع)، باافزودن ـ ید= سوزید (دوم شخص‌جمع) وبا افزودن ـ ند and=سوزند (سوم شخص جمع) بدست‌آید. باء تأکید یازینت‌را میتوان برسرهریك ازین صیغه‌ها درآورد.

تبصرهٔ ۳ـ صرف بعض‌افعال ناقص‌است، یعنی‌همهٔ‌صیغه‌های آن صرف‌نمیشود. ما بجای صیغه‌هایی که‌بکار نمیروند خطی‌کوچك (ـ) گذاشته‌ایم، مثلا در«خستن» نوشته‌ایم :(خست، ـ، خواهدخست،ـ،ـ، خسته)زیرا مضارع، امر واسم فاعل آن مستعمل نیست.

تبصرهٔ ۴ـ صرف عده‌ای ازافعال شبیه هم است. درزبان فرانسوی مجموع افعال را بچهاردسته تقسیم کرده‌اند. درفارسی ایجادنظیرچنین‌تقسیمی عجالةً ممکن نیست، ولی ازنظر لغت نویسی میتوان هرچند فعل‌را جزو یك‌دسته محسوب‌داشت وهمهٔ افرادآن دسته رابیکی (که‌صورت نمونه دارد)ارجاع کرد، ماهم‌همین طریقه را بکاربرده‌ایم، مثلا «پراندن»، «تپاندن»، «خلاندن» ،«خماندن» و نظایر آنها به«دواندن» ارجاع شده.

تبصرهٔ ۵ـ دربعض افعال سوم شخص‌مفرد ماضی‌ومضارع بیك صورت‌نوشته شودولی تلفظ آنهافرق‌دارد،مابرای‌امتیاز داخل[ ] تلفظ آنهارابحروف‌لاتینی (باختصار) نقل‌کرده‌ایم، مثلااز«خاراندن» (خاراند [nd-]،خاراند[-nad-])

تبصرهٔ ۶ـ در شرح مصادر مرکب، ازتصریف آنها صرف نظرشده ، زیرا بسهولت میتوان بجزو فعلی (آخر) آنها ـ که‌در جای خود آمده ـ رجوع کرد ومشتقات مصدرمرکب را صرف نمود، مثلاً برای صرف «پیروز گشتن» باید به « گشتن» وبرای صرف «خال کوبیدن» به«کوبیدن» رجوع کرد.

۱۳ـ هویت دستوری یك‌کلمه درصورتیکه درمعانی متعدد ـ که‌پشت سرهم آیند ـ تغییر نکند ، فقط درمعنی اول ذکرشده ودیگر تکرار نگردیده، مثلاً درمادهٔ «جمعیت» معانی ۳تا۶ چنین آمده: ۳ـ (ا.) گروه. ۴ـ مردم بسیار که درجایی‌گرد آیند. ۵ـ سکنهٔ‌یك ده،شهر، ایالت وکشور. ۶ـ انجمن .

۱۴ـدرکلمات‌مرکب‌ضمن ضبط تلفظ‌آنها بحروف‌لاتینی، بوسیلهٔ‌خط‌کوتاه اجزای‌آنهاراازهم‌جداکرده‌ایم،مثلاً اسفیوشasf-yūš،اقتباساتeʔtebās-āt، اوستایی avestā-yī.

دربعض موارد یك‌کلمه از دو سه بخش مرکبست که‌خودآن‌بخشها مرکب از اجزایی است.دراین صورت مادر تجزیهٔ کلمه بخشهای عمده را در نظر گرفته‌ایم و برای تفصیل باید بهریك از آن کلمات مراجعه‌کرد ، مثلاً: خارش کردن ـ xāreš-kardan که‌خود «خارش» در جای خود بصورت xār-eš و «کردن» درجای خودبصورت kar-dan آمده.

۱۵ـنظرمانخست‌این‌بودکه درطی‌مقدمهٔ حاضریك‌دورهٔ مختصراز دستورزبان فارسی رادرج کنیم، ولی‌چون درین صورت مقدمه بیش‌از حد بدرازا میکشید ، از اجرای این تصمیم صرف‌نظر کردیم وامیدواریم که‌در فرهنگهای بزرگتر بعدی جبران مافات بشود .

درکتاب‌حاضرهم‌درطی‌متن‌کتاب‌این‌امرـ تاحدی‌ـجبران‌شده،بدین‌نحوکه‌هر یك‌ازمباحث‌دستوری‌باعلامت(دس.) (=دستور) توضیح‌داده‌شده‌مثلا درکلمهٔ «اسم»، اقسام اسم ازقبیل (اسم‌آلت، اسم‌اشاره، اسم‌جمع، اسم‌جنس، اسم خاص، اسم‌ذات،

اسم‌زمان، اسم‌عام، اسم‌فاعل، اسم‌مشتق، اسم‌مصدر، اسم مفعول، اسم‌معنی، اسم‌مکان) بترتیب حروف تهجی‌تشریح شده . همچنین در هرماده ـ که جنبهٔ دستوری دارد- بحدکافی ازاین لحاظ توضیح داده‌ایم (رك. ؛از، با، به...)

و-معانی ومفاهیم

۱- معانی مختلف هرلغت‌را بانمره مشخص کرده‌ایم.

۲- تقدم و تأخر معانی متعدد یك‌لغت بترتیب الاهم فالاهم ومعانی‌حقیقی ومجازی، بادرنظر گرفتن هویت دستوری صورت گرفته[1].

۳- ترکیبات مربوط بهریك ازمعانی ذیل‌همان معنی آمده. مگرترکیباتی که با معانی متعدد سازگارند، که‌در این‌صورت در ذیل آخرین معنی مربوط شرح شده‌اند.

۴- در تعریف لغات کوشیده شده که تعریف جنبهٔ علمی داشته باشد، وبرای‌این‌امرعلاوه‌ازفرهنگهای‌فارسی، ازفرهنگهای اروپایی‌استفادهٔ‌کامل‌شده‌است.

۵- در ثبت معانی از ذکر مآخذ- جزدر موارد لازم ـ صرف‌نظر شده. خوانندگان فاضل میتوانند برای اطلاع ازمآخذ بلغت نامهٔ‌دهخدا، برهان مصحح نگارنده‌و فرهنگهای دیگر رجوع کنند. مانیز در فرهنگهای شمارهٔ ۱ و۲ منبع هرمعنی ومفهوم را ذکر خواهیم کرد.

۶- پیش از تعریف لغتی از لحاظ ادبی، علمی، هنری و غیره، علم وفنی که لغت مذکور درآن مورد بحث است بانشانهٔ اختصاری در داخل پرانتز نموده شده مثلاً (پز. = پزشکی) (جا ن. = جانور شناسی) (گیا. = گیاه‌شناسی)، (نج. نجوم) وغیره.

۷- خانواده، تیره، دسته وردهٔ گیاهان، جانوران و انواع احجار از نظر علوم طبیعی تعیین گردیده، ونام لاتینی‌و فرانسوی (و احیاناً انگلیسی یاآلمانی) آنها درذیل صفحات ذکرشده[2] وهمچنین انواع بیماریها، میکربها، ویروسهاوغیره ازنظر علمی تشریح گردیده.

۱- بدیهی است گاهی دلایل و قراینی‌موجب عدول از قاعدهٔ اصل‌شده.

۲- اصولاً چون فرهنگ ایران ازدوقرن پیش‌بافرهنگ فرانسوی رابطهٔ عمیق‌یافته وبسیاری ازلغات واسماء خاص (اعلام) فرانسوی در فارسی واردشده، ماغالباً درذیل صفحات مترادف فرانسوی لغات‌راآورده‌ایم (هرچند پس‌از جنگ جهانگیر دوم بتدریج از دایرهٔ نفوذ زبان فرانسوی کاسته میشود و انگلیسی [آمریکایی] جایگزین آن میگردد). نگارنده در نظر دارد که در طبعهای آیندهٔ فرهنگ حاضر وفرهنگهای بزرگتر مترادفهای انگلیسی را نیز بیفزاید.

۸ـ بعضی کلمات ازز بانی دیگر (عربی یااروپایی) واردفارسی شده، لفظاً یامعنیً یاهردو تغییریافته‌اند، ماصورت تلفظ ومعنی فارسی‌رایاد و باصل هم‌اشاره کرده‌ایم، مثلاً «حور» ، «مصاف»، «مسلمان» و غیره.

۹ـ گاهی یك‌یا چندکلمه برای توضیح بیك‌یاچند کلمهٔ‌دیگر ارجاع‌شده، دراین صورت یاعلامت سهم (→) قبل‌از کلمه‌ای که‌بایدبدان رجوع کرد، گذاشته شده، ویاپس ازکلمهٔ مذکور (ه.م.)(= بهمین ماده رجوع شود) آمده.

ز- شواهد و امثله

۱ـ بعضی «شاهد» و«مثال» رابیك معنی بکار برند، وبرخی بین‌آن دوفرق گذارند. مانیز نظر اخیر را پیروی میکنیم.

«مثال» جمله‌یاعبارتی‌است که‌طرز استعمال‌یك‌لغت یااصطلاح‌رانشان دهد.
«شاهد»جمله‌یاعبارتی(منظوم‌یامنثور)است که‌صحت‌استعمال‌یك‌لغت‌یا اصطلاح رادر معنی خاص ثابت کند.

۲ـ در فرهنگ حاضر توجه مابیشتر به « مثال» است تا «شاهد»، زیرا خواسته‌ایم خوانندگان باطرز استعمال لغات واصطلاحات آشنا شوند[1]. شاهد جز درمورد ضرورت‌نیامده.درهرحال‌ماهم‌درموردمثال وهم شاهدطریق «صرفه‌جویی»را پیش‌گرفته‌ایم والا « مثنوی هفتاد من کاغذ » میشد، و تعداد مجلدات کتاب‌حاضر لااقل بدو برابر بالغ میگردید .

لاروس کوچك باآنکه درپشت جلد آن نوشته‌اند: «یك‌فرهنگ بدون‌مثال، اسکلتی را ماند» غالباً مثال‌نیاورده و تقریباً‌فاقدشاهداست. وبستر وبروکهاوس کوچك ومتوسط نیز همین راه‌را رفته‌اند.

ذکر«شاهد »ـچنانکه‌گفتیمـبرای تأیید صحت‌استعمال کلمه‌درمعنی‌مخصوص است. این‌احتیاج تاحدی ازمراجعه بریشهٔ کلمه ووجه اشتقاق که‌داخل[ ] آورده‌ایم برآورده میشود وماراازآوردن شاهدی مستقل تقریباً بی‌نیازمیکند.

اما در مورد«مثال» بایدگفت‌که در موارد لازم وضروری مثال یامثالهایی آورده‌ایم وبقیه‌را برای‌احترازازتطویل حذف واین امر را بفرهنگهای بزرگتر (شمارهٔ ۱ و۲) که‌در حکم پشتوانهٔ کتاب حاضرند، احاله کرده‌ایم[2].

ح- مترادف ومتضاد

۱ـ درپایان هرمعنی ومفهوم ازیك ماده، مترادف (یا مترادفات) ومتضاد

۱ـ مخصوصاً خاورشناسان درین مورد اصرار میورزند. ۲ ـ پیش از طبع و انتشار فرهنگهای بزرگتر ، خوانندگان میتوانند به‌برهان قاطع مصحح نگارنده ولغت‌نامهٔ دهخدا مراجعه فرمایند.

(یامتضادات) ومتباین (یامتباینات) راپس‌از(؛) آورده‌ایم ، منتهی انواع اخیر را بانشانهٔ «مق.» (متقابل، مقابل) نشان داده‌ایم[1] ، مثلاً در«پینه دوز» چنین آمده: «آنکه کفشهای دریده‌را وصله واصلاح کند؛ پاره‌دوز، رقعه‌دوز» ودر «پیاده‌نظام» آمده: «صنفی از قشون که افراد آن پیاده‌اند؛ پیادهٔ سپاهی؛مق.سوارنظام.»

ط- توضیح

۱- بعضی لغات محتاج بشرح هستند و تعریف یاذکر مترادفات تنها کافی برای‌تفهیم مطلب‌نمیباشد. درآخراین‌نوع‌مواد تحت عنوان ضح(= توضیح)شرحی راجع بدانها داده شده.

۲- گاه برای یک‌ماده چند توضیح (با ذکر شماره) آمده‌است.

ی-لغات مصوب فرهنگستان

۱- لغات مصوب فرهنگستان ایران درکتاب حاضر نقل وشرح شده.

۲- درصورتیکه‌دراصل لغت‌مصوب یادرمعنی آن‌تردید وتأمل‌یا بحثی‌باشد، آنرا ذیل ضح(= توضیح)شرح داده‌ایم.

۱- ازلحاظ منطقی بین تباین(ه.م.) ، تضاد(ه.م.) و تقابل (ه.م.) فرق قایل شده‌اند .

بخش دوم ـ ترکیبات خارجی

۱ـ ترکیبات خارجی ـ بسبك لاروس كوچك ـ بین قسمت لغات و قسمت اعلام جا داده شده[1]. این بخش دارای مشخصات ذیل است:

الف ـ مواد

۱ـ شامل تعدادی معتنی به از ترکیبات خارجی (عربی، ترکی و اروپایی) مستعمل در متون نظم و نثر و محاورهٔ فارسی زبانان است.

۲ـ ترکیبات مذکور ممکن است کلمات مرکب باشند (امیرالمؤمنین، جهدالمقل) وممکن است جمله‌ای فعلی (ادرکنی) یا جمله‌ای اسمی (سلام‌الله‌علیك، à la mode).

۳ـ علت جدا کردن این نوع ترکیبات آنست که آنها هنوز مشخصات زبان اصلی را حفظ کرده و حق مدنیت[2] و تابعیت درزبان فارسی نیافته‌اند[3]. ما امیدواریم در فرهنگهای بزرگتر این بخش را با بخشهای دیگر مخلوط کنیم تا تنوعی در سبك فرهنگها پدید آید.

۴ـ ترکیبات مخلوط از دو زبان بیگانه یا زبان فارسی با یك زبان بیگانه (در صورتیکه اصل در آن زبان مرکب باشد) نیز در همین بخش جا داده شده‌اند.

۵ـ بعض مواد اصلی این بخش دارای مواد فرعی هستند (مانند بخش اول)،

۱ـ با این تفاوت که در لاروس بیشتر ترکیبات لاتینی مستعمل در فرانسوی آمده، و ما باید ترکیبات عربی را در مرحلهٔ اول و ترکیبات مأخوذ از زبانهای دیگر را در مرحلهٔ دوم نقل کنیم. دیگر آنکه این بخش در لاروس روی کاغذ قرمز چاپ شده، ولی چون دورهٔ فرهنگ ما شامل چهار مجلد است و کاغذهای رنگی محدود در یك جلد نمودی ندارد، از انتخاب این نوع کاغذ صرف نظر شد، ولی در فرهنگ شمارهٔ ۴ سبك لاروس را تبعیت خواهیم کرد.

۲ـ Droit de cité.(فر)

۳ـ بعض فرهنگهای خارجی مانند لاروس کوچك هم همین کار را کرده‌اند.

شصت و پنج

ما همان روش بخش لغات را درین‌جا بکاربرده‌ایم[1].

ب- املا

درمورد املای مواد این‌بخش، روشی راکه دربخش لغات بکاربرده‌ایم[2]، تا آنجاکه امکان داشت - استعمال کرده‌ایم . بدیهی است که ترکیبات خارجی (مخصوصاً عربی) تقریباً اصالت خودرا حفظ کرده‌اند، ازین جهت رسم‌الخط‌صحیح آنها ضبط شده.

ج- تلفظ

۱- درضبط تلفظ مواد این‌بخش، حتی‌المقدور از روشی که در بخش اول بکاررفته[3]، استفاده کرده‌ایم.

۲- باید یادآورشدکه ترکیبات خارجی، هرچند صورت تحریری خودرا درفارسی حفظ‌کرده‌اند، ولی ازحیث تلفظ حروف تابع زبان فارسی هستند، یعنی تلفظ «ع»، همانگونه که دربخش اول شرح داده‌ایم[4]، و «ث»، «ص»، مانند«س» (s) و«ذ»، «ض»، «ظ» همانند «ز» (z)، و«ح» مانند «ه» (h) و«ط» مانند«ت» (t)[5]تلفظ شوند . مادرینجا همین‌روش راتبعیت‌کرده‌ایم وامیدواریم در فرهنگهای بزرگتر توفیق یابیم‌که تلفظ اصل را هم نشان دهیم.

د - اصل و ریشه

۱- داخل [ ] اصل‌هرترکیب‌که ازچه زبانی است یاد شده (با نشانهٔ اختصاری).

۲- درصورتیکه‌ترکیب‌درزبان اصل‌صورت دیگری داشته‌داخل [ ] نشان داده‌شده.

۳-بعض‌ترکیبات‌را فارسی‌زبانان‌ازفارسی وعربی ساخته‌اندو صحیح‌و فصیح نیست (حسب‌الخواهش، حسب‌الفرمایش)، بدانها نیز اشاره‌شده.

۴- ازذکرریشه ووجه اشتقاق و ترکیب‌مواد این‌بخش‌صرف نظر کرده‌ایم. خوانندگان میتوانند بهر کلمه جداگانه در بخش اول رجوع کنند.

ه - دستور

ازذکر هویت دستوری درین بخش‌صرف‌نظرشد، زیراهمهٔ آنها کلمات‌مرکب یا جمله هستند.

---

۱ - رك . ص پنجاه و یك - پنجاه و دو (همین‌مقدمه) . ۲ - رك . ص پنجاه و دو (همین مقدمه) . ۳- رك. ص پنجاه و سه ببعد (در همین مقدمه). ۴- رك. ص پنجاه و پنج (همین مقدمه). ۵-رك. ص پنجاه و پنج (همین دیباچه).

و- معانی ومفاهیم

درتوضیح معانی روشی که دربخش اول بکاربرده‌ایم[1]، تعقیب شده.

ز- شواهد وامثله

۱- ازذکر «شاهد» و«مثال» دربن بخش- برای مراعات اختصار- صرف نظر شد، وفقط درموارد بسیار لازم شاهد یا مثالی نقل کرده‌ایم.

۲- ما امیدواریم که درفرهنگهای بزرگترشواهد وامثلهٔ این نوع ترکیبات رانقل کنیم.

ح - مترادف ومتضاد

درصورت لزوم مترادفات ومتضادات مواد این بخش رانقل کرده‌ایم[2].

ط - توضیح

بعض ترکیبات محتاج بشرح وتوضیحند. در آخر این نوع مواد تحت عنوان ضح (= توضیح) شرحی راجع بدانها داده شده[3].

۱- رك.ص شصت ودو (همین مقدمه). ۲- طبق روشی که دربخش اول بکار رفته . رك. ص شصت وسه- شصت وچهار (همین مقدمه). ۳- رك.ص شصت وچهار(همین مقدمه) .

بخش سوم - اعلام

این بخش دارای مشخصات ذیل است:

الف - مواد

۱ - تعدادی معتنی‌به از اعلام مهم در موضوعهای ذیل:

اعلام تاریخی‌وادبی-اشخاص‌تاریخی(پادشاهان، امیران ،وزیران)،خاندانها (خانواده‌های معروف، سلسله های سلاطین)، وقایع تاریخی (جنگها ،معاهدات)، اشخاص‌ادبی (نویسندگان، شاعران)،آثار ادبی(منظومه‌ها ،رمانها ،نمایشنامه‌ها)، هنرمندان (نقاشان ، معماران، مجسمه‌سازان، خطاطان،هنرپیشگان)، وآثارهنری (پرده‌های نقاشی ، مجسمه‌ها،ابنیه) و موزه‌ها .

اعلام جغرافیایی-شامل(کشورها ،ایالتها،شهرها. قری‌وقصبات‌مهم، رودها ، کوهها ، دریاها ، اقیانوسها و غیره) .

ملل ونحل - شامل(فرقه‌های دینی ومذهبی، مسلکهای فلسفی).

۲- اسامی متشابه جداگانه پشت سرهم ضبط شده وبانمره‌های متوالی(۱، ۲، ۳...) ممتازگردیده‌اند، مثلا:۱- احمدشاه(بهمنی). ۲- احمدشاه(گجراتی).۳- احمدشاه (افغانی).۴- احمدشاه قاجار. ۵- احمدشاه شمس‌الدین.

۳- چنداسم‌متشابه‌ازافرادیک‌خاندان‌تحت یك مادهٔ اصلی نقل‌شده‌اند، مثلا درمادهٔ«۱- احمدشاه» احمداول، احمددوم (ثانی)،احمدسوم(ثالث)آمده (درحقیقت این اسامی مواد فرعی مادهٔ اصلی‌بشمارمیروند). درین مورد هم برای احتراز از تکرار اسم اصلی علامت (ــَـ ، ــِـ ، ــْـ) رابکار برده‌ایم[1].

۴- بعض اسماء بدو یاچندصورت نقل شده‌اند. ماشهورترین آنها را - هریك مستقلا - نقل وهمه را بیك صورت- اشهر وارجح - ارجاع کرده‌ایم،مثلا «آتنا» و «آتنه» به «آتنایا» و «ارسطاطالیس» و « ارسطوطالیس»به « ارسطو» ارجاع شده‌اند .

---

۱ - مانند بخش‌اول، رك.ص‌پنجاه‌ویك-پنجاه و دو (همین‌مقدمه).

۵ـ اسماء خاص درزبانهای مختلف‌صورتهای گوناگون دارند. روش مادر انتخاب یکی ازآنهابطرق ذیل انجام گرفته:

الف ـ درصورتیکه اسمی درمتون فارسی‌یا در تداول فارسی زبانان سابقه دارد ، همان صورت فارسی را اساس قرارداده‌ایم[1]، مثلا اسپانیاییان بشهری از کشورخود سویلا Sevilla گویند، فرانسویان‌آنرا سوی Séville، انگلیسیان سویل Seville ، آلمانیان سویلا Sevilla و عرب (و بتقلید آنان همهٔ مسلمانان) آنرا «اشبیلیه» گویند، واین‌صورت درکتب قدیم ومتأخر ما بکرات آمده ، ماهمین صورت‌را اساس قرار داده‌ایم. همچنین ناحیه‌ای از کشور اسپانیا را درزبان اسپانیایی Andalucía ، بفرانسوی آندالوزی Andalousie ، بانگلیسی‌اندالوزیا Andalusia و بآلمانی‌آندالوزین Andalusien وبعربی (وبتقلید آنان در همهٔ زبانهای مسلمانان) «اندلس»گویند. صورت اخیردرکتب اسلامی (عربی و فارسی) مکرر بکار رفته و میرود . ما نیز همین صورت را پذیرفته‌ایم .

نام اصلی فیلسوف یونانی در یونانی Aristotélēs، در عربی و فارسی بصور ارسطاطالس، ارسطاطالیس،ارسطوطالیس وارسطو آمده، وچون‌صورت اخیر درمتن‌ها وتداول فارسی رایج‌تراست ما همین صورت را پذیرفته‌ایم.

نام پایتخت فرانسه در زبان‌فرانسوی« پری» Parisودرانگلیسی« پریس» تلفظشود . همین تلفظانگلیسی‌درعهد قاجاریه توسطایرانیان ازانگلستان بایران رسیده و« پاریس» معمول ومتداول شده، ما هم‌لزوماً همان را مأخذ قرار داده‌ایم.

ب ـ دربعض‌مواردیك‌مسمی بچندصورت درمتون‌آمده ولی‌درعصراخیرصورت دیگری (که معمولاً اززبانهای اروپایی‌اتخاذ شده) متداول گردیده، مثلاً پایتخت

۱ـ در این مورد اختلاف‌نظر است : پیران مجرب وحافظان سنن‌معتقدند که برای حفظ مواریث گذشته وعدم انقطاع‌رشتهٔ تمدن کنونی از تمدن پیشینیان، عیناً آنها راـ بهرنحوکه باشدـ باید بکاربرد (عقیدهٔ محمد قزوینی، علی اکبر دهخدا، عباس‌اقبال، حسن تقی زاده). گروه دیگرـ که بیشتر جوانان جزو این دسته‌اندـ برآنندکه از سنن گذشته باید صرف نظرکرد وتلفظ اروپایی را بکار برد بدودلیل: نخست‌آنکه‌پیداکردن‌تلفظ قدیم مشکل است ومحتاج‌بتتبع‌درکتب قدیم میباشد. دوم آنکه این‌کلمات معربند وتلفظ آنها غالباً بسیارسخت است. بین عدهٔ اخیر گروهی طرفدارتلفظ اسم درزبان اصلی ودسته‌ای طرفداریکی‌اززبانهای غربی(فرانسوی، انگلیسی، آلمانی)هستند. عده‌ای هم گویند: هرچه‌پیش‌آیدخوش آید وتابع اصلی نیستند.

یونان‌درمتنهای‌اسلامی(عربی‌وفارسی)بصورت‌آطنه، آطن، اثینه، اثینیه، اثینیا، اثینس، وغیره آمده، وتلفظ اصلی یونانی‌آن آثنس Aθenes است، ولی درقرن ما بتقلید فرانسویان«آتن» معمول گردیده، ماهمین را اساس قرارداده‌ایم[1]، و صور معروف دیگر را بدان ارجاع کرده‌ایم. همچنین نام نژادی که روسها و یوگوسلاوها. وچکوسلواکها وغیره راتشکیل داده، درزبانهای اسلاوی Eslāv ، در فرانسوی سلاو Slave، درانگلیسی سلاو Slav، ودر آلمانی سلاون Slawen ودر عربی (وبتقلید آنها درممالك اسلامی) «صقلاب» و«صقلب» و«سقلاب» گویند، وامروزه در ایران تلفظ «اسلاو» (بتقلید فرانسویان) غلبه کرده و کمتر صور قدیمی را میشناسند ، ماهم شکل اخیر را اساس قرار داده‌ایم و صور قدیم را بدان ارجاع کرده‌ایم[2].

ج - درصورتیکه سروکارما بااسمی باشدکه سابقه درمتون قدیم ندارد، ودر عصر ماچند صورت آن(ازچند زبان) معمول گردیده، ماتلفظ زبان اصلی‌را مأخذ قرار داده‌ایم (البته بادر نظر گرفتن خصایص فارسی)، مثلاً پایتخت آلمان (قبل از جنگ اخیر) در فرانسوی برلن (بفتح لام)، ودر آلمانی برلین Berlin تلفظ میشود. درزبان ماهردو تلفظ رواج یافته، وما تلفظ آلمانی رااساس قرارداده‌ایم. نام نقاش‌و مجسمه ساز معروف ایتالیایی را خود ایتالیاییان لئوناردو دا وینچی Leonardo da Vinci و فرانسویان لئونار دو ونسی Léonard de Vinci تلفظ کنند. درفارسی هردو معمول شده، ماصورت ایتالیایی را اصل قرار داده‌ایم.

د - بعض‌اسما هستندکه هنوزشکل‌وصورت خاصی درفارسی‌بخودنگرفته‌اند. درین مورد نیز تلفظ قوم صاحب اسم راپذیرفته‌ایم مثلاً اریزابا Orizaba نام شهریست درمکزیك، درزبانهای‌مختلف آنرا بصور گوناگون تلفظ میکنند، ماهمان صورت اصلی‌را پذیرفته‌ایم.

ه - دربرخی ازموارد بتلفظ اصلی‌دسترس نیافته‌ایم، ناگزیر تلفظ فرانسوی را ـ که تاکنون درمیان ایرانیان بیشتر رواج داشته[3] ـ قبول کرده‌ایم و در طبع

۱ـ نخست بعلت‌رواج‌تام‌این‌صورت وثانیاً‌سهولت تلفظ آن‌نسبت بصورمعرب.

۲ـ بدیهی‌است فرهنگستان‌ایران پس‌ازافتتاح مجدد باید در مورد آنچه که تاکنون رایج نشده، پس‌از بحث ومداقه بابیطرفی کامل، تصمیم نهایی بگیرد، و در مورد آنچه که بعدها وارد زبان فارسی خواهد شد، ازهم‌اکنون طرحی‌دقیق بریزد، تا بدین‌ترتیب از ایجاد هرج ومرج جلوگیری بعمل‌آید.

۳ـ و بعلل دیگر (ازقبیل ملایمت تلفظ فرانسوی بافارسی ، دور بودن فرانسویان ازدخالتهای سیاسی‌درایران وغیره) غالب فضلا(از جمله علامه دهخدا) شکل‌فرانسوی این گونه اسمارا پذیرفته‌اند. ← ص‌شصت ودو(همین‌مقدمه) ح ۲.

فرهنگهای بعدی خواهیم کوشید که تلفظ اصلی را بدست آوریم. ناگفته نماند که فرهنگهای متداول خارجی مانند لاروس، کیه والمنجد چنین راهی را نرفته‌اند وفقط درطبعهای اخیر تلفظ اصلی عده‌ای محدود ازاعلام رابدست داده‌اند که ماغالب آنها را درفرهنگ حاضر نقل کرده‌ایم.

۶ـ اگر نامی غلط مشهور یا مصحف ویا محرف ولی مستعمل و متداول باشد، صورت متداول درفرهنگ حاضر نقل شده، منتهی برای تمییز از مواد دیگر آنرا داخل پرانتز گذاشته‌ایم.

تبصرهٔ ۱ـ ازذکر وتوضیح اسمی محرف ومصحف (که در یکی دو نسخهٔ خطی یاچاپی تحریف وتصحیف گردیده) ولی وارد زبان وادب فارسی نشده، صرف نظر کرده‌ایم.

تبصرهٔ ۲ـ اسماء مجعول از قبیل اسماء مذکور در دساتیر و نظیر آن نقل نشده.

۷ـ ملاك انتخاب اعلام اشخاص (ازلحاظ اهمیت) چنین است: الف ـ اعلام ایرانی. ب ـ اعلام اسلامی. ج ـ اعلام مربوط بممالك دیگر.

۸ـ مأخذ انتخاب اعلام جغرافیایی نیز (ازنظر اهمیت) چنین است: الف ـ اسامی ایرانی. ب ـ اسامی اسلامی. ج ـ اسلامی مربوط بممالك دیگر.

تبصره ـ در انتخاب اسامی شهرها، قری وقصبات، جمعیت، اهمیت تاریخی واجتماعی وسیاسی آنها درنظر گرفته شده.

۹ـ ملاك انتخاب اعلام ادبی نیز چنین است: الف ـ اسامی ایرانی. ب ـ اسامی اسلامی. ج ـ اسامی مربوط بممالك دیگر.

۱۰ـ ازمعاصران ایرانی کسانی راکه در گذشته‌اند یاد کرده‌ایم وازذکر آنان که حیات دارند، درچاپ حاضر صرف نظر نموده‌ایم[1]، وامیدواریم که درچاپهای بعدی جبران مافات شود.

۱۱ـ خوانندگان محترم نباید توقع داشته باشند که همهٔ اعلام (اسامی اشخاص، امکنه، کتب وغیره) که بنحوی در نقطه‌ای ازپهنهٔ زمین شهرت داشته‌اند یادارند، درین کتاب آمده باشد.

معجم البلدان (شامل اسماء جغرافیایی) تألیف یاقوت (قرن هفتم هـ.) چاپ اخیر (بیروت ۱۳۷۴ هـ ق) شامل ۸ مجلد در ۲۰ جزء و ۲۴۲۱ صفحهٔ دوستونی است

۱ـ ممکن است گفته شود که ما مرده پرستیم، بعکس ماهمیشه معتقد بتشویق خادم و تنبیه خاین بوده وهستیم، ولی نکته‌ای که هست آنست که درحیات اشخاص (مخصوصاً درممالك شرقی) نمیتوان بدرستی دربارهٔ آنان قضاوت کرد (داستان سولون Solon وپادشاه لیدی نیز فراموش نشود).

و تازه این کتاب درهفت قرن پیش تألیف شده وازآن پس مقداری معتنی به‌بدان افزوده گردیده .

قاموس‌الاعلام(شامل‌اسماء اشخاص وامکنه) تألیف سامی (چاپ استانبول ۱۳۱۶ ه ق.) در۶ مجلد و ۴۸۳۰ صفحهٔ دو ستونی است،و باز از تاریخ طبع‌آن تعدادی کثیر براین اسما اضافه شده.

کشف‌الظنون (اسامی کتب فارسی، عربی و ترکی) تألیف حاجی خلیفه (چاپ اخیر استانبول۱۳۶۰ ه ق.) شامل ۲مجلد و۲۰۵۶ ستون بزرگ است. وذیل آن‌هم (ایضاح‌المکنون) تألیف اسماعیل پاشا (استانبول ۱۳۶۴ـ۶۶ ه ق.) تاکنون در۲ مجلد و۱۳۵۴ ستون بزرگ بچاپ رسیده .

معجم‌المطبوعات (اسامی کتب‌عربی) تألیف‌یوسف الیان سرکیس در ۲مجلد بزرگ و۲۰۲۴ ستون بطبع رسیده.

الذریعه‌الی‌تصانیف‌الشیعه (اسامی‌کتب‌فارسی‌وعربی وترکی‌و اردو منسوب بمؤلفان‌شیعی) تألیف شیخ‌آقابزرگ (نجف وتهران ۱۳۵۵ـ۱۳۸۱ ه ق.) تاکنون در ۱۴ مجلد (مجلدنهم دردو جلد ؛ جمعاً ۱۵جلد) در ۵۹۰۳ صفحه منتشر شده وهنوز مقداری معتنی به از آن باقی مانده‌است.

فرهنگ جغرافیایی‌ایران که‌دایرهٔ جغرافیایی‌ستاد ارتش آنرامنتشرکرده (تهران ۱۳۲۸ـ ۱۳۳۲ ه ش.) شامل ۱۰جلد و۳۷۵۴ صفحهٔ دوستونی است.

دائرةالمعارف بریتانیا، دائرة المعارف امریکانا، دائرةالمعارف کلومبیا، دائرة المعارف بروکهاوس، دائرة المعارف شوروی، دائرةالمعارف فرانسه، دورهٔ لاروس‌بزرگ ولغت‌نامهٔ‌دهخدا شامل‌مجلدات بسیار وهزاران صفحه مطلب‌میباشند.

فهرستهای‌کتابخانه‌های جهان شامل میلیونها اسامی کتب ورسایل است.

بدیهی است ذکر این همه اسماـ ولوباختصارـ درفرهنگی نظیرفرهنگ کنونی امکان پذیر ومعقول نیست. در انتخاب اسماء اعلام شهرت‌واهمیت وتناسب آن باکتاب حاضر را ملاك قرار داده‌ایم .

۱۲ـ از معاصران خارجیـ اسامی‌را که‌درفرهنگهای خارجیان یادشده، نقل کرده و شرح داده‌ایم.

ب ـ املا

۱ـ بعض‌اعلام بدو صورت نوشته میشود (تهران،طهران)، ماهردو صورت را ضبط‌نموده یکی رابدیگریـکه اشهراستـ ارجاع‌کرده‌ایم .

۲ـدرین بخش‌نیزقواعدی راکه در بخش‌اول بکاربرده‌ایم[1]، کاربسته‌ایم.

۱ـ رك.ص پنجاه ودو -پنجاه وسه همین مقدمه.

۳ ـ حرف اُ (o) زبانهای غربی (قدیم مانند یونانی ولاتینی، جدیدمانند فرانسوی،انگلیسی و آلمانی) درفارسی وعربی گاه بصورت اُ o پذیرفته‌شده، بنابراین بکتابت درنمی‌آید و گاه بصورت (و) ضبط‌شده و گاه بهر دوصورت. ازین رویک اسم بدوصورت نوشته‌میشود؛ Bohème هم بصورت «بوهم» وهم «بهم» معمول شده، ماصورت اشهر را پذیرفته‌ایم.

۴ ـ معمول اروپاییان است که نخستین حرف اعلام را با حرف بزرگ[1] نویسند تا اسماء خاص از لغات تمیز داده شود. درنقل تلفظ اعلام بحروف لاتینی، چون هدف اصلی ما، رساندن تلفظ صحیح کلمه است،حرف اول آنها را هم با حرف معمولی ثبت کرده‌ایم، امادر اعلام خارجی داخل [   ] حرف اول را بزرگ نوشته‌ایم.

ج ـ تلفظ

۱ ـ درین بخش نیز از قواعدی‌که در بخش اول[2] وبخش دوم[3] بکار رفته تبعیت کرده‌ایم.

۲ ـ در زبان فرانسوی بسیاری از ه (h) های اول اسما خوانده نمیشود (آنهارا هـ گنگ و غیر ملفوظ h muet گویند) ولی درانگلیسی و آلمانی خوانده میشود و در فارسی نیز تلفظ میگردد، مثلا: هانری، هانریت، هانیبال وغیره. ما نیز روش اخیر را پیروی کرده‌ایم

۳ ـ دربعض اسماء خارجی که بادوحرف صامت(کنسون) آغاز شوند، وبقول تازیان التقاء ساکنین پدیدآید، تلفظ آن درفارسی مشکل‌است، ازین رو فارسی‌ زبانان یک اِ=e باول آن افزایند: اسپارت [.Sparte فر]، استالین [.رس،.فر Staline]. ما نیز همین روش راتعقیب کرده‌ایم (همچنانکه در بخش اول)[4].

۴ ـ بعض نامها درفرانسوی با u (معادل ü آلمانی) تلفظ میشود. درفارسی چنین صوتی نداریم ، و طبعاً این تلفظ به ـ و (او) (معادل ou فرانسوی و oo انگلیسی و u آلمانی) بدل میشود، مثلا Ukraine (فرانسوی،انگلیسی، آلمانی) درفارسی «اوکرانی» گردیده.

د ـ اصل وریشه

۱ ـ داخل [   ] اصل اسم که ازچه زبانی است (بانشانهٔ اختصاری) و ریشهٔ آن درزبان مذکور نقل شده.

---

1 - Majuscule (.فر)

۲ـ رک. ص پنجاه وسه (همین مقدمه).   ۳ـ رک. ص شصت وشش (همین دیباچه).   ۴ـ رک. ص پنجاه وسه ـ پنجاه وهفت (همین مقدمه).

۲ـ بسیاری ازاسامی‌ایرانی وعربی خودبصورت لغت بکاررفته‌اند،درین صورت احتیاجی بتصریح آنها نیست وبرای اطلاع ازمعنی‌آنها باید به‌بخش‌اول رجوع کرد[۱].

۳ ـ دربعض موارد صورت فرانسوی،انگلیسی یاآلمانی را درمتن‌یاحاشیه نقل‌کرده‌ایم.

هـ دستور

ذکر هویت دستوری در اعلام مورد ندارد.

و- معانی و شرح اعلام

۱ ـ معنی هراسم- درصورتیکه‌دربخش‌اول‌ذکر نشده باشد- داخل[یاد شده.

۲ـ معنی‌هرعلم- درصورتیکه دربخش‌اول‌ذکرشده- بدانجاارجاع گردیده.

۳ـ گاه چندعلم متحداللفظ پیاپی آمده وریشه ووجه اشتقاق در نخستین ذکرشده وبقیه بانشانهٔ [↑] بدان ارجاع گردیده.

۴ـ ترجمهٔ احوال اشخاص ، شرح اعلام جغرافیایی ، توضیح آثار ادبی وغیره بامراجعه بمآخذ معتبرتدوین وتهیه‌گردیده، ولی‌برای احتراز از تطویل‌از ذکرمأخذ صرف‌نظر شده[۲]، وامیدواریم که درفرهنگهای بزرگترمنابع‌را بیفزاییم.

۵ـ درصورت لزوم یك‌ماده بمادهٔ دیگراز همین‌بخش(اعلام) یاببخشهای دیگر (۱ و ۲)ارجاع شده.

ز- شواهد

درفرهنگ‌حاضر ازذکرشواهد برای‌نشان دادن‌استعمال اسم‌خاص‌درنظم‌ونثر خودداری‌شده (جز در موارد محدود وبسیار ضروری). ماامیدواریم در فرهنگهای بزرگتر شواهد استعمال اعلام رانقل‌کنیم.

ح- توضیح

بعض اعلام محتاج بشرح هستند. درپایان موادتحت عنوان ضح (= توضیح) شرحی راجع بدانها داده‌شده.

ط- تواریخ

مانخست‌درنظر داشتیم که‌درمورد رجال‌ایرانی واسلامی سنوات‌راهم بصورت هجری وهم میلادی نقل‌کنیم ولی چون روزوماه بسیاری ازوقایع (ازجمله‌ولادت ووفات رجال) معلوم نیست تطبیق دقیق امکان ندارد، مع‌هذا بخشی از سالهای

۱- مع‌هذا غالباً اشاره شده (← بخش۱) .

۲ - چنانکه لاروس، وبستر، بروکهاوس والمنجد همین راه را رفته‌اند.

تولد و وفات را هم بسال هجری قمری و هم بسال میلادی و بخش دیگر (در مورد متأخران و معاصران) هم بسال هجری قمری و هم بسال هجری شمسی (و احیاناً هجری قمری، هجری شمسی و میلادی) نقل کرده‌ایم. در فرهنگهای بزرگ بعدی درین مورد کوشش بیشتر بعمل خواهد آمد.

ی- نامهای مصوب فرهنگستان

از اسامیی که فرهنگستان ایران تصویب کرده، عده‌ای معمول و متداول شده، ما آنها را درجای خود- با تصریح بتصویب فرهنگستان- نقل کرده‌ایم.

حروف چاپ- متن کتاب با حروف ۱۰ آلمانی، عنوانهای اصلی با ۱۰ سیاه آلمانی و خطی نازك درزیر و عنوانهای فرعی با ۸ سیاه آلمانی طبع شده.

حروف لاتینی (ترانسلیتراسیون و ترانسکریپسیون) پس از تحقیقات زیاد وسفارش باروپا و عدم توفیق، در تهران سفارش داده و تهیه شد (طبق نمونه‌ای که در پایان مقدمهٔ حاضر آمده).

۷ - فواید و مزایای فرهنگ حاضر

الف- فواید

۱ ـ اطلاع از لغات واصطلاحات فارسی (ایرانی، عربی، ترکی ، مغولی ، هندی و لغات زبانهای اروپایی مستعمل در فارسی) اعم از فصیح وعامیانه .

۲ ـ آگاهی از تلفظ کلمه (تلفظ صحیح وقدیم وتلفظ معمول ومتداول).

۳ـ معرفت بر ریشه ووجه اشتقاق وترکیب کلمات.

۴ـ آگاهی از هویت دستوری هرلغت .

۵ـ اطلاع از ترکیبات خارجی (مخصوصاً عربی).

۶ ـ اطلاع از ترجمهٔ احوال بزرگان (شاعران ، نویسندگان ، نقاشان ، معماران، حجاران ، هنرپیشگان، وزیران، امیران، پادشاهان وجزآنان).

۷ـ اطلاع ازوقایع تاریخی (جنگها، صلحها، پیمانها وغیره).

۸ـ شناختن انواع کتب، رسایل، نمایشنامه‌ها،تصنیفها وغیره.

۹ـ اطلاع از امکنهٔ جغرافیایی (کشورها، ایالتها، شهرها، قری و قصبات) قدیم وجدید .

۱۰ـ آگاهی از اقوام ونژادهای مختلف وخاندانهای معروف .

۱۱ـ معرفت ملل ونحل (فرقه‌های دینی ومذهبی ومسلکهای فلسفی).

بطورکلی مراجعه بفرهنگ حاضر بر اطلاعات عمومی[1] خواننده‌می‌افزاید.

ب- مزایا

۱ ـ فرهنگ حاضر ـ تا آنجاکه ممکن است ـ شامل محاسن فرهنگهای معروف اروپایی (لاروس، کیه، وبستر، بروکهاوس) والمنجد عربی است .

۲ـ تعدادلغات فرهنگ حاضربیش‌ازلغاتی‌است‌که در فرهنگهای فارسی‌قدیم

۱ـ Culture générale

وجدیدآمده (صرف‌نظراز لغت نامهٔ دهخدا که دائرةالمعارف است)، چه هر چند تعداد مواد فرهنگ ناظم‌الاطباء وفرهنگ آنندراج بیش از فرهنگ حاضراست، باید گفت که بسیاری از لغات عربی که در آنها آمده هرگز در فارسی(متون نظم‌ونثروتداول فارسی‌زبانان) بکارنرفته وبنابراین‌اصلا درقلمرو فارسی درنیامده ونباید در فرهنگهای فارسی‌آنهارا واردکرد.

۳ـ فرهنگهای متداول فارسی (قدیم وجدید)اصولاباعلام توجهی‌نکرده‌اند وفقط عده‌ای محدود ازاعلام راـ طرداًللباب ـ درطی‌لغات گنجانیده‌اند وفقط‌دو فرهنگ معاصر تعدادی از اعلام‌را جداگانه آورده‌اند کهـ هر چند سعی مؤلفان آنها مشکور است ـکماً وکیفاً قابل مقایسه با اعلام کتاب حاضرنیستند[۱].

۴ ـ ترکیبات خارجی موردتوجه فرهنگ‌نویسان مانبوده و فقط محدودی دربعض فرهنگهای‌گذشته(آنندراج، ناظم‌الاطباء) ویکی‌ازفرهنگهای معاصرآمده که قابل قیاس باتعداد ترکیبات مندرج دربخش‌دوم کتاب حاضرنیست[۱].

۵ ـ ضبط تلفظ لغات با حروف لاتینی مخصوص[۲]، نخستین بار در کتاب حاضر بکار رفته، هرچند درفرهنگ ناظم‌الاطباء، استادمحترم آقای سعید نفیسی حروف لاتینی‌را بکاربرده‌اند، ولی بواسطهٔ آماده نبودن حروف مخصوص‌ناگزیر شده‌اند حروف معمولی چاپخانه‌ها را بکار برند.

۶ـ ریشه ووجه اشتقاق لغات واعلام درهیچیك از فرهنگهای فارسی(قدیم وجدید)داده‌نشده[۳]. فرهنگ حاضرنخستین فرهنگ مستقلی است‌که دراین راه‌گام برداشته[۴].

۷ ـ هویت دستوری لغات مورد توجه فرهنگ نویسان قدیم نبوده و بعض فرهنگهای معاصر درین راه‌قدم برداشته‌اند ـکه هرچند خدمت آنهاشایان تقدیر است‌ـولی اقدامشان بکمال نرسیده[۵].

۸ ـآگاهی ازصرف افعال بامراجعه‌بمصدرآنهاـ این‌امرنیز درفرهنگهای فارسی بی‌سابقه‌است.

---

۱ ـ درین مورد نیز «لغت‌نامه» راـکه دائرةالمعارف استـ باید مستثنی داشت.

۲ - Appareil diacritique

۳ـ واگر هم احیاناً داده‌اند غالباً از قبیل فقه‌اللغهٔ عامیانه است.

۴ - ماقبلا در دورهٔ برهان‌قاطع درین‌باب بحدکافی توضیح داده‌ایم.

۵ـ موادمجلدات اول لغت‌نامه‌هم فاقد هویت دستوری‌است. بدرخواست نگارنده علامهٔ مرحوم‌دهخدا موافقت‌کردندکه این مزیت نیز بمزایای دیگر لغت نامه افزوده شود.

۹ـ نخستین باراست که درفرهنگی فارسی اشاره به‌غیر مستعمل بودن(= غم.) وکم استعمال بودن (کم.) لغات مندرج شده .

۱۰ـ فرهنگهای متداول فارسی(قدیم وجدید)عنایتی بتصاویر نکرده‌اند[1]. بعض فرهنگهای‌معاصر تعداد محدودی تصویر درج کرده‌اند که ازلحاظ کمیت‌قابل قیاس با فرهنگ حاضر نیستند.

تصاویری که درطی کتاب آمده، درتجسم معانی لغات کومك بسیار مینماید.

۱۱ـ فرهنگهای متداول ازچاپ نقشه ـ بعلت اشکالات فراوان ـ صرف‌نظر کرده‌اند،وفقط یك‌فرهنگ بچاپ تعدادی محدوداقدام نموده وآن‌هم‌ازلحاظ‌کمیت وکیفیت قابل مقایسه با فرهنگ حاضر نیست.

۱۲ـ جدولهای مختلف (ازقبیل الفباهای مختلف، جدول ضرب و غیره) موجب افزایش اطلاعات مراجعان خواهد بود.

۱۳ـ نمره‌بندی‌مواد(لغات‌واعلام) موجب‌سهولت مراجعه وکشف‌منظورخواهد شد. این کار تاکنون‌درهیچیك از فرهنگهای فارسی وبسیاری ازفرهنگهای‌اروپایی انجام نشده.

۱۴ـ نمره‌بندی معانی مختلف یك ماده نیزسبب سهولت پیدا کردن معنی مقصود وتمییزمعانی متعدد خواهد بود. این‌طریقه درفرهنگهای‌فارسی‌سابقه ندارد و بسیاری ازفرهنگهای اروپایی نیز فاقد آنند.

تصاویر ، جداول و نقشه‌ها

۱ـ سرلوحه‌ها ـ دربخش‌اول (لغات) وبخش‌سوم(اعلام) درآغاز هرحرف ازحروف الفبا سرلوحه‌ای گنجانیده‌ایم (بسبك لاروس کوچك). سرلوحه‌های‌مزبور حاکی ازکلمه‌ایست که حرف اول آن همان حرفی‌است که شرح لغات مسبوق بدان آغاز میشود .

دربخش لغات نام موضوع سرلوحه‌ها را یاد نکرده‌ایم (همچنانکه لاروس نیز این کاررا نکرده) واین امربرای تشحیذ ذهن وکوشش خوانندگان مخصوصاً دانش‌آموزان درپیداکردن نام اصلی موضوع سرلوحه است .

۱ـ درفرهنگ کاتوزیان چاپ ۱۳۱۱ تعدادی‌محدود تصویر گنجانیده شده . دوجلداول لغت‌نامهٔ دهخدا بدون تصویر منتشرشده، بعداً نگارنده ازعلامهٔ‌مرحوم دهخدا درخواست‌کردکه اجازه فرمایند تصویر ونقشه‌درلغت‌نامه چاپ‌شودومعظم‌له پذیرفتند وازمجلد سوم ببعد این کارعملی شده. همچنین نگارنده‌در دورهٔ چهار جلدی برهان قاطع، تصاویر و جداول ونقشه‌هایی درج کرده‌است. سپس فرهنگ دوجلدی عمید باتصاویر منتشر شده .

اما دربخش سوم، نام موضوع رایاد کرده‌ایم، زیرا پیداکردن آنها تقریباً از محالات است.

دراین مورد ماکوشیده‌ایم:

الف ـ حتی‌المقدور در موضوع سرلوحه‌ها لغت فارسی باشد مگردرصورتیکه امکان پذیرنباشد (مثلا درحرف ث، ح) یا در دسترس نباشد.

ب ـ نیز دربخش لغات مناظر طبیعی (دریا، کوه، رود، آبشار، ابر وغیره) را برگیاهان ، وگیاهان را برجانوران ترجیح داده‌ایم.

ج ـ در مورد سرلوحه‌های اعلام نیز سعی شده که موضوع مربوط بامکنهٔ (شهر، قری، قصبات) ایرانی باشد، مگردرموردی که امکان نداشته‌یااز دسترس ما بیرون بوده.

۲ـ تصاویر

۱ ـ دربخش لغات وبخش ترکیبات خارجی حتی‌المقدورکوشیده‌ایم برای مواد مربوط بگیاهان، جانوران، آلات واشیاء مختلف تصویری روشن تهیه کنیم. شایدکوشش ما در بعض موارد (که برای‌یك مسمی‌چند تصویرآورده‌ایم مثلا: چراغ، چرخ و غیره) درنظر بعضی افراط جلوه کند ولی باید دانست‌که‌شیئی راکه‌دارای انواعی است، نمونه‌ای‌از هریك‌ازآنها باید ارائه دادواین روشی‌است که‌فرهنگهای معتبر خارجی پیش گرفته‌اند.

۲ـ برای تهیهٔ تصاویر ازهشت سال‌قبل، چند پرونده بترتیب الفبایی‌جهت هریك از بخشهای سه گانه ترتیب داده [1] و تعداد کثیر تصاویر مربوط بلغات، ترکیبات خارجی و اعلام در آنها گنجانیده شده . معهذا محتویات آنها برای فرهنگ حاضر کافی نبود ، در حین طبع مقداری دیگر از مآخذ شرقی و غربی استخراج وبگراور سازی‌داده شد وتعدادی‌کثیرهم نقاشی وسپس گراورشد. بخشی‌از تصاویر نیز که مورد لزوم بود توسط یکی از دوستان مرتباً در حین چاپ عکس برداری و مقداری هم از عکاسیهای تهران ابتیاع شده .

۳ـ تصویرها را برخلاف معمول ـ بسبك لاروس اخیر وبعض‌کتب آلمانی ـ غالباً درحواشی جای‌داده‌ایم. بدین طریق هم‌صفحه زیباترگردیده وهم صرفه‌جویی درکاغذ بعمل آمده.

۳ـ جداول

۱ ـ ماکوشیده‌ایم درموارد لازم جدولهایی نیز زینت‌بخش اوراق فرهنگ

---

۱ ـ و فیشهایی مرتب بترتیب حروف تهجی برای هر بخش بعنوان مفتاح تنظیم گردیده .

حاضر گردد مثلا در بارهٔ الفباهای ملل مختلف، جدول ضرب وغیره .

۲ــ جدولهارا درطی متن جاداده‌ایم.

۴ــ نقشه‌ها

۱ ـ فرهنگ مصور اسماءامکنه بدون نقشه ناقص است، ازین‌رو کوشیده‌ایم ـ تاآنجاکه ممکن است ـ کتاب حاضر را با نواع نقشه‌ها زینت دهیم.

۲ـ نقشه‌های سیاه درمتن کتاب گنجانیده شده‌اند.

۳ـ درنظر است که بعدها ضمیمه‌ای جداگانه‌شامل نقشه‌های‌مختلف (سیاه ورنگین) تدوین ومنتشر شود .

اما دربارهٔ معایب فرهنگ حاضر ـ شاید ماخود بیش‌از دیگران از نقصها وعیبهای‌فرهنگ حاضر آگاه باشیم. نقصها وعیبها را بردو بخش میتوان تقسیم کرد: بخشی مربوط باغلاط واشتباهات است وقسمتی مربوط بطرح‌ومشخصات فرهنگ . درمورد بخش اول، مااز خوانندگان فاضل، تقاضا داریم که روش‌پسندیده‌ای راکه دربارهٔدیگر مؤلفات نگارنده بکار برده‌اند ، درمورد مندرجات کتاب حاضر نیز تعقیب کنند ، ونظرات خودرا در جرح وتعدیل واضافه‌ونقصان وتصحیح اغلاط بما بنویسند. ما با عرض تشکر درچاپهای بعد آنهارا بکار خواهیم بست.

درمورد بخش‌دوم،طرحی که برای فرهنگ‌حاضر ریخته شده ایجاب سبکی خاص‌وموادی محدود میکند وفی‌المثل بزرگترین نقصی که شاید بتوانند براین فرهنگ بگیرند کمی شواهد وامثله‌است، ولی هما نطورکه پیشتر گفته شد[1]، ماشواهد وامثلهٔ کافی رادر فرهنگهای‌بزرگتر گنجانیده‌ایم وکتاب حاضر تلخیصی‌است‌از آن فرهنگها ، همچنانکه لاروس ووبستر و بروکهاوس کوچك و متوسط همین راه را رفته‌اند .

۱ــ رك.ص شصت ودو ـ شصت وسه (همین مقدمه) .

۸ - همکاران

هیچ فرهنگ کاملی کار یک تن نباید باشد و نمیتواند باشد. اسناد وانتساب یک فرهنگ (مانند لاروس، کیه، المنجد وغیره) بیک مؤلف برای پیشقدمی وطرح اصلی وکوشش بیشتری است که مؤسس آنها بعمل آورده.

کتاب حاضر مبتنی بر ۳۰۰،۰۰۰ فیش است که نگارنده بیاری گروهی از دوستان ودانشجویان درطی بیستسال فراهم کرده. طرح تألیف وتصحیح وهماهنگ کردن و پر کردن خلأها از نگارنده است، اما سروران وهمکاران فاضل من هریک در حد خود در رشتهٔ تخصصی خویش کوشیده اند، وفرهنگ را بصورت کنونی در آورده اند.

این عده شامل سه دسته اند.

۱- **استادان بزرگوار وهمکارانی** که درمورد لزوم بدانان مراجعه شده وایشان درکمال لطف یادداشتهایی تهیه وارسال فرموده‌اند . نام این گروه بترتیب حروف تهجی نام خانوادگی آنان ـ باکاری که انجام داده‌اند ـ ذیلا بعنوان سپاسگزاری نقل میشود:

آریان پور (دکتر امیرحسین)، دانشیار دانشسرای عالی؛ بعض اصطلاحات فلسفی و اجتماعی.

ابراهیمی (محسن)، استاد سابق مدارس بادکوبه، کارمند وزارت فرهنگ؛ ترجمه از آلمانی ، روسی و ترکی

ابوالحمد (نجم‌الدین)، سردفتر اسناد رسمی (لنگرود)؛ اصطلاحات حقوقی، فلسفی وعرفانی.

امام (محمدعلی)، لیسانسیهٔ دانشکدهٔ ادبیات تهران، دبیر دبیرستانهای دزفول؛ لغات دزفولی وشوشتری.

امیر جاهد (محمد علی) ، از رؤسای سابق ادارات مجلس شورای ملی ، مؤسس سالنامهٔ پارس ، رئیس هنرستان آزاد موسیقی ملی ؛ اصطلاحات موسیقی

هشتاد ویک

وترجمهٔ احوال بعض موسیقی دانان، اصطلاحات چاپخانه.

انوار (سیدعبدالله)، لیسانسیهٔ حقوق‌ازدانشکدهٔ حقوق‌ولیسانسیهٔ ریاضی از دانشکدهٔ علوم، رئیس دایرهٔ کتب‌خطی کتابخانهٔ ملی؛ اصطلاحات ریاضی وفلسفی.

بنونیست (امیل) E.Benveniste، استاد کلژد فرانس و مدرسهٔ تتبعات عالیهٔ پاریس (سربن)؛ ریشه ووجه اشتقاق بعض‌لغات.

بوستان (بهمن)، لیسانسیهٔ‌ادبیات دانشکدهٔ ادبیات تهران، کارمند سازمان لغت‌نامه؛لغات ورزشی، مکانیکی، تهیهٔ تصاویر ونقشه‌ها.

بهروان (رسول)، کارمند دانشکدهٔ ادبیات اصفهان؛ بعض یادداشتها.

پورداود(ابراهیم)، استاد اوستا وفرهنگ‌ایران باستان دردانشکدهٔ‌ادبیات تهران؛ توضیحاتی راجع بلغات ایرانی ووجه اشتقاق آنها.

جفرودی (مهندس کاظم) ، استاد دانشکدهٔ فنی دانشگاه‌تهران؛ بعض اصطلاحات مربوط بمهندسی ساختمان وراه.

حامی(مهندس‌احمد)،استاد راهسازی‌دانشکدهٔ‌فنی‌دانشگاه‌تهران؛اصطلاحات مربوط بمهندسی ساختمان وراه ونقشه‌ها وتصاویر مربوط.

حکیم(عباس)،لیسانسیهٔ‌ادبیات ازدانشکدهٔ ادبیات‌تهران، دبیر دبیرستانهای پایتخت، دانشجوی دورهٔ دکتری معقول، کارمند سازمان لغت نامه؛ لغات مشهدی، اصطلاحات فلسفی، ادبی و اصطلاحات کبوتر بازی.

خلیق‌اعظم (سرگردعبدالله)، افسرسابق‌ارتش؛ اصطلاحات‌نظامی، ساختمانی و کشاورزی.

خلیق‌اعظم(پری،امیرجاهد)، دبیر موسیقی دبیرستانها؛اصطلاحات‌موسیقی.

دبیرسیاقی (محمد) ، فارغ‌التحصیل دورهٔ دکتری ادبیات فارسی ، عضو هیئت‌مقابلهٔ سازمان لغت نامه؛لغات قزوینی، لغات‌مستخرج ازمجمع‌الفرس‌سروری.

دوستخواه (جلیل)،لیسانسیهٔ‌دانشکدهٔ‌ادبیات‌تهران، دانشجوی دورهٔ دکتری ادبیات ، دبیر دبیرستانهای تهران ؛ تدوین برخی از لغات.

دهخدا (مرحوم علی اکبر)، رئیس سابق دانشکدهٔ حقوق، مؤلف‌لغت‌نامه؛ بسیاری از مشکلات لغوی.

راد (احمد)،ازرؤسای‌سابق‌وزارت فرهنگ،مستوفی مدرسهٔ عالی‌سپهسالار؛ بعض یادداشتها .

رازی (فیروزالدین پاکستانی) ، استاد فارسی‌در دانشکدهٔ دولتی شاهپور (پنجاب)؛ بعض لغات اردو.

رهاورد (حسن)، فارغ‌التحصیل دورهٔ دکتری ادبیات فارسی، کارمندسابق

لغت‌نامه، دبیر دبیرستانهای تهران؛ بعض یادداشتهای متفرق.

زرین‌پنجه (حسن)، استاد سه‌تار درهنرستان موسیقی ملی وهنرستان آزاد موسیقی ملی؛ بعض اصطلاحات موسیقی[1].

زندشاهی (مهربانو)، لیسانسیهٔ دانشکدهٔ ادبیات‌تهران ، کارمند کتابخانهٔ دانشکدهٔادبیات ؛ اصطلاحات نقاشی.

سالك(حسن‌صدر عرفائی)، کارمند وزارت فرهنگ؛لغات اصفهانی .

سلطان‌القرائی (جعفر)، فاضل‌محترم، یادداشتهای مختلف[2].

شاهرضا (سروان محمد)، افسرارتش؛ اصطلاحات مربوط بنیروی هوایی.

شعار(جعفر) ، دانشجوی دورهٔ دکتری ادبیات، دبیر دانشسرای مقدماتی، کارمند لغت‌نامه؛ بعض یادداشتها.

شهیدی (دکتر سیدجعفر)، معلم دانشکدهٔ ادبیات تهران ، معاون سازمان لغت نامه؛ تدوین وتنظیم قسمتی ازمواد بخش دوم (ترکیبات عربی) ، اصطلاحات شرعی ومنطقی، لغات بروجردی.

صبا (مرحوم ابوالحسن)، استاد سابق ویلن وسنتور در هنرستان موسیقی ملی، ورئیس ارکستر هنرهای زیبا؛ اصطلاحات موسیقی[3].

طاعتی (دکترعبدالعلی)، دکترادبیات‌ازدانشگاه‌تهران ودبیردبیرستانهای مرکز ؛ استخراج بعض لغات مستخرج از صحاح‌الفرس مصحح خود ایشان .

علوی (محمدحسن) ، دبیرسابق تاریخ وجغرافیای دبیرستانهای تهران ، عضو وزارت‌کشور؛ لغات شیرازی و کازرونی .

عمادی(مهندس‌احمد)، مهندس‌ساختمان وراه ؛ ترجمهٔ بعض‌مطالب‌معماری.

فروتن راد (احمد) ، استاد سابق هنرستان عالی موسیقی ، معلم تئوری هنرستان آزاد موسیقی ملی؛بعض‌اصطلاحات موسیقی[4].

فروزانفر (بدیع‌الزمان)، استاد دانشکدهٔ ادبیات ، رئیس واستاددانشکدهٔ معقول و منقول ؛ بعض یادداشتها.

فقیهی (علی اصغر) ، لیسانسیهٔ دانشکدهٔ معقول و منقول ، دبیر ادبیات فارسی وعربی دبیرستانهای قم؛ لغات قمی وبعض یادداشتها.

۱ـ بتوسط آقای امیرجاهد. ۲ـ نیز معظم‌له بعض‌نسخ‌خطی نفیس‌را از کتابخانهٔ خود در اختیار نگارنده گذاشته‌اند . ۳ـ مرحوم صبا تعریف علمی‌آوازهای ایرانی‌را بخواهش نگارنده تدوین ولطف کرده‌اند. ۴ـ بتوسط آقای امیر جاهد.

فکرت (سرتیپ دکترمفید)، از امرای سابق ارتش ؛ ترجمهٔ بعض مقالات پزشکی (از فرانسوی).

قاسمی(رضا)، فارغ‌التحصیل دورهٔ دکتری ادبیات فارسی، وکیل دادگستری، کارمند سازمان لغت نامه ؛ لغات گلپایگانی.

کربن (هانری) Henry Corbin ، استاد مدرسهٔ تتبعات عالیهٔ پاریس (سربن)، بعض یاد داشتها.

کریمان (دکترحسین)، معلم دانشکدهٔ معقول ومنقول؛ تراجم احوال بعض بزرگان ، تحریر بعض خطوط اسلامی .

گنابادی (پروین) ، دبیرادبیات فارسی، عضوهیئت مقابلهٔ سازمان لغت نامه؛ لغات گنابادی ومشهدی .

گوهرین (دکترصادق)، استاد دانشکدهٔ ادبیات دانشگاه تهران؛ بعض لغات مثنوی ودیوان کبیر مولوی.

ماتسوخ (دکتر رودلف)، دانشیار دانشکدهٔ ادبیات تهران وکارمند لغت نامه؛ لغات سامی الاصل (آرامی، عبری، سریانی) وترجمه از روسی.

ماسینیون (مرحوم لوئی) Louis Massignon، استاد کلژدفرانس ومدرسهٔ تتبعات عالیهٔ پاریس(سربن)؛ بعض اطلاعات مربوط بتصوف وصوفیه.

مجدالعلی (بوستان)، قاضی دیوان کشور؛ لغات حقوقی وبعض یادداشتهای دیگر .

محمد باقر(دکتر- پاکستانی)، استادکرسی فارسی دانشگاه پنجاب ؛ بعض لغات اردو .

مدرس موسوی (سید علی)، فارغ‌التحصیل دورهٔ دکتری دانشکدهٔ معقول ومنقول، وکیل دادگستری؛لغات حقوقی.

مرتضوی (دکتر منوچهر) ، استاد دانشکدهٔ ادبیات تبریز ؛ لغات هرزنی وتاتی وبعض یادداشتها .

مستوفی(دکترمحمد)، استاد دانشکدهٔ دندان‌پزشکی؛ بعض اصطلاحات دندان پزشکی .

معروفی (موسی)، استاد سابق تار در هنرستان‌موسیقی ملی؛ بعض اصطلاحات موسیقی[1].

معین‌الحق (دکتر-پاکستانی)، مدیر مجلهٔ تاریخی، کراچی؛ بعض لغات اردو.

۱- توسط آقای امیر جاهد.

معین (مهندس علی)، مدیر عامل شرکت ساختمانی آوج؛ اصطلاحات مربوط به مهندسی ساختمان وراه.

معین (مهین پرنیان، امیرجاهد)، اصطلاحات خانه‌داری، خیاطی.

معین (دکتر کاظم) ، رئیس داروخانهٔ بیمهٔ اجتماعی کارگران (رشت) ؛ اصطلاحات دارو سازی.

مکری (دکتر محمد)، معلم سابق دانشکدهٔ ادبیات تهران ومعلم کنونی مدرسهٔ تتبعات عالیهٔ پاریس (سربن)؛ یادداشتهایی درباب ریشه‌شناسی، لغات کردی واهل‌حق.

مکی نژاد (فخرالدین) ، عضو بانك ملی ایران؛ لغات معمول در اراك (سلطان آباد)، کرمانشاه وبروجرد واستخراج لغات وشواهد از چند دیوان.

مناش (پر د Père Pierre Jean de Menasce)، استادسابق دانشگاه فریبورگ، استادکنونی مدرسهٔ تتبعات عالیهٔ پاریس (سربن)؛ اطلاعاتی راجع بریشه‌شناسی ولغات پهلوی.

منزوی (علی نقی) ، لیسانسیهٔ حقوق ، فارغ‌التحصیل دورهٔ دکتری معقول از دانشکدهٔ معقول و منقول ، دبیر دانشکدهٔ حقوق و عضو هیئت مقابلهٔ سازمان لغت‌نامه؛ اصطلاحات حقوقی، شرعی وکتابشناسی.

منصور بیکی (دکتر مهدی)، متخصص امراض داخلی ، مؤسس بیمارستان مسمومین ؛ اصطلاحات پزشکی.

میررفعتی (مرحوم میراحمد)، متولی سابق بقعهٔ آستانهٔ اشرفیه (گیلان) وشهردار سابق آن بخش؛ اصطلاحات مربوط بکشاورزی گیلان.

نفیسی (سعید)، استاد دانشکدهٔ ادبیات تهران؛ یادداشتهای متفرق.

نفیسی (محمدباقر)، کارمند بانك ملی ایران؛ اصطلاحات بانکی.

نوابی (دکتر ماهیار)، استاد ورئیس سابق دانشکدهٔ ادبیات تبریز، وابستهٔ فرهنگی ایران درپاکستان ، یادداشتهایی راجع بریشه ووجه اشتقاق لغات .

وحدت (مرحوم صادق) ، رئیس سابق دفترداری تیپ کرمانشاه، کارمند سابق لغت نامه؛ لغات مستعمل درکرمانشاه وبعض یادداشتها.

هنینگ (و ب. W.B.Henning)، استاد سابق دانشگاه لندن واستادکنونی دانشگاه برکلی (آمریکا)؛ وجه اشتقاق بعض لغات.

یزدگردی (دکتر امیرحسن). معلم دانشکدهٔ معقول ومنقول؛ بعض یادداشتها درمورد لغات مستخرج از متون.

بعض دیگر از سروران و دوستان مارا یاری کرده‌اند ولی بعللی نخواسته‌اند که نامشان زیب‌بخش این صفحات گردد، ما بدین وسیله از آنان سپاسگزاری میکنیم.

۲- همکارانی که مدتی بطور مداوم درتدوین وتنظیم فرهنگ‌حاضر کار کرده‌اند[۱]؛ باکاری‌که انجام داده‌اند:

(اخوین عباس)، لیسانسیهٔ ادبیات دانشکدهٔ‌ادبیات، دانشجوی دورهٔ‌دکتری ادبیات، دبیر دبیرستانهای مرکز؛ تدوین وتنظیم قسمتی از فیشها.

رضا الهی(فضل‌الله)، لیسانسیهٔ دانشکدهٔ ادبیات، دبیر فیزیك‌دبیرستانهای تهران؛ تدوین لغات مربوط بفیزیك وشیمی.

ثمره (یدالله)، لیسانسیهٔ دانشکدهٔ ادبیات، کارمند سازمان لغت‌نامه، دبیر دبیرستانهای تهران؛ تنظیم قسمتی از فیشها .

درهمی (دکترجواد)، دکتر دندان پزشکی، لیسانسیهٔ علوم‌طبیعی‌دانشکدهٔ علوم، دبیر وزارت فرهنگ و کارمند ادارهٔ بهداری آموزشگاهها ، تدوین لغات مربوط بعلوم طبیعی(گیاه‌شناسی ،جانورشناسی، زمین‌شناسی) واصطلاحات‌پزشکی.

رفرف (علی محمد)، لیسانسیهٔ تاریخ وجغرافی ازدانشکدهٔ‌ادبیات‌تهران، دبیر سابق تاریخ و جغرافی دبیرستانهای مرکز ؛ لغات مربوط باعلام تاریخی وجغرافیایی، اصطلاحات جغرافی.

شاهرودی (اسماعیل) ، فارغ‌التحصیل از دانشکدهٔ هنرهای زیبا (دانشگاه تهران)، دبیر سابق دبیرستانهای تهران ، معلم دانشگاه علیگره (هندوستان) ، تنظیم لغات هنری(نقاشی، مجسمه‌سازی، معماری، تآتر، رقص، خطاطی، قالی‌بافی، قلمدان سازی، منبت‌کاری وغیره) ونقاشی بعض موضوعات.

ضیائی (ضیاءالدین)، لیسانسیهٔ دانشکدهٔ ادبیات، دبیر دبیرستانهای‌مرکز؛ تدوین وتنظیم بخشی از لغات.

عبدالودود (قاضی)، قاضی هندی؛ یادداشتهایی درباب فرهنگها .

غروی (علی)، لیسانسیهٔ‌دانشکدهٔ ادبیات،دانشجوی دکتری ادبیات فارسی، کارمند ادارهٔ‌کل نگارش؛ تدوین وتنظیم بخشی از لغات.

کاتبی (علی‌قلی)، لیسانسیهٔ تاریخ وجغرافیا از دانشکدهٔ ادبیات تبریز، دبیر سابق دبیرستانهای قوچان؛ تنظیم تعدادی از فیشها.

کیانوش (پروین) ، لیسانسیهٔ علوم اجتماعی ازدانشکدهٔ ادبیات تهران ، دبیر دبیرستانهای تهران؛ تنظیم قسمتی از فیشها .

میر مطهری (هوشنگ)، لیسانسیهٔ ادبیات دانشکدهٔ ادبیات تهران ، دبیر دبیرستانهای مرکز ؛ تهیه وتدوین لغات ریاضی ونجومی.

۱- و بعضی از آنان هنوز بکار خود ادامه میدهند .

هورتاش (اکبر=جعفری) ، لیسانسیهٔ ادبیات فارسی از دانشکدهٔ ادبیات تهران ، دبیر دبیرستانهای تهران ، کارمند سازمان لغت نامه ؛ تنظیم قسمتی از فیشها .

۳ـ دانشجویان دانشکدهٔ ادبیات

از سال تحصیلی ۱۳۳۷ـ۳۸ تاکنون دانشجویان سالهای دوم‌وسوم دانشکدهٔ ادبیات دراستخراج لغات واصطلاحات وترکیبات ازمتون نظم ونثر فارسی ازقدیم، متوسط، متأخر ومعاصر، باما همکاری کرده‌اند. تعداد این دانشجویان گرامی ازچهارصد متجاوز است،ازین روازذکراسامی آنان درین مقدمه‌ـ باعرض‌معذرت‌ـ خودداری میشود وامیدوار است بتواند درمقدمهٔ فرهنگهای بزرگتر این دین را ادا کند .

سازمان فرهنگ فارسی ـ نگارنده ازسال ۱۳۳۸ مؤسسه‌ای بنام«سازمان فرهنگ فارسی» درمنزل خودایجادکردکه گروهی‌ازدوستان وهمکاران درآن‌بکار شروع کردند، وکتابخانه‌ای کوچك خاص سازمان ترتیب داده‌شد. ازسال ۱۳۳۹ بتصویب کمیتهٔ لغت نامه سازمان مزبور بمحل «سازمان لغت نامهٔ دهخدا » منتقل گردید وتاکنون در همانجا مستقر وبکار مشغول است.

هدف عمده ازتشکیل این سازمان نظم دادن بامراستخراج لغات‌ازمتون، تدوین فیشها ، تألیف فرهنگهای‌مختلف، تهیهٔ‌تصاویر ونقشه‌هاست،وامیدواراست‌این سازمان بتواند درراه هدف خود پیشرفت نماید.

ادارات ومؤسسات ـ علاوه برسه‌دستهٔ مذکور، عده‌ای ازادارات ومؤسسات دولتی وملی، داخلی وخارجی، بنابدرخواست ما اطلاعات گرانبهایی در اختیار سازمان فرهنگ گذاشته‌اند، و مابا ذکر اسامی آنهادرذیل وظیفهٔ خود میدانیم که از رؤسا ومدیران وکارکنان آنها سپاسگزاری‌کنیم:

ادارهٔ رادیو نیروی هوائی، ادارهٔ‌کل انتشارات و تبلیغات ورادیو، ادارهٔ کل باستانشناسی، ادارهٔ‌کل شیلات، ادارهٔ‌کل موزه‌ها وفرهنگ عامه،انجمن آثار ملی، انجمن تربیت بدنی وتفریحات سالم‌ایران، انجمن فرهنگی ایران وآمریکا، انجمن فرهنگی‌ایران وانگلیس، انستیتوی‌ایران وفرانسه (سفارت فرانسه)، بانك مرکزی ایران ، بانك ملی ایران، تلویزیون ایران، تولیت‌آستان قدس رضوی، جمعیت شیر وخورشید سرخ ایران، دانشگاه اصفهان ، دانشگاه‌تبریز، دانشگاه تهران ، دانشگاه شیراز (پهلوی)، دانشگاه‌گندیشاپور (اهواز) ، دانشگاه ملی، سازمان برنامه ، سازمان شاهنشاهی خدمات اجتماعی ، سازمان ملی پیشاهنگی

ایران، ستاد بزرگ ارتشتاران(وزارت جنگ)، سفارت کبرای افغانستان، سفارت کبرای پاکستان، سفارت کبرای هند، شرکت سهامی تلفن ایران، شرکت ملی نفت ایران، کتابخانهٔ سلطنتی ایران، شرکتهای عامل نفت ایران (کنسرسیوم)، کتابخانهٔ مجلس شورای ملی، کتابخانهٔ ملی رشت، کتابخانهٔ ملی ملک، کمیسیون ملی و تربیتی و علمی و فرهنگی ملل متحد (یونسکو)، مؤسسهٔ باغ وحش تهران، وزارت فرهنگ.

۹- مآخذ

تعداد کتب ورسایلی که درتدوین مواد فرهنگ حاضر مورد استفاده قرار گرفته اند، ازپانصد متجاوز است و ذکرهمهٔ آنها با مشخصات اوراق بسیاری را اشغال خواهدکرد. اهم آنها همانهاست که در تصحیح و تحشیهٔ دورهٔ برهان قاطع مورد استفاده قرارگرفته وتعداد آنها جمعاً بالغ بر۳۴۳ کتاب ورساله‌است که در مقدمه‌های چهارجلدبرهان ۳۰ صفحهٔ تمام بذکرنام‌و مشخصات آنها تخصیص داده شده. خوانندگان محترم میتوانند بمقدمه‌های مزبور مراجعه کنند.

دراینجا فقط لغت‌نامه‌ها وبعض‌کتب که در طی فرهنگ حاضر مکرر ذکر آنها آمده - بانشانهٔ اختصاری[1] - نقل میشود[2]:

۱- اساس‌الاقتباس. نصیرالدین طوسی. تهران ۱۳۲۶ ه ش.

۲- اسفار اربعه. صدرالدین شیرازی. تهران چاپ اول. ۴ مجلد ۱۲۸۲ ه ق. (= اسفار).

۳- اصطلاحات شاه نعمة‌الله ولی. چاپ بمبئی ۱۳۱۲ه ق.

۴- انجمن آرای ناصری (فرهنگ فارسی). رضا قلی‌هدایت. تهران. دارالطباعهٔ خاصهٔ همایونی. ۱۲۸۷ ه ق.

۵- بدیع وقافیه وعروض. برای دبیرستانها. جلال‌الدین همائی‌وگروهی دیگر. تهران (بدون تاریخ).

۶- برهان جامع (فرهنگ فارسی). محمدکریم بن مهدی قلی تبریزی. تبریز. مطبعهٔ آقاعلی. ۱۲۶۰ ه ق.

۷- برهان قاطع (فرهنگ فارسی). محمدحسین برهان تبریزی. مصحح م. معین. چاپ‌دوم، درپنج مجلد. ازانتشارات کتابفروشی‌ابن‌سینا. تهران۱۳۴۲ه ش.

۱- درصورتیکه نشانهٔ اختصاری داشته‌باشند. ۲ - مشخصات بسیاری از کتب‌راکه‌فقط چندبار در فرهنگ‌حاضر نقل شده‌اند، درجای خود آورده‌ایم.

۸ـ بوستان (سعدی نامه)· سعدی شیرازی· باهتمام فروغی (ذکاءالملك). تهران. چاپخانهٔ بروخیم. ۱۳۱۶ ه ش.

۹ـ بوستان(سعدی‌نامه). سعدی شیرازی. باهتمام‌قریب. تهران. ۱۳۲۸هش.

۱۰ـ بهار عجم (فرهنگ فارسی). لاله‌تیك چندبهار . مطبع نولکشور . لکهنو. ۱۸۹۴ م.

۱۱ـ تاج‌العروس (فرهنگ عربی) . سیدابوالفیض‌محمدبن محمد مشهور به‌مرتضی حسینی. مصر. ۱۰ مجلد ۱۳۰۶ـ ۱۳۰۷ ه ق.

۱۲ـ تاریخ ادبیات در ایران . دکترذبیح‌الله صفا. جلداول. چاپ تهران ۱۳۳۲ه ش ، جلد دوم· چاپ تهران ۱۳۳۶ ه ش.

۱۳ـ تاریخ ادبیات ایران. دکتررضا زاده شفق. تهران. چاپخانهٔ دانش ۱۳۲۱ ه ش.

۱۴ـ تاریخ بیهقی. ابوالفضل محمدبن حسین بیهقی . باهتمام دکترغنی ودکتر فیاض. چاپخانهٔ بانك ملی‌ایران· تهران ۲۴ ۱,۱ ه ش· (= بیهقی. فض.) .

۱۵ـ تاریخ تصوف دراسلام. (قسمت اول ازجلد دوم «بحث درآثاروافکار واحوال حافظ»)· دکتر قاسم غنی· تهران ۱۳۶۲ ه ق.

۱۶ـتفسیر قرآن متعلق بدانشگاه‌کمبریج. نسخهٔ عکسی‌متعلق بکتابخانهٔ ملی تهران (= تفسیر کمبریج)[۱] .

۱۷ـ التفهیم لاوائل‌صناعة التنجیم . ابوریحان محمدبن احمد بیرونی. مصحح جلال همائی. چاپخانهٔ مجلس. ۱۳۱۶ـ۱۳۱۸ ه ش. (= التفهیم).

۱۸ـ جامع‌الحکمتین. ناصر خسروقبادیانی· بتصحیح هنری‌کربین‌ومحمد معین. چاپ انستیتو ایران وفرانسه. تهران ۱۳۳۱ه ش.

۱۹ـجوامع‌الحکایات ولوامع‌الروایات. سدیدالدین محمدعوفی. بتصحیح محمدمعین· بخش‌اول · چاپ اول ازانتشارات دانشگاه تهران ۱۳۳۵هش. ؛چاپ دوم. از انتشارات کتابفروشی ابن سینا. تهران ۱۳۴۰ ه ش. ؛ نسخهٔ خطی کتابخانهٔ ملی پاریس بنشانی Ancien Fonds persan 75 · درفهرست بلوشه بشمارهٔ ۲۰۴۵ (— مپ ۱) ؛ ایضاً نسخهٔ کتابخانهٔ ملی پاریس Supplément

۱ـ ادوارد براون رساله‌ای درباب این‌کتاب نوشته بعنوان:

Browne (Edward G.) ,Description of an Old Persian Commentary of the Kur'an . (from the « Journal of the Royal Asiatic Society», July, 1894.

ما در مورد نقل از تفسیر مذکور باعلامت(براون)اشاره‌برسالهٔ فوق‌کرده‌ایم.

مآخذ

persan-95. در فهرست بلوشه بشمارهٔ ۲۰۴۳ (= مپ ۲)؛ ایضاً نسخهٔ کتابخانهٔ مزبور بنشانی Sup.pers.906، در فهرست بلوشه بشمارهٔ ۲۰۴۴ (= مپ ۳).

۲۰- **چهار مقاله.** احمدبن عمربن علی نظامی عروضی سمرقندی. مصحح م. معین. تهران چاپ ششم، کتابفروشی ابن‌سینا ۱۳۴۱ه ش.

۲۱- **حکمت قدیم (تقریرات).** محمدحسین فاضل تونی. تهران ۱۳۳۰ه ش.

۲۲- **دانشنامهٔ علائی.** ابوعلی حسین معروف با بن سینا. چاپ انجمن آثار ملی؛ بخش اول (منطق) بتصحیح سیدمحمد مشکوة. تهران. چاپخانهٔ مجلس ۱۳۳۱ ه ش.؛ بخش دوم (علم برین) بتصحیح محمد معین. ایضاً ۱۳۳۱ ه ش.؛ بخش سوم (علم زیرین) بتصحیح سیدمحمد مشکوة. ایضاً ۱۳۳۱ ه ش. (= دانشنامه).

۲۳- **دستورالعلماء.** عبدالنبی‌بن عبدالرسول احمدنگری. چاپ اول. حیدرآباد ۱۳۳۱ ه ق. (۳ مجلد) (= دستور).

۲۴- **دستور زبان فارسی.** قریب، بهار، فروزانفر، همائی، یاسمی. ۲ جلد. کتابفروشی و چاپخانهٔ علی اکبر علمی، بدون تاریخ (= قبفهی).

۲۵- **دیوان حافظ شیرازی.** شمس‌الدین محمد حافظ. بتصحیح محمد قزوینی و دکتر قاسم غنی. تهران. چاپخانهٔ مجلس. ۱۳۲۰ه ش. (= حافظ).

۲۶- **دیوان خاقانی شروانی.** افضل‌الدین ابراهیم خاقانی. بتصحیح عبدالرسولی. تهران. چاپخانهٔ سعادت. ۱۳۱۲ ه ش. (= خاقانی.عبد).

۲۷- **دیوان خاقانی شروانی.** ایضاً. بتصحیح دکتر ضیاءالدین سجادی. تهران ۱۳۳۸ (= خاقانی. سج).

۲۸- **دیوان رودکی.** (مجلد سوم از احوال و اشعار ابوعبدالله جعفربن محمد رودکی). مصحح سعید نفیسی. بسرمایهٔ کتابفروشی ادب. تهران. چاپخانهٔ شرکت طبع کتاب. ۱۳۱۹ه ش. (= رودکی).

۲۹- **دیوان سنائی.** ابوالمجد مجدود بن آدم سنائی. بتصحیح مدرس رضوی. بسرمایهٔ شرکت طبع کتاب. تهران ۱۳۲۰ه ش. (= سنائی.مد).

۳۰- **دیوان سنائی.** ایضاً. بتصحیح مظاهر مصفا. تهران ۱۳۳۶ ه ش. (= سنائی.مصف).

۳۱- **دیوان عطار نیشابوری.** فریدالدین عطار. بتصحیح سعید نفیسی. بسرمایهٔ کتابفروشی اقبال. تهران ۱۳۱۹ه ش. (= عطار.نف).

۳۲- **دیوان عطار نیشابوری.** ایضاً. بتصحیح دکتر تقی تفضلی. از انتشارات انجمن آثار ملی. تهران ۱۳۴۱ ه ش. (= عطار. تفض).

۳۳- **دیوان فرخی.** فرخی سیستانی. باهتمام عبدالرسولی. تهران ۱۳۱۱ه ش.

۳۴- دیوان فرخی. ایضاً. باهتمام محمد دبیرسیاقی. از انتشارات کتابفروشی اقبال. تهران. ۱۳۳۵ ه ش. (= فرخی.د.).

۳۵- دیوان کبیر. جلال الدین مولوی. بتصحیح فروزانفر. از انتشارات دانشگاه تهران. تاکنون ۶ مجلد منتشر شده. تهران ۱۳۳۶-۱۳۴۰ ه ش. (= دیوان کبیر).

۳۶- دیوان معزی نیشابوری. محمد بن عبدالملك معزی. بتصحیح عباس اقبال. بسرمایهٔ کتابفروشی اسلامیه. تهران ۱۳۱۸ ه ش. (= معزی).

۳۷- دیوان منوچهری دامغانی. ابوالنجم احمد. مصحح دبیرسیاقی. چاپ اول. تهران. چاپخانهٔ پاکتچی ۱۳۲۶ ه ش. (= منوچهری.د.چا.۱)؛ چاپ دوم. تهران، کتابفروشی زوار ۱۳۳۸ ه ش. (= منوچهری. د.چا.۲).

۳۸- دیوان ناصرخسرو قبادیانی. ابومعین حمیدالدین ناصربن خسرو. بتصحیح تقوی، دهخدا و مینوی با مقدمه بقلم تقی‌زاده. کتابفروشی تهران. چاپخانهٔ مجلس تهران ۱۳۰۴-۱۳۰۷ ه ش. (= ناصر خسرو).

۳۹- شاهنامه. فردوسی طوسی. بتصحیح اقبال، مینوی، نفیسی. بسرمایهٔ کتابفروشی بروخیم. ۱۰ مجلد. ۱۳۱۳ ه ش. (= شا. بخ.)

۴۰- شرح قاموس. (ترجمان اللغه). شرح محمد بن یحیی بن محمد شفیع قزوینی بر «قاموس اللغة». ۱۳۰۳-۱۳۰۸ ه ق.

۴۱- غیاث اللغات. (فرهنگ فارسی و عربی). محمد غیاث الدین مصطفی آبادی رامپوری. نولکشور (هند). ۱۸۹۰ م. (= غیاث).

۴۲- فرهنگ آنندراج. (فرهنگ فارسی و عربی). محمد پادشاه متخلص به شاد. ۳ مجلد مطبع نولکشور. لکنهو ۱۸۸۹-۱۸۹۲ م. (= آنند.).

۴۳- فرهنگ آنندراج. ایضاً. باهتمام دبیرسیاقی. ۷ مجلد. ۱۳۳۵-۱۳۳۷ ه ش. (= آنند.).

۴۴- فرهنگ تازی- پارسی. بدیع الزمان فروزانفر (الف- ر). تهران ۱۳۱۹ ه ش. (= فرتا.).

۴۵- فرهنگ جهانگیری. (فرهنگ فارسی). جمال الدین حسین انجو. ۲ مجلد. لکنهو. ۱۲۹۳ ه ق. (= جهانگیری).

۴۶- فرهنگ جهانگیری. ایضاً. نسخهٔ خطی. اهدائی ورثهٔ مرحوم صادق وحدت (= جهانگیری).

۴۷- فرهنگ رشیدی. عبدالرشید تتوی. بتصحیح مولوی ابوطاهر ذوالفقار علی مرشدآبادی. کلکته. چاپ بپتست مشن پرس. ۱۸۷۲ م. (= رشیدی).

۴۸ـ فرهنگ علوم عقلی. دکترسید جعفر سجادی. تهران ۱۳۴۱ هـ ش. (فرع.، سج.).

۴۹ـ فرهنگ عمید. حسن عمید. دوجلد. تهران ۱۳۳۷ هـ ش.

۵۰ـ فرهنگ فارسی . دکتر محمد مکری . جلد اول (آ ـ ذ). تهران ۱۳۳۳ هـ ش.

۵۱ـ فرهنگ فارسی به انگلیسی . استینگاس. چاپ‌اول۱۸۹۲م.، چاپ چهارم ۱۹۵۷م.[1] .

۵۲ ـ فرهنگ فارسی و روسی . ب.و.میلر . ادارهٔ نشریات دولتی . مسکو ۱۹۵۳ م.

۵۳ـ فرهنگ لغات واصطلاحات فلسفی. سیدجعفر سجادی . تهران ـ ۱۳۳۸ هـ ش.(= فرلغا.)

۵۴ـ فرهنگ لغات وتعبیرات مثنوی (مولوی). تألیف دکترسید صادق گوهرین. ازانتشارات دانشگاه تهران. جلداول ۱۳۳۷؛جلددوم۱۳۳۸،جلد سوم ۱۳۳۹ هـ ش.

۵۵ـ فرهنگ مصطلحات‌عرفاء . سید جعفرسجادی. بسرمایهٔ کتابفروشی بوذرجمهری مصطفوی. تهران ۱۳۳۹ هـ ش. (= فرم.، سج.).

۵۶ـ فرهنگ نظام. سید محمدعلی داعی‌الاسلام.۵مجلد. حیدرآباددکن. ۱۳۴۶ـ۱۳۵۸ هـ ق. (= فرهنگ نظام).

۵۷ـ فرهنگ‌نفیسی. دکترعلی اکبر ناظم‌الاطباء . باهتمام سعید نفیسی ۵مجلد. تهران ۱۳۱۷ـ۱۳۳۴ هـ ش. (= ناظم الاطباء).

۵۸ـ فیه مافیه . جلال‌الدین مولوی . بتصحیح فروزانفر . از انتشارات دانشگاه تهران. شمارهٔ ۱۰۵. تهران ۱۳۲۰ هـ ش.

۵۹ـ کشاف اصطلاحات‌الفنون. محمدعلی‌بن علی تهانوی. جلد اول‌چاپ استانبول ۱۳۱۷ هـ ق، چاپ‌هند ۱۳۷۸هـ ق؛ جلددوم. چاپ‌هند، ایضاً۱۸۶۲م.

۶۰ـ گرشاسب‌نامه . اسدی طوسی. باهتمام‌حبیب‌یغمائی. تهران ۱۳۱۷هـ‌ش.

۶۱ـ گلستان . سعدی شیرازی. بتصحیح فروغی (ذکاءالملك) . تهران . چاپخانهٔ مجلس ۱۳۱۹ هـ ش. (= گلستان. فر.) .

۶۲ـ گلستان. ایضاً. باهتمام قریب. تهران. چاپخانهٔ علمی۱۳۱۰هـ ش.(= گلستان فر.).

1- F.Steingass,A comprehensive Persian- English Dictionary.London. First ed. 1892,Fourth ed. 1957.

۶۳- لسان‌العرب (فرهنگ عربی) . ابوالفضل جمال‌الدین محمد معروف به‌ابن‌منظور، بیروت. ۱۹۵۳-۱۹۵۴م. (۶۲ بخش).

۶۴- لغت فرس. علی‌بن احمداسدی طوسی. بتصحیح عباس اقبال، تهران. چاپخانهٔ مجلس ۱۳۱۹ ه ش. (لفا.اق.) .

۶۵-لغت‌فرس. ایضاً. بتصحیح پاول‌هرن (Paul Horn). گوتینگن(آلمان) ۱۸۹۷م. (= لفا.هر.).

۶۶- لغت‌فرس. ایضاً. باهتمام محمد دبیرسیاقی. تهران. ۱۳۳۶ه ش. (= لفا.د.)

۶۷- لغت‌نامه. علی اکبر دهخدا. تاکنون ۸۱ جلدبطبع رسیده (ازحروف مختلف). تهران ۱۳۲۵-۱۳۴۲ (= لغ.) .

۶۸- مثنوی. جلال‌الدین مولوی. بتصحیح نیکلسن ۳مجلد (متن‌فارسی) . لیدن .مطبعهٔ بریل ۱۹۲۵، ۱۹۲۹،۱۹۳۳م. (=مثنوی.نیک.) .

۶۹ - مجمع‌الفرس (فرهنگ فارسی). محمدقاسم بن حاج محمد سروری کاشانی. بتصحیح دبیرسیاقی در۳ مجلد. تهران۱۳۳۸-۱۳۴۱ه ش. (=سروری).

۷۰-معجم‌البلدان. یاقوت حموی. ۱۰مجلد(باضمیمه). مطبعةالسعادة. مصر ۱۳۲۳-۲۵ ه ق.

۷۱- منتهی‌الارب فی‌لغةالعرب. (فرهنگ عربی بفارسی).عبدالرحمن‌بن عبدالسلام صفی‌پوری شافعی. چاپ کلکته۴ جزو؛ چاپ تهران۲ مجلد ۱۲۹۷ و ۱۲۹۸ه ق.مطبعهٔ کربلائی محمد حسین طهرانی.

۷۲- نشریهٔ دانشکدهٔادبیات تبریز. دانشکدهٔادبیات‌دانشگاه تبریز. ۱۴ دوره از ۱۳۲۷ ه ش. ببعد(= نداب).

۷۳ - Grundriss der iranischen Philologie, herausgegeben von Wilh. Geiger und Ernst Kuhn. Band 1. Strassburg 1896 (=اسفا ۱). Band II 1904 (=اسفا ۲) .

۷۴ - Grundriss der Neupersischen Etymologie, von Paul Horn. 1893 (هرن) (=اسشق).

۷۵ - Persische Studien, von H. Hubschmann . Strassburg. 1895 (=هوبشمان)

۱۰- نشانه های اختصاری

در طی شرح مطالب فرهنگ حاضر (بخشهای اول ودوم وسوم) نشانه‌های اختصاری خاصی بکاررفته که‌بخشی‌از آنها متداول است وبخش دیگررا نگارنده درکتابهای دیگرخود بکار برده وقسمت دیگر نخستین بار درکتاب حاضر بکار رفته است.

علایم اختصاری این‌کتاب بر دو بخش است:

۱- نشانه‌های مربوط بزبانها، نکات دستوری، شعب علوم وغیره

نشانهٔ اختصاری	مفهوم	نشانهٔ اختصاری	مفهوم
آرا.	آرامی	اص.	اصول
آلم .	آلمانی	اصت.	اسم صوت
اآ	اسم آلت	اصط.	اصطلاحاً
ات.	اتباع (مهمل)	اصف.	اصفهانی
اح. نج.	احکام‌نجوم	اض.	اضافه
اخ	اسم خاص	افا.	اسم فاعل
اخ.	اخلاق	افغ.	افغانی
ادا.	اداری	امر.	اسم مرکب
ار.	ارمنی	امص.	اسم مصدر
اسپا.	اسپانیایی	امع.	اسم معنی
است.	اوستایی	امف.	اسم مفعول
اش.	اشاره (اسم، ضمیر)	امک.	اسم مکان

نشانهٔ اختصاری	مفهوم	نشانهٔ اختصاری	مفهوم
انگ.	انگلیسی	جامع.	جامعه شناسی
اورام.	اورامانی	جان.	جانور شناسی
ایبا.	ایرانی باستان	جب.	جبر
ایتا.	ایتالیایی	جرا.	جراحی
باز.	بازرگانی	جع.	جعلی
بانک.	بانکداری	جغ.	جغرافی
بع.	بدیع	جل.	جلوس (پادشاه)
بن	بیان (علم.)	چا.	چاپخانه
بنا.	بنایی	حا	حال
پاز.	پازند	حامص.	حاصل مصدر
پب.	پارسی باستان	حد.	حدیث
پز.	پزشکی	حر.	حرف
پس.	پسوند	حس.	حساب
پش.	پیشوند	حسا.	حسابداری
پشف.	پیشوند فعل	حق.	حقوقی
په.	پهلوی	خات.	خاتم کاری
تث.	تثنیه	خف.	خرافات
تج.	تجوید	خم.	مرخم
تش.	تشریح (آناتومی)	خیا.	خیاطی
تخ.	تاریخ	دس.	دستور
تد.	تداول	راه.	راهسازی
تر.	ترکی	رب.	ربط (حرف)
تص.	تصوف	رس.	روسی
تفس.	تفسیر (قرآن)	رض.	ریاضی
تق.	تقویم	روان.	روانشناسی
ج.	جمع		
جِ.	جمعِ		

نشانهٔ اختصاری	مفهوم	نشانهٔ اختصاری	مفهوم
ریـ.	ریشه	صر.	صرف (تصریف)
زا.	زاید	ضح.	توضیح
زبان.	زبانشناسی	ضم.	ضمیر
زم.	زمین‌شناسی	طبر.	طبری (زبان)
زما.	زمان	طبی.	طبیعی
س.	سطر	ظ.	ظاهراً
سر.	سریانی	ع.	عربی
سغ.	سغدی	عبر.	عبری
سنس.	سنسکریت	عر.	عروض
سیا.	سیاست	عم.	عامیانه
سین.	سینما	غط.	غلط
شرع.	شرعیات	غم.	غیر مستعمل
شع.	شعر	ف.	فارسی
شعب.	شعبده	ف.	فوت (وفات)
شیم.	شیمی	فر.	فرانسوی
ص.	صفحه	فره.	فرهنگستان
ص. (درمورد دستور)	صفت	فریز.	فریزندی (لهجه)
ص‌تفض.	صفت‌تفضیلی	فز.	فیزیک
ص‌شغل.	صفت شغلی.	فع.	فعل
ص‌فا.	صفت فاعلی	فق.	فقه
ص‌لیا.	صفت لیاقت	فل.	فلسفه
ص‌نسب.	صفت نسبی	فیز.	فیزیولوژی
صت.	صوت	ق.	قید (دستوری)
صحا.	صحافی.	قا.	قافیه
		قب.	مقلوب (قلب)
		قد.	قدیم
		قر.	قرن
		قز.	قزوینی (لهجه)

نشانهٔ اختصاری	مفهوم	نشانهٔ اختصاری	مفهوم
قس.	قیاس کنید	مر.	مرکب
قض.	قضایی	مز.	مزیدعلیه
ق م.	قبل از میلاد	مس.	موسیقی
کر.	کردی	مص.	مصدر
		مص‌ل.	مصدر لازم
کشا.	کشاورزی	مص‌م.	مصدر متعدی
کل.	کلام (علم)	مصح.	مصحف
کم.	کم‌استعمال	مصغ.	مصغر
کن.	کنایه	مع.	معنی (اسم)
کیم.	کیمیا	معا.	معانی (علم)
گیا.	گیاه‌شناسی	معر.	معرب
گیل.	گیلکی (لهجه)	معم.	معماری
ل.	لازم (دستوری)	مغ.	مغولی
لا.	لاتینی	مل.	معمول (معمولی)
لظ.	تلفظ	م.ف.	(به) مادهٔ فوق رجوع شود
م.	متعدی	مفر.	مفرس (فارسی شده)
م. (پس از عدد)	میلادی	مق.	مقابل
ماز.	مازندرانی (لهجه)	مقت.	مقتول
مان.	مانوی (زبان)	مک.	مکان (اسم)
متر.	مترك (ترکی‌شده)	مکن.	مکانیك
مث.	مثلثات	منط.	منطق
مج.	مجازاً	مو.	موصول (دستوری)
مجس.	مجسمه‌سازی	می.	میان‌وند (حرف واسطه)
محر.	محرف	نث.	مؤنث
مخف.	مخفف	نج.	نجوم
م. ذ.	(به) مادهٔ ذیل رجوع شود	نجا.	نجاری
		نظ.	نظامی

نشانهٔ اختصاری	مفهوم	علایم	
نق.	نقاشی	رجوع شود به	
نقد.	نقود(مسکوکات)	بمادهٔ فوق(بلاواسطه	
نمر.	نمره (شماره)	یامع‌الواسطه)رجوع	
نو.	نو، مستحدث(لغت)	شود	
و.	ولادت ، تولد	بمادهٔ ذیل(بلاواسطه	
ور.	ورزش	یامع‌الواسطه) رجوع	
ه.	هجری	شود	
هس.	هندسه	تکرار مادهٔ اصلی	
ه.ق.	هجری قمری	تکرار مادهٔ اصلی	
ه.ش.	هجری شمسی	بصورت اضافه	
ه.م.	(به) همین‌ماده‌رجوع	تکرار مادهٔ اصلی	
	شود	مختوم به ـ ه غیر	
همع.	همهٔ معانی	ملفوظ بصورت‌اضافه.	
هند.	هندی (زبان)		
هو.	هوا شناسی		
هوا.	هواپیمایی		
هی.	هیئت		
یو.	یونانی		

۲ ـ نشانه های مربوط بکتابها ، مؤلفان ، مصححان و ناشران

نشانهٔ اختصاری	کتاب ،مؤلف ، مصحح ، ناشر	شمارهٔ مذکور در فصل مآخذ[۱]
آنند.	آنند راج (فرهنگ)	۴۲
اد.	ادیب پیشاوری	-
اشتق	اساس اشتقاق لغت فارسی	۷۴
اسفا ۱	اساس فقه‌اللغهٔ ایرانی (۱)	۷۳
اسفا۲	اساس فقه‌اللغهٔ ایرانی (۲)	۷۳
اق.	اقبال آشتیانی	-
اك.	امیرکبیر(مؤسسه)	-
بخ.	بروخیم (مؤسسه)	-
بیهقی.	تاریخ بیهقی	۱۴
تفسیر کمبریج	تفسیر قرآن متعلق بدانشگاه کمبریج	۱۶
تفض.	تفضلی (دکتر تقی)	-
جوامع،مپ۱	جوامع‌الحکایات	۱۹
» ،مپ۲	» »	»
» ،مپ۳	» »	»
خاقانی	دیوان خاقانی	۲۶ و۲۷
حق.	حکمت قدیم	۲۱
د.	دبیرسیاقی (محمد)	-
دانشنامه	دانشنامهٔ علائی	۲۲
دیوان‌کبیر.	کلیات مولوی	۳۵
سج.	۱ ـ سجادی (دکترضیاءالدین)	-
	۲ ـ سجادی (دکترسیدجعفر)	-
سنائی.	دیوان سنائی	۲۹ و۳۰
شا.	شاهنامه	۳۹

۱ ـ رك.ص هشتاد و نه ببعد(همین مقدمه)

نشانه اختصاری	کتاب ، مؤلف، مصحح ، ناشر	شمارهٔ مذکور در فصل مآخذ
عبد.	عبدالرسولی	-
عطار.	دیوان عطار	۳۱ و ۳۲
غیاث.	غیاث‌اللغات	۴۱
فر.	فروغی (ذکاءالملك)	-
فرتا.	فرهنگ تازی	۵۹
فرخی.	دیوان فرخی	۳۳ و ۳۴
فرع.	فرهنگ علوم‌عقلی	۴۸
فرلغا.	فرهنگ لغات واصلاحات فلسفی	۵۳
فرم.	فرهنگ مصطلحات عرفا	۵۵
فض.	فیاض (دکترعلی‌اکبر)	-
قر.	قریب { ۱ ـ عبدالعظیم	-
	۲ ـ دکتریحیی	-
گرشا.	گرشاسب نامه	۶۰
لغ.	لغت نامه	۶۷
لفا.	لغت فرس اسدی.	۶۴،۶۵،۶۶
مح.	محجوب	-
مد.	مدرس رضوی	-
مصف.	مصفا (مظاهر)	-
منوچهری.	دیوان منوچهری	۳۷
نف.	نفیسی (سعید)	-
نیک.	نیکلسن	-
هر.	هرن (پاول)	-
هوبشمان.	تتبعات فارسی	۷۵

۱۱ - جدول تطبیق حروف یونانی و لاتینی با حروف فارسی

زبانشناسان الفبای یونانی و لاتینی را اقتباس کرده با تغییراتی جزئی الفبایی ترتیب داده‌اند[۱] که بدان، حروف مصوت و غیر مصوت زبانها و لهجه‌های خاوری و باختری بآسانی نوشته و خوانده میشود. ما نیز در فرهنگ حاضر همین الفبا را بکار برده‌ایم[۲].

مثال	معادل فارسی وزبانهای دیگر	حرف
ابتلاء (عربی) ebtelā' بمعنی آزمودن و گرفتاری	ء (همزه، نظیر همزهٔ آخر کلمات عربی)	'
آدینگ (پارتی) "dyng بمعنی آیینه	آ (الف ممدود در خطوطی که حرکات داخل حروف نیست)	"
ابر (فارسی) abr	اَ (فتحه یا زبر)	a
آباد (فارسی) ābād	آ (الف ممدود)	ā
آخنه (اوستایی) àxna بمعنی لگام	آ (در بینی تلفظ شود)	à
ببر (کابلی) bábar بمعنی ببر	ا (نوعی فتحه در بعض لهجه‌ها)	á
بد (گیلکی) بمعنی بد bäd	(نظیر a در man انگلیسی)	ä
استاد (فارسی) ostād	اُ (ضمه یا پیش)	o
ایوم (اوستایی) ōyūm بمعنی یك	اُ (ضمهٔ اشباع شده، همزهٔ مضموم کشیده، واو مجهول)	ō
او (سمنایی) بمعنی آب öw	ا (o نظیر oe در soeur فرانسوی)	ö
دو (فریزندی) بمعنی دوغ du	او (کوتاه)	u
رو (گیلکی وفریزندی) بمعنی روی rū	او (کشیده)، واو معروف	ū

۱- Appareil diacritique.

۲- رك ص پنجاه و چهار (همین مقدمه)

حرف	معادل فارسی و زبانهای دیگر	مثال
ü	او (دارای صوتی بین ou و u فرانسوی، معادل ü آلمانی)	کوزه (فریزندی ویرنی) بمعنی کوزه küzä
e	اِ (کسره، زیر)	امروز (فارسی) emrūz
ə	اِ (کسره) یا همزه‌ای مکسور نظیر e در devant فرانسوی)	اِرش (اوستایی) ərəš بمعنی راست
ē	اِ (کشیده)، یای مجهول	خش (پهلوی) بمعنی خویش xvēš
i	ای (کوتاه)	مهی (گیلکی) بمعنی ماهی mahi
ī	ای (کشیده)، یای معروف	شیر (فارسی) بمعنی لبن šīr
b	ب	بار (فارسی) bār
p	پ	پر (فارسی) por
t	ت	تاب (فارسی) tāb
θ	ث (مانند ث عربی و th انگلیسی)	ثرئتونه (اوستایی)، فریدون θraētaona
ǰ	ج	برنج (فارسی) berenǰ
č	چ	چوب (فارسی) čūb
ḥ	ح	حال (عربی) بمعنی وضع و چگونگی ḥāl
x	خ	تخت (فارسی) taxt
d	د	دود (فارسی) dūd
δ	ذ (مانند «ذ» عربی و dh انگلیسی)	پوخذه (اوستایی) puxδa بمعنی پنجم
r	ر	راز (فارسی) rāz
z	ز	زار (فارسی) zār
ž	ژ	باژ (فارسی) bāž
s	س	سال (فارسی) sāl
ç	س (نظیر ç فرانسوی)	ساکیامونی (سنسکریت)، نام بودا çakyamuni

مثال	معادل فارسی وزبانهای دیگر	حرف
شال (فارسی) šāl	ش	š
صبر (عربی) ṣabr بمعنی شکیبایی	ص (نظیر ص عربی)	ṣ
ضلال (عربی) ḍalāl بمعنی گمراهی	ض (نظیر ض عربی)	ḍ
طبل (عربی) ṭabl بمعنی دهل	ط (نظیرط عربی)	ṭ
ظلم (عربی) بمعنی ستم ẓolm	ظ (نظیر ظ عربی)	ẓ
عین (عربی) بمعنی چشم 'ayn	ع (نظیر ع عربی)	
غلام (عربی) γolām بمعنی پسر، بنده	غ (نظیر غ عربی)	γ
برف (فارسی) barf	ف	f
قاطر (شهمیرزادی) qātér بمعنی استر	ق (نظیر ق عربی)	q
کار (فارسی) kār	ك	k
گور (فارسی) gūr	گ	g
لال (فارسی) lāl	ل	l
مادر (فارسی) mādar	م	m
نام (فارسی) nām	ن	n
وام (فارسی) vām	و	v
راه (فارسی) rāh	ه (ه ملفوظ)	[1]h
یار (فارسی) yār	ی (یای اول و یای مشدد)	y
مو (فارسی) maw	أو (دوصوتی، تلفظ قدیم)	aw
مو (فارسی) mow	او (» » ، » جدید)	ow
می (فارسی) may	ای (» » ، » قدیم)	ay
می (فارسی) mey	ای (» » ، » جدید)	ey

۱ ــ های غیرملفوظ در آخر کلمه بصورت a (e) نوشته میشود .

دراینجا آنچه را که در پایان مقدمهٔ برهان‌قاطع آورده‌ایم ،نقل میکنیم:

«... این کاری است که‌توانسته‌ایم، ولی‌آن نیست‌که خواسته‌ایم.»

این‌فرهنگ لااقل سه‌بار بایدتهذیب وتنقیح‌وتجدید طبع‌شود، آنگاه‌میتوان امیدوار بود که با فرهنگهای مشابه اروپایی لاف برابری زند

نگارنده امیدواراست درچاپهای آینده نقایص‌کتاب حاضررا مرتفع‌سازد واز خوانندگان فاضل نیز متوقع است که اطلاعات خود را درموضوعهای مختلف کتاب (مخصوصاً دربارهٔ شواهد شاذ و نادر، لغات وترکیباتی‌که درمتن فرهنگ نیامده، ریشه ووجه‌اشتقاق، هویت دستوری، استعمالات محلی لغات وغیره) مرقوم دارند تا در چاپهای بعد بنام خود آنان درج شود.

درپایان‌دیباچه لازم میداندازآقای **عبدالرحیم‌جعفری**مؤسس‌ومدیرمحترم «مؤسسهٔ‌چاپ وانتشارات امیر کبیر»که باهمتی عظیم‌درین راه خطیر گام‌گذاشته وسرمایه‌ای هنگفت‌راوقف‌چاپ فرهنگ مزبور کرده ، و برای‌آن‌سازمانی‌تشکیل داده‌اند ، صمیمانه سپاسگزاری‌کند وتوفیق ایشان راخواستار گردد. همچنین از آقای غلامعلی توتونچیان مدیرعامل‌سازمان چاپ شرکت سهامی هنرکه بخشهای لغات وترکیبات خارجی‌وتابلوها وتصاویررنگی درآن طبع میشود، وآقای احمد حاتمی مدیرداخلی وآقای محمود صارمی متصدی حروفچینی وصفحه‌بندی بسبب دقت و مراقبت دایمی تشکر نماید .

ازآقای محمد بهرامی نقاش و هنرمند بنام ومدیر« مؤسسهٔ هنری پارس» که امور مربوط بنقاشی وقسمتی از نقشه‌کشی وتهیهٔ گراورها وکلیشه های متن و طرح روی جلد و عکاسی تصاویر و اشکال ساده و رنگین تحت نظر ایشان انجام شده سپاسگزاراست .

آقای محمدرضاشریفی که‌آلبوم نفیس‌تمبرخودرالطفاً دراختیار مانهاده‌اند و آقای جواد بنائی که‌کلکسیون نفیس عکسهای خویش‌را دردسترس‌ماگذاشته‌اند صمیمانه سپاسگزاریم .

آقای مهدی آذر یزدی مدیر داخلی انتشارات امیر کبیر که جای جای بیاری ماشتافته‌اند وآقای یدالله امیری که‌تصحیح اوراق چاپ فرهنگ رابعهده داشته‌اند نیز سپاسگزار است[1].

۱ـ غلطنامهٔ مجلدات‌دورهٔ فرهنگ حاضر در پایان دوره ثبت خواهد شد.

بخش اوّل

لغات

شامل لغات ادبی ، ریاضی ، نجومی ، پزشکی ، طبیعی ، اقتصادی ، فقهی ، حقوقی ،
فلسفی ، هنری ، ورزشی ، نظامی و مواد مربوط به پیشه های مختلف (اعمّ از لغات فصیح و عامیانه)
با ذکر اصل و ریشهٔ لغات و هویّت دستوری و مترادف و متضاد

جلد اوّل

آ - خ

آ ، ا

«آ» و «ا» را در الفبای فارسی یک‌حرف بحساب آورند، اما درحقیقت دوحرف جداگانه‌اند، ولی ما آن دو را بتبع عموم از جهت رسم الخط یک واحد بشمار آوریم، تحت دو نمره.

۱ - آ

آ $\bar{a}$ (حر.) - آنرا «آ» و«الف ممدوده» گویند. اولین‌حرف‌ازحروف الفبای فارسی، و نیز اولین حرف از حروف ابجد (جمل)، ودرحساب‌جمل آنرا «یک» محسوب دارند.

۱ - آ $\bar{a}$ (پشف.) برسرافعال درآید: آ - مدن، آ - راستن، آ - رامیدن، آ - وردن، آ - سودن (← هریک از این‌کلمات).

۲ - آ $\bar{a}$ (می.) ۱- الف‌واسطه- گاه برای خوشایندی بگوش‌درترکیب دو کلمهٔ هم‌جنس یا قریب‌المعنی «ـ ا» درآورند: کشاکش، دمادم.

۲- الف دعا- درماقبل‌آخر مفردغایب ازمضارع در آورند، و آن معنی‌دعایا نفرین دهد ؛ کند=کناد ؛ مکند = مکناد ؛ دهد = دهاد ؛ بود (=باد)، مباد(= مبواد).

۳ - گاه بجای «و» عطف در ترکیب بکار رود: تك و پو = تکاپو؛ تك ودو = تکادو.

۳ - آ $\bar{a}$ (پس.) ۱- الف اطلاق یا اشباع- در آخر مصراعها (شعر) برای تتمیم وزن درآورند.

«ز بیژن مگر آگهی‌ یا بما
بدین کار هشیار بشتابما.» (فردوسی)

۲ - گاه باآخر مفرد غایب از فعل ماضی مطلق در هنگام‌گفتگو و مناظره و سؤال و جواب آید:

«بآواز گفتا که جنگی منم.
همان نره شیر درنگی منم.» (فردوسی)

۳ - الف تفخیم و تعظیم - گاه باسم عام وصفت پیوندند: «بزرگامردا که ابوعلی سینا بوده است.» (چهارمقالهٔ

آ

آئورت

عروضی ۹۷) و گاه به علم ملحق شود (درعهد صفویه متداول بوده) : صائبا = صائب ؛ ملا صدرا = صدرالدین؛ شفیعا = شفیع . **٤ ـ الف ندا :** شها ! شهریارا ! جهان‌پهلوانا !
۵ ـ برای ساختن اسم معنی از صفت بکاررود : روشن ، روشنا ؛ تاریك ، تاریکا ؛ ژرف ، ژرفا . **٦ـ الف دعا ـ** (تأکید ومبالغه دردعا) : درآخر سوم شخص مفردمضارع (فعل‌دعایی) :مبادا .
۷ ـ الف مبالغه و تأکید ـ در پایان صفات دال بر نیکی و بدی درآید : خوشا ! نیکا ! بدا بحال آن‌کس .
۸ ـ درپایان‌کلمات دال بر تعجب در آید: شگفتا ! عجبا ! **۹ ـ** در پایان کلمات دال براندوه وحسرت درآید : دریغا ! فسوسا ! دردا ! **۱۰ ـ صفت مشبهه ـ** وآن باآخر ریشهٔ فعل=دوم شخص مفرد امرحاضر پیوندد: گویا، شنوا، بینا . **۱۱ ـ** بجای تنوین‌منصوب (درکلمات عربی) بکار رود : ابدا= ابداً ؛ دایما =دائماً ؛ اصلا=اصلاً .

۴ ـ آ ā [=آی] (صت.) حکایت آواز ، هان ! هلا ! آی !

۵ ـ آ ā [= آی] (فع .) دوم شخص مفرد امر حاضر از « آمدن » (ﻫ .م.). غالباً بصورت «بیا» مستعمل است .

۶ ـ آ ā (ا.) (عم .) در تداول مخفف «آقا» : آمشدی حسن (آقامشهدی حسن) .

آئروپلان āeroplān [فر. aéroplane] (ا .) هواپیما (فره .) → هواپیما .

آئس āes [ع=آیس] (افا.) آیس (ﻫ .م.)

آئسه āesa (-e) [ع=آیسه] (افا . نث) آیسه (ﻫ.م.)

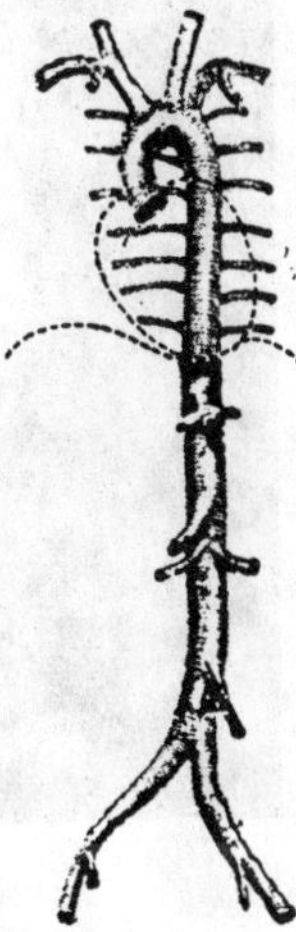

آئورت āort [فر. aorte] (جا‌ن .) → آورت.

آئین āīn (ا.) → آیین.

آئین‌نامه ā . - nāma(-e) (امر .) → آیین نامه .

آئینه āīna(-e) (ا .) → آیینه .

آئینهٔ آسمان ā.- ye ās(e)-mān (امر.) → آیینهٔ آسمان .

آئینهٔ بخت ā. - ye baxt (امر .) → آیینهٔ بخت .

آئینهٔ چرخ ā. - ye čarx (امر.) → آیینهٔ چرخ .

آئینهٔ خاوری ā.-ye xāvarī (امر.) → آیینهٔ خاوری.

آئینه‌دار ā.-dār (ص مر.) → آیینه دار .

آئینه‌داری ā.-ī (حامص) → آیینه داری .

۱ ـ آب āb [په. āp] (ا.)
۱ ـ مایعی است شفاف ، بی‌طعم وبی بو، مرکب ازدو عنصر اکسیژن و ئیدرژن . نشانهٔ آن در شیمی H^2O است ؛ وآن بعقیدهٔ قدما یکی ازچهار عنصرمحسوب میشده ؛ مق . آتش. **۲ـ** دریا ، بحر ؛ مق . خشکی ، بر : خشکی و آب. **۳ ـ** رود ، نهر : آب جیحون. **۴ـ** اشك، سرشك:... راآب درچشم آمد . **۵ـ** عرق ، خوی . **۶ـ** بزاق ، آب دهان ، خدو : دهان وی بی‌آب گشت . **۷ ـ** عصاره، شیره : آب آلو ، آب سیب . **۸ ـ** عطر ، عرق نباتی : آب بنفشه، آب گل . **۹ـ** منی، آب پشت : آب مرد ، آب زن. **۱۰ـ** پیشاب، ادرار. **۱۱ـ** طراوت،لطافت، تری ،تازگی. **۱۲ـ** صفا، درخشندگی،

جلا . ۱۳ـ رونق ،رواج : کارش‌برونق وآب است . ۱۴ـ آبرو،عزت، شرف، آب‌وجاه. ۱۵ـ روش،طرز، گونه، نوع. ۱۶ـ (تص .) فیض الهی،مددغیبی .۱۷ـ (تص .) حقیقت روحانی . ج . آبها، آبان(فقط در نام ماه هشتم‌سال).

ترکیبات اسمی ‖ ــِ **آتش خو** . ۱ـ آبی که خصلت آتش دارد ، آب جوشان و خروشان . ۲ ـ اشاره بطوفان نوح. ‖ ــِ **آتش‌رنگ**. ۱ ـ شراب لعلی . ۲ ـ اشك خونین . ‖ ــِ **آتش‌زای**. ۱ ـ شراب لعلی . ۲ـ اشك گلگون . ‖ ــِ **آتش زده** .اشك‌چشم. ‖ ــِ **آتش فعل** . ۱ـ آبی که اثر آتش‌دارد ، آبی که حاراست (مشبه به نور) . ۲ ـ باده، شراب. ‖ ــِ **آتشگون** . شراب لعلی. بادهٔ گلگون. ‖ ــِ **آتش‌نمای** . ۱ـشراب‌لعلی. ۲ـ اشك‌خونین. ‖ ــِ **آذرآسا** . ۱ ـ شراب ، باده . ۲ ـ اشك خونین، آب آذرسا . ‖ ــِ **آمیخته**. آب آلوده و تیره ، ماء مضاف . ‖ ــِ **ارغوانی**. ۱ـ بادهٔ‌لعلی. ۲ـ اشك‌خونین. ‖ ــِ **استاده(ایستاده)** . ۱ـ آب‌راکد. ۲ـ (تص .) مردی‌کامل که درباطن‌بسیر الی‌الله مشغول‌است. ‖ ــِ **اکسیژنه**[1] (شم.)ـ این‌آب در۱۸۱۸ بوسیلهٔ تنار Thénard کشف شد. وی دریك شیشهٔ بلوری‌که درآب یخ قرارداده‌بود ۲۰۰ سانتیمتر مکعب آب و ۲۰ گرم‌اسید ـ کلریدریك‌غلیظ و۱۰ گرم بی اکسیددوباریم قرارداد. ازترکیب آنها آب اکسیژنه‌تهیه میشود و کلروباریم‌نیزحاصل‌میگردد:

$$BaO_2 + 2ClH \rightarrow BaCl_2 + H_2O_2$$

دو جسم مذکورهردو محلولند وبآسانی جدا نمیشوند ، بآن سولفات نقره‌می‌ـ افزایند تاکلروردو باریم رسوب کند . ‖ ــِ **ایستاده** . آب استاده (ه. م.) ‖ ــِ **باده رنگ**. اشك خونین .

‖ ــِ **برنده** . آب گوارا . ‖ ــِ **بی حد** . ۱ ـ آبی که نهایت ندارد . ۲ ـ دریای‌بی‌کرانه .اقیانوس‌بی‌پایان. ۳ ـ (تص.) هستی بی حد واندازه که فقط خدای تعالی برآن حاکم‌است. ۴ ـ (تص.) وجود اولیاء الله که زنده‌کنندهٔ نفوس مرده وکامل کنندهٔ ناقصانند . ‖ ــِ **تلخ** . ۱ ـ شراب انگوری ، ۲ ـ اشك چشم عاشق مهجور. ‖ ــِ **جاری**. آبی که جریان دارد ،آب‌روان؛ مق .آب راکد ،آب ایستاده . ‖ ــِ **جوشان**. آب معدنی گازدار. ؛ آب‌آهن جوشان. ‖ ــِ **راکد** .آبی که‌جریان ندارد ؛آب ایستاده . مق .آب‌جاری، آب روان . ‖ ــِ **روان** . آب‌جاری (ه. م.) . مق . آب راکد ، آب ایستاده . ‖ ــِ **رود(خانه)** . آبی که دررودخانه جاری است . ‖ ــِ **روشن**. ۱ ـ آب صاف. مق .آب‌کدر، آب تیره . ۲ ـ رونق ، رواج . ‖ ــِ **ژاول** (شم .). اگر گازکلر را درمحلول سرد سود واردکنیم ،آب ژاول تولید میگردد:

$$Cl_2 + 2NaOH \rightarrow ClONa + ClNa + H_2O$$

این مخلوط‌رامیتوان‌باعبورالکتریسیته ازمحلول نمك طعام بدون جدا بودن قطبین، بدست‌آورد ، زیرا دریك‌طرف سدیم باآب ترکیب میشودوسودمیدهد، و ازطرف دیگر کلر تولید میگرددکه بوسیلهٔ سود جذب میشود . آب ژاول محلولی‌است بابوی‌کلر، واین‌مخلوط‌در مقابل اجسامی که میتوانندکلربگیرند، مولدکلراست و درمقابل اجسامی که‌با اکسیژن میل ترکیبی داشته باشندمولد اکسیژن . ‖ ــِ **لاباراك** (شم .). مانندآب ژاول تهیه میشود ولی بجای

1 – Eau oxygénée(.فر)

سود ، پتاس مصرف میگردد :

$Cl_2 + 2KOH \rightarrow ClOk + Clk + H_2O$

این محلول نیز خواص شیمیایی آب ژاول را داراست . ‖ ~ **مقطر** (شم .). آبی که با قرع و انبیق جوشانده و تقطیر کرده باشند ، و آن در دارو سازی بکارمیرود .

قرع و انبیق

ترکیبات فعلی وجملات ~ از ~ تکان

نخوردن (عم.) حادثه‌ای رخ ندادن، آرام بودن اوضاع ← ‖ ~ **از ~ نجنبیدن** ↑ ‖ ~ **از تارك کسی بر تر گذشتن**، کار او با تمام رسیدن . ← آب از سر گذشتن. ‖ ~ **ازجگر بخشیدن** ، عطا کردن ، بخشیدن ، چیزدادن . ‖ ~ **از چك و چانهٔ ... سراز یرشدن** (عم .). تمایل شدید داشتن . ‖ ~ **ازسر تیره بودن.** ۱ ـ گل آلود بودن آب ازسرچشمه. ۲ ـ ناقص بودن امری ازآغاز. ← آب از سرچشمه گل آلود بودن. ‖ ~ **ازسر شدن (کسی‌را)**. نزول آفات و بلیات بیشمار (بر وی). ‖ ~ **ازسرچشمه‌گل (آلود) بودن** . عیب و نقص دراصل و بنیان امربودن . ‖ ~ **از سر گذشتن (کسی‌را)** ، کار... با تمام رسیدن ، بیهوده بودن هراقدام جدید. ← آب از تارك کسی بر تر گذشتن . ‖ ~ **افتادن دهان** . (تد .) ۱ ـ جاری شدن آب ازدهان بسبب خوردن چیزی ترش و جزآن. ۲ ـ میل ورغبت شدید داشتن بچیزی ← آب اندردهان آوردن ، آب بدهان ... انداختن. ‖ ~ **اندر دهان آوردن.** ۱ ـ دهان شخص پر آب شدن . ۲ ـ مشتاق شدن او ، رغبت شدید ایجاد شدن . ۳ ـ مشتاق کردن، راغب ساختن ← آب افتادن دهان ، آب بدهان انداختن. ‖ ~ **به ~ شدن** (عم .). ۱ ـ تغییر آب و هوا دادن . ۲ ـ تغییرحال دادن ، بهبود یافتن یا بیمار گردیدن بسبب سفر.

‖ ~ **بجوی بازآمدن** . ← آب رفته بجوی بازآمدن . ‖ ~ **بدهان ... انداختن.** ۱ ـ موجب شدن تولید بزاق را دردهان کسی . ۲ ـ مشتاق کردن ، راغب کردن ← آب اندردهان آوردن، آب افتادن دهان . ‖ ~ **برآتش... ریختن**. اندوه یا خشم ... رابا گفتار یا کرداری فرونشاندن . ‖ ~ **بزیر هشتن**. ۱ ـ فریب دادن . ۲ ـ حیله کردن . ‖ ~ **بغربال پیمودن.** آب بهاون کوبیدن (ه. م.) ‖ ~ **بکس ندادن** ، نم پس ندادن ، چیزی ندادن . ‖ ~ **بهاون کوبیدن (کوفتن)** . عمل لغو و بیهوده کردن(قس. آب بغربال پیمودن) . ‖ ~ **بی‌لجام خوردن** . مطلق العنان بودن ، سرخود بودن . ‖ ~ **پاکی روی دست (کسی) ریختن** (عم .) . کاملا (او را) مأیوس کردن . ‖ ~ **توبه بر(بروی) سر ریختن** (عم.). توبه کردن . ‖ ~ **توبه بر (بروی) سر (کسی) ریختن** (عم.). توبه دادن (وی را). ‖ ~ **درجگر آمدن**، رسیدن آب بجگر.

ضح.ـ بعقیدهٔ قدما معده محل غذا و جگر مرکز آب است. ← آب جگر. ‖ ~ **در جگرداشتن** .۱ـ مست بودن ، مستی .↓

‖ ~ **درجگر نداشتن** . مفلس بودن، بی چیزبودن ↑ ‖ ~ **درجوی آمدن.** آمدن دولت رفته ، بازگشتن اقبال از دست رفته . ‖ ~ **درجوی(کسی) بودن**، بخت و اقبال و دولت بدست (وی) بودن . ‖ ~ **درجوی داشتن** . ۱ ـ داشتن دولت و اقبال . ۲ ـ رونق و تازگی و طراوت داشتن . ‖ ~ **در چشم نداشتن** . بی حیا بودن ، شرم نداشتن . ‖ ~ **دردهان آمدن (کسی**

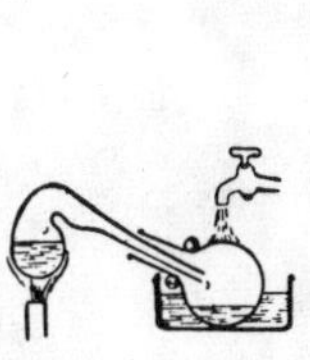

را) . ←آب اندر دهان آمدن. ‖ ~ **دردیده نداشتن** . شرم نداشتن ، حیا نداشتن. ‖ ~ **درشکرداشتن** . ضعیف بودن ، زار بودن . ‖ ~ **درچیزی کردن** . دغلی کردن (در آن) ، ناراستی بکار بردن (در وی) . ‖ ~ **درهاون سودن (کوبیدن ، کوفتن)** . کار بیهوده کردن ، مرتکب امری‌شدن که نتیجه نداشته باشد . ‖ ~ **را تیره کردن** . ۱ ـ آب را گل آلودکردن . ۲ ـ میان دو یا چند تن نفاق افکندن ، تضریب. ‖ **آب رفته (روان) بجوی بازآمدن** . بازگشتن سعادت و دولتی پشت کرده. ‖ ~ **(چیزی ،کسی) روشن بودن** . ۱ ـ رواج داشتن، طراوت داشتن . ۲ـ عزت داشتن ، آبرو داشتن. ‖ ~ **(کسی را) ریختن** . بی‌عزت کردن وی، خفیف ساختن او . ‖ ~ **زیر پوست (کسی) افتادن** (عم .) ۱ ـ چاق شدن ، فربه گردیدن. ۲ـ متمول شدن. ثروتمند گردیدن. ‖ ~ **سفت کردن** (عم.). کاربیهوده کردن. ‖ ~ **شان بیك جوی نمیرود** ، باهم ساز گار نیستند. ‖ ~ **ی گرم کردن (با کسی)** (عم .) ، جماع کردن (با وی)، آمیزش کردن (با او). ‖ ~ **ی گرم نشدن (ازکسی)** (عم .) . بیهوده بودن توقع یاری (ازاو) . ‖ **از ~ جستن** ←جستن. ‖ **از ~ درآمدن** (عم .) . ۱ـ نتیجه دادن ، حاصل شدن : « ببین چه از آب درمیاید ؟ » ،« خوب ازآب درآمد.» ۲ ـ پرورش یافتن ، تربیت شدن . ‖ **از ~ کره گرفتن** . ۱ ـ ازهروسیله استفاده‌ای (مخصوصاً مادی) بردن . ۲ ـ خسیس بودن ، لئیم بودن . ‖ **حق ~ وگل داشتن** (عم .) . حق اقامت و سکونت داشتن . ‖ **خود را به آب و آتش زدن** (عم.) بهروسیلهٔ سخت و پرخطر متوسل شدن برای رسیدن بمقصود ، خود را بمخاطره افکندن . ‖ ~ **ها از آسیا افتادن** . سرو صداها خوابیدن. **تعبیرات** ~ **ت نبود، نانت نبود،... ت چه بود ؟** در موردکسی گفته میشودکه بیهوده بکاری اقدام کند و زیان بیند. ‖ **وقتی که ~ ها ازآسیا افتاد** ← آسیا .

۲ـ آب āb [سر.، عبر. ab،āb] (ا.) نام ماه پنجم یا یازدهم سالماه خاص یهودی و سریانی . در اصطلاح سریانی رومی ، ماه آب با ماه ششم اغسطس سالمالیهٔ ترکان ، یعنی باماه اوت یولیانی مطابق است .

آبا ābā [= ع .آباء] ←آباء .

آباء ābā' [ع.،ف.: آبا] ج.اب. ۱ ـ پدران، اجداد: آباواجدادما برین عقیده بودند . ۲ ـ کشیشان (مسیحی)، آباءکلیسا ، آباءکنیسه . ‖ ~ **سبعه** . هفت پدران ← بخش ۳ : آباء سبعه. ‖ ~ **علوی** . پدران آسمانی ← بخش ۳: آباء علوی . ‖ ~ **کلیسا**. کشیشان مسیحی، آباء کنیسه ↓ ‖ ~ **کنیسه** ،آباء کلیسا ↑. ← بخش ۳ .

آب‌آب āb-e āb (امر.) ۱ ـ آبی که هر موجوداز آن بوجودآید . ۲ ـ (تص .) ذات خدا ،هویت حق تعالی . ۳ ـ (تص.) رحمت خدا ، نفس الرحمن.

آباجی ā-bāǰī [تر.=آغا باجی] (امر.) همشیره، خواهر، آبجی، باجی.

۱ ـ آباد ābād [په . āpāt] ۱ ـ (ص .) معمور، دایر ، برپا . مق. ویران ، خراب : قریهٔ آباد ، کشور آباد. ۲ ـ مزروع ، کاشته (← آباد بودن) . ۳ ـ پر، مشحون ، ممتلی : خزانهٔ آباد. ٤ ـ سالم، تن درست (← آباد بودن) . ٥ ـ بسامان ، منظم . ٦ ـ مرفه ، دررفاه (←آبادکردن) .

۷ - (ا.) آبـادی ، معموره ؛ مق . ویرانه ، خرابه : « به‌آباد و ویرانه جایی‌نماند. » (فردوسی) . **۸** - (صت ، ادات تحسین و دعا) ، آفرین! احسنت! مرحبا ! زه! : آباد برآن شاه... **۹** - بصورت پسوند درآخرنامهای مکـان درآید بمعنی بناشدهٔ ... ، معمور... : علی‌آباد ، حسن‌آباد ، جعفرآباد .

|| ~ **بودن.** ۱- معموربودن ، دایر بودن، برپابودن ، مق . ویران بودن، خراب بودن. ۲- مزروع بودن ، کاشته بودن . ۳ - پربودن ، ممتلی بودن : « ... گنجش‌آباد باد. » (فردوسی) . ۴- سالم بودن ، تن درست بودن. ۵- بسامان بودن، منظم بودن. ۶ - مرفه بودن ، در رفاه بودن (← آباد).

۲ - آباد ābād [ع.] (ا.) ج. ابد، جاوید بودنها . ←ابد .

آبادان ābādān [په . āpātān] (ص‌مر .) ۱ - معمور،دایـر، برپـا ، مق. ویران ، خراب : شهرآبادان ، کشورآبادان . ۲ - مزروع ،کاشته . ۳ - پر، مشحون ، ممتلی . ۴ - سالم، تن‌درست ، فربه : « شتربه فربه وآبادان گشت . » (کلیله). ۵ - مرفه،دررفاه. ۶ - مأمون ، ایمن ، مصون ←آبادان کردن .

|| ~ **بودن.** بصفت آبادان متصف بودن← آبادان (همع .) .

آبادان شدن ā.-šodan (مص ل .) آبادان گردیدن ←آبادان (همع .) .

آبادان‌کردن ā.-kardan (مص‌م.) ۱ - معمور کردن ، آبادساختن . ۲ - زراعت‌کردن ،کاشتن . ۳ - پرکردن، ممتلی ساختن . ۴ - سالم‌کردن ، تن درست ساختن . ۵ - مرفه کردن ، توانگر ساختن . ۶ - مأمون کردن ، مصون کردن : « راه حاج را آبادان کردند.». (تاریخ بیهقی) .

آبادان گردیدن ā. - gardīdan (مص ل .) آبادان شدن ← آبادان (همع .) .

آبادان‌گشتن ā.-gaštan (مص‌ل.) آبادان‌شدن←آبادان (همع .) .

۱-آبادانی ābādān-ī (حامص.، ا.) ۱ - عمران ، عمارت ،آبـادی . ۲ - زراعت ،کاشت . ۳ - محل آباد ،جای معمور : « بخرابـی و بآبـادانی . » (انوری) . ۴ - آبادی ، قریه، ده: «زاغ روی بآبادانی نهاد . »(کلیله). ۵ - رفـاه ،آسـایش ، غنـاء : « جز خشنودی وآبـادانی خـان و مـان تو نخواهیم . » (تاریخ بخارا) .

|| ~ **جهان (گیتی، عالم)** ، معمورهٔ ارض ، ربع مسکون .

۲- آبادانی ābādān-ī (ص منس.) منسوب به آبادان (= عبادان) ،از مردم‌آبادان ←آبادان (بخش ۳).

آبادانیدن ābādān-īdan (مص‌م.) (صر. ←کشانیدن) ۱- آبادساختن، عمران‌کردن . ۲- ستودن،مدح‌کردن .

آبادانی کن ā.-kon [= آبادانی کننده] (افا.) آباد کننده ، موجب آبادانی: « اقلیمی پدید آیدکه اندرو آبادانی‌کن نیست.» (حی بن‌یقظان).

آباد بوم ā. -būm [= بوم آباد] (ا مر.) ناحیت‌آبادان، زمین معمور: « همی کار جست اندر آباد بوم . » (فردوسی).

آباد داشتن ā . -dāštan (مص‌م.) ←آبادکردن .

آباد کردن ā.-'kardan [= آباد داشتن] (مص م.) ۱ - معمور کردن، دایرکردن ، برپا داشتن ؛مق. ویران‌کردن، خراب‌کردن. ۲- زراعت

آب آوردن

کردن، کاشتن. ۳ ـ پر کردن ، ممتلی کردن. ٤ـ بسامان کردن،منظم‌ساختن. ۵ ـ مرفه کردن ، در رفاه داشتن . ‖ ~ لشکر(سپاه) ، ساز و برگ ومواجب دادن بلشکریان.

آبادی ābād-ī [پهـ . āpātīh] (حامص. ، ا.) ۱ ـ عمارت ، عمران، آبادانی ؛ مق . ویرانی ، خـرابی : « آبادی میخانه ز ویرانی مـاست. » (منسوب به خیام).۲ ـ جای آباد ، محل معمور، آبادانی‌ازده و قریه‌وشهر.

آبار ābār [ع .] (ا.) ج. بئر، چاهها .

آبازه ābāza(-e) [تر.]عنوان‌عده‌ای از پاشایان ترك در عهدسلاطین‌عثمانی. ← بخش ۳ .

آباژور ābāǰūr [فر. abat-jour] (امر.)سرپوشی که روی‌چراغ نهندتا نور را بپایین افکند .

انواع آبازور

آباژورساز ā.-sāz [فر.ـف] (افا.، امر.) آنکه آباژور (ه.م.) سازد ، سازندهٔ آباژور.

آباژورسازی ā.-sāz-ī [فر.-ف] (حامص.، امر.) ۱ ـ ساختن آباژور (ه.م.) ۲ ـ شغل و عمل آباژور ساز (ه.م.) ۳ ـ دکان ومغازه‌ای که درآن آباژور (ه.م.) سازند.

آبافت ābāft [= آبفت ← بافتن] (امر.) ۱ـ نوعی پارچهٔ ستبر . ۲ـ نوعی جامهٔ قیمتی. ← آبفت .

آبال ābāl [ع.] (ا.) ج . ابل ، شتران .

آبان ābān [پهـ . āpān ، ج، آب؛ آبها](ا.) ۱ـ (اخ) ایزد نگهبان آب(← بخش۳). ۲ـ ماه هشتم ازسال شمسی، که طبق تقویم‌کنونی مطابق با ماه دوم پاییزاست . ۳ـ روزدهم‌هرماه شمسی .

آبانگان ābān - gān [پهـ . āpāngān] (امر.)جشنی در ایران باستان که درروز آبان (دهم) ازماه‌آبان برپامیداشتند .

آبانگاه ābān-gāh (ا مر.) روز دهم فروردین . گویند اگر درین روز باران ببارد آبانگاه مـردان است و مردان بآب در آیند ، و اگر نبارد آبانگاه‌زنان باشدوایشان‌بآب درآیند، واین عمل را برخود مبارك دانند.

آب‌آسیا āb-āsiyā (امر.) آسیاکه بقوت‌آب گردد.

آب‌آشنا āb-āšenā (ص مر.)آنکه شناوری داند ، شناگر، سباح .

آب‌آلو āb-e ālū (ا مر.) ۱ـ آبی که ازآلو گیرند ، عصارهٔ آلو. ۲ـ آبی کـه درآن آلوی خشك را خیسانند و آشامند .

آب‌آمیز ā.-āmīz [= آب آمیخته] (ص‌مف.)مخلوط باآب، ممزوج باآب.

آب آورد āb - āvard [= آب آورده] (ص‌مف.، امر.) ← آب‌آورده.

آب آوردن ā .- āva(o)rdan (مص مر.) جاری‌کردن آب. ‖ ~ چشم (دیده) . جاری کردن چشـم آب مخصوص را بی اختیار ، بسبب‌کسالت یاپیری.

آب آورده

آب آورده ā.- āva(o)rda(- e) (امف.) ۱ ـ آن چیز کـه آب آنرا بیاورد ، آب‌آورد . ۲ ـ خاشاك و جز آن‌که دریا یارود یاسیل باخودآورد. ‖ **چشم** ــ . چشمی‌که به‌بیماری آب (←آب) مبتلا باشد .

آب‌آهن ā.-e āhan (ا مر.) (شم.) آبی‌که دارای املاح آهن باشد ، آب آهن‌دار . ‖ ــ **جوشان** · آب آهن گازدار .

آب افسرده ā. - e afsorda(- e) (ا مر.) آب فسرده (ه.م.)

آب افکندن ā.- afkandan (مص ل.) ادرارکردن ، پیشاب ریختن ← آب انداختن.

آب انبار ā. - ānbār (ا مر.) ۱ ـ محفظه‌ای‌که درآن‌همواره‌آب‌خوشگوار ذخیره کنند ، مکان سرپوشیده در زیر زمین‌که درآن آب‌کنند ، مخزن آب. ۲ ـ آبدان، آبگیر، تالاب .

آب انداختن ā.- andāxtan (مص مر.) ادرار کردن ، پیشاب کردن ، شاشیدن ←آب افکندن.

آب انداز ā.- andāz (ا مر) ۱ ـ توقفگاه ستوران درمیان دومنزل برای رفع خستگی. ۲ ـ چوبی میان تهی که چوب دیگر در میان آن فرو برند و بفشارآب درآن‌کنند ؛ آب دزدك .

آب اندام ā . - andām (ص مر.، ا مر.) آنکه دارای پیکری‌زیباست، خوش شکل، خوش قد وقامت.

آب اندیش ā. - andīš (ص‌مر.) آنکه فکرش همواره متوجه‌آبست، آب جو، آب خواه ، آب طلب .

آب انگور ā.-e angūr (ا مر.) ۱ ـ فشردهٔ انگور رسیده و معمولی را بوسیلهٔ پارچه صاف کـنند و بلافاصله مصرف نمایند . ۲ ـ شراب ، باده .

آب‌باران ā.-e bārān (ا مر.)آبی که ازریزش‌بارش پدیدآید، ماءالمطر.

آب باریك ā.-e bārīk (ا مر.) ۱ ـ آب کم. ۲ ـ در آمد اندك،دخل کم. ←آب باریکه.

آب‌باریکه ā.-e bārīka(-e)(امر.) (عم.) ←آب باریك.

آب باز ā. - bāz (افا.، امر.) ۱ ـ شناگر. ۲ ـغواص(فره.) ۳ ـ (ور.) باشخاصی اطلاق می شود که در چاله حوض‌حمام حرکات نمایشی انجام‌می‌دهند.

آب بازان ā.-bāzān (ا مر.،ج. آب باز) (جا‌ن.) تیره ای [۱]ازپستان‌داران بحری که عدهٔ کمی ازآنها در رودخانه های نواحی حاره میزیند ؛ قطاس، قاطوس، قیطس، حوت‌الحیض، شناگران . این تیره شامل : بال ها (بالن ها [۲])، کاشالوها[۳] ، ناروالها [۴]، دلفینها[۵] وغیره میباشد .

آب بازی ā.-bāz-ī (حامص.) عمل آب باز (ه.م.) ۱ ـ شناگری. ۲ ـ غواصی ↓ .

آب بازی کردن ā. - b. -kardan (مص ل.) ۱ ـ شنا کردن . ۲ـ غواصی کردن ↑ .

آب بان ā.-bān (ص‌مر.)مردی که وظیفهٔ اواین‌است‌که ببیندآب بمقداری که معین شده بمحصول میرسد یا نه.

آب برین ā.-e barīn (ا مر.)کنار جوی که زیرش مجوف باشد ، وهردم آب درآنجا رخنه‌کند وبیرون رود.

---

۱ ـ Cétacés (فر.) ۲ ـ Baleines (فر.) ۳ ـ Cachalots (فر.)
۴ ـ Narvals (فر.) ۵ ـ Dauphins (فر.)

آب بسته a.-e basta(-e) (امر.)
۱ - شیشه ، آبگینه . ۲ - بلور . ۳ - یخ. ٤- ژاله، شبنم . ٥ - تگرگ .

آب بقا ā.-e baγā (اخ) ← بخش۳.

آب بقم ā.-e baγam (امر.) ۱ - آبی که ازبقم (بکم) (ه.م.) گیرند . ۲ - خون ، دم .

آب بن ā.-e bon (امر.) (گیا.) چیزیست مانند صمغ که در بیخ درخت جوز هندی کهنه ومجوف یابند.

آب بند ā.-band (ص.،امر.) ۱ - آنکه آبرا بندکند . ۲ - (عم.) آنکه آب در ظرفی ریزد. ۳ - آنکه ماستو پنیر وسر شیر وخامه سازد. ٤ - آنکه درزهای ظروف فلزی را با موم مذاب یاقلعی سدکند. ٥ - آنکه یخ گیرد. ٦ - (فز.) دستگاهی مجهز بدرهای متحرك، که برای حرکت کشتیها بین دو نقطهٔ رودخانه که هم ارتفاع نیستند ، بکار رود[1].

آب‌بندی ā.-band-ī (حامص.،ا.) ۱ - بستن معبر آب. ۲ - شغل وعمل آب بند (ه.م.) ۳ - ریختن آب در سماور وآب‌پاش وغیره.

آب بها ā.-bahā (امر.) پولی که در بهای آب‌دهند (فره.)؛ حق‌الشرب.

آب بهار نارنج ā.-e bahār(-e) nāra(e)nǰ (امر.) آبی که از بهار نارنج بدست‌آرند، عصارهٔ بهارنارنج.

آب بینی ā.-e bīnī (امر.) آب غلیظ که ازبینی جاری‌گردد ؛ خل.

آب پا ā.-pā [=آب‌پاینده] (افا.) میرآب، آنکه‌در تقسیم‌آب نظارت‌کند.

آب پاش ā.-pāš (امر.) آلتی‌آهنی یاحلبی دسته‌دارکه دارای لولهٔ درازی است وسرآن پهن‌وسوراخ سوراخ‌است، وبدان باغچه‌ها را آب دهند.

آب پاش

آب پاشان ā.-pāšān (امر.) (جشن ←). جشنی درایران باستان که تا عهدصفویه برپا میشده (رك . عالم‌آرا ۲ : ۷۸۸) .

آب پاشی ā.-paš-ī (حامص.) پاشیدن آب با آب پاش ومانند آن بر زمین وباغچه وجزآن.

آب‌پاشیدن ā.-pāšīdan (مص م.) جاری‌کردن آب برروی زمین وباغچه ومانند آن.

آب‌پخشان ā.-paxšān (امر.)محل تقسیم‌آب؛ پنگان(ه.م.)، داغلان(تر.)

آب پز ā.-paz (ص‌مر.) آنچه‌که‌در آب ساده و بی‌روغن پزند : تخم مرغ آب پز ، گوشت آب پز ، سیب زمینی آب پز.

آب پشت ā.-e pošt (امر.) منی ، آب مرد.

آب پیکر ā. - paykar(pey-) (امر.) ۱ - ستاره ، کوکب . ۲ - روشنایی صور فلکی ، نور صورتهای سماوی.

آبتاب ā. -tāb (ص مر.) مشعشع ، درخشان.

آب بند

آب پخشان

1 - Ecluse.(فر.)

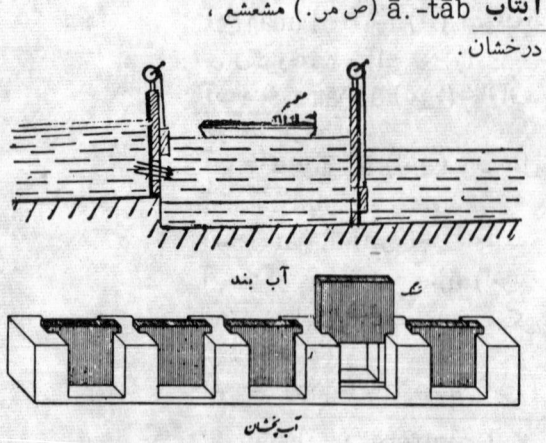

آبتابه ā.-tāba (-e) (امر.) ← آفتابه.

آبتاخت ā.-tāxt (امر.) ۱ - فشار آب، نیروی آب. ۲ - پیشاب، ادرار.

آب تاختن ā.-tāxtan (مصل.) پیشاب کردن، ادرار کردن، شاشیدن.

آب تتماج ā.-totmāǰ (امر.) آبی که در تتماج (ه.م.) است. این اصطلاح درمورد اشیاء بی‌بها وکم‌قیمت استعمال شود.

آب تراز ā.-tarāz (امر.) ← آب‌طراز.

آب تره

آب‌تره ā.-tara(-e) (امر.) (گیا.) گیاهی[1] از تیرهٔ چلیپاییان[2] بارتفاع ۱۰ تا ۶۰ سانتیمتر که غالباً در کنار جویبارها و مسیر جریان آب روید. گلهایش کوچك وسفید وبصورت خوشه است؛ بولاغ اوتی، شاهی آبی.

آب‌تلخ ā.-e talx (امر.) ۱-(کن.) شراب. ۲ - (کن.) عرق.

آب‌تنی ā.-tan-ī (حامص.) شستشوی تن در آب، غوطه خوردن در آب.

آب تنی کردن ā.-t.-kardan (مصل.) شستن تن در آب.

آبج ābaǰ [= آبچ] (ا.) ۱ - نشانهٔ کمان گروهه. ۲ - آلتی در زراعت.

آب‌جامه ā.-ǰāma (امر.) جام آب‌خوری، ظرف آب.

آب جای ā.-ǰāy (امر.) ۱ - محل آب، آب انبار. ۲ - چشمه.

آب‌جر ā.-ǰar (امر.) جزر. مق.مد.

آب جگر ā.-e ǰa(e)gar (امر.) خون، خونابه (طبق طب قدیم، جگر مرکز خونست).

آب جو ā.-e ǰaw (-ǰow) (امر.) ۱ - آبی که در آن جو مقشر جوشانیده باشند برای مداوا، ماءالشعیر. ۲ - نوشابه‌ای که از تخمیر جو نیش زده تهیه کنند، و۲/۵ و۴/۵ درصد الکل دارد؛ شراب جو، فوگان، فقاع.

آب‌جوساز ā.-ǰ.-sāz (افا.) سازندهٔ آب‌جو، آنکه آب جو بعمل آورد.

آب‌جوسازی ā.-ǰ.-sāz-ī (حامص.، امر.) ۱ - ساختن آب‌جو، پیشهٔ آب جوساز. ۲ - کارخانه‌ای که در آن آب جو سازند.

آب جوش ā.-e ǰūš (امر.) ۱ - آبی که در حال جوشیدن است، آب‌جوشان. ۲ - آب گرم معدنی. ۳ - آبی که درآن جوش، یعنی بی‌کربنات سود و اسید طرطیر کنندومانند گوارشی بیاشامند.

آب‌جو فروش ā.-ǰ.-forūš (افا.، امر.) کسی که شغل او فروختن آب جوست.

آب جو فروشی ā.-ǰ.-forūš-ī (حامص.، امر.) ۱ - عمل فروختن آب جو. ۲ - پیشهٔ فروختن آب جو. ۳ - مغازه‌ای که درآن آب‌جو فروشند.

آبجی ābǰī [تر. آغاباجی = آباجی] ۱ - خواهر، خواهربزرگ. ۲ - (تد.) درخطاب بزنان گویند.

آبچ ābač [= آبج] (ا) ← آبج.

آب چرا āb-čarā (امر.) ۱- غذای اندکی که بناشتا خورند؛ نهاری. ۲ - خوراك وحوش وطیور.

آب‌چشم ā.-e čašm(češm) (امر.) اشك، سرشك.

آب چشم ریختن ā.-č-. rīxtan (مصل.) اشك ریختن، گریه کردن، گریستن.

1- Nasturtium officinale (لا.) 2- Crucifères (فر.)

آب‌چشم‌گرفتن ā.-č.- gereftan (مص‌م.)(عم) بگریه درآوردن، وادار کردن بگریستن.

آب‌چشی ā.-čaš-ī(češ-)(حامص.، امر.) غذایی که نخستین بار در حدود شش‌ماهگی بکودك دهند.

آب‌چلو ā.-čelaw(-ow) (امر.) آبی که برنج درآن جوشیده باشد؛ ابریس، آشام، آشاب.

آب‌چین ā.-čīn (افا. امر.) ۱ - جامه‌ای که تن مرده را بعد از غسل دادن بدان‌خشك کنند. ۲ - کاغذ آب‌خشك کن.

آب‌حسرت ā.-e hasrat [ف.-ع.] (امر.) اشك، سرشك:

آب‌حق ā.-e haɣ [ف.-ع.](امر.) (تص.) عنایت‌الهی، رحمت‌خدا.

آب حوض کش ā.-hawz(ow)z kaš(keš)(افا.، امر.) کسی که شغل او بیرون کشیدن آب ازحوض‌وتهی کردن آنست.

آب حوضی ā.-haw(ow)z-ī (ص نسبـ.: آب حوض) آنکه آب حوضهارا بیرون کشد، آب حوض‌کش.

آب‌حیات ā.-e hayāt (ف.-ع.) (امر.) ۱ - (اخ) آب زندگانی ← بخش۳: آب حیات. ۲ - نوعی حلواست مرکب‌از: شکروکف چوبك‌ومغزپسته. ۳ - نوعی ازشراب‌آمیخته بادویهٔ تند؛ ماءالحیاة. ٤ - نوعی ازمهره‌ها برنگ زردکه زنان ازآن‌دستبند و مانند آن سازند. ٦ - (شع.) دهان معشوق. ۷ - (شع.) سخن‌گفتن معشوق. ۸ - (تص.) محبت باری‌تعالی که هرکس‌راجرعه‌ای از آن چشمهٔ فیاض بنوشانند معدوم و فانی نگردد. ۹ - (تص.) سخنان اولیا ومردان‌کامل.

آب‌حیوان ā.-e hayvān(hey-) (امر.) ۱ - (اخ) آب‌حیات ← بخش۳: آب حیوان. ۲ - (تص.) علم لدنی.

آبخانه ā.-xāna(-e) (امر.) جایی که برای قضای حاجت تخصیص دهند؛ مستراح، جایی، مبرز، مبال، خلا، ادبخانه.

آب خرابات āb-e xarābāt [ف.-ع.] (امر.) شراب، باده.

آبخسب āb-xosb (افا.، امر.) چارپایی که چون‌آب بینددرآن‌بخسبد، واین از عیوب چارپایانست.

آبخست āb-xast(xost) [= آبخوست] (امر.) ۱ - جزیره. ۲ - میوه‌ای‌که قسمتی ازآن‌تباه شده‌باشد، میوه‌ای‌که درون آن ترش و ضایع شده باشد؛ آب‌گز. ۳ - (ص‌مر.) مردم بد اندرون.

آب خشك āb-e xošk (امر.) ۱ - شیشه، آبگینه. ۲ - بلور.

آب‌خشك‌کن āb-xošk-kon (افا.، امر.) کاغذ پرز دارکه بدان مرکب و جوهر نوشته را خشك‌کنند، آب‌چین.

آب خضر āb-e xezr [ف.-ع.] (امر.) ۱ - (اخ) آب حیات← بخش ۳: آب حیات. ۲ - (تص.) علم لدنی، معرفت حقیقی که خاصهٔ انبیاواولیاست.

آب‌خفته āb-e xofta(-e) (امر.) ۱ - آب راکد، آب ایستاده. ۲ - آب جاری که جریان آن ازتراکم آب یا همواری‌مجری محسوس‌نباشد. ۳- ژاله. ۴- برف. ۵- تگرگ. ٦- یخ. ۷- شیشه، بلور. ۸ - شمشیر(در غلاف).

آبخو āb-xū [= آبخوست = آبخست] (امر.) جزیره.

آبخوار āb-xār (افا.، امر.) آشامندهٔ آب، نوشندهٔ آب، خورندهٔ آب.

آبخواره āb-xāra(-e) (صفا.،

امر.) ۱ - آشامندهٔ آب ، آبخوار . ۲ - سبو وظرف سفالینه وغیره که‌در آنها آب یاشراب نوشند.

آب خواستن āb-xāstan (مص‌م.) طلبیدن آب برای نوشیدن یا شست و شو، استسقاء .

آبخور āb - xor (امر.) ۱ - محل آب خوردن ، سرچشمه و کنار رود وامثال آن‌که ازآنجا آب برگیرند ونوشند. ۲ - مشربه ، آبخوری . ۳ - قسمت، نصیب، روزی.

آبخورد(لظقد. ā.-xord(xvard ۱ - (مص خم.) آب خوردن . ۲ - (امر.) آبخور(ه.م.)، آبشخور، منهل، مشرب. ۳ - قسمت، نصیب، روزی.

آبخورکردن ā.-x.- kardan (مص ل.) مقام‌کردن، توقف نمودن.

آب‌خوردن āb- xordan (مص‌ل.) آب نوشیدن، آشامیدن آب. ‖ **در یك ~** . در یك لحظه ؛ در مدتی بسیار کوتاه. ‖ **مثل ~** .(عم.) بسیارسهل، خیلی‌آسان.

آبخوردی āb-xord-ī(امر.)گوشت آبه، نخودآب، مرق .

آبخورش āb-xoreš (امص.)(عم.) نصیب، قسمت . ‖ **~ کسی از جایی کنده شدن**. ازآنجا کوچ کردن و رفتن وی .

آبخوره āb-xora(-e) (امر.) ۱ - آبخوری، نصفی.۲ - آبگیر. ۳- جوی، جویبار .

آبخوری āb-xor-ī(امر.) ۱- ظرفی فلزین یابلورین‌که باآن آب‌خورند ، آبخوره . ۲ - آبخور ، آبشخور.۳ - شارب، موی سبلت ، موی سبیل . ۴ - نوعی ازدهنهٔ اسب که هنگام آب دادن بردهانش زنند.

آبخوری

آبخوست āb-xūst ، āb-xvast [= آبخست= آبخو] ۱-(امر.)جزیره. ۲- محلی که‌آب آنرا کنده باشد؛ آبکند.

آبخون āb-xūn (امر.) خونابه .

آبخیز āb-xīz (امر.) ۱ - زمینی‌که هر جای آنرا بکنند آب بیرون آید (فره.)[1] ۲ - زمین‌آب‌دار مانندچمن. ۳ - مد؛مق.جزر. ۴ - موج. ۵- طوفان. ۶ - طغیان وافزایش‌آب درفصل بهار.

آبخیزگاه ā.-x.- gāh (امر.) زمینی که‌آب از آن بیرون‌آید.

آب دادن āb- dādan (مص‌م.) ۱ - اعطای آب بکسی یا حیوانی : «یك لیوان آب بمن داد.» ۲ - آب‌ریختن، جاری‌کردن‌آب باآب پاش ومانندآن، آبیاری‌کردن : «باغچه را آب دادم.» ‖ **~ بزهر**. آلودن شمشیر وخنجر و جز آن‌بزهرتاالتیام نپذیرد. ‖ **~ چشم**. جاری شدن آب مخصوص از دیدگان بعلت‌کسالت یاپیری. ‖ **~ فلز** . طلی‌کردن آن بفلز گرانبهاتر ؛ آب زر یا سیم دادن. ‖ **~ کارد و شمشیر و مانند آن** ، عملی که شمشیر سازان و کاردگران کنند برای سخت کردن آهن ، وآن فروبردن فلز تفتهٔ شمشیرومانندآن است درآب.

آب‌داده āb- dāda(-e) (امف.) ۱ - آب پاشیده ، مشروب . ۲ - شمشیر و خنجر و مانند آن که شمشیرسازان و کاردگران آنراآب داده باشند (← آب دادن) ؛ گوهردار.

آبدار āb-dār (افا.) ۱ - مأموری که موظف بود آب برای نوشیدن یا شست وشو باميران وبزرگان دهد. ۲ - خادمی که مأمور تهیهٔ مشروبات بود ؛ شربت‌دار، ساقی، ایاغچی. ۳ - خادمی

1- Aquifère(فر.)

که مأمور تهیهٔ چای وقهوه وقلیان است؛ عضو آبدارخانه (ه.م.) . ۴ ـ گیاه و میوهٔ پرازشیرهٔ نباتی، شاداب، پرآب، طری. ۵ ـ (درشمشیروخنجر و مانند آن) جوهردار، برنده، تیز. ۶ـ صاحب سامان ومالدار، صاحب جاه و جلال. ۷ـ بسیارسفیدودرخشان: دندان آبدار. ۸ ـ فصیح وروان: شعر آبدار. ۹ـ سخت، صعب، زننده، نیش‌دار: دشنام آبدار. ۱۰ـ (گیا.) گیاهی است مانندلیف خرما.

آبدارباشی ā.-d. bāšī [ف.-تر.] (صمر.، امر.) رئیس آبداران، آنکه برکارکنان آبدارخانه (ه.م.) ریاست کند، متصدی آبدارخانه.

آبدارخانه ā.-d. xāna(-e) (امر.) ۱ ـ جای تهیهٔ چای و قهوه وقلیان و شربت (اطاق یاساختمان). ۲ ـ مجموع آلات وادوات وخادمان وستوران آبداری دردستگاه سلاطین.

آبدارك āb-dār-ak (امر.) (جاز.) پرندهٔ کوچکی است[1] از تیرهٔ گنجشگان[2]؛ گازر، گازرك، سنگانه، دم جنبانك، صاحاب کچل (نواحی خراسان).

آبدارو āb-dārū (امر.) ۱ـ (شم.) زفت رومی (ه.م.) ۲ ـ (شم.) مومیایی (ه.م.)

آبداری āb-dār-ī ۱ ـ (حامص.) آبداربودن، دارای سمت آبدار (ه.م.)، شغل آبدار. ۲ ـ (ص نسب.) اسبی یا استری که بر آن اثاث آبدارخانه را حمل کنند. ۳ ـ (ص نسب.) اثاث آبدار خانه. ۴ ـ (حامص) طراوت، تازگی، تری. ۵ ـ (ا) نمدی از جنس پست که در سفرها همراه دارند برای گستردن درمنازل.

آب داغ āb(e)-dāγ (امر.) آب جوشیده که با قند یا شکر نوشند: یك استکان آب داغ.

آبدان āb-dān [=آب + دان، پس.] (امر.) ۱ ـ جای عمیقی که آب در آن جمع شود؛ غدیر، آبگیر، شمر. ۲ ـ آب انبار. ۳ ـ ظرفی که دارای آب بود؛ قدح، کاسه، آبخوری، آوند. ۴ ـ ظرفی که مرغ در آن آب خورد. ۵ ـ (پز.) مثانه[3] (فره.). گمیز دان.

آبدان ābadān [=آبادان] (ص.) آبادان، آباد، معمور.

آبدانك āb-dān-ak (امصغ.) ۱ ـ آبدان کوچك. ۲ ـ (پز.) مثانهٔ کوچك[4] (فره.).

آبدزدك

آبدزد āb-dozd (امر.) ۱ـ منفذی بدرون زمین که آب و نم از آن نفوذ کند: این زمین یا این کاریز آب دزد دارد. ۲ ـ مجرای آب. ۳ ـ ابر، سحاب، قطره دزد.

آبدزدك (سرنگ)

آبدزدك āb-dozd-ak (امر.) ۱ ـ (فز.، پز.) تلمبهٔ کوچك قابل حمل که برای راندن آب یامایعات بداخل آن بکار میرود. ۲ ـ آلتی که بوسیلهٔ آن مایعات رادرداخل بدن تزریق میکنند، سرنگ[5]. ۳ ـ (جاز.) جانوری است[6] از راستهٔ راست بالان، از ردهٔ حشرات، ازشاخهٔ بند پائیان. گوشتخوار است و از کرمها وحشرات زیرخاك باغچه‌ها تغذیه کند؛ پشیل، زمین سنبه.

آب دست āb-dast، āb-e dast (امر.) ۱ ـ آبی که بیشتر با دو ظرف

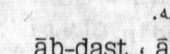

۱ - Motacilla alba (.لا)، Lavandière (.فر)
۲ - Passereaux (.فر) ۳ - Vessie (.فر) ۴ - Vésicule (.فر)
۵ - Seringue (.فر) ۶ - Gryllotolba vulgaris (.لا)

(آفتابه و لگن) پیش از صرف طعام و بعدازآن برای شستن دست ودهان بکار برند. ۲ ـ وضو، دست نماز. ۳ـ استنجا کردن بآب. ٤ـ لطف ومهارت درصنعت.

آبدست āb-dast (امر.) ۱ ـ زاهد پاکدامن. ۲ ـ کسی که دست او در کار چیرگی کند؛ سخت چابك، ماهر، استاد (← آبدستی). ۳ ـ مستراح، مبرز، جایی. ۴ ـ قسمی جامه، لباده، جبهٔ آستین کوتاه. ۵ ـ قسمت فوقانی سر آستین درازتر از قسمت تحتانی، آنکه برروی آستین برگردانند برای زینت؛ سنبوسه.

آبدستان āb-dastān (امر.) آفتابه‌ای که بدان دست وروی شویند، ابریق، مطهره.

آبدستان

آبدستان دار ā.-d.- dār (افا.، امر.) آفتابه‌دار.

آبدست‌جای āb-dast-ǰāy (امر.) خلوت خانه، مستراح، جایی، آبدست خانه.

آبدست خانه āb-dast xāna(-e) (امر.) آبدست جای (ه.م.)

آبدست دان āb-dast-dān (امر.) آبدستان، ابریق، آفتابه.

آبدستی āb-dast-ī (حامص.) مهارت، چابکی، تردستی.

آبدسدان āb-das-dān [= آبدست دان] (امر.) آبدست دان (ه.م.)

آبدن ābadan [= آبادان] (ص.) آبادان (ه.م.)، آباد، معمور.

آبدندان āb-dandān (امر.) ۱ ـ گول، ساده لوح، ابله، پپه، پخمه. ۲ـ حریفی که‌درقمار بتوان‌ازو برد، مفت‌باز. ۳ ـ دارای دندان درخشان. ۴ ـ (گیا.) جنسی از امرود. ۵ ـ (گیا.) قسمی ازانار که هسته‌ندارد. ٦ـ (گیا.) بطورعام درخت وگیاه را گویند. ۷ ـ نوعی حلوا و شیرینی که از آرد سفید وروغن وقند سازند.

آب دندان āb-e dandān (امر.) صفاوشفافیت دندان، درخشندگی دندان.

آبدنگ āb-dang [← دنگ] (امر.) ۱ ـ آلتی برای کوبیدن برنج که باآب کارکند؛ دنگی که بنیروی آب حرکت کند وبدان شلتوك برنج کوبند، نیز ازنیشکرآب گیرند. ۲ ـ جدا کردن پوسته‌ازبرنج (باصطلاح‌شلتوك) (بیشتر درمازندران مستعمل‌است).

آب دوات کن āb-davāt-kon (امر.) کفچهٔ کوچك و ظریف فلزی بادمی باریك و کشیده که بدان‌آب در دوات کنند و لیقه را بدان هم زنند؛ دوات‌آشور، دویت‌آشور.

آبدوغ āb-dūγ (امر.) ۱ ـ ماستی که درآن آب کنند و بصورت دوغ درآورند؛ ماستی باآب بسیار. ‖ **بخیه به ~ زدن**. رنج بی فایده بردن. ۲ ـ (بنا.) گچ یاآهك آبکی که برای اندودن دیوارها بکار رود؛ دوغاب.

آبدوغ‌خیار ā.-d.-xiyār (امر.) (تد.) خوراکی که عبارتست‌ازریزه‌های خیارکه درمیان آبدوغ (ه.م.) کنند.

آبدوغی āb-dūγ-ī ۱ ـ (ص نسب. آبدوغ)منسوب بآب دوغ، چون‌آبدوغ. ۲ ـ (ا.) (بنا.) گچ یاآهك باآب بسیار تنك ورقیق‌کرده؛ آبدوغ، دوغاب.

آب ده āb-deh (افا.) ۱ـ آب‌دهنده، آنکه یاآنچه آب دهد. ۲ ـ چاه‌اصلی ونخستین، مادر چاه کاریز.

آبده ābeda(-e) [ع. آبدة] (ا.) جانور وحشی، دد؛ ج. اوابد.

آب دهان āb-e dahān (امر.) ۱ ـ (پز.) آبی‌لزج‌اندکی‌قلیایی که‌ازغده‌های

دهان ترشح کند ومحتوی ۱/۵ درصدمواد خشك است ، و با غذا آمیخته شود و موجب سهولت هضم آن گردد ؛ بزاق . ‖ ~ پس‌دادن. ← آب‌دهن پس‌دادن. ۲ ـ تف، خیو، خدو (مخ. آب‌دهن).

آبدهان āb-dahān (ص‌مر.،امر.) آنکه سر نگاه نتواند داشت ، کسی‌که راز نگاه ندارد ↓

آبدهانی āb-dahān-ī (حامص.) آبدهان بودن ،آنکه‌رازنگاه‌ندارد ↑ .

آب دهن āb-e dahan [= آب دهان] (امر.) آب دهان (بهمهٔ معانی) ‖ ~ **پس دادن** .آب دهن‌بسیارخارج کردن ، بی اختیار آب دهن بیرون ریختن .

آبدیدگی āb-dīda(e)g-ī(حامص.) آبدیده بودن← آبدیده .

آبدیده āb-dīda(e) (ص‌مر.) ۱ ـ جامه یا متاعی دیگر که درآب افتاده وزیان ندیده‌باشد . ۲ ـ خیس،مرطوب، تر .

آب دیده āb-e dīda(-e) (امر.) اشك ، سرشك ، گریه .

آبراه āb-rāh (امر.) راهگذر آب، مجرای‌آب ، گذرگاه‌آب ، راه‌آب .

آبراهه āb-rāha(-e) (امر.) ۱ ـ راه‌آب ، مجرای آب ، آب راه . ۲ ـ گذرگاه سیل (فره)[۱] . ۳ ـ سیلاب .

آبرخ āb-e rox (امر.) ۱ـ آبرو، آب روی ، خوی ، عرق . ۲ ـ آبرو ، اعتبار، جاه . ‖ ~ِ **کسی را بردن** . آبروی او را ریختن ، عرض او را لکه‌دار کردن← ‖ ~ِ **کسی‌را ریختن.** آبروی اورا ریختن ↑

آبرز āb-e raz (امر.) ۱ ـ شراب، باده ، می . ۲ ـ آب زهر. ← آب رز دادن .

آبرزان āb-e razān [← آبرز] (امر.) شراب انگوری، آب رز (ه.م.)

آب رز دادن āb-e-raz dādan (مص‌م.) ۱ ـ شراب دادن، باده‌پیمودن. ۲ ـ زهرآب دادن (تیغ، پیکان وما نند آن) .

آبرفت āb-roft (امر.) ۱ ـ (زم.) سنگی‌که بسبب جریان‌آب بمروروزمان ساییده ولغزان‌ومایل بگردی‌شده‌باشد. ۲ ـ (زم.)موادته‌نشسته‌ازآبرودخانه[۲] ؛ ته‌نشست آب رودخانه (فره.)

آب رفتن āb-raftan (مص‌ل.) ۱ ـ جریان‌آب، رفتن آب. ۲ ـ کوتاه‌شدن جامهٔ تازه پس از شسته شدن آن. ۳ ـ خارج شدن منی، جاری شدن آب‌مرد. ۴ ـ بی‌عزت شدن، خوار گردیدن.

آبرنگ āb-rang (امر.) (نق.)← آب ورنگ ، اورنگ .

آب رو āb-e-rū (امر.) ۱ ـ عرق ، خوی ، آبرخ ،آب روی (← آبرو۱). ۲ ـ اعتبار، قدر، جاه ، شرف ، عرض، ناموس ، آب روی (← آبرو۲) .

آبرو āb-rū (امر.) ۱ـ عرق، خوی، آب رخ ، آب روی (← آب رو ۱) . ۲ ـ اعتبار ، قدر، جاه ، شرف، عرض، ناموس ، آب روی (← آب رو ۲) ‖ ~ ی‌کسی‌را ریختن . ویرا مفتضح کردن ، اورا رسوا نمودن .

آب رو āb-raw(row) (امر.) ۱ ـ گذرگاه‌آب ، معبرآب ، مجرای‌آب . ۲ ـ مسیل ، گذرگاه سیل .

آبروخواه āb-rū-xāh [= آبرو خواهنده] (افا.) ۱ـ آنکه‌درحفظ آبرو کوشد ، آنکه از زوال اعتبار و شرف

۱- Canal d'écoulement d'un torrent (فر.)
۲ - Alluvion (فر.)

خویش هراسد . ۲ ـ شریف .

آبروخواهی āb-rū-xāh-ī (حامص . آبروخواه) سیرت آبروخواه (هـ.م.) ، روش آبروخواه، کوشیدن در حفظ شرف واعتبارخویش .

آبرود āb-rūd (امر.) ۱ ـ (گیا .) سنبل (هـ.م.) ۲ـ (گیا .) نیلوفر(هـ.م.).

آبرودار āb-rū-dār [= آبرو دارنده] (افا .) صاحب آبرو ، خداوند آبرو، بااعتبار، صاحب‌عزت، باشرف،

آبروداری āb-rū-dār-ī (حامص.) داشتن آبرو، سیرت آبرودار(هـ.م.) .

آبروریزی āb-rū-rīz-ī (حامص.) هتك آبروو‌عزت،افتضاح، رسوایی.

آبروغن āb-rawɣan(row-) ۱ ـ روغن گداخته آمیخته‌باآب گرم که‌برروی چلوریزند. ۲ ـ ترید، شرید ، اشکنه.

آبروفت āb-rūft [= آبرفت] (امر.) آبرفت (هـ.م.)

آبرومند āb-rū-mand (ص‌مر.) صاحب‌آبرو، باآبرو، آبرودار،عفیف، شریف ، برومند .

آبرومندی āb - rū - mand - ī (حامص.) آبرومندبودن،شرف،شرافت، عفت ،

آبرون ābrūn (ا.) (گیا.) همیشه‌بهار (هـ.م.)

آب‌روی āb-e rūy (امر.) ۱ـ عرق، خوی، آب رخ، آب رو (← آب‌رو۱، آب‌روی۱). ۲ ـ اعتبار،قدر، جاه،شرف، عرض، ناموس (← آبرو۲،آبروی۲).

آبروی āb-rūy (امر.) ۱ ـ عرق، خوی، آبرخ (← آبرو۱، آب‌روی۱) ۲ ـ اعتبار ، قدر، جاه ، شرف ، عرض (← آب‌رو۲، آب روی۲).

آبرو یافتن āb-rū-yāftan (مص ل.) عزت یافتن، کسب‌شرف‌کردن.

آبره ābra(-e) [=ابره](ا.) ابره (هـ.م.)، رویه، آوره.

آبریختگی āb - rīxta(e) g - ī (حامص.) آبروریزی، افتضاح.

آب ریختن āb -rīxtan (مص‌م.) ۱ ـ سرازیرکردن آب ، داخل کردن آب درظرفی. ۲ ـ ادرار کردن، پیشاب ریختن .۳ ـ **آب ریختن‌کسی را(آب‌کسی راریختن)**، بی عزت شدن وی ، خفیف گردیدن او، بی‌آبرو شدن وی.

آبریز āb-rīz (امر.) ۱ ـ گودالی‌که برای آبهای مستعمل مانند آب‌حمام ومطبخ کنده باشند. ۲ ـ مستراح،مبرز. ۳ ـ ظرفی‌که ازآن‌آب ریزند،آفتابه. ٤ـ دلو(آبکش) . ۵ـ(زمـ.)سرازیریهایی که آب آنها برودی میرسد [1]. (فره.)

آبریزان āb-rīz-ān (امر.) آبریزگان (هـ.م.)

آبریزگان āb-rīz-a gān [پهـ . ābrīzagān] (امر.) ۱ ـ جشنی‌که در روز سیزدهم‌تیرماه درایران‌باستان برپا میداشتند وآب بر یکدیگر می پاشیدند ؛ آبریزان ۲ ـ نوعی‌ازطعام.

آبریزه āb-rīz-a(-e) (امر.) ۱ ـ (پز.) علتی در چشم‌که پیوسته اشك‌از آن فرو ریزد . ۲ ـ مبال ، مستراح ، آبریز .

آب زدن āb-zadan (مص م .) ۱ ـ آب افشاندن بچیزی یاجایی،آب‌پاشی کردن . ۲ ـ فرو نشاندن آتش خشم ، تسکین دادن ، رام‌کردن .

آبزده āb-zada(-e) (امف .) ۱ ـ آب‌افشانده،آب‌پاشیده : رفته وآبزده.

آب زر āb-e-zar (امر.) ۱ ـ آبی

1 – Versant (فر.)

آبست

که در آن طلا و نقره حل کرده باشند ، زر محلول که بدان نویسند و تذهیب کنند. ۲ - شراب زعفرانی .

آب زرشک āb-e-zerešk (امر.) شربتی که از زرشک تهیه کنند .

آب‌زرفت āb-zoroft (امر.) میوه‌ای که درون آن ضایع و ترش و گنده شده باشد، آبگز.

آبزن āb-zan (امر.) ۱ - حوض کوچك، حوضچه‌ای که ازچینی یا آهن و مانند آن سازند و در آن استحمام کنند ؛ حمام دستی، وان ، آبشنگ. ۲ - صندوقچه‌ای بشکل حوضچه که غالباً ازسنگ یا سفال تعبیه میکردند ودرقدیم جسد مرده را در آن مینهادند (در حفریات شوش ازین آبزنها بدست آمده) . ۳ - (پز.قد.) ظرفی چوبین یا فلزی یا سفالین باندازهٔ قامت آدمی باسرپوش سوراخ‌دار که بیمار را درآن نشانند و سر وی‌ازسوراخ بیرون کنند، آبشنگ. ۴- (پز.قد.) دوائی که‌درآبزن(← شمارهٔ ۳) کنند ، نطولی که مریض را در آن نشانند. ۵ -(افا.) آرام دهنده، تسکین دهنده، شخصی که مردم را بزبان خوش تسلی دهد .

آب‌زندگانی āb-e-zenda(e)gānī (امر.) (اخ) ← بخش۳.

آب‌زندگی āb-e-zenda(e)gī (امر.) (اخ) ← بخش۳ .

آبزه āb-zeh (امر.) آبی که از کنار چشمه ، رود، تالاب و امثال آن زهد، یعنی تراود؛ زهاب .

آب‌زهره āb-e-zohra(-e) (امر.) ۱ - شراب ، می، باده . ۲ - تابش بعد از صبح ، فلق .

آبزی āb-zī (افا.) (جاذ.، گیا.) موجودی که درآب میزید [۱]؛ جانوران آبزی=حیوانات بحری[۲](فره.)

آب‌زیپو āb-zīpo (امر.) (عم.)چیز رقیق و کم رنگ (غالباً در مورد غذا گویند).

آب‌زیرکاه āb-(e) zīr-(e)-kāh(ص مر.،امر.) ۱ - آبی‌که در زیر خار و خاشاك پنهان ماند . ۲ - کسی که در ظاهر خود را نیکو کار و خوش خلق نشان دهد ودرباطن شرور وفتنه‌انگیز باشد. ۳ - زیرکی که‌کارهای خود را پوشیده انجام دهد ، مکار ، حیله‌گر . ۴ - رواج ورونق مخفی، خوبی‌ونیکی پوشیده.

آبژ ābež [=ابیز= ابیژ] (ا.) شرارهٔ آتش.

آب سابکردن āb- sāb- kardan [= آب سای‌کردن](مصم.)(عم)(بنا.) لغزان واملس کردن کنار آجری با ساییدن آجری دیگر بر او که پیاپی بآب فرو زنند.

آبسال ābsāl [ایب. -upasard*، آنچه‌سال‌راآغازمیکند؛ختنی pasāla بهار ؛ پشتو psarlai، بهار] (امر.) بهار ← آبسالان. ضح.ـ در فرهنگها آبسال و آبسالان (ه.م.) را بمعنی باغ گرفته‌اند وصحیح نیست.(مینوی).

آبسالان ābsāl-ān [← آبسال] (امر.) بهاران، فصل بهار، هنگام بهار، نوبهاران.

آب سبز āb-e-sabz (امر.) (پز.) بیماریی در چشم که ازفشار درونی‌چشم پدید آید.

آب سپید āb-e-sepīd (امر.)← آب سفید.

۱-آبست ābast (ص.،ا.)زمین آماده

---

۱ - Aquatique (فر.) ۲ - Animaux marins (فر.)

شده برای زراعت.
۲-آبست ābast (ا.)جزودرونی پوست ترنج و بادرنگ و مانند آن ؛ گوشت پوست، پیه پوست.
آبست ābest [=آبستن](ص.) ۱ - آبستن (ه.م.) ۲- زهدان، رحم.
آبستا ābestā (اخ)← بخش۳: اوستا.
آبستان ābestān [=آبستن](ص.) آبستن (ه.م.)
آبستن ābestan [په. āpustan] (ص.،ا.) ۱ - حامله، باردار (انسان و حیوان و گیاه). ‖ **مثل آبستنان رفتن**. سخت بکاهلی و آهستگی راه رفتن. ۲ - مخفی، نهفته، نهان. ‖ **~ بودن**. ۱ - حامله بودن، بار دار بودن. ۲ - ~ **از کسی**. رشوهٔ نهانی از کسی گرفته بودن. ‖ **شب آبستن است**. وقوع حوادث تازه محتمل است.
آبستن‌شدن ā.-šodan (مصل.) ۱ - حامله شدن، بار دار گشتن، آبستن گردیدن. ۲ - شکوفهٔ خرد برآوردن درخت؛ آبستن گشتن. ۳ - درخفارشوه گرفتن.
آبستن فریاد ā.-e faryād (امر.) (مس.) بربط، سازی که مطربان نوازند.
آبستن کردن ā.- kardan (مصم.) حامله کردن، باردار کردن، القاح.
آبستن کننده ā.-konanda(-e)(افا.) لقاح کننده، بار دار سازنده: بادهای آبستن کننده=ریاح لواقح.
آبستن گردانیدن ā.-gardānīdan (مصم.) آبستن کردن، حامله ساختن، باردار کردن.
آبستن گردیدن ā.-gardīdan (مصل.) آبستن گشتن (ه.م.)

آبستن گشتن ā.-gaštan (مصل.) ۱ - حامله شدن، باردار گشتن، آبستن شدن. ۲- شکوفهٔ خرد برآوردن درخت، آبستن شدن.
آبستنی ābestan-ī [په. āpustanīh] (حامص.) حاملگی، بارداری، حامله بودن.
آبسته ābasta(-e) (ص.، ا.) زمین آب بسته و تخم پاشیده، خاك آماده برای کشاورزی.
آبسته ābesta(-e) [=آبست= آبستن] ۱- (ص.) آبستن. ۲ - (ا.) زهدان، رحم.
آبسر āb-sar [=آبسرد] (امر.) آبسرد (ه.م.)
آب‌سرخ āb-e-sorx (امر.)شراب، باده، می.
آبسرد āb-sard (امر.) لرزانك گونه‌ای که ازآب گوشت یا آب کله پاچه سازند ؛ آبسر.
آب سردی āb-e-sard-ī (امر.) آبی که پس از بول، ازمجری برآید.
آب سفید āb-e-sefīd [= آب سپید] (امر.) آب مروارید (چشم).
آب‌سکندر āb-e-sekandar (امر.) (اخ) ← بخش ۳.
آبسنج āb - sanǰ (امر.) آبزن (ه.م.) ، آبسنگ ، آبشنگ .
آبسنگ āb-sang (امر.) آبزن (ه.م.) ، آبسنج ، آبشنگ .
آبسوار ā-savār (امر.) حباب (ه.م.)، سوارآب.
آبسه ābse [فر. abcés] (ا.) ورم عفونی درنقطه‌ای ازبدن، دمل. ‖ ~ **دندان**. آبسه (پز.) ← پیله ۳.
آب سیاه āb-e-siyāh (امر.) ۱ -

آبی که رنگ آن تیره و کدر باشد. ۲ ـ شراب انگوری تیره رنگ. ۳ ـ (پز.) مادهٔ علتی که بسبب آن چشم نابینا گردد ↓ ۴ ـ (پز.) کوری تام یا ناقص که از ضمور واطروفیای عصب باصره پدید آید. ۵ ـ آب بسیار، آب عظیم. ۶ ـ طوفان. ۷ ـ (اخ) طوفان نوح (← بخش ۳). ۸ ـ آفت، مکروه، مرگ. ۹ ـ مداد، دودهٔ مرکب، زگالاب، نقس (← آب‌سیه).

آب‌سیر āb-sayr(seyr) [ف.ـع.] (ص‌مر.) آنکه مانند آب حرکت کند (قس. بادرفتار)، چاروای خوش رفتار، چهار پای خوش راه.

آب‌سیه āb-e-siyah [= آب‌سیاه] (امر.) ← آب سیاه (همع.)

آبشار āb-šār (افا.،ا.) ۱ ـ آب‌جوی یا نهری بزرگ که از بلندی با شدت فروریزد. ۲ـ سنگ مشبک که بردهانهٔ ناودانها نصب کنند. ۳ـ (ور.) یکی از حرکات حمله‌یی در والیبال و پینگ پونگ و تنیس.

آبشارزن ā.-zan [= آبشار زننده] (افا.) (ور) کسی که در بازیهای والیبال و پینگ‌پونگ و تنیس آبشار (ه‌م.) می‌زند؛ آبشارکوب.

آبشارکوب ābšār-kūb [= آبشار کوبنده] ← آبشارزن.

آب شبی āb-e-šab -ī [ف.ـع.] (امر.) آب معدنی که در آن شب (زاج) باشد.

آبشت āba(e)št (ص.) ۱ ـ نهفته، نهان، پنهان. ۲ ـ جاسوس.

آبشتگاه āba(e)št-gāh (امر.) ۱ ـ جای نهفتن، محل پنهان شدن، خلوت خانه. ۲ ـ ادب‌خانه، مستراح، آبخانه. ← آبشتگه.

آبشتگه āba(e)št-gah [= آبشتگاه] (امر.) آبشتگاه (ه‌م.)

آبشتن āba(e)štan (مص‌م.) نهفتن، پوشیده داشتن.

آبشتنگه āba(e)štan-gah [= آبشتنگاه] (امر.) آبشتگاه (ه‌م.)

آبشخوار ābeš-xār [= آبشخور] (امر.) آبشخور (ه‌م.)

آبشخور ābeš-xor [= آبشخوار] (امر.) ۱ ـ جایی از رود یا نهر یا حوض که از آن آب توان برداشت وخورد؛ آبشخوار، مشرب، منهل، آبخور. ۲ ـ ظرف آبخوری. ۳ ـ منزل، مقام، موطن. ۴ـ نصیب، قسمت. ۵ـ سرنوشت.

آبشخورد ābeš-xord [= آبشخور] (امر.) آبشخور (ه‌م.)

آب شدن āb-šodan (مص‌ل.) ۱ ـ گداختن، ذوب شدن، تبدیل بمایع شدن. ۲ ـ شرمنده شدن، شرمگین گشتن. ‖ **از شرم (خجالت) ~**. بسیار شرمگین گشتن. ۳ ـ رفتن آبرو، از بین رفتن رونق ورواج. ۴ ـ (عم.) ناپدید شدن. ← آب گردیدن.

آب شش āb-šoš (امر.) (جا ن.) دستگاه تنفسی جانوران بحری، عضوی که بوسیلهٔ آن جانوران آبزی (مانند ماهیها و خرچنگها و نوزاد قورباغه) اکسیژن محلول در آب را جذب و انیدرید کربنیک بدن رادفع میکنند[1].

آبشن ābšan [= آویشن] (ا.) (گیا.) آویشن (ه‌م.)، سعتر.

آب شناس āb-šenās (افا.) ۱ ـ شخصی که داند کدام جای از زمین آب دارد و کدام جا آب ندارد. ۲ ـ آنکه غرقاب و تنک آب را از یکدیگر باز داند وراهنمای کشتی شود تا برخاک ننشیند. ۳ ـ قاعده دان. ۴ ـ صاحب

آبشار

۱ ـ Branchie (فر.)

مهارت درعلوم. ۵ ـ حقیقت شناس.

آبشنگ āb-šang (امر.) آبزن(← آبزن ۱ و ۳) ، آبسنگ ، آبسنج .

آب شنگرفی āb-e-šangarf-ī (امر.)۱ ـ شراب لعلی. ۲ـاشك‌خونین.

آب شوره āb-e-šūra(-e) (امر.) آبی‌که باشورهٔ قلمی‌خنك شده باشد .

آبشی āb-šī (عم. آبشیر،قس. خاکشی، خاکشیر) (امر.) چاهی که در صحن سرای کنند برای رفع حوایج کودکان و گرد آمدن فاضل آب، چاهك.

آب‌شیب āb-šīb (امر.) ۱ ـ راهگذر آب باشیب زیاد، معبر آبی که ازبالا بزیر آورده باشند. ۲ ـ آبی که در راهگذر مذکور جریان دارد .

آبشیر āb-šīr (امر.) (عم.) آبشی (ه.م.)

آب صفا āb-e-safā (امر.) (تص.) صداقت وحقیقت روحانی .

آب‌صفت‌بودن āb-sefat-būdan [ف . ـ ع .] (مص‌ل.) ۱ ـ بسیار نفع رسانیدن ، بسیار فایده دادن . ۲ ـ متواضع بودن .

آب صورت āb-e-sūrat [ف.ـع.] (امر.) آبی‌که برای شستن‌روی ودست بکاربرند .

آب طراز āb-tarāz [=آب‌تراز] (امر.) طراز بنایان‌که در درون خود آب دارد ؛ ترازآبی .

آب طراز کردن ā.-t.-kardan (مص‌م.) ــــ زمینی . تسطیح‌آن‌برای جریان‌آب .

آب طرب āb-e-tarab [ف.ـع.] (امر.) شراب انگوری ، آب عشرت .

آب طلا āb-(e)-talā [ف.ـع.] (امر.) ۱ ـ آبزر. ۲ ـ آب اکلیل.

آب‌طلاکار āb-talā-kār [ف.ـع.] (ص‌مر.، امر.) ۱ـ آنکه هنروپیشهٔ او تذهیب است ، آنکه شغل اواندودن و رنگ زدن با آب طلاست . ۲ ـ آنکه پیشهٔ او اندودن باکلیل است .

آب طلا کاری āb-talā-kār-ī (حامص .) ۱ ـ اندودن جسمی با آب زر ، تذهیب . ۲ ـ پیشهٔ‌کسی‌که تذهیب کند . ۳ ـ اندودن جسمی باکلیل. ۴ ـ پیشهٔ‌کسی‌که با اکلیل‌کارکند .

آب‌طلایی āb-talā-y-ī [ف.ـع.] (ص نسبـ.) ۱ ـ با آب طلا اندوده ، مذهب . ۲ ـ باکلیل اندوده .

آب‌طلع āb-e-tal' [ف.ـع.](امر.) عرقی‌که ازشکوفهٔ خرما گیرند،طلعانه.

آب عشرت āb-e-ešrat [ف.ـع.] (امر.) آب طرب ، شراب‌انگوری .

آب‌غوره، آبغوره āb-(e)-γūra(-e) (امر .) عصاره‌ای که از غورهٔ انگور گیرند. ‖ ــــ شش‌انداز.←شش‌انداز.

آبغوره پلو āb-γūra(-e)-polow (polo) (امر.) پلویی‌که درآن آب غوره ممزوج کنند .

آبغوره‌چلاندن ā.-čelāndan ۱ ـ (مص‌م.) گرفتن آبغوره از غوره. ۲ ـ (مص‌ل.) گریه‌کردن، گریستن: آبغوره نچلان(نچلون)←آبغوره‌گرفتن.

آبغوره‌گرفتن ā.-gereftan ۱ ـ (مص‌م.)استخراج آبغوره ازغوره. ۲ ـ گریه کردن ، گریستن . ← آبغوره چلاندن.

آبفت ābaft [=آبافت] (امر.) ۱ ـ نوعی جامهٔ ستبر وگنده. ۲ ـ نوعی جامهٔ قیمتی.

آب فسرده āb - e-fasorda(-e) (امر.) ۱ ـ آب منجمد . ۲ ـ شیشه ۳ ـ بلور. ۴ ـ شمشیر. ۵ ـ خنجر.

آبفشان āb-fa(e)šān (افا) (زمـ.) سوراخهایی که آب گرم ازآنها بیرون رانده میشود[1] (فره.)

آب قصیل āb-e-γasīl [ف.-ع.] (امر.) آبی که از کوفتن خوید جو بدست آرند و درطب قدیم آنرا برای مداوای مسلولان بکار می‌بردند.

آب‌قند āb-e-γand [ف.-ع.] (امر.) ۱ - شربت قند. ۲ - قسمی خربزه بکاشان که بسیار شیرین ولطیف است.

آبک āb-ak (امر.) (کیم.) جیوه، سیماب.

آبکار āb-kār (ص‌مر.) ۱ - آبکش، سقا. ۲ - شرابخوار ← کار آب. ۳ - شراب فروش، باده فروش. ۴ - باده پیما، ساقی. ۵ - حکاك ، نگین ساز. ۶ - آبیار کشت‌وزرع. ۷ - آنکه‌فلزات راآب‌دهد. ۸ - (= آبکاری، حامص.) کاریزکنی، تنقیهٔ قنوات، لاروبی.

آب‌کار āb-e-kār (امر.) ۱ - آبرو، اعتبار، رونق. ۲ - نطفه، منی، آب پشت.

آبکاری āb-kār-ī (حامص.) ۱ - شغل وعمل آبکار و آبکش، سقایی. ۲ - شرابخواری، باده‌نوشی. ۳ - شراب فروشی، باده پیمایی. ۴ - حکاکی، نگین سازی. ۵ - آبیاری کشت وزرع. ۶ - آبدادن فلزات.

آبکامه āb-kāma(-e) (امر.) ۱ - نان خورشی که‌از شیر و ماست و غیره سازند، باطعم ترش؛ مری، کامه، کومه، کامخ. ۲ - آش ویخنی ترش. ۳ - آش ترخانه، آش بازرگان. ۴ - گوارش (ﻫ.م.)، گوارشت، جوارش.

آبکانه āb-kāna(-e) [= آفکانه = افکانه] (امر.) بچهٔ انسان یاحیوان که سقطشود؛ آفکانه، افکانه، فکانه.

آبکانه‌کردن ā.-kardan (مص‌م.) سقط کردن (جنین).

آب‌کبریتی āb-e-kebrīt-ī [ف.-ع.] (امر.) آب معدنی که درآن بطبع گوگرد باشد.

آب‌کردن āb-kardan (مص‌م.) ۱ - مایع ساختن، تبدیل بآب‌کردن؛ ذوب کردن، گداختن: آب کردن روغن، آب کردن فلز. ۲ - ریختن آب در ظرف، حوض‌وغیره. ۳ - (عم.) جنس‌نامرغوب را فروختن (مخصوصاً بانواع حیله). ‖ **~ِ دختر.** بشوهر دادن او بهرنحو که میسر باشد. ‖ **دل کسی را ~** .اورا در مطلوب وآرزویی منتظر کردن.

آب‌کرده āb-karda(-e) (امف.) ۱ - گداخته، مذاب: قلعی آب کرده. ۲ - محلول: قند آب کرده.

آبکش āb-kaš(keš) (افا.) ۱ - کشندهٔ آب، آنکه‌آب‌ازحوض واستخر وغیره بیرون کشد. ۲ - سقا. ۳ - جاذب آب، کشندهٔ آب. ٤ - ظرفی مسین یا چوبین با سوراخ بسیار که آب برنج جوشانیده رابا آن‌گیرند؛ چلو صافی، سماق‌پالا، پالاون، ترشی‌پالا. ‖ **مثل ~** . بسیار سوراخ (بیشتر درمورد سقفی‌که آب ازآن فروچکد، گویند). ۵ - آب خشك‌کن. ٦ - طعامی‌که تشنگی آرد. ۷ - (گیا.) لوله‌هایی درگیاه‌که دارای سوراخهای ذره بینی بسیار و درمیان آنها صفحه‌هایی مانند غربال است[2] (فره.)

آبکش

آبکشی āb-kaš(keš)-ī (حامص.) ۱ - عمل‌وشغل آبکش (ﻫ.م.) ← آبکشی کردن.

آبکشی‌کردن ā.-kardan (مص‌ل.)

---

۱ - Geyser. (فر.) ۲ - Liber (فر)

۱ ـ کشیدن آب از چاه و مانند آن، سقایی، آبکشی. ۲ ـ (شرع.) شستن تن در حمام، تطهیر. ۳ ـ تطهیر جامه پس از شستن با صابون.

آب کشیدن āb-ka(e)šīdan (مص ل.) ۱ـ بر آوردن آب از چاه و مانند آن با دلو. ۲ ـ حمل آب از جایی بجایی. ۳ ـ شستن جامهٔ صابون‌زده با آب پاك تا اثر صابون محو شود. ٤ ـ (شرع.) تطهیر شرعی، نمازی کردن چیزی متنجس. ۵ـ (عم.) نفوذ کردن آب در جراحت، چرك پیدا کردن زخم بسبب آلوده شدن با آب ناپاك، هو کشیدن. ‖ ~ غذایی. خورنده را تشنگی آوردن.

آب کشیده āb-ka(e)šīda(-e) (امف.) ۱ ـ آنچه با آب شسته باشند، مطهر. ۲ـ خوب، نیك، کامل: با نگلیسی آب کشیده حرف میزند.

آبکشین ābkašīn (امر.) دست برنجن، دستبند.

آبکم ābkam (ا.)(جا ن.) نوعی ازمار.

آبکند āb-kand (امر.) ۱ ـ زمینی که آب آنرا کنده و گود کرده باشد. ۲ ـ غدیر، آبگیر. ۳ ـ مغاك، گو، گودال.

آب کوپیل

آبکوپیل āb-kūpīl [گیل. آب قوپل، آب قمبل] (امر.)(جا ن.) نوعی مرغابی که در بحر خزر و مرداب پهلوی (انزلی) فراوان است[۱]؛ پاریلا، پرلا.

آبکور āb-kūr (صمر.، امر.) ۱ ـ فاقد آب، آنکه از آب بی‌نصیب است. ۲ ـ ناسپاس، حق ناشناس، نمك بحرام.

آبکوهه āb-kūha(-e) (امر.) موج، کوهه، آبخیز.

آبکی ābak-ī (ص نسب. آبك) ۱ ـ آنچه مانند آب است؛ مایع، روان. مق. جامد. ۲ـ رقیق، تنك، گشاده. ۳ـ پر آب، آبدار. ٤ ـ دانه‌ای که آب بخود کشیده و آمادهٔ جوانه‌زدن و سبز شدن باشد.

آبگاه āb-gāh (امر.) ۱ ـ آبخور، تالاب، استخر. ۲ ـ پهلو. ۳ ـ تهیگاه، خاصره. ۴ ـ مثانه.

آبگذار āb-gozār (امر.) معبر آب، آبگذر، مجرای آب.

آبگذر āb-gozar [= آبگذار] (امر.) آبگذار (ه.م.)

آبگرد āb-gerd (امر.) گرداب.

آبگردان āb-gardān (امر.) ملعقهٔ بزرگ دسته‌دار که با آن از دیگهای بزرگ آب وجز آن بر گیرند.

آبگردانی āb-gardān-ī (حامص.) تغییر دادن آب و هوا از لحاظ صحی.

آب گردش āb-gard-eš (صمر.) تند رفتار، تند رو، سریع‌السیر.

آب گردنده āb-e-gardanda(-e) (امر.) (مج.) آسمان.

آب گردیدن āb-gardīdan (مص ل.) آب شدن، بصورت آب در آمدن، مایع شدن. ‖ از شرم (خجالت) ~. ← آب شدن.

آب گرفتن āb-gereftan (مصم.) عصاره گرفتن، استخراج شیرهٔ میوه.

آب گرم āb(e)-garm (امر.) ۱ـ آب جوشیده و حار. ۲ ـ آب معدنی گرم که از زمین جوشد. ۳ ـ محلی که در آن آب معدنی (← نمر. ۲) باشد. ۴ـ سرشك، اشك. ۵ ـ شراب، باده، می (قس. آب آتشین).

آب گرم کن

آب گرم کن āb-garm-kon (امر.) (فر.) آلتی فلزی که بوسیلهٔ سوخت نفت یا زغال آب را گرم کند[۳]. ‖ ~ برقی (الکتریکی). آلتی فلزی که تشکیل

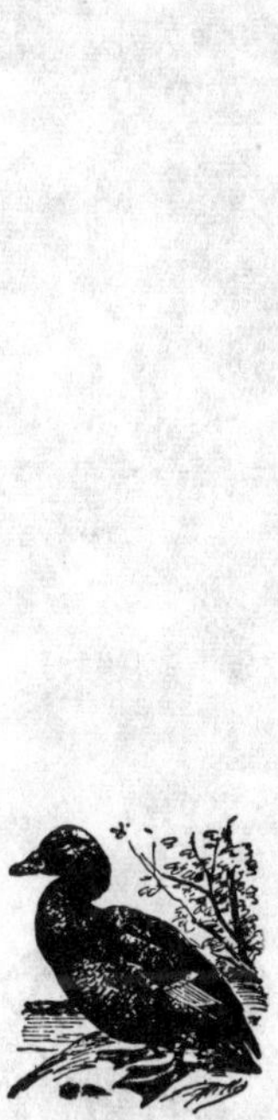

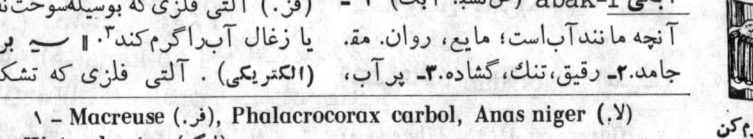

۱ ـ Macreuse (.فر), Phalacrocorax carbol, Anas niger (.لا)
۳ ـ Water heater (.انگ)

میشود از سیمهای کرم نیکل که دور اجسام عایق ونسوز پیچیده شده وآنرا درظرف آب وارد میکنند، و پس‌ازگرم شدن آب، جریان‌راقطع کنند وآب گرم کن را ازآب خارج سازند .

آبگز āb-gaz (صمر.،امر.) تباه و فاسد (میوه) .

آبگزشدن ā.-šodan (مصل) ۱ ـ تباه شدن قسمتی از میوه. ۲ـ ترنجیده شدن تن انسان بسبب آب (مثلادر کارگران حمام).

آب‌گشاده āb-e-gošāda(-e) (امر.) (مجـ.) شراب زبون وکم کیف، بادهٔ کم اثر .

آب‌گل āb-e-gol (امر.) گلاب (هـ.م.)

آبگوشت āb-gūšt (امر.) طعامی که ازگوشت ونخود ولوبیا وغیره‌پزند وآن شامل انواع است .

آبگوشت خوری ā.-xor-ī (امر.) کاسهٔ کوچکتر ازباطیه‌و بزرگتر ازماست-خوری که معمولا درآن آبگوشت‌ریزند وخورند .

آب گوگردی āb-e-gūgerd-ī (امر.) چشمهٔ آب گرم طبیعی که درآن گوگرد باشد .

آبگون āb-gūn ۱ـ(صمر.) برنگ آب، آبی، کبود، ازرق. ۲ـ سبز، اخضر. ۳ ـ آبدار، گوهر دار، درخشان. ٤ ـ (امر.) گل آبگون ، نیلوفر . ۵ ـ نشاسته، نشا .

آبگون صدف ā.-sadaf [ف.-ع.] (امر.) ۱ـ آسمان . ۲ـ آفتاب. ۳ـ ماه .

آبگون قفس ā.-ɣafas [ف.-ع.] (امر.) آبگون صدف (همع.)

آبگونه āb-gūna(-e) (ص مر.) (فز.) مایع [1] (فره.) ← مایع .

آبگه āb-gah [= آبگاه] (امر.) آبگاه (هـ.م.)

آبگیر āb-gīr (امر.) ۱ـ استخر، آبدان، غدیر، برکه . ۲ـ مرداب. ۳ـ حوض . ۴ـ دریا، بحر. ۵ـ (زمـ.) تمام پهنه‌ای‌که آب آن بیك رود ریزد [2] (فره.) ٦ـ ظرف آب وگلاب‌وعطرهای مایع ، آبدان. ۷ـ خادم حمام‌که آب برای شست‌وشودهد . ۸ـ آنکه سوراخ ودرزهای ظروف فلزی مانند سماور و آفتابه را باقلعی یاموم مذاب‌بندکند. ۹ـ افزاری مانند جاروب از لیف و مانند آن که شومالان ـ یعنی آهار دهندگان- برآب‌زنند وبرتانه‌که‌بجهت بافتن ترتیب کرده باشند ، فشانند . ۱۰ـ گنجایش وظرفیت حوض‌یا پیمانه‌ای یامکیالی : آبگیر این حوض ده کر است .

آبگیرناك ā.-nāk (صمر.،امر.) زمینی‌که دارای غدیرها و آبگیرهای بسیار باشد .

آبگیری āb-gīr-ī ۱ـ شغل وپیشهٔ آبگیر حمام (← آبگیر ۷). ۲ ـ پر آب‌کردن حوض وآب انبار وظرفها . ۳ ـ لحیم‌کردن ظرفهای فلزی یاقلعی یا بستن سوراخهای آن باموم مذاب.

آبگیری‌کردن ā.-kardan (مصم.) ۱ ـ داشتن شغل و پیشهٔ آبگیری. ـ ۲ ظرفها و حوض و آب انبار را پرآب کردن. ۳ـ لحیم‌کردن ظرفهای‌فلزی‌با قلعی یا بستن‌سوراخهای‌آن‌باموم‌مذاب.

آبگین āb-gīn (امر.) ۱ ـ مائی [3] (فره.)، دارای‌طبیعت‌آب. ۲ ـ آبکی، آبدار. ۳ ـ آینه، آیینه، مرآت.

آبگینه āb-gīna(-e) [پهـ. apa-kēnak] (امر.) ۱ ـ شیشه

---

۱ - Liquide (فر.) ۲ - Bassin de réception (فر.) ۳ - Aqueux (فر.)

آبگینه‌خانه

(هـ٠م٠) ، زجاج ٠ ۲ ـ بلور٠ ۳ ـ آینهٔ زجاجی ٠ ٤ ـ ظرف شیشه‌یی ، ظرف شراب. ٥ـ الماس٠ ٦ـ تیغ٠ ۷ـ آسمان. ‖ ~ بیمار. قاروره، تفسره، پیشیار٠ ‖ ~ حلبی . آینهٔ حلبی، آینهٔ فلزی که در شهر حلب میساختند ٠ ‖ ~ شامی. آینهٔ شامی، آینهٔ منسوب بشهر شام ٠ ‖ ~ مخروط . بلورتراشیده ٠

آبگینه خانه ā.-xāna(-e) (امر٠)

۱ ـ آینه خانه ، آیینه خانه ٠ ‖ **سنگ منجنیق در ~ انداختن**. کنایه از انجام دادن عملی که بسبب آن ضرروخسرانی بزرگ ایجاد شود ٠ ۲ ـ بطری ، شیشهٔ شربت ومانند آن.

آبگینه طارم ā.-tāram (امر٠)

آسمان ، سپهر٠

آبگینه فروش ā.-forūš (افا٠)

فروشندهٔ آبگینه (هـ٠م٠)، آنکه آبگینه فروشد ٠

آبگینه‌گر ā.-gar (ص‌مر٠، امر٠)

شیشه‌گر، شیشه ساز ٠

آبگینه‌گری ā.-gar-ī (حامص . آبگینه‌گر) ۱ـ عمل و شغل آبگینه‌گر (هـ٠م٠)، ساختن آبگینه٠ ۲ـ جای ساختن آبگینه ، کارخانه‌ای که در آن آبگینه سازند ٠

آب لمبو āb-lambū [= آب لنبه = آب‌لنبو](ص‌مر٠)(عم٠)میوهٔ فشرده ، میوهٔ شل شدهٔ پرآب : انار آب لمبو، آب لمبه، آب لنبو٠

آب لمبوشدن ā.-šodan (مصل٠)

(عم٠) فشرده شدن میوه، شل و پرآب‌شدن میوه (مانند انار)٠

آب لمبوکردن ā.-kardan (مصم٠)

(عم٠) فشردن میوه‌ای (مانند انار) وجدا کردن آب آن از دانه در پوست خود٠

آب لنبو āb-lanbū [= آب لمبو = آب لنبه] (ص‌مر٠) (عم٠) آب لمبو (هـ٠م٠)

آب لنبو شدن ā.-šodan (مصل٠)

(عم٠) آب لمبو شدن (هـ٠م٠)

آب لنبوکردن ā.-kardan (مصم٠)

(عم٠) آب‌لمبو کردن (هـ٠م٠)

آب لنبه āb-lanba(-e) [= آب لمبو = آب لنبو] (ص مر٠) (عم٠) آب لمبو (هـ٠م٠)

آب لنبه شدن ā.-šodan (مصل٠)

(عم٠) آب‌لمبو شدن (هـ٠م٠)

آب لنبه‌کردن ā.-kardan (مصم٠)

(عم٠) آب لمبو کردن (هـ٠م٠)

آبلوج āblūǰ [= آبلوچ = ابلوج = ابلوچ] (ا٠) قندسفید، قند مکرر، آبلوچ، ابلوج ٠

آبله ābla(-e),ābela(-e) (ا٠)

۱ ـ برآمدگی بخشی از بشره بسبب سوختگی یا ضرب وزخم وگرد آمدن آب میان بشره ودمه یعنی جلد اصلی. ۲ ـ (پز٠) مرضی است ساری که بصورت تاولهایی روی پوست بدن ظاهر میشود وبا تب همراه است. دراغلب حیوانات مانند گوسفند وگاو وخوك وبز و اسب وپرندگان نیز بروز میکند[1]؛ بادآبله. ۳ـ عقده‌ای که بسبب راه رفتن بسیار درپا پیدا شود ٠ ۴ ـ تبخال، تبخاله . ٥ ـ تکمهٔ پستان، سرپستان، نوك پستان[2]. ‖ ~ **از هم گسستن**. بیرون زدن آبله. ‖ ~ **پستان** ← نمر. ٥ ٠ ‖ ~ **چشم**. دانهٔ سفید یا سرخی که برظاهر چشم پدید آید ، توزك ٠ ‖ ~ **رخ فلك** . (کن٠) ستارگان. ‖ ~ **روز** .

---

۱ ـ Petite vérole, Variole (فر٠)

۲ ـ Mamelon (فر٠)

آفتاب. ‖ ـــِ گاوی (پز.) آبله‌ایست که بیشتر روی پستانهای گاو میزند(۲۰ تا ۳۰دانه) . اهمیتش از آن جهت است که از ترشح دانه‌های آن مایهٔ آبله برای انسان تهیه میکنند . ‖ ـــِ **گوسفند.** (پز.) مرضی است که با تب در گوسفند شروع میشود و تاولهای آبله بیشتر در نقاط کم مو(مانند صورت،شکم، زیر بغل و زیر ران)ظاهر میشود، و بگوسفندان دیگر گله سرایت میکند .

آبلهٔ افرنگ ā.-ye-efrang [= آبلهٔ فرنگ، قس نارافرنجیه] (امر.) آبلهٔ فرنگ، نارافرنجیه ، ارمنی‌دانه، کوفت ،آتشك، سیفیلیس[1].

آبله برآمدن ā.-bar-āmadan (مصل.) ـــ **کسی را** . مبتلی‌شدن وی به آبله (ه .م.).

آبله برآوردن ā.-bar-āvardan (مصل.) ایجاد شدن آبله (ه.م.)، آبله شدن، آبله درآوردن .

آبله دار ā.-dār (افا.) (پز.) آنکه بر اندام آبله دارد[2] .

آبله‌رو ā.-rū (صمر.) (پز.) کسی که درچهره‌اش مهر آبله بود، آنکه اثر آبله برچهره‌اش پیدا باشد ، مجدر[3].

آبله شدن ā.-šodan (مص ل.) ۱ - آبله برآوردن ، آبله درآوردن. ۲ - عقده‌ای که بسبب راه رفتن بسیار درپا پیداشود . ۳ - کوفته شدن،خسته گشتن. ۴ - مجروح شدن .

آبلهٔ فرنگ ā.-ye-farang [= آبلهٔ افرنگ] (امر.) (پز.) ← آبلهٔ افرنگ.

آبلهٔ فرنگی ā.- ye-farang-ī [قس. آبلهٔ فرنگ، آبلهٔ افرنگ] (امر.) (پز.) ← آبلهٔ افرنگ .

آبله کردن ā.-kardan (مصل.) (پز.) آبله برآوردن .

آبله کوب ā.-kūb (صمر.) (پز.) کسی که مایهٔ آبله را تزریق کند؛ آنکه مایهٔ آبله تلقیح کند .

آبله‌کوبی ā.-kūb-ī (حامص)(پز.) تزریق مایهٔ آبله .

آبله‌گون ā.-gūn (صمر.) (پز.) آبله دار.

آبله‌مرغان ā.-morγān (امر.)(پز) مرضی‌است عفن وساری مخصوص اطفال، و علامت آن بروز دانه‌های آبداری است در بشره ، وبیش ازچند روز دوام ندارد، جدری کاذب[4].

آبله ناك ā.-nāk (صمر.) (پز.) آبله‌دار ،آبله‌رو، مجدر.

آبله نشان ā.-nešān (صمر.)(پز.) کسی که فرورفتگیها ازاثر آبله بر بشره دارد ، مجدر ،آبله رو.

آبله نشان دادن ā.-dādan (مصل.) نشان آبله و مانند آن بر بشره پیدا آمدن .

آبله نشان شدن ā.-šodan (مصل.) (پز.) نشان آبله و مانند آن بر بشره پیدا آمدن ، مجدر شدن.

آب‌لیمو āb-līmū (امر.) آبی که از فشاردن لیمو (مخصوصاً لیموی ترش) گیرند، عصارهٔ لیمو .

آب‌مروارید āb-e-morvārīd (امر.) (پز.) بیماریی است که درچشم از کدورت مایع زجاجیه وپرده‌های حول آن حاصل شود ، و آنرا آب سفید نیز گویند ،

۱ - Syphilis. ۲ - Varioleux (فر.) ۳ - Variolé (فر) ۴ - Fausse variole (فر.) ، petite vérole volante (فر.)

وموجب نابینایی چشم گردد[1].

آب معدنی āb-e ma'den-ī (ma'dan-ī لظ‌تد.)(امر.) آبی که از زمین جوشد و دارای گوگرد و املاح دیگر است.

آب نشاط āb(e)-našāt [ف.-ع.] (امر.) منی، آب مرد.

آب نبات āb(-e)-nabāt (امر.) قسمی شیرینی که با شیرهٔ شکر سازند.

آب‌نما āb-na(e)mā (افا.، امر.) ۱- حوض یا جوی که آب آن درخانه یا باغ ظاهر باشد. ۲- موضعی که آب چشمه یا کاریز بروی زمین آید.

آبنوس

آبنوس ābnūs [پهـ. āwanōs، یو. ébenos، قس. ع. آبنوس، ابنوس، ابانس] درختی است[2] ازتیرهٔ پروانه واران[3] که درهند وماداگاسکار وجزیرهٔ موریس روید. چوب آن سیاه، سخت، سنگین و گرانبهاست. ‖ ~ **دروغی** (گیا.) درختی است[4] ازتیرهٔ پروانه واران[3]؛ شجرة‌النحل، قصاص، قطیس. ‖ ~ **گیانی** (گیا.) درختی است[5] از تیرهٔ پروانه‌واران[3]، مخصوص نواحی معتدل. ‖ ~ **هندی** (گیا.) ← آبنوس.

آبنوسی ābnūs-ī (ص نسبـ.) ۱- ازآبنوس، ساخته ازآبنوس. ۲- برنگ آبنوس، سیاه، اغبر.

آبنوسی‌شاخ ā.-šāx (امر.) (مسـ.) شهنای، سورنای.

آب‌نوشیدن āb-nūšīdan (مص‌مر.) آب خوردن، آشامیدن آب.

۱- آبو ābū [=آبی] (ا.) (گیا.) نیلوفر آبی.

۲- آبو ābū [=آبی] (ص.، ا.) برادر، مادر، خال، خالو.

آب و آش āb-o-āš (امر.) خوردنی‌های پخته.

آب و جارو āb-o-ǰārū (امر.) ~ **کردن**. روفتن بجاروب با پاشیدن آب.

آبورز āb-varz (افا.) ۱- آب‌باز، شناگر. ۲- غواص. ۳- ملاح.

آب ورزی āb-varz-ī (حامص. آب ورز) کار آبورز، عمل وشغل آب‌ورز.

آب و رنگ āb-o-rang (امر.) ۱- (نق.) رنگهای خشک شده و رنگهای آمیخته با آب ومواد چسبنده، که بوسیلهٔ قلم موی مخصوص، بروی کاغذ یا پارچهٔ ابریشمی کشند[6]، آب رنگ. مق. رنگ و روغن، سیاه قلم. ۲- (نق.) پرده‌ای که با آب ورنگ نقاشی شده باشد؛ آب رنگ. ۳- سفیدی وسرخی چهره، رونق وجلای صورت؛ خوش آب ورنگ، بد آب ورنگ. ۴- رنگ ورو.

آب ورنگی āb-o-rang-ī (ص نسبـ. آب‌ورنگ) (نق.) نقشی که با آب ورنگ (هـ.م.) کشند؛ مق. سیاه قلم.

آب و گل āb-o-gel (امر.) ۱- بنا، ساختمان. ۲- زمین، ملک. ‖ ~ **در جایی داشتن**. بنایی یامزرعه‌ای داشتن. ‖ **از ~ در آمدن، یا در آوردن**. بسن رشد و بلوغ یا نزدیک بدان رسیدن یا رسانیدن. ‖ **حق ~ داشتن در...**، سابقه در استفاده از... داشتن.

آبوند āb-vand (امر.) ظرف آب،

---

۱ - Cataracte, goutte sereine (فر.) ۲ - Ebenier (فر.)، Diospyros ébénum (لا.) ۳ - Légumineuses. (فر.)
۴ - Laburnum anagyroïdes (لا.)، faux ébenier (فر.)
۵ - Anthyllis cretica (لا.) ۶ - Teint (فر.)، Complexion (انگ.)، Gesichts Farbe (آلم.)

آوند.

آبونمان ābūnemān [فر. abonnement] (ا.) وجه اشتراك روزنامه، مجله، برق، تلفن، وغیره.

آبونه ābūna(-e) [فر. abonné] (ص.) مشترك روزنامه یا مجله و مانند آن.

آب و هوا āb-o-havā [ف.-ع.] (امر.) (زم.) مجموع آثار جوی - اعم از سرما و گرما و فشار هوا و مقدار بخار آب و جریان بادها - که حالت و وضع متوسط منطقه‌ای را مشخص سازد[1].

آبه āba(-e) (ا.) لیزابه و لعابی که توأم با جنین از شکم مادر بر آید.

۱- آبی āb-ī (ص نسب. آب) ۱- منسوب به آب؛ آبی و خاکی و بادی و آتشی. ‖ **بروج** ~ . ← مثلثهٔ آبی ↓ ‖ **زراعت** ~ . زراعتی که بوسیلهٔ آبیاری از آن محصول بردارند؛ مق. دیم، دیمی. ‖ **ساعت** ~ . ← ساعت. ‖ **مثلثهٔ** ~ (نج.) برجهای سرطان، عقرب و حوت. ۲- گیاه یا جانوری که در آب زیست کند؛ مق. خاکی، بری: نباتات آبی. ۳- آنکه باچرخ وارا به آب بخانه‌ها رساند. ۴- (ا.) یکی از سه رنگ اصلی (زرد، قرمز، آبی) که رنگهای دیگر از آنها ترکیب میشود. ۵- (گیا.) به، سفرجل. ۶- (گیا.) قسمی انگور که دانه‌های آن مدور و پوستش سخت است و از غورهٔ آن گله ترشی سازند.

۲- آبی ābī [= آبو] (ص.، ا.) برادر مادر، خال، خالو.

۳- آبی āb-ī (ص نسب. آبه) منسوب به آبه (= آوه)، از مردم آبه (← بخش ۳).

آبیار āb-yār (ص مر.) کسی که مأمور تقسیم کردن آب جهت باغها ومزارع وخانه‌هاست، آنکه کشت را آب دهد، میرآب.

آبیاری āb-yār-ī (حامص. آبیار) کار آبیار، شغل وعمل آبیار، میرآبی.

آبیاری کردن ā.-kardan (مص م.) آب دادن باغ ومزرعه، مشروب کردن، آب پاشی کردن.

آپارات āpārāt [رس. apparát] (ا.) ۱- (فز.) دستگاه، ابزار، ماشین. ۲- (فز.) دوربین عکاسی. ۳- (فز.) دستگاه نمایش فیلم. ۴- (مک.) دستگاه تعمیر و اصلاح لاستیك اتومبیل.

آپارتمان āpārtomān [فر. appartement] (ا.) ۱- (معم.) قسمتی از عمارت مرکب از چند اطاق و ضمایم آنها. ۲- (تد.) ساختمان مجزا و مستقل.

آپاندیس āpāndīs [فر. appendice] (ا.) ۱- (جان.) زایدهٔ کیسه مانند کوچکی است در قسمت تحتانی اعور (ه‌م.)؛ آویزه (فره.)، ضمیمهٔ اعور، زایدهٔ رودهٔ کور ← آپاندیسیت. ۲- قسمتی از اندامهای حشرات (ازقبیل پنجه و آرواره‌ها).

آپاندیسیت āpāndīsīt [فر. appendicite] (ا.) (پز.) ورم ضمیمهٔ رودهٔ کور که بسیار دردناك و گاه کشنده است ← آپاندیس.

آت āt [ع.] (پس. جمع) «آت» در عربی علامت جمع مؤنث سالم است: کلمات (ج. کلمه)، استخراجات (ج. استخراج)، معلمات (ج. معلمه)، کیفیات (ج. کیفیة = کیفیت).

آتابك ātā-bak [تر.] (ص مر.) اتابك (ه‌م.)، اتابیك (ه‌م.).

آتاشه āttāše (ا.) ← اتاشه.

۱ - Climat (فر.)

آتربان

آتربان ātor-bān [په · ātūr-pān] (امر·) در آیین زردشتی نگهبان آتش مقدس ← آسروان ·

آترمه ātrama(-e) [= آدرم] (ا·) آدرم (ه·م·)

آتروپین ātropīn [فر· atropine] (ا·) (پز·) شبه قلیایی است سمی که از مهرگیاه (ه·م·) گرفته میشود ، و در پزشکی و کحالی استعمال میگردد·

آتریاد ātriyād [رس· otriad] (ا·) یك دسته سرباز ·

آتش ātaš, āteš [په· ātarš ātaš] (ا·) ۱- جسمی دارای روشنایی وگرما که از سوختن چوب و زغال و مانند آن پدید آید · قدما آنرا یکی از عنصرهای بسیط چهارگانه می‌پنداشتند؛ آذر · مق · آب · ۲ - پاره‌ای اززغال و هیمهٔ افروخته ، اخگر · ۳ - شعله · ٤ - سوز · ۵ - قهر، خشم· ٦- دوزخ، جهنم · ۷ - (کیم·) گوگرد احمر· ۸ - تندی، تیزی · ۹- ایذاء، ضرر رسانیدن· ۱۰- غم، اندوه سخت· ۱۱- بلا، مصیبت· ۱۲- عشق سوزان · ۱۳- (ص·) عاشق · ‖ **خودرا به‌آب و ـــ زدن** ، ← آب · ‖ آب برسر ـــ ... ریختن ← آب بر آتش ··· ریختن ·

آتش افروختن ā.- afrūxtan (مص م·) ۱ - روشن کردن آتش· ۲ - فتنه انگیختن ، سبب دشمنی و ستیزه شدن ·

آتش افروز ā.-afrūz (افا·) ۱ - کسی که آتش را روشن کند · ۲ - کسی که درجشنها (مخصوصاً جشن آخرسال و نوروز) خود را آرایش کند و آتش روشن سازد ، وشعلهٔ آنرادردهان خود فروبرد و بیرون آرد ، وبدین وسیله‌از مردم پول گیرد · ۳ - فتنه‌انگیز · ۴ - هرمادهٔ قابل اشتعال که از آن آتش روشن کنند ؛ آتشگیره ، آتش افروز·

آتش‌افروزنه ā.-afrūz-ana(-e) [← آتش افروز] (امر·) آتش‌افروز (ه·م·)

آتش افروزه ā. - afrūza(-e) [← آتش افروز] (امر·) آتش افروز (ه·م·) ، آتش‌افروزنه (ه·م·) ·

آتش‌افروزی ā.-afrūz-ī (حامص·) ۱ - برافروختن آتش (مخصوصاً آتش جشنهایی مانند سده، چهارشنبه‌سوری)· ۲- عمل آتش افروز ، شغل آتش‌افروز· ۳ - فتنه انگیزی ·

آتش‌افروزینه ā.-afrūz-īna(-e) [← آتش‌افروزنه] (امر·) آتش‌افروزنه (ه·م·) ، آتش‌افروز (ه·م·)

آتش‌انداز ā.-andāz (افا·) ۱ - کسی که مأمور روشن کردن کورهٔ آجرپزی و اجاق و تنور نانوایی و تون حمام ومانند آنست · ۲ - (نظ · قد·) آنکه بصف دشمن نفت و آتش پرتاب کند ·

آتش انگیز ā.-angīz (افا·) ۱ - کسی که آتش روشن کند ، آتش‌افروز· ۲ - (مج·) کسی که سخنان تندودرشت گوید وموجب خشم دیگران شود ·

آتش‌انگیزی ā.-angīz-ī (حامص·) عمل آتش‌انگیز (ه·م·) ·

آتش‌باد ā.-bād (امر·) باد گرم ، باد سموم·

آتشبار ā.-bār (افا·) ۱ - ریزندهٔ آتش (شخص یا شیء) · ۲ - چخماق · ۳ - تفنگ · ۴ - توپ · ۵ - (نظ ·) یك واحد از توپخانه شامل چهار گروهان·

آتشباره ā.-bāra(-e) [← آتشبار] (امر·) چخماق ·

آتشباز ā.-bāz (افا·) ۱ - آنکه با

آتش بازی کند ۰ ۲ ـ آنکه وسایل آتشبازی فراهم سازد ۰ ۳ ـ آتشبازی.

آتشبازی ā.-bāz-ī (حامص.) ۱ ـ بازی با آتش ۰ ۲ ـ افروختن آلات و ادواتی که با باروت بصور گوناگون ساخته میشود ، در جشنها و مجالس شادمانی ۰

آتشبان ā.-bān (ص‌مر.) ۱ـ نگهبان آتشکده ، آذربان ، آتربان ۰ ۲ ـ شیطان ، دیو ۰ ۳ ـ (اخ) مالك دوزخ ۰

آتش‌برگ ā.-barg (امر.) آتش‌زنه، چخماق ۰

آتش بس ā.-bas (امر.) (نظ ۰) دستورخودداری ازتیراندازی، فرمان موقوف کردن تیراندازی ۰

آتش‌بند ā.-dand (امر.) فسونی که بدان آتش فرو نشیند .

آتشپا ā.-pā (ص‌مر.) تندرو، تنددو.

آتش‌پارسی ā.-e-pārsī (امر.) ۱ ـ تبخال. تبخاله؛ نار پارسی. ۲ـ (پز.) مرضی است که در آن دانه‌های سرخی بسیارسوزان و با درد شدید ظاهر شود ودر آغاز باچرك وزرداب همراه‌است؛ جمره ، نار فارسی ۰

آتشپاره ā.-pāra(-e) (امر.) ۱ ـ پارهٔ آتش، اخگر ۰ ۲ ـ کرم شب‌تاب. ۳ ـ (ص‌مر.) زرنگ ، چابك، داهی ۰ ۴ ـ موذی ، شریر ۰

آتش‌پرست ā.-parast (افا.) ۱ ـ پرستندهٔ آتش ، آنکه آتش پرستد ۰ ۲ ـ زردشتی ، زرتشتی ۰

آتش‌پرستی ā.-parast-ī (حامص.) ۱ ـ پرستیدن آتش ، ستایش آتش ۰ ۲ ـ دین زردشتی ، آیین زرتشتی.

آتش‌چرخان ā.-čarxān (افا.، امر.) آتش‌گردان (ه.م.)

آتش خاموش کن ā.-xāmūš-kon (افا.) شخص یا وسیله‌ای که موجب فرونشاندن حریق گردد. ‖ تلمبهٔ ـــ . ← آتش نشان (ماشین) ۰

آتشخانه ā.-xāna(-e) (امر.) ۱ ـ جای روشن کردن آتش ۰ ۲ ـ کوره ۰ ۳ ـ قسمتی ازسماور ، کشتی، راه‌آهن که آتش در آنست ۰ ۴ ـ آتشکده ، آتشگاه ۰ ۵ ـ لولهٔ تفنگ. ۶ـ مجموع سلاحهای آتشین از توپ و تفنگ و مانند آنها .

آتشخوار ā.-xār (افا.، امر.) ۱ ـ خورندهٔ آتش، فروبرندهٔ آتش به‌حلق. ۲ ـ حرام خوار ، رشوه خوار ۰ ۳ ـ شترمرغ (چه‌اوراخورندهٔ آتش‌دانند.)، ظلیم ، نعامه ۰ ٤ ـ سمندر، قفنس ۰

آتشخواره ā.-xāra(-e) (ص فا.، امر.) آتشخوار (ه.م.)

آتشدان ā.-dān (امر.) ۱ ـ ظرفی که درآن آتش نهند ؛ منقل،اجاق ۰ ۲ ـ تنور ، تنوره ۰ ۳ـ ظرفی مخصوص در آتشکده (ه.م.) که در آن آتش مقدس افروزند ۰

آتشدان(آتشکده)

آتش‌رنگ ā.-rang (ص‌مر.، امر.) سرخ پررنگ ، قرمز ، آتش‌فام.

آتش‌روشن‌کردن ā.-raw(ow)šan kardan (مص‌م.) ۱ـ افروختن آتش. ۲ ـ فتنه انگیختن، برپاکردن فساد.

آتش‌زا ā.-zā (افا.) آنچه که ازآن آتش پدید آید ، زایندهٔ آتش ۰

آتش زدن ā.-zadan (مص م.) موجب افروختن آتش درچیزی شدن، سوزانیدن ۰

آتش‌زنه ā.-zana(-e) (امر.) (زم.) سنگ چخماق[1] ۰

آتش‌سرخ‌کن ā.-sorx-kon (افا.، امر.) آتش گردان (ه.م.) ۰

۱ - Silex. (فر.)

آتشکده‌وطرح آن

آتشفشان

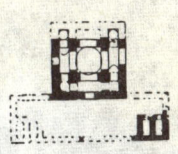

آتش‌سگ ā.-e-sag (امر.) (گیا.) گیاهی دارویی‌است ، بنفسج‌الکلاب .

آتش سوز ā.-sūz (امر.) حریق ، آتش سوزی .

آتش سوزان ā.-sūzān (امر.) حریق، آتش سوز.

آتش سوزی ā.-sūz-ī (حامص.) آتش گرفتن ، دچار حریق‌شدن .

آتش شدن ā.-šodan (مص ل.) ۱ ـ گرم‌شدن(آب). ۲ ـ آشوب برخاستن، شور وغوغا بهم رسیدن.

آتشفام ā.-fām (ص‌مر.) برنگ آتش، آتش رنگ ، سرخ پررنگ.

آتش‌فروز [= آتش‌افروز] ā.-forūz (افا.،امر.) آتش‌افروز (ه‌م.).

آتشفشان ā.-fa(e)šān (افا.،امر.) ۱ ـ آنچه آتش‌افشاند ۲ ـ (زم.) کوهی که‌ازدهانهٔ آن‌موادسیال‌سوزان‌وخاکستر وآتش بیرون جهد، برکان[1].

آتشفشانی ā.-fa(e)šān-ī (حامص.) ۱ ـ افشاندن آتش. ۲ـ وضع، حالت‌وعمل کوهی آتشفشان (ه‌م.) ، بیرون ریختن وپرتاب کردن موادمذاب ازدهانهٔ کوهی آتشفشان.

آتشك ātaš-ak(āte-) (امر.) ۱ ـ (پز.) آبلهٔ فرنگ، کوفت[2]. ۲ ـ (جا‌ن.) کرم شب‌تاب.

آتشکده [← کده] ā.-kada(-e) (امر.) جایی‌که زردشتیان آتش مقدس را در آن نگهداری کنند ؛ آذرکده، آتشگاه.

آتش کردن ā.-kardan (مص م.) ۱ ـ افروختن‌آتش. ۲ ـ درکردن گلوله ازتفنگ وتوپ.

آتشکش ā.-kaš(keš) (افا.،امر.) ابزاری‌که بدان‌آتش‌را درتنورهم‌زنند.

آتشگاه ā.-gāh (امر.) ۱ ـ آتشکده (ه‌م.) ۲ ـ آتشدان سنگی که در آن آتش‌مقدس‌افروخته میشد(← آتشدان).

آتشگاه

آتش گردان ā.-gardān (امر.) محفظهٔ کوچك سیمی که در آن چند قطعه آتش وزغال نهند و در هوا چرخانند تامشتعل گردد ؛ آتش چرخان، آتش سرخ کن.

آتش گرفتن ā.-gereftan (مص‌ل.) ۱ ـ مشتعل شدن و سوختن چیزی که آتش‌در آن افتاده باشد . ۲ـ خشمگین شدن ، غضبناك گردیدن .

آتشگون ā.-gūn (ص مر.) برنگ آتش، آتشفام، آتش رنگ، آذرگون.

آتشگیر ā.-gīr (افا.،امر.)(نانوایی) آتش‌انداز .

آتشگیرانه ā.-gīrāna(-e) (امر.) (عم.) آتش افروزینه ، آتش‌افروزنه .

آتشگیره ā.-gīra(-e) (امر.) ۱ ـ آنچه با آن آتش افروزند (مانندپنبه، خار ، هیزم) ، آتش افروزنه ۲ ـ چخماق .

آتشناك ā.-nāk (ص‌مر.) آتشین ، سوزان .

---

۱ ـ Volcan (فر.)　۲ ـ Siphilis (فر.)

آتشکده و لوازم آن

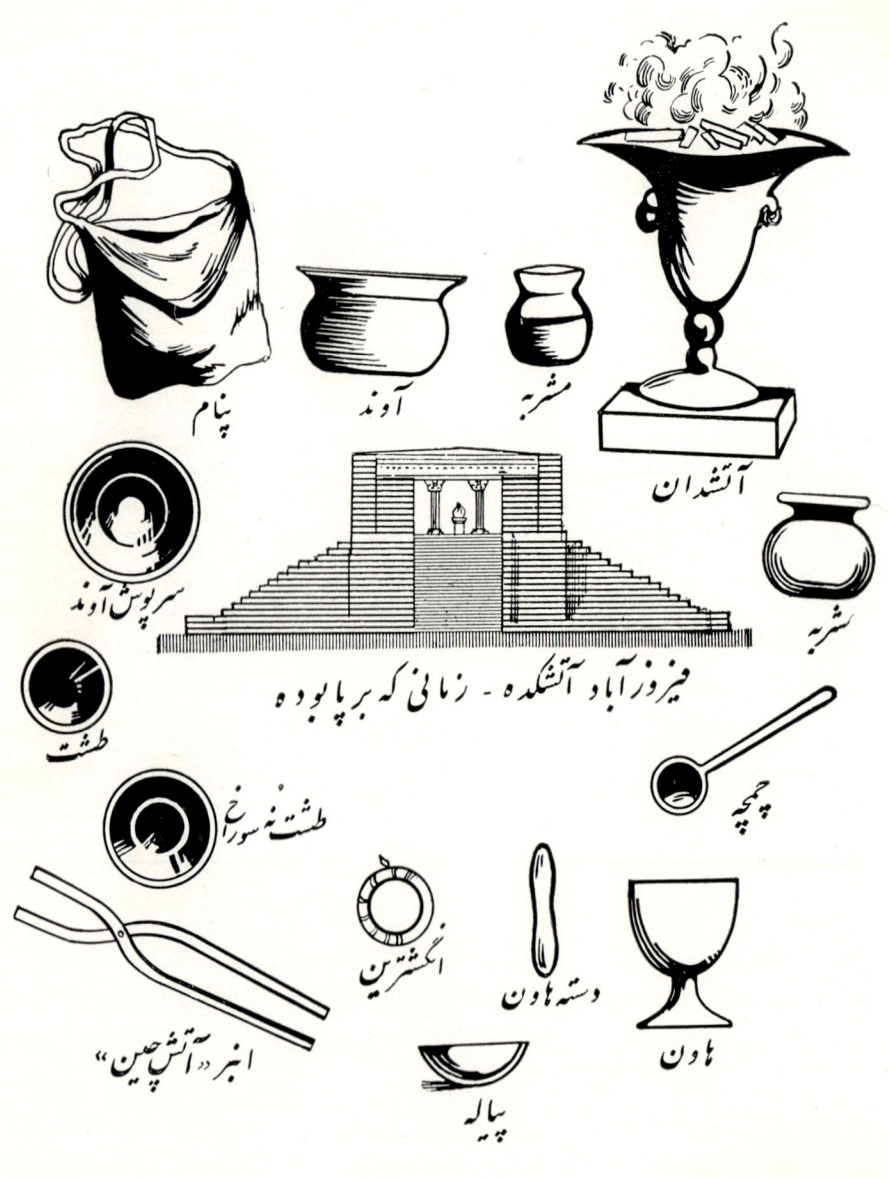

آتشناک کردن ā.-kardan (مصم.)
← آتش زنه . بیرون کردن آتش
از وی .
آتش نشان ā.-nešān (افا.، امر.)
۱ ـ مأموری که وظیفهٔ او خاموش کردن
حریق است ، آنکه آتش را فرو نشاند.
۲ ـ (فز.) دستگاهی شامل مواد شیمیایی
برای خاموش کردن حریق[1] .
آتش نشاندن ā.-nešāndan (مصم.)
۱ ـ خاموش کردن آتش، فرونشاندن
حریق . ۲ ـ فرونشاندن خشم و غضب .
۳ ـ خاموش کردن فتنه و آشوب .
آتش نشانی ā.-nešān-ī (حامص .)
۱ ـ فرونشاندن آتش ، عمل آتش نشان
(ه.م.) ۲ ـ شغل آتش نشان (ه.م.) ۳ ـ
اداره‌ای (غالباً جزو شهرداری) که
وظیفهٔ آن خاموش کردن حریق است ؛
مجموع دستگاه و مأموران فرونشاندن
آتش سوزی. ‖ **ماشین ~** . دستگاهی
که برای پرتاب کردن مایعی (معمولا
آب) بر روی آتش در مواقع ایجاد
حریق، بکار میرود ، تلمبه‌ای که بوسیلهٔ
آن باریختن مایعات آتش را خاموش
کنند .
آتش نمرود ā.-e-ne(o)mrūd
(امر.) ← بخش ۳ .
آتش نهاد ā.-na(e)hād (ص مر.)
۱ ـ آنکه طبع آتش دارد . ۲ ـ آنچه
برنگ آتش است .
آتش وار ā.-vār (ص‌مر.) ۱ ـ مانند
آتش . ۲ ـ زود بالاگیرنده وزود فرو
نشیننده .
آتشه āta(e)ša(-e) (امر.) برق ،
آذرخش .
آتشی ātaš-ī(āte-) [ātašīk .په]
(ص نسب.) منسوب به آتش: ۱ ـ مانند
آتش، همچون آتش، آتشین. ۲ ـ برنگ
آتش ، آتشفام ، آتشین . ۳ ـ (ا.)
(گیا.) قسمی گل، بعضی آنرا سوری
(ه.م.) دانسته‌اند .
آتشیزه ātaš-īza(-e) (امر.)(جا ن.)
کرم شب تاب .
آتشی شدن āta(e)šī-šodan (مص ل.)

ماشین آتش نشانی

۱ ـ Fire extinguisher (انگ.)
۲ ـ Fire engine (انگ.)

عصبانی شدن ، خشمگین گردیدن .
آتشین āta(e)š-īn (ص نسبـ .) آتشی (هـ.م.) ، ازآتش .
آتشین پنجه ā.-panǰa(-e) (ص مر.) صنعتگر ماهر ، صانع چیره دست .
آتلیه ātolye [فر. ātelier] (ا.) کارگاه هنرمندان ؛ محلی که جمعی هنرمند زیرنظراستادی بکار پردازند .
آتم ātom (ا.) ← اتم .
آتمسفر ātmosfer [فر . atmosphère] ۱ ـ تودهٔ هوایی که اطراف کرهٔزمین‌رافراگرفته؛ جو. این توده ازگازهای مختلفی تشکیل شده: ۷۸٪ ازت ، ۲۱٪ اکسیژن ، ۰۳٪ اسیدکربنیك، ۹۴٪ آرگون، ۰۱٪ ؛ ئیدرژن وگازهای دیگر مانندنئون ، هلیوم وغیره میباشد . ۲ـ (در فارسی) محیط،فضا؛وضع محیط .
آتو ātū [فر. atout] (ا) ۱ ـ ورق برندهٔ بازی ؛ برگی که دربازی ورق ، گنجفه و مانند آن برنده‌است . ۲ ـ (مج.) مستمسك، دستاویز.
آتی ātī [ع.] (افا.) آینده ، آنکه پس ازین آید .
آتیه ātiya(-e) [ع .] (افانث .) مؤنث آتی، آینده .
آثار āsār [ع.] (ا.) ج. اثر؛ نشانها، نشانه‌ها. ‖ ~ِ سفلی . اثرهای طبایع وعناصر چهارگانه. ‖ ~ِ علوی. [ع. الآثارالعلویة[1]] (امر.) نزدقدمایکی‌از شعب طبیعی (هـ.م.) ، در معرفت علل حدوث حوادث جوی .
آثام āsām [ع.](ا.) ج. اثم، گناه‌ها، بزه‌ها .
آثم āsem [ع.] (افا.) گناهکار،مجرم، مذنب .
آجال āǰāl [ع .] (ا.) ج . اجل ؛ مهلتها ، وقتها و مدتهای معین .
آجام āǰām [ع.](ا.)ج.اجم(aǰam) واجم (oǰom) وجج . اجمه، بیشه‌ها، نیزارها .
آجدن āǰe-dan [=آجیدن](مصم.) آجیدن (هـ.م)
آجده āǰeda(-e) (امف . آجدن) آجیده (هـ.م.)
آجر āǰor [معر. آگور] (ا.) خشتی که درکوره پخته باشند، خشت‌پخته .
آجری āǰor-ī (ص‌نسبـ.) ۱ ـ منسوب بآجر، برنگ آجر . ۲ ـ (نق.) اخرا (هـ.م.) ۳ ـ(عم.) جنس‌خوب‌ومرغوب.
آجل āǰol,āǰal (ا.) بادی‌که‌باصدا ازگلو برآید، آروغ ، آرغ .
آجل āǰel [ع.] (ص.) ۱ ـ آینده ، پس‌آینده . ۲ ـ مدت‌دار ، دیرآینده. ۳ ـ آخرت ؛ مق. عاجل .
آجودان āǰūdān [فر. adjudant] ۱ ـ افسری (صاحب‌منصبی) که نزدافسر عالی رتبه خدمت کند . ۲ ـ افسری (صاحب منصبی) که بامور محوله از طرف شاه موظف‌است: آجودان‌کشوری شاه ، آجودان نظامی اعلی حضرت . ۳ ـ استوار دوم ، معین نایب دوم . ٤ ـ (تد.عم.) آژان، مأمورپلیس .
آجیدن āǰ-īdan [=آژدن=آژیدن =آجدن] (مصم.) سوزن زدن ، فرو بردن سوزن ، درفش ، نیشتر و مانند آن در چیزی ، خلانیدن سوزن و مانند آن .
آجیده āǰ-īda(-e) (امف.آجیدن) ۱ ـ خلانیده ، سوزن فرو برده . ۲ ـ (ا.) نوعی دوخت جامه وپای پوش ، که فاصلهٔ فرو بردن سوزنها از بخیه (هـ.م.) قدری بیشترباشد .

---
1 ـ Météorologie (فر.)

آجیل ā̌jīl (ا)میوه‌های خشک مرکب ازپسته ، بادام ، نخود ، فندق ، تخمهٔ کدو، تخمهٔ هندوانهٔ تف داده ونمک‌زده.
آجیل‌خوری ā.-xor-ī (امر.)ظرفی که در آن آجیل ریزند .
آجیل فروش ā.-forūš (افا .) فروشندهٔ آجیل .
آجیل‌فروشی ā.-forūš-ī (حامص.) ۱ - شغل و عمل آجیل فروش (ه.م.) ۲ - مغازه‌ودکان آجیل فروش .
آجیلی ā̌jīl-ī (ص نسبـ.) منسوب به آجیل ، آجیل فروش .
آجین ā̌jīn [← آجیدن] (ص .) آجیده ، آژده ؛ تیر آجین ، شمع آجین .
آچ ā̌č (ا) (گیا .)افرا (ه.م.)
۱ - آچار ā̌čār [ریـ. آچاردن= آچاریدن] (ا) ۱ - انواع پروردهها وترشیها درآب لیموو سرکه وماننداآن، انواع ترشی آلات . ۲ - زمین پست و بلند و سراشیب . ۳ - درهم آمیخته ، ضم‌کرده . ‖ **آجیل** ــــ . آجیلی‌که بدان زعفران‌وآب لیمو وگلپرزنند .
۲-آچار ā̌čār [تر. آچر. آچمق ، باز کردن ، گشودن] (ا) ۱ - کلید هر قفل. ۲ - آلتی فلزی‌که بوسیلهٔ آن مهره‌های آهنین را بازکنند . ۳- قلم حکاکی ، درفش یا سنبک حکاکی[۱] . ‖ ــِ **پیچ‌گوشتی** . آلتی فلزی که بوسیلهٔ آن پیچ را بازکنند .
آچمز ā̌čmaz[تر.](ا)(بازی‌شطرنج) حالت مهره‌ای‌که اگر آنرا از جوار شاه بردارند ، شاه‌کیش میشود .
آحاد āhād [ع.] (ا)ج،احد؛ یکان، یکها . ۱ - افراد ، اشخاص : آحاد رعیت. ۲ - (حسـ.) طبقهٔ نخستین‌اعداد، شامل اعداد ۱ تا ۹ . مق. عشرات ، مآت ، الوف . ‖ **سلسلهٔ** ــــ . (فز.) برای اندازه‌گرفتن‌کمیات مختلف، از قبیل نیرو، فشار، کار، توان، سرعت، وغیره ناگزیربایدواحدی‌اختیارومعلوم کردکه کمیت اندازه‌گرفتنی‌چندبرابر واحد میباشد. دوسلسلهٔ آحادکه‌اهمیت بیشتری دارند ، ازین قرارند : ۱ - دستگاه .C.G.S (آحاد اصلی درین دستگاه عبارتنداز: سانتی‌متر C، گرم G وثانیه S) ۲ - دستگاه . M . K . S (آحاد اصلی دریندستگاه‌عبارتند از: متر M، کیلوگرم K وثانیه S)← واحد.
آخ āx (صت) کلمه‌ایست که بهنگام افسوس، احساس درد ورنج یاتحسین، گویند؛ وای، اف.
آخال āxāl (ا.) ۱ - هر چیز دور افکندنی ، سقط ، آشغال . ۲ - تراشهٔ چوب‌وقلم. ۳ - خس وخاشاک. ۴ - آب آورد،جفاء.
آختن āx-tan [= آهیختن (ه.م.)] (مصم.) (آخت ، آزد، خواهدآخت، بیاز ، آزنده ، آخته) ۱ - برآوردن، کشیدن ، برکشیدن ، بیرون‌کشیدن : آختن تیغ ، آختن شمشیر از نیام . ۲ - برافراشتن، بالابردن: سرتاجشان برسپهرآختند (یوسف و زلیخا) . ۳ - (مسـ .) کوک کردن و نواختن آلت موسیقی .
۱ - آخته āxta(-e) [= آهیخته] (امف. آختن) ۱ - برآورده ، کشیده ، بیرون کشیده : تیغ آخته . ۲ - بر افراشته، بالابرده، مرفوع. ۳ - بردوخته به(چشم، دیده) . ٤- کنده(جامه)، برکنده. ۵ - کشیده (صف، رده). ٦ - پیوسته ، متصل. ۷ - نواخته، بسامان‌کرده، کوک کرده (آلت موسیقی).
۲ - آخته āxta(-e) [= اخته]

آچار

۱ - Poinçon (فر.)

اخته (هـ.م.)

آخته بیگ ā.-bayg [تر.] (ص‌مر.، امر.) آخته‌چی (هـ.م.)

آخته‌بیگی ā.-bayg-ī (حامص.) سمت‌وشغل آخته‌بیگ، سمت وشغل آخته چی (هـ.م.)

آخته چی ā.-čī [تر.] (ص‌مر.) ۱ - کسی که اخته کردن چهارپایان بدستور او انجام گیرد. ۲ - داروغهٔ اصطبل ؛ ناظر طویله؛ میرآخور.

آخذ āxez [ع.] (افا.) گیرنده ؛ ج. آخذین.

آخر āxar [ع.] (ص.) دیگر، دگر، دیگری، یکی‌از دوچیز یادوکس، غیر؛ ج. آخرین.

آخر āxer [ع.] (ص.) پسین، واپسین، پایان، انجام، فرجام؛ مق. اول، آغاز.

آخر āxor [پہ. āxwar] (ا.) ۱ - جایگاهی‌از گل‌وسنگ‌ومانند آن که برای علف و کاه و جو خوردن چهارپایان سازند؛ معلف؛ طویله ، اصطبل . ۲ - گودیی که در سنگ یا چوب برای آب ایجاد کنند ؛ حوضچه . ۳ - (جان.) قوس مانندی از استخوان بالای سینه و زیر گردن . ٤ - (اخ) صورتی فلکی که عرب آنرا معلف (هـ.م.) گوید .

آخربین āxer-bīn [ع.-ف.] (افا.) عاقبت اندیش ، آنکه از پیش نتیجهٔ کارهارادریابد: مردآخربین‌مبارك‌بنده‌ایست (مثنوی) .

آخربینی āxer-bīnī [ع.-ف.] عمل آخربین ، عاقبت اندیشی .

آخرت āxerat [ع.] (ا.) آن‌جهان، جهان دیگر، سرای دیگر ، عقبی : «باید در فکرآخرت بود .»

آخرچرب āxor-e-čarb (امر.) نعمت فراوان ، رفاه و فراوانی نعمت . ← چرب آخر .

آخرچرب āxor-čarb (ص مر.) آنکه دررفاه و نعمت وفراوانی‌است .

آخرچی āxor-čī [ف.-تر.] (ص‌مر.) جلودار ستوران، جلودار چارپایان .

آخردست āxer-dast [ع.-ف.] (امر.) ۱ - آخربار . ۲ - پایین‌اطاق، صف نعال ، پای ماچان . ۳ - داو آخر قمار، دست‌آخر. ٤ - آخر، پایان‌کار.

آخرزمان āxer-zamān [ع.] (امر.) ۱ - دورهٔ آخر . ۲ - قسمت واپسین‌از دوران روزگارکه بقیامت متصل گردد، آخر الزمان . ‖ **پیغمبر** ~ . محمد مصطفی (ص). ‖ **مهدی** ~ . مهدی موعود(ع).

آخرسالار āxor-sālār (ص‌مر.) آنکه ریاست کارکنان اصطبل دارد ؛ میرآخر .

آخرسنگین āxor-e-sangīn (امر.) ۱ - آخری که در آن کاه و علف نباشد . ۲ - جایی که در آن حاصل ونفعی‌نبود ؛ مق. آخرچرب . ۳ - سنگاب .

آخر شدن āxer-šodan (مص ل.) بپایان رسیدن ، سرآمدن .

آخرك āxor-ak (امص.) ۱ - آخر کوچك، آخرخرد . ۲ - (جان.) ترقوه، چنبر گردن .

آخر کار āxer-e kār [ع.-ف.] (امر.) عاقبت امر ، پایان کار ، آخر الامر .

آخرگاه āxor-gāh (امر.) آخر (هـ.م.)

آخرگه āxor-gah [= آخرگاه] (امر.) آخرگاه (هـ.م.)، آخر.

آخره āxora(-e) [= آخرك] (ا.) ۱ - ترقوه ، چنبرهٔ گردن ، آخرك (هـ.م.) ۲ - گودیی که درمیان تودهٔ خاك

آداش
۳۵

کنندتادرمیان آن آب ریزند، برای گل ساختن. ۳ـطنابی درازوبرکشیده که چند اسب را بتوان بدو بست .

آخری āxer-ī [ع.ـف .] (ص‌نسبـ.) (تد. عم.) آخرین، واپسین .

آخریان āxriyān (ا.) ۱ـکالا، متاع، مال‌التجاره. ۲ ـ اثاث البیت ؛ اثاثهٔ خانه .

آخرین āxar-īn [ع.](ص.، ا.) ج. آخر: دیگران ، دگران.

آخرین āxer-īn [ع.] (ص.، ا.) ج. آخر: بازپسینان ، پسینیان .

آخرین āxer-īn [ع.ـف.](ص نسبـ.) پسین، واپسین: آخرین‌لحظه، آخرین دم ، آخرین نفس .

آخسمه āxso(a)ma(-e) [=آخسمه =اخسمه](ا.)شرابی که‌ازذرت وجو یا برنج یا ارزن‌گیرند؛ بوزه.

آخش āxš [=اخش](ا.)اخش(ه.م.)

آخش āxeš (صت.) ۱ـ کلمه‌ایست که بهنگام دست یافتن برفراغت‌وآسایش، پس ازرنج و ناراحتی‌گویند ؛ آخه . ۲ ـکلمه ایست‌حاکی ازدرد یا ناخوشی.

آخشمه āxšama(-e) (ا) آخسمه (ه.م.)

آخشیج āxšīǰ [= آخشیگ] (ا.) ۱ ـ عنصر ، اسطقس : چهار آخشیج (عناصر اربعه) . ۲ـ (فل.) هیولی ؛مق. صورت. ۳ ـ ضد، مخالف ؛ج. آخشیجان، آخشیجها .

آخشیگ āxšīg [=آخشیج] (ا.) آخشیج (ه.م.)

آخمسه āxmasa(-e) [=آخسمه] (ا.) آخسمه (ه.م.)

آخمشه āxmaša(-e) [=آخسمه] (ا.) آخسمه (ه.م.)

آخ و اوخ āx-o-ūx (امر.) کلمه‌ایست حاکی از نالهٔ بیمار ومانندآن .

آخور āxor [=آخر] آخر (ه.م.)

آخورك āxor-ak (امصـ.) آخرك (ه.م.)

آخوره āxora(-e) (امر.) آخره (ه.م.)

آخوند āxond [آ، پشـ. + خوند= خداوند ؛ یا خوند=خواندن ؟](ص.، ا.) ۱ـ ملا ، عالم ، با سواد . ۲ ـعالم روحانی ، پیشوای مذهبی. ۳ ـ معلم مکتب خانه .

آخوند بازی ā.-bāzī (حامص.) توسل بحیله‌های شرعی .

آخوند بازی درآوردن ā.-b.-dar āvordan (مصل) (تد.) توسل بحیله‌های شرعی جستن .

آخوندك

آخوندك āxond-ak (امصـ.) ۱ـ آخوندکوچك . ۲ ـ (جا.ن.) حشره‌ای[1] ازراستهٔ‌راست بالان[2]که همشکلی کامل بامحیط خود دارد ، و اکثردرلای‌شاخ و برگهای سبزدرختان خود را بشکل شاخه‌های کوچك قرارمیدهد ؛ شیخك.

آخه āxe (صت .) آخش (ه.م.)

آخیه āxya(-e) [=اخیه] (ا.)اخیه (ه.م.)

آداب ādāb [ع.] (ا.) ج . ادب (ه.م.): رسوم، عادات، روشهای‌پسندیده.

آداب دان ā.-dān [ع.ـف.] (افا.) آنکه‌آداب (ه.م.) داند ، آنکه‌ازرسوم و تشریفات مطلع است .

آداش ādāš [تر. =آتاش] (ا .) همنام ، سمی ، هم اسم ، دوتن‌که یك نام‌دارند، هریك نسبت بدیگری‌آداش باشد .

---

۱ - Mantis religiosa (لا.)، mante (فر.)   ۲ - Orthoptères (فر.)

آداك ādāk (ا.) خشکی میان دریا، جزیره، آبخوست.

آدخ ādax ۱- (ص.) خوب، نغز، نیکو، میمون، مبارك. ۲- (ا.) بلندی در زمین، تل، پشته.

۱-آدر ādar [= آذر] (ا) آذر (هـ.م.)، آتش.

۲-آدر ādar [ع.] (ص.)، بادخایه، دبه خایه، غر.

آدر āder (ا.) نیشتر فصاد، نشتر رگزن.

آدرخش ādraxš [= آذرخش] (ا.) آذرخش (هـ.م.)

آدرس ādres [فر. adresse] ۱- نشانی خانه وبنگاه و مانند آن. ۲- عنوان ونام کسی برپشت پاکت ومانند آن.

آدم برفی

آدرفش ādarafš [= درفش] (ا.) درفش (هـ.م.)

آدرم ādram [= آذرم = آدرمه = آترمه = آشرمه] (ا.) ۱- نمدزین اسب و مانندآن، تکلتو. ۲- زینی که نمدزین آن دو نیم بود. ۳- درفش که بدان نمدزین دوزند. ۴- سلاح مانندخنجر و شمشیر و تیر وکمان.

آدرمه ādrama(-e) [= آدرم] (ا.) آدرم (هـ.م.)

آدرنگ ādarang [= آذرنگ] (ا.) ۱- غم، اندوه، محنت. ۲- آفت، مصیبت.

آدم ādam [ع.] (ا.) ۱- (اخ) نخستین انسان، نخستین بشر، در روایات ← بخش ۳. ۲- (جا ن.) بشر، انسان؛ جزو پستانداران و عالیترین موجود زندهٔ روی زمین ازلحاظ تکامل مغزی. ← انسان. ‖ ~ آبی. انسان آبی که قدما می پنداشتند در دریاها زندگی میکند؛ وآن موجودی وهمی است. ‖ ~ برفی. ۱- مجسمه‌وهیکل انسانی که از برف سازند. ۲- (جا ن.) انسانی که‌تصورمیکنند درقلل هیمالیا زندگی میکند.

آدمخوار ā.-xār [ع.-ف.] (افا.) ۱- آنکه انسانراخوراكخودقراردهد. ۲- بسیار وحشی.

آدم‌شناس ā.-ša(e)nās (تد.) (افا.) آدمی شناس، آنکه اخلاق مردم را از قیافه وطرززرفتاروگفتار آنان‌درك کند.

آدمك ādam-ak (امص.) ۱- آدم کوچك، انسان کوچك. ۲- پیکری کوچك‌که بشکل انسان درست کنند.

آدمکش ā.-koš [ع.-ف.] (افا.) کشندهٔ آدم، قاتل انسان؛ آدمی کش.

آدمی ādam-ī [ع.-ف.] (ص نسبـ.) منسوب به‌آدم، ازفرزندان‌آدم (← آدم ۱)، آدمیزاد، انسان؛ ج. آدمیان.

آدمیت ādam-īyyat [ع.] (مص جعـ.) ۱- آدم‌بودن، انسان‌بودن. ۲- بفضایل انسانی آراسته بودن.

آدمیخوار ā.-xār (افا.) آدمخوار (هـ.م.)

آدمیرال ādmīrāl [انگ. admiral] امیرالبحر، دریاسالار، آمیرال.

آدمیزاد ādamī-zād [= آدمیزاده] (ص مر.) زادهٔ آدمی، انسان، بشر.

آدمیزاده ā.-zāda(-e) (ص مر.) زادهٔ آدمی، انسان، بشر.

آدمی سیرت ā.-sīrat [ع.-ف.] (ص مر.) آنکه دارای‌روش انسان‌حقیقی باشد؛ نیکو رفتار، نیکو خصال.

آدمی‌شناس ā.-ša(e)nās [ع.-ف.] (افا.) آدم شناس (هـ.م.)

آدمی‌کش ā.-koš [ع.ف.] (افا.) کشندهٔ آدمی؛ قاتل؛ طبیب آدمی کش.

- آدن ā-dan [= آ، می. + دن، پس. اصلی مصدری؛ قس. - ودن، - یدن](پس. مصدری) پسوندیست که بآخر ریشهٔ دستوری ملحق گردد و مصدر سازد: گش ـ ادن، نهـ ادن. ← دن.

آدنیس ādonīs [لا. adonis] (ا.) (گیا.) گیاهی از نوع آلاله، از تیرهٔ آلاله‌ها. برگهایش بریده و کمی از آلاله پهن‌تر، دارای گلهای زرد و قرمز و درمزارع گندم پراکنده است؛ ادونیس. و آن دارای انواع است.

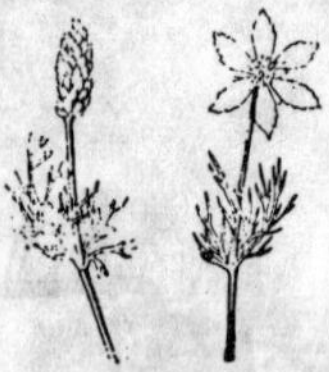

آدنیس آتشی

آدنیس بهاره

آدنیس تابستانی

آده āda(-e) [= اده](ا.) چوب بلند افقی که دوسر آن را بر دو چوب افراشته و عمودی استوار کنند تا پرندگان برروی آن نشینند.

آدیش ādīš [= آتش] (ا.) آتش (ه.م.)

آدینده ādīyanda(-e) (ا.) قوس قزح، آژفنداك، رنگین‌کمان.

آدینه ādīn-a [قس. آذین] (ا.)روز جمعه، آخرین روز هفته.

آذار āzār [معر. سر. = آدار] (ا.) ششمین ازماههای سریانی که عرب آنها را «شهور الروم» نامد؛ ماه اول بهار.

آذارافیون āzārāfyūn [= اذارافیون، معر.] (ا.) (جا.ن.) صدف نوعی ازنرم‌تنان بنام اختاپوط (ه.م.) که بیونانی آن جانوررا سپیا[1] گویند؛ کف دریا ← ماهی مرکب، اذارافیون.

آذاراقی āzārāɣī [معر.] (ا.) (گیا.) کچوله (ه.م.)

آذر āzar [په. ātur](ا.) ۱ - آتش، نار. ۲ - ماه نهم از سال شمسی. ۳ - روزنهم از هرماه شمسی. ۴ - (اخ) نام ایزدی است (← بخش۳).

آذر افروز ā.-afrūz (افا.) ۱ - افروزندهٔ آتش، آتش‌افروز. ۲ - ظرفی سفالین که برای تند و تیز کردن آتش بکار میبرده‌اند، آتش‌افروز.

آذرافزا ā.-afzā (افا.) آتش‌افروز، آذرافروز (همه.)

آذربایجانی āzarbāyǰān-ī (ص نسب.) منسوب به آذربایجان (← بخش۳) ۱- ازمردم آذربایجان، اهل آذربایجان ۲- (مس.) یکی ازگوشه‌های ماهور (ه.م.) ۲- (مس.) یکی ازگوشه‌های شور (ه.م.)

آذربایگانی āzarbāygān-ī (ص نس.) منسوب به آذربایگان (← بخش ۳)، آذربایجانی (ه.م.)

آذربو ā.-bū [= آذربویه] (امر.) (گیا.) گیاهی است جزو تیرهٔ اسفناج وخودروست، وبرگهای ریزبهم فشرده دارد. ریشهٔ آنرا گلیم شوی یا چوبك اشنان گویند؛ عرطنیثا، اشنان. ضح. - بعضی از فرهنگها آنرا بمعنی قسمی از بخور مریم نوشته‌اند، ولی باین معنی مصحف «آذریون» و«اذریون» و«اذریونه» است (دزی ج۱ص۱۵).

آذربویه āzar-būya(-e) [= آذربو] (امر.) آذربو (ه.م.)

آذرپرست ā.-parast (افا.) آتش پرست (ه.م.)

آذرپرستی ā.-parast-ī (حامص.) آتش‌پرستی (ه.م.)

آذرجشن ā.-ǰašn (امر.) جشنی در روز آذر (نهم) ازماه آذر. درین روز بزیارت آتشکده‌ها میرفتند. ضح. - این کلمه را بتصحیف «آذرخش» ضبط کرده‌اند.

آذرخش āzaraxš (امر.) ۱ - برق، مق. رعد. ۲ - صاعقه.

آذر روز ā.-rūz (امر.) روز نهم از هر ماه شمسی (← آذر).

1 - Sepia (یو.), seiche (فر.)

آذرسنج ā.-sanǰ (افا· امر·) (فز·) آلتی‌است که برای اندازه‌گیری حرارت‌های بسیار بکار میبرند (فره·)، میزان‌النار[1].

آذرسنج

(آذرشب) ā.-šab (امر·) تصحیف آذرشست (ه·م·).

آذرشست ā.-šost (امف·، لغة بمعنی شستهٔ در آتش، مغسول بالنار) (الجماهر بیرونی ص ۲۰۱) ۱- سمندر (ه·م·) ۲- حجرالفتیله، پنبهٔ کوهی· ضح.- این کلمه بصورتهای آذرشب، آذرشسپ و آذرشین تصحیف شده‌است·

(آذرشین) ā.-šīn (امر·) ظ· تصحیف آذرشست (ه·م·).

آذرفروز ā.-forūz [= آذرافروز] (افا) آذر افروز (ه·م·)

آذرفزا ā.-fazā [= آذرافزا] (افا·) آذرافزا (ه·م·)

آذرکده ā.-kada(-e) (امر·) آتشکده (ه·م·)

آذرکیش ā.-kīš (ص·، امر·) آذرپرست، آتش پرست·

آذرگشسپ ā.-gošasp (امر·) (اخ) ← بخش ۳·

آذرگشنسپ ā.-gošnasp (امر·) (اخ) ← بخش ۳·

آذرگون ā.-gūn ۱- (ص‌مر·) برنگ آتش، آتشفام، آذرفام، سرخ‌فام· ۲- (امر·) گیاهی[2] از تیرهٔ مرکبیان[3] که علفی و یکساله میباشد· ارتفاعش ۲۰ تا ۴۰ سانتیمتر، ساقه‌اش راست و منشعب و بطور خودرو درمزارع واراضی مزروع غالب نواحی معتدل میروید· ۳- (گیا·) نوعی شقایق که اطراف گلهایش قرمز ووسطش نقطه‌های سیاه دارد (← شقایق)· ۴- (گیا·) همیشه بهار (ه·م·) ۵- سمندر (ه·م·)

آذرم āzram [= آدرم] (ا·) آدرم (ه·م·)

آذر ماه āzar-māh (امر·) ماه نهم سال شمسی (← آذر)·

۱- آذرنگ āzarang [= آدرنگ] (ا·) آدرنگ (ه·م·)

۲- آذرنگ āzarang [= آذر + رنگ] ۱- (ص‌مر·) آتش‌رنگ، آذرگون· ۲- روشن، نورانی· ۳- (امر·) آتش، آذر·

۱- آذری āzar-ī (ص نسب·) منسوب به‌آذر، آتشی·

۲- آذری āzar-ī (ص نسب·) ۱- منسوب به‌آذربایجان (آذربایگان)· ۲- نام زبان قدیم سکنهٔ آذربایجان (← بخش ۳)·

آذرین āzar-īn (ص‌نسب·) ۱- منسوب به‌آذر، آتشین· ۲- (گیا·) قسمی از گل‌بابونه، اقحوان، بابونهٔ گاوچشم·

آذریون ā.-yūn [= آذرگون] ۱- (ص‌مر·) آذرگون، آتشفام، آتش‌رنگ· ۲- (امر·) نوعی‌ازشقایق (← آذرگون)· ۳- [= معر· أذریون، آذریونه] (گیا·) بخورمریم (ه·م·)، گل نگونسار (ه·م·)

(آذوقه) āzūγa(-e) (ا·) ← آزوقه·

آذین āzīn [په· advēnak = آیین] (ا·) ۱- زیب، زینت، آرایش· ۲- رسم، قاعده، قانون·

آذین بستن ā.-bastan (مص م·) زینت کردن دکانها و بازارها درروزهای جشن و شادمانی·

۱- Pyromètre (فر·) ۲- Senecis vulgaris (لا·) Séneçon commun (فر·)
۲- Composacées (فر·)

آذین بند ā.-band (ص‌مر.) شهر آرای.

آذین بندی ā -band-ī (حامص.) زینت و آرایش کردن دکانها و بازارها در ایام جشن و شادمانی.

آذین زدن ā.-zadan (مصم.) آذین بستن (ه‌م.)

آذین نهادن ā.-nahādan (مصم.) آذین بستن (ه‌م.)

۱ - آر ār (پس.) **۱** - پسوند فاعلی (اسم فاعل)، و آن بآخر مصدر مرخم ← سوم شخص مفرد ماضی پیوندد و صفت فاعلی سازد: خریدار، پرستار، فرمانبردار. **۲** - پسوند مفعولی (اسم مفعول) گرفتار، کشتار. **۳** - پسوند اسم مصدر، و آن در اصل «ـ تار» است در مصادر مختوم به ـ تن، و «ـ دار» است در مصادر مختوم به ـ دن: گفتار، دیدار، کردار.

۲ - آر ār [فر. are] (ا.) واحد مقیاس سطح، برابر با **۱۰۰** مترمربع (یك دکامترمربع): هکتار = صدآر.

۱ - آرا ārā [= آرای، ← آراستن، آراییدن] (ری.، افا.) در ترکیبات بجای «آراینده» آید: بزم‌آرا، جهان‌آرا، رزم‌آرا، عالم‌آرا، صف‌آرا.

۲ - آرا ārā [= ع. آراء] ← آراء.

آراء ārā' [ع.، ف.: آرا] (ا.) ج. رأی؛ رایها، اندیشه‌ها.

آرائیدن ārā-'īdan (مصم.) ← آراییدن.

آرابسك ārābesk [فر. arabesque، بسبك عربی] (ص.) **۱** - (نق.) پیچ و خمهای تزیینات باسلوب عربی، و آن مرکب است از زنجیره‌هایی بشکل برگ که بطرزی تخیلی سازند. ← اسلیمی. **۲** - (مس.) تزیینات وریزه‌کاری در آهنگ و اثری که ملودی‌های آن بطرز جالبی بسط یافته باشد.

آراستگی ārāsta(e)g-ī [په. ārāstakīh] (حامص.) آراسته بودن، عمل آراسته.

آراستن ārāstan [په. ārāstan] (مصم.) (آراست، آراید، خواهد آراست، بیارا، آراینده، آراسته) **۱** - زینت دادن، زیور کردن. ضح. - «آراستن» در اصل زینت دادن با افزایش است در مقابل «پیراستن» چنانکه بزك کردن چهره «آراستن» است و زدن شاخه‌ها و برگهای زیادی درخت «پیراستن». **۲** - نظم دادن، ترتیب دادن. **۳** - آماده کردن، مهیا ساختن، حاضر کردن. **۴** - قصد کردن، آهنگ کردن. **۵** - مجهز کردن (سپاه). **۶** - (مس.) هماهنگ کردن. **۷** - غنی کردن، بی‌نیاز کردن. **۸** - گماشتن، مأمور کردن: بیاراست برمیمنه گیو و طوس (فردوسی). **۹** - منقش کردن: بخون دو نرگس بیاراست چهر (فردوسی). **۱۰** - آباد کردن، معمور کردن. **۱۱** - برپا کردن، منعقد کردن (مجلس، بزم...) **۱۲** - شاد کردن، مسرور کردن: دل شاه گیتی بیاراستند (فردوسی).

آراسته ārāsta(-e) [په. ārāstak] (امف. آراستن) **۱** - مزین، زینت داده شده. **۲** - منظم، مرتب. **۳** - آماده، مهیا (← آراستن، همه.)

آراسته سخن ā.-soxan (ص‌مر.) خوش بیان، خوش کلام.

آراسته شدن ā.-šodan (مصل.) زینت یافتن، مزین گردیدن، آراسته گردیدن.

آراسته کردن ā.-kardan (مصم.) آراستن (ه‌م.) ‖ **خود (خویشتن) را** ~. تصنع.

آراقیطون ārāɣītūn [لا. arctium] (ا.) (گیا.) بابا آدم (ه‍.م.)، اراقیطون (ه‍.م.)

آرام ārām [= ā پش. + ram اس.، استراحت کردن] ۱- (ا.) سکون، ثبات. ۲- آهستگی؛ مق. شتاب، عجله. ۳- آسایش، استراحت. ۴- طمأنینه، اطمینان‌خاطر. ۵- خاموشی، سکوت. ۶- امن، امان. ۷- بستر، مرقد، خوابگاه. ۸- جایگاه، مقام. ۹- جای خلوت. ۱۰- (ق.) آهسته، بتأنی: آرام رفتن، آرام آمدن. ‖ ~ِ جان. آنکه مایهٔ آرامش و نشاط جانست، معشوق. ‖ ~ِ خاطر. ۱- مایهٔ سکون خاطر. ۲- معشوق، معشوقه.

آرامانیدن ārām-ānīdan [آرام + انیدن، پس.] (مص‌م.) ۱- آرام کردن، آرام‌دادن. ۲- مطمئن کردن. ۳- سکونت دادن، مسکن دادن، اسکان.

آرام بخش ā.-baxš (افا.) تسکین دهنده، مسکن.

آرام بخشی ā.-b.-ī (حامص.) آرام بخشیدن؛ حالت وکیفیت آرام‌بخش.

آرام بخشیدن ā.-baxšīdan (مص م.) آرام دادن، تسکین دادن، رفع اضطراب، فرو نشاندن خشم.

آرام جای ā.-ǰāy (امر.) جای استراحت، جای آسایش.

آرامجو(ی) ā.-ǰū(y) (افا.) صلح طلب، مصلح، آشتی خواه.

آرام دادن ā.-dādan (مص‌م.) ۱- تسکین دادن، تسلی دادن. ۲- ایجاد آرامش، بوجود آوردن امنیت. ۳- اطمینان دادن، مطمئن ساختن. ۴- مسکن دادن، منزل دادن.

آرامدن ārām-edan [= آرامیدن] (مص‌ل.) آرامیدن (ه‍.م.)

آرام ده ā.-deh (افا.) ۱- آرام دهنده. ۲- (پز.) مسکن (فره.)، تسکین‌دهنده.

آرامش ārām-eš (امص.) ۱- آرامیدن. ۲- فراغت، راحت، آسایش. ۳- طمأنینه، سکینه. ۴- صلح، آشتی. ۵- ایمنی، امنیت. ۶- خواب اندك و سبك. ۷- سکون[1] (فره.) ‖ ~ **باجفت.** آرمش، مباشرت باوی، هماغوش گردیدن با او. ‖ ~ِ **جان.** (اخ) ← بخش ۳. ‖ ~ِ **جهان.** (اخ) ← بخش ۳.

آرامش‌جو(ی) ā.-ǰū(y) (افا.) آنکه طالب آرامش (ه‍.م.) است، آرامش طلب، آرامش خواه.

آرامش‌دادن ā.-dādan (مص‌م.) ۱- استراحت بخشیدن، راحت بخشیدن، آسایش دادن. ۲- تسلی‌دادن، تسکین بخشیدن. ۳- مطمئن کردن.

آرام شدن ā.-šodan (مص‌ل.) ۱- آرامیدن (ه‍.م.) ۲- آرام‌گرفتن، فرو نشستن‌اضطراب، فرونشستن‌خشم. ۳- باز ایستادن باد و طوفان و انقلاب؛ مق. بشوریدن. ۴- باز ایستادن از گریه. ۵- از بین رفتن درد عضوی مانند دندان، ساکن شدن درد.

آرامش یافتن ā.-yāftan (مص‌ل.) ۱- آرام‌یافتن، آرام‌شدن. ۲- آسایش یافتن. ۳- تسلی‌یافتن، تسکین‌یافتن. ۴- اطمینان یافتن.

آرام‌کردن ā.-kardan (مص‌م.) آرامش‌دادن (← آرام و آرامش، همع.).

آرامگاه ā.-gāh [= آرامگه] (امر.) ۱- جای آسایش، محل آرام. ۲- خانه، مسکن، منزل. ۳- وطن، موطن. ۴- آبادی، آبادانی.

آرام‌گرفتن ā.-gereftan (مص‌ل.)

---

۱ – Repos (فر.)

۱ ـ ساکن شدن، تسلی یافتن، تسکین یافتن ، آرام گرفتن دل ۰ ۲ـ مسکن یافتن ، سکنی گزیدن ۰

آرامنده ārām-anda(-e) (افا۰ آرامیدن) ۱ـ آرام کننده، آرام گیرنده ← آرامیدن(همع۰) ۲ـ مطمئن۰

آرامی ārām-ī (ص‌نسب۰) منسوب به آرام۰ ← بخش ۳۰

آرام یافتن ā.-yāftan (مص‌ل۰) استراحت کردن ،آسودن ۰ ‖ ~ بچیزی. بدان تسلی گرفتن۰

آرامیدگی ārām-īda(e)g-ī (حامص۰) طمأنینه ، سکون ، قرار ، استقرار۰

آرامیدن ārām-īdan [= آرمیدن] (مص ل۰) (آرامید ، آرامد ، خواهد آرامید، بیارام ، آرامنده ،آرامیده) ۱ ـ استراحت کردن، آسودن۰ ۲ ـ قرار یافتن ، سکون یافتن ۰ ۳ ـ خفتن ، خوابیدن ۰ ٤ ـ از جوش و غلیان باز ایستادن ، فرو نشستن کف۰ ۵ ـ صبر کردن، شکیباشدن۰ ٦ ـ مطمئن شدن، اطمینان‌یافتن۰ ۷ ـ منزل کردن، جای گرفتن۰ ۸ـ نشستن‌آشوب، رفع‌شدن‌فتنه۰

آرامیده ārām-īda(-e) (امف۰ آرامیدن) آرام گرفته، استراحت کرده، آرمیده۰ ← آرامیدن (همع۰)

آرای ārāy [= آرا، از آراستن ، آراییدن] (ری۰،افا۰) در ترکیبات بجای «آراینده» آید : انجمن آرای ، بت آرای، چمن آرای۰

آرایش ārāy-eš [ārāyīšn پہ۰] (امص۰) ۱ ـ زیب ، زینت ، زیور ۰ ضح۰ ـ آرایش دراصل زینت بافزایش است ؛ مق ۰ پیرایش (ه۰م۰) ۲ ـ تعبیه، تجهیز۰ ۳ ـ رسم، آیین، نهاد، ادب۰ ٤ـ تصنع، ظاهر سازی۰ ‖ ~ **چهره، صورت**. فنی که برای خوش‌منظری چهره (مخصوصاً چهرهٔ هنر پیشگان) بکار برده شود۰ ‖ **میز** ~ ۰ میزی که لوازم آرایش را در آن جا دهند .

میز آرایش

آرایش جهان ā.-e ǰahān (امر۰) (اخ)← بخش ۳۰

آرایش خورشید ā.-e xoršīd (امر۰) (اخ۰)← بخش ۳۰

آرایشگاه ā.-gāh (امر۰) جای آرایش (ه۰م۰)، مغازهٔ سلمانی۰

آرایشگر ā.-gar (ص‌شغل۰) آنکه آرایش کند، آراینده، سلمانی۰

آراینده ārāy-anda(-e) (افا۰ آراستن ، آراییدن) آرایش کننده ، زینت دهنده۰

آراییدن ārāy-īdan [= آراستن] (مص‌م۰) (آراست ، آراید ، خواهد آرایید، بیارا(ی)، آراینده، آراییده) آراستن (ه۰م۰)

آرتزین ārtezyan [فر۰ artésien] (ا۰) (فز۰) چاه جهنده، چاهی که‌غالباً بین دو زمین بر آمده حفر کنند ، و آبش فوران نماید۰

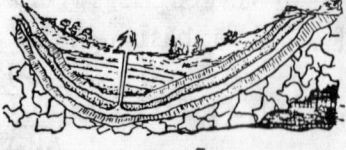

آرتزین

آرتیست ārtīst [فر۰ artiste] (ص۰،ا۰) ۱ ـ کسی که در رشته‌ای از

هنرهای زیبا مانند موسیقی ، تآتر ، سینما ، نقاشی ومانند آن ماهر باشد ؛ هنرمند. ۲ ـ کسی که در صحنهٔ تآتر ، سینما وتلویزیون نقشی ایفا کند؛ آکتور[1]، هنر پیشه .

آرج āraǰ [= آرنج = آرنگ] (ا.) آرنج (ه.م.)

آرخالق ārxāloγ [= ارخالق](ا.) ارخالق (ه.م.)

آرد ārd [په. ārt] (ا.) نرمه وآس کردهٔ حبوب، گردی که از کوبیدن یا آسیا کردن غلات بدست آید : آرد گندم، آرد جو، آرد برنج .

آرد ārad [= آراد] (ا.) روزبیست وپنجم از هرماه شمسی . ضح. ـ صحیح «ارد» (ard) است.

آرداله ārdāla(-e) [= آردهاله] (امر.) آردهاله، آردتوله (ه.م.)

آرد بیز ā.-bīz (افا ؛امر.) غربال، غربیل .

آردتوله ā.-tūla(-e) [= آرددوله = آردهاله] (امر.) آشی است مانند کاچی که از آرد پزند.

آرددوله ā.-dūla(-e) [= آردتوله = آرد هاله] (امر.) آرد توله (ه.م.)

آردل ārdel [= اردل ، رس. ordinárietsé] (ا.) فراشی که مأمور فرا خواندن و احضار سپاهیان یا متهمان وگناهکاران است ؛ اردل . ‖ ~ بی چوب. (کن.) ادرار، بول که عرصه را بر شخص تنگ کند.

آردل باشی ā.-bāšī [رس.ـ تر.] (ص مر.، امر.) رئیس آردلان ← آردل.

آردم ārdam (ا.) (گیا.) آذریون (ه.م.)

۱ ـ آردن ārdan (ا.) ۱ ـ ظرفی مانند طبق دارای سوراخهای بسیار که طباخان وحلوا پزان برسر دیگ نهند، وروغن و شیره و ترشی و مانند آنرا بدان پالایند ، آبکش ، پالاون . ۲ ـ کفگیر .

۲ ـ آردن ārdan [= آوردن] (مص م.) آوردن (ه.م.)

آرده ārda(-e) [= آرد] (ا.) آرد کنجدهٔ سفید، ارده.

آردهاله ā.-hāla(-e) [= آردتوله = آرد دوله] (امر.) آرد توله (ه.م.)

آردی ārd-ī (ص نسب.) ۱ ـ منسوب به‌آرد، آلوده به‌آرد: حلوای آردی . ۲ ـ (گیا.) قسمی شفتالوی خرد و کم آب، هلوآرده.

آردین ārd-īn (ص نسب.) منسوب به آرد، از آرد، آلوده به‌آرد.

آردینه ārd-īna(-e) (ص نسب.) ۱ ـ منسوب به‌آرد، آنچه‌از آرد سازند. ۲ ـ آشی که ازآرد پزند، آش آرد .

آرزم ā-razm [= رزم] (ا.) رزم (ه.م.)، کارزار، جنگ.

آرزو ārezū،ārzū [په. ārzōk] (ا.) ۱ ـ خواهش ، کام ، مراد . ۲ ـ چشمداشت، امید، توقع، انتظار. ۳ ـ شوق، اشتیاق. ۴ ـ شهوت ، هوی. ۵ ـ معشوق، محبوب، دلبر. ۶ ـ مطلوب ، دلخواه. ۷ ـ آز ، حرص ، شره . ۸ ـ استبداد رای، خودرایی ، خودسری . ۹ ـ خواستگاری(زن)، خطبه .

آرزوانه ā.-āna(-e) [آرزو+ انه، پس.] (امر.) ۱ ـ آنچه‌آرزو کنند، موضوع آرزو . ۲ ـ آنچه آبستن از خوردنیها وغیر خوردنیهای عادی(مانند گل وزغال) برای خوردن آرزو کند. ۳ ـ آنچه خویشان زن آبستن پزند و برای او فرستند.

---

۱ ـ **Acteur** (فر.)

آرزو انگیز ā.-angīz (افا٠) اشتها آور، مشهی٠
آرزو بردن ā.-bordan (مص ل٠) آرزو کردن، آرزو داشتن٠
آرزوخواه ā.-xāh (افا٠) ۱ - تمنی کننده، راجی٠ ۲- شهوی،شهوانی٠
آرزو داشتن ā.-dāštan (مصل٠) آرزو کردن، آرزو بردن٠
آرزو سنج ā.-sanǰ (افا٠)آرزومند٠
آرزوکردن ā.-kardan (مصل٠) آرزوبردن، آرزو داشتن٠
آرزو کشیدن ā.-ka(e)šīdan (مصل٠) آرزو بردن ٠
آرزوگاه ā.-gāh (امر٠) جای آرزو، محل آرزو٠
آرزومند ā.-mand (صمر٠) ۱ - دارندهٔ آرزو ، راجی ٠ ۲ - مشتاق ، شایق٠ ۳- حریص، آزور٠ ٤ - کامجوی، مراد طلب ٠ ۵ - در حسرت ، دارندهٔ حسرت٠
آرزومندانه ā.-āna(-e) (قمر٠) چون آرزومندان، بحال آرزومندی٠
آرزومند شدن ā.-šodan (مصل٠) اشتیاق، اشتیاق یافتن٠
آرزومندکردن ā.-kardan (مصم٠) تشویق، تشویق کردن٠
آرزومندی ā.-ī (حامص٠) عمل و حالت آرزومند(ه٠م ٠): ۱ - شوق ، اشتیاق٠ ۲- حسرت، تحسر٠ ۳- غرض٠
آرزو ناك ā.-nāk (صمر٠) بسیار آرزو، پر آرزو٠
آرزه ārza(-e) (ا٠) خاکی که با کاه آمیزند و گل سازند و بر دیوار وبام خانه مالند، کاهگل٠
آرزه گر ā.-gar (ص شغل٠) کاهگل کار، اندودگر٠

آرستن āras-tan [= آراستن] (مصم٠) آراستن (ه٠م٠)
آرستن ār-estan [= یارستن] (مصم٠) توانستن ، جرأت کردن ، دلیری کردن٠
آرسته āras-ta(-e) [= آراسته] (امف٠ آراستن) آراسته (ه٠م٠)
آرسطولوخیا ārestoloxīyā [معر٠یو٠ = ارسطولوخیا](ا٠) (گیا٠) ارسطولوخیا(ه٠م٠)
آرسنال ārsenāl (ا٠)←ارسنال ٠
آرسنیك ārsenīk (ا٠)←ارسنیك٠
آرش āraš [= ارش] (ا٠) ارش (araš) (ه٠م٠)
آرشه ārše[فر٠ archet] (ا٠)چوب باریکی که روی آن چند رشته (غالباً از موی اسب) کشیده وبرای نواختن آلات زهی (ویولون ، ویولونسل ، کنترباس ومانندآنها) بکاربرند ٠
آرشی āraš-ī (ص نسب٠ آرش) ۱ - منسوب به آرش پهلوان (← بخش ۳): تیر آرشی ، تیری سخت دور پرتاب ٠ ۲- منسوب به آرش(ه٠م٠) سلسلهٔ اشکانی: ازو تخمهٔ آرشی خوار شد (فردوسی) ٠
آرشیدوك āršīdūk [فر ٠ archiduc] (ا٠) عنوان شاهزادگان خاندان سلطنتی اتریش ٠
آرشین āršīn [رس٠ aršin](ا٠) واحدمقیاس طول در روسیه، برابر۷۱ سانتیمتر ٠
آرشیو āršīv [فر٠ archives] (ا٠) جایی که اسناد ، اوراق، تصاویر، پرونده‌ها ، صفحات موسیقی ومانندآن حفظ میشود ؛ بایگانی ٠
آرطی ārtī [= آورطی = ارطی = آورتی = آورتا] (ا٠) ← آورتا ٠

آرغ āroγ [= آروغ] (ا.) آروغ (ه.م.)

آرغده āro(a)γda(-e) [= ارغده = آلغده، سغ. āruγde] (ص.) ۱ ـ حریص، آزمند. ۲ ـ خشمگین، غضبناک.

آرگون ārgon [فر. argon] (ا.) (شم.) عنصری شیمیایی؛ گازیست ساده، بیرنگ، بی‌بو و بی‌طعم که یك صدم هوا را تشکیل میدهد.

آرم

آرم ārm [فر. arme] (ا.) نشانه‌ای مشخص ومعرف دولت، اداره، مؤسسه، کارخانه ومانند آن.

آرمان ārmān [= ارمان، زباکی armān] (ا.) ۱ ـ آرزو، امید. ۲ ـ حسرت، تحسر، اندوه.

آرمان خوردن ā.-xordan (مص ل.) حسرت بردن.

آرمنده āram-anda(-e) (افا. آرمیدن) آرامگیرنده.

آرمیچر ārmīčer [انگ. armature] (ا.)(مکن.) ۱ـ محور سیم پیچی‌شده‌ای که درداخل استوانهٔ استارت قرار دارد، ودر ابتدای حرکت و با گردش خودموتوررا بگردش درمیآورد. ۲ ـ محور سیم‌پیچی شده‌ای که درداخل دینام قرار داردوباگردش موتورباتری را «شارژ» میکند.

آرواره

آرمیدگی āram-īdag-ī (حامص. آرمیده) حالت و کیفیت آرمیده، آرامیدگی (ه.م.)

آرمیدن āram-īdan [= آرامیدن] (مص ل.) آرامیدن (ه.م.)

آرمیده āram-īda(-e) [= آرامیده] (امف. آرمیدن) آرامیده (ه.م.)

آرن āran [= آران = آرنج] (ا.) آرنج (ه.م.)

آرن āron [یو. aron، لا.، فر. arum] (ا.) (گیا.) نوعی گیاه از خانوادهٔ آرنها[1] که از انواع آن اریصارن یا لوف، آذان الفیل یا فیلگوش، لوف الجعد رامیتوان نام برد.

آرنج āranǰ، ārenǰ [= آران = آرن = آرنگ] (ا.) ۱ ـ بندگاه میان ساعد و بازو ازطرف بیرون: مرفق. ۲ ـ ازفنون کشتی گیری در خاك است، و آن عبارتست از اینکه کت طرف را گرفته درومیکنند بطوریکه پشت طرف بخاك رسد. نوعی ازآن ایستاده عمل میشود وآنرا «آرنج سرپا» گویند.

آرنده ār-anda(-e) [= آورنده] (افا. آردن) آورنده.

۱ ـ آرنگ ārang [= آرنج = آران = آرن] (ا.) آرنج (ه.م.)

۲ ـ آرنگ ārang [= رنگ] (ا.) ۱ ـ رنگ، لون. ۲ ـ آلغونه، آلگونه. ۳ ـ گونه، روش، طرز.

۳ ـ آرنگ ārang [= رنج] (ا.) ۱ ـ رنج، اذیت، آزار. ۲ ـ مکر، حیله.

آرواره ārvāra(-e) [= ارواره = اروار، په. ērvārak] (ا.)(جان.) هریك ازدو قطعه استخوان که حفره‌های دندانی در آن جای دارند[2]، فك (فره.) ‖ ~ زبرین (جان.) فك اعلی (فره.) ‖ ~ زیرین. (جان.) فك اسفل (فر.)

آروبند ārū-band (صمر.) آنکه استخوان شکسته و ازجای برآمده را بهم پیوندد؛ شکسته بند.

آروبندی ā.-band-ī (حامص.) عمل آروبند (ه.م.) پیوستن استخوان شکسته، شکسته بندی.

آروغ ārūγ [= آرغ = روغ =

---

۱ ـ Aroïdacées (فر.)

۲ ـ Machoire (فر.)

وروغ] (ا۰) بادگلو (ه۰م۰) ← آروق ۰

آروق ārūγ [= آروغ] (ا۰) آروغ، بادگلو، باد ۲۰ . ضح ـ دربیت ذیل از اوحدی با عیوق قافیه آمده ، و شاید تسامح شاعراست :

با چنین خوردن و چنین آروق
که بری رخت خویش برعیوق.

آرون ārūn (ا۰) صفت نیك ، خوی خوش ۰

آروند ārvand [= اروند] (ا۰) اورند (ه۰م۰) ، اورنگ (ه۰م۰)

آروین ārvīn [= اروین] (ا۰) تجربه ، امتحان ، آزمایش ۰

آره āra(-e) [= آرواره] (ا۰) آرواره (ه۰م۰)

آری ārī (ق۰اثبات) کلمه‌ایست برای تصدیق امری ، بلی ، بله ۰ مق ۰ نه ، نی ۰

۱ ـ آریا āryā (اخ) ← بخش ۳ ۰

۲ ـ آریا āryā [فر۰، ازایتا aria] ۱ ـ قسمت اصلی وملودیك اپرا۰ خواننده دراین قسمت قدرت و مهارت خود را نشان میدهد ۰ ۲ ـ آهنگی دلکش برای سازیا آواز ۰ ۳ ـ آوازهای انفرادی اپرا، مق ۰ کر۰

آرید برید ārīd-barīd [= ارید برید] (ا۰) (گیا ۰) ارید برید (ه۰م۰)

آریستوکرات ārīstokrāt [فر۰] ← اریستوکرات ۰

آریستوکراسی ārīstokrāsī [فر۰] ← اریستوکراسی ۰

آریغ ārīγ [پب۰ araika ، دشمن] (ا۰) کراهت، نفرت ،کینه. ضح ـ این کلمه بصورت «آزیغ» تحریف شده ۰

آز āz [پب ۰ az] (ا۰) ۱ـ حرص ، طمع ، زیاده جویی ، افزون طلبی ۰ ۲ ـ آرزو ، هوی ۰ ۳ ـ غم ، حسرت ۰ ۴ ـ نیاز، حاجت ۰

آزاد āzād [پب ۰ āzāt] (ص۰) ۱ـ آنکه بندهٔ کسی نباشد ، حر؛ مق۰ بنده ، عبد۰ ۲ ـ رها ، وارسته ۰ ۳ ـ بی قید وبند ۰ ۴ ـ شاد، فارغ ۰ ۵ ـ سرافراز ۰ ۶ ـ سالم ، بی گزند۰ ۷ ـ مختار،مخیر۰ ۸ ـ نجیب ، اصیل ۰ ۹ ـ (جا ن۰) نوعی ماهی استخوانی که گوشت قرمزو چرب دارد ، و بزرگی آن تا یك مترمیرسد، و دربحرخزرموجوداست[1] ؛ آزادماهی۰ ۱۰ ـ (گیا۰) درختی[2] ازخانوادهٔ نارونان[3] که درهمهٔ جنگلهای شمال ایران وجود دارد ، وآن تنومندوبلند است ،وچوب وی برای ساختن شانه و پوشیدن پل و سقف بنا بکاررود ۰ آقچه ، آغاج ، آزدار۰ ۱۱ ـ (گیا ۰) ارژن (ه۰م۰)ضح۰ بعضی فرهنگها این کلمه را بمعنی «ارزن» وگاورس نوشته‌اند ، ظ ۰ ارزن مصحف « ارژن » است ۰ ۱۲ ـ (گیا۰) بادامك (ه۰م۰) ۱۳ ـ (گیا ۰)آزاد درخت (ه۰م۰)

آزاد دارو ā.-dārū (امر۰) (گیا۰) نوعی ازشلغم بیابانی که بیخ آنراحلیمو گویند ، سلق جبلی ۰

آزاد درخت ā.-da(e)raxt (امر۰) ۱ ـ (گیا۰)درختی‌است ازتیرهٔ سماقیان[4] که دارای گلهای بنفش و معطرمیباشد، و میوهٔ آن دارای پوستهٔ سمی است[5] ؛ سنجد تلخ ، زهرزمین ، زیتون تلخ ۰ ۲ ـ آزاد (← آزاد ۱۰) ۰

آزاد رخت āzāda(e)raxt

---

۱ ـ Salma trutta labrax (لا۰)
۲ ـ Zaluova Crenata (لا۰)
۳ ـ Ulmaceae (لا۰)
٤ ـ Térebinthacées (فر۰)
٥ ـ Mélia azadarach (لا۰)

[= آزاد درخت] (امر.) (گیا.) آزاد درخت(ه.م.)

آزادگی āzāda(e)g-ī [په. āzātakīh] (حامص.) ۱- حریت، جوانمردی. ۲- نجابت، اصالت. ۳- آسایش، آسودگی.

آزادماهی ā.-māhī (امر.) (جا.) آزاد (← آزاد ۹)

آزادمرد ā.-mard (صمر.) ۱- جوانمرد، حر. ۲- اصیل، نجیب ۳- ایرانی: بگیتی نداند کسی‌هم نبرد. زرومی و توری و آزاد مرد. (فردوسی) (← آزاده، آزاده‌مرد).

آزاد مردی ā.-mard-ī (حامص.) عمل وحالت آزاد مرد: ۱- حریت، آزادگی. ۲- اصالت، نجابت.

آزاد ماهی

آزاد میوه ā.-mīva(-e) (امر.) ۱- نوعی حلوا و شیرینی که از قند یا عسل ومغز بادام ونخود وپسته و فندق مقشر و خلال کرده سازند؛ شکربادام. ۲- نخودقندی برنگهای مختلف. ۳- بادام قندی برنگهای مختلف.

آزاد نامه ā.-nāma(-e) (امر.) آزادی‌نامه، خط آزادی.

آزادوار ā.-vār (امر.) ۱- باخوی آزادان، دارای خصلت آزاد مردان. ۲- (مس.) نوایی است درموسیقی‌قدیم.

آزادوار چنگی ā.-e čangī (امر.) (مس.) نوایی است درموسیقی‌قدیم.

آزاده āzāda(-e) [په. āzātak ← آزاد] (ص.) ۱- آنکه بندهٔ کس نباشد، حر؛ مق. بنده، عبد. ۲- آزاد کرده، محرر. ۳- اصیل، نجیب، شریف. ۴- صالح، حلال‌زاده. ۵- رها، مستخلص. ۶- خاضع، فروتن. ۷- فارغ. ۸- بی‌بار. ۹- آسوده، مرفه. ۱۰- وارسته. ۱۱- ایرانی (← آزاد مرد، آزاده مرد). ۱۲- اسب گرانمایه، اسب پادشاهان.

آزاده‌خو ā.-xū (صمر.) آزاده‌خوی ↓

آزاده‌خوی ā.-xūy [= آزاده‌خو] (صمر.) ۱- دارای خلق آزادان، آنکه خصلت آزادگان دارد. ۲- اصیل، نجیب (انسان و ستور).

آزاده دل ā.-del (صمر.) ۱- فارغ بال. ۲- صالح. ۳- حلال‌زاده.

آزاده رخت ā.-raxt [= آزاد درخت] (امر.) (گیا.) آزاد درخت(ه.م.)

آزاده سرو ā.-sarv (امر.) (گیا.) سروآزاد (ه.م.)

آزاده مرد ā.-mard (صمر.) ۱- آزاده، جوانمرد، فتی. ۲- ایرانی (← آزاد مرد، آزاده).

آزاده مردم ā.-mardom (صمر.) آزاد مرد (ه.م.)، آزاده‌مرد(ه.م.)

آزاده مردی ā.-mard-ī (حامص.) کیفیت وحالت آزاده مرد(ه.م.)

آزاده وار ā.-vār (صمر.) مانند آزاده، دارای صفت آزاده.

آزادی āzād-ī [په. āzātīh] (حامص.) ۱- حریت، آزادگی؛ مق. بندگی، رقیت، عبودیت. ۲- آزاد مردی. ۳- رهایی، خلاص. ۴- شادی، خرمی. ۵- استراحت، آرامش. ۶- جدایی، دوری. ۷- شکر، سپاس، حق‌شناسی.

آزادیخواه ā.-xāh (افا.) آزادی‌طلب، دوستدار آزادی. ۲- طرفدار آزادی فردی.

آزادیخواهی ā.-xāh-ī (حامص.) چگونگی و حالت آزادیخواه: ۱- طرفداری ازآزادی. ۲- طرفداری از آزادی فردی.

آزادی طلب ā.-talab [ف.-ع.] (افا.) آزادیخواه (ه.م.)

آزادی‌طلبی ā.-talab-ī (حامص.) عقیدهٔ آزادی طلب (ه.م.) آزادیخواهی (ه.م.)

آزار āzār [په. āzār] (ا.) ۱- رنج ، عذاب ، شکنجه ، اذیت . ۲- تعب ، مشقت . ۳ - کین، کینه ، بغض، عداوت . ۴ - رنجیدگی ، رنجش ، شکراب . ۵ - اندوه ، غم ، تیمار. ۶- تألم، توجع . ۷- ضرب، کوب، صدمه. ۸ - آفت. ۹- بیماری ،مرض، ناخوشی، بیماریی مانند جنون وهاری.

آزاراقی āzārāγī [= ازاراقی] (ا.) (گیا.) کچوله (ه.م.)، کچله (ه.م.)

آزارتلخه ā.-talxa(-e) (امر.) (پز.) یرقان (ه.م.)، زردی.

آزار دادن ā.-dādan (مص م.) رنج دادن ، الم رسانیدن ، آزردن ، اذیت کردن.

آزاردن āzārdan [په. āzārītan] (آزارد(بسکون راء)، آزارد(بفتح راء)، خواهدآزارد، بیازار، آزارنده . آزارده) رنجاندن، رنجه کردن، آسیب رسانیدن ، آزردن .

آزارده āzārda(-e) (امف. آزاردن) آزرده شده .

آزار رسانیدن ā.-ra(e)sānīdan (مص م.) آزارکردن ،آزردن .

آزارش āzār-eš (امص. آزاردن) آزار (ه.م.)

آزارکردن ā.-kardan (مص م.) آزردن، آزار رسانیدن .

آزارگرفتن ā.-gereftan (مص ل.) ـــ **ازکسی** . ازاو رنجیده و دلتنگ شدن، خشمگین شدن نسبت باو.

آزارمند ā.-mand (صمر.) صاحب آزار ، علیل ، بیمار .

آزارنده āzāra(e)nda(-e) (افا. آزاردن) آزار دهنده ،موذی.

۱- آزاری āzār-ī (حامص.) تألم، تأثر،توجع ، رنج ، الم :

ابی آنکه بد هیچ بیماریی
نه‌ازدردهاهیچ آزاریی(فردوسی).

۲ - آزاری āzār-ī (صنسب.، افا.) آزارنده، زننده :

سخن درنامه‌آزاری چنان‌بود که‌خون
ازحرفهای‌اوچکان‌بود . (ویس‌ورامین).

آزاریدن āzārīdan [په. āzārītan] (آزارید، آزارد،خواهدآزارید،بیازار، آزارنده، آزاریده). ۱- (مصل.) آزرده شدن. ۲-(مصم.) آزرده کردن، آزردن.

آزال āzāl [ع.] (ا.) ج. ازل، ازلها، دیرینگیها.

آزپیشه ā.-pīša(-e) (صمر.) حریص، آزمند .

آزت āzot [← ازت] (ا.) ازت(ه.م.)

آزجو ā.-ǰū (افا.) آزجوی(ه.م.)

آزجوی ā.-ǰūy (افا.) ۱ - حریص، طماع . ۲ - آرزو خواه،هوی‌پرست.

آزخ āzax [= آژخ = ازخ = اژخ] (ا.) برآمدگی کوچك، گوشتین، برنگ پوست وسفت وسخت و غیرحساس که بردستها وپاها وروی اعضا افتد؛زگیل ، بالو، واژو ، ثؤلول .

آزدن āz-dan [= آژدن= آژیدن = آجیدن] (مص م.) آژدن (ه.م.) ، آجیدن (ه.م)

آزده āz-da(-e) (امف. آزدن)آژده (ه.م.)

آزرد āzard (ا.) رنگ،لون، گونه.

آزردگی āzardag-ī، āzordeg-ī (حامص.) ۱ - رنجش، رنجیدگی. ۲- خشم، غضب. ۳- صدمه،جراحت.

آزردن āzar-dan، āzor-dan ۱-(مصل.) رنجیدن ، دلگیرشدن ، متأثرگردیدن.

۲ ـ (مصل.) رنجانیدن، رنجه‌کردن، گزند رسانیدن. ۳ ـ بغضب آوردن، خشمگین کردن. ۴ ـ مجروح کردن، خستن.

آزردنی āzardan-ī,āzor- (صلیا.) شایستهٔ آزردن (ه.م.)، لایق آزردن.

آزرده āzarda,āzorde (امف. آزردن) ۱ ـ رنجیده، رنجه‌شده، دلتنگ، ملول. ۲ ـ مجروح، خسته. ۳ ـ غضب گرفته، بخشم آمده.

آزرده جان ā.-ǰān (صمر.) آزرده خاطر.

آزرده خاطر ā.-xāter (ص مر.) رنجیده، ملول.

آزرده دل ā.-del (ص مر.) آزرده خاطر (ه.م.)

آزرده‌کردن ā.-kardan (مصم.) ۱ ـ رنجانیدن، رنجه‌کردن. ۲ ـ مجروح کردن، خستن.

آزرم āzarm [په. āzarm] (ا.) ۱ ـ داد، انصاف. ۲ ـ شرم، حیا. ۳ ـ رفق، لطف، ملایمت (در گفتار) ٤ ـ مهر، مهربانی، محبت. ۵ ـ حرمت، احترام، عزت. ٦ ـ یاد، ذکر: بآزرم من، بیاد من. ۷ ـ اندیشه، دلمشغولی. ۸ ـ تاب، طاقت. ۹ ـ سلامت، راحت. ۱۰ ـ اندوه، غم. ۱۱ ـ جانبداری، طرفداری، نگاهداشت جانب، رودربایستی. ۱۲ ـ ضرر، زیان. ۱۳ ـ ظاهر، آشکارا. ۱٤ ـ فضیلت، تقوی. ۱۵ ـ نکبت.

آزرمجو ā.-ǰū (افا.) آزرمجوی (ه.م.)

آزرمجوی ā.-ǰūy (افا.) ۱ ـ باشرم، باعفت، باآزرم. ۲ ـ باتقوی، بافضیلت. ۳ ـ دادور، بانصفت، عادل.

آزرم داشتن ā.-dāštan (مصم.) ~ کسی را یا چیزی را، محترم شمردن او.

آزرمگن ā.-gen [= آزرمگین] (صمر.) آزرمگین.

آزرمگنی ā-gen-ī (حامص.) حالت وکیفیت آزرمگن، آزرمگینی (ه.م.)

آزرمگین ā.-gīn (صمر.) ۱ ـ باحیا، با شرم. ۲ ـ مؤدب. ۳ ـ با فضیلت، باتقوی.

آزرمگینی ā.-gīn-ī (حامص.) حالت وکیفیت آزرمگین (ه.م.)

آزرمناك ā.-nāk (صمر.) پرآزرم، آزرمگین.

آزرمناکی ā.-nāk-ī (حامص.) حالت وکیفیت آزرمناك، آزرمگینی.

آزرمی ā.-ī (ص نسبـ.، افا.) باحیا، باشرم: زنی آزرمی.

آزری āzar-ī (ص. نسبـ.) منسوب به آزر (← بخش ۳): که نفرین کند بربت آزری (فردوسی).

آزغ āzoγ [= آژغ، په. azg] (ا.) آنچه از شاخه‌های درخت خرما و تاك انگور ودرختان دیگر ببرند.

آزفنداك āzfandāk [= آژفنداك = ازفنداك] (ا.) آژفنداك (ه.م.)

آزگار āz(e)gār (ق.) (عم.) کامل، تمام: یك سال آزگار.

آزما āz(e)mā [= آزمای] (افا.) در ترکیبات بمعنی آزماینده آید: بخت‌آزما، جنگ‌آزما، رزم‌آزما.

آزمای āz(e)māy [= آزما] (افا.) در ترکیبات بمعنی آزماینده آید، رزم‌آزمای، نبردآزمای، زورآزمای.

آزمایش āz(e)māyeš [په. azmāyišn] (امص. آزمودن و آزماییدن) ۱ ـ آزمودن، امتحان. ۲ ـ ورزش، ریاضت، مشق.

آزمایشگاه ā.-gāh (امر.) ۱ ـ جای

آزمودن . محل تجربه کردن . ۲ـ مکان انجام دادن تجربه های علمی ، لابوراتوار .

آزمایشگاهی ā.-ī (ص‌نسبـ.) منسوب به‌آزمایشگاه ، مربوط به‌آزمایشگاه، لابوراتواری : عملیات آزمایشگاهی.

آزمایشگر ā.-gar (صمر.) آزماینده ، آزمون‌کننده ، مجرب.

آزماینده āz(e)māy-anda(-e) (افا.) آزمایش کننده ، آزمایشگر، مجرب.

آزماییدن āz(e)māy-īdan [= آزمودن] (مصم.) (آزمایید، آزماید، خواهدآزمایید، بیازما(ی)، آزماینده، آزماییده)، آزمودن (ه.م.)

آزمند āz-mand (صمر.) حریص، طمع‌کار، آز ور.

آزمندی āz-mand-ī (حامص) کیفیت وحالت آزمند (ه.م.)، حرص، ولع ، طمع .

آزمودگی āzmūda(e)g-ī (حامص. آزموده) حالت و کیفیت آزموده، آزموده بودن، مجرب بودن ، کارکشتگی.

آزمودن āz(e)mūdan [āzimā·است] (مصم.) (آزمود ، آزماید ، خواهد آزمود، بیازما(ی)، آزماینده، آزموده). ۱ ـ امتحان‌کردن ، آزمایش کردن . ۲ ـ تجربه (عملی) کردن. ۳ـ سنجیدن. ۴ ـ تحمل‌کردن ، کشیدن . ۵ ـ بکار بردن، استعمال‌کردن . ۶ ـمشق‌دادن، ریاضت دادن .

آزمودنی āz(e)mūdan-ī (صلیا.) لایق‌آزمودن ، محتاج آزمودن (ه.م.)

آزموده āz(e)mūda(-e) (امف. آزمودن) ۱ـ امتحان‌شده. ۲ ـ تجربه (عملا). ۳ـ سنجیده. ۴ـ ریاضت دیده، ورزیده ، کارکشته .

آزموده‌کار ā.-kār (صمر.) (تذ.) مجرب ، آزموده .

آزمون āz(e)mūn (ا.ازآزمودن) ۱ـ آزمایش، امتحان. ۲ ـ تجربه(عملی). ۳ ـ حاصل تجربه ، عبرت‌که ازتجربه بدست‌آید .

آزناک āz-nāk (صمر.) آزمند ، حریص ، طماع .

آزور āz-var [= آزور ↓ ، پهـ. āzvar] (صمر.) آزمند ، حریص ، طماع ↓ .

آزور āz-ūr [= آزور ↑ قس . گنجور ، مزدور] (ص مر.) آزمند ، حریص ، طماع .

آزوری āz-var-ī [پهـ·āzvarīh] (حامص.) ۱ ـ طمع ، حرص ، ولع . ۲ ـ هوی ، خواهش .

آزوغ āzūɣ [= آزغ = آژغ، پهـ. azg] (اِ.) آزغ (ه.م.)

آزوق āzūɣ [تر. = آزوقه = ازوق] (اِ.) آزوقه (ه.م.)

آزوقه āzūɣa(-e) [تر . آزوق āzūq, azoq ← ازوق] (اِ.) ۱ ـ غذایی‌که در سفر باخود دارند، توشه. ۲ ـ آنچه درخانه ازغله وحبوب وما نند آن جمع‌کنند برای مصرف‌چند ماه یا یك سال . ضح.ـ معمولا این‌کلمه را بصورت «آذوقه» نویسند .

آزیدن āz-īdan [= آژیدن = آجیدن] (مص م .) آژیدن (ه.م.) ، آجیدن (ه.م.)

آزیر āzīr, āzēr (قد.)[ممال: آزار] (اِ.) آزار (ه.م.) .

آزینه āzīna(-e) [= آژینه] (اِ.) آژینه (ه.م.)

آژان āžān [فر· agent] (اِ.) ۱ -

نماینده ، کارگزار (کم.) ۲- پاسبان.

آژانس āžāns [فر. agence] (ا.) ۱- نمایندگی ، کارگزاری . بنگاهی که بنمایندگی مؤسسات دیگر کارهایی را انجام دهد : آژانس معاملات. ۲- خبرگزاری .

آژخ āžax [= آزخ] (ا.) آزخ (ه.م.)

آژدن āǰ-dan [= آژیدن] (مص‌م.) آژیدن (ه.م.)

آژده āǰda(-e) [امف. آژدن] آژیده (ه.م.) ، آجیده (ه.م.)

آژغ āǰoγ [= آزغ] (ا.) آزغ (ه.م.)

آژفنداك āǰfandāk [= آزفنداك] (ا.) قوس قزح ، رنگین کمان .

آژگن āǰ-gen (ا.) دری مشبك که از پس آن توان دید ، غلبکن .

آژن āǰan [از آژدن] (ص مف.) در ترکیبات آید و معنی اسم مفعول (آژده) دهد : تیرآژن ، تیرآژده ، شمع‌آژن ، شمع‌آژده .

آژند āǰand [=ازند] (ا.) ۱- گل یاشفتهٔ دیگر که میان دو خشت یا دو سنگ دربنای ساختمان کشند تا آنها را بیکدیگر پیوند دهد ، ملاط . ۲- گل ولای که درتهٔ آبی نشیند. ۳- گلابه.

آژندن āǰan-dan [← آژند] (مص‌م.) (آژند-and، آژند-ǰanad، خواهدآژند، بیاژن ، آژننده، آژیده) آژند (ه.م.) میان دوخشت یادوسنگ کشیدن .

آژنده āǰ-anda(-e) (افا . آژدن) آنکه گل وشفته میان دو خشت یا دو سنگ گسترد .

آژندیدن āǰand-īdan [= آژندن] (مص م.) (آژندید ، آژند ، خواهد آژندید ، بیاژن ، آژندنده ، آژندیده) آژندن (ه.م.)

آژنگ āǰang [=اژنگ=ژنگ] (ا.) ۱- چین وشکنی که بسبب خشم، بیماری یا پیری برچهره‌وابرو وپیشانی افتد ؛ شکنج ، نورد ، ترنجیدگی . ۲- گره ، خم . ۳- کیس که در جامه افتد . ۴- موج کوچك که در آب پدید آید .

آژنگ‌گرفتن ā.-gereftan (مص‌ل.) چین‌وشکن پیدا کردن، ترنجیدن، منقبض شدن← آژنگ .

آژنگ ناك ā.-nāk (ص‌مر.) ۱- شکن‌دار ، چین‌دار ، ترنجیده . ۲- منقبض ، گرفته . ۳- مواج .

آژنگ ناکی ā.-nāk-ī (حامص.) کیفیت و حالت آژنگ‌ناك(ه.م.) . ۱- چین‌خوردگی. ۲- انقباض. ۳- کیسی.

آژوغ āǰūγ [= آزغ] (ا.) آزغ (ه.م.)

آژیانه āǰiyāna(-e) (ا.) فرش زمین از سنگ ، گچ یا آجر.

آژیدن āǰ-īdan [= آزیدن = آجیدن] (مص‌م.) (آژید، آژد ، خواهد آژید ، بیاژ ، آژنده ، آژیده) آجیدن (ه.م.)

آژیده āǰ-īda(-e) (امف. آژیدن) آجیده (ه.م.)

آژیر āǰīr [= ازیر، کر. jér] ۱- (ص.) محتاط، حذرکننده . ۲- قوی، توانا. ۳- (ا.)قوت ، توان. ۴- غلبه. ۵- بانگ . ۶- اعلام خطر ، آگاه کردن بهنگام خطر.

آژیرنده āǰīr-anda(-e) (افا . آژیریدن) آگاهاننده ، آگاه کننده.

آژیریدن āǰīr-īdan (مص م.) (آژیرید ، آژیرد ، خواهد آژیرید ،

آس

آس بری‌صغیر

آسانسور

بیاژیر ، آژیرنده ، آژیریده) ۱ـ هوشیار کردن. ۲ـ آگاهانیدن، خبردار کردن . ۳ ـ بانگ‌زدن ، خروشیدن.

آژینه (-e) āǰ-īna(-e) (اِ.) آلتی آهنین یا فولادین دارای بدنه‌های درشت و دسته‌ای چوبین که سنگ آسیا را از درون‌سو بوسیلهٔ آن تیز کنند ، تادانه را بهتر خرد کند؛ آسیا زنه، سنگ ساو.

۱ ـ آس ās [است . asman، asan، سنگ](اِ.) دوسنگ گرد ومسطح برهم نهاده ، و سنگ زیرین در میان میلی آهنین وجز آن از سوراخ میان سنگ زیرین درگذشته، وسنگ فوقانی بقوت دست آدمی یاستور یا باد، یاآب ویا برق وبخار چرخد، وحبوب وجز آنرا خرد کند وآرد سازد؛ رحی.

۲ ـ آس ās [سر. āsā](اِ.) (گیا.) مورد (ه‌.م.) ‖ ~ بری. (گیا.) کول خس(ه‌.م.) ‖ ~ بری احمر. (گیا.)[1] یکی ازگیاهان تیرهٔ خلنگ[2] (ه‌.م.)؛ آس‌منقط، آیداآریزا، یبانی‌مرسینی. ‖ ~ بری صغیر. (گیا.)[3] درختچه‌ای از تیرهٔ خلنگ[2] که دارای میوهٔ ترش مزهٔ مطبوع وخوراکی است. برگهایش متناوب وتخمدانش درپایین گلبرگها قرار داردکه بعداً تبدیل بمیوه میشود.

۳ـ آس ās [فر.،لا. ās](اِ.) ۱ـ ورق نقاشی شده برای نوعی قمار. تعداداین اوراق برای هردست بازی معمولا ۲۵ یا ۵۰ است. پشت ورقها سیاه یکدست و روی آنها برنگهای پنجگانه: سبز، سفید، سیاه، زرد وقرمزاست، وبترتیب نقشهای شاه، بی‌بی، آس، سربازولکات را بسبك دلخواه بر آن نقش کنند. ۲ـ تك خال ، ورق بازی که یك خال بر آن باشد. ‖ **چهار شاهش بچهار** ~ **خوردن.** بقوی‌تر ازخودی مصادف‌شدن، بحیله و چاره‌ای رساتر از حیلهٔ خود دچارگردیدن.

۱ ـ آسا āsā (اِ.)خمیازه، دهان‌دره، بیاستو پاسك.

۲ ـ آسا āsā (اِ.) ۱ ـ زیور، زینت، آرایش . ۲ ـ وقار ، ثبات ، تمکین ، آهستگی. ۳ـ هیبت،صلابت. ۴ ـ طرز، روش، قاعده،قانون. ‖ **بآسا.** بطوریکه معمول‌است، چنانکه‌رسم است، آلامد. ۵ ـ [=اسا= سا] (پس.) بصورت‌پسوند بآخر اسم‌ملحق‌شودوصفتی‌دال برشباهت وماننده‌گی سازد: آسمان‌آسا، پیل‌آسا ، شیرآسا . ‖ **برآسای** . مانند، بمنزلهٔ: برآسای دستور بودی ورا (فردوسی) .

۳ـ آسا āsā [= آسای] (افا.) ۱ ـ آساینده ← آسای : تن‌آسا ،جان‌آسا ، دل‌آسا ، روان‌آسا . ۲ ـآسایش‌دهنده: انجمن‌آسا .

آسائیدن āsā-'īdan (مص ل.) آساییدن (ه‌.م.)

آسان āsān [په. āsān] (ص.، ق. وصف.) ۱ـ امری‌که سخت‌ودشوار نباشد؛ سهل ، خوار ؛ مق . دشوار ، سخت ، صعب . ۲ ـ بی‌تعب، بی‌رنج. ۳ـ مرفه، خوش .

آسانسور āsānsor [فر. ascenseur] (اِ.) دستگاهی که‌بوسیلهٔ آن ازروی زمین یا ازطبقه‌ای بطبقات بالا روند و یا ازطبقهٔ بالا بپایین و یا بزمین فرودآیند ؛ بالارو ،اسانسر.

آسان‌شدن ā.-šodan (مص‌ل.) سهل شدن ، آسان‌گردیدن ، تیسر.

آسان کردن ā.-kardan (مص‌م.) سهل‌کردن ، تسهیل .

---

۱ ـ **Airelle ponctuée** (فر.)
۲ ـ **Ericacées** (فر.)
۳ ـ **Vaccinium oxycocus** (لا.) , **airelle** (فر.)

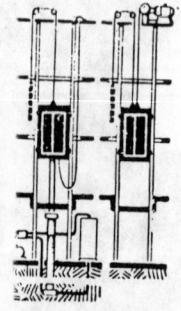

آسان گذار ā.-gozār (اِفا.) ۱ - آنکه سماجت دارد ، سمج . ۲ - کسی که اززخارف دنیا بآسانی گذرد و غم دنیا نخورد . ۳ - سهل‌انگار، مسامح

آسان‌گذاری ā.-gozār-ī (حامص.) عمل‌وحالت آسان‌گذار (هـ م) مسامحه ، سهل انگاری .

آسان‌گوار ā.-go(a)vār (اِفا.،ص مر.) آنچه بزودی‌وآسانی هضم‌گردد ، سریع الهضم .

آسان‌گواری ā.-govār-ī (حامص.) حالت و چگونگی‌آسان‌گوار ، سرعت هضم .

آسان‌گیر ā -gīr (اِفا.) آنکه‌کارها را برخودآسان‌گیرد، سهل‌انگار.

آسان گیری ā.-gīr-ī (حامص.) حالت و چگونگی آسان گیر ، سهل انگاری .

آسانی āsān-ī [په . āsānīh] (حامص.) ۱ - سهولت، خواری، یسر؛ مق. دشواری ، سختی ، صعوبت . ۲ - رفاهیت ، آسایش ، خوشی،استراحت. ۳ - خواب . ۴- کاهلی ، تنبلی . ۵ - فراوانی نعمت ، رفاه ، نعمت ، نعیم.

آسان یاب ā.-yāb (ص مفع.) سهل‌الوصول ، آسان رس (فره.)

آسای āsāy [= آسا] (افا.) در ترکیبات بمعنی‌آساینده‌آید: تن‌آسای، جان‌آسای، روان آسای .

آسایش āsāy-eš [په. āsāyišn] (اِمص.آسودن ، آساییدن) ۱- راحت، استراحت ،آسانی ، آسودگی، فراغ. ۲ - سکون ، بی‌جنبشی، آرام. ۳- (اِ.) مایحتاج ، لوازم ، اسباب‌آسایش .

آسایش جستن ā.-ǰostan (مص‌ل.) استراحت‌کردن ، استراحت .

آسایش جو ā.-ǰū [= آسایس‌جوی] آسایش‌جوی (هـ.م.)

آسایش‌جوی ā.-ǰūy [= آسایش‌جو] (اِفا.) آنکه‌آسایش طلبد ،آنکه فراغت و کاهلی دوست دارد ؛ آسایش جو ، آسایش‌طلب .

آسایش‌جویی ā.-ǰūy-ī (حامص.) کیفیت وحالت آسایش جوی (هـ.م.)

آسایش‌خواه ā.-xāh (اِفا.) آسایش جوی (هـ.م.)

آسایش‌خواهی ā.-xāh-ī (حامص.) کیفیت وحالت آسایش‌خواه ، آسایش جویی (هـ.م.)

آسایش دادن ā.-dādan (مص‌م.) راحت بخشیدن ، اراحه .

آسایش طلب ā.-talab (اِفا.) آسایش جوی (هـ.م.)

آسایش‌طلبی ā.-talab-ī (حامص.) حالت وکیفیت‌آسایش طلب ، آسایش جویی .

آسایش‌کردن ā.-kardan (مص‌ل.) استراحت‌کردن ، آسایش گرفتن .

آسایشگاه ā.-gāh (امر.) ۱- جایی که درآن‌آسایند ، محل‌آسایش ، محل استراحت . ۲ - جایی که بیماران و مخصوصاً مسلولان را پرستاری کنند ، ساناتوریوم (هـ.م.)

آسایش گرفتن ā.-gereftan (مص ل.) آسایش کردن (هـ.م.)

آسایشگه ā.-gah [= آسایشگاه] (اِمر.) آسایشگاه (هـ.م.)

آساینده āsāy-anda(-e) (افا. آساییدن ، آسودن) آنکه آسودگی گرفته ، آنکه بآسایش مشغول‌است .

آساییدن āsay-īdan [= آسودن] (مص ل.) (آسایید ، آساید ، خواهد

آسایید، بیاسا(ی)، آساینده، آساییده)
آسودن (ه.م.)

آس آب ās-e āb (إمر.) آسی که با آب گردد، آسیاب، آسیا.

آس افزون ās-afzūn [= آس افژون] (امر.) آژینه (ه.م.)، آسیازنه.

آس افژون ās-afǰūn [= آس افزون] (امر.) آس‌افزون (ه.م.).

آس باد ās-e bād (إمر.) آسی که بقوت باد گردد. بادآس، آسیا چرخ.

آس باز ās bāz (إفا.) آنکه آس بازد، آنکه بازی آس کند (← ۳ آس ۱)

آس بازی ās bāz-ī (حامص.) بازی کردن با آس، قمار با آس (← ۳ آس ۱).

آسبان ās-bān [آس (← ۱ آس) + بان] (صمر.) آسیابان.

آس بویه ās-būya(-e) (إمر.) (گیا.) گیاهی[1] از تیرهٔ نعناعیان دارای بوی خوش. گلهایش کوچک برنگ گلی وسفید و ارغوانی است، و در نواحی بحرالروم و ایران وآمریکای شمالی وسیبری میروید؛ سیسنبر، سوسنبر، ککلیک اودی.

آس بویه

آسپیرین āspīrīn [فر. aspirine] (إ.) (پز.) دارویی است که برای تسکین سردرد، تب، و درد بکار رود.

آستات āsētāt [فر. acétate] (إ.) (شم.) ملحی که از اسید استیک ناشی میشود: استات سرب[2]، استات مس[3] و غیره.

۱ - آستان āstān [= آستانه] (إ.) ۱ - قسمت پیشین اطاق متصل به در؛ درگاه، آستانه، جناب، حضرت.

۲ - آستان āstān [= ستان] (ص.) برپشت خفته، ستان.

آستان بوس ā.-būs (إفا.) آنکه آستان پادشاه یا بزرگی را بوسد، عتبه بوس. ۲ - آستان بوسی (ه.م.): آستان بوس تو در خواب تمنا کردند (خسرو دهلوی).

آستان بوسی ā.-būs-ī (حامص.) حالت و کیفیت آستان بوس. ۱- بوسیدن آستان، عتبه بوسی؛ ۲ - (احتراماً) تشرف، بخدمت بزرگی رسیدن.

آستانه āstāna(-e) [= آستان] (إ.) ۱ - آستان، حضرت، جناب، عتبه (← ۱ـ آستان). ۲ - (نجا.) چوب زیرین چارچوب (در)، اسکفه. ۳- مقدمه، وسیله. ۴- بارگاه پادشاهان. ۵ - (إخ) استانبول (← بخش ۳) ‖ ~ قدس، ~ اقدس. مشهد حضرت رضا ع.

آستانهٔ در

۱ - آستانی āstān-ī (ص نسبـ.) منسوب به آستان (← ۱ آستان).

۲ - آستانی āstān-ī (حامص.) فروتنی.

۱ - آستر āstar [په. āstar] (إ.) ۱ - پارچه‌ای که در طرف درونی جامه ومانند آن دوزند؛ زیره، بطانه، مق. رویه، ابره، ظهاره. ۲ - (نق.) رنگ اولی که بروی در و دیوار وبوم (ه.م.) مالند.

۲ - آستر ā-s-tar [= آن‌سوی‌تر] (ق.) آن سوی‌تر، زاستر ← زاستر.

آستری āstar-ī (ص نسبـ.) منسوب به آستر. ۱- جامه وپارچهٔ کم ارز که از آن آستر سازند. ‖ مثل ~. جامه وپارچه‌ای بد و بی‌دوام.

---

۱ - Thymus mummularius (لا.)؛ Th serpillum (لا.)، serpolet (فر.)
۲ - Acétate de plomb (فر.)   ۳ - Acétate de cuivre (فر.)

آستن āsten [= آستین] (اِ.) آستین (هـ.م.)

آستن āseton [فر. acétone] (اِ.) ← استن.

آستون āseton [↑] (اِ.) ← استن.

آستیگماتیسم āstīgmātīsm [فر. astigmatisme] (اِ.) (پز.، فز.) عارضه‌ای که برچشم رسد و بسبب آن، نمیتوان اندام جسمی را بطور واضح و آشکارا دید. این عیب بعلت نامنظم بودن قرنیه (که کروی نباشد) و یا جلیدیه (که نامنظم باشد) ایجادمیشود. درین صورت در آن واحد ممکن نیست که تصویر قسمتهای مختلف یك جسم برروی نقطهٔ زرد یکسان و نمایان بیفتد. برای رفع این عیب از شیشه های استوانه‌یی که آنها را روی عینك قرار میدهند، استفاده میشود.

آستیلن āsetīlen [فر. acétylène] (ا.) ← استیلن.

۱- آستیم āstīm [= استیم = اشتیم = ستیم] (اِ.) ۱- چرك زخم، ریم، جراحت. ۲- سرمایی که بر جراحت زند و جراحت بسبب آن آماس کند.

۲- آستیم āstīm [= آستین] (اِ.) آستین (هـ.م.)

۳- آستیم āstīm (اِ.) دهان ظروف واوانی.

آستین āstīn [طبر. usti، گیل. astīn، ← آستیم] (اِ.) ۱- قسمتی‌از جامه که دست را پوشد از بن دوش تا بند دست. ۲- آن قدر چیز که در آستین (← شمارهٔ ۱) گنجد. ۳- طریقه، راه. ۴- دهانهٔ خیك و مشك و مانند آن. ‖ ~ برگناه کسی کشیدن. او را عفو کردن. ‖ تبریز کردن از ~ کوتاه کردن دست تطاول. ‖ در ~ کردن. نفع بردن، سود بردن.

آستین افشاندن ā.-afšāndan (مص‌ل.) ۱- دست و بتبع آن آستین‌را بنشانهٔ محبت، خلوص، عفو، تحسین، بخشش و احسان بحرکت در آوردن. ۲- اشاره کردن. ۳- اجازه‌دادن. ۴- پشت‌پا زدن، ترك گفتن، فروگذاشتن. ۵- رقص کردن، پایکوبی کردن. ‖ **آستین ملال برکسی‌افشاندن.** با جنبش دست‌و آستین کراهت و نفرت خود را نشان دادن.

آستین بالا زدن ā.-bālā-zadan (مص‌ل.) (تد.) آستین برزدن (هـ.م.)

آستین برچیدن ā.-bar-čīdan (مص‌ل.) آستین برزدن (هـ.م.)

آستین برزدن ā.-bar-zadan (مص ل.) ~ **بکاری.** مصمم شدن برآن، آماده گردیدن برای انجام دادن آن.

آستین برفشاندن ā.-bar-fa(e)šāndan (مص‌ل.) آستین افشاندن (هـ.م.)

آستین‌برنوشتن ā.-bar-navaštan (مص‌ل.) آستین برزدن (هـ.م.)

آستین‌پوش ā.-pūš (افا.) ۱- فروتن، خاضع. ۲- مطیع، منقاد.

آستین‌فشاندن ā.-fa(e)šāndan (مص‌ل.) آستین افشاندن (هـ.م.)

آستین گرفتن ā.-gereftan (مص‌ل.) چنگ زدن بآستین. ‖ **آستین کسی را گرفتن.** ۱- دامن‌اورا گرفتن برای تقاضا یامطالبه. ۲- تقاضا کردن، مطالبه‌کردن.

آستین‌مالیدن ā.-mālīdan (مص ل.) آستین برزدن (هـ.م.)

آستینه āstīna(-e) [= استینه = آسینه] (امر.) تخم مرغ، خایه.

آس خانه ās-xāna(-e) (اِمر.) آسکده ، آسیا خانه ، سرآسیا ، محل آسیا .

آسدست ās-dast [← آس] (اِمر.) آسیا که بادست گردد ؛ دستاس .

آسطرنومیا āstronomiyā [معر. یو. astronomia] (امر.) علم‌هیأت، اخترشناسی .

آسغده āsaγda(-e) [سغ. āsaγde، آماده ومرتب] (ص‌مف.) آماده، مهیا .

آسغده āsoγda(-e) [قس. سوخته] (ص مف.) نیم‌سوز ، هیزم نیم‌سوخته .

آسفالت āsfālt [فر. asphalte] (اِ.) ۱ـ (شم.) قسمی‌ازقیر، تیره‌رنگ، سیاه یا قهوه‌یی ، درخشان ، که درصد درجه حرارت ذوب گردد . ۲ـ (معم.، راه.) مخلوطی از قیر و شن که برای مفروش کردن کف خیابانها و جاده‌ها وپشت بامها بکار رود .

آسگون ās-gūn (ص‌مر.) مانند آسیا، چون آس، رحوی. ‖ **بحر ــ**. آسمان ، فلك .

آسم āsm [فر. asthme، یو. astma] (اِ.) (پز.) مرضی است که بیشتر افراد مسن را عارض شود ، و علامت مشخص آن تنگی نفس متناوب است؛ عسرالنفس، ضیق‌النفس، ربو.

آسمار ās-mār (امر.) (گیا.) آس (← ۳آس)، مورد (ه.م.)

آسمان ās-mān [به. āsmān] (امر.) ۱ـ فضای لایتناهی که منظومه‌ها وصورتهای فلکی درآن قرار دارند[1]. ۲ـ مجموعهٔ افلاك درنظر قدما ؛ سماء، سپهر. ۳ـ هریك از طبقات هفتگانه یا نه گانهٔ افلاك (← نمر. ۲) در نظر قدما ؛ فلك. ۴ـ قسمتی ازفضا که مانند سرپوش بالای سر ما قرار دارد. ۵ـ سقف، آسمانه. ۶ـ بالا، جانب علو. ۷ـ آس ، آسیا . ۸ـ (اخ) یکی از ایزدان ← بخش۳. ۹ـ روزبیست‌وهفتم ازهرماه‌شمسی. ‖ **ــِ برین.** فلك‌اعلی، فلك‌الافلاك. ‖ **ــِ وفا** . مثل اعلای وفا ، نمونه ومظهر وفا . ‖ **به ــ شدن.** مردن، در گذشتن . ‖ **دست بر ــ برداشتن.** دعا کردن‌با افراختن‌دودست.

آسمانخانه ā.-xāna(-e) (اِمر.) سقف، آسمانه .

آسمانخراش ā.-xarāš (اِفا.، اِمر.) عمارت چند طبقه وبسیار مرتفع[2].

آسمانخراش

آسماندره ā.-dara(-e), darra(-e) (امر.) کاهکشان ، کهکشان، مجره (← بخش۳: کاهکشان)

آسمان‌روز ā.-rūz (اِمر.) ← آسمان ۹.

آسمان‌سا ā.-sā (اِفا.) آسمان‌سای (ه.م.)

آسمان‌سای ā.-sāy (اِفا). ۱ـ آنچه سر بآسمان کشیده باشد؛ بسیار مرتفع. ۲ـ آسمانخراش.

آسمان‌غرش ā.-γorreš (اِمر.) آسمان غرنبه (ه.م.)

آسمان غرغره ā.-γorγora(-e) (اِمر.) (عم.) آسمان غرنبه (ه.م.)

آسمان غرنبه ā.-γoronba(-e) (اِمر.)(عم.) رعد، تندر، آسمان غرغره، آسمان غرش، آسمان‌غره .

آسمان غره ā.-γorra(-e) (اِمر.) آسمان غرنبه (ه.م.)

آسمان‌فرسا ā.-farsā (اِفا.) آسمان فرسای (ه.م.)

آسمان‌فرسای ā.-farsāy (اِفا.)

۱ـ Caelum (لا.)، ciel (فر.) ۲ـ Sky scraper (انگ.), gratte - ciel (فر.)

آسمانگر
۵۶

آنچه سر بآسمان کشیده ، سخت مرتفع، بسیار بلند .

آسمانگر ā.-gar (ص فا.) صانع آسمان ، خالق سماء ، خدا .

آسمانگون ā.-gūn (صمر.) ۱ - برنگ آسمان، لاجوردی، کبود. ۲ - مانند آسمان، همچون آسمان.

آسمانگونه ā.-gūna(-e) [= آسمانگون] (صمر.) آسمانگون (بهر دو معنی).

۱- آسمانگونی ā.-gūn-ī (حامص.) ۱ - برنگ آسمان بودن . ۲ - چون آسمان بودن .

۲-آسمانگونی ā.-gūn-ī (صنسب.) برنگ آسمان، لاجوردی .

آسمانه āsmāna(-e) [= آسمان] (إمر.) ۱- آسمان، سماء . ۲ - سقف، آسمانخانه.

آسمانی āsmān-ī (صنسب.) منسوب به آسمان. ۱ - سماوی، فلکی، سپهری: اجرام آسمانی. ۲ - نجومی، احکام نجومی. ۳ - ربانی، الهی ، خدایی . ۴ - آبی روشن . ۵ - نوعی از آتش بازی.

آسموغ āsmūɣ [= آشموغ] ← آشموغ (بخش ۱، بخش۳) .

آس وپاس ās-o-pās (إمر.،اتـ.) (عم.) لات ولوت، مفلس، بینوا.

آسودگی āsūda(e)g-ī (حامص.) کیفیت وحالت آسوده: ۱ - آرامش ، آرامی، نرمی، آهستگی. ۲- استراحت، راحت. ۳ - فراغ بال، جمعیت‌خاطر. ‖ ~ خاطر. فراغ بال، بی‌اضطرابی.

آسودن ās-ūdan [= آساییدن] (مص ل .) (آسود ، آساید ، خواهد آسود ، بیاسا(ی)، آساینده ، آسوده) . ۱ - آرمیدن ، راحت‌کردن ،استراحت یافتن. ۲ - آرام‌گرفتن، سکون‌یافتن. ۳ - خوابیدن ، خفتن . ۴ - درنگ کردن، توقف کردن. ۵ - بعطالت یا عشرت گذرانیدن. ٦ - محظوظ شدن ، بهره بردن . ‖ ~ از... ۱ - فارغ ماندن از ، معطل ماندن از. ۲ - ترك گفتن آن، دست کشیدن از آن. ۳ - ماندگی‌گرفتن، رفع خستگی کردن . ۴ - بی‌رنج گشتن از، بی‌تعب گشتن‌از. ‖ ~ با...، همخوابه شدن‌با، آرمیدن با. ‖ ~ِ دل. خوش بودن ، مسرور بودن . ‖ ~ِ دل به ۱ - انس گرفتن با... ، عشرت‌کردن‌با...

آسوده ās-ūda(-e) (إمف. آسودن) ۱ - استراحت یافته، راحت‌کرده. ۲- آرام گرفته، ساکن. ۳ - فارغ، فراغ یافته. ۴ - خوش، مسرور. ۵ - دور، جدا. ٦- ماندگی‌گرفته، رفع خستگی کرده. ۷ - بی‌رنج ، بی تعب . ۸ - بهره‌مند ، محظوظ. ۹- مدفون، آرام گرفته در قبر .

آسوده خاطر ā.-xāter [ف.-ع.] (صمر.) آسوده‌دل، فارغ‌البال.

آسوده خاطری ā.-xāter-ī [ف.-ع.] (حامص.) کیفیت و حالت آسوده خاطر؛ آسوده دلی.

آسوده دل ā.-del (صمر.) آسوده خاطر ، فارغ البال . بی دلواپسی ؛ مق. مضطرب .

آسوده دلی ā.-del-ī (حامص.) حالت وکیفیت آسوده دل، فراغ بال، آسوده خاطری.

آسوده‌کاری ā.-kār-ī (حامص.) بیکاری، عطلت.

آسوری āsūr-ī (صنسب.) منسوب

به آسور (← بخش ۳) ، یکتن از آسوریان.

آسوندار āsūn-dār (اِمر.)(گیا.)[1] درختی است که در جنگلهای شمالی ایران وجود دارد، ودارای چوب سختی است. ریشه‌وبرگهای آن مصرف دارویی دارد؛ دمیر آغاجی، انجیلو، انجیلی، انجول، تویی، تفی، زوند.

۱ ـ آسه āsa(-e) (اِ.) زردی و پژمردگی که برروی آدمی یا برگیاه افتد، آسهٔ غله، گرسنهٔ آسه زده.

۲ ـ آسه āsa(-e) [قس. آیش، آسدن، آمدن] (اِ.) ۱ ـ کشت و زراعت، ۲ ـ زمینی که برای کشت آماده کرده باشند.

۳ ـ آسه āsa(-e) [= آس] (اِ.) ۱ ـ آس، آسیا، رحی. ۲ ـ محور، سنگ آسیا[2] (فره.).

۴ ـ آسه āsa(-e) (اِ.) ۱ ـ (گیا.)[3] این نام به گونه‌های مختلف درختچهٔ فیل زهره اطلاق میشود که اکثر در نواحی گرم میرویند. ۲ ـ (گیا.) ریشهٔ شیرین بیان (ه.م.) ۳ ـ (گیا.) راس هندی (ه.م.)

آسه‌یی āsa-yī (ص نسبـ.، اِمر.) (جاذ.) دومین مهرهٔ گردن انسان و اکثر ذی فقاران که دارای یك زایدهٔ عمودی است؛ محوری، فقرهٔ ثانی عنق[4].

آسیا āsiyā [په. āsyāp] (اِمر.) ۱ ـ آسیاب (ه.م.) ۲ ـ (جاذ.) هریك از دندانهای سرپخ ودرشت که تعداد آنها درهر فك ۱۰ عدد ودر هر نیم فك ۵ عدداست، و ۵ دندان آخری نیم‌فك را تشکیل میدهند، و در انسان تعداد آنها ۲۰ است؛ کرسی، طاحنه، رحی ← دندان.

آسیا (آسیاب = آس آبی)

آسیاآژن ā.-āǰan (افا، امر.) آژینه (ه.م.)، آسیا زنه، سنگ سا.

آسیاب āsiyāb [په. āsyāp = آس + آب] (امر.) ۱ـ آسی که بقوت آب گردد. ۲ ـ (توسعاً) هرنوع آس (← ۱ آس).

آسیابان ā.-bān (صمر.) متصدی و نگهبان آسیا، صاحب آسیا، آسبان، طحان.

آسیابانی ā.-bān-ī (حامص.) شغل آسیابان (ه.م.)، آسبانی.

آسیا چرخ ā.-čarx (اِمر.) آس‌باد (ه.م.)

آسیا خانه ā.-xāna(-e) (اِمر.) جایگاه آسیا، محل آسیا، سرآسیا.

آسیازنه ā.-zana(-e) (اِمر.) آژینه (ه.م.)، سنگ‌سا، آسیاآژن.

آسیا سنگ ā.-sang (اِمر.) سنگ آسیا، رحی.

آسیاکده ā.-kada(-e) (اِمر.)

---

۱ - Parrotia persica (.لا) , Hamamelis (.لا)   ۲ - Axe.
۳ - Lycium barbarum (.لا) , Lycium valgaris, Lycium floridum, Lycium halimifolium, Lycium depressum.   ٤ - Axis (.فر)

آسیا کردن
۵۸

جایگاه آسیا ، آسکده ، آسیاخانه ، سرآسیا .
آسیا کردن ā.-kardan (مصم.) خرد و آرد کردن غله و حبوب و مانند آن بوسیلهٔ آسیا.
آسیانه ạsiyāna(-e) (إمر.) سنگ فسان ← ۳-فسان .
آسیاو āsiyāv [= آسیاب] (إمر.) آسیاب (ه.م.)، آسیا.
آسیاه āsiyāh [= آسیاب = آسیاو] (إمر.) آسیاب (ه.م.)، آسیا.
۱ - آسیایی āsiyā-yī (ص‌نسبـ.) منسوب به آسیا (← بخش۳) ، انسان یاحیوان یا نباتی که در قارهٔ آسیا باشد.
۲ - آسیایی āsiyā-yī (ص‌نسبـ.) منسوب به‌آسیا (آس)، رحوی.
آسیایی کردن ā.-kardan (مصم.) ۱ - خرد و آرد کردن بوسیلهٔ آسیا، سخت نرم‌ساییدن. ۲- بدور آوردن‌مانند آسیا.
آسیب āsīb [طبر. sīb، هول‌وفشار] (إ.) ۱- زخم، کوب، ضرب . ۲ -عیب و نقص یا شکستگی که بسبب ضربت وزخم پیدا شود، صدمه. ۳ - تعب، رنج، مشقت. ٤- آفت، بلا، نکبت، مصیبت. ۵ - گزند ، آزار. ٦ - زیان ، ضرر. ۷ - لگد، آلیز . ۸ - تماس ، سایش، تلاقی. ۹ - تبش، هرم . ۱۰- دمش ، وزش، نفحه .
آسیب‌دیدن ā.-dīdan (مصل.) آسیب یافتن (ه.م.)
آسیب دیده ā.-dīda(-e) (إمف.). آسیب رسیده ، ضرب خورده ، صدمه دیده.
آسیب‌رسانیدن ā.-ra(e)sānīdan (مصم.) آسیب زدن (ه.م.)
آسیب‌زدن ā.-zadan (مصم.) آسیب رسانیدن ، صدمه زدن ، ضرب وارد آوردن.
آسیب یافتن ā.-yāftan (مصل.) دچار صدمه شدن، ضرب دیدن، آسیب دیدن.
آسیب وشیب ā.-o-šīb (إمر.) اضطراب ، تشویش، دلواپسی .
آسیبی āsīb-ī (ص‌نسبـ.) ۱- آسیب رسیده، آسیب دیده(ه.م.) ۲- پری‌زده، جن‌زده، دیو دیده، دیوزده ، سایه‌دار.
آسیل āsīl (إ.) (قلمکار) محتویات شکنبهٔ گوسفند که درآب شیرین وصاف ریزند، و در مرحلهٔ شستن پارچهٔ سفید ساده، پیش‌ازآنکه‌ازآن قلمکارسازند، بکار رود.
آسیمه āsīma(-e) [= سیمه، است. sima، سهمگین](ص.) ۱ - مضطرب، پریشان، مشوش، آشفته. ۲ - حیران، حیرت زده، متحیر ، سرگشته . ۳ - متعجب ، بشگفتی مانده. ۴ - دهشت زده، هراسیده ، بیمناك. ۵ - ژولیده، نابسامان. ٦ - شتابزده.
آسیمه‌سار ā.-sār [= آسیمه‌سر] (ص مر.) سرآسیمه، آسیمه‌سر (ه.م.)
آسیمه‌سر ā.-sar [= آسیمه‌سار] (ص مر.) ۱- مضطرب، پریشان. ۲- سرگشته، سرگردان، متحیر . ۳ - گیج، شیفته گونه. ٤- متزلزل، نوان. ۵- دستپاچه، دست وپاگم کرده .
آسینه āsīna(-e) [= آستینه = اُستینه] (إمر.) تخم مرغ، خایه.
آسیون āsīvan (ص.) آسیمه، سرگشته، حیران.
۱- آش āš [سنس. as خوردن] (إ.) ۱ - طعام‌رقیق، طعامی که پزند . ۲ - طعام رقیق که ازحبوب وروغن وسبزی و مانند آن درست کنند ؛ با ، وا .

۳ ـ آهار، آهر، شوی که بجامه کنند. ۴ ـ ترکیبی مایع که پوست خام‌را برای دباغی در آن فرو برند. ۵ ـ لعابی که بر ظروف سفالین و فلزین دهند. ۶ ـ لعابی که برای ساختن نمد به‌پشم زنند.

آشاب āš-āb (إمر.) آشام (ه.م.)، آب‌چلو، آبریس.

آشام ā-šām [اس. ā، پش. šāma+، نوشیدنی] (إ.) ۱ ـ نوشیدنی، مشروب، شربت. ۲ ـ قوت اندك. ۳ ـ (ري. آشامیدن؛ افا) در کلمات مرکب بمعنی آشامنده آید: خون‌آشام، دردی‌آشام، می‌آشام. ۴ ـ (فز.) جذب، انجذاب، جذب مایع[1] (فره.)

آشامنده āšām-anda(-e) (إفا. آشامیدن) کسی که آب یا مایع دیگر آشامد؛ نوشنده.

آشامیدن āšām-īdan [← آشام]، (مصم.) (آشامید، آشامد، خواهد آشامید، بیاشام، آشامنده، آشامیده.) فرو بردن مایعی در حلق؛ نوشیدن، گساردن.

آشامیدنی āšāmīdan-ī (ص‌لیا.) ۱ ـ لایق آشامیدن، در خور نوشیدن، نوشیدنی. ۲ ـ آنچه که بتوان نوشید. ۳ ـ آنچه که نوشیدن آن لازم باشد. ۴ ـ آنچه‌را که آشامند؛ مق. خوردن.

آشامیده āšām-īda(-e) (إمف. آشامیدن) نوشیده.

آشانه āšāna(-e) [= آشیانه] (إ.) آشیانه (ه.م.)

آش بچگان āš-bač(č)agān (إ.) [آش = اس. aša، بسیار، فراوان؛ بسیار بچه] جند بیدستر (ه.م.)، گندبیدستر (ه.م.)، خایهٔ سگ آبی.

آش پختن āš-poxtan (مص م.) پختن و آماده کردن آش (← آش۱) ‖ **~ برای کسی.** توطئه‌ای برای او ترتیب دادن، کسی‌را برای اذیت کردن وی برانگیختن: آشی برایت بپزم که خودت حظ کنی!

آشپز āš-paz (إفا.) آنکه شغلش پختن طعام است؛ طباخ، خوالیگر.

آشپز باشی ā.-bāšī [ف.-تر.] (ص‌مر.) رئیس آشپزان، رئیس طباخان.

آشپزخانه ā.-xāna(-e) (إمر.) آنجا که طعام پزند، مطبخ، آشخانه. ‖ **لوازم ~.** آنچه که درمطبخ بکار رود از ظروف وغیره.

آشپزی āšpaz-ī (حامص.) عمل آشپز، شغل آشپز، طباخی، خوراك پزی.

آشتالنگ āštālang [اشتالنگ = شتالنگ] (إ.) شتالنگ (ه.م.)، کعب.

آشتی āšt-ī [به. āštīh] (حامص.، إ.) ۱ ـ رنجشی‌را فراموش کردن، پس از قهر از نو دوستی کردن؛ مق. قهر. ۲ ـ صلح کردن پس از جنگ؛ مصالحه؛ مق. جنگ، حرب. ۳ ـ جمع میان دو عقیده‌یا دو رأی که صورةً مخالف نمایند؛ وفق، توفیق. ۴ ـ آرامش.

آشتی پذیر ā.-pazīr (إفا.) قابل صلح، لایق توافق.

آشتی پذیری ā.-pazīr-ī (حامص.) قابلیت وفق، لیاقت توافق.

آشتی جستن ā.-ǰostan (مصم.) صلح‌طلبیدن، استرضا، آشتی‌خواستن.

آشتی خواره ā.-xāra(-e) (إمر.) حلوا یا طعام دیگر، که پس از آشتی دو تن، آن دو یا دوستان آنان در جایی صرف کنند؛ حلوای آشتی.

---

۱ - Absorption (فر.)

آشتی خواستن ā.-xāstan (مصم.) آشتی جستن (ه.م.)

آشتی دادن ā.-dādan (مصم.) اصلاح ، ساز واری بخشیدن ، صلح دادن.

آشتی کردن ā.-kardan (مصل.) ــِ با...، اصلاح کردن با او، سازش کردن با وی.

آشتی کنان ā.-konān (صفا.،إ.) ۱ - عمل آشتی کردن . ۲ - مجلسی که برای آشتی کردن و آشتی دادن ترتیب دهند.

آشخال āšxāl [=آشغال] (إ.) هرچیز دور ریختنی، افکندنی، سقط، آخال، آشغال.

آشخانه āš-xāna(-e) (إمر.) آشپز-خانه، مطبخ، تنورخانه.

آش خوری āš-xorī (إمر.) ۱ - ظرفی گود که در آن آش خورند. ۲ - کفچه‌ای که بدان آش گیرند.

آشدار āš-dār [← آش۴+دار (نده)] (إفا.) لعابدار(ظرف).

آشردن āšor-dan [=آشوردن] (مصم.) آشوردن (ه.م.)

آشرمه āšorma(-e) [قس. آدرم] (إ.) آدرم (ه.م.)

آشرمه‌دوختن ā.-dūxtan (مص.) دوختن وساختن نمد زین اسب.

آشرمه دوز ā.-dūz (إفا.) آنکه پیشه‌اش دوختن آشرمه (ه.م.) است.

آشرمه دوزی ā.-dūz-ī (حامص.) ۱ - عمل و پیشهٔ آشرمه دوز (ه.م.) ۲ - دکان آشرمه دوز (ه.م.)

آشغال āšγāl [=آشخال] (إ.) آشخال (ه.م.)

آشغالدان ā.-dān (إمر.)جای آشغال، ظرف آشخال.

آشفتگی āšofta(-e)g-ī (حامص.) کیفیت وحالت آشفته: ۱ - شوریدگی، پریشان حالی . ۲ - اختلال (امور) ، هرج ومرج. ۳ - خشم ، غضب . ۴ - عشق، شیفتگی.

آشفتن āšof-tan [= آشوفتن، اسـ. ā پش. + xšaob ،مضطرب‌شدن، تحریک شدن] (مصل.)(آشفت، آشوبد، خواهد آشفت ، بیاشوب ، آشوبنده ، آشفته) ۱ - پریشان شدن ، شوریده گشتن . ۲- مختل شدن (امور)، هرج‌ومرج‌ایجاد شدن. ۳ - خشم گرفتن، غضبناك شدن. ۴ - بهیجان آمدن ، آتشی شدن. ۵ - شورش کردن، انقلاب. ۶ - شیفته‌شدن. ۷ - رنجیدن‌از، سر گردان شدن‌با.

آشفته āšof-ta(-e) (إمف.) ۱ - پریشان، پریشان‌حال، شوریده، مضطرب. ۲ - مختل ، بی‌نظم ، بی نسق ، دچار هرج‌ومرج، درهم‌وبرهم. ۳ - متفرق، پراگنده. ۴- خشمگین، غضبناك؛ مق. آهسته . ۵ - بهیجان آمده ، آتشی . ۶ - رنجیده، سرگردان. ۷ - کاسد ، بی‌رونق.

آشفته بخت ā.-baxt (صمر.) بدبخت، بداقبال، شقی.

آشفته حال ā.-hāl [ف.-ع.] (ص مر.) ۱ - پریشان، پریشان‌حال. ۲ - بی‌بضاعت،مسکین. ۳ - (تص.)مجذوب، شوریده.

آشفته حالی ā.-hāl-ī [ف.-ع.] (حامص.) حالت و کیفیت آشفته حال (ه.م.)

آشفته خاطر ā.-xāter [ف.-ع.] (ص مر.) پریشان خاطر، آشفته‌دل.

آشفته‌خاطری ā.-xāter-ī (حامص.) آشفته خاطر (ه.م.) بودن ، پریشان خاطری.

آشفته خوی ā.-xūy (ص‌مر۰) تند خوی، تند مزاج.
آشفته خویی ā.-xūy-ī (حامص۰) تندخویی، تند مزاجی.
آشفته‌دل ā.-del (ص‌مر۰) پریشان خاطر، آشفته حال.
آشفته دلی ā.-del-ī (حامص۰) پریشان خاطری، پریشان حالی.
آشفته دماغ ā.-demāγ [ف۰-ع۰] (ص‌مر۰) ۱ - پریشان حواس ۰ ۲ - غمین، غمگین۰ ۳ - مخبط، دیوانه۰
آشفته‌دماغی ā.-demāγ-ī (حامص۰) حالت و کیفیت آشفته دماغ (ه۰م۰)
آشفته رای ā.-rāy [ف۰-ع۰] (ص مر۰) آنکه نتواند تصمیم بگیرد ؛ مردد ۰
آشفته رایی ā.-rāy-ī [ف۰-ع۰] (حامص۰) حالت و کیفیت آشفته رای (ه۰م۰)
آشفته‌رنگ ā.-rang (ص‌مر۰) آنکه ظاهر الصلاح نباشد۰
آشفته رنگی ā.-rang-ī (حامص۰) حالت و کیفیت آشفته رنگ (ه۰م۰)
آشفته‌روز ā.-rūz (ص‌مر۰) بدبخت، بداقبال۰
آشفته‌روزگار ā.-rūz(e)gār (ص مر۰) آشفته روز (ه۰م۰)
آشفته روزگاری ā.-rūz(e)gār-ī (حامص۰) حالت و کیفیت آشفته روزگار۰
آشفته روزی ā.-rūz-ī (حامص۰) بدبختی، شقاوت۰
آشفته ساختن ā.-sāxtan (مص‌م۰) آشفته کردن ، شوریدن (← آشفته ، همع۰)
آشفته سامان ā.-sāmān (ص‌مر۰) ۱ - فقیر، تهیدست۰ ۲ - (تص۰) شوریده ، مجذوب۰
آشفته سامانی ā.-sāmān-ī (حامص۰) حالت و کیفیت آشفته سامان (ه۰م۰)
آشفته شدن ā.-šodan (مص‌ل۰) آشفته گردیدن ، آشفته گشتن (← آشفته)۰ ‖ ~ اختر بر کسی. بنحوست گراییدن آن۰ ‖ ~ کار، مختل‌شدن آن۰ ‖ ~ موی‌سر، پریشان شدن آن ۰
آشفته عقل ā.-aγl [ف۰-ع۰] (ص مر۰) آشفته دماغ (ه۰م۰)
آشفته عقلی ā.-aγl-ī (حامص۰) آشفته دماغی۰ (ه۰م۰)
آشفته کردن ā.-kardan (مص‌م۰) آشفته ساختن (← آشفته همع۰)
آشفته‌گردیدن ā.-gardīdan (مص ل۰) آشفته شدن (ه۰م۰)
آشفته‌گشتن ā.-gaštan [= آشفته گردیدن] (مص‌ل۰) آشفته شدن (ه۰م۰)
آشفته گفتن ā.-goftan (مص‌ل۰) ۱ - آمیخته گفتن، درهم و برهم گفتن ۰ ۲ - پوشیده گفتن۰
آشفته‌مغز ā.-maγz (ص‌مر۰) آشفته دماغ (ه۰م۰)
آشفته مغزی ā.-maγz-ī (حامص۰) آشفته دماغی (ه۰م۰)
آشفته مو ā.-mū (ص‌مر۰) آشفته موی (ه۰م۰)۰
آشفته‌موی ā.-mūy (ص‌مر۰) ژولیده موی، پریشان مو۰
آشفته مویی ā.-mūy-ī (حامص۰) ژولیده مویی، پریشان موبودن ۰
آشفته هوش ā.-hūš (ص‌مر۰) پریشان حواس۰
آشفته هوشی ā.-hūš-ī (حامص۰) پریشان حواسی۰

آشکار āš(e)kār [= آشکارا (ه‌م‌.)]
۱ - (ص.) ظاهر، هویدا، بارز، مشهود؛ مق. پنهان، نهان، مخفی، ناپیدا، ناپدید. نهفته. ۲ - (ق.وصف.) درجلوت، جهراً، علانیةً، علناً، مق. درخلوت، خفیةً، سراً. ۳ - (إ.) صورت؛ مق. معنی. ۴ - حواس ظاهر.

آشکارا āš(e)kārā [= اشکرا] [په. aškārāk] ۱ - هویدا، روشن بین، بدیهی. ۲- مشهود، مرئی. ۳ - مکشوف. ۴ - (ق.) بی‌پرده، صریح. ۵ - (إ.) علانیه؛ مق. سر. ۶ - روی، ظاهر؛ مق. باطن.

آشکارا کردن ā.-kardan (مص‌ل.)
۱ - افشا کردن، علنی کردن. ۲ - اظهار کردن، ابراز کردن. ۳ - پیدا کردن، پدیدار کردن.

آشکارا گردیدن ā.-gardīdan
(مص‌ل.) ۱ - آشکار شدن، ظاهر گردیدن. ۲- از پرده بر آمدن.

آشکار ساختن ā.-sāxtan (مص‌م.)
۱ - ظاهر کردن، هویدا کردن. ۲ - فاش کردن، افشا. ۳- (فز.) ظاهر کردن جریانهای برق مغناطیسی (فره.)

آشکارساز ā.-sāz (إفا.إمر.) (فز.)
اسبابی که وجود جریانهای برق‌مغناطیسی را ظاهر میسازد (فره.)

آشکار سازی ā.-sāz-ī (حامص.)
۱ - عمل آشکارساختن، هویداکردن. ۲ - (فز.) عمل آشکارساختن جریانهای برق‌مغناطیسی (فره.)

آشکار شدن ā.-šodan (مص‌ل.)
ظاهرشدن، تجلی کردن.

آشکار کردن ā.-kardan (مص‌م.)
۱ - ظاهر کردن، هویدا کردن. ۲ - فاش کردن، افشا؛ مق. پوشیدن، نهان کردن، نهفتن. ۳ - نمودن، نشان‌دادن.

آشکار گردیدن ā.-gardīdan
(مص‌ل.) آشکار شدن (ه‌م‌.)

آشکار گشتن ā.-gaštan (مص‌ل.)
آشکار شدن (ه‌م‌.)

آشکاره āš(e)kāra(-e) [په. āškārak] ۱ - (ص.) هویدا، پیدا، ظاهر، معلوم، آشکارا. ۲ - متجاهر، متجاسر. ۳ - (إ.) علن، آشکار؛ مق. نهانی، پنهانی. ‖ به ~ . (ق.) علناً، جهراً، علانیةً.

آشکاره ساختن ā.-sāxtan (مص‌م.)
آشکاره کردن (ه‌م‌.)

آشکاره شدن ā.-šodan (مص ل.)
ظهور، ظاهر شدن، هویداگشتن.

آشکاره کردن ā.-kardan (مص‌م.)
۱ - هویداکردن، ظاهر ساختن. ۲ - فاش کردن، افشا کردن.

آشکاری āš(e)kār-ī (حامص.)
۱ - هویدایی، پیدایی، ظهور. ۲ - وضوح، روشنی، صراحت. ۳- بداهت، یقینی بودن.

آش کردن āš-kardan (مص م.)
دباغی کردن، پیراستن چرم، دباغت.

آشکو āškū [= آشکوب] (إ.)
آشکوب (ه‌م‌.)

آشکوب āškūb [= آشکوبه؛ په. aškōp] (إ.) ۱ - (معم.) هرطبقه از ساختمان. ۲ - (هی.) هریك ازطبقات نه‌گانهٔ آسمان؛ آسمان، سپهر. ۳ - مجموع آسمان، فلك. ۴- سقف، آسمانه. ۵ - (معم.) رگه‌های چینه. ۶ - (زم.) هرطبقه‌از زمین (فره.)

آشکوبه āškūba(-e) [= آشکوب] (إ.) آشکوب (ه‌م‌.)

آشکوخ āškūx [= اشکوخ] (إ.)
سکندری (ه‌م‌.)

آشکوخیدن āškūx-īdan (مص‌ل.) (آشکوخید، آشکوخد، خواهد آشکوخید، آشکوخنده ، آشکوخیده) از سر پنجهٔ پای ناگهان لغزیدن، سکندری رفتن.

آشکوخیده aškūx-īda(-e) (اِمف. آشکوخیدن) ، سکندری خورده ، لغزیده .

آشگر āš-gar (ص شغل.) کسی که پیشه‌اش آش‌دادن پوست حیوانات باشد، دباغ.

آشمال āš-māl (اِفا.، ص‌مر.) چاپلوس ، متملق .

آشمالی āšmal-ī (حامص.) تملق، چاپلوسی ، خوش‌آمدگویی .

آشموغ āšmoγ [= آسموغ. په. ašmuk ، ašmuγ] ۱ - فریفتار ، شریر. ۲ - (اخ) ← بخش۳.

آشمیدن āšam-īdan [= آشامیدن] (مص‌م.) آشامیدن (ه‌.م.)

۱ - آشنا āš(e)nā [په. āšnāk] (ص.) ۱ - شناخته ، شناسنده ؛ مق . بیگانه، غریب، ناآشنا. ۲ - خویش ، قریب، نزدیك. ۳ - دوست، یار. ۴ - موافق، سازگار. ۵ - معرف ، معدل ، مزکی . ٦ - مطلع بامری ، عارف از کاری: آب آشنا.

۲ - آشنا āš(e)nā [= شنا] (اِ.) شنا ، شناوری ، سباحت ‖ **مرد ــــ** . شناگر، سباح .

آشنا روی ā.-rūy (ص‌مر.) آنکه مصاحبتش دلپذیر باشد؛ مق. دشمن‌روی، بیگانه روی.

آشناساختن ā.-sāxtan (مص‌م.) آشنا کردن (ه.م.)

آشناشدن ā.-šodan (مص‌ل.) ــــ **با کسی**، بار اول او را دیدن و باوی گفتگو کردن، خودرا بیکدیگر شناساندن. ‖ ــــ **بعلمی (صنعتی)** ، اندکی فرا گرفتن آن.

آشنا کردن ā.-kardan (مص‌م.) ۱ - ــــ **کسی بدیگری** . معرفی کردن کسی را بدیگری، آشنا ساختن. ۲ - نزدیك کردن کارد وشمشیر وما نند آن بچیزی، نه‌بدان حد که برد: خنجررا بگلوی او آشنا کرد.

آشناگر ā.-gar (ص‌فا . ص‌شغل.) آشناور، شناگر، سباح، آب‌باز.

آشناگری ā.-gar-ī (حامص.) شناگری، سباحت، آب‌بازی.

آشناو āš(e)nāv [= آشنا = شنا] (اِ.) شنا (ه.م.) آشنا (ه.م.)

آشناور ā.-var (ص‌مر.) شناور ، شناگر ، سباح، آب باز.

آشناوری ā.-var-ī (حامص.) شناوری، سباحت، آب بازی.

آشناه āš(e)nāh [= آشنا = شنا] (اِ.) شنا (ه.م.)، آشنا (ه.م.)

آشنایی āš(e)nā-yī (حامص.) ۱ - شناسایی، معرفت، انس ؛ مق. بیگانگی، غربت. ۲ - خویشاوندی ، قربت . ۳ - آگاهی ازامری، اطلاع از علمی، زبانی وما نند آن.

آشوب āšūb [← آشوفتن] ۱ - (اِ.) فتنه، فساد، تباهی . ۲ - مایهٔ فتنه ، موجب فساد. ۳ - هیاهو، شورو غوغا. ۴ - خلل، هرج و مرج. ۵ - انقلاب ، شورش. ٦ - ازدحام . ۷ - (اِفا.) در ترکیبات بمعنی آشوبنده آید: دل‌آشوب، شهر آشوب ، لشکر آشوب . ‖ ــــ **بودن‌دل** (عم.). قی داشتن ، منش‌گردا داشتن: دلم آشوب است.

آشوب‌انگیز ā.-angīz (اِفا.) فتنه انگیز .

آشوب انگیزی ā.-angīz-ī (حامص.) فتنه انگیزی .

آشوبش āšūb-eš (إمص. آشوبیدن، آشوفتن) آشوب ، نزاع :
ازاختر بدین سان نشانی نمود
که آشوبش وجنگ بایست بود.
(فردوسی،لغ.)
ضح. ـ این کلمه در فهرست شاهنامهٔ ولف نیامده .

آشوب طلب ā.-talab [ف.ـع.] (افا.) فتنه‌جو ، طرفدار هرج ومرج ، طرفدار شورش .

آشوب‌طلبی ā.-talab-ī [ف.ـع.] (حامص.) فتنه جویی ، هرج و مرج طلبی ، شورش‌خواهی .

آشوبگر ā.-gar (صفا.) ۱ـ فتنه‌جوی ، شورش‌خواه . ۲ ـ فتان: دلبر آشوبگر .

آشوبگری ā.-gar-ī (حامص.) ۱ـ فتنه‌جویی، فتنه‌انگیزی،شورش‌خواهی. ۲ ـ فتانی .

آشوب گستر ā.-gostar (إفا .) فتنه‌جو ، فساد انگیز .

آشوب گستری ā.-gostar-ī (حامص.) فتنه‌جویی، فسادانگیزی.

آشوبناك ā.-nāk (صمر.) پرآشوب (← آشوب) .

آشوبناکی ā.-nāk-ī (حامص.) پرآشوبی .

آشوبندگی āšūb-anda(e)g-ī (حامص. آشوبنده) حالت و کیفیت آشوبنده .

آشوبنده āšūb-anda(-e (إفا . آشوبیدن ، آشفتن) آنکه بیاشوبد (← آشوبیدن).

آشوبیدن āšūb-īdan [=آشفتن] (آشوبید ، آشوبد ، خواهد آشوبید ، بیاشوب ، آشوبنده ، آشوبیده) ۱ـ (مصم.) آشفته‌کردن، آشوفتن. ‖ ~ مغز ، پریشان ساختن حواس . ۲ـ (مص ل .) منقلب شدن ، متغیرشدن . ۳ ـ خشمگین شدن، غضبناك گردیدن . ۴ـ شوروغوغا کردن. ۵ـ فتنه‌انگیختن، فساد برپا کردن ، تفتین .

۱ ـ آشور āšūr (إ.) ۱ ـ (مس.) گوشه‌ایست در دستگاه راست ماهور (ه.م.) ۲ ـ(مس.) گوشه‌ایست‌دردستگاه راست پنجگاه (ه.م.)

۲ـ آشور āšūr [ری. آشوردن ، آشوریدن] (افا.) درکلمات مرکب بمعنی آشورنده(برهم‌زننده) آید :دویت آشور، تنورآشور.

آشوراوند āšūr-ā-vand (امر.) ۱ ـ (مس.) گوشه‌ایست دردستگاه ماهور (ه.م.) ۲ ـ (مس.) گوشه‌ایست در راست پنجگاه (ه.م.)

آشوردن āšūr-dan [=آشوریدن] (مصم.) (آشورد [-rd] ، آشورد [-rad] ، خواهد آشورد ، بیاشور ، آشورنده ،آشوریده) ۱ ـ شورانیدن، درهم‌کردن ، برهم زدن ، زیرو زبر کردن . ۲ ـ آمیختن ، مزج کردن . ۳ ـ خمیر کردن ، تخمیر ، سرشتن . ۴ ـ آشفتن خواب کسی را ، بهم زدن خواب‌کسی .

آشورده āšūr-da(-e)(امف. آشوردن) شورانیده ، درهم کرده .

آشورنده āšūr-anda(-e) (إفا . آشوردن ، آشوریدن) آنکه بیاشورد (← آشوردن) .

آشوره āšūr-a(-e) (إآ.) هرآلت که بدان‌آشورند (← آشوردن) .

آشوری āšūr-ī (ص نسب.) منسوب به آشور (← بخش ۳) ۱ ـ هرچیز

مربوط و متعلق به‌آشور. ۲ - ازمردم آشور.

آشوریدن āšūr-īdan [= آشوردن] (مصم.) (آشورید ، آشورد ، خواهد آشورید ، بیاشور، آشورنده، آشوریده) آشوردن (ه.م.)

آشوریده āšūr-īda(-e) (امف. آشوریدن) آشورده (ه.م.)

آشوغ āšūγ (ص.) مجهول ، غیر معروف ، ناشناخته ، گمنام .

آشوفتگی āšūf-ta(e)g-ī (حامص. آشوفته) آشفتگی (ه.م.)

آشوفتن āšūf-tan [= آشفتن] (آشوفت ، آشوبد ، خواهد آشوفت ، بیاشوب ، آشوبنده ، آشوفته) ۱ - (مصل.) غضبناک گردیدن ، خشمگین شدن. ۲ - بهیجان آمدن . ۳ - منقلب شدن (هوا و مانند آن) . ۴ - زیر و زبر شدن. ۵ - بهم خوردن چشم ،سرخ شدن و درد گرفتن و رمد پیدا آمدن در چشم. ۶ - (مصم.) بهیجان آوردن. ۷ - برهم زدن با چوبی یا چیزی مانند آن توده‌ای را ، زیروزبر کردن .

آشوفته āšūf-ta(-e) (امف. آشوفتن) آشفته (ه.م.) (← آشوفتن، همع.)

آش و لاش شدن āš-o-lāš-šodan (مص ل.) ۱- از هم پاشیدن ، متلاشی شدن چنانکه مرداری وجیفه‌ای . ۲ - سخت چرکین شدن ومنبسط گشتن زخم.

آشیان āšiyān [= آشیانه] (اِ.) ۱ - لانهٔ حیوانات ازمرغ، سگ، موش، زنبور، مار وغیره؛ آشیانه . ۲- خانه، مأوی ، مسکن . ۳ - طبقه ، مرتبه ، آشکوب : بناهای چندین آشیان . ← آشیانه .

آشیانه āšiyān-a(-e) [په . āšānak] (اِ.) ۱ - لانهٔ حیوانات از مرغ ، سگ ، موش ، زنبور ، مار و غیره ، آشیان . ۲ - خانه ، مأوی ، مسکن . ۳ - طبقه ، مرتبه، آشکوب . ۴ - سقف ، آسمانه . ← آشیان .

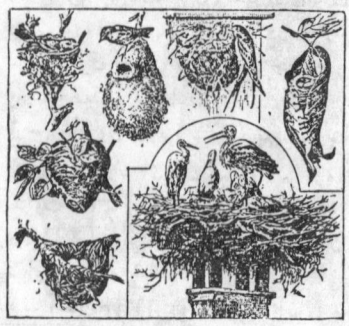

آشیانهٔ پرندگان

آشیانه‌ساختن ā.-sāxtan (مصل.) آشیانه کردن (ه.م.)

آشیانه کردن ā-.kardan (مصل.) لانه ساختن ، آشیان کردن ، آشیانه نهادن ، آشیانه‌ساختن ،آشیانه گرفتن.

آشیانه گرفتن ā.-gereftan (مصل.) آشیانه کردن (ه.م.) آشیانهٔ سگ.

آشیانهٔ سگ

آشیانه نهادن ā.-nahādan (مص ل) آشیانه کردن (ه.م.)

آشیهه āšīha(-e) [= شیهه] (اِ.) شیهه (ه.م.) ، صهیل .

آصال āsāl [ع.] (اِ.) ج. اصیل . ۱ - صاحب اصلان . ۲- محکم‌رأیان . ۲ - شبانگاهها ،اوقات بین‌عصرومغرب، عشایا .

آطریلال ātrīlāl [مع . یو ← اطریلال] (اِ.) اطریلال (ه.م.)

۱ - آغا āγā [تر.] (ص.، اِ.) ۱ - خاتون ، بی‌بی ، سیده ، بیگم ، خانم. ۲ - زن ، زوجه ، حرم .

۲ - آغا āγā [تر .] (ص. ،اِ.) عنوانی که بدنبال یا درابتدای اسامی خواجه‌سرایان‌افزوده میشد مثل«مبارک

آغا » و « آغا الماس) و غیره ·
آغاجی āγā-ǰī [تر·](امر.)حاجب و خاصهٔپادشاه که‌وسیلهٔ رسانیدن‌مطالب و رسایل بین‌پادشاهان وامیران‌واعیان دولت‌بود · ضح.ـ این‌کلمه دردربار-های مشرق ایران درقرنهای چهارم و پنجم مصطلح بوده‌است ·
۱ - آغار āγār ۱ - (اِ.) نم‌ورطوبت که فرو رود و اثرآن بماند؛ نم ،زه، نداوت· ۲ - (ص.) نم‌کشیده، خیسیده. ۳ - (اِ.) آنچه از کوزه و مانند آن تراود .
۲ - آغار āγār (اِ.) اغر، آغال : بدآغار (شوم، نحس)
آغاردگی āγār-da(e)g-ī (حامص.) نم‌کشیدگی، آغشتگی .
آغاردن āγār-dan [= آغاریدن] (مص‌م·)(آغارد[-rd]،آغارد[-rad]، خواهدآغارد،بیاغار، آغارنده،آغارده) آغاریدن (ه·م.)
آغارنده āγār-anda(-e) (افا . آغاردن ، آغاریدن)آنکه‌آغارد (← آغاریدن) .
آغاری āγārī [= آغری] (اِ.) قسمی جامهٔ ابریشمین ستبرکه مردان ازآن لباده ، عبا و سرداری میکردند و زنان ازآن یل ونیم تنه ومانندآن.
آغاریدن āγār-īdan [= آغاردن] (آغارید ، آغارد ، خواهد آغارید ، بیاغار ،آغارنده ، آغاریده) ۱- (مص م·) خیساندن ، تر کردن ، نم کردن . ۲ - آمیختن ، مزج . ۳ - سرشتن . ۴ - (مص ل·) نم کشیدن ، خیسیدن . ۵ - تراویدن ، زهیدن .
آغاریدگی āγār-īda(e)g-ī (حامص · آغاریده) کیفیت و حالت آغاریده ، آغاردگی ·
آغاریده āγār-īda(-e) (امف . آغاریدن) ۱ - خیسیده ، نم کشیده · ۲ - زهیده ، تراویده · ۳ - خیسانده · نم‌کرده ·
آغاریقون āγārīγūn [معر.یو. agarikos] (اِ.) (گیا.) غاریقون (ه·م.) ‖ ~ ابیض (گیا ·) ← غاریقون ابیض. ‖ ~ احمر (گیا·) ← آغاریقون قرمز ↓ ‖ ~ سپید (سفید) (گیا.) ← غاریقون ابیض. ‖ ~ قرمز (گیا.)[1] نوعی‌ازقارچهای دستهٔ غاریقون[2]، غاریقون قرمز(ه·م·)
آغاز āγāz (اِ·)ابتدا، بدایت، شروع، مق· پایان ، انجام ، فرجام · ‖ ~ نامه (کتاب) . ۱ - صدر مراسله. ۲ - دیباچهٔ کتاب ‖ در ~ . نخست ، اول ·
آغاز کردن ā.-kardan (مص‌م·) شروع‌کردن ، ابتداکردن ·
آغاز کننده ā.-kon-anda(-e) (افا.) آغازنده ، شروع‌کننده ·
آغازگر ā.-gar (ص فا·) ۱ - آغاز کننده· ۲ - (اسب دوانی) آنکه‌بسوار کاران فرمان حرکت دهد (فره·)
آغازنده āγāz-anda(-e) (افا· آغازیدن) شروع کننده، ابتداکننده·
آغاز نهادن ā.-na(e)hādan (مص م·) آغاز کردن (ه·م·)
آغازه āγāz-a(-e) (آا·) ۱ - دست افزاریست برای کفش دوزان · ۲ - دوالی که مابین‌چرم ورویهٔ کفش‌دوزند تاآب وخاك بدرون کفش نرود·
آغازی āγāz-ī (ص‌نسب·) ۱- منسوب

۱ - Agaricus aurantiacus (.لا)
۲ - Agaricaceae (.لا)

به‌آغاز ، ابتدایی ، بدوی . ۲ - (اِ.) (جانـ. ،گیا.) جانور و گیاه تك یاخته (فره)[1] ج . آغازیان ، موجوداتی که دارای یك یاخته هستند (فره.)[2]

آغازیدن āγāz-īdan (مصم.) (آغازید ، آغازد ، خواهد آغازید ، بیاغاز، آغازنده، آغازیده) ۱ - ابتدا کردن ، شروع کردن ، سر گرفتن ، آغاز نهادن. ۲ - فتالیدن (هـ.م.)

آغازیده āγāz-īda(-e) (امف. آغازیدن) آغاز کرده، ابتدا کرده.

۱ - آغال āγāl [= آغار = اغر] اغر (هـ.م.)، شگون: بدآغال، شوم.

۲ - آغال āγāl [= آغل] (اِ.) ۱ - آغل (هـ.م.) ۲ - لانهٔ زنبور ، زنبور خانه. ۳ - خانهٔ پشه و مانند آن.

۳ - آغال āγāl [ر. آغالیدن] ۱ - (امص.) آغالش (هـ.م.) : ترك آغال و فتنه سازی کن. ۲ - (افا.) در کلمات مرکب بمعنی آغالنده (هـ.م.) آید : مرگ آغال.

آغال پشه ā.-paš(š)a(-e) [قس . پشه غال] (امر.) ۱ - (گیا .) درختی است بزرگ ، و بر آن کیسه‌هایی پدید آید که پشه در آنها جای دارد؛ شجرة‌ البق، پشه غال، پشه خار، سارخکدار، سارشکدار. ۲ - (گیا .) نارون (هـ.م.) ۳ - (گیا.) سپیدار (هـ.م.)

آغالش āγāl-eš (امص . آغالیدن) ۱ - تحریك، انگیزش ، تحریض . ۲ - برانگیختن بفتنه‌وفسادوجنگ وستیز، بدآموزی .

آغالشگر ā.-gar(ص‌فا.) ۱ - تحریك کننده، محرض . ۲ - مفتن .

آغالشگری ā.-gar-ī(حامص.) ۱ - تحریك ، تحریض . ۲ - تفتین .

آغالنده āγāl-anda(-e) (افا. آغالیدن) ۱ - محرك، محرض . ۲ - مفتن، فتنه انگیز.

آغالیدن āγāl-īdan (مصم.) (آغالید، آغالد، خواهد آغالید، بیاغال، آغالنده ، آغالیده). ۱- انگیختن ، تحریك کردن، تحریض کردن، اغرا . ۲ - آشفتن، پریشان کردن، پراگندن . ۳ - فتنه انگیختن ، برپا کردن فساد وجنگ وستیز. ۴ - تنگ فرا گرفتن.

آغالیده āγāl-īda(-e) (امف. آغالیدن) ۱ - انگیخته، تحریك شده. ۲ - آشفته کرده، پریشان ساخته. ۳ - برشورانیده، برانگیخته بفتنه و فساد وجنگ وستیز.

آغر āγar [← آغردن] (اِ.) رود خشك که سیلاب از آن قطع شده وجای جای آب ایستاده باشد.

آغردن āγar-dan [= آغاریدن = آغشتن ← آغر] (آغرد [rd –]، آغرد [rad –]، خواهدآغرد، بیاغر، آغرنده، آغرده) ۱- (مصم.) خیسا ندن، نم کردن. ۲ - (مصل.) خیسیدن ، نم کشیدن . ۳ - (مص م .) نوشیدن ، آشامیدن.

آغرده āγar-da(-e) (امف. آغردن) ۱ - نم کرده، خیسیده. ۲ - خیسانده ، خیسانیده. ۲ - نوشیده، آشامیده.

آغرق āγroγ [= آغروق = اغرق، تر.] (اِ.) آغروق (هـ.م.)

آغروق āγrūγ [= آغرق = اغرق، تر.] (اِ.) بار و بنه، احمال واثقال.

آغری āγarī [= آغاری] (اِ.) آغاری (هـ.م.)

آغز āγoz [= آغوز] (اِ.) شیرماك، آغوز (هـ.م.)

---

۱ - Protiste (فر.) ۲ - Protistes (فر.)

آغستن āɣas-tan (مصم.) (صر← آغشتن) پر کردن بافشار، انباشتن بزور، چپاندن.

آغسته āɣas-ta (امف. آغستن) بفشار پر کرده، چپانده.

آغش āɣoš [= آغوش] (إ،) آغوش (ه.م.)

آغشتگی āɣa(e)š-ta(e)g-ī (حامص.) حالت و کیفیت آغشته (ه.م.)

آغشتن āɣa(e)š-tan [= آغردن = آغاردن] (آغشت، آغرد، خواهد آغشت، بیاغر، آغرنده، آغشته) ۱ - (مصم.) خیس کردن، نم کردن. ۲ - آلودن. ۳ - (فز.) آلودن جسمی بمایع[۱] (فره.) ۴ - (مصل.) خیسیدن، نم کشیدن.

آغشتنی āɣa(e)š-tan-ī (ص‌لیا.) لایق آغشتن، در خور آغشتن (← آغشتن).

آغشته āɣa(e)š-ta(-e) (امف. آغشتن) ۱ - خیسانده، نم کرده. ۲ - آب‌داده (زمین). ۳ - آلوده.

آغشته شدن ā.-šodan (مصل.) آغشتن (← آغشتن۴)، آغشته گردیدن.

آغشته‌کردن ā.-kardan (مصم.) آغشته ساختن، آغشتن (← آغشتن ۱، ۲).

آغل āɣal ،āɣol [= آغال = آغیل] (إ.) جای گوسفندان و گاوان و دیگر چارپایان بشب، در خانه یا درکوه ویا درکنده‌ای در زیر زمین.

آغندن āɣan-dan [= آگندن = آکندن] (مصم.) آکندن (ه.م.)، آگندن.

آغنده āɣan-da(-e) (امف. آغندن) آکنده (ه.م.)، آگنده.

آغنده ā.-ɣonda(-e) [= غنده، غندش] (إ.) ۱ - پنبهٔ پیچیده و گرد کرده برای‌ریسیدن. ۲ - (جان.) نوعی از عنکبوت زهردار، رتیلا، رتیل، غنده.

۱ - آغوز āɣūz [= آغز] (إ.) شیر گاو و گوسفند مادهٔ نوزاییده، اولین شیری که‌یك ماده بنوزادش دهد[۲]، ماك، شیرماك، فله، پله، حرش، فرشه، گورماست، لبا، زهك، آغز.

۲ - آغوز āɣūz [= گوز، گیل. āɣūz] (إ.) (گیا.) [۳] درختی از تیرهٔ پیاله داران[۴] که از چوب آن میز وصندلی‌و مانند آن سازند، ودرجنگلهای ایران بسیار است؛ گوز، جوز، گردو، گردکان، چارمغز ← گردو.

۱ - آغوش āɣūš [= آگوش = آگش = آغش] (إ.) ۱ - میان دودست فراهم‌آورده، چون‌ازآن‌دو دایره‌واری سازند؛ بغل. ۲ - آن مقدار ازگیاه، چوب، کاغذومانند آن که‌به‌آغوش(نمر۱۰) توان برداشت؛ بغل: یك آغوش. ‖ به ~ **کشیدن.** در میان دو دست فراهم آوردن، بخود چسبانیدن کسی یاچیزی را. ‖ به (در) ~ **گرفتن.** به آغوش کشیدن ↑

۲ - آغوش āɣūš [= تر. آقوش: آق، سفید + قوش، پرنده: پرندهٔ سفید] (إ.) نامی است از نامهای غلامان و بندگان ترك، و آن بصورت نمونهٔ نامهای ترکی بکاررفته:

ای خواجهٔ ارسلان و آغوش
فرمان‌ده خود مکن فراموش.
(سعدی).

---

۱ - Imprégner (فر.) ۲ - Colostrum (لا.)
۳ - Juglans regia (لا.) ٤ - Cupulifères. (فر.)

آغوشیدن āγūš-īdan [= آگوشیدن](مص‌م.) (آغوشید، آغوشد، خواهد آغوشید، بیاغوش، آغوشنده، آغوشیده) در بغل گرفتن، در بر کشیدن.

۱ - آغول āγūl [= آغل] (اِ.) آغل (ه.م.)، زاغه.

۲ - آغول āγūl [= آغیل] (اِ.) نگریستن بگوشهٔ چشم ازروی غضب، چشم آغول، چشم‌غله.

۱ - آغیل āγīl [= آغل = آغول] (اِ.) آغل (ه.م.)، آغول (ه.م.)

۲ - آغیل āγīl [= آغول] (اِ.) نگریستن بگوشهٔ چشم از روی غضب؛ چشم‌آغیل، چشم غله.

آفات āfāt [ع.] (اِ.) ج. آفت. آفتها، آسیبها.

آفاق āfāγ [ع.] (اِ.) ج. افق. ۱ - افقها، کرانه‌های آسمان، اطراف هامون. ۲ - عالم، جهان.

آفاقی āfāγ-ī [ع.-ف.] (ص نسب.) منسوب به آفاق، مربوط بآفاق؛ بیرونی، خارجی. ‖ **سیر ~** (تص.) دیدن جهان، سیر در بیرون نفس؛ مق. سیر انفسی.

آفت āfat [= ع. آفة] (اِ.) آنچه مایهٔ فساد و تباهی گردد، آسیب، بلا، زیان؛ ج. آفات.

آفتاب āf-tāb [پهـ. āftāp: آف = آب + تاب؛ جرم روشن گرما بخش]. ۱- خورشید، شمس، مهر (← بخش ۳) ۲ - نور خورشید، شعاع شمس؛ مق. ماهتاب. ‖ **~ به ~** (عم.)، هرروز، همه‌روزه: آفتاب به آفتاب پنج تومان کار گراست. ‖ **~ سر دیوار**، پیری نزدیک بمرگ. ‖ **~ لب بام**. کسی که عمرش نزدیک بآخر رسیده. ‖ **~ آفتاب**. اول روز. ‖ **مثل پنجهٔ آفتاب**. بسیار زیبا. ‖ **~ بگل اندودن**. ۱ - حقیقتی را با مجازی پوشیدن. ۲- زیبایی را با تقبیح پوشیده داشتن.

آفتاب پرست ā.-parast (اِفا.) ۱ - آنکه آفتاب را نیایش کند. ۲ - زردشتی، زرتشتی، گبر. ۳- مشرك، کافر. ۴ - (جا ن.) جانوری[۱] از راستهٔ مارمولکان، از ردهٔ خزندگان که زبان‌درازی برای شکار حشرات دارد، ودمش برخلاف مارمولکان دیگر کنده نمیشود، و هرجای گیاه قرار گیرد، خود را برنگ آن درمیآورد؛ حربا، حربایه، بوقلمون، خامالاون، حجل، اسدالارض، پژمره، خور، مارپلاس. ۵ - (گیا.) گیاهی از تیرهٔ گاو زبان که در اراضی بایر روید، و گلهای کوچك و سفید و آبی دارد[۲]. ۶ - (گیا.) آذریون (ه.م.)، آذرگون، آفتاب گردك، وقواق، درختك دانا ۷ - (گیا.) نیلوفر، گل کبود، گل ازرق، عروس‌النیل، آبگون. ۸ - (گیا.) پنیرك (ه.م.)، خبازی، نان کلاغ، خبزالغراب، ملوکیه، ملوخیا، ورتاج. ۹- (گیا.) اسفراج (ه.م.)، مارچوبه، مارگیا، هلیون.

آفتاب پرستی ā.-parast-ī (حامص.) پرستش خورشید.

آفتاب خوردن ā.-xordan (مص ل.) ۱ - درمعرض شعاع آفتاب قرار گرفتن. ۲ - سیاه شدن بجهت ماندن در آفتاب. ۳ - رنج کشیدن.

آفتاب دادن ā.-dādan (مص م.) **~ جامه را**، گستردن آن در آفتاب.

---

۱ - **Caméleon**(فر.) ۲ - **Héliotropium europaeum**(لا.), **héliotrope** (فر.)

۱ - آفتاب‌رو ā.-rū (صمر.) آنکه چهره‌اش مانند آفتاب باشد ؛ زیبا ، خوشگل ، خوبرو .

۲ - آفتاب رو ā.-rū (امر.) جایی که آفتاب بر آن تابد ، آفتابگیر ؛ مق. نسا، نسار، نسر.

آفتاب روی ā.-rūy [= آفتاب‌رو] (ص مر.) آفتاب‌رو (← ۱ آفتاب رو)

آفتاب زدگی ā.-zada(e)g-ī (حامص.) بیماریی که از بسیار ماندن در آفتاب ایجاد شود .

آفتاب زدن ā.-zadan (مصل .) طلوع کردن آفتاب .

آفتاب زده ā.-zada(-e) (صمر.) آنکه‌از بسیاری تافتن آفتاب بیمار شده باشد .

آفتاب زرد ā.-zard (امر.) ۱ - نزدیک غروب که آفتاب رنگ پریده نماید ؛ اصیل، ایوار. ۲ - زوال‌عمر، نزدیک مرگ .

آفتاب زردی ā.-zardī (امر.) آفتاب زرد (ه.م.)

۱ - آفتاب‌گردان ā.-gardān (امر.) ۱ - (گیا.) گیاهی[1] از تیرهٔ مرکبان که دارای برگهای سبز پهن و گلهایش زرد است . نهنجی پهن دارد و گلها مانند اشعهٔ آفتاب درنهنج قرار گرفته‌اند . دانه های آن دارای روغن بسیار است و آنرا مانند تخمهٔ هندوانه تفت داده میخورند . ۲ - (جان.) آفتاب‌پرست (← آفتاب پرست ۴) ؛ حربا ، آفتاب گردش (ه.م.) ، آفتاب گردک (← آفتاب‌گردک ۱) .

آفتاب گردان

۲- آفتاب‌گردان ā.-gardān (ص فا.) ۱ - سایبان ، چتر . ۲- قطعه‌ای ازچرم ، پارچهٔ ضخیم یامقوای که آنرا مانند لبهٔ کلاه سازند ، ومقابل پیشانی بندند تا از تابش آفتاب جلوگیری کند. ۳- لبهٔ کلاه که مانع تافتن آفتاب بچهره گردد .

آفتاب‌گردش ā.-garde(a)š (امر.) (جان.) حربا ، آفتاب‌گردان (← ۱ آفتاب‌گردان ۲) ، آفتاب گردک (← آفتاب گردک ۱) ، آفتاب پرست (← آفتاب پرست ۴) .

آفتاب گردک ā.-gardak (امر.) ۱ - (جان.) حربا ، بوقلمون ، آفتاب پرست (← آفتاب پرست ۴) ، آفتاب گردان (← آفتاب گردان ۲) ، آفتاب گردش . ۲ - (گیا.) آفتاب پرست (← آفتاب پرست ۵) . ۳ - (گیا.) آذریون (ه.م.) ، آفتاب پرست (← آفتاب پرست ۶) . ۴ - (گیا.) پنیرک (ه.م.) ، خبازی ، آفتاب پرست (← آفتاب پرست ۸) .

آفتابگیر ā.-gīr (افا؛ امر.) ۱ - جایی که هرروز آفتاب در آن تابد ؛ آفتاب رو . ۲ - سایبان ، چتر .

آفتابگن ā.-gen [= آفتابگین] (صمر.) آفتابگین (ه.م.)

آفتابگنی ā.-gen-ī (حامص.) آفتابگینی (ه.م.)

آفتابگین ā.-gīn (صمر.) آفتابناک، دارای آفتاب ؛ روز آفتابگین .

آفتابگینی ā.-gīn-ī (حامص.) چگونگی وحالت آفتابگینی (ه.م.) ، آفتابناکی .

آفتاب لقا ā.-leγā [ف .- ع.] (صمر.) آنکه چهره‌اش مانند آفتاب باشد ، سخت زیبا .

آفتاب مهتاب ā.-mahtāb (امر.) ۱ - قسمی آتش بازی که بهنگام سوختن بچند رنگ جلوه نماید . ۲ - یکی‌از

۱ - Hélianthus annuus (لا.)

آفتومات
71

فنون کشتی گیری درخاك است ومعمولا بعداز سگك (ه‌.م.) و کنده کشی(ه‌ م.) ازین فن استفاده میشود . ۳ ـ نوعی از بازیهای کودکان است .

آفتابناك ā.-nāk (صمر.) پر آفتاب، بسیار آفتاب ، آفتابگین .

آفتابناکی ā.-nāk-ī (حامص.) چگونگی و حالت آفتابناك (ه‌.م.) ، آفتابگینی .

آفتابه āftāba(-e) [گیل. aftafae] (امر.) ظرفی فلزین بالولهٔ بلند که در آن آب کنند و بدان دست و رو ودهان را شویند .

آفتابه برداشتن ā.-bar-dāštan (مصل.) آفتابه گرفتن (ه‌.م.)

آفتابه‌چی ā.-čī [ف.-تر.](صمر.) آفتابه‌دار .

آفتابه خانه ā.-xāna(-e) (امر.) مستراح ، بیت‌الخلاء ، خلا، ادبخانه.

آفتابه‌دار ā.-dār (افا.) آنکه در سرای پادشاهان ورجال شغلش آفتابه داشتن‌است ؛آفتابه‌چی .

آفتابه‌داری ā.-dār-ī (حامص.) ۱ ـ شغل وعمل آفتابه‌دار (ه‌.م.) ۲ ـ محلی که آفتابه در آن دارند .

آفتابه دزد ā.-dozd (صمر.) آنکه چیزهای کم بها دزدد ؛ دله دزد .

آفتابه گرفتن ā.-gereftan(مصل.) (عم .) بقضای حاجت شدن ، آفتابه برداشتن .

آفتابه‌لگن ā.-lagan (امر.)آفتابه (ه‌.م.) ولگن فلزین برای شستن‌دست و دهان ، پیش از طعام خوردن و پس از آن .

آفتابی āftāb-ī (ص نسب .) ۱ ـ منسوب به آفتاب ، شمسی . ۲ ـ در آفتاب پرورده ، درشعاع آفتاب بقوام آمده : گل قندآفتابی . ۳ـ در آفتاب خشك شده: کشمش آفتابی. ۴ـ بی ابر: روزآفتابی . ۵ـ رنگ بگشته‌وداغ‌زده ازآفتاب، مانندسیب. ۶ ـ بسیارسرخ. ۷ـ (اِ.) سایبان، چتر، آفتاب‌گردان . ۸ـ لنگ‌حمام خشك و بی‌نم. ۹ـ ظرفی آهنین. ۱۰ ـ نوعی کشمش که‌درآفتاب خشك‌کنند ؛ مق. سایه خشك .

آفتابی شدن ā.-šodan (مصل.) ۱ ـ بآفتاب رو درآمدن . ۲ ـ آشکار شدن ، علنی شدن . ۳ ـ ازخانه بیرون آمدن شخص منزوی ومعتزل . ‖ ~ قنات درجایی. جاری شدن قنات‌برسطح زمین درآنجای .

آفتابی‌کردن ā.-kardan (مصل.) علنی کردن چیزی پنهان‌را .

آفت دیو āfat-e dīv [ع.-ف.] (امر.) دیو زدگی ، صرع .

آفت رسیده āfat-ra(e)sīda(-e) [ع.-ف.] (امف.) مبتلا بآفت ، آسیب دیده وآفت زده : کشتی آفت رسیده، زراعت آفت رسیده .

آفت‌زده āfat-zada(-e) [ع.-ف.] (امف.) آفت رسیده (ه‌.م.)

آفتومات āfto-māt [رس . āvtomāt ، خودکار] (اِ.) (مکن.) کلید خودکاریست که جریان برق رابین‌دینام و باتری موقعی وصل میکند که ولت دینام بالاتر از ولت باتری گردد، یعنی

آفتومات

آفتابه

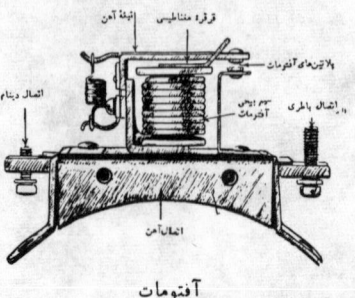

فقط اجازه میدهد که برق از جانب دینام بباتری رود ، ولی اجازهٔ بازگشت نمیدهد .

آفدم āfdom [awdum،afdom ،پهـ] (ص.) ۱ - آخرین ، پسین ، نهائی. ۲ - سرانجام ، فرجام . ← بافدم .

آفرازه āfrāza(-e) [← افروختن، افروز] (اِ.) شعله ، زبانه ، لهب .

آفرنگ āfrang [=اورنگ] (اِ.) حشمت ، اورنگ (هـ.م.)

آفرنگان āfaren-gān [= آفرینگان] (اِمر.) آفرینگان (هـ.م.)

آفروزه āfrūz-a(-e) [=افروز] (اِآ.) ۱ - فروزینه ، گیره ، آتش‌زنه . ۲ - فتیلهٔ چراغ، پلیته .

آفروشه āfrūša(-e) [= افروشه ، پهـ. awrōšak] (اِ.) ۱ - قسمی حلوا که از آرد و عسل و روغن یا از زردهٔ تخم مرغ وشیره وشکرسازند، حلوای خانگی،حلوای‌سفید، خبیص. ۲- بلغور گندم .

آفرید āfarīd [← آفریدن] (امف.) درترکیبات بمعنی آفریده آید: به‌آفرید، ماه‌آفرید ، گردآفرید .

آفریدگار āfarīd(a,e)-gār (ص فا.) ۱ - خالق ، آنکه خلق کند ، آفریننده . ۲ - خدا ، الله .

آفریدن āfar-īdan [āfrītan ،پهـ] (مصم .) (آفرید ، آفریند ، خواهد آفرید، بیافرین ، آفریننده،آفریده) خلق کردن ، ازنیستی هست کردن، از عدم بوجود آوردن ، ایجاد، هستی‌دادن.

آفریده āfar-īda(-e) [پهـ . āfrītak] (امف. آفریدن) مخلوق ، خلق شده ، از نیستی هست گردیده .

آفریقایی āfrīγā-yī [=افریقایی] (ص‌نسبـ.) منسوب به‌آفریقا، آفریقایی (←افریقا، بخش۳) ، از مردم‌افریقا.

۱-آفرین āfarīn [← آفریدن] (افا.) درکلمات مرکب بجای آفریننده بکار رود: جهان‌آفرین، جان‌آفرین، سحرآفرین ، سخن‌آفرین .

۲-آفرین āfarīn [پهـ. āfrīn] (اِ.) ۱ - تحسین، ستایش، مدح . ۲- شکر ، سپاس . ۳ - تهنیت، تبریك . ۴- خوشی، خیر، سعادت . ۵ - خوبی، نیکی ، صلاح . ۶ - آمرزش‌خواهی برای مرده . ۷ - نظر سعد ، یمن ، سعادت. ۸ - روزنخست ازپنجهٔ دزدیده طبق سالهای ملکی . ۹ - (مس.)نوایی است در موسیقی قدیم .

آفرین خانه ā.-xāna(-e) (امر.) جایی که درآن عبادت کنند، نمازخانه.

آفرینش āfarīn-eš (امص.) ۱ - عمل‌آفریدن ، کار خلقت . ۲- خلقت، خلق ، انشا ، ابداع . ۳ - جمیع موجودات ، همهٔ آفریدگان .

آفرینگان āfarīn-gān [پهـ . afrigān] (امر.) یك‌عده ازنمازهای زردشتیان که در طی سال ، در جشنها و مواقع مختلف بجای آورده میشود. چهارعددآنهاراکه مهمترین آفرینگان بشمار میروند باین ترتیب ضبط‌کرده اند : آفرینگان دهمان (مقدسان) ، آفرینگان گاتها ، آفرینگان گهنبار ، آفرینگان رپیپوین .

آفریننده āfarīn-anda(-e) (افا. آفریدن) ۱ - آنکه آفریند ، خالق، خلق‌کننده. ۲ - (اخ)خدا، آفریدگار.

آفسانه āfsāna(-e) [= افسانه] (اِ.) افسانه (هـ.م.)

آفست āfset [انگ. offset] (اِ.) طریقهٔ چاپ کردن با ماشین رتاتیو (rotative) ، بوسیلهٔ یك غلطك

کائوچوکی که از روی بخشهای رویین مرکبی عبور میکند، و بدین ترتیب مرکب بکاغذ نقل میشود، افست.

آفشن āfšan [= آویشن] (اِ.) (گیا.) گیاهی از تیرهٔ نعناعیان، و آن خوشبوست، آویشن شیرازی (ه‍.م.)

آفگانه āfgāna(-e) [= آبگانه = افگانه = فگانه] (اِمر.) جنین سقط شده، بچهٔ نارسیده.

آفگانه کردن ā.-kardan [← آفگانه] (مص‌ل.) بچه افکندن، سقط کردن جنین.

آفل āfel [ع.] (اِفا.) فرو شونده، ناپدید گردنده، غروب کننده، غارب. ج. آفلین.

آفند āfand (اِ.) خصومت، دشمنی، جنگ، پیکار.

آفنداك āfandāk [= آزفنداك] (اِ.) آزفنداك (ه.م.)

آفندیدن āfand-īdan (مص‌ل.) ۱ ـ عداوت ورزیدن، دشمنی کردن. ۲ ـ جنگ کردن، پیکار کردن.

آق āγ [تر.ـ مغ.] (ص.) سفید، سپید: آق پر، پرسفید؛ آق تپه، تپهٔ سفید. ← آق قویونلو، آق اردو (بخش ۳).

آقا āγā [تر. مغ. = آغا، بزرگ، سرور، مخدوم] (اِ.) ۱ ـ برادر بزرگتر، برادر مهتر. ۲ ـ برادر پدر، عم، عمو. ۳ ـ امیر، رئیس، بزرگ قوم. ۴ ـ عنوانی که برای احترام و تفخیم باول یا بآخر اسم می‌افزایند: آقامحمد، محمد آقا؛ آقاجعفر، جعفر آقا. ضح. ـ در تخاطب و تحریر عنوان مذکور را در اول اسم در آورند و بصورت اضافه، با «ی» بکار برند: آقای محمد عرفانی؛ ولی طبق قاعده بدون اضافه باید بکار رود (چنانکه در افغانستان و پاکستان و هندوستان هنوز متداول است).

آقازادگی ā.-zāda(e)g-ī (حامص.) مقام و رتبهٔ آقازاده.

آقا زاده ā.-zāda(-e) (امر.) ۱ ـ زادهٔ آقا، فرزند مردی بزرگ. ۲ ـ فرزند سید (علوی). ۳ ـ فرزند مجتهد. ۴ ـ در بحث از فرزند مخاطب، احتراماً آقا زاده گویند. ج. آقا زادگان، آقا زاده‌ها (تد.)

آقاسی āγā-sī [تر.] (اِ.) سر، سرور، مهتر: ایشیك آقاسی، رئیس دربار؛ قوللر آقاسی، رئیس غلامان خاصه؛ داروغهٔ دیوانخانه.

آقایی āγā-yī (حامص.) کیفیت و مقام آقا (ه.م.)، بزرگی، بزرگواری.

آق پر āγ-par [تر.ـ ف.] (اِمر.) قسمی چای که دارای رنگ روشن و طعمی تلخ وبوی خوشی است.

آقچه āγče [تر.ـ مغ. = اقجه = اقچه = اخچه] (اِ.) ۱ ـ زر یا سیم مسکوك. ۲ ـ هر نوع مسکوك. ۳ ـ واحد آب که مقدار آن فرق میکند، و معمولا عبارت است از تقریباً ۱۲ ساعت آب.

آق خزك āγ-xazzak [تر.ـ ف.] (اِمر.) (گیا.) نوعی گیاه[۱] از تیرهٔ اسفناجها؛ تاغ، تغز، سکساول ← قره خزك.

آق سقل āγ-saγγal [تر.] (اِمر.) ریش سفید.

آقسنقر āγ-sonγor [تر.: شنگار سفید] (امر.) ۱ ـ (جا ن.) مرغی شکاری از جنس شاهین و چرغ. ۲ ـ (کن.) روز. ۳ ـ (کن.) آفتاب. ۴ ـ (اخ) نام بعضی امرای ترك. ← بخش ۳.

۱ـ Haloxylon ammodendron (.لا)

آقشام āɣ-šām [تر. ـ ف. : آق ، سفید + شام ، شب] (اِمر.) ۱ ـ اول شب ، فلق ، هنگام غروب، شامگاه . ۲ ـ نوبتی که بردر پادشاهان و امرای ترك در شامگاه میزدند . ۳ ـ (نظ . قاجاریه) تشریفاتی که درهنگام غروب درسربازخانه‌ها انجام‌دهند، شامگاه .

آقطی āɣtī [= اقطی = اقتی ، معر. یو. áktē] (اِ.) (گیا.) گیاهی[1] از تیرهٔ بداغها[2] که بطور خودرو درنواحی شمال ایران میروید ، و گلهای آن سفید و معطر و مغز ساقه‌اش نرم‌است، وبرای تهیهٔ مقاطع گیاهی درآزمایشگاهها بکارمیرود ؛ بیلسان : بیلاسان، شبوقه، خمان‌کبیر، یاس‌کبود ، پلم. ‖ ~ **کبیر** (گیا.) ← آقطی ↑ ‖ ~ **صغیر** (گیا.) گیاهی[3] از تیرهٔ بداغها دارای گلهای سفید و نامنظم ومعطر که برای زینت درباغها کاشته میشود؛ ابل، بل‌شیرین ، بیل ، شمشاد پیچ، بیلسان خرد ، طرثوث ، خمان صغیر ، خاما اقطی ، خمان‌الارض .

آقطی

آق‌کرنگ āɣ-korang [تر.ـف.] (امر.) (گیا.) گیاهی[4] است از تیرهٔ بید ؛ سپیدار (ه‌.م.)

آقوز āɣūz [= آغوز=گوز](اِ.) (گیا.) درختی از تیرهٔ پیاله داران . ← ۲آغوز، گردو .

آقوزبوله āɣūz-būla(-e) (امر.) (گیا.) آقوز (ه‌.م.)

آقوش āɣūš (اِ.) (جا.ن.) درندگان، سباع از شیر ، ببر ، پلنگ ، یوز و غیره .

۱ـ آك āk [است. aka : بد ، شریر، بدی] (اِ.) آسیب، آفت .

۲ـ آك āk [هن.] (اِ.) (گیا.) گیاهی[5] از تیرهٔ کتوس‌ها که در هند و مالزی وجنوب ایران میروید . برگهای‌بدون دمبرگ‌آن در سطح تحتانی پوشیده‌از کرکهای فراوانی میشود و دانه هایش بسیار نرم است ، عصارهٔ ریشهٔ‌این‌گیاه دارای اثر قی‌آور قوی است .

۳ـ آك āk [په. āk ـ] (پس.) ۱ ـ در آخرریشهٔ فعل= مفرد امر حاضرگاه افادهٔ لیاقت و نسبت کند : خوراك ، پوشاك . ۲ ـ در آخر ریشهٔ فعل = مفرد امرحاضر گاه معنی صفت فاعلی دهد : سوزاك (لغهً بمعنی سوزنده و سوزاست) . ۳ ـ درآخر ریشهٔ فعل= مفرد امرحاضرگاه معنی صفت مفعولی دهد : کاواك . ۴ ـ درآخر اسم افادهٔ نسبت واتصاف‌کند : فزاك ، مغاك .

آکادمی ākādemī [فر. académie، یو. akadēmeia] (اِ.) ۱ ـ انجمنی مرکب از بزرگان علم و ادب و فن ، فرهنگستان (فره .) ۲ ـ (اخ) ← بخش ۳ .

آکاژو ākāǰū [فر. acajou] (اِ.) (گیا.) بلادر (ه‌.م.)

آکاسیا ākāsiyā [لا.، فر. acacia] (اِ.) ← اقاقیا .

آکاهولی ākāhūlī (اِ.) (گیا.) گیاهی هندی‌که دافع سوزاکش‌دانند .

آکب ākob [= آکپ] (اِ.) آکپ (ه‌.م.)

آکپ ākop [=آکب](اِ.)گرداگرد درون دهان ، لپ ، لنبوس .

آکتور āktor [فر. acteur

---

۱ – Sambucus nigra (لا.)　　۲ – Caprifoliacées (فر.)
۳ – Ebulus (لا.), Hièble (فر.), Caprifolia (لا.), petit sureau (فر.)
٤ – Populus alba (لا.) ,　P. hybrida (لا.)
٥ – Asclépias gigantea, Calotropisgi.

(ص،.إ.) کسی که در صحنهٔ تآتر ، تلویزیون و سینما نقشی ایفا کند ، هنرپیشه .

۱-آکج ākaǰ [← کجك] (إ.) ۱ - قلاب آهنین که سقایان وفقاعیان بوسیلهٔ آن یخ در یخدان افکنند ، یخ گیر . ۲ - قلاب بزرگ آهنین که آنرا برسر چوبی کرده بوسیلهٔ آن کشتی دشمن را بسوی خود میکشیدند ، و یا افرادی را ازکشتی دشمن میربودند ، کجك ، چنگك ، قلاب .

۲-آکج ākaǰ [= اکج] (إ.) ۱ - (گیا.) گیاهی است صحرایی که آنرا علف شیران گویند ؛ لفاح البری ، تفاح البری، زعرور، اکج. ۲- (گیا.) زالزالك ، ازگیل (ه.م.)، کویج.

آکده ākada(-e) [= آکنده](امف.) آکنده ، آگنده (ه.م.)

آکرکراهه ākerkerāha(-e) [= آککرا] (إ.) (گیا.) آککرا (ه.م.)

آکرکره ākerkara(-e) [= آککرا] (إ.) (گیا .) آککرا (ه.م.)

آکروبات

آکروبات ākrobāt [فر. acrobate] (إ.) کسی که ورزشهای سنگین کند ، ورزشکاری که با آلات و اسباب از قبیل پارالل ، بارفیکس و غیره ورزش کند ، بندباز ↑ .

آکروباسی ākrobās-ī [فر. acrobatie] (إ.) عملیات مشکل ورزشی ، بندبازی ، ورزشهای بدنی با اسباب و آلات ورزشهای سنگین .

آکستن ākos-tan [په. ākustan = āgustan] (مص م.) ۱ - آویختن . ۲ - بستن، محکم کردن .

آکسل āksel [انگ.] ← اکسل.

آککرا

آککرا ākekrā [= آکرکره. آکرکراهه، عاقرقرحا ، معر.] (إ.) (گیا.) گیاهی[۱] ازجنس بابونه وازتیرهٔ مرکبان که گرد گلهای خشك شدهٔ آن کشندهٔ حشرات است؛ عاقرقرحا ، عقارکوهان، فورسیون ، کج طر خون ، تاغندست ، کلیکان، طرخون رومی، برطرن، برطلن

آکل ākel [ع.] (افا.) خورنده.

آکلاد ākolād [فر. accolade] (إ.) نوعی از پرانتز که در وسط شکسته وبصورت زاویه بسوی خارج درآمده ، وآنرا افقی ⏜ یاعمودی { بکاربرند، برای نشان دادن نقاط مشترکی که کلمات یا ارقام واعداد دارند.

آکله ākela(-e) [= ع. آکلة] (افا.) ۱ - مؤنث آکل ، خورنده (زن). ۲ - (پز.) هرقرحه که گوشت را خورد. ۳ - (پز.) خوره (ه.م.)، جذام.

آکله ākola(-e) [= آکوله] (إ.) (گیا.) بهترین نوع برنج، آکوله.

آکندگی ākanda(e) g-ī (حامص.) ۱ - حالت و کیفیت آکنده، عمل آکنده. ۲ - پری معده، امتلاء معده ، رودل . ۳ - جمعیت؛ مق. پراکندگی، تفرقه. ۴- گوشتناکی، پرگوشتی: آکندگی بازو.

آکندن ākan-dan [= آگندن، په. ākandan] (مص م.) (آکند، آکند، خواهدآکند، بیاکن، آکننده، آکنده، آکنش) ۱- پرکردن، انباشتن، امتلا.

---

۱ - Pyrèthre (فر.) , Anthemis pyrethrum (لا.).

۲- حشو درنهادن، آکنه‌نهادن ،آکنش نهادن. ۳- پوشیدن سطح‌چیزی بچیزی. ۴- غنی کردن ،آبادان کردن . ۵- دفن کردن، مدفون ساختن. ‖ ~ پهلو . فربه شدن . ‖ ~ یال. قوی شدن ، بزرگ‌شدن. ‖ ریش بفلفل ~ . تیزتر کردن غم ، درد یا خشم بجای تسکین آن.

آکندنی ākan-dan-ī (ص لیا.) ۱ - لایق آکندن(ه.م.)، درخور آکندن. ۲ - حشو، آکنه، آکنش.

۱-آکنده ākan-da(-e) (امف. آکندن) ۱ - انباشته، پر، مملو ، ممتلی. ۲ - حشو درنهاده، آکند نهاده. ۳ - نهان کرده، پوشیده، مخفی. ۴ - مدفون ، دفین، در خاك فرو برده . ۵ - نگار کرده ، ملون، منقش. ٦ - مغزدار ، میان‌پر . ۷ - سخت فربه ، با گوشتی سخت پیچیده .

۲-آکنده ā-kan-da(-e) [= کنده] (اِ.) جایگاه ستور ، اصطبل ، آخر ، طویله.

آکوردئون

آکنده پهلو ā.-pahlū (ص مر.) سخت فربه، چرب پهلو.

آکنده شدن ā.-šodan (مص‌ل.) پر شدن ، ممتلی شدن (چنانکه استخوان بمغز، تن بگوشت، خوشه بدانه ومانند آن).

آکنده کردن ā.-kardan (مص‌م.) پر کردن، ممتلی کردن .

آکنده گردن ā.-gardan (ص‌مر.) ستبر گردن.

آکنده گوش ā.-gūš (ص‌مر.) ۱ - کر، اصم. ۲ - (مج.) اندرز ناپذیر ، آنکه بپند گوش ندهد .

آکنده گوشت ā.-gūšt (ص‌مر.) فربه، چاق، سمین .

آکنده یال ā.-yāl (ص‌مر.)فربه، چاق، سمین.

آکنش ākan-eš (اِمص. آکندن) ۱ - عمل آکندن (ه.م.) ۲ - حشو، آکنه.

آکنشگر ā.-gar (ص‌فا.) ۱ - آنکه شغلش آکندن جامه به‌حشووآکنه است. ۲ - محشی.

آکننده ākan-anda(-e) (افا. آکندن،وآکنیدن) (مص‌م.) آنکه آکند (← آکندن)

آکنه ākana(-e) [← آکندن] (اِ.) آنچه ازپشم وپنبه ولاس وپر وجزآن میان ابره وآستر قبا ولحاف و نهالین ومانند آن کنند؛ حشو، آکین.

آکنیدن ākan-īdan [= آکندن] (مص م.) (آکنید ، آکند ، خواهد آکنید، بیاکن، آکننده، آکنیده) آکندن (ه.م.)

آکنیده ākan-īda(-e) [= آکنده]. (امف. آکنیدن) آکنده (ه.م.)

آکو ākū [= آگو] (اِ.) (جا.ن.) بوم، جغد (ه.م.)، آگو.

آکوج ākūǰ [= آکج] (اِ.) (گیا.) آکج (ه.م.)

آکوردئون ākordeon [فر. accordéon] (اِ.) (مس.) یکی از آلات موسیقی، دارای زبانه‌های فلزی، که بارتعاش درمیآیند ، وآنرا بوسیلهٔ سرانگشتان نوازند.

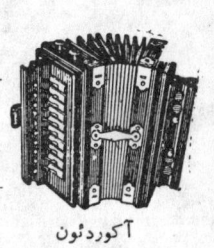

آکوله ākūla(-e) [= آکله] (اِ.) (گیا.) آکله (ه.م.)

آکومولاتور ākūmūlātor [فر. accumulateur] (اِ.) (فر .) دستگاه الکتریکی که میتوان مقداری برق درآن ذخیره کرد و بهنگام لزوم ازآن پس گرفت ، و آن انواع بسیار

دارد مانند آکومولاتورسربی و غیره ؛ انباره ، خازن برق .

آکومولاتور

آک āg [= آك] (اِ.) (گیا.) آك (ه‍.م.)

آگارآگار āgār-āgār [= اگراگر فر. agar-agar] (اِمر.) (گیا.) ماده‌ای چسبنده که ازیکنوع آلگ دریایی بنام آلگ جاوه [1] استخراج شود ، و در آزمایشگاهها برای کشت میکربها بکار رود ، و نیز برای آهار دادن پارچه ها استعمال شود ؛ خث‌جاوایی، سریشم چینی ، سریشم ماهی بنگالی ، آغاریقون .

آگاه āgāh [پہ. ākās] ۱- (ص.) مطلع ، با خبر ، خبردار ، مستحضر. ۲ - واقف، عارف، هشیار، بیدار. ۳ - (= حامص.) آگاهی. ← آگاه داشتن.

بدو گفت کای نورسیده شبان
چه آگاه داری ز روز و شبان؟
(فردوسی).

ǁ ~ **بودن** . خبر داشتن ، مستحضر بودن .

آگاهاندن āgāh-āndan [= آگاهانیدن] (مص‌م.) آگاهانیدن (ه‍.م.)

آگاهانده āgāh-ānda(-e) (امف. آگاهاندن) آگاهانیده (ه‍.م.)

آگاهاننده āgāh-ānanda(-e) [اِفا . آگاهاندن و آگاهانیدن] خبر کننده، اعلام کننده، آگاه کننده .

آگاهانیدن āgāh-ānīdan [پہ. ākāsēnitan] (مص‌م.) (آگاهانید ، آگاهاند،خواهد آگاهانید، بیاگاهان، آگاهاننده ،آگاهانیده) آگاه کردن، خبردادن، اخبار، اعلام.

آگاهانیده āgāh-ānīda(-e) (اِمف. آگاهانیدن) خبر کرده ، اعلام کرده ، آگاه کرده.

آگاه داشتن ā.-dāštan (مص‌ل.) آگاهی داشتن، خبر داشتن، مستحضر بودن:

«بدو گفت کای نورسیده شبان
چه آگاه داری ز روز و شبان؟» (شا.)

آگاه دل ā.-del (ص‌مر.) صاحبدل، دل آگاه.

آگاه شدن ā.-šodan (مص‌ل.) خبر شدن، آگاهی یافتن، مطلع گشتن.

آگاه‌کردن ā.-kardan (مص‌م.) مطلع کردن، با خبر کردن ، خبردار کردن.

آگاه‌گردیدن ā.-gardīdan (مص‌ل.) خبرشدن، آگاهی یافتن، مطلع گشتن.

آگاه‌گشتن ā.-gaštan (مص‌ل.) آگاه گردیدن. (ه‍.م.)

آگاهی āgāh-ī [پہ. ākāsīh] (حامص.) ۱ - خبر، اطلاع. ۲ - علم، معرفت ، عرفان. ۳ - (اِ.) اداره‌ای در شهربانی که وظیفهٔ آن کشف دزدیها و جنایات است . تأمینات . ← آگهی .

آگاهی‌خواستن ā.-xāstan (مص‌ل.) استخبار، استعلام.

آگاهی دادن ā.-dādan (مص‌م.) آگاه کردن،اخبار، اعلام.

آگاهیدن āgāh-īdan (مص‌ل.)

۱ - Algue de Java (فر.)

(آگاهید ، آگاهد ، خواهد آگاهید ، بیاگاه ، آگاهنده ، آگاهیده) خبر یافتن ، آگاه شدن ، با خبر گشتن .

آگاهیده āgāh-īda(-e) (امف . آگاهیدن) آگاه شده ، با خبر گشته.

آگاهی یافتن ā.-yāftan (مص ل.) انتباه ، آگاه شدن .

آگپ āgop [= آکپ] (اِ.) آکپ (ه.م.)

آگج āgaǰ [= آکج] (اِ.) آکج (ه.م.)

آگده āgada(-e) [= آگنده = آکده] (امف.) آگنده (ه.م.)

آگراندیسمان āgrāndīsmān [فر. agrandissement] (اِ .) (فز .) بزرگ کردن عکس بوسیلهٔ دستگاه مخصوص .

آگرمان āgremān [فر. agrément] (اِ.) (سیا.) موافقت دولتی با سفارت شخصی ازطرف دولت دیگر، پذیرش .

آگستن āgos-tan [= آکستن] ← آکستن .

آگش āgoš [= آغوش] (اِ.) آغوش (ه.م.)

آگشتن āga(-e)tan [= آغشتن] (مص م.) (صر . ← آغشتن) ، آغشتن (ه.م.)

آگفت āgo(e)ft [= آکفت] (اِ.) آسیب ، صدمه ، آزار، آفت .

آگن āgan [← آگندن] ۱ - (اِ.) آگندنی باشد مثل آنچه درجامه‌ولحاف وبالش کنند ازپنبه وپشم و غیره. ۲ - (اِفا. آگندن) آگننده .

آگن āgen [= آگین] (پس.) آگین (ه.م.)

آگنج āganǰ [= آگند] ۱ - (ص مف.) درکلمات مرکب بمعنی انباشته و پر کرده آید : جگرآگنج (جگر آکند) ، گه آگنج (گه‌آکند) . ۲ - (اِ.) رودهٔ ستبر گوسفند که از گوشت پخته یا خوراکهای دیگرآگنده‌باشد؛ جگرآگند ، جرغند .

آگند āgand ۱ - (مص‌خم. آگندن) انباشتن ، آگندن (ه.م.) ۲ - (اِمف.) درکلمات مرکب بمعنی آگنده آید: جگرآگند .

آگندگی āgan-dag-ī (حامص .) کیفیت و حالت آگنده (ه.م.)

آگندن āgan-dan [= آکندن] (مص.م.) آکندن (ه.م.)

آگندنی āgan-dan-ī (ص لیا.) آکندنی (ه.م.)

آگنده āgan-da(-e) (اِمف. آگندن) آکنده (ه.م.)

آگنده گوش ā.-gūš [= آکنده گوش] (ص‌مر.) آکنده گوش (ه.م.)

آگنش āgan-eš (امص . آگندن) آکنش (ه.م.)

آگنه āgana(-e) [= آکنه] (اِ.) ۱ - آکنه(ه.م.) ۲ - (گیا.) برجستگی کوچك درساقه یا ریشهٔ گیاه[1] (فره.)

آگنیدن āgan-īdan [=آکنیدن] (مص‌م.) (صر . ← آکنیدن) آکنیدن (ه.م.)

آگو āgū [= آکو] (اِ.) (جا ن.) آکو (ه.م.)

آگور āgūr [= آجر] (اِ.) خشت پخته ، آجر .

آگورگر ā.-gar (ص شغل.)آجرپز، آجری ، آگوری .

آگورگری ā.-gar-ī (حامص.) عمل

۱ - Bourrelet (فر.)

وشغل آگورگر (ه‌م۰) ، آجرپزی۰

آگوری āgūr-ī (ص‌نسب۰)آگورگر، آجرپز، آجری (ه‌م۰)

آگوش āgūš [=آغوش] (اِ۰)آغوش (ه‌م۰) بغل ۰ ‖ **یك ~** . یك بغل، یك آغوش ۰ ‖ **آگوش آگوش** . بغل بغل ۰

آگوشیدن āgūš-īdan [= آغوشیدن](مص‌م۰) (صر۰ ← آغوشیدن) آغوشیدن (ه‌م۰)

آگون āgūn [قس ۰ نگون] (ص۰) نگون (ه‌م۰) ، واژگون : سرآگون ۰

آگه āgah [=آگاه] (ص۰) آگاه (ه‌م۰)

آگهان āgah-ān (حا۰) در حال آگهیدن (ه‌م۰)

آگهاندن āgah-āndan [= آگاهاندن = آگهانیدن] (مص م۰) (آگهاند ، آگهاند ، خواهدآگهاند، بیاگهان ، آگهاننده ، آگهانیده) آگاهانیدن (ه‌م۰)

آگهاننده āgah-ānanda(-e) (افا۰ آگهاندن، آگهانیدن)خبرکننده، مخبر۰

آگهانیدن āgah-ānīdan [= آگهاندن = آگاهاندن] (مص م ۰) (آگهانید ، آگهاند،خواهدآگهانید، بیاگهان ، آگهاننده ، آگهانیده) آگاهانیدن (ه‌م۰)

آگهانیده āgah-ānīda(-e) [= آگهانیده = آگهانده] (اِمف ۰) آگاهانیده (ه‌م۰)

آگهی āgah-ī [=آگاهی] (حامص۰ اِ۰) **۱** ـ خبر ، اطلاع ، آگاهی۰ **۲** ـ علم ، معرفت ، عرفان ۰ **۳** ـ شهرت ، صیت ، اشتهار ۰ **۴** ـ روایت ، اثر ، حدیث ۰ **۵** ـ استحضار ، اطلاع۰ **۶** ـ جاسوسی ، انهاء ۰ **۷** ـ خبری که از جانب فردی یامؤسسه‌ای در روزنامه‌ها ومجلات و رادیو و تلویزیون انتشار یابد ، وآن غالباً جنبهٔ‌تبلیغاتی دارد؛ اعلان ۰ ← آگاهی ۰ **۸** ـ نوشته‌ای که خبر یادستوری‌نو دهد ۰ **۹**ـ اعلامیه‌ای که بانك بمشتری فرستد (فره۰) ‖ **از ~ نشدن** . از خود بیخود شدن ، بیهوش‌گردیدن ↓ ‖ **از ~ رفتن** . ازآگهی بشدن ↑

آگهیدن āgah-īdan [= آگاهیدن] (مص‌ل۰) (صر۰ ← آگاهیدن) آگاهیدن (ه‌م۰)

آگهیده āgah-īda(-e) [= آگاهیده] (اِمف۰ آگهیدن) آگاهیده (ه‌م۰)

آگیش āgīš (ری۰ آگیشیدن، اِفا) در ترکیب بمعنی آگیشنده آید : پای آگیش ، (بپای آویز ، پای پیچ) ۰

آگیشنده āgīš-anda(-e) (اِفا۰ آگیشیدن) آویزنده ، چنگ‌درزننده، پیچنده ۰

آگیشیدن āgīš-īdan [=آکستن = آگستن] (آگیشید،آگیشد، خواهد آگیشید، بیاگیش، آگیشنده،آگیشیده) آویختن ، پیچیدن ۰

آگیشیده āgīš-īda(-e) (اِمف۰ آگیشیدن) آویخته ، آویزان شده ، پیچیده ۰

آگیم āgīm (اِ۰) کم،غربال ۰

آگین āgīn [=آکین] ۰ **۱** ـ (اِ۰) حشو ، آکنه ، آکنش ۰ **۲** ـ (پس۰ اتصاف و دارندگی) درکلمات مرکب بمعنی‌آلود(آلوده) ، مرصع، انباشته، مانند و گونه ، دارا وصاحب ، اندود (اندوده)آید : زهرآگین، گوهرآگین،

عقیق‌آگین ، طلسم‌آگین،عشرت‌آگین، زرآگین .

۱ - آل āl [= آلا ، پهٔ. arūs ، ماز. āl ، سرخ‌کم رنگ] **۱**- (ص.) سرخ ، احمر : لالهٔ‌آل : ازخون‌دیده دامن‌افلاك آل کرد. (شمس طبسی) **۲** - سرخ نیمرنگ : خون آل . **۳** - (ا.) (گیا.) درختی که از بیخ آن رنگی‌سرخ گیرند و جامه بدان سرخ کنند، و در طب نیز بکاربرند .

۲ - آل āl (ا.) **۱** - (عم .) بیماریی که زن نوزاییده را تاشش روز پس از وضع حمل رسد . **۲** - (عم.) موجودی نامرئی مانند جن‌که زن تازه زا را - اگر تنها بماند - صدمه رساند (خف.)

۳- آل āl (پس.) بصورت پسوندنسبت و شباهت بآخر کلمات ملحق شود : انگشتال ، چنگال ، خشکال .

۴ - آل āl [ع.] (ا.) دودمان ، خاندان، اهل: آل رسول ص ، خاندان پیامبر اسلام ، آل علی ، خاندان‌علی بن ابی‌طالب ع .

۵ - آل āl [ع.] (ا.) جایی دربیابان که بهنگام تابش آفتاب همچون آب نماید ، سراب .

۱ - آلا ālā [= آل] (ص.) سرخ ، سرخ نیمرنگ . ← آل .

۲ - آلا ālā [= ع. آلاء] آلاء (ه.م.)

آلاء ālā' [ع . درف. : آلا] (ا.) ج ، الی(ely)، الی (elā)؛ و الی(alā)؛ نعمتها ، نیکیها، نیکوییها.

آلاپلنگی ālā-palang-ī (ا مر.) (عم.) باگلها و خالهای بزرگ مانند پوست پلنگ ، گل گل .

آلات ālāt [ع.] (ا.) ج . آلت . **۱** - افزارها ، ابزارها ، ادوات،اسباب. ‖ ~ **تغذیه** . مجموع عضوهایی که‌در کار تغذیه بکار است . ‖ ~ **تناسل** . عضوهایی‌درحیوان از نر وماده که سبب تولید مثل ونتاج‌است . ‖ ~ **تنفس**. اندامها ازحنجره و ریه و غیره که در حیوان وسیلهٔ تنفس است . ‖ ~ **حیات** . آنچه از اعضاء و غیر آن که برای‌ادامهٔ زندگانی لازم‌است. ‖ ~ **جارحه** . افزارهای طبیعی وغیرآن از چنگال ودندان و شمشیر وکارد وغیره که برای جراحت وارد آوردن بکار رود . ‖ ~ **دفاع** . آنچه از اعضای طبیعی‌و ادوات مصنوع‌که برای راندن دشمن دارند. ‖ ~ **ذوات الاوتار** . (مس.) ← ذوات الاوتار . ‖ ~ **ذوات‌النفخ** . (مس.) ← ذوات النفخ . ‖ ~ **رصدی (رصدیه)** . ابزارهای‌علم هیأت‌که بکار رصدکواکب رود. ‖ ~ **شکم** . آنچه در اندرون شکم باشد ، حشو . ‖ ~ **صوت** . عضوهای بدن حیوان‌که آواز از آنها خیزد، چون: شش ، گلو ، کام ، زبان ، لب وغیره. ‖ ~ **لهو** . ابزار نواختن موسیقی و باختن قمار ومانند آن . ‖ ~ **موسیقی** . (مس.) وسایل و اسبابی که‌از تحریك آنها نغمات تولید شود ، وآن آلات در موسیقی ایرانی برسه قسم و بقولی برچهارقسم است : **۱** - حلوق انسانی. **۲** - آلات ذوات‌النفخ (ه.م.) **۳** - آلات ذوات الاوتار (ه.م.) **۴** - کاسات (ه.م.) ، طاسات (ه.م.)والواح (ه.م.). درموسیقی‌امروزی‌حلوق‌انسانی (موسیقی صوتی) (ه.م.) را در مقابل «موسیقی اسبابی» (ه.م.) قرار دهند، و آنرا جزو «آلات موسیقی» بحساب نمیاورند. **۲** - (تد.) گاه بجای علامت جمع برای نشان دادن انواع‌یك‌جنس بکار رود(غفص.) : آهن‌آلات، بلورآلات، ترشی‌آلات، شیشه‌آلات.

آلاجق ālāǰeq [تر. = آلاچیق]

(اِ.) آلاچیق (ه.م.)

آلاچق ālāčeγ [تر. = آلاچیق]
(اِ.) آلاچیق (ه.م.)

آلاچیق ālāčīγ [تر. آلاجو، آلاجق، آلاچق] (اِ.) ۱ - سراپرده وسایبان دوستونی، نوعی خیمه که ازجامهٔ ستبر وضخیم سازند. ۲ - کلبه‌ای که بصورت خیمه‌های تاتار باشد.

آلاچیق

آلاخون والاخون ālāxūn - vālāxūn [تر. آلاخان = آلامان، بیخانمان]. ~ **شدن** (مصل.) (تد.) از خانمان خود دور افتادن، بی‌سر - وسامان گردیدن، دربدر شدن.

۱ - آلاس ālās (اِ.) زغال، زگال، انگشت.

۲ - آلاس ālās (اِ.) (گیا.) راج (ه.م.)

آلاش ālāš [= آلش] (اِ.)(گیا.) آلش (ه.م.)

آلاف ālāf [ع.] (عد.) ج. **الف**؛ هزارها، هزاران.

آلاکلنگ ālā-kolang [= آله‌کلو = الاکلنگ] (جا.) آله‌کلو (ه.م.)

آلاکلنگ āllā-kolang (اِمر.) ۱ - دو چوب بر هم نهادهٔ متقاطع که دو کس بر دو سر چوب بالایی نشینند وبنوبت بزیر وبالا شوند. ۲ - عمل مذکور را نیز آلاکلنگ نامند.

آلاکلنگ

آلاله ālāla(-e) [پهـ. ālālak] (اِ.)(گیا.) ۱- گیاهی[1] از تیرهٔ آلاله‌ها، جزو دو لپه‌ییهای جدا گلبرگ، که جنسهای بسیار دارد. برگهایش متناوب وساقهٔ آن علفی وجامش دارای ۵ گلبرگ منظم و کاسهٔ وی دارای ۵ کاسبرگ سبز و مشخص است. ۲ - شقایق، لالهٔ نعمان. ‖ **آلاله‌ها**. ج آلاله ↑ (گیا.) تیرهٔ بزرگی[2] از راستهٔ گیاهان جدا گلبرگ که جنسهای بسیاردارد. برگهای این گیاهان متناوب و ساقهٔ آنها علفی و کاسهٔ آنها دارای ۵ کاسبرگ سبز ومشخص وجام آنها غالباً دارای ۵ گلبرگ منظم و گاهی بیشتر است. آلاله‌ها شامل بیش از ۱۲۰ جنس مختلف است.

آلام ālām [ع.] (اِ.) ج. الم، دردها، رنجها. ‖ ~ **جسمانی**. دردهایی که بتن رسد، رنجهای بدنی. ‖ ~ **روحانی**، **روحی**. تعبهایی که روح را آزار دهد ↓ ‖ ~ **نفسانی**. آلام روحی ↑

آلاملیک ālāmalīk [= الاملیک] (اِ.) (گیا.) الاملیک (ه.م.)

آلانک ālānak [= آلانه = آلونک] (اِ.) آلونک (ه.م.)

آلانه ālāna(-e) [= لانه] (اِ.) لانه (ه.م.)

آلاو ālāv [= آلو = الاو] (اِ.)

آلاچیق

آلاله

۱ - Ranunculus (فر.) ۲ - Renonculacées (فر.)

۱ ـ شعلهٔ آتش، زبانهٔ آتش. ۲ ـ آتش شعله ناك، آتش شعله دار.

آلاوه ālāva(-e) [= آلاو] (اِ.) ۱ ـ شعلهٔ آتش، آلاو (ه.م.) ۲ ـ دیگدان، جایی که در آن آتش روشن کنند.

آلای ālāy (ری. آلاییدن؛ اِفا.) در کلمات مرکب بمعنی آلاینده آید: دهان آلای، لقمه آلای.

آلایش ālāy-eš (اِمص. آلاییدن، آلودن) ۱ ـ عمل‌وفعل‌آلودن، آلودگی. ۲ ـ فسق، فجور، ناپاکی. ۳ ـ عادت‌زشت مانند عادت بافیون یا شراب.

آلایشناك ā.-nāk (صمر.) دارای آلایش، آلوده.

آلاینده ālāy-anda(-e) (اِفا. آلاییدن، آلودن). آنکه آلاید (← آلاییدن، آلودن).

آلاییدن ālāy-īdan (مص م.) (آلایید، آلاید، خواهدآلایید، بیالای، آلاینده، آلاییده) آلودن (ه.م.)

آلبالو āl-bālū [= آلوبالو] (اِمر.) ۱ ـ (گیا.) درختی[1] از جنس بادامیها، از تیرهٔ گل سرخیان، و آن نوعی از گیلاس است که میوهٔ آن سرخ و ترش است؛ قراصیا، آلی‌بالی، آلوبالو، نمتك. ۲ ـ (گیا.) میوهٔ درخت آلبالو[2].

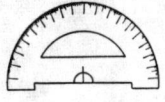

آلبوم ālbūm [فر. album] (اِ.) مجموعه‌ای که عکس، تصویر، تمبر، نمونهٔ پارچه، صفحات موسیقی وغیره‌را بر اوراق آن الصاق کنند.

آلبومن ālbūmen [فر. albumen] (اِ.) ۱ ـ سفیدهٔ تخم مرغ. ۲ ـ (گیا.) بخشی ازدانهٔ گیاه که نطفهٔ گیاهی را احاطه میکند.

آلبومین ālbūmīn [فر. albumine] (اِ.) (گیا.، جانـ.) ماده‌ایست اندك نمکین، و در نباتات‌و حیوانات وجود دارد، و بخش اعظم سفیدهٔ تخم‌مرغ‌وسرم خون‌از‌آن‌تشکیل میشود، مادهٔ بیاض‌البیض.

آلبومینوری ālbūmīnūrī (فر. albuminurie) (اِمر.) (پز.) ازدیاد مواد سفیده‌یی (پروتیدی) در ادرار، ازدیاد مواد ازتهٔ آلی ادرار.

آلپر ālpar (عم.) ← اَلپر.

آلت ālat [= ع. آلة] (اِ.) ۱ ـ واسطهٔ میان‌فاعل‌ومفعول دررسیدن‌اثر، چون اره برای نجار؛ افزار، ابزار، ادات. ۲ ـ سبب، مایه. ۳ ـ عضو، اندام. ۴ ـ زین و برگ (اسب)، یراق (اسب). ۵ ـ (جانـ.) آلت تناسلی زن ومرد. ج. آلات. ‖ ~ **رجولیت** (جانـ.) آلت‌مردی (ه.م.) ‖ ~ **زنانگی** (جانـ.) قسمت خارجی عضو تناسلی زن[3]، فرج، دریچهٔ مهبل، آلت مادگی ↓ ‖ ~ **مادگی.** (جانـ.) عضو تناسلی‌کلیهٔ حیوانات‌ماده وانسان[4]، آلت‌زنانگی ↑ ‖ ~ **مردی.** (جانـ.) عضو تناسلی مرد[5]؛ قضیب، ذکر، آلت، آلت‌رجولیت، شرم مرد، آلت نری ↓ ‖ ~ **نری** (جانـ.) عضو تناسلی کلیهٔ حیوانات نر ومرد[6].

آل تمغا āl-tamγā [= آل‌طمغا = تر.ـ مغ. مهرسرخ] (اِمر.) مهرِبامرکب سرخ که پادشاهان مغول بر فرمانها می‌نهاده‌اند، مهر سرخ.

آلت نقاله ālat-e naγālla(-e) [ع.] (اِمر.) (رض.) آلتی است که‌آنرا برای اندازه‌گیری زوایا برحسب‌درجه

آلبالو

آلبالوی جنگلی

آلبالوی تلخ

آلت نقاله

۱ـ Cerisier aigre (فر.), Cerasus acide (لا.) ۲ـ Cerise aigre (فر.)
۳ ـ Vulve (فر.) ۴ ـ Organe des femelles (فر.)
۵ ـ Penis (لا.), membre viril (فر.) ۶ ـ Organe des mâles (فر.)

بکار میبرند، وآن نیمدایره‌ایست که ازبرنج یاشاخ‌شفاف یاجنس دیگرمیان خالی سازند، ولبهٔ آنرا معمولا به۱۸۰ درجه قسمت کنند.

آلتون āltūn [=التون، تر.ـمغ.] (اِ.) ۱ ـ زر، طلا. ۲ ـ نامی از نامهای زنان وکنیزکان ترک.

آلتون تمغا ā.-tamγā [تر.ـمغ.] (امر.) منشورزرنشان،التون تمغا.

آلچه ālča(-e) [=آلوچه] (اِ.) (گیا.) آلوچه (ه.م.)

آلج āleǰ [=آلوج] (اِ.) (گیا.) آلوج (ه.م.)

آلر ālar (اِ.) (جا.ن.) سرین، کفل، آلست، آرست، الست.

آلست ālast [=آرست= الست] (اِ.) (جا.ن.) آلر (ه.م.)

آلسن ālosan [=آلوسن،معر.یو.] (اِ.) (گیا.) آلوسن (ه.م.)

آلش āleš (اِ.) (گیا.) راش (ه.م.)

آلغ āloγ [=آله] (اِ.) (جا.ن.) آله (ه.م.)

آلغده āloγda(-e) [=آرغده] (ص.) آرغده (ه.م.)

آلغونه āl-γūna(-e) [=آلگونه] (ص‌مر. ، اِمر.) آلگونه (ه.م.)

۱ ـ آلفا ālfā [یو. alpha] (اِ.) نخستین حرف ازالفبای یونانی، وآن در ریاضیات بکار رود.

۲ ـ آلفا ālfā [فر. alfa] (اِ.)(گیا.) گیاهی[1] ازتیرهٔ غلات که دایمی است ، و در شمال افریقا و جنوب اسپانیا فراوانست ، والیاف آن‌در کاغذ سازی وساختن‌طناب بکارمیرود ؛ حلفا ، الفا ، جلز، علف‌کاغذ، پیرز، علف پیرز .

آلفتن ālof-tan (صر. ← گفتن) ۱ ـ (مص‌م.) آشفتن ، مشوش کردن ، پریشان ساختن. ۲ ـ (مص‌ل.) شوریده شدن، پریشان شدن.

آلفته ālof-ta(-e) (امف. آلفتن) آشفته، پریشان.

آلك ālak [=آله] (اِ.) ۱ ـ (گیا.) سنبل الطیب(ه.م.)، آله. ۲ ـ (گیا.) اشنه (ه.م.)

آلکالوئید ālkālo'īd [فر. alcaloïde] (اِ.)(شم.) آلکالوئیدها، قلیائیات، شبه قلیاها، مواد آلی ازت داری هستند که در نباتات و حیوانات وجود دارندوهمهٔ آنهاجامدند(باستثنای نیکوتین که در تنباکو موجود و مایع است). اغلب در آب‌غیرمحلول ودراتر محلول‌میباشند.

آلگ ālg [فر. algue] (اِ.) (گیا.) دستهٔ بزرگی از گیاهان کلروفیل دار که جزو ریشه داران وگیاهان نهانزاد میباشند. آنها برنگهای‌مختلفند. هم‌در آبهای شیرین و هم در دریا ها دیده میشوند.

آلگرو āllegro [فر. از ایتا. allégro] (ق.) (مس.) تند و سبک ، شدید وبانشاط.

آلگونه āl-gūna(-e) [=آلغونه] (اِمر.) سرخیی که زنان در روی مالند برای زینت ، آلغونه، سرخی ، غازه ، سرخاب.

آلمانچی ālmān-čī [تر= الامانچی] ← الامانچی.

آلنج ālonǰ [=آلوچه] (اِ.) (گیا.) آلوچه (ه.م.)

آلنگ ālang (اِ.) ۱ ـ گودیی که‌در اطراف قلعه بهنگام محاصره ، حفر

آلش

۱ ـ Spart,sparte (فر.)

آلو

آلوبالو

کنند، مورچال. ۲ - دیواری که برای حفظ سپاه کشند، سنگر. ۳ - جمعی ازسپاهیان ودیگران که در اطراف یا درون قلعه برای تسخیر آن جای‌جای گمارند.

آلو ālū [په. ālū] (ا.) ۱ - (گیا.) درختی[1] از تیرهٔ گل سرخیان ازدستهٔ بادامیها، با گلهای سفید که گلهایش قبل ازبرگها در آغاز بهار ظاهر شوند، ودارای انواع متعدد از قبیل آلوزرد، آلوسیاه، آلوبخارا، آلو قیصی، آلو مویزی و آلوی کوهی میباشد؛ اجاص، برقوق.

آلو āllo [فر. allo!] (صت.) در آغاز مکالمهٔ تلفنی برای توجه مخاطب گویند.

آلوئس āloes [فر. aloès] (ا.) (گیا.) صبرزرد (ه.م.).

آلوئك ālūak (ا.) (زم.) سنگهای خرد آهکی که داخل سفال یا آجر پخته باشد، واین عیب است، زیرا خرده آهك بمحض رسیدن رطوبت بدان میشکفد وموجب شکستن یا ترك برداشتن آجر یاسفال میشود.

آلوبالو ālū-bālū [= آلی‌بالی = آلبالو] (إمر.) (گیا.) آلبالو (ه.م.)

آلوج ālūǰ [= آلج] (ا.) (گیا.) ازدف، زعرور، آلج، آلوی کوهی (← آلوچه)

آلوچه ālū-ča(-e) (إمصغ.) (گیا.) قسم خردتر گوجه که ترشتر از آن میباشد؛ ادرك، اجاص، آلنج، نیسوق، آلچه، الو، هلو، هلی، ترش هلو، آلوی جیلی[2]. ‖ ~ سگك (گیا.) قسم پست و ترش‌تر وخردتر آلوچه؛ آلو کوهی، نلك (ه.م.)، آلوترش، زعرور.

آلود ālūd (مصخم. آلودن، امف.) در کلمات مرکب بمعنی آلوده آید: آرد آلود، خشم‌آلود، خون‌آلود، زهرآلود.

آلودگی ālū-dag-ī [په. ālūtakīh] (حامص. آلوده) ۱ - عمل وفعل آلوده، لوث، آلایش. ۲ - عادت باعمال زشت، انحطاط اخلاقی. ۳ - گناه، فسق، فجور، جرم. ۴ - لکه[3]، شوخ، وسخ. (فر.) ۵ - گه، عذره. ۶ - دین، وام، بدهکاری. ‖ ~ آب. تیرگی آب.

آلودن ālū-dan [په. ālūtan] (آلود، آلاید، خواهدآلود، بیالا(ی)، آلاینده، آلوده، آلایش). ۱ - (مص ل.) مالیده شدن چیزی بچیزی، بطوری که اثری (نیك یا بد، تر یا خشك) ازآن در دومین بماند؛ آلوده شدن، آغشته شدن. ۲ - کثیف شدن. ۳ - بانحطاط اخلاقی دچارشدن. ۴ - (مصم.) مالیده کردن چیزی بچیزی، چنانکه اثری (نیك یا بد، تریا خشك) از آن دردومین بماند؛ آلوده کردن، آغشته کردن. ۵ - کثیف کردن (فره.)

آلوده ālū-da(-e) (امف. آلودن) ۱ - مالیده بچیزی، آغشته. ۲ - ملوث، کثیف.

آلوده دامان ā.-dāmān [= آلوده دامن] (صمر.) ۱ - آنکه دامن ملوث دارد. ۲ - آنکه عفیف نباشد، بی‌عفاف، فاسق. ۳ - گناهکار، عاصی؛ مق. پاك دامان.

آلوده دامن ā.-dāman [= آلوده دامان] (صمر.) آلوده دامان (ه.م.)؛ مق. پاکدامن.

آلوس ālūs (ا.) در کلمهٔ مرکب «چشمالوس» بمعنی آغیل (ه.م.) است. ← چشمالوس.

۱- Prunus domestica (لا.)، prunier (فر.)
۲- Petite prume (فر.), Prunus aivaricata (لا.)   ۳ - Souillure (فر.)

آلوسن ālūsan [= آلسن ، يو . ālusson] (گیا.) قسمی زردآلوی لطیف .

آلو فروش ālū-forūš (إفا .) آنکه آلو بخارای در آب خیسانده فروشد .

آلو فروشی ā.-f.-ī (حامص.) ۱ - پیشهٔ آلو فروش (ه.م.) ۲ - دکان آلو فروش (ه.م.)

آلوکك ālū-k ak (گیا.) آلبالوی جنگلی (ه.م.)

آلومین ālūmīn [فر. alumine] (إ.) (شم.) یکی‌ازترکیبات آلومینیوم که در طبیعت بصورت بلورین موجود است . نشانهٔ آن‌درشیمی Al_2O_3 است، و معمولا آنرا ازتصفیهٔ بُکسیت بدست میآورند . آلومین حاصل گردیست سفید و زیرانگشتان نرم و در ۲۰۴۰ درجه حرارت ذوب میشود .

آلومینیوم ālūmīniyom [فر . aluminium] (إ.)(شم.)فلزیست‌سفید وسبك(D = ۲ر۷) بخوبی‌مورق‌میگردد. و مفتولهای بسیار نازك ازآن میتوان ساخت . نشانهٔ آن درشیمی Al = ۲۷ است . در ۶۶۰ درجه حرارت ذوب میگردد و در۶۰۰ درجه نرم میشود ، و چون در هوا سطحش از یك ورقه Al_2O_3 پوشیده میشود که بقیه راحفظ

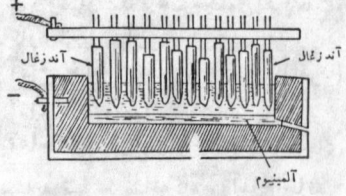

آلومینیوم

میکند،جزوفلزات فسادناپذیرمحسوب میگردد .

آلونك ālūnak [= آلانك = آلانه] (إ.) (عم.) خانهٔ کوچك، کومه؛ آلانك ،آلانه .

۱ - آله āla(-e) [= آلك] (إ.) (گیا.) سنبل‌الطیب (← بخش ۲)

۲ - آله āla(-e) [=آل] (پس.) درکلمات مرکب بصورت پسوند نسبت و مانندگی آید : ترشاله : تفاله ، دنباله ،کشاله .

۳ - آله āla [=ع.آلة← آلت] (إ.) آلت (ه.م.) : بران اسب‌آله ز اندازه بیش (فردوسی)

آله āloh [= آلغ=الوه=اله= له.، یه. āluh] (إ.) ۱ - (جان.) عقاب (ه.م.)، شاهین . ۲ - (جان.) پرنده‌ایست[1] از دستهٔ شکاریان روزانه ، دارای‌قدی متوسط‌وسری‌کشیده‌ومنقارو پنجه های نسبهً ضعیف .

آله‌کلو āla(-e)-kolū [= آلا کلنگ] (إمر.) (جان.) حشره ای[2] ازراستهٔ قاب بالان[3] که درنواحی بحر- الرومی فراوان‌است ؛ زراریح ، آلا کلنگ ،الله کلنگ.

آله‌کلو

آلهه āleha(-e) [ع.] (إ) ج.إله، خدایان، ارباب، معبودان . ضح- این کلمه رابا «الهه» (elāha) (ه.م.) نباید اشتباه‌کرد.

آلهه پرست ā.-parast (إفا.) آنکه چندین خدارا پرستد، پرستندهٔ ارباب انواع.

آلهه پرستی āleha(-e)parast-ī (حامص.) دین آلهه پرست ، پرستش خدایان‌متعدد.

---

۱ - Busard des marais (فر.), Circus acroginosus (.لا)

۲ - Cantharide (فر.) ۳ - Coléoptères (فر.)

۱-آلی ā1-ī [← آل] (ص‌نسبـ.) ۱ - سرخی، ۲ - سرخی نیم‌رنگ.

۲ - آلی ālī [ع.] (ص‌نسبـ.) منسوب به‌آلت: ۱ - هرجسمی که دارای آلات متعدد باشد مانند حیوانات ونباتات ؛ مق.غیرآلی. ‖ **جسم ~** . جسمی مرکب ازآلات که‌هریك راوظیفه‌ای جدا باشد. ‖ **عضو ~** . هرعضو که اسم کل براسم جزو آن صدق نکند؛ مق . غیر آلی . ‖ **مرض ~** (پز.) بیماریی که متوجه عضوآلی باشد؛ قولنج‌مرض‌آلی است . ‖ **شیمی ~** (شم.) بخشی از شیمی که درآن از مواد اولیهٔ حیوانی و نباتی بحث میشود.

آلیاژ ālyāž [فر. alliage] (إ.) ۱ - (شم.) ترکیب‌دو یا چند فلز بوسیلهٔ ذوب کردن، وچنانکه طلا ونقره را با مس ترکیب کنند، تامقاومت آنها بیشتر گردد. ۲ - جسمی که‌از ترکیب‌چند فلز بدست آید.

آلی بالی ālī-bālī [= آلبالو = آلوبالو] (گیا.) آلبالو (ه.م.)

آلیداد ālīdād [فر. alidade فرانسوی شدهٔ کلمهٔ ع. عضاده] (إ.) خط کشی مدرج ، دارای آلتی برای رؤیت ، وآن برای اندازه‌گیری‌زوایا بکار میرود، ذوعضادتین (ه.م.).

آلیداد

آلیز ālīz (= الیز ری. آلیزدن، آلیزیدن) ۱ - جفتك، جفته. لگد پرانیدن ستور بادوپای‌ازعقب. ۲ - جست ، جستن . ۳ - رم، رمیدن.

آلیزدن ālīz-dan [= آلیزیدن= الیزیدن](مصل.)(آلیخت، آلیزد،خواهد آلیخت، بیالیز، آلیزنده ، آلیخته ، آلیزش) آلیزیدن (ه.م.)

آلیزش ālīz-eš (امص. آلیزدن و آلیزیدن) عمل‌آلیزیدن، جفتك‌پرانی.

آلیزنده ālīz-anda(-e) (إفا . آلیزدن وآلیزیدن) ستوری که جفتك زند ، جفتك زن ، جفته پران .

آلیزیدن ālīz-īdan [= آلیزدن] (مصل.) (آلیزید ، آلیزد ، خواهد آلیزید ، بیالیز،آلیزنده ، آلیزیده، آلیزش) جفتك زدن ، جفته‌انداختن.

آلیگاتور ālīgātor [انگ ، فر. alligator] (إ) (جان.) نوعی نهنگ (سوسمار)آمریکایی که طول‌آن به ۴ تا ۵ مترمیرسد .

آلیگاتور

آما āmā [=آمای] (إفا.آمودن) آمای (ه.م.)

آماتور āmātor [فر. amateur] (ص.،إ.) کسی که دریکی ازرشته های ذوقی بسبب رغبتی که بدان دارد، کار کند ؛ و از آن قصد انتفاع نداشته باشد ؛ مق. حرفه‌یی .

آماج āmāž [دزفولی āmāč [تر. āmāč] ۱ - خاك توده‌کرده‌که نشان تیر بر آن نصب کنند ، آماجگاه . ۲ - نشان، نشانه، هدف . ۳ -پرتاب، تیررس ، $\frac{۱}{۲۴}$ فرسنگ ، قریب ۵۰۰ قدم . ۴ - آهن‌گاوآهن که درزمین‌فرو شود وشیار کند . ۵ - مجموع آهن‌جفت، گاوآهن ، سپار .

آماج خانه ā.-xāna(-e) (إمر.) آماجگاه (ه.م.)

آماجگاه ā.-gāh (امر.) ۱- جای نشانهٔ تیر ، نشانه‌گاه ، آماج خانه . ۲ - نشانه ، هدف . ۳ - میدانی که در آن نشانه نهند ، برای مشق و ورزش تیراندازی . ۴ - آنجا که شیار کنند ،

زمین شیار شده ·

آمادگی āmādag-ī ۱ - (حامص. آماده) آماده بودن. ۲- (اِ) تهیه، بسیج، ساز ، استعداد ·

آمادن āmā-dan [قس · آمودن] (صر.← آمدن) ۱ - (مصم·) ساختن، بسیجیدن ، آماده کردن · ۲- پر کردن، مملو گردانیدن . ۳ - (مص ل·) مهیا شدن ، آماده شدن .

آماده āmā-da(-e) (امف· آمادن) ۱ - حاضر مهیا، مستعد · ۲- (بنا·) گچی روانتر از بوم· ۳- (ور·) هنگام شروع مسابقه ، داور پس‌ازذکر «بجای خود» «آماده» گوید ، وسپس با شلیك تیر یا دمیدن در سوت ، مسابقه شروع میشود · گاه بجای آماده « حاضر » گویند · ‖ ~ **بودن** . مهیا بودن ، مستعد بودن ·

آماده‌شدن ā.-šodan (مص ل ·) حاضرشدن ، مهیا گردیدن ، بسیجیدن·

آماده کردن ā.-kardan (مصم·) حاضر کردن ، مهیا کردن ، آمادن .

آماده کرده ā.-karda(-e) (امف. آماده کردن) معد ، مهیا .

آمار āmār [= آماره = امار = اماره په· āmār] (اِ) ۱ - حساب ، شمار · ۲ - استقصا ، پی‌جویی، تتبع· ۳ - علمی که موضوع آن طبقه بندی علمی وقایع اجتماعی است ، و مبنای آن محاسبه و نشان‌دادن نتیجه بصورت ارقام و اعداد است مثل شمارهٔ جمعیت یك ده ، یك شهر ، یك ایالت ، یك کشور ، محصولات صنعتی ، محصولات فلاحتی، ادیان ومذاهب وپیروان آنها، مالیاتها و غیره ؛ احصائیه [1] (فره .) ‖ **ادارهٔ** ~ . اداره ای که وظیفهٔ آن جمع آوردن اطلاعات مربوط با نواع مختلف آمار (ه·م·) وصدور شناسنامه وثبت عقد وطلاق و تولد ووفات اشخاص، همسران وفرزندان آنان در آن میباشد. ← بخش ۳ : ادارهٔ آمار·

آماردن āmār-dan [= آماریدن] (مصم·) (آمارد، آمارد، خواهد آمارد، بیامار ، آمارنده ، آمارده) آماریدن (ه·م·)

آمارشناس ā.-ša(e)nās (اِفا·) کسی که بقواعد علم آمار آگاهی دارد، متخصص احصائیه [2] (فره·)

آمارگر āmār-gar [په· āmār-gar] (ص‌شغل·) آنکه مأمور انجام‌دادن امور مربوط به‌آمار است ، مأمور احصائیه (فره·)

آماریدن āmār-īdan [= آماردن] (مصم·) ۱ - شمردن ، بحساب‌آوردن، آماردن · ۲ - اهمیت دادن ، بروی خود آوردن ·

آماریلیس āmārīllīs [فر. amaryllis] (اِ) (گیا ·) گیاه پیاز داری از تیرهٔ نرگسیها [3] جزو تك لپه‌ییهای رنگین‌جام و رنگین‌کاسه باگلهای‌درشت وزیبا با بوی‌خوش‌آیند و مطبوع که بعنوان زینت در باغچه‌ها کاشته میشود ·گلهایش برنگهای سفید وقرمز و ارغوانی وصورتی‌دیده‌میشود، وآن دارای انواع متعدد است ·

Amaryllis belladona

آماریلیس

آماز āmāz [= آماس] (اِ) آماس (ه·م·) : خشك‌آماز (خشکماز) (ه·م·)

آماس āmās [=آما ، گیل. āmás] (اِ) ورم، تورم، باد، نفخ، برآمدگی [4].

آماسان āmās-ān (ص‌فا·،حا·) در

۱- Statistiqu (فر·)
۲ - Statisticien (enne) (فر·)
۳ - Amaryllidées (فر.)
٤ - Inflammatiom (فر.) Phlegmasie(فر.),tumeur(فر·)

آماساندن

حال آماسیدن (ه·م·)

آماساندن āmās-āndan [= آماسانیدن] (مصم·) (آماساند ، آماساند ، خواهدآماساند ، بیاماسان ، آماساننده ، آماسانده) آماسانیدن (ه·م·)

آماساننده āmāsān-anda(-e) (إفا · آماساندن و آماسانیدن) آنکه آماساند ·

آماسانیدن āmāsān-īdan [= آماساندن = آماهانیدن] (مص م·) (آماسانید، آماساند، خواهدآماسانید، بیاماسان ،آماساننده ،آماسانیده)سبب ورم شدن ، ایجاد تورم ، توریم ·

آماسانیده āmāsān-īda(-e) (امف· آماسانیدن)ایجاد ورم کرده، آماهانیده·

آماس‌کش āmās-ka(e)š (صمر·) (پز·) هردارویی که ورم رامعالجه کند؛ هوکش ، ضدورم ·

آماسنده āmās-anda(-e) (إفا · آماسیدن)ورم کرده، بادکرده، آماهنده·

آماسیدگی āmās-īdag-ī (حامص· آماسیده) حالت و کیفیت آماسیده ، تورم ، انتفاخ ·

آماسیدن āmās-īdan [= آماهیدن] (مصل·) (آماسید ، آماسد ، خواهد آماسید ، بیاماس، آماسنده، آماسیده) بادکردن ، ورم کردن ، تورم ·

آماسیده āmās-īda(-e) (امف· آماسیدن) متورم، ورم کرده، بادکرده، آماهیده·

آمال āmāl [ع·] (ا·) ج · امل ، امیدها ، آرزوها ·

آماه āmāh [= آماس] (ا·) آماس (ه·م·)

آماهاندن āmāh-āndan [= آماهانیدن = آماسانیدن] (مصم·) (صر ·← آماساندن) آماهانیدن (ه·م·)

آماهانده āmāh-ānda(-e) (امف· آماهاندن) آماهانیده (ه·م·)

آماهاننده āmāh-ānanda(-e) (إفا. آماهانیدن) آماساننده ، ایجاد ورم کننده .

آماهانیدن āmāh-ānīdan [= آماسانیدن] (آماهانید ، آماهاند ، خواهدآماهانید، آماهاننده ، آماهانیده) آماسانیدن (ه·م·)

آماهانیده āmāh-ān-īda(-e) (امف· آماهانیدن) آماسانیده (ه·م·)

آماهیدن āmāh-īdan [= آماسیدن] (مصل·) (صر·← آماسیدن) آماسیدن (ه·م·)

آماهیده āmāh-īda(-e) (امف· آماهیدن) آماسیده (ه·م·)

آمای āmāy [= آما] (إفا· آمودن) در کلمات مرکب بمعنی آماینده آید. ۱ - آراینده ، مرصع : گوهر آمای ، لؤلؤآمای · ۲ - پر کننده، انبارنده · ۳ - مستعدکننده ، مهیاکننده ·

آمبرو āmbro (ا·) (گیا·) کلهو (ه·م)

آمبولانس āmbūlāns [فر. ambulance](ا·) ۱- اتومبیل بزرگ که جهت حمل بیماران و مجروحان بکار رود · ۲ - بیمارستان سیار ·

آمبولانس

آمپر āmper [فر· ampère] (ا·) (فز·) واحد مقیاس جهت اندازه گرفتن

شدت جریان برق ، وآن عبارتست از مقدار جریان الکتریسیته که در یك ثانیه بتواند ۱۱۸ر۱ میلی‌گرم نقره را از یك نمك‌محلول نقره درکاتد(ه‌م.) رسوب دهد . نشانهٔ اختصاری آن A است ← بخش۳ .

آمپرسنج ā.-sanǰ (إفا.،امر.)(فز.) آلتی است جهت تعیین اندازهٔ شدت جریان الکتریسیته بحسب آمپر(ه‌م.) آمپرمتر (ه‌م.) (فره.)

آمپرمتر ā.-metr [فر . ampèremètre](إ.) (فز.)آمپرسنج (ه‌م.)

آمپول āmpūl [فر. ampoule] (إ.)(پز.) شیشهٔ کوچك سربسته محتوی داروی تزریقی یاخوراکی .

آمختن āmox-tan [= آموختن] (مص‌م.) (صر. ← آموختن) آموختن (ه‌م.)

آمخته āmox-ta(-e) (امف. آمختن) آموخته (ه‌م.)

آمد āmad(مص‌خم. آمدن) ۱ـ آمدن، ایاب ؛ رفت وآمد ؛ مق. رفت،ذهاب . ۲ ـ بازگشت . ۳ ـ اقبال،روی‌آوردن بخت ، خجستگی ؛ مق. نیامد. ← آمد داشتن. ‖ ~ کار. خجستگی، یمن ، میمنت .

آمد داشتن ā.-dāštan (مص‌ل.) مبارك بودن، میمون‌بودن، یمن‌داشتن.

آمد شد āmad-šod (مص خم.) ۱ ـ آمدوشد ، رفت و آمد ، مراوده . ۲ ـ تکرار .

آمد شدن āmad-šodan (مص‌ل.) ۱ ـ آمدن ورفتن. ۲ـ مراوده داشتن.

آمدن āma-dan [په. āmatan] (مص‌ل.) (آمد ، آید ، خواهدآمد ، بیا ، آینده ، آمده) ۱ ـ رسیدن ، فرارسیدن، اتیان ، ایاب ، قدوم؛ مق. رفتن ، شدن . ۲ ـ شدن ، گشتن ، گردیدن . ۳ ـ سرزدن ، صادرشدن ، واقع شدن . ۴ ـ گذشتن، سپری شدن. ۵ـ اصابت‌کردن، رسیدن. ۶ـ گنجیدن. ۷ ـ پدیدارگشتن ، مرئی شدن . ۸ ـ نمودن، احساس گردیدن. ۹ـ پرداختن؛ مشتعل گشتن . ۱۰ـ تولیدشدن،زادن. ۱۱ـ بازگشتن ، مراجعت کردن . ۱۲ـ (عکس.) ظاهرشدن تدریجی تصویرروی شیشه یاکاغذ ، در دوای ظهور . ۱۳ـ (تد.) متناسب بودن ، برازنده بودن؛ این لباس بشما میآید . ۱۴ـ (تد .) حرکت دادن وجنبانیدن واشاره کردن بناز و غمزه یا شوخی‌و بیشرمی؛ چشم وابرو آمدن ، گردن‌آمدن .

آمدنی āmadan-ī (ص لیا.) آنکه آمدن او ضروری است ، آنچه خود آید ؛ مق. رفتنی .

آمد نیامد āmad-nayāmad (مص خم مر.) آمد و نیامد ، میمون وفرخنده بودن ونبودن ↓ .

آمد نیامد داشتن ā.-n.-dāštan (مص‌ل.) احتمال‌میمنت وشومی‌داشتن، محتمل یمن وبد اغری بودن .

آمد و رفت āmad-o-raft (مص خم مر.) آمدوشد ، تردد ، مراوده ، ایاب و ذهاب ، آمد رفت .

آمدوشد āmad-o-šod (مص‌خم‌مر.) آمد و رفت (ه.م.)

آمد و نیامد āmad-o-nayāmad (مص‌خم‌مر.) آمد نیامد (ه‌م.)

آمد ونیامدداشتن ā.-n.-dāštan (مص‌ل.) آمد نیامد داشتن (ه‌م.)

آمده āma-da(-e) (امف. آمدن) ۱ ـ رسیده ، وارد . ۲ ـ واقع،حادث. ۳ ـ بدیهه ، لطیفه، نادره. ۴ـ طبیعی؛

آمپرسنج

آمده‌گوی ۹۰

مق. مصنوع ، ساختگی . ۵ - (بنا.) قسمی گچ روان کردهٔ گشاده وتنک ، یعنی بسیار آب وکم مایه، برای سفید کردن ظاهر بنا چون دیوار و سقف ؛ لایه .

آمده‌گوی ā.-gūy (إفا.) بدیهه‌گوی، لطیفه‌گو .

آمر āmer [ع.](إفا.) ۱- امرکننده، فرماینده ، کار فرما . ج . آمرین . ۲ - روز ششم یا چهارم از ایام عجوز.

آمرانه āmer-āna(-e) (ق.) مانند آمران ، همچون فرماندهان: آمرانه سخن میگوید .

آمرزش āmorz-eš [په. āmurzišn] (إمص . آمرزیدن) بخشایش خداگناه بنده را (مخصوصاً پس از مرگ) ، غفران ، مغفرت .

آمرزشکار ā.-kār (ص‌شغل.) آنکه آمرزش کند، آمرزگار، غفور ، غفار.

آمرزگار āmorz-gār (ص‌فا.) آمرزشکار (ه.م.)

آمرزگاری ā.-gār-ī (حامص.) عمل آمرزگار ، غفران ، مغفرت .

آمرزنده āmorz-anda(-e) (إفا. آمرزیدن) بخشاینده، غفور، آمرزگار.

آمرزیدن āmorz-īdan [په. āmurzītan] (مص م.) (آمرزید ، آمرزد ، خواهد آمرزید ، بیامرز ، آمرزنده ، آمرزیده ، آمرزش) . بخشودن خدا گناه بنده را (مخصوصاً پس از مرگ) ، غفران ، مغفرت .

آمرزیدنی āmorz-īdan-ī (ص‌لیا.) لایق آمرزیدن ، شایستهٔ بخشودن .

آمرزیده āmorz-īda(-e) (امف. آمرزیدن) مغفور ، مرحوم، شادروان، بخشوده .

آمرغ āmorγ (إ.) ۱ - مقدار، قدر، ارز، ارج . ۲ - نفع ، سود ، فایده . ۳ - همت، مقصودعالی ، کمال‌مطلوب، ۴ - اندك ، کم .

آمریکایی āmrīkā-yī [= امریکایی] (ص‌نسب.) منسوب به‌آمریکا (← بخش ۳) ، امریکایی : از مردم آمریکا ، ینگی دنیایی .

آمرین āmer-īn [ع.] (إفا.) ج. آمر، امرکنندگان، فرماندهان.

آمفیبول āmfībol [فر. amphibole] (إ.) (زم.) یکی از سنگهایی که ازعناصر اصلی سنگهای آذرین است ، و مواد ترکیب‌کننده‌اش عبارت‌از سیلیکاتهای قلیایی (کلسیم و منیزیم) و سیلیکاتهای آهن و منگنز میباشند .

آمفی تآتر āmfīteātr [= آمفی تئاتر، فر. amphithéatre ازیو.] (إمر.) جای نشستن تماشاکنندگان‌در تماشاخانه های یونان و روم قدیم ، که ردیفهای آن بشکل دایره یا بیضی و دارای پلکان بوده و صحنه دروسط‌آن جای داشته‌است . امروزه هم این‌سبك دربعضی ممالك مستعمل است .

آمفی تئاتر

آملج āmolaǰ [معر. آمله] (إ.) آمله (ه.م.)

آمله āmo(e)la(-e) [= آملج، املج، معر. سنس. amalaka] (إ.) (گیا.) درختی[1] ازتیرهٔ فرفیون‌که‌گاهی بعضی

۱ - Phyllan thus emJuca (لا.)

انواع آن بصورت درختچه نیز دیده میشوند. دارای برگهای متناوب کامل و مسطح است، وگلهای کوچکی دارد که گلبرگهای آنها بوسیلهٔ سه کاسبرگ احاطه شده اند، ودارای سه پرچم نیز میباشند آملج، املج، امبل، امیله، انولا.

آملیلس āmelīles [بربری ومغربی آآملیلس] (إ.) (گیا.) نباتی است میان شجر وگیاه که برگش چون مورد و میوه اش باندازهٔ بارسرو است. ابتدا سبز است وچون برسد سیاه ونرم گردد. چوب آن سخت واندرون آن سپید وزرد مایل بسرخی وریشه هایش باریك است ودر طب مورد استعمال دارد؛ صفیراء.

آمن āman [ع.] (ص تفض.) استوارتر، ایمن تر.

آمن āmen [ع.] (إفا.) بی بیم، بی خوف، ایمن، بزینهار، درامن و امان. ج. آمنون، آمنین.

آمنون āmen-ūn [ع.] (إفا.) ج. آمن (ه.م.)

آمنه āmana(-e) [=امنه] (إ.) پشتهٔ هیزم، پشتوارهٔ هیزم، تودهٔ خرمن هیزم شکافته.

آمنیاك āmonyāk (إ.) آمونیاك (ه.م.)

آمنین āmen-īn (ع.) (إفا.) ج. آمن (ه.م.)

آمنیوس āmniyos [فر. amnios] (إ.)(پز.) مشیمیهٔ محیط جنین (ه.م.).

آموت āmūt (إ.) آشیان مرغان شکاری مانند باز و عقاب، آشیانه:

برقلهٔ قاف بخت واقبال
آموت عقاب دولت تست
(منجیك).

آموختگار āmūxt-gār (ص فا.) معتاد به، چشته خور، مسته خوار.

آموختگی āmūx-tag-ī (حامص. آموخته) عمل وحالت آموخته، خوی گرفتگی، معتادی.

۱ ـ آموختن āmūx-tan [په. āmōxtan] (آموخت، آموزد، خواهد آموخت، بیاموز، آموزنده، آموخته، آموزش) ۱ ـ (مص. ل.) فرا گرفتن، یادگرفتن، تعلم. ۲ ـ (مص م.) فرایاد دادن، تعلیم، آموزاندن.

۲ ـ آموختن āmūx-tan [=آمیختن] (مص م.) آمیختن (ه.م.): شیر بآب بیاموختن.

آموختنی āmūxtan-ī (ص لیا.) لایق آموختن، شایستهٔ آموختن: عشق آمدنی بود نه آموختنی.

آموخته āmūx-ta(-e) (إمف. آموختن) ۱ ـ یادگرفته، تعلیم گرفته. ۲ ـ مؤدب، فرهخته. ۳ ـ معتاد، خوگر. ۴ ـ رام شده، مأنوس، دست آموز.

آموخته شدن ā.-šodan (مص ل.) خوگرفتن، عادت کردن، معتاد شدن.

آموخته کردن a.-kardan (مص م.) عادت دادن به، دست آموز کردن، خوگر کردن به.

آمود āmūd (مص خم. آمودن) در کلمات مرکب بمعنی «آموده» (ه.م.) آید: گوهر آمود.

آمودن āmū-dan [قس. آمادن] (صر. ← آسودن) ۱ ـ (مص م.) آمیختن، در هم کردن. ۲ ـ ترصیع، در نشاندن چنانکه گوهریرا در انگشتری. ۳ بسلك درآوردن، بنخ کشیدن گوهرها ومهره ها. ۴ ـ آراستن، زینت کردن. ۵ ـ مهیا کردن، آماده کردن. ۶ ـ (مص ل.) آمیخته شدن. ۷ ـ آراسته شدن.

آموده āmū-da(-e) (إمف. آمودن)

۹۲
آموز

آراسته، مزین، متحلی.

آموز āmūz (ری. آمیزیدن و آمیختن) ۱ - (إفا.) در بعضی کلمات مرکب بمعنی «آموزنده» آید: بدآموز، مسأله‌آموز ۲ - (امف) در برخی کلمات مرکب بمعنی «آموخته» آید: نوآموز، دست آموز. ۳ - (إمص‌خم.) آموزش، تعلیم: چو فارغ شد از پند و آموزمرد... (فردوسی)

آموزان āmūz-ān (ص‌فا.، حال.) در حال آموزانیدن، درحال آموختن.

آموزاندن āmūz-āndan [= آموزانیدن] (صر. سوزاندن) آموزانیدن (ه.م.).

آموزانیدن āmūz-ānīdan [= آموزاندن = قس آموختن] (مص‌م.) (صر. ← سوزانیدن) (مص م.) تعلیم دادن، آموختن.

آمونیاك

آموزش āmūz-eš [په. āmōžišn] (امص. آموزیدن و آموختن) ۱ - عمل آموختن، یاد دادن. ۲ - تعلیم؛ مق. تربیت، پرورش.

آموزشگاه ā.-gāh (إمر.) مدرسه (فره.)

آموزشی ā.-ī (ص‌نسبـ.) منسوب به آموزش. ۱ - تعلیمی، تعلیماتی: امور آموزشی. ۲ - طالب علم، دوستدار آموختن:

بدو گفت دانا شود مرد پیر
که آموزشی باشد و یادگیر
(فردوسی).

آموزگار āmūz(e)-gār [په. āmōžakār] (ص‌شغل.) ۱- آنکه آموزد، آنکه یاد دهد، معلم، آموزنده. ۲ - (فر.) معلم مدرسهٔ ابتدائی. ۳ - ناصح، اندرزگوی. ۴ - راهنما، هادی. ۵ - شاگرد، متعلم.

آموزگاری ā.-ī [په. āmōžakārīh] ۱ - (حامص.) چگونگی و عمل آموزگار، تعلیم، معلمی. ۲- (فر.) معلمی مدرسهٔ ابتدائی.

آموزنده amūz-anda(-e) (إفا. آموختن، آموزیدن) ۱- آنکه بدیگری آموزد، آنکه تعلیم دهد، معلم. ۲ - آنکه ازدیگری آموزد، متعلم.

آموزیدن āmūz-īdan [= آموختن] (مص‌ل.) (صر. ← آمرزیدن) آموختن (ه.م.)، تعلم.

آمولن āmūlon [معر. یو. amulon] (إ.) نشاسته (ه.م.)، نشا.

آمون āmūn (ص.) پر، مملو، لبالب.

آمونیاك āmonyāk [فر. āmmoniaque] (إ.) (شم.) گازیست بی رنگ، بابوی تند و طعم حاد، و اشك آور است، و در آب حل میشود، آن یکی از ترکیبات ازت است که در هوای شهرها ومجاورت مستراحها وجود دارد، و از تجزیهٔ اورهٔ ادرار بوسیلهٔ میکرب مخصوص ونیز از تکلیس نشادر با آهك بدست میآید، ودر صنعت وطب مستعمل است.

آمونیم āmonyom (إ.) ← آمونیوم.

آمونیوم āmonyom [فر. ammonium] (إ.) (شم.) در ترکیبات آمونیاك مجموعهٔ NH_4 بنام آمونیوم دارای خواصی شبیه بخواص فلزات قلیائی است، یکی‌ازترکیبات آمونیاك، کلرور آمونیوم یا نوشادر است که‌جسم محلول درآب وقابل تصعید است، و در سفیدگری مصرف میشود.

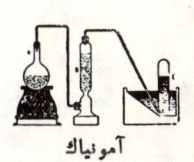

۱ - آمه āma(-e) (إ.) ظرفی که در آن مرکب ریزند برای نوشتن؛ دوات.

آمیب āmīb [فر. amibe] (ا.) (جا ن.) جانوریک‌سلولی، از ردهٔ ریشه‌پائیان[1]، که هم در آبهای شیرین و هم در آبهای دریا میزید، حرکت و تغذیهٔ وی بوسیلهٔ پاهای کاذب است. پروتوپلاسم آنها برهنه و بدون پوستهٔ خارجی است.

آمیختگی āmīx-tag-ī (حامص.) ۱ - حالت و کیفیت آمیخته. ۲- امتزاج، اختلاط. ۳ - الفت، معاشرت، خلطه، آمیزش. ۴ - شایبه: آمیختگیها، شوایب.

آمیختگی دادن ā.-dādan (مص م.) تألیف، الفت دادن.

آمیختگی گرفتن ā.-gereftan (مص ل.) ~ باچیزی، الفت یافتن با او.

آمیختن āmīx-tan [= آموختن = آمیزیدن په. āmextan] (آمیخت، آمیزد، خواهد آمیخت، بیامیز، آمیزنده، آمیخته، آمیزش) ۱ - (مص م.) درهم کردن، مزج، مخلوط کردن. ۲ - رزیدن، زدن و مالیدن (رنگ و مانند آن). ۳ - (مص ل.) درهم شدن، ممزوج گشتن، اختلاط، امتزاج. ۴ - معاشرت، خلطه، رفت و آمد داشتن. ۵ - خفت و خیز با زنان داشتن. ۶ - الفت گرفتن با، انس گرفتن با. ۷ - پیوستن (چنانکه رودی برود دیگر یا بدریا).

آمیختنی āmīx-tan-ī (ص لیا.) لایق آمیختن، شایستهٔ آمیختن، آنچه که آمیختن آن ناگزیر باشد.

آمیخته āmīx-ta(-e) [په. āmextak] (امف. آمیختن) ۱ - درهم کرده، مخلوط، ممزوج. ۲ - (ا) جامه‌ای که جولاهان پوشند.

آمیخته شدن ā.-šodan (مص ل.) درهم شدن، اختلاط، امتزاج.

آمیخته کردن ā.-kardan (مص م.) آمیختن، درهم کردن، مخلوط کردن.

آمیرال āmīrāl [فر. amiral، از ع. امیرالبحر] (ا.) امیرالبحر، دریاسالار (ه.م.)، آدمیرال.

آمیز āmīz [ری. آمیزیدن، قس. آمیغ] ۱ - آمیزش، مخلوط کردن. ۲- معاشرت. ۳ - مباشرت، آرمش، آمیغ. ۴ - (إفا.) دربعضی کلمات مرکب بمعنی «آمیزنده» آید: مردم‌آمیز، رنگ‌آمیز. ۵ - (إمف.) دربرخی کلمات مرکب بمعنی «آمیخته»: حسرت‌آمیز، شهوت‌آمیز، شهدآمیز، نوش‌آمیز.

آمیزان āmīz-ān (حال. آمیزیدن و آمیختن) درحال آمیختن.

آمیزش āmīz-eš (إمص. آمیختن و آمیزیدن) ۱ - اختلاط، امتزاج، خلط، مزج. ۲ - خلطه، مخالطه، معاشرت نشست و برخاست. ۳ - مباشرت، آرمش، نزدیکی کردن با.

آمیزگار āmīz-gār (ص فا.) آمیزنده، آنکه بسیار معاشرت کند.

آمیزگاری ā.-ī (حامص.) ۱ - حالت و کیفیت آمیزگار. ۲ - حسن معاشرت، خوش منشی.

آمیزنده āmīz-anda(-e) (إفا. آمیزیدن و آمیختن) ۱ - آنکه آمیزد، آنکه آمیزش کند. ۲ - خوش‌معاشرت، خواهان معاشرت، آمیزگار.

آمیزه āmīz-a(-e) [= آمیژه] (ص مر.) ۱- آمیخته، مخلوط، ممزوج. ۲ - آنکه ریش دو مویه دارد ← آمیزه مو. ۳ - (رض.) اختلاط و امتزاج (فره.).

آمیزه مو ā.-mū (ص مر.) آنکه

۱ - Rhizopodes (فر.)

آمیزه مویی

بخشی ازموهای وی سیاه وبخشی سفید باشد (پس ازدورهٔ جوانی)، دومویه.

آمیزه مویی ā.-mū-yī (حامص.) حالت وکیفیت آمیزه مو (ه.م.)

آمیزیدن āmīz-īdan [= آمیختن آمیغدن] (مصم.) (آمیزید، آمیزد، خواهد آمیزید، بیامیز، آمیزنده، آمیزیده) آمیختن (ه.م.)

آمیژه āmīž-a(-e) [= آمیزه] (ص.) آمیزه (ه.م.)

آمیغ āmīɣ [= آمیز] (إ.) ۱ - آمیزش، مزج، خلط. ۲ - مباشرت، مجامعت، آرمش با. ۳ - (امف.) در بعضی کلمات مرکب بمعنی «آمیخته» و ممزوج وآمیز آید: نوش آمیغ، غم آمیغ، گوهر آمیغ.

آمیغدن āmīɣ-dan [آمیختن= آمیزیدن] (مصم.) آمیختن (ه.م.)

آمیغه āmīɣ-a(-e) (إمص. آمیغدن) ۱ - آمیزش. ۲- مباشرت، مجامعت، آرمش با. ۳ - (ص.) آمیخته، مخلوط.

آمین āmīn [ع. ازعبر.] کلمه‌ایست که پس ازدعا گویند، بمعنی برآور! بپذیر! اجابت کن!

۱ - آن ān [پهـ. ān] ۱ - (ضم.) ضمیر اشاره، برای دور؛ مق. این: آن رابیاور! ج. برای اشخاص «آنان» و برای اشیا و جانوران «آنها». ۲ - آن کار، آن چیز:

هرکس آن کند که نباید کردن آن بیند که نباید دیدن. (قابوسنامه)

۳ - آنزمان، آن‌وقت: آن‌شدای‌خواجه که‌در صومعه بازم بینی. (حافظ)

‖ بر ~ بودن. بر آن عقیده بودن، چنین قصد داشتن:

من نیز بر آنم که‌همه‌خلق بر آنند (سعدی). ‖ بر سر ~ بودن. برآن بودن ↑ :

برسر آنم که گر زدست برآید دست بکاری زنم که‌غصه سرآید. (حافظ).

۲-آن ān [↑] (إ. اشاره) ۱- برای‌اشاره بدور؛ مق. «این»، این‌کتاب را بیاور! ضح. - برای فرق «آن» اسم اشاره با «آن» ضمیراشاره ← این. ۲ - (مبهم) هرگاه مرجع معینی نداشته باشد، از مبهمات محسوب شود؛ مق. این:

یك روز صرف بستن دل‌شد باین وآن روزدگر بکندن دل زین وآن گذشت. (کلیم)

۳ -آن ān (پس.) ۱ - پسوند دال بر زمان: بامدادان، ناگاهان، بیگاهان، صبحگاهان. ۲ - پسوند دال بر مکان وموطن: گیلان، یونان، ایران، دیلمان. ۳ - پسوند حاصل مصدر است در آخر ریشهٔ فعل: چادر درآن کردن، چادر دری؛ راه جامه‌درآن، راه جامه‌دریدن. ۴ - پسوند دال بر کثرت واستمرار، در آخر اسم فاعل (مرخم): درم ریزان، گلریزان. ۵ - پسوند صفت فاعلی، در آخر ریشهٔ فعل = مفرد امر حاضر: خرامان، روان، نگران. ۶ - پسوند دال برنسبت بنوت وفرزندی: اردشیر بابکان (اردشیر پسر بابك)، خسرو قبادان (خسرو پسر قباد)، عبیدالله زیادان (عبیدالله پسرزیاد). ضح. گاه این پسوند درآخر اسماء خاص (اعلام) زایدافتد: فیروزان (پیروزان)، هرمزان، روز بهان، فرخان، مهران، وردان، سهلان، فضلان، مملان. ۷ - پسوند دال برجشن وآذین و شادمانی وسوگ: آشتی کنان، آینه بندان، چله بران، خلعت پوشان. ۸ - گاه بآخر صفات پیوندد، و تغییری در معنی و نوع کلمه نمیدهد: شادان، آبادان، جاویدان. ۹ - پسوند جمع (پهـ. ān) - یکی از دو علامت جمع پارسی است و آن در موارد ذیل بکار رود:

الف ـ جانداران (انسان‌وحیوان) و نام اقوام وملل به ـ ان جمع بسته شود : مردان، اسبان، ماران، موران، هندوان، ترکان. ب ـ بعض اعضای بدن (که زوج یا متعددباشند) علاوه بر «ها» به «ـ ان» نیزجمع بسته شوند : چشمان، ابروان، زانوان ، بانوان . ج ـ کلمات ذیل دال بر زمان ، علاوه بر «ها» به «ـ ان» جمع بسته شوند : روزگاران، روزان، شبان .

۴ـ آن ān (إ.) کیفیت خاص در حسن وزیبایی که آنرا بذوق درك کنند ولی تعبیر نتوانند:

شاهد آن نیست که مویی و میانی دارد
بندهٔ طلعت آن باش که آنی دارد .
(حافظ)

۵ـ آن ān [ع .] (پس.) نشانهٔ تثنیه است درعربی ، وآن درعربی باآخراسم درحالت رفعی پیوندد : رجل، رجلان (دومرد) ؛ فرس، فرسان (دواسب) ؛ در فارسی مراعات حالت رفعی نکنند ، و بندرت این نوع تثنیه رابکار برند : فرقدان ، شعریان ، توأمان .

۶ـ آن ān [ع.] (إ.) وقت ، هنگام ، لحظه‌ای که در آن هستی ، دم ، اندك زمان . ج . آنات . ‖ ~ به ~ . لحظه بلحظه. ‖ در یك ~ . در یك لحظه ، دریك‌دم.

آن ān-e (ضم. ملکی.) مال، متعلق‌به، ملك (گاه «ازآن» و «زان» گویند) : اسبی بود آن منذر ، اشقر (تاریخ بلعمی) ‖ از ~ . (ه.م.)

آنات ān-āt [ع.] (إ.) ج . آن ← ۶ آن .

آنالوطیقا ānālūtīγā (إ.) ← انالوطیقا .

آنارشی ānāršī (إ.) ← انارشی .

آنارشیست ānāršīst (ص .) ← انارشیست .

آنارشیسم ānāršīsm (إ.) ← انارشیسم .

آنان ān-ān (ضم.) ج . آن (ه.م.) ضمیراشاره برای اشخاص‌دور ، ایشان؛ مق. اینان :

شراب لعل‌کش‌وروی مه‌جبینان بین !
خلاف مذهب آنان جمال اینان بین !
(حافظ)

آناناس ānānās [فر. ananas] (إ.) (گیا.) ۱ ـ گیاهی[1] از دستهٔ آناناسها[2] ، نزدیك به تیرهٔ نرگسیها، از راستهٔ تك لپه‌ییها . اصل این گیاه از آمریکاست ، و برگهایش دراز و غالباً دور آنها خاردار است . گلهایش خوشه‌یی وبساقه‌چسبیده‌است. ۲ـ (گیا.) میوهٔ گیاه مذکور که‌جزومرکبات‌است ، یعنی چندین میوه در یك پوست جمع شوند و تشکیل یك میوهٔ بزرگ دهند (مانند پرتقال ، نارنج و لیمو) . این میوه‌خوراکی‌است وازآن‌کمپوت، مربا وترشی‌سازند. ‖ ~ وحشی . (گیا.) نوعی‌آناناس[3] که خودروست، ومیوه‌اش از آناناس معمولی کوچکتر است ؛ آناناس بری ، یبانی آناناس.

آناناس

آنا ān-an [ع .] (ق.) فی الفور ، همان دم ، دریك لحظه ، بیکدم .

آنت ān-(a)t [= آن‌تورا] ۱ـ (ضم. مر.) آن ترا: آنت بس‌است. ۲ـ (صت. تحسین) زهی ، احسنت ، خه‌خه. قس. اینت .

آنبرباریس ānbarbārīs (إ.) (گیا.) ← انبرباریس .

---

۱ – Bromelia anenas (لا.) ۲ – Bromeliacées (فر.)
۳ – Bromélia sylvestris (لا.)

آنتراکت āntrākt [فر. entracte] (اِ.) ۱ - فاصلهٔ بین دو پردهٔ نمایش یا نواختن دو قطعهٔ موسیقی، برای رفع خستگی واستراحت. ۲ - قطعه‌ای موسیقی که بین‌دوپردهٔ نمایش یا اپرا اجرا شود.

آنتن ānten [فر. antenne] (اِ.) (فز.) ۱ - برجهای آهنی که برای تقویت دستگاههای فرستندهٔ امواج بی‌سیم بکارمیرود. ۲ - (فز.) میلهٔ آهنی یا رشته‌های سیم که برای تقویت دستگاه‌های گیرنده (رادیو، تلویزیون وغیره) مورد استفاده قرار میگیرد؛ سرون (فره.)

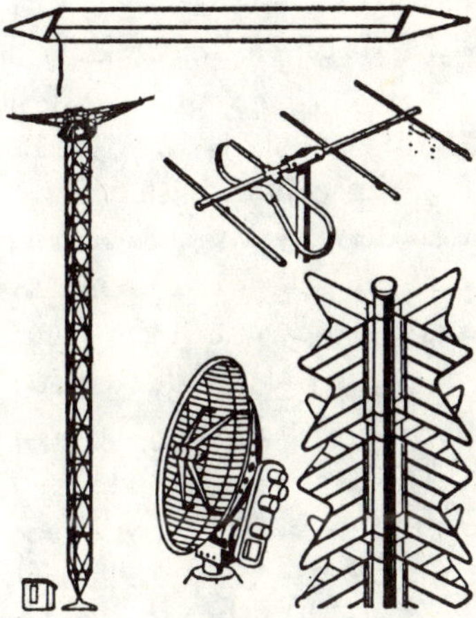

انواع آنتن

آنتی پیرین āntīpīrīn [فر. antipyrine] (اِ.) (شم.، پز.) گردیست سفید، اندکی تلخ و قلیایی، که ازقطران زغال‌سنگ استخراج‌شود، و برای دفع تب وایجاد عرق وتسکین درد بکار رود.

آنتیك āntīk [فر. āntique، لا. entiquus] (ص.) ۱ - عتیقه، شیءکهنه، دیرینه. ۲ - (تد.) قیمتی، باارزش: چیزآنتیکی است. ۳ - (تد.) سخت بد، سخت زشت‌وکریه.

آنتیك خر ā.-xar (اِفا.) (کم.) آنکه پیشه‌اش خریدن آنتیك (ه.م.) است.

آنتیك خری a.-xar-ī (حامص.) (کم.) ۱ - عمل‌وپیشهٔ آنتیك‌خر(ه.م.) ۲ - مغازهٔ آنتیك‌خر(ه.م.)

آنتیك فروش ā.-forūš (اِفا.) آنکه آنتیك (ه.م.) فروشد.

آنتیك فروشی ā.-forūš-ī (حامص.) ۱ - عمل‌وپیشهٔ آنتیك‌فروش (ه.م.) ۲ - مغازهٔ آنتیك فروش(ه.م.)

آنتیمون āntīmūn [= انتیمون] ←انتیمون.

آنجا ān-ǰā [شهمیرزادی unǰa، گیل. uya] (ق. مک.) ۱ - اشاره بجایی دور؛ مق. اینجا. ‖ ~ که...، محلی که ...، جایی که ...، در مقامی که...

آنجا که عقاب پر بریزد
از پشهٔ لاغری چه خیزد؟

آن جهان ān-ǰahān (اِمر.) آخرت، عقبی، اخری؛ مق. این جهان، دنیا.

آن جهانی ā.-ǰ.-ī (ص نسبـ.) اخروی، مربوط بعقبی؛ مق. این جهانی، دنیوی.

آنچ ān-č(e) [= آنچه] (اِ. اشاره مر.، حر. ربط) مخفف «آنچه» (ه.م.)

آنچت ān-če-t [= آنچه‌ترا] (اِ. اشاره مر. + ضم.) مخفف «آنچه‌ترا»: هرآنچت بگویم زمن گوشدار. (فردوسی).

آنچش ān-če-š [= آنچه‌اش] (اِ. اشاره‌مر. + ضم.) مخفف «آنچه‌اش»، آنچه اورا: بیفزود در تن هر آنچش بکاست (فردوسی).

آنچنان ān-čon-ān [= آن‌چونان]

(ق. تشبیه) بطوری، بقسمی، بدانگونه.
آنچه ān-če (إ. اشاره مر. + حر. ربط) آن چیز که، هرچیز که، هرچه که، همهٔ چیزها که.
آندانت āndānt [فر. andante] ۱ - (ق.) (مس.) آهسته وروان، ملایم، معتدل. ۲ - (إ.) حالت حرکتی معتدل.
آن دگر ān-degar [= آن دیگر] (مبهم مر.) آن‌دیگر (ه.م.)
آندن - āndan [= آن، مپ. + دن، پس. اصلی مصدری = انیدن] (پس. مصدری) ۱ - پسوند تعدیهٔ فعل لازم، وآن‌باخر ریشهٔ دستوری (= دوم شخص مفرد امر حاضر) پیوندد: خند - اندن، جه - اندن، دو - اندن. ۲ - در صورتیکه بآخر مفرد امر حاضر از فعل متعدی پیوندد، دال بر وادار کردن کسی است بعملی: خور - اندن، پوش - اندن، کش - اندن.
آندون āndūn (ق.) ۱ - آنجا؛ مق. ایدون، اینجا. ۲ - بدان سوی، بدان‌جهت. ۳ - چنان؛ مق. ایدون، چنین. ۴ - آنگاه، آن زمان.
آن دیگر ān-dīgar [= آندگر] (مبهم مر.) دیگری، شخص دیگر، آن یك.
آندیو āndīv (إ.) (گیا.) کاسنی فرنگی (ه.م.)
آن روز ān-rūz (قمر.) آنزمان، آن وقت، آنگاه، آن‌روزینه ↓.
آن‌روزینه ān-rūz-īna(-e) (قمر.) آن‌زمان، آنگاه، آنوقت، آنروز ↑.
آن زمان ān-zamān (قمر.) آنگاه، درآن‌وقت.
آنژین ānžīn [فر. angine] (إ.) (پز.) دردگلو، ورم گلو، تورم‌لوزتین، وجع حلق.

آنسات ānesāt [ع.] (إ.) ج. آنسه. ۱ - خانم‌ها (غم.) ۲ - زنان‌خوب، دلارامان، دلاویزان (غم.)
آن سرا ān-sarā [= آن سرای] (إمر.) آن سرای (ه.م.)
آن سرای ān-sarāy [= آن‌سرا] (إمر.) آخرت، سرای دیگر، عقبی، آن‌جهان؛ مق. این‌سرای، دنیا، این جهان.
آن سری ān-sar-ī (ص نسبـ.) ۱ - اخروی، عقبایی، آخرتی. مق. این سری. ۲ - خدایی، الهی، غیبی؛ مق. این سری.
آن‌سو ān-sū [= آن‌سوی] (قمر.) آن سوی (ه.م.)
آن‌سوی ān-sūy [= آن‌سو] (قمر.) آن طرف، آن جهت؛ مق. این سوی.
آنسه ānesa(-e) [= ع. آنسة] (إفا.) ۱ - مؤنث آنس (ه.م.) ۲ - زن نیکو، خانم (غم.). ج. اوانس، آنسات.
آنفلوآنزا ānflūānzā ← انفلوآنزا.
۱ - آنك ān-ak کلمه‌ایست دال‌بر اشاره بدور اعم از مکان و زمان. آنگاه، آنجا؛ مق. اینك.
۲ - آنك ānak (إ.) آبله که بر اندام برمی‌آید.
آنك ānok [ع.] (إ.) سرب، اسرب.
آنك ān-k(e) [= آنکه] (ضم + موصول) آنکه.
آنکت ān-ke-t [= آنکه ترا] (ضم. + موصول + ضم. مفعولی) مخفف آنکه ترا.
آن‌کجا ān-koǰā (ضم. + موصول) ۱ - آنکه، آن‌کس که. ۲ - آنچه: بر او بر شمرد آن کجا رفته بود. (فردوسی)

آنکس ān-kas (إ. اشاره‌مر.) آن شخص، آن آدمی، کسی.

آنکسی ān-kas-ī (إ. اشاره‌مر.) آن آدمی، آن شخصی.

آنکش ān-ke-š (إ. اشاره‌مر. + ضم.) مخفف آنکه‌اش، آنکه اورا.

آنکو ān-kū (إ. اشاره‌مر. + ضم.) مخفف «آنکه‌او»، آنکس که او.

آنکه ān-ke (إ. اشاره‌مر.) آنکس که، کسی که، هرکس که.

آنگاه ān-gāh (ق. زمان) ۱ - آن زمان، آن وقت، آن‌هنگام. ۲ - پس‌از آن، سپس، بعد، درآخر. ۳ - مع‌هذا، مع‌ذلك. ۴ - بعلاوه، ازآن گذشته.

آنگلوفیل ānglo-fīl [فر. ānglophile] (ص.، إ.) (سیا.) کسی که طرفدار انگلستان است، انگلیس‌دوست.

آنگونه ān-gūna(-e) (قمر.) آنسان، آن‌وجه.

آنگه ān-gah [= آنگاه] (ق. زمان) آنگاه (ه.م.)

آنگهی ān-gah-ī (ق. زمان) ۱ - آن زمان، آن وقت. ۲ - پس، سپس، بعد.

آنورسما ānevresmā (إ.) آنوریسم (ه.م.)

آنوریسم ānevrīsm [فر. anévrisme از یو.] (إ.) (پز.) غدهٔ مشکل از خون که غالباً به شریان مربوطست، و محتویات آن ممکنست خون‌مایع‌یا خون منعقدباشد؛ آنوریسما، انوریسما، آنورسما، انوریسم.

آنوریسما anevrīsmā (إ.) آنوریسم (ه.م.)

۱ - آنه āna(-e) (پس.) ۱ - پسوند ساختن قید از صفت: مردانه، دلیرانه، جسورانه، خردمندانه. ۲ - گاه بآخر اسم و صفت ملحق گردد بمعانی ذیل: مانند، مثل، بگونهٔ، لایق، متعلق به، منسوب‌به، در حال، دروقت، بصفت: شعری خوش و استادانه (چهارمقاله)، بادهٔ مستانه، موی شاهانه.

۲ - آنه āna(-e) [هند.، انگ. anna] (إ.) ۱ - یك شانزدهم قیراط، شانزده یك قیراط: الماسی بوزن سه قیراط و یك آنه. ۲ - یك شانزدهم روپیه، شانزده یك روپیه.

آنها ān-hā (ضم.) ج. آن. ۱ - در مورد غیر ذوی‌العقول آید. ۲ - در تداول برای‌اشخاص نیز استعمال‌شود؛ آنان، ایشان.

آنهمه ān-hama(-e) (إمر.) ۱ - تمام آن. ۲ - (قمر.) آن مقدار بسیار.

۱ - آنی ān-ī (ص‌نسب.) منسوب به آن. ۱ - موقت، موقتی. ۲ - فوری، فوتی و فوری.

۲ - آنی ānī [ع. ānīyy] (پس.) علامت نسبت در بعض کلمات عربی: روحانی، جسم - انی، صمد - انی.

آنیدرید ānīdrīd (إ.) انیدرید (ه.م.)

آنیدن ānīdan [= ān-ī-dan آن + ی، مین. + دن، پس. مصدری = اندن] (پس. مصدری) ← آندن.

آنیلین ānīlīn [فر. aniline] (إ.) (شیم.) مایعی است بیرنگ و با بوی نامطبوع که در هوا کدر میشود، و درآب کم‌محلول‌است، و آن یکی‌از ترکیبات بنزین است و نشانهٔ آن در شیمی $C_6H_5NH_2$ است. اگر مخلوط نیترو بنزین وبرادهٔ آهن واسیداستیك

را تقطیر کنیم، آنیلین بدست میآید.

آنیلین

آنین ānīn (اِ.) خم کوچك سفالین که‌دوغ در آن ریزند وجنبانند تا کرهٔ آن جدا شود؛ انین.

آنیه āniya(-e) [ع.] (اِ.) ج. اناء، ظرفها، ظروف، آبدانها.

آو āv [= آب] (اِ.) آب (ه.م.)

آوا āvā [= آواز] (اِ.) ۱ - آواز، بانگ، صوت. ۲ - (مس.) آواز (ه.م.) ۳ - صیت، شهرت. ۴ - عقیده، رأی ‖ ~ ی سرد. گفتار زشت.

آواخ āvāx [= آوخ] ۱ - (صت.) آوخ (ه.م.) ۲ - (اِ.) آوای نرم، صوت خفی. ۳ - قسمت، نصیب.

۱ - آوار āvār [= آواره] ۱ - (ص.) از خانمان ووطن بدور افتاده، دربدر. ۲ - خراب، ویران، برافتاده. ۳ - (اِ.) هرج ومرج، بی‌نظمی، فساد. ۴ - آزار، رنج. ۵ - غارت، چپاول.

۲ - آوار āvār (اِ.) ۱ - گرد و غبار، وخاك. ۲ - آنچه بسبب افتادن دیوار وسقف فرو ریزد ازخاك وسنگ آجر وگچ وغیره.

۳ - آوار āvār [= آور] (اِ.) یقین، آور.

آوارکردن ā.-kardan (مص م.) ۱ - دربدر کردن. ۲ - خراب کردن، ویران ساختن. ۳ - غارت کردن، چپاول کردن.

آوارگشتن ā.-gaštan (مص ل.) ۱ - در بدر شدن. ۲ - خراب شدن، ویران گشتن. ۳ - غارت شدن، چپاول شدن.

آوارگی āvārag-ī (حامص. آواره) ۱ - بی‌خانمانی، بی‌منزلی، دورافتادگی ازخانمان. ۲ - سرگردانی، پریشانی.

آواره āvāra(-e) [= آوار] ۱ - (ص.) از وطن‌دور افتاده، در بدر. ۲ - ازوطن بیرون کرده، نفی بلدشده. ۳ - گم گردیده، بی نام ونشان. ۴ - گریخته. ۵ - پراکنده، پریشان، متفرق. ۶ - (اِ.) ظلم، ستم، آزار.

آواره شدن ā.-šodan (مص ل.) ۱ - دور شدن، گم‌شدن. ۲ - ازخانمان ووطن دورماندن. ‖ ~ ازتخت‌وگاه. ازسلطنت دورماندن، از تاج و تخت دورماندن.

آواره‌کردن ā.-kardan (مص. مر. م.) ۱ - بیرون کردن، اخراج. ۲ - تبعید کردن، نفی بلد کردن.

۱ - آواری āvār-ī (حامص.) آوارگی (ه.م.)

۲ - آواری āvār-ī (ص. نسب.، اِ. مر.) (زم.) سنگهایی که‌ازخرد شدن‌سنگهای دیگری پدید آید[1] (فره.)

آواز āvāz [په. āvāč] (اِ.) ۱ - صوت، بانگ. ۲ - (مس.) نغمه، سرود، آهنگ. ۳ - (مس.) هریك‌ازدستگاههای موسیقی وشعب آن. ۴ - یکی ازگوشه‌های شور (ه.م.) ۵ - یکی ازگوشه‌های سه‌گاه (ه.م.) ‖ ~ ِ دسته‌جمعی ← کر[2] ‖ ~ ِ ضربی ← ضربی.

آوازجو(ی) ā.-ǰū(y) (اِفا.) شهرت طلب.

آواز خوان ā.-xān (اِفا.) آوازه خوان (ه.م.)

۱ - Détritique (فر.)   ۲ - Choeur

آوازخوانی ā.-xān-ī (حامص.) آوازه خوانی (ه.م.)

آواز دادن ā.-dādan (مص.مر.م) نداکردن، خواندن، طلبیدن.

آوازدهنده ā.-dahanda(-e) (إفا.) ۱- آنکه آواز دهد. ۲- هاتف.

آوازه āvāza(-e) [= آواز] (إ.) ۱- صوت، آوا، آواز. ۲- (مس.) نغمه ترانه، نوا. ۳- (مس.) هر یك از دستگاههای اصلی موسیقی. ۴- خبر، آگاهی، اطلاع. ۵- صیت، شهرت.

آوازه خوان ā.-xān (إفا؛ ص.مر.) کسی که آواز خواند، خوانندهٔ حرفه‌یی، مغنی.

آوازه خوانی ā.-xān-ī (حامص.) عمل‌وشغل آوازه‌خوان، تغنی، خنیاگری.

آوازه شدن ā.-šodan (مص‌ل.) ۱- مشهورشدن. ۲- مایهٔ عبرت گشتن.

آواکردن ā.-kardan (مص‌م.) خواندن، دعوت، طلبیدن.

۱- آوام āvām [= وام] (إ.) وام، دین.

۲- آوام āvām [= فام] (إ.) رنگ، لون.

آواه āvāh [= آوه] (صت.) آوه! آوخ!

آوای āvāy [= آواه] (صت.) آواه! آوه! آوخ!

آوت āwt [انگ. out، خارج] (ق) (ور.) خروج ورزشکار یا توپ یا هر وسیلهٔ دیگر بازی ازحدودی که مشخص‌شده.

آوجی āvaǰ-ī (ص‌نسب. آوج = آوه) منسوب به‌آوه (← بخش ۳)، از مردم آوه (آوج).

۱- آوخ āvax [= آواخ] (صت.) دریغا، دریغ، افسوس، آه، آخ.

آورتا

۲- آوخ āvax (إ.) نصیب، قسمت، بهر، بهره.

آوختن āvex-tan [= آویختن] (مص‌م.) (صر. ← آویختن) آویختن (ه.م.)

۱- آور āvar (ری. آوردن) ۱- (إفا.) در بعضی کلمات مرکب بمعنی «آورنده» آید: بارآور، دین‌آور، زیان آور، سودآور. ۲- (امف.) در برخی کلمات مرکب بمعنی «آورده» آید: بادآور، رودآور.

۲- آور ā-var [= ور] (پس.) پسوند اتصاف بمعنی دارنده، دارا، صاحب، خداوند: جانور، بخت‌آور، تاج‌آور.

۳- آور āvar [قس. باور] (ق.) یقیناً، قطعاً، براستی.

آورت āvort [= آورتا] (إ.) (جان.) آورتا (ه.م.)

آورتا āvortā [= آورت، یو. aortē، فر. aorte] (إ.) (جان.) سرخ رگی که درانسان ازبطن چپ‌قلب خارج شود، و آن تنهٔ اصلی وعمومی سرخ‌رگهای دیگربدنست، وبدو قسمت سینه‌یی و شکمی تقسیم گردد، و خون روشن (اکسیژن‌دار) درآن‌جاری‌است؛ بزرگ‌سرخ‌رگ بدن، ام الشرائین، آورت، آورطی، ارطی. ضح. - فرهنگستان این کلمه‌رادربرابر aorte (فر.) انتخاب کرده است.

آورتی āvortī [= آورت = آورتا (ه.م.)] (إ.) (جان.) آورتا (ه.م.)

آورث āvers (إ.) (گیا.) سرو ناز (ه.م.)

آورد āvard [← آوردن] ۱- (مص خم.) مرخم آوردن (ه.م.) ۲- کوشیدن بجنگ، نبرد، ناورد، کارزار. ۳- میدان جنگ، آوردگاه. ۴- (امف.)

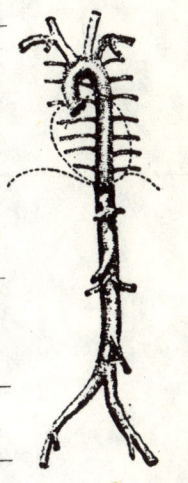

۱۰۱
آوریل

دربعضی کلمات مرکب بمعنی «آورده» است: آب آورد ، بادآورد ، بزم آورد، راه آورد ، ره آورد .

آورد جو(ی) ā.-ǰū(y) (إفا.،ص. مر.) جنگجوی ، مبارز.

آورد خواه ā.-xāh (إفا.) آوردجو (ه.م.)

آوردگاه ā.-gāh (إمر.) میدان جنگ ، معرکه ، عرصهٔ کارزار.

آوردگه ā.-gah [= آوردگاه](إمر.) آوردگاه (ه.م.)

آوردن āva(o)r-dan [په . āwvrtan] (مص م.) (آورد، آورد، خواهدآورد ، بیاور، آورنده ، آورده) ۱ - چیزی یا کسی را از جایی بجای دیگر یا ازنزدکسی بنزد دیگری رسانیدن، اتیان ؛ مق. بردن . ۲ - ظاهر کردن، پدیدکردن. ۳ - روایت کردن، حکایت گفتن ، قصه گفتن . ۴ - زاییدن ، زادن ، تولید . ۵ - سبب شدن . ۶ - نشان دادن .

آورد وبرد ā.-o-bord (إمر.) عمل پیاپی آوردن و بردن .

آورده āva(o)r-da(-e) (امف. آوردن) پدیدکرده ، ابداع کرده .

آوردیدن āvard-īdan [← آورد] (مص ل.) (صر← دیدن) جنگ کردن با ، نبردکردن با .

آورطی āvortī [= آرطی = ارطی = آورتی = آورتا] (إ.) ← آورتا .

آورك āwrak [= اورك] (إ.) ← اورك .

آورنجن āvaranǰan [← آبرنجن = برنجن] (إمر.) ۱ - دست بند ، دست آبرنجن ، دست برنجن . ۲ - خلخال ، پای آورنجن.

۱ - آورند āvrand [= اورند= اروند] (إ.) مکر، فریب ، حیله .

۲ - آورند āwrand [= اورند= اروند] (إ.) فر، شکوه ، شأن وشوکت.

آورنده āvar-anda(-e) (إفا . آوردن) آنکه آورد .

آورود āwrūd (إ.)[= آورید= ارید = ارود= رود] ارود (ه.م.)

آورودکردن ā-.kardan (مص م.) آوریدکردن، ارودکردن، روده کردن.

آوره āv-rah [= آبراه= آبراهه] (إمر.) گذرگاه آب ، معبرآب، آبراهه (ه.م.)

آوره āvra(-e) [= ابره] (إ.) ابره، ظهاره .

۱ - آوری āvar-ī [← آور] (ص. نسب.) ۱ - صاحب یقین، موقن، معتقد. ۲ - (ق.) یقین ، درست ، آور.

۲ - آوری ā-var-ī [← وری] (پس. حامص .) ۱ - در بعضی کلمات مرکب معنی دارندگی و صاحبیت دهد: بخت آوری ، پرندآوری ، جاناوری .

۳ - آوری āvar-ī (حامص.) ۱- در بعضی کلمات مرکب معنی دارندگی و صاحبیت دهد : بخت آوری، پرندآوری، جاناوری .

آورید avrīd [= آورود] (إ.) آورود ، ارود ↓

آورید کردن ā.-kardan (مص م.) آورودکردن (ه.م.)

آوریدن āvar-īdan [= آوردن] (مص م.) (کم.) (آورید ، آورد ، خواهد آورید ، بیاور، آورنده ، آوریده) آوردن (ه.م.)

آوریل āvrīl [فر. avril] (إ.) ماه چهارم تقویم فرنگی ، چهارمین ماه

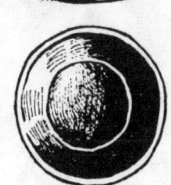

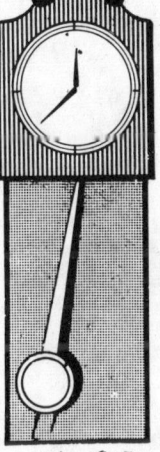

آوند وسر پوش آن

آونگ ساعت

آونگ الکتریکی

نزد ملل غربی ، و آن مطابق است با دهۀ دوم و سوم فروردین و دهۀ اول اردیبهشت .

آوشن āvšan [= آویشن] (اِ.) (گیا.) آویشن (ه.م.)

آون āvan [= آونگ] (ص.) آونگ (ه.م.)

۱ - آوند ā-vand [په. a āpaomnd، دارای آب، آب‌وند] ۱ - ظرف، خنور. ۲ - کوزۀ (آب، شراب) . ۳ - (گیا.، جا ن.) لوله‌های باریکی در بدن حیوانات یا گیاهان که در آنها مایعات غذایی برای تغذیۀ سلولها جریان دارد[1]، وعاء رگ (ه.م.) ضح. - فرهنگستان این لغت را در مقابل وعاء (ع) و Vaisseau (فر.) انتخاب کرده است .

۲ - آوند āvand (اِ.) حجت، دلیل، برهان : گر آوند خواهی بتیغم نگر (فردوسی) .

آوندی āvand-ī (ص نسبـ.) ۱ - ظرفی که در آن شراب کنند ؛ آوند ۲ - (جا ن.) اعضایی که در حیوانات دارای عرق و رگ میباشند ؛ وعایی[2] (فره.) ۳ - (گیا.) گیاهانی که دارای لوله های منفذی هستند ، گیاهان آوند دار ؛ وعایی[2] (فره.)

آونگ āvang [← آویختن] (اِ.) ۱ - رشته‌ای که خوشه های انگور و دیگر میوه ها را بدان بندند و از سقف آویزند تا فاسد نشود . ۲ - هرچیز آویخته ، معلق . ۳ - (فز.) جسم وزینی که حول محوری ثابت حرکت کند، مانند پاندول ساعت. ‖ ~ الکتریکی (برقی) (فز.) آلتی است مشکل از گلوله ای سبک وزن (مغزنی، آقطی) که بنخی ابریشمین آویخته است ؛ پاندول الکتریک[3] .

آونگان āvang-ān [← آونگ] (ص فا.) آویخته ، معلق ، آونگ .

آونگان شدن ā.-šodan (مص ل.) آویخته گشتن، آونگ شدن.

آونگان کردن ā.-kardan (مص م.) (تد.) آویختن، آونگ کردن .

آونگ شدن ā.-šodan (مص ل.) آویخته گشتن ، آونگان شدن .

آونگ کردن ā.-kardan (مص م.) آویختن ، آونگان کردن .

۱ - آوه āvah [= آواه = آه] (صت.) کلمه ایست که از درد ، تأسف و اندوه یا تعجب گوینده حکایت کند ؛ دریغ ، دریغا ، افسوس ، و احسرتاه !

۲ - آوه āvah (اِ.) ۱ - (بنا.) ۱ - کوره ای که در آن خشت و آهک و امثال آن پزند ؛ پزاوه ، داش . ۲ - (نق.خیا.) ؛ نحیره ای که نقاشان و خیاطان بر کنار چیزها کشند یا دوزند .

آویختگی āvīxteg-ī (حامص. آویخته) کیفیت و حالت آویخته .

آویختن āvīx-tan [په. āvixtan] (آویخت ، آویزد ، خواهد آویخت ، بیاویز، آویزنده ، آویخته، آویزش.) ۱ - (مص م.) آویزان کردن از، تعلیق . ۲ - فرو هشتن ، فروگذاشتن ، پایین انداختن. ۳ - حمایل کردن ، تقلد . ۴ - بدار کشیدن ، مصلوب کردن ، دار زدن . ۵ - (مص ل.) آویزان شدن . ۶ - جنگ کردن با ، نبرد کردن با . ۷ - چنگ زدن به ، تشبث به . ۸ - چنگ زدن به ، چنگال افکندن (چنانکه گرگ و پلنگ بصید) . ۹ - مأخوذ گشتن ، مسئول شدن ، معاقب گشتن . ۱۰ - گرفتار شدن ، دچار

۱- Vaisseau (فر.)   ۲ - Vasculaire (فر.)
۳ - Pendule électrique (فر.)

گشتن . ‖ ~ دل کسی بکسی . بدو تعلق خاطر یافتن .

آویختنی āvīx-tan-ī (ص لیا.) لایق آویختن ، آنکه یا آنچه آویختن آن ناگزیر باشد .

آویخته āvīx-ta(-e) (امف. آویختن) ۱ - آویزان شده ، معلق ، اندروا . ۲ - متشبث . ۳ - مأخوذ ، مسئول ، معاقب .

آویز āvīz [← آویختن] ۱ - (إفا) در کلمات مرکب بمعنی آویزنده آید : دست آویز، دل آویز، گلاویز. ۲- (إ.) منشور و غیر آن از بلور و مانند آن که برجارها و لاله ها و چلچراغها آویزند برای زینت. ۳ - آنچه از احجار کریمه ـ مانند الماس و زمرد و غیره - برحلقهٔ گوشواره آویزند. ۴ - جنگ ، پیکار، نبرد . ‖ ~ و گریز. جنگ کردن در حال عقب نشینی ، جنگ و گریز. ۵ - منگوله ، شرابه ، پش ، فش . ۶ - (گیا.) گیاهی[1] از تیرهٔ موردیها جزو جداگلبرگها که بطورزینتی کاشته میشود، و گل آن برنگ قرمز و بشکل زنگ است ؛ گل آویز، گل گوشواره .

آویزان āvīz-ān (ص،فا. ،حال.) ۱ - (حال.) درحال آویختگی . ۲- جنگ و گریز کنان . ۳ - (ص.)معلق، آونگ . ۴ - مشغول ، دست بکار.

آویزان شدن ā.-šodan (مص ل.) آویخته شدن .

آویزان کردن ā.-kardan (مص م.) آویختن ، تعلیق .

آویزش āvīz-eš (امص.) ۱- عمل آویختن . ۲ - علقه ، علاقه ، تعلق ، پیوستگی . ۳ - جنگ ، نبرد، مبارزه.

آویزگن āvīz-gen [= آویزگین] (ص.مر.) ۱ - آنکه بهر کس و هرچیز درآویزد ، متشبث . ۲ - مبرم (چون گدا) .

آویزنده āvīz-anda(-e) (إفا. آویختن) آنکه آویزد ← آویختن (همع.)

آویزه āvīz-a(-e) (امر.) ۱ - گوشوار، گوشواره . ‖ ~ گوش کردن گفته‌ای را . آنرا بیادداشتن و فراموش نکردن ، از آن پند گرفتن . ۲- (پز.) ضمیمهٔ اعور، آپاندیس ← آپاندیس . ضح .ـ فرهنگستان این لغت را درمقابل appendice (فر.) و ضمیمهٔ اعور(ع.) انتخاب کرده است .

آویزه‌بند ā.-band ۱ - (ص فا.) آنکه آویزه (ه.م.) بندد ، آویزه بسته. ۲ - (إمر.) (گیا.) بندی که جنین دانه را بجفت متصل کند (فره.) بند ناف[2].

آویژه ā-vīža(-e) [= ویژه] (ص. إ.) ۱ - خاص، خالص ، ج. آویژگان، ۲ - معشوق ، دلبر، ج . آویژگان .

آویشم āvīšam [= آویشن] (إ.) (گیا.) آویشن (ه.م.) .

آویشن āvīšan [= آویش = آوشن = آویشم] (إ.) (گیا.) نوعی گیاه[3] از تیرهٔ نعناعیان با گلهای سفید یا گلی و برگهای کوچک متقابل بیضوی و نوک تیز بدرازی یک سانتیمتر؛ صعتر، سعتر، پودینهٔ صحرایی ‖ ~ شیرازی (گیا.) ← آویشن ↑ ‖ ~ کوهی (گیا.) مرزنگوش وحشی (ه.م.) .

آویشنه āvīšana(-e) (إ.) (گیا.) آویشن (ه.م.)

گل آویز

آویزه

آویشن

۱ - Fuchsia globosa (لا.)
۲ - Suspenseur (فر.)
۳ - Thymus vulgaris (لا.) T.Kotchyanus Boisset Hoh, Zataria multiflora Boiss (لا.)

آویشه āvīša(-e) (اِ٠)(گیا٠)آویشن (ه٠م٠)

آه āh ۱ - (صت٠) کلمه‌ایست که‌برای نشان دادن درد، رنج، اسف و اندوه گویند ؛ آوه،آوخ ، آخ ، وای. ۲ - (اِ) باد ، بادسرد، دم سرد . ۳ - دم، نفس . ‖ ~ در بساط نداشتن .هیچ نداشتن ،کاملا مفلس بودن . ‖ ~ درجگر نداشتن . سخت فقیر و بی چیز بودن .

۱ - آهار āhār (اِ) مایعی که‌از نشاسته یا کتیرا یا صمغ و یا لعاب خطمی و مانندآن گیرند و بجامه و کاغذوجزآن مالند تا محکم و براق شود ؛ شوی ، پت ،آش جامه .

گل آهار

۲ - آهار āhār (اِ٠) (گیا٠)گیاهی[۱] از تیرهٔ مرکبان جزو دستهٔ پیوسته گلبرگها که اصل آن ازمکزیك است و دارای گونه های متعدد زینتی است.

آهاردار ā.-dār (اِفا؛ص‌مر٠) آهار زده ، آهارکرده : کاغذآهاردار.

آهاردن āhār-dan [= آهاریدن] (مص‌م) (آهارد،آهارد،خواهد آهارد، بیاهار، آهارنده ،آهارده) آهارزدن، آهارکردن ، آهارمالیدن .

آهارزدن ā.-zadan (مص‌م٠) آهاردن (ه٠م٠)

آهارکردن ā.-kardan (مص‌م٠) آهاردن (ه٠م٠)

آهارمهره ā.-mohra(-e) (اِمر٠) عمل آهارزدن ، و سپس بامهره روشن و صیقلی کردن .

آهارمهره دار ā.-dār (اِفا٠،ص‌مر٠) آنچه که آنرا آهار مهره (ه٠م٠) زده باشند : کاغذ آهار مهره‌دار .

آهار مهره‌زدن ā.-zadan (مص‌م٠) آهار زدن و با مهره براق و صیقلی کردن ،آهارمهره کردن .

آهار مهره‌کردن ā.-kardan (مص م٠)آهارمهره زدن .

آهار مهره‌کردن ā.-kardan (مص م.) (صح٠) آهار مهره زدن .

آهاریدن āhār-īdan [= آهاردن] (مص‌م.) (آهارید ، آهارد ، خواهد آهارید، بیاهار،آهارنده ،آهاریده) ، آهاردن ، آهارزدن .

آهازیدن āhāz-īdan [= آهختن] (مص‌م٠) (آهازید ، آهازد ، خواهد آهازید ، بیاهاز، آهازنده،آهازیده)، آهختن ، آهیختن ،آختن ،کشیدن .

آهازیده āhāz-īda(e) (امف٠ آهازیدن) آهخته ، آهیخته ، آخته، کشیده .

آهان! āhān (صت٠)(تد٠اطفال‌وزنان) آری ، بلی .

آهای ! āhāy (صت٠) (تد٠عم٠) ۱ - حرف ندا، آی؛ آهای‌حسن! ۲- علامت تحذیر است ؛ مراقب باش ! بر حذر باش !

آهبنیابه āhabanyāba(-e) (اِ٠) خمیازه ، دهان دره .

آهتن āh-tan [= آختن= آهختن] (مص م ٠) آختن (ه٠م٠) ، آهختن ، آهیختن .

آهختن āhex-tan [= آهیختن= آختن] (مص م٠) (صر. آهیختن) ۱ - کشیدن ،برکشیدن، بیرون‌آوردن، بیرون کشیدن : آهختن تیغ . ۲ - برآوردن دیوار و مانند آن . ۳ - برافراختن ، برافراشتن. ۴- بیرون کردن جامه، کندن لباس. ۵ -تیز کردن گوش، براق کردن یال . ۶ - تحریك

---

۱ - Zinnia (فر٠)

کردن، تهییج کردن . ۷ ـ رها کردن، اطلاق ، سردادن . ۸ ـ استوار کردن چنانکه تنگ را برستور و مانندآن .

آهخته āhex-ta(-e) (امف. آهختن) ۱ ـ کشیده ، برکشیده ، بیرون آورده. ۲ ـ برانگیخته ، تحریص شده .

آهر āhar [=آهار] (إ.) آهار (همع.) .

آهرامن āhrāman [=اهریمن] (إ.) اهریمن (ه.م.)

آهردار āhar-dār (إفا؛ص مر.) آهاردار.

آهردن āhar-dan [=آهاردن] (مص م.) (آهرد ، آهرد ، خواهد آهرد، بیاهر، آهرنده، آهرده) آهاردن (ه.م.)

آهرده āhar-da(-e) [=آهارده] (امف. آهردن) آهارده ، آهار کرده .

آهرمن āharman [=اهریمن] (إ.) اهریمن (ه.م.)

آهرمنی āharman-ī (ص نسب.) منسوب به آهرمن ، اهریمنی .

آهرمهره āhar-mohra(-e) [= آهارمهره] (إمر.) آهارمهره (ه.م.)

آهرن āhran [= آهرامن = اهریمن] (إ.) اهریمن (ه.م.)

آهریدن āhar-īdan [= آهاریدن] (مص م.) (صر . ← خریدن) آهاریدن (ه.م.)

آهریمن āhrīman [=اهریمن] (إ.) اهریمن (ه.م.)

آهریمه āhrīma(-e) [= آهریمن = اهریمن] (إ.) اهریمن (ه.م.)

آهستگی āhesteg-ī (حامص آهسته.) ۱ ـ آهسته کاری ، دیرجنبی ، کندی ، بطؤ ؛ مق . سرعت، تندی. ۲ـ درنگ، تأنی ؛ مق. تیزی ، شتاب ، عجله . ۳ ـ رفق ، ملایمت، مدارا ؛مق. خشونت، تندی . ۴ ـ سکینه ، وقار. ۵ ـ حلم، بردباری .

آهسته āhesta(-e) (ص.) ۱ ـ کند، بطیء ؛ مق. سریع ، تند . ۲ ـ آرام ، ساکت . ۳ـ بی‌سروصدا ، ساکت؛ مق. شلوغ ، پرسرو صدا . ۴ ـ بارفق ، با مدارا ؛ مق. آشفته ، خشن ، تند . ۵ ـ باوقار، موقر. ۶ ـ باحلم، بردبار. ۷ ـ (ق.) با آوازی نرم، یواش. ۸ ـ گاه « آهسته! » بجای فعل امر بکار رود بمعنی : آهسته بگو ! آرام گوی ! یا آرام رو !

آهسته آهسته ā.-ā.- (ق مر.) نرم نرم .

آهسته خو ā.-xū (ص مر.) آهسته خوی (ه.م.)

آهسته خوی ā.-xūy [=آهسته خو] (ص.مر.) آرام ، بی شروشور.

آهسته خویی ā.-xūy-ī (حامص.) کیفیت و حالت آهسته خوی (ه.م.)

آهسته رای ā.-rāy [ف.-ع.] (ص. مر.) ۱ ـ محتاط ، با حزم . ۲ ـ با رای رزین ، با اندیشهٔ استوار.

آهسته رایی ā.-rāy-ī (حامص.) چگونگی و حالت آهسته رای (ه.م.)

آهسته‌رو ā.-raw(row) (إفا.) آنکه آهسته رود ؛ مق. تندرو .

آهسته‌کار ā.-kār (ص مر.) کند ، دیرجنب، بطئ ؛ مق. تند،سریع .

آهسته کاری ā.-k.-ī (حامص.) چگونگی و حالت آهسته کار (ه.م.) ، بطؤ ، کندی ؛ مق. سرعت ، تندی .

آهک āhak (إ.) ۱ ـ (شم.) جسمی است سفید ، جذب کنندهٔ رطوبت و آن از پخته شدن سنگ مخصوصی که آنرا سنگ آهک نامند ، درحرارت ۹۵۰

آهك پز

درجه بدست آید. چون روی آن آب بریزند ازهم پاشیده شودوحرارت ایجاد کند. آهك را برای محکم کردن ساختمان با ملاط و شفته و ساروج مخلوط کنند؛ اکسید کلسیوم. ۲ - نوره ،واجبی، تنویر. ‖ ~ بادامچه. آهك خوب ازسنگهای کوچك. ‖ ~ چارو. ← آهك ساروج. ‖ ~ زنده. آهکی که تیزی و قوت آن باقی باشد، مکلس؛ مق. آهك کشته ↓ ‖ ~ ساروج. آهك مخلوط بخاکستر و لوئی که بدان حوض و خزانهٔ حمام ومانند آنرا اندایند؛ آهك چارو، سارو. ‖ ~ کشته. آهکی که قوت وحدت آن بمرورزمان یا مجاورت رطوبت از میان رفته باشد؛ مق. آهك زنده ↑ ‖ ~ نوره. نوره، واجبی، تنویر. ‖ ~ نوشادر. نوره، واجبی. ‖ مثل ~. سخت متلاشی، سخت ازهم پاشیده.

آهك پز ā.-paz (إفا.، ص مر.) آنکه پیشه اش پختن آهك است.

آهك پزی ā.-paz-ī (حامص.) ۱ - عمل آهك پز (ه‍.م.) ۲ - پیشهٔ آهك پز (ه‍.م.) ۳ - کوره ای که در آن آهك پزند.

آه کشیدن āh ka(e)šīdan (مص.مر ل.) بر آوردن آه ازسینه بسبب اندوه، حسرت یا غبطه.

آهك کردن ā.-kardan (مص م.) سخت متلاشی کردن، ازهم پاشیدن: بعضی مارها با زهرخود آدم را آهك میکنند.

آهکی āhak-ī (ص نسب.) ۱- منسوب باهك، از آهك، کلسی[۱] (فره.). ۲ - آهك فروش. ‖ نمد ~. قسمی نمد ازجنس پست.

آهمند āho-mand [= آهومند] (ص مر.) ۱ - مقصر، گناهکار، عاصی. ۲- دروغگوی فریبنده.

آهن āhan [په. ahen، āsīn] ۱ - (شم.، زم.) فلزیست[۲] که در طبیعت غالباً بشکل اکسید یا کربنات یاسولفور دو فر وجود دارد. آنها را درکوره میگدازند، و ازآنها آهن خالص بدست میآورند، و آن جسمی است سخت و محکم، وزن مخصوص آن ۷٫۸ و در ۱۵۳۰ درجه حرارت گداخته میشود. نشانهٔ آن در شیمی $Fe = 56$ است. آهن درهر جا وجود دارد، و یکی از مفید ترین عناصر است، و با زغال اساس صنعت راتشکیل میدهد. ‖ ~ پولاد. آهن نر، ذکر؛ مق. نرم آهن. ‖ ~ تر. آهن جوهردار، آهن سبز. ‖ ~ چکش خور. (فز.) آهنی که بوسیلهٔ چکش قابلیت کشش و تشکل باشکال مختلف راداشته باشد[۳]. ‖ ~ نر. پولاد، روهینا؛ مق. نرم آهن. ‖ ~ افسرده کوفتن. کاری بیهوده کردن، آهن سرد کوفتن. ‖ ~ سرد کوفتن. آهن افسرده کوفتن ↑. ‖ مثل دیو از ~ گریختن. سخت ازچیزی دوری جستن. ‖ عصر (دورهٔ) ~ (زم.) سومین دورهٔ زندگی صنعتی انسان ازلحاظ تقسیمات دیرین شناسی. اکنون نیز انسان در همین دوره زیست میکند؛ آخرین بخش از دورهٔ فلزات. این دوره از زمان پیدایش آهن (یعنی تقریباً ۹۰۰ ق.م.) آغازمیگردد؛ عصر حدید. ۲- شمشیر. ۳ - مطلق سلاح آهنین ازدرع وجوشن وخود و رانین وجز آنها. ۴ - زنجیر.

آهن āhon [= آهون] (إ.) آهون، (ه‍.م.)، نقب.

آهن بر āhon-bor [= آهون بر]

---

۱ - Calcaire (فر.) ۲ - Fer (فر.) ۳ - Malleable-Iron (انگ.)

(إفا.،ص‌مر.) آهون بر(ه.م.)
آهن بره ā.-bor-a(-e) [= آهن‌بر
آهون‌بر] (ص.مر) آهون بر (ه.م.)
آهن پایه ā.-pāya(-e) (إمر.)آلتی
فلزی مرکب ازچهار دیواره که‌برآتش
نهند، و سیخهای کباب برآن گردانند
برای بریان‌کردن .
آهن پوش ā.-pūš (إفا.،ص‌إمر.)
آهن پوشیده،آنکه سلاح آهنین‌پوشد.
آهن پوش‌کردن ā.-p.-kardan
(مص‌م.) با آهن پوشانیدن. ‖ ـــِ
شیروانی. پوشاندن شیروانی به تنکهٔ
آهن .
آهن تاب ā.-tāb (إفا.،ص‌مر.)آنچه
با آهن تفته‌گرم شده‌باشد. ‖ آب ـــ .
آبی‌که آهن تفته درآن افکنند یافرو
برند(درطب‌مستعمل است) .
آهن تن ā.-tan (ص‌مر.) آنکه تن
آهنین دارد .
۱ـ آهنج āhanǰ [ریـ. آهنجیدن(ه.م.)]
در بعضی کلمات بمعنی «آهنجنده» .
۱ـ (إفا.)برکشنده،بیرون‌آورنده‌آید،
آب‌آهنج، جان‌آهنج،دم آهنج ، سکار
آهنج ، عالم آهنج ، گوشت آهنج ،
معده آهنج.
۲ ـ آهنج āhanǰ [= آهنگ (إ.)
← آهنگ .
آهن جامه āhan-ǰāma(-e) (إمر.)
آهنی باشد تنک ، بعرض دوانگشت‌یا
بیشتر،که بدان تخته‌های صندوق وجز
آنرا با یکدیگر پیوند دهند و بمیخ
بدوزند؛ فش،بش،پش،گام .
آهن جفت ā.-ǰoft (إمر.)گاوآهن
(ه.م.)
آهنجنده āhanǰ-anda(-e) (إفا.
آهنجیدن) ۱ـ برکشنده،بیرون‌کشنده.
۲ ـ کننده،برکننده. ۳ ـ جذب‌کننده.
آهنجه āhanǰ-a(-e) (إمر.) ۱ـ
ریسمانی است‌که جولاهان در آخر کار
بندند و سقف اطاق محکم کنند. ۲ ـ
پهناکش (ه.م.) محبره .
آهنجیدن āhanǰ-īdan [په
āhanǰitan (مص م.) (آهنجید ،
آهنجد ، خواهد آهنجید ، بیاهنج ،
آهنجنده ،آهنجیده). ۱ـ بیرون‌کردن،
کشیدن، بدر آوردن. ۲ ـ کندن، بر
کندن . ۳ ـ آختن،آهختن ، آهیختن،
برکشیدن. ۴ ـ جذب‌کردن.
آهنجیده āhanǰ-īda(-e) (امف.
آهنجیدن) ۱ ـ بیرون‌کرده، برکشیده،
آخته. ۲ـ برکنده،مسلوب. ۳ـمجذوب.
آهن خا ā.-xā [= آهن خای]
(إفا.،ص‌مر.) آهن خای (ه.م.)
آهن خای ā.-xāy [= آهن خا]
(إفا.،ص مر.) ۱ ـ آنکه‌آهن بدندان
نرم‌کند . ۲ ـ اسب سر شخ پرزور .
آهن‌داغ ā.-dāɣ (إمر.) ۱ـ عمل
سوختن جزوی از پوست تن جانور با
آهن تفته برای نشان‌گذاشتن‌یامداوا.
۲ ـ عمل فروبردن آهن تفته درآب ؛
آهن تاب.
آهن دل ā.-del (ص‌مر.) ۱ ـ آنکه
دلی آهنین دارد، سنگدل ، قسی؛ مق.
نرم‌دل. ۲ ـ شجاع، دلیر؛ مق. ترسو،
جبون.
آهن دلی ā.-del-ī (حامص.) ۱ ـ
کیفیت‌وحالت‌آهن دل (ه.م.)، قساوت.
۲ ـ شکیبایی بیش ازحد .
آهن ربا ā.-robā (إفا.إمر.) ۱ ـ
(فز.) هرجسمی که‌آهن، فولاد ونیکل
را بطرف خودجذب کند؛ مغناطیس[1].
‖ ـــِ ی القایی . (فز.) جسمی که در

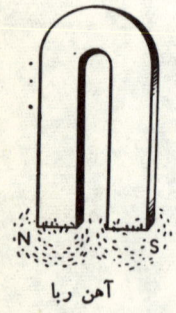

آهن ربا

۱ - Aimant (.فر) , Calamite (.فر)

آهن‌ربای الکتریکی

اثر مجاورت با آهن‌ربا خاصیت آهن‌ربایی پیدا کند. ‖ ـــ ی الکتریکی (برقی[1]) (فز.) میله‌ای آهنی که سیم روپوش‌داری را چندین بار دور آن پیچیده باشند (اگر دو سر آنرا در جهت مخالف بپیچند، نیروی ربایش آن بیشتر گردد) وهمینکه جریان برق را از سیم روپوش‌دار عبور دهند، میلهٔ آهن خاصیت آهن ربایی پیدا میکند، وبا قطع جریان الکتریسیته دوباره این خاصیت را از دست میدهد. ‖ ـــ ی برقی. (فز) ← آهن ربای الکتریکی ↑ ‖ ـــ ی طبیعی. (فز) اکسید مغناطیسی آهن است بفرمول Fe_3O_4 که در طبیعت ایجاد میشود. ‖ ـــ ی مصنوعی. (فز.) جسمی است آهن یا فولادی که بوسیلهٔ مالش دادن با آهن‌ربای طبیعی یا آهن‌ربای مصنوعی دیگر یا بوسیلهٔ جریان برق خاصیت آهن‌ربایی پیدا کند. ۲ ـ (خاتمسازی) آلتی است چهارپهلو، که کمر آن خمیده و دوسر آن باهم موازی وهم سطحند، و در خاتمسازی از آن استفاده‌شود.

۱ـ آهن‌ربایی ā.-robāy-ī (حامص.) داشتن خاصیت آهن‌ربا (ه.م.)

۲ـ آهن‌ربایی ā.-robāy-ī (ص نسبـ.) منسوب به آهن‌ربا (ه.م.)، آنچه مربوط به آهن‌ربا باشد. ‖ طیف ـــ. ← طیف.

آهن رگ ā.-rag (ص مر.) اسب قوی، اسب پرزور.

آهن سا ā.-sā [= آهن‌سای] (إفا. إمر.) آهن‌سای (ه.م.)

آهن ساز ā.-sāz (إفا. ص مر.) آنکه انبر، خاک‌انداز، بخاری، منقل آهنین و مانند آن سازد.

آهن سازی ā.-sāz-ī ۱ ـ (حامص.) عمل آهن‌ساز (ه.م.) ۲ ـ پیشهٔ آهن‌ساز (ه.م.) ۳ ـ (إمر.) دکان آهن‌ساز (ه.م.)

آهن‌سای ā.-sāy [= آهن‌سا] (إفا.، إمر.) سوهان (ه.م.)

آهن سلب ā.-salab [ف.-ع.] (ص مر.) آنکه سلب (ه.م.) از آهن دارد.

آهن‌کش ā.-kaš (keš) (إفا.، إمر.) ۱ـ آهن‌ربا، حجر مغناطیس. ۲ ـ کسی که در گاراژها عمل آهن‌کشی (ه.م.) را انجام دهد.

آهن کشان ā.-kašān (keš-) ۱ ـ (ص فا.) جاذب آهن، کشندهٔ آهن. ۲ ـ (إمر.) آهن‌ربا.

آهن‌کشی ā.-kaš(keš)-ī (حامص.) عمل و شغل کسی که در گاراژها برای محکم‌تر شدن اسکلت اتومبیلها محل اتصال اجزای اسکلت را با تسمه‌های آهن مجدداً می‌پیوندند.

آهن‌کوب ā.-kūb (إفا.، ص مر.) آنکه پیشهٔ او کوبیدن ورقه های آهن به شیروانی ومانند آنست.

آهن‌کوبی ā.-kūb-ī (حامص.) ۱ ـ عمل آهن‌کوب (ه.م.) ۲ـ پیشهٔ آهن‌کوب (ه.م.) ۳ ـ (إمر.) دکان آهن‌کوب (ه.م.)

آهنگ āhang [āhang.په] (إ.) ۱ ـ قصد، عزم، عزیمت. ۲ ـ سوء‌قصد. ۳ ـ حمله، صولت. ۴ ـ قیافه، سیما. ۵ ـ (مس.) صوت موزون و متناسب؛ نوا، لحن. ۶ـ فحوی، مفاد (کلام، سخن). ۷ ـ سان، گونه، روش، طرز. ۸ـ خمیدگی طاق و سقف و ایوان و مانند آن. ۹ ـ (إفا.) در کلمات مرکب بمعنی «آهنگنده» باشد (یعنی کشنده): آب‌آهنگ، بستر آهنگ، پیش‌آهنگ.

آهن‌گاو āhan-gāv (إمر.) گاو آهن (ه.م.)

آهن گداز ā.-godāz (إفا.، ص مر.)

---

۱ ـ Electro - aimaut (فر.)

آهن گدازی

مخصوص فرهنگ فارسی معین

تهیه و تنظیم از مهندس احمد حامی
استاد دانشکده فنی

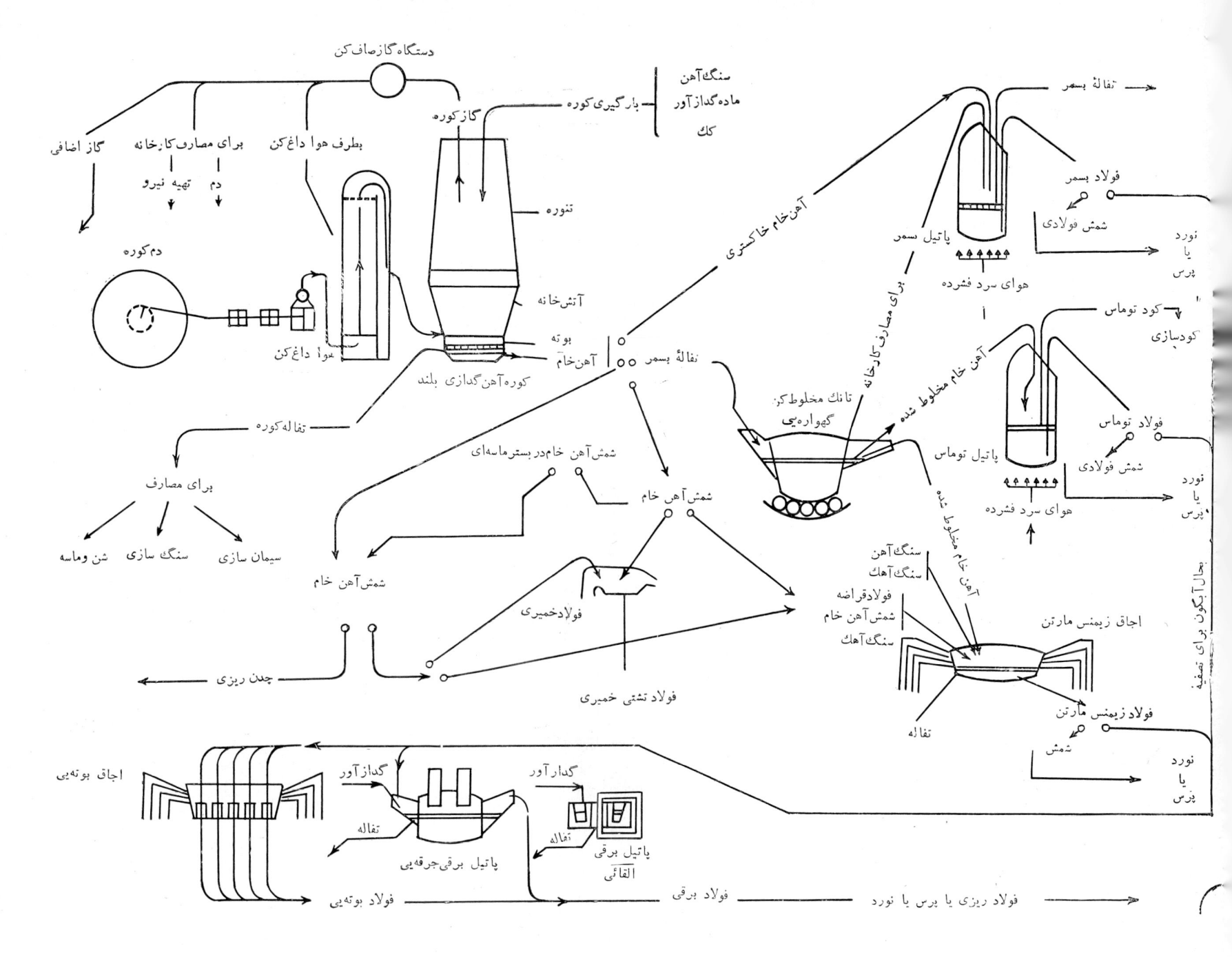

۱ ـ آنکه آهن را گدازد، آنچه آهن را ذوب کند. ۲ ـ بسیار سخت و شدید: رنج آهن گداز.

آهن گدازی

آهن گذار ā.-gozār (إفا.، ص‌مر.) ۱ ـ آنکه تیر و مانند آنرا از آهن گذرانند: مردان آهن گذار. ۲ ـ آنکه از آهن گذرد: تیغ آهن گذار.

آهنگر ā.-gar [پہ. āsin-kar] (ص شغل.، إمر.) کسی که آلات آهنی سازد، آنکه در کوره آهن را تافته و کوبد و ادوات آهنین سازد، حداد.

آهنگرخانه ā.-g.-xāna(-e) (إمر.) کارخانهٔ آهنگری.

آهنگری ā.-gar-ī (حامص.) ۱ ـ عمل آهنگر (ه.م.) ۲ ـ پیشهٔ آهنگر (ه.م.)، حدادی. ۳ ـ (إمر.) دکان آهنگر (ه.م.) ۴ ـ حقی که با آهنگر ده و قریه در ازاء خدماتی که انجام میدهد، داده میشود.

آهنگساز āhang-sāz [= آهنگ سازنده] (إفا.، ص‌مر.) (مس.) موسیقی دانی که آهنگ موسیقی تصنیف کند.

آهنگسازی ā.-sāz-ī (حامص.) ۱ ـ عمل آهنگساز (ه.م.)، ساختن آهنگ. ۲ ـ پیشهٔ آهنگساز (ه.م.)

آهنگیدن āhang-īdan [= آهنجیدن] (مص‌م.) (صر. ← لنگیدن) ۱ ـ قصد کردن، آهنگ کردن. ۲ ـ کشیدن چنانکه آب را از چاه، آهنجیدن.

آهنود āhnovad [= اهنود] (إ.) اهنود (ه.م.)

آهنی āhan-ī (ص‌نسب.) منسوب به آهن، ساخته از آهن، آهنین: ظروف آهنی، مجسمهٔ آهنی.

آهنین āhan-īn (ص.نسب.) آهنی (ه.م.)

آهنین‌پنجه ā.-panǰa(-e) (ص‌مر.) قوی پنجه، پرزور، پرقوت.

آهنین دل ā.-del (ص‌مر.) ۱ ـ شجاع، دلیر. ۲ ـ بی‌رحم، نامهربان.

آهنینه āhan-īna(-e) [= آهنین] (ص‌نسب.) ۱ ـ آهنی (ه.م.)، آهنین (ه.م.) ۲ ـ (إمر.) آلات آهنین، ادوات آهنی.

۱ ـ آهو āhū [پہ. āhūk] (إ.) (جاذ.) جانوری [1] از خانوادهٔ تهی شاخان، جزو راستهٔ نشخوار کنندگان که اقسام مختلف دارد، و عموماً دونده، بسیار سریع و چابک و دارای دست و پای بلند و چشمان زیباست؛ غزال، ظبی، ج. آهوان، آهوها.

آهو

۲ ـ آهو āhū [پہ. āhōk] (إ.) ۱ ـ عیب، نقص. ۲ ـ بیماری، مرض. ۳ ـ (ص.) بد، ناپسند.

آهوانه āhov-āna(-e) (ق.) مانند آهوان، چون آهو.

آهوی ختن

آهوبچه ā.-bač(č)a(-e) (إمر.) (جاذ.) بچهٔ آهو، برهٔ آهو، آهوبره.

آهوبره ā.-bar(r)a(-e) (إمر.) (جاذ.) آهو بچه (ه.م.)

۱ ـ Antilope dorcas (لا.)

۱۱۰
آهوپا

آهوپا ā.-pā [= آهوپای] (ص‌مر.) آهوپای (ه.م.)

آهو پای ā.-pāy [= آهوپا] (ص.مر.) (معم.) بنا یا خانهٔ ← خانهٔ شش پهلو، خانهٔ مسدس، خانهٔ شش ضلعی.

آهو پرواز ā.-parvāz (ص.مر.) سخت بشتاب دونده.

آهوتک ā.-tak (ص‌مر.) مانند آهو در دویدن، آهو دو.

آهوجه ā.-ǰeh (ص‌مر.) آنکه جهشی چون آهو دارد، جهنده مانند آهو.

آهوچشم ā.-čašm(češm) (ص‌مر.) آنکه چشمی مانند آهو دارد، کسی که دیدگانش مانند دیدگان آهو باشد.

آهو خرام ā.-xo(a)rām (إفا.، ص‌مر.) آنکه خرامیدن چون آهو دارد، آنکه مانند آهو راه رود.

آهو دل ā.-d-l (ص‌مر.) ترسنده، شتردل، گاودل، بزدل.

آهو دلی ā.-del-ī (حامص.) چگونگی وحالت آهودل، ترسان‌بودن.

آهودو ā.-daw(ow) (إفا.، ص‌مر.) آهوتک (ه.م.)

آهو دوستک ā.-dūstak (إمر.) (گیا.) انیسون بری (ه.م.)، حزا، برگ کازرونی.

آهوری āhūrī (إ.) (گیا.) خردل (ه.م.)

آهو فغند ā.-faɣand (ص‌مر.) آهوجه (ه.م.)

آهوگردان ā.-gardān (إفا.، ص‌مر.) آنکه آهوان را در صحرا راند بجایی که شاه یا امیر بآسانی شکار تواند کرد؛ نخجیروال، نجاشی.

آهوگردانی ā.-gardān-ī (حامص.) ۱ - عمل آهو گردان (ه.م.) ۲ - پیشه و شغل آهو گردان (ه.م.)، نخجیروال.

آهومند ā.-mand (ص‌مر.) ۱ - مریض، بیمار، آهند. ۲ - معیوب، ناقص، مختل، آهمند.

آهون āhūn (إ.) رخنه وراه و مجرایی که زیرزمین حفر کنند، نقب، سمج، اهون.

آهوناک ā.-nāk (ص‌مر.) معیوب، دارای عیب.

آهون بر ā.-bor [= آهن‌بر = آهن‌بره] (إفا.، ص‌مر.) نقب‌زن، نقاب.

۱ - آهویی āhūy-ī (حامص.) ۱ - مانند آهو بودن. ۲ - رمندگی.

۲ - آهویی āhūy-ī (حامص.) عیبناکی.

آهیانه āhiyāna(-e) (إ.) ۱ - استخوان بالای مغز از کاسهٔ سر، قحف.[1] ۲ - کاسهٔ سر، جمجمه. ۳ - کام (دهان).

آهیانه

آهیختن āhīx-tan [= آهختن، په. āhīxtan] (مص‌م.) (صر.← آمیختن) ۱ - کشیدن، برکشیدن، برآوردن، آهنجیدن چنانکه شمشیر. ۲ - کشیدن صف ورده. ۳ - کشیدن دلو ومانند آن از چاه. ۴ - کشیدن چنانکه اژدها بدم، جذب کردن. ۵ - برداشتن، بلند کردن، برافراشتن. ۶ - راست کردن، ستیخ کردن. ۷ - محکم کردن، استوار کردن. ۸ - براق کردن (پرومو ومانند آن).

آهیخته āhīx-ta(-e) (امف. آهیختن) کشیده، برکشیده، بیرون آورده.

آهین āhīn [= آهن] (إ.) آهن (← ۱ - آهن).

۱ - آی āy (صت.) ۱ - کلمه‌ایست

---

1 - Pariétal

نشانهٔ درد: آی دلم . ۲ - کلمه‌ایست نشانهٔ حسرت و دریغ.

۲ - آی āy (صت.) حرف ندا، ای.

۳ - آی āy (فع. آمدن) مفرد امر حاضر از «آمدن» .

آیا āyā (ادات استفهام) کلمه ایست که بدان طلب دانستن واستفهام کنند. ‖ ~ **بود** (ق. تمنی‌مر.) ترجی و تمنی را رساند، بودآیا.

آیات āyāt [ع.] (اِ.) ج. آیه. ۱ - نشانها، علامتها. ۲- آیه‌های قرآن . (← آیه). ۳- معجزات. ‖ **نماز** ~ . نمازی‌که هنگام‌خسوف وکسوف وزلزله ومانندآن برمسلمانان واجب است.

آیان āyān (ص‌فا. آمدن) ۱ - (حال.) درحال‌آمدن. ۲ - (اِ.) بدیهه، آمده.

آیت āyat [= ع. آیة ← آیه] (اِ.) ۱ - نشان، نشانه، علامت. ۲- معجز، معجزه. ۳ -دلیل، حجت ، برهان. ۴ - هرعبارت قرآن که‌بدان وقف کنند. ۵ - اعجوبه، عجیبه. ۶ - عبرت. ج. آیات.

آیزنه āya(e)zna(-e) [تر. = یزنه] (عم.) (اِ.) شوهرخواهر.

آیژ āyež [= آییژ] (اِ.) ۱ - آییژ (ه.م.) ۲ - (گیا.) بوی مادران (ه.م.)

آیس āyes [= آئس] (اِفا.) ناامید شونده، نومید، مأیوس.

«بود شیخی عالمی قطبی کریم
اندران منزل که آیس شد ندیم.»
(مثنوی. نیک. ۱ : ۴۵۳)

ج. آیسان:

«لیك خورشیدعنایت تافته‌است
آیسان‌را ازکرم دریافته‌است.»
(مثنوی. نیک. ۵ : ۴۰۲)

آیسه āyes-a(-e) [= ع. آئسه] (افا. نث) زنی که حیض نبیند.

آیش āy-eš (عم.) ۱ - (اِمص.) زمین را شخم کردن و نا کشته گذاشتن ، استراحت دادن زمین تادوباره نیروی باروری خودرا بازیابد. ۲- (اِ.) زمینی که یك سال نکارند تا قوت گیرد ؛ زمین نوبتی. ‖ **دو** ~ . آیش کردن زمین یك سال درمیان . ‖ **سه** ~ . ۱- آیش کردن زمین‌دوسال‌درمیان. ۲ - تقسیم کردن زمینهای ده بسه قسمت و هرسال یکی ازین سه‌قسمت را ناکشته گذاشتن.

آیش دادن ā.-dādan (مص‌م.) کشت بخشی اززمین مزروعی را بسال دیگر واگذاشتن تا قوت گیرد.

آیفت āyaft [پہ. āyaft و āyapt] (اِ.) حاجت، نیاز .

آیم سایم āyam-sāyam (قمر.) (عم.) ۱- گاه‌گاه، بافاصله‌های زمانی دور. ۲ - بندرت ، ندرةً.

آین āyan [= آهن] (اِ.) آهن (ه.م.)

آین āyen [= آیین] (اِ.) آیین (ه.م.)

آینده āy-anda(-e) (اِفا. آمدن). ۱ - آنکه آید، آنچه‌آید . ۲ - وارد. ۳ - مستقبل ، آتی ، زمان پس‌از حال. ‖ ~ **و رونده**. وارد وصادر، کسانی که وارد شوند وکسانی که خارج گردند.

آینه āyena(-e) [= آیینه] (اِ.) آیینه (ه.م.) ‖ ~ٔ **آسمان**. آیینهٔ آسمان (ه.م.) ‖ ~ٔ **اسکندر** . ← بخش۳. ‖ ~ٔ **اسکندری**. ← بخش۳. ‖ ~ٔ **بخت**. آیینهٔ بخت (ه.م.) ‖ ~ٔ **پیل**. آیینهٔ پیل (ه.م.) ‖ ~ٔ **چرخ** . آیینهٔ چرخ (ه.م.) ‖ ~ٔ **چینی** . آیینهٔ چینی (ه.م.) ‖ ~ٔ **خاوری** . آیینهٔ خاوری (ه.م.) ‖ ~ٔ **دق** . آیینهٔ‌دق (ه.م.)

آینه‌افروز

|| ~ رومی . آیینهٔ رومی (ه.م.) || ~ زانو . آیینهٔ زانو (ه. م .) || ~ سکندر. ← بخش ۳. || ~ سکندری . ← بخش ۳ . || ~ سوزان . آیینهٔ سوزان(ه.م.) || ~ گردان. آیینهٔ گردان (ه.م.) || ~ گیتی نما(ی). ۱- ← آیینهٔ سکندر (بخش ۳) . ۲ - جام شراب. || ~ مؤمن. درحدیث آمده: مؤمن آیینهٔ مؤمن است. || ~ محدب (فز.) ← آیینهٔ محدب. || ~ محرقه. (فز.) ← آیینهٔ محرقه. || ~ مقعر (فز.) ← آیینهٔ مقعر.

آینه‌افروز ā.-afrūz (إفا.، ص‌مر.) آیینه‌افروز (ه.م.)

آینه‌افروزی ā.-afrūz-ī (حامص.) آیینه‌افروزی (ه.م.)

آینه‌بندان ā.-band-ān (إمر.) آیینه بندان(ه.م.)

آینه‌بندی ā.-band-ī (حامص.) آیینه بندی (ه.م.)

آینه‌خانه ā.-xāna(-e) (إمر.) آیینه خانه (ه.م.)

آینه‌دار ā.-dār (إفا.، ص‌مر.) آیینه‌دار (ه.م.)

آینه‌داری ā.-dār-ī (حامص.) آیینه‌داری(ه.م.)

آینه دان ā.-dān (إمر.) آیینه‌دان (ه.م.)

آینه‌زدا(ی) ā.-zadā(y) (إفا.، ص‌مر.) آیینه‌زدا (ه.م.)

آینه‌زدایی ā.-zadāy-ī (حامص.) آیینه‌زدایی (ه.م.)

آینه‌کار ā.-kār (ص‌شغل.) آیینه‌کار (ه.م.)

آینه‌کاری ā.-kār-ī (حامص.) آیینه‌کاری (ه.م.)

آینه‌گر ā.-gar (ص‌شغل.) آیینه‌گر (ه.م.)

آینه‌گری ā.-gar-ī (حامص.) آیینه‌گری (ه.م.)

آینه‌گون ā.-gūn (ص‌مر.) آیینه‌گون (ه.م.)

آینه لی ā.-lī [ف.-تر.، دارای آینه] (إمر.) قسمی تفنگ در قدیم.

آیه āya(-e) [= ع. ← آیة، آیت] (إ.) آیت(ه.م.)؛ ج. آیات .

آیه ومایه āya(-e)-vo-māya(-e) (اتباع، ق.)(عم.) همگی، بالجمله، جمعاً.

آییژ āyīž [= آیژ = آییژك = آیژه = ایژك] (إ.) شراره ، شرر آتش.

آییژك āyīž-ak (إمصغ.) آییژ(ه.م.)

آییژه āyīž-a(-e) (إ.) آییژ (ه.م.)

آیین āyīn [په. āyēn، advēn، āyīn] (إ.) ۱ - رسم ، روش ، ادب. ۲- معمول، متداول، مرسوم. ۳- شیوه، آهنگ. ۴ - صفت ، کردار ، مانند : بهشت آیین، جنت آیین . ۵- اندازه، حد، عدد ، شمار. ۶- قاعده ، قانون ، نظم. ۷- سامان، اسباب. ۸- طبیعت، نهاد، فطرت. ۹- آذین ، شهرآرای ، جشن. ۱۰- زیب، زینت. ۱۱- فر، شکوه. ۱۲- شرع، شریعت ، کیش: آیین اسلام. ۱۳- تشریفات ، اتیکت (فره .) || به ~ . ۱- چنانکه مرسوم است ، طبق معمول. ۲- چنانکه باید، چنانکه ضروری است . ۳ - زیبا ، جمیل . || بر ~ . مثل ، مانند .

آیین بندی ā.-band-ī (حامص.، إمر.)

آذین‌شهر، شهرآرای، هنگام قدوم شاهی یا بزرگی یا پیش‌آمدن جشن‌وسوری.

آیین پرست ā.-parast (اِفا.، ص‌مر.) ۱ - آنکه طرفدار آیین و رسم است. ۲ - خدمتکار، پرستار.

آیین‌پرستی ā.-parast-ī (حامص.) ۱ - عمل آیین‌پرست (ه‌م.)، طرفداری آیین ورسم. ۲ - خدمت بافروتنی.

آیین جمشید ā.-e-ǰamšīd (اِمر.) (اِخ) ← بخش ۳.

آیین دادرسی ā.-e dād-ra(e)sī (اِمر.)(حق.). مقرراتی که دررسیدگی بدعاوی کیفری وحقوقی ازطرف دادگاهها و مأموران دادرسی و اصحاب دعوی باید رعایت شود. ‖ ~ِ **کیفری**. (حق.). مقرراتی که درتشریفات رسیدگی بامور کیفری ازطرف افراد ومقامات مربوط بایدرعایت شود. ‖ ~ِ **مدنی**. (حق.) قوانین و مقرراتی که ازطرف مقامات قضائی وافرادی که بنحوی از انحا در دعاوی مدنی دخالت دارند، در تمام مراحل رسیدگی باید رعایت شود.

آیین نامه āyīn-nāma(-e) [په. āyīn nāmak] (اِمر.) (حق.،ادا.) مجموعه ومقرراتی که یك مؤسسهٔ عمومی یاخصوصی بمنظور تنظیم امورمؤسسهٔ خود تهیه وتدوین میکند، مانندآیین‌نامه‌های مؤسسات دولتی؛ انجمنهای محلی، احزاب، شرکتها، آموزشگاهها وغیره (فره.)، نظامنامه.

۱-آیینه āyīna(-e) [= آینه. په. ayēnak] (اِ.) ۱- سطح‌صیقلی‌ازشیشهٔ صاف‌یا فلز، که تصویراشیارا منعکس سازد؛ مرآت. ‖ ~ِ **آسمان** (= آینهٔ آسمان) خورشید (← بخش ۳)، آیینهٔ‌چرخ، آیینهٔ خاوری. ‖ ~ِ **اسکندر** ← بخش ۳. ‖ ~ِ **اسکندری** ← بخش ۳. ‖ ~ِ **بخت**. آیینه‌ای که در مجلس عقد زناشویی، برابر عروس نهند. ‖ ~ِ **پیل** (= آینهٔ پیل) دهل یا طبل‌بزرگ که آنرا بر پیل‌مینواختهاند. ‖ ~ِ **تال** (= آیینهٔ تل). آیینهٔ حلبی، آیینهٔ‌رویین. ‖ ~ِ **تخت(مسطح)** (فز.). سطحی صیقلی مستوی مانند شیشه‌ای صاف که پشت آن ورقه‌ای‌بسیار نازك‌ازنقره یاجیوه رسوب دهند(برای جلوگیری از فسادنقره ممکن‌استروی آنرا با ورقه ای از رنگ بپوشانند) ‖ ~ِ **چرخ**. (کنـ.) خورشید (← بخش۳)، آیینهٔ‌آسمان، آیینهٔ‌خاوری. ‖ ~ِ **چینی** (= آینهٔ چینی). ۱- آیینه‌ای بوده است که ازآهن و فولاد جوهردار میساخته اند؛ آیینهٔ حلبی. ۲ - خورشید (← بخش۳). ‖ ~ِ **حلبی**. آیینهٔ چینی، سجنجل، آیینهٔ تال (تل)، آیینهٔ رومی. ‖ ~ِ **خاوری**. (کنـ.) خورشید (← بخش۳)، آیینهٔ‌چرخ، آیینهٔ آسمان. ‖ ~ِ **دق**. (فز) قسمی‌آیینه‌که صورت‌بیننده را سخت زرد و بی اندام نماید، ـمثل آیینهٔ دق، شخص سخت عبوس، شخص همیشه محزون. ‖ ~ِ **رومی**. آیینهٔ فلزی، آیینهٔ حلبی، سجنجل، آیینهٔ رویین. ‖ ~ِ **رویین**. آیینهٔ‌فلزی، آیینهٔ رومی ↑ ‖ ~ِ **زانو**. (جاذ.) استخوان و برآمدگی زانو ازقدام؛ مقـ. چفته (یعنی فرورفتگی زانوازخلف). ‖ ~ِ **سکندر**. ← بخش ۳. ‖ ~ِ **سکندری**. ← بخش ۳. ‖ ~ِ **سوزان** (= آینهٔ سوزان) آیینهٔ محرقه (ه‌م.) ‖ ~ِ **قدی**. آیینه‌ای بزرگ که‌تمام قدوقامت شخص‌رانشان‌دهد. ‖ ~ِ **کروی** (فز.) قسمتی ازیك کرهٔ‌توخالی که سطح خارجی و یا داخلی آن صیقلی شده باشد، و طبعاًهر کره‌ای‌که آیینه قسمتی ازآنست، دارای مرکز

آیینهٔ دستی

آیینه تخت

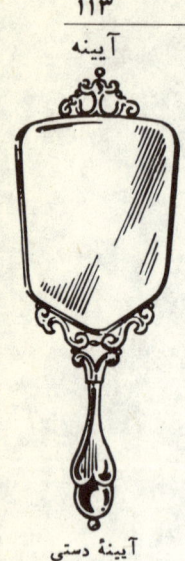

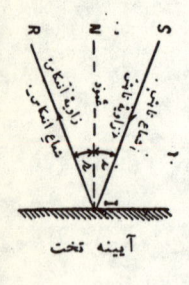

و محوری معین است که در محاسبهٔ تصاویر اشیا بکار میرود. ‖ ~ ٔ گیتی نما (نمای). ۱ - آیینهٔ سکندر ← بخش ۳ ۲ - جام شراب. ‖ ~ ٔ محدب. (فز.) قسمتی از یك کرهٔ تو خالی که سطح خارجی آن منعکس کننده باشد؛ کوژ؛ مق. آیینهٔ مقعر، کاو. ‖ ~ ٔ محرقه. (فز.) آیینهٔ مقعری است که شیئی در کانون آن جای گیرد. اگر این آیینه درمقابل آفتاب قرار گیرد بعلت تمرکز اشعهٔ خورشید در کانون حرارتی بیش از حرارت آفتاب ایجاد کند؛ آیینهٔ سوزان. ‖ ~ ٔ مقعر (فز.) قسمتی از یك کرهٔ تو خالی است که سطح داخلی آن صیقلی و منعکس کننده باشد، کاو؛ مق. آیینهٔ محدب، کوژ. ‖ مثل ~ . ۱ - سخت صافی، سخت روشن. ۲ - سخت مصقول، کاملا صیقلی. ۳ - هریك از قطعات آهنین که جنگاوران میپوشیدند. ← چهار آینه.

۲ - آیینه āyīna(-e) [= آیین] (ا.) آیین (ه.م.)، طریق، منوال.

آیینه افروز ā.-afrūz (إفا.، ص‌مر.) آنکه آیینه‌روشن کند، روشنگر، صیقل، آیینه افروز.

آیینه افروزی ā.-afrūz-ī (حامص.) عمل آیینه افروز (ه.م.)، روشنگری.

آیینه بندان ā.-bandān (إمر.) عمل تزیین خانه و کوی با نهادن آیینه‌های بسیار بر دیوارها و جز آن.

آیینه بندی ā.-band-ī (حامص.) آیینه بندان.

آیینه پرداز ā.-pardāz (إفا.، ص مر.) آیینه افروز (ه.م.)

آیینه پیرا ā.-pīrā (إفا.، ص‌مر.) آیینه افروز (ه.م.)

آیینه خانه ā.-xāna(-e) (إمر.) اطاقی که آنرا آیینه کاری کرده باشند.

آیینه دار ā.-dār (إفا.، ص‌مر.) ۱ - آنکه آیینه در پیش دارد تا عروس و جز او خویشتن را در آن بینند. ۲ - سرتراش، سلمانی، گرای، دلاك، حجام.

آیینه داری ā.-dār-ī (حامص.) عمل آیینه‌دار (همه.)

آیینه‌دان ā.-dān (إمر.) قاب آیینه، آینه نیام.

آیینه زدا(ی) ā.-zadā(y) [= آیینه زداینده] (إفا.، ص‌مر.) آنکه آیینه‌را روشن کند، صیقل، آیینه‌افروز.

آیینه‌زدایی ā.-zadāy-ī (حامص.) ۱ - عمل آیینه‌زدای (ه.م.)، روشنگری. ۲ - پیشهٔ آیینه‌زدای (ه.م.)

آیینه فروز ā.-forūz (إفا.، ص‌مر.) آیینه‌افروز (ه.م.)

آیینه کار ā.-kār (ص‌شغل.) آنکه آیینه کاری (ه.م.) کند.

آیینه‌کاری ā.-kār-ī (حامص.، إمر.) ۱ - نوعی تزیین داخلی ساختمان، که بوسیلهٔ آیینه‌های کوچك و نشاندن آنها بر دیوار و سقف، اشکال هندسی و گل و بته‌های مختلف ایجاد کنند. ۲ - مجموع آیینه‌های کوچکی که برای تزیین بدیوار و سقف نشانده باشند.

آیینه‌گر ā.-gar (ص. شغل.) سازندهٔ آیینه.

آیینه‌گری ā.-gar-ī (حامص.) ۱ - عمل آیینه‌گر (ه.م.) ۲ - پیشهٔ آیینه‌گر (ه.م.)

آیینه گون ā.-gūn (ص‌مر.) مانند آیینه، رخشنده، صافی.

آیینه نیام ā.-niyām (إمر.) آیینه‌دان، قاب آیینه.

۱ - ۲

ا = a ، e ، o

«ا» و «آ» (ه.م.) را نخستین حرف از الفبای فارسی بشمار آورند ، ولی باید آن دو را دوحرف جداگانه محسوب داشت ، «اَ» = a ، اِ = e ، اُ = o، ازحروف مصوّت فارسی محسوب میشوند . تلفظ :- این حرف رامعمولا همزه نامند ، ولی باهمزهٔ اصلی فرق دارد (← ء (همزه) ، و تلفظ صحیح آن اَ = a یا اِ = e یا اُ = o است .

اَ a . (حر.)، یکی از حروف مصوت فارسی است که گاه بصورت «آ» و گاه بصورت فتحه یا زبر (ـَـ) بکارمیرود: اَبر = abr ، بر = bar .

اَ a (نشانهٔ اختصاری) ← الف .

اِ e (حر.) یکی ازحروف مصوت فارسی است که گاه بصورت «اِ» وگاه بصورت کسره یا زیر (ـِـ) بکارمیرود : اِسم = esm ، مهر = mehr .

اِ e = (صت.) (عم.) درتداول در حال تعجب استعمال شود ← اِوا ، اِوای .

اِ e [= اه] (اِ.) (ند. کودکان) ← اِه .

اُ o (حر.) یکی ازحروف مصوت فارسی است که گاه بصورت «اُ» وگاه بصورت ضمه یا پیش (ـُـ) بکار میرود : امید = omīd ، گم = gom .

۱ - اُ o(u) (لظ قد.) [= او ، قس. اویا] (ادات استفهام) (عم.) نشانهٔ پرسش ، آیا : «الم تر، اُندیدی؟ یعنی اُندانستی؟ ...» (لسان التنزیل).

۲ - اُ o (صت.) (عم.) علامت ندا ، وآن گاه تنها استعمال شود و گاه با اسم مخاطب آید : اُحسن !

ء (همزه) [= ʼ] (حر.) یکی از حروف صامت، ودر کلمات عربی بکار میرود: رأفت = ra'fat؛ اجراء = eǰrā'. در زبان فارسی همزه نیست و کلماتی نظیر «موبد» را باهمزه (مؤبد) نوشتن و خواندن خطاست (← موبد).

ائتلاف e'telāf [ع.] (مص م.) ← ایتلاف (ه.م.)

ائتمان e'temān [ع = ایتمان] (مص م.) ← ایتمان.

ائمه aemma(-e) [ع. = ایمة] (إ.) ج. امام. پیشوایان، سران، مقتدایان. ‖ ~ ٔ **اثناعشر**. دوازده امام شیعیان. ‖ ~ ٔ **اطهار**. امامان شیعیان. ‖ ~ ٔ **جماعت**. پیش نمازان. ‖ ~ ٔ **لغت**. بزرگان لغت شناس. ‖ ~ ٔ **نحو**. بزرگان فن نحو، نحاة.

اب ab [ع.] (إ.) ۱- پدر، والد. ج. آباء. ۲- روحانی مسیحی، پادری. ج. آباء: آباء کلیسا. ‖ ~ **وابن وروح القدس** ← بخش ۳.

۱- ابا abā [= با، په. apāk] (حر. اض.) با، مع، همراه، بمعیت.

۲- ابا abā، ابا ebā [په. pāk ← با (ه.م.) = وا (ه.م.)] (إ.) آش: ابای شعر مرا نیز چاشنی مطلب (ظهیر).

۳- ابا abā [ع.] (از اسماء سته) اب، پدر، ابو (ه.م.) ← ۹ - با.

ابا ebā [= ع. إباء] (مص؛ إمص.) ← اباء.

اباء ebā' [ع. ف.: ابا] ۱- (مص ل.) سر باززدن از، سرپیچیدن از. ۲- (إمص.) سرکشی، نافرمانی، سرپیچی. ۳- نخوت، تکبر.

ابا آوردن e.-āvardan [ع.-ف.] (مص ل.) ابا کردن، امتناع ورزیدن. ← اباداشتن.

ابابیل abābīl [ع.] (إ.) ج. إبال (e-)، إباله (e-)، إباله (a-)، ابیل (e-)، ابول (که هیچیک از آنها در فارسی مستعمل نیست) و گفته‌اند جمعی است بی‌مفرد. ۱- دسته‌های پراکنده، گروههای متفرق: طیر ابابیل، دسته‌های مرغان. ۲- (تد.ف.) پرستو، پرستوک، خطاف، چلچله، بابیل.

اباتت ebātat [= ع. اباتة] (مص ل.) ← اباته.

اباته ebāta(-e) [= ع. اباتة ← اباتت] (مص ل.) شب گذرانیدن، بیتوته کردن.

اباحت ebāhat [= ع. اباحة ← اباحه] ۱- (مص م.) مباح کردن، حلال کردن، جایزدانستن؛ مق. تحریم، حرام کردن. ۲- (إمص.) جواز، روایی. ۳- (مل.) عبارتست از نداشتن اعتقاد بوجود تکلیف وروا داشتن ارتکاب محرمات.

اباحتی ebāhat-ī [از ع. بسیاق عربی اباحی[3] آید] (ص نسب.) ملحدی که همه چیزرا مباح شمرد و ارتکاب محرمات را روا داند:

نیم‌شب هر شبی بخانهٔ خویش
آید وصد اباحتی در پیش. (حدیقه.)

← اباحتیه (بخش ۳).

اباحه ebāha [= ع. اباحة] ← اباحت.

اباحی ebāhī [ع. اباحی[3]] (ص نسب.) ← اباحتی.

ابا داشتن ebā-dāštan [ع.-ف.] (مص ل.) ابا کردن، امتناع ورزیدن.

ابادت ebādat [= ع. ابادة] (مص م.) ← اباده.

اباده ebāda(-e) [ع.] (مص م.) هلاک کردن، کشتن.

ابارت ebārat [= ع. ابارة] (مص م.) ← اباره.

ابتداء

اباره ebāra(-e) [= ع. ابارة ← ابارت] (مصم.) ۱ ـ گشن‌دادن خرما بن واصلاح آن، مایهٔ خرما بن نر را بخرما بن ماده رساندن. ۲ ـ هلاك كردن. ۳ ـ (امص.) اصلاح کشت وزرع.

اباریق abārīγ [ع.] (اِ.) ج. ابریق (ه.م.)

اباریقون abārīγūn (اِ.) (گیا.) درختچه‌ایست[1] جزو گیاهان پیوسته گلبرگ، ازتیرهٔ زغال‌اخته‌ها، دارای میوه‌ای قرمز و کوچك؛ قاتل‌ابیه، بج.

اباریقون

ابازیر abāzīr [ع.] (اِ.) ج. بزر (bazr) و بزر (bezr)، آنچه‌دردیگ کنند ازادویه و بوی افزارهای خشك.

اباش obāš [اباشه] (اِ.) ← اُباشه.

اباشه obāša(-e) [ع. = اباش] (اِج.) ۱ ـ جماعتی آمیخته ازهر جنس‌مردم. ۲ ـ مجمعی‌را گویند که ازهرجنس‌مردم درآنجا باشد.

اباض ebāz [ع.] (اِ.) ۱ ـ ریسمانی که بوسیلهٔ آن خردهٔ دست‌شتر بر بندند تا دست اززمین برداشته دارد، بند. ۲ ـ (جان.) نام رَگی است در پای.

اباض obāz [ع.] (اِ.) (گیا.) بیخ انگدان، بیخ انجدان. ← انگدان.

اباضی ebāzī [ع.] (ص نسب.) یك تن از فرقهٔ اباضیه ← اباضیه (بخش ۳).

اباطح abāteh [ع.] (اِ.) (ج. ابطح) (ه.م.)

اباطیل abātīl [ع.] (اِ.) ج. باطل (ه.م)؛ چیزهای باطل، ترهات، بیهده‌ها.

اباعد abāed [ع.] (اِ.) ج. ابعد (ه.م.). ۱ ـ دوران، بیگانگان. ۲ ـ دورتران؛ مق. اقارب.

اباقا abāγā [تر.ـمغ. = اباغه، اباغا] (اِ.) برادر مهتر یا کهتر پدر، ← بخش ۳. آباقا

اباکردن ebā-kardan [ع.ـف.] (مص ل.) امتناع کردن، سرباز زدن، اباداشتن، ابا آوردن.

ابام abām [= اوام = وام] (اِ.) قرض، دین، وام.

ابان abān (اِ.) ← آبان.

ابانس ebānos ← آبنوس.

ابانت ebānat [= ع. ابانة] ← ابانه.

ابانه ebāna(-e) [= ع. ابانة ← ابانت] ۱ ـ (مصم.) پیدا کردن، روشن کردن، هویدا کردن. ۲ ـ (مص ل.) پیدا شدن، آشکار شدن، هویدا شدن. ۳ ـ (امص.) پیدایی، ظهور، روشنی.

ابتث abtas [ع.] (اِ.) اصطلاحاً حروف هجای عربی را که بترتیب «الف»، «ب»، «ت»، «ث» مرتب شده و به «ی» ختم میشود «ابتث» نامند؛ مق. «ابجد» (ه.م.)؛ و ترتیب آنها از این قرار است: أ ب ت ث ج ح خ د ذ ر ز س ش ص ض ط ظ ع غ ف ق ك ل م ن و ه ی. ایرانیان درین میان حروف ذیل را افزوده‌اند: «پ» بین «ب» و «ت»؛ «چ» بین «ج» و «ح»؛ «ژ» بین «ز» و «س»؛ «گ» بین «ك» و «ل».

ابتدا ebtedā [= ع. ابتداء] ← ابتداء.

ابتداء ebtedā' [ع.ـف.: ابتدا] (مص ل.) (اِ.) ۱ ـ شروع واول هر کار و هر چیز، آغاز، نخست، اول، مبدأ؛ مق.

۱ ـ **Arbousier** (فر.)، **Komaros** (یو.)

ابتداء ۱۱۸

انتهاء ، پایان . ۲ـ آغاز کردن ، شروع کردن. ۳ـ (نحو ع.) عاری کردن لفظ از عوامل لفظی برای اسناد ، چون : زید منطلق ، که زید مبتدا و مسندالیه است، و منطلق خبر و مسند وعامل در هر دومعنی ابتداست . ۴ـ (شعر.) جزو اول ازمصراع دوم هر بیت.

ابتداءً ebtedā-an [ع.] (ق.) در آغاز، بآغاز، اولا، نخست.

ابتدائی ebtedā'-ī [ع.] (ص نسبـ.). مقدماتی، اولی، آغازی. ‖ **مدرسهٔ ــ** . مدرسه‌ای که در آن نخستین دورهٔ تحصیل را فرا گیرند ، پایین تر از دورهٔ متوسطه. ‖ **محکمهٔ ــ** . (حق.) محکمهٔ بدایت، محکمهٔ‌دون استیناف ، دادگاه شهرستان.

ابتداع ebtedā' [ع.] ۱ـ (مصم.) نو ظهور آوردن، چیز نو آوردن ، نو نهادن. ۲ـ (مصل.) اهل بدعت‌شدن.

ابتداکردن ebtedā-kardan [ع.ـف.] (مصل.) ۱ـ آغاز کردن، شروع کردن. بدء. ۲ـ پیش دستی کردن ، سبقت گرفتن، تبادر، مبادرت. ۳ـ انشاء.

ابتدی ebtedē(-ī) [ع.] (مص.) ممال ابتداء ← ابتداء:

در همه وقتی صبوح خوش بودی ابتدی
بهتر و خوش تر بود وقت گل بسدی.
(منوچهری)

ابتذال ebtezāl [ع.] ۱ـ (مصم.) بسیار صرف کردن چیزی بحدی که ارزش آن کاسته شود . ۲ـ (إمص.) پیش پا افتادگی، بی‌قدری، پستی.

ابتر abtar [ع.] (ص.) ۱ـ دم بریده. ۲ـ ناقص، ناتمام . ۳ـ بلا عقب، مقطوع النسل، بی‌فرزند.

ابتری abtar-ī [ع.ف.] (حامص.) ۱ـ دم بریدگی. ۲ـ نقصان، ناتمامی. ۳ـ بلاعقب بودن. مقطوع النسل‌بودن. ۴ـ تباهی، زیانکاری.

ابتسام ebtesām [ع.] ۱ـ (مصل.) لبخند زدن ، شکر خنده زدن ، تبسم کردن. ۲ـ (إمص.) لب خنده ، شکر خنده. شکر خند.

ابتسام کردن e.-kardan (مصل) تبسم کردن، شکر خند زدن .

ابتغا ebteγā [=ع. ابتغاء] (مص) ← ابتغاء.

ابتغاء ebteγā' [ع.، ف.: ابتغا] ۱ـ (مصم.) جستن، طلب کردن، خواستن. ۲ـ (مصل.) سزاوار شدن.

ابتکار ebtekār [ع.] ۱ـ (مصل.) دربامداد رفتن، پگاه برخاستن. ۲ـ (مصم.) نو آوردن، امر بکر وبی سابقه‌پدید کردن . ۳ـ (إمص.) نو آوردگی، اختراع: قوهٔ ابتکار.

ابتلا ebtelā [=ع . ابتلاء] (مصل.) ابتلاء.

ابتلاء ebtelā' [ع. ،ف.: ابتلا] ۱ـ (مصل.) دچار شدن ، گرفتار شدن ، در بلا افتادن. ۲ـ (مصم.) آزمودن ، امتحان کردن، آزمایش کردن . ۳ـ (إمص.) گرفتاری ، مصیبت.

ابتلاع ebtelā' [ع.] (مصم.) فروبردن به حلق و گلو، بلع، بگلوفرو بردن، بلعیدن، فرو دادن ، تودادن ، قورت‌دادن.

ابتلال ebtelāl (مصل.) [ع.] ۱ـ ترشدن. ۲ـ از بیماری به شدن . ۳ـ نیکو شدن حال‌پس‌ازبدی وسختی. ۴ـ آب بزیر پوست کسی دویدن پس از نزاری .

ابتنا ebtenā [=ع. اِبتناء] (مصم.) ← اِبتناء.

ابتناء ebtenā' [ع.،ف.: اِبتنا]

(مصم.) ۱ - نهادن ، پی افکندن ، ساختن، بنا کردن، بنا گذاشتن، بر آوردن (خانه و مانند آنرا) . ۲ - آوردن زن را بخانه.

ابتها ebtehā [=ع. ابتهاء] (مص ل.)←ابتهاء.

ابتهاء ebtehā' [ع. ،ف. :ابتها] (مص ل.) انس گرفتن به، الفت گرفتن با.

ابتهاج ebtehāǰ [ع.] ۱ - (مص ل.) شاد شدن ، شادی نمودن ، شادمان گردیدن . ۲ - (إمص.) شادی، شادمانی، مسرت، سرور.

ابتهال ebtehāl [ع.] ۱ - (مص ل.) دعا کردن ، زاری کردن ، اخلاص ورزیدن در دعا ، تضرع. ۲ - (إمص.) زاری ، دعا و زاری ، ضرع .

ابتیاع ebtiyā' [ع.] ۱ - (مص ل.) خریدن. ۲ - بازخریدن. ۳ - (إمص.) خریداری، خرید. ۴ - فروش، فروخت.

ابتیاع کردن ebtiyā'-kardan [ع.-ف.] (مصم.) خریدن.←ابتیاع.

ابجد abǰad [ع.] (إ.) ۱ - نام نخستین صورت از صورهشتگانهٔ حروف جمل . ۲ - نام مجموع صورهشتگانهٔ حروف جمل ،ازین قرار : ابجد، هوز، حطی، کلمن، سعفص، قرشت، ثخذ ، ضظغ . مسلمانان مغرب چهار کلمهٔ اخیر را بدین نحو ترتیب داده‌اند : صعفض ، قرست ، ظغش . ترتیب حروف (مراد حروف صامت است) درین نسق همان ترتیب عبری ـ آرامی است واین امر ـ بادلایل دیگر ـ مؤید آنست که عرب الفبای خودرا ازآنان بوساطت نبطیان اقتباس کرده است. شش حرف مخصوص عرب درآخر ترتیب ابجدی قرار داده شده است.علاوه برین ترتیب، هشت کلمهٔ تذکاریه که مفهومی ندارند ، با عبری و آرامی در اینکه حروف معرف اعدادند، نیز شباهت دارد: از « همزه » تا «ق» نمایندهٔ ۱ تا ۱۰۰ است، و نه حرف آخر معرف ۲۰۰ تا ۱۰۰۰ باشد . ←ابتث. ‖ ~ تجرید نوشتن. (تص.) ترک خواهش وآرزو کردن و از خودی و مزاحمت نفس بر آمدن و از ماسوی الله مجرد گردیدن.

ابجد خوان abǰad-xān [ع.-ف.] (إفا، ص مر.) ۱ - آنکه تازه خواندن را آغاز کرده باشد، نوآموز، سبق خوان. ۲ - مبتدی در هرچیز، جاهل.

ابجد زر abǰad-e zar [ع.-ف.] (إمر.) شعاع آفتاب.

ابجد و هوز abǰād-o-havvaz [ع.](إمر.) حروف جمل.← ابجد.

ابحاث abhās [ع.] (إ.) ج. بحث، بحثها← بحث .

ابحار abhār [ع.] (إ.) ج. بحر ، دریاها .

ابحر abhor [ع.] (إ.) ج. بحر ، دریاها.

ابخازی abxāz-ī (ص نسبـ.) منسوب به ابخاز، ازمردم ابخاز .(← بخش ۳).

ابخر abxar [ع.] (ص.) گنده دهان، گنده دهن، آنکه دهان بدبوی دارد و تأنیث آن در عربی بخراء باشد.

ابخره abxera(-e) [ع.] (إ.) ج ، بخار، بخارها : ابخرهٔ ردیه ، ابخرهٔ وبائیه.

ابخل ābxal [ع.] (ص.) زفت تر . بخیل تر.

ابخوسا abxosā (إ.)(گیا.) مصحف آنخوسا (ه.م.)

ابد abad [ع.] (إ.) ۱ - زمانی که

ابدا

آنرا نهایت نباشد ، همیشه، دایم؛ مق. ازل. ۲ ـ قدیم، ازلی. ۳ ـ (فل.) ابد عبارت از زمان غیر متناهی است در آینده و یا استمرار وجود درزمانهای مقدر غیر متناهی درجهت آینده است. آنچه مر آنرا آخر نیست؛ مق. ازل. ‖ تا ـــ . تا به ابد ، ابداً ، جاودان . ‖ تا به ـــ . ابداً، جاودان ↑ ‖ حیات ـــ . عمر ابد، زندگی جاوید، زندگانی جاودان.

ابدا abadā [=ع. ابداً] ← ابداً .

ابدا ebdā [ع. ابداء] (مص م.) ← ابداء .

ابداء ebdā' [ع ., ف. : ابدا] (مص م.) ۱ ـ آغاز کردن، آغازیدن ، ابتدا کردن، شروع کردن، سر کردن، سر گرفتن، ابتداء. ۲ـ کار نو و نخستین آوردن، نو آفریدن. ۳ـ آشکار کردن، پیدا کردن چیزی را.

ابداع ebdā' [ع.] (مص م.) ۱ ـ آوردن، برآوردن، نو چیزی آوردن ، نو آوردن، نو نهادن، نوپدید آوردن ، ایجاد، اختراع، نو باوه پیدا کردن، ایجاد چیزی از نه چیز یعنی لاشیء ؛ مق خلق، که ایجاد چیزی است از چیزی. ۲ ـ شعر نو گفتن ، بطرز نوین شعر سرودن . ۳ ـ کند شدن مرکب دررفتار ، مانده شدن شتر در سواری، درماندن، کلال. ۴ ـ (فل.) هر موجودی که مسبوق بماده و حرکت نباشد و جودش بر سبیل ابداع میباشد، و آن خروج از جوف عدم صریح بمتن وجود و ثبات درعالم دهر است و بعبارت دیگر عبارت از ایجاد شیٔ غیر مسبوق بماده و مدت است . ‖ ـــِ نخستین. ۱ـ (فل.) خلقت اول، ایجاد اول. ۲ـ (فل.) مبدع اول ، نخستین مخلوق حق تعالی.

ابداعی ebdā'-ī [ع.] (ص نسبـ.) منسوب به ابداع (ه.م.) ‖ امور ـــ . (فل.) اموری که مقارن ماده باشد و آن دوگونه بود یکی ابداعی باشد بالذات، مانند مفارقات که مبادی اولی وجودند، ودیگر آنچه ابداعی بالحد باشد، مانند مقادیر واعداد. ‖ جسم ـــ . (فل.) ← جسم . ‖ معلول ـــ . (فل.) ← معلول.

ابدال abdāl [ع.] (اِ.) (تص.) ج بدل یا بدیل . ۱ ـ عده‌ای معلوم از صلحا وخاصان خدا که گویند هیچگاه زمین از آنان خالی نباشد و جهان بدیشان بر پایست وآنگاه که یکی از آنان بمیرد خدای تعالی دیگری را بجای او بر انگیزد تا آن شمار که بقولی هفت وبقولی هفتاد است همواره کامل ماند ؛ طبقهٔ پنجم از طبقات ده گانهٔ متصوفه ؛ هفت‌مرد، هفت مردان، اخیار ، مردان نیك ، مردان خدا ، هفت تنان، سرهنگان درگاه حق. ۲ ـ نجیبان، شریفان، کریمان، بخشندگان. ‖ کوچك ـــ . مرید ، مرید خردسال، مرید جوان .

ابدال ebdāl [ع.] (مص م.) ۱ ـ بدل کردن، تاخت زدن، بجای چیزی گرفتن یادادن یا گذاشتن . ۲ ـ قرار دادن حرفی بجای حرف دیگر برای دفع ثقل وسنگینی. ۳ ـ یکی از اقسام نه گانهٔ وقف مستعمل چون تبدیل تاء به ها در رحمت و رحمه.

ابدالی abdāl-ī [ع.] (ص نسبـ.) منسوب به ابدال. ۱ـ سمت وصفت ابدال، فقر، ترك ، وارستگی. ۲ ـ ظرافت و تمسخر . ۳ـ (اِخ) ← بخش ۳ .

ابدالی کردن ā.-kardan (مص ل.) کوچك ابدالی کردن ، مرید شدن.

ابدان abdān [ع.] (اِ.) ج. بدن، بدنها ، تنها ← بدن .

ابداً abad-an [ع.،ف.: ابدا] (ق.)
۱ - ظرف زمان است برای تأکید در مستقبل نفیاً واثباتاً، همیشه، جاویدان.
۲ - هرگز، هگرز، هیچ، هیچوقت. ۳ - بهیچ‌روی، بهیچوجه، معاذالله، پرگس، پرگست.

ابد پیوند abad-pa(e)yvand [ع.-ف.] (ص‌مر.) آنچه بابدیت رسد، دایمی.

ابدی abad-ī [ع. ابدیّ] (ص‌نسبـ.)
۱ - جاوید، جاویدان، باقی، همیشه (در مستقبل)، جاودانه، جاودانی، بی‌کرانه، پاینده، پایا، هرگزی؛ مق؛ ازلی.
۲ - نامی از نامهای خدای تعالی.
۳ - (فل.) آنچه قابل انعدام و فنا و زوال نیست، آنکه آخر ندارد از حیث زمان، ومعدوم نگردد، باقی؛ مق. ازلی.

ابدیات abad-īyyāt [ع.] (اِ.)
ج. ابدیة ۱ - جاودانیها، پایندگیها.
۲ - (فل.) عقول و نفوس‌مجرد را از جهت آنکه در معرض‌فنا وزوال وکون و فساد نیستند ابدیات نامیده اند.

ابدیت abad-īyyat [ع.] (مص. جع.)
۱ - جاودانی، پایندگی، دیرندگی، بی‌کرانگی‌درزمان، ج. ابدیات. ۲ - (فل.، تص.) نعتی از نعوت الهی، اشاره بترك‌انقطاع ومحواوقات‌است درسرمد؛ مق. ازلیت.

ابر abr [پهـ. abr] (اِ.) ۱ - (هو.) توده و اجتماع ذرات بخارآب مخلوط با ذرات وقطرات بسیار ریزآب معلق درجوکه بیشتر بباران مبدل‌گردد[۱]؛ سحاب، میغ، غیم، غمام. ‖ ~ آذر. (هو.) ابر آذرماه، ابری‌که در ماه‌آذر برآید. ‖ ~ بهار، ابر بهاری. ابری که در فصل بهار پدید آید.
‖ ~ آزاری. ابربهار.

۱- ابر abar [= بر، پهـ. apar] (اِ.) بالا؛ مق. پایین.

۲- ابر abar [= بر، شهمیرزادی var] (اِ.) آغوش، بر.

۳- ابر abar [= بر، پهـ. apar] (حر. اض.) ۱ - بر، به: پس داوری نکنند ابرتو ای محمد (تفسیر کمبریج.) ۲ - با: ابرشاه‌بر، داستانهازدند. (فردوسی)
۳ - بالای، زبر، روی، سر: ابرگاه شاهان‌بودجای‌او. (فردوسی.) ۴ - بزبان: ابر پهلوانی‌براو مویه‌کرد. (فردوسی)
۵ - برسر: ابر زال‌زرگوهر افشاندند. (فردوسی)
۶ - در: ابر کین آن شاهزاده سوار بکشت ازسواران‌دشمن‌هزار (فردوسی)
۷ - نسبت‌به: کسی‌کو بردآب وآتش‌بهم ابرهردو برکرده‌باشد ستم. (فردوسی)

ابرا ebrā [= ع. ابراء] (مص‌م.) ← ابراء.

ابراء ebrā' [= ع.، ف.: ابرا] (مص. م.) ۱ - بیزارکردن، بیزاری. ۲ - به‌کردن از بیماری، بیماررابه‌کردن، شفا بخشودن، خوب کردن، آسانی بخشودن. ۳ - (حق.) صرف‌نظر کردن داین از دین خود باختیار ومیل. ۴ - (فق.) تبرئه‌کردن‌شخصی‌ذمهٔ شخص‌دیگر راکه حقی برذمهٔ وی دارد اعم ازحق مالی و غیر مالی. بنابراین ابراء در فقه بمعنای وسیع‌تری‌ازآنچه درحقوق بکار میرود‌استعمال میشود ولی‌بهردو معنی ایقاع می باشد و احتیاج بقبول مدیون ندارد.

ابراء کردن e.-kardan [ع.-ف.] (مص‌م.) ۱ - بیزاری کردن، بیزار

[۱] - Nuage (فر.)

بودن . ۲ - به‌کردن از بیماری ، شفا بخشودن.

ابراج abrāǰ [ع.](ا.) ۱ - ج. برج؛ برجها ، دوازده بخش منطقةالبروج. ۲ - کوشك و قلعه وکرانهٔ قوی قلعه . ۳ - ج . برج، خوبرویان.

ابرار abrār [ع.] (ا.) ج. بار وبر، نیکان، نیکوکاران .

ابراز ebrāz [ع.] (مص‌م.) ۱ - نمودن ، پیداکردن ، بیرون‌آوردن ، بیرون‌کردن چیزیرا، آشکارکردن ، اظهار ، ظاهر کردن ، عرض کردن . ۲ - زر خالص گرفتن . ۳- عزم سفر کردن .

ابراز کردن e.-kardan [ع.-ف.] (مص‌م.) آشکارکردن ، ظاهرکردن ، نشان‌دادن.

ابرام ebrām [ع.] (مص‌م.) ۱ - استوارکردن، کار محکم کردن ؛ مق . نقض. ۲ - بستوه‌آوردن، تنگ‌آوردن، بجان‌آوردن، گران‌کردن، ملول‌کردن، دردسر دادن. ۳ - شکوفه برآوردن . ۴ - سخت تافتن ریسمان و جامه را ، ریسمان و رسن دوتا تافتن .

ابراهیمیه ebrāhīmīyya(-e) [ع.](ا.) خوراکی‌است چون‌آش زیره که بجای سر که درآن‌آب غوره‌یاسرکه مصعد ریزند.

ابرآلودگی abr-ālūda(e)g-ī (حامص.) ابرآلوده‌بودن، حالت‌آسمان درهنگام پوشیده‌بودن از ابر.

ابرآلوده abr-ālūda(-e)(ص‌مر.) کیفیت وحالت آسمان درهنگامی که‌ابر درآن دیده میشود.

ابربخشش abr baxšeš (ص‌مر) کریم وبخشنده ،جوانمرد و باسخاوت.

ابربلا abr-e balā [ف.-ع.] (ص. مر.) سخت‌جنگجو .

ابرپوشان abr-pūšān (ص مر.)از ابرپوشیده شده(آسمان).

ابرج abroǰ [ع.](ا.)ج. برج، برجها.

ابرجن abraǰan (ا.)ابرنجن(ه.م.)

ابرحمام abr-e-hammām [ف.-ع.] (إمر) (جا.ن.) اسفنجه (ه.م.)

ابرد abrad [ع.](ص‌تفض.) سردتر، باردتر.

ابرش abraš [ع.] (ص.) زیوری‌از زیورهای اسب، رخش، چپار ، ملمع ، اسب‌که نقطه‌های خرد دارد . اسبی‌که بر اعضای اونقطه هاباشد مخالف‌رنگ اعضا ، اسب‌که موی سرخ و سیاه وسفید دارد ،آنکه رنگ‌ سرخ و سفید در هم آمیخته دارد . ‖ **مکان** ــــ . آنجای که گیاهان رنگارنگ وبسیاردارد .

ابرشم abrešam [= ابریشم] (ا.) ابریشم (ه.م.)

ابرشمی abrešam-ī (ص‌نسب.)منسوب به‌ابریشم ،ابریشمی ، بازرگان‌ابریشم فروش.← ابریشمی .

ابرص abras [ع.](ص.) ۱ -آنکه‌به برص‌مبتلاباشد، برص‌دار، پیس، پیسه، پیس‌اندام، پیست ، ابقع ، اسلع. ۲ - ماه،قرص‌ماه، قمر. ‖ **سام ابرص** (ه.م.)

ابر طوروش abr-e-tūr-vaš (إمر.)(جا.ن.)اسب‌قوی‌هیکل‌ونیرومند.

ابرفیون abarfiyūn [=فرفیون] (ا)← فرفیون.

ابرك abr-ak (إمصغ.) ابرکوچك، اسفنج .

ابرکاکیا abarkākīyā (ا.) تنیدهٔ عنکبوت ، نسج عنکبوت ، کارتنك ، تنسته، دام عنکبوت ، خانهٔ عنکبوت ، بیت‌العنکبوت ، تار عنکبوت ، کره ، کرتینه، کلاش‌خانه .

ابرکش a.-ka(e)š (اِفا.، ص‌مر.) که ابر تولید کند، که جاذب وجالب ابر باشد؛ دریا، جنگل و کوه ابرکش باشد.

ابرکهن a.-e-kohan (اِمر.)(جا.) اسفنجه (ه‌.م.)

ابرگردش a.-gardeš (اِمر.) برقی که گرداگرد ابر دور زند.

ابرگرمابه abr-e-garmāba(-e) (اِمر.) (جا.) اسفنجه (ه‌.م.)

ابرگیاهی a-.e-giyāhī (اِمر.) (گیا.) گیاهی[1] از تیرهٔ کدوئیان[2] که دارای ساقهٔ خزنده است و مغز ساقهٔ آن دارای الیافی است که پس از خشك کردن مانند اسفنج بمصرف ‌والت واستحمام میرسد؛ لوف، لوفا.

ابرگیر a.-gīr (اِفا.، اِمر.) ابرکش (ه‌.م.)

ابر مادران abar-mādarān (اِمر.) حلوایی است که ازقند یا عسل سازند.

ابرمرده abr-e-morda(-e) (اِمر.) (جا.) اسفنجه (ه‌.م.)

ابرناك a.-nāk (ص‌مر.) ابری، دارای ابر، پوشیده از ابر.

ابرنج abranǰ [= برنج] (اِ.) برنج کابلی.

ابرنجك abranǰ-ak (امصغ.) برق، صاعقه.

ابرنج کابلی abranǰ-e kābolī (اِمر.) برنج کابلی (ه‌.م.)، ابرنج.

ابرنجن abranǰan [= آورنجن = اورنجن = آبرنجن = برنجن] (اِ.) حلقه‌ای از زر یا سیم و مانند آن که زنان برای زینت برمچ و بند دست یا مچ و بند پای کنند و آنرا اورنجن و اورنجین نیز نامند، و آنچه را بردست کنند دست آبرنجن و دست آورنجن و دست اورنجن و دست اورنجین و دست بند گویند و عرب سوار گوید. و آنچه را بر پای کنند ابرنجن و پای آبرنجن و پای ابرنجین و پای اورنجن و پای اورنجین گویند و عرب خلخال نامد.

ابرنجین abranǰīn (اِ.) ابرنجن (ه‌.م.)

ابرو abrū [په. brūk] (اِ.) مجموع موی روییده برظاهر استخوان قوسی شکل بالای کاسهٔ چشم بزیر پیشانی، حاجب، برو. ج: ابروان، ابروها.

‖ **ـــ بالا انداختن**. بی‌میلی نشان دادن، موافقت نکردن، مخالفت کردن، اشاره کردن بدیگری برای نپرداختن بکاری. ‖ **ـــ تابیدن بر**، **ـــ کج کردن بر**. (تد.عم.) گره برابرو افکندن و نظایر آن: ابرو بماهتاب که مادلشکسته‌ایم. ‖ **ـــ خم نکردن**. گرانی ورنجی را بارضا تحمل کردن. ‖ **خط ـــ**. علامتی است در کتابت برای پیوستن شعبی به اصلی و صورت آن این است: } ‖ **خم به ـــ نیاوردن**. تحمل کردن مشقت و ناله نکردن. ‖ **گره بر ـــ افکندن یا انداختن**. ابرو بهم درکشیدن، چین بر ابرو افکندن یا انداختن، چین آوردن ابرو. گوشهٔ ابرو ترش کردن، ابروان پر از چین کردن، اخم کردن، شکنج در ابرو آوردن نشانهٔ ناخرسندی یا خشم را.

ابرو انداختن a.-andāxtan (مص‌ل.) ابرو زدن (ه‌.م.)

ابرو جنباندن a.-ǰonbāndan (مص‌ل.) ابرو زدن (ه‌.م.)

ابرو زدن a.-zadan (مص ل.) ابرو انداختن، ابرو جنباندن، اشارت کردن با ابرو دلال را، اجازه‌ودستوری

۱- Luffa (لا.) ۲ - Cucurbitacées (فر.)

ابرو فراخی دادن با اشارت ابرو ، رضا نمودن با اشارت ابرو .

ابرو فراخی a.-farāx-ī (حامص.) گشاده رویی ، بشاشی ، بشاشت ، خوشرویی ،خوش منشی ، خوش‌خویی، تازه رویی ، خوش‌خلقی،شکفته رویی.

ابرو کمان a.-kamān (ص‌مر.) آنکه ابرویی چون‌کمان دارد .

ابروکن a.-kan (إفا.، إمر.) موچینه ، منقاش .

ابروگشاده a.-gošāda(-e) (ص‌مر.) بشاش ،خوشرو ، خوشخو ، خوش‌منش، تازه رو ، شکفته روی ، خوش خلق.

ابرو نمودن a.-no(e)mūdan (مصل.) نشان دادن ابرو.

ابروی abrūy [= ابرو(ه.م.)] (إ.) ج. ابرویها .

۱ - ابره abra(-e) [= آوره = افره = اوره = بره] (إ.) توی زبرین قبا و کلاه و مانندآن ، تای رویین ازجامه، رویه ، ظهاره ، افره ، رو ، رووه ، آوره ؛ مق. آستر، بطانه .

۲ - ابره abra(-e) [= ابر] (إ.) ابرمرده (ه.م.)

ابره obra(-e) [هوبره = آهوبره] (إ.) هوبره ، حباری ،آهوبره، چرز، چال، توغدری .

ابری abr-ī (ص‌نسب.) ۱- پوشیده‌از ابر؛ هوای ابری . ۲ - با نقشی چون موج آب یا ابرهای بریده ازیکدیگر؛ کاغذ ابری . ‖ ستارهٔ ~ .کوکب سحابی .

ابریز ebrīz [یو. obrizon] (إ.) ۱ - زرخالص ، زرساو ، زرخلاص، زر خشك، زرویژه ، زربی‌غش. ۲ -پیرایهٔ صافی از زر .

ابریز کردن e.-kardan (مصل.) بطعن، کره‌ها را روغن کردن ، هنگامه کردن ، معرکه کردن .

ابریزی ebrīz-ī (ص‌نسب.) منسوب به‌ابریز(ه.م.) : ذهب ابریزی، زربی‌غش، زرساو ، ذهب خالص ، زرطلا .

ابریشم abrīšam,-šom [په. aparēšum] (إ.) ۱- ماده‌ای که‌کرم مخصوص (بنام کرم‌پیله) بشکل نخ‌بسیار باریك ترشح کند ، و بوسیلهٔ آن‌لانه‌ای بیضی شکل برای خود سازد ؛ رشته‌ای که از تارهای پیله برای دوختن‌وبافتن سازند ؛ ابریسم، بریشم ، حریر، قز، افریشم . ‖ ~ هفت‌رنگ . تارهای ابریشم است بهفت لون‌که برسرعروس آویزند و آنرا بشگون نیك دارند . ‖ کرم ~ . کرم‌پیله، کرم‌قز، دودالقز. ۲ - (مس.) تارسازها که بزخمه یا بناخن نوازند . ۳ - (مس.) مطلق ساز های زه دار. ۴ - (مس.) دستان ساز، پردهٔ ساز. ۵ - (مس.) نوعی از ساز های نواختنی . ۶ - (گیا.) درختی[۱] ازدستهٔ گل‌ابریشمها[۲] جزءتیرهٔ پروانه‌واران[۳] که‌گونه ای ازآن در جنگلهای شمال ایران موجود است ؛گل ابریشم. ۷ - (گیا.) شب خسب (ه.م.)

ابریشم هندی

ابریشم‌بها a.-bahā (إمر.) مزدساز زدن و چنگ‌زدن است، مثل پول‌چای و شیربها دراستعمال امروز ونعل‌بهاو گرمابه بها در استعمال قدما . وآن‌در موردی‌گفته شود که‌پول را بجهت‌احترام وخوش‌داشتن‌دل کسی‌بوی میدهندوآنرا در خور مزد نمی‌انگارند.

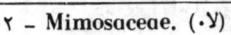

ابریشم پوش a.-pūš (إفا.،ص‌مر.)

۱ - Albizzia Durazz (لا.)
۲ - Mimosaceae. (لا.)
۳ - Légumineuses. (فر.)

بریشم‌پوش (ه.م.)

ابریشم تاب a.-tāb (إفا ، ص‌مر.) آنکه تارهای پیله بهم کند وخیط ورشته سازد.

ابریشم تابی a.-tāb-ī (حامص،ا.) ۱ - عمل ابریشم تاب (ه.م.) ۲ - پیشهٔ ابریشم تاب (ه.م.) ۳ - دکان یا کارگاه ابریشم‌تاب.

ابریشم زدن a.-zadan (مص‌م.) (مس.) زدن و نواختن یکی از آلات ذوات‌الاوتار.

ابریشم‌زن a.-zan (إفا.،ص‌مر.) (مس.) نوازندهٔ ابریشم (ه.م.) ، بریشم زن ، بریشم‌نواز.

ابریشم طرب a.-e tarab [ف.-ع.] (إمر.) (مس.) ۱ - زه ، وتر، تار، تاره در سازهای زهی. ۲ - (توسعاً) هرساز زه‌دار، هریک ازذوات‌الاوتار.

ابریشم‌فروش a.-forūš (إفا.،ص مر.) علاقه‌بند،ابریشمی ، رنگ‌فروش، رنگروش.

ابریشم‌فروشی a.-forūš-ī (حامص.، ا.) ۱ - کاروعمل ابریشم‌فروش (ه.م.) ۲- پیشهٔ ابریشم فروش(ه.م.) ۳- دکان ابریشم‌فروش (ه.م.)

ابریشم‌کش a.-kaš(keš) (إفا.،ص مر.) کسی‌که تارهای ابریشم را بوسیلهٔ چرخ ابریشم کشی از پیله درمی‌آورد. ← ابریشم کشی.

ابریشم کشی a.-ka(e)š-ī (حامص،ا.) ۱- عمل ابریشم کش(ه.م.)، ابریشم‌کشیدن . ۲- پیشهٔ ابریشم کش (ه.م.) ‖ چرخ ـــــ . چرخی که‌بدان‌تار از پیله برآورند.

ابریشمی abrīšam-ī (ص‌نسبـ.)منسوب به ابریشم. ۱ - ابریشم فروش . ۲ - ابریشم‌تاب . ۳ - (ا)(مستحدث) غلافی ازلاستیك و مانندآن‌که برای حفظ از سرایت‌امراض‌مقاربتی‌آلت رجولیت را بدان‌پوشانند، کاپوت. ‖ **دستمال** ـــــ . دستمال بافته ازابریشم.

ابریشمین abrīšam-īn (ص نسبـ.) منسوب به‌ابریشم،جامه‌وپارچهٔ ابریشمی.

ابریشمینه abrīšam-īna(-e) (ص‌نسبـ.) منسوب به‌ابریشم، جامه های ابریشمین.

۱- ابریق ebrīγ [معر. آبریز] (ا.) ۱ - ظرف سفالین برای شراب . ۲- آبدستان، تاموره . ۳ - کوزه، کوزهٔ آب. ۴ - آوند چرمین‌لوله‌دارکه بدان وضو سازند، مطهره . ۵ - ظرف سفالین با گوشه ودسته ولوله‌که‌بدان‌طهارت‌کنند، لولهین. ۶ - آفتابه ، مطهرهٔ فلزین . ۷ - مشربه . ۸ - وزنی معادل دومن . ۹ - (مس.) گردن‌عود.

۲- ابریق ebrīγ [معر. آبری.آبریز] (ا.) ۱ - شمشیر بسیارتابان ، شمشیر بسیار درخشنده. ۲ - کمان درخشان. ۳ - زن‌صاحب‌جمال‌تابان بدن .

ابزار abzār [=افزار=اوزار، په. awbzār] (ا.) ۱- افزار ، اوزار ، ادات، آلت ، وسیله، مایه ، آنچه برای پختن در دیگ کنند (بجز ادویهٔ خشك که آنرا توابل‌گویند). ‖ **دیگ** ـــــ . آنچه بدان طعام خوشبو کنند. ۲ - (بنا.)کشوکه زیرسقف ازگچ برگیلوئی کنند. ‖ ـــــ **های‌دستی**. ابزارهاوآلت‌هایی‌که درکارهای دستی بکار میرود.

ابزارآلات abzār-ālāt [ف.-ع.] (إمر.) آلت‌هاو افزارها، مجموعهٔ ابزار های کار .

ابزار دان a.-dān (إمر .) ۱- خورجین‌یا توبره‌ای‌که‌آلات کار بنایا نجار و مانند آن درآنست. ۲ -ظرفی

ابزارمند

که بهارات ودیگ افزارها درآن نگاه دارند.

ابزارمند a.—mand (صمر.، إمر.) صاحب افزار، آنکه باابزار کارکند، پیشه‌ور، استادکار.

ابزن abzan [معر. آبزن] (اِ.) آبزن (ه.م.)

ابزیم ebzīm [معر.] (اِ.) آلتی فلزی که دریك طرف آن زبانی است که داخل طرف دیگر میشود و به کمربند چارپایان آویخته میشود.

ابژکتیف obžektīf [فر. objectif] (اِ.) (عکـ.) چشم دوربین که تصویرشیءُ مقابل راگرفته، کوچك و بزرگ نماید وبداخل اطاق دوربین. روی صفحهٔ حساس منعکس کند.

ابژکتیف
۱ ـ عدسی
۲ ـ دیافراگم
۳ ـ پایهٔ دیافراگم

ابسال absāl [=آبسال] (اِ.) آبسال (ه.م.)

ابستا abestā [=اوستا] (اِخ.) ← اوستا (بخش ۳).

ابسط absat [ع.] (ص.) ۱ـ گشاده‌تر، گسترده‌تر. ۲ـ ساده‌تر، بی‌آمیغ‌تر.

ابشتن abeštan [=آبشتن] (مصم.) آبشتن (ه.م.)

ابصار absār [ع.] (اِ.) ج. بصر؛ چشمها، دیده‌ها.

ابصار ebsār [ع.] ۱ـ (مص م.) دیدن، رؤیت، دیدن بچشم و بدل؛ ضح. ـ (فز.) دیدن چشم، موقعی صورت میگیرد که تصاویر حقیقی ومعکوس اشیا بوسیلهٔ عدسی محدب الطرفین چشم (جلیدیه) روی نقطهٔ زرد (حساس‌ترین نقطهٔ شبکیه) قرارگیرد، واین احساس بوسیلهٔ اعصاب بینایی که در شبکیه متمرکزند بمغز منتقل گردد.

ابصر absar [ع.] (ص.) بیننده‌تر، بیناتر، بصیرتر: ابصر از عقاب.

ابطال abtāl [ع.] (اِ.) ج. بطل، دلیران، شجاعان، دلاوران.

ابطال ebtāl [ع.] (مصم.) ۱ـ باطل کردن، نقض، رد، نسخ، الغاء، عزل کردن، شکستن، لغوکردن، اقاله، نادرست کردن، تباه کردن، ناچیز کردن. ۲ـ دروغ و باطل وهزل گفتن، باطل آوردن.

ابطح abtah [ع.] (اِ.) ۱ـ رودفراخ که دراو سنگریزه ها باشد، رودخانهٔ فراخ، جوی درسنگلاخ، رفتنگاه آب و سیل که درآن سنگریزه بسیارباشد. ۲ـ زمین فراخ هموار، هامون.

ابعاد ab'ād [ع.] (اِ.) ج. بعد. ۱ـ دوریها. ‖ ~ ثلاثه. سه دوری، دوریهای سه‌گانهٔ جسم و آن درازا (طول) و پهنا (عرض) و ژرفا یا ستبرا (عمق، ثخن) باشد. ۲ـ(مس.) دراصطلاح موسیقی امروز، فواصل راگویند.

ابعاد eb'ād [ع.] (مصم.) دورکردن، دورگردانیدن، راندن، دوررفتن.

ابعد ab'ad [ع.] (ص.) ۱ـ دورتر، بعیدتر. ۲ـ خویش دور، بیگانه. ۳ـ خیانتگر، خاین. ۴ـ خیر، فایده. ج. اباعد.

ابعاض ab'āz [ع.] (اِ.) ج. بعض، پاره ها، طایفه ها، جزءها، افراد.

ابقا ebɣā [=ع. ابقاء] (مصم.) ← ابقاء.

ابقاء ebɣā' [ع.، ف.: إبقا] (مصم.) ۱ـ باقی داشتن، بجای ماندن چیزی را، باقی ماندن، زنده داشتن، باقی گذاشتن. ۲ـ رعایت، مرحمت کردن، بخشودن، مهربانی کردن، بر کسی شفقت کردن. ۳ـ اصلاح کردن میان قومی.

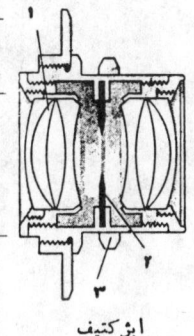

ابقر abɣar (اِ.) شوره (ه.م.)

ابکا ebkā [=ع. ابکاء] (مصم.)

← ابکاء .

ابکاء 'ebkā[ع.،ف.: ابکا](مصم.) گریانیدن ، بگریه واداشتن .

۱ - ابکار abkār (اِ.) ابکاره(هـ.م.)

۲ - ابکار abkār [ع.] (اِ.)ج.، بکر، دوشیزگان، دختران دوشیزه. ← بکر دوشیزه .

ابکار ebkār [ع.] ۱ - (مصل.) بشبگیر رفتن ، بامداد کردن ، پگاه برخاستن ،واردشدن بر آب صبحگاهان، شتاب نمودن . ۲ - (مص م .) پگاه خیزانیدن ، بوقت ازخواب بیدار کردن. ۳- (اِ.) بامداد ، اول روز؛ مق.عشی .

ابکاره abkāra(-e) [= ابکار] ۱- کشت وزرع ، کشاورزی ، حرث . ۲- (توسعاً) مزرع ، مزرعه .

ابکم abkam [ع.] (ص.) گنگ ، گنگ‌لاج(در تازی تأنیث آن بکماء و جمعش بکم است) .

ابل abol (اِ.) ۱ - (تد.عم.): مخفف ابوالقاسم وابوالفضل‌ومانندآنها(قس : بلقاسم و بلفضل در نوشته‌های‌پیشینیان ودر تداول عوام امل مخفف ام‌البنین‌و جزآن). ۲ - (تد.لاتها) نره،احلیل ، کیر.

ابل ebel [ع.] (اِ.) ۱- نامی است جمله اشتران‌را، اشتران بیش از دو، (جمع بی‌مفرد یا اسم جنس به اعتبار وضع نه‌استعمال). ۲ - ابر حامل‌باران (غم.)

ابلاغ eblāɣ[ع.](مصم.) ۱-رسانیدن (نامه یا پیام)، ایصال ؛ ج. ابلاغات . ۲ -(حق.) رساندن اوراق قضائی‌بوسیلهٔ مأمور مخصوص باشخاصی که در آن اوراق قید شده است . ‖ ~ **حکم** . (حق.) رساندن حکم دادگاه است به محکوم‌علیه بصورت‌قانونی . ‖ ~ **دادنامه** . (حق.) رسانیدن حکم برؤیت اصحاب دعوی یاقایم مقام قانونی‌آنان بصورت قانونی. ‖ ~ **عادی** . (حق.) رساندن‌دادنامه است‌باطلاع محکوم‌علیه بوسیلهٔ تسلیم رونوشت حکم غیابی به بستگان وخدمه یاالصاق باقامتگاه یا درج‌درمطبوعات . ‖ ~ **واقعی**.(حق.) تسلیم رونوشت حکم‌غیابی است‌بشخص محکوم‌علیه غایب یا قایم‌مقام قانونی‌او بطریق قانونی.

ابلاغات eblāɣ-āt [ع.](اِ.) ج. ابلاغ (هـ.م.)

ابلاغ نامه e.-nāma(e-) [ع.-ف.] (اِمر.) (حق.) دو برگ مخصوص‌است که بمعیت اوراق‌دادخواست‌وپیوستهای آن‌بطرف‌دعوی ابلاغ میشودو یک‌برگ آن عودت داده شده در پرونده؛ مربوط ضبط میگردد.

ابلاغیه eblāɣ-īyya(-e)[ع.] (اِ.) ورقه‌ای‌که ازطرف مقامات ذی‌صلاحیت صادر شود و مطلبی را ابلاغ‌کند.

ابلغ ablaɣ[ع.] (ص تفض.) بلیغ‌تر، رساتر؛ کنایه ابلغ از تصریح است .

ابلق ablaɣ[ع.] (اِ.) ۱ - دو رنگ. ۲- رنگی‌سفیدکه‌باآن‌رنگ دیگرباشد. ۳ - چپار،خلنگ، خلنج،پیس، پیسه، نرپیسه ، سیاه و سفید . ۴ - (مج.) روزگار، زمانه، تصاریف دهر، صروف لیل ونهار . وگاه ازآن به‌ابلق ایام و ابلق‌چرخ‌وابلق‌فلک‌تعبیر کنندبمناسبت سفیدی روز و سیاهی شب. ۵ - (تد.) پر دورنگی‌که سرهنگان وسران غوغا و جوانان شنگ برای زینت بر طرف کلاه میزدند . ‖ ~ **ایام.** دنیا و روزگار به اعتبارشب وروز . ‖ ~ **توسن.** (کنـ.) ازشب و روز دورنگ و سر کش . ‖ ~ **جهان‌تاز** . (کنـ.) شب و روز (قس .: ابلق‌عمر) ‖ ~

ابلق‌چشم

چرخ. ۱ - شب و روز. ۲- روزگار. ‖ ~ عمر. شب و روز (قس. ابلق جهان‌تاز.) ‖ ~ فلك. ۱ - شب و روز. ۲ - روزگار.

ابلق چشم a.-ča(e)šm [ع.-ف.] (ص‌مر.) کسی که چشمش سیاه و سفید باشد.

ابلق زدن a.-zadan (مص ل.) بدعوی پر برسرزدن.

ابلك ablak (ا.)(گیا.) گیاهی[1] از تیرهٔ اسفناجیان که‌دربیابان‌های خشك‌رویدو شاخه‌های‌بسیار دارد ودارای‌دانه‌های دوشاخ است‌که بادآنرا بآسانی از جا میکند.

ابلك و دانهٔ آن

ابلگ abalag,abelg [قس. است. brāz ، پرتو افکندن] (ا.) شرارهٔ آتش.

ابلوج ablūǰ [معر. آبلوج(ه‌م.)] (ا.) قندسفید، یاشکر سفید، یاقندسوده، یاقند نرم‌سفید، یاقند مطلق، یاشکر مطلق.

ابلوك ablūk (ص.) مردم منافق و دورنگ وفضول.

ابله ablah [ع.] (ص.) سرسبك، کم‌خرد، گول، کانا، نادان، بی‌تمیز، ناآگاه، نابخرد، خر، گاو، ریش‌گاو، پپه، پخمه، چلمن، گاوریش، بی‌مغز، کالیوه، دنگ.

ابلهانه ablah-āna(-e) [ع.-ف.] (ق.، ص.) بی‌عقلانه، ازروی نادانی و نابخردی و حماقت.

ابله فریب a.-farīb [إفا.، ص‌مر.] آنکه ابلهان را فریب دهد.

ابله فریبی a.-farīb-ī (حامص.) عمل ابله فریب(ه‌م.)، دغا و مکر نسبت به‌مردم ابله.

ابله گونه a.-gūna (-e) (ص‌مر.) ساده‌لوح، خلك.

ابله‌وش a.-vaš (ص‌مر.) ابله مانند، ابله نما، نابخرد مانند.

ابلهی ablah-ī [ع.-ف.] (حامص.) بلاهت، حماقت، سرسبکی، ساده‌لوحی، گولی، کم‌خردی، نادانی، سلیم‌دلی.

ابلی abolī (إ.) (عم.) مخفف «ابوالقاسم» است و بیشترآنرا درمقام کوچك شمردن و در خطاب به‌آشنا و خویشاوندی که‌بااوتکلف ورودربایستی نداشته باشند بکار میبرند، وگاه‌آنرا بهر کس اطلاق کنند و مراد شخصی نیست‌که نام او ابوالقاسم باشد؛ یکی نیست از این مرتیکه‌بپرسد: ابلی‌خرت بچند است؟ (ص. هدایت. زنده بگور ص۴۴).

ابلیس eblīs [معر. یو. diabolos ، کذاب‌ونمام] (ا.) ۱- (إخ.)شیطان، اهریمن، پدر دیوان ← بخش ۳. ۲ - هریك از پیروان شیطان. ج. ابالیس وابالسه؛ مخف. بلیس.

ابلیسانه eblīs-āna(-e) [ع.-ف.] (ق.، ص.) مانندابلیس(ه‌م.)، بشیطنت، از روی مکر وخدعه.

ابلیسی eblīs-ī [ع.-ف.] (ص‌نسب.) منسوب به إبلیس←(ه‌م.)، دارای‌شیوه وصفت‌ابلیس، بدکارانه وگمراه‌کننده.

ابن ebn [ع.] (إ.) ۱ - زادهٔ نرینه ازآدمی، فرزند نرینه، پسر. ۲- یکی ازاقانیم‌ثلاثهٔ نصاری، یکی از سه‌اقنوم اصل‌تثلیث، مهترعیسی نزد ترسایان، ابن‌الله. ج. ابناء، بنون، بنین ودرحال اضافه بنو وبنی ونسبت به آن بنوی و ابنی باشد.

ابنا abnā [= ع. ابناء] (ا.) ← ابناء.

ابناء abnā' [ع.، ف.: ابنا] (ا.) ۱ -

۱ - Ceratocarpus (لا.)

ج. اِبن ، پسران . ۲ ـ اخلاف سعدبن زیدمنات بن‌تمیم بجز دوپسرش کعب‌و عمرو . این قبیله در ریگزار الدهناء سکونت داشتند. ۳ ـ اخلاف مهاجران ایرانی که دریمن تولد یافته‌اند . ۴ ـ در دورهٔ خلافت عباسی اخلاف نخستین طرفداران سلسلهٔ عباسی را «ابناء» مینامیدند که مختصر «ابناء الدعوة» باشد. ‖ ـــِ (ی) انس‌وجن. مردمان‌و پریان. ‖ ـــِ (ی) بشر. آدمی‌زادگان. ‖ ـــِ (ی) جنس. همجنسان . ‖ ـــِ (ی) جهان . انسان و حیوان و نبات . ‖ ـــِ درزه. مردمان‌فرومایه ودون. ‖ ـــِ (ی) روزگار . ۱ـ مردم عالم . ۲ ـ مردمان همزاد و هم‌عصر. ‖ ـــِ (ی) دهر. ابناء(ی) روزگار (ه . م .) ‖ ـــِ (ی) زمان. ۱ـ مردم روزگار، اهل روزگار، خلق . ۲ ـ مردمان هم زاد وهم‌عصر. ‖ ـــِ (ی) سبیل. ج . اِبن‌سبیل، راهگذران، مردم کاروانی که درزادو بوم‌خویش‌توانگربوده‌واکنون‌در سفر بی برگ و درویش مانده‌اند . ‖ ـــِ (ی) سلطنت. پسران‌شاه. ‖ ـــِ (ی) عصر. ابناء(ی) روزگار (ه.م .) ‖ ـــِ (ی) نوع . ۱ـ آحادوافرادنوعی ازانواع . ۲ ـ مردمان . ‖ ـــِ (ی) وطن. هم‌وطنان، هم‌میهنان .

ابناخون abnāxūn (اِ.) حصار، قلعه‌و جای محکم.

ابنه obna(-e) [= ع . ابنة] ۱ ـ (اِ.) گره ، عقده ، گره در رسن ، گره در چوب ، دژك نی یعنی گره آن . ۲ ـ دژك ساق، قوزك آن. ۳ ـ سرحلقوم شتر. ۴ ـ (ص.) مرداستوار رای . ۵ ـ (اِ.) دشمنی ، عداوت ، کینه. ۶ـ عیب، آهو، تباهی ، وصمت . ۷ ـ بیماری ضد طبع . ۸ ـ یك نوع خارش و بیماری که در مقعد بروز میکندوشخص‌خواهش مینمایدتا مردی رابروی خود کشد تابااو آن‌کندکه با زنان‌کنند.

ابنه زده o.-zada(-e) (امف.، ص‌مر.) ۱ ـ آنکه مبتلابه‌ابنه (← ابنه)باشد، مأبون. ۲ـ رسوا، بدنام،متهم‌به‌رسوایی. ۳ ـ کسی‌که از وی نفرت دارند.

ابنیه abnīya(-e) [ع.](اِ.) ج. بناء. ۱ ـ ساخته‌ها ، ساختمانها ، بناها . ۲ ـ پایه‌ها، بنیانها، اصلها ، قواعد . ۳ ـ صیغه‌ها (در صرف). ‖ ـــِ تاریخی. بناهای عتیق، ساختمانهای تاریخی.

ابو abū [ع.] (از اسماء سته) (اِ.) اب، پدر. ضح.ـ درعربی درحالت‌رفعی این کلمه رابصورت «ابو» و در حالت نصبی «ابا» و در حالت جری «ابی» گویند وغالباً درآغاز کنیهٔ مردان در آید مانند «ابن» وگاه در آغاز بعضی اسمهای جنس . فارسی زبانان رعایت حالت‌های‌سه‌گانهٔ نحو عربی را نکنند و نیزگاه در هنگام ضرورت و یا غیر ضرورت‌همزهٔ آغازاین‌کلمه رابیندازند: بوتراب، بوعلی. وگاه‌همزه و واو هردو را بیندازند : بلقاسم = ابوالقاسم ، بسحق=ابواسحق و گاه بصورت «با» بکار برند چون: بایزید وباموسی.

ابواب abvāb [ع.] (اِ.) ج. باب. ۱ ـ درها ، مدخل‌ها . ۲ ـ فصل‌ها ، مبحث‌ها ، بخش‌ها، قسمها، امرها، مسایل. ۳ ـ هریك ازبخشهای بزرگ‌کتابی یا علم وفنی‌که بفصلهاقسمت‌شود. ‖ ـــِ شادی. درهای خوشی و شادمانی . ‖ بهمه ـــ . در هرباب، از هرباب ، به‌همه قسمها وبخش‌ها.

ابواب جمع abvāb-ǰam' [ع.] (اِ.) جزو، جمعی.

ابواب جمعی abvāb-ǰam'-ī [ع.] (ص‌نسب.) منسوب به ابواب‌جمع،

ابواسحاقی

دخل‌ها و دریافت‌های صاحب جمع ، وصولی‌های مادر حساب ، مأخوذیهای محصل‌خراج وما نند آن.

ابواسحاقی abū-eshāɣ-ī (ص‌نسب.) ۱ـ منسوب با بواسحاق . ۲ـ (زم.) قسمی‌فیروزه بغایت رنگین و صافی و شفاف (= بواسحاقی، بسحاقی).

ابوت obovvat [ع.] ۱ـ (مص‌ل.) پدری ، پدر شدن . ۲ـ غذا دادن ، پروردن.

ابو جهل abū-ǰahl [ع.] ۱ـ (اخ)← بخش۳ . ۲ـ مولوی این اسم را بمعنی مطلق کافر گرفته‌است و آنرا با «ان» جمع بسته، بمعنی کافران و مشرکان بکاربرده‌است(قس. فرعونان در مثنوی):

عقل باحس زین طلسمات دو رنگ
چون محمد با ابوجهلان بجنگ .
(مثنوی)

(ابو خلسا) abūxalsā [مصحف. انخسا ، انخوسا] (امر.) ۱ـ (گیا.) ← انخسا . انخوسا . ۲ـ (گیا.) هوه چوبه (ه.م.)

ابودقطیقا abūdeɣtīɣā [معر.یو. apodeixtixos] (ا.) (فل.) این اصطلاح در کتب ارسطو معنی قضیهٔ برهانی میدهدیعنی قضیهٔ‌مسلمه که‌برهان برآن قایم شده و قابل نقض نیست . ابن‌الندیم و گروهی دیگر آنرا آنالوطیقای ثانی مینامند و مرادشان‌مبحث برهان منطق‌ارسطوست‌وکانت فیلسوف آلمانی نیز این لفظ را در معنایی نزدیك بمعنای مصطلح ارسطو بکار برده است.← برهان.

(ابوریسما) abūrīsmā [مصحف. انوریسما] (امر.) (پز.) ←انوریسما.

ابوطالیون abūtālyūn [معر.] (ا.) (گیا)←ابوطیلون.

ابوطانون abūtānūn [معر. یو. ápotanon ، لا. bitumen] (ا.) ابوطانون، کفرالیهودی[1]، جمر. نوعی از مومیایی است که آنرا مومیایی کوهی گویند وبیونانی‌اسفلطس خوانند، حومانه، إستطلس .

ابوطیلون abūtīlūn [معر.لا abutilon] (ا.) (گیا.) گیاهی[2] از تیرهٔ پنیرکیان[3] باگلهای زرد وساقه‌های کرکدار و برگهایی بشکل دل ؛ گنده‌کنف، بنگ‌کنف، طون، گوپنبه ، ابوطالیون، اوبوطیلون (ابن سینا).

ابوعطا abū-atā [ع.](امر.)(مس.) ۱ـ گوشه‌ایست‌دردستگاه‌همایون(ه.م.) ۲ـ گوشه‌ایست دردستگاه شور.

ابوقره abū-ɣara(-e) (امر.) (جا ن.) آفتاب‌پرست(← آفتاب‌پرست[4]).

ابوقلمون abūɣalamūn [= بوقلمون (ه.م.)] (ا.) ۱ـ نوعی از دیبای رومی باشد که هر زمان برنگی نماید . ۲ـ جانوری است شبیه به چلپاسه. ۳ـ (کن.) مردمی که‌هرساعت خود را برنگی بیارایند . ۴ـ (کن.) دنیا. ۵ـ سنگ‌پشت . ۶ـ مرغی است (←بوقلمون).

ابول abol [= ابل] ← ابل (abol).

ابول abol (ا.)(مس.) یکی ازگوشه‌های ماهور (ه.م.)

ابوی abavī [ع.] (ص‌نسب.) ۱ـ منسوب به‌اب ، پدری . ۲ـ (عم.) در تداول ، فارسیان این کلمه را بمعنی پدر بکار برند و ابوی‌من ، ابوی‌تو، ابوی او گویند و بدین معنی دربعضی

۱ـ Bitume de Judée(فر.) ۲ـ Aboutilon(فر.) , Sida abutilon(لا.).
۳ ـ Malvacées(فر.)

نوشته‌ها هم بکار رفته‌است.

ابوین abavayn [ع . = ابوان] (اِ.) تثنیهٔ اب، والدین، پدر و مادر.

ابه obba(-e) [تر.] (اِ.) طایفه‌وایلی از ترک.

ابهام ebhām [ع.] ۱ - (مص م.) پوشیده گذاشتن، مجهول بگذاشتن، بسته کردن کار، پوشیده گفتن. ۲ - دور کردن و راندن کسی را از کار. ۳ - (حامص.) پیچیدگی، بستگی، پوشیدگی، تاریکی. ۴ - (اِ.) انگشت ستبر و کوتاه‌دست یا پا ازجانب انسی، انگشت‌نر، انگشت بزرگ. شست؛ ج. اباهم، اباهیم (غم.) ‖ ~ پا. انگشت شست پا.

ابهت obbahat (لظ مل: ابهت obohhat) [ع.] ۱ - (امص.) بزرگی، بزرگواری، شکوه، عظمت. ۲ - بهجت، شادمانی. ۳ - تکبر، نخوت.

ابهر abhar [ع.] (اِ.) (جاذ.) رگی‌است درپشت، رگ‌پشت که به‌دل پیوسته است، رگ‌جان، آورتی، ام‌الشرائین.

ابهل ebhel، obhol، abhal[1] [ع.] (اِ.) (گیا.) یکی از گونه های سروکوهی[2] جزو تیرهٔ نازویان[3] که در جنگلهای شمال ایران موجود است. ارتفاعش یك تا دو متر است و دارای شاخه‌های متعدد نامنظم است. برگهایش پایا، متقابل، فشرده‌بهم در چهارردیف میباشد. چون درائر پرورش وانتقالش بمناطق مختلف تغییراتی در شکل برگهایش و حتی دستگاههای تولید مثلش ظاهر میشود از اینجهت شرح صفات ظاهری این درختچه بطورمشابه در کتب مختلف ذکر نشده. میوه‌اش ببزرگی یك فندق و آبدار و برنگ آبی تیره است که بطورآویخته برروی دمگل ظاهر میگردد. میوه‌اش را بنام حب‌الخضراء مینامند. درپشت برگهای این گیاه غده‌های ترشحی موجود است که دارای بویی نامطبوع و طعمی تلخ است؛ مای‌مرز، ریس، براثوا.

ابهل

۱- ابی abī [= بی، بِه. avi ،avē] (ق. نفی، ادات‌سلب) بی، بدون.

۲- ابی abī [ع.-ف.] (ص نسب.) (مرکب ازاب (پدر) ویای‌نسبت) پدری، صلبی؛ مق. امی و بطنی. ‖ اخت ~. خواهر پدری، خواهر صلبی.

۳- ابی abī(yy) (ع.) (ص.) اباکننده، سرزننده، سرکش، آنکه سرباززند از، انکارکننده.

ابیات abyāt [ع.] (اِ.) ج. بیت. ۱ - خانه‌ها. ۲ - فردها از شعر.

ابیاری abyār-ī (ص‌نسب.) منسوب‌به ابیار (دیهی‌است میان مصرواسکندریه). ۱ - دیبایی مخطط و راه راه، لطیف و نازك بافته‌وبهترین‌آن ابیاری کافوری بوده است. ۲ - نوعی‌کبوتر. ۳ - نوعی پرستو.

ابیب abīb [معر.] (اِ.) نامی‌است‌که عرب به ماه اِپیفی (epifi) که در تقویم مصریان یا قبطیان معمول بوده داده است، نام ماه اول سال عبرانیان که سپس‌نام نیسان‌گرفت تقریباًمعادل با آوریل.

ابیز abīz [= آبیز = آبید] (اِ.) جرقه، شرر، شرارهٔ آتش، آتش خرد که از هیمهٔ سوزان یااخگر جهد.

ابیشم abīšam [= ابریشم] (اِ.) مخفف ابریشم (ه.م.)

ابی شمار abī-šomār [= بی‌شمار]

---

۱ - ابهل[abhol] نیزآمده.

۳ - Conifères (فر.)

۲ - Juniperus sabina. (لا.)

ابیض

(ص‌مر.) بی‌شمار، بی‌حد و حساب.
ابیض abyaz [ع.](ص.) ۱ - سپید، سفید، سپیدرنگ؛ مق. اسود، سیاه. ۲ - سپید پوست. ۳ - سپیدسر. ۴ - (کن.) شمشیر. ۵ - گوشت خام. ۶ - جوانی. ۷ - مرد پاك ناموس. تأنیث آن در عربی بیضاء است؛ ج. بیض (bīz). ۸ - (اِخ) ← بخش ۳. ‖ موت ــ. مرگ ناگهانی، موت فجائی.
ابیضاض ebyezāz [ع.] (مص‌ل.) سپید شدن، سخت سپید شدن.
ابیل abīl (اِ.) (گیا.) گیاهی که ریشه‌اش شبیه شلغم است و برگش شبیه اسپست و تخمش شبیه زردك و در کنار دریا روید.
ابیو abīv [=آبی] (ص.) آبی، نیلگون، کبود، ازرق، آسمان‌گون.
ابیون obyūn [معر. یو. = افیون] (اِ.) افیون(ه‌م.)، اپیون، هپیون، مهاتل، مهاتول، تریاك.
اپار epār (اِ.) (گیا.) آویشن کوهی، ریحان معنبر و خوشبو. (← آویشن).
اپارتمان apārtomān [فر. appartement] (اِ.) ساختمان چند طبقه، هر قسمت مجزا از یك عمارت چند طبقه که دارای وسایل کامل باشد.
اپاره apāra(-e)(ص.) فراخ، وهموار، منبسط و مسطح.
اپرا operā [=اوپرا، فر. opera] (اِ.)(نم.) ترکیبی از شعر و موسیقی و نمایش از موضوعات حزن‌آور یا خنده‌آور.
اپرت operet [فر. operette] (اِ.) (نم.) نمایش اپرایی کوچکی که‌ار کستر آن آهنگهای عامیانه و تفریحی وسبك نوازد وجنبهٔ شوخ وشاد داشته باشد.
اپرنداخ aprandāx [= اپیرنداخ = پرنداخ] (اِ.) سختیان، تیماج، گوزگانی، پرنداخ، پرانداخ.
اپرویز aparvīz [=پرویز، پهـ. aparvēč] پیروزگر، فاتح (دراسما بکار رود ← بخش ۳).
اپسان apsān [= فسان](اِ.) سنگی یاجز آن‌ـ باشد که بدان کارد وامثال آن تیز کنند: سنگ فسان، افسان، سنگ سو، مسن.
اپشك apšak [= پشك] (اِ.) شبنم، ژاله.
اپگانه apgāna(-e) [= آفگانه = فگانه] (اِ.) بچهٔ نا رسیده که از شکم انسان یا حیوان بیفتد؛ آفگانه، آفکانه، افگانه، فگانه.
اپیرنداخ apīrandāx [= اپرنداخ = پرنداخ] (اِ.) اپرنداخ (ه‌م.)
اپیشه apīša(-e) از«آ» پیشاوند سلب و نفی + «پیشه» بمعنی شغل) (ص‌مر.) بیکار.
اپیون apyūn [=افیون] (ه‌م.) (یو.) (اِ.) شیرهٔ مخدر و منوم که از پوست خشخاش گیرند؛ افیون، ابیون، هپیون، تریاك. مخفف آن: پیون. (← ابیون وافیون).
ات at (ضم. متصل) ۱ - ضمیر متصل دوم شخص مفرد، مفعولی و اضافی در آخر کلمه: گفتمت(= ترا گفتم)، کتابت. ضح. - معمولا حرکت a(ماقبلت) بحرف آخر کلمه ملحق گردد. و چون کلمه‌ای به هاء غیر ملفوظ (هاء وقف) ختم شود ضمیر مزبور را «ات» تلفظ کنند:

بعنبر فروشان اگر بگذری
شود جامه‌ات سربسر عنبری.
(فردوسی)

وچون کلمه‌ای به‌یاء مختوم باشدحرکت همزه را به ماقبل دهند و همزه حذف شود:

ایاکرده در بینیت حرص ورس
ازایزد نیایدت یك ذره ترس·
(لبیبی)

اتا atā [تر·اتا، آتا] (اِ·) پدر·

اتابك atā-bak [تر.اتا، پدر + بك = بگ= بیگ، بزرگ) (صمر·، اِمر·) ۱ - پدر بزرگ . ۲ - لالا ، مؤدب ، مربی کودك (مخصوصاً مربی شاهزادگان). ۳ - وزیر بزرگ · ۴ - پادشاه ↓ · ۵- اتالیق یعنی پدرخوانده·

اتابك اعظم a.-e a'zam [تر·-ع·] (صمر·، اِمر·) ۱- وزیراول،صدراعظم· ۲ - پادشاه: اتابك الاعظم مظفرالدین ابی بکربن‌سعدبن زنگی (گلستان)·

اتابکی atābak-ī [تر·-ف·] (حامص·) مقام ورتبهٔ اتابك .

اتابیك atā-ba(e)yk [=اتابك] (صمر·، اِمر.) اتابك (ه·م·)

اتابیك‌اعظم a.-e a'zam [تر·-ع·] (صمر·،اِمر) اتابك اعظم (ه·م·)

اتابیکی atā-ba(e)yk-ī [تر·-ف·] (حامص.) اتابکی (ه·م·)

اتاشه attāše [فر· attaché](اِ·) وابسته، کارمند سفارتخانه که‌وظیفه‌ای خاص بعهدهٔ او محول است : اتاشهٔ مطبوعاتی، اتاشهٔ تجارتی، اتاشهٔ‌نظامی· ‖ ~ٔ تجارتی . وابستهٔ بازرگانی · ‖ ~ٔ نظامی· وابستهٔ نظامی·

اتاغه otāγa(-e) [=اتاقه] (تر·) (اِ·) اتاقه (ه·م·)

اتاق otāγ [=اطاق ، تر·] (اِ·) ۱ - خانه، بیت، جای‌دیوار داروسقف در سرا. ۲ - خیمه·

اتاقه otāγa(-e) [=اتاقه، تر·](اِ·) کلغی که ازپرهای بعض مرغان سازند· این کلمه با فعل زدن وافتادن وداشتن صرف شود .

اتالیق atālīγ [تر·] (اِ·) ۱ - شوهر مادر، قایم‌مقام پدر· ۲ - لالا ، لله ، مؤدب . ۳ - نگهبان ، حامی ، حافظ · ۴, - منصبی در عهد صفویه← اتالیق میرزا·

اتالیقانه atālīγ-āna(-e)[تر·-ف، اتالیق (ه·م·) + انه، پس·] (صمر·، ق مر·) آنچنان که شایسته و درخور اتالیق (ه·م·)است ·

اتالیق میرزا atālīγ-mırzā[تر.-ف·] (اِمر.) منصبی ارجمند در عهد صفویه، اتالیق، اتابیك·

اتالیقی atālīγ-ī [تر.-ف·] (حامص·) سمت ورتبهٔ اتالیق (ه·م·)

اتا ماژر etā-māžor [=ایتماژور، فر. etat - major] (اِمر·) ارکان حرب، ستاد. ضح.- «اتاماژر» درعهد قاجاریه مستعمل بوده‌است·

اتاماژری ētā-māžor-ī[فر.-ف·] (ص‌نسب·) منسوب به اِتاماژر ، ارکان حربی، ستادی.

اتاوه etāva(-e) [ع·= اتاوة = اِتاوت] ۱ - (اِ·) خراج، مال‌دیوان ، پاره ، باج . ۲ - پول آب ، پاره ای که جهت‌آب باشد. ۳- رشوت، رشوه · ۴ - (مصم·) خراج دادن ، مال دیوان پرداختن،باج دادن، حاصل ملك‌دادن، رشوه دادن·

اتباع atbā' [ع·] (اِ·)ج· تابع وتبع· پس روان ، پس روندگان ، تابعین ، پیروان. ‖ ~ خارجه. کسانی که تبعهٔ کشور نیستند ، خارجیانی که مدتی در کشوری اقامت کنند . ‖ ~ واعوان· چاکران وخادمان ·

اتباع etbā' [ع·] (مصم·) ۱ - پیروی کردن، ازپی‌رفتن،ازپی‌فراشدن، پس‌روی‌کردن، درپی‌رفتن ، ازپس فرا

شدن، ازپس دررسیدن، رسیدن بکسی. ۲ - باز پس داشتن، درپی داشتن، در پی فرستادن. ۳ - در رسانیدن. ۴ - واپس کردن. ۵ - دو لفظ پی یکدیگر آوردن بر یك روی، و لفظ دوم تأکید معنی لفظ اول باشد. ۶ - برات دادن بر کسی، حواله کردن چیزی بکسی.

اتباع etteba' [ع.] (مصم.) ۱ - پس روی کردن، درپی رفتن و رسیدن بکسی.

اتپسی otopsī [فر. autopsie] (ا.) (پز.) کالبد گشایی (ه.م.)

اتجار etteǰār [ع.] (مصل.) بازرگانی کردن، خرید وفروش کردن، معامله، سودا، بیع و شری، تجارت.

اتحاد ettehād [ع.] ۱ - (مصل.) یکی شدن، یگانگی کردن. ۲ - (إمص.) یك‌رنگی، یگانگی، یکدلی، یك‌جهتی. ۳ - موافقت، وفق، توافق. ۴ - اجتماع، وحدت. ‖ ~ آراء. اتفاق آراء، هماهنگی رأی‌ها. ‖ ~ شکل. ۱ - (فلـ.، شمـ.) تشابه درترکیب و اختلاف در خواص طبیعی یا شیمیایی متشابه الترکیب[1]. ۲ - یکسان لباس پوشیدن افراد یك جامعه. ‖ به ~ آراء. به اتفاق آراء، به رأی همگان. ۵ - مزاوجت، زواج. ۶ - بهم پیوستن دو عضو، اتصال. ۷ - (تص.) شهود وجود حق واحد مطلق است که همه چیز به آن موجود است بحق. پس همه چیز بدان متحد میشود از آن نظر که همه چیز بآن موجود وبخود معدوم است نه ازآن نظر که آنرا وجود خاصی است که باحق متحد شده باشد، زیرا این فرض محال است. ۸ - (رض.) تساوی‌یی است که بازای جمیع مقادیری که در دو طرف آن بجای حروف قرار دهیم، صحیح باشد. علامت امتیاز آن از تساوی، بجای علامت = سه خط موازی ≡ است. ۹ - (مس.) ← خط اتحاد؛ مق. اتصال. ۱۰ - (حق.) پیوستگی چندفرد یاچندگروه و یا چند دولت در امری بوسیلهٔ قرار دادی که منعقد میسازند.

اتحاد کردن e.-kardan (مصل.) متحد شدن، بهم پیوستن، هم عقیده و همگام شدن.

اتحادیه ettehād-īyya(-e) [ع.] (إمر.) ۱ - اجتماعی که برای دفاع‌از منافع اقتصادی مشترك تشکیل‌میشود، سندیکا. ۲ - انجمن.

اتحاف ethāf [ع.] (مصم.) تحفه دادن، هدیه‌فرستادن، تحفه فرستادن.

اتحاف‌کردن e.-kardan [ع.-ف.] (مصم.) هدیه فرستادن، تحفه دادن.

اتخاذ ettexāz [ع.] (مصم.) گرفتن، برگرفتن، فراگرفتن. ‖ ~ سند. استناد بقول طرف برای قبولاندن ادعای خود.

اتخاذ‌کردن e.-kardan [ع.-ف.] (مصم.) گرفتن، برگرفتن، فراگرفتن.

اتر eter [فر. éther، یو. aeθer، لا. aither، معر. اثیر] ۱ - یونانیان قدیم و بتقلیدآنان اقوام دیگر اتر را بجسمی سیال ورقیق که قسمت فوقانی کرهٔ ارض‌رافراگرفته، اطلاق‌میکردند. ۲ - (فز.) بخار رقیق و مادهٔ سیال و سریع‌التبخیری است که‌قسمتی ازفضای ماورای جو را اشغال‌کرده، ودر تمام اجسام نافذ است. دانشمندان فیزیك آنرا عامل انتقال نور و حرارت و الکتریسیته‌دانسته‌اند. دارای‌هیچگونه وزنی نیست، درخلأ و همهٔ محیط‌های شفاف‌که نور ازآن عبورمیکند موجود

۱ - Isomerie (فر.)

است؛ اثیر(ه.م.) ۳ ـ (شم.) نمك‌فرار و سریع‌التبخیری است که از ترکیب یکی ازاسیدهای معدنی یاآلی باالکل بدست‌می‌آید؛اترسل. ۴ ـ(شم.) ماده‌ای که از گرفتن یك مولکول آب از دو مولکول الکل حاصل‌شود؛ اتراکسید.

اتراب atrāb [ع.] (اِ.) ج. ترب: ۱ ـ همسالان، همزادان، هم‌سنان، هم عمران. ۲ ـ هم‌سران، اقران،دوستان. ۳ ـ زنان‌نو عمر، دختران دوشیزه.

اترار atrār [= اثرار] (اِ.) زرشك، اثرار (ه.م.)

اتراق otorāγ [تر = اوتراق(ه.م.)] (اِ.) توقف چندروزه در سفری بجایی.

اتراق‌کردن o.-kardan [تر.-ف.] (مص ل.) توقف کردن در منزلی چند روزی، موقتاً در منزلی اقامت‌گزیدن.

اتراك atrāk [ع.] (اِ.) ج. ترك، ترکان.

اترج otroǰ [ع. utruǰǰ مع. ترنج فارسی] (اِ.) (گیا.) ترنج، بالنگ (ه.م.)

اترجی otroǰ-ī [ع.-ف.] (ص‌نسب.) ۱ ـ برنگ اترج، رنگ لیمویی. ۲ ـ (اِ.) قسمی از یاقوت‌که به‌رنگ اترج باشد.

اترشی otroš-ī (اِ.) ترشی (ه.م.)

اتروب atrūb (اِ.) (گیا.) مرضی که پوست بدن را نرم و شل کند و به هندی«رد» گویند.

اتریشی otrīš-ī (ص‌نسب.) منسوب‌به اتریش، از مردم اتریش (← بخش۳: اتریش).

اتساع ettesā' [ع.] ۱ـ (مص‌ل.) فراخ شدن، گشادشدن. ۲ ـ (اِمص.) فراخی، فراخا، گشادگی، سعه، وسع، وسعت، گنجایش. ۳ـ (پز.)منبسط‌شدن و بازشدن وگشوده‌شدن وحجیم شدن و فراخ شدن یکی از اعضاء[1] (مثل معده یا‌رگها‌ویا روده). ۴ ـ نضرت، نضارت. ۵ ـ کثرت‌مال، ملك، مکنت و ثروت، وسعت.

اتساع پیداکردن e.-pa(e)ydā-kardan [ع.-ف.] (مص ل.) متسع‌شدن، پهن‌شدن، عریض‌شدن.

اتساع دادن e.-dādan [ع.-ف.] عرض‌دادن، عریض‌کردن.

اتساع داشتن e.-dāštan [ع.-ف.] (مص‌ل.) گنجیدن.

اتساع یافتن e.-yāftan [ع.-ف.] (مص ل.) ۱ـفراخ‌شدن،گشادگردیدن. ۲ ـ مال ومکنت پیداکردن، ثروتمند وگشاده دست شدن.

اتساق ettesāγ [ع.] ۱ ـ(مص‌ل.) راست وتمام‌شدن. ۲ ـ فراهم آمدن. ۳ ـ انتظام‌یافتن. ۴ـ (مص‌م.) ترتیب دادن. ۵ ـ (اِمص.) ترتیب، انتظام.

اتشاج ettešāǰ [ع.] (مص‌ل.) بهم پیوستگی نسبت‌وقرابت، حشوقوم‌شدن.

اتشه attaše [= اتاشه] ←. اتاشه.

اتصاف ettesāf [ع.] ۱ ـ (مص ل.) نشان پذیرفتن، صفت‌گرفتن، بصفتی موصوف شدن، موصوف شدن. ۲ ـ ستوده‌شدن. ۳ ـ (مص‌م.)صفت‌کردن، باهم ستودن چیزی را. ۴ ـ حق‌ستدن. ۵ـ (اِمص.) نشان پذیری. ۶ ـ (فل.) قیام امری است به امر دیگر؛ نسبت میان دوچیز‌که یکی را صفت ودیگری را موصوف گویند، وبعبارت دیگرنسبت میان دو متغایر وجودی است.

اتصال ettesāl [ع.] ۱ ـ (مص ل.) پیوسته‌شدن، پیوستن، بچیزی پیوستن،

1 ـ Dilatation (فر.)

پیوسته شدن کار. ۲- (إمص.) پیوستگی، رسیدن، اتحاد، التصاق. ۳- (فل.) نحوهٔ وجود شیء است بروجهی که ممکن باشد فرض اجزاء مشترك درحدود برای آن وحد مشترك میان دوجزو بوصفی باشد که درعین آنکه نهایت یك طرف است بدایت طرف دیگر باشد؛ مق. انفصال. ۴- (نج.) نظر کواکب با یکدیگر باعتبار مفاصلهٔ بروج و درجات. ۵- (تص.) عبارت از اینست که بنده عین خود را متصل به موجود احدی بیند و تقید به وجود عینی خودش از میان برود و سالك اتصال مدد وجود را بدون انقطاع ببیند تا آنکه موجود بخدا باقی بماند. ۷- (مس.) مق. اتحاد. ← خط اتصال.

اتصالات ettesāl-āt [ع.] ج. اتصال. ۱- پیوستنها، پیوستگیها (← اتصال). ۲- (نج.) مقارنه یا اقتران و مقابله یا استقبال نیرین یا کوکبی با شمس[۱]. ۳- ممازجات، کاینات جو[۲].

اتصالاً ettesāl-an [ع.] (ق.) پیوسته، استمراراً، متوالیاً، علی التوالی، متعاقباً.

اتصال داشتن e.-dāštan [ع.-ف.] (مص ل.) پیوند داشتن، مربوط بودن.

اتصالی ettesāl-ī [ع.-ف.] (ص نسب.) ۱- پیوسته، مداوم، علی الدوام. ۲- (فز.) پیوستگی وچسبیدگی شیء هادی در مسیر الکتریسیته.

اتصال یافتن e.-yāftan [ع.-ف.] (مص ل.) پیوند پیدا کردن، چسبیدن، مربوط شدن.

اتفاق ettefāγ [ع.] ۱- (مص ل.) باهم یکی شدن، یکی گشتن، همپشتی کردن، متفق شدن، سازواری کردن، با یکدیگر موافقت کردن، باهم نزدیك گشتن، موافقت؛ مق. اختلاف، نفاق. ۲- (إمص.) إجماع. ۳- تطابق، تراضی. ۴- رفاه، التحام. ۵- مدارا. ۶- حادثه، واقعه، پیشامد، تصادف، سانحه، واقعشدن کاری بی‌سبب. ۷- تقدیر. ۸- (فل.) حدوث چیزی را بدون استناد بعلت اتفاق مینامند. ذیمقراطیس حکیم یونانی در مقام بیان چگونگی تکوین کرات و اجرام سماوی و حوادث و اجسام معتقد به اتفاق بوده است. خواجهٔ طوسی میگوید آنچه را مردم اتفاق میدانند دارای علل و اسباب نهانی است که از نظر ها پنهان است و همهٔ موجودات عالم تابع غایت و غرض خاصی اند و اسباب و علل فاعلی خاصی آنها را بوجود آورده است. ‖ ~ آراء. رأی دادن همهٔ کسان یك انجمن در یك کار. ‖ به ~. ۱- با، بهمراهی، باهمدستی، باهم پشتی، باسازواری، بمعیت. ۲- جمله، جملگی، همه، همگی. ‖ به ~ آراء. اجماعاً، بی مخالفی، بی رأی مخالفی.

اتفاقات ettefāγ-āt [ع.] ج. اتفاق (ه.م.)

اتفاقاً ettefāγ-an [ع.] (ق.) ۱- قضارا، از قضا، بی انتظار، بی سابقه، غفلةً، ناگهانی. ۲- بی خلاف، همداستان. ۳- همگی، متحداً، همگان.

اتفاق افتادن e.-oftādan [ع.-ف.] (مص ل.) پیش آمدن، روی دادن، طاری شدن، ناشی شدن، وقوع یافتن، حادث گشتن، واقع گردیدن.

اتفاق دادن e.-dādan [ع.-ف.] (مص ل.) موافقت کردن.

اتفاق کردن e.-kardan [ع.-ف.] (مص ل.) ~ بر کاری، إجماع.

اتفاقی ettefāγ-ī [ع.-ف.] (ص نسب.)

۱- Syzygie (فر.)

۲- Phénomènes (فر.)

۱- ناگهانی ، غیرمترقب ، غیرمنتظر، مبنی بر اتفاق ووحدت؛ امور اتفاقی. ۲ - (ق٠) بناگهان٠

اتفاقیه ettefāγ-īyya(-e) [ع٠] (ص‌نسب٠ نث) ۱- مؤنث اتفاقی ٠ ۲ - (منط٠)قضیهٔ شرطیهٔ متصله و آن قضیه‌ایست که دراوحکم شود بصدق تالی بر فرض صدق مقدم،وعلاقه‌بین‌آنهاموجود نیست ، بلکه بمجرد صدق آن‌دو این قضیه اتفاق می‌افتد مثلا : اگر انسان سخنگوست پس خر عرعر کننده است ٠ بعضی گفته‌اند اتفاقیه فقط عبارتست از صدق تالی خواه مقدم راست باشد یا دروغ؛ و اینرا اتفاقیهٔ عامه و اولی را اتفاقیهٔ خاصه گویند و میان‌آن دو (از نسب) عموم وخصوص‌است زیرا هروقت مقدم راست آمد تالی‌راست‌است‌و عکس آن درست نیست٠

اتقا etteγā [=ع. اتقاء] (مص‌ل٠) ← اتقاء.

اتقاء etteγā' [ع.،ف.: اتقا] ۱ - (مص‌ل.) پرهیزیدن ، پرهیز کردن . ۲ - ترسیدن،حذرگرفتن، حذرکردن٠ ۳ - خویشتن‌را نگاه‌داشتن. ۴ -(إمص.) پرهیز، پرهیزکاری، ورع٠

اتقان etγān [ع٠] ۱- (مص‌م٠) کاری محکم کردن ، استوار کردن کار ٠ ۲ - (إمص٠) استواری ، احکام.

اتقیا atγiyā [ع٠ اتقیاء] ← اتقیاء ٠

اتقیاء atγiyā' [ع.،ف.: اتقیا] (إ٠) ج٠ تقی ، پرهیزکاران ، ترس کاران ، پارسایان.

اتکا ettekā [ع٠ اتکاء] ← اتکاء٠

اتکاء ettekā' [ع.ف.: اتکا](مص‌ل.) اتکال کردن، اعتماد کردن بر ، پشت دادن‌بر، تکیه زدن‌به، متکی‌شدن بر ، تکیه کردن‌بر٠ ‖ **مرکز** ~ ٠(فز٠)← نقطهٔ اتکاء٠ ‖ **نقطهٔ** ~ ٠ (فز٠) نقطه‌ای که در آن اهرم راتکیه دهند؛ تکیه‌گاه، نقطهٔ تکیه‌گاه ٠

اتکاکردن ettekā - kardan [ع٠-ف٠] (مص‌ل.) تکیه کردن‌بر، پشت گرم شدن‌به٠

اتکال ettekāl [ع٠] (مص‌ل.) ۱ - کار به‌کسی گذاشتن، واگذاشتن. ۲ - اعتماد کردن‌بر کسی، تعویل٠ ۳ -تسلیم شدن٠ ‖ ~ **بخدا** . توکل کردن‌بخدا٠

اتلاف etlāf [ع٠] ۱ - (مص‌م٠)هلاك کردن ، نیست کردن ، نابود کردن ، تلف‌کردن، افناء. ۲ - (مص‌ل.) هلاك یافتن. ۳ - (فقه٠،حق٠) ازبین بردن یا معیوب ساختن مال غیر بطور مستقیم بدون تقصیریا باتقصیر؛ مق٠ تسبیب ٠ ‖ ~ **وقت**. بیهوده وقت را صرف کردن، بکارهایی ناسودمند پرداختن و از وقت بهره برنگرفتن .

اتلاف کردن e.-kardan [ع٠-ف٠] ۱ - (مص‌م.) تلف کردن. ۲ - (إمص.) اسراف .

اتلال atlāl [ع٠] (إ٠) ۱-ج٠ تل(tall) توده‌های خاك وریگ، پشته‌ها . ۲- ج٠ تل (tal) بالشها٠

اتلیغ atlīγ [تر٠] (إ٠،ص٠) ۱ - سوار دلاور. ۲- شخص‌معروف،مشهور. ۳ - (إخ) از اعلام کسان.

اتم atamm [ع٠] (ص‌تفض.) تمام‌تر، کامل‌تر . ‖ **بنحو** ~ . بنحواکمل، بتمامترصورتی٠ ‖ **بوجه** ~ ٠ بوجه اکمل، بتمامتر صورتی .

اتم atom [فر٠ atome] (إ٠) (فز٠) کوچکترین جزو یك جسم بسیط‌یا یك عنصر که هرگز با چشم دیده نمیشود ،

۱ - **Point d'appui** (فر٠)

وسابقاً آنرا جزءلایتجزی می‌پنداشتند. اتم همهٔ عناصراز مقداری الکتریسیتهٔ مثبت‌بنام«پرتون»ومقداری‌الکتریسیتهٔ منفی بنام «الکترون»ساخته شده .

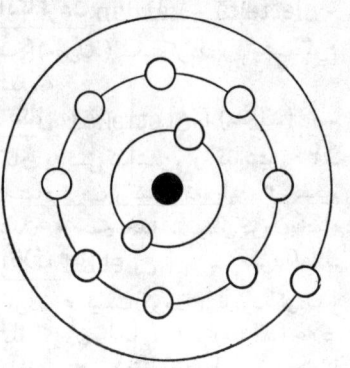

اتم سدیم

اتمام etmām [ع.] ۱ - (مص م.) انجام‌دادن، بپایان‌رسانیدن، پرداختن، إکمال ، تمام کردن ، فرجامانیدن . ۲ - (مص ل.) تمام شدن . ۳ - آبستن شدن‌زن . ۴ - نزدیک‌شدن زه(زایمان) آبستن، نزدیکی‌روزهای‌بار گرفتن‌زن. ۵ - (فق.) درنماز مسافر، خلاف قصر (ه.م.)است .

اتمام حجت e.-e hoǰǰat [ع.] (مص‌ل.) تمام کردن حجت برخصم ، اولتیماتوم[1].

اتمی atom-ī [فر.-ف.](ص‌نسب.) منسوب به اتم ، مربوط به اتم (ه.م.) ‖ بمب ــــ . بمبی که با نیروی اتم منفجر میشود . ‖ **دانشمند ــــ** . دانشمندی‌که دربارهٔ اتم و نیروی آن تحقیق و تجربه میکند. ‖ **نیروی ــــ** . نیرویی‌که از اتم حاصل میگردد.

اتو

اتمسفر atmosfer (اِ.) ← آتمسفر .

اتو otū [رس. utiūk] آلتی‌آهنی[2] که‌آنراگرم‌کنند وکیسی و چین ونورد جامه را توسط‌آن بر طرف سازند و یا درطول ساق شلوار خط ایجاد کنند . سابقاً بجای‌آلت‌آهنین‌کنونی نیم خمی را برجایی نصب میکردند و بزیر آن آتش می افروختند و جامه بر نیم خم میکشیدند . ‖ **ــــ ی برقی(الکتریکی).** اتویی که حرارت آن بوسیلهٔ یك صفحهٔ عایق میکا_که دور آن سیم فرونیکل پیچیده شده و دو سر آن بدوشاخهٔ برق وصل است _تأمین میگردد .

اتوبوس oto-būs [فر. autobus] (اِ.) نوعی از اتوموبیل با اطاق دراز و صندلی‌های متعددکه معمولا در شهرو بیرون‌از شهر برای رفت و آمد کسان بکار میرود . ‖ **ــــ ِ دوطبقه.** اتوبوسی‌که برروی طبقهٔ اول‌آن طبقهٔ دیگری قرارداده‌اند و مسافران درهر دو اطاق زیروبالای‌آن سوارمیشوند . ‖ **ــــ ِ شهری** . اتوبوسی‌که درشهررفت و آمد میکند و مردم را از یك نقطهٔ شهربه نقطهٔ دیگرمیبرد.

اتوبوس رانی otobūs-rānī [فر.-ف.] (حامص.) ۱ - راندن و بردن اتوبوس ازجایی‌بجایی . ۲ - شغل‌آنکه اتوبوس میراند . ‖ **شرکت ــــ** . ۱ - شرکت‌گروهی‌که اتوبوس رانی‌ازجایی بجایی‌رابعهده‌دارند . ۲- جای‌شرکت، جایی که مرکزکار شرکت مزبور ↑ است .

اتو زدن otū- zadan [رس.-ف.] (مص‌م.) جامه را بوسیلهٔ اتو صاف و بی چین وکیس کردن یا درشلوار خط ایجاد کردن ؛ اتوکشیدن .

اتو شویی oto- šūy-ī [فر.- ف.: اتو (مخفف اتومبیل)+شویی(شستن)] ۱ - (حامص.،اِ.) شستن وپاکیزه‌کردن اتومبیل. ۲- شغل‌آنکه‌اتومبیل‌میشوید

۱ - Ultimatum (فر.)
۲ - Fer à repasser (فر.)

۱۳۹
اتهام

۳ ـ (إ.) جایی که در آن اتومبیل را میشویند .

اتوکار otc-kār [انگ؛ فر. autocar] (إمر.) اتومبیل بزرگ که برای حمل مسافران دسته جمعی بکاررود .

اتوکردن otū-kardan [رس.-ف.] (مصم.) اتوزدن (ه.م.)، اتوکشیدن .

اتوکش otū-kaš(keš) [رس.-ف.] (إفا.،صمر.) آنکه جامه‌ها را اتومیکشد و صاف میکند ،آنکه شغلش اتوکشیدن است .

اتوکشی otū-ka(e)š-ī [رس.-ف.] (حامص.) ۱ ـ عمل اتوکشیدن ، عمل اتوکش (ه.م.) ۲ـ شغل وپیشهٔ اتوکش (ه.م.) ۳ـ (إ.) جای اتوکشیدن ،دکانی که در آن اتو میکشند.

اتوکشیدن otū-ka(e)šīdan [رس.-ف.] (مصم.) اتو زدن (ه.م.) ، اتو کردن .

اتوم atom [= آتم = اتم] ← اتم .

اتوماتیک otomātīk [فر. automatique] (ص.) دستگاهی که خود به خود کارمیکند ونیازی به بودن کارگر برسر آن نیست؛ خودکار (فره.).

اتومبیل otomobīl [فر automobile] (إ.)(فز،مکن.) ۱ ـ دستگاه خودرو که بوسیلهٔ موتور بخار یا برق یا نفت یا بنزین یا هوای متراکم و یا گازحرکت کند و جهت مسافرت و حمل و نقل ازجایی بجای دیگر بکار رود . ۲ ـ درتداول بیشتر بماشینهای خودکار سواری که بوسیلهٔ بنزین یا گازوئیل حرکت کنند ، اطلاق شود . ‖ ~ باری . اتومبیلی که برای حمل بار بکار رود . ‖ ~ تاکسی . ← تاکسی . ‖ ~ سواری . اتومبیلی که برای حمل مسافر بکار رود . ‖ ~ شخصی. اتومبیلی که صاحب آن و خویشاوندان ونزدیکانش بر آن سوار شوند وکرایه ندهند. ‖ ~ کرایه‌یی . اتومبیلی که با اخذ اجرتی ، مسافررا از جایی بجایی حمل کند.

اتومبیل

اتومبیل راندن o.-rāndan [فر.-ف.] (مصم.) اتومبیل را ازجایی بجایی بردن .

اتومبیل‌رانی o.-rān-ī [فر.-ف.] (حامص.) ۱ ـ عمل‌راندن اتومبیل (← اتومبیل راندن) . ۲ ـ شغل رانندهٔ اتومبیل .

اتومبیل رو o.-raw(row) [فر.-ف.] (ص.) جاده‌ای که قابل گذشتن اتومبیل است .

اتومبیل‌سازی o.-sāz-ī [فر.-ف.] ۱ ـ (حامص.) عمل ساختن اتومبیل . ۲ ـ صنعت و فن‌ساختن اتومبیل. ۳ ـ (إ.)شغل وپیشهٔ آنکه اتومبیل‌میسازد . ۴ ـ کارخانه‌ای که‌درآن اتومبیل‌میسازند.

اتوموبیل otomobīl (إ.) (فز.) ← اتومبیل .

اتون atūn [= اتون attūn = تون] ← اتون ↓

اتون attūn [معر. تون ،آتون] (إ.) ۱ ـ تون، گلخن ،آتون، گلخن گرمابه. ۲ ـ تنورگچ پز و نان پز . ۳ ـ کورهٔ آهك پزان . ۴ ـ آتشدان آهنین .

اتهام ettehām [ع.] ۱ ـ (مصم.) تهمت نهادن بر کسی ، افتراء، کسی را

بچیزی تهمت کردن . ۲ ـ (مصل.) تهمت پذیرفتن ، بد نام شدن .

اتیان etyān [ع.] ۱ ـ (مصل.) آمدن. ۲ ـ بودن . ۳ ـ (مصم.) آرمیدن با زن . ۴ ـ آوردن. ۵ ـ کردن کاری را. ۶ ـ هلاك کردن . ۷ ـ نزدیك رسیدن بلا یا دشمن کسی را. ۸ ـ ارتکاب؛ ارتکاب ذنوب . ‖ ~ بمثل. نظیر و شبیه آوردن چیزی را .

اتیکت etīket [فر. étiquette] (إ.) ۱ ـ نوشته‌ای که روی کیسه‌ها یا شیشه های دوا و کالای بازرگانی برای تعیین محتوی و وزن آنها می‌چسبانند؛ برچسب . ۲ ـ رسوم وآداب درباری، تشریفات. ۳ ـ رسوم وآداب درزندگی اجتماعی و رفتاربا مردم .

اتیلن etīlen [فر. ethylène] (إ.) (شم.) گازیست بی رنگ ، کم رایحه ، وآنرا بوسیلهٔ اخراج آب ازالکل بوسیلهٔ اسید سولفوریك بدست میآورند ، وآن در ترکیب گاز روشنایی داخل است. نشانهٔ آن درشیمی C^2H^4 ووزن مخصوص آن ۹۷ر۰ است .

اثاث asās [ع.] (إ.) ۱ ـ رخت خانه، قماش خانه . ۲ ـ مبل . ۳ ـ همهٔ مال ازچارپایان وکالای خانه . ۴ ـ متاع، کالا .

اثاثه asāsa(-e) [ع.] (إ.) واحد اثاث (ه.م.) . ۱ ـ رخت خانه، قماش خانه، ۲ ـ مبل . ۳ ـ کالا ، متاع .

اثاثیه asāsīyya(-e) (إ.) تصرفی است درلغت «اثاثه» (ه.م.) وآن فصیح نیست.

اثاره esāra(-e) [ع.] (مصم.) ۱ ـ یافتن قصاص ،انتقام. ۲ ـ برانگیختن. ۳ ـ ابرآوردن باد . ۴ ـ استخراج .

اثافی asāfī [ع. اثافیّ asāfīyy] (إ.) ج. اثفیه (os.-) و اثفیه (es.-).

۱ ـ پایهٔ دیگدان، سه پایه ، دیگدان ، اجاق . ۲ ـ (نج.) ← بخش ۳.

اثأب as'ab [ع. اثأب = ثأب] (إ.) (گیا .) درختی است که از چوب آن مسواك سازند .

اثبات asbāt [ع.] (ص.) ج . ثبت (sabat) ؛ مردمان استوار داشته ، معتمدان .

اثبات esbāt [ع.] (مصم.) ۱ ـ ثابت گردانیدن، پابرجای کردن. ۲ ـ (فل.) ثابت کردن وجودامری ،حکم کردنست به ثبوت چیزی ؛ ایجاب ؛ مق. نفی؛ «اثبات شیء نفی ماعدا نمیکند.» ۳ ـ (فل.،اصول) تحقق شیء است در مرحلهٔ استدلال وبیان ، مق. ثبوت که تحقق در مرحلهٔ داخلی و خارجی است . ۴ ـ (تص.) ثابت کردن اوصاف قلوب و یا ثابت کردن اسراراست . ۵ ـ (تجوید.) از اقسام نه‌گانهٔ وقف مستعمل است که درمورد وقف حرکت را ثابت نگاهدارند و به سکون تبدیل نکنند ؛ مق. حذف.

اثباتاً esbāt-an [ع.] (ق.) ایجاباً ، از روی اثبات و ایجاب ؛ مق . نفیاً ، سلباً .

اثبات کردن esbāt-kardan [ع.-ف.] (مصم.) ۱ ـ ثابت کردن ،تصدیق کردن . ۲ ـ ثبت نام درديوان(جيش) کردن . ۳ ـ (فل.) اقامهٔ برهان کردن، اقامهٔ دلیل کردن ، دلیل آوردن .

اثباتی esbāt-ī [ع.-ف. = ع. اثباتی esbātīyy] (ص نسب.) منسوب به اثبات، ایجابی ، موجبه ، مثبته؛ مق. سلبی ، نفیی .

اثر asar [ع.] (إ.) ۱ ـ نشان، نشانه، نشان و علامت باقی مانده ازهرچیز، بقیهٔ چیزی ، برجای ماندهٔ کاری یا عملی خطیر. ۲ ـ جای پا ، داغ پا ، نشان قدم . ۳ ـ حدیث (ه.م.) ۴ ـ

گفتهٔ رسول، حدیث نبوی،روایت،خبر. ۵ - سخن صحابه ، گفتهٔ اصحاب . ٦ - داغ (ه.م.) ۷ - تأثیر. ۸ - تألیف ، تصنیف ، دیوان شعر، کتاب نثر، آنچه از یك نویسنده یا شاعر بجا میماند (بعضی باین‌معنی غیرفصیح دانند ولی استعمالهای گذشتگان مجوز استعمال آنست). ۹- خاصیت، معلول، مسبب . ۱۰- (فل.) حکمت مترتبه برهرچیزی را اثر آن مینامند و غایت مترتب براشیاءرا نیزاثراشیاء مینامند. کیفیت و حالتی که ازفاعل در منفعل گذارده میشوداثرمیگویند وبالجمله‌اثربمعنای نتیجه، علامت وجزو شیء آمده است. ۱۱- (هنر) محصول کار هنرمندی که دلالت بر وجود اوکند.

اثرات asar-āt [ع.] ج. (غفص.) اثر(ه.م.) : این امراثرات وخیم‌دارد. ضح - : این جمع را فصیح‌نمیدانند ، چه جمع اثردرعربی «آثار» و «اثور» (غم.) است ، و طبق قواعدجمع‌عربی ، مصدری‌که ازسه‌حرف بیشترداردبه‌ـات جمع بسته شود ، ولی «اثر» سه حرف بیش ندارد .

اثرار asrār [ع.بادیه] (إ.) (گیا.) زرشك (ه.م.)

اثربخش asar-baxš [ع.-ف.] (إفا.، ص‌مر.) مؤثر[θe]، کارگر، اثرونشان بجاگذارنده .

اثر بستن asar-bastan [ع.-ف.] (مص‌م.) پیداکردن اثر،مؤثرساختن .

اثرپذیر a.-pazīr [ع.- ف.] (إفا.، ص‌مر.)متأثر،پذیرنده و دریافت‌کنندهٔ اثر، چیزی یا کسی‌که اثرمؤثری را قبول میکند و می‌پذیرد .

اثر پذیرفتن a.-pazīroftan [ع. - ف .] (مص‌ل.) متأثر شدن ، تأثر،اثرمؤثری‌راپذیرفتن، اثر گرفتن از چیزی .

اثرپذیری a.-pazīr-ī [ع.-ف.] (حامص.) قبول اثر، تأثر پذیری ، متأثربودن، قابلیت پذیرش‌اثرداشتن .

اثردار a.-dār [ع.-ف.](إفا.،ص مر.) مؤثر، بااثر، کارگر،عامل،چیزی یاکسی‌که‌اثرونشانی‌ازخودبجامیگذارد.

اثر داشتن a.-dāštan [ع.-ف.] (مص‌ل.) ۱ - نشانه داشتن ، علامت داشتن . ۲- مؤثربودن در، تأثیردر.

اثر طراز a.-tarāz [ع.-ف.] (إفا. ، ص مر.) ۱ - تاریخ نویس ، مورخ . ۲ - نویسنده ، مصنف .

اثرکردن a.-kardan [ع.-ف.] (مص م .) تأثیر بجای نهادن ، کارگر شدن ، مؤثر گردیدن .

اثر گذاشتن a.-gozāštan [ع.-ف.] (مص‌م.) نشانه نهادن،علامت گذاشتن .

اثر گرفتن a.-gereftan [ع.-ف.] (مص ل.) تأثیرپذیرفتن .

اثرماندن a.-māndan [ع.-ف.] (مص‌ل) نشانه ماندن ازکسی‌یاچیزی.

اثرم asram [ع.] (ص.) ۱- آنکه دندان پیشین ورباعیهٔ وی‌افتاده‌است ، یا خاص است به‌افتادن دندان پیشین؛ دندان پیشین شکسته ، دندان بیفتاده، شکسته دندان (تأنیث آن ثرماء) . ۲ - (عر.) اجتماع قبض وخرم یافعول خرم شود وعول بماند ، چون فعل از فعولن بواسطهٔ قبض وثلم خیزد آنرا اثرم خوانند (=اثلم) .

اثفیه osfīya(-e) [ع. = اثفیه es.-] (إ.) دیگ‌پایه، دیگ‌پایهٔ سنگین،سنگی که دیگ برآن نهند . ج . اثافی (a.-īyy) و اثافی (a.-ī) (ه.م.)

اثقال asγāl [ع.] (إ.) ج. ثقل

اثقال

(saγal)، ثقل (seγl): ۱ - بارهای گران، گرانیها، بارها، اسباب، امتعه. ۲ - اشیاءِ نفیس، چیزهای گرانبها. ۳ - رختهای مسافر، حشم مسافر. || علم ~ . (فز.) علم جراثقال.

اثقال esγāl [ع.] ۱ - (مصم.) گران کردن، گران کردن بوزن، گرانبار کردن. ۲ـ (مص ل.) گران‌شدن، گرانبار شدن، گران شدن آبستن.

اثل asl [ع.] (اِ.) (گیا.) درخت گز، (← گز).

اثل

اثلق aslaγ [ع.] (اِ.) (گیا.) پنج انگشت (ه.م.)

اثلق

اثلم aslam [ع.] (ص.) ۱ - وادی کنارشکسته ورخنه‌شده. ۲ـ رخنه‌شده، رخنه‌دار. ۳ - شمشیر و نیزه که در آن رخنه شود. ۴ - (عر.) اثرم ← (ه.م.)

اثم esm [ع.] (اِ.) ۱ - گناه، بزه، ذنب، خطا، عصیان، ناشایست. ۲ـ کاری که کردن آن نارواباشد، آنچه که تحرز واجتناب از آن شرعاً و طبعاً واجب باشد. ۳ - می، باده. ۴ـ قمار. || اعانت به ~ . ← اعانت.

اثمار asmār [ع.] (اِ.) ج. ثمار و جج. ثمر (ه.م.)؛ میوه ها.

اثمار esmār [ع.] ۱ - (مص ل.) میوه‌آوردن درخت، بارآوردن. ۲ - میوه‌دارشدن، میوه‌دادن، میوه‌دار گشتن.

اثمان asmān [ع.] (اِ.، ص.) ج. ثمن (saman) و ثمن (somn) و ثمین (sam.-) (ه.م.)

اثنا asnā (اِ.) ← اثناء.

اثناء asnā' [ع.، ف. اثنا] (اِ.) ج. ثنی، تاه‌ها، لاها، نوردها، میانه‌ها. || دراثنای ... درخلال، درمیان، در طی. || دراین ~ . دراین بین، در این میان، در این هنگام.

اثنا عشر esnā-ašar [ع. إمر.، عد.] ۱ـ دوازده. ۲ - (جا ن.)[1] قسمت ابتدائی رودهٔ باریك که از باب‌المعده شروع میشود و بپهنای ۱۲ انگشت و طول تقریبی ۲۵ سانتیمتر است و مانند یك غدهٔ بسته دارای ترشحات داخلی است و نیز محل ورود شیرهٔ لوزالمعده و صفرا میباشد؛ دوازدهه (فره.) ضح.- این ترکیب دراصل «اثنان‌عشر» بوده، نون باضافه ساقط شده است و اثنا عشر صحیح است نه اثنی‌عشر. || زخم ~[2]. (پز) جراحت و شکافته‌شدن قرحهٔ اثنا عشر. || ورم ~[3]. (پز) آماس و التهاب و تورم اثنا عشر بعلت عفونت و یا ضربه وعلل دیگر.

اثناعشری esnā-ašar-ī [ع.-ف.] (ص نسبه.) منسوب به اثنا عشر (ه.م.) ۱ - (نج.) ← بخش ۳. ۲ـ (ملل.) شیعهٔ دوازده‌امامی[4].

اثناعشریات esnā-ašarīyyāt [ع.] (اِ.) ۱ - ج. اثنا عشریه (ه.م.) ۲ - (نج.) ← بخش ۳.

اثنا عشریه esnā-ašarīyya(-e) [ع.] (ص نسب.) ۱ - فرقهٔ بزرگ شیعه که‌قایل به‌امامت‌اثناعشری (دوازده امام) و غیبت مهدی (امام دوازدهم) باشند، شیعهٔ دوازده امامی، جعفری. ۲ - (نج.) ← بخش ۳.

اثنان esnān [ع.] (اِ.) (درحالت رفعی). ۱ - دو، دو مرد. ۲ - روز دوشنبه.

اثنتا عشره esnatā-ašara(-e) [ع.] (اِ.، عد.) دوازده.

---

۱ ـ Duodénum (فر.)

۲ـ Ulcération duodénale (فر.)

۳ ـ Duodénite (فر.)

٤ ـ Duodécimains (فر.)

اثواب asvāb [ع.] (اِ.) ج. ثوب ، جامه‌ها .

اثیر asīr [معر.ـ یو. aeθer] (اِ.) ۱ ـ کرهٔ آتش که بالای کرهٔ هواست، سایلی رقیق و تنك و بی‌وزن که طبق عقیدهٔ قدما فضای بالای هوای کرهٔ زمین را فرا گرفته است ، اِتر (هـ.م.) ۲ ـ (فل.) اثیر را بمعنی خالص گرفته‌اندو اطلاق اجرام اثیری بر افلاك از این جهت است که در عالم عناصر تأثیر میکنند یعنی یااز لحاظ تأثیر آنهادر عناصر است ویااز جهت خالص ومصفا بودن آنهاست. ‖ چرخ ـــ . ۱ ـ کرهٔ آتش، فلك نار. ۲ ـ آسمان. ۳ ـ (فل.) بعقیدهٔ برخی از فیلسوفان قدیم، روح عالم. ۴ ـ سایلی بی وزن وقابل قبض‌و بسط که فضا را پر کرده ودرهمهٔ اجسام نافذ است؛ اِتر (هـ.م.)

اثیری asīr-ī [ع. اثیری asīrīyy] (ص نسب.) منسوب به اثیر(هـ.م.)

اثیریات asīr-īyyāt [ع.] (ص نسب.) ج. اثیریه (فل .) اجرام سماوی از افلاك وغیره.

اثیریه asīr-īyya(-e) [ع.] (ص نسب. نث) مؤنث اثیری (هـ.م.) ج. اثیریات (هـ.م.)

اثیم asīm [ع.] (ص.) ۱ ـ گناهکار، تبه‌کار، بزه‌مند ، بزه‌کار ، بزه‌گر ، مذنب، مجرم، عاصی. ۲ ـ دروغگوی، دروغزن . ۳ ـ (اِخ) لقب ابوجهل ← بخش۳: ابوجهل. ۴ـ (اِخ) لقب یزدگرد پسر بهرام پادشاه ساسانی (درنزد عرب)؛ بزه‌گر، بزهکار. ← بخش۳: یزدگرد.

اج aǰ (اِ.) ۱ ـ مطلق کدو راگویند خواه کدوی قلیه وخواه کدوی قلیان‌و خواه کدوی‌عسل‌یاسر که‌باشد[1]. ۲ـ کدوی تنبل.

اجابت eǰābat [ع.] ۱ ـ (مص م.) پاسخ دادن، پتوازکردن، جواب‌دادن. ۲ ـ قبول‌کردن، برآوردن، رواکردن، پذیرفتن: «شیخ رضا داد بحکم آنکه اجابت دعوت سنت پیغمبر است.» (گلستان.) ۳ـ (پز.) قضای‌حاجت، تخلیه، دفع براز کردن ، دفع فضلات . ۴ ـ (ص.) مستجاب ، پذیرفته ، مقبول . ‖ ـــِ معده . (پز.) عمل‌کردن و کار کردن آن.

اجابت شدن e.-šodan [ع . ـ ف.] (مص ل.) بر آورده شدن دعا و حاجت.

اجابت کردن e.-kardan [ع . ـ ف.] (مص م .) ۱ ـ پذیرفتن ، قبول کردن، مستجاب کردن، گردن‌نهادن ، خواهش‌ومراد کسی را برآوردن، روا کردن. ۲ ـ (پز.) دفع فضول‌کردن. ‖ ـــِ معده. (پز.) دفع‌فضول‌کردن آن.

اجابت‌فرمودن e.-farmūdan [ع.ـ ف.] (مص م.) پذیرفتن، قبول کردن .

اجادت eǰādat [= اجادة] ← اجاده .

اجاده eǰāda(-e) [=اجادت،ع. اِجادة] ۱ ـ (مص م.) نیکوگردانیدن. ۲ ـ نیك گفتن . ۳ ـ نیك کردن . ۴ ـ چیزی‌نیکو آوردن . ۵ ـ (اِمص.) نیك گفتاری . ٦ ـ نیك کرداری .

اجارات eǰārāt [ع.] (مص.، اِ.) ج. اِجاره، اجاره‌ها .

اجارت eǰārat (= اجاره) ← اجاره.

اجاره eǰāra(-e) [= اجارت. ع. اجارة] (مص م.) رهانیدن، بفریادرسیدن، زینهار دادن. ۲ ـ بمزد دادن خانه وجزآن، بمزد گرفتن. ۳ ـ اجیر داشتن. ۴ ـ (اِ.) کراء، کرایه، منفعت، مالی که

۱ ـ مقصود کدوی میان‌تهی است که درآن سرکه یا عسل بریزند.

اجاره‌بندی

مستأجر به‌موجر بپردازد. ۵ ـ مزدوری که کسی را میدهند. ۶ ـ (فق.) تملیك منافع ، عقدی که بموجب آن مستأجر مالك منافع عین مستأجره شود .

اجاره بندی e.-band-ī [ع.ـف.] (حامص.) تعیین اجارهٔ یك یا چند مستغل.

اجاره بها e.-bahā [ع.ـ ف.] (فق.، حق.) پول و بهایی که در برابر اجاره کردن جایی بصاحب آن میپردازند. مبلغی است که بازای استفادهٔ مستأجر از منافع عین مستأجره بموجر می پردازند؛ مال الاجاره، اجرة المسمی ، عوض .

اجاره دادن e.-dādan [ع.ـف.] (مصم.) بمزد دادن ، واگذار کردن خانه، ملك یا کالایی بکسی در برابر بهایی.

اجاره دار e.- dār [ع.ـف.] (إفا.، ص‌مر.) ۱ ـ کرایه دار ملك ، کسی که ملکی‌را اجاره‌میکند، مستأجر، متصرف و ضابط ملك. ۲ ـ زمین‌دار.

اجاره داری e.-dār-ī [ع.ـ ف.] (حامص.) ۱ ـ عمل اجاره دار (ه.م.) ۲ ـ کرایه دار ملك بودن ، مستأجر بودن، استیجار، متصرف وضابط ملك بودن. ۳ ـ زمین دار بودن.

اجاره ده e.-deh [ع.ـف.] (إفا.، ص‌مر) اجاره دهنده ، صاحب‌ملك ، آنکه ملکی را باجاره بکسی‌واگذار میکند ، موجر.

اجاره کردن e.-kardan [ع. ـ ف.] (مصم.) بمزدگرفتن ، خانه و ملك یا کالایی را در برابر بهایی باستفاده‌درآوردن و ازآن بهره‌جستن.

اجاره نامچه e.-nām-ča(-e) [ع.ـ ف.] (إمر. مصغ.) چك ، وسند و قبالهٔ اجارهٔ ملکی یا کالایی، اجاره‌نامه.

اجاره نامه e.-nāma(-e) [ع.ـف.] (إمر.) اجاره نامچه (ه.م.)

اجاره نشین e.-nešīn [ع.ـ ف.] (إفا.، ص‌مر.) مستأجر، آنکه در خانه و ملك دیگری جای گزین میشود : « اجاره نشین خوش نشین است . » (مثل)

اجاره نشینی e.-nešīn-ī [ع.ـف.] (حامص.) عمل اجاره نشین (ه.م.) ، مستأجر بودن ، درخانه و ملك‌دیگران جایگزین‌بودن .

اجاره‌یی(ای) eǰāra-yī(re'ī) [ع.ـف.] (ص‌نسب.) منسوب‌به اجاره ، خانه و ملکی که به‌اجاره گذاشته‌شود.

اجاری eǰārī [ع.ـف.] (ص‌نسب.) منسوب به اجاره ، اجاره‌یی (ه.م.)

اجازت eǰāzat[=ع.اجازة] ۱ ـ← اجازه. ۲ ـ نوعی از الفبای اسلامی.

اجازه eǰāza(-e)[=اجازت.ع.اجازة] ۱ـ (مصم.) دستوری دادن ، روا داشتن ، رخصت دادن . ۲ ـ صله و جایزه‌دادن‌بکسی. ۳ ـ(إمص.)دستوری، اذن ، رخصت . ۴ ـ (إ.) کتیبه ، تقریر ،دیپلم . ۵ ـ (فق.) گواهیی‌که در میان اهل سنت عالمی بکسی دهددر روایت‌ازاو. گواهیی که درمیان امامیه عالمی دهد بکسی که اوصلاحیت فتوی دارد . ۶ ـ (حق.) تنفیذ کردن عقدی که بطور فضولی انجام یافته، بوسیلهٔ شخصی که عقد فضولی مربوط بشخص‌یا مال او بوده است ؛ مق. اذن.

اجازه خواستن e.-xāstan [ع.ـ ف.] (مصل.) دستوری طلبیدن ، استجازه، دستوری خواستن برای رفتن بجایی یاکردن کاری .

اجازه‌خواه e.-xāh[ع.ـف.] (إفا.،

ص مر.) اجازه خواهنده ، دستوری خواهنده ، آنکه رخصت می‌طلبد و در انتظار روادید و فرمان است.

اجازه دادن e.-dādan [ع.ف.] (مص‌م.) دستوری دادن، رخصت‌دادن، روادانستن.

اجازه داشتن e.-dāštan [ع.ف.] (مص ل.) اجازه یافتن ، دستوری داشتن، مجاز بودن، رخصت رفتن‌بجایی یا کردن کاری را داشتن.

اجازه‌فرمودن e.-farmūdan [ع.-ف.] (مص‌م.) در مقام احترام و بزرگداشت گویند یعنی : اجازه دادن (ه.م.)

اجازه کردن e.-kardan [ع.-ف.] (مص‌م.) تصویب کردن ، اباحه‌کردن، رواشمردن، مباح‌دانستن.

اجازه‌گرفتن e.-gereftan [ع.-ف.] (مص‌ل.) دستوری‌گرفتن، رخصت گرفتن.

اجازه نامه e.-nāma(-e) [ع.-ف.] (إمر.) پروانه، جواز.

اجاص eǰǰās [ع.] (إ.) ۱ - آلو(ه.م.) ۲ - (گیا.) آلوچه (ه.م.)

اجاق oǰāγ [تر. = اوجاق ← (ه.م.)] (إ.) ۱ - دیگدان، دیگ‌پایه، آتشدان. ۲ - دودمان ، خاندان ،آل ، دوده (در کردی ونیز درفارسی) خانوادهٔ مشهور وبنام. ۳ - دهانهٔ‌مبرز، نشیمن‌مستراح. ۴ - چهارپایهٔ چوبین که ناوهٔ گل‌کشان را بر آن نهند برای‌پر کردن‌گل. ۵ - صاحب کرامات و کشف : « فلان‌اجاق است.» ‖ ~ِ **الکتریکی**. (فز.) اجاقی است که‌برای‌گرم کردن اشیا و یا پختن اغذیه بکار میرود و قسمت گرم کنندهٔ آن از یك آجر نسوز که دارای‌شیاری است تشکیل میشود ، و در آن شیار سیمهای‌گرم نیکل بشکل مارپیچ قرار گرفته است و دو سر آن به برق وصل میشود وپس‌ازرفع حاجت ازآن، قطع میگردد. ‖ ~ِ **برقی**. آلتی که با نیروی برق گرما تولید میکند وبرای پختن‌غذا و جز آن بکار میآید . ← اجاق الکتریکی. ‖ ~ِ **الکلی**. آلتی که با الکل میسوزد و ازگرمای‌آن در پختن‌استفاده میکنند. ‖ ~ِ **خانواده**. کانون‌خانواده، مرکزوانجمن‌خانواده. ‖ ~ِ **فرنگی**. قسمی منقل آهنین با سوراخها در اطراف دیواره که بر آن غذا میپزند . ‖ ~ِ **نفتی**. آلتی که نفت در آن‌میسوزدو گرمای آن‌برای پختن‌غذاو جزآن‌بکار میآید. ‖ ~ِ **کسی خاموش‌شدن**. (عم.) بی‌فرزندشدن، بلاعقب‌ماندن. ‖ **اجاقش کور است**. (عم.) فرزند ندارد ، نازاست ، عقیم است.

اجاق‌زاده o.-zāda(-e) [تر.-ف.] (ص‌مر.) نجیب ، شریف.

اجاق‌کور o.-kūr [تر.-ف.] (ص‌مر.) (عم.) ۱ - آنکه‌فرزندندارد. بلاعقب، بی‌خلف. ۲ - (توسعاً) نازا، عقیم.

اجامر aǰāmer [ع.] (إ.، جمعی است بی‌مفرد) گروه غوغاطلب، اوباش، مردم ولگرد. ‖ ~ **و اوباش**. بهمان معنی اجامر ↑ است.

اجانب aǰāneb [ع.](ص.)ج.اجنبی بیگانگان.

اجبار eǰbār [ع.](مص‌م.) ۱ - بستم بر کاری‌داشتن ، بستم برسر کاری داشتن، جبر. ۲ - (ملل.) به‌مذهب جبر منسوب‌کردن. ۳ - اکراه؛مق. اختیار.

اجباراً eǰbār-an [ع.](ق.) از روی ناچاری و اکراه ، قهراً ، اضطراراً بستم ، بزور .

اجباری eǰbār-ī [ع-ف.](ص‌نسب.) منسوب به‌اجبار. ۱ - کاری‌که ازروی قهر و ستم انجام‌گیرد؛ مق. اختیاری. ۲ - نظام اجباری ↓ ‖ **نظام ـــ** . خدمت سربازی که جوانان باید مدت دوسال بدان بپردازند، نظام‌وظیفه.

اجتبا eǰtebā [ع.اجتباء]←اجتباء.

اجتباء eǰtebā' [ع.،ف.:اجتبا] ۱ - (مص م.) برگزیدن، گزین‌کردن. ۲- فراهم‌آوردن. ۳ - گرفتن مال از جایهای‌آن. ۴ - (إمص.) برگزیدگی. ۵ - تمییز، تمایز، اختلاف. ۶ - (تص.) عبارتست از آنکه حق تعالی بنده را بفیضی‌مخصوص‌گرداندکه از آن‌نعمتها بی سعی بنده را حاصل آید و آن جز پیمبران و شهدا و صدیقان را نبودو اصطفاء خالص اجتبائی را گویندکه درآن بهیچوجهی از وجوه شایبه‌نباشد.

اجتبائیت eǰtebā'-īyyat [ع.] (مص‌جع.) برگزیدگی، اصطفائیت.

اجتثاث eǰtesās [ع.] ۱ - (مص‌م.) از بیخ و بن برکندن، بریدن، از بن بریدن، بیخ برکردن، استیصال. ۲ - (إ.) (عر.) بحری است که از جزودوم بحر خفیف مفکوك می‌گردد.

اجتذاب eǰtezāb [ع.] (مص‌م.) ۱- جذب‌کردن، کشیدن، بخویش‌کشیدن، کشیدن بخود. ۲ - ربودن.

اجترا eǰterā [ع.اجتراء]←اجتراء.

اجتراء eǰterā' [ع.،ف.:اجترا] ۱ - (مص‌ل.) دلیرشدن، دلیرگردیدن برکسی. ۲- (إمص.) دلیری.

اجتلاب eǰtelāb [ع.] (مص‌م.) کشیدن، کشیدن از جایی بجای‌دیگر، چیزی از جایی بجایی بردن.

اجتماع eǰtemā' [ع.] (مص‌ل.) ۱ - گردآمدن، تجمع، انجمن شدن، فراهم‌آمدن. ۲ - اتفاق‌کردن برچیزی. ۳ - (إ.) گروه فراهم‌آمده، دسته‌ای‌که برای هدفی مشترك گردهم جمع شوند. ۴ - (نج.) محاق، مقارنهٔ ماه با آفتاب، آنگاه‌که آفتاب و ماه در یك‌برج‌بیك درجه و یك دقیقه جمع‌شوند و در این وقت ماه از نظر گم و غایب میشود. ۵ - (رمل) نام شکل یازدهم یا شکل چهاردهم یا شکل پانزدهم رمل بدین‌صورت: ⁝ یا ⁝ ‖ **ـــِ ضدین.** (فل.) گردآمدن دوناهمتا، واین‌محال است.

اجتماعات eǰtemā'-āt [ع.] (مص‌ل.، إ.) ج. اجتماع. ۱ - گرد آمدن‌ها، فراهم‌آمدن‌ها، انجمن کردنها. ۲ - گروه‌های‌فراهم‌آمده، انجمن‌ها، دسته‌های بهم‌پیوسته. ‖ **تالار ـــ** . تالار و سالنی‌که انجمن‌هاودیدارهای گروهی در آنجا صورت میگیرد.

اجتماع‌کردن eǰtemā'-kardan [ع.-ف.](مص‌ل.) فراهم‌آمدن، انجمن کردن، باگروهی در یکجا گردآمدن.

اجتماعی eǰtemā'-ī [ع.-ف.] (ص‌نسب.)منسوب‌به اجتماع؛ مق.فردی. ۱ - کاری که به اجتماع و به همگان بستگی داشته‌باشد، آنچه‌مربوط‌بگروهی باشد که باهم زندگی میکنند، مانند مؤسسات فرهنگی، بهداشتی، اقتصادی، سیاسی، تعاونی و مانند آنها. ۲ - کسی‌که با آداب و رسوم همگانی‌آشنا و دمساز است. ۳ - (سیا.) طرفدار اجتماع، سوسیالیست[۱]. ‖ **کارهای ـــ** . کارهایی‌که بسود اجتماع مردم صورت میگیرد. (← اجتماعی۲).

اجتماعیات eǰtemā'-īyyāt [ع.]

۱ - Socialiste (فر.)

ج. اجتماعیه (ه.م.)

اجتماعیون eǰtemā'-īyyūn [ع.] (ص.نسبـ.) ج. اجتماعی (سیا.) آنان که طرفدار اجتماع و جامعه باشند و بسود همگان کوشش کنند[1].

اجتماعیه eǰtemā'-īyya(-e) [ع.] (ص.نسبـ.، نث.) مؤنث اجتماعی (ه.م.)

اجتنا eǰtenā [ع. اجتناء] ← اجتناء.

اجتناء eǰtenā' [ع.، ف.: اجتنا] (مص.م.) میوه‌چیدن، بار از درخت‌باز کردن.

اجتناب eǰtenāb [ع.] (مص.م.) احتراز، پرهیز، پرهیز کردن، دورشدن، دوری‌جستن، کناره‌کردن، گریختن از.

اجتناب پذیر e.-pazīr [ع.-ف.] (إفا.؛ ص.مر.) قابل پرهیز، چیزی و کاری که‌میتوان از آن پرهیز کرد و وقوع آن ناگزیر نیست.

اجتناب‌کردن e.-kardan [ع.-ف.] (مص.م.) پرهیز کردن، دوری کردن.

اجتناب‌گرفتن e.-gereftan [ع.-ف.] اجتناب کردن (ه.م.)

اجتناب‌ناپذیر e.-nā-pazīr [ع.-ف.] (إفا.، ص.مر.) غیر قابل پرهیز. چیزی‌و کاری‌که نمیتوان از آن پرهیز کرد و وقوع آن حتمی و ناگزیر است.

اجتهاد eǰtehād [ع.] ۱ - (مص‌ل.) جهد کردن، کوشیدن. ۲ - مجتهد بودن، کوشا بودن. ۳ - رأی صواب‌جستن. ۴ - (إمص.) جهد، سعی، کوشش. ۵ - استادی. ۶ - (فق.) استنباط مسایل شرعی بقیاس از کلام‌الله وحدیث و اجماع بشرایطی که درکتب شرعی ثبت است.

اجتهادات eǰtehād-āt [ع.] ج. اجتهاد (ه.م.)

اجتهاد کردن e.-kardan [ع.-ف.] (مص‌ل.) اجتهاد (ه.م.)

اجتهادی eǰtehād-ī [ع.-ف.] (ص.نسبـ.) منسوب‌به اجتهاد، آنچه به کوشش و اجتهاد بستگی داشته باشد. || رسالهٔ ـــ. رساله‌ای که شخص پس از گذراندن عالی‌ترین مرحله های تحصیل در رشتهٔ تخصصی خود مینویسد تا آگاهی و مهارت خودرا در آن رشته نشان دهد؛ رسالهٔ دکتری.

اجتیاز eǰtiyāz [ع.] (مص‌ل.) گذشتن از جایی و رفتن، بگذشتن.

اجحاف eǰhāf [ع.] (مص.م.) ۱ - کار بر کسی تنگ گرفتن. ۲ - گزند کردن. ۳ - همه چیز را بردن. ۴ - نزدیك شدن. ۵ - با کسی نزدیکی کردن. ۶ - نقصان کردن.

اجحافات eǰhāf-āt [ع.] ج. اجحاف (ه.م.)

اجداد aǰdād [ع.] (إ.) ج. جد؛ نیاکان، پدران‌پدر، پدران مادر.

اجدادی aǰdād-ī [ع.-ف.] (ص.نسبـ.) منسوب‌به اجداد، آنچه‌پیوسته ومربوط به نیاکان است.

اجدع aǰda' [ع.] (ص.) کسی که بینی وی را بریده باشند، بریده‌بینی.

اجر aǰr [ع.] ۱ - (إ.) پاداش نیك، مزد، اجرت. ۲ - ثواب. ۳ - پای‌مزد. ۴ - کابین‌زنان، مهرزن. ۵ - (مص.م.) پاداش نیك‌دادن، مزد دادن. || ـــ جزیل. مزد فراوان، پاداش گران.

اجربردن a.-bordan [ع.-ف.] (مص‌ل.) پاداش‌یافتن.

اجرا eǰrā [ع. إجراء] ← اجراء.

---

۱ - Socialistes (فر.)

۱۴۸ اجراء

اجراء eǰrā' [ع.ف.: إجرا] ۱ - (مصم.) راندن، روا کردن امری. ۲ - وظیفه وراتبه و جیره مقرر کردن برای کسی. ۳ - کسی‌را وکیل کردن. ۴ - امضاء کردن. ۵ - بکاربردن لفظ و عبارت. ۶ - (إ.) راتبه، وظیفه، ادرار، جیره. ممال آن «اجری» است ۷ - (مصم.) (حق.) بمرحلهٔ عمل گذاشتن حکمی که قطعیت یافته است. ‖ **بموقع ~ گذاشتن(گذاردن)**. اجرا کردن، بجریان انداختن، بکاربستن، ازگفتار بکردار آوردن.

اجرائی eǰrā'-ī [ع.ف.] (ص‌نسب.) منسوب به اجراء، آنچه دراجراءمیآید، آنچه به اجراء پیوستگی دارد.

اجرائیات eǰrā'-īyyāt [ع.] (ص‌نسب.) ج. إجرائیه. (ه.م.) ‖ **هنگ ~**. (هنگ‌موتوری) (نظ.) یکی از شعب نظام است که وظیفهٔ آن حمل‌ونقل قسمتهای مختلف نظام (افراد و اثاثه) است.

اجرائیه eǰrā'-īyya(-e) [ع.] (ص نسب.، نث) مؤنث اجرائی (ه.م.) ‖ **ورقهٔ ~**. (حق.) ورقه ایست که بمنظور آگاهی کسی که اجراء (← اجراءِ ۷) علیه اوست، از طرف اجراءِ دادگستری یا ثبت بوی ابلاغ و پس از مهلت مقرراجراءشروع میشود. ‖ **قدرت ~**. نیرویی که در دستگاه حکومت و یا سازمانهای دیگر مأمور اجراءوبکار بستن قانون‌ها و دستور - هاست. ‖ **کمیتهٔ ~**. کمیته وانجمنی که دریك سازمان یا حزب مأموراجراء وبکاربستن دستورها و قانونهاست.

اجراپذیر eǰrā-pazīr [ع.ف.] (إفا.، ص‌مر.) انجام‌پذیر، قابل‌اجرا، پیش‌بردنی، عملی؛ مق. اجراناپذیر.

اجراکردن e.-kardan [ع.ف.] (مص م.) روان گردانیدن، بکار انداختن، بکاربستن، بجریان‌انداختن.

اجرام aǰrām [ع.] (إ.) ۱ - ج. جرم، تن‌ها، اجسام (و بیشتر استعمال اجرام‌درلطیف است‌واجسام درکثیف)، پیکرها. ۲ - (نج.) جرم‌های فلکی، ستارگان. ۳ - ج. جرم، گناهان. ‖ **~ بسیط** (بسیطه). ۱- (فل.، نج.) موجودات‌وکاینات سماوی وجوی‌مانند افلاك وکواکب وغیره. ۲ - اجسام‌غیر مرکبه[۱] و یا مرکب از عناصر متساوی الاجزاء[۲] مانند: طلا، نقره، آهن. ‖ **~ چرخ.** افلاك‌وستارگان، اجرام سماوی. ‖ **~ سماوی.** (فل.، نج.) اجرام بسیط (ه.م.) ‖ **~ علوی.** (فل.) اجرام بسیط (ه.م.) ‖ **~ عنصری**. اجسام خاکی. ‖ **~ فلکی.** (فل.، نج.) اجرام بسیط (ه.م.) ‖ **~ مرکب** (مرکبه) (شم.) اجسامی که مرکب ازعناصرمختلفة الطبایع[۳] باشند.

اجراناپذیر eǰrā-nā-pazīr [ع.ف.] (إفا.، ص‌مر.) غیرقابل‌اجرا، انجام ناپذیر، پیش نرفتنی، کاری که بمرحلهٔ‌اجراء درنمیآید؛ مق. اجرا پذیر.

اجرت oǰrat [ع. اجرة] (إ.) ۱ - مزد، مزدکار، دستمزد، حق‌القدم. ۲ - کرایه. ۳ - قیمتی که در مقابل استفاده از منافع بر عهدهٔ شخص‌مستقر میشود.

اجره‌خوار eǰra-xār [ع.ف.] (إفا.، ص‌مر.) إجری‌خوار، راتبه‌خوار، موظف.

اجری eǰrī [ازع. ممال إجراء] (إ.)

۱ - Les corps simples (فر.) ۲ - Homogènes (فر.)
۳ - Les corps mixtes (فر.)

مستمری ، مقرری ، جیره ، وظیفه و راتبه، جنسی که به لشکریان وجز آنان میداده‌اند . اجراء ، اجرا ، جری ، جیره.

اجری خوار e.-xār [ع.-ف (=مال اجراءخوار).] (إفا.) راتبه‌خوار ، موظف.

اجری‌خور e.-xor [ع.-ف.] (إفا. ص‌مر.) راتبه خوار ، مزدور ، اجری خوار.

اجری دادن e.-dādan [ع.-ف.] (مص م.) راتبه و مستمری و جیره و مواجب‌دادن.

اجری‌داشتن e.-dāštan [ع.-ف.] (مص‌ل.) دارای راتبه ووظیفه‌بودن.

اجری ده e.-deh [ع.-ف.] (إفا.، ص‌مر.) کسی که مستمری ووظیفه‌وراتبه وجیره میدهد.

اجری‌راندن e.-rāndan [ع.-ف.] (مص‌م.) راتبه ووظیفه مقرر داشتن.

اجزا ajzā [ع.اجزاء] ← اجزاء.

اجزاء ajzā' [ع.،ف. : اجزا] (إ.) ج. جزء وجزو. ۱ - پاره‌ها ، بهره ها ، بخش‌ها . ۲ - کارمندان، اعضاء اداره‌های دولتی . گاه درفارسی اجزا را جمع بسته‌اند: «واما اجزاها که ازاو کمترند.» (التفهیم بیرونی.)

اجساد ajsād [ع.] (إ.) ج. جسد . ۱ - بدنها ، تن ها ، جسمها، کالبدها. ۲ - (کیم.) زروسیم وآهن و مس‌وسرب و رصاص و قلعی وخارصینی. ازآن‌رو آنها را اجساد گویند که‌چون آتش آنها را دریابد ثابت ومقاوم باشند برخلاف ارواح.

اجسام ajsām [ع.] (إ.) ج. جسم ، تن‌ها ، کالبدها . ‖ ~ آلی (آلیه). ۱ - (فل.) هرجسم که اسم کل برجزو آن صدق نکند ، اجسام دارای اجزاء که مجموع آن‌مایهٔ حیات است . ۲- (شم.) ترکیباتی‌هستند[1] که بدن گیاهان وجانوران را تشکیل می دهند و چون هنگام سوختن آنها اگر اکسیژن باندازهٔ کفایت نباشد مقداری کربن از خود باقی می‌گذارند ازاینجهت آنها را ترکیبات کربن مینامند ← آلی. ‖ ~ بسیط (بسیطه) . ۱ - (فل.) عناصر اربعه را در حال‌خلوص و بساطت‌اجسام بسیط‌گویند مثلاآب‌درصورتی که‌با هیچ یك‌ازعناصر دیگرترکیب نیافته باشدوخلطی‌حاصل نکرده‌باشد. ۲- (شم.) عناصر. ‖ ~ شفاف (فز.) . اجسامی هستندکه نوراز آنها عبورمی کند وحاجب‌ماوراءنیستند و اشیاء پشت سرآنها را بخوبی‌میتوان دید، مانند: شیشه ، آب‌زلال، هواوغیره. ‖ ~ کدر (فز.).اجسامی راگویند که نور ازآنها عبور نمی کند و بطور کلی حاجب ماوراء هستند ، مانند : سنگ و چوب . ‖ ~ طبیعی . ۱ - (فل.) مرکب ازماده و صورت جسمیهٔ طبیعیه میباشند درمقابل صورت‌تعلیمی که اشکال‌مختلف واردبرصورت جسمیه یاجسم طبیعی‌است . ۲- (تص.) عرش‌و کرسی. ‖ ~ علوی (فل.). افلاك و کواکب و بطور کلی‌موجودات سماوی، اجرام علوی . ‖ ~ عنصری(فل.). موالید ثلاث و کاینات که همواره در معرض کون و فسادند چه آنها از ترکیب عناصراربعه و تأثیرات اجسام و اجرام سماوی‌و حوادث جوی‌تکوین میبابند (بعقیدهٔ‌قدما). ‖ ~ غیرآلی (آلیه). اجسام مفرده ؛ مق . اجسام آلی (آلیه) . ‖ ~ مرکب (شم.). اجسامی‌که از دو یاچند عنصر ترکیب

۱ - Corps organisés (فر.)

شوندمانندآب که ازاکسیژن وئیدرژن و سنگ مرمر که از کربن و اکسیژن و فلزی بنام کلسیم ترکیب شده است . شمار: اجسام مرکب ازچندصدهزارهم تجاوز می کند. ‖ ــِ **منیر (منیره)** (فز.).اجسامی راگویندکه ازخود نور و درخشندگی دارند ، مانند: خورشید فروزان، شمع روشن؛ مق.اجسام مستنیر. ← ‖ ــِ **مستنیر (مستنیره)** (فز.). اجسامی هستندکه ازخود نورندارندونور میگیرند و برای رؤیت آنها ازاجسام منیرباید کسب نورکرد ، مانند: سنگ، خاك ، ماه و غیره؛ مق. اجسام منیر ↑ ‖ ــِ **نیم شفاف** (فز.) .اجسامی را راگویندکه نور از آنها می گذرد ولی اجسامی راکه در پشت آنها واقع شده است نمیتوان رؤیت کرد؛ مانند : کاغذ آلوده بچربی، شیشهٔ مات و غیره .

اجغار ǰaγγār خوارزمی، آتش افروخته] (اِ.) روزشانزدهم ماه چهارم مغان خوارزم. درشب این روزمانندسده آتش می افروختند و بر گرد آن باده می نوشیدند .

اجل aǰal[ع.] (اِ.) ۱ - گاه،هنگام، زمان، وقت. ۲- مرگ، هنگام مرگ، نهایت زمان عمر : اجل موعود . ۳ - زمانه . ۴ - نهایت مدت برای ادای قرض(ج.آجال). ‖ ــِ **طبیعی**.مرگ، مرگی که بسبب حادثه یا پیشامدی ناگهانی وغیرطبیعی نباشد. ‖ ــِ **معلق**. مرگ ناگهانی . ـ مثل اجل ــ ، بناگاه رسیدن کسی را اراده کنند که ازاو کراهت دارند . ‖ ــِ **معلوم** . ۱ - مدت و زمان مقدر. ۲- اجل مقدر، مرگ مقدر. ‖ ــِ **مقدر**. مرگ مقدر ومعین. اجل معلوم (ه. م.) ‖ ــ **ش برگشته** (عم.) زمان مرگش رسیده.

اجل aǰall(درف. aǰal هم گفته میشود) [ع.] (ص تفض.)جلیل تر، بزرگوارتر.

اجلاء aǰellā' [ع.،ف.: اجلا](ص.، اِ.) ج.جلیل (ه.م.)؛بزرگواران .

اجلاس eǰlās [ع.] ۱ - (مصم.) نشانیدن . ۲ - (اِ.) انجمن و مجلسی که درآن برای مهم و پیشرفت کار و قطع نزاع و دعواگفتگوکنند .

اجلاس داشتن e.-dāštan [ع.-ف.] (مص ل.) انجمن داشتن و جمع شدن در محلی برای مشاوره .

اجلاس کردن e.-kardan [ع.-ف.] (مص ل.)اجتماع کردن و مشاوره نمودن درکار.

اجلاسی eǰlās-ī [ع . اجلاسی eǰlāsīyy](ص نسب.)منسوب به اجلاس، نث. اجلاسیه (ه.م.)

اجلاسیه eǰlās-īyya(-e)[ع.](ص. نسب.، نث) مؤنث اجلاسی(ه.م.):دورهٔ اجلاسیه. ‖ **دورهٔ** ــ . دوره‌ای که در آن انجمن تشکیل میگردد و اعضای آن برای مشورت وگفتگوگردمیآیند: پانزدهمین دورهٔ اجلاسیهٔ مجمع عمومی سازمان ملل متحد.

اجلاف aǰlāf [ع.] (اِ.) ج . جلف . ۱- مردمان فرومایه‌وسفله،سبکساران، سبك مایگان . ۲- ستمکاران . ۳ - چیزهای میان تهی .

اجلال eǰlāl [ع.] ۱ - (مصم .) بزرگ داشتن ، بزرگ قدرگردانیدن، تعظیم ، بزرگ شمردن . ۲ - توانا گردانیدن .

اجل رسیده aǰal-rasīda(-e) [ع.-ف.] (امف.، ص‌مر.) کسی که‌مرگش‌فرا رسیده‌باشد ، اجل گشته .

اجل گردیده a.-gardīda(-e) [ع.-ف.] اجل گشته ،اجل‌رسیده .

اجل گشته a.-gašta(-e) [ع.-ف.]

(امف.، ص‌مر.) اجل گردیده، اجل رسیده.

اجل‌گیا a.-giyā [ع.-ف.] ← اجل گیاه.

اجل گیاه a.-giyāh [ع. - ف.] (اِمر.) (گیا.) تاج‌الملوك (ه.م.)

اجله aǰella(-e) [= ع. اجلة] (ص.) ج. جليل (ه.م.)؛ بزرگان، مهان: «ابوعلی‌سینا از اجلهٔ علمای ایران بشمار است.»

اجلی aǰlā [ع.] (ص‌تفض.) جلی‌تر. روشن‌تر، هویداتر؛ مق. اخفی: «معرف باید از معرف اجلی باشد.»

اجم aǰam [ع.] (اِ.) نیستان، بیشه، انبوه درختان.

اجماع eǰmā' [ع.] ۱ - (مص‌ل.) گردآمدن بر، اتفاق کردن بر کاری، متفق‌شدن، همداستان گردیدن. ۲ - (مص م.) جمع کردن. ۳ - (اِمص.) اتفاق عقاید و آرای علما وغیره. ۴ - (فل.) ارادهٔ مؤکد که بدنبال آن حرکت عضلات است. ۵ - (شرع.) یکی از سه یا شش اصل فقه و آن عبارتست از اتفاق صحابه از مهاجران و انصار و همچنین علما (نه عامه) درهر عصری بر امری از امور فقهی. ۶ - (شرع.، اص.) اتفاق امت محمدص بر امری از امور دینی.

اجمال eǰmāl [ع.] ۱ - (مص م.) سخن بطرز مبهم وخلاصه وکلی بیان کردن؛ مق. تفصیل. ۲ - (اِ.) سخن خلاصه و مبهم، خلاصهٔ کلام. ‖ **به ~ برگذار کردن.** بطور مبهم و خلاصه سخن گفتن، مطلب را سربسته وروشن نشده بجا نهادن. ‖ **در بوتهٔ ~ گذاشتن.** در بارهٔ چیزی یا کاری شرح مفصل بیان نکردن، کاری را ناقص و نیمه کاره رها کردن و به‌نتیجه نرساندن.

اجمالا eǰmāl-an [ع.] (ق.) باجمال، بطور خلاصه ومبهم، خلاصةً، مختصراً، باختصار، بکوتاهی؛ مق. تفصیلاً.

اجمالی eǰmāl-ī [ع.-ف.] (ص‌نسب.) ۱ - منسوب به اجمال (ه.م.) ۲ - مختصر، مجمل؛ مق. تفصیلی: علم اجمالی. ‖ **نظر ~ کردن.** نظر کلی و عمومی کردن، بطور خلاصه درچیزی یا کاری نظر کردن.

اجناد aǰnād [ع.] (اِ.) ج. جند. لشکرها.

اجناس aǰnās [ع.] (اِ.) ج. جنس. ۱ - قسم‌ها، نوع‌ها، گونه‌ها. ۲ - کالاها، متاع‌ها.

اجنبی aǰnab-ī [ع. aǰnabīyy] (ص.) ۱ - بیگانه، غریب، خارجی. ۲ - نافرمان. ۳ - (صرف‌عربی) اجنبی کلمه‌ایست در جمل مرکبه که ظاهراً رابطهٔ دستوری با فاعل (یا مسندالیه) ندارد. ۴ - (فق.) شخصی غیر از دو طرف متعاهد. ۵ - (فق.) آنکه پیرو دین نباشد اجنبی است چه کافرحربی و چه غیر حربی و چه مشرك. ۶ - (حق.) آنکه تابعیت کشوری را ندارد نسبت بآن کشور اجنبی است.

اجنبی‌پرست a.-parast [ع.-ف.] (اِفا.، ص‌مر.) بیگانه‌پرست، آنکه میهن وملت خودرا رها کند وبسود بیگانگان دست‌بکاری زند، آنکه بزیان وطن خویش و بسود بیگانه‌ای عمل کند.

اجنبی پرستی a.-parast-ī [ع.-ف.] (حامص.) کاروعمل بیگانه پرست (ه.م.)

اجنحه āǰneha(-e) [ع.] (اِ.) ج. جناح (ǰo.-) و جناح (ǰe.-) (ه.م.)

اجنه aǰenna(-e) [ع. اجنة] (اِ.) در عربی ج. جنین و در تداول فارسی

زبانان بغلط ج جن است و معنی پریان از آن اراده میشود . ضح ـ «جن» خود اسم جمع و مفرد آن جنی بزیادت یاء مشدد (درفارسی مخفف) است.

اجواف ajvāf [ع.] (إ.) ج . جوف بمعنی درون، میان، شکم، لابلا.

اجوبه ajveba(-e) [ع. اجوبة] (إ.) ج. جواب؛ پاسخها، جوابها.

اجود ajvad [ع.] (ص تفض.) ۱ - بهتر ، نیکوتر . ۲ - بخشنده تر ، جوادتر.

اجودان ajūdān (إ.) ← آجودان.

اجودان باشی a.-bāšī (إ) ← آجودان باشی .

اجور oǰūr [ع.] (إ.) ج. اَجر؛ اجرها، اجرتها؛ اجور گذشته.

اجوف aǰvaf [ع.] (ص.) ۱ - میان تهی، درون خالی ، کاواك ، مجوف ، پوك. ۲ - پوچ، بی معنی. ۳ - (صرف عربی) لفظی را که عین الفعل آن حرف عله (واو، الف، یاء) باشد اجوف گویند، مانند: قول و بیع. ‖ **ـــِ واوی** (صرف عربی). لفظی را که عین الفعل آن واو باشد اجوف واوی گویند، مانند: قول. ‖ **ـــِ یائی** (صرف عربی). لفظی را که عین الفعل آن یاء باشد اجوف یائی گویند ، مانند : بیع . ‖ **ورید ـــ** (جا.) ← ورید

اجهار eǰhār [ع.] (مص م.) ۱ - اظهار ۲ - آشکار کردن سخن، بلند کردن آواز .

اجهزه aǰheza(-e) [ع. اجهزة] (إ.) ج. جهاز (ه.م.)

اجهل aǰhal [ع.] (ص تفض.) نادان تر، جاهل تر، ناآگاه تر.

اجیر aǰīr [ع.] (ص.) مزدور، مزد بگیر، شخصی که بانجام رسانیدن کاری را متعهد میشود در برابر مزدی.

اجیر شدن a.-šodan [ع.-ف.] (مص ل.) مزدور شدن ، مزدوری کسی را پذیرفتن.

اجیر کردن a.- kardan [ع.-ف] (مص م .) مزدور کردن ، بمزدوری گرفتن.

اچه ače [← اچی، تر.] (إ.) برادر بزرگ.

اچی ačī [← اچه، تر.] (إ) برادر کلان، برادر مهتر .

احادیث ahādīs [ع.] (إ) ۱ - ج . احدوثه، افسانه‌ها، سخنها . ۲ - ج . حدیث. الف - روایتها، اثرها خبرها. ب - چیزهای نو.

احاطت ehātat [= ع. احاطة = ف. إحاطه] ← احاطه.

احاطه ehāta(-e) [= احاطت ، ع. احاطة] (مص م.) ۱ - گرد چیزی بر آمدن، چیزی یا جایی را فرا گرفتن و درمیان گرفتن. ۲ - درك كردن چیزی بطور کامل و تمام، ظاهراً و باطناً.

احاطه کردن e.-kardan [ع.-ف.] (مص م.) ۱ - گرد چیزی بر آمدن ۲ - فرا گرفتن چیزی بطور کامل.

احالت ehālat [ع. احالة = احاله] ← احاله.

احاله ehāla(-e) [= ع. احالة = احالت] (مص م .) ۱ - محول کردن ، واگذاشتن کار بدیگری . ۲ - بحال دیگر یا بجای دیگر گشتن. ۳ - حیله کردن، چاره ساختن. ۴ - (حق.) خارج ساختن رسیدگی بجرمی از محکمه‌ای که صلاحیت محلی دارد و بمحکمهٔ هم‌عرض آن فرستادن. این خروج از صلاحیت بمنظور حفظ نظم و رعایت مصالح صورت میگیرد.

احاله‌کردن e.-kardan [ع.-ف.] (مصم.) ارجاع کردن، واگذاشتن، حواله دادن، حوالت کردن.

احبا ahebbā [ع.احباء] ← احباء.

احباء ahebbā' [ع.،ف.: احبا] (ص.، إ.) ج. حبیب؛ حبیبان، دوستان: «درد احبا نمی‌برم به اطبا» (سعدی.)

احباب ahbāb [ع.] (ص.، إ.) ج. حَبیب؛ دوستان، یاران.

احباب ehbāb [ع.] (مصم.) دوست داشتن کسی را.

احباط ehbāt [ع.] ۱ - (مصل.) اعراض کردن. ۲ - (مصم.) باطل گردانیدن، باطل کردن ثواب عمل.

احتجاب ehteǰāb [ع.] (مصل.) در پرده شدن، در حجاب شدن، در پرده رفتن.

احتجابات ehteǰāb-āt [ع.] ج. احتجاب (ه.م.)

احتجاج [ع.] (مصل.) حجت آوردن. دلیل و برهان آوردن. ‖ ـــِ بدلیل. (بع.) آنست که شاعر صفتی بیاورد یا در مقدمهٔ سخن ادعایی کند و سپس آنرا ببرهان‌های عقلی ودلیل‌های نقلی ثابت کند، مانند:

«بنام ایزد که توباغی و گر برهان کسی خواهد ـ قدت سرو است و مویت مشك و زلفت سنبل و گل رخ.»

احتجاجات ehteǰāǰ-āt [ع.] ج. احتجاج (ه.م.)

احتجاج‌کردن e.-kardan [ع.-ف.] (مصل.) ۱ - حجت آوردن، استدلال کردن، اقامهٔ دلیل. ۲ - خصومت و دشمنی کردن.

احتراز ehterāz [ع.] ۱ - (مص ل.) پرهیز کردن، پرهیزیدن، خویشتن را از چیزی نگاه‌داشتن، تحرز، اجتناب، تحفظ، دوری‌جستن. ۲ - (إمص.) خویشتن‌داری، گریز، پرهیز.

احترازات ehterāz-āt [ع.] ج. احتراز (ه.م.)

احترازکردن e.-kardan [ع.-ف.] (مص ل.) پرهیز کردن، اجتناب کردن.

احتراق ehterāɣ [ع.] (مصل.) ۱ - سوختن، سوخته شدن، آتش گرفتن. (← سوختن). ۲ - (نج.) جمع‌شدن آفتاب است با یکی از پنج‌ستارهٔ زحل ومشتری و مریخ و زهره و عطارد دریك درجه‌و دقیقه (بلکه در یك نقطه) از فلك البروج، نهان‌شدن یکی از پنج اختر بالا در زیر شعاع خورشید بسبب باهم شدن در یك برج. ‖ ـــِ کواکب. (نج.) سوختن‌ستاره، قرارگرفتن‌ستاره (یکی از پنج ستارهٔ زحل، مشتری، مریخ، زهره و عطارد) با خورشید در یك برج.

احتراقات ehterāɣ-āt [ع.] ج. احتراق (ه.م.)

احتراق‌پذیر e.-pazīr [ع.-ف.] (إفا.، ص مر.) سوختنی. قابل سوختن[۱]؛ مق. احتراق ناپذیر، ناسوختنی.

احتراق ناپذیر e.-nā-pazīr [ع.-ف.] (إفا.، ص مر.) نا سوختنی، غیر قابل سوختن[۲]؛ مق. احتراق پذیر، سوختنی.

احترام ehterām [ع.] ۱ - (مصم.) حرمت‌داشتن، بزرگ‌داشتن. ۲ - (إمص.) حرمت، پاس، بزرگداشت.

احترامات ehterām-āt [ع.] ج. احترام (ه.م.)

---

۱ - Inflammable, combustible (فر.)   ۲ - Incombustible (فر.)

احتراماً ehterām-an [ع.] (ق.) از روی احترام و بزرگداشت.

احترام‌داشتن e.-dāštan [ع.- ف.] (مص‌ل.) محترم بودن ، مورد احترام و بزرگداشت بودن.

احترام کردن e.- kardan [ع.-ف.] (مص‌م.) کسی یا چیزی را گرامی و بزرگ داشتن.

احترام گذاشتن e.- gozāštan [ع.-ف.] (مص م.) ۱ - احترام کردن بر چیزی یا کسی ، به چیزی یا کسی عزت نهادن ، چیزی یا کسی را بزرگ‌داشتن. ۲ - (نظ.) سلام نظامی دادن.

احتریز ehterīz [=ع. احتراز] (مص‌ل.) ممال احتراز (ه‌.م.): «ز دشمن بهر حال کن احتریز.» (سعدی.)

احتساب ehtesāb [ع.] ۱- (مص‌م.) شماره کردن ، بشمار آوردن ، حساب کردن. ۲ - مزد و ثواب چشم‌داشتن. ۳ - عمل شرطه، نهی کردن از چیزهایی که در شرع ممنوع باشد. ← محتسب. ۴ - اعتبار رسمی برای مبلغ معینی پول. ‖ ~ **برکسی.** نهی از منکر کردن اورا. ‖ ~ِ **ممالك.** درروزگار صفویان رتبهٔ رئیس محتسبان.

احتسابات ehtesāb-āt [ع.] ج. احتساب. (ه‌ م.) ‖ **ادارهٔ** ~. در عهد قاجاریه و اوایل عهد پهلوی ، ادارهٔ تنظیف خیابانها.

احتشام ehtešām [ع.] ۱- (مص‌ل.) حشمت و شکوه‌داشتن، خداوند خدم و حشم شدن . ۲ - (اِ.) شأن و شکوه ، حشمت، بزرگی، شوکت. ‖ ~ِ **از کسی.** شرم داشتن ازوی، استحیاء، شکوهیدن.

احتشام یافتن e.-yāftan [ع.-ف.] (مص‌ل.) شکوه و جلال یافتن.

احتشامات ehtešām-āt [ع.] ج. احتشام (ه‌.م.)

احتصان ehtesān [ع.] ۱- (مص‌ل.) استوار بودن، محکم‌بودن. ۲ -(إمص.) استواری، استحکام.

احتضار ehtezār [ع.] (مص‌ل.) ۱ - حضور، حاضر شدن ، حاضر آمدن. ۲ - حاضر شدن مرگ، فرارسیدن مرگ. ۳ - شهری‌شدن مردم، ترك زندگی بدوی و بیابانی گفتن. ۴ - از سفر بحضر آمدن. ۵ - (إ.)(پز.) حالت جان‌کندن و هنگام مرگ[1]. ‖ **حال** ~. حال مردن، حال جان‌کندن‌میرنده، واپسین دمهای زندگی.

احتضارات ehtezār-āt [ع.] ج. احتضار (ه‌.م.)

احتفاظ ehtefāz [ع.] (مص‌ل.) ۱ - نگاه‌داشتن، حراست کردن . ۲ - خویشتن‌داری کردن . ۳ -خشم گرفتن.

احتفال ehtefāl [ع.] (مص‌ل.) ۱ - آراسته‌شدن ، زینت گرفتن . ۲ - گردآمدن‌مردم، انجمن‌شدن، گردآمدن گروهی در مجلس. ۳ - بزم کردن.

احتقار ehteγār [ع.] ۱ -(مص‌م.) خوار و خرد شمردن ، خوار داشتن ، ۲ - (مص‌ل.) خوار شدن.

احتقارات ehteγār-āt [ع.] ج. احتقار (ه‌.م.)

احتکار ehtekār [ع.] ۱ -(مص‌م.) انبار کردن کالا (مخصوصاً غله) برای فروش بهنگام گرانی و کمیابی. ۲ - (إمص.) بنداری، انبارداری.

احتکارکردن e.-kardan [ع.-ف.] (مص‌م.) ← احتکار.

احتکاری ehtekār-ī [ع.-ف.]

۱- Agonie(فر.)

(ص‌نسبـ.) منسوب به احتکار، کالایی که در آن احتکار شده باشد. ← احتکار.

احتلام ehtelām [ع.] ۱ ـ خواب دیدن، شیطانی شدن، انزال در خواب، جنب شدن در خواب. ۲ ـ مطلق انزال. ۳ ـ (إ.) بوشاسب.

احتما ehtemā [ع. احتماء.] ← احتماء.

احتماء ehtemā' [ع.ـ ف.: احتما] ۱ ـ (مص‌ل.) پرهیز کردن، خود را از چیزی نگاهداشتن، از چیز زیان‌دار پرهیز کردن. ۲ ـ (پز.) پرهیز کردن بیمار از خوراکهای مضر، رژیم گرفتن. ۳ ـ (إمص.) (پز.) پرهیز بیمار از چیزهای زیان‌آور، رژیم.

احتمال ehtemāl [ع.] ۱ ـ (مص‌م.) بار بر گرفتن. ۲ ـ از کسی فرو بردن، تحمل، ناملایم از کسی برداشتن:

«ترك احسان خواجه اولیتر
کاحتمال جفای بوابان» (سعدی.)

۳ ـ (إمص.) بردباری. ۴ ـ ظن، گمان. ۵ ـ (فل.) امکان امری عقلا و عدم یقین وقوع آن. ‖ به ~ قریب بیقین. به گمان و تصور نزدیك به اطمینان. ‖ به اقرب ~. با گمان نزدیك به یقین ↓ ‖ به اقوی ~. به اقرب احتمال ↑

احتمالات ehtemāl-āt [ع.] ج. احتمال (ه.م.) ‖ حساب ~[1]. (رض.) برروی امکان وقوع پیشامدی یا صورت گرفتن کاری حساب کردن و احتمالهای کار را بحساب آوردن.

احتمالاً ehtemāl-an [ع.] (ق.) محتملاً، شاید.

احتمال دادن e.-dādan [ع.ـ ف.] (مص‌ل.) گمان بردن، تصور کردن.

احتمال داشتن e.-dāštan [ع.ـ ف.] (مص‌ل.) امکان داشتن، ممکن بودن، مورد تصور و گمان بودن.

احتمال کردن e.-kardan [ع.ـ ف.] (مص‌م.) تحمل کردن، بردباری کردن.

احتمال کننده e.-konanda(-e) [ع.ـ ف.] (إفا.، ص‌مر.) متحمل، بردبار.

احتمالی ehtemāl-ī [ع.ـ ف.] (ص‌نسبـ.) محتمل، کاری یا پیشامدی که وقوع آن مورد تصور باشد.

احتوا ehtevā [ع. احتواء] ← احتواء.

احتواء ehtevā' [ع.، ف.: احتوا] ۱ ـ (مص م.) گرد کردن، گرد فرو گرفتن، فرا گرفتن از هرسوی. ۲ ـ اشتمال، شامل بودن بر، دربرداشتن. ۳ ـ (مص‌ل.) فرازآمدن بر، دست‌یافتن برچیزی.

احتیاج ehtiyāǰ [ع.] ۱ ـ (مص ل.) نیازمند گشتن، حاجتمند شدن، فقر. ۲ ـ (إمص.) بی چیزی، حاجتمندی، نیازمندی. ۳ ـ (إ.) نیاز، حاجت.

احتیاجات ehtiyāǰ-āt [ع.] ج. احتیاج (ه.م.)

احتیاج افتادن e.-oftādan [ع.ـ ف.] (مص‌ل.) نیازمند گشتن.

احتیاج دادن e.-dādan [ع.ـ ف.] (مص م.) محتاج کردن، نیازمند ساختن.

احتیاج داشتن e.-dāštan [ع.ـ ف.] (مص ل.) نیازمند بودن، حاجت داشتن.

احتیاط ehtiyāt [ع.] ۱ ـ (مص‌ل.)

---

۱ ـ Calcul des probabilités (فر.)

۱۵۶ احتیاطات

استوار کردن، به استواری فرا گرفتن. ۲ - بهوش کاری کردن. ۳ - (إمص.) دور اندیشی، پختگی، عاقبت‌اندیشی، مآل بینی. ‖ عمل به ـــ. (فق.) رفتار کردن به احکام مذهبی بر حسب احتیاط.

احتیاطات ehtiyāt-āt [ع.] ج. احتیاط (هـ.م.)

احتیاطاً ehtiyāt-an [ع.] (ق.) از روی احتیاط، دوراندیشانه.

احتیاط‌کار ehtiyāt-kār [ع.-ف.] (ص مر.) محتاط، عاقبت‌اندیش، استوارکار.

احتیاط‌کاری e. - kār-ī [ع.-ف.] (حامص.) دور اندیشی، عاقبت‌اندیشی، استوارکاری.

احتیاط کردن e. - kardan [ع.-ف.] (مصل.) استوارکاری کردن، بهوش کار کردن.

احتیاطی ehtiyāt-ī [ع.-ف.] (ص نسب.) منسوب به احتیاط، کاری‌که ازروی احتیاط و دوراندیشی صورت گیرد.

احتیال ehtiyāl [ع.] ۱- (مصل.) حیله ساختن، کارساختن، حیلت کردن، حیله‌انگیختن. ۲ - حواله پذیرفتن، قبول حواله، برات وام دادن. ۳ - (إمص.) چاره‌گری، چاره، حیله.

احتیالات ehtiyāl-āt [ع.] ج. احتیال (هـ.م.)

احجار ahǰār [ع.] (ا.) ج. حجر؛ سنگها ← حجر، سنگ. ‖ ـــ آذرین. (زم.) ← سنگهای آتشفشانی. ‖ ـــ آلی (آلیه). (زم.) ← سنگهای ارگانیك. ‖ ـــ ثمین (ثمینه). (زم.) احجار کریمه (هـ م.)، سنگهای قیمتی. ‖ ـــ رسوبی (رسوبیه). (زم.) ← سنگهای ته نشستی. ‖ ـــ کریمه. گوهرها، سنگهای‌قیمتی، احجار ثمینه، احجار نفیسه. ← سنگهای‌قیمتی، احجار کریمه. ‖ ـــ نفیسه. (زم.) ← سنگهای قیمتی.

احجام ahǰām [ع.] (ا.) ج. حجم (هـ.م.)، گنجها (gonǰ-hā) ضح. - احجام ج حجم که‌در کتب‌هندسه‌استعمال شود درلغت عرب نیامده و بجای آن حجوم بروزن عقول‌آمده است.

احد ahad [ع.] ۱ - (ا.) یکی، یك. ۲ - (ص.) یگانه، یکتا. ۳ - یکم. ۴ - (إخ) یکی ازنامهای خدا ← واحد. ۵ - (فل.) هرموجودی‌که یگانه باشد و متعددی ازجنس‌آن نباشد، وآن‌اخص از واحد است. ۶ - (تص.) اسم ذات‌با اعتبار تعدد صفات و اسماء و غیب.

احداث ahdās [ع.] (ا.، ص.) ج. حدث، (هـ.م.). ۱- نو، تازه، هرچیزتازه‌ونو پدید آمده. ۲ - جوانان. ۳ - نوعی حقوق دیوانی (درعهد صفویه). ‖ ـــ اربعه. (فق.) حدثهای چهارگانه: قتل، ازالهٔ بکارت، شکستن دندان و کور کردن. ‖ ـــ دهر. بلاهای روزگار. پیشامدهای دوران. ‖ ـــ موجبهٔ وضوء. (فق.) حدثهایی‌که وضو را باطل‌کند ← حدث.

احداث ehdās [ع.] (مصم.) ۱ - نو ایجادکردن، چیزی نو پدیدآوردن، ایجادکردن، ساختن و برقرارکردن. ۲ - (فل.) ایجاد شیء مسبوق به مدت‌را احداث مینامند وآن اخص از تکوین است، زیرا تکوین عبارت از ایجاد مسبوق‌بماده است‌و هرچه مسبوق بمدت باشد مسبوق به‌مادت هم هست و عکس قضیه‌کلیت ندارد و ممکن است چیزی مسبوق بمادت باشد و قدیم باشد یعنی مسبوق بمدت نباشد.

احداث کردن e.-kardan [ع.-ف.] (مص‌م.) نو آوردن ، بنوی کردن، ساختن و برپا نمودن .

احداق ahdāγ [ع.] (إ.) ج.حدقه . سیاهی های چشم ، مردمکهای چشم .

احدب ahdab [ع.] (ص.) کج پشت، کوژ، مرد کوژپشت ،آنکه سینه‌اش فرو شده و پشتش برآمده باشد .

احدوثه ohdūsa(-e) [ع.](إ.) ۱ - افسانه،سخن‌شگفت،حدیث. ۲ - کار نو. ج. احادیث.

احدی ahad-ī [ع. -ف. احد عربی (← احد)+ی (نکره فارسی)](مبهم) یك تن ، هیچکس ، کسی.

احدی ahad-ī [ع.-ف.](ص‌نسب.، إ.) ۱ - منسوب به احد (← احد) . ۲ - منصب داری باشدازانواع منصب‌داران هند وآن ازعهداکبرشاه معمول گردید. ۲ - فرقه‌ای ازسپاهیان‌پادشاه‌هندوستان است‌که هرصد تن را یك سربلوك‌کرده صدی گویند و هزارتن‌را یك‌دستهٔ‌هزاری گویند .

احدی ehdā [ع.] (إ.) تأنیث احد(ه.م.)

احدیت ahad-īyyat [=ع.احدیة] (مص‌جع.) ۱ - یگانگی . ۲ - مقام الوهیت . ۳ - (فل.) غیر قابل قسمت بودن ذات خدا .

احدیه ahad-īyya [=احدیت، ع.احدیة] ← احدیت .

احرار ahrār [ع.] (ص.) ۱ - ج. حر ، حران ، آزادان ، آزادگان . ۲ - ایرانیان.

احراز ehrāz [ع.] (مص‌م.) ۱ - فراهم آوردن ، جمع کردن . ۲ - در حرز کردن، پناه دادن ، جای دادن. ۳ - دارا شدن ، بدست آوردن . ۴ - تصرف چیزی که متعلق بعموم باشد . ‖ ~ اجر . گرد آوردن و گرفتن مزد را. ‖ ~ مقام (مقامات) . دارا شدن مقام (مقامات).

احراق ehrāγ [ع.] ۱ - (مص‌م.) سوزانیدن ، بر پا کردن حریق . ۲ - اذیت رساندن . ۳ - (إمص.) سوز آوری . ‖ ~ کواکب. (نج.)احتراق کواکب (ه.م.) ‖ ~ لاشه . سوختن جسد میت.

احرام ahrām [ع.] (إ.) ۱ - ج. حرم (ه.م.) (haram) ۲ - ج.حریم (ه.م.)

احرام ehrām [ع.] ۱ - (مص‌ل.) آهنگ حج کردن، درحرم مکه یا در مدینه درآمدن ، بحرمت شدن ، در حرمتی در آمدن که هتك آن روا نیست، بعضی چیزهای حلال ومباح را در هنگام زیارت کعبه ومراسم حج بر خود حرام کردن. ۲ - (مج.) (إ.)دو چادرنادوخته که در ایام‌احرام یکی‌را لنگ و ته بند کنند و دیگری را بر دوش پوشند.

احرام بستن e.-bastan [ع.-ف.] (مص‌ل.) آهنگ کردن ، قصد و نیت کردن .

احرام بند e.-band [ع.-ف.] (ص‌مر.) آنکه احرام بسته باشد.

احرام گرفتن e.-gereftan [ع.-ف.] (مص م.) مراسم احرام بجا آوردن (در حج).

احرام گرفته e.-gerefta(-e) [ع.-ف.](إمف.) آنکه‌درحال‌بجاآوردن مراسم احرام‌است(درحج) ، محرم.

احرامی ehrām-ī [ع.-ف.](ص‌نسب.، إ.) ۱ - چادر نادوخته که حاجیان پوشند.← احرام. ۲ - قسمی سجاده از

۱۵۸
احری

پنبه با نقشهای کبود بر زمینهٔ سپید، گستردنی کوچك وغالباً با زمینهٔ سپید و گلهای آبی که چون‌سجاده بر آن‌نماز گذارند، جانماز، مصلی.

احری ahrā [ع.] (ص تفض.) سزاوارتر، شایسته‌تر، اولی، اصلح، درخورتر، بسزاتر.

احریض ehrīz [ع.] (ا.) (گیا.) ← کاجیره.

احزاب ahzāb [ع.] (ا.) ج. حزب. ۱ - گروهها، فوجها، دسته‌ها. ۲ - گروههای کافران که همگام شده بجنگ پیامبر اسلام آمده بودند. ۳ - قوم ثمود و غیر آنان که خدای تعالی ایشان را هلاك کرد. ۴ - (اخ.) نام سورهٔ سی وسیم از سوره‌های قرآن. ۵ - (سیا.) دسته‌های سیاسی که هریك مرام و روشی خاص خود دارند و در زندگی اجتماعی شرکت میورزند ← حزب.

احزان ahzān [ع.] (ا.) ج. حزن (ho-) وحزن (hazan). ۱ - غمها، اندوه‌ها. ‖ کلبهٔ ~. ۱-بیت احزان. ۲ - (اخ) خانهٔ یعقوب درهنگام‌دوری یوسف.

احساس ehsās [ع.] ۱ - (مص.م.) دریافتن، درك کردن، دانستن، آگاه شدن، دیدن. ۲ - (فل.) درك‌چیزی با یکی‌ازحواس. ۳- (روان.) انعکاس‌ذهنی تأثربدنی، و آن پایه‌ومایهٔ همهٔ‌ادراکات است، و آن ابتدائی واصیل‌است‌باین معنی که مسبوق‌بهیچ امر نفسانی‌دیگر نیست وقدم اولی است‌که پس‌از بیرون شدن‌ازقلمرو بدن وماده درعالم مجرد نفسانی‌برداشته‌میشود، ودیگر نفسانیات ازتغییروترکیب‌آن صورت می‌پذیرند. احساس همواره باامور مادی و بدنی‌که مقدمات‌آن‌هستند، مقارن وهمراه‌است. توضیح آنکه عوامل خارجی روی بدن تأثیراتی کرده‌بآن‌تغییراتی‌میدهند، واین تغییرات بدنی درنفس انعکاس می‌یابد که احساس نام دارد. بنابراین هر احساسی دو مقدمه‌دارد: الف- تحریك خارجی. ب- تأثرعضوی. ‖ ~ الم‌ی (روان.). حس درد جسمانی. ‖ ~ بصری (روان.). حس بینایی. ‖ ~ تعادلی (روان.). حس تعادل وجهت‌یابی. ‖ ~ ذوقی (روان.). حس چشایی. ‖ ~ داخلی (روان.). حس درونی. ‖ ~ سردی‌وگرمی (روان.). حس گرماو سرما. ‖ ~ سمعی. (روان.) حس‌شنوایی. ‖ ~ شمی (روان.). حس‌بویایی. ‖ ~ لمسی (روان.). حس بساوایی. ‖ ~ وضعی‌وعضلانی (روان.). حس حرکت.

احساسات ehsās-āt [ع.] ج. احساس. (ه.م.)

احساساتی ehsāsāt-ī [ع.-ف.] (ص‌نسبـ.) ۱ - منسوب به احساسات، وابسته به‌احساسات. ۲ - کسی که پیشامدها زود بروی اثر میگذارد و اورا بهیجان میآورد وبیشتر دستخوش اثر حواس خود است تاعقل و نیروی سنجش؛ شخص‌حساس.

احسان ehsān [ع.] (مص.م.، حامص.) ۱ - خوبی، نیکی، نیکوکاری، بخشش، انعام. ۲ - (مص.م.) نیکویی کردن. ۳ - بخشش کردن. ۴ - نیك‌گفتن. ۵ - (امص.) نیکی، نیکوکاری، بخشش، انعام.

احسانات ehsān-āt [ع.] ج. احسان (ه.م.)

احسان کردن ehsān-kardan [ع.-ف.] (مص.م.) افضال‌کردن، بخشش کردن.

احسان‌یافتن e.-yāftan [ع.-

ف.] (مص‌ل.) نیکویی یافتن ، نعمت یافتن.

۱ - احسن ahsan [ع.] (ص.) ۱ - نیکوتر، بهتر، اعلی ، احمد ، اولی. ‖ **بنحو** ~ . به بهترین‌شیوه وطرز، به نیکوترین وضع.

۲ - احسن ahsan [=احسنت](صت.) زه، آفرین، احسنت.

قضا گفت گیر و قدر گفت ده
فلك گفت احسن ملك گفت زه.
(فردوسی.)

رك. بخش۲: احسنت.

احشا ahšā [ع.احشاء] ←احشاء.

احشاء ahšā' [ع.،ف.: احشا](ا.)ج. حشا، آنچه در سینه و شکم باشد ازدل و جگر و معده و روده، اندرونه.

احشاء و امعاء ahša'-va-am'ā' [ع.] (امر.) (پز.) اندرونه (ه.م.)

احشام ahšām [ع.] (ا.) ج. حشم. ۱ - نوکران و خدمتکاران . ۲ - گله و رمهٔ چار پایان.

احصا ehsā [ع.احصاء.]←احصاء.

احصاء ehsā'[ع.،ف :احصا](مصم.) شمردن ، تعدید ، شماره کردن ، ضبط کردن، حفظ، آمار گرفتن ، سرشماری کردن. ضح.- اصل این کلمه در عربی از حصی است بمعنی سنگریزه زیرا که با سنگریزه میشمرده‌اند و بعد مصدر احصاء از حصی ساخته شده است . (قزوینی ، یادداشتها ، ج ۲ ص ۵۴)

احصائی ehsā'-ī [ع.-ف.](ص‌نسب.) ۱- منسوب به‌احصاء. ۲ - قابل‌شمارش، شمردنی.

احصائیه ehsā'-īyya(-e) [ع.] (امر.) ۱ - آمار[۱]، اماره ، شمار . ۲ - دانشی که موضوع آن دسته بندی منظم امور اجتماعی است با شماره ، مانند: آمار مالی، آمار سرباز گیری وجز آن. ‖ **ادارهٔ** ~ . اداره‌وسازمانی که وظیفهٔ وی سرشماری و تهیهٔ آمار افراد از لحاظهای مختلف و صدور شناسنامه و ثبت موالید و متوفیات و عقد و طلاق و مانند آنست . ضح . - فرهنگستان بجای این کلمه «آمار»را برگزیده است.

احصان ahsān [ع.] (ا.) ج. حصن (ه.م.)

احصان ehsān[ع.] ۱-(مصم.)استوار گردانیدن، تحکیم کردن، حصار نهادن، نگاه‌داشتن. ۲ -(مص‌ل.) پارسا گردیدن زن. ۳ -شوی‌کردن‌زن. ۴ -باردارشدن زن. ۵ - زن‌کردن‌مرد ، زن خواستن مرد. ۶ - (فق.) حالت مرد یازن بالغ عاقلی است که بازن یا مرد آزادی بعقد دایم ازدواج کرده و بااو حد اقل یکبار نزدیکی‌طبیعی کرده باشد وامکان تکرار آن نیزبرای او باشد و باراول هم بثبوت برسد . مردی را که واجد شرایط مزبورباشد «محصن» وزنی‌راکه چنین‌باشد «محصنه» گویند وزنای‌آنان را «زنای‌محصنه» خوانند.

احضار ehzār [ع.] ۱- حاضرآوردن. ۲ - فراخواندن، خواندن: اورا بمرکز احضار کرد . ۳ - (حق.) فراخواندن شخص یا اشخاص بوسیلهٔ دادگاه یا بازپرس برای ادای‌توضیحات. ‖ ~ **ارواح** . عمل فرا خواندن روانهای مردگان بتوسط رابطی[۲].

احضار فرمودن ehzār-farmūdan [ع.-ف.] (مصم.) ۱ - فراخواندن . ۲ - حاضر کردن. ۳ - امر بحاضرشدن دادن.

احضار کردن e.- kardan [ع.-ف.] (مصم.) ۱- فراخواندن .

۱ - Statistique (فر.)

۲ - Médium (فر.)

احضارنامه

۲ - حاضر کردن، بحضور آوردن. ۳ - امر بحاضرشدن دادن.

احضارنامه e.-nāma(-e) [ع.-ف.] (إمر.) ۱ - نامه‌ای که بوسیلهٔ آن کسی را بجایی فرا میخوانند. ۲ - (حق.) ورقه ایست که مستنطق خطاب بمتهم برای حضوریافتن نزدوی درساعت‌معین صادر میکند و در صورت عدم حضور دستورجلب اوراصادرمینماید؛ احضاریه.

احضاریه ehzār-īyya(-e) [ع.] (إمر.) احضارنامه (ه.م.)

احفاد ahfād [ع.] (إ.) ج. حافدو حفد. ۱ - نبیرگان، نوادگان، فرزند زادگان. ۲ - یاران، خادمان.

احق ahaγ [ع. ahaqq] (ص‌تفض.) سزاوارتر، اولی، صاحب حق‌تر، راست‌تر، بسزاتر.

احقاد ahγād [ع.] (إ.) ج. حقد، کینه‌ها.

احقاف ahγāf [ع.] (إ.) ج. حقف. ۱ - توده‌های ریگ، تل‌های شن وریگ، ریگ‌پشته‌ها. ۲ - (إخ) ← بخش ۳.

احقاق ehγāγ [ع.] (مص‌م.) برحق بداشتن، درست دانستن و یقین کردن امری را. ‖ ~ حق. ۱ - رسانیدن حق به مستحق. ۲ - حکم به‌محق بودن مستحق کردن. ۳ - حق‌خود را گرفتن و بدست آوردن.

احقر ahγar [ع.] (ص‌تفض.) ۱ - حقیرتر، کوچکتر، خردتر، خوارتر. ۲ - در تخاطب و تحریر، گوینده و نویسنده از خود به «احقر» تعبیر کند. ‖ ~ انام. ۱ - کوچکترین مخلوق. ۲ - در تحریر، نویسنده از خودبدین ترکیب تعبیر کند.

احکام ahkām [ع.] (إ.) ج. حکم. (ه.م.). ۱ - فرمانهای‌شاهی، رأی ها، دستورها. ۲ - (شرع.) آراء، فتاوای قضایی و شرعی. ۳ - آداب، رسم ها. ٤ - (حق.) مجموعهٔ قوانین و مقرراتی که بارادهٔ محکوم‌علیه قابل تغییراست. ۵ - (نج.) احکام نجوم ↓. ‖ علم ~ نجوم. علم پیش‌گویی حوادث آینده از اوضاع کواکب[۱]. ‖ ~ موالید. (اح. نج.) دانش زایجه،معرفت طالع. ‖ ~ نجوم. ← علم ~ نجوم ↑

احکام ehkām [ع.] ۱ - (مص‌م.) محکم‌کردن، استوار کردن، استوار گردانیدن. ۲ - بازداشتن از فساد و برگردانیدن، منع‌کردن، واداشتن از کار، بازداشتن ازکاری. ۳ - (إمص.) استواری.

احکام نویس ahkām-nevīs [ع.-ف.] (إفا.،ص‌مر.) نویسندهٔ حکمها و ابلاغهای دولتی.

احکامی ahkām-ī [ع.-ف.] (ص‌نسب.) ۱ - منسوب به‌احکام. ۲ - دانندهٔ علم احکام‌نجوم، اخترگوی، اخترشمار[۲].

احلاف ahlāf [ع.] ج.حلف‌وحلیف (ه.م.).

احلال ehlāl [ع.] ۱- (مص‌م.)حلال گردانیدن،حلال‌کردن. ۲- فرودآوردن درجایی. ۳- (مص‌ل.) درماههای حلال درآمدن، از ماههای حرام بیرون آمدن. ‖ ~ ازحرام. (شرع.) بیرون آمدن‌ازحرام؛ مق. إحرام (درحج.).

احلام ahlām [ع.] ۱ - ج. حلم (إمص.). ۲ - بردباریها، سکونها، وقارها. ۳ - عقل‌ها. ۴ - ج.حلم(إ.)، خوابها، خوابهای شیطانی، خوابهای شوریده که آنرا نتوان تعبیر کرد. ۵ - ج. حلیم (ص.) بردباران.

---

۱ - Astrologie (فر.)

۲ - Astrologue (فر.)

احلب دیا ehlab-diyā (معر.) (اِ.) (گیا.) فرفیون. (هـ.م.)

احلی ahlā [ع.] (ص تفض.) شیرین‌تر.

احماد ehmād [ع.] ۱ - (مص ل.) ستوده کارشدن، ستوده‌شدن ، بستایش رسیدن. ۲ - کاری کردن که موجب ستایش باشد. ۳ -(مص م.)ستوده‌یافتن، محمودیافتن، ستودن، تحسین، تمجید.

احماد کردن ehmād-kardan [ع.-ف.](مص م.)ستودن، ستایش کردن، تحسین کردن.

احمال ahmāl [ع.](اِ.) ۱- ج. حمل (ha)؛بارهای شکم ، بار های درخت. ۲ - ج. حمل(ha)؛ بارهای سر و پشت. ۳- ج. حمل (hamal) بره‌ها، برگان.

احمال ehmāl [ع.] (مص م.) یاری دادن کسی را به برداشتن بار، یاری دادن در بار برنهادن .

احمد ahmad [ع.] (ص تفض.) ۱ - ستوده‌تر ، حمیدتر، بغایت ستوده. ۲ - محمود، ستوده. ۳ - (اخ) علم برای مردان، از جمله یکی از نامهای پیامبر اسلام (ص.) ← بخش ۳.

احمدا ahmadā [ع.-ف.](اِ.) شعر بد و بی‌وزن و بی‌قافیه : « دلشاد ملك معارف احمدا می‌گفت.»

احمدی ahmad-ī [ع.] (ص نسب.) ۱ - منسوب به احمد (هـ.م.) ۲ - منسوب به احمد رسول‌الله ص؛ ملت احمدی. ۳ - دینار طلا که بنام احمد بن طولون نامیده شده است.

احمر ahmar [ع.](ص.) ۱- سرخ. تأنیث آن حمراء (ف. حمرا) است. ‖ **کبریت(گوگرد) ـــ** .(کیم.) گوهری است ، یاقوت سرخ . ‖ **گل ـــ (حمراء)** . گل سرخ، سوری ، محمدی. ‖ **لالهٔ ـــ (یا حمراء)**. لالهٔ سرخ، لالهٔ آتشین ، لالهٔ داغدار . ‖ **موت ـــ** . (کن.)مرگ سخت، مرگی که به کشتار وقوع یابد . ‖ **یاقوت ـــ** . کبریت (گوگرد) احمر، یاقوت سرخ.

احمرار ehmerār [ع.] ۱ - (مص ل.) سرخ‌شدن. ۲ - (اِمص.) سرخی.

احمق Ahmaɣ [ع.] ۱ - (ص.) گول، کالیوه، نادان، بی‌خرد، گاوریش، دنگ ، سفیه، بی‌هوش. ۲ - (ص تفض.) نادان‌تر، گول‌تر، بی‌خردتر ، سفیه‌تر . ج. حمقی(ha)، نث. حمقاء.

احمقانه ahmaɣ-āna(-e) [ع.-ف.] ۱ - (ق.) بشیوهٔ احمق ، بیخردانه ، سفیهانه: احمقانه سخن میگوید. ۲ - (ص.) احمق‌وار، درخور احمقان: شعر احمقانه.

احمق خواندن ahmaɣ-xāndan [ع.-ف.] (مص م.) کسی را نادان و گول و بی‌خرد دانستن، تحمیق .

احمق شدن ahmaɣ-šodan [ع.-ف.] (مص ل.) نادان‌شدن، گول‌شدن، بیخرد و سفیه گردیدن.

احمق شمردن ahmaɣ-šamordan [ع.-ف.] (مص م.) احمق‌خواندن(هـ.م.)

احمق کده ahmaɣ-kada(-e) [ع.-ف.] (اِمر.) جای احمقان.

احمق گردانیدن ahmaɣ-gardānīdan [ع.-ف.](مص م.) کسی را ناآگاه و گول ساختن، تغفیل .

احمقی ahmaɣ-ī [ع.-ف.](حامص.) حالت و چگونگی احمق ، گولی . بیخردی .

احوال ahvāl [ع.](اِ.)ج. حال. ۱- حال‌ها (← حال.)،وضع‌ها. ۲-چگونگی مزاج (بیماری و تندرستی). ۳ - امور و اعمال و کردار وکار و بار. ۴ - سرگذشت. ۵ - (تص.)معنی‌ها که به‌قلب

احلب دیا
۱-گل
۲- میوه
۳- دانه

سالك بدون اختيار و تعمد و جلب و اكتساب وارد ميشود از قبيل طرب و حزن و بسط يا قبض و شوق و انزعاج و امثال آنها. ‖ ~ ت چطوراست ؟ جمله‌ای است برای پرسش ازتندرستی یا بیماری کسی و چگونگی کار و بار و زندگی او.

احوالات ahvāl-āt [ع٠] (اِ٠) ج٠ احوال که خود ج٠ حال است (و این از تصرف های ایرانیان است درلغت عرب٠ قس٠ احوالها)، چگونگی‌ها ،سرگذشتها، حالها و وضعها .

احوال‌پرسان ahvāl-porsān [ع٠-ف٠] (ص‌فا ، بجای اِمص) احوال پرسی (ه٠م).

احوال پرسی a.-pors-ī [ع٠-ف٠] (حامص .) پژوهش و سؤال از صحت و بیماری کسی ، پرسش از چگونگی وضع و کارو بارکسی ، استفسار احوال کسی .

احوال گرفتن a.-gereftan [ع٠-ف٠] (مص‌م٠) استفسار از حال کسی ، احوال کسی‌را پرسیدن ، از چگونگی تندرستی و بیماری کسی یا وضع‌وکارو بار او جویا شدن .

احور ahvar [ع٠] (ص٠) سیاه‌چشم، دارای چشمی مانند چشم آهوتمام‌سیاه، آنکه سپیدهٔ چشم وی سخت سپید بودو سیاهی‌سخت سیاه : نث ، حوراء (ف . حورا) . ج٠ حور .

احوط ahvat [ع٠] (ص‌تفض٠) ۱ - به احتیاط تر، به احتیاط نزدیکتر ، بیشتر مقرون به احتیاط . (غالباً در رساله‌های‌عملی‌بکاررود). ۲- نیکوتر، بهتر. ۳- فروگیرنده تر ،گرد فرو گیرنده تر.

احول ahval [ع٠] ۱ - (ص٠) کژ چشم، چپ، دوبین ،کسی که‌یك چیزرا دو می بیند . ۲ - (ص تفض٠) حیله ـ گرتر، چاره‌گرتر ، حیله کننده تر ۳- گردان تر،گردنده تر.

احیا ahyā [ع٠احیاء] ← احیاء.

احیا ehyā [ع٠احیاء] ← احیاء.

احیاء ahyā' [ع٠،ف٠: احیا] ج٠ حی. ۱-(ص٠، اِ٠) زندگان٠ ۲- قبیله‌ها، خاندانها.

احیاء ehyā' [ع، ف٠: احیا] ۱ - (مص‌م٠) زنده‌کردن ، زنده‌گردانیدن . ۲ - آباد کردن زمین ، زراعت کردن اراضی موات .← احیاء موات . ۳٠ - (مص ل ٠) شب زنده‌داری کردن ، شب را بعبادت گذرانیدن. ۴- شب‌زنده‌داری کردن ٠ ۵ - (اِمص.) زندگی ، زندگی از نو. ‖ شبهای ~ ٠ شبهای نوزدهم و بیست و یکم و بیست و سوم ماه رمضان (نزد شیعه ٠)

احیا بودن ehyā-būdan [ع٠-ف] (مص‌ل.) ۱ - زنده‌بودن. ۲- ازسختی شدید رها شدن .

احیا شدن e.-šodan [ع٠-ف٠.](مص ل٠) ۱ - زنده شدن ٠ ۲ - از سختی شدید رها شدن .

احیاکردن e.-kardan [ع٠-ف ٠.] (مص‌م٠) ۱- زنده‌کردن٠ ۲- آبادکردن، ازنو به رونق ورواج‌آوردن . ۳ - از سختی شدید رهایی دادن ٠ ۴ - (شم٠) اکسیدکردن ، یعنی گرفتن یاکم‌کردن اکسیژن یاکلر و یا ظرفیت یك‌جسم .

احیان ahyān [ع٠] (اِ٠) ج٠حین ؛ وقتها ،زمانها٠ ‖ در ~ .(ق٠) گاهگاه، احیاناً .

احیاناً ahyān-an [ع٠] (ق.) ۱ - اتفاقاً ،گاهگاه٠ ۲ - هیچ ، هرگز٠

۱-اخ ax ۱ - (صت٠) اه،آه ، صوتی است برای نمودن نفرت و ناخشنودی. ۲ - (ص.) درزبان اطفال شیرخواره : بد ، پلید ، نجس؛مق٠ مامانی، خوب .

اخباری

‖ ~ است . (در زبان کودکان) بد است . ‖ ~ کن ! (درزبان کودکان) از دهان بیرون کن !

۲-اخ ax [ع·] (اِ·) ۱- برادر. ۲ - دوست، همنشین. ۳ - ، مثل، مانند، مشابه، انباز درکاری . ج· اخوان[اِ] (درفارسی بخطا اخوان [axavan]) واخوه [exva].

اخ ox(صت.) ۱ - صوتی است که هنگام درد وسوزش برزبان رانند. ۲ - صوتی است برای نمودن خوشی و لذت .

اخاذ axxāz[ع·](ص.) بسیار گیرنده، سخت گیرنده ، کسی که به سختی و پر رویی ازمردم چیزبگیرد ؛ رشوه گیر، باج ستان .

اخاذی axxāz-ī[ع·-ف·](حامص·) ۱ - بسیار گیرندگی ، سخت گیری ، بزوروستم ازمردم چیزستدن، رشوه وباج گرفتن از مردم. ۲- (حق·) گرفتن مال یا جنسی را بزور و تهدید از شخصی، وآن از جرایم ضد آزادی است .

اخاذی کردن a.-kardan [ع·-ف·] (مصم.) اخاذی (ه·م.)

اخافه exāfa(-e) [= ع· اخافة] (مصم.) ترسانیدن ، بیم دادن ، خوف در دل کسی افکندن .

اخ اخ ax-ax(صت·) ۱- صوتی است که برای نفرت وناخشنودی برزبان رانند. ۲ - کلمه ایست برای ستودن و اظهار خشنودی بهنگام لذت و حظ ، بخ بخ ، به به . ۳ - کلمهٔ افسوس ، دریغا ، وای، آه .

اخ اخ ox-ox (صت·) صوتی است که هنگام درد یا وقت لذت برزبان رانند.

اخبار axbār [ع·] (اِ·) ج· خبر . ۱ - آگاهیها ، خبرها . ۲ - داستانها، روایتها ، افسانهها. ۳ - (شرع.) حدیثها و روایتهای منقول ازپیامبر(ص) (← خبر ، حدیث .)

اخبار exbār [ع·] (مصم·) خبر دادن ، آگاهانیدن ، آگاه ساختن . ‖ زنگ ~ . (فز·) زنگی است الکتریکی یا فنری که درجایی نصب کنندو با فشاردادن دگمه‌ای که بیرون درخانه یا دراطاق جای دارد آنرا بصدادرمیآورند و بدان وسیله آمدن تازه وارد را خبر میدهند ، یا خدمتگزاری را احضار کنند .

اخبارات axbār-āt[ع·][اِ·](غفص.) ج. اخبار که خود ج· خبراست (برخلاف معمول .)

اخباراً exbār-an[ع·](ق.) بطریق اخبار، ازراه آگاه ساختن و خبردار گردانیدن .

اخبار کردن e.-kardan [ع · - ف.] (مصم.) آگاه کردن ، خبر دار ساختن .

اخبارنویس axbār-nevīs[ع·-ف·] (اِفا. ،ص‌مر.) نویسنده و اطلاع دهندهٔ پیشامدها و اتفاقهای روزانه؛ روزنامه نویس .

اخبارنویسی a.-nevīs-ī [ع·-ف·] (حامص.) عمل اخبارنویس (ه·م·)

اخباری axbār-ī [ع.-ف.] (ص نسب.) ۱ - منسوب به اخبار ، کسی که حکایتها و قصه‌ها و داستانهارا روایت کند ؛ محدث ، اثری ؛ مق. اصولی . ۲ - (فق.) دراصطلاح فقیهان شیعه کسی را گویند که فقط بظاهرحدیثها تمسك کند و بدلیل های عقلی روی نیاورد . ۳ - در اصطلاح ابن الندیم (صاحب - الفهرست) و زمان او ، تاریخ نویس ، عالم به تاریخ و ترجمهٔ احوال . ۴ - منسوب به فرقهٔ اخباریان (← بخش۳).

اخباری exbār-ī[ع.-ف.](ص نسبـ.) منسوب به إخبار(هـ.م.) ‖ **مضارع ~** . (دس.) فعل مضارعی که وجه صرفی آن دلالت کند برحدوث کار بطریق خبر و قطع و یقین : « میشوم ، میخواهم ، میروم ...» ‖ **وجه ~** . (دس.) یکی از وجههای شش گانه در صرف فعلها ؛ و آن این است که کار را بطور قطع و یقین بیان نماید : « میروم ، رفتم ، خواهم رفت .»

اخت oxt [ع.] (إ.) ۱ ـ خواهر ، همشیره . ۲ ـ مانند ، مثل ، قرین . ج . اَخوات[axa].

اختا axtā [مغ.] آختا (هـ.م.)

اختاپوت axtāpūt [معر. اخطبوط، اخبوط ، فر. octopode ، یو . oktōpous] (إ.)(جا ن.) نوعی ماهی مرکب که ۸ بازوی گیرنده دوردهان دارد.(هـ.م.)

اختاجی axtāǰ-ī [=اختاچی = اختهچی ، تر.] (إمر .) میرآخور ، طویلهدار ، مهتر ، ستوربان .

اختاجیخانه a.-xāna(-e) [تر.-ف.] (إمر.) خانه وجایگاه ستوربانان و مهتران (دردستگاه امیران وپادشاهان مخصوصاً خانهای مغول).

اختاچی axtā-čī [= اختاجی = اختهچی، تر.] اختاجی (هـ.م.)

اختآمدن oxt-āmadan[ع.-ف.] (مصل.) (عم.) ~ باچیزی. متناسب وهماهنگ شدن با آن چیز.

اختبار extebār [ع.] ۱ـ (مصم.) آزمودن ، امتحان کردن. ۲ـ (مصل.) آگاهی یافتن ازچیزی یاخبری، خبردار شدن .

اختبارات extebār-āt [ع.] ج. اختبار(هـ.م.)

اختبارکردن e.-kardan[ع.-ف.] (مص م.) آزمودن ، آزمایش کردن ، امتحان کردن .

اخت بودن oxt-būdan[ع.-ف.] (مصل.)(عم.) سازگار و دمسازبودن ، باکسی مأنوس بودن .

اختتام extetām[ع.] ۱ ـ (مصم.) بپایان بردن، آخر کردن کاریرا، ختم کردن؛ مق. افتتاح. ۲ ـ (إمص.) پایان، ختم، آخر کار.

اختتامات extetām-āt [ع.] ج. اختتام (هـ.م.)

اختتام دادن extetām-dādan [ع.-ف.] (مصم.) پایان دادن، بپایان بردن ، به آخر رساندن ، به انجام رسانیدن.

اختتامی extetām-ī [ع.-ف.] (ص نسبـ.) منسوب به اختتام ؛ پایانی ، آنچه مربوط و پیوسته به پایان وآخر و سرانجام است.

اختر axtar [په . axtar] (إ.) ۱ ـ ستاره، جرم فلکی ، کوکب، نجم. ۲ ـ ستارهٔ بخت و اقبال ، ستارهٔ مسلط بر زایجه (بنا بعقیدهٔ پیشینیان). ‖ **~ بد**. طالع بد، بخت بد. ‖ **~ دانش** . (کنـ.) الف-مشتری. بـ عطارد. ‖ **~ دنباله دار** . ستارهٔ دنباله دار، نوعی ستاره که دم گونهای دارد و عرب آنرا ذوذنب خواند . ‖ **~ شبگرد**. ماه. ‖ **~ نیک** . بخت نیک، اخترسعد ، فال نیک. ۳ ـ نیکبختی، نیکروزی ، اقبال ، حسن طالع. ۴ ـ درفش،علم،رایت ،لوا. ‖ **~ کاوان** . اختر کاویان (هـ.م.) ‖ **~ کاویان**. درفش کاویانی ← بخش۳. ۵ ـ (گیا.)[1]

1- Canne à fleurs (فر.) Balisier(فر.) ,Canna hortensis(لا.)

۱۶۵
اخترشمردن

اختر

سردستهٔ گیاهان تیرهٔ اختریان[1] است وجزوتك لپه‌ییها[2] می‌باشدودارای‌ساقه‌های زیرزمینی و برگهای پهن دراز است. گلهایش ریز و قرمز و صورتی و نارنجی و زرد است و بشکل خوشه سر هر ساقه قرار گرفته است. برای ازدیاد این‌گیاه‌ساقه‌های‌زیرزمینی‌آنرا قطعه قطعه کرده در بهار میکارند؛ گل اختر، اختر باغی، مارزوان، تسبیح‌آغاجی، هندقمیشی، مرزوان. از انواع اختر که در اثر پرورش بدست آمده پرندهٔ آتشین و ملکهٔ شارلوت می‌باشند. ۶ - (اخ) یکی از نامهای خاص زنان است.

اختر دوز axtar-dūz (إفا.،ص‌مر.) تیر دور پرتاب.

اختریار axtar-yār (ص‌مر.) خوشبخت، سعادتمند، نیك‌بخت، بختیار، نیك‌طالع.

اختراع exterā' [ع.] ۱ - (مص‌م.) آفریدن، نوآوردن، نوکاری‌کردن، چیزی نو انگیختن، ایجادکردن: «احتیاج مادر اختراع است.» ۲ - (فل.) ایجاد غیر مسبوق بمدت است، بعبارت‌دیگر هر موجودی‌راکه‌وجودش با نمونه نباشد و قبل از آن مانندی نداشته باشد مخترع میگویند.

اختراعات exterā'-āt [ع.] ج. اختراع (ه.م.)

اختراع‌کردن e.-kardan [ع.-ف.] (مص‌م.) ۱ - چیزی نو و بی‌سابقه ساختن، چیزی تازه پدید آوردن، ابداع‌کردن. ۲ -(کن.) دروغ‌پردازی کردن و ازخودچیزی‌به‌ناروا ساختن.

اختراعی exterā'-ī [ع.-ف.] (ص‌نسبه.) منسوب به اختراع. ۱- نو پدیدآورده، نوساخته، ابداعی. ۲ - من‌درآوردی، پیش خودی.

اخترافروز axtar-afrūz (إفا.،ص‌مر.) خوشبخت کننده، مساعد، یاری‌کننده.

اختر افکندن a.-afkandan (مص‌م.) فال‌گرفتن، تفأل.

اختر باره a.-bāra(-e) (ص‌مر.) آنکه برج و بارهٔ اوسر بستاره‌میساید. کنایه است از جلالت قدر و بزرگی مقام.

اختربین a.-bīn (إفا.،ص‌مر.) منجم، اختر شناس.

اخترسپاه a.-sepāh (ص‌مر.) امیریا پادشاهی‌که لشکر بسیار دارد.

اختر سوختگی a.-sūxta(e)g-ī (حامص.) بدبختی، وارون‌بختی، پریشان روزگاری.

اخترسوخته a.-sūxta(-e) (ص‌مر.) بدبخت، پریشان روزگار، بداحوال.

اخترسوز شدن a.-sūz-šodan (مص‌ل.) (نج.) فراهم آمدن ستاره با آفتاب و ناپدید شدن ستاره از دیده. کنایه است‌ازناپدیدشدن وغروب‌کردن.

اخترشمار a.-šomār (إفا.،ص‌مر.) منجم، ستاره‌شناس.

اخترشماران سالار a.-šomārān-sālār (إمر.) رئیس ستاره شماران (در عهد ساسانی)، اخترماران‌سالار.

اخترشماری a.-šomār-ī (حامص.) ۱ - عمل اخترشمار. ۲ - بشب بیدار بودن، شب بیداری، بیخوابی‌شب.

اخترشمر a.-šomar (إفا.،ص‌مر.) ستاره شمار، ستاره شناس، منجم، احکامی.

اخترشمردن a.-šoma(o)rdan (مص‌ل.) بیخواب ماندن، درشب‌بیدار بودن.

۱- Scitaminées (فر.) ۲ - Monocotylédones (فر.)

اخترشناخت

شب‌زنده‌داری کردن.

اخترشناخت a.-šenāxt (مص‌خم.) (نج.) علم نجوم، دانش ستارگان، ستاره شناسی.

اخترشناس a.-šenās (إفا.، ص‌مر.) ستاره شمر، اخترشمر، نجوم‌دان، منجم.

اخترشناسی a.-šenās-ī (حامص.) عمل اخترشناس، تنجیم.

اخترضمیر a.-zamīr [ف.-ع.] (ص‌مر.) (کن.) شخص روشن‌دل.

اخترفشان a.-fa(e)šān (إفا.، ص مر.) فشاننده و نثارکنندهٔ اختر، سپهر اخترفشان.

اخترکردن a -kardan (مص‌ل.) فال‌زدن، تفأل.

اخترکن a.-kan (إفا.، ص‌مر.) از جای کنندهٔ اختر.

اخترگر a.-gar (ص شغل.) منجم، عالم احکام نجوم، فال‌گیر.

اخترگرای a.-gerāy (إفا.، ص‌مر.) اخترگر، منجم.

اخترگرفتن a.-gereftan (مص‌م.) (نج.) رصد کردن اختران برای استخراج احکام نجومی.

اخترگو a.-gū [= اخترگوی] (إفا.، ص‌مر.) منجم، احکامی، منجم، حشوی، کاهن، عراف، فال‌گوی.

اخترگوی a.- gūy [= اخترگو] (إفا.، ص‌مر.) اخترگو (ه‌.م.)

اخترگوی شدن a.-gūy-šodan (مص‌ل.) کهانت، کاهن‌شدن.

اخترگویی a.-gūy-ī (حامص.) عمل اخترگو، کهانت، کاهن‌بودن.

اخترگویی‌کردن a -gūyī-kardan (مص‌ل.) کهانت، فال‌گویی کردن.

اخترمار a.-mār (ص‌مر.) اختر شمار، منجم.

اخترماران‌سالار a.-mārān-sālār (إمر.) از طبقاتی که در دربار ساسانیان نفوذ داشتند ستاره‌شناسان (اختر ماران) بودند که رئیس آنان «اخترماران‌سالار» لقب داشت و درردیف «دبیران» وغیب گویان قرار میگرفت.

اخترمه axtarma(-e) [تر.-مغ.] (در میان ایلهای کرمانشاه «یخترمه» نیز گویند.) (إ.) اسب و سلاح و بار و بنهٔ دشمن که پس از کشتن وی تصاحب کنند.

اختری axtar-ī (ص نسب.) منسوب به اختر، منجم، فال‌گیر.

اختریان axtar-iy-ān (إمر.)(گیا.)[1] نام تیره‌ای از گیاهان تك‌لپه که دارای گونه‌های متعدد میباشد. گیاهان این تیره اکثر زمینی هستند و بعضی هم مانند اختر هندی مصرف دارویی دارند و از ساقهٔ زیر زمینی[2] بعضی گونه‌های اختر نوعی نشاسته بنام arrow-roots میگیرند که سهل‌الهضم است و بیشتر مصرف دارویی دارد.

اخت شدن oxt-šodan [ع.-ف.] (مص‌ل.) (عم.) سازگار و دمسازشدن، باکسی آرام گرفتن، باکسی مأنوس شدن.

اختصار extesār [ع.] (مص‌م.) ۱- سخن‌را کوتاه کردن، تلخیص، ایجاز، اجمال. ۲- (شرع.) یك دو آیه از آخر سوره در نماز خواندن. ۳- اکتفاء، بسنده کردن. ‖ ؛ ــــ. (ق.) از روی اختصار، به‌کوتاهی، بدون حشو وزواید، مختصراً، اختصاراً.

1- Scitaminées (فر.)
2- Rhizum.

اختصارات extesār-āt [ع.] (إ.)
ج. اختصار (ه.م.)

اختصاراً extesār-an [ع.] (ق.)
از روی اختصار، به‌اختصار، به‌کوتاهی، بدون حشو و زواید، بطور خلاصه و مختصر، مختصراً.

اختصارکردن e.-kardan [ع.-ف.]
(مصم.) اکتفا کردن، بسنده کردن، قناعت کردن.

اختصاری extesār-ī [ع.-ف.]
(ص نسبـ.) منسوب به‌اختصار، چیزی که در آن اختصار بعمل‌آمده باشد، مطلب یا سخنی که بکوتاهی واختصاردر آمده باشد. ‖ **علامت ــ.** نشانی که کلمه‌یا سخنی یا مطلبی را بکوتاهی نمایش میدهد، مثلا «رك» علامت اختصاری «رجوع کنید» و «ص» علامت اختصاری «صلی الله علیه» است. ‖ **علایم ــ.** نشانهایی که به‌کوتاهی گویای سخن یا مطلب یا کلمه‌ایست←علامت‌اختصاری. ‖ **نشانهٔ ــ.** ← علامت اختصاری.

اختصاص extesās [ع.] ۱ -(مصم.)
خاص کردن به، خاص گردانیدن به چیزی، ویژه کردن‌به، انفراد، برگزیدن، گزین کردن، تفضیل. ۲ - (مصل.) خاص‌گردیدن، یگانه و خاص شدن وابسته وخاص‌گشتن، برگزیده شدن. ۳ - (إمص.) ویژگی.

اختصاصات extesās-āt [ع.] ج.
اختصاص (ه.م.)

اختصاص دادن e.-dādan [ع.-ف.]
(مصم.)چیزی رابکسی‌مخصوص‌کردن و شریك نکردن دیگری را درآن.

اختصاص‌داشتن e.-dāštan [ع.-ف.]
(مصل.) مختص‌بودن، مخصوص بودن وشریك نداشتن.

اختصاصی extesās-ī [ع.-ف.]
(ص نسبـ.)منسوب به‌اختصاص، خصوصی، مخصوص، ویژه.

اختصام extesām [ع.] (مصم.)
با یکدیگر خصومت و دشمنی کردن، پیکار کردن وجدال با کسی.

اختصامات extesām-āt [ع.] ج.
اختصام (ه.م.)

اختطاف extetāf [ع.] (مصم.)
۱ - ربودن، ربودن همچون برق. ۲ - استراق سمع کردن(شیطان). ۳ - خیره کردن چشم.

اختطافات extetāf-āt [ع.] ج.
اختطاف (ه.م.)

اخ تف ax-tof (إمر.) (عم.) ۱ -
بلغمی که از گلو با آواز بدهن آرند وبیرون اندازند؛ آب‌دهان، خیو، بزاق. ۲ - (به استهزاء) نشان دولتی برسینه و کلاه.

اختفا extefā [ع. إختفاء] ← اختفاء.

اختفاء extefā' [ع.، ف.: اختفا]
(مصل.) نهان گردیدن، پوشیده گردیدن، پنهان‌شدن، استتار، تواری.

اخ‌تفو ax-tof-ū (إمر.) ۱- اخ‌تف
(ه.م.)، آب دهان و خلط گلو. ۲ - افادهٔ کراهت و نفرت‌کند.

اختلاج extelāǰ [ع.] ۱- (مصم.)
کشیدن، کشیدن‌و بیرون کردن چیزی. ۲ - (مصل.) پریدن، جستن، پریدن رگها و چشم یا اندامی دیگر از تن. ۳ - (پز.) انقباض‌و تشنج شدید و غیر ارادی عضلات و اعضاء[1]، انقباض و حرکات شدید و غیر ارادی در برابر هیجانات و احساسات. ج. اختلاجات. ‖ **ــ اعضا.** اختلاج اندامها، برجستن اندامها، جنبیدن و پریدن اندامها

۱ — Convulsion , spasme(فر.)

بدون اراده . ‖ ـــِ جفن . (پز.) ← پریدن پلك چشم.

اختلاجات extelāǰ-āt [ع.] (مص.، ا.)، ج.اختلاج (پز.). اختلاجها و حرکات و انقباضات ناگهانی اعضا.

اختلاس extelās [ع.] (مص م.) ۱ - ربودن، زود ربودن چیزی را. ۲ - دزدیدن. ۳ - در اصطلاح فنون ادبی، اداکردن معنی مدح است در غزل و یا آوردن معنی غزل در مدح. ۴-(تج.) یکی ازاقسام وقف است که درموقع وقف دوثلث حرکت حرف موقوف علیه تلفظ شود و آن باسرقت فرق دارد. ۵ - (فق.) مالی راازمحل غیرحرزوبطورمخفی ربودن.

اختلاسات extelās-āt [ع.] ج. اختلاس (ه.م.)

اختلاط extelāt [ع.] ۱ -(مص ل.) آمیخته شدن ، درهم شدن ، امتزاج ، در آمیختن. ۲ - (مص م.) آمیختن ، در هم آمیختن . ۳ - (شم.) ترکیب کردن دویا چند جسم بایکدیگر بطوری که نتوان آنها را تمیز داد (حتی با ذره بین) ولی بوسایل و طرق شیمیایی میتوان آنهاراجداکرد. ‖ ـــِ ادویه . (شم.) درهم کردن داروها . ۴- (رض.) ← آمیزه. ۵- (امص.) معاشرت. ۶ - درآمیختگی ، درهمی ، آمیزه . ۷ - شوریدگی، پریشانی، تشویش وشوریدگی که به سرحد دیوانگی نرسیده باشد . ‖ ـــِ عقل. شوریده خردشدن.

اختلاطات extelāt-āt [ع.] ج. اختلاط (ه.م.)

اختلاط افتادن extelāt-oftādan [ع.-ف.] (مص ل.) آمیخته شدن، درهم شدن .

اختلاط پذیر e.-pazīr [ع.-ف.] (إفا. ،ص مر.) قابل آمیزش[1].

اختلاط پذیری e.-pazīr-ī [ع.-ف.] (حامص.) قابلیت آمیزش[2].

اختلاط دادن e.-dādan [ع.-ف.] (مص م.) درهم کردن ، ممزوج کردن ، مخلوط کردن.

اختلاط کردن e.-kardan [ع.-ف.] (مص ل.) (عم.) معاشرت کردن، گفتگو کردن.

اختلاط و امتزاج e.-o-emtezāǰ [ع.-ف.] (مص م.، اِمر.) ۱ - آمیختن و درآمیختن ← اختلاط ، امتزاج . ۲- (رض.) عملی است که برای دومقصود ذیل جاری کنند : اول آنکه بخواهند قیمت متوسط چند چیز بهم آمیخته را معلوم کنند . دوم آنکه مشخص کنند اندازهٔ چند چیز آمیختنی را بروجهی که شیء ممزوج قیمت مشخصی پیدا کند.

اختلاطی extelāt-ī [ع.-ف.] (ص نسب.) منسوب به اختلاط، آمیزشی.

اختلاف extelāf [ع.] ۱ -(مص ل.) عدم موافقت، با یکدیگر خلاف کردن، نزاع کردن. ۲ - خلیفه و جانشین کسی گردیدن. ۳ - نزدکسی آمدوشد کردن، تردد کردن. ۴- (امص.) نزاع، کشمکش. ‖ ـــِ آراء. عقاید گوناگون داشتن ؛ مق. اتفاق آراء . ‖ ـــِ اخلاق . ۱ - در خوی و خلق و شیوهٔ کار بایکدیگر اختلاف و ناسازگاری داشتن. ۲ -(نج.) تضاد دو کوکب درجوهر ، چنانکه یکی سعد و دیگری نحس یا یکی ناری و دیگری مائی باشد . ‖ ـــِ کلمه . دو آوازی، اختلاف رأی. ‖ ـــِ نظر . مختلف بودن نظر وعقیده، عقیدهٔ گوناگون داشتن . ‖ حل ـــ . برطرف کردن سبب‌های ناسازگاری و اختلاف، ازمیان

۱- Miscible (فر.)　　۲- Miscibilité (فر.)

بردن نا هماهنگی و خلاف. ۵ -(پز.) اسهال، شکم‌روش.

اختلافات extelāf-āt [ع.] ج. اختلاف (ه.م.)

اختلاف‌افتادن extelāf-oftādan [ع.-ف.](مصل.) اختلاف و ناسازگاری پیش آمدن.

اختلاف برخاستن e.-bar-xāstan [ع.-ف.] (مصل.) یگانگی و وحدت نظر و سازگاری پدید آمدن، از میان رفتن اختلاف و ناسازگاری.

اختلال extelāl [ع.] ۱ - (مصل.) سست و تباه شدن کار ، زیان رسیدن بکارها ، نا درست شدن کار ، خلل پذیرفتن . ۲ - (امص.) نابسامانی ، بی سروسامانی. ۳ - آشفتگی فکر ، نقصان‌عقل. ‖ ~ **حواس**. پراکندگی و پریشانی‌حسها . ‖ ~ **عقل**. شوریده عقل بودن، نقصان عقل.

اختلالات extelāl-āt [ع .] ج. اختلال (ه.م.)

اختناق extenāγ [ع.] ۱ - (مصل.) خفه شدن ، گلو گرفته شدن . ۲ - (مصم.) خفه کردن . ۳ - (امص.) خفگی. ‖ ~ **رحم**[1]. (پز.)علتی‌است شبیه بصرع وغشی‌متناوب، وآن بیشتر درزمانی که حبس‌طمث دارند وهمچنین زنان بی‌شوهر را پیش آید.

اختناقی extenāγ-ī [ع.-ف.] (ص‌نسب.) منسوب باختناق (ه.م.)

اخته axta(-e) [تر.](ص.ا.)۱- (پز.) حیوانی که بیضه‌هایش را بیرون‌آورده باشند (خصوصاً اسب) ، بی خایه ، مقطوع‌النسل ، آخته ، خصی[2]. ۲ - مرد خصی ، مرد بی خایهٔ فاقد موی چهره.

اخته‌بیگ a.-bayg(beyg) [تر.] (امر .) ۱ - کسی که اخته کردن حیوانات بدستور اوست، اخته‌چی. ۲ - میرآخور، رئیس طویله و اصطبل.

اخته‌خانه a.-xāna(-e) [تر.-ف.] (امر.) ۱ - جایی که گاو وشترو امثال آن را در آن اخته‌کنند. ۲ - اصطبل، طویلهٔ اسبان و دیگر چارپایان . ← اختاجی خانه.

اخته چی a.-čī [= اختاجی ← اختاجی = آختاچی ، تر.] (امر.) اخته بیگ (ه.م.)، اختاجی (ه.م.)

اخته زغال a.-zoγāl (امر.)(گیا.) زغال اخته. (ه.م.)

اخته شدن a.-šodan [تر.-ف.] (مصل.) خصی شدن ، بی‌خایه شدن .

اخته کردن a.-kardan [تر.-ف.] (مصم.) ۱ - تخم‌کشیدن، خصی‌کردن اسب و خروس وقوچ وجز آن،حیوانی یا انسانی را مقطوع النسل کردن[3] . ۲ - مدتی در برف یا یخ نهادن گوشت خام تا ترد ونازك شود. ‖ ~ **میوه**. مدتی در برف یایخ نهادن میوه تاسخت سرد شود.

اختیار extiyār [ع.] ۱ -(مصم.) گزیدن ، بر گزیدن ، گزین کردن ، انتخاب کردن . ۲ - (ص.) مختار ، برگزیده : «مونس خاص شهریار منم -وزکنیزانش اختیار منم » (نظامی .) ۳ - (امص.) آزادی‌عمل،قدرت‌بر انجام دادن کاربه‌ارادهٔ‌خویش؛ مق. اجبار ، اضطرار. ۴ - غلبه، قدرت ، تصرف . ۵ - (فل.) حالتی است در موجود حی عالم که‌منشا‌انجام‌دادن فعل‌و ترك‌است‌و بعبارت دیگر حالتی است قایم بفاعل که بواسطهٔ‌آن‌صفت و حالت ، بعضی از

۱ - Globe hystérique, hystérie chez les femmes (فر)
۲- Châtré , castré(فر.) ۳ - Castrer. (فر.)

آثار و افعال خود را بر بعضی دیگر ترجیح میدهد و بر حسب دواعی‌خاصی که حاصل میگردد بعضی از کارها را بر بعضی دیگر رجحان مینهد. ۶ - (تص.) مراد آن است که بنده اختیار حق را بر اختیار خود برگزیند. ‖ ـــ ازکسی‌ستدن. دست اورا ازکار کوتاه‌کردن. ‖ به ـــ. (ق.) ازروی اختیار، با خواست خود و با آزادی عمل، از روی اراده، اختیاراً؛ مق. به اجبار، اجباراً.

اختیارات extiyār-āt [ع.] ج. اختیار. ۱ - اختیارها ← اختیار. ۲ - (اح. نج.) علمی است که از احکام هر وقت و زمان از خیر و شر و اوقاتی که در آنها باید از شروع بکاری پرهیزکرد و اوقاتی‌که در آنها میتوان بکاری پرداخت و اوقاتی که انجام دادن‌کاری در آنها بین‌بین‌است بحث میکند و این امور بعلت بودن شمس است در برجها و قمر در منازل خود و اوضاع‌واقع بین‌آن دو ازمقابله و تربیع وتسدیس وغیره.

اختیار آمدن extiyār-āmadan [ع.-ف.](مصل.)گزیده آمدن.

اختیار افتادن e.-oftādan [ع.-ف.] (مصل.).انتخاب‌شدن توسط کسی، مشمول انتخاب کسی شدن.

اختیار دادن e.-dādan [ع.-ف.] (مصم.) مختار کردن، کسی‌رااختیار بخشیدن، قدرت دادن‌کسی را برانجام کاری.

اختیاردار e.-dār [ع.-ف.](إفا.،ص مر.) اختیار دارنده ،صاحب اختیار، آنکه اختیار کاری‌دردست اوست،آنکه درکاری‌اراده‌وآزادی‌عمل بکارمیبرد.

اختیارداشتن e.-dāštan [ع.-ف.] (مصل.) ۱ - مختار بودن، مخیر بودن، آزاد بودن در انجام‌دادن‌عملی. ۲ - دسترسی داشتن. ‖ ـــ دارید. (تد.)درتعارف‌میگویند. ۱ - مختارید، صاحب‌اختیارید،هرگونه‌خواست‌واراده شماست‌عمل‌کنید. ۲ - لطف‌دارید، در انکار میگویند:هرگز، چنین نیست.

اختیار فرمودن e.-farmūdan [ع.-ف.] (مصم.) اختیارکردن، بر گزیدن، ترجیح دادن، رجحان‌نهادن.

اختیارکردن e.-kardan [ع.-ف.] (مصم.) ۱- گزیدن، برگزیدن، گزین کردن. ۲ - پسندیده داشتن، صواب دانستن. ۳ -گرفتن.

اختیارکرده e.-karda(-e)[ع.-ف.] (إمف.) مختار، منتخب، برگزیده.

اختیاری extiyār-ī [ع.-ف.] (ص‌نسب.) ارادی، کاری که با اختیار واراده و آزادی عمل توأم باشد؛ مق. اجباری، اضطراری.

اختیال extiyāl[ع.] ۱- (مصل.) تکبرکردن، بزرگی کردن، گردنکشی کردن. ۲ - خیال‌کردن،خیال نمودن. ۳- خرامیدن. ۴ - (إمص.)گردنکشی، تبختر.

اخچه axča [تر=اقچه=آقچه](إ.) ۱ - ریزهٔ زر. ۲ - سکهٔ زر و مهر درم از زر ونقره. ۳- مطلق‌زر وسیم. ۴ - روپیه.

اخذ axz [ع.] (مصم.) ۱ - گرفتن، ستدن،فراگرفتن، بدست‌آوردن. ۲-اسیر کردن، دربدی انداختن وکشتن‌وبستن وگرفتار کردن کسی‌را. ‖ ـــِ آراء. رأی کسان را برای کاری گرفتن، پرسیدن و جمع آوردن رأیهای کسان برای برگزیدن کسی یاانتخاب چیزی یا امری. ‖ ـــِ بشفعه. (حق.)اعمال کردن شفیع حقی را که برای او ثابت شده. ← شفعه، شفیع. ‖ ـــِ تصمیم.

تصمیم گرفتن در بارهٔ کاری ، آهنگ کاری کردن. ‖ ← تماس. ۱ - با کسی تماس بر قرار کردن ، با کسی رابطه و مراوده حاصل نمودن . ۲ - (نظ.) ایجاد تماس واحدی با واحد خودی یا دشمن . ‖ ← رأی . رأی گرفتن برای کاری ، پرسیدن رأی برای برگزیدن کسی یا انتخاب چیزی یا امری : اخذ رأی برای نمایندگان مجلس شوری.

اخذ کردن a.-kardan [ع.-ف.] (مص م.) ۱ - گرفتن، ستدن، یافتن ، دریافت کردن. ۲ - فرا گرفتن ، درک کردن. ‖ ← از ... بر داشت کردن از . . .

اخذوعطا a.-o-atā [ع.-ف.] (مص امر.) ستد و داد .

اخذ و عمل a.-o-amal [ع.-ف.] (مص م.) (تد.) فواید نا مشروع پیایی از چیزی یا ازکسی گرفتن.

اخر axar [ساخته از «خر» فارسی به صیغهٔ تفضیل عربی] (و این غلطی است مشهور در اصطلاح طلاب و بتقلید ایشان درنزد گروهی دیگر. گاهی هم بتأکید گویند اخر به تشدید) خرتر، بسیار خر.

اخرا oxrā [یو. oxra] ۱- (اِ.)(زم.) یکنوع خاک رست[۱] که با املاح آهن آمیخته شده و در نتیجه برنگ زرد ، نارنجی ، قرمز، قهوه‌یی درآمده باشد. در بعضی از سواحل و جزایر جنوبی ایران (از قبیل جزیرهٔ هرمز) بفراوانی موجود است و آنرا استخراج میکنند و در نقاشی و رنگ کاری بکار میبرند. سابقاً نوعی ازآنرا برای بند آوردن خون استعمال میکردند. گل مختوم نوعی از آن است؛ ارتکان، ارتکین، گلک ، فاده ، گل اخرا. ۲- (نق.) قهوه‌یی مایل بقرمز ،از گروه رنگهای جسمی (ه م.)

اخراج exrāǰ [ع.] ۱ - (مص م.) بیرون کردن، بیرون کشیدن ، بیرون آوردن. ۲ - (اِ.) خرجی، هزینه . ‖ ← از وزارت خانه یا اداره . بیرون کردن کارمند بعلت تخلف و تمرد . ‖ ← بلد. نفی بلد، تبعید، بیرون راندن گناهکاری را از شهر وزادگاهش ودر شهر یا دهی دیگر ساکن گردانیدن . ‖ ← دم . (پز .) حجامت ، خون گرفتن[۲].

اخراجات exrāǰ-āt [ع.] ج. اِخراج. ۱ - اخراجها ← اخراج . ۲ - وجه معاش، وجه گذران ، خرجی ، هزینه. ۳ - آنچه از شهر یا کشوری از کالای بازرگانی و جز آن بیرون برند ، صادرات. ۴ - مالیات غیر مستمر بیش از میزان عادی (غم.) ‖ ← دیوانی. مالیاتی که برای مصارف دیوانی وصول میشود (غم.)

اخراج ساختن e.-sāxtan [ع.-ف.] (مص م.) دفع کردن ، رد کردن ، بیرون کردن.

اخراج شدن e.-šodan [ع.-ف.] (مص ل.) بیرون رانده شدن از جایی ، بر آمدن، بیرون آمدن.

اخراج کردن e.-kardan [ع.-ف.] (مص م.) بیرون کردن ، دفع کردن ، کسی را از کار وشغل خود بازداشتن، طرد کردن ، راندن ، نفی بلد ، جلاء وطن .

اخراجی exrāǰ-ī [ع.-ف.] (ص نسب.) منسوب به اِخراج، اخراج شده: اخراجی چشم ماست هرجا آبی است.(سودایی.)

اخرب axrab [ع.] (ص.) (عر.) آنست که میم اول و نون آخر «مفاعیلن» را

۱ - Ocre (فر.)   ۲ - Emission sanguine (فر.)

اخرس

بیندازند تا « فاعیل » بماند ، آنرا به «مفعول»(lo) تبدیل کنند و اسم این زحاف «خرب» است و اسم جزئی که عمل «خرب» در آن واقع شود «اخرب» .

اخرس axras [ع.] (ص.) گنگ ، کندزبان، بی‌آواز، لال.

اخرم axram [ع.](ص.) ۱ - آنکه بینیش را سوراخ کرده باشند ، آنکه بینی ویرا شکافته باشند . ۲ - (عر.) شعری که در وزن آن «خرم» (ه.م.) واقع شده باشد، یعنی «فعولن» را «عولن» و «مفاعلتن» را «فاعلتن» گویند.

اخروش oxrūš [= خروش] (اِ.) خروش (ه.م.)

اخروشیدن oxrūš-īdan (مص‌ل.) خروشیدن (ه.م.)

اخروی oxravī [ع.] (ص نسب.) منسوب به اخری، آن جهانی؛ مق. دنیوی، دنیاوی . ‖ **اجر** ~ . پاداشی که در جهان دیگر بمؤمنان دهند.

اخری oxrā [ع . نث . آخر] (ص.) ۱ - دیگر، دگر، پسین، دومین ؛ مق. اولی. ج. اخریات [ox]، اخر [oxar]. ۲ - آن جهان، آن سرای، جهان دیگر، آخرت، عقبی؛ مق. دنیا. ‖ **بعبارت** ~ . بعبارت دیگر، بدیگر سخن .

اخریان axriyān [= آخریان] (اِ.) آخریان (ه.م.)

اخریط exrīt [ع.] (اِ.) (گیا.) کراث بری، گندنای صحرایی (ه.م.)

اخس axas(s) [ع.] (ص تفض.) خسیس‌تر، زبون‌تر، فرومایه‌تر، خوارتر: « نتیجه تابع اخس مقدمتین است .

اخسمه axsoma(-e) [= آخسمه] آخسمه (ه.م.)

اخشاب axšāb [ع.] (اِ.) ج. خشب . ۱ - چوبها. ۲ - چوبهای خوشبو. ضح.- این جمع درلغت عرب دیده نشده و ظ. تصرف ایرانیان است.

اخشم axšam [ع.] (ص.) گنده‌بینی، آنکه بینی وی بوی گرفته باشد بعلتی، آنکه قوهٔ بویایی ندارد، آنکه بوی بد و خوب را در نمی‌یابد.

اخص axas(s) [ع.] (ص تفض.) خاص‌تر، مخصوص‌تر، ویژه‌تر، گزیده‌تر.

اخصا exsā [= اخصاء] ← اخصاء.

اخصاء exsā' [ع.، ف.: اخصا] (مص‌م.) بیرون کشیدن خصیه و تخم آدمی، خصی کردن، اخته کردن.

اخضر axzar [ع.] (ص.) ۱ - سبز. ۲ - کبود، نیلگون، آبی. ‖ **چرخ** ~ . آسمان کبود ، آسمان نیلگون . ‖ **دریای** ~ . (مج.) آسمان. ‖ **گنبد** ~ . آسمان کبود، آسمان نیلگون.

اخضرار exzerār [ع.] (مص‌ل.) ۱ - سبز شدن، برنگ سبز درآمدن . ۲ - سبز شدن کشت.

اخطا extā [ع. اخطاء] ← اخطاء.

اخطاء extā' [ع.، ف.: اخطا] ۱ - (مص م.) خطا کردن ، اشتباه کردن . ۲ - (مص‌م.) منسوب بخطا کردن ، خطا گرفتن بر کسی.

اخطار axtār [ع.] (اِ.) ج. خطر؛ بلاها ، مهلکه‌ها ، سختی‌ها.

اخطار extār [ع.] ۱ - (مص م.) در خطر افکندن ، خود را در مهلکه انداختن. ۲ - چیزی را بکسی یادآوری کردن ، ابلاغ و اعلام کردن ، آگهی کردن . ۳ - (اِ.) آگهی ، اعلام .

اخطارات extār-āt [ع.] ج. اِخطار (ه.م.)

اخطارکردن extār-kardan [ع - ف.] (مص‌م.) اعلام کردن، آگهی کردن، ابلاغ کردن ، مطلبی را یادآوری کردن.

اخطارنامه e.-nāma(-e) [ع.-ف.] (اِمر.)(حق.) ورقه‌ایست که برای اطلاع شاکی خصوصی ازوقت رسیدگی بدعوی باوابلاغ میشود. ضح.- فرق اخطارنامه با احضارنامه آنست که اخطارنامه ضمانت اجراء دستور جلب را ندارد.

اخطاریه extār-īyya(-e) [ع.] (اِمر.) ۱- برگه ای که بر آن اخطار برای کسی نوشته‌اند، نوشته‌ای که بوسیلهٔ آن مطلبی را بکسی یا کسانی یادآوری میکنند؛ ابلاغیه. ۲- (حق.) نامه‌ای رسمی‌است که ازطریق دادگاهها بشخص یا اشخاصی ابلاغ می‌شود، ودر آن نامه اجرای امری را می‌خواهند. ‖ ~ نکول. (حق.)← نکول.

اخفا exfā [ع.اخفاء] ←اخفاء.

اخفاء exfā' [ع.،ف.: اخفا] ۱- (مصم.) پوشیده داشتن، پنهان‌داشتن، نهان کردن، پوشانیدن. ۲- آشکار کردن، باز نمودن. ۳- (مص ل.) نهان گردیدن، پوشیده گردیدن.

اخفاق exfāγ [ع.] (مصل.) ۱- بی‌مراد بازگشتن جوینده، مأیوس‌شدن. ۲- غزا کردن و غنیمت نیافتن.

اخفاك axfāk (اِ.) (گیا.) عشقه (ه.م.)

اخفش axfaš [ع.] (ص.) ۱- خرد چشم، تنگ‌چشم، کم بین، صاحب‌چشم کوچك وکم سو، کسی که در تاریکی بهتر بیند که به روشنایی، ودرابر بهتر بیندکه بروز صافی بی‌ابر. ۲- (اِ.) (جا ز.) شب‌پرك، روزکور. ۳- (اِخ) ← بخش ۳ (اخفش، براخفش).

اخکوك axkūk (اِ.)(گیا.)زردالوی نارس (این کلمه بیشتر در خراسان بخصوص مشهد متداول است).

اخگر axgar (اِ.) پارهٔ آتش، زغال افروخته، شراره، خردهٔ آتش، جرقه. ‖ ~ تفته. آتشی که سوخته‌واخگر شده‌باشد. ‖ ~ کشته. زغال، انگشت.

اخگرستان axgar-estān (اِمر.) جای اخگر، محل سوختن، کانون، آتشدان، منقل.

اخلا axellā [ع.اخلاء] ←اخلاء.

اخلا exlā [ع.اخلاء] ←اخلاء.

اخلاء axellā' [ع.،ف.: اخلا](ص.) ج.خلیل، دوستان.

اخلاء exlā' [ع.، ف.: اخلا] ۱- (مصم.) خالی‌یافتن. ۲- خالی کردن، در خلوت بردن کسی را. ۳- (مصل.) خالی شدن، درجای خلوت و بی‌مزاحم افتادن، خلوت کردن با.

اخلاص exlās [ع.] ۱- (مصم.) خالص کردن، ویژه کردن، ویژه‌داشتن، بی آمیغ گردانیدن. ۲- (مص ل.) دوستی خالص داشتن، خلوص نیت داشتن، عقیدهٔ پاك‌داشتن، ارادت‌صادق داشتن. ۳- (تص.) آن است که سالك در عمل خود شاهدی جز خدا نطلبد. فضیل بن عیاض گفته: «ترك عملی بخاطر مردم «ریا» وبجا آوردن بخاطر آنان «شرك» است و «اخلاص» خلاص یافتن ازین‌دو است.» ضح.- فرق‌اخلاص و صدق. ۱- صدق اصل‌است و خلاص فرع و تابع آن. ۲- اخلاص پس از دخول در عمل شروع میشود. ‖ طبق ~. (کنـ.) پاکی نیت و ارادت صادقانه: «هرچه داشت درطبق‌اخلاص نهاد و به وی تقدیم کرد.» یعنی‌باکمال خلوص نیت و دلبستگی صادقانه هرچه داشت در اختیار اوگذاشت. ‖ ~ عمل. پاکدلی در کار. ‖ کلمهٔ ~. لااله‌الاالله. ‖ سورهٔ ~. ← بخش۳: اخلاص.

اخلاصات exlās-āt [ع.] ج.اخلاص (ه.م.)

اخلاص کیش exlās-kīš [ع.ـف.] (ص‌مر.) اخلاصمند، دارای خلوص نیت.

اخلاصمند e.-mand [ع . ـ ف .] (ص‌مر.) اخلاص کیش ، دارای خلوص نیت .

اخلاصمندی e.-mand-ī [ع.ـف.] (حامص.) کاراخلاصمند، دارای خلوص نیت بودن .

اخلاصی exlās-ī [ع.ـف.](ص نسب.) ۱ ـ منسوب به اخلاص ، ازروی اخلاص. ۲ ـ قسمی درهم و شاید درهم اخلاص (اخلاصیه) بمعنی درهم قل‌هواللهی باشد.

اخلاصیه exlās-īyya(-e) [ع.] (ص نسب.) درهمهای قل‌هواللهی، سیم قل هواللهی ، اخلاصی (ه.م.)

اخلاط axlāt [ع.] (اِ.) ج . خلط [xe] ۱ ـ خلطها (←خلط). ۲ـ (پز. قد.) صفرا وخون و بلغم وسودا . ۳ ـ (پز.) ترشحات نسوج آلی[1]. ۴ ـ (پز.) ترشحات قصبة الریه و شعب آن که با سرفه‌بخارج دفع‌میشود . ۵ ـ داروهای خوشبو . ‖ ~ اربعه . (پز.)[2]چهار نوع مزاج مردم : بلغم ، صفرا، سودا، دم (خون).← اخلاط ،خلط . ‖ ~ ردیه . (پز.) رطوبت فاسد و گندیده . ‖ ~ فاسده . (پز.)← اخلاط ردیه.

اخلاف axlāf [ع.] (ص.) ج.خلف، جانشینان ، بازماندگان، بازپسینان ، پس روان ، از پس چیزی آیندگان . ‖ ~ واسلاف . ماندگان ورفتگان.

اخلاق axlāγ [ع.](اِ.)ج.خلق[xo] ؛ خوی‌ها. ‖ ~ معنوی. طبیعت‌باطنی، سرشت درونی. ‖ (علم) ~ یا تهذیب اخلاق یا تهذیب نفس ، یکی از شعب حکمت عملی (ه.م.) است وآن دانش بدو نیك خویها ، و تدبیر انسان است برای نفس خود یا یك تن خاص .

اخلاقی axlāγ-ī [ع.ـف.](ص نسب.) ۱ ـ منسوب به‌اخلاق ، آنچه مربوط و پیوسته به اخلاق است . ۲ ـ دانشمند اخلاق ، اخلاقدان .

اخلاقیات axlāγ-īyy-āt [ع.] (ص‌مر.،اِمر.) ج .اخلاقیه،منسوب به اخلاق و علم اخلاق است ، قطعات و نوشته‌های اخلاقی.

اخلاقیون axlāγ-īyy-ūn [ع.] (ص نسب.) ج.اخلاقی (ه.م.) ضح.ـ در عربی این‌جمع درحالت رفعی استعمال شود ، اما در فارسی مراعات این‌قاعده نکنند .

اخلاقیین axlāγ-īyy-īn [ع.] (ص.) ج.اخلاقی (ه.م.)

اخلال exlāl [ع.] (مص م.) خلل آوردن ، خلل و رخنه کردن ، خلل رسانیدن، زیان رسانیدن ، بهم زدن و درهم و برهم کردن. ‖ ~ در امری. کارشکنی.

اخلال طلب e.-talab[از ع.](اِفا.) آنکه خواستار برهم زدن نظم وسامان کارست، آنکه‌کارشکنی‌میکند و کارها را بهم میزند.

اخلال‌کردن e.-kardan [ع.ـف.] (مص‌م.)در کاری خلل‌وارد‌آوردن، کار شکنی‌کردن.

اخلال‌کننده e.-konanda(-e)[ع.ـ ف.] (اِفا.) مخل،موجب خلل‌در کارها، کارشکن.

اخلالگر e.-gar[ع.ـف.](ص.،اِفا.) کسی که درکارها اخلال میکند، آنکه کارها را برهم زند .

1- Humeurs. (فر.) ۲ ـ Les humeurs cardinales , les quatre humeurs principales(فر.)

اخلالگری e.-gar-ī [ع.-ف.] (حا
مص.) کار اخلالگر (ه.م.)
اخلامور axlāmūr (اِ.) (گیا.)
زیزفون (ه.م.)
اخم axm [=اخمه] (اِ.) چین‌وشکنج
که بر رو وپیشانی افتد، چین پیشانی
و ابرو، آژنگ، درهم کشیدگی ابرو
ازاوقات‌تلخی‌وبدحالی. ‖ ~ رو. ترش
رویی، عبوس.
اخم‌آلود axm-ālūd [=اخم آلوده]
(اِمف.، ص‌مر.) چهره‌ای که‌اخم و چین
و آژنگ بر آنست، آلوده به‌اخم و در
هم کشیدگی.
اخم‌رو a.-rū [=اخمه‌رو] (ص‌مر.)
ترش رو، چین بر ابرو و پیشانی
افکنده.
اخم‌کردن a.-kardan [=اخمه
کردن] (مص‌م.) آژنگ افکندن میان
دو ابرو، ترش‌کردن روی، خشم‌گرفتن،
گره بر ابرو درآوردن درحال‌خشم.
اخمو axm-ū (ص.) (عم.) ترشرو،
همیشه اوقات تلخ.
اخم و تخم a.-o-taxm (اِ.) (اِمر.
اتباع) (عم.) ابرو در هم کشیدگی،
اوقات تلخی.
اخم وتخم‌کردن a.-t.-kardan
(مص‌م.) چین‌بر ابرو افکندن، ترش‌-
رویی کردن، تندی‌کردن باکسی.
اخمه axma(-e) [=اخم.] (اِ.)
چین وشکنج.
اخمه‌رو axma(-e)-rū [=اخم‌رو]
(ص‌مر.) ترش‌رو، ترش رخساره، تلخ
جبین، برج زهرمار.
اخمه کردن a.-kardan [=اخم
کردن] (مص‌م.) روی ترش کردن،
چین وآژنگ‌برابرو وپیشانی‌افکندن.
اخوات axavāt [ع.] (اِ.) ج.اخت؛
۱ - خواهران. ۲ - مانندها، شبیه‌ها.
‖ ~ سلطنت. خواهران‌شاه.
اخوان axavān [ع.] (اِ.) ۱- تثنیهٔ
آخ، دو برادر. ۲ - در فارسی غالباً
بخطا بجای إخوان [اِ] یعنی برادران
بکار برند.
اخوان exvān [ع.] (اِ.) ج.آخ؛
برادران، دوستان، برادر خواندگان.
‖ ~ سلطنت. برادران شاه.
‖ ~ صدق. یاران راستین.
‖ ~ صفا. ۱ - یاران یکدل و یك
جهت. ۲ - درویشان هم‌مسلك. ۳ -
(اِخ) اخوان الصفاء (← بخش۳).
اخوانی exvān-ī [ع.-ف.] (ص
نسبـ.) منسوب به إخوان، برادرانه،
دوستانه.
اخوانیات exvān-īyy-āt [ع.]
(ص‌نسبـ.) ج.اِخوانیه (بجای مکاتبات
یا مراسلات‌اخوانیه) نامه‌های دوستانه،
نامه‌هایی که میان دوستان رد و بدل
میشود.
اخوال axvāl [ع.] (اِ.) ج. خال،
دائیان، دائی‌ها، برادران مادر.
اخ و پف کردن ax(x)-o-pof-
kardan (مص‌م.) (عم.) نکوهیدن
بسیار، عیب‌کردن، کراهت نمودن،
مکرر اظهار کراهت از چیزی‌کردن،
اظهار نفرت کردن.
اخوت exvat [=ع.إخوة] (اِ.) ج.
آخ، برادران، دوستان، همنشینان.
ضح.ـ صاحب مجمع‌البیان گوید: اخوة
برادرانی که از یك پدر ومادر نباشند
و إخوان برادران یك مادری و یك
پدری.
اخوت oxovvat [=ع.اخوة] ۱ -
(مص‌ل.) برادرشدن، دوست‌شدن. ۲ -
(اِمص.) برادری، اخاء، مؤاخاة. ۳ -

اخلامور

اخیلیه

عنوان افتخاری مرسوم میان صفویان.

اخ و تف ax(x)-o-tof (اِمر.) (عم.) آب دهان که بیرون افکنند.

اخ و تف کردن a.-kardan (مص ل.) آب‌دهان بیرون‌افکندن، خدو انداختن.

اخوی axavī [ع.] (ص نسبـ.) منسوب به اخ و اخت. ضح.- در تداول فارسی زبانان آنرا بمعنی برادر گویند وآن لغت‌صحیح نیست چنانکه ابوی بمعنی پدر.

اخوین axavayn [ع.] (اِ.) تثنیهٔ آخ، دوبرادر. ضح.- در عربی درحالت نصبی‌و جری بکاررود، ولی در فارسی مراعات این قاعده نکنند.

اخی ax-ī [ع.] ۱ - برادرمن. ۲ - نامی است که فتیان (جوانمردان) هم‌طریقتان و هم‌مسلکان خود را بدان مخاطب میداشتند و میخواندند.

اخیار axyār [ع.] (ص.) ۱- ج. خیر (xayr) نیکان، برگزیدگان، نیکوتران. ۲- ج. خیر (xayyer) مردمان‌بسیارخیر ونیکوکار ودین‌دار. ۳- (تص.) برگزیدگان، وآنان هفت‌تن هستندازجملهٔ سیصد وپنجاه و شش تن مردان غیب.

اخیر axīr [ع.] (ص.) پسین، بازپسین، واپسین، آخر، آخری؛ مق. اول، مقدم. ‖ سفر ـــ. سفرواپسین، آخرین سفر، کنایه‌ازمرگ.

اخیراً axīr-an [ع.] (ق.) سپس، پس‌از همه، درآخر، درزمان بازپسین، بتازگی، دراین نزدیکیها. ضح.- قاعدهٔ چون وزن فعل‌دارد تنوین نبایدبگیرد ولی در کتابهای لغت معاصر هم بکار رفته است چنانکه‌در «المنجد» ذیل‌مادهٔ «اخر» آمده.

اخیلیا axīliyā (اِ.)(گیا.) اخیلیه (ه.م.)

اخیلیه axiliya(-e) [معر. aquilegia] (اِ.) (گیا.) گیاهی[1] از تیرهٔ آلاله که پایا میباشد و ارتفاعش بین ۳۰ تا ۵۰ سانتیمتر است وبرگهایش نازك و نسبةً پهن و سبز تیره است و گلهایش برنگهای ارغوانی و آبی و گاهی سفید است.

اخیون axyūn [معر. یو.] (اِ.) (گیا.) گل‌افعی (ه.م.)

اخیه axya(-e) [ع.] (اِ.) آخیه، میخ‌آخور، طنابی یا تیری‌که از دو سوی بر جایی‌استوارکنند و رسن‌ستور برآن بندند. ← زیر اخیه.

اخیه axīyya(-e) [ع.] (اِمر.) جوانمردان، فتیان، گروهی از جوانمردان که رئیس و پیروان آن یکدیگر را «اخی» (ه.م.) خطاب میکردند.

ادا adā [= ع. اداء] ۱ - (مص‌م.) اداء (ه.م.) ۲ - (اِ.) ناز، کرشمه، خوش‌حرکاتی‌معشوق. ۳ - رمز، اشاره. ۴ - (عم.) حرکت لغو. ۵ - (عم.) تقلید.

اداء adā' [ع.، ف.: ادا] (مص‌م.) ۱ - گزاردن، بجاآوردن، پرداختن دینی که بر شخص فرض و لازم است. ۲ - (اِ.) ناز، کرشمه، خوش حرکاتی معشوق.

اداصول adā-osūl [ازع.] (اِمر.) ناز، نمودن‌کراهت وجز آن.

ادا پذیر adā-pazīr [ع.-ف.] (اِفا.، ص‌مر.) قابل پرداخت.

ادات adāt [ع.] (اِ.) ۱ - افزار، ابزار، دست‌افزار، آلت، آلت حصول چیزی. ۲ - (ادب) یکی ازقسمهای کلمه

۱- **Aquilegia vulgaris** (لا.)

که در اصطلاح نحویان حرف گویند. به اصطلاح علمی حرف که در برابر اسم و فعل باشد و آن لفظی است که بدان اسم را به فعل ربط دهند. ج. ادوات. ‖ ~ استفهام. (دس.) کلمه‌ای که برای پرسش بکاررود، مانند: کی، کجا، چگونه، چرادرفارسی. ومن، ما، کیف، درعربی. ‖ ~ تشبیه. (بیا.) کلمه‌ای است که برای مانند کردن چیزی به‌چیزی بکارمیرود، لفظی که بر تشبیه دلالت کند چنانکه در فارسی: چون، چو و مانند آنها و در عربی کاف و کأن و جز آنها.

ادا درآوردن adā-dar-āva(o)-rdan [ع.-ف.] (مصل.) ۱ - حرکات لغو کردن. ۲ - تقلیددرآوردن، حالتی را بطور ساختگی نمودن. ۳ - شکلک درآوردن، به استهزاء تقلید کسی‌را درآوردن.

ادارات edārāt [ع.] (اِ.) ج. اداره (ه.م.)

ادارت edārat [= ع. اِدارة ← اداره] ۱ - (مصم.) گردانیدن. ۲ - گرد کردن، گردگردانیدن، چرخانیدن. ۳ - (مصل.) گردیدن. ۴ - مبتلا به علت دوار شدن. ۵ - (اِمص.) کارگردانی، مدیری، راه‌بردن کاری و دستگاهی، نظم ونسق دادن، سرپرستی کردن.

ادارجات edāra(-e)ǰ-āt [ع.] (اِ.) در تداول‌مردم فارسی زبان‌بغلط بجای اداره‌ها (جمع‌اداره) بکار میرود. ضح. - نوشتن « اداره‌جات » غلط اندر غلط است.

اداره edāra(-e) [= ع. ادارة] ۱ - (مصم.) نظام‌دادن، گردانیدن، رتق‌و فتق کردن. ۲ - (اِمص.) کارگردانی. ۳ - (اِ.) بخشی از هر وزارتخانه که صلاحیت انجام دادن امور معینی دارد و خود بدایره ها تقسیم می شود: «ادارهٔ فرهنگ، ادارهٔ آمار...» ۴ - (سیا.، حق.) سازمان دولت را از لحاظ کلی اداره نامند و باین‌معنی مترادف با دولت است و اداری در « حقوق اداری » بهمین معنی است. ‖ ~ ٔ کل. اداره‌ای که خود شامل چند ادارهٔ جزء باشد. ← ادارت.

اداره‌بازی e.-bāz-ī [ع.-ف.] (حامص.) (اِمر.) تشریفات اداری، فرمالیته.

اداری edārī [ع.-ف.] (ص‌نسب.) ۱ - منسوب به اداره، وابسته به اداره؛ کارهای اداری. ۲ - عضواداره، آنکه در اداره کار میکند، کارمند اداره ← اِداره. ‖ امور ~. (حق.) قسمتی از امور عمومی است که‌مربوط به اداره نمودن افراد مردم و اجراء روز مرهٔ قوانین است، و نشانهٔ آن ارتباط دایم مأموران دولت با مردم می‌باشد.

اداشدن adā-šodan [ع.-ف.] (مصل.) ۱ - بجا آمدن، گزارده‌شدن، اجرا گردیدن. ۲ - پرداخت‌شدن.

اداکردن adā-kardan [ع.-ف.] (مصم.) ۱ - گزاردن، بجا آوردن، عمل کردن، اجرا کردن. ۲ - پرداختن، تأدیه‌کردن.

ادام edām [ع.] (اِ.) خورش، نان خورش، نان‌خورش اعم از آبکی وجز آن، ترنانه، قاتق، اِبا. ج. ادم [odom]، آدمه، آدام.

ادامت edāmat [= ع. ادامة = ادامه] ← اِدامه.

ادامه edāma(-e) [= ع. اِدامة = ادامت] (مصم.) همیشه‌داشتن، پیوسته گردانیدن، دایم‌داشتن، درنگ‌کردن‌در: «باید‌برای ادامهٔ کار پایداری کرد.» ‖ ~ ٔ کار.

ادامه‌پیداکردن

(فز.) اصلی است که بموجب آن محرك مساویست با کار مقاوم.

ادامه‌پیداکردن e.-paydā(pey-)-kardan [ع.-ف.] (مص‌ل.) مداومت یافتن، دنبال‌شدن، قطع و ترك‌نشدن کاری، همواره دنبال‌شدن.

ادامه دادن e.-dādan [ع.-ف.] (مص‌م.) مداومت‌کردن، دنبال‌کردن کاری‌را، پیوسته‌گردانیدن.

ادامه داشتن e.-dāštan [ع.-ف.] (مص‌ل.) پیوسته برقراربودن، پیوسته بودن، همواره دنبال شدن، مداومت وپیگیری داشتن.

ادامه یافتن e.-yāftan [ع.-ف.] (مص‌ل.) دنبال‌شدن، پیوسته‌شدن، همواره برقرار ماندن.

ادانی adānī [ع.] (ص.، ا.) ج. أدنی (نا). ۱ - نزدیکان، نزدیك‌تران، نزدیك‌ترها. ۲ - کمینه‌تران، پستان، عوام، اسافل‌ناس.

ادا واطوار adā - vo-atvār [ع.] (إمر.)(نم.)[1] ۱ - شکلك‌سازی. ۲ - تقلید درآوردن.

ادایی adā-yī [ع.-ف.] (ص‌نسب.) کسی‌که ناز بسیارکند، کسی‌که بیشتر کراهت و خشم به تصنع آرد.

ادؤب ad'ob [ع.] (ا.) ج. دأب (ه‌.م.)

ادب adab [ع.](ا.) ۱ - فرهنگ، دانش. ۲ - هنر. ۳ - حسن معاشرت، حسن محضر. ۴ - آزرم، حرمت، پاس ۵ - تأدیب، تنبیه. ۶ - دانشی است‌که قدما آنرا شامل علوم ذیل دانسته‌اند: لغت، صرف، نحو، معانی، بیان، بدیع، عروض، قافیه، قوانین خط، قوانین قرائت. بعضی اشتقاق، قرض‌الشعر، انشاء و تاریخ راهم‌افزوده‌اند. امروزه دانش مذکوررا ادبیات‌گویند. ج. ادب «آداب» است. ‖ ~ ِ اکتسابی. ← ادب درس ↓. ‖ ~ ِ درس. ادب‌اکتسابی، آنچه بدرس و حفظ و نظر کسب‌گردد. ‖ ~ ِ نفس. ادب طبعی، اخلاق پسندیده، صفات نیك. ‖ ترك ~ . آزرم و پاس را ناچیز انگاشتن، شیوه و راه و رسم معاشرت را بجا نیاوردن و زیر پا گذاشتن.

ادبا odabā [=ع. ادباء] ← ادباء.

ادباء odabā' [ع.،ف.: ادبا] (ص.، ا.) ج. ادیب، ادب‌دارندگان، ادب دهندگان، مردمان صاحب‌ادب و فرهنگ.

ادبار edbār [ع.] ۱ - (مص‌ل.) پشت‌کردن، پشت‌دادن، سپس‌رفتن، منهزم‌شدن و گریختن در جنگ؛ مق. اقبال. ۲ - (إمص.) نگون بختی، سیه‌روزی، بی‌دولتی، بدبختی. ۳ - (ص.) نگون‌بخت، مدبر، سیه‌روز. (درتداول فارسی دشنام گونه‌ایست):

«پس‌توای‌ادبار رو هم‌نان‌مخور
تا نیفتی‌همچو او در شوروشر.» (مثنوی)

۵ - (اح. نج.) بودن کواکب است در خانه‌هایی که دلیل تباهی هستند؛ مق. اقبال.

ادبارگر e.-gar [ع.-ف.] (ص‌مر.) نگون‌بخت، سیه‌روز، آنکه‌بدبختی‌بدو روی میآورد، مدبر، بداقبال.

ادباری edbār-ī [ع.-ف.] (حامص.) ۱ - پلیدی، ناپاکی، کثیفی. ۲ - بدبختی، نگون‌بختی، سیه‌روزی.

ادب آموخته adab-āmūxta(-e) [ع.-ف.] (ص‌مر.) فرهیخته، فرهنگ

---

[1] - Grimace (فر.)

یافته ، تعلیم یافته .

ادب‌آموز a.-āmūz [ع.ـف.]
(إفا.،ص‌مر.) ۱ ـ ادیب، استاد، معلم. ۲ ـ شاگرد ، متعلم ، آن که ادب فرا گیرد.

ادب‌آموزنده a.-āmūzanda(-e) [ع.ـف.] (إفا.،ص‌مر.) ادب آموز (ه . م .)

ادب‌آوازه a.-āvāza(-e) [ع.ـف.] (ص‌مر.) بلندآوازه ، نامبردار به‌ادب و فرهنگ.

ادب پذیر a.-pazīr [ع.ـف.]
(إفا.،ص‌مر.) پذیرای‌ادب: «این کودك ادب‌پذیر نیست.»

ادب‌پرور a.-parvar [ع.ـف.]
(إفا.،ص‌مر.) مشوق‌ادب، آنکه‌به‌ادب و اهل ادب دلبستگی دارد.

ادب پرورده a.-parvarda(-e)
[ع.ـ ف.] (إمف.) ادب آموخته ، فرهیخته.

ادب خانه a.-xāna(-e) [ع.ـف.]
(إمر.) ۱ ـ دبستان ، مکتب . ۲ ـ طهارت‌گاه ، خلا ، مبال ، مستراح ، کابینه، حاجت‌گاه، آبخانه.

ادب دادن a-.dādan [ع.ـف.]
(مص‌م.) تعزیر، تنبیه، تربیت‌کردن.

ادب دارنده a.-dāranda(-e)
[ع.ـف.](إفا.،ص‌مر.)ادیب، بافرهنگ، اهل ادب.

ادبستان a.-estān [ع.ـف.] (إمر.)
مکتب، جایگاه‌ادب، پرورشگاه.

ادب سنج a.-sanǰ[ع.ـف.] (إفا.، ص‌مر.) ۱ ـ ادب آموز ، معلم ادب . ۲ ـ شاگرد.

ادب شدن a.-šodan [ع.ـف.]
(مص‌ل.) ۱ ـ تربیت شدن ، فرهنگ پذیرفتن ، ادب پذیرفتن ، باادب‌شدن. ۲ ـ تنبیه شدن .

ادب طراز a.-tarāz [ع.ـف.]
(إفا.،ص‌مر.) استاد ، آموزگار ، آموزنده، معلم .

ادب‌کده a.-kada(-e) [ع.ـف.]
(إمر.) جای‌ادب ، ادب‌گاه.

ادب‌کردن a.-kardan [ع.ـف.]
(مص‌م.)۱-پروردن، پرورش‌دادن، تربیت کردن . ۲ـ تنبیه‌کردن، سیاست کردن.

ادب‌گاه a.-gāh [ع.ـف.] (إ.) جای ادب، محل‌ادب.

ادب گرفتن a.-gereftan [ع.ـف.]
(مص‌ل.) تأدب،ادب‌پذیرفتن، فرهنگ پذیرفتن.

ادبی adab-ī [ع.ـف.] (ص‌نسب.)
منسوب به‌ادب، آنچه پیوستگی‌وارتباط با ادب‌داشته‌باشد، نوشته‌هایی که بافنون ادبی بستگی داشته و در بارهٔ ادبیات باشد.

ادبیات adab-īyy-āt[ع.]
(ص‌نسب.) ج. أدبیه(امروز جمع«ادب» هم‌محسوب‌میشود) دانشهای‌متعلق‌به‌ادب، علوم‌ادبی، آثار ادبی. ضح.ـ در اصل «فنون‌ادبیه» یا «علوم ادبیه» بوده‌است و بعد «ادبیه» صفت بجای موصوف را جمع بسته‌اند.

ادب یافته a.-yāfta(-e) [ع.ـف.]
(امف.،ص‌مر.) ادب گرفته ، فرهخته ، فرهنگ پذیرفته، بافرهنگ.

ادبیر edbīr(-bēr. (قد [ع. ممال «ادبار»] ۱ـ (إمص.) نحوست، بدبختی، واژگون بختی. ۲ ـ (ص.) منحوس ، بدبخت، واژگون.

ادبیه adab-īyya(-e) [ع.] (ص نسب.، نث . ادبی) منسوب به ادب ، فن‌های ادب ، دانشهای ادب ، آنچه

پیوستگی و بستگی به ادب دارد. ج. ادبیات (ه.م.)

ادخار eddexār [ع.] (مصم.) ۱ - اذخار، ذخیره کردن، ذخیره نهادن، انبار کردن، اندوختن، جمع کردن، پس انداز کردن چیزی را. ۲ - برگزیدن.

ادخال edxāl [ع.] (مصم.) در آوردن، بەدرون بردن، دربردن، داخل کردن؛ مق. إخراج.

ادخل زدن adxal-zadan [ع. - ف.] (مصم.) (تد.عم.). تخمین‌زدن.

ادراج edrāǰ [ع.] ۱ -(مصم.) داخل کردن، در بردن. ۲ - در نوردیدن، پیچیدن: ادراج کتاب.

ادرار edrār [ع.] ۱ - (مص م.) روان کردن وجاری ساختن آب و جز آن. ۲ - انعام‌وبخشش کردن، پیوسته گردانیدن عطا. ۳ - (إ.) وظیفه، مقرری، اجراء، مرسوم، مستمری، راتبه، عطیه، انعام. ۴ - (عم.) بول، شاش، پیشاب.

ادرارات edrār-āt [ع.] (إ.) ج. ادرار (ه.م.)

ادرارخوار edrār-xār [ع.- ف.] (إفا.،صمر.) ادرار خوارنده، راتبه خوار.

ادرار داشتن e.-dāštan [ع.-ف.] (مصل.) (عم.) بول داشتن در مثانه، شاش داشتن.

ادرار کردن e.-kardan [ع.-ف.] (مصم.) (عم.) بیرون ریختن بول، خارج ساختن بول و گمیز از مثانه، شاشیدن.

ادرار نامه e.-nāma(-e) [ع.-ف.] (إ.) نامه‌ای‌که خلیفگان وشاهان‌برای تعیین راتبه به کسی میدادند، ابلاغ و فرمان اعطای وظیفه ومستمری.

اداری edrār-ī [ع.-ف.] (ص‌نسبـ.) منسوب‌به‌إدرار (بمعنی‌وظیفه ومستمری) ← إدرار.

ادراك edrāk [ع.] ۱ - (مصل.) در رسیدن به، در رسیدن کسی را، الحاق، وصول. ۲ - رسیدن کودك به بلوغ و میوه و حاصل گیاه بەپختگی. ۳ - (مصم.) در یافتن، فهم‌کردن، بر رسیدن، درك‌کردن. ۴ - (فل.) عملی که بواسطهٔ قوای مدرکه انجام‌میگردد و آن عبارت است از حصول صوراشیاء نزد عقل یا نفس ناطقه و یا عبارت از حصول صور مدرکات است نزد مدرك.

ادراکات edrāk-āt [ع.] (مصل.، مصم.) ج. إدراك (ه.م.)

ادراك‌افتادن edrāk-oftādan [ع.-ف.] (مصل.) دست دادن تعقل و فهم و دریافت.

ادراك پذیر e.-pazīr [ع.-ف.] (إفا.، صمر.) قابل دریافت، قابل‌فهم.

ادراك پذیری e.-pazīr-ī [ع.-ف.] (حامص.) قابلیت دریافت‌وفهم وتعقل.

ادراك کردن e.-kardan [ع.-ف.] (مصم.) دریافتن، فهمیدن، درك‌کردن.

ادراك ناپذیر e.-nā-pazīr [ع.- ف.] (إفا.، صمر.) غیر قابل فهم، غیر قابل دریافت وتعقل.

ادراکی edrāk-ī [ع.-ف.] (ص‌نسبـ.) منسوب بەادراك (ه.م.)

ادرمه adrama(-e) [= آدرم] (إ.) آدرم (ه.م.)

ادره odra(-e) [ع.← ادره‌قیله] (إ.) (پز.) استسقاء خصیه (ه.م.)

ادره‌قیله odra-ɣīla(-e) [معر. یو.

۱- percetifn (فر.)

hudōrkèle] ^۱(إمر.) (پز.) استسقاء خصیه (ه.م.)

ادریسی edrīs-ī [ع.] (إ.) (گیا.) گیاهی[۲] است از تیرهٔ انگور فرنگی[۳] که همیشه سبز است. برگهایش درشت و بیضی شکل و گلهایش بی بو و بشکل خوشه بهم چسبیده، معمولا رنگ گلهایش صورتی است ولی گونه‌هایی از آن با گلهای سفید، آبی، قرمز، بنفش هم دیده شده غالباً زینتی و بیشتر سایه طلب است و در گلدان کاشته میشود و اصلش از چین و ژاپون است؛ گل ادریس، گل ژاپونی، گل سرخ ژاپونی، گل ادریسی، ارتنجه، اورتنجه، ایدرنجیه.

ادریسی

ادعا edde'ā [=ع. ادعاء] ← ادعاء.

ادعاء edde'ā' [ع.ف. إدعا] (مصل.) ۱ - دعوی کردن (خواه حق و خواه باطل)، دعوی کردن بر کسی، دعوی کردن بچیزی. ۲ - نام و نسب خویش گفتن پیش حریف در کار زار. ۳ - آرزو کردن. ۴ - (حقو.) خواستن چیزی در دادگاهها بوسیلهٔ نوشته و یا گفتار از طرفی و ممکن است شخصی که چیزی را از دیگری میخواهد برحق باشد یا ناحق.

ادعاپذیر edde'ā-pazīr [ع.-ف.] (إفا.، ص مر.) شایستهٔ دعوی، سزاوار ادعا.

ادعاکار e.-kār [ع.-ف.] (ص مر.) پر مدعا (ه.م.)

ادعاکردن e.-kardan [ع.-ف.] ۱ - (مصل.) دعوی کردن، مدعی بودن، مزیتی برای خود قایل بودن. ۲ - (مصم.) مطالبه کردن، در خواست کردن. ۳ - (ور. قد.) طلب حریف کردن. در کشتی باستانی هر وقت ورزشکاری ورزشکار دیگر را برای مسابقه دعوت کند میگویند: «ادعا کرده است.»

ادعانامه e.-nāma(-e) [ع.-ف.] (إمر.) ۱ - هر نوشته‌ای که دعوی و ادعایی را علیه کسی یا کسانی در بر داشته باشد. ۲ - (حقو.) نوشتهٔ رسمی است که بوسیلهٔ آن دادستان و یا مقام دیگری از دادگاههای صالحه برای متهم بارتکاب جرمی تقاضای رسیدگی و مجازات میکند؛ تقاضای دادستان از دادگاه جزائی، کیفر خواست.

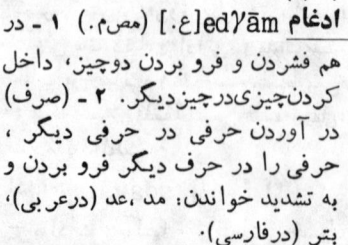

ادعیه ad'iya(-e) [ع.] ج. دعاء (ه.م.)

ادغام edγām [ع.] (مصم.) ۱ - در هم فشردن و فرو بردن دو چیز، داخل کردن چیزی در چیز دیگر. ۲ - (صرف) در آوردن حرفی در حرفی دیگر، حرفی را در حرف دیگر فرو بردن و به تشدید خواندن: مد، عد (در عربی)، بتر (در فارسی).

ادکلن odokolōn [فر.] ← ادکلنی.

ادکلنی odokolony [فر. eau de Cologne] (آب کلنی ← رك. کلن) کلنی یا کلن نام شهری است در آلمان که مرکز ساختن آبهای معطر مشهور به (ادکلنی) است و آن بوسیلهٔ فارینا (J.-M.Farina) در قرن ۱۸ م. اختراع شد. بعدها در ممالك دیگر نیز بتقلید از آن پرداختند.

ادکن adkan [ع.] (ص.) تیره گون، دودگون، خاکستر رنگ، خاك رنگ، مایل به سیاهی، نیلگون، اغبر. ‖ خز ~. قره خز، خز نیلگون، خز بسیار نرم و تیره.

ادله adella(-e) [=ع. ادلة] (ص.) ج. دلیل، راهنمایان، حجتها، برهانها. ‖ ~ اربعه. (فقه.) دلیلهای چهارگانه:

---

۱ - Hydrocèle (فر.)
۲ - Hydrangea hortensis (لا.)
۳ - Saxifragacées (فر.)

کتاب وسنت و اجماع وعقل.

ادمان edmān [ع.] (مصم.) پیوسته همواره و دایم کاری را کردن. ‖ ~ِ خمر. پیوسته شراب نوشیدن، مداومت در شراب خوارگی، دایم‌الخمر بودن[1].

ادند edand [قس. اند](اِ.) عددمبهم ازسه تا نه مانند «بضع» در عربی.

ادنی adnā [ع.] (ص تفض.) ۱ - (ص تفض. دنو): نزدیک‌تر، اقرب، قریب‌تر؛ مق. اقصی. ۲ - (ص تفض. دنی): زبون‌تر، پست‌تر، فرومایه‌تر، ارذل، خسیس‌تر، کمتر، کمترین، فروتر، پایین‌تر، اسفل؛ مق. أعلی. نث: دنیا، ج. أدانی. ‖ **عذاب ~**. عذاب این جهانی. ‖ **علم ~**. علم‌طبیعی. ‖ **فلسفهٔ ~**. فلسفهٔ طبیعی، فلسفهٔ اسفل؛ مق. مابعدالطبیعه[2].

ادوات adavāt [ع.] (اِ.) ۱ - ج. أدات؛ آلتها، آلتهای حصول چیزی، اسباب، دست افزارها. ۲ - شأن‌ها، امرها، امور. ‖ **~ِ استفهام.** ← استفهام.

ادوار advār [ع.] ۱ - ج. دور (اِمص.) گردشها، گردشهای فلك یعنی زمانها. ۲ - (مس.) دوایر نود ویك‌گانهٔ موسیقی مرکب از هفت ذوالاربع (ه.م.) و سیزده ذوالخمس (ه.م.) ‖ **علم ~**. علم موسیقی.

ادواری advār-ī [ع.-ف.] (ص نسب.) به‌ادوار، نوبتی، امری‌که نوبت‌به‌نوبت و دوره بدوره‌صورت میگیرد. ‖ **جنون ~**. (پز.) دیوانگیی که‌گاه‌بگاه و در دوره‌های معین بروز میکند.

ادونیس adonīs (اِ.)(گیا.) آدنیس (ه.م.)

ادویه adviya(-e) بضرورت شعرو تد. adviyya(-e) [ع.] (اِ.) ۱ - ج. دواء، داروها، عقاقیر. ۲ - (تد. عم.) دارچین کوبیده: «فلفل‌وادویه» ۳ - (تد. عم.) عموم دیگ افزارها.

ادویه‌جات adviyaǰ-āt [از ع.] ج. (غفص.) ادویه. ج. دوا؛ داروها.

ادویه‌دان a.-dān [ع.-ف.] (اِمر.) ظرفی که ادویهٔ مطبخ در آن جای‌دارد.

ادویه‌زدن a.-zadan [ع.-ف.] (مص م.) ریختن ابازیر در خورشها.

ادویه‌سا(ی) a.-sā(y) [ع.-ف.] (اِفا.، ص مر.) ادویه ساینده. ۱ - آلتی که در دواخانه‌ها و جز آن داروها رابدان سایند. ۲ - آن‌کس که داروها را نرم میکند و میساید، ادویه‌کوب.

ادویه شناس a.-šenās [ع.-ف.] (اِفا.، ص مر.) ادویه شناسنده[3]، دارو شناس، حشائشی، عشاب، نباتی.

ادویه شناسی a.-šenās-ī [ع.-ف.] (حامص.) دارو شناسی، کار داروشناس.

ادویه‌کوب a.-kūb [ع.-ف.] (اِفا.، ص مر.) ادویه سا (ه.م.)

ادویه‌کوبی a.-kūb-ī [ع.-ف.] (حامص.) ۱ - کار و عمل ادویه‌کوب. (ه.م.) ۲ - پیشه و شغل ادویه کوب.

ادهان adhān [ع.] (اِ.) ج. دهن (do)، دهنه (do)؛ روغنها، چربیها.

ادهم adham [ع.] (ص.) ۱ - سیاه، تیره گون. ۲ - رنگی ازرنگهای اسب، بور، شتریا اسب خاکستر گون که‌سیاهی آن برسپیدی غالب باشد، اسب سیاه، ستورسیاه‌رنگ، اسب سیاه بش‌ودنبال سرخ. ۳ - آثار نو. ۴ - آثار کهنه‌و پوسیده. ۵ - بند، قید، بندی‌که بر پای گناهکاران اندازند؛ نث. دهماء،

---

۱ - Alcoolisme (فر.)　۲ - Métaphysique (فر.)
۳ - Herboriste, botaniste (فر.)

ج . اداهم .

اديال adyāl [رس.] (إ.) پتو، مفرش گونه‌ای که لحاف و فرش و مانند آنرا درآن بندند .

اديان adyān [ع.] (إ.) ج . دين (ه.م.)؛ کیشها ، آیینها .

اديب adīb [ع.] (ص.) ۱ - زيرك ، نگاهدارندهٔ حدهرچیز. ۲- فرهنگ‌ور، با فرهنگ ، فرهنگی ، دانشمند ، هنرمند ، خداوند ادب ، ادب دارنده، دانای علوم ادب ، سخندان . ۳ - آموزندهٔ ادب، فرهنگ‌آموز، ادب‌آموز. ۴ - دبیر . ۵ - رسم دان ،آداب‌دان. ج. ادباء .

اديبانه adīb-āna(-e) [ع.-ف.] ۱ - (ق.) مانند ادیبان : ادیبانه سخن گفت . ۲ - (ص .) ادبی ، مربوط بادبیات : بیانات ادیبانه .

اديب رفته adīb-rafta(-e) [ع.-ف.] (صمر.) مدرسه دیده‌وتعلیم‌یافته . ج . ادیب رفتگان .

اديب شدن a.-šodan [ع.-ف.] (مص ل.) اهل ادب و فرهنگ ودانش‌شدن، دانشهای ادب را فرا گرفتن ، دانای علوم ادب شدن ، با فرهنگ و ادب گردیدن .

اديبه adība(-e) [ع.] (ص.) مؤنث اديب (ه.م.)

اديبی adīb-ī [ع.-ف.] (حامص.) اديب بودن ↓ .

اديبی کردن a.-kardan [ع.-ف.] (مصم.) علم ادب آموختن به کسی .

اديم adīm [ع.] (إ.) ۱ - چرم،مطلق پوست دباغت داده ، چرم مهیاوساخته. ۲ - پوستی که آنرا بودار گویند، پوست خوشبوی که ازیمن خیزد یعنی بلغار ، پوست خوشبوی سرخ رنگ که به‌تابش سهیل رنگ گیرد . ۳ - روی ، سطح. ۴ - (إخ) نامی‌از نامهای اسب‌از آنجمله نام اسب ابرش کلبی .

اديم گر a.-gar [ع.-ف.] (صفا.) چرم‌گر، چرمساز، ادیمی .

اديمی adīm-ī [ع.-ف.] (ص نسب.) منسوب به ادیم ، ادیم گر.

اذا azā [ع.] ۱ - (مصم.) رنجه کردن . ۲ - (مص ل.) رنجه شدن . ۳ - (إمص.) رنجش .

اذابه ezāba(-e) [=ع. اذابة] ۱ - (مصم.) آب کردن، ذوب کردن، گداختن، گدازانیدن . ۲ - غارت کردن. ۳ - نیکو کردن کار خود را .

اذارافيون azār-āfyūn [= آذارافیون] (إ.) (جا.) ← آذارافیون، کف دریا .

اذاراقی azārāγī [س.] (إ.) (گیا.) کچوله (ه.م.)

اذاعه ezā'a(-e) [=ع . إذاعة ← اذاعت] (مصم.) آشکار کردن ، فاش ساختن ، پراکندن (خبر).

اذاقت ezāγat [=ع. اذاقة ← اذاقه] (مصم .) ۱ - چشانیدن ، چشاندن . ۲ - به امتحان دادن چیزی را . ۳ - مکافات امری کردن .

اذاقه ezāγa(-e) [=ع. اذاقة ← اذاقت] اذاقت (ه.م.)

اذالت ezālat [=ع. اذالة ← اذاله] (مصم.) ۱ - صاحب دامان گردیدن ، فروهشتن دامان و جز آن . ۲ - (عر.) زیاد کردن ساکنی بر وتد آخر جزو، وآن در مستفعلن ، مستفعلان باشد . ‖ ~ کسی . خوارو سبك داشتن او را و پروای وی‌نکردن ، خوار کردن.

اذاله ezāla(-e) [=ع. اذالة.] اذالت (ه.م.)

اذارافیون

اذان azān [ع.] ۱ - (مص م .) آگاهانیدن، خبر کردن، اعلام کردن. ۲ - (فق.) آگاهانیدن وقت نماز، خبر دادن ازوقت نمازبا لفظهای مخصوصی که درشرع معین‌شده‌است، خبردادنست بوقت نماز با الفاظ مخصوص مأثور؛ گلبانگ، بانگ نماز، لفظ ها و جمله های‌مخصوصی که‌دربامدادونیمروز و شامگاه پیش ازبرپای داشتن نمازدر گلدسته و مناره و جزآن میخوانند، الفاظ مخصوص و مأثورشرعی که قبل‌از اقامهٔ نمازخوانده میشود .ضح.ــ اذان درتعداد الفاظ‌بااقامه (ه.م.) فرق‌دارد.

اذانان azān-ān [ع.] (اِ.) تثنیهٔ اذان (درحالت‌رفعی)؛ اذان و اقامه← اذان، اقامه.

اذان‌گو azān-gū [ع.ـ ف.=اذان گوی] (اِفا.،ص‌مر.) اذان‌گوی (ه.م.)

اذان‌گوی a.-gūy [ع.ـ ف. = اذان گو] (اِفا.،ص‌مر.) اذان‌گوینده، آنکه اذان میگوید، مؤذن.

اذانین azān-ayn [ع.] (اِ.) تثنیهٔ اذان (درحالتهای نصبی و جری.)، اذان و اقامه ← اذان، اقامه.

اذخر ezxer [ع.] (اِ.) (گیا.) ← گورگیاه.

أذریونه azar-yūna(-e) [معر. آذریون] (اِ.) (گیا.)← آذریون ۳، بخورمریم.

اذعان ez'ān [ع.] (مص‌م.) اقرار، اعتراف، اقرارکردن، خستو شدن، قبول کردن، پذیرفتن، شناختن، گردن‌نهادن، رام شدن، فروتنی‌نمودن.

اذعان کردن e.-kardan [ع.ـ ف.] (مص‌م.) اقرارکردن، اعتراف‌کردن، خستو شدن، معترف‌گردیدن، گردن نهادن امری را.

اذفر azfar [ع.] (ص.) ۱ - تیز، تیزبو، پربو، بسیاربویا، تندبوی. ‖ **مشک** ~ . مشک تیز بوی. ۲ - (مس.) آوازچهاردهم‌ازهفده‌آواز اصول(ه.م.)

اذکار azkār [ع.] ج . ذکر؛ یاد کردنها، وردها، اوراد. ‖ **اوراد و** ~ .←اوراد.

اذکار ezkār [ع.] (مص‌م.) بکسی یاد دادن، آموختن بکسی، بیادکسی آوردن، یاد دادن.

اذکیا azkiyā [ع.اذکیاء]←اذکیاء.

اذکیاء azkiyā' [ع. ف. اذکیا] (ص.،اِ.) ج.ذکی. ۱ - زیرکان،مردان تیزخاطر. ۲ - پاکان.

اذل azall [ع.] (ص‌تفض.ذلت)ذلیل‌تر، خوارتر.

اذلال ezlāl [ع.] (مص‌م .) خوار پنداشتن‌کسی را، خوارشمردن، خوار و ذلیل‌گرفتن‌کسی را.

اذله azella(-e) [ع.] (ص.) ۱ - ج. ذلیل، ذلیل شدگان، خوارشدگان، خوٰاران. ۲ - ج. ذلول، نرم‌شوندگان، نرم دلان.

اذمه azemma(-e) [ع.] (اِ.) ج ذمام و جج.ذمه؛ حقوق، حرمتها آبروها.

اذن ozon [ع.] (اِ.) گوش، عضو شنوایی.

اذن ezn [ع.] ۱ - (مص‌م.) دستوری دادن، بار دادن. ۲ - (اِمص.)اجازه، دستوری، رخصت. ۳ - (فق.) اجازه دادن تصرف و آزادی عمل و رفع محرومیت است برای کسی که شرعاً ممنوع‌از تصرف‌ومحروم از آزادی‌عمل بوده است. ‖ ~ **دخول**. دعایی است مبنی بر اجازهٔ وروددرحرمها ومکان‌های مقدس که هنگام در آمدن بدان

۱۸۵ ارائه

جاها میخوانند. ‖ ــِ شب. پروانهٔ عبور در شب.

اذن ozn [ع.] (اِ.) اذن (ozon)، گوش، عضو شنوایی.

اذناب aznāb [ع.] (اِ.) ج. ذنب (zanab). ۱ - دمها، دنبالها. ۲ - بندگان و کنیزکان و لواحق، حواشی وخدم. ۳ - سپس روندگان. ‖ ــِ ناس. مردم کم پایه، مردمان حقیر، عوام‌الناس، سفلهٔ مردم.

اذن‌دادن ezn-dādan [ع.ـ ف.] (مص‌م.) دستوری دادن، رخصت دادن، جایز شمردن، مرخص کردن.

اذن داشتن e.-dāštan [ع.ـف.] (مص‌ل.) دستوری‌داشتن، مرخص‌بودن.

اذن‌گرفتن e.-gereftan [ع.ـف.] (مص ل.) اجازه خواستن، رخصت خواستن، دستور گرفتن.

اذواق azvāγ [ع.] ج. ذوق (ه.م.)

اذهاب ezhāb [ع.] (مص‌م.) ۱ - بردن، کسی را بردن، کسی را دور گردانیدن. ۲ - روان کردن. ۳ - زراندود کردن.

اذهان azhān [ع.] (اِ.) ج. ذهن (ه.م.)

اذی azā [ع.] ۱ - (اِ.) آزار، رنج، چیزی که آزار دهد. ۲ - (اِمص.) رنجش، ستوهی. ۳ - (مص‌ل.) آزرده شدن، رنجه شدن، رنجور شدن. ۴ - (مص‌م.) رنجه‌کردن، آزار رساندن.

اذی azī(yy) [ع.] (ص.) ۱ - مرد بسیار رنجیده، مردبسیار متأذی شونده. ۲ - مرد بسیار رنجاننده، بسیار آزار رساننده.

اذیال azyāl [ع.] (اِ.) ج. ذیل، دامنها: «سلطان... به خواجه حواله کرد... چنانکه از هیچ جانب غبار آزاری بر اذیال ننشست.» (سلجوقنامهٔ ظهیری.) ‖ ــِ ناس. طبقهٔ پست‌ازمردم، اذناب ناس، سپس روندگان، پس ماندگان؛ مق. نواصی.

اذیت azīyyat [= ع. اذیة] ۱ - (اِمص.) آزار، ستوهی، رنج، زحمت، تعب، عنا، محنت، شکنجه، عذاب. ۲ - (مص‌ل.) رنجه‌شدن، عذاب‌کشیدن. ۳ - (مص‌م.) آزارکردن، رنجه‌کردن، آزردن، رنجانیدن: «... که دست‌تطاول به مال رعیت دراز کرده بود و جور و اذیت آغاز نهاده.» (گلستان.)

اذیت دادن a.-dādan [ع.ـف.] (مص‌م.) اذیت کردن ↓ (ه.م.)

اذیت کردن a.-kardan [ع.ـف.] (مص‌م.) آزار کردن، آزردن، تصدیع دادن، عذاب دادن، معذب داشتن، تعذیب، رنجه داشتن ↑.

اذیت‌کشیدن a.-ka(e)šīdan [ع.ـ ف.] (مص‌ل.) رنج بردن، آزار دیدن، متحمل آزار وشکنجه و عذاب شدن.

اذین ozayn [ع.] (اِ.) مصغر اذن است، گوش خرد، گوشك.

۱ - ار ar [= اگر] (ق. شرط) ۱ - هرگاه، وقتی‌که:

«به‌خانه درآی ار جهان تنگ‌شد
همه‌کار بی‌برگ وبی رنگ شد.»
(فردوسی)

۲ - یا (← اگر). ۳ - خواه (در صورت تکرار «ار» یا «اگر»):

«چورفتی سروکار با ایزدست
اگرنیك‌باشدت‌کار، ار بدست.»
(فردوسی)

۲ - ار arr,ar [= اره] (اِ.) اره.

ارائه erā'a(-e) [= ع. اراءة] (مص‌م.) نمودن، نشان دادن، نمایش دادن. ‖ ــِ طریق. راه نمودن،

ارائه دادن

رهبری، راهنمایی، رهنمونی، دلالت.
‖ **به‌محض** ـــ. به مجرد نشان دادن، در همان لحظهٔ نمایش و نشان دادن و نمودار ساختن.

ارائه دادن e.-dādan [ع.ـ ف.] (مص‌م.) نمودن، نمایش دادن، بمعرض تماشا قرار دادن.

ارائه کردن e.-kardan [ع.-ف.] (مص‌م.) نمودن ، نمایش دادن ، در معرض تماشا نهادن.

ارابس arābes [لا. arabis] [إ.] (گیا.) گیاهی[1] از تیرهٔ چلیپائیان[2] که گونه‌های متعدد دارد . بعضی گونهایش یکساله و بعضی دائمیند و در بعضی گونه‌ها ساقه و برگها کرك دارند. این گیاه و دیگر گونه هایش بیشتر در دامنه های آلپ و کوههای قفقازیه در نواحی سردسیر ویا معتدل میرویند ؛ ارابس ابیض، تره تیزك کوهی.

ارابه

ارابه arāba(-e),arrāba(-e) (إ.) گردون، گردونه، بار کش ، گاری ، گردونه‌ای که ازچوب سازند وبر آن بار کشند. ‖ ـــ ٔجنگی. گردونه‌ای که در جنگ‌وکارزار بکار میرود؛ تانك، زره پوش.

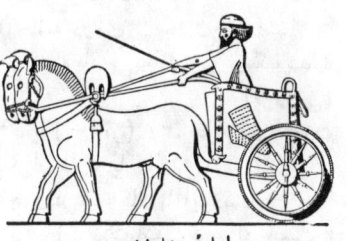

ارابهٔ هخامنشی

ارابه چی a.-čī [ف.-ت.] (ص‌فا.) رانندهٔ ارابه، ارابه‌ران، هادی گردونه.

ارابه ران a.-rān (إفا.) رهبرارابه، ارابه‌چی.

ارابه رو a.-raw(row) (ص‌مر.) **راههای** ـــ. راههایی که‌شایستهٔ عبور ارابه و گردونه باشد.

ارابه‌کش a.-kaš(keš) (إفا.) رهبر ارابه ، ارابه چی ، آنکه مردم را بر ارابه سوار میکند.

اراتوریو orātorio [ایتال. oratorio] (إ.) (نم.) آهنگ موسیقی‌دراماتیك‌در موضوعی‌مذهبی.

اراجیف arāǰīf [ع.](إ.)ج.اَرجاف، خبرهای موحش‌ومدهش، سخنان‌بیهوده و دروغ وبی اصل، خبرهای نادرست ، شایعات .

اراحه erāha(-e) [=ع. اراحة] [ع.] ۱ - (مص‌ل.)آسودن، برآسودن. ۲ - (مص‌م.) راحت رسانیدن ، آسایش دادن. ۳ - حق به حق‌دار دادن ، رد کردن حق کسی را.

ارادت erādat [=ع‌ارادة←اراده] ۱ -(مص‌م.)خواستن. ۲ - (إ.)خواست، میل، قصد، آهنگ. ۳ - خواست‌خدا، مشیت، قضا، قدر، تقدیر. ۴ - (تص.) توجه‌خاص مرید به مرشد وسالك‌به‌پیر و امثال آن . ۵ - اخلاص و اظهار کوچکی در دوستی ، دوستی از روی اعتقاد وایمان. ‖ ـــِ **غایبانه**. اخلاص و اظهار دوستی و علاقه‌مندی از راه دور و در غیاب کسی.

ارادت‌داشتن e.-dāštan [ع.-ف.] (مص‌ل.) اخلاص و دوستی وعلاقمندی داشتن.

ارادت پیشه e.-pīša(-e) [ع.ـف.] (ص‌مر.) کسی که دایم ارادت ورزد ، ارادت شعار، ارادت کیشی.

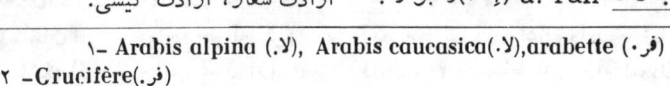

۱- Arabis alpina (.لا), Arabis caucasica(.لا),arabette (.فر)
۲ -Crucifère(.فر)

ارادت شعار e.-še'ār [ع.-ف.] (صمر.) ارادت پیشه (ه‌م.)

ارادت‌کیش e.-kīš [ع.-ف.] (صمر.) ارادت پیشه (ه‌م.)

ارادت کیشی e.-kīš-ī [ع.-ف.] (حامص.) عمل ارادت کیش، ارادت کیش بودن.

ارادتمند e.-mand [ع.-ف.] (صمر.) آنکه ارادت میورزد، ارادت کیش، ارادت شعار. ضح. - این صفت غالباً در تعبیر از اول شخص (گوینده) و بهنگام اظهار محبت و دوستی و ادای احترام بکار میرود.

ارادتمندی e.-mand-ī (حامص.) عمل ارادتمند، ارادتمند بودن.

اراده erāda(-e) [= ع. إرادة ← ارادت] ۱ - (مصم.) خواستن. ۲ - (إ.) خواست، میل، قصد، آهنگ. ۳ - (تص.) اخگری از آتش محبت در قلب که سالک را مستعد دواعی حقیقت میسازد. ۴ - (روان.) عبارت است از حاصل جمع نیروی ذاتی صور ذهنی (ادراکات و انفعالات). ۵ - (فل.) شوق شدید نفس که مستتبع عمل است، و آن حالتی است نفسانی که پس از تصور و تصدیق بسود یا زیان امری و شوق بدان پیدا میشود و بلافاصله بعد از آن عمل بدنی شروع میگردد. ‖ **~ آهنین**. عزم جزم و استوار، خواست و قصد محکم و مردانه.

اراده arrāda(-e) [قس. استا. raθa، گردونه، چرخ؛ قس. عراده] (إ.) ۱ - گردونه، ارابه. ۲ - (مکن.) قسمت زیرین هواپیما که چرخها بآن پیوسته و هنگام فرود آمدن هواپیما نخست بروی زمین قرار میگیرد. ضح. - فرهنگستان این لغت را بجای train d'atterissage (فر.) پذیرفته است.

اراده داشتن erāda(-e)-dāštan [ع.-ف.] (مصل.) ۱ - صاحب عزم و اراده بودن، توانایی اعمال نظر و بر سر عقیده خود ایستادن داشتن. ۲ - قصد کردن، آهنگ کردن.

اراده کردن e.-kardan [ع.-ف.] (مصل.) عزم کردن، تصمیم گرفتن.

ارادی erādī [ع. erādīyy] (ص نسب.) منسوب به اراده، وابسته به اراده، از روی اراده، کاری که از روی قصد و عزم صورت گیرد. ‖ **حرکت ~**. ← حرکت. ‖ **فعل ~**. فعلی است که پس از تأمل برای غرضی معین ومعلوم به اختیار از شخص صادر میشود.

اراذل arāzel [ع.] (ص.) ج. ارذل؛ ناکسان، زبونان، سفلگان، فرومایگان، مردم پست.

اراضی arāzī [ع.] (إ.) ج. آرض. ۱ - زمینها. ۲ - زمینهای دایر و مزروع (خاصةً). ‖ **~ موات**. (حق.، فق.) زمینهایی که دایر نباشد ومالکی نداشته باشد، اعم از اینکه درسابق دایر بوده ومالک داشته ودراثر اعراض مالک بایر شده باشد یا اینکه از اصل بایر بوده باشد. ‖ **~ خالصه**. ← خالصه.

اراقت erāγat [= ع. إراقة] (مصم.) ۱ - ریختن، ریختن مایع (آب و آنچه بدان ماند). ۲ - بول کردن، شاشیدن. ‖ **~ دماء**. سفك دماء، ریختن خون.

اراقو arāγū [معر.] (إ.) ← اراقوا.

اراقوا arāγavā [= اراقو، معر. لا. caracca] (إ.) (گیا.) ← سیاهك.

اراقه erāγa(-e) [= ع. إراقة] اراقت. (ه‌م.)

اراقیطون arāγītūn [= آراقیطون = ارقیطون، لا. arctium]

اراقوا- ۱- گل- ۲- دانه

اراقیطون

(اِ.) (گیا.) بابا آدم (ه‍.م.)

اراك arāk (اِ.) (گیا.) درختچه‌ایست[1] از تیرهٔ اراکیها[2] که فقط شامل یك گونه است. برگهایش متقابل و کمی گوشتالوست، گلهایش سفید رنگ و کوچك و بشکل خوشه ـ که در انتهای شاخه‌ها قرار میگیرند ـ میباشد. میوه‌اش هسته (ه‍.م.) و زردرنگ است و آنرا کباث نامند و درصورتیکه نارس باشد سبز رنگ است که خمط یا جهاض نامیده میشود، و خواص دارویی دارد. ازبرگ این گیاه شتران تغذیه میکنند و از ریشهٔ آن که چوبی وستبر است در قدیم مسواك تهیه میکردند؛ مسواك، درخت مسواك، شجرةالسواك، چوج.

اراك ۱ـ گل ۲ـ میوه

اراکین arākīn [ع.] (اِ.) ج. ارکان، جج. رکن، ستونها. ‖ ~ ِ دولت. سران دولت.

ارامل arāmel [ع.] (ص.) ۱ـ ج. ارمل و ارمله. الف ـ مردان بی‌زن، زنان بی شوهر. ب ـ مستمندان، فقیران، مساکین، درویشان، مردان وزنانی که قدرت هیچ چیز نداشته باشند. ۲ـ ج. ارمولة (ه‍.م.).

ارامنه arāmena(-e) [= ع. ارامنة] (اِ.) ج. ارمنی، کسانی که از اهل ارمنستان و نژاد ارمنی باشند.

ارامی arām-ī [= آرامی] (ص نسب.) منسوب به ارام (آرام). ۱ـ مردم ارام (آرام). ۲ـ دستهٔ زبانهایی که در ارام (آرام) بدان تکلم میکردند، زبانهای آرامی (← بخش ۳ آرامی).

ارانگوتان

ارانگوتان orāng-ūtān [فر. orang-outang، اززبان مالزی: orāng، انسان + ūtān، جنگل و جمعاً بمعنی انسان جنگل] (اِ.) (جا.ن.) جانوری از خانوادهٔ آدم‌نماها[3] از ردهٔ نخستینیان وازشاخهٔ پستانداران، دارای قدی نزدیك بانسان و بدنی سنگین، پشت خمیده، سینه مسطح، شکم برجسته، واعضای خلفی وهلالی‌شکل.

ارایك arāyek [ع.] (اِ.) ج. أریکه، تختها.

ارئومیسین oreomaysīn [انگ. aureomycin] (اِ.) (پز.) دارویی است آنتی‌بیوتیك که بواسطهٔ دارا بودن آثار درمانی شدیدبسیار مستعمل است.

ارب arab [ع.] (اِ.) حاجت، قصد، مقصود، غایت. ج. آراب.

ارباب arbāb [ع.] (اِ.) ج. رب. (در عربی معنی ارباب صاحبان و پرورش دهندگان است، اما در فارسی بمعنی شخص بزرگ و دارنده ومالك بکارمیرود و در بسیاری موارد صورت مفرد به آن میدهند و بار دیگر به «ان» جمعش می‌بندند: اربابان.) ۱ـ خداوندگار. ۲ـ مالك (مق. رعیت یا دهقان)، دارنده. ۳ـ آقا (مق. نوکر). ‖ ~ ِ انواع. ج. رب‌النوع (ه‍.م.) ‖ ~ ِ رجوع. رجوع کنندگان، مراجعه کنندگان.

ارباب زاده a.-zāda(-e) [ع.-ف.] (اِمر.) ۱ـ فرزند یا نوادهٔ ارباب، آن که از خانواده و بازماندگان ارباب (= مالك، زمین‌دار) باشد. ۲ـ فرزند یا نوادهٔ خداوند خانه (از نظر نوکر و خدمتکار او).

ارباب منش a.-maneš [ع.-ف.] (ص مر.) آن که دارای خوی و خلق و رفتار اربابان و خداوندان زمینهای کشاورزی است، آن که طرز برخورد ومعاشرت او به اربابان میماند.

ارباب منشی a.-maneš-ī [ع.-ف.]

۱ـ Salvadora persica (لا.), arbre brosse à dent (فر.)
۲ـ Salvadoraceae (لا.)
۳ـ Anthropodes (فر.)

(حامص.) عمل و حالت ارباب‌منش (ه‍.م.)، ارباب‌منش بودن.

اربابی arbāb-ī [ع.-ف.] (ص‌نسب.) منسوب به ارباب (درفارسی مفرد بحساب آید)، آنچه وابسته و متعلق به ارباب باشد ازآب وزمین وبذر و ابزار کشت و جز آن. ‖ **املاک** ~ . زمینهایی که ارباب خودرا صاحب آنها میداند، زمینهای عمده‌مالك، زمینهایی که مالك بزرگ عهده‌دارامور آنست وکشاورزان برای ارباب درآن کار میکنند.

ارباع arbā' [ع.] (عد.) ج. ربع؛ ربعها، چهاریك‌ها. ‖ ~ **عالم** . چهار گوشهٔ جهان.

اربس arbas (اِ.) (گیا.) ۱ - در درفك وشیر کوه‌یك‌نوع پیرو[1]را گویند (← پیرو) . ۲ - (گیا.) در منجیل یکنوع ارس[2] را گویند. (←ارس).

اربطه arbeta(-e) [= ع. اربطة] (اِ.) ج. رباط، کاروانسراها.

اربع arba' [ع.] (عد.) ۱ - چهار. ۲ - چهار زن . ‖ **امهات** ~ . ← امهات.

اربع‌عشره arba'a-ašara [ع.] (عد.) چهارده.

اربعه arba'a [= ع. اربعة] (عد.) ۱ - اربع، چهار. ۲ - چهارمرد. ۳ - چهارگانه . ‖ **آباء** ~ . ← آباء . ‖ **اخلاط** ~ . ← اخلاط.

اربعین arba'īn [ع.] (عد.) ۱ - چهل. ۲ - چله، چهله، مدت چهل روز که صوفیان به‌گوشه‌ای نشسته ریاضت و عبادت کنند. ۳ - چهل‌روز ازروزمرگ هرکس که گذشته ، روز چهلم درگذشت شخص. ۴ - چهل روز از روز عاشورا رفته، بیستم ماه صفر.

اربعینی arba'īn-ī [ع.-ف.] (ص‌نسب.) منسوب به اربعین ، آنچه منسوب و مربوط به اربعین است. ← اربعین.

اربعینیات arba'īn-īyyāt [ع.] (ص‌نسب.) ج. اربعینیه (ه‍.م.)

اربعینیه arba'īn-īyya(-e) [ع.] (ص‌نسب.، نث) مؤنث اربعینی (ه‍.م.)

اربیان erbiyān, orb- [ع.] (اِ.) (جا ن.) ۱ - میگو (ه‍.م.) ۲ - (گیا.) بابونهٔ سگ (ه‍.م.)

اربیان orbiyān (اِ.) (پز.) ← پلیپ بینی.

اربیه orbiya(-e) [ع.] (اِ.) (پز.) کشالهٔ ران (ه‍.م.)

اربه erpa(-e) (اِ.) (گیا.) ← مریم نخودی.

ارتاغ ortāγ [تر. = ارتاق.] (اِ.) ← ارتاق.

ارتاق ortāγ [تر = اورتاق = اورتاغ = ارتق = ارتاغ] (اِ.) ۱ - تاجر ، بازرگان. ۲ - [مغ.] شریك ، انباز ، مصاحب.

ارتباط ertebāt [ع.] ۱ - (مص‌م.) ربط‌دادن، بستن، بربستن، بستن‌چیزی را باچیزدیگر. ۲ - (اِمص.) بستگی، پیوند، پیوستگی، رابطه.

ارتباطات ertebāt-āt [ع.] ج. ارتباط (ه‍.م.)

ارتباطچی ertebāt-čī [ع.-تر.] (ص‌نسب.) رابط ، پیوند دهنده ، آنکه واسطه‌ووسیلهٔ ارتباط‌است، آنکه ارتباط برقرار میکند .

ارتباط‌داشتن e.-dāštan [ع.-ف.] (مص‌ل.) پیوستگی‌داشتن، مربوط‌بودن،

اربیان

۱- **Juniperus communis** (.لا)

۲- **Juniperus polycarpus** (لا)

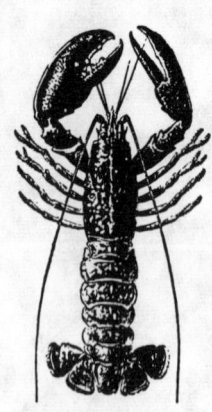

ارتباطی

رابطه‌داشتن، وابسته‌بودن، رفت وآمد ومراوده داشتن.

ارتباطی ertebāt-ī [ع.ـف.] (ص‌نسبـ.) ۱ ـ منسوب‌به ارتباط، آنچه بستگی به ارتباط داشته باشد. ۲ ـ پیوندگاهی[۱]. ‖ **وسایل** ـــ. وسیله‌هایی که میان دو نقطه یامیان دوکس‌ارتباط و پیوند برقرار میکند.

ارتباطیه ertebāt-īyya(-e) [ع.] مؤنث ارتباطی (هـ.م.) ‖ **خطوط** ـــ. راههایی که ارتباط میان‌جایها رابرقرارمیکنند. ‖ **وسایل** ـــ. وسیله‌هایی‌که ارتباط و پیوند میان جایها وکسان‌را برقرار میسازد.

ارتجا erteǰā [=ع. ارتجاء] ← ارتجاء.

ارتجاء erteǰā' [ع.ف.: إرتجا] ۱ ـ (مصل.) امیدکردن، امیدداشتن، امیدوار بودن. ۲ ـ (إمص.) امیدواری، امید، رجاء.

ارتجاج erteǰāǰ [ع.] ۱ ـ (مصل.) لرزیدن. ۲ ـ موج‌زدن‌دریا. ۳ ـ (إمص.) لرز، لرزه. ۴ ـ اضطراب.

ارتجاع erteǰa' [ع.] ۱ ـ (مصل.) بازگشتن. ۲ ـ (إمص.) بازگشت. ۳ ـ (مصم.) بازگردانیدن، واگرداندن. ۴ ـ (سیا.) نیروهایی که با جهش و انقلاب و پیشرفت در اجتماع مخالف‌و خواستاربرجاماندن‌نظام کهنه میباشند. ‖ **قابل** ـــ. حالت شیء (فلزی) که پس‌از خم‌شدن بحال اول برگردد، خم‌پذیر. ‖ **قابلیت** ـــ. قابل ارتجاع بودن، خم‌پذیری.

ارتجاعی erteǰā'-ī [ع.ف.] (ص‌نسبـ.) ۱ ـ منسوب‌به‌ارتجاع[۲]: حالت‌ارتجاعی. ۲ ـ آنکه به بازگشت به اصول پیشین معتقد است، آن‌که با جهش و پیشرفت مخالف باشد؛ فکر و قانون واصلی‌که در جهت حفظ وضع کهنه و پیشین و پایمال کردن نظام و اصول نو ومترقی جریان داشته‌باشد[۳].

ارتجاعیت erteǰā'-īyyat [ع.= ارتجاعیة] (مص‌جعـ.) قابلیت ارتجاع، قابلیت خم‌شدن، خم‌پذیری.

ارتجاعیون erteǰā'-īyy-ūn [ع.] (ص.، إ.) ج. إرتجاعی (در حالت رفعی امادرفارسی‌مراعات این‌قاعده‌را نکنند)، نیروهایی‌که در اجتماع با پیشرفت و جنبش و دگرگونی مخالفند. دسته و گروهی‌که در امور اجتماعی و سیاسی مخالف تغییر وانقلاب‌و ترقی هستند.

ارتجاعیه erteǰā'-īyya(-e) [ع.] مؤنث ارتجاعی (هـ.م.)

ارتجال erteǰāl [ع.] ۱ ـ (مصم.) به بدیهه خطبه یا سخن‌گفتن، بی‌اندیشهٔ بسیار خطبه و شعر و سخن گفتن، در حال شعر سرودن. ۲ ـ (إمص.) زود شعری.

ارتجالاً erteǰāl-an [ع.] (ق.) به ارتجال، به بدیهه، بی‌درنگ، مرتجلاً، درحال.

ارتحال ertehāl [ع.] (مصل.) از مکانی به‌مکان‌دیگررفتن، کوچ کردن، جابجاشدن، کوچیدن.

ارتداد ertedād [ع.] (مصل.) ردشدن، برگشتن ازدین و جزآن، از اسلام برگشتن، کافرشدن، مرتدشدن. ضح ـ (فق.) خروج از دین اسلام، کفر بعد از اسلام باین طریق که یکی از ضروریات‌دینی رامنکرگردد ویا بطور

۱ـ Commisural (فر.) ۲ ـ Elastique (فر.)
۳ ـ Réactionnaire (فر.)

کلی ازدین خارج‌شودوآن‌دو قسم‌است: ۱ ـ ملی. ۲ ـ فطری.ومجازات‌مرتکب آن بسیار شدید است.

ارتدوکس ortodox ← ارتودوکس.

ارتزاق ertezāγ [ع.] ۱ ـ (مص‌ل.) روزی‌ستدن، روزی‌ستاندن، روزی‌یافتن، رزق و روزی به چنگ آوردن:
« زانکه میکائیل از کیل اشتقاق
دارد وکیال شد در ارتزاق.» (مثنوی)
۲ ـ مرسوم گرفتن‌لشکر. ۳ ـ (مص‌م.) روزی دادن.

ارتسام ertesām [ع.] (مص‌ل.) ۱ ـ فرمان بردن ، رسم و فرمان بجای آوردن. ۲ ـ نگاشته‌شدن، نقش گرفتن، صورت پذیرشدن ، صورت بسته‌شدن در چیزی، نقش بستن.

ارتش arteš (اِ.) مجموع سپاهیان و قوای نظامی یك کشور(فره.) ضح . ـ این کلمه بدین صورت اصالت ندارد و بصورت‌نادرستی‌ازلغت‌پهلوی«ارتیشتر» (artēštar که در اوستا raθaēštar است) و معنی آن لفظاً « به گردونه ایستاده » و توسعاً جنگاوری که‌باگردونه‌به کارزارمیرود، میباشد؛ استخراج‌شده‌است و درست‌آن بودکه «ارتشتار» بمعنی مفرد (وجمع آن « ارتشتاران ») بکار میرفت یا ارتشتاران را بصورت اسم جمع بکار میبردند. (هرمزدنامه ص۲۷۵).

ارتشا ertešā [ع.ارتشاء] ← ارتشاء.

ارتشاء ertešā' [ع.ف.: اِرتشا] (مص‌م.) رشوه ستدن ، رشوت ستاندن ، رشوه گرفتن، رشوه خوردن.

ارتشبد arteš-bad(bod) [= ارتش (ه‌م.) + بد (پس.، دارندگی‌ونگهبانی)] (اِمر.) بالاترین درجهٔ نظامی در نظام ایران که بتازگی معمول گردیده است، وآن‌برابراست با ژنرال چهار ستاره در نظام‌آمریکا.

ارتشتار artеštār [= ارتشدار، په. artēštar ، است. raθaeštar ، بگردونه‌ایستاده، آن‌که سوار برارابه‌به کارزارمیرود)(ص.، اِ.)رزمنده،سپاهی. ج. ارتشتاران. ← ارتش.

ارتشدار artešdār [= ارتشتار] (ص.، اِ.) ← ارتشتار.

ارتصاد ertesād [ع.] (مص‌ل.) چشم داشتن، چشم براه‌بودن.

ارتضا ertezā [ع. اِرتضاء] ← اِرتضاء.

ارتضاء ertezā' [ع.،ف.: ارتضا] ۱ ـ (مص‌م.) پسندیدن ، خشنودشدن . ۲ ـ اختیارکردن، گزیدن ، برگزیدن.

ارتعاب erte'āb [ع.] (مص‌ل.) ترسیدن، هراسیدن.

ارتعاد erte'ād [ع.] ۱ ـ (مص‌ل.) لرزیدن. ۲ـ مضطرب گردیدن، بی‌آرام گردیدن . ۳ ـ (اِمص) لرز ، لرزه، لرزش، جنبش .

ارتعاش erte'āš [ع.] ۱ ـ (مص‌ل.) لرزیدن . ۲ ـ (مص‌م) لرزانیدن . ۳ ـ (اِمص.)لرز،لرزه . ۴ ـ(فز.)لرزش سریع جسم راگویندکه مولد صوت شود مانند ارتعاش تیغهٔ فلزی یا سیم آلات موسیقی[1] .

ارتعاشات erte'āš-āt [ع.] (اِ.) ج. ارتعاش(ه‌م.)

ارتفاع ertefā' [ع.] ۱ ـ (مص‌ل.) خاستن ، برخاستن ، بلند شدن ، بلند گردیدن ، بالاآمدن ، برآمدن ،بلندی گرفتن . ۲ ـ (اِ.) حق‌انتفاع محصول زراعتی ، جمع‌آوری محصول . ‖ ~ روز . بالاآمدن روز، بالاآمدن‌آفتاب.

۱ – Vibration (فر.)

۳ - (مص‌م.) برداشتن، بلند کردن چیزی را. ۴- (اِ.) بلندی ، بالا ، اوج . ‖ ~ استوانه . (هس.) فاصلهٔ بین دو قاعده . ‖ ~ متوازی‌الاضلاع . (هس.) فاصلهٔ دو ضلع فوقانی و تحتانی آن . ‖ ~ منشور . (هس.) عمودی است که از سطح فوقانی بر قاعده فرود آید . ‖ ~ هرم. (هس.) طول فاصلهٔ عمودیست که از رأس آن بر قاعده یا امتداد آن وارد آید. ‖ ~ هرم ناقص. (هس.) اگر در هرم ناقص سطح فوقانی موازی سطح تحتانی باشد، ارتفاع فاصلهٔ این دو سطح است. ۴ - محصول و حاصل زراعت ، حاصل ملك ، برداشت ، غله و دانه که از زمین بردارند ، خراج . ۵ - (نج.) مقدار مسافت بلند شدن کوکب از افق تا سمت‌الرأس و غایت آن نود درجه است. ۶ - (جغ.) بلندی هرجا نسبت به سطح دریا . ۷ - عمق: ارتفاع آب این دریاچه ۲۰ متر است . ۸ - (شعر) آنست که صفتی را شروع کنند و آنرا با اظهار چند چیز بالا برند : « قطره باران گشت و باران سیل وسیل انگیخت رود -رود دریا گشت و دریا میشود طوفان نوح.» (شیخ‌علی نقی کمره‌یی) . ‖ ~ صوت . (فز.) عدهٔ ارتعاشات صوت است در ثانیه ← صوت . ‖ ~ غله . حاصل آن ، محصول آن ، برداشت غله . ‖ ~ قطب . (نج.) زاویه‌ایست که قطب با افق محل پیدا کند . ‖ ~ کوکب . (نج.) زاویه‌ایست که شعاع چشم ناظر با افق پیدا کند .

ارتفاعات ertefā'-āt [ع.] (اِ.) ج. ارتفاع (ه‌.م.) ۱ - بلندیها ، اوجها ، آنچه از سطح زمین برتر و بلندتر است، تپه ها ، کوهها . ۲ - محصولها و دانه‌ها و غله های برداشت شده از زمین .

ارتفاع گرفتن e.-gereftan [ع.- ف.] (مص‌م.) (نج.) بدست آوردن ارتفاع کواکب از افق تا سمت‌الرأس.

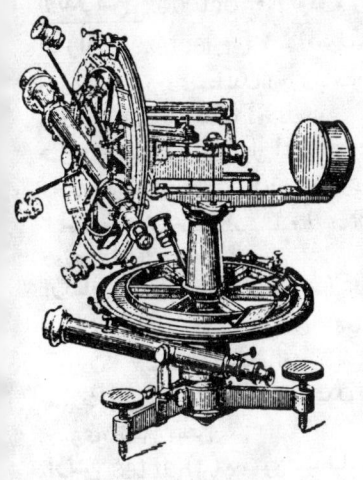

ارتفاع یاب

ارتفاع یاب e.-yāb [ع.-ف.] (اِمر.) ۱ - (فز.) آلتی است که بدان فاصلهٔ زاویهٔ ستارگان و ارتفاع آنها را برفراز افق اندازه کنند[1] . ابوحامد محمود خجندی مهندس ایرانی این آلت را نخستین بار برای فخرالدوله دیلمی وضع کرد؛ سدس فخری. ۲ -(فز.) آلتی دارای آلیداد و دوربین که برای اندازه گرفتن زوایای افق یا فواصل سمت الرأسی ستارگان بکار میرود، تئودولیت[2].

ارتفاع یافتن e.-yāftan [ع.-ف.] (مص‌ل.) اوج گرفتن، برفراز رفتن.

ارتفاق ertefāγ [ع.] ۱ - (مص‌ل.) تکیه کردن بر آرنج، بر آرنج تکیه دادن، تکیه کردن بر نازبالش. ۲- نرمی کردن، دمسازی و همراهی و همسفری کردن . ۳ - رفیق بودن ، رفاقت کردن . ۴ - (مص‌م.) طلب رفیق کردن. ۵ - (حق.) حقی است برای شخص به‌تبعیت از ملك

۱ - Sextant (فر.)
۲ - Théodolite (فر.)

خود درملك شخص‌دیگر برای استفاده بردن کامل از ملك خویش، مانند: حق مجری، حق پنجره، حق ناودان و غیره.

ارتق ortaγ [تر.=ارتاق] (ا.) ← ارتاق.

ارتقا erteγā [=ع. ارتقاء] ← ارتقاء.

ارتقاء erteγā' [ع.، ف.: ارتقا] ۱ - (مص‌ل.) بالارفتن، بربالارفتن، به‌بالا برشدن، بررفتن، بلندبرآمدن، برشدن. ۲ - (امص.) صعود. ۳ - (بع.) آنست که شاعرصفتی آغازکندو به‌مراتب بالارود: «درسراب افتد اگر یك‌قطرهٔ خون از لبت - چشمه را آب حیاتش‌زایدوخیزد نبات.» ‖ قانون‌نشوء و ـــ[1]. قانون تکامل (نظریهٔ داروین).

ارتقا دادن erteγā-dādan [ع.-ف.] (مص‌م.) برآوردن، بپایگاه والا رساندن.

ارتقا یافتن e.-yāftan [ع.-ف.] (مص‌ل.) ببالا برآمدن، رشد و ترقی یافتن.

ارتقاب erteγāb [ع.] (مص‌م.) ۱ - چشم‌داشتن چیزی یاکسی‌را، انتظار. ۲ - دیدبانی کردن. ۳ - بالاآمدن.

ارتکاب ertekāb [ع.] (مص‌م.) ۱ - کردن (گناه، معصیت)، ورزیدن (گناه و آنچه بدان ماند). ۲ - شروع به کاری کردن. ۳ - شروع به کاری نامشروع کردن. ۴ - سوارشدن‌برچیزی، برنشستن. ‖ ـــِ جرم. (حق.) کاری بر خلاف قانون انجام‌دادن.

ارتکاز ertekāz [ع.] (مص‌ل.) ثابت‌شدن. ‖ ـــِ برقوس. گوشهٔ کمان برزمین نهاده‌برآن‌تکیه‌کردن (برای برخاستن)، برکمان تکیه‌کردن، کمان را برزمین فروبرده ایستادن. ‖ ـــِ عرق. برجستن‌رگ، پریدن‌رگ.

ارتماس ertemās [ع.] (مص‌م.) به آب فروشدن، فروشدن درآب، درآب غوطه خوردن، بیك باره در آب فرو شدن.

ارتماسی ertemās-ī [ع.-ف.] (ص‌نسب.) منسوب به ارتماس (ه‌م.) ‖ غسل ـــ. (فق.) فرورفتن در آب کر یاجاری به قصد غسل، نوعی‌ازغسل که درآن تمام سرو تن‌را به نیت غسل یکباره در آب فرو برند؛ مق. غسل ترتیبی.

ارتنگ artang ← بخش ۳.

ارتودوکس ortodox [فر. orthodoxe] (ص.، ا.) ۱ - دارای ایمان و عقیدهٔ صحیح. ۲ - فرقه‌ای مخصوص از فرق مسیحیت. ‖ مذهب ـــ. ← بخش ۳: ارتودوکس.

ارته arta(-e) (ا.) (گیا.) اسکنبیل (ه‌م.)

ارتهان ertehān [ع.] (مص‌م.) گروگرفتن، گروستاندن، گروکردن، به‌گروگان گرفتن.

ارتیاب ertiyāb [ع.] ۱ - (مص‌ل.) شك‌کردن، به‌شك‌شدن، درشك‌افتادن، به‌شك‌افتادن، در تردیدافتادن، دچار شك و تردیدگردیدن، گمان‌داشتن. ۲ - (مص‌م.) تهمت‌کردن‌کسی را، کسی را متهم ساختن. ۳ - (ا.) شك، شبهه، ریب.

ارتیاش ertiyāš [ع.] ۱ - (مص‌ل.) نیکوشدن حال‌کسی، نیکوشدن احوال. ۲ - (امص.) حسن‌حال.

ارتیاض ertiyāz [ع.] ۱ - (مص‌ل.)

---

۱ - Evolution (فر.)

رام‌شدن براثر تعلیم ، تعلیم‌گرفتن ، تعلیم‌یافتن ، سختی‌پذیرفتن ، ریاضت پذیرفتن، ریاضت‌کشیدن . ستم‌کشیدن برای تعلم . ۲ ـ (مص‌م.) خوش‌کردن کسی‌را.

ارث ers [ع.] ۱ ـ (مص‌ل.) میراث بردن، مال و دارایی شخص مرده را صاحب‌شدن. ۲ ـ (إ.) آنچه ازمال‌مرده به بازماندگانش‌رسد، مرده‌ریگ، مرده‌ریگ ، مرده‌ری ، مردری ، ترکه ، متروکات، بازمانده ، میراث، وامانده. ۳ ـ (حق.) **الف ـ** باقی گذاشتن مالی‌است پس از مرگ‌خود ، خواه با وصیت‌نامه باشدوخواه‌بی‌وصیت‌آن. **ب ـ** حقوقی‌که شخص بسبب مرگ‌افرادمستحق گردد. ‖ **ـــِ پدرخودرا ازکسی‌خواستن.** توقع بیجا ازکسی‌داشتن، چیزی‌نابجا وناحق مطالبه کردن. ‖ **بهـــ بردن.** مالی را پس‌ازمرگ شخصی داراشدن ، دارایی شخص مرده را صاحب شدن (بموجب وصیتنامه یابدون‌آن).

ارثاً ers-an [ع.] (ق.) ازراه ارث، از طریق‌میراث.

ارث بر ers-bar [ع.ـ ف.] (إفا.) ارث‌برنده، وارث، میراث‌خوار.

ارث‌بردن e.-bordan [ع.ـ ف.] (مص‌م.) وارث‌شدن، میراث‌بردن،ارث کسی‌را صاحب شدن.

ارثماطیقی aresmātīγī (معر. یو. ariθmētikē)[1] علم حساب نظری، دانش اعداد ، فن حساب و محاسبه ، شناخت خواص عددها.

ارثنگ arsang ← بخش۳.

ارثی ers-ī [ع.ـ ف.] (ص‌نسب.) منسوب به إرث، موروثی.

ارثیه ers-īyya(-e) [=ع. ارثیة] ۱ـ (ص‌نسب.) مؤنث ارثی (ه.م.) ۲ـ (إ.) مرده‌ریگ ، آنچه از کسی به ارث به دیگران میرسد، میراث.

ارج arǰ [په. arǰ] (إ.) ۱ـ ارز، ارزش، بها، قیمت. ۲ ـ مکانت، مرتبه، مرتبت، مرتبهٔ والا، قدر، مقدار ، پایه، پایگاه، حد، منزلت، اندازه ، مقام ، اعتبار، احترام.

ارجا arǰā [=ع. ارجاء] ← ارجاء.

ارجا erǰā [=ع. ارجاء] ← ارجاء.

ارجاء arǰā' [ع.ف.: ارجا] (إ) ج. رجاء ، کناره‌ها ، کرانه‌ها ، طرف‌ها ، گوشه‌ها .

ارجاء erǰā' [ع.، ف.: ارجا] (مص‌م.) ۱ ـ امیدوار کردن. ۲ ـ واپس‌بردن ، کاررا به تأخیرانداختن،واپس‌داشتن، پس افکندن ، باز پس بردن ، سپس انداختن کاری‌را.

ارجاع erǰā' [ع.] ۱ ـ (مص‌م.) بازگردانیدن،چیزی را به‌سوی چیزی متوجه‌گردانیدن، رجوع گردانیدن امری ، حواله‌کردن. ۲ ـ (إ.) احاله، حواله.

ارجاعات erǰā'-āt [ع.] ج. إرجاع (ه.م.)

ارجاع شدن e.-šodan [ع.ـ ف.] (مص‌ل.) محول شدن ، رجوع شدن : پروندهٔ متهم به کمیسیون تحقیق ارجاع شد.

ارجاع‌کردن e.-kardan [ع.ـ ف.] (مص‌م.) محول‌کردن ، رجوع‌کردن : پروندهٔ امررا بشعبهٔ... ارجاع‌کرد .

ارجاف erǰāf [ع.] (مص‌م.) خبرهای دروغ پراکندن، هو انداختن ، سخنان واهی و دروغ‌گفتن ، باخبرهای دروغ

1 - Arithmétique (فر.)

ارجوزه

فتنه برپا کردن، خبر بدگفتن.

ارجان arǰān [معر. لا. argania] (اِ.) (گیا.) زیتون مراکشی (ه.م.)

ارجالون arǰālūn (اِ.) (گیا.) ← هزارچشان.

ارجح arǰah [ع.] (ص تفض. رجحان) راجح‌تر، افضل، اولی، اقدم، بهتر، خوبتر، چربنده‌تر، سنگین‌تر، مایل‌تر: «دستگیری از مردم مستمند ارجح از عبادت است.»

ارجل arǰal [ع.] (ص.) ۱ - مرد کلان پای، بزرگ پای. ۲ - مرد نیرومند، قوی. ۳ - سپیدپای، اسب یک پای سفید، هر چهارپایی که یک پای سفید داشته باشد. ۴ - احمق. ۵ - (ص تفض.) شدیدتر، نیرومندتر.

ارجمند arǰ-(o)mand [په. aržomand] (ص مر.) ۱ - باارج، باارزش، صاحب‌قیمت، ثمین، گرانبها، پربها، نفیس. ۲ - باقدر، صاحب‌قدر و منزلت، صاحب مرتبه، بزرگوار، بلندمرتبه، بااعتبار، معتبر، گرانمایه، شریف. ۳ - عزیز، گرامی، معزز، محترم؛ مق. خوار. ۴ - درخور، سزاوار، لایق، قابل، شایسته، ارزنده. ۵ - بی‌نیاز، غنی، توانگر. ۶ - باوقار، موقر. ۷ - خرم، سرسبز. ۸ - جوانمرد، بلندهمت، سخی. ۹ - نجیب، اصیل، نژاده. ۱۰ - دانا، هوشیار، خردمند.

ارجمندی arǰ-(o)mand-ī (حامص.) ۱ - گرانبهایی، پربهایی. ۲ - بزرگواری، کرامت. ۳ - عز، عزت، عزیزی؛ مق. ذلت، خواری. ۴ - لیاقت، شایستگی. ۵ - بی‌نیازی، توانگری. ۶ - وقار. ۷ - خرمی، سرسبزی. ۸ - جوانمردی، سخاوت. ۹ - نجابت، اصالت. ۱۰ - دانایی، هوشیاری، خردمندی.

ارجمندی بخشیدن a.-baxšīdan (مص م.) قدر و منزلت دادن، پایگاه و مقام دادن.

۱ - ارجنگ arǰang [= ارجن] (اِ.) (گیا.) درختی[1] از تیرهٔ عنابها[2] که دارای گونه‌های متعدد است (تقریباً ۶ گونه) که بعضی از گونه‌ها بصورت درختچه‌اند. برگهایش متناوب است و بعضی از گونه‌ها دندانه‌دار و در بعضی صاف‌اند، و برخی از گونه‌ها دارای برگهای پایا میباشند. آرایش گلهایش خوشه[3] ویا گرزن[4] محدود یا نامحدود است ودر مناطق گرم ویامعتدل آسیا و آمریکا و اروپا میروید و ۴ گونهٔ آن در جنگلهای شمالی ایران و استپهای اطراف کرج باسامی گوناگون شناخته‌شده.

ارجنگ

۲ - ارجنگ arǰang ← بخش ۳.

ارجنه arǰana(-e) ← بخش ۳.

ارجو arǰū [ع.] (فع.) ← بخش ۲.

ارجوان orǰovān [معر. ارغوان] (اِ.) (گیا.) ← ارغوان.

ارجوانی arǰavān-ī [معر. ارغوانی] (ص نسب.) ۱ - منسوب به ارجوان (= ارغوان)، ارغوانی، به‌رنگ ارغوان، سرخی که به سیاهی زند. ۲ - نوعی از یاقوت است. ۳ - یکی از رنگهای جامه است.

ارجوزه orǰūza(-e) [= ع. ارجوزة] (اِ.) ۱ - قصیده گونه‌ای بوزن رجز، قصیده به وزن رجز، بیت کوتاه، شعر کوتاه. ج. اراجیز. ۲ - (مس.) گوشه ایست در چهارگاه (ه.م.) ۳ - (مس.) رجز (ه.م.)

---

۱ - Rhamnus (لا.), nerprun (فر.)   ۲ - Rhamnacées (فر.)
۳ - Grappe (فر.)   ۴ - Cyme (فر.)

ارجوزه‌خواندن o.-xāndan [ع.ـف.] (مص ل.) شعرخواندن در معرکه وجنگ، خودستایی کردن، رجز خواندن (←رجز.).

أرجه arja(-e) (اِ.) ۱ـ (گیا.) نوعی تمشك← تمشك. ۲ـ (گیا.) درصفحات شمالی خراسان (مرز روسیه) بدرخت ارس اطلاق میگردد←ارس.

ارحام arhām [ع.] (اِ.) ۱ـ ج. رحم (rahem) و رحم (reham)، زهدانها. ۲ـ خویشان، کسان، اعضاء خانواده.

اردك

ارحام erhām [ع.] (مص م.) مهربانی کردن، مهرورزیدن، بخشایش آوردن.

ارخالق arxāleγ,-loγ [= ارخلق، تر.] (اِ.) ۱ـ قبایی کوتاه در زیر قبای مردان، دارای آستر و رویه که قدری پنبه درمیان دارد. گاهی سردست آستین و جلوی سینه و پشت ارخالق بوسیلهٔ یراقهای طلایی تزیین میشده. ۲ـ جامه‌ای که طلبهٔ علوم دینی و کسبه زیر قبا میپوشیدند. ۳ـ نیم‌تنهٔ زنان که روی جامه‌های دیگر میپوشیدند. ۴ـ نوعی از قماش نازك.

ارخش oraxš,ar- [= هورخش] (اِ.) خورشید، آفتاب، هور، هورخش. (←هورخش).

ارخشیدن araxš-īdan (مص ل.) ترسیدن، بیمداشتن، بیمناك گردیدن، از ترس موی بدن راست‌شدن و پوست بدن فراهم آمدن.

ارخلق arxaloγ [= ارخالق] [تر.] (اِ.) آرخالق (ه.م.)

ارد ard [= آرد] ← آزد.

اردا erdā [= ع. ارداء] ← ارداء.

ارداء erdā' [ع.ف.: اردا] (مص م.) هلاك کردن، هلاك ساختن، نابود کردن، نیست گردانیدن.

ارداف erdāf [ع.] ۱ـ (مص ل.) از پی‌درآمدن، از پی‌فراشدن، پس‌روی کردن، پیروی کردن، درپی کسی رفتن. ۲ـ (مص م.) از پی درآوردن، سپس نشاندن، به‌ترك نشاندن، کسی‌را باخود سوار کردن. ۳ـ از جملهٔ کنایات است و کنایت آنست که چون گوینده بخواهد معنیی را بگوید یکی ازتوابع ولوازم آنرا بگوید و اشارت کند چنانکه گویند «دیگ‌فلان‌از آتشدان‌فرو نمیآید» کنایت ازاینکه او مهمان‌نواز است و همواره در خانهٔ او مهمانی برپاست. شاعری در حق طبیبی بیمارکش گفته:

آنها که زتیر و تیغ نگریزند
ازهیبت کشکاب‌تو خون‌می‌ریزند
تورفته بروستاو شهری بمراد
بیمار همی‌شوند و برمیخیزند.

‖ ~ نجوم. (نج.) از پس یکدیگر برآمدن ستارگان.

اردام erdām [ع.] ۱ـ (مص ل.) همیشه‌بودن، ساکن وپابرجا بودن. ۲ـ (مص م.) رام‌ساختن، خاك‌ریزی کردن.

اردب ardab(b) [معر. یو. ártábe، سر. ardeba] پیمانه‌ایست برابر بیست و چهار «صاع» و آن‌شصت و چهارمن باشد.

اردبیلی arda(e)bīl-ī (ص نسب.) ۱ـ منسوب به‌اردبیل، مربوط باردبیل. ۲ـ ازمردم اردبیل، (← بخش۳: اردبیل).

اردك ordak [تر.] (اِ.) (جا ن.) نوعی از طیور[1] از راستهٔ پاپرده‌داران‌که از ردهٔ کاریناتها است. انگشتان پایش توسط غشایی بهم‌متصلند(برای‌سهولت شنا درآب) و نوکش دارای تیغه‌های عرضی برای‌قطع کردن واره کردن‌علفها و سایر مواد غذائی میباشد. نژادهای

۱ - Anas boschas(.لا),canard(.فر)

مختلف دارد که از حیث جثه ورنگ و نیروی پرواز باهم متفاوتند. گوشت اردك حلال ولذیذ است و مانند دیگر پرندگان خانگی نگهداری میشود.

اردك ماهی o.-māhī (إمر.)(جا ن.) جزوماهیان استخوانی دریازی است[1]. پوست بدنش پوشیده از فلس است و حلال گوشت می‌باشد.

اردل ardel [= آردل] (إ.) ← آردل.

اردنگ ordang (إ.) (عم.) لگدی که بانوك پا بر کفل کسی بزنند، تیپا، زهکونی، سرچنگ.

اردنگ‌زدن o.-zadan (مص ل.)(عم.) کسی را لگدزدن، بالگدراندن، تیپازدن، زهکونی زدن.

اردنگ‌کردن o.-kardan (مص م.) (عم.) ۱ - به کسی اردنگ‌زدن. ۲ - کسی رازدن وراندن، کسی را بیرون کردن و جواب گفتن.

اردنگی ordang-ī [= اردنگ] (إ.) (عم.) اردنگ (ه.م.)

اردنگی‌کردن o.-kardan (مص م.) (عم.) اردنگ‌کردن (ه.م.)

اردنی ordon-ī [ع.-ف.] منسوب به اردن (← بخش۳).

اردو ordū [تر.- مغ. = اوردو] (إ.) ۱ - (نظ.) مجموع سپاهیان با تمام لوازم که به جانبی گسیل دارند، مجموع قشون و لوازم او در سفر. ۲ - لشکرگاه، اردوگاه. ۳ - (ور.) محلی که ورزشکاران یا پیشاهنگان برای تمرین یا تفریح گردآیند. ۴ - زبان معمولی در پاکستان و بخشی از هندوستان ← بخش۳.

اردو بازار o.-bāzār [تر.-ف.] (إمر.) ۱ - فروشگاه سیار همراه اردو. ۲ - مجموع چادرها و کالایی که همراه لشکر است. ۳ - جایی پر مردم و با هیاهو و بی انتظام.

اردو بازارچی o.-b.-čī [تر.-ف.] (ص نسب.) اردوبازاری ↓

اردو بازاری o.-bāzār-ī [تر.-ف.] (ص نسب.) منسوب به اردوبازار، فروشنده در اردوبازار، اردوبازارچی.

اردوبیگ o.-bayg(beyg) [تر.-ف.] (ص.، إمر.) فرمانده اردو، فرمانده سپاهیان.

اردوبیگی o.-beyg-ī [تر.-ف.] (ص نسب.) منسوب به اردوبیگ، مقام و مرتبهٔ فرمانده اردو وسپاهیان.

اردوج ardūǰ (إ.) (گیا.) ← ارُس.

اردو زدن ordū-zadan [تر.-ف.] (مص م.) برپا کردن اردو، برقرارساختن لشکرگاه.

اردوکشی o.-ka(e)š-ī [تر.-ف.] (حامص.) لشکرکشی، سپاه ازجایی به جایی بردن، تحشید سپاه.

اردوگاه o.-gāh [تر.-ف.] (إمر.) محل اردو، معسکر، لشکرگاه.

ارده arda(-e) [= ارد = آرد] (إ.) کنجد آسیا کرده که روغن آنرا نگرفته‌اند و با شیره یا عسل میخورند.

ارده شاهی arda(-e)-šāhī (إمر.) (گیا.) ← کنگرفرنگی.

اردیبهشت ordī-behešt, ar.- [اس. arta vahišta، بهترین راستی، په. urt vahišt] (إ.) ۱ - نام یکی از امشاسپندان ← بخش۳: اردیبهشت. ۲ - ماه دوم از سال خورشیدی و آن میانهٔ فروردین و خرداد است. ۳ - روز سوم از هرماه ایرانی.

اردیبهشتگان or(ar.-)-gān

اردك ماهی

ارده شاهی
(کنگر فرنگی)

۱ - Esox bucius (لا.), brochet (فر.)

۱۹۸
ارذال

(اِمر.) جشنی است که ایرانیان باستان درروزسوم ماه‌اردیبهشت برپامیکردند و این بنابر قاعده‌ای بوده که چون‌نام روز بانام ماه موافق آید آن روز را جشن گیرند. (قس. فروردینگان، خردادگان، مهرگان).

ارذال arzāl [ع] (اِ.) ج. رذل؛ فرومایگان، ناکسان، دونان، خسیسان.

ارذل arzal [ع.] (ص تفض. رذالت) رذیل‌تر، خوارتر، زبون‌تر، پست‌تر، اخس، دون‌تر، فرومایه‌تر، ناکس‌تر.

ارز arz [په. arž] (اِ.) بها، قیمت، ارزش، ارج، نرخ. ۲ - قدر، رتبه، مرتبه، درجه، جاه، مقام. ۳ - حرمت، احترام، عزت، آبرو. ۴ - بهره، فایده، سود. ۵ - کام، آرزو. ۶ - (ص.) ارجمند، ارزنده، پرقیمت؛ مقـ. نا‌ارز، بی‌ارز. ۷ - (اِ.) سندهای تجاری که ارزش آنها به‌پولهای بیگانه معین‌شده‌باشد؛ سعر.

ارز araz [= ع. ارزarz] (اِ.) (گیا.) ۱- درخت سلیمان (ه.م.) ۲ - نوعی‌عرعر (ه.م.) ۳ - سرو (ه.م.) ۴ - درخت انار (ه.م.)

ارز arz [= ارژن] (اِ.) ← ارژن.

ارز oroz [=ع.āroz،aroz(z)] (اِ.) برنج، دانهٔ شلتوك پس از پاك کردن، دانهٔ معروف که از آن خوراك معروف به «پلو» رامیپزند.

ارزاق arzāγ [ع.] ج. رزق. ۱ - روزیها، خواروبار. ۲ - جیره، جیرهٔ سپاهیان. ‖ ادارهٔ ـــ. ادارهٔ خوار و بار، سازمان تهیه و پخش ارزاق و خواروبار.

۱ - ارزان arz-ān (ص.) ۱ - آنچه ارزنده‌باشد به‌بهای وقت، چیزی‌که به قیمتش می‌ارزد، ارزش‌دار. ۲ - کم‌بها، رخیص؛ مقـ. گران. ۳ - لایق، شایسته، درخور، سزاوار. ۴ - فرومایه.

۲ - ارزان ar-z-ān (= اگرزان = اگراز‌آن) (کلمهٔ‌مر.) اگراز‌آن.

ارزان خرید a.-xarīd (ص‌مر.) چیزی به قیمت ارزان خریده، کالایی که به بهای کم خریده باشند؛ مقـ. گران‌خرید.

ارزان‌خریدن a.-xarīdan (مص‌م.) چیزی را به بهای مناسب خریدن. کالایی‌را به‌بهای کم‌خریدن، استرخاص.

ارزاندن arz-āndan [= ارزانیدن] (مص‌م.) ← ارزانیدن.

ارزان‌شمردن arzān-šamordan (مص‌م.) کم‌بهاوکم‌ارزش قلمداد کردن، کم‌بها به‌حساب‌آوردن، استرخاص.

ارزان‌فروش a.-forūš (اِفا.) ارزان فروشنده، فروشنده به قیمت مناسب.

ارزان‌کردن a.-kardan (مص‌م.) کم‌بها کردن، قیمت کالایی را پایین آوردن و مناسب‌ساختن.

ارزانی arzān-ī ۱- (ص‌نسب.) ارزنده. ۲ - درخور، لایق، سزاوار، مستحق. ۳ - درویش، بی‌نوا، نادار. ۴ - صالح (مقـ. طالح)، سزا (مقـ. ناسزا)، اهل. ۵ - پیشکش. ۶ - (حامص.) کم‌بهایی، کم‌قیمتی؛ مقـ. گرانی. ۷ - آسانی، سهولت. ۸ - فراخی، فراوانی. ‖ سال ـــ. سالی‌که زندگی‌فراخ و خواربار و کالا کم‌بها و فراوانست. ۹ - دستوری، اجازه، اذن، رخصت.

ارزانی دادن a.-dādan (مص‌م.) بخشودن، بخشیدن.

ارزانی‌داشتن a.-dāštan (مص‌م.) عفوکردن، بخشودن، بخشیدن.

ارزانی‌داشته a.-dāšta(-e) (اِمف، ص‌مر.) موفق، کامیاب.

ارزانیدن arz-ānīdan [=

ارزاندن] (مصم.) (ارزانید، ارزاند، خواهدارزانید ، بیرزان ، ارزاننده ، ارزانیده) به قیمت درآوردن ، به‌قیمت کم‌خریدن، ارزان خریدن.

ارزانی‌فرمودن a.-farmūdan (مصم.) بخشیدن، اعطا کردن، واگذار کردن.

ارزش arz-eš (حامص.) ۱ - بها ، ارز، قیمت، ارج. ۲ - قدر، برازندگی، شایستگی، زیبندگی ، قابلیت، استحقاق. ۳ - (اِ.) اعتبار یک سند یا متاع، پولی که درسند نوشته شده‌است.

ارزمند arz-mand (صمر.) دارای ارج و بها، ارجمند، عزیز ، باقدر ، شایسته.

ارزن arzan [په. arzan] (اِ.) ۱ - (گیا.) گیاهی[1] از تیرهٔ گندمیان[2] که برای تهیهٔ آرد و نان و دانه جهت طیور بکار میرود . دانه‌هایش تقریباً کروی (عدسی محدب‌الطرفین) و براق و در زمینهای کم قوت و شنی کاشته میشود . گاورس قسمی ارزن است که دانه‌هایش درشت‌تر و پوستش زبرتر است. در برخی‌ازکتب گاورس‌رامرادف باارزن دانسته‌اند؛ دخن ، گال. ۲ - (گیا.) مصحف‌ارژن. ← ارژن.

ارزندگی arz-anda(e)g-ī (حامص.) عمل‌ارزیدن، ارزنده‌بودن.

ارزنده arz-anda(-e) (اِفا.) ۱ - دارای ارزش، ارزمند، ارزشمند، دارای اعتبار و بها: «این‌سند ارزنده است.» ۲ - شایسته، لایق.

ارزن زار arzan-zār (اِمر.) جایی که در آن ارزن کاشته‌باشند ، کشتزار ارزن.

ارزی arz-ī (ص‌نسب.) منسوب به‌ارز (هـ.م.)، مربوط به‌ارز. ‖ معاملات ـــ . معامله‌ها و خرید وفروشهایی که در کار اوراق و اسناد بهادار بانکی صورت میگیرد.

ارزیاب arz-yāb (اِفا.) ارزیابنده، کسی که ارزش هرچیزی رامعین‌میکند، مقوم، کارشناس و سررشته‌دار تعیین ارز و بها.

ارزیابی a.-yāb-ī (حامص.) عمل ارزیاب ، عمل یافتن ارزش و بهای هرچیز، سنجش‌و بررسی حدود هرچیز و برآورد کردن ارزش آن، تقویم: «خانه‌های شهر ارزیابی شد.»

ارزیابی‌کردن a.-kardan (مصم.) برآورد کردن، سنجیدن ارزش چیزی، ارزش و بهای چیزی را تعیین کردن ، بررسی‌کردن ارزش چیزی.

ارزیافت a.- yāft (اِمف.، اِمر.) ارزیافته، نتیجه‌ای‌که ازارزیابی بدست آمده مانند ارزش خانه و ملك.

ارزیدن arz-īdan (مصل.)(ارزید، ارزد، خواهد ارزید ، ارزنده ، ارزان، ارزیده ، ارزش) ۱ - قیمت‌داشتن، بها داشتن، بهای شایسته و مناسب داشتن، بهای عادلانه داشتن . ۲ - شایستن ، سزاواربودن، لایق بودن، لیاقت‌داشتن.

ارزیدنی arz-īdan-ī (ص‌لیا.) لایق‌ارزیدن، شایستهٔ ارزش .

ارزیده arz-īda(-e) (اِمف.) قیمت شده، ارزش‌یافته، ارزش‌مناسب‌وسزاوار داشته.

ارزیز arzīz (اِ.) (شم.) فلزی است سفید[3]، نقره فام ، چگالی آن ۷ر۲۸۵ و در ۸ر۲۳۱ درجه ذوب

ارزن

۱ - Panicum Miliaceum (لا.)　۲ - Graminées (فر.)
۳ - Stannum (لا.), étain (فر.)

ارژن

ارس

ارسطولوخیا

میشود. درحرارت عادی زنگ نمیزند، بهمین جهت ورقه های آهن را از آن اندود می کنند(حلبی) ؛ قلع (ه. م.)

ارزیزگر arzīz-gar (ص شغل.) قلع گر، رصاص ، آن که کسب و کارش باقلع است.

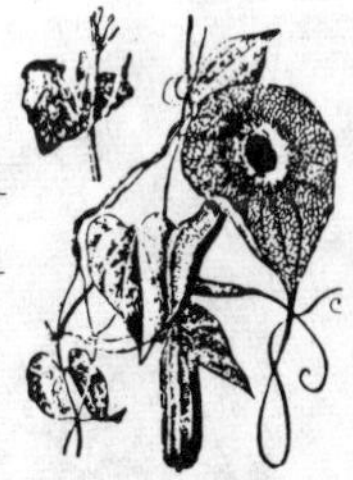

ارژن aržan (ا.) (گیا.) درختچه‌ای[1] از دستهٔ بادامیها از تیرهٔ گل سرخیان که دارای گونه‌های مختلف است و در نقاط خشك و کوهستانی اطراف تهران و کرج و ارتفاعات ۱۳۰۰ متری و جنگلهای طالش میروید. گونه‌ای از آن در فارس خصوصاً دردشت ارژن و کوه‌های بختیاری روییده میشود، بخورك.

ارژنگ aržang (اخ) ارتنگ ، ارتنگ ← بخش ۳.

ارس ars [په. ars] (ا.) اشك، آب چشم، اشك چشم ، دمع.

ارس ors (ا) ۱ - (گیا.) نام چند گونه سرو کوهی[2] جزو تیرهٔ ناژویان که دراغلب نقاط استپی و خاتمهٔ جنگل‌های مرطوب پراکنده‌اند، ارسا، ارجه.

ارس oros [= اروس = روس، قس. ارسی] ۱ - (اخ) روس (← بخش ۳). ۲ - (ص.) روسی ، از مردم روسیه.

ارسا orsā (ا) (گیا.) ← ارس.

ارسال ersāl [ع.] (مص م.) ۱ - فرستادن ، گسیل کردن ، گسی کردن. روانه کردن. ۲ - فرستادن به پیغام، پیك فرستادن ، پیغامبر گردانیدن کسی را ، رسول گردانیدن کسی را. ۳ - فروهشتن، فرو گذاشتن بخود، رها کردن. ۴ - زدن چنانکه داستان زدن ، مثل زدن . ۵ - (حد.) آنست که اسناد نباشد مثلا راوی میگوید: «پیامبر چنین گفت ...» و نمیگوید: «فلان روایت کرد از پیامبر که ...» وچنین حدیثی را مرسل گویند. ‖ ~ **مثل**. ۱ - مثل زدن، مثل آوردن، درسخن مثل بکاربردن، تمثل جستن . ۲ - (= ارسال المثل) (بع.) ← بخش ۲: ارسال المثل.

ارسال داشتن e.-dāštan [ع.ف.] (مص م.) فرستادن، روانه کردن ، گسیل کردن.

ارسال کردن e.-kardan [ع.ف.] (مص م.) فرستادن، روانه کردن، گسیل کردن.

ارسال نمودن e.-no(e)mūdan [ع.ف.] (مص م.) فرستادن ، روانه کردن، گسیل کردن.

ارسطولوخیا arestūlūxyā [معر. یو. aristoloxia] (ا.)(گیا.) ← زراوند.

ارسلان arsalān [تر.] (ا.) ۱ - شیر، شیر درنده ، اسد . ۲ - (مج.) مرد شجاع، دلیر. ۳ - نامی از نامهای خاص ترکی است ← بخش ۳.

ارسلان لی arsalān-lī [تر.] (إمر.) غروش شیرنشان ، سکه ایست ترکی. (← غروش).

ارسلان چپ arsalān-čap [تر.-ف.] (إمر.) (مس.) یکی از سیصدوشصت کوك ختایی (ه.م.) و بهترین آنها.

ارسنال arsenāl [فر. arsenal، از ونیزی arzana از ع. «دار (ال) صنعه»] (ا.) کارخانهٔ اسلحه و تجهیزات جنگی، اسلحه‌سازی (کم.)

ارسنیك arsenīk [فر. arsenic، یو. arsenikon] (ا) (شم.) یکی از اجسام مفرد ، برنگ فولاد و باجلای فلزی، شمارهٔ اتمی ۳۳، وزن مخصوص

---

۱ - Amygdalus (لا.)

۲ - Juniperus L. (لا.)

۷ر۵. خودآن سمی‌نیست ،ولی اکسید آن ، انیدرید ارسنیو- که گاهی آنرا ارسنیك سفیدگویند- بسیار سمی‌است؛ زرنیخ سفید .

ارسی oros-ī [=اروسی=روسی] (ص‌نسبـ.،إمر.) ۱ - روسی، اهل‌روسیه، از مردم روسیه. ۲ - کفش، پاپوش ، قسمی‌کفش پاشنه‌دار، نوعی‌کفش‌که از چرم‌دوزند. ۳- (معم.) نوعی درِقدیمی که دارای چهارچوب مخصوص بوده و آن درداخل‌چهارچوب حرکت‌میکردو با پایین و بالا رفتن‌باز و بسته میشد، قسمی در برای اطاق که عمودی باز و بسته میشود . ۴ - گاه از باب تسمیهٔ کل باسم‌جزء،اطاقی راکه دارای‌چنین درهایی‌است«ارسی» نامند. ‖ قند ~ . قند روسی ، نوعی قند که از روسیه می‌آورند.

ارسی دوز o.-dūz (إفا.) آن‌که‌ارسی (ه.م.) میدوزد، کفشگر ،کفش‌دوز ، سازندهٔ‌کفش.

ارسی دوزی o.-dūz-ī ۱ -(حامص.) عمل ارسی‌دوز، کفش‌دوزی،کفش‌سازی. ۲ - شغل‌کسی که کفش میدوزد . ۳ - (إمر.) جایی‌که درآن‌کفش میدوزند.

ارش araš [= آرش = رش،طبر: araš] (إ.) واحدی است برایِ اندازه گیری طول ، از آرنج تا سرانگشت؛ ذراع، رش.

ارشا eršā [=ع.ارشاء] ←ارشاء.

ارشاء eršā' [ع.ف.: ارشا] (مصم.) رشوه‌دادن، پول‌دادن‌یاهدیه‌دادن بکسی برای اجرای منظوری خاص.

ارشاد eršād [ع.] ۱ - (مصم.)راه نمودن،راه‌راست‌نمودن،راه‌به‌حق‌نمودن، به حق و درستی رهنمونی کردن . ۲ - (إمص.) راهنمایی، هدایت؛ مق.اضلال. ج. ارشادات.

ارشادات eršād-āt [ع.] ج.إرشاد (ه.م.)

ارشادکردن e.-kardan [ع.-ف.] (مصم.) رهنمونی‌کردن، به راه راست آوردن، راه‌نمودن←ارشاد.

ارشادگرفتن e.-gereftan [ع.-ف.] (مصم.) طلب‌هدایت‌و راهنمایی‌کردن، راه حق و راست‌را خواستار شدن .

۱- ارشد aršad [ع.] (ص‌تفض.،رشد) ۱ - راه‌راست‌یابنده‌تر، . راهبرتربحق. ۲ - رشیدتر ، به رشد رسیده‌تر . ۳ - (تد.) بزرگتر ، مسن‌تر . ۴ - (نظ.) بزرگتر و سرکردهٔ هزواحد نظامی.

۲ - ارشد aršad [ع.] (إ.) (زم.) جوهری است‌که آنرا مرقشیشا (ه.م.) خوانند[1]، حجرالنور، حجرالروشنایی، سنگك روشنایی . ‖ ~ِ اولاد. ۱- آن‌که در میانهٔ فرزندان رشیدتر و باهوش‌تر از همه باشد . ۲ - (تد.) فرزندبزرگتر ، فرزند نخستین که از دیگر فرزندان‌بزرگتروسالمندتراست. ‖ افسران ~ .(نظ.) افسرانی‌راگویند که درجهٔ آنان از سرگرد تا سرهنگ یکم‌است. ‖ اولاد ~ . ←ارشداولاد (←اولاد). ‖ طریق ~ . راه‌راست‌تر، قریب‌تر بمطلب .

ارشدیت aršad-īyyat [ع.] (مص جعـ.) ۱ - ارشدبودن ، رشیدتر و با کفایت‌تر بودن، برتری وچیرگی‌داشتن. ۲ - (نظ.) دارای درجهٔ بالاتربودن .

ارشك arašk [= رشك، په. arišk] (إ.) ۱ - رشك ، غیرت . ۲ - حسد، حسادت.

ارشکین arašk-īn [=رشکین]

۱ -Marcassite (فر.)

ارصاد

(ص نسبـ.) ۱ ـ دارای رشك، غیرتمند، غیور. ۲ ـ حسود.

ارصاد arsād [ع.] (اِ.) ج. رصد (ﻫ.م.)

ارصاد ersād [ع.] ۱ ـ (مصل.) آمادهٔ چیزی شدن. ۲ ـ در کمین‌گاه نشستن. ۳ ـ (مصم) انتظارداشتن، چشم‌داشتن. ۴ ـ آماده کردن، مهیا ساختن. ۵ ـ پاداش دادن کسی را به خیر یا به‌شر. ۶ ـ رصد بستن ۷ ـ نگاهبان گماشتن در راه، راهبان و دیده‌بان در راه نشاندن.

ارصد arsad [ع.] (اِ.) (مس.) آواز پانزدهم از هفده آواز اصول (ﻫ.م.)

ارض arz [ع.] (اِ.) ۱ ـ زمین (کرهٔ ← بخش ۳.) ۲ ـ خاك، غبرا. ج. اراضی، ارضین (وارضون). ‖ ــِ اقدس. ← بخش ۳. ‖ ــِ موعود. ← بخش ۳.

ارضا erzā [= ع. ارضاء] ← ارضاء.

ارضاء erzā' [ع.ـ ف.: ارضا] (مصم.) خشنود کردن، راضی گردانیدن، ترضیه، دادن چیزی به‌کسی برای خشنود کردن او، اقناع.

ارضاکردن erzā-kardan [ع ـ ف.] (مصم.) خشنود گردانیدن، رضایت کسی را فراهم‌آوردن، اقناع کردن و برآوردن خواست ومیل کسی.

ارضاع erzā' [ع.] (مصم.) شیردادن.

ارضه araza(-e) [= ع. ارضة] (اِ.) ۱ ـ (جا ن.) کرمی ریز به‌صورت مور که چوب را میخورد، موریانه، خوره، چوب‌خوار، چوب‌خوارك، چوب‌خواره، دیوچه، دیوك. ← موریانه. ۲ ـ زنگ آهن.

ارضی arz-ī [ع.ـ ف.] (ص نسبـ.) منسوب به ارض (ﻫ.م.)، مربوط به ارض، زمینی، خاکی، بری. ‖ **آفات** ــِ. آفتها و زیانها و بلاهایی که از پیشامدحادثه‌ها درروی زمین به ساکنان آن میرسد؛ مق. آفات سماوی. ‖ **شکل** ــِ. (هس.) مکعب.

ارضین arazīn [ع.] (اِ.) ج. اَرض (در ع. درحالت نصبی وجری) ‖ ــِ سبع. هفت طبقهٔ زمین (به عقیدهٔ پیشینیان.)

ارضیه arz-īyya(-e) [ع.] (ص نسبـ.) مؤنث ارضی (ﻫ.م.) ← ‖ **حوادث** ــِ. حادثه‌ها و رویدادهای زمینی، پیشامدهایی که در روی زمین صورت‌میگیرد. ‖ نفس ــِ. (فل.) ← نفس.

ارطاماسیا artāmāsyā [معر.] (اِ.) ← ارطامسیا.

ارطامسیا artāmesyā (معر. یو. artemisia) (اِ.) ۱ ـ (گیا) ← برنجاسپ. ۲ ـ (گیا.) ← مشك چوپان.

ارطمسیا artamesyā [معر.] (اِ.) ← ارطامسیا.

ارطی artī, ortī [= آرطی = آورطی = آورتی = آورتا] [معـ.] (اِ.) (گیا.) ← آورتا، اسکنبیل.

ارطی

ارعا er'ā [= ع. ارعاء] ← ارعاء.

ارعاء er'ā' [ع.ف.: ارعا] ۱ ـ (مصم.) رویانیدن گیاه، چرانیدن ستوررا. ۲ ـ گوش‌دادن سخن کسی را، استماع، گوش بسوی چیزی داشتن. ۳ ـ بخشودن، عفوکردن، رعایت و مرحمت کردن. ۴ ـ (مصل.) آزرم داشتن.

ارعاب er'āb [ازع.] (مصم.) (تد.) ترسانیدن، به رعب و هراس افکندن.

ارعد ar'ad [ع.] (ص.) رعدزده، برقزده.

ارغ orγ (ص.) ۱ ـ بادام و پسته

ارغنون زن

وفندق و گردو و مانند آن که درون وی تیز و تلخ و تند شده باشد. ۲ - خشک ـ باری که بدبو و بدطعم شده باشد. ۳ - زنگ سفید یا سبز رنگی که روی نان یا غذای شب مانده ظاهر گردد، کپک.

ارغ aroγ [= آروغ] (اِ.) ← آروغ.

ارغا arγ-ā [=ارغا] (اِ.) ← ارغاب.

ارغاب arγ-āb [= ارغا=ارغاو] (اِمر.) جوی آب، رود.

ارغام erγām [ع.] (مصم.) ۱ - به خاک رسانیدن، به خاک چسبانیدن، به خاک مالیدن، درخاک افکندن چیزی را از دست یا دهان، خاک آلود کردن بینی کسی را، بینی کسی را بر خاک مالیدن. ۲ - خوار کردن، خوار گردانیدن، ذلیل کردن. ۳ - خشم کردن بر ...، به خشم آمدن نسبت به...

ارغامن arγāmon [معر. یو. argémon، مرکب از argos بمعنی سفید][1] (اِ.) (پز.) زخم سطحی قرنیه که با قرحه‌ای شروع میشود؛ ارغامی.

ارغامونی arγāmūnī (معر. یو. argémōnē) (اِ.) (گیا.) ← ماميثا.

ارغامی arγāmī [=ارغامن] (اِ.) (پز.) ← ارغامن.

ارغانون orγānūn [معر.] (اِ.) ← ارغنون.

ارغاو arγ-āv [=ارغاب=ارغا] (اِمر.) ← ارغاب.

ارغده aroγda(-e) [=آرغده= آلغده] ← آرغده.

ارغشتک arγoštak (اِ.) ۱ - نوعی بازی دختران، و آن چنانست که برسر دوپا نشینند و کفهای دستها را بر سر زانوها مالند و چیزهایی گویند و همچنان نشسته بر سر پاها برجهند و کفهای دستهارا برهم زنند. ۲ - آوازی که با سودن انگشتان بیکدیگر برآورند برای نشان دادن خوشحالی و شادمانی، بشکن، انگشتک.

ارغن arγan [معر.] (اِ.) ← ارغنون.

ارغند arγand [= ارغنده، است. ereγant، په. argand] (ص.) خشمگین، قهرآلود. ضح. - درفرهنگ های فارسی بخطا «ارغند» را دلیرو شجاع معنی کرده اند.

ارغنده arγanda(-e) [= ارغند] (ص.) خشمگین، غضبناک، غضبان، خشم آلود، آشفته و به خشم آمده، ارغند (ه.م.)

ارغنده گردیدن a.-gardīdan (مصل.) خشمگین شدن، غضبناک شدن، بخشم آمدن.

ارغنن arγanon [معر.] (اِ.) ← ارغنون.

ارغنون arγanūn (معر. یو. organon)[2] (اِ.) (مس.) ۱ - سازهایی ذوات الاوتار و سازهایی که از تعداد زیادی لوله تشکیل شده وهوا را باواسطه داخل آن لوله‌ها دمند. ۲ - سازیست که یونانیان و رومیان مینواختند، ارگ[3] (ه.م.) ۳ - سازیست که خالی باشد، بچرم کشیده و بر آن رودها بندند و آن سابقاً مربع بوده مشابه صندوق (غیاث) ← ارغن، ارغنن.

ارغنون زن arγanūn-zan

ارغامونی

ارغنون «دستی»

۱ - Argémon (فر.), argéma (لا.)
۲ - Orgue (فر.)
۳ - Organon (فر.)

ارغنون ساز

[یو.-ف.] (اِفا.) (مس.) کسی که ارغنون نوازد؛ ارغنون‌زننده، نوازندهٔ ارغنون.

ارغنون ساز arɣanūn-sāz [یو.-ف.] (اِفا.) (مس.) سازندهٔ ارغنون، آنکه ارغنون میسازد (← ارغنون).

ارغوان arɣavān [=معر. ارجوان] (اِ.) ۱- (گیا.) درختی[1] از تیرهٔ پروانه‌واران و سردستهٔ ارغوانیها[2] که در ارتفاعات پایین (بین ۱۸۰ تا ۹۰۰ متر) میروید و برای زینت نیز کاشته میشود، اکوان. ۲- (نق.) ← ارغوانی.

ارغوان ومیوهٔ آن

ارغوانی arɣavān-ī (ص نسبـ.، اِ.) منسوب به آرغوان (← هـ.م.) ۱- برنگ ارغوان، سرخ مایل به بنفش، رنگی سرخ که به بنفشی زند، سرخی که به سیاهی زند، قرمز تیره، آتشگون، فرفیری. ۲- (گیا.) گل سرخ (هـ.م.).

۱- ارغون arɣūn (ص.، اِ.) اسب تند و تیز.

۲- ارغون arɣūn (اِ) ← ارغنون.

ارفاق erfāɣ [ع.] (مص م.) ۱- سودرسانیدن کسی را، منفعت رسانیدن. ۲- نرمی کردن با کسی.

ارفاقات erfāɣ-āt [ع.] ج. ارفاق (هـ.م.)

ارفاقاً erfāɣ-an [ع.] (ق.) به رفق و مدارا، از روی ارفاق.

ارفع arfa' [ع.] (ص تفض. رفعت) ۱- بلندتر، رفیع‌تر، برتر، اعلی، برداشته‌تر. ۲- ارزنده‌تر، قیمتی‌تر، ارجمندتر. ۳- بلندقدرتر، اشرف.

ارق araɣ(ɣ) [ع.] (ص تفض. رقت) رقیق‌تر، تنک‌تر، شفاف‌تر، باریک‌تر.

ارقا areɣɣā [=ع. ارقاء] ← ارقاء.

ارقاء areɣɣā' [ع.ف.: ارقا] ج. رقیق؛ بندگان، مملوکان.

ارقام arɣām [ع.] (اِ.) ۱- ج. رقم؛ خطها، نوشته‌ها. ۲- (مس.) علامتهای وضع‌شده برای نمایش عددها. ۳- در تداول بازاریان مجموع چند بخش از کالارا میگویند؛ اجناس. ‖ **~ ابجدی.** ← ابجد. ‖ **~ اسطرلاب.** علامتهای هفت اختر بر اسطرلاب. ‖ **~ هندی.** علامتهایی که برای نمایش عدد در فارسی بکار میبریم و منشاء آنرا از هند دانند: ۰ ۱ ۲ ۳ ۴ ۵ ۶ ۷ ۸ ۹ ۱۰

۱- ارقان arɣān [معر. یو. argan] (اِ.) ۱- (گیا.) حنا. ۲- (گیا.) درخت حنا[3].

۲- ارقان arɣān [مغربی اقصی] (اِ.) (گیا.) نوعی از بادام کوهی که روغن آنرا زیت‌الهرجان گویند؛ لوزالبربر.

ارقش arɣaš [ع.] (ص.) دارای خالهای سیاه و سفید (انسان یا حیوان).

ارقم arɣam [ع.] (ص.) مارپیسه، مار سیاه و سپید، مارابلق، ماری که در پوستش نقشهای سیاه و سفید باشد.

(ارقنوع) arɣanū' مصحف ازقنوع یا اوزقنوغ یا ازگنوخ (← ازقنوغ).

ارقه arɣa(-e) (ص.) (عم.) عرقه (← هـ.م.)، شخص سرد و گرم روزگار چشیده و نادرست، جسور و دریده.

ارقی erɣī (اِ.) (گیا.) ← شیرخشت.

ارقیطون arɣītūn (اِ.) ← اراقیطون.

ارک ark [په. arg] (اِ.) ← ارگ.

ارکاک arkāk [ع.] (اِ.) ج. رک (rakk)، باران نرم و ریزه.

۱- Cercis siliquastrum (لا.) ۲- Césalpinées (فر.)
۳- Arganier (فر.), Lawsonia inermis (لا.)

ارکاک erkāk [ع٠] (مص‌ل٠) باران نرم و ریزه باریدن.

ارکان arkān [ع٠] (إ٠) ج٠رکن٠ ۱ - مبناها ، پایه‌ها ، ستون‌ها . ۲ - عنصرها ، طبع‌های چهارگانه . ۳ - مولودهای سه‌گانه ، موالید ثلاثه. ۴ - بزرگان ، اعیان ، کارگزاران و کارگردانان حکومت. ۵ - (فق٠) در نماز: تکبیرةالاحرام ، قیام، رکوع و سجود. ‖ ~ **اربعه** . چهارارکان ، ماده‌های چهارگانه،چهارآخشیجان، باد وخاك‌وآب‌وآتش. ‖ ~ **جیش** .ارکان لشکر وسپاه، پنج قسمت درصف‌آرایی سپاه درروزگار قدیم : مقدمه ، قلب، میمنه، میسره وساقه . ‖ ~ **حرب** . (اصطلاح روزگارقاجاریه وآغاز دورهٔ پهلوی) ستاد ارتش، ←ستاد. ‖ ~ **دولت** .بزرگان واعیان‌ومردان‌نامدار و کارگردانان کارهای دولتی.

ارکانی arkān-ī [ع.-ف.](ص‌نسب.) منسوب‌به‌ارکان، آنچه مربوط وپیوسته به چهار ارکان (بادو خاك‌وآب‌وآتش) است. ج.ارکانیان . ۱ - جسمانیان ، اهل دنیا. ۲ - ناقصانی‌که هنوز به‌حد کمال نرسیده‌اند.

ارکاون arkāvon (ص.،إ.) ← ارکاوون.

ارکاوون arkāvūn[مغ.=ارکاون، = آرخون=Arkaγun] (ص.،إ.) ۱ - رئیس و مهتر و قاضی بزرگ . ۲ـ مطلق‌نصرانیان ومسیحیان، ارکاون، ارکوؤن، ارکئون .

ارکستر orkestr(فر.orchestre) (إ.) (مس.) ۱ - در یونان‌قدیم‌نام‌محل نوازندگان و خوانندگان درجلوصحنه. ۲ - گروه نوازندگان با مجموعهٔ سازهاکه با همکاری یك قطعهٔ موسیقی را اجراکنند . ‖ ~ **سنفنیك**. (فر. (orchestre symphonique (مس.) ارکستر بزرگی‌که برای‌اجرای سنفنی‌ها ، اوورتورها، کنسرتوها وغیره بکاربرده شود. این‌ارکستر ازسازهای زهی ، بادی و کوبی تشکیل میشود . تعداد این سازها باندازهٔ معینی استو نسبت مشخصی‌هم با یکدیگر دارند.

ارکسترشناسی orkestr-šenās-ī (حامص.،إمر.) (مس.)دانشی‌که بوسیلهٔ آن یك قطعه موسیقی را در ارکستر تقسیم میکنند. سازشناسی(ه.م.)مقدمهٔ این علم است.

ارکون arkūn [=ارکاوون] (ص.، إ.) ←ارکاوون.

ارکوؤن arku'ūn [=ارکاوون] (ص.إ.) ←ارکاوون.

ارگ arg [=ارك،پهـ. arg] (إ.) دژ کوچکی که‌درمیان‌دژ بزرگ‌بسازند، دژ در دژ، قلعهٔ‌کوچك‌میان قلعهٔ‌بزرگ.

ارگ org (فر.orgue ←ارغنون) ۱ - (إ.) (مس.) ←ارغنون. ۲ - یکی ازآلات موسیقی شبیه به پیانو که‌باپنجهٔ دست نوازند. ۳ - یکی‌ازآلات‌موسیقی بادی که حجم آن بزرگ است وغالباً درکلیساها نوازند. ←ارگانوم .

ارگان orgān [فر. organe؛ یو. organon] (إ.) ۱ ـ عضو، کارمند. ۲ - بیان‌کننده و نشر دهندهٔ افکار و عقیده‌های گروهی ، روزنامه یا مجله یا نشریه‌ای‌که افکارو اندیشه‌های عضوها و پیروان یك حزب و دسته را نشر میدهد و بیان میکند.

ارگانوم orgānom [لا.organum ← ارغنون ، ارگ] (إ.) (مس.) ۱ - بزرگترین و قویترین و قدیمی‌ترین سازهای جهان؛ ارگ ، ارغنون. ۲ - شکل مخصوصی از موسیقی که مقدمهٔ پیدایش فن هماهنگی (ه.م.) است .

ارگ زدن

۳ - نام آوازی بوده که بفاصلهٔ چهارم یا پنجم بطور موازی خوانده میشده.

ارگ زدن org-zadan [فر.-ف.] (مص‌م.) نواختن ارگ، اجرا کردن یك آهنگ بر روی دستگاه ارگ (ه.م.)

ارگبد arg-bad [=ارگبذ ،په. argpat] رئیس ارگ ، رئیس قصر، کوتوال ، دژبان (یکی از شغلها و منصبهای بزرگ در روزگار هخامنشیان و ساسانیان).

ارگبذ arg-baz [= ارگبد](ص‌مر.) ← ارگبد.

ارگانیسم organism [فر . organisme] (اِ.) مجموع اجزا و اعضایی که جسم موجودی زنده را تشکیل دهند؛ اندام .

ارم eram (اِخ.) ← بخش۳.

ارمال armāl [ع= یمنی= ارمالك =سر. ارمالی] (اِ.) (گیا.) چوبی است شبیه بقرفه و دارچین ، بسیار خوشبو در هند و یمن روید.

ارمالك armālak [= ارمال] (اِ.) ← ارمال.

ارمالی armālī [سر.] (اِ.) ← ارمال.

ارمان armān [=آرمان] (اِ.) ۱ - آرزو ، امل ، حسرت ، امید، رجاء . ۲ - رنج. ۳ - پشیمانی، دریغ.

ارمد armad [ع.] (ص.) ۱ - خاکستر گون، خاکستر رنگ، خاکستری. ۲- (پز.) صاحب رمد، کسی که چشم او درد کند با سرخی و آبریزی ، چشم‌درد گرفته.

ارمز ormoz [=ارمزد= هرمز= هرمزد ← اهورمزدا] (اِ.) ۱ - (اِخ) اهورمزدا ← بخش۳ . ۲ - (اِخ) ستارهٔ مشتری ← بخش۳. ۳ - (اِ.) روز اول از هرماه شمسی.

ارمزد ormozd [=هرمز=هرمزد =ارمز = اهورمزدا] (اِ.) ← ارمز ↑

ارمغان armaγān [= یرمقان، تر. غزی] (اِ.) تحفه‌ای که از جایی بجایی دیگر برند، سوغات، ره‌آورد سفر.

ارمغانی armaγān-ī [تر.-ف.] ۱ - (ص‌نسب.) منسوب به ارمغان(ه.م.)، سوغاتی. ۲ - (اِ.) ارمغان (ه.م.) ، سوغات، رهاورد .

۱ - ارمك ormak [= اورمك تر. اورماك ، نوعی منسوج از پشم شتر] ۱ - پارچهٔ پشمینه، صوف. ۲ - کلاه و طاقی پشمین . ۳ - امروز جامه ایست پنبه‌یی برنگ خاکستری.

۲ - ارمك ormak (اِ.) (گیا.) نام چندگونه درختچه از تیرهٔ ریش‌بزها[1] (ه.م.) است. گونه های شناخته‌شدهٔ آن در ایران عبارتند از :

الف- Ephedra altissima .
ب- « fragilis.
ج- « major یا E.procera.
د- « Nerbodensis.

همهٔ گونه‌های مذکور در تپه‌های اطراف کرج دیده‌میشوند.

ارمگان ermagān ۱ - (ص.) تربیت کننده، پرورش‌دهنده. ۲ -(اِ.)سعادت.

ارمل armal [ع.] (ص.) ۱ - مرد بی‌زن، مردعزب ، مرد زن‌مرده ، بیوهٔ بدبخت و فقیر. ۲ - محتاج، درویش و بیچاره،مرد بی‌توشه، مفلس،مسکین. ج.ارامل و ارامیل، اراملة.

ارمنی arman-ī (ص‌نسب.) ۱ - منسوب به ارمن (=ارمنستان) ،

---

۱ - Ephedracées (فر.)

ارمنستانی ، مردی از ارمنستان، اهل ارمنستان. ← بخش۳: ارمن، ارمنستان. ۲ - کالا و جنسی که از ارمنستان آورده باشند.

ارمند armand [=ارمنده] (ص.) ارمنده (ه.م.)

ارمنده armanda(-e) [= ارمند] (ص.) آرمنده ، آرام گیرنده .

ارمنی arman-ī [ص‌نسبـ.] ۱ - هرچیز منسوب به ارمن (← بخش۳). ۲ - از مردم ارمن ، ارمنستانی (← ارمنستان، بخش۳).

ارمود armūd [= امرود] (إ.) (گیا.) امرود (ه.م.)

ارموی ormavī(yy) [ع.] [ص‌نسبـ.] منسوب به ارمیه (ارومیه) (← بخش۳) ، از مردم ارمیه.

ارمی aram-ī,er.- (ص‌نسبـ.) منسوب به ارم (← بخش۳)، زبان منسوب به قوم ارم، زبان قدیم سوریه.

ارمیچر armīčer (إ.) (انگ. armature) ← آرمیچر.

ارمیدن arm-īdan [=آرمیدن= آرامیدن] (مصل.) ← آرمیدن ، آرامیدن.

ارمیده arm-īda(-e) (امف.) آرمیده، آسوده.

ارمینین ormīnīn [فر. hormin] (إ.) (گیا.)[1] یکی از گونه‌های نوع مریم‌گلی[2] (ه.م.) جزو تیرهٔ نعنائیان که در اروپای مرکزی میروید.

ارنا ernā (إ.) (گیا.) نام درختی در جنگلهای ایران .

ارنب arnab [ع.] (إ.) ۱ - خرگوش، خرگوش نر و خرگوش ماده . ۲ - (نج.) ← بخش۳ . ‖ ~ بحری . (جاذ.) ← ماهی مرکب. ‖ ~ بری . (جاذ.) ← خرگوش . ‖ ~ رومی . (جاذ.) ← خوکچه.

ارنبتین arnabatayn [ع.] (إ.) (پز.) تثنیهٔ ارنبه (ه.م.) ، پره های بینی.

ارنبه arnaba(-e) [ع.] (إ.) ۱ - خرگوش ماده ← ارنب. ۲ - پرهٔ بینی، پشك؛ تثنیه: ارنبتین (ه.م.) .

ارندان arandān (ق. انکار) ۱ - حاشا! ۲ - انکار.

ارنی ترنك ornī-torank (فر. ornithoronque) (إ.) (جاذ.) ← اردك‌پوز.

اروا ervā [= ع. ارواء] ← ارواء.

ارواء ervā' [ع.] (مصم.) ۱ - سیراب کردن، ترویه. ۲ - روان کردن. ۳ - به روایت شعر داشتن، برروایت شعر داشتن .

۱ - ارواح arvāh [ع.] (إ.) ۱ - ج. روح؛ روحها، جانها ، روانها. ضح. - در تداول این کلمه را مفرد میگیرند : ارواح پدرش ! ‖ ~ بابات . (عم.) (= ارواح بابایت)، در وقتی گفته میشود که بخواهند ناکامی و عدم موفقیت کسی را در کاری به رخ او بکشند و او را سرزنش کنند . ‖ ~ پدرت. = ارواح بابایت ! ‖ به ~ پدرم . (عم.) قسم به روح پدرم ، سوگند به روان پدرم . این جمله را در مقام سوگند و بیان حق بودن کار و نظر خود میآورند . ‖ عالم ~ . ۱ - دنیای دیگر ، دنیای مردگان ، دنیای روانها. ۲ - (عم.) گاه به‌معنی مرده و بی‌جان و در مقام دشنام به آدم بی‌حال وسست و مات بکار میبرند.

ارمینین

ارنب رومی

ارنی ترنك

۲ - Salvia(.لا)　　۱- Salvia horminum (.لا)

۲ـ ارواح arvāh [ع.] (اِ.) ج. ریح، بادها.

اروار arvār [= اروارە = آرواره، پهـ. ervār] (اِ.) ← آرواره.

اروارە arvāra(-e) [= اروار = آرواره، پهـ. ervārak] (اِ.) ← آرواره.

اروام arvām [ع.] (ص.، اِ.) ج. رومی (بسیاق جمعهای عربی) رومیان.

اروپایی orūpā-yī (ص نسبـ.) منسوب به اروپا (← بخش۳) ۱ـ هرچیز که در اروپا سازند و از اروپا آورند: اجناس اروپایی. ۲ـ اهل اروپا، مردم اروپا. ‖ زبانهای ~. زبانهایی که در اروپا متداول است مانند: انگلیسی، فرانسوی، آلمانی، ایتالیایی، اسپانیایی، پرتقالی، سوئدی، نروژی، دانمارکی، هلندی و غیره.

اروپایی‌مآب o.-ma'āb [ف.-ع.] (ص مر.) کسی که از آداب و رسوم و رفتار وطرز زندگی اروپاییان تقلید میکند، کسی که تظاهر به شیوه‌های اروپایی میکند؛ فرنگی‌مآب.

اروس arūs (اِ.) کالا، متاع.

اروس orūs [= ارس = روس] ۱ـ (اِخ.) روس (← بخش۳). ۲ـ (ص.) روسی، از مردم روسیه.

اروسم erūsem [= اروسیمون] (اِ.) (گیا.) ← اروسیمون.

اروسمن erūsmon [= اروسیمون] (اِ.) (گیا.) ← اروسیمون.

اروسمین erūsmīn (اِ.) (گیا.) ← اروسیمون.

اروسی orūs-ī (ص نسبـ.، اِ.) ← ارسی. ‖ پوستین ~. پوستینی که در روسیه سازند.

اروسیمون erūsīmūn [معر. = اروسم = اروسمن = اروسمین، لا. erysimun، erysimum] (اِ.) (گیا.) تودری (ه‍.م.)

اروسیمون و میوهٔ آن

اروغ orūγ [= اروق = اوروغ = اوروق، تر.-مغ.] (اِ.) اروق (← اروق۲).

۱ـ اروق arūγ (اِ.) (گیا.) ← اروك.

۲ـ اروق arūγ [= اروغ = اوروغ (ه‍.م.) = اورق، تر.-مغ.] (اِ.)، خانواده، دودمان، خویشان، اعقاب.

اروقه arūγa(-e) (اِ.) (گیا.) منداب (ه‍.م)

اروك arūk [تر. اریك] (اِ.) (گیا.) زردالو (ه‍.م.)

ارومچك orūmčak [تر.] (اِ.) (جانـ.) عنکبوت (ه‍.م.)

ارومه orūma, ar.- [ع.] (اِ.) ۱ـ بن‌درخت، بیخ درخت، کونهٔ درخت. ۲ـ اصل، اساس، پایه. ۳ـ (مج.) نسل، اهل، آل. ۴ـ (گیا.) علفی که اشخار از آن حاصل‌شود، شخار، اشنان، اشنه.

۱ـ ارومی orūm-ī (ص نسبـ.) منسوب به ارومیه (← بخش۳)، اهل ارومیه، مردم ارومیه؛ ارموی.

۲ـ ارومی orūm-ī (ص نسبـ.) منسوب به اروم (= روم)، رومی.

ارون arūn [لا. arum] (اِ.) (گیا.) گوش فیل (ه‍.م.)

ارونیا erūniyā [معر. یو.] (اِ.) (گیا.) ← ازگیل.

اروه orve [فر. orvet] (اِ.) (جانـ.) جانوری[1] از تیرهٔ سوسماران[2] از ردهٔ خزندگان[3]. این سوسمار چون فاقد اندام

۱ - Anguis fragilis (فر.)

۲ـ Sauriens (فر.)

۳ - Reptiles (فر.)

حرکتی (دست و پا) است و استوانه‌یی شکل است ظاهراً بشکل مار میماند و با آن اشتباه میشود در صورتیکه با داشتن پلك چشم از ماران مشخص میشود. جانور بی آزاری است که در اروپا و آسیای غربی و شمال آفریقا فراوان است. رنگ بدنش برنزی‌است و مانند همهٔ سوسماران‌در موقع‌اضطراب (خصوصاً موقع گرفتن) دمش را رها میکند. در سوراخها و زیر سنگها زیست میکند و فقط روزها موقع طلوع آفتاب ازلانه‌اش خارج‌میشود؛ سوسمار بی‌دست و پا.

۱ - اروند arvand [په. arvand، است. aurvant، تند، تیز، چالاك، دلیر = اورند = ۲ آورند] (اِ.) ۱ - فر، شکوه، شأن وشوکت. ۲- حسرت، آرزو.

۲ - اروند arvand [=اورند=۱ آورند] (اِ.) ۱ - مکر، فریب، حیله. ۲ - سحر، جادو.

ارویس‌گاه arvīs-gāh (اِمر.) (در آداب دینی‌زرتشتی)سنگ بزرگی است چهارگوشه که آلتهای مخصوص از قبیل هاون و دستهٔ هاون‌و برسمدان و طشت و ورس را برروی‌آن مینهند.

اره arra(-e), ara(-e) [گیل. arra، طبر. hara] (اِ.) ابزاری است‌برای

انواع اره

درودگری ازآهن‌که بشکل تیغهٔ بلند وباریك و دندانه‌دار و تیز است و در بریدن چوب و آهن و جز آن بکار میرود.

ارهاب erhāb [ع.] (مص‌م.) ترسانیدن، دچار هراس‌کردن.

ارهاق erhāγ [ع.] (مص‌م.) ۱ - لاحق ونزدیك چیزی‌گردانیدن، اندر رسانیدن. ۲ - برنافرمانی‌برانگیختن. ۳ - نافرمانی‌کردن. ۴ -تکلیف‌کردن، تکلیف‌دادن‌کسی‌را زاید از طاقت‌وی، دشوارکردن، بردشواری داشتن.

اره چاق‌کن a.-čāγ-kon (اِفا.، اِمر.) آلتی‌که دندانه‌های ارهٔ کند شده را تیز میکند.

اره زبان a.-zabān (ص‌مر.) ۱ - تیززبان، زبان‌دراز، تندو تیزگوینده. ۲ - بهتان‌گوی.

اره قلمه a.-γalama(-e) (اِمر.) (گیا.) شالك (ه.م.)

اره‌کاری a.-kār-ī (حامص.) عمل اره‌کشیدن.

اره‌کش a.-kaš(keš) (اِفا.) اره‌کشنده، آن‌که با اره چیزها را قطع کند.

اره‌کشی a.-ka(e)š-ī (حامص.) کار اره‌کش، عمل‌و شغل اره‌کش، با اره چیزی را قطع‌کردن.

اره ماهی a.-māhī (اِمر.) (جان.) نوعی ماهی[1] از ردهٔ سلاسین‌ها[2] که حد فاصل بین‌سفره‌ماهیها‌وسگ‌ماهیهاست. بدنی‌کشیده دارد و درفك‌فوقانی‌دارای زایدهٔ استخوانی طویلی است بشکل

اره ماهی

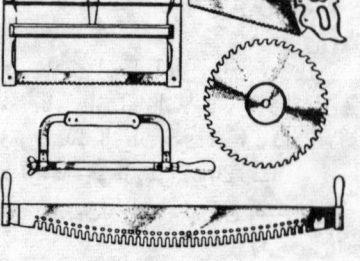

۱ - Poisson scie (فر.)

۲ - Selaciens (فر.)

خنجر ، و در طرفین آن یك سلسله دندانهای نوك تیز دارد.

ارياح aryāh [ع.] (إ.) ج. ریح؛ بادها.

اریب arīb [ع.] (ص.) خردمند، بخرد، عاقل، زیرك، دانا: ادیب اریب.

اریب orīb [=اریف=اریو] ۱- (ص.) محرف، کج ، منحرف ، قیقاج. ۲- (إ.) کجی.

اریحا (گل‌وشاخه)

اریثماطیقی arīsmātīγī [معر.یو.] ← ارثماطیقی.

اریحا arīhā (عبر.) (إ.) (گیا.) ← کف مریم.

اریحیت aryah-īyyat [ع.](مص جع.) ۱- فراخ خویی ، وسعت خلق . ۲- شادمانی، نشاط، شادی که در بخشایش و جود دست دهد. ۳- عطا.

ارید برید

ارید برید erīd-berīd [=آرید برید] (إمر.) (گیا.) ← گلایول.

اریسا arīsā [معر.یو.] (إ.) (گیا.) ← ایرسا.

اریسارون arīsārūn [معر. = اریصارون ، لا. arisarum] (إ.) (گیا.) لوف (ه.م.)

اریستوکرات arīstokrāt [فر. aristocrate] (ص.، إ.) طرفدار اریستوکراسی، طرفدار اشراف ، عضو اریستوکراسی، از اعیان.

اریستوکراسی arīstokrāsī [فر. aristocratie] (إ.) ۱- فرمانروایی اشرافی ، حکومت و فرمانروایی اشراف و صاحبان ثروت. ۲- طبقهٔ اعیان، اشراف، نجبا.

اریش arīš [= اریس = ارش](ص.) زیرك، هوشمند، هوشیار، عاقل.

اریصارون arīsārūn [= اریسارون، معر. لا. arisarum] (إ.) (گیا.) لوف (ه.م.)

اریغارون erīγārūn [معر. یو. iriγéron، فر. erigéron] (إ.) (گیا.) گیاهی از تیرهٔ مرکبان[1] که جزو گیاهان علفی نواحی معتدل اروپا و آمریکا میباشد. درحدود ۷۰ گونه از این گیاه شناخته شده که همگی آنها دارای گلهایی مجتمع بشکل خوشه درانتهای ساقه میباشند، وهر گل دارای طبقی نسبةً پهن است که گلبرگها در اطرافش قرار گرفته‌اند. ایریغارون.

اریف orīf [=اریب=اریو] (ص.، إ.) (عم.) اریب.

اریقی orīγī (إ.) (گیا.) خلنگ (ه.م.)

اریکه arīka [ع.] (إ.) تخت، تخت آراسته، تختی که درخانهٔ عروس یعنی حجله نهند ، هر چه که بر آن تکیه زنند و بنشینند از تخت ومنصه وفراش و بستر، سریر، اورنگ.

اریگاتور erīgātor [فر. irrigateur] (إ.) (پز.) ظرف فلزی یا لعابی با لولهٔ لاستیکی برای تنقیه یا شستشوی مجرای ادرار.

از az [په. hač] (حر. اض.) ۱- علامت مفعول غیر صریح یا با واسطه:

«میانش به خنجر کنم بر دو نیم
نباشد مرا از کسی ترس وبیم.»
(فردوسی.)

۲- علامت ابتداو آغاز زمانی ومکانی؛ مق. تا: «از آغاز اسلام تا دوقرن ایران زیر تسلط تازیان بود.» ۳- ب، به:

« فرسته چو ازپیش ایوان رسید
زمین بوسه دادآفرین گسترید.»
(فردوسی)

۴- با: «دیدم وقتی در تاریخ هندوستان

۱- Composées (فر.)

که از پشت پیل شکار میکردی و روی پیل را از آهن بپوشیده بود.» (تاریخ بیهقی.) ۵- بر:

«یکی همچون پرن بر اوج خورشید
یکی چون شایور از گرد مهتاب.»

(پیروز مشرقی). ۶- در، اندر: «وحدود بخارا دوازده فرسنگ است اندر دوازده فرسنگ، ودیواری بگرد این همه در کشیده بیك باره ... و همه رباطها و ده ها از اندرون این دیوار.» (حدودالعالم). ۷- را: (مفعول صریح):

سپاس ازخداوند خورشید وماه
که‌دیدم‌ترا زنده‌برجایگاه.» (فردوسی).

۸- برای، بهر، بعلت، بسبب، بجهت: «زمین از زلزله فرو رفت.» ۹- علامت اضافه بجای «ـِ» (-e-): «خدای عزوجل پس از مکان و زمان (پس مکان وزمان) و لوح وقلم گوهری را بیافرید سبز...» (تفسیر کمبریج). ۱۰- در سالهای اخیر بتقلید اززبانهای اروپایی بمعنی: اثر، نوشتهٔ، ساختهٔ بکارمیرود: بوف کور، از هدایت.

ازا ezā [= ع. إزاء] (ا.) ← ازاء.

ازاء ezā' [ع.، ف.: ازا] (حر. اض.) ۱- مقابل، برابر، روبروی، رویاروی، قبال. ۲- (ا.) سبب زندگانی یاسبب فراخی عیش و افزونی آن (کم.) ‖ به ~ . عوض، بجای. ‖ در ~ . بجای، عوض، بدل.

ازاحت ezāhat [= ع. ازاحة] ۱- (مصم.) دور گردانیدن (از جایی)، دور کردن. ۲- زایل کردن، ازمیان برداشتن. ۳- (مصل.) دور گردیدن، رفتن.

ازاحه ezāha [= ع. ازاحة = ازاحت] (مصل.) ← ازاحت. ‖ ~ امر. تمام کردن کار، بانجام رسانیدن، قضای امر.

ازاحیف azāhīf [ع.] (مص.، ا.) ۱- ج. زحاف وازحاف؛ جج. زحف. دور شدن ازاصل وفروافتادن تیر ازنشانه. ۲- [عر.] تغییرها و دگرگونیهایی را گویند که آوردن آنها را در اصول بحرها روا میدانند، مثلا تبدیل «مفاعیلن» به «مفاعیل» و «مفاعلن».

ازادرخت azā-deraxt [= آزاد درخت] (إمر.) (گیا.) ← آزاد درخت۱.

ازادماهی azād-māhī [= آزادماهی] (إمر.) (جانـ.) آزاد ماهی (← آزاد۹).

۱- ازار ezār [= ازاره] (ا.) ۱- فوطه، لنگ، قطیفه. ۲- زیر جامه، شلوار، سروال، تنبان. ۳- دستار، مندیل.

۲- ازار ezār [= ازاره = ایزاره = هزاره] (ا.) ۱- ازاره (ه.م.)، ایزاره، هزاره. ۲- پایاب، قعر آب.

ازاراقی azārāγī [= آزاراقی] (ا.) (گیا.) کچوله (ه.م.)، کچله (ه.م.).

ازاربستن ezār-bastan (مصل.) ۱- جامه‌یاشلوار پوشیدن. ۲- آراسته شدن.

ازاربند e.-band (إمر.) ۱- بند شلوار، آنچه که شلوار و تنبان‌بدان بندند. ۲- همیان.

ازاره ezāra(-e) [= ازار] (ا.) ازار، ایزار، ایزاره، هزاره، آن قسمت از دیوار اطاق و یا ایوان که‌از کف طاقچه تا روی زمین بود.

ازاز azāz (ا.) (گیا.) درخت کرم دانه (ه.م.)

ازالت ezālat [= ع. إزالة] (مصم.) ۱- طرد و دفع کردن، دور کردن، (از جایی)، راندن. ۲- زایل کردن، محو کردن، برطرف کردن، از بین

بردن . ۳ - هلاك کردن ، نیست گردانیدن .

ازاله azāla(-e) [= ازالیه] (اِ.) (گیا.) ازالیه (ه.م.)

ازاله ezāla(-e) [= ع .اِزالة ← ازالت] (مص‌م.) ←ازالت . ‖ ~ بکارت . نزدیکی با دختر باکره و برداشتن پردگی او.

ازاله شدن e.-šodan [ع .- ف.] (مص‌ل.) (م.: ازاله کردن) دفع‌شدن، بر طرف شدن، از میان رفتن ، زدوده شدن.

ازاله کردن e.-kardan [ع.-ف.] (مص‌م.) (ل.: ازاله شدن) دور کردن ، زایل کردن ، راندن ، قلع کردن ، دفع کردن، بیرون بردن.

ازالیه azāliya(-e) [= ازاله = ازلیا = اچالیه، لا . azalea] (اِ.)(گیا.)درختچه‌ای[1] ازتیرهٔ خلنگ‌ها که در زمینهای سخت میروید . در چین و آمریکای شمالی و قفقاز و هندوستان فراوان‌است ، وبعنوان گل زینتی در باغها نیز کاشته میشود . گلهایش سفید و یا قرمزاست ؛ازلیا، اچالیه .

ازآن،ازان az-ān [= از،حر.اض. + آن، ضم.] (حر. اض. مر.) ۱ - از چیز معهود یا مذکور، از مشارالیه. ۲ - از آن جهت، بدان سبب : از آن گریستم که .... (بیهقی) . ۳ - ازآن نوع، از آن‌جنس: «سمك از آن‌مردی است که در شهر چین میان چند تن خلایق در میدان فرزند من قابض را بکشت وبیامد وریش من بگرفت ...» (سمك عیار .) ۴ - از آن جمله ، از جمله: «و وی (ماءالشعیر) آن چیزی است که بیست و چهار گونه بیماری معروف را سود دارد ، از آن . . . ذات‌الجنب وحمی‌مطبقه.» (نوروزنامه.)

ازآن‌پس az-ān-pas (قمر.) بعد، سپس، از آن هنگام ببعد .

از آنجا az-ān-ǰā (حر.اض.مر.) ۱ - از جایی دور (معهود یامذکور) : « دیروز از آنجا براه افتادم و امروز بامداد بدینجا رسیدم . » ۲ - از آن سبب، برای آن، بدان جهت:

«مگر ماربرگنج ازآنجا نشست
که تا رایگان‌مهره ناید بدست.»
(نظامی.)

ازآنچه az-ān-če (حر. اض. مر.) ۱ - از چیز معهود یا مذکور . ۲ - بدان سبب، بدان جهت، بعلت‌آن که: «با قاضی‌شیرازهم بد بود ازآنچه‌باری چند، امیر محمود گفته بود که قاضی را وزارت شاید.» (بیهقی.)

ازآن رو(ی) az-ān-rūy (حر.اض.مر.) ۱ - از آن سوی، از آن طرف :

«هم آنگاه خسرو ازآن روی کوه
پدید آمد از راه، دور ازگروه.»
(فردوسی)

۲ - از آن جهت، بدان سبب ، چون ، زیرا، بعلت آنکه : « من پاسخی بدو ندادم، از آن رو که اورا دوست خود میدانستم و این کار را در دوستی سزاوار نمیدیدم.»

ازآن که az-ān-ke (حر. اض.مر.) از آن جهت که، به علت آن‌که: «ایشان‌ندانند،ازآن‌که اندیشه‌نکنند.» (تفسیر ابوالفتوح)

از اصل az-asl [ع.-ف.] (قمر.) اصلاً، اساساً .

ازایرا az-īrā [=ازیرا=زیرا؛په.

1- Rhododendron (فر.)

azīrāk] (حر.ربـ.مر.) زیرا، برای این، ازین جهت، بدین سبب.

ازایراك az-īrāk] = ازیراك = زیرا که؛ پهـ. azīrāk] (حر.ربـ.مر.) زیرا که ، از این جهت که.

ازاین az-īn [= ازین = زین] ۱ - از چیز معهود یا مذکور؛ ازین، زین، من‌هذا. ۲ - مثل این ، مانند این : « و از آن امیرالمؤمنین هم از این معانی بود.» (بیهقی.)
۳ - (ص‌مر.) برای اشارهٔ وصف جنسی بکار میرود و غالباً پس از اسم یا صفتی که بعداز آن قرار میگیرد یای نکره میآورند؛ از این نوع ، از این قسم، از این گونه:
«ازاین مه پاره‌ای ، عابد فریبی
ملایك پیکری ، طاوس زیبی.»
(سعدی.)

از این پس az-īn-pas] = ازین‌پس = زین پس] (قمر.) از حالا، از این ببعد.

از اینجا az-īn-ǰā [از اینجا = زینجا] ۱ - (قمر.) ازینجا ، از این مکان. ۲- (حر.ربـ.) ازاین‌سبب، برای این، بدین علت : «ازاینجا چنین کرد که پیروز آید.»

ازاین جهت az-īn-ǰehat [ف.- ع.] (حر.ربـ.مر.) بدین دلیل ، بدین سبب ، از این رو : « وذل استخدام گماشتگان کشیده وازاین جهت دل‌از جان شیرین سیر آمده.» (المعجم.)

ازاین‌رو az-īn-rū (حر.ربط.مر.) از این جهت ،بنابراین.

ازاین‌سان az-īn-sān [= ازین سان] (حر.ربـ.مر.) از این‌گونه ، از این قبیل، ازین سان.

ازاین‌سپس az-īn-sepas] = ازین سپس = زین‌سپس] (قمر.) بعدازاین ، ازاین پس.

ازاین‌سو(ی) az-īn-sū(y) [= ازین‌سو] (قمر.) از این سو ، از این جهت ، از این‌طرف .

ازاین قبل az-īn-γebal [ف.- ع.] (قمر.) از این روی، از این جهت.

ازاین‌قرار az-īn-γarār] = ازین قرار ، ف.- ع.] (ق مر.) ازین قرار ، از این گونه ، از این قبیل ، از این نوع، بهمین وجه.

ازاینگونه az-īn-gūna(-e) [= ازین‌گونه] (قمر.) از این قبیل ، از اینسان، از این گونه.

از بر az-bar (امر .) ازحفظ ، از حافظه. ← ازبرداشتن، از برکردن.

از بر az-bar-e (حر.اض.مر.) ۱ - بر، فراز، روی ، بالای ، فوق:
«یکی آتشی بر شده تابناك
میان بادوآب ازبر تیره خاك.»
(فردوسی). ضح . ـ این کلمه بدین معنی لازم الاضافه است.

از برای az-barāy-e (حر.اض.مر.) برای، بجهت، بسبب. ضح .ـ این کلمه لازم الاضافه است: از برای تو این کار را کردم.

از برداشتن az-bar-dāštan (مص‌م.) چیزی‌را در یاد وحافظه‌داشتن، مطلبی را در حفظ داشتن وقادر به‌باز گفتن آن از حفظ بودن.

ازبر دانستن az-bar-dānestan (مص م.) چیزی را از حفظ دانستن و درياد داشتن و بباز گفتن آن‌توانا بودن.

از برکردن az-bar-kardan (مص‌م.) حفظ کردن، بیادسپردن مطلبی را.

ازبرسوی az-bar-sūy (قمر.)

از جهت بالا، ازفراز ؛ مق. فروسوی : «باشد اندر ترتیب فلکها از بر سوی همی آیی فرو سوی.» (التفهیم.)

از برم az-barm (اِمر.) از بر ، از حفظ:
«از مصحف تندی و درشتی نه همانا
یك سوره برآید که توازبرم نداری.»
(فتوحی مروزی)

از بس az-bas (قمر.) بسبب بسیاری، بس که: « و از بس تلبیس که ساختند و تضریب که کردندکار بدان منزلت رسید که هر سالی چون مار ابغز نین خواندی...» (بیهقی)

ازبك ozbak ۱- (اِخ.) طایفه‌ای از تاتار، اوزبك ← بخش۳. ۲ - (ص.) (عم.) دشنام است: بی‌ریخت ، بدگل، ناآراسته ، ژولیده.

ازبکی ozbak-ī [= اوزبکی] (ص‌نسبـ.) منسوب به ازبك ، از طایفهٔ ازبك (← بخش۳).

از بن az-bon (قمر.) ۱-ازریشه،از پایه، ازاساس، از اصل ۰ ۲ - اصلاً ، هیچ :
«همی دیدکش فر و برز شهی است
ولیکن ندانستش ازبن که کیست.»
(اسدی)

|| ـــِ دندان. از بن‌گوش ، بطوع و رغبت ، بجد ۰ || ـــِ گوش . (کن .) کمال اطاعت و بندگی و خدمتکاری از ته دل و مکنون خاطر ، از بن دندان.

از بنه az-bona(-e) (قمر.) اصلاً، از اصل، ازبن.

از بهر az-bahr-e ۱- (اِمر.)موجب و سبب وغرض:«وهیچ کاری نباشدوهیچ از بهری نباشد وآن از بهر محبوبست.» (معارف بهاءولد.) ۲ - (حر.اض.مر.) برای، بخاطر(وگاه با«را» بکارمیرود): «رسم ناخفتن به‌روز است و من ازبهر ترا بی‌وسن باشم همه‌شب ،روز باشم باوسن.» (منوچهری)
«ازبهر برزیگری را.» (ترجمهٔ تفسیر طبری ج۱ص۴۶) «ازبهر تصحیح اعتقاد اهل ایمان را.»(کشف الاسرار ج۱ص۴۷) ضح. - این کلمه لازم الاضافه است.

از بیخ az-bīx(قمر.) ازبن، ازاصل، از بنیاد.

از بیخ برکندن a.-bar-kandan (مصم.) از بن برآوردن ، از ریشه و اساس برکندن ، مستأصل کردن .

ازپا افتاده az-pā-oftāda(-e) (امف.،ص‌مر.) ۱- خسته‌بسبب‌راه‌پیمایی بسیار. ۲ - فرسوده ، ضعیف ، ازکار افتاده.

از پای درآمدن az-pāy dar-āmadan (مص‌ل.) ۱ - از راه‌رفتن بازماندن، افتادن. ۲- شکست‌خوردن، تسلیم شدن.

ازپای درآوردن az-pāy-dar-āva(o)rdan (مص‌م.) ۱ - شکست‌دادن، فروافکندن. ۲ - کشتن، ازبین بردن.

ازپس az-pas (قمر.) زپس،سپس، ازدنبال ، بعد . || ـــِ کسی برآمدن. (عم.) قدرت مقابله و جدال باکسی‌را داشتن.

ازپس درآمدن a.-dar-āmadan (مص‌ل.) از عقب و دنبال درآمدن.

ازپس رو a.-raw(اِفا.)سپس‌رونده، سپس‌رو، از دنبال رونده.

ازپی az-pay(pey) (قمر.)ازدنبال، ازعقب ، از پس.

از پی az-pay(pey)-e (حر.اض.مر.) ازبرای، بخاطر ، ازبهر (گاه با

«را» همراه باشد.)؛ «شکر گوی ازپی زیادت را .»(مرزبان نامه.)ضح.ـ لازم الاضافه است.

از پی‌درآمدن a.-dar-āmadan (مصل.) به دنبال درآمدن ، در پس درآمدن، از پس‌آمدن، ارداف.

ازپی درآوردن a.-dar-āvardan (مصم.) ازپس‌درآوردن، إرداف.

ازت azot [فر. azote] (شم.) نیتروژن، گازی است بی‌رنگ و بی‌بو و بی‌مزه. درآب بسیارکم حل میشود، و تقریباً $\frac{4}{5}$ حجم‌هوارا تشکیل‌میدهد. علاوه براین بحالت ترکیب در سفیدهٔ تخم مرغ و شیر وگوشت و همچنین در شوره موجود است . ازت کمی از هوا سبکتر است و وزن مخصوص آن $\frac{28}{29}$ و یك‌لیترآن ۲۵ر۱گرم وزن‌دارد. در ۲۱۰ درجه یخ میزنند. علامت‌اختصاری آن (N) و وزن اتمی‌اش ۱۴ است.

ازتات azotāt [فر. azotate] (إ.) (شم.) ازتاتهایانیتراتها، نمکهای جامد اسیدازتیك هستند. بعضی‌بیرنگ یا سفید و برخی رنگین‌اند ، مانند نیترات نیکل و مس . همهٔ آنها درآب حل میشوند و براثر حرارت تجزیه شده اکسیژن خودرا از دست میدهند.

ازجانب az-ǰāneb-e [ف.-ع.] [حر. اضـ.مر.] ۱-درباب. ۲-ازقبل، ازسوی. ‖ ــِ دیگر . ۱ ـ از سوی دیگر ، از طرف دیگر. ۲ ـ بعبارت دیگر ، بتعبیر دیگر، بدیگر نحو.

از جان‌گذشتگی az-ǰān - gozaštagī (حامص.) فداکاری ، آمادگی برای مردن و کشته شدن .

از جان‌گذشته a.-ǰ.-gozašta(-e) (صمر.) آن کس که برای کشته‌شدن‌ومردن آماده‌است ، کسی‌که آمادهٔ جانبازی‌و فداکاری‌است: «ازجان‌گذشته را بمدد احتیاج نیست» .

از جای بردن az-ǰāy-bordan (مصم.) حال‌کسی رامتغیر ودگرگون کردن، عصبانی کردن.

از چه az-če (ق.استفهام مر.) برای چه، چرا ، بچه سبب.

ازحال‌گردیدن az-hāl-gardīdan (مصل.) حالی به حالی شدن ، تغییر صورت و حال‌دادن.

از حرکت ایستادن az-harakat-īstādan [ف.-ع.] (مصل.)متوقف شدن، بازایستادن، بی‌حرکت و جنبش ماندن.

ازخ azax [= آزخ=آژخ=اژخ] (إ.) (پز.) زگیل (ه.م.)

ازخودبیخودشدن az-xod-bīxod-šodan (مصل.) از حال طبیعی و عادی بیرون‌شدن ، حال همیشگی و عادی خود را از دست دادن.

ازخود راضی a.-rāzī [ع.-ف.] (صمر.) خودخواه،خودپسند،بانخوت صاحب عجب، معجب ، با افاده.

از خود رفتن a.-raftan (مصل.) از حال رفتن ، بیهوش شدن ، غشی ، اغماء.

از خود شدن a.-šodan (مصل.)از خود رفتن (ه.م.)

ازخودگذشتگی a.-gozašta(e)gī (حامص.) فداکاری ، جانبازی، ایثار، از جان‌گذشتگی (ه.م.)

از خودگذشتن a.-gozaštan (مصل.) جان‌باختن ، صرف‌نظرکردن از حیات خویش یا از سود و نفع خویش: «تاکه‌ازخودنگذری،ازدیگران نتوان‌گذشت.»

از خودگذشته a.-gozašta(-e) (امف.،ص‌مر.) فداکار، از جان گذشته (ه.م.)

از خود نخور a.-na-xor (ص‌مر.) (عم.) کسی که گفتار دیگران را نشنود و نپذیرد، مستبد برأی.

از خویش رفتن az-xīš-raftan (مص ل.) بیهوش شدن ، از خود رفتن (ه.م.)

از دار az-dār [= آزاددار] (اِمر.) (گیا.) آزاد (← آزاد ۱۰).

ازدحام ezdehām [ع.] (مص‌م.) انبوهی کردن بر، هجوم وانبوهی کردن، مزاحمت، تزاحم. ج. ازدحامات.

ازدحامات ezdehām-āt [ع.] ج. ازدحام. (ه.م.)

از در az-dar-e (ص‌مر.) سزاوار، زیبا، لایق، برازندهٔ، شایان:
«فرستاد بر میمنه سی هزار
گزیده سوار از در کارزار.»
(فردوسی)
ضح .ـ لازم‌الاضافه‌است.

از دست az-dast-e (ص.) ۱ـ زیردست، فرودست،مطیع،محکوم. ۲ـسنخ،هم‌سنخ. ۳ ـ (حر.اض.مر.) از طرف ، ازجانب، ازقبل. ۴ ـ (اِمر.)ازعهدهٔ :این کاراز دست ... برنمیآید.» ضح .ـلازم‌الاضافه است.

از دست بردن az-dast-bordan (مص‌م.) از هوش‌بردن، بیهوش کردن.

از دست برگرفتن a.-bar-gereftan (مص‌م.) نیست‌ونابود کردن.

از دست بیرون بردن a.-bīrūn-bordan (مص‌م.) بیخود کردن،مضطرب و بی قرار وبی اختیار کردن .

از دست دادن a.-dādan (مص‌م.) فاقد شدن ،گم کردن (چیزی را) .

از دست رفتن a.-raftan (مص‌ل.) ۱ ـ گم شدن ، مفقود شدن ، نابودشدن: «افسوس که‌همهٔ دارایی من‌ازدست‌رفت.» ۲ ـ بیخود شدن ، بی اختیار شدن ، مدهوش شدن ، از هوش رفتن . ۳ ـ درخشم شدن . ‖ ــِ کار . ← کار.

از دست رفته a.-rafta(-e) (امف.، ص‌مر.) ۱ـ ازخودبیخودشده،مدهوش. ۲ ـ گم شده ، نابود شده ، مرده . ۳ ـ عاشق ، شیفته . ۴ ـ ورشکست گردیده (بازرگان) .

ازدف azdaf, ez.- (اِ.) (گیا.) زالزالك (ه.م.) ، زعرور.

از دگرسو(ی) az-degar-sū(y) [=ازدیگرسو(ه.م.)](قمر.)از سوی دیگر، ازطرف دیگر.

ازدو ozdū [قس.ژد] (اِ.) ۱ ـ صمغ (مطلق) . ۲ ـ صمغ درخت ارجنگ، صمغ بادام‌کوهی ، که ازآن‌حلواپزند. ‖ ــِی تازی . (گیا.)صمغ عربی .

ازدواج ezdevāǰ [ع.] ۱ ـ (مص‌م.) جفت گرفتن ، زن‌کردن ،شوهر کردن ، با یکدیگرجفت و قرین شدن ، با هم جفت شدن . ضح.ـ (حق.، فق.) ۱ ـ ازدواج ، رابطهٔ حقوقی است‌که برای همیشه یا مدت‌معین بوسیلهٔ‌عقدمخصوص بین زن و مرد حاصل شده و بآنهاحق میدهد که ازیکدیگر تمتع جنسی‌ببرند؛ نکاح . ۲ ـ عقدخاصی که‌موجب‌رابطهٔ ازدواج بین زن ومرد میشود . ‖ ــِ دائم . (حق.) رابطه‌ایست که با عقد مخصوص برای همیشه بین زن‌و مردی ایجادمیشودو آنان‌حق دارندازیکدیگر تمتع ببرند . ‖ ــِ منقطع . (حق.) رابطهٔ حقوقی است‌که برای مدت‌معینی بین زن و مرد بوسیلهٔ عقد ایجاد شود و حق تمتع جنسی بآنان میدهد . ۲ ـ جفت ساختن ، پیوند دادن .

ازرنگ کوهی

۳- (اِمص.) زناشویی، مزاوجت. ۴- (در علوم) تنظیم اشیاء است دو بدو مانند چرخها و ستونها و غیره. ۵- (فز.) در الکتریسیته عمل اتحاد دو یا چند مولد برق مانند عناصر پیل، آکومولاتورها و ماشینهای برقی[1]. ۶- (فل.) ← ازدواجات. ‖ ~ کلام. (بع.) شباهت کلام به یکدیگر، صنعتی است که در آخر بیت ها دو لفظ متشابه‌الآخر یا دو لفظ متحدالفظ والمعنی آورند: «ای زلعل آتشینت در دل گلنار نار ـ غیر دل بردن نداری ای بت مکار کار.» (غیاث).

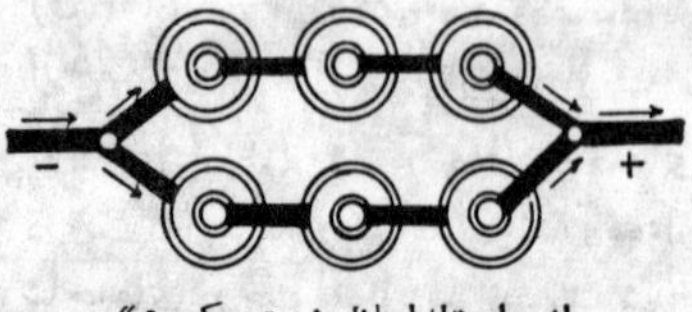

ازدواج «از لحاظ شدت و کمیت»

ازدواجات ezdevāǰ-āt [ع.] (مص.، اِ.) ۱- ج. ازدواج (ه.م.) ۲- (فل.) ترکیب خاص عناصر را با یکدیگر که محصل مزاج و سبب تکوین موالید است ازدواجات عناصر نامیده‌اند.

ازدیاد ezdiyād [ع.] ۱- (مص م.) افزون کردن، زیاده کردن، افزودن. ۲- (مص ل.) افزون شدن، زیاده شدن. ‖ ~ **نفوس**. افزون شدن جمعیت، زیاد شدن مردم، افزون گردیدن میزان زایمان و تولید مثل.

از دیگرسو(ی) az-dīgar-sū(y) [= از دگر سو] (ق مر.)، از طرف دیگر، از جانب دیگر.

از راه افتادن az-rāh-oftādan (مص ل.) منحرف شدن، گمراه شدن.

از راه بردن a.-bordan (مص م.) منحرف ساختن، براه دیگری در آوردن.

ازرق azraγ [ع.] (ص.، اِ.) ۱- کبود، نیلگون. ۲- کبودچشم، زاغ چشم، سبزچشم، کسی که سیاهی چشم او مایل به کبودی یا سبزی یا زردی باشد. ۳- نابینا، کور، اعمی. ۴- (مج.) آسمان، سپهر. ۵- (مج.) دنیا. ۶- خط چهارم از هفت خط جام جم و جام باده. ‖ **جامهٔ** ~. جامهٔ صوفیان که برنگ کبود بود. ‖ **چرخ** ~. آسمان، سپهر. ‖ **خرقهٔ** ~. جامهٔ صوفیان. ‖ **گل** ~. گل کبود، نیلوفر.

ازرق پوش a.-pūš [ع.-ف.] (اِفا.) ۱- آنکه جامهٔ کبود و نیلگون پوشد. ۲- (مج.) صوفی. ج. ازرق پوشان، صوفیان.

ازرق تتق a.-totoγ [ع.-ف.] (اِمر.) ۱- چادر کبود و نیلگون. ۲- (مج.) آسمان.

ازرق جامه a.-ǰāma(-e) [ع.-ف.] (اِمر.) ۱- آنکه جامهٔ کبود و نیلگون در بر دارد، ازرق پوش. ۲- (مج.) صوفی، ازرق پوش.

ازرق چشم a.-ča(e)šm [ع.-ف.] (اِمر.) کبود چشم، آنکه چشم کبود و زاغ دارد.

ازرق فام a.-fām [ع.-ف.] (ص مر.) به رنگ ازرق، کبود رنگ، نیلگون، آسمان گون.

ازرق لباس a.-lebās [ع.] (اِمر.) ۱- ازرق جامه، کبود جامه، آنکه لباس ازرق پوشد، ازرق پوش. ۲- (مج.) صوفی، ازرق پوش.

ازرنگ کوهی azrang-e-kūhī (اِمر.) (گیا.) گیاهی[2] از تیرهٔ کدوئیان[3]؛

۱ - Accouplement (فر.)
۲ - Eballium elaterium (لا.)
۳ - Cucurbitacées (فر.)

ازروی

خرخیار(ه.م.)

از روی az-rūy-e (حر.اض.مر.) بطریق ، از راه : از روی انصاف . ضح .ـ دائم الاضافه است .

از سر az-sar ۱ـ (إمر.) ازآغاز ، ازابتدا ، از اول . ۲ ـ (ق.) از نو ، مجدداً ، باز هم ، دوباره . ‖ ــ آغاز کردن . (مصم.) از سرآغازیدن ، ازسرگرفتن،ازنوشروع کردن،استیناف. ‖ ــ بازکردن . (مصم.) رفع کردن، دفع کردن. ‖ ــ بەدرکردن .(مصم.) از سر بیرون کردن ، از یاد بردن ، فراموش کردن . ‖ ــ گرفتن . (مصم.) ازنوآغازکردن ،دوبارەشروع کردن. ‖ ــ نهادن . (مصم.)ازسر برداشتن،ازیادبردن . ‖ ــ واکردن. (مصم.) ۱ ـازسربازکردن، دورکردن بلطایفالحیل . ۲ـ (دراصطلاح گنجفه بازان) انداختن ورق کم گنجفه برای ورق بیش است.

از سر az-sar-e (حر.اض.مر.) از راه، بطریق:ازسر یاری. ضح.ـ باین معنی دائمالاضافه است . ‖ ــِ دست. ۱ ـ درحال، فوراً. ۲ ـ کاری که چست و جلد کنند . ۳ ـ سخنی که بی تأمل گویند . ‖ ــِ ضرورت . از روی ناچاری. ‖ ــِ غرور . ازرویغرور، ازراه تکبر. ‖ ــِ نو. (ه.م.)

ازسرتاپا az-sar-tā-pā (قمر.) ۱ ـ سراپا، در تمام تن. ۲ ـ از آغاز تا انجام.

از سرنو az-sar-e-naw(now) (قمر.) ازنو، مجدداً ، دوباره .

ازش az-eš [= «از» حر.اض.+ «ش» ضم.] از او ، از آن : « ازش خواهش کردم تارازم را پوشیده نگهدارد.»

ازطرف az-taraf-e [ف.ـع.] (حر.اض.مر.)ازسوی، ازجانب. ضح.ـ لازمالاضافه است. ‖ ــِ دیگر . ۱ ـ از سوی دیگر، از جانب دیگر. ۲ ـ بدیگرسخن، بعبارت دیگر .

ازعاج ez'āǰ [ع.] (مصم.) ۱.ـ از جای برانگیختن ، برخیزانیدن ، جنبانیدن،قلع از مکان. ۲ـبرآوردن، قطع کردن. ۳ ـ بیرونآوردن، بیرون بردن لشکر را . ۴ ـ گسیل کردن ، فرستادن. ۵ ـ بیآرام ساختن، بستوه آوردن .

از عمدا az-amdā [ف.ـع.←عمدا] (ق.) بعمد، از روی قصد و عمد.

ازغ azγ [= آزغ= اژغ=ازگ ، پهـ. azg] (إ.) ۱ ـ آنچەاز شاخەهای درخت که ببرند وپیرایشدهند،آنچەاز شاخەهای درخت انگورببرند. ۲ـ شوخ وچرك تن.

ازفنداك azfandāk [آزفنداك= آژفنداك] (إ.) ← آزفنداك.

از قبل az-γebal-e[ف.ـع.←قبل] (حر.اض.مر.) ازجانب ، ازسوی ، ازجهت.

ازقضا az-γazā [ف.ـع.] (قمر.) قضارا، اتفاقاً.ضح.ـگاەبا «را» آید: «ازقضا را درآن دو روز دلیر
پنجه آنجا گشادەبودچوشیر.»
(نظامی)

از قلم افتادگی az-γalam - oftāda(e)gī [ع.ـف.] (حامص.) حذفشدگی در يكنوشته، محذوف واز قلم افتادەبودن.

از قلمافتادن a.-oftādan[ع.ـف.] (مصل.) از نوشته حذفشدن،درهنگام نگارش فراموش شدن و به نگارش درنیامدن.

ازقنوغ oz-γonoγ[تر.:از = اوز،

نازل، فرودآینده + قنوغ = قنوق ـ قنق، مهمان؛ روی‌هم بمعنی‌مهمان‌نازل است] (اِمر.) اصطلاحاً به اختلاج رگها اطلاق میشود وترکان قایل‌بودند که چون رگ بجنبد مهمان بخانه‌نزول کند. ارقنوغ، ازگنوخ، اوزقنوغ

ازکی azkā [ع.] (ص‌تفض.) ۱ - پاکتر، پاکیزه‌تر. ۲ - پارساتر.

ازکیا azkiyā [=ع . ازکیاء] (ص.،اِ.) ← ازکیاء.

ازکیاء azkiyā' [ع.،ف.: ازکیا] (ص.،اِ.) ج. زکی (ه.م.) ۱ - پاکان. ۲- صاحبان ذهن صافی.

ازگ azg [= ازغ - آزغ = اژغ = آزوغ، په. azg] (اِ.) شاخه‌های کوچك که بر تنهٔ شاخه‌های بزرگ میروید ، ترکه، شاخ‌خرد.

ازگل azgel [= ازگیل](اِ.)(گیا.) ازگیل (ه.م.)

ازگیل azgīl[= ازگل](اِ.) (گیا.) درختچه‌ای [۱] از تیرهٔ گل سرخیان که خاردار است و بحالت وحشی در جنگلهای اروپای مرکزی و نواحی معتدل آسیاروییده‌میشود و غالباً آنرا با درختان دیگر پیوند میزنند،ارونیا.

ازل azal [ع.] ۱ - (مص‌ل.) ابتدا نداشتن ، آغازنداشتن . ۲ - (اِمص.) بی‌آغازی ، قدم؛ مق. ابد. ۳ - (اِ.) زمانی که آن را ابتدا نباشد ، زمان بی‌آغاز، زمان بی‌سروبی‌ابتدا؛مق. ابد. ۴ - (فل.) استمرار و امتداد وجوداست در زمانهای مقدر غیر متناهی درطرف گذشته ؛ مق. اَبد . ۵ - (تص.) آنچه مرآن را اول نیست . (هجویری). ج. آزال . ‖ ـــِ آزال . (فل.) امتداد ظهور معنی است با صور اسما وصفات باعتبار سقوط اضافات . ‖ ـــ و ابد . زمان بی‌آغاز وزمان بی‌انجام. ‖ توفیق ـــ . تأیید الهی در ازل.

ازل azal(1) [ع.] (ص.) ۱ - کسی که بررانها گوشت کم دارد، آن‌که ران‌و سرینش لاغرباشد ؛ لاغرسرین . ۲ - (عر.) فاع چون ازمفاعیلن خیزدبسبب افتادن دوسبب آخر آنراازل‌خوانند (المعجم.)

ازلال ezlāl [ع.] (مص‌م.) ۱ - لغزاندن. ۲ - گناه برانگیختن .

ازلحاظ az-lehāz-e [ف.-ع.] (نو.) (حر.اض.مر.) از نظر، ازروی. ضح.- لازم‌الاضافه‌است .

ازلی azal-ī [ع.](ص‌نسب.) منسوب به ازل. ۱ - دیرین، دیرینه،همیشگی، بی‌آغاز، قدیم، سرمدی، آنکه‌یا آنچه ویرا اول و آغاز نباشد ؛ مق. ابدی. ۲ - صفتی است از صفتهای خدا. ۳ - (فل.) ازلی آنست که وجود اورا علت نیست بلکه موجود است بی‌علتی، و بر ضد این صفت محدث است . (جامع الحکمتین). ۴- (تص.) چیزی که‌مسبوق به عدم نباشد. بایددانست‌که موجودبر سه قسم است: یا ازلی و ابدی است، و آن خداوند است یا نه ازلی است ونه ابدی، و آن دنیا است‌که هم اول دارد و هم‌آخر، یا ابدی‌غیر ازلی است‌مثل آخرت‌که اول دارد ولی آخر ندارد . ‖ علم ـــ . علم‌الهی. ۵- (اِخ.) پیرو صبح‌ازل یعنی‌میرزا یحیی‌نوری(متوفی بسال ۱۳۳۰ه.ق.) که رئیس فرقهٔ‌اقلیت بابیان‌بود. (رك . بخش۳: صبح ازل). ج.ازلیان. ‖ آیین ـــ . آیین پیروان صبح ازل (← بخش۳).

---

۱ - Mespilus germanica (لا.)

ازلیات azal-īyy-āt [ع.](ص نسبـ.) ج. ازلیه (ازلی)، همیشگی‌ها، آنچه آغاز و اول ندارد، آنچه ابتدا ندارد، آنچه علت ندارد و مسبوق بسابقه نیست.

ازلیت azal-īyyat [ع.](مص جعـ.) ۱- دیرینگی قدم، همیشگی، هرگزی، جاودانگی. ۲- (فل.) ازلی بودن (← ازلی).

ازم ozom [تر. = ازوم]] (اِ.) انگور.

از ما بهتران az-mā-behtar-ān (اِ. ج. ازما بهتر. مفرد مستعمل نیست) ۱- (تد. مردم و بیشتر زنان) پریان، جن‌ها. ۲- (تد.) گاه بطعنه معنی نازپروردگان و بالانشینان و توانگران میدهد.

ازماع ezmā' [ع.] ۱- (مص م.) عزم بر کاری کردن، قصد کردن، دل بر کاری نهادن. آهنگ کردن. ۲- (مص ل.) ثابت عزم بودن در کاری.

ازمان azmān [ع.] (اِ.) ج. زمن و زمان؛ زمانها، روزگارها، وقتها. ‖ ~ اربعه. زمانهای چهارگانه، بهار و تابستان و پاییز و زمستان.

ازمان ezmān [ع.] (مص ل.) کهنه شدن، دیرینه گشتن.

از مردم گریزان az-mardom - gorīzān (ص مر.) گوشه‌گیر، انزوا طلب، منزوی، کسی که با مردم نمی‌آمیزد و حشر و نشر نمیکند.

ازملک azmalak [معر. لا. smilax] (اِ.) (گیا.) گیاهی[1] از تیرهٔ سوسنیها از دستهٔ مارچوبه‌ها که ریشه‌اش خاصیت دارویی دارد. چون بگیاهان مجاور می‌پیچد ظاهراً با پیچکها اشتباه میشود. ساقه‌اش خاردار است، بالکا.

ازملک

ازملکی azmalak-ī [← ازملک] (ص نسبـ.، اِمر.) (گیا.) ازملک (ه.م.)

ازمنه azmena(-e) [ع.] (اِ.) ج. زمان (ه.م.) ۱- زمانها، روزگارها: «جمعی از اهل قزوین در ازمنهٔ سابقه شافعی مذهب بوده‌اند.» (تاریخ عالم آرای عباسی). ۲- (دست.) ← زمان.

ازمه azemma(-e) [ع. ازمة] (اِ.) ج. زمام؛ مهارها، افسارها.

از میان برداشتن az-miyān - bar-dāštan (مص م.) منهدم کردن، نیست گردانیدن، تمام کردن، به پایان آوردن.

۱- ازن ozon (اِ.) (پز.) نوعی زکام[2] که انساج داخل بینی تحلیل رفته و صغر پیدا میکنند و منخرین گشادتر از حد طبیعی میشوند بطوریکه بآسانی انتهای لولهٔ بینی[3] را در این قبیل مرضی میتوان مشاهده کرد. این مرض در دختران جوان در ابتدای بلوغ بیشتر دیده میشود؛ رینیت آتروفی[2].

۲- ازن ozon [فر. ozone](اِ.)(شم.) ترکیبی است از اکسیژن بصورت O_3. خاصیت اکسیدکنندگی آن بسیار زیادتر از اکسیژن است بطوریکه نقره را اکسید میکند و مانند آب کلر خاصیت رنگ بری را دارد. اوزن، اوزون.

از ناگاه az-nā-gāh [= ازناگه ← ناگاه] (قمر.) ناگهان، از ناگه.

از ناگه az-nāgah [= از ناگاه] (قمر.) از ناگاه، ناگهان.

از ناگهان az-nā-gah-ān (قمر.) ازناگاه، از ناگه، ناگاه، ناگهان.

از ناور az-nāvar [گرجی] (ص.)

---

۱ - Smilax excella (لا.)
۲ - Rhinite athrophique (فر.)
۳ - Choan (فر.)

۱ - شریف و بزرگ قوم. ۲ - شجاع و دلیر و پهلوان.

از نظر az-nazar-e [ف.-ع.](نو.)(حر.اض.مر.) ازلحاظ، ازروی، ازروی عقیده‌ای خاص. ضح. - لازم الاضافه است.

از نقطهٔ نظر az-noɣta(-e)-ye-nazar-e [ف.-ع.] (نو.) (حر.اض.مر.) ازنظر، از لحاظ، ازروی عقیده‌ای خاص. ضح. - این کلمه لازم الاضافه است، وآن‌رادرزمان مشروطیت ازروی تعبیر فرانسوی «au point de vue.» و تعبیر انگلیسی: «from the point of view.» ترجمه کرده‌اند، بهمین جهت گروهی استعمال آنرا جایز نمیدانند.

ازنگو ozangū [تر. = ازنگه] (اِ.) مهمیز.

ازنگو قورچی سی ozangū - ɣūrčī-sī [تر.] (اِمر.) کسی که مهمیز سوارراگیرد تا او بسهولت‌سوار شود؛ مهمیزدار، ازنگه‌دار.

ازنگه ozonga [تر. = ازنگو] (اِ.) مهمیز.

ازنگه‌دار o.-dār [تر.-ف.] (اِفا.) کسی که مهمیز سوار را گیرد تا او بسهولت سوارشود؛ مهمیزدار، ازنگو-قورچی‌سی.

ازنگه دارباشی o.-bāšī [تر.-ف.] (اِمر.) سرکردهٔ مهمیزداران، رئیس ازنگه‌داران.

ازو az-ū [= ازاو](حر.اض. + ضم.) از او، از وی.

ازواج azvāǰ [ع.] (اِ.) ج. زوج؛ زوجها، جفتها، زنان، شوهران.

ازواد azvād [ع.](اِ.) ج. زاد(ه.م.)، توشه‌ها.

از واسطهٔ az-vāseta(e)-ye [ف.-ع.](حر.اض.مر.) بواسطهٔ، بجهت، ازجهت. ضح. - لازم‌الاضافه است.

از و جز ezz-o-ǰez(z) ← از و چز.

از و جزکردن e.-kardan [= از وچز کردن] (مصل.) (عم.) ← از وچز کردن.

از و چز ezz-o-čez(z) [= از و جز] (اتباع، اِمر.) (در تداول عوام وزنان) تضرع، زاری، خواهش همراه با نهایت درماندگی.

از وچزکردن ezz-o-čezz-kardan [= ازوجزکردن ← ازوچز] (مصل.) (عم.) بانهایت درماندگی و لابه وزاری یاری و رحم‌خواستن، طلب رحم کردن همراه تضرع و زاری.

ازوق azūɣ [تر. = آزوق = آزوقه (ه.م.)] (اِ.) ← آزوقه.

ازهار azhār [ع.] (اِ.) ج. زهر و زهرة؛ شکوفه‌ها، گلها.

ازهاق ezhāɣ [ع.] (مصم.) نیست کردن، هلاك کردن، نیست و ناپدید گردانیدن.

ازهد azhad [ع.](ص‌تفض.)زاهدتر، پارساتر.

ازهر azhar [ع.] ۱ -(ص‌تفض.زاهر) روشن‌تر. ۲ - (ص.) روشن، درخشان. ۳ - سپیدروشن، سپیدرنگ، سپیدروی.

از هم پاشیدن az-ham-pāšīdan (مصل.) ۱ - پراکنده‌شدن، متفرق‌شدن. ۲ - گسیخته‌شدن‌امر، تباه‌گردیدن‌کار: «شیرازهٔ کارکشور از هم پاشید.»

از هم‌جداکردن a.-ǰodā-kardan (مصم.) فرق‌گذاشتن، تفاوت‌نهادن.

از هم‌گذشتن a.-gozaštan (مصل.) ۱ - عبورکردن از برابر یکدیگر. ۲ - جداشدن. ۳ - درگذشتن، مردن.

ازیرا

ازیرا az-īrā [=ازایرا=زیرا، په. azīrāk -] (حر.ر.مر.) زیرا، برای‌این، از برای آن، از آنجهت، بدین‌سبب، بدین‌علت، بنابراین.

ازیراك az-īrāk [=ازایراك= زیراکه، په. azīrāk] (حر.ر.مر.) زیراکه، ازایراکه، ازاین‌روکه، ازاین جهت‌که، بدین‌سبب‌که.

ازیراکجا az-īrā-koǰā [قس. ازیراك] (حر.ر.مر.) ازیراك، ازاین روکه، زیراکه.

ازیراکه az-īrā-ke [= ازیراك = ازایراك = زیراکه] (حر.ر.مر.) ازایراك، زیراك، زیراکه، از این رو، چون‌که.

ازیز azīz [ع.] ۱ - (مص ل.) سرد شدن. ۲ - بجوش آمدن. ۳ -(ا.) آواز جوش دیگ، غلغل، بانگ جوشیدن دیگ. ۴ - بانگ رعد، صوت رعد، تندر.

ازین az-īn [=ازاین] (حر.اض.+ضم.) ←ازاین (همع.)

ازین پس az-īn-pas [= ازاین‌پس =زین‌پس] (ق مر.) از این پس، از حالا، ازاین ببعد.

ازینجا az-īn-ǰā [= ازاینجا = زینجا] ←ازاینجا.

ازین‌جهت az-īn-ǰehat [ف.-ع.] (حر.ر.مر.)←ازاین جهت.

ازین رو az-īn-rū [= ازاین‌رو] (حر.ر.مر.) ←ازاین رو.

ازین‌سان az-īn-sān [= ازاین‌سان] (حر.ر.مر.)← ازاین‌سان.

ازین‌سپس az-īn-sepas [= از این سپس] (قمر.)← ازاین سپس.

ازین سو(ی) az-īn-sū(y) [=از این سو] (حر.ر.مر.)←ازاین سو.

ازین‌قرار az-īn-ɣarār [= ازاین قرار، ف.-ع.] (قمر.)←ازاین قرار.

ازین گونه az-īn-gūna(-e) [= از این گونه] (قمر.)←از این گونه.

ازین قبل az-īn-ɣebal [ف.-ع.] (قمر.)← از این قبل.

اژخ ažax [=ازخ= آژخ= آزخ] (ا.) (پز.) زگیل (ه.م.)

اژدر aždar(ež.- تد.) [= اژدرها = اژدها] ۱- درافسانه‌های باستانی نام مار بزرگی بوده که‌از دهانش آتش بیرون میریخته‌است. ۲ - (نو.) (نظ.) ماشینی‌است خودکار حاوی موادمنفجره که بمنزلهٔ سلاح زیر دریایی و برای شکستن و غرق کردن کشتی‌های دشمن بکار میرود[1] (فره.)

اژدرافکن až.-afkan (اِفا.، اِمر.) (نظ.) کشتی بخاری کوچك و دراز و بسیار سریع که اژدر به سوی کشتیهای دشمن می‌افکند[2] (فره.)

اژدر و اژدرافکن

اژدر انداز až.-andâz (اِفا.،اِمر.) (نظ.) آلتی است دراز شبیه به‌لولهٔ توپهای بزرگ، که در کشتیهای اژدرافکن برای انداختن اژدر به طرف کشتیهای دشمن تعبیه میکنند[3] (فره.)

۱ -Torpille(فر.) ۲ - Torpilleur (فر.)
۳- Lance-torpille (فر.)

اژدهایی

اژدرمار aǰdar-mār (اِمر.) (جا ن.) ماربوآ ← بوآ ۳ .

اژدرها až-darhā [= اژدها (ه.م.)] (اِمر.) ماربزرگ، ماری‌عظیم با دهان فراخ که درعربی ثعبان گویند، اژدها (ه.م.) ضح . ـ این کلمه مفرد است و جمع اژدر نیست.

اژدها až-dahā [است. aži dahāka] (اِمر.) ۱ـ مار بزرگ . ۲ ـ جانوری افسانه‌یی بشکل سوسمار عظیم دارای دو بال که آتش از دهان می‌افکنده و پاس گنجهای زیرزمین میداشته‌است.

۳ ـ مشبه به اسب:

« تن خویش را دید با زور شیر
یکی باره‌چون اژدهایی به‌زیر.»
(فردوسی)

۴ ـ استعاره برای اسب:

«همی‌رفت[داراب] ازآن‌گونه‌برسان‌شیر
نهنگی به چنگ ، اژدهایی به زیر .»
(فردوسی)

۵ ـ مشبه به شمشیر:

« بجنبید گشتاسب از پیش صف
نهنگی به‌زیر، اژدهایی به کف.»
(فردوسی)

۶ ـ (اِخ.) اژی دهاك (= ضحاك) . ← بخش۳. ۷ـ(نج.) ← بخش۳. ‖ ـــِ ی رایت . اژدهای علم ، نقش اژدها که بر علم تصویرمیکردند. ‖ ـــِ ی زر. [یا : زرین]. مشبه به‌کلك یا قلم:

«تو گفتی که تند اژدهایی ز زر
که بر گنج دانش‌نهادست سر...»
(گرشاسب نامه)

‖ ـــِ ی علم. اژدهای رایت ، صورت اژدها که برعلم نقش‌کنند.

اژدها اوبار až.-awbār(ow-) [← اوباردن] (اِفا.) بلع‌کنندهٔ اژدها (وآن صفت شمشیر آید)

اژدها پاره až.-pāra(-e) (ص‌مر.) ۱ ـ در شکل و صفت مانند اژدها ، اژدها باره، آن که سر وکار با اژدها دارد. ۲ ـ (اِخ.) ضحاك (← بخش۳) .

اژدهاپیکر až.-pay(ey)kar (ص مر.) ۱ ـ درشکل وهیئت مانند اژدها. ۲ ـ دارای نقش اژدها (درفش،رایت).

اژدها چشم a.-ča(e)šm (ص‌مر.) ۱ ـ آن که دیده‌ای چون دیدهٔ اژدها دارد. ۲ ـ (کن.) شوخ چشم .

اژدها خو(ی) a.-xū(y) (ص‌مر.) تند خوی، زشت خلق .

اژدها دل a.-del (ص‌مر.) آنکه دلی چون اژدها دارد ؛ قوی دل ، پر جرأت.

اژدها دوش a.-dūš (ص‌مر.) ۱ ـ آنکه اژدها بر کتف خود دارد . ۲ ـ لقبی است برای ضحاك (← بخش۳) .

اژدها سار a.-sār [= اژدها سر] (ص‌مر.) اژدهاسر، دارای سری مانند سر اژدها .

اژدها فش a.-faš [= اژدهاوش] (ص‌مر.) ۱ ـ آنکه‌بشکل وهیئت‌اژدها باشد؛ اژدهاصورت، اژدها منظر. ۲ ـ لقبی برای ضحاك (← بخش ۳).

اژدهاك až-dahāk [است . aži dahāka مارگزنده](اِمر.) ۱ ـ اژدها (ه.م.) ۲ـ (اِخ.)ضحاك← بخش۳.

اژدهاکش a.-koš (اِفا.) کشندهٔ‌اژدها ، قاتل ثعبان .

اژدهاکیش a.-kīš (ص‌مر.) اهریمن کیش، بد روش .

اژدها گیر a.-gīr (اِفا .) اژدها گیرنده، اژدها افکن.

اژدها وش a.-vaš [= اژدهافش] (ص‌مر .) اژدهافش (ه.م.)

اژدهایی a.-yī (حامص .) مانند اژدها بودن، خوی وصفت‌اژدهاداشتن.

اژغ aǰɣ [= ازغ = آژغ = ازگ ؛ پهـ. azg](اِ.) ۱ - شاخه‌هایی را گویند که از درخت بریده باشند، ترکه، شاخهٔ باریك ولمس. ۲ - شوخ، چرك.

اژکان ažkān [= اژکهان (ه.م.)] (ص.) اژکهان (ه.م.)

اژکهان ažkahān [= اژکهن = اژکان = اژهان = اژهن] (ص.) کاهل، تنبل، مهمل، بیکاره.

اژکهن aǰkahan [= اژکهان (ه.م.)] (ص.) اژکهان (ه.م.)

اژنگ ažang [= آژنگ = ژنگ] (اِ.) چین پیشانی وروی واندام. آژنگ (ه.م.)

اژهان ažhān [= اژکهان (ه.م.)] (ص.) اژکهان (ه.م.)

اژهن ažhan [= اژکهان (ه.م.)] (ص.) اژکهان (ه.م.)

اژیر ažīr [= آژیر] (ص.) هوشمند، زیرك، هوشیار، ذکی، دانا، عاقل، پرهیزگار؛ آژیر.

اس os(s) [ع.] (اِ.) بنیاد، بنلاد، بنورهٔ دیوار، شالده، بن، پی. ‖ ـــِ اساس. ۱ - بنیاد وپایهٔ هرچیز. ۲ - آغاز کار، سرآغاز، بنیاد امر.

اسائت، اساعت esā'at [= ع. اساءة] (مصم.) ← اسائه.

اسائه، اساءه esā'a [= ع. إساءة] ۱ - (مصم.) بدی کردی باکسی. ۲ - بدکردن کاری را. ۳ - (إمص.) بدی؛ مق. إحسان، نیکی. ‖ ـــِ ادب. بی ادبی کردن، هتك حرمت کردن، بی ادبی. ضح. - دررسم الخط عربی «اساءة» نویسند و درفارسی «اسائت» و«اسائه» معمول گردیده.

اسارون ومقطع گل آن

اسابیع asābī' [ع.] (اِ.) ج. اسبوع. ۱ - هفت ها، هفت هفت. ۲ - هفته‌ها.

اساتذه asāteza(-e) [ع.] (اِ.) ج. استاذ (ه.م.)؛ استادان، اساتید.

اساتید asātīd [ع.] (اِ.) ج. استاد (ه.م.)؛ استادان، اساتذه.

اساتیذ asātīz [ع. = اساتید] (اِ.) ج. استاذ (ه.م.)؛ استادان، اساتذه.

اسار esār [ع.] ۱ - (مصم.) اسیر کردن. ۲ - به دوال بستن‌چیزی را، بستن. ۳ - (إمص.) اسیری، بردگی.

اسارت asārat (لظ. تد. esārat) [ازع. = اسارة] ۱ - (مصم.) برده کردن، برده گرفتن. ۲ - (إمص.) بردگی. ضح. - در عربی «اسارة» بمعنی راندن و بستن آمده و بمعنی برده کردن و بردگی در عربی «اسار» (ه.م.) مستعمل است. ‖ **به ـــ افتادن.** اسیر شدن، دستگیر شدن، برده و بنده شدن. ‖ **به ـــ بردن.** برده کردن. ‖ **بقید ـــ درآوردن.** اسیر کردن، کسی را برده واسیر کردن. ‖ **تحت ـــ گرفتن.** کسی را به اسیری وبردگی درآوردن.

اسارت زده e.-zada(-e) [ع.- ف.] (إمف.) دچار اسیری شده، به بردگی دچار شده، گرفتار اسیری و بندگی گردیده.

اسارون asārūn [معر. لا. asarum] (اِ.) ۱ - (گیا.) گیاهی[1] از تیرهٔ زرآوند[2] که پایا است و درجنگلهای مرطوب نواحی معتدلهٔ اروپا میروید. سوش وریشهٔ آن بوی معطر دارد و در طب بعنوان مسهل ومقیئ مصرف میگردد.

۱- Asaret (فر.), nard sauvage (فر.)   ۲ - Aristolochiacées (فر.)

، برباله ۲ -(گیا.) اسارون شامی

اساری osārā [ع.] (ص.) ج. اَسیر، اسیران، بردگان، اسرا.

اساریر asārīr [ع.] ج. اَسرار، جج سرر(soror) وسرر(sarar)؛ خطهای کف و پیشانی، چین وشکنج چهره ودست.

اساس asās [ع.](إ.) ۱ - پی، پایه، بنیاد، شالده، بن، بنیان، پیکره، اصل. ۲ - اصطلاحی است در مذهب اسماعیلیه، و آن عنوان کسی است که در رأس هر سلسله از سلسله‌های «صامت» (امام) قرار دارد.

اساساً asās-an [ع. ← اساس] (ق.) از بن، ازپای بست، از پایه، از اصل، از بنیاد: این ساختمان اساساً خرابست.

اساس افکندن a.-afkandan [ع.-ف.] (مص م.) پی افکندن، بنیاد نهادن، پی ریزی کردن.

اساس‌نامه a.-nāma(-e) [ع.-ف.] (إمر.) قانونی که برای ادارهٔ یك انجمن یامجلس یا سازمانی اجتماعی و سیاسی تنظیم شده باشد؛ مجموعهٔ مواد و شرایطی که برای تشکیل شرکت، حزب یا انجمنی تنظیم شود.

اساسی asās-ī [ع.-ف.] (ص نسب.) منسوب به اساس، آنچه به اساس و پی و بنیان پیوسته است. ‖ **قانون ــــ**. قانونی که پایه و اساس همهٔ قانونهای یك کشور ویك حکومت بر آن نهاده شده است ← قانون.

اساطیر asātīr [ع.] (إ.) ۱ - ج. اسطوره؛ افسانه‌های باطل، اباطیل و اکاذیب، داستانهای بی‌سامان، قصه‌های دروغ. ۲- افسانه‌ها و داستانهای خدایان و پهلوانان ملل قدیم[1]. ‖ **ــِ اولین**. افسانه‌های پیشینیان، خرافات قدیمیان.

اساطیری asātīr-ī [ع.-ف.] (ص نسب.) منسوب به اساطیر؛ داستانی، افسانه‌یی، خیالی، خرافی[2].

اساطین asātīn [ع.](إ.) ج. اسطوانه. ۱ - ستونها، رکن‌ها، ارکان. ۲ - (مج.) بزرگان، برجستگان: از اساطین عصر خویش بود.

اسافل asāfel [ع.] (ص.، إ.) ج. اسفل. ۱ - زیرتران، پایین‌تران. ۲ - فروتران، فرودستان (طبقهٔ پست)، زیر دستان؛ مق. اعالی. ‖ **ــِ ناس**. مردمان فرومایه. ‖ **ــ و اعالی**. فروتران و برتران. ۳ - سرینهای مردم، کفلها. ‖ **ــِ اعضا**. اندامهای زیرین، اعضای فرودین، عضوهای پایینی بدن، عضوهای بدن از سرین به پایین. ‖ **ــِ بدن**. عضوهای زیرین بدن، اندامهای پایینی تن.

اساقفه asāɣefa(-e) [ع.] (إ.) ج. اسقف. (ه.م.)، اسقفان، سکوبایان.

اسالیب asālīb [ع.](إ.) ج. اسلوب؛ اسلوبها، روشها، شیوه‌ها، راهها، طریقه‌ها، فنها، گونه‌ها، طرزها، وضعها: اسالیب کلام.

اسامی asāmī [ع.] (إ.) ج. اسم؛ نامها، اسمها.

اسانس esāns [فر. essence] (إ.) جوهر گلها و گیاهان که بصورت عطر استخراج شود.

اسانسر asānsor [فر.] ← آسانسور.

اسانید asānīd [ع.] (إ.) ۱ - ج. اسناد (esnād) (ه.م.). ۲ - ج. اسناد، (as-) جج. سند (ه.م.)

اساور asāver [ع.] (إ.) ج. اسوار (esvār) و اُسوار (osvār) وسوار (sevār)؛ دست برنجن‌ها، دست آورنجن‌ها، یاره‌ها.

۱- Mythologie (فر.)

۲- Fabuleux (فر.)

اسب asb [=اسپ، په. asp] (اِ.) ۱ - (جان.) پستانداری [۱] از راستهٔ فرد سمان جزو تیرهٔ سم‌داران که‌دارای گونه‌ها و نژادهای مختلف است. این حیوان در موارد مختلف زندگی انسان مورد استفاده قرار میگیرد از قبیل سواری، کشیدن گاری و درشکه، حمل و نقل بار، شخم زدن، اسب دوانی و غیره. ۲ - یکی از مهره‌های شطرنج که شکل اسب دارد. حرکت اسب‌در روی تختهٔ شطرنج بشکل «ـا» و «ا ـ» است. ۳ - یك روی‌قاب و شتالنگ‌در بازی. ۴ - جزو آخر بسیاری از اسمهای‌کسان وجایهامانند: ارجاسب، جاماسب، گرشاسب، لهراسب، آذرگشسب. ‖ ـــ آبی. (اِمر.) (جان.) پستانداری [۲] از راستهٔ زوج‌سمان جزو تیرهٔ سم‌داران که در مصر علیا و سواحل شمال غربی آفریقا میزید. حیوانی است عظیم الجثه و سنگین‌وزن‌که طولش به۴متر میرسد. ‖ ـــ باروت. اسب کاغذی که آتش‌بازان بصورت اسب میسازند و بوسیلهٔ آتش بحرکت در میآید. ←اسپ.

اسب آبی

اسباب asbāb [ع.] (اِ.) ج. سبب. ۱ - مایه‌ها، علتها، علل. ۲ - وسیله‌ها، لوازم، سازوبرگ‌ها، آلتها. ۳ - مالها، داراییها. ۴ - سازها، ساختها: اسباب حرب. ۵ - برگ وساز، سازوبرگ: اسباب‌سفر. ۶ - کالاها، متاعها، امتعه. ۷ - (فل.) در اصطلاح حکما چیزی که فی‌نفسه موجود باشد ووجود دیگری‌از آن حاصل شود یعنی چیزی که وسیلهٔ حصول چیزی دیگر باشد. ۸ - (پز.) موجبات و مقدمات مرض. ۹ - (عم.) نقلی‌که سرعروس‌ودامادشاباش‌میکنند. پندارند که هرکس آنرا بردارد و بخوردسبب‌گشایش‌کارش میشود. ۱۰ - (عر.) یکی از ارکان سه‌گانه را سبب نامند و اسباب بردو نوع است: سبب خفیف، مرکب از یك متحرك و یك ساکن مانند: نم، دم، کم؛ وسبب‌ثقیل، مرکب‌ازدو متحرك متوالی مانند: همه، رمه. ۱۱ - (اص.) سببها، وآنها عبارتند

انواع مختلف اسب

۱- Equus caballus (لا.)　۲- Hippopotame (فر.)

از چیزهایی که وجودشان مستلزم وجود مسبب و عدم آنها مستلزم عدم مسبب گردد.

اسباب بازی a.-bāz-ī [ع.ـف.] (اِمر. ترکیب اضافی بفك اضافه) وسیله‌ها و آلتهای بازی کودکان؛ بازیچه، افزار بازی.

اسباب برساختن a.-bar-sāxtan [ع.ـف.] (مصم.) تهیه کردن لوازم، فراهم آوردن وسیله‌ها.

اسباب جو(ی) a.-ǰū(y) [ع.ـف.] (اِفا.) جوینده سازها و ساختها، طالب کالاها و زر و مال و جز آن.

اسباب چینی a.-čīn-ī [ع.ـف.] (حامص.) تهیهٔ مقدمات عملی علیه کسی یا کسانی، توطئه.

اسباب چینی کردن a.-kardan [ع.ـف.] (مصم.) توطئه کردن، مقدمات عملی را علیه کسی یا کسانی فراهم ساختن.

اسباب کشی a.-kaš-ī,-keš- [ع.ـف.] (حامص.) حمل و نقل اثاثهٔ منزل، اسباب و لوازم زندگی را از خانه‌ای بخانهٔ دیگر بردن.

اسباب کشی کردن a.-k.-kardan [ع.ـف.] (مصم.) جابجا کردن اسباب و اثاثهٔ خانه، از خانه‌ای به خانهٔ دیگر بردن اسباب و اثاثه.

اسباط asbāt [ع.] (اِ.) ج. سبط (se-)؛ پسران پسر و پسران دختر، فرزندان فرزند، نوگان، نبیرگان، نوادگان، نبسگان.

اسباغ esbāɣ [ع.] (مصم.) ۱ - تمام گردانیدن نعمت را بر کسی. ۲ - (عر.) زیاد کردن الف پیش از حرف آخر چون فاعلاتن که فاعلاتان میشود.

← تسبیغ.

اسبال esbāl [ع.] ۱ - (مصل.) باران باریدن، پیاپی باریدن. ۲ - بسیار سخن بر کسی گفتن. ۳ - (مصم.) جاری کردن، روان ساختن. ۴ - فرو گذاشتن جامه و پرده و مانند آنها.

اسباناخ esbānāx [= اسپناخ = اسفاناخ = اسپناخ = سفاناخ = اسپاناغ ← اسپناج = اسفناج = اسپانج = اسپنانج؛ معر. یو. spinákion] (اِ.) (گیا.) اسفناج (ه.م.)

اسبانج esbānaǰ [= اسپناج = اسفناج = اسپنانج ← اسباناخ، اسپناخ] (اِ.) (گیا.) اسفناج (ه.م.)

اسب آموز a.-āmūz (اِفا.) رایض، نگهبان و پرورشگر اسب، مهتر اسب.

اسب افکن a.-afkan (اِفا.) مرد دلاور و پهلوان و بهادر که یکه و تنها در میان اسب‌سواران دشمن بتازد.

اسب افکندن a.-afkandan (مصم.) اسب بمیدان تاختن.

اسب انگیز a.-angīz ۱ - (اِفا.) اسب‌انگیزنده، آنکه اسب را برانگیزد. ۲ - (اِمر.) مهمیز، آهنی که بر پاشنهٔ کفش سوار باشد و هنگام سواری بر پهلوی اسب زند تا اسب تیزتر رود[۱].

اسب بخار a.-e-boxār [ف.ـع.] (اِمر.) (فز.) واحد توان در دستگاه. M.K.S کیلوگرم متر درثانیه است و ۷۵ برابر آنرا اسب بخار مینامند.

اسب برانگیختن a.-bar-angīxtan (مصم.) ازجای حرکت دادن اسب برای رفتن.

اسب تاختن a.-tāxtan (مصم.) اسب را به شتاب حرکت دادن، راندن اسب با تندی و شتاب.

۱ - Eperon (فر.)

اسب تاز a.-tāz (اِفا.) اسب‌تازنده، آنکه اسب را به تاخت وامیدارد.

اسب تازی a.-tāz-ī (حامص.) عمل اسب‌تاز (ه‍.م.)، تاختن اسب، دواندن اسب.

اسب خواستن a.-xāstan (مص‌م.) در قدیم معمول بود که چون کسی را به امیری یا حکومت یا منصبی جز آن برمیگزیدند هنگام بازگشتن او از درگاه پادشاه، خادمی بانگ میزد که اسب... بیاورید، و این اصطلاح شد، بمعنی به‌امیری ویا به منصبی برگزیدن کسی‌را: «اسب. امیرخراسان خواستند ووی سوی خراسان‌ونشابور بازگشت.» (ابوالفضل‌بیهقی).

اسب دار a.-dār (اِفا.) ۱ - دارنده اسب، صاحب‌اسب، نگاهبان‌وپرورشگر اسب، اسپدار. ۲ - فرمانده لشکر، سردار سپاه.

اسب داری a.-dār-ī (حامص.) ۱ - نگاهبانی و پرورشگری اسب. ۲ - سواری براسب، درحال‌سواری‌براسب: «سال‌ششم ساقیی فرمودی به اسب‌داری و قدحی از میان‌درآویختی.» (سیاست نامه).

اسب دریایی a.-e daryā-yī (اِمر.)(جا.) اسب‌آبی (ه‍.م.)

اسب‌دم a.-dom [= اسپدم] (اِمر.) (گیا.) دم‌اسب (ه‍.م.)

اسب دوانی

اسب دوانی a.-davān-ī (حامص.) مسابقه، سبق، دوانیدن اسبها به‌موازات هم و سنجش شتاب آنها.

اسبر esber (اِ.) (گیا.) نام درختی در جنگلهای ایران که‌چوب آنرازغال کنند و برگش را برای پوشش بامها بکار برند ومیوه‌اش برای تغذیهٔ گاوها است.

اسب رز asb-rez [= اسب ریس] (اِمر.) ← اسبریس.

اسب رس asb-res [=اسب ریس] (اِمر.) ← اسب ریس.

اسبرنگ asberang (اِ.) اسب‌شطرنج، معرب‌آن اسبرنج.

اسب ریز asb-rīz [=اسب‌ریس] (اِ.) ← اسب‌ریس (ه‍.م.)

اسب ریس asb-rīs [=اسب‌رس= اسپریس= اسبریز = اسپریز = اسب رز=اسپرسف= اسپرسپ، په. asprēs و asprās، راه اسب، میدان تاخت و تاز اسب بدرازای ۲۰۰ گام]. ۱ - راهی که‌اسب بیکروز تواند پیمود. ۲- (اِمر.) عرصه‌ای که اسب درآن‌تاخت کند، میدان اسب‌دوانی، اسبرس، اسبرز، اسپریس. ۳ - میدان‌چوگان بازی و نمایش و رژه ۴ - میدان جنگ.

اسب سار a.-sār [= اسب‌سر] (ص‌مر.) ج. اسب ساران، جانورانی افسانه‌یی که‌سر اسب وتن آدمی دارند.

اسبست asbest ,es.- [= اسپست؛ په. aspast] (اِ.) (گیا.) یونجه(ه‍.م.)

اسب شناختن a.-šenāxtan (مص‌م.) آگاه بودن از نیك و بداسب و چگونگی‌آن و انواع وی، سررشته دار بودن درکار اسب.

اسب شناس a.-šenās (اِفا.) آنکه باحوال اسب و انواع آن معرفت دارد،

آنکه نیك و بد اسبان را دریابد، سررشته‌دار و آگاه در کاراسب؛ اسب شناسنده، شناسندهٔ اسب[1].

اسب شناسی a.-šenās-ī (حامص.) فن معرفت و شناخت انواع اسب و حالتهای آن[2].

اسبغل asb-γol [= اسپغول] (اِ.) (گیا.) اسپغول (ه.م.)، اسفرزه (ه.م.)

اسبغول asb-γūl [= اسپغول (ه.م.)] (اِمر.) (گیا.) اسفرزه (ه.م.)

اسبق asbaγ [ع.] (ص تفض. سبقت.) ۱ - پیش‌تر، جلوتر، سابق‌تر، سبقت گیرنده‌تر، پیش‌تر از پیش، از پیش پیشتر. ۲ - پیشروتر.

اسبك asb-ak (اِ.) پره و دندانهٔ کلید.

اسبل osbol [=اسپرز] (اِ.) (عم.) ۱ - سپرز، اسپرز، طحال. ۲ - ورم بزرگی که در پهلو پدید آید.

اسبله esbela(-e) [گیا. isbīlī, sībīlī] (اِ.) (جانـ.) جزو ماهیان فلس‌دار حلال‌گوشت بحرخزر است[3]. ماهیی است بزرگ و سربرهنه که‌دهانی‌فراخ دارد وریشو میباشد ودو ردیف دندان در دهان دارد؛ اسبیله، اسبیلی.

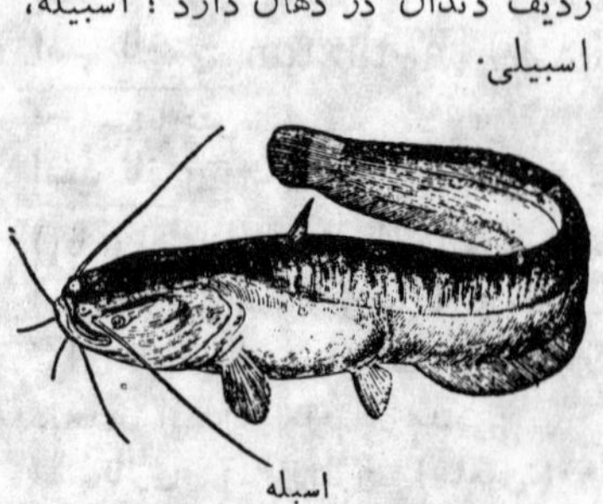

اسبله

اسبناج esbanāǰ [= اسپناج = اسفناج ← اسباناخ] (اِ.) (گیا.) اسفناج (ه.م.)

اسب نمد asb-namad (اِمر.) نمد اسب، پوشش اسب.

اسبوع osbū' [ع.] (اِ.) هفت روز پیاپی که از شنبه شروع و بجمعه ختم گردد، هفته (ه.م.) ۲ - هفت‌بار، هفت نوبت، هفت دفعه. ج. اسابیع.

اسبید esbīd [= اسپید = سپید = سفید] (ص.) اسپید، سپید، سفید (ه.م.)

اسبید رگ esbīd-rag [= اسپید رگ = سپیدرگ، سبیدرگ] (اِمر.) سپیدرگ (ه.م.)

اسبیله esbīla(-e) [= اسبیلی = سبیلی] (اِ.) (جانـ.) اسبله (ه.م.)

اسبیلی esbīlī [= اسبله = سبیلی] (اِ.) (جانـ.) اسبله (ه.م.)

اسپ asp (اِ.) ۱ - (جانـ.) اسب (ه.م.)، فرس. ۲ - یکی از مهره‌های شطرنج است. ۳ - جزو دوم بسیاری از نامهای کهن ایرانی است: ارجاسپ، جاماسپ، گشتاسپ، لهراسپ، تهماسپ، آذرگشسپ. ← اسب. ‖ ~ِ آبی. (جانـ.)، اسب آبی (ه.م.) ‖ ~ِ چوبی. ← اسب چوبی. ‖ ~ِ چوبین. ← اسب چوبین. ‖ ~ِ چوگانی. اسبی که برای چوگان بازی تربیت یافته باشد. ‖ ~ِ خراس. اسبی که آس (آسیا) را میگرداند. خراس.

اسپاراگوس espārāgūs [لا. asparagus] (اِ.) (گیا.) مارچوبه (ه.م.)

اسپاس espās [= سپاس] (اِ.) سپاس (ه.م.)

۱- Hippologue (فر.)

۲- Hippologie (فر.)

۳- Silurus glanis (لا.), silure (فر.)

اسپاسدار espās-dār [= سپاس‌دار] (اِفا.) سپاسدار، حقشناس.

اسپاگتی espāgettī [انگ. spaghetti از ایتا. spaghetto] (اِ.) نوعی خمیر خوراکی که بشکل رشته‌هایی بقطر باریک، ولی عریضتر از ورمیشل و سفت و سخت (نه لوله‌یی مانند ماکارونی) تهیه شود.

اسپاناخ espānāx [= اسباناخ (ه.م.)] (اِ.) (گیا.) اسفناج (ه.م.)

اسپاناغ espānāγ [= اسباناخ (ه.م.)] (اِ.) (گیا.) اسفناج (ه.م.)

اسپانج espānaǰ [= اسباناخ (ه.م.)] (اِ.) (گیا.) اسفناج (ه.م.)

اسپانیایی espāniyā-yī (ص نسبـ.) منسوب به «اسپانیا» (← بخش ۳). ۱ - از مردم اسپانیا. ۲ - از کالاهای ساخت اسپانیا. ۳ - زبان مردم اسپانیا (← بخش ۳).

اسپانیول espānyol [فر. espagnol] (ص.) منسوب به اسپانیا. ۱ - از مردم اسپانیا. ۲ - زبان مردم اسپانیا، اسپانیایی (بخش ۳). ضح. - این کلمه از فرانسوی وارد فارسی شده، بعدها پنداشتند که اسپانیول بمعنی اسپانیاست و بهمین‌جهت مردم اسپانیا و زبان آنرا « اسپانیولی » گفته و نوشته‌اند.

اسپاه espāh [= سپاه (ه.م.)] (اِ.) ۱ - سپاه، سپه، لشکر، لشکر انبوه، جیش. ۲ - (در اصطلاح نظام) واحدی از نظامیان که شامل چند لشکر باشد.

اسپاهبد espāh-bad [= اسپهبد = سپهبد؛ په. spāhpat] (ص مر.، اِمر.) سردار لشکر، فرمانده سپاه، امیرالجیش، سپهبد (ه.م.)

اسپاهسالار e.-sālār [= سپاهسالار = سپهسالار] (ص مر.، اِمر.) سپهسالار، سپاهسالار، سالارسپاه، سردار، فرمانده سپاه.

اسپاهی espāh-ī [= سپاهی] (ص نسبـ.) سپاهی، لشکری. منسوب به سپاه، نظامی.

اسپ آبی a.-e-ābī (اِمر.) (جا.) ← اسب آبی.

اسپ آموز a.-āmūz (اِفا.) ← اسب آموز.

اسپ افکن a.-afkan (اِفا.) ← اسب افکن.

اسپ افکندن a.-afkandan (مص م.) ← اسب افکندن.

اسپ انگیز a.-angīz (اِفا.) ← اسب انگیز.

اسپ باروت a.-e bārūt (اِمر.) اسب کاغذی (ه.م.)

اسپ کاغذی a.-e kāγaz-ī (اِمر.) صورت اسب که آتش بازان سازند و به آتش در حرکت آید؛ اسپ باروت.

اسپ برانگیختن a.-bar-angīxtan (مص م.) ← اسب برانگیختن.

اسپ تاختن a.-tāxtan (مص م.) ← اسب تاختن.

اسپ تاز a.-tāz [= اسب تاز] ۱ - (اِفا.) اسب تازنده، دوانندهٔ اسپ. ۲ - (اِمر.) زمین هموار و صاف که مناسب برای تاختن اسب باشد. ۳ - نام روز هیجدهم است از ماههای ملکی.

اسپ تازی a.-tāz-ī (حامص.) ← اسب تازی.

اسپ خواستن a.-xāstan (مص م.) ← اسب خواستن.

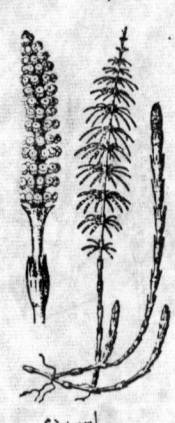

اسپخول asp-xūl [= اسبغول = اسپغول (هـ.م.)] (اِ.) (گیا.) اسفرزه (هـ.م.)

اسپ دار a.-dār (اِفا.) ← اسبدار (همع.)

اسپداری a.-dār-ī (حامص.) ← اسبداری.

اسپدریایی a.-e-daryāyī (اِمر.) (جا ن.) اسب آبی (هـ.م.)

اسپ دم a.-dom [= اسبدم] (اِمر.) (گیا.) دم‌اسب (هـ.م.)

اسپ دوانی a.-davān-ī (حامص.) ← اسب‌دوانی.

اسپر espar [= سپر (هـ.م.)] (اِ.) ۱ - سپر (هـ.م.)، ترس، مجن. ۲ - (بنا. معم.) دیوار میان دو مجردی از بیرون‌سو، بدنهٔ دیوار درسته از آجر و غیر آن که زیر طره باشد بر قسمت بیرونی ساختمان[1].

۱-اسپر espor [فر. sport] (اِ.) اِسپرت (هـ.م.)

۲-اسپر espor [فر. espore] (اِ.) (گیا.) هاگ (هـ.م.)

اسپراس asp-rās [په. asprās] (اِ.) اسپریس (هـ.م.)

اسپرت esport [انگ. sport] (اِ.) ورزش مرتب تمرینهای بدنی برای کامل کردن جسم بشری و نیز تکامل معنوی، و بدست آوردن برخی صفتهای عالی مانند پایداری، تصمیم، اراده و جز آن، اعمال و حرکات منظم برای تقویت جسم و تربیت روان مانند شکار، اسب‌سواری، صیدماهی و جز آن؛ ورزش، انواع گوناگون ورزش.

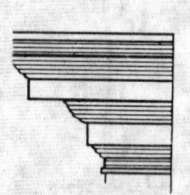

اسپرداران espor-dārān [← اسپر] (اِمر.) (گیا.) هاگداران (هـ.م.)

۱ - اسپردن espor-dan [= سپردن (هـ.م.)] - (مص م.) سپردن، سفارش کردن. ۲ - اسپردن ↓

۲ - اسپردن espar-dan [= سپردن] (مص ل.) پی‌سپر کردن، پیمودن، طی طریق کردن.

اسپرز esporz [= سپرز] (اِ.) (جا ن.) سپرز (هـ.م.)

اسپ رز asp-rez [= اسپریس = اسبریس (هـ.م.)] (اِمر.) ← اسبریس.

اسپ رس asp-res [= اسپریس = اسبریس (هـ.م.)] (اِمر.) اسب ریس.

اسپرس esperes (اِ.) (گیا.) گیاهی[2] از دستهٔ اسپرس‌ها[3] از تیرهٔ پروانه‌واران[4]. ساقه‌ایست بارتفاع ۳۰ تا ۶۰ سانتی متر و برگهایش جفت جفت و دراز و نوک تیزند. گلهایش صورتی کم‌رنگ و دارای خطوط ارغوانی است. میوه اش محتوی یک تخم است و در اراضی آهکی خوب میروید. این گیاه مصرف علیق دارد؛ اسپست، عرن، انوبروخیس، اونوبروخیس.

اسپرسا asparsā [په. asparsa] = اسپریس = اسبریس (هـ.م.)] (اِمر.) واحد اندازه‌گیری مسافت در ایران باستان، و آن مسافتی بود که شخص رشید (یعنی کسی که بحد رشد رسیده باشد) در مدت دو دقیقه میتوانست بپیماید (این مقدار را برحسب تجربه معین کرده بودند که از هنگام پیدا شدن اولین شعاع خورشید تا نمایان شدن قرص تمام آن برای پیمودن

اسب دم

اسپر (ساختمان)

اسپر (هاگ)

اسپرس

۱ - Corniche (فر.) ۲ - Hedysarum onobrychis (لا.), onobrychis sativa (لا.), esparcet (فر.) ۳- Hedysarées (فر.) ۴- Légumineuses (فر.)

اسپرسپ

اسپرك

اسپرماتوزوئید

اسپر ماهی

چنین مسافتی لازم است.) بعضی آنرا معادل ۱۴۷ متر و برخی ۱۸۵ متر دانسته‌اند. ولی طبق نوشته‌های هرودتس و کزنفون واراتستنس مقیاس مذکور را باید از ۱۵۰ تا ۱۸۹ متر دانست. سی اسپرسا معادل یك پرثنها (= فرسنگ) بود.

اسپرسپ aspa-rasp [= اسپرسف = اسپرس = اسپریس] (اِمر.) ← اسب ریس.

اسپرسف aspa-rasf [= اسپرسپ = اسپریس = اسب‌ریس (ه.م.)] (اِمر.) ← اسب ریس.

اسپرغم esparγam, as.-, esparaγm [= اسپرهم = سپرغم = سپرهم = اسپرم؛ په. sparγm، spahrm] (اِ.) (گیا.) ۱ - هر گیاه خوشبو، ریحان (ه.م.) ۲ - هر گیاه. ۳ - سبزه. ۴ - میوه.

اسپرك esparak [= اسپرگ] (اِ.) ۱ - (گیا.) گیاهی[1] از تیرهٔ اسپرکها[2] که جزو تیره‌های نزدیك کوکناریان[3] هستندو اکثر آنرا جزو تیرهٔ کوکناریان محسوب میدارند. این گیاه سر دستهٔ گیاهان تیرهٔ اسپرکها است و همهٔ مشخصات گیاهان این تیره‌را دارد. دارای برگهایی متناوب و دراز و نسبهٔ باریك است. گلهایش سفید یا زرد اند وبشکل خوشه در انتهای ساقه قرار گرفته‌اند. تعداد کاسبرگهایش بین ۴ تا ۸ متغیر است. پرچمهایش نیز بین ۱۰ تا ۳ تغییر میکند. میوه‌اش بشکل کپسول یك حفره‌یی است. از گیاهان این تیره نزدیك به ۳۰ گونه شناخته شده اند؛ اسلیح، اسلیخ، جهری، زعفران یمنی، بلیهه، ویبه، ویهه، بکم، لیرون، طفشون، بلیخاء. ۲ - اسپرك رنگ. (ه.م.) ۳ - هندوانه وخربزه.

اسپرکی esparak-ī (ص نسبـ.) منسوب به اسپرك، رنگی که از اسپرك میسازند. ← اسپرك.

اسپرلوس esparlūs [= سپرلوس] (اِ.) کاخ، کوشك، قصر: «چه نقصان دیدی از کعبه تو بی‌دین- که گردی گرد اسپرلوس شاهان؟» (عسجدی).

اسپرم esparam [= اسپرغم (ه.م.)] (اِ.) (گیا.) هر گیاه که برگ آن بوی خوش دارد؛ ریحان (ه.م.)

اسپرماتوزوئید espermātozoīd [فر. spermatozoïde] (اِ.) (جان.) نطفهٔ نر ← نطفه

اسپر ماهی espar-māhī (اِمر.) (جان.) سفره ماهی (ه.م.)

اسپرم آب esparam-āb (اِمر.) (پز.) آبی که پاره ای داروها را در آن جوشانندو بدن بیماران را بدان شویند؛ حمام دوایی، نطول، بخت گاو.

اسپرود esparūd [= اسفرود = سفرود] (اِ.) (جان.) ← سنگ خوارك.

اسپرهم esparham [= اسپرغم] (اِ.) (گیا.) ← اسپرغم.

اسپری espar-ī [= سپری] (ص.) ۱ - سپری، آخرشده، به آخر آمده، به‌پایان رسیده، به‌نهایت رسیده. ۲ - نیست شده، معدوم گردیده، معدوم، ناچیز، منقرض، مرده.

اسپ ریز asp-rīz [= اسپ ریس = اسب ریس (ه.م.)] (اِ.) ← اسب‌ریس.

اسپ ریس asp-rīs [= اسپرس = اسب‌ریس (ه.م.)] (اِمر.) ← اسب‌ریس.

اسپری شدن e.-šodan (مص ل.) بپایان رسیدن، تمام شدن، کامل‌شدن،

۱- Réséda (فر.), gaude (فر.), Reseda (لا.)   ۲- Resedacées (فر.)
۳- Papaveracées (فر.)

خاتمه یافتن.

اسپری کردن e.-kardan (مصم.) به پایان رسانیدن، تمام کردن، خاتمه‌دادن.

اسپری گشتن e.-gaštan (مصل.) ← اسپری شدن.

اسپس aspes,es.- [= اسپست] (اِ.) ← اسپست.

اسپ سار a.-sār [= اسپ سر = اسب سار] (صمر.) ← اسب‌سار.

اسپست aspest,es.- [= اسبست = اسپس؛ په. aspast] (اِ.)(گیا.) یونجه (ه.م.)

اسپست

اسپ شناختن a.-šenāxtan (مصم.) ← اسب شناختن.

اسپ شناس a.-šenās (اِفا.) ← اسب شناس.

اسپ شناسی a.-šenās-ī (حامص.) ← اسب شناسی.

اسپغل aspγol [= اسپغول] (اِ.) (گیا.) اسپغول (ه.م.)

اسپغول aspγūl [= اسپغل = اسبغول = اسبغل] (اِ.)(گیا.) اسبغل، اسفرزه (ه.م.)

اسپک asp-ak [= اسبک] (اِمصغ.) ۱ - اسب چوبین یا گلین که کودکان برای بازی میسازند. ۲ - (نج.) فرس، یکی از اندامهای اسطرلاب (التفهیم بیرونی). ۳- خیمهٔ بزرگ، چادر کلان. ‖ ~ِ بازی. اسب چوبین و گلین که کودکان برای بازی‌میسازند.

اسپکتروسکپ

اسپکترسکپ espektroskop [فر. spectroscope] (اِ.)(فز.) دستگاهی است که برای تجزیهٔ نور و تحقیق در طیف بکار میرود؛ طیف‌نما.

اسپ گدار asp-godār [= اسپ گذار] (اِمر.) گذرگاه اسپ، معبر اسپ.

اسپ گله a.-galla(-e) (اِمر.) یلخی، ایلخی، خیل، گلهٔ اسپ.

اسپلنج asplonǰ (اِ.) (گیا.) شنگ (ه.م.)

اسپناج espanāǰ [= اسبناج = اسفناج ← اسباناخ] (اِ.)(گیا.) اسفناج (ه.م.)

اسپناخ espanāx [= اسباناخ (ه.م.)] (اِ.) (گیا.) اسفناج (ه.م.)

اسپنانج espanānǰ [= اسپناج = اسفناج ← اسباناخ] (اِ.) (گیا.) اسفناج (ه.م.)

اسپنتمد espent-mad [= اسپنتمذ، است. spentā mainyū، خردمقدس] ۱ - (اِخ.) بخش سوم از پنج بخش گاتها (← بخش ۳). ۲ - روز سوم از اندرگاه (ه.م.)

اسپنتمذ espent-maz [= اسپنتمد] ← اسپنتمد.

۱ - اسپنج espanǰ [= اسفنج] (اِ.) ← اسفنج.

۲ - اسپنج espanǰ [= سپنج] (اِ.) ← سپنج.

اسپند espand [= اسفند = سپند، است. spenta، مقدس] (اِ.) (گیا.) اسفند (ه.م.)

اسپندار جشن espandār-ǰašn (اِمر.) جشنی بوده است در ایران باستان به سپندار مذ روز (روز پنجم)

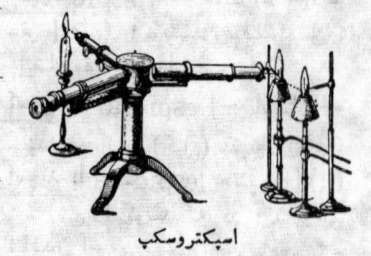

اسپندارمذ

ازماه سپندارمذ . ابو ریحان بیرونی گوید این جشن به‌زنان مخصوص بوده است و در این روز از شوهران خود هدیه میگرفته‌اند ، از این رو بجشن مژدگیران معروف بوده‌است.

اسپندارمذ e.-maz[په.-spandār- mat، بردباری‌وفروتنی مقدس] (اِمر.) ۱-(اِخ.) پنجمین امشاسپنداز امشاسپندان (مهین‌فرشتگان) دین‌زرتشتی ← بخش ۳. ۲ - ماه دوازدهم از سال شمسی که امروز «اسفند» میگویند ، مدت ماندن آفتاب دربرج حوت. ۳ - نام روزپنجم از هر ماه شمسی.

اسپندان espandān (اِ.) (گیا.) خردل(ه.م.) ‖ سیـ گرد.(گیا.)خردل (ه.م.)

اسپوار asp-vār[=اسپار=اسوار = سوار] (ص‌مر.) اَسوار، سوار (ه.م.)

اسپوختن espūx-tan[=سپوختن= سپوزیدن] (مص‌م.) (صر. ←سوختن). ۱ - سپوختن ، سپوزیدن ، بهم در آمیختن زن ومرد، نزدیك شدن‌مرد و زن ، همخوابگی ، گاییدن. ۲ - فرو بردن چیزی را در جایی.

اسپه aspa(-e)(ص‌نسبـ.)درترکیبهایی چون دو اسپه (با دواسپ، به وسیلهٔ دو اسپ) و سه اسپه (باسه اسپ، به وسیلهٔ سه اسپ) بکار میرود.

اسپه espah [= اسپاه = سپه] (اِ) سپاه (ه.م.)، لشکر، عسکر، قشون.

اسپهان espahān [=اصفهان] (اِ.) (مسـ.) نام آهنگی است از موسیقی . ← اصفهان.

اسپهانك esphān-ak[=اِصفهانك] (اِمصغ.)(مسـ.) ۱ - گوشه‌ای‌دردستگاه ماهور (ه.م.) ۲ - گوشه‌ای دردستگاه راست پنجگاه (ه.م.) ← اصفهانك.

اسپهانی espahān-ī (ص‌نسبـ.) منسوب به اسپهان (= اصفهان) (← بخش۳)،اصفهانی. ۱- کالایی که‌ساختهٔ اصفهان باشد. ۲ - کسی که از اهل اصفهان باشد، از مردم اصفهان.

اسپهبد espah-bad [= اسپاهبد (ه.م.) = اسپهبذ، سپاهبد = سپهبد] (ص‌مر.،اِمر.)اسپاهبد، سپهبد(ه.م.) ، سردار ، سالار سپاه ، خداوندلشکر ، امیرالجیش. ضح ۱ - اسپهبدان (= اسپاهبذان) خاندانی بوده اشکانی که درزمان ساسانیان‌نیز ازخاندانهای ممتاز بشمار میرفت وافراد آن‌صاحب مراتب ومناصب‌بودند. ضح ۲ - ملوك طبرستان را در قرون اول اسلامی « اسپهبدان » مینامیدند.

اسپهبدان espahba(o)-dān ۱ - ج.اسپهبد (ه.م.) ۲ - منسوب‌به‌اسپهبد (ه.م.) ۳ - (مسـ.) نوایی‌است‌درموسیقی قدیم.

اسپهر espehr [=سپهر (ه.م.)] (اِ.) ←سپهر.

اسپی asp-ī (حامص.) اسپ بودن ، خاصیت و ویژگی اسپ را داشتن : «...که حیوانی جز مردمی است و جز اسپی...»(دانشنامهٔ علائی) .

اسپیار espī-ār [= اسپیدار = سپیدار = سفیدار](اِ) (گیا.) اِسپیدار (ه.م.)، سفیدار (ه.م.)

اسپید espīd [= سپید (ه.م.) = سفید](ص.) ۱ - سپید ، سفید،ابیض ، بیضاء؛مق. سیاه، اسود .

اسپیدار espī-dār [= اسپیار = سپیدار=](اِ) (گیا.) سفیدار (ه.م.)

اسپید با espīd-bā[= سپیدبا] (اِ.) ۱ - آشی را گویند که در آن ترشی نباشد، آش بی‌ترشی، آش ساده. ۲ -

شوربای ماست، ماستبا .

اسپید چشمه e.-ča(e)šma(-e) (إمر.) گوهری است مانند یاقوت به رنگ سرخ سیر تر از لعل بدخشی ، و نوعی دیگر از آن به‌رنگی مایل به زردی.

اسپیدرگ e.-rag [=اسبیدرگ= سپید رگ= سبیدرگ] (اِمر.) سپید رگ (ه.م.)

اسپید زر e.-zar [=سپیدزر=سفید زر] (اِمر.) پلاتین، زرسفید، طلای‌سفید[1]. ضح . ـ این کلمه ساختهٔ علامه دهخداست .

اسپیدکار e.-kār [= سپید کار] (ص‌شغل.) شخصی که ظرفهای مسین را سفید میکند ؛ قلعی گر ، سفید گر ، رویگر، مسگر.

اسپیدگر e.-gar [=سپیدگر] (ص شغل.) اِسپیدکار (ه.م.)

اسپیده espīda(-e) [= سپیده = سفیده] (اِمر.) ۱ - سپیدهٔ تخم مرغ . ۲ - لك سپید، سپیدی چشم. ۳ - شیر بسته‌ای که کودکان شیرخوار بر اثر تخمه و بیماری برمیگردانند . ۴ - سپیدی صبح، سفیدهٔ صبح، روشنی آسمان‌پیش از بر آمدن روز . ۵ - سفیداب که زنان بر روی میمالند .

اسپیروژیر espīrožīr [فر . spirogyre] (اِ.) (گیا.) این گیاه سر دستهٔ آلگهای سبز است که جزو ریسه‌داران اند[2]، بصورت نوارهای باریک ۱۰ تا ۱۵ سانتیمتری در جویهای آب دیده میشود که معمولا آنرا جل وزغ‌خوانند، زیرا بصورت توده‌های سبز رنگی در داخل آب قرار میگیرد . ریسه‌هایش بعلت داشتن مادهٔ کلروفیل سبزرنگند؛ جل‌وزغ، بزغسمه.

اسپیرومتر espīro-metr [فر. spiromètre] (اِمر.) (پز.) آلتی برای یافتن میزان گنجایش ششها .

اسپیره espīra(-e) (اِ.) (گیا.) نام دو گونه درختچه از تیرهٔ گل سرخیان[3] یکی بنام Spiraea crenata و دیگری بنام Spiraea obovata که مخصوص مرز فوقانی جنگلهای شمال ایران میباشند و در جنگلهای ارسباران و ییلاقهای نور در ۲۸۰۰ متر ارتفاع دیده میشوند و در همدان و قم و تفرش و دماوند نیز دیده شده اند . گونهٔ S.crenata را در نور «شیرگا» گویند.

اسپیوش as.-espiyūš [=اسفیوش =سپیوش] (اِ.)(گیا.) اسبغول، اسفرزه (ه.م.)

۱ - است ast [=استه=هسته، است . ast ← استخوان] (اِ.) ۱ - استخوان (انسان‌وحیوان). ۲- تخم‌ودانهٔ‌میوه‌ها، هسته (ه.م.)

۲ - است ast [=استر] (اِ.) (جاذ.) ← استر .

۳ - است ast [= اوستا] (اِخ.) ← اوستا (بخش ۳).

۴ - است ast [← استن ، هستن] (فع.رابطه) ۱- سوم شخص‌مفرد از مصدر * « آستن » [= هستن] (زمان حال فعل «بودن»): هوا روشن‌است . ضح . ـ این کلمه در هنگام اتصال به پیش از خود، گاه بدون « آ » نوشته میشود : «آمدست، رفتست، جانست». ۲ - هست، وجود دارد: «گفت (امیرمحمد) مرادی دیگر است، اگر آن‌حاصل شود هرچه بمن رسیده است بر دلم خوش شود . » (بیهقی)

اسپیره

۱- Platine (فر.)   ۲ - Tallophytes (فر)   ۳ - Rosacées (فر.)

۱ - است est [ع.] (إ.) ۱ - کون ، دبر، نشیمن، نشستنگاه، کفل، مقعد.
۲ - است est [=ایست‌از ایستادن] (فع. امر.) ایست، بایست.
۱ - است ost [←استخوان←اَست] . (إ.)استخوان (انسان و حیوان).
۲-است ost [=اوستا] [إخ.] ←اوستا (بخش۳).
استا astā [=اوستا] [إخ.] ←اوستا (بخش ۳) .
استا estā [ری.استاییدن (ه.م.)] ۱- (فع.امر.) ازاستاییدن، یعنی‌ستایش کن. ۲- (إفا.)ستایش‌کننده، ستاینده.
استا ostā [=استاد (ه.م.)] (إ.، ص.) ۱ - آموزنده ، آموزگار ، معلم (مطلقا.) ۲- دراصطلاح‌امروز، درجه‌ایست دانشگاهی ، بالاتر ازدانشیار. ۳ - ماهر،حاذق، سررشته‌دار درکاری. ۴ - (بنا.) خط یا نقطه یا سطحی که آنرا مأخذکار قراردهند، الگو،دلیل. ۵ - مقیاس فلزات قیمتی که ملاك مسکوکات‌محسوب‌میشود. ٦ - عنوانی بود برای برخی درجه داران در سپاه ینی‌چری عثمانی.
استا ostā [=اوستا] [إخ.] ←اوستا (بخش۳).
استات asetāt [فر. acétate] (إ.)(شم.) نمك مشتق ازاسید استیك مانند‌استات سرب، استات مس،استات آهن وغیره، ملحی که از اسید استیك حاصل شود.
استاخ ostāx [=گستاخ] (ص .) ۱- دلیر، جری، جسور، بی‌پروا. ۲ - بی ادب،شوخ. ۳- لجوج. ۴ - محرم، یگانه .
استاخی ostāx-ī [= گستاخی] (حامص.) ۱ - دلیری،جرأت،جسارت، بی‌پروایی، تهور. ۲- شوخی، بی‌ادبی. ۳ - لجاجت. ۴ - محرمی، یگانگی ، خودمانی شدگی.
۱ - استاد estād [په. stāt] (فع.) درزبان پهلوی‌فعل معین بوده‌است ودر فارسی نادر آمده : « به حلوان شد (ابومسلم) ، باز خلعتها آوردند ، به نهروان‌شد وسپاهها رسیدن‌استاد (یعنی رسیدن گرفت) به استقبال وی...» (تاریخ سیستان)
۲ - استاد estād [فر. stade،یو. stadion ←استادیون=اسطادیون] (إ.) نزد یونانیان مقیاس طول بوده است برابر ۶۰۰ گام یونانی و معادل ۱۸۵ گز.
استاد ostād [=اوستاد، اوستا،استا؛ په. ōstāt] (ص.،إ.)۱- ماهر، بامهارت، نیك داننده، دانا وعالم در علم ، فن ، ادب، وهنر . ۲ - رئیس و بزرگ هر شغلی،چون‌استاد نجاری‌دردکان‌نجاری و استاد بنایی نسبت به‌عمله و گل کاران . ۳- آموزنده، معلم، آموزگار، مدرس؛ مق. شاگرد . ۴ - در اصطلاح کنونی بالاترین درجهٔ آموزندگان در دانشگاهها «استاد» است وپایین‌تر از آن‌دانشیار. ۵ - امام،راهنما، پیشوا. ٦ - خواجه سرا، خصی ، خادم،آغا . ۷- (عم.) دلاك،سلمانی، حمامی. ۸ - (عم.) در بسیاری از بازیهای کودکانه و عوامانه رئیس و بزرگ بازی را گویند .
استادانه ostād-āna(-e) (ق مر.) همچون استادان، شیوهٔ استادان، استاد وار، ماهرانه ، با پختگی و حذاقت و استادی.
استاددار ostād-e-dār [=ع.استاد الدار] (إمر.) ←استادالدار (بخش۲) ↓
استاد سرا(ی) o.-e sarā(y) (إمر.) استاددار،استادالدار،وکیل‌دار، یکی از

منصب‌های روزگار عباسیان بوده است، سرایداراعظم. ‖ ~ هفت رخشان. (نج.) ستارهٔ مشتری.

استاد شدن o.-šodan (مص ل.) ماهر شدن، بدرجهٔ استادی ومهارت رسیدن، حاذق گردیدن.

استاد علم o.-alam [= عم. اوستا علم] (إمر.) قسمتی از پارچه که دوزندگان از پارچهٔ مشتری زیاد میاورند وبرای خود بر میدارند.

استادکار o.-kār [= عم. اوساکار] (صفا.) ۱- ماهر و مسلط و استاد در صنعتی یاحرفه‌ای. ۲- کارفرما، استاد کار.

استادکاری o.-kār-ī (حامص.) ۱- عمل استادکار، مهارت، تسلط واستادی درصنعتی یاحرفه‌ای. ۲- کارفرمایی.

استادکردن o.-kardan (مص م.) ماهر کردن، بدرجهٔ استادی رسانیدن کسی را.

استادگار ostād-gār (ص شغل.) پاسبانی که ایستاده پاسبانی کند، دربان و خادم.

استادگی estāda(e)g-ī [= ایستادگی] (حامص.) ۱- ثبات قدم، پایداری، مقاومت، بجدگرفتن کاری را، مواظبت کردن. ۲- توقف واهمال.

استاد معلم o.-(e)-moallem [ف.- ع.] (ص مر.) آموزگار، آموزنده:

«استاد معلم چو بود کم آزار
خرسك بازند کودکان در بازار.»
(سعدی)

استادن est-ādan (= ایستادن = ستادن) (مص ل.) (صر. ← ایستادن). ۱- ایستادن، قیام کردن، برخاستن. ۲- مقاومت کردن. ۳- پایدار ماندن، درخدمت ایستادن، دیری خدمت کردن. ۴- اقامت کردن، ماندن. ۵- مصمم شدن، عزم کردن، قصد کردن. ۶- توقف کردن. ‖ ~ به‌کاری. مشغول شدن به‌آن و ورزیدن آن.

استادنگاه e-gāh [= ایستادنگاه] (إمر.) ۱- جای ایستادن. ۲- محل اقامت، جای باشش.

استاده estāda(-e) [= ایستاده] (امف.، ص.) ۱- قایم، برپای مانده. ۲- ساکن، بی‌حرکت، راکد. ۳- خادم، خدمتکار، پرستنده. ۴- کاسد و از رونق افتاده. ۵- درتداول هندیان چوبی که خیمه و مانند آنرا بر آن نصب میکنند، ستون خیمه، عمود.

استادی ostād-ī (حامص.) ۱- معلمی، آموزگاری، استاد بودن. ۲- بالاترین مقام آموزشی دانشگاه، پایین‌تر ازآن دانشیاری است. ۳- حذاقت، مهارت، ماهری، نیك دانی. ۴- زیرکی، حیله، تدبیر، چاره، مکر.

استادیوم estādiyom [انگ. stadium، واحددرازا، زمین‌ورزش] (إ.) میدان ورزش، زمین ورزش، ورزشگاه.

استادیون estādiyon (إ.) [= اسطادیون، یو. stadion] (إ.) ← استاد (estād).

استاذ ostāz [معر. استاد (ه.م.)] (ص.، إ.) استاد (ه.م.) ج. اساتیذ، اساتذه.

استار astār [ع.] (إ.) ج. ستر (setr)؛ سترها، پرده‌ها. ‖ ~ کعبهٔ. پرده‌های کعبه. ‖ هتك ~. پرده‌دریدن.

۱- استار estār [معر. چهار] (إ.، عد.) عدد چهار، چار، اربعه، چهارتا.

۲- استار estār [= استیر (ه.م.)]

= ستیر = سیر](اِ.)وزنی برابر چهار مثقال، یا چهارمثقال و نیم←استیر. ‖ ~ِ طبی. (پز.) شش درهم و دو ثلث، یا شش درهم و نیم.

۱ - استارت estārt [انگ. start (اِ.) حرکت کردن و بحرکت آوردن] (ور.)درورزشهای دوومیدانی ،دوچرخه سواری ، شنا و اسکی لحظهٔ حرکت ورزشکاران است . دردوچرخه سواری دو نوع استارت است: استارت متحرك و استارت ثابت.

۲ - استارت estārt [خم، انگ. استارتر] ←استارتر.

استارتر estārter [انگ. starter = self-starter] (اِ.) (مکن.) دستگاه خودکاری است که موتوری را بسرعت عادی در~ِسیر معینی بحرکت درمی‌آورد. ضح.-معمولاً آنرا «استارت» (ه‍.م.) گویند.

۱ - استاره estāra(-e) [=ستاره] (اِ.) ۱ - ستاره (ه‍.م.) ، کوکب. ۲ - ← ستارهٔ آتش ← ‖ ~ِ آتش . پاره های ریز که از آتش جدا شود و بسرعت در هواپرد،اخگری که ازآتش افروخته بهیئت ستاره بهوا پرد، جرقهٔ آتش . ‖ ~ِ دیوسوز. شهاب ثاقب. ۳ - کوکب طالع، اختر بخت.

۲ - استاره estāra(-e) [=ستاره =سه تار] (اِمر.) (مس.) سازی که سه‌تار داشته باشد ، طنبوری که سه سیم دارد.

۳ - استاره estāra(-e) [ع.= ستاره← ستر، پوشیدن] ۱ - نوعی از چادر و خیمه ، شامیانه . ۲ - چادری که از پارچهٔ بسیار نازك دوزند برای جلوگیری از مگس و پشه ؛ پشه‌دان، پشه‌بند.

استاره شمر e.-šomar [=استاره شمار، ستاره‌شمار] (اِفا.) منجم، اختر شناس ، آن‌که به چند و چون ستارگان میپردازد.

استاژ estāž [فر. stage] (اِ.) دورهٔ خدمتی که داوطلبان کاری برای فراگرفتن آن کار باید بگذرانند ، کارآموزی.

استاژیر estāžiyer [فر. stagiaire] (ص.) (کم.) کسی که دورهٔ کار آموزی را میگذراند، کارآموز.

استافیل estāfīl [یو. staphulē، دانهٔ انگور] (اِ.) انگور، عنب:

آن‌یکی‌رومی بگفت این فیل‌را
ترك کن ، خواهیم استافیل را.
(مثنوی)

استاکار ostā-kār [=استادکار] (صفا.) (عم.) برصنعتگران از نجارو کفش‌دوز و یا کارگران فنی‌که درکار خبره و استاد باشند اطلاق میشود و زیر دستان‌آنان را شاگرد مینامند.

استالاکتیت estālāktīt [فر. stalactite] (اِ.) (زم.)ستون‌آهکی مخروطی شکل معلق در سقف غارها که در نتیجهٔ آب‌چك سقف غار بوجود می‌آید. آبی که از سقف غارمیچکد، قبل از خروج‌از منافذ سقف‌غار دارای بیکربنات کلسیم محلول است و پس از خروج از منافذ سقف غار انیدرید کربنیك آن متصاعد شده و کربنات کلسیم راسب بر سقف غار میچسبد و درنتیجهٔ مداومت این‌عمل تشکیل‌ستون مخروطی شکلی که از سقف غار معلق است میدهد؛ چکنده(←استالاگمیت).

استالاگمیت estālāgmīt (فر. stalagmite)(اِ.) (زم.) مخروطهای آهکی کف غارها که دراثر چکهٔ‌قطرات آب‌های آهکی از سقف غارها و یا از نوك مخروطهای استالاکتیت در کف

غار تشکیل میشود؛ چکیده.

استالاگمیت واستالاکتیت

استام astām (اِ.) آتش‌کاو آهنین، محش، محشه، سیخی که در تون حمام و تنور نانوایی بکار میرود ؛ کفچهٔ آتشدان ، چمچه ، کمچه ، آتش‌کش، بیلچه، خاک‌انداز.

استام ostām [= اوستام = ستام] (اِ.) زین و یراق اسب ، ساز و برگ اسب.

استامبولی estāmbūl-ī [= استانبولی] (ص نسب.) منسوب به استامبول (= استانبول) ← بخش۳. ۱ - کالایی که در استامبول سازند و صادر کنند. ۲ - اهل استامبول، ازمردم استامبول. ۳ - زبان ترکی که در استامبول بدان سخن میگویند. ‖ ترکی ~ ، زبان ترکی که در استامبول و تمام ترکیه بدان سخن میگویند وبا ترکی معمول در آذربایجان ایران و شوروی تفاوت دارد. ۴ - پلویی که از برنج و گوجه فرنگی پزند.

استامپ estāmp [فر. estampe از ایتا. stampo] (اِ.) ۱ - تصویری که پس‌ازحکاکی روی مس یاچوب‌طبع شود. ۲ - ابزاری‌برای‌طبع‌استامپ ↑ . ۳ - مهر.

۱ - استان astān [= استانه. قس. استان estān] (اِ.) جای خواب، جای آرام، آرامش‌جای، آرامگاه.

۲ - استان astān [= ستان] (ص.) به‌پشت خوابیده، کسی‌که پشت بر زمین خوابیده‌است.

۱ - استان estān (درلهجه‌های شمالی astān) [= ستان ؛ په. astān] (پس. مکان) ← ستان.

۲ - استان estān (تد. ostān) [په. estān ← ۱.استان] (اِ.) هریک از نواحی بزرگ کشور ایران در تقسیمات اداری ، که از مجموعهٔ چند شهرستان تشکیل میشود ، و توسط یک استاندار اداره میگردد؛ ایالت. ضح. - این کلمه در عهدساسانی‌بصورت estān معمول بوده و آن بهریک از ایالات ایران اطلاق میشده، و در دورهٔ اسلامی نیز برخی‌نواحی بهمین نام‌خوانده‌میشدند، مانند : « استان البهقباذ الاعلی » ، «استان البهقباذالاسفل» ، ۲ازکوره‌های جانب غربی‌سواد و«استان‌سو»ناحیه‌ای در جبل و«استان‌العال» کوره‌ای بمغرب بغداد. فرهنگستان ایران این کلمه‌را احیا کرده بهریک از بخشهای‌دهگانهٔ (و سپس چهارده گانهٔ) کشور اطلاق کرده‌است.

استانبولی estānbo(ū)l-ī [= استامبولی(ه.م.)] (ص‌نسب.) منسوب به استانبول ← بخش۳. ۱ - کالایی که‌در استانبول سازند و صادر کنند. ۲ - اهل استانبول، ازمردم‌استانبول. ۳ - زبان ترکی‌معمول در استانبول. ۴ - (بنا.) ظرفی است آهنی یا ساخته از حلبی‌به شکل‌لگن‌که در آن‌گل و گچ میریزند.

استاندار estāndār [فر. standard از انگ.] (اِ.) نمونه، قاعده، میزان، مقیاس.

استاندار estān-dār (تد. -.os) [= استندار؛ په. istāndār] (اِفا.، اِمر.) حاکم‌ایالت، فرمانروای‌یک‌استان (ه.م.) ؛ والی، حاکم، حکمران. ضح. -

استانداری

درعهد ساسانی این کلمه بدین‌معنی بکار رفته ، نام استاندار کشکر و استاندار میشان در کتب مذکوراست.← استندار.

استانداری estān-dār-ī,ost.- [← استان ، استاندار] (حامص.) ۱ ـ عمل و شغل استاندار (ه.م.) ۲ ـ محلی که استاندار درآن اموراستان رااداره میکند.

استاندن est-āndan [=ستاندن] (مصم.) (صر.← ستاندن) ← ستاندن.

۱ ـ استانه astāna(-e) [=استان =ستان] (إ.) جای خواب و آرام ، آرامگاه، آرام‌جای .

۲ ـ استانه astāna(-e) [=آستانه] (إ.) ← آستانه .

۱ ـ استانیدن est-ānīdan [= ایستانیدن](مصم.)(صر.← ایستانیدن.) ← ایستانیدن .

۲ ـ استانیدن estān-īdan [= استاندن = استدن=ستدن] (مصم.) استدن،ستدن، گرفتن .

۱ ـ استاییدن estā-y-īdan [= ستاییدن] (مصم.) (صر.← ستاییدن.) ستایش کردن، ستودن.

۲ـ استاییدن estāy-īdan [= ستادن = ایستادن= استادن](مصل.)ایستادن (ه.م.):

«اسب‌چه طاقت تودارد زین‌بر که نه
تخت‌چه‌درخور توباشدبرچرخ‌استای »
(رضی نیشابوری)

استئمان este'mān [ع.] (مصم.)← استیمان.

استباق estebāɣ [ع.](مصم.) پیشی جستن، پیشی گرفتن.

استبانت estebānat [=ع.استبانة ← استبانه] (مصل.) ← استبانه.

استبرق

استبانه estebāna(-e) [ع.استبانة ← استبانت] ۱ ـ (مصل.) پیداشدن ، آشکارگشتن،هویداشدن. ۲ ـ (مصم.) پیداکردن، آشکارکردن . ۳ ـ بجای آوردن،دانستن، شناختن. ۴ـ (إمص.) هویدایی، ظهور.

استبداد estebdād [ع.] (مصل.) ۱ ـ تنهایی دررای ودرکار، خودرایی، خودسری . ۲ ـ (سیا.) فرمانروایی بطور استقلال و بدون مشورت قوهٔ مقننه. ۳ ـ ظلم وتعدی‌ناشی ازاستقلال کلی.

استبداع estebdā' [ع.] (مصم.) نوشمردن، تازه‌انگاشتن، بدیع‌دانستن.

استبدال estebdāl [ع.] (مصم.) ۱ ـ عوض‌گرفتن چیزی‌را، بدل‌گرفتن. ۲ ـ خواستن چیزی را عوض چیزی.

استبر estabr [=ستبر] (ص.)← ستبر.

استبرا estebrā [=ع.استبراء] (مصم.) ← استبراء.

استبراء estebrā' [ع.،ف.: استبرا] (مصم.) طلب برائت‌کردن، برائت‌ذمه خواستن، پاکی‌خواستن.

استبرق estabraɣ [معر.= استبرك ← استبر،ستبر] (إ.) ۱ـ دیبای‌ستبر،استبرك. ۲ ـ (گیا.) نام دوگونه‌درختچه[۱] ازتیرهٔ کتوسها که در هندومالزی و در جنوب ایران درنقاط‌گرمسیر وسواحل دریای عمان و خلیج فارس میرویند و از گیاهان کاچوئی ایران هستند. استخر.

استبرك estabrak [=استبرق. معر.← استبر، ستبر] (إ.)← استبرق.

استبشار estebšār [ع.] ۱ ـ (مصل.) شادشدن، شادمانی‌یافتن: از دیدار

۱- Asclepias gigantea یا Calotropis gigantea(.لا)

استبشار نمود . ۲ - (إمص.) گشاده رویی.

استبصار estebsār [ع.] ۱ - (مصم.) بینایی‌خواستن ، طلب‌بصیرت کردن . ۲ - (مص ل.) شناساشدن ، بیناگردیدن. ۳ - (إمص.) شناسایی ، بینادلی.

استبصار یافتن e.-yāftan [ع.-ف.] (مص‌ل.) شناسایی یافتن، معرفت حاصل‌کردن، بینایی‌یافتن : در مذهب حق استبصاری یافت .

استبعاد esteb'ād [ع.] (مصم.) دور شمردن، بعید دانستن.

استبعاد داشتن e.-dāštan [ع.-ف.] (مص‌ل.) بعیدبودن ، دوربودن از تحقق و وقوع خارجی.

استبقا estebγā [=ع.استبقاء] (مصم.)← استبقاء.

استبقاء estebγā' [ع.،ف.: استبقا] (مصم.) ۱ - بقای‌چیزی را طلبیدن. ۲ - برجای بداشتن ، برجا گذاشتن . ۳ - زنده‌گذاشتن، باقی‌گذاشتن.

استپ estep [فر. steppe از رس. step] (إ.) زمین مسطح و پهناور علفزار ، جلگه های بزرگ علفزار.

استتار estetār [ع.] ۱ - (مص‌ل.) پوشیده‌شدن، روی‌نهفتن، در پرده‌شدن. ۲ - (نظ.) خودرا بوسایلی‌از دیددشمن پوشانیدن[۱].

استتمام estetmām [ع.] (مصم.) بپایان‌بردن، بسر آوردن.

استثقال estesγāl [ع.] (مصم.) سنگین شمردن ، گران داشتن.

استثمار estesmār [ع.] (مصم.) ۱ - میوه‌چیدن . ۲ - میوه خواستن . ۳ - نتیجه‌خواستن. ۴ - کسی‌را بکاری واداشتن و از دسترنج او بهره‌بردن . ۵ - (سیا.) تحت تسلط و بهره‌برداری درآوردن مملکتی قوی مملکتی‌ضعیف را[۲].

استثنا estesnā [=استثناء] (مصم.) ←استثناء .

استثناء estesnā' [ع.،ف.: استثنا] ۱ - (مصم.)جداکردن، بیرون‌آوردن، خارج‌کردن . ۲ - (دس.) بیرون‌کردن چیزی از حکم ماقبل باذکر ادواتی مانند: مگر، سوای ، الا ، بجز : همه آمدندبجزجمشید. ۳ - کلمهٔ«ان‌شاءالله» بر زبان راندن، ان‌شاءالله گفتن:

ترك استثنا مرادم قسوتی است
نی‌همین‌گفتن‌که‌گفتن‌حالتی‌است
ای بسا ناورده استثنا بگفت
جان او با جان‌ایشان‌بود جفت.
(مثنوی‌مولوی)

۴ - (إمص.) جدایی ، خروج . ج . استثناآت.

استثناآت estesnā'-āt [ع.] ج. استثناء (ه‌م.)

استثنائی estesnā'-ī [ع.-ف.] (ص‌نسب.) منسوب به‌استثناء، مستثنی: امری استثنائی است.

استجابت esteǰābat [ع.استجابة] (مصم.) پاسخ‌گفتن، پذیرفتن.

استجابت کردن e.-kardan [ع.-ف.] (مص م.) پاسخ گفتن ، پذیرفتن خواهش کسی : دعوتش را استجابت کرد.

استجاره esteǰāra(-e) [ع.استجارة] (مصم.) ۱ -پناه‌خواستن،زنهارجستن. ۲ - بمزدگرفتن، کرایه‌کردن : اجاره‌و استجارهٔ منازل. ضح.- باین معنی غلط مشهور است بجای استیجار (فرهنگ تازی- پارسی).

۱- Camouflage (فر.) ۲- Coloniser (فر.)

استجازات esteǰāzāt [ع.] ج. استجازه.

استجازت esteǰāzat [ع.استجازة] (مصم.) ← استجازه .

استجازه esteǰāza(-e) [ع.استجازة] (مصم.) دستوری خواستن ، اجازه طلبیدن، رخصت خواستن. ج. استجازات.

استجلاب esteǰlāb [ع.] (مصم.) ۱ - طلب کشیده شدن چیزی کردن . ۲ - جلب کردن ، کشاندن ، بسوی خود کشیدن .

استجهال esteǰhāl [ع.] (مصم.) ۱ - نادان شمردن. ۲ - سبك داشتن.

استحاضه estehāza(-e) [ع. استحاضة] (مصل.) خون آمدن از رحم زن پس از ایام حیض، جریان خون مداوم از زن پس از روزهای عادت.

استحالت estehālat [ع.استحالة.] ← استحاله .

استحاله estehāla(-e) [ع.استحالة ← استحالت] ۱ - (مصل.) گشتن ، دگرگون شدن. ۲ - (اِمص.) دگرگونی. ۳ - (مصم.) محال شمردن، نارواداشتن.

استحباب estehbāb [ع.] ۱- (مصم.) نیکو شمردن ، پسندیده داشتن . ۲ - دوست داشتن . ۳ - (فق.) مستحب (ه.م.) دانستن. ۴- (اِمص.) پسندیدگی: استحباب این عمل در شریعت وارد است.

استحداث estehdās [ع.] (مصم.) ۱ - تازه یافتن. ۲ - نو آوردن، نو پدید کردن. ج. استحداثات.

استحداثات estehdās-āt [ع .] (اِ.) ج. استحداث (ه.م.)

استحسان estehsān [ع.] ۱ - (مصم.) نیکو داشتن، نیك شمردن، پسندیدن. ۲ - (فل.) دلیلی است از دلایل چهار گانه که باقیاس جلی معارضه کند و هر وقت از آن قویتر باشد در آن عمل می‌کنند و بدین اسم نامیده شده زیرا غالباً از قیاس جلی قویتر است و آنرا قیاس مستحسن گویند . ـ ترك کردن قیاس و اختیار کردن چیزی است که اخذ آن برای مردم آسان باشد . (تعریفات جرجانی) . ۳ - (حق.، فق.) ترجیحی است که پس از تفکر و تعقل برای قاضی یا فقیه در مسئله‌ای پیدا میشود. آنچه موجب ترجیح حکمی در نظر قاضی یا فقیه میشود و قابل بیان نیست.

استحصال estehsāl [ع.] (مصم.) حاصل خواستن ، طلب حصول ، نتیجه گرفتن. ج. استحصالات.

استحصالات estehsāl-āt [ع.] ج. استحصال (ه.م.)

استحضار estehzār [ع.] ۱ - (مصم.) ۱ - حاضر کردن، بحضور خواستن. ۲ - بیاد آوردن، بیاد داشتن. ۳ - یاد آوری کردن . ۴ - (اِمص.) آگاهی : بجهت استحضار جناب عالی گفتم.

استحفاظ estehfāz [ع.] ۱ - (مصم.) نگهبانی خواستن. ۲ - نگه‌داشتن، نگاهداشتن ، حفظ کردن . ۳ - یاد گرفتن. ۴- (اِمص.) نگهبانی، حفظ.

استحقار estehɣār [ع.] ۱ - (مصم.) خوار داشتن، خرد انگاشتن، خرد شمردن . ۲ - (اِمص.) خواری . ج . استحقارات .

استحقارات estehɣār-āt [ع.] ج. استحقار (ه.م.)

استحقاق estehɣāɣ [ع.] ۱- (مصل.) سزیدن، سزاوار بودن، شایسته بودن، سزاوار شدن. ۲ - (اِمص.) شایستگی، سزاواری ؛ به‌استحقاق مقام خویش را

بدست آورد. ج. استحقاقات .

استحکام estehkām [ع.] ۱ـ (مص ل.) محکم‌شدن ، استوار شدن ، محکم بودن . ۲ـ (مص‌م.) استواری خواستن. ۳ـ (إمص.) استواری: استحکام‌ساختمان. ج. استحکامات.

استحکامات estehkām-āt [ع.] ج. استحکام (ه.م.) ۱ ـ استواریها . ۲ ـ (نظ.) بناهایی که سپاهیان برای مدافعه مخصوصاً در نقاط سرحدی برپا کنند، مانندقلعه‌ها، برجها، دیده‌گاهها.

استحلاف estehlāf [ع.] (مص‌م.) سوگند خواستن، طلبیدن قسم، سوگند دادن .

استحلال estehlāl [ع.] (مص م.) ۱ـ بحلی‌خواستن، حلال‌کردن طلبیدن. ۲ ـ حلال‌ساختن، حلال شمردن.

استحمام estehmām [ع.] (مص‌ل.) بگرمابه رفتن، بحمام شدن.

استحیا estehyā [= ع.استحیاء] (مص‌ل.) ← استحیاء.

۱ ـ استحیاء estehyā' [ع.،ف.: استحیا ← حیاء] (مص‌ل.) ۱ـ شرم‌داشتن، شرم‌کردن، آزرم‌داشتن. ۲ ـ (إمص.) شرمندگی.

۲ ـ استحیاء estehyā' [ع.،ف.: استحیا ← حی] (مص‌م.) زنده گذاشتن.

استخارات estexārāt [ع.] ج. استخاره (ه.م.)

استخارت estexārat [ع.استخارة ← استخاره] (مص‌م.) ← استخاره.

استخاره estexāra(-e) [ع.استخارة ← استخارت] ۱ ـ (مص‌م.) نیکی خواستن، به‌جستن، طلب خیر کردن. ۲ ـ فال‌نیک‌زدن. ۳ ـ (إمص.) به‌جویی، به‌جست. ۴ ـ تفأل بقرآن برای‌اقدام بکاری. ج. استخارات.

استخبار estexbār [ع.] (مص‌م.) آگاهی جستن ، آگهی‌خواستن ، خبر پرسیدن. ج. استخبارات.

استخبارات estexbār-āt [ع.] ج. استخبار (ه.م.)

استخدام estexdām [ع.] ۱ـ (مص‌م.) بخدمت پذیرفتن ، بچاکری گرفتن، بخدمت گماشتن، کسی را برای خدمت‌خواستن . ۲ ـ (إمص.) بخدمت گماشتگی. ج . استخدامات . ‖ **ادارهٔ ~** . ادارهٔ کارگزینی. ‖ **~ عمومی.** (حق.) بخدمت گماشته شدن بطور رسمی و دایم و ثابت‌در یکی از امور عمومی دایمی دولتی.

استخدامات estexdām-āt [ع.] ج. استخدام (ه.م.)

استخر estaxr [= استرخ = استلخ = ستخر، طبر . hastal ، گیل . estalx] (إ.) ۱ ـ آبگیری بزرگ که آب بسیار درآن جمع آید؛ آبگیر، تالاب . ۲ ـ (ور.) ← استخرشنا ↓ ‖ **~ شنا.** (ور.) آبگیری بزرگ که ورزشکاران درآن به‌آب‌بازی‌وشنا مشغول شوند ، و آن بر دونوع است : الف‌ـ استخر تمرینی ، که ابعاد آن معین‌ نیست، وعمق‌آن نیز متغیراست. بـ استخر قهرمانی، وآن آبگیریست بطول ۵۰ و عرض ۲۵ متر.

استخراج estexrāǰ [ع.] (مص‌م.) ۱ ـ بیرون آوردن ، بدرآوردن . ۲ ـ (زم.) بیرون کشیدن سنگ معدن از زیر زمین ویا مواد مایع مانند نفت و ترکیبات نفتی از قعر زمین و امثال آن. ۳ ـ دریافتن مطلبی از راه‌تفکر و تأمل . ج . استخراجات . ‖ **~ آراء.** بیرون‌آوردن‌نوشته‌هایی‌که رأی‌های‌مردم در باب انتخاب‌اعضای‌انجمن شهریا نمایندگان‌مجلسین برآن نوشته شده، از صندوقهای انتخاب و خواندن

و ثبت نتیجهٔ آنها. ‖ ~ِ معدن. (زم.) مواد معدنی را از مهد زمین مستقیماً یا با وسایلی بیرون کشیدن.

استخفا estexfā [= ع. استخفاء] ← استخفاء.

استخفاء estexfā' [ع. ، ف. : استخفا] ۱ - (مص ل.) پنهان شدن، نهان گشتن، پوشیده گردیدن. ۲ - پوشیده داشتن، نهان داشتن.

استخفاف estexfāf [ع.] ۱ - (مص م.) سبک داشتن، خفیف دانستن، خوار شمردن. ۲ - (إمص.) سبکی، خواری. ج. استخفافات.

استخفافات estexfāf-āt [ع.] ج. استخفاف (ه.م.)

استخلاص estexlās [ع.] ۱ - (مص ل.) رهایی جستن، خلاصی طلبیدن. ۲ - (مص م.) رهانیدن، رهاندن، خلاص کردن. ۳ - خاص خود کردن، ویژهٔ خویش ساختن، تصرف: استخلاص بخارا بدست چنگیز. ۴ - (إمص.) رهایی، خلاص. ج. استخلاصات.

استخلاصات estexlās-āt [ع.] ج. استخلاص (ه.م.)

استخلاف estexlāf [ع.] ۱ - (مص م.) جانشین کردن، جانشین ساختن. ۲ - (إمص.) جانشینی.

استخوان

استخوان ostoxān [په. ostaxvān ← است، استه، هسته] (إ.) ۱ - (جا ن.) قسمت صلب و سختی که در بدن حیوانات استخواندار است[1] و محل اتکای عضلات و مخاطها و دیگر قسمتهای نرم بدن است. استخوانها از سلولهایی بنام استئوبلاست[2] بوجود آمده‌اند که این سلولها ترشح مادهٔ آهکی نسبةً سختی میکنند که فضای بین سلولها را میگیرد و موجب سختی استخوان میگردد و ضمناً حول سلولهای استخوانی حفره‌ای بشکل سلول بوجود میآورد که استئوبلاست[2] نامیده میشود. استخوانهای بدن انسان و دیگر پستانداران و اکثر استخوانداران دیگر بدو دستهٔ دراز و پهن تقسیم میشوند. در وسط استخوان مادهٔ نرمی قرار گرفته که مغز استخوان نامیده میشود، استخوانها بوسیلهٔ مفاصل با یکدیگر مرتبطند و در موقع حرکت موجب حرکت تودهٔ عضلانی مربوط بخود نیز میشوند و از اعضای فعال محسوب میگردند. تعداد استخوانها در بدن حیوانات استخواندار متغیر است. ‖ ~ِ **اسب.** (خا ت.) استخوان اسب رنگ سفید کدر دارد و آسان رنگ میشود. بخصوص پذیرش رنگ سبز آن زیاد است. بواسطهٔ ارزانی و فراوانتر بودن از استخوان شتر خاتمسازان بیشتر آنرا بکار میبرند. ‖ ~ِ **خرما.** هستهٔ خرما. ‖ ~ِ **شتر.** (خا ت.) هشت قلم چهار دست و پای شتر ← یکه‌سوار. ‖ ~ِ **لای زخم.** (کن.) کار ناتمام، امر ناقص. ← استخوان لای زخم گذاشتن. ‖ ~ِ **ماهی.** (جا ن.) تیغ ماهی ← ماهی

ترکیبات فعلی: ‖ ~ **ترکاندن (ترکانیدن).** قد کشیدن، بلند قد شدن جوانان نوبالغ. ‖ ~ **خرد کردن.** (کن.) رنج بسیار کشیدن در کاری، بسیار کوشیدن در کسب علوم و فضایل. ‖ ~ **در گلو گرفتن.** (کن.) رنج و محنت کشیدن. ‖ ~ **لای زخم گذاشتن.** (کن.) الف - کاری را ناتمام گذاشتن، امری را ناقص نهادن. ب - جای چانه زدن باقی گذاشتن. ۳ - هسته: استخوان خرما. ۴ - نژاد، نسل. ۵ - (ص.) اصیل،

۱- Vertébrés(فر.) ۲ - Ostéoblaste(فر.) ۳- Ostéoplaste
٤ - Osséine.

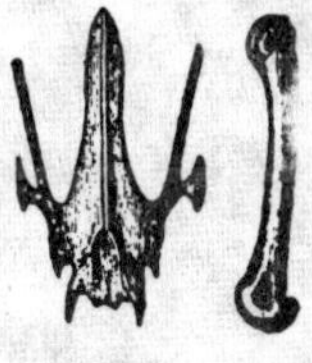

استخوان بندی

۱ ـ استخوان قحف
۲ ـ استخوان قمحدوه
۳ ـ استخوان شقیقه
٤ ـ دنده‌های گردنی
۵ ـ زایدهٔ غرابی
٦ ـ استخوان کتف
۷ ـ سر استخوان بازو
۸ ـ دنده‌ها
۹ ـ زایدهٔ خنجری
۱۰ ـ دوازدهمین مهرهٔ پشتی
۱۱ـ دوازدهمین دنده
۱۲ـ قرقرهٔ استخوان بازو
۱۳ـ زنداسفل
۱٤ـ زنداعلی
۱۵ـ عصعص
۱٦ـ استخوانهای مچ
۱۷ـ استخوانهای کف دست
۱۸ـ انگشتان
۱۹ـ التصاق زهاری (التصاق عانه‌یی)
۲۰ـ استخوان ورك
۲۱ـ استخوان ران
۲۲ـ لقمهٔ استخوان ران
۲۳ـ قوزك داخلی
۲٤ـ استخوان بجول(قاب)
۲۵ـ استخوان پاشنهٔ پا
۲٦ـ استخوانهای کف پا
۲۷ـ استخوان پیشانی
۲۸ـ حدقه
۲۹ـ آروارهٔ فوقانی
۳۰ـ آروارهٔ تحتانی
۳۱ـ استخوان ترقوه
۳۲ـ زایدهٔ اخرم
۳۳ـ استخوان جناغ
۳٤ـ استخوان بازو
۳۵ـ سومین مهرهٔ کمری
۳٦ـ استخوان خاصره
۳۷ـ استخوان عجز(خاجی)
۳۸ـ سر استخوان ران
۳۹ـ برآمدگی بزرگ استخوان ران
٤۰ـ استخوان رضفه
٤۱ـ استخوان درشت نی
٤۲ـ استخوان نازك نی
٤۳ـ قوزك خارجی
٤٤ـ استخوان تاسی

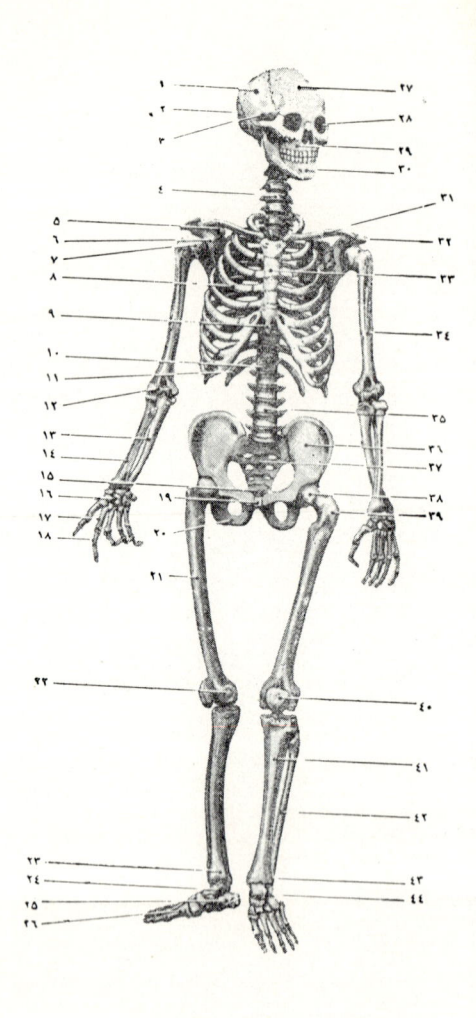

گوهری. ۶ - بزرگ خانواده. ۷ - پایهٔ بنا، بنیاد ساختمان.

استخوان بری o.-bor-ī (حامص.) ۱ - عمل بریدن استخوان. ۲ - (خاتـ). تهیهٔ لا (ه.م.)

استخوان بند o.-band (ص‌مر.) (پز.) شکسته‌بند (ه.م.)

استخوان بندی o.-band-ī (جاذ.) مجموع استخوانهای یك فرد جانور، مجموع استخوانهای برهم نهادهٔ یك حیوان؛ اسکلت[۱].

استخوان خوار o.-xār (إفا.، إمر.) (جاذ.) پرنده‌ای که خوراکش استخوان است؛ همای، هما، استخوان ربا، استخوان رند، استخوان رنگ.

استخوان‌دار o.-dār (إ.فا.، ص‌مر.) ۱- جانور دارای استخوان؛ ذوعظم. ۲- (کنـ.) اصیل، شریف، با اصل و نسب، گهری. ۳ - (کنـ.) صاحب اعتبار، با نفوذ.

استخوان‌درد o.-dard (إمر.)(پز.) دردی که در استخوانهای بدن در موقع غالبه‌یك بیماری ویاضربه ویاشکستگی احساس شود[۲]، وجع عظام.

استخوان ربا(ی) o.-robā(y) (إفا.، إمر.)(جاذ.)استخوان‌خوار(ه.م.)

استخوان‌رند o.-rand [= استخوان رنگ] (إمر.) (جاذ.) استخوان‌خوار (ه.م.)

استخوان رنگ o.-rang [= استخوان‌رند] (إمر.)(جاذ.) استخوان‌خوار(ه.م.)

استخوان‌ساز o.-sāz (إفا.) سازندهٔ استخوان، پدید آورندهٔ استخوان؛ سلولهای استخوان‌ساز.

استخوان سازی o.-sāz-ī (حامص.) (پز.) عملی که سلولهای استخوان ساز برای تبدیل نسج غضروفی بنسج استخوانی انجام میدهند[۳].

استخوان شناس o.-šenās (إفا.) (پز.) آنکه‌استخوانها رانیکو شناسد، آنکه باحوال استخوانها معرفت دارد[۴].

استخوان شناسی o.-šenās-ī (حامص.)(پز.)علم‌شناسایی‌استخوانها، معرفةالعظام[۵].

استخوان‌کاری o.-kār-ī (حامص.) (خاتـ.) خاتم‌سازی، خاتم کاری.

استخوانی ostoxān-ī (جاذ.) منسوب باستخوان[۶]، عظمی.

استخودوس ostoxūdūs [معر.یو. ← استوقدوس] (إ.)(گیا.) استوقدوس (ه.م.)

استداره estedāra(-e) [ع.] ۱ - (مصل.) گرد گشتن، گرد برآمدن. ۲ - بشکل دایره بودن. ۳ - (إمص.) گردی، تدویر.

استدامت estedāmat [ع.استدامة] (مص‌م.) ← استدامه.

استدامه estedāma(-e) [ع.استدامة ← استدامت] (مص‌م.) ۱ - همیشه خواستن، پیوسته خواستن، دوام چیزی را خواستن. ۲ - بدرنگ انداختن. ۳ - (مصل.)همیشه‌بودن. ۴ - (إمص.) همیشگی.

استدانت estedānat [ع.استدانة ← استدانه] (مص‌م.) ← استدانه.

استدانه estedāna(-e) [ع.استدانة ← استدانت] (مص‌م.) وام‌خواستن،

۱ - Squelette(فر.)
۲ - Ostéalgie (فر.)
۳ - Ostéogénie(فر.)
۴ - Ostéologue(فر.)
۵ - Ostéologie (فر.)
۶ - Osseux(فر.)

قرض‌طلبیدن، وام گرفتن.

استدبار estedbār [ع.] ۱ - (مص ل.) پشت کردن، پشت گردانیدن ؛ مق. استقبال. ۲ - (مص م.) آخر امری را نگریستن، آخر کار را ملاحظه کردن.

استدراج estedrāǰ [ع.] (مص م.) ۱ - اندك اندك وبتدریج خواستن. ۲ - پایه‌پایه بردن، کم کم بر کشیدن ، بتدریج نزدیك کردن کسی را بسوی چیزی . ۳ - (کل.) بظهور آمدن خرق عادت از غیر مؤمن؛ مق. معجزه و کرامت که از انبیا و اولیا صادر شود . ۴ - (معا.) کلام مشتمل بر ابلاغ حق بوجهی که موجب مزید غضب مخاطب نگردد ، خواه درآن تعریض باشد یا نه، وآنرا «منصف» نیز نامند چنانکه در قول خدای : « ومالی لااعبدالذی فطرنی» یعنی : ای کافران! شمارا چه شده که کسی‌را که‌شمارا آفریده‌نپرستید، بدلیل قول خدای «والیه ترجعون» و درآن تعریض‌است براینکه‌آنان برباطل‌اند، وبدین تصریح نشده تا غضب آنان افزون نگردد .

استدراك estedrāk [ع.] ۱ - (مص م.) دریافتن ، درك کردن. ۲ - خرده گرفتن ، خرده دریافتن ، غلط گرفتن‌بر، جبران‌کردن، تلافی کردن. ۳ - (إمص.) دریافت ، اندریافت : استدراك مافات امکان ندارد . ۴ - رفع توهم‌از کلام‌سابق . ج.استدراکات.

استدراکات estedrāk-āt [ع.] ج.استدراك (ه.م.)

استدعا ested'ā [=ع.استدعاء] (مص م.) ← استدعاء.

استدعاء ested'ā' [ع.،ف.: استدعا] ۱ - (مص م.) فراخواندن ، خواندن . ۲ - درخواست کردن ، درخواستن با فروتنی . ۳ - (إمص .) خواهش با تضرع، درخواست: استدعای شرفیابی کرد. ج.استدعاآت.

استدعاآت ested'ā-āt [ع.] ج. استدعاء (ه.م.)

استدلال estedlāl [ع.] (مص م.) ۱ - دلیل‌خواستن، دلیل‌جستن، رهنمون جستن. ۲ -دلیل‌آوردن، حجت‌آوردن. ج. استدلالات.

استدلالات estedlāl-āt [ع.] ج. استدلال (ه.م.)

استدلالی estedlāl-ī [ع.-ف.] (ص‌نسب.) منسوب به استدلال (ه.م.) ۱ - (فل.) آنچه که مبتنی بر استدلال باشد ، آنچه‌که با دلیل همراه باشد . ۲ - دانشمندی که باستدلال تمسك جوید، حکیم، فیلسوف؛ مق . کشفی ، شهودی. ج. استدلالیان .

استدن esta-dan [=ستدن← ستاندن] (مص م.) (صر.←ستدن) ۱ - گرفتن‌چیزی ، ستدن، ستاندن ، اخذ کردن . ۲ - تسخیر کردن ، تصرف کردن.

استدنی estadan-ī (ص‌لیا.) قابل استدن (ه.م.)، شایستهٔ گرفتن.

استذکار estezkār [ع.] ۱- (مص م.) یادکردن . ۲ - (إمص.) یادآوری ، یادکرد. ج. استذکارات.

استذکارات estezkār-āt [ع.] ج. استذکار (ه.م.)

۱ - استر astar [=ستر؛ پهـ. astar ، سنس . asvatara ، مربوط به اسب ؛ قس. قاطر] (إ.) (جا ن.) قاطر(ه.م.)

۲ - استر astar [=آستر.] (إ.) ← آستر.

استراتژی esterāteži [فر. stratégie] (إ.) فن ادارهٔ عملیات

جنگی، دانش رهبری عملیات نظامی، سوق‌الجیش.

استراتوسفر esterātosfer [فر. stratosphère](اِ.) (هو.) طبقه‌ای از جو (اتمسفر) که فوق **۱۰** تا **۱۲** کیلومتر قرار دارد و حرارت در آنجا همواره ثابت است.

استراحت esterāhat [ع.- استراحة] **۱** - (مص ل.) آسودن، آسایش جستن، آسودگی خواستن، آرمیدن. **۲** - (اِمص.) آسایش، آسودگی.

استراق esteraγ [ع.] **۱** - (مص م.) دزدیدن. **۲** - (مص ل.) دزدیده کاری کردن. ‖ ~ **سمع**. دزدیده شنیدن، گوش بسخن کسی فرادادن، نغوشه.

استرالیایی osterāliyā-yī (ص نسب.) منسوب به استرالیا (بخش **۳**). **۱** - آنچه در استرالیا ساخته باشند. **۲** - از مردم استرالیا، اهل استرالیا.

استرئوسکپ estereoskop [فر. stéréoscope](اِ.)(فز.) دستگاهی که در آن دو تصویر متساوی روی هم قرار گرفته باشد، در آن صورت بنا بر خاصیت رؤیت مضاعف، تصویر برجسته بنظر برسد.

استرپتومیسین estreptomaysīn [انگ. streptomycin] (اِ.) (شم.، پز.) دارویی است طبی که دکتر واکسمن آمریکایی آنرا از خاک استخراج کرده، و آن مانند پنیسیلین بسیاری از میکربها را نابود میکند و در تداوی بعضی امراض بکار میرود.

استرجاع esterǰā' [ع.] **۱** - (مص م.) رجوع کردن، بازگشت خواستن. **۲** - داده را پس گرفتن، بازگرفتن چیزی از کسی، واپس خواستن. **۳** - (مص ل.) اناالله وانا الیه راجعون گفتن. **۴** - (اِمص.) قوهٔ ارتجاع وقبض و بسط.

استرحام esterhām [ع.] (مص م.) **۱** - طلب رحم کردن، رحم خواستن، بخشایش خواستن، رحمت طلبیدن. ج. استرحامات.

استرحامات esterhām-āt [ع.] ج. استرحام (ه.م.)

استرحاماً esterhām-an [ع.] (ق.) از روی استرحام (ه.م.)، ازروی ترحم.

استرخا esterxā [ع. استرخاء] (مص ل.) ← استرخاء.

استرخاء esterxā' [ع.، ف.: استرخا] **۱** - (مص ل.) سست شدن، نرم گشتن، فروهشته گردیدن. **۲** - (اِمص.) سست اندامی، سستی، فروهشتگی. **۳** - (پز.) فالج اعضاء ← فالج. ‖ ~ **اعصاب**. (پز.) فالج عصبی. ‖ ~ **اعضاء**. (پز.) فالج اعضاء. ‖ ~ **جفن**. (پز.) فالج پلک. ‖ ~ **جفن اعلا**. (پز.) فالج پلک فوقانی (ه.م.) ‖ ~ **مثانه**. (پز.) فالج مثانه (ه.م.).

استرداد esterdād [ع.] **۱** - (مص م.) واخواستن، باز ستاندن، واستدن، واپس گرفتن، پس گرفتن: برای استرداد املاک خود اقدام کرد. **۲** - (حق.) درخواست اعادهٔ مجرم یا متهم است از کشوری که مجرم یا متهم پس از ارتکاب جرم به آنجا پناهنده شده است. ج. استردادات.

استردن ostor-dan [= ستردن] (مص م.)(صر. ← ستردن) **۱** - تراشیدن (موی). **۲** - پاک کردن. **۳** - محو ساختن.

استرئوسکپ

استرده

استرنگ
الف-گل ب-میوه

استرده ostor-da(-e) [=سترده] (إمف.) ۱ - تراشیده (موی). ۲ - پاك کرده. ۳- محو ساخته.

استرزاق esterzāγ [ع.] (مصم.) روزی‌خواستن، روزی جستن، دنبال روزی رفتن.

استرشا esteršā [=ع.استرشاء] (مصم.) ← استرشاء.

استرشاء esteršā' [ع.،ف.: استرشا] (مصم.) رشوه طلبیدن، پاره خواستن.

استرشاد esteršād [ع.] (مصم.) ارشاد طلبیدن، راهنمایی خواستن، طلب هدایت کردن، راه راست‌جستن. ج. استرشادات.

استرشادات esteršād-āt [ع.] (مصم.) ج. استرشاد (ه‍.م.)

استرضا esterzā [=ع.استرضاء] (مصم.) ← استرضاء

استرضاء esterzā' [ع.،ف.: استرضا] ۱ - (مص م.) خشنودی خواستن، خشنودی‌جستن. ۲- خشنود کردن. ۳ - (إمص.) خشنودی. ج. استرضاآت.

استرضاآت esterzā-āt [ع.] ج. استرضاء (ه‍.م.)

استرضاع esterzā' [ع.] (مصم.) طلب شیردادن کردن، دایه‌گرفتن برای کودك شیرخوار، بدایه‌سپردن شیرخواره.

استرعا ester'ā [=ع.استرعاء] (مصم.) ← استرعا.

استرعاء ester'ā' [ع.،ف.: استرعا] (مصم.) رعایت طلبیدن، نگهبان خواستن، طلب توجه کردن.

استرعاب ester'āb [از ع.] (مصم.) ترسانیدن، تولیدرعب کردن. ضح.- این کلمه متداول در فارسی است و در عربی بدین‌معنی «ترعیب» آمده.

استرقاق esterγāγ [ع.] (مصم.) بنده‌گرفتن، بنده‌شمردن.

استرك estarak [از لا. styrax] (إ.) ۱ - (گیا.) درختچه‌ای[1] از راستهٔ استرکها[2] که اغلب در نواحی حاره میروید (بندرت درنواحی معتدل‌دیده میشود). برگهایش‌ساده ومنفرد وبدون زبانك وپوشیده‌ازکرك، گلهایش دارای تقارن محوری با تقسیمات ۵ تایی‌است. پرچمهایش در دوردیف قرارگرفته‌اند و میوه‌اش‌شفت[3] یاسته[4] میباشد؛ اصطرك، شجر استرك، درخت صمغ استرك، درخت استرك، قره‌بوخور، قره‌کونوك آغاجی، شجرسطرکا، شجرة‌الاسطرسه.

استرکنین estereknīn [فر.] (إ.) ← استریکنین.

استرلاب ostorlāb [معر. = اسطرلاب (ه‍.م.) = اصطرلاب = سطرلاب = سترلاب] (إمر.) ← اسطرلاب.

استرلینگ esterlīng [انگ. sterling] (إ.) (بانک.) مسکوك نقره‌در انگلستان (قرون‌وسطی). ‖ **لیرهٔ ~.** (بانک.)، واحدپول‌رسمی انگلستان. نشانهٔ اختصاری آن £ است. ‖ **گروه ~.** (بانک.) کشورهایی که معاملات خارجی آنها توسط لیرهٔ استرلینگ صورت میگیرد؛ مق. گروه دلار.

استرنگ estarang [=سترنگ] (إ.) (گیا.) ← ۱- مهرگیاه.

استرواح estervāh [ع] ۱-(مصم.) آسایش جستن. ۲ - آسایش گرفتن،

---

۱ - Styrax officinal(.لا), aliboufier (.فر)　۲- Styracaceae(.لا)
۳ - Drupe (.فر)　٤ -Baie (.فر)

آرام یافتن ، برآسودن . ۳ - بوی برداشتن، بو گرفتن، گندیدن.

استرون astarvan [=سترون (ه.م.)] (ص.) زنی که بچه نیاورد ، نازا، عقیم.

استرونسیوم estronsiyom [فر. strontium] (شم.) از اجسام مفرده، فلزی است زرد رنگ بشمارهٔ اتمی ۳۸، شبیه به کالسیوم . نشانهٔ اختصاری آن sr است.

استره ostor-a(-e) [← استردن، ستردن] (اِآ.) آلتی که بدان موی سر و صورت تراشند، تیغ.

استره لیسیدن o -līsīdan (مصم.) (کن.) دلیری کردن ، جانبازی کردن.

استری astar-ī (حامص.) مانند استر رفتار کردن ، چموشی.

استریکنین esterīknīn [فر. strychnine] (اِ.) (پز.) شبه قلیایی است بسیار سمی که از دو گیاه بنام کچوله و پاپیته استخراج میشود. در تداوی بمقدار کم مستعمل است.

استریلیزه esterīlīze [فر. stérilizé] (ص.) آنچه که بوسایل علمی میکروبهای وی کشته شده باشد، ضد عفونی شده.

استزادات estezādāt [ع.] ج. استزاده (ه.م.)

استزادت estezādat [ع. استزادة ← استزاده] (مصم.) ← استزاده . ج. استزادات.

استزاده estezāda(-e) [ع. استزادة ← استزادت] ۱ - (مصم.) بیش خواستن ، فزونی طلبیدن ، افزون خواستن ، طلب افزونی کردن . ۲ - مقصر شمردن. ۳ - (مصل.) گله کردن، دلتنگی نمودن .

استزارت estezārat [ع. استزارة ← استزاره] (مصم.) ← استزاره.

استزاره estezāra(-e) [ع. استزارة ← استزارت] (مصم.) دیدار خواستن، طلب زیارت کسی کردن.

استسعاد estes'ād (ع.) (مصم.) ۱ - نیکبختی خواستن، سعادت جستن. ۲- مسعود دانستن، مبارک شمردن. ۳ - یاری خواستن. ۴ - (مصل.) نیکبخت شدن.

استسقا estesγā [=ع. استسقاء] (مصم.) ← استسقاء.

استسقاء estesγā' [ع.، ف.: استسقا] (مصم.) . ۱ - باران خواستن . ۲ - آب خواستن. ۳ - (پز.) نام مرضی که بیمار آب بسیار خواهد[1]؛ حبن. ‖ ~ بطن. (پز.) مرضی که موجب شود آب در انساج شکم جمع شود؛ استسقاءِ بطنی[2].

استشارات estešārāt [ع.] ج. استشاره (ه.م.)

استشارت estešārat [ع. استشارة ← استشاره] (مصم.) ← استشاره .

استشاره estešāra(-e) [ع. استشارة ← استشارت] ۱ - (مصم.) سگالش خواستن، رای زدن، مشورت خواستن، مشورت کردن، شور کردن. ۲ - (اِمص.) رایزنی، صلاح پرسی. ج . استشارات.

استشراق estešrāγ [ع.] (مصل.) تحقیق در ادبیات، علوم، آداب و رسوم شرقیان از طرف دانشمندان مغرب زمین؛ شرقشناسی، خاورشناسی[3].

استشعار esteš'ār [ع.] (مصل.) ۱ - ترس گرفتن ، ترس بدل نهفتن .

---

۱ - Hydropisie (فر.)
۲ - Hydropisie du bas ventre (فر.)
۳- Orientalisme (فر.)

۲ - بخود بازآمدن. ج. استشعارات.

استشعارات esteš'ār-āt [ع.]ج. استشعار (ه.م.)

استشفا estešfā [=ع.استشفاء] (مصم.) ← استشفاء.

استشفاء estešfā' [ع.،ف.: استشفا] (مصم.) طلب شفا کردن، شفاجستن، شفا خواستن، بهبود خواستن.

استشفاع estešfā' [ع.] (مصم.) پایمرد خواستن، خواهشگر جستن، بخواهش برانگیختن، شفاعت‌خواستن، طلب شفاعت کردن.

استشمام estešmām [ع.] (مصم.) ۱ - طلب بوی کردن. ۲ - بوی کردن، بوییدن. ۳ - بوی بردن، دریافتن، پی بردن.

استشهاد estešhād [ع.] ۱ - (مصم.) بگواهی‌خواستن، گواه‌جستن، گواه‌گرفتن، گواه‌گذراندن. ۲ - شاهد آوردن، دلیل آوردن. ۳ - (اد.) ذکر کردن گفته‌های دیگران بعنوان شاهد و مثال. ۴ - (حق.) طلب شهود کردن برای اثبات حق و یا مدعایی بوسیلهٔ شخص یا اشخاص یا دادگاهها. ۵ - (إ.) گواهی نامه، نامهٔ شهادت: استشهادی ترتیب‌داد. ج.استشهادات.

استشهادات estešhād-āt [ع.]ج. استشهاد (ه.م.)

استصباح estesbāh [ع.] (مصم.) ۱ - روشنایی کردن. ۲ - چراغ افروختن. ۳ - روشنی جستن.

استصحاب esteshāb [ع.] (مصم.) ۱ - بهمراهی خواستن، بصحبت‌وهمدلی خواستن. ۲ - یاری خواستن. ۳ - همراه‌بردن، با خودداشتن. ۴ - (اصـ.، فق.) باقی داشتن چیزی به حالت سابق‌آن، آنکه امر مورد شکی را بر حالت سابق یقینی آن از جهت آثار حقوقی ثابت بداریم. بنابراین سه‌رکن دارد: ۱ - یقین بآن در زمان سابق. ۲ - شك بآن در زمان بعد. ۳ - ثابت داشتن آثار یقین در زمان شك. ج. استصحابات.

استصحابات esteshāb-āt [ع.] ج. استصحاب (ه.م.)

استصلاح esteslāh [ع.] ۱ - (مصم.) نیکویی کردن‌خواستن. ۲ - (مصل.) نیك‌شدن، نیك آمدن. ۳ - (حق.) استنباطی که قاضی از روی کلیات‌مصالح لازم‌الرعایه‌بدست‌میآورد.

استصواب estesvāb [ع.] ۱ - (مصم.) صواب‌جستن. ۲ - صواب‌دیدن، راست داشتن، درست انگاشتن. ۳ - (إ.) صوابدید. ج. استصوابات.

استصوابات estesvāb-āt [ع.] ج. استصواب (ه.م.)

استضائت estezāat [ع. استضاءة ← استضائه] (مصم.) ← استضائه.

استضائه esteza a(-e) [ع.استضاءة ← استضائت] ۱ - (مصم.) روشنی خواستن، طلب‌روشنایی کردن، روشنی پذیرفتن. ۲ - (مصل.) روشن شدن. ۳ - (إمص.) روشنی جویی.

استضعاف estez'āf [ع.] (مصم.) ناتوان‌شمردن، ناتوان یافتن، ضعیف دانستن، سست پنداشتن.

استطابت estetābat [ع. استطابة ← استطابه] (مصم.) ← استطابه.

استطابه estetāba(-e) [ع.استطابة ← استطابت] (مصم.) ۱ - پاکیزگی خواستن، پاکی‌جستن. ۲ - پاك‌یافتن، پاکیزه دانستن.

استطاعت estetāat [ع.استطاعة]

استعانت

(مص ل.) ۱ - توانستن ، یارستن ، توانایی داشتن ، قدرت داشتن . ۲ - سرمایه‌داشتن، ثروتمندبودن، مستطیع بودن . ۳ - (امص.) توان ، توانش ، توانایی، یارایی. ۴ - بی‌نیازی.

استطالت estetālat [ع.استطالة ← استطاله] (مص ل.) ← استطاله .

استطاله estetāla(-e) [ع.استطالة ←استطالت] ۱ - (مص ل.)درازشدن، درازکشیدن. ۲ - فزونی کردن . ۳ - گردنکشی کردن ، تکبر کردن . ۴ - (امص.) گردن‌کشی، گردن‌فرازی .

استطراد estetrād [ع.] (مص ل.) ۱ - از پیش دشمن گریختن برای فریفتن او (غم.) ۲ - شمول خواستن. ۳ - از مطلب دورافتادن . ۴ - (بع.) گوینده یا نویسنده ضمن‌مدح یاهجو یا تغزل از مطلب اصلی خارج شود و بمضمون دیگر بپردازد ، آنگاه باز بمضمون نخستین بازگردد .

استطرادکردن e.-kardan [ع - ف.] (مص ل.) از مطلب دورافتادن.

استطراداً estetrād-an [ع.](ق.) بطریق‌استطراد (ه.م.)، بوجه‌استطراد، طرداً للباب.

استطراف estetrāf [ع.] (مص م.) ۱ - طرفه شمردن، نو داشتن. ۲ - نو پیدا کردن چیزی‌را. ۳ - خوش کردن‌و شگفت‌داشتن بچیزی.

استطلاع estetlā' [ع.] (مص م.) ۱ - آگهی خواستن ، آگاهی جستن ، اطلاع خواستن. ۲ - پرسیدن.

استطلاق estetlāγ [ع.] (مص م.) ۱ - رهایی‌خواستن. ۲ - رهانیدن‌ازبند. ۳ -(پز.) گشوده‌شدن‌شکم، روانی‌شکم، مبتلا باسهال گشتن.

استظهار estezhār [ع.] ۱ - (مص م.) پشت و پناه خواستن ، یاری خواستن. ۲ -پشت‌گرم‌شدن، پشت‌گرمی داشتن. ۳ - (امص.) پشت‌گرمی. ۴ - (ا.) اندوخته. ج. استظهارات .

استظهارات estezhār-āt [ع.] ج. استظهار (ه.م.)

استعادت este'ādat [ع.استعادة ←استعاده] (مص م.) ←استعاده.

استعاده este'āda(-e) [ع.استعادة ←استعادت] ۱ - (مص م.) طلب عود کردن ، بازگشت چیزی را خواستن ، دوباره خواستن . ۲ - (مص ل.) عادت بچیزی کردن.

استعاذت este'āzat [ع. استعاذة ←استعاذه] (مص م.) ←استعاذه.

استعاذه este'āza(-e) [ع.استعاذة ←استعاذت] (مص ل.) پناه‌خواستن ، پناه‌گرفتن، پناه بردن .

استعارات este'ārāt [ع.] ج. استعاره (ه.م.)

استعارت este'ārat [ع.استعارة← استعاره] (مص م.) ←استعاره.

استعاره este'āra(-e) [ع.استعارة ← استعارت] ۱ - (مص م.) عاریت گرفتن ، ایرمان گرفتن ، بعاریت خواستن . ۲ - (بن.) یکی از انواع مجاز است، و آن عبارتست از اضافت (نسبت) مشبه به بمشبه‌باعلاقه، پس‌اگر مشبه به ذکر و مشبه ترك شود استعارهٔ مصرحه (ه.م.) است و اگر عکس شود استعارهٔ مکنیه (ه.م.)

استعانت este'ānat [ع.استعانة] ۱ - (مص م.) یاری خواستن ، یاری گرفتن، کمك‌خواستن،معاونت‌طلبیدن. ۲ - (بع.) آوردن شعر شاعری در شعر یا نثر خود برای کمك بمراد ومقصود خویش .

استعباد este'bād [ع٠] (مصم٠) بنده گرفتن، بندگی خواستن ، کسی را بندهٔ خود ساختن، مانند بنده گردانیدن.

استعجاب este'ǰāb [ع.] ۱ـ (مصل.) شگفت کردن، شگفتی نمودن ، عجیب شمردن، درشگفت شدن، بشگفت آمدن. ۲ـ (إمص.)شگفتی، تعجب.

استعجال este'ǰāl [ع٠] ۱ ـ(مصم٠) کاری را بشتاب خواستن ، بشتاب واداشتن ، برانگیختن بعجله٠ ۲ـ (مص ل٠) شتاب کردن ، شتافتن. ۳ـ (إمص٠) شتابزدگی.

استعجام este'ǰām [ع٠] (مصل٠) ۱ ـ پوشیده شدن . ۲ ـ ناتوان شدن بسخن گفتن، عاجزشدن در سخن. ۳ـ خاموش گشتن از پاسخ سایل. ۴ـ بسته ومبهم شدن کلام .

استعداد este'dād [ع٠] ۱ ـ (مص ل٠) آمادگی کردن ، آماده‌شدن، مهیا گشتن. ۲ ـ (إمص.) آمادگی ، ساز، ساختگی، توانایی. ج. استعدادات .

استعدادات este'dād-āt [ع٠] ج٠ استعداد (ه٠م٠)

استعراب este'rāb [ع٠] (مصل.) ۱ ـ تقلید عرب کردن، مانندعرب‌شدن، عرب مآب گشتن. ۲ ـ سخن فارسی را عربی کردن ٠ ۳ ـ سخن زشت گفتن ، دشنام دادن، فحش گفتن.

استعصام este'sām [ع٠] (مصل.) ۱ ـ چنگ درزدن ، دست انداختن ، تشبث کردن. ۲ ـ پناه‌آوردن ٠

استعطاف este'tāf [ع٠] (مصم.) ۱ ـ مهربانی خواستن، بمهرانگیختن، بر سرمهرآوردن، طلب‌مهربانی کردن. ۲ ـ دل بدست‌آوردن.

استعظام este'zām [ع.] (مصم.) ۱ ـ بزرگ شمردن ، بزرگ‌داشتن . ۲ ـ بزرگ‌منشی کردن .

استعفا este'fā [ع.استعفاء] ← استعفاء.

استعفاء este'fā' [ع.،ف.: استعفا] ۱ ـ (مصم .) طلب عفو کردن ، عفو خواستن ، طلب بخشش کردن (کم٠) ۲ ـ خواهش رهایی از کار و خدمت کردن، تقاضای‌معافیت ازخدمت‌اداری کردن ٠

استعلا este'lā [ع. استعلاء] ← استعلاء.

استعلاء este'lā' [ع٠،ف٠: استعلا] ۱ ـ (مصل٠) بلندی خواستن ، بلند گردیدن . ۲ ـ بر بلندی بر آمدن . ۳ ـ برتری‌جستن، رجحان‌جستن. ۴ ـ بزرگوار شدن . ۵ ـ (إمص.) بلندی، رفعت٠

استعلاج este'lāǰ [ع٠] ۱ ـ (مص ل٠) درمان‌جستن،علاج بیماری‌طلبیدن، مداوای مرض خواستن . ٠ ۲ ـ چاره خواستن. ۳ ـ (إمص٠) چاره‌جویی ٠

استعلام este'lām [ع٠] ۱ ـ (مصم٠) آگهی‌خواستن، آگاهی‌خواستن، پرسش کردن ، پرسیدن ، خبر گرفتن . ۲ ـ آموزش‌خواستن. ج. استعلامات.

استعلامات este'lām-āt [ع٠] ج. استعلام.

استعمار este'mār [ع٠] ۱ ـ(مص م.) طلب آبادانی کردن ، آبادانی خواستن. (غم.) ۲ ـ (إمص.) (سیا.) تسلط مملکتی قوی برمملکتی ضعیف بقصداستفاده از منابع طبیعی و ثروت کشور و نیروی‌انسانی‌افرادآن، ببهانهٔ نابجای ایجاد آبادی و رهبری مردم آن بسوی ترقی .

استعمار شدن e.-šodan [ع٠ـف.] (مصل) تحت استعمار (ه٠م٠) قرار

استفاده

گرفتن، مستعمره شدن.

استعمارکردن e.-kardan [ع.-ف.] (مص‌م.) مورد استعمار (ه‌م.) قرار دادن، مستعمره کردن.

استعماری este'mār-ī [ع.-ف.] (حامص.) منسوب به استعمار (ه‌م.)؛ دولت و کشوری قوی که کشورهای دیگر را مورد استعمار قرار دهد؛ مستعمره طلب؛ دولت استعماری.

استعمال este'māl [ع.] (مص‌م.) ۱ - بکاربردن، عمل کردن، معمول داشتن. ۲ - برگماشتن، برکارداشتن، بکارواداشتن. ۳ - درتلفظ بکاربردن. ج. استعمالات. ‖ ~ **اسلحه**. (نظ.) بکاربردن سلاح های جنگی، آتش کردن بوسیلهٔ اسلحه.

استعمالات este'māl-āt [ع.] ج. استعمال (ه‌م.)

استغاثات esteγās-āt [ع.] ج. استغاثه (ه.م.)

استغاثت esteγāsat [ع. استغاثة ← استغاثه] (مص‌ل.) ← استغاثه.

استغاثه esteγāsa(-e) [ع. استغاثة ← استغاثت] ۱ - (مص‌م.) فریادرس خواستن، دادخواهی کردن، دادرسی خواستن، کمک طلبیدن. ۲ - (إمص.) فریادخواهی، دادخواهی. ۳ - زاری، تضرع. ج. استغاثات.

استغراب esteγrāb [ع.] (مص‌م.) غریب شمردن، عجیب دانستن چیزی را، بشگفت آمدن از امری.

استغراق esteγrāγ [ع.] ۱ - (مص‌م.) همه را فرا گرفتن، همه را فرا رسیدن. ۲ - (مص‌ل.) غرق شدن، غرقه گشتن. ۳ - فرورفتن در امری، سخت سرگرم شدن بکاری، تعمق.

استغراق یافتن e.-yāftan [ع.-ف.] (مص‌ل.) فروشدن: در مطالعه استغراق یافته است.

استغفار esteγfār [ع.] ۱ - (مص‌ل.) آمرزش خواستن، طلب مغفرت کردن. ۲ - توبه کردن. ۳ - استغفرالله گفتن. ۴ - (إمص.) پوزش.

استغلاظ esteγlāz [ع.] ۱ - (مص‌م.) غلیظ دانستن، ستبر شمردن چیزی را. ۲ - (مص‌ل.) غلیظ شدن، ستبر شدن.

استغلال esteγlāl [ع.] (مص‌م.) طلب غله کردن، غله گرفتن، غله بر داشتن.

استغنا esteγnā [=ع. استغناء] ← استغناء.

استغناء esteγnā' [ع.، ف.: استغنا] ۱ - (مص‌ل.) توانگری خواستن، بی‌نیازی خواستن، خواستار بی‌نیازی بودن. ۲ - توانگر شدن، بی‌نیاز گشتن. ۳ - (إمص.) بی‌نیازی، توانگری. ۴ - عدم تقید، بی‌قیدبودن. ۵ - ناز. ۶ - (تص.) حالتی است که عارفان کامل بدان نایل آیند، و آن بی نیازی از ماسوی الله (آنچه جز خداست) و نیاز و فقر در برابر خداوند است. ‖ ~ **از** ... بی نیاز شدن از ... ‖ ~ **بخرج دادن**. بی‌نیازی نمودن، استکبار. ‖ ~ **طبع**. مناعت طبع، بلند طبعی، بی‌پروا بودن نسبت بامور جزئی و ناچیز.

استفادت estefādat [ع. استفادة ← استفاده] (مص‌م.) فایده گرفتن، فایده خواستن، استفاده؛ مق. افادت.

استفاده estefāda(-e) [=ع. استفادة ← استفادت] (مص‌م.) فایده گرفتن، فایده خواستن، بهره‌جویی کردن؛ مق. إفاده. ‖ **حسن** ~. بخوبی استفاده کردن از چیزی، بهره جویی بجا و مناسب کردن. ‖ **سوء** ~. استفادهٔ نامشروع

استفاده‌جو(ی) کردن ، بد استفاده کردن ازچیزی، به طرز نامطلوبی‌درچیزی یا کاری‌دخالت ورزیدن.

استفاده‌جو(ی) e.-ǰū(y) [ع.ف. = استفاده جوینده] (اِفا.) آنکه با تهیهٔ مقدماتی از امور نفع مادی برد.

استفاده جویی e.-ǰūy-ī [ع.-ف.] (حامص.) عمل استفاده‌جو(ی) (ه.م.)

استفاده چی e.-čī [ع.-تر.](ص‌مر.) استفاده گر، آن که همواره‌در پی‌بهره بردن از چیزها و کسان است ، بهره کش، آنکه نان را بنرخ روز میخورد و درپی سود خویش است ،آنکه از همه چیز و همه کس بسود خود سوءاستفاده میکند .

استفاضت estefāzat [ع. استفاضة ← استفاضه] (مص‌م.)← استفاضه.

استفاضه estefāza(-e) [ع.استفاضة ←استفاضت] (مص‌م.) ۱ - آب روان کردن‌خواستن (غم.) ۲ - عطاخواستن. ۳ - فیض گرفتن، طلب فیض کردن.

استفتا esteftā [= ع. استفتاء] (مص‌م.)← استفتاء.

استفتاء esteftā' [ع ،ف.: استفتا] (مص م.) طلب فتوی کردن ، فتوی خواستن، فتوی پرسیدن،در باب‌مسایل فقهی و شرعی از کسی رأی و فتوی خواستن.

استفتاح esteftāh [ع.] (مص‌م.) ۱ - نصرت خواستن،فیروزی جستن . ۲ - گشادگی خواستن، فتوح‌خواستن، گشایش‌طلبیدن. ۳ - یار خواستن،یاری خواستن. ۴ - آغازیدن، ابتدا کردن. ۵ - خواستاررفع‌دشواری از کاری‌شدن، خواستن حل مشکلی که درقر آن‌باشد. ‖ **روز ــــ** .روز پانزدهم ماه رجب که میگویند در آن روز درهای آسمان یا درهای کعبه باز است.

استفراد estefrād [ع.] ۱ - (مص ل.)تنهاشدن بچیزی،تنهارفتن‌پی‌کاری. ۲ - تنها کردن کاری را. ۳ - تنهایی خواستن، خواستار تنهایی بودن. ۴ - (مص‌م.) کسی‌را ازمیان‌گروه به‌تنهایی بر گزیدن .

استفراغ estefrāγ [ع.] (مص‌م.) ۱ - فراغت خواستن، خواستار فراغت و آسودگی گشتن. ۲ - تهی‌کردن بدن از فضله‌ها و افزونیها، قی کردن ، بر گردانیدن فضول از راه گلو، شکوفه.

استفراغ کردن e.-kardan [ع.-ف.] (مص‌م.) ۱ - بیرون ریختن چیزهای زاید از بدن ازراه گلو وجز آن، قی کردن، بر گردانیدن. ۲ - روان کردن شکم .

استفسار estefsār [ع.] (مص م.) ۱ - بیان کردن خواستن، طلب تفسیر کردن. ۲- پرسیدن. ۳-(اِمص.)پرسش، اقتراح . ۴- جستجو ، تفحص . ج . استفسارات .

استفسارات estefsār-āt [ع.] (مص.،اِ.) ج. استفسار (ه.م.)

استفسارکردن e.-kardan [ع.-ف.] (مص‌م.) پرسیدن، پرسش کردن،سؤال کردن ، تفسیر خواستن. ۲ - جستجو کردن، تفحص کردن .

استفعال estef'āl [ع.](مص‌م.) ۱ - طلب فعل کردن. ۲ - (صر. عربی) نام یکی از بابهای ده گانهٔ ثلاثی‌مزید در صرف زبان عربی که با افزودن «است ـ»درآغازفعل‌مجرد ساخته‌میشود، و معنی آن در خواست چیزی‌کردن و خواستار آن چیز گردیدن‌است،چنانکه استخراج بمعنی بیرون‌آوردن خواستن است.

۲۵۵ استقرائی

استفهام estefhām [ع٠] ۱ - (مص م.) فهم جستن، فهمیدن‌خواستن. ۲ - پرسیدن، سؤال کردن. ۳ - (اِمص.) پرسش. ج. استفهامات. ‖ **ادوات** ~ . (دس.) کلمه هایی که‌بوسیلۀ آنها ازچیزی پرسش میکنند و دریافتن خبری یا معنیی را میخواهند، مانند: که، چه، چون، چگونه، چند. ‖ **علامت (نشانۀ)** ~ . (دس.) نشانه‌ای که درآخرجمله‌های پرسشی گذارند (؟).

استفهامات estefhām-āt [ع٠]ج٠ استفهام (ه.م.)

استقا esteγā [=ع. استقاء](مص م.) ← استقاء.

استقاء esteγā' [ع.،ف.: استقا] (مص م.) ۱ - آب از چاه بر کشیدن، آب کشیدن. ۲ - آب خواستن،طلب آب. ۳ - نوشاندن آب وشراب.

استقالت esteγālat [=ع٠استقالة ← استقاله] (مص م.) ۱ - فسخ بیع را خواستار شدن، پایان گرفتن معامله را خواستن. ۲ - خواستار عفو و بخشایش شدن.

استقاله esteγāla(-e) [ع٠استقالة] ← اِستقالت.

استقامت esteγāmat [ع. استقامة ← استقامه] (مص ل.) ۱ - راست ایستادن،راست شدن. ۲ - درست‌شدن. ۳ - (اِمص.) درستی. ۴ - ایستادگی، پایداری، پافشاری، ثبات. ۵ - (مص ل.) بها کردن، قیمت‌کردن. ۶ - (ور.) در مسابقۀدوچرخه سواری، دو و میدانی، اسکی، شنا، اگر طول مسیر زیادتراز حد معینی باشد، بآن استقامت اطلاق شود

استقامه esteγāma(-e) [ع.استقامة ← استقامت] (مص ل.) ← استقامت.

استقباح esteγbāh [ع٠] (مص م.) زشت شمردن، قبیح دانستن؛ مق. استحسان.

استقبال esteγbāl [ع٠] (مص م.) ۱ - طلب اقبال کردن (غم.) ۲ - پیش آمدن،روی آوردن، پیش رفتن، روی کردن به، پیشواز کردن؛ مق. بدرقه. ۳- (اِمص.) پیشواز، پذیره. ۴- (ص.) آینده؛ مق٠حال‌وگذشته. ۵ - (مص ل.) (نج.) مقابلۀ دو کوکب، مخصوصاً خورشید و ماه. ۶ - (فق.) بطرف قبله متوجه بودن. ۷- (اد.) تتبع شاعر شعر شاعری دیگر را. ج. استقبالات.

استقبالات esteγbāl-āt [ع٠] ج٠ استقبال (ه.م.)

استقبال‌کردن e.-kardan [ع.-ف.] (مص م.) ۱ - به پیشواز رفتن، پذیره شدن؛ مق٠ بدرقه کردن. ۲ - توجه کردن، ابراز علاقه کردن بچیزی.

استقبالی esteγbāl-ī [ع.-ف.] (ص نسبـ.) ۱ - منسوب به استقبال، مربوط بزمان آینده. ۲ - ممکن (ه.م.)

استقرا esteγrā [ع٠ استقراء] ← استقراء.

استقراء esteγrā' [ع.،ف.: استقرا] ۱ - (مص م.) جستجو کردن، کنجکاوی کردن. ۲- (اِمص.)جستجو، کنجکاوی. ۳ - (منط.) از جزئی بکلی پی بردن؛ مق.قیاس. ‖ ~ **تام**.(منط.) تتبع‌تام، استقرای کامل. ‖ ~ **ناقص**. (منط.) تتبع ناقص، استقرای ناتمام.

استقراءکردن e.-kardan (مص م.) ۱ - تتبع کردن، جستجو و کنجکاوی کردن. ۲ - (منط.) شناختن شیء کلی بجمیع اشخاص آن؛ مق٠ قیاس کردن.

استقرائی esteγrā'-ī [ع.-ف.]

استقرار

(ص‌نسب.) منسوب به استقراء (ه‍.م.) ، آنچه بر اساس استقراء و جستجو در اشخاص یك شیء کلی بدست آید.

استقرار esteγrār [ع.] ۱ - (مصل.) قرار یافتن ، ثابت شدن، پا بر جا شدن. ۲ - آرام یافتن، آرام گرفتن. ۳ - (إمص.) ثبات ، سکون ، آرام. ۴ - (نج.) رجعتی که موجب‌شود تا ستارگان بنقطهٔ حرکت خود باز گردند.

استقرار پیداکردن e.-pay(ey)dā kardan [ع.-ف.] (مصل.) قرار گرفتن، مستقر شدن ، ثابت گردیدن.

استقرار دادن e.-dādan [ع.-ف.] (مصم.) قرار و ثبات دادن ، مستقر ساختن.

استقرارگرفتن e.-gereftan [ع.-ف.] (مصل.) ۱ - ثابت شدن ، پا بر جا شدن ، استوار گردیدن ، قرار یافتن ، مستقر گردیدن . ۲ - آرام گرفتن، آرام یافتن.

استقراریافتن e.-yāftan [ع.-ف.] (مصل.) ۱ - قراریافتن، استوارشدن، مستقر گردیدن ، پا برجا شدن . ۲ - آرام گرفتن، آرام یافتن.

استقراض esteγrāz [ع.] ۱- (مصم.) وام خواستن، قرض‌گرفتن. ۲ - (إمص.) وام خواهی. ج. استقراضات.

استقراضات esteγrāz-āt [ع] ج. استقراض (ه‍.م.)

استقراضی esteγrāz-ī [ع.- ف.] (ص‌نسب.) منسوب به‌استقراض (ه‍.م.)، آنچه مربوط و وابسته‌بقرض‌واستقراض است. ‖ بانك ~ . (بانک.) بانکی که نقدینه وام دهد؛ بانك رهنی .

استقراع esteγrā' [ازع.] (مصم.) قرعه کشیدن . ضح. - در عربی بمعنی «بعاریت خواستن گشن از کسی» و «گشن‌خواه شدن ماده شترو ماده گاو» و غیره آمده و بمعنی قرعه‌کشیدن درعربی «اقتراع» مستعمل است.

استقسام esteγsām [ع.] (مص م.) ۱ - سوگند خوردن‌خواستن، درخواست قسم خوردن کردن. ۲ - بخش کردن خواستن (از تیرهای قمار وغیره). ۳ - تفأل وتطیر بتیرهای بی‌پر درنزد عرب، در دوران جاهلیت . ۴ - بهره و نصیب خود خواستن.

استقصا esteγsā [=ع.استقصاء] ← استقصاء.

استقصاء esteγsā' [ع.] (مص ل.) ۱ - جهد تمام کردن، کوشش‌تمام کردن، سعی وکوشش بسیار کردن. ۲ - طلب نهایت چیزی را کردن . ۳ - بنهایت رسیدن، بررسیدن ، پی جویی کردن . ۴ - (إمص.) پی جویی ، تفحص . ۵ - سختگیری در محاسبه، دقت بسیار در حساب چیزی.

استقصاءکردن e.-kardan [ع.-ف.] (مصم.) ۱ - کوشش تمام کردن، جهد تمام کردن. ۲ - دقت و تفحص کامل کردن، پی‌جویی کردن درکاری.

استقصاد esteγsād [ع.] (مص م.) میانه روی‌خواستن، طلب اقتصادکردن.

استقصاص esteγsās [ع.] (مصم.) ۱ - قصاص گرفتن خواستن ازکسی ، قصاص دادن خواستن ، طلب قصاص کردن. ۲ - روایت‌کردن سخن .

استقلال esteγlāl [ع.] ۱ - (مص م.) برداشتن و بلند کردن (غم.) ۲ - (مصل.) بلند بر آمدن ، بجای بلند آمدن (غم .) ۳ - ضابط امر خویش بودن، بخودی خود بکاری برایستادن بی شرکت غیری. - (سیا .، حق.) صاحب‌اختیاری‌وآزادی کامل‌یك کشور

(دولت‌وملت)درامورسیاسی و اقتصادی، بدون اعمال نفوذ خارجیان (ظاهراً و باطناً).

استقلال‌طلب e.-talab [از ع.] (إفا.) آنکه طرفدار استقلال (ه.م.) است.

استقلال‌طلبی e.-talab-ī [ع-ف.] (حامص.) عمل استقلال‌طلب (ه.م.)، طرفدار استقلال (ه.م.) بودن.

استکان estakān [رس. stakān] (إ.) ظرف شیشه‌یی یا بلوری استوانه شکل نسبةً باریك و بلند و بدون دسته.که غالباً با آن چای خورند.

استکانت estekānat [ع.استکانة] (مص‌ل.) ۱ - زاری‌کردن، زاریدن. ۲ - فروتنی‌کردن، عجز آوردن. ۳ - تن دردادن، گردن‌نهادن. ۴ - (إمص.) زاری، تضرع. ۵ - فروتنی، تواضع.

استکانی estakān-ī ۱ - (ص‌نسب.) منسوب به‌استکان (ه.م.) ۲ - (گیا.) ← گل استکانی.

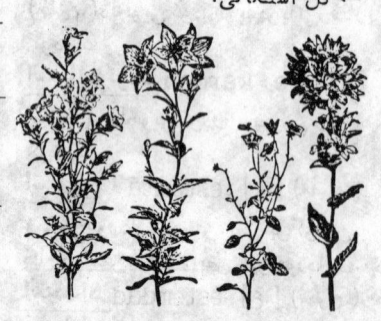

استکانی (گل)

استکبار estekbār [ع.] ۱ -(مص م.) بزرگ دیدن کسی یا چیزی را. ۲ - (مص‌ل.) بزرگی نمودن از خود، بزرگ منشی کردن، تکبر کردن. ۳ - گردنکشی کردن.

استکتاب estektāb [ع.] (مص‌م.) ۱ - نوشتن فرمودن (غم.) ۲ - نوشتن چیزی‌خواستن، طلب نوشتن چیزی کردن. ۳ - استنساخ کردن، نسخه بر داشتن، رونوشت برداشتن.

استکثار esteksār [ع.] ۱- (مص م.) بسیار خواستن چیزی را. ۲ - بسیار کردن، برافزودن. ۳ - بسیار داشتن. ۴ - (إمص.) زیادت طلبی، افزون جویی.

استکراه estekrāh [ع.] (مص‌م.) ۱ - ناخوش داشتن، ناپسند شمردن. ۲ - بجور و زور بکاری واداشتن.

استکشاف estekšāf [ع.] (مص‌م.) ۱ - روشن کردن خواستن، طلب کشف کردن. ۲ - جستجو کردن. ۳- (إمص.) جستجو، تجسس. ج. استکشافات.

استکشافات estekšāf-āt [ع.] ج. استکشاف (ه.م.)

استکشاف‌کردن e.-kardan [ع.-ف.] (مص‌م.) تجسس کردن، تحقیق نمودن.

استکفا estekfā [=ع. استکفاء] ← استکفاء.

استکفاء estekfā' [ع.، ف.: استکفا] (مص‌م.) کفایت کردن خواستن، کار گزاری خواستن.

استکمال estekmāl [ع.] (مص‌م.) ۱ - کمال‌خواستن، طلب تمامی کردن. ۲ - کامل کردن، تمام کردن. ۳ - نیکوکردن، بحال نیکو درآوردن. ج. استکمالات.

استکمالات estekmāl-āt [ع.] ج. استکمال (ه.م.)

استلات estelāt [ع.] (مص‌م.) آب کاسه‌را با نگشت پاك کردن.

استلام estelām [ع.] (مص‌م.) ۱ - لمس کردن، بسودن، دست کشیدن بچیزی. ‖ ~ حجر. بسودن سنگ (بلب یا دست)، سنگ‌را لمس کردن.

۲ - بوسه‌دادن. ۳ - دربرگرفتن. ۴ - صلح کردن.

استلانت estelānat [=ع.استلانة] ۱ - (مص‌م.) نرم‌شمردن، نرم‌یافتن. ۲ - نرم‌گردانیدن. ۳ - (مص‌ل.) نرم‌شدن.

استلحاق estelhāγ [ع.] (مص‌م.) ۱ - فراخواندن کسانی را برای بهم آمدن، درخواست ملحق‌گردیدن بهم کردن. ۲ - دعوی‌کردن که‌فرزند از آن من است، بخود نسبت دادن.

استلذاذ estelzāz [ع.] (مص‌م.) ۱ - طلب‌مزه کردن، مزه‌خواستن. ۲ - مزه‌یافتن، لذت‌بردن. ۳ - خوش مزه دانستن، بامزه یافتن، خوش‌مزه‌شمردن.

استلزام estelzām [ع.] ۱ - (مص م.) همراه‌گرفتن، همراه داشتن. ۲ - (إمص.) لزوم، وجوب، ضرورت، لازم شدگی، بهم‌چسبیدگی. ج. استلزامات. ‖ ~ عقلی. ← استلزامات.

استلزامات estelzām-āt [ع.] ج. استلزام (ه‌.م.) ‖ ~ عقلی (عقلیه). (فلـ.، اصـ.) نتایج عقلی یك‌حکم‌شرعی، آنکه عقل بتوسط‌حکمی شرعی ازروی وحدت ملاك نتیجه بدست‌آورد.

استلقا estelγā [= ع.استلقاء] ← استلقاء.

استلقاء estelγā' [ع.، ف.: استلقا] (مص‌ل.) برپشت خوابیدن، برقفاخفتن، ستان خفتن، طاقباز‌خوابیدن.

استم astam [— ستم] (فعـ.) صیغهٔ اول‌شخص مفرد از مصدر «استن»؛ ام، هستم؛ ← ستم.

استم estam [= ستم] (إ.) جور، جفا، ظلم.

استماع estemā' [ع.] (مص‌م.) شنیدن (آواز)، نیوشیدن، گوش‌دادن، اصغاء. ج. استماعات.

استماعات estemā-āt [ع.] ج. استماع (ه‌.م.)

استماع شدن e.-šodan [ع.-ف.] (مص‌ل.) شنیده شدن، بسمع درآمدن.

استماع‌کردن e.-kardan [ع.-ف.] (مص‌م.) شنیدن، گوش‌فرادادن، شنودن، اصغاء‌کردن.

استمالت estemālat [=ع.استمالة] ۱ - (مص‌م.) کسی‌را بسخن‌خویش‌بسوی خودخواندن، دلجویی کردن، دل گرم کردن کسی‌را. ۲ - نرمی‌کردن. ۳ - (إمص.) دلجویی، نوازش. ۴ - (مص ل.) مایل شدن، میل کردن بسویی. ۵ - (ف.) بمعنی گوشمالی گرفته شده (ظ.):

«هستم از استمالت دوران
چون شترمرغ‌عاجز وحیران.»
(سنائی،لغ.)

استمالت‌دادن e.-dādan [ع.-ف.] (مص‌م.) دلجویی‌کردن، بمهربانی‌رفتار کردن.

استمالت‌کردن e.-kardan [ع.-ف.] (مص‌م.) دلجویی‌کردن، بنرمی رفتار کردن.

استمتاع estemtā' [ع.] (مص‌م.) ۱ - برخورداری‌جستن، بهره‌برگرفتن، کام‌خواستن. ۲ - (إمص.) برخورداری.

استمداد estemdād [ع.] (مص‌م.) ۱ - یارخواستن، یاری‌خواستن، یاری جستن. ۲ - سیاهی گرفتن از دوات (غم.) ج. استمدادات.

استمدادات estemdād-āt [ع.] ج. استمداد (ه‌.م.)

استمدادکردن e.-kardan [ع.-ف.] (مص‌م.) مدد خواستن، یاری خواستن.

استمرار estemrār [ع.] ۱ - (مص

ل.) گذشتن ورفتن پیوسته، بریك‌روش رفتن. ۲ - روان‌شدن. ۳ - همیشه‌بودن، پیا پی بودن. ۴ - توانا گردیدن دربر داشتن چیزی . ۵ - محکم و استوار شدن، قوی‌شدن. ٦ - (إمص.) اتصال ، پیوستگی. ۷-توانایی.

استمراراً estemrār-an [ع.] (ق.) پیاپی، مدام، همیشه، مستمراً.

استمرار دادن e.-dādan [ع.-ف.] (مصم.) ادامه‌دادن ، مستمر و مدام ساختن، پیوستگی دادن.

استمرار داشتن e-dāštan [ع.-ف.] (مصل.) باقی‌بودن، مستمربودن، دوام داشتن.

استمراری estemrār-ī [ع.-ف.] (ص‌نسبـ، إمر.) منسوب به استمرار . ۱ - چیزی‌که پیوستگی‌و استمرارداشته باشد. ۲ - مستمری، وظیفه ، مقرری. ۳ - (دس.) حالتی است از فعل‌که دوام و استمرار معنی‌فعل را درزمان‌گذشته یا حال میرساند . ‖ **ماضی ~** . (دس.) فعل ماضی که درزمان گذشته‌دوام و استمرار داشته باشد و علامت آن «همی» (درقدیم) و « می » (درقدیم و عصر حاضر)است‌که برسرفعل درمیآید وگاه نیز «-ی» بتنهایی در آخر فعل در میآمده ، و زمانی « ـی »درآخر و «می» بر سر فعل افزوده میشده است: همی‌رفت ، می‌رفت، رفتی ، می‌رفتی . ‖ **مضارع ~** . (دس.) فعل مضارع‌که در زمان حال دوام و استمرار داشته باشد، و علامت‌آن « همی» (در قدیم) و «می» (در قدیم و عصر حاضر) است که برسرفعل‌در میآید:همی‌رود،می‌رود.

استمزاج estemzāǰ [ع.] (مصم.) ازچگونگی‌مزاج آگاهی بدست‌آوردن، مزاج‌دانی کردن .

استمزاج کردن e.-kardan [ع.-ف.] (مصم .) زمینه بدست آوردن ، استفسار کردن.

استمساك estemsāk [ع.] ۱ - (مص ل.) دست درزدن ، تمسك جستن. ۲ - (إمص.) تمسك، اعتصام.

استمساك‌کردن e.-kardan [ع.-ف.](مص‌ل.) ~ به ... چنگ‌درزدن درچیزی، تمسك‌جستن، اعتصام‌کردن.

استمگر estam-gar [=ستمگر ← استم، ستم] (ص‌فا.) ظالم، جفا کار .

استملا estemlā [ع. استملاء] ← استملاء .

استملاء estemlā' [ع.،ف.: استملا] (مص م.) ازیاد چیزی نویسانیدن خواستن، املاء کردن خواستن ، املاء پرسیدن. ‖ ~ **حدیث** .(حد.)خواستار گفتن حدیث شدن ازکسی‌برای‌نوشتن.

استملاك estemlāk [ع.] (مصم.) تملك، به ملك گرفتن، تصرف‌کردن .

استملاك‌کردن e.-kardan [ع.-ف.] (مصم.) تصرف‌کردن ملکی را، مالك شدن ملکی را.

استمنا estemnā [ع.استمناء] ← استمناء .

استمناء estemnā' [ع.،ف.:استمنا] ۱ - (مصل.) بیرون‌کردن منی بدون مقاربت[۱]، جلق زدن، مشتو زدن. ۲ - (إمص.) جلق‌زنی، مشت زنی. ‖ ~ **بالید** . جلق زدن بوسیلهٔ دست.

استمهال estemhāl [ع.] (مصم.) درنگ جستن ، زمان خواستن، مهلت خواستن.

استمهال‌کردن e.-kardan [ع.-ف.] (مصل.) مهلت‌خواستن، زمان‌طلبیدن.

---

۱ - Masturbation (فر.), onanisme (فر.)

استن

***استن** astan [قس · هستن] مصدر مفروض که زمان حال «بودن» از آن صرف شود، اینچنین: استم، استی، است، استیم، استید، استند. وگاه بجای آنها: ام، ای، است، ایم، اید، اند؛ بکاربرند · و نیز مشتقات این مصدر در آخر صیغ قسمی از ماضی مطلق در آید ← ستم.

استن aseton [فر· acétone] (شم.) مایعی است بی‌رنگ، فرار، سریع‌التبخیر وقابل اشتعال، با بوی اتری[۱] که از تقطیر یکی از استاتها بدست می‌آید، ومانند یك حلال بکار میرود.

استن oston [=استون=ستون (ه·م·)] (إ·) ستون، رکن، استوانه، پالار، عماد.

استنابت estenābat [=ع· استنابه] (مصم·) بنیابت خواستن کسی‌را.

استنابه estenāba(-e) [ع· استنابة] ← استنابت.

استناد estenād [ع·] ۱ - (مصل·) پشت دادن، پشت نهادن بسوی‌چیزی. ۲ - پناه بکسی دادن. ۳ - پناه بکسی بردن. ۴- نسبت کردن بر، برداشتن بکسی · ۵ - سند قرار دادن چیزی‌را. ج. استنادات.

استنادات estenād-āt [ع ·] ج · استناد (ه.م.)

استنادکردن e.-kardan [ع-ف·] (مص م·) ۱ - پشت بچیزی دادن، تکیه بچیزی کردن. ۲ - آیه یا حدیث یا سخنی ومانند آنرا سند قرار دادن وبدان تمسك ساختن ·

استناره estenāra(-e) [ع· استنارة] (مصل·) ۱- روشن‌شدن· ۲-مددخواستن بشعاع، روشنی‌جستن.

استنبا estenbā [=ع· استنباء] ← استنباء.

استنباء estenbā' [ع·،ف·: استنبا] (مصم·) خبرجستن، در جستجوی‌خبر برآمدن، خبر پرسیدن.

استنباط estenbāt [ع·] ۱ - (مص م·) بیرون آوردن‌چیزی‌را، درآوردن· ۲ - (إمص·) دریافت‌معنی‌ومفهوم‌چیزی براثر دقت وتیزهوشی· ج·استنباطات. ‖ قوهٔ ~ · قوهٔ استخراج حقایق و مطالب.

استنباطات estenbāt-āt [ع·] ج· استنباط (ه·م·)

استنبه estanba(-e) [=ستنبه] ۱- (ص·)زشت، کریه، درشت‌وناتراشیده· ۲ - (إ·) صورتی بغایت کریه منظر · ۳- کابوس، بختك· ۴- دیو· ۵ - (ص·) دلیر، صاحب قوت ·

استنتاج estentāǰ [ع·] (مصم·) طلب نتیجه کردن، استخراج نتیجه کردن از مقدمات. ج. استنتاجات.

استنتاجات estentāǰ-āt [ع·] ج· استنتاج (ه·م·)

استنجا estenǰā [ع·استنجاء] ← استنجاء.

استنجاء estenǰā' [ع·،ف·: استنجا] (مصل·) ۱ - رستن، رهایی‌یافتن· ۲ - شستن جای پلید و نجس راکه بول و غایط در آن بوده است وسنگ وکلوخ بدانجامالیدن. ‖ سنگ ~ · سنگی که بوسیلهٔ آن بول وغایط را از جایی‌پاك کنند، سنگی‌که بدان تطهیرمیکنند·

استنجاد estenǰād [ع·] ۱- (مصم·) یاری خواستن، استعانت جستن · ۲ - توانا گردیدن بعد از سستی، دلیری کردن پس‌از ترس·

۱ - Ether (فر.)

استندار estan-dār [= استاندار] ← استاندار. ضح . ـ حکام سلسلهٔ پادوسپان طبرستان را بعنوان فوق میخواندند .

استنزال estenzāl [ع·] ۱- (مصم·) فرو آوردن، فروفرستادن . ۲ ـ فرود آمدن خواستن،درخواستن فرود آمدن. ۳ ـ (مصل.) ازمرتبهٔ خود فروافتادن·

استنساخ estensāx [ع·] (مص م·) نسخه گرفتن از نوشته یا کتابی ، نقل کردن مطلبی از روی نوشته‌ای .ج . استنساخات.

استنساخات estensāx-āt [ع·]ج· استنساخ (هـ.م·)

استنشاق estenšāγ [ع·] (مص م·) ۱ ـ به بینی کشیدن چیز یا مایع : استنشاق‌آب. ۲ ـ بوی‌کردن‌چیزی‌را، بوییدن. ج. استنشاقات.

استنشاقات estenšāγ-āt [ع·]ج. استنشاق (هـ.م.)

استنطاق estentāγ [ع·] ۱- (مصم·) بسخن‌آوردن، بگفتار انگیختن. ۲ ـ سخن گفتن کسی را خواستار شدن . ۳ ـ (إمص.)(تد.)بازپرسی، بیرون‌کشی سخن ازکسی. ج. استنطاقات.

استنطاقات estentāγ-āt [ع·]ج. استنطاق (هـ·م·)

استنطاق‌کردن e.-kardan [ع.ـف.] (مصم·) بازپرسی کردن.

استنکاح estenkāh [ع·] (مصم·) عقدزناشویی بستن، طلب نکاح‌کردن.

استنکار estenkār [ع·] (مص م·) ۱ ـ نا شناختن. ۲ ـ خواستاردریافتن امری نا شناس گردیدن · ۳ ـ انکار کردن. ‖ یاءِ ـــ . (دس.) یاءِ نکره ، یاءِ تنکیر: اسبی خریدم.

استنکاف estenkāf [ع·] ۱ـ(مصل.) ۱ ـ ننگ‌داشتن،عارداشتن· ۲ ـ سرباز زدن ، امتناع کردن . ۳ ـ (إمص.) سرپیچی .

استنکاف کردن e.-kardan [ع. ـ ف.] (مصل·) سرپیچی کردن، امتناع کردن، ابا کردن·

استوا estevā [ع. استواء] ← استواء .

استواء estevā' [ع.،ف.: استوا] ۱ ـ (مصل.) برابر شدن، راست شدن· ۲ ـ (إمص .) برابری ، یکسانی. ۳ ـ (مصل.) معتدل‌گردیدن · ۴- (إمص.) اعتدال؛استواءقامت. ۵ ـ(مصل.)قرار گرفتن، استقرار . ‖ (جغ.، هیـ.) خط ـــ . دایره‌ای شرقی غربی که کرهٔ زمین را بدو قسمت متساوی (شمالی ، جنوبی) تقسیم‌کند← بخش۳·

استوار ost-o vār [= ستوار؛ په. hōstubār،astōbār] ۱- (ص‌مر·) برقرار، پایدار ، ثابت ، پای بر جا · ۲ ـ محکم،مستحکم،سخت· ۳ ـ معتمد، امین· ۴- (حامص.)استواری، محکمی. ← استواردادن· ۵ ـ (نظ.)درجه‌ایست در نظام ایران ، میان گروهبان و افسریار، و دومرحله دارد: استواردوم و استوار یکم؛ معین نایب.

استوار دادن o.-dādan [= استواری دادن] (مصم·)استواری دادن،محکمی بخشیدن، مستحکم کردن.

استوار داشتن o.-dāštan (مصم.) ۱ ـ بر قرار داشتن ، محکم ساختن ، استوار ساختن. ۲ ـ باور داشتن،باور کردن. ۳ ـ اطمینان داشتن ، مطمئن بودن، امین شمردن·

استوار ساختن o.-sāxtan (مصم·) ۱ ـ محکم ساختن ، بر قرار داشتن ، استحکام دادن . ۲ ـ ابرام کردن ، اصرار ورزیدن·

استوار شدن

استوار شدن o.-šodan (مص‌م.) محکم شدن، ثابت شدن، استحکام پذیرفتن، راسخ شدن.

استوار کردن o.-kardan (مص‌م.) ۱ - محکم کردن، سخت کردن، مؤکد گردانیدن. ۲- درست کردن. ۳- صحه نهادن. ۴ - سخت گرفتن، سخت‌بستن، محکم بستن.

استوارگردیدن o.-gardīdan (مص ل.) ۱ - محکم شدن ، ثابت گشتن . ۲ - مطمئن گردیدن.

استوانه

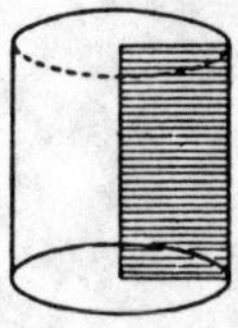

استوارنامه o.-nāma(-e) (إمر.) (سیا.) (فره.) حکمی است برای سفیران ودیگر مأموران سیاسی که از طرف رؤسای کشورها خطاب بدولتی که نمایندهٔ سیاسی بایددرکشوروی‌اقامت نماید صادرمیشود؛ اعتبارنامه(سیاسی).

استواری ost-o-vār-ī [← استوار] ۱- (حامص.) محکمی ، حصانت ، استحکام، محکم کاری. ۲ - ثبات ، پایداری، برقراری. ۳-ایمنی،اطمینان. ۴ - امانت، زنهارداری. ۵ - (إ.) عهد و پیمان، میثاق،وثیقه. ۶ - ثقه،اعتماد، اتکاء. ۷ - حزم، احتیاط.

استوقدوس

استواری داشتن o.-dāštan (مص ل.) ۱ - استحکام، محکم بودن. ۲ - اطمینان داشتن، وثوق داشتن.

استواری‌کردن o.-kardan (مص‌م.) ۱ - اطمینان کردن ، اعتماد کردن ، وثوق داشتن . ۲ - تحقیق و تفحص کردن. ۳- تأکید کردن. ۴ - احتیاط کردن.

استوان ost-o-vān [=ستوان؛ په. astobān] (ص‌مر.) ۱ - استوار ، محکم، متین. ۲ - معتمد، امین. ۳ - مضبوط.

استوانه ostovāna(-e) [= معر اسطوانه،قس. ستون] (إ.) ۱ - ستون : ستون‌راست (= استوانهٔ قائمه)(التفهیم). ۲- (هس.) حجمی‌است که در دوسر آن دو دایره موازی یکدیگر باشد. ۳ - (مکن.) استوانه‌ایست که در درون موتورهای اتومبیل قرار گرفته ، و پیستونها درآن‌حرکت‌میکنند؛سیلندر.

استوایی estevā-yī [ع. -ف =. استوائی] (ص نسب.) منسوب به استوا (استواء) ؛ آن چیز یا آن کس که وابسته بمنطقه‌های گرمسیر دورادور خط استوا باشد.

استودیو estūdiyo [ایت. studio] (إ.) ۱ - کارگاه، محل‌کار (هنرمند). ۲ - محل فیلم برداری و تهیه و تنظیم فیلم‌ودوبله‌کردن. ۳- محل‌عکسبرداری، نقشه‌کشی وجز آن.

استو شدن ostū-šodan [= خستو شدن] (مص ل.) معترف‌شدن ، اعتراف کردن.

استوقدوس ostoγoddūs [= استخودوس= اسطوخودوس، معر. یو stoixàs] (إ.)(گیا.) گیاهی[1] ازتیرهٔ نعناعیان[2]، که یکی ازگیاهان معطر و طبی‌است. دارای گلهای کوچك‌خوشه‌یی آبی‌یا قرمز سیریا بنفش وارتفاعش‌در حدود ۳۰ تا ۶۰ سانتیمتر است.

استون ostūn [=ستون=استن؛په. stūnak] (إ.) ستون، بالار، عماد ، رکن.

استوه ostūh,es- [=ستوه=ستده] (ص.) ۱ - مانده ، درمانده ، خسته ، عاجز. ۲ - افسرده، ملول.

استه asta(-e) [=هسته=خسته= هستو= خستو] (إ.) ۱ - دانه و هستهٔ

۱- Landula stoechas (لا.), lavande (فر.) ۲- Labiées (فر.)

میوه‌ها . ۲ ـ استخوان (آدمی و جانوران).

استه estoh [= استوه = ستوه = سته] (ص.) ← استوه.

استه osta(-e) (اِ.) کفل، سرین.

استهزا estehzā [= ع. استهزاء] ← استهزاء .

استهزاء estehzā' [ع.] (مصم.) افسوس کردن، ریشخند نمودن.

استهلاك estehlāk [ع.] ۱ ـ (مصم.) نیست کردن، میرانیدن، هلاك کردن. ۲ ـ نیست شدن. ‖ ـــِ دین . پرداخت وام بمرورزمان، وام فرسایی (فره.) ‖ ـــِ سرمایه.(اقتص.)سرمایه‌ای را که برای خرید ماشینها یا مخارج ساختمان وجز آن بکاررفته بمرور بدست آوردن.

استهلال estehlāl [ع.] ۱ ـ (مص م.) ماه نو دیدن، ماه نو جستن. ۲ ـ (مص‌ل.) هویدا شدن ماه نو. ‖ براعت ـــ .(اد.) صنعتی است ادبی ، و آن آغاز کردن سخنی است بطرزی که کاملامناسب‌بامقصودباشد وخوش‌افتد.

استی osset-ī [= آسی ← است] (ص نسبـ.) منسوب به است (ossète) : ۱ ـ اهل است، از قوم است. ۲ ـ زبان قوم مزبور ← بخش۳.

استیجاب estīǰāb [ع.] (مص‌ل.) سزاوار شدن، مستحق گردیدن چیزی را .

استیجار estīǰār [ع.] ۱ ـ (مصم.) اجیر کردن، بمزدگرفتن‌مزدور را(کم.) ۲ ـ اجاره کردن (خانه ، دکان و جز آنرا). ضح .ـ استعمال«استجاره»بجای «استیجار» نادرست است.

استیجاری estīǰār-ī [ع.ـ ف.](ص نسبـ.) منسوب‌به‌استیجار (ه.م.)، آنچه برحسب اجاره و بمزد گرفتن باشد . ‖ حج ـــ .(فق.) حجی که شخص‌مکلف بجا نیاورده باشد، وپس ازمرگ او با پرداخت پول بدیگری آنرا برای وی بجاآورند. ‖ روزهٔ ـــ . (فق.) روزه‌ای که شخص‌مکلف نگرفته باشد، وپس‌از مرگ وی‌دیگری باگرفتن‌وجهی‌بجای اوبگیرد. ‖ نماز ـــ . (فق)نمازی که شخص مکلف در حیات خویش بجای نیاورده باشد و پس از مرگش دیگری باگرفتن پول بجای او بجا آورد .

استیحاش estīhāš [ع.] ۱ ـ (مص ل.) آزردن، آزرده‌شدن، تنگدل شدن. ۲ ـ (اِمص.) آزردگی، تنگدلی . ۳ ـ (مص‌ل.) دچار وحشت شدن ، رمیدن . ۴ ـ (اِمص.) وحشت.

استیذان estīzān [ع.] (مص م.) دستوری خواستن،اجازه خواستن، اذن طلبیدن.

استیر estīr [= استار = ستیر = سیر ، سنس . steak ، هند . seer، چهل یك maund هندی](اِ.) چهل‌یك من، سیر. وزن آن در عهدهای مختلف متفاوت بوده است.

استیز estīz [= ستیز] ۱ ـ (ری.) ریشهٔ «استیزیدن» (ه.م.) وامر ازآن. ۲ ـ(اِمص.)استیزه(= ستیزه)←استیزه.

استیزه estīza(-e) [= ستیزه = استیز] (اِمص.) ۱ ـ عناد، خصومت ، کشمکش، جدال. ۲ ـ جنگ، حرب. ۳ ـ خشم، غضب.

استیزه رو e.-rū (ص‌مر.) آنکه‌سر خصومت وناسازگاری‌دارد؛ ماجراجو.

استیزه‌گر e.-gar [= ستیزه‌گر] (ص‌فا.) پرخاش‌جو،اهل جدال .

استیزه نهادن e.-nahādan [= ستیزه‌نهادن] (مص‌م.) جنگ‌وستیزه‌بر پای‌کردن.

استیصال estīsāl [ع.] ۱ - (مصم.) از ریشه کندن، از بیخ بر آوردن. ۲ - (مصل.) برکنده شدن، از بیخ برکنده گشتن. ۳ - درمانده و بیچاره شدن. ۴ - (امص.) ناچاری، درماندگی.

استیضاح estīzāh (ع.) ۱ - (مصم.) طلب وضوح کردن، واپرسیدن، باز خواستن. ۲ - (امص.) کاوش، بازخواست. ۳ - (مصم.) نیك نگریستن، ژرف دیدن، باریك نگریستن. ۴ - (سیا.) پرسش نمایندهٔ مجلس از وزیر دربارهٔ مطلبی، که پس از جواب وزیر باید برای هیئت وزیران رأی اعتماد گرفت. ج. استیضاحات.

استیعاب estī'āb [ع.] (مصم.) گرفتن، فراگرفتن، همگی چیزی را فراگرفتن.

استیفا estīfā [ع. استیفاء] ← استیفاء.

استیفاء estīfā' [ع.،ف.: استیفا] (مصم.) ۱ - تمام فراگرفتن، تمام باز ستدن. ۲ - طلب تمام چیزی را کردن. ۳ - (ا.) شغل و وظیفهٔ مستوفی، حساب. ۴ - (ما.) تصفیهٔ مالیات. ۵ - (حق.) انتفاع و بهره بردن از کار یا مال غیر با اجازهٔ او. ‖ **دیوان ـــ**. ادارهای که مستوفیان و محاسبان در آن بکار مشغول بودند؛ دار استیفاء.

استیقاظ estīγāz [ع.] ۱ - (مصل.) بیدار بودن، بیدار شدن. ۲ - هشیار بودن، هوشیار شدن. ۳ - صدا کردن پای برنجن و پیرایههایی مانند آن. ۴ - (امص.) بیداری. ۵ - هوشیاری.

استیقان estīγān [ع.] (مصم.) بیقین دانستن، بتحقیق دانستن چیزی را، بی گمان شدن، بی گمان دانستن.

استیلا estīlā [ع. استیلاء] ← استیلاء.

استیلاء estīlā' [ع.،ف.: استیلا] ۱ - (مصل.) دست یافتن بر، زبردست شدن، چیرهشدن بر. ۲ - (امص.) چیرگی، غلبه. ۳ - (نج.) بودن کوکب در درجهای از برجی که در آن برج و درجه او را حظی از حظوظ خمسه باشد.

استیلا پیداکردن e.-paydā(pey-)kardan [ع.-ف.] (مصل.) ۱ - مالك شدن، تملك پیدا کردن. ۲ - تسلط یافتن، مستولی شدن.

استیلا یافتن e.-yāftan [ع.-ف.] (مصل.) ظفر یافتن بر، چیره شدن بر.

استیلن asetylen [فر. acétylène] (ا.) (شم.) گازی است هیدروکربن دار (C^2H^2)، بدبو، قابل احتراق، با شعلهٔ سفید درخشان (وزن اتمی آن ۲۶).

استیم estīm [=اشتیم] (ا.) (پز.) اشتیم (ه.م.)

استیمار estīmār [ع.] (مصم.) مشورت کردن خواستن، با یکدیگر رای زدن.

استیمان estīmān [ع. استئمان] (مصم.) ۱ - زینهار خواستن، زنهار خواستن، امان طلبیدن، بزنهار کسی درآمدن. ۲ - در امان آمدن خواستن. ۳ - پناه بردن به. ۴ - (فق.) حالت کسی که مال غیر بطور مشروع نزد او باشد.

استیناس estīnās [ع.] (مصل.) ۱ - آرام گرفتن، آرام یافتن. ۲ - خوگرفتن، انس گرفتن، الفت گرفتن. ۳ - از وحشی گری درآمدن، بانسانیت گراییدن.

استیناف estīnāf [ع.] (مصم.) ۱ - ازسر گرفتن، نوگرفتن. ۲ - (فق.)

تجدید تکبیر، گفتن پس از تکبیر گفتن نخستین. ۳ـ (حق.) الف ـ مراجعهٔ مدعی بدادگاه استان برای رسیدگی مجدد. ب ـ دادگاهی که باردوم بماهیت دعوی رسیدگی میکند؛ دادگاه استان، محکمهٔ استیناف.

استیهیدن estīh-īdan [= ستیهیدن = ستهیدن] (مصل.)(صر. ← ستهیدن) لجاج کردن، ستیزه کردن.

اسجاع asǰā' [ع.] (اِ.) ج. سجع (ه.م.). ۱ـ آوازهای کبوتران و فاختگان. ۲ـ کلمات آهنگین که درنثر در پایان عبارتها یا جمله‌ها درآورند.

۱ـ اسحار ashār [ع.](اِ.) ج. سحر [sahar]؛ بامدادها، سحرها.

۲ـ اسحار ashār [ع.] (اِ.) ج. سحر [sehr]؛ افسونها، سحرها.

اسخان esxān [ع.](مصم.) گرم کردن.

اسخی asxā [ع.] (ص تفض.) ۱ـ سخی‌تر، با سخاوت‌تر، جوانمردتر، بخشنده‌تر. ۲ـ باگذشت‌تر.

اسخیا asxiyā [ع. اسخیاء] ← اسخیاء.

اسخیاء asxiyā' [ع.، ف.: اسخیا] (ع.) (ص.، اِ.) ج. سخی؛ بخشندگان، سخاوتمندان، جوانمردان.

اسد asad [ع.](اِ.) ۱ـ شیر درنده، شیر بیشه، غضنفر ← شیر. ۲ـ (کیم.) طلا، زر. ۳ـ (نج.) صورت پنجم از صورتهای فلکی که در میان سرطان و سنبله قراردارد، و آنرا بصورت شیری توهم کرده‌اند. ۴ـ (تق.) برج پنجم از برجهای دوازده‌گانهٔ سال، برابربا ماه مرداد فارسی و تموز سریانی.

اسدال esdāl [ع.](مصم.) فروهشتن، فروگذاشتن، آویختن (پرده).

اسر asr [ع.] ۱ـ (مصم.) برده کردن، اسیر کردن، باسیری درآوردن. ۲ـ (اِمص.) بردگی، اسیری. ۳ـ زورمندی، توانایی.

اسرا osarā [ع. اسراء] ← اسراء.

اسراء osarā' [ع.، ف.: اسرا] (ص.، اِ.) ج. اسیر؛ اسیران، بندیان، بردگان، گرفتاران.

اسرا esrā [ع. اسراء] ← اسراء.

اسراء esrā' [ع.، ف.: اسرا] ۱ـ (مصل.) بشب راه رفتن، در شب سیر کردن. ۲ـ (مصم.) به سیردرآوردن کسی را در شب. ۳ـ معراج محمدبن عبدالله ص. ‖ حدیث ـــــ. (حد.) حدیث معراج.

اسرائیلی esrā'īl-ī (ص نسب.) منسوب به اسرائیل (بخش۳)؛ کلیمی، یهودی، موسوی.

اسرائیلیات esrā'īl-īyy-āt [ع.] (ص نسب.) ج. اسرائیلیه؛ روایتها و اخباری که‌از بنی اسرائیل دراخبار اسلامی آورده اند و غالباً خرافی و بی‌اساس است.

۱ـ اسرار asrār [ع.] (اِ.) ج. سر (serr)؛ رازها، نهانیها، سرها. ‖ افشاء ـــــ. آشکار کردن رازها.

۲ـ اسرار asrār [ع.] (اِ.) ج. سرر (sarar) و سرر (sorar)، خطها و شکنهای کف دست.

اسرار esrār [ع.] (مصم.) ۱ـ نهفتن، پوشیده کردن، پنهان کردن. ۲ـ سخن را پوشیده بکسی رسانیدن. ۳ـ پیدا کردن، ظاهر کردن.

اسرارآمیز a.-āmīz [ع.ـف.] (ص مف.) آمیخته برازها و پوشیدگیها، درآمیخته برمز و راز.

اسراع 'esrā [ع.] ۱ - (مص‌ل.) شتافتن ، شتاب‌کردن .. ۲ - (مص‌م.) شتاباندن، بشتاب واداشتن .

اسراف esrāf [ع.] ۱ - (مص‌ل.) گزاف کاری‌کردن ، درگذشتن از حد میانه. ۲ - تلف‌کردن مال ، ولخرجی کردن. ۳ - (إمص.) فراخ‌روی، فراخ رفتاری، افراط، تبذیر. ۴ - ولخرجی، تبذیر.

اسراف‌کردن e.-kardan [ع.-ف.] (مص‌ل.) ۱ - تبذیر کردن ، زیاده‌روی کردن. ۲ - ولخرجی کردن .

اسرافیل خو(ی) e.-xū(y)[ع.-ف.] (ص‌مر.) آنکه سرشت و خویی چون اسرافیل دارد.

اسرامیشی‌کردن asrāmīšī-kardan [مغ. - ف. از : اسرامیش (ازمصدر آسراماغ) + کردن] (مص م .) نگاهداشتن، حفظ‌کردن.

اسرب osrob [= سرب = اسرف.](إ.) سرب، رصاص اسود، ارزیز

اسرع 'asra [ع.] (ص‌تفض. سرعت) ۱ - سریع‌تر، بشتاب‌تر، تندتر، زودتر. ۲ - تندروتر ،بشتاب‌روتر . ‖ **به‍ ~ اوقات.** در زودترین هنگام.

اسرنج asronǰ [= سرنج] (إ.) ۱ - سرب سوخته‌که آنرا بتفسانند تاسرخ شود و نمك بر آن‌کنند ؛ سلیقون ، زرگون، سرنج. ۲ - اسفیداج سوخته، خاکستر قلعی و سرب وقتی‌که سخت سوخته‌باشد؛ سپیده . ۳ - (نق.) رنگی است که نقاشان بکار برند ؛ سرنج (ه.م.)

اسرنج esrenǰ [= سنج] (إ.) طبقی است بی‌کناره‌که در هنگام جشن بردو دست میگیرند و برهم میزنند تا از آن آواز برآید؛ سنج .

اسری asrā [ع.] (ص.، إ.)ج. اسیر؛ بردگان، بندیان، اسیران.

اسطبل establ [= اصطبل،معر. لا. stabulum] (إ.) جایگاه ستوران، جای آرامش چارپایان، طویله .

اسطرلاب ostorlāb [= اصطرلاب، معر. یو. ástrolabos] (إ.) (نج.) ابزاری‌است‌که برای‌اندازه‌گیری موقع و ارتفاع ستارگان و دیگر امورفلکی بکار میرفت.

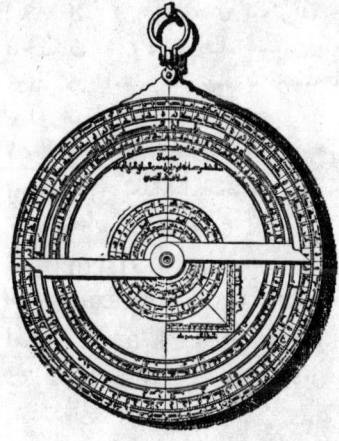

اسطرلاب

اسطرلاب ریز o.-rīz [معر. یو.- ف.] (إفا.) آنکه اسطرلاب میسازد ، اسطرلاب‌ساز.

اسطرلابگر o.-gar [معر. یو.-ف.] (ص‌شغل.) آنکه با اسطرلاب کار کندو موقع و ارتفاع ستارگان‌راا ندازه‌گیرد؛ اخترشناس، منجم.

اسطرلابی ostorlāb-ī [معر. یو.- ف.] منسوب به اسطرلاب (ه.م.)، اسطرلاب‌ساز.

اسطقس ostoɣos(s) [معر. محر. یو. stoixeīon ، عنصر واصل] (إ.) ۱- مایه، ماده ، اصل‌هرچیز ،مادهٔ نخستین در آفرینش ، هیولی . ۲- عنصرهای

چهارگانه : آب و خاك و باد و آتش. ۳- استخوان بندی هرچیز ، آنچه مایهٔ قوام‌ودوام چیزهاست . ج. اسطقسات.

اسطقسات ostoγoss-āt [معر. یو.-ع.] (اِ.) ۱ - ج. اسطقس. الف- مایه‌ها، مواد(اصلی) . ب - عنصرهای نخستین هرچیز ، عناصر اربعه . ج - اجرام سماوی . د - علم هندسه. ۲ - (اِخ.) ← بخش۳ .

اسطوانه ostovāna(-e) [معر. ستون = استوانه] (اِ.) ۱- ← استوانه . ۲ - وردنه، تیرك، نورد.

اسطوخدوس ostūxoddūs [معر. یو.] (اِ.) (گیا.) استوقدوس (ه.م.)

اسطوخودس ostūxūdos [معر. یو.] (اِ.) (گیا.) استوقدوس(ه.م.)

اسطوخودوس ostūxūdūs [معر. یو.] (اِ.) (گیا.) استوقدوس (ه.م.)

اسطوره ostūra(-e) [= اسطور = اسطاره، معر. یو. لا . historia] (اِ.) ۱ - افسانه ، قصه . ۲ - سخن پریشان. ج. اساطیر.

اسطول ostūl [معر. یو. stolos] (اِ.) مجموع عده‌ای از کشتیها . ج. اساطیل.

اسعاد es'ād [ع.] ۱ - (مص‌م.) نیکبخت کردن ، بهروز نمودن . ۲ - یاری‌دادن، یاری کردن . ۳ - (اِمص.) یاری، مساعدت .

اسعار as'ār [ع.] ج. سعر(se'r) . ۱ - نرخها، قیمتها. ۲ - ارزها ← ارز.

اسعاف es'āf [ع.] (مص‌م.) برآوردن، رواکردن(حاجت و مانندآن) .

اسعد as'ad [ع.] (ص‌تفض. سعادت) نیکبخت‌تر ، بهروزتر ، خوشبخت‌تر .
‖ ~ ایام . خوشترین روزها .

اسغده asaγda(-e) [آسغده] (ص.) ساخته، آماده و مهیا، بسیجیده.

اسغر osγor [= اشغر = سغر = سکر = سغرمه = سکرمه] (اِ.) (جا.) خار پشت (ه.م.)

۱- اسف asaf [ع.] ۱ - (مص‌ل.) اندوهگین شدن بر ، غمگین گردیدن برای. ۲ - دریغ خوردن ، برگذشته حسرت‌آوردن . ۳ - خشم‌گرفتن بر. ۴ - (اِ.) اندوه سخت. ۵ - خشم‌شدید، غضب بسیار . ۶ - افسوس ، پشیمانی ، دریغ.

۲ - اسف asaf (اِ.) (گیا.) درخت لور (ه.م.)

۱ - اسفار asfār [ع.] (اِ.) ۱ - ج. سفر(safar)؛ سفرها، مسافرتها. ۲ - (اِخ.) ← بخش ۳. ‖ ~ اربعه. ← بخش۳: اسفار.

۲ - اسفار asfār [ع.] (اِ.) ج. سفر (sefr) ؛ نامه‌ها ، کتابها ، کتابهای بزرگ . ‖ ~ خمسه(پنجگانه). ← بخش۳.

۱ - اسفار esfār [ع.] ۱ -(مص‌ل.) بروشنایی روز در آمدن . ۲ - روشن شدن (صبح و مانندآن). ۳ - (اِمص.) اظهار.

۲ - اسفار esfār (اِ.) (گیا.)مورد (ه.م.)

اسفارکردن e.-kardan [ع.-ف.] (مص‌م.) اظهار کردن، بیان کردن.

اسفاط asfāt [ع.] (اِ.) ج. سقط (safat) ؛ سبدها، جامه‌دانها.

اسفالت asfālt [فر. asphalte] (اِ.) ← آسفالت.

اسفاناج esfānāǰ [= اسفناج] (اِ.) (گیا.) ← اسفناج . ‖ ~ رومی . (گیا.) ← سلمه.

اسفاناخ esfānāx [= اسباناخ

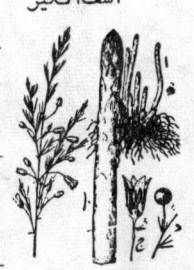

اسفراج

اسفناج

اسفناج رومی

اسفناج صحرایی

(هـ.م.)] (اِ.) (گیا.) اسفناج (هـ.م.)

اسف انگیز asaf-angīz [ع.-ف.] (اِفا.) اسف انگیزنده، باعث تأسف و افسوس.

اسف بار a.-bār [ع.-ف.] (اِفا.) اسف‌بارنده، اسف‌انگیز، آنچه اسف و دریغ آورد.

اسف خوردن a.-xordan [ع.-ف.] (مص‌ل.) افسوس خوردن، دریغ‌خوردن.

اسفراج esfarāǰ [معر. یو. asparagos، بعضی اصل آنرا ایرانی دانند] (اِ.) (گیا.) مارچوبه (هـ.م.)

اسفرزه esfarza(-e) [=اسپرزه] (اِ.) (گیا.) گیاهی است[1] از تیرهٔ بارهنگها از ردهٔ پیوسته‌گلبرگها، نباتی است علفی. یکساله بارتفاع ۱۰ تا ۳۰ سانتیمتر که بحد وفور بحالت وحشی در نواحی بحرالروم، آسیای صغیر، آفریقای شمالی، آسیا (ایران) میروید؛ اسبغول، قطونا، اسفیوش.

اسفرغم esfaraγm, -arγam [=اسپرغم] (اِ.) (گیا.) اسپرغم (هـ.م.) اسفرم

اسفرم esfaram [=اسپرم= اسپرغم] (اِ.) (گیا.) اسپرغم (هـ.م.)

اسفرود esfarūd [=اسپرود= سفرود] (اِ.) (جانـ.) سنگ‌خوارك (هـ.م.)

اسفست esfast [معر. اسپست (هـ.م.)] (اِ.) (گیا.) یونجه (هـ.م.)، اسپست.

اسفل asfal [ع] ۱ - (ص‌تفض.) فرودتر، زیرین، زیرتر؛ مق. اعلی. ۲ - فرود، فرودین، زیر، زیرین، پایین. ۳ - ته، تك، بن. ۴ - مقعد، دبر. ج. اسافل، اسفلون، اسفلین. ‖ ~ درجات. فروترین پایه‌ها. ‖ ~ سافلین. ← بخش ۲. ‖ علم ~ . فلسفهٔ طبیعی، حکمتی که از طبیعت بحث میکند.

اسفلنج esfelanǰ [معر. اسپلنج] (اِ.) (گیا.) شنگ (هـ.م.)

اسفلین asfal-īn [ع.] (ص.، اِ.) ۱ - پایین ترین. ۲ - هفتمین طبقهٔ دوزخ که زیر همهٔ طبقات است؛ اسفل سافلین.

اسفلینین asfelīnīn [معر. لا. asplenium] (اِ.) (گیا.) نوعی سرخس از تیرهٔ بس‌پایکها که دارای چندین گونه‌است.

اسفناج esfanāǰ [= اسفاناج = اسپاناخ = اسپناج= اسفناج، یو. spinákion] (اِ.) (گیا.) گیاهی است[2] سردستهٔ گیاهان تیرهٔ اسفناجیان، جزو دولپه‌ییهای بی برگ، گلهای آن خوشه‌یی، سبزرنگ و کوچك، دارای ۵ پرچم و ۵ کاسبرگ بهم چسبیده است. ‖ ~ رومی. ۱- (گیا.) گیاهی است[3] از تیرهٔ سدابیان، از نوع کواچها دارای انواع مختلف. گیاه مذکور پایا و پر شاخه و با ساقهٔ چوبی و دارای تیغهای درشت بلند و برگهای دراز نوك تیز است. ۲ - (گیا.) سلمه (هـ.م.) ‖ ~ صحرایی. (گیا.) گیاهی[4] از تیرهٔ اسفناجیان ازجنس سلقها، که جوانه‌های جوان آن مانند مارچوبه مصرف میشود.

اسفناخ esfanāx [= اسفاناخ = اسپاناخ ← اسفناج (هـ.م.)] (اِ.) (گیا.) اسفناج (هـ.م.)

---

۱ - Plantago psyllium, (لا.) P. spaghul (لا.), plantain (فر.)

۲- Epinard (فر.), spinacia oleracea (لا.)   ۳ - Fagonie (فر.)

۴ - Bon-Henri (فر.), épinard sauvage (فر.)

اسفنج esfanǰ [معر. اسپنج ، یو . spoγγos ، فشرده] (اِ.) (جاذ.) جانوری است[1] جزو بی مهرگان که تشکیل ردهٔ اسفنجها را میدهد ، و آن جزو جانوران گیاهی شکل و بی قرینه و ساده ترین پریاخته میباشد. ‖ ~ آهکی[2] . (جاذ.) اسفنجی که استخوان بندیش از جنس مواد آهکی است .

اسفنجه esfanǰa(-e) [= اسفنج ، معر.] (اِ.) (جاذ.) ابر مرده ، اسفنج مرده ، اسفنج .

اسفنج (طریقهٔ صید)

اسفنجی esfanǰ-ī (ص نسب.) ۱ - منسوب باسفنج، ابری . ۲ - (جاذ.) بافت اسفنجی (ه. م .) ‖ **اسفنجیها** . (جاذ.) ردهٔ بزرگی از بی مهرگان گیاهی شکل که شامل همهٔ انواع اسفنجها میشود[3] .

اسفند esfand [= اسپند (ه.م.) = سپند] (اِ.) ۱ - [= اسپندارمذ (ه.م.) اسفندارمذ] ماه دوازدهم سال شمسی وماه سوم زمستان . ۲ - [= اسپندارمذ (ه.م.) ، اسفندارمذ] ، روز پنجم از هر ماه شمسی . ۳ - (اِخ.) یکی از امشاسپندان ، نمایندهٔ بردباری وسازش اهورا و نگاهبان زمین . ۴ - (گیا.) گیاهی است[4] از تیرهٔ سدابیان که بیشتر در نواحی مرکزی و شرقی و جنوبی و غربی آسیا درآب و هوای بحرالرومی یا معتدل و نواحی استوایی میروید ؛ اسپند ، سپند ، حرمله[4] ، سداب بری.

اسفندار esfandār [= اسپندار ؛ مخف. اسفندارمذ = اسپندارمذ] (اِمر.) ← اسپندارمذ .

اسفندارروز e.-rūz [= اسپندارروز ؛ مخف . اسفندارمذ روز = اسپندارمذ روز] (اِمر.) ← اسپندارمذ .

اسفندارماه e.-māh [= اسپندارماه ؛ مخف. اسفندارمذ ماه = اسپندارمذماه] (اِمر.) ← اسپندارمذ .

اسفندارمذ e.-maz [= اسپندار مذ (ه.م.)] (اِمر.) ← اسپندارمذ .

اسفندان esfand-ān [= اسپندان = سپندان = سپندین] (اِ.) ۱ - (گیا.) خردل (ه.م.) ۲ - (گیا.) افرا (ه.م.)

اسفندانه esfan-dāna(-e) [گیل . ispandāna ← اسفند] (اِمر.) (گیا.) اسفند (ه.م.)

اسفهبد esfah-bad [= اسپهبد = اسپهبذ = اسپاهبد = سپاهبد = سپهبد = اصفهبد؛ معر.] (ص مر. ، اِمر.) ۱ - سپاهبد، سپاهسالار. ۲ - عنوان پادشاهان طبرستان .

---

۱ - Eponge (فر.), spongia (لا.)   ۲ - Eponge calcaire (فر.)

- Spongiaires (فر.)   ٤ - Harmala ruta (لا.)

اسفهرود esfahrūd [= اسفرود (ه.م.)] (اِ.) (جا نـ.) سنگ‌خوارک (ه.م.)

اسفهسالار esfah-sālār [= اسفاهسالار = اسفهسلار = اسپاهسالار = سپاهسالار = سپهسالار] (ص‌مر.) سپاهسالار، سردار سپاه.

اسفهسلار esfah-sallār [= اسفاهسالار = اسفهسالار ↑] (ص‌مر.، اِمر.) اسفهسالار ↑، سپاهسالار، سردار سپاه.

اسفید esfīd [= اسپید = سپید = سفید] (ص.) ۱ - سفید، سپید، ابیض؛ مق. سیاه، اسود. ۲ - روشن، درخشان.

اسفیداج esfīd-āǰ [معر. سپیتاگ = اسپیدگ = سپیده] (اِمر.) گردی است سفید که زنان بر روی خود میمالند؛ خاکسترقلعی، سفیداب. ← سفیداب شیخ.

اسفیدار esfī-dār [= اسپیدار = سپیدار = سپید دار] (اِمر.) (گیا.) سفیدار (ه.م.)

اسفیداسفید esfīd-ā-sefīd [اسفید = سپید + ا، مید. + سفید = سپید] (ص مر.) سفید سفید، کاملا سپید.

اسفیدبا esfīd-bā [= سپیدبا = اسفید باج؛ معر.] (اِمر.) ← اسفید باج.

اسفید باج e.-bāǰ [معر. اسپیدبا = اسفیدبا] (اِمر.) شوربای گوشت که ادویهٔ تند و تیز و ترش و شور در آن نمیریزند، و بیشتر از گوشت و پیاز و نخود میسازند؛ اسپیدبا، سپیدبا، اسفیدوا، آش سپید.

اسفید پوست e.-pūst [= اسپید پوست = سفیدپوست] (ص‌مر.) دارای پوست سفید، آنکه پوست بدنش سفید است، اسپید پوست.

اسفیوش asf-yūš [= اسپیوش (ه.م.)] (اِ.) (گیا.) اسفرزه (ه.م.)

اسقاط asγāt [ع.] (اِ.) ج. سقط؛ کالاهای نبهره، کالاهای بد، چیزهای بیهوده و کهنه، افکندنیها.

اسقاط esγāt [ع.] ۱ - (مص‌م.) افکندن، انداختن. ۲ - حذف کردن. ۳ - (اِمص.) فرسودگی. ۴ - (ص.) (تد.) هر چیز کهنه و مندرس. ‖ ~ تکلیف. رفع تکلیف. ‖ ~ جنین. بچه انداختن از شکم.

اسقاط کردن e.-kardan [ع.-ف.] (مص‌م.) سقوط کردن، ساقط کردن، افکندن.

اسقام asγām [ع.] (اِ.) ج. سقم (sāγam , soγm)، بیماریها، مرضها.

اسقام esγām [ع] (مص‌م.) بیمار کردن.

اسقف osγof [معر.، یو. episkopos، وکیل] (اِ.) درجه‌ای از درجات آیین مسیح که پایین تر از «مطران» و بالاتر از کشیش است. ج. اساقفه.

اسقیل esγīl [= اشقیل = اسقیلا، معر. لا. scilla [1]] (اِ.) (گیا.) پیاز دشتی (ه.م.)

آ

اسقیل
آ - گل
ب - میوه

اسکات eskāt [ع.] (مص‌م.) خاموش کردن، زبان بستن.

اسکاف eskāf [ع.] (ص.) کفشگر، کفشدوز.

اسکالش eskāl-eš [= اسکالش] (اِمص.) ← اسگالش، سگالش.

اسکان eskān [ع.] (مص‌م.) ۱ - ساکن کردن. ۲ - خانه نشین کردن. ‖ ~ ایلات. خانه نشین کردن ایلها.

۱ - Squill (انگ.)

اسکدار as-kodār [لهجه‌ای از اسگدار (ه‍.م.) ومعر.] (ص‌مر.، إمر.) ۱ - پیک‌سوار. ۲ - پیک‌پیاده. ۳ - خریطه وکیسهٔ پیکها که‌نامه‌ها را در آن گذارند. ۴ - پایگاه ومنزل پیکها. ← اسگدار.

اسکربوت eskorbūt [فر. scorbut] (إ.) (پز.) مرضی که بر اثر فقدان ویتامین ث(C) دربدن پیدا شود. و علایم آن شل شدن لثه‌ها و ریختن دندانها و خونریزی زیاد بر اثر جراحت مختصر است؛ اسقربوط، فسادالدم.

اسکره oskora(-e),-orra(-e) [= سکره = سکوره] (إ.) ۱ - کاسهٔ سفالین، کاسهٔ گلین. ۲ - جام آب خوری. ۳ - پیمانه‌ای بوده‌است برای اندازه گیری دارو.

اسکفه oskoffa(-e) [معر. ارمی اسقوفتا] (إ.) آستانه، آستان در.

اسکلت eskelet [فر. squelette] استخوان بندی (ه‍.م.)

اسکله eskala, eskele [معر. ومتر. ایت. scala] (إ.) ۱ - بندر، لنگرگاه. ۲ - بار انداز کشتیها.

اسکمبر eskambar [= اسکمبیل = اسکمبول] (إ.) (گیا.) اسکنبیل (ه‍.م.)

اسکن esken [مخف. اسکناس] (إ.) اسکناس (ه‍.م.)

اسکناس eskenās [رس. acignats از فر. assignat] (إ.) نوعی کاغذ بهادار که بهای وی برروی آن نوشته شده، وبرای خریدوفروش بکارمیرود؛ پول کاغذی. ‖ نشر ــــ . چاپ کردن، وانتشار دادن اسکناس درمیان مردم.

اسکناس

اسکنبیل eskambīl [= اسکمبیل = اسکمبول = اسکمبر] (إ.) (گیا.) درختچه‌ای از تیرهٔ ترشکها (هفت‌بندها) که در سواحل آفریقا وآسیای مرکزی وغربی میروید؛ بتو، رسو، ارطی، ارته

اسکندر eskandar [= اسکندروس (ه‍.م.)] (إ.) (گیا.) سیر، ثوم.

اسکندرانی eskandar-ānī (ص نسب.) منسوب به‌اسکندریه (← بخش۳). ۱ - اهل اسکندریه، از مردم اسکندریه. ۲ - نوعی پارچهٔ لطیف‌بافت اسکندریه. ۳ - (فل.) طریقه‌ایست فلسفی ← بخش۳.

اسکندروس eskandrūs [ظ. محر. لا. scorodoprasum] (إ.) (گیا.) سیر (ه‍.م.)

اسکلت

اسکنک eskenak [= اسکنه] (إ.) ← اسکنه.

۱ - اسکنه eskena(e) [= اسکنک] (إ.) (نج.) آلتی که نجاران چوب را بوسیلهٔ آن سوراخ کنند؛ بیرم.

۲ - اسکنه eskena(-e) (إ.) (گیا.) پیوند شکافی (ه‍.م.)

اسکنه (پیوند)

اسکوربوت eskorbūt [= اسکربوت] (إ.) (پز.) اسکربوت (ه‍.م.)

اسکورت eskort [فر. escorte] (إ.) دسته‌ای از سربازان مسلح که در التزام رکاب شاه، رئیس جمهور وغیره باشد.

اسکولاستیک eskolāstīk [فر. scolastique] (ص.) ۱ - مدرسی، مدرسه‌یی، متعلق بمدرسه های قرون

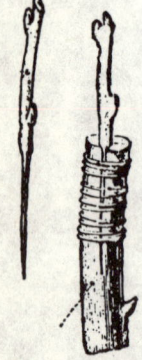

وسطی. ۲ - (فل.) شعبه‌ایست از فلسفه که در دوران قرون وسطی درمدرسه‌ها و دیرهای‌وابسته‌بکلیسا تدریس میشد.

اسکی eskī [فر. ski] (ا.) ۱ - (ور.) نوعی‌ورزش زمستانی ، وآن سر خوردن ایستاده است برروی‌برف، بکمك‌دوچوب باریك‌دراز که‌بدست گیرند وبوسیلهٔ دو چوب دیگر که بپا بندند . ۲- افزاری‌چوبین که برای سریدن روی برف برپای بندند ؛ پاچله ↑

اسکی باز e.-bāz [فر.-ف.] (إفا.) آنکه‌روی برف بازی اسکی (ه.م.) کند ، بازیگر روی برف.

اسکی بازی e.-bāz-ī [فر.-ف.] (حامص.) بازی اسکی (ه.م.) کردن، سریدن روی برف، یخ‌لخشك.

اسکیتینگ eskeytīng [انگ. skating، سرخوردن.] یااسکیتینگ رینگ [انگ . skating ring]، (إمر.) (ور.) نوعی‌ورزش‌برای تقویت پاها و حفظ تعادل که بوسیلهٔ کفشهای فلزی‌که درزیرهریك چهارچرخ کوچك تعبیه شده، برروی زمین سخت وهموار یا زمین قیر ریخته انجام شود .

اسکیزه eskīza(-e) [=سکیز] (إمص.) ۱ - جفته انداختن ستور ، برجستن و لگد انداختن چارپایان . ۲ - جست وخیز کردن.

اسکیزیدن eskīz-īdan [= سکیزیدن](مصل.)(اسکیزید، اسکیزد، خواهد اسکیزید،*بیسکیز، اسکیز نده، اسکیزیده ، اسکیزه) جفته انداختن ، جفتك انداختن، آلیزیدن.

اسگالش esgāl-eš [=سگالش] (حامص .) اندیشه ، فکر ، تفکر ، خیال.

اسگدار as-godār [=اسگذار]← اسگذار.

اسگذار as-gozār [= اسگدار= اسب‌گذار؟] (إمر.) ۱ - برید وپیکی که منزل بمنزل فرودآید و اسب خود راعوض کند. ۲ - کیسه وخریطهٔ‌حاوی نامه‌های پیك.

اسل asal (ا.) (گیا.) نی بوریا (ه.م.)

اسلاف aslāf [ع.] (ص.،إ.) ج . سلف ؛ پیشینیان ، پدران پیشین ؛ مق. اخلاف.

اسلام eslām [ع.] (مصم.) ۱ - گردن نهادن، فرمان بردن . ۲ - یله کردن، فروگذاردن، بازگذاشتن. ۳ - پذیرفتن‌دینی (بطورعموم). ۴-پذیرفتن شریعت محمد بن عبدالله ص. ۵ - (إ.) دین محمد بن عبداللهص.

اسلام آرا(ی) e.-ārā(y) [ع.-ف.] (إفا.) آرایندهٔ اسلام ، باعث آرایش اسلام.

اسلامبولی eslāmbol-ī [= استانبولی](ص‌نسب.) ۱ - آنچه‌منسوب به‌اسلامبول(استانبول) باشد . ۲- اهل اسلامبول ، از مردم استانبول . ۳ - (بنا.) ظرفی حلبی که برای بردن‌گل وگچ در بنایی بکار برند .

اسلامبولی پلو e.- polō (إمر.)نوعی پلوکه درآن آب‌گوجه فرنگی وگوشت خردکرده میریزند .

اسلامی eslām-ī[ع.-ف.] (ص‌نس.) ۱ - منسوب به‌اسلام ، آنچه از تمدن و فرهنگ و جزآن که منسوب به اسلام باشد. ۲ - پیرو اسلام ، مسلمان. ج . اسلامیان . ‖ **دورهٔ** ـــــ ، **عهد** ـــــ . دورهٔ بعدازاسلام. ‖ **قرون** ـــــ .قرنهایی که از آغاز اسلام ببعد سپری شده است.

اسلامیت eslām-īyyat [ع.](مص

جع.) مسلمانی، دارای مشخصات اسلام بودن، اسلامی بودن. ضح. ـ چون اسلام خود مصدر است نیازی بافزودن «ـیت» مصدری نیست و این ترکیب اصلا نابجا و غلط است.

اسلاید eslāyd [انگ. slide] (اِ.) (عکس.) عکسی است که ازیك قاب فیلم مثبت (رنگی، سیاه یا سفید) تهیه گردیده و بوسیلهٔ یك قاب فلزی یا مقوایی محصور شده است. این عکس بآسانی روی پرده منعکس میگردد.

اسلحه asleha(-e) [= ع. اسلحة] (اِ.) ج. سلاح؛ سازهای جنگ، زین‌افزارها، سلاحها. ‖ ~ٔ آتشی. اسلحهٔ ناریه. (نظ.) سلاحهایی چون تفنگ و توپ و نارنجك و جز آن.

اسلحه خانه a.-xāna(-e) [ع.-ف.] (اِمر.) جایی که در آن سلاحها را نگاهداری میکنند.

اسلحه دار a.-dār [ع.-ف.] (اِفا.) (نظ.) سربازی که مأمور حفظ و حراست اسلحه است.

اسلحه ساز a.-sāz [ع.-ف.] (اِفا.) کسی که سلاحهای جنگی یا شکاری سازد؛ اسلحه سازنده.

اسلحه سازی a.-sāz-ī [ع.-ف.] (حامص.) ساختن سلاحها، تولید افزارهای جنگی و شکاری.

اسلم aslam [ع.] (ص تفض. سلامت) سالم‌تر، بسلامت‌تر، درست‌تر، بی گزندتر.

اسلوب oslūb [ع.] (اِ.) گونه، راه، شیوه، طریق، طرز. ۲ـ (مس.) پایه و اساس مقام و لحن و مابه الامتیاز اثر آهنگ سازی با اثر آهنگ ساز دیگر. ج. اسالیب.

اسلیح eslīh [ع.] (اِ.) (گیا.) اسپرك (ﻫ.م.)

اسلیم eslīm [ممال ع. اسلام] (اِ.) اسلام.

اسلیمی eslīm-ī [= اسلامی ← اسلیم] (ص نسبی، اِمر.) (نق.) ۱ـ ازطرحهای اساسی و قرار دادی هنرهای تزیینی ایرانی، مرکب ازپیچ و خمهای متعدد که انواع مختلف آن، باشباهت بعناصر طبیعت مشخص میگردد. ۲ـ نوعی خط در قدیم.

اسلیمی

اسم esm [ع.] (اِ.) کلمه‌ای که بوسیلهٔ آن چیزی یا کسی را میخوانند؛ نام. ۲ـ عنوان. ۳ـ شهرت، آوازه. ۴ـ (دس.) قسمی از اقسام کلمه که بدان مردم یا جانور یاچیز را نامند و معین نمایند: مرد، زن؛ اسب، شتر؛ خانه، سنگ. ضح. ـ درصرف عربی، اسم قسمی از سه قسم کلمه است که بر معنایی مستقل دلالت کند و بزمانی خاص باز بسته نباشد. ۵ـ (تص.) اسم ذات است مسمی باعتبار صفت وصفت یا با وجود است چون عالم وقدیم و یا باعدم است چون قدوس. ج. اسامی، اسما (اسماء). ‖ ~ آلت. (دس.) اسمی است که بر ابزار کار دلالت کند. در فارسی اسم آلت معمولا با افزودن «ه» غیرملفوظ (=a- در قدیم و e- در عصر حاضر) بآخر برخی از فعلهای امر ساخته میشود، مانند: استره، تابه، رنده، کوبه، ماله. ‖ ~ اشاره. (دس.) «این» و «آن» هرگاه مسبوق باسمی باشد، اسم اشاره نامیده شود. نخستین برای اشاره به نزدیك ودومین برای اشاره بدور: این خانه، این میز، این درخت؛ آن مرد،

آن خیابان، آن نامه. ‖ ~ بی‌مسمی. نامی که معنی آن باچیز یا کسی که برای آن وضع شده است مطابق نباشد. ‖ ~ جمع. (دس.) ، اسم عام چون در صورت مفرد و در معنی جمع باشد آنرا اسم جمع نامند: دسته ، رمه، گله، طایفه. ‖ ~ جنس. (دس.) اسمی است که بر افراد یك جنس دلالت کند، و آن نه معرفه است و نه نکره، مانند: درخت، کوه، اسب؛ وچون خواهند نکره شود «ـ ی» بدان افزایند: درختی، کوهی، اسبی. ‖ ~ خاص. (دس.) آنست که بر فردی مخصوص ومعین دلالت کند؛ مق. اسم عام، اسم جنس: حسن، اسفندیار، البرز، همدان؛ رخش، شبدیز. ‖ ~ ذات. (دس.) اسم چون قایم بذات باشد، و وجودش وابسته بدیگری نباشد، آنرا اسم ذات نامند؛ مق. اسم معنی: جامه، نامه، مرد، پسر، باغ، بلبل. ‖ ~ زمان. (دس.) اسمی است که دلالت بر زمان کند ، و علامات آن از این قرار است: ۱ - «گاه» = «گه»: پگاه، دیر گاه، شامگاه، صبحگاه؛ شامگه، صبحگه. ۱ - «گاهان» = «گهان»: بامگاهان، شامگاهان؛ شامگهان، صبحگهان. ۳ - «آن»: بامدادان، بهاران، برگ‌ریزان. ۴ - «ستان»: تابستان، زمستان. ‖ ~ شب. (نظ.) نامی که در شب برای عبور از محلهای ممنوع بقراولها ونگاهبانان گویند و آن یکی از اسمهای شهرها، دیه‌ها، جانوران و گیاهان بود. ‖ ~ عام. (دس.) اسم جنس (ه.م.)؛ مق. اسم خاص ، علم. ‖ ~ فاعل. (دس.) اسمی است مشتق از فعل که بر کنندهٔ کاری یا دارندهٔ حالتی دلالت کند؛ صفت فاعلی. اسم فاعل ازفعل امر (یا ریشهٔ فعل) با پساوند «ـ نده» ساخته میشود، مانند: زننده، رونده، کننده، نشیننده. ‖ ~ مشتق. (دس.) اسمی که از مصدر یا ریشه‌ای جدا شده باشد، مانند اسم فاعل که از امر یا ریشه و اسم مفعول که ازمصدر (مرخم) ساخته میشود. ‖ ~ مصدر. (دس.) کلمه‌ایست مشتق از فعل که بر معنی مصدر دلالت کند (و آن جز مصدر و ریشهٔ فعل است): دانش، گفتار، خنده. نشانه‌های اسم مصدر در فارسی عبارتست از: ۱ - «ـ ش» و «ـ شن» و «ـ شت»: روش، بوشن، منشت. ۲ - «ـ تار» و «ـ دار»: کشتار، دیدار. ۳ - «ـ ه»: خنده، گریه، ناله. ‖ ~ مفعول. (دس.) اسمی است که دلالت میکند بر چیزی یا کسی که فعل بر او واقع شده است؛ صفت مفعولی. وآن از افزودن «ـ ه» بپایان صیغهٔ سوم شخص ماضی از فعل تام و متعدی ساخته میشود: برده، زده. ‖ ~ معنی. (دس.) اسمی است که وجود مسمای آن بغیرش وابسته باشد؛ مق. اسم ذات: رنجش، دانش، سفیدی، هوش. ‖ ~ مکان. (دس.) اسمی است که دلالت بر مکان کند، وعلامتهای آن از این قرار است: ۱ - «گاه» = «گه»: کمینگاه، رزمگاه؛ جایگه، پایگه. ۲ - «ستان»: گلستان، بوستان. ۳ - «کده»: آتشکده، بتکده. ۴ - «لاخ»: دیولاخ، سنگلاخ. ۵ - «لان»: شیرلان، نمك‌لان. ۶ - «سرا»: بستان سرا، کاروانسرا. ۷ - «زار»: مرغزار، لاله‌زار. ۸ - «بار»: جویبار، رودبار. ۹ - «سار» = «سر»: چاهسار، چشمه‌سار؛ کوهسر. ۱۰ - «دان»: آبدان، نمکدان. ۱۱ - «سیر»: سردسیر، گرم‌سیر. ۱۲ - «آن»: دیلمان، گیلان. ‖ ~ ومسمی. نام و نامیده ← مسمی.

اسما asmā [= ع. اسماء] (اِ.) ← اسماء.

اسماء 'asmā [ع.، ف.: اسما] (اِ.) ج. اسم. ۱ - نامها؛ جمع آن (جج. اسم.) اسامی. ۲ - (تفس.، تص.) معارف، حقایق، علوم.

‖ ~ اعلام . (دس.) ← اسم خاص.
‖ ~ حسنی (حسنا) . اهم نامهای الهی که تعداد آنهارا نود و نه دانسته‌اند.
‖ ~ خاص. ← اسم خاص.

اسمار asmār [ع.] (اِ.) ج. سمر (samar)؛ افسانه‌ها، داستانها.

اسماع asmā' [ع.] (اِ.) ج. سمع؛ گوشها.

اسماع esmā' [ع.] (مصم.) ۱ - شنوانیدن. ۲ - سرود گفتن.

اسماعیلی esmā'īl-ī [← سماعیلی] [ع.-ف.] (ص نسب.) ۱ - منسوب به اسماعیل بن ابراهیم ع. ۲ - منسوب به اسماعیل بن جعفر صادق ع (← بخش ۳)، پیرو آیین اسماعیلیه. ج. اسماعیلیان.

اسماً esm-an [ع.] (ق.) از لحاظ اسم، از جهت نام، بنام.

اسمر asmar [ع.] (ص.) گندم‌گون.

اسم نویسی esm-nevīs-ī [ع.-ف.] ۱ - (حامص.) نوشتن نام داوطلب یا نام خود در دفتر یك بنگاه، مدرسه، سازمان و جز آن؛ نام‌نویسی، ثبت‌نام. ۲ - (إمر.) کار کسی که نام کسان را در دفتر ثبت میکند. ۳ - مدت زمانی که نام‌نویسی جریان دارد.

اسموکینگ esmokīng [انگ. smoking] (اِ.) نوعی جامهٔ مردانه برنگ سیاه که در مجالس و تشریفات رسمی پوشند.

اسمی esm-ī [ع.-ف.] (ص نسب.) ۱ - منسوب به اسم. ۲ - (عم.) معروف، با اسم و رسم، صاحب اسم و عنوان.

اسناد asnād [ع.] (اِ.) ج. سند؛ سندها، دستکها، اوراقی که دارای ارزش حقوقی و قانونی و مالی باشد، نوشته‌هایی که برای اثبات حق یا دفاع مفید باشد. ‖ ~ تجارتی (تجاری). (حق.، بانک.) سندهای بازرگانی مانند: برات، سفته و چك. ‖ ~ ثبت احوال. (ادا.، حق.) ۱ - دفترهای ثبت احوال. ۲ - دفترچه‌های شناسنامه.

اسناد esnād [ع.] ۱ - (مصم.) نسبت کردن چیزی بکسی، نسبت دادن به، بازخواندن به. ۲ - (حد.) منسوب کردن حدیث بکسی. ۳ - (دس.، معا.) یا نسبت تام، آنست که چیزی بچیز دیگر باثبات یا نفی (ایجاب یا سلب) نسبت داده شود: جوانمرد بخشنده است، دروغگو رستگار نیست. ج. اسنادات.

اسنادات esnād-āt [ع.] (اِ.) ج. اسناد (ه.م.)

اسناد دادن e.-dādan [ع.-ف.] (مصم.) نسبت دادن چیزی بکسی.

اسناد کردن e.-kardan [ع.-ف.] (مصم.) نسبت‌دادن چیزی بکسی ← اسناد.

اسنان asnān [ع.] (اِ.) ج. سن (senn). ۱ - سالهای زندگی. ۲ - دندانها.

۱ - اسنه asenna(-e) [= ع. اسنة] (اِ.) ج. سن (senn)؛ دندانها.

۲ - اسنه asenna(-e) [= ع. اسنة] (اِ.) ج. سنان؛ سرهای نیزه‌ها، سرهای عصاها.

اسنی asnā [ع.] (ص تفض. سنی.) ۱ - سنی‌تر، ارفع، عالیتر، بلندتر، اعلی. ۲ - روشنتر.

۱ - اسوار as-vār [← سوار ← اسوار] osvār [(ص.) ۱ - سوار؛ مق. پیاده. ۲ - عنوانی که ایرانیان باستانی بمردان دلیر آزاده میداده‌اند. ج. اسواران.

۲ - اسوار asvār [ع.] (اِ.) ج. سور؛ باره‌ها، باروها.

اسوار osvār, es.- [معر. =

اسواران

اسوار asvār [= سوار] (ص.) سوار؛ مق. پیاده. ج. اساور، اساوره.

اسواران asvār-ān ۱ - ج. اسوار؛ برندگان اسب، فارسان؛ مق. پیادگان. ۲ - در روزگار ساسانیان، سپاهیان سواره. ۳ - (نظ.) واحدی از سواره نظام.

اسواق asvāγ [ع.] (ا.) ج. سوق؛ بازارها، رسته‌ها.

اسوء asva' [ع.] (ص تفض.) بدتر، بتر. ‖ به ~ احوال، در ~ احوال. در بدترین حالات.

اسوت asvat,es.- [= ع. اسوة ← اسوه] ۱ - (ص.) پیشوا، مقتدا. ۲ - (ا.) خصلتی که‌شخص بدان لایق مقتدایی گردد. ۳ - (امص.) پیروی، پس‌روی.

اسود asvad [ع.] (ص.) ۱ - سیاه، سیاه‌چرده. ۲ - مار بزرگ سیاه.

اسوه osva(-e),es- [ع.] ← اسوت.

اسهاب eshāb [ع.] ۱ - (مص ل.) از اندازه گذشتن. ۲ - بسیار گفتن، بیش گفتن. ۳ - (امص.) بسیارگویی، اطناب.

اسهال eshāl [ع.] ۱ - (مص ل.) شکم راندن، جاری شدن شکم. ۲ - (امص.) شکم‌روش، بیرون‌شدن بدرروی. ‖ **~ خونی**. (پز.) مرضی که در نتیجهٔ حملهٔ آمیب اسهال توأم با خون در روده‌ها تولید شود و موجب زخم نسج داخلی روده‌ها و در نتیجه خروج خون با مواد دفعی گردد. ‖ **~ دموی**. (پز.) ← اسهال خونی ↑

اسهام ashām [ع.] (ا.) ج. سهم؛ بهره‌ها، بخشها. ضح. - درعربی جمع سهم بمعنی بهره «اسهم» آمده.

اسهل ashal [ع.] (ص تفض.) نرم‌تر، آسان‌تر.

اسیاف asyāf [ع.] (ا.) ج. سیف؛ شمشیرها، تیغها.

اسید asīd [فر. acide] (شم.) مرکبی است که از ترکیب جسمی‌بسیط با ئیدرژن حاصل شود و طعم آن‌ترش مزه است. بعضی اقسام آن از ترکیب یك شبه فلز بائیدرژن‌بدست آیدمانند: اسید برمیدریك، اسید سولفیدریك، و بعضی اسیدهای اکسیژن دار مانند: اسیدسولفورو و اسید سولفوریك واسید ازتیك،ازترکیب انیدرید ها باآب‌تهیه میشوند.

اسیر asīr [ع.] (ص.) ۱ - گرفتار، بندی، دستگیر کرده. ۲ - برده، بنده. ج. اسراء (اسرا).

اسیرشدن a.-šodan [ع.-ف.] (مص ل.) گرفتارشدن، بچنگ دشمن افتادن.

اسیرکردن a.-kardan [ع.-ف.] (مص م.) گرفتار کردن، دستگیر کردن، بحبس و بند درآوردن.

اسیرگرفتن a.-gereftan [ع.-ف.] (مص م.) اسیر کردن، باسارت درآوردن.

اسیری asīr-ī [ع.-ف.] (حامص.) اسارت، أسیر شدن.

اش aš [په. aš] (ضم.) ضمیر شخصی متصل، سوم‌شخص‌مفردو آن بصورت‌مفعولی (سپردش = بدوسپرد)، فاعلی (گفتش = گفت او را) یا اضافی (خانه‌اش، کتابش) است.

اشارات ešārāt [ع.] ج. اشاره (ه.م.)

اشارت ešārat [= ع. اشارة ← اشاره] ۱ - (مص م.) (مص ل.) نمودن بسوی چیزی بدست وجزآن. ۲ - (ا.) دستور، فرمان. ۳ - (مص ل.) با حرکت دست وچشم وابرو مطلبی‌را القاکردن، برمز نمودن.

۴ - (اِ.) رمز، ایماء. ۵ - (اِمص.) تقریر، بیان. ۶ - رأی، اظهار نظر. ۷ - شور، مشورت. ۸ - (اِ.) نصیحت، پند. ۹ - (تص.) اخبارغیراز مراد بی‌عبارت لسان.

اشارت داشتن e.-dāštan [ع.-ف.] (مصل.) ــــ بچیزی. دلالت داشتن بر آن.

اشارت کردن e.-kardan [ع.-ف. = اشاره کردن] (مصل.) ۱ - نمودن بسوی چیزی بدست و ابرو و جز آن. ۲ - فرمودن کسی را، فرمان‌دادن. ۳ - با حرکت دست و چشم و ابرو مطلبی را القا کردن، برمز نمودن. ۴ - تقریر کردن، بیان کردن. ۵ - شور کردن، مشورت کردن. ۶ - نصیحت کردن، اندرز دادن.

اشاره ešāra(-e) [=ع. اشارة ← اشارت] ← اشارت (همع.) ‖ انگشت ــــ . سبابه.

اشاره شدن e.-šodan [ع.-ف.] (مصل.) ۱ - بدست و ابرو و مانند آن القاء شدن امری. ۲ - صادرشدن فرمان و دستور.

اشاره کردن e.-kardan [ع.-ف.] ← اشارت کردن (همع.)

اشاعت ešā'at [=ع. اشاعة ← اشاعه] (مصم.) ۱ - آشکارا کردن، فاش کردن (خبروجز آن). ۲ - پاشیدن، پراکندن، گستردن. ۳ - (حق.) اجتماع حقوق مالکان متعدد در مال واحد، بدون قصد همکاری در انتفاع از آن مال، مانند ترکهٔ میت که بطور اشاعه بین وارثان مشترک است. ‖ ــــِ خبر. فاش کردن خبر.

اشاعه ešā'a(-e) [=ع. اشاعة ← اشاعت] (مصم.) ← اشاعت (همع.)

اشاق ošāγ [=اوشاق، تر.] ← اوشاق.

اشباح ašbāh (ع.) (اِ.) ج. شبح. ۱ - تنها، کالبدها. ۲ - سایه‌ها. ۳ - سیاهیها که از دور دیده شود.

اشباع ešbā' [ع.] ۱ - (مصم.) سیر گردانیدن، سیر کردن. ۲ - رنگ سیر کردن. ۳ - (اِ.) پر وبسیار، پر و فراوان. ۴ - (قا.) حرکت دخیل. ۵ - (شم.) اندازه‌ای از ماده که در ترکیب بیشتر از آن محتاج نباشد. ۶ - (پز.) اندازهٔ تحمل بدن دوا را.

اشباه ašbāh [ع.] (اِ.) ج. شبه؛ همانندان، مانندها.

اشباه ešbāh [ع.] (مصل.) مانند کسی شدن، مانندشدن بچیزی، باچیزی مانیدن.

اشبل ošbol [=اشپل=اشپیل، گیل. ašbal] (اِ.) (جان.) تخم ماهی[1]، خاویار.

اشبون ešbūn [=اشپون] (اِ.) ← اشپون.

اشبه ašbah [ع.] (ص‌تفض.) شبیه‌تر، مانندتر، ماناتر.

اشپش ešpeš [=شپش (ه.م.)] (اِ.) ۱ - (جان.) شپش (ه.م.):

«ریش انبوه پراز اشپش وکک
زیر او اوفتاده تحت حنک.»
(دهخدا)

۲ - (جان.) [=اشپشه]، کرمی که در غله وپشمینه افتد وتباه کند.

اشپشه ešpeša(-e) [=اشپش = شپشك] (اِ.) (جان.) شپشك (ه.م.)

اشپغول ašp-γūl [=اسبغول = اسپغول] (اِ.) (گیا.) اسفرزه (ه.م.)

اشپل ašpal [گیل. ašpal = اشبل] (اِ.) (جان.) اشبل (ه.م.)

اشپون ešpūn [رس. špon] (اِ.)

۱ - Frai de poisson (فر.)

۲۷۸ اشپوختن

۱ - (چاپ.) سرب باریکی که میان هر دو سطر نهند تا فاصلهٔ مطلوب پیدا شود ۲ - (چاپ.) واحد طول سطر.

اشپوختن ešpūx-tan [= اشپیختن = اشبوختن = اشبیختن] (مصم.) (صر←سوختن) ۱- پاشیدن، پراکنده کردن، افشاندن. ۲ - گل نم زدن. ترشح کردن.

اشپوخته ešpūx-ta(-e) [= اشپیخته] (إمف.) ۱- پاشیده، افشانده. ۲ - ترشح کرده.

اشپیختن ešpīx-tan [= اشپوختن = اشبیختن = اشبوختن] (مصم.) (صر←ریختن) ← اشپوختن (همه.)

اشپیخته ešpīx-ta(-e) [= اشپوخته] (إمف.) ← اشپوخته.

اشپیل ešpīl [= اشبل] (إ.) (جاز.) اشبل (ه.م.)

اشتاب eštāb,oš - [= شتاب] (إ.) ← شتاب.

اشتابنده eštāb-anda(-e) [= شتابنده] (إفا.) شتاب کننده، شتابنده.

اشتابیدن eštāb-īdan [= شتابیدن = شتافتن] (مصل.) (صر← شتابیدن) شتافتن (ه.م.)

اشتات aštāt [ع.] (إ.) ج. شت (šatt)؛ پراکندگان، متفرقها.

اشتاد aštād [پہ. aštād] (إ.) ۱ - (إخ.) نام فرشته‌ایست← بخش۳. ۲ - روز بیست وششم ازهرماه شمسی که فرشتهٔ مذکور موکل براوست.

اشتافتن eštāf-tan [= شتافتن = اشتابیدن = شتابیدن] (مصل.) (صر← شتافتن) شتافتن (ه.م.)

اشتالنگ eštālang [= شتالنگ] (إ.) (جاز.) بجول (ه.م.)

اشتباك eštebāk [ع.] (مصم.) بهم در شدن، بهم پیوستن، در آمیختن، شبکه شبکه شدن.

اشتباه eštebāh [ع.] (مصل.) ۱ - پوشیده شدن، نهفته ماندن. ۲ - مانند شدن. ۳ - بازنشناختن، باز ندانستن. ۴ - (إ.) سهو، خطا. ج. اشتباهات.

اشتباهات eštebāh-āt [ع.] (إ.) ج. اشتباه (ه.م.)

اشتداد eštedād [ع.] ۱ - (مصل.) سخت شدن. ۲ - (إمص.) سختی. ۳ - (مصل.) استوارشدن. ۴ - نیروگرفتن. ۵ - (إمص.) زورمندی.

اشتدادی eštedād-ī [ع.-ف.] (ص نسبه.) منسوب به اشتداد (ه.م.) ‖ حرکت ــــ. (فل.) نوعی از حرکت در کیف.

اشتر aštar [ع.] (ص.) ۱ - کسی که پلك چشمش کفته باشد؛ گردیده پلك، دریده چشم. ۲ - (عر.) جمع میان قبض و خرم، چون فاعلن که از مفاعیلن منشعب گردد.

اشتر oštor [= شتر] (إ.) (جاز.). ← شتر.

اشترا eštera [= ع. اشتراء] ← اشتراء.

اشتراء eštera' [ع.، ف.: اشترا] (مصم.) ۱ - خریدن. ۲ - فروختن.

اشترابه oštor-āb-a(-e) [= اشتراوه] (إمر.) قسمی جامه که از پشم شتر بافته میشد؛ اشتربانه.

اشتراطešterāt [ع.] (مص ل.) پیمان بستن، شرط کردن.

اشتراكešterāk [ع.] (مص ل.) ۱ - انباز شدن، انبازی کردن، شرکت کردن، شریك شدن. ۲ - (إمص.) انبازی، شرکت. ۳ - (بع.) آنست که شاعر با آوردن الفاظی که معانی

مشترك داشته باشند مطلبی را القا کند که اندیشهٔ شنونده متوجه معنی غیر مقصود گردد؛ وسپس شاعر درصدد توضیح برآید. ۱ ــِ روزنامه یا مجله. جزو خریداران مرتب روزنامه یامجله در آمدن، آبونه شدن .ج.اشتراکات.

اشتراکات ešterāk-āt [ع.] (ا.) ج.اشتراك (ه.م.)

اشتربان oštor-bān [= شتربان] (ص‌مر.) شتربان (ه.م.)

اشتربانی o.-bān-ī (حامص.) شتربانی (ه.م.)

اشتربچه o.-bač(č)a(-e) [= شتر بچه] (امر.) شتر بچه (ه.م.)

اشترچران o.-čarān [= شترچران] (افا.،ص‌مر.) ساربان، شتربان.

اشترچرانی o.-čarān-ī [= شتر چرانی] (حامص.) ساربانی، شتربانی.

اشترخار o.-xār [= خارشتر] (امر.) (گیا.) خارشتری (ه.م.)

اشترخان o.-xān [= شترخان] (امر.) خوابگاه شتران، شترخان.

اشترخوار o.-xār [= شترخوار] ۱ - (افا.،ص‌مر.) خورندهٔ شتر. ۲ - (امر.) (جا ن.) نوعی از ماربزرگ[1].

اشترخوی o.-xūy (ص مر.) ۱ - آنکه برصفت شتر بود. ۲ - پر کینه. ۳ - صبور. ۴ - قانع.

اشتردار o.-dār [= شتردار] (افا.، ص‌مر.) ساربان، شتربان.

اشترداری o.-dār-ī [= شترداری] (حامص.) ساربانی، شتربانی.

اشتردرای o.-darāy [← درای] (امر.) زنگ شتر.

اشتردل o.-del (ص‌مر.) (کن.) ۱ - کینه دل، اشترکین . ۲ - ترسنده ، جبان، اشترزهره .

اشتر دلی o.-del-ī (حامص.) ۱ - کینه‌ورزی، کین‌توزی. ۲ - ترسندگی، جبن .

اشترزهره o.-zahra(-e) [= شتر زهره] (ص‌مر.) اشتردل (ه.م.)

اشترسوار o.-savār [= شترسوار] (ص‌مر.) شتر سوار (ه.م.)

اشترشکن o.-ša(e)kan (افا.) کشندهٔ شتر، درهم شکنندهٔ شتر.

اشترغاز o.-γāz [← غاز= غاژ] (امر.) (گیا.) خارشتری(ه.م.)

اشترغان o.-γān (امر.) (گیا.) گیاه مریم (ه.م.)

اشترك ešterak (ا.) (گیا.) اشق (ه.م.)

اشترك oštor-ak (امصغ.) اشتر کوچك، شتربچه.

اشترکش o.-koš [= شترکش] (افا.) کسی که شتر را نحر کند؛ نحار.

اشترکشتن o.-koštan [= شترکشتن] (مص‌م.) نحر شتر، کشتن شتر.

اشترکین o.-kīn [= اشتر کینه = شترکین] (ص‌مر.) اشتر دل (ه.م.)

اشترکینه o.-kīna(-e) [= اشترکین = شترکینه] (ص‌مر.) اشتردل (ه.م.)

اشترگاو o.-gāv [= شتر گاو] (امر.) (جا ن.) زرافه (ه.م.)

اشترگاو پلنگ o.-g.-palang [= شتر گاوپلنگ] (امر.) (جا ن.) زرافه (ه.م.)

اشترگربه o.-gorba(-e) [= شتر گربه] (امر.) (کن.) چیزهای نامناسب، چنانکه شتر با گربه مناسبتی ندارد؛ شترگربه.

۱ - Boa (فر.)

اشترگیا o.-giyā [= اشترگیاه] (إمر.) (گیا.) خارشتری (ه.م.)

اشترلك o.-lak (إمر.) (جا ن.) شترمرغ (ه.م.)

اشترمآب o.-maāb [ف .-ع . = شترمآب] (صمر.) ۱ - بسیار موقر، متین(زیاده از حد.) ۲- کهنه پرست.

اشترمآبی o.-maāb-ī [ف.-ع . = شترمآبی] (حامص.) ۱ - وقار، متانت (زیاده از حد). ۲ - کهنه‌پرستی.

اشترمرغ o.-morγ [= شترمرغ] (إمر.) (جا ن.) شترمرغ (ه.م.)

اشترمور o.-mūr [= شترمور] (إمر.) جانوری افسانه‌یی شبیه مور وببزرگی بز.

اشترمیری o.-mīr-ī [= شترمیری] (حامص.) مردن پیاپی شتران بسبب سرایت‌امراض، مرگامرگی شتران .

۱ - اشترنگ eštarang [= استرنگ = سترنگ] (إ.) (گیا.) مهر گیاه (ه.م.)

۲- اشترنگ eštarang [= شترنگ = معر. شطرنج] (إ.) شطرنج (ه.م.)

اشتروار oštor-vār [= اشتربار = شتروار](إمر.)مقدار بار یك‌اشتر، اشتربار .

اشتروان o.-vān [= شتروان= شتربان](صمر.،إمر.) شتربان(ه. م.) ساربان .

اشتروانی o.-vān-ī [= شتروانی= شتربانی] (حامص.) شتربانی (ه.م.) ، ساربانی.

اشتره oštora(-e) (إمر.) (گیا.) خار شتری (ه.م.)

اشتری aštar-ī (ص‌نسبـ.) (مسـ.) از لحنهای‌موسیقی که در شور(ه.م.) نواخته میشود.

اشتعال ešteāl [ع.] (مص‌م.) ۱ - بر افروختن ، افروختن ، افروختن (آتش). ۲ - (مص‌ل.)زبانه زدن، زبانه کشیدن (آتش) . ۳ - (إمص .) بر افروختگی. ج.اشتعالات.

اشتعالات ešteāl-āt [ع.] (إ.)ج. اشتعال (ه.م.)

اشتغال ešteγāl [ع.] ۱ - (مص‌ل.) پرداختن‌به، بکاری‌سرگرم شدن. ۲ - (إمص.) سرگرمی ، گرفتاری. ج . اشتغالات.

اشتغالات ešteγāl-āt [ع.](مص‌ل.) ج . اشتغال . ۱ - پرداختن‌ها . ۲ - گرفتاریها.

اشتق oštoγ [تر.](إ.) (جا ن.) بجول (ه.م.)

اشتقاق ešteγāγ [ع.] (مص‌م.) ۱ - شکافتن، گرفتن (اصل و ریشهٔ کلمه و غیره .) ۲ - درآمدن درسخن (غم.) . ۳ - (اد .) دانشی است‌که در آن از چگونگی‌بیرون‌آوردن کلمه‌ای ازکلمهٔ دیگر که بین‌آنها‌اصالةً وفرعاً‌مناسبتی وجود دارد، گفتگو میشود. ۴- (دس.) بیرون‌آمدن و نشأت‌لفظی از لفظ‌دیگر بطریقی که درلفظ ومعنی مناسبتی‌وجود داشته باشد ، مثلا: روش، رونده، روا، روان،رفتن که‌از «رو»بیرون آمده‌اند، مشتق محسوب میشوند . ۵ - (بع.) یا اقتضاب، آنست که گوینده یا نویسنده کلماتی‌آورد که‌از یك‌ماده مشتق‌باشند، مانند:

« نشد مقبول مقبولان عالم
قبولی در دل‌ناقابلم‌نیست.»
(علی‌نقی کمره‌یی، لغ.)

ج. اشتقاقات .

اشتقاقات ešteγāγ-āt [ع.] (إ.) ج. اشتقاق (ه.م.)

اشتقاقی eštey̌āy̌-ī [ع.ـف.] (ص‌نسب.) منسوب به اشتقاق (ه.م.)

اشتک eštak (إ.)جامه‌ای که‌کودکان نوزاد را در آن پیچند؛ قنداق.

اشتکا eštekā [=ع.اشتکاء] ← اشتکاء.

اشتکاء eštekā' [ع.،ف.: اشتکا] ۱ ـ (مص‌ل.) گله‌کردن، گله‌مندشدن، شکایت‌کردن. ۲ ـ (إمص.) گله‌گزاری، گله‌مندی، شکایت.

اشتلم oštolom [=شتلم] (إ.) ۱ ـ اخذ چیزی بزور. ۲ ـ لاف پهلوانی زدن. ۳ ـ تندی، خشونت. ۴ ـ تعدی، زور.

اشتلم‌کردن o.-kardan (مص‌ل.) ۱ ـ گرفتن چیزی بزور. ۲ ـ لاف‌زدن از پهلوانی. ۳ ـ تندی‌کردن، خشونت ورزیدن. ۴ ـ تعدی‌کردن، اعمال زور کردن.

اشتم eštem [=اشتیم] (إ.) (پز.) اشتیم (ه.م.)

اشتمال eštemāl [ع.] ۱ ـ (مص‌م.) فراگرفتن، فروگرفتن، بهمه‌رسیدن، احاطه‌کردن. ۲ ـ (إمص.) فراگرفتگی، احاطه. ج. اشتمالات.

اشتمالات eštemāl-āt [ع.] (إ.) ج. اشتمال (ه.م.)

اشتود oštavad [= اشتوذ، استـ. uštavaiti] ۱ ـ (إخ.) بخش دوم از پنج بخش گاتها (← بخش۳) ۲ ـ روز دوم از اندرگاه (ه.م.)

اشتوذ oštavaz [=اشتود] ← اشتود.

اشتوره oštūra(-e) [=اشتره] (إ.) (گیا.) گیاه خاردار تلخی که‌شتر آنرا برغبت خورد؛ خار شتری (ه.م.)

اشتها eštehā [= ع.اشتهاء] ← اشتهاء.

اشتهاء eštehā' [ع.،ف.: اشتها] ۱ ـ (مص‌م.) آرزو خواستن، خواهان شدن، آرزو کردن. ۲ ـ میل بغذاداشتن. ۳ ـ (إمص.) خواهانی، خواست. ۴ ـ آرزوی طعام.

اشتها داشتن e.-dāštan [ع.ـف.] (مص‌ل.) ← به. میل‌داشتن‌به (غذایی یا نوشابه‌ای).

اشتهار eštehār [ع.] (مص‌ل.) ۱ ـ آشکارگردیدن، آوازه در افتادن. ۲ ـ نامبردار شدن، معروف‌گردیدن. ۳ ـ (إمص.) نامبرداری، شهرت، ناموری. ج. اشتهارات.

اشتهارات eštehār-āt [ع.] (إ.) ج. اشتهار (ه.م.)

اشتهارداشتن e.-dāštan [ع.ـف.] (مص‌ل.) ناموری‌داشتن، معروف‌بودن.

اشتهارطلب e.-talab [ع.] (إفا.) جویای نام، آوازه‌خواه، نامجوی.

اشتهاریافتن e.-yāftan [ع.ـف.] (مص‌ل.) شهرت‌یافتن، نامبردار شدن، معروف‌گردیدن.

اشتیاق eštiyāy̌ [ع.] (مص‌ل.) ۱ ـ آرزومندشدن، شوق داشتن. ۲ ـ (إمص.) آرزومندی، شوق. ج. اشتیاقات.

اشتیاقات eštiyāy̌-āt [ع.] (إ.) ج. اشتیاق (ه.م.)

اشتیاق‌داشتن e.-dāštan [ع.ـف.] (مص‌ل.) میل و رغبت داشتن‌به، شیفتهٔ دیدار و وصول کسی یا چیزی بودن.

اشتیم eštīm [=استیم=اشتم] (إ.) (پز.) چرک و فسادی که در جراحت است؛ اشتم، استیم.

اشج ošaǰ(ǰ) [معر. اشق = وشق] (إ.) (گیا.) اشق (ه.م.)

اشجار ašǰār [ع.] (ا.) ج. شجر؛ درختان.

اشجاره ešǰāra(-e) [= ع. اشجارة] (ا.)(گیا.)[1] قدومه (ه.م.)

اشجع ašǰa' [ع.] (ص تفض.) دلیرتر، دلاورتر، شجاعتر.

اشخار ašxār [= شخار = شخیر، از آرا، آرا.؟] (ا.) ← شخار.

اشخاص ašxās [ع.] (ا.) ج. شخص. ۱ - کالبدها. ۲ - سیاهیها. ۳ - کسان، افراد.

اشخاص ešxās [ع.] (مصم.) بر انگیختن، روانه کردن، گسیل داشتن.

اشخر ašxar [ع.](ا.)(گیا.) استبرق (ه.م.)

اشخیص ešxīs [معر. یو. ixia] (ا.) (گیا.) کرمدانه (ه.م.)

اشد ašad(d) [ع.] (ص تفض.) سختتر، استوارتر، شدیدتر.

اشر ašar(r) [ع.] (ص تفض.) شریرتر، بدتر، شرورتر.

اشر ašer [ع.] (ص.) ۱ - متکبر، مغرور، خودپسند. ۲ - پرنشاط، دنه گرفته.

اشرار ašrār [ع.] (ا.) ج. شریر؛ بدان، بدکاران، بدکرداران.

اشراش ašrāš, eš- [= اسراس = ارشاس = اشراص] (ا.) (گیا.) سریش (ه.م.)

اشراص ašrās [= اشراش ↑] (ا.) (گیا.) اشراش (ه.م.)، سریش (ه.م.)

اشراط ašrāt [ع.] (ا.) ج. شرط (šart) و شرط (šarat)؛ علامتها، نشانها. ‖ ~ صبح. نشانهای بامداد.

اشراف ašrāf [ع.] (ا.) ج. شریف؛ بزرگواران، بلند پایگان، بزرگان، گرانمایگان، ارجمندان، نجبا. ‖ **اعیان و** ~. مهان، نجبا.

اشراف ešrāf [ع.] ۱ - (مص ل.) دیده‌ورشدن، فرونگریستن، از بالا بزیر نگریستن. ۲ - آگهی یافتن، اطلاع یافتن، واقف‌شدن بر امری. ۳ - بلند شدن، بالا برآمدن. ۴ - (امص.) دیده وری.

اشرافی ašrāf-ī [ع.-ف.] (ص نسب.) منسوب به اشراف (ه.م.): جنبهٔ اشرافی. ‖ **حکومت** ~. حکومت نجبا[2].

اشراق ešrāγ [ع.] ۱ - (مص ل.) تافتن، تابیدن، درخشیدن، تابان گشتن، روشن‌شدن. ۲ - (مص م.) روشن کردن. ۳ - (امص.) تابش. ‖ (فل.) حکمت اشراق، فلسفه‌ای که دراسلام مروج آن شیخ شهاب الدین سهروردی است. ← بخش ۳. ج. اشراقات.

اشراقات ešrāγ-āt [ع.] ج. اشراق (ه.م.)

اشراقی ešrāγ-ī [ع.-ف.؛ ع. ešrāγīyy] (ص نسب.) منسوب به اشراق، مربوط به اشراق: حکمای اشراقی. ج. (ع.) اشراقیون، اشراقیین.

اشراقیون ešrāγ-īyy-ūn [ع.] (ا.) ج. اشراقی (ه.م.)، حکمای پیرو اشراق؛ اشراقیین.

اشراقیین ešrāγ-īyy-īn [ع.] (ا.) ج. اشراقی (ه.م.) ← اشراقیون.

اشراك ašrāk [ع.] (ا.) ج. شریك؛ انبازان، شریکان.

اشراك ešrāk [ع.] (مص م.) ۱ - شریك قرار دادن، انباز کردن، کسی را درکارخود شریك کردن. ۲ - شریك

---

1 - Erysimum officinale (لا.)

2 - Aristocratie (فر.)

دانستن برای خدا، شرك بخدا.

اشربه [ع.اشربة=] ašreba(-e) (اِ.) ج. شراب؛ آشامیدنیها، نوشیدنیها.

اشرس [ع.] ašras (ص.) ۱ - بد خو، تند خو. ۲ - دلیر، دلاور.

اشرف ašraf (ص تفض.) بلند تر، افراشته‌تر، گرانمایه‌تر، شریفتر. ‖ ~ مخلوقات. آدمی، انسان. ‖ حضرت ~. برای صدور و وزرای عظام استعمال شود. ‖ جناب ~. ← حضرت اشرف ↑

اشرفی [ع.-ف.] ašraf-ī (ص نسب.، اِمر.) سکهٔ طلای ایرانی که سابقاً در ایران رواج داشته و وزن آن دراواخر قاجاریه ۱۸ نخود بوده. اکنون سه نوع از آن مستعمل است: ۱ - یك تومانی که یك مثقال طلادارد. ۲ - پنجهزاری که نیم مثقال طلادارد. ۳ - دو هزاری که ربع مثقال طلا دارد.

اشرفیه [ع.] ašraf-īyya(-e) (ص نسب.) مؤنث اشرفی (ه.م.): آستانهٔ اشرفیه، مدرسهٔ اشرفیه.

۱ - اشعار [ع.] aš'ār (اِ.) ج. شعر (še'r)؛ چامه‌ها، شعرها.

۲ - اشعار [ع.] aš'ār (اِ.) ج. شعر (ša'r)؛ موها، مویها (غم.).

اشعار [ع.] eš'ār (مص م.) آگاه کردن، آگهی دادن، دانا کردن، آموزانیدن.

اشعار داشتن [ع.-ف.] e.-dāštan (مص م.) آگاه کردن، با خبر کردن، خبردادن.

اشعار کردن [ع.-ف.] e.-kardan (مص م.) اشعار داشتن ↑

اشعال [ع.] eš'āl (مص م.) افروختن آتش.

اشعب [ع.] aš'ab (ص.) ۱ - قچقار که میان دوشاخ آن فراخ باشد، حیوان شاخداری که وسط دو شاخش فاصله باشد. ۲ - کسی که میان دو شانه‌اش فراخ باشد.

اشعث [ع] aš'as (ص.) ژولیده‌موی، آشفته موی، پریشان‌موی.

۱ - اشعر [ع.] aš'ar (ص تفض.) ۱- شاعرتر. ۲ - داناتر.

۲ - اشعر [ع.] aš'ar (ص.) مردی که بدنش پرمو یا موهایش دراز باشد.

اشعری [ع.=aš'arīyy] aš'ar-ī (ص نسب.) ۱ - منسوب به اشعر (یکی از قبایل عرب). ۲ - منسوب به فرقهٔ اشعریه (اشاعره).

اشعه [ع.] aše''a(-e) (اِ.) ج. شعاع؛ پرتوها، زوبینه‌ها.

اشغار [=اشغر=شغور] ašɣār,eš.- (اِ.) (جا ن.) ← اشغر

اشغال [ع.] ašɣāl (اِ.) ج. شغل. ۱ - کارها. ۲ - گرفتاریها.

اشغال [ع.] ešɣāl (مص م.) ۱ - مشغول ساختن، بکار وا داشتن. ۲ - جایی را گرفتن. ۳ - تحت تصرف گرفتن مکانی بوسیلهٔ سپاهیان. ضح. ـ این مصدر در زبان تازی فصیح بکارنمیرود و ادیبان آنرا غلط دانند ج. اشغالات.

اشغالات [ع.] ešɣāl-āt (اِ.) ج. اشغال (ه.م.)

اشغال کردن [ع.-ف.] e.-kardan (مص م.) ۱ - تحت اختیار گرفتن جایی را. ۲ - تصرف کردن جایی بوسیلهٔ سپاهیان.

اشغالگر [ع.- ف.] e.-gar (ص فا.) (نو.) دولتی که ناحیه‌ای را بزور و برخلاف حق تصرف کند.

اشغر [=اسغر=سغر=سکر] ošɣor (اِ.) (جا ن.) خارپشت (ه.م.)، سیخول.

اشك

اشكاف

اشفاق ešfāɣ [ع.] (مص ل.) ۱ - مهربانی کردن، مهرورزیدن، دلسوزی کردن. ۲ - ترسیدن، بیم‌داشتن. ج. اشفاقات.

اشفاقات ešfāɣ-āt [ع.]ج. اشفاق (ه.م.)

اشق aša(ɣ)ɣ[ع.](ص‌تفض.)دشوارتر، مشکلتر.

اشق ošaɣ[=اشج=وشج، معر.اشه] (ا.) ۱ - (گیا.)درخت‌اشه (ه.م.) ۲ - (گیا.) صمغی زرد رنگ، بطعم گس و تلخ ومهوع که ازدرخت اشق ↑ گرفته میشود.اشترك، وشق، اندران، بلشر.

اشقاقل ešɣāɣol [=شقاقل] (ا.) (گیا.)←شقاقل.

اشقر ašɣar [ع.] (ص.) ۱ - سرخ موی. ۲ - اسب سرخ بش و سرخ (یا سیاه) دنبال، اسبی که‌یال ودم آن‌سرخ باشد. ۳ - مرد سرخ وسفید که سرخی او غالب باشد. ۴ - هرچه دارای‌رنگ سرخ مایل بسفیدی باشد.

اشقردیون ašɣardīyūn [= شقردیون= سقوردیون. معر.یو] (ا.) (گیا.) موسیر (ه.م.)

اشقمونیا ešɣemonyā[=سقمونیا، معر.لا. escamonea][1] (ا.) (گیا .) سقمونیا، محموده (ه.م.)

اشقی ašɣā[ع.](ص‌تفض.)بدبخت‌تر، نگون بخت‌تر، تیره‌روزتر.

اشقیا ašɣīyā [=ع.اشقیاء] ← اشقیاء.

اشقیاء ašɣīyā' [ع.ف.: اشقیا] (ا.) ج. شقی؛ بدبختان، تیره روزان، تیره‌روزان.

اشقیل ešɣīl [= اسقیل](ا.)(گیا.) پیاز دشتی (ه.م.)

۱- اشك ašk [اشکاسمی āšik،گیا. ašk] (ا.) ۱- قطره (آب‌وماننددآن). ۲ - آبی که ازچشم فروریزد؛ سرشك. ‖ ~ ِ ابر . باران. ‖ ~ ِ تمساح . (کن.) ۱ -گریهٔ دروغ. ۲ - تقلب ، تزویر . ‖ ~ ِ تمساح ریختن. (کن.) ۱ - گریه بدروغ کردن . ۲ - تقلب کردن، تزویر نمودن . ‖ ~ ِ سحاب. باران . ‖ ~ ِ شادی. گریه‌ای که از خوشحالی جاری شود.

۲ - اشك ašk(ا.)(گیا.) درختچه‌ای[2] از تیرهٔ پروانه واران که اصل آن از سیبری است وددرایران‌در نواحی‌استپی و کوهستانهای خشك اطراف کرج میروید.

۳ - اشك ašk [=ارشك aršak، پب. aršaka] (ا.) ۱ - (اخ .) نام مؤسس خاندان اشکانیان(← بخش۳). ۲ - عنوان هر یك از پادشاهان سلسلهٔ مذکور ↑ .

اشك ešak [تر.=ایشك] (ا.) خر، حمار .

اشكار eškār [=شکار] (ا.) ← شکار.

۱ - اشكاف eškāf [=شکاف.](ا.) رخنه، چاك، شکاف.

۲ - اشكاف eškāf[رس. škaf] (ا.) قفسهٔ در دار که در آن‌لباس، کتاب ، ظرف وغیره گذارند.

اشكافتن eškāf-tan[=شکافتن] (مص‌ل.) ←شکافتن .

اشك افشاندن ašk - afšāndan (مص‌م.) اشك ریختن.

اشكال aškāl[ع.](ا.) ج.شکل. ۱- صورتها،گونه‌ها ، انواع. ۲- پیکرها،

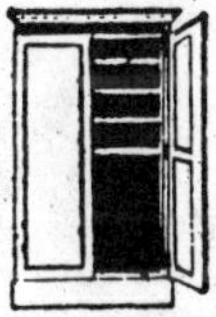

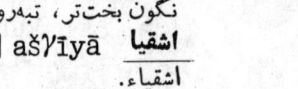

۱ - Escammonée (فر.)　　۲ - Caragan (فر.)

نقشها، تصاویر. ‖ ~ اربعه. (چهار شکل)[1] (منطق.) از مباحث مهم قیاس بشمار میرود، و آنها در دو بیت ذیل مذکورند:

اوسط اگر حمل یافت دربر صغری وباز
وضع بکبری گرفت شکل نخستین شمار
حمل بهر دو دوم وضع بهر دو سوم
رابع اشکال را عکس نخستین شمار.

‖ ~ اقلیدسی. (هس.) اشکال هندسی که اقلیدس وضع کرده. ‖ ~ هندسی. (هس.) شکلهایی که درهندسه از آن بحث میشود.

۱-اشکال eškāl [ع.] ۱- (مص ل.) پای بستن، دشوارشدن. ۲- پوشیده شدن کار، مشتبه شدن (امر). ۲ - (امص.) دشواری، سختی، پیچیدگی (کار). ۳ - خرده گیری. ج. اشکالات.

۲ - اشکال eškāl [= اشکیل مفر. شکال] (اِ.) پای بندستور؛ شکال، شکیل.

اشکالات eškāl-āt [ع.] (اِ.) ج. اشکال (← ۱ اشکال).

اشکالتراش e.-tarāš [ع.- ف.] (اِفا.) آنکه اشکال کند، ایرادگیر.

اشکالتراشی e.-tarāš-ī [ع.-ف.] (حامص.) ایراد گیری.

اشکال تراشیدن e.-tarāšīdan [ع.-ف.] (مص ل.) ایراد گرفتن.

اشکانی ašk-ān-ī (ص نسب.) منسوب به اشك (← اشك، بخش ۱و۳: اشك). ج. اشکانیان (بخش ۳).

اشکبار ašk-bār (اِفا.) اشك ریز، گریان.

اشکباری a.-bār-ī (حامص.) اشك ریختن، گریستن.

اشك باریدن a.-bārīdan (مص ل.) اشك ریختن، گریستن.

اشك چکیدن a.-ča(e)kīdan (مص ل.) اشك ریختن، اشك باریدن.

اشك چیدن a.-čīdan (مص م.) (کن.) پاك کردن اشك.

اشکر aškar [ع.] (ص تفض.) سپاس دارتر، حق شناس‌تر.

اشکر eškar (اِ.) (مس.) مقامی است در موسیقی قدیم.

اشکرا ašakarā [= آشکارا] (اِ.) آشکارا (ه.م.).

اشکراندن ašk-rāndan (مص ل.) اشك ریختن، گریستن.

اشکردن eškardan [= شکردن = شکاردن] (مص م.) ← شکردن.

اشکرستن ašk-rostan (مص ل.) ~ از. اشك ریختن از، سرازیرشدن از.

اشکره eškara(-e) [= شکره] (اِمر.) هر مرغ شکاری مانند باز، باشه وغیره.

اشك ریختن ašk-rīxtan (مص ل.) گریستن، اشك باریدن.

اشك ریز a.-rīz (اِفا.) گریان، اشکبار.

اشك ریزان a.-rīz-ān (ص فا.) چشمی که اشك بسیار افشاند، اشکباران.

اشکستن eškastan [= شکستن] (مص م.، مص ل.) ← شکستن.

اشکسته eškasta(-e) [= شکسته] ۱- (اِمف.) شکسته (ه.م.) ۲- (اِ.) تپه و ماهور، زمین پر تپه وماهور.

اشکسته بند e.-band [= شکسته بند] (ص مر.) شکسته بند.

اشکسته پا e.-pā [= شکسته پا] (ص مر.) ۱ - کسی که پایش شکسته باشد؛ شکسته پا. ۲- (کن.) بمقصود نارسیده، مغلوب.

---

۱ - Les quatre figures (فر.)

اشکسته‌پر

اشکسته پر e.-par [= شکسته پر] (ص مر.) ۱ - مرغی که پرش شکسته باشد. ۲ - ضعیف ، ناتوان.

اشکسته پری e.-par-ī [= شکسته پری] (حامص.) حالت و کیفیت اشکسته پر (ه.م.) . ۱ - شکسته بالی . ۲ - ضعف، ناتوانی.

اشکفت eškaft [← شکافتن] (اِ.) ۱ - شکاف نهر وجوی که آب از میان آن نفوذ کند و بهدر رود . ۲ - غار ، کهف.

اشکفت eškoft [← اشکفتن] (مص خم.،اِ.) شکوفهٔ گل و گیاه.

اشکفتن eškof-tan [= شکفتن] (مص ل.) ۱ - شکفته‌شدن. ۲ - شکوفه آوردن.

اشک فشان ašk-fa(e)šān [← اشک افشان.] ۱-(اِفا.) اشک‌ریز، اشکبار. ۲- (حا.) درحال اشک ریختن ، اشکریزان.

اشک فشاندن ašk-fa(e)šāndan [= اشک افشاندن] (مص ل.) اشک ریختن.

اشکفه eškofa(-e) [= اشکوفه = شکوفه] (اِ.) اشکوفه (ه.م.)، شکوفه.

۱ - اشکل aškal [ع.] (ص تفض.) مشابه‌تر، مانندتر.

۲ - اشکل aškal [ع.] (ص تفض.) خوشتر، خوشگلتر، خوش‌صورت‌تر.

۳ - اشکل aškal [ع.] (ص تفض.) دشوارتر، سخت‌تر، مشکلتر.

۴ - اشکل aškal [ع.] (ص.) ۱ - آنکه در وی سرخی و سفیدی با هم آمیخته باشد. ۲ - کسی که در سفیدی چشمش اندکی سرخی باشد.

۱-اشکل eškal, eškel [= اشکیل] (ص.) اسبی که دست راست و پای چپش سفید باشد.

۲ - اشکل eškal [قس. شکال] (اِ.) ۱ - ریسمانی که بر زانوی شتر بندند تا فرار نکند. ۲ - حیله، تزویر، مکر.

اشکلک eškel-ak [= اشکله] (اِمر.) ۱ - چوبی است بمقدار چهار انگشت که وسط آن باریک تر از دوسر وی است، ووسط آن طناب بندند، و آن برای اتصال دوقطعهٔ خیمه بکار رود. ۲ - چوبی که لای انگشتان متهمان میگذاشتند و فشار میدادند تا بجرم خود اقرار کنند.

اشکله eškela(-e) [= اشکلک] (اِمر.) ← اشکلک.

اشکله کردن e.-kardan (مص م.) گذاشتن اشکله (اشکلک) لای انگشتان متهم و فشاردادن تا بجرم خود اقرار کند.

اشکم eškam [= شکم] (اِ.) شکم (ه.م.)، بطن.

اشکمبه eškamba(-e) [= اشکنبه = شکنبه = شکمبه] (اِ.) ← شکمبه.

۱ - اشکن eškan [= شکن] (اِفا.) در ترکیب بمعنی اشکننده (شکننده) آید: سنگ‌اشکن.

۲ - اشکن eškan [= شکن] (اِ.) چین و شکن.

اشکنبه eškanba(-e) [= اشکمبه = شکنبه = شکمبه] (اِ.) ← شکمبه.

اشکنج eškanǰ [= شکنج] (اِ.) ← شکنج.

اشکنج eškonǰ [= شکنج، قس. نشگون] (اِ.) گرفتن عضوی بسر دو ناخن، چنانکه آن عضو بدرد آید ؛ نشگون، وشگون.

اشکنجه eškanǰa(-e) [= شکنجه] (اِ.) عذاب ، اذیت.

اشکنک eškanak [=اشکلك] (إ.)(عم.) اشکلك(ه.م.)

اشکننده eškan-anda(-e) [= شکننده] (إفا. اشکستن) شکننده، کاسر.

اشکنه eškana(-e) [←اشکن= شکن] (إ.) ۱ - چین، شکن. ۲ - (مس.) نوایی است از موسیقی قدیم. ۳ - خورشی است که از روغن و آب و سبزی خشك و پیاز و تخم مرغ و آرد تهیه کنند و گاه در آن اسفناج ریزند.

اشکنه ساختن e.-sāxtan (مصم.) ۱ - تریدساختن، تریدکردن. ۲ - تهیه کردن اشکنه ← اشکنه ۳.

اشکنه ساز e.-sāz (إفا.) آنکه اشکنه درست کند؛ سازندهٔ اشکنه.

اشکنه کردن e.-kardan (مصم.) اشکنه ساختن (ه.م.)

اشکو aškū [=اشکوب (ه.م.) = آشکو] (إ.) ۱ - سقف. ۲ - هرمرتبه از پوشش خانه، طبقه.

اشکوب aškūb [= آشکوب= اشکو، اکدی askuppu و askuppatu آستانهٔ در.] (إ.) ۱ - سقف. ۲ - هر مرتبه از پوشش خانه، طبقه. ضح. - فرهنگستان این لغت را بدین معنی برگزیده است.

اشکوبه aškūba(-e) [= اشکوب = آشکوب] (إ.) طبقه و مرتبهٔ عمارت: يك اشکوبه، يك طبقه؛ دو اشکوبه، دو طبقه.

اشکوخ eškūx [=شکوخ ←] (ری. اشکوخیدن، إمص.) ۱ - لغزش. ۲ - خزیدن. ۳ - (مج.) سهو، خطا.

اشکوخنده eškūx-anda(-e) [= شکوخنده] (إفا.) ۱ - لغزنده. ۲ - خزنده.

اشکوخه eškūx-a(-e) (إمص.) لغزش، زلت.

اشکوخیدن eškūx-īdan [= شکوخیدن] (مص ل.) (صر ← شکوخیدن) ۱ - لغزیدن، بسر در آمدن. ۲ - خزیدن.

اشکوخیده eškūx-īda(-e) [= شکوخیده] (إمف.) لغزیده، بسر در آمده.

اشکوفه oškūfa(-e) [= شکوفه = اشکفه] ۱ - گلی است در درخت میوه که پیش از در آمدن برگ میشکفد و بن گل وی میوه میگردد؛ شکوفه. ۲ - قی، استفراغ.

اشکوه oškūh, eš- [= شکوه] (إ.) ← شکوه.

اشکوهیدن oškūh-īdan [= شکوهیدن] (مص ل.) ← شکوهیدن.

۱ - اشکیل eškīl [= اشکال ← شکال] (إ.) پای بند ستور.

۲ - اشکیل eškīl (إ.) مکر، فریب.

اشگرف ašgarf, eš- [= شگرف] ۱ - (ص.) نیکو، خوش، خوب، بدیع. ۲ - بزرگ مرتبه، ارجمند. ۳ - ستبر، بزرگ، عظیم. ۴ - چست، چابك، چالاك. ۵ - قوی، نیرومند. ۶ - (إ.) شأن، شوکت، عظمت.

اشگفت ešgeft [= شگفت] (إ.) عجب، تعجب.

اشگفیدن ešge(o)f-īdan [← اشگفت] (مص ل.) (صر. ← شگفیدن) در عجب افتادن.

اشگفیدن ešgof-īdan [= شکفیدن = شکفتن] (مص ل.) (صر. شگفیدن) شکفتن (گل و مانند آن).

اشل ašl (إ.) واحدیست برای طول معادل ۶۰ ذراع یا ۶۰ گز.

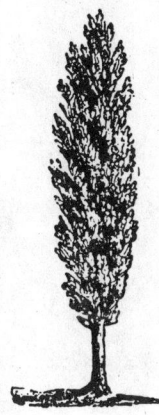

اشل aŝal(l) [ع.] (ص.) مردی‌که دست او شل باشد، آنکه دستش‌معیوب و از کار افتاده باشد.

اشل eŝel [فر. échelle، نردبان، مقیاس، پایه] (اِ.) **۱** ـ رتبهٔ کارمندان دولتی ؛ پایه ← پایه ۱۵ ‖ **دون ـــ** . کارمندی‌که رتبه‌ندارد و کمتر ازاشل مستخدمان رسمی حقوق‌دریافت‌میکند؛ دون‌پایه. **۳** ـ مقیاس، نرده (فره.)

اشم aŝam(m) [ع.] (ص.) **۱** ـ مرد بلندبینی . **۲** ـ مرد خودپسند ، خود بین .

اشم aŝm (اِ.)(گیا.) گیاهی‌است [۱] از تیرهٔ چلیپائیان .

اشمام eŝmām [ع.] **۱** ـ (مصم.) بویا نیدن، بوی‌رسانیدن. **۲** ـ (مصل.) بوییدن ، بوی‌کردن . ‖ **ـــِ حرف** . ساکن‌کردن حرف با بهم آوردن لبها بدانسان‌که جز بمشافهه‌کس درنیابد و گفته درك نگردد.

اشمئزاز eŝme'zāz [ع.] **۱** ـ (مص ل.)رمیدن، اکراه‌داشتن، نفرت‌داشتن. **۲** ـ (اِمص.) اکراه، نفرت، بیزاری.

اشمل aŝmal[ع.](ص‌تفض.)شامل‌تر، فراگیرنده‌تر ، رسنده‌تر .

۱ ـ اشن aŝan (اِ.)جامهٔ باژگونه‌که بتن‌کنند.

۲ ـ اشن aŝan (ص.)نورس (خربزه و مانندآن)، نوباوه.

۱ ـ اشن eŝn [= اشنگ](اِ.)(گیا.) اشنگ (ه.م.)

۲ ـ اشن eŝn [=شن] (پس.)پسوند اسم مصدر ← شن.

۱ ـ اشنا aŝnā (اِ.) گوهر گرانبها، گوهر گرانمایه .

۲ ـ اشنا aŝnā [=آشنا←شنا] **۱** ـ (اِ.) شنا، شناگری، آب ورزی . **۲** ـ (ص .) شناکننده ، آب‌ورز ، شناگر.

اشناب aŝnāb [= اشنا=آشنا] (اِ.) شنا، شناوری، آب‌ورزی.

اشناختن eŝnāx-tan [=شناختن] (مصم.)←شناختن.

اشناکردن eŝnā- kardan [= آشناکردن=شناکردن] (مصل .) شناکردن (ه.م.)

اشناگر aŝnā-gar [=آشناگر = شناگر] (ص‌فا.، ص‌شغل.) شناگر ، سباح.

اشنان oŝnān [=اشنه،کرمانی oŝlūm](اِ.)(گیا.) درختچه‌ایست [۲] از تیرهٔ اسفناجیان‌که خاص نواحی گرم و کویری است و گاه در سواحل دریای شور میروید. دارای برگهای متناوب باگلهای منفرد و یا دوتایی (دوقلو)؛ اشنون، اشنوم، اشنیان، بلار، بلال.

اشنان‌اسنان o.-asnān(اِمر.)(گیا.) بارزد (ه.م.)

اشنان دارو o.-dārū(اِمر.)(گیا.) زوفا (ه.م.)

اشناندان o.-dān (اِمر.) ظرفی که در آن اشنان نهند؛ محرضه .

اشنان سوز o.-sūz (اِفا.،اِمر.) کسی‌که اشنان سوزد و شغار گیرد.

اشناور aŝnā-var [=آشناور= شناور] (ص‌مر.) شناور (ه.م.)

اشناه aŝnāh [=آشناه= آشنا= شنا] (اِ.) شنا (ه.م.)

اشنع aŝna' [ع.](ص‌تفض.)زشت‌تر،

اشن

اشنان

۱ ـ **Sisymbrium scorpiuroïdes** (لا.)
۲ ـ **Salsola soda** (لا.), **seidlitzia rosmarinus** (لا.)

ناهنجارتر ، بدتر ، قبیح تر : اشنع اعمال.

اشنگ ašanag [=اشن] (إ.) (گیا.) درختی است ۱ از تیرهٔ بید که مانند سفیدار است، ولی برخلاف آن مستقیم رشد نمیکند و چوبش نیزمحکم نیست، و مانند آن دارای پوست‌صاف است؛ اشن، خشنگ، اره‌قلمه.

اشنگور ašangūr (إ.) (گیا.)سیاه درخت (ه.م.)

اشنو -ošnaw,eš [=شنوا] (ص فا.) شنوا، شنونده.

اشنو ošnū (إ.) نوعی سیگارکه بنام شهر اشنو(اشنویه)(آذربایجان) نامیده شده.

اشنوسه ošnūsa(-e) [شنوسه= سنوسه ، طبر٠ ašnāfa' ، کرمانی ošnūsīdan، عطسه کردن] (امص.) عطسه.

اشنوم ošnūm[=اشنان](إ.)(گیا.) اشنان (ه.م.)

اشنون ošnūn [=اشنان] (إ.) (گیا.) اشنان (ه.م.)

۱ - اشنه ošna(-e) (إ.) ۱- (گیا.)۲ یکی از آلگهای گروه‌جلبکهای‌قرمز۳ که در نواحی کوهستانی آمریکا و اروپا میروید ، ودرآن ماده‌ای شبیه نشاسته بنام لیکنین ۴ موجود است که مصرف غذایی‌دارد؛دواله،دواءالمسك، حزاز. ۲ - (گیا.) گونه‌ای خزه که سردستهٔ تیرهٔ اشنه‌ها۶ است و درنواحی مرطوب و باتلاقی ونقاط‌معتدل‌متمایل بسرد میروید؛ اسفاگنوم۵.

۲ - اشنه ošna(-e) [= اشنان]

(إ.) (گیا.)اشنان (ه.م.)

اشنیان ošniyān [=اشنان] (إ.) (گیا.) اشنان (ه.م.)

اشو ašū [است. -aša، پهـ. ,ahru] (ص.) مقدس ، پاك.

اشواق ašvāγ [ع.] (ص.،إ.) ج. شوق؛ آرزومندیها.

اشواك ašvāk [ع.] (إ.) ج. شوك؛ خارها.

اشوراوند ašūrāvand [= آشوراوند] (إمر.)(مس.)← آشوراوند.

اشوق ašvaγ[ع.](ص‌تفض.) شایقتر، آرزومندتر.

اشه oša(-e) [=معر.اشق=وشج= وشق] (إ.) (گیا.) اشق (ه.م.) ←

اشهاد ašhād [ع.] (إص.) ج.شاهد؛ گواهان، ادای شهادت‌کنندگان.

اشهاد ešhād [ع.] ۱ - (مص‌م.) گواه‌گرفتن ، گواه‌گردانیدن ، گواه آوردن . ۲ - (فق.) حضور دو گواه عادل در طلاق و گوش دادن آنان بصیغهٔ طلاق.

اشهاد کردن e.-kardan [ع.-ف.] (مص‌م.) گواه‌گرفتن،شاهدگردانیدن.

اشهب ašhab [ع.] (إ.) ۱- هر چیزی که رنگ آن سیاه و سپیدباشد، خاکستری‌رنگ. ۲- اسب‌خاکستری ، خنگ.

اشهر ašhar [ع.] (ص‌تفض.) نامبردارتر، روشناس‌تر، نامدارتر.

اشهر ašhor [ع.] (إ.) ج. شهر؛ ماهها، شهور.

اشهل ašhal [ع.] (ص.) مردی که

---

۱ - Populus tremula (.لا)
۲ - Cetraria islandica (.لا)
۳ - Rhodophycées (.فر)
٤ - Lichénine (.فر)
٥ - Sphagnum (.لا)
٦ - Sphagnées (.فر)

سیاهی چشم او بکبودی آمیخته باشد؛ میشی‌چشم.

اشهی ashā [ع.](ص تفض.) دلخواه‌تر، خوشتر، مرغوبتر.

اشیا asyā [=ع. اشیاء] ← اشیاء.

اشیاء asyā' [ع.،ف.: اشیا] (إ.) ج. شیء؛ چیزها.

اشیاخ asyāx [ع.] (ا.) ج. شیخ؛ پیران، سالخوردگان.

اشیاع asyā' [ع.] (إ.) ج. شیعه؛ پیروان، یاران.

اشیاف asyāf [ع.] (إ.) ج. شیاف (ه‍.م.)؛ شیافها.

اشیب asyab [ع.] (ص.) سفیدمو و پیر.

اشیم asyam [ع.](ص.) ۱ - باخال، خالدار، آنکه نشان مادرزاد دارد. ۲ - اسبی که در بدنش رنگهای مختلف بجز رنگ سفید دیده شود و این رنگهای گوناگون کوچك و پراکنده باشد.

اصابت esābat [=ع. اصابة](مص ل.) ۱- رسیدن به، درست رسیدن، راست آمدن بسوی. ‖ ~ **در گفتار، رای، کار و مانند آن.** صواب و درست آوردن گفتار، رای، کار وغیره. ۲ - بهدف رسیدن تیر، بنشانه خوردن تیر. ‖ ~ **مصیبت بکسی.** فرود آمدن مصیبت بوی.

اصابع asābe' (إ.) ج. اصبع؛ انگشتان.

اصاغر asāγer [ع.] (إ.) ج. اصغر. ۱ - خردان، خردسالان، کوچکان؛ مق. اکابر. ۲ - کهتران.

اصالت asālat [=ع. اصالة] ۱ - با نژاد بودن، نژاده بودن، گهرداشتن. ۲- نجابت داشتن، شرافت داشتن. ۳ - (إمص.) والاتباری، پدرداری. ‖ ~ رای. بابنیادی اندیشه، پاکی و درستی رای.

اصالت داشتن a.-dāštan [ع.-ف.] (مص ل.) ۱- پدردار بودن، با نژاد بودن. ۲- نجابت داشتن، شرافت داشتن.

اصالةً asālat-an [ع.] (ق.) از طرف خود، ازجانب خود؛ مق. وکالةً.

اصباح asbāh [ع.] (إ.) ج. صبح؛ بامدادها، صبحها.

اصباح esbāh [ع.] (مص ل.) ۱ - بامداد کردن. ۲ - در آمدن در بامداد.

اصباهان esbāhān [معر. اسپهان= اصفهان.] ۱ - (إخ.) اصفهان (← بخش ۳.) ۲- (مس.) مقامی از دوازده مقام موسیقی؛ اصفهانك.

اصبح asbah [ع.](ص.) ۱ - خوبرو، زیبارو. ۲ - مویی که سفید مایل بسرخی باشد.

اصبع esba' [ع.] (إ.) انگشت. ج. اصابع.

اصبعین esbaayn [ع.] (نث. اصبع) دو انگشت.

اصبهبد esbah-baz [معر. اسپهبد =سپهبد] (ص مر.، إمر.) سپاهبد، سپهبد.

اصح asah(h) [ع.] (ص تفض.) صحیح‌تر، راست‌تر، درست‌تر.

اصحا asehhā [=ع. اصحاء] ← اصحاء.

اصحاء asehhā' [ع.،ف.: اصحا] (ص.، إ.) ج. صحیح؛ درستان، تندرستان.

اصحاب ashāb [ع.](ص.) ج. صاحب. ۱ - یاران، دمسازان، همراهان. ۲ - خداوندان، دارندگان. ۳- یاران پیغمبر ص،

آنان که پیغمبر را ادراك کردند؛ صحابه.

اصحاب eshāb [ع.] (مص‌م.) همراه کردن، بهمراه فرستادن، یارکردن.

اصدار esdār [ع.] (مص م.) ۱ - باز گردانیدن، روانه کردن، گسیل داشتن، فرستادن. ۲ - صادر کردن ورقه یا حکم یا ابلاغی.

اصداغ asdāγ [ع.] (إ.) ج. صدغ. ۱ - بناگوشها. ۲ - زلفها، پیچه‌ها.

اصداف asdāf [ع.] ج. صدف؛ صدفها.

اصداق asdāγ [ع.] (إ.) ج. صدق؛ راستیها.

اصداق esdāγ [ع.] (مص‌م.) ۱ - کابین دادن، معلوم کردن صداق دختر. ۲ - راست کردن قول کسی.

اصدق asdaγ [ع.] (ص تفض.) صدق‌تر، راست‌تر، راستگوتر.

اصدقا asdeγā [= ع. اصدقاء.] ← اصدقاء.

اصدقاء asdeγā' [ع.، ف.: اصدقا] (ص.) ج. صدیق؛ دوستان.

اصرار esrār [ع.] (مص ل.) پای افشردن، پافشاری کردن، پایداری در امری کردن.

اصرار داشتن e.-dāštan [ع.-ف.] (مص ل.) پافشاری داشتن.

اصرارکردن e.-kardan [ع.-ف.] (مص ل.) پافشاری کردن.

اصرار ورزیدن e.-varzīdan [ع.-ف.] (مص ل.) پافشاری کردن.

اصراف esrāf [ع.] (مص‌م.) ۱ - بگردانیدن، بازگردانیدن. ۲ - (عر.) نزدیك کردن فتحهٔ حرف روی بضمه یا کسره، مختلف آوردن‌حرکت روی.

اصطباح estebāh [ع.] (مص ل.) بامداد شراب خوردن، صبوحی کردن.

اصطبار estebār [ع.] ۱ - (مص ل.) شکیب کردن، صبر کردن، شکیبایی کردن، شکیبایی‌نمودن. ۲ - (إمص.) شکیبایی، صبر.

اصطبل establ [= اسطبل، معر. لا. stabulum] (إ.) ۱ - جایگاه چارپایان، ستورخانه، ستورگاه، طویله. ۲ - آخور.

اصطبلات establ-āt [معر.-ع.] (إ.) ج. اصطبل (ه.م.)؛ جایگاههای ستوران.

اصطحاب estehāb [ع.] (مص ل.) ۱ - یار و مصاحب یکدیگرشدن. ۲ - (إ.) (مس.) اجتماع دو یا چند صدا که باهم نواخته شوند. ۳ - (مس.) تنظیم اوتار درنسبت بعدی بیکدیگر.

اصطخر estaxr [معر. استخر] (إ.) استخر (ه.م.)

اصطخری estaxr-ī (ص نسب.) منسوب بشهر اصطخر (← بخش ۳).

اصطرخ estarx [مبدل اصطخر، معر. استخر] استخر (ه.م.)

اصطرك astorak [معر. استرك] (إ.) (گیا.) استرك (ه.م.)

اصطرلاب astorlāb, ostor -. estar- [= اسطرلاب، معر. یو.] (إ.) ← اسطرلاب.

اصطفا estefā [= ع. اصطفاء] ← اصطفاء.

اصطفاء estefā' [ع.] (مص‌م.) برگزیدن.

اصطکاك estekāk [ع.] ۱ - (مص‌م.) بهم‌خوردن، بهم‌رسیدن، بهم ساییدن. ۲ - (إمص.) (فز.) مالش (فره.)، حرکت دوجسم‌روی یکدیگر. ج. اصطکاکات.

اصطکاکات estekāk-āt [ع.](ا.) ج. اصطکاك (ه.م.)

اصطلاح estelāh [ع.] ۱ - (مص ل.) بهم‌ساختن، سازش کردن، صلح کردن (غم.) ۲ - (إمص.) سازش، صلح (غم.) ۳ - (مص م.) اتفاق کردن جمعی مخصوص برای وضع کلمه‌ای. ۴ - (إ.) لغتی که جمعی برای خود وضع کنند و بکار برند. ج. اصطلاحات.

اصطلاحات estelāh-āt [ع.] (إ.) ج. اصطلاح (ه.م.)

اصطلاح کردن e.-kardan [ع.-ف.] (مص م.) متداول کردن لفظی برای معنیی خاص.

اصطلاحی estelāh-ī [ع.-ف.] (ص نسب.) منسوب به اصطلاح (ه.م.)، هرچیز که وابسته به اصطلاح باشد.

اصطلاحیه estelāh-īyya(-e) [ع.] (ص نسب. نث) مؤنث اصطلاحی (ه.م.)

اصطلام estelām [ع.] (مص م.) ۱ - از بیخ بر کندن چیزی را، از بن بر کندن، استیصال. ۲ - (تص.) تجلیات حق که بر قلب بنده فرود آید و اورا مقهور خود کند.

اصطلخ estalx [=استخر] (إ.) (عم.) ← استخر.

اصطناع estenā' [ع.] ۱ - (مص م.) نیکویی کردن، پروردن : اصطناع شاعران. ۲ - بر گزیدن کسی را، انتخاب کردن. ۳ - بر کشیدن، نزدیك گردانیدن، مقرب ساختن. ج. اصطناعات.

اصطناعات estenā'-āt [ع.](إ.) ج. اصطناع (ه.م.)

اصطوانه ostovāna [معر. = استوانه] (إ.) ستون. ج. اصاطین.

اصطیاد estīyād [ع.] (مص م.) شکار کردن، صید کردن، بدست آوردن.

اصعاب es'āb [ع.] ۱ - (مص ل.) دشوارشدن، سخت‌شدن. ۲ - (مص م.) دشوار یافتن چیزی را.

اصعاد es'ād [ع.] (مص ل.) ۱ - بالا بر آمدن. ۲ - دورشدن در رفتن.

اصعب as'ab [ع.] (ص تفض.) دشوارتر، صعبتر؛ مق. اسهل.

اصغا esγā [= ع. اصغاء] ← اصغاء.

اصغاء esγā' [ع.، ف. : اصغا] (مص م.) گوش‌داشتن، گوش‌فرادادن، شنیدن.

اصغا فرمودن e.-farmūdan [ع.-ف.] (مص م.) اصغا کردن ↓

اصغا کردن e.-kardan [ع.-ف.] (مص م.) گوش‌دادن، گوش کردن.

اصغر asγar [ع.] (ص تفض.) صغیر، خردتر، کوچکتر. ج. اصاغره، اصغرون؛ نث. صغری. ‖ عالم ~ . بشر، انسان.

اصغران asγar-ān [ع.] (تث. اصغر) دل و زبان.

اصفا esfā [= ع. اصفاء] ← اصفاء.

اصفاء esfā' [ع.، ف. : اصفا] (مص م.) بر گزیدن کسی را، اختیار کردن.

اصفاد asfād [ع.] (إ.) ج. صفاد؛ بندها، قیدها، غلها.

اصفاد esfād [ع.] (مص ل.) ۱ - بستن و محکم کردن، بندسخت بر نهادن. ۲ - عطادادن.

اصفاهانك esfāhān-ak [= اصفهانك (ه.م.)] (إمصغ.) (مس.) ← اصفهانك.

اصفر asfar [ع.] (ص.) زرد، زرد رنگ؛ نث. صفراء.

اصفرار esferār [ع.] ۱ - (مص ل.) زردشدن. ۲ - (إمص.) زردی.

اصفهان esfahān [=معر. اسپهان = اصفاهان] ۱ ـ (اِخ.) ← بخش ۳. ۲ ـ (مس.) پرده‌ایست از موسیقی. ← اصفهانک.

اصفهانک esfahān-ak [= اسپهانک؛ پهـ. espahānak] (اِمصغ.) شعبه‌ایست از شعب بیست و چهارگانهٔ موسیقی.

اصفهانی esfahān-ī [=اسپهانی] (ص نسبـ.) منسوب به اصفهان. ۱ ـ ساختهٔ اصفهان. ۲ ـ از مردم اصفهان، اهل اصفهان.

اصفهبد esfah-bad [معر. اسپهبد = اسپاهبد] (اِمر.) ۱ ـ سپاهبد، اسپهبد، سردار. ۲ ـ عنوان هریك از ملوك آل باوند (← بخش ۳: آل باوند).

اصفی asfā [ع.] (ص تفضـ.) صافی‌تر، روشن‌تر، ناب‌تر.

اصفیا asfiyā [=ع. اصفیاء] ← اصفیاء.

اصفیاء asfiyā' [ع.، ف.: اصفیا] (ص.، اِ.) ج. صفی؛ پاکان، گزیدگان، ویژگان.

اصقاع asγā' [ع.] (اِ.) ج. صقع؛ ناحیه‌ها، بخشها.

اصل asl [ع.] (اِ.) ۱ ـ ریشه، بیخ، بن، بنیاد. ۲ ـ تبار، نژاد، گوهر. ج. اصول.

اصلاب aslāb [ع.] (اِ.) ج. صلب؛ پشت ناوه‌ها، پشت‌مازه‌ها، پشت‌مازوها، پشتها.

اصلاح eslāh [ع.] (مص م.) ۱ ـ به کردن، نیك کردن، بسامان کردن، سازش دادن. ۲ ـ آرایش دادن صورت و موی سر. ج. اصلاحات.

اصلاحات eslāh-āt [ع.] (اِ.) ج. اصلاح (ه.م.)

اصلاح پذیر e.-pazīr [ع.-ف.] (اِفا.) قابل اصلاح.

اصلاح دادن e.-dādan [ع.-ف.] (مص م.) آشتی دادن، سازش دادن.

اصلاح کردن e.-kardan [ع.-ف.] (مص م.) مرمت کردن، ترمیم کردن.

اصلاح یافتن e.-yāftan [ع.-ف.] (مص ل.) مرمت شدن، معمور گردیدن.

اصلان aslān [= تر. اسلان؛ قس. ارسلان] (اِ.) ۱ ـ شیر بیشه. ۲ ـ نامی از نامهای ترکی.

اصلاً asl-an [ع.] (ق. نفی) هرگز، قطعاً، اساساً، از بن.

اصلح aslah [ع.] (ص تفض.) ۱ ـ نیکوتر، نکوکارتر. ۲ ـ شایسته‌تر، سزاوارتر.

اصل‌دان asl-dān [ع.-ف.] (اِفا.) شناسندهٔ اصل، عارف بحقیقت اشیا.

اصلع asla' [ع.] (ص.) کسی که موهای جلو سر وی ریخته باشد، داغ سر، دغ‌سر.

اصل کاری asl-e kārī [ع.-ف.] (اِمر.) قسمت عمدهٔ کار، بخش مهم امر.

اصلم aslam [ع.] (ص.) ۱ ـ گوش ازبن بریده. ۲ ـ (عر.) وتد مفروق بودن جزو آخر، فع‌لن چون ازفاعلاتن خیزد آنرا اصلم خوانند.

اصله asla(-e) [ع] (اِ.) یك درخت، یك نهال.

اصلی asl-ī [ع.-ف] (ص نسبـ.) منسوب به اصل (ه.م.). ۱ ـ بنیادی (فره.) ۲ ـ ذاتی؛ مقـ. عارضی، وصلی.

اصلی زاده a.-zāda(-e) [ع.-ف.] (ص مر.) اصیل‌زاده، دارای نژاد و تبار.

اصلیه asl-īyya(-e) [ع] (ص نسبـ.

نث) مؤنث اصلی (ه.م.) : اجزاءِ اصلیه.

اصم asam(m) [ع.] (ص.) کر، سخن ناشنو، آکنده‌گوش . ج. صم . ‖ **جذر ـــ** : (رض.) عددی که جذر صحیح نداشته‌باشد. ‖ **شهر ـــ** . ماه رجب که از ماههای حرام است و آوای جنگ و فریاد مستغیث شنیده نمیشود .

اصمام esmām [ع.] ۱ ـ (مص‌ل.) کر شدن. ۲ ـ (مص‌م.) کر گردانیدن.

اصناف asnāf [ع.] (اِ.) ج. صنف. ۳ ـ پیشه‌وران . ۲ ـ اقسام ، انواع ، اشکال.

اصنام asnām [ع.] (اِ.) ج. صنم؛ بتها، بتان.

اصوات asvāt [ع.] (اِ.) ج.صوت. ۱ ـ آوازها، آواها. ۲ ـ (دس.) کلماتی که در مورد آفرین و تحسین وشگفتی و ندا و فریاد و بیم و آگاهی و تنبیه و تحذیر گفته میشود : ای ، ایا، وه، عجبا ، زه ، خه ، خنك . ۳ ـ (مس.) مجموع چهل و یك نوع‌آوا درموسیقی قدیم.

اصوب asvab [ع.] (ص‌تفض.) صواب‌تر، درست‌تر، راست‌تر .

اصول osūl [ع.] (اِ.) ۱ ـ ریشه‌ها، بنیادها ، بیخها. ۲ ـ نژادها، تبارها ، گوهرها. ۳ ـ (مس.) هفده آواز اصلی در موسیقی ایرانی . ۴ ـ (فق.) علوم شرعی که از چهار اصل تشکیل‌میشود: کتاب، سنت، اجماع ، قیاس که مراد قرآن‌کریم‌واعمال‌رسول‌ص‌ومعصومان ع و مردمان مسلمان وعقل‌است. ‖ **ـــِ دین** . بعقیدهٔ اهل سنت سه است : توحید ، نبوت، معاد ؛ و شیعه دو اصل عدل و امامت را بر آن افزوده معتقد به پنج اصل است.

اصولان osūl-ān [ع.] (اِ.تث. اصول). ۱ ـ اصول دین و اصول‌فقه . ۲ ـ اصول کلام و اصول فقه .

اصولاً osūl-an [ع.] (ق.) اصلاً ، اساساً.

اصول فاخته osūl-e fāxta(-e) (اِمر .) ۱ ـ (مس.) آواز یازدهم از اصول‌موسیقی. ۲ ـ (مس.) نوعی‌نواختن ساز.

اصولی osūl-ī [ع.ـف.] (ص‌نسب.) منسوب به‌اصول(ه.م.) ۱ ـ پیرواصول وقواعد. ۲ ـ دانشمند علم اصول(فقه). ۳ ـ متکلم‌باعتبار اینکه در بارهٔ‌اصول عقاید بحث میکند . ج . اصولیون ، اصولیین.

اصولین osūl-ayn [ع.] (اِ.تث.) ← اصولان.

اصهار eshār [ع.] (مص‌ل.) بدامادی پیوستن.

اصهب ashab [ع.] (ص.) موی‌سرخ بسفیدی‌آمیخته، می‌گون.

اصیل asīl [ع.] ۱ ـ (ص.) نژاده ، باگهر، والاتبار ، گهری، نجیب. ۲ ـ (اِ.) شبانگاه. ج. آصال.

اصیل‌زاده a.-zāda(-e) [ع.ـف.] (ص‌مر. ، اِمر) اصلی‌زاده(ه.م.)

اضائت ezāat [=ع. اضاءة ← اضائه] ۱ ـ (مص‌م.) روشن کردن ، روشنایی دادن. ۲ ـ (مص‌ل.) روشن‌شدن . ۳ ـ (اِمص.) روشنایی.

اضائه ezāa [ع. اضاءة] ← اضائت.

اضاحیك azāhīk [ع.] (اِ.) ج. اضحوکه؛ چیزهای خنده‌آور.

اضاعت ezāat [=ع. اضاعة ← اضاعه] (مص‌م.) ۱ـ ضایع‌کردن، تباه ساختن، تلف‌کردن ؛ اضاعت اموال . ۲ ـ تیمار نکردن ، بی‌تیمار گذاشتن.

اضاعه ezāa(-e) [= ع. اضاعة] ← اضاعت.

اضافت ezāfat [= ع. اضافة = اضافه] ← اضافه.

اضافه ezāfa(-e) [ع. اضافة ← اضافت] ۱ - (مص م.) افزودن، زیاده کردن. ۲ - (إمص.) افزایش، افزونی، فزودگی. ۳ - (مص م.) بازخواندن. ۴ - (دس.) نسبت دادن کلمه ایست بکلمهٔ دیگر برای تتمیم معنی. نخستین را مضاف و دوم را مضاف الیه گویند: کتاب جمشید، مرغ هوا، جلد دفتر، لب لعل. علامت اضافه کسره ایست (e) که بآخر مضاف ملحق شود. اضافه شامل اقسام ذیل است: ‖ ~ **ملکی**. (دس.) معنی مالکیت را رساند: کتاب یوسف، خانهٔ حسن. ‖ ~ **تخصیصی**. (دس.) اختصاص را رساند: زین اسب، سقف اطاق، زنگ شتر. ‖ ~ **بیانی**. (دس.) آنست که مضاف الیه نوع و جنس مضاف را بیان کند: ظرف مس، انگشتری طلا، آوند سفال. ‖ ~ **تشبیهی**. (دس.) آنست که در وی معنی تشبیه باشد، و آن بر دو قسم است: الف- اضافهٔ مشبه به‌مشبه: قدسرو، لب‌لعل. ب- اضافه مشبه‌بمشبه‌به: فراش باد، بنات نبات، مهد زمین. ‖ ~ **استعاری**. (دس.) آنست که مضاف در غیر معنی حقیقی خود استعمال شده باشد و بعبارت دیگر مضاف‌الیه بچیزی تشبیه شده باشد که بجای آن چیز یکی از لوازم‌واجزای آن‌مذکور گردد: روی سخن، گوش‌هوش، دست اجل. ۵ - (مس.) ← حامل. ۶ - (فل.) نسبت. ج. اضافات.

اضافات ezāfāt [ع.] (إ.) ج. اضافه (ه‌م.)؛ افزودنها، افزودنیها، زیادتی‌ها.

اضافه برداشت e.-bar-dāšt [ع.- ف.] (إمر.) (بانک.) اخذ و برداشت حساب بانکی بیش‌ازمبلغی که بستانکار ند[1].

اضافی ezāf-ī [= ع. -īyy] (ص نسبـ.) منسوب به اضافه (ه‌م.) ۱ - زیادتی، افزونی: کارهای اضافی.

اضحی azhā [ع.] (إ.) روز دهم ذی‌حجه که حجاج در مکه و مسلمانان در خانهٔ خود قربانی کنند؛ عیدقربان، جشن گوسپندکشان.

اضداد azdād [ع.] (إ.) ج. ضد. ۱ - چیزهای مخالف و مغایر یکدیگر. ۲ - آنان که باهم ناموافقند، حریفان.

اضر azar(r) [ع.] (ص تفض.) زیان‌آورتر، باگزندتر، باضررتر.

اضراب ezrāb [ع.] (مص ل.) روی گردانیدن، رخ تافتن، روی‌برگاشتن.

اضرار azrār [ع.] (إ.) ج. ضرر؛ زیانها.

اضرار ezrār [ع.] (مص م.) زیان رسانیدن، ضرر رساندن، گزند رسانیدن.

اضراس azrās [ع.] (إ.) ج. ضرس؛ دندانها.

اضطراب ezterāb [ع.] ۱- (مص ل.) پریشان‌شدن. ۲ - لرزیدن، جنبیدن. ۳ - (إمص.) پریشانی، بی‌تابی، سراسیمگی، تاسه. ج. اضطرابات. ‖ ~ **قلب**. تپش دل. ‖ **در ~ انداختن**. مشوش کردن، پریشان ساختن.

اضطرابات ezterāb-āt [ع.] (إ.) ج. اضطراب (ه‌م.)

اضطرار ezterār [ع.] ۱ - (مص ل.) بیچاره‌شدن. ۲- (إمص.) بیچارگی، ناچاری، درماندگی. ۳ - (مص م.) بیچاره کردن.

اضطراراً ezterār-an [ع.] (ق.)

---

۱ - Overdraft (انگ.)

اضطراری
از روی اضطرار؛ بناچار، ناگزیر: اضطراراً اموال خود را بدو بخشید.

اضطراری ezterār-ī [ع.-ف.] (ص نسب.) ۱- منسوب به اضطرار (ه‌م.) ۲- الزامی، ضروری.

اضطرام ezterām [ع.] (مص ل.) ۱- افروخته‌شدن آتش، زبانه‌زدن آتش. ۲- در رسیدن پیری، سپیدموی‌شدن.

اضعاف az'āf [ع.] (اِ.) ج. ضعف (ه‌م.)؛ دوبرابرها، دوچندانها.

اضعاف ez'āf [ع.] (مص‌م.) ۱- سست کردن، ضعیف ساختن. ۲- دو چندان کردن چیزی را.

اضعف az'af [ع.] (ص تفض.) سست‌تر، ناتوان‌تر: اضعف خلق خدا.

اضغاث azγās [ع.] (اِ.) ج. ضغث. ۱- دسته‌های گیاه، گیاه‌دسته‌ها، آغاشها، آغوشها. ‖ ~ احلام. خوابهای شوریده، خوابهای آشفته و پریشان.

اضغان azγān [ع.] (اِ.) ج. ضغن؛ کینه‌ها، کینها.

اضل azal(l) [ع.] (ص تفض.) گمراه‌تر، بیراه‌تر، بضلالت‌تر.

اضلاع azlā' [ع.] (اِ.) ضلع. ۱- استخوانهای پهلو، دنده‌ها. ۲- (هس.) هریك از خطوط جوانب یك سطح.

اضلال ezlāl [ع.] (مص‌م.) ازراه بردن، بیراه‌کردن، گمراه‌ساختن.

اضلع azlo' [ع.] (اِ.) ج. ضلع؛ دنده‌ها، استخوانهای پهلو.

اضمار ezmār [ع.] (مص‌م.) ۱- نهفتن، نهان‌داشتن، بدل‌نهفتن. ۲- ضمیر آوردن برای اسمی در کلام (غم.) ۳- (عر.) ساکن‌کردن متحرك، مانند این‌که «تاء» متفاعلن را ساکن‌کنند، مستفعلن درآید.

اضمحلال ezmehlāl [ع.] ۱- (مص ل.) نیست‌شدن، نابودشدن. ۲- ازهم پاشیدن. ۳- (اِمص.) ناپدیدی. ۴- ازهم‌پاشیدگی.

اضواء azvā' [ع.،ف.: اضوا] (اِ.) ج. ضوء؛ روشنیها، فروغها.

اضیاف azyāf [ع.] (اِ.) ج. ضیف؛ مهمانها، مهمانان.

اضیق azyaγ [ع.] (ص تفض.) ۱- تنگ‌تر. ۲- دشوارتر.

اطابت etābat [= ع. اطابة] ← اطابه.

اطابه etāba(-e) [ع. اطابة ← اطابت] (مص‌م.) ۱- پاك کردن. ۲- خوشبوی کردن. ۳- حلال و پاکیزه کردن ۴- خوشمزه کردن طعام.

اطاعت etāat [= ع. اطاعة] (مص‌م.) ۱- فرمان بردن، گردن‌نهادن، فرمان برداری کردن. ۲- (اِمص.) فرمان‌برداری.

اطاق otāγ [تر. = اوطاق = اتاق = اتاغ] (اِ.) ۱- خیمهٔ بیابانی، خرگاه صحرایی. ۲- حجره، خانه. ‖ ~ استراحت. اطاقی که در آن باستراحت وآسایش پردازند. ‖ ~ انتظار. اطاقی که برای نشستن مراجعان تخصیص دهند تاوقت ملاقات فرارسد. ‖ ~ بازرگانی. مجمعی که بازرگانان هر شهر برای بحث و شور در امر تجارت تشکیل دهند، اطاق تجارت. ‖ ~ عمل. اطاقی که جراحان بیماران را در آن عمل جراحی‌کنند. ‖ ~ نهارخوری. اطاقی که در آن غذا صرف کنند.

اطالت etālat [= ع. اطالة] ← اطاله.

اطاله etāla(-e) [= ع. اطالة ← اطالت] (مص‌م.) طول‌دادن چیزی‌را، دراز

کردن، بدرازا کشیدن : اطالهٔ کلام .

اطبا atebbā [= ع. اطباء] ← اطباء ↓

اطباء atebbā' [ع.، ف.: اطبا] (ص.) ج. طبیب؛ پزشکان.

اطباع atbā' [ع.] (ا.) ج. طبع؛ سرشتها، نهادها، مزاجها.

اطباق atbāγ [ع.] (ا.) ۱ - ج. طبق؛ خوانها، خوانچه‌ها. ۲ - ج. طبقه؛ مرتبه‌ها، طبقه‌ها.

اطر eter [معر. لا. ether] (ا.) اِتر (ه.م.)

اطرا etrā [= ع. اطراء] ← اطراء.

اطراء etrā' [ع.، ف.: اطرا] (مص.م.) ۱ - نیك ستودن کسی را، مبالغه کردن در مدح کسی. ۲ - تازه کردن.

اطراب etrāb [ع.] (مص.م.) ۱ - کسی را بطرب آوردن. ۲ - (مص.ل.) سرود گفتن.

اطراح etrāh [ع.] (مص.م.) دور انداختن، افکندن.

اطراد etrād [ع.] (مص.م.) دور کردن کسی را، راندن شخصی را، فرمان طرد دادن.

اطراد etterād [ع.] (مص.ل.) روان شدن کار، راست آمدن، پیوسته شدن، پی یکدیگر شدن کار: اطراد حکم.

اطراف atrāf [ع.] ج. طرف؛ کناره‌ها، پیرامونها، سویها، گوشه‌ها. ‖ ~ وجوانب. گوشه‌ها و کنارها، کنار گوشه.

اطرافی atrāf-ī [ع.-ف.] (ص نسبـ.) ۱ - شخصی که بکسی نزدیك باشد، آنکه غالباً با دیگری تماس دارد. ۲ - رهگذر. ج. اطرافیان.

اطرش atraš [ع.] (ص.) کر؛ اصم ↓

اطروش otrūš [ع.] (ص.) کر (ه.م.)، اصم ↑

اطروشی otrūš-ī [ع.-ف.] (حامص.) سنگینی گوش (ه.م.)، کری.

اطریشی otrīš-ī [= اتریشی] (ص نسبـ.) منسوب به اطریش (اتریش). ۱ - ساختهٔ اطریش. ۲ - از مردم اطریش، اهل اطریش.

اطریفل etrīfel [معر. یو. trupherón] (ا.) (پز.) معجون ساخته شده از هلیله[1].

اطریلال etrīlāl [معر. بربری آطریلال] (ا.) (گیا.) قازیاغی (ه.م.)

اطسیس atsīs [معر. تر. اتسز = اتسیز] ← بخش ۳، آتسز

اطعام et'ām [ع.] (مص.م.) خورانیدن، طعام دادن، خورش دادن. ‖ ~ مساکین. تهی دستان را طعام دادن.

اطعمه at'ema(-e) [= ع. اطعمة] (ا.) ج. طعام؛ خورشها، خوردنیها، خوراکها.

اطفا etfā [= ع. اطفاء] ← اطفاء.

اطفاء etfā' [ع.، ف.: اطفا] (مص.م.) فرونشاندن، خاموش کردن، فرو کشتن آتش و چراغ: اطفاء نایرهٔ شهوت.

اطفائیه etfā-īyya(-e) [ع.] (ص نسبـ.، اِمر.) اداره‌ای که وظیفهٔ آن خاموش کردن حریق است؛ آتش نشانی (ه.م.) ‖ مأمور ~. آتش نشان.

اطفار atfār [لظ عم. ازع. اطوار] ← اطوار.

اطفاری atfār-ī [لظ عم.ع. اطواری = عم. اطفوری] ← اطواری.

اطفال atfāl [ع.] (ا.) ج. طفل؛ کودکان، خردسالان. ‖ ~ باغ.

---

۱ - Electuaire mirobolans (لا.)

نهالهای نورسته، درختان تازه روییده.

اطلاع ettelā' [ع.](مص ل.) آگهی یافتن، واقف شدن بر کاری، آگاه گردیدن. ج. اطلاعات.

اطلاعات ettelā'-āt [ع.] (مص.، إ.) ج. اطلاع (ه.م.)

اطلاعیه ettelā-īyya(-e) [ع.] (ص نسب.، إمر.) ورقه‌ای که برای آگاه کردن دیگران از امری، توزیع کنند.

اطلاق etlāγ [ع.] ۱ - (مص م.) رها کردن، آزاد کردن؛ اطلاق محبوسین. ۲ - استعمال کلمه‌ای در معنیی مخصوص. ۳ - (إمص.) رهایی، آزادی، خلاص از بند وقید. ۴ - (إ.) حقی که بنویسندهٔ مفاصا حساب پرداخته میشد، حق الاطلاق. ج. اطلاقات.

اطلاقات etlāγ-āt [ع.] (مص ، إ.) ج. اطلاق (ه.م.) ‖ ~ دیوان. مطالبات ومصادرات دیوانی.

اطلاق کردن e.-kardan [ع.-ف.] (مص م.) ۱ - رها کردن، آزاد کردن، از قید وبند خلاص کردن. ۲ - کلمه‌ای را در معنیی مخصوص استعمال کردن؛ نام گذاشتن.

اطلال atlāl [ع.] (إ.) ج. طلل. ۱ - نشانهای سرای؛ جایهای بلند وبرجسته از خانه‌های خراب. ۲ - کالبدها.

اطلس atlas [معر. یو. atlas] ۱ - پرنیان، دینا، پارچهٔ ابریشمی. ۲ - ساده، بی‌پرز. ۳ - (جان.) فقرهٔ اول از فقرات گردن که بلافاصله زیر استخوان قمحدوه قرار گرفته وبر آن سوار است. ۴ - (جغ.) کتاب مصور جغرافی، هر کتابی که دارای نقشه‌های متعدد باشد؛ اطلس تشریح. ۵ - (نج.) سطح مقعر فلك نهم. ۶ - (إخ.) اقیانوس اطلس (← بخش ۳)

اطلس پوش a.-pūš [معر.-ف.] (إفا.) ۱ - کسی که جامهٔ اطلس (ه.م.) پوشد. ۲ - ثروتمند، غنی.

اطلس چی a.-čī [معر.-تر.] (ص نسب.) فروشندهٔ اطلس.

اطلسی atlas-ī [معر.-ف.] ۱ - (ص نسب.) منسوب به اطلس (ه.م.) ۲ - (گیا.) گیاهی است [1] زینتی از تیرهٔ بادنجانیان، با گلهای شیپوری وعطری ملایم، و گلهایش برنگهای مختلف: سفید، آبی، قرمز وبنفش ورنگارنگ میباشد.

اطلسی
الف - گل

اطماع atmā' [ع.] (إ.) ج. طمع؛ آزها، حرصها، طمعها.

اطماع etmā' [ع.](مص م.) امیدوار کردن، بطمع افکندن، آزمند کردن.

اطمینان etmīnān [ع.] ۱ - (مص ل.) آرامیدن، آسودن. ۲ - (إمص.) آرامش، آسایش، آسودگی خاطر. ۳ - خاطرجمعی، یقین. ‖ ~ خاطر. آرامش خاطر

اطمینان داشتن e.-dāštan [ع.-ف.] (مص ل.) ۱ - آرامش خاطر داشتن، آسایش داشتن. ۲ - یقین داشتن.

اطمینان کردن e.-kardan [ع.-ف.](مص ل.) اطمینان داشتن (همع.).

اطمینان یافتن e.-yāftan [ع.ف.] (مص ل.) ۱ - حصول آرامش. ۲ - حصول یقین، خاطر جمعی دست دادن.

اطناب atnāb (ع.) ج. طنب (tonob)؛ ریسمانها، بندها.

اطناب etnāb [ع.] ۱ - (مص ل.) درازگفتن، بسیار گفتن. ۲ - (إمص.) درازگویی، پرگویی. ۳ - (معا.)

۱ - Petunia (لا.)

تطویل کلام و مبالغه در آن بحدی که از اقتضای تفهیم مقصود تجاوز کند ؛ مقـ. ایجاز.

اطو otū [= اتو](اِ.) ← اتو.

اطوار atvār [ع.] (اِ.) ج. طور. ۱ ـ راهها ، طریقه‌ها . ۲ ـ روشها ، رسمها. ۳ ـ رفتار . ۴ ـ (ف.) ادا و حرکات (بیمزه). ← اطفار.

اطواری atvār-ī [ع.ـف.← اطفاری] (ص نسبـ.) (عم.) شخصی که اطوار (← اطوار۴) درمیآورد .

اطواق atvāɣ [ع.] (اِ.) ج. طوق؛ گردن‌بندها .

اطوکش otū-ka(e)š [= اتوکش] ← اتوکش.

اطوکشی o.-ka(e)š-ī [= اتوکشی] ← اتوکشی.

اطول atval [ع.](ص تفضـ.)طویل‌تر، درازتر .

اطهار athār [ع.](ص.) ج. طاهر؛ پاکان.

اطهر athar [ع.] (ص تفضـ.) طاهرتر، پاکتر، پاکیزه‌تر.

اطیاب atyāb [ع.](ص.، اِ.)ج. طیب (tīb). ۱ ـ خوشبویان. ۲ـ پاکیزگان.

اطیب atyab [ع.] (ص تفضـ.) ۱ ـ طیب‌تر، خوشبوتر. ۲ ـ حلالتر.

اظافیر azāfīr [ع.] ج. اظفار، جج. ظفر ؛ ناخنها .

اظفار azfār [ع.] (اِ.) ج. ظفر (zo-,ze)؛ ناخنها.

اظلال azlāl [ع.] (اِ.) ج. ظل (zell)؛ سایه‌ها .

اظلال ezlāl [ع.] (مص ل.) ۱ ـ سایه‌کردن ، سایه‌افکندن ، سایه‌ورشدن درخت و مانند آن. ۲ ـ نزدیک آمدن.

اظلام ezlām [ع.] ۱ ـ (مص ل.) تاریک شدن (شب) . ۲ ـ در تاریکی درآمدن. ۳ ـ (مص م.) تاریک کردن.

اظهار ezhār [ع.] (مص م.) ۱ ـ پدیدکردن ، آشکار ساختن ، پدیدار کردن. ۲ ـ وانمودکردن، بازنمودن. ۳ ـ آگاه کردن ، آگهی دادن ، آگاهانیدن . ۴ ـ (اِ.) قول ، گفتار . ج . اظهارات . ‖ ~ فضل . دانایی خود را نشان دادن .

اظهارات ezhār-āt [ع.] (اِ.)ج. اظهار؛ بیانات ، گفته‌ها.

اظهارکردن e.-kardan [ع.ـف.] (مص م.) ۱ ـ فاش کردن، آشکار کردن. ۲ ـ بیان کردن، گفتن.

اظهارنامه e.-nāma(-e) [ع. ف.] (اِمر.) ۱ ـ ورقه‌ای که اظهارات شخصی را در آن نویسند . ۲ ـ ورقه‌ای که از اداره‌ای برای کسی فرستند و تقاضای طلب یا مالیات و امثال آن کنند: اظهارنامهٔ مالیاتی، اظهارنامهٔ گمرکی.

اظهاریه ezhār-īyya(-e) [ع.] (ص نسبـ.، اِمر.) ← اظهارنامه.

اظهر azhar [ع.](ص تفضـ.)ظاهرتر، آشکارتر، روشنتر.

اظهر azhor [ع.] (اِ.) ج. ظهر (zahr)؛ پشتها .

اعاجم aāǰem [ع.] (اِ.) ج. اعجم، غیر عربان، جز تازیان .

اعاجیب aāǰīb [ع.] (اِ.) ۱ ـ ج. اعجوبه؛ آنچه مردم را در تعجب اندازد. ۲ ـ ج. عجیب ؛ چیزهای شگفت‌آور و غریب.

اعادت eādat [= ع. اعادة] ← اعاده.

اعاده eāda(-e) [ع. اعادة ← اعادت] ۱ ـ (مص م.) بازگفتن ، دوباره گفتن،

۲ ـ بازگردانیدن(چیزی‌را بجای‌خود)، بازآوردن، برگرداندن. ۳ ـ (إمص.) برگشت. ‖ ~ حیثیت. (حق.) رد کردن حقوق و اعتبارات مجرم ـ که بسبب جرم سلب شده ـ بدو.

اعادی aādī [ع.] (ص.) ج. اعداء جج. عدو؛ دشمنان.

اعاذت eāzat [=ع. اعاذة] ← اعاذه.

اعاذه eāza(-e) [=ع اعاذة ← اعاذت] (مصم.) ۱ـ پناه‌دادن، رهانیدن. ۲ ـ نگاه‌داشتن.

اعارت eārat [=ع. اعارة] ← اعاره.

اعاره eāra(-e) [=ع. اعارة ← اعارت] (مصم.) عاریت‌دادن‌چیزی را بکسی، بعاریت سپردن، ایرمان دادن.

اعاریض aārīz [ع.] ج. عروض (ه.م.)

اعاشت eāšat [=ع. اعاشة] ← اعاشه.

اعاشه eāša(-e) [=ع. اعاشة ← اعاشت] ۱ ـ (مصم.) زنده داشتن. ۲ ـ زنده گردانیدن، زندگی بخشیدن. ۳ ـ (مصل.) زندگانی کردن، معیشت کردن. ۴ ـ (إ.) گذران: از چه محل اعاشه میکند؛ ضح. ـ معنی اخیر تازه است و پیشینیان بجای آن «معاش» میگفتند. (فرتا.)

اعاظم aāzem [ع.] (ص.) ج. اعظم. ۱ ـ بزرگتران، مهتران. ۲ ـ بزرگان، مهان.

اعالی aālī [ع.] (ص.) ج. اعلی. ۱ ـ برتران، والاتران. ۲ ـ بلندپایگان، ارجمندان؛ مق. ادانی.

اعانت eānat [=ع. اعانة] ← اعانه.

اعانه eāna [ع اعانة ← اعانت] ۱ ـ (مصم.) یاری‌کردن، یاری‌دادن، کمک کردن. ۲ ـ (إمص.) یاری، مدد، کمک. ج. اعانات. ‖ ~ باثم (اعانت باثم). کسی را در گناه کردن یارشدن. ‖ جمع کردن ~. گرد آوردن وجه نقد از مردم برای کمک بکسی که‌محتاج‌است.

اعبا a'bā [=ع. اعباء] ← اعباء.

اعباء a'bā' [ع.، ف.: اعبا] (إ.) ج. عب ء (ab' و eb')؛ سنگین‌ها، بارها.

اعتاب a'tāb [ع.] (إ.) ج. عتبه؛ آستانه‌ها، پاشنه‌های در. ‖ ~ مقدسه. امکنهٔ مقدسه که زیارتگاه مردم‌است.

اعتاق e'tāγ (مصم.) آزاد کردن‌بنده، رها کردن.

اعتبار e'tebār [ع.] ۱ ـ (مصل.) پندگرفتن، باندیشه فروشدن، عبرت گرفتن. ۲ ـ (إ.) آبرو، ارزش، قدر، منزلت. ۳ ـ اعتماد، اطمینان. ۴ ـ راستی، درستی. ۵ ـ (بانک.) اعتمادی که بانکی بشخصی میکند و تا مقدار معینی بدو وام دهد. ج. اعتبارات. ‖ ~ متحرک. وجهی که در اختیار اداره‌ای گذارند تا در صورت ضرورت بدون تشریفات پیچیدهٔ اداری خرج کنند.

اعتبارات e'tebār-āt [ع.] (مص.، إ.) ج. اعتبار ↑.

اعتبارنامه e.-nāma(-e) [ع.-ف.] (إمر.) ورقه‌ای‌که اعضای انجمن‌نظار امضا کنند و وکالت کسی را باطلاع وزارت کشور و مجلس رسانند. ‖ ~ سیاسی. (سیا.) ورقهٔ معرفی سفرای کبار و وزرای مختار؛ استوارنامه.

اعتباری e'tebār-ī [ع.-ف.] (ص

۱ ـ commercial credit (انگ.)

نسبـ.) ۱ـ منسوب و مربوط به اعتبار (هـ.م.)، اوراق اعتباری. ۲ـ (فلـ.) مفاهیمی که درخارج مابازائی ندارند؛ انتزاعی.

اعتدا e'tedā [= ع. اعتداء] ← اعتداء.

اعتداء e'tedā' [ع.ـف.: اعتدا] (مصم.) ستم کردن، بیداد کردن.

اعتداد e'tedād [ع.] ۱ـ (مص ل.) در شمار آمدن، شمرده شدن. ۲ـ (مص م.) در شمار آوردن، اعتنا کردن به، اهمیت نهادن به. ج. اعتدادات.

اعتداد e'tedād [ع.] (مص.، إ.) ج. اعتداد (هـ.م.)

اعتدال e'tedāl [ع.] ۱ـ (مص ل.) راست شدن، میانه حال گشتن، برابر شدن. ۲ـ (إمص.) راستی، میانه‌روی. ۳ـ (إ.) حد میانهٔ گرما و سرما. ۴ـ حد میانهٔ رطوبت وخشکی. ‖ ~ خریفی. آغاز پاییز که درازی روز وشب مساوی گردد. ‖ ~ ربیعی. آغاز بهار که درازی روزوشب مساوی گردد. ‖ ~ شب وروز (لیل ونهار). تساوی شب و روز چنانکه هریک ۱۲ ساعت تمام باشد. ‖ ~ مزاج. سلامت مزاج (بعقیدهٔ قدما سلامت مزاج از تساوی و تعادل گرمی و سردی و خشکی و رطوبت ایجاد میشود.)

اعتدالی e'tedāl-ī [ع.ـ ف.] (ص نسبـ.) ۱ـ منسوب به اعتدال (هـ.م.)، میانه رو. ۲ـ پیرو حزب اعتدالیون (از احزاب سیاسی دورهٔ مشروطیت در ایران).

اعتذار e'tezār [ع.] ۱ـ (مص ل.) پوزش گرفتن، پوزش خواستن، عذر خواستن. ۲ـ شکایت کردن. ۳ـ (إمص.) پوزش. ج. اعتذارات.

اعتذارات e'tezār-āt [ع.] (مص.، إ.) ج. اعتذار (هـ.م.)

اعتراض e'terāz [ع.] (مص ل.) خرده گرفتن، انگشت برحرف نهادن، ایراد گرفتن. ۲ـ تعرض کردن. ۳ـ پیش آمدن. ۴ـ (إمص.) واخواست، واخواهی. ۵ـ (بع.) آنست که شاعردر اثنای بیت لفظی برای اتمام شعر بیاورد که معنی بدان محتاج نباشد و آنرا «حشو» گویندو بر سه قسم است: ملیح، متوسط، قبیح. ج. اعتراضات.

اعتراضات e'terāz-āt [ع.] (مص.، إ.) ج. اعتراض (هـ.م.)

اعتراض آمیز e.-āmīz [ع.ـف.] (ص مف.) آنچه که مقرون به اعتراض وایراد باشد: نامهٔ اعتراض آمیز.

اعتراض نامه e.-nāma(-e) [ع.ـ ف.] (إمر.) نامه‌ای که شامل اعتراض وایراد نویسنده بر موضوعی باشد.

اعتراف e'terāf [ع.] ۱ـ (مص ل.) اقرار کردن، خستو شدن، مقرشدن. ۲ـ (إمص.) اقرار. ج. اعترافات.

اعترافات e'terāf-āt [ع.] (مص.، إ.) ج. اعتراف (هـ.م.)

اعترافنامه e.-nāma(-e) [ع.ـف.] (إمر.) اقرارنامه (هـ.م.)

اعتزاز e'tezāz [ع.] ۱ـ (مص م.) عزیز شمردن، گرامی داشتن. ۲ـ (مص ل.) عزیز شدن، گرامی گشتن. ۳ـ (إمص.) عزت، ارجمندی.

اعتزال e'tezāl [ع.] ۱ـ (مص ل.) بیکسو شدن، دوری گرفتن (ازشخصی یا شغلی). ۲ـ گوشه گرفتن، گوشه نشینی اختیار کردن، عزلت گزیدن. ۳ـ (ملل.) دارای مذهب معتزله بودن. ۴ـ (إمص.) گوشه‌گیری، گوشه نشینی، عزلت.

اعتساف e'tesāf [ع.] ۱ـ (مص ل.)

۳۰۲

اعتسافات ستم‌کردن، ظلم کردن، بیداد کردن. ۲ - (إمص.) ستم کاری. ۳ - (مصل.) بیراهه رفتن، بر بیراه شدن، از راه راست منحرف شدن. ج. اعتسافات.

اعتسافات e'tesāf-āt [ع.] (مص.، إ.) ج. اعتساف (ه.م.)

اعتصاب e'tesāb [ع.] - ۱ (مصل.) صبر کردن (غم.). ۲ - خشنود شدن به چیزی (غم.) ۳ - دست از کار کشیدن گروهی و گرد آمدن آنان برای وصول بهدف معینی از قبیل تحصیل آزادی، کاستن ساعات کار، اضافه حقوق و غیره. ج. اعتصابات.

اعتصابات e'tesāb-āt [ع.] (مص.، إ.) ج. اعتصاب (ه.م.)

اعتصابی e'tesāb-ī [ع.-ف.] (ص نسب.) آنکه اعتصاب کند، کسی که طرفدار اعتصاب است. ج. اعتصابیون.

اعتصابیون e'tesāb-īyy-ūn [ع.] (إ.) ج. اعتصابی (ه.م.)

اعتصام e'tesām [ع.] - ۱ (مصل.) دست در زدن، چنگ درزدن، پناهنده شدن، متوسل گردیدن. ۲ - خویشتن را از گناه بازداشتن، بازماندن از گناه بامید لطف خدا. ۳ - (إمص.) خویشتن‌داری از گناه.

اعتضاد e'tezād [ع.] - ۱ (مصم.) یار گرفتن، یاری کردن. ۲ - (إمص.) همراهی، یاری.

اعتقاد e'teγād [ع.] - ۱ (مصم.) باور داشتن، عقیده داشتن. ۲ - گرویدن بیک دین، ایمان. ۳ - (إمص.) گروش. ۴ - (إ.) عقیده. ج. اعتقادات.

اعتقادات e'teγād-āt [ع.] (مص.، إ.) ج. اعتقاد (ه.م.)

اعتقال e'teγāl - ۱ (مصم.) بستن، بند کردن. ۲ - (مص ل.) بسته شدن

۳ - (إمص.) بستگی زبان، بسته زبانی.

اعتکاف e'tekāf [ع.] - ۱ (مصل.) گوشه نشین شدن، در جایی ماندن. ۲ - (إمص.) گوشه نشینی(برای عبادت) ج. اعتکافات.

اعتکافات e'tekāf-āt [ع.] (مص.، إ.) ج. اعتکاف (ه.م.)

اعتلا e'telā [ع =] اعتلاء ← اعتلاء

اعتلاء e'telā' [ع.،ف.] اعتلا ۱ - (مص ل.) بلند شدن، برتری یافتن. ۲ - بر بلندی بر آمدن. ۳ - (إمص.) بلندی، برتری.

اعتلال e'telāl [ع.] - ۱ (مصم.) مشغول داشتن بکاری. ۲ - باز داشتن کسی را از کاری. ۳ - بهانه آوردن. ۴ - (مصل.) بیمار شدن، علت داشتن. ۵ - (إ.) علت، عارضه. ج. اعتلالات.

اعتلالات e'telāl-āt [ع.] (مص.، إ.) ج. اعتلال (ه.م.)

اعتماد e'temād [ع.] - ۱ (مصم.) تکیه کردن بر. ۲ - اختیار کردن، بر گزیدن. ۳ - واگذاشتن کار بکسی. ۴ - سپردن چیزی را بکسی. ۵ - (إمص.)وثوق، اطمینان. ∥ ـ بنفس. اتکاء بخود، بخویشتن متکی بودن. ∥ ـ رأی. رأیی که وکلای مجلس بدولتی که مایلند بر سرکار بماند بعد از استیضاح میدهند؛ مق. رأی عدم اعتماد.

اعتمادکردن e.-kardan [ع.-ف.] (مص ل.) اطمینان کردن، وثوق داشتن به.

اعتمید e'temīd [ممال اعتماد (ه.م.)] ← اعتماد.

اعتنا e'tenā [ع =] اعتناء ← اعتناء.

اعتناء e'tenā' [ع.،ف.] اعتنا

۱- (مص م.) اهتمام ورزیدن بکاری ؛ توجه داشتن بامری یا کسی. ۲ - (اِ.) فکر، اندیشه، توجه.

اعتنا کردن e.-kardan [ع.- ف.] (مص ل.) توجه کردن به، اهمیت دادن به.

اعتناق e'tenāγ [ع.] (مص م.) ۱ - دست بگردن یکدیگر انداختن، در برگرفتن یکدیگر. ۲ - بگردن گرفتن کاری. ۳ - (اِمص.) نوازش.

اعتیاد e'tiyād [ع.] ۱ - (مص م.) عادت کردن، خوگرفتن، خوگر شدن. ۲ - (اِ.) عادت، خوی. ج. اعتیادات.

اعتیادات e'tiyād-āt [ع.] (مص م.) ج. اعتیاد (ه.م.)

اعتیاض e'tiyāz [ع.] (مص م.) ۱ - بعوض خواستن، عوض گرفتن. ۲ - عوض دادن، بدل دادن.

اعجاب e'ǰāb [ع.] ۱ - (مص م.) بشگفت آوردن کسی را. ۲ - عجیب دانستن، بشگفت آمدن. ۳ - خوش آمدن. ۴ - (اِمص.) شگفتی. ۵ - خودبینی، خود پسندی، خویشتن بینی.

اعجاز e'ǰāz [ع.] ۱ - (مص م.) عاجز ساختن، ناتوان گردانیدن. ۲ - انجام دادن کاری که دیگران از آن عاجز باشند. ۳ - (مص ل.) عاجز شدن، ناتوان گردیدن. ۴ - (اِمص.) عجز، ناتوانی. ۵ - (اِ.) امری خارق عادت که دیگران از آوردن آن عاجز باشند. معجزه. ج. اعجازات.

اعجازات e'ǰāz-āt [ع.] (مص.، اِ.) ج. اعجاز (ه.م.)

اعجام e'ǰām [ع.] ۱ - (مص م.) نقطه نهادن حروف، نقطه زدن بر حرفها. ۲ - (اِمص.) نقطه گذاری. ۳ - (مص م.) مقید کردن نوشته به اعراب و نقطه. ۴ - سخن گفتن بزبان عجم. ‖ دال. ذال خواندن دال را (کم.).

اعجب a'ǰab [ع.] (ص تفض.) عجیب تر، شگفت آورتر.

اعجم a'ǰam [ع.] (ص.) ۱ - کسی که نتواند فصیح سخن گوید، زبان بسته، بسته زبان. ۲ - کسی که نتواند بزبان عربی تکلم کند. ۳ - کسی که عرب نباشد. ج. اعاجم.

اعجمی a'ǰam-ī [= ع. a'ǰamīyy] (ص نسب.) منسوب به اعجم. ۱ - غیر عرب، آنکه تازی نباشد. ۲ - کسی که فصیح نتواند سخن گوید. ۳ - ایرانی، فارسی.

اعجمی زاد a.-zād [ع.- ف. = اعجمی زاده] (ص مف.) ۱ - آنکه فرزند غیر عرب باشد. ۲ - ایرانی نژاد.

اعجمی زبان a.-zabān [ع.- ف.] (ص نسب.) ۱ - آنکه سخت فصیح نتواند گفت. ۲ - آنکه بزبان غیر عربی متکلم باشد.

اعجمی سار a.-sār [ع.- ف. = اعجمی سر] (ص مر.) ← اعجمی زاد.

اعجمی نسب a.-nasab [ع.] (ص مر.) ← اعجمی زاد.

اعجوبه o'ǰūba(-e) [= ع. اعجوبة] (ص.) شگفت آور، شگفت انگیز (شخص یا شیء). ج. اعاجیب.

اعد aad(d) [ع.] (ص تفض.) آماده تر، مهیاتر.

اعدا a'dā [= ع. اعداء] ← اعداء.

اعداء a'dā' [ع.، ف.: اعدا] (اِ.) ج. عدو؛ دشمنان.

اعداد a'dād [ع.] (اِ.) ج. عدد (ه.م.)؛ شمارها، شماره‌ها.

اعداد e'dād [ع.] ۱- (مص م.) آماده کردن، بسیجیدن، مهیا ساختن، تهیه کردن. ۲ - (اِ.) بسیج. ۳ - (بع.)

اعدام

عبارتست از این که شاعر چند صفت یا اسم را بشمرد و آنها را بخود یا کسی یا چیزی نسبت‌دهد.

اعدام a'dām [ع.] (اِ.) ج. عدم؛ نیستها. نیستیها، نابودیها ، نابودها.

اعدام e'dām [ع.] ۱ - (مص م.) درویش کردن، تهیدست کردن. ۲ - (إمص.) بیچیزی، تهیدستی. ۳ - (مص‌م.) نیست گردانیدن، نیست کردن، کشتن.

اعدل a'dal [ع.] (ص تفض.) ۱ - دادگر تر. شایسته تر برای شهادت دادن. ۲ - راست‌تر، خوشتر.

اعدی a'dā [ع.] (ص تفض.) ۱ - دشمن‌تر. ۲ - ستمکارتر.

اعذار a'zār [ع.] (اِ.) ج. عذر. ۱ - بهانه‌ها. ۲ - پوزشها.

اعذار e'zār [ع.] ۱ - (مص ل.) بهانه آوردن، بهانه‌کردن، عذرآشکار کردن. ۲ - عذرخواستن. ۳ - (إمص.) پوزش، عذر.

اعراب a'rāb [ع.] (اِ.) ج. اعرابی؛ تازیان، تازیان بیابانی، تازیان صحرا نشین، بدویان(عربستان).

اعراب e'rāb [ع.] ۱ - (مص م.) آشکار کردن. ۲ - درست بیان کردن، فصیح سخن گفتن. ۳ - (مص‌م.) واضح کردن حرکت حرف آخر. ۴ - (اِ.) حرکت حرف آخر در کلمات عربی. ۵ - (ف.) حرکات حروف را در کلمات اعراب گویند (بجای «شکل» درعربی). ‖ **محلی از ــــ ندارد.** جایی ندارد، اهمیتی بدو نمیدهند.

اعراب گذاردن e.-gozārdan [ع.- ف.] (مص م.) حرکات حروف را گذاردن.

اعراب گذاشتن e.-gozāštan [ع.- ف.] ← اعراب گذاردن.

اعرابی a'rābī [ع. a'rābīyy] (اِ.) عرب بیابانی، تازی بادیه نشین، بادیه نشین. ج. اعراب.

۱ - اعراض a'rāz [ع.] (اِ.) ج. عرض (erz). ۱ - آبروها. ۲ - خواسته‌ها.

۲ - اعراض a'rāz [ع.] (اِ.) ج. (araz). ۱ - چیزهای‌عارضی ، امور غیر ذاتی ، عرضها. ۲ - حادثه‌ها ، سانحه‌ها.

اعراض e'rāz [ع.] ۱ - (مص ل.) رخ‌تافتن، روی‌گردانیدن. ۲ - برگشتن، دامن در چیدن. ۳ - نفرت داشتن ، کراهت داشتن. ۴ - (إمص.) نفرت ، کراهت.

اعراض‌کردن e.-kardan [ع.- ف.] (مص‌ل.) روی‌برگردانیدن، رخ تافتن.

اعراف a'rāf [ع.] ۱ - (اِ.) ج. عرف (orf)؛ مکانهای‌مرتفع. ۲ - (اِخ.) ← بخش۳.

اعراق a'rāγ [ع.] (اِ.) ج. عرق (erγ)؛ ۱ - رگها ، وریدها. ۲ - اصلها.

اعرج a'raǰ [ع.] (ص.) لنگ.

اعرف a'raf [ع.] (ص‌تفض.) ۱ - شناساتر ، داناتر ، شناسنده‌تر. ۲ - شناخته‌تر، روشناس‌تر، معروفتر.

اعز aaz(z) [ع.] (ص تفض.) ۱ - ارجمندتر، گرانمایه تر، بزرگوارتر. ۲ - نایاب‌تر، دشوار یاب‌تر.

اعزا aezzā [= ع. اعزاء] ← اعزاء.

اعزاء aezzā' [ع.، ف.: اعزا] (ص.، اِ.) ج. عزیز؛ گرامیان، عزیزان.

اعزاز e'zāz [ع.] (مص‌م.) ارجمند کردن، گرامی‌داشتن، عزیز داشتن.

اعزام e'zām [ازع.] (مص‌م.) فرستادن،

روانه‌کردن ، گسیل داشتن . ضح . - بمعنی فوق اصطلاح ترکی‌است .

اعزل a'zal [ع.] (ص.) ۱- ابر بی باران . ۲- مرد بی سلاح . ‖ سماك ~ . ← بخش ۳.

اعزه aezza(-e) [=ع.اعزة] (ص.) ج.عزیز ؛ ارجمندان ، گرانمایگان ، بزرگواران، عزیزان .

اعسار e'sār [ع.] ۱- (مص ل.) درویش شدن، تنگ دست شدن . ۲- (إمص.) تنگ‌دستی، درویشی: عرضحال اعسار داد .

اعشار a'šār [ع.] (إ.،عد.) ج.عشر؛ ده‌یك‌ها ، یك دهم‌ها .

اعشی a'šā [ع.](ص.) کسی که‌چشمش در شب نبیند ، شبکور .

اعصاب a'sāb [ع.] (إ .) ج . عصب (ه.م.) ؛ پیها، عصبها.

اعصار a'sār [ع.] (إ.) ج . عصر ؛ روزگاران،روزگارها ، زمانها ، دوره‌ها .

اعصار e'sār [ع.] ۱- (مص‌ل.) در آمدن در عصر. ۲- (إ.) گردباد.

اعضا a'zā [ع = .اعضاء] ← اعضاء.

اعضاء a'zā' [ع.، ف.: اعضا] [ع.] (إ) ج. عضو (ه.م.) . ۱- اندامها ، آلات. ۲- کارمندان.

اعطا e'tā [=ع.اعطاء] ← اعطاء.

اعطاء e'tā' [ع. ، ف . : اعطا] ۱- (مص‌م.) بخشیدن، دادن، بخشش کردن. ۲- (إمص.) بخشش، دهش .

اعطائی e tā -ī [ع.-ف.] (ص‌نسب.) منسوب به اعطاء؛ آنچه‌که بخشیده‌باشند: اعطائی‌اعلی حضرت. ← اعطائیه ↓

اعطائیه e'tā -īyya(-e) [ع. اعطائیة] (ص‌نسب.) ۱- مؤنث‌اعطائی (ه.م.) ۲- آنچه بخشیده باشند ؛ دهش، بخشش. ضح .- این کلمه‌مستحدث و در ادارات معمول وغیر فصیح است.

اعطیه a'tiya(-e) [=ع.اعطیة] (إ.) ج. عطاء؛ بخششها، عطاها.

اعظام e'zām [ع.] ۱- (مص‌م.) بزرگ داشتن ، بزرگ کردن . ۲- (إمص.) بزرگداشت.

اعظم a'zam [ع.] (ص‌تفض.) ۱- بزرگتر ، بزرگوارتر . ۲- کلانتر ، درشت‌تر. ج . اعاظم . ‖ بخش (قسمت) ~ . بخش بیشتر: قسمت اعظم‌مردم بر آنند که...

اعظم a'zom [ع.] (إ) ج.عظم (ه.م.)، استخوانها؛ عظام.

اعقاب a'γāb [ع.] (إ.) ج. عقب [aγeb]. ۱- بازماندگان، نوادگان، فرزندان. ۲- پاشنه‌ها.

اعقل a'γal [ع.](ص‌تفض.) خردمندتر، هوشمندتر: اعقل عقلای دوران.

اعلا a'lā [املای فارسی بجای ع. اعلی] ← اعلی (همه.)

اعلا e'lā [=ع.اعلاء] ← اعلاء.

اعلاء e'lā' [ع.،ف.: اعلا] (مص‌م.) بلندکردن ، برکشیدن ، برآوردن ، افراشتن.

اعلال e'lāl [ع.] (مص‌م.) علیل کردن، بیمار کردن.

اعلام a'lām [ع.](إ.)ج.علم (alam). ۱- بزرگان ، ناموران ، نامداران . ۲- درفشها، نشانها. ۳- اسامی‌خاص ، نامهای خاص.

اعلام e'lām [ع.] ۱- (مص‌م.) آگاهانیدن، آگاه کردن ، دانا کردن . ۲- (إمص.) آگاهی . ج. اعلامات . ‖ ~ جرم . (حق.) عبارتست ازاینکه وکلای‌مجلس یادادستان‌یا اشخاص‌جرم

اعصاب

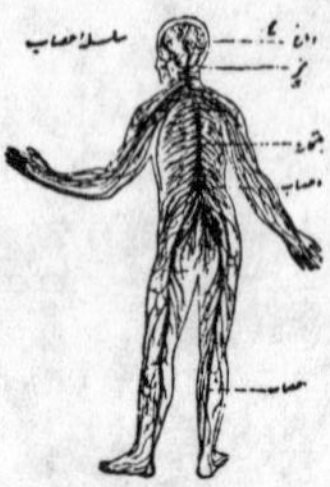

اعلامات

شخصی را (که دارای مقام‌ورتبهٔ قابل توجهی است) بسمع اولیای امور برسانند و او را تعقیب کنند . ‖ ـــِ جنگ. اعلان جنگ‌دادن. ‖ ـــِ خطر. آگاهانیدن از خطر .

اعلامات e'lām-āt [ع٠] (مص٠،إ٠) ج. اعلام (ه.م.)

اعلام دادن e'.-dādan [ع.ـف.] (مص‌م.) اخبار کردن ، آگاه کردن ، آگاهانیدن.

اعلام داشتن e.-dāštan [ع.ـف٠] (مص‌م٠) آگاهانیدن، آگاه کردن.

اعلام کردن e'.-kardan [ع.ـ ف٠] (مص‌م٠) اعلان کردن، آگاه کردن.

اعلامنامه e.-nāma(-e) [ع.ـف٠] (إمر.) ورقه‌ای که برای اطلاع مردم‌از امری صادر کنند ؛ اعلامیه .

اعلامیه e'lām-īyya('-e) [=ع. اعلامیة] (ص‌نسب.،إمر.) ورقه‌ای خطی یا چاپی که در آن امری را بسمع‌مردم برسانند.

اعلان e'lān [ع٠] (مص‌م٠) ۱ - آشکارا کردن ، ناپدید ساختن . ۲ - (إ.) آگهی. ج.اعلانات.

اعلانات e'lān-āt [ع٠] (مص٠،إ٠) ج. اعلان (ه.م.)

اعلم a'lam [ع.] (ص‌تفض.) داناتر، دانشمندتر؛ اعلم علمای عصر.

اعلی a'lā [ع.] ۱ - (ص‌تفض.) برتر، بلندتر، بالاتر . ۲ - (ص.) برگزیده ازهرچیز. ‖ ـــ وادنی. برترو فروتر. ‖ ـــ واسفل. بالاترو پایین‌تر وبرتر و فروتر. ضح.- این کلمه را ایرانیان گاه بصورت « اعلا » نویسند . ‖ ـــ حضرت. ← بخش۲.

اعم aam(m) [ع.] ۱ - (ص‌تفض.) عام‌تر، عمومی‌تر، شاملتر. ۲ - (ص.) گروه بسیار، درشت و ستبر(غم.)

اعما e'mā [ع.اعماء] ←اعماء .

اعماء e'mā' [ع.،ف.:اعما] (مص‌م.) کور کردن.

اعمار a'mār [ع][إ٠]ج٠ عمر٠ ۱ - زندگیها. ۲ - سالها.

اعمار e'mār [ع.] (مص‌م.) ۱ - آبادیافتن‌زمین را. ۲ - بی‌نیازساختن کسی را . ۳ - چیزی را مادام‌العمر بکسی دادن.

اعماق a'māγ [ع.] (إ.) ج. عمق؛ تك‌ها، ته‌ها ، ژرفها ؛ اعماق اقیانوس کبیر.

اعمال a'māl [ع.](إ.) ج. عمل. ۱- کارها، کرده‌ها،کردارها. ۲ - شغلها ، پیشه‌ها. ۳ - نواحی(حکومتی) . ۴ - گزارشهای‌حوزه‌های‌مالیاتی ومحاسبات مربوط‌بدرآمدهای آنها(غم.) ‖ ـــِ شاقه. ←شاقه.

اعمال e'māl[ع.](مص‌م.)کاربستن، بکارافکندن، بکاربردن، بکارداشتن: تا آنجاکه ممکن است از اعمال زور باید خودداری شود.

اعمام a'mām [ع٠] (إ.) ج. عم؛ عموها، برادر پدرها . ‖ بنی ـــ . ← بخش۲.

اعمده a'meda(-e) [=ع.اعمدة] (إ.) ج.عمود(ه.م.)؛ ستونها.

اعمش a'maš [ع.] (ص.) کسی که بسبب مرض آب از چشمش جاری شود.

اعمی a'mā [ع.](ص.) کور، نابینا؛ مق. بینا، بصیر.

اعمی دل a.-del [ع.ـف.](ص‌مر.) کوردل ، کورباطن.

اعناب a'nāb [ع.] (إ.) ج. عنب؛ انگورها.

اعنات e'nāt [ع·] (مص‌م·) ۱ - برنج افکندن، رنجانیدن، آزردن. ۲ - در کاری دشوار انداختن · ۳ - (بع·) ← لزوم مالایلزم·

اعناق a'nāγ [ع·] (ا·) ج· عنق؛ گردنها·

اعنق a'naγ [ع.](ص.) آنکه گردن دراز دارد؛ درازگردن·

اعنه a'enna(-e) [= ع·اعنة] (ا·) ج. عنان؛ لگامها، دهانه‌ها، افسارها، دوالها.

اعواض a'vāz [ع·] (ا.) ج.عوض؛ بدلها·

اعوام a'vām [ع.] (ا.) ج. عام؛ سالها، سالیان.

اعوان a'vān [ع·] (ا·) ج· عون؛ یاران، یاریگران.

اعوج a'vaǰ [ع.] (ص.) ۱ - کژ، کج، ناراست. ۲- بدخوی.

اعوجاج e'veǰāǰ [ع.] ۱ -(مص‌ل.) کژشدن، کج گردیدن . ۲ - (إمص.) کجی، کژی، ناراستی، پیچیدگی. ج. اعوجاجات·

اعوجاجات e'veǰāǰ-āt [ع·] (مص·،إ·) ج · اعوجاج (ه·م·)

اعور a'var [ع·] (ص·) ۱ - یك چشم. ۲ - (پز·) رودهٔ وسطی، رودگانی میانین، رودهٔ کور.

اعیا e'yā [= ع. اعیاء] ← اعیاء.

اعیاء e'yā' [ع.،ف.: اعیا] ۱ - (مص‌م.) مانده کردن، خسته کردن. ۲ - (مص‌ل·) مانده‌شدن، دشوارشدن کاربر کسی·

اعیاد a'yād [ع·] (إ·) ج· عید؛ جشنها، عیدها.

اعیان a'yān [ع.] (إ) ج. عین· ۱ - بزرگان، بزرگواران. ۲ - اشراف. ۳ - (فل.) موجودات خارجی اعم از جواهر و اعراض . ۴ - اموال غیر منقول، زمین؛ مق . عرصه . ۵ - خانه و بناهای پیرامون آن (مانند طویله ، انبار و غیره) وهمچنین درختان واقع در یك قطعه زمین؛ مق. زمین ، ارض.

اعیانی a'yān-ī [ع.-ف.] (ص‌نسب.) ۱ - آنچه مربوط به «اعیان» (ه·م·) باشد· ۲ - آنچه مربوط به بنا و ساختمان باشد؛ مق. ارض. ‖ **برادر** ~ . برادری که در پدر و مادر باشخص شریك باشد ·

اعیانیت a'yān-īyyat [ع·] (مص‌جع·) اعیان بودن، در شمار اشراف بودن، مانند اشراف زیستن.

اعین a'yan [ع·](ص·) آنکه سیاهی چشمش درشت باشد، فراخ چشم .

اعین a'yon [ع.] (إ.) ج. عین؛ چشمها، دیدگان.

اغاثت eγāsat [= ع·اغاثة] ← اغاثه·

اغاثه eγāsa(-e) [= ع.اغاثة] ۱ - (مص‌م.) فریاد رسیدن ، رهایی‌دادن ، رهانیدن· ۲ - (إمص.) فریادرسی .

اغارت eγārat [= ع·اغارة] ← اغاره·

اغاره eγāra(-e) [= ع·اغارة ← اغارت] (مص‌م·) غارتیدن، تاراج کردن، غارت کردن·

اغاریقون aγārīγūn [= غاریقون] (إ) (گیا·) غاریقون (ه·م·)

اغالیط aγālīt [ع·] (إ·) ج· اغلوطه (ه.م.)

اغانی aγānī [ع·] (إ·) ج· اغنیه [oγniya و oγnīyya] . ۱ - سرودها، آوازها. ۲ - (مس.) سازهایی که بی نفخ دم نوازند (سازهای غیر بادی)·

اغبر aγbar [ع·] (ص·) ۱ - گرد آلود. ۲ - گردرنگ، خاك رنگ، خاکی. ‖ **بساط** ~ . زمین. ‖ **کرهٔ** ~ . زمین.

اغبرار eγbərār [ع·] (مصل.) ۱ - خاك آلودشدن، گردآلودشدن. ۲ - تیره‌رنگ‌شدن، خاك‌رنگ گشتن.

اغتباط eγtebāt [ع·] (مص·) بآرزو آمدن، آرزو بردن، غبطه داشتن.

اغتراب eγterāb [ع·] (مصل·) از دیار خویش دورشدن، غریب و مسافر گشتن.

اغترار eγterār [ع·] ۱- (مصل·) فریفته‌شدن، فریب‌خوردن، مغرورشدن. ۲ - (إمص·) فریفتگی.

اغتراف eγterāf [ع·] (مصم·) آب بمشت برگرفتن، با کف دست آب نوشیدن.

اغتسال eγtesāl [ع·] (مصم·) ۱ - سروتن‌شستن، شستن. ۲ - (إمص.) تن شویی، شست و شو.

اغتشاش eγtešāš [ع·] ۱ - (مصل.) آشفتن، آشفته‌شدن. ۲ - (إمص.) آشفتگی. ج·اغتشاشات. ‖ ~ **حواس**. پراکندگی اندیشه، پریشانی اندیشه. ‖ ~ **خاطر**. آشفتگی حواس ↑

اغتشاشات eγtešāš-āt [ع·](مص·، إ.) ج. اغتشاش (ه·م.)

اغتصاب eγtesāb [ع·] (مصم·) بزور گرفتن چیزی را، غصب کردن.

اغتفار eγtefār [ع·] ۱ - (مصم·) آمرزیدن. ۲ - (إمص·) آمرزش.

اغتماس eγtemās [ع·] (مصل·) فرو رفتن درآب.

اغتمام eγtemām [ع·] (مصل·) غمگین شدن، اندوهناك گردیدن، اندوهگین گشتن.

اغتنام eγtenām [ع·] (مصم·) غنیمت شمردن، غنیمت دانستن.

اغتیاب eγtiyāb [ع·] (مصل·) غیبت کردن، در غیاب کسی بدگفتن.

اغتیال eγtiyāl [ع·] (مصل·) بناگاه کسی را کشتن، هلاك کردن ناگهانی.

اغذیه aγziya(-e) [ع·اغذیة ←] (إ) ج· غذاء؛ خوردنیها، خورشها، خوراکها.

اغر aγar(r) [ع·] (ص·) ۱- سپید، سفید. ۲ - اسب‌سپیدروی، سپیدپیشانی. ۳ - نامور، بنام، نامدار، مشهور.

اغر [oγor = اغور، قس. آغار = آغال، قس. تر. اوغور](إ.) شگون؛ بد اغر.

اغرا eγrā [=ع·اغراء] ← اغراء.

اغراء eγrā' [ع.،ف.: اغرا] ۱ - (مصم·) برآغالیدن، تحریك کردن، برانگیختن. ۲ - (إمص·) آغالش، انگیزش. ‖ ~ **بجهل**. بجهل کشانیدن؛ آغالش بنادانی.

اغراب eγrāb [ع.](مصم·) ۱ - شگفت آوردن. ۲ - تازه گفتن.

اغراس aγrās [ع·] (إ.) ج.غرس [γars]؛ درختها، نهالها.

اغراض aγrāz [ع·] (إ.)ج. غرض. ۱ - نشانه‌ها، آماجها، نشانها. ۲ - خواستها، مقاصد. ۳ - اندیشه‌های بد، دشمنیها.

اغراق eγrāγ [ع·] ۱ - غرق کردن. ۲ - (إمص.) مبالغه و افراط در مدح یا ذم کسی. ۳ - گزاف گویی ج.اغراقات.

اغراقات eγrāγ-āt [ع·](مص·، إ.) ج· اغراق (ه·م·)

اغراق آمیز e.-āmīz (ص‌مف·) آمیخته به اغراق، مقرون باغراق.

اغرب aγrab [ع.] (ص تفض.) شگفت تر، تازه‌تر، غریب تر، با غرابت‌تر.

اغره aγerra(-e) [= ع اغرة] (ص.،ا.) ج. غریر. ۱- فریفتگان، مغروران. ۲- جوانان بی‌تجربه.

اغری oγrī [تر. = اوغری] (ص.،ا.) دزد.

اغشا eγšā [=ع.اغشاء] ← اغشاء.

اغشاء eγšā' [ع.،ف.: اغشا] (مصم.) پوشاندن، پوشانیدن، فروپوشانیدن.

اغشیه aγšiya(-e) [=ع.اغشیة] (ا.) ج.غشاء؛ پرده‌هایی که‌ازخارج وداخل، اعضای مختلف بدن را میپوشانند [1]. ‖ ~ **دماغی**. (پز.) پرده‌های‌مراکز اعصاب، پاشام مغز [2].

اغصان aγsān [ع.] (ا.) ج. غصن؛ شاخه‌ها، ستاکها.

اغضا eγzā [= ع. اغضاء] ← اغضاء.

اغضاء eγzā' [ع.،ف.: اغضا] ۱- (مصم.) گناه‌بخشیدن، چشم پوشی کردن. ۲- (إمص.) چشم‌پوشی، گذشت.

اغفال eγfāl [ع.] (مصم.) غافل کردن، گول‌زدن.

اغفال شدن e.-šodan [ع.-ف.] (مصل.) گول خوردن.

اغفال کردن e.-kardan [ع.-ف.] (مصم.) کسی را گول‌زدن.

اغلا eγlā [= ع.اغلاء] ← اغلاء

اغلاء eγlā' [ع.،ف.: اغلا] (مصم.) ۱- گران‌خریدن. ۲- گرانبها یافتن. ۳- گران کردن قیمت چیزی.

اغلاط aγlāt [ع.] (ا.) ج. غلط؛ خطاها، اشتباهها.

اغفال eγfāl [ع.] (مصم.) غافل کردن، گول زدن.

اغفال شدن e.-šodan [ع.-ف.] (مصل.) گول خوردن.

اغفال‌کردن e.-kardan [ع.-ف.] (مصم.) کسی را گول زدن.

اغلاق eγlāγ [ع.] ۱- (مصم.) در بستن، بستن در. ۲- پیچیده گفتن، دشوار گفتن. ۳- (إمص.) دشوارگویی. پیچیده گویی. ج. اغلاقات.

اغلاقات eγlāγ-āt [ع.] ج. اغلاق (ه.م.)

اغلال aγlāl [ع.] (ا.) ج. غل. ۱- بندها، بندهای آهنین. ۲- گردن بندها.

اغلال eγlāl [ع.] (مص ل.) ۱- خیانت کردن. ۲- کینه داشتن، کین ورزیدن.

اغلان oγlān [تر. = اوغلان] (ا.) پسر، پسر بچه.

اغلب aγlab [ع.] ۱- (ص تفض.) بیشتر، اکثر. ۲- چیره‌تر، غالب‌تر. ۳- (ق.) غالباً. ‖ ~ **اوقات**. بیشتر وقتها.

اغلوطه oγlūta(-e) [=ع.اغلوطة] (ا.) ۱- سخن غلط. ۲- سخن که با آن شخص را باشتباه اندازند. ج. اغلوطات، اغالیط.

اغلی aγlā [ع.] (ص تفض.) گران‌بهاتر، بیش بهاتر، گرانتر.

اغلیفس eγlīfos [معر. یو. ægilops] (ا.) (گیا.) دو سر (ه.م.)

اغما eγmā [=ع.اغماء] ← اغماء.

اغماء eγmā' [ع.،ف.: اغما] ۱- (مصل.) بیهوش شدن. ۲- (مصم.)

۱—Membrane (فر.)   ۲—Méninges (فر.)

بیهوش کردن. ۳ - (إمص.) بیهوشی[۱] : «مریض بحال اغماء افتاده است.»

اغماد aγmād [ع.] (إ.) ج. غمد [γemd]؛ نیامها، غلافهای شمشیر.

اغمار aγmār [ع.] (إ.) ج. غمر (γomr)، غمر(γomor)، غمر(γamr)، غمر (γemr)، غمر (γamar) ؛ کارنادیدگان، ناآزمودگان.

اغماض eγmāz [ع.] ۱ - (مصم.) چشم خود خوابانیدن، چشم فروکردن، آسان گرفتن. ۲ - (إمص.) چشم‌پوشی، گذشت. ج. اغماضات.

اغن aγan(n) [ع.] (ص.) مردی که از بینی سخن گوید.

اغنا eγnā [=ع. اغناء] ← اغناء.

اغناء eγnā' [ع.،ف.: اغنا] (مصم.) بی نیاز کردن، توانگری دادن.

اغنام aγnām [ع.] (إ.) ج. غنم ؛ گوسپندان، گوسفندها و بزها.

اغنی aγnā [ع.](ص تفض.) بی‌نیازتر، توانگرتر.

اغنیا aγniyā [=ع.اغنیاء] ← اغنیاء.

اغنیاء aγniyā' [ع.،ف.: اغنیا] (ص.،إ.) ج. غنی؛ توانگران، بی‌نیازان، مالداران.

اغنیه oγnīyya,-niya ; eγnīyya,-niya(-e) [ع.] (إ.) ۱ - آنچه بدان ترنم کنند، سرود. ج. اغانی. ۲ - (مس.) هرسازی که بدون نفخ دم نواخته شود، ساز غیر بادی.

اغوا eγvā [=ع.اغواء] ← اغواء.

اغواء eγvā' [ع.،ف.: اغوا](مصم.) از راه بردن، گمراه کردن، بیراه نمودن.

اغوال aγvāl [ع.،ف.](إ.) ج. غول ← ۴ - غول؛ غولان.

اغور oγūr (إ.) ← اغر، اوغور.

اغیار aγyār [ع.] (إ.) ج. غیر ؛ بیگانگان، دیگران. ضح. - درفارسی گاه بجای مفرد استعمال شود :

در رخ هر کس که نیست داغ غلامی او
گر پدر من بود دشمن و اغیار اوست.
(مولوی)

اغیار رو a.-rū [ع.-ف. = اغیار روی] (ص مر.) بیگانه‌صورت، غریب‌نما.

اغیر aγyar [ع.] (ص تفض.) باغیرت‌تر.

اغیل aγīl [= آغول = آغل] (إ.) آغل (ه.م.)، آغول.

اغیلان aγīlān [ع.] (إ.) (گیا.) درخت صمغ عربی، صمغ عربی.

اف of(f) [ع.] (صت.) کلمه‌ایست که بهنگام اظهار افسردگی، نفرت و کراهت استعمال کنند.

افادات efādāt [ع.] (مص.،إ.) ج. افاده (افادت) (ه.م.)

افادت efādat [=ع.افادة] ← افاده.

افاده efāda(-e) [=ع.افادة ← افادت] ۱ - (مصم.) فایده‌دادن، سود رساندن. ۲ - (إمص.) (ف.) تکبر، خودبینی. ج. افادات. ‖ ـــ ٔکلام. مفهوم سخن، معنی آن.

افاده رسانیدن e.-ra(e)sānīdan [ع.-ف.] (مصم.) فایده بخشیدن، سود دادن.

۱ - Carus (لا.، انگ.) و Schlafsucht (آلم.)، Todtentchlaf (آلم.)

افاضات efāzāt [ع.] (مص.، إ.) ج. افاضه (افاضت) (ه.م.)

افاضت efāzat [= ع.افاضة] ← افاضه.

افاضه efāza(-e) [= ع.افاضة ← افاضت] (مص م.) ۱ - آب برخود ریختن (غم.). ۲ - پر کردن ظرف تا حدی که لبریز گردد. ۳ - درسخن‌وارد شدن، داخل‌شدن درحدیث. ۴ - فیض رسانیدن، بهره‌دادن. ۵ - (إمص.) فیض. ج.افاضات.

افاضل afāzel [ع.](إ.) ج. افضل. ۱ - برتران. ۲ - دانشمندان.

افاعی afā'ī [ع.= افاع](إ.) ج.افعی، افعیها.

افاعیل afā'īl [ع.] ج. افعال؛ جج. فعل؛ فعلها، کنشها، کردارها. ‖ ~ عروضی. (عر.) ارکان عروضی.

افاغنه afāγena(-e) [ع.] (إ.) ج. افغان؛ افغانان، افغانها (← بخش۳).

افاقت efāγat [= ع.افاقة] ← افاقه.

افاقه efāγa(-e) [= ع.افاقة ← افاقت] ۱ - (مص ل.) بهبودیافتن. رو بصحت نهادن بیمار. ۲ - روی بخوبی و خوشی‌آوردن. ۳ - بهوش آمدن. ۴ - (إمص.) بهبود. ۵ - گشایش.

۱ - افام afām [= فام] (إ.) رنگ.

۲ - افام afām [= وام.] (إ.) قرض، دین.

افانین afānīn [ع.] (إ.) ج.افنان وجج. فنن؛ شاخه‌های درخت.

افاویه afāvīh [ع.] (إ.) ج. افواه وجج. فوه. ۱ - دهانها. ۲ - داروهای خوشبو که در غذا ریزند؛ توابل.

افئده aféda(-e) [= ع.افئدة] (إ.) ج. فؤاد؛ دلها، قلبها.

افت oft [← افتادن] (ری.، إمص.) ۱ - افتادن: افت و خیز. ۲ - کمبود جنس، کمی، کاست، نقصان. ۳ - (إ.) وضع، شکل.

افتا eftā [= ع.افتاء] ← افتاء.

افتاء eftā' [ع.، ف.: افتا] (مص ل.) فتوی‌دادن، حکم صادر کردن.

افتادگی oftāda(e)g-ī (حامص.) ۱ - فروتنی، تواضع. ۲ - خواری، ذلت. ۳ - نقصان، کاست: این کتاب افتادگی‌دارد.

افتادن oft-ādan [← اوفتادن = افتیذن؛ په. ōftātan] (مص ل.) (افتاد، افتد، خواهد افتاد، بیفت، افتنده، افتاده) ۱ - از بالا بپایین پرت شدن، بزمین خوردن، سقوط کردن. ۲ - از پادرآمدن، ساقط شدن، سقط شدن.

افتاده oft-āda(-e) (إمف.) ۱ - پرت‌شده، زمین خورده. ۲ - ازپا در آمده، سقط‌شده. ۳ - فروتن، متواضع. ۴ - کم‌رو. ۵ - زبون. ج.افتادگان.

افتالنده eftāl-anda(-e) (إفا.) ← فتالنده.

افتالیدن eftāl-īdan [= فتالیدن] ← فتالیدن.

افتالیده eftāl-īda(-e) [= فتالیده] ← فتالیده.

افتان oft-ān [← افتادن] (ص‌فا.، حا.) در حال‌افتادن. ‖ **~ وخیزان راه رفتن.** آهسته و بحالت افتادن و برخاستن راه‌رفتن.

افتتاح eftetāh [ع.] (مص ل.) ۱ - گشودن، بازکردن. ۲ - شروع کردن، آغازکردن، آغازیدن.

افتتان eftetān [ع.] ۱ - (مص ل.)

در فتنه افتادن، ۲ - مفتون‌شدن. ۳ - (مصم.) در فتنه انداختن . ۴ - فتنه انگیختن.

افتخار eftexār [ع.] ۱ - (مصل.) فخرکردن، نازیدن. ۲ - (إمص.) فخر، نازش، سرافرازی . ج. افتخارات.

افتخارات eftexār-āt [ع.] (مص.، إ.) ج. افتخار (ه.م.)

افتدن oft-adan [= افتادن] ← افتادن.

افترا efterā [= ع. افتراء] ← افتراء.

افتراء efterā' [ع.، ف.: افترا] ۱ - (مصل.) تهمت زدن ، بدروغ نسبت خیانت یا عمل بد بکسی دادن . ۲ - (إمص.) بهتان.

افچه

افتراس efterās [ع.] (مصم.) افکندن شکار، پاره‌پاره کردن صید.

افتراض efterāz [ع.] (مصم.) واجب‌گردانیدن، فریضه کردن.

افتراق efterāγ [ع.] ۱ - (مصل.) ازیکدیگرجداشدن. ۲ - فرق گذاشتن. ۳ - (إمص.) جدایی ، مفارقت . ج افتراقات.

افتراقات efterāγ-āt [ع.] (مص.، إ.) ج. افتراق (ه.م.)

افتضاح eftezāh [ع.] ۱ - (مصل.) رسواشدن ، بی‌آبرو گردیدن ، بدنام گشتن. ۲- (إمص.) بی‌آبرویی، بدنامی. ج. افتضاحات.

افتضاحات eftezāh-āt [ع.] (مص.، إ.) ج. افتضاح (ه.م.)

افتعال efteāl [ع.] ۱ - (مصم.) بهتان زدن بکسی، بکسی نسبتی دادن بدروغ . ۲ - امری نو پدید آوردن . ۳ - (صر.) یکی از بابهای ثلاثی‌مزید فیه در زبان عربی (قس . اکتساب ، اجتماع ، احتیاط).

افتقاد efteγād [ع.] (مصم.) ۱ - گم‌کردن چیزی را،از دست‌دادن. ۲ - جستن گم‌شده‌را. ۳ - (إمص.) مهربانی، دلجویی، تفقد.

افتقار efteγār [ع.] ۱ - (مصل.) فقیرشدن ، بینوا گردیدن ، نیازمند گشتن. ۲ - (إمص.) فقر ، تهیدستی، درویشی.

افتکاک eftekāk [ع.] ۱ - (مصل.) از هم جدا گردیدن. ۲ - (مصم.) ازگرو بدرآوردن گروی.

افت وخیز oft-o-xīz (إمر.) ۱ - عمل افتادن و برخاستن. ۲ - افتادن و برخاستن، باآهستگی رفتن وشتافتن.

افتیمون aftīmūn [معر. محر. یو. épéθumon][1] (إ.) (گیا.) گیاهی از تیرهٔ پیچکیان که شبیه سس میباشد ، و مانند آن انگل گیاهان دیگر بخصوص یونجه میشود ؛ سس‌صغیر ، کشوث، دواءالجنون.

افچه afča(-e) (إ.) چیزی که بشکل انسان از پارچه های کهنه و استخوان و غیره سازند و در کشت زارها نصب کنند تا مرغان و جانوران دیگر از آن برمند ؛ مترس،مترسک← مترسک ۳. داهل.

افحش afhaš [ع.] (ص تفض.)، آشکارتر ، فاحش‌تر : غلطی فاحش بل افحش‌است.

افخم afxam [ع.] ۱ - (ص تفض.) بزرگوارتر ، بلندپایه‌تر . ۲ - (ص.) ارجمند، بزرگ‌قدر: حضرت اجل‌اکرم افخم...

۱- Epithym (فر.)

افد afd [په. awd] (ص.) عجیب، شگفت‌آور.

افدر afdar [= اودر] (اِ.) برادر پدر، عم، عمو.

افدستا afd-estā [افد (ه.م.) + ستا (← ستایش، ستاییدن)] (اِمر.) ستایش شگفت، ستایش نیکو:
«جز از ایزد توام خداوندی
کنم از دل بتوبر، افدستا.» (دقیقی)

افدم afdom [= آفدم] ← آفدم.

افدیدن afd-īdan [← افد] (مص ل.) شگفتی کردن، تعجب نمودن.

افرا afrā (اِ.) (گیا.) درختی[1] از تیرهٔ افراها[2] جزو تیره های نزدیک بگل سرخیان که درختی‌است تنومند با برگهای پنجه‌یی که در باغها وجنگلها میروید؛ اسپندان، اسفندان، بوسیاه.

افرا

افراختن afrāx-tan [= افراشتن = فراختن = فراشتن = افرازیدن ← افراز] (مص م.) (افراخت، افرازد، خواهد افراخت، بیفراز، افرازنده، افراخته). ۱ - بلند کردن، بلندساختن، بالا بردن (درفش و غیره).

افراخته afrāx-ta(-e) [= افراشته] (اِمف.) بلند کرده، بالابرده، افراشته.

افراد afrād [ع.] (اِ.) ج. فرد. ۱ - تک‌تکها، واحدها. ۲ - اشخاص، کسان. ۳ - بیتهای شعر. ۴ - (مال.) فردهای دفتر. ← فرد.

افراد efrād [ع.] ۱ - (مص م.) یکی کردن، تنها کردن، جدا کردن. ۲ - یکی‌یکی کردن. ۳ - (مص ل.) تنها بکاری روی آوردن.

افراز afrāz [په. afrāz؛ فراز = ← افراختن، افراشتن] ۱ - (ر ی. افرازیدن؛ اِ.) بلندی، فراز. ۲ - کرسی، منبر. ۳ - (اِفا.) در ترکیب بمعنی افرازنده آید: گردن‌افراز، سرافراز.

افراز efrāz [ع.] (مص م.) جدا کردن چیزی از چیز دیگر.

افرازیدن afrāz-īdan [= افراختن = افراشتن ← افراز] (مص م.) (افرازید، افرازد، خواهد افرازید، بیفراز، افرازنده، افرازیده). ۱ - بلندساختن، افراشتن، بلند کردن. ۲ - آراستن، زیب دادن، زینت دادن.

افراس afrās [ع.] (اِ.) ج. فرس؛ اسبان، اسبها.

افراشتن afrāš-tan [= افراختن = افرازیدن] (مص م.) (افراشت، افرازد، خواهد افراشت، بیفراز، افرازنده، افراشته) ← افراختن، افرازیدن.

افراشته afrāš-ta(-e) [= افراخته] (اِمف.) ← افراخته.

افراض efrāz [ع.] ۱ - (مص م.) جیره و مقرری بکسی دادن. ۲ - (مص ل.) بحد نصاب رسیدن رمه و واجب شدن زکات بر آن.

افراط efrāt [ع.] ۱ - (مص ل.) از اندازه درگذشتن، زیاده‌روی کردن. ۲ - (اِمص.) زیاده‌روی.

افربیون afarbiyūn [= فرفیون (ه.م.)] (اِ) (گیا.) فرفیون.

افرنج efranǰ [معر. افرنگ = فرنگ] ۳ - افرنگ.

افرنجی efranǰ-ī [معر. افرنگی = فرنگی] (ص نسب.) فرنگی، اروپایی.

۱ - افرند afrand [= اورند، قس.

---

1 - **Acer lobelia** (لا.), **erable de lobelli** (فر.)

2 - **Acérinées** (فر.)

۳۱۴ افرند

افرنگ](ا.) ۱ ـ فروشکوه، حشمت. ۲ ـ زیبایی، جمال.

۲ـ افرند afrand [معر. پرند](اِ.) پرند (ه.م.)

افرندیدن afrand-īdan [← افرند] (مصم.) (صر ←رندیدن) آراستن، زینت‌دادن، زینت‌کردن.

۱ ـ افرنگ afrang [=اورنگ، ←۲-اورند] (اِ.) تخت پادشاهی، سریر شاهی.

۲ ـ افرنگ afrang [قس.افرند= اورند] (اِ.) ۱ ـ فرو شکوه، حشمت. ۲ ـ زیبایی، جمال.

۳ ـ افرنگ afrang [=فرنگ =افرنج، معر.] ۱ـ (اِخ.)فرنگستان، اروپا. ۲ ـ فرنگیان، اروپاییان .

افرنگی afrang-ī [= فرنگی ، افرنجی، معر.] (ص‌نسب.) منسوب به افرنگ(← ۳افرنگ)؛اروپایی .

افروختگی afrūxta(e)g-ī (حامص.)مشتعل‌بودن،اشتعال،احتراق.

افروختن afrūx-tan[=افروزیدن؛ په.afrōxtan] (افروخت، افروزد، خواهد افروخت، بیفروز، افروزنده ، افروخته، افروزش)· ۱ـ (مصم.)روشن کردن (آتش ، چراغ و جز آن)· ۲ ـ (مصل·) روشن شدن، درخشان شدن . ۳ ـ بآتش سرخ تبدیل شدن·

افروخته afrūx-ta(-e)(امف.) ۱ ـ روشن شده، درخشان شده. ۲ ـ مشتعل شده، شعله‌ور. ۳ ـ تبدیل بآتش شده، تابیده شده·

افروز afrūz[=فروز←افروختن، افروزیدن] (ری. افروزیدن ؛ اِفا.) در کلمات مرکب بمعنی افروزنده آید : آتش افروز، جهان افروز، دل‌افروز، عالم افروز·

افروزان afrūz-ān [= فروزان] (ص‌فا.،حا.) ۱ ـ تابان،درخشان ۲ ـ مشتعل.

افروزاندن afrūz-āndan [= افروزانیدن ← افروزیدن ، افروز] (مصم.)← افروزانیدن.

افروزانیدن afrūz-ānīdan[= افروزاندن←افروزیدن، افروز] (مص م.) (افروزانید ، افروزاند ، خواهد افروزانید ، بیفروزان ، افروزاننده ، افروزانیده) ۱ـ روشن کردن ،درخشان ساختن . ۲ ـ مشتعل‌کردن ، شعله ور ساختن.

افروزش afrūz-eš[= فروزش] (اِمص.) ۱ـ افروختگی،روشنایی. ۲ ـ اشتعال.

افروزنده afrūz-anda(-e)[= فروزنده] (اِفا.) ۱ـ روشن‌کننده. ۲ ـ درخشنده،درخشان. ۳ ـ مشتعل‌کننده.

افروزه afrūz-a(-e)[=فروزه= آفروزه← آفروزینه](اِمر.) ۱ـ آنچه بدان آتش گیرانند، آتشگیره . ۲ ـ فتیلهٔ چراغ.

افروزیدن afrūz-īdan [= افروختن←افروز](افروزید، افروزد، خواهد افروزید ، بیفروز ، افروزان، افروزنده، افروزیده)← افروختن.

افروشه afrūša(-e) [= آفروشه] (اِ.)← آفروشه·

افروغ afrūγ [= فروغ] (اِ ·) روشنایی، تابش، پرتو، نور.

افزا afzā [←افزاییدن ، افزودن] (ری.،اِفا·) در ترکیب بمعنی افزاینده آید: روح افزا، غم افزا.

افریسموس afrīsmūs [معر · یو ·

[priāpismos [1](اِ.)(پز.) فریسموس (هـ.م.)

افزار afžār [= ابزار = اوزار] (اِ.) ۱ - هر چه که بدان کاری انجام دهند، آلتی که پیشه وران و کارگران با آن کار کنند، مانند : اره ، تیشه ، چکش و غیره ؛ ابزار ، آلت . ۲ - داروهای خوشبو که در غذا ریزند ، مانند: زعفران ، زردچوبه، دارچین و غیره، ابزار← دیگ افزار، بوافزار.

افزارمند a.-mand (اِمر.) کسی که بوسیلهٔ افزاری کاری را انجام دهد ؛ آنکه با ابزار کار کنند.

افزایش afzāy-eš [← افزودن] (اِمص.) ۱ - عمل افزون کردن. ۲ - عمل افزون شدن.

افزاینده afzāy-anda(-e) (اِفا . افزودن، افزاییدن) زیادکننده،افزون کننده.

افزاییدن afzāy-īdan [= افزودن = فزاییدن] (افزایید،افزاید، خواهد افزایید، بیفزای،افزاینده، افزاییده، افزایش)(مصم.ل.) ← افزودن .

افزاییده afzāy-īda(-e) [= فزاییده] (اِمف.افزودن، افزاییدن)← افزوده.

افزودن afz-ūdan [= فزودن= افزاییدن] (افزود ، افزاید ، خواهد افزود، بیفزا(ی)،افزاینده، افزوده ، افزایش) ۱ - (مصم.) زیاده کردن ، بیشتر کردن. ۲ - (مص ل .) زیاد شدن، بسیار شدن.

افزون afzūn [= فزون] ۱ - (ق.) بیش، زیاد، بسیار. ۲ - (اِ فا .) در ترکیب بمعنی افزاینده آید : روز افزون.

افزونی afzūn-ī [= فزونی] (حامص.) بسیاری، فراوانی، بیشی.

افژول afžūl [← افژولیدن] ۱- (ری. ، اِ.) تحریك ، انگیزش . ۲- تقاضا. ۳ - (ص.) پریشان.

افژولنده afžūl-anda(-e) [= فژولنده] (اِفا.) ۱ - برانگیزاننده . ۲ - پریشان کننده.

افژولیدن afžūl-īdan [= فژولیدن = اوژولیدن] (مصم.) (افژولید ، افژولد ، خواهد افژولید ، بیفژول ، افژولنده،افژولیده) ۱ - برانگیختن. ۲ - پریشان‌کردن، پراکنده‌ساختن.

افژولیده afžūl-īda(-e) [= فژولیده](امف.) ۱ - برانگیخته. ۲ - پراکنده.

افساد efsād [ع .] ۱ - (مصم.) فاسد کردن، تباه‌کردن ، بر پا کردن فتنه. ۲ - (اِمص.) تباهی، فساد .ج . اِفسادات.

افسادات efsād-āt [ع.] (مص.،اِ.) ج. اِفساد (هـ.م.)

افسار afsār [= فسار] (اِ .) تسمه وریسمانی که بسر و گردن اسب و الاغ می بندند.

افسار

افسان afsān [= فسان= فسن](اِ.) سنگی که با آن کارد وشمشیر و مانند آن را تیز کنند.

افسانه afsāna(-e) [= فسانه = آفسانه] (اِ.) ۱ - سر گذشت ، قصه ، داستان. ۲ - مثل (سائر) .

افسا afsā [= افسای] ← افسای.

افسای afsāy [= افسا ← افساییدن] (ری . ، اِفا.) ۱ - درترکیب بمعنی افساینده آید: مارافسای. ۲- افسونگر، جادوگر.

۱- Priapisme (فر.)

افساینده

افساینده afsāy-anda(-e) [← افساییدن] (اِفا.) ۱ - رام کننده. ۲ - افسونگر، جادوگر.

افساییدن afsāy-īdan [= فساییدن ← افسای، افسون] (مصم.) (صر ← ساییدن) ۱ - رام کردن (جانوران). ۲ - جادوکردن، سحرکردن.

افست ofset [انگ. offset] ← آفست.

افسد afsad [ع.] (ص تفض.) تباه‌تر، فاسدتر، تبه‌کارتر.

۱-افسر afsar [په. afsar. apisar] (اِ.) تاج، دیهیم، کلاه پادشاهی.

۲-افسر afsar (اِ.) (نظ.) کسی که در نظام‌دارای‌درجه باشد؛ صاحبمنصب. ضح. - فرهنگستان این کلمه را بمعنی فوق ازانگ. officer، فر. officier گرفته!

افسربهار a.-e bahār (ص نسب.) (مس.) نوایی است در موسیقی قدیم.

افسردگی afsorda(e)g-ī (حامص.) ۱- پژمردگی. ۲ - اندوهگینی. ۳ - انجماد. ۴ - دلسردی.

افسردن afsor-dan [= فسردن؛ په. awsartan] (مصل.) (افسرد [-ord]، افسرد [-rad]، خواهد افسرد، ـ، افسرده] ۱ - پژمرده شدن. ۲ - اندوهگین گشتن. ۳ - سرد شدن، یخ بستن، منجمد گردیدن. ۴- دلسردشدن.

افسرده afsor-da(-e) [= فسرده] (اِمف.) ۱ - پژمرده. ۲ - اندوهگین. ۳ - یخ‌بسته، منجمد. ۴ - دلسرد.

افسرسگزی afsar-e sagzī (اِمر.) ۱ - (مس.) یکی از آهنگهای قدیم. ۲ - (مس.) سازی است زهی.

افسق afsaγ [ع.] (ص تفض.) نابکارتر، فاسقتر، تردامن‌تر.

افسنتین afsantīn [= افسنطین معر. یو. apsinθion] (اِ.) (گیا.) خاراگوش (ه.م.).

افسنطین afsantīn [= افسنتین] (اِ.) ← افسنتین.

افسوس afsūs [= فسوس؛ په. afsōs، apasōs] (اِ.) ۱ - دریغ، حسرت، اندوه. ۲ - ریشخند، شوخی، سخریه، استهزا. ۳ - ظلم، ستم.

افسوس‌کردن a.-kardan (مص م.) ۱- ریشخندکردن، استهزاکردن. ۲ - ظلم کردن، ستم کردن.

افسوس‌کن a.-kon (اِفا.) ریشخند کننده، مستهزء.

افسون afsūn [= فسون؛ په. مانوی pswn'] (اِ.) ۱- حیله، تزویر، مکر. ۲ - کلماتی که جادوگر وعزایم‌خوان برزبان راند؛ سحر، جادو.

افسون‌کردن a.-kardan (مص م.) ۱ - حیله کردن، مکر کردن. ۲ - سحرکردن، جادو کردن.

افسونگر a.-gar [= فسونگر] (ص شغل.) کسی که افسون خواند، آنکه شغلش افسون کردن است؛ ساحر، جادوگر.

افسونگری a.-gar-ī (حامص.) عمل افسونگر (ه.م.)؛ سحر، جادو.

افشا efšā [= ع. افشاء] ← افشاء.

افشاء efšā' [ع.، ف.: افشا] (مصم.) آشکار کردن، فاش نمودن، پدید ساختن: افشاء اسرار.

۱ - افشار afšār [= فشار] (ری.، ا.) ۱ - فشار (ه.م.). ۲ - (اِمف.) در بعضی کلمات مرکب بمعنی افشارده (افشرده) آمده: دست افشار، مشت افشار. ۳ - (اِفا.) در برخی کلمات بمعنی ممد و معاون آید: دردافشار.

افسنتین (خاراگوش)

افضال

۲-افشار afšār (اِ.) (مس.) گوشه‌ایست در دستگاه شور ← افشاری.

افشاری afšār-ī (ص نسب. ، اِمر.) (مس.) یکی از آوازهای ایرانی، مغموم ودردناك، ازمتعلقات شور، ولی گام آن به سه‌گاه نزدیکتر از شور است.

افشان afšān [= فشان ← افشاندن] (ری.، اِفا.) در بعضی کلمات مرکب بمعنی افشاننده آید: آتش‌افشان، بذرافشان، درافشان، زرافشان، شکر افشان، گل افشان.

افشاندن afšān-dan [= افشانیدن = فشاندن = فشانیدن؛ پهـ. afšāntan] (مص‌م.) (افشاند [- nd] ، افشاند [-nad]، خواهد افشاند ، افشاننده ، افشانده) ریختن و پاشیدن ، پراکنده کردن.

افشانده afšān-da(-e) [= افشانیده = فشانده = فشانیده] (اِمف.) پاشیده ، پراکنده کرده .

افشاننده afšān-anda(-e) (اِفا. افشاندن، افشانیدن) آنکه بیفشاند ، پراکنده‌کننده، پاشنده.

افشانیدن afšān-īdan [= افشاندن] (افشانید ، افشاند ، خواهد افشانید ، بیفشان ، افشاننده ، افشانیده) ← افشاندن.

افشانیده afšān-īda(-e) [= افشانده] ← افشانده.

افشرج afšoraǰ [معر. افشره] ← افشره .

افشردگی afšorda(e)g-ī [= فشردگی] (حامص .) کیفیت و حالت افشرده (هـ.م.)، درهم‌فشرده شدن.

افشردن afšor-dan [= فشردن ← فشار، افشار] (مص‌م.)(افشرد [-rd]، افشرد [-rad]، خواهدافشرد، بیفشر، افشرنده،افشرده) ۱- فشاردادن. ۲- آب ، شیره یا روغن چیزی را بفشار گرفتن ؛ عصاره گرفتن، افشره گرفتن. ۳ - استوار کردن.

افشرده afšor-da(-e) [= افشارده = فشرده] (اِمف.) ۱ - فشارداده‌شده. ۲ - آبی که از فشردن میوه گیرند ؛ افشره. ۳ - عصاره؛ مایعی که با فشار از میوه‌ها و غیره استخراج کنند.

افشره afšor-a(-e) [= افشرج، معر . ← افشردن] (اِ.) ۱ - آبی که از فشردن میوه‌ها گیرند . ۲ - عصاره؛ مایعی که‌بوسیلهٔ فشار از میوه‌ها استخراج کنند .

افشك afšak [= اپشك = افشنگ] (اِ.) شبنم، ژاله.

افشنگ afšang [= افشك = اپشك] (اِ.) ← افشك.

افشون afšūn [= افشان] (اِ.) افزاری است دارای پنجه ای چوبین (سه‌شاخه یا چهارشاخه) و دسته‌ای‌بلند که بوسیلهٔ آن غلهٔ کوفته را باد دهند و دانه را از کاه جداسازند ؛ انگشته، هسته

افشون

افشه afša(-e) [قس. فروشك، فروشه] (اِ.) گندم نیم‌کوفته ؛ بلغور، برغول.

افصاح efsāh [ع.] ۱ - (مص‌ل.) زبان‌آورشدن، شیواشدن. ۲ - (اِمص.) زبان آوری ، روشن گفتاری ، شیوا سخنی.

افصح afsah [ع.] (ص‌تفض.) زبان آورتر ، فصیح‌تر ، شیواتر ، گشاده زبان‌تر.

افضال efzāl [ع.] ۱ - (مص‌م.) افزون کردن،زیاد کردن. ۲ - نیکویی کردن، بخشش کردن ، فزون‌بخشیدن. ۳ - سپاس نهادن. ۴ - (مص‌ل.) افزون

افضالات

آمدن. ۵ - (إمص.) افزونی درحسب. ۶ - بخشش. ج. افضالات.

افضالات efzāl-āt [ع.] (مص.، إ.) ج. افضال (ه.م.)

افضل afzal [ع.] (ص تفض.) ۱ - برتر، فزونتر، پرمایه‌تر. ۲ - فاضلتر. ۳ - بافضیلت‌تر. ج افاضل.

افضلیت afzal-īyyat [ع.] (مص جع.) برتری، فزونتری، تفوق، افضل بودن.

افطار eftār [ع.] ۱ - (مص ل.) روزه گشادن، روزه‌واکردن. ۲ - (إمص.) روزه گشایی.

افطاری eftār-ī [ع.-ف.] (ص نسب.، إمر.) طعام وخوراکی که بهنگام افطار خورند.

افطح aftah [ع.] (ص.) مردی که سر یا بینی او پهن باشد؛ پهن‌سر، پهن بینی.

افطس aftas [ع.] (ص.) مردی که استخوان بینی وی فرو رفته‌و نوك بینی‌اش پهن باشد؛ پهن‌بینی.

افعال af'āl [ع.] (إ.) ج. فعل؛ کارها، کردها، کنشها، کردارها.

افعال ef'āl [ع.] (مص م.) ۱ - کردن، انجام دادن. ۲ - (صر.ع.) یکی از بابهای ثلاثی‌مزیدفیه‌در زبان عربی (قس. انعام، اعلام، اصرار).

افعی af'ī [=افعی.ع af'ā] (إ.) (جا ن.) نوعی مار سمی[1] خطرناك که‌در سنگلاخها بین خارو خاشاك یافت‌شود. در دهان این مار علاوه بر دندانهای کوچك تغذیه‌یی دو دندان قلاب مانند در آروارهٔ بالا وجود دارد که بطرف عقب دهان خمیده‌است. درون این‌قلاب مجرایی است که بغدهٔ زهر راه دارد. ج. افاعی.

۱- افغان afγān [=فغان] (إ.) فریاد، زاری، ناله.

۲- افغان afγān [= اوغان] ۱ - (إخ.) ← بخش۳. ۲ - افغانی(ه.م.)

افغانی afγān-ī (ص نسب.) منسوب به افغان (← بخش۳) وافغانستان (← بخش۳). ۱ - ساختهٔ افغانستان. ۲ - از مردم افغانستان. ۳ - واحد پول افغانستان که معادل ۲ ریال ایرانست.

افق ofoγ [ع.] (إ.) ۱ - کران، کرانه، ناحیه. ۲ - کرانهٔ آسمان، کنارهٔ آسمان. ۳ - (جغ.) محیط دایره‌ای (ناتمام) که در امتداد آن، چشم شخص کرهٔ زمین را می‌بیند؛ حد فاصل میان بخش مرئی و بخش‌نامرئی آسمان. ج. آفاق.

افقر afγar [ع.] (ص تفض.) درویش تر، نیازمند تر، فقیر تر، تنگدست‌تر.

افقه afγah [ع.] (ص تفض.) ۱ - دانشمندتر، داناتر، بافهم تر. ۲ - داناتر بعلم فقه؛ فقیه‌تر.

افقی ofoγ-ī [ع.-ف.] (ص نسب.) (هس.) خطی موازی زمین و خط افق؛ مق. عمودی.

افك efk [ع.] (إ.) دروغ، تهمت.

۱ - افکار afkār [= افگار= اوکار] ← افگار.

۲ - افکار afkār [ع.] (إ.) ج. فکر؛ اندیشه‌ها، فکرها.

افکن afkan [= افگن، است. apa-kan ← افکندن] (ری.، إفا.) درکلمات مرکب بمعنی افکننده آید، مردافکن، کوه‌افکن، شیرافکن، پرتو افکن.

افکندن afkan-dan [=افگندن

---

۱ - Aspis naja (لا.)

= اوگندن ؛ په. afgandan] (مص م.)(افکند [-nd]، افکند [-nad]، خواهد افکند ، بیفکن ، افکننده ، افکنده). ۱ ـ انداختن، پرت کردن ، برزمین زدن، ساقط کردن. ۲ ـ گستردن، پهن کردن (فرش.) ۳ ـ از شماره بیرون کردن، از حساب ساقط کردن.

افکندنی afkandan-ī [= افگندنی] (ص لیا.) ،درخورافکندن ، لایق افکندن.

افکنده(e-) afkan-da(-e)[=افگنده] (إمف.) انداخته ، برزمین زده . ۲ ـ گسترده . ۳ ـ از شماره بیرون شده ، ساقط.

افکننده afkan-anda(-e) [= افگننده](إفا.) ۱ ـ پرت کننده ، دور اندازنده. ۲ ـ گسترنده. ۳ ـ ازشماره بیرون کننده ، ساقط کننده(ازحساب.)

افگار afgār [=فکار=فگال= افکار] (ص.) آزرده، خسته ، زخمی، مجروح.

افگار شدن a.-šodan (مص ل.) آزرده‌شدن، مجروح گردیدن.

افگانه (e-) afgāna(-e) [= اپگانه= آفکانه] (إ.) بچهٔ نارسیده که ازشکم مادر (انسان یا حیوان) سقط شود ؛ جنین.

افگن afgan [=افکن] ←افکن.

افگندن afgan-dan [=افکندن] ←افکندن .

افگندنی afgandan-ī [= افکندنی]← افکندنی .

افگنده (e-) afgan-da(-e) [= افکنده] ←افکنده.

افگننده (e-) afgan-anda(-e) [= افکننده] ← افکننده.

افلاس eflās [ع.] ۱ ـ (مص ل.) بی‌چیزشدن، نادارگشتن. ۲ ـ (إمص.) بی‌چیزی ، ناداری ، تنگدستی . ۳ ـ ورشکستگی.

افلاس‌نامه (e-) e.-nāma(-e) [ع.-ف.] (إمر.) (حق.) شهادت نامه‌ای که در آن گروهی معتبر ورشکستی و تهیدستی کسی را گواهی دهند.

افلاك aflāk [ع.] (إ.) ۱ ـ ج . فلك؛ چرخها، سپهرها، آسمانها. ۲ ـ (ور.) یکی از فنون کشتی در خاك ، از سلسلهٔ «کنده‌ها» ← کنده‌افلاك.

افلاك‌شناس a.-šenās (إفا.) منجم، ستاره‌شناس، اخترشناس.

افلاکی aflāk-ī [ع.-ف.] (ص نسبـ.) منسوب به افلاك (هـ.م.) ج . افلاکیان. ۱ـ ستارگان. ۲ ـ فرشتگان. ۳ ـ ستاره‌پرستان.

افلح aflah [ع.] (ص تفض.) رستگارتر.

افلیج eflīǰ[از ع.] (ص.)آنکه‌تمام یا قسمتی از بدن وی‌سست و بی‌حرکت شده باشد؛ فالج شده.

افنا efnā [=ع.افناء]← افناء.

افناء efnā' [ع.، ف.: افنا] (مص‌م.) نیست کردن، نابودگردانیدن.

افنان afnān [ع.] (إ.) ج. فنن ؛ شاخه ها.

افندی afandī [تر . از لا . authenticus, یو. aueenticos, آنکه بنفسه کارکند ؛ مستقل بذات] (إ.) بطریق احترام‌ببزرگان ترك اطلاق شود ونیز بآخر نام رجال افزوده شود.

افندیدن afand-īdan [= آفندیدن] (مص ل.) ← آفندیدن.

افواج afvāǰ [ع.] (إ.) ج . فوج (هـ.م.) . ۱ ـ گروه‌ها ، دسته‌ها . ۲ ـ (نظ.) هنگها.

افواه afvāh [ع.](اِ.) ج. فوه ۱- دهانها، دهنها. ۲- اصناف، انواع چیزی. ۳- داروهای خوشبو که در اغذیه ریزند؛ توابل. ج. افاویه.

افواهاً afvāh-an [ع.] (ق.) شنیدن مطلبی که دهان بدهان نقل شود.

افواهی afvāh-ī [ع.-ف.] (ص نسبـ.) مطلبی که دهان بدهان گشته است.

افول ofūl [ع.] (مصل.) فروشدن، فرورفتن، پنهان‌شدن، غروب کردن (ستاره).

افهام afhām [ع.] (اِ.) ج. فهم؛ دانشها، فهمها.

افهام efhām [ع.] (مص‌م.) یاددادن، داناکردن، فهماندن.

افهم afham [ع.] (ص تفض.) فهمیده‌تر، بافهم‌تر.

افیون afyūn [معر. یو. opion] (اِ.) (گیا.) تریاك (ه.م.)

افیونی afyūn-ī [معر.-ف.] (ص نسبـ.) کسی که عادت بخوردن یا کشیدن تریاك دارد؛ تریاکی، عملی.

اقارب aɣāreb [ع.] (ص.، اِ.) ج. اقرب؛ خویشان، نزدیکان، بستگان.

اقارون aɣārūn [معر. یو. ákoron] (اِ.) (گیا.) وج (ه.م.)

اقاصر aɣāser [ع.] ج. اقصر (ه.م.) ۱- کوتاهتران. ۲- کوتاهان.

اقاصی aɣāsī [ع.] (ص.) ج. اقصی. ۱- دورترها، دورتران. ۲- آخرها، نهایتها.

اقاطع aɣāte' [ع.] ۱- ج. اقطع (ه.م.) ۲- ج. قطیع (ه.م.)

اقاقی aɣāɣī [=اقاقیا] (اِ.)(گیا.) ← اقاقیا.

اقاقیا aɣāɣīyā [=اقاقی، معر. یو. ákakiā، لا.، فر. acacia] (اِ.) ۱- (گیا.) درختی [1] از دستهٔ شبدرها از تیرهٔ پروانه‌واران که اصلش از آمریکای شمالی است. این درخت بارتفاع ۲۵ متر هم ممکن است برسد. گلهایش خوشه‌یی سفید یا صورتی و خوشبوست. ۲- (گیا.) عصارهٔ درخت کرت (←۲-کرت). ۳- (گیا.) درختی ازدستهٔ گل‌ابریشمها جزو تیرهٔ پروانه‌واران که در حدود ۳۰۰ گونه از آن‌در نواحی مختلف دیده‌شده. بعضی‌از گونه‌های آن بصورت درختچه است و خار دارد چوب آن نسبةً سخت و محکم است؛ اقاقیا، عقاقیا، اقاسیا.

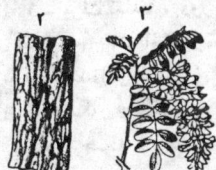

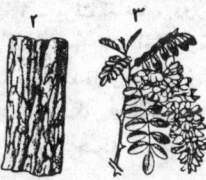

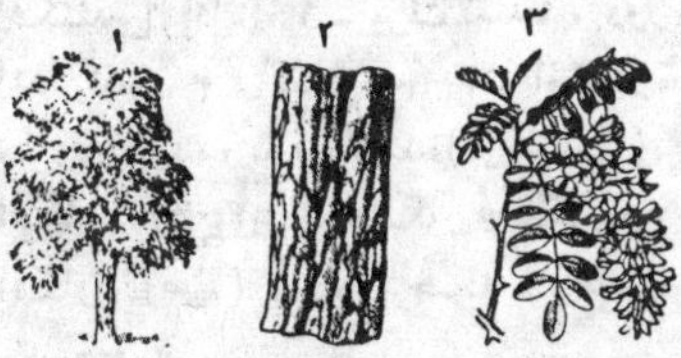

اقاقیا
۱- درخت ۲- تنه ۳- شاخه

اقالت eɣālat [=ع. اقالة ← اقاله] (مص‌م.) ← اقاله.

اقاله eɣāla(-e) [=ع. اقالة ← اقالت] (مص‌م.) ۱- بهم‌زدن، فسخ کردن بیع، برهم‌زدن معامله. ۲- بخشیدن. ۳- (اِمص.) گذشت.

اقاله خواستن e.-xāstan [ع.-ف.] (مص‌م.) ـــ از بایع ومشتری، برانداختن بیع را خواستن.

اقاله‌کردن e.-kardan [ع.-ف.] (مص‌م.) برانداختن بیع، فسخ کردن بیع و شری.

اقالیم aɣālīm [ع.] (اِ.) ج. اقلیم؛ کشورها، اقلیمها. ‖ ـــِ سبعه. هفت

۱ - Robinia pseudacac (.لا)

کشور، اقلیمهای هفتگانه. ← ٢- هفت اقلیم (← بخش٣).

اقامت eγāmat [=ع. اقامة ← اقامه] (مص‌ل.) ١- جای گزیدن، آرام گرفتن، ماندن. ٢- راندن، بپاداشتن، بجا آوردن. ‖ ~ حدود. برپاداشتن حدود. ‖ محل ~. جای باش، محل سکونت، منزل ← اقامه.

اقامت کردن e.-kardan [ع.-ف.] (مص‌ل.) درنگ کردن، متوقف شدن، آرام گرفتن، بجای ماندن.

اقامه eγāma(-e) [=ع. اقامة ← اقامت] (مص‌ل.) اقامت (ه. م.) ‖ ~ٔ نماز (صلوة). تکبیری که برای برپا کردن نماز گویند. ‖ ~ٔ خیام کردن. چادر ها را نصب کردن. ‖ ~ٔ شهود کردن. شاهد آوردن.

اقانیم aγānīm [معر.] ج. اقنوم (ه. م.) ‖ ~ ثلاثه. (اِخ.) ← بخش٣.

اقاویل aγāvīl [ع.] (اِ.) ج. اقوال، جج. قول؛ گفتارها، سخنان.

اقباض eγbāz [از ع.] ١- (مص‌م.) بتصرف درآوردن، گرفتن. ٢- (اِمص.) داد و ستد قبض (در معاملات).

اقبال eγbāl [ع.] (مص‌م.) ١- روی آوردن، روی کردن، پیش آمدن. ٢- روی آوردن دولت. ٣- (نج.) بودن ستاره است در وتدها و آن دلیل اعتدال طبع است. ٣- (اِمص.) نیکبختی، بهروزی. ۴- (اِ.) بخت، طالع؛ مق. ادبار (در همهٔ موارد).

اقبالمند e.-mand [ع.-ف.] (ص مر.) صاحب اقبال نیك، بختیار.

اقبالمندی e.-mand-ī [ع.-ف.] (حامص.) نیکبختی، خوشبختی، بختیاری.

اقبح aγbah [ع.] (ص تفض.) قبیح‌تر، زشت‌تر، نازیباتر.

اقتباس eγtebās [ع.] ١- (مص‌م.) گرفتن، اخذ کردن. ٢- آموختن، فراگرفتن. ٣- (بع.) آوردن آیه‌ای از قرآن یا حدیثی در نظم و نثر بدون اشاره بمأخذ. ۴- (اصط.) گرفتن مطلب کتاب یا رساله‌ای با تصرف و تلخیص. ۵- (اِمص.) اخذ، فراگیری. ٦- دانش آموزی. ج. اقتباسات.

اقتباسات eγtebās-āt [ع.] ج. اقتباس (ه.م.)

اقتباس کردن e.-kardan [ع.-ف.] (مص‌م.) ١- فایده گرفتن از کسی. ٢- فراگرفتن دانش از کسی. ٣- گرفتن مطلبی از کتابی یا مجله‌ای.

اقتحام eγtehām [ع.] ١- (مص‌م.) درآمدن، بی اندیشه در امری داخل شدن. ٢- خود را بسختی درافکندن، خویشتن را بمشقت انداختن، بسختی درافتادن: اقتحام معارك. ج. اقتحامات.

اقتحامات eγtehām-āt [ع.] (مص.) ج. اقتحام (ه.م.)

اقتدا eγtedā [=ع. اقتداء] ← اقتداء.

اقتداء eγtedā' [ع.، ف.: اقتدا] ١- (مص‌م.) پیروی کردن، از پی درآمدن، تقلید کردن. ٢- نمازگزاردن پشت سر امام جماعت. ٣- (اِمص.) پیروی.

اقتدار eγtedār [ع.] ١- (مص‌ل.) توانا شدن، قدرت یافتن. ٢- (اِمص.) توانایی، قدرت. ج. اقتدارات.

اقتدارات eγtedār-āt [ع.] ج. اقتدار (ه.م.)

اقتدا کردن eγtedā-kardan [ع.-ف.] (مص‌م.) ١- تقلید کردن، پیروی کردن، متابعت کردن. ٢- پشت سر امام جماعت نمازگزاردن.

اقتراب eγterāb [ع.] (مص‌ل.) نزدیك‌شدن، نزدیك‌آمدن.

اقتراح eγterāh [ع.] ۱ - (مص‌م.) درخواستن، آرزو کردن. ۲ - خواستن (مال وجز آن). ۳ - پرسیدن. ۴ - بی‌اندیشه سخن گفتن. ۵ - بقریحهٔ خود امری تازه آوردن، نوپیدا کردن. ۶ - برگزیدن چیزی‌را، اختیار کردن. ۷ - مسئله‌ای‌را در معرض افکار دیگران گذاشتن و نظر آنانرا خواستن. ۸ - (إمص.) پرسش. ج. اقتراحات.

اقتراحات eγterāh-āt [ع.] ج. اقتراح (ه.م.)

اقتراح‌کردن e.-kardan [ع.-ف.] (مص‌م.) ← اقتراح.

اقتراض eγterāz [ع.] (مص‌م.) وام گرفتن، قرض کردن، وام ستدن. ج. اقتراضات.

اقتراضات eγterāz-āt [ع.] (مص.) ج. اقتراض (ه.م.)

اقتراع eγterā' [ع.] (مص‌ل.) قرعه کشیدن. ضح.-درفارسی«استقراع» مستعمل است.

اقتراف eγterāf [ع.] (مص‌م.) ۱ - ورزیدن. ۲ - گناه کردن. ۳ - کسب کردن.

اقتران eγterān [ع.] ۱ - (مص‌ل.) گرد آمدن، برابر شدن، یار گشتن، قرین شدن. ۲ - (نج.) نزدیك شدن ستاره‌ای بستارهٔ دیگر. ۳- (إمص.) نزدیکی، پیوستگی. ج. اقترانات.

اقترانات eγterān-āt [ع.] (مص.) ج. اقتران.

اقترانی eγterān-ī [ع.-ف.] منسوب به اقتران (ه.م.) ‖ **قیاس ~**. (منط.) ← قیاس.

اقتسام eγtesām [ع.] ۱ - (مص‌م.) بخش کردن، بخشیدن، قسمت کردن. ۲ - سوگندخوردن، قسم یاد کردن. ج. اقتسامات.

اقتسامات eγtesām-āt [ع.] (مص.) ج. اقتسام (ه. م.)

اقتصاد eγtesād [ع.] ۱ - (مص‌ل.) میانجی شدن، میانگی کردن. ۲ - میانه نگاه‌داشتن. ۳ - باندازه‌خرج کردن. ۴ - تعادل دخل‌و خرج را حفظ کردن. ۵ - (إمص.) میان‌کاری. ۶- میانه روی، در هرکار باندازه خرج کردن. ‖ **علم ~**. یکی از رشته‌های علوم‌اجتماعی است که در باب کیفیت فعالیت مربوط بدخل و خرج و چگونگی روابط‌مالی افراد جامعه با یکدیگر و اصول و قوانینی که بر امور مذکور حکومت میکند و وسایلی که بایددرعمل باتوجه بمقتضیات زمان ومکان اتخاذ شود تا موجبات سعادت وترقی جامعه و رفاه‌و آسایش افراد آن تأمین گردد، بحث میکند.

اقتصادی eγtesād-ī [ع.-ف.] (ص‌نسب.) منسوب به اقتصاد (ه.م.)؛ امور اقتصادی مملکت.

اقتصادیات eγtesād-īyy-āt [ع.] ج. اقتصادیه (ه.م.)

اقتصادیه eγtesād-īyya(-e) [ع.] (ص‌نسب. نث) مؤنث اقتصادی (کم.)؛ امور اقتصادیه. ج. اقتصادیات.

اقتصار eγtesār [ع.] (مص‌ل.) ۱ - کوتاه کردن، بکوتاهی‌پرداختن. ۲ - بسنده کردن، اکتفا کردن. ۳ - (إمص.) کوتاهی. ج. اقتصارات.

اقتصارات eγtesār-āt [ع.] ج. اقتصار.

اقتصارکردن e.-kardan [ع.-ف.] (مص‌ل.) بسنده کردن، اکتفا کردن.

اقتصاص eγtesās [ع·] ۱ - (مص ل.) قصاص گرفتن. ۲- قصاص خواستن. ۳ - قصه گفتن، روایت کردن.

اقتضا eγtezā [= ع. اقتضاء] ← اقتضاء.

اقتضاء eγtezā' [ع.، ف.: اقتضا] ۱ - (مص م.) وام را باز خواستن، مطالبه کردن و گرفتن بدهی کسی را. ۲ - (مص ل.) درخور بودن، مناسب بودن. ۳ - (إمص.) خواهش، درخواست. ۴ - مطالبه. ۵ - ادعا. ۶ - لزوم.

اقتضاب eγtezāb (مص م.) ۱ - بریدن شاخه از درخت. ۲ - (بع.) ← اشتقاق.

اقتضاکردن e.-kardan [ع.-ف.] (مص ل.) ۱ - درخور بودن، مناسب بودن. ۲ - لازم بودن، واجب بودن.

اقتطاع eγtetā' [ع·] (مص م.) ۱ - جدا کردن. ۲ - بریدن. ۳ - قسمتی از چیزی را گرفتن.

اقتطاف eγtetāf [ع·] ۱ - (مص م.) چیدن، میوه چیدن. ۲ - (مص ل.) فرارسیدن، موسم میوه چیدن. ۳ - برداشتن، فراگرفتن. ج. اقتطافات.

اقتطافات eγtetāf-āt [ع·] ج. اقتطاف.

اقتفا eγtefā [= ع. اقتفاء] (مص م.) ← اقتفاء.

اقتفاء eγtefā' [ع.، ف.: اقتفا] ۱ - (مص م.) در پی رفتن، از دنبال شدن، پیروی کردن، از پی کسی رفتن. ۲ - (إمص.) پیروی.

اقتلاع eγtelā' [ع·] ۱ - (مص م.) برکندن، از بیخ برکندن. ۲ - (مص ل.) برکنده شدن.

اقتنا eγtenā [= ع· اقتناء] (مص م.) ← اقتناء.

اقتناء eγtenā' [ع.، ف.: اقتنا] (مص م.) ۱ - گردآوردن، اندوختن، فراهم آوردن (مال). ۲ - سرمایه گرفتن.

اقتناص eγtenās [ع·] (مص م) ۱ - شکار کردن. ۲ - اسارت.

اقتنالوقی aγtenālūγī [معر. یو. Akanθa leukè] (إ.) (گیا.) بوتهٔ خاری است سفید؛ بادآورد، شوکة البیضاء.

اقتی aγtī, aγtā [= آقطی] (إ.) (گیا.) خربق کاذب (ه.م.)، آقطی (ه.م.)

اقجه aγǰa(-e) [تر.-مغ.= آقچه (ه.م.)] ← آقچه.

اقچه aγča(-e) [تر.-مغ.= آقچه (ه.م.)] ← آقچه.

اقحاط eγhāt [ع·] (مص ل.) بتنگی افتادن، در قحط شدن.

اقحام eγhām [ع·] ۱ - درمیان آوردن، ناگاه کسی را در کاری افکندن بی اندیشه. ۲ - درافکندن بسختی.

اقحوان oγhovān [معر. = اکحوان] (إ.) ۱ - بابونهٔ سگ (ه.م.) ۲ - بابونه (ه.م.) ۳- کرکاش (ه.م.)

اقحوان

اقداح aγdāh [ع]. (إ.) ج. قدح؛ کاسه‌های بزرگ، پیاله‌ها.

اقدام aγdām [ع·] (إ.) ج. قدم؛ گامها. ‖ تراب ~. خاک قدمها. ‖ تراب ~ محصلین (طلاب). (کن.) نویسنده (از خود برای فروتنی چنین تعبیر کند).

اقدام eγdām [ع·] ۱ - (مص م.) درپیش شدن، کار پیش گرفتن، دست بکار شدن. ۲ - دلیری کردن. ۳ - (إمص.) دلیری. ج. اقدامات. ‖ ~ مقتضی. (ادا.) کاری که از لحاظ مقررات

اقدامات

اداری باید انجام داد ؛ اقدام مقتضی بعمل آید.

اقدامات eɣdām-āt [ع.] ج. اقدام (ه.م.)

اقدام کردن e.-kardan [ع.-ف.] (مص ل.) ۱ - کاری را پیش گرفتن، دست بکاری زدن. ۲ - دلیری کردن.

اقدر aɣdar [ع.] (ص تفض.) تواناتر، قادرتر.

اقدس aɣdas [ع.] (ص تفض.) ۱ - پاکتر، پاکیزه‌تر، مقدس‌تر. ۲ - احتراماً برای شاهان و شاهزادگان و امرای بزرگ و بقاع متبرکه استعمال شود. ‖ **ارض** ~. (اخ.) ← بخش ۳. ‖ **ذات** ~. ذات پاک (شاه، امیر...) ‖ **والاحضرت** ~. درمورد ولیعهد بکار رود. ‖ ~ **اعلی**. پاکتر بالاتر (در مورد شاه بکاررود).

اقدم aɣdam [ع.] (ص تفض.) ۱ - پیشین‌تر، دیرین‌تر، کهن‌تر، قدیمتر. ۲ - پیش‌تر، مقدم‌تر، جلوتر.

اقرا eɣrā [=ع. اقراء] (مص م.) ← اقراء.

اقراء eɣrā' [ع.، ف.: اقرا] (مص م.) خواناکردن، خواناگردانیدن، خواندن آموختن.

اقرابادین aɣrābādīn ← اقربادین.

اقراباذین aɣrābāzīn ← اقربادین.

اقرار eɣrār [ع.] ۱ - (مص ل.) خستو شدن، مقرشدن. ۲ - واضح بیان کردن، آشکار گفتن. ۳ - جادار کردن، برجای بداشتن. ۴ - (امص.) خستویی، اعتراف. ج. اقرارات.

اقرارات eɣrār-āt [ع.] ج. اقرار.

اقرار دادن e.-dādan [ع.-ف.] (مص م.) اقرار کردن (ه.م.)

اقرار کردن e-kardan [ع.-ف.] (مص م.) اعتراف کردن، خستو شدن.

اقراص aɣrās [ع.] (اِ.) ج. قرص ← ۲ - قرص؛ گرده‌ها، کلیچه‌ها، قرصها.

اقرارنامه e.-nāma(-e) [ع.-ف.] (اِمر.) ورقه‌ای که در آن اعترافات شخصی را نویسند و بامضای او رسانند؛ اعترافنامه.

اقراض eɣrāz [ع.] (مص م.) وام دادن، قرض دادن.

اقران aɣrān [ع.] (اِ.) ج. قرن. ۱ - همالان، همسران، همدوشان. ۲ - هم‌نبردان. ۳ - نزدیکان.

اقران eɣrān [ع.] (مص م.) برابر کردن، همبر داشتن.

اقرب aɣrab [ع.] (ص تفض.) نزدیکتر. ‖ **به** ~ **احتمال**. ← احتمال.

اقربا aɣrebā [=ع. اقرباء] (ص.، اِ.) ← اقرباء.

اقرباء aɣrebā' [ع.، ف.: اقربا] (ص.، اِ.) ج. قریب؛ نزدیکان، خویشان، خویشاوندان. ضح. - در تداول āɣrabā بفتح راء گویند و صحیح نیست.

اقربادین aɣrabādīn [=قرابادین = اقرابادین، معر. یو. Pharmakopoiia؛ [1]] (اِ.) (پز.) مجموعهٔ دستور های تهیهٔ داروها؛ اقرابادین، قرابادین، اقراباذین.

اقرع aɣra' [ع.] (ص.) کل، کچل.

اقری aɣrā [ع.] (ص تفض.) مهمان نوازتر.

اقساط aɣsāt [ع.] (اِ.) ج. قسط؛ بخشها، بهره‌ها، قسطها.

۱-Pharmacopée, dispensaire (فر.)

اقساط eγsāt [ع] ۱ - (مص‌م.) داد دادن، دادکردن، عدل‌کردن. ۲ - راست بخشیدن.

۱ - اقسام aγsām [ع.] (إ.) ج. قسم (γesm). ۱- بهره‌ها، بخشها، جزوها. ۲ - گونه‌ها، جنسها.

۲ - اقسام aγsām [ع.] ج. قسم (γasam)؛ سوگندها.

اقسام eγsām [ع.] (مص‌م.) سوگند دادن، قسم دادن.

اقسط aγsat [ع.] (ص‌تفض.) دادگرتر، دادفرماتر.

اقسیان aγsayān [ع.=اقسین] (إ.) (گیا.) نیلوفر صحرایی (ه‌.م.)

اقسین aγsīn [ع=اقسیان] (إ.) (گیا.) نیلوفر صحرایی (ه‌.م.)

اقشعرار eγše'rār [ع.] (مص‌ل.) ۱ - موی‌براندام‌بپا خاستن. ۲ - فراهم آمدن پوستها از ترس.

اقصا eγsā [=ع.اقصاء] (مص‌م.) ← اقصاء.

اقصاء eγsā' [ع.،ف.: اقصا] (مص م.) ۱- دورکردن، دور فرستادن. ۲ - راندن.

اقصر aγsar [ع.] (ص‌تفض.) کوتاه‌تر، قصیرتر.

اقصی aγsā [ع.] ۱ - (ص‌تفض.) دورتر: اقصی نقاط. ۲ - (ص.) دور.

اقضی aγzā [ع.] (ص‌تفض.) کاربرتر، کارگزارتر.

اقط aγt, eγt, oγt, aγat [ع.] (إ.) کشك، پینو، ماستینه.

اقطاب aγtāb [ع.] (إ.) ج. قطب (ه‌.م.)

اقطار aγtār [ع.] (إ.) ج. قطر (γotr)؛ گوشه‌ها، کنارها، اطراف، کرانه‌ها. ۲ - ج. قطر (γatr)؛ چکه‌ها، قطره‌ها: اقطار امطار.

اقطاع aγtā' [ع.] (إ.) ۱ - ج. قطع (γet')(ه‌.م.) ۲- ج. قطیع (ه‌.م.)

اقطاع eγtā' [ع.] (مص‌م.) ۱ - چیزی را ازخود بریدن وبکسی‌دادن، بخشیدن ملك یا قطعه زمینی بکسی‌که از درآمد آن زندگانی‌گذراند. ۲ - ملك یا قطعه زمین مذکور. ج. اقطاعات.

اقطاعات eγtā'-āt [ع.] (مص‌م.،إ.) ج. اقطاع (ه‌.م.)، اقطاعه.

اقطاع دادن e.-dādan [ع.-ف.] (مص‌م.) بخشیدن‌پاره‌ای اززمین‌خراج و ملك بکسی برای تأمین معاش او.

اقطاع ده e.-deh [ع.-ف.] (إفا.) آنکه اقطاع (ه‌.م.) بخشد.

اقطع aγta' [ع] (ص.) ۱ - دست بریده، بی‌دست. ۲ - دزد راهزن. ج. اقاطع.

اقطی oγtī,aγtā [=آقطی] (إ.) (گیا.) آقطی (ه‌.م.)

اقطیقوس eγtīγūs [معر.یو. ektikós] (إ.) (پز.) دق (ه‌.م.)

اقعاد eγ'ād [ع.] (مص‌م.) ۱- نشاندن، نشانیدن. ۲ - خدمت‌کردن‌کسی‌را.

اقفار eγfār [ع.] (مص‌ل.) تهی‌شدن، ویران‌گشتن.

اقفال aγfāl [ع.] (إ.) ج. قفل؛ بندها، قفلها.

اقفال eγfāl [ع.] ۱ - (مص‌م.) بند زدن، قفل نهادن، دربستن. ۲ - حرکت‌کردن، برداشتن.

اقل aγal(l) [ع.] (ص‌تفض.) کمتر، کمینه. ‖ ــِ درجه. کمترین پایه. ‖ ــِ قلیل. کم ازکم، حداقل. ‖ ــِ مراتب. اقل درجه ↑ ‖ ــ

واکثر . کم وبیش، کمتر وبیشتر.

اقلاع eɣlāʼ [ع.] (مصل.) ۱ - بازایستادن. ۲ - دور شدن.

اقلاق eɣlāɣ [ع.] (مصم.) ۱ - بی آرام کردن، آرام بودن. ۲ - جنبانیدن.

اقلال eɣlāl [ع.] ۱ - (مص م.) کم کردن، اندك کردن. ۲ - (مص ل.) بی چیز شدن، درویش شدن، مستمند گردیدن.

اقلام aɣlām [ع.] (إ.) ج. قلم؛ خامه‌ها، کلکها.

(اقلاً) aɣall-an [از ع.] (ق.) لااقل، کمینه، کمترین: اقلا چند کلمه بگویید. ضح. - این کلمه فصیح نیست. زیرا «اقل» غیر منصرف است و قبول تنوین نمیکند، و بجای آن در عربی «لااقل» ودرفارسی «دست کم» مستعمل است.

اقلیت aɣall-īyyat [ع.] (مص جع.) ۱ - اقل (ه.م.) بودن، کم‌بودن. ۲ - قسمت کمتر، بخش کمتر؛ مق. اکثریت. ۳ - (اصط.) گروهی از افراد یك کشور یا یك شهر که ازلحاظ دین ومذهب یا نژاد از اکثریت‌ممتاز باشند.

اقلید eɣlīd [معر. یو. klēs] (إ.) کلید، مقلاد.

اقلیطی eɣlīt-ī [ع.-ف.] (ص نسب.) منسوب به اقلیط (← بخش۳)، کلتی، سلتی، از قوم سلت.

اقلیم eɣlīm [معر. یو. klima] (إ.) ۱ - ناحیه‌ای از کرهٔ زمین، قطعه‌ای از کرهٔ ارض که ازحیث آب و هوا و اوضاع طبیعی از قطعات دیگر ممتاز باشد. قدما زمین را به هفت‌اقلیم تقسیم کرده‌اند ← بخش۳. ۲ - کشور، مملکت. ۳ - ولایت. ج. اقالیم.

اقلیمیا eɣlīmiyā [= قلیمیا، معر. یو. kaδmeía] (إ.) خلطی که پس‌از گداختن طلا ونقره و دیگر فلزات در خلاص ماند، وآن شامل انواع است: فضی (نقره‌یی)، ذهبی (طلایی)، نحاسی (مسی)، معدنی (کانی). ‖ ~ ی‌عملی. اقلیمیای مصنوعی که ازنقره ومرقشیشا گیرند؛ جوش کوره (ه.م.)

اقمار aɣmār [ع.] (إ.) ج. قمر (ه.م.)؛ ماهها، سیارات کوچکی که دور یکی از سیارات عمده میگردند. تعداد آنها در منظومهٔ شمسی ۲۷ است.

اقماع eɣmāʼ [ع.] (مص م.) ۱ - خوار کردن، حقیر گردانیدن کسی‌را. ۲ - شکستن، مغلوب کردن. ۳ - راندن، دفع کردن.

اقمشه aɣmeša(-e) [= ع. اقمشة] ج. قماش (ه.م.)

اقناع eɣnāʼ [ع.] (مص م.) ۱ - قانع‌ساختن، خرسند کردن. ۲ - راضی کردن، خشنود گردانیدن.

اقنوم oɣnūm [معر. آرا. قنوما] (إ.) ۱ - شخص. ۲ - اصل چیزی، سبب اشیا. ج. اقانیم (ه.م.)

اقوا eɣvā [= ع. اقواء] (مصل.) ← اقواء.

اقواء eɣvāʼ [ع.] (مص ل.) ۱ - خالی شدن سرای. ۲ - بپایان رسیدن قوت، سپری شدن زاد. ۲ - بی نیاز شدن، غنی گردیدن. ۴ - تهی دست شدن، نیازمند گردیدن (از اضداد). ۵ - بافتن ریسمانی که تارهای آن در باریکی وکلفتی مختلف باشد. ۶ - (قا.) یکی از عیوب قافیه‌است، وآن اختلاف حرکت حذو و توجیه است. نخستین، مانند:

هر وزیر وشاعر ومفتی که اوطوسی بود
چون نظام‌الملک وغزالی وفردوسی بود.

که فردوسی ferdawsī را با طوسی tūsī قافیه آورده. دوم، مانند:

«بفرق چمن ابر گسترد پر
بفرش زمرد فروریخت در.»

که پر par را با در dor قافیه آورده.

اقوات aγvāt [ع.] (اِ.) ج. قوت (ه.م.)؛ توشه‌ها، خوراکها، خوردنیها.

اقواس aγvās [ع.] (اِ.) ج. قوس (ه.م.)؛ کمانها.

اقوال aγvāl [ع.] (اِ.) ج. قول؛ گفته‌ها، گفتارها، سخنها: «در اقوال سلف، مانند این قول ندیده‌ایم.» ‖ ~ جازمه. ← جازمه. ‖ ~ شارحه. ← شارحه. ‖ ~ مؤلفه. ← مؤلفه.

اقوام aγvām [ع.] (اِ.) ج. قوم. ۱- گروهها، مردمان: «این رسم معمول همهٔ اقوام است.» ۲- کسان، پیوستگان، خویشاوندان: «فلان اقوام بسیار دارد.»

اقورون aγūrūn [معر. یو. akoron] [1] (اِ.) (گیا.) وج (ه.م.)

اقوز aγūz [= گوز، گیل. āγūz] (اِ.) (گیا.) گردو (ه.م.)، آغوز.

اقوزون aγūzūn [ماز. āγūzūn] (اِ.) (گیا.) بنه (ه.م.)

اقوزه aγūza(-e) [= گوز، گیل. āγūz] (اِ.) (گیا.) گردو (ه.م.)

اقوم aγvam [ع.] (ص تفض.) راست‌تر.

اقونیطون aγūnītūn [معر. یو. akoniton] (اِ.) (گیا.) تاج‌الملوک[2] (ه.م.)

اقوی aγvā (ص تفض.) قوی‌تر، نیرومندتر، تواناتر.

اقویا aγviyā [= ع. اقویاء] ← اقویاء.

اقویاء aγviyā' [ع.، ف.: اقویا] [ع.] (ص.، اِ.) ج. قوی (ه.م.)؛ نیرومندان، توانایان، زور آوران؛ مق. ضعفاء (ضعفا): «ضعفا از عهدهٔ اقویا بر نیایند.»

اقویزه aγvīza(-e) [قس. گوز، جوز، گیل. āγūz] (اِ.) (گیا.) گردو (ه.م.)

اقهر aγhar [ع.] (ص تفض.) چیره‌تر، قاهرتر.

اقیانوس oγyānūs [= اوقیانوس، معر. یو. 'okeanos] (اِ.) دریای بسیار بزرگ. در کرهٔ زمین پنج اقیانوس وجود دارد: ۱- اقیانوس کبیر. ۲- اقیانوس اطلس. ۳- اقیانوس هند. ۴- اقیانوس منجمد شمالی. ۵- اقیانوس منجمد جنوبی ← بخش ۳ (هریک ازین نامها).

اقونیطون

اقیسه aγīsa(-e) [= ع. اقیسة] (اِ.) ج. قیاس (ه.م.)

اکابر akāber [ع.] (ص.، اِ.) ج. اکبر. (ه.م.) ۱- بزرگتران، مهتران، بزرگان. ۲- سالمندان (فره.)، بزرگسالان. ۳- بزرگان، شرفا. ‖ ~ و اصاغر. مهتران و کهتران، مهان و کهان، بزرگان و کوچکان. ‖ کلاس ~. کلاسی که برای تعلیم بزرگسالان تشکیل دهند. ‖ مدرسهٔ ~. مدرسه‌ای که برای تعلیم بزرگسالان تشکیل دهند.

اکادمی akādemī (اِ.) ← آکادمی.

اکاذیب akāzīb [ع.] (اِ.) ج. اکذوبه (ه.م.)؛ دروغها، سخنان دروغ، خبرهای دروغ.

اکار akkār [ع.] (ص.) کشاورز، برزگر، برزیگر. ج. اکره (akara).

۱- Acore vrai (فر.) ۲- Aconitum napellus (لا.), aconit (فر.)

۳۲۸ اکارس

اکارس akāres (اِ.) (گیا.) سماروغ، قارچ (ه.م.)

اکارع akāre' [ع.] (اِ.) ج. کراع (ه.م.)؛ پاچه‌ها (گاو، گوسفند).

اکارم akārem [ع.] (ص.، اِ.) ج. اکرم (ه.م.) ۱- کریمتران. ۲- گرانمایگان. ۳- جوانمردان.

اکاره akkāra(-e) [ع. = اکار] (اِ.) ۱- برزگر. ۲- (ف.) دهقانی ساکن یك ده که سهمی از زمینهای دایر ندارد و برای کار کردن بدیه‌های مجاور میرود؛ ج. اکره.

اکاسره akāsera(-e) [= ع. اکاسرة] (اِ.) ج. کسری (معر.) ۱- خسروان، پادشاهان. ۲- شاهنشاهان ساسانی.

اکاسیا akāsiyā [= آکاسیا] (اِ.) (گیا.) اقاقیا (ه.م.)

اکال akkāl [ع.] (ص.) پرخور، بسیار خور. ‖ ~ غلیظ. ۱- پرخورستبر، بسیار خوار درشت هیکل. ۲- (کن.) خواهشهای نفسانی، خیالات باطل: «هین گریز از جوق اکال غلیظ سوی آنکه گفت: ما ایمت حفیظ.» (مثنوی)

اکاله akkāla(-e) [= ع. اکالة] (ص نث. اکال.) ‖ ادویهٔ ~. داروها و مواد شیمیایی سوزاننده، داروهای تلخ وزننده[1]، داروهای تحلیل برندهٔ انساج که غالباً سمی هم میباشند از قبیل نیترات دارژان و آمونیاك وغیره.

اکالیپتوس okālīptūs [لا. eucalyptus] (اِ.) (گیا.) درختی[2] از تیرهٔ موردیها که اصلش از استرالیاست و در آن سر زمین تشکیل جنگلهای انبوهی را میدهد وارتفاع آن به ۱۴۵ متر ومحیط تنهٔ آن به ۲۵ متر میرسد.

اکالیپتوس

اکالیل akālīl [ع.] (اِ.) ج. اکلیل (ه.م.)؛ سربندها، تاجها، افسرها.

اکؤس ak'os [ع.] (اِ.) ج. کأس (ه.م.)؛ جامها.

اکباد akbād [ع.] (اِ.) ج. کبد (ه.م.)؛ جگرها.

اکبر akbar [ع.] (ص تفض.) ۱- بزرگتر، مهتر. ۲- سالمندتر، بزرگسالتر؛ ج. اکابر. ‖ عالم ~. دنیای عظیم، جهان بزرگ:
«پس بصورت عالم اصغر تویی
پس بمعنی عالم اکبر تویی.» (مثنوی)

اکبیر ekbīr [ع.] ۱- (اِ.) چیزیست مانند خبیص خشك که زنبور عسل آرد، و آن نه شمع است و نه عسل و نه شیرینی کامل دارد (غم.) ۲- (ص.) (ف. عم.) پلید، کثیف، زشت، بیریخت.

اکبیری ekbīr-ī [ع.-ف.] (ص نسب.) (عم.) اکبیر (ه.م.)

اکتاف aktāf [ع.] (اِ.) ج. کتف (ه.م.)؛ شانه‌ها، سفتها، کتفها.

اکتئاب ekteāb [ع.] ۱- (مص ل.) اندوهگین شدن، بدحال گشتن از اندوه. ۲- دردمند شدن. ۳- (امص.) اندوهگینی. ۴- دردمندی.

اکتبر oktobr (اِ.) ← اکتوبر.

اکتتاب ektetāb [ع.] (مص م.) نوشتن، نبشتن.

اکتحال ektehāl [ع.] (مص م.) سرمه کشیدن.

اکتسا ektesā [= ع. اکتساء] ← اکتساء.

اکتساء ektesā' [ع.، ف.: اکتسا] (مص م.) در بر کردن، پوشیدن.

اکتساب ektesāb [ع.] ۱- (مص م.) بدست آوردن، کسب کردن، فراهم آوردن، حاصل کردن. ۲- اندوختن.

۱- Remèdes caustiques (فر.), médicaments sarcophages (فر.)

۲- Gommier (فر.)

۳ - (اِمص.) کسب، حصول. ۴ - اندوختگی؛ ج. اکتسابات.

اکتسابات ektesāb-āt [ع.] (مص.، اِ.) ج. اکتساب (ه.م.)

اکتسابی ektesāb-ī [ع.-ف.] (ص نسب.) منسوب به اکتساب (ه.م.)، آنچه ازراه سعی و کوشش بدست آید؛ مق. فطری، بدیهی: معلومات اکتسابی.

اکتشاف ekteŝāf [ع.] ۱- (مص.م.) باز کردن، پرده برداشتن، پدید آوردن، کشف کردن. ۲ - (اِمص.) کشف. ۳ - (نظ.) بدست آوردن اطلاعاتی در بارهٔ دشمن بطرق مختلف؛ ج. اکتشافات.

اکتشافات ekteŝāf-āt [ع.] (مص.، اِ.) ج. اکتشاف (ه.م.)

اکتشافی ekteŝāf-ī [ع.-ف.] (ص نسب.) منسوب به اکتشاف (ه.م.)، مربوط به اکتشاف. ‖ گروه ~. (نظ.) گروهی که برای کشف اطلاعات دربارهٔ دشمن عمل کنند. ‖ هواپیمای ~. (نظ.) هواپیمایی که مأمور کشف مواضع دشمنان و کسب اطلاع دربارهٔ آنانست.

اکتفا ektefā [= ع. اکتفاء] (مص ل.) ← اکتفاء.

اکتفاء ektefā' [= ع.، ف.: اکتفا] ۱ - (مص م.) بسنده کردن، بس کردن، بس دانستن، بس شدن، کفایت کردن. ۲ - (اِمص.) بسندگی.

اکتفا کردن e.-kardan [ع.-ف.] (مص ل.) کفایت کردن ← اکتفاء.

اکتمکت، اکت مکت aktemekt, aketmaket [معر. سر. aktamekta] (اِ.) (گیا.) (زم.) سنگ عقاب (ه.م.)، حجرالولاده، حجرالنسر، حجرالعقاب. ضح. - بعضی آنرا درختی شبیه با نار و میوهٔ آن دانسته‌اند و بر اساسی نیست. رجوع بکتب معتبر طبی‌وادویهٔ مفرده شود.

اکتناز ektenāz [ع.] (مص ل.) ۱- گرد آمدن مال. ۲ - پر شدن هرچه باشد. ۳ - گنج نهادن.

اکتناف ektenāf [ع.] (مص م.) ۱ - زیر پر گرفتن. ۲ - گرد در آمدن، احاطه کردن.

اکتناه ektenāh [ع.] (مص ل.) بکنه چیزی رسیدن، پی بردن بماهیت امری.

اکتوبر oktobr [فر. octobre] (اِ.) ماه دهم سال فرنگی مطابق نهم مهر تا نهم آبان.

اکتهال ektehāl [ع.] ۱ - (مص ل.) دوموی شدن. ۲ - (اِمص.) دومویی. ۳ - میانه سالی.

اکتیال ektiyāl [ع.] (مص م.) برای خود یا دیگری پیمودن.

اکثار eksār [ع.] ۱ - (مص م.) بسیار کردن، زیاد کردن، افزودن. ۲- بسیار گفتن. ۳ - (مص ل.) پرمایه شدن.

اکثر aksar [ع.] (ص تفض.) ۱ - بیشتر. ۲-بسیار. ۳-اغلب. ‖ ~ اوقات. غالب اوقات. ‖ حد ~. آخرین حد.

(اکثراً) aksar-an [از ع.] (ق.) غالباً، بیشتر: «تعالی صیغهٔ ماضی معلوم ازباب تفاعل بمعنی بلند شد، و اکثراً اسم الهی را حال واقع شود چون خدای تعالی وحق تعالی ...» (غیاث) ضح. - اکثراً باتنوین صحیح نیست (← اقلا)، بجای آن درعربی «غالباً» ودر فارسی «بیشتر» استعمال شود.

اکثریت aksar-īyyat [ع.] (مص جع.) ۱ - اکثر بودن؛ مق. اقلیت. ۲ - (جام.) بیشتر افراد یک کشور،

یك منطقه یا شهر که از جهت زبان، مذهب، یا نژاد باهم وجه اشتراکی دارند؛ مق، اقلیت. ‖ ~ تام، ~ مطلق[1]. تعداد آرایی است که لااقل مساوی نصف بعلاوهٔ یك باشد. ‖ ~ نسبی[2]. تعداد آرایی است که داوطلبی بدست میآورد بشرطی که زیادتر از آراء داوطلبان دیگر باشد.

اکثم aksam [ع.] (ص.) ۱- مرد بزرگ شکم، فراخ‌شکم. ۲- سیر شکم، اشباع شده (از غذا).

اکحل akhal [ع.] (ص.) ۱- مرد سیه چشم، سرمه چشم، سیاه پلك. ۲- چشم سرمه کشیده. ‖ ورید ~. (پز.) ورید میانی دست.

اکدار akdār [ع.] ج. کدر (ه.م.) ۱- تیرگیها. ۲- دردها.

اکدر akdar [ع.] (ص تفض.) ۱- تیره‌تر. ۲- تیره‌رنگ. ۳- دردآلود.

اکدش akdaš,ekdeš [تر. = یکدش = ایکدش = ایکدیج] (ص.) ۱- انسان یا جانوری که از دو نژاد باشد؛ دورگه، دوتخته. ۲- دوچیز که باهم مخلوط وممزوج شده باشند. ۳- محبوب، مطلوب.

اکدی akkad-ī منسوب به اکد (← بخش ۳) ۱- هر چیز مربوط ومتعلق به‌اکد. ۲- زبان مردم اکد.

اکذب akzab [ع.] (ص تفض.) کاذب‌تر، دروغگوتر.

اکذوبه okzūba(-e) [=ع.اکذوبة] (اِ.) دروغ، سخن دروغ، سخن بی‌پایه (غم.). ج. اکاذیب.

اکر okar [ع.] (اِ.) ج. کره(ه.م.)؛ گویها، کره‌ها. ‖ علم ~. دانش شناختن کره‌ها؛ وآن ازفروع‌علم‌ریاضی است وشامل دو بخش است؛ اکرمتحرك، واکر ساکن.

اکراد akrād [ع.] ج. کرد(کردی). ← کرد (بخش۳).

اکرام ekrām [ع.] ۱- (مص م.) بزرگداشتن، گرامی داشتن، احترام کردن. ۲- احسان کردن. ۳- (اِمص.) بزرگداشت، حرمت. ۴- احسان، انعام. ج. اکرامات.

اکرامات ekrām-āt [ع.] (مص.) ج. اکرام (ه.م.)

اکرام‌خو(ی) ekrām-xū(y) [ع.-ف.] (ص‌مر.) آنکه خصلت بخشندگی دارد؛ بخشنده، کریم.

اکرام‌ساز e.-sāz [ع.-ف. = اکرام سازنده] (ص‌فا.) صاحب‌کرم، نیکوکار.

اکراه ekrāh [ع.] ۱- (مص م.) ناخوش داشتن، ناپسند داشتن. ۲- کسی‌را بزور بکاری واداشتن، به‌ستم برکاری‌داشتن. ۳- (اِ.) ناخواست، فشار، زور. ‖ به ~. (قمر.) بناخواست، بزور.

اکرکره akarkara(-e) [= عاقرقرحا] (اِ.) (گیا.) ← عاقرقرحا.

اکرم akram [ع.] (ص تفض.) ۱- گرامی‌تر. ۲- آزاده‌تر، جوانمردتر. ۳- بزرگتر.

اکرن akran (اِ.) (گیا.) استبرق (ه.م.).

اکرومیسین akromaysīn [انگ. achromycine] (اِ.) (پز.) یکی‌از داروهای آنتی‌بیوتیك، مانندارئومیسین که از قارچی بنام استرپتومیسس اورئوفاسینس[3] گرفته میشود، وبرروی

۱- Majorité absolue (فر.) ۲- Majorité relative (فر.)
۳- Streptomyces auréofaciens (لا.)

اکثر باکتریها مؤثر است.

اکره akrah [ع.] (ص‌تفض.) منفورتر، زشت‌تر.

اکره akara(-e) ۱- ج. اکار (اکاره) (ه.م.)؛ برزگران، کشاورزان. ۲- سهم زارع از محصول. ۳- دسترنج یا اجرةالمثلی که مالك هرگاه بخواهد اجارهٔ زمینی را فسخ کند، بابت حق کشت و کار بمستأجر میدهد. ‖ عمله و ــ. کارگران وبرزیگران.

اکزما ekzemā [فر. eczéma] (إ.) (پز.) سودا ← سوداء - ۷.

اکزوز ekzoz [عم. اگزوز؛ انگ. exhaustion، تخلیه] (إ.). ۱- (مکن.) در اصطلاح فنی به دود حاصل از احتراق گازبنزین در ماشین اطلاق شود. ۲- (مکن.) (عم.) تمام مسیر حرکت دود مذکور را گویند.

اکسپرسیونیست ekspresīyonist [فر. expressionniste] (ص.) کسی که بمکتب اکسپرسیونیسم (← بخش۳) علاقه دارد.

اکسپوزان ekspozān [فر. exposant] (رض.) (کم.) عددی که معین سازد عدد دیگری را تا چه حد باید بالا برد (درنفس‌خود ضرب کرد)؛ نماینده.

اکسد aksad [ع.] (ص‌تفض.) ناروا‌تر، ناروان‌تر.

اکسل eksel [انگ. axle] (إ.) ۱- (فز.، مکن.) محور چرخهای اتومبیل که چرخها در روی آن آزادانه حرکت میکنند، وتوسط آن تمام وزن اتومبیل بچرخها وارد میآید، و آن همواره فواصل چرخها را بیك میزان ثابت نگاه میدارد. ۲- (فز.، مکن.) معمولا محور چرخهای جلورا «اکسل» ومحورچرخهای عقبرا «پلوس» گویند.

اکسون eksūn,ak.- (إ.) ۱- دیبای سیاه. ۲- نوعی از دیبای سیاه که بغایت نفیس و قیمتی است. ۳- جامهٔ سیاه‌قیمتی ↑ که اکابر بجهت‌تفاخر پوشند.

اکسید oksīd [فر oxyde] (إ.) (شم.) هرجسمی که از ترکیب شبه‌فلزیا فلزی با اکسیژن حاصل شود، مانند: اکسیدآهن و اکسید ازت. اکسیدهای فلزی در طبیعت فراوانند.

اکسیداسیون oksīdāsyon [فر. oxydation] (إ.) ۱- (شم.) عمل اکسیدکردن، ترکیب‌جسمی‌بااکسیژن. ۲- حالت جسمی که اکسیده شده باشد.

اکسیر eksīr [معر. یو. xérion، از ع. واردفر.، انگ.: elixir] (إ.). ۱- (کیم.) جوهری گدازنده که ماهیت اجسام را تغییر دهد و کاملتر سازد مثلا جیوه را نقره ومس را طلا سازد. ۲- هرچیز مفیدوکمیاب. ۳- دارویی که بعقیدهٔ قدماهرمرضی‌راعلاج‌میکرد. ۴- (تص.) نظرمربی‌ومرشدکامل که‌ماهیت اشخاص را تغییر دهد. ‖ ــِ اعظم. ۱- (کیم.) اکسیر ↑ ۲- (تص.) انسان کامل، شیخ، پیشوا.

اکسیژن oksīžen [فر. oxygène] (إ.)(شم.) گازی است بی‌رنگ، بی‌بو، بی‌طعم، کمی سنگین‌تر ازهوا. یك‌لیتر آن ۱/۱۰۵ گرم جرم دارد. درآب کمی محلول است ودر ۱۱۸- درجه و فشار ۵۰ جو بسختی مایع میشود. در طبیعت بحالت ترکیب و آزاد فراوان یافت میگردد.

اکشف akšaf [ع.] (ص‌تفض.). ۱- پدید آرنده‌تر، پیدا کننده‌تر. ۲- پرده بردارتر.

اکف akof(f) [ع.] (اِ.) ج. کف ؛ پنجه‌ها، کفها .

اکفا akfā [=ع. اکفاء] ← اکفاء .

اکفاء akfā' [ع.، ف.: اکفا] (اِ.) ج. کفؤ؛ همالان، همانندان، همسران، اقران.

اکفاء ekfā' [ع.،ف. : اکفا] ۱ - (مصم.) خم کردن ، خمانیدن . ۲ - (مصل.) راه‌برتافتن. ۳ - از مقصود منحرف گشتن. ۴ - (قا.) اختلاف‌حرف روی است، مانند اینکه‌دو حرف‌قریب المخرج را از قبیل«ب ـ پ» و«ك ـ گ» باهم قافیه کنند ، مثلا آوردن شهر و بحر در قافیه و سگ و شك.

اکفال akfāl [ع.] (اِ.) ج. کفل؛ سرینها.

اکل akl [ع.] ۱- (مصم.) خوردن. ۲ - (اِ.) خور . ‖ ~ **ازقفا** . (مج.) کاری ازغیرطریق‌اصلی ومتعارف انجام دادن.

اکلیل eklīl [ع.] (اِ.). ۱ - تاج، افسر، دیهیم. ۲ـ سربند . ج. اکالیل. ۳ - (گیا.) دیهیم (ه.م.) ‖ ~ **الجبل** . ← بخش ۲. ‖ ~ **الملك**. ← بخش۲. ۴ -(نق.) گردی‌است‌براق، برنگهای طلایی ، نقره‌ای، سبزوغیره ← اکلیلی .

اکلیل

اکلیل‌الجبل
(و گل‌ومیوهٔ‌آن)

اکمال ekmāl [ع.] (مصم.) کامل کردن، تمام‌نمودن ، رسانیدن : اکمال نفوس. ج. اکمالات .

اکمالات ekmāl-āt [ع.] (مص.) ج. اکمال(ه.م.)

اکمام akmām [ع.] (اِ) ج. کم (kem) و کم (kom)؛ آستینها.

اکمل akmal [ع.](ص‌تفض.) تمامتر، کاملتر ، رسیده‌تر ، رساتر . ‖ **بنحو** ~ . بطریق کاملتر، بنحو اتم.

اکمه akmah [ع.] (ص.) نابینای مادرزاد، کورمادرزاد .

اکناف aknāf [ع.] (اِ.) ج. کنف؛ گوشه و کنارها ، کرانه‌ها ، هر کنار، هر کران، اطراف.

اکنون aknūm [= کنون؛ په. nūn] (ق.) ۱ - الحال، این‌دم، همین زمان، حالا، فعلا. ۲ -آنگاه. ۳ - بنابراین.

اکنونی aknūn-ī [= کنونی] (ص‌نسبـ.) منسوب به اکنون (ه.م.)، متعلق بزمان حاضر، کنونی (ه.م.)، فعلی (غم.)

اکواب akvāb [ع.] (اِ.) ج. کوب؛ جامها، تنگها، کوزه‌ها.

اکواریوم akūāriyom [لا، فر. aquarium] (اِ.) مخزن آبی که در آن گیاهان یا حیوانات آب شیرین یا آب شور را نگاهداری کنند ؛ محفظهٔ آبی که در آن ماهیان مختلف را حفظ کنند.

۱ - اکوان akvān (اِ.) (گیا.) ارغوان (ه.م.)

۲ - اکوان akvān [ع.] (اِ.) ج. کون (ه.م.) ؛ هستیها ، وجودها .

اکول akūl [ع.] (ص.) پرخور ، بسیارخور، شکمخواره.

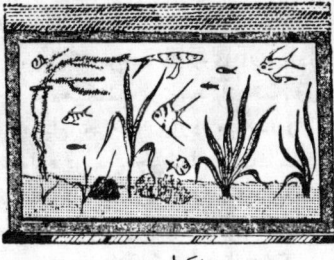

اکول okūl [ع.] (اِ.) ج. اکل (okol)؛ خوراکیها، طعمه‌ها.

اکواریوم

۳۳۳ اگرنه

اکه aka [تر. قس اناکه، اناکا] (اِ.) دایه.

اکیاس akyās [ع.] (اِ.) ج. کیس (kayyes)؛ زیرکان، دانایان.

اکید akīd [ع.] (ص.) محکم، استوار. ‖ دستور ـــ. دستور قطعی.

اکیداً akīd-an [ع.] (ق.) بتأکید؛ قطعاً: اکیداً قدغن فرمایید.

اکیر akīr [= اگیر] (اِ.) (گیا.) ← اگیر.

اکیس akyas [ع.] (ص تفض.) زیرکتر، زیرکسارتر، هشیارتر، داناتر.

اکیل akīl [ع.] (ص.) همکاسه، همخور.

اگا ogā [تر. ← اوگا] (ص.) مرد بزرگ در عقل و کیاست.

۱ - اگر agar [= گر؛ پهـ. hakar] (حر. ربط، شرط) ۱ - شرط را رساند: «محمود میگوید... اگر وقتی ما را بلشکری حاجت افتد، چند مقدار مدد توانید نمود.» (سلجوقنامهٔ ظهیری) ضح. ـ در صورتیکه «اگر» ومخفف آن «ار» پس از سوگند آید، جمله معنی منفی دهد:

«بخدای اربحق جواب دهند
یا بکس نور آفتاب دهند.»
(سنائی. حدیقه ص ۶۹۱)

۲ - بمعنی «یا» ـ بدین معنی بقول شمس قیس از مختصات مردم ابیورد وسرخس بود، و گوید که انوری این کلمه را آورده است، ولی باید دانست فردوسی «اگر» و «ور» و «ار» را بمعنی «یا» و «ویا» بسیار استعمال کرده:

«چنین گفت باخویشتن رشنواد
که این بانگ رعداست، اگر تندباد.»
(شا. بخ ۶: ۱۷۶۶)

۲ - اگر agar [= اگیر] (اِ.) (گیا.) وج (ه.م.)

اگرا ogrā (اِ.) نوعی از آش که با آرد تهیه شود.

اگرچنانچه agar čo(a)n-ān-če (حر. ربط مر.؛ شرط) اگر، ولو: «پس اگرچنانچه وصیت کرد به ثلث اموال خود برای قومی مخصوص» (ازرسالهٔ فقه فارسی مؤلف در حدود ۹۰۰ هجری متعلق به کتابخانهٔ مرحوم تقوی، بنقل قزوینی) ضح. ـ بعضی استعمال ترکیب فوق را صحیح ندانسته اند ولی بطوریکه ملاحظه میشود در کتب قدما، نیز بندرت این ترکیب دیده میشود.

اگرچنانکه agar čo(a)n-ān-ke (حر. ربط مر.؛ شرط) اگر:

«اگر چنانکه درستی وراستی نکند
خدای داد بمحشرمیان ما داور.»
(انوری)

اگرچند agar čand [= گرچند = ارچند] (حر. ربط مر.؛ شرط) هر چند، اگر چه: «پس... در یابد عقل و بشناسد چیزرا اگرچند ازاو دور بود.» (باباافضل. مصنفات ج۲ ص ۴۱۵).

اگرچه agar če [= گرچه = ارچه] (حر. ربط مر.؛ شرط) هر چند، اگر چند: «وقوت غذا کننده اگرچه نگهدار تن است لیکن...» (باباافضل. مصنفات ج۲ ص ۴۱۱)

اگرمگر agar magar (اِمر.) (گیا.) گیاهی[۱] از تیرهٔ نعناعیان که بشکل بوته هایی بارتفاع ۲/۵ تا ۳ متر میباشد. ساقه اش کرک دار و برگهایش دراز، خوش اندام وسبز درخشان است.

اگرنه agar na(-e) [= گرنه = ارنه = اگرنی ← گرنی = ارنی] (حر.

۱ - Eremostochus regeliana (لا.)

ربطمر.) والا، وگرنه:
«ماعاشق ورندومست وعالمسوزیم
باما منشین، اگرنه بدنام شوی.»
(حافظ)

اگری egrī [=ایکری] (اِ.) (مس.) از آلات موسیقی کثیرالاوتاراست ← ایکری.

اگزوز egzoz ←اکزوز.

اگیر agīr [= اکیر] (اِ.) (گیا.) وج (ه.م.)

۱ - ال al (اِ.) (گیا.) درختی ۱ از تیرهٔ زغال اخته ها که گاهی بعضی گونه هایش بصورت درختچه میباشند. گلهایش سفید یا زرد ومیوه‌اش سفت‌و شامل یك هسته است.

۲-ال al(alef-lām) [ع.] (حر. تعریف) حرف تعریف است در عربی، و آن چون بر اسمی نکره در آید، آنرامعرفه‌سازد: الرجل(مردشناخته)، الشجر (درخت معلوم).

۳ - ال al [تر.-مغ.= آل]←۱-آل.

الا alā [ع.] (صت.حر.تنبیه) حرف تنبیه است، بدان وآگاه باش! هان!

الا ellā [ع.] (ق.) ۱- دلالت بر استثنا کند؛ مگر، بجز: همه‌آمدند الامحمد. ۲-جز، بدون: «واگرچنانك در آن‌ولایت از عفونت هوا خطری بخاطر رسد و رنجی روی نماید الابمدد شفقت چون توفرزندی زایل‌نشود.»(راحة الصدور)

الاجق alāǰeɣ [تر = آلاچیق = آلاجق] (اِ.)← آلاچیق.

الاجه elāǰa [قس.الیجه] (اِ.) نوعی قماش شامی (تاریخ جبرتی۱۱: ۸۲).

الاچیق alāčīɣ [تر. = آلاچیق] (اِ.)← آلاچیق.

الاخشه alāxeša [= لاخشه] (اِ.) ←لاخشه.

الاخون و ولاخون alāxūn-o-valāxūn (ص‌مر.)(عم.)سرگردان.

الاستیك elāstīk [فر. élastique] (ص.) ارتجاعی (←لاستیك).

الاستیکی elāstīk-ī [فر.-ف.] (حامص.) حالت‌ارتجاعی.

الاش alāš (اِ.)(گیا.) راش (ه.م.)

الاطینی alātīnī [معر. یو. elatinē] (اِ.)(گیا.) لبلاب،نیلوفر صحرائی (ه. م.)عشقه، حبل‌المساکین.

الاغ olāɣ [تر.= اولاغ=اولاق] کاربی‌مزد، اسب، پیك، کشتی کوچك، قاصد] (اِ.) ۱ - (جاز.)خر(ه.م.) ۲ - پیك، چاپار، پست. ۳ -حقوق و عوارضی که‌برای‌پیکها یاچارپایان‌متعلق به پیکها میگرفتند (ایلخانان مغول تاقاجاریه).

الاغ

الاغجی olāɣ-ǰī [تر.-مغ = الاغچی] (اِمر.)← الاغچی.

الاغچی olāɣ-čī [تر.-مغ. = اولاغچی = اولاغچی] (اِمر.) قاصدان، پیکان.

الاق olāɣ [= الاغ = اولاغ] (اِ.)← الاغ.

۱ - الاکلنگ allā-kolang [= آلاکلنگ = آله‌کلو] (اِ.) (جاز.) آله کلو (ه.م.)

۲ - الاکلنگ allā-kolang [=

۱ - Cornouiller(فر.)

آلاکلنگ](ا.) (بازی)← آلاکلنگ.
الاله alāla(-e) [= آلاله = لاله] (ا.) (گیا.)← آلاله، لاله.
الام olām [تر. - مغ.] ۱ - (ا.) راهنمایی که مجبور بود بمأمور دیوان برایگان خدمت کند. ۲ - پیغام و نوشته‌ای که بزبان ودست بدست‌رسانند. ۳ - (ص.) پیغام رساننده.
الامانچی alāmān-čī [تر. = آلمانچی = المانچی](ص نسبـ.)غارتگر.
الاملیك alāmalīk [= آلاملیك] (ا.) (گیا.) کرم دشتی ، تاك دشتی ، سپیدتاك، کرمةالبیضاء، حالق الشعر.
الب elb [ع.] (ا.) (گیا.) درختی است خاردار شبیه درخت ترنج.
البا alebbā [=ع. الباء]← الباء.
البا olbā [= البه] (ا.) نوعی‌خوراك که عبارتست ازدل‌وجگر قیمه کشیده‌و در روغن بریان کرده؛ حسرةالملوك، قلیه پوتی.
الباء alebbā' [ع.](ص.) ج.لبیب؛ خردمندان، پرمغزان.
الباب albāb [ع.] (ا.) ج.لب؛ خردها ، مغزها.
البته albatta(-e) [=ع. البتة]← بخش۲.
البسه albesa(-e) [=ع. البسة](ا.) ج.لباس؛ پوششها، پوشیدنیها، جامه‌ها.
البه olba [= البا] (ا.)← البا.
البر alpar(عم.) ۱ - زرنگ،شیطان. ۲ - متقلب، پشت‌هم انداز.
التئام elteām[ع.،ف.: التیام] (مص م.)← التیام.
التباس eltebās [ع.]. ۱ - (مص ل.) درشوریدن ، ۲ - درهم‌آمیختن. پوشیده شدن . ۳- (مص م.) پوشیدن کار برکسی . ۴- پوشیدگی، نهفتگی. ۵ - درهم‌آمیختگی. ج. التباسات.

التباسات eltebās-āt [ع.] ج. التباس.
التثام eltesām [ع.] (مص ل.) دهان‌بندبستن، لثام‌بستن.
التجا elteǰā[= ع. التجاء]← التجاء.
التجاء elteǰā' [ع.،ف.: التجا] ۱ - (مص م.) پناه بردن ، پناه جستن ، پناهیدن. «التجا بسایهٔ دیواری کردم.» (گلستان). ۲ - (ا.)پناه.
التجاج elteǰāǰ [ع.] (مص ل.) ۱ - درهم‌شدن آوازها . ۲ - درهم‌شدن امواج دریا، جوش وخروش دریا.
التحا eltehā[- ع. التحاء]← التحاء.
التحاء eltehā' [ع.،ف.: التحا] (مص ل.) ریش برآوردن ، لحیه پیدا کردن.
التحاد eltehād[ع.](مص ل.)ازدین برگشتن، ملحدشدن ، بچسپیدن‌ازحق.
التحاق eltehāɣ [ع.] (مص ل.) دررسیدن، ملحق‌شدن.
التحام eltehām [ع.] (مص ل.) پیوسته‌شدن، بهم‌پیوستن، بهم‌چسبیدن، بهم‌آمدن ، جوش‌خوردن (زخم یاچیز دیگر).
التذاذ eltezāz [ع.] ۱ - (مص ل.) خوشی‌بردن، لذت‌بردن، بامزه‌یافتن. ۲ - (امص.) خوشگواری ، لذت. ج. التذاذات.
التذاذات eltezāz-āt [ع.] ج. التذاذ.
التزام eltezām [ع.]. ۱ - (مص ل.) همراه‌بودن، ملازم‌شدن . ۲ - (مص م.) بگردن گرفتن ، بایسته‌داشتن ، ملزم شدن بامری . ۳- (امص.) همراهی. ۴- (مص م.) اجاره کردن‌درآمدهای‌مالیاتی (غم.). ۵ - (امص.) همراهی. ج. التزامات. ‖ دلالت ــــ ← دلالت.

التزامات eltezām-āt [ع.] ج. التزام (ه.م.)

التزامی eltezām-ī [ع.-ف.] (ص نسب.) منسوب به‌التزام . ‖ مضارع ـــ . (دس.) ← مضارع التزامی. ‖ وجه ـــ . (دس.) آنست که کار را بطریق شك و دودلی و آرزو وخواهش وما نندآن‌بیان کند، و چون پیرو جملهٔ دیگر است آنرا «وجه‌مطیعی» نیز گویند: میخواهم بروم، شاید بنویسم، گمان‌میکنم‌برادرم رفته باشد.

التصاق eltesāγ [ع.] ۱ - (مص م.) چسبیدن، وادوسیدن، پیوستن. ۲ - (إمص.) پیوستگی، چسبندگی.

التفات eltefāt [ع.] ۱ - (مص م.) بازنگریستن ، روی‌آوردن . ۲ - (إمص.) نگرش . ۳ - اکرام . ۴ - مهربانی، لطف. ۵ - پروا، توجه. ۶ - (بع.) آنست که از مطلبی بمطلب دیگر یا از مخاطب بغایب و از غایب بمخاطب یا از مخاطبی بمخاطب دیگر توجه کنند :

«آه دردآلودسعدی گر زگردون بگذرد
درتو کافردل نگیرد، ای‌مسلما نان‌نفیر.»
(سعدی)

که یك بار از خطاب بمحبوب متوجه مسلمانان شده ،برسبیل استرحام‌فریاد کرده است .

التفات‌کردن e.-kardan [ع.-ف.] (مص م.) ۱ - توجه کردن. ۲ - تکریم کردن. ۳ - دادن، بخشیدن (تعارف): این‌کتاب را بمن التفات‌کنید.

التفاتی eltefāt-ī [ع.-ف.] (ص نسب.) داده، لطف‌شده،فرستاده: التفاتی سرکار رسید.

التفاف eltefāf [ع.] (مص ل.) درهم‌پیچیدن، درهم‌شدن، تودرتوشدن .

التقا elteγā [=ع.التقاء] ← التقاء.

التقاء elteγā' [ع.،ف.: التقا] (مص م.) ۱ - دیدار کردن، بهم‌رسیدن، یکدیگر رادیدن ، همدیدارشدن . ۲ - پیوستن . ‖ ـــِ ساکنان(ساکنین) . برخورد دوحرف ساکن (دوصامت) بهم که در عربی روا نیست ، مثلا در فیلم (لام و میم) و در فارس (راء و سین) که عرب ناگزیر فیلم (بکسر لام) و فارس (بکسر راء) تلفظ کند.

التقاط elteγāt [ع.] (مص م.) ۱ - برچیدن ، برگرفتن . ۲ - دانه چیدن (مرغ). ۳ - اقتباس مضمون و مطلب. ج. التقاطات.

التقاطات elteγāt-āt [ع.] ج. التقاط (ه.م.)

التقاط‌کردن e.-kardan [ع.-ف.] (مص م.) ۱ - چیدن ، برچیدن . ۲ - اقتباس کردن.

التقام elteγām [ع.] (مص م.) فروبردن، اوباردن، بدم درکشیدن .

التماس eltemās [ع.] . ۱ - (مص م.) جستن ، خواستن . ۲ - (إمص.) خواهش ، خواهشمندی ، درخواست (مخصوصاً خواهش تضرع‌آمیز) . ۳ - لابه، لابه‌گری. ج. التماسات.

التماسات eltemās-āt [ع.] ج. التماس؛ خواهشها، درخواستها.

التماس‌آمیز e.-āmīz [ع.-ف.] (ص مف.،ص.) توأم باالتماس : بالحنی التماس آمیز گفت .

التماس‌کردن e.-kardan [ع.-ف.] (مص ل.) . ۱ - درخواستن ، خواهش کردن . ۲ - لابه‌کردن، تضرع کردن.

التماس‌کنان e.-kon-ān [ع.-ف.]

(ص‌فا.،حا.) در حال التماس کردن.

التمغا al-tamγā [= آل‌تمغا] (تر.ـ‌مغ.) ← آل تمغا.

التوا eltevā [= ع.التواء] ← التواء.

التواء elteva'[ع.،ف.: التوا]. ۱ - (مص‌ل.) در پیچیدن، پیچ خوردن، پیچیده‌شدن. ۲ - (إمص.) پیچیدگی، پیچش، خمیدگی.

التون altūn [= آلتون، تر.ـ‌مغ.] ← آلتون.

التون‌تمغا a.-tamγā [تر.ـ‌مغ.= آلتون‌تمغا] (إمر.) ← آلتون‌تمغا.

الته alte (إ.) (گیا.) ارمك(هـ.م.)

التهاب eltehāb [ع.] ۱ - (مص‌ل.) زبانه زدن، زبانه کشیدن، برافروختن آتش. ۲ - (إمص.) برافروختگی. ج. التهابات.

التهابات eltehāb-āt [ع.] ج. التهاب (هـ.م.)

التیام eltiyām [= ع.التئام] ۱ - (مص‌ل.) بهم‌آمدن، سربهم آوردن، پیوسته‌شدن: التیام استخوانها. ۲ - (مص‌م.) سازواری کردن میان دوچیز، بهم‌پیوستن. ۳ - (إمص.) بهم‌پیوستگی. ج. التیامات. ‖ ~ جراحت. (پز.) بهبودیافتن زخم، بهم‌برآمدن جراحت.

التیامات eltiyām-āt [ع.] ج. التیام (هـ.م.)

التیام یافتن e.-yāftan [ع.ـ‌ف.] ۱ - (مص‌ل.) بهبودیافتن، علاج‌شدن. ۲ - بهم برآمدن زخم.

التیام پذیر e.-pazīr [ع.ـ‌ف.] (إفا.) ۱ - به‌شدنی. ۲ - بهم‌آمدنی.

الجا elǰā [= ع. الجاء] ← الجاء.

الجاء elǰā' [ع.،ف. الجا] (مص‌م.) ۱ - ناچار کردن کسی‌را بکاری، وادار ساختن کسی بانجام دادن امری. ۲ - پناه دادن. ۳ - کار خود را بخدا سپردن.

الجار elǰār [تر = ایلجار = یلجار] (إ.) ۱ - مردمانی که بیستگانی خوار نباشند وبحمیت وطن در مقابل دشمن بمدافعه‌پردازندوبالشکرملوك‌همداستان شوند. ۲ - اجتماع گروه بسیاری‌ازرعایا برای انجام دادن کاری.

الجاره alaǰāra(-e) (إ.) (گیا.) پلاخور (هـ.م.)

الجامشی olǰāmešī [= الجامیشی] [تر.ـ‌مغ.] ← الجامیشی.

الجامیشی olǰāmīšī [= اواجامیشی = اولچامیشی = الجامشی، تر.ـ مغ] (إ.) اطاعت، فرمانبرداری.

الجخت alǰaxt [= الچخت] (إ.) ← الچخت.

الجزایری al-ǰazāyer-ī [ع. a.-īyy] (ص‌نسب.) منسوب‌به‌الجزایر، از مردم الجزایر (← بخش ۳).

الجه olǰa [تر.ـ‌مغ. ← اولجا = اولجه = الجی = الچا] (إ.) مال و جنس و اسیری که پس از تاخت وتاز و غارت از دشمنی گیرند؛ چپاول.

الجی olǰay [= الجه = الچا = اولجا، تر.ـ‌مغ.] (إ.) مال وجنس واسیری که از دشمن گیرند.

الچخت alčaxt [= الجخت] (إ.) طمع، امید، چشمداشت.

الچوق alčūγ [تر.ـ مغ. آلاچیق] (إ.) ← آلاچیق. ‖ ~ ترکمانی. چادر وخیمهٔ ترکمنان.

الحاح elhāh [ع.] ۱ - (مص م.) ستهیدن، سخت ایستادن، اصرار کردن در طلب چیزی، پافشاری کردن دربارهٔ

الحاحات

امری. ۲ - (امص.) ستیهش، اصرار، ابرام. ج. الحاحات.
الحاحات elhāh-āt [ع.] ج. الحاح.
الحاد alhād [ع.] ج. لحد (ه.م.)
الحاد elhād [ع.] ۱ - (مصل.) از دین برگشتن، ملحد شدن. ۲ - (امص.) بی‌دینی، بدکیشی. ج. الحادات.
الحادات elhād-āt [ع.] ج. الحاد.
الحاق elhāγ [ع.] ۱ - (مصل.) درپیوستن، رسیدن بکسی یا چیزی. ۲ - (مصم.) دررسانیدن، بهم‌رسانیدن، پیوند دادن. ۳ - (امص.) پیوستگی، اتصال. ج. الحاقات.
الحاقات elhāγ-āt [ع.] ج. الحاق (ه.م.)
الحاقی elhāγ-ī [ع.-ف.] (ص‌نسب.) منسوب به‌الحاق (ه.م.) ‖ **شعر(عبارت) الحاقی.** شعری (عبارتی) که بعدها دیگران بمنظومه (یا نوشتهٔ منثور) شاعری (یانویسنده‌ای) افزایند.
الحان alhān [ع.] (إ.) ج. لحن. ۱- آوازها، آهنگها. ۲ - آوازهای‌خوش، نغمه های دلکش ‖ **~ باربدی.** آهنگهای منسوب به باربد (← بخش ۳).
الخ elax [ع. مخ. الی آخره] (ق.) نشانهٔ اختصاری«الی آخره»، تاپایان.
الدنگ aldang (عم.) ۱ - بیعار، لوده، بیغیرت. ۲ - بیکاره، مفتخوار.
الذ alaz(z) [ع.] (ص‌تفض.) خوشمزه‌تر، لذیذتر.
الرد alrad (إ.) جوالی بزرگ که‌از ریسمان بشکل تور سازند وبدان کاه‌و علف وغیره را حمل کنند.
الزام elzām [ع.] ۱- (مصم.) گردن‌گیر کردن، واداشتن، وادار کردن، بعهدهٔ کسی‌قراردادن. ۲ - لازم‌کردن، واجب کردن. ۳ - (امص.) اثبات. ج. الزامات.
الزامات elzām-āt [ع.] ج. الزام (ه.م.)
الزام‌آور e.-āvar [ع.-ف.] (إفا.) آنچه‌که عمل‌بدان‌الزامی‌است؛ واجب، لازم.
الزامی elzām-ī [ع.-ف.] (ص نسب.) اجباری، الزام آور: این‌امر الزامی‌است.
الزم alzam [ع.] (ص‌تفض.) بایسته‌تر، دربای‌تر.
الس olas [=اولاس] (إ.) (گیا.) اولاس (ه.م.)
الست alast [ع.] ← بخش ۲.
السن alson [ع.] (إ.) ج. لسان؛ زبانها.
السنه alsena(-e) [=ع. السنة] (إ.) ج. لسان؛ زبانها: السنه و افواه. ‖ **~ خارجه.** زبانهای بیگانه.
الش alaš (إ.) (گیا.) راش (ه.م.)
الش دگش aleš - dageš (إ.) [عم.] ۱ - مبادله. ۲ - عمل دو کس که با یکدیگر آمیزش و مباشرت کنند.
الصاق elsāγ [ع.] (مصم.) چسبانیدن، چسپانیدن، دوسانیدن.
الصق alsaγ [ع.] (ص‌تفض.) چسبنده‌تر، چسبان‌تر.
الطاف altāf [ع.] (إ.) ج. لطف. ۱ - مهربانیها، نیکوییها، احسانها. ۲ - بخششها، ارمغانها، انعامها. ‖ **~ عالی مستدام.** تعارفی است: نیکوییها و احسانهای ارجمندشما دایم باد!

الطف altaf [ع.] (ص تفض.) نرمتر، نازکتر، سبکتر.

العاب el'āb [ع.] (مص م.) ببازی انگیختن.

الغ oloγ [تر.-مغ.] (ص.) بزرگ، مهتر.

الغا elγā [=ع. الغاء] ← الغاء.

الغاء elγā' [ع.، ف.: الغا] (مص م.) ازشمار افکندن، بهمزدن، باطل کردن، بیهوده شمردن: الغاءِ قرارداد.

الغاز alγāz [ع.] (إ.) ج. لغز (ه.م.)؛ چیستانها.

الف alf [ع.] (إ.، عد.) ۱- هزار (۱۰۰۰). ج. آلاف، الوف. ۲- هزاره (فره.)

الف alef (إ.) ۱- نام نخستین حرف الفبای فارسی و عربی. شکل آن چنین است: ا، ا ← آ. ۲- (تص.) ذات احدیت، خدا.

الف elf, alf [ع.] (مص ل.) ۱- خوگرفتن باکسی، الفت گرفتن. ۲- دوست گرفتن.

الفاختن alfāx-tan [=الفختن = الفنجیدن] (مص م.) (الفاخت، الفازد، خواهد الفاخت، بیلفاز، الفازنده، الفاخته) بهم رسانیدن، جمع کردن، اندوختن.

الفاظ alfāz [ع.] (إ.) ج. لفظ (ه.م.)؛ لفظها.

الفبا alef-bā [از ع.] (إمر.) حروف تهجی. ضح.- الفبا یا حروف هجای فارسی سی و سه حرف است: ا، ء، ب، پ، ت، ث، ج، چ، ح، خ، د، ذ، ر، ز، ژ، س، ش، ص، ض، ط، ظ، ع، غ، ف، ق، ك، گ، ل، م، ن، و، ه، ی.

الفت olfat [=ع. الفة]. ۱- (مص ل.) خوگرشدن، معتادشدن، مأنوس شدن. ۲- (إمص.) خوگیری، انس. ۳- دوستی، همدمی.

الفختن alfax-tan [=الفاختن، قس. الفنجیدن] (مص م.) (الفخت، الفزد، خواهدالفخت، بیلفز، الفزنده، الفخته) ← الفاختن.

الفخته alfax-ta(-e) (إمف. الفختن) اندوخته، جمع کرده.

الفخدن، الفخذن alfax-dan (δan) (=الفختن=الفاختن) (مص م.) ← الفاختن.

الفغدن afaγ-dan [= الفختن= الفخدن = الفاختن] (مص م.) ← الفاختن.

الفغده alfaγ-da(-e) (إمف. الفغدن) اندوخته، جمع کرده.

الفنج alfanǰ [ری. الفنجیدن] ۱- (إمص.) گردآوری، اندوختگی. ۲- (إفا.) در کلمات مرکب بجای «الفنجنده» آید: دانش الفنج.

الفنج کردن a.-kardan (← الفنج) (مص م.) اندوختن، گردآوردن.

الفنجیدن alfanǰ-īdan [قس. الفختن، الفغدن، الفاختن] (صر ← رنجیدن) (مص م.) ۱- گرد آوردن، جمع کردن، اندوختن. ۲- کسب کردن.

الف نشانه alef-nešāna(-e) (إمر.) چوق الف (ه.م.)

الفینه alf-īna(-e) (قس. الفیه) (إ.) آلت مردی، نره، احلیل.

۱- الفیه alf-īyya(-e) [ع.] (ص نسب.، إ.) منسوب به الف، دارای هزار (واحد) ← بخش ۳.

۲- الفیه alf-īyya(-e) [قس. الفینه] (إ.) آلت مردی، نره، احلیل. ←

الك

الکتروامان

الکتروسکپ

الکتروفور

الفیه وشلفیه (بخش۳).

القا elγā [=ع.القاء] ← القاء.

القاء elγā' [ع.، ف.: القا] (مص م.) ۱ ـ یاد دادن، آموختن، فرازبان‌دادن. ۲ ـ افکندن، درافکندن. ‖ ـــِ بنفس. تلقین بخود[1]. ‖ ـــِ شبهه. کسی‌را باشتباه افکندن.

القاب alγāb [ع.] (اِ.) ج. لقب (ه.م.)؛ خطابهایی که برای تعظیم و احترام کسی پیش از اسم وی آرند، یا بجای اسم آنها را بکار برند؛ لقبها.

القاح elγāh [ع.] (مص م.) آبستن کردن، گشن دادن، باردار کردن، بارور ساختن.

القانت olγānet [معر. فر. orcanète مشتق‌از arcanne] (اِ.) (گیا.) انخوسا (ه.م.)

۱ ـ الك alak (اِ.) غربالی‌که دارای سوراخهای بسیار ریز است؛ موبیز.

۲ ـ الك alak (اِ.) ۱ ـ در بازی الك‌دولك نام چوب کوچك است؛ مق. دولك. ۲ ـ عدهٔ دفعاتی (بین ۱ تا ۳) که گال‌زن حق‌دارد درمرحلهٔ دوم‌بازی (پس ازآنکه گال را حریف بطرف‌بل پرتاب‌کرد) چوب‌را بگال زده و برای زنده‌کردن هم‌بلهایش از هر الك‌برای یك زنده استفاده کند (گال‌بازی = الك دولك معمول در حصار و نامق تربت حیدریه. مهندس‌نوین. یادگار ۵: ۱-۲ ص۱۲۴)

الکا olkā [تر. = اولکا = اولکه = الکه] الگا (اِ.) ۱ ـ زمین، بوم. ۲ ـ ناحیه، قسمتی از ایالت.

الکترد elektrod ← الکترود.

الکترسکپ elektroskop ← الکتروسکپ.

الکترن elektron ← الکترون

الکترو امان elektro-emān [فر. électro-aimant] (اِمر.) (فز.) آهن ربای برقی مرکب از میله های آهنی‌که دور آن سیم فلزی روپوش‌دار پیچیده‌شده؛ مغناطیس الکتریکی.

الکترو تراپی elektro-terāpī [فر. électrothérapie] (اِمر.) (پز.) معالجهٔ ناخوشیها بوسیلهٔ برق.

الکترود elektrod [فر. électrode] (اِ.) (فز.) هریك از میله‌های فلزی‌که در الکترولیت وجود دارند؛ الکترد. ‖ ـــِ مثبت. ← آند. ‖ ـــِ منفی. ← کاتد.

الکتروسکپ elektroskop [فر. électroscope] (اِ.) (فز.) آلت آزمایش وجود الکتریسیته که تشکیل شده است از یك شیشهٔ دهانه بسته که میلهٔ فلزی ازدهانهٔ چوب پنبهٔ‌آن عبور میکند و منتهی به دو باریکهٔ زرورق فلزی است و مقداری آهك زنده در داخل شیشه (برای جذب بخار آب) قرار داده‌اند. هنگام آزمایش این دو ورقهٔ زرورق از یکدیگر دور میشوند؛ الکترسکپ، الکتریسیته‌نما.

الکتروفور elektrofor [فر. électrophore] (اِ.)(فز.) یکی‌از دستگاههای مولد الکتریسیته است که بوسیلهٔ‌عمل القاء صورت میگیرد، آلت برای متراکم کردن برق.

الکترولیت elektrolīt [فر. électrolyte] (اِ.) (فز.) جسمی که بوسیلهٔ‌جریان‌برق‌تجزیه‌شود، مانند محلول نمك طعام که در اثر جریان الکتریسیته به‌کلروسدیم‌تجزیه‌میگردد.

الکترولیز elektrolīz [فر.

۱ ـ Auto - suggestion (فر.)

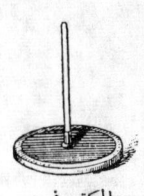

électrolyse] (اِ.) (فز.) عمل تجزیهٔ شیمیایی بوسیلهٔ برق ، مانند: تجزیهٔ آب در اثرجریان برق‌ویا تجزیهٔ نمك طعام بکمك جریان الکتریسیته و غیره . شکل مقابل عمل‌تجزیهٔ آب را نشان میدهد).

الکترومتر elektrometr [فر. électromètre] (اِ.) (فز.) آلتی است برای اندازه‌گرفتن مقدار برق‌در اجسامی‌که برق دارند ، آلتی‌که برای اندازه‌گرفتن اختلاف سطح الکتریکی بکار میرود؛ برق‌سنج.

الکتروموتور elektromotor [فر. électromoteur] (اِ.)(فز.) دستگاه مخصوصی که الکتریسیته را بوسیلهٔ عملی شیمیایی توسعه و انتشار میدهد، مانند پیل ولتا که در حقیقت نیرویی الکتروموتوری است ، دستگاه مخصوصی که انرژی الکتریکی را به انرژی مکانیکی تبدیل میکند.

الکترون elektron [فر. électron] (شم.) هریك ازذره‌هایی که‌اطراف هستهٔ مرکزی اتم بشکل چند دایرهٔ مختلف قراردارند و حاوی کمترین بار الکتریکی منفی‌اند و تقریباً با سرعتی برابر ۴۸ هزارکیلو متر در ثانیه در مدارهای معینی چون ستارگان منظومهٔ شمسی که بگرد آفتاب گردش می‌کنند ، بدور هستهٔ مرکزی خویش میچرخند.

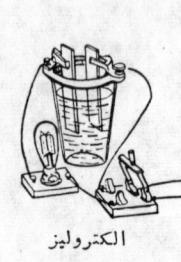

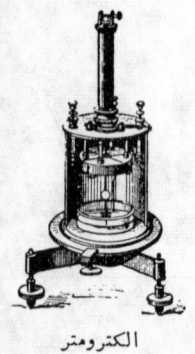

الکترونیك elektronīk [فر. électronique] (اِ.) (فز.) (ص.) پدیدآمده بوسیلهٔ الکترنها.

الکتریزه elektrīze [فر. électrisé] (ص.) (فز.) جسمی یا جرمی‌که بدان الکتریسیته وارد کنند ویا الکتریسیته را ازآن عبور دهند.

الکتریسیته elektrīsīte [فر. électricité] (اِ.) (فز.) نیرویی که بدواً در اثر مالش اجسام مختلف بدست میآید و میتواند اجسام سبك وزن را بربایدمانندشانه‌ای‌که بموهای سر مالش دهند و یا کهربایی که بپارچه‌ای پشمی بمالند، میتواندذرات ریز کاغذ و یاکاه را بخود جذب‌کند، همچنین‌بوسیلهٔ‌انفعالات شیمیایی‌میتوان نیروی‌مذکور راتولیدکرد. جسم‌دارای الکتریسیته ممکن است در اجسام نزدیك خودنیزالکتریسیته‌ایجادکند؛ برق.

الکتریك elektrīk [فر. électrique] ۱ـ (ص.) (فز.) مربوط به‌الکتریسیته، برقی. ۲ـ (اِ.) در فارسی بجای الکتریسیته و برق استعمال شود.

الکتریکی elektrīk-ī [از فر. électrique + ی نسبت] (ص.) (فز.) منسوب به الکتریك (ه‌.م.)، مربوط به الکتریسیته . ۱ـ برقی : لوازم الکتریکی. ۲ـ (اِمر.) مغازه و دکان فروش لوازم برقی.

الك دولك alak - dolak [← الك] (اِمر.) یکی‌از بازیهای‌کودکان بدین طریق‌که چوب‌کوتاهی رابرزمین گذارند و با چوبی درازتر بدان‌زنند، و آنرا بهوا پرانند. دستهٔ مخالف‌اگر چوب‌مزبور را در هوا بگیرند، برنده محسوب شوند ، و جای خود را با بازیکنان دستهٔ اول عوض‌کنند، والاهر جاکه چوب مذکوربزمین تصادف‌کرد، یکی‌ازبازیکنان دستهٔ مخالف‌درهمانجا ایستدو آن‌چوب‌را بسوی‌چوب درازتر که بازی‌کن برزمین‌نهاده، می‌اندازد؛اگر چوب‌کوتاه‌بچوب‌طویل‌تصادف کند، فقط همان بازی‌کن باخته و نفر دیگر از دستهٔ او جانشینش میشود.

الکترولیز

الکترومتر

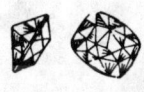

ال کردن al-kardan ← و بل کردن (bal-k.)(مص‌ل.) (عم.) لاف زدن.

الکل alkol [فر. alcool از ع. الکحل] (إ.) (شم.)جسمی آلی، مرکب از ئیدرژن ، اکسیژن و کربن و آن فرار، دارای طعم تند و سوزان است و شامل اقسام است. مهمترین آن الکل اتیلیک (الکل معمولی) است که‌مایعی است بیرنگ و صاف با بوی نسبةً خوش‌آیند و مزهٔ‌گس وسوزان، سبکتر ازآب، باوزن مخصوص۰/۸ ، در۷۸/۳ درجه بجوش میآید و در ۱۳۰ ـ درجه منجمد میگردد.

الماس

الکلی alkol-ī [فر.-ف.] (ص نسبـ.) ۱ ـ شخصی که معتاد بنوشیدن الکل باشد. ۲ ـ آنچه دارای الکل باشد: مشروبات (نوشابه‌های) الکلی. ۳ ـ آنچه با الکل سوزد : چراغ الکلی.

الکن alkan [ع.] (ص.) کسی که زبانش بهنگام سخن گفتن گیر کند و نتواند درست کلمات‌راداسازد؛ صاحب لکنت.

الکنی alkan-ī [ع.-ف.] (حامص.) الکن (ه.م.) بودن ، لکنت داشتن ؛ کند زبانی .

الکه olka [تر= الکا] ← الکا.

الکی alak-ī (عم.) ۱ـ (ص.)بیخود، بیهوده، بی‌جهت. ۲ـ(ق.)دروغکی: الکی میگوید. ‖ فلانی ــ خوش است. بدون داشتن اسباب و وسایل زندگی شادمانست.

الگا olgā [تر=الکا] (إ.) ← الکا.

الگو olgū (إ.)(خیاطی؛ گلدوزی...) طرح و نمونه و روبری از چوب نازک یا مقوا وکاغذ و یا پارچهٔ نازک که از روی آن‌چیزی را میبرندویامیسازند؛ نمونه، انموذج، طرح .

الله allāh [ع.] (إ.) ۱ ـ خدا ← بخش۳. ۲ ـ (شرع.، کلا.) ذات مستجمع صفات(الوهیت) .

الله بختی allāh-baxt-ī (تد. allā.-) (ص‌نسبـ.) (عم.) تصادفی ، اتفاقی.

الله کلنگ allāh-kolang [= الاکلنگ = آلاکلنگ] (إ .) ← آلاکلنگ (بازی) .

اللهی allāh-ī [ع.-ف.] (ص‌نسبـ.) ۱ ـ منسوب به الله ، خدایی . ۲ ـ مرد کامل، رشید، از نقص رسته:

«روح را تأثیر آگاهی‌بود
هر کرا این پیش‌اللهی‌بود »
(مثنوی)

الم alam [ع.] (إ.) ۱ ـ (مص‌ل.) دردمندشدن. ۲ ـ (إمص.) دردمندی . ۳ ـ (إ.) درد. ج. آلام .

الماس almās [په. almās ، یو. áδámas] (إ.)(زم.) یکی[1] ازسنگهای کانی قیمتی که‌بعلت‌سختی ودرخشندگی وکمیابی مقدم بر دیگر سنگهای کانی است و آن کربن خالص است . وزن مخصوصش ۳/۵ تا ۳/۶ و درجهٔ سختی‌اش ۱۰میباشد. الماس را باواحد وزن قیراط (ه.م.)وزن کنند.

المام elmām [ع.] (مص ل .) فرودآمدن ، فروآمدن.

المانچی alamān-čī [تر. = الامانچی] ← الامانچی.

---

۱ ـ Diamant (فر.)

المپیاد olampiyād [فر . olympiade] (اِ.)(ور.) فاصلهٔ‌چهار ساله بین دو دورهٔ مسابقات المپیك (ه.م.)

المپیك olampīk [فر. olympique، منسوب به الومپیا Olumpiá ، کوه معروف یونان] (ص.،اِ.) ۱ ـ مسابقات و ورزشها و بازیهایی که هر چهارسال یك‌بار با تشریفات خاصی در یونان قدیم انجام میشد. ۲ ـ از سال ۱۸۹۶ م. این مسابقات مجدداً معمول گردیدو جنبهٔ بین‌المللی یافت. اکنون‌مسابقات المپیك هر چهارسال‌یك‌بار درپایتخت یکی ازکشور های جهان دررشته های: کشتی، بکس، وزنه برداری ، شنا، دو ومیدانی، تیراندازی،دوچرخه سواری، سوارکاری، اسکی، پاتیناژ ، فوتبال ، بسکتبال وقایقرانی انجام می‌شود.

الم دلی alamdalī (اِ.) (گیا.) بارانك (ه.م.)

الم رسیدن alam - resīdan [ع.ـف.](مص‌ل.) دردمندشدن، اصابت درد.

المز olmaz (اِ.) (گیا.) گرگ‌تیغ (ه.م.)

الم شنگه alam-šange (عم.) ← علم‌شنگه.

المعی alma'-ī [=ع. īyy] (ص نسب.) زیرك، تیزهوش، تیزرای .

المی alam-ī[ع.ـف.](ص‌نسب.الم.) منسوب به‌الم (ه.م.)،دردی: احساسات المی.

المیس elmays (اِ.)(گیا.)داغداغان (ه.م.)

الندری alandarī (اِ .) (گیا .) بارانك (ه.م.)

النگ olang [تر.] (اِ.) سبزه‌زار، مرتع.

النگ‌نشین olang-nešīn [تر.ـ ف.←النگ](اِمر.) آنکه درسبزه زار جای‌کند ، مرتع‌نشین.

النگو alangū (اِ.) حلقه‌ای از فلزات گرانبها و یا شیشه‌های رنگین، که زنان برای زینت بمچ‌دست‌ها کنند، دستبند(ه.م.) ، دست‌برنجن ، دستیاره.

النگو

الو alaw(-ow) [=الاو= آلاو=] (اِ.) شعلهٔ‌آتش، زبانهٔ آتش.

الوا alvā (اِ.) (گیا.) صمغی است بسیارتلخ؛ صبر زرد.

الواح alvāh [ع.] (اِ.) ج. لوح . ۱ ـ لوحها ، صفحه‌های فلزی، سنگی یا چوبی . ۲ ـ (مس.) جزئی از بخش چهارم اقسام چهارگانهٔ «آلات‌موسیقی» (ه.م.) قدیم‌ایران، وجزوی ازسازهایی که برای هرصدا یك سیم دارند . در نوازندگی با الواح انگشتهای‌دست‌چپ بروی سیمها قرار نمیگیرد . در الواح برای‌ایجادنغمهٔ ثقیل(ه.م.)کاسهٔ‌بزرگ تنگ و ازبرای نغمهٔ‌حاد (ه.م.)مقابل آن لازم است.

۱ ـ الوار alvār [گیل. alvār، گلپایگانی elvār] (اِ.) تیرهای بزرگ که بر سقف اطاق و غیره کار گذارند، تختهٔ بزرگ دراز که ازتنهٔ درخت بریده باشند.

۲ ـ الوار alvār [ع.] (اِ.) ج. لر(لری).

الواط alvāt [از ع.](اِ.) ج.لوطی (قیاساً) ← لوطی . ضح.ـ ۱ ـ بعضی «الواط» را محرف «الواد» جمع غیر قیاسی «الود» (alvad) دانسته اند. الود بمعنی کسی‌است که بعدل‌میل‌نکند و منقاد امرنشود،وگردنکش. (نداب؛ ا ص۲۴). ضح ۲ ـ در فارسی بصورت

مفرد آید: مردی الواط است.

الوان alvān [ع.] (اِ.) ج. لون. ۱ - رنگها. ۲ - نوعها، قسمها. ۳ - رنگارنگ، رنگین.

الوج alūǰ (اِ.)(گیا.) نوعی از مخلصه (ه.م.)، و آن گیاهی است بسیار خشن و درشت. گلش کبود و تخمش سیاه است. درسنگستان و کوهستان روید.

الوس alūs [په. alūs] (ص.) سفید (اسب): «چنین گویند که ازچارپایان هیچ صورت نیکوتر از اسب نیست، چه وی شاه همهٔ چهارپایان چرنده است... و گویند آن فریشته که گردون آفتاب کشد بصورت اسبیست الوس نام...» (نوروزنامه ۵۱-۲).

الوس olūs [تر.-مغ. = اولوس (ه.م.)] (اِ.) طایفه، قبیله، جماعت. ج. الوسات (غفص.)

الوسات olūs-āt [تر.] ج. الوس (ه.م.) (بسیاق عربی) (غفص.).

الوش alūš (اِ.) (گیا.) راش (ه.م.)

الوف alūf [ع.] (ص.) خوگیر، مهرجوی.

الوف olūf [ع.] (عد.) ج. الف. ۱ - هزاران، هزارها. ۲ - هزارگان (فره.) ‖ آلاف ~ . ← آلاف.

الوك alūk [تر.-مغ.] (اِ.) ۱ - پروانه. ۲ - پیغام.

الوكك alūk-ak (اِمر.) (گیا.) آلوكك (ه.م.)

الول alūl (اِ.) (گیا.) انجیرمعابد (ه.م.)

الول elūl [ع = ایلول] (اِ.) دوازدهمین ماه سال سریانی، ایلول.

الوه alūh [= آله] (اِ.) (جا.) ← آله.

الوهت olūhat [= ع. الوهة] (اِمص.) خدایی.

الوهیت olūhīyyat [= ع. الوهیة] (مص جع.) خدایی، مقام الهی. ‖ **حضرت** ~ . حضرت باری تعالی.

الویه alviya(-e) [= ع. الویة] (اِ.) ج. لوا؛ درفشها، بندها.

اله elāh [ع.] (اِ.) خدا، خدای سزای پرستش.

اله alah (اِ.) (گیا.) صمغ مانندیست دارویی، مقل ازرق.

اله aloh [= آله] (اِ.) عقاب، آله (ه.م.)

الها elhā [ع: = الهاء] ← الهاء.

الهاء elhā' [ع.، ف.: الها] (مص م.) مشغول کردن.

الهام elhām [ع.] ۱ - (مص م.) بدل افکندن، در دل انداختن. ۲ - (مص ل.) در دل افتادن. ۳ - (اِمص.) در دل افکندگی خدای کاری نیك یا مطلبی را. ج. الهامات.

الهامات elhām-āt [ع.] (اِ.) ج. الهام (ه.م.)

اله کردن ela-kardan (عم.) ~ (و) بله (bela) **کردن**. ۱ - چنین و چنان گفتن. ۲ - لاف زدن.

الهه elāha(-e) [= ع. الهة] ۱ - (مص م.) پرستش کردن (غم.) ۲ - مؤنث «اله» (ه.م)، ربة النوع. **ضح.** - این کلمه را با «آلهه» (ه.م.) نبایداشتباه کرد.

الهی elāh-ī [ع.-ف.] (ص نسب.) منسوب به اله، خدایی: تأیید الهی، توفیق الهی. ‖ **حکمت** ~ (فل.) ← علم الهی ↓ ‖ **علم** ~ (فل.). دانش برین، خدا شناسی، یزدان شناخت، حکمت الهی؛ نزد قدما یکی از شعب ما بعد-

الطبیعه (←مابعدالطبیعه، بخش۲)، در معرفت واجب وعقول ونفوس.

الهیات elāh-īyy-āt [ع.] ج. الهیه. ۱ - آنچه مربوط به «اله» باشد. ۲ - (فل.) حکمت الهی (بمعنی اعم)، حکمت مابعدالطبیعه ← حکمت (نظری).

الهیت elāh-īyyat [= ع. الهیة] (مصجع.) خدایی، خداوندی: نورالهیت.

الهیون elāh-īyy-ūn [ع.] ج. الهی؛ خداپرستان، معتقدان بخدا.

الی elā [ع.] (حر. اض.) ۱ - بسوی. ۲ - تا: مثقالی ۲۵ الی ۳۰ ریال.

الیاف alyāf [ع.] (اِ.) ج. لیف؛ رشته‌ها، نخها.

الیجه alīǰa(-e) [قس. الاجه] (اِ.) نوعی پارچهٔ راه راه پشمی یا ابریشمی که بادست بافند؛ الاجه.

الیز alīz [= آلیز] (اِ.) ۱ - لگد انداختن ستور. ۲ - جفته، جفتك.

الیزیدن alīz-īdan [= آلیزیدن] (مصل.) ← آلیزیدن.

الیسون alīsūn [لا. alyssum] (اِ.) (گیا.) سنبل زرد (ه.م.)

الیف alīf [ع.] (ص.) ۱ - خوگر، خوگیر، معتاد. ۲ - دمساز، دوست.

الیق alyaɣ [ع.] (ص تفض.) درخورتر، سزاوارتر.

الی کاك alī-kāk [= آلوکك] (اِمر.) (گیا.) آلوکك (ه.م.)

الیم alīm [ع.] (ص.) دردناك، المناك، دردگین. ‖ عذاب ~ : عذابی که درد آن بغایت رسیده باشد.

الین alyan [ع.] (ص تفض.) نرم‌تر، نرمخوتر.

۱-ام am [= م، په. am] ۱-(ضم.) ضمیر شخصی متصل فاعلی، اول شخص مفرد (متکلم وحده). در فعل ماضی: رفت-م، گفت-م؛ درفعل مضارع: میرو-م، میگوی-م. ۲ - (ضم.) [= م] ضمیر شخصی متصل مفعولی؛ بفعل ملحق گردد: گفت-م (گفت مرا)، داد-م (داد مرا). ۳ - (ضم.) [= م]، ضمیر شخصی متصل اضافی؛ باسم ملحق گردد: کتاب-م، دفتر-م.

۲-ام am [= -م ← استن] (فع.) استم، هستم: منم، انسانم. ضح. - اگر کلمهٔ ماقبل مختوم به ā یا ū باشد، یایی فاصله شود: خدا-ی-م، هندو-ی-م.

ام em [په. im] (پش.) بمعنی این. برسر «اِمشب»، «امروز» و «امسال» درآید، یعنی این‌شب، همین شب...

۱- ام om(m) [ع.] (اِ.) ۱ - مادر. ج. امات. ۲ - مایه، اصل.

۲- ام om(m) (اِ.) (گیا.) گیشدر (ه.م.)

اما ammā [ع.] (ق.) تفصیل وتأکید را رساند؛ ولی، ولیك، ولیکن: «نظام الملك میگوید سلطان بیمار است، و اما قبول کرد که صلح کند.» (سلجوقنامهٔ ظهیری). ‖ ~ بعد. ← بخش۲.

۱-اما ommā (اِ.) (گیا.) گیشدر (ه.م.)

۲-اما ommā [تر. = اماخ] (اِ.) خواستن دل زن آبستن چیزی‌را وهوس شدید آن کردن:

«این عروس ما کنون آبستن است
چار ماهش تا بگاه زادن است.»
«ترسم او این بوی خوش چون بشنود،
- هفت قرآن درمیان - اما شود»
(دهخدا)

اماء emā' [ع.] (اِ.) ج. امه. (ama)؛ کنیزان، کنیزکان، پرستاران.

امات ommāt [ع.] (اِ.) ج. ام (omm)؛ مادران.

امانت emātat [= ع.امانة ← امانه] (مصم.) میرانیدن، کشتن.

اماته emāta(-e) [= ع.اماتة ← امانت] (مصم.) ← امانت.

اماثل amāsel [ع.](ص.) ج. امثل. ۱- برتران، بهتران، فاضلتران. ۲- گزیدگان، گزینان، برگزیدگان. ۳- نظیران، همانندان.

اماج omāǰ [= اوماج = اوماچ] (ا.) قسمی آش که با آرد گندم سازند.

اماجد amāǰed [ع.](ص.) ج. امجد؛ بزرگوارتران، بزرگواران.

امار amār [= آمار] (ا.) ← آمار.

۱- امارات amārāt [ع.] (ا.) ج. آماره؛ نشانه‌ها، نشانها.

۲- امارات emārāt [ع.] ج. اماره (امارت). ۱- ولایتها. ۲- فرمانفرماییها، سرداریها.

امارت emārat [= ع.امارة] ۱- (مص ل.) امیرشدن. ۲- (إمص.) فرمانروایی. ۳- فرماندهی، سرداری. ۴- (ا.) ولایت، حوزهٔ زیر فرمان امیر. ج. امارات.

امارت داشتن e.-dāštan [ع.-ف.] (مص ل.) ۱- امیربودن، فرمانروا بودن. ۲- فرمانده بودن، سردار بودن.

امارت مآبی e.-maāb-ī [ع.-ف.] (حامص.) در مورد احترام و تفخیم از «امیر» بدین عنوان یادکنند.

امارد amāred [ع.] (ص.) ج. امرد؛ پسران بی‌مو و ساده‌زنخ، ساده‌رویان، سادگان، بیریشان.

امارنطون amārantūn [معر. یو. amāranton] (ا.) (گیا.) گیاهی[1] از تیرهٔ مرکبیان که گریبانک گلهایش در فصول مختلف پایدار میماند؛ اماریقون، ابزازالعذرا.

امارنطون

۱- اماره amāra(-e) [= آماره = آمار] (ا.) ← آمار.

۲- اماره amāra(-e) [ع.] (ا.) نشان، نشانه، علامت. ج. امارات.

اماره ammāra(-e) [= ع.امارة] (ص.) ۱- بسیار امرکننده، اغواکننده بشر، برانگیزاننده‌ببدی. ۲- خواهشهای نفسانی که آمر اعمال شیطانی است:

« پری گفتش اگر اماره باشد
بتر ازخوك وسگ صدباره باشد.»
(الهی نامهٔ عطار)

|| **نفس ~** . ← نفس.

اماکن amāken [ع.](ا.) ج. امکنه، جج. مکان؛ جاها، جایها، سرزمینها. || **~ عمومی.** جاهای همگانی مانند مسجد، کاروانسرا و غیره. || **~ متبرکه.** سرزمینهای مقدس ←. || **~ مقدسه.** سرزمینهای پاك مانند بقعه‌های ایمه.

اماله emāla(-e) [= ع.امالة] (مصم.) ۱- میل‌دادن، برگردانیدن، خم‌دادن ۲- تنقیه‌کردن، داخل کردن‌مایعات‌در امعا واحشا ازپایین‌جهت پاك کردن‌معده ورفع یبوست. ۳- (اد.) میل‌دادن‌صوت «آ» (الف) به «- ی» (در قدیم یای مجهول ē و اکنون یای معروف ī)؛ کتاب = کتیب، حجاز = حجیز، سلاح = سلیح، حساب = حسیب.

امام amām [ع.](ق.) پیش، فراپیش.

امام emām [ع.] (ص.، ا.). ۱- پیشوا، پیشرو. ۲- (مل.) نزدشیعهٔ

۱ - **Immortelle** (فر.)

امانت‌گزاشتن

اثناعشری هریك از دوازده پیشوا که نخستین آنان ع‌علی بن ابی طالب و آخرین آنان مهدی ع است (یازده‌تن اخیر از نسل علی ع و فاطمه دختر محمد ص اند). نزد اسماعیلیه ، هریك از هفت پیشوا که شش‌تن نخستین‌همان شش امام‌اول شیعهٔ اثناعشری‌هستندوهفتمین‌اسماعیل ابن‌جعفر صادق ع باشد . ۳ ـ (تص.) قطب، شیخ. ج . ایمه (ائمه). ‖ ~ **جماعت.** پیشنماز . ‖ ~ **جمعه.** ۱ ـ پیشنمازی که روزجمعه در مسجدجامع نماز خواند . مقامی‌روحانی که دراصل موظف به پیشنمازی در مسجد جامع و اقامهٔ نماز جمعه‌بود،ولی بتدریج مبدل بشغلی شد و هنوز نیز این مقام در شهرهای ایران برقراراست . ‖ ~ **زمان.** ۱ ـ امام عصر، ولی‌عصر، امامی که درعهد خودمأمور هدایت‌خلق‌است. ۲ ـ (اِخ.) امام دوازدهم شیعیان ، مهدی ع. ‖ ~ **عصر.** امام زمان ↑ .

امامت emāmat [= ع. امامة] (مص ل.) ۱ ـ پیشوایی کردن . ۲ ـ (اِمص .) پیشوایی . ۳ ـ پیشنمازی.

امامت کردن e.-kardan [ع.-ف.] (مص ل.) ۱ ـ پیشوایی کردن . ۲ ـ پیشنمازی کردن.

امام زاده e.-zāda(-e) [ع.-ف.] (ص مر.) فرزند یا نوادهٔ یکی ازامامان دوازده گانه (← امام.) ‖ ~ ِ **بی‌معجز.** (عم .) ۱ ـ کسی که کاری از دستش ساخته نیست . ۲ ـ کوته نظر . ۳ ـ خسیس. ‖ ~ ِ **جل بند.** (عم.) کسی که جامهٔ بسیار پوشد.

امامی emām-ī [ع.-ف.] (ص نسب.) ۱ ـ منسوب به امام (ه . م .) ۲ ـ شیعی.

امان amān [ع.] ۱ ـ (مص ل) بی‌بیم‌شدن. ۲ ـ (اِمص.) بی‌ترسی، ایمنی. ۳ ـ حفاظت، عنایت. ۴ ـ (اِ.) زنهار، پناه . ‖ ~ ِ **کسی‌را بریدن.** (عم .) اورا بستوه آوردن . ‖ **در ~ بودن .** درپناه بودن.

امانات amānāt [ع.] ج. امانت (ه.م.)

امان خواستن amān-xāstan [ع.-ف.] (مص م.) درخواست زنهار کردن، امان‌طلبیدن، بزنهار درآمدن.

امان دادن a.-dādan [ع.-ف.] (مص م.) زنهاردادن ، کسی را درکنف حمایت خودگرفتن.

امان طلبیدن a.-talabīdan [ع.-ف.] (مص م.) امان خواستن.

امان‌یافتن a.-yāftan [ع.-ف.] (مص ل.) زنهاریافتن، درکنف حمایت کسی درآمدن .

امانت amānat [= ع. امانة] ۱ ـ (مص ل.) امین بودن . ۲ ـ (اِمص.) راستی، درستکاری؛ مق. خیانت. ۳ ـ استواری . ۴ ـ (اِ.) مال یا چیزی که بکسی برای‌نگاهداشتن‌سپرند؛ سپرده، زنهار، ودیعه. ۵ ـ بستهٔ ممهور که به پستخانه‌دهند تا آنرا بمقصدی‌برساند . ‖ **از من بتو ~ .** (عم.) این جمله را هنگام اندرزدادن‌گویند . ۶ ـ (تفس.) تکالیفی که خدای‌تعالی‌برای‌خلق‌تعیین کرده از عبادات وطاعات . ۷ (تص.) جامعیت اسما و صفات یا هستی حق . ۸ ـ (تص.) استعدادی که‌خدای‌تعالی‌برای کسب‌خیر و علم و عشق در دل انسان بودیعت نهاده. ج. امانات.

امانت گذاشتن a.-gozāštan [ع.-ف.] (مص م.) چیزی را نزد کسی‌ودیعه نهادن.

امانت گزاشتن a.-gozāštan [ع.-

امانت‌دار

ف. = امانت گزاردن](مصم.)پس دادن ودیعه، اداکردن امانت: «انك‌لتؤدی‌ـ الامانة... ازآنك توامانت گزاری...» (کشف الاسرار).

امانت دار a.-dār [ع.ـ ف.] (إفا.) ۱ ـ کسی که امانت (ه.م.) نگاه‌دارد. ۲ ـ امین.

امانت داری a.-dār-ī [ع.ـ ف.] (حامص.) ۱ ـ عمل امانت دار (ه.م.) ۲ ـ درستی، امینی.

امانت‌کار a.-kār[ع.] (صفا.) ۱ ـ آنکه شغل او نگاهداشتن امانت (ه.م.) است. ۲ ـ امین، عامل امین.

امانت‌گذار a.-gozār [ع.ـ ف.] (إفا.) آنکه چیزی را بعنوان امانت بکسی سپرد.

امانت‌نگهدار a.-negah-dār[ع.ـ ف.] (إفا.) آنکه ودیعهٔ کسی راحفظ کند و در موعد بدو برگرداند؛ امانت دار.

امانتی amānat-ī [ع.ـ ف.] (ص نسبـ.، اِمر.) مال یا چیزی که بعنوان امانت بکسی سپارند؛ ودیعه.

۱ ـ امانی amānī [ع. amānīyy] (ص نسبـ.امانت) امانتی (ه.م.)

۲ ـ امانی amānī[ع.] (إ.) ج.امنیه؛ آرزوها، مرادها.

امباز ambāz [=انباز= همباز= هنباز] (ص.)←انباز.

امبازی ambāz-ī [= انبازی = همبازی= هنبازی] (حامص.) ← انبازی.

امباسلوقی embāslūɣī (إ.) (گیا.) مو(ه.م.)

امبراطور emberātūr [معر. امپراتور(ه.م.)] (إ.) ← امپراتور.

امبربارس ambérbāres ← امبرباریس.

امبرباریس amberbarīs [= امبربارس= انبرباریس(ه.م.)] (إ.) (گیا.) زرشك (ه.م.)

امبرو ambrū [= امرود] (إ.) (گیا.) گلابی (ه.م)

امبل ambal [= آمله] (إ.) (گیا.) آمله (ه.م.)

امبورتل ombūrtel (إ.) (گیا.) انجیلی (ه.م.)

امپراتریس emperātrīs [فر. impératrice] (إ.)زوجهٔامپراتور، ملکه، شهربانو، امپراطریس.

امپراتور emperātūr[= امپراطور، لا. impérator] (إ.) ۱ ـ عنوان سرداران روم‌قدیم. ۲ـ پادشاه مقتدری که بر ممالك و نواحی بسیار سلطنت کند، شاهنشاه. امبراطور، ایمپراطور.

امپراتوری emperātūr-ī [لا.ـ ف.](حامص.) ۱ ـ شاهنشاهی کردن. ۲ ـ سلطنت وحکومتی که در رأس آن امپراطور (ه.م.) قرار دارد. ۳ ـ (سیا.) مجموعهٔممالك ونواحیی که‌تحت سلطنت‌امپراطور(ه.م.)است،شاهنشاهی. ۴ـ مجموعهٔ ممالکی که تحت نظردولتی مقتدر اداره شود.

امپراطریس emperātrīs (إ.) ← امپراتریس.

امپراطور emperātūr (إ.) ← امپراتور.

امپراطوری emperātūr-ī(حامص.) ←امپراتوری.

امپریال amperyāl[فر. Impérial، امپراتوری] ۱ ـ (ص.) امپراتوری، شاهنشاهی (غم.) ۲ ـ (إ.) سکه‌ای‌طلا که در دورهٔتزاری‌در روسیه رواج‌داشته است. ۳ ـ نوعی بازی ورق.

امپریالیست amperīyālīst [فر.

Impérialiste] (ص ۰) (سیا۰) طرفدار امپریالیسم (ه.م.) ، هواخواه امپراتوری.

امپریالیسم amperyālīsm [فر ۰ Impérialisme] (إ.) ۱ - (سیا.) طرفداری ازحکومت‌امپراتوری . ۲ - (سیا۰) سیاستی‌که مرام وی بسط نفوذ وقدرت‌کشورخویش برکشورهای دیگر است.

امت ommat [= ع.امة] (اِجمع) ۱ - پیروان، پس‌روان. ۲- گروه. ج. امم(ع۰) امتان (ف.) ‖ **ـِ مرحوم(مرحومه.)** گروه پیروان رحم شده، مسلمانان

امتثال emtesāl [ع۰] ۱ - (مصم.) فرمان بردن ، فرمان بجای آوردن ، فرمانبرداری کردن ۰ ۲ - (اِمص۰) فرمانبرداری،فرمان‌پذیری،فرمانبری.

امتثالاً emtesāl-an [ع۰] (ق.) از روی اطاعت، بطریق امتثال (ه.م۰)

امتحان emtehān [ع۰] ۱ - (مصم۰) آزمودن، آزمایش‌کردن. ۲- (اِمص.) آزمایش، تجربه، آزمون (فره.) ۳ - (تص.) آزمایش دل اولیا بگونه گونه بلاها که‌ازحق‌تعالی‌بدان‌آید (هجویری) ج. امتحانات. ‖ **ـِ نسج‌زنده. بافت** برداری (فره.).

امتحانات emtehān-āt [ع ۰] ج ۰ امتحان (ه.م۰)؛ آزمایشها، آزمونها ؛ امتحانات دانش آموزان سالی دوبار انجام میشود.

امتداد emtedād [ع۰] ۱- (مصل.) کشیده شدن، دراز شدن. ۲ - (اِمص۰) کشش،کشیدگی، درازی، راستا(فره.). ۳ ـ طول . ‖ **ـِ زمان.** طول زمان ، طول مدت ۰ ۳ - (فز.) درمبحث نیرو خطی را گویند که حامل(ه.م۰) برآن قرار دارد. ج. امتدادات.

امتدادات emtedād-āt [ع۰] ج ۰ امتداد (ه.م.)

امتزاج emtezāǰ [ع۰] ۱ - (مصل.) آمیخته شدن. ۲ - (اِمص.) آمیختگی، آمیزش . ۳ - (شم.) ترکیب شدن دو یا چند جسم باهم‌چنانکه مرکب جسم شباهتی باجسام مفردهٔ خویش نداشته باشد. ج.امتزاجات. ‖ **اختلاط و ـــ** ۰ (حس.)←اختلاط.

امتزاجات emtezāǰ-āt [ع ۰] ج ۰ امتزاج (ه.م.)

امتساك emtesāk [ع۰] ۱- (مص‌ل۰) چنگ زدن،چنگ در زدن. ۲ - نگاه داشتن.

امتصاص emtesās [ع۰] (مص م ۰) مکیدن، مکیدن شیرهٔ چیزی را.

امتعه amtea(-e) [=ع.امتعة] (إ.) ج.متاع؛ کالاها.

امتلا emtelā [= ع . امتلاء] ← امتلاء ۰

امتلاء emtelā' [ع۰،ف ۰: امتلا] ۱ - (مص‌ل.) پرشدن. ۲ - (اِمص.) پری . ۳ - (پز.) پری شکم←امتلاءِ معده ↓ ۴ ـ (پز ۰) فراوانی خون و اخلاط . ‖ **ـِ معده.** (پز ۰) ۱ - رودل (ه۰م۰) ۲ - (پز .) تخمه (ه.م.) ۳ - (پز۰) نفخ شکم در اثر پر خوری ، زیاده روی وافراط در غذا خوردن؛ بر آمدگی شکم در اثر پر خوری . ۴ - (پز.) سنگینی معده‌در اثر خوردن‌غذا و عدم هضم آن بسبب کندی کار معده و اختلال کار باب‌المعده و کند کار کردن روده‌ها.

امتناع emtenā' [ع۰] ۱ - (مصل.) بازایستادن،سرباز زدن. ۲ - (اِمص.) خود داری ۰ ۳ ـ (فل .) ضرورت عدم شیء (← امکان ، وجوب ، ممکن ، ممتنع‌الوجود) ۰

امتناع کردن e.-kardan [ع.-ف.] (مصل.)خودداری کردن، اباء کردن.

امتناع ورزیدن e.-varzīdan [ع.- ف.) (مص ل.) امتناع کردن (ه.م.)

امتنان emtenān [ع.] (مص ل .) ۱ - منت داشتن،منت پذیرفتن، سپاس داشتن. ۲ - منت نهادن،منت گذاشتن. ۳ - نعمت دادن. ج.امتنانات.

امتهال emtehāl [ع.] ۱ - (مصم.) مهلت دادن، زمان دادن. ۲- (امص.) آهستگی.

امتیاز emtiyāz [ع.] ۱ - (مصل.) جدا شدن از یکدیگر. ۲ - برتری داشتن، مزیت داشتن. ۳ - (امص .) رجحان، مزیت، فضیلت: امتیاز من بر او در این بود که... ۴ - اجازه‌ای که دولت برای ایجاد کارخانه، استخراج معدن، انتشار روزنامه وغیره به کسی دهد. ۵- (ور.) به فعالیتهای مثبت و منفی قهرمانان نمره هایی داده می‌شود که امتیاز بد وخوب محسوب می گردد. دررشته‌های ورزشی تعداد امتیاز محدود نیست ولی درژیمناستیک وشیرجه تعداد آن از ۱۰ تجاوز نمی کند : جمشید سه امتیاز آورد . ج . امتیازات . ‖ صاحب ــــ (ه.م.)

امتیازات emtiyāz-āt [ع.] ج . امتیاز (ه.م.)

امتیاز آوردن e.-āvardan [ع. - ف.](مصل) بدست آوردن نمره‌هایی دریکی از انواع ورزش ← امتیاز ۵.

امتیاز گرفتن e -gereftan [ع . - ف.] (مصل.)، اجازهٔ احداث کارخانه یا استخراج معدن و یا انتشار روزنامه ومانند آنرا از دولت گرفتن.

امتیك emetīk [فر. émétique] (إ.) (شم.) داروی قی آور که از ترترات دوپتاس وانتیمون ترکیب‌شده.

امتین emetīn [فر. émétine](إ.) (گیا.، شم.) ماده‌ایست بشکل فلسهای قهوه‌یی رنگ ، که آنرا ازریشهٔ اپیکا بدست آرند . طعمش تلخاست ودرآب گرم‌زود حل‌میشود ودر۵۰درجه‌حرارت ذوب میگردد.

۱ - امثال amsāl [ع.] (إ.)ج. مثل (me-)؛ همانندان ، مانندها، مثلها .

۲ـ امثال amsāl [ع.] (إ.) ج . مثل (masal)؛ داستانها، مثلها.

امثل amsal [ع.] (ص تفض.) ۱ - گزیده‌تر، برتر، بهتر. ۲ - شریفتر. ۳ - فاضلتر. ج. اماثل.

امثله amsela(-e) [=ع.امثلة] (إ.) ج. مثال ۱ - فرمانها. ۲ - مانندها . ۳-داستانها. ‖ ــــ شرعیه.مسایل‌دینی.

امجاد amǰād [ع.] (ص.) ج.ماجد، مجید؛ بزرگواران.

امجاد emǰād (مصم.) ۱ - بزرگ داشتن، ببزرگی ستودن . ۲ - بسیار بخشیدن.

امجد amǰad [ع.] (ص تفض.) بزرگوارتر.

امحا emhā [= ع . امحاء .]← امحاء .

امحاء emhā' [ع.-ف.: امحا] (مص م.) محوکردن، ناپدیدکردن، از میان بردن چیزی.

امحاض emhāz [ع.](مصل.) دوستی خالص کردن.

امد amad [ع.] (إ.) ۱ - غایت : نهایت، پایان،فرجام. ۲ - اجل.

۱ - Point (فر.)

امداد amdād [ع.] (اِ.) ج. مدد ؛ یاران.

امداد emdād [ع.] (مص م.) ۱ - یاری کردن، یاری دادن، مدد کردن. ۲ - (اِمص.) یاری ، کمك ، کومك ، اعانت.

امدادی emdād-ī [ع.-ف.] (ص نسب.) ۱ - منسوب به امداد (ه.م.) ۲ - (ور.) در ورزشهای دو و میدانی ودوچرخه سواری نوعی ازمسابقه است که چندتن بافاصله های معینی در یك مسیر ایستاده با کمك یکدیگر آن مسافت را طی کنند.

امر amr [ع.] ۱ - (مص م.) فرمودن، دستور دادن؛ مق. نهی. ۲ - (اِ.) فرمان، حکم، فرمایش. ج. اوامر. ۳ - کار، شأن. ج. امور. ۴ - حادثه. ج. امور. ۵ - (دس.) دستور دادن اجرای کاری است وآن بر دو قسم است: **امر حاضر** - دال بر فرمودن کاریست بمخاطب (دوم شخص). مفرد امر حاضر غالباً همان ریشهٔ فعل است. امر حاضر دوصیغه دارد: مفرد، جمع: کن، کنید، وغالباً با «ب» استعمال میشود: بخوان، بخوانید. ضح. - منفی امر را «نهی» (ه.م.) گویند. **امر غایب** - دال بر فرمودن کاریست بغایب (سوم شخص)، وآن با افزودن «ـَد» (سوم شخص مفرد) و «ـَند» (سوم شخص جمع) بمفرد امر حاضر، ساخته شود: سوزد، سوزند؛ وغالباً با «به» استعمال شود: برود، بخوانند. ۶ - (تص.) **عالم ~** . آفرینش بر دو نوع است: ملك وملکوت، وآنرا خلق وامر گویند: درقرآن آمده. الاله الخلق والامر (سورهٔ اعراف آیهٔ ۵۳) عالم امر عبارت از ضد اجساد واجسام است که قابل مساحت وقسمت وتجزی نیست ؛ «آنکه باشارت امر «کن» بی توقف در وجود آمد.» (مرصادالعباد) ‖ **~ ِ مشترك**. ← مشترك. ‖ **~ ونهی**. ۱ - فرمودن و بازداشتن کسی را از کاری. ۲ - (شرع.) امر بمعروف ونهی ازمنکر. ۳ - دستور دادن. ۴ - (دس.) فعل امر (← امر) وفعل نهی (← نهی). ‖ **~ ِ خیر**. ۱ - کارخیر. ۲ - عروسی. ‖ **~ ِ معروف، امر بمعروف**. امر کردن بکارهای نیك که در اسلام معروف شناخته شده ،مانند نماز و روزه و حج وزکات وغیره.

امر amar(r) [ع.] (ص تفض.) تلخ‌تر.

امرا omarā [ع. امراء] ← امراء.

امراء omarā' [ع.، ف.: امرا] (ص.، اِ.) ج. امیر ؛ امیران ، فرماندهان ، میران، سرداران . ‖ **~ ِ تومان**. (نظ قد.) ج. امیرتومان . ‖ **~ ِ کلام** . ادیبان و شاعران. ‖ **~ ِ لشکر**. (نظ. قد.) فرماندهان لشکر.

امراء زاده o.-zāda(-e) [ع.-ف.] (اِمر.) امیرزادگان (صفویان).

امرائی omarā'-ī [ع.-ف.] (ص نسب.) منسوب به امراء (ه.م.)

امرار emrār [ع.] (مص م.) ۱ - گذرانیدن کسی را ازجایی، عبوردادن. ۲ - گذرانیدن وقت . ۳ - (اِمص.) روزگذرانی ، وقت گذرانی . ‖ **~ ِ معاش**. گذرانیدن زندگانی از طریق کسب وکاری.

امراض amrāz (اِ.) ج. مرض (پز.) ؛ ناخوشیها[1] ، بیماریها (ه.م.)

امرء emra' [ع.] (اِ.) مرد.

امرأه emraa [ع.] مؤنث امرء؛ زن. ج. نساء ، نسوه، نسوان.

امر پذیر amr-pazīr [ع.-ف.] (اِفا.) پذیرندهٔ فرمان، قبول کنندهٔ امر.

۱ - Les maladies (فر.)

امرحاضر a.-e hāzer [ع.] (إمر.) ← امر (حاضر).

امرد amrad [ع.] (ص.) ۱ - بیموی، ساده‌روی، ساده، بیریش. ۲ - جوان. ۳ - پسر بدکار، مفعول. ج. امارد، مرد (mord).

امرداد amordād,amer.- [= مرداد] (إ.) ← مرداد.

امرغایب amr-e γāyeb [ع.] (إمر.) ← امر (غایب).

امرکردن amr-kardan [ع.-ف.] (مصم.) دستوردادن، فرمودن.

امرمعروف a.-e ma'rūf [ع.] (إمر.) ← امر(معروف).

امروت amrūt [= امرود] (إ.) (گیا.) ← امرود.

امرود

امرود amrūd [= امروت = مرود = امبرو = انبرود = انبروت = ارمود، په. anbarōt، amrōt] (إ.) (گیا.) گلابی (ه.م.)

امروز em-rūz (قمر.) این روز، همین‌روز، روزی که در آن هستیم. ‖ **~ وفردا**. همین روزها، بزودی. ‖ **~ وفرداکردن**. مماطله، تأخیر کردن.

امروزه em-rūz-a(-e) (قمر.) این‌زمان، این عهد، همین‌عصر.

امروزی em-rūz-ī (ص‌نسب.) ۱ - منسوب به امروز، امروزین. ۲- باب روز، مد. ۳- آنکه مطابق معمول‌عصر رفتار کند: فلان مرد امروزی است. ۴ - تازه، جدید.

امروزین em-rūz-īn (ص‌نسب.) منسوب به امروز (ه.م.)، امروزی.

امروزین‌روز e.-rūz (صمر.،قمر.) باب‌روز، مدروز.

امروزینه em-rūz-īna(-e) (ص‌نسب.،قمر.). ۱ - امروزین (ه.م.) ۲ - تازه، جدید.

امری amr-ī [ع.-ف.] (ص‌نسب.) منسوب به «امر» (ه.م.) ‖ **وجه ~**. (دس.) آنست که کار را بطور حکم و فرمان وخواهش بیان کند: برو، بروید؛ بگو، بگویید. امر منفی را «نهی» گویند و جزو وجه‌امری بشمارمیرود: مرو، مروید.

امریکایی amrīkā-yī,em- [= آمریکایی] (ص‌نسب.) منسوب به آمریکا (← آمریکا، بخش۳)، از مردم آمریکا؛ آمریکایی.

امزجه amzeǰa(-e) [= ع.امزجة] (إ.) ج.مزاج(ه.م.)؛سرشتها، آمیزشها.

امس ams [ع.] (ق.) دیروز.

امسا emsā [= ع.امساء] ← امساء.

امساء emsā' [ع.،ف.: امسا] (مصل.) شبانگاه‌کردن، درشبانگاه‌شدن.

امساك emsāk [ع.] ۱ - (مصل.) باز ایستادن. ۲ - خودداری کردن از خوردن غذا. ۳ - چنگ درزدن، تشبث کردن. ۴ - خاموش‌شدن. ۵ - (مصم.) بازداشتن. ۶ - نگاهداشتن. ۷ - (إمص.) خودداری. ۸ - کم‌خواری. ۹ - بخل، خست، زفتی. ‖ **~ درغذا**. کم‌خوردن.

امسال em-sāl (قمر.) این سال، سالی که درآن هستیم، هذه‌السنه.

امساله em-sāl-a(-e) ۱ - (ص‌نسب.) منسوب به امسال (ه.م.) ۲ - (قمر.) (عم.) همین سال، امسال.

امسالین em-sāl-īn (ص‌نسب.) منسوب به امسال، امساله.

امسیه amsiya(-e) [= ع.امسیة] ج.مساء؛ شبانگاهها.

امشاج amšāǰ [ع.] (اِ.) ج. مشج (غم.) ۱ - آب مردآمیخته با آب زن وخون آن . ۲ - آنچه در ناف گرد آید .

امشاسپند amešā-spand ← بخش۳.

امشاسفند amešā-sfand [= امشاسپند] ← بخش۳.

امشب em-šab (قمر.) شبی که در آن هستیم، این‌شب، همین‌شب.

امصار amsār [ع.] (اِ.) ج . مصر؛ شهرها.

امضا emzā [=ع. امضاء] ← امضاء.

امضاء emzā' [ع. ، ف. : امضا] ۱ - (مصم.) گذرانیدن، راندن، روان کردن . ۲ - جایز داشتن . ۳ - (اِ.) علامتی که پای نامه یا سندگذارند، نام خود که در زیر ورقه نویسند ، دستینه. ‖ ~ مجاز. ← مجاز. ‖ نمونهٔ ~ . امضایی که اشخاص بعنوان نمونه در بانکها و مؤسسات مشابه‌کنند، و آن ملاك امضای آنانست[1].

امطار amtār [ع.] (اِ.) ج ، مطر ؛ بارانها.

امطار emtār [ع.] ۱-(مصل.) باران آمدن، فروباریدن. ۲-(مصم.) بارانیدن باران.

امعا am'ā [=ع. امعاء] ← امعاء.

امعاء am'ā' [ع.، ف.: امعا] (اِ.) ج. معی؛ روده‌ها.

امعان em'ān [ع.] (مصم.) ۱ - ژرف‌دیدن، ژرف نگریستن . ۲ - دور رفتن، دورراندن. ۳ - دوراندیشیدن، غور کردن . ۴ - (إمص.) دوراندیشی، دقت. ‖ ~ نظر. ۱ - نگاه‌کردن با زیرکی وفراست ، بدقت‌نظرکردن. ۲- غوررسی، دقت.

امغیلان، ام غیلان am(m)oɣaylān [=مغیلان] (اِ.) (گیا.) ← مغیلان.

امکان emkān [ع.] ۱ - (مصم.) قادرگردانیدن بر کاری . ۲ - پا برجا کردن. ۳ - دست‌یافتن. ۴ - (مصل.) آسان‌بودن، میسر بودن . ۵ - (إمص.) احتمال . ۶ - توانایی ، قدرت . ۷ - (فل.) امری‌که وجود یاعدم‌آن (هردو) ضروری نباشد، آنچه که بود و نبودش مساوی باشد، مانند: انسان وحیوان‌و نبات و جماد ؛ مق . وجوب (ه.م.) و امتناع (ه.م.) ج. امکانات.

امکانات emkān-āt [ع.] ج. امکان (ه.م.)؛ باجمیع امکانات.

امکان پذیر emkān-pazīr [ع.-ف.] (إفا.) قابل‌امکان، ممکن .

امکان پذیری e.-pazīr-ī [ع.-ف.] (حامص.) قابلیت امکان (ه.م.)، ممکنیت.

امکن amkan [ع.] (ص‌تفض.) ۱ - تواناتر. ۲ - جادارتر.

امکنه amkena(-e) [=ع. امکنة] (اِ.) ج.مکان؛ جاها، جایها، مکانها.

امل amal [ع.](اِ.) امید، آرزو. ج. آمال . ‖ قصر ~ . کاخ آرزو ← قصرالامل(بخش۲).

امل ommol [ازع. ام‌ال... (ام‌السلمه، ام‌البنین) ، قس . ابل] (ص.) ۱ - کسی که‌بآداب‌تجدد و تمدن‌آشنا نباشد (بیشتر در مورد زنان استعمال شود)، زن‌شلخته و بد سر و وضع.

املا emlā [=ع. املاء] ← املاء.

املاء emlā' [ع.،ف.:املا] ۱ - (مصم.) پرکردن (غم.) ۲ - مطلبی را تقریر کردن تا دیگری بنویسد.

---

۱ - Specimen signature (انگ.)

۳ - (اِمص.) نوشتن مطلبی که بشخص تقریر کنند، دیکته. ۴ - طریقهٔ نوشتن کلمات، درست نویسی، رسم الخط.

املاح amlāh [ع.] (اِ.) ج. ملح. ۱ - نمکها. ۲ - (شم.) ← نمکها.

املاق emlāɣ [ع.] ۱ - (مص ل.) بی‌چیز شدن، درویش گردیدن. ۲ - (اِمص.) تهیدستی، درویشی.

املاک amlāk [ع.] (اِ.) ۱ - ج. ملک (melk)؛ داراییها، ثروتها، ملکها. - اززمان اعلیحضرت رضا شاه ببعد مفهوم خاصی یافته و اطلاق بملکهای شاه شده و پس از استعفای شاه به «املاک واگذاری» موسوم گردیده، واخیراً جزو موقوفات اعلی حضرت محمدرضا شاه پهلوی درآمده. ‖ ~ دولتی. ۱ - ضیاع سلطانی. ۲ - خالصه ها، خالصجات. ‖ ~ ضبطی. ← املاک متصرفی ←. ‖ ~ متصرفی. املاک یاغیان و گردنکشان که موقتاً بعنوان مجازات از طرف دولت ضبط شده باشد (قاجاریه)؛ املاک ضبطی. ۲ - ج. ملک (malak)؛ فرشتگان، فریشتگان؛ ملایک؛ قوای روحانی:

«تا چه مستیها بود املاک را
وز جلالت روحهای پاک را!»
(مثنوی)

۳ - ج. ملک (malek)؛ شاهان، پادشاهان (غم.)

املال emlāl [ع.] (مص م.) بستوه آوردن، ملول کردن، ستوه کردن.

املت omlet [فر. omelette] (اِ.) خوراکی است که با تخم مرغ و مواد دیگر تهیه کنند؛ خاگینه، نیمرو.

املج amlaǰ [معر. آمله] (اِ.) (گیا.) آمله (ه.م.)

املح amlah [ع.] (ص تفض.) ۱ - نمکین‌تر، با نمک‌تر.

املس amlas [ع.] (ص.) ۱ - ساده. ۲ - نرم، هموار؛ مق. خشن. ۳ - نغز.

املون amelon (اِ.) (گیا.) نشاسته ← ۲ - نشاستهٔ.

املی emlī (emlē قد.) [ممال املا = املاء] ← املاء:

«مذکران طیورند بر منابر باغ
زنیم‌شب مترصد نشسته املی را.»
(انوری)

امم omam [ع.] (اِ.) ج. امت. ۱ - پیروان انبیا. ۲ - گروهها.

امن amn [ع.] ۱ - (مص ل.) بی‌بیم بودن، ایمن شدن. ۲ - (اِمص.) بی بیمی، بی‌ترسی. ۳ - اطمینان، آرامش قلب؛ مق. خوف. ۴ - راحت، آسایش. ۵ - (ص.) در فارسی گاه بجای وصف «آمن» یعنی آرام و آسوده بکار رود: مملکت امن است. ‖ ~ سرمدی. ۱ - بیهراسی دایمی. ۲ - (تص.) جهان لایتغیری که حقیقت وجود درآنجا تحقق می‌پذیرد. ۳ - (تص.) عالم ذات و صفات.

امنا omanā [= ع. امناء] ← امناء.

امناء omanā' [ع. ف.: امنا] ج. امین. ۱ - زنهارداران، امینان، امانت داران. ۲ - معتمدان، استواران، کسانی که بر آنان اعتماد کنند. ۳ - (تص.) ملامتیه را گویند ← ملامتیه (بخش ۳). ‖ ~ تذکره. ج. امین تذکره (ه.م.)

امنع amna' [ع.] (ص تفض.) منیع‌تر، بلندتر، استوارتر.

امن گاه amn-gāh [ع.-ف.] (اِمر.) جای ایمن، جای امن.

امنیت amn-īyyat [ع.] (مص جع.) ۱ - ایمن شدن، در امان بودن. ۲ - بی‌بیمی.

امنیت omnīyyat [= ع. امنیة] ←

امنیه] (إ.) ← امنیه (‎-om.) .

امنیه amn-īyya(-e) [از ع.] (إ.) سرباز مأمور حفظ انتظام و آرامش در طرق و شوارع وقری وقصبات؛ ژاندارم (ه.م.) ‖ ادارهٔ ـــ . ← ادارهٔ ژاندارمری (ه.م.)

امنیه omnīyya(-e) [ع. امنیة ← امنیت] (إ.) آرزو، خواهش، امید. ج. امانی.

اموات amvāt [ع.] (إ.) ج. میت؛ مردگان، درگذشتگان.

امواج amvaǰ [ع.] (إ.) ج. موج؛ خیزابها، کوهه‌ها، موجها.

اموال amvāl [ع.] (إ.) ج. مال؛ خواسته‌ها، مالها.

امور omūr [ع.](إ.) ج. امر. ۱ـ کارها، عملها. ۲ـ شغلها. ۳ـ حادثه‌ها. ج. (غفص.) امورات (ه.م.)

امورات omūr-āt [ع.] ج. امور؛ جج. امر (غفص.) ← امور، امر: «صدر اعظم امورات لازمهٔ مهمه را بخاکپای مبارك عرضه داشته...»(از لایحهٔ قانون مشیرالدوله صدراعظم که بصحهٔ ناصرالدین شاه رسیده).

اموسنی amvesnī [= آموسنی] (إ.) دوزن که یك شوهر داشته باشند، هر یك دیگری را اموسنی باشد.

امونیاك amonyāk (إ.) (شم.) ← آمونیاك.

اموی omavī, amavī [ع. omavīyy, amavīyy] (ص نسب.) منسوب به امیه، بنی امیه. ج. امویین.

امویین omavīyy-īn, am.- [ع.] ج. اموی (ه.م.)؛ بنی امیه.

امه ama(-e) [= ع. امة] (إ.) پرستار، کنیز، خادمه. ج: اماء.

امه omma(t) [ع. امة ← امت] (إ.) ← امت.

امهات ommahāt [ع.] (إ.) ج. امهة [ommaha] (مفرد در فارسی غم.) ۱ـ مادرها، مادران. ضح. ـ بعضی قایلند که در ج. ام (ه.م.) برای غیرذوی العقول «امهات» آرند و برای ذوی العقول «امات». ‖ ـــِ اربعه. چار مادر، چهار آخشیج، چهار گوهر: باد، خاك، آب و آتش؛ مق. آباءِ علوی. ‖ ـــِ حیوان. ← امهات اربعه. ‖ ـــِ سفلی. ← امهات اربعه. ۲ـ مهمات، مهمترین: از امهات کتب.

امهاتی ommahāt-ī [ع.ـ ف.] (ص نسب.) منسوب به امهات (ه.م.)، مربوط به امهات.

امهار amhār [ع.] (إ.) ۱ـ ج. مهر (mahr)؛ کابینها. ۲ـ ج. مهر (mohr) (ه.م.)، مهرها. ضح. ـ بمعنی اخیر غلط مشهور است، ولی استعمال آن بسبب تداول عیبی ندارد (قزوینی. بیست مقاله ج۱ ص۷۲ـ ۷۳).

امهار emhār [ع.] (مص م.) ۱ـ کابین کردن. ۲ـ نکاح دادن زنی را با غیری بمهر.

امهال emhāl [ع.] (مص م.) مهلت دادن، زمان دادن، روزگار دادن.

امی omm-ī [ع. ommīyy] (ص نسب.) ۱ـ منسوب به «ام»، مادری؛ مق. ابی، ابوی: جد امی. ۲ـ (مج.) کسی که درس نخوانده و خواندن و نوشتن نداند، نانویسنده، ناخوانا. ‖ ـــِ صادق کلام. محمد بن عبدالله ص. ‖ پیغمبر (رسول، نبی) ـــ . محمدبن عبدالله ص. ۳ـ کودن، گول. ۴ـ کم‌سخن، قلیل الکلام. ۵ـ (گیا.) ننه‌حوا (ه.م.)

امیال amyāl [ع.] (إ.) ۱ـ ج. میل

امید

(mīl)(مقیاس)←۲ـ میل۲ـ درفارسی گاه جمع میل(mayl) آید؛ خواهشها، کامها.

امید (قد. omīd ,ommīd (ōmēδ [=اومید؛ په. ōmēt] (ا.) ۱ـ آرزو، رجا. ۲ـ چشمداشت، توقع، انتظار. ۳ـ اعتماد، استواری.

امیدبستن o.-bastan(مص ل.) ــــ بر. امید پیدا کردن نسبت به، امیدوار شدن به.

امید داشتن o.-dāštan (مص ل.) امیدوار بودن، امل.

امیدلیس o.-līs(ص مر.) ۱ ـ آنکه باآرزوی زندگی بهتر روز گذراند. ۲ ـ آنکه باامید دریافت صله و جایزه بدر ارباب کرم رود (شاعر ، مداح ، درویش وغیره):

«گفت اورا و دوصد امیدلیس
توبمن بگذاروا ین برمن نویس.»
(مثنوی)

امیدوار o.-vār (ص مر.) ۱ ـ آرزومند. ۲ ـ متوقع ، منتظر ؛ مق. ناامید، نومید.

امیدواری o.-vār-ī (حامص.) امیدوار (ه.م.) بودن، امید داشتن.

امیر amīr [ع.=میر] (ص.،ا.) ۱ ـ کسی که فرمانروا بر قومی باشد ؛ پادشاه. ۲ـ درجه‌ای پایین‌تر ازپادشاه. ۳ ـ حاکم. ۴ ـ فرمانده سپاه، سردار، سپهسالار. ج. امراء (امرا).

امیرآخر(آخور) a.-āxor[ع.ـف.] (اِمر.) [=میرآخور] کسی که بامور اصطبل قیام کند، وآن یکی از مناصب دربار پادشاهان شرق بود← میرآخر.

امیرآخر(آخور)باشی a.-ā.-bāšī [ع.ـف.ـ تر.] (اِ مر.) رئیس امیر آخران.

امیرامراء a.-e-omarā' [از ع.] (اِمر.)← امیرالامراء(بخش۲) ↓

امیرامیران a.-e-amīr-ān [ازع.ـ ف.] (اِمر.) امیری که بر دیگران ریاست دارد ، ملك الامراء(سلجوقیان).

امیربار a.-e-bār [ع.ـ ف.] [= میربار] (اِمر.) سالاربار، میربار.

امیربحر a.-e-bahr [ع.] (اِمر.) ← امیرالبحر(بخش۲).

امیرتومان a.-tūmān [ع.ـ تر. ←تومان] (اِمر.)فرمانده قشونی قریب به ۱۰،۰۰۰ تن؛ امیرلشکر، سرلشکر. ج. امرای(ء) تومان.

امیرحاج a.-e-hāǰ(ǰ) [ع.] (اِمر.) ←امیر الحاج (بخش۲).

امیرداد a.-(e)-dād [ع.ـ ف. = میرداد] (اِمر.) کسی که اجرای اوامر شاه در روز مظالم و یا تصدی امور مظالم بعهدهٔ او بود؛ امیر حقوق.

امیردادی a.-dād-ī [ع. ـ ف.] (حامص.) منصب وشغل امیرداد (ه. م.)

امیرزاده a.-zāda(-e) [=میرزاده ع.ـف.] (اِمر.)فرزندامیر، شاهزاده.

امیر سواحل a.-e-savāhel [ع.] (اِمر.) ← امیرالسواحل (بخش۲).

امیرشکار a.-(e) šekār [= میر-شکار؛ ع.ـف.] (اِمر.)←میرشکار.

امیرشکارباشی a.-š.-bāšī [ازع.ـ ف.ـ تر.] (اِمر.) رئیس امیر شکاران (صفویان).

امیرطلایه a.-e-talāya(-e) [ع. ←طلایه] (اِمر.)فرمانده طلایه (ه.م.)

امیرکبیر a.-e-kabīr [ع.] (اِمر.) امیر بزرگ. ضح . ـ در عهد قاجاریه عنوان ارجمندی بودکه ببعضی ازصاحب‌ـ منصبان عالی قدر داده شده ، مانند

کامران میرزا ومیرزا تقی‌خان اتابك.

امیرلشکر a.(-e) laškar [ع.ـ ف.] (إمر.) فرمانده لشکر. ج. امرای(ع) لشکر. ضح . ـ این‌عنوان در نظام ایران تا ۱۳۱۳ هـ ش. معمول بود وازآن پس «سرلشکر» بجای آن معمول گردید.

امیرمؤمنان a.-e-mo'men-ān [ع.ـ ف.] (إمر.) ← امیرالمؤمنین (بخش۲).

امیرمؤمنین a.-e-mo'men-īn [ع.] (إمر.) ← امیرالمؤمنین (بخش۲) .

امیرمجلس a.-e-mağles [ع.] (إمر.) یکی از مناصب‌دربار سلجوقیان آسیای صغیر؛ رئیس دیوان تشریفات.

امیرون amīrūn (إ.) (گیا.) علف خبر کش ← گل قاصد.

امیره amīr-a(-e) [= ع. امیرة] (ص.، إ. نث.) مؤنث‌امیر (ه.م.)؛ خاتون، خانم.

۱ - امیری amīr-ī [ع. ـ ف.] (حامص.) ۱ـ امیر بودن، شغل امیر (ه. م.)، امارت، حکمرانی. ۲ - سرداری، سالاری.

۲ - امیری amīr-ī [ع.ـ ف.] (ص نسبـ.) ۱ - منسوب به امیر(ه.م.) ۲ - (مسـ.) آهنگی که‌بدان‌دوبیتی‌های‌امیر پازواری (← بخش ۳) را خوانند.

امیل amyal [ع.] (ص تفض.) گراینده‌تر، مایلتر.

امیله amīla(-e) [= آمله = آملج، معر.] (إ.) (گیا.) آمله (ه.م.)

امین amīn [ع.] (ص.) ۱ـ امانت‌دار، زنهار دار. ۲ - کسی که بتوان باو اعتماد کرد، طرف اعتماد، معتمد، استوار، ثقه، درستکار. ۳ـ وکیل، مباشر. ۴ـ مدیر. ۵ـ (تص.) مرشد، مرد کامل. ج. امناء (امنا). ‖ ~ **تذکره.** (سیا.) مأمور صدور تذکره (گذرنامه) (قاجاریان) ج امنای(ع) تذکره. ‖ ~ **حضرت.** (إخ.) جبرئیل. ‖ ~ **مخزن افلاك.** ۱ـ (إخ.) جبرئیل. ۲ـ مرد کامل، ولی، مرشد. ‖ ~ **معاون.** (ادا.) منصبی‌دروزارت معارف عهد قاجاریه که پس‌از وزیر قرار داشت. ‖ ~ **وحی.** (إخ.) جبرئیل.

ان an (إ.) (عم.) گه، پلیدی، نجاست.

ان en [ع.] (حر. شرط) اگر:

« شك نیاوردگان کرده یقین
ان ولوشان بجای‌رای‌رزین.»
(دهخدا)

انا ana [ع.] (ضم.) ۱ - من. ۲ - (مخ.) اناالحق (من‌خدایم).

انا enā [= ع. اناء] ← اناء.

اناء enā' [ع.، ف.: انا] (إ.) ظرف، آوند، سبو، آبخوری. ج. آنیه، جج. اوانی.

انائیت anā-īyyat [ع.] (مص جع.) منی، انانیت.

انابت enābat [= ع. انابة ← انابه] ۱ـ (مص ل.) بازگشتن بسوی‌خدا، توبه کردن. ۲ - (إمص.) توبه، پشیمانی.

انابه enāba(-e) [= ع. انابة ← انابت] ← انابت.

انابیب anābīb [ع.] (إ.) ج. انبوب (ه.م.).

انات anāt [= ع. اناة] (إ.) ۱ـ توقف، درنگی، تأنی، آهستگی. ۲ـ بردباری، تحمل. ۳ - وقر، وقار.

اناث enās [ع.] (إ.) ج. انثی؛ زنان، مادگان؛ مق. ذکور. ‖ ~ **و ذکور.** زنان ومردان، مادینه ونرینه. ضح.ـ درفارسی غالباً اناث را onās تلفظ کنند.

اناثاً enās-an [ع.] (ق.) مادینه، زنینه؛ مق. ذکوراً.

اناجیل anāǰīl [ع.] ج. انجیل ← بخش ۳.

اناخه enāxa(-e) [= ع. اناخة] (مص م.) شتر را خوابانیدن.

انا دان anā-dān [ع.-ف.] (إفا.) ۱ - آنکه انا (من) را داند و شناسد. ۲ - (تص.) عارف ربانی.

انار anār [= نار] (گیا.) درختچه‌ای[1] از تیرهٔ موردیها که گاهی آنرا تیره‌ای مستقل محسوب دارند و بنام انارها نامند. پوست آن خاکستری و برگهایش بیضوی و گلهایش بالنسبه بزرگ و قرمز رنگ است؛ رمان، آرز.

انار ومیوهٔ آن

انار بن a.-bon (إمر.) (گیا.) درخت انار.

انار دانه anār-dāna(-e) (إمر.) دانهٔ انار.

انارستان anār-estān (گیا.) باغ و زمینی که در آن درختهای انار کشت شده باشد.

انارشی anāršī [فر. anarchie] (إ.) (سیا.) ۱ - هرج ومرج، بی‌نظمی. ۲ - (سیا.) وضع کشوری که حکومت وقانون در آن حکمفرما نباشد.

انارشیست anāršīst [فر. anarchiste] (ص.) (سیا.) ۱ - هرج ومرج طلب، هرج ومرج خواه. ۲ - آنکه طرفدار اغتشاش وبی نظمی کشوری است.

انار شیسم anāršīsm (فر. anarchisme) (إ.) (سیا.) طرفداری از هرج‌ومرج، جانبداری از اغتشاش. ۲ - (سیا.) مسلکی که سعادت بشر را درنابودی حکومتها وقوانین آنها وهرج ومرج واغتشاش را وسیلهٔ پیشرفت بسوی مقصود میداند.

اناغالس. ۱ـ گل ۲ـ میوه

انارگیرا anārgīrā (إ.) (گیا.) کوکنار (ه.م.)

انارمشک anār-mešk (إمر.) (گیا.) دارویی است که ازهندوستان آورند، وآن تخمی است سرخ رنگ واندك سبزی در میان دارد؛ رمان مصری.

اناره enāra(-e) [= ع. انارة] ۱ - (مص م.) روشن کردن. ۲ - (مص ل.) روشن شدن، تابان گردیدن. ۳ - آشکار گشتن. ۴ - شکوفه کردن (درخت).

اناس onās [ع.] (إ.) مردم، مردمان، إنس، ناس.

اناشید anāšīd [ع.] (إ.) ج. انشوده (غ م.)؛ اشعاری که در محفلی برای یکدیگر بخوانند، سرودها.

اناطه enāta(-e) [= ع. اناطة] (مص م.) ۱ - آویختن، معلق کردن. ۲ - موکول کردن، منوط کردن.

اناطیطس anātītes [معر. یو. áetitēs] (إ.) دانه‌ایست سیاه‌رنگ بمقدار جوزبوا، بغایت املس و صلب و دشوار شکن، وچون بجنبانند، مغز آن در درون وی صدا کند، و آنرا بشیرازی «گن ابلیس» (خایهٔ شیطان) و بعربی حجرالولاده گویند.

اناغالس anaγāles [= اناغلس، معر. یو. ánaγallis] (إ.) (گیا.) گیاهی[2] از تیرهٔ پامچال که میوه اش بشکل مجری است و بوسیلهٔ سرپوشی باز میشود. گلهایش دارای ۵ گلبرگ آبی یاقرمز میباشد؛ اناگیر، حشیشة‌العلق، اناگیرا.

اناغلس anaγales [= اناغالس] (إ.) ← اناغالس.

اناغورس anaγūres [معر. یو.

۱ - Grenier (فر.)   ۲ - Anagallis arvensis (لا.), anagallis (فر.)

[anagyris] (اِ.) (گیا.) خرنوب الخنزیر، ینبوت (ه. م.)

اناق anāγ [تر.- مغ.=ایناق](اِ.) ← ایناق.

اناکا anākā [تر. = اناکه، قس اکه (ه. م.)] (اِ.) دایه.

اناکه anāka [تر. = اناکا، قس. اکه] (اِ.) دایه.

اناگیرا anāgīrā [معر. یو. anagallis. فر. = ánaγallis] (اِ.) (گیا.) ← اناغالس.

انالوطیقا anālūtīγā [معر. یو. analytika] (اِ.) تحلیل قیاس. ‖ **~ ی اولی**[1]. تحلیل قیاس. ‖ **~ ی ثانی**[2]. مشهور به ابودقطیقا (ه.م.) ← برهان.

انام anām [ع.] (اِج.) آفریدگان، مخلوق، خلق.

انامل anāmel [ع.] (اِ.) ج. انمله. ۱ - سرانگشتان. ۲ - انگشتان.

انامونی anāmūnī [= انومیان، معر. یو. ánémōnē[3]] (اِ.) (گیا.) شقایق (ه.م.)

انامه anāma [از ع. انام (ه.م.)] (اِج.) انام، مردم، مردمان.

انان annān [ع.] (ص.) بسیارنالنده، بسیار نال، بیش نالنده.

انانیت anānīyyat [ع.] (مصجع.) ۱ - منی. ۲ - خودبینی، خودستایی، خویشتن بینی، کبر، غرور.

اناهید anāhīd ← ناهید.

انب anab (اِ.)(گیا.) بادنجان(ه.م.)

انبا anbā [=ع. انباء] ← انباء.

انبا enbā [=ع. انباء] ← انباء.

انباء anbā' [ع.، ف.: انبا] (اِ.) ج. نبأ؛ خبرها، آگاهیها، داستانها.

انباء enbā' [ع.، ف.: انبا] (مصم.) خبردادن، آگاهانیدن، آگهی‌دادن، آگاه کردن.

انبات enbāt [ع.] ۱ - (مصم.) رویانیدن. ۲ - (مصل.) رستن گیاه.

انبار anbār [په. hanbār، ری. انباردن، انباشتن، اِ.) ۱ - جای انباشتن غله یا چیز دیگر، جای نگهداری کالا، آنجا که هیزم و غیره ذخیره کنند. ۲ - خس و خاشاك و فضلهٔ انسان و سرگین جانوران که توده کرده باشند و مزارعان برزمین زراعت ریزند. ۳ - استخر، تالاب. ۴ - (تص.) ضمیر انسانی. ‖ **~ِ غله.** جای نگهداری غله.

انبار en-bār [=این بار] (ق.) این بار: «مدتی دیگر بگذشت. انبار مسجد بتمامی صد هرس رسانید.» (فردوس المرشدیه ص۲۸).

انبارپناه anbār-panāh (صمر.) آنکه محافظ انبار است.

انبارخانه a.-xāna(-e) (امر.) انبار، مخزن.

انبار دار a.-dār (اِفا.) ۱ - محافظ انبار، نگهبان محل کالا وارزاق. ۲ - (تص.) جویای حقیقت و سالك طالب که دلش مخزن اسراراست.

انبارداباشی a.-dār-bāšī [ف.- تر.] (اِمر.) رئیس انبارداران، رئیس انبار (صفویان).

انباردگی anbārda(e)g-ī. [←

---

۱ - Analytika priora (.یو), Les premiers analytiques (.فر)
۲ - Analytika posteriora(.یو), Les derniers analytiques (.فر)
۳ - Anemon (.فر)

۳۶۰ انباردن

انباردن] (حامص.) حالت انبارده؛ انباشتگی.

انباردن anbār-dan [=انباریدن =انباشتن] (انبارد [-rd] ، انبارد [-rad] ، خواهد انبارد ، بینبار ، انبارنده، انبارده، انبارش) پر کردن، انبار کردن.

انبارده anbār-da(-e) (اِمف. انباردن) پرشده، مملو، انباشته.

انبارش anbār-eš (اِمص. انباردن) ۱ - پر کردن، انباردن. ۲ - چیزی که جوف چیز دیگر را بدان پر کنند ، حشو.

انباره anbāra(-e) [←انبار] (اِ.) (فز.) آکومولاتور[1] (فره.) ← آکومولاتور.

انباریدن anbār-īdan [=انباردن (ه.م.)] ←انباردن .

انباز anbāz [=هنباز؛ په. hambāγ، hambāy] (ص.) ۱ - شریك. ۲ - رفیق. ۳ - همتا ، مثل . ۴ - محبوب، معشوق.

انباز شدن a.-šodan (مص‌ل.) شریك شدن. ‖ ~ با یکدیگر. اشتراك.

انبازکردن a.-kardan (مص‌م.) شریك کردن، اشتراك.

انبازگیر a.-gīr (اِفا.) ۱- آنکه شریك پذیرد، آنکه همتا گیرد . ۲- مشرك.

انبازی anbāz-ī [=امبازی= همبازی=هنبازی] (حامص.) شرکت (در امور مادی ومعنوی)، همکاری، همدستی.

انبازی دادن a.-dādan (مص‌م.) شرکت دادن.

انبازی کردن a.-kardan (مص‌ل.) شرکت کردن.

انباشتن anbāš-tan [=انباردن =انباریدن] (مص‌م.) (انباشت ، انبارد ، خواهد انباشت ، بینبار ، انبارنده ، انباشته ، انبارش) ← انباردن.

انباشته anbāš-ta(-e) (اِمف. انباشتن) پر کرده، مملو ، انبارده.

انباغ anbāγ [=انباز(ه.م.)=امباز =همباز=هنباز] (ص.، اِ.) ۱- شریك ، انباز (ه.م.) ۲ - دو زن که در نکاح یك مرد باشند، هریك دیگری را انباغ است؛ وسنی، هوو.

انباغی anbāγ-ī (ص‌نسب. انباغ) منسوب به انباغ (ه.م.):

«زین قبه که خواهران انباغی
هستند درو چهار هم پهلو.»
(ناصرخسرو ۳۷۹)

انبان anbān [=هنبان=انبانه ؛ په. anbān] (اِ.) ۱- کیسه‌ای بزرگ از پوست گوسفند دباغت کرده که درست از گوسفند بر آورند ؛ همیان ، همیانه ، انبانه. ۲ - (تص.) پوست بزغالهٔ خشك کرده که قلندران در میان بندند و ذخیره درو نگاهدارند. ‖ از ~ تهی پنیر جستن. از غایت شره و آز عمل لغو و بیهوده انجام دادن. ۳ - شکم ، بطن. ‖ ~ ابوهریره ←ابوهریره (بخش ۳).

انبانچه a.-ča(-e) (اِمصغ .) انبان کوچك، انبانك .

انبانك anbān-ak (اِمصغ.) انبان کوچك، انبانچه.

انبانه anbān-a(-e) [=انبان] (اِ.) ←انبان.

انبج anbaǰ [معر. انبه] (اِ.) (گیا.) انبه (ه.م.). ج. انبجات.

انبجات anbaǰ-āt [معر.] (اِ.) ج. انبج. ۱- انبه‌ها ←انبه. ۲-(مج.) بمطلق

---

1 - Accumulateur (فر.)

اشیایی که باعسل مربا سازند ، اطلاق کنند ، بطوری که انبجات و مربیات مترادف محسوب شود .

انبر anbor [=انبره] (إ.) ۱ - آلت فلزی دوشاخه که باآن آتش یا چیزدیگررا برگیرند . ۲-(مکن.) نوعی از اهرم که نیروی کارگر در وسط آن قرار دارد، و نقطهٔ ایستادگی و تکیه گاه در طرفین. (نوع‌سوم‌اهرم) . ۳ - آتش‌چین، از لوازم آتشگاه.

انبرباریس anbarbārīs [معر.لا. berberis = امبرباریس](إ.)(گیا.) زرشك[۱](ه.م.)

انبردست anbor-dast (إمر.) (مکن.) نوعی از اهرم که تکیه‌گاه‌آن بین نقطهٔ‌کارگر ونقطهٔ ایستادگی‌قرار دارد[۲].

انبروت anbarūt [=انبرود=امرود] (إ.) (گیا.) ← امرود.

انبرود anbarūd [=انبروت=امرود] (إ.) (گیا.) ← امرود.

۱ - انبره anbora(-e) (ص.،إ.) ۱ - هرچیز موی‌ریخته را گویند عموماً وشتر موی ریخته خصوصاً . ۲ - اسب و شترآبکش .

۲ - انبره anbor-a(-e) [=انبر] (إ.) انبر (ه.م.)

انبساط enbesāt [ع.] ۱ - (مصل.) بازشدن، گسترده‌شدن، پهناورگردیدن، ممتدشدن . ۲ - گشاده‌رو شدن . ۳ - (إمص.) شادی، گشادگی خاطر . ۴ - گستاخی ، بستاخی. ۵ - (تص.) بسط (ه.م.) ۶ - (فز.) مقدار افزایش طولی‌و سطحی‌وحجمی‌اجسام ومایعات و گازها که دربرابرحرارت پیدامی‌کنند، و این افزایش بر حسب نوع شیء وجنس آن و میزان حرارتی که بآن میدهند متفاوت است. ج. انبساطات.

انبساطات enbesāt-āt [ع.] (مص.،إ.) ج. انبساط (ه.م.)

انبساط فزودن e.-fozūdan [ع.-ف.] (مصل.) شادمانی بیش‌کردن.

انبست anbast [=انبسته، سغ. anbast] (ص.) چیزی که‌بسته وسفت شده باشد مانند ماست و شیرو خون و غیره؛ غلیظ و بسته‌شده؛ انبسته.

انبسته anbasta(-e) [=انبست.] (ص.) ← انبست .

انبعاث enbeās [ع.] (مصل.) ۱ - برانگیخته‌شدن. ۲ - روان‌شدن . ۳ - فرستاده‌شدن. ج. انبعاثات.

انبعاثات enbeās-āt [ع.] (مص.) ج. انبعاث (ه.م.)

انبله anbala [هند.انبلی] (إ.) (گیا.) تمر هندی (ه.م.)

۱ - انبو anbū (إ.) (گیا.) سپستان (ه.م.)

۲ - انبو anbū [=انبوی] ← انبوی.

انبوب anbūb,onbūb [ع.] (إ.) ۱ - فاصلهٔ میان‌دو بند یاگره‌نی (نای). ۲ - هر چیز مجوف مانند نی (نای). ۳ - لوله (آب و غیره). ج. انابیب.

انبوبه anbūba(-e) [از ع.=انبوب] (إ.) انبوب، لوله.

۱ - انبودن anbū-dan (مصم.) (انبود،انباید،خواهد انبود،بینبا(ی)، انباینده، انبوده) چیدن، بر بالای هم چیدن، فراهم‌آوردن، روی‌هم گذاشتن، انباشتن.

۲ - انبودن anbū-dan [قس؛ پهـ.

انبر

انبردست

---

۱ - Berberis vulgaris (.لا)

۲-Pliers (.انگ)

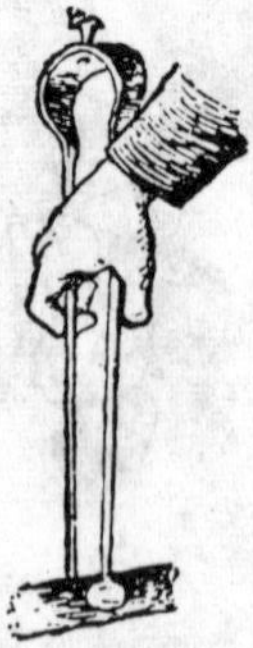

انبوسنده

hambitīk، معیت در کار آفرینش) (مصل.) آفریدن.

انبوسنده anbūs-anda(-e) (اِفا.) متوالد ↓.

انبوسیدن anbūs-īdan (مصل.) (انبوسید، انبوسد، خواهد انبوسید، --، انبوسنده، انبوسیده) موجود گردیدن، تولد.

انبوه anbūh [=انبه] ۱ - (ص.) یکجا جمع شده و بهم پیوسته. ۲ - بسیار، متعدد، کثیر. ۳ - پر، مملو. ۴ - پرجمعیت. ۵ - (اِ.) کثرت؛ انبوه جمعیت.

انبوهی anbūh-ī (حامص.) ۱ - بسیاری، تعدد، تکثر. ۲ - پری، مملو بودن. ۳ - کثرت جمعیت.

انبوهیدن anbūh-īdan [= انبوییدن] (مصم.) ← انبوییدن.

انبوی anbūy (-bōy قد.) [=انبو ← انبوییدن] (ری. انبوییدن) ۱ - (اِفا.) در ترکیب بجای «انبوینده» آید: دست‌انبوی، زردانبوی، گل‌انبوی. ۲ - بوی‌دهنده (خوب یا بد). ۳ - چیزی که بدبو باشد.

انبوییدن anbū(ō)y-īdan [= انبوهیدن] (انبویید، انبوید، خواهد انبویید، بینبو(ی)، انبوینده، انبوییده) (مصم.) بوییدن، استشمام کردن، بوی کردن.

انبه anba(-e) [هند. آنب، انب anb، آم ām، معر. انبج] (اِ.) (گیا.) درختی[۱] از دستهٔ بلادریان جزو تیرهٔ سماقیان که درحدود ۳۰ گونه ازین گیاه در آسیای جنوبی (در مناطق استوایی) مخصوصاً هندوستان شناخته شده.

انبه

انبیق

انبه anboh [=انبوه] (ص.) ← انبوه.

انبیا anbiyā [=ع. انبیاء] ← انبیاء.

انبیاء anbiyā' [ع.، ف.: انبیا] ج. نبی؛ پیغمبران، وخشوران.

انبیره anbīra(-e) (اِ.) خلاشه و خاشاکی که پس از پوشش خانه بر بام اندازند تا بر بالای آن خاک و گل ریزند و بیندایند.

انبیس anbīs [مانوی پارتی mbys'، تودهٔ غله] (اِ.) خرمن غلهٔ باد داده و پاک کرده.

انبیق anbīq [ع. enbīq؛ معر. یو.] (اِ.) ظرفی است برای تقطیر مایعات و گرفتن عصاره و عرق[۲].

انت anta [ع.] (ضم.) ضمیر مفرد مخاطب مذکر، تو (مرد).

انت ante [ع.] (ضم.) ضمیر مفرد مخاطب مؤنث، تو (زن).

انتاج entāǰ [ع.] (مص ل.) ۱ - فرا رسیدن هنگام زایش چارپایان. ۲ - نتیجه گرفتن از چیزی. ۳ - (منط.) نتیجه گرفتن از مقدمات منطقی ← منتج. ج. انتاجات.

انتاجات entāǰ-āt [ع.] ج. انتاج (ه.م.).

انتباه entebāh [ع.] ۱ - (مص ل.) آگاه‌شدن، بیدار گشتن. ۲ - (اِمص.) آگاهی، بیداری. ۳ - (روان.) ← دقت. ۴ - (تص.) زوال غفلت از دل. ج. انتباهات.

انتباهات entebāh-āt [ع.] ج. انتباه.

انتجاع enteǰā' [ع.] ۱ - (مص ل.) بطلب آب و علف و منفعت و احسان

۱ - Manguier (فر.) ۲ - Cucurbit (فر.)

شدن. ۲ - (إمص.) طلب عطا وبخشش، طلب صله.

انتحار entehār [ع.] ۱ - (مصل.) خود را کشتن، خودکشی کردن. ۲ - (إمص.) خودکشی.

انتحال entehāl [ع.] ۱ - (مصم.) بخود بستن، بخویش در بستن، بخود نسبت دادن. ۲ - (إمص.) (اد.) سخن دیگری بر خویشتن بستن، وآنچنان باشد که کسی شعر دیگری را مکابره بگیرد و شعر خویش سازد بی تغییری و تصرفی در لفظ ومعنی آن یا بتصرفی اندك. ج. انتحالات.

انتحالات entehāl-āt [ع.] ج. انتحال.

انتخاب entexāb [ع.] ۱ - (مصم.) برگزیدن چیزی. ۲ - برگزیدن کسی برای کاری. ۳ - (حق.، سیا.) برگزیدن نماینده‌ای برای مجلس (شوری، سنا)، انجمن شهر، حزب و انجمنهای دیگر. ج. انتخابات.

انتخابات entexāb-āt [ع.] ج. انتخاب (ه.م.)

انترن antern [فر. interne] (إ.) ۱ - دانش‌آموز شبانه‌روزی. ۲ - کارآموز، کارورز (فره.)

انتریگ antrīg [فر. intrigue] (إ.) (نم.، رمان) وقایع و حوادث مختلفی که بوسیلهٔ آنها مطلب اصلی پرورانده شود و گره‌یك قطعه را تشکیل دهد و بیننده را جلب کند و احساسات و عواطف را در او بیدار و تحریك نماید.

انتزاع enteza' ۱ - (مصم.) برکندن، از جای بیرون کشیدن. ۲ - واستدن، گرفتن. ۳ - (مصل.) برکنده شدن. ۴ - (إمص.) درآوردن جزیی از یك کل. ج. انتزاعات.

انتزاعات entezā'-āt [ع.] ج. انتزاع (ه.م.)

انتساب entesāb [ع.] ۱ - (مصل.) نسبت داشتن، خود را بکسی نسبت دادن. ۲ - (إمص.) پیوستگی، خویشی، نسبت، ارتباط، علاقه، قرابت. ج. انتسابات.

انتسابات entesāb-āt [ع.] ج. انتساب (ه.م.)

۱ - انتساخ entesāx [ع.] ۱ - (مصل.) نسخه برداشتن، نسخه گرفتن، نوشتن از روی متنی. ۲ - (إمص.) نسخه برداری.

۲ - انتساخ entesāx [ع.] (مصم.) زایل گردانیدن.

انتساق entesāγ [ع.] ۱ - (مصل.) نظم پذیرفتن، منظم گردیدن، مرتب شدن. ۲ - (مصم.) نظم دادن، ترتیب دادن. ج. انتساقات.

انتساقات entesāγ-āt [ع.] ج. انتساق.

انتسال entesāl [ع.] (مصل.) دارای نسل شدن، فرزنددار شدن؛

«چون بگیری شه رهی کو ذوالجلال
برگشادست از برای انتسال ...»
(مثنوی)

انتشار entešār [ع.] ۱ - (مصل.) افشانده شدن، پراکنده شدن، شیوع یافتن. ۲ - فاش شدن (خبر). ۳ - گسترده شدن شاخه‌های خرما بن و برگ برآوردن آن (عم.). ۴ - (إمص.) پراکندگی. ۵ - شیوع. ۶ - (تص.) پراکندگی خاطر؛ تفرقه؛

«باز با خود آمدم زان انتشار
بازدیدم طور و موسی برقرار.»
(مثنوی)

انتشارات

۷ - (مص=اِمف.) منتشر، نشریه: مجلهٔ آموزش و پرورش از انتشارات وزارت فرهنگ است. ج. انتشارات.

انتشارات entešār-āt [ع.] ج. انتشار (ه.م.)

انتصاب entesāb [ع.] ۱ - (مص م.) گماشتن، گماردن، نصب کردن. ۲ - (مص ل.) برپا ساختن. ۳ - برقرار شدن، بکاری قیام کردن، منصوب شدن. ج. انتصابات. ‖ **~ کسی بشغلی و منصبی.** اعطای آن شغل بوی، تفویض آن منصب باو.

انتصابات entesāb-āt [ع.] ج. انتصاب (ه.م.): انتصابات اداری.

انتصاح entesāh [ع.] (مص ل.) نصیحت پذیرفتن، قبول نصیحت کردن، اندرز گرفتن.

انتصار entesār [ع.] ۱ - (مص م.) یاری دادن، نصرت دادن. ۲ - (مص ل.) یاری یافتن، نصرت یافتن. ۳ - پیروزی یافتن، پیروز شدن، غالب گردیدن. ۴ - داد ستدن.

انتصاف entesāf [ع.] ۱ - (مص ل.) به نیمه رسیدن، نصف چیزی را گرفتن. ۲ - دادستدن، دادگرفتن، حق خود را از کسی گرفتن.

انتطاق entetāγ [ع.] (مص ل.) کمر بستن، میان بستن.

انتظار entezār [ع.] ۱ - (مص م.) چشم داشتن، چشم براه بودن. ۲ - (اِمص.) چشمداشت، چشم داشتگی. ۳ - نگرانی. ج. انتظارات. ۴ - (ص.) منتظر:

«پس زمین را بوسه دادندو شدند
انتظار وقت فرصت می‌بدند.»
(مثنوی)

‖ **~ خدمت.** کارمند وزارتخانه یا اداره‌ای را بعللی موقتاً از کار برکنار کردن.

انتظارات entezār-āt [ع.] ج. انتظار (ه.م.)

انتظام entezām [ع.] ۱ - (مص م.) در رشته کشیدن مروارید. ۲ - (مص ل.) پیوسته شدن، سامان گرفتن، بسامان شدن، بنواشدن، منظم شدن. ۳ - (اِمص.) پیوستگی، بسامانی، آراستگی، ترتیب، نظم. ج. انتظامات.

انتظامات entezām-āt [ع.] ج. انتظام (ه.م.)

انتظامی entezām-ī [ع.-ف.] (ص نسب.) منسوب به انتظام. ‖ **قوای ~.** قوه‌هایی که حفظ نظم و آرامش مملکت بعهدهٔ آنهاست، مانند: ارتش، شهربانی و ژاندارمری.

انتعاش enteāš [ع.] ۱ - (مص ل.) برخاستن، بلندشدن. ۲ - نیکوشدن، بهبود یافتن، بهشدن، نیکوحال شدن. ۳ - با نشاط شدن، بنشاط آمدن. ۴ - (اِمص.) بهبود، بهی. ۵ - عیش، نشاط. ج. انتعاشات.

انتعاشات enteāš-āt [ع.] ج. انتعاش (ه.م.)

انتفا entefā [=ع. انتفاء] ← انتفاء.

انتفاء entefā' [ع.، ف.: انتفا] ۱ - (مص ل.) نیست شدن، از میان رفتن. ۲ - (اِمص.) نیستی، نابودی.

انتفاخ entefāx [ع.] ۱ - (مص ل.) باد آوردن، باد کردن، برآماسیدن، آماس کردن، ورم کردن، آماسیدن. ۲ - (اِ.) آماس، ورم. ج. انتفاخات.

انتفاخات entefāx-āt [ع.] ج. انتفاخ (ه.م.)

انتفاع entefa' [ع.] ۱ - (مص

ل.) سودبردن، سودگرفتن، سودیافتن، نفع‌کردن، نفع بردن. ۲ - (ا.) حقی که بموجب آن میتوان از ملك دیگری استفاده کرد، اما نمیتوان آنرا بشخص ثالث انتقال داد. ج. انتفاعات. ‖ حیز ــــ . ← حیز. ج. انتفاعات.

انتفاعات entefā'-āt ج. انتفاع (غم.).

انتقا enteγā [= ع. انتقاء] ← انتقاء.

انتقاء enteγā' [ع.، ف.: انتقا] (مصم.) ۱ - پاك کردن. ۲ - بیرون آوردن مغز از استخوان (غم.). ۳ - برگزیدن.

انتقاب enteγāb (مصل.) روی‌بستن، روبندبستن، روبند زدن، نقاب زدن.

انتقاد enteγād [ع.] ۱ - (مصم.) سره‌کردن. ۲ - نقد گرفتن پول (غم.). ۳ - جدا کردن (خوب از بدیا کاه از گندم و مانند آن). ۴ - خرده گرفتن. ۵ - (امص.) به‌گزینی، خرده‌گیری. ۶ - (اد.) شرح معایب ومحاسن شعر یا مقاله یا کتابی یا سنجش اثری ادبی یا هنری بر معیار یا عملی تثبیت شده [1]. ج. انتقادات.

انتقادات enteγād-āt [ع.] ج. انتقاد (ه.م.)

انتقاش enteγāš [ع.] (مصل.) نقش پذیرفتن، نگاربستن: انتقاش صور. ج. انتقاشات.

انتقاشات enteγāš-āt [ع.] ج. انتقاش (ه.م.)

انتقاص enteγās [ع.] (مصم.). ۱ - کم کردن. ۲ - کم شمردن، بکم داشتن. ۳ - (مصل.) کم‌شدن، ناقص شدن. ۴ - (امص.) کمی، نقصان.

انتقاض enteγāz [ع.] ۱ - (مصم.) شکستن، گسیختن (تاب رسن، پیمان، و جز آن). ۲ - (مصل.) تباه شدن. ۳ - (امص.) پیمان شکنی، پیمان‌گسلی. ج. انتقاضات.

انتقاضات enteγāz-āt [ع.] ج. انتقاض (ه.م.)

انتقال enteγāl [ع.] ۱ - (مصل.) جابجاشدن، از جایی بجای‌دیگر رفتن، نقل‌کردن، کوچیدن، کوچ کردن. ۲ - مردن، درگذشتن. ۳ - (ادا.) محل‌کار کارمندی ازوزارتخانه، اداره، دایره‌ای بوزارتخانه، اداره‌یا دایرهٔ دیگر تغییر یافتن. ۴ - (مس.) عوض شدن مایهٔ ← مایه ۹ یك قطعه (ه.م.)، و آن درموسیقی‌سازی وزهی هردوانجام میگیرد. ۵ - (امص.) نقل، جابجا شدگی. ۶ - واگذاری چیزی از مال خودبدیگری. ۷ - درك‌مطلب، دریافت، اندریافت. ۸ - موت، فوت، درگذشت. ‖ ــــ بانکی. (بانک.) بر گردان (فره.)

انتقالات enteγāl-āt [ع.] ج. انتقال (ه.م.)

انتقال کردن e.-kardan [ع.-ف.] ۱ - (مصل.) از جایی بجایی رفتن. ۲ - مردن، درگذشتن. ۳ - (مصم.) (ادا.) کارمندی را از وزارتخانه، اداره یا دایره‌ای بوزارتخانه، اداره یا دایرهٔ دیگر فرستادن.

انتقالی enteγāl-ī [ع.-ف.] (ص‌نسب.) منسوب به انتقال: چکهای انتقالی.

انتقال یافتن e.-yāftan [ع.-ف.] ۱ - (مصل.) از جایی بجای دیگر رفتن. ۲ - مردن، درگذشتن. ۳ -

---

۱ - Critique (فر.)

(ادا.) تغییر یافتن محل کار کارمندی از وزارتخانه ، اداره یا دایره‌ای بوزارتخانه، اداره یا دایرهٔ دیگر . ۴ - درك کردن مطلب ، دریافت نمودن امری.

انتقام enteγām [ع.] ۱ - (مص ل.) کینه کشیدن ، کینه‌خواستن ، کین توختن. ۲ - (امص.) کین کشی ، کین خواهی، کینه‌توزی . ۳ - (ا.) کینه . ج. انتقامات.

انتقامات enteγām-āt [ع.] ج. انتقام (ه.م.)

انتکاث entekās [ع.] (مص‌ل.) ۱ - برگشتن از حاجت خود. ۲ - گسسته شدن (ریسمان، پیمان). ۳ - شکافتن. ۴ - (نج.) آهنگ پیوندکردن کوکب سفلی با کوکب علوی ، و پیش از آنکه تمام‌شود این سفلی راجع‌شودو بازگردد و آن پیوند شکافته آید (التفهیم‌ص ۴۹۴).

انتکاس entekās [ع.] (مص‌ل.) نگون‌سار گردیدن ، سرنگون شدن ، سرنگون افتادن .

انتله antala [anthora . لا] (ا.) (گیا.) جدوار (ه.م.)

انتما entemā [=ع.انتماء] ← انتماء.

انتماء entemā' [ع ،ف .: انتما] ۱ - (مصم .) نسبت دادن بکسی ، باز بستن. ۲ - (مص‌ل.)منسوب‌شدن. ۳ - (امص.) وابستگی.

انتماکردن e.-kardan [ع.- ف.] (مص‌ل.) انتساب یافتن، ارتباط‌یافتن.

انتها entehā [=ع . انتهاء] ← انتهاء.

انتهاء entehā' [ع.، ف .: انتها] ۱ - (مص‌ل.) بپایان‌آمدن، بسرآمدن، بنهایت رسیدن ، بکرانه رسیدن. ۲ - باز ایستادن ، دست بر داشتن . ۳ - آگهی رسیدن. ۴ - (مصم .) بپایان رساندن. ۵ - (امص.)اتمام، ختم. ۶ - (ا.) پایان، انجام، آخر.

انتهاج entehāǰ [ع.] ۱ - (مص‌ل.) راه‌جستن، براه‌رفتن، راه‌بجای‌آوردن. ۲ - سلوك، روش .

انتهاز entehāz [ع.](مصم.)فرصت یافتن، غنیمت شمردن ، منتظر فرصت بودن، فرصت بدست آوردن.

انتهاض entehāz [ع.] (مص‌ل.) برخاستن.

انتهاك entehāk [ع.] ۱ - (مص ل.) ترنجیده ولاغر ساختن تب. ۲ - زشت وآلوده شدن. ۳ - (مصم.)زشت وآلوده‌کردن ناموس کسی را، دریدن پردهٔ ناموس کسی را.

انتیاب entiyāb (مص ل.) پیاپی آمدن، دمادم رسیدن.

انتیمون antīmūn [= آنتیمون ، فر. antimoine] (ا.) فلزیست‌سفید ودرخشان متمایل برنگ آبی . نشانهٔ اختصاری (Sb) . وزن مخصوص آن تقریباً ۶/۸ ودرحدود ۶۳۰ درجه‌ذوب میشود.

انثلام enselām [ع.](مص‌ل.)رخنه شدن، رخنه یافتن.

انثنا ensenā [= ع . انثناء] ← انثناء.

انثناء ensenā' [ع.،ف.:انثنا] (مص ل.) ۱ - دوتاشدن، دوتایی شدن. ۲ - واگردیدن، بازگردیدن.

انثی onsā [ع.] (ا.) . ماده ، زن ، زنینه. ج. اناث.

انثیین onsayayn [ع.] (تث.) دو خصیه، دوخایه.

انجا enǰā [=ع.انجاء] ← انجاء.

انجاء' enǰā' [ع.،ف.: انجا] (مصم.) ۱ - رهانیدن، رهایی‌دادن. ۲ - آشکار کردن.

انجاب anǰāb [ع.] ج. نجیب (ه.م.)؛ گرانمایگان، نژادگان، گزیدگان، گرامیان.

انجاب enǰāb [ع.] ۱ - (مصل.) گرامی گردیدن. ۲- (مصم.) فرزندان گرامی آوردن. ۳ - فرزندان بددل زادن (اضداد).

انجاح enǰāh [ع.] ۱ - (مص م.) رواکردن، برآوردن‌حاجت. ۲- (مص ل.) روا شدن حاجت، برآمدن حاجت. ۳ - پیروزمند شدن.

انجاد enǰād [ع.] (مصم.) ۱.-یاری دادن. ۲- دعوت پذیرفتن. ۳ بلند خواندن.

انجاز enǰāz [ع.] ۱ - (مصم.)روا کردن حاجت. ۲ - وفا کردن وعده.

انجاس anǰās [ع .] ج . نجس ؛ پلیدیها.

انجاس enǰās [ع.] (مص م.) نجس کردن، پلید ساختن.

انجاص enǰās [ع.] (ا.) (گیا .) گلابی (ه.م.)

انجال anǰāl [ع.] (ا.) ج . نجل؛ فرزندان، نسلها.

انجام anǰām [په. hanǰām] (ا.) پایان، آخر، عاقبت، انتها؛ مق. آغاز. ضح . - بمعنی « اجراء » باید با فعل معین «دادن» ، «شدن» وغیره استعمال شود مثلا « در انجام کار تأخیر کرد» صحیح نیست وباید گفت : « در انجام دادن کار تأخیر کرد . » ولی به‌معنی عاقبت بدون فعل توان آورد : انجام کار آسان بود . ‖ **از آغاز تا ـــ** ← آغاز.

انجام پذیر a.-pazīr (اِفا.) قابل انجام شدن، قابل اجرا، اجرا پذیر، عمل شدنی، پیش‌رفتنی (فره .) ؛ مق . انجام ناپذیر.

انجام دادن a.-dādan (مصم.) ۱ - اجرا کردن، عمل کردن. ۲ - بپایان رسانیدن، کامل کردن.

انجامش anǰām-eš (اِمص.) پایان، عاقبت . ‖ **روز ـــ** . روز رستاخیز ، قیامت.

انجام شدن a.-šodan (مص ل .) ۱ - اجراشدن ، عمل‌شدن. ۲ - بپایان رسیدن، کامل شدن.

انجام شدنی a.-šodan-ī (ص لیا.) انجام پذیر، قابل انجام شدن.

انجام ناپذیر a.-nā-pazīr (اِفا.) غیر قابل اجرا ، اجرا ناپذیر ، پیش نرفتنی (فره.).

انجام یافتن a.-yāftan (مص ل.) ← انجام شدن.

انجامیدن anǰām-īdan [← انجام] (مص ل.) (انجامید ، انجامد ، خواهد انجامید، انجامنده، انجامیده، انجامش) انجام یافتن، اجرا شدن.

انجبار anǰ-a-bār [معر. انگبار] (ا.) (گیا.) گیاهی [1] از تیرهٔ ترشکها که ریشه‌اش دورخویش پیچیده ودر تداوی بعنوان‌قابض بکار رود؛ انارف، برسیان دارو، پرشیان دارو.

انجبار ۱-گل ۲-دانه

انجخ anǰox [= انجوخ] (ا.) ← انجوخ.

انجخیدن anǰox-īdan [= انجوخیدن] (مص‌ل.) ← انجوخیدن.

انجدان anǰ a-dān [معر. انگدان]

۱ - Polygonum bistorta (لا.)

انجذاب

(اِ.) (گیا.) انگدان (ه.م.)

انجذاب enǰezāb [ع .] ۱ - (مص ل.) کشیده شدن (بسوی کسی یا چیزی). ۲ - (امص.) ربودگی ، کشش‌پذیری . ج. انجذابات.

انجذابات enǰezāb-āt [ع.] ج . انجذاب (ه.م.)

انجذان anǰozān [= انجدان، معر. انگدان] ← انگدان.

انجرار enǰerār [ع .] (مص ل.) کشیده شدن.

انجرک anǰarak [قس . انجره] (اِ.) (گیا.) ۱ - مرزنگوش (ه.م.) ۲ - آذان الفار. (ه.م.)

انجروت anǰarūt [= انزروت] (اِ.) ← انزروت.

انجره anǰara(-e) [قس. انجرک] (اِ.) (گیا .) ۱ - گزنهٔ دو پایه ۲ . - (گیا.) گزنهٔ سوزان .

انجغ anǰoγ [= انجوخ] (اِ .) ← انجوخ.

انجکک anǰokak [= انچوچک] (اِ.) (گیا.) ← انچوچک.

انجلا enǰelā [= ع. انجلاء] ← انجلاء.

انجلاء enǰelā' [ع.ف.: انجلا] (مص ل.) روشن شدن، هویدا شدن ، آشکار گشتن.

انجم anǰom [ع.] (اِ .) ج . نجم ؛ ستارگان، اختران.

انجماد enǰemād [ع.] (مص‌ل.) یخ بستن ، افسردن ، بسته شدن ، جامد گردیدن.

انجم سوز anǰom-sūz (إفا .) ۱ - سوزندهٔ ستارگان. ۲ - (إخ.) آفتاب، خورشید.

انجمن anǰoman [په. hanǰaman] (اِ.) ۱ - جای گرد آمدن گروهی برای مشورت در امری بطور موقت یا دایم؛ مجمع، مجلس. ۲ - مجموع افرادی که برای هدفی مشترک گرد هم آیند.

انجمن آرا a.-ārā (إفا .) کسی که مایهٔ زینت انجمن است.

انجمن پیوند a.-payvand(pey.-) (ص مر.) فراهم کنندهٔ جمعیت ، گرد آورندهٔ افراد انجمن.

انجمن داشتن a.-dāštan (مص‌ل.) تشکیل انجمن (ه.م.) دادن ، مجلس داشتن، محفل داشتن.

انجمن شدن a.-šodan (مص ل.) گرد آمدن (افراد ، اشیاء ، زمان و غیره)، انبوه شدن.

انجمن کردن a.-kardan (مص‌ل.) گرد هم شدن، مشورت کردن.

انجوج anǰūǰ (اِ .) (گیا .) عود (ه.م.)

انجوخ anǰūx [= انجخ = انجوغ = انجغ = انجوخه] (اِ .) چین و چروک پوست ، چین خوردگی پوست (بسبب پیری) .

انجوخه anǰūxa(-e) [= انجوخ] (اِ.) ← انجوخ.

انجوخیدگی anǰūx-īda(e)g-ī (حامص.) در هم کشیدگی پوست (چهره وبدن) چین خوردگی، ترنجیدگی.

انجوخیدن anǰūx-īdan [= انجخیدن = انجوغیدن ← انجوخ] (مص ل .) (انجوخید ، انجوخد ، خواهد انجوخید، انجوخنده، انجوخیده] درهم کشیده شدن پوست بدن ، چین

وچروك یافتن پوست چهره و بدن (بسبب پیری)!

انجوغ anǰūγ [= انجوخ] (اِ.) ← انجوخ.

انجوغیدن anǰūγ-īdan [= انجوخیدن] (مصل.) ← انجوخیدن.

انجول anǰūl (اِ.) (گیا.) انجیلی (ه.م.)

انجی anǰī (اِ.) (گیا.) انجیر (ه.م.)

انجیدن anǰ-īdan [است. hámči، ریزه ریزه کردن] (مصم.) (صر. ← رنجیدن) ۱- ریزه ریزه کردن، ریز ریز کردن. ۲- بیرون کشیدن. ۳- استره زدن در حجامت، بریدن. ۴- آزردن، زخم زدن.

انجیده anǰ-īda(-e) (اِمف.) ۱- ریزه ریزه شده، ریز ریز شده. ۲- آزرده، زخم خورده.

۱- انجیر anǰ-īr [= انجیل، قس. انگیر] (اِ.) (گیاه) درختی[1] از تیرهٔ گزنه‌ها جزو دستهٔ توتها که بلندیش تا ۱۲ متر میرسد و برخلاف توت یك پایه است و گلهای نروماده اش برروی‌یك درخت است؛ تین.

۲- انجیر anǰīr [← انجیردن] (اِ.) ۱- سوراخ (مطلقا). ۲- سوراخ دبر (خصوصاً).

انجیربن a.-bon (اِمر.) درخت انجیر.

انجیرخوار anǰīr-xār [= انجیر خور] (اِمر.) (جاذ.) پرنده‌ای[2] از راستهٔ گنجشکان و از دستهٔ دندانی نوکان بجثهٔ سار. در حدود ۶۰ گونه از این پرنده در آسیا و اروپا و آفریقا شناخته شده. دارای منقاری نسبةً قوی و تا حدی مسطح در قاعده و کمی محدب و طویل است؛ پریشاه رخ، سارطلایی، انجیر خور.

انجیرخور anǰīr-xor [= انجیر خوار] ← انجیر خوار.

انجیردن anǰīr-dan [= ۲ انجیر] (مصم.) (انجیرد [-rd]، انجیرد [-rad]، خواهد انجیرد، بینجیر انجیرنده، انجیرده) سوراخ کردن، سفتن.

انجیرك anǰīr-ak (اِ.) (گیا.) علف بواسیر (ه.م.)

۱- انجیره anǰīr-a(-e) [= انجیر] (اِ.) (گیا.) ← ۱ انجیر.

۲- انجیره anǰīr-a(-e) [= انجیر] (اِ.) ← ۲ انجیر.

انجیل anǰīl [= انجیر] (گیا.) انجیر (ه.م.)

انجیل enǰīl [معر. یو. évaγγélion، بشارت = انگلیون] (اِخ.) هریك از چهار کتاب دینی مسیحیان ← بخش ۳. ج. اناجیل. ‖ اهل ــــ. نصاری، مسیحیان.

انجیلی anǰīl-ī [= انچیلو] (اِ.) (گیا.) درختی[3] از تیرهٔ انجیلی‌ها که در جنگلهای شمالی ایران وجود دارد؛ توه، توی، توئی، آسوندار، امبورتل، انجول.

انجیلی enǰīl-ī [معر.-ف.] (ص نسب.) منسوب به انجیل (ه.م.)

انجین anǰ-īn [← انجیدن] ۱- ریزه ریزه. ۲- (اِفا.) ریزه کننده.

انچوچك ančūčak [← انجکك] (اِ.) (گیا.) درختی[4] از تیرهٔ گل سرخیان[5]

انجیر

انجیلی

۱- Ficus carica (لا.)
۲- Loriot (فر.), oriolus (لا)
۳- Parrotia persica (لا.)
۴- Pirus glabra, prunus syriaca. (لا.)
۵- Rosacées (فر.)

که در ایران در جنگلهای خشک‌فارس وکوههای بختیاری‌ولرستان‌وجوددارد. دانهٔ آن شبیه بدانهٔ امرود و مغز آن سفید است وآنرا خورند. گرفتن‌پوست آن‌مشکل است؛ انجکك،دانجابروج ، دانگ افرونك.

انچیلو ančīlū [=انجیلی] (اِ.) (گیا.) انجیلی (ه.م.)

انحا anhā [=ع.انحاء] ←انحاء.

انحاء anhā'[ع.،ف.: انحا] ج.نحو. ۱ - سویها، گوشه‌ها. ۲ - راهها،روشها. ۳ - مثلها، مانندها.

انحدار enhedār[ع.] ۱ - (مص‌ل.) پایین آمدن، فرو شدن، فرود آمدن، بنشیب‌آمدن. ۲- (إمص.)فرودآمدگی.

انحراف enherāf [ع.] ۱ - (مص ل.) خم‌شدن، کج شدن، کژ شدن. ۲ - کج رفتن، اریب رفتن. ۳ - بگشتن ، ازراه گشتن ، میل کردن . ‖ ~ اخلاقی. از اصول اخلاقی دست کشیدن وکارهای ناشایست‌کردن. ۴- (إمص.) کجروی ، کج راهی (فره .) ج . انحرافات. ‖ ~ فکر. کژی اندیشه ، کج اندیشی.

انحرافات enherāf-āt [ع.] ج . انحراف.

انحرافی enherāf-ī [ع.-ف.] (ص نسبـ.) منسوب به انحراف : ذوق انحرافی.

انحصار enhesār[ع.] ۱ - (مص‌ل.) در تنگنا افتادن(غم.). ۲ - . محدود بودن، مخصوص‌بودن امری بکسی یا مؤسسه‌ای. ۳ - (مال.) محدود کردن، ساخت، توزیع یا فروش چیزی بدولت یا مؤسسه‌ویاشرکتی: انحصاردخانیات، انحصار فروش مشروبات الکلی. ۴ - (إمص.) محدودیت؛ ج.انحصارات.

انحصارات enhesār-āt [ع.] ج. انحصار(ه.م.)

انحصاری enhesār-ī[ع.-ف.] (ص نسبـ.) ۱ - منسوب به انحصار (ه. م.) ۲ - منحصر: فروش... انحصاری‌است.

انحطاط enhetāt ۱- (مص‌ل.) فرو افتادن ، فرود آمدن ، پست شدن ، به پستی گراییدن،بزیر آمدن. ۲- (إمص.) پستی. ‖ ~ فکر. پستی اندیشه.

انحلال enhelāl [ع .] ۱ - (مص ل.) حل شدن، بازشدن ، گشوده شدن (گره ومانندآن). ۲ - برچیده شدن، تعطیل‌شدن، متلاشی‌شدن. ۳ - (إمص.) ضعف ، فتور، استرخا. ۴ - برچیدگی (فره.)، تعطیل. ج. انحلالات.

انحلالات enhelāl-āt [ع .] ج . انحلال (ه.م.)

انحنا enhenā [=ع .انحناء] ← انحناء.

انحناء enhenā' [ع.،ف.: انحنا] ۱ - (مص‌ل.)خمیده شدن، کج گردیدن، چفته شدن . ۲ - (إمص .) خمیدگی (فره.)، کجی، اعوجاج،چفتگی. ۳ - (هنـ.)خمیدگی خط(←منحنی).

انحیاز enhiyāz [ع.] (مص ل .) ۱ - گرد آمدن ، پیوسته شدن . ۲ - گراییدن.

انخداع enxedā'[ع.] ۱ - (مص‌ل.) فریفته‌شدن، فریب‌خوردن. ۲- (إمص.) فریفتگی.

انخزال enxezāl [ع .] ۱ - (مص ل.) ۱ - باك نداشتن از پاسخ (غم.). ۲ - بریده گردیدن درسخن. ۳- رفتن بسستی وماندگی وگرانباری.

انخسا anxosā [= انخوسا] (اِ.)

(گیا.) انخوسا (ه.م.)

انخساف enxesāf [ع.] ۱ - (مص ل.) ناپدید شدن ، گرفته شدن . ۲ - گرفتن ماه ← خسوف. ۳ - (اِمص.) گرفتگی، گرفتگی ماه← خسوف .

انخفاض enxefāz [ع.] ۱ - (مص ل.) به‌نشیب افتادن، پست شدن. ۲ - (اِمص.) پستی ، پایین افتادگی . ج . انخفاضات . ‖ ~ افق. (نج.) زاویهٔ بین امتداد افق نظری و امتداد شعاع چشم، در صورتیکه از سطح زمین بالا رویم← افق.

انخناق enxenāɣ (مص ل .) خفه گردیدن، خپه شدن.

انخوسا anxūsā [معر. لا. anchusa] (اِ.) (گیاه .) گیاهی[۱] از تیرهٔ گاو-زبانیان[۲] که در سراسر دنیا پراکنده‌اند. ریشهٔ این گیاه سرخ رنگ است و گونه‌های مختلف آن سابقاً در تداوی استعمال میشده ، انخسا ، حالوما ، حالوم ، القانت.

۱-اند and [په. and، قس. وند] (عد. ، مبهم) ۱ - عددی مبهم از سه تا نه ، بضع. ضح.- پس از اعداد عشرات و مآت والوف آید: بیست و اند ، صد و اند ، هزار و اند. ۲ - چند.

۲- اند and (ضم.) ضمیر شخصی متصل، سوم شخص جمع ، فاعلی : رفته اند ، خورده‌اند. در غالب افعال ملحق بفعل نوشته میشود: بردند، میبرند.

آند anod [فر. anode] (اِ.) ۱ - (فز.) اِلکترد (ه. م.) متصل بقطب مثبت یك پیل. ۲- (فز.) سطح فلزی که در معرض نقطهٔ نفوذ الکتریسیتهٔ پیل واقع شود. ۳ - (فز .) الکترد متصل بقطب مثبت دریك الکترولیت (جسمی که در اثر جریان الکتریسیته تجزیه شود مانند محلول نمك طعام، اسیدها ، بازها و نمکها) .

۱ - اندا andā [= اِندای ← انداییدن ، اندودن](ری. اندایدن،اِ.) ۱ - گلابه، کاهگل . ۲ - (اِفا .) در ترکیب بجای «انداینده» استعمال‌شود: بام اندا.

۲-اندا andā [= انده = اندای ؛ مغ. anda، دوست) (اِ.) دوست، رفیق.

اندائیدن andā-īdan [= اندایدن] ← اندایدن.

انداخت andāxt [← انداختن] (مص خم .) ۱ - عمل انداختن . ۲ - رای، تدبیر، شور، مشورت.

انداختن andāx-tan [په . handāxtan] (انداخت ، اندازد ، خواهد انداخت ، بینداز ، اندازنده ، انداخته) ۱- (مصم.) افکندن، پرتاب کردن، پرت کردن. ۲ - راندن ، دور کردن. ۳ - اقامت دادن، مقیم‌ساختن. ۴ - تهیه‌کردن، ساختن: شراب انداختن؛ سرکه انداختن . ۵ - داخل کردن : کاغذ را در صندوق پست انداخت . ۶ - مباشرت کردن؛ جماع کردن . ۷ - (عم.) کلاه گذاشتن سر کسی بوسیلهٔ فروش جنسی نا مرغوب بقیمت گزاف . ۸ - کسر کردن . ۹ - (مصل.) رای زدن، مشورت کردن. ۱۰- اقامت کردن، مقیم شدن . ۱۱- توجه نکردن به ، التفات نکردن به.

انداختنی andāx-tan-ī (صلیا.) قابل انداختن(ه.م.) ‖ ~ ودر رفتنی. (عم.) جنس نامرغوب ← انداختن۷.

انداخته andāx-ta(-e) (اِمف .) ۱ - افکنده ، پرتاب شده ، پرت شده .

---

۱ - Anchusa (لا.), buglosse (فر.)　　۲-Boraginées(فر.)

۲- رای زده، مشورت شده .

انداد andād [ع.] (إ.) ج. ند (nedd)؛ همتایان، همانندان، امثال، نظرا.

انداز andāz [← اندازه، انداختن] ۱ - (إمص.) عمل «انداختن» . ۲ - قصد، میل. ۳ - (إفا.) در ترکیب به جای «اندازنده» نشیند؛ تیر انداز، سنگ انداز. ۴ - (إ.) اندازه، مقیاس، مقدار (← بی‌انداز).

اندازنده andāz-anda(-e) (إفا.) آنکه چیزی را از جایی بیندازد؛ پرتاب کننده.

اندازه andāza(-e) [= انداز؛ په. handāčak] (إ.) ۱ - مقیاس، مقدار (← سنگ ۶). ۲ - پیمانهٔ هرچیز. ۳ - (منط.) کم متصل. ۴ - (مج.) قدر، مرتبه، شایستگی، لیاقت، مقام. ‖ از ~ درگذشتن. ازحد تجاوز کردن، افراط.

اندازه‌کردن a.-kardan (مص م.) اندازه گرفتن (همع.)

اندازه گرفتن a.-gereftan (مص م.) ۱ - مقیاس کردن وزن یا طول و عرض و عمق (ارتفاع) . ۲ - قیاس کردن، حدس زدن. ۳ - شمردن، حساب کردن.

اندازه گیری a.-gīr-ī (حامص.) عمل اندازه گرفتن، مقیاس گیری.

اندام andām [= هندام، په. handām] (إ.) ۱ - تن، بدن، جسم، کالبد. ۲ - قد و قامت، قد و بالا، هیکل. ۳ - هر یك از اعضای بدن، عضو. ‖ ~ های کارکنش. اعضای عامله. ۴ - اجزای یك آلت، دستگاه: اندام‌های اسطرلاب. ۵ - آلت رجولیت، نره، شرم‌مرد، احلیل.

اندام دادن a.-dādan (مص م.) نظم دادن، مرتب ساختن، آراستن.

انداوه andāva(-e) [= اندایه] (إ.) ← اندایه.

انداویدن andāv-īdan [= اندایدن] (مص م.) ← اندایدن.

اندای andāy [= اندا] (إ.) ← ۱ اندا.

اندایش andāy-eš (إمص. اندایدن، اندودن) گل کاری، گل‌مالی.

اندایشگر andāy-eš-gar (ص شغل.) آنکه شغلش کاهگل کاری است، کاهگل کننده.

اندایَنده andāy-anda(-e) (إفا. اندایدن، اندودن) ۱ - اندود کننده، کاهگل کننده. ۲ - زراندود کننده.

اندایه andāya(-e) [= انداوه ← اندایدن] (إ.) مالهٔ بنایی که با آن گل یا گچ بدیوار مالند.

اندایدن andāy-īdan [= انداویدن = اندودن] (مص م.) (صر ← زاییدن) ۱ - اندودن، کاهگل گرفتن (بام، دیوار)، گل‌مالیدن.

اندخس andaxs (ص) پشت و پناه، پشتیبان، پشتیوان، حامی، حمایت کننده ↓

اندخسواره andaxs-vāra(-e) [← اندخس] (إمر.) ۱ - تکیه‌گاه، جایگاه پناهندگی. ۲ - قلعه، حصار.

اندخسیدن andaxs-īdan [← اندخس] ۱ - (مص م.) پناه دادن، پشتیبانی کردن، حمایت کردن. ۲ - (مص ل.) پناه گرفتن.

۱-اندر andar [په. andar] ۱ - (حر. اض.) در (همع.) ۲ - (پشف.) بر سر افعال در آید ومعنی دخول دهد: اندر آمدن، اندر رفتن، اندر شدن. ۳ - (پس.) بآخر اسما درآید و معنی

۳۷۳ اندرکشنده

«تا...» یا «...خوانده» دهد: پدراندر (پدندر)، مادر اندر (مادندر)، پسر اندر (پسندر)، دختر اندر (دختندر).

۲-اندر andar [ع.](ص تفض. ندرت) نادرتر، دشواریابتر، دیر یابتر.

اندراج enderāǰ [ع.] (مص ل.) ۱- داخل شدن، وارد گشتن، اندر آمدن. ۲- درضمن چیزی درآمدن، آموده شدن. ۳- بآخر رسیدن.

اندراس enderās [ع.] ۱- (مص ل.) کهنه شدن، پاره‌پاره شدن. ۲- (إمص.) کهنگی، پاره‌پاره شدگی.

اندراسیون andrāsyūn (إ.)(گیا.) ← بخورالاکراد.

اندران andarān (إ.)(گیا.) اشق (ه.م.)

اندرآمدن andar-āmadan (مص ل.) در آمدن، داخل شدن، وارد گشتن.

اندر آوردن a.-āva(o)rdan (مص م.) داخل کردن، وارد کردن.

اندر آویختن a.-āvīxtan (مص ل.) معلق بودن، آویزان بودن.

اندرآویزنده a.-āvīz-anda(-e) (إفا. اندر آویختن) ۱- معلق. ۲- متشبث، چنگ زننده.

۱-اندربای a.-bāy [← اندربایست] (ص.) ضرور، دربایست، محتاج الیه.

۲- اندربای a.-bāy [=اندروای] (ص.) آویخته، معلق، سرنگون، سرازیر.

اندر بایست a.-bāyest [← اندر بای] (امف.، ص.) ضرور، محتاج الیه، اندربای.

اندربایستن a.-bāy-estan [= دربایستن] (مص ل.) ضرور بودن، محتاج الیه بودن.

اندرجاه a.-ǰāh [معر. اندرگاه] (إمر.) ← اندرگاه.

اندرخواستن a.-xāstan [= درخواستن] (مص م.) تقاضا کردن، درخواستن.

اندرخور a.-xor(xvar قد.) [= درخور، قس. اندرخورد] (ص مر.) سزاوار، لایق، شایسته.

اندرخورد a.-xord(xvard قد.) [= درخورد، قس، اندر خور] ← اندرخور.

اندرخوردن a.-xordan(xvar قد.) [= درخوردن] (مص ل.) لایق بودن، سزاوار گشتن، مناسب بودن، شایسته بودن.

اندررسیدن a.-resīdan (مص ل.) رسیدن، وارد شدن.

اندرز andarz [په. handarz] (إ.) ۱- پند، نصیحت. ۲- وصیت.

اندرزا andarzā (إ.)(جا ن.) گاو - دارو (ه.م.)

اندرزدادن a.-dādan (مص م.) نصیحت کردن، پندگفتن.

اندرزکردن a.-kardan (مص م.) نصیحت کردن، پند دادن، توصیه.

اندرزگفتن a.-goftan (مص م.) اندرز کردن، توصیه.

اندر شدن a.-šodan (مص ل.) داخل شدن، وارد شدن؛ مق. بیرون شدن، خروج.

اندرشکستن e.-šekastan (مص م.) آماده کردن، حاضر ساختن، مهیا کردن: بنوی یکی دفتر اندر شکست. (شاهنامه)

اندر کشنده a.-ka(e)šanda(-e) (إفا.) جاذب، جذب کننده.

اندرکشیدن

اندرکشیدن a.-ka(e)šīdan (مص م.) جذب کردن.

اندرگاه a.-gāh [= اندرجاه] (إمر.) پنج روز افزونی آخر سال، خمسهٔ مسترقه که نامهای آنها از این قرار است: ۱ - اهنود (ه.م.) = اهنوذ. ۲ - اشتود (ه.م.) = اشتوذ. ۳ - اسپنتمد (ه.م.) = اسپنتمذ. ۴ - وهوخشتر (ه.م.) ۵ - وهیشتوایشت (ه.م.)

اندرگذرانیدن a.-gozarānīdan (مص م.) عبور دادن، گذر دادن. ‖ **پای ازاندازهٔ ــــ.** پا از گلیم خود درازتر کردن.

اندرگذشتن a.-gozaštan [= درگذشتن] (مص ل.) فوت کردن، مردن. ‖ **ــــ (خطوط) از یکدیگر.** مماس شدن خطها با یکدیگر و قطع کردن یکدیگر.

اندر گرفتن a.-gereftan (مص ل.) شروع کردن، آغاز کردن.

اندر نوشتن a.-navaštan (مص م.) ۱ - طی کردن. ۲ - حك کردن، محو کردن.

اندروا a.-vā [= اندروای] ← اندروای.

اندروای a.-vāy [= اندروا، په. andarvāy، درهوا] (ص مر.) ۱ - در هوا. ۲ - معلق، آویخته.

اندروصاقس andrūsāγes [معر. لا. androsaces] (إ.) (گیا.) کشملك (ه.م.)

اندر وقت a.-vaγt [ف.-ع.] (قمر.) فوراً، فی‌الحال، در وقت.

اندرون andar-ūn [په. andarōn] (إ.، ق.) ۱- داخل، درون؛ مق. بیرون، برون. ۲ - باطن، ضمیر. ۳ - خانه‌ای که پشت خانهٔ دیگر واقع باشد و مخصوص زن و فرزندان و خدمتگزاران بود؛ حرمسرا؛ اندرونی؛ مق. بیرونی.

اندرون‌رفتن a.-raftan (مص ل.) ۱ - داخل‌شدن، درون (اطاق، خانه) رفتن. ۲ - به حیاط اندرونی رفتن.

اندرونه andar-ūna(-e) [= اندرون] (إ.) ۱ - اندرون، داخل. ۲- باطن. ۳ - (پز.) (فره.) مجموع اعضا[1] و انساجی که در داخل شکم زیر پردهٔ جنب قرار دارند که شامل معده و روده‌ها و کبد و لوزالمعده و طحال و کلیتین و روده‌بند و صفاق و مثانه و سایر بافتهای داخل شکم میشود؛ احشاء و امعاء، احشاء.

اندرونه‌شناسی andarūna(-e)-šenās-ī (إمر.) (پز.) (فره.) علمی که اعضا و جوارح داخل بدن را مورد بررسی قرار میدهد[2]، معرفة‌الاحشاء.

اندرونی andarūn-ī (ص نسب.) ۱ - داخلی، درونی: زاویهٔ اندرونی (زاویهٔ داخلی). ۲ - (إمر.) خانه‌ای که پشت خانهٔ دیگر واقع باشد، مخصوص زن و فرزندان و خدمتگزاران است؛ مق. بیرونی.

اندرونین andarūn-īn (ص نسب.) اندرونی، درونی، داخلی.

اندر یابایی andar-yābāy-ī (حامص.) ادراك، اندریافت.

اندریابنده andar-yābanda(-e) [= دریابنده] (إفا.) مدرك، ادراك کننده.

اندریافت a.-yāft [= دریافت] (مص خم. ← اندریافتن) ادراك، دریافت.

---

۱ - Les viscères (فر.)

۲- Splanchnologie (فر.)

اندریافتن a.-yāftan [=دریافتن] (مصم.) ادراک کردن، فهمیدن.

اندر یافتنی a.-yāftan-ī [= دریافتنی] (ص لیا.) قابل اندریافت (ه.م.)، دریافتنی، قابل ادراک.

اندر یافته a.-yāfta(-e) [= دریافته] (إمف.) مدرک (-ra-)، درک شده.

اندفاع endefā' (مص ل.) ۱ - دورشدن، بر کنار گشتن. ۲ - بازداشته شدن، رانده شدن. ۳ - درایستادن، درآمدن. ۴ - خوض پیوستن.

اندقوقو andaγūγū [= حندقوقی] (إ.) ← حندقوقی.

اندک and-ak [په handak ← اند] (ق.، ص.) ۱ - کم ؛ مق. بیش، بسیار. ۲ - کوتاه : مدتی اندک.

اندک اندک andak-andak [← اندک] (ق مر.) ۱ - کم کم : اندک اندک همی‌شود بسیار (گلستان). ۲ - بتدریج، تدریجاً، رفته‌رفته.

اندک خوار a.-xār [=اندک‌خور] (إفا.) کم‌خوار، کم‌خور.

اندک خواری a.-xār-ī [=اندک خوری] (حامص.) کم‌خواری، کم خوری.

اندک‌خور a.-xor [=اندک‌خوار] (إفا.) اندک‌خوار (ه.م.)

اندک خوری a.-xor-ī [=اندک خواری] (حامص.) اندک خواری (ه.م.)

اندکس andeks [فر. Index] (إ.) (کم.) دفتری که شمارهٔ نامه های ثبت‌شده در دفتر اندیکاتور را باشماره‌های آن نامه‌ها در آن ثبت کنند، فهرست (فره.)

اندک‌کردن a.-kardan (مصم.) اندک گردانیدن، تقلیل.

اندک‌گردانیدن a.-gardānīdan (مصم.) اندک کردن (ه.م.)

اندک مایگی a.-māya(e)g-ī (حامص.) ۱ - اندک مایه (ه.م.) بودن، کم بضاعتی. ۲ - نادانی، بی سوادی.

اندک مایه a.-māya(-e) ۱ - (ص‌مر.) کم‌مایه، کم‌بضاعت. ۲ - نادان، بی‌سواد. ۳ - (ق‌مر.) اندکی، کمی : «یک‌چشم اندک‌مایه شکسته داشتی.» (سلجوقنامهٔ ظهیری ص۳۴).

اندکی andak-ī(-ē) (ق. قد.) (ق.) کمی؛ مق. بسیاری.

اندماج endemāǰ [ع.] (مص‌ل.) ۱ - درآمدن‌درامری، داخل‌شدن. ۲ - استوار شدن.

ان دماغ an-damāγ [←ان،دماغ] (إمر.) پلیدیی که در بینی جمع آید ؛ کثافات بینی.

اندمال endemāl [ع.] ۱ - (مص‌ل.) به‌شدن، بهبودیافتن (زخم)، سربهم‌آوردن (جراحت). ۲ - (إمص.) بهبود، سربهم‌آوردگی(جراحت).

اندمال یافتن e.-yāftan [ع.-ف.] (مص‌ل.) بهبود یافتن، سربهم آوردن (جراحت).

اندوختن andūx-(-dōx-)tan (قد. په handōxtan = اندوزیدن] (مصم.) (صر←دوختن). ۱ - جمع کردن، فراهم آوردن. ۲ - ذخیره کردن، پس انداز کردن. ۳ - بهره‌بردن، سود بردن، انتفاع.

اندوخته andūx-ta(-e) (إمف.) ۱ - جمع‌شده، فراهم‌آمده. ۲ - پس انداز شده، ذخیره شده. ۳ - دوباره

اندوخرما

درست شده، تجدیدشده ، مجدداً کامل شده. ۴ - (إ.) (بانک.) پولی است که در بانکها برای احتیاطذخیره‌میشود[1] (فره.) .

اندوخرما andū-xormā [=اندی خرما](إمر.)(گیا.)کلهو(ه.م.)

اندود andūd [←اندودن] ۱ - کاهگل که بربام و دیوار کشند، گلابه. ۲ - (إمف.) در ترکیب بمعنی «اندوده» آید: زر اندود، سیم‌اندود ، گل‌اندود.

اندود کردن a.-kardan (مصم.) اندودن (ه.م.)

اندودن and-ūdan [=اندوذن (اظ قد.) ، په . handūtan = اندایبدن] (مصم.) (اندود، انداید ، خواهداندود، بیندا(ی)،اندابنده،اندوده، اندایش). ۱ - پوشاندن‌چیزی بوسیلهٔ مالیدن ماده‌ای‌بروی‌آن‌چنانکه‌مالیدن کاهگل ببام و دیوار . ۲ - آب‌دادن فلزات (مانندمس‌وغیره)، مطلاکردن. ۳ - شیره و روغن مالیدن.

اندوده and-ūda(-e) (إمف.) ۱ - اندود کرده ، اندابیده . ۲ - مطلا و مفضض شده. ۳ - تدهین شده.

اندوز andūz [ر.: اندوختن، اندوزیدن] ۱ - (إفا.) درترکیب‌بمعنی «اندوزنده» آید:مال‌اندوز. ۲- (إمف.) نیز درترکیب بمعنی «اندوخته» آید: ظلمت اندوز.

اندوزه andūz-a(-e) (إمر.) اندوه، غم. ↓

اندوزه‌کردن a.-kardan (مصل.) اندوه‌خوردن ، غم‌خوردن، غصه‌خوردن: «اگرملك‌دنیادارد ازآن‌تو، ازوی‌دریغ نداری، و چون داری‌آنرا قیمت ننهی واندوزه‌نکنی.» (طبقات انصاری).

اندوزیدن andūz-īdan [= اندوختن] (مصم.) (صر.←دوزیدن) اندوختن (ه.م.)

اندوصارون andūsārūn [معر. لا. hedysarum] (إ.) (گیا.)عدس تلخ (ه.م.)

اندوه andūh (قد. -dōh) [= انده؛ په. handōh] ۱ - غم ، غصه ، گرفتگی‌دل ، گرفتگی خاطر ، حزن. ۲ - اسف، تأسف. ج. اندوهها، اندوهان.

اندوه خوار a.-xār [=انده‌خوار] (إفا.) غمخوار، متعهد.

اندوه خواری a.-xār-ī (حامص.) غمخواری، تعهد.

اندوه زدا(ی) a.-zadā(y) [= انده‌زدا] (إفا.) آنکه‌غم‌شخص رازایل کند، غمزدا.

اندوه‌فزا(ی) a.-fazā(y) (إفا.) زیادکنندهٔ اندوه، افزایندهٔ غم.

اندوهگسار a.-gosār [= اندهگسار] (إفا.) غمخوار، متعهد .

اندوهگساری a.-gosār-ī [= اندهگساری] (حامص.) غمخواری ، تعهد.

اندوهگن a.-gen [= اندوهگین =اندهگین] (صمر.) اندوهگین (ه.م.)

اندوهگین a.-gīn [=اندوهگن= اندهگین=اندهگن](صمر.)غمگین، غمناك، غصه‌دار.

اندوهگین شدن a.-šodan (مصل.) ۱ - غمگین‌شدن؛ غمناك‌گشتن . ۲ - اسف، تأسف.

اندوهگینی a.-gīn-ī [=

۱ - Réserve (فر.)

اندوهگنی = اندهگینی = اندهگنی] (حامص.) غمگینی، غمناکی، اندوهناکی.

اندوهمند a.-mand [= اندهمند] (ص‌مر.) غمگین، غمناك، اندوهگین.

اندوهمندی a.-mand-ī (حامص.) غمناکی، غمگینی، اندوهناکی.

اندوهناك a.-nāk (ص‌مر.) اندوهگین، غمگین، غمناك.

اندوهناکی a.-nāk-ī (حامص.) غمناکی، غمگینی، اندوهگینی.

انده anda [= اندا] (إ.) ← ۲ اندا.

انده andoh [= اندوه] (إ.) ← اندوه. ج. اندهها، اندهان.

انده خوار a.-xār [= اندوه‌خوار] (إفا.) ← اندوه‌خوار.

انده خواری a.-xār-ī [= اندوه‌خواری] (حامص.) ← اندوه‌خواری.

انده زدا(ی) a.-zadā(y) [= اندوه‌زدا] (إفا.) ← اندوه‌زدا.

انده فزا(ی) a.-fazā(y) [= اندوه‌فزا] (إفا.) ← اندوه‌فزا.

انده قوقو andaγūγū [= حندقوقی] (إ.) ← حندقوقی.

اندهگسار a.-gosār [= اندوهگسار] (إفا.) ← اندوهگسار.

اندهگساری a.-gosār-ī (حامص.) ← اندوهگساری.

اندهگن a.-gen [= اندوهگین] (ص‌مر.) ← اندوهگین.

اندهگین a.-gīn [= اندوهگین] (ص‌مر.) ← اندوهگین.

اندهگینی a.-gīn-ī [= اندوهگینی] (حامص.) ← اندوهگینی.

اندهمند a.-mand [= اندوهمند] (ص‌مر.) ← اندوهمند.

اندهمندی a.-mand-ī [= اندوهمندی] (حامص.) ← اندوهمندی.

۱ - اندی and-ī (قد. -ē) [← ۱- اند، است. ant aēta، چندان این] (ق.) ۱ - آنگاه، آن‌لحظه. ۲ - ازین زمان، ازین‌لحظه. ۳ - آن‌قدر.

۲ - اندی andī ۱ - امیدواری. ۲ - تعجب. ۳ - بود (bovad)، باشد ← اندیك.

اندی خرما andī-xormā [= اندوخرما] (إمر.) (گیا.) کلهو (ه‌.م.)

اندیش andīš (ری. اندیشیدن) ۱ - (إفا.) در ترکیب بجای «اندیشنده» آید: بداندیش، خیراندیش، دوراندیش، نیك اندیش. ۲ - (إ.) اندیشه: اندیشمند، اندیشناك.

اندیشمند a.-mand [= اندیشه‌مند] (ص مر.) آنکه در فکر فرو رود، متفکر.

اندیشمندی a.-mand-ī [= اندیشه مندی] (حامص.) حالت اندیشمند (ه‌.م.)، تفکر، بفکر فرورفتن.

اندیشناك a.-nāk [= اندیشه‌ناك] (ص‌مر.) ۱ - متفکر، اندیشمند. ۲ - بیمناك، ترسناك.

اندیشناکی a.-nāk-ī [= اندیشه‌ناکی] (حامص.) ۱ - تفکر، اندیشمندی. ۲ - بیمناکی، ترسناکی.

اندیشنده andīš-anda(-e) (إفا.) فکر کننده، متفکر.

اندیشه andīša(-e) [= اندیش ← اندیشیدن] ۱ - (إمص.) تفکر، فکر، تأمل. ۲ - (إ.) ترس، بیم، اضطراب. ج. اندیشه‌ها، اندیشگان. ‖ ~ **بودن کسی را از چیزی.** بیم داشتن وی از آن.

اندیشه‌کردن a.-kardan (مص‌ل.) تفکر کردن، تفکیر.

اندیشه‌کشیدن a.-ka(e)šīdan (مص‌ل.) عنایت کردن، عنایت، اهتمام کردن، اهتمام.

اندیشه کیش a.-kīš (صمر.) ۱ - آنکه معتاد باندیشه است، آنکه‌عادت بتفکر دارد. ۲ - آنکه‌همواره‌خیالات فاسد در سر پروراند، خیالاتی.

اندیشه‌گر a.-gar (صمر.) دارای اندیشه، متفکر.

اندیشه‌مند a.-mand [= اندیشمند] (صمر.) ← اندیشمند.

اندیشه‌مندی a.-mand-ī [= اندیشمندی] (حامص.) ← اندیشمندی.

اندیشه ناك a.-nāk [= اندیشناك] (صمر.) ← اندیشناك.

اندیشه‌ناکی a.-nāk-ī [= اندیشناکی] (حامص.) ← اندیشناکی.

اندیشیدن andīš-īdan [← اندیش] (مص‌ل.) (اندیشید، اندیشد، خواهد اندیشید، بیندیش، اندیشنده، اندیشیده.) ۱ - فکر کردن، تفکر کردن، تأمل کردن. ۲ - بیم‌داشتن.

اندیك (قد. andī-k(-dē [= اندی که ← اندی](ق.) باشدکه، بودکه: «مارا دل ارچه خستهٔ تیر ملامت‌است اندیك مر ترا همه‌خیرو سلامت‌است.» (رشیدی)

اندیکاتور andīkātor [فر. indicateur] (اِ.)(کم.) دفتری‌که خلاصهٔ نامه‌های فرستاده و رسیده را درآن ثبت‌کنند؛ دفتر نماینده(فره.).

اندیه andiya [= ع.اندیة](اِ.)ج. ندی (nadā) . ۱ - شبنمها،نمهای صبحگاهی. ۲ - خاکهای نمناك. ۳ - بخورها.

انذار enzār [ع.] ۱ - (مصم.) ترسانیدن، بیم دادن. ۲ - آگاه‌کردن، آگاهانیدن. ۳ - پند دادن.

انر anar (ص.) زشت، بد، مهیب.

انرژی eneržī [فر. énergie] (اِ.) نیرو (ه.م.)، قوه، قدرت.

انزال anzāl [ع.] (اِ.) ج. نزل (nozl)(ه.م.)

انزال enzāl [ع.] (مص م.) ۱ - فرو فرستادن، فرود آوردن: انزال کتب آسمانی. ۲ - انزال منی ↓ ‖ ــِ منی. اخراج آب مرد. ‖ سرعت ــ. زود فرزد آمدن آب مرد.

انزجار enzeǰār [ع.] ۱ - (مص ل.) باز ایستادن، وازده شدن. ۲ - بیزار بودن،متنفر بودن. ۳ - (اِمص.) رمیدگی، نفرت، بیزاری. ضح.- درباب املای این کلمه اختلاف است. بعضی انضجار را صحیح دانسته‌اند مأخوذاز ضجرت و ضجر بمعنی قلق‌واضطراب‌و اندوهناکی. عده ای دیگر گویند «انضجار»درعربی‌نیامده، وانزجار، در لغت عرب بمعنی‌بازایستادن وقبول‌نهی کردن‌است، مطاوع «زجر» بمعنی منع ونهی‌وباز داشتن. بکاربردن واستعمال زجربمعنی اذیت وآزار وانزجاربمعنی کراهت وتنفربرسبیل تسامح‌است.قول دوم ارجح است.

انزروت anzarūt [= انجروت،معر. عنزروت](اِ.)(گیا.) صمغی‌است‌سقزی[۱] برنگ سرخ، زرد یاسفید، طعم آن‌تلخ است وازدرختی‌خاردار [۲] که برگهایی شبیه بمورد دارد، استخراج شود؛ عنزروت، انجروت، زنجر، کنجده، کلك.

انزعاج enzeāǰ [ع.] (مص‌ل.) ۱ - ازجا بر کنده‌شدن. ۲ - بی آرام‌شدن، ناراحت‌گشتن. ۳ - (تص.) تحرك دل‌در حال وجد. ۴ - (تص.) اثر مواعظ در قلب مؤمن.

۱ - Sarcocolle (فر.)   ۲ - Sarcocollier (فر.)

انسان

دستگاه عصبی

۱ـ عصب صورتی ـ شاخهٔ پیشانی
۲ـ عصب صورتی ـ شاخهٔ فکی
۳ـ شبکهٔ بازویی
٤ـ عصب ریوی معدی
٥ـ عصب بازویی جلدی داخلی
٦ـ عصب چرخی
۷ـ عصب میانی
۸ـ عصب زند اسفل
۹ـ شبکهٔ کمری
۱۰ـ عصب زند اعلی
۱۱ـ شبکهٔ خاجی
۱۲ـ عصب عضلانی جلدی
۱۳ـ عصب نایی بزرگ
۱٤ـ عصب میانی
۱٥ـ شاخه‌های انتهایی
۱٦ـ عصب عضلهٔ دو سر
۱۷ـ عصب سافن داخلی
۱۸ـ عصب رانی جلدی
۱۹ـ عصب نیم غشایی
۲۰ـ عصب نایی رکبی داخلی
۲۱ـ عصب نایی رکبی خارجی
۲۲ـ عصب درشت نی خلفی
۲۳ـ شاخه‌های انتهایی
۲٤ـ عصب کف پایی خارجی

دستگاه لنفی

الف ـ زنجیرهٔ عقده‌های گردنی
ب ـ عقده‌های سری
پ ـ عقده‌های حفرهٔ زیر بغلی
ت ـ عقده‌های احشایی سینه
ث ـ عقدهٔ فوق قرقره
ج ـ « قناة الصدر
چ ـ عقده‌های شکمی
ح ـ « مخزن پکه
خ ـ عقده‌های خاصره‌یی
د ـ عقده‌های کشالهٔ ران
ذ ـ عقدهٔ رکبی

مخصوص فرهنگ فارسی معین

الف

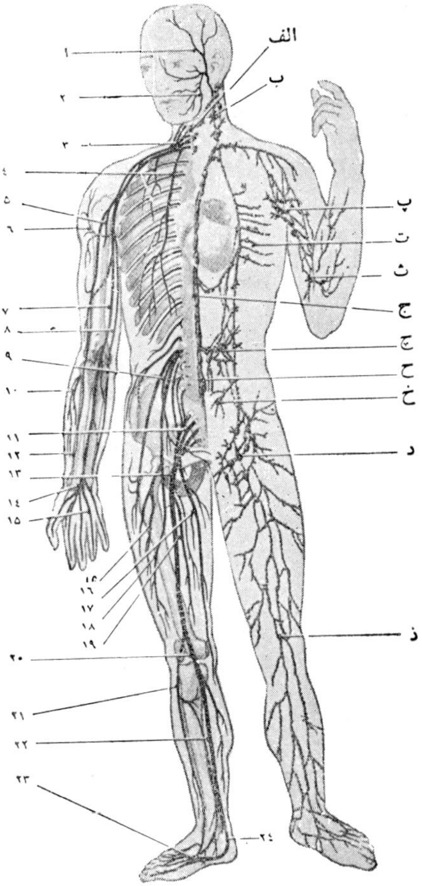

انسان

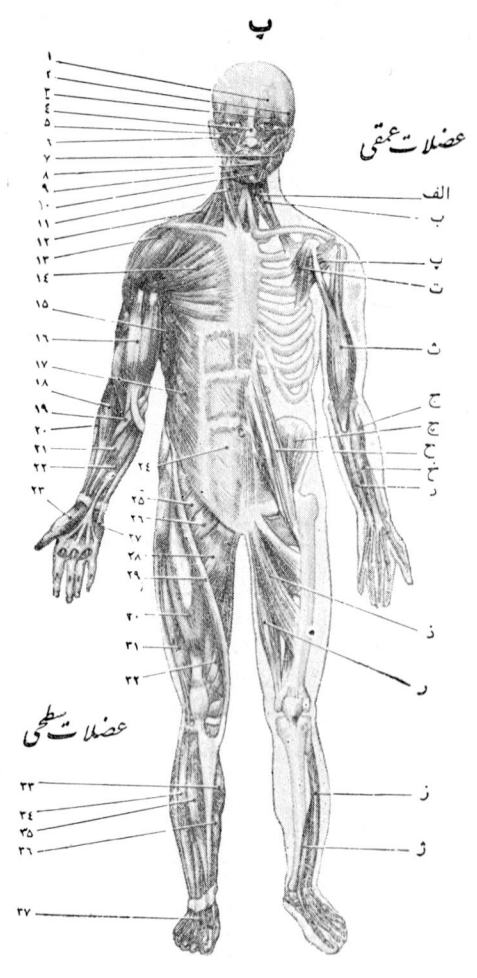

پ

عضلات عمقی
عضلات سطحی

۱ ـ عضلهٔ پیشانی
۲ ـ « شقیقه
۳ ـ « مدور پلکها
۴ ـ « مستعرض بینی
۵ ـ « وجنه‌یی کوچک
۶ ـ « وجنه‌یی بزرگ
۷ ـ « ماضغه‌یی
۸ ـ « مدور لبها
۹ ـ « مثلث لبها
۱۰ـ عضلهٔ رافعهٔ چانه
۱۱ـ « جناغی چنبری پستانی
(قصی ترقوی حلمی)
۱۲ـ عضلهٔ ذوزنقه
۱۳ـ « دالی
۱۴ـ « سینه‌یی بزرگ
۱۵ـ « دندانه‌یی بزرگ
۱۶ـ « دوسر بازو
۱۷ـ « مورب کبیر
۱۸ـ « برون‌گردانندهٔ دراز
۱۹ـ « درون‌گردانندهٔ مدور
۲۰ـ « اولین زند اعلی
۲۱ـ « کفی بزرگ
۲۲ـ « کفی کوچک
۲۳ـ عضلات برآمدگی کفی خارجی
۲۴ـ عضلهٔ راست بزرگ شکم
۲۵ـ عضلهٔ پسوآس
۲۶ـ عضلهٔ شانه‌یی ران
۲۷ـ عضلات برآمدگی کفی داخلی
۲۸ ـ عضلهٔ نزدیک‌کنندهٔ وسطی
۲۹ـ « خیاطهٔ بزرگ
۳۰ـ « راست قدامی
۳۱ـ « پهن خارجی
۳۲ـ « پهن داخلی
۳۳ـ « دوقلوی داخلی
۳۴ـ « نازک‌نیی درازکناری
۳۵ـ « ساقی قدامی
۳۶ـ « نعلی
۳۷ـ « پشت پایی
الف ـ عضلهٔ کتفی لامی
ب ـ « بین دنده‌یی
پ ـ « زیرکتفی
ت ـ « سینه‌یی کوچک
ث ـ « دوسر بازو
ج ـ « برون‌گردانندهٔ کوتاه
چ ـ « خاصره‌یی
ح ـ « پسوآس
خ ـ « خم‌کنندهٔ مخصوص شست
د ـ « خم‌کنندهٔ عمومی انگشتان
ذ ـ « نزدیک‌کنندهٔ وسطی
ر ـ « نزدیک‌کنندهٔ بزرگ
ز ـ « بازکنندهٔ مشترک انگشتان پا
ژ ـ « بازکنندهٔ خاص شست پا

مخصوص فرهنگ فارسی معین

انزله‌کردن anzala-kardan [ع.-ف.] نازل کردن، فرو فرستادن (کتاب آسمانی): «گفت آری بآن خدای که تورية برموسی انزله‌کرد.» (تفسیر ابوالفتوح). ضح. - این ترکیب بر- ساختهٔ ایرانیانست.

انزلیجی anzalī-ǰī (ص. نسب. انزلی) (عم.) منسوب به انزلی (← بخش ۳)، از مردم انزلی.

انزوا enzevā [= ع. انزواء] ← انزواء.

انزواء enzevā' [ع.، ف.: انزوا] ۱- (مصل.) گوشه گرفتن، گوشه گیر شدن، کناره گیری کردن. ۲- (إمص.) گوشه‌گیری، گوشه نشینی.

انژکسیون anžeksiyon [فر. injection] (إ.) (پز.) ۱- تزریق آمپول دوایی، آمپول زدن، وارد کردن داروی مایع در رگ بوسیلهٔ سرنگ. ۲- آمپول.

انس anas [ع.] (ص.) ۱- کسی که بدو انس گیرند. ۲- گروهی که در یکجا مقیم باشند. ج. آناس.

انس ons [ع.] ۱- (مص ل.) خو گرفتن، مق. وحشت. ۲- (إمص.) خو گرفتگی؛ خوگیری، مؤالفت. ۳- آرام، آرامش. ۴- (تص.) اثر جمال حق در قلب بنده.

انس ens [ع.] (اِج.) مردم، آدمیان، اناس، ناس؛ مق. جن. ‖ ــــ و جن. مردمان و پریان، آدمیان و پریان.

انسا ensā [= ع. انساء] ← انساء.

انساء ensā' [ع.، ف.: انسا] (مصم.) پس افکندن.

انساب ansāb [ع.] (إ.) ج. نسب (ه.م.) ۱- نژادها. ۲- خویشاوندیها، خویشیها.

انساج ansāǰ [ع.] (إ.) ج. نسج؛ بافتها.

انسال ansāl [ع.] (إ.) ج. نسل (ه.م.)

انسان ensān [ع.] (إ) ۱- (جان.) جانوری از تیرهٔ نخستینیان از شاخهٔ پستانداران، از گونهٔ آدمها که بسبب رشد کامل مغز از دیگر جانوران ممتاز است، وقدرت بیان افکار بوسیلهٔ تکلم وخط دارد، وتنها جانوریست که همیشه ایستاده راه میرود. ج. انسانها (ف.)، انسانات (ع.) ‖ ــــ برفی. ← آدم برفی. ۲- [= انسان العین] مردمك دیده، سیاههٔ چشم.

انسانات ensān-āt [ع.] ج. انسان.

انسان دوست e.-dūst (صمر.) آنکه افراد انسان را دوست دارد، بشردوست.

انسان دوستی e.-dūst-ī (حامص.) دوست داشتن افراد انسانی، بشردوستی.

انسان عین e.-e ayn [ع.] (إمر.) ← انسان العین (بخش ۲).

انسانی ensān-ī [ع.-ف.] (ص نسب.) منسوب به انسان: عالم انسانی.

انسانیت ensān-īyyat [= ع. انسانیة] (مص جع.) ۱- مردمی، انسان بودن. ۲- تربیت واخلاق نیك که ازمشخصات انسان است.

انسب ansab [ع.] (ص تفض.) شایسته‌تر، درخورتر، مناسب‌تر.

انسباك ensebāk [ع.] (مص ل.) گداخته شدن، ذوب شدن.

انستیتو anstītū [فر. institut] (إ.) ۱- انجمن علمی یا ادبی. ۲- مؤسسهٔ تربیتی وفرهنگی.

انسجام enseǰām [ع.] ۱- (مص ل.) روان بودن، روان شدن.

۲- (إمص .) روانی (کلام وغیره). ج . انسجامات.

انسجامات enseǰām-āt [ع ·] ج · انسجام (ه·م·)

انسداد ensedād [ع·] ۱ - (مص ل.) بسته شدن، بندشدن. ۲ - (إمص·) (پز.) گرفتگی و مسدود شدن مجاری اعضای مختلف بدن[۱] ، انقباض ، قبض مجاری·

انس دادن ons-dādan [ع- ف.] (مص م .) ایجاد انس و الفت کردن میان دو یا چند تن؛ ایناس.

انسدال ensedāl [ع·] (مص ل.) آویخته شدن ، فروهشته شدن (جامه ، موی).

انسراح enserāh [ع·] (مص ل.) ۱ - واکرده‌شدن‌موی‌وفروهشته‌گردیدن آن· ۲ - بپشت خوابیدن و پاها را از هم گشاده کردن . ۳ - برهنه شدن ، عریان گشتن . ۴ - (إمص.) روانی ، آسانی.← منسرح.

انسکاب ensekāb [ع·] ۱ - (مص م.)ریختن. ۲ - (مص‌ل.) ریخته‌شدن·

انس گرفتن ons-gereftan [ع.- ف.] (مص ل.) ـــ به(با) کسی. الفت یافتن با او، استیناس ·

انسلاخ enselāx [ع ·] (مص ل·) ۱ - بیرون‌آمدن چیزی‌ازچیزی (مار ازپوست،روز از شب)، پوست انداختن· ۲ - جامه کندن ، لخت شدن . ۳ - گذشتن (ماه)، سپری شدن.

انسلاك enselāk [ع·] (مص ل·) ۱ - داخل شدن، دررشته در آمدن، در آمدن (درچیزی)، وارد شدن (دردسته وگروهی). ۲ - برشته کشیده شدن.

انسولین ansūlīn[انگ.Insulin] (شم.،پز.) ماده‌ایست که در بدن‌تولید گردد وقند خون را منظم سازد.

انسی ensī [= ع·ensīyy] (ص نسب·،إ·) آدمی، مردم؛ مق. جنی·

انسی ons-ī [ع.-ف.] (ص‌نسب.) خو گرفته، خوگیر، همدم، دمساز.

انشا anšā [= ع.انشاء] ←انشاء·

انشا enšā [=ع.انشاء]←انشاء·

انشاء 'anšā [ع.، ف. : انشا] ج . نشؤ(nοš')؛ پروردگان، بالیدگان·

انشاء 'enšā [ع.،ف.:انشا] (مص‌م.) ۱ - آفریدن، ایجاد کردن. ۲ - ابتدا کردن،آغاز کردن. ۳ - از خودچیزی گفتن،خواندن‌وآوردن شعرازخویشتن؛ مق· انشاد· ۴ - (إمص·) سخن‌پردازی، سخن‌آفرینی. ۵- (إ.)نوشتهٔ مترسلانهٔ فصیح و بلیغ · ‖ **دیوان** ـــ . وزارت یا اداره‌ای‌که مکاتبات دولتی درآنجا صورت میگرفت.

انشاد enšād [ع ·] ۱ - تعریف ووصف‌کردن گمشده‌را (غم.). ۲ - هجو کردن(غم.). ۳ - شعرکسی راخواندن برای دیگری ، برخواندن ، خواندن وآوردن شعر از دیگری ؛ مق.انشاء. ←منشد.

انشار enšār [ع.] (مص م.) زنده کردن.

انشا فرمودن e.-farmūdan [ع.- ف.] (مص‌م.)ایجادکردن، وضع‌کردن، ساختن.

انشا کردن e.-kardan [ع.- ف.] (مص‌م·) ۱ - آفریدن ، خلق کردن . ۲ - نامه یامقالهٔ مترسلانهٔ فصیح وبلیغ نوشتن·

انشراح enšerāh [ع.] ۱- (مص‌ل·) گشاده‌شدن ، باز شدن . ۲ - (إمص.)

۱- Obstruction (فر.)

انسان

سینه و شکم

شریان سبات
وریدوداج خارجی
شریان تحت ترقوه‌یی
استخوان ترقوه
ورید اجوف فوقانی
شریان ریوی
ورید ریوی
شش راست
کبد (مقطع قطعهٔ راست)
ورید اجوف تحتانی
ورید باب
غدهٔ فوق‌کلیوی
کیسهٔ زرداب
کلیهٔ راست
اثنا عشر
(از ضمائمش جدا شده)
شریان و ورید
ماساریقائی فوقانی
شریان خاصره‌یی
مثانه
سوراخ مجرای ادرار
عانه
غدهٔ درقی
وریدوداج داخلی
شریان تحت ترقوه‌یی
ورید تحت ترقوه‌یی
تنهٔ بازویی سری چپ
قوس آئورت
شریان ریوی
شریان‌ها و وردهٔ اکلیلی
عضلهٔ قلب
الیاف وتری
حجاب حاجز
معده
طحال
تنهٔ احشایی
لوز المعده
مقطع جبهه‌یی کلیه
لگنچه
حالب
عضلهٔ پسوآس
ورید خاصره‌یی
راست روده
سوراخ میزراه چپ

مخصوص فرهنگ فارسی معین

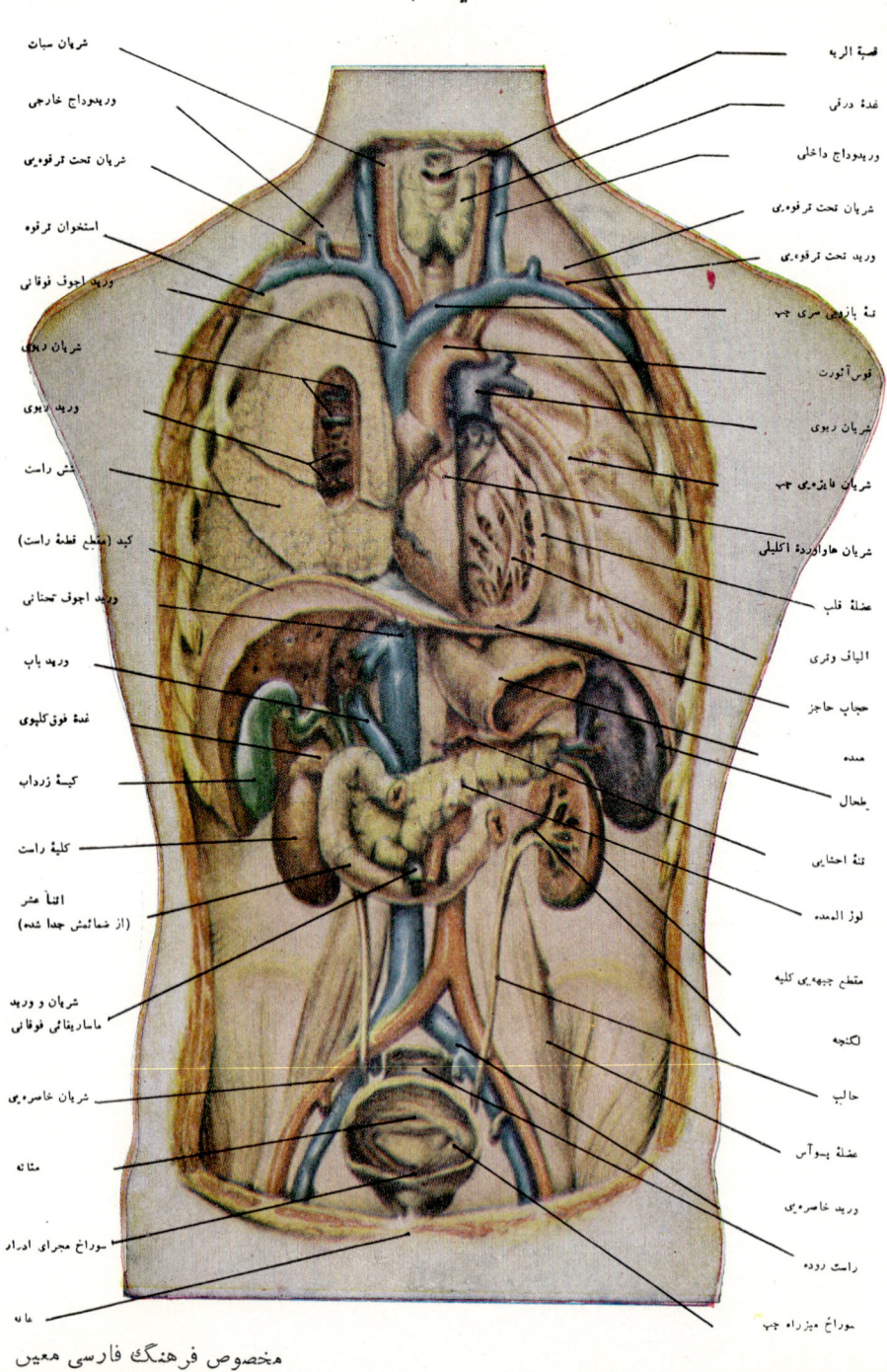

سر

(مقطع میانی، دیواره های حفره بینی برداشته شده)

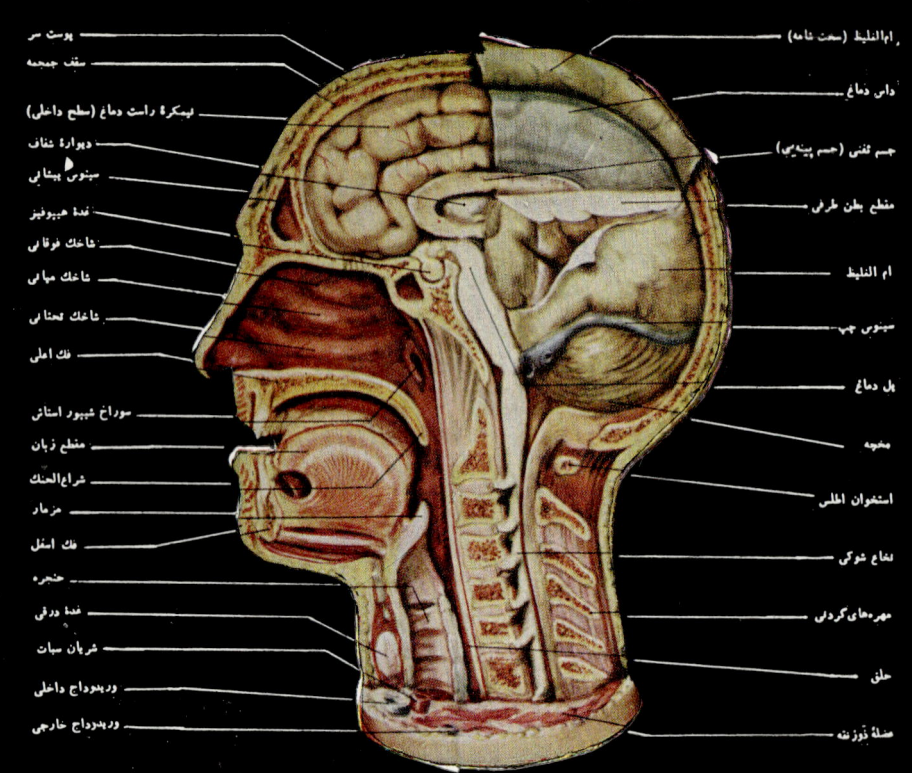

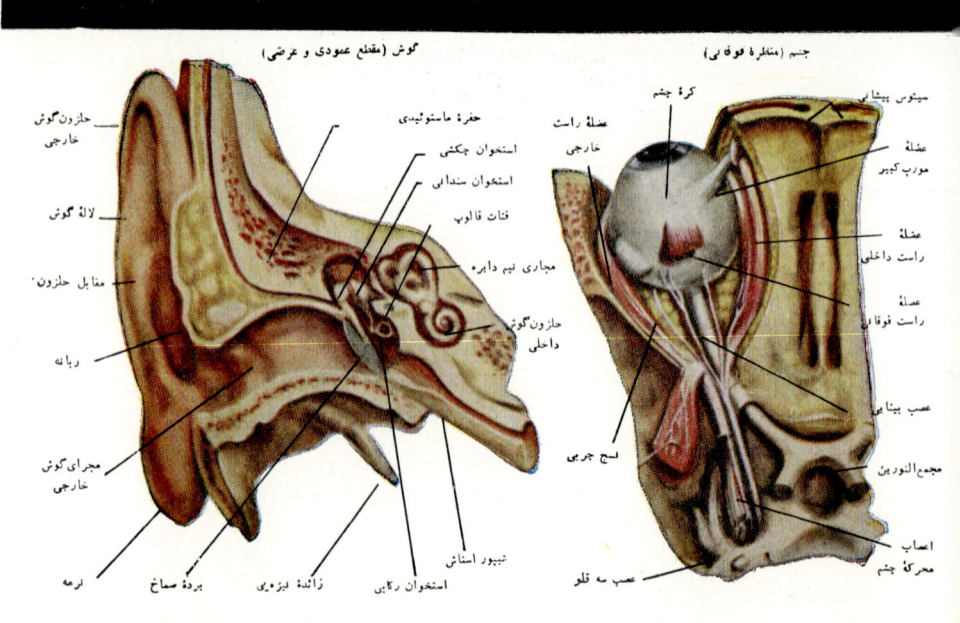

گوش (مقطع عمودی و عرضی)

چشم (منظرهٔ فوقانی)

مخصوص فرهنگ فارسی معین

گشایش ، گشایش دل، گشاده دلی.
انشعاب enšeāb [ع.] ۱ - (مصل.) پراکنده شدن ، شاخ شاخ شدن ، شعبه شعبه گردیدن،شاخه‌شاخه شدن(درخت، راه). ۲- (امص.) پراکندگی، تشعب. ج. انشعابات.
انشعابات enšeāb-āt [ع .] ج . انشعاب (ه.م.)
انشقاق enšeγāγ [ع.] ۱ - (مص ل.) شکافته شدن، شکافتن، باز شدن، ترك خوردن. ۲ - پراکنده شدن. ۳ - (امص.) شکافتگی ، ترك خوردگی . ج.انشقاقات.
انشقاقات enšeγāγ-āt [ع.] ج . انشقاق (ه.م.)
انشوده (onšūda(-e [=ع. انشودة] (ا.)شعری‌که درمجلسی‌خوانند، سرود. ج. اناشید.
انشی (enšī(-ē (قد. [از ع. انشاء] (ا.) ممال «انشاء» (ه.م.):

«چو روز جلوهٔ انشاد راوی شعرم
ببارگاه در آرد عروس انشی را.»
(انوری چاپ مدرس ص۳)

انصاب ansāb [ع.] (ا.) ج . نصب (nosb،nosob)؛ مجسمه‌هایی که‌عرب پیش‌از اسلام پرستش‌میکرد؛ سنگهایی بصور مختلف که اطراف کعبه نصب کرده بودند و درپای‌آنها قربان وذبح میکردند؛ اصنام.
انصات ensāt [ع.] (مصل.) ۱ - خاموش شدن. ۲ - گوش دادن.
انصار ansār [ع.] (ا.) ج. ناصر ونصیر. ۱ - یاران ، یاری دهندگان، یاری کنندگان. ۲ - گروهی از مردم مدینه که در هجرت رسول ص از مکه بمدینه‌اورا یاری کردند ؛ مق. مهاجر.
انصاری ansār-ī [ع.a.-īyy](ص نسبـ.) منسوب به «انصار» (ه.م.)
انصاف ansāf [ع.] ج. نصف(nesf)؛ نیمها، نیمه‌ها، نصفها.
۱ - انصاف ensāf [ع.] ۱ - (مص م.) داددادن، عدل‌کردن، داد کردن، حق دادن. ۲ - راستی‌کردن، صداقت نمودن. ۳ - (امص.)عدل، داد،عدالت. ۴ - راستی، صداقت.
۲ - انصاف ensāf [ع.] (مص ل.) ۱ - به‌نیمه رسیدن. ۲ - نیمهٔ چیزی‌را گرفتن.
انصافاً ensāf-an [ع.] (ق.) از روی داد، از روی انصاف (ه.م.)
انصاف دادن e.-dādan [ع.- ف.] (مصم .) عدالت کردن ، داد دادن ، احقاق حق کردن.
انصداع 'ensedā [ع.] (مص ل.) شکافته شدن، شکستن، ترکیدن ، درز کردن.
انصراف enserāf [ع.] ۱ - (مص ل.)بازگشتن، برگشتن، باز گردیدن، مراجعت‌کردن. ۲ - باز ماندن . ۳ - دل بر گرفتن ، دل بر داشتن . ۴ - تغییر عقیده دادن . ۵ - (امص.) باز گشت، واگشت. ج. انصرافات.
انصرافات enserāf-āt [ع.] ج . انصراف (ه.م.)
انصرام enserām [ع .] ۱ - (مص ل .) بریده شدن، قطع شدن ، منقطع گردیدن. ۲- (امص.) بریدگی،انقطاع.
انصف ansaf [ع.] (ص تفض .) داده‌تر، دادگرتر، عادلتر.
انضاج enzāǰ [ع.] (مص م.) ۱ - پختن‌گوشت وجز آنرا. ۲ - رسانیدن میوه را. ۳ - (مصل.) (پز.) صلاحیت پیداکردن خلط فاسد جهت دفع .
انضباط enzebāt [ع .] ۱ - (مص

انضباطات

ل.) سامان گرفتن ، بنوا شدن ، خوب نگاهداشته شدن ، نظم داشتن . ۲ - (إمص .) سامان پذیری ، آراستگی ، نظم و ترتیب. ۳ - (نظ.) پیروی کامل از دستورهای نظامی[1]؛ مق. بی انضباطی. ج. انضباطات.

انضباطات enzebāt-āt [ع.] ج. انضباط (ه.م.)

انضباطی enzebāt-ī [ع.-ف.] (ص نسبـ.) منسوب به انضباط (ه.م.) : تنبیه انضباطی.

انضمام enzemām [ع.] ۱ - (مص ل.) فراهم آمدن با، پیوستن به، ضمیمه شدن به. ۲ - (إمص.) پیوستگی. ج. انضمامات.

انضمامات enzemām-āt [ع.] ج. انضمام (ه.م.)

انطاق entāγ [ع.] (مص م.) بسخن آوردن، بنطق درآوردن کسی را.

انطاکی antākī [= ع. antākīyy] (ص نسبـ.) منسوب به انطاکیه (← بخش ۳)، ازمردم انطاکیه، اهل انطاکیه.

انطباع entebā' [ع.] ۱ - (مص ل.) نگاشته شدن، نقش پذیرفتن، نگار بستن. ۲ - چاپ شدن، بچاپ رسیدن. ۳ - مهر پذیرفتن. ۴ - (إمص.) نگار پذیری، نقش پذیری. ۵ - (إ.) چاپ. ج. انطباعات.

انطباعات entebā'-āt [ع.] ج. انطباع (ه.م.) ‖ ادارهٔ ~ . (کم.) ادارهٔ نگارش.

انطباق entebāγ [ع.] ۱ - (مص ل.) برابر شدن با، یکسان گشتن با، راست آمدن با، برابر بودن با. ۲ - (إمص.) برابری، یکسانی. ج. انطباقات.

انطباقات entebāγ-āt [ع.] ج. انطباق (ه.م.)

انطفا entefā [= ع. انطفاء] ← انطفاء.

انطفاء entefā' [ع.، ف.: انطفا] ۱ - (مص ل.) خاموش شدن (آتش)، فرو نشستن (آتش)، فرو مردن. ۲ - (إمص.) خاموشی، فرونشستگی.

انطلاق entelāγ [ع.] ۱ - (مص ل.) گشاده شدن، روان شدن، رها شدن. ۲ - گشاده روشدن. ۳ - (إمص.) گشادگی، رهایی. ‖ ~ لسان. گشاده زبانی.

انطماس entemās [ع.] ۱ - (مص ل.) ناپدیدشدن، ناپیدا گشتن، بی نشان شدن، پوشیده شدن، محو گردیدن. ۲ - (إمص.) ناپیدایی، بی نشانی.

انطوا entevā [= ع. انطواء] ← انطواء.

انطواء entevā' [ع.، ف.: انطوا] ۱ - (مص ل.) نوردیده شدن، پیچیده شدن، نوشته شدن، طی شدن. ۲ - در بر داشتن، حاوی بودن.

انطوبیا antūbiyā [معر. لا. Inthybus] (إ.) (گیا.) کاسنی (ه.م.)

انظار anzār [ع.] ج. نظر. ۱ - نگاهها، نظرها. ۲ - دیده‌ها، دیدگان، چشمان: ازانظار مردم مخفی شد. ۳ - بینشها، افکار.

انظار enzār [ع.] (مص م.) (غم.) مهلت دادن، زمان دادن.

انعام an'ām [ع.] ج. نعم؛ چارپایان، ستوران.

انعام en'ām [ع.] ۱ - (مص م.) نعمت دادن، نیکی کردن، دهش کردن، بخشیدن. ۲ - (إمص.) دهش، عطا،

۱- Discipline (فر.)

احسان. ۳ - (اِ.) آنچه که زاید بر حق اصلی بعنوان پاداش بکسی دهند؛ بخشش. ج. انعامات.

انعامات en'ām-āt [ع.] ج. انعام (ه.م.) ؛ بخششها، دهشها، عطاها.

انعام دادن e.-dādan [ع.-ف.] (مصم.) ← انعام کردن.

انعام فرمودن e.-farmūdan [ع.-ف.] (مصم.) بخشش کردن ، احسان کردن، عطا کردن.

انعامی en'ām-ī [ع.-ف.] (ص نسبـ.) منسوب به انعام (ه.م.)؛ اقمشهٔ انعامی.

انعدام en'edām [ع.] ۱ - (مص ل.) معدوم شدن ، نیست شدن ، نابود گشتن. ۲ - (اِمص.) نیستی، نابودی.

انعزال en'ezāl [ع.] ۱ - (مص ل.) گوشه گیر شدن ،گوشه گرفتن ، بر کنار شدن، بکنار رفتن. ۲ - (اِمص.) گوشه‌گیری، کناره گیری.

انعطاف en'etāf [ع.] ۱ - (مص ل.) دوتا شدن ، خم گرفتن ، کج شدن . ۲ - برگشتن، باز گشتن (غم.) . ۳ - (اِمص.) خمیدگی . ۴ - (اِ.) خم . ج. انعطافات . ‖ قابلیت ~ [1] . ۱ - خم پذیری. ۲ - شایستگی هماهنگی با هر وضع و هر محیط.

انعطاف پذیر e.-pazīr [ع.-ف.] (اِفا.) قابل انعطاف.

انعقاد en'eγād [ع.] ۱ - (مص ل.) غلیظ گشتن مایع، بسته شدن. ۲ - بسته شدن پیمان . ۳ - آراسته شدن (جلسه، مجلس). ۴ - (اِمص.) بستگی . ۵ - آراستگی (جلسه، مجلس) . ج . انعقادات.

انعقادات en'eγād-āt [ع.] ج. انعقاد (ه.م.)

انعکاس en'ekās [ع.] ۱ - (مص ل.) عکس پذیرفتن. ۲ - واژگونه شدن، باژگونه گشتن، وارون شدن. ۳ - آوازه شدن، شهرت یافتن. ۴ - نمودار شدن، باز نمودن . ۵ - پرتو انداختن . ۶ - (اِمص.) باژگونگی ، وارونی . ج . انعکاسات . ‖ ~ صوت . (فز.) ← صوت.

انعکاسات en'ekās-āt [ع.] ج. انعکاس (ه.م.)

انغرا onaγrā [معر. لا. onagra] (اِ.) (جان.) گورخر (ه.م.)

انغمار enγemār [ع.] ۱ - (مص ل.) بآب فرو شدن . ۲ - فرو رفتن در کاری. ۳ - (اِمص.) فرورفتگی.

انغماس enγemās [ع.] ۱ - (مص ل.) فرو شدن بآب ، زیر آب رفتن ۲ - (اِمص.) فرورفتگی.

انغوزه anγūza(-e) [=انگژد=انگوژه=انگژه=انگوزد] (ه.م.) ۱- (اِ.) (گیا.) صمغی است [2] که از گیاه انگدان گیرند، و بآن صمغ انجدان نیز گویند، و آن بصورت دانه‌های صمغی بدرشتی یك نخود تا یك گردو دیده میشود و برنگهای زرد ، قهوه‌یی و خاکستری وطعمش گس و تلخ و زننده و بویش شبیه سیر است . ۲ - (گیا.) گردو .

انف anf [ع.] (اِ.) ۱ - بینی (ه.م.) ‖ رغم ~ کسی. ضد او ، علیه وی . ‖ معیوب بودن ~ کسی .خل بودن وی، ابله بودن او . ۲- (مس.) یکی از پایه‌های دوگانهٔ سیمها درآلات ذوات الاوتار (ه.م.) و آن مفصلی است که تکیه گاه سیمهاست و در زیر پنجه قرار گیرد ؛ مق. مشط.

---

۱ - Souplesse (فر.) ۲ - Asa foetida (لا.)

انفاد enfād [ع٠] ۱ ـ (مصم٠) نابود کردن ، نیست کردن . ۲ ـ تمام کردن، بپایان رسانیدن ، بسر آوردن، سپری کردن ٠ ۳ ـ (مصل٠) بپایان رسیدن، سپری گشتن. ۴ ـ فرستادن ، روانه کردن (تصرف فارسی زبانان) ۵ ـ (إمص.) نیستی، نابودی.

انفادی enfād-ī [از ع.ـف.] (ص نسبـ.) منسوب به انفاد (ه.م.)، ارسالی: وجوه انفادی ، اقمشهٔ انفادی . ج . انفادیات.

انفادیات enfād-īyyāt [ع.] ج. انفادیه (انفادی) ← انفادی.

انفادیه enfād-īyya(-e) [= ع. انفادیة] (ص نسبـ. نث) مؤنث انفادی (ه.م.) . ج. انفادیات.

انفاذ enfāz [ع.] ۱ ـ (مص م٠) روان کردن امر ، اجرا کردن حکم ، انجام دادن فرمان: در انفاذ امر عالی ساعی خواهم بود . ۲ ـ در گذرانیدن کار . ۳ ـ فرستادن ، روانه کردن ، گسیل داشتن ، راهی کردن ٠ ۴ ـ (إمص٠) اجرای حکم . ۵ ـ ارسال ، اعزام ، فرستادگی. ج. انفاذات.

انفاذات enfāz-āt [ع.] ج. انفاذ (ه٠م٠)

انفاذ داشتن e.-dāštan [ع.ـف.] (مصم٠) ارسال داشتن، فرستادن.

انفاس anfās [ع٠] (إ٠) ج٠ نفس (nafas) ؛ دمها ، نفسها: از انفاس قدسی وی بهره‌مند شد. ‖ ~ کسی را شمردن. مراقب کوچکترین احوال وی بودن، جاسوسی کردن دربارهٔ او.

انفاق enfāɣ [ع.](مصم٠) نفقه دادن، نفقه کردن، خرج کردن، هزینه کردن. ج. انفاقات.

انفاق onfāɣ [معر٠یو٠ ómphákion = لا٠ omphacinum](إ٠) روغن زیتون نارسیده. ‖ زیت ~ . زیتون نارس.

انفاقات enfāɣ-āt [ع٠] ج٠ انفاق (ه.م.)

انفال anfāl [ع٠] (إ٠) ج٠ نفل (nafal)؛ غنیمتها ، بهره‌ها ، بخششها .

انفت anafat, anfat [= ع. انفة] ۱ـ (مصل.) ننگ داشتن ، کراهت داشتن. ۲ ـ (إ٠) ننگ، عار٠ ۳ ـ زیان، خسران٠

انفتاح enfetāh [ع٠] ۱ ـ (مص ل.) گشوده شدن، گشودن ، بازشدن . ۲ ـ (إمص.) گشادگی.

انفتاق enfetāɣ [ع٠] ۱ ـ (مص ل٠) جداشدن ، شکافته گردیدن ٠ ۲ ـ گشاده شدن فرج زن٠ ۳ ـ شکافتگی ، گشادگی .

انفجار enfeǰār [ع .] ۱ـ (مصل٠) بردمیدن سپیده، سپیده دم شدن٠ ۲ـ روان شدن آب . ۳ ـ شکافته شدن ، بازشدن سرچیزی (مانند دمل). ۴ ـ ترکیدن (بمب و مانند آن) . ج. انفجارات.

انفجارات enfeǰār-āt [ع٠] ج . انفجار (ه.م.)

انفحه enfeha [= ع. انفحة] (إ.) (جا ن.) پنیرمایه (ه.م.)

انفراج enferāǰ [ع٠] ۱ ـ (مص ل.) بی اندوه شدن. ۲ ـ (إمص.) واشدن اندوه، گشایش (خاطر).

انفراد enferād [ع٠] ۱ ـ (مص ل.) یگانه شدن ، تنها شدن . ۲ ـ تنها کاری کردن . ۳ ـ (إمص.) یگانگی، تنهایی، تنها روی. ج٠ انفرادات.

انفرادات enferād-āt [ع٠] (مص٠، إ.) ج. انفراد (ه٠م٠)

انفرادی enferād-ī [ع.ـف.] (ص نسبـ.) منسوب به انفراد ، فردی ؛ مق. جمعی: زندگی انفرادی.

انفس anfas [ع.] (ص تفض.) بیش‌بهاتر، گرانمایه‌تر، نفیس‌تر: انفس کتب.

انفس anfos [ع.] (ا.) ج. نفس nafs (ه.م.)؛ نفسها، جانها.

انفساخ enfesāx [ع.] ۱ - (مص ل.) برانداخته‌شدن، بهم‌خوردن، برهم زده‌شدن (عقد بیع یا نکاح)، کارباز افتادن. ۲ - (امص.) بهم‌خوردگی، بازافکندگی.

انفست anfast (ا.) پرده وتنیدهٔ عنکبوت، تار عنکبوت.

انفصال enfesāl [ع.] ۱ - (مص ل.) جداشدن، گسسته‌شدن. ۲ - ازکار بازشدن، بیکارشدن: انفصال‌ازخدمات دولتی. ۳ - (امص.) جدایی، گسستگی، گسیختگی. ۴ - (فل.) عدم اتصال‌است از چیزی‌که شأنیت اتصال دارد، مثلا بدیوار نمیتوان گفت‌کور است، زیرا که شأنیت بینایی‌ندارد، ولی شخص‌را میتوان‌گفت‌کور است، زیرا که شأنیت بینایی دارد. پس مجردات که شأنیت اتصال ندارند انفصال بر آنها اطلاق نمیشود مثل عقول‌مجرده(تونی.حکمت قدیم). ج. انفصالات.

انفصالی enfesāl-ī [ع.-ف.] (ص‌نسب.) منسوب به انفصال (ه.م.) ‖ تناسخ ــ. ← تناسخ.

انفصام enfesām [ع.] ۱ - (مص ل.) ترک‌خوردن، ترک‌یافتن، درزدار شدن، شکسته شدن. ۲ - (امص.) شکستگی، قطع، ترک‌خوردگی.

انفطار enfetār [ع.] ۱ - (مص ل.) شکاف خوردن، برخودشکافتن، کافتن، کفتن. ۲ - (امص.) شکاف خوردگی، شکافتگی.

انفع anfa' [ع.] (ص تفض.) سودمندتر، با سودتر، نافع‌تر، سودبخش‌تر.

انفعال enfeāl [ع.] ۱ - (مص ل.) شدن‌کار، صورت گرفتن امری. ۲ - پذیرفتن اثر چیزی، قبول اثر ۳ - شرمنده‌شدن. ۴ - (امص.) اثر پذیری. ۵ - شرمساری، شرمزدگی. ۶ - (روان.) عاطفهٔ نفسانی← انفعالات. ۷ - (صر.) یکی از مصدرهای ثلاثی مزید در عربی. ج. انفعالات.

انفعالات enfeāl-āt [ع.] (مص.، ا.) ج. انفعال (ه.م.) ۱ - تأثرات. ۲ - (روان.) نفسانیاتی که اساس آنها لذت دایم است.

انفعال پذیرفتن e -pazīroftan [ع.-ف.] (مص ل.) قبول اثر کردن.

انفعالی enfe'āl-ī [ع.-ف] (ص نسب.) منسوب به انفعال (ه.م.): کیفیات انفعالی، جنبش انفعالی.

انفعالیات enfeāl-iyyāt [ع.] ج. انفعالیه. ۱ - انفعالیه ها← انفعالیه، انفعالی. ۲ - (فل.) ← انفعالات ۲. ضح. - «یاء» انفعالیات رادر معنی اخیر نشانهٔ تأکید و مبالغه‌دانسته‌اند (دستورالعلماء ج۸ص۲۰۵).

انفعالیه enfeāl-iyya(-e) [= ع. انفعالیة] (ص‌نسب. نث) مؤنث انفعالی (ه.م.) ج: انفعالیات.

انفکاک enfekāk [ع.] ۱ - (مص ل.) از هم‌جداشدن، جداگردیدن، رها شدن، آزادگشتن. ۲ - (امص.) جدایی. ج. انفکاکات. ‖ ــ قوی. (سیا.) جدایی قوای فعالهٔ‌مملکت‌از یکدیگر، مثلا انفکاک قوای سیاسی از روحانی.

انفکاکات enfekāk-āt [ع.] ج. انفکاک (ه.م.)

انفلاق enfelāɣ [ع.] ۱ - (مص ل.) شکافته‌شدن. ۲ - (امص.) شکافتگی.

انفلوآنزا anflūānzā [فر. از ایتا. influenza] (اِ.) (پز.) نوعی سرماخوردگی شدید وساری .

انفیه(-e)anfīyya[=ع.انفیة](ص نسب. نثانفی؛ مربوط به بینی) مجموعه‌ای ازداروهای معطر ومخدر وعطسه‌آور که آنراگاه در بینی کنند، وازآن احساس نشأه نمایند. ضح.- در تداول anfiya (بتخفیف یاء) استعمال شود .

انفیه دان a.-dān [ع.-ف.] (اِمر.) جعبه وقوطیی که در آن انفیه(ه.م.) کنند.

انقاذ enγāz [ع.] ۱ - (مص م.) رهانیدن ، نجات دادن . ۲ - (اِمص.) رهایش .

انقاس anγās [ع.] ج. نقس(neγs) (ه.م.)؛ مدادها ومرکبهایی که با آن چیز نویسند؛ دوده‌ها .

انقاسی anγās-ī [ع.-ف.] (ص نسب.) منسوب به انقاس (ه.م.)؛ سیاه.

انقاض anγāz [ع.] ج. نقض(neγz)؛ شکسته‌ها، فروکرده‌ها .

انقباض enγebāz [ع.] ۱ - (مص ل.) گرفته‌شدن ، درهم کشیده‌شدن ، بهم کشیدن، ترنجیده‌شدن. ۲ - گرفته‌خاطر شدن ، دل گرفته شدن. ۳ - (اِمص.) گرفتگی ، درهم کشیدگی. ۴ - دل گرفتگی ، گرفتگی‌خاطر. ۵ - (تص.) مقابل انبساط است ← انبساط . ۶ - (پز.) جمع شدن و فشردگی الیاف عضلانی و دیگر انساج[۱]، ترنجیدگی و درهم‌فشردگی اعضا . ج.انقباضات . ‖ ~ خاطر. دلگیری ، دلگرفتگی ، اندوه.

انقباضات enγebāz-āt [ع.] ج. انقباض (ه.م.)

انقد anγad [ع.] (ص تفض.) نقدتر.

انقراض enγerāz [ع.] ۱ - (مص ل.) ازمیان رفتن ، نابودشدن ، درگذشتن. ۲ - بریده‌شدن، سپری‌شدن. ‖ ~ سلسله. نابودشدن‌خاندان(شاهان و غیره)، از میان رفتن یك خانواده. ج. انقراضات.

انقراضات enγerāz-āt [ع.]ج. انقراض (ه.م.)

انقردیا anγardiyā [= انقرذیا ، معر.یو. ánakárδion ،شبیه‌به‌قلب][۲] (اِ.) (گیا.) بلادر (ه.م.)

انقرذیا anγarziyā (اِ.)(گیا.)← انقردیا.

انقسام enγesām [ع.] ۱ - (مص ل.) منقسم شدن ، بخش شدن ، بخش پذیرفتن، بخش‌بخش‌شدن. ۲ - (اِمص.) بخش‌پذیری . ج. انقسامات.

انقسامات enγesām-āt [ع.] (مص.،اِ.) ج. انقسام (ه.م.)

انقص anγas [ع.] (ص تفض.) ۱ - کمتر. ۲ - عیبناکتر، ناقصتر.

انقضا enγezā [=ع.انقضاء] ← انقضاء.

انقضاء enγezā' [ع.،ف.: انقضا] ۱ - (مص ل.) گذشتن، بسرآمدن، سپری شدن ، نابود گردیدن : انقضای‌مدت ، انقضای دورهٔ خوارزمشاهیان . ۲ - (اِمص.) سپری شدگی، نابودی.

انقضاض enγezāz [ع.] (مص ل.) ۱ - افتادن بسرعت (بنا و غیره). ۲ - (نج.) رفتن ستاره، سقوط سریع‌ستاره ← منقضه. ج. انقضاضات .

انقضاضات enγezāz-āt [ع.] (مص.،اِ.) ج. انقضاض (ه.م.)

انقطاع enγetā' [ع.] ۱ - (مص ل.) بریده‌شدن ، قطع‌شدن ، گسستن .

---

۲ - Anacardia(.لا), Anacarde (.فر)

۱ — Contraction(.فر)

۲ - (اِمص.) بریدگی، گسستگی. ج. انقطاعات.

انقطاعات enγetā-āt [ع.] (مص ل.) ج. انقطاع (ه.م.)

انقلاب enγelāb [ع.] ۱ - (مص ل.) برگشتن از حالی بحالی، دیگرگون شدن. ۲ - زیر و رو شدن، واگردیدن، برگشتن. ۳ - (اِمص.) برگشتگی، تغییر، تحول، تبدل. ۴ - شورش، بی‌آرامی. ۵ - (سیا.) شورش عده‌ای برای واژگون کردن حکومت موجود و ایجاد حکومتی نو[1]. ۶ - شورش‌دل، منش‌گردا، استفراغ، قی. ۷ - (فل.) انقلاب در عناصر بمعنی تبدیل صورتی بصورت دیگراست و آن همان کون و فساد است. ج. انقلابات.

انقلابات enγelāb-āt [ع.] ج. انقلاب (ه.م.)

انقلابی enγelāb-ī [ع.-ف.] (ص نسب.) ۱ - منسوب به انقلاب (ه.م.)؛ شورشی. ۲ - (سیا.) طرفدار انقلاب (← انقلاب ۵)[2]. ج. انقلابیون.

انقلابیون enγelāb-īyy-ūn [ع.] ج. انقلابی (ه.م.)؛ انقلابیان، شورشگران.

انقلاع enγelā' [ع.] ۱ - (مص ل.) برکنده‌شدن، از بیخ کنده شدن، از بیخ برآمدن، از ریشه درآمدن. ۲ - (اِمص.) برکندگی.

انقوزه anγūza(-e) [= انغوزه] (اِ.) (گیا.) انغوزه (ه.م.)

انقیاد enγiyād [ع.] ۱ - (مص م.) رام‌شدن، مطیع‌شدن، کسی را گردن نهادن. ۲ - (اِمص.) فرمانبرداری، اطاعت، رامی. ۳ - فروتنی. ج. انقیادات.

انقیادات enγiyād-āt [ع.] ج. انقیاد (ه.م.)

انکاح enkāh [ع.] (مص م.) زن را شوهر و مرد را زن دادن.

انکار enkār [ع.] ۱ - (مص م.) وازدن، نپذیرفتن، ناشناختن، امتناع کردن. ۲ - (اِمص.) ابا، امتناع، عدم اقرار. ج. انکارات. ۳ - [= اِفا] منکر (monker).

انکارات enkār-āt [ع.] ج. انکار (ه.م.)

انکارکردن e.-kardan [ع.-ف.] امتناع کردن، وازدن، ناخستو شدن.

انکارپذیر e.-pazīr [ع.-ف.] (اِفا.) قابل انکار، لایق انکار؛ مق. انکار ناپذیر.

انکار پذیری e.-pazīr-ī [ع.-ف.] (حامص.) قابلیت انکار؛ مق. انکار ناپذیری.

انکار ناپذیر e.-nā-pazīr [ع.-ف.] (اِفا.) غیر قابل انکار؛ مق. انکار پذیر.

انکار ناپذیری e.-nā-pazīr-ī [ع.-ف.] (حامص.) غیر قابل انکار؛ مق. انکارپذیری.

انکر ankar [ع.] (ص تفض.) ۱ - زشت‌تر، ناپسندتر، ناخوشتر. ۲ - ناشناس‌تر.

انکسار enkesār [ع.] ۱ - (مص ل.) شکسته‌شدن، شکستن. ۲ - (اِمص.) شکستگی، شکست (فره.). ۳ - فروتنی. ج. انکسارات. ‖ ~ نور. (فز.) از دست دادن امتداد اصلی انواری که از محیط شفافی وارد محیط شفاف رقیق‌تر

۱ - Révolutionnaire (فر.)

۱ - Révolution (فر.)

انکسارات

یا غلیظ تر شوند؛ شکست نور[1].

انکسارات enkesār-āt [ع.] (مص.،إ.) ج. انکسار (ه.م.)

انکساف enkesāf [ع.] ۱ - (مص ل.) گرفته شدن آفتاب. ۲ - (إمص.) کسوف، آفتاب گرفتگی.

انکشاف enkešāf [ع.] ۱ - (مص ل.) برهنه‌شدن ، آشکارشدن ، پدیدار گشتن، از پرده بر آمدن، گشاده‌شدن. ۲ - (إمص.) آشکارایی ، هویدایی . ج. انکشافات.

انکشافات enkešāf-āt [ع.] (مص.،إ.) ج. انکشاف (ه.م.)

انکولی ankūlī (إ.) (گیا) تاج الملوك ← بخش ۲.

انکیس enkīs [ع.] (إ.) شکلی است از اشکال رمل،منکوس.

۱ - انگ ang [گیل. ang] (عم.) بد ـــ . بدعنق، بدخلق.

۲ - انگ ang [کز. heng] (إ.) زنبور، زنبور عسل .

۳ - انگ ang [=انج=انغ.] (إ.) شیره، عصاره (قس.انگور ، انگدان ، انگژد، انگوژه، انگم؛انجیر،انجدان، انجبار؛ انغوزه).

۴ - انگ ang (إ.) لوله‌ای که از سفال سازند و در آبراهه چندین عدد آنرا بهم وصل کنند، ودرزهای آنهارا با پیه و آرد و آهك محکم بگیرند تا آب بزمین فرو نرود؛ تنبوشه.

۵ - انگ ang (إ.) نشان و علامتی که برروی عدلهای تجارتی نویسند .

انگار angār,en.- (ر. انگاردن، انگاشتن) ۱ - تصور ، پندار . ۲ - کارناتمام، طرح، انگاره. ۳ - (إفا.) در ترکیب بمعنی «انگارنده» آید یعنی پندارنده ، تصور کننده : سهل‌انگار . ۴ - (فع.إمر.) فرض کن،وآن بجای‌ادات تشبیه بکار رود ؛ گویی ، پنداری : «زن برادرانسان‌چنان رفتار میکندکه انگار آدم عضو زائد خانواده و بحق او تعدی کرده‌است. » (دشتی. فتنه) ‖ **انگار نه‌انگار**.(عم.) موضوع را نادیده فرض کن! مثل‌اینکه هرگز نبود، گویی وجود نداشت (در مورد نفی استعمال میشود). ‖ ـــ **چیزی راکردن**. (عم.) ازآن صرفنظر کردن.

انگاردن angār-dan,en.- [= انگاشتن = انگاریدن ؛ پهـ. hangārītan] (مصم.) (انگارد (-rd)،انگارد(-rad)،خواهدانگارد، بینگار، انگارنده،انگارده،انگارش) پنداشتن، تصور کردن، گمان کردن.

انگارده angār-da,en.-de (إمف. انگاردن). ۱ - پنداشته ، تصورشده . ۲ - (إ.) داستان، سرگذشت.

انگارش angār-eš,en.- (إمص. انگاردن، انگاشتن)پندار،وهم،گمان. ‖ علم ـــ . علم‌ریاضی.

انگارنده angār-anda, en.-de (إفا. انگاردن ، انگاشتن) پندارنده، گمان‌کننده.

انگاره angār-a,en.-re [← انگار، انگاردن] (إ.) ۱ - پندار ، وهم، گمان. ۲ - داستان، سرگذشت، افسانه. ۳ - اندازه،مقیاس. ۴ -حساب، دفتر حساب. ۵ - (نق.) طرح یا نقشی که‌کشیدن‌آن ناتمام مانده‌باشد.

انگاریدن angār-īdan,en- [= انگاردن] ← انگاردن.

انگاشتن angāš-tan,en.- [= انگاردن] (مص م .) (انگاشت ، انگارد ، خواهد انگاشت ، بینگار ،

۱ - Réfraction (فر.)

انگارنده ، انگاشته ، انگارش) ←
انگاردن.
انگاشتنی angāš-tan-ī,en.-
(ص‌لیا.) ۱ - قابل انگاشتن (ه.م.)
۲ - محسوب .
انگاشته angāš-ta,en.-te (إمف.
انگاشتن) پنداشته، تصورشده .
انگام angām [=هنگام] (إ.) ←
هنگام.
انگامه angāma,engāme =[
هنگامه] (إ.) هنگامه (ه.م.) ،
مجمع وانجمن بازیگران وقصه‌خوانان
←هنگامه.
انگ انداختن ang-andāxtan,
(-.end) (عم.) بسیار حریص بودن ،
حرص‌زدن: برای یك پول انگ می‌اندازد
(ازیك پول هم نمیگذرد).
انگبار ang-a-bār [=انجبار،
معر.] ←انجبار.
انگبین ang-o-bīn [په.
angubīn =معر.انجبین] (إ.) ۱ -
عسل،شهد. ۲ - هرچیز شیرین.ضح.-
بدین معنی در ترکیب بعضی کلمات آید،
ترانگبین، سرکنگبین، گزانگبین .
۳ - (مس.) آهنگی است ازموسیقی قدیم.
انگبینه angobīn-a(-e) (ص‌نسه.،
إمر.) حلوایی که با عسل درست کنند.
انگدان ang-o-dān [=انجدان،
معر.←۳انگ] (إ.) (گیا.) گیاهی[1] از
تیرهٔ چتریان که‌علفی‌است وپایامیباشد.
این گیاه در اکثر صحاری ایران
فراوانست . ارتفاعش ۲ تا ۲/۵ متر
و ریشه‌اش راست وستبراست؛ ابرکبیر،
حلتیت، انجدان،انگوزاکما،انگیان.
انگز angaz [= انگژ] (إ.) ←
انگژ.

انگزد angozd [=انگژد(ه.م.)]
(إ.) ←انگژد.
انگزك angaz-ak [=انگژك]
(إمصغ.) ←انگژك.
انگژ angaž [=انگز] (إ.) ۱ -
بیلی‌پهن‌که با آن‌زمین را هموار کنند؛
بیل. ۲ - آلتی که‌پیلبانان با آن‌پیل‌را
برانند؛ کجك.
انگژد ang-o-žad [=انگ(ه.م.)
+ژد، صمغ=انگژه=انگوژه] (إ.)
(گیا.) انگدان (ه.م.)
انگژك angaž-ak [=انگزك]
(إمصغ.) ۱ - مصغر انگژ (ه.م.) ،
کجك.
انگژه ang-o-ža [=انگژد](إمر.)
←انگژد.
انگشت angešt (إ.) زغال، زگال.
۱- انگشت angošt [په. angust]
(إ.) ۱ - هر یك از اجزای متحرك
پنجگانهٔ دست و پای انسان؛ اصبع.
ج . انگشتان، انگشتها. ۲ - واحدی
معادل یك چهارم قبضه (تاریخ قم ص ۱۰۹)
←انگشتان.
۲-انگشت angošt [=انگژد=
انگژه= انگوژد=انگزد=انگشد=
انغوزه] (إ.) صمغ (مطلقا) . ‖ ~
گنده. انغوزه .
انگشتال angešt-āl (ص.) مردم
ضعیف و نحیف وعلیل، بیمار،ناخوش.
انگشتان angošt-ān(إ.) ج.انگشت.
۱ - ←انگشت. ۲ - (ریاض.) ازاجزای
مقیاس که دوازده بخش راست شود ؛
اصابع.
انگشتانه angoštāna(-e) [قس.
انگشتوانه= انگشتبانه] (إمر.) ۱ -
آلتی فلزی است بشکل مخروط ناقص

انگدان ،
ریشه ودانهٔ آن

انگدان رومی
الف_گل

انگشتان
۱_شست(ابهام)
۲_ سبابه(انگشت‌شهادت)
۳_ میانه(وسطی)۴_(بنصر
۵_ انگشت‌کوچك (خنصر)

۱ - Ferula asa foetida (لا.)

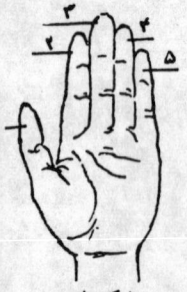

انگشت‌آرا(ی)

که در بدنهٔ آن بقطر ته سوزن معمولی فرورفتگیهایی موجود است و خیاطان بهنگام دوختن آنرا با نگشت کنند. ۲ - (گیا.) گل انگشتانه (ه.م.)

انگشت آرا(ی) angošt-ārā(y) (اِفا.، اِمر.) انگشتر ، انگشتری ، خاتم.

انگشتانه

انگشتبانه angošt-bāna(-e) [= انگشتوانه ، قس . انگشتانه] (اِمر.) انگشتوانه(ه.م.)

انگشت برك a.-bor-ak [اصطهباناتangošt-parak](اِمر.) (جا ن.) آب‌دزدك، پشیل[1].

انگشت بلب a.-be-lad (صمر.) ۱ - متحیر، متعجب. ۲ - خاموش.

انگشت پیچ angošt-pīč ۱ - (ص مر.) هرچیز غلیظ و بسته که‌دور انگشت پیچد، مانند : عسل ، شیره ، دوشاب . ۲ - (اِمر.) عهد ، شرط ، پیمان . ۳ - انعام اندك . ۴ - (صمر.) معارض ، مخالف. ۵ - (اِمر.) حلوایی‌است که‌از قند، زاج‌سفید، تخم‌مرغ، عرق‌بیدمشك، آب‌لیمو وهل تهیه کنند.

انگشت خاییدن a.-xāyīdan (مصل.) ۱ - حسرت‌کشیدن ، افسوس خوردن. ۲ - پشیمانی‌داشتن ، ندامت کشیدن.

انگشتر angošt-ar [=انگشتری] (اِ .) ← انگشتری . ‖ مثل ~ . حلقه دار . ‖ ~ِ پا .(کنـ .) چیز بی‌مصرف ، چیزی که بخرند و بکار نیاید.

انگشتر بازی a.-bāz-ī [← انگشتری‌باختن] (حامص.، اِمر.) نوعی بازی با انگشتری‌است.

انگشتری angošt-ar-ī [← انگشتر ، انگشترین] (اِمر .) ← انگشتر.

انگشتری باختن a.-bāxtan (مص ل .) بازی کردن با انگشتری ← انگشتربازی.

انگشترین angošt-ar-īn [= انگشتری←انگشتر] (اِمر.) ۱ - انگشتر (ه.م .) ، انگشتری . ۲ - (زردشتی) حلقه‌ای‌که از لوازم آتشگاه است و در تشریفات بکار برند.

انگشت زدن a.-zadan (مص‌ل.) انگشتهای دست را بهم زدن در حال خوشحالی و مسرت، انگشتك زدن.

انگشت شمار a.-šomār (صمر.، اِمر.) اندك ،کم ، قلیل، معدود ؛ مق. بسیار.

انگشتك angošt-ak (اِمصغ.) ۱ - انگشت کوچك. ‖ ~ِ کشمش‌دار. نوعی شیرینی است.

انگشتك زدن a.-zadan (مص‌ل.) انگشتهای دسترا ازخوشحالی‌بهم‌زدن، انگشت زدن.

انگشت کش a.-kaš,keš (اِمف.، صمر.) ۱ - مشهور ، معروف، شهرت یافته، مشار بالبنان؛ انگشت‌نشان. ۲ - نابود ، محو.

انگشت‌کشیدن a.-kašīdan,ke.- (مص ل.) ۱ - رسوایی کردن . ۲ - اظهار فقر و پریشانی‌کردن. ۳ - ترك دادن.

انگشت‌گذاشتن a.-gozāštan (مص‌ل.) ~ بر... ۱ - انتخاب کردن آن، انگشت نهادن. ۲ - اعتراض کردن بر...، ایرادگرفتن بر...

انگشتگر angešt-gar [← انگشت]

۱ - Courtilière(فر.)

(ص‌شغل.) کسی که زغال سازد، زغال فروش.

انگشت گرفتن angošt-gereftan (مص‌م.) حساب کردن ، شماره کردن . ‖ به ~ . باانگشتان حساب کردن .

انگشت گزیدن a.-gazīdan (مص ل.) ۱ - تأسف خوردن، پشیمان‌شدن. ۲- حیرت داشتن، متعجب شدن.

انگشتن angašt-an [← انگاشتن] (مص‌م.)(صر. ← انگاشتن)حساب کردن، محسوب داشتن؛ « درجهٔ ویرا محسوب نکرد وبنه‌انگشت. » (طبقات‌انصاری).

انگشت‌نشان angošt-nešān (ص‌مر.) معروف، مشهور، مشاربالبنان، انگشت کش.

انگشت نگاری a.-negār-ī (حامص.) (نو.) ضبط آثارخطوط سر انگشتان اشخاص، وسیلهٔ‌شناختن‌کسان از روی خطوط سر انگشت[1] (فره.).

انگشت نما(ی) a.-na(e,o)mā(y) (ص‌مر.) ۱ - معروف ، مشهور ، مشار بالبنان، انگشت‌نشان ، انگشت‌کش . ۲ - کسی که ببدی نامزد خاص و عام است (غالباً بمعنی اخیرمستعمل‌است).

انگشت نمایی a.-na(e,o)māy-ī ۱ - معروفیت، شهرت(بنام نیک). ۲ - شهرت ببدی(غالباً بمعنی اخیرمستعمل است).

انگشت نهادن a.-nahādan (مص ل.) . ~ بر... ۱ - انتخاب کردن آن ، انگشت گذاشتن . ۲ - اعتراض کردن بر... ، ایرادگرفتن بر...

انگشتو angešt-ū [قس. انگشتوا] (إمر.) نانی که برروی آتش زغال‌پخته گردد، انگشتوا .

انگشتو angošt-ū (إمر.) خوراکی که از نان و روغن و شیرینی ترتیب دهند.

انگشتوا angešt-vā [قس. انگشتو] (إمر.) ← انگشتو.

انگشتوانه angešt-vāna(-e) [← ۱-انگشت](إمر.) کانون، منقل.

انگشتوانه angošt-vāna(-e) (إمر.) ۱- حلقه‌ای که‌بهنگام‌تیراندازی بر انگشت نر نهند . ۲ - انگشتانه (ه.م.)

انگشته angošt-a(-e) (إمر.) آلتی چوبین چهارشاخه، دارای دسته‌ای‌بلند که کشاورزان با آن خرمن کوفته را بباد دهند تا ازکاه جداگردد ؛ چهار شاخ، افشون، هسک.

انگشد angošd [=انگژد] (إ.) ← انگژد.

انگل angal (إ.) ۱ - موجود زنده‌ای که بطفیل موجود زندهٔ دیگر میزید، طفیلی، پارازیت[2]. ۲ - کسی‌که از قبل دیگران میخورد ؛ طفیلی ، پارازیت، سرخر . ۳ - کسی که‌همنشینی با او مکروه طبیعت باشد .

۱-انگل angol [=انگول=انگیل =انگوله= انگیله ، زازا engelé قسمت‌علیای بازو ، ماز . engel ، یو. a'γxálē ، زبان‌سیمری angell بازو ، ساق] (إ.) انگشت ، اصبع.

۲ - انگل angol [= انگله، کر. hinghil ، پستان‌ماده‌سگ](إ.)تکمه، دگمه، گوی گریبان.

انگل‌شناس angal-šenās (پز.) کسی که در بارهٔ موجودات‌انگل‌مطالعه وبررسی کند[3]، شخصی که‌تخصص وتبحر

---

۱ - Dactyloscopie (فر.)　　۲ - Parasite(فر.)

۳ - Parasitologiste (فر.)

انگل‌شناسی

در شناسایی موجودات طفیلی دارد ؛ طفیلی شناس.

انگل شناسی angal-šenās-ī (پز.) علمی که موجودات طفیلی وانگل را مورد تحقیق قرار میدهد[1] ؛ طفیلی شناسی.

انگلك angol-ak [= انگولك ← انگل ، انگول ، انگوله] (اِمصغ.) انگشت کوچك. ← انگلك کردن.

انگلك کردن a.-kardan [= انگولك کردن ← انگلك] . ۱ - با انگشت چیزی‌را زیر و رو کردن، بهم زدن. ۳ - دخالت کردن در کاری (توأم با بهم زدن آن).

انگله angol-a(-e) [← انگل] (اِ.) تکمه، دگمه، گوی گریبان، انگل، عروه.

انگور کلاغ

انگلی angal-ī ۱- (جانـ.، پز.) حالت و چگونگی موجودات و اشخاصی که زندگی‌را بطور طفیلی میگذرانند[2]، طفیلی شدن . ۲ - حالت کسانی که در جامعه سرباردیگرانند. ۳ - طفیلی‌شدن (فره.)

انگلیس engelīs ۱ - (اِخ.) ← بخش۳. ۲-(تد.)(ص.) بجای «انگلیسی» (منسوب به انگلیس و انگلستان) استعمال شود. ج. انگلیسها (= انگلیسیان).

انگلیسی engelīs-ī (ص‌نسبـ.) منسوب به انگلیس (← بخش۳). ۱ - از مردم انگلیس ، اهل انگلستان . ج.انگلیسیان . ۲ - هرچیز ساخته وپرداختهٔ انگلستان. ۳ - زبان مردم انگلستان (← بخش۳).

انگلیون angelyūn [← بخش۳] ۱ - (اِخ.) انجیل ← بخش۳: انجیل، انگلیون. ۲ - (اِ.) چون مسیحیان شرقی انجیل را در قماش ابریشمین وملون می‌پیچیده‌اند، ازینرو آن قماش را نیز انگلیون گفته اند.

انگم ang-om [= انگوم ← ۳- انگ] (اِ.) (گیا.) صمغ و مادهٔ چسبندهٔ لزجی که از درختان مخصوصاً درختان آلو وآلوچه وگوجه خارج میشود ودربرابر هوا انجماد می‌یابد[3].

انگنار anganār [= انگینار] (اِ.) (گیا) کنگر فرنگی (هـ.م.)

انگور ang-ūr [= انگیں.، کر. دوجیکی hingérīr] (اِ.) (گیا.) ۱ - میوهٔ رز[4] ، میوهٔ مو. این میوه بصورت یك‌خوشهٔ مرکب از دانه هاست که هریك را حبه یادانهٔ انگور گویند، وآنها بشکل کروی، بیضوی، تخم‌مرغی، برنگها و باندازه‌های مختلف اند. ۲- (گیا.) درخت‌رز، مو.

انگور

انگوردان angūr-dān (گیا .) آلتی که درآن انگور راجهت ساختن شراب میفشارند.

انگورستان angūr-estān (گیا.) موستان (هـ.م.)

انگورك angūr-ak (اِمصغ.) ۱ - (گیا.) مصغر انگور ، انگور کوچك .

---

۱ - Parasitologie (فر.) ۲- Parasitisme (فر.)
۳ - Gomme (فر.) ٤ - Raisin (فر.)

انگورك (انگور فرنگی)

۲ - (گیا.) انگورفرنگی (ه.م.) ۳ - (جان.) نوعی عنکبوت، شبیه بدانهٔ انگور.

۱ - انگوری angūr-ī (ص‌نسب.) منسوب به انگور (ه.م.) : شراب انگوری.

۲ - انگوری angūr-ī (ص‌نسب.) منسوب بشهر انگوریه (آنکارا) که امروز پایتخت ترکیه است و آنقره یا آنکارا نامیده میشود: شال‌انگوری (شالی بوده که دراین شهر بافته‌میشده).

انگوزاکما ang-ūzā-kemā [← انگوزه] (إمر.) (گیا.) انگدان (ه.م.)

انگوزه ang-ūza(-e) (ا.) (گیا.) انغوزه (ه.م.)

انگوژه ang-ūža(-e) [= انگژد] (إمر.) ← انگژد.

۱ - انگول angūl [= انگل] (ا.) انگشت.

۲ - انگول angūl [= انگل = انگله] (ا.) تکمه، دگمه، گوی گریبان.

انگولك angūl-ak [← انگلك] (إمصغ.) ← انگلك.

انگولك کردن a.-kardan (مص ل.) ← انگلك کردن.

انگوله angūl-a(-e) [= انگول = انگل = انگیل = انگیله] (ا.) ۱ - تکمه، دگمه، گوی گریبان. ۲ - حلقه‌ای که تکمه‌را از آن گذرانند.

انگوم ang-ūm [= انگم] (ا.) ← انگم.

انگه enga [تر. = ینکه = یینگه = ینگه] (ا.) ۱ - زنی که همراه عروس بخانهٔ شوهر رود واو را بحجلهٔ عروسی برد. ۲ - زن برادر. ۳ - دایهٔ‌خاتون.

انگیان ang-iyān [= انگدان] (إمر.) (گیا.) ← انگدان.

انگیختن angīx-tan [= انگیزیدن (ه.م.)] (مص‌م.) (انگیخت، انگیزد، خواهد انگیخت، بینگیز، انگیزنده، انگیخته، انگیزش) ۱ - جنبانیدن (از جای)، بجنبش درآوردن. ۲ - بلند ساختن، برکشیدن. ۳ - واداشتن، وادار کردن، تحریك کردن. ۴ - جهانیدن. ۵ - شورانیدن.

انگیخته angīx-ta(-e) (إمف.) ۱ - جنبانیده. ۲ - بلندساخته، برکشیده. ۳ - واداشته، تحریك‌شده. ۴ - جهانیده. ۵ - شورانیده.

انگیخته شدن a.-šodan (مص ل.) تحریك شدن.

انگیر ang-īr [= انگور] (ا.) (گیا.) ← انگور.

انگیز angīz (ری. انگیزیدن) ۱ - (ا.) آنچه باعث انگیزش و تحریك باشد، محرك، انگیزه: «گمان‌میبرم که قصهٔ دمنه‌انگیز حسودان‌باشد.» (انوار سهیلی). ۲ - (إفا.) در ترکیب بجای اسم‌فاعل نشیند ؛ اسف انگیز، شور-انگیز، غم‌انگیز، فتنه‌انگیز.

انگیزاندن angīz-āndan [= انگیزانیدن ← انگیزیدن، انگیختن] (مص‌م.) ← انگیزانیدن.

انگیزاننده angīz-ānanda(-e) (إفا. انگیزاندن، انگیزانیدن) محرك، محرض.

انگیزانیدن angīz-ānīdan [= انگیزاندن ← انگیزیدن، انگیختن] (مص‌م.) (انگیزانید، انگیزاند، خواهد انگیزانید، بینگیزان، انگیزاننده، انگیزانیده) ← انگیختن.

انگیزش angīz-eš (إمص. انگیزیدن،

۳۹۴ انگیزنده

انگیختن) تحریك، ترغیب، تحریض.
انگیزنده angīz-anda(-e) (افا. انگیزیدن، انگیختن) کسی که تحریك میکند، محرك، محرض.
انگیزه angīz-a(-e) [←انگیز] (إمر.) آنچه که کسی را بکاری بر انگیزد؛ باعث، سبب.
انگیزیدن angīz-īdan [= انگیختن، ←انگیزاندن، انگیزانیدن؛ په. hangēzītan] (مص م.) (انگیزید، انگیزد، خواهد انگیزید، بینگیز، انگیزنده، انگیزیده، انگیزش) انگیختن (ه.م.)
انگیل angīl [= انگیله = انگول = انگوله] (إ.) تکمه، دگمه، گوی گریبان.
انگیله angīl-a(-e) [= انگیل = انگول = انگوله] (إ.) ← انگیل.
انگینار angī-nār [= انگنار] (إ.) (گیا.) کنگر فرنگی (ه.م.)
انما enmā [= ع. انماء] ←انماء.
انماء enmā' [ع.، ف.: انما] ۱ - (مص م.) فاش کردن سخن بطرز سخن‌چینی. ۲ - نمو دادن، گوالانیدن. ۳ - (إمص.) بالیدگی، نمو.
انمله anmala,-mo,-me- [ع.] (إ.) (پز.) سرانگشت (ه.م.) ج. انامل.
انمودج onmūdaǰ [معر. = أنموذج] (إ.) ← انموذج.
انموذج onmūzaǰ [= انمودج = نموذج، معر. نموذگ = نموده] (إ.) ۱ - نمونه، نمودار. ج. انموذجات. ۲ - (فل.) مثال. ‖ ~ روحانی. (فل.) مثال روحانی هریك از موجودات این جهانی که مظهر آنهاست[۱].

انموذجات onmūzaǰ-āt [معر.] ج. انموذج (ه.م.)؛ نمونه‌ها، نمودارها.
انواء anvā' [ع.] (إ.) ج. نوء (naw')، سقوط ستارهٔ یکی از منازل بیست و هشت‌گانه و طلوع رقیب آن از مشرق. ضح. - تازیان می پنداشتند که هرگاه ستاره‌ای از منزلی ساقط شود وستارهٔ دیگردر مقابل آن طلوع کند، ناچار باران و باد و گرما و یا سرما خواهد آمد. ‖ علم ~. یکی از علوم عهد جاهلیت عرب بود؛ هواشناسی از روی سقوط ستاره ↑.
۱-انوار anvār [ع.] (إ.) ج. نور؛ روشنیها، روشناییها، نورها، فروغها. ‖ ~ اسفهبدی (اسفهبدیه). (فل. اشراق) نورهای مدبری که سپهبد و فرمانروای جهان ناسوتند؛ نفوس ناطقه (فلکی یا انسانی).
۲-انوار anvār [ع.] ج. نور (nawr)؛ شکوفه‌ها.
انواع anvā' [ع.] (إ.) ج. نوع (ه.م.)؛ نوعها، جنسها، اقسام.
انوثت onūsat [= ع. انوثة] ۱ - (مص ل.) ماده‌بودن، زن‌بودن؛ مق. ذکورت. ۲ - مادگی، زنی.
انوثیت onūs-īyyat [ازع. انوثة] (مص‌جع.) ۱ - زن شدن، ماده بودن. ۲ - مادگی، زنی؛ مق. رجولیت. ضح. - بقول مؤلف غیاث این کلمه غلط است و انوثت (ه.م.) بدون یای تحتانی - صحیح است، لیکن چون انوثیت هم در کلام ثقات واقع شده استعمالش جایز باشد. عرفی گوید:

«مایهٔ نشأهٔ انوثیت
بازدر بطن‌مادر اندازد.»

انور anvar [ع.] ۱ - (ص تفض.) روشنتر، درخشانتر، تابناکتر،

---

۱ - Cause exemplaire (فر.)

انیات

فروزانتر. ۲ ـ (ص.) تابناك، درخشان.
انوریسم anevrīsm (اِ.) (پز.) آنوریسم (ه.م.)
انوریسما anevrīsmā (اِ.) (پز.) آنوریسم (ه.م.)
انوشه an-ūša [anošak .په] (ص مر.) ۱ ـ جاوید، باقی، پایدار. ۲ ـ خوش، خرم، خوشحالی.
انوشه a-naw-šah [= نوشه (ه.م.) = شاه نو] (اِمر.) پادشاه نو، شاه‌جوان، نوشه.
انوف onūf [ع.] (اِ.) ج. انف؛ بینیها، دماغها.
انولا anūlā [ماز. anūlā] (اِ.) (گیا.) آمله (ه.م.)
انولوطیقا anūlūtīγā ← انالوطیقا.
انها enhā [ــع. انهاء] ← انهاء.
انهاء enhā' [ع.، ف.: انها] (مص م.) ۱ ـ آگاه کردن، اطلاع‌دادن، خبردادن. ۲ ـ رسانیدن پیغام.
انهاب enhāb [ع.] (مص م.) بتاراج دادن، بغارت دادن.
انهاج enhāǰ [ع.] (مص ل.) راه پیدا کردن، راه بدست آوردن.
انهار anhār [ع.] (اِ.) ج. نهر؛ جویها، نهرها.
انهاض enhāz [ع.] (مص م.) برخیزانیدن، بر انگیختن.
انهباط enhebāt [ع.] (مص ل.) فرود آمدن، هبوط کردن.
انهدام enhedām [ع.] ۱ ـ (مص ل.) ویران شدن، خراب گشتن، فروافتادن، فرو آمدن. فروریختن. ۲ ـ (امص.) ویرانی، خرابی. ج. انهدامات.
انهدامات enhedām-āt [ع.] (مص.، اِ.) ج. انهدام (ه.م.)
انهزام enhezām [ع.] ۱ ـ (مص ل.) شکسته‌شدن، مغلوب گشتن، شکست خوردن (سپاه)، هزیمت یافتن، شکستن. ۲ ـ شکست، هزیمت. ج. انهزامات.
انهزامات enhezām-āt [ع.] (مص.، اِ.) ج. انهزام (ه.م.)
انهضام enhezām [ع.] (مص ل.) گوارده شدن (غذا)، بگوارد رفتن، گوارنده شدن، هضم شدن.
انهمار enhemār [ع.] (مص ل.) فروریختن، ریزان شدن‌آب ← منهمر.
انهماك enhemāk [ع.] ۱ ـ (مص ل.) کوشیدن درکاری، سخت سرگرم شدن بامری، پای‌افشردن. ۲ ـ ستیزه کردن. ۳ ـ (امص.) پافشاری.
انهی enhī (enhē .قد) [ممال ع. انهاء = انها] ← انهاء:

«زبان سوسن‌آزادوچشم نرگس‌را
خواص‌ونطق‌ونظرداد بهر انهی‌را.»
(انوری.مدرس ص۱)

انی an-ī (ص نسب.) (عم.) منسوب به «ان»: ۱ ـ آنکه‌ان کند، کودکی که بسیار خود را ملوث کند. ۲ ـ مالیده به‌ان، مالیده بگه، گهی.
انیاب anyāb [ع.] (اِ.) ج. ناب ۳ ـ ناب، دندانهایی که در کنار ثنایا قرارگرفته وهر یك ازآنها دارای‌تاج تیز و یك ریشه است؛ دندانهای نیش (ه.م.)، نیشها (فره.)، سگدندانها، دندانهای نیشتر. ‖ ~ِ اسفل. (پز.) دندانهای نیش پایین. ‖ ~ِ اعلی (اعلا). (پز.) دندانهای نیش بالا
انیات enn-īyyāt [ع.] ج. انیت (ه.م.)

انیت enn-īyyat [=ع. انیة] (مص. جع.) هستی، وجود[1]. ج. انیات (ه.م.) ضح.ـ (فل.) «هستی را انیت خوانند بتازی، وماهیت دیگر است وانیت دیگر.» (دانشنامهٔ علائی. الهی ص۳۹).

انیدرید anīdrīd [فر. anhydride] (اِ.) (شمـ.) جسمی است که از ترکیب اکسیژن باشبه فلز پدید آید، و چون با آب ترکیب شود، تولید اسید کند مثلا دود بیرنگی که از سوختن گوگرد در هوا یا اکسیژن بدست آید به انیدرید سولفورو موسوم است ، زیرا با آب اسید میدهد، ورنگ محلول آفتاب گردان را قرمز میسازد . انیدریدها بسیارند از جملهٔ آنها انیدرید استیك، انیدرید سولفورو، انیدرید سولفوریك وانیدرید کربنیك است .

۱- انیران an-īrān [= نیران؛ پهـ. anērān غیر ایران، است. anairya، غیر آریایی، غیر ایرانی] (اِمر.) غیر ایران ، خارج از ایران : ایران و انیران (غم.)

۲- انیران an-īrān [است. anaγra، بی‌آغاز، بی‌پایان] (اِمر.) ۱ - (اِخ.) نام فرشته‌ای در دین زردشتی ← بخش ۳. ۲ - روز سی‌ام هرماه شمسی که بنام فرشتهٔ مذکور است.

انیس anīs [ع.] (ص.) انس گیرنده، خوی گیرنده ، همدم، دلارام.

انیسون anīsūn [معر. یو. ánéson] (اِ.) (گیا.) گیاهی[2] از تیرهٔ چتریان که یکساله است وارتفاعش تا ۵۰ سانتیمتر میرسد. برگهایش بشکل شبت وگلهایش چتری و میوه‌اش کوچك است و عطر تندی دارد؛ رازیانج شامی، بادیان رومی.

انیسون

انیفس anīfes [معر. اسیا. anīfīs] (اِ.) (گیا.) گزنهٔ سوزان ← گزنه

انیق anīγ [ع.] (ص.) ۱ - خوش آیند، خوش. ۲ - شگفت‌آور، شگفت‌انگیز.

انیلین anīlīn [فر. aniline] (اِ.) (شمـ.) انیلین تازه، مایعی است بیرنگ، ولی با اکسید کننده‌ها رنگهای مختلف میدهد ، مثلا با کلروردوشو رنگ بنفش میدهد. وآن مادهٔ اولیهٔ عدهٔ بیشماری از رنگهای آبی است وازاحیاء نیترو بنزن بتوسط ئیدرژن بدست میآید .

۱- انین anīn [= آنین] (اِ.) ← آنین.

۲- انین anīn [ع.] (اِ.) ناله ، آواز سوزناك.

او ū [= اوی = وی؛ پهـ. avē] (ضم.) ضمیر منفصل، سوم شخص مفرد (مفرد غایب) در حالت فاعلی : اوگفت ، او نوشت؛ وحالت اضافی : کتاب او . ‖ ـــ را. ضمیر منفصل ، سوم شخص مفرد (مفرد غایب) در حالت مفعولی: اورا گفت، اورا داد . ضح.ـ در قدیم «او» برای ذوی‌العقول وغیرذوی‌العقول هر دو مستعمل بود و در عصر حاضر غالباً برای ذوی‌العقول آید.

او aw (قد.) , ow (نو.) (دوصوتی) دو صوتیی[3] است که در قدیم aw تلفظ میشده و اکنون ow تلفظ میشود وبتدریج تلفظ اخیر نیز دارد بصورت مصوت o در میآید. در اول کلمه آنرا بشکل «او» نویسند : اودر (فارسی)، اوراق (عربی) ؛ ولی در وسط وآخر کلمه بصورت « و » نویسند : شوگاه (فارسی)، مولی (عربی): جو (فارسی)، لو (عربی) .

۱- اوا avā [= آوا ، قس . آواز] (اِ.) آواز (ه.م.)

---

۱ — Existence (فر.)
۲ — Anis (فر.), anisum vulgaris (لا.)
۳ — Diphtongue (فر.)

۲ـاوا avā [=ابا= با=وا] (إ.) آش، ابا.

اوا evā [=اوای] (صت.) (عم.) ← اِوای.

اوائل avāel [ع.] (ص.)←اوایل.

اواب avvāb [ع.] (ص.) توبه‌کار، توبه دار.

اوابد avābed [ع.] (إ.) ج. آبده؛ جانوران‌وحشی، رمندگان، دد ودام.

اواخر avāxer [ع.] (ص.) ج. آخر؛ پایانها؛ مق. اوایل: در اواخر کتاب صفحاتی ناقص است.

اوار avār [=اواره=اوارج، معر.] ←اواره، اوارج.

اوارج avāreǰ [=اوارجه (ه.م.)] (إ.) ← اوارجه. ‖ دفتر ~. ۱- دفتری که در آن اقلام مختلف هزینه ودر آمد را جداگانه وارد میکردند، و در آن مخارجی راکه از محل عواید مختلف مالیاتی و وجوه دیگر بعمل میآمد، نشان میدادند. ۲- دفتری که در آن میزان بدهی هر یك از مؤدیان مالیات واقساطی‌راکه آنان بابت‌بدهی مالیات خود می پرداختند، ثبت‌میشد. (غم.)

اوارجه avāreǰa(-e) [=اوارج، معر. اواره] (إ.) دفترحسابی‌که حسابهای پراکندهٔ دیوانی را در آن نویسند. (غم.) ج.اوارجات.

اوارجه نویس a.-nevīs [معر.-ف.] (إفا.) مأموری که متصدی دفتر اوارج (ه.م.) بود (غم.)

اوارجه‌نویسی a.-nevīs-ī (حامص.) عمل و شغل اوارجه نویس (ه.م.)

اواره avāra(-e) [=معر. اوارج= اوارجه] (إ.) دفترحسابی‌که‌حسابهای پراکندهٔ دیوانی را در آن نویسند؛ اوارجه.

اواسط avāset [ع.] (ص.) ج. وسط؛ میانه‌ها، میانها.

اواقنثوس avāɣansūs [معر. لا. hyacinthus] (إ.) (گیا.) سنبل (ه.م.)

۱ـاوام avām [=وام = فام] (إ.) وام، قرض.

۲ـاوام avām [= وام =فام] (إ.) رنگ، لون.

اوام دار avām-dār [= وام‌دار] (إفا.) مقروض، مدیون، وام دار.

اوامر avāmer [ع.] (إ.) ج. امر؛ فرمانها، فرموده‌ها، فرمایشها، احکام؛ مق. نواهی. ‖ **~ِ الهی**. احکام‌خدایی، فرمانهایی که‌ازجانب‌خدادرشرع مقرر گردیده. ‖ **~ِ پادشاهی**. فرمانهای سلطنتی.

اوان avān [ع.] (إ.) هنگام، زمان.

اوانس avānes [ع.] ج. آنسه؛ زنان خوب، دلارامان، دلاویزان، دلبندان.

اوانی avānī [ع.] (إ.) ج. آنیه، جج، اناء؛ آوندها، آبخورها، آبدانها.

اواه avvāh [ع.] (ص.) ۱- بسیار آوه کننده از ترس خدای. ۲- آه گوینده، آه‌گوی.

اوای e-vāy [= اوا] (صت.) (عم.) در حال تعجب استعمال شود (مخصوصاً در تداول‌زنان): اِوای! کجارفت؟

اوایل avāyel [=ع.اوائل] (ص.) ج. اول. ۱- آغازها، پیشها. ۲- پیشینها، پیشینیان.

اواغلی ev-oɣlī [تر. خانه زاد] (إمر.) غلام معمولی(ساده) که درخدمت شاهان صفویه بود.

اواقلی

اواقلی ev-oγlī [= اواغلی] ← اواغلی ↑.

اوب (ow.-) awb, [ع.] ۱- (مصل.) بازگشتن ، باز آمدن. ۲ - (امص.) بازگشت.

اوبا (ow.-) awbā, [مغ. = اوبای] ← اوبای.

۱-اوبار (ow.-) awbār, [په. ōpār] (ری. اوباردن، اوباریدن، اوباشتن) (افا.) در ترکیب بمعنی «اوبارنده» آید: نهنگ اوبار ، اژدها اوبار ، جهان اوبار ، جگر اوبار.

۲- اوبار (ow.-) awbār [ع.] ج. وبر (vabar) (ه.م.) ۱ - شوخها ، چرکها . ۲ - زواید پوست بدن از قبیل چرك و مو در انسان و پشم در حیوان.

اوباردن (cw.-) awbār-dan, [= اوباریدن = اوبردن ← اوبار، قس. اوباشتن] (مص م.) (اوبارد [-rd] ، اوبارد [-rad]، خواهد اوبارد، بیوبار، اوبارنده، اوبارده) نا جویده فرو بردن، بلع کردن ، بلعیدن .

اوبارده (ow.-de) awbār-da, [= اوباریده] (امف.) بلعیده، فرو برده .

اوبارنده (ow.-de) awbār-anda, (افا.) بلع کننده، فرو برنده .

اوباریدن (ow.-) awbār-īdan, [= اوباردن (ه.م.)] (اوبارید، اوبارد، خواهد اوبارید، بیوبار، اوبارنده، اوباریده) ← اوباردن.

اوباریده (ow.-de) awbār-īda, [= اوبارده] (امف.) بلعیده، فروبرده.

اوباش (ow.-) awbāš [ع.] (ا.) ج. وبش (مفرد، غم.) = بوش (غم.) ۱ - فرومایگان، ناکسان، مردم پست ، بی سروپایان، سفلهٔ مردم. ۲ - ولگردان. ۳ - عامیان، بی تربیتان ۴ - بی باکان.
ضح .- «اوباش» گاهی در فارسی بجای مفرد استعمال شود، وجمع آن (اوباشان) آید: «ویکی از دزدان خلقی را بخود گردکرده بود، و از اوباشان ورندان روستا چهارهزار مرد جمع شده بود...» (تاریخ بخارا ص ۹۵.)

۱ - اوباشتن (ow.-) awbāš-tan, [= اوباردن (ه.م.)] (مص م.) (اوباشت، اوبارد . خواهد اوباشت ، بیوبار ، اوبارنده، اوباشته) ← اوباردن.

۲ - اوباشتن (ow.-) awbāš-tan, [= انباشتن = انباردن] (مص م.) (صر. ← انباشتن)، انباشتن (ه.م.)

۱ - اوباشته (ow.-te) awbāš-ta, (امف.) بلعیده، فرو برده.

۲ - اوباشته (ow.-te) awbāš-ta, (امف.) انباشته (ه.م.)

اوباشی (ow.-) awbāš-ī [ع.-ف.] (حامص.) عمل و فعل اوباش (ه.م.)، الواطی، هرزگی، فسق وفجور، اشتغال بلهو و لعب .

اوبای (ow.-) awbāy, [مغ. = اوبا] (ا.) میلی که در بیابانها و صحاری برافرازند.

اوبردن (ow.-) awbar-dan, [= اوباردن (ه.م.)] (اوبرد [-bard]، اوبرد [-barad]، خواهد اوبرد، بیوبر، اوبرنده، اوبرده) ← اوباردن.

اوبرده (ow.-de) awbar-da, (امف. اوبردن) بلعیده، فروبرده.

اوبوطیلون ūbūtīlūn [معر.] (ا.) (گیا.) ابوطیلون (ه.م.)

اوبه (-e) awba [تر. = ابه] (ا.) چادر ترکمانان ، خیمه‌ای که ترکمنان در زیر آن زندگانی کنند.

اوپرا operā (ا.) (نم.) ← اپرا.

۱-اوت ūt [فر. او août] (ا.) هشتمین ماه سال فرنگی.

اوتاد awtād,(ow.-) [ع.] (ا.) ج. وتد. ۱ - میخها. ۲ - (عر.) وتدهای عروض، وآنها سه اند: مقرون، مفروق، مجتمع ← وتد. ۳ - (تص.) پیشوایان طریقت. ۴ - (تص.) چهارتن ازبزرگان که در چهار جهت دنیا باشند و بمنزلهٔ چهار رکن عالمند.

اوتار awtār,(ow.-) [ع.] (ا.) ج. وتر (ه.م.) ۱ - تارها، زهها (مطلقا). ۲ - (مس.) تارهای ساز، زههای ساز که بناخن یا زخمه نوازند.

اوت پر ūtpar (ا.) (گیا.) پنیرک (ه.م.)

اوتراق ūtrāγ,ot.- [تر. = اتراق = اوتوراغ] (ا.) ۱ - اقامت، توقف (در سفر). ۲ - محل اقامت، محل استراحت.

اوتوك ūtūk [مغ.] (ا.) ۱ - طومار وقایع و سرگذشت. ۲ - موزه. ۳ - بخشیده، معفو.

اوتوماتیك otomātīk ← اتوماتیك.

اوثان awsān,(ow.-) [ع.] (ا.) ج. وثن؛ بتان، بتها.

اوثق awsaγ,(ow.-) [ع.] (ص تفض.) محکمتر، استوارتر.

اوج awǰ,(ow.-) [معر. سنس. uččā] (ا.) ۱ - بلندی، بالا، فراز. ۲ - بلندترین نقطه، اعلی درجه. ۳ - (نج.) بلندترین درجهٔ کوکب (مخصوصاً خورشید)؛ مق. حضیض. ۴ - (مس.) بالاترین نقطهٔ ارتفاع آواز. ۵ - (مس.) شعبه‌ای از «عشاق» (ه.م.) ۶ - (مس.) شعبهٔ سیزدهم از شعب بیست و چهارگانهٔ موسیقی ایرانی.

اوجا ūǰā [= اوجه] (ا.) (گیا.) نام چندگونه درخت ازتیرهٔ نارونان[1] که در قسمتهای کم ارتفاع جنگلهای شمالی ایران میرویند؛ اوجه، وجه، لی وله، لو.

اوجاع awǰā,(ow.-) [ع.] (ا.) ج. وجع؛ دردها، دردمندیها.

اوجاق ūǰāγ [تر. = اجاق] (ا.) ← اجاق.

اوجب awǰab,(ow.-) [ع.] (ص تفض.) واجب‌تر، بایاتر، بایسته‌تر.

اوجه awǰah,(ow.-) (ص تفض.) رویشناس‌تر، باجاه‌تر.

اوجه ūǰa(-e) [= اوجا] (ا.) (گیا.) اوجا (ه.م.)

اوجه awǰoh,(ow.-) [ع.] ج. وجه؛ رویها، گونه‌ها.

اوچ قد ūč-γad(d) (امر.) (گیا.) پیچ امین‌الدوله (ه.م.)

اوحد awhad,(ow.-) [ع.] ۱ - (ص تفض.) یگانه، تنها، بی‌همتا.

اوخ ūx (صت.) ادات ناله وندبه.

اودا aveddā [= ع. اوداء] ← اوداء.

اوداء aveddā' [ع.] (ا.) ج. ودید؛ دوستان، دوستداران.

اوداج awdāǰ,(ow.-) [ع.] (ا.) ج. ودج؛ شاهرگها، رگهای گردن. ‖ ~ اربعه. (پز.) چهار رگ گردن.

اودئیل ūd-īl [تر. سال گاو] (امر.) سال دوم از سالهای دوازدگانهٔ ترکی ← بخش ۲. سیچقان ئیل.

اودر awdar,(ow.-) [= افدر؛ است. tūiriya] (ا.) برادر پدر، عم، عمو.

اودوکلنی o-do-kolony (امر.) ← ادکلنی.

اودیه awdiya(-e),(ow.-) [ع.] (ا.) ج. وادی (ه.م.) ۱ - رودها، رودخانه‌ها. ۲ - دره‌ها، فرجه‌های بین کوهها و پشته‌ها که مجرای سیل شود.

۱

۲

اوجا
۱- برگ ۲- گل

[1]- Ulmacées (فر.)

اوراد (ow.-) awrād [ع.] (اِ.) ج. ورد (verd)؛ دعاها. ‖ ← **واذکار.** دعاها وذکرها، خواندنیهاو یادکردها.

اوراشتن (ow.-) awrāš-tan[= افراشتن] (مص‌م.) (صر.← افراشتن) افراشتن (ه‌م.)

اوراق (ow.-) awrāγ [ع.] (اِ.) ج. ورق؛ برگها (درخت و کاغذ وجز آن)؛ ورقها، برگه‌ها. ‖ ← **بهادار.** (بانک.) ← بهادار.

اوراق کردن aw.-kardan [ع.-ف.] (مص‌م.)(عم.) پخش کردن اجزای چیزی مانند اتومبیل، کتاب وغیره.

اورام (ow.-) awrām [ع.] (اِ.) ج. ورم (varam)؛ آماسها.

اورامن (ow.-) awrāman [← اورامنان] (اِ.) (مس.) لحنی از موسیقی قدیم تقریباً مطابق بحر هزج مسدس، که فهلویات را بدان میخواندند.

اورامنان (ow.-) awrāmanān [← اورامن] (اِ.) (مس.) ← اورامن.

اورامه (owrāme) awrāma [← اورامن.] (اِ.) (مس.) ← اورامن.

اورانگ اوتان orāng-ūtān [فر. orang-outang] (اِمر.) (جاذ.) ارانگوتان (ه‌م.)

اورانیوم ūrānyom [فر. uranium] (اِ.) (شم.) جسم بسیط فلزی بعلامت اختصاری (u)؛ وزن مخصوص آن ۱۸/۶، و آنرا از اوران[1] بدست می‌آورند. نمکهای آن ذرات ضعیف رادیو آکتیو میباشند. اگر اتم اورانیوم را بشکنند انرژی قابل ملاحظه‌ای که از تشعشع نوترون آن بوجود میآید، حاصل خواهد شد.

اورتاغ ūrtāγ [تر. = ارتاق] (اِ.) ← ارتاق.

اورتاق ūrtāγ [تر. = ارتاق] (اِ.) ← ارتاق.

اورد avard [= آورد] ۱ - جنگ. ۲ - حمله.

اوردو ūrdū [تر. = اردو] (اِ.) اردو (ه‌م.)

اورده (ow.-) awreda [ع.] (اِ.) (پز.) ج. ورید؛ سیاهرگها (ه‌م.)، رگهای غیرجهنده، وریدها. ‖ ← **جدار.** (پز.) بافت عروقی (ه‌م.)

اورس avers (اِ.)(گیا.) سروکوهی (ه‌م.)

اورع (ow.-) awra [ع.] (ص تفض.) باورع‌تر، پرهیزگارتر، پارساتر.

اورق ūroγ [= اوروغ، تر.] (اِ.) ← اوروغ.

اورک (ow.-) awrak [= آورک] (اِ.) ریسمانی که ازشاخهٔ درخت یاجایی مرتفع آویزند ودر آن نشینند و تاب‌خورند؛ بادپیچ، تاب.

اورمز ūrmaz [= اورمزد (ه‌م.)] (اِ.) ← اورمزد.

اورمزد ūrma(o)zd [= هورمزد = هرمزد = هرمز = اهورمزدا (ه‌م.)] ۱ - (اِخ.) اهور مزدا ← بخش ۳. ۲ - (اِخ.) مشتری (سیاره.) ← بخش ۳. ۳ - روزاول از هرماه شمسی.

اورمک ūrmak [= ارمک (ه‌م.) تر.] (اِ.) ← ارمک.

اورنجن (ow.-) awranǰan [= آورنجن] (اِ.) ← آورنجن.

اورنجین (ow.-) awranǰīn [= اورنجن = آورنجن] (اِ.) ← آورنجن.

۱ - Uranc (فر.)

۱ - اورند (ow.-) awrand, [= آورند = اروند] (اِ.) مکر، فریب ، حیله .

۲ - اورند (ow.-) awrand, [= آورند= اروند] (اِ.) فر، شکوه، شأن، شوکت .

اورندیدن (ow.-) awrand-īdan, [← اورند] (مصم.) (صر ← رندیدن) فریب دادن، مکر وخدعه کردن.

۱ - اورنگ (ow.-) awrang, (اِ.) ۱ - تخت، سریر (پادشاهی).

۲ - اورنگ (ow.-) awrang, [= اورند= آورند] (اِ.) مکر ، فریب ، حیله .

۳ - اورنگ (ow.-) awrang, [= اورند= آورند] (اِ.) فر، شکوه، شأن.

۴ - اورنگ (ow.-) aw-rang, [← آب رنگ] (اِ.) (نق.) آبرنگ.

اورنگی awrang-ī [← اورنگ] (ص نسبـ.) (مس.) آواز هفتم از الحان باربدی (باربد). بعضی از فرهنگها این لحن را آواز سی‌ام دانسته‌اند.

اور واطوار ūr-o-atvār [= عور واطوار، ف.-ع.] ← ریختن. (عم.) بازی در آوردن، ژست آمدن.

اوروبنخی orobanxī [معر . یو orobanxē] [1] (اِ.) (گیا .) گلك (هـ.م.)

اورور ūrvar [په. urvar، است . urvarā] (اِ.) رستنی‌ها ، نباتات (بیشتر در آیین زردشتی بکار میرود). ج. اوروران، اورورها.

اوروغ ūrūγ [= اروغ = اروق = اوروق. تر.-مغ.] (اِ.) خانواده، دودمان، خویشان، اعقاب.

اوروق ūrūγ [= اوروغ، تر.-مغ.] (اِ.) ← اوروغ.

اوره (owre) awra, [= ابره] (اِ.) ابره (هـ. م.)، رویهٔ جامه وقبا ، ظهاره؛ مق. آستر.

اوره ūre [فر. urée] (اِ.) (پز.) مادهٔ آلی ازت دار که از تجزیهٔ مواد پروتیدی در بدن حاصل میشود وجزو ترکیبات آلی ادرار است. این ماده در کبد تولید میشود و بوسیلهٔ ورید فوق کبدی در جریان عمومی خون داخل و بوسیلهٔ کلیه‌ها جذب ودر ترکیب ادرار وارد ودفع میگردد.

اوری ūrī (اِ.) (گیا.) درختی [2] از تیرهٔ راش‌ها [3] که در جنگلهای شمالی ایران وجود دارد ومخصوص ارتفاعات زیاد است؛ گوری، اورو، پاچه‌مازو، ترش مازو، پالط.

۱- اوزار (ow.-) awzār, [= ابراز = افزار] (اِ.) ابزار (هـ.م.)

۲- اوزار (ow.-) awzār, [ع.] (اِ.) ج . وزر. ۱ - گناهها ، بزه‌ها . ۲ - سنگینیها، گرانیها.

اوزان (ow.-) awzān, [ع.] ج. وزن؛ ۱ - سنگینیها، وزنها. ‖ ــــ و مقیاسها ومقادیر. سنگ و اندازه و نرخ (فره.) ۲ - بناها. ۳ - (مس .) سازی است از ذوات الاوتار که کاسه وسطح آن کشیده وبلند است.

اوزبك ūzbak [= ازبك، تر.] ۱ - (اِخ.) ← بخش ۳. ۲ - (ص .) گاه بجای «اوزبکی» بکار رود، یکتن از طایفهٔ اوزبك.

اوزبکی ūzbak-ī [= ازبکی] (ص

۱- Orobanche (فر.)

۲ - Fagus macranthra (لا.)

۳ - Fagacées (فر.)

اوزجندی

نسب.) از طایفهٔ اوزبك (← بخش۳)، ازبکی.

اوزجندی ūzǰand-ī [معر. اوزگندی] (ص‌نسب.) منسوب به اوزجند (← بخش ۳)، از مردم اوزجند، اوزگندی.

اوزقنوغ ūz-γonoγ [تر. ـ اوزقنوق = ازقنوغ = ازگنوخ؛ اقامتگاه روح] (إ.) برجستن بعضی از اعضای بدن که ترکان از آن پیشگویی میکردند؛ اختلاج اعضا.

اوزقنوق ūz-γonoγ [= اوزقنوغ] ← اوزقنوغ.

اوزن ozon ← ۲ ازن.

اوزیمون ūzīmūn [معر. یو. euzemon] (إ.) (گیا.) جیرجیر (ه.م.)

اوژن awžan, (ow.-) [= افکن = افکن] (ری. اوژندن، اوژندیدن) (إفا.) در ترکیب بمعنی «اوژننده» بمعنی افکننده و اندازنده آید: خنجر اوژن، شیر اوژن.

اوژندن awžan-dan, (ow.-) [= اوژنیدن = افگندن ← اوژن] (مصم.) (اوژند [-and]، اوژند، [-nad]، خواهد اوژند، بیوژن، اوژننده، اوژنده). افکندن (ه.م.)، انداختن.

اوژننده awžan-anda. (ow.-de) (إفا. اوژندن، اوژنیدن) افکننده، اندازنده.

اوژنیدن awžan-īdan, (ow.-) [= اوژندن] (مصم.) (اوژنید، اوژند، خواهد اوژنید، بیوژن، اوژننده، اوژنیده) افکندن (ه.م.)

اوژولیدن awžūl-īdan (ow.-) [= افژولیدن] (مصم.) افژولیدن (ه.م.)

اوساخ awsāx, (ow.-) [ع.] (إ.) ج. وسخ؛ چرکها، شوخها.

اوساط awsāt, (ow.-) [ع.] (إ.) ج. وسط؛ میانها، میانه‌ها.

اوستا ūstā [= استاد (ه.م.) = اوستاد] (ص.، إ.) استاد (ه.م.)

اوستاخ ūstāx [= استاخ = گستاخ] (ص.، ق.) گستاخ، دلیر، بی‌پروا.

اوستاد ūstād [= استاد] (ص.، إ.) استاد (ه.م.) ‖ **اوستاد صفا.** (تص.) مرد کامل.

اوستاکار ūstā-kār [= استادکار] (ص‌مر.، إمر.) (عم.) استادکار (ه.م.)

اوستاکاری ūstā-kār-ī [= استادکاری] (حامص.) استادکاری (ه.م.)

اوستا کریم ūstā-karīm [= استادکریم] (إمر.) (عم.) ۱- استادی که کرامت دارد. ۲- خدا.

اوستام ūstām [= استام = ستام] (إ.) ← استام.

اوستایی avestā-yī (ص‌نسب.) منسوب به اوستا (avestā) ← بخش ۳. ‖ **زبان ــ .** ← بخش ۳.

اوسخ awsax, (ow.-) [ع.] (ص‌تفض.) چرکین‌تر، شوخگین‌تر.

اوسط awsat, (ow.-) [ع.] (ص‌تفض.) ۱- پسندیده‌تر. ۲- برتر. ۳- برگزیده. ۴- میانه، میانین، میانگی. ۵- (نج.) حد فاصل بین اوج وحضیض را گویند. بیرونی گوید: «ناچار اندرین فلك جایی است که دوری او از زمین بمیان بعد ابعد دورترین و میان بعد اقرب نزدیکترین است، و نقصان او و همچند زیادت اوست براین، و او را بعد اوسط خوانند، ای میانه.» (التفهیم ص ۱۱۶). ‖ **حد ــ .** (فل.، منط.) حد وسط درصغری و کبرای قیاس، زیرا واسطه در سرایت حکم از اکبر به اصغر است.

اوسع awsa' (ow.-) [ع.] (ص‌تفض.) فراختر، گشاده‌تر، وسیع‌تر.

اوفتیدن

اوسیرس ūsīres [معر. لا. osyris] (اِ.) (گیا.) گیاهی[1] از تیرهٔ صندلیها[2] که در آفریقا فراوان است و ظاهراً شکل گل طاوسی‌را دارد، وجزو گیاهان انگل میباشد؛ ابولیله.

اوشاق ūšāɣ [= اشاق = وشاق، تر.] (اِ.) ۱ - پسر. ۲ - غلام.

اوشان ūšān [= ایشان] (ضم.) ضمیر شخصی منفصل، حالت فاعلی، سوم شخص جمع ← ایشان. ضح. - «اوشان» درقدیم مستعمل بوده و اکنون هم در بعض ولایات بکار میرود.

اوشاندن (-.ow) ,awšān-dan [= اوشانیدن = افشاندن] ← افشاندن.

اوشانیدن (-.ow) ,awšān-īdan [= اوشاندن = افشانیدن] ← افشاندن.

اوشك ūšak [= اشق] (اِ.) (گیا.) اشق (ه.م.)

اوشین (-.ow) awšīn [= آویشن] ← آویشن.

اوصاف (-.ow) ,awsāf [ع.] (اِ.) ج. وصف؛ صفتها، چگونگیها، وصفها.

اوصال (-.ow) ,awsāl [ع.] ج. وصل (vasl, vesl)؛ پیوندها، بندها، اعضای بدن.

اوصیا (-.ow) 'awsiyā [= ع. اوصیاء] ← اوصیاء.

اوصیاء (-.ow) 'awsiyā [ع.، ف.: اوصیاء] (اِ.) ج. وصی (ه.م.)

اوضاع (-.ow) 'awzā [ع.] (اِ.) ج. وضع (ه.م.) ۱ - هیئتها، شکلها، طرزها. ۲ - احوال؛ اوضاع سیاسی.

اوضح (-.ow) ,awzah [ع.] (ص تفض.) آشکارتر، پیداتر، روشنتر.

اوطار (-.ow) ,awtār [ع.] (اِ.) ج. وطر (vatar)؛ نیازمندیها، کامها، حاجات.

اوطان (-.ow) ,awtān [ع.] (اِ.) ج. وطن؛ میهنها، باشها، جای‌باشها، وطنها.

اوعیه (ow.-ye) aw'īya [= ع. اوعیة] (اِ.) ج. وعاء (ه.م.) ۱ - ظرفها. ۲ - (پز.) مجاری ترشحی بدن. ‖ ~ شیر. (پز.) مجاری شیری ← مجاری.

اوغ (-.ow) ,awɣ [تر.-مغ. = اوق] (اِ.) ← اوق.

اوغر oɣor [= قس. آغال ← اوغور. تر.] (اِ.) ← اوغور.

اوغور ūɣūr [قس. آغال ← تر. اوغر = اغر] (اِ.) ۱ - سمت و مقصدی باشد که بآن‌طرف رو کنند. ۲ - برکت، سعادت. ‖ ~ بخیر. سفر بخیر! ‖ بد ~. بدیمن.

اوف ūf (صت.) (عم.) ادات تفجع (بهنگام درد و رنج گویند).

(اوفادیا) ūfādiyā [معر. محر. یو. ómphákion] (اِ.) (گیا.) خرخیار (ه.م.)

اوفاریقون ūfārīɣūn [معر. یو. hyperikon] (اِ.) هوفاریقون (ه.م.)

اوف شدن ūf-šodan [← اوف] (مص ل.) (عم.، درتداول کودکان). ۱ - زخمی شدن. ۲ - سوختن.

اوفتادن ūft-ādan (ōft .قد) (مص ل.) ← افتادن.

اوفتاده ūft-āda(-e) (ōf.- .قد) (إمف.) افتاده (ه.م.)

اوفتیدن ūft-īdan (ōftēδan) [= اوفتادن = افتادن (ه.م.)] (مص ل.) ← افتادن.

۱- Osyris alba (.لا)　　۲ - Santalacées(.فر)

اوفر (-.awfar, (ow [ع.](ص تفض. وفر vafr،وفور) ۱ - بیشتر، وسیع‌تر. ۲ - زیاد، بسیار.

اوفق (-.awfaγ,(ow [ع.](ص تفض.) سازگارتر، سازوارتر، شایسته‌تر.

اوفی (-.awfā,(ow [ع.](ص تفض.) پیماندارتر، با وفاتر، وفادارتر.

اوق(-.awγ(owγ [=اوغ. تر.ـ مغ.] ۱ - (إ.) موزه‌ای‌که از پوست پشمدار بدوزند، چکمهٔ پشمین. ۲ - چوبهای فوقانی آلاچیق.

اوقات(-.awγāt,(ow [ع.] (إ.) ج. وقت؛ هنگامها، روزگارها، ساعات، ازمنه. ‖ ~ تلخ داشتن (شدن). (عم.) ۱ - ترشرو بودن (شدن)، عبوس بودن (شدن). ۲ - خشمگین بودن (شدن)، عصبانی بودن (شدن).

اوقات‌تلخی(-.aw.-talx-ī(ow ← اوقات][ع.ـ ف.](حامص.) ۱- عبوسی، ترشرویی. ۲- خشمگینی. ‖ با ~. (قمر.) با عصبانیت: با اوقات تلخی گفت...

اوقار (-.awγār,(ow [ع.] (إ.) ج. وقر (veγr)؛ بارهای گران، خروارها، خربارها.

اوقاف (-.awγāf,(ow [ع.] (إ.) ج. وقف؛ املاك و اموالی‌که بجهت طلاب علوم، بینوایان، بقاع متبرکه وغیره تخصیص دهند. ‖ وزارت ~. درعهد ناصرالدین‌شاه قاجار با وزارت وظایف یك وزارتخانه‌را تشکیل میداد. ‖ ادارهٔ ~. ادارهٔ کلی‌است جزو وزارت فرهنگ که بامور موقوفات رسیدگی میکند.

اوقح (-.awγah(ow [ع.](ص تفض.) وقیح‌تر، بیشرمتر، شوخ‌تر.

اوقر(-.awγar,(ow [ع.](ص تفض.) سنگین‌تر، آهسته‌تر.

اوقیانوس ūγyānūs [=اقیانوس] (إ.) ← اقیانوس.

اوقیمن oγīmon [= اوقیمون] (إ.) ← اوقیمون.

اوقیمون oγīmūn [= اوقیمن، معر. یو. okimon](إ.) (گیا.) ریحان کوهی (ه.م.)

اوقیه (-.awγiya,(ow [=ع. اوقیة] (إ.) مقیاسی‌است برای‌وزن، و آنرا برابر با $\frac{1}{12}$ رطل، ۷/۵ مثقال، ۴۰ درم‌خالص نوشته‌اند. ج. اواقی.

اوکا ōkā [تر.] ← اوگا.

۱-اوکار (-.awkār,(ow [= افکار] (إ.) ← افکار.

۲-اوکار(-.awkār,(ow [ع.] ج. وکر (vakr)؛ لانه‌ها، آشیانه‌ها.

اوکالیپتوس okālīptūs [لا. eucalyptus](إ.) (گیا.) اکالیپتوس (ه.م.)

اوکن (-.awkan,(ow [= اوگن = اوژن] (ری. اوکندن) ← اوکندن.

اوکندن (-.awkan-dan,(ow [= اوگندن = اوژندن = اوژنیدن = افکندن] (مص م.) افکندن (ه.م.)

اوگ (-.awg,(owg [= اوج، سنس.] ← اوج.

اوگا ōgā [تر. = اوکا = اگا](ص.) مرد بزرگ در عقل و کیاست.

اوگن (-.awgan,(ow [= اوکن = اوژن] (ری. اوگندن) ← اوگندن.

اوگندن (-.awgan-dan,(ow [= اوکندن = اوژندن = اوژنیدن = افکندن] (مص م.) افکندن (ه.م.)

اوگه‌یی(-.awge-yī(ow (ص.)(عم.) ناتنی، ناپدری یا نامادری: برادر

اوگه‌یی، خواهراوگه‌یی.

اول avval [ع.] (إ.) ۱ - آغاز؛ مق. انجام، پایان. ۲ - (عد. ترتیبی) نخست، نخستین، یکم؛مق. آخر.ج. اوایل (اوائل)، اولون، اولین. ‖ از — تا آخر. ازآغاز تا انجام (←انجام). ‖ — از همه. پیش از همه، پیش از هرچیز. ۳ - (اِخ.) اسمی است ازاسماءِ حسنی (خدا).

اولا avvalā [=ع.اولاً] (ق.) ← اولاً.

اولاد awlād,(ow.-) [ع.] (إ.) ج. ولد؛ زادگان، فرزندان. ضح. - در تخاطب فارسی‌گاه بجای مفرد (= ولد) آید: احمد اولاد من است؛ حسن‌اولاد ارشد است.

اولاس ūlās [=اولس](إ.)(گیا.) اولس (ه.م.)

اولاغ ūlāγ [تر.،مغ.= الاغ] (إ.) ← الاغ (همع.)

اولاغجی ūlāγ-ǰī [تر.-مغ.= اولاغچی= الاغچی](إمر.) ←الاغچی.

اولاغچی ūlāγ-čī [تر.-مغ.= اولاغجی= الاغچی](إمر) ←الاغچی.

اولاق ūlāγ [تر.-مغ.= اولاغ = الاغ] (إ.) ←الاغ (همع.)

اولاقجی ūlāγ-ǰī [تر.-مغ.= اولاغچی= الاغچی] (إمر.) ←الاغچی.

اولاقچی ūlāγ-čī [تر.-مغ.= اولاغچی= الاغچی](إمر.) ←الاغچی.

اولاً avval-an [ع.،ف.،اولا] (ق.) نخست، نخستین.

اولئین oleīn [فر. oléine] (إ.) (شم.) ماده‌ایست که در روغنهای چرب مانند روغن زیتون و پیه و چربی‌وجود دارد.

اولتگ ūltag [تر.](إمر.) مرغزار، چمن‌زار، سرزمین سبز و خرم.

اولتیماتوم ūltīmātūm [فر. ultimatum] (إ.) شرایط قطعی‌که از طرف یك دولت بدولت دیگر تحمیل شود، ودرصورت عدم قبول‌طرف، جنگ آغاز گردد؛ اتمام حجت.

اولجا ūlǰā [تر.-مغو.اولجه = الجه = الجی = الچا](إ.)←الجه.

اولجامیشی ūlǰāmīšī [تر.-مغ.= الجامیشی = اولچامیشی] (إ.) ← الجامیشی.

اولجای ūlǰāy [تر.-مغ.=اولچای =اولجه (ه.م.)] (إ.)←اولجه.

اولجه ūlǰa [تر.-مغ.= الجه] (إ.) ← الجه.

اولچامیشی ūlčāmīšī [تر.-مغ. = الجامیشی] (إ.) ← الجامیشی.

اول دست avval-dast [ع.-ف.] (قمر.)اولین‌بار،اولین‌دفعه، نخستین‌بار.

اولدهام oldhām(انگ. oldham) (إ.) (مکن.) اتصالی —[1]. آلتی است مرکب از دو میله وسه صفحه، که دو صفحهٔ آن بیرونی و متصل بمیله‌هاست وصفحهٔ وسطی دو زبانه دارد، در هر جانب یك زبانه. هریك اززبانه‌ها در شیار مخصوص‌خود روی یك محورقرار میگیرد. این آلت برای جفت کردن دو استوانهٔ موازی که اندکی از خط خارج باشد، بکار میرود.

اولس ūlas [= اولاس] (إ.)(گیا.) درختی[2] از تیرهٔ غان‌ها[3] که دوگونه‌از آن بنامهای ممرز و لور در جنگلهای شمالی ایران‌موجوداست؛ الس، اولاس، فق(faγ)، فق(feγ)، شرم، چیت.

اولسطیون ūlostiyūn [معر.-لا.

1 - Oldham coupling(انگ.) 2 - Carpinus(لا.) 3- Betulacées(فر.)

holoteum](اِ.) (گیا.) جبره (ه.م.)

اولکا ūlkā [تر=الکا] ← الکا.

اولکه ūlka(-e) [تر=الکا] ← الکا.

اولو ūlū [ع.](اِ.)ج. ذو (برخلاف قیاس)؛ دارندگان، خداوندان ← بخش۲ (اولو الالباب..).

اولوس ūlūs [تر.-مغ.=] (اِ.) ← الوس.

اولوق کوک ūlūγ-kūk [تر.-ف.] (اِمر.)(مس.) یکی ازسیصد وشصت کوک ختایی ← ۲ - کوک ۴

اولون avval-ūn [ع.] ج. اول؛ نخستینها، اولین، اوایل (اوائل).

اولویت awlavīyyat,(ow.-) [ع.] (مص‌جع.) سزاوارتری، تقدم. ‖ حق ~ . حق تقدم، حق برتری.

اولی awlā,(ow.-) [ع.] (ص‌تفض.) سزاتر، سزاوارتر، صوابتر: طریق اولی. ‖ قضیهٔ ~ . (منط.) ← قضیه.

اولی ūlā [ع.، ف.: اولی ūlī ↓] (عد.) نخستین، اولین.

اولی ūlī(ōlē قد. [ممال ع. اولی awlā] ۱ - (عد.) نخستین، اولین. ۲ - (اِ.) اینجهان، گیتی.

اولیا awliyā,(ow.-) [=ع. اولیاء] ← اولیاء.

اولیاء awliyā'(ow.-) [ع.، ف.: اولیا] (اِ.) ج. ولی. ۱ - خداوندان: اولیای امور. ۲ - یاران، دوستان. ۳ - دوستان خدا، عارفان، اولیاءالله. ضح. - ایرانیان وترکان گاه این کلمه را بجای مفرد بکار برند: اولیا عطا، اولیاچلبی، اولیاسمیع. ‖ ~ (ی) امور. خداوندان کارها، بزرگان کشور. ‖ ~ (ی) حق. دوستان خدا، خدادوستان، عارفان.

اولیرا
الف - گل

اولیات avval-īyy-āt [ع.](اِ.) ج. اولیه (ه.م.): ۱ - نخستینها، اولها. ۲ - (فل.) تصورات و تصدیقات بدیهی وقضایای ضروری.

اولیت avval-īyyat [=ع. اولیة] (مص‌جع.) پیشی، تقدم.

اولیتر awlā-tar(owlē-tar قد.) [ع.-ف.] (ص‌تفض.) سزاوارتر، اولی. ضح. - «اولی» (ه.م.) خود صفت‌تفضیلی است، ولی درفارسی آنرا صفت‌گیرند وعلامت تفضیل «تر» بدان ملحق کنند.

اولیترین awlā-tar-īn,(awlē.-) [ع.-ف.] (ص‌نسبـ.) ← اولیتر.

اولیرا ūlīrā [لا. olyra] (اِ.) (گیا.) گیاهی [1] از تیرهٔ گندمیان که جزوگیاهان علفی پایا میباشد. گلهایش منفرد و بشکل خوشه در انتهای ساقه قرار دارد.

۱-اولین avval-īn [ع.-ف.] (ص‌نسبـ.، عد. ترتیبی) نخستین، پیشین؛ مق. آخرین. ‖ ~ مرتبه. اول‌بار.

۲-اولین avval-īn [ع.] ج. اول؛ نخست‌ها، نخستینها.

اولیه avval-īyya [=ع. اولیة] (ص‌نث.) مؤنث‌اول؛ نخستین، پیشین: حالت‌اولیه، تربیت اولیه. ج. اولیات.

اوماج ūmāǰ [=اماج] (اِ.) ← اماج.

اومازی ūmāzī [ع.] (اِ.) (گیا.) خرخیار (ه.م.)

اومالی ūmālī [معر. یو. élaïomeli، عسل] (اِ.) (گیا.) عسل داود (ه.م.)

اومند awmand,(ow.-) (پس.) ← - ومند.

اومید ūmīd(ōmēδ قد. [=اومید =امید] (اِ.) ← امید.

۱- Olyre (فر.)

۴۰۷
اهابه

اومیدوار (-.ō),ū.-vār] = امیدوار ← امید] (صمر.) امیدوار (ه.م.)

اومیدواری (-.ō),ū.-vār-ī] = امیدواری ← اومید] (حامص.) امیدواری (ه.م.)

اون باشی، اونباشی on-bāšī [تر.] (إمر.) فرمانده ده تن (صفویان).

اونس ons [فر. once] (إ.) ۱ - در روم قدیم $\frac{1}{12}$ لیور[1]. ۲ - درفرانسهٔ قدیم $\frac{1}{16}$ لیور، معادل ۳۰/۵۹۴ گرم. ۳ - درانگلستان، وزنی معادل ۲۸/۳۵ گرم.

اونوبروخیس ūnūbarūxīs [onobrychis. لا]، (إ.) (گیا.) اسپرس (ه.م.)

اونوسما ūnosmā [فر. onosma] (إ.) (گیا.) گیاهی از تیرهٔ گاوزبانیان[2] که گلهایش در انتهای ساقه مجتمع شده‌اند. گیاهی است پایا و دارای گلهای زرد که در کوهستانهای آلپ وپیرنه و قفقاز فراوان است و دارای بویی نامطبوع میباشد.

اوورتور ūvertūr [فر. ouverture] (إ.) ۱ - (مس.) یك قطعه موسیقی که در آغاز اپرا یا نمایش نواخته میشود. ۲ - (مس.) قطعهٔ توصیفی مستقلی که موضوع یا داستان خاصی را بیان کند.

اونیفرم ūnīform [فر. uniforme] (ص.) لباسی که همه بیکسان پوشند؛ متحدالشکل.

اوه ūh [صت.] آه! آوه!

اوهام awhām,(-ow.-) [ع.] (إ.) ج. وهم؛ گمانها، خیالات، پندارها.

اوی ūy (قد. ōy) [= او] (ضم.) ضمیر شخصی منفصل، سوم شخص مفرد:
«که دارد گه کینه پایاب اوی؟
ندیدی بروهای پرتاب اوی.»
(شاهنامه بنقل لغت فرس ص ۴۰۹).

اویسی oways-ī,(oweys-) [ع.-ف.] (ص نسب.) ۱ - منسوب به اویس (← بخش ۳). ۲ - (تص.) کسی که بدون شیخ ومرشد بمرحلهٔ کمال رسیده.

اویشن avīšan [= آویشن] (إ.) (گیا.) ← آویشن.

اویغوری oyγūr-ī [تر.-ف. = ایغوری] (ص نسب.) منسوب به اویغور (بخش ۳). ۱- از مردم اویغور. ۲ - زبان مردم اویغور (← بخش ۳). ۳ - خط مردم اویغور (← بخش ۳).

اویماق oymāγ [تر.-مغ. = ایماق] (إ.) قبیله، طایفه، دودمان. ج. اویماقات (غفص.).

اویماقات oymāγ-āt [تر.-ع. = ایماقات] ج. (غفص.) اویماق (ه.م.)؛ قبایل، طوایف.

اویی ūy-ī (حامص.) اوبودن، هویت.

اه ah (صت.) برای اظهار نفرت وکراهت بکار آید.

اه eh [= اِ] (إ.) (تد. کودکان) پلیدی، نجاست، گه.

اهاب ehāb [ع.] (إ.) پوست، پوست ناپیراسته، پوست دباغی نشده.

اهابت ehābat [= ع. اهابة ← اهابه] (مصل.) ۱ - بانگ زدن، نهیب زدن. ۲ - ترساندن، ترسانیدن.

اهابه ehāba(-e) [= ع. اهابة ← اهابت] (مصل.) ← اهابت.

اونوسما

۱- Livre (فر.)
۲- Borraginées (فر.)

اهار ahār [= آهار] (اِ.) ← آهار.

اهالی ahālī [ع.] (اِ.) ج. اهل ؛ مردمان، کسان، ساکنان (جایی ومحلی).

اهانت ehānat [= ع. اهانة] ۱ـ (مص م.) خوار کردن، خوار داشتن ، سبک داشتن، ذلیل گردانیدن، تحقیر کردن. ۲ - (اِمص.) خواری، تحقیر.

اهباط ehbāt [ع.] (مص م .) فرود آوردن، هبوط دادن .

اهبت ohbat [= ع. اهبة ← اهبه] (اِ.) ۱ ـ ساز ، برگ ، بسیج . ۲ ـ سازکاری.

اهبه ohba(-e) [= ع. اهبة ← اهبت] (اِ.) ← اهبت

اهتدا ehtedā [= ع. اهتداء] ← اهتداء.

اهرم

اهتداء ehtedā' [ع.، ف.: اهتدا] (مص ل.) راه یافتن، راه راست گرفتن، راه بردن ، هدایت شدن.

اهتزاز ehtezāz [ع.] ۱ ـ (مص ل.) شادشدن، شادمان گردیدن. ۲ـ جنبیدن، تکان خوردن چیزی درجای خود (مانند بیرق وشاخهٔ درخت). ۳ـ (مس.) جنبیدن شتر با آواز حدی. ۴ـ (مص م.) جنبانیدن. ۵ـ (اِمص.) شادی، شادمانی. ۶ـ جنبش. ۷ ـ (اِ.) آواز وفریاد موکب . ۸ ـ (مس.) تکرار نوسان و دورهٔ نوسانی نغمه که ازمصادمهٔ دو جسم واحد در آن واحد حاصل شود . ج. اهتزازات.

اهتزازات ehtezāz-āt [ع.] (مص.، اِ.) ج. اهتزاز (ه.م.)

اهتمام ehtemām [ع.] (مص ل.) ۱ ـ دل بستن به، تیمارداشتن، غمخواری کردن، توجه کردن. ۲ ـ کوشش کردن درکاری، همت گماشتن. ۳ ـ (اِمص.) تیمار داشت، غمخوارگی. ۴ ـ کوشش ، سعی. ج. اهتمامات. ‖ به ~ . بوسیلهٔ کوشش وهمت وسعی (درمورد کتاب ، منظور تصحیح و تهذیب وآماده کردن آن برای طبع ، توسط شخصی است).

اهتمامات ehtemām-āt [ع.] ج. اهتمام (ه.م.)

اهتوخشی ohtūxošī [په. hutoxš، خوب ورزنده ، نیکو کوشنده] (اِ.) طبقهٔ صنعتگر. همین کلمه است که در نسخ شاهنامه بصورت «اهنوخوشی» تحریف شده:

«چهارم که خوانند اهنوخوشی (اهنوخشی)
همان دست‌ورزان باسرکشی.»
(شاهنامه)

اهتوخُشی ohtūxošī ← اهتوخشی.

اهدا ehdā [= ع. اهداء] ← اهداء.

اهداء ehdā' [ع.، ف.: اهدا] (مص م.) هدیه دادن، هدیه فرستادن.

اهدار ehdār [ع.] (مص م.) ۱ ـ هدر ساختن، هدر دادن، پامال کردن. ۲ ـ مباح کردن خون کسی .

اهداف ahdāf [ع.] (اِ.) ج. هدف. (ه.م.)

اهدی ahdā [ع.] (ص تفض.) راهبرتر، رهدان‌تر.

اهر ahr (اِ.) (گیا.) زبان گنجشک (ه.م.)

اهرام ahrām [ع.] (اِ.) ج. هرم ← ۲ـ هرم؛ هرمها. ‖ ~ مصر. ← بخش ۳. اهرام.

اهرامن ahrāman [= اهریمن] ← اهریمن.

اهرم ahrom (اِ.) (فز.) میلهٔ آهنی محکمی است که حول محوری (بنام محور

اتکاء) میتواند حرکت کند، وبوسیلهٔ آن باقوهٔ کمتری میتوان اجسام سنگینی را بحرکت در آورد.

اهرمن ahreman [= اهریمن] (اِ.) ← اهریمن.

اهرن ahran [= اهریمن] (اِ.) ← اهریمن.

اهریمن ahrī-man [= اهرمن = اهرامن = اهرن = اهریمه = آهرن = آهریمن = آهرامن = آهرمن = آهریمه = هریمه ؛ پهـ. ahriman، است. anγra - mainyu، خرد خبیث، عقل پلید] (اِ.) ۱ - (اخ.) شیطان ← بخش ۳. ۲ - هر یك از پیروان اهریمن ↑، هرفرد از شیاطین. ج. اهریمنان.

اهریمه ahrīma(-e) [= اهریمن] (اِ.) ← اهریمن.

اهل ahl [ع.] (اِ.) ۱ - خاندان. ۲ - مردم. ۳ - باشنده، مقیم، ساکن. ۴ - زن. ۵ - سزاوار، شایسته. ۶ - نجیب، اصیل. ۷ - امت هرپیغمبر: اهل موسی، اهل‌عیسی. ج. اهالی.

اهل ohl [شیراز. ohl] (اِ.) (گیا.) زربین (ه.م.)

اهلاك ehlāk [ع.] (مص م.) نیست گردانیدن، نابود کردن، هلاك کردن.

اهله ahella(-e) [= ع. اهلة] (اِ.) ج. هلال (ه.م.)؛ ماههای نو. ‖ ~ قمر. (نج.) قسمتهایی از ماه (قمر) که اهل‌زمین آنرا رؤیت کنند (هلال، بدر، تربیع...)

اهلی ahl-ī [ع.-ف.] (ص نسبـ.) منسوب به اهل (ه.م.) ۱ - جانوری که بانسان وخانه‌وی انس گیرد (ازچهارپا وپرنده).

اهلیت ahl-īyyat [= ع. اهلیة] (مص جع.) شایستگی، سزاواری، لیاقت. ‖ ~ استیفاء. ← استیفاء. ‖ ~ تمتع. ← تمتع.

اهلیلج ehlīlaǰ [معر. هلیله] (اِ.) (گیا.) هلیله (ه.م.) ‖ ~ کابلی. (گیا.) هلیله (ه.م.)

اهلیلجی ehlīlaǰ-ī [ع. - ف.] (ص نسبـ.) (رض.) اگر دوقوس ازدایره - که هریك ازنصف دایره بیشترند - برشکلی محیط شوند وکوژی (یا انحداب) آنها بیك سمت نباشد آنرا «اهلیلجی» گویند.

اهلیلجی

اهلیلکات ehlīlak-āt [معر.] (اِ.) (گیا) هلیله (ه.م.)

اهم aham(m) [ع.] (ص تفض.) مهمتر، دربای‌تر، ضرورتر: اهم امور.

اهم ohm [فر. ohm، مأخوذ از نام Ohm ← بخش ۳: اهم] (اِ.) (فز.) واحد مقاومت الکتریکی (ه.م.) است و آن مقاومت سیمی است که در اثر جریانی بشدت یك آمپر درمدت یك ثانیه بتواند $\frac{1}{4/18} = 0/24$ کالری حرارت ایجاد نماید، وواحد عملی مقاومت عبارت است از مقاومت ستونی از جیوه بمقطع یك میلیمترمربع وبطول ۱۰۶/۳ سانتیمتر که حرارت آن صفر درجه باشد و علامت آن Ω یا ω است.

اهم

اهمال ehmāl [ع.] ۱ - (مص م.) فروگذاشتن، یله کردن، وا گذاشتن، سستی کردن درکاری. ۲ - بی‌پروایی کردن. ۳ - (اِمص.) سستی، درنگ، سهل انگاری. ج. اهمالات.

اهمالات ehmāl-āt [ع.] ج. اهمال (ه.م.)

۴۱۰ اهمال‌کردن

اهمال کردن e.-kardan [ع.ـف.] (مص ل.) ۱ ـ سستی کردن در کاری، فروگذاشتن. ۲ ـ بی پروایی کردن.

اهم‌متر ohm-metr [فر. ohmmètre] (اِ.) (فز.) دستگاهی است که آنرا برای تعیین مقدار مقاومت مجهول یك جسم هادی بکار میبرند.

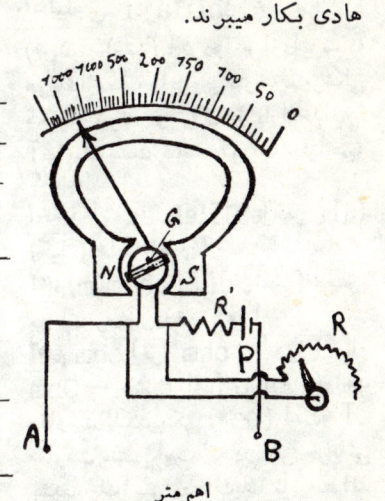

اهم متر

اهمیت ahamm-iyyat [ع. = اهمیة] (مص جع.) مهم بودن، بایسته بودن.

اهمیت دادن a.-dādan [ع.ـف.] (مص م.) مهم دانستن، ضرور شمردن.

اهمیت داشتن a.-dāštan [ع. ـ ف.] (مص ل.) مهم بودن، ارجمند بودن، ضرورت داشتن.

اهمیت گذاشتن a.-gozāštan [ع.ـ ف.] (مص ل.) مهم شمردن، ضرور دانستن: «بچیزی اهمیت نمیگذارم، بدنیا ومافیهایش میخندم.» (ص.هدایت)

اهن و تلپ ohonn-o-tolop (صت.) (عم.) ۱ ـ هارت و پورت، باد و بروت، سروصدا. ۲ ـ افاده، کبر و ناز. ‖ با ~. باطمطراق، بادبدبه و کوکبه.

(اهنوخشی) ohnūxošī ← اهتوخشی.

(اهنو خوشی) ohnūxošī ← اهتوخوشی.

اهنود ahonvad [= اهنوذ، است. ahunavaiti] ۱ ـ (اِخ.) بخش اول از پنج بخش گاتها (← بخش ۳). ۲ ـ روز اول از اندرگاه (ه‌م.).

اهنوذ ahonvaz ← اهنود.

اهوا ahvā [= ع. اهواء] ← اهواء.

اهواء ahvā' [ع.،ف.: اهوا] (اِ.) ج. هوی؛ کامها، خواستها، خواهشها.

اهوازی ahvāz-ī (ص نسبـ.) منسوب باهواز (← بخش ۳). ۱ ـ ازمردم اهواز، اهل اهواز. ۲ ـ (مس.) نوایی است در موسیقی قدیم.

اهوال ahvāl [ع.] (اِ.) ج. هول؛ ترسها، بیمها.

اهوج ahvaǰ [ع.] (ص.) شوریده‌مغز، کم خرد، سبکسار.

اهون ahvan [ع.] (ص تفض.) ۱ ـ آسانتر. ۲ ـ سست‌تر. ۳ ـ پست‌تر، خوارتر.

اهون ahūn [= آهون] (اِ.) ← آهون.

اهویه ahviya(-e) [= ع. اهویة] ج. هواء (ه‌م.)؛ هواها.

اهیب ahyab [ع.] (ص تفض.) مهیب‌تر، ترسناکتر، هولناکتر.

اهیف ahyaf [ع.] (ص.) باریک‌میان، موی‌میان، میان‌باریک، کمرباریک.

۱ ـ ای ay, (ey نو.) [ع.،ف. = ایا] (صت.، حر. ندا) علامت نداست که پیش از اسم (منادی) درآید: ای‌حسن! ای پسر!

۲ ـ ای ay [ع.] برای تفسیر آید،

یعنی: «کلب مقدم، ای سگ پیشین.» (التفهیم ص ۹۴).

ای ayy(o) [ع.،ف.: ay] (نشانهٔ استفهام) کدام؟

ای ī (حر. مصوت) حرفی است مصوت، و آن در آغاز کلمه بصورت «اِی» نوشته شود: ایران، ایرج، و در وسط و آخر کلمه بصورت «یـ»، «ی»: دبیر، وزیر؛ مردی، منی.

ای (قد. ē) ī [=ی] نشانهٔ نکره و وحدت، پس از کلمهٔ مختوم به «ه» غیر ملفوظ: خانه‌ای، آشیانه‌ای.

ای ī [ع.] (حر. جواب) بمعنی آری، بلی، و آن همواره پیش از قسم آید: ای والله، ای و ربی.

ایا ayā [ع = ای] (صت.، حر. ندا) ← ای:

«ایا شاه محمود کشور گشای
زمن گر نترسی بترس ازخدای.»
(شاهنامه)

ایاب eyāb [ع.] (مصل.) بازگشتن، برگشتن، بازآمدن؛ مق. ذهاب. ۲ - (إمص.) بازگشت. ‖ ~ و ذهاب. آمد و شد، شدوآمد، رفت و آمد.

ایادی ayādī [ع.] ج. ایدی، جج. ید. ۱ - دستها، دستان: ایادی ظالمان را قطع کرد. ۲ - دستیاران، معاونان. ۳ - نعمتها، نیکوییها، دهشها.

ایادی داشتن a.-dāštan [ع.-ف.] (مصل.) ۱ - یاران و یاوران داشتن، دستیاران داشتن. ۲ - ~ بجای (درحق) کسی. نعمت بخشیدن او را، مال بخشیدن بدو: «حیی قتیبه که عامل طوس بود و بجای فردوسی ایادی داشت...» (چهارمقالهٔ عروضی).

ایار ayār (إ.) یکی از ماههای مشهور رومی مطابق ماه سوم بهار.

۱ - ایاره ayāra(-e) [=یاره = یارج، معر. = ایارج، معر.] (إ.) ← یاره.

۲ - (ایاره) ayāra [قس. اواره، اوارجه، اماره] (إ.) ۱ - حساب. ۲ - دفتر حساب (دیوانی).

ایاره گیر a.-gīr [← ایاره] (إفا.، إمر.) دستبند، النگو.

ایاز ayāz [=ایاس، گیل. ayāz] (إ.) ۱ - نسیم شب. ۲ - شبنم.

ایازی ayāz-ī [=ایاسی] (إ.) نقاب سیاهی که زنان بدان صورت خود را پوشانند.

ایاس ayās [=ایاز] (إ.) ← ایاز.

ایاسی ayās-ī [=ایازی] (إ.) ← ایازی.

ایاغ ayāγ [تر. = ایاق] (إ.) ۱ - پا، رجل (غم.) ۲ - کاسه، پیالهٔ شرابخوری، جام، ساغر.

ایاغ خانه a.-xāna(-e) [تر.-ف.] (إمر.) اداره‌ای در عهد صفویان که در آن جامها و ساغرهای شراب و ظروف طلا و نقره را نگهداری میکردند.

ایاق ayāγ [تر. = ایاغ] (إ.) ← ایاغ.

ایاقچی a.-čī [تر.] (ص نسب.) ← ایاقی.

ایاق دادن a.-dādan [تر.-ف.] (مصل.) ساغر شراب دادن، جام شراب بدیگری پیمودن.

ایاقی ayāγ-ī [ع.-ف.] (ص نسب.) ۱ - آبدار، شرابدار. ۲ - آشپز. ۳ - سفره‌چی. ۴ - خدمتکار.

ایالات eyālāt [ع.] ج. ایالت (ه.م.)

ایالت eyālat [=ع. ایالة] ۱ - (مصل.) فرمانروایی کردن، حکومت کردن.

ایام

۲ - (إمص.) فرمانروایی، حکومت.
۳- (إ.) یکی از بخشهای بزرگ مملکت، استان. ج. ایالات.

ایام ayyām [ع.] (إ.) ج. یوم. ۱ - روزها. ۲ - روزگارها، ادوار، عهود، اوقات. ۳ - روزگار، دهر.

ایامی ayāmā [ع.] ج. ایم (ayyem)؛ بیوگان، بیوه‌زنان، زنان بی‌شوی.

ای‌بسا āy-basā (قمر.) ← بسا.

ایبک ay-bak [= آی‌بک، تر. ماه بزرگ] ۱ - (إخ.) نامی است ترکان را. ۲ - (مجـ.) قاصد. ۳ - (مجـ.) غلام:

«گفت ای ایبک بیا در آن رسن
تا بگویم من جواب بوالحسن.»
(مثنوی. نیکلسن. دفتر ۵ ص ۱۹۷)

ایپکا īpekā (لا. ipecacuanha) (إ.) (گیا.) گیاهی[1] است از تیرهٔ روناسیان که علفی و پایا می باشد، و بحالت خودرو بارتفاع ۳۰ تا ۴۰ سانتیمتر در منطقهٔ وسیعی از جنگلهای مرطوب نواحی شمالی برزیل و اکواتر میروید. برگهایش متقابل، کامل، ساده و نوک تیز است.

ایپکائین īpekāīn [فر. ipécaïne] (إ.) (پز.) آلکالوئید مستخرج از ریشهٔ ایپکا (ه‍.م.) که امروزه بنام émétine خوانده میشود.

ایتا ītā [= ع. ایتاء] ← ایتاء.

ایتاء ītā [ع. ،ف.: ایتا] (مصم.) دادن.

ایتالیایی ītāliyā-yī [= ایطالیایی] (ص نسبـ.) منسوب به ایتالیا (← بخش ۳). ۱ - از مردم ایتالیا، اهل ایتالیا. ۲ - آنچه در ایتالیا ساخته و تهیه شود.

ایتام aytām [ع.] (إ.) ج. یتیم؛ بی‌پدران و بی‌مادران، یتیمان.

ایت ئیل īt-īl [تر. سالسگ] (إمر.) بحساب منجمان ترک، یازدهمین سال از دورهٔ دوازده‌سالهٔ ترکان؛ سالسگ ← سیچقان ئیل.

ایت بورنی ītbūronī [تر.] (إ.) (گیا.) نسترن (ه‍.م.)

ایتلاف ītelāf [= ع. ائتلاف] ۱ - (مصم.) بهم پیوستن، باهم پیوستن، باهم شدن. ۲ - الفت یافتن، مؤانست یافتن. ۳ - (إمص.) الفت، مؤانست، پیوستگی.

ایتماژور īta-mājor [= فر.] (إمر.) ← اتاماژور. ضح. - این شکل درعهد قاجاریه متداول بوده.

ایتمان ītemān [= ع. ائتمان] (مصم.) استوار داشتن، امین کردن.

ایتوک ītūk (إ.) مژده، خبر خوش، نوید. ← ایتوک دادن.

ایتوک دادن ī.-dādan (مصل.) مژده‌دادن، نویددادن:

«از کلك تست نصرت دین محمدی
ایتوك ده بشاه که کلکم حسام تست.»
(سوزنی)

ایثار īsār [ع.] ۱ - (مصم.) بذل کردن، عطا کردن. ۲ - دیگری را بر خود ترجیح دادن، برخود برگزیدن. ۳ - قوت لازم خود را بدیگری بخشیدن. ۴ - (تص.) مقدم داشتن دیگران و ترجیح دادن آنان بر خود در کل امور.

ایجاب ījāb [ع.] ۱ - (مص م.) واجب کردن، لازم کردن؛ مقـ. نفی، سلب. ۲ - پذیرفتن. ۳- (حقـ.) اعلام تعهد یا اعلام تملیك (عقد تملیکی)؛ مقـ. قبول. ۴ - (منطـ.) حکم بثبوت ربط قضیه؛ مقـ. سلب.

---

۱ - Cephaëlis ipecacuenha (لا.)

ایجاد īǰād [ع.] ۱ - (مصم.) هست کردن، هستی‌دادن ، هست گردانیدن ، آفریدن. ۲ - (إمص.) آفرینش.

ایجاز īǰāz [ع.] ۱ - (مصم.) کوتاه گفتن ،سخن کوتاه کردن . ۲- (إمص.) کوتاه‌گویی، خلاصه گویی . ۳ - (معا.) بیان‌مقصود در کوتاهترین لفظ و کمترین عبارت .

ایجاع īǰā' [ع.](مصم.) بدرد آوردن، دردمند کردن.

ایج īč(ēč .قد) [= هیچ] ← هیچ.

ایچکی īčakī [تر.-مغ.](إ.)مقرب، ندیم، خاص. ج.ایچکیان .

ایحا īhā [=ع. ایحاء] ← ایحاء.

ایحاء īhā' [ع.،ف.:ایحا] ۱ -(مص م.) وحی فرستادن، الهام کردن . ۲ - اشاره کردن ، مطلبی را در ذهن کسی افکندن، القاء امری در دل افکندن. ۳ - (تص.) القاء معنی در نفس بسرعت و خفا (تعریفات جرجانی).

ایخشست ayo-xšost [است . ayōxšustā- ، فلز گداخته](إمر.) فلز (مطلقا).

اید īd [=ید] (ضم.) ضمیر شخصی، متصل،سوم‌شخص‌جمع: رفته‌اید، گفتید، خورید.

ایداج aydāǰ [مغ.] (إ.) یکی از مأموران وابسته بسررشته‌داری قشون (ایلخانان مغول) ← ایداجی.

ایداجی aydāǰ-ī[مغ.-ف. ←ایداج] (إ.)یکی ازمناصب‌وابسته‌به‌سررشته‌داری قشون (درعهد ایلخانان) .

ایدآل īdeāl [فر.idéal](إ.)(کم.) غایت تمنا،کمال مطلوب، بزرگ‌امید، منتهای آرزو.

ایدآلیست īdeālīst [فر. idéaliste] (إ.) طرفدار مکتب ومسلك‌ایدآلیسم (← بخش۳) ، طالب ایدآل (ه.م.)

ایدر (قد. īdar(ēδar [ētar .پهـ] (ق.) ۱ - اینجا. ۲ - اکنون، اینك.

ئیدرات īdrāt [فر . hydrate] (إ.) (شم.) ترکیب آب با جسمی معین راگویند وانواع آن‌بسیار است ،مانند: ئیدرات فریك که بصورت‌درد اسفنجی و آجری رنگ میباشد وازاثر بازها بر نمکهای فریك بدست میآید .

ئیدرژن īdrožen [=هیدرژن ، فر. hydrogène] (إ.) (شم.) گازیست سبك، بی‌رنگ ، بی‌بو وبی‌مزه، درآب بسیارکم‌محلول و سبکترین گازهاست. یك‌لیترآن ۰/۰۹ گرم وزن‌داردو ۱۴/۴ مرتبه سبکتر از هواست. وزن‌مخصوص آن ۰/۰۰۷ است و در ۲۵۲/۸ درجه بجوش می‌آید ودر ۲۵۹- درجه‌منجمد میگردد. نشانهٔ اختصاری H.

ایدری īdar-ī (ēδar-ī .قد [← ایدر] (ص‌نسب.) ۱ - اینجایی . ۲ - این‌جهانی، دنیوی.

ایدع ayda' [ع.] (إ.) (گیا.)خون‌سیاوشان (ه.م.)

ایدون īdūn (ēδōn .قد) [پهـ. ētōn] ۱ - چنین، این‌چنین،اینگونه. ۲ - اکنون، الحال.

ایدئولوژی īdeoložī [فر. idéologie] (إمر .) ۱ - دانش اندیشه‌ها ، علم افکار . ۲ - مجموعهٔ افکار متعلق‌بیك‌دسته،یك عصر ودوره. ۳- (فل.،سیا.)عقیده‌ای که هدف‌وآرمانی را با بیانی‌تحسین وتعریف کند که در مقابل آن دفاع نتوانندکرد.

ایدی aydī [ع.](إ.) ج. ید؛دستها، دستان.

ایذا īzā [=ع. ایذاء] ← ایذاء.

ایذاء īzā' [ع.،ف. : ایذا] (مصم.) آزردن، آزاردادن، اذیت کردن، رنج دادن.

ایذواسمن īzoosmon [معر. یو. hedyosmon] (اِ.) (گیا.) نعناع (ه.م.).

۱-ایر īr (اِ.) جوششی ریزه و باخارش و سوزش بسیار، دمل وجوش ریزهٔ بدن.

۲-ایر īr [ع. ayr] (اِ.) آلت تناسل مرد، نره، شرم مرد.

ایرا īrā [قس. زیرا، ازیرا] (حر. ربط) زیرا (ه.م.)

ایراث īrās [ع.] (مصم.) وارث کردن، کسی را وارث قراردادن، مرده‌ریگ دادن بکسی.

ایراد īrād [ع.] ۱ - (مصم.) وارد کردن، فرود آوردن. ۲ - درآوردن، داخل کردن. ۳ - خرده گرفتن، بهانه گرفتن، اعتراض کردن. ۴ - (إمص.) خرده گیری، بهانه گیری. ج. ایرادات. ‖ ~ بنی‌اسرائیلی. (عم.) ایراد بیجا، اعتراض بیهوده.

ایرادات īrād-āt [ع.] ج. ایراد (ه.م.)؛ خرده گیریها، اعتراضات.

ایراد کردن īrād-kardan [ع.-ف.] (مصل.) ۱ - اعتراض کردن، ایراد گرفتن: برمطالب او ایراد کرد. ۲ - بیان کردن: «نه هرعبارتی که در نعت او ایراد کنند...» (اوصاف الاشراف ص۱).

ایرادگیر ī.-gīr [ع.-ف.] (إفا.) ۱ - معترض، اعتراض کننده. ۲ - بهانه گیر.

ایرادی īrād-ī [ع.-ف.] (ص نسبه.) منسوب به ایراد (ه.م.)، ایرادگیر، بهانه گیر.

ایراك īrā-k [=ایراکه ← ایرا] (حر. ربط مر.) ← زیراك.

ایران īrān (اخ.) ← بخش۳.

ایران پرست ī.-parast (إفا.) آنکه ایران را از جان و دل دوست دارد؛ ایران دوست.

ایران پرستی ī.-parast-ī (حامص.) پرستش ایران، دوستی شدید ایران.

ایران خدا(ی) ī.-xodā(y) (إمر.) پادشاه ایران.

ایران دوست ī.-dūst (ص مر.) آنکه ایران را دوست دارد، آنکه به ایران علاقمند است.

ایران دوستی ī.-dūst-ī (حامص.) محبت ایران، علاقه با یران.

ایران شناس ī.-šenās (إفا.) دانشمندی غیرایرانی که در باب ایران و ایرانیان تحقیق و تتبع کند[۱].

ایرانشناسی ī.-šenās-ī (حامص.) دانش معرفت باحوال ایران وایرانیان[۲].

ایرانی īrān-ī (ص نسبه.) منسوب به ایران (بخش۳). ۱ - هرچیز که وابسته به ایران باشد. ۲ - اهل ایران، ازمردم ایران، تابع ایران.

ایراه īrāh [=عراق، معر ؛ په. ēr، پست، پایین، زیر] (اِ.) ساحل، کنار دریا. ← ایراهستان (بخش۳).

ایرس īras [معر. لا. iris] (اِ.) (گیا.) زنبق سفید (ه.م.)، ایرسا.

ایرسا īrasā [معر. لا. iris] (اِ.) (گیا.) ۱ - زنبق سفید (ه.م.)، ایرس. ۲ - (گیا.) سوسن (ه.م.)

ایرسون īrsūn [معر. یو. áérikon] (اِ.) طلق، زرورق.

ایرقی īrγī [تر.] (اِ.) (گیا.)

۱- Iranist(.آلم),iranologue(.فر) ۲- Iranism(.آلم), iranologie(.فر)

شیرخشت (ه‍.م.)

ایرمان īrmān (ērmān (قد. [په. aērmān] (اِ.) مهمان، میهمان.

ایرمان سرا(ی) ī.-sarā(y) [← ایرمان] (اِمر.) ۱ - مهمانخانه، مهمانسرای. ۲ - خانهٔ عاریت. ۳ - (کن.) دنیا، این جهان.

ایریغارون īrīγārūn [معر. فر. erigeron] (اِ.) (گیا.) اریغارون (ه‍.م.)

ایری قلمه īrī-γalama(-e) [تر.-ع.] (اِمر.) (گیا.) شالك(ه‍.م.)

ایز īz [تر.] (اِ.) نشان قدم، اثرپا. ‖ ~ کسی را گرفتن. (عم.) ردپای کسی راگرفتن، او را پنهانی تعقیب کردن. ‖ ~ گم کردن. ۱ - رد پا را از میان بردن، گم کردن اثر و نشانهٔ خود. ۲ - مردم را به اشتباه انداختن.

۱-ایزار īzār [= ع. ازار](اِ.) ۱ - رومال، دستمال، پارچهٔ نابریده. ۲ - زیر جامه، شلوار. ۳ - آنچه بدان بدنرا پوشند. ۴ - لنگ، فوطه. ۵ - سفرهٔ نان. ‖ ~ پا(ی). شلوار.

۲-ایزار īzār [= ایزاره=ازاره] (اِ.) ← ایزاره ↓

ایزاره īzāra(-e) [= ازاره] (اِ.) مقداری از دیوار که از کف اطاق تا کنار طاقچهٔ مرتبهٔ پایین را شامل است و بهنگام نشستن بدان تکیه دهند؛ ازاره.

ایزد īzad [په. yazd] ۱ - فرشته، ملك. ضح. - در دین زردشتی بفرشتگانی اطلاق شود که ازجهت رتبه دون «امشاسپند» هستند. تعداد ایزدان بسیار است و بدوبخش تقسیم شوند: مینوی، جهانی. اهورمزدا در رأس ایزدان قرار دارد. لفظ «یزدان» جمع «یزد» است و در پهلوی و فارسی بجای مفرد و بمعنی خدا بکار میرود. ۲ - خدا، آفریدگار، الله. ج. ایزدان.

ایزد پناه ī.-panāh (اِفا.) آنکه بخداپناهد، کسی که در پناه ایزد باشد.

ایزدی īzad-ī (ص نسب.) منسوب به ایزد (ه‍.م.)، خدایی، الهی.

ایزون īzūn [معر. یو. aeizóon] (اِ.) (گیا.) همیشك (ه‍.م.)

ایزه īza(-e) ← ـ یزه.

ایژك īžak (ēžak (قد. [← آییژ] (اِ.) شرارهٔ آتش.

ایس ays [ع.] (اِ.)(فل.) وجود؛ مق. لیس، عدم. ‖ ~ دهری. (فل.) وجود دهری.

ایسار īsār [ع.] ۱ - (مص ل.) فراخ دست شدن، توانگر گشتن. ۲ - (اِمص.) توانگری.

ایساغوجی īsāγūǰī [معر. یو. īsagogé، فر. isagoge] ← مدخل.

ایست īst (مص خم. ایستادن) ۱ - ایستادن، توقف. ۲ - (مس.) نقطهٔ توقف. ۳ - (نظ. ور.) فرمان توقف از طرف فرمانده بسربازان.

ایستادگی īstāda(e)g-ī (حامص.) ۱ - عمل ایستاده، قیام. ۲ - مقاومت، پافشاری. ‖ ~ بخودی خود. (فل.) قایم بالذات بودن (دانشنامهٔ علائی. الهی ص ۲۶، ۲۷).

ایستادن īst-ādan (قد. ēstāδan [= استادن=ستادن؛ په. ēstātan] (مص ل.) (ایستاد، ایستد، خواهد ایستاد، بایست، ایستنده، ایستاده] ۱ - برپاشدن، برخاستن، سرپا بودن؛ مق. نشستن. ۲ - درنگ کردن، توقف کردن. ۳ - ثبات ورزیدن، پافشاری کردن. ۴ - موافقت کردن، رضایت دادن. ۵ - قایم بودن بچیزی. ۶ - گاه بجای

ایستادنی ۴۱۶

فعل‌معین(شدن، گشتن، گردیدن) بکار رود؛(←استاد)«سخت تازه بایستاد.» (بیهقی).

ایستادنی īstādan-ī (ēstāδ- (صلیا.) لایق ایستادن ، شایستهٔ قیام؛ مق. نشستنی.

ایستانیدن īst-ānīdan (قد. ēstānīδan) [= استانیدن ، م. ایستادن] (مص‌م.)(ایستانید، ایستاند، خواهد ایستانید، بایستان، ایستاننده، ایستانیده) ۱ - سر پا نگاهداشتن . ۲ - از رفتن بازداشتن، متوقف کردن.

ایستاده īst-āda(-e) (قد. ēstāda) (اِمف.،ص،حا.) ۱- برپا، سرپا، قایم. ۲- (فل.)قایم. ۳- (هس.) قایم؛وتد ایستاده(وتد قایم)۰ ۴-(نج.) ثابت: ستارگان ایستاده (نجوم‌ثابته)۰ ۵ - (نظ.، ور.) حالت قیام برای‌تیر-اندازی ؛ مق. بزانو نشسته .

ایستاندن īst-āndan (ēst- (قد. [=ایستانیدن←ایستادن] (مص‌م.) [ایستاند[-nd] ،ایستاند، [-nad]، خواهد ایستاند، بایستان ، ایستاننده، ایستانده)←ایستانیدن.

ایستانیدن īst-ānīdan (قد ۰ ēstānīdan) [= استانیدن = ایستاندن ← ایستادن] (مص م ۰) ایستانید، ایستاند، خواهد ایستانید، بایستان، ایستاننده ، ایستانیده)۰ ۱ - بایستادن واداشتن،وادار کردن بقیام۰ ۲ - نصب کردن ۰ ۳ - متوقف کردن .

ایستگاه īst-gāh (اِمر۰) ۱ - جای ایستادن. ۲ - محل توقف وسایط نقلیه (اتومبیل، اتوبوس، راه‌آهن).

ایستیدن īstīdan (قد. ēstēδən [=ایستادن (ه.م.)] (مصل.) ایستادن.

ایسر aysar [ع ۰] (ص تفض۰) ۱- آسان‌تر . ۲- دست‌چپ، چپ ؛ مق . ایمن ۰

ایسمامن eysmāman [معر. بربری aīsimāmūn] (اِ.) (گیا.) سنبل-الطیب بخش ۲.

ایش īš [قس۰ گیل۰ īša] (اِ.) (تد. کودکان) ادرار، پیشاب، جیش.

ایشان īšān (ēšān۰۰ قد) (په ۰ avēšān] (ضم.)ضمیرشخصی،منفصل (جمع ذوی العقول) . الف ـ فاعلی : ایشان گفتند، ایشان رفتند.ب- اضافی: کتاب‌ایشان، خانهٔ ایشان. ضح۰ ۱- گاه برای تعظیم مفرداستعمال شود: «یکی از درویشان ایشان (خواجه بهاءالدین نقشبند)نشسته‌بود... حاضرانرا ازآن اشراف و شفقت‌ایشان وقت خوش‌شد.» (انیس‌الطالبین ص ۱۰۳) . ضح۰ ۲ - گاه «ایشان» را به « ایشانان » جمع بسته اند . ضح ۳ - گاه برای حیوان نیز بکار رفته : « امیر مسعود ایشان را (طاوسهارا) دوست داشتی و بطلب ایشان‌بربامها آمدی.»(بیهقی.لغت‌نامه: ب)۰ ۱ ــــ را. ضمیرشخصی، منفصل، مفعولی: ایشانرا گفت، ایشانرا داد ۰

ایشپختر īšpoxtor ←اشپختر.

ایشپخدر īšpoxdor ← اشپختر.

ایشك īšak [تر.] (اِ.) خر، الاغ:

«زر نابش فتد بکف‌بی‌شك
بخردتوبره برای ایشك.»
(دهخدا)

ایشك آقاسی īšek-āγā-sī ← ایشیك‌آقاسی.

ایشکچی īšak-čī [تر.] (اِمر.) دروازه‌بان.

ای شگفت! ay(ey) šegeft [= ای‌شگفتا!] (صت.، تعجب) برای‌اظهار تعجب بکار رود.

۴۱۷

ای شگفتا! ay(ey) šegeft-ā [— ای‌شگفت ← شگفت] (صت. تعجب) ← ای‌شگفت!

ایشیک آقاسی īšīk- āγā-sī [تر. = ایشک‌آقاسی، رئیس بیرون] ۱ - حاجب دربار، رئیس دربار (صفویان). ۲ - داروغهٔ دیوانخانه.

ایشیک‌آقاسی باشی ī.-ā.-bāšī [تر.] (اِمر.) ۱ - رئیس رؤسای بیرون[1]، رئیس تشریفات (صفویان). ۲ - رئیس ایشیک‌خانه (قاجاریان).

ایشیک‌آقاسی باشی گری ī.-ā.-b.-gar-ī [تر.-ف.] (حامص.) ایشیک آقاسی‌باشی بودن، شغل ایشیک آقاسی باشی.

ایشیک آقاسی گری ī.-ā.-gar-ī (حامص) ایشیک‌آقاسی (ه.م.) بودن، شغل ایشیک‌آقاسی.

ایشیک خانه īšīk-xāna(-e) [تر.-ف.] (اِمر.) ادارهٔ تشریفات سلطنتی (قاجاریان).

ایصا īsā [= ع. ایصاء] ← ایصاء.

ایصاء īsā' [ع.ف: ایصا] (مصم.) ۱ - وحی کردن، وحی‌قراردادن. ۲ - اندرزدادن، سفارش کردن.

ایصال īsāl [ع.] (مصم.) ۱ - پیوند دادن، پیوندکردن، وصل کردن. ۲ - رسانیدن. ۳ - (اِمص.) پیوستگی. ۴ - (اِ.) پیوند.

ایضاح īzāh [ع.] (مصم.) روشن ساختن، هویدا کردن، پیداکردن، واضح کردن. ج. ایضاحات.

ایضاحات īzāh-āt [ع.] (مص.، اِ.) ج. ایضاح (ه.م.)

ایضاً ayzan,(ey.-) [مس. لا. idem؛] (ق.) نیز، بازهم.

ایض ayzan,(ey.-) [= ایضاً] نشانهٔ اختصاری «ایضاً».

ایطا ītā [= ع. ایطاء] ← ایطاء.

ایطاء ītā' [ع.،ف.: ایطا] ۱ - (مص م.) بسپردن دادن بکسی چیزی را (غم.) ۲ - برکار نادانسته و ناپیدا فرمودن کسی را (غم.) ۳ - قدم برجای قدمی دیگر نهادن. ۴ - (قا.) بازگردانیدن قافیه‌ای دوبار؛ شایگان‌آوردن.

ایطالیایی ītāliyā-yī [— ایتالیایی] (ص‌نسبـ.) ← ایتالیایی.

ایعاد ī'ād [ع.] (مصم.) بیم‌دادن، سهم‌دادن، ترساندن.

ای عجب! ay(ey) aǰab [ع.] (صت.. تعجب) برای اظهار تعجب وشگفتی بکاررود؛ ای‌شگفتا! ای‌شگفت!

ای عجبی! ay(ey) aǰab-ī [ع.-ف.] (صت.، تعجب) ← ای عجب!

ایغار īγār [ع.] ۱ - (مصم.) تمام گرفتن عامل‌خراج را. ۲ - دادن‌خراج بپادشاه در نهان و فرار از عمال آن. ۳ - بخشیدن پادشاه زمینی را بشخصی بدون خراج. ۴ - (اِ.) زمین اعطایی که داشتن آن متضمن معافیت کلی یا جزئی مالیاتی است (غم.)

ایغاغ ayγāγ [تر.-مغ. = ایقاق] (ص.) نمام، سخن‌چین، ساعی.

ایغاغی ayγāγ-ī [= ایقاقی، تر.-مغ.- ف.] (حامص.) سخن‌چینی، نمامی.

ایغال īγāl [ع.] (مص ل.) دور رفتن، بدورجای شدن.

ایغر ayγer [تر.] (ص.) نر، گشن، فحل.

ایغری ayγer-ī [تر.-ف.] (حامص.)

۱- Chef de protocoles (فر.)

فحلی، گشنی، نری. ‖ به ـــ در آمدن. گشنی کردن:

ایفا īfā [= ع . ایفاء] ← ایفاء.

ایفاء 'īfā [ع..ف.ایفا](مصم.) ۱ - بسر آوردن وعده ، بپایان بردن وعده و پیمان، وفاکردن؛ ایفاء وعده. ۲ - حق کسی‌را تمام دادن.

ایفاد īfād [ع.] (مصم.) فرستادن، روانه کردن: ایفاد مراسله.

ایقاد īγād[ع.](مصم.) برافروختن، روشن کردن، آتش‌افروختن.

ایقاظ ayγāz [ع.] (إ.) ج . یقظ (yaγez) ویقظ(yaγoz)؛ بیداران، هوشیاران.

ایقاظ īγāz [ع.] ۱- (مصم.) بیدار کردن . ۲ - هشیار ساختن ، آگاه کردن .

ایقاع 'īγā [ع.] (مص م .) ۱ - افکندن، در انداختن . ۲ - شبیخون زدن، تاختن. ۳- گرفتار کردن کسی را. ۴ - (مس.) هم آهنگ ساختن آوازها. ۵ - (مس .) نقراتی چند است درازمنهٔ محدودة‌المقادیر و در ادوار متساوی‌ـ الکمیة با اوضاع مخصوصه که طبع سلیم ومستقیم درك آنها کند (مجمع‌ـ الادوار). ۶ - (حق.) عمل قضایی یك جانبه. ج . ایقاعات.

ایقاعات īγā'-āt [ع .] ج . ایقاع (ه.م.)

ایقاق ayγāγ [تر.مغ. = ایناغ] ← ایناغ.

ایقاقی ayγāγ-ī [= ایناغی، تر.ـ مغ.ـف.] ← ایناغی.

ایقان īγān [ع.] ۱ - (مص ل.) بیگمان‌شدن، یقین کردن، بیقین‌دانستن، باور کردن. ۲- (إمص.) بیگمانی، یقین.

ای کاش ! ay(ey) kāš (ق.تمنی.) تمنی‌را رساند؛ کاش! کاشکی!

ایکری īkrī [= اگری](إ.) (مسن.) آلتی مانند چنگ(ه. م.) است با این فرق که ملاوی ایکری چوب و از آن چنگ ریسمان است وبرروی ایکری چوب پوشانند وبرروی چنگ پوست .

ایگنام īgnām[فر. igname] (إ.) (گیا.) سیب زمینی هندی (ه.م.)

ایل īl [تر.مغ.](إ.،ص.) ۱ - دوست، یار، همراه . ۲ - رام ، مطیع . ۳ - طایفه، قبیله. ج.ایلات (غفص.)،ایلها.

ئیل īl [تر. = ئیل] (إ .) سال : سیچقان‌ئیل.

ایل ayyel,oyyal [ع.] (إ.) بز نر کوهی، گوزن. ج. ایائل (غم.)

ایلات īl-āt [تر.ـع.] (إ .) ج . (غفص.) ایل (ه.م.)؛ طوایف، قبایل.

ایلاج īlāǰ [ع.] ۱ - (مصم.) در آوردن ، داخل کردن . ‖ ـــ لیل. آوردن شب. ‖ ـــ نهار. آوردن روز.

ایلاد īlād[ع .] (مصم.) زایاندن ، زایانیدن.

ایلاف īlāf [= ع. ائلاف] ۱ - (مص م.) دوست کردن ، دوستی افکندن ، سازواری دادن. ۲ - (مصل.) دوست شدن، دوستی ورزیدن.

ایلاق aylāγ [تر. = ییلاق] (إ.) ← ییلاق.

ایلام īlām[ع.](مصم.) بدرد آوردن، دردمند کردن، الم افکندن.

ئیلان ئیل īlān- īl [تر.] (إمر.) سال مار؛ بحساب منجمان ترك ششمین سال از دورهٔ اثنی عشری ترکان ← سیچقان ئیل .

ایلاوس īlāvūs[یو.eilěōs](إ.)[1]

۱- Iléos (فر.)

(پز.) انسداد روده‌ها در نتیجهٔ یك آماس، قولنج روده‌یی.

ایل بیگ īl-bayg [تر.] (اِمر.) رهبر ایل (بیشتر درفارس وبختیاری معمول است).

ایل بیگی īl-bayg-ī (ص نسبـ.) ۱ - منسوب به ایل بیگ (ه.م.) ۲ - ایل بیگ (ه.م.).

ایلجار īl-ǰār [تر. ← الجار = یلجار] (اِ.) ← الجار.

ایلجی īl-ǰī [تر. =ایلچی] (ص نسبـ.) ← ایلچی.

ایلجی خانه ī.-xāna(-e) [تر.-ف.] (اِمر.) ← ایلچی‌خانه.

ایلجی گری ī.-gar-ī [=ایلچی گری، تر.-ف.] (حامص.) ← ایلچی‌گری.

ایلچی īl-čī [=ایلجی، تر.] ۱ - فرستادهٔ مخصوص، سفیر. ۲ - مأموری که برای انجام دادن امور دیوانی سفر میکرد (ایلخانان، صفویه وقاجاریه). ج. ایلچیان. ‖ ~ بزرگ. سفیر کبیر. ‖ ~ مخصوص. سفیر مخصوص.

ایلچی خانه ī.-xāna(-e) [=ایلجی خانه، تر.-ف.] (اِمر.) خانه‌ای که در شهرها مخصوص ایلچیان از طرف دولت تخصیص داده میشد (ایلخانان).

ایلچی گری ī.-gar-ī [= ایلجی گری، تر.-ف.] (حامص.) سفارت، پیغام رسانی.

ایلخان ī.-xān [تر.-مغ.] (اِمر.) ۱ - رئیس ایل، خان قبیله؛ ۲ - عنوان سلاطین مغول ایران. ج. ایلخانان.

۱ - ایلخانی ī.-xān-ī [تر.-ف.] (ص نسبـ.) ۱ - منسوب به ایلخان (ه.م.) ۲ - عنوان سلاطین مغول ایران.

۲ - ایلخانی ī.-xān-ī [تر.-ف.] (حامص.) ایلخان بودن، مقام ورتبهٔ ایلخان (ه.م.).

ایلخی ī.-xī [تر.] (اِمر.) چارپایانی که آنها را در صحرا برای چرا رها کنند؛ رمهٔ اسب.

ایل شدن ī.-šodan [تر.-ف.] مطیع شدن، تسلیم شدن، منقاد گشتن.

ایلغار ī.-γār [= یلغار. تر.] (اِمر.) حرکت سریع سپاهیان بسوی دشمن، هجوم، یورش.

ایلغارکنان ī.-konān [تر.-ف.] (ص فا.، حا.) درحال هجوم وحمله.

ایلغامیش īl-γāmīš [تر.-مغ.] (ص.) ایلغار کرده (← ایلغار.)

ایلغامیشی īl-γāmīš-ī [تر.-مغ.-ف.] (حامص.) ۱ - عمل ایلغامیش (ه.م.)، ایلغار کردن. ۲ - تفحص، تفتیش.

ایلغین آقاجی īlγīn-āγāǰī [تر. ارسباران] (اِمر.) (گیا.) گز (ه.م.)

ایل کردن ī.-kardan [تر.-ف.] (مص م.) مطیع کردن، منقاد کردن.

ایلول īlūl [سر= الول elūl] (اِ.) دوازدهمین ماه سال سریانی، مطابق سپتامبر فرنگی، بین آب (اغسطس) وتشرین اول (اکتوبر).

ایلی īl-ī [تر.مغ.-ف.] (حامص.) بندگی، اطاعت، فرمانبرداری.

ایلیات īlyāt [ازتر.-ع. = ایلات] (غفص.) مصحف «ایلات» (ه.م.) ج. ایل.

ایلیاتی īlyāt-ī [تر.-ع.-ف.] (ص نسبـ.) (غفص.) منسوب به ایلیات (ه.م.)

ایم īm (ضم.) ۱ - ضمیر شخصی متصل، فاعلی، اول شخص جمع (بفعل پیوندد): رفته‌ایم. ۲ - فعل=هستیم،

استیم (بصفت واسم پیوندد): زنده‌ایم. ضح.ـ آنگاه که بکلمهٔ مختوم به« ـ ه » غیرملفوظ یا حرف مصوت پیوندد بصورت «ایم» نوشته شود: برده‌ایم ، دانایم؛ و در غیر این صورت ، بشکل «ـ یم» : رفتیم، خوردیم.

ایم ayyem [ع .] (ص.) ۱ ـ زن بی شوی، بیوه. ج . ایامی . ۲ ـ مرد بی زن.

۱ـ ایما īmā [=ما] (ضم .) ضمیر شخصی، منفصل، اول شخص جمع؛ما. (تاریخ سیستان مقدمه ص یو ، متن ص ۲۸۵) .

۲ـ ایما īmā [=ع.ایماء]← ایماء.

ایماء 'īmā [ع.،ف.: ایما] ۱ـ (مص م.) اشاره کردن . ۲ ـ (امص .) اشاره ، کنایه، رمز. ۳ ـ (تص.) تعریض خطاب بی اشارت وعبارت.

ایماروقالس īmārūγāles [لا . hemerocallis](ا.) (گیا.) سوسن چینی (ه.م.)

ایماض īmāz[ع.](مص ل.)درخشیدن، تافتن، تابیدن.

ایماق oymāγ [تر. = اویماق] (ا.) قبیله ، طایفه ، دودمان. ج.(غفص .) ایماقات .

ایماقات oymāγ-āt [تر.ـ ع . = اویماقات](ا.)ج. ایماق(ه.م.)؛قبایل، طوایف.

ایمان aymān [ع.] (ا.) ج.یمین؛ سوگندها، سوگندان: ایمان مغلظه.

ایمان īmān[ع.] ۱ـ(مص م.)گرویدن، عقیده داشتن. ۲ ـ ایمن کردن، بی بیم داشتن. ۳ـ باورداشتن. ۴ ـ (امص.) گروش، باورداشت، اعتقاد؛ مق . کفر.

‖ ــــ تازه کردن . ۱ ـ از نو اسلام آوردن. ۲ـ کلمهٔ «اشهدان لااله الاالله»را برزبان راندن.

ایمان آوردن ī.-āva[o]rdan [ع.ـف.] (مص ل.) اعتقاد یافتن به ، گرویدن به.

ایمان داشتن ī.-dāštan [ع . ـ ف.] (مص ل.) ۱ ـ اعتقاد داشتن به، باور داشتن. ۲ـ اعتماد کردن به.

ایمپراطور īmperātūr[=امپراتور = امپراطور] (ا.) ← امپراتور.

ایمد aymad (ا .) چوبی است که گاو آهن را بر آن نصب کنند وزمین را بشکافند.

ایمن ayman,(ey.-) [ع.] ۱ـ (ا.) طرف راست، جانب راست، دست راست، سوی راست، راستا. ۲ ـ (ص.)مبارک، میمون، خجسته، فرخ.

ایمن īmen(ēmen (قد. [مفر. ع. آمن āmen] ۱ ـ در امن ، در امان، محفوظ،مصون. ۲ ـ سالم، در سلامت . ۳ ـ رستگار.

ایمن آباد ī.-ābād [مفر.ـ ف.] (امر.) ۱ ـ محل بی بیمی وبی خطری، جای امن و آسایش ، موضع امن و راحت.

ایمن شدن ī.-šodan [مفر.ـف.] (مص ل.) محفوظ شدن، مصون ماندن ، درامن بودن .

ایمن گردانیدن ī.- gardānīdan [مفر.ـف.] (مص م.) مصون ساختن ، محفوظ داشتن.

ایمنی īmen-ī(ēm.- (قد. [مفر.ـف.] (حامص.) ایمن(ه.م.) بودن، مصونیت.

ایمه īma(ay.-) [īm .په] (ق.) اکنون، این دم.

ایمه ayemma(-e) [=ع ائمة](ا.)ج. امام ← ائمه.

اینده خرما

این īn [په. ēn] ۱ - (ضم. اشاره) ضمیر اشاره برای نزدیک؛مق. آن: «فریب دشمن مخور و غرور مداح مخر، که این دام زرق نهاده است و آن کام جمع گشاده.» (گلستان). ج. اینها، اینان . ۲ - (ا. اشاره) برای اشاره بنزدیک؛ مق. آن: این کتاب، این خانه.

این ayn(eyn) [ع.] (ادات استفهام) ۱ - کجا؟ ۲ - (فل.، منط.) یکی از مقولات نه گانهٔ عرض است ، و آن بودن چیزی است در مکان معین و مخصوص [1].

ایناس īnās [ع.] ۱ - (مصم.) انس دادن . ۲ - دیدن . ۳ - (مصل.) خوگرفتن، دمساز شدن، انس یافتن . ۴ - (امص.) دمسازی.

ایناغ aynāγ [تر.] (ا.) ← ایناق.

ایناق aynāγ [تر. = ایناغ = ایناك = انای] (ا.) ندیم ،مقرب ، مصاحب. ج. ایناقان.

ایناقچی a.-čī [تر. = ایناکچی] (ص نسب.) مصاحب،مقرب.ج.ایناقچیان.

ایناك aynāk [تر. = ایناق] (ا.) ← ایناق.

ایناکچی a.-čī [تر. = ایناقچی] (ص نسب.) ← ایناقچی. ج. ایناکچیان.

اینان īn-ān (ضم.) ج. این (ه.م.) ضمیر اشاره برای اشخاص نزدیك؛مق. آنان: «آورده اند که سپاه دشمن بی قیاس بود و اینان اندك.» (گلستان)

اینت īnat =]īn-(a)t[= این ترا] ۱ - این ترا ، ترا این : اینت میرسد . ۲ - (صت. تحسین) زهی! بهبه! خه‌خه! مرحبا! آفرین! ۳ - در مورد تعجب نیز بکار میرود :

اینجا īn-ǰā [= این+جا] (ق.) ۱ - این مکان، این موضع ، این محل . ۲ - در این هنگام.

این جانب īn-ǰāneb [ف.-ع.] ۱ - (ق.) این طرف ، این سو . ۲ - (امر.) شخص متکلم یا نویسنده از خود بدین کلمه تعبیر آورد . ضح.- «این جانبه» با افزودن هاء تأنیث بکلمهٔ «این جانب» چنانکه در بعض اعلانها دیده شده است از غلطهای فاحش است. (خیام پور. نداب ۱ : ۱ ص ۲۵) .

اینجو īnǰū [مغ. = اینچو = اینچوی] (ا.) زمین خالصه (ایلخانان مغول) .

اینجهان īn-ǰahān (امر.) دنیا ، عالم مادی ؛مق. آن جهان.

این جهانی īn-ǰahān-ī (ص نسب.) منسوب به «این جهان» (ه.م.)،دنیوی.

اینچ īn-č(e) [= اینچه = اینچه] (مو.مر.) ← اینچه.

اینچ īnč [انگ. inch] (ا.) واحد مقیاس طول در انگلستان معادل ۲/۵۴ سانتیمتر.

اینچه ، اینچه īn-če [= اینچ] (مو.مر.) اینچیز (که)، این امر (که)؛ مق. آنچه.

اینچنین īn-čon-īn (قمر.) بدین نحو، باینطریق. ج. این چنینها .

اینچو īnčū [مغ. = اینجو] (ا.) ← اینجو .

اینچوی īnčūy [مغ. = اینجو] (ا.) ← اینجو.

این خاك آن خاك īn-xāk-ān-xāk (امر.) یکی از فنون کشتی از سلسلهٔ «کنده‌ها» ← کندهٔ این خاك آن خاك.

اینده خرما īnda-xormā (امر.)

1 - Lieu (فر.)

این‌سال

(گیا.) کلهو (ه.م.)

این سال īn-sāl (قمر.) امسال؛ هذه‌السنه.

این سر īn-sar (إمر.) این‌دنیا، این‌جهان، عالم‌مادی؛ مق. آن‌سر.

این‌سری īn-sar-ī (ص‌نسبـ.) ۱ - این‌جهانی، دنیوی؛ مق. آن‌سری. ۲ - ظاهری، عرضی.

این سفر īn-safar [ف.-ع.] (قمر.) (عم.) این‌دفعه، این‌بار.

این‌طرف īn-taraf [ف.-ع] (قمر.) این‌جانب، این‌سو. ‖ ــــ آن‌طرف. اینجا و آنجا.

این طور īn-tawr(towr) [ف.-ع.] (قمر.) چنین، اینچنین. ‖ که ــــ! در موردی گویند که خبر یا مطلبی برخلاف رضا شنیده باشند.

این‌قدر īn-γadr(γadar) [ف.-ع.] (قمر.) این‌اندازه، این‌حد.

اینك īn-ak [=نك] (قمر.) ۱ - اکنون، این‌زمان، الحال. ۲ - این است! این‌ها!: «پس (ابوعلی بن‌سینا) گفت: مرا مردی می‌باید که غرفات و محلات گرگان را همه شناسد، بیاوردند و گفتند: اینك!» (چهارمقاله ۱۲۱-۲) ‖ **اینك اینك!** برای تأکید آید. ۱ - همین‌دم، الساعه. ۲- اشاره بنزدیك؛ مق. آنك آنك.

این‌کاره īn-kār-a(-e) (ص‌مر.) اهل عمل، اهل کار. ضح.- بیشتر درموقعی استعمال شود که بخواهند صلاحیت شخصی را برای کار وشغلی برسانند.

ایننند īnand [قس. اند، ایدند] (عد. مبهم) عددی مجهول میان سه‌تا ده؛ بضع.

این‌وآن īn-o-ān (ضم. مر.) ۱ - اشخاص مختلف، کسان متعدد: هرسخن را با این و آن نباید گفت. ۲ - (تص.) تن وجان. ۳ - (تص.) ظاهر و باطن.

این‌ور īn-var (عم.) (قمر.) این طرف، این‌جانب.

۱-اینها īn-hā (ضم.) ج. این (ه.م.) ۱ - برای غیر ذوی‌العقول و اسم‌معنی آید: اینها را من نگفتم. ۲ -برای اشخاص آید، اینان: «عمرولیث نامه کرد با بوداود ... و باحمدبن فریغون ... واینها پیش رفتند.» (تاریخ بخارا ص ۱۰۲-۳).

۲-اینها īn-hā (عم.) (صت.) برای تنبیه بکاررود؛ هان! : اینها آمد. ضح.- گاه باضافهٔ «ش» ضمیر سوم‌شخص مفرد آید: اینهاش! (که بتخفیف «ایناش» گویند).

اینهاش īn-hā-š (صت. تنبیه) ← ۲ اینها.

این همه īn-hama(-e) (قمر.) ۱ - این‌قدر، این‌اندازه. ۲ - بسیار، بسی. ۳ - این مسافت، این‌فاصله.

اینی aynī [مغ.] (إ.) برادر کوچکتر. ‖ آقا و ــــ. ۱ - برادر بزرگتر و برادر کوچکتر. ۲ - شاهزادگان واشراف.

ایوار īvār(ēvār (قد. [کرمان īvār] (ق.، إ.) هنگام عصر، نزدیك غروب آفتاب؛ مق. شبگیر.

ایوان ayvān,(ey.-) =معر. از فارسی ایوان؛ از پهـ. pān؟] (إ.) ۱ - صفه، پیشگاه اطاق. ۲ - بخش مسقف از ساختمان که جلو آن باز است و در و پنجره ندارد، و مشرف بحیاط است. ۳ - قصر، کاخ.

ای‌وای! ay vāy (ey.-) (صت.) برای اظهار درد و افسوس و بیم‌وترس و تقاضای کمك بکار رود.

ایون īyon [فر. ion] (ا.) (شم.) اتم الکترولیت که حامل بار الکتریکی است.

ایهام īhām [ع.] (مص م.) ۱ - بگمان افکندن، بپندار انداختن، بشك انداختن. ۲ - فرو گذاشتن، فروگذار کردن. ۳ - (ا.) پندار، پنداشت. ۴ - (بع.) گوینده در سخن خود لفظی آورد که دارای دو معنی باشد: یکی نزدیك و دیگری دور، و ذهن شنونده ابتدا بطرف معنی نزدیك و بعد بمعنی دور که مقصود گوینده است متوجه شود:

«ز گریه مردم چشمم نشسته در خون است
ببین که در طلبت حال مردمان چون است.»
(حافظ)

مردم اول مردمك دیده و مردم دوم بمعنی همان مردم است (همائی ص۵۱). ج. ایهامات.

ایهامات īhām-āt [ع.] ج. ایهام (ه.م.)

ایی ayī (تد. کودکان) (ص.) کثیف، آلوده.

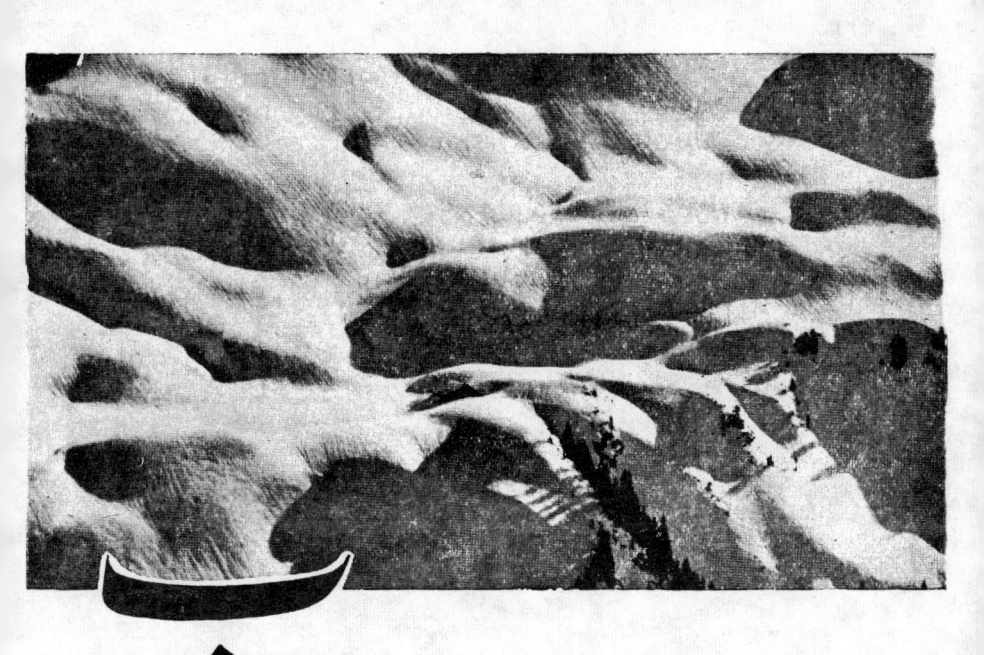

۱-ب b. (حر.) یکی ازحروف‌صامت فارسی ، و آن دومین‌حرف از الفبای فارسی و عربی و دومین حرف ابجد (جمل) محسوب شود، وآنرا درحساب جمل دو(۲) حساب کنند . این حرف را بنامهای ذیل خوانند: ب (be)،با، باء، بای‌موحده، بی. وبصورت ب ،بِ ، بِه، ب نویسند: آب، بِر، مبدأ، لب.

۲-ب=بِ=به be, ba (پش.) **۱**-برسر اسم‌درآید (بجای تنوین‌منصوب عربی) و ازآن قید سازد : بمجاز=مجازاً ، بیقین=یقیناً ، بحقیقت = حقیقةً . **۲**- برسراسم‌وحاصل مصدردرآید وقید سازد: بعجله، بشتاب، بزودی. **۳**- گاه برسر اسم درآید وآنرا صفت سازد ، بهوش، بخرد، (یعنی‌هوشمند=باهوش، خردمند=باخرد).

۳-ب=بِ = به be , ba (پشف.) درآغاز بعضی‌افعال برای تأکیدوزینت درآید: برفت، بگوید،بخور. گاه‌برسر افعال مرکب‌آید و افادهٔ تشدیدوتأکید و ضرورت ووجوب و لزوم کند،ازینرو آنرا بای تأکید خوانند : « این‌معنی بحاصل نیاید.» (چهارمقاله) . ضح .ـ بعضی‌آنرا باء اطنابیه گفته‌اند . این حرف درقدیم برسر مصدرو همهٔ صیغه‌های فعل درمیآمده:

«گرچه نباشدحلال دوربکردن
بچهٔ کوچك زشیر مادر وبستان.»
(رودکی)

اگر «بِ» برسر افعالی در آید که اول آنها ا = a باشد «آ» بدل به ی = ya شود: بینداخت، بیفکند ، بیفروخت .

۴-ب=بِ=به be ,ba [پهـ. bē ،pa،

pat] (حر٠اض٠) بمعناهای‌مختلف آید:
۱ - بهمراه ، بمصاحبت : بادب سلام کرد، بسلامت‌حرکت کرد ۰ ۲ -ظرفیت زمانی: بسحرگاه عازم‌شد. ۳ - ظرفیت مکانی : شیخ بخراسان چنین گفت .
۴- لیاقت، شایستگی، درشماربودن:
«کارخودکن ،کسی بیار مدار۰»
(سنائی)
۵ - طرف ، سوی، زی:
« همه دست برداشتند بآسمان . »
(فردوسی)
« بشاه آفریدون کشد پروزم ۰ »
(فردوسی)
٦ - یاری و استعانت:
«بلشکر توان‌کرد این کارزار۰»
(فردوسی)
۷ - تعلیل (درین حال ما بعد آن علت حکم باشد) : بجرم دزدی توقیف شد .
۸- دال بر مقدار :
« بصد کاروان اشتر سرخ‌موی
همه‌هیزم آورده‌پرخاشجوی۰»
(فردوسی)
درین‌موردگاه مفید معنی‌تکرارباشد : بمشت زر بخشید،بدامن‌درافشاند(یعنی، مشت‌مشت، دامن دامن).
۹ - درآغاز کلام آید :
«بنام خداوند جان وخرد .»
(فردوسی)
۱۰- بمعنی‌برای:«فرمان چنانست که... حاجب را با مردم که باویست بمهمی باید رفت۰ » (بیهقی)
۱۱- سازگاری ، توافق، تطابق:
«اگرجز بکام من‌آید جواب
من وگرز ومیدان افراسیاب۰»
(فردوسی)
۱۲- درمقابل،درعوض، در برابر:
«آزادگان‌بجان نفروشند جاه را.»
(دقیقی)

«خرمن‌مه‌بجوی، خوشهٔ‌پروین‌بدوجو.»
(حافظ)
۱۳- استعلا ، بالا، روی، بر، زیر:
«شب وروز بودی دوبهره بزین ۰ »
(فردوسی)
۱۴- بمعنی «را»: بمن‌بخشید، بدودادم (یعنی : مرا بخشید ، او را دادم) .
۱۵-قرب، نزدیکی:
«که فردا بداور بود خسروی.»
(سعدی)
۱٦- پیش، نزد:
«یکی حقه دارم بگنجور شاه . »
(فردوسی)
۱۷- زیر، تحت :
«جهانی سراسر بفرمان تست.»
(فردوسی)
۱۸- بوسیلهٔ، بسبب:«اسرائیل... وفات یافت بشربت‌سم.» (سلجوقنامهٔ ظهیری)
۱۹- از جهت،از نظیر ، ازلحاظ :
«رخ بخوبی زماه دلکش‌تر
لب‌بشیرینی‌ازشکرخوش‌تر.»
(نظامی)
۲۰- مقصد زمانی و مکانی : از مشرق بمغرب رفت. از تهران بکاشان‌شتافت.
۲۱- ترتیب را رساند : خانه بخانه ، شهربشهر. ۲۲- افادهٔ تشبیه‌کند:
«لطفش‌ببهارشادمانی است.»
۲۳- بمعنی «بصورت» ، «متبدل به»:
« دید ماهی باژدها گشته . »
(نظامی)
۲۴- بجای «فی» عربی بمعنی درآید :
«و دست اسراف بمال پدردرازکند. »
(کلیلهٔ‌فارسی)
در ترجمهٔ «اسرفوافی مال‌ابیهم۰»
(کلیلهٔ ابن مقفع)

۵-ب- بـ - به be . ba (میا.)

گاه برای خوشایندی بگوش یا افادهٔ ترتیب در ترکیب دوکلمهٔ همجنس یا

قریب‌المعنی بکار رود: دم بدم، سر بسر، تن بتن.

۶-ب = بِ = **به** be , ba [مشترک فارسی و عربی. ، ع. bi](حر. قسم): بخدا، به پیغمبر:

«بگویی بدادار خورشید وماه... » (فردوسی)

ب be (مس.) در موسیقی قدیم علامت اختصاری «بقیه» است.

۱-با bā [= باء = بی] (حر.) حرف دوم از حروف تهجی است ← ۱-ب.

۲-با bā [په. apāk] (پش.) **۱** - گاه بر سر اسم درآید و ادات صفت باشد بمعنی دارای، صاحب، خداوند: باهنر، بااستخوان، باگذشت. **۲** - برسر مصادر عربی افزایند و از مجموع نعت وصفت سازند: باعظمت = عظیم، با اطلاع = مطلع؛ مق. بی.

۳- با bā [= باز = وا] (پش.) برسر اسم درآید و معنی بازدهد: باپس (ه.م.) = بازپس، واپس.

۴-با bā (پشف.) برسر مصدر و فعل آید و معنی «باز» و «وا» دهد: بااوفتادن = وااوفتادن، بازدن = وازدن، باززدن.

۵-با bā [= ابا ؛ په. apāk] (حر. اض.) بمعانی مختلف آید . **۱** - بمعنی «مع» است که بجهت مصاحبت باشد: بامن آمد، بامن رفت:

«با دوست بخور که دشمنت خواهد خورد.»

۲ - استعانت را باشد:

«با یك دست نمیتوان دو هندوانه برداشت.»

۳ - مقابله و برابری:

«با نور آفتاب چه باشد شرار ما؟» (صائب)

۴- بجای «با وجود» استعمال شود: «استادم درچنین ابواب یگانهٔ روزگار بود، با انقباض تمام که داشت.» (بیهقی)

۵ - برای معاوضه آید: «فرهاد کوه غم را باجان نمی‌فروشد.» **۶** - موافق با، دوست؛ همراه با:

«هر که بامن نباشد برابر من است.» (ترجمهٔ دیاتسارون)

۷ - بمعنی «بعلاوه» آید:

«عهد خراسان و جملهٔ مملکت پدر بخواستیم با آنچه گرفته شده است از ری و جبال و سپاهان.» (بیهقی)

۸ - بمعنی «نزد» و «پیش» آید:

«شبان نیست از گوهر تو کسی
وزین داستان هست بامن بسی.» (فردوسی)

۹ - بمعنی «برسر ....» آید: «آمدم باحدیث سیرت خویش.» (انوری) **۱۰**- برای عطف آید و بجای «و» نشیند:

«فرقاست میان آنکه یارش دربر
با آنکه دوچشم انتظارش بردر.»

۱۱- بمعنی «به»: «در نمازم خم ابروی تو بایاد آمد.» (حافظ)

۱۲- بمعنی «درحق»، «درباره»، «نسبت به» .... آید: «با بدان بد باش و با نیکان نکو.» **۱۳**- بجای «فی» عربی بمعنی در آید: «در نمیگیرد نیاز و ناز ما باحسن دوست.» (حافظ)

۶-با bā [مخف. «باز»] (اِ.) طایر شکاری.

۷-با bā [په. pāk = ابا (ه.م.)] (اِ.) آش: شوربا، زیربا، سکبا.

۸- با bā (فع.) فعل دعایی بواد (سوم شخص مفرد مضارع از بودن) بتخفیف «باد» ومخفف آن «با» آید: جاخالی با (درتداول) = جاخالی باد!

«خاصه تقلید چنین بی حاصلان
خشم ابراهیم با بر آفلان.» (مثنوی)

← مبا، بودن.

۹- با bā [از ع. «ابا»] (اِ.) مخف آبا. ازاسماء ستهٔ عربی (درحالت نصبی):

بایزید، باجعفر، ← ۳ ـ ابا

۱ ـ باء 'bā [ع. ،ف. : با] (حر.) ← ۱ ـ ب.

۲ ـ باء 'bā (حر. اض.) ← با (بمعانی مختلف).

۳ ـ باء 'bā (پش.) ← ۲و۳ با(پش.)

باآب وتاب bā-āb-o-tāb (صمر.) بطور مشروح، مفصل، بتفصیل؛ مق. بی‌آب و تاب.

باآب ورنگ bā-āb-o-rang (ص مر.) ۱ ـ گلگون. ۲ ـ زیبا، قشنگ.

باآبرو bā-āberū(ābrū) (صمر.) آبرو دار (ه‍.م.)، صاحب آبرو، با ارزش، با اعتبار؛ مق. بی‌آبرو.

باآسایش bā-āsāyeš (صمر.) آسوده، آسوده حال، تن‌آسان، مرفه‌الحال. ضح. ـ فرهنگستان این‌ترکیب راکه سابقه دارد، بمعانی‌فوق پذیرفته است.

باآنکه bā-ān-ke (حر. اض. مر.) با وجود آنکه، بازآنك (قدیم).

بااباب، بائوباب bāobāb [فر. baobab] (إ.) (گیا.) درختی‌ازتیرهٔ بمباسه‌ها[1] نزدیك به‌تیرهٔ پنیرکیان که در نواحی‌گرم‌آسیا وآفریقاواسترالیا میروید. ارتفاع آن ممکنست تا ۱۰ متر برسد. گلهایش بزرگ و سفید یا قرمزند.

با ابهت bā-obbahat (تد. -obohhat) [ف.ـع.] (صمر.) با شکوه، باجلال، باعظمت.

بائت bāet [ع.] (ص.) آنچه شبی بر آن گذشته باشد(ازگوشت ونان‌وغیره)؛ شب‌مانده، بیات؛ مق. تازه.

با ادب bā-adab (صمر.) آنکه‌از ادب (ه‍.م.) برخوردارست، دارای‌ادب، مؤدب؛ مق. بی‌ادب: مرد با ادبی‌است.

بائر bāer [ع.] (إفا.، ص.) ← بایر.

با ارز bā-arz (صمر.) باارزش، ارجمند، مهم، بااهمیت؛ مق. بی‌ارزش. ← باارزش.

با ارزش bā-arza(e)š (صمر.) با ارز، ارجمند، مهم، با اهمیت؛ مق. بی ارزش ← باارز.

بائس bāes [ع.] (ص.) ← بایس.

بااستخوان bā-ostoxān [قس. استخوان‌دار] (صمر.) ۱ ـ نیرومندمحکم، استوار. ۲ ـ صاحب‌اعتبار، بانفوذ. ۳ ـ ریشه‌دار، خانواده‌دار.

بااشتها bā-eštehā [ف.ـع.] (صمر.، إمر.) آنکه بخوردن غذا اشتها دارد؛ مق. بی‌اشتها.

با اصل bā-asl [ف.ـع.] (صمر.) اصیل، اصل دار، بااصالت، با خانواده، نجیب، شریف؛ مق. بی‌اصل.

بااباب ـ گل ومیوهٔ آن

۱ ـ Bombacées (فر.)

با اطلاع bā-ettelā' [ف.ـ ع.] (ص‌مر.) کسی که در امری اطلاع (ه. م.) دارد؛ مطلع، آگاه، خبیر؛ مق. بی‌اطلاع.

بااعتبار bā-e'tebār [ف.ـ ع.] (ص مر.) کسی که دارای اعتبار است؛ معتبر، با آبرو، با حیثیت؛ مق. بی‌اعتبار.

باالتهاب bā-eltehāb [ف.ـ ع.] (ص‌مر.) آنکه التهاب (ه.م.) دارد، ملتهب.

باامانت bā-amānat [ف.ـ ع.] (ص‌مر.) آنکه در کارها امانت (ه.م.) ورزد؛ امین، درستکار.

با انصاف bā-ensāf [ف.ـع.] (ص مر.) آنکه انصاف (ه.م.) دارد؛ منصف، باداد، باعدل، عادل: مرد با انصافی است؛ مق. بی‌انصاف.

باب

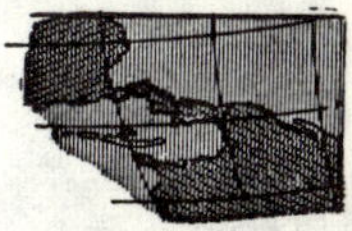

با انصافی bā-ensāf-ī [ف.ـ ع.] (حامص.) عمل «با انصاف» (ه.م.)؛ انصاف، منصفی، داد، عدل، عدالت؛ مق. بی‌انصافی.

باانضباط bā-enzebāt [ف.ـع.] (ص‌مر.) ۱ ـ آنکه انضباط (ه.م.) دارد؛ بانظم، منضبط، مرتب: شخص با انضباطی است؛ مق. بی‌انضباط. ۲ ـ (نظ.) کسی که کاملا مقررات نظام را مراعات کند؛ مق. بی‌انضباط.

بااهمیت bā-ahammīyyat [ف.ـ ع.] (ص‌مر.) آنکه یا آنچه اهمیت (ه.م.) دارد؛ ارجمند، با ارزش؛ مق. بی‌اهمیت.

با ایمان bā-īmān [ف.ـع.] (ص مر.) آنکه ایمان (ه.م.) دارد؛ مؤمن، باعقیده؛ مق. بی‌ایمان.

با این bā-īn (حر.اض.مر.) باوجود این، معهذا، علاوه بر این.

با اینکه bā-īn-ke (حر.اض.مر.) باوجود اینکه، هرچند، اگرچه، باتمام این:

«با اینکه حلال تست باده
پهلو کن ازان حرامزاده.»
(نظامی، لغ: پهلو کردن)

۱ ـ باب bāb [= بابا = بابو] (اِ.) ۱ ـ پدر، بابا، اب:

«سدیگر بپرسیدش افراسیاب
ازایران‌وازشهر و ازمام وباب.»
(فردوسی)

۲ ـ باب bāb (ص.) ۱ ـ درخور، لایق، شایسته: باب فلانی‌است. ۲ ـ مرسوم، معمول، مد: باب‌روز، مدروز؛ مق. ناباب. ضح. ـ باین‌دومعنی بصورت اضافه‌آید. ۳ ـ طبقه، دسته: نوکرباب. ‖ ~ دندان. غذای‌مطابق‌سلیقه، هرچیزموافق باذوق. ← باب. ‖ ~ طبع. مطابق طبع. ‖ ~ محلی بودن. درآنجا بازار رواج و مشتری بسیار داشتن.

۳ ـ باب bāb (اِ.) واحدی معادل ۶ گز (تاریخ قم ص۱۰۹).

۴ ـ باب bāb [ع.] (اِ.) ۱ ـ در ودروازه. ۲ ـ بخشی از کتاب که بفصلها تقسیم شود. ۳ ـ باره، خصوص: درباب فلانی. ۴ ـ قسم، گونه: هیچ‌باب، هرباب. ۵ ـ بارگاه سلاطین. ۶ ـ (جغ.) تنگهٔ میان‌دوخشکی[1]. ۷ ـ تمام، بتمام، کل: یك‌باب خانه. ۸ ـ (شرع.) دعوت‌کنندهٔ دینی، داعی. ‖ (شیعهٔ اثنی عشری). هریك از وکلای امام‌دوازدهم در غیبت. ‖ (سبعیه) علی‌بن‌ابی‌طالب.

۵ ـ باب bāb (اِ.) [معر. پاپ] (اِ.) پاپ[2] (ه.م.).

بابا bābā [= باب = بابو] (اِ.) ۱ ـ

۱ ـ Isthme (فر.)
۲ ـ Le pape (فر.)

پدر، باب، اَب. ۲ - پدربزرگ. ۳ - آدم ابوالبشر (← بخش ۳: آدم) :

«مادر و بابای ما را آن حسود
تاج و پیرایه بچالاکی ربود.»
(مثنوی)

۴ - امروز به پیرمردان نیز « بابا » اطلاق کنند. ۵ - شخص، کس : ازین قضیه آن بابا اصلا خبر نداشت، من بابایی هستم غریبه. ضح. - در تخاطب بهر کسی (اعم از مرد و زن و کوچک و بزرگ) «بابا» گویند؛ برو بابا خدا پدرت را بیامرزد. ۶- پدر فرزند را گاه بلفظ «بابا» خواند. ← باباجان. ۷ - عنوان عارفان و حکیمان: باباافضل، باباکوهی، باباجعفر، باباطاهر.

بابا آدم bābā-ādam (اِمر.) ۱ - آدم ابوالبشر (← بخش ۳؛ آدم). ۲ - (گیا.) گیاهی[1] از تیرهٔ مرکبیان که دارای برگهای پهن است و در کنار جاده‌ها وزمینهای علفزار میروید. این گیاه پایاست و گلهایش دارای خارهای قلاب مانندیست که بلباس می‌چسبد. اراقیطون.

بابا آدم

بابا بزرگ bābā-bozorg (اِ.) (ص‌مر.، اِمر.) پدربزرگ، نیا.

باباجان bābā-ǰān [بابا (ه.م.) + جان (عزیز)] (اِمر.) به پیرمردان درموقع تفقد اطلاق کنند. ۲- پدر، فرزند خود را بتحبیب «باباجان» خواند.

بابا شمل bābā-šamal (ص.، اِ.) (عم.) لوطی، داش مشدی.

باباغری bābā-γorī (اِمر.) (عم.) ← باباغوری.

باباغوری bābā-γūrī [= باباغری، باباقری، باباقوری] (اِمر.) (عم.) ۱- قسمی کوری که چشم آماسیده و برنگ چشم گوسفند مرده شود یعنی بزرگتر ازحد عادی گردد. ۲ - کسی که تخم چشم او برآمده و نفرت انگیز بود و اورا شوم دانند. ۳ - کور، نابینا. ۴ - قسمی مهرهٔ مدور سیاه و سفید که برای دفع چشم‌زخم بر کودکان آویزند.

باباقری bābā-γorī (اِ.) (عم.) ← باباغوری.

باباقوری bābā-γūrī (عم.) ← باباغوری.

بابانوئل bābā-noel (اِمر.)[3] در اصطلاح کودکان، پیری که بشب اول سال مسیحیان جامهٔ نو و شیرینی و بازیچه برای کودکان آرد؛ قس. بابانوروز.

بابانوئل

بابانوروز bābā-nawrūz (تد. -now-) (اِمر.) در اصطلاح کودکان پیری که بشب نوروز (شب اول سال) جامهٔ نو وشیرینی وبازیچه برای کودکان آرد؛ نظیر پاپا نوئل مسیحیان. ← بابانوئل.

بابت bābat [= ع. بابة] (اِ.) ۱ - شایسته، سزاوار، ازدر، در خور: «سخنی در گوش بنده افکنده که از آن

۱ - Arctium bardana (لا.)
۲ - Agate (فر.)
۳- Papa Noël (فر.)

بابرکت

سخت بشکوهیدبدان سبب که‌چیزی‌شنود که نه‌بابت اوست.» (بیهقی)
۲ - از باب ، در خصوص ، درعوض ، بحساب: بابت طلب من‌محسوب دارید.
۳ - همطراز، همسر، نظیر.

بابرکت bā-barakat (ص‌مر.) ۱- دارای برکت ، دارای افزونی. ۲ - (تد.) هر چیز که بیش از تصورافزون آید مثلا غذا، پارچه وغیره : «غذای بابرکتی بود که چندین نفر خوردند وسیر شدند وباز زیاد آید.»

بابل ومیوهٔ آن

بابرکت‌شدن bā-barakat-šodan (مص ل.) تبارك ، بزرگوار شدن .

بابزن bābzan (إ.) سیخ کباب ، خواه آهنی باشد یا چوبی.

باب‌شدن bāb-šodan (مص‌ل.) رایج شدن، رواج یافتن، مد شدن .

بابك bāb-ak [مصغ. باب] (إ.) پدر (بتحبیب) :

«پسر گفتش ای بابك نامجوی!
یکی‌مشکلت می‌بپرسم، بگوی.»
(بوستان)

بابونه

بابك bābak [په . pāpak] ← بخش۳.

بابل bābel ۱- (إخ.)(← بخش۳). ۲- (إ.) مغرب؛ مق. خراسان ، بمعنی مشرق:
«مهرومه‌اورا دوطفلانند، اینك هردورا گاهواره بابل و مولد خراسان‌آمده.» (خاقانی)

بابل bābol (إ.) (گیا.) درختی[1] از تیرهٔ پروانه‌واران[2] که دارای برگهای دوردیفی میباشد (نظیر برگ اقاقیا). یك گونه ازاین‌گیاه درمکزیك و یك گونه درآفریقا ویك‌گونه‌هم در دیگر نواحی گرم دنیا شناخته شده، از جمله درجنوب‌ایران‌این‌درخت جزء درختان زمینی کاشته میشود . الیاف این گیاه را برای کاغذسازی مصرف میکنند ، ببل ، درمان عقرب .

بابلس bāblos [یو. péplos] (إ.) (گیا.) خشخاش (ه.م.)

بابلسری bābolsar-ī (ص‌نسب.) منسوب به‌بابلسر، ازمردم‌بابلسر. (← بخش۳، بابلسر) .

بابلون bāblūn [یو. boubolion] (إ.) (گیا.) خرخیار (ه.م.)

بابلی bābel-ī (ص‌نسب.) منسوب به بابل، ازمردم بابل. ← بخش۳: بابل. (bābel).

بابلی bābol-ī (ص نسب.) منسوب به بابل (مازندران)؛ از مردم بابل . ← بخش ۳: بابل(bābol).

بابو bābū [قس. باب] (إ.) ۱- پدر، بابا (ه.م.) ۲- بزرگ قلندران ودرویشان. بمعنی‌بابا که دراوایل‌اسماء برای‌شفقت یا مجرد تلقیب افزایند وگویند «بابا فلان» (قس. ....père در فرانسوی) :
«وبدانك پدر شیخ ما ابوسعیدابوالخیر بودست‌و او را در میهنه بابو بوالخیر گفتندی...» (اسرارالتوحید)

بابونج bābūnaǰ [معر. بابونه](إ.) (گیا.) بابونه (ه.م.)

بابونق bābūnaγ [معر. بابونه](إ.) (گیا.) بابونه(ه.م.)

بابونك bābūnak (إ.) (گیا.) بابونه (ه.م.)

بابونه bābūna(-e) [= بابونج ، معر.] (إ.) (گیا.) گیاهی[3] از تیرهٔ مرکبیان که پایاست و در علفزارها

۱- Parkinsonia aculeata (.لا) ۲- Legumineuses (فر.)
۳- Chamomelum (.لا), Camomille (فر.)

۴۳۱
باتمام‌قوی

بفراوانی میروید. گلهایش سفید وساده است و اطراف نهنج را بشکل دایره فرامیگیرد. ‖ ~ٔ رومی. (گیا.). بابونه ‖ ~ٔ گاوی. (گیا.) ۱- بابونهٔ زرد. ۲- کرکاش.

بابونهٔ رومی

بابونه پلو bābūna(-e)-polo ← (إمر.) پلویی که در آن بابونه کنند.

بابی bāb-ī (ص‌نسبـ.) ۱- منسوب به باب (ه.م.) ۲- منسوب به سیدعلی‌محمد باب، ازفرقهٔ بابیه. (← بخش۳: باب).

بابیروسا bābīrūsā [فر. babiroussa] (إ.) (جا ن.) خوك مالزی (ه.م.)

بابیروسا

بابیل bābīl [ع. ابابیل] مخ. ابابیل (ه.م.)

باپایان bā-pāyān (ص‌مر.) کوتاه، قصیر، محدود ، دارای انتها؛ مق. بی‌پایان.

باپس bā-pas (قمر.) واپس (ه.م.)، بازپس.

باپوزش bā-pūzeš (ص‌مر.) کسی که پوزش خواهد، طلبندهٔ پوزش (ه.م.)، عذر خواه، معذرت‌خواه.

باپهنا bā-pahnā (ص‌مر.) ۱- دارای عرض، دارای پهنا. ۲- وسیع، گسترده، عریض.

باتا bātā (إ.) (گیا.) گیشدر (ه.م.)

باتاوی bātāvī (ظ. منسوب به batavia، شهری درجزیرهٔ جاوه) (إ.) (گیا.) توسرخ (ه.م.)

باتجربه bā-taǰreba (تد. rabe) [ف.-ع.] (ص‌مر.) مجرب ، آزموده، کاردان : مرد با تجربه‌ای است؛ مق. بی تجربه.

با تحکم bā-tahakkom [ف.-ع.] (قمر.) با فرمانروایی وزور و تشدد: باتحکم‌فرمان داد (← تحکم) .

باتره bātara (إ.) (مس.) دف، دایره.

باتری bātrī [فر. batterie] (إ.) (فز.) باطری ، يك یا چند پیل یا آکومولاتور یا انباره، که محل‌ذخیرهٔ نیروی الکتریسیته است و معمولا در اتومبیلها و واگنهای راه آهن بکار میرود ودر تلگرافخانه‌هاوزیر دریاییها (هنگامی که زیرآب هستند) از آن استفاده‌مینمایند.

باتشدد bā-tašaddod [ف.-ع.] (قمر.) بادرشتی وتندی وتغیر: باتشدد چنین گفت. ← تشدد.

باتمام قوی bā-tamām-e-γovā

بابونهٔ گاوی

باتری

باتنگان

[ف.ـع.](قمر.) با تمام نیرو و توانایی[۱].

باتنگان bātangān [= بادنجان = بادمجان] (إ.) بادمجان (ه.م.)

باتوم bātūm ← باتون.

باتون bātūn [(تد.عم. bātūm، فر. bâton](إ.) ۱ - چوبکی که پاسبانان بر کمر آویزان کنند، و درموقع لزوم با آن حمله نمایند.

۱- باج bāǰ [پب. bāǰi = باژ = پاژ] (إ.) ۱- مال و اسبابی باشد که پادشاهان بزرگ از پادشاهان زیر دست گیرند، همچنین سلاطین از رعایا ستانند، وزری که راهداران از سوداگران اخذ کنند: «ایشان تدبیر کردند که سوی خاقان رسول فرستند وهدیه وساو وباج بپذیرند...» (ترجمهٔ طبری)
۲ - گمرک. ۳ - جزیه. ۴ - زکات. ۵ - خراج. ۶- مبلغی که ببهای اجارهٔ زمینی که بعنوان مرتع برای چرای گوسفند واگذارند، دهند. ‖ ـــ **بشغال دادن یا ندادن**. بزور وقلدری تسلیم شدن یا نشدن ← شغال.

۲ - باج bāǰ [پهـ. vāǰak یا vāǰ، کلمه، سخن، گفتار = باژ = باز = واج = واژ] (إ.) کلیهٔ دعاهای مختصر که زرتشتیان آهسته بزبان میرانند.

۳-باج bāǰ [معر. با = وا] (إ.) سکباج ← ۷ با.

۴- باج bāǰ [= باژ = باز] (پش.) بر سر بعض کلمات در آید و معنی عکس وقلب دهد: باجگونه = باژگونه = بازگونه.

باجاغلو bāǰ-āγlū [= باجغلو = باجقلی = باج اوقلی، تر.] (إمر.) ← باج اوقلی.

باج اوقلی bāǰ-oγlī [= باجغلو = باجقلی = باجاغلو، تر.] (إمر.) قسمی مسکوک طلای عثمانی.

باجار و جنجال bā-ǰār-o-ǰanǰāl (قمر.) با داد و فریاد، باسروصدا. ← جار، جنجال.

باجان bā-ǰān (صمر.) ۱- باروح، دارای جان. ۲ - زنده، حی: «هر که او آگاه‌تر، باجان‌ترست.» (مثنوی)

باجبان bāǰ-bān (صمر.، إمر.)- ۱ باج گیرنده، باج ستان. ۲ - متصدی گرفتن باج.

باج بگیر bāǰ-be-gīr (صمر.) ۱ - گیرندهٔ باج، باج ستان. ۲ - (تد.) کسی که بسبب زور و نفوذ خود از دکانداران وغیره وجوهی اخذ کند.

باج خانه bāǰ-xāna(-e) (إمر.) ۱ - محل وصول باج (ه.م.)، محل وصول عوارض. ۲ - گمرک‌خانه.

باج خواه bāǰ-xāh (إفا.) آنکه از بازرگانان باج گیرد؛ باج ستان.

باجذبه bā-ǰazaba(-e) [ف.ـ ع.] (صمر.) آنکه جذبه (ه.م.) دارد؛ با ابهت، باعرضه: فلان مرد باجذبه‌ای است؛ مق. بی‌جذبه ← جذبه.

باجربزه bā-ǰorboza(-e) [ف.ـ معر.] (صمر.) کسی که دارای جربزه (ه.م.) است، باقدرت، مدیر؛ مق. بی‌جربزه.

باج سبیل bāǰ-e-sebīl (إمر.) با زور وقلدری وبناحق پول ووجه یاجنس وامثال آن ازکسی گرفتن، وآن غالباً با «گرفتن» و «دادن» استعمال شود: فلان نه باج سبیل می‌گیرد ونه باج‌سبیل میدهد.

باج ستان bāǰ-setān (إفا.،صمر.)

۱- قس With all its forces (انگ.)

۴۳۳ باخبر بودن

کسی که باج (هـ.م.) گیرد ، آنکه‌خراج ستاند، عشار.

باج ستاندن bāǰ-setāndan (مص م.) باج گرفتن، باج ستدن.

باج قپان bāǰ-e-ɣappān (اِمر.) قپانداری (فره.)

باجمال bā-ǰamāl [ف.ـع.] (ص مر.) زیبا، خوبروی، جمیل.

باجناق bāǰnāɣ [= باجناغ bāǰanāɣ ، تر. باجاناق] (ص..اِ.) دو مردرا که‌دوخواهررا در ازدواج‌دارند۔ نسبت بهم باجناق گویند ؛ همریش ، همزلف← باجناغ.

باجناغ (bāǰanāɣ)bāǰnāɣ [تر.] (اِ.) ← باجناق .

باجناغ شدن bāǰnāɣ-šodan (bāǰa-) (مص ل.) هم زلف شدن ، درنکاح آوردن دومرد دو خواهر را.

باجناغی (bāǰa-) bāǰnāɣ-ī [تر.ـ ف.](حامص.)قرابت‌شوهران دوخواهر باهم ، نسبتی که بین‌شوهر دو خواهر ایجاد شود.

باجنگ bāǰang [= پاچنگ](اِ.) روزنه، دریچهٔ کوچك.

باجه bāǰa(-e) (اِ.) ۱ - دریچه ، روزنهٔ بزرگ . ۲ - این کلمه را فرهنگستان ایران بجای لفظ گیشه [۱] اختیارکرده است. جای بلیط فروشی، باجهٔ بروات دربانك، باجهٔ پاکت‌های سفارشی در پستخانه .

باجی bāǰī [تر.] (اِ.) ۱ - خواهر، همشیره. ۲ - زنی ناشناس : باجی از جلو دکان رد شو ! ۳ - خادمه . ← آباجی.

باحاصل bā-hāsel [ف.ـع.] (ص مر .) ۱ - آنچه فایده دهد ، آنچه محصول‌دهد، نتیجه‌بخش؛مق. بی‌حاصل.

باحث bāhes[ع.] (اِفا.) جوینده ، پرسنده،کاونده، بحث‌کننده: اگرباحثی بحث‌کند ...

باحرارت bā-harārat [ع.ـ ف.] (ص‌مر.) ۱ - آنچه یا آنکه حرارت دارد، دارای‌گرما. ۲ - فعال، کوشا، آنکه درکارها شور وحرارت دارد .

باحور bāhūr [ع.] (اِ.) بخاری را گویندکه‌درهوای‌گرم اززمین برخیزد، بسیاری وسختی‌گرما. ‖ **ایام ~** .ایام باحورا ، روزهای‌گرم، هفت روزند که اولشان نوزدهم تموز است.

باحورا bāhūrā [ع.] (اِ.) شدت حرارت در تموز است . ← باحور . ‖ **ایام ~**. ← باحور.

باحوری bāhūr-ī [ع.ـف.] (ص نسبـ.)منسوب به‌باحور(هـ.م.) و باحورا (هـ.م.)، شدت‌گرمای تموز، روز بسیار گرم. ‖ **یوم ~** . روز بحران،ومراد ازآن بیست وچهار ساعت باشد.

باحوصله bā-hawsala (تد. -howsale)[ف.ـع.](ص‌مر.) کسی که درکارهاحوصلهٔ(هـ.م.) زیاد بخرج‌دهد؛ باصبر، شکیبا: آدم باحوصله‌ای است؛ مق. بی‌حوصله.

با حیثیت bā-haysīyat (تد . -hey) (ص‌مر.) باآبرو ، بااعتبار ، باشخصیت، محترم ؛ مق. بی حیثیت .

باخبر bā-xabar [ف.ـع.](ص‌مر.) آگاه، مطلع، واقف؛ مق. بی‌خبر.

با خبر شدن bā-xabar-šodan (مص‌ل.) آگاه شدن، مطلع شدن، واقف شدن، مستحضر شدن.

با خبر بودن bā-xabar-būdan (مص‌ل .) مطلع بودن ، آگاه بودن ، واقف بودن.

---

۱ - Guichet (فر.)

باخبرکردن

باخبرکردن bā-xabar-kardan (مص‌م.) با خبر ساختن، مطلع کردن، آگاه کردن.

باختر bāxtar [په. apāxtar] (إ.) در اوستا اپاختره (apāxtara) بمعنی شمال آمده، و جایگاه اهریمن و دیوان و دوزخ دانسته شده، در پهلوی نیز اپاختر بدین معنی و نیز بمعنی سیاره آمده. درزبان فارسی اکثر بمعنی مغرب استعمال میشود، در برابر خاور:

«چو خورشید در باختر گشت زرد
شب تیره گفتش که از راه گرد.»
(فردوسی)

ولی گاه نیز بعکس، باختر بمعنی مشرق وخاور بمعنی مغرب آمده:

«تازمین درروز گیرد روشنی ازباختر
همچوا ندرشب فلک تاریکی ازخاور گرفت.»
(امیرمعزی)

باختن bāx-tan [= بازیدن] (مص ل.م.) (باخت، بازد، خواهد باخت، بباز، بازنده، باخته) ۱ - زیان کردن در قمار، باختن چیزی بگرو؛ مق. بردن (درقمار). ۲ - تلف کردن تمام یا حصه‌ای از مال خود: من در این کار هرچه داشتم باختم. ۳ - بازی کردن، مشغول شدن، سرگرم شدن؛ گوی، نرد، شطرنج باختن:

«شاه با دلقك همی شطرنج باخت.»
(مثنوی)

۴ - ورزیدن: عشق باختن (بمعنی عشق ورزیدن). ۵ - چرخ دادن:

«گرچشم تو بربست او، چون مهره‌ای در دست او
گاهت بغلطاندچنین، گاهی ببازد درهوا.»
(مولوی)

‖ **خودرا باختن، نباختن.** از ترس یا یأس یا خجلتی، بیهوش شدن، نشدن، سخت ترسیدن، نترسیدن، خود را گم کردن، نکردن: باآنکه سربازان دشمن دوبرابر بود سربازان خود را نباختند. ‖ **~ دل.** ← باختن زهره. ‖ **~ رنگ.** سپید شدن رنگ ورخسار از ترس، کم شدن رنگ و پریدن آن. ‖ **~ زهره.** مردن از ترس، سخت ترسیدن؛ باختن دل. ‖ **جان باختن**، ببادادن جان. ‖ **قافیه را ~** . اشتباه کردن، درغلط افتادن، موقع را از دست دادن. ‖ **نیزه ~** . نیزه زدن، نبرد وستیزه کردن.

باختنی bāxtan-ī (ص‌لیا.) قابل باختن (ه.م.)، لایق باختن.

باخته bāx-ta(-e) (إمف.) ۱ - شکست خورده در بازی، مغلوب در بازی. ۲ - مغلوب در جنگ. ۳ - (إ.) آنچه در قمار ببازند، باخت. ‖ **پاك ~** . کسی که همهٔ دار و ندار خود را باخته و دارایی خودرا ازدست داده باشد.

باخته‌دل bāxta(-e)-del (ص‌مر.) دل ازدست داده، عاشق. ← باختن ۴.

باخدا(ی) bā-xodā(y) (ص‌مر.) مؤمن، پرهیزگار، خداترس.

باخدا(ی)بودن bā-xodā(y) būdan (مص ل.) متوجه حق بودن، اقبال کردن بخدا: باخدا باش، پادشاهی کن!

باخدا(ی)گشتن bā-xodā(y) gaštan (مص ل.) باخدا بودن، متوجه حق شدن.

باخرز bāxarz [← بخش ۳] (إ.) ۱ - (مس.) مقامی از موسیقی. ۲ - (مس.) گوشه‌ای از چهل و هشت گوشهٔ موسیقی قدیم.

باخل bāxel [ع.] (ص.) گرسنه‌چشم، تنگ‌چشم.

باخود bā-xod (إ.، ص.) ۱ - باخویشتن.

۲- هوشیار. ← باخودبودن؛ مق. بیخود. = ـــ بودن. ۱- بهوش بودن، آگاه بودن ؛ مق. بیخود بودن. ۲- بخودتوجه داشتن. ۳ - (تص.) دارای انانیت بودن، انیت داشتن، منی ورزیدن.

با خود آمدن bā-xod-āmadan
(مص ل.) بهوش آمدن؛ مق. بی‌خودشدن.

باخه bāxa (إ.) کاسه‌پشت ، لاك‌پشت (ه.م.)، سنگ‌پشت.

۱- باد bād [په . vāt] (إ.) ۱ - هوایی که بجهت معینی تغییر مکان میدهد، هوایی که بسرعت بجهتی حرکت کند. ‖ ـــ برین . بادمشرقی، بادصبا، بادی که از شمال شرقی یا از جنوب غربی وزد ، باد مشرقی . ‖ ـــ بهار . بادهای مفرح و دل‌انگیز ایام بهار[۱]. ‖ ـــ بهاران. باد بهار، نسیم بهار← بادبهار. ‖ ـــ بهاری. بادی که بموسم‌بهار وزد. ۲- هوا، وآن‌یکی از چهار عنصر قدماست (آب ، آتش ، خاك و باد):

«زخورشید وزآب و از باد و خاك
نگردد تبه نام و گفتار پاك.»
(فردوسی)

۳ - نفحه، پفو،فوت، پف. ۴ - نخوت، غرور، خودبینی ، بزرگ منشی . ۵ - نسیم. ۶ - شکوه، ابهت،اهمیت. ۷ - تندی، شدت، حدت، سورت. ۸ - آه ، آه و ناله . ۹ - تعجب. ۱۰- نابود ، هیچ، هدر، باطل، بیهوده. ۱۱- آنچه‌از مخرج از هوا بیرون‌شود؛ بادی ازوی جداشد. ۱۲- نفخ، نفخی که قدمامعتقد بودند بسبب خوردن بعضی از اغذیه یا وجود برخی‌از بیماریهادر اندرون‌بدن حاصل گردد : «شراب تلخ وتیره باد بشکند و بلغم را ببرد .»
(نوروزنامه)

۱۳- (مس.) آهنگی در موسیقی و بعضی آنرا همان «باد نوروز» دانسته‌اند:
«پردهٔ راست زند ناژو بر شاخ چنار
پردهٔ بادزند قمری بر نارونا .»
(منوچهری)

۱۴- صدمه، آسیب : بادتیر، باددشنام ، باد سیلی، باد تازیانه . ۱۵- اتفاق ، حادثه. ۱۶- دم ، نفس ، نفحه . ۱۷- اسب(تندرونده). ۱۸-امید، آرزو. ۱۹- نفخ، پف کردگی ، آماس، آماه[۲]: فلانی باد آورده ، انگشتم باد کرده . بادگرفتن گلو یا زیر دنده و غیره ، دردی ناگهانی بدانجا پیدا آمدن . ‖ ـــ بواسیر. (پز.)ورمی‌عسیرالحلل بادردی چون دردقولنج که گاهی‌تاکمر و مراسیف‌کشد و نیز در خصیه‌وقضیب وقطن و پیرامون مقعد درد پیداآرد. ‖ ـــ خصیه. ۱ - (پز .) استسقاء خصیه (ه.م.) ۲- (پز.) ناخوشیی که برکیسهٔ محتوی بیضه‌ها[۳] عارض میشود و موجب‌آماس‌آن میگردد[۴]؛ بادگند. ‖ ـــ رحم. (پز.)آماس وورم[۵] ایجاد شده‌دررحم‌پس اززایمان دربالای محل التصاق‌استخوان‌شرمگاهی. ‖ ـــ سرخ. (پز.) بیماریی است عفونی[۶] که علامت مشخص‌آن‌عفونت‌پوستی خیزدار سرخ‌رنگ در قسمتی از صورت میباشد وعامل‌مولدآن‌استرپتوکوك[۷]است که‌جزو باکتریهای کروی گرم مثبت است . ‖ ـــ فتق. (پز.)فتق(ه.م.) ‖ ـــ گند . (پز.) ← باد خصیه . ‖ ـــ مفاصل. ۱ - (پز.)روماتیسم (ه‌م.) ۲ - روماتیسم مفصلی (ه.م.) ۲۰- (پز.)

---

۱ - Vent du printemps(فر.) ۲ - Bouffissure(فر.)
۳- Scrotum(.لا) ٤ - Pneumatocèle(فر.) ٥ - Globe hystérique, globe utérine (فر.) ٦- Erysipèle (فر.) ۷- Streptocoque (فر.)

گازی که درلوله‌های گوارشی ایجادشود. اگر این گاز در معده باشد ممکن است باصدای مخصوصی ازدهان خارج شود (آروغ ، بادگلو) و اگر در روده باشد از مخرج خارج گردد . ‖ ~ شکم . (پز.) قراقربطن[۱] ، قرقرشکم ؛ صداکردن شکم، قرقر روده‌ها و معده در اثر گازهای ایجاد شده در آنها . ‖ ~ گلو. (پز.) باد معده که ازگلو برآید و صدای مخصوص دارد که آروغ نامند، زراغن، گوارش، آجل، رجك، جشاء، آرغ، زروغ، روغ ، وروغ. **۲۱-** جوشش خون که آنرا «سرخ باد» نیز گویند. **۲۲-** (پز.) اودما ، اوذما ، اذیما[۲]، ورم رخو ، اورام بلغمیه .← بادآوردن . **۲۳-** آه . ‖ ~ سرد . آه‌سرد، تأسف، حسرت. **۲۴-** (تص.) کافهٔ نزد صوفیه نصرت‌الهی است که ضرورت موجودات است وهیچ‌اسم‌موافق‌تر ازین اسم نیست مرسالك را. (کشاف اصطلاحات). **۲۵-** باد (اخ.) نام فرشته ← بخش ۳ . **۲۶-** روز بیست و دوم از هرماه شمسی. ‖ ~ از سر(ز سر) بیرون کردن. ترك تکبر گفتن، غرور ازسر بیرون کردن. ‖ ~ ازسر نهادن. ترك تکبر گفتن ، غرور از سر خارج کردن . ‖ ~ بآستین انداختن (درآستین انداختن) مغرور شدن ، بخود فریفته شدن ، کبر کردن . ‖ ~ بآستین کسی افتادن. تکبر کردن . ‖ ~ ببروت انداختن. تکبر کردن ، خودنمایی کردن ، غرور ورزیدن . ‖ ~ بدست بودن. ازکاری نتیجه و فایدتی حاصل نکردن ؛ هیچ نداشتن ، محروم‌بودن.← باد بدست . ‖ ~ درگلو انداختن. **۱-** آوازخواندن، دمیدن در آلات موسیقی . **۲ -** تکبر نمودن. ‖ ~ کشیدن (چیزی). بسبب نفوذ هوا فاسدگشتن آن: روغن یا پنیر بادکشیده. ‖ به ~ دادن. ازدست‌دادن، تلف‌کردن ، نیست و نابودکردن. ← باد دادن، برباد دادن .

۲- باد bād [= باده](اِ.) مخفف‌باده؛ شراب.

۳- باد bād [= بواد ، صیغهٔ دعا از سوم شخص‌مضارع ازمصدر بودن در اصل «بواد» بوده‌است «و» حذف‌شده. گاهی الفی پس از صیغهٔ دعا بیفزایند (بادا) ؛ ← مباد] (فع) بشود (دعا): « گفتم زندگانی‌خداونددرازباد .» (بیهقی) ضح.- گاه از این «باد» که فعل‌مضارع است ترکیباتی‌ساخته میشود از قبیل: زنده باد، مبارکباد .

۴- باد bād [په. pāt = پاد = باد = بد] درترکیب آیدومعنی دارندگی‌واتصاف دهد؛ آذرباد، گلباد.

بادا bādā [مخف«بوادا»، فعل مضارع از مصدر بودن است که متقدمان‌بعنوان دعا الفی در وسط افعال می افزودند مانند: «کند» = «کناد»وغیره. بنابراین الف وسط این کلمه « بادا » حرف دعاست و « واو » « بود » حذف شده والف آخر، الف اشباع یااطلاق‌است.] (فع.) بشود (دعا):

«نه‌آرام بادا شما را، نه‌خواب
مگر ساختن‌کین‌افراسیاب.»
(فردوسی)

باداباد bādā-bād (جملهٔ دعائیه) **۱** - شدنی میشود، هرچه میشود بشود، هرچه‌بایدبشود می‌شود، علی الله: ضح.- این ترکیب غالباً با «هرچه» استعمال شود:

۱ - Borborisme (فر.)   ۲ - Odêma (لا.), odème (فر.)

«شراب‌وعیش نهان چیست؟ کار بی‌بنیاد
زدیم برصف رندان و هرچه باداباد.»
(حافظ)

← باداباد.

بادابادا bādā-bādā (جملهٔ دعائیه) باداباد (ه‌.م.) ضح. ـ این کلمه‌نخستین کلمه‌ایست از تصنیف معروف که خنیاگران در شب عروسی خوانند. ‖ با ـــ. باهیاهو: علی‌رؤس‌الاشهاد: با گفتن بادابادا مبارکبادا آوردن، با تشهیر آوردن: جهاز بی‌ارز عروس‌را درخوانچه ها با بادابادا بخانهٔ داماد بردند.

بادابرنگ bād-āb-rang [= بادرنگ (ه‌.م.) = بادارنگ] (اِ.) (گیا.) بادرنگ(ه‌.م.)، بالنگ(ه‌.م.)

بادام bādām [په. vātām] (اِ.) (گیا.) درختی[1] از تیرهٔ گل سرخیان که سردستهٔ بادامیها[2] است. گلها وبرگهایش شبیه‌گلها وبرگهای درخت هلو است. گلها شامل ۵ کاسبرگ و ۵ گلبرگ و ۲۵ تا ۳۰ پرچم است. ‖ ـــِ زمینی. (گیا.) ۱- سعدسلطانی. ۲- پستهٔ زمینی.

بادام بن bādām-bon (اِمر.) درخت بادام. ۲ - میوهٔ بادام بن. ۳ - (کن.) چشم محبوب: دهانت‌پسته وچشمانت بادام. (منیری). ۴ - (تد.) مقدار اندك، اندازهٔ کم: یك بادام نان.

بادام‌چشم bādām-ča(e)šm (اِمر.) آنکه چشمان کشیده همچون بادام دارد.

بادامچه bādām-ča(-e) (گیا.) نوعی بادام وحشی[3] که در دامنه‌های اطراف جادهٔ تهران بکرج در وردآورد ودرهٔ وردی وجود دارد؛ بادامك.

بادام‌خاکی bādām-e-xākī (اِمر.) پستهٔ زمینی (ه‌.م.)

بادام زار bādām-zār (اِمر.) جایی که در آن بادام کارند؛ بادامستان (ه‌.م.)

بادامستان bādām-estān (اِمر.) جایی که در آن بادام کارند؛ بادام‌زار (ه‌.م.)

بادام سوخته bādām-sūxta(-e) (اِمر.) قسمی شیرینی، وآن مغز بادام آمیخته به نبات سوخته باشد.

بادامغز bādā-maγz [= بادام‌مغز] (اِمر.) مخفف بادام مغز (ه‌.م.)

بادام‌قندی bādām-e-γandī (اِمر.) قسمی از حلویات.

بادامك bādām-ak (اِمر.) ۱- (گیا.) نوعی بادام‌وحشی[4] که در کوههای اطراف کرج در ارتفاعات ۱۴۰۰ متری

بادام
گل و مقطع میوهٔ آن

بادامچه

بادام زمینی

بادامك

1 - Amandier (فر.)
2 - Amygdalées (فر.)
3- Amygdalus salicifolia (لا.)
4- Amygdalus scoparia (لا.)

میروید؛ بارشین، جرگه، بادامچه. ۲ - (پز.) لوزه (فره.) ← لوزه ۲.

بادام مغز bādām-maγz (امر.) مغز بادام، دانهٔ داخلی لوز. ← بادامغز.

بادامه bādāma(-e) (اِ.) ۱ - پیلهٔ ابریشم، فیلق. ۲ - نوعی از ابریشم که هنوز آنرا از هم نگشاده باشند. ۳- خرقهٔ درویشان که از پاره‌های رنگارنگ دوخته باشند، مرقع. ۴ - رقعه وپینه که درویشان بر خود دوزند. ۵ - خال گوشتی که از بشرهٔ آدمی بر آمده باشد، اژخ مانندی که از چهرهٔ شخص برآید. ۶ - گل چشم مانندی که از طلاونقره یا از ابریشم سازند و بر کلاه طفلان دوزند. ۷ - نگین ومهر انگشتری، نگینی که بصورت بادام باشد. ۸ - هرجنس مطبوع ونفیس.

بادام هندی
گل ومیوهٔ آن

بادام هندی bādām-e-hendī (امر.)(گیا.) درختی[1] از تیرهٔ هلیله‌ها[2] که اصل آن از هند و آفریقاست. میوهٔ آن مانند میوهٔ هلیله در تداوی بعنوان تقویت وضداسهال مصرف میشود. از ساقهٔ آن صمغی استخراج میکنند که برای جلوگیری ازاسهال مصرف میگردد وریشه‌اش نیز همین اثررا درتداوی دارد. ازگونه‌ای ازاین گیاه اسانسی استخراج میشود که تمام خواص اسانس بنژوئن[3] را دارد. این درخت در جنوب ایران جزو درختان زینتی (خصوصاً درباغهای بندرعباس) کاشته میشود؛ بیدام، گارون زنگی، لوزهندی.

بادآس

بادامی bādām-ī (ص نسب.) منسوب به بادام. ۱ - بصورت بادام: چشمان بادامی، چشمان بشکل بادام (قس. عیون لوزینه). ۲ - لوزینه، لوزینج. ۳ - لوزی (یعنی چهار ضلعی لوزی). ۴ - قسمی از حلویات، نان بادامی. ۵ - (قال.) قالی هایی که در زمان قاجاریه در «سربند» بافته میشد، نقشهٔ آنها شامل بوته‌های ترمه‌یی است. این بوته‌ها متن قالی را گرفته وازجهت شباهت به «گلابی» و«بادامی» معروف است. حاشیهٔ آن نقشه‌ای از خطوط راه راه دارد. ← بته‌جقه‌یی.

بادان bādān [= آبادان] (ص.) آبادان؛ مق. خراب.

بادآبله bād-ābela(-e) (امر.)(پز.) آبله (ه.م.).

بادآرنگ bād-ārang [= بادرنگ (ه.م.) = بادابرنگ] (اِ.) (گیا.) بالنگ (ه.م.)، بادرنگ (ه.م.)

بادآبستنی bād-e-ābestan-ī (امر.) بادی که درخت را باردار کند، بادی که لقاح انجام دهد.

بادآبله bād-ābela(-e) [= باد- آوله] (امر.) آبلهٔ هلاك کننده، جدری، بادلوطه، حماق، حمیقاء، آنك.

بادآس bād-ās [باد + آس (ه.م.)] (امر.) آس بادی، آسیایی که با باد گردد.

باداش bādāš [= پاداش] (اِ.) سزا، مکافات و جزای نیکی ← پاداش.

۱- بادآفراه bād-āfrāh [په. pātifrās] (اِ.) عقوبت و جزای گناه ومکافات و بدی ← ۱- باد افره، بادافراه، پاداش.

۲- بادافراه bādāfrāh [= باد فر] (اِ.) ← بادفر.

بادالو bād-ālū [= بادآلود = باد آلوده] (ص مف. مر.) (تد.) متورم، ورم

۱ - **Badamier** (فر.), **terminalia catappa** (لا.)
۲ - **Combretacées** (فر.)   ۳ - **Benjoin** (فر.)

کرده، بادکرده، پف کرده ؛ چشمهای بادآلو.

باد آلود bād-ālūd [= بادآلوده] (ص‌مف.) ← بادالو.

باد آمدن bād-āmadan (مص‌ل.) وزیدن باد ← باد

۱-باد آور bād-āvar (إفا.) باد-آورنده، نفخ‌آور، هر خوراکی که نفخ آورد.

۲-باد آور bād-āvar (ص‌مف.، إمر.) ۱ - آنچه که باد آنرا بیاورد. ۲ - چیزی که مفت و بی تعب بدست آید، مالی که بی‌رنج بدست آید. ← بادآورد (بخش ۱ و بخش ۳). ۳ - همچون‌باد، سریع، تند. ۴ - (گیا.) باد آورد، شوکة البیضاء. ← بادآورد. ۵ - (مس.) ← بادآورد.

باد آورد bād-āvard (إمف.، إمر.) ۱ - (گیا.) گیاهی[1] خاردار از تیرهٔ مرکبیان[2] وازدستهٔ لوله‌گلی‌ها[3] واز جنس خار تاتاری (در حقیقت گونه‌ای از خار تاتاری است). این گیاه یکساله است و در اکثر نقاط زمین خصوصاً آسیا و اروپای مرکزی میروید وگلهایش در تداوی مورد استعمال دارند؛ خار مقدس، شوك مبارك، مبارك‌دیکنی، شوقت‌اوتی، شوکة المبرکه، باذآورد. ۲ - (گیا.) کنگرخر (ه.م.) ۳ - نام عام گونه‌های مختلف گیاهان خاردار تیرهٔ مرکبیان از نوع خارخسك و غیره. ۴ - (مس.) نوایی است ازموسیقی.

باد آوردن bād-āvardan (مص‌ل.) مبتلی به «اذیما» شدن، ورم کردن، باستسقای لحمی گرفتارشدن. ← باد ۲۲.

باد آورده bād-āvarda(-e) (إمف.، إمر.) ۱ - آنچه راکه باد حمل کرده باشد، بادآورد. ۲ - چیزی که آسان بدست آمده باشد؛ بادآورده را بادمی برد ← بادآورد.

باد آوله bād-āvela [= بادآبله] (إمر.) بادآبله (ه.م.) است که آبلهٔ هلاك کننده باشد.

باد آهنج bād-āhanj [= بادآهنگ] (إمر.) دریچه، روزنه، دریچه و روزنی که برای آمدن هوای تازه سازند. ← بادخان، بادگیر.

باد آهنگ bād-āhang [= بادآهنج] (إمر.) ۱ - صوت و نقش خوانندگی و گویندگی. ۲ - انعکاس صدا.

۱-بادافراه bād-afrāh [= بادآفراه = بادافره = پادافراه ← پادافره؛ په. pātifrās] (إمر.) جزا و مکافات بدی، مکافات وانتقام وسیاست.

۲-باد افراه bād-afrāh [= بادفر = بادفره] (إمر) بازیچهٔ کودکان، فرفره، بادآفرا، بادافره، بادفره، بادفر، فرفره، پهنه، فرموك، گردنای، بادبر، بادبیزن.

باد افراهی bād-afrāh-ī (حامص.) جزا و مکافات و انتقام. ← باد افراه، باد افرهی.

۱ - بادافره bād-āfrah [= بادافراه] ۱ - جزا و مکافات بدی؛ بادآفراه، بادافراه، بادافرا، بادفره، پادافراه، پادافره، بادافراش ← پاداشن، باداش، پاداش.

۲-باد افره bād-afrah [= بادفره = بادفره] (إمر.) فرفرك اطفال، باد بره، بادفره، قسمی بازیچهٔ اطفال، بادآفراه، بادافره، بادفر، فرفره.

بادآورد

۱ - Chardon bénit, centaurée laineuse, centaurée sudorifique (فر.), carduus benedictus, cnicus benedictus (لا.)

۲ - Composées (فر.) ۳ - Liguliflores (فر.)

بادبان

بادافره‌نما bād-afrah-no(e,a)mā (إفا.) نمودار کنندهٔ مکافات بدی ، عامل جزای بدی.

بادافرهی bād-afrah-ī (حامص.) جریمه‌کردن ، جزا دادن. ← بادافره، بادافراهی.

۱- باد انگیز bād-angīz (إفا.) ۱- چیزهای نفاخ ، هرچیز که در معده تولید نفخ کند. ۲- غرورآور، تکبر آور.

۲- باد انگیز bād-angīz (إمف.) ۱- بادکرده، پرباد:

«بشاعری چوکنم بوق هجو باد انگیز
مراچه ماده خر مغ چه نرخر ترسا.»
(سوزنی)

۲-(گیا.) نام گلی‌است که‌گویند هرگاه مزارعان خواهند که غله را ازکاه‌جدا کنند و باد نباشد آن گل را بدست مالند و برگ آنرا برهوا پاشند بادبهم رسد. ۳- (گیا.) زعفران (ه‌.م.)

بادبادک bād-bād-ak (إمر.) کاغذی بشکل‌مربع با ندازه‌های‌مختلف که بروی آن کمانی از نی چسبانند وبکمك‌دنباله‌ای‌بوسیلهٔ‌نخ‌هنگام‌جریان هوا ، کودکان برای بازی و سرگرمی بهوا پرواز دهند[1].

بادبادک‌بازی bād-bādak-bāzī (حامص.) بازی با بادبادك، بهواکردن بادبادك.

بادبان bād-bān (إمر.) ۱- پرده‌ای که بر تیرکشتی بندند ، شراع . ۲- تیرکشتی. ۳- کشتی. ۴- دست زیر ودست بالای قبا راگویندکه‌ازدو طرف برزیر بغل چپ و راست بسته شود، دورویهٔ قبا که درزیر بغل چپ وراست بسته میشود. ۵- گریبان قبا، جیب. ۶- پس وپیش گریبان. ۷- آستین قبا. ۸- سرآستین. ۹- پیاله، ساغر، جام. ۱۰- (کنـ.) شخص سبکروحی که با مردم مؤانست کند، برخلاف لنگرکه شخص ناگوار باشد. ‖ ــِ اخضر. (کنـ.) آسمان و فلك وعرش وکرسی ، آسمان و عرش . ← بادبان سبز. ‖ ــِ چرخ. مهتاب، روشنی‌ماه. ‖ ــِ سبز. ← بادبان اخضر.

بادبان کشیدن bād-ka(e)šīdan (مصل.) شراع‌افراشتن، کشتی‌راندن.

بادبانی bād-bān-ī (حامص.) ۱- همچون بادبان‌بودن وعمل‌کردن،مجازاً بسرعت‌بردن. ۲- کشتی‌رانی.

بادبدست bād-be-dast (إمر.) ۱- مردم بی حاصل، هیچکاره، تهی‌دست، مفلس. ۲- بدبخت، بی‌طالع. ← باد بدست بودن(باد)، باد دست.

۱-بادبر bād-bar (إفا.،إمف.) ۱- (إمر.)کاغذ باد. ← بادبرك. ۲- (ص.) کسی که همه روزه فخر کندومنصب‌خود بمردم‌عرض نماید و هیچ کارازاو نیاید، کسی راگویند که دعوی بی معنی کند وباجبن ، خودرا شجاع داند.

۲-بادبر [= بادفر] bād-bar (إمر.) چوبی باشدتراشیده که اطفال ریسمانی در آن پیچند و ازدست رها کنند تابر زمین گردان شود[1]. ← باد فر.

بادبر bād-bor (إفا.،إمر.) هرچیزی که نفخ را برطرف کند.

بادبرك [= بادبر] bād-bar-ak (إمر.) کاغذباد[1]. ← ۱-بادبر

بادبروت bād(e)-borūt [رك. بروت، قس. باد سبلت] (إمر.) ۱- عجب وتکبر وغرورمردان (چنانکه « باد

۱- Cerf-volant (فر.)

گیسو » نخوت و غرور زنانست)، لاف زدن . ← بادوبروت .

بادبرود bād-borūd (صمر ،إمر.) بادبروت (ه.م.)

بادبروزیدن bād-bar-vazīdan ← باد وزیدن.

بادبره bād-bara(-e) (إمر.) روز بیست‌ودوم بهمن ماه. ضح.- گویند هفت سال در ایران باد نیامد، در این روز شبانی پیش کسری آمده گفت دوش آن مقدار باد آمده که موی بر پشت گوسفندان بجنبید ، پس در آن روز نشاطی کردند وخوشحالی نمودندو باین نام شهرت یافت .

بادبره bād-bora(-e) (إمر.) ۱- پارچه‌ای گرد و کوچك از چوب که هنگام رشتن و چرخانیدن دوك آن را بروی دوك نصب کنند. ۲- چرخ.

بادبز bād-baz [= باد وز] (إمر.) فصل‌خزان، تیر، پاییز.

بادبزن bād-bezan [= بادبیزن] (إمر.) بادزن، مروحه ، بادکش و آن شامل چندنوع است : بادبزن برقی ، بادبزن دستی وغیره . ← بادبیزن.

بادبمشت bād-be-mošt (صمر.، إمر.) امرلغووبی‌فایده، بی بر، بی‌ثمر، بی‌حاصل .

بادبند bād-band (إفا.) نزله‌بند، معزمی که پاره‌ای دردها راچون‌سردرد وغیره با عزیمت علاج کند .

بادبندی bād-band-ī (حامص .) عمل‌بادبند، عملی که معزمان کنندبرای رفع معالجهٔ پاره‌ای از بیماریها مانند نزله و درد چشم ودرد دندان وغیره که گمان میکردند از بادتولید شود.عمل بستن اوجاع ودردها با اوراد و ادعیه وجز آن.

بادبیز bād-bīz (إفا.،إمر.) فصل خزان، پاییز، تیر، خریف، برگ‌ریزان.

بادبیزن bād-bīzan (إمر.) ۱- بادزن[1]، مروحه، بادبزن، بادبیزان ، بادِزنه ، آنچه ازپارچه و برگ خرما ونی وجز آن سازند وبدان باد زنند . ← بادزن.

باد پیما bād-pa(e)ymā [= بادپیمای] (إفا.،صمر.) آنکه‌کار بیهوده وعبث کند.

بادپیمای bād-pa(e)ymāy [= بادپیما] (إفا.،صمر.) ← بادپیما.

بادپیمودن bād-pay(ey)mūdan (باد را اندازه‌گرفتن) (مص ل.) کار بیفایده کردن، عمل لغو انجام‌دادن.

باد خوردن bād-xordan (مص ل.) ۱ - تأثیر کردن‌باد دربدن شخص. ۲ - در معرض هوا قرار گرفتن. ۳ - تاب خوردن، برارجوحه‌نشستن وبازی کردن.

بادخورك bād-xor-ak (إمر.) (جا ز.) پرنده‌ای[2] تیز پرواز از نوع شکافی منقاران‌که برنگهای‌خاکستری و زعفرانی وحنایی میباشد . قدش از گنجشك کمی‌بزرگتروباندازهٔ پرستوست.

باد دادن bād-dādan (مصم .) ۱ - در معرض باد گذاشتن : پس از کوبیدن خرمن را باد میدهند . ۲ - نیست ونابود کردن، ازدست دادن، تلف کردن، ازکف دادن امری یا چیزی‌را بدون اخذ نتیجه. ← بباد دادن، برباد دادن.

باد دست bād-dast (صمر.)مسرف، اسراف کننده، متلف. بادبدست.

باد دستی bād-dast-ī (حامص .) اسراف، تبذیر.

بادبزن برقی

بادبزن دستی

بادخورك

۱- Eventail, ventilateur (فر.)
۲- Engoulevent (فر.)

بادران

بادران bād-rān (إفا.) ۱- حرکت دهندهٔ باد . ۲ - فرشته ای که باد را حرکت دهد.

بادرنبویه(-e)bādran-būya[= بادرنگبویه] (إمر.)(گیا.) بادرِنجبویه (ه.م.)

بادرنج bādranǰ [= بادرنگ](إ.) (گیا.) بالنگ (ه.م.)

باد رنجبویه bādranǰ-būya(-e) [= بادرنگبویه؛ په. vātrangbōy] (إمر.) (گیا.) گیاهی[1] از تیرهٔ نعناعیان که برگهایش قلبی شکل و دندانه‌یی وگلهایش سفید یا زردرنگ‌است.

بادرنجبویه

بادرنگ bādrang[= بادارنگ= بادابرنگ؛ په. vātrang] (إمر.) (گیا.) بالنگ (ه.م.)

بادرنگ

بادرنگبویه bādrang-būya(-e) [= بادرنجبویه] (إمر.) (گیا.) باد - رنجبویه (ه.م.)

بادرو bādrū [= بادرنجبویه= باد- رنگبویه](إ.)(گیا.) بادرنجبویه(ه.م.)

بادروج bādrūǰ [= بادروگ](إ.) (گیا.) ریحان (ه.م.)

بادروج‌بویه bādrūǰ-būya(-e) [= بادرنجبویه] (إمر.) (گیا.) باد - رنجبویه (ه.م.)

باد روزبویه bādrūz-būya(-e) (إمر.) (گیا.) بادرنجبویه (ه.م.)

بادروگ bādrūg [= باد روج](إ.) (گیا.) بادروج (ه.م.)

بادروم bādrūm [= بادرنجبویه = بادرو] (إ.) (گیا .) بادرنجبویه (ه.م.)

بادرونه(-e)bādrūna[= بادرنجبویه = بادرو] (إ.) (گیا .) بادرنجبویه (ه.م.)

بادرویه(-e)bādrūya[= بادرنجبویه = بادرو] (إ.) (گیا.) بادرنجبویه (ه.م.)

باد زدن bād-zadan (مصم.) تولید باد کردن برای خنك کردن خود یا دیگران .

باد زهر bād-zahr [= پاد زهر= پازهر] (إمر.) (پز.) پازهر (ه.م.)

بادزهره bād-zahra(-e) (إمر.) (پز.) دیفتری (ه.م.)

باد زهریه bād-zahrīyya(-e) [معر. پادزهر](إمر.)(پز.)پازهر(ه.م.)

بادسار bād-sār[= بادسر](صمر.) متکبر، معجب، بانخوت.

باد سبلت bād(-e)-seblat [رك. سبلت،قس. بادبروت] (إمر.) بادبروت (ه.م.)

بادستر bādastar [= بیدستر](إ.) (جا ن.) بیدستر (ه.م.)

بادستر

باد سر bād-sar[= بادسار](صمر.) ← بادسار.

باد سنج bād-sanǰ (إ.)(فز.) آلتی که برای اندازه گیری شدت و سرعت باد بکار میرود؛ میزان‌الریاح[2].

باد سنج

باد شکن bād-šekan (إفا.،إمر.) (پز.) دارویی که نفخ‌شکم بنشاند مانند

۱ - Mélissa officinalis (لا.) ۲-Anemomètre (فر.)

بادیان وزیرهٔ سبز؛ داروی ضد نفخ[1]، طارد ریاح، کاسرالریاح، محلل اورام ریاح، بادکن (kan-).

بادفر bād-far (اِمر.) آنچه که باوزش باد دورخودچرخد، بادفره، فرفره.

باد کردن bād-kardan (مصم.) ۱ - باد زدن. ۲ - پرباد شدن داخل چیزی؛ شکمش باد کرده، لباسش باد کرده. ۳ - افاده کردن، فیس کردن، خودرا گرفتن. با کبر و نخوت رفتار کردن. ۴ - (عم.) بیحاصل ماندن وبفروش نرفتن کالایی ودردست صاحبش باقی ماندن: اجناس فلان فروشنده بعلت پیدا نشدن خریدار باد کرد (بفروش نرفت). ۵ - (عم.) کسی را بکاری صعب بر انگیختن، تیر کردن. ۶ - بباد دادن، محو کردن. ۷ - (مس.) دمیدن در سازهای بادی (ه‌م.) وبصدا درآوردن آنها. ۸ - (پز.) گذاشتن بادکش روی قسمتی از سطح بدن که مراد احتقان موقتی آن قسمت از بدن بمنظوررفع درد یا رفع عفونت باشد[2]، خون را بوسیلهٔ شاخ حجامت و یا استکان بادکش در قسمت معینی از زیر پوست جمع کردن، شیشه یا شاخ حجامت گذاشتن. ‖ ـــِ لاستیک. بوسیلهٔ تلمبهٔ دستی یا پایی یا برقی بافشار وصرف نیرو مقداری هوا را در داخل لاستیک چرخ یا اتومبیل متراکم کنند تا بدان وسیله از نیروی اصطکاک بکاهند و ضمناً سطح اتکاء را هرچه ممکن است کوچکتر وکمتر نمایند.

بادکش bād-kaš(keš) (اِمر.) ۱ - (پز.) ظرف شیشه‌یی کوچک دهان‌گشاد[3] (شبیه استکان) که هوای داخل آنرا بوسیلهٔ گرما کم کرده وروی قسمتی از پوست بدن مریض که احتیاج بیشتر بجریان خون دارد میگذارند. ضح. - بادکش را بیشتر برای آرام کردن دردهای کمردرد و نورالژی ودردپهلو و نفریت وبیماریهای حاد ریوی بکار میبرند. ۲ - (جانـ.) عضوی که بوسیلهٔ آن بعضی حیوانات (از قبیل زالو وبرخی کرمها ونواعم) خودرا بتکیه‌گاه ثابت میکنند یا طعمهٔ خود را شکار مینمایند. ۳ - (پز.) بادشکن (ه‌م.) ۴ - روزنه‌ای که دربناها وساختمانهای قدیمی برای تهویه وازدیاد روشنایی تعبیه میکردند[4]؛ بادخور، بادگیر، نفس کش. ۵ - شاخ حجامت؛ بادکش شاخی. ← حجامت. ۶ - دم زرگری و آهنگری.

بادکش

بادکش کردن b.-kardan (مصل.) (پز.) بادکش گذاشتن (ه‌م.)

بادکش گذاشتن b.-gozāštan (پز.) گذاشتن بادکش (ه‌م.) برموضعی از پوست بدن مریض، بادکش کردن.

بادکنک bād-kon-ak (اِمر.) نوعی از اسباب بازی کودکان که از لاستیک بشکل کره، استوانه و غیره سازند وکودکان آن را بادکرده بهوا کنند.

بادگانه bād-gāna(-e) (اِمر.) دریچهٔ مشبکی که توسط آن از درون اطاق بیرون را توان دید وبعکس.

بادگیر bād-gīr (اِمر.) ۱ - دریچه و روزنی که برای باد در خانه سازند. ۲ - خانه‌ای که بعلت وزیدن باد ازهر چهار طرف باد در آن جریان یابد. ۳ - عمارتی مرتفع که بربالای خانه‌ها سازند و رخنه‌ها باطراف گذارند تااز هرطرف که باد آید در آن خانه داخل

بادفر

بادکش شاخی

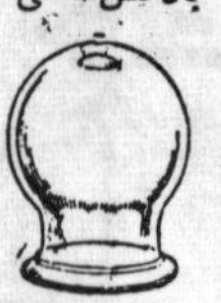

بادکش شیشه‌یی

بادگیر (عمارت)

1- Carminatif (فر.)
2 - Ventuser (فر)
3 - Ventouse (فر.)
4 - Ventail (فر.)

گردد. ۴ـ حلقه‌مانندی مشبک دیواره‌دار که بربالای سماور گذارند. ۵ ـ حلقهٔ فلزین که بر بالای سر قلیان نهند تا تنباکو و آتش را نگهدارد.

بادم bādam [= بادام] (اِ.) (گیا.) بادام (ه‍.م.)

بادمجان bāde(a)mǰān [= بادنجان] (اِ.) (گیا.) بادنجان (ه‍.م.)

بادنجان

باد مسیح bād-e-masīh [= باد مسیحا] (اِمر.) ۱ ـ (اِخ.) نفس حضرت عیسی [1] (پیغمبر مسیحیان) که مرده را زنده‌میکرد، دم عیسی. ۲ـ مداوای اطبای عالیقدر که در تشخیص و معالجهٔ بیماران حسن شهرت یافته‌اند.

باد مسیحا bād-e-masīhā [= باد مسیح] (اِمر.) ← بادمسیح.

بادنج bādanǰ [= باد هنج] (اِمر.) ← بادهنج.

بادنج bādenǰ (اِ.) (گیا.) نارگیل (ه‍.م.)

بادنجان bāde(a)nǰān [= بادمجان = باتنگان = بادنگان] (اِ.) (گیا.) گیاهی [2] از تیرهٔ بادنجانیان که اصلش از هندوستان است. میوه اش درشت و بیضوی و درازاندام یا گرد که برنگ بنفش متمایل بسیاه و سفید و گاهی زرد وقرمز دیده‌میشود، ولی میوهٔ خوراکی آن همیشه بنفش سیاه‌رنگ است.

بادنما

بادنوروز bād-e naw(ow)-rūz (اِمر.) (مس.) ← بخش ۳.

بادنما bād-no(a,e)mā (اِمر.)(فز.) آلتی که برای تعیین جهت وزش باد نصب کنند، لوحهٔ سبک گردانی که در اطراف یک محور عمودی میچرخد و آنرا برای تعیین جهت وسمت باد در محل مرتفعی نصب نمایند [3].

با دوام bā-davām [ف.ـع.] (صمر.) ۱ـ آنچه که‌دوام (ه‍.م.) یابد، آنچه پاینده‌باشد. ۲ ـ با استحکام، محکم، استوار؛ مق. بی‌دوام: این کفش بادوام است.

بادوایه bād-vāya(-e) (اِمر.) (جان.) ← بالوایه.

بادوبروت bād-o-borūt (اِمر.) کر و فر، غرور، خودنمایی. ← بادبروت.

باده bāda(-e) [په. bātak] (اِ.) نوشابه‌ای که مستی آورد، نوشیدنی مسکر، شراب، می.

باده پرست b.-parast (اِفا.) آنکه نوشیدن باده را بسیار دوست دارد، شرابخوار.

باده پرستی b.-parast-ī (حامص.) عمل باده‌پرست (ه‍.م.)، شرابخواری.

باده پیما(ی) b.-pay(ey)mā(y) (اِفا.) شرابخوار، میخوار.

باده پیمایی b.-pay(ey)mā-yī (حامص.) عمل باده پیما (ه‍.م.)، شرابخواری، میخواری.

باده‌گسار b.-gosār (اِفا.) شرابخوار، میخوار.

باده‌گساری b.-gosār-ī (حامص.) عمل باده‌گسار (ه‍.م.)، شرابخواری، میخواری.

باد هنج bād-hanǰ [= بادآهنج = بادنج] ← بادآهنج.

باده نوش b.-nūš (اِفا.) شرابخوار، میخوار.

باده نوشی b.-nūš-ī (حامص.) عمل باده‌نوش (ه‍.م.)، شرابخواری، میخواری.

۱ - Souffle de Jésus (فر.)

۲ - Solanum esculentum (لا.)

۳ - Girouette (فر.)

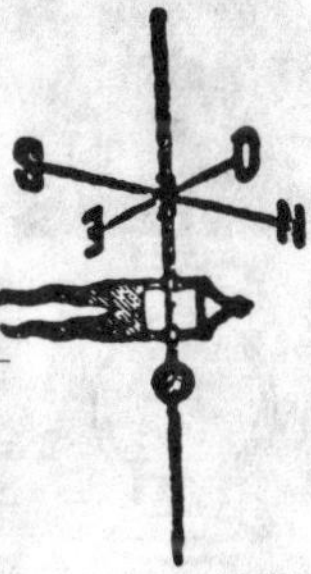

بادهٔ‌نوشین b.-ye nūš-īn (اخ.) ← بخش ۳، نوشین باده.

۱- بادی bād-ī (ص نسبـ.) ۱- منسوب به باد: آس‌بادی، کشتی بادی. ۲- (نج.) برجهای منسوب به باد: جوزا، دلو، میزان. ۳- (مس.) آلتی موسیقی که با باد (فوت) بصدا درآید؛ سازهای بادی.

۲- بادی bādī [= بوادی] (فعـ.) فعل دعایی، دوم شخص مفرد مضارع؛ باشی.

۳- بادی bādī [ع. بادیء] (إفا. بدء) ۱- آغاز کننده، شروع کننده. ۲- آفریننده. ۳- نو بیرون‌آورنده. ۴- (إ.) آغاز، شروع: در بادی‌امر.

۴- بادی bādī [ع.] (إفا. بدو) پیدا شونده، آشکار شونده.

بادیان bādiyān [= بادیانه = وادیان] (إ.) (گیا.) گیاهی از تیرهٔ چتریان که دوساله یا پایاست، رازیانه (ه.م.)؛ وآن دارای انواع است.

بادیانت bā-diyānat [ف.-ع.] (ص‌مر.) متدین، دین‌دار، بادین؛ مق. بی‌دیانت، بی‌دین.

بادیه bādiya(-e) [ازع. «باطیة»] باطیه (ه.م.)

بادیه bādiya(-e) [= ع. بادیة] (إ.) صحرا، بیابان. ج. بوادی.

باذ آورد bāz-āvard [= بادآورد] (إمر.) (گیا.) بادآورد (ه.م.)

باذرنبویه bāzran-būya(-e) (إمر.) (گیا.) بادرنجبویه (ه.م.)

باذرنجبویه bāzranǰ-būya(-e) (إمر.) (گیا.) بادرنجبویه (ه.م.)

باذروج bāzrūǰ [= بادروج] (إ.) (گیا.) بادروج (ه.م.)

باذل bāzel [ع.] (إفا. بذل) بذل کننده، بخشش کننده، بخشنده.

باذنجان bāzenǰān [= بادنجان] (إ.) (گیا.) بادنجان (ه.م.)

۱- بار bār [په. bār] ۱- آنچه که بر دوش و پشت انسان یا چارپا حمل شود؛ حمل. ۲- (پز.) دگرگونی زبان بسبب پری معده. ۳- غشی که در سیم و زر و زعفران کنند. ۴- آنچه برای قوت در زمین افکنند؛ کود. ۵- میوهٔ درخت؛ بر. ۶- بچه‌ای که در شکم مادر است. ۷- مرادف «کار»: کاروبار. ۸- وزن، ثقل، گرانی. ۹- آنچه در دیگ ریزند از حبوب وبقول و گوشت و جز آن تا بپزد، غله و جز آن که در دیگ ریزند. ۱۰- ثروت، تمول. ۱۱- (مج.) تحمل سختی، مشقت، رنج. ۱۲- (مج.) قبض، گرفتگی. ۱۳- (مج.) مسئولیت، تکلیف. ‖ ~ ِ زبان. (إمر.) (پز.) جرمهایی که روی زبان در اثر بد کارکردن دستگاه گوارش حاصل میشود[1]؛ جرم روی زبان، باره.

بادیان وگل آن

بادیه

۲- بار bār (إفا. باریدن) در ترکیب بمعنی بارنده آید: گهربار، مشکبار.

۳- بار bār (إ.) ۱- اجازه، رخصت، دستوری. ۲- اجازهٔ حضور نزد شاه یا امیر. ‖ ~ ِ خاص. پذیرایی خصوصی (سلاطین و امرا)؛ انجمن خاص؛ مق. بارعام. ‖ ~ ِ عام. پذیرایی عمومی. انجمن‌عام؛ مق. بارخاص. ۳- بارگاه، سراپرده.

۴- بار bār [په. bār] (إ.) دفعه، مرتبه، نوبت: یک‌بار، ده‌بار.

۵- بار bār [په. bār، سنسـ. vāra]

۱ - Empatement de la langue (فر.)

باران سنج

بارانك وگل آن

بارانی

(پس.) پسوند مکان. ۱ - بمعنی ساحل وکنار: هندوبار، دریابار. ۲ - گاه این پسوند زاید باشد: جویبار (=جوی)، رودبار (=رود).

۶-بار bār [فر. bar] (إ.) جایی در مهمانخانه یا خانه که در آنجا مشروب نوشند و مزه خورند.

باران bār-ān [پهـ. vārān] (صفا.، إمر.) قطره‌های آبی که از ابر بر زمین فرو ریزد؛ مطر.

باران آمدن b.-āmadan (مصل.) فرود آمدن باران (ه.م.)، نزول بارش، باران باریدن.

باران آوردن b.-āva(o)rdan (مصم.) ایجاد باران کردن.

باران باریدن b.-bārīdan (مصل.) باران آمدن (ه.م.)

باران خواستن b.-xāstan (مصم.) طلب باران کردن، استسقا.

باراندن bār-āndan [= بارانیدن] (مصم.) (صر. ← بارانیدن) بارانیدن (ه.م.)

باران دیده b.-dīda (-e) (إمف.، صمر.) آنچه باران بدان رسیده و تر کرده باشد: کشت باران دیده.

باران رسیده b.-ra(e)sīda(-e) (إمف.، صمر.) باران دیده (ه.م.)

باران ریختن b.-rīxtan (مصل.) فرود آمدن باران، نازل شدن باران.

باران ریز b.-rīz (إمر.) آبریز، ناودان.

باران زده b.-zada(-e) (إمف.، صمر.) باران دیده.

باران سنج bārān-sanǰ (إفا.، إمر.) (فز.) آلتی است که برای اندازه‌گیری مقدار بارانی که در یک محل وزمان معین فرود آمده است بکار میرود[1].

بارانك bārān-ak (إ.) (گیا.) درختی[2] از تیرۀ گل سرخیان[3] که خاردار است و دارای گلهای سفید و قرمز وصورتی میباشد. گل آذینش[4] دیهیم است. میوه‌اش قرمز وکوچك وکمی تلخ‌مزه است. این گیاه دارای گونه‌های مختلفی است که در تمام جنگلهای شمالی ایران (طوالش و گیلان و کلارستاق و نور وکجور و گرگان) وجود دارد و بیشتر در ارتفاعات فوقانی جنگل دیده میشود؛ می انز، راجاربو، المدلی، الندری، گارن. ملچ، غبیرای بری.

باران کردن b.-kardan (مصل.) ۱ - باران باریدن. ۲ - (مج.) نزده رقصیدن.

باران گریز b.-gorīz (إمر.) آنچه از چوب و خشت مانند سایبان سازند و بدان از باران مصون مانند؛ سایبان، چتر.

باران گیر b.-gīr (إمر.) سایبانی که برای پناه بردن از باران سازند، ساباط جلو عمارت.

باران ناك b.-nāk (إمر.) دارای باران، پرباران.

بارانه bārāna(-e) (إ.) شاه تیر، چوب بزرگ.

بارانی bārān-ī (صنسبـ.، إمر.) ۱ - جامه‌ای که آب در آن نفوذ نکند وآنرا جهت حفظ تن از باران پوشند. ۲ - کلاهی که روز بارانی برسر نهند.

بارانیدن bār-ānīdan [= باراندن] (مصم.) (بارانید، باراند، خواهد بارانید، بباران، باراننده،

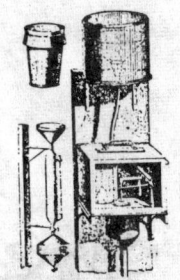

---

۱ - Pluviomètre (فر.) ۲ - Sorbus torminalis (لا.), sorbior antidysenterique, alisier (فر.) ۳ - Rosaceés (فر.)
٤ - Crymbe (فر.)

باربرداشتن

بارانیده ، لازم ؛ باریدن) . ۱ ـ فرو ریختن باران. ۲ـ سبب باریدن شدن.

باراه bā-rāh [= با ره] (ص‌مر.، إمر.) آنکه درراه راست میرود؛ مق. بیراه.

باراهی bā-rāh-ī (حامص.) حرکت در راه راست.

بارای bā-rāy [ف.ـع.: بارأی] (ص‌مر.) ۱ ـ صاحب اندیشهٔ نیکو، باتدبیر. ۲ ـ خردمند. ۳ ـ دانشمند.

بارآور bār-āvar (إفا.) ۱ ـ (گیا.) درختی که بارآورد، درختی که میوه‌دهد؛ میوه‌دار، بارور. ۲ ـ (بانک.) سرمایه‌ای که سود دهد[۱]. ۳ ـ باردار، آبستن، حامله.

بارآوری bār-āvar-ī (حامص.) باروری، میوه‌داری، مثمری.

بارافتادن bār-oftādan (مصل.) افتادن بار از پشت چارپا، سقوط بار.

بارافتاده bār-oftāda(-e) (إمف.، ص‌مر.) ۱ ـ چارپایی که بارش ازپشتش افتاده باشد. ۲ ـ صاحب باری که بارش از پشت حیوان بارکش سقوط کرده باشد. ۳ ـ (مج.) وامانده از راه.

بارافکن bār-afkan [= بارافگن] (إفا.، إمر.) ۱ ـ آنکه بار را برزمین نهد. ۲ ـ محل فرونهادن بار، جایگاه خالی کردن بار. ۳ ـ محل فروکش کردن؛ مقام. ← بارانداز.

بارافکندن bār-afkandan [= بارافگندن] (مصل.) بار را برزمین گذاشتن، انداختن بار.

بارافکنی bār-afkan-ī [= بارافگنی] (حامص.) ۱ ـ عمل بار افکندن. ۲ ـ (مج.) بچه زادن.

بار اله bār-elāh [ف.ـع.] (إخ.) ← بخش ۳.

بار انداختن bār-andāxtan (مصل.) ۱ ـ بارافکندن (ه.م.) ۲ ـ کود دادن زمین.

بارانداز bār-andāz (إمر.) ۱ ـ قسمتی از ساحل یا بندرگاه یامنزلی از راه و یا کاروانسرا که در آن چاروادارانیا کشتیها یا وسایل دیگر حمل و نقل مال‌التجاره و بار خود را از ستوران فروگیرند. ۲ ـ (إمص.) اقامت، مقام گزیدن.

باربدی bār-bad-ī (ص‌نسب.) منسوب به باربد (← بخش ۳)، آهنگ ساختهٔ باربد.

باربر bār-bar (إفا.، إمر.) کسی که بار را بر پشت و دوش خود حمل کند، باربرنده، حمال.

باربر

بار بر تافتن bār-bar-tāftan (ص‌م.) تحمل کردن بار، طاقت بار برداری داشتن.

باربردار bār-bor(bar)dār (ص‌فا.) ۱ ـ باربر، حمال. ۲ـ حیوان بارکش. ۳ ـ زن و مادهٔ حیوان که آبستن شود، حامله. ضح.ـ هم bār-bordār صحیح است بقیاس فرمانبردار (ه.م.) و نامبردار، وهم bār-bardār (باربردارنده) از مصدر «باربرداشتن».

باربرداری bār-bor(bar)-dār-ī (حامص.) ۱ ـ عمل و شغل باربردار (ه.م.)؛ حمالی. ۲ ـ مخارج سفر ولوازم آن و کرایهٔ بار.

بار برداشتن bār-bar-dāštan (مصم.) ۱ ـ بلند کردن باری را از

۱ - Productif (فر.)

بارتنگ و گل آن

دوش و گردن و پشت کسی یا چارپایی. ۲ - آبستن‌شدن، حامله‌شدن. ۳ -(مج.) تخفیف‌دادن رنجهای کسی. ‖ ~ از دوش کسی. باو کمك کردن، ویرا یاری کردن.

باربردن bār-bordan (مصم.) ۱ - حمل کردن بار ، بار را ازجایی بجایی نقل کردن . ۲ - (مج.) رنج کشیدن، تحمل مشقت کردن.

بار برگرفتن bār-bar-gereftan (مصم.) باربرداشتن از حیوان‌بارکش یاانسان. ‖ ~ ازدل کسی. کاستن‌رنج واندوه‌کسی، تخفیف‌دادن آلام ورنجهای او.

باربرنهادن bār-bar-na(e)hādan (مصم.) بارگذاشتن‌بر ستور ، تحمیل.

باربری bār-bar-ī (حامص.) ۱ - عمل و شغل باربر(ه.م.) ، بردن بار بردوش وپشت‌خود . ۲ - اداره‌ای که مباشر امور حمل و نقل است ، ادارهٔ حمل ونقل، نقلیه.

باربستن bār-bastan (مصل.) ۱ - بستن و پیچیدن چیزی برای حمل‌آن بوسیلهٔ چارپا یا یکی از وسایل‌نقلیه، بستن بار. ۲ - (کنـ.) آماده برای‌سفر شدن.

بارپیچ bār-pīč (إمر.) آنچه‌که بار را بدان پیچند مانند نوار ، ریسمان، وغیره.

بارتنگ bārtang [=بارهنگ] (إ.) (گیا.) بارهنگ (ه.م.)

بارجا bār-ǰā (إمر.) بارگاه (ه.م.)

بارجامه bār-ǰāma(-e) (إمر.) کیسه‌ای بزرگ و ستبر که بر پشت چارپایان بارکش‌افکنند، ودرآن‌خاك، شن، آهك و جزآن ریزند؛ جوال.

بارح bāreh [ع.] (إ.) ۱ - بادگرم تابستان . ۲ - باد تند گردناك ، باد شدیدی‌که غبار برانگیزد. ج. بوارح. ۳ - شکاری که از جانب راست بسوی چپ گذرد ؛ مق. سانح . ۴ - (نج.) طلوع‌ستارهٔ منزل‌ازموقع‌روشنایی‌بامداد در غیر موسم باران .

با رحم bā-rahm [ف.-ع.] (ص‌مر.) رحیم، رحم‌کننده، دلسوز.

با رحمت bā-rahmat [ف.-ع.] (ص مر.) دارای رحمت ، بخشایش کننده، بخشاینده، بخشایشگر.

بارحه bāreha(-e) [= ع. بارحة، نث. بارح] (إ.) دوش، شب گذشته. ‖ ~ ٔ اولی. پرندوش، پریشب.

بارخاطر bār-e-xāter [ف.-ع.] (ص‌مر.) مخل صحبت ، آنکه موجب مزاحمت همنشینان‌گردد.

بارخانه bār-xāna(-e) (إمر.) ۱ - جایی‌که درآن بار نهند، محلی‌که درآن مال‌التجاره نگاه دارند، انبار. ۲ - کیسه‌ای‌که خریداراشیاء خریده‌را در آن جای دهد . ۳ - بسته‌های‌کالا. ۴ - آنچه که از قریه‌ای بقریه ای یا شهری بشهری برای کسی فرستند، از خوردنی و پوشیدنی . ۵ - چیزی‌که‌در آن‌پلیدی و نجاست پرکرده از خانه بیرون‌کشند.

بارخدا bār-xodā (إمر.) ۱ - باراله ، خدای متعال. ۲ - پادشاه بزرگ. ۳ - خداوند، مولی، صاحب.

بارخدای bār-xodāy (إمر.) ← بارخدا.

بارخدایی bār-xodā-yī (حامص.) ۱ - خدایی، الوهیت. ۲ - پادشاهی . ۳ - بزرگی، مولایی.

بارخوار bār-xār (اِمر.) ← خواربار.

بار خواستن bār-xāstan (مص م.) اجازهٔ ورود طلبیدن ، اذن دخول خواستن.

بار خواه bār-xāh (اِفا.) آنکه اجازهٔ ورود طلبد، آنکه اذن دخول خواهد.

بار خواهی bār-xāh-ī (حامص.) عمل بارخواه (ه.م.)، بارخواستن.

بار خیز bār-xīz (اِمر.)شاخه‌هایی ازگیاهان‌که ممکن است میوه بر روی آنها پیدا شود.

بار خیزی bār-xīz-ī (حامص.) باروری، حاصلخیزی.

بار خیمه bār-e-xayma(xeyme) [ف.-ع.](اِمر.)۱ -قرارگاه‌باجگیران درراهها وگذرگاهها. ۲ - جمع کنندهٔ مالیات‌وگمرك،محصل‌مالیات، باجگیر.

بارد bāred [ع.] (ص.) ۱ - سرد ، خنك؛مق. حاد، گرم. ۲ - ناخوشایند، بی‌مزه : لطیفهٔ بارد . ۳ - بی ذوق ، بی‌لطف . ۴ - عنین ، آنکه مباشرت نتواندکرد. ۵ - (پز.)یکی ازمزاج- های نه‌گانهٔ طب‌قدیم، سرد . ج. بوارد. -بارد بر دوگونه است . بارد بالفعل مانند برف ، و باردبالقوه مانند کاهو وکاسنی.

۱- بار دادن bār-dādan ۱ - ثمر دادن ، میوه‌دادن ،گل‌دادن ، بردادن. ۲ - کود دادن (زمین).

۲- بار دادن bār-dādan (مص‌م.) اذن دخول دادن ، اجازهٔ ورود دادن.

باردار bār-dār (اِفا.) ۱ -میوه‌دار ، باثمر، مثمر (درخت). ۲ - آبستن ، حامله . ۳ - مخلوط با فلز کم بها ، مغشوش، نبهره. ‖ زبان ~ . (پز.) زبانی‌که قشر سفیدی بر روی‌آن بندد و علامت تخمه باشد.

باردار شدن b.-šodan (مص‌ل.) ۱ - میوه دار شدن ، مثمر گردیدن (درخت). ۲ - آبستن‌گردیدن، حامله شدن .

باردارگردیدن b.-gardīdan(مص ل.) باردارشدن (ه.م.)

باردار گشتن b.-gaštan (مص‌ل.) باردارشدن (ه.م.)

بار داری bār-dār-ī (حامص.) آبستنی، حاملگی،حمل.

بارداشتن bār-dāštan (مص‌ل.) ۱ - میوه‌داشتن، ثمرداشتن (درخت) . ۲ - آبستن بودن ، حامله بودن . ۳ - (مج.) درد و رنج داشتن.

بار دان bār-dān (اِمر.) ۱ - خرجین،جوال . ۲ - صراحی(شراب).

باردو bārdū(اِ.) ۱ - چوبی که‌درزیر درخت میوه‌دار گذارند تا از سنگینی میوه نشکند. ۲ - داربست .

بارده bāreda(-e) [= ع. باردة] (ص.) مؤنث‌بارد،سرد وخنك؛ امراض بارده، اوجاع بارده .

بار ده bār-deh (اِفا.) میوه‌دهنده، ثمردهنده (درخت).

بار دهی bār-deh-ī (حامص.) بارآوری، حاصل دادن درخت .

بار زد bār-zad [= بیرزد= بیرزه = برزد= پیرزد= بیرزی] (اِمر.) (گیا.) گیاهی[1] از تیرهٔ چتریان که دارای‌برگهای نسبةً پهن‌بابریدگیهای زیاد میباشد . گلهایش زرد رنگ ومیوه‌اش بقطر۲ میلیمتر ودرازی یك سانتیمتر است ، اثنان، اسنان.

1 - Ferula galbaniflua (.لا)

بارسطاریون bārestāriyūn [معر. یو. peristereōn] (اِ.) (گیا.) نوعی غله که آنرا مقشر کرده بگاو دهند، ویرا فربه گرداند، و کبوتر آنرا دوست دارد؛ رعی‌الحمام.

بارسق bārsoγ [= باسلق] (اِ.) باسلق (ه.م.)

بارش bār-eš (اِمص. باریدن) ۱ - باریدن (باران و مانند آن). ۲ - (اِ.) باران، مطر.

بار شدن bār-šodan (مص ل.) بار گردیدن، بصورت بار درآمدن. ‖ **~ بگردن کسی، بارگردن کسی شدن.** سربار کسی شدن.

بارفیکس

بارع bāre' [ع.] (اِفا.) ۱ - نیکو. ۲ - کسی که در فضل و دانش برهمگنان برتری دارد.

بار عام bār-e-ām [ف.-ع.] (اِمر.) اجازهٔ ورود بمجلس بزرگی یا جشنی را بهمگان دادن.

بارفروش bār-forūš (اِفا.) آنکه تره بار را کلی فروشد، کسی که جنس را باربار فروشد.

بارفیکس bārfīks [فر. barre fixe] (اِ.) (ورز.) میلهٔ آهنی است که بطور افقی روی دوپایهٔ فلزی نصب‌شده و برای ورزشهای مخصوص بدنی بکار رود.

بارق bāreγ [ع.] (اِفا.) ۱ - برق زننده، درخشنده، تابان. ۲ - ابر با برق و درخشنده.

بارقه bāreγa(-e) [= ع. بارقة] (اِفانث.) ۱ - برق‌زننده، درخشنده. ۲ - ابر با برق و درخشنده.

بارك bārek [= باریك] (ص.) باریك (ه.م.)

بارکاس bārkās [رس. bārkas زورق بزرگ بخاری، کشتی کوچك] (اِ.) قایق موتوری، کشتی کوچك (بیشتر درشمال ایران مستعمل است).

بارکش bār-kaš(keš) (اِفا.) ۱ - آنکه بار را حمل کند، باربردار، حمال. ۲ - چارپا یا ارابه یا اتومبیلی که بار برد.

بار گاه bār-gāh (اِمر.) ۱ - دربار و کاخ شاهان. ۲ - خیمهٔ پادشاهی. ۳ - جایی که شاهان مردم را بحضور پذیرند؛ بارجا.

بارگی bārag-ī [= باره] (اِ.) اسب، فرس، باره.

بار گیر bār-gīr (اِفا.) ۱ - حیوانی که بار را حمل کند، باربر. ۲ - ارابه، کشتی و اتومبیل باری. ۳ - هودج، کجاوه، عماری. ۴ - مادهٔ هر حیوان.

بار گیری bār-gīr-ī (حامص.) گرفتن بار برای حمل و نقل.

بارگین bārgīn [= پارگین] (اِ.) پارگین (ه.م.)

بار نامه bār-nāma(-e) (اِمر.) ۱ - پروانهٔ بار یافتن بدرگاه شاهان وامیران، رخصت نامه برای دخول بمجلس بزرگان. ۲ - ورقه‌ای مکتوب که در آن نوع کالایی که از شهری بشهر دیگر حمل شود، و وزن و دیگر مشخصات آنرا نویسند، و گیرنده بموجب آن ورقه، کالا را از گاراژ یا ادارهٔ پست تحویل گیرد. ۳ - اسباب تجمل و حشمت وبزرگی.

بارنج bārenǰ (اِ.) (گیا.) چاودار (ه.م.)

بارنده bār-anda(-e) (اِفا. باریدن) آنچه می‌بارد، آنچه بشکل قطرات آب فرو ریزد.

بارنگ bārang [= بالنگ] (اِ.) (گیا.) بالنگ (ه.م.)

بار نهادن bār-na(e)hādan (مص م.) ۱ - فروگرفتن بار از وسیلهٔ حمل و نهادن آن در جایی. ۲ - زادن، زاییدن.

بارو bārū [= باره (ه.م.)] (اِ.) دیوار قلعه، حصار، باره.

باروت bārūt [= بارود، تر. ع. باروت] (اِ.) گردی سیاه که از شوره و گوگرد و زغال سازند و آنرا در گلولهٔ تفنگ، توپ و دیگر سلاحهای آتشین و نیز در آتشبازی بکار برند.

بارود bārūd [= باروت] (اِ.) باروت (ه.م.).

بارور bār-var (صمر.) میوه‌دار (درخت)، میوه دهنده، ثمردهنده، مثمر، بارآور، برور.

باروزنه bārawzana(-e) (اِ.) (مس.) نوایی است در موسیقی.

باروزه bā-rūza(-e) [= بادروزه] (اِ.) بادروزه (ه.م.)

باروق bārūγ (اِ.) (شم.) سفیداب[1] (ه.م.)

بارومتر bārometr [فر. baromètre] (اِمر.) میزان‌الهواء، هواسنج (ه.م.)

بارون bāron [فر. baron] (اِ.) یکی از عنوانهای اشراف و نجبای اروپا.

۱ - باره bāra(-e) [= بار] (اِ.) جرم، بار. ‖ ~ٔ دندان. (پز.) جرم دندان. ‖ ~ٔ زبان. (پز.) بار زبان (ه.م.)

۲ - باره bāra(-e) [است. vāra، قس. بارو] (اِ.) دیوار قلعه، حصار.

۳ - باره bāra(-e) [= بار] (اِ.) دفعه، مرتبه، کرت، یکباره، دوباره.

۴ - باره bāra(-e) [په. bārak، قس. بارگی] (اِ.) اسب، فرس.

۵ - باره bāra(-e) (اِ.) باب، طرز، روش. ‖ در ~ٔ. درباب، درخصوص، درحق.

۶ - باره bāra(-e) (پس.) بصورت پسوندی در ترکیب کلمات آید بمعنی دوستدارنده و مولع: غلام‌باره، زن‌باره، گاوباره.

باره‌بند bāra(-e)-band (اِمر.) جایی که درآن اسب را بندند؛ طویله، اصطبل.

بارهنگ bār-hang [= بارتنگ] (اِمر.) (گیا.) گیاهی[2] از تیرهٔ بارهنگها[3] که جزو تیره‌های نزدیک به زیتونیان است. این گیاه یکساله است و بعضی گونه‌هایش نیز پایا میباشد. برگهایش تقریباً از ریشه جدا میشوند. بلنتاین.

۱ - باری bār-ī (صنسب.) ۱ - منسوب به بار، آنچه که برای حمل بار بکار رود: اتومبیل باری، واگن‌باری، اسب باری. ۲ - سنگین، گران.

۲ - باری bār-ī(قد. -ē) (ق.) ۱ - یک بار. ۲ - بهرحال، بهرجهت (باذکر این کلمه سخن را مختصر کنند). ‖ ~ بهرجهت. بهر نحو که باشد، هرطور که پیش‌آید.

۳ - باری bārī [= باریک] (ص.) باریک (ه.م.)

۴ - باری bārī [= ع. باری[4]] (اِفا.) آفریننده، خالق. ‖ ~ تعالی. خدای متعال.

بار یافتن bār-yāftan (مص ل.) ۱ - اجازهٔ ورود ببارگاه شاه یافتن.

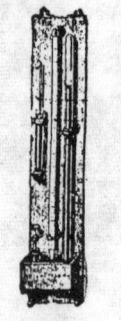

بارو

بارومتر

بارهنگ

۱- Céruse (فر.)
۲- Plantago major, P. media (لا.)
۳- Plantaginées (فر.)

باری‌ارمینیاس

۲ - بحضور پادشاه رسیدن.

باری ارمینیاس bārīermīnyās [معر. یو. perihermenias] (ا.) ← عبارت.

باریجه bārī-ǰa(-e) (ا.) (گیا.) صمغی است[1] که از گونه‌های مختلف بارزد بدست می آید، و آن بسبب گزش اندامهای گیاهی بوسیلهٔ حشرات یا ایجاد شکاف در ساقهٔ گیاهان مذکور حاصل میشود.

باریدن bār-īdan [vārītan .په] (مصل.) (بارید، بارد، خواهدبارید، ببار، بارنده، باران، باریده، بارش، م: باراندن، بارانیدن) فرود آمدن باران، برف، تگرگ و مانند آن.

باریقی bārīγī (ا.) (جا ن.) کف دریا (ه.م.)

باریك bārīk [= بارك = باری] (ص.) ۱ - کم‌عرض، کم‌پهنا ؛ مق. پهن. عریض. ۲ - کم‌قطر، کم‌حجم؛ مق. ضخیم، کلفت. ۳ - لاغر. ۴ - نازك، دقیق.

باریك بین b.-bīn (إفا.) ۱ - خرده‌بین، دقیق، کنجکاو. ۲ - زیرك، هوشیار.

باریك بینی b.-bīn-ī (حامص.) ۱ - خرده‌بینی، دقت، کنجکاوی. ۲ - زیرکی، هوشیاری.

باریك میان b.-miyān (ص‌مر.) آنکه کمرش باریك باشد؛ لاغر میان، کمر باریك.

باریم bāriyom ← باریوم.

باریوم bāriyom [فر. baryum] (ا.) فلزی است که در طبیعت بصورت کربنات و سولفات یافت میشود و آن برنگ سفید مایل بزرد است. چگالی آن ۳/۶ است و هیچگونه اهمیت صنعتی ندارد، و مانند کلسیم آب را با سانی تجزیه می کند. و از غیر محلول‌ترین اجسام است و چون اشعهٔ ایکس از آن نمیگذرد در عکس‌برداری از روده‌ها از آن استفاده میشود یعنی مقدار نسبهٔ زیادی از آنرا به بیمار میخورانند، و آن داخل روده‌ها را اندود کرده در زیر اشعهٔ X بصورت کدری آشکار میگردد. برای تهیهٔ باریوم فلزی کلرور باریوم گداخته‌را دراثر روان کردن برق تجزیه میکنند. علامت اختصاری آن (Ba) است.

۱ - باز bāz [apāč .په] (ص.) ۱ - گشاده، گشوده، منبسط؛ مق. بسته. ۲ - جدا.

۲ - باز bāz [apāč .په] (پشف.) برسر افعال در آید بمعنی دوباره، ازنو، مجدداً، باردیگر؛ بازآمدن، بازرفتن، بازگرداندن، بازگشتن، بازیافتن.

۳ - باز bāz [= بازه = باژ = باژه، پب. bāzū، واحدطول.] (ا.) واحد طول، و آن معادلست با: ۱ - اندازهٔ سرانگشتان تا آرنج. ۲ - اندازهٔ گشادگی دو دست، چون از هم بگشایند. ۳ - مقداری ازدستها بین سرانگشت کوچك و انگشت شست؛ وجب، شبر. ۴ - یك بند انگشت.

۴ - باز bāz [= باژ = واژ] (پش.) بر سراسما بمعنی قلب وعکس ودیگرگونی آید؛ بازگونه، بازگون.

۵ - باز bāz [= باژ = باج] (ا.) باج (ه.م.)، خراج، باژ (ه.م.)

۶ - باز bāz [bāǰ،bāč .په] (ا.) (جا ن.) پرنده‌ای‌شکاری[2] که‌دارای‌پرواز سریع وچنگالهای‌قوی ومنقارمخروطی کوتاه است. انتهای بالهایش باریك ونوك تیزاست. طول این‌پرنده ۴۰ سانتی متر است و پرهایش برنگ قهوه‌یی

---

۱ - Galbanum brun (فر.)

۲ - Faucon (فر.), Falco gyrofalco (لا.)

سیر در پشت و قهوه‌یی روشن با لکه‌های سیاه در سینه می‌باشد، وپرندگان دیگر را در حین پرواز شکار میکند ؛ قوش. ضح.ـ در قدیم سلاطین وامرا این پرنده را برای شکار دیگر پرندگان تربیت میکردند. ‖ ــِ خشین. (جان.) نوعی از باز که پشت آن سیاه و تیره رنگ وچشمهایش سرخ باشد؛ قزل‌قوش (تر.) ‖ ــِ سفید پر. (کن.) آفتاب عالمتاب.

۷-باز bāz (إفا. باختن) در ترکیب «بازنده» (بازی کننده) آید: ریسمان باز، قمارباز.

۸- باز bāz [فر. base، یو. basis] (إ.) (شم.) بازها اجسامی هستند جامد و سفیدرنگ و بسیار نمگیر چنانکه‌در هوای نمناك مقدار زیادی رطوبت هوا را بخودگرفته مایع لزج و چسبنده‌ای ایجاد میکنند. درآب بسیارحل میشوند و در اثر گرما بزودی گداخته‌میگردند.

۹-باز bāz-e (حر. اض.) بسوی ، بجانب ؛ باز جای خویش شد. ضح. - این کلمه بدین معنی لازم‌الاضافه‌است.

بازار bāzār [په. vāčār](إ.) ۱ - محل خرید و فروش کالا و خوراك. ۲ - کوچهٔ سرپوشیده که از دوسوی دارای دکانها باشد، بازارگاه. ‖ ــِ خاك. ۱ -(کن.)قالب آدمی. ۲ -عظمت بشریت. ۳ - رونق امور دنیوی. ‖ ــِ مکاره. ← ۲ - مکاره.

بازارچه bāzār-ča(-e) (إمصغ.) بازار کوچك.

بازارگان bāzār-gān [← بازرگان] (ص‌مر.) تاجر، سوداگر، بازرگان.

بازاری bāzār-ī (ص‌نسب.) ۱ - منسوب به بازار، مردم بازار، اهل بازار، سوقه. ۲ - (هنر.) مبتذل، اثری که در آن رعایت‌اصول‌نشده‌وخالی از حس و حساب باشد، اثری که فقط بمنظور انتفاع ساخته شده باشد.

بازالت bāzālt [فر. basalte] (إ.) (زم.) یکی از سنگهای آذرین که دارای سختی نسبةً زیاد و سیاه رنگ ولبهٔ بریدگیهایش کنداست. این سنگ دردستگاه شش‌وجهی متبلور میشود.

بازالت

باز

باز آمدن bāz.-āmadan (مص‌ل.) دوباره‌آمدن، برگشتن.

باز آوردن b.-āvardan (مص‌م.) دوباره‌آوردن، برگرداندن.

بازافکن(افگن) bāz-afkan(afgan) (إمر.) ۱ - ژنده و پینه‌ای که فقیران و درویشان برجامه وخرقه‌دوزند. ۲ - مداخل مانندی که بعضی از سپاهیان بر پشت‌گریبان جامهٔ پینه‌داریاچارقب میدوختند بطوریکه سر مداخل برمیان دو شانه افتد.

بازبین bāz-bīn (إفا.) آنکه‌بلیتهای ورودی را بازدیدکند[1].

بازپرس bāz-pors (إفا.،إمر.) ۱ - کسی‌که چیزی را پرسش‌کند، پرسش کننده. ۲ - (حق.) کارمند دادگستری یا شهربانی که برای کشف جرایم وبزه‌ها ازمتهم پرسشهایی کند؛ مستنطق. ‖ روز ــ. روز پرسش، روز قیامت.

باز پرسی bāz-pors-ī (حامص.) ۱ - پرسش مکرر. ۲ - (حق.)پرسشی

۱ — Controleur (فر.)

است که بازپرس (مستنطق) از مدعی ومدعی علیه یا متهم و یا مرتکب جرم کند، و نتیجه را در پرسش نامهٔ رسمی نویسد و آنگاه با توجه بجوابها قرار صادر نماید؛ عمل بازپرس.

بازپس bāz-pas ۱ - (قمر.) عقب. ۲ - (پشف.) بر سر فعل درآید بمعنی عقب، واپس: بازپس‌رفتن، بازپس‌شدن.

بازپسین bāz-pas-īn (ص نسب.) آخرین، واپسین.

بازجو bāz-ǰū (إفا.، إمر.) (حق.) کسی که از جانب دولت یا مؤسسه‌ای مأمور رسیدگی و تحقیق در امری‌است.

باز جوی bāz-ǰūy [= بازجو] (إفا.، إمر.) بازجو (ه.م.)

باز جویی bāz-ǰūy-ī (حامص.) عمل‌بازجو (ه.م.) ، تحقیق بازجو از متهم؛ استنطاق.

باز خواست bāz-xāst (مص‌خم.) پرسش ، مؤاخذه . ‖ **روز ~** . روز قیامت، روز رستاخیز.

۱ - بازدار bāz-dār [= بازیار] (ص‌مر.) مربی‌باز شکاری، نگاه‌دارندهٔ باز، بازیار، بازبان.

۲ - بازدار bāz-dār [= بازیار] (ص مر .) برزیگر (غالباً بکارگر کشاورزی اطلاق شود نه‌زارع سهم‌بر).

۳ - بازدار bāz-dār (إفا . بازداشتن) کسی که دیگری را ازکاری منع کند.

باز داشت bāz-dāšt (مص‌خم.) ۱ - منع، ممانعت، جلوگیری. ۲ - (حق.) توقیف، حبس.

بازداشت کردن b.-d.-kardan (مص‌م.) بزندان‌افکندن کسی‌را ، حبس کردن، زندانی کردن.

بازداشتگاه bāz-dāšt-gāh (إمر.) محلی که اشخاص توقیفی راموقتاً در آن زندانی کنند .

بازداشتن bāz-dāštan (مص‌م.) ۱ - منع کردن، جلوگیری کردن. ۲ - توقیف کردن، حبس کردن.

بازدانگان bāz-dāna(e)g-ān (إمر.) (گیا.) راسته‌ای از گیاهان که میوهٔ آنها پس از رسیدن شکفته شود ودانهٔ آنها آزاد گردد . این شاخه از گیاهان‌شامل تیره‌هایی ازگیاهان‌مانند کاجها و سروها و صنوبرها میباشد[۱] ؛ عریان‌البذور.

بازدم bāz-dam (إمر.)(پز.)خروج هوای تنفسی از ریه[۲]، عملی‌که‌دستگاه تنفسی‌پس‌ازعمل‌دم‌انجام می‌دهد؛زفیر.

بازدید bāz-dīd (مص‌خم.) ۱ -دیدار مجدد، دوباره‌دیدن. ۲ - ملاقات‌شخصی از دیگری که وی قبلاً بملاقات آمده باشد. ۳ - رؤیت مکانی و ناحیه‌ای . ۴ - رسیدگی بامری.

بازرس bāz-res(ras) (إفا.،إمر.) (حق.) کسی که مأمور رسیدگی‌بکارهای یك فرد یا یك مؤسسه و اداره است ؛ مفتش.

بازرسی bāz-res-ī(-ras-) (حامص.)عمل بازرس (ه.م.) ، تفتیش.

بازرفتن bāz-raftan (مص‌ل.) مجدداً رفتن ،دوباره‌رفتن، بازشدن.

بازرگان bāzar-gān [= بازارگان] (ص‌مر.،إمر.) بازارگان (ه.م.)

بازرنگ bāzrang [= باژرنگ] (إ.) باژرنگ (ه.م.)

بازشدن bāz-šodan (مص‌ل.) گشاده شدن(درومانندآن)، گشوده‌شدن،مفتوح گردیدن.

۱- Gymnospermes (فر.)
۲ - Expiration (فر.)

بازمانیدن

بازغ bāzeγ [ع.] (ص.) روشن ، تابان.

بازکردن bāz-kardan (مصم.) ۱ ـ گشاده کردن (در و مانندآن) ، گشوده کردن ، مفتوح ساختن . ۲ ـ واکردن گره .

باز گذاردن b.-gozārdan [= بازگذاشتن] (مصم.) ← بازگذاشتن (همع.) .

۱ـ بازگذاشتن b.-gozāštan [= بازگذاردن] (مصم.) گشاده گذاشتن، گشوده گذاشتن.

۲ ـ باز گذاشتن b.-gozāštan [= واگذاشتن= بازگذاردن] (مصم.) ۱ ـ رها کردن کاری یاچیزی ، دست برداشتن از امری یاشیئی. ۲ ـ سپردن کاری یاچیزی بدیگری، واگذار کردن، تفویض کردن.

بازگرد b.-gard (إمص.)مراجعت، بازگشت.

بازگردان b.-gardān (إفا.)رجعت دهنده،مراجعت دهنده، بازگرداننده.

بازگرداندن b.-gard-āndan [= بازگردانیدن] (مصم.) بازگردانیدن (ه.م.) .

بازگردانیدن b.-gard-ānīdan [= بازگرداندن ، ل .: بازگردیدن ، بازگشتن](مصم.) ۱ ـ مراجعت‌دادن، باز فرستادن، بازگشت‌دادن . ۲ ـپس فرستادن، مسترد کردن.

بازگشت bāz-gašt (مصخم.) ۱ ـ برگشت ازجایی ، مراجعت ، رجعت . ۲ ـ (مس.) رجوع از آهنگی یاآهنگ مناسب دیگر.

بازگشتن b.- gaštan [= بازگردیدن] ۱ ـ برگشتن ، مراجعت کردن، بازگردیدن. ۲ ـ پشیمان‌شدن، توبه‌کردن . ۳ ـ منصرف شدن ، ترک کردن.

بازگشته b.-gašta(-e) (إمف. بازگشتن) برگشته، مراجعت‌کرده.

باز گفتن b.-goftan (مص م.) ۱ ـ تکرار کردن سخنی، مجدداً گفتن. ۲ ـ بیان‌کردن .

بازگو bāz-gū [= بازگویه] (إمص. بازگفتن) تکرار سخنی،اعادهٔ مطلبی.

بازگو کردن b.-kardan (مصم.) تکرار کردن سخنی،اعاده کردن‌مطلبی.

بازگون bāz-gūn (صمر.) ← باژگون.

بازگونه bāz-gūna(-e) (صمر.) ← بازگون، باژگونه.

بازگویه bāz-gūya(-e) [= بازگو] (إمص.) (عم.) ← بازگو.

بازمان bāz-mān ۱ ـ (إمص .) توقف، درنگ . ۲ ـ (إ.) (فر.)مقدار ثابتی‌که برجای میماند[1] (فره.)

بازماندگی b.-mānda(e)g-ī (حامص.) ۱ ـ عقب‌ماندگی. ۲ ـحبس شدن، گرفتاری.

باز ماندن b.-mān-dan [= بازمانیدن] ۱ ـ (مصل.) عقب‌ماندن، عقب افتادن، واپس‌افتادن. ۲ ـ ازکار ماندن و بهدف نرسیدن، خسته شدن . ۳ ـ (مصم.) بجاگذاشتن، بجاماندن.

بازمانده b.-mānda(-e) [= بازمانیده] (إمف.) ۱ ـ عقب مانده ، عقب‌افتاده. ۲ ـ ازکارمانده، خسته. ۳ـ بجامانده ، پس‌مانده . ۴ ـ خویشاوند کسی‌که پس ازمرگ‌وی‌ازومیراث برد (ج. بازماندگان) .

بازمانیدن b.-mān-īdan [=

---

۱ ـ Permanent (فر.)

بازماندن] (مص ل.) ← بازماندن.

بازمانیده b.-mān-īda(-e) (اِمف. بازمانیدن) ← بازمانده.

بازندگی b.-anda(e-)g-ī (حامص. باختن) حالت و عمل بازنده (ه.م.)

بازنده bāz-anda(-e) (اِفا. باختن، بازیدن) ۱- بازی‌کننده (ج. بازندگان). ۲- (اِ.) قسمی از کبوتر.

بازنشستگی b.-neša(e)sta(e)g-ī (حامص.) حالت بازنشسته (ه.م.)، برکناری از خدمت در سن پیری؛ تقاعد. ‖ ادارهٔ ~. اداره‌ای که امور کارمندان بازنشسته را رسیدگی کند؛ ادارهٔ تقاعد.

بازنشستن b.-neša(e)stan (مص ل.) ۱- برکنار رفتن از کار و خدمت؛ تقاعد. ۲- گوشه‌گیری کردن.

بازنشسته b.-neša(e)sta(-e) (اِمف.) کسی که در پیری یا پس از مدتی طولانی، یا بعلل دیگر از کار برکنار رود و از حقوق بازنشستگی استفاده کند؛ متقاعد. (ج. بازنشستگان).

باز نماینده b.-no(a,e)māy-anda(-e) (اِفا. بازنمودن) نشان‌دهنده، ارائه‌کننده.

باز نمودن b.-no(a,e)mūdan ۱- (مص م.) نشان‌دادن، ارائه‌کردن. ۲- (مص ل.) بیان کردن، شرح‌دادن.

بازنموده b.-no(a'e)mū-da(-e) (اِمف. بازنمودن) نشان داده، ارائه‌شده.

بازو bāzū [— باهو، است. bāzu] (اِ.) ۱- (جاذ.) قسمتی از دست که بین آرنج و شانه قرار دارد[1]؛ عضد. (ج. بازوان). ۲- هریک از دو چوب کنار درگاه. ۳- اطراف تخت خوابگاه. ۴- واحد طول برابر با طول بازو ↑، گز. ۵- رفیق، مصاحب.

بازو

۶- آنکه در سرود با کسی همراهی کند. ۷- قوت، قدرت، نیرو. ‖ ~ ی چیزی داشتن. ۱- لایق بودن برای انجام دادن آن کار. ۲- قوت داشتن، نیرو داشتن. ‖ ~ ستون کردن. محکم و سخت کردن بازوی چپ را در هنگام کشیدن کمان.

بازوافراختن b.-afrāxtan [= بازوافراشتن] (مص ل.) بلند کردن بازو برای گرفتن چیزی.

بازو افراشتن b.-afrāštan [= بازو افراختن] (مص ل.) ← بازو افراختن.

بازوبند b.-band (اِمر.) ۱- آنچه که ببازو بندند از آلات زینت یا سنگهای گرانبها. ۲- پارچه‌ای که برای علامت وشعاری نقش شده باشد. ۳- دعایی که بر کاغذ یا پارچه‌نوشته و بر بازو بندند.

بازوخوردن b.-xordan (مص ل.) صدمه دیدن بازوی شخص، پذیرفتن آسیب از بازو.

بازو دادن b.-dādan (مص م.) یاری کردن، معاونت نمودن.

بازو زدن b.-zadan (مص م.) زدن کسی را با بازو.

بازوگشادن b.-gošādan (مص ل.) ۱- گشودن بازو، باز کردن و کشیدن بازو. ۲- گشاده دست بودن، سخی بودن.

بازودراز b.-da(e)rāz (ص مر.) مردم دراز دست، غالب، ظالم.

بازور bā-zūr (ص مر.) باقوت، با نیرو، نیرومند.

۱- بازه bāza(-e) [— باز = باژ = باژه] (اِ.) ← ۳ باز.

۱- Bras (فر.)

۲-بازه bāza(-e) [= باز] (اِ .) ۱ - فاصلهٔ میان دو دیوار، کوچه. ۲ - فاصلهٔ میان دو کوه، دره.

۳-بازه bāza(-e) [قس . گواز = جواز=غباز=غبازه] (اِ.) ۱- چوب دستی قلندران؛ سردستی . ۲ - چوب گنده که قپان و ترازو را از آن آویزند.

بازهر bā-zahr [= بادزهر = پاد زهر= پازهر] (اِمر.) ← پاد زهر ، پازهر.

بازی bāzī (اِ.) ۱ - سرگرمی بچیزی، مشغولیت، تفریح، لعب. ۲ - قمار. ۳ - ورزش. ۴ - فریب.

۱-بازیار bāz-yār [= بازدار] ← ۱ بازدار.

۲-بازیار bāz-yār [= بازدار] ← ۲ بازدار.

بازیافت bāz-yāft (مص‌خم.، اِمر.) آنچه که بی زحمت ورنج بدست آید ← بازیافتی، بازیافتنی.

بازیافتن bāz-yāftan (مص‌م.) ۱ - دوباره یافتن چیزی‌را، شیء از دست رفته را بدست آوردن . ۲ - چیزی را بآسانی بدست آوردن، بی‌زحمت بدست آوردن چیزی. ۳ - پیدا کردن .

بازیافتی bāz -yāft-ī (ص‌نسب.) آنچه بدون زحمت و بآسانی بدست آید، باز یافت.

بازیچه bāzī-ča(-e) (اِمصغ.) ۱ - آنچه که بدان بازی کنند؛ ملعبه . ۲ - اسباب بازی کودکان . ۳ - مسخره ، ملعبه. ‖ ~ٔ روم وزنگ. (کنـ.) دنیا (باعتبار روز وشب).

بازی‌دادن bāzī-dādan (مص م.) ۱ - کسی را سر گرم ساختن ، مشغول کردن کسی بتفریح و بازی . ۲ - فریب دادن کسی، فریفتن .

بازیدن bāz-īdan [= باختن] (بازید ، بازد ، خواهد بازید ، بباز ، بازنده، بازیده) ۱- (مص‌ل.،م.) ← باختن .

بازی‌کردن bāzī-kardan (مص‌ل.) ۱ - سرگرم شدن ببازی . ۲ - مشغول شدن بچیزی، سرگرم شدن بچیزی برای گذراندن وقت. ۳ - قمار کردن.

بازیگر bāzī-gar (ص‌فا.) ۱ - بازی کننده . ۲ - (هنر) کسی که در تماشاخانه یا در فیلم بازی کند؛ هنر پیشه.

بازیگوش bāzī-gūš (ص‌مر.) ۱ - کسی که همواره بفکر بازی و تفریح باشد ؛ بازی‌دوست. ۲ - شوخ وشنگ. ۳ - هرزه.

۱-باژ bāž [= باز (هـ.م.) = بازه = باژه] ← ۳ باز.

۲-باژ bāž [= باز= واژ] (پش.) بر سر اسما بمعنی قلب وعکس و دیگرگونی آید؛ باژگونه ، باژگون .

۳-باژ bāž [= باز= باج] (اِ.) باج ← ۱ - باج، خراج، مالیات، ساو.

باژبان bāž-bān (ص مر.) مأمور وصول باج، خراج‌ستان، محصل مالیات.

باژرنگ bāžrang [= بازرنگ] (اِ.) ۱ - پستان بند زنان . ۲ - سینه بند کودکان.

باژگون bāž-gūn [= باژگونه = بازگون = باز گونه = واژگون = واژگونه = باشگون = باشگونه] (ص‌مر.) سرنگون، وارون .

باژگونه bāž-gūna(-e) (ص مر.) ← باژگون.

باژه bāža(-e) (اِ.) ← ۳ باز.

باس bās [فر. basse] (اِ.) (مسـ.) بم‌ترین صدای مرد؛ مق. سیرانو .

باستار bāstār [= بیستار = عم. bīsār] (مبهمات) فلان، بهمان. ‖ ~ و بیستار. فلان و بهمان.

باستان bāstān (ص.، ا.) قدیم، گذشته، دیرین، دیرینه. ‖ **ایران** ~ . ایران قدیم، ایران پیش از اسلام. ‖ **پارسی** ~ . ← بخش ۳. ‖ **تاریخ** ~ . تاریخ قدیم. ‖ **دورهٔ** ~ ، **عهد** ~ . دورهٔ قدیم.

باستانشناس bāstān-šenās (إفا.) متخصص باستانشناسی، عتیقه شناس.

باستانشناسی bāstān-šenās-ī (حامص.، إمر.) دانشی است که دربارهٔ اشیا و آثار و ابنیهٔ باستانی و شناسایی آنها بحث و تحقیق کند[2].

باستان نامه b.-nāma(-e) (إمر.) کتابی که از گذشته حکایت کند، نامهٔ باستان.

باستانی bāstān-ī (ص نسبـ.) ۱ - قدیمی، کهن، کهنه. ‖ **آثار** ~ . آثار و ابنیهٔ قدیمی و تاریخی، اشیاء عتیقه.

باستیان bāstiyān [فر. bastion] (ا.) ← باستیون.

باستیون bāstiyon [فر. bastion] (ا.) ۱ - بنای مرتفعی که در قلعه سازند. ۲ - (نظ.) قلعه‌ای که در آن اسلحه و ابزار جنگی ذخیره کنند.

باسدق bāsdoγ (ا.) باسلق (ه.م.)

باسره bāsara [پهـ. vāstr] (ا.) زمینی که برای کشت و زرع آماده کرده باشند، کشتزار.

باسط bāset [ع.] (إفا.) ۱ - گستراننده، گسترنده، فراخ کننده. ۲ - (إخ.) از نامهای خدا، چه فراخ میگیرد روزی را بر هر که خواهد.

باسکول

باسق bāseγ [ع.] (ص.) بلند، بالیده، دراز (درخت و مانند آن).

باسقاق bāseγāγ [تر.-مغ.] (ا.) مأمور محلی مالیات (ایلخانان مغول).

باسك bāsok [= پاسك = پاشك] (ا.) خمیازه، خامیازه، دهان‌دره.

باسکت بال bāsket-bāl [= بسکتبال، انگ. basket-ball] (إمر.) نوعی توپ بازی دو دستهٔ پنج نفری که درمیدانی بمساحت ۱۵×۲۸ متر اجرا می شود. هر دسته کوشش میکند توپ را از رقبا گرفته در کیسه‌ای توری که برسر پایه‌ای بارتفاع تقریبی ۴ متر آویخته‌شده بیندازد. مدت بازی ۴۰ دقیقه است، و در میان بازی ۱۰ دقیقه استراحت میکنند.

باسکول bāskūl [فر. bascule] (ا.) (فز.) ترازوی بزرگ که برای توزین بارهای سنگین تجارتی بکار میرود، آنرا «قپان یك برده» نیز گویند زیرا مثلا با گذاردن سنگ ۱۰ کیلو یکصد کیلوگرم بار را وزن مینمایند؛ قپان، قپاق فرنگی.

باسلق bāsloγ [= باسدق = بارسق] (ا.) قسمی شیرینی که با جوشاندن آرد گندم یا نشاسته در آب انگور تهیه میکنند و بجای آب انگور ممکنست نشاسته یا آرد گندم را در شربت قند یا شکر بجوشانند. در آن مغز بادام یا مغز گردو میریزند و آنرا به نخ میکشند؛ باسدق، بارسق، فراته.

باسلیق bāselīγ [= باسیلیق، یو. basilikos] (ا.) (پز.) سیاهرگی[3] که بمحاذات محور بازو در زیر جلد قرار دارد و حجیم‌تر از سیاهرگ قیفال[4]

---

۱ - Archéologue (فر.)
۲ - Archéologie (فر.)
۳ - Veine basilique (فر.)
۴ - Veine céphalique (فر.)

است و بدو سیاهرگ زند اسفل ومیانی تقسیم میشود . این سیاهرگ مسیرش در زیرپوست در $\frac{۱}{۳}$ فوقانی بازوباچشم کاملا مشهود است؛ شاهرگ دست.

باسلیقون bāslīɣūn (یو . basilikon) (اِ.) (گیا .) زیرهٔ کرمانی (ه.م.)

باسم bāsem [ع.] (اِفا.) تبسم‌کننده، شکر خند زننده.

باسمه bāsma(-e) [تر. باصمه] (اِ.) ۱ - چاپ، طبع، چاپ روی پارچه. ۲ - عکس چاپ شده.

باسمه‌چی bāsma(-e)-čī [تر.] (ص نسب.، اِمر.) آنکه مباشر کارچاپ باشد؛ چاپچی، مطبعه‌چی.

باسمه خانه b.-xāna(-e) [تر - ف.] (اِمر.) چاپخانه، مطبعه.

باسمه کاری b.-kār-ī [تر.-ف.] (اِمر.) یکی ازروشهای معمول ایجاد نقش برروی سفال است که بااستفاده ازمهر (ه.م.) انجام میگیرد.

باسمه کردن b.-kardan (مص م.) چاپ کردن، طبع کردن.

با سنگ bā-sang (ص مر.) ۱ - گرانبار، سنگین. ۲ - بلندقدر، عظیم‌القدر، با تمکین.

باسور bāsūr [ع.] (اِ.) (پز.) نوعی ازبیماری مقعد وبینی. ج. بواسیر (مفرد کم‌استعمال است).

باسیل bāsīl [فر. bacille] (اِ.) (گیا.) (پز.) باکتری دراز اندام وکشیده. ضح. - باسیلها. (فر. bacilles) (گیا.) (پز.) قسمی از باکتریها که دراز اندام و کشیده‌اند و اغلب آنها ناخوشیهای مختلف را موجب میشوند از قبیل باسیل سیاه زخم[1]، باسیل کخ[2] وغیره که اولی نا خوشی سیاه زخم را موجب میشود ودومی تولید مرض سل میکند. عده‌ای ازباسیلها نیزدرتخمیرات شرکت میکنند.

باسیلیق bāsīlīɣ (اِ.) ← باسلیق.

باشام bāšām [= باشامه = واشامه = باشومه] (اِ.) ۱ - پردهٔ در. ۲ - پردهٔ ساز، سیم ساز.

باشامه bāšāma(-e) [= باشام = واشامه = باشومه] (اِ.) چادری که زنان برسر اندازند، روسری زنان، چارقب.

باشتین bāštīn (اِ.) میوه‌ای که ازدرخت برآید بی آنکه گل کند و بهاردهد.

با شجاعت bā-šaǰāat(-šo-) (تد. ف.-ع.) (ص مر.) آنکه شجاعت (ه.م.) دارد، شجاع، دلیر؛ مق. ترسو، جبون.

باشرا bāšrā (اِ.) (گیا .) فاشرا (ه.م.)

باشرف bā-šaraf [ف.-ع.] (ص مر.) کسی که شرف (ه.م.) دارد؛ شرافتمند، شریف، بزرگوار؛ مق. بی‌شرف.

باشق bāšaɣ [معر. باشه] (اِ.) ← باشه.

باشکوه bā-šokūh (ص مر.) با جلال، باعظمت، باابهت.

باشگاه bāš-gāh (اِمر.) محلی که گروهی برای ورزش، بازی، تفریح، دید وبازدید درآن گرد آیند؛ کلوب.

باشگون bāš-gūn (ص مر.) ← بازگون.

باشگونگی bāš-gūna(-e)g-ī (حامص.) حالت باشگونه (ه.م.) ۱ - وارونه‌بودن. ۲ - مباینت، ضدیت.

باشگونه bāš-gūna(-e) (ص مر.) ← بازگون، بازگونه.

۱- Bacille de charbon(فر.)

۲- Bacille de Koch(فر.)

باشلق bāšloɣ [تر.] (اِ.) کلاه بزرگ بارانی.

باشلق

باشلیق bāš-līɣ [تر.] (ص‌مر.، اِمر.) سردار، سالار.

باشماقچی bāšmāɣ-čī [تر.] (ص نسبـ. اِمر.) کفشدار.

باشنده bāš-anda(-e) (اِفا. باشیدن، بودن) ساکن، مقیم، آرام گیرنده. ج. باشندگان.

باشنگ bā-šang [= پاشنگ] (اِ.) ←۲- پاشنگ

باشنگان bāšang-ān [قس. باشنگ] (اِ.) فالیز خربزه.

باشو bāšū (اِ.) چلپاسه (ه‌.م.)

باشومه bāšūma(-e) [= باشامه] (اِ.) ← باشامه.

باشه bāša(e-) [= باش = باشه = معر. واشق، همریشهٔ «باز»] (اِ.) (جا ن.) یکی از پرندگان شکاری[1] که جثه‌اش کوچک است و درازیش حداکثر تا ۳۰ سانتیمتر میرسد. رنگ چشم این پرنده زرد است و تقریباً در تمام کرهٔ زمین بخصوص ایران وهندوستان وآسیای مرکزی فراوان است. پشتش خاکستری‌تیره‌وشکمش‌سفید بالکه‌های حنایی است. این پرنده در هوا مرغان دیگر را شکار و گاهی نیز از تخم مرغها استفاده میکند؛ باشق، قرقی، واشه، بش، جغنه، جغنك، جغنق. ‖ ~ٔ فلك. ← بخش ۳.

باشه

باشهامت bā-šahāmat [ف.- ع.] (ص‌مر.) آنکه شهامت (ه‌.م.) دارد، شجاع؛ مرد با شهامتی است؛ مق. بی-شهامت.

باشی bāšī [تر.] (ص.، اِ.) سرور، رئیس، سردسته، سردار. ضح.- گاه این کلمه برای تعیین شغل‌وسمت یا احترام بآخر اسما (دال‌بر شغل) ملحق گردد: حکیمباشی، فراشباشی، نانوا باشی، منشی باشی.

باشیدن bāš-īdan (مص ل.) < ازین مصدر فقط مضارع [باشم، باشی، باشد، باشیم، باشید، باشند]، امر [باش، باشید] و اسم مصدر (باشش) استعمال شود. «میباشد» بجای «هست» متداول است. بقیهٔ زمانها از مصدر «بودن» آیند > ۱- بودن. ۲- توقف کردن، ماندن، منزل کردن.

باصر bāser [ع.] (اِفا.، ص.) بیننده، بینا.

باصره bāsera(-e) [= ع. باصرة] (اِفا نث.، اِ.) (پز.) بینایی (ه‌.م.) (فره) ‖ آلت ~. چشم، دیده.

با صلابت bā-salābat [ف.- ع.] (ص‌مر.) آنکه صلابت (ه‌.م.) دارد؛ باهیبت، باوقار.

باطری bātrī ← باتری.

باطل bātel [ع.] (اِفا.، ص.) ۱- بیهوده، بی‌فایده، بی کاره، بی‌معنی. ۲- ناراست، دروغ، ناحق. ج. اباطیل. ‖ سخن (کلام) ~. سخن بیهوده و بی-معنی. ‖ ~ِ سحر. ← بخش ۲. (باطل السحر).

باطل‌شدن b.-šodan (مص ل.) ۱- بیهوده شدن، بی‌معنی گردیدن. ۲- نا راست جلوه کردن، نا حق معرفی شدن.

باطل کردن b.-kardan (مص م.) ۱- بیهوده ساختن، بی معنی کردن. ۲- ناراست جلوه دادن؛ ابطال.

باطن bāten [ع.] (اِ.) ۱- پنهان، درون چیزی، اندرون. ج. بواطن، ابطنه. ۲- حقیقت، اصل. ۳- ضمیر،

1- Émerillon (.فر), aesalon (.لا), Falko nisus (.لا)

دل. ۴ - (إخ.) نامی از نامهای خدا. ‖ در ــــ . باطناً (ه.م.)

باطناً bāten-an [ع.] (ق.) در باطن، در حقیقت، حقیقةً.

باطن بین b.-bīn [ع.-ف.] (إفا.) آنکه درون چیزها را بیند، ژرف‌بین.

باطنی bāten-ī [ع.-ف.] (ص نسب.) ۱- منسوب به باطن، درونی. ۲- پیرو باطنیه (← بخش ۳).

باطوم bātūm [= باتون] ← باتون.

باطیه bātiya [ع = باطئة، ف. بادیه] (إ.) ظرف سفالینی که در آن شراب نگاهدارند، ابریقی که از آن در پیاله‌های کوچک شراب ریزند.

باع bā' [ع. قس. باز] (إ.) واحد طول، از سر انگشت دست راست تا سر انگشت دست چپ، آنگاه که دستها را افقی بطرفین بازکنند، باز.

باعث bāes [ع.] ۱- (إفا.) برانگیزنده، بعث‌کننده. ۲- یکی از نامهای خدا. ۳- (إ.) سبب، موجب، علت، انگیزه. ‖ **ــِ لیل و نهار.** ۱- خدا که موجد شب و روز است. ۲- آفتاب.

با عظمت bā-azamat [ف.-ع.] (ص مر.) بزرگ، عظیم، باشکوه.

باعقل bā-aγl [ف.-ع.] (ص مر.) عاقل، باخرد، خردمند؛ مق. بی‌عقل.

باغ bāγ [په. bāγ؛ سغ. bāγ] (إ.) ۱- محوطه‌ای معمولاً محصور که در آن انواع درختها و گلها کاشته باشند؛ حدیقه. ۲- چهرهٔ محبوب. ۳- روزگار، گیتی، جهان. ‖ **ــِ ارم** ← بخش ۳. ‖ **ــِ بدیع.** بهشت. ‖ **ــِ رفیع.** بهشت. ‖ **ــِ رنگین.** گیتی، جهان. ‖ **ــِ سخا.** ۱- گیتی، جهان. ۲- مردم صاحب همت. ‖ **ــِ پرستاره.** باغی که پر از گلهای شکفته باشد. ‖ **ــِ قدس.** بهشت. ‖ **ــِ وسیع.** بهشت.

باغات bāγ-āt (إ.) ج. باغ (بسیاق عربی) ← باغ.

باغبان bāγ-bān [په. bāγpān] (ص مر.، إمر.) کسی که مأمور حفاظت و نگاهبانی باغ و پرورش گلهای آنست.

باغبانی bāγ-bān-ī (حامص.) عمل وشغل باغبان، حفاظت و نگاهبانی از باغ.

باغچ bāγač (إ.) انگور نیم پخته.

باغچوان bāγ-ča(-e)-vān [= باغچه‌بان] ← باغچه‌بان.

باغچه bāγ-ča(-e) (إمصغ.) ۱- باغ کوچک. ۲- هر بخش از باغ بزرگ، قطعهٔ کوچک از زمینی که در آن گلکاری کنند؛ کرته، کاله.

باغچه‌بان bāγ-ča(-e)-bān [= باغچوان] (ص مر.، إمر.) محافظ باغچه، نگاهبان باغ کوچک.

باغره bāγra(-e) [= باگره] (إ.) (پز.) گرهی را گویند که در اعضا بسبب دردمندیی دیگر پدید آید مثل آنکه از پای کسی دملی برآمده باشد وبسبب آن در کشالهٔ ران گرهها پدید آید، هریک ازغده‌های زیر پوست که ورم یابد.

باغستان bāγ-estān (إمر.) باغ، حدیقه.

باغ سیاوشان bāγ-e-siyāvūš-ān (إمر.) (مس.) نوایی در موسیقی قدیم.

باغ شهریار bāγ-e-šahriyār (إمر.) (مس.) نوایی درموسیقی قدیم.

باغ شیرین bāγ-e-šīrīn (إخ.) ← بخش ۳.

باغند bā-γa(o)nd [= باغنده =

باغند= پاغنده](اِ.)← باغنده.

باغنده bā-γa(o)nda(-e)] = باغند = پاغند= پاغنده] (اِ.) پنبهٔ حلاجی کرده که برای رشتن گلوله کرده باشند؛ پنبهٔ زده شده؛ غند، غنده.

باغی bāγī [ع.] (اِفا.) ۱ - سرکش، نافرمان، گردنکش. ج. بغاة. ۲ - (فق.) ← بغاة.

باف bāf (ری. بافتن، بافیدن) ۱ - (اِفا.) درترکیب گاه بجای «بافنده» آید: بوریاباف، حریرباف، حصیرباف، شالباف. ۲ - (اِمف.) گاه درترکیب بجای «بافته» آید؛ کشباف.

بافتنی

بافت bāft ۱ - (مصخم.) بافتن، نسج. ۲ - (اِ.) (پز.) مجموعهٔ سلولهایی که که دارای یك ساختمان میباشند و یك عمل مشترك را انجام میدهند[1]؛ دسته‌ای ازیاخته‌ها که دربدن بهم پیوسته باشند، نسج. ‖ ~ استخوانی. (جاذ.) بافتی که در داخل سیتوپلاسم سلولهایش مادهٔ اسئین واملاح آهکی که ترکیب کنندهٔ استخوانند ترشح میشود[2]. این بافت بوجود آورندهٔ استخوانهای مختلف بدن حیوانات است؛ نسج استخوانی، نسج عظمی، جرم عظمی. ‖ ~ اسفنجی. (جاذ.) بافتی که در دو انتهای استخوانهای دراز و قسمت عمدهٔ استخوانهای پهن قرار دارد و تشکیل قسمت نرم تر استخوان را میدهد[3]؛ نسج اسفنجی.

بافت برداری bāft-bardār-ī (حامص.) (پز.) برداشتن قسمتی از نسج گیاهی یا حیوانی بمنظور آزمایشهای لازم[4]؛ امتحان نسج زنده برای تحقیق درنوع بیماری.

بافت شناس bāft-šenās (اِفا.) (پز.) کسی که در شناسایی و تشخیص بافتهای جانوری یا گیاهی تخصص دارد[5]؛ نسج شناس.

بافت شناسی bāft-šenās-ī (حامص.) (پز.) علمی که بافتهای مختلف جانوری و گیاهی را موردمطالعه وتحقیق قرار میدهد[6]؛ نسج شناسی. ضح. - در بعضی کتب «تشریح عمومی» را مرادف بافت شناسی بکاربرده‌اند.

بافتگی bāf-ta(e)g-ī (حامص.) بافته بودن؛ انتساج.

بافتن bāf-tan [— بافیدن، است. ubdaena] (مصم.) (بافت، بافد، خواهد بافت، بباف، بافنده، بافته) ۱ - تاروپود را درهم کردن برای ایجاد پارچه، قالی، فرش وغیره؛ رشته‌های مو یا نخ یا پشم را بهم تابیدن؛ نسج. ۲ - (مج.) (تد.) سرهم کردن سخنان دروغ، لاف و گزاف گفتن.

بافتنی bāftan-ī (صلیا.) هرچیز لایق بافتن.

بافته bāf-ta(-e) (اِمف.) ۱ - تابیده شده، بهم پیچیده شده؛ منسوج. ۲ - (اِ.) پارچه. ۳ - فرش.

بافدم b-āfdom [= بِ، حر. اض. + افدم، په. afdom] (ق.) عاقبت، آخر.

با فراست bā-ferāsat(-fa-) (تد.) [ف.-ع.] (صمر.) آنکه فراست (ه.م.) دارد؛ باهوش، زیرك.

بافضل bā-fazl [ف.-ع.] (صمر.) ۱ - فاضل، دانشمند: مرد بافضلی است. ۲ - بافضیلت (ه.م.)

بافضیلت bā-fazīlat [ف.-ع.] (صمر.) ۱ - آنکه فضیلت (ه.م.)

---

۱ - Tissu (فر.) ۲- Tissu osseux (فر.) ۳ - Tissu spongineux (فر.) ۴ - Biopsie (فر.) ۵ - Histologiste (فر.) ۶ - Histologie (فر.)

باقی‌گذاشتن

دارد، باتقوی. ۲ - باکمال، بامعرفت؛ مق. بی فضیلت.

بافکار bāf-kār [= بافتکار] (ص‌فا.) بافنده، جولاه، نساج.

بافندگی bāf-anda(e)g-ī (حامص.) گذراندن پودها بوسیلهٔ میله‌های دستی یا دستگاه، از سلسلهٔ تارها برای نسج جامه، جوراب، دستار وجزآن؛ نساجی.

بافنده bāf-anda(-e) (إفا.) کسی که پارچه، فرش، قالی ومانند آن‌بافد؛ جولاه، جولاهه، نساج.

باق bāγ (إ.) (مس.) سازی است از مقیدات (ه‌م.) آلات ذوات‌النفخ (ه‌م.) بطول یك وجب و دارای سوراخها وزبانه‌هایی بردهانهٔ آن.

باقر bāγer [ع.] (ص.) ۱- شکافنده، گشاینده. ‖ ـــِ علم. متبحر درعلم، وسعت دهندهٔ دانش. ۲ - (إخ.) نامی است عرب ومسلمانان‌را ← بخش ۳.

۱- باقل bāγel [ع.] (إ.) (گیا.) نشمه ← ۲ - نشمه

۲- باقل bāγel [ع.] (ص.) زمین گیاه برآوردهٔ سبز شده.

باقلا bāγelā, bāγlā [= باقلی، ع. باقلاء، ایت. bacelli، یو. bakelos] (إ.)(گیا.) گیاهی[1] ازتیرهٔ پروانه‌واران جزو دستهٔ پیچی ها که یکساله است، و ارتفاعش گاهی تا یك متر میرسد. برگهایش مرکب شانه‌یی وشامل ۲ یا ۴ زوج برگچه میباشد. گلهایش‌بنفش یا سفید بایك لکهٔ سیاه روی هریك‌از بالها میباشد.

باقلا

باقلاء bāγelā' [ع‌ف.، باقلا] (إ.) ← باقلا.

باقلاپلو bāγelā-polow (إمر.) ← پلو.

باقلاوا bāγlāvā [= باقلوا] (إ.) ← باقلوا.

باقلوا bāγlavā [= باقلاوا] (إ.) قسمی شیرینی که ازبادام سفید، قند کوبیده، هل کوبیده، آرد سفید، شیر وروغن تهیه کنند.

باقلی bāγlī [= باقلا = باقلاء] (إ.) (گیا.) باقلا (ه‌م.)

باقی bāγī [ع.] (إفا.، ص.) ۱ - پایدار، پایا، جاوید. ۲ - مانده، بازمانده، بجا مانده. ۳ - زنده، حی. ۴ - ثابت، استوار، برقرار. ۵ - تتمه، بقیه. ۶ - (حس.) حاصل تفریق، مانده. ۷ - (إخ.) نامی از نامهای خدا. ‖ ـــ و السلام. در پایان نامه نویسند ومراد آنست که همهٔ مطالب نوشته‌شده، آنچه که باقی مانده سلامت شماست. ‖ ـــ ایام دولت وجلالت مستدام باد. در پایان نامه نویسند و منظور آنست که همهٔ مطالب نوشته شده، آنچه که باقی مانده تقاضای دوام‌دولت وجلالت شما ازدرگاه خداست.

باقیات bāγiyāt [ع.] (ص.، إ.) ج. باقیه. ‖ ـــِ صالحات. عملهای صالح، کارهای‌نیکو، اعمالی که ثواب اخروی نصیب شخص کند.

باقی دار b.-dār [ع.-ف.] (إفا.) کسی که باقی‌داشته‌باشد، آنکه مبلغی وام داشته باشد، وامدار.

باقی داشتن b.-dāštan [ع.-ف.] (مص‌م.) ۱ - همهٔ چیزی‌را ادا نکردن. ۲ - وامدار بودن. ۳ - پایدار داشتن، ثابت داشتن، نگاهداشتن.

باقی گذاشتن b.-gozāštan [ع.-ف.] (مص‌م.) بجا ماندن، بر قرار گذاشتن.

---

۱ - Faba vulgaris (لا.)

باقی ماندگی b.-māndag-ī [ع.-ف.] (حامص.) ۱- همیشگی، دایمی. ۲- عقب ماندگی.

باقی‌ماندن b.-māndan [ع - ف.] (مصل.) ۱- بجاماندن، باز ماندن. ۲- ثابت ماندن، برقرار ماندن. ۳- در عقب ماندن، پس ماندن.

باقی مانده b.-mānda(-e) [ع.-ف.] (إمف.) ۱- بجامانده، بازمانده. ۲- ثابت، برقرار. ۳- پس مانده، در عقب مانده. ۴- بقیه، تتمه. ۵- (حس.) مقداری که پس از تقسیم (بخش) باقی ماند. ۶- وارث، میراث خوار.

اقسام بال

باقیه bāʔiya(-e) [=ع. باقیة] (إفا نث.) مؤنث باقی (ه.م.): آثارباقیه. ج. باقیات، بواقی (غم.)

۱-باك bāk (إ.) بیم، ترس، پروا.

۲-باك bāk (فر. bac) (إ.) ۱- (مکن.) مخزن بنزین اتومبیل که در جلو یا درپهلوی آن قرار دارد. بنزین باك بوسیلهٔ لولهٔ مسی که به تلمبه وصل است بکاربوراتور فرستاده میشود. معمولا در ته باك شیری برای تخلیهٔ بنزین آن تعبیه کرده‌اند. ۲- (فز.) مخزن آکومولاتور. ‖ ـــ بنزین. ← باك ↑ ۱.

باکارا bākkārā (فر. baccara) (إ.) نوعی از بازی باورق که بین یك بانکدار (banquier) و عده ای بازی کن (pontes) انجام شود.

باکتری bākterī [فر. bactérie] (إ.) (شم.، گیا.، پز.) موجود ریزذره‌بینی که باچشم غیرمسلح دیده نمیشودو نوعی از تیرهٔ آلگها بشمار میرود.

باك داشتن bāk-dāštan (مصل.) بیم‌داشتن، ترس داشتن، پروا داشتن.

باکره bākera(-e) [= ع. باکرة] (ص.) دختری که هنوزشوهر نکرده باشد، دختری که هنوز بکارت او نرفته باشد، دوشیزه.

باکفایت bā-kefāyat [ف.-ع.] (ص‌مر.) کافی، باجربزه، باعرضه، شایسته؛ مق. بی کفایت.

باکوره bākūra(-e) [=ع باکورة] (ص.) ۱- اولهرچیز. ۲- میوهٔ نورس، نوبر. ج. باکورات، بواکیر (کم.).

باکی bākī [ع.] (إفا.) گریه کننده. ج. بکاة (کم.)

باکیه bākiya(-e) [= ع. باکیة] (إفا نث.) مؤنث باکی (ه.م.). ج. باکیات.

با گذشت bā-gozašt (ص‌مر.) ۱- آنکه فرودستان را عفو کند، آنکه زیر دستان را ببخشاید. ۲- آنکه از گرفتن مال‌ووجوه خودچشم پوشد: آدم باگذشتی است؛ مق. بی گذشت.

۱-بال bāl [طبر. bāl، گیل، اورام. bālā] (إ.) (جا ن.) هریك ازاندامهای قدامی جانوران ذیفقار (خزندگان، پرندگان، پستانداران) غیراز ماهیها از کتف تا نوك انگشتان، پروبال، جناح. ← باله.

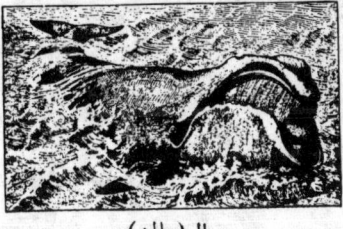

۲-بال bāl [=وال، لا. balaena، فر. baleine] (إ.) (جا ن.) یکی از پستانداران بحری[2]، ازراستهٔ آب بازان[3]

بال (بالن)

---

۱ - Fuel tank (انگ.) ۲ - Baleine (فر.)
۳ - Cètacés

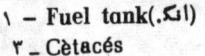

(شناگران) دارای سر حجیم و پهن وشکم صاف. طولش تا ۳۰ متروو زنش تا ۱۵۰،۰۰۰ کیلوگرم میرسد. ضح. ـ غالباً این جانور را بنام «نهنگ» خوانند، واشتباه است ← نهنگ.

۳ـ بال bāl [← بالیدن] ریشهٔ بالیدن (ه.م.) وبالش (ه.م.)

۴ـ بال bāl [ع.] (إ.) حال، خاطر، دل.

۵ـ بال bāl (فر. bal) (إ.) مجلس رقص، محل رقص.

۱ـ بالا bāl-ā [شهمیر. bālā، گیل. bálá] ۱ - (ص فا.) بالنده، نمو-کننده. ۲ - (إ.) زبر، فوق؛ مق. زیر، تحت. ۳ - بلندی؛ مق. پایین. ۴ـ قد، قامت.

۲ـ بالا bālā [= بالاد = بالاده = بالاذ = پالاد = پالاده = بالای = پالای] (إ.) اسب جنیبت، اسب کوتل.

بالابان bālābān (رس. baraban) (إمر.) (مس.) انواع طبل، نقاره، دهل.

بالابانچی bālābān-čī [رس.-تر.] (ص نسبـ.، إمر.) (مس.) نوازندهٔ بالابان (ه.م.)، طبل‌زن، دهل‌زن.

بالابلند bālā-boland (ص مر.) آنکه قدش دراز باشد؛ بلندقد، بلندقامت؛ مق. کوتاه‌قد.

بالاپوش b.-pūš (إمر.) ۱ - پوششی که هنگام خواب برروی‌خود اندازند، لحاف. ۲ - جامه‌ای که روی لباسهای دیگر پوشند مانند پالتو وشنل.

بالا خانه b.-xāna(-e) (إمر.) خانه ای که بالای خانهٔ دیگر ساخته شود، اطاقی که درطبقهٔ فوقانی ساختمانی قرار دارد.

بالاخوانی b.-xān-ī (حامص .) (کن.) خود را زیاده ازآنچه که هستند وانمودن.

بالاد bālād [= بالا] (إ.) ← ۲ بالا.

بالادست b.-dast ۱ - (إمر.) صدر مجلس؛ بهترین جای مجلس که مختص جلوس بزرگانست. ۲ - (ص مر.) (کن.) حریف غالب. ۳ - (کن.) نفیس، عالی.

بالاده bālāda(-e) [= بالاد = ۲ بالا] (إ.) ← ۲ بالا.

بالار bālār [— بالال — پالار] (إ.) ۱ - تیر ستبر که در پوشش خانه‌ها بکار برند؛ چوب بزرگ و ضخیم که دو سر آنرا بر بالای دو دیوار ساختمان گذارند و سر تیرهای سقف را روی آن قرار دهند؛ حمال، سرانداز، شاه‌تیر، بالاگر. ۲ - ستون.

بالارو b.-raw(row) ۱ - (إفا.) بالا رونده[۱]، صاعد (فره.) ۲ - (إ.) دستگاهی که برای بالارفتن بآشکوبهای ساختمان بکاررود (فره) ، آسانسور[۲] (ه.م.)

بالاگر bālā-gar [قس. بالار] (إمر.) تیر ستبر، شاه تیر.

بالال bālāl [= بالار] (إ .) ← بالار.

بالالایکا bālālāykā (رس . balalayka) (إ .) (مس .) نوعی ساز مضرابی که انواع مختلف کوچک وبزرگ دارد. ازاین سازها دستهٔ ارکستری نیز تشکیل میدهند.

بالان bālān [— بالانه] (إ .) دهلیزخانه.

بالان bāl-ān (ص فا.، حا.) ۱ـ بالنده

۱ - Ascendant (فر.) ۲ - Ascenseur (فر.)

بالانس

(ه.م.) ۲ - در حال بالیدن، در حال نمو کردن.

بالانس bālāns [فر. balance] (اِ.) ۱ - (ور.) نگاهداشتن بدن در حالات مختلف، درروی دست ، با حفظ تعادل. ۲ - (نق.) تعادل و توازن بین عناصر وعوامل یك اثر هنری (ه.م.) ۳ - (حسا.) موازنهٔ دارایی و بدهی ، تعادل میان وام واعتبار.

بالای bālāy [= بالا] (اِ.) ← ۲ بالا .

بالت bālet [فر. باله ballet] (اِ.) (نم.) یکی از هنرهای ترکیبی، وآن تجسم ونمایش یك موضوع است بوسیلهٔ نوعی رقص علمی وحرکات مشکل همراه با موزیك

بالغ

بال‌دستان bāl-dast-ān (اِمر.) (جان.) راسته‌ای از پستانداران ۱ که بین تنه ودستهایشان بوسیلهٔ غشای نازکی ازپوست بدن‌شان پیوند شده وبکمك آن باحرکت دستها درهوا پرواز میکنند وحشرات‌راشکارمینمایند. سردستهٔ این جانوران خفاش است. این راسته را بنام سردسته‌شان راستهٔ خفاشان نیز نامند.

بالرین bālerīn [فر. ballerine] (اِفا.) (نم.) رقاصهٔ حرفه‌یی .

۱- بالش bāl-eš (اِمص. بالیدن) نمو، بالیدن.

۲- بالش bāl-eš [په. bālišn ، barīšn] (اِ.) آنچه بهنگام خواب زیر سر گذارند، متکا، مسند. ‖ ~ **زیر سر نهادن** (کنـ.) خوشحال کردن کسی‌را بطریق خوشامد گفتن.

۳- بالش bālaš,-eš [= بالشت، تر.، مغ.] (اِ.) واحد مقیاس برای زروسیم. ‖ ~ **زر(طلا)**. معادل ۸ مثقال و دو دانگ طلا یا معادل ۲۰۰۰ دینار . ‖ ~ **سیم(نقره)**. معادل ۸ درم ودو دانگ نقره‌یا ۲۰۰ دینار .

۱- بالشت bāl-ešt [= بالش] (اِ.) ← ۲ بالش.

۲- بالشت bāl-ešt [= بالش] (اِ.) ← ۳ بالش.

بالشتك bālešt-ak (اِمصغ.) ۱ - بالشت کوچك، بالش کوچك، بالشك. ۲ - (مسـ.) بالش کوچکی که نوازندگان ویلن (ه.م.) براستخوانهای کمربند شانه نهندوتەویلن‌رابرآن‌متکی‌ساخته، بنواختن پردازند. ۳ - (مکنـ.) آلتی که درون‌آن سیم پیچی شده ودر درون پوستهٔ سلف اتومبیل قرار گرفته است و معمولا تعداد آن بچهار عدد بالغ میگرددوهنگام عبورجریان‌الکتریسیته درداخل سیمها بالشتکها شدیداً خاصیت آهن ربایی پیدا می کنند .

بالشك bāleš-ak (اِمصغ.) بالش کوچك، بالشتك.

بالش‌مار bāleš-mār (اِمر.)(جان.) جنس مادهٔ سوسك حمام ← سوسك حمام .

بالشویسم bālševīsm [رسـ.] ← بلشویسم (بخش۳).

بالشویك bālševīk [رسـ.](ص.،اِ.) ← بلشویك.

بالغ bāleγ [ع.] (اِفا.) ۱ - رسیده از هرچیزی،رسا. ۲ - بحدبلوغ‌رسیده، جوان .

بالغ bāloγ [= پالغ] (اِ.) شاخ گاو یا کرگدن یا چوب میان تهی که‌در آن شراب خورند؛ پیمانهٔ شراب.

بالکا bālekā (اِ.) (گیا.) ازملك (ه.م.)

۱ - Chéiroptères (فر.)

بالکانه bālkāna(-e) [= پالکانه = پالگانه = پادگانه] (اِ.) پنجره‌ای که از میله‌های فلزی سازند.

بال کبوتر bāl-e-kabūtar (اِمر.) (مس.) آهنگی در موسیقی قدیم.

بالکن bālkon [فر: balcon، ایتـ. balcone] (اِ.) ۱ - ایوان کوچکی که در جلوی ساختمان سازند؛ مهتابی. ۲ - (نم.) طبقهٔ فوقانی تماشاخانه یا سینما که قسمتی از سالن تحتانی‌را در زیر میگیرد.

بال کوستومه bāl-costūme [فر. bal-costumé] (اِمر.) ← بال ماسکه.

بال ماسکه bāl-māske [فر. bal-masqué] (اِمر.) مجلس بالی که شرکت کنندگان موظفند با تغییر شکل یا با نقابی برچهره، در آن حضور یابند؛ بال‌کوستومه.

بالن bālen [فر. baleine] (اِ.) (جاذ.) بال ← ۲ - بال.

بالن bālon (اِ.) ← بالون.

بالنبو bālanbū (اِ.) (گیا.) باریجه (ه.م.)

بالنده bāl-anda(-e) (اِفا. بالیدن) نمو کننده، نشوونما کننده، رشد کننده.

بالنگ bālang [= بارنگ = بادرنگ = بادارنگ = وادارنگ؛ پهـ. vātrang] (اِ.) (گیا.) گیاهی[۱] از تیرهٔ مرکبات وابسته به‌تیرهٔ سدابیان که پوست میوه‌اش دارای برجستگیهای بسیار و نسبهٔ درشت است و میوه‌اش درشت‌تر ازدیگرمرکبات وبیضی شکل میباشد.

بالنگو bālangū [← بالنگ] (اِ.) (گیا.) گیاهی[۲] از تیرهٔ نعناعیان شبیه بگیاه بادرنجبویه دارای برگهای دراز وباریك و نوك تیز. گلهایش آبی یا بنفش یاسفید و کاسبرگهایش دوقطعه‌یی است.

بالو bālū [← پالو] (اِ.) آزخ، ازخ، زگیل.

بالوایه bāl-vāya(-e) [= بلوایه، قس. بادوایه] (اِمر.) (جاذ.) پرستو (ه.م.)، پرستوك.

بالودن bāl-ūdan [= بالیدن] (مص ل.) (صر. ← آلودن) نمو کردن، بزرگ شدن، نشو ونما کردن، بالیدن.

بالوده bāl-ūda(-e) (اِمف.) نمو کرده، نشوونما یافته، بالیده.

بالوس bālūs [= پالوس = بالوش = پالوش] (اِ.) کافور مغشوش.

بالوش bālūš [= بالوس] (اِ.) ← بالوس.

بالوعه bālū'a [ع.] (اِ.) چاهی که در آن آب باران وآبهای فاسدریخته‌شود، چاه فاضل آب، آبریز.

بالون bālon [فر. ballon] (اِ.) (فر.) کره‌ای بزرگ که پوشش آن‌از پارچه‌ای غیر قابل نفوذ تشکیل شده وداخل آنرا از گازهای سبك(سبکتر از هوا) پر کنند، و در نتیجه بآسمان صعود کند.

باله bāla(-e) [= بال] (اِ.) اندامهای شنای ماهی، اعضای شناوری ماهی.

بالیدن bāl-īdan [← بالودن، است. varδ، نمو، بزرگی] (مص ل.) (بالید، بالد، خواهدبالید، ببال، بالنده، بالان، بالیده، بالش) ۱ - نمو کردن، نشوونما کردن، رشد کردن. ۲ - فخر کردن، مباهات کردن.

بالکن

بالنگ

بالوایه

۱- Citrus médica cedrata (لا.) ۲ - Dracocephalum royleani (لا.)

بالیده bāl-īda(-e) (إمف.) نمو کرده، نشو ونما یافته، رشد یافته.

بالین bālīn [په. bālēn، bālīn] (إ.) آنچه بهنگام خواب زیر سر نهند؛ بالش، بالشت.

بالین پرست b.-parast (إفا.)(کنـ.) تنبل، بیکاره، هیچکاره.

بالینی bālīn-ī (ص نسبـ.، إ.) (پز.) چگونگی و کیفیت یك بیماری و وضع یك بیمار در حال بستری بودن [1]، مطالعه و بررسی یك ناخوشی بر روی بیمار بستری شده، مطالعهٔ ناخوشیها از روی خود بیمار (برعکس مطالعهٔ تئوری واز روی کتاب)، مطالعه وبررسی عملی ناخوشیها در بیمارستان و مشاهدهٔ سیر بیماری درروی خود بیمار، سریری.

بامبو

۱- بام bām [= بان؛ په. bān، گیل. bām] (إ.) ۱ - تمام پوشش خانه. ۲ - طرف بیرونی سقف خانه وسرای، پشت بام. ‖ **~ چشم.** پلك چشم، جفن. ‖ **~ رواق بدیع.** (کنـ.) عرش و کرسی. ‖ **~ زمانه.** (کنـ.) آسمان اول، فلك قمر. ‖ **~ گشادهٔ رفیع.** (کنـ.) عرش وکرسی. ‖ **~ مسیح.** (کنـ.) آسمان چهارم، فلك آفتاب. ‖ **~ نهم.** (کنـ.) آسمان نهم، عرش. ‖ **~ وسیع.** (کنـ.) ← بام نهم ↑

۲- بام bām [است. bama، درخشان] ۱- درخشان ← بامی. ۲ - صبح، پگاه، بامداد (ه.م.)

۳- بام bām [= بم] (إ.) (مسـ.) آوای بلندی که از ساز یا گلوی آوازه‌خوان بیرون میآید؛ مقـ. زیر ← ۱ - بم

۴- بام bām [= بامب ← بم] (إصتـ.) (عمـ.) ← ۲ بم.

بامب bāmb [= بام = بم] (إصتـ.) (عمـ.) ← ۲ بم.

بامب زدن bāmb-zadan [= بام زدن = بم زدن] (مصل.) (عمـ.) ← بم زدن.

بامبو bāmbū [فر. bambou] (إ.) (گیا.) خیزران (ه.م.)

بامداد bām-dād [په. bām-dāt] (إمر.) صبح، صباح، بام ← ۲ - بام.

بامدادان bām-dād-ān (إمر.) هنگام بامداد، بامگاه.

بام ره bām-rah [= بام راه] (إمر.) راهی که به پشت بام رود، راه بام، نردبان.

بام زد bām-zad (إمر.)(مسـ.) کوس، نقاره.

بام زدن bām-zadan [= بامب زدن = بم زدن] (مصل.) (عمـ.) ← بم زدن.

بامزگی bā-maza(e)g-ī (حامص.) حالت بامزه (ه.م.)، بامزه بودن؛ مقـ. بی‌مزگی.

بامزه bā-maza(-e) (ص مر.) ۱ - (در مورد خوراك) دارای طعم خوش، خوش‌مزه، لذیذ. ۲- (درمورد اشخاص) الف- دارای چهره وقیافه‌ای جذاب، نمکین. ب - نیك محضر، خوش صحبت؛ مقـ. بی مزه.

بام غلطان bām-γaltān (إمر.) ← بام گلان.

بامگاه bām-gāh (إمر.) هنگام بامداد، بامدادان.

بام گلان bām-golān (إمر.) سنگی مدور وطولانی، تراشیده، که آنرا بر بام خانه غلطانند تا سطح بام سخت ومحکم شود؛ بام غلطان.

بامی bām-ī (ص نسبـ.) ۱- درخشان، درخشنده. ← ۲ بام ۱. ۲ - لقب شهر بلخ (← بخش ۳).

۱ - Clinique (فر.)

بامیه (e-)bāmiya (اِ.)(گیا.) گیاهی[1] از تیرهٔ پنیرکیان که یك ساله است و ساقه‌اش ببلندی یك متر میرسد. برگهایش مانند خطمی متناوب وپهن وپنجه‌یی وسبز تیره، گلهایش منفرد و زرد رنگ است و قسمت مرکزی گلبرگها بسرخی میگراید.

۱ ـ بان bān [=بام](اِ.)- ۱ و ۲ بام ۱ و ۲.

۲ـ بان bān[=بانگ](اِ.)← بانگ.

۳ـ بان bān[په.pān] (پس.) درآخر اسماءِ ذات ومعنی، حفاظت ونگاهبانی را رساند: باغبان، بوستانبان، دربان، دیده‌بان، ساربان، نگاهبان.

۴ـ بان bān[په.pān،هند.behan] (اِ.) (گیا.) درختی[2] از تیرهٔ بانها جزو راستهٔ دولپه‌ییها که در آسیای جنوبی و جنوب شرقی و شمال افریقا میروید. برگهایش مرکب (شبیه برگ اقاقی) وگلهایش قرمز یاسفیدند وبشکل خوشه در انتهای ساقه قرار دارند. ضح. ـ در بعضی فرهنگها «بان» را بمعنای بید مشك آورده‌اندوصحیح نیست.

باند bānd [فر.bande] (اِ.) ۱ ـ نوار، رشته. ۲ ـ زمین طولانی: باند فرودگاه هواپیما. ۳ ـ دسته، گروه: باند دزدان.

باندرل bānderol [فر. banderole](اِ.) نوار یا کاغذدراز وباریك که برسرشیشه یاچیزی‌چسبانند وآن‌نشانهٔممیزی‌وبررسی‌است؛ برچسب.

بانك bānk[فر.banque](اِ.) ۱ ـ بنگاهی‌اقتصادی، ملی‌یادولتی که مردم پولهای خود را در آن بامانت سپارند و در موقع لزوم با صدورچك از پول خود برداشت کنند، وهمچنین‌در مقابل تضمین اعتباری پیدا کنند و بهنگام ضرورت وام‌گیرند. ۲ ـ نوعی ازبازی ورق. ۳ ـ پولی که دربازی بانك در میان نهند.

بانکروت bānkrūt [فر. banqueroute] (اِ.) (بانک.) ۱ ـ ورشکستگی. ۲ ـ نقض عهد، تخلف.

بانگ bāng [= بان؛ په.vāng] (اِ.) آواز بلند، فریاد. ‖ ~ ِ روارو. ۱ ـ بانگی که در پیشاپیش شاهان وامیران بهنگام سواری ورفتن بجایی زنند. ۲ ـ (کن.) دم صور، نفخ صور. ‖ ~ ِ نماز. اذان.

بانگ‌زدن b.-zadan (مصل.) ۱ ـ فریاد زدن، آوازبلند برآوردن. ۲ ـ باز داشتن چیزی، نگاهداشتن. ‖ ~ برکسی. راندن‌وی، دورکردن او از پیش.

بانگ‌عنقا b.-e anγā (اِمر.)(مس.) پرده‌ایست در موسیقی قدیم.

بانو bānū[په.bānōy] (اِ.) ۱ ـ خانم، خاتون، بی‌بی.← بانوی‌بانوان. ۲ ـ بنشانهٔ احترام بهزن اطلاق شود. ۳ ـ عروس. ۴ ـ ملکه، شهربانو. ج. بانوان. ‖ ~ ی‌مشرق. (کن.)آفتاب.

بانوی‌بانوان b.-y bānovān(اِمر.) ملکه، شهربانو.

باور bāvar[په.vāvar] (اِ.) ۱ ـ قبول‌سخن، پذیرش قول کسی. ۲ ـ یقین، اعتقاد.

باور داشتن b.-dāštan (مصل.) باورکردن (ه.م.)

باورکردن b.-kardan (مصل.) سخن کسی را راست دانستن، باطناً تصدیق قول کسی‌کردن.

بان و میوهٔ آن

1- Gombaud (فر.)

2- Moringa (لا.), moringe (فر.)

باوقار

باوقار bā-vaɣ-ār(-ve-. (تد (ص‌مر.) متین، وزین، موقر، باوقر؛ مق. بی‌وقار، بی‌وقر.

باوی bāwī (اِ.) (مس.) گوشه‌ایست در دستگاه همایون (ه.م.).

باه bāh [ع.] (اِ.) (پز.) غریزهٔ جنسی و شهوانی، قوهٔ جماع، تمایل جنسی. ‖ قوهٔ ـــ. (پز.) نیروی شهوانی (ه.م.).

۱-باهار bāhār (اِ.) ظرف، انا، آوند.

۲-باهار bāhār (اِ.)(مس.) نوعی از خوانندگی‌وگویندگی؛ پهلوی، رامندی.

باهت bāhat (اِ.) (زم.) سنگی‌باشد سفید برنگ مرقشیشای نقره‌یی؛ حجرالضحك. ضح.- می پنداشتند که چون نظر مردم برین سنگ افتد، بی اختیار بخنده درآیند.

باهر bāher [ع.] (ص.) ۱- روشن، درخشان. ۲- آشکار، هویدا.

باهره bāhera (-e) [= ع. باهرة] (اِفا. نث) مؤنث باهر (ه.م.).

۱-باهك bāhak [=پاهك] (اِ.) شکنجه، آزار.

۲ - باهك bāhak (اِ.) مردمك چشم.

باهکیدن bāhak-īdan (مص م.) (صر. ← مکیدن) شکنجه کردن، آزاردن.

با هم bā-ham [= واهم = فاهم] ۱- (اِمر.) باتفاق، بااتحاد، بایکدیگر. ۲ - (ص‌مر.) مجتمع، متحد.

باهم آمدن b.-h.-āmadan (مص ل.) به اتفاق یکدیگر آمدن، معاً آمدن.

باهم شدن b.-h.-šodan (مص‌ل.) متفق شدن، متحد گردیدن.

باهم‌کردن b.-h.-kardan (مص‌م.) باتفاق هم کاری را انجام دادن، معاً کردن.

باهم نهادن b.-h.-nahādan (مص م.) رویهم نهادن، بهم نهادن.

باهنر bā-honar (ص‌مر.) دارندهٔ هنر (ه.م.)، هنرمند؛ مق. بی‌هنر.

باهو bāhū [سنس. bāhu، استـ. bāzu] (اِ.) ۱ - بازو (ه.م.) ۲ - چوبدستی کلفت که شبانان وشتربانان بر دست گیرند؛ چوبدست ضخیم.

با هوش bā-hūš (ص‌مر.) آنکه دارای هوش قوی است، هوشمند؛ مق. بی هوش.

باهوش‌آمدن bā-hūš-āmadan (مص ل.) بهوش آمدن، شعور خود را باز یافتن.

باهیبت bā-haybat (-hey-.تد) [ف.-ع.] (ص‌مر.) دارای‌هیبت (ه.م.)، بامهابت، باشوکت.

بای bāy [تر.] (ص.) مالدار، ثروتمند، غنی.

بایا bāy-ā (ص‌فا. بایستن، اِ.) آنچه مورد احتیاج باشد، ضرور، واجب، لازم.

بایر bāyer [= ع. بائر] (اِفا.، ص.) خراب، لم یزرع (زمین)؛ مق. دایر.

بایس bāyes [ع.] (ص.) بی نوا، سختی رسیده، ناتوان.

بایست bāy-est [پہ. āpāyast] (مص‌خم.، اِ.) آنچه مورداحتیاج است، ضرور، محتاج‌الیه، دربایست.

بایستن bāy-estan [= بایبدن؛ پہ. āpāy-astan] (مص‌ل.) (بایست، باید، ـ، ـ، ـ، بایا، بایسته) لازم بودن، واجب بودن، ضرور بودن.

بایسته bāy-esta(-e) [په. āpāyastak] (إمف.) واجب، لازم، ضرور.

بایع bāye' [ع.] (إفا.) فروشنده.

بایغوش bāyγūš [تر. = بایقوش = بیغوش] (إ.) (جا ن.) جغد (ه.م.)

بایقوش bāyγūš (إ.) ← بایغوش.

بایگان bāy-gān (ص مر.) ۱ - نگاهدارنده، حافظ، نگهبان. ۲ - خزانه دار. ۳ - (نو.) کسی که نامه‌ها و سندهای اداری را در محلی ضبط کند (فره.)، ضباط.

بایگانی bāy-gān-ī (حامص.) ۱ - عمل بایگان (همه). ۲ - ضبط اسناد و نامه‌ها. ۳ - (إ.) جایی که نامه‌ها و سندهای ادارات دولتی یا مؤسسات ملی را نگاهداری کنند.

باییدن bāy-īdan [په. apāyītan = بایستن] (مصل.) (صر. ← پاییدن) ← بایستن.

بئر be'r [ع.] (إ.) چاه. ج. آبار.

بأس ba's [ع.] (إ.) ۱ - قوت، دلیری، شجاعت. ۲ - خشم، غضب. ۳ - عذاب، سختی، شدت. ۴ - بیم، خوف.

بؤس bo's [ع.] (إ.) ۱ - تنگی، سختی. ۲ - فشار. ‖ نعم و ـــ. نرمی و درشتی، ناز و تنگی، سستی و سختی.

ببر babr [په. bapr] (إ.) (جا ن.) پستانداری[1] از تیرهٔ گربه‌ها جزو راستهٔ گوشتخواران که بیشتر در آسیای مرکزی و جنوبی پراکنده است. بدن این حیوان در قسمت پشت و پهلو و اندامها برنگ نارنجی زیباست و بتدریج ناحیهٔ زیر شکم بسفیدی میگراید و زیر گردن و گونه‌ها نیز سفیداست. ضمناً روی بدن حیوان خطوط سیاه رنگ نواری شکل بفواصل مختلف دیده میشود.

ببر

ببر babar [ـــ وبر، په. bavarak] (إ.) (جا ن.) ← بیدستر، وبر.

ببغا babγā [ـــ ع. ببغاء] (إ.) ← ببغاء.

ببغاء babγā' [ع.، ف.: ببغا] (إ.) طوطی (ه.م.)

ببل babol [= بابل] (إ.) (گیا.) بابل (ه.م.)

ببله babla(-e) (إ.) (گیا.) ۱ - سلم (ه.م.) ۲ - کیکر (ه.م.)

ببلیون beblīyūn [یو. pépion] (إ.) (گیا.) خرفه (ه.م.)

بپا be-(p)-pā (ص مر.) (عم.) پاینده، مراقب، نگهبان.

۱- بت bat [= معر. بت batt] (إ.) ۱ - آهار جولاهگان، آشی که بافندگان برروی کار مالند. ۲ - لیف جولاهگان.

۲- بت bat [= معر. بط] (إ.) (جا ن.) مرغابی، بط.

بت

بت bot (از اس. Buiti، نام دیوی که مردم را به بت پرستی وامیدارد؛ یا = بد = بودا ← بخش ۳) (إ.) ۱ - پیکری که از سنگ یا چوب یا فلز بشکل انسان یا حیوان سازند و آنرا پرستش کنند؛ بغ، فغ، صنم. ۲ - معشوق، محبوب. ج. بتان.

بتائیدن betā-īdan [= بتاییدن] (مص م.) ← بتاییدن.

بتاوار batāvār (إ.) عاقبت، انجام.

بتاییدن betā-yīdan (مص م.) (فقط امر «بتا» دیده شده) گذاشتن، هشتن.

بت بال bat-bāl [انگ. batball] (إمر.) (ور.) یکی از انواع ورزشهای دسته‌جمعی و بازی‌است شبیه به «چلتوپ»

---

۱ - Tigre (فر.)

بتخانه

یا «شلتوپ» که در ایران مرسوم است. درین بازی گوی را با چوبدست میزنند، گروه رقیب آنرا گرفته بتعقیب ورزشکار میپردازند. این ورزش در آمریکا واروپا رواج دارد.

بتخانه bot-xāna(-e) (إمر.) ۱ - جایی که بتها را گذارند، معبد بت پرستان، صنم خانه، بتکده. ۲ - حرم، حرمسرا، مقام زنان و معشوقگان شاهان و بزرگان؛ فغستان.

بتر batar [= بدتر] (ص تفض.) بدتر.

بتستان bot-a(e)stān (إمر.) بتخانه، بتکده.

بتشک betešk (إ.) (گیا.) نادرك (ه.م.)

بت فریب bot-farīb (إفا.) ۱ - فریب دهندهٔ بت (ه. م.) ۲ - (کن.) معشوق صاحب جمال. ۳ - روز بیست وچهارم است از ماههای ملکی.

بتفوز batfūz [پتفوز] (إ.) ۱ - پیرامون دهان انسان وحیوان. ۲ - منقار مرغان، نوك.

بتکده bot-kada(-e) (إمر.) بتخانه، بتستان.

بتو ba-taw (إ.) ۱ - جایی که غالباً آفتاب در آنجا بتابد؛ مق. نسا. ۲ - مشرق؛ مق. مغرب.

بتو ba-tū (إ.) ۱ - قیف. ۲ - قبه وگوی سر عصا و قمچی.

بتو botū [= بته] (إ.) سنگ درازی که بدان داروها سایند؛ مقمع.

بتو botū (إ.) (گیا.) اسکنبیل (ه.م.)

بتواز bat-vāz [= پتواز] (إمر.) پتواز (ه.م.)

بتول batūl [ع.] (ص.) ۱ - کسی که از دنیا منقطع شده و بخدا پیوسته است. ۲ - کسی که از ازدواج خودداری کند. ۳ - پارسا، پاکدامن. ۴ - لقب فاطمه (ع) دختر محمد رسول‌الله (ص).

بتون beton [فر béton] (إ.) مخلوطی از سنگ شکسته وماسه وسیمان در بنایی برای پی ریزی یا ساختن پایه‌های عمارات بکار رود. ‖ ~ **آرمه.** [فر. b. armé]، بتون مسلح، بتونی که در آن میله‌های آهنی گذارند تا استواری و مقاومت آن بیشتر گردد.

بته bat(t)a(-e) [= بتو] (إ.) سنگ درازی که بدان داروها سایند؛ مقمع.

بته bot(t)a(-e) [= بوته] (إ.) بوته ← ۱ - بوته ۱.

بتیار batyār [= بتیاره = پتیاره (ه.م.) = پتیره] ۱ - (إ.) رنج، مشقت ۲ - (ص.) زشت، قبیح.

بتیاره batyāra(-e) [= پتیاره (ه.م.) = پتیره = بتیار] (ص.) ← پتیاره.

بث bas(s) [ع.] (مص.) ۱ - آشکار کردن راز واندوه خویش ← بث الشکوی (بخش۲). ۲ - فاش کردن خبر.

بثر basr [ع.] (إ.) جوش و دانهٔ ریز که روی پوست پیدا شود. واحد آن بثره. ج. بثور (ه.م.)

بثور bosūr [ع.] (إ.) ج. بثر؛ جوشها ودانه‌های ریز که روی پوست ظاهر گردد، تاولها وجوشهای کوچك چرکی برروی اعضاء مختلف؛ جوشها، دانه‌های چرکی.

بثورات bosūr-āt [ع.] (إ.) ج. غفص. بثور (ه. م.): بثورات سلی.

۱- بج baǰ [= بچ] (إ.) ۱ - اندرون دهان، لپ. ۲ - گوشت روی که نزدیك بکنار لب باشد.

۲- بج baǰ (إ.) زهاب و پالایش آب وشراب و مانند آن.

۳- بج beǰ, baǰ [= برنج، گیل.

[baǰ] (ا) (۰) ← برنج (خوردنی).

بج boǰ [= بز] (ا) (۰) ← بز.

بجا be-ǰā [= بجای] (صمر.) ۱ - کاری که در موقع مناسب انجام گیرد. ۲ - شایسته، لایق، درخور، سزاوار. ‖ بجای ... ۱ - دربارهٔ ...، درحق .. ۲ - بعوض...

بجا آوردن b.-āva(o)rdan (مص م.) ۱ - انجام دادن (عبادت، مراسم احترام وغیره). ۲ - (عم.) شناختن: شمارا بجا نمیآورم.

بجان آمدن be-ǰān āmadan (مصل.؛ م.: بجان آوردن) (کن.) بستوه آمدن، بتنگ آمدن، بیزار شدن از زندگانی.

بجان آوردن be-ǰān āva(o)rdan (مصم.؛ ل.: بجان آمدن). ۱ - (کن.) بتنگ آوردن. ۲ - کشتن، قتل.

بجای آوردن be-ǰāy-āva(o)rdan (مصم.) ← بجا آوردن (همع.)

بجای خود beǰā-ye-xod (جملهٔ اسمیهٔمر.) (ور.، نظ.) فرمانی است که داور برای آماده شدن ورزشکاران دوومیدانی و دوچرخه سواری میدهد و معمولا بعد از آن کلماتی نظیر «حاضر» یا «آماده» را نیز ذکر کند و سپس با دمیدن سوت یا شلیك تیر ورزشکاران حرکت میکنند. فرمانی است در نظام که مافوق برای سرجای خود قرار گرفتن سربازان و آمادگی آنان دهد.

بجز be-ǰoz (ق. استثنا) بغیر، جز (هم.): همه آمدند بجز جمشید.

۱ - بجشك beǰešk [= بزشك = پزشك (هم.)] (ص.، ا.) پزشك (هم.)، طبیب.

۲ - بجشك beǰešk [= بنجشك = گنجشك] (ا.) گنجشك (هم.).

بجشکی beǰešk-ī [= بزشکی = پزشکی] (حامص.) پزشکی (هم.)، طبابت.

بجکم baǰkam [= بچکم = بشکم] (ا.) بچکم (هم.)

بجل boǰol [= بجول] (ا.) (پز.) بجول (هم.)

بجم boǰm, beǰm (ا.) (گیا.) میوهٔ درخت گز، گز مازگ (هم.) ثمرة الطرفاء.

بجول boǰūl [= پجول = بجل = بژول = وژول = بچول = پژول] (ا.) (پز.) یکی از ۷ قطعه استخوان مچ پا که در فاصلهٔ بین دوقوزك پا قرار دارد[۱]. این استخوان را در تداول عوام استخوان قاب نامند؛ بجل، شتالنگ، اشتالنگ، قاب، کعب، اشتق.

بچ boč [= بج] (ا.) اندرون دهان، بج.

بچ بچ boč-boč [= پچ پچ] (اصت.) ۱ - سخن گفتن در نهایت آهستگی. ۲ - سر گوشی، زیر گوشی. ۳ - لفظی است که شبانان بزرا بدان نوازش کنند، و پیش خود خوانند.

بچشك bečešk [= بزشك = پزشك] (ص.، ا.) پزشك (هم.)، طبیب.

بچشکی bečešk-ī [= بزشکی = پزشکی] (حامص.) پزشکی (هم.)، طبابت.

بچکم bačkam [= بجکم = بشکم] (ا.) ۱ - خانهٔ تابستانی. ۲ - ایوان، صفه، بارگاه.

بچگی bač(č)a(e)g-ī (حامص.) بچه (هم.) بودن، طفولیت.

بچل bačal (ص) شخصی که پیوسته لباس خود را ضایع کند وچرك و ملوث سازد.

بچم be-čam [= باچم] (ص) با نظام، با نظم، آراسته.

بچه bač(č)a(-e) [په . vačak]

---

۱ - Astragale (فر.)

بچه‌خوار

(اِ.) ۱ - کودک ، طفل. ۲ - فرزند . ج. بچگان. ‖ ~ ِ خور (کنـ.) جواهر معدنی ازلعل، یاقوت، طلا، نقره وغیره. ‖ ~ ِ خورشید . (کنـ.) ← بچهٔ خور. ‖ ~ ِ خونین (کنـ.) اشک گلگون. ‖ ~ ِ طاوس علوی. (کنـ.) ۱- آفتاب. ۲ - روز روشن. ۳ - آتش. ۴ - لعل. ۵- یاقوت. ‖ ~ ِ کو(ی). شخصی که او را در طفلی ازراهگذر برداشته باشند، لقیط. ‖ ~ ِ نو. ۱- حادثه‌ای که تازه بهم رسیده باشد . ۲ - نتیجهٔ هر چیز. ۳ - شاخهٔ تازه. ۴ - شکوفهٔ نورسته.

بچه‌خوار b.-xār (اِفا.، اِمر.) ۱ - جانوری که بچهٔ خودرا میخورد. ۲-(پز.) پولیپ رحم (ه‌.م.)

بچه‌دان b.-dān (اِمر.) جای کودک در شکم مادر، زهدان، رحم.

بچه زا b.-zā (مر.)(جاذ.)[1] حیوانی که تولید مثل آنها بوسیلهٔ نوزادیست که در داخل شکم مادر (رحم) قسمتی از رشد ونمو خودرا پس ازتشکیل تخم میگذراند. در انسان سلول تخم پس از تشکیل، تخم مدتی بالغ بر نه ماه رشد خود را در داخل رحم میگذراند . ‖ بچه زایان . (جاذ.) ← پستانداران.

بچه سرکه

بچه سرکه b.-serka(-e) (اِمر.) (گیا.) قارچی[2] از دستهٔ مخمرها جزو تیرهٔ ساکارومیستاسه[3] که هوازی است ودر برابر هوااکسیژن هوارا بامحلول الکل معمولی ترکیب و تولید سرکه میکند.

بچه گربه b.-gorba(-e) (اِمر.) ۱- گربهٔ خرد، طفل گربه. ۲ - (گیا.) خرنوب (ه‌.م.) ۳ - (گیا.) نوعی کهور ← کهور.

بحاث bahhās [ع.] (ص مبالغه.) بسیار بحث کننده، کاوشگر.

بحار behār [ع.] (اِ.) ج. بحر ؛ دریاها.

بحبوحه bohbūha(-e) [= ع. بجبوحة](اِ.)میان،وسط: دربحبوحهٔ کار.

بحت baht [ع.] (ص.) ناب، ساده، ویژه: وجود بحت. ‖ عامی ~ . عامی محض.

بحث bahs [ع.] (مص ل.) ۱- جست وجو کردن، کنجکاوی کردن . ۲ - (اِمص.) جست وجو ، کنجکاوی. ۳ - گفتگو. ۴ - (اِ.) جستار، مبحث.

بحث شدن b.-šodan [ع.-ف.](مص ل.) مورد بحث قرار گرفتن ، موضوع سخن و گفتگو شدن .

بحث کردن b.-kardan [ع.-ف.] (مص ل.) ۱- کنجکاوی کردن درامری. ۲ - گفتگو کردن دربارهٔ مطلبی.

بحر bahr [ع.] (اِ.) ۱ - دریا. ج. بحار، بحور. ‖ ~ ِ بیکران خندق. (کنـ.) عالم ملکوت وجبروت. ‖ ~ ِ دمان زیبق عمل. (کنـ.) ابری که تقاطر کند. ‖ ~ ِ نهنگ‌آثار. (کنـ.) تیغ، شمشیر آبدار . ‖ ~ ِ نهنگ‌آسا. ← بحر نهنگ‌آثار ↑ ‖ ~ ِ وسیع. (کنـ.) الف- فلک . ب- دست صاحب همتان . ۲ - (عر.) مقیاس اوزان عروضی، وزن شعر، وآن ۱۹ بحر است : طویل ، مدید ، بسیط، وافر، کامل، هزج، رجز، رمل، منسرح، مضارع، مقتضب، مجتث، سریع، جدید، قریب، خفیف، مشاکل، متقارب، متدارک. ۳ - (مس.) ← اصول.

بحران bohrān (اِ.) (پز.) تغییری که در تب در مریض پدید آید[4]،

---

۱ - Vivipare (فر.)
۲ - Mycoderma aceti (لا.)
۳ - Saccharomycetacées (فر.)
۴- Crise (فر.)

شدیدترین و ناراحت‌ترین وضع مریض در حالت تب ؛ یوم بحران.

بحرانی bohrān-ī [ع.-ف.] (ص نسب.) منسوب به بحران (ه.م.) ۱- تغییر حالت و آشفتگی مریض. ۲- وضع غیر عادی در امری از امور مملکتی

بحر ترک bahr-e-tork (اِمر.) (مس.) آواز دوم از اصول (ه.م.) موسیقی که آنرا ترکی ← ۲- ترکی ۳. نیز گویند.

بحر نور bahr-e-nūr (اِمر.)(مس.) یکی از گوشه‌های راست پنجگاه (ه.م.)

بحری bahr-ī [ع.-ف.] (ص نسب.) منسوب به بحر ؛ دریایی؛ قوای بحری، حیوان بحری. ‖ ـــِ قطاس. ← قطاس.

بحور bohūr [ع.] (اِ.) ج. بحر (ه.م.)؛ دریاها. ‖ ـــِ عروض. مقیاسهای اوزان عروضی. ← بحر.

بحیره bohayra(-e) [=ع. بحیرة] (اِمصغ.) دریاچه.

بخ! bax(x) [ع.] (صت.) کلمه‌ایست که خشنودی و مدح و تمجید را رساند، زه! خه! خوشا! ‖ بخ بخ! برای مبالغه در اظهار مسرت یا مدح و تمجید گویند.

بخار boxār [ع.] (اِ.) (فز.) گازی که از مواد مرطوب در حال تبخیر جدا شود یا در اثر حرارت از مایعات یا جامدات برخیزد و بهوا رود[1]؛ آنچه بشکل دود یا رطوبت از آب گرم یا هر جسم جامد یا مایعی در اثر حرارت از آن برخیزد و بهوا رود؛ دمه (فره.)، گاز. ‖ ـــِ آب. گازی که از جوشیدن آب در شرایط معینی بوجود آید. برای بخار کردن آب علاوه بر گرم کردن آب تا نقطهٔ جوش (در حرارت ۱۰۰ درجه فشار ۷۶ سانتیمتر جیوه) مقداری هم حرارت باید داد مثلا برای تبدیل یك گرم آب صد درجه بیك گرم بخار صد درجه تقریباً ۵۳۷ کالری حرارت لازم است ← تبخیر. ‖ ـــِ سیرشده. در صورتی است که محیط تبخیر از مولکولهای مادهٔ تبخیر شده پر شده باشد و در آن حالت عمل تبخیر متوقف گردد. وعکس این حالت را بخار خشك یا بخار سیر نشده اصطلاح کنند.

بخارایی boxārā-yī (ص نسب.) منسوب به بخارا (← بخش ۳)، از اهل بخارا، بخاری.

بخارشدن b.-šodan (مص ل.) بصورت بخار درآمدن، تبخیر شدن[2]. ‖ ـــِ مایعات. ← تبخیر.

۱- بخاری boxār-ī [ع.-ف.] (ص نسب.، اِمر.) ۱- اجاقی که دراداره یا گوشهٔ اطاق سازند و دود کش آنرا در میان جرز دیوار قرار دهند و جهت گرم کردن اطاق آنرا آتش کنند؛ ساداك، دودگاه. ۲- دستگاهی فلزی که در زمستان برای گرم کردن هوای اطاق بکار برند ودر آن با سوزاندن نفت، هیزم وغیره حرارت ایجاد کنند.

۲- بخاری boxār-ī [= بخارایی] (ص نسب.) منسوب به بخارا (← بخش ۳)، از اهل بخارا، بخارایی.

بخاو boxāw [= بخو] (اِ.) ← بخو.

۱- بخت baxt [په. baxt] (اِ.) طالع، اقبال.

۲- بخت baxt [قس. بختك] (اِ.) سیاهیی که در خواب بر مردم افتد وسنگینی کند؛ کابوس، عبدالجنه.

۳- بخت baxt (اِ.) (جا ن.) جانوری است شبیه به ملخ.

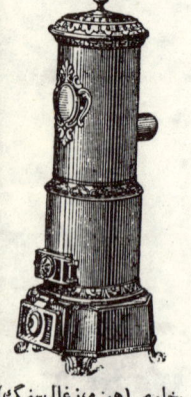

بخاری (هیزم، زغال‌سنگ)

بخاری نفتی

۱- Vapeur (فر.)
۲- S'évaporer (فر.)

بخت boxt [= بوخت؛ په. bōxt] نجات یافته: سه‌بخت = سبخت، نجات یافتهٔ سه(سه‌رکن‌زرتشتی: اندیشهٔ‌نیك، گفتار‌نیك، کردار‌نیك، یا تثلیث‌عیسوی)؛ چهاربخت = صهاربخت (معرب)، نجات یافتهٔ چهار (صلیب)؛ بختیشوع، نجات یافتهٔ عیسی.

بخت آزمایی baxt-āz(e)mā-yī (حامص.) امتحان بخت، آزمایش‌طالع بوسیلهٔ خریدبلیطهایی که بعضی‌از آنها برنده است، لاتاری.

بخت اردشیر baxt-e-ardešīr (إمر.) (مس.) نوایی از موسیقی قدیم ایران.

بختك baxt-ak (إ.) بخت← ۲- بخت کابوس (ه.م.)

بختور baxt-var (ص مر.) دارای بخت، صاحب بخت و دولت، بختیار، خوش اقبال.

بختی

۱- بخته baxta(-e) (ص.، إ.) ۱- گوسفند سه‌ساله یاچهارساله که نر باشد. ۲- دنبهٔ فربه. ۳- فربه، چاق.

۲- بخته baxta(-e) [طبر. baxta، خایه‌کشیده.] (ص.) هرچیز که پوست آنرا کشیده باشند.

بختی boxtī (إ.) (جا ن.) نوعی شتر قوی وسرخ‌رنگ که‌درخراسان وکرمان یافت میشود، شترقوی‌هیکل دو کوهانه.

بختیار baxt-yār [است. baxto-dāta، بخت‌دار.] (ص‌مر.) ۱- دارای بخت، با اقبال. ۲- آنکه بختش مساعد باشد.

بختیاری baxt-yār-ī (ص‌نسبـ.، إ.) ۱- منسوب به بختیار (ه.م.) ۲- (إخ.) ایلی است← بخش۳. ۳- (مس.) گوشه‌ای در دستگاه همایون(ه.م.)

بخچیر bexčīr (إ.) (گیا.) نوعی گیاه شیر خشت در تداول اهالی‌قرای اطراف تربت‌حیدریه. ← شیرخشت.

بخرد be-xrad [= باخرد] (ص مر.) خردمند، دارای خرد، هوشمند.

بخردی be-xrad-ī [= باخردی] (حامص.) خردمندی، هوشمندی.

بخرك boxrak [فارس. بخورك، کازرون. آخورك] (إ.) (گیا.) ارژن (ه.م.)

بخس baxs (ص.) ۱- پژمرده، فراهم آمده. ۲- (إ.) پوستی که از حرارت آتش چین‌چین و درهم کشیده وپژمرده باشد. ۳- بهم آمدگی دل بسبب غم یاتپش. ۴- رنج، اندوه.

بخسان baxs-ān [= پخسان] (ص‌فا. بخسانیدن) ← پخسان.

بخسانیدن baxsān-īdan [= پخسانیدن] (مص‌م.) (صر.← پخسانیدن). ۱- گداختن، گدازانیدن. ۲- پژمرده ساختن. ۳- دررنج داشتن.

بخسیدن baxs-īdan [= پخسیدن] (مص‌ل.) ۱- گداختن، گداخته‌شدن، ذوب‌شدن. ۲- پژمردن. ۳- رنجیدن.

بخسیده baxs-īda(-e) [= پخسیده] (إمف. بخسیدن). ۱- گداخته، مذاب. ۲- پژمرده. ۳- رنجیده.

بخش baxš [په. baxš] (إ.) ۱- حصه، بهره. ۲- بخت، موهبت(ایزدی). ۳- ماهی، حوت. ۴- برج (کبوتر، قلعه، فلك). ۵- (حس.) تقسیم(ه.م.) ۶- قسمت‌کوچکی ازیك شهر: بخش۱، بخش۴. ۷- واحدی درتقسیمات‌اداری کشور، و آن شامل‌چنددهستان است وهرشهرستان شامل‌چندبخش‌است. ۸- (نظ. دریایی) چندکشتی جنگی تحت فرماندهی یك تن، اسکادر. ۹- (إفا.)

بمعنی «بخشنده» آید: جان‌بخش، شادی بخش، شفا بخش.

بخشایش baxš-āy-eš [په . apaxšāyišn] (إمص. بخشودن، بخشاییدن) درگذشتن از جرم و گناه و تقصیر، عفو.

بخشاینده baxš-āy-anda(-e) (إفا. بخشاییدن، بخشودن) عفوکننده، رحم‌کننده.

بخشاییدن baxš-āy-īdan [= بخشودن](مص‌م.) (بخشایید، بخشاید، خواهدبخشایید، ببخشا(ی)، بخشاینده، بخشاییده) ← بخشودن.

بخشدار baxš-dār (إفا.إ.) (نو.) کسی که ازجانب وزارت کشور اموریك بخش (← بخش۷) راتحت‌نظر فرماندار اداره کند.

بخشداری baxš-dār-ī (حامص.) (نو.) ۱ - عمل وشغل بخشدار. ۲ - (إ.) محلی که بخشدار در آن امور حوزهٔ خود را اداره کند.

بخشش baxš-eš [په. baxšišn] (إمص. بخشیدن، إ.) ۱ - داد، دهش. ۲ - انعام، هدیه.

بخش‌شدن baxš-šodan (مص‌ل.) قسمت شدن، تقسیم شدن.

بخش‌کردن b.-kardan (مص‌م.) ۱- بهره بهره کردن، بحصه‌ها قسمت کردن. ۲ - (حس.) تقسیم کردن، تقسیم(ه.م.)

بخشنامه baxš-nāma(-e) (إمر.) (نو.) حکم یا دستوری که از طرف وزارتخانه یا مؤسسه‌ای در نسخه‌های متعدد نویسند وبشعب وکارمندان ابلاغ کنند؛ متحدالمآل.

بخشنده baxš-anda(-e) (إفا. بخشیدن) آنکه‌چیزی‌بخشد، داد ودهش کننده، عطا کننده.

بخشودن baxš-ūdan (بخشود، بخشاید، خواهد بخشود، ببخشا(ی)، بخشاینده، بخشوده، بخشایش)(مص‌ل.) ۱ - رحم کردن، شفقت کردن. ۲ - بخشیدن.

بخشوده baxš-ūda(-e) (إمف. بخشودن) ۱ - عفوکرده. ۲ - کسی که از مالیات‌وعوارض معاف است، معاف.

بخشی bakšī [مغ. baxšī، bagšī از چینی جدید po-šī، - چینی‌میانه po-ših pāk-dz'i، مرد دارای اطلاع‌وسیع](ص.،إ.) روحانی، روحانی بودایی. ج. بخشیان.

بخشیدن baxš-īdan [په. baxšītan] (مص‌م.)(بخشید، بخشد، خواهدبخشید، ببخش، بخشنده، بخشیده، بخشش). ۱ - دادن، عطا کردن. ۲ - معاف کردن، عفو کردن. ۳ - قسمت کردن، تقسیم کردن. ۴ - (وز.) گاهی ورزشکاری برای حفظ منافع حریف‌یا باحترام اومسابقه‌را می‌بخشد و بنفع حریف خود کنار می‌کشد.

بخشیده baxš-īda(-e) (إمف. بخشیدن) ۱ - داده، عطا شده. ۲ - معاف، عفو شده. ۳ - قسمت شده.

بخل boxl [ع.] (إ.) تنگ چشمی، گرسنه چشمی، زفتی، امساك؛ مق. کرم، بخشش، سخاوت.

بخلا boxalā [= ع. بخلاء] ← بخلاء.

بخلاء boxalā' [ع.، ف.: بخلا] (إ.) ج. بخیل ←۲- بخیل؛ گرسنه چشمان، تنگ چشمان.

بخله boxla(-e) [= بوخله = بوخل = بخیله] (إ.)(گیا.) خرفه (ه.م.)، بقلة‌الحمقاء.

بخو boxaw(.-ow) [← بخاو] (إ.) حلقه وزنجیری که‌دست‌وپای‌چهارپایان را بدان بندند؛ بخاو.

بخور baxūr(-bo (تد. [ع.]

بخو

بخور

بخورتیکان ۴۷۸

(اِ.) ۱ - هر مادهٔ خوشبویی که در آتش ریزند وبوی خوش دهد. ج . ابخره ، بخورات. ۲ - (پز.) بخار آب گرم یا داروی جوشانده که مریض آنرا استنشاق کند[۱]. ۳ - (گیا.) صمغ درخت روم که بخور آن خوشبواست، میعهٔ سائله، عسل‌لبن. ‖ ~ِ شیشه. چند عطر که با آب ترکنند و بر آتش نهند تا مجلس معطر شود.

بخورتیکان boxūrtīkān [تر آذربایجانی](اِ.)(گیا.) تمشك(ه.م.)

بخورك boxūrak (اِ.) (گیا.)ارژن (ه.م.)

بخور مریم

بخور مریم boxūr-e-maryam (اِمر.) (گیا.) گل‌نگونسار (ه.م.)

بخور(و)نمیر bo-xor-(o)-na-mīr (اِمر.) مقداری از غذا که فقط برای ادامهٔ زندگی کفایت کند، قوت‌لایموت.

بخولق bexowloγ [تر.] (اِ.)(جا ن.) فرورفتگی بالای‌سم اسب که حلقهٔ بخورا در آنجا بندند.

بخولق

بخیدن ba-xīdan [= واخیدن] (مص‌م.)(صر. ← چیدن) زدن‌پشم یا پنبه، حلاجی کردن.

بخیده ba-xīda(e) (اِمف .) پشم یا پنبهٔ زده شده، حلاجی شده.

بخیر baxīr [← ۱بخیل](اِ.) (گیا.) نوعی ازکنگر، بیدگیا، حرشف.

۱- بخیل baxīl [= بخیر] (اِ.) (گیا.) ← بخیر.

۲- بخیل baxīl [ع.] (ص.) تنگ چشم، گرسنه چشم،زفت،خسیس،ممسك؛ مق. سخی، کریم. ج. بخلاء.

بخیله baxīla(-e) [= بخله] (اِ.) ← بخله.

بخیلی baxīl-ī [ع.-ف.] (حامص) تنگ چشمی، گرسنه چشمی ، زفتی ، ممسکی؛ مق. سخاوت، کرم.

بخیه baxya(-e)(اِ.) ۱ - کوکی که روی پارچه با دست یا چرخ خیاطی بزنند؛ آجیده وشکاف جامه که‌دوخته شده باشد ؛ دوخت تنگ و مضبوط . ۲ - (پز.) کوکهایی که با نخ معمولی یا نخهای متداول در پزشکی درمحل شکافتگی انساج پس از عمل جراحی میزنند[۲]. ۳- شکاف. ‖ ~ سنجاقی. (پز .) بخیه‌ای‌که درجراحی بوسیلهٔ آگراف زده‌میشود ؛ آگراف[۳]. ‖ ~ بر روی افکندن (انداختن، نهادن)، ~ بر روی کار افکندن. (کن.) آشکارشدن راز، فاش شدن سر.

بخیه زدن b.-zadan (مص‌م.) ۱ - کوك‌زدن پارچه، دوختن شکاف جامه. ۲- (پز.) دوختن‌انساج‌ومحل‌شکافتگی عضو پس از ختم عمل جراحی[٤] ؛ بخیه کردن. ‖ دورادور ~ . شلال‌کردن.

بخیه‌کردن b.-kardan (مص م .) (پز.) بخیه زدن (ه.م.)

۱- بد bad [vat .په] (ص.) ۱ - ناپسند، ناخوب؛ مق. خوب، نیك. ۲ - زشت، پلید. ۳ - مفسد. ۴ - (اِ.) بدی، کارناپسند.

۲- بد bad [= پد= پود= پده] (اِ.) ۱ - لته ، رگوی نیم سوخته که بجهت آتشگیره مهیاکرده باشند. ۲ - چوب پوسیده یا گیاهی که با چخماق درآن آتش تولیدکنند، آتشگیره.

۳- بد bod,bad [pat .په] (پس.) در کلمات مرکب دال‌برصاحبی‌وخداوندی وریاست است: سپهبد، موبد، گهبد، هیربد، خداوند.

۱- Fumigation (فر.) ۲- Suture (فر.)
۳- Agrafe (فر.) ٤- Suturer (فر.)

۱-بد bod [= بود] (فع.) مخفف «بود» سوم شخص مفرد ماضی از «بودن».
۲-بد bod [= بت] (إ.) ۱-بت (ه.م.)، صنم. ۲ -(إخ.) بودا (← بخش ۳).
۳-بد bod(d) [ع.] (إ.) چاره، گزیر.
بدا badā [= ع. بداء] (مصل.) ← بداء.
بداء badā' [ع.، ف.: بدا] (مصل.) ۱ - ظاهر شدن، هویدا گشتن. ۲ - پیدا شدن رأی دیگر در امری؛ امری که در خاطر بگذرد که از پیش نگذشته باشد. ۳ - (فل.) ایجاد رأیی برای خالق بجز آنچه که قبلا ارادهٔ وی بر آن تعلق گرفته بود.
بدائع badāe' [ع.] (إ.) ← بدایع.
بداغ bodāγ (إ.) (گیا.) گل دنبه (ه.م.)
بدان ba(e)d-ān [په. paδ-ān] (حر.اض.+ضم.) به آن: بدان مرد، بدان شکل.
بداوت badāvat [= ع. بداوة] (مصل.) در بادیه اقامت کردن، صحرا-نشین شدن.
بداهت badāhat [= ع. بداهة] (مصل.) ۱ - ناگاه در آمدن (کم.). ۲ - بی اندیشه سخن گفتن، بی تأمل گفتن و نوشتن.
بداهه badāha(-e) [= ع. بداهة] (مصل.) ← بداهت، بدیهه.
بداهه‌نوازی b.-navāz-ī (حامص.) (مس.) ساختن آنی و فوری قطعات موسیقی. در بداهه نوازی آلاتی بیشتر مورد استفاده قرار میگیرند که متحدالشکل‌تر و کاملتر باشند. بطور-کلی آلاتی که مضراب خودکار دارند بیشتر برای این کار مناسبت دارند و از همهٔ سازها مستعدتر و مناسبتر ارگ (ه.م.) شناخته شده است.

بدایت badāyat [= ع. بداءة] [ع.] (إ.) آغاز، اول چیزی، ابتدا. ‖ محکمهٔ ~. دادگاه شهرستان.
بدایع badāye' [= بدائع] [ع.] (إ.) ج. بدیعه؛ تازه‌ها، نوآیینها، نوها: بدایع اشعار.
بد آغار bad-āγār [← آغار] (ص‌مر.) بدسرشت، بد نهاد:
«یکی زشت روی بدآغار بود
تو گویی بمردم گزی ماربود.»
(ابوشکور بلخی)
ضح.- این کلمه بصورت «بدآغاز» در فرهنگها تحریف شده.
بدآموز b.-āmūz (إفا.) ۱ - آنکه چیزهای بد بدیگران یاد دهد، کسی که پندهای نادرست دهد؛ مق. نیك آموز. ۲ - آنکه چیزهای بد از دیگران یاد گیرد؛ مق. نیك آموز.
بدآموزی b.-āmūz-ī (حامص.) عمل بد آموز (ه. م.)؛ مق. نیك آموزی.
بدآیین b.-āyīn (ص‌مر.) ۱-بدمذهب. بدکیش. ۲ - گمراه. ۳ - بداخلاق؛ مق. نیك‌آیین.
بداختر b.-axtar (ص‌مر.) ۱ - بد طالع، بدبخت. ۲ - شوم، نامبارك؛ مق. نیك‌اختر.
بد اختری b.-axtar-ī (حامص.) بداختر (ه.م.) بودن؛ مق. نیك‌اختری.
بداخم b.-axm (ص‌مر.) ترش رو، بدخو، اخمو.
بداخمی b.-axm-ī (حامص.) بداخم بودن، ترشرویی، بدخویی.
بد ادا b.-adā [ف.- ع.] (ص‌مر.) آنکه ادا و اطوارش ناپسند باشد، آنکه رفتارش پسندیده نباشد؛ مق. خوش‌ادا.
بد ادایی b.-adā-yī [ف.-ع.]

(حامص.) عمل بد ادا (ه.م.)؛مق.خوش ادایی.

بد اغر b.-oγor [← اغر] (ص‌مر.) نامبارك، شوم، بدشگون.

بد انجام b.-anǰām (ص‌مر.) بد - فرجام، بد عاقبت.

بد انجامی b.-anǰām-ī (حامص.) بد فرجامی، بد عاقبتی.

بد اندیش b.-andīš (إفا.) آنکه‌در مورد دیگران اندیشهٔ بد دارد؛ بدنیت، بدخواه؛ مق. نیك اندیش.

بد اندیشی b.-andīš-ī (حامص.) عمل بداندیش؛ مق.نیك‌اندیشی.

بد باطن b.-bāten [ف.-ع.] (ص مر.) بدفطرت، بدذات؛ مق. خوش‌باطن.

بد باطنی b.-bāten-ī (حامص.) بدفطرتی، بدذاتی، بدخیالی؛ مق.خوش باطنی.

بدبخت b.-baxt [په. vat-baxt] (ص‌مر.) بد اختر، بی‌طالع، بی‌اقبال، شوربخت؛ مق. خوشبخت، نیکبخت، سعید، سعادتمند.

بدبختانه b.-baxt-āna(-e) (ق.) بطور بدبختی، بنحو شور بختی؛ مق. خوشبختانه.

بدبختی b.-baxt-ī (حامص.) بد اقبالی، نگون بختی، شوربختی، ادبار؛ مق. خوشبختی، سعادت.

بدبدك bad-bad-ak [← بدبده] (اصت.،إمر.) (إ.)(جا.) هدهد (ه.م.)

بدبده bad-bad-a(-e) [= بدبدك] (اصت.،إمر.) کرك (ه.م.)

بدبده b.-be-deh (ص مر.) آنکه قرض خود را بموقع‌و بسهولت نپردازد، کسی که وام خویش‌را بسختی‌و بامراجعهٔ مکرر اداکند.

بدبو bad-bū [= بدبوی] (ص‌مر) بدبوی (ه.م.)

بدبوی bad-būy [= بدبو] (ص‌مر.) آنچه‌که بوی بد دهد، متعفن، گندیده، بویناك؛ مق. خوشبوی، معطر.

بدبویی b.-būy-ī (حامص.) تعفن، گندیدگی؛ مق. خوشبویی، عطر.

بدبین b.-bīn (إفا.،ص‌مر.) ۱- کسی که در امری یا درهمهٔ امور بنظر سوءِ ظن نگرد[۱]؛مق. خوش بین. ۲ - (فل.) آنکه جهان آفرینش را پر از یأس وحرمان وبدبختی‌داند[۱]؛مق. خوش‌بین.

بدبینی b.-bīn-ī (حامص.) ۱- عمل بدبین (ه.م.)، ببدگمانی نگریستن در امری یا در همهٔ امور[۲]؛مق.خوش‌بینی. ۲ - (فل.) اعتقاد باینکه جهان پر از بدبختی و یأس وحرمان است[۲]؛ مق. خوش بینی.

بدپز b.-poz [ف.-فر.] (ص‌مر.) آنکه لباس‌پوشیدنش نا پسندباشد؛مق. خوش‌پز.

بدپسند b.-pasand (ص‌مر.) مشکل پسند.

بدپسندی b.-pasand-ī (حامص.) بد پسند(ه.م.) بودن.

بد پوز b.-pūz [= پتفوز] (إ.) ← پتفوز.

بدپیشه b.-pīša(-e) (ص مر.) ۱ - آنکه بدی پیشهٔ خودسازد، بدکردار، بدعمل، بدفعل. ۲ - فاسق، فاجر.

بدپیله b.-pīla(-e) (ص‌مر.) بدکینه، سخت انتقام.

بدجنس b.-ǰens [ف.-ع.] (ص‌مر.) بدذات، بدطینت، بدنهاد؛ مق. خوش جنس.

بدجنسی b.-ǰens-ī (حامص.) بدذاتی، بدطینتی، بدنهادی؛ مق. خوش‌جنسی.

۱- Pessimiste(فر.) ۲ - Pessimisme(فر.)

بدچشم b.-ča(e)šm (ص مر.) ۱ - مردی که بزنان نامحرم بنظر شهوت نگرد. ۲ - کسی که چشمش شوم باشد، آنکه بدیگران چشم زخم زند.

بدچشمی b.-ča(e)šm-ī (حامص.) عمل بد چشم (ه.م.)

بدحساب b.-hesāb [ف.-ع.] (ص مر.) آنکه در معاملات خود درستی را پیشه نسازد، آنکه وام خودرا بموقع وبسهولت نپردازد؛ مق. خوش حساب.

بدحسابی b.-hesāb-ī (حامص.) عمل بدحساب (ه.م.)؛ مق. خوش حسابی.

بدخط b.-xat [ف.-ع.] (ص مر.) ۱ - کسی که خط وی بد وزشت باشد. ۲ - نوشتهٔ ناخوانا؛ مق. خوش خط.

بدخطی b.-xatt-ī [ف.-ع.] (حامص.) بد خط (ه.م.) بودن ؛ مق. خوش خطی.

بدخو b.-xū [= بدخوی] (ص مر.) ← بد خوی.

بدخواه b.-xāh (إفا.) ۱ - آنکه بد دیگران را خواهد، بداندیش. ۲ - کینه‌ور، منتقم.

بدخواهی b.-xāh-ī (حامص.) عمل بد خواه (ه.م.)

بدخور b.-xor ۱ - (إفا.) کسی که دارو را بزحمت و اکراه خورد. ۲ - (إمف.) دارویی که بواسطهٔ طعم تلخ و بد مزگی باکراه خورده شود.

بدخوراک b.-xorāk (ص مر.) کسی که خوراکهای پست و خشن و نابجا خورد.

بدخوی b.-xūy [= بدخو] (ص مر.) بد خلق، بدخیم، زشت خوی، تند خو؛ مق. خوش خوی، نیك خوی.

بدخویی b.-xūy-ī (حامص.) بد خلقی، بدخیمی، زشت خویی، تندخویی؛ مق. خوش خویی، نیك خویی.

بدخیال b.-xayāl [ف.-ع.] (ص مر.) بدگمان (ه.م.)

بدخیالی b.-xayāl-ī [ف.-ع.] (حامص.) بدگمانی (ه.م.)

بددل b.-del (ص مر.) ۱ - ترسنده، بیمناك، ترسو. ۲ - بدگمان. ۳ - کینه‌ور، کینه ورز، کینه جو؛ مق. نیکدل.

بددلی b.-del-ī (حامص.) بددل (ه.م.) بودن؛ مق. نیکدلی.

بد دماغ b.-demāγ (da.-) (ص مر.) (عم.) ۱ - آنکه بسختی خشنود گردد، ناراضی. ۲ - متکبر، پر افاده.

بد دماغی b.-demāγ-ī (da.-) (عم.) (حامص.) بد دماغ (ه.م.) بودن.

بددهان b.-dahān (ص مر.) ← بد دهن.

بددهانی b.-dahān-ī (حامص.) ← بد دهنی.

بد دهن b.-dahan [= بد دهان] (ص مر.) فحش دهنده، نا سزاگوینده.

بد دهنه b.-dahana(-e) (ص مر.) بدلگام (ه.م.)

بددهنی b.-dahan-ī [= بددهانی] (حامص.) عمل بد دهن (ه.م.)؛ فحش، ناسزا.

بددین b.-dīn (ص مر.) بد مذهب، بد کیش، ملحد؛ مق. بهدین، خوش کیش.

بددینی b.-dīn-ī (حامص.) بدمذهبی، بدکیشی، الحاد؛ مق. بهدینی، خوش کیشی.

بدذات b.-zāt [ف.-ع.] (ص مر.) بداصل، بد گوهر، مفسد.

بدذاتی b.-zāt-ī (حامص.) بداصلی، بدگوهری، افساد.

بدذهن b.-zehn [ف.-ع.] (ص مر.) کند ذهن، کودن؛ مق. تند ذهن.

بدذهنی b.-zehn-ī (حامص.) کند ذهنی، کودنی؛ مق. تند ذهنی.

بدر badr[ع.](ا.)حالتی از نیمکرهٔ روشن ماه (چون همواره یك طرف ماه بوسیلهٔ اشعهٔ خورشید روشن است) که تمامی آنرا اهل زمین رؤیت کنند؛ بدر تمام، ماه شب چهارده، پر ماه، گرد ماه، ماه دوهفته: چهرهٔ او مانند بدر می تافت.

۱-بدرام badrām[=پدرام] (ص.) ۱ - خوش، خرم. ۲ - آراسته. ۳ - دلگشا.

۲-بدرام bad-rām (صمر.) ۱ - جانور وحشی (عموماً). ۲- اسب واستر سرکش (خصوصاً).

۱-بدران badrān(ا.)(گیا.)گیاهی است مانند ترب بسیاربدبو؛ گندگیاه.

۲-بدران bad-rān (إفا.) آنکه بد میراند (اسب یا وسیلهٔ نقلیه را)؛ مق. نیك ران.

بدراه b.-rāh (ص مر.) ستوری که بد راه رود، بد رو.

بد رزق b.-rezγ[ف.-ع.](صمر.) ۱ - آنکه روزی او بدشواری رسد، بد روزی. ۲ - نامقبول، ناپسند.

بدرستی be-dorost-ī(قمر.)بتحقیق، همانا. ضح. - این کلمه در ترجمهٔ «إن» و «أن» (بتشدیدنون) عربی استعمال شود وپس از آن «که» آید.

بدرقه badraγa(-e)[=ع. بدرقة] ۱ - (ص.) راهنما،راهبر. ۲- پاسبان، نگهبان. ۳ - پشت و پناه. ۴ - (إ.) مشایعت. ۵ - (پز.) مایع نیم گرمی که پس از شرب مسهل برای اعانت و ازدیاد عمل آن بتدریج نوشند. || ~ محبت. مراسلهٔ دوستانه، نامهٔ دوستانه.

بدرکاب b.-rekāb [ف.-ع.] (صمر.) ۱ - آنکه سخت سواراسب شود. ۲ - بدقدم؛ مق. خوش رکاب.

بدرکابی b.-rekāb-ī (حامص.)عمل بدرکاب (ه.م.)

بدرك be-darak[ف.-ع.] ← درك.

بدرگ b.-rag (صمر.) بد طینت، بد ذات، بداصل.

بدرگی b.-rag-ī(حامص.)بدطینتی، بد ذاتی، بداصلی.

بدرو b.-raw(row) (صمر.) ۱ - ستوربدراه. ۲- ستور باری،اسب باری.

بدرود bedrūd [=پدرود] (إ.) ۱ - سلامت. ۲ - سالم. ۳ - وداع،خداحافظی، تودیع. ۴ - ترك،واگذاشتن.

بدرود کردن b.-kardan (مص م.) وداع گفتن، ترك کردن.

بدرود گفتن b.- goftan (مصم.) بدرود کردن (ه.م.)

بدروز b.-rūz (صمر.) تیره روز، بد روزگار؛مق. نیك روز، بهروز.

بد روزگار b.-rūz(e)gār (صمر.) ۱ - تیره روز، بدبخت، بداقبال. ۲ - ظالم، ستمکار، شریر.

بد روزگاری b.-rūz(e)-gār-ī (حامص.) عمل بد روزگار(ه.م.)، وضع بد روزگار (ه.م.)

۱- بد روزی b.-rūz-ī (حامص.) تیره‌روزی، بدروزگاری؛مق. نیك‌روزی، بهروزی.

۲-بد روزی b.-rūz-ī(صمر.)آنکه روزی اوبدشواری رسد، بد رزق.

بد روش b.-raveš (صمر.) کسی که روش او بد باشد، بد رفتار؛ مق. نیك روش.

بد روشی b.-raveš-ī(حامص.)بد

رفتاری، بد عملی؛مق. نیک‌روشی.

بدره badra(-e) [= ع. بدرة] (اِ.) خریطه‌ای از جامه یا گلیم یا تیماج که طول آن از عرضش بیشتر باشد و آنرا پر از پول کنند؛ همیان.

بد زبان b.-zabān (ص‌مر.) کسی که بدیگران دشنام دهد، دشنام‌دهنده، ناسزا گوینده، بد دهان، فحاش؛مق. خوش زبان.

بد زبانی b.-zabān-ī (حامص.) دشنام، فحش، ناسزا، بد دهانی؛ مق. خوش زبانی.

بد زندگانی b.-zendegānī (ص مر.) ۱- آنکه زندگانی وی براه نباشد، بدروزگار. ۲- شریر، بدذات. ۳- کسی که خوراکهای پست و خشن خورد، بد خوراک.

بد زهره b.-zahra(-e) (ص مر.) ترسو، بددل، کم جرأت.

بد زیب b.-zīb (ص‌مر.) بی‌ظرافت، نازیبا.

بد ساخت b.-sāxt (ص‌مر.) بدساخته شده، بد ساز؛مق. خوش ساخت.

بدست ba(e)dast [= بلست] (اِ.) وجب، شبر.

بدست بودن be-dast-būdan (مص‌ل.) ۱- آگاه‌بودن، باخبربودن، هشیار بودن. ۲- مواظب‌بودن، مراقب بودن.

بد ساز b.-sāz ۱-(اِمف.،ص.) بدساخته شده، بد ساخت؛مق. خوش ساخت. ۲- (اِفا.) بد سازنده.

بد سرشت b.-serešt (ص مر.) بد نهاد، بدذات، بد اصل، بد طینت؛مق. نیک سرشت، خوب سرشت.

بد سرشتی b.-serešt-ī (حامص.) بد نهادی، بدذاتی، بد اصلی، بدطینتی؛ مق. نیک سرشتی، خوب سرشتی.

بدسغان badasγān [= بدسگان = بدشگان = بدشغان] (اِ.) (گیا.) نیلوفر صحرایی (ه.م.)

بدسگال bad-sa(e)gāl (اِفا.) ۱- بداندیش، بد خواه. ۲- بدگوی؛مق. نیکو سگال.

بدسگالی b.-sa(e)gāl-ī (حامص.) بدسگال (ه.م.) بودن؛مق. نیکوسگالی.

بدسگان badasgān [= بدسغان = بدشگان = بدشغان] (اِ.) (گیا.) نیلوفر صحرایی (ه.م.)

بدسم bad.-som (ص‌مر.) بدنعل (ه.م.)

بدشغان badašγān [= بدسغان = بدسگان ← بدشگان] (اِ.) (گیا.) نیلوفر صحرایی (ه.م.)

بدشگان badašgān [= بدشغان = بدسگان = بدسغان] (اِ.) (گیا.) نیلوفر صحرایی (ه.م.)

بدطینت b.-tīnat [ف.-ع.] (ص‌مر.) بدسرشت، بد ذات، بدنهاد؛مق. خوش طینت.

بد طینتی b.-tīnat-ī [ف.-ع.] (حامص.) بدسرشتی، بد ذاتی، بد نهادی؛ مق. خوش طینتی.

بد ظن b.-zan(n) [ف.-ع.] (ص مر.) بدگمان.

بد ظنی b.-zann-ī (حامص.) بدگمانی.

بدع bed' [ع.] ۱- (ص.) تازه، نو، نوآیین. ۲- جوانمرد، برتر از اقران خویش. ج. ابداع، بدع (کم.).

بدع beda' [ع.] (اِ.) ج. بدعت؛ بدعتها، نوره‌ها، آیینهای نو.

بد عادت b.-ādat [ف.-ع.] (ص‌مر.) آنکه عادت یا عادات بد داشته باشد.

بدره

بدسنان (بدشغان، بدشگان)

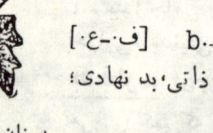

بد عاقبت b.-āγebat [ف.-ع.] (ص مر.) بدانجام، بدفرجام.

بد عاقبتی b.-āγebat-ī [ف.-ع.] (حامص.) بدانجامی، بدفرجامی.

بدعت bed'at [ع. بدعة =] (ا.) ۱- چیز نوپیدا وبی‌سابقه، نو ره، آیین نو، رسم‌تازه. ۲- عقیدهٔ تازهٔ برخلاف دین. ج. بدع (کم.).

بدعمل b.-amal [ف.-ع.] (ص‌مر.) بدکار (ه‌م.).

بد عملی b.-amal-ī (حامص.) بدکاری (ه‌م.).

بد عهد b.-ahd [ف.-ع.] (ص‌مر.) ۱- پیمان شکن، بدپیمان. ۲- نمك بحرام.

بد عهدی b.-ahd-ī (حامص.) ۱- پیمان شکنی، بد پیمانی. ۲- نمك بحرامی.

بد فرجام b.-farǰām (ص‌مر.) ۱- بدانجام، بد عاقبت. ۲- بدخواه، بدنیت.

بدفرجامی b.-farǰām-ī (حامص.) ۱- بد انجامی، بد عاقبتی. ۲- بد خواهی، بدنیتی.

بد فطرت b.-fetrat [ف.-ع.] (ص مر.) کسی‌که همواره در صدد اذیت کردن دیگران‌باشد، بدنهاد، بدسرشت.

بد فطرتی b.-fetrat-ī (حامص.) عمل بد فطرت (ه‌م.)، بد نهادی، بد سرشتی.

بد فعال b.-feāl [ف.-ع.] (ص‌مر.) ۱- بد فعل، بدعمل، بد کردار. ۲- گزند رسان، موذی.

بد فعالی b.-feāl-ī [ف.-ع.] (حامص.) عمل‌بد فعال (ه‌م.)، بدفعلی.

بدفعل b.-fe'l [ف.-ع.] (ص‌مر.) ۱- بدعمل، بد کردار، بد فعال. ۲- گزند رسان، موذی.

بد فعلی b.-fe'l-ī [ف.-ع.] (حامص.) عمل بد فعل (ه‌م.)، بد فعالی.

بد قدم b.-γadam [ف.-ع.] (ص‌مر.) آنکه قدمش نامبارك باشد، شوم، نا-مبارك، بدیمن؛ مق. خوشقدم.

بد قدمی b.-γadam-ī [ف.-ع.] (حامص.) شومی، بدیمنی، نامبارکی؛ مق. خوشقدمی.

بدقلق b.-γeleγ [ف.-ع] (ص‌مر.) بد ادا، بد عادت.

بد قلقی b.-γeleγ-ī [ف.-ع.] (حامص.) بد ادایی، بد عادتی.

بد قمار b.-γemār (تد. -.b.-γom) [ف.-ع.] (ص‌مر.) ۱- آنکه در قمار تقلب کند. ۲- آنکه‌بهرطریقی تحصیل پول کند. ۳- آنکه عادةً شریر باشد؛ موذی.

بد قیافه b.-γiyāfa(-e) [ف.-ع.] (ص مر.) آنکه دارای قیافه‌ای زشت باشد؛ بدصورت، بدگل، کریه‌المنظر.

بدکار b.-kār [= بدکاره] (ص‌مر.) ۱- آنکه مرتکب کارهای بدشود، بد کردار، بدعمل، بدفعل، بدفعال. ۲- شریر، موذی. ۳- فاسق، فاجر، زناکار، لواط کننده.

بدکاره b.-kār-a(-e) (ص‌مر.) ← بد کار.

بدکاری b.-kār-ī (حامص.) ۱- بدکرداری، بد عملی، بد فعلی، بد فعالی. ۲- شرارت. ۳- فسق، فجور، زنا، لواط.

بدکام b.-kām (ص‌مر.) بداندیش، بدطینت، بدذات، بدخواه.

بدکامه b.-kām-a(-e) (ص‌مر.) ← بدکام.

بد کامی b.-kām-ī (حامص.) عمل بدکام (ه.م.)

بد کردار b.-kerdār (ص مر.) کسی که کار بد کند، بدکار، بدکنش، بدعمل، بدفعل، بد فعال؛ مق. نیك کردار.

بد کرداری b.-kerdār-ī (حامص.) بدکاری، بدکنشی، بدعملی، بدفعلی، بدفعالی؛ مق. نیك کرداری.

بد کنش b.-koneš (ص مر.) بدکار، بدکردار، بدعمل، بدفعل، بدفعال.

بد کنشت b.-konešt (ص مر.) ← بدکنش.

بد کنشی b.-koneš-ī (حامص.) بدکاری، بدکرداری، بدعملی، بدفعلی، بد فعالی.

بد کیش b.-kīš (ص‌مر.) ۱ - آنکه دارای دین نا پسندی است؛ بد دین، بد آیین، بدمذهب، ملحد. ۲ - بیرحم، بی عاطفه.

بدکیشی b.-kīš-ī (حامص.) ۱ - بد دینی، بدآیینی، بد مذهبی، الحاد. ۲ - بی‌رحمی، بی‌عاطفگی.

بدگزین b.-gozīn ۱ - (اِفا.) آنکه بد انتخاب کند، کسی که بطور بدی اشیارا پسند کند. ۲ - (اِمف.) بدانتخاب شده، بدپسند شده؛ مق. به‌گزین.

بد گزینی b.-gozīn-ī (حامص.) عمل بدگزین (ه.م.)؛ مق. به‌گزینی.

بدگفت b.-goft (ص‌مر.) گفتهٔ بد، سخن زشت.

بدگل b.-gel (ص مر.) زشت، زشت چهره، زشت صورت، زشت رو؛ مق. خوشگل.

بدگلی b.-gel-ī (حامص.) زشترویی؛ مق. خوشگلی.

بدگمان b.-gomān (ص مر.) ۱ - کسی که سوء ظن دارد، آنکه گمان بد ببرد، بد خیال. ۲ - رشك برنده، حسود. ۳ - مغرض.

بد گمان شدن b.-g.-šodan (مص ل.) ۱ - سوء ظن داشتن، بد خیال‌شدن. ۲ - رشك‌بردن. ۳ - مغرض گشتن.

بد گمانی b.-gomān-ī (حامص.) ۱ - سوء ظن، بد خیالی. ۲ - رشك، غبطه. ۳ - غرض.

بد گند b.-gand ۱ - (ص‌مر.) متعفن، گندیده ۲ - (اِ.) رشوه، پاره.

بد گو b.-gū [= بدگوی] (ص‌مر.) ← بدگوی.

بد گونیا b.-gūniyā (ص مر.) (معم.) زمین یا صحن خانه که کج ومورب باشد، بد ساخته شده. ضح. - در قدیم آنرا شوم و نامیمون می‌پنداشتند.

بد گوهر b.-gaw(ow)har (ص‌مر.) ۱ - بد اصل، بد نژاد. ۲ - بدذات؛ مق. نیك‌گوهر.

بد گوهری b.-gaw(ow)har-ī (حامص.) بدگوهر (ه.م.) بودن؛ مق. نیك‌گوهری.

بد گوی b.-gūy [= بدگو] (ص‌مر.) کسی که زیاد دشنام دهد، آنکه غالباً سخن زشت گوید، بدزبان، بددهان.

بد گویی b.-gūy-ī (حامص.) ۱ - بد حرفی، بدسخنی. ۲ - غیبت، تهمت، افترا.

بد گهر b.-gohar [= بد گوهر] (ص‌مر.) ← بدگوهر.

بدگهری b.-gohar-ī [= بدگوهری] (حامص.) ← بدگوهری.

بدل badal [ع.] (اِ.) ۱ - هرچیز

که بجای دیگری واقع شود، هرچه‌که جانشین چیزی دیگرشود. ۲ - نایب، قایم‌مقام. ۳ - کریم، شریف. ج. ابدال، بدلاء. ۴ - (نحو.) ۱- جانشین کردن کلمه‌ای را با کلمهٔ دیگر. این کلمه را «مبدل» و اصل را «مبدل منه» گویند. ۲ - مبدل ↑.

بدلا bodalā [= ع . بدلاء.] ← بدلاء.

بدلاء bodalā' [ع.، ف.: بدلا] (ص.، إ.) ج. بدل، بدیل؛ شریفان، کریمان.

بد لجام b.-leǰām [ف.-ع. = بدلگام] ص‌مر.) ← بدلگام.

بدلجامی b.-leǰām-ī [ف .- ع. = بدلگامی.] (حامص.) ← بدلگامی.

بد لحاظ b.-lehāz [ف.-ع.] (ص‌مر.) ۱- بی‌حیا، بی‌ادب، بی‌شرم، گستاخ، پررو. ۲ - زشت، ناپسند.

بد لقا (تد. laγā) b.-leγā [ف.-ع.] (ص‌مر.) ۱ - زشت، بد منظر. ۲ - بی فایده، بی مصرف.

بد لگام b.-logām [= بد لجام] (ص‌مر.) ۱ - ستوری که دهنه را قبول نکند، مرکوب (و مخصوصاً اسب) سرکش، چموش. ۲ - (کن.) شخص گردنکش، یاغی، نافرمان، سخت‌سر.

بد لگامی b.-logām-ī [= بد لجامی] (حامص.) عمل بدلگام (ه.م.)، بدلجامی.

بد لهجه b.-lahǰa(-e) [ف.-ع.] (ص‌مر.) ۱ - آنکه سخن‌را بد اداکند. ۲ - بد زبان، بددهان. ۳ - بدخواه، بد نیت.

بدلیون badliyūn [معر. لا. bdellium] (إ.) صمغی‌است سیاه‌مایل بسرخی مشهور به مقل ازرق. در طب قدیم مورد استعمال داشته است

بد مذهب b.-mazhab [ف.-ع.] (ص‌مر.) بدکیش، بد دین، ملحد.

بدمذهبی b.-mazhab-ī [ف.-ع.] (حامص) بدکیشی، بددینی، الحاد.

بد مزاج b.-mezāǰ [ف.-ع.] (ص‌مر.) ۱- تند خوی، کج خلق. ۲ - ترشرو، عبوس.

بد مزاجی b.-mezāǰ-ī [ف.-ع.] (حامص.) ۱ - تندخویی، کج‌خلقی. ۲ - ترشرویی، عبوس.

بد مزگی b.-maza(e)g-ī (حامص.) ۱- بد طعمی، بی‌لذتی. ۲- ناگوارایی.

بدمزه b.-maza(-e) (ص‌مر.) ۱ - بدطعم. ۲ - چیزی که گوارا نباشد.

بد مست b.-mast (ص‌مر.) کسی که در مستی‌عربده کشد و شرارت نماید، کسی که پس از مست شدن هرزه گویی وشهوت پرستی‌نماید.

بد مستی b.-mast-ī (حامص.) عمل بدمست (ه.م.)

بد مظنه b.-mazanna(-e) [ف.-ع.] (ص‌مر.) ۱ - آنکه سوء ظن دارد؛ بدگمان، بدظن. ۲- غیرمعتمد، نااستوار.

بدمعاش b.-maāš [ف.-ع.] (ص‌مر.) ۱ - کسی که معیشت اوفراخ نباشد؛ بدروزگار، بد روزی. ۲ - بدپیشه، فاسق.

بد معاشی b.-maāš-ī [ف.-ع.] (حامص.) عمل بد معاش (ه.م.)

بدمعاملگی b.-moāmela(e)g-ī [ف.-ع.] (حامص) عمل بدمعامله (ه.م.)

بد معامله b.-moāmela(-e) [ف.-ع.] (ص‌مر.) کسی که معامله را بدرستی و سهولت انجام ندهد؛ سخت معامله.

بد منظر b.-manzar [ف.-ع.] (ص مر.) آنچه‌بنظر بدآید؛ بدنما، بدنمود.

بد منظری b.-manzar-ī [ف.-ع.] (حامص.) زشت بنظر آمدن، بدنمایی، بدنمود کردن.

بد مهر b.-mehr (ص مر.) ۱ - نامهربان، بی محبت. ۲ - بد اندیش، بد خواه.

بد مهری b.-mehr-ī (حامص.) ۱ - نامهربانی، بی‌محبتی. ۲ - بداندیشی، بد خواهی.

بدمینتن badmīnton [۱ - انگ. badminton] (اِ.) (ور.) نوعی از ورزش شبیه به تنیس که در زمینی شبیه زمین والیبال با شرکت ۲ یا ۴ تن انجام میشود. راکت آن از راکت تنیس ضعیف‌تر است وتوپ آن از یك گوی کوچك پلاستیك یا چرمی تشکیل شده که چند پر (پرنده) در آن فرو برده‌اند. این‌ورزش‌تازه‌درایران‌معمول شده.

بدن badan [ع.](اِ.)(پز.) ساختمان کامل یك فرد زنده[۱]، مجموعهٔ اعضا و جوارح مشکل یك موجود زنده، مجموعهٔ اعضا و انساج و دستگاههای مشکل یك انسان؛ تن، اندام. ضح.- بدن مرده را «جسد» گویند.

بد نام b.-nām ۱ - [ص‌مر.] مشهور ببدی، معروف‌ببدی. ۲ - (اِمر.)(پز.) مرضی است که اسب و استر و خر را بهم رسد، سراجه.

بد نامی b.-nām-ī (حامص.) بدنام (ه‌.م.) بودن.

بد نژاد b.-nežād (ص‌مر.) ۱- آنکه نژاد اصیل نداشته باشد؛ بدگوهر، بد اصل. ۲ - اسبی که پدرش عربی‌ومادرش ترکی باشد.

بدنژادی b.-nežād-ī (حامص.) عمل وحالت بدنژاد (ه‌.م.)

بد نسل b.-nasl [ف.-ع.] (ص‌مر.) ۱ - بدنژاد، بداصل. ۲ - حرامزاده. ۳ - بدذات، بدنهاد، بدسرشت.

بد نسلی b.-nasl-ī [ف.-ع.] (حامص.) عمل ووضع بدنسل(ه‌.م.)

بدنشان b.-nešān (ص‌مر.) ۱ - بدـ کار، بدکردار. ۲ - زبون، پست.

بدنشانی b.-nešān-ī (حامص.) عمل ووضع بدنشان (ه‌.م.)

بد نصیب b.-nasīb [ف.-ع.] (ص مر.) ۱. بی بهره. ۲ - بی طالع، بدبخت.

بدنصیبی b.-nasīb-ī [ف.-ع.] (حامص.) حالت ووضع‌بدنصیب(ه‌.م.)

بدنظر b.-nazar [ف.-ع.](ص‌مر.) بد شکل، بد هیئت، زشت روی، بد منظر.

بد نظری b.-nazar-ī [ف.-ع.] (حامص.) ۱ - نگاه‌بد، بد نگریستن، نظر از روی شهوت. ۲ - بد شکلی، بد منظری.

بد نعل b.-na'l [ف.-ع.](ص‌مر.) ۱ - اسب موذی که بدشواری آن‌را نعل کنند. ۲ - اسب بدسم که بزودی لغزد.

بد نفس b.-nafs [ف.-ع.](ص‌مر.) ۱- بد فطرت، بد نهاد، بد سرشت. ۲ - شهوت پرست.

بد نفسی b.-nafs-ī [ف.-ع.] (حامص.) عمل وحالت بدنفس(ه‌.م.)

بدنگر b.-negar (اِفا.) بد بیننده، ضعیف‌البصر.

بدنما b.-no(a,e)mā (اِفا.، ص‌مر.) بد شکل، بدصورت، زشت، کریه‌المنظر.

بدنمایی b.-n.-yī (حامص.) بدشکلی،

۱ - Le corps (فر.)

بدصورتی، زشتی، کراهت منظر.
بدنمود b.-no(e)mūd (صمر.) بد نما (ه.م.)
بدنه badana(e) [ع.] (إ.) تنه، پیکر: بدنهٔ عمارت.
بدنهاد b.-nahād (صمر.) بدسرشت، بدطینت، بدذات.
بدنهادی b.-nahād-ī (حامص.) بد سرشتی، بدطینتی، بدذاتی.
۱-بدو badv [ع.] (إ.) بیابان، صحرا. ‖ ~ وحضر. بیابان وشهر.
۲-بدو badv [ع.] (إ.) اول، آغاز، ابتدا.
بدو be(o)-daw(dow) (صمر.) ۱- بسیار دونده، تند دو. ۲- تیز رفتار، تند رو.
۱- بدور bodūr (إ.) ج. بدر؛ پرماهها، گردماهها.
۲- بدور bodūr [ع.] (إ.) ج. بدره؛ خریطهها، همیانها.
بد وضع b.-vaz' [ف.-ع.] (صمر.) ۱- بدشکل، زشت. ۲- بد حالت.
بد وضعی b.-vaz'-ī [ف.-ع.] (حامص.) ۱- بدشکلی، زشتی. ۲- بدحالتی.
۱-بدوی badv-ī [ع.] (صنسبـ.) بیابانی.
۲-بدوی badv-ī [ع.] (صنسبـ.) ابتدائی، آغازی.
بد هضم b.-hazm [ف.-ع.] (صمر.) چیزی که خوب هضم نگردد، ناگوار، ناگوارد.
بد هضمی b.-hazm-ī (حامص.) (پز.) سوء هاضمه ← هضم
بدهکار be-deh-kār (صفا.) کسی که پولی یا چیزی وام دارد؛ وامدار، مقروض، قرضدار؛ مق. بستانکار. ‖ (بانک.) محاسبهٔ برداشتها و بدهکاریهای مشتری که درستون «بدهکار» یادداشت کنند؛ مق. بستانکار.
بدهکاری be-deh-kār-ī (حامص.) عمل بدهکار (ه.م.)؛ وامداری، قرض‌داری؛ مق. بستانکاری.
بدهی be-deh-ī (إمر.) پولی که شخصی بدیگری مدیونست، آنچه که کسی ملزم است بدیگری بپردازد. ‖ (حسا.) حساب مخصوصی بنام بدهی که در آن بدهکاری را یادداشت کنند؛ و مقابل آن حساب «دارایی» است که در آن سرمایه را درج کنند.
بدیع badī' [ع.] (ص.) ۱- نوآیین، تازه، نو. ۲- نوآفرین، نوآفریننده. ۳- (اد.) دانشی که در آن از صنعتهای کلام وزیبایی‌های الفاظ نظم و نثر بحث شود.
بدیعه badīa [= ع. بدیعة] (ص.) مؤنث بدیع (ه.م.): افکار بدیعه. ج. بدایع.
بدیل badīl [ع.] (إ.) هر چه بجای دیگری بود؛ عوض، جانشین. ج. ابدال، بدلاء.
بد یمن b.-yomn [ف.-ع.] (صمر.) شوم، نامبارك، نحس؛ مق. خوش یمن.
بدیمنی b.-yomn-ī [ف.-ع.] (حامص.) شومی، نامبارکی، نحوست؛ مق. خوش یمنی.
بدین ba(-e)d-īn [پهـ. pa8-īn، قس. بدان] (حر. اضـ. + ضمـ.) به این: بدین صفت، بدین شکل.
بدیهه badīha(-e) [= ع. بديهة] (إ.) بدون اندیشه سخن گفتن یا شعر سرودن؛ نیندیشیده، نااندیش.
بدیهی badīh-ī [-īyy ع.] (صنسبـ.) ۱- روشن، آشکار، واضح. ۲- مرتجل. ۳- (فل.، منط.) آنچه که نزد عقل در بادی نظر مورد قبول باشد؛ تصور یا

تصدیقی که حصول آنها متوقف بر کسب واستدلال نباشد. بدیهیات بر شش قسمند: اولیات، فطریات، مشاهدات، متواترات، حدسیات، تجربیات.

بدیهیات badīhīyy-āt [ع.](ا.) ج. بدیهیه. ۱ - امور بدیهی. (ه.م.) ۲ - وقایع غیرمنتظره.

بدیهیه badīhīyya(-e) [= ع. بدیهیة] (ص نسب.) مؤنث بدیهی (ه.م.): امور بدیهیه. ج. بدیهیات.

بذاذت bazāzat [= ع. بذاذة] (امص.) ۱ - بدحالی. ۲ - تواضع (درلباس پوشیدن).

بذال bazzāl [ع.] (ص.) بسیار بذل کننده، بخشنده، سخی.

بذر bazr [ع.] (ا.) تخم، دانه: بذر خیرات. ج. بذور.

بذرافشانی b.-afšān-ī [ع.-ف.] (حامص.) تخم افشانی، پاشیدن بذر.

بذل bazl [ع.] ۱ - (مص م.) بخشیدن، دادن. ۲ - (اِمص.) بخشش.

بذل کردن b.-kardan [ع.-ف.] (مص م.) بخشش کردن.

بذله bazla(-e) (ا.) ۱ - سخن دلکش. ۲ - شوخی، هزل، لطیفه. ضح. - «بذلة» (بکسر) در عربی بمعنی جامهٔ باد روزه ولباس کار استعمال شده.

بذله گو b.-gū [= بذله گوی] [ع.-ف.] (اِفا.) ← بذله گوی.

بذله گوی b.-gūy [ع.-ف.] (اِفا.) شوخی کن، لاغ گو.

بذور bozūr [ع.] (ا.) ج. بذر (bazr).

بذی bazī [ع. -īyy] (ص.) ۱ - بی شرم. ۲ - بدزبان، ناسزاگوی.

بذیلبا bazīlobā (ا.) (گیا.) شاه بانك (ه.م.).

۱ - بر bar [= ابر.] (ا.) بالا؛ مق. پایین.

۲ - بر bar [په. bar = بار] (ا.) ۱ - باردرخت، میوه. ۲ - سود، نفع، فایده.

۳ - بر bar [په. var] (ا.) ۱ - سینه. ۲ - پستان. ۳ - پهلو، کمر. ۴ - آغوش، کنار. ۵ - نزد. ۶ - طرف، جانب، سوی.

۴ - بر bar (= بیر = ویر) (ا.) حفظ، بخاطر نگاهداشتن. ← ازبر.

۵ - بر bar [= ابر، په. apar] (حر. اض.) ۱ - استعلا وبالابودن چیزی را افاده میکند، وآن یا حسی است:

«همچنان باز از خراسان آمدی بر پشت پیل
کاحمد مرسل بسوی جنت آمد از براق.»
(منوچهری)

ویا عقلی که در تصور بالا فرض شود:

«چومرد باشد بر کار وبخت باشد یار
زخاك تیره نماید بخلق زر عیار.»
(ابوحنیفهٔ اسکافی)

بذرافشانی

۲ - در وجوب و لزوم بکار رود: بر شماست که این کار را انجام دهید، وپاداش آن بر من است. ۳ - درمورد افادهٔ ضرر وبمعنی ضد، علیه استعمال شود: «ابلیس بدین سخن حجت بر خویشتن آورد.» (ترجمهٔ تفسیر طبری ج ۱ ص ۴۸). ۴ - پیاپی بودن و ترتیب را رساند، وآن هنگامی است که اِسم بعد از آن مکرر شود:

«بمردی ورادی، بگنج وگهر
ستون کیانم پدر بر پدر.»
(فردوسی)

۶ - بر bar [= ابر، په. apar] (پشف.) برسر افعال آید، و بالا بودن وارتفاع را رساند: برآمدن، برآوردن، برافراشتن، برداشتن.

۷ - بر bar [= ابر، په. apar] (پش.) برسر اسم (مصدر عربی یا اسم فارسی) در آید، وکلمه را صفت سازد: برقرار، بر دوام، بر کنار.

۸-بر bar (ری. بردن) ۱ - ریشهٔ فعل «بردن» (ه.م.) ۲ - (إفا.) در ترکیب بمعنی«برنده» آید: بار بر، پیغامبر، فرمانبر.

۱-بر bar(r)[ع.] (إ.) خشکی، دشت، بیابان. ضح.- (جغ.) خشکیهای سطح زمین را به پنج قطعه قسمت کرده‌اند که آسیا واروپاوافریقارابرقدیم، آمریکا واوقیانوسیه‌رابرجدیدمینامند. مساحت مجموع برها فقط $\frac{1}{4}$ مساحت سطح کرهٔ زمین یعنی درحدود ۱۲۵ میلیون‌کیلو متر مربع ومجموع مساحت سطح کرهٔ زمین‌درحدود۵۰۰میلیون کیلومترمربع است وبقیه‌راآب فراگرفته. ج. براری.

۲-بر bar(r) [ع.] (ص.) نیکوکار، نکوکردار.

۱-بر berr [ع.] (إ.) نیکی، نیکوکاری، نکوکرداری.

۲-بر berr[ع.] (إ.) موش: هررا از برتشخیص نمیدهد؛ هیچ چیز نمیداند، چیزی نمیفهمد.

بر bor (ری. بریدن) ۱ - ریشهٔ فعل «بریدن» (ه.م.) ۲ - عمل جدا کردن ورقهای بازی[1] ← برزدن. ۳ - (إفا.) در ترکیب بمعنی «برنده» آید: آهن‌بر، چوب‌بر، کاغذبر، گوش‌بر.

بر bor [فر. bore] (إ.) (شم.) عنصریست دارای ظرفیت ۳و۵ و وزن مخصوص ۲/۴۵.محکم وسخت‌وقهوه‌یی رنگ‌است. جزوشبه فلزات دستهٔ‌کربن است وعلامتش (B) میباشد.

بر bor(r) [ع.] (إ.)گندم.

برا bor(r)-ā (صفا. بریدن) قاطع، بران، برنده.

براءت (برائت) barāat [=ع. براءة] ۱ - (مصل.) پاك شدن ازعیب وتهمت، تبرئه شدن. ۲ - خلاص‌شدن‌از قرض ودین، رهاشدن. ۳ - (إمص.) رهایی،خلاصی،وارهیدگی. ۴-بیزاری، دوری. ۵ - پاکی. ٦ - (إ.) منشور، اجازه. ج. براءات. ۷ - حواله. ج. براءات، براوات (=بروات). ضح.- در عربی کلمهٔ مورد بحث را بصورت «براءة» نویسند (قس. قراءة) ازین‌رو عده‌ای از فاضلان در فارسی به‌تبعیت از عربی«براءت»را صحیح دانند، ولی در نسخ خطی معتبر فارسی «برائت» هم نوشته شده. ‖ ~ ذمه. (حق.) وارهیدگی از وام، رهایی از دین.

برابر bar-ā-bar ۱ - (ص مر.) مقابل، روبرو، محاذی. ۲ - هموزن، همسنگ. ۳ - هموار. ۴ - همدوش، همسان،همردیف. ۵ - مطابق، معادل: ۱۳۴۰هجری شمسی‌برابر ۱۳۸۱هجری قمری. ٦ - متفق، بالاتفاق. ۷- ضد. ۸ - (إمر.) (هی.) سمت.

برابر آمدن b.-āmadan (مصل.) استقبال.

برابر داشتن b.-dāštan (مصم.) پیش رو داشتن، مقابل کردن، مقابله کردن.

برابر شدن b.-šodan(مصل.)متفق شدن، متحد گشتن.

برابر کردن b.-kardan (مصم.) ۱ - هموزن کردن ،یك اندازه کردن. ۲ - هم‌قد ساختن.

برابری bar-ā-bar-ī (حامص.) ۱ - برابر (ه.م.) بودن، تقابل. ۲ - هموزنی،همسنگی، تساوی. ۳-همواری. ۴- همدوشی، همسانی، همردیفی. ۵ - تطابق، مطابق بودن ، معادل بودن.

۱- قس. فر. Coupe

برابری سال ۱۳۴۰ هجری شمسی با ۱۳۸۱ هجری قمری.

برابری کردن b.-kardan (مص ل.)

۱ - برابر بودن، تقابل. ۲ - هموزنی داشتن، همسنگی داشتن. ۳ - همدوشی داشتن، همردیف بودن. ۴ - مطابقه داشتن. ۵ - مقاومت کردن.

برات barāt [ازع. براءت، برائت] (اِ.)

۱ - نوشته‌ای که بدان دولت برخزانه‌یا برحکام حوالهٔ وجهی دهد. ۲ - (بانک.) نوشته‌ایست که بموجب آن شخص بدیگری دستور دهد که مبلغی را برؤیت یا بوعده در وجه یا بحواله کرد خود یا شخص ثالث یا بحواله‌کرد او بپردازد[1]. ۳ - (ور.) یکی ازفنون کشتی‌است که در «خاك» و «سرپا» بکارمیرود، باین ترتیب که کشتی گیرخم شده سرخود را بطرف شکم حریف قرارداده سپس از بالا دو بازو یا یك بازوی حریف را در زیربغل خود گرفته اورا بزمین می کشاند، و آن دارای دو نوع است: ۱ - برات سرپا. ۲ - برات توی خاك. ‖ **~ خارجه.** (بانک.): برات حوالهٔ خارج مملکت[2]. ‖ **~ داخله.** (بانک.). برات حوالهٔ داخل مملکت[3]. ‖ **~ وصولی.** (بانک.) براتی[4]. ‖ **تصفیهٔ ~.** (بانک.) تفریغ حساب یك برات[5]. ‖ **شب ~.** شب پانزدهم شعبان؛ شب‌چك. ‖ **عدم پرداخت ~.** (بانک.) نپذیرفتن برات وتأدیه نکردن وجه آن[6]. ‖ **موعد ~.** (بانک.) موقع پرداخت وجه برات[7]. ‖ **نزول ~.** (بانک.) نزولی (← نزول) که بیك برات تعلق میگیرد[8]. ‖ **نکول ~.** (بانک.) ← نکول.

برات شدن b.-šodan (مص ل.)

بدل کسی ~. بدل وی خطور کردن، الهام شدن: بدلم برات شده بود که آن شب واقعهٔ خطرناکی روی میدهد.

برات کردن b.-kardan (مص ل.)

حواله کردن براتی بشخصی یا بنگاهی ویا بانکی.

براتکش b.-kaš(keš) (اِفا.) (بانک.) کسی که برات بحوالهٔ بانك یا تاجری نویسد[9]، محیل.

براتگیر b.-gīr (اِفا.) (بانک.) کسی که برات را برای او فرستند تا پول آنرا بپردازد[10]؛ محال علیه.

براتی barāt-ī (ص نسب.) ۱ - جامهٔ کهنه و مانند آن که در وجه برات مواجب، بمردم دهند. ۲ - مردمی که در عروسی همراه داماد بخانهٔ عروس روند.

براثوا brāsvā (اِ.) (گیا.) ابهل (ه.م.).

براد اندر barād-andar [= برادراندر] (ص مر.) ← برادراندر.

برادر barādar [په. barātar] (اِ.) پسر یا مردی که در پدر ومادر یا یکی از آن دو با شخص مشترك باشد، اخ، اخوی، داداش، بردر. ‖ **~ پدر.** عم، عمو. ‖ **~ حقیقی.** برادر از یك پدر ویك مادر. ‖ **~ دینی.** هم کیش، هم مذهب. ‖ **~ رضاعی.** پسر یا مردی که

---

۱ - Bill of exchange (انگ.), traite (فر.) ۲- Foreign bill of exchange (انگ.) ۳ - Inland bill of exchange (انگ.)
٤ - Bill for collection (انگ.) ٥ - Discharge of a bill (انگ.)
٦ - Dishonour a bill by non-payment (انگ.) ۷ - Tenor, terms of a bill (انگ.) ۸ - Discounting of a bill (انگ.)
۹- Drawer (انگ.), tireur (فر.) ۱۰- Drawee (انگ.), tiré (فر.)

۴۹۲ برادرانه

با شخص از یک پستان شیر خورده باشد، پسر دایهٔ شخص. ‖ ~ شوهر. مردی که اخوی شوهر زنی باشد، خوسره. ‖ ~ مادر. دایی، خال، خالو.

برادرانه barādar-āna(-e) (ق.) مانند برادر، بطور برادری.

برادراندر b.-andar [= برادندر = برادندر] (إمر.) برادری که با برادر دیگر یا خواهر خویش از یک پدر و مادر نباشد.

برادر پرور b.-parvar (إفا.) آنکه نسبت به برادران محبت بسیار کند؛ برادر دوست.

برادرخواندگی b.-xānda(e)g-ī (حامص.) برادر خوانده (ه.م.) بودن.

برادرخوانده b.-xānda(-e) (إمر.) پسر یا مردی که با او صیغهٔ برادری خوانده باشند؛ مردی که اورا باخوت برگزیده باشند.

برادر زاده b.-zāda(-e) (إمر.) پسر یا دختر، مرد یا زنی که فرزند برادر شخص باشد؛ فرزند برادر.

برادرزن b.-zan (إمر.) پسر یا مردی که برادر زوجهٔ شخص باشد، خوسره.

برادری barādar-ī (حامص.) ۱ - برادر (ه.م.) بودن، اخوت. ۲ - مساوات.

برادری کردن b.-kardan (مصل.) ۱ - همچون برادر با دیگری رفتار کردن، اخوت نمودن. ۲ - بمساوات عمل کردن.

برادندر barād-andar [= برادر اندر = براداندر] (إمر.) ← برادر-اندر.

براده borāda(-e) [- ع. برادة] (إ.) خرده ریز فلزی که از دم چکش یا در نتیجهٔ سوهان زدن از فلز جدا شود؛ سونش، سوده، ساوآهن[1]. ‖ ~ آهن. خرده‌های ریز آهن که هنگام چکش زدن و کوبیدن آهن گرم یا موقع سوهان زدن از آن جدامیشود[2].

براذر barāzar, (قد. barāδar) [= برادر] (إ.) ← برادر.

برار مازو berār-māzū (إمر.) (گیا.) نوعی مازو که از درخت بلوط گیرند. ← مازو.

براری barārī [ع. -īyy] (إ.) ج. بریه؛ صحراها، خشکیها.

۱ - براز barāz [است. brāza، زینت، آرایش] (ری.) ریشهٔ «برازیدن» (ه.م.)

۲ - براز barāz (إ.) ۱ - چوبکی که کفشگران بین کفش و قالب گذارند، و درودگران میان شکاف چوب نهند بوقت شکافتن؛ گاز، بغاز. ۲ - پینه که بر جامه وغیر آن دوزند.

براز borāz [ع.] (إ.) (پز.) مدفوع (ه.م.)، غایط، سرگین. ‖ ~ وبول. (پز.) فضولات (ه.م.) ‖ خروج ~ . (پز.) انجام عمل دفع[3]، بیرون رفتن غایط.

برازا brāz-ā (ص فا.) برازنده، زیبا.

برازبان berāz-bān [= برازوان] (إمر.) آهن پارهٔ درازی که بر دنبالهٔ تیغهٔ کارد وشمشیر وخنجر وامثال آن باشد که بدرون دسته وقبضه فروکنند.

برازخ barāzex [ع.] (إ.) ج. برزخ. ‖ ~ خاضعه. (فل.) شیخ اشراق این اصطلاح را بر عناصر جسمانی اطلاق

---

۱ - Limaille (فر.)   ۲ - Limaille de fer (فر.)
۳ - Défécation (فر.)

۴۹۳
براق

کرده باعتبار آنکه عناصر جسمانی در مقابل افلاك و اجرام علوی خاضع واز برازخ علوی متأثرند (سج.) ‖ ~ سفلیه. (فل.) درحکمت اشراق برعناصر اطلاق‌شده‌است؛ مق· برازخ‌علویه (سج.) ‖ ~ علویه. (فل.) درحکمت اشراق افلاك‌را گویند؛ مق. برازخ سفلیه (سج.) ← برازخ‌مستقله. ‖ ~ غیرمستقله. (فل.) درحکمت اشراق مراد کواکب است، زیرا قدما کواکب را از جهت آنکه مرکوز در ثخن افلاك‌میدانستند برازخ غیر مستقله نامیده اند؛ مق· برازخ مستقله (سج.) ‖ ~ قابسه. (فل.) در حکمت اشراق عنصریات را گویند باعتبار آنکه عنصریات انوار خود را از افلاك اقتباس کنند (سج.) ‖ ~ قاهره. (فل.) در حکمت اشراق افلاك واجرام علوی که مسلط بر عناصر وعنصریات وموالید ثلاثند. ← برزخ. ‖ ~ مستقله. (فل.) درحکمت‌اشراق به افلاك اطلاق شود؛ مق· برازخ غیر مستقله، و مجموع افلاك و کواکب را برازخ علویه نامیده‌اند (سج.)

برازندگی barāz-anda(e)g-ī (حامص·) برازنده بودن، شایستگی، لیاقت·

برازنده barāz-anda(-e) (إفا. برازیدن) ۱ - شایسته، لایق، زیبنده: شغل برازنده. ۲ - متناسب، شکیل: اندام برازنده.

برازوان [= برازبان] berāz-vān (إمر.) ← برازبان.

۱ - برازیدن barāz-īdan [است. brāz ، پرتو افکندن ، زینت وآرایش] (مصل.) (برازید، برازد، خواهد برازید ،ـ، برازنده ، برازا، برازیده ، برازش) ۱ - خوب و زیبا نمودن. ۲ - سزاوار بودن ، شایسته بودن ، زیبنده‌بودن·

۲- برازیدن barāz-īdan [← ۲ براز] (صر·←۱برازیدن) (مصم·) وصله‌کردن، پینه‌کردن جامه·

براستا be-rāstā [= براستای] (حر·اض·مر·) درحق، دربارهٔ، درباب: « اینك باعنان تو نهادم مکافات این مکرمت راکه براستای من کردی. » (بیهقی۳۴) (لازم‌الاضافه‌است).

براستادکردن bar-estād-kardan ۱ - (مص‌ل.) درست‌بودن، درست‌آمدن: « ما را هرچه اندیشه میکنیم براستاد نمیکند که ده هزار سوار ترك درمیان ما باشند·» (بیهقی۴۸۱) ۲ - (مصم·) محافظت‌کردن: «حافظوا علی‌الصلوات، براستادکنیدوگوشوان باشید برهنگام نمازها همه.» (کشف‌الاسرار)

براستای be-rāstāy-e [= براستا] ← براستا·

براعت baraat [= ع. براعة] ۱ - (مص ل .) بکمال رسیدن در فضل ودرگذشتن ازهمگنان؛ برتری یافتن در دانش وادب و کمال وجمال· ۲ - (إمص.) برتری، تفوق·

براعت استهلال b.-e estehlāl [ع·] (إمر ·) (بع ·) آنست که مصنف یا شاعر در ابتدای خطبهٔ کتاب یا مطلع قصیده الفاظی چند ایراد کند که خواننده بمحض خواندن آنها از مقصد و مراد نویسنده و گوینده آگاه گردد.

براغیث barāɣīs [ع·] (إ·) ج · برغوث؛ کیکها، ککها·

براق borāɣ (إ.) ۱ - اسب‌تیزرو. ۲ - (إخ.) مرکب رسول الله ص ← بخش۳· (ا ـ براق)

براق barrāɣ [ع.] (ص.) درخشان،

براکس

رخشنده، درخشنده، برق‌دار.

براکس boraks [فر. boraxe] ← بوره.

براکوه bar-ā-kūh (إمر.) سینه‌کش کوه، دامنهٔ کوه.

برالیك berālīk (إ.)(گیا.) درختی[1] از تیرهٔ گلسرخیان[2] جزو دستهٔ بادامیها[3] که درجنگلهای خشك خرم آباد و لرستان وجود دارد. این گیاه نوعی آلوی وحشی میباشد.

برانشی

برامکه barāmeka(-e) [= ع. برامکة] (إ.) ج. برمکی (ه.م.)

بران bor(r)-ān (ص فا.) برنده، قاطع، برا.

برانداف barāndāf [= برنداف] (إ.) ← برنداف.

براندی berāndī [انگ. brandy] (إ.) نوعی عرق انگلیسی.

برانشی berānšī [فر. branchie] (إ.) (جانـ.) جهاز تنفس ماهی، آب شش (ه.م.)

برانکار

برانغار barānγār [= مغ. برانقار] (إ.) فوج جانب دست راست، میمنه؛ مق. جوانغار.

برانقار barānγār [مغ. = برانغار] (إ.) ← برانغار.

برانکار berānkār [فر. brancard] (إ.) تختی که بیماران و مجروحان را روی آن خوابانند وحمل کنند، تخت روان.

برانی barr-ānī (ص.) بی سواد، عامی. ضح. – در عربی بمعنی ظاهر از هر چیز وضد «جوانی» است.

براور bar-āvar [= برآور = بارآور] (ص‌مر.) ← برآور.

براوو berāvo [فر. bravo] (صت.) زه! آفرین! مرحبا! احسنت!

براه be-rāh [= بره] (ص‌مر.) ۱ - کسی که در راه (مستقیم) است. ۲ - بجا، مناسب، بموقع. ۳ - نیکو، شایسته.

براهم barāhem [معر.] (إ.) ج. برهمن؛ برهمنان، براهمه.

براهمه barāhema(-e) [= ع. براهمة] (إ.) ج. برهمن؛ برهمنان، براهم.

براهین barāhīn [ع.] (إ.) ج. برهان (ه.م.)؛ برهانها، دلیلها، حجتها.

برای barāy-e (حر. اض.) ۱ - تعلیل را رساند؛ بواسطهٔ، بعلت، بسبب، بجهت: برای آن آمد که شما را ببینند. ۲ - بخاطر: «برخیز بتا بیا برای دل ما.» (خیام)

|| ~ آنکه. زیراکه، بجای «لانه» در عربی: «برای آنکه هر که از کسب وحرفت اعراض نماید نه اسباب معیشت خویش تواند ساخت، ونه دیگران را در تعهد تواند داشت.» (نصرالله بن عبدالحمید. کلیله ودمنه) در ترجمهٔ «لانه‌ان‌لم‌یکتسب‌لم‌یکن‌له‌من‌مال یعیش به...» (ابن‌مقفع. کلیله ودمنهٔ عربی).

برایا barāyā [ع.] (إ.) ج. بریه؛ آفریدگان، مخلوقات، خلایق.

برء bar' [ع.] (مصم.) خلق کردن، آفریدن، از عدم بوجود آوردن.

برء bor' [ع.] ۱ - (مص‌ل.) به‌شدن، نیك شدن، شفا یافتن از مرض. ۲ - (إمص.) بهی، بهبود.

برآب bar-āb (ق‌مر.) تند، سریعاً، بسرعت، شتابان.

بر آساینده b.-āsāyanda(-e) (إفا.) استراحت کننده، مستریح.

---

۱ - Prunus SP(لا.)　۲ - Rosacées(فر.)　۳ - Amygdalées(فر.)

برآسودن b.-āsūdan (مص ل.) استراحت کردن، آسایش یافتن.

بر آسوده b.-āsūda(-e) (إمف. بر آسودن) استراحت کرده، آسایش یافته.

بر آشفتن b.-āšoftan [= برآشوفتن] (مص‌ل.) ← برآشوفتن.

برآشوفتن b.-āšūf-tan [= بر-آشفتن] (مص‌ل.) ۱ - خشمگین‌شدن، غضبناک گردیدن. ۲ - فتنه برپا کردن، شور وغوغا بپا کردن.

بر آغالانیدن b.-āγālānīdan [قس. برآغالیدن] (مص‌م.) برآغالیدن (ه‌.م.)

بر آغالیدن b.-āγālīdan [= برآغلیدن ← آغالیدن] (مص م.) ۱ - تحریض کردن شخصی را بر کاری، بر-انگیختن. ۲ - تضریب کردن.

بر آغلیدن b.-āγalīdan [= بر-آغالیدن] (مص‌م.) ← برآغالیدن.

برآمدن b.-āmadan (مص‌ل.) ۱ - بالا آمدن. ۲- ظاهرشدن، پدیدگشتن. ۳ - طلوع کردن (خورشید و ستاره). ۴ - برجستگی یافتن، ور آمدن. ۵ - ورم کردن. ۶ - طول کشیدن : دو هفته برنیامد که...

برآمدنگاه b.-āmadan-gāh (إمر.) مشرق.

برآمده b.-āmada(-e) (إمف.) ۱ - بالا آمده. ۲ - ظاهرشده، پدیدار گشته. ۳ - برجسته ۰ ۴- ورم کرده.

برآمیختن b.-āmīxtan [قس. آمیختن] (مص‌م.) آمیختن (ه‌.م.)

برآور b.-āvar [= بار آور] (إفا.) بارآور، میوه دهنده، بارور (درخت).

برآورد b.-āva(o)rd (مص‌خم.، إمص.) عمل تعیین قیمت چیزی بطور تقریب؛ تخمین، تقویم (فره)[1].

برآوردکردن b.-ā.-kardan (مص‌م.) تخمین کردن (قیمت چیزی را)؛ تقویم کردن (فره.)[2].

برآوردن b.-āva(o)rdan (مص‌م.) ۱ - بالا بردن، بلند کردن، برافراشتن. ۲ - پروردن، تربیت کردن. ۳ - بیرون کشیدن، استخراج کردن. ۴ - پیدا نمودن، ظاهر ساختن. ۵ - افراختن (بنا ومانندآن). ۶ - تعمیر کردن، مرمت کردن، اصلاح کردن. ۷ - تمام کردن، تکمیل کردن. ۸ - انباشتن، پر کردن. ۹- قبول کردن، پذیرفتن وانجام دادن تقاضا و حاجت کسی را : حاجت او را برآورد.

برآورده b.-āva(o)rda(-e) (إمف.) ۱ - بالا برده، برافراشته. ۲ - پرورده، تربیت‌شده. ۳ - بیرون کشیده، مستخرج. ۴ - پیداشده، ظاهرشده. ۵ - افراشته، (بنا). ۶ - تعمیر شده، مرمت گشته، اصلاح شده. ۷ - تمام‌شده، مکمل. ۸ - انباشته، پر شده. ۹ - قبول شده، پذیرفته شده و انجام یافته (حاجت و تقاضای کسی).

برآورده‌شدن b.-ā.-šodan (مص‌ل.) ۱ - تحقق یافتن (آرزو و امید)، بمرحلهٔ عمل‌در آمدن (آرزو وامید). ۲ - اجابت شدن (دعا)، مستجاب شدن (دعا).

برآویختن b.-āvīxtan (مص‌ل.) کشتی گرفتن، مصارعت.

برآیند b.-āyand (إفا.) منتج، منتجه (فره.)، نتیجه دهنده[3].

برائر b.-asar-e [ف.-ع.] (حر. اض.

۱- Evaluation(فر.) ۲- Evaluer(فر.) ۳- Résultante(فر.)

مر.) ۱ - از پی ، از عقب ، دنبال . ۲ - پیرو، تابع . ۳- به‌تبع، به‌پیروی. (لازم‌الاضافه‌است). ضح .- درباب استعمال «دراثر» و «براثر» بنظرما بهتر همان «بر اثر» است که در نسخه‌های قدیمی دیده میشود، وچون «اثر» اصلا بمعنی جا و نشانهٔ پا وهر چیزیست که از چیزی بجامانَد، پس بر اثر کسی یا چیزی، یعنی پارا روی جا ونشانهٔ پای آن کس ویا آن چیز گذاشتن ودرین صورت شکی نیست که باید مقدم بر «اثر» حرف «بر» باشد که بمعنی روی است نه در، اما از آنجا که بعدها اثر معنی اصلی خود را در استعمال مردم از دست داده و بمعنی نتیجه معمول گردیده بقیاس «درنتیجه» بعضی ازمردم آنرا «دراثر» - که همین معنی را میرساند- استعمال نموده و نوشته‌اند (اقبال. یادگار، ۱: ۹ ص ۵۸).

برافتادن b.-oftādan (مص ل.) از میان رفتن، از بین رفتن، نابود گشتن. ۲ - ور افتادن ، از مد افتادن .

برافتاده b.-oftāda(-e) (إمف.) ۱ - از میان رفته ، از بین رفته، نابود شده . ۲- در افتاده، از مد افتاده.

برافراختن bar-afrāxtan [= برافراشتن] (مص م.) برافراشتن (ه.م.)

برافراشتن bar-afrāštan [= برافراختن] (مص م.) ۱ - بلند کردن (درفش ورایت). ۲- بنا کردن ساختمان و بر آوردن آن. ‖ ~ آواز. بلند کردن آواز.

برانداختن b.-andāxtan (مص م.) ۱ - از میان بردن، نابود کردن . ۲ - رسم و عادتی را از بین بردن، قانون ومقرراتی را ملغی کردن. ۳ - منقرض کردن (پادشاهی، دولت ، سلسله) .

برانداخته b.-andāxta(-e) (إمف .) ۱ - از میان رفته، نابودشده. ۲ - ملغی شده، ملغی.

برانداز b.-andāz (إمص.) برآورد، سنجش ، تخمین.

بر انداز کردن b.-a.-kardan (مص م.) ۱ - برآورد کردن، سنجیدن، تخمین کردن، دیدزدن. ۲ - نگریستن، دقت کردن.

برانگیختن b.-angīxtan (مص م.) تحریض کردن ، تحریك کردن ، برانگیزاندن.

بر انگیخته b.-angīxta(-e) (إمف.) تحریك شده، تحریض گردیده.

بر انگیخته‌شدن b.-a.-šcdan انبعاث

برباد b.-bād (ص مر.) ۱ - خراب، منهدم، ویران. ۲ - فانی: بنیاد جهان برباد است.

برباد آمدن b.-b.-āmadan (مص ل.) بباد شدن، نابود شدن.

برباد دادن b.-bād-dādan (مص م.) ۱ - باددادن ، بباددادن . ۲ - ویران کردن، خراب کردن . ‖ ~ خرمن. ۱ - باد دادن خرمن . ۲ - مستهلك ساختن، ضایع گردانیدن عیش، تلف کردن عمر.

برباد رفتن b.-bād-raftan (مص ل.) ۱- تلف شدن، ضایع گشتن. ۲ - رفتن و بازنگشتن. ‖ ~ سر. کشته شدن .

بر باد رفته b.-bād-rafta(-e) (إمف.) ۱ - آنچه که باد آن را ببرد وپراکنده‌سازد. ۲ - ضایع شده،منهدم، مخروب.

برباد ساختن b.-bād-sāxtan (مص م.) خراب کردن.

برپا داشتن

۱ - بربار barbār [= برباره = ورواره] ← برباره.

۲- بربار bar-bār (ص‌مر.) ناچیده: گل بربار.

بربااران bar-bārān (إمر.) کشت‌زاری که درهنگام باران کشته شود.

برباره bar-bāra(-e) [= ورواره = بربار] (إ.) حجره‌ای که بالای حجرهٔ دیگر باشد؛ بالاخانه.

بربارِیس barbārīs (لا. berberis) (إ.) (گیا.) زرشك (ه‌.م.)

بر باله barbāla(-e) (معر. لا. bobrella) (إ.) (گیا.) اسارون (ه‌.م.)

بربت barbat [= بربط] (إ.) (مس.) ← بربط.

بربر ber-ber (إمر.) ~ نگاه کردن بکسی (عم.) مستقیماً بچشم او نگاه کردن.

۱ - بربری barbar-ī (ص نسب.) منسوب به بربر (← بخش ۳)، ازمردم بربر.

۲- بربری barbar-ī (ص‌نسب.) ۱- منسوب به بربر (← بخش ۳)، افغانی. ۲ - قسمی نان که در تهران متداول است (منسوب‌به «بربر» (افغان) زیرا در اواخر عهد قاجاریه چندتن‌بربر آن را در تهران رواج‌دادند).

۳ - بربری barbar-ī منسوب به بربر (Berberia) (ه‌.م.) ج. بربریان.

بربریت barbar-īyyat [ع.] (مص‌جع.) توحش، وحشیگری. ضح.- این کلمه را درمقابل barbarisme اروپاییان ساخته‌اند وفصیح نیست (رك. قزوینی. بیست مقاله ج۱ ص۹۶).

بربستن bar-bastan (مص‌م.) ۱ - بستن، مقید کردن. ۲ - نسبت دادن، انتساب کردن.

بربسته bar-basta(-e) (إمف.) ۱ - چیزی را گویند که روح نباتی در وی اثرنکند ونشوونما نتواندکرد وزیاده از آنچه‌هست نتواند شد مانند سنگ‌وکلوخ؛ جماد؛ مق. بررسته. ۲ - امر ساختگی، امر مصنوع.

بربط barbat [معر. په. barbut، یو. barbitos] (إ.) (مس.) یکی از متداولترین ومهمترین‌سازهای‌دوره‌های گذشتهٔ تاریخ‌ایران‌وعرب. درساختمان این‌ساز و جنس چوب واوتار آن دقت فراوان میشده . و آن طنبور مانندی است کاسه بزرگ ودسته‌کوتاه؛ عود.

بربط

بربط زن b.-zan (إفا.) (مس.) نوازندهٔ بربط (ه‌.م.)

بربط نواز b.-navāz (إفا.) (مس.) نوازندهٔ بربط (ه‌.م.)

بربند bar-band [کر. bärbän] (إمر.) ۱ - سینه‌بند، پستان بند(زن). ۲ - تسمه‌ای که زین را بسینهٔ اسب می‌بندد، سینه بند.

برپا bar-pā [= ورپا = برپای] (ص.، ق.) ۱ - ایستاده، سرپا. ۲ - برقرار، برجای. ۳ - (نظ.) فرمانی‌است که نظامیان نشسته را دهند تا بر خیزند وخبردار بایستند باحترام مافوق. ‖ ~ بودن. ایستادن، روی پا بودن. ‖ ~ خاك کردن. حقیر شمردن، پست شمردن، حقیر ساختن.

برپاخاستن b.-p.-xāstan (مص ل.) بلند شدن روی پاها و ایستادن، برخاستن.

بر پا داشتن b.-p.-dāštan (مص م.) (= بپاداشتن] ۱ - ثابت کردن، برقرارساختن. ۲- نصب کردن، ایستاده

برپاکردن

کردن. ۳ - اقامه کردن (نماز)، انجام دادن. ۴ - منعقد کردن (مجلس جشن وشادمانی).

بر پاکردن b.-p.-kardan [= بپا کردن] (مص م.) ← بر پا داشتن (همه.)

بر پا ماندن b.-p.-māndan (مص ل.) استوار ماندن، برجای ماندن.

برپای bar-pāy [= برپا] (ص.ق.) ← برپا.

برپای خاستن b.-p.-xāstan (مص ل.) ← برپاخاستن.

برپای داشتن b.-p.-dāštan (مص م.) ← برپاداشتن.

بر پای کردن b.-p.-kardan (مص م.) ← برپا کردن.

برپیچاندن b.-pīč-āndan [= بر پیچانیدن] (مص م.) ← برپیچانیدن.

بر پیچانیدن b.-pīč-ānīdan [= بر پیچاندن] (مص م.) در پیچیدن، تکویر.

بر پیختن b.-pīx-tan [= بر پیچیدن ← پیختن] (مص م.) پیچیدن.

برتاشك bartāšak [= برتراسك] (إ.) (گیا.) بو مادران (ه.م.)، بوی مادران.

برتافتگی bar-tāfta(e)g-ī (حامص.) پیچیدگی، پیچش.

بر تافتن bar-tāftan ۱ - (مص ل.) برگردیدن، برگشتن. ۲ - (مص م.) برگردانیدن. ۳ - پیچیدن. ۴ - سوراخ کردن آنچنانکه ازسمت مقابل راه یابند، سفتن. ۵ - تحمل کردن، تاب آوردن.

برتافته bar-tāfta(-e) (إمف.) ۱- برگشته، برگردیده. ۲ - برگردانیده. ۳ - پیچیده. ۴ - سوراخ کرده، سفته.

برج

۵ - تحمل کرده، تاب آورده.

برتر bar-tar (ص تفض.) بالاتر، بلندتر (مادةً ومعنیً)، اعلی.

برتراسك bartarāsak [= برتاشك] (إ.)(گیا.) ← برتاشك.

برترنگانیدن b.-tarang-ānīdan [← ترنگانیدن] (مص م.) بصدا در آوردن چلهٔ کمان.

برتری bar-tar-ī (حامص.) ۱ - بالاتری، بلند تری. ۲ - اولویت، رجحان.

برتن bar-tan [په. awartan] (ص مر.) متکبر، مغرور؛ مق. فروتن.

برتنی b.-tan-ī [په. awartanī] (حامص.) غرور، تکبر، خودنمایی.

برتنی کردن b.-t.-kardan (مص ل.) تکبر کردن، خود نمایی کردن.

برج borǰ [ع.] (إ.) ۱ - بنای بلند استوانه‌یی یا مکعب که در جانبین یا جایی دیگر از قلعه جهت دیدبانی ونگهبانی ودفاع سازند. ۲ - قلعه، دژ. ۳- (نج.) هریك ازدوازده حصهٔ منطقة‌البروج (ه.م.) که اسامی آنها ازاین قرار است: ۱ - حمل. ۲ - ثور. ۳- جوزا. ۴ - سرطان. ۵- اسد. ۶- سنبله. ۷- میزان. ۸- عقرب. ۹ - قوس. ۱۰- جدی. ۱۱- دلو. ۱۲-حوت. ج. بروج، ابراج (کم.) ضح.- (احـ. نجـ.) قدما برای هر یك از برجهای دوازده گانهٔ فلکی(منطقة‌البروج) قوهٔ‌فاعله ومنفعله قایل بودند، یعنی آنها را گرم وسرد یا خشك وترمی‌پنداشتند، بهمین‌جهت دوازده برج را بچهار دستهٔ آبی‌وآتشی و بادی و خاکی تقسیم کرده بودند، و هر سه برجی بیکی از این تقسیمات تعلق داشت. ۱ ـــ های‌آبی. (احـ. نجـ.) برجهایی که دارای مزاجی‌سرد

و ترند: سرطان، عقرب و حوت . ‖ ـــــ های آتشی. (اح. نج .) برجهایی که دارای مزاجی گرم و خشک اند : حمل، اسد وقوس . ‖ ـــــ های بادی . (اح. نج .) برجهایی که دارای مزاجی گرم و ترند: جوزا، میزان ودلو. ‖ ـــــ خاکی. (اح . نج .) برجهایی که دارای مزاجی سرد و خشک اند : ثور ، سنبله وجدی . ‖ ـــــ زهرماه . (عم. ظ .در اصل« برج زهرمار» قس. بطر زهر مار) ۱ ـ بسیار خشمگین . ۲ـ بسیار اندوهناك .

برجاس borǰās [ع.] (اِ.) هدف ، نشانهٔ تیر، آماجگاه .

برجای b.-ǰāy [= برجا] ۱ـ مستقر، ثابت. ۲ ـ پایدار، پایا، باقی. ‖ ـــــ بودن. (مص ل.) ۱ ـ در محل خود بودن. ۲ ـ ثابت بودن، برقرار بودن.

برجای b.-ǰāy-e ۱ـ بجای، درجای. ۲ ـ درحق، درباره . ضح. ـ لازم الاضافه است.

برجای داشتن b.-ǰ.-dāštan (مص م .) تثبیت ، ثابت کردن ، بر قرار ساختن .

برجستگی bar-ǰa(e)stag-ī (حامص.) ۱ـ برجسته بودن، بر آمدگی، بالاآمدگی. ۲ ـ (اِ.) بلندی. ‖ ـــــ های بدن. نقاطی از بدن که برجسته نماید، مانند پستان زن.

برجستن b.-ǰa(e)stan [= برجهیدن] ۱ـ بریدن از پایین ببالا یا بعکس، جهیدن. ۲ ـ جهیدن ستوران ودرندگان نر برماده. ۳ـ (پز.) مبتلا شدن به بثورات جلدی مانند آبله وسرخجه. ۴ ـ (پز.) تپیدن وجنبیدن رگ .

برجسته b.-ǰa(e)sta(-e) (اِمف.، ص.) ۱ ـ جهیده . ۲ ـ بر آمده ، بالاآمده. ۳ـ شخص معروف و بزرگ. ج. برجستگان. ۴ ـ خوب، پسندیده . ۵ـ ممتاز، عالی. ۶ ـ چست ، چالاك .

برجیس berǰīs [ع.] (اِخ .) ← بخش ۳.

برچدن b.-čedan [= برچیدن] (مص م.) ← برچیدن.

برچسب bar-časb (اِمر.) تکهٔ کاغذ که بر آن نوع جنس و محل ساخت و دیگر مشخصات آنرا نوشته یا چاپ کنند، و آنرا روی شیشه‌ها و بطریها چسبانند؛ قطعه کاغذی که روی اجناس چسبانند تا معرف جنس و قیمت آنها باشد (فره.)، اتیکت[1].

برچسپیدن b.-časp-īdan [= برچسفیدن = برچفسیدن] (مص ل.) ← برچسفیدن.

برچسفیدن b.-časfīdan [= برچسپیدن = برچفسیدن] (مص ل.) ۱ ـ چسپیدن، ملصق شدن. ۲ ـ متمایل شدن، منحرف گردیدن. ۳ـ منجمد شدن، فسرده گردیدن.

برچفسیدن b.-čafs-īdan [= برچسپیدن = برچسفیدن] (مص ل.) ← برچسفیدن.

برچیدگی b.-čīda(e)g-ī (حامص.) حالت ووضع برچیدن، انحلال یک مؤسسه، تعطیل یک بنگاه.

برچیدن b.-čī-dan [= برچدن ، ← چیدن] (مص م.) ۱ ـ دانه دانه برداشتن (از زمین)، دانه چیدن. ۲ ـ انتخاب کردن، برگزیدن . ۳ ـ جمع کردن، گرد کردن. ۴ ـ تعطیل کردن

۱ـ Etiquette (فر.)

یك بنگاه، منحل کردن یك سازمان.

برچیده b.-čī-da(-e) (امف.) ۱ - گره آورده. ۲ - منحل شده، تعطیل شده.

برخ barx [است. bag، بخش کردن، بخشیدن] (اِ.) ۱ - پاره، لخت. ۲ - حصه، حظ، نصیب.

برخاستگی b.-xāsta(e)g-ī (حامص.) بلند شدگی.

برخاستن b.-xās-tan (مص ل.) ۱ - برپاشدن، ایستادن؛ مق. نشستن. ۲ - بیدار شدن. ۳ - روییدن، نمو کردن. ۴ - طلوع کردن، بر آمدن. ۵ - طغیان کردن، عصیان کردن.

برخاسته b.-xās-ta(-e) (امف.) ایستاده، برپا؛ مق. نشسته.

برخچ baraxč [= فرخچ] (ص.) ۱ - زشت، نازیبا. ۲ - زبون، سست، ناتوان.

برخفج barxafǰ [= برخفچ] (اِ.) ← برخفچ.

برخفچ barxafč [= برخفج = برغفج] (اِ.) کابوس، بختك، عبدالجنه.

برخوابه b.-xāba(-e) (اِمر.) ۱ - توشك، تشك. ۲ - همخوابه، همبستر.

برخور b.-xor (اِفا.) ۱ - بهره‌ور، بهره‌مند، تمتع. ۲ - شریك، انباز.

برخورد b.-xord (مص‌خم.، اِمص.) ۱ - بهم رسیدن دوچیز، تصادم. ۲ - بهم رسیدن دو کس، تصادف، ملاقات.

برخوردار b.-xor-dār (صفا.) بهره‌مند، متمتع، کامیاب.

برخورداری b.-x.-dār-ī (حامص.) بهره‌مندی، تمتع، کامیابی.

برخورد کردن b.-xord-kardan (مص ل.) بهم رسیدن دو یا چند تن، همدیگررا دیدن.

برخه barxa(-e) [= برخ] (اِ.) ۱ - پاره‌ای ازچیزی، جزوی‌ازکل، حصه، بهره. ۲ - (حس.) کسر، عدد کسری (فره.)

۱ - برخی barx-ī (ص.) قربان، قربانی، فدا، فدائی.

۲ - برخی barx-ī(-e.قد) (اِ.) پاره‌ای از چیزی، بعضی، اندکی.

برخیزانیدن b.-xīz-ānīdan (مص م.) ۱ - بلندکردن کسی ازجای خود. ۲ - برافراختن، بر افراشتن. ۳ - برانگیختن، تحریك کردن.

۱ - برد bard (اِفع.) امر از «بردیدن» (ه.م.)، دورشو، دور گرد! ← بردبرد، بردابرد.

۲ - برد bard [کر. ber] (اِ.) سنگ، حجر.

۳ - برد bard [ع.] (اِ.) سرما. ‖ ~ عجوز. ← بردالعجوز (بخش ۲).

برد barad [ع.] (اِ.) تگرگ، یخچه.

۱ - برد bord (مص‌خم. بردن). ۱ - عمل بردن (دربازی‌وقمار)؛ مق. باخت. ۲ - سود، نفع. ۳ - قسمی بازی‌شطرنج که مهره‌های حریف همه کشته شوند وتنها شاه بماند، واین‌بمنزلهٔ نصف‌مات است که لات نیز گویند.

۲ - برد bord [ع.] (اِ.) نوعی‌پارچهٔ کتانی راه راه، آلاجه. ج. ابراد، برود. ‖ ~ یمانی. پارچهٔ کتانی منسوب به یمن.

بردابرد bard-ā-bard (اِفع.) کلمه‌ای که بهنگام حرکت‌شاه یاامیر در معابر، نگهبانان وی که پیشاپیش اومیرفتند، بلند میگفتند یعنی: دور شوید!

بردابرد bord-ā-bord (اِمر.) آشوب، غوغا.

برادن b.-dādan [کر. ber-dàin, ber-dan] (مصم.) ۱ - ترك کردن، رها کردن. ۲ - بازکردن (سدآب، در زندان). ۳ - ذکر کردن، یاد کردن، نام بردن.

بردار bar-dār (إفا.) بار دار، میوه دار.

بردار bor-dār (ص فا. بردن) در ترکیب آید بمعنی برنده، حامل: فرمانبردار، نامبردار.

بردارنده b.-dār-anda(-e) (إفا. برداشتن) کسی که چیزی را از جایی بردارد.

برداشت b.-dāšt (مصخم.، إمص.) ۱ - عمل بر داشتن چیزی. ۲ - جمع آوری محصول، گرد آوردن غلات. ۳ - (اقتص.) عمل برداشتن بخشی از سرمایه یاسود یك بنگاه پیش از موقع تقسیم آن، عمل گرفتن کارمندی حقوق یا پاداش خودرا قبل ازموقع پرداخت. ۴ - صبر، تحمل، بردباری. ۵ - (مس.) پیش درآمد. ۶ - (مس.) قسمت اولیه از سه قسمت اساسی نوبت مرتب (ه.م.) ۷ - (مس.) نوعی ساز، مخصوص بشخص سلطنت.

برداشت کردن b.-d.-kardan (مصم.) ۱- جمع آوری کردن محصول، گرد آوردن غلات. ۲ - (اقتص.) برداشتن بخشی از سرمایه یاسود یك بنگاه پیش از تقسیم آن یا عمل گرفتن کارمندی پاداش خود را قبل ازموقع پرداخت. ۳ - تحمل کردن، بردباری نمودن.

برداشتن b.-dāštan (مصم.) ۱ - بلند کردن (بادست). ۲ - گرفتن، اخذ. ۳ - بالا بردن، بلند کردن، مرتفع نمودن. ۴ - تحمل کردن، بردباری نمودن، برداشت کردن. ۵ - اختیار کردن. برچیدن. ۶ - درو کردن، جمع آوری کردن محصول. ‖ آب ~. آب کشیدن.

برداشتنی b.-dāštan-ī (ص لیا.) ۱ - قابل برداشتن (ه.م.) وبلند کردن. ۲ - قابل گرفتن. ۳ - قابل تحمل.

برداشته b.-dāš-ta(-e) (إمف.) ۱ - بلند وحمل شده، برده شده. ۲ - کسی که از ترس سیاست و تنبیه فرار میکند، شخصی که بجایی مقدس پناه میبرد.

بردبار bord-bār (ص مر.) ۱ - بارکش. ۲ - متحمل، آورنده، تحمل کننده. ۳ - صبور، شکیبا.

بردباری bord-bār-ī (حامص.) ۱- بارکشی. ۲ - تحمل، تاب وطاقت. ۳- صبر، شکیبایی.

بردبرد bard-bard [= بردابرد] (إفع.) ← بردابرد.

بردر bardar [= برادر] (إ.) ← برادر.

بردك bard-ak [= پردك] (إ.) لغز، چیستان.

بردگی barda(e)g-ī (حامص.) ۱ - بندگی، غلامی، برده بودن. ۲- اسارت.

بردمنده b.-damanda(-e) (إفا.) ۱ - دمنده، نفس دمنده. ۲ - طلوع کننده، طالع (ستارگان). ۳- پدیدشونده (صبح، سپیده). ۴ - سخن گوینده. ۵ - غضبناك شونده، خشمگین گردنده. ۶ - روینده، سبزشونده.

بردمیدن b.-dam-īdan (مص ل.) ۱ - دمیدن، نفس دمیدن. ۲ - طلوع کردن (ستارگان). ۳- پدیدشدن (صبح، سپیده). ۴ - سخن گفتن. ۵ - غضبناك شدن، قهرآلود گردیدن. ۶ - روییدن، سبزشدن.

بردمیده

بردمیده b.-dam-īda(-e) (اِمف.) ۱ ـ دمیده ، نفس دمیده . ۲ ـ طلوع کرده (ستاره) . ۳ـ پدید شده (صبح، سپیده) . ۴ ـ سخن گفته . ۵ ـ غضبناك شده، قهرآلود . ٦ـ روییده، سبزشده .

بردن bor-dan [پﻬ . burtan] (مص م.) (برد[-rd]، برد[-rad] خواهد برد، ببر ، برنده، برده) ۱. ـ چیزی را ازجایی بجای دیگر رسانیدن ، حمل کردن ، نقل کردن ؛ مق. آوردن. ۲ ـ حرکت دادن . ۳ ـ دفع کردن ، جدا کردن . ۴ ـ زن گرفتن ، همسر گرفتن . ۵ ـ نفع بردن (درقمار و بازی)،سود بردن. ٦ ـ فرار دادن . ۷ ـ پیش افتادن ، پیروزشدن (درمسابقه ومانندآن).

بردی

برده barda(-e) [پﻬ . vartak] (ص.) ۱ ـ غلام، کنیز، زرخرید. ۲ ـ اسیر.

برده bor-da(-e) (اِمف. بردن) ۱ ـ حمل‌شده، نقل شده. ۲ ـ حرکت داده. ۳ ـ دفع شده، جدا گردیده . ۴ ـ زن گرفته. ۵ ـ نفع‌برده (درقماروبازی). ٦ ـ فرار داده. ۷ ـ پیش‌افتاده، پیروز شده (درمسابقه‌ومانندآن). ۸ـ مجذوب.

برده‌دل borda(-e)-del (ص‌مر.) کسی که از شدت عشق دل وی اسیر شده باشد.

برده‌فروش barda(-e) forūš (اِفا.) فروشندۀ برده (ه.م.) ، فروشندۀ غلام و کنیز.

برده فروشی b.-forūš-ī (حامص.) عمل وشغل برده فروش(ه.م.)

بردی bardī [ع.](اِ.)(گیا.) گیاهی[1] از تیرۀ جگن‌ها[2] جزو ردۀ تك‌لپه‌ییها[3] که ارتفاعش از ۲ تا ۴ مترمیرسد وجزو گیاهان نی مانند و بسیار زیباست . در انتهای ساقه‌هایش انشعابات چتر مانند جالبی بوجود آمده‌است . اصل این گیاه در سواحل شط نیل است وامروزه درقبرس وسیسیل (صقلیه) نیز دیده میشود. قسمتهای تحتانی ساقه‌های این گیاه محتوی مواد ذخیره‌ییست که بمصرف تغذیۀ زارعان و دهقانان میرسد. از الیاف ساقه‌های قابل انعطاف ایـن گیاه یك نوع کاغذ می‌سازند ؛ پاپیروس، بابیروس ، ابردی ، درخت کاغذمصری، جگن نیل، پاپروس،حقی، حفاء.

بردی bord-ī [ع. -īyy] (اِ.) نوعی خرمای خوب، سنگ اشکنک.

بردیدن bar-dī-dan (مص ل.) از راه بطرفی‌شدن، دور گشتن‌ازراه‌اصلی، دور شدن. ← بردبرد، بردابرد.

برذون berzawn [ع.] (اِ.) ۱ ـ ستور تاتاری. ۲ ـ اسب‌نرجلد وتند.

بررسته b.-rosta(-e) (اِمف.) ۱ ـ نباتات بی ساق، گیاهان بی‌ساقه ؛مق. بررسته. ۲ ـ (کن.) امری‌حقیقی‌وبدون تصنع.

بررسی bar-ra(e)s-ī (حامص.) رسیدگی ، تحقیق.

بررسیدن bar-ra(e)s-īdan (مص م.) ۱ـ رسیدگی کردن‌بامری،وارسیدن، تحقیق کردن. ۲ ـ پرسش کردن،سؤال کردن.

بررسی کردن b.-ra(e)sī-kardan (مص‌م.) رسیدگی کردن، تحقیق کردن.

(برروشن) bar-ravešn (تصرفی در پﻬ. warwīšn-īk ، ج. warwišnīkān] (ص.) مؤمن ، گرونده. ج. برروشنان.

۱- Cyperus papyrus (لا.)
۲ - Cyperacées (فر.)
۳ - Monocotylédones (فر.)

«شفیع باش برشه مرا بدین زلت
چومصطفی بردادار برروشنان‌را.»
(دقیقی)

برره barara(-e) [ع. بررة] (اِ.) ج. بار(bārr)؛ نیکوکاران، صالحان.

۱-برز barz [=ورز، په. varz، کار] (اِ.) ۱- کار، عمل. ۲- کشت، کاشت، زراعت، کشاورزی. ۳- ماله‌ئی بنایی که بدان کاهگل و گچ بر دیوار مالند، مالهٔ کشاورزی.

برز borz [اس. berezaiti، بلندی وپشته وکوه] (اِ.) ۱- بلندی، ارتفاع. ۲- قد، قامت (آدمی). ۳- تنه (درخت)، ساقه. ۴- شکوه، عظمت. ۵- زیبایی.

برزخ barzax [ع.] (اِ.) ۱- حایل، بین دو چیز، فاصل میان دوچیز. ۲- (جغ.) قطعهٔ باریکی از خشکی که دو خشکی بزرگ را بهم متصل میسازد ودوقسمت آبرا ازهم جدا میکند مانند «برزخ پاناما» که در آن ترعهٔ پاناما حفر شده است و دو قسمت آمریکای مرکزی راباآمریکای جنوبی متصل میساخت. ۳- (شرع.، فل.) حد فاصل میان دنیا وآخرت ۴- (فل.) عالم مثال، از آن‌جهت که‌حاجز میان‌اجسام کثیفه وعالم ارواح‌مجرده‌است. (سجـ.) ‖ ~ **خاضع**. (فل.) ← برازخ. ‖ ~ **خافی**. (فل.) در حکمت اشراق مراد جسم غیرمنیر یعنی مستنیراست؛ جسم خافی، جوهرغاسق (سجـ.) ‖ ~ **سفلی**. (فل.) ← برازخ. ‖ ~ **علوی** (فل.) ← برازخ. ‖ ~ **قابس**. (فل.) ← برازخ. ‖ ~ **قاهر** (فل.) ← برازخ.

برزدن bar-zadan (مص‌ل.) ۱- پهلو زدن، بپهلوی یکدیگرزدن. ۲- پهلوبپهلو زدن، برابری کردن، همسری کردن. ۳- رسیدن کشتی بکنار دریا. ۴- ازهم جدا کردن. ۵- روبروشدن، مقابل‌شدن. ۶- دوتن انگشتان خودرا پیش‌یکدیگر آوردن وحساب بردوباخت کردن.

بر زدن bor-zadan [← بر] (مصم.) (قمار) برهم زدن و زیر و رو کردن ورقها پیش از بازی.

برزک barzak [= بزرك] (اِ.) ← بزرك.

برزکار barz-kār [= برزه کار = برزگر = برزیگر (ه.م.)] (ص فا.) زراعت‌کننده، کشاورز، برزیگر.

برزگاو b.-gāv [=ورزگاو] (اِمر.) گاونری که درکاشت‌مزارع بکاردارند؛ ورزاو.

برزگر barz-gar [= برزیگر (ه.م.) = برزکار] (ص‌فا.) زارع، کشاورز، زراعت کننده.

برزخ

برزن barzan [است. v^{ə}r^{ə}zāna، پب. vardana] (اِ.) ۱- کوی، محله، بخشی‌ازتقسیمات‌شهر(ازطرف‌شهرداری). ۲- شعبه‌ای از شهرداری که بامور یك محله رسیدگی‌میکند. ۳- کوچه.

برزن berzan [په. brīǰan، vrīǰan] (اِ.) تابه‌ای که ازگل‌سازند ونان بربالای آن گذارند.

۱-برزه barza(-e) [= برز] (اِ.) کشت، کاشت، زراعت.

۲-برزه barza(-e) (اِ.) شاخ‌درخت، شاخهٔ درخت.

برزه کار barza(-e)-kār [= برزکار] (ص‌فا.) برزکار (ه.م.)

برزه‌گاو b.-gāv [=ورزه‌گاو] (اِمر.) گاوی که بدان زمین را شیار کنند؛ گاو زراعت، ورزاو.

برزه‌گر b.-gar [= برزگر = برزیگر] (صفا.) زراعت کننده، زارع، کشاورز.

برزیدن barz-īdan [= ورزیدن، پهـ. varžītan] (مصم.)(صر. ← ورزیدن) مواظبت کردن بر کاری، مداومت کردن بر- امری، کاری را پیاپی انجام دادن، ورزیدن.

برزیگر barz-ī-gar [= برزگر = برزه گر = برزکار = برزه کار] (صفا.) زارع، کشاورز، زراعت کننده.

برس bars [= ورس] (اِ.) چوبی که در بینی شتر کنند، مهار شتر.

برس bers, bors [ع.] (اِ.) پنبه (ه.م.)

برس bors (اِ.) (گیا.) میوه و بار سرو کوهی[1].

برس bros [فر. brosse] (اِ.) ۱ - ماهوت پاك‌کن. ۲ - قلم موی درشت. ۳ - مسواك (دندان).

برسام bar-sām (اِ.) (پز.) ورم حجاب حاجز (ه.م.)

بر سر آمدن bar-sar-āmadan (مصل.) ۱ - غلبه یافتن، پیروزشدن. ۲ - زیادتی یافتن، رجحان یافتن.

برس غنچه bors-γonča(-e) [← برس] (اِمر.) (گیا.) تخم سرو کوهی، و آن سیاه رنگ و درشت میشود؛ جوز- الابهل، ثمرة العرعر.

برسم barsam [پهـ. barsum، است. baresman] (اِ.) در آیین زردشتی، شاخه‌های بریدهٔ درختی که هر یك از آنها را در زبان پهلوی «تاك» و «تای» گویند. در اوستای موجود سخنی نیست که دال بر این باشد شاخه های مزبور را از چه درختی باید تهیه کرد. فقط در یسنای ۲۵ بند ۳ اشاره شده که برسم باید ازجنس urvarā یعنی رستنیها و گیاهان باشد، ولی در کتب متأخران آمده است که برسم باید ازدرخت انار چیده شود. رسم برسم گرفتن در ایران بسیار قدیم است، و منظور از برسم بدست گرفتن ودعاخواندن همان سپاس بجای آوردن نسبت به تنعم ازنباتات است که مایهٔ تغذیه انسان و چهار پا ووسیلهٔ جمال طبیعت است.

برسم

برسم‌چین b.-čīn (اِفا.، اِمر.)(آیین زردشتی) کاردی که بدان برسم (ه.م.) از درخت برند.

برسم‌چین

برسمدان b.-dān (اِمر.) (آیین زردشتی) در میان زردشتیان ایران و هندوستان ازدیرباز، بجای برسمهای نباتی، برسمهای فلزی که از برنج ونقره ساخته میشود، بکار میرودو آنها را روی برسمدان- که ظرفی است فلزی (طلاونقره ومانند آن)- گذارند؛ وآن را ماهروی هم گویند چه قسمت فوقانی آن که دو انتهای برسم را نگاه میدارد، بشکل تیغهٔ ماه است.

برسم دان

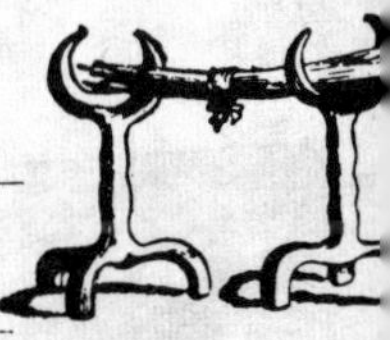

برسیان barsiyān [= پرسیان = پرشیان] (اِ.) (گیا.) ← پرشیان.

برسیان‌دارو barsiyān-dārū [= برشیان دارو] (اِمر.) (گیا.) انجبار (ه.م.)، عصا الراعی[2].

برسبیل bar-sabīl-e [ف.- ع.] (حر.اض.مر.) بر طریق، برمنوال، بروجه. ضح.- لازم‌الاضافه است.

برسیم bersīm [ع.] (اِ.) (گیا.) شبدر (ه.م.)

برش bor-eš ۱ - (اِمص. بریدن) بریدن، قطع. ۲ - تندی، تیزی (کارد، شمشیر ومانندآن). ۳ - (کنـ.) قدرت حل‌وفصل امور بسرعت. ۴ - (اِ.) یك قطعهٔ بریده از هندوانه وخربزه، قاش.

---

۱ - Juniperus (لا.)   ۲ - Polygonum Diosc. (لا.)

برغست

۵ - تکهٔ بریده ازچیزی. ۶ - (اقتص.) قسمتی‌ازیك برگ سهم تجارتی، کوپن. ۷ -(خا ت.) دو زاویه‌از وسط نصف‌شده، تقریباً بقطر یك میلیمتر، در روی‌یك طرف آستر وسطح دیگر آن‌بهمان‌قطر در طرف دیگر آستر.

برش borš [رس. borš] (اِ.) خوراکی آبکی که با گوشت و برگ کلم ومواد دیگرتهیه کنند، سوپ روسی.

برشتن bereš-tan [په. brīštan] (مصم.) (صر. ← سرشتن) ۱ - بریان کردن. ۲ - تف دادن، بو دادن. ۳ - پختن.

برشته bereš-ta(-e) (اِمف.) ۱ - بریان شده. ۲ - تف داده، بو داده. ۳ - پخته. ۴ - (اِ.) هرخوردنی که آنرا بدون آب روی آتش تف داده باشند.

برشدن bar-šodan (مص ل.) ۱- بالا رفتن، بجای مرتفع رفتن.

برشده bar-šoda(-e) (اِمف.) بالا رفته، بلند شده.

برش‌زنی boreš-zan-ī (حامص.) (خا ت.) تهیهٔ برش (ه.م.) وکاربرروی آن.

برشکستن bar-šekastan ۱ - (مص ل.) اعراض کردن. ۲ - (مص م.) ترك دادن، منصرف کردن.

برشمردن bar-šemor-dan (مص م.) شماره کردن، حساب کردن.

برشن baršan (اِ.)(گیا.) داردوست (ه.م.).

برشوم baršūm [ع.] (اِ.) نوعی از خرمای خشك.

برشیان دارو baršiyān-dārū [= برسیان دارو] (اِمر.) (گیا.) ← برسیان دارو.

بر شیاوشان bar-šiyāvošān [= پرسیاوشان] (اِمر.) (گیا.) پرسیاوشان (ه.م.).

برص baras [ع.] (اِ.) پیسی (ه.م.)، پیسگی.

برصا barsā [= ع. برصاء] ← برصاء ↓

برصاء barsā' [ع.، ف.: برصا] (ص تفض.) مؤنث ابرص، زنی که‌بیماری پیسی دچار باشد.

برطانیقی bertānīγī [معر. یو. bretanikē] (اِ.) (گیا.) بستان افروز، بوستان افروز.

برطرن beretron [یو. Pyrethron] (اِ.) (گیا.) آککرا (ه.م.).

برطلن bartelan [= برطرن (ه.م.)] (اِ.) (گیا.) آککرا (ه.م.).

برظاهر bar-zāher [ف.- ع.] (ق.مر.) بطور آشکار، علی‌الظاهر.

برعکس bar-aks [ف.-ع.] (ق.مر.) برخلاف (موضوع‌مذکور)، بعکس آنچه که گفته شد. ضح.- گاه مضاف بمابعد گردد وخلاف وضد را رساند: «قومی برعکس‌این باشند.» (کشف‌الاسرار).

برغ barγ [← ورغ= وارغ] (اِ.) بندی باشد که از چوب وخاشاك وخاك وگل دربرابرآب‌ببندند، سد؛ برغاب.

برغست barγast [= ورغست = ورغشت= فرغست] (اِ.) (گیا.) گیاهی[1] از ردهٔ دولپه‌ییها جزو راستهٔ پیوسته گلبرگها که سر دستهٔ تیرهٔ برغستها[2] میباشد. گیاهی است پایا، گلهایش آبی، سفید ویاقرمزند.

برغستبا b.-bā [= برغستوا] (اِمر.)

۱ - Plumbago (لا.)　۲ - Plumbaginées (فر.)

برغستوا

آشی که در آن برغست(ه.م.) ریزند ؛ برغستوا.

برغستوا b.-vā [= برغستبا](اِمر.) ← برغستبا.

برغشت barγašt [= برغست] (اِ.) (گیا.) برغست(ه.م.)

برغلانیدن bar-γal-ānīdan [= ورغلانیدن، قس . آغالانیدن ، آغالیدن](مصم.) برانگیختن، تحریض کردن .

برغمان barγamān (اِ.) ماربزرگ، اژدها .

برغندان barγandān [= برقندان] (اِ.) ۱ - جشن ونشاطی که درروزهای آخر ماه شعبان کنند بسبب نزدیک‌شدن ماه رمضان؛ کلوخ اندازان. ۲- شرابی که درجشن مذکور ↑ خورند، تا بتوانند در تمام ماه رمضان از نوشیدن آن پرهیز کنند.

برغو borγū (اِ.) (مس.) شاخی میان تهی که آنرا چون نفیر نوازند.

برغوث borγūs [ع.] (اِ.) (جا ن.) کیك، کك. ج. براغیث. ‖ ~ البحر. ← بخش ۲.

برغوثی borγūs-ī [ع.] (ص نسب.، اِمر.) (گیا .) تخمی است که آنرا بفارسی اسفیوش نامند؛ بزرقطونا ، بنگو، فسلیون[1] .

برغول barγūl [= بلغور] (اِ .) ۱ - گندمی که درهم شکسته باشند، گندم نیم کوفته. ۲ - هرچیز درهم کوفته. ۳ - آشی که با گندم نیم کوفته درست کنند. ۴ - حلوایی که از آرد پزند، افروشه، آفروشه.

برف barf [په. varf] (اِ.) (طب.) آب منجمد که بصورت بلورهایی بشکل منشور مسدس القاعده متبلور میگردد ودر فصل سرما ازابرها بزمین میبارد. رنگ آن سفید است.

برفاب barf-āb (اِمر.) ۱ - آبی که بر اثر ذوب برف حاصل گردد، آب برف . ۲ - آبی که برای خنك شدن قطعه‌ای برف میان آن انداخته باشند. ۳ - (کن.) آب دهان که وقت خوردن شخص چیزی را بسبب خواهش طبیعت ومیل دردهان دیگری میگردد، وگاه ازدهان بی‌اختیار بیرون آیدوبریزد.

برفاب دادن barf-āb-dādan (مص م.) ۱ - دادن آب برف بدیگری ← برفاب. ۲ - (کن.) دل سرد کردن ، ناامید ساختن .

برف انبار b.-anbār (اِمر.) ۱ - جایی که برفرا برای فصل گرما ذخیره کنند . ۲ - اوراق یا اشیای دیگر که روی هم انباشته باشند.

برف پاك کن barf-pāk-kon (اِفا.، اِمر.) ۱ - شخصی که برف را ازروی زمین وبام میروبد. ۲ - آلتی که برروی شیشهٔ اتومبیل قرارگرفته هنگام باریدن باران یا برف آنرا بلغزش درآرندتا شیشه را پاك کند بنحوی که حاجب ماورا نگردد[2].

برف وذرات آن

۱- Psyllion (یو.)   ۲- Windshield wiper. Wind-screen wiper(انگ.)

۵۰۷
برکشیده

برف ریم barf-rīm (اِمر.) (گیا.) زرد مرغك (ه.م.)

برفك barf-ak (اِ.)(پز.) مرضی[1] در دهان که بعلت حملهٔ یکنوع قارچ بنام موکورمیکوز[2] بوجود میآید. علامت آن یکنوع غشاء سفید رنگی است که مخاط زبان وحلق وگلو را میپوشاند وتولید درد در نواحی حلق و ته دهان میکند ومرض باتب همراه است؛ قلاع.

برفکوبی barf-kūb-ī (حامص.) (ور.) کوفتن برف و سفت کردن آن برای آماده کردن پیست اسکی جهت مسابقات وتمرین.

برفنجك barfanǰ-ak [= درفنجك = فدرنجك = فرنجك = فرونجك = فرهانج] (اِ.) بختك (ه.م.)، کابوس، عبدالجنه.

برق barγ [ع.] (اِ.) ۱ - درخش، درخشندگی، درخشش. ۲ - جلای فلز. ۳ - (فز.) جرقه‌ای که در اثر نزدیك شدن الکتریسیتهٔ منفی و مثبت تولید شود، نوری که در اثر برخورد ابرها (بعلت دارا بودن الکتریسیتهٔ مثبت و منفی) تولید شود. ‖ ~ خاطف. (طبیع.) برق (ه.م.)

برق

برق‌آسا b.-āsā [ع.-ف.] (ق.مر.) مانندبرق، بسیار تند وتیز.

برقع borγa' [ع.](اِ.) قطعه‌ای پارچه که زنان صورت خود را بدان پوشانند؛ روی بند، روبند، نقاب. ج. براقع.

برقگیر barγ-gīr [ع.-ف.] (اِفا.، اِمر.) (فز.) ۳ میلهٔ نوك تیزیست که انتهای آنرا از فلزی اکسید نشدنی، مانندطلای سفیدبپوشند وبوسیلهٔ نواری عریض مسی بزمین وصل کنند، ومیله را بر فراز عمارات نصب نمایند تا از خطر صاعقه مصون مانند.

برقگیر

برقوق borγūγ (اِ.) ۱ - (گیا.) آلو(ه.م.) ۲ - (گیا.) آلوچه (ه.م.)

۱-برك barak [= پرك] (اِخ.) ستارهٔ سهیل (← بخش۳)، پرك.

۲-برك barak [سنـ. varaka، جامهٔ رویی] (اِ.) ۱ - نوعی پارچهٔ ضخیم که در خراسان از پشم شتر یاکرك بزبا دست بافند، و از آن جامهٔ زمستانی دوزند. ۲ - قسمی ازگلیم. ۳ - جامهٔ کوتاهی که تاکمرگاه را پوشاند ومردم گیلان آنرا می‌پوشیدند.

برکاپوز bark-ā-pūz [= برکاپوس = برکافوز] (اِمر.) پیرامون دهان، پك وپوز.

برکات barak-āt [ع.] (اِ.) ج. برکت (ه.م.)

برکت barakat (تد. barkat) [= ع. برکة] (مص ل.) ۱ - گوالیدن. ۲ - فزونی، بسیاری. ۳ - خجستگی، یمن. ۴ - نیکبختی، سعادت. ج. برکات

برکردن bar-kar-dan (مص م.) ۱ - بلندکردن، بالا بردن. ۲ - آتش افروختن. ۳ - از بیخ برکندن. ‖ از ~ (ه.م)

برکرده b.-kar-da (-e) (اِمف.) ۱ - بلند کرده. ۲ - افروخته: چراغ برکرده. ۳ - ازبیخ برکنده.

برکشیدن bar-ka(e)š-īdan (مص م.) ۱ - بالا کشیدن چیزی. ۲ - بیرون کشیدن، استخراج کردن، بیرون آوردن. ۳ - برهم کشیدن، چین‌دار کردن. ۴ - ترقی‌دادن، برمرتبهٔ کسی افزودن. ۵ - تربیت کردن، پروردن.

برکشیده bar-ka(e)š-īda (-e) (اِمف.) ۱- بالاکشیده. ۲- بیرون کشیده،

۱ -Muguet(فر.) ۲ - Mucor mycose(فر.) ۳ -Paratonnère(فر.)

برگ مدور

برگ‌مرکب پنجه‌یی

برگ‌مرکب شاخه‌یی

برگ مضرس

مستخرج، بیرون آورده . ۳ - بر هم کشیده، چین دار . ۴ - ترقی یافته. ۵ - نواخته، پرورده.

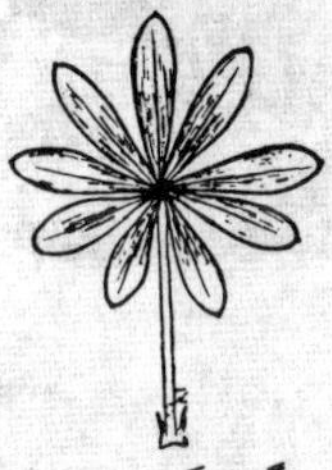

برکندن bar-kan-dan (مص م.)
۱ - چیزی را از چیزی یا جایی جدا کردن، کندن. ۲ - ازریشه درآوردن.

برکنده bar-kan-da(-e) (إمف.)
۱ - کنده. ۲ - از ریشه در آمده ،ریشه کن شده.

برکه berka(-e) [ع.](إ.) آبگیر، آبدان، استخر، تالاب .

برکی barak-ī (ص‌نسب. ، إمر.) کلاه درازی که ازبرك یانمد دوزند ، زاهدان و درویشان بر سر گذارند ، برنس.

۱-برگ barg [په. valg] (إ.) ۱ - (گیا.)جزوی‌ازگیاه که نازك‌وپهن‌است وازکنارهای‌ساقه‌یاشاخه‌هارویدو بیشتر برنگ سبز است، اندامی از گیاه که اغلب بصورت صفحات پهن‌وسبز براثر رشد ونمو جوانهٔ انتهائی یاجوانه‌های محوری برروی‌ساقهٔ گیاه ظاهرمیشود[1]. غالباً این عضو دارای تقارن دوطرفی است. برگها باشکال گوناگون‌درگیاهان مختلف دیده میشوند ؛ ورق ، ورقه ، بلگ

برگ‌کامل

۲- نوعی‌درفش(ه.م.) برای قطع‌کردن کرباس در طول تخت گیوه. ۳- ساز، نوا، اسباب، دستگاه، سامان (خصوصاً مهمانی).۴ -توشه، آزوقه. ۵ -قصد،عزم. ۶ - التفات،توجه، پروا. ۷ -(مس.)نغمه، آهنگ. ‖ ~ کازرونی. (گیا.)انیسون بری(ه.م.) ‖ ~ نیل. (گیا.) وسمه.

۲-برگ barg [= بلگ = پلك] (إ.)← پلك.

برگاشتن bar-gāš-tan [م. برگشتن] (مص م.) (برگاشت ، - ، خواهد برگاشت ،-،-، برگاشته) برگرداندن، برگردانیدن‌چیزی. ‖ ~ روی. روی برگرداندن.

برگبالان barg-bāl-ān (إ. ،ج. برگبال) (جا ن.) حشراتی که بالهای آنها مانند برگ‌گل‌نازك ولطیف‌است.

برگ بو barg-e-bū (إمر.)(گیا.) گیاهی[2] از تیرهٔ غارها جزو تیره‌های نزدیك به آلاله‌ها که بصورت درختچه میباشد،وآن‌گیاهی‌است‌دوپایه. برگهایش منفرد ،کامل‌و کناره‌هایش کمی‌موج‌دار است.طول برگهایش‌تا ۱۴سانتیمتر وعرض تا ۴/۵ سانتیمتر میرسد.

برگ بو

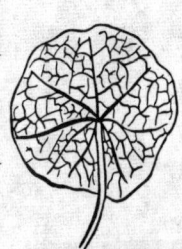

برگ‌بید barg-e bīd [= بیدبرگ] (إمر.) ۱ - (گیا .) ورق درخت بید. ۲ - نوعی ازپیکان تیرکه آنرا بهیئت برگ بید ↑ سازند.

---

۱ - Feuille (.فر)　۲ - Laurus nobilis (.لا)

برگت bargat [هند. ، اردو] (اِ.) (گیا.) انجیر معابد (ه.م.)

برگچه barg-ča(-e) (اِمصغ.)(گیا.) ۱ - تقسیمات کوچکتر یك پهنهٔ برگ را گویند که ظاهر آنمای یك برگ اصلی را دارد، ولی با نداشتن زایدهٔ انتهای دمبرگ متمایز است[1]؛ برگ کوچك؛ برگك. ۲ - برگ گل، ورق گل.

برگدار barg-dār [= برك‌دارنده] (اِفا.) دارای برگ، برگ‌دهنده (درخت).

برگدار ساختن b.-d.-sāx-tan (مص م.) با برگ پوشاندن.

برگدارشدن b.-d.-šo-dan (مص ل.) دارای برگ‌شدن، پربرگ گشتن.

برگذار bar-gozār (اِمص.) ۱ - انجام، اجرا. ۲ - عرض. ۳ - انعام، عطیه، بخشش.

برگذار کردن b.-g.-kar-dan (مص م.) ۱- انجام‌دادن، اجرا کردن. ۲ - سپری کردن، سپری ساختن. ۳ - بپایان‌بردن. ۴- برپاداشتن. ۵ - عرض کردن. ۶ - انعام‌دادن، بخشش کردن.

برگذشتن bar-gozaš-tan (مص ل.) طی شدن، سپری شدن: سه روز برگذشت.

برگرد bar-gerd-e [← گرد] (اِ.) پیرامون، گرداگرد: برگرد ماه. ضح.- لازم‌الاضافه است.

برگردان bar-gard-ān [← برگرداندن] ۱ - (اِمف.) برگردانده، برگردانیده. ۲ - (اِ.) کاغذنازکی که یك روی آن برنگ سیاه، بنفش یا آبی است و آنرا برای رونوشت برداشتن نوشته‌ها در ماشین‌تحریر یا بهنگام نوشتن با دست در میان کاغذ های سفید گذارند؛ کاغذ کپیه، کاغذ کاربن. ۳ - (اِفا.) برگرداننده؛ عکس برگردان. ۴ - (اِ.) (مس.) گوشه‌ای در دستگاه شور (ه.م.) ۵ - (کشا.) عمل زیرورو کردن خاك مزرعه. ۶ - (شعر.) بیت یا مصراعی که در ترجیع بند یا تصنیف پس از چند بیت مرتباً تکرار شود[2].

برگرداندن bar-gard-āndan [= برگردانیدن] (مص م.) برگردانیدن (ه.م.)

برگردانده bar-gard-ānda(-e) (اِمف.) برگردانیده (ه.م.)

برگرداننده bar-gard-ānan-da(-e) (اِفا. برگردانیدن، برگرداندن). ۱ - ردکننده، برگشت‌دهنده. ۲- تغییر دهنده، مغیر. ۳ - واژگون‌کننده.

برگردانیدن bar-gard-ānīdan [= برگرداندن] (مص م.) ۱ - برگشت دادن، ردکردن، پس‌آوردن. ۲ - واپس بردن، بازپس بردن. ۳ - پشت و رو کردن، واژگون کردن.

برگردانیده bar-gard-ānīda(-e) [= برگردانده] (اِمف.) ۱ - برگشت داده، ردکرده، پس‌آورده. ۲ - واپس برده، بازپس‌برده. ۳ - پشت‌وروکرده، واژگون شده.

برگردنده bar-gard-anda(-e) (اِفا. برگردیدن، برگشتن) ۱- بازپس آینده، مراجعت کننده. ۲ - انتقال یابنده (بحالی). ۳ - تغییریابنده. ۴ - واژگون شونده.

برگردیدن bar-gard-īdan [= برگشتن] (مص ل.) ۱ - بازپس آمدن، واپس آمدن، مراجعت کردن. ۲ - انتقال‌یافتن (بحالی). ۳ - تغییریافتن. ۴ - واژگون شدن.

۱ - Foliole (فر.)   ۲- Refrain (فر.)

برگردیده bar-gard-īda(-e) [= برگشته](إمف.) ۱ - بازپس آمده، مراجعت کرده. ۲ - انتقال یافته (بحالی). ۳ - تغییر یافته، مغیر. ۴ - واژگون شده، درغلطیده.

برگردیده بخت b.-g.-baxt (ص مر.) بدبخت (ه.م.)

برگردیده بوی b.-g.-būy (ص مر.) دارای بوی بد، گندیده بوی، متعفن.

برگرفتن bar-geref-tan (مص م.) ۱ - برداشتن چیزی از جایی، برداشتن، اخذ. ۲ - ربودن. ۳ - برچیدن. ۴ - حمل کردن، نقل کردن. ۵ - قبول کردن، پذیرفتن. ۶ - پوشاندن. ۷ - راندن، محو کردن، تراشیدن.

برگرفته bar-geref-ta(-e) (إمف.) ۱ - برداشته شده، مأخوذ. ۲ - ربوده. ۳ - برچیده. ۴ - حمل شده، نقل شده. ۵ - قبول شده، پذیرفته، مقبول. ۶ - پوشانده شده. ۷ - رانده، محو شده، تراشیده.

برگریز barg-rīz [← برگریزان] (إمر.) ← برگریزان.

برگریزان barg-rīz-ān [← برگریز] (إمر.) زمانی که برگهای درختان بزمین فروریزد؛ خزان، پاییز.

برگزیدن bar-goz-īdan [← گزیدن] (مص م.) ۱ - پسندیدن وجدا کردن چیزی یا کسی از میان گروهی وجمعی، انتخاب کردن. ۲ - ترجیح دادن.

برگزیده bar-goz-īda(-e) (إمف.) ۱ - انتخاب شده، منتخب. ۲ - ترجیح داده شده، مرجح.

برگ سبز barg-e sabz (إمر.) ۱ - ورق سبزی از گیاهان که درویشان نیاز کنند. ۲ - هدیهٔ کوچك واندك.

برگستان bar-gost-ān [= برگستوان] (إمر.) ← برگستوان.

برگستوان bar-gost-vān [قس. په. kost، پهلو وکنار] (إمر.) ۱ - پوششی که جنگاوران قدیم بهنگام جنگ می پوشیدند. ۲ - پوششی که در قدیم بهنگام جنگ برروی اسب میافکندند.

برگستوان

برگشت bar-gašt (مص خم.، إمص.) ۱ - بازگشت، رجعت. ۲ - (حس.) آنچه ازحساب برگردانند. ۳ - (مس.) دو خط کوچك عمودی موازی یکدیگر است که با دو نقطه همراه میباشد. غالباً دوعلامت برگشت استعمال کنندو بین آن دو جملهٔ موسیقی را مینویسند. دو نقطهٔ علامت اول سمت راست و نقطه‌های

برگشت

۵۱۱
برماس

علامت دوم سمت چپ گذارده میشود . برگشت موقعی استعمال میشود که بخواهند یکی از جمله‌های موسیقی‌را تکرار کنند.

برگشتگی bar-gašta(e)g-ī (حامص.)وضع وحالت برگشته (همع.)

برگشتن bar-gaš-tan [= برگردیدن](مصل.) ۱ - رجعت کردن ، برگشتن؛مق. رفتن . ۲ - منصرف‌شدن. ۳ - مرتد شدن ، ازدین‌اصلی خودبدین دیگر درآمدن . ۴ - تغییریافتن. ۵ - واژگون شدن ، سرنگون‌گشتن.

برگ‌عطر barg-e-etr(atr (تد. (امر.)(گیا.) عطری (ه.م.)

برگ‌کازرونی barg-e-kazarūnī (امر.) (گیا.) انیسون بری (ه.م.)

برگماردن bar-gomār-dan [= برگماشتن](مصم.) ۱ - برقرارکردن، منصوب‌کردن ، نصب‌کردن. ۲ - وکیل کردن.

برگماشتن bar-gomāš-tan [= برگماردن] ← برگماردن (همع.)

برگماشته bar-gomāš-ta(-e) (امف.) ۱ - منصوب، نصب‌شده . ۲ - مباشر ، وکیل .

برگ‌نو barg-e-now (امر.)(گیا.) درختچه‌ای[1] ازتیرهٔ زیتونیان[2] که‌برگ‌هایش بیضوی و نسبةً طویل و دایمی است . گلهایش‌سفیدومعطرندودرانتهای ساقه‌قراردارند. درحدود ۲۰ گونه‌ازاین گیاه شناخته شده که تعدادی از آنها درجنگلهای‌شمالی‌ایران‌ونواحی‌آستارا وجود دارند . این‌گیاه بعنوان درخت زینتی نیزکاشته میشود ؛ مندارچه. نوار ابیض ، یاسم ، فغو .

برگه barga(-e) [← برگ] (ا.) (گیا.) ۱ - خشک کردهٔ میوه‌هایی که بصورت خشکبار ببازار عرضه میشوند از قبیل خشک کردهٔ زردالو و انجیر وسیب . (میوهٔ اخیردرخراسان بصورت برگه نیز عرضه میشود). ۲ - زردالوی خشک‌کرده، برگهٔزردالو، کشتهٔزردالو، کشته. ۳ - قطعات کاغذ ومقواکه‌برآن چیزی نویسند .

برلیان berelyān [فر. brillant] (ا.) (زم.) الماس‌تراش‌داده‌شده‌از تمام جهات بمنظور زیبایی و تلألؤ بیشتر وعرضهٔ ببازار . درتراش‌الماس بشکل برلیان معمولا همان روش اصلی تبلور الماس راتبعیت میکنند (روش‌کوبیک) ومعمولادراین‌تراش ازشکلهای‌مختلفی که بلور الماس در برشهای روش اصلی و یا ماکلهای آن میتوانند بگیرند، استفاده میکنند.

برلیان

برم baram [گیل . baram ،چوبی که پارچه‌ای ملون بر بالای آن بندند و درمیدان نصب‌کنند برای آگاه کردن مردم‌ازکشتی‌پهلوانان](ا.) چوب‌بندی را گویند که تاک انگور و بیارهٔ کدو و خیار وغیره را بالای آن گذارند ؛ داربست .

برم barm [په. varm] تالاب ، استخر ، برکهٔ آب .

برم brom [فر. brome] (ا.)(شم.) مایعی‌است‌قهوه‌یی رنگ وسنگین، وزن مخصوص آن ۳ وبسیار فراراست . در ۶۳ درجه بجوش میآید و در ۷ درجه یخ میزنند . درآب حل میشود ومحلول سرخ رنگی بنام آب برم میدهد.

برماس barmās [= پرماس ← برماسیدن = پروماسیدن](ا.) لمس ، بساوش .

---

۱ - Ligustrum vulgare (لا.), troène (فر.)
۲ - Oléacées (فر.)

برماسیدن barmās-īdan [= پرماسیدن] (مصم.)(برماسید، برماسد، خواهدبرماسید ، ببرماس، برماسنده، برماسیده).۱- سودن‌دست‌برچیزی،لمس کردن. ۲ - سودن عضوی‌برعضودیگر .

۱-برمال bar-māl (ا.) سینهٔ کوه ، سرابالای کوه وپشته .

۲-برمال bar-māl [← برمالیدن] (إمص.) گریز.

برمال زدن b.-m.-zadan [← ۲ برمال] (مصل.) گریختن .

برمال‌کردن b.-m.-kardan (مصل.) گریختن ، برمال‌زدن .

برمالیدن bar-māl-īdan (مصل.) ۱ - نوردیدن ، طی کردن . ۲ - بالا کردن‌آستین‌و پاچهٔ تنبان . ۳- (کن.) گریختن .

برماه barmāh [← برماهه= پرماه = برمه] (ا.) (نجا.) افزاری‌است درودگرانراکه بوسیلهٔ آن چوب وتخته را سوراخ کنند ، مثقب .

برماهه barmāha(-e) [= برماه] (ا.) (نجا.)← برماه.

برمج barmaǰ [= برمچ] (ا.) ← برمچ .

برمجیدن bar-maǰ-īdan [= برمچیدن] (مصم.)← برمچیدن .

برمچ barmač [= برمج](ا.)لمس، دست‌کشی .

برمچیدن bar-mač-īdan [= بر مجیدن] (مصم.) ۱ - لمس کردن ، دست سودن. ۲ - سودن‌عضوی بر عضو دیگر .

برمخ bar-max [= پرمخ← بر- مخیدن] (ری.،إمص.) ۱ - مخالفت ، عصیان . ۲ - خودرایی ، خودخواهی.
۳ - عاق شدگی .

برمخیدن bar-max-īdan [= پرمخیدن] ۱-(مصم.) خودسری‌کردن، نافرمانی‌کردن ، عصیان ورزیدن . ۲ - (مصل.) خودرایی کردن . ۳ - عاق شدن .

برمخیده bar-max-īda(-e) [= پرمخیده] (إمف.) فرزند خودسر، عاق والدین .

برمکی barmak-ī (ص‌نسبـ.)منسوب به برمك، ازخاندان برمکی(← بخش ۳) ج. برمکیان ، برامکه.

برمنش bar-maneš [← برمنشی] (ص‌مر.) خودپسند ، متکبر.

برمنشی bar-maneš-ī [په. apar (avar) mīnišnīh] (حامص.) خودپسندی ، تکبر.

برمور bromūr [فر. bromure] (ا.) (شم.) ترکیب برم با جسم مفرد دیگر ↓ ‖ ـــ دارژان. (برمورنقره) (شم.)← برمورنقره. ‖ ـــ دوپتاسیم. b.- de potassium (شم.) ترکیبی است‌ازبرم‌وپتاسیم.وآن‌شامل‌کریستال-هایی است بیرنگ که‌طعمش شور است وبآسانی حل میشود ، وآن درطب بکار رود. ‖ ـــ دوسدیم. b.-de sodium (شم.) ترکیبی است ازبرم و سدیم که درطب بکاررود. ‖ ـــ نقره= برمور دارژان b.-d'argant ترکیبی‌است ازبرم ونقره‌که درعکاسی مورد استعمال دارد .

برمه barmah [= برماه] (ا.) (نجا.)← برماه.

برنا bornā [په. apurnāk ، apurnāy] (ص.) ۱ - جوان،شاب؛ مق. پیر. ۲ - ظریف ، خوب ، نیك.

برناس barnās [پرناس=فرناس]

(ص.) غافل ، نادان .

برناسی barnās-ī [= پرناسی = فرناسی] (حامص.) غافلی ، نادانی.

برناك bornāk [= برنا] (ص.) ← برنا .

برنامه bar-nāma(-e) [= ورنامه = برنامج،معر.] (اِمر.) ۱ - آنچه برسر نامه یاکتاب نویسند ؛ عنوان . ۲ - دیباچه ، مقدمه . ۳ - دستور کار یك مجلس ، خطابه ، جشن ، یا انجمن ؛ پرگرام (فره.)

برنتقه barnatγa [معر.،محر.لا. bertonica] (اِ.) (گیا.) کمدریس (ه.م.)

۱- برنج berenǰ (اِ.) (گیا.) گیاهی[1] ازتیرهٔ گندمیان[2] جزو دستهٔ غلات که‌در زمینهای باتلاقی کشت میشود و غذای اصلی نیمی ازمردم را تشکیل میدهد. اصل این گیاه از چین و ژاپون وهندوستان است و دراغلب‌نقاط ایران (مازندران، گرگان، گیلان ، خوزستان، فارس ، خراسان ، کرمانشاهان ، آذربایجان ، اصفهان ،کرمان، قزوین، لرستان ،کردستان) نیز کاشته میشود . گلهایش‌دارای ۶ پرچم ودانه‌های‌سفید رنگش را زبانچه‌های گل کاملا فرا گرفته‌اند که شلتوك نامیده میشوند . ساقه‌های این‌گیاه مانند ساقه‌های گندم بند بند است ، و ارتفاع آنها تا ۱/۵ مترهم‌میرسد. این‌نوع‌ساقه‌هارا اصطلاحاً ماشوره[3] گویند و بمصرف تغذیهٔ دامها میرسد . برنج اقسام متعدد دارد که باسامی مختلف نامیده میشوند ؛ ارز، گرنج ، بج.

۲-برنج berenǰ [= برنگ = پرنگ] (اِ.) (شم.) آلیاژی‌ازمس وقلع و روی (بنسبت ۶۷ قسمت مس و ۲۳ قسمت روی) وگاهی‌سرب ، وازآن ابزارهای مختلف‌مانند سماور وسینی‌وغیره‌سازند؛ پرنگ[4].

برنجار berenǰ-ār [= برنجزار] (اِمر.) برنجزار (ه.م.)

برنجاسپ berenǰ-āsp [= برنجاسف معر. = بیرنجاسب] (اِ.) (گیا.) گیاهی[5] از تیرهٔ مرکبان که پایاست و دارای ساقهٔ برافراشته‌ومستقیم میباشد. ارتفاع ساقه‌اش تا ۱/۵ متر نیز میرسد و بحد وفور بحالت خودروکنارجاده‌ها واراضی غیرمزروع نقاط‌مختلف اروپا و ایران میروید ، بشینزه، بشنیز.

برنجاسپ وگل‌آن

برنج ودانهٔ‌آن

۱- Oryza sativa (.لا), riz (.فر) ۲- Graminées (.فر)
۳- Chaume (.فر) ٤- Laiton (.فر) ٥- Artemisia vulgaris (.لا)

برنجاسف beren̆ǰ-āsf [= برنجاسپ] (اِ.) (گیا.) برنجاسپ (ه‍.م.)

برنج کابلی b.-e kābol-ī [= برنگ کابلی] (اِمر.) ← برنگ کابلی.

برنجمشك baranǰ-mešk(moš-) [= فرنجمشك] (اِ.)(گیا.) فرنجمشك (ه‍.م.)

برنجن baranǰ-an [= ورنجن = برنجین = ورنجین] (اِمر.) حلقه‌ای فلزی که زنان بمچ دست یا پا کنند: دست برنجن، پای برنجن.

۱-برنجی berenǰ-ī (ص‌نسبـ.) منسوب به‌برنج (← ۱ - برنج): نان برنجی.

۲-برنجی berenǰ-ī [= برنگی = پرنگی] (ص‌نسبـ.) منسوب به‌برنج (← ۲-برنج)، چیزی که‌ازبرنج ساخته‌شده‌باشد؛ برنجین.

برنجین baranǰ-īn [= برنجن = ورنجین = ورنجن] (اِ.) ← برنجن.

برنجین berenǰ-īn (ص‌نسبـ.) برنجی (← ۲ برنجی).

برندك barand-ak [= پرندك] (اِ.) کوه‌کوچك، تپه، پشته.

برندگی bor(r)-anda(e)g-ī (حامص.) عمل برنده (ه‍.م.)، برش.

برنده bar-anda(-e) (اِفا. بردن) ۱ - آنکه چیزی‌را ازجایی بجای‌دیگر برد، حامل. ۲ - کسی که درقمار یا مسابقه یا بازی پیروز گردد.

برنده bor(r)-anda(-e) (اِفا. بریدن) ۱ - آنکه چیزی را قطع کند، کسی که چیزی را ببرد. ۲ - آلتی تندوتیز وبرا: تیغ برنده.

برنز bronz [فر. bronze، ایتا. bronzo] (اِ.) (شیم.) آلیاژی که از آمیختن‌مس وقلع‌بدست میآورند؛ مفرغ (ه‍.م.)

برنس bornos [ع.] (اِ.) ۱ - کلاه برکی، کلاه درویشی. ۲ - جامه‌ای که‌کلاه برسر آن باشد، مانند بارانی.

برنشاندن bar-neš-āndan (مص م.، ل.: برنشستن). ۱- سوارکردن (بر اسب ومانندآن). ۲ - برتخت سلطنت نشاندن، جلوس‌دادن براریکهٔ‌سلطنت.

برنشستن bar-neš-estan (مص ل.، م.: برنشاندن) سوار شدن (براسب ومانندآن). ۲ - نشستن برتخت‌شاهی، جلوس براریکهٔ سلطنت.

برنشسته bar-neš-esta(-e) (اِمف.) ۱ - سوارشده (براسب‌ومانندآن). ۲ - نشسته برتخت(سلطنت)،جالس‌براریکهٔ (پادشاهی).

برنشیت bronšīt [فر. bronchite] (اِ.) (پز.) مرضی که‌در ریه حاصل شود، وعوارض آن از این قرار است: ورم نایژه‌ها و شاخه‌های قصبة‌الریه، گرفتگی صدا، سرفه‌های سخت، خروج خلطهای ساده یاتوأم با چرك‌وخون؛ ورم ریه. ‖ ~ حاد. (پز.) نوعی ازبرنشیت ↑ که درزمستان بعلت سرماخوردگی شدید بروز کند. ‖ ~ مزمن. (پز.) نوعی‌ازبرنشیت ↑ که جایگیر و کهنه شده باشد.

۱-برنگ bereng [= برنج] (اِ.) ۱ - ← برنج. ۲ - برنگ کابلی (ه‍.م.)

۲-برنگ bereng [= برنج = پرنگ] (اِ) ← ۲ برنج.

برنگ کابلی bereng-e-kābol-ī (اِمر.) (گیا.) گیاهی[1] از ردهٔ دولپه‌یی‌های پیوسته‌گلبرگ[2] که‌تیرهٔ‌مخصوصی‌را

برنس

برنگ(برنج)کابلی

1- Embelia ribes (لا.)
2- Dicotyledones gamopetale (فر.)

بنام برنگها[1] تشکیل میدهد و در حدود ۶۵ گونه از این گیاه شناخته شده که تمامی در نواحی گرم آسیا و آفریقا و شمال استرالیا میرویند. این گیاه‌دارای شاخه‌های دراز و پیچنده با برگهای تخم‌مرغی شکل‌نسبةً طویل و گلهای سفید خوشه‌ییست. میوه‌هایش قرمز و گرد و کوچك وتندمزه‌است واز اینجهت گاهی بعنوان تقلب و غش در دانه‌های فلفل مخلوط میکنند. در تداوی‌دانه‌های این گیاه را برای‌درمان اقسام کرم‌های کدومصرف‌مینمایند؛ برنج.

برنوف barnūf [ع.](إ.) (گیا.)شاه بانگ (ه.م.)

برنون barnūn [= پرنون] (إ.) دیبای تنك، حریرنازك.

۱-برو borū [=ابرو](إ.)←ابرو.

۲-برو borū [= بروت] (إ.)شارب، بروت (ه.م.)

بروات baravāt [از ع.براوات، براءات] (إ.) ج.برات (ه.م.)

بروار barvār [= پروار = پرواره = فروار] (إ.) پروار(ه.م.)، پرواره (ه.م.)

برواره barvāra(-e) [= بروار = پروار= پرواره = فروار] (إ.) پرواره (ه.م.)، پروار(ه.م.)

بروازه barvāza(-e) [= پروازه] (إ.) ← پروازه (همع.)

برواق barvāγ [ع = بروق] (إ.) (گیا.) سریش (ه.م.)

بروانیا barvāniyā [معر. یو. bruōnia](إ.)(گیا.)گیاهی‌است[2] که مانندعشقه‌بردرختها پیچد. میوهٔ آن‌شبیه بانگوراست، وجهت دباغت بکاربرند؛ حالق‌الشعر؛ هزارافشان.

بروبوم bar-o-būm (إمر.) زمین، سرزمین، بوم وبر.

بروت borūt [= برو] (إ.)موهایی که برلب مرد روید، سبلت، سبیل.

بروثا barūsā (إ.) (گیا.) گاوشیر (ه.م.)

بروج borūǰ [ع.] (إ.) ج. برج (ه.م.)

برودت borūdat [=ع. برودة] ۱- (مص‌ل.) سردشدن، خنك‌شدن. ۲- (إمص.) سردی، خنکی.

برودری boroderī [فر. broderie] (إ.) ترسیمات برجسته بر روی پارچه بوسیلهٔ سوزن یا ماشین ایجاد کردن؛ گلدوزی، قلاب‌دوزی.

بروز borūz [ع.] ۱- (مص‌ل.)پیدا شدن، پدیدآمدن، برون‌آمدن، آشکار شدن. ۲- (إمص.) پیدایی.

بروسین borūsīn [فر. brucine] (إ.) شبه قلیایی که آنرا از جوزالقی استخراج کنند. کریستالهای آن استوانه‌یی شکل، بیرنگ‌وبی‌مزه‌است واز سمهای مهلك محسوب میگردد. در طب مورد استعمال دارد.

بر وفرود bar-o-forūd (إمر.) فراز ونشیب، بلند وپست.

بروفه bo(a)rūfa(-e) (إ.)دستار، میان‌بند، کمربند، شال که بسر یا کمر بندند.

بر وفق bar-vefγ-e [ف.-ع.](حر. اض.مر.) موافق،مطابق: بروفق‌مراد. ضح. - لازم‌الاضافه است.

بروق borūγ [ع.] (إ.) ج. برق؛ درخشها، آذرخشها.

۱ - برومند bar-ūmand (قد. bar-ōmand) [بر+اومند، پس.]

۱- Myrsinées (فر.)

۲- Bryonia alba (لا.), bryone (فر.)

(ص‌مر.) ۱ - بارور ، برور ، باثمر ، مثمر، میوه‌دار . ۲ - خرم ، شاداب . ۳ - کامیاب ، برخوردار . ۴ - صاحب نفع ، سود برنده .

۲-برومند barū-mand [= آبرومند] (ص‌مر.) آبرومند (ه‌.م.)

۱-برومندی b.-mand-ī (حامص.) برومند (←۱ برومند) بودن .

۲ - برومندی b.-mand-ī [= آبرومندی] (حامص .) آبرومندی (ه‌.م.)

۱-برون berūn,bo.- [= بیرون] (إ.) بیرون ، خارج ؛ مق‌. درون .

۲-برون berūn [قس‌. برای] (حر. اض‌.) برای ، بجهت : برون‌تو. ضح.- لازم‌الاضافه‌است .

برون آمدن b.-āmadan (مص‌ل.) بیرون آمدن (ه‌.م.)

برون بردن b.-bordan (مص‌م.) بیرون بردن (ه‌.م.)

برون رفتن b.-raftan (مص‌ل.) بیرون رفتن (ه‌.م.)

برون سرا berūn-sarā (إمر.) زری را گویندکه درغیرضرابخانه سکه زده باشند .

برون‌شدن b.-šodan (مص‌ل.) بیرون شدن (ه‌.م.)

برون کردن b.-kardan (مص م.) بیرون‌کردن (ه‌.م.)

برونی be(o)rūn-ī (ص‌نسبـ.، إمر.) بیرونی (ه‌.م.)

بره bar(r)a(-e) [په‌. varrak] (إ.) ۱ - بچهٔ گوسفند یا بچهٔ آهو. ۲ - (کن‌.) عاجز، زبون ، مطیع: پسره بره‌است. ۳ -(نج‌.) برج حمل(← بخش ۳).

بره

بره(کلاه)

بره bara(-e) [= ابره] (إ.) روی قبا وکلاه و مانند آن، ابره (ه‌.م.)

بره bere [فر. béret] (إ.) نوعی کلاه ساده و بی‌لبه‌که از پارچهٔ ضخیم سازند .

برهان borhān [ع.] (إ.) ۱- دلیل، حجت. ۲ - (منط .) قیاسی است مرکب از مقدمات یقینی تا نتیجه دهد مقدمهٔ دیگری را که یقینی‌بود نه‌ظنی، چنانکه گویند : هر انسان حیوان است، وهرحیوان جسم است، پس‌نتیجهٔ یقینی‌بدست آیدکه هرانسان‌جسم‌باشد. ج. براهین . ‖ ~ **قاطع**. ۱- دلیل قطعی، حجت متقن. ۲ - (إخ.) ← بخش ۳. ‖ ~ **مسیح** . زنده‌گردانیدن مرده وشفا دادن‌بیمار.

بره‌بند bar(r)a-band (ص‌مر.) ۱ - کسی که گوسفند و قوچ جنگی را در آخور بندد و او را پروار کند . ۲ - (کن.) زبردست، ماهر.

برهلیا barhelyā [معر. یو.] (إ.) (گیا.) رازیانه[1] (ه‌.م.)

برهم bar-ham (ص‌مر.) ۱- فراهم آمده، مجتمع. ۲ - شوریده ، مشوش . ۳ - پریشان،مضطرب. ‖ **درهم** ~ ↓ ‖ **درهم‌و** ~ . شوریده ومشوش.

برهمایی barahmā-yī (ص نسبـ.) منسوب به‌برهما (← بخش۳) ، پیرو فرقهٔ برهمایی (بخش۳).

برهم زدن bar-ham-zadan (مص م.) ۱ - شوریده‌کردن، مشوش‌ساختن. ۲ - پریشان کردن، مضطرب ساختن . ۳ - مخلوط کردن. ۴ - منع کردن . ۵- سرنگون‌کردن،خراب کردن، پایمال ساختن. ۶ - باقوت بستن در وپنجره وما نند آن.

برهم‌شدن b.-h.-šodan (مص ل.)

۱ - Fenouil (فر.)

۱ - پریشان شدن. ۲ - افزوده شدن . ۳ - تلف گشتن.

برهم نهادن b.-h-nahādan ۱ - (مص م.) روی یکدیگر نهادن، برروی هم نهادن. ۲ - پریشان ساختن، مشوش کردن. ۳ - آزردن. ۴ - (مص ل.) آشفتن .

برهم خوردگی b.-h.-xorda(e)g-ī (حامص.) ۱ - پریشانی، درهمی. ۲ - اضطراب، تشویش. ۳ - فساد ، فتنه، آشوب.

برهم خوردن b.-h.-xordan (مص ل.) ۱ - پریشان شدن ، درهم شدن . ۲ - مضطرب گشتن . ۳ - بر پا شدن فساد وفتنه وآشوب.

برهم زدن b.-h.-zadan (مص م.) ۱ - مخلوط کردن، درهم کردن . ۲ - باقاشق، مایع یا غذای آبکی را بهم زدن. ۳ - ایجاد اغتشاش کردن ، فتنه بپا کردن. ۴ - میان دوتن ایجاد اختلاف کردن، تولید اختلاف.

برهمن barahman [سنس . brahman] (ص.، ا.) پیشوای روحانی آیین برهمایی، وآنان یکی ازسه طبقهٔ مردم را در آیین برهمایی تشکیل میدهند. ضح . ــ معرب این کلمه نیز «برهمن» وجمع آن «براهمه» است.

برهمند barahmand [= برهمن] (ص.، ا.) ← برهمن.

برهمنی barahman-ī (ص نسب.) منسوب به برهمن (ه.م.) ‖ آیین ــــ . ← بخش۳ : برهمایی .

برهمه barahma [سنس. brahma ، روحانی] (ص.، ا.) ← برهمن.

برهنگی berehna(e)g-ī (قد. [barahnakīh .پهـ] (barah.- (حامص.) لختی، عریانی.

برهنه berehne [barahna .قد] [پهـ. brahnak] (ص.) ۱ - لخت، عریان. ۲ - بی حجاب، ناپوشیده ۳ - بی معاش .

برهوت barahūt (اخ.) ← بخش۳.

برهوت barahūt [= بلهوت] ۱ - (اخ.) وادیی است درحضرموت. ۲ - چاه مشهور به «بئربرهوت» درجوار وادی برهوت ↑ دردامنهٔ کوهی آتشفشانی واقع است که گویند مسکن ارواح خبیث است. ‖ بیابان ــــ . بیابان بی آب و علف وبسیار گرم.

برهود barhūd (قد. -ōv) [= پرهود = پرهوده ← هود] (ا.) چیزی که نزدیک بسوختن رسیده وحرارت آتش رنگ آنرا تغییرداده باشد .

برهون barhūn [= پرهون] (ا.) ← پرهون.

برهیختن barhīx-tan [= بر + هیخ = هنگ = θang (کشیدن) + تن، پس. = برهختن] (مص م.) (صر. ← آمیختن) برکشیدن، برآوردن.

بری barī [= ع. بریء barī' ، bariyy] (ص.) ۱ - بی گناه، مبرا، پاک ؛ مق. متهم، گناهکار. ۲ - بیزار ، برکنار.

بری barr-ī [ع.] (ص نسب.) بیابانی، دشتی .

بری berr-ī [= ع. -īyy] (ص نسب.) منسوب به بر (berr) ← ۱- بر.

بریان beryān [ص فا ، بریشتن] ۱ - گوشت یا چیز دیگر که روی آتش تف داده باشند؛ کباب شده، برشته شده. ۲ - خوراکی است مرکب از گوشت وپیاز چرخ کرده که آنرا تفت دهند.

بریان کردن b.-kardan (مص م.) تف دادن، کباب کردن.

بریج

بریج berīǰ [انگ. bridge] (اِ.) بازی دسته جمعی با ورق ، که در آن هر بازی کن همیشه یك تن شریك روبروی خود دارد و آن دو باید بنفع یکدیگر بازی کنند. دراین بازی معمولاً ۴ تن بازی کنند.

بریجن berīǰan [= بریزن = برزن، پهـ. brēǰan] (اِ.) تابهٔ گلین یا سفالین که روی آن نان پزند؛ اجاق ، تنور، بریزن، برزن.

بریزه

برید barīd [معر. اکدی burīdu ، بابلی perīdu یا لا. veredus] (اِ.) نامه‌بر، چاپار، اسکدار. ‖ ~ خوش. قاصد خوش خبر ، نوید مژده آور. ‖ ~ فلك. ۱- ماه. ۲- زحل.

بریدگی bor(r)-īda(e)g-ī (حامص.) ۱ - برش، قطع، جدایی. ۲ - تقسیم.

بریدن bor(r)-īdan [پهـ. brītan] (برید، برد، خواهدبرید، ببر، برنده، بران، برا، بریده، برش) ۱ - (مص م.) جدا کردن، قطع کردن، پاره کردن (بوسیلهٔ کارد، قیچی وغیره). ۲- (مص ل.) جداشدن. ۳- (مصم.) عبور کردن، گذشتن. ۴ - قطع علاقهٔ خویشاوندی کردن.

بریدنی bor(r)-īdan-ī (ص لیا.) لایق بریدن، شایستهٔ قطع.

بریده bor(r)-īda(-e) (اِمف. بریدن) ۱ - قطع کرده، جداشده . ۲ - شکافته شده. ۳- زخم‌شده، مجروح. ۴ - ختنه شده، مختون (ج. (اشخاص) بریدگان).

بریده دم b.-dom (ص مر.) ۱ - جانوری که دمش را قطع کرده باشند، دم بریده. ۲ - (کن.) محیل، حیله‌گر .

بریده زبان b.-zabān (ص‌مر.) ۱ - آنکه زبان او را بریده باشند . ۲- (کن.) خاموش، ساکت .

بریدی barīd-ī (ص نسب.) ۱- منسوب به‌برید، پیکی، قاصدی. ۲ - منسوب به «سکة‌البرید» خوارزم ؛ از مردم سکة البرید.

بریزن barīzan [= پرویزن] (اِ.) ۱ - پرویزن (ه‍.م.)، غربال، غربیل. ۲ - ترشی پالا.

بریزن berīzan [= بریجن = برزن] (اِ.) ← بریجن.

۱- بریزه berīza(e) [یو. briza] (اِ.) (گیا.) گیاهی[۱] از تیرهٔ گندمیان[۲] که شامل ۳۰ گونه است و در آسیا واروپا و آفریقای شرقی و آمریکای شمالی ومرکزی میروید. در اروپا این گیاه را بمناسبت شکل خوش آیندی که دارد گل عشق مینامند ؛ کوچوك چایر گوزلی، بریزهٔ صغیر، گل عشق.

۲ - بریزه berīza (berēza (قد. [= بارزد = بیرزد] (اِ.) (گیا.) ۱-صمغی است دوایی شبیه بمصطکی، وآن سبك وخشك و بدبوی است. ۲ - چیزی که رویگران بجهت لحیم کردن و اتصال برنج و مس و مانند آن بکار برند ، و بر دمیدگیها مالند . ۳ - مرهمی که برروی زخمها رفاده کنند.

بریشم barīšam [= ابریشم] (اِ.) ← ابریشم۲.

بریشم‌زن b.-zan (اِفا.) (مس.) نوازندهٔ ابریشم (ه‍.م.)

بریشم‌زنی b.-zan-ī (حامص.) عمل وشغل بریشم زن (ه‍.م.)

بریشم نواز b.-navāz (اِفا)(مس.) نوازندهٔ ابریشم (ه‍.م.)، ساززن، چنگی.

بریشم‌نوازی b.-navāz-ī (حامص.)

۱- Briza gracilis (لا.), brize(فر.)   ۲ - Graminées (فر.)

نواختن بریشم (ه.م.)، عمل بریشم - نواز (ه.م.)

بریغ beriɣ (اِ.) خوشهٔ انگور.

بریقلیمنون beriɣlīmnūn [یو. periklymenon] (اِ.) (گیا.) پیچ امین‌الدوله (ه.م.)

بریگاد berīgād [فر. brigade، ایتا. brigata] (اِ.) ۱ - چندین واحد نظامی از یك صنف که تحت فرماندهی یك سرتیپ(ژنرال) باشند. ۲- واحدی مرکب از دو فوج؛ تیپ.

برین bar-īn (ص‌نسبـ.) ۱- بالایین، اعلی: سپهر برین، عرش برین. ‖ باد ~. باد صبا.

برین berīn [= برینه] (اِ.) ۱ - سوراخ (عموماً). ۲ - سوراخ تنور (خصوصاً).

برین bor-īn [په. brīn، اِ. بریدن. قس. برینش] ۱ - (اِ.) قطعهٔ کوچك و هلال داری که از خربوزه و امثال آن بریده باشند، قاش، قاچ. ۲ - (اِمص.) بریدن پارچه و جامه و امثال آن؛ برینش، قطع.

برینش bor-īn-eš (اِمص. بریدن) ۱ - قطع، برش. ۲ - راندن شکم، اسهال (بدین معنی که گویی شکم را از غایت درد می‌برند).

برینه berīna(-e) [= برین berīn] (اِ.) ۱ - سوراخ(عموماً). ۲ - سوراخ تنور(خصوصاً).

بریه barīyya(-e) [ع. بریة =] (اِ.) خلق، مخلوق. ج. برایا.

بریه barr-īyya(-e) [ع. بریة =] (اِ.)صحرا، بیابان. ج. براری.

بریه berr-īyya(-e) [ع. بریة =] (ص‌نسبـ.) مؤنث بری(ه.م.)؛ وجوه بریه.

۱ - بز baz (اِ.) رسم، آیین، قاعده، قانون، طرز، روش.

۲ - بز baz [← بزیدن = وزیدن] (ری. فع.) ← ۱ - بزیدن.

۳ - بز baz [= بزم] (اِ.) ← بزم.

۴ - بز baz [= پژ = پچ، قس. پجار] (اِ.) ۱ - پشتهٔ بلند. ۲ - تیغ کوه.

۵ - بز baz(z) [ع.] (اِ.) جامهٔ کتانی یا پنبه‌یی، پارچهٔ نخی، جامهٔ ریسمانی. ج. بزوز.

بز bez [اصطهبانات bez، زنبورزرد گزنده] (اِ.) زنبور.

بز boz [په. buc] (اِ.) (جانـ.) پستانداری[1] از خانوادهٔ تهی شاخان[2] جزو زیر راستهٔ نشخوار کنندگان[3] از راستهٔ سم‌داران[4] که جزو دامهای اهلی تربیت میشود و از گوشت و شیر و پشم و کرك آن استفاده میکنند و بهیئت وحشی نیز بنام بز کوهی بصورت دسته‌های کوچك در کوهستانهای آسیای صغیر وایران و کوههای هیمالیا و هندوکش فراوانست وتوسط شکارچیان شکار میشود. بز دارای نژاد های مختلف است که باسامی متعدد محلی خوانده میشوند. فسیل این حیوان درته نشستهای دوران چهارم دیده میشود. ‖ ~ کوهی. (جانـ.) نوع وحشی بز[5] که در کوهستانهای ایران و ترکیه و افغانستان و چین وهندوستان فراوان است وشکارچیان صید میکنند. ازصفرایی که درکیسهٔ صفرای این حیوان است، درقدیم بعنوان ضدسم

بز

بز آنقره

بز مرغز

بز کوهی

بز وحشی

۱ - Capra (لا.) ۲ - Cavicorne(فر.) ۳- Ruminants(فر.)
۴ - Ongulées(فر.) ۵ - Cervus capreolus(لا.), capra aegagrus(لا.), Aegiceros Aegagrus (لا.), Bouquetin (فر.)

درتداوی استفاده‌میکردند بدین‌ترتیب که‌پس از کشتن این‌حیوان‌صفرای‌موجود در کیسهٔ زرداب‌ش‌را خشک و منجمد کرده بنام پازهر و یا پازهر حیوانی[1] ببازار عرضه میداشتند ولی امروزه میدانیم که عمل ضد سم سازی کبد در کبد همهٔ حیوانات صورت میگیرد، وازترشحات صفراوی کلیهٔ حیوانات میتوان بدین منظور استفاده‌کرد. **ضح.** ـ در تداول عامه منظور ازبز کوهی بیشتر جنس‌نر این حیوان است و درفرانسه هم کلمهٔ chevreuil خاص‌جنس، نر بز کوهی است ؛ بزوحشی ، شکار، پازن، وعل‌فارسی.

بزاز bazzāz [ع.] (ص.) کسی که انواع پارچه را فروشد ؛ جامه فروش، پارچه فروش.

بزازی bazzāz-ī **۱** - (حامص.) عمل وشغل بزاز(ه.م.) **۲**- (ا.) دکان و مغازهٔ بزاز، پارچه فروش.

بزاق bozāγ [ع.] (ا.) مجموعهٔ ترشحات‌غددبنا گوشی[2] وزیرفکی[3]وزیر زبانی[4]وسایرغددریزموجوددرمخاط‌دهان که‌در محیط دهان‌انجام‌میگیرد[5]. عمل اصلی بزاق‌دهان‌مرطوب کردن‌موادغذایی خشک وتبدیل آنها بلقمه است‌ودیگر تأثیر شیمیایی آن برروی مواد قندی است‌که مرحله‌ای‌از هضم‌را انجام‌میدهد (تبدیل نشاسته بدکسترین و مالتز) ؛ خدو، خیو، آب‌دهان، آب دهن.

بزاقی bozāγ-ī [ع.ـ ف.] (ص‌نسب.) (پز.) مربوط‌بترشحات دهان، مربوط ببزاق[6] ؛ ترشحات بزاقی ، غددبزاقی، جرمهای بزاقی.

۱ - بزان baz-ān (ص فا . بزیدن) بزنده ،وزنده.

۲- بزان baz-ān [است. vaz، جستن] (ص‌فا.) جهنده، جست زننده.

بزانو be-zānū **۱** - (ص مر.) (نظ.، ور.) وقتی تیرانداز روی زانوهای خود بنشیند و هدف را مورد اصابت قرار دهد می گویند «بزانو» است. **۲** - (جملهٔ‌اسمیه) (نظ.)فرمانی است‌که از طرف مافوق‌بتیرانداز داده میشود تاوضع بزانو (← شمارهٔ **۱**) را بخود بگیرد.

۱ - بزانه baz-āna(-e) [=۱بزان =وزان] (ص‌فا.) بزنده ، وزنده.

۲-بزانه baz-āna(-e) [=۲بزان] (ص‌فا.)جهنده، جست زننده.

بزآوردن boz-āva(o)rdan (مص ل.) (تد. قماربازان) بد آوردن ، بد اقبالی آوردن .

بزباز bazbāz [= بسباسه، معر. = besbès] (ا.)(گیا.) بسباسه (ه.م.)

بزباز boz-bāz (افا.) **۱**- آنکه بازی‌کردن با بز را دوست دارد. **۲** - شعبده بازی که بز و بوزینه را باهم می‌رقصانند.

بزبازی b.-bāz-ī (حامص.) عمل وشغل بزباز (ه.م.)

بزباش bozbāš (ا.) قسمی آب گوشت.
طرزتهیه . ـ گوشت با نخود و لپه بار کنند ، چون نیم پز شود تره و شبت وقدری‌اسفناج وماش پوست کنده بآن اضافه کنند . پس از پختن چند عدد تخم مرغ درمیان آن‌بشکنند وهمینکه بست، ادویه درآن زنند. اگربخواهند ترشی دار باشد، بعد از پختن سبزیها آلوچهٔ‌تازه‌یا ترشی‌دیگردرآن‌داخل کنند.

---

۱ - **Bezoard animal**(فر.) ۲ - **Parotide**(فر.)
۳ - **Sous-maxillaire**(فر.) ۴- **Sub-linguale**(فر.) ۵- **Salive** (فر.)
۶ - **Salivaire**(فر.)

بزبچه boz-bač(č)a(-e) (إمر.) بزغاله، بچهٔ بز.

بزبها b.-bahā (إمر.) ۱ - قیمت یك بز. ۲ - (کن.) کم قدر، کم بها، پست، بیقدر.

بزداغ -.bezdāγ, boz [= پزداغ] (إ.) افزاری است که بدان رنگ آیینه، تیغ و مانند آنرا بزدایند وجلا دهند؛ مصقله.

بزدل boz-del (ص مر.) ترسو، جبان.

بزدلی b.-del-ī (حامص.) ترسویی، جبن.

بزر bazr [ع.] (إ.) هر تخمی که برای کاشت بکاررود؛ ج. بزور. ‖ ~ البنج. ← بخش ۲. ضح. - این کلمه را با «بذر» (ه.م.) نباید اشتباه کرد، وهردو صحیح است. ‖ ~ کتان. (گیا.) بزرك (ه.م.)

بزرقطونا bazr-e-γatūnā [ع.] (إمر.)(گیا.) اسفرزه (ه.م.)

بزرك bazrak [= بزرك] (إ.)(گیا.) دانهٔ گیاه کتان که ازآن روغن گیرند، بزرکتان، دانهٔ کتان[۱]. ← کتان. ‖ روغن ~. (گیا.) روغنی که از دانهٔ کتان گیرند ودر نقاشی مورداستعمال دارد و سابقاً از این روغن بعنوان روغن چراغ نیزاستفاده میکردند.

بزرکار bazr-kār [= برزکار = برزگر، یا: ع. بزر + ف. کار، پس.] (ص فا.) برزیگر، کشاورز، زارع.

بزرگ bozorg [په bazurg] (ص.) ۱ - کلان، کبیر، عظیم؛ مق. کوچك. ۲ - فراخ، عریض، پهن، وسیع؛ مق. تنگ، کوچك. ۳ - عظیم‌الجثه، کوه پیکر. ۴ - توانا، قوی؛ مق. ضعیف. ۵ - باشرافت، با نجابت. ۶ - باشأن، باشوکت. ۷ - سرور، سر، رئیس. ۸ - بالغ، بحدرشد رسیده. ۹ - فرزنداول، ارشد اولاد، مهین فرزند؛ مق. کوچك. ۱۰ - (تص.) مرشد، ولی. ۱۱ - (مس.) یکی از دوایرملایم (ه.م.)موسیقی (در موسیقی قدیم)، از پرده‌ها «عراق» (ه.م.)، «حجازی» (ه.م.) و«زیرافکند» (ه.م.)، ازآوازها «مایه» (ه.م.)، «گواشت» و«شهناز» وازشعب «سه گاه» (ه.م.)، «نهفت» (ه.م.) و «غزال» (ه.م.) باآن مناسب‌اند.
(مجمع‌الادوازج ۲ ص۴۱).

بزرگ تن b.-tan (ص مر.) ۱ - آنکه تن وی بزرگ (ه.م.) باشد؛ جسیم، عظیم‌الجثه، بزرگ‌جثه. ۲ - سمین، فربه.

بزرگ جثه b.-ǰossa(-e) [ف. - ع.] (ص مر.) آنکه‌دارای جثه‌ای بزرگ باشد؛ جسیم، تناور، عظیم‌الجثه، بزرگ تن.

بزرگ داشتن b.-dāštan (مص م.) تعظیم کردن، توقیر کردن، تکریم کردن.

بزرگر bazr-gar [= برزگر = برزکار = بزرکار، یا: ع. بزر + ف. گر، پس.] (ص فا.) زارع، برزیگر، کشتکار.

بزرگزادگی bozorg-zāda(e)g-ī (حامص.) نجابت، اصالت.

بزرگزاده bozorg-zāda(-e) (ص مر.) آنکه از خاندان بزرگ است، نجیب، اصیل.

بزرگسال b.-sāl (ص مر.) کلان سال، مسن، سالمند.

بزرگسالی b.-sāl-ī (حامص.) کلان‌سالی، سالمندی.

---

۱ - Semence de lin (فر.)

بزرگ‌سیاهرگ‌زبرین bozorg - بزرگ‌سیاهرگ siyāh-rag-e - zabarīn (اِمر.) (پز.) وریدی که خون تیرهٔ سر و گردن و اندامهای فوقانی (دستها) را بدهلیز راست قلب بر میگرداند[۱]؛ وریداجوف فوقانی، وریداجوف اعلی، بزرگ سیاهرگ فوقانی (فره.) ↓

بزرگ سیاهرگ زیرین bozorg - siyāh-rag-e-zīrīn (اِمر.) (پز.) وریدی که خون تیرهٔ تنه و اندامهای پایین وخون تیرهٔ دستگاه گوارشی را بوسیلهٔ ورید فوق کبدی اخذ میکند وبدهلیز راست قلب بر میگرداند[۲]؛ بزرگ سیاهرگ تحتانی، وریداجوف تحتانی، ورید اجوف اسفل (فره.) ↑

بزرگ شدن b.-šodan (مص ل.) ۱ - عظیم شدن، کلان شدن. ۲ - فراخ گردیدن، وسیع‌شدن. ۳ - عظیم‌الجثه گردیدن. ۴ - توانا شدن، قوی شدن. ۵ - باشأن و شوکت شدن. ۶ - رئیس شدن، سرور گردیدن. ۷ - بالغ شدن، بحد رشد رسیدن.

بزرگوار bozorg-vār (ص مر.) ۱ - عظیم، کبیر. ۲ - شریف، نجیب. ۳ - باشکوه، باجلال، باشوکت. ۴ - توانا، قوی، قادر. ۵ - عالم، حکیم.

بزرگواری bozorg-vār-ī (حامص.) ۱ - عظمت. ۲ - شرافت، نجابت. ۳ - جلال، شکوه، شوکت. ۴ - توانایی، قوت، قدرت. ۵ - علم، حکمت.

بزرگ همت b.-hemmat [ف.-ع.] (ص‌مر.) بلندهمت، بلند آرزو، بزرگ منش.

بزرگی bozorg-ī (حامص.) ۱ - کلانی، عظمت؛ مق. کوچکی. ۲ - فراخی، پهنایی، وسعت؛ مق. تنگی، کوچکی. ۳ - عظمت جثه، کوه پیکری. ۴ - توانایی، قوت؛ مق. ضعف. ۵ - شرافت، نجابت. ۶ - شأن، شوکت. ۷ - سروری، سری، ریاست. ۸ - بلوغ، رشد. ۹ - ارشدیت (اولاد). ۱۰ - (تص.) مرشدی، ولایت.

بزرگی داشتن b.-dāštan (مص ل.) علو همت داشتن.

بزرگی کردن b.-kardan (مص ل.) ۱ - مهتری کردن، ریاست کردن. ۲ - پرستاری کردن. ۳ - بلند همتی نمودن.

بزشك bezešk [= بجشك = پچشك، په. bičašk، است. baēšaza-kaš ← پزشك] (ص، اِ.) آنکه بیماران را معالجه کند، طبیب. ضح. - اصح «بزشك» با بای موحده است، ولی درقرون اخیر «پزشك» با بای سه نقطه متداول گردیده.

بزشکی bezešk-ī [← بزشك] (حامص.) معالجهٔ بیماران، طبابت.

بزشم boz-ašm [= بزوشم = بزوش] (اِمر.) ← بزوشم.

بزغ bazaγ [= وزغ، است. vazaγa] (اِ.) (جا ن.) قورباغه، غوك، ضفدع.

بزغاله boz-γāla(-e) [← بز] (اِمر.) (جا ن.) بچهٔ بز[۳]، بزخرد سال، بز کوچك، بزبچه، بزك. ‖ ـــ فلك. برج جدی.

بزغسمه bazaγ-sama(-e) [← بزغ = وزغ + سمه] (اِمر.) (گیا.) جسمی سبز رنگ‌ما نند لجن که در کنار آبهای راکد بهم میرسد، ووزغ در آن پنهان گردد؛ جل‌وزغ، جامهٔ‌غوك، اسپیروژیر (هـ.م.)

بزغمه bazaγ-ma(-e) [= بزغسمه] (اِمر.) (گیا.) ← بزغسمه.

۱- Veine cave supérieure (فر.) ۲- Veine cave inférieure (فر.)
۳- Chevreau (فر.)

بزغنج [= بزغند] bozγonǰ, -γanǰ (اِ.) (گیا.) میوهٔ درخت پسته درحالی که مغز در آن تولید نشده باشد[1]. میوهٔ پسته‌درحالیکه بعلت‌عدم انجام دادن‌عمل لقاح یا بعلل دیگر در آن دانه تولید نشده باشد؛ پستهٔ بی‌مغز، پستهٔ پوك، بزغند. از بزغنج بعلت تانن فراوانی که دارد در دباغی استفاده میکنند.

بزغند bozγond [= بزغنج] (اِ.) (گیا.) بزغنج (ه.م.)

بزغه bazaγa(-e) [= وزغه] (اِ.) (جا ن.) چلپاسه، وزغه، مارمولك (ه.م.)

بزغه bazγa(-e) (اِ.) چوب بندی است که شاخه‌های مو (رز) را روی آن اندازند.

بزغه bozγa(-e) (اِ.) حربه‌ایست دسته‌دار، که‌سر آن بداس ماند، دهره.

بزك bazak (اِ.) زینت‌وآرایش‌عموماً وآرایش زنان خصوصاً، توالت.

بزك boz-ak [← بز] (اِمصغ.) بز کوچك، بزیچه.

بزم bazm [په. bažm] (اِ.) ۱ - مجلس شراب‌وطرب ومهمانی وضیافت. ۲ - محفل و انجمن ومجلس‌انس. ۳ - خیمه وسراپرده. ‖ ~ سنگین. بزمی که در آن مردم بسیار جمع باشند.

بزم آرا bazm-ārā [= بزم‌آرای] ← بزم‌آرای.

بزم‌آرای bazm-ārāy [= بزم آراینده] (اِفا.) آنکه‌مجلس‌عیش‌ومهمانی را آرایش میکند، بزم‌آرا.

بزم‌آرایی bazm-ārāy-ī (حامص.) عمل بزم آرای (ه.م.)، آرایش دادن مجلس انس.

بزمان bazmān, boz.- (اِ.) ۱ - میل‌وخواهش. ۲ - (ص.) مست‌واندوهگین، مخمور وبی‌دماغ.

بزماورد bazm-āvard [په. bažmâwurt] (اِ.) گوشت‌پخته‌وسبزی وتخم مرغ پخته است که درنان پیچند وباکارد قطعه قطعه کرده و خورند. گوشت پخته و تره و خاگینه باشد که در نان تنك پیچند ومانند نواله‌سازند و با کارد پاره پاره کنند و خورند؛ لقمةالقاضی، قاضی، ساندویچ.

بزمجه

بزمجه bozmaǰǰa(-e) [= بژمژه] (اِ.) (جا ن.) سوسمار (ه.م.)

بزمرغ

بزمرغ boz-morγ (اِمر.) (جا ن.) پرنده‌ای[2] ازراستهٔ دوندگان جزوتیرهٔ کازوآرها[3] که وضع وشکل ظاهر آن کاملا شبیه شتر مرغ است ولی قد وی کمی از شتر مرغ کوتاه تر و گردنش مخصوصاً از گردن شتر مرغ قصیرتر است. ساق‌پای وی نیز از ساق‌پای‌شتر مرغ‌کوتاهتر میباشد.

بزمگاه bazm-gāh [= بزمگه] (اِمر.) ۱ - مجلس‌شراب وجشن‌وجای عیش وشادمانی وضیافت خانه.

بزمگه bazm-gah [= بزمگاه] (اِمر.) ← بزمگاه.

بزم نشین bazm-nešīn (اِفا.، ص‌مر.) کنایه ازصاحب مجلس.

بزمونه bazmūna(-e) (اِ.) روزدوم ازماههای ملکی.

بزمه bazm-a(-e) [← بزم] (اِ.) گوشه‌ای از بزمگاه (ه.م.)

بزن bazan (اِ.) مالهٔ برزیگران، وآن چوبی یا تخته‌ایست که زمین‌شیار کرده را بدان هموار کنند.

بزن be-zan (ص‌مر.) ۱ - دلاور،

۱ - Galle de pistachier (فر.) ۲- Dromaeus (لا.) ۳- Casoars (فر.)

شجاع. ۲ - (فع.) دوم شخص مفرد امر حاضر از «زدن».

بزن‌بزن be-zan-be-zan [ب (حر. اض.)+زن (زدن)] (إمر.) زد وخورد شدید.

بزن‌بهادر be-zan-bahādor [ف.-تر.] (ص‌مر.) بسیار شجاع، دلیر.

بزنده baz-anda(-e) (إفا. بزیدن) جهنده.

بزنگ bazang [= بژنگ] (إ.) غلق درخانه، کلید، مفتاح، بژنگ.

بزنگاه be-zan-gāh ۱ - جای زدن. ۲ - جای قطع‌طریق. ۳- (کن.) موقع باریک وحساس. ۴- (کن.) دبر. ‖ سر ~. (مج.) آنجا که هچ طرف را بگیرند، نقطهٔ ضعف.

بزن و بکوب be-zan-o-be-kūb (إمر.) ساز وآواز ورقص در مجلس بزم: «شب در منزلمان مهمانی وبزن وبکوب بود.»

بزو bazū [= بزه، په. bačak] (إ.) بزه (ه.م.)

بزودی be-zūd-ī (قمر.) ۱ - زود. ۲ - باشتاب وسرعت.

بزودی زود be-zūd-ī-ye-zūd (قمر.) ۱ - بسیارزود. ۲ -بسیارسریع.

بزور bozūr [ع.] (إ.) ج. بزر؛ تخمها، تخمهای سبزی.

بزوش boz-vaš [= بزوشم = بزشم] (إمر.) ← بزوشم.

بزوشم boz-vašm [= بزوش = بزشم] (إمر.) موی وپشم بز، کرك بز.

بزوغ bozūɣ [ع.] (مصل.) برآمدن، تافتن، تابیدن (آفتاب وستارگان).

بزومند bazū-mand [= بزه‌مند] (ص مر.) گناهکار.

بزومندی bazū-mand-ī [← بزه‌مندی] (حامص.) ۱ - گناهکاری. ۲ - بغضاء (عربی)، بغض شدید.

بزه baza(-e)h [= بزو، په. bačak] (إ.) ۱ - گناه وخطا. ۲ - جوروحیف.

۱-بزه boz-a(-e) [← بز] (إ.) ۱ - منسوب به «بز» (ه.م.)، بزی. ۲ - (إخ.) برج جدی.

۲-بزه boza(-e) (إ.) ۱ - زمین پشته‌پشته وناهموار. ۲- میوهٔ خوشبوی.

بزهکار baza(-e)h-kār [په. bačāk-kār] (ص فا.) گناهکار، خطاکار، مجرم.

بزهکاری baza(-e)h-kār-ī [په. bačak-kārīh] (حامص.) ۱ - گناهکاری. ۲ - عدوان.

بزه‌گر baza(-e)h-gar (ص‌مبالغه.) عاصی، گناهکار.

بزه‌مند baza(-e)h-mand [= بزومند] (إمر.) گناهکار.

بزیچه boz-ī-ča(-e) (إمصغ.) ۱ - بزغاله. ۲ - سه پایهٔ قصاب و سلاخ. ۳ - (إخ.) برج جدی.

۱- بزیدن baz-īdan [= وزیدن] (مصل.) (بزید، بزد، خواهد بزید، ببز، بزنده، بزیده) وزیدن.

۲-بزیدن baz-īdan [است. vaz، جهیدن] (مصل.) (صر. ↑) جهیدن، جستن.

۱-بزیده baz-īda(-e) [← ۱بزیدن] (إمف. بزیدن) وزیده.

۲-بزیده baz-īda(-e) [← ۲بزیدن] (إمف. بزیدن) جسته، جهیده.

بزیشه ba(o)zīša(-e) (إ.) اردهٔ کنجد، تفالهٔ کنجد.

بزین baz-īn [← بزیدن] (ص.) وزنده: بادبزین.

بزین be-zīn (صمر.) چارپای زین کرده و آمادهٔ سواری.

بزیون bezyūn, bozyūn (اِ.) پارچهٔ گلابتون دوزی وزربفت و کیمخواب.

۱-بژ baž (اِ.) ۱ - برف ودمه. ۲ - چیزی است که دروقت‌شدت سرما بمانند زرك وزرورق از هوا ریزد، سرماریزه.

۲-بژ baž [= پژ= بز] (اِ.) ۱ - پشته. ۲ - کوه.

بژکم baž-kam ۱ - (اِ.) منع، باز داشت. ۲ - (ص.) باز دارنده، مانع.

بژکول bažkūl [= بشکول] (ص.) ۱ - مردقوی‌هیکل‌وجلد. ۲ - رنجکش. ۳ - حریص در کارها ← بشکول.

بژم bažm [= بشم] (اِ.) شبنم ریزه که سحرگاهان‌برسبزه‌زار نشیند وسفید نماید← بشم.

بژمان bažmān, bož.- [= پژمان] (ص.) ۱ - غمگین ،غمخوار، افسرده، پژمان (ه‌.م.) ۲ - زبون ، ناتوان ، عاجز .

بژمردن bežmor-dan [= پژمردن] (مصل.) پژمردن.

بژمژه bož-maža (-e) [= بزمجه] (اِمر.) (جانـ.) ۱ - بزمجه (ه‌.م.) ۲ - آفتاب پرست (ه‌.م.)

بژندی bažand-ī [← گزند] (اِ.) ۱ - نامرادی، بیچارگی، تنگی‌معیشت. ۲ - دردمندی.

بژنگ bažang [= بزنگ] (اِ.) کلید، مفتاح، بزنگ.

بژول božūl [= وژول = بجول= بجل] (اِ.) استخوان شتالنگ، کعب ، وژول، بجول، بجل.

بژهان božhān [= پژهان] (اِ.) صفتی‌است‌درآدمی‌که خوبی دیگرانرا برای خود نیز خواهد و این صفت برخلاف حسد ممدوح است چه‌حسود صفات خوب دیگران را فقط از برای خودخواهداما بژهان‌چنین‌نیست؛غبطه .

بس bas [= وس، پهـ vas] ۱ - (اِ.، ص.) کافی، بس؛ بسنده: «درخانه‌اگر کس‌است‌یك‌حرف‌بس‌است.» ۲ - (ق.) فقط، حسب، وس. ۳ - بسیار: بس‌کس. ۴ - (اِفع.) (جانشین: بس‌کن) : کافی‌است، تمام‌کن!

۱- بس bos (اِ.) سیخی‌که بر آن‌گوشت کباب‌کنند، سفود .

۲-بس bos [= بوس= بوسه] (اِ.) بوس، بوسه، قبله.

بسا bas-ā [= بس] (ق.) بس،بسیار:
«بروز نیك‌کسان‌گفت غم‌مخورزنهار
بساکساکه بروز تو آرزومند است.»
(رودکی)
ضح . ۱ - الف در این ترکیب برای افادهٔ معنی رابطه است مثل الف دریغا و دردا و زودا وغیر آن. ضح. ۲- بعد از «بسا» یا اسم مفرد ملحق به ـا آید که معنی جمع‌دهد:
«بسا کاخاکه محمودش بنا کرد
که از رفعت‌همی‌باماه مراکرد.»
(چهارمقالهٔ‌عروضی)
و یا کلمهٔ جمع‌آید:
«بسا خانه‌هایی که بی‌مردکردی
بشمشیر گردافکن شیرگستر.»
(فرخی سیستانی.دیوان‌ص۸۶)
وگاه اسم مفردآید:
«بسا تالی‌که از بازیچه برخاست
چواختر میگذشت‌آن‌تال شد راست.»
(عالم‌آرای عباسی‌ص۱۵۹)
‖ ای ـــ . چه‌بسا، چه‌بسیار.

بسائط basāet [ع.] (اِ.) ج. ← بسایط.

بساتون basātūn [معر.] (اِ.) ج. بستان [معر. بستان= بوستان] ، بوستانها.

بساتین basātīn [معر.] (اِ.) ج.

بستان (معر . بستان = بوستان) ؛ بوستانها.

بساردادن ba(e)sār-dādan (مص. م.) شخم کردن، بیل‌زدن، هموار کردن زمین شخم کرده، بساردن (ه.م.)

بساردن ba(e)sār-dan (مص م.) (بسارد [-rd]، بسارد[-rad]، خواهد بسارد، ببسار، بسارنده، بسارده) شخم کردن، بیل‌زدن، هموار کردن زمین شخم کرده، بسار دادن (ه.م.)

بسارده ba(e)sār-da(-e) (إمف.) ۱ ـ زمین شخم‌شده. ۲ ـ زمینی که جهت کاشتن چیزی آب داده باشند.

بساروب basā-rūb (إ.) خوشه‌چینی پس از درو کردن.

بساره ba(e)sāra(-e) (إ.) ۱ ـ ایوان، صفه. ۲ ـ بارگاه.

بساز be-sāz (ص مر.) ساخته، آماده.

بساط besāt (تد. ف . basāt) [ع.] (إ.) ۱ ـ فرش ، گستردنی. ۲ ـ شادروان . ۳ ـ فراخی میدان . ۴ ـ زمین هموار و فراخ، هامون. ۵ ـ عرصهٔ شطرنج. ۶ ـ متاع، سرمایه. ۷ ـ دستگاه. ۸ ـ سفرهٔ چرمین. ج. بسط (bost, best ، bosot) . ‖ **~ اغبر.** تودهٔ خاک ، پهنهٔ خاک ، خاک توده . ‖ **~ بسیط.** زمین فراخ؛ پهنهٔ زمین. ‖ **~ خاک.** زمین. ‖ **~ شطرنج.** تختهٔ مربعی که روی آن مهره‌های شطرنج را می‌چینند. ‖ **~ فلک.** کرهٔ زمین. ‖ **آه در ~ نداشتن** . بسیار فقیر بودن : « فلانی مفلس است و آه در بساط ندارد . » ‖ **برچیدن ~** . ۱ ـ جمع کردن سفره. ۲ ـ بهم‌ریختن دستگاهی مثل بهم زدن و بهم‌ریختن دستگاه قمار: «دکاندار عصرها بساط خود را برمی‌چیند.» ‖ **برهم چیدن ~** . مرتب کردن بساط. ‖ **بهم پیچیدن ~** . در نوردیدن بساط، بهم‌زدن بساط. ‖ **بهم خوردن ~** . درهم‌ریختن دستگاه : «بساطش بهم‌خورده.». ‖ **پهن کردن ~** . ۱ ـ سفرهٔ قمار گستردن . ۲ ـ بساط معرکه گیری را گستردن . ‖ **پیچیدن ~** . ۱ ـ جمع کردن بساط . ۲ ـ از بین‌بردن، زایل کردن . ‖ **جمع کردن ~** . برچیدن بساط. ‖ **جور بودن ~** . ۱ ـ کامل بودن و مرتب بودن سفرهٔ میخواران یا قمار بازان . ۲ ـ کامل و مرتب‌بودن لوازم و اشیای بساط‌انداز. ‖ **جور کردن ~** . مهیاساختن وسایل بازی و قمار برای قمار بازان یا خوراک و مشروب برای میخواران . ‖ **در نوردیدن ~** . ۱ ـ طی کردن بساط، درهم‌پیچیدن بساط. ۲ ـ جمع کردن سفره. ‖ **طی کردن ~** . ۱ ـ در نوردیدن بساط، درهم پیچیدن بساط . ۲ ـ جمع کردن سفره .

بساط آراستن b.-ārāstan [ع.ـ ف.] (مص م.) فرش افکندن ، بساط گستردن.

بساط‌آرای b.-ārāy [ع.ـ ف.= بساط‌آراینده] (إفا.) ۱ ـ آنکه بساط را بگسترد. ۲ ـ آنکه مکان عزت و احترام را متصرف باشد .

بساط افشاندن b.-afšāndan [ع.ـ ف.] (مص م.) افشاندن سفره و بساط.

بساط‌افکن (افگن) b.-afkan (afgan) [ع.ـ ف.] (إفا.) آنکه بساط گسترد، فراش.

بساط افکندن (افگندن) b.-afkandan (afgandan) [ع.ـ ف.] (مص م.) فرش‌افکندن .

بساط‌انداختن b.-andāxtan [ع.ـ ف.] (مص م.) ۱ ـ اسباب فروختنی را درمکانی پهن کردن. ۲ ـ فرش‌انداختن.

بساوند

بساط انداز b.-andāz [ع.-ف. = بساط اندازنده] (إفا.) شخص کم‌مایه‌که قادر بردکان‌داری نیست و بر سکو یا زمینی مال‌خودرا ریخته‌میفروشد.← بساط اندازی.

بساط اندازی b.-andāz-ī (حامص.) عمل وشغل بساط انداز (ه.م.): « فلان مفلس شده وبساط اندازی میکند.»

بساط درآوردن b.-dar-āva(o)r-dan [ع.-ف.](مص‌ل.) بازی‌درآوردن، الم‌شنگه‌راه انداختن: «این‌چه بساطی است‌که درآورده‌ای ؟!»

بساط بوس b.-būs [ع.-ف.= بساط بوسنده](إفا.) آستان بوس، عتبه بوس.

بساط بوسی b.-būs-ī [ع.-ف.] (حامص.) آستان بوسی، عتبه بوسی.

بساطت besātat [=ع.بساطة] ۱ - (مص‌ل.) ساده بودن، بی تکلف‌بودن. ۲ - (إمص.) شیرین‌زبانی،لطیفه‌گویی. ۳ - بی آمیختگی. ۴ - گشاده رویی درصحبت ونوازش مهمان. ۵ - سادگی، بیرنگی : بی‌نیرنگی. ۶ - (شم.) چگونگی‌جسم مفرد (بسیط) .

بساط چیدن besāt-čīdan [ع.-ف.] (مص‌م.) ۱ - مرتب کردن‌سفره. ۲ - دایرکردن‌تشکیلات‌قماردرموضعی .

بساط ریختن b.-rīxtan [ع.-ف.] (مص‌م.) ریختن‌محتویات‌بساط وسفره.

بساط کشیدن b.-ka(e)šīdan[ع.-ف.] (مص‌م.) پهن کردن بساط ، فرش کشیدن.

بساط گستردن b.-gostardan [ع.-ف.] (مص‌م.) فرش‌گستردن.

بساط گشادن b.-gošādan [ع.-ف.] (مص ل.) باز کردن فرش ، فرش گستردن .

بساطی besāt-ī(ba-.تد)(ص‌نسب.) خرده‌فروش ، خرازی فروش.

بساک basāk [په. pusāg ، ارم. psak](إ.) ۱ -تاجی که‌ازگلها وریاحین و اسپرغمها و برگ‌مورد میساختند ، و پادشاهان وبزرگان و دلیران‌روزهای عید و جشن ومردمان در روز دامادی برسرمیگذاشتند. ۲- (گیا.) برجستگی دگمه مانند انتهای میلهٔ پرچم گل که محتوی دانه‌های گرده[1] میباشد.

بسالت basālat [= ع. بسالة] (إمص.) دلیری،دلاوری،یلی، شجاعت.

بسام bassām [ع.] (ص .) خندان، گشاده روی، بسیار تبسم کننده.

بسامان be-sāmān [←سامان] (ص مر.) ۱ - نیک، خوب . ۲ - مصلح . ۳ - مرتب، آماده. ۴ - خوش حالت. ۵ - آسوده خاطر.

بسان be-sān-e (قمر.) مثل،شبه، نظیر، مانند. ضح.- دایم الاضافه‌است.

بسانی bas-ān-ī [بس+ان (جمع) +ی‌نسبت](ص‌نسب.) متعدد ومتکثر، بسیار،فراوان.

بسانییدن bas-ān-āyīdan [← بسانیدن] (مص‌م.) (صر. ← سابیدن) مشروب‌کردن فرمودن، دستوربسانیدن دادن.

بسانیدن bas-ānīdan[← بسانا ییدن] (مص‌م.)(صر.← کشانیدن)مشروب‌کردن، آب‌دادن .

بساوایی besāvāyī [← بسودن= پسودن] ۱-(حامص.)لمس. ۲ -(إ.)لامسه.

بساوش besāv-eš[← بسودن،پسودن] ۱- (إمص.) لمس. ۲ -(إ.) لامسه .

بساوند bas-ā-vand [←پساوند] (إ.)← پساوند.

---

۱ - Anthère (فر.)

بساونده besāv-anda(-e) [= پساونده] (إفا.) ۱ ـ لمس کننده. ۲ ـ حس لامسه.

بساویدن besāv-īdan [= پساویدن] (مصم.)(صر. ← پساویدن) لمس کردن، بسودن.

بساویده besāv-īda(-e) (إمف.) لمس‌شده، بسوده، دست مالیده.

بسایط basāyet [= ع. بسائط] (إ.) ج. بسیط، بسیطه. ۱ ـ چیزهای مفرد بدون ترکیب: «قدما عناصر اربعه را از بسایط بشمار میآوردند.» ۲ ـ (گیا.، پز.) ادویهٔ مفرده، گیاهان طبی.

بسامد bas-āmad (مص خم.) تردد، حرکت رفت و آمد متوالی (فره.)[1]

بس آمدن bas-āmadan (مص ل.) ـــ باچیزی. کفایت کردن، مقابله کردن با چیزی. ‖ ـــ با کسی. حریف‌شدن در زور وقدرت باکسی. ‖ ـــ برکسی. حریف‌شدن درزور وقوت برکسی.

۱ـ بسباس basbās (ص.) هرزه، بی معنی.

۲ـ بسباس besbās [معر. بزباز، ع. الجزیره besbès] (إ.)(گیا.) ۱ ـ بزباز (ه.م.)، بسباسه (ه.م.) ۲ ـ رازیانه (ه.م.)، رازیانج.

بسباسا basbāsā [معر. یو. bēsasā] (إ.) (گیا.) نوعی حرمل، و آن دوایی است که برگ آن مانند برگ بیدبود اما کوچکتر از آنست وگل آن مانند یاسمن سفید وخوشبوست.

بسباسه basbāsa(-e) [معر. بزباز، قس. ع. الجزیره besbès] (إ.) (گیا.) گل درخت جوزبویا که سابقاً در تداوی مورد استعمال داشته است[2]؛ بزباز، چارگون، پسپاسه، قشرالعفص. ← جوزبویا.

بس‌بایج bas-bāyaǰ [= بسفایج، معر. بس‌پایك] (إمر.)(گیا.) بس‌پایك (ه.م.)

بسبب be-sabab-e (حر.اض.، مر.) بجهت، بدلیل.

بس‌پایك bas-pāy-ak [= بس‌بایج، معر. = بسفایج، معر.] (إمر.)(گیا.) سرخسی[3] از نوع سرخسیان[4] از گروه سرخسها جزو دستهٔ نهانزادان آوندی. تقسیم برگ این گیاه فقط یکبار انجام میشود ولی عمیق است. در ایران در نواحی مازندران وگیلان وگرگان فراوانست.

بس پایك

بسپایه bas-pāya(-e) (إمر.)(گیا.) بس‌پایك (ه.م.)

بست bast [← بستن] ۱ ـ (مص‌خم.) بستن، سد کردن. ‖ ـــ و بند. ۱ ـ زدوبندهای سیاسی واداری. ۲ ـ (کن.) استحکام و ضبط وربط. ۳ ـ (إمف، إ.) جایی که مردم بهنگام ترس واتهام بدانجا پناه برند تا دستگیر نشوند، مانند اماکن مقدس وسرایهای علما وبزرگان؛ جای تحصن. ۳ ـ شهرپناه. ۴ ـ سدی که برابر آب رودیا نهربندند؛ بند. ۵ ـ قسمت آبی که برزیگران در میان خود کرده باشند. ۶ ـ گره،

۱ـ Fréquence (فر.) ۲ـ Macis (فر.) ۳ـ Polypode (فر.)
۴ـ Polypodiacées (فر)

عقده . ۷ - عمامه که بر سر پیچند . ۸ - کسی که دلش گرفتار دیگری بود، عاشق. ۹ - واحدی برای کشیدن تریاك وآن یك‌چهارم مثقال برابر شش‌نخود است ، که هر بار تریاکیان بحقهٔ وافور چسبانند و کشند. ‖ نیم ـــ . سه‌نخود تریاك که در پایان کشیدن تریاك تریاکیان به‌حقه چسبانند و کشند . ‖ شکستن ـــ . ۱- ازحدتجاوز کردن. ۲ - شکستن وازبین‌بردن مانع:

«دست بپایین نبری دست را
نشکنی ازبیخبری بست‌را.»

(ایهام) (ایرج میرزا، زهره‌ومنوچهر)

۳ - شخص بست نشسته راازبست‌بزور پایین‌آوردن : «حاکم بست مسجدشاه راشکست.»

بست best [= بیست] (عد .) بیست (۲۰) (ه.م.)

۱- بست bost [په. basd, bast] (اِ.) ۱- گلزار. ۲- جایی که‌میوه‌های خوشبو درآن روید.

۲-بست bost [← بستاوند] (اِ.) پشته، گریوه، زمین ناهموار.

۳-بست bost (اِ.) ۱ - محورسنگ‌آسیا. ۲ - گندم بریان. ۳ - (اح. نج .) وقت نحسی که ابتدای آن از اجتماع شمس وقمر است ودوازده ساعت‌امتداد دارد وبعد ازسه شبانه روز برسبیل‌دور برمیگردد.

بستا bastā (اِ.) بوقچه، بغچه، لفافه.

بستاخ bostāx [= گستاخ (ه.م.)] (ص.) ← گستاخ .

بستار bestār (ص.، اِ.) سست ، نا - استوار .

بستان bostān [= بوستان . = معر. بستان] (اِ.) بوستان (ه.م.) ۱ - باغ. ۲ - باغ میوه . ۳ - هر محوطه شامل درختانی که بقدر کافی دور از هم‌غرس شده باشند ، تا بتوان در فواصل آنها کشت‌وکار کرد. ج. (ع.) بساتین.

بستان‌آرا b.-ārā [= بوستان‌آرای = بستان آرای] (اِمر.) بستان آرای (ه.م.)

بستان آرای b.-ārāy [= بوستان آرای = بستان آرا] (اِمر.) بستان پیرا ، باغبان .

بستان افروز b.-afrūz [= بوستان افروز] (اِمر.) ۱ - (گیا .) تاج خروس (ه.م.) ۲ - (گیا.) ریحان کوهی (ه.م.)

بستانبان b.-bān [بوستان + بان] (ص‌مر.، اِمر.) آنکه‌درختان‌را پیرایش کند؛ باغبان.

بستان پیرا b.-pīrā [= بستان‌پیرای = بوستان‌پیرا] (اِفا.، اِمر.) بستان‌پیرای (ه.م.)

بستان‌پیرای b.-pīrāy [= بستان‌پیرا = بوستان پیرا] (اِفا.، اِمر.) آنکه درختان‌را پیرایش کند؛ باغبان.

بستانچی b.-čī [ف.-تر.] (اِمر.) (کشا.) باغبانی که براساس‌مزارعه کار میکند، یا باغبانی که حق برداشت محصول‌را اجاره میکند؛ باغبان.

بستانچی‌باشی b.-čī-bāšī [ف .- تر.] ۱ - رئیس‌باغبانان. ۲ - صاحب اختیار سرای.

بستانسرا b.-sarā (اِمر.) بستانسرای (ه.م.)

بستانسرای b.-sarāy [= بستانسرا = بوستانسرای = سرابوستان] (اِمر.) باغی‌که در صحن خانه سازند.

بستان شیرین b.-e šīrīn (اِمر.) (مس.) نوایی است از موسیقی قدیم.

بستان‌فراز bostān-farāz (اِمر.)

بستانکار

گلستان .

بستانکار bestān-kār [← ستاندن. ستدن] (ص فا.) طلبکار، داین(فره.) مق. بدهکار (= مدیون) ‖ ~ **باوثیقه** . بستانکاری که طلبش بوسیلهٔ وثیقه تضمین شده. ‖ ~ **عادی**. بستانکاری که وثیقه ندارد و حق تقدمی هم ندارد ، غریم (ج.غرما.)

بستانکاری bestān-kār-ī (حامص.) طلبکاری (فره.)

بستانی bostān-ī [= بوستانی] (ص نسب.) ۱ - منسوب به بستان؛ بوستانی: گیاه بستانی. ۲ - باغبان.

بستر

بستاوند bost-āvand (اِ.) زمین پشته پشته، کتل و گریوه، زمین ناهموار.

بستج bastaǰ [معر. بستك] (اِ.) (گیا.) بستك ← ۲ - بستك

بستج bestaǰ [معر. پستگ = پسته] (اِ.) پسته (ه.م.)

بست‌چسباندن bast-časbāndan (مص م.) چسباندن بست (ه.م.) تریاك برسر حقهٔ وافور.

بستر bestar [پب. vistarak] (اِ.) جامهٔ خواب گسترانیده ؛ توشك، تشك، متكا، بالین و بالش، خوابگاه، رختخواب. ‖ ~ **خواب**. رختخواب. ‖ ~ **رود**. آنجا که آب از آن گذرد، رودخانه (بی آب). ‖ ~ **سمندر**. آتش. ‖ ~ **شبخواب**. بستری که بشب بر او خواب کنند. ‖ ~ **ناخوشی**. رختخواب بیماری : « وقتی که بربستر ناخوشی افتاده بودم شما بعیادت من نیامدید.»

بسترآهنگ b.-āhang (اِ.) ۱ - لحاف، نهالی. ۲ - چادر شبی که برروی بستر کشند.

بستر افکندن (افگندن) b.afkandan (afg-.) (مص م.) رختخواب انداختن، رختخواب پهن کردن، بستر انداختن.

بستر انداختن b.-andāxtan رختخواب پهن کردن ، رختخواب انداختن، بستر افکندن.

بسترك bestar-ak [← بستر] (اِمصغ.) بستر کوچك.

بسترم bostorm (اِ.) جوشش ، دمیدگی اعضا.

بسترنشین b.-nešīn [= بستر نشیننده] (اِفا.) گرفتار بستر، در بستر افتاده، مریض.

بستری bestar-ī (ص نسب.) مریض: « فلانی یك ماه بستری بود ، و حالا خوب شده‌است .»

بستری شدن b.-šodan (مص ل.) مریض شدن و در رختخواب ماندن از شدت بیماری و درد ؛ بستری گشتن ، بستری گردیدن.

بستری کردن b.-kardan (مص م.) مریض را خواباندن، خوابانیدن بیمار در بیمارستان.

بستری گردیدن b.-gardīdan (مص ل.) مریض شدن و قادر بحرکت نگردیدن ؛ بستری گشتن ، بستری شدن .

بستری گشتن b.-gaštan (مص ل.) مریض شدن و قادر بحرکت نگشتن ؛ بستری گردیدن، بستری شدن.

بست زدن bast-zadan [← بست] (مص م.) ۱ - تکه‌های چینی شکسته‌را بوسیله‌ای بهم چسباندن: « بندزن بکاسهٔ چینی چهار بست زد.» ۲- کوبیدن پاره‌ای فلزی برای استحکام بصندوق وغیره: « صندلی ما شکسته بود، بست زدیم.» ۳ - نصب یك بست (ه.م.) تریاك بوافور و کشیدن آن.

۱- بستك bast-ak (ص.، اِ.) ۱ - خادم، خدمتکار. ۲- (اِ.) چمچهٔ کوچك.

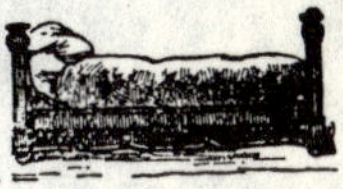

۲- بستك bost-ak [= معر.، بستج] (اِ.) ۱ - (گیا.) صمغ درخت پسته یا کندر. ۲ - (گیا.) قسط (ه.م.)

بستگی bas-ta(e)g-ī (حامص.) ۱- رابطه، ارتباط، پیوستگی. ۲- قرابت، خویشاوندی، نسبت: «فلان با من بستگی دارد.» ۳ - بندشدگی، مضبوط شدگی. ۴ - بندوبست عضوشکسته. ۵- استواری و استحکام. ٦ - عقد، بند، علاقه. ۷- لکنت و گرفتگی زبان. ۸ - (تص.) قبض. ۹ - سکر طبع. ‖ ~ بول. حبس البول (ه.م.) ‖ ~ سخن. لکنت زبان. ‖ ~ فرج. بکارت.

بستم best-om [= بیستم] (عد. ترتیبی) بیستم، در مرحلهٔ بیست.

بستن bas-tan [په bastan] (بست، بندد، خواهد بست، ببند،ـ، بسته) ۱ - (مصم.) چیزی را بچیز دیگر یا جایی با بند پیوستن؛ مق. گشودن، باز کردن. ۲ - بند کردن، مسدود کردن. ۳ - مقید کردن، بقید کشیدن. ۴ - فراز کردن (در، پنجره و مانند آن؛ مق. گشودن، باز کردن. ۵ - منجمد کردن، افسرده کردن. ٦ - سحر کردن، افسون کردن. ۷ - از مردی انداختن. ۸- مجاب کردن، مغلوب کردن طرف (درمشاعره): «حسن را درمشاعره بستم.» ۹ - صیغهٔ عقد جاری کردن: «عقد پسرعموها و دخترعموها درآسمان بسته شده است.» ۱۰- (مصل.) افسردن، منجمد شدن؛ آب یخ بست. ۱۱- منعقد شدن: شیر ماست بست. ۱۲- باردار شدن. ۱۳- (مصم.) نسبت کردن. ‖ ~ پل. ساختن پل. ‖ ~ زبان کسی. مجاب کردن کسی را در مباحثه و گفتگو. ‖ ~ صفحه. (در چاپخانه) صفحه بندی کردن. ‖ ~ مجلس. تعطیل کردن مجلس. ‖ ~ مدرسه. تعطیل کردن مدرسه. ‖ ~ میخانه. تعطیل کردن میخانه. ‖ ~ هوا. سرد شدن و ابری شدن هوا. ‖ بسوگند (بقسم) ~. باسوگند (قسم) ملزم کردن، مأخوذ کردن. ‖ خود را ~. بی نیاز و مالدار شدن: «فلان در نوکری چند ساله خود را بست.»

بستناك bast-nāk (صمر.) منجمد، افسرده ← بستناکی.

بستناکی bast-nāk-ī (حامص.) انجماد، افسردگی.

بست نشستن bast-neša(e)stan (مصل.) پناه بردن به بست، متحصن شدن.

بست نصب bast-e-nasb [ف.-ع.] (اِمر.) بندیا گیره‌ای که برای نگاهداشتن چیزی بکار رود[1].

بستنگاه bastan-gāh [= بستنگه] (اِمر.) ۱ - محل بستن. ۲ - آنجا که کشتی لنگر میاندازد، لنگرگاه.

بستنگه bastan-gah [= بستنگاه] (اِمر.) بستنگاه (ه.م.)

بستنی bastan-ī (ص لیا.، اِمر.) ۱ - هرچیز قابل بستن. ۲ - پارچه‌ای که بدان دستهٔ کاغذ و کتاب و دفتر وجز آنها را بهم بندند. ۳ - هرشربت فسردهٔ یخ بسته. ۴ - مخلوطی از شیر و شکر که در قالب مخصوص پر یخ ریزند و چرخانند تا غلیظ شود و ببندد، و آن انواع دارد.

بستو bastū [= بستوق = بستوغه = بستك = بشتك = تفرشی bastū-la] (اِ.) ۱ - مرطبان سفالین کوچك، بستوق، بستك. ۲ - چوبی که ماست را

۱ - Mounting clamp (انگ.)

بست وگشاد

بشورانند و برهم زنند تامسکه و دوغ از هم جدا گردد. **۳-** (گیا.) فرو رفتگیهایی برروی ریشهٔ بعضی آلگها (فوکوس‌ها) که‌اندامهای‌زایشی‌نرو‌ماده درآنها قراردارند[1]؛ محفظهٔ اندامهای زایشی‌فوکوسها.

بست وگشاد bast-o-gošād (إمر.، مص‌خم.) **۱-** بستن‌و باز کردن. **۲-** حل وعقد(امور).

بستوه be-stūh [=ستوه=استوه] (ص‌مر.) ستوه (ه.م.)، دلتنگ‌وملول.

بست و یك قران best-o-yak-γerān [ف.-ع.] (إمر.) (احک.نج.) ← بیست ویك قران.

بسته bas-ta(-e) [په. bastak] (إمف.) **۱-** بابند پیوسته بچیزی یا جایی. **۲-** مقید، قید شده، زنجیر شده. **۳-** مجبور شده. **۴-** مسدود، مقفل؛ مق. گشاده. **۵-** سد شده، عایق شده، جلوگیری شده. **۶-** فراز شده (در وپنجره ومانندآن)؛ مق. گشوده، باز. **۷-** ثابت شده، برقرارشده. **۸-** منعقد شده (پیمان، عهد). **۹-** جبیره شده (عضوشکسته). **۱۰-** منجمد شده، فسرده، دلمه شده. **۱۱-** بانجام‌رسیده. **۱۲-** بیحس شده. **۱۳-** شخصی‌که او را بافسون وعزیمت ببندند تا بر عروسی قادر نشود، عنین‌شده. **۱۴-** افسون‌شده، سحرشده. **۱۵-** کاشته شده. **۱۶-** شیء بسته بندی شده که به‌پست دهند[2]. **۱۷-** مصمت، گرفته. **۱۸-** (إمف.) حریر منقشی که سابقاً در استراباد وگرگان میساختند، وآن چنانست که‌حریررادر تختهای شبکه‌دار می بستند و اقسام رنگها برسوراخهای شبکه میریختند تانقش برآورد و رنگ گیرد؛ ابریشم رنگارنگ که درروی کارگاه جهت‌زر دوزی گسترده شده‌باشد. **۱۹-** خریطهٔ اسباب. **۲۰-** تخته یاپارچه‌ای که‌رخت وقماش‌درآن‌بندند. **۲۱-** (شعر.)شعری که عبارت از چهار مصراع باشد. **۲۲-** (مس.) آهنگی است از موسیقی مرکب از حصار و سه گاه و حجاز (برهان قاطع)← بسته‌نگار. ‖ **امید ~**. امید محال. ‖ **~ٔ گهوارهٔ فنا**. (کن.) اسیر محنت دنیا وگرفتار دنیا. ‖ **در ~**. در مقفل. ‖ **کار ~**. کارگره‌خورده.

بسته be-stoh [=بستوه=ستوه=سته] (ص‌مر.) بستوه (ه.م.)

بسته‌بندی basta(-e)-band-ī (حامص.) عمل بستن اشیا (مانند میوه و غیره) بصورت جعبه‌ها و قوطی‌ها وماننند آن.

بسته بندی کردن b.-b.-kardan (مص‌م.) بستن‌اشیا (مانند میوه‌وغیره) بصورت جعبه‌ها وقوطی‌ها ومانندآن.

بسته رحم bast-a(-e)-rahem [ف.-ع.] (إمر.) (پز.) نازا (ه.م.)، عقیم.

بسته زبان b.-zabān (ص‌مر.، إمر.) آنکه برسخن گفتن قادر نباشد.

بسته شدن b.-šodan (مص‌م.) بسته (ه.م.) گردیدن، بسته گشتن. ‖ **~ عذر زن**. بپایان رسیدن‌عذر (ه.م.)

بسته‌کار b.-kār (ص مر.) **۱-** کند کار. **۲-** سست رای.

بسته کستی b.-kostī [← کستی= کشتی](ص‌مر.، إمر.) زردشتی (زیرا زردشتیان مکلفند از سن بلوغ کستی (= کشتی) برکمربندند.) ج. بسته کستیان.

[1] - Conceptacle (فر.)

[2] - Coli (فر.)

بسته‌میان b.-miyān (ص‌مر.) مستعد و آمادهٔ خدمت.

بسته‌نگار b.-negār [← بسته] (إمر.) (مس.) ۱- گوشه‌ایست در دستگاه «ماهور» (ه.م.) ۲- گوشه‌ایست از «راست پنجگاه» (ه.م.) ۳- گوشه‌ایست در دستگاه «چهار گاه» (ه.م.) ۴- گوشه‌ایست در دستگاه «شور» (ه.م.) ۵- گوشه‌ایست در «سه‌گاه» (ه.م.)

بسته نیشکر b.-nay(ney)-šekar (إمر.) نیشکرهای بسیار با هم‌بسته.

بستی bast-ī (ص‌نسب.) کسی که بست (ه.م.) می‌نشیند، آنکه متحصن شود؛ آنکه بمکانی مقدس برای مصون‌بودن از تعرض پناه میبرد و متحصن گردد.

۱-بستی bost-ī [← بست] (ص‌نسب.) منسوب به بست (باغ). ۱- باغی، باغستانی. ۲- باغبان.

۲-بستی bost-ī (ص‌نسب.) منسوب‌به بست (← بخش ۳)؛ اهل بست، ازمردم بست.

بستیناج bastīnāǰ [معر. لا. fastinadja] (إ.) (گیا.) خسك، حمص‌الامیر[1]. ضح.- این کلمه بصورت «بستیباج» و «بستیاج» تحریف شده.

بسد bosd [= بست] (إ.) گلزار، جایی که میوهٔ خوشبوی بهم رسد، بست.

بسد bossad, bessad [= بسذ = وسد، پهـ = vussat] (إ.) مرجان، حجر شجری.

بسدك basadk [= بسك] (إ.) دستهٔ گندم وجو دروکرده.

بسدك basdak [← بسك] (إ.) (گیا.) اکلیل‌الملك (← بخش ۲).

بسدی bossad-ī [ع.-ف.] (ص نسب.) منسوب به بسد (ه.م.)؛ بسدین.

بسدین bossad-īn (ص‌نسب.) منسوب به بسد که مرجان باشد؛ مرجانی، بسدی. ضح.- در شعر فارسی بتخفیف بسدین (bosadīn) آید.

بسذ bossaz [= بسد (ه.م.)] (إ.) مرجان، بسد (ه.م.) ضح.- در شعر بتخفیف بسد آید.

بسر bosr [ع.] (إ.) (گیا.) خرمای خرك، خرمای نارس، غورهٔ خرما.

بسراك besorāk [= بیسراك] (إ.) (جا ن.) بیسراك (ه.م.)

بسراق bosrāγ (إ.) (زم.) زبرجد (ه.م.)

بسر آمدن be.-sar-āmadan (مص ل.) ۱- بانتها رسیدن، تمام شدن. ۲- مردن، درگذشتن. ۳- (کن.) جوش کردن، بغلیان آمدن.

بسرباری b.-s.-bār-ī (ص‌مر.) حمل شدهٔ روی سر وروی بار.

بسر بردگی b.-s.-borda(e)g-ī (حامص.) ۱- انجام دادگی، اجرا. ۲- ایفای وعده وشرط.

بسر بردن b.-s.-bordan (مص م.) ۱- حمل کردن چیزی تا بمقصد، بردن تا بانتها. ۲- بجا آوردن وعده، ایفای بعهد. ۳- گذراندن زمان، سپری کردن وقت، روزگار گذراندن. ۴- غمخواری کردن. ۵- موافقت کردن، سازگاری کردن.

بسر درآمدگی b.-s.-dar-āmada-(e)g-ī (حامص.) ۱- عمل بسر درآمدن، باسرزمین خوردن. ۲- سقوط، لغزش.

بسر درآمدن b.-s.-dar-āmadan (مص ل.) ۱- باسر بزمین خوردن. ۲- لغزیدن، سقوط.

۱- Tribulus, ammi (لا.)

بسردرآمده b.-s.-dar-āmada(-e) (إمف.) ۱ - آنکه بروی سر در میافتد، آنکه با سر بزمین میخورد. ۲ - لغزیده.

بسر دویدن b.-s.-davīdan (مص ل.) (کنـ.) ۱ - شتاب کردن دردویدن، بسرعت دویدن. ۲ - عجله کردن در اجرای فرمان کسی.

بسر رسیدن b.-s.-ra(e)sīdan (مص ل.) ۱ - بآخر رسیدن. ۲ - برباد رفتن، نابود شدن.

بسر رفتن b.-s.-raftan (مص ل.) ۱ - انجام شدن. ۲ - بجوش آمدن واز سرریختن آب در ظرف غذا، بغلیان آمدن. ‖ ~ **کار**. انجام شدن کار.

بسر زدن b.-s.-zadan (مص م.) ۱ - با دست روی سر زدن در موقع پریشانی وبدبختی. ۲ - بآخررسانیدن چیزی را. ۳ - موافقت کردن باچیزی. ۴ - (مص ل.)(عم.)فکری وخیالی غفلةً در سر کسی آمدن: «فلانی بسرش زد که آن کاررا بکند.» ۵ - (عم.)دیوانه‌شدن: بسرش زده.

بسر شدن b.-s.-šodan (مص ل.) بسررسیدن، بپایان رسیدن.

بسر کردن b.-s.-kardan (مص م.) ۱ - بآخر رسانیدن چیزی را، بسر بردن. ۲ - موافقت کردن با چیزی.

بسرکشیدن b.-s.-ka(e)šīdan (مص م.) ۱ - بیکدفعه بلاجرعه کشیدن، یکباره‌نوشیدن. ۲ - برروی‌سر کشیدن عبا و جامه، برسر کشیدن.

بسره bosr-a [ع. واحد بسر] (إ.) (گیا.) یك‌دانه غورهٔ خرما.

بسزا be-sa(e)zā (ص مر.) سزاوار، شایسته.

بسط bast [ع.] ۱ - (مص م.) گستردن، پهن کردن، گسترانیدن. ۲ - بازکشیدن. ۳ - گشادن، بازکردن. ۴ - شرح دادن. ۵ - عذر پذیرفتن. ۶ - (مص ل.) دست دراز کردن. ۷ - فراخ شدن جای بر مرد. ۸ - (إمص.) انتشار. ۹ - فراخی، وسعت. ۱۰ - پهن‌کردگی. ۱۱ - گشایش حال، انبساط‌خاطر. ۱۲ - (تص.) انبساطی که سالك و عارف را دست دهد؛ مق. قبض. ‖ ~ **کلام**. سخن گستردن، روشن کردن سخن، سخن را بدرازا کشیدن. ‖ ~ **مقال**. سخن گستری، سخن بدرازا کشیدن، سخن گستردن: «این مقال را بسط باید داد.» ‖ ~ **ید**. گشادگی دست، گشاد دستی، فراخ دستی، دست بازی، دست بازبودن: «کریم است وبسط ید دارد.»

بسط bosot [ع.] (إ.) ج. بساط؛ گستردنیها، شادروانها.

بسطت bastat [= ع. بسطة] [ع.] (إ.) ۱ - فراخی، گشادگی. ۲ - فزونی. ۳ - فضیلت. ۴ - فراخی دانش، سعهٔ علم. ۵ - درازی جسم وکمال آن. ۶ - دسترس. ‖ ~ **ید**. دراز دستی، توسعهٔ قدرت.

بسط دادن bast-dādan (مص م.) ۱ - گشاد دادن، توسعه دادن. ۲ - بتفصیل گفتن، بشرح باز نمودن.

بسعی be-sa'y [ف.-ع.] (ق مر.) شتابان، بتعجیل، بزودی.

بسغ basaγ (إ.) ۱ - اطاق فوقانی که دارای پنجره های متعدد برای نظاره و دخول هوا باشد. ۲ - گنبد، سقف گنبدی.

بسغده ba-soγda(-e) (ص مر.) ۱ - آماده، مهیا، ساخته. ۲ - شخصی که کارها را سامان کند و بسازد، انجام دهنده. ضح. - شاهدی که جهانگیری برای این کلمه آورده، بیت ذیل از فرخی است:

بسلاندن

«بدانکه چون بکندمهرگان بفرخ‌روز
بجنگ دشمن‌وارون کشد بسغده‌سپاه»
هدایت اصل بیت را چنین ضبط کند:
«بدانکه چون بکند مهرگان بفرخ‌روز
بجنگ دشمن وارون‌کشد بسغد سپاه.»
وسغد همان‌شهر معروف‌است (← بخش ۳) که از جنات اربعه بشمار میرفته.
هدایت گوید: «چون در قدیم‌الایام‌رسم کتاب بوده که برزبرشین سه نقطه بر بالا مینهاده‌اند، برای‌دفع شبهه‌فیما بین شین‌وسین‌نقطه‌ای‌در زیر سین‌میگذاشته اند، و هنوز این قاعده در کتب سالفه برقرار است. میرجمال الدین انجوی شیرازی صاحب جهانگیری سه نقطهٔ زیر سین را ، بای پارسی تصور کرده «پسغده» و « بسغده » خوانده از معنی سغد غافل مانده، بسغده را صفت سپاه خوانده‌وآراسته‌وساخته معنی‌نوشته...» ولی بایددانست که از نظرلغت بسغده = پسغده [= پ (پش.) + سغده (از ساختن)] (اسفا ۱ :۲ص۷۰) صحیح مینماید← آسغده، اسغده .

بسفایج bas-fāyaǰ [معر. بس‌پایك] (اِ.) (گیا.) بس‌پایك (ه.م.)

۱-بسك bask [= بسدك] (اِ.) دستهٔ گندم وجو دروکرده.

۲-بسك bask (اِ.) خمیازه.

بسك basak [= بسدك=بسه] (اِ.) (گیا.) اکلیل‌الملك(ه.م.)

بسك bassak [ترکیبی‌از«بس»فارسی بمعنی بسیاروکاف ضمیرعربی.] (جملهٔ فعلیه) بس‌است‌ترا، بسیار است ترا :
«نك شبانگاه اجل نزدیك شد ـ خل هذااللعب‌بسك‌لاتعد.»(مثنوی. نیکلسن. دفتر۵ ص ۲۹۷).

بسك bosok [کر. bisk ،موی‌مجعد؛ دم، bišk] (اِ.) پنبهٔ پیچیده و فتیله کرده جهت رشتن.

بسکتبال basket-bāl [انگ.](اِمر.) ← باسکتبال.

بس کردن bas-kardan (مص‌ل.) ۱ - باز ماندن ، متوقف شدن . ۲ - واگذاشتن ، ترك کردن . ۳ - اکتفا کردن، بسنده کردن. ‖ ~ **از چیزی.** صرفنظرکردن ازآن. ‖ ~ **ازکسی.** سیرشدن از وی .

بسکله baskela(-e) [= بشکل= بشکله= بشکنه](اِ.) چوبی‌که پشت‌در خانه‌ها اندازند تا در بسته شود،چوب پس در خانه و سرا.

بسکلیدن beskel-īdan (مص‌م.)در آغوش گرفتن، غلغلیچ کردن، نوازش کردن .

بسکماج bas-komāǰ [= بسکماچ ← کماج، کوماج] (اِمر.) قسمی نان گندم ، که‌باشکریاشیره آنراشیرین کنند.

بسکماچ bas-komāč [= بسکماج] (اِمر.) ← بسکماج.

بسکه bas-ke (قمر.)چندانکه، آنقدر که. ‖ **از** ~ . چندانکه.

بس گرفتن bas-gereftan (مص ل.) بازماندن، بس‌کردن .

بسگو(ی) bas-gū(y) [= بس گوینده](اِفا.) آنکه سخن را بدرازا کشد، پرگوی.

بسل basl [ع.] (ص.) مرد ترش روی از خشم یا ازشجاعت.

۱- بسل basal (اِ.)پاشنه، عقب.

۲- بسل basal (اِ.) (گیا.) گاورس (ه.م.)

بسل bosl [ع.](اِ.) ج. باسل. ۱ - شیران. ۲ - شجاعان، دلیران .

بسلاندن besal-āndan [= بسلانیدن

= گسلاندن] (مصم.) (صر. ← گسلاندن) ← بسلانیدن.

بسلانیدن besal-ānīdan [= بسلاندن = گسلانیدن] (مصم.) (صر. ← گسلانیدن). ۱ - پاره کردن. ۲ - شکستن.

بسله basla(-e) [= بسیله] (ا.) (گیا.) دانه‌ایست ما بین ماش و عدس، ملك، خلر.

بسلیقن baslīγon [= بسلیقون، معر. یو. basilikón] (ا.) (گیا.) ریحان (ه.م.)

بسلیقون baslīγūn [= بسلیقن (ه.م.)] (ا.) (گیا.) ریحان (ه.م.)

بسم b.-esm [ع.] ← بخش ۲.

بسمل besm-el [ازع. بسم‌الله] (ا.، ص.) ۱ - هر حیوانی که آنرا ذبح کرده‌وسر بریده باشند و یا بشمشیر کشته باشند. ضح. - وجه تسمیه اش آنست که در وقت ذبح کردن «بسم‌الله‌الرحمن‌الرحیم» گویند. ۲ - صاحب‌حلم، بردبار.

بسمل کردن b.-kardan [← بسمل] (مصم.) ذبح کردن.

بسملگاه b.-gāh (ا.) قصابخانه، قربانگاه.

بسمله besm-ela(-e) [= بسمل، از ع بسم‌الله‌الرحمن‌الرحیم] (امر.) بسم‌الله (الرحمن‌الرحیم) (← بخش ۲)

بسمله گفتن b.-goftan (مص ل.) بسم‌الله (الرحمن‌الرحیم) گفتن.

۱- بسمه basma(-e) [=وسمه] (ا.) دارویی که مخصوص بچشم است؛ وسمه (ه.م.)

۲- بسمه basma(-e) [= تر. باسمه] (ا.) ورق طلا و نقرهٔ منقوش.

بسمه‌چی b.-čī (صمر.، امر.) کسی که باورق طلا و نقره نقش‌میکند.

بسن basan [ع.] ازاتباع حسن‌است: «حسن بسن».

بسنت basant [هند.] (ا.) بهار هندوستان که از تحویل آفتاب به‌برج دلو شروع میشود وهندوها و بعضی از مسلمانان شمال هند در آن روز عید میگیرند. ضح - این کلمه‌در زبان‌فارسی نیست. بعضی از شعرای فارسی که بهند رفته‌اند در اشعار خود آنرا بکار برده‌اند.

بسنج besanǰ (ا.) ۱ - خشکی. ۲ - داغی که برروی اندام‌مردم افتد، کلف.

بسند basand [= بسنده] (ص.، ا.) . ۱- بقدر کفایت، کافی. ۲- کامل، تمام. ۳- شایسته، سزاوار.

بسندآمدن b.-āmadan (مص ل.) ۱ - راضی بودن. ۲ - کافی‌شدن. ‖ ~ با کسی. از عهدهٔ وی برآمدن.

بسندکار b.-kār [← بسنده‌کار] (ص‌فا.) ۱- قانع. ۲ - راضی شده، خشنود شده.

بسندکردن b.-kardan (مص ل.) ۱ - کفایت کردن. ۲ - راضی شدن، خشنود شدن.

بسندگی basanda(e)g-ī (حامص.) ۱- کفایت، کفاف، اکتفا. ۲- شایستگی، سزاواری.

بسنده basanda(-e) (ص.) ۱ - کافی، ۲ - کامل، ۳ - سزاوار، شایسته. ‖ ~ بودن باکسی، ازعهدهٔ وی برآمدن.

بسنده‌کار b.-kār [= بسندکار] (صمر.) ۱ - راضی شده، خشنود شده. ۲ - قانع.

بسنده کاری b.-kār-ī (حامص.)
۱ - رضایت، خشنودی. ۲ - قناعت.
بسنده‌کردن b.-kardan (مص ل.)
ـــ بر، به. ۱ - راضی شدن، خشنود شدن. ۲ - اکتفا کردن، کفایت کردن.
بسودن basū-dan [= پسودن = بساویدن] (مصم.) ۱ - دست نهادن. ۲ - لمس کردن. ۳ - سودن، مالیدن. ‖ قوت ـــ (قوهٔ ـــ). قوهٔ لامسه.
بسودنی basū-dan-ī (ص لیا.) قابل لمس، ملموس، لمس کردنی.
بسوده basū-da(-e) (امف.) ۱ - دست زده، دست‌نهاده شده. ۲ - مالیده. ۳ - لمس کرده‌شده. ۴ - ساییده شده.
بسوق bosūγ [ع.] (مص ل.) ۱ - بالیدن، بالا برآوردن، بالا برکشیدن، بلند شدن.
بسوی be-sūy-e (حر.اض.مر.)
۱ - بسمت، بطرف، بمقابل، بجهت.
۲ - بعلت، برای. ضح. - لازم‌الاضافه است.
بسه basa(-e) [= بسك = بسدك] (إ.) (گیا.) اکلیل‌الملك (ه.م.)
بسهولت be-sohūlat [ف.-ع.] (قمر.) بآسانی، بی‌دشواری.
بسی bas-ī (قد. bas-ē) (ق.) ۱ - بسیاری، باندازه‌ای زیاد. ۲- بحدکافی.
بسیار besyār [په. vasyār، vasīkār] (ص.،ق.) زیاد، متعدد، کثیر، فراوان، بس؛ مق. اندك، کم.
بسیاران besyār-ān (إ. بجای ص.) ج. بسیار (برای کثرت)؛ جماعت مردمان، مردمان انبوه.
بسیار اندیشه b.-andīša(-e) (ص مر.) کسی که اندیشهٔ بسیار دارد، بسیار متفکر.

بسیاربر b.-bar (صمر.) بار آور، مثمر.
بسیاربهر b.-bahr (صمر.) آنکه بهرهٔ بسیار دریافت میکند.
بسیار خسب b.-xosb [= بسیارخسپ = بسیارخسبنده] (إفا.) ← بسیارخسپ.
بسیار خسپ b.-xosp [= بسیار خسب] (إفا.) ۱ - خواب‌آلود، مایل بخواب. ۲ - سست.
بسیارخواب b.-xāb (إفا.) کسی که بسیار میخوابد.
بسیارخوار b.-xār (إفا.) کسی که زیاد میخورد، پرخوار، پرخور.
۱ـبسیار دان b.-dān (ص فا.) ۱ - آنکه بسیار داند، کسی که علم بسیار دارد، علامه.
۲ـبسیار دان b.-dān [= بسیاردانه] (صمر.) قسمی انار پردانه.
بسیاردانه b.-dāna(-e) [= بسیار دانچ] (إ.) (گیا.) نوعی از بقولات.
بسیار دو b.-daw(dow) (إفا.) بسیار دونده.
بسیار دوست b.-dūst (صمر.) ۱ - کسی که دارای دوستان بسیار باشد. ۲ - کسی که‌محبوب بسیاری‌ازمردم بود.
بسیاردوی b.-daw-ī(dow-) (حامص.) بسیار دویدن.
بسیار رو b.-raw(row) (إفا.) بسیار راه رونده.
بسیار روی b.-rav-ī(rov) (حامص.) بسیار راه رفتن.
بسیارسخن b.-soxan,(soxon.قد) (صمر.) آنکه بسیارسخن گوید، کسی که زیاد صحبت کند، پرحرف.
بسیار شدن b.-šodan (مص ل.) افزون شدن، زیاد شدن.

بسیارفن b.-fan(n) [ف.-ع.] (ص مر.) ۱ - دانای بسیاری ازشعب‌علوم، ذوفنون. ۲ - کسی که بسیاری از راههای مکرو حیله را بداند، پرفن.

بسیار کردن b.-kardan (مص م.) ۱ - بسیار انجام دادن. ۲ - ازدیاد کردن، استکثار، افزودن، تعدد کردن.

بسیارگردانیدن b.-gardānīdan (مص م.) تکثیر، زیاد گردانیدن.

بسیارگو(ی) b.-gū(y) (إفا.) پر- سخن، پرحرف، بگو.

بسیار وام b.-vām (ص مر.) آنکه قرض بسیار دارد، دارای وام بسیار، پرقرض.

۱- بسیاری besyār-ī [← بسیار] (حامص.) ۱ - کثرت، تعدد؛ مق. قلت، کمی. ۲ - کثرت ؛ مق. وحدت. ۳ - درازی زمان ومدت وفاصله.

۲- بسیاری besyār-ī (ē قد.) [← بسیار] ۱ - گروهی زیاد: بسیاری از مردم. ۲ - مقداری زیاد: بسیاری از اموال مردم تلف شد.

بسیج basīǰ [= بسیچ] (إ.) ۱ - سامان، جهاز، اسباب، وسایل. ۲ - سلاح، سازجنگ. ۳ - رخت‌سفر. ۴ - (إمص.) ساختگی، آمادگی، آمادهٔ‌سفر شدن. ۵ - قصد، اراده، عزم، عزیمت. ۶ - آماده ساختن نیروی نظامی وتمامی ساز وبرگ سفروجنگ (فره.) ۷ - تجهیزات (فره.)

بسیجنده basīǰ-anda(-e) (إفا. بسیجیدن) ۱ - آماده کننده، مهیا کننده. ۲ - پوشندهٔ ساز جنگ. ۳ - کسی که سامان و استعداد کاری کند. ۴ - اراده کننده، قصدکننده.

بسیجی basīǰ-ī (ص نسب.) قابل تجهیز.

بسیجیدن basīǰ-īdan [= بسیچیدن، سغ. pts'yč] (مص م.) (بسیجید، بسیجد، خواهدبسیجید، ببسیج، بسیجنده، بسیجیده) ۱- پوشیدن‌سازجنگ. ۲-سازسفرکردن. ۳ - تدبیر کردن. ۴ - سامان دادن. ۵ - کاری را آراسته و مهیا و آماده کردن. ۶ - انجام دادن. ۷ - قصد کردن، آهنگ‌کردن، ازاده نمودن.

بسیچ basīč [= بسیج] ← بسیج. ضح. ـ این کلمه در اشعار با « هیچ » قافیه شده‌است.

بسیچی basīč-ī [= بسیجی] ← بسیجی.

بسیچیدن basīč-īdan [= بسیجیدن] (مص م.) ← بسیجیدن.

بسیط basīt [ع.] ۱ - (ص.) گسترده (سطح). ۲ - گشاد، پهن. ۳- خالص، بی‌آمیغ، ناب، نیامیخته. ۴ - مرد فراخ زبان. ۵ - ساده، غیر قابل تجزیه؛مق. مرکب: «متقدمین‌نار رابسیط‌میدانستند.» ۶- طبیعی، فطری، غریزی. ۷ - بی‌آلایش، صمیمی، بیریا، بی‌غل‌وغش. ۸ - احمق، ساده، سلیم، زودباور: «خیلی بسیط است.» ۹- خوش‌قلب. ۱۰- گشاده، فراخ: «موضوع خیلی بسیط‌ووسیع است.» ۱۱- هرچیز که جزو آن مشابه‌کل آن باشدچنانکه آب وخاك وآتش‌وباد. ۱۲- (فل.) آنچه جزونداشته‌باشد، مانندذات‌حق تعالی‌که بسیط حقیقی است. ۱۳- (فل.) آنچه‌از اجسام مختلف الطبایع ترکیب نیافته باشد مانند افلاك وهر يك ازعناصر در حال خلوص و عدم اختلاط با عنصری دیگر؛ آنچه جسم و جسمانی نباشد مانند عقول ونفوس. ۱۴- (فل.) آنچه مرکب از وجود و ماهیت نباشد یعنی وجود محض باشد و مشمول عنوان ممکن (مرکب از دو جزو: وجود

و ماهیت) نباشد و آن منحصر بذات حق تعالی است. ۱۵- (إ.) پهنه، سطحه، صحنه. ۱۶- زمین فراخ. ۱۷- (دست.) اسم بسیط یا ساده اسمی است که بیش از یك کلمه نباشد ومقابل آن اسم مرکب است که ازدویاچندکلمه ترکیب گردد. ۱۸- (عر.) بحری است از بحور شعر فارسی که وزن آن از مستفعلن فاعلن درست میشودوشعرش عذب نیست وثقیل است، و شعرای فارسی در آن تقلید از شعرای عرب کرده وبرای اظهار مهارت خویش در علم عروض آنرا بکاربرده اند وقبول آن ازطبع سلیم بدوراست:

«روزم سیاه چراگرتوسیاه خطی؟
اشکم عقیق چراگر توعقیق لبی؟»
مستفعلن فاعلن مستفعلن فعلن
مستفعلن فاعلن مستفعلن فعلن.
(المعجم مدرس رضوی. ص۵۹)

۱۹- دومین قسم از اقسام واصناف تصانیف وتألیف موسیقی است، وآن قطعه‌ای باشد مفرد برشعرعربی بوضعی خاص. ‖ ~ عالم. ۱- بسیط زمین، پهنهٔ زمین، بسیط ارض ↑ ۲- پهنهٔ جهان، بسیط گیتی. ‖ جسم ~. (فل، طبی.) ۱- جسم عنصری. ۲- (شم.) اجسام بسیط یا ساده آنهایی هستند که پایه و مصالح اولیهٔ ساختمان تمام موجودات را تشکیل داده‌اند وآنها را عناصر اولیه مینامند. تحقیقات اخیر نشان داده است که زمین و همهٔ مواد موجوداتی که در آن یافت میشودوآنچه صنعت امروزتوانسته است بطورمصنوعی بسازد وموردِاستفاده قرار دهد، همه فقط از ۹۲ عنصر بوجود آمده است و از این ۹۲ عنصر بیش از پانصد هزار جسم مرکب ساخته شده و هر روز نیز بر تعداد این مصنوعات بمیزان قابل توجهی افزوده میشود.

‖ **ادراك** ~. (فل.) علم فطری موجودات بمبدأ خوداز آن جهت که عالم بعلم خود نیستند. ‖ **غیر** ~. (فل.) ← بسیط (نمر. ۱۱-۱۳) ‖ ~ِ **مسبع**. (کن.) زمین باعتبار هفت اقلیم. ‖ **نوع** ~. (فل.، طبی.) نوعی که فوق آن جنسی وتحت آن نوعی دیگر نباشد.

بسیطه basīta(-e) [= ع. بسیطة] (ص.) ۱- مؤنث بسیط (ه‍.م.) ۲- خالص، بی‌آمیغ. ۳- (إ.) زمین، ارض. ۴- زمین فراخ وهموار. ۵- (ص.) فراخ زبان. ‖ **اجرام** ~. (فل. نج.) افلاك، سماویات. ‖ **اجسام** ~. (فل.، نج.) اجسامی که مرکب از اجسام مختلف الطبایع نباشد. ‖ **اعضاءِ** ~. مراد قلب ودماغ وکبد است. ‖ **جواهر** ~. (فل.) مراد جزءِ لایتجزی و اتم های ذیمقراطیس است. ‖ **حرکت** ~. (فل.، طبی.) حرکت مستدیر، حرکت دایره‌یی. ‖ **صورمجردهٔ** ~. (فل.) صورحاصلهٔ از اشیاء نزد عقل.

۱- بسیل basīl [ع.] ۱- (ص.) مرد کریه‌منظر، زشت روی. ۲- (إ.) باقیماندهٔ شراب که شب در آوند مانده باشد.

۲- بسیل basīl [معر. یو psyllium] (إ.) (گیا.) اسفرزه (ه‍.م.)

بسیلت basīlat [= ع. بسیلة] (إ.) ۱- تلخی مزهٔ چیزی. ۲- پس ماندهٔ از هرچیزی.

بسیله basīla(-e) (معر. لا. pisellum) (إ.) (گیا.) لوبیاگرگی (ه‍.م.)

بسیم basīm [ع.] (ص.) خوشروی، خندان چهر، گشاده‌روی، شادمان، مسرور، خرم، خوشحال.

بسی bas-ī(ē) (قد.) (ق.) بسیاری، تعدادی کثیر.

۱-بش baš [= پش = فش ← بشك، استـ. barᵊša] (إ.) ← بش (boš).

۲-بش baš (إ.) ۱ - هر بندی عموماً وبند آهن و برنج و یا نقره که بر صندوق زنند خصوصاً . ۲ - زراعت دیمی که بآب باران عمل آید. ۳ - قفل.

۳-بش baš [= بشن] (إ .) ـــ و بالا . قد وبالا، قد وقامت.

۴-بش baš(š) [ع.] (ص.) گشاده‌روی، تازه روی، خوش منش.

۱-بش b.-eš [ب(حر. اض.) + ش (ضم.)] به‌اش ، به او ، به‌وی (در تهرانی وقزوینی) : « من بش پول دادم، قبول نکرد . »

۲-بش beš [تر.] (عد.) (بازی نرد) پنج: شش و بش (یعنی شش و پنج).

۳- بش beš (إ.) از اتباع خوش : خوش و بش. ← خوش و بش کردن .

۴-بش be-š (عم.) (فع.) بدهش، باو بده.

۵-بش beš [= بشن] (إ.) (نجـ.) ← بخش ۳.

بش boš [= پش = فش = بشك ، استـ. bareša] ۱ - یال اسب ، موی گردن اسب . ۲ - کاکل آدمی. ۳ - طره‌ای که بر سر ودستار و کمر گذارند. ۴ - دامن .

۱-بشارت bašārat [= ع. بشارة] ۱ - (إ.) حسن، جمال ، زیبایی . ۲ - (مص ل.) مسرور شدن ،شادمان گردیدن. ۳ - (إ.) مژده، خبر خوش.

۲-بشارت bešārat [= ع. بشارة] ۱ - (مص م.) مژده دادن، مژده آوردن، مژده رسانیدن. ۲ -(إ.) مژده، خبر خوش.

بشارت دادن be.-dādan (مص م.) مژده دادن، خبر خوش دادن.

بشارت رس be.-ras(res) [ع.-ف.] (إفا.) ۱- خبر خوش آورنده. ۲- قاصد. ۳ - (إ.) مکتوب.

بشارت رسان be.-ra(e)sān (إفا.) ۱ - خبر خوش آورنده . ۲ - قاصد . ۳ - (إ.) مکتوب.

بشارت کردن be.-kardan (مص م.) مژده دادن، خبرخوش دادن.

بشارت‌کشان be.-ka(e)šān (إفا.) مژده رساننده، مژده رسان.

بشاسب bošāsb [= بشاسپ = بوشاسب = گوشاسب] (إ.) ← بوشاسب.

بشاسپ bošāsp [= بشاسب = بوشاسب = گوشاسب] ← بوشاسب .

بشاش baššāš [ع.] (إ.) گشاده‌روی، خوشروی ، خوش منش ، تازه روی ، خندان‌چهر : « ملاقاتش کردم ، بسیار بشاش بود . »

بشاشت bašāšat [= ع. بشاشة] (إمص.) تازه رویی ، خوش منشی ، خوشرویی: «اظهار بشاشت کرد.»

بشاشی baššāš-ī (حامص.) خوشرویی، شادمانی بسیار، همیشه‌خندانی، بشاشت.

بشاعت bašāat [= ع. بشاعة] ۱ - (مص ل.) ناخوش شدن ازخوردن طعام. ۲ - بدمزه و بد بوی گردیدن دهان از خلال ومسواك نکردن. ۳- بیمزه شدن ، بی‌چاشنی‌شدن. ۴ -(إمص.) بیمزگی . ۵ - ناخوشی .

بشاك baššāk [ع.] (ص.) بسیار دروغگو، کذاب.

بشام bašām (إ.) (گیا.) دانهٔ گیاه قلقل[1] ، انار دانهٔ دشتی. ← قلقل.

بشاورد boš-āvard (إ.) زمین پشته پشته، زمین ناهموار و دارای کتل و کریوه .

---

۱ - Graine de crotalaire (فر.)

بش انداختن beš-andāxtan [= پشك انداختن] (مص م.) (عم) کودکان برای قرعه‌کشیدن طریق خاصی دارند که آنرا بش انداختن گویند باین طریق که حلقه وار میایستند و دست راست را پشت سر میبرند ویکنفر «یا علی» میگوید و بمجرد ادای این کلمه همهٔ دستها از پشت سر بجلو میآید، در حالیکه هریك از آنها یك یا دو یاسه یاچهار انگشت از انگشتان یك دست خودرا بازگذارده وبقیه را بسته است. آنگاه همانکه یاعلی گفته انگشتهای باز رامیشمارد ومثلا بیست و یك انگشت شده، از خود یا از دیگری که قبلا قرارگذارده‌اند شمارش میکند. عدد آخر بهرکس افتاد (باز طبق‌قرار قبلی) اورا بمیان‌کشیده‌بازی خود را (مثلا بازی باقلا بچند من) آغاز میکنند؛ پشك انداختن.

بش باد beš-bād [= بیش باد] (جملهٔ فعلیه) درموقعی که کسی (مانند درویش معرکه‌گیر یاشعبده‌باز) بدشمنان‌دین‌لعنت فرستد، شنوندگان میگویند: «بش باد».

بشتاب be-šetāb (قمر.) بتعجیل، بزودی، بدون درنگ.

بشتالم beštālam [← بشتام] (إ.) طفیلی، انگل.

بشتام beštām [← بشتالم] (إ.) ← بشتالم.

(بشتر) beštar [محر. «تشتر»] تشتر (← بخش ۳).

بشتر boštar [= بشترم] (إ.) ۱ - ورم، آماس، دمیدگی. ۲ - جوششی که بربدن و اندام آدمی برآید؛ شرا، بشترم.

بشترم boštoram, -torm, -teram [= بشتر] (إ.) جوشش ودمیدگی با خارش که در اعضای آدمی بهم رسد وبشره را سرخ سازد؛ شرا، بشتر.

بشتره boštara(-e) (إ.) حلوایی که از آردکنجدوخرما یاًاز نان‌باریك کرده مثل چنگال یکجا میمالند؛ چنگالی، انگشتو.

بشتری boštar-ī (ص‌نسبـ.) کسی‌که مبتلی به بشتر (ه‌.م.)شده باشد.

بشتك baštak, -tok, boštak (إ.) مرتبان(مرطبان)، خمرهٔ کوچك.

بشته bešta(-e) (اسپا. piste)(إ.) (گیا.) چچم (ه‌.م.)

بشخانه baš-xāna(-e) [= ع. بشخانة، معر. پیشخانه] (إ.) پیشخانه، کریاس، جلوخان.

بشخوار bešxār, boš- (إ.) بازماندهٔ آب در ظرفی که از آن آب خورده باشند؛ سؤر، بشخور، پیش‌خور.

بشخور bešxor, boš- [= بشخوار] (إ.) بشخوار (ه‌.م.)

بشدت be-šeddat [ف.-ع.] (قمر.) ۱ - بنهایت، زیاده ازحد. ۲ - بزور، جبراً. ۳ - بقوت، بسختی.

بشر bašar [ع.] (إ.) مردم، آدمی، انسان.

بشر bešr [ع.] (إمص.) نکو رویی، گشاده رویی، تازه رویی.

بشردن bašor-dan [= فشردن] (مص م.) (صر. ← فشردن) ۱ - فشردن. ۲ - محصورساختن، تنگ گرفتن کسی را درحصار.

بشر دوست bašar-dūst [ع.-ف.] (ص‌مر.) کسی که‌نوع‌بشررامطلقا دوست داشته‌باشد؛ دوستارمردم، انسان‌دوست.

بشر دوستی b.-dūst-ī [ع.-ف.] (حامص.) محبت داشتن‌نسبت‌بآدمیان،

بشرط

دوست‌داشتن نوع بشر بطور مطلق؛ انسان دوستی.

بشرط be-šart [ع.] (ص‌مر.) ۱ - مشروط. ۲ - باعهد و پیمان.

بشره bašara(-e) [= ع. بشرة] (إ.) ۱ - (گیا.) خارجی‌ترین قسمت پوست گیاهان، رو پوست اندامهای گیاهی که بافت مشخصی را تشکیل میدهد وسلولهایش ممکنست کوتینی ویاچوب پنبه‌یی شوند[1]. ۲ - (جا ن.) قسمت سطحی پوست بدن جانوران و انسان که سلولهایش شاخی شده‌اند[2]. ‖ ← غشاءِ مخاطی. (پز.) بافت پوششی (ه.م.) ۳ - روی، چهره، صورت.

بشری bašar-ī [ع.-ف.] (ص‌نسب.) منسوب به‌بشر، انسانی: ضعف بشری، عقول بشری.

بشری bošrā [ع.] ۱ - (مص م.) مژده‌دادن. ۲ - (إ.) مژده، مژدگانی.

بشریت bašar-īyyat [= ع. بشرية] (مص‌جع.) انسانیت، مردمی.

بشقاب bošγāb [تر.، عم. پشقاب] (إ.) ظرف غذاخوری پهن و گرد و کم عمق؛ سکر، سکرچه. ‖ ← گود. بشقابی که برای خوردن غذاهایی مانند سوپ بکار رود[3].

بشقاب

۱ـ بشك bašk [= پشك = اپشك = افشك = افشنگ، قس = بشم] (إ.) ۱ - ریزه‌های نمی که شب روی گیاهان نشیند، شبنم. ۲ - برف. ۳ - تگرگ.

۲ـ بشك baš-k [مخ. باشد که، قس. بوك = بود که] (فع.، حر. ربط) باشد که.

بشك bošk [قس. بش، boš] (إ.) ۱ - زلف وموی مجعد. ۲ - سوی پیش‌سر.

بشكاری baš-kār-ī (حامص.) کشتکاری، زراعت، فلاحت.

بشكال baškāl [هند. = پشكال] (إ.) ۱ - باران برسات (درهند). ۲ - فصل باران هند برسات.

بشكران baškarān [= بوشكرانه] (إ.) (گیا.) بوشكرانه (ه.م.)

بشك زدن bašk-zadan (مص‌ل.) نازیدن، کرشمه کردن.

بشكفه be-škofa(-e) [= بشكوفه] (إ.) ← بشکوفه.

بشكل beškal [= بشكله = بسكله = پشكله ← بشكلیدن] (إ.) کجاك کلید، چوب کجی که کلیدان را بدان گشایند، بشکله.

بشكله beškala(-e) [= بشكل = بسكله ← بشكلیدن] (إ.) بشکل (ه.م.)

بشكليدن beškal-īdan [= پشكلیدن ← بشكل] (صر. ← بشلیدن) ۱ - (مص‌م.) رخنه‌کردن با انگشت و ناخن یا بسر کارد ویا تیر؛ خراشیدن، شکافتن، دریدن. ۲ - پهن کردن، فراخ کردن. ۳ - محاصره کردن با اسلحه وساز جنگ. ۴ - دربر گرفتن. ۵ - (مص‌ل.) در بند شدن، مقید گشتن. ۶ - رخنه شدن بسوزن وخار ومانند آن.

بشكم baškam, beš- [= بچكم = پشكم] ۱ - خانهٔ تابستانی. ۲ - بارگاه. ۳ - ایوان، صفه. ۴ - خانه‌ای که اطراف آن شبکه و بادگیر داشته باشد.

بشكن beškan [= پشكن] (إ.) آوازی که از انگشتان شخص در حال رقص و غیر آن بیرون آید: «فلان خوب بشکن میزند.»

بشكن بشكن beškan-beškan (إمر.) هنگامه وجوش وخروش وانگشت زدن که اهل نشاط ورقص راباشد.

بشكن زدن beškan-zadan (مص

۱ - Epiderme (فر.) ۲- Ectoderme (فر.) ۳- Soup plate (انگ.)

م٠) بصدا درآوردن انگشتان دست← بشکن.

بشکنه beškana(-e) [= بشکله] (اِ.) ۱ - کلید کلیدان، بشکله. ۲ - تنهٔ درخت.

بشکوفه be-škūfa (-e) [په. v(i)škôfak] (اِ.) ۱ - شکوفه‌وبهار درخت. ۲ - گل. ۳ - قی، استفراغ.

بشکول beškūl, baš- [= بژکول] (ص.) ۱ - چست وجلد وچابك. ۲ - هشیار. ۳ - قوی هیکل. ۴ - حریص درکارها.

بشکولیدن beškūl-īdan, baš- [← بشکول] (مصم.) (صر. ← شوریدن) ۱- جلدی‌وچابکی نمودن. ۲ - حریص بودن در کارها.

بشکوه be-šokūh, be-škūh [← شکوه] (ص مر.) ۱ - مردم صاحب حشمت وشکوه، باشکوه.

بشکه boška(-e) [رس. bočka، ازاوزان‌روسی‌معادل‌با ۴۹۱/۹ قیر] (اِ.) ظرف‌چوبی‌بزرگ‌شکم‌دار بشکل استوانه برای آب یا شراب، چلیك.

بشگر b-ešgar [= بشگرد] (اِ.) ← بشگرد.

بشگرد be-šgard [= بشگر ← شکردن،شکار] (اِ) ۱ - شکار. ۲ - شکارگاه. ۳ - شکاری، صیاد.

بشگیر bašgīr (اِ.) هوله، دستارچه، رومال، دستمال.

بشل bašal [← بشلیدن] (اِ.) ۱- گرفت‌وگیر. ۲ - دوچیز که برهم چسبند ودرهم آویزند.

بشلشکه bešleška(-e) (اسپا. basilisco) (اِ.) (گیا.) جنتیانا (ه‌م.)

بشلیدن bašal-īdan [= پشلیدن ← بشل] (مصم.) (بشلید، بشلد، خواهد بشلید، ببشل، بشلنده، بشلیده) در آویختن، برهم چسبیدن.

۱- بشم bašm (ص.،اِ.) ملحد، بی‌دین.

بشم bašam (ص.) ۱- سوگوار، ملول. ۲ - ناگوار.

بشمارکرده be-šomār-karda(-e) (اِمف.) (حسـ.، نجـ.) محسوب.

بشماط bešmāt (اِ.) بسکماج (ه‌م.)، نان دو آتشه.

بشماق bašmāɣ [تر= باشماق = بشمق] (اِ.) کفش ونعلین عربی.

بشماقچی b.-čī [تر.] (ص مر.) نگهبان‌کفش، کفشدار، بشماقدار.

بشماقدار b.-dār [تر.-ف.] (اِفا.) نگهبان‌کفش، کفشدار، بشماقچی.

بشمق bašmaɣ [= تر = بشماق] (اِ) ← بشماق.

بشمه bašma(-e) [کر. pesma،شلوار از پوست بز] (اِ.) پوستی که هنوزآن را دباغت نکرده باشند.

بشن bašn (اِ.) ۱ - قد و بالا، قد وقامت. ۲ - بدن، تن. ۳ - سر و بن واطراف چیزی.

بشن bešn [= beš] (اِخ.) (نجـ.) ← بخش۳.

بشناقه bašnāɣa [معر. لا. pastinaca] (اِ.)(گیا.) حویج، گزر زردك.

بشنج bašanǰ (اِ.) ۱ - تابش‌وطراوت رخسار. ۲ - آبرو.

بشنج bešanǰ [= پشنج ← پشنجیدن] (اِ.) کلف‌وخشکی که‌برروی‌آدمی‌افتد، لکه‌ای‌که درپوست صورت انسان ظاهر شود.

بشنجنده bešanǰ-anda(-e) (اِفا.) پاشنده.

بشکه

بشنجه (bešanǰa(-e ← پشنجه [= بشنج، بشنجیدن] (اِ.) ۱ ـ افزاری که جولاهگان بدان آهار بر تانه مالند و آن دستهٔ گیاهی است مانند جاروب بر هم بسته. ۲ ـ آهاری که بر تانه مالند.

بشنجیدن bešanǰ-īdan [= پشنجیدن ← بشنج، پشنج] (مص م.) (پشنجید، پشنجد، خواهد پشنجید، بپشنج، پشنجنده، پشنجیده) پاشیدن (آب یا مایع دیگر)، ریختن.

بشنجیده (bešanǰ-īda(-e (اِمف.) پاشیده.

بشنزه bašanza(-e),bo.- [= بشنژه] (اِ.) ← بشنژه.

بشنژه bošanža(e),ba.- (اِ.) چنگالی که از آرد کنجد و خرما و یا از نان گرم و روغن و دوشاب و یا از نان تنك و روغن و خرما سازند، بشنزه

بشنگ bešeng (اِ.) ۱ ـ افزار بنایان که سرش مانند کلنگ درازاست وبدان دیوار سوراخ کنند. ۲ ـ کلنگ. ۳ ـ اسکنه. ۴ ـ تیشهٔ بنایی و نجاری.

بشنیز bašnīz [= بشنیزه] (اِ.) (گیا.) بومادران، برنجاسف.

بشنیزه (bašnīza(-e [= بشنیز] (اِ.) (گیا.) ← بشنیز.

بشنین bošnīn [ع.] (اِ.) (گیا.) گلی است مانند نیلوفر که پیوسته در آب باشد، ودرمصر روید. دارای ساقه‌های باریك وبلند وبرگهای پهن و گلهای سفید، ودر سرآن غوزه‌ای کوچك شبیه بخشخاش وجود دارد[۱].

بشوریدن bošūr-īdan [= پشوریدن ← بشول] (مص م.) (صر ← شوریدن) لعن کردن، نفرین کردن.

بشوش bašūš [یو. bašūš] (اِ.) (گیا.) اسفند (ه‍.م.)

بشول bašūl,be.-,bo.- [← بشولیدن] ۱ ـ (ص.) تیز دست، چست وچالاك، ماهر. ۲ ـ گزارندهٔ کارها، کارساز. ۳ ـ باهوش. ۴ ـ (اِ.) دانش، بینش. ۵ ـ (اِفا.) در کلمات مرکب معنی «بشولنده» دهد: کاربشول.

بشولاندن bošūl-āndan [= بشولانیدن] (مص م.) ← بشولانیدن.

بشولانیدن bošūl-ānīdan [= بشولاندن] (مص م.) (بشولانید، بشولاند، خواهد بشولانید، ببشولان، بشولاننده، بشولانیده) ۱ ـ برانگیزانیدن. ۲ ـ حرکت دادن. ۳ ـ متحرك ساختن. ۴ ـ جنبانیدن.

۱ ـ بشولش bešūl-eš,ba.-,bo.- (اِمص. بشولیدن) ۱ ـ کارسازی، کارگزاری. ۲ ـ کردار، عمل. ۳ ـ چستی، چالاکی، مهارت. ۴ ـ باهوشی. ۵ ـ علم، دانش، بینش.

۲ ـ بشولش be-šūl-eš [← ۳ بشولیدن] ۱ ـ پریشانی، تشویش. ۲ ـ درماندگی، تحیر.

۱ ـ بشولنده bešūl-anda(-e),ba.-,bo.- (اِفا.) ۱ ـ حرکت دهنده. ۲ ـ جنبانندهٔ. ۳ ـ گزارندهٔ کارها، کارساز. ۴ ـ چست و چالاك، ماهر. ۵ ـ باهوش. ۶ ـ عالم، دانا، بینا.

۲ ـ بشولنده (be-šūl-anda(-e (اِفا. ۲ بشولیدن) ۱ ـ پریشان کننده، پاشنده. ۲ ـ درمانده، متحیر.

۱ ـ بشولیدن bešūl-īdan,ba.-,bo.- (مص م.) (بشولید، بشولد، خواهد بشولید، ببشول، بشولنده، بشولیده، بشولش) ۱ ـ حرکت دادن. ۲ ـ جنبانیدن. ۳ ـ گزاردن کارها، کار-

۱ ـ Nymphae lotus caerulea (.لا)

سازی کردن، اجرا کردن. ۴ - چست و چالاك بودن، ماهر بودن. ۵- با هوش بودن. ۶ - باعلم بودن، بینش‌داشتن

۲- بشولیدن be-šūl-īdan, ba.- [← شولیدن، ژولیدن] (صر. ↑) ۱ - (مص‌م.) برهم زدن ، پریشان کردن ، پاشیدن ۲ - (مص‌ل.) درمانده گشتن، متحیر نشستن.

۱- بشولیده، be-šūl-īda(-e), ba.-, bo.- (إمف. ۱- بشولیدن) ۱ - حرکت داده . ۲ - جنبانیده . ۳ - گزارده (کار). ۴ - کار آزموده. ۵ - دانا، بینا.

۲- بشولیده be-šūl-īda(-e) (إمف. ۲ بشولیدن) ۱ - آشفته، پریشان. ۲ - بر همزده ، بشوریده . ۳ - درمانده ، متحیر گشته.

بشولیون bašūlyūn [معر. لا. psyllium] (إ.) (گیا.) اسفرزه (ه.م.)

بشیر bašīr [ع.] (ص.) ۱ - مژده آور، مژده رسان، مژده دهنده، بشارت دهنده؛ مق. نذیر: «پیغمبر اسلام هم بشیر بود و هم نذیر.» ۲- نیکوروی، خوبروی. ‖ ~ نذیر. مژده‌آور بیم‌ده.

بشیر be-šīr [← ۱ - شیر] (ص‌مر.) شیرخوار، شیرخواره.

بشیز bašīz (إ.) ۱ - مطهره. ۲ - ظرف آبی که از چرم ساخته باشند.

بشیز be-šīz, ba.- [= پشیز] (إ.) ← پشیز.

بصائر basāer [ع.] (إ.) ← بصایر.

بصارت basārat [= ع. بصارة] ۱ - (مص‌ل.) بینا شدن. ۲ - باریك‌دیدن. ۳ - (إمص.) بینایی . ۴- بینادلی ، بینش. ۵- زیرکی. ۶ - دانایی. ضح.- درعربی بصیرت و بصارت هردو مستعمل است ولی فارسی زبانان غالباً بصیرت وکمتر بصارت استعمال کرده‌اند.

بصاق bosāγ [ع. = بزاق] (إ.) آب دهان، خیو، خدو، تف.

بصایر basāyer [= ع. بصائر] (إ.) ج. بصیرت؛ بیناییها، بینادلیها، بینشها.

بصر basar [ع.] ۱ - (إمص.) روشنایی چشم، روشنی دیده، بینایی. ۲ - بینش، دید. ۳ - دانش. ۴ - (إ.) دیده، چشم: «در بصر علتی هست.» ج. ابصار. ‖ **اهل** ~ . روشن‌بینان، بینادلان، خداوندان دید. ‖ **نور** ~ . ۱- روشنی چشم، فروغ دیده. ۲ - فرزند.

بصرا bosarā [= ع. بصراء] ← بصراء.

بصراء bosarā' [ع.، ف.: بصرا] (إ.) ج. بصیر؛ بینایان، روشن بینان، روشندلان.

بصری basar-ī [ع.-ف.] (ص‌نسب.) منسوب به بصر؛ چشمی. ‖ **هنرهای** ~ . هنرهای پلاستیك (← پلاستیك)[1]؛ مق. سمعی.

بصری basrī [ع.] (ص‌نسب.) منسوب به بصره؛ اهل بصره ، از مردم بصره (← بصره، بخش ۳).

بصل basal [ع.] (إ.) (گیا.) پیاز (ه.م.)

بصل النخاع

بصورت be-sūrat [ف.-ع.] (قمر.) بظاهر، علی‌الظاهر، بر حسب ظاهر، برحسب صورت:

« دورم بصورت ازدر دولت سرای تو
لیکن بجان و دل ز مقیمان حضرتم.»
(حافظ)

۱- Asts Plostiques (فر.)

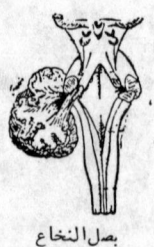

بصورت [ف.-ع.] be-sūrat-e (حر.اض.مر.) بشکل، بهیئت: بصورت اژدهایی تصویر کرد. ضح. - بدین معنی لازم الاضافه است.

بصیر [ع.] basīr (ص.) ۱ - بینا، بیننده . ۲ - دانا. ۳ - روشن بین ، روشندل . ۴ - کور ، اعمی ، ضریر (تأدباً یا تفألاً کوررا بصیرخوانند). ۵ - یکی از صفات الهی است.

بصیرت [= ع . بصیرة] basīrat (اِ.) ۱- بینش، بینایی . ۲ - روشن بینی. ۳ -دانایی. ۴ - زیرکی،هوشیاری: «... فاقد بصیرت است . » ۵ - یقین. ۶ - حجت روشن ، برهان قاطع . ۷ - (فل.،تص.) عبارت است از قوهٔ قلبی که بنور قدس روشن باشد و با آن قوه شخص حقایق و بواطن اشیا را ببیند همانطور که نفس بوسیلهٔ چشم صور و ظاهر اشیا را می بیند . حکما قوت بصیرت را «عاملهٔ نظریه» و «قوهٔ قدسیه» مینامند. ج. بصایر(بصائر). ‖ **اهل ~** . روشن بینان ، روشندلان ، بینایان ، زیرکان. « اهل بصیرت خطا ازصواب بازدانند.» ‖ **با ~** . باتدبیر ، اهل حل وعقد وتدبیر ؛ مق. بی بصیرت. ‖ **بی ~** . بی عقل، بی تدبیر ؛ مق. با بصیرت. ‖ **چشم ~** . ۱- بینایی. ۲- هوشیاری. ‖ **دیدهٔ ~** ← چشم بصیرت ↑ .

بصیر شدن b.-šodan (مص ل.) ۱ - بینا شدن. ۲ - داناشدن.

بصیر گردانیدن b.-gardānīdan (مص م.) ۱ - بینا گردانیدن . ۲ - دانا کردن. ۳ - کور کردن. (← بصیر ۴).

بضائع [ع.ف.، بضایع] bazāe' ← بضایع.

بضاعت [= ع. بضاعة] bezā'at (اِ.) ۱ - سرمایه، مایه. ۲ - مال، مکنت . ۳ - مال التجاره ، متاع ، کالا . ۴ - ملك. ج. بضایع(بضائع). ‖ **با ~** . مالدار، چیز دار، سر مایه دار ؛ مق . بی بضاعت. ‖ **~ مزجاة**. مایهٔ اندك ، سرمایهٔ کم. ‖ **بی ~** . بیمایه، کم مایه، اندك مایه ، کم سرمایه ، بی چیز : «فلان آدم بی بضاعتی است .»

بضایع [=ع. بضائع] bazāye' (اِ.). ج. بضاعت (بضاعة).

بضع [ع.] bez' (اِ.) ۱ - ازسه تاده، اند، چند. ۲ - پاره‌ای از شب.

بضعه [ع.](اِ.) baz'a,bez.- ۱ - گوشت پاره، پارهٔ گوشت. ۲ - فرزند، جگرگوشه : « بنی امیه بربضعهٔ زهرا ظلم کردند.» ۳ - گوشت بن دندان. ج. بضع[-.ba]، بضع[-.be]، بضاع، بضعات.

بط bat [مخ.ع. بطال] بجای«بطال» نویسند .

بط bat(t) [ع.] (اِ.) ۱ - (جان.) مرغابی (ه.م.) ۲ - صراحی شراب که بصورت بط ↑ سازند . ‖ **~ باده**. صراحی بصورت بط که شراب در آن کنند؛ بط شراب، بط صهبا ، بط می . ‖ **~ سرخاب زای**. (کن.) صراحی شراب. ‖ **~ سنگین**. بطی که ازسنگ سازند ودرآب غرق نشودودرهندوستان شهرت دارد . ‖ **~ شراب** . ← بط باده . ‖ **~ صهبا**. ← بط باده. ‖ **~ می**. ← بط باده.

بطارس [معر. لا. pteris] betāres (اِ.) (گیا.) سرخس (ه.م.)

بطارقه [=ع. بطارقة] batāreɣa(-e) (اِ.) ج. بطریق (ه.م)؛ بطریقان.

بطال [ع.] battāl (ص.) ۱- بیکار، بیکاره. ۲ - کاهل . ۳ - یاوه گو ، دروغگو. ۴ - دلاور، دلیر.

۱-بطالت [=ع. بطالة] batālat ۱ - (مصل .) بیکار بودن ، معطل بودن

۲ ـ هزل گفتن. ۳ ـ (إمص.) بیکاری، بیکارگی، تن آسایی، کاهلی : «عمر ببطالت میگذرانند.» ۴ ـ یاوه گویی، هزل گویی.

۲ ـ بطالت batālat [= ع . بطالة] ۱ ـ (مصل.) شجاع گردیدن، دلیر شدن. ۲ ـ (إمص.) شجاعت، دلیری.

بطانه betāna(-e) [= ع. بطانة] (إ.) ۱ ـ دوستی خالص. ۲ ـ رازنهانی. ۳ ـ آستر چیزی. ۴ ـ مرکز شهر. ۵ ـ دوست نزدیك، راز دار، یار ویژه: «از بطانهٔ ملك بود.» ۶ ـ نزدیك ومحرم : «مردی معتمد را از بطانهٔ خویش نامزد کرد.» (تاریخ بیهقی).

بطء bot' (إ.) ۱ ـ (مصل.) درنگ کردن، آهستگی کردن. ۲ ـ (إمص.) درنگ، آهستگی، کندی. ضح. ـ دررسم‌الخط عربی «بطء» نویسند ولی درفارسی «بطؤ» معمول شده است. ‖ ~ِ حرکت. جنبش آهسته، حرکت کند. ‖ ~ِ عمل. کندی در کار.

بطباط batbāt [سر. ← شبطباط] (إ.) (گیا.) هفت بند (ه‍.م.)

بطبع be-tab' [ف.ع.] (قمر.) موافق طبع ومیل، طبعاً.

بطحا bathā [= ع. بطحاء] ← بطحاء.

بطحاء bathā' [ع. ف.: بطحا] (إ.) ۱ ـ رودفراخ، رود خانهٔ وسیع. ۲ ـ مجرای وسیع آب. ۳ ـ هامون. ۴ ـ زمین فراخ که گذرگاه سیل ودارای سنگریزه‌های بسیار باشد. ج. بطاح، بطایح (بطائح).

بطر batr [ع.] (مص م.) شکافتن زخم، زخم شکافتن، ریش کفانیدن.

بطر batar [ع.] ۱ ـ (مص ل.) دنه گرفتن، باد در سر کردن، تکبر داشتن. ۲ ـ ناسپاسی نعمت کردن. ۳ ـ در شادی وتنعم ازحد درگذشتن. ۴ ـ (إمص.) خودبینی، کشی، تکبر. ۵ ـ سرگشتگی، دهشت، حیرت.

بطر botr [= بطری] (إ.) ۱ ـ ← بطری. ۲ ـ (تد. قماربازان) بدآوری. ← بطرآوردن. ‖ ~ِ زهرمار. [قس. برج زهرمار] ۱ ـ بسیارخشمگین. ۲ ـ بسیار اندوهناك.

بطراخو batrāxū [= بطراخوس] ← بطراخوس.

بطراخوس batrāxūs [معر. یو. bátraxos] (إ.) (جا.) وزغ، ضفدع، قورباغه (ه‍.م.)

بطراسالیون batrāsālyūn [معر. محر. یو. petrosélinon] (إ.) (گیا.) کرفس رومی (ه‍.م.) ← بطرسالینون.

بطرآوردن b.-āva(o)rdan (تد. قماربازان) بد آوردن در قمار، بز آوردن.

بطرز be-tarz-e [ف.-ع.] (حر. اض. مر.) بطریق، بروش، بمانند. ضح. ـ لازم‌الاضافه است.

بطرسالینون betrosālīnūn [معر. یو. petrosélinon] (إ) (گیا.) کرفس رومی (ه‍.م.)

بطری botrī [انگ. bottle] ۱ ـ (إ.) ظرف شیشه‌یی استوانه‌یی شکل که دهانه‌اش تنگ است[1]. آوندا ستوانه‌یی شکل ودهانه تنگ که برای پرکردن نوشابه‌ها ومایعات دیگر بکارمیرود؛ یك بطری سرکه.

بطری

بطریر betrīr [ع.] (ص.) مردم بی شرم زبان درازمنهمك در گمراهی.

بطریرخ batrīrax [معر. =

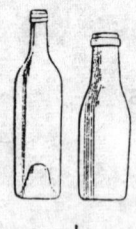

1- Bouteille (فر.)

بطیریرخ = بطریرك (ه.م.)] (ص. ا.) ← بطریرك (ه.م.)

بطریرك batrīrak [= بطریرخ = بطیریرخ = بطریرك = بطریك، معر. یو. patriarchēs، لا. patriarcha] (ص. ا.) ۱ - نامی که در عهد عتیق بنخستین رؤسای خاندان اطلاق میشده. ۲ - کشیش درجهٔ اول مسیحیت، بطریرخ.

بطریق betrīγ [معر. یو. بیزانسی patríkios] (ص. ا.) ۱ - قاید لشکریان روم، فرمانده سپاهیان رومی. ۲ - کشیش مسیحی، راهب ترسایان. ج. بطارقه، بطارق (کم.)، بطاریق (کم.).

بطریقی be-tarīγ-ī [ف.-ع.] (ق مر.) بنحوی، بحیثیتی.

بطریك batrīk [معر. = بطریرك (ه.م.)] (ص. ا.) ← بطریرك. ج. بطارکه (کم.)، بطاریك (کم.).

بطش batš [ع.] ۱ - (مص م.) سخت گرفتن. ۲ - راندن، دوانیدن. ۳ - خشم راندن، غضب کردن. ۴ - (امص.) سخت گیری. ۵ - بأس، حمله.

بطك batt-ak [ع.-ف. ← بط] (امصغ.) ۱ - مرغابی کوچك. ۲ - صراحی شراب، جامی که بشکل بط ساخته شده باشد.

بطل batal [ع.] (ص.) پهلوان، دلیر، یل، دلاور. ج. ابطال.

بطلان botlān [ع.] ۱ - (مص ل.) باطل شدن، فاسد شدن، ضایع شدن، بیهوده گشتن. ۲ - ازکار افتادن. ۳ - (امص.) فساد، باطل شدگی. ۴ - نادرستی، ناچیزی: «در بطلان این قضیه شکی نیست.» ۵ - سقوط حکم. ‖ ~ ِ **شهوت**. ازمیان رفتن شهوت، نقصان شهوت. ‖ ~ ِ **مطلق**. (حق.) در موردیست که هم اشخاص ذینفع وهم دیگران حق اعتراض بدان داشته باشند؛ مق. بطلان نسبی. ضح. - تراضی طرفین در مورد بطلان مطلق امکان ندارد. ‖ ~ ِ **نسبی**. (حق.) درموردیست که فقط اشخاص ذینفع حق اعتراض داشته باشند؛ مق. بطلان مطلق. ضح. - درین مورد طرفین میتوانند تراضی نمایند.

بطم batm, bo.- [ع.] (ا.) (گیا.) صمغ درخت بنه (← ۲ - بنه). ‖ ~ ِ **اخضر**. (گیا.) نوعی بنه (← ۲ - بنه).

بطن batn [ع.] (ا.) ۱ - شکم؛ مق. ظهر. ج. بطون، ابطن، بطنان. ۲ - اندرون، نهان. ۳ - قبیلهٔ کوچك، گروه کمتر از قبیله. ‖ **اسفل** ~ . (پز.) زیر شکم (ه.م.) ‖ ~ ِ **پیچیدهٔ گوش**. (پز.) گوش داخلی ← گوش

بطن batan [ع.] ۱ - (مص ل.) کلان شکم شدن، بزرگ شکم گشتن (از پرخوری و غیره). ۲ - (امص.) بیماری شکم، رنج شکم (از پرخوردن).

بطن baten [ع.] (ص.) ۱ - مرد شکم پرست که از خوردن سیر نگردد. ۲ - مالدار. ۳ - متکبر.

بطن پرست batn-parast [ع.-ف.] (إفا.) شکم پرست، شکم بنده.

بطن پرستی b.-parast-ī [ع.-ف.] (حامص.) شکم پرستی، شکم بندگی.

بطورقطع be-tawr-e-γat' [ف.-ع.] (قمر.) قطعاً، یقیناً.

بطور کلی be-tawr-e-kollī [ع.] (قمر.) ازهرلحاظ، من حیث المجموع.

۱- بطون botūn [ع.] ۱ - (مص ل.) نهان شدن. ۲ - (امص.) نهفتگی، نهان: «ازبطون این امر مطلع است.» ‖ ظهور و ~ . الف- پیدایی و نهفتگی. ب- پیدا شدن ونهفته گشتن. ۳ - (ص.) پنهان، مخفی.

۲- بطون botūn [ع.] (ا.) ج. بطن

(ه.م.) ‖ ـــِ دماغ. (إمر.) (پز.) حفره‌هایی که‌در قسمتهای داخلی‌مراکز عصبی در نقاط مختلف وجود دارد که بترتیب عبارتند از: ۱ - بطن۱ که‌در قسمت داخلی‌ومیانی‌یکی‌ازنیمکره‌های طرفی مخ‌قرار دارد. ۲ - بطن۲ قرینهٔ بطن ۳ است و در یکی‌از نیمکره‌های طرفی مخ‌مقابل بطن۱ قرار دارد. ۳ - بطن ۳ در قاعدهٔ مخ بین دو جسم بصری قراردارد. ۴ - بطن ۴ بین پل دماغی وبصل النخاع وپایه‌های‌مغز قراردارد. ‖ ـــِ دماغی. (پز.) شکمچه‌های مغز ← بطون دماغ.

بطونیقا batūnīγā [معر. لا. betanica] (إ.)(گیا.) کستره(ه.م.)

بطیی batī [ع.=بطیء] (ص.) ← بطیء.

بطیء batī' [ع.،ف.: بطی] (ص.) کند، آهسته؛ مق. سریع، تند.

بطیء شدن b.-šodan (مص‌م.) کند شدن، آهسته شدن؛ مق. سریع گشتن، تند شدن.

بطیخ bettīx [ع.، قس. فر. pastèque] (إ.) (گیا.) ۱ - خربزه (ه.م.) ۲ - (گیا.) هندوانه (ه.م.) ۳ - (گیا.) خیار (ه.م.) ۴ - (گیا.) کدو (ه.م.)

بطیخه bettīx-a(-e) [=ع. بطیخة] (إ.) واحد بطیخ (ه.م.)، یك‌دانه‌خربزه.

بطیخی bettīx-ī [ع. ← بطیخ] (ص‌نسب.) خربزه فروش.

بطیریرخ batīrīrax [معر. ← بطریرخ] ← بطریرك.

بطین batīn [ع.](ص.) آنکه‌شکمش بزرگ باشد؛ بزرگ شکم،شکم‌بزرگ، شکم‌آور.

بظاهر be-zāher [ف.-ع.](ق‌مر.) ظاهراً، آشکارا، بطور وضوح، علی‌الظاهر، برحسب‌ظاهر، بصورت، برحسب صورت.

بعاقبت be-āγebat [ف.-ع.] (ق مر.) آخرالامر، در پایان کار.

بعث ba's [ع.] ۱ - (مص‌م.) بر‌انگیختن، بر کاری داشتن. ۲ - فرستادن. ۳ - زنده کردن مردگان. ۴ - (إمص.)انگیزش. ۵- (إ.)رستخیز، قیامت، حشر. ‖ ـــِ اموات. (مردگان) حشر اموات، زنده کردن مردگان‌برای حساب. ‖ ـــِ رسل. بر انگیختن پیمبران، فرستادن پیغمبران، تبلیغ پیامبری ورسالت. ‖ ـــِ مردگان. ← بعث‌اموات. ‖ یوم بعث. روزرستاخیز، روز قیامت.

بعثت be'sat [=ع. بعثة] ۱ - (مص‌م.) برانگیختن. ۲ - زنده کردن(مردگان). ۳ - فرستادن. ۴ -(إمص.) انگیزش، برانگیختگی. ‖ ـــِ پیغمبر ص. (نبی). مبعوث شدن‌پیغمبر ص، فرستاده شدن پیغمبر ص از جانب خدا بخلق.

بعث کردن ba's-kardan ۱ - بر‌انگیختن. ۲ - زنده‌کردن(مردگان). ۳ - فرستادن.

بعد ba'd [ع.] (ق.) ۱ - پس، سپس؛ مق. قبل. ‖ ـــ از آن. پس‌از آن. ‖ ـــ از آنکه. پس ازآنکه. ‖ ـــ از این. پس از این. ‖ ـــ ازظهر. پسین، بعدالظهر، پس‌اززوال. ‖ ـــ از نود و بوقی. (عم.) بعداز مدتی مدید.

بعد ba'd-e [ع.] (إ.)سپس، بعداز، پس‌از: بعد اجرای امر. ضح. - بدین معنی لازم‌الاضافه است.

بعد bo'd [ع.] (إ.) ۱ - دوری؛ مق. قرب، نزدیکی. ۲ - جدایی. ۳- (هس.) هریك از امتدادات ثلاثه: طول،عرض

وعمق یا ارتفاع ؛ کشش . ۴ - (هس . ترسیمی) فاصلهٔ نقطه از صفحهٔ قایم تصویر. ۵ - (هیئ.) زاویهٔ مسطحه بین دایرهٔ ساعتی یك ستاره ودایرهٔ ساعتی مبدأ . ۶ - (فل.) نزد حکمایی که قایل بوجود خلأ هستند بر دو نوع است : یکی امتداد قایم بجسم تعلیمی ودیگری امتداد مجرد از ماده که‌قایم به نفس است ، بنحوی که اگر جسمی شاغل آن نباشد خلأ خواهد بود . ۷ - (مس.) در اصطلاح‌موسیقی امروزفاصله است وآن فاصله بین هر پرده وخرك (ه‍.م.) باشد (← ابعاد). ج. ابعاد . ‖ **قرب و ~** . نزدیکی‌و دوری : «قرب وبعد از صفات اجسام‌است .»

بعداً ba'd-an [ع.] (ق.) پس،سپس.

بعدیت ba'd-īyyat [=ع. بعدیة] (مص‌جع.) تأخر ، سپس ؛ مق.قبلیت.

بعر ba'r [ع.] (إ.) پشك ، پشکل، سر گین.← بعره.

بعره ba'ra [= ع بعرة](إ .)واحدبعر (ه‍.م.)، یك پشكل.

بعض ba'z [ع.] (إ.) ۱ - پاره‌ای‌از چیزی، برخی، لختی. ۲ - گروهی از مردم.← بعضی. ضح. -بعض‌وبعضی‌در حکم‌اسم جمع باشندوغالباًفعل آنها را مطابقه دهند : « بعض دانشمندان بر آنند ؛ »

بعضی ba'z-ī(قد.-ē) [ع.-ف.](إ.) ۱ - پاره‌ای از چیزی، برخی ، لختی. ۲ - گروهی از مردم ← بعض. ضح. - فرق «بعض» با «بعضی» آنست که بعد از« بعض»اسمی‌آید که جمع باشد(← بعض) وبعد از بعضی اسم مفرد آیدیا «از» آید با اسمی‌که جمع باشد: «وبر آن نواحی‌ساخته بعضی‌سرد سیروبعضی گرمسیر وغله بوم.) (فارسنامهٔ ابن - البلخی چاپ‌لیدن‌ص۱۲۸) «در بعضی از سفرها بیرون شدیم.»(کشف‌الاسرارج ۲ص۵۲۰) . ‖ **~ اوقات**. گاهی.

بعل ba'l [ع.](إ.) ۱ - شوی،شوهر. ۲ - مالك. ۳ - رب‌النوع.

بعلاوه be-elāva (قد. -alāve [ف.-ع.](قمر.) باضافه، علاوه‌بر، برین.

بعلاوهٔ be-elāva(-e)ye [ف.-ع.] (إمر.) ۱ - باضافهٔ، علاوه بر، افزوده بر. ۲ - (حس.) جمع‌به : دوبعلاوهٔ سه مساویست به پنج. نشانهٔ‌آن در ریاضی + است. ضح.- بدین‌معنی لازم‌الاضافه است .

بعله ba'le [=بله=بلی] (ق.)(عم.) بله، بلی، آری.

بعمدا be-amdā [ف.-ع.←عمد،عمدا] (قمر .) بعمد ، عمداً ، از روی قصد. ضح.- لغة باید «بعمد» یا «عمداً»(← عمداً) استعمال شود،ولی فصحای‌ایران «بعمدا» استعمال کرده‌اند:
«گفتی که شاه زنگ یکی سبزچادری بردختران‌خویش‌بعمدا بگسترید.» (بشار مرغزی. برگزیدهٔ‌شعرفارسی‌ج‌اص۴۰)

بعنف be-o'nf [ف.-ع.](قمر.) بزور، بجبر، جبراً. ‖ **~ در کاری شدن** . اقتحام، بجبروزوردر کاری داخل‌شدن.

بعوض be-evaz-e [ف.-ع.] (إمر.) ۱ - بجای، بدل. ۲ - بپاداش.

بعوضه baūza(-e) [=ع. بعوضة] (إ.) پشه.

بعول boūl [ع.] (إ.) ج . بعل ؛ شوهران .

بعوله boūla [=ع. بعولة](إ.)ج. بعل؛ شوهران .

بعید baīd [ع.] (ص .) ۱ - دور. (از لحاظ مکان ، خانواده ، بمیزان عقل)؛ مق. قریب، نزدیك.۲ - بیگانه.

بعید شدن b.-šodan (مص ل.)

۱ ـ دورشدن. ۲ ـ جدا شدن.

بعید کردن b.-kardan ۱ ـ (مص م.) روانه‌کردن. ۲ ـ (مص ل.) خود ـ راغایب کردن، پنهان شدن.

بعیده baīda(-e) [= ع. بعیدة] (ص.) مؤنث بعید (ه.م.)؛ دور: مسافات بعیده.

بعیر baīr [ع.] (اِ.) شتر، اشتر.

بغ baγ [= فغ، است. baγa] (اِ.) ۱ ـ خدا. ۲ ـ ایزد، فرشته. ۳ ـ بت، صنم. ‖ ~ بزرگ. خدای بزرگ.

بغا baγā (ص.) ۱ ـ مخنث، پشت پایی، هیز. ۲ ـ روسپی.

بغادده baγādeda [= ع. بغادة] (اِ.) ج. بغدادی، کسانی که ازاهل بغدادند.

بغاز beγāz [= پغاز] (اِ.) ۱ ـ قطعه چوبی که کفشگران میان کفش و قالب گذارند؛ پغاز، فانه، پانه، فهانه. ۲ ـ تکه‌چوبی که نجاران بوقت شکافتن چوب در شکاف آن گذارند؛ پغاز، فانه، پانه، فهانه.

بغاز boγāz [تر. = بوغاز] (اِ.) (جغ.) قسمت آب باریکی که دو دریا را بهم متصل میکند ویا دو خشکی را از هم جدا مینماید، مانند بغاز بسفر و بغاز داردانل که اولی دریای اسودرا بدریای مرمره و دومی دریای مرمره را بدریای اژه (بحرالجزایر) متصل مینماید، وآن هر دو آسیا را از اروپا جدا میکنند؛ باب، تنگه.

بغال beγāl [ع.] (اِ.) ج. بغل؛ استران.

بغامه baγāma(-e) (اِ.) غول، غول بیابانی.

بغاوت baγāvat [ازع.] (اِمص.) طغیان، سرکشی.

بغاوت‌کردن b.-kardan [ع.- ف.] (مص م.) ۱ ـ طغیان کردن، سرکشی کردن. ۲ ـ حمله‌کردن، یورش آوردن. ۳ ـ آزردن، جفاکردن.

بغات boγāt [= ع. بغاة] (ص.) ج. باغی ۱ ـ سرکشان، نافرمانان. ۲ ـ (فق.) اشخاصی ازتبعهٔ اسلام را گویند که ضد پیشوایان معصوم دین قیام نمایند، مانند خوارج نهروان که ضد علی ع قیام کردند. جهاد ومبارزه با این طایفه بر مسلمانان واجب است.

بغایت be-γāyat [ف.-ع.] (قمر.) ۱ ـ بنهایت، تا انتها، تا آخر. ۲ ـ بسیار، خیلی، بی اندازه: «این نسخه بغایت سقیم ومغلوط است.» ۳ ـ بشدت، بسختی.

بغبور baγ-būr [معر. بغپور = فغفور] (اِمر.) ← بغپور، فغفور (همع.)

بغپور baγ-pūr [سغ. baγpūr, ازپارتی bagpuhr faγfūr, faγpūr سنس. bhaga·putra] (ص‌مر.، اِمر.) ۱ ـ لغةً پسربغ، پسر خدا. ۲ ـ لقب پادشاهان چین، فغفور.

بغتاق boγtāγ [= بغطاق = بغلتاق = بغلطاق] (اِ.) ← بغلتاق.

بغتةً baγtat-an [ع.] (ق.) ناگاه، ناگهان، بناگاه، ناگاهیان.

بغچه boγča(-e) [تر. = بوغچه = بقچه] (اِ.) دستمال بزرگی که‌درآن جامه وانواع قماش پیچند.

بغچه باف b.-bāf [تر.-ف. = بقچه باف = بوغچه‌باف] (إفا.) آنکه بقچه (ه.م.) بافد، بافندهٔ بغچه (ه.م.)

بغچه بافی b.-bāf-ī [تر.-ف = بقچه بافی = بوغچه‌بافی] (حامص.) عمل وشغل بغچه باف (ه.م.)

بغاز

بغچه کش boɣča(-e)-kaš(keš) (إفا.) خادمی که بغچه (ه.م.) را حمل کند.

بغدادی baɣdād-ī (ص نسبـ.) منسوب به بغداد (ه.م.) ۱ - مربوط به بغداد، ساختهٔ بغداد. ۲ - ازمردم بغداد، اهل بغداد. ج. بغادده (بغاده).

بغرا baɣrā (إ.) خوك نر، خنزیر.

بغرا boɣrā [تر. = بوغرا] (إ.) آشی که ازخمیر- که بشکل رشته‌های دراز در آورند- ترتیب داده‌شود. ← بغراخانی.

بغراخانی boɣrā-xān-ī (ص نسبـ.) ۱ - منسوب به‌بغراخان (← بخش ۳). ۲ - قسمی آش که به بغراخان پادشاه ترکستان (← بخش۳) نسبت دهند ← بغرا.

بغراو boɣrāv (إ.) همهمه، غوغا، بانگ وفریاد.

بغرنج boɣranǰ (إ.) مشکل، دشوار، پیچ‌درپیچ، نارسا.

بغستان baɣ-estān [= فغستان= بهستان= بیستون] (إمر.) ۱ - خانهٔ بتان، بیت‌الاصنام. ۲ - خانهٔ خدا. ۳ - (إخ.) کوه بیستون← بخش۳.

بغض boɣz [ع.] (إ.) ۱ - دشمنی، کینه، خصومت،عداوت ؛مق.حب: «بغض اورا در دل گرفت.» ۲ - گرفتگی گلو ازغصه و عارض شدن مصیبتی. ‖ **بغض کسی ترکیدن.** ۱ - ازحالت گرفتگی وتأثر وخویشتن‌داری یکباره بگریه افتادن: «بغضش ترکید و بگریه‌زد.» ۲ - کینه آشکار کردن. ۳ - درنتیجهٔ گریستن تسکین خاطر یافتن.

بغضا baɣzā [= ع. بغضاء] (إ.) ← بغضاء.

بغضاء baɣzā' [ع.،ف.: بغضا] (إ.) ۱ - دشمنی، کینه، کین. ۲ - دشمنی سخت، کینهٔ شدید.

بغض کردن boɣz-kardan (مص ل.) ۱ - از غصه ومصیبت و گرفتگی وتأثر گریان وغمگین شدن وبخودفرو رفتن: «طفلك بر اثر ملامت بغض کرده.» ۲ - کینه گرفتن.

بغطاق baɣtāɣ [= بغتاق = بغلتاق = بغلطاق] (إ.) ← بغلتاق.

بغ کردن boɣ-kardan [بغض کردن؟] (مص ل.) (عم.) عبوس شدن، پژمان وترشرو بودن، چهره در هم کشیدن.

بغل baɣl [ع.] (إ.) استر (ه.م.)، قاطر (ه.م.). ج. بغال.

۱- بغل baɣal (إ.) ۱ - پهلو، کنار، آغوش. ۲ - جانب، طرف، سمت. ۳ - اندازه‌ای برای طول. ‖ **ـِ دست.** ۱ - زیربغل. ۲ - (عم.) کنار وپهلو: بغل دست شوفر (یعنی کنار شوفر) ‖ **ـِ ران.** اربیه، بن ران، زهار. ‖ **بن ـــ.** زیربغل (ه.م.) ‖ **زیر ـــ.** گودیی که بالای عضله یعنی درآنجا که متصل بکتف میگردد واقع است، جای پنهان، نهانگاه، بن‌بغل. ‖ **ـــ باز کردن.** ۱- درآغوش گرفتن. ۲- آماده شدن برای درآغوش کشیدن. ‖ **در ـــ گرفتن.** درآغوش کشیدن.

۲- بغل baɣal-e [← بغل] (حر. اض.) (عم.) نزدیك، تنگ: «تیك و تاك ساعت همینطور بغل گوشم صدا میدهد.» (صادق‌هدایت)

بغل‌بر baɣal-bor (إمر.) کنار، کناره، لب، حاشیه.

بغل بند baɣal-band (إمر.) ریسمان یاطنابی که درزیر بغل بسته میشود.

بغلتاق baɣaltāɣ [= بغتاق = بغطاق = بغلطاق] (إ.) ۱ - کلاه،

فرجی. ۲ - برگستوان.

بغل‌تری baɣal-tarī (إ.) خجالت، شرمندگی.

بغل‌چپ b.-čap (إمر.) (ور.) از بازیکنان تیم فوتبال وجزو گروه حمله است که در قسمت چپ زمین فعالیت می کند.

بغل دست b.-dast (إمر.) کسی یا چیزی که کنار شخص باشد، پهلویی، جانبی.

بغل راست b.-rāst (إمر.) (ور.) از اعضای گروه حملهٔ تیم فوتبال است که محل مأموریت او در قسمت راست زمین است.

بغل رفتن b.-raftan (مص ل.) بیك طرف رفتن.

بغل زدن b.-zadan (مص م.) ۱ - کسی یا چیزی را در آغوش گرفتن، بغل گرفتن. ۲ - ببدبختی دیگری شادی کردن. ۳ - (کن.) شماتت کردن، ملامت کردن.

بغل شش b.-šeš (إمر.) (خا ت.) نام یکی از انواع لاها (← لا) که در آن زاویهٔ ضلع مقابل بقاعدهٔ نخی که دارای مقطع مثلث متساوی‌الساقین است، منفرجه باشد. ‖ بغل‌شش بری. (خا ت.) تهیهٔ «بغل شش».

بغلطاق baɣaltāɣ [= بغلتاق = بغتاق = بغطاق] (إ.) ← بغلتاق.

بغلك baɣal-ak (إ.) ۱ - تریز جامه. ۲ - گرهی که درزیر بغل مردم بهم رسد ودیر پخته شود، عروسك.

بغل کردن baɣal-kardan (مص م.) در آغوش گرفتن: «بچه را بغل کرد.»

بغلك‌زدن baɣalak-zadan (مص م.) ۱ - شماتت کردن. ۲ - مسخره کردن.

بغل گشادن baɣal-gošādan ۱ - (مص م.) باز کردن آغوش. ۲ - ورزیدن، آزمودن، تجربه کردن. ۳ - (مص ل.) اظهار قوت کردن. ۴ - روان گشتن.

بغل گشودن b.-gošūdan (مص ل.) ۱ - بازکردن آغوش. ۲ - دست درازکردن. ۳ - جاباز کردن. ۴ - (کن.) وداع کردن، خداحافظی کردن.

بغل گیر b.-gīr ۱ - (إفا.) درآغوش گیرنده. ۲ - (ص.) شایستهٔ بغل گرفتن.

بغل گیری b.-gīr-ī (حامص. ← بغل‌گیر) درآغوش گرفتگی.

بغله baɣla [= ع. بغلة] (نث بغل) استر ماده، قاطرماده.

بغله baɣala(-e) [= بغل] (إ.) بغل (ه.م.)، إبط.

بغلی baɣl-ī (ص نسبـ.) منسوب به رأس‌البغل یهودی. ‖ درهم ـــ. درهم ایرانی، منسوب به رأس‌البغل.

بغلی baɣal-ī (ص نسبـ.) ۱ - هر چیز که بتوان در زیر بغل جای داد، از: دفتر و کتاب و غیره. ۲ - هر چیز خرد و کوچك. ۳ - (عم.) بطری کوچك (مشروب). ۴ - بیماریی است شتران‌را که ران را بشکم مالند. ۵ - شیشهٔ کوچك پهن که در آن آب لیمو وجز آن کنند. ۶ - نوعی از جرس. ۷ - زنگ کر و کم‌صدا. ۸ - (کشا.) مقدار غله‌ای که در زیر یك بغل جا میگیرد، و بعنوان قسمتی از حق نجاری و حق آهنگری به نجار و آهنگر ده و قریه میرسد. در سال ۱۳۲۷-۸ هش. (۱۹۴۹ م.) این مقدار به خرمن ۵ من تبریز گندم و ۵ من تبریز جو مصالحه شد. ۹ - فندی در کشتی گیری، یکی از

فنون‌کشتی ۱۰- (اصطلاح هندوستان) قرآن کوچکی که بسفر در بغل دارند.

بغند baγand (اِ.) پوستی غیر کیمخت که از آن کفش دوزند، غرغن.

بغوی baγav-ī [=ع. -īyy] (ص نسب.) منسوب به بغ یا بغشور (← بخش ۳: بغ)، از مردم بغ یا بغشور.

بغی baγy [ع.] ۱ - (مص م.) ستم کردن، تعدی کردن، تجاوز کردن. ۲ - فزونی‌جستن. ۳- ازحددر گذشتن. ۴ - (اِمص.) نافرمانی، سرکشی، گردنکشی. ۵ - ستم،ظلم. ۶ - افزون جویی. ۷ - گمراهی، ضلالت.

بغی baγī [=ع. -īyy] (ص.) بدکار، بدکاره.

بغیاز baγ-yāz [=فغیاز (ه‌.م.)، بجای بغیاذ، فغیاذ] (اِ.) ۱ - پول اندکی که علاوه براجرت استاد بشاگرددهند؛ شاگردانه. ۲ - بهای شیرینی که در وقت جامهٔ نو پوشیدن بخش کنند؛ پول شیرینی. ۳ - مژده، نوید.

بغیازی baγyāz-ī [= فغیازی، بجای بغیاذی، فغیاذی] (ص نسب.) ۱ - شاگردانه. ۲ - مژدگانی، نوید.

بغیر be-γayr-e [ف.-ع.] (قمر.) بغیر از (ه‌.م.)، بجز. ضح. ـ لازم‌الاضافه است. ‖ ~ از. (قمر.) بجز، بغیر: «آن کوه بغیر ازیک راه پیچاپیچ معبری ندارد.»

بغیض baγīz [ع.] (ص.) دشمن‌داشته، دشمن روی.

بغی کردن baγy-kardan (مص م.) ۱ - ستم کردن، تعدی کردی، تجاوز کردن. ۲ - نافرمانی کردن، یاغی‌شدن، سرکشی کردن، عصیان ورزیدن.

بغیه boγya [=ع. بغیة] (اِ.) آرزو، خواهش، دلخواه.

بف baf [قس. بفتری] (اِ.) افزار جولاهگان، دفتین.

بفاصله be-fāsela(-e) [ف.-ع.] (قمر.) ازهم‌دور، بافاصله.

بفت baft [= بافت] (اِمف.، اِ.) بافت، بافته: زربفت.

بفتری baf-tar-ī [← بف] (اِمر.) ۱ - دفتین، افزار جولاهگان، بف. ۲ - کارگاه جولاهی.

بفته bafta(-e) [= بافته] (اِمف.) بافته (ه‌.م.)، منسوج.

بفج bafǰ [= پفج] (اِ.) ۱ - کف‌دهان. ۲ - آبی که در وقت سخن گفتن از دهان مردم بیرون افتد.

بفخم ba-fxam (ق.) بسیار، زیاد، کثیر:

«بدان ماند بنفشه برلب جوی
که برآتش نهی گوگرد بفخم.» (منجیک)

بفور be-fawr (fowr .ند) [ف.-ع.] (قمر.) فی‌الفور، در حال، بزودی، فوراً.

بق baγ(γ) [ع.] (اِ.) پشهٔ بزرگ، پشه.

بقا baγā [= ع. بقاء] ← بقاء.

بقاء baγā' [ع.، ف.: بقا] ۱ - (مص ل.) زیستن، زندگانی کردن، زنده ماندن. ۲ - پایدار ماندن، پایستن، جاوید بودن. ۳ - (اِمص.) زیست، زندگانی. ۴ - پایداری، همیشگی، پایندگی، جاویدانی: «بقا خاص حق تعالی است.» ‖ ~ ی عمر کسی بودن. عمروزندگانی کسی پایدار ماندن، سر کسی بسلامت بودن. (پس از مرگ کسی بنزدیکان و خویشاوندان وی گویند: بقای عمرتو باد.) ‖ دار ~.

(سرای بقا) آخرت، جهان دیگر. ‖ کشور ~. آخرت، دار بقا.

بقاع beɣa' [ع.](اِ.)ج. بقعه؛ بقعه‌ها، خانه‌ها، سرای‌ها. ضح.- اغلب بضم باء تلفظ میشود ولی صحیح بکسر است و شاید این اشتباه از کلمهٔ بقعه که بباء مضموم است نشأت کرده باشد. ‖ ~ **خیر.** صومعه‌ها، خانقاه‌ها، تکیه‌ها. ‖ ~ **متبرکه.** مشاهد و مقابر بزرگان دین و ایمه.

بقاعده be-ɣāeda(-e) [ف.-ع.] (قمر.) بحال طبیعی، بترتیب، بانظم، موافق ترتیب و انتظام، موافق قاعده و قانون.

بقال baɣɣāl [ع.](ص.، اِ.) فروشندهٔ مأکولات ازقبیل غله و بقولات و ماست و پنیر و روغن و کشك و عسل و شیره و سرکه و آبغوره و خرما و دیگر میوه‌ها، خواربار فروش. ضح.- در کتب لغت بمعنی سبزی فروش است و خواربار فروش را در عربی «بدال» گویند.

بقالی baɣɣāl-ī (حامص.) ۱- عمل و شغل بقال (ه.م.)، خواربارفروشی. ۲- دکان بقال (ه.م.)

بقاول baɣāvol(-val) [تر. = بکاول](ص.، اِ.) ۱- بزرگ، ریش سفید مطبخ و خوانسالار، بکاول. ۲- ناظر. ۳- آبدار، شرابدار. ۴- آنکه مأمور چشیدن اغذیهٔ پادشاهان و امیران بود. ← بکاول.

۱- بقاولی baɣāvol-ī(-val-ī)(تر.-ف. = بکاولی) (ص نسب.) منسوب ومتعلق به بقاول (ه.م.)، لوازم مطبخ و آشپزخانه.

۲- بقاولی baɣāvol-ī(-val-ī) [تر.-ف.= بکاولی](حامص.) عمل و شغل بقاول (ه.م.)

بقایا baɣāyā [ع.] (اِ.) ج. بقیه. ۱- باقیمانده‌ها، تتمه‌ها، مانده‌ها: بقایای مطالبات وصول شد. ۲- آثار، رسوم. ۳- مالیات پس افتاده (غم.) ‖ **نویسندهٔ** ~. کسی که بقایای مالیاتی را ثبت میکرده و مینوشته است: «نویسندهٔ بقایا مبلغ بیست تومان مواجب داشته.»

بقچه boɣča(-e) [تر. = بغچه ← بوغچه] (اِ.) ← بغچه.

بقچه‌باف b.-bāf [تر.-ف.] (اِفا.) ← بغچه باف.

بقچه‌بافی b.-bāf-ī [تر.-ف. = بغچه‌بافی](حامص.) ← بغچه‌بافی.

بقدر be-ɣadr-e [ف.-ع.] (قمر.) ۱- باندازهٔ. ۲- بحسب. ۳- موافق. ضح.- لازم‌الاضافه است. ‖ ~ **احتیاج.** بر حسب حاجت و ضرورت. ‖ ~ **امکان.** باندازه‌ای که ممکن است. ‖ ~ **طاقت.** باندازهٔ طاقت، موافق طاقت. ‖ ~ **مراتب کسی.** بر حسب درجات وی، بملاحظهٔ قابلیت او.

بقدری be-ɣadr-ī [ف.-ع.] (قمر.) بسیار، خیلی زیاد.

بقر baɣar [ع.](اِ.) گاو (نر یا ماده) واحد: بقره.

بقرار be-ɣarār-e [ف.-ع.](حر.اض.مر.) ازقرار، بموجب، بشرح: بقرار مذکور در فوق.

بقراری be-ɣarār-ī [ف.-ع.](قمر.) ~ **که.** ازقراری که، بشرحی که.

بقربقو baɣar-baɣū [= بقره بقو] (اِصت.) عرعر، داد و فریاد.

بقره بقو baɣara-baɣū [= بقربقو] (اِصت.) ← بقربو.

بقس baɣs [معر. لا. buxus] (اِ.) ۱- (گیا.) شمشاد (ه.م.) ۲- (گیا.) گزمازك (ه.م.)

بقسمات boγsamāt [= بکسمات] (اِ.) بکسمات (ه.م.)

بقسمی be-γesm-ī [ف.-ع.] (ق مر.) بنحوی، بطوری: بقسمی با او رفتار کرد که وی مریدش شد. ‖ ~ که. بنحوی که، بطریقی که.

بقصد be-γasd [ف.-ع.] (ق مر.) باقصد، قصداً، باعزم، با ارادهٔ خود، بالاراده.

بقطع be-γat' [ف.-ع.] (ق مر.) قطعاً، یقیناً، بالقطع.

بقع boγa' [ع.] (اِ.) ج. بقعه (ه.م.)؛ بقعه‌ها.

بقعه boγ'a(-e) [= ع. بقعة] (اِ.) ۱ - پاره‌ای زمین ممتاز از زمین حوالی خود. ۲ - قطعه‌ای از زمین (مطلقاً). ۳ - بنا، عمارت، خانه، سرای. ۴ - مزار ایمه و بزرگان دین؛ مدفن متبرك. ۵ - قطعه زمینی که زیارتگاهی در آن قرار گرفته باشد. ۶ - جای، مقام. ۷ - صومعه، خانقاه. ج. بقاع، بقع.

بقعه

بق کردن boγ-kardan [= بغ کردن] (مص ل.) (عم.) ← بغ کردن.

بقل baγl [ع.] (اِ.) (گیا.) هر گیاهی که زمین بدان سبز گردد، اسم عام سبزیها و علوفه‌های خوراکی؛ سبزی، تره. ج. بقول. نسبت: بقلی (ه.م.)

بقله baγla(-e) [= ع. بقلة] (اِ.) (گیا.) ۱ - واحد بقل (ه.م.)؛ یك دانه تره، یك عدد سبزی. ۲ - (گیا.) خبازی بستانی را گویند ← خبازی.

بقلی baγl-ī (ص نسبـ: بقل) ۱ - منسوب به بقل (ه.م.)، فروشندهٔ بقل. ۲ - (اِخ.) گروهی بدین نام شهرت دارند (← بخش ۳).

بقم baγam [معر. بکم = بکم] (اِ.) (گیا.) ۱ - درختی[۱] از تیرهٔ پروانه‌واران[۲] که ارتفاعش تا ۱۲ متر میرسد. در ضخامت بافتهای این گیاه مادهٔ رنگینی بنام هماتین یا هماتوکسیلین وجود دارد که برای ساختن رنگهای بنفش، آبی، سرخ، خاکستری و سیاه استخراج میگردد و در رنگرزی پارچه‌های ابریشمی و پشمی بکار میرود، زیرا در این نوع پارچه‌ها رنگش ثابت‌تر است و در پارچه‌های پنبه‌یی و کتانی دوام کمتری دارد. اصل این گیاه از مکزیك و هندوراس و جزایر آنتیل و کادلوپ و مارتینیك میباشد؛ درخت بقم، چوب بقم، شجرة الخشب البقم، بقم اسود، بکم. ۳ - (رنگرزی) رنگ استخراج شدهٔ از درخت بقم ↑.

بقم

بقنقومون beγnoγūmūn [معر. یو. pycnocomon] (اِ.) (گیا.) سیب زمینی هندی (ه.م.)

بقوت be-γovvat [ف.-ع.] (ق مر.) ۱ - بالقوه: «و بدین جهت گویند هر چیزی را: یا بقوتست یا بفعل، و هر چه شاید بودن و هنوز نیست...» (دانشنامهٔ علائی. الهی - ص ۶۲.) ← قوه. ۲ - بازور، با فشار.

بقول be-γawl-e (-γowl-e) [ف.-ع.] (اِمر.) مطابق قول، موافق گفتار، بگفتهٔ: «بقول سعدی: نه هرچه بقامت مهتر بقیمت بهتر.»

بقول boγūl [ع.] (اِ.) ج. بقل؛ تره‌ها، سبزیها ← بقل. ج. بقولات (ه.م.)

بقولات boγūl-āt [ع.] (اِ.) ج. بقول (غفص.) (گیا.)؛ دانهٔ گیاهانی از قبیل نخود و لوبیا و باقلا و عدس و ماش

۱-Haematoxylon campechianum (لا.), campêche. (فر.)
۲ -Légumineuses.(فر.)

۵۵۷ بکارآمده

و غیره که از غذاهای مهم انسان است[۱]. بقولات علاوه بر موادنشاسته‌یی حاوی مقادیر بسیار مواد پروتیدی هستند. معمولا در فارسی بقولات را مرادف با حبوبات استعمال میکنند.

بقوتی be-γovvat-ī [ف.-ع.] (حامص.) بالقوه بودن: «پس هرچیزی اول از بقوتی باین روی خالی نه‌اند.» (دانشنامهٔ علائی. الهیات. ص۱۱۵).

بقه boγa(-e) (اِ.) (جان.) گاوتخمی، گاونری که از آن برای تولید مثل استفاده میکنند[۲].

بقیاس be-γīyās [ف.-ع.← قیاس] (قمر.) قیاساً، تخمیناً، حدساً: «بقیاس که هنوز در نقم (= نقب) باشد.» (فرامرز. سمک‌عیار. ج ۱ص۱۷۹).

بقیت baγīyyat [= بقیه = ع. بقیة] (اِ.) ← بقیه.

بقیع baγī' [ع.] (اِ.) ۱ - جایی که در آن درختان گوناگون باشد. ۲ - (اخ.) ← بخش۳.

بقیه baγyya (-e) [ع.] (اِ.) ۱ - [= ع. بقیة ← بقیت] (اِ.) ۱ - باقی، باقی مانده، بازمانده، مانده، بجا مانده. ۲ - دنباله، ادامه. ۳ - (مس.) آن بعد (ه.م.) که‌هیچ پرده (ه.م.) در بین نداشته باشد؛ مق. طنینی، مجنب.

۱-بک bak [= پک = وک، پهـ. vak] (اِ.) (جان.) قورباغه، ضفدع، وزغ، غوک.

۲-بک bak (اِ.) (گیا.) خیاردشتی.

۳-بک bak (اِ.) ۱ - گریزگاه. ۲ - جنگل، بیشه. ۳ - دشت‌غیرمزروع.

۴-بک bak [انگ. back، پشت] (اِ.) تیم فوتبال مرکب از یازده تن است که هر یک در قسمتی اززمین مأمورهستند برای دفاع درمقابل حمله‌هایی که به گلر (دروازه‌بان) میشود دوتن که «بک‌راست» و «بک چپ» نامیده میشوند در جلو گلر وپشت سربازیکنان مستقرهستند. معمولا قدرت‌پای‌بک از دیگران بیشتر است و وقتی که توپ از خط دروازه خارج شود، پس ازسوت داور ضربهٔاول همیشه بوسیلهٔ بک زده میشود. ‖ ~ **چپ.** از افراد دفاعی فوتبال است ← بک. ‖ ~ **راست.** ازاعضای دفاعی تیم فوتبال است ← بک.

بک bek (اِ.) انگشت، زغال، زگال.

بک bok (اِ.) ۱ - نوعی کوزهٔ‌دهن‌تنگ که گردنش کوتاه‌و شکمش پهن و گرد است، تنگ. ۲ - نوعی غلیان سفالین، غلیان‌بک ← ‖ **غلیان** ~ . نوعی غلیان سفالین ↑.

بکا bakkā [= ع. بکاء] (ص.) ← بکاء.

بکا bokā [=ع. بکاء] ← بکاء.

بکاء bakkā' [ع.، ف.: بکا] (ص.) بسیار گرینده، بسیار گریه کننده.

بکاء bokā' [ع.، ف.: بکا] ۱ - (مص ل.) گریستن، گریه کردن. ۲ - (امص.) گریه.

بکار be-kār ۱ - (ص‌مر.) درکار، مشغول، مشغول بکار. ۲ - با فایده. ۳ - مستعمل. ۴ - درخورکار، شایستهٔ کار.

بکار آمد be-kār-āmad (ص‌مر.) ۱ - کاردان، کارکن. ۲ - درست. ۳ - سزاوار کار.

بکار آمده be-kār-āmada(-e) (امف.) کارکرده، مجرب.

۱- Légumes (فر.).

۱-Taureau (فر.), bos taurus(لا.)

بکارآورنده

بکار آورنده be-kār-āvaranda(-e) (اِفا .) ۱ ـ آنکه کسی یا چیزی را بکار دارد . ۲ ـ (فل.) علت، عامل. ‖ ~ فاعل. (فل.) علت فاعلیت فاعل. ← بکارآورنده.

بکارت bekārat [=ع. بکارة] ۱ـ (مص ل.) دوشیزه بودن. ۲ـ (اِمص.) دختری، دوشیزگی . ۳ ـ تازگی . ‖ ازالهٔ ~ کردن. دوشیزگی دختر را ربودن ، بیرون آوردن دختر ازحالت دختری. ‖ ازالهٔ ~ بجبر. (فقه.، حقو.) بزور در دختری دخول کردن و پردهٔ دوشیزگی وی را پاره کردن . ‖ پردهٔ ~ . مهر وپردهٔ دختری ودوشیزگی. ‖ مهر ~ . (اض. تشبیهی) دوشیزگی که همچون کیسهٔ سر بمهر یا درج و یا مکتوب ممهور باشد .

بکارت گرفتن b.-gereftan (مص م.) ازالهٔ بکارت کردن ، دوشیزگی دختر راربودن ودخول کردن دروی.

بکار داشتن be-kār-dāštan (مص‌م.) وادار بکاری کردن ، بکار گماشتن .

بکارگماشتن be-kār-gomāštan (مص‌م.) بکارداشتن(ه.م.)

بکاول bakāvol(-val) [تر. = بقاول] (ص.اِ.) ۱ ـ مباشر تهیهٔ غذا وآشامیدنی جهت شاهان وامیران. ۲ ـ مأمور سررشته‌داری قشون که ازجملهٔ وظایف او پرداخت مزد سپاهیان و تقسیم غنایم بوده‌است (ایلخانان مغول وتیموری). ۳ ـ متصدی سررشته داری که مأمور تهیهٔ غذا برای سکنهٔ «مدرسه» و «خانقاه» بود (تیموری) ← بقاول.

۱ـ بکاولی bakāvol-ī (-val-ī) [تر.ـف = بقاولی](ص نسبـ.) منسوب ومتعلق به بکاول (ه.م.) ؛ لوازم مطبخ وآشپزخانه .

۲ ـ بکاولی bakāvol-ī (-val-ī) [تر.ـف.= بقاولی] (حامص .) شغل وعمل بکاول (ه.م.)؛ بقاولی.

بکات bokāt [=ع. بکاة](ص اِ.) ج. باکی ؛ گریه‌کنندگان، گریندگان.

بکبکه bakbaka(-e)(اِ.) نان‌خورشی که ازکشك و روغن آمیخته سازند . ضح.- در عربی بمعنی ازدحام ، آمد ورفت، انداختن‌چیزی را بریکدیگر، جنبانیدن، برگردانیدن متاع، بانگ کردن گوسفند ماده بچه‌را، آمده.

بکتاش bak-tāš [تر. ـ بك = بیك + تاش. پس . اشتراك] ((اِمر .) ۱ ـ هریك‌ازخادمان یك امیر. ۲ ـ بزرگ یك دسته، بزرگ ایل.

بکتر baktar [تر.= بگتر] (اِ .) نوعی از لباس‌جنگ است، وآن‌مرکب است از آهنی‌چندکه‌بهم وصل کرده‌اند و بر روی آن‌مخمل و زربفت وامثال آن کشیده‌اند .

بکترپوش b.-pūš [تر.ـف. = بکتر پوش] (اِفا.) ۱ ـ زره پوشنده . ۲ ـ سلاح‌پوش، مسلح.

بکتغدی bak-toγdī [تر.](ص‌مر.، اِمر.) بزرگزاده.

بکثرت be-kasrat [ف ـع.] (ق مر.) بطور فراوانی، به‌بسیاری.

بکر bekr [ع.] (ص.) ۱ ـ دختر، دوشیزه. ۲ ـ تازه، دست ناخورده، نو- آیین. ۳ ـ اندیشه‌وتصوری که پیشتر در ذهن کسی خطور نکرده باشد .ج. بکران. ‖ اندیشهٔ ~ ← فکربکر. ↓ ‖ ~ پوشیده‌روی . شراب‌انگوری‌که هنوز در خم بودوکسی از آن نخورده باشد، بکر مشاطهٔ‌خزان. ‖ فکر ~ . اندیشه‌ای که پیش‌ازاین در ذهن کسی خطور نکرده باشد. ‖ کار ~ . کار

نو که کسی پیشتر بدان اقدام نکرده باشد. ‖ مضمون ــــ . مضمونی که پیش از این کسی نگفته باشد. ‖ موضوع ــــ . موضوعی که قبلا مورد بحث قرار نگرفته باشد.

بکرات be-karrāt [ف.ـ ع.](ق مر.) بدفعات، مکرراً، بارها، چندین بار. ‖ ــــ و بمراتب. بارها، مکرراً.

بکران bekr-ān [ع.ـ ف. ← بکر] (اِ.) ج. بکر (ه‍.م.) ‖ ــــ چرخ. (کن.) ستارگان آسمان. ‖ ــــ بهشت. (کن.) حوریان بهشتی.

بکران bokrān [= بنکران]. (اِ.) برنج وهر چیزی دیگر که در ته دیگ طعام چسبیده و بریان شده باشد، ته‌دیگ.

بکرایی bakrā-yī [آرام. bakrā، گیاهان ومیوه، تره] [= بکروی](اِ.) (گیا.) توسرخ (ه‍.م.)

بکرتراشی bekr-taraš-ī (حامص) (حامص.) (کن.) ایجاد کردن مضمون غریب و تازه.

بکردار be-kerdār-e (ق مر.) بطریقه، مانند، مثل. ضح.ـ لازم الاضافه است.

بکر نگاه bekr-negāh [ع.ـ ف.] (ص مر.) معشوقی که هنوز دلربایی نیاموخته باشد.

بکروی bakravī [= بکرایی](اِ.) (گیا.) ← بکرایی.

بکره bokra(-e) [= ع. بکرة](اِ.) بامداد پگاه، پگاه.

بکری bekr-ī [ع.ـ ف.](حامص.) ۱ ـ دوشیزگی، بکر بودن. ۲ـ تازگی.

بکزادگی bak-zāda(e)g-ī [تر.ـ ف. = بیک‌زادگی] (حامص.) بزرگ‌زادگی، نجیب زادگی.

بکزاده bak-zāda(-e) [تر.ـ ف. = بگزاده = بیکزاده = بیگزاده] (ص مر.) ۱ ـ امیرزاده. ۲ ـ بزرگزاده، نجیب زاده.

بکسمات baksamāt [= بقسمات، یو. paximāδi] (اِ) نوعی نان روغنی که خمیر آنرا چهارگوش بریده بپزند و جهت توشهٔ راه مسافران با خود برند؛ نوعی نان قاق (کعك) که بصورت گرده‌های کوچك در سمنان و قرای اطراف آن سازند و با چای خورند؛ بقسمات.

بکسه boksa(-e) (اِ.) قطعه‌ای از گوشت.

بکشه bakša(-e) (اِ.) ریشی (زخمی) که بر شکم و گردن مردم بر آید.

بکلربك bak-lar-bak(be.-) [= بکلربگ = بیگلربیگ][تر.](اِمر.) ← بیگلربیگ.

بکلربکی bak-lar-bak-ī(be.-) [تر.ـ ــــ بگلربگی = بیگلربیگی] (حامص.) ← بیگلربیگی.

بکلی be-koll-ī [ف.ـ ع.] (قمر.) کلاً، تماماً، تمام.

بکم bakm [ع.] ۱ ـ (مصل.) گنگ شدن. ۲ ـ (اِمص.) گنگی.

بکم bakam [ــــ بقم، معر.](اِ.) ← بقم.

بکم bokm [ع.] (اِ.) ج. ابکم؛ گنگان، لالان. ‖ صم و ــــ . کران و گنگان، کر و گنگ: «صم و بکم نشسته است.»

بکمال be-kamāl (قمر.) کامل، کاملاً.

بکن be-kan [← کندن](ص مر.) (عم.) آنکه از مردم بحیله‌های مختلف پول و مال استخراج کند، کسی که دیگران را استثمار کند. ضح.ـ در تداول غالباً bekkan گویند.

بکن be-kon(bo.-) (ص.) کسی که کثیر الجماع باشد، آنکه بسیار جماع کند.

بکور bakūr [ع.] (ا.) ۱- باران اول. ۲- خرمابن زود رس.

بکور bokūr [ع.] ۱- (مص ل.) پگاه خاستن. ۲- بامداد رفتن. ۳- بامداد کردن. ۴- (امص.) پگاه خیزی، سحر خیزی.

بکوریت bokūr-īyyat [ع. = بکوریة] (مص جع.) اکبریت اولاد، ارشدیت فرزندان.

بك ولك bok-a-lok [= پك‌ولك اتباع) ۱- (ص.) ناهموار، درشت. ۲- (ا.) بی‌عقلی. ۳- بی‌هنری.

بکونك bakūnak [= بکونه] (ا.) شمشیر چوبین.

بکونه bakūna [= بکونك] (ا.) ← بکونك.

بکی bakī [-īyy. ع=] (ص.) بسیار گریه کننده.

بگ bag, beg [تر. = بیگ = بك = بیك] (ص.) ← بیگ.

بگاه be-gāh [= بگاه = بگه] (ق مر.) ۱- بوقت، بموقع؛ مق. بیگاه. ۲- صبح زود، هنگام فجر. ‖ بگاه‌تر. زودتر.

بگتر bagtar [تر. = بکتر] (ا.) ← بکتر.

بگتر پوش bagtar-pūš [تر.-ف. = بکتر پوش] (افا.) ← بکتر پوش.

بگرس bagras (ا.) پارچه‌ای بوده که آب درآن کم سرایت میکرده.

بگزاده bag-zāda(-e) (be.-) [تر.-ف. = بیگزاده = بکزاده = بیکزاده] (ص مر.) ← بکزاده.

بگلر bag-lar, beg- [تر. = بیگلر] ← بیگلر.

بگلربگ bag-lar-bag, beg.-beg- [تر. ← بیگلربیگ] (ص مر.، امر.) ← بیگلربیگ.

بگلربگی b.-l.-bag-ī, .-beg-ī [تر. = بیگلربیگی] (حامص.، امر.) (حامص.) ← بیگلربیگی.

بگم bagam [= بقم. معر.] (ا.) (گیا.) ← بقم.

بگم begom [تر. = بیگم.] (ا.) ← بیگم.

بگماز bagmāz [تر. = بکماز = بکمز = بگمز] (ا.) ۱- غم واندوه. ۲- مهمانی.

بگماز begmāz [تر. عم. پکمز] ۱- (ا.) شراب، باده. ۲- پیالهٔ شراب. ۳- باده گساری.

بگماز کردن be.-kardan (مص م.) ۱- مجلس شراب داشتن. ۲- مهمانی کردن، ضیافت دادن.

بگنی bagan-ī [= پکنی] (ا.) ۱ شرابی که ازبرنج وارزن وجو وما نند آنها سازند، بوزه.

بگنی bagnī [= پگنی، قس. پنگان] ← پگنی.

بگومگو bo-gū-ma-gū (امص.) گفتگو، جر وبحث.

بگو مگو کردن b.-m.-kardan گفتگو کردن، جروبحث کردن، مباحثه کردن.

بگو نگو bo-gū-na-gū (امص.) (عم.) (ا.) ← بگومگو.

بگو نگو کردن b.-n.-kardan (مص ل.) (عم.) ← بگومگو کردن.

بگونیا begoniyā [bégonia. لا] (ا.) (گیا.) گیاهی از تیرهٔ بگونیاها[۱] که اصلش از آمریکای مرکزی است.

۱- Bégoniacées. (فر.)

درحدود ۴۰۰ گونه از این گیاه شناخته شده که همه دارای گلهای زیبای سرخ یا سفید یا صورتی میباشند. گلبرگهای این گیاه بصورت متقابل دوتایی برابر هم قرار گرفته اند. برگهایش غالباً رنگین و پهن و متناوب و رگبرگهایش واضح و پنجه‌یی است. این گیاه بعنوان یك گل زمینی در اکثر نقاط دنیا وهمچنین در گلخانه‌ها و باغچه‌ها پرورش میبابد؛ بغونیا، بجونیه، بگونیای متعارفی، بگونیای معمولی.

بگه be-gah [= بگاه] (قمر.) ← بگاه. ‖ بگهتر. [= بگاه‌تر.] ← بگاه‌تر (← بگاه).

بگیر begīr (اِ.) (گیا.) فلوس (ه‌م.)

بگیر بگیر be-gīr-be-gīr [← گرفتن] (اِمر. از فع.) توقیف افراد بسیار، بازداشت عده‌ای از مردم.

بگیر و ببند be-gīr-o-be-band [← گرفتن، بستن] (اِمر. از فع.) ۱- توقیف، مقیدساختن، حبس کردن، قید کردن: «امروز بگیروببند عجیبی در بازار بود.» ۲- حکومت نظامی.

۱- بل bal [bal در قاین و بیرجند بمعنی جفت در بازی، ودر حصار و نامق (تربت حیدریه) بمعنی همبازی] (ص.، اِ.) جفت، هم بازی:

«تویی که بر تو نباشد مرا نظیر و بدل
منم که از تو نگردم جدا بتیغ اجل.»
«بیا که در همه عالم به مهربانی ما
کسی که عاشق صادق دگر نبیند بل.»

(دیوان نزاری قهستانی عکسی. لنین گراد ۴۲).

۲- بل bal (اِ.) پاشنهٔ پای.

۳- بل bal [ع.] (حر. عط.) بلکه:
«نبود دندان لا، بل چراغ تابان بود.»
(رودکی) ضح ۱- «بل» حرفیست بمعنی اضراب یعنی اعراض و اگر پس از آن جمله واقع شود بمعنی اضراب و ابطال خواهد بود. ضح ۲ - گاه در جمله‌ای که «بل» آمده فعل را حذف کنند.

۱- بل bel (اِ.) (گیا.) درختی است درهندوستان که میوه‌ای شبیه به (آبی) دارد؛ نارهندی، بل شیرین، طرثوث.

۲- بل bel [= ول، مخ. بهل] (امر از هشتن وهلیدن) بگذار، بهل:

«مرا گویی بگو حال دل خویش
دلت خونی شود بل تا بگویم.»

(شرف شفروه‌ای)

۱- بل bol (ص.) احمق، نادان:

«من بلم، خودرا اگر زخمی زدم بر خود زدم
ور بطراری ربودم رخت طراری چه‌شد؟»

(مولوی)

۲- بل bol (اِ) (گیا.) سنجد (ه‌م.)[1]

۳- بل bol (اِ.) (عم.) آلت مردی بچهٔ کوچك.

۴- بل bol (اِ.) (عم.) در گال بازی (= الك دولك) معمول درحصار ونامق (تربت حیدریه) مصطلح و آن وقتی است که یکی از بلهای حریف گال را در هوا بگیرد، بدین طریق سرنوشت بازی عوض میشود ← بل گرفتن.

۵- بل bol (پش.) بسیار، در ترکیبات مانند: بلغاك (ه‌م.)، بلغنده (ه‌م.)، بلکامه (ه‌م.) ضح.- بعضی «بل» را در بلعجب، بلهوس، و بلفضول ازین مقوله دانند و صحیح نمینماید ← ۶- بل ↓.

۶- بل bol [مخ. ع. بوال... = ابوال...] در آغاز اعلام (اسم خاص) مانند: بلقاسم (= بوالقاسم = ابوالقاسم)، بلحسن (= بوالحسن = ابوالحسن)، بلفضل (= بوالفضل = ابوالفضل)، بلمعالی

بگونیا

۱ - Elaeagnus angustifolia (.لا)

بلادر

(= بوالمعالی = ابوالمعالی) ، یا در اول اسماء معنی عربی مانند: بلعجب (= بوالعجب = ابوالعجب) ، بلهوس (= بوالهوس=ابوالهوس) ، بلفضول (= بوالفضول = ابوالفضول) در آید ← ۳ - بو، ابو.

بلا balā [= ع. بلاء] (اِ.) ← بلاء.

بلا be-lā [ع.] (پش.) بی ، بدون . ضح ۱ - این کلمه بر سر اسما و مصادر عربی در آید، مانند: بلا تردید ، بلا-تشبیه، بلاتوقف، بلاجهت، بلا خلاف ، بلاشبهه، بلاشك، بلاعوض ، بلافایده . ایرانیان گاه آنرا بر سر اسمای فارسی در-آورند: بلادرنگ ، و آن فصیح نیست. ضح ۲ - برای ترکیبات مسبوق به «بلا» ← بخش ۲.

بلاء balā' [ع.، ف.: بلا] (اِ.) ۱ - آزمایش، آزمون، امتحان. ۲ - سختی، گرفتاری ،رنج . ۳ - مصیبت ،آفت . ۴ - بدبختی که بدون انتظار و بی-سبب بر کسی وارد آید. ۵ - ظلم وستم. ۶ - (عم.) بسیار زرنگ، محیل، حیله گر. ‖ ~ ی آسمانی. (کن.) آفت بزرگ ناگهانی . ‖ ~ ی جان. ۱- آنکه یا آنچه موجب مزاحمت است . ۲ - معشوق ، محبوب. ‖ ~ ی سیاه. ۱ - فتنه، آشوب. ۲ - رنج، گزند، محنت. ۳ - تعدی، جور ، آزار. ۴ - تشویش ، پریشانی. ‖ ~ بسر کسی آوردن. کسی را گرفتار زحمت کردن. ‖ خوردن ~ به... (عم.) اصابت بلا به...: «بلات بخورد بجانم.»

بلاانگیز balā-angīz [ع. - ف.] (اِفا.، ص.) ۱ - برانگیزانندهٔ فتنه . ۲ - گزندآور. ۳ - بدبخت.

بلاانگیزی b.-angīz-ī [ع.-ف.] (حامص.) عمل بلاانگیز(ه.م.)، حالت بلاانگیز.

بلابس balābes (اِ .) (گیا.) ترهٔ بیابانی ← تره

بلاج balāǰ (اِ.) ۱ - بوریا، حصیر. ۲ - (گیا.) گیاهی که از آن بوریا بافند.

بلاچین balā-čīn [ع.-ف.= بلا-چیننده](اِفا.) بلاگردان(ه.م.)

بلاد balād [= بلاده = بلایه]← بلاده، بلایه.

بلاد belād [ع.] (اِ.) ج. بلدة. ۱ - شهرها: «درجمیع بلاد گردش کرد.» ۲ - ناحیه‌ها؛ نواحی. ضح. - این کلمه در ترکیب اسمای امکنه برای افادهٔ مفهوم مملکت و کشور بکار رود مثلاً بلادالعرب بعربستان، بلادالروم بمملکت رومیان، اطلاق شود. ‖ تخطیط ~ . جغرافی (علم).

بلادانه balā-dāna(-e) (اِمر.) (گیا.) ← مهر گیاه ۲.

بلادانه (گل و میوهٔ آن)

بلادت balādat [=ع. بلادة] ۱- (مص ل.) کند فهم بودن ، کند ذهن بودن. ۲ - کاهل شدن. ۳ - (اِمص.) کندهوشی، دیریابی، کندذهنی، کودنی؛ مق. ذکاء، فطنت.

۱- بلادر balādar, -dor [هند.= بلادور، بلاذر] (اِ.) (گیا.) گیاهی[1] از تیرهٔ سماقیان[2] که غالباً بصورت درختچه

1- Anacarde, Anacardier (فر.)
2- Térébinthacées (فر.)

میباشد . اصل این گیاه از آمریکای مرکزی‌است. برگهایش‌متناوب وساده وکامل است. گلهایش بشکل‌خوشه در انتهای ساقه قرار دارند . میوه‌اش فندقه[۱] ولوبیایی شکل که دم میوه‌اش[۲] محتوی‌مواد ذخیره‌یی‌است‌و گوشت‌آلود و ازخود میوه حجیم‌تر شده بشکل یك گلابی کوچك دربالای میوه قراردارد وبنام‌سیب آکاژو[۳] دربرزیل‌خورده‌میشود. میوه اش نیز بنام جوزآکاژو[٤] محتوی مواد اسیدی وسوزاننده است‌ودر تداوی مصرف میشود. پوست این‌گیاه بعنوان قابض در تداوی استعمال میشود و از این گیاه نیز صمغی بنام صمغ آکاژو استخراج میکنند ؛ انقرذیا ، بلاذر ، بلادور .

۲-بلادر balādar,-dor (اِ.) ۱ - زینت‌آلات زنان ، زرینه‌و پیرایهٔ‌زنان (عموماً). ۲-زرینه‌ای که‌زنان‌برسر بندند (خصوصاً) .

بلادری balādor-ī (ص‌نسبـ.) ۱ - ۱ - معجونی که‌از بلادر (ه‌.م‌.) ترتیب دهند. ۲ - کسی که بلادر (ه‌.م.) بسیار استعمال کند. ۳ - کسانی که‌بجنون دچار میگشتند بلادری‌خوانده میشدند‌ازقبیل ابوالحسن احمدبن یحیی بن جابربن داودبغدادی‌مؤلف کتاب فتوح‌البلدان.

بلادن bellādor [لا. belladona] (اِ.) (گیا.) مهرگیاه← مهر گیاه ۲.

بلادور balādūr [= بلادر = بلاذر] (اِ.) (گیا.)←۱ - بلادر.

بلاده balāda [= بلاد = بلایه] (ص.) ۱ - بدکار. ۲ - فاسق،نابکار. ۳ - فاحشه، روسپی. ۴ - مفسد، مفتن. ۵ - گمراه.

بلادیدن balā-dīdan [ع. - ف.] (مص‌ل.) ۱ - رنج دیدن. ۲- بمصیبت دچار شدن.

بلادیده b.-dīda(-e) (ص‌مف.) ۱ - رنجدیده. ۲ - دچار مصیبت شده .

بلاذر balāzor [= بلادر= بلادور] (اِ.) (گیا.) ۱ - بلادر (ه‌.م.)

بلار balār [= بلال] (اِ.) (گیا.) آذربویه (ه‌.م.)، اشنان(ه‌.م.)

بلار ballār [= بلور] (اِ.)← بلور.

بلارج balāraǰ (اِ.) (جانـ.) لکلك ← ۲ - لکلك

بلارك balārak [= بلالك] (اِ.) ۱ - نوعی فولاد جوهردار. ۲ - شمشیر بسیارجوهر. ۳- جوهر شمشیر.

بلاری ballār-ī [= بلوری] (ص نسبـ.) بلوری.

بلازده balā-zada(-e) [ع.-ف.] (ص‌مف.) ۱ - مبتلا برنج . ۲ - دچار مصیبت شده . ۳ - بدبخت .

بلاسیدن balās-īdan [= پلاسیدن] (مص‌ل.)← پلاسیدن .

بلاسیوس belāsiyūs [معر. یو.] (اِ.) چیزی است آبگینه مانند که در کنار دریاها یافت شود، رئةالبحر.

بلاغ balāγ [ع.] ۱ - (مص م .) رسانیدن، تبلیغ. ۲ - بسنده کردن . ۳ - (امص.) پیام رسانی. ‖ شرط ــــ . شرط تبلیغ، شرط پیام رسانیدن:

«من آنچه شرط بلاغ‌است باتو میگویم
تو خواه ازسخنم پندگیروخواه‌ملال .»
(سعدی)

بلاغت balāγat [= ع.بلاغة] ۱ - (مص‌ل.) بلیغ شدن،شیواسخن گردیدن.

۱- Achaine (akène)(فر.) ۲- Pédoncule(فر.) ۳- Pomme d'acajou(فر.)
٤ -Noix d'acajou(فر.)

بلال

۲ـ (إمص.) چیره زبانی، زبان‌آوری، شیوا سخنی: «در بلاغت او را عدیل و نظیر نیست.» ۳ ـ بلوغ: «پرورش که مردم ببلاغت جسمی رسیده راهمی باید...» (جامع‌الحکمتین) ۴ـ (معا.) آوردن کلام مطابق اقتضای مقام بشرط فصاحت. ← ‖ ــِ کلام. (معا.) مطابق بودن کلام بامقتضای مقام بافصاحت آن، مثلا اگر مقام مقتضی تأکید است کلام مؤکد باشد واگر مقتضی خلو از تأکید است خالی از تأکید باشد واگر مقتضی بسط است مبسوط باشد و اگر مقتضی ایجاز (اختصار) است مختصر باشد. ‖ ــِ متکلم. عبارتست از قوهٔ توانایی متکلم بر تألیف کلام بلیغ. ‖ رشتهٔ ــ. (اض. تشبیهی) سلك بلاغت.

بلاغت کردن b.-kardan [ع.-ف.] (مص ل.) بالغ شدن کودك: «چون بریش آمد وبلاغت کرد، مردم آمیز و مهر جوی بود.» (سعدی)

بلاغی balāγ-ī [ع. = -īyy] (ص نسب. بلاغت) کسی که بتواند مطلب خودرا با سخنی رسا وشیوا بیان کند، بلیغ.

بلاق bolāγ [تر. = بولاق] (إ.) چشمهٔ آب. ضح. ـ در اسامی امکنه ترکیب شود، مانند: ساوجبلاق.

بلاکش balā-kaš(keš) [ع.-ف. = بلاکشنده] (إفا.) ۱ـ متحمل بلا ← بلاء مبتلابه‌بلیه. ۲ ـ رنجبر، سختی کش.

بلاکشی b.-ka(e)š-ī [ع.-ف.] (حامص.) عمل وحالت بلاکش (ه.م.)

بلاگردان b.-gardān [ع. ـ ف. = بلاگرداننده] (إفا.) ۱ ـ دفع کنندهٔ بلا. ۲ ـ حراست کننده، حافظ. ۳ ـ چیزی که بلا را ازآدمی دور گرداند؛ صدقه، قربانی، بلاچین.

بلاگرفته b.-gerefta(-e) [ع. ـ ف.] (ص مف.) مبتلا، گرفتار.

بلال balāl [= بلار] (إ.) ۱ـ (گیا.) آذربویه (ه.م.)، اشنان (ه.م.). ۲ ـ (گیا.) ذرت (ه.م.)

بلالك balālak [= بلارك] (إ.) ← بلارك.

بلانکت belānket [فر. blanquette] (إ.) نوعی خوراك راگو از گوشت سفید.

بلامدار balā-madār [ع.] (ص مر.) مستمند، بدبخت.

بلانوش b.-nūš [ع. ـ ف. = بلانوشنده] (إفا.) ۱ ـ کسی که هرچیز بد و پلیدی را میخورد. ۲ ـ آنکه هر چیزی را بی تفاوت میخورد.

بلاهت balāhat [= ع. بلاهة] (إمص.) ۱ ـ کم خردی، ساده دلی، سلیم دلی. ۲ ـ ضعف تدبیر، سستی رأی.

بلایا balāyā [ع.] (إ.) ج. بلیه (ه.م.)

بلایه balāya(-e) [= بلاده = بلاد] (ص.) ← بلاده.

بلایه‌کار b.-kār (ص فا.) ۱ـ بیشرم، ناحفاظ، بدعمل. ۲ ـ زن روسپی، قحبه.

بلبال balbāl [ع.] ۱ـ (إ.) شدت اندوه وغم. ۲ـ وسوسه. ۳ـ (إمص.) برانگیختگی، تحریك کردگی.

بلبال belbāl [ع.] ۱ ـ (مص ل.) سخت اندوهگین شدن. ۲ ـ وسوسه ناك شدن. ۳ ـ (مص م.) برانگیختن، تحریك کردن.

بلبان balabān [رس. = بالابان] (إ.) ۱ـ (مس.) ← بالابان. ۲ ـ قسمی سازکه بالبها آنرا نوازند.

بلبانی balabān-ī [رس.-ف.] (ص نسب.) سازندهٔ بلبان (ه.م.)

بلبرینگ bolberīng [انگ . ball bearing] (اِمر.)(فر.) کاسهٔ ساچمه‌یی که برای کم کردن نیروی اصطکاك و تبدیل لغزیدن به‌چرخیدن درقسمتهای مختلف گردندهٔ ماشینها وابزارها از آن استفاده کنند.

بلبس balbas (اِ.)(گیا.) ترهٔ بیابانی ← تره

بلبشو، بل بشو، balbašū, bel-bašū [= بهل و بشو. بگذار و برو] (اِ.) (عم.) هرج ومرج، شلوغیی که در آن کسی بفکر کسی نباشد.

۱ـ بلبل bolbol [معر.: بلبل] ۱ـ(اِ.) (جا ن.) پرنده‌ای[1] جزو راستهٔ گنجشکان متعلق بدستهٔ دندانی نوکان که قدش تقریباً باندازهٔ گنجشك است ورنگش درپشت خاکستری متمایل بقرمز ودر زیر شکم متمایل بزرد است. نوکش ظریف و تیز است. این پرنده حشره خواراست وآوازی‌دلکش‌دارد. ‖ ــِ شاه‌طهماسب. (ص.) کسی‌که پشت سرهم حرف میزند. ۲ ـ آلت تناسلی مرد (غالباً درمورداطفال استعمال‌میشود): «بلبلت‌بادمیخوردبدوبیا!» ۳ـ (گیا.) گیاهی[2] از خانوادهٔ اسفناجیان[3] که دو گونهٔ‌آن درایران شناخته شده ودرطب قدیم از جوشاندهٔ اندامهای آن‌استفاده میکردند؛رمت، رطریط، بلبال، بلبیل، عجرم، عجرام. ۵ ـ (پردهٔ . . .) نوایی است از موسیقی. ‖ ــِ طنبور. (مس.) پل‌طنبور وخرك آن.

۲ـ بلبل bolbol [ع. = بلبله] (اِ.) کوزهٔ می، بلبله (ه.م.)

بلبل چشم bolbol-čašm (اِ.) نوعی از ابریشم.

بلبل زبان b.-zabān (اِمر.) ۱ ـ شیرین زبان. ۲ ـ فصیح.

بلبل زبانی کردن b.-zabānī - kardan (مص‌ل.) شیرین زبانی کردن، شیرین‌سخن گفتن. ضح.ـ بیشتر در موقع‌استهزاوریشخندمیگویند: «خیلی بلبل‌زبانی میکنی.»

بلبلستان bolbol-estān (اِمر.) جایی که درآن بلبل‌فراوان باشد.

بلبل شدن b.-šodan (مص‌ل.) ۱ ـ آشفته شدن. ۲ ـ گرفتار عشق شدن. ۳ ـ بسیار سخن گفتن.

بلبل کردن b.-kardan (مص م.) ۱ ـ عاشق کردن. ۲ ـ آشفته کردن.

بلبل گنج bolbol-e-ganǰ (اِمر.) (جا ن.) جغد (ه.م.).

بلبل مزاج b.-mezāǰ [ف.-ع.](ص مر.) مانند بلبل‌بودن، بلبل‌طبع، بلبل حالت.

بلبل نوا bolbol-navā (ص مر.) خوشخوان مانند بلبل.

۱ـ بلبله balbala(-e) [ع. = بلبلة] ۱ ـ وسوسه. ۲ ـ سختی، اندوه. ۳ ـ اختلاط لسانها. ۴ ـ تفریق آرا. ج. بلابل.

۲ـ بلبله bolbola(-e) [ع. = بلبل] (اِ.) ۱ ـ کوزهٔ لوله‌دار، ظرف آب لوله‌دار شبیه‌آفتابه. ۲ ـ کوزهٔ شراب، ابریق می، صراحی. ۳ ـ ظرفی که در آن قهوه جوشانند،قهوه‌جوش. ۴ ـ صدا و آواز صراحی هنگام ریختن می.

بلبله‌دار bo.-dār [ع.-ف.] (اِفا.) دارندهٔ بلبله،ساقیی که با بلبله باده پیمایی کند.

بلبل

بلبله

۱ـ Luscinia(.لا), rossignol(.فر) ۲ـ Haloyxlon articulatum, H. Schweinfurtü(.آلم) ۳ـ Chénopodiacées(.فر)

بلبله داری bo.-dār-ī [ع.-ف.] (حامص.) باده‌پیمایی ساقی دیگران‌را بوسیلهٔ بلبله.

۱- بلبلی bolbol-ī [= بلبله] (اِ.) ۱ - شراب. ۲ - پیالهٔ شراب.

۲- بلبلی bolbol-ī (اِ.) ۱ - نوعی از چرم که آنرا بسیار لطیف و نازک سازند و بالوان‌غیر مکرر رنگ کنند. ۲ - (گیا.) جنسی از زردالو.

بلبلی کردن bolbolī-kardan (مصل.) شیرین‌زبانی کردن.

بلبلی گوش balbalī-gūš (ص‌مر.) گوش پهن و بزرگ.

بلبن balban [= پرپهن = فرفهن] (اِ.)(گیا.) خرفه (ه.م.)، پرپهن، فرفهن، فرفخ، بقلة‌الحمقاء.

بلبوس balbūs [معر. یو. bolbòs] (اِ.) (گیا.) موسیر (ه.م.)

بلج balaǰ (اِ.) (گیا.) خرمای نارس [1].

بلجم balǰam [= بلغم، ع.] (اِ.) (پز. قد.) بلغم، که یکی ازاخلاط اربعهٔ قدماست. ← بلغم.

بلحاظ be-lehāz-e [ف.-ع.] (حر. اض. مر.) بموجب، ازنظر، بملاحظهٔ. ضح.- لازم‌الاضافه است.

بلخ balx (اِ.) کدویی که‌درآن‌شراب کنند.

بلخچ balxač [= لخچ] (اِ.) (شم.) زاج سیاه، قلیا، شخار.

بلخش balaxš [معر. = بدخش] (اِ.) لعل.

بلخم balxam [= فلاخن] (اِ.) کفه‌ای باشد که از ابریشم یا ازپشم ببافند و دو ریسمان بر دوطرف آن بگذرانند و شاطران و شبانان بدان سنگ اندازند؛ فلاخن سنگ‌اندازی.

بلدرچین

بلخی balx-ī (ص‌نسب.) منسوب به بلخ (← بخش۳). ۱ - هرچیز که‌مربوط به بلخ باشد یا در بلخ ساخته شود. ۲ - از مردم بلخ، اهل بلخ. ‖ زبان ~ . زبانی که مردم بلخ بدان‌تکلم کنند.

بلد balad [ع.] (اِ.) ۱ - شهر. ج. بلاد، بلدان. ۲ - زمین، ناحیه. ۳ - راهبر، پیشوا. ۴ - آنکه راه‌را میشناسد و دیگران را راهنمایی کند؛ راهنما. ۵ - دانای درکار، واقف، مطلع. ضح.- بمعانی ۳-۵ ظ. دراصل «اهل‌البلد» بوده. ‖ ~ بودن. (مصل.) دانا و عالم بودن. ‖ بلدم. میدانم.

بلدان boldān [ع.] (اِ.) ج. بلد (ه.م.)، شهرها.

بلدداشتن balad-dāštan (مصم.) رهبر داشتن.

بلدرچین baldarčīn (اِ.) (جا ن.) کرک (ه.م.)

بلد شدن balad-šodan (مصل.) داناشدن، عالم گشتن.

بلده balda(-e) [= ع. بلدة] (اِ.) واحد بلد. ۱ - شهر. ج. بلاد، بلدان. ۲ - ناحیه، زمین.

بلدی balad-ī [= ع. -īyy] (ص‌نسب.) منسوب به‌بلد و بلده؛ شهری، مربوط به شهر.

بلدیت balad-īyyat [از ع.] (مصجع.) معرفت، شناسایی، آگاهی، اطلاع.

بلدیه balad-īyya(-e) [از ع.] (ص‌نسب. نث، اِ.) ۱ - مؤنث «بلدی»؛ امور بلدیه. ۲ - شهرداری (ه.م.)

۱- Datte verte (فر.)

بلس balas (اِ.) (گیا.) پلت [1] (ه‍.م.)

بلس bolos [= بلسن] (اِ.) (گیا.) عدس (ه‍.م.)

بلسان balasān [معر. یو. bàlsamon] (اِ.) ۱ - (گیا.) گیاهی [2] از تیرهٔ سدابیان که بصورت درختچه است و دارای گلهای سفید می‌باشد. همهٔ اعضای این گیاه محتوی مادهٔ صمغی میباشند که در صورت خراش یا نیش حشرات این مادهٔ صمغی از آن خارج میشود؛ درخت بلسان، ابوشام، بشام، بلسم مکه، درخت بلسان مکی، بلسم اسرائیل، مکه بلسن آغاجی، بلسان آغاجی، بلسان مکی، شجرةالبلسم. ضح. - دانهٔ این گیاه را حب‌البلسان نیز گویند و بنام تخم بلسان در تداوی مصرف میشود. ۲ - (گیا.) بلسان نام عام همهٔ گیاهانی است که از آنها صمغ استخراج میشود [3]. ‖ ~ مکی. (گیا.) بلسان (ه‍.م.)

بلسك balask [قس. پرستوك = پرستو] (اِ.) (جا ن.) پرستو (ه‍.م.)

بلسك belesk, bolosk [= بلشك] (اِ.) ۱ - سیخ آهنی که یك سر آنرا پهن کرده باشند، برای نان از تنور جدا کردن. ۲ - سیخ کباب.

بلسکی balaskī [ع.] (اِ.) (گیا.) گیاهی [4] از تیرهٔ روناسیان که یکساله است و بعلت پوشیده بودن از خارهای کوچك و قلاب مانند بسهولت باشیاء مجاور و حتی پشم گوسفندان که از مجاورت آن عبور کنند میچسبد. برگهای این گیاه فراهم (بصورت ۶ تایی یا ۸ تایی) و نوك تیز و باریك و پوشیده از تارهای قلاب مانند و گلهایش سفید و مجتمع (که بر روی دم گلی بلندتر از برگها قرار دارند) است. جوشاندهٔ آن بعنوان مدر استعمال میشده. این گیاه در اکثر نقاط ایران میروید؛ بلشکه، افارین، ارمن، حشیشة‌الافعی، قوت‌البریه، مصفی‌الرعاء، مصفی‌الراعی، یا پیشقان، قازاوتی.

بلسن bolson [ع. شامی. = بلس] (اِ.) (گیا.) دانه‌ایست شبیه بعدس.

بلشر belšer (اِ.) (گیا.) اشق (ه‍.م.)

بلشك bološk [= بلسك] (اِ.) ← بلسك.

بلشویسم bolševīsm ← بخش ۳.

بلشویك bolševīk [فر. bolchevique = رس. بالشویك. از bolš، بسیار، اکثر. چون پیروان لنین اکثریت را بدست آوردند، بدین نام نامیده‌شدند] (ص.) طرفدار بلشویسم (← بخش ۳ بلشویسم).

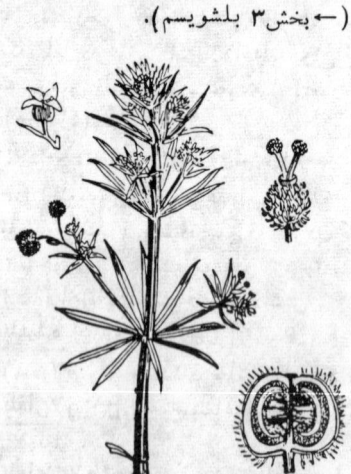

بلسان

بلسکی (گل ، میوه ، مقطع میوه)

۱ - Acer insigne (فر.)
۲ - Amyris opobalsamum (لا.), balsamier de la Mecque (فر.)
۳ - Baumier (فر.)
٤ - Galiumaparine (لا.), gratteron (فر.)

بلع bal' [ع.] (مص‌م.) فرو بردن، اوباشتن، اُوباردن، فروخوردن، بگلو فروبزدن: «تمساح اورا بلع کرد.»

بلعجب bo-l-aǰab [ع.=بوالعجب =ابوالعجب](ص‌مر.) ۱ - پرشگفتی، عجیب: «بلعجب فتنه‌ای برانگیزم.» ۲ - مشعبد، شعبده باز:
«مشعبد وار چابك دست بودی
عجایبهای گوناگون نمودی»
«زبس صورت که پیدا کردوبنمود
تو گفتی چرخ آنشب بلعجب بود.»
(ویس‌ورامین)

بلع کردن bal'-kardan [ع.-ف.] (مص‌م.) ناجویده فروبردن، بلعیدن.

بلعم bal'am [ع.=بلعوم] (ص.) مرد بسیار خوار، کسی که غذا را بتندی بلعد.

بلعنده bal'-anda(-e) (افا.) آنکه غذا درحلق فروکند، بحلق‌فروبرنده.

بلعوم bol'ūm [ع. = بلعم] ۱-(ص.) مردبسیارخوار. ۲ -(اِ.) حلق، گلو. ۳-راه‌گذرطعام‌درحلق. ۴- آب‌راههٔ‌اندرونی. ۵ - زمین بلند. ۶ - سفیدی، پتفوز (=پوزهٔ) خر.

بلعیدن bal'-īdan [ع.-ف.] (مص م.) (بلعید، بلعد، خواهدبلعید، ببلع، بلعنده، بلعیده) ۱ - درحلق فروکردن. ۲ - خوردن. ‖ ـــ خواستن زنی‌را. (کن.) ازنهایت اشتیاق بدو داشتن.

بلعیده bal'-īda(-e) [ع. - ف.] (اِمف.) فروبرده شدهٔ درحلق، نواریده.

بلغا bolaγā [= ع. بلغاء] (ص.، اِ.) ← بلغاء.

بلغاء bolaγā' [ع.-ف.: بلغا] (ص.،اِ.) ج. بلیغ؛ شیوا سخنان، چیره زبانان، زبان آوران، سخنگزاران.

بلغار bolγār [← بخش ۳] (اِ.) پوستهای رنگین دباغی شدهٔ‌خوشبوی.

بلغاری bolγār-ī (ص‌نسبـ.) منسوب به‌بلغار(← بلغار، بلغارستان، بخش۳).

بلغاق bolγāγ [= بولغاق = بلغاك] (اِ.) آشوب، فتنه، شور وغوغای‌بسیار. ← بلغاك.

بلغاق افتادن b.-oftādan (مص‌ل.) آشوب افتادن، فتنه برپاشدن.

بلغاق کردن b.-kardan (مص م.) آشوب کردن، فتنه بر پاکردن.

بلغاق نهادن b.-na(e)hādan (مص ل.) آشوب‌کردن، فتنه برپا کردن.

بلغاك bolγāk [= بلغاق: بل، پش. +غاك] (اِ.) شور و غوغای بسیار، آشوب، فتنه.

بلغاکی bolγāk-ī (ص نسبـ.) ۱ - مفتن، فتنه جو. ۲ - واقعه طلب، حادثه جو.

۱-بلغده balγada(-e) (ص.) گنده وضایع گردیده← بلغده‌کردن.

۲-بلغده balγada(-e) [=بلغنده] (ص.) ← بلغنده.

بلغده‌کردن bolγada(-e)-kardan (مص‌م.) ضایع وگندیده کردن: مرغ تخم را بلغده‌کرد.

بلغر bolγor, bal.- [=بلغور] (اِ.) ← بلغور.

بلغس balγas [= بلغست = برغست] (اِ.) (گیا.) ← برغست.

بلغست balγast [= برغست = بلغس] (اِ.) (گیا.) ← برغست.

بلغشنه bolγošna(-e) (اِ.) ریسمانی که یك سرآنرا حلقه حلقه کرده گره زنند و سردیگر را از میان حلقه ها بگذرانند، و چون ریسمان‌را بکشند حلقه ها تنگ‌شود، همچنانکه بر سر دامها سازند.

بلغم balɣam [ع.= بلجم] (اِ.) (پز.) ترشحات لزج سلولهای بدن بخصوص در آماسها و عفونتها و سوختگیها که غالباً در زیر یك طبقه سلولهای پوششی جمع میشود ، ترشحات لزج سلولهای دستگاه گوارش که بامقداری از انساج پوششی داخلی دستگاه گوارش و توده‌ای از میکربها مخلوطند و در امراض عفونی معده یا روده‌ها (بخصوص اسهال یا استفراغ) بخارج دفع میشوند[۱]. ضح.- (پز. قد.) جسمی سفید و لزج و نرم و غالباً شبیه به پیه که در حالت مرض از اغشیهٔ مستبطن تجاویف بدن انسانی مترشح گشته و خارج میگردد ، یکی از چهار خلط بدن؛ بلجم. ج. بلاغم . ‖ ــِ بینی. (پز .) ترشحات مخاط[۲] بینی؛ نخام، نخامه، نخاعه، آب‌دماغ، آب بینی ، مف.

بلغمی balɣam-ī [ع. ـ ف.] (ص نسبـ.) منسوب به‌بلغم (ه.م.) ۱ - کسی که فربه و پفالو است . ۲ - (پز.) ترشحات غلیظ از نوع بلغم[۳].

بلغند bolɣond (ص.) [= بلغنده] (ص.) توده، روی‌هم نهاده، فراهم‌آمده، فراهم آورده.

بلغندر balɣandar [= بلقندر= بلقدر] (ص.،اِ.) ۱ - بی‌قید، بی‌بندوبار. ۲- بی دیانت، ملحد.

بلغنده balɣo(-a)nda(-e) (اِ.) ۱ - جامه‌دان ، بغچه . ۲ - پشتواره ، بستهٔ بار، لنگهٔ‌بار. ۳ - هرچیز بسته شده و منعقد گشته مانند: خون بسته، بلغم بسته .

بلغنده bolɣonda(-e) [= بلغند= بلغده: بل، پش.+ غنده = غند] (اِ.) بالای هم نهاده ، جمع کرده ، فراهم آمده، فراهم آورده.

بلغور bolɣūr,bal.- [= برغول] (اِ.) ۱ - هر چیز درهم شکسته و درهم کوفته عموماً. ۲ - گندم و جو نیم‌پخته که‌آنرا در آسیا انداخته شکسته باشند خصوصاً[٤]. ۳ - آشی که از گندم‌مذکور پزند . ۴ - (کن .) سخنان بزرگ ، حرفهای قلمبه.

بلغور کردن b.-kardan (مصل.) ۱ - تهیه‌کردن بلغور (ه.م.) ، ساختن بلغور. ۲ - (کن.)سخنان‌بزرگ‌وقلمبه را پشت سرهم ردیف کردن.

بلغونه bol-ɣūna(-e) (اِمر .) غازه‌ای که زنان برروی مالند وروی‌را بدان سرخ کنند:

«صبا سپیدهٔ بلغونه کرده برگل سیب
بنفشه برزده‌سرهمچو نیزه‌ازلب‌جوی.»
(نزاری)

بلغه bolɣa(-e)[=ع. بلغة] (اِ.) قوت روزگذار، خورش یکروزه.

بلف belof [انگ.،فر. bluff] (اِ.) سخن‌لاف و گزاف، توپ تو خالی.بلوف.

بلفاریت belefārīt [فر . blépharite] (اِ.) (پز.) ورم‌عفونی پلك (ه.م.)

بلفرخج bol-farxaǰ (ص .) بد ، زشت، پلید، ناپاك.

بلف زدن belof-zadan [انگ.-ف.] (مصل.) لافزدن، چاخان کردن، توپ خالی زدن ، دروغ گفتن ، یك دستی زدن[۵] .

بلفضول bol-fozūl [= ع. بوالفضول = ابوالفضول] (ص مر.) صاحب فضل بسیار، بسیار فضول (ه.م.)، پرفضول.

---

۱ -Phlegmon(فر.) ۲ - Pituite(فر.) ۳ -Muqueux(فر.)
٤- Gruau (فر.) ۵ - Bluffer (فر.)

بلق balaγ.balγ [ع.] ۱- (مص.) پیسه گردیدن، سپید دست و پا شدن تا ران. ۲ - (امص.) پیسگی، سیه‌سپیدی، ابلقی.

بلق boloγ (اصت.) آواز آب هنگامی که سنگ و کلوخ در آن اندازند.

بلقدر bolγadar [= بلقندر = بلغندر] (ص.) ← بلغندر.

بلقع balγa' [ع.] (اِ.) زمین بی‌آب و علف.

بلقك balγak (اِ.) (گیا.) گیاهی[۱] از تیرهٔ مرکبان که دارای نهنج زرد-رنگ یا صورتی‌رنگ است و میوه‌هایش طویل و بصورت مخروطی هستند که رأس آنها بطرف بالا و قاعده‌شان بر روی نهنج است. اندامهای این گیاه دارای کرکهای درشتی است که تقریباً بصورت خار در آمده اند. ریشهٔ گیاه محتوی مقدار زیادی اینولین[۲] است و برگهای جوانش را بصورت سبزی غذاها (در آشها) مورد استفاده قرار میدهند. بطور کلی در تداوی اندامهای این گیاه بخصوص در رماتیسم و سرخك و نزله مورد استفاده قرار میگیرد. گونه‌ای از آن در مرکز ایران نزدیك اصفهان میروید و در بین اهالی بهمان نام بلقك مشهور است؛ و گونهٔ دیگر آن درروسیه میروید که از وی صمغی میگیرند که نظیر کائوچو میباشد؛ سفور، جنهٔ اسود، اسفورچینای سیاه، اسفورچینهٔ سیاه، قعبول اسود، قعبارون اسود.

بلقندر bolγo(a)ndar [= بلقدر = بلغندر] (ص.، اِ.) ← بلغندر.

بلقور balγūr [= بلغور] ← بلغور. ضح.- برای ترکیبات بلقور نیز به «بلغور» رجوع شود.

بلك balk, bal-ke [= بلکه = بل که، ع.-ف.] (حر. ر.) ← بلکه.

بلك balak [= ولیك] (اِ.) (گیا.) ولیك[۳] (ه.م.)

بلك ballak (اِ.) (عم.) (کشا.) زارعی که بتنهایی کارمیکند (نه بعنوان عضوی از یك گروه) و معمولا کار او زراعت محصولات دیمی وصیفی است.

بلك belk [= ابلك، طبر. balk، شعله] (اِ.) ۱ - آتش. ۲ - شرارهٔ آتش.

بلك belak (اِ.) ۱ - تحفه، ارمغان، سوغات. ۲ - میوهٔ تازه. ۳ - نوباوه. ۴ - جامهٔ نو. ۵ - هر چیز تازه ونوبر آمده که طبع از دیدنش محظوظ گردد. ۶ - هرچیز طرفه.

بلك bolok (اِ.) چنگ زدن بکسی یا بچیزی، تشبث.

بلك belok (اِ.) چشم بزرگ برآمده.

بلکامه bol-kāma(-e) [= بل، پش. + کامه ← کام] (ص‌مر.، امر.) پرآرزو، بسیار کام.

بلکفت bolkaft [= بلکفد] (اِ.) ← بلکفد.

بلکفته bolkafta, bel.- [= بلکفد = بلکفد] (اِ.) ← بلکفد.

بلکفد bolkafd [= بلکفده = بلکفت = بلکفته] (اِ.) رشوه، پاره که بقاضی و دیگران داده شود.

بلکفده bolkafda(-e) [= بلکفد] (اِ.) ← بلکفد.

بلکفه bel-kefa(-e) [مخ. = ع. بلاکیف] (ص‌مر.، امر.) (کلا.) قایل بودن بوجود محسوس است بر روش اشاعره. ضح.- زمخشری در بیتی این کلمه را آورده‌است.

۱ - Scorzonère (فر.) ۲- Inuline (فر.) ۳- Crataegus (فر.)

بلندآواز

بلکن balkan, bolokan [= پلکن] (اِ.) ۱- منجنیق. ۲- سردیوار.

بلکنجک bol-kanǰak [= بلگنجک = بولکنجک = بولنجک] (اِ.) هرچیز عجیب وغریب وطرفه که دیدنش مردم را بخنده آورد.

بلکه bal-ke [= بلک = بل + که، ع.-ف] (حر. ربـ.) ۱- اما. ۲- بهر حال. ۳- علاوه برین، ایضاً. ۴- شاید.

بلگ balg [= برگ] (اِ) (گیا.) ← ۱- برگ.

بلگا belgā [تر.] (ص.) حکیم، دانشمند.

بل گرفتن bol-gereftan [← بل] (مص م.) (عم.) ۱- چیزی از روی هوا گرفتن. ۲- بدون تحمل رنج بمال یامنصبی رسیدن. ۳- (مجـ.) استفاده کردن از موضوعی. ‖ از هوا ـــــ. ← بل گرفتن.

بلگنجک bol-ganǰak [= بلکنجک] (اِ.) ← بلکنجک.

بلگه balga(-e) [= برگه] (اِمر.) زرد آلو و هلوی دونیم شده و هسته درآورده وخشك کرده شده.

بلل balal [ع.] (اِ.) ۱- تری، نم، نمناکی. ۲- چیز اندك. ‖ ـــــ مشتبهه. (فق.) رطوبت شبهه ناك که در زیر جامهٔ نایم دیده شود.

۱- بلم balam (اِ.) قایق، کرجی، زورق کوچك تخته‌یی. ضح.- مخصوصاً در خوزستان وفارس مستعمل‌است.

۲- بلم balam [ع.] (اِ.) (جاذ.) نوعی ماهی کوچك.

بلماج bolmāǰ, bola.- (اِ.) نوعی از کاچی که آش بی‌گوشت رقیق آبکی باشد؛ اماج.

بلمه balma(-e) ۱- (اِ.) ریش بلند وانبوه. ۲- (ص.) مردم ریش دراز.

بلمه ریش b.-rīš [← بلمه] (ص‌مر.) آنکه ریشش دراز و انبوه است، دراز ریش.

بلنتاین balantāyn [معر. فر. plantain] (اِ.) (گیا.) بارهنگ (ه.م.)

بلنج balanǰ, belenǰ (اِ.) ۱- اندازه، مقدار. ۲- مبلغ.

بلنجا bolanǰā [= بلندجا] (اِمر.) جای بلند.

بلم

بلنجاسپ belenǰ-āsp [= برنجاسپ = برنجاسف] (اِ.) (گیا.) برنجاسپ (ه.م.)

بلنجمشك balanǰ-mošk [معر. بلنگمشك = بلنگمشت = فرنجمشك] (اِ.) (گیا.) ← فرنجمشك.

بلند baland, biland [← پلندین] (اِ.) چار چوب در، آستانه، پلندین (ه.م.)

بلند beland, baland [= پلندین] (اِ.) ۱- چوب بالایین درخانه، اسکفه، سردر. ۲- چهارچوبهٔ درخانه.

بلند boland [است. bərəz، burz-] (ص) ۱- دراز؛ مق. کوتاه. ۲- کشیده، افراشته، برافراشته، مرتفع؛ مق. کوتاه، پست. ۳- عالی، ارجمند: نسب‌بلند.

بلند آشیان boland-āšiyān (ص مر.) ۱- آشیانه‌ای که درجایی‌مرتفع ساخته شده باشد. ۲- بلندمکان. ۳- (مجـ.) کسی که در مراتب عالی آشیان داشته باشد.

بلندآواز b.-āvāz [← بلندآوازه] (ص مر.) ۱- کسی که دارای بانگ بلند باشد. ۲- نیك‌نام. ۳- معروف.

بلند آوازه b.-āvāza(-e) [= بلند آواز] (ص‌مر.) معروف، مشهور.

بلند اختر b.-axtar (ص مر.) خوشبخت، نیکبخت، سعید.

بلند اختری b.-axtar-ī [← بلند اختر] (حامص.) خوشبختی، نیک‌بختی، سعادت.

بلند اراده b.-erāda(-e) [ف.-ع] (ص مر.) کسی که دارای ارادهٔ بلند باشد، بلند همت.

بلندارکان b.-arkān [ف.-ع.] (ص مر.) ۱ - بلند پایه، مرتفع. ۲ - با-قدرت، باعظمت وحشمت.

بلند افتادن b.-oftādan (مص ل.) ۱- گرانقیمت‌شدن. ۲ - گرانقدر شدن، ارجمندگشتن.

بلند افسر b.-afsar (ص‌مر.) آنکه تاج رفعت وعظمت برسرنهاده باشد.

بلند افسری b.-afsar-ī (حامص.) عظمت تاج پادشاهی.

بلند اقبال b.-eɣbāl [ف.-ع.] (ص مر.) کسی‌که دارای‌بخت بلند باشد، بلند اختر.

بلند اقبالی b.-eɣbāl-ī [ف.-ع.] (حامص.) بلند اختری، خوش طالعی.

بلند اقتدار b.-eɣtedār [ف.-ع.] (ص‌مر.) کسی‌که دارای قدرت‌وتوانایی بسیار بود.

بلند اقتداری b.-eɣtedār-ī [ف.-ع.] (حامص.) قدرت وتوانایی‌بسیار.

بلند انداختن b.-andāxtan (مص م.) ۱ - بجای مرتفع انداختن. ۲ - بی‌نهایت ستایش کردن.

بلند باز b.-bāz (ص مر.) آنکه با گرو عالی قمار بازی میکند.

بلند بالا b.-bālā (ص مر.) بلند قامت، بلند قد.

بلند بالایی b.-bālāy-ī (حامص.) بلند قدی، بلند قامتی.

بلند بانگ b.-bāng (ص‌مر.) صدا-دار، دارای بانگ‌بلند.

بلند بخت b.-baxt (ص‌مر.) نیکبخت، خوشبخت، سعید.

بلند بختی b.-baxt-ī (حامص.) نیکبختی، خوشبختی، سعادت.

بلندبرداشتن b.-bar-dāštan (مص م.) ۱ - افراختن، برافراشتن. ۲ - ستودن، ستایش کردن.

بلند بین b.-bīn (إفا.) ۱ - کسی‌که همتش بزرگ است؛ بلند همت، بلند نظر. ۲ - دانای اسرار غیبی، صاحب کشف وکرامات.

بلند بینی b.-bīn-ī (حامص.) کسی که دارای بینی بلند باشد.

بلندپایگی b.-pāya(e)g-ī (حامص.) ۱ - ارتفاع، علو. ۲ - شأن و شوکت. ۳ - برتری، رجحان.

بلند پایه b.-pāya(-e) (ص مر.) ۱ - مرتفع، عالی. ۲ - صاحب شأن وشوکت. ۳ - برتر از مردم دیگر.

بلند پر b.-par (ص‌مر.) ۱ - دارای پرش بلند ومرتفع. ۲ - بلندهمت.

بلند پرواز b.-parvāz (ص مر.) ۱ - پرنده‌ای‌که در آسمان اوج‌گیرد. ۲ - آنکه آرزوی ترقی بسیار دارد، مایل برفعت و عظمت. ۳ - لافزن، خود ستا.

بلندپروازی b.-parvāz-ī (حامص.) عمل وحالت بلند پرواز (ه‌م.)

بلندپروازی‌کردن b.-p.-kardan (مص ل.) ۱ - اوج گرفتن پرنده در آسمان. ۲ - آرزوی‌ترقی‌بسیارداشتن.

۳- (مجـ.) خودنمایی کردن، خودستایی کردن .

بلند پری b.-par-ī (حامص .) ← بلند پروازی.

بلند تلاش b.-talāš (صمر.) ۱ - آنکه مقاصد عالی را پیروی میکند . ۲ - جاه طلب.

بلند جاه b.-ǰāh (صمر.) عالی‌مقام.

بلندحوصله b.-hawsala(how-e) (صمر.) بلندهمت .

بلند دیدن b.-dīdan (مصم.) ۱ - با احترام نگریستن . ۲ - احترام کردن. ۳ - (مصل.) شگفت کردن ، تعجب کردن.

بلندر bolandar [مخ. بلندتر.] (ص تفض.) بلندتر (← بلند).

بلند سایگی b.-sāya(e)g-ī (حامص.) عمل وحالت بلندسایه (ه.م.)

بلند سایه b.-sāya(-e) (ص مر.) آنکه دیگران‌را درسایهٔ عطوفت ورحمت خودگیرد ، کسی که مردم را در کنف حمایت خودگیرد .

بلند شدن b.-šodan (مصل.) ۱ - افراخته‌شدن (بناوجزآن)، برافراشتن. ۲ - تعالی، ترقی. ۳ - برخاستن (از جای، ازخواب). ۴ - دراز شدن (شب و روز). ۵ - برپا شدن : «فتنه‌ای بلند شد.»

بلند شنیدن b.-šənīdan (مصل.) ۱ - بصدای رسا شنیدن . ۲ - سنگین شدن گوش ، بزحمت مطلبی راشنیدن.

بلندقامت b.-γāmat [ف.-ع.] (ص مر.) دارای قد و بالای بلند، بلند قد.

بلند قامتی b.-γāmat-ī [ف.-ع.] (حامص .) بلند قدی ، دارای قامت بلند بودن.

بلند قد b.-γad(d) [ف.-ع.] (ص مر.) بلند قامت.

بلندکردن b.-kardan ((مص م.) ۱ - برداشتن چیزی وبالا بردن. ۲ - برافراشتن (بناومانندآن). ۳- راست کردن (قد وقامت). ۴ - (عم.) آماده کردن پسر یادختریازنی برای‌مباشرت با او. ۵ - (عم.) دزدیدن. ۶ - بزرگ کردن . ۷ - دراز کردن . ۸ - برخیزانیدن. ۹- بیدار کردن‌ازخواب.

بلندکرده b.-karda(-e) (إمف.) ۱ - برداشته وبالا برده . ۲ - بر افراشته (بنا ومانندآن). ۳ - راست‌کرده (قد وقامت). ۴- (عم.) آماده کرده برای مباشرت. ۵- (عم.) دزدیده. ۶- بزرگ کرده، نواخته، تربیت‌کرده. ۷ - دراز کرده . ۸ - برخیزانیده . ۹ - بیدار کرده .

بلند کوکب b.-kawkab(kow -) [ف.-ع.] (صمر.) خوشبخت ، خوش ستاره ، بلنداختر.

بلندگرای b.-gerāy [= بلند گراینده] (إفا.) کسی‌که میل بعظمت ورفعت میکند، بلند پرواز .

بلند گو b.-gū [= بلندگوی = بلندگوینده] (إفا.، إ.) ۱ -(فز.) آلتی است بشکل شیپور که برای انتقال صوت بمسافت‌دوربکاربرند[1]. ‖ ~ ی برقی (الکتریکی) .← میکرفون . ۲ - سخنگوی شخصی یا مؤسسه‌ای.

بلند گوی b.-gūy [= بلند گو] (إفا.) ← بلندگو.

بلند مازو b.-māzū (إمر.) (گیا .) درختی[2] از تیرهٔ‌بلوطها که‌درجنگلهای شمال ایران موجود است. این‌درخت‌از گونه‌های‌دیگر تیرهٔ‌بلوط فراوانتراست،

۱ -Porte voix(فر.)

۲ -Quercus castaneaefolia(لا.)

بلند محل

و وسعت زیادی از جنگلهای شمال ایران را فراگرفته است و بطور کلی درسراسر جنگلهای‌شمال ایران‌موجود است‌وتاارتفاعات زیادی هم در جنگل بالا میرود؛ مازومیزی، موزی ، سیاه مازو، إشپر، پالوط.

بلند مازو

بلند محل b.-mahal(l) [ف.-ع.] (ص‌مر.) بلندمرتبه، بلندمکان، دارای جاه‌ومقام و درجه ووضع‌بلند .

بلند مرتبگی b.-martaba(e)g-ī [ف.-ع.] (حامص.) بلند مرتبه (ه.م.) بودن .

بلند مرتبه b.-martaba(-e) [ف.-ع.] (ص‌مر.) دارای‌جاه‌ومقام و درجه ووضع‌بلند، بلند محل، بلند مکان.

بلند مکان b.-makān [ف.-ع.] (ص مر.) بلند مرتبه (ه.م.)

بلند نام b.-nām (ص‌مر.) ۱- نیک نام. ۲ - مشهور .

بلند نامی b.-nām-ī (حامص.) ۱- نیکنامی. ۲ - شهرت.

بلند نظر b.-nazar [ف.-ع.] (ص مر.) ۱ - دوربین. ۲ - کسی‌که‌دارای هدف عالی است ، عالی همت ، دارای سعهٔ صدر ؛مق. تنگ نظر، کوته بین.

بلند نظری b.-nazar-ī [ف.-ع.] (حامص .) ۱ - دور بینی . ۲ - عالی همتی، سعهٔ صدر ؛ مق . تنگ نظری ، کوته بینی.

بلندنگاه b.-negāh (ص مر.) ← بلندنظر.

بلندنوا b.-navā (ص‌مر.)← بلند آواز.

بلندوپست boland-o-past (امر) ۱ -بالا وپایین. ۲ - آسمان وزمین . ۳ - بالای کوه وپایین دره .

بلند وپست‌دیده b.-o.-p.-dīda(-e) (ص‌مر.) کسی که روز نیک و روز بد هردو را دیده؛ کار آزموده ، مجرب.

بلند وکوتاه کردن b.-o-kūtāh-kardan (مص م.) (عم .) مواظبت وپرستاری کردن .

بلند همت b.-hemmat [ف. - ع.] (ص مر.) آنکه هدفی بزرگ دارد ، بلند نظر، عالی همت.

بلند همتی b.-hemmat-ī [ف .- ع.] (حامص .) بلند نظری ، بزرگ منشی ، علو همت.

بلندی boland-ī (ص نسب .) ۱ - علو، بالایی؛مق. پستی، کوتاهی . ۲ - ارتفاع ۳- درازی،طول. ۴- بزرگی، عظمت. ۵ - (إ .) قله (کوه). ۶-نجد؛ مق. غور. ۷ - اوج و ذروه . ‖ ~ طاق. (معم.) خیز (در ساختمان.)

بلندی‌گرای b.-gerāy (ص .) ← بلند گرای.

۱-بلندین balandīn, bel- [= بلندین (ه.م.)] (إ.) پیرامن درخانه، آستانه؛

«سعادت همچو دولت پادشه را
بود دایم ملازم بر بلندین . »
(معیارجمالی۳۶۶)

۲-بلندین baland-īn [← بلند

۱- چوب، بالایین درخانه. ۲- چهارچوب در خانه.

بلنگمشت balang-mošt [= بلنگمشک = بلنجمشک = فرنجمشک] (اِ.) (گیا.) ← فرنجمشک.

بلنگمشک balang-mošk [= بلنگمشت = بلنجمشک = فرنجمشک] (اِ.) (گیا.) ← فرنجمشک.

بلوا balvā [ع. = بلوی] (اِ.) ۱- شورش، غوغا، هنگامه، ازدحام. ۲- عدم انقیاد، سرکشی. ← بلوی.

بلوار bolvār [فر.] (اِ.) ← بولوار.

بلوایه balvāya, bol.- [= بالوایه] ۱- (اِمر.) (جا ن.) بادخورك (ه. م.) ۲- (جا ن.) پرستو (ه.م.)

بلوایه

۱- بلوچ bolūč (اِ.) ۱- علامتی که برتیزی طاق و ایوان نصب کنند. ۲- تاج خروس. ۳- صفحهٔ نازکی که بروی ساقهٔ عمودی در جایی مرتفع آنرا قرار دهند و آن بسهولت گردش میکند ومعبرباد را نشان میدهد. ۴- پارچهٔ گوشتی که بر ختنه گاه زنان میباشد وبریدن او سنت است.

۲- بلوچ bolūč, ba.- (اِخ.) ۱- (قوم) ← بخش ۳. ۲- مردی از قوم بلوچ.

بلوچی bolūč-ī, ba.- (← بلوچ، بخش ۳) (ص نسبـ.) منسوب به بلوچ (بخش ۳) ۱- هرچیز مربوط به بلوچ و بلوچستان. ۲- از مردم بلوچ، بلوچستانی. ‖ زبان ~ . ازلهجه‌های ایرانی است که در بلوچستان بدان سخن گویند.

بلور ballūr, bolūr [معر. یو. beryllos] (اِ.) قسمی شیشه که از ترکیب سیلیکات دوپتاسیم وسیلیکات دوپلمب ساخته شود؛ آبگینهٔ صاف و شفاف.

بلور شده b.-šoda(-e) [معر.-ف.] (ص مف.) متبلور[1] (فره.)، چیزی که شبیه بلور شده باشد.

بلورشناس b.-šenās [معر.-ف. = بلور شناسنده] (اِفا.) آنکه انواع بلور را شناسد.

بلور شناسی b.-šenās-ī [معر.-ف.] فن شناسایی بلور[2].

بلورفروش b.-forūš [معر.-ف. = بلور فروشنده] (اِفا.) فروشندهٔ ظروف بلورین.

بلور فروشی b.-forūš-ī [معر.-ف.] (حامص.) ۱- شغل بلور فروش (ه.م.) ۲- دکانی که در آن ظروف بلورین فروشند.

بلورلایه b.-lāya(-e) (زم.) احجار متبلور مطبق[3] (فره.)

بلوری balūr-ī, [= ع. بلوری. ballūrīyy] (ص نسبـ.) منسوب به بلور (ه.م.)، ساخته شده از بلور، بلورین.

بلورین ballūr-īn, balūr-īn [معر.-ف.] (ص نسبـ.) منسوب به بلور

بلور

۱ - Cristalisé (فر.)
۲ - Cristallographie (فر.)
۳ - Cristallophyllien (فر.)

بلورین‌اندام

۱ - ساخته شدهٔ از بلور، بلوری. ۲ - جلیدیه. ‖ **دست ــــ .** دستی که مانند بلور صاف وشفاف باشد.

بلورین اندام b.-andām [معر . - ف.] (صمر.) کسی که اندامش چون بلور صاف وشفاف باشد.

بلورین تن b.-tan [معر.-ف.] (صمر.) کسی که تنش چون بلور صاف وشفاف باشد.

بلورین ساق b.-sāɣ [معر.-ع.](صمر.) کسی که ساقش چون بلور صاف وسپید باشد.

بلورین سرین b.-sorīn [معر . - ف.] (صمر.) کسی که سرین وی صاف وسپید باشد مانند بلور.

بلوز

بلوز balūz (اِ.) سفرهٔ بزرگ.

بلوز bolūz [فر. blouse ← بلیز] (اِ.) جامهٔ نیم‌تنهٔ کرکی یا پشمی یا کاموایی ویا نخی زنانه یا مردانه.

بلوسطیون balūstiyon [معر. یو. blaustion] (اِ.) (گیا.) گلنار (ه‌م.).

(**بلوسیطوس**) balūsītūs [محر. بلوسطیون؛ معر. یو.] (اِ.) (گیا.) ← بلوسطیون.

بلوط ومیوهٔ آن

بلوط balūt [په. balūt ، معر. بلوط ballūt] (اِ.)(گیا.) درختی[1] از تیرهٔ بلوطها[2] که سردستهٔ گیاهان تیرهٔ خود را تشکیل میدهد. این درخت دارای دو نوع گل است که معمولاً در انتهای شاخه‌ها قرار میگیرند. گلهای نر بصورت سنبله های دراز و گلهای ماده معمولا بصورت دسته‌های سه تایی در بغل برگها قرار میگیرند. میوهٔ این گیاه بصورت فندقهٔ بیضوی شکل کشیده است که پیاله‌ای تا نیمهٔ آنرا فرا گرفته. چوب آن بسیار محکم است. ضح. - در لرستان این درخت را مازو ودر کردستان برو گویند. از این درخت غیر از میوه اش محصولات دیگری که اکثر ترکیبات مختلف تانن را دارند حاصل میگردد که با سامی محلی در ایران خوانده میشود، و آنها عبارتند از: مازو (مازوج) (که تحت اثر گزش حشرهٔ خاص تولید میشود)، برار مازو (برار مازوی)، قلقات (گلگاو، گلوان)، زشکه (کرهٔ سچك)، خرنوك، مازوروسکا، گزانگبین (این گزانگبین غیر از گزانگبین مستخرج از گیاه گز است.)

بلوغ bolūɣ [ع.] ۱ - (مص ل.) بسر رسیدن، رسیدن. ۲ - رسیدن بسن رشد، مرد شدن، زن شدن. ضح. - بلوغ دختر شرعاً درسال نهم وبلوغ پسر در سال چهاردهم عمر وی است. ۳ - (اِمص.) رسیدگی. ۴ - رسیدگی بسن رشد. ‖ **سن ــــ .** سنی که مردم در آن بمرحلهٔ تمیز میرسند، سن رسیدگی، سن رسیدن بحد رشد. ‖ **بحد ــــ رسیدن.** بزمان رسیدگی سنی داخل شدن، هنگام بالغ شدن.

بلوغیه bolūɣ-īyya(-e) [=ع. بلوغیة] (اِ.) سن بلوغ ورشد.

بلوف bolof ← بلف.

بلوف‌زدن b.-zadan ← بلف‌زدن.

۱- بلوك bolūk (اِ.) ناحیه‌ای شامل چند قریه وده؛ دهستان (ه‌م.) ج. بلوکات (غفص.)

۲- بلوك bolūk (اِ.) جماعت، دسته. ‖ **بلوك بلوك.** دسته‌دسته، قسمت‌قسمت.

بلوك bolok [فر. bloc از ژرمانی bloch] (اِ.) ۱ - (سیا.) کشورهایی

---

۱ - Cuercus persica (لا.), chêne (فر.)   ۲ - Quercinées (فر.)

که متحد بشوند ودارای مرام و روش سیاسی خاصی باشند : بلوك شرق، بلوك غرب . ۲ - (سیا .) جمعیت‌ها ودسته‌های همعقیده‌ودارای روش‌واحد.

بلوکات bolūk-āt (اِ.) ج . بلوك بسیاق عربی (غفص.)

بلوك باشی bolūk-bāšī [ف-تر.] (ص‌مر.، اِمر.) کدخدای بلوك، سرپرست بلوك.

بلوی balvā [ع .] (اِمص.) ۱ - آزمایش، آزمون. ۲- سختی، گرفتاری. ۳ - شورش: «بلوای عام شد .» ضح.- درعربی «بلوی» نویسند ودرفارسی‌طبق معمول «بلوا» رایج شده‌است.

بله bale (عم. ba'le) [= بلی (ه.م.) از ع.← بلی] (ق.اثبات) بلی (ه.م.)، آری.

بله bolh [ع.] (اِ.) ج.ابله؛ کم‌خردان، ساده دلان، سلیم دلان، کانایان. ضح.- درفارسی متداول بجای مفرد استعمال شود: فلان آدم بلهی است.

بلهاء balhā' [ع.] (ص.) مؤنث ابله؛ زن کم خرد، زن ساده‌دل.

بلهانه bolh-āna(-e) [ع.-ف.] ۱ - (ق‌مر.) بطور بلاهت و بی‌تمیزی. ۲ - (ص.) شبیه ومانند بله (ه.م.)

بلهوس bo-l-havas [=ع. = بوالهوس = ابوالهوس ← ۲ بل] (ص‌.مر) آنکه‌هوس‌بسیاردارد؛ پرهوس، هوسکار.

بلهوسی bo-l-havas-ī [ع.-ف. = بوالهوسی = ابوالهوسی] (حامص.) ۱- پرهوسی، هوسکاری. ۲ - گذراندن وقت‌باآرزو وهوس بسیار.

بلهوسی‌داشتن b.-dāštan (مص‌ل.) آرزو وهوس بسیار داشتن.

بله باریك belle-bārīk (ص‌مر.) (عم.) لاغراندام.

بله بران bale-bor-ān [← بله‌بری] (ص فا ، اِمر.) (عم.) صحبتها و قول و قرارهای قبل از عروسی بین خانواده های عروس و داماد ↓

بله بری bale-bor-ī [← بله بران] (حامص.)(عم.) صحبتها وقول‌وقرارهای قبل از عروسی بین‌خانواده های‌عروس و داماد .

بلی balī (قد. balē) [= بله، ازع. بلی balā] (ق.اثبات) بله، آری.

بلی belā [ع.] (اِمص .) کهنگی ، فرسودگی.

میز بلیارد

بلیات balīyy-āt [ع.] (اِ.) ج. بلیه (ه.م.)

بلیارد belyārd [فر. billard] (اِ.) نام نوعی بازی اروپایی که روی میزهای مخصوص‌بازی‌کنند وابزاراین بازی‌عبارتست‌ازمیزهای‌مخصوص‌پوشانده شده از ماهوت‌با چهار سوراخ درچهار گوش ودو سوراخ در حد وسط طولی‌دو طرف و تعدادی گوی در روی میز وچوبهایی‌دردست بازیکنان. بازیکنان میبایدبادقت‌ومهارت‌وبااندازه‌گیریهای دقیق با چوب گویها را بهم زده آنها را در سوراخ‌بیندازند،هر کس که‌زودتر تعدادمعینی‌ازگویهارادرداخل‌سوراخها کندبرنده‌محسوب میشود. بلیاردانواعی دارد از جمله پیرامید،ایتالیانسکی.در بازی اخیر مقداری چوبهای‌کوچك‌کم ارتفاع‌نیزدرروی‌میزمی‌ایستانندومیزش نیز کوچکتر از میز پیرامید است ودر اطراف سوراخ‌ندارد؛ بیلیارد .

بلیت balīyyat [= ع.بلیة] (اِ.) ۱ - بلا، سختی،رنج ،آزار ؛ « ببلیت آسمانی دچار شد . » ۲ - آزمایش. ج.بلایا.

بلیت belīt [فر. billet] (اِ.) تکهٔ کاغذچاپ شده برای ورود به تماشاخانه، اتوبوس، راه آهن وغیره؛ پته، بلیط.

بلید balīd [ع.] (ص.) کند ذهن، کند هوش، دیریاب، کودن، بی‌وقوف: «مردیست ضعیف‌الرأی وبلید.»

بلیز bolīz [مصحف «بلوز» bolūz] (اِ.) ← بلوز.

بلیط belīt [فر. = بلیت] (اِ.) ← بلیت.

بلیطه balīta (-e) (اِ.) (گیا.) سفید مرز (ه.م.).

بلیغ balīɣ [ع.] (ص.) ۱ - چیره‌زبان، زبان‌آور، شیواسخن، سخنگزار، رسانندهٔ سخن آنجاکه خواهد. ۲ - رسا، شیوا (کلام). ‖ **سعی** ~ . سعی رسا، کوشش کامل. ‖ **کلام** ~ . سخنی تمام بامراد: «کلامی بلیغ بادا رسانید.»

بلیغانه balīɣ-āna(-e) [ع.- ف.] (قمر.) بطور بلیغ، برسایی.

بلیغ شدن b.-šodan (مص ل.) بلاغت.

بلیله balīla(-e) [معر. = بلیلج، یو. belirica] (اِ.) (گیا.) درختچه‌ای[۱] از تیرهٔ کمبرتاسه[۲] نزدیک به تیرهٔ فرفیون[۳] که جزو ردهٔ دولپه‌ییهای جدا گلبرگ[۴] است. این گیاه مخصوص نواحی حاره است وبومی هند میباشد. میوه‌های آن تقریباً ببزرگی یک بادام معمولی‌است ولی دارای تقسیمات عرضی پنج تایی میباشد (شبیه‌میوهٔ باقلا). گوشت روی‌میوه که روی‌پوست دانه راپوشانده تلخ‌مزه وقابض‌است. پوست‌دانه‌اش‌بسیار سخت‌است، وازمغز آن‌روغن‌مخصوصی میگیرند. بطور کلی میوه‌های این گیاه درتداوی مورد استفاده واقع میگردد؛ بلیلج.

بلیه balīyya(-e) [= ع. بلیة ← بلیت] (اِ.) گرفتاری، سختی. ج. بلایا.

۱ - بم bam [معر. بم . bamm] (اِ.) ۱ - (مس.) آوای درشت و خشن آدمی وساز؛ صدایی که‌دریک‌احدزمان ارتعاشاتی کمتر از صدای زیر در فضا ایجاد کند؛ مق. زیر. ۲ - (مس.) سیم سازکه صدای درشت دهد.

۲-بم bam [= بام] (اِصت.) با دست زدن برسر کسی بقوت، بامب، بام.

بمانند be-mānand-e [← مانند، قس. بماننده] (حر.ر.) مانند، مثل: «چو این هر سه هم زین پدر مادرند چرانه بمانندیکدیگرند.» (امیرخسرو) ضح. - لازم‌الاضافه‌است.

بمانی be-mānī (فع.، اِ.) پدر ومادری که هر چه فرزند آورند زود بمیرد وبچه‌هایشان‌پا نگیرند، اسم بچهٔ آخری را اگر دختر باشد «بمانی» (خانم) میگذارند.

بمب bomb [فر. bombe] (اِ.) جسمی‌غالباً استوانه‌یی شکل که درون آن مواد منفجره میریزندودرزمان جنگ‌بوسیلهٔ هوا پیما بزمین‌پرتاب میکنند، وآن‌در اثراصابت‌بازمین‌منفجرمیشود. ‖ ~ِ اتمی. (نظ.) بمبی‌که نیروی انفجاریش مربوط به نیروی ذخیره‌یی مرکزی‌اتم است. نیروی تخریب این بمب از بمبهای معمولی‌بسیار بیشتر است‌ویکی از آنها کافی است شهری را ویران و ساکنانش را نابود سازد. ‖ ~ِ ئیدروژنی. (نظ.) نوعی بمب اتمی،

۱- Terminalia belerica(.لا), myrobalans bellerics(.لا)
۲- Combretaceés(.فر) ۳ - Euphorbiacées(.فر) ٤ - Dicotylédones dialypétales(.فر)

بمبی که نیروی انفجاریش مربوط به میروی ذخیره‌یی مرکزی اتم ئیدروژن است. نیروی انفجار و تخریب این بمب از بمب اتمی بیشتر است.

بمبار bombār (اِ.) (گیا.) سپستان (ه.م.)

بمباران bomb-ārān [فر.، ف. = بمب + باران با حذف یك «ب»] (اِمر.) پرتاب کردن بمب از بالا برروی زمین، ریختن بمبهای پیاپی بموضعی، بمباردمان. ضح.- فرهنگستان این کلمه را برابر «بمباردمان» فرانسوی تصویب کرده است.

بمباردمان bombārd(o)mān [فر. bombardement] (اِ.) بمباران (ه.م.)

بمباسی bombāsī (ص نسبـ.؛ منسوب به بمباس، محرف مومباس) گروهی از سیاهان جنوب ایران.

بمب افکن bomb-afkan [فر.-ف.] (اِفا.، اِمر.) هواپیمایی جنگی که بمبها را روی هدفهای نظامی پرتاب کند.

هواپیماهای بمب افکن

بمب گیر b.-gīr [فر.-ف.] (اِفا.، اِمر.) (اِ.) (هواپیمایی) قطعهٔ فلزی که بزیر بال هواپیما متصل شود و بمب یا راکت را بوسیلهٔ چنگکها بدان متصل کنند.

بمثل be-mesl-e [ف.-ع.] (حر. اض.مر.) مانند، شبیه. ضح.- لازم‌الاضافه است.

بمثابه be-masāba(-e)-ye [ف.-ع.] (حر.اض.مر.) بدرجهٔ، بمرتبهٔ، بحد. ضح.- لازم‌الاضافه است.

بمجرد be-moǰarrad-e [ف.-ع.] (حر.اض.مر.) درحال، بلافاصله، درهمان آن، بمحض. ضح.- لازم‌الاضافه است.

بمحض be-mahz-e [ف.-ع.] (حر.اض.مر.) بمجرد، در همان آن، در همان‌وقت. ضح.- لازم‌الاضافه است.

بمرور be-morūr-e [ف.-ع.] (حر.اض.مر.) بتدریج، کم کم: «بمرور ایام». ضح.- لازم‌الاضافه است.

بم زدن bam-zadan [= بام زدن = بامب زدن] (مص ل.) با دست زدن برسر کسی بقوت.

بمقتضای be-moγtazā-ye [ف.-ع.] (حر.اض.مر.) برحسب، برطبق، بروفق. ضح.- لازم‌الاضافه است.

بمل bemol [فر. bémol] (فر.)(اِ.) (مس.) یکی از علامات تغییردهنده است که قبل از نوتها گذارده شود. این علامت صدای نوت (ه.م.) را نیم پرده پایین میآورد. بعبارت دیگر صدای نوت را نیم پرده بم (ه.م.) میکند؛ مق. دیز. (فر. dièse)

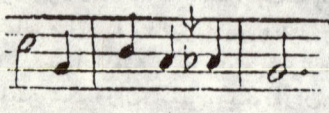

بمل

بمواجهه be-movāǰaha(-ǰehe) [ف.-ع.] (قمر.) حضوراً، روبرو.

بموجب be-mūǰeb-e [ف.-ع.] (حر.اض.مر.) مطابق، موافق، برحسب.

بمول bemol [فر. bémol] (إ.) (مس.) ← بمل.
بموم bomūm [معر.] (إ.) ج. بم؛ صداهای پر ودرشت. ← ۱ - بم.
۱-بن ban [په. van، است. van، درخت] (إ.) ۱ - درخت، شجر. ۲ - تنهٔ درخت، ساقه.
۲-بن ban [= بنه = ون] (إ.) (گیا.) بنه (ه.م.) ‖ ~ِ کوهی. (گیا.) نوعی است ازبن، بسیار چرب، واز آن آشی پزند بنام «بوبا» (ه.م.)
۱-بن ben [= ع. ابن] (ص.) ابن، پسر: «از وفات عطاربن یعقوب
تازه‌تر شد وقاحت‌عالم.» (مسعود سعد)
۲-بن ben [تر.] (إ.) درترکی‌غربی ضمیرشخصی متکلم وحده و اول‌شخص است. درترکی امروز آنرا «بنم» بفتح اول وکسر نون تلفظ میکنند ← بنم.
۱-بن bon [په. bun، būn] (إ.) ۱ - بیخ، بنیاد. ۲ - پایان، انتها: بن چاه. ۳ - سوراخ مقعد. ۴ - (فز.) قسمی از چراغ برق که بسرپیچ وصل میشود[1] (فره.) ‖ ~ِ بغل. زیر بغل. ‖ ~ِ بینی. نوك بینی وریشهٔ بینی که نزدیك بابرو باشد. ‖ ~ِ دامان. ۱ - پایین‌دامان. ۲ - (کن.) زمین، ارض. ‖ ~ِ دندان. ۱-زیردندان. ۲-انقیاد، فرمانبرداری، اطاعت. ۳ - رغبت‌تمام، کمال میل. ۴ - ذخیره، پس انداز. ۵ - قصد، اراده. ‖ ~ِ ران. ریشهٔ‌ران، مابین شکم وران، مغبن، پیغولهٔ ران. ‖ ~ِ ستور. (کن.) سوراخ‌دبرستور. ‖ ~ِ گوش. ۱-زیرگوش. ۲ -اطاعت، انقیاد. ۳ - دقت. ‖ بیخ و ~ . ریشه وبنیاد ‖ سر و ~ . (هس.) رأس‌وقاعده؛ «میان‌دومرکزسر و بن.» (التفهیم ص ۲۶)
۲-بن bon (إ.) نان‌خورشی‌است، آبکامه (ه.م.)
بنا benā [= ع. بناء] (إ.) ← بناء.
بنا bannā [= ع. بناء] (ص.) ← بناء.
بناء benā' [ع.، ف.: بنا] ۱ - (مص م.) برآوردن، ساختن. ۲- (إ.) عمارت، ساختمان، هرنوع ساختمان که برای سکونت واستفادهٔ انسان وحیوان و جا دادن اشیاء بکاررود. ج. ابنیه. ۳ - قرار، برقراری. ۴ - بنیاد، اساس. ۵ - (نحو) شکل. ۶ - (نحو عربی) عدم تغییر اواخر کلمات؛ مق. اعراب. ‖ ~ِ آهنی. (معم.) ← ساختمان آهنی. ‖ ~ِ سیمانی. (معم.) ← ساختمان سیمانی. ‖ ~ بودن. قرار بودن: «بنا بود که دیگردروغ‌نگویی.» ‖ ~ بآب‌رسانیدن. ۱ - ساختمان استوار کردن. ۲ - خراب‌کردن ساختمان.
بناء bannā' [ع.، ف.: بنا] (ص.) آنکه بنا کند، کسی که پیشه‌اش‌ساختن خانه‌ها و ساختمانهاست، سازندهٔ بنا وعمارت وساختمان، بناگر.
بنا افکندن benā-afkandan (مص م.) ۱ - بنا کردن، ساختن‌عمارت. ۲ - خراب‌کردن بنا، سرنگون‌ساختن عمارت.
بناب bon-āb [= بن + آب، بفك‌اض.] (إمر.) عمق‌آب، ته آب.
بنا بر آن benā-bar-ān [ع.-ف.] (قمر.) بدانجهت، بآن سبب.
بنا براین benā-bar-'īn [ع.-ف.

[1] — Colut (فر.)

= بنابرین] (ق مر.) بدین مناسبت ، بدین لحاظ ، از این‌رو ، علی‌هذا ، بدین سبب.

بنابرین benā-bar-īn [ع. ـ ف. = بنابراین] (قمر.) ← بنابراین.

بنابه banāba(-e) (اِ.) نوبت : «امروز بنابهٔ ماست.»

بنات banāt [ع.] (اِ) ج . بنت ؛ دختران . ‖ ~ سلطنت. دختران‌شاه. ‖ ~ نبات. (اض.تشبیهی) گیاهان تازه روییده . ‖ ~ گردون. ۱ - سه ستارهٔ صف زده از هفت ستارهٔ بنات‌النعش (← بخش ۳). ۲ - همهٔ ستاره‌های آسمان.

بناخواست be-nā-xāst (ق مر.) بدون اراده ، بدون میل ؛ مق . بخواست: «بنده‌معصیت‌بناخواست‌خدای کند.»

بنادر banāder [ع.] (اِ.) ج. بندر؛ بندرها ، شهرهای واقع درکنار دریا.

بنا شدن benā-šodan [ع.ـ ف.] (مص‌م.) ساخته شدن .

بنا شناخت be-nā-šenāxt (قمر.) در حال نا شناخته، ناشناس . ← نا-شناخت .

۱-بناغ banāγ (اِ.) ۱ - ریسمان خام که بردوک پیچیده شده باشد. ۲ - سر ماسورهٔ ریسمان خام که برسر دوک ریسند . ۳ - تار عنکبوت . ۴ - تار ابریشم .

۲-بناغ banāγ [= پناغ](اِ.)دو زن که یک شوهر داشته باشند ، هر یک دیگری را بناغ است؛ وسنی، هم‌شوی.

بناکام be-nā-kām (قمر.)ناکامانه. ← ناکام.

بناکردن benā-kardan [ع.ـف.] (مص مر.) عمارت کردن ، ساختمان کردن .

بنا گذاشتن b.-gozāštan [ع . - ف.] (مص م.) بنیاد گذاشتن ، اساس گذاشتن؛ «بدبنایی گذاشته‌ای.»

بناگر benā-gar [ع.ـف.] (ص‌فا.) ۱ - بنا. ۲ - معمار. ۳ - کارگر.

بناگوش bon-ā-gūš (اِ.)[بن+ا (= کسرهٔ اضافه) + گوش](امر.) ۱ - نرمهٔ‌گوش . ۲ - شقیقه. ۳ - پس گوش.

بناگوش آکنده (آگنده) b.-ākanda(-gan-) (-e) (ص‌مر.) احمق ، کندفهم .

بناگوش‌کردن b.-kardan(مصل.) ۱ - بردن قابله انگشت خود رادردهن کودک نوزاد وکام‌اورا بر داشتن. ۲ - (کنـ.) انقیادکردن، اطاعت‌کردن.

بناگاه be-nā-gāh [= بناگه] (ق مر.) ناگهان.← ۱ - ناگاه.

بناگه be-nā-gah [= بناگاه] (ق مر.) ناگه. ← بناگاه، ناگاه، ناگه.

بنام be-nām (ص مر.) ۱ - همنام، آداش. ۲ - نامی، مشهور، بانام.

بنام ایزد ba(e)-nām-īzad (صت.) بنام خدا (در مورد تعجب ودفع‌چشم‌زخم وقسم‌گویند).

بنان banān [ع.] (اِ.) ۱ - سر انگشت. ۲ - انگشت واحد؛بنانه.

بنانه banāna(-e) [= ع.بنانة] (اِ. واحد« بنان») ۱ -یک‌سرانگشت. ۲- یک انگشت .

بنا نهادن benā-na(e)hādan [ع.ـف.](مص‌م.) ۱- ساختمان‌کردن. ۲ - قرارگذاشتن، اساس نهادن.

بناور banāvar (اِ.) دنبل بزرگ، دمل .

بناور bon-ā-var (ص مر .)

بنبا

۱- هرچیز ریشه دار، بیخ‌دار. ۲- هر چیز ژرف، عمیق، گود.

بنبا ban-bā (اِمر.) آشی که از بن (ه.م.) پزند.

بنبر banbar (اِ.) (گیا.) سپستان (ه.م.)

بن بست bon-bast [= بن‌بسته] (ص مر.) ۱- کوچهٔ تنگی که بن آن بسته و پوشیده باشد وراه دررو نداشته‌باشد؛ مق. دررو دار. ۲- (کن.) کاردشواری که راه حل نداشته باشد.

بنبل banbal (اِ.) ۱- هرنوع ترشی عموماً. ۲- سیب ترش خصوصاً.

بنبو banbū [فر. bambou] (اِ.) (گیا.) خیزران (ه.م.)

بنت bent [ع.] (اِ.) دختر. ج. بنات.

|| ~ اجل. تب.

بنج banǰ [معر. بنگ] (اِ.) (گیا.) بنگ (ه.م.)

بنجاره banǰāra(-e) [هند.] (اِ.) فروشندهٔ غله برای اردو.

۱- بنجاق bonǰāɣ [تر.= بنجق = بنجوق] ۱- (اِ.) حلقه ها، گویهای الوان. ۲- قطعات شیشه‌یی که برای زینت اسبان واستران بکاررود. ۳- (ص.) اسب زینت شده با بنجاق ↑.

۲- بنجاق bonǰāɣ [تر.= بنچاق، قس. بنجه] (اِ) ← بنچاق.

بنجره banǰara(-e) [= پنجره] (اِ.) ← پنجره.

بنجشك benǰešk [= گنجشك] (اِ.) ← گنجشك.

بنجك bonǰak (اِ.) پنبهٔ گلوله‌کرده بجهت‌رشتن؛ پنبهٔ‌محلوج، بندك، بندش، غنده.

بنجل bonǰol (ص.) (عم.) ۱- ته‌ماندهٔ بساط. ۲- متاع‌وازده‌که مشتری‌نداشته باشد، کالای پست.

۱- بنجه bonǰa(-e) [تر. قس. بنچاق] (اِ.) قبالهٔ ملك، بنچاق.

۲- بنجه bonǰa(-e) [= پنجه = پنچه] (اِ.) پیشانی، ناصیه.

بنحوی be-nahv-ī (-ē) (قد. [به+نحو+ی، نکره] [ف.-ع.] (ق مر.) بطریقی، بحیثیتی.

بنجیدن banǰ-īdan [قس. پهـ. bāxtan] (مصم.) (بنجید، بنجد، خواهد بنجید، ببنج، بنجنده، بنجیده) کمك کردن، یاری کردن.

بنجیك benǰīk [تر.= بنچك = بنچیك] (اِ.) جای بستن اسبان چاپار در راه. ← بنجیك‌یام.

بنجیك یام benǰīk-yām [تر.= بنچك‌یام = بنچیك‌یام] (اِمر.) چاپار وپیکی که بوسیلهٔ اسبان‌وچهارپایان‌در حرکت باشند.

بنچاق bončāɣ [تر.= بنجاق؛ قس. بنجه] (اِ.) (حق.) هرنوع سند راجع بمالکیت یا نقل و انتقالات قبلی در مورد مالی‌که فعلا مورد معامله قرار میگیرد؛ قبالهٔ ملك، سند قدیمی.

بنچه bonča(-e) (اِ.) جمعی که بر اصناف حرف و صنعت و رعیت بندند، ومالیات و بدهی آنها.

۱- بند band [پهـ. band] (اِ.) ۱- رشته‌ای که‌برای‌اتصال بکار رود؛ ریسمان، طناب. ۲- طناب ابریشمی یا پنبه‌یی‌که بدان شمشیر را حمایل کنند و یا بر کمر بندند. ۳- بافته‌ای که از نیفهٔ تنبان و چاقچور گذرانند و درکمر استوار بندند. ۴- بافته‌ای که بقبا وارخالق وصل کرده گره‌زنند.

بند (← بند۱۲)

بند، مفصل (← بند۱۳)

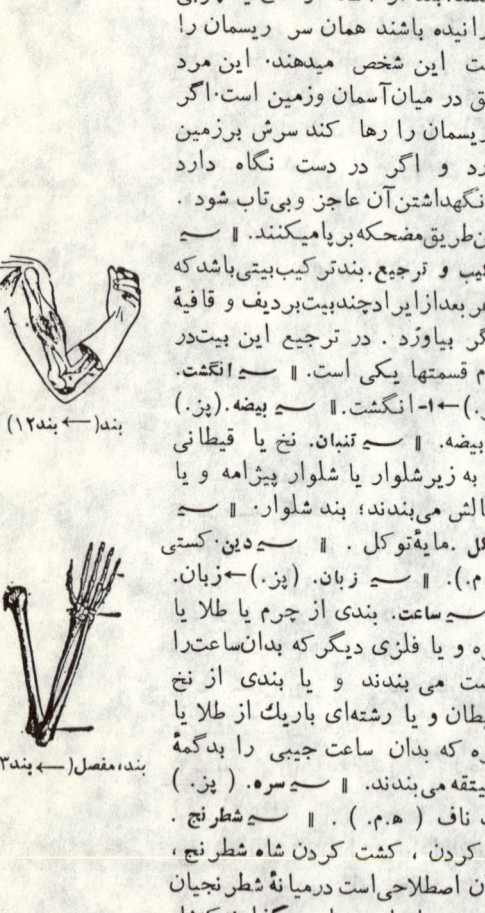

۵ - کمربند ، میان‌بند . **۶** - زنجیر وریسمانی‌که بر پای ودست بیگانگان و اسیران و گناهکاران نهند . **۷** - قیطان پنبه‌یی یا ابریشمی که در میان لولهٔ کاغذ و طومار بندند ؛ نخ . **۸** - طومار کاغذ . **۹** - طنابی که از دوسر بدیوار وصل کنند و جامه‌های شسته را بر آن آویزند تا خشک شود. **۱۰**- گره، عقده. **۱۱**- (پز.) الیاف اتصال دهندهٔ یک عضو بعضو دیگر[1]. **۱۲**- (پز.) هریک ازاستخوانهای جداگانهٔ انگشتان پا و دست ← بند انگشت. **۱۳**- مفصل (ه.م.) **۱۴**- محل اتصال دوچیز بهم : بندهای نی، نی هفت بند. **۱۵**- قسمتی از یک کتاب یا مجموعه. **۱۶**- هریک از فصول و فقرات نامه‌ها ، قوانین و لوایح : این عهدنامه دارای ده‌بند است. **۱۷**- رهن، گرو . **۱۸**- آنچه از غنیم در دارالحرب گیرند. **۱۹**- پاره‌ای ازآهن یا روی که بدان ظرف شکسته را پیوند دهند. **۲۰**- تنکهٔ آهن که بر صندوق و کشتی ومانند آن جهت استحکام زنند. **۲۱**- قفل. **۲۲**- سدی که در پیش آب بندند؛ سد. **۲۳**- (نق.) کمربند یا بستی است ما بین دو نقش اسلیمی مکرر، که وجود آنها نقش را از یک نواختی بیرون میآورد: گردش بندها بسته بذوق و ابتکار فنی هنرمند است. **۲۴**- عهد، پیمان، شرط (زناشویی و غیره). **۲۵**- مکر، حیله ، فریب . **۲۶**- غم ، غصه ، محنت. **۲۷**- حبس . **۲۸**- طمع . **۲۹**- توقع. **۳۰**- قبض؛مق. گشاد. **۳۱**-(کشا) زوج گاو. **۳۲**- (کشا.) زمینی که با یک جفت گاو زراعت شود. **۳۳**- (إفا.) بجای «بندنده» در ترکیب بکار رود: دست‌بند، دیوبند، روبند، کمربند، گلوبند، نخلبند ، نقشبند . **۳۴**- (إمف.) بجای «بسته» در ترکیب آید : ترکیب‌بند ، ترجیع‌بند. ‖ ~ **آب.** سدی که جلو آب بندند. ‖ ~ **ارباب** . نوعی از شکنجه که مسخرگان کنند و آن چنان بود که ریسمانی بر هردو بند پای کسی بسته سر ریسمان را از جای بلند فرو می‌هلند، بعد از آنکه از شاخ یا چوبی گذرانیده باشند همان سر ریسمان را بدست این شخص میدهند. این مرد معلق در میان آسمان وزمین است. اگر سر ریسمان را رها کند سرش برزمین خورد و اگر در دست نگاه دارد از نگهداشتن آن عاجز وبی‌تاب شود . باین طریق مضحکه برپا میکنند. ‖ ~ **ترکیب و ترجیع.** بند ترکیب بیتی باشد که شاعر بعد از ایراد چند بیت بر ردیف و قافیهٔ دیگر بیاورد . در ترجیع این بیت در تمام قسمتها یکی است. ‖ ~ **انگشت.** (پز.) ← ۱- انگشت. ‖ ~ **بیضه.** (پز.) ← بیضه. ‖ ~ **تنبان.** نخ یا قیطانی که به زیرشلوار یا شلوار پیژامه و یا امثالش می‌بندند؛ بند شلوار. ‖ ~ **توکل**. مایهٔ توکل . ‖ ~ **دین.** کستی (ه.م.). ‖ ~ **زبان.** (پز.) ← زبان. ‖ ~ **ساعت.** بندی از چرم یا طلا یا نقره و یا فلزی دیگر که بدان ساعت را بدست می بندند و یا بندی از نخ وقیطان و یا رشته‌ای باریک از طلا یا نقره که بدان ساعت جیبی را بدگمهٔ جلیتقه می‌بندند. ‖ ~ **سره.** (پز.) بند ناف (ه.م.) . ‖ ~ **شطرنج**. شه کردن ، کشت کردن شاه شطرنج، وآن اصطلاحی است درمیانهٔ شطرنجیان که مهره‌ها را در جایی بگذارند که شاه حریف لاعلاج از جای خود برخیزد . ‖ ~ **شلوار.** ← بندتنبان. ‖ ~ **طومار** . بند کاغذ (ه.م.) . ‖ ~

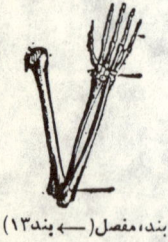

۱- **Ligament (فر.)**

قبا. بند یا قیطانی که به قبا بندند . ‖ ~ کاغذ . واحدی است برای کاغذ وآن ده دسته باشد وهر دسته‌ای بیست و چهار ورق. ‖ ~ کمر. بندی که بر کمر بندند ، کمربند . ‖ ~ گاو. (کشا.) جفت گاوی را گویند باهم بسته و بدانها زراعت کنند و گردون را میکشد . ‖ ~ ناف (پز .) زایدهٔ ناف کودك که هنگام تولدش می‌چینند. ← ناف. ‖ ~ نای. فاصلهٔ مابین دو بند نی. ‖ بازکردن ~ . گشادن (گره، دگمه و مانند آن) ؛ مق. بستن بند . ‖ ~ بودن . ۱ - آویزان بودن . ۲ - گرفتار بودن ، درگیر بودن . ‖ ~ بر ابرونهادن. (کن.) بیدماغ شدن. ‖ ~ برخاستن از چیزی. (کن.) دورشدن بند از آن چیز. ‖ ~ در ~ قبا بافتن .(کن.) بهم پیوستن، مجتمع شدن . ‖ ~ دلم پاره شد. ۱ - بسیار ترسیدم . ۲ - بسیار مشوش شدم . ‖ ~ قبا کشیدن. گشادن بندقبا. ‖ پاره کردن ~ . گسستن بند، گسیختن آن. ‖ در ~ آزار کسی بودن. تصمیم بآزار کسی داشتن. ‖ در ~ چیزی بودن . ۱ - درخیال چیزی بودن: دربندسفر است. ۲ - عزم اقدامی داشتن .

۲ - بند band [= پند = فند] (اِ.) فن کشتی گیری، حیلهٔ کشتی .

۳ - بند band [= پند] (اِ.) (جا‌ن.) زغن (ه‍.م.)

بنداد bon-dād [= بنیاد] (اِمر.) ۱ - بنیاد، اساس . ۲ - اصل هرچیز . ۳ - پشتیبان.

بندار bon-dār [= بنه‌دار] (اِفا؛ صمر.) ۱ - ریشه‌دار. ۲ - کیسه‌دار، خانه‌دار، صاحب تجمل و مکنت، مایه‌دار . ۳ - مالك، صاحب ملك (بیشتر درخراسان). ۴ - کسی که خراج جنسی‌را بطورعمده میخرد . ۵ - کسی که پیشه‌اش مالداری و باغداری و فروش محصول باغ وباغتره است. ۶ - داروفروش، دوافروش. ۷ - اسب‌فروش . ۸ - آنکه چیزی را نگاه‌دارد تا بقیمت گرانتر بفروشد ؛ گرانفروش . ۹ - تاجر معدن . ۱۰ - متصدی چاپارخانه ، صاحب برید. ۱۱ - سردار قشون، سالار . ۱۲ - گمرکچی. ۱۳ - موکل اخذمالیات از بارها و بنه‌ها. ۱۴ - ذخیره. ۱۵ - انبار . ۱۶ - ثابت ، مقرر. ۱۷ - جامد، سخت. ۱۸ - اصلی، اصیل. ۱۹ - باهوش، دانا .

بنداز کردن be-ndāz-kardan [← انداختن] (مص‌م.)(عم.)مباشرت کردن، جماع کردن.

بنداق bandāγ (اِ.) کلاهی دراز شبیه‌بتاجی که درویشان‌وقلندران برسر گذارند.

(بنداوسی) bendāvos-ī (اِ.) ← پیداوسی.

بند آمدن band-āmadan (مص‌ل.) ۱ - بازایستادن ، قطع‌شدن (مایع از جریان). ۲ - سد شدن . ۳ - موقوف شدن. ۴ - متوقف شدن : « باران بند آمد.»

بندآوردن b.-āva(o)rdan (مص‌م.) بستن، جلوگیری کردن، جریان‌چیزی را مانع شدن.

بند انداختن b.-andāxtan (مص‌م.) کندن موی چهرهٔ زنان بوسیله‌بند (= نخ) ، پیرایش موهای زایدصورت و ابرو، بابندکندن موی صورت وپای زنان.

بند انداز b.-andāz (اِفا.) زنی که

بابند موی صورت زنان را درآورد، سلمانی‌زن.

بند باز b.-bāz (اِفا.) آنکه روی ریسمان‌راه رود وعملیات شگفت‌انگیز کند، شخصی که‌عملیات آکروباسی‌روی بند انجام دهد، ریسمان‌باز.

بند بازی b.-bāz-ī (حامص.) عمل وشغل بندباز (ه.م.)، ریسمان بازی، آکروباسی، نوعی نمایش ورزشی که درآن شخصی برروی بند عملیات بدنی انجام دهد و هنرنمایی کند. بند باز برای حفظ تعادل خود در روی بند، معمولا چوبی در دست میگیرد. در بند بازی شخص دومی بنام یالانچی (ه.م.)وجوددارد که‌درصحنهٔزمین‌زیربند اداهای مضحك‌درآورد.

بند بر بند b.-bar-band (قمر.) به‌پی‌هم، پیاپی، متوالی.

بند برگرفتن b.-bar-gereftan ۱- بندگشودن. ۲- ازبندخلاص‌کردن، از قید رهاکردن.

بندبرنهادن b.-bar-na(e)hādan (مص م.) ۱- مقید کردن. ۲- قفل کردن، تنکیل.

بند بست b.-bast (اِمر.) ← بندوبست.

بند بستن b.-bastan (مص‌م.) ۱- بندنهادن ؛ مق. بند گشادن. ۲- سد بستن. ۳- بستن تسبیح و امثال آن بتار ابریشم وگلابتون. ۴- پیوند کردن موی شیشه وچینی و امثال‌آن. ۵- توقع داشتن، طمع داشتن. ۶- بقرض افتادن، بوام گرفتن. ۷- گرفتن چیزی بابرام از کسی. ۸- بمکر و فریب چیزی ازکسی‌گرفتن.

بند پایی band-pāy-ī (اِمر.) ج. بندپاییان (بندپائیان)(فره.) (جانـ.) شاخه‌ای[۱] از جانوران غیرذی فقارکه دارای پوستهٔ کیتینی[۲] هستند و دارای قرینهٔ دوطرفی[۳] میباشند و بدنشان از بندها و حلقه های متعدد ساخته شده که در گونه‌ها و انواع مختلف آنها فرق میکند، وهمچنین‌اندامهای‌حرکتی آنها هم بند بند است. تنفس این جانوران پوستی[٤] است وبوسیلهٔمجاری هوایی‌که انتهای آنها بپوست بدن باز میشود انجام میگردد. از اختصاصات این‌جانوران پوست اندازی[٥] آنهاست که در گونه‌ها و تیره‌های مختلف در هرسال یك یاچند مرتبه انجام‌میشود؛ پامفصلیان. این‌شاخه از جانوران را به ۴ رده تقسیم میکنند: ۱- سخت پوستان. ۲- عنکبوتیان. ۳- هزار پاییان. ۴- حشرات. (برای شرح هریك بمادهٔ مربوط مراجعه شود).

بند تنبانی band.-e-tonbān-ī (ص‌نسبـ.) (عم.) ۱- گفتهٔ بی‌سر وته. ۲- شعر بی معنی و نادرست از لحاظ وزن و قافیه.

بند چه band-ča(-e) (اِمصغ.) (فره.) مفصل کوچك انگشت.

بندخانه band-xāna(-e) [= بندی خانه] (اِمر.) زندان، محبس.

بندد bondad [= بنداد = بنلاد] (اِ.) ← بنداد، بنیاد.

بندر bandar (اِ.) محلی‌است‌درساحل دریا یا رودخانه‌که محل توقف وبار-گیری و باراندازی وسایل‌نقلیهٔدریایی است، و آن معمولا شامل انبارها

۱ — Arthropodes (فر.)
۲ — Chitine (فر.)
۳ — Symétrie bilatérale (فر.)
٤ — Respiration cutanée (فر.)
٥ — Muer (فر.)

بندرگاه

وجر ثقیلها ووسایل فنی دیگر نیز هست؛ شهر ساحلی ، بندرگاه . ضح - این کلمه بهمین صورت معرب شده جمع آن «بنادر» آید .

بندرگاه bandar-gāh (إمر.) ۱- بندر. ۲- لنگرگاه کشتی در کنار دریا .

(بندروغ) bandrūγ (إ.) مصحف «بندورغ» (ه.م.)

بند زدن band-zadan (مص م.) متصل کردن قطعات ظرفهای شکسته ، آوند شکسته را با پاره های آهن یا روی پیوند کردن ، وصل کردن تکه‌های جدا شدهٔ کاسه و بشقاب .

بند زن b.-zan (إفا.) آنکه کاسه و بشقاب را پیوند دهد .

بندش bandaš [قس. بندك ، کندش] (إ.) پنبهٔ حلاجی کرده و گلوله ساخته بجهت رشتن .

بند کشی

بند شدن band-šodan (مص ل.) ۱- آرام داشتن : «روی پا بند نشد.» ۲- ماندن . ۳- چسبیدن. ۴- محکم شدن .

بند شناسی b.-šenās-ī (حامص.) (فره.) (پز.) فن شناختن مفاصل ، معرفة‌المفاصل ، مفصل شناسی[۱].

بند شهریار b.-e-šahriyār (إمر.) (مس.) لحنی از موسیقی قدیم.

۱- بندق bondoγ [= فندق] (إ.) (گیا.) فندق (ه.م.) ‖ ~ هندی. (گیا.) رته (ه.م.)

۲- بندق bondoγ [ع.] (إ.) ۱- گلولهٔ گلین یا سنگی یا سربی و یا غیر آن ، جلاهق (= کلاهك). ۲- گلولهٔ توپ وتفنگ. واحد. بندقه. ج. بنادق.

بندق‌چی b.-čī [ع.-تر. = بندوق‌چی] (ص نسب.) تفنگچی ، بندقدار.

بندقدار b.-dār [ع.-ف.] (إفا.) تفنگچی، بندقچی

بندق شکستن b.-šekastan (مص م.) بوسیدن، بوسه دادن.

بندقه bandaγa (-e) ۱- گلوله ساختن چیزی را. ۲- تیز نگریستن بسوی کسی.

بندقه bondoγa(-e) [= ع. بندقة] (إ.) واحد بندق، یك گلوله (گلین، سنگین، سربی).

بندقی bondoγ-ī [ع.-ف.] (ص نسب.) تفنگچی، بندقدار ، بندقچی.

بندقیه bondoγ-īyya(-e) [ع. = بندقیة] (إمر.) ۱- (نظ.قد.) توپ. ۲- (نظ.قد.) پیشتو (= پیشتاب) .

بندك bandak [قس. بندش] (إ.) پنبهٔ پاك کرده از پنبه دانه و آماده کرده برای رشتن. ← بندش .

بند کردن band-kardan (مص م.) ۱- اسیر کردن ، در بند کردن . ۲- محکم گرفتن. ۳- آلت رجولیت را بر موضع مباشرت نهاده زور کردن، جماع کردن. ۴- قایم کردن، محکم کردن. ‖ ~ ِ کار. سرانجام دادن کار.

بندکش b.-kaš, keš (إفا.) کارگری که در ساختمانها درز های آجر ها وسنگهایی راکه درنمای بنا بکاررود ، باسیمان، ساروج ومانند آن پر کند .

بندکشه b.--ka(e)ša(-e) ۱- (إ.) دربند. ۲- رزهٔ در. ۳- زرفین. ۴- (إمص.) نوکری. ۵- بندگی.

بند کشی b.-ka(e)š-ī (حامص.)

---
۱ – Arthrologie (فر.)

پر کردن درزهای آجرها و سنگهای نمای ابنیه با سیمان یا ساروج.

بند کوه b.-kūh (إمر.) کوه مانند حصار و بارو.

بندگان banda(e)g-ān [← بنده] (إ.) ج. بنده. ۱ - بنده‌ها ← بنده. ۲ - در خطاب شفاهی و کتبی به‌شاه: «بندگان اعلیحضرت همایونی.» گویند و نویسند. ‖ ~ اشرف. درخطاب به‌شاه و امیر بکار برده میشده.

بندگاه band-gāh [= بند گه] (إمر.) ۱ - مفصل اعضا. ۲ - دره.

بند گسستن b.-gosastan (مصم.) پاره کردن بند.

بند گشاد b.-gošād (إمر.) ۱ - مفصل. ۲ - وتر عضله.

بندگشادن b.-gošādan [= بند - گشودن] (مصم.) ← بندگشودن.

بندگشودن b.-gošūdan [= بند گشادن] (مصم.) بندبر گرفتن، باز کردن بند، بند واکردن، قیدو بندرا باز کردن؛ مق. بندبستن: «از دست و پای محکوم بندگشودند.»

بندگی banda(e)g-ī [bandag-īh پهـ] (حامص.) ۱ - غلامی، بنده‌بودن. ۲ - نوکری، خدمتکاری، خدمت. ۳ - عبودیت، پرستش. ۴ - اطاعت، انقیاد: «روی دل باخلاص بندگی درگاه‌جهان پناه آورده.»

بندگیر band-gīr (إفا.، إمر.) ۱ - ساروجی که از آهك و پیه و پنبه و یا مو ترتیب دهند و در حمام و حوض جهت منع تراوش آب بکار برند؛ پیه دارو. ۲ - تیر بزرگ عمارت.

بندگی کردن banda(e)gī-kardan (مصل.) ۱ - غلامی کردن، بنده‌بودن. ۲ - نوکری کردن، خدمت کردن. ۳ - پرستش کردن. ۴ - اطاعت کردن، انقیاد ورزیدن.

بندمه bandema(-e) [= بندیمه = بندنه = بندینه] (إ.) تکمه، گوی گریبان.

بن دندان bon-e-dandān (إمر.) ۱ - بیخ دندان. ۲ - لثه. ۳ - ذخیره، پس انداز. ۴ - قصد، اراده، آهنگ. ‖ از ~ . (کن.) ۱ - با کمال اطاعت، با کمال انقیاد. ۲ - با کمال رغبت، با کمال میل، از صمیم قلب، از ته‌دل.

بند ناف band-e-nāf (إمر.) (بز.) رشته‌ای[1] که جنین را در پستانداران بجفت متصل میکند و رابط بین مادر و جنین است. بند ناف در ساختمان تخمك نیز موجود است و رابط بین کیسهٔ جنینی[2] و تخمدان میباشد. در گیاهان محل التصاق بندناف را بکیسهٔ جنینی جفت ومحل چسبیدن آنرا بکیسهٔ جنینی ناف گویند؛ رشتهٔ ناف، طناب نافی، حبل السره.

بندنده band-anda(-e) (إفا. بندیدن، بستن) بندکننده:
«گفت که‌دیوانه‌نه‌ای، لایق این‌خانه‌نه‌ای
رفتم ودیوانه شدم، سلسله‌بندنده شدم.»
(مولوی)

بندنه bandena(e) [= بندمه = بندیمه = بندینه] (إ.) ← بندمه.

بندنهادن b.-na(e)hādan (مصم.) نهادن بندبر گردن ودست و مانند آن، غل وزنجیر وقید نهادن بر ...

بند و بست b.-o-bast (إمر.) ۱ - قرار داد (باج وخراج). ۲ - ترتیب، انتظام، ضبط و ربط. ۳ - استواری، محکمی. ۴ - تدبیر. ۵ - توطئه، ساخت

۱- Cordon ombilical (فر.)
۲- Sac embryonnaire (فر.)

بند و بست‌چی وپاخت. ‖ ـــ بودن. ۱- بسته‌بودن. ۲ - مقفل بودن.

بندوبست‌چی b.-o-b.-čī [ف.-تر.] (ص مر.) (عم.) کسی که در کارهای مختلف بااشخاص مختلف‌المسلك برای منافع شخصی خود همیشه در زد و بند است.

بند و بستی band-o-bast-ī (ص نسب.) منسوب به‌بندوبست، بندوبست‌چی.

بند ورغ band-e varγ [بند+ورغ ←۱-ورغ] (إمر.) بند و سدی باشد که باچوب وعلف‌وخاك و گل در پیش آب بندندتا آب بلندشودوبزراعت‌رود. ضح .- این ترکیب بصورت «بندروغ» تحریف شده.

بندوق bondūγ, (ban) [=بندق] (إ.) تفنگ. ج. بنادیق.

بندول bandūl [= بنددول] (إمر.) ریسمانی که .بدریچهٔ دول آسیا اتصال دارد وچون آن را بکشند غله از دول در میان دو سنگ آسیا داخل‌گردد.

بنده banda-(e) [په. bandak] (إ.) ۱ - برده، عبد، عبید، غلام‌زرخرید(در مورد مرد). ‖ ـــٔ خدا. الف - عبد خدا، عبدالله. ب- (تص.) انسان‌کامل. ۲ - نوکر،چاکر، خدمتکار. ‖ ـــٔ درگاه. غلام حاضردردرگاه. ‖ ـــٔ مخلص. چاکر اخلاصمند. ۳ - مطیع، فرمانبردار. ‖ ـــٔ فرمان. مطیع فرمان. ۴ - من،این جانب، نویسنده، گوینده (درهنگام گفتن و نوشتن کلمهٔ «بنده» را بجای«من» بمنزلهٔاظهار ادب بکار میبرند. ظاهراًدر اول«این بنده» و من«بنده»بود، بعدبه‌تخفیف «بنده» شده)ج. بندگان. ‖ ـــ خانه. خانهٔمن (کوچکتر در مقابل بزرگتر استعمال کند). ‖ ـــ بی‌تقصیرم. بمن مربوط نیست.

بنده پرور b.-parvar (إفا.) کسی که رعایت حال زیردستان خود راکند.

بنده‌پروری b.-parvar-ī (حامص.) عمل‌بنده پرور (ه‌.م.)

بنده زاده b.-zāda(-e) (ص‌مر.، إمر.) زادهٔ بنده، فرزند این جانب. ضح.- این کلمه را کوچکتردرمقابل‌بزرگتر استعمال‌کند.

بندهٔ شکم b.-ye-šekam (ص مر.) پرخوار، شکم‌پرور، شکم‌بنده.

بنده نواز b.-navāz (إفا.) ۱ - کسی‌که بزیردستان‌مهربانی‌کند، آنکه به‌بندگان عطوفت ورزد، بنده‌پرور.

بنده نوازی b.-navāz-ī (حامص.) عمل بنده‌نواز (ه‌.م.)

بنده وار b.-vār (قمر.) مثل‌بنده، مانند بنده وعبد.

۱- بندی band-ī (ص نسب.) ۱ - اسیر، گرفتار. ۲ - زندانی. ج. بندیان.

۲-بندی band-ī (حامص.) درترکیبات آید ومعانی‌ذیل‌دهد: ۱ - عمل‌و اجرای کاری: آب‌بندی، ته‌بندی، جیره‌بندی، خیابان بندی. ۲ - معنی شغل و پیشه را رساند: دگمه بندی، علاقه بندی، نعلبندی، ماست بندی. ۳ - (إ.) دکان ومغازه: علاقه بندی، نعلبندی.

بندیخانه b.-xāna(-e) (إ.) زندان، بندخانه.

بندیدن band-īdan [= بستن] (مصم.) (بندید، بندد، خواهدبندید، ببند، بندنده، بندیده، بندش) ۱ - بستن. ۲ - قیدکردن، مقید کردن. ۳- حبس کردن، زندان‌کردن.

بندیر bandīr [ع.] (إ.) (مس.) دفی که دارای جلاجل باشد.

بندی شدن band-ī-šodan (مص

ل.) ۱ - اسیرشدن، گرفتار شدن. ۲ - زندانی شدن. ۳ - مزمن شدن تب بحیثیتی که اصلا قطع نشود.

بندیمه bandīma(-e) = بندمه = بندنه = بندینه] ۱ - تکمه. ۲ - گوی گریبان.

بندینه bandīna(-e) [بندیمه = بندمه = بندنه](إ.) ← بندیمه.

بندیوان bandī-vān [= بندی‌بان] (إمر.) زندانبان، نگاهبان بندیان.

بنرمی be-narm-ī (قمر.) بملایمت، بآرامی. ‖ ــ **جواب‌دادن**. بملایمت پاسخ گفتن:

«خان‌ومان‌رالاله برباد ازعتابش‌میدهد
گل‌بنرمی‌درصف‌خوبان‌جوابش‌میدهد.»
(والهٔ هروی. آنندراج) ‖ ــ **حرف زدن** (سخن‌گفتن). بملایمت‌حرف زدن (سخن گفتن).

بنزآت banzoāte (إ.) ← بنزوآت.

بنزدیک be-nazdīk-e (حر. اض. مر.) نزدیك، نزد.

بنزن banzen [فر. benzène] (إ.) (شم.) ← بنزین.

بنزوآت banzoāt [فر. benzoate] (إ.) (شم.) ملحی که ازاسیدبنزوئیك حاصل شود.

بنزوئیك banzo'īk [فر. benzoïque] (شم.) اسیدی که از بنزوان[1] ومشتقات‌دیگرآن‌بدست‌آورند.

بنزین benzīn [فر. benzine = benzène] ۱- (شم.)(C_6H_6) مایعی است بیرنگ با بوی مخصوص و اگر خالص باشد تقریباً مطبوع‌میباشد.سمی است شدید، ازآب سبکتر(۰/۹)، در ۷۰ درجه بجوش میآید. بنزین مذکور را نباید با بنزین معمولی (اسانس‌نفت) اشتباه‌کرد. این‌بنزین را میتوان در موتورهای انفجاری بجای بنزین‌نفت بکار برد. نیزمیتوان ازآن بآسانی عطرهای مصنوعی‌مختلف و عدهٔ بسیارزیادی رنگهاومواد‌منفجره و دارو بدست‌آورد؛ وآن‌ازگازچراغ وتقطیرقطرانهای‌زغال‌سنگ‌بدست‌میآید یعنی‌ازتقطیر یك‌تن زغال‌سنگ چرب، تقریباً ۹ کیلوگرم‌بنزین‌حاصل‌میگردد که ۶ کیلوگرم آن از تصفیهٔ گازچراغ و ۳ کیلوگرم از تقطیر قطران‌ها تهیه میشود. این‌بنزین‌مانند‌اسانس‌نفت‌بسیار آتشگیر ولی مانند استیلن با دود زیادمیسوزد. بنزین درالکل واترحل میشود. حلال بسیار خوبی است یعنی یدوگوگرد وچربیها و کائوچوی خام را درخود حل می کند، واز اینرو برای‌تهیهٔ چسب کائوچو بکارمیرود. این بنزین(= بنزن) بمقدار کم‌در بعضی نفتها وجود دارد ولی معمولا از تصفیهٔ بنزین معمولی (اسانس نفت) که مخلوطی‌است از کربورهای ئیدرژن‌که ۶-۷-۸ کربن دارد، بدست میآید.۲- بنزین معمولی (اسانس‌نفت) ازتقطیرموادسبك‌نفت‌معدنی بدست‌می‌آید،وآن‌مادهٔ‌مولدنیرودراتومبیلهاست. اغلب برای آنکه نقطهٔ‌اشتعال بتأخیر افتد، در آن مقداری $(C_2H_5)^4Pb$ افزوده‌اند که پلمب «تترااتیل» نام دارد. بسیارسمی است‌وباید دراستعمال آن دقت‌کرد.

بنزین‌فروش b.-forūš (إفا.) فروشندهٔ بنزین (ه.م.)

بنزین فروشی b.-forūš-ī ۱ - (حامص.) فروختن بنزین. ۲ - (إ.)

---

۱ - Benjoin(.فر)

بنطابلون

بنفشه

مکانی که در آنجا بنزین میفروشند.

بنژوان banžūan [فر. benjoin از ع. لبان جاوی] (اِ.) ۱ - (گیا.) حسن لبه (ه.م.)، حصی لبان، لبان جاوی. ۲ - (شم.) صمغ خوشبویی که از بنژوان (↑) بدست آید و در طب بکار رود.

بنساله bon-sāla(-e) (ص مر.) کهن، سالخورده.

بنسبت be-nesbat-e [ف.-ع.] (حر. اض.مر.) ۱ - بر حسب. ۲ - بعلاقهٔ، بمناسبت. ۳ - بمقابلهٔ. ۴ - بمشابهت. ضح. - لازم الاضافه است.

بنشن bon-šan (اِ.) (گیا.) حبوبات از قبیل نخود وعدس وماش ولوبیا وباقلا وغیره.

بنشناس be-na-šnās (قمر.) ناشناس، ناشناخته.

۱-بنصر benser [ع.] (اِ.) انگشت میانهٔ انگشت کوچك ووسطی، انگشت چهارم از جانب شست؛ کلیك. ج. بناصر. (← انگشتان).

۲-بنصر benser [ع.] (اِ.) (مس.) نام قدیم یکی از پرده‌ها ← پرده ۱۵

بنطابلون bantābelūn [معر. یو. pentáphyllon] (اِ.) (گیا.) گیاهی[1] از تیرهٔ گل سرخیان[2] دارای برگهای مرکب وگلهای سفید یا زرد و گاهی قرمز. این گیاه بسیار شبیه گیاه توت فرنگی است ومانند آن دارای ساقهٔ خزنده نیز میباشد ولی بر خلاف توت- فرنگی نهنجش گوشت دار وخوردنی نیست. گیاه مذکور مخصوص نواحی معتدل یا سرد است. گونه‌های متعدد آن در طب مورد استفاده واقع میشوند (بعنوان قابض) و بعنوان گلی زینتی نیز در باغها کاشته میشوند؛ بنطافلون، بنتافلون، بنطافلن. ضح. - بنظر میآید که وجه تسمیهٔ این گیاه باین مناسبت باشد که گلهایش منتهی به دم گلی-طویل هستند که از کنار برگهای مرکبی- که دارای ۵ برگچه هستند-از روی ساقهٔ خزندهٔ آن خارج میشود.

بنطاسیا bentāsiyā [= بنطاسیه، معر. یو. phantasia] (اِ.) (فل.) حس مشترك.

بنطاسیه bentāsiya [معر. یو. ← بنطاسیه] (اِ.) ← بنطاسیا.

بنطیقسطی bantīγostī [معر. یو. pentêkostê (hêmera)، بمعنی پنجاهمین (روز)] ۱ - نزد یهودیان، جشنی بیاد روزی که خدا الواح را بموسی فرستاد. ۲ - نزد عیسویان، جشنی که در پنجاهمین روز پس از «پاك» بیاد نزول روح القدس به حواریون برپا شود.

بنظام be-nezām [ف - ع.] (ص مر.، قمر.) بنظم وترتیب.

بنظر bonzar [ع.] (اِ.) تلاق وتندی میان دولب فرج زن.

بنفسج banafsaǰ [معر. = بنفشه = په. ونفشك] (اِ.) بنفشه.

بنفش banafš (اِ.) ۱ - رنگی است فرعی که از ترکیب دو رنگ اصلی قرمز و آبی بدست آید. ۲ - نوعی از جواهر کریمه[3].

بنفش کردن banafš-kardan (مص م.) کبود کردن.

بنفشه banafša(-e) [په. vanafšak] (اِ.) (گیا.) گیاهی[4] از

١- Quintefeuille (فر.), potentilla (لا.) ٢- Rosacées (فر.)
٣- Hyacinthe (فر.) ٤- Violette (فر.), viola odorata (لا.)

تیرهٔ کوکناریان[۱] که دارای برگهای متناوب است. در حدود ۱۰۰ گونه‌ازاین گیاه شناخته شده که همه متعلق به‌نواحی گرم‌ومعتدل‌نیمکرهٔشمالی‌هستند. گلهایش نامنظم و دارای ۵ گلبرگ است که یکی ازگلبرگها بنام‌گلبرگ مقدم دارای مهمیز میباشد. رنگ‌گل‌هایش معمولا بنفش است وگاهی‌سفید. این گیاه در ایران بفراوانی بعنوان گل‌زینتی درباغچه‌ها کاشته میشود. گل آن در تداوی بعنوان ملین مورد استعمال دارد؛ بنفشهٔ ایرانی، بنفشهٔ معطر، بنفسج، بنفشهٔ‌عطر. ‖ ــــِ **ایرانی** (گیا.) بنفشه(ه.م.) ‖ ــــِ **سه رنگ.** (گیا.) بنفشهٔفرنگی(ه.م.) ‖ ــــِ **عطر** (گیا.) بنفشه(ه.م.) ‖ ــــِ **فرنگی** (گیا.) نوعی بنفشه[۲] که بعنوان گیاه زینتی درباغچه‌ها کشت‌میشود؛ و بمناسبت رنگ‌گلبرگهایش که بنفش کم رنگ و سفید و بنفش پر رنگ هستند بنام بنفشهٔ سه رنگ نیز موسوم است؛ بنفشهٔ سه رنگ. ‖ ــــِ **معطر.** (گیا.) بنفشه (ه.م.)

بنفشه پوش b.-pūš (إفا.) آرایش شده با بنفشه.

بنفشه‌خط b.-xat(t) [ف.-ع.] (ص مر.) ۱ - آنکه دارای‌بروت‌کبودسیاه رنگ باشد؛ کبود سبیل. ۲ - معشوق، محبوب.

بنفشه زار b.-zār (إمر.) زمینی که در آن بنفشه روییده باشد.

بنفشه کردن b.-kardan (مص م.) برنگ‌کبود رنگ‌کردن.

بنفشه گون b.-gūn (ص مر.) ۱ - برنگ بنفشه، بنفش رنگ. ۲ - نوعی اسب. ‖ ــــِ **طارم.** آسمان ارغوانی، آسمان‌کبود. ‖ ــــِ **مهد.** زمین‌وآسمان.

بنفشه‌مو(ی) b.-mū(y) (ص‌مر.) کسی که دارای موی‌کبود وسیاه باشد.

بنقد be-naγd [ف.-ع.] (ق مر.) ۱ - فعلاً. ۲ - با پول حاضر و آماده، نقداً. ۳ - حاضر وموجود. ۴ - فوراً، فی‌الفور، همین لحظه.

۱- بنک ban-ak [= بن (= بنه) + ك، پس. تصغیر] (إمصغ.) (گیا.) مصغر بن که‌حبة‌الخضراءوچتلاقوچ باشد← بنه.

۲- بنک banak ۱ - نوعی ازقماش اطلس که برآن گلهای زربفت باشد. ۲ - گلها ونشانها که برروی مهوشان‌از نوشیدن شراب بهم رسد، عرق که بر پیشانی ایشان نشیند.

۱- بنک bon-ak [= بنه ← بن] (إمصغ.) (گیا.) درخت‌کوچك.

۲- بنک bonak [= بنه] ۱ - نشان‌واثر چیزی: بنك ازفلان‌نماند. ۲ - نقش‌پا، نشان‌پا، رد پا.

۳- بنک bonak [= بنه] (إ.) ۱ - جای، مکان. ۲ - جایی‌که نقد وجنس‌درآن نهند، بنگاه.

بنکدار bonak-dār (إفا.) ۱ - کسی که بنشن فروشد. ۲ - کسی که مأکولات از قبیل پنیر وکشك وروغن وبرنج و حبوب و جزآنها جهت فروش ذخیره‌کند.

بنکران bonkarān [= بکران] (إ.) برنج وهرچیز برشته شده‌وچسبیده به‌ته دیگ، بکران، ته دیگ.

بنکش bonkoš [= بنگش، رنـ. بنکشتن، بنکشیدن] ← بنگش.

بنکشتن bonkoš-tan [= بنکشیدن] (مص‌م.) (صر. ← کشتن) ← بنگشتن.

بنکشیدن bonkoš-īdan [=

۱- Papaveracées (فر.)
۲- Viola tricolor (لا.), pensée (فر.)

بنگشتن](مص م.)(صر. ← کشیدن) ← بنگشیدن.

بنکل bankal (ا.)(گیا .) نسترن (ه.م.)

بنکن bon-kan [= بنگن] (ا.)
۱ - آهنی باشد پهن با دسته‌ای چوبی، که بهر دو طرف آن دوریسمان بندند. یك شخص دستهٔ آنرا و دیگری ریسمانها را بگیرد و زمین را بدان هموار کنند. ۲ - کج بیل باغبانی. ۳ - قلابی که بدان علف هرزه را از کشتزار بر کنند.

بنکو bankū [= بنگو] (ا.) (گیا.) ← بنگو.

۱-بنگ bang [= بنج، معر.] (ا.) (گیا.) بذرالبنج، بنگ دانه (ه.م.)

۲-بنگ bang [سنس. bhangā، هند. bhanga، قس. پهـ. mang] (ا.) ۱ - (گیا.) شاهدانه (ه.م.)، کنب[1]. ۲ - (گیا.) گردی که از کوبیدن برگها وسرشاخه های گلدار شاهدانه گیرند[2] که بمناسبت داشتن مواد سمی ومخدره در تداوی بمقادیر بسیار کم مورد استعمال دارد و مانند دیگر مخدرات بمصرف تدخین نیز میرسد. این گرد بصورت تودهٔ یکنواخت فشرده‌ایست که بعلت وجود مقدار کمی رزین در برگها و گلها بیکدیگر چسبندگی یافته‌اند. ضح. - گاه برگ گیاه مذکور و گاه دانهٔ آنرا فروشند. دانه‌های کوبیدهٔ بنگ را باشیر مخلوط کنند ودر کره بزنند تا روغن بنگ بدست آید. مایع آن (بنگاب) را مانند چای مینوشند، و آن در مداوای حرقة‌البول بکار رود. ‖ **برگ ـــ**. (گیا.) برگ شاهدانه، ورق‌الخیال. ← شاهدانه. ‖ **ـــ ازسر** پریدن. [= بنگ از کله پریدن] ناگاه خبردارشدن، ناگهان هشیار گشتن.

بنگاب bang-āb [قس. پهـ. mang-āb] (امر.)(گیا.) جوشانده‌ای[3] که با مقداری برگ شاهدانه درشیر یا آب که مقداری قند هم جهت شیرین شدنش بدان میافزایند تهیه شود، و بعنوان نوعی مسکر درویشان و قلندران یامعتادان بدان خورند. مقدار کم این جوشانده بمناسبت داشتن شبه قلیا های مسکن ومخدر ومقوی در تداوی استعمال میشود.

بنگاب ساز b.-sāz (إفا.) ۱ - آنکه بنگاب (ه.م.) تهیه کند. ۲ - آنکه بنگاب فروشد.

بنگار be-ngār [= بنگار be-negār ← نگار] (ص مر.) نگاربسته، نقش بسته، منقوش.

بنگالی bengāl-ī (ص نسبـ.) منسوب به بنگال (← بخش ۳). ۱ - آنچه مربوط به بنگال باشد. ۲ - از مردم بنگال، اهل بنگال. ۳ - زبانی که مردم بنگال بدان تکلم کنند و آن آمیخته‌ایست ازهندی، فارسی وعربی.

بنگان bengān [= پنگان (ه.م.) = فنجان، معر.] (ا.) ← پنگان.

بنگاه bon-gāh [= بنگه] (امر.) ۱ - منزل، مسکن، جای باش. ۲ - جایی که نقد و جنس در آنجا نهند. ۳ - مقام، مرکز، مستقر. ۴ - آبادی، ده. ۵ - سازمان، مؤسسه (فره.) ۶ - انبار، مخزن. ۷ - صندوق. ۸ - خیمه، خرگاه. ۹ - چنداول لشکر. ۱۰ - اسباب وزیران و ارکان دولت. ‖ **بار و ـــ**. چیزهای قابل حمل مانند چادر وخیمه ودیگر اسباب ولوازم سفر.

۱- Cannabisindica (لا.)　۲- Bhang (فر.)
۳- Infusion de chanvre indien (فر.)

بنگ دانه bang-dāna(-e) [← بنگ] (إمر.) (گیا.) گیاهی[1] است از تیرهٔ بادنجانیان[2] که علفی و دو ساله است و ارتفاعش بین ۴۰ تا ۶۰ سانتی متر است و برگهایش پوشیده از کرک و چسبنده است. گل آذینش گرزن یکسویه و جام گلش نامنظم و زرد روشن است و در روی آن خطوط ارغوانی رنگ دیده میشود. بوی گلش نامطبوع و متعفن است و گاهی بجای لکه‌های ارغوانی لکه‌های سیاه برروی گل مشاهده میشود. این گیاه دارای ماده‌ای سمی بنام هیوسیامین میباشد که ماده‌ایست مخدر و مسکن؛ بنگ، بنج، علف تخم بنگ، گیاه بزرالبنج، بذرالبنج، سکران، سیکران، ازمایلوس، اقطفیت، اسقیراس، اجواین خراسانی، کیرجك، خادعة‌الرجال، خداعة‌الرجال، سوکران، ارسطور، بنگ سیاه. ‖ ~ **بلوچستانی**. (گیا.) گونه‌ای بنگ‌دانه که در هند و بلوچستان روید[3]؛ بنگ بلوچستانی، سکران هندی. ‖ ~ **زرد**. (گیا.) گونه‌ای بنگ‌دانه که گلهایش زرد رنگ است[4]. تعداد این گونه بیشتر از سایر انواع است؛ بنگ زرد، سکران کبیر، سکران اصفر. ‖ ~ **سفید**. (گیا.) گونه‌ای بنگ‌دانه که گلهایش سفید رنگ است[5]؛ بنگ، بنج، بنگ سفید، اوسقوامس، بومرجوف.

بنگ رنگ bang-rang (إ.) ۱- (إمر.) (پز.) ضیق النفس، تنگی نفس. ۲- (ص مر.) (پز.) گرفتار ضیق النفس.

بنگره bangara(-e) (صت.) آوازی که زنان در هنگام خواب کردن طفل میخوانند.

بنگره bengara(-e) (إ.) ریسمانی که در محل رشتن پنبه بر دوك پیچیده گردد.

بنگ ساختن bang-sāxtan (مص م.) ۱- تهیه کردن بنگ (ه.م.). ۲- فریب دادن. ۳- دل ربودن.

بنگش bongoš [= بنکش، ری. بنگشتن = بنگشیدن] (إمص.) بلع، فرو بردن.

بنگشتن bongoš-tan [= بنگشیدن = بنکشتن = بنکشیدن] (مص م.) ۱- بلعیدن. ۲- ناجاویده فرو بردن.

بنگشیدن bongoš-īdan [= بنگشتن = بنکشیدن = بنکشتن] (مص م.) ← بنگشتن.

بنگل bon-gol [← بنگلك] (إمر.) (گیا.) ۱- بوته و درخت گل. ۲- (گیا.) ثمر بوتهٔ گل. ۳- (گیا.) میوهٔ بن، چتلاقوچ، چاتلانقوش.

بنگلك bongol-ak [← بنگل] (إمصغ.) (گیا.) ← ۳ بنگل.

۱- بنگله bangala(-e) [= بنگاله] ۱- منسوب به بنگاله (بخش ۳). ۲- زبان مردم بنگاله، بنگالی.

۲- بنگله bangala(-e) (إ.) ۱- خانهٔ نئین. ۲- خانهٔ ییلاقی. ضح. - در خوزستان مستعمل است.

بنگن bangan [= بنکن] (إ.) ← بنکن.

بنگو bangū [= بنکو، در فارس bangū] (إ.) (گیا.) اسپغول (ه.م.)

بنگ‌دانه

۱- Hyoscyamus niger (.لا), jusquiame noire (.فر)
۲ - Solanées (.فر) ۳ - Hyoscyamus insanus (.لا)
٤ - Hyoscyamus aureus (.لا) ٥ - Hyoscyamus albus (.لا), jusquiame blanche (.فر)

بن گوش bon-e-gūš (إمر.) نرمهٔ گوش. ‖ از ~ . (کنـ.) ۱ - باکمال اطاعت، انقیاد. ۲ - باادب تمام.

بنگه banga(-e) [= بانگه ← بانگ] (اِ.) ۱ - بانگه، آواز، نعره. ۲ - کشیدن آواز.

بنگه bon-gah [= بنگاه] (إمر.) ← بنگاه.

بنگی bang-ī [← بنگ] (ص نسبـ.) ۱ - بنگ‌خورنده. ۲ - مبهوت، متردد در امور.

بنلاد bon-lād [قس. بنداد، بنیاد] (إمر.) ۱ - بنای عمارت و اصل آن. ۲ - دیوار و اصل آن. ۳ - پشتیبان.

بنم banom [تر.. ترکیبی است از بن + م، که ضمیر متصل متکلم (ضمیر شخصی مفرد متکلم باشد)] بمعنی منم:
«آن یکی ترکی بدو گفت این بنم
من نمی‌خواهم عنب، خواهم ازم.»
(مثنوی مولوی)

بنو bonū [= بنوه] (اِ.) ۱ - غلهٔ دروکردهٔ توده ساخته، خرمن گندم و جو و کاه و مانند آن. ۲ - (گیا.) غله ← بنو سرخ، بنوسیاه، بنوماش، بنونخله.

بنواله banvāla(-e) [معر. یو. pinuela] (اِ.) (گیا.) شش شاخ (ه.م.)

بنوان ban-vān (bon-) (ص مر.، إمر.) نگهدارندهٔ زراعت، نگاهبان خرمن.

بنوان bon-vān [← ۱-بن ٤] (ص مر.، إمر.) نگاهدارندهٔ اسباب و اموال، نگهبان.

بنوبت be-naowbat [ف.-ع.] (ق مر.) بدور، بطور نوبتی.

بنه

بنوت bonovvat [= ع. بنوة] (إمص.) ۱ - پسری. ۲ - پسرخواندگی. ‖ اضافهٔ ~ . (دس.) اضافهٔ نام پسر یا نوه بنام پدر یا جد: محمود سبکتگین، ابوعلی سینا.

بنوره bon-vara(-e) [قس. بنلاد، بنیاد] (إمر.) بنای عمارت و دیوار، بنیاد، بنلاد.

بنوسرخ bonū-sorx [← بنو] (إمر.) (گیا.) عدس (ه.م.)

بنو سیاه bonū-siyāh [← بنو] (إمر.) (گیا.) ماش (ه.م.)، بنوماش (ه.م.)

بنوعی be-naow'-ī [ف.-ع.] (قمر.) بطریقی، بنحوی.

بنو ماش bonū-māš [← بنو] (إمر.) (گیا.) ماش (ه.م.)، بنوسیاه.

بنون banūn [ع.] (اِ.) ج. ابن؛ پسران.

بنوه bonva(-e) [= بنو] (اِ.) خرمن غله و کاه و غیره. ← بنو.

بنوی banavī [-iyy. ع.] (ص نسبـ.) ۱ - منسوب به ابن؛ پسری. ۲ - منسوب به بنت؛ دختری.

بنوی bonvī [← ۱-بن ۱] (اِ.) پی و اساس دیوار، بنوره، بنه.

بنوی be-naovī [ف.-ع.] (قمر.) جدیداً، بتازگی.

۱-بنه bana(-e) (اِ.) طناب باریک.

۲-بنه bana(-e) [← بن] (إمر.) (گیا.) درختی از تیرهٔ سماقی‌ها[1] که شبیه پستهٔ معمولی است و ارتفاعش تا ۴ یا ۵ متر هم میرسد، و گونه‌های مختلفش در جنگلهای خشک نواحی خراسان و کرمان و یزد و فارس و لرستان و کردستان و دیگر کوهستانهای ایران فراوان است. گل

۱– Térébinthaceés(.فر), pistacia acuminata(.لا) وانواع دیگر

این گیاه رنگ قرمزی میدهد که در رنگرزی استعمال میشود و میوه‌اش را چاتلانقوش و چتلاقوچ نامند ، و از آن مربا یا ترشی تهیه کنند . معمولا باین گیاه پیوند پستهٔ معمولی را بمنظور تکثیر پسته میزنند. از پوست این درخت بوسیلهٔ تعبیهٔ شکافی صمغی استخراج میکنند که سقز یا بطم نامیده میشود و در صنعت از این سقز در موارد مختلف استفاده میکنند؛ بن، بنک، حبة الخضراء، درخت چاتلانقوش، بوی کلک، اقوزون

۱-بنه bona(-e) [په . bonag] (اِ.) ۱ - بار و اسباب و رخوت خانه، اثاث البیت. ۲ - ما یملک از ملک و دکان و خانه . ۳ - مال، دارایی. ۴ - زاد، توشه. ۵ - خاصهٔ حیوانات بار کش و گاوآهن وغیره متعلق به زارع. ۶ - جفت (بمعنی زمین) (بیشتر در تهران) .

۲-بنه bon-a(-e) [←۱ بن] (اِمر.) ۱ - بیخ درخت، اصل، ریشه. ‖ از ~ . (ه‌م.)

بنه بستن b.-bastan (مص‌ل.) ۱ - کوچ کردن. ۲ - سفر کردن.

بنه پا b.-pā [= بنه پاینده] (اِفا.) آنکه بنه (قشون) را نگهبانی کند.

بنه کن b.-kan [ع.] (اِمر.) حرکت با جمیع کسان و دارایی از ناحیه‌ای بناحیهٔ دیگر.

بنی banī [ع. در اصل: بنین] (اِ.) ج. ابن (در حال اضافه)؛ پسران، اولاد: بنی اعمام، بنی امیه، بنی عباس.

بنی benī [از ع. ممال بنا = بناء] (اِ.) بنا (ه‌م.)، ساختمان.

بنی bonay [ع. = -ayy] (اِمصغ.) پسرک، پسرو.

بنیاد bonyād [په . bun-dāt] (اِمر.) ۱ - شالده، پی دیوار، بنلاد ، بنیان. ۲ - بیخ ، پایه ، اصل، ریشه . ‖ **~ بآب بردن** (= بنیاد بآب رسانیدن) (کن.) بنیاد استوار کردن. ‖ **~ بآب رسانیدن.** ← بنیاد بآب بردن . ‖ **~ بریخ نهادن.** بی ثبات کردن .

بنیاد افکندن (افگندن) bonyād-afk(g)andan (مص‌م.) پی افکندن.

بنیاد بر افکندن (افگندن) b.-bar-afk(g)andan (مص م.) خراب کردن، منهدم ساختن.

بنیاد بر انداختن b.-bar-andāxtan (مص‌م.) خراب کردن، منهدم کردن.

بنیاد بردن b.-bordan (مص م.) **~ چیزی را.** خراب کردن آن ، منهدم ساختن.

بنیاد برکندن b.-bar-kandan (مص‌م.) خراب کردن، منهدم ساختن.

بنیاد ریختن b.-rīxtan (مص م.) خراب کردن، منهدم ساختن.

بنیاد سنج b.-sanǰ (اِفا.) ژرف نگر، نکته سنج، دقیق.

بنیاد کردن b.-kardan (مص م.) ۱ - شالده نهادن ، تأسیس . ۲ - بنا کردن .

بنیاد کندن b.-kandan (مص م.) خراب کردن، منهدم ساختن.

بنیاد گر b.-gar (ص شغلی.) ۱- بنا. ۲ - معمار.

بنیاد گری b.-gar-ī (حامص.) عمل و شغل بنیادگر (ه‌م.) ۱ - بنایی. ۲ - معماری.

بنیاد نهادن b.-na(e)hādan (مص‌م.) ۱ - شالده نهادن ، تأسیس . ۲ - بنا کردن .

بنیادی b.-ī (ص نسبـ.) (فره.) اصلی.

بنیان bonyān [ع.](إ.) ۱- بنیاد، بنلاد. ۲ - دیوار بست. ۳ - بنا.

بنیان نهادن b.-na(e)hādan (مص م.) بنا نهادن، بنا کردن.

بنی‌آدم banī-ādam [ع. دراصل: بنین‌آدم] (إمر.) اولاد آدم، آدمیان، مردمان.

بنیت benyat [=ع. بنیة ← بنیه](إ.) ۱ - بنا. ۲ - نهاد و آفرینش چیزی، فطرت.

بنیچه bon-īča(-e) (إمصغ.) (إ.) ۱ - جمعی که دیوانیان بر اصناف حرفت و املاك می‌بندند، ارزیابی مالیاتی دسته جمعی یك ده و امثال آن (غم.) ۲ - تعهد اهالی هرده مبنی بر آماده کردن عده‌ای سرباز برای حکومت. ضح .- بنیچه ظاهراً از کلمهٔ بن بمعنی ریشه اخذ شده و بمعنی اساسنامه و دراصطلاح مالیهٔ سابق عبارت از صورت تقسیم مالیات هرده برآب و خاك آن ده‌است که سهم هر جریب زمین با ساعت آب یعنی واحد مالیاتی رامعین و بدهی هر ملك را از کل مبلغ مالیات مشخص نماید. برای اینکه قشونگیری هم مثل مالیات بر پایهٔ اساسی مستقر شود بنیچهٔ مالیاتی را مأخذ دادن سرباز هم مقرر داشتند. خرج سفر سرباز تا محل اردوگاه و فرستادن کمك خرج برای سرباز و پادارنه دادن بخانواده در مدت بودن او در سر خدمت بر عهدهٔ صاحب بنیچه (مالك) بود. دولت هم جیرهٔ جنسی و مواجب نقدی درششماههٔ مدت خدمت باومیپرداخت که درششماههٔ مرخصی خانه نصف میشد. حقوق ششماههٔ مرخصی خانهٔ این افواج باسم ششماههٔ محلی در دستورالعمل (بودجه) هرولایت بخرج میآمد. هر سال موقع نوشتن دستورالعمل هر ولایت معین میکردند که هرولایتی چندفوج ساخلو (پادگان) لازم دارد تا مصارف ششماههٔ سرخدمت آنها هم‌در دستورالعمل ولایت پیش‌بینی شود (قاجاریه). ‖ صاحب ~ . کسی که مجاز بوصول مالیات بنیچه بود.

بنیچه بستن b.-bastan (مصل.) تعیین کردن جمع و بدهی هر صنف وملکی.

بنیرو be-nīrū [← نیرو] ۱ - (صمر.) با نیرو، نیرومند، قوی. ۲ - (قمر.) بشدت، بقوت.

بنیز ba(e)-nīz [← نیز] (قمر.) ۱ - هرگز، حاشا. ۲ - زود، بشتاب. ۳ - نیز، ایضاً.

بنیوله banyūla [یو. vinuela] (إ.) (گیا.) هزارچشم (ه.م.)

بنیه benya(-e) (تد. bonye) [=ع. بنیة ← بنیت] (إ.) ۱- نهاد، آفرینش. ۲ - ساخت. ۳ - توانایی، قوه، نیرو. ‖ ~ ٔ اقتصادی. قوهٔ اقتصادی، نیروی اقتصادی. ‖ ~ ٔ مالی. استطاعت مالی، قوهٔ مالی: «بنیهٔ مالی دولت ضعیف است.» ‖ بی ~ . ضعیف، لاغر.

۱-بو bū [=بوی؛ په. bōδ, bōy] (إ.) ۱ - آنچه بوسیلهٔ بینی و حس شامه احساس شود (اعم از خوب یا بد)، رایحه. ۲ - بوی خوش. ۳ - امید، آرزو. ۴ - (مج.) اثر، نشان. ۵ - (گیا.) بوبا (ه.م.) ‖ بلندشدن ~ . متصاعد شدن بو. ‖ ~ بردماغ زدن. ۱ - رسیدن بو بدماغ. ۲ - رسانیدن بو بدماغ.

۲-بو bū [=بود] (فع.) بود، باشد.

۳-بو bū [ع. =ابو] (إ.) در آغاز کنیه‌های عربی آید: بوالقاسم=ابوالقاسم، بوالفضل=ابوالفضل.

بوا bovā [=بودا=بادا] (فع.) بادا.

بوآ boā [فر. boa] (اِ.) (جا ن.) مار عظیم‌الجثه‌ای از دستهٔ ماران بی‌زهر[1] که ۵ گونه از آن شناخته شده و در آمریکای شمالی و جنوبی و جزایر آنتیل وهندوستان وهندوچین ومجمع‌الجزایر مالزی و جزیرهٔ سراندیب (سیلان) میزیند. بعضی از گونه های این جانورممکن‌است بیش‌از۶متر طول پیدا کنند. این جانور ازپستانداران کوچك دیگر (ازقبیل‌خرگوش‌وغیره) تغذیه میکند، ولی هیچوقت بانسان حمله نمیکند؛ اژدرمار.

بواب bavvāb [ع.] (ص.) دربان، نگهبان در سرای.

۱-بوابی bavvāb-ī [ع.-ف.] (ص نسب.) منسوب به بواب (ه‌.م.)

۲-بوابی bavvāb-ī [ع.-ف.] (حامص.) دربانی، نگهبانی‌در سرای.

بواجب بودن be-vāǰeb-būdan [ف.-ع.] (مص‌ل.) واجب‌بودن، لازم‌بودن:

«پس‌آن به که در بحر برداشتن
بواجب بود بار برداشتن.»
(امیرخسرو)

بواجبی be-vāǰeb-ī [ف.-ع.] (قمر.) چنانکه باید، آنطور که‌شایسته است:

«من ذات ترا بواجبی کی‌دانم؟
دانندهٔ ذات تو بجز ذات‌تو نیست.»
(فخررازی)

بواد bovād [= باد] (فع.، سوم شخص‌مفرد، فعل‌دعایی‌ازبودن) بود، باشد.

بوادر bavāder [ع.](اِ.)ج. بادره؛ تیزیها، حدتها.

بوادی bavādī [ع.] (اِ.) ج. بادیه؛ صحراها.

بوار bavār [ع.] ۱ - (مص‌ل.) نیست‌شدن، هلاك گشتن. ۲ - (اِمص.) نیستی. ۳ - ویرانی. ۴ - (اِ.) زمین خراب، زمین نامزروع. ‖ **خاك ~** . (اض. تشبیهی). ۱- خاك هلاكت. ۲- خاك، یکی از عناصر اربعه.

بوارد bavāred [ع.](اِ.) ج. بارد و بارده. ۱ - شمشیرهای بران. ۲ - چیزهای سرد و خنك، مبردات. ‖ **مرهفات ~** . شمشیرهای مرگ‌دهنده.

بوارق bavāreγ [ع.](اِ.) ج. بارق وبارقه؛ درخشها، رخشنده‌ها.

۱- بواسطه be-vāseta(-e) [ف.-ع.=باواسطه] (قمر.) با واسطه، با میانجی: بواسطه کارخودرا انجام‌داد. ‖ (ص‌مر.) **مفعول ~** (دس.) ← مفعول.

۲ - بواسطهٔ be-vāseta(e)-ye [ف.-ع.] (حر.اض.مر.) ۱ - بتوسط: «حرکتی که بواسطهٔ آن از مبدأ بمقصد رسند.» ۲ - بمیانجی، با میانجی، با فاصله. ۳ - از برای، بسبب، بجهت، بعلت. ضح. - باین معنی لازم الاضافه است. ‖ ~ آنکه. بجهت آنکه، بسبب آنکه، بدلیل آنکه.

بواسیر bavāsīr [ع.](اِ.)(اِ.) ج. باسور (مفرد در فارسی مستعمل نیست) (پز.) تورم مخاط و انساج عضلانی و پوششی اعضای داخلی، تورم سیاهرگهای نزدیك بمقعد در راست روده که اغلب دردناك است وممکنست در نتیجهٔ فشار شکاف برداشته وخون دفع شود[2]؛ بواسیرمقعد. ‖ **~ لحمی**. (پز.) پولیپ (ه‌.م.) ‖ **~ لحمی اذن**. (پز.) پولیپ گوش (ه‌.م.) ‖ **~ لحمی بینی**. (گیا.) پولیپ بینی (ه‌.م.) ‖ **~ لحمی رحم**. (پز.) پولیپ رحم (ه‌.م.)

بوآ

۱- Colubriformes (فر.)
۲ - Hemorroïde (فر.)

بواسیری bavāsīr-ī [ع.-ف.] (ص نسبـ.) منسوب به بواسیر (ه.م.)، مربوط به‌بواسیر، مبتلا به بواسیر. ‖ هیجان ~. (پز.) تحریکات ناشی از شدت مرض بواسیر در راست روده که تولید درد وخارش در موضع میکند[1].

بواطن bavāten [ع.] (اِ.) ج. باطن؛ درونها، نهانها: «بر بواطن خلق احدی مطلع نیست.»

بواعث bavāes [ع.] (اِ.) ج. باعث وباعثه؛ انگیزه‌ها، برانگیزنده‌ها.

بواقی bavāγī [ع.] (اِ.) ج. باقی وباقیه؛ مانده‌ها، بازمانده‌ها.

بو اسحاقی bū-eshāγ-ī (ص نسبـ.) ۱- منسوب به‌بواسحاق (ابواسحاق) ← بخش ۳. ۲- فیروزه منسوب به کان بواسحاق نیشابور:

«راستی خاتم فیروزهٔ بو اسحاقی
خوش درخشید، ولی دولت مستعجل بود.»
(حافظ)

بوبین

بوافزار bū-afzār [= بوی‌افزار] ← بوی افزار.

بوب būb, bōb [په. bōp] (اِ.) فرش، بساط خانه.

بوبا bū-bā [بو + با = آبا] (اِمر.) آشی که از بن کوهی (← بن) [کوهی] پزند.

بوباب būbāb (اِ.) (گیا.) بائوباب، باباب.

بوبر būbor [= بوبرد = بوبردك] (اِ.) (جانـ.) بلبل (ه.م.).

بوبرد būbord [= بوبر = بوبردك] (اِ.) (جانـ.) بلبل (ه.م.).

بوبرداشتن bū-bar-dāštan (مص م.) ۱- کسب کردن بو. ۲- گندیدن و بوی ناگرفتن: «در فصل گرما خورش شب مانده بو برمیدارد.»

بوبردك būbord-ak [= بوبرد = بوبر] (اِ.) (جانـ.) بلبل (ه.م.).

۱- بوبردن bū.-bordan (مص م.) ۱- استشمام کردن. ۲- احساس کردن. ۳- ادراك کردن، فهمیدن. ۴- واقف شدن، خبردار گردیدن بطور اجمال. ۵- پی بردن، نشان یافتن. ‖ ~ زخم. بدتر شدن زخم از بوی ناموافقی که بآن برسد.

بوبك būbak (اِ.) [= پوپك] (اِ.) (جانـ.) ← پوپك.

بوبو būbū [= پوپو = پوپك = پوپوك = پوپویك] (اِ.) (جانـ.) هدهد (ه.م.).

بوبویه būbūya(-e) [= پوپویك = پوپوك = پوپو = پوپك = بوبو] (اِ.) (جانـ.) هدهد (ه.م.).

بوبه būba(-e) [= پوپه = پوپو = پوپك] (اِ.) (جانـ.) هدهد (ه.م.).

بوبین bobīn [فر. bobine] (اِ.) استوانهٔ کوچك وقرقره وماسورهٔ فلزی یا چوبین یا پلاستیکی که بدور آن نخ و کاغذ وابریشم وپشم وغیره بپیچند، قرقره‌ای که بدور آن سیم فلزی روپوش داری بپیچند و جریان الکتریسیته از آن عبور کند و یا بوسیلهٔ آن بتوان تغییری درجریان برق ایجاد کرد، پیچك (فره.).

بو پریدن bū-parīdan (مص ل.) از بین رفتن بوی چیزی.

بو پیچیدن b.-pīčīdan (مص ل.) منتشر شدن بو.

بو تراویدن b.-tarāvīdan (مص ل.) تراوش کردن بو، متصاعد شدن بو.

---

۱ - Orgasme hémorroïdal (فر.)

بوتقه būtaγa [= بتق، معر. بوته] (اِ.) بوتهٔ زرگری.

۱ـ بوته (قد. bôta)(-e)būta (اِ.) ۱ـ رستنیی که بسیار بلند نشود و بزمین نزدیك باشد. ۲ـ بچهٔ آدمی و حیوانات دیگر عموماً. ۳ـ شتر بچه خصوصاً. ۴ـ گلی که بروی پارچه و جز آن نقش کنند، گل‌وبته، بته جقه‌ای. ۵ـ نشانهٔ تیر: «بوتهٔ ملامت شدیم.» ۶ـ نقاشی بر صفحهٔ آیینه و قلمدان. ‖ **گل و ـــ.** (نق.) نقش گل و گیاه که نقاش میکشد.

۲ـ بوته (-e)būta [= بوتقه، معر.] ظرفی را گویند که از گل حکمت سازند وطلا ونقره و مانند آن در آن بگدازند. ‖ **ـــ خاك.** (كن.) بدن وقالب انسانی. ‖ **ـــ زرگری.** ظرفی که از گل حکمت سازند وطلاونقره ومانند آنرا در آن بگدازند.

بوتیمار bū-tīmār (اِ.) (جا ن.) ← بخش ۲.

بوتیه (-e)būtiya (butea. لا)(اِ.) (گیا.) گیاهی[۱] از تیرهٔ پروانه‌واران[۲] جزو دستهٔ لوبیاها[۳] که بعضی از گونه هایش بشکل درخت و بعضی بشکل گیاهان بالا رونده[۴] میباشند. اصلش ازهندوستان است. از این گیاه صمغی قرمز رنگ خارج میشود که در ناخوشیهای جهاز هاضمه و همچنین بعنوان قابض مورد استعمال دارد. صمغ این گیاه در اثر گزش حشرات تراوش میکند. دانه‌اش نیز بعنوان ضدکرم های روده مورد استعمال دارد؛ بالاس، درخت لاك، دهاك، پالاس، پولاس، یالان‌سج آغاجی، پرك هندی.

بوتیه

بوج bawǰ [= بوچ](اِ.) ۱ـ تکبر، غرور. ۲ـ خود نمایی. ۳ـ کر وفر.

بوجار būǰār (ص.) کسی‌که شغلش پاك کردن غلات و حبوب است بوسیلهٔ غربال، کسی که خرمن را باد میدهد؛ کمدار. ‖ **ـــ لنجان.** (كن.) کسی‌که هرجا مرکز قدرت وثروت بیند برای استفاده بدان سورود ودر عقیده‌ای پابرجا نباشد، همچنانکه بوجار که‌هنگام بوجاری از هر طرف که باد آید روی خودبدان‌سوکند. (← بخش ۳: لنجان).

بوته(زرگری)

بوجاری būǰār-ī (حامص.) پاك کردن غلات وحبوب از خاك و خاشاك بوسیلهٔ غربال.

۱ـ بوجه be-vaǰh [ف.-ع. ← وجه] (قمر.) چنانکه باید. ‖ **ـــ بودن.** درست بودن.

۲ـ بوجه be-vaǰh-e [ف.-ع.] (حر. اض. مر.) بروش، بمنوال، بطور، بطرز: بوجه اتم و اکمل. ضح. ـ باین معنی لازم‌الاضافه است.

بوجهی be-vaǰh-ī [ف.-ع.] (ق مر.) بطریقی، بجهتی.

بوچ bawč [= بوج](اِ.) ۱ـ حشمت.

۱ـ Butea frondosa (لا.), butée (فر.) ۲ـ Légumineuses(فر.)
۳ـ Phaséolées(فر.) ٤ـ Grimpants(فر.)

شوکت. ۲ ـ خودآرایی. ۳ ـ توانایی. ۴ ـ وقار.

بوچ būč (اِ.) اندرون دهان.

بوخت būxt (قد. bōxt) [= بخت (هـ.م.)، ← بوختن] (مص‌خم.، اِمف.) نجات داده، نجات‌یافته. در ترکیب اسما آید: سه بوخت [= سبخت)، چهار بوخت (صهاربخت). ← بخت.

بوختن būx-tan (قد. bōx-tan) [پهـ. bōxtan] (مص‌م.) (صر. ← دوختن) نجات دادن (مخصوصاً ازدوزخ)، رهایی بخشیدن.

بوخل būxal [= بخله] (اِ.) ← بخله.

بوخله būxala(-e) [= بخله] (اِ.) ← بخله.

بوخوردن bū-xordan (مص ل.) کسب کردن، بو کردن. ‖ ـــــِ زخم. رسیدن بوی نا موافق بزخم وبدترشدن آن: «دیروز پیاز سرخ میکردند، زخم بچه بو خورده.»

بود būd [← بودن] (مص‌خم.) ۱ ـ بودن، وجود. ۲ ـ هستی، مال: بود ونبودش از دست رفت.

بو دادن bū-dādan (مص‌ل.) ۱ ـ پراگندن رایحه. ۲ ـ (تد. کودکان) بوی بد پراگندن، چس دادن. ۳ ـ حرارت دادن وتافتن دانه ازقبیل تخمه و فندق وپسته وبادام وذرت درتابه‌های گلی پخته یا آهنی و غیره، تخم ها ومغزها را روی آتش برشته کردن.

بودار bū-dār [= بوی‌دار] (افا.) ۱ ـ دارندهٔ بو، آنچه که دارای رایحه باشد. ۲ ـ سخن کنایه آمیز که دارای معنیی غیر معنی ظاهر باشد.

بودایی būdā-yī [منسوب به بودا (← بخش ۳)] (ص‌نسبـ.) پیرو آیین بودا ← بخش ۳. ‖ دین ـــــ، دین منسوب به بودا ← بخش ۳.

بود باش būd-bāš (اِ.) ۱ ـ منزل. ۲ ـ خدمت. ۳ ـ خوراک.

بودجه būdǰe [فر. budget] (اِ.) مجموع درآمدها وهزینه‌های یك کشور، یك وزارتخانه، یك اداره، یك مؤسسه ویا شخصی خاص، صورت برآوردجمع و خرج یك وزارتخانه، یك اداره، یا یك بنگاه. ضح. ـ مادهٔ اول قانون محاسبات عمومی مصوب ۲۰ اسفند ۱۳۱۲ بودجه را چنین تعریف کرده است: «بودجه لایحهٔ پیش بینی کلیهٔ عواید ومخارج است برای مدت یکسال شمسی (سنهٔ مالی) که بتصویب مجلس شورای ملی رسیده باشد.»

بودش būd-eš (اِمص. بودن) هستی، بود.

بود شدن būd-šodan [← بودن، در خراسان هنوز مستعمل است] (مص ل.) کامل شدن، تکمیل شدن.

بودن bū-dan [= بدن؛ پهـ. būtan] (بود [būd]، بود [-vad] = باشد، خواهد بود، بباش، باشنده، بوده، بوش، باشش، بودش) ۱ ـ (مص‌ل.) وجودداشتن، هستی داشتن. ۲ ـ حاضر بودن. ۳ ـ اقامت‌داشتن. ۴ ـ گذراندن، سپری کردن (زمان). ۵ ـ (اِمص.) وجود، هستی.

بودنی būdan-ī ۱ ـ (ص‌لیا.) درخور بودن، لایق بودن. ۲ ـ (اِ.) چیزی که وجود داشته باشد، موجود، مکون. ۳ ـ (فل.) ممکن؛ مق. واجب. ۴ ـ (فل.) ماهیت ۵ ـ آینده. ۶ ـ حادثه.

بود و نا بود būd-o-nā-būd (اِمر.) ۱ ـ وجود وعدم. ۲ ـ دارایی وتنگدستی، غنا وفقر. ۳ ـ هر چیز موجود وحاضر. ۴ ـ هرچیز آینده.

بوده būda(-e) (اِمف.) ۱ ـ وجود داشته، موجود. ۲ ـ واقع شده، حادث گشته.

۶۰۱
بوریطش

۱-بور būr [پهـ. bur ، سرخ] ۱ - (ص.) سرخ، قرمز رنگ . ۲ - اسب سرخ. ۳ - دماغ سوخته، هچل، خجل ← بور شدن.

۲ - بور būr (اِ.)(مس.) آلتی از آلات موسیقی قدیم.

بوران būrān [تر.](اِ.) ۱- باران یا برفی که با بادباشد. ۲ - بادشدیدی که برفهای کوه را از جایی بجایی منتقل کند.

بورانی būrān-ī (bōr .قد) (ص نسبـ. ، اِمر.) نان‌خورشی که‌از اسفناج و کدو وبادنجان با ماست و کشک‌سازند.

بور شدن būr-šodan (مص ل .) ۱ - دماغ سوخته شدن، خجلت‌زده‌شدن، هچل شدن. ۲ - ناامید شدن.

بورژوا būržūā [فر. bourgeois] ۱ - شهری، شهرنشین (که در سابق از حقوق مخصوص برخوردار بود) . ۲ - شهر نشین‌مرفه وثروتمند. ۳- ارباب، مخدوم. ۴ - متعلق به‌بورژوازی.

بورژوازی būržūāzī [فر . bourgeoisie] (اِ.) طبقهٔ سرمایه‌داری که‌بادر دست داشتن وسایل‌تولید وسرمایه زندگی مرفه دارد .

بورس būrs [فر . bourse] (اِ.) بازاری که دادوستد ومعامله (بخصوص اوراق بهادار) درآنجا انجام گیرد.

بورسار būr-sār [←۱-بور](اِمر.) اسبی‌که رنگ‌آن بسرخی‌گراید؛ بور.

بورطخیله būrtaxīla [معر. لا . buticella] (اِ.) (گیا .) نیلوفر باغی (هـ.م.)

بورغو būrγū (اِ.) (مس.) ← برغو.

بورق būraγ (معر. بورگ = بوره) ← بوره .

۱- بورک būrak [= بوره] (اِ.) زنگار ، بوره (هـ.م.) ۲ - کفکی که برروی نان بسیارمانده پیدا شود.

۲- بورک būrak (اِ.) ۱ - سنبوسه (هـ.م.) ۲ - آشی که با آرد گندم‌پزند؛ آش‌بغرا.

۳- بورک būrak(اِ.) پولی‌که قمار-بازان پس‌از بردن، برسم‌انعام‌بحاضران دهند؛ شتل،شتلی.

بورگشتن būr-gaštan (مص ل.) بور شدن(هـ.م.)

بوره būra(-e) [معر. بورق،فرانسوی شده borax] (اِ.) ۱ - (شم.، پز.)ملح آبدار برات سدیم[۱] که فرمول شیمیایی آن $B_4O_7Na_2 + 10H_2O$ میباشد . وزن مخصوصش ۱/۷ وسختیش‌بین۲ تا ۲/۵ است. بورهٔ‌طبیعی مزهٔ گس‌دارد؛ تنگار، ملح‌الصناعه. براکس.۲ - شکرسفید.

بوری būr-ī (حامص .) عمل بور شدن (هـ.م.)

بوریا būriyā [= بوریا ،معر. آرامی از سومری] (اِ .) ۱- نی‌بوریا(هـ.م.) ۲- حصیری که از نی‌شکافتهٔ مخصوص سازند .

بوریا باف b.-bāf [معر.-ف.](اِفا.) بافندهٔ‌بوریا،سازندهٔ حصیر.

بوریا بافی b.-bāf-ī [معر.-ف.] (حامص.) عمل بوریا باف (هـ.م.)، بافندگی‌بوریا .

بوریا پاره b.-pāra(-e) [معر.-ف.] (اِمر.) حصیر پاره، حصیر.

بوریا کوبی b.-kūb-ī [معر.-ف.] (حامص.) (اِمر.) ضیافتی که درخانهٔ‌نو برپا کنند .

بوریطش būrīteš [معر . یو .

۱-Borate hydraté de sodium (فر.)

بوز

purites] (اِ.) مرقشیشا، مارقشیط، حجرالنور.

۱- بوز bawz(bowz) [= بوزك = بوزه] (اِ.) سبزیی که بسبب رطوبت بر روی نان، جامه، گلیم وغیره بهم‌رسد. کفك. **۲** - تنهٔ درخت.

۲- بوز bawz(bowz) (اِ.) (جا ن.) زنبور سیاه.

بوز būz (ص.) **۱** - اسب تند رو، اسب جلد. **۲** - مرد تیز هوش، صاحب ادراك؛ مق. کودن.

بوزا būzā [= بوزه] ← **۱** - بوزه.

بوزار bū-zār [= بوی افزار = بواوزار] (اِمر.) داروهای گرمی که‌در طعامها ریزند مانند فلفل و قرنفل ودارچین وامثال آنها؛ توابل.

بوزاگر būzā-gar (ص‌شغل.) کسی که بوزه (ه.م.) میسازد ومیفروشد.

بوزاگری b.-gar-ī (حامص.) عمل‌وشغل بوزاگر **۱** - بوزه؛ بوزه سازی، بوزه فروشی.

۱- بوزك bawz-ak(bow-) (اِمصغ.) **۱** - مصغر بوز (ه.م.) **۲** - سبزیی که بسبب رطوبت بر نان، گلیم، جامه‌وغیره نشیند؛ بوز، کفك.

۲- بوزك bawzak(bow-) (اِ.) مخمر[۱] (فره.)

بوزکند būz-kand [= بوزگند] (اِمر.) صفه، ایوان.

بوزنه būzena(-e) [= بوزینه] (اِ.) (جا ن.) بوزینه (ه.م.)

بوزنینه būzenīna(-e) [= بوزینه] (اِ.) (جا ن.) بوزینه (ه.م.)

۱- بوزه būza(-e) (اِ.) شرابی که ازآرد برنج و ارزن وجو سازند.

۲- بوزه bawza(bowze) [← **۱** - بوز **۲**] (اِ.) تنهٔ درخت.

بوزه‌خانه b.-xāna(-e) [← **۱**- بوزه] (اِمر.) جایی که در آن‌بوزه سازند.

بوزیدان būzī-dān (اِ.) (گیا.) گیاهی است که‌ازآن دارویی بجهت‌فربهی سازند؛ مستعجل، ثعلب (ه.م.).

بوزینا būzīnā [= بوزینه] (اِ.) (جا ن.) بوزینه (ه.م.)

بوزینه būzīna(-e) [= بوزینا = بوزنه = بوزنینه] (اِ.) (جا ن.) میمون (ه.م.)

بوژ bawž(bowž) (اِ.) گرداب.

بوژنه būžna(e) (اِ.) شکوفه وبهار درخت که هنوز نشکفته‌باشد، کم.

بوس būs [= بوسه] (اِ.) **۱** - ← بوسه. **۲** - (حامص.) گاه در ترکیب بمعنی «بوسی» آید: پابوس، دستبوس (بدستبوس شما آمده). **۳** - (اِفا.) گاه در ترکیب بمعنی «بوسنده» آید: آستان‌بوس، دستبوس (بنده‌زاده‌دستبوس است). ‖ **~ وکنار**. بوسیدن و درآغوش کشیدن.

بوستان bū-s(e)tān (bōs· قد.) [= بستان؛ په bōstān] (اِمر.) **۱** - جایی که گلهای خوشبودرآن بسیار باشد. **۲** - باغ باصفا. **۳** - باغ میوه ← بستان. **۴** - (مس.) یکی ازدستگاه‌های موسیقی قدیم‌ایران که‌صاحب«درة‌التاج» آنرا جزو ادوار ملایم موسیقی ایران آورده‌است.

بوستان‌افروز b.-afrūz (اِمر.) (گیا.) بستان‌افروز (ه.م.)

بوستان‌بان b.-bān [= بستان‌بان]

بوزینه‌ها

۱ - Levure (فر.)

(ص‌مر.، اِمر.) نگاهبان‌بوستان، باغبان.
بوستان پیرا(ی) b.-pīrā(y) [= بستان‌پیرا(ی)] بوستان‌بان (هـ.م.)
بوستانسرا(ی) b.-sarā(y) [= بستانسرا] ← بستانسرا.
بوستانی būstān-ī [= بستانی] ← بستانی.
بوس کردن būs-kardan (مص‌م.) بوسیدن.
بوسنده būs-anda(-e) (اِفا.) آنکه ببوسد؛ بوسه زننده.
بوسه būsa(-e) [= بوس] (اِ.) تماس لبهای کسی برلب، گونه، دست و پای دیگری یا چیزی مقدس از روی محبت و احترام؛ بوس، قبله، ماچ.
بوسه‌بازی b.-bāz-ī (حامص.) بوسه‌دادن در عشقبازی.
بوسه‌چین b.-čīn (اِفا.) برگزینندهٔ بوسه، بوسه‌گیر.
بوسه خوار b.-xār (اِفا.) بوسه‌گیر.
بوسه خوردن b.-xordan (مص‌ل.) بوسه گرفتن.
بوسه دادن b.-dādan (مص م.) بوسیدن، ماچ کردن.
بوسه دان b.-dān (اِمر.) (کن.) دهان.
بوسه دزد b.-dozd (ص‌مر.) آنکه‌در پنهانی بوسه کند؛ بوسه‌ربا.
بوسه ربا b.-robā (اِفا.) بوسه‌دزد (هـ.م.)
بوسه ریز b.-rīz (اِفا.) بسیار بوسنده.
بوسه زدن b.-zadan (مص‌م.) بوسیدن، ماچ کردن.
بوسه شکستن b.-ša(e)kastan (مص‌م.) بوسیدن؛ بوسه کردن باذوق ولذت وباصدا.
بوسه شمار b.-šomār [= بوسه‌شمر] (اِفا.) معشوقی که بوسه‌های عاشق را محاسبه‌کند و بیش از حد مقرر اجازهٔ بوسیدن ندهد.
بوسه شماری b.-šomār-ī [= بوسه‌شمری] (حامص.) شمارش کردن بوسه.
بوسه شمر b.-šomar [= بوسه‌شمار] (اِفا.) کسی که بوسه را می‌شمارد.
بوسه‌فریب b.-farīb (اِفا.) کسی‌که بامکر و خدعه یاررا میبوسد. ‖ دهان ~ . دهان بوسه‌طلب.
بوسه کردن b.-kardan (مص‌م.) بوسیدن، بوسه زدن، ماچ کردن.
بوسه‌گاه b.-gāh [= بوسه‌گه = بوسگاه] (اِمر.) محل بوسه، بوسه‌جای.
بوسه‌گرفتن b.-gereftan (مص‌ل.) کسی را بوسیدن.
بوسیام būsiyām [= بوسیاه] (اِ.) (گیا.) افرا (هـ.م.)
بوسیاه būsiyāh [= بوسیام] (اِ.) (گیا.) افرا (هـ.م.)
بوسیدن būs-īdan [← بوس، بوسه] (مص‌م.) (بوسید، بوسد، خواهدبوسید، ببوس، بوسنده، بوسیده) بوسه‌دادن، بوس کردن، ماچ کردن.
بوسیده būs-īda(-e) (اِمف.) کسی که اورا بوسیده باشند؛ مقبل.
بوسیلهٔ be-vasīla(-e)-ye [ف.-ع.] (حر.اض.) ۱- بواسطهٔ، بسبب. ۲- بکمك، بمدد. ۳- بتوسط، بدستاویز. ضح.- دائم‌الاضافه‌است.
بوش bawš(bowš) (اِ.) ۱- کروفر، خودنمایی.
بوش bov-eš [په. bavišn] (اِمص. بودن) ۱- بودن، کون. ۲- وجود، هستی. ۳- تقدیر، سرنوشت.

بوفه

بوق

بوش būš [= معر. بوش] (اِ.) گیاهی که از آن شیاف سازند و سابقاً آنرا از «دربند» می‌آوردند وبوش دربندی میگفتند.

بوشاد būšād [معر. یو.] (اِ.) (گیا.) شلغم (ه.م.)

بوشاسب būšāsb (= بوشاسپ = بشاسب = بشاسپ = گوشاسب، په. būsāsp] (اِ.) خواب دیدن، رؤیا.

بوشاسپ būšāsp [= بوشاسب (ه.م.) = بشاسب = بشاسپ = گوشاسب] (اِ.) ← بوشاسب.

بوشقاب būšγāb [تر. = بشقاب] ← بشقاب.

بوشکرانه būškarāna(e-) (اسپا. būškaranna) (اِ.) (گیا.) شش شاخ (ه.م.)

بوشن bo(a)v-ešn [په. bavišn] (اِمص. بودن) ← بوش (boveš)

بوشناس bū-šenās (اِفا.) آنکه بخوبی بویها را تشخیص دهد.

بوشنیدن bū-ša(e)nīdan (مص‌م.) کسب بو کردن.

بوطیقا būtīγā [معر. یو. poetica] (اِ.) فن شعر ← شعر

بوغ būγ [← بوق] ← بوق.

بوغاز būγāz [= بغاز] ← بغاز.

بوغجه būγ-ǰa(-e) [تر. = بوغچه = بغچه = بقچه] ← بغچه.

بوغچه būγ-ča(-e) [تر. = بوغجه = بغچه = بقچه] ← بغچه.

بوغرا būγrā [= بغرا = بوغراق] ← بغرا.

بوغنج būγanǰ (اِ.) (گیا.) سیاهدانه، شونیز ← سیاهدانه

بوف būf [قس. کوف] (اِ.) (جا ن.) جغد (ه.م.)

بوفروختن bū-forūxtan (مص‌م.) ۱ - عطاری کردن. ۲ - مشک‌فروختن.

بو فروش bū-forūš (اِفا.) ۱ - عطار. ۲ - مشک فروش.

بوفه būffe [فر. buffet] (اِ.) ۱ - محل فروش نوشابه ومواد خوراکی در رستورانها و اماکن عمومی. ۲ - جای غذا خوردن در باشگاهها، تماشاخانه‌ها، ایستگاههای راه‌آهن وغیره. ۳ - قفسه‌ای چوبی یا فلزی که لوازم سفره‌را در آن جای دهند.

۱ - بوق būγ [= بوغ، معر. لا. buccina، صور، نفیر] (اِ.) ۱ - (مس.) یکی از آلات ذوات‌النفخ. نوع قدیمی آن از شاخ بوده وبعد آنرا از استخوان و فلز ساختند، و آن برای تقویت صدای‌شخص نیز بهنگام‌مکالمه ازمسافت‌دور بکارمیرفت. ۲ - (مس.) نای بزرگ، کرنای. ۳ - نوعی از شیپور کوتاه‌که شکارچیان برای راندن‌شکار ازمحلی بمحل‌دیگر بکار برند؛ نفیر. ج. ابواق، بوقات. ‖ ~ اتومبیل. نوعی بوق مغناطیسی است که در اتومبیلها از آن استفاده کنند.

۲ - بوق bōγ(būγ) (اِ.) چادر بزرگی باشد که رختخواب در آن‌بندند.

بوقچه boγ-ča(-e) [= بوغچه = بقچه = بغچه] ← بغچه.

بوقچه‌بافی b.-bāf-ī [= بغچه‌بافی] (حامص.) بافتن بغچه (← بغچه).

بوق زدن būγ-zadan [معر.-ف.] (مص‌ل.) ۱ - نواختن بوق (ه.م.) ۲ - (کن.) گوز دادن.

بوقلمون būγalamūn [معر. محر. یو. xamailéōn] (اِ.) ۱ - دیبای رومی که رنگ آن متغیر نماید. ۲ - (جا ن.) نوعی از چلپاسه که رنگ آن

متغیر نماید؛ حربا. ۳ - (جا.ن.) پرنده‌ای[1] ازراستهٔ ماکیانها که دارای گردنی برهنه و گوشتی وپنجه‌های قوی میباشد. رنگ آن بیشتر سیاه، سروگردن وی بدون پر است و دارای آویزه های نرم گوشتی است و نر آن دارای دم پهنی است. ۴ - هرچیز رنگارنگ. ۵ - (کن.) کسی که هر ساعت خود را برنگی وانماید. ۶ - (کن.) دنیا (بسبب حوادث پیاپی). ۷ - (گیا.) گل بوقلمون (ه.م.). ‖ فرش ~ . فرش رنگارنگ.

بوقلمونی bū-γalamūn-ī [معر.-ف.] (ص نسبـ.) رنگارنگ، مختلف اللون.

۱- بوك bū-k [= بوکه = بود که] ۱ - (صت.) کلمهٔ تمنی؛ کاشکی، کاش. ۲ - (ق.) کلمهٔ استثنا؛ مگر. ۳ - (إ.) امید.

۲ - بوك būk (إ.) نوعی آتشگیره.

بوکاول būkāval [= بکاول] ← بکاول.

بوکردن bū-kardan (مصم.) بوی چیزی را استشمام کردن؛ بوییدن.

بوکس boks [فر. boxe] (إ.) (ور.) نوعی از ورزش که برای آن مسابقاتی هم ترتیب دهند، و آن عبارتست از مشت زدن دو تن بیکدیگر با دستکشهای مخصوص درزمینی مربع (رینگ)؛ مشت زنی.

بوکسور boksor [فر. boxeur] (ص.، إ.) بوکس باز، مشت‌زن.

بوکشیدن bū-ka(e)šīdan (مصم.) ۱ - بوی چیزی را ازدور استشمام کردن. ۲ - دریافتن نشان چیزی.

بوکه bū-ke [= بوك = بود که] ← بوك.

بوگان būgān [= بویگان = پوگان] (إ.) بچه دان، زهدان، رحم.

بوگرفتن bū-gereftan (مصل.) ۱ - بو یافتن چیزی، کسب بو کردن. ۲ - گندیدن، بدبو شدن چیزی. ۳ - برشته‌شدن (قس. بو دادن).

بول bawl (bowl) [ع.] (إ.) ۱ - پیشاب (ه.م.)، گمیز، شاش، ادرار. ۲ - (مصل.) گمیز انداختن، شاشیدن.

بولاغ اوتی būlāγ-ūtī [تر.] (إمر.) (گیا.) آب تره (ه.م.)؛ شاهی آبی.

بولدان bawl-dān (bowl.-) [ع.-ف.] (إمر.) ظرفی که در آن بول کنند؛ گمیزدان.

بول کردن b.-kardan [ع.-ف.] (مصل.) شاشیدن، ادرار کردن، گمیز انداختن.

بولغاق būl-γāγ [= بلغاق] (إ.) ← بلغاق.

بولکنجك būl-kanǰak [= بلکنجك] (إ.) ← بلکنجك.

بولنجك būl-anǰak [= بلکنجك] (إ.) ← بلکنجك.

بولوار būlvār [فر. boulevard] (إ.) میدان و خیابانی که باغچه‌ها و چمنها و درختان بسیار دارد و محل گردش عموم است، بلوار.

بولی bawl-ī (bowl-ī) [ع.-ف.] (ص نسبـ.) (پز.) آنچه که مربوط بپیشاب است[2].

بوقلمون و سرآن

بوکس (حرکات مختلف)

۱- Dindon (فر.)

۲- Urineux (فر.)

بوم

بومادران

بویدان

آنچه از ادرار بدست آید ، آلوده بادرار، منسوب بادرار.

۱-بوم būm [په. būm] (اِ.) ۱- سرزمین، ناحیه. ۲- زمین شیار نکرده وناکاشته ؛مق. مرز. ۳- جا ، مقام ، منزل، مأوا. ۴- سرشت، طبیعت. ۵- (نق.) زمینهٔ آماده شده ، اعم از پارچه وغیره که برروی آن نقاشی کنند. ۶- زمینهٔ پارچهٔ زر دوزی شده . ۷- زمینهٔ کتاب، درفش، کاغذ. ‖ **مرز و ~** . سرزمین، ناحیه.

۲-بوم būm [ع.] (اِ.) (جاذ.) جغد (ه.م.)، بوف.

بوم bov-am (فع.) اول شخص مفرد از فعل مضارع از «بودن»؛ باشم.

بومادران bū-mādar-ān [= بوی مادران = بوماران] (اِمر.) (گیا.) گیاهی[1] از تیرهٔ مرکبان دارای ساقه‌های بلند، و برگهایش بسیار بریده و گلهایش خوشه‌یی مرکب‌است. ارتفاعش تا ۷۰ سانتیمترمیرسد. رنگ گلهایش سفید یا صورتی وگلبرگ‌هایش ریزوخوشبوست؛ زهرةالقندیل، علف هزار برگ.

بوماران bū-mār-ān [= بومادران] ← بومادران.

بومب bomb ← بمب.

بوم‌کند būm-kand (اِمر.) جایی که درزیر زمین کنند بجهت مسافران وگوسفندان.

بومهن būm-ahan [= بومهین = بوم (ه.م.) + مهن = مثنه maθana حرکت] (اِ.) زمین‌لرزه، زلزله.

بومهین būm-ahīn [= بومهن] ← بومهن.

بومی būm-ī [← بوم] (ص نسبـ.) منسوب به بوم (ه.م.)، اهل‌محل، اهل ناحیه.

بون bawn [ع.] (اِ.) دوری،جدایی.

۱-بون būn (اِ.) بچه‌دان ، زهدان، رحم .

۲- بون būn [= بن bon] (اِ.) نهایت وپایان هرچیز، بیخ، بن.

بوناك bū-nāk [= بوی‌ناك] ← بوی ناك .

بونجل būnǰol [= بنجل] (ص .) (عم.) ← بنجل.

بوی būy [= بو] ← ۱- بو.

بویا būyā [په. būyāk] (ص.) ۱- دارای بو. ۲- خوشبو، معطر.

بویان būy-ān [← بوی] (ص فا.) بوی کننده.

بویایی būyā-yī [← بویا] (حامص.) شامه(حس).

بوی افزار būy-afzār [= بو-افزار= بوزار] (اِمر.) ادویهٔ گرمی که در طعام ریزند، مانند: فلفل،دارچین وغیره.

بوی پرست b·-parast (اِفا.،اِمر.) ۱- سگ شکاری ، کلب معلم. ۲- یوزپلنگ. ۳- جن. ۴- فرشته،ملك.

بویچه būy-ča(-e) (اِمصغ.)(گیا.) ← عشقه.

بویدار b·-dār [= بودار] (اِفا .) ۱- دارای بو، دارای رایحه، بابوی. ۲- (اِمر.) سگ شکاری، بوی پرست (ه.م.)

بویدان būy-dān (اِمر.) ظرفی که درآن چیزهای معطر نهند.

بویژه be-vīža(-e) [← ویژه] (قمر.) خصوصاً ، مخصوصاً، علی‌الخصوص:

۱- Achillea millefolium (لا.)

«همه راستی خواهم و نیکویی
بویژه که سالار ایران تویی.» (فردوسی)

بوی سا būy-sā (اِمف.) سنگی باشد که عطریات را بر آن سایند.

بوی سوز b.-sūz (اِمر.) مجمر، آتشدان.

بوی سوز

بویگان b.-gān [= بوگان] ← بوگان.

بوی گرفتگی b.-gerefta(e)g-ī (حامص.) تعفن، بدبویی، گند.

بوی گرفته b.-gerefta(-e) (اِمف.، صمر.) بدبو، گندیده، متعفن.

بوی مادران b.-mādar-ān [= بومادران] ← بومادران.

بویناک b.-nāk [= بوناك] (صمر.) دارای بوی بد، بدبو، متعفن.

بوینده būy-anda(-e) (اِفا.) بوی کننده. ‖ **حاست (حاسهٔ)** ـــ .شامه.

بویه bōya قد. (būye) [← بوی، آرزو] (اِ.) آرزومندی.

بوییدن būy-īdan [← بوی] (مص م.) (بویید، بوید، خواهد بویید، ببوی، بوینده، بوییده) ۱ - استشمام کردن، بوی کردن. ۲ - بودادن.

بوییدنی būyīdan-ī ۱ - (صلیا.) قابل بوییدن، لایق شم. ۲ - (ص.) مشموم.

۱-به (قد. pat پهـ.) be(ba, bē) (حر. اض.) (= بـ) بمعانی ذیل آید: ۱ - بهمراه (که از آن بمصاحبت تعبیر کنند): بادب سلام کرد، بسلامت عزیمت نمود. ۲ - ظرفیت زمانی و مکانی، مثال اول:
«دهقان بسحرگاهان کز خانه برآید
نه هیچ بیارامد و نه هیچ بیاساید.»
(منوچهری)
مثال دوم:
«ای که گویی بیمن بوی دل و رنگ وفاست
بخراسان طلبم کان بخراسان یابم.»
(خاقانی)
۳ - قسم، سوگند:
«بگویی بدادار خورشید و ماه
بتیغ و بمهر و بتخت و کلاه.»
(فردوسی)
۴ - در بیان جنس، چنانکه بجای آن «ازجنس» توان گذاشت:
«هیچکس را تو استوار مدار
کار خود کن، کسی بیار مدار.»
(سنائی)
۵ - بمعنی طرف و سوی:
«چو زین کرانه شه شرق دست برد بتیر
بر آن کرانه نماند از مخالفان دیار.»
(فرخی)
۶ - استعانت را رساند، و درین صورت آنچه پس از وی آید افزار کار و عمل است:
«بلشکر توان کرد این کارزار
بتنها چه برخیزد از یک سوار؟»
(فردوسی)
۷ - تعلیل راست و در این حال ما بعد آن علت حکم است: بجرم خیانت بکیفر رسید، بگناه خود مأخوذ گردید. ۸ - بر مقدار دلالت کند و مفید معنی تکرار باشد: بدامن درفشاند، بمشت زر داد، بخروار شکر پاشید؛ که معنی آنها دامن دامن، مشت مشت، خروار خروار است. ۹ - در آغاز و ابتدای سخن بکاررود:
«بنام خداوند جان و خرد
کزین برتر اندیشه برنگذرد.»
(فردوسی)
۱۰ - بمعنی برای:
«بطواف کعبه رفتم بحرم رهم ندادند
که تو در برون چه کردی که درون کعبه آیی؟»
(عراقی)
۱۱ - سازگاری، توافق:

به

«اگر جز بکام من آید جواب
من و گرز و میدان و افراسیاب.»
(فردوسی)

۱۲- برعوض و مقابله دلالت کند:
«آسمان گومفروش این عظمت کاندر عشق
خرمن مه بجوی، خوشهٔ پروین بدو جو.»
(حافظ)

۱۳- بمعنی «را»: بمن گفت، بتوداد.
۱۴- برای ترتیب آید: **دمبدم**، خانه بخانه، شهر بشهر. (قبفهی).

۲- به be(ba,bē (قد. [↑] ۱- (پش.) گاه در اول اسم درآید وبدان معنی وصفی دهد: بهوش، بخرد، بدانش. ۲- (پشف.) درآغاز بعضی افعال برای زینت یا تأکید درآید: بگو، بروم، بیایید.

به bah [=وه=په] (صت.) ۱- کلمهٔ تحسین که در تعریف وتمجید استعمال شود؛ خوشا خرما! ۲- کلمهٔ تعجب.

۱- به beh [پهـ. vēh] (ص.) ۱- خوب، نیک.

۲- به beh [=بهی] (ا.) (گیا.) درختی[1] از تیرهٔ گل سرخیان جزو دستهٔ سیبیها که پشت برگهایش کرکدار است. میوه‌اش زرد و خوشبو وکرکدار وتخمدانش پنج برچه‌یی ودر میوه‌اش موادغذایی بسیارجمع میشود؛ بهی، آبی، سفرجل.

به

۱- بها bahā [آذربایجانی bohā، گران‌قیمت] (ا.) قیمت، ارزش، ارز، نرخ.

۲- بها bahā [=ع. بهاء] ← بهاء.

بهاء bahā' [ع.، ف.: بها] (ا.) ۱- روشنی، درخشندگی، رونق. ۲- زیبایی، نیکویی. ۳- زینت، آرایش. ۴- عظمت، کمال. ۵- فر، شکوه، فره.

بهائم bahāem [ع.] (ا.) ← بهایم.

بهائی bahā-ī [ع.-ف.] (ص‌نسب.) ۱- منسوب به بهاء (ه.م.) ۲- پیرو آیین بهاء ← بهائی (بخش ۳).

بها دار bahā-dār (إفا.، إمر.) دارای قیمت، قیمتی. ‖ **اوراق** ~. اوراقی که نمایندهٔ سرمایه های مولد بهره و درآمد است واین اوراق بمنظور بکار انداختن سرمایه و جلب منفعت خرید و فروش میشود مانند سهام شرکتها واسناد قرضهٔ دولتی.

بهادر bahādor [تر.] (ص.) دلیر، دلاور، شجاع.

بهادرانه bahādor-āna(-e) [تر.-ف.] (قمر.) متهورانه، دلیرانه.

بهادری bahādor-ī [تر.-ف.] (حامص.) ۱- شجاعت، دلیری. ۲- جرأت، جسارت.

۱- بهار bahār [په. vahār] (ا.) ۱- اولین فصل سال، ربیع. ۲- شکوفهٔ گل هر درخت. ۳- (گیا.) گیاهی[2] از تیرهٔ مرکبان که چهار گونه از آن شناخته شده. گلهایش زرد رنگ و در کوهستانهای اروپای مرکزی و جنوبی و آسیای غربی و مرکزی میروید و بعنوان گل زینتی نیز در باغها کاشته میشود؛ گل گاوچشم، اقحوان اصفر. ۴- (مس.) یکی از دستگاهها و ادوار ملایم در موسیقی قدیم.

۲- بهار bahār [سنس. vihara] (ا.) بتخانه، بتکده ← نوبهار (بخش ۳).

بهاران bahār-ān (إمر.) هنگام بهار، فصل بهار.

بهارآلود b.-ālūd [= بهارآلوده] (ص‌مف.) زیبا.

بهارافشان b.-afšān (ص‌فا.) شکوفه پاشان، گل افشان.

بهاراندام b.-andām (ص‌مر.) زیبا اندام، خوش اندام.

۱- Cydonia vulgaris (لا.) ۲— Buphtalme blanc (فر.)

۶۰۹ بهانه تراشی

بهار بشکنه b.-beškana(-e) (اِمر.) (مس.) نوایی است در موسیقی قدیم.

بهاربند b.-band (اِمر.) ۱ - طویلهٔ بی‌سقفی که در فصل بهار و تابستان چارپایان را در آن بندند؛ باربند، باره‌بند. ۲ - خانهٔ هوادار که فصل بهار در آن نشینند.

بهار خانه bahār-xāna(-e) [← ۲بهار](اِمر.) ۱ - بتخانه، بتکده ۲ - بنای رفیع.

بهار دادن b.-dādan (مص ل.) در فصل بهار با اتباع و حشم در جایی اقامت گزیدن.

۱- بهارستان bahār-estān [بهار (← ۱بهار) + ستان، پس.] (اِمر.) ۱ - جایی که شکوفه و گلهای گوناگون در آن انبوه باشد. ۲ - (اِخ) ← بخش۳.

۲ - بهارستان bahār-estān [بهار (← ۲بهار) + ستان، پس.] (اِمر.) بتخانه، بتکده.

بهار کردن b.-kardan (مص ل.) شکفته شدن گل و شکوفه.

بهارگاه b.-gāh [= بهارگه] (اِمر.) فصل بهار؛ مق. تابستانگاه، پاییزگاه، زمستانگاه.

بهارگه b.-gah [= بهارگاه] ← بهارگاه ↑.

بهاره bahār-a(-e) (ص نسب.، اِمر.) ۱ - منسوب به بهار، بهاری: کشت بهاره. (مق. کشت پاییزه) ۲ - گندم و غلات دیگر که در فصل بهار کارند.

بهاری bahār-ī (ص نسب.) منسوب به بهار، ربیعی: ابر بهاری. ‖ ابر ــــ. ابری که در فصل بهار در آسمان پدید آید. ‖ اعتدال ــــ. اعتدال ربیعی. ‖ باران ــــ. بارانی که در فصل بهار بارد.

بهاریات bahār-īyyāt [ف.-ع.] ج. بهاریه ↓؛ قصایدی که دربارهٔ بهار گفته شود (غفص.):

«بهار آمد، بهار آمد، بهاریات باید گفت
بگو ترجیع تا گویم شکوفه از کجا بشکفت.»
(مولوی)

بهاریه bahār-īyya(-e) [معر. از ف.] ۱ - منسوب به بهار، ربیعیه. ۲- اشعاری که در بارهٔ فصل بهار گفته شود. ج. بهاریات. ضح. - این کلمه مرکب است از «بهار» فارسی که به علامت نسبت عربی ملحق شده و غیر فصیح است.

بهاز behāz (اِ.) اسب نجیب و اصیل که بجهت نتاج گرفتن آنرا در گلهٔ اسب رها کنند.

بها کردن bahā-kardan (مص م.) قیمت کردن.

بها گرفتن b.-gereftan (مص ل.) ارزش پیدا کردن.

بهاگیر b.-gīr (اِفا.) هر چیزی که قیمت بسیار داشته باشد؛ قیمتی، گرانبها.

بهانه bahāna(-e) [په. vahān] ۱ - عذر نابجا، دست آویز. ۲ - بازخواست، ایراد. ۳ - سبب، باعث.

بها نهادن b.-na(e)hādan (مص م.) قیمت نهادن، قیمت کردن، تعیین بها کردن.

بهانه افتادن bahāna(-e)-oftādan (مص ل.) دست آویز شدن.

بهانه انگیختن b.-angīxtan (مص ل.) ایجاد بهانه کردن، عذر انگیختن.

بهانه تراش b.-tarāš (اِفا.) کسی که برای هر کاری عذری ناموجه آورد.

بهانه تراشی b.-tarāš-ī (حامص.) عمل بهانه تراش (ه‌م.)، عذر و بهانهٔ بیجا آوردن.

بهانه‌تراشیدن b.-tarāšīdan (مص ل.) عذر و بهانهٔ بیجا آوردن.

بهانه جستن b.-ǰostan (مص ل.) ۱ - دست آویز بدست آوردن. ۲ - اعتراض بیجا کردن.

بهانه جو(ی) b.-ǰū(y) [= بهانه جوینده] (إفا) آنکه از پی دست‌آویز میگردد؛ بهانه‌طلب.

بهانه جویی b.-ǰūy-ī (حامص.) عمل بهانه‌جو(ه.م.)، بهانه‌طلبیدن.

بهانه ساختن b.-sāxtan (مص م.) دست آویز کردن.

بهانه ساز b.-sāz [= بهانه‌سازنده] (إفا.) ۱ - عذر آورنده. ۲ - ادعای بیجا کننده

بهانه طلب b.-talab [ف.-ع.= بهانه طلبنده] (إفا.) آنکه ازپی دست آویز گردد؛ بهانه جو.

بهانه‌طلبیدن b.-talabīdan [ف.-ع.] (مص‌ل.) ازپی دست آویز گشتن، بهانه جستن.

بهانه فروش b.-forūš [= بهانه فروشنده] (إفا.) ۱ - عذر (بیجا) آورنده. ۲ - ادعای بیجا کننده.

بهانه فروشی b.-forūš-ī (حامص.) عمل بهانه فروش (ه.م.) ۱ - عذر (بیجا) آوردن. ۲ - ادعای بیجا کردن.

بهانه‌کردن b.-kardan (مص م.) دست آویز کردن.

بهانه گیر b.-gīr [= بهانه‌گیرنده] (إفا.) بهانه جو، بهانه طلب.

بهانه گیری b.-gīr-ī (حامص.) عمل بهانه‌گیر (ه.م.)؛ بهانه جویی.

بهاور bahā-var (ص‌مر.) بهاگیر، پرقیمت، گرانبها.

بهایم bahāyem [= ع. بهائم] (إ.) ج. بهیمه؛ چارپایان، ستوران.

بهایی bahā-yī [← بها، بهائی] (ص نسبـ.) ۱ - گرانبها، پرقیمت. ۲ - فروشی، قابل سودا. ۳ - نوعی پارچهٔ بغدادی (ظ. منسوب به‌بهاء الدین‌نامی).

به‌آمد beh-āmad (مص خم.) خوبی وخوشی‌پیش آمدن؛ مق. بدآمد.

به آمدن b.-āmadan (مص خم.) ۱ - خوب شدن، نیك شدن. ۲ - خوبی وخوشی پیش‌آمدن.

به آیین b.-āyīn (ص مر.) آیین نیکو، بهترین آیین.

به اختر b.-axtar (ص مر.) نیك اختر، نیکبخت.

به افتاد b.-oftād [= به اوفتاد] ← به اوفتاد ↓

به‌اوفتاد b.-ūftād(-ōftāδ (قد. [= به‌افتاد= به‌اوفتاده] (مص‌خم.) ۱ - تندرستی، صحت. ۲ - بهبود، رفاه‌حال.

بهبود beh-būd [= به بودن] (مص خم.) ۱ - بهتری، ترقی تدریجی. ۲ - عافیت، سلامت، تندرستی.

(بهبودی) beh-būd-ī (حامص.) ۱ - خوبی، نیکی. ۲ - تندرستی. ضح.- چون «بهبود» خود مصدر مرخم و اسم مصدر است، الحاق آن به «ی» حاصل مصدر صحیح نیست (برخلاف «نابودی» که نابود صفت‌است).

به‌به! bah-bah! [← به] (صت.) کلمه‌ای که برای‌تحسین و تمجید گویند.

به‌به‌یی ba-ba-yī [قس.، بعبع.، صوت گوسفند؛ به‌به کننده] (ص‌نسبـ.، إمر.) در تداول کودکان، گوسفند.

بهت baht, bahat (boht. تد.ف. [ع.] ۱ - (مص‌ل.) متحیرماندن، خیره شدن. ۲ - عاجز شدن، درمانده گشتن.

۳ - بدروغ افترا زدن ، دروغ بستن بر کسی. ۴ - (إمص.) خیرگی . ۵ - درماندگی . ‖ بهتش زد. ۱ - خیره‌شد. ۲ - درماند .

بهت boht [ع.] (إ.) ۱ - کذب، دروغ. ۲ - افترا .

بهتان bohtān [ع.] ۱ - (مص‌ل.) دروغ بستن، دروغ زدن، افترا گفتن. ۲ - (إمص.) ترفند تراشی، افترا. ۳ - (إ.) ترفند، دروغ.

بهتان گفتن b.-goftan [ع.-ف.] (مص‌ل.) ۱ - نسبت دروغ دادن، افترا گفتن. ۲ - غیبت کردن.

بهتر beh-tar (ص تفض. به) ۱ - نیکوتر، خوبتر: « این جنس بهتر از آن‌دیگری‌است.» ۲ - زیباتر، جمیلتر. ۳ - شایسته‌تر.

بهتر آمد b.-āmad [= بهترآینده] (ص فا.) نافع‌تر ، انفع ، سودمندتر ، به آمد.

بهترین behtar-īn (ص.عالی. به) ۱ - نیکوترین، خوبترین. ۲ - زیباترین ، جمیلترین. ۳ - ستوده‌ترین.

بهترینه behtar-īna(-e) (ص.عالی. به) بهترین (ه.م.)

بهجت bahǰat (behǰat . ف.تد) [ع. = بهجة] ۱ - (مص‌ل.) شادمان‌شدن. ۲ - (إمص.) خوبی دیدار، زیبایی. ۳ - سرور، شادی، شادمانی.

بهجت آیات b.-āyāt [ع.] (ص‌مر.) ۱ - خجسته، فرخنده. ۲ - سعادتمند. ۳ - شادمان .

بهجت افزا b.-afzā [= بهجت‌فزا، ع.-ف.] (إفا.) افزایندهٔ‌شادمانی، زیاد کنندهٔ سرور.

بهجت فزا b.-fazā [ع.-ف.] (إفا.) ← بهجت‌افزا ↑ .

بهدار beh-dār (إفا.) (فره.) مأمور بهداری که‌عهده دار رسیدگی ببهداشت مردم مخصوصاً اهالی قری و قصبات است .

بهداری beh-dār-ī (حامص .) (فره.) وزارت یا اداره‌ای که عهده‌دار رسیدگی بامور بهداشت و صحت مردم است؛ صحیه. ← (بخش ۳ بهداری)

بهداشت beh-dāšt (إمر .) (فره.) نگاهداشتن تندرستی ، حفظ صحت ، حفظ‌الصحه.

بهداشتی beh-dāšt-ī (ص نسب .) منسوب به‌بهداشت(ه.م.): امور بهداشتی.

به‌دان beh-dān [= به داننده] (إفا.) داناتر، اعلم.

بهدانه beh-dāna(-e) (إمر.) (گیا.) دانهٔ میوهٔ به (آبی) که در طب قدیم مستعمل بوده ، تخم بهی.

بهدین beh-dīn [پهـ. vēh-dēn] ۱ - (إمر .) دین نیك ، آیین خوب . ۲ - (ص مر .) آنکه دارای آیینی نیکوست. ۳ - (إخ.) دین زردشتی .

۱-بهر bahr [= بهره؛ پهـ. bahr] ۱ - حظ ، نصیب ، قسمت ، بخش . ۲ - قسمتی از شبانروز . ۳ - پاره ، جزو، قسمت .

۲-بهر bahr (حر.اض.) برای، جهت: گلیمی سیه بهر خود بافتند. ‖ از ـــ (ه.م.)

بهرجه bahraǰa(-e) [معر. بهرگ = بهره] (إ.) ۱ - بهرهٔ مالکانه ، حق‌الارض. ۲ - قسمتی که از حاصل‌وغیره عاید شود ← بهره . ضح .- این کلمه بصورت «بهرچه» تحریف شده.

(بهرچه) bahrača(-e) [محر. بهرجه (ه.م.)] ← بهرجه. ضح.- نوشتن‌این کلمه بصورت « بهره‌چه» غلط فاحش‌است.

بهرحال

بهرحال be-har-hāl [ف.ـ ع.] (حر. ر.) در همه حال، بهمه صورت، در هرصورت.

بهرك bahrak (إ.) پوست کف دست یا پا که بسبب بسیاری کار کردن سفت وسخت شده؛ پینه، پرگاله.

بهرم bahram (إ.) (گیا.) کاجیره (ه.م.)

۱-بهرمان bahramān [= بهرامن = بهرمن] (إ.)۱ - نوعی یاقوت‌سرخ، یاقوت‌احمر.۲ - پارچهٔ ابریشمین‌رنگین.

۲-بهرمان bahramān [= بهرام = بهرامن] (إ.)(گیا.) گل کافیشه(ه.م.)، گل کاجیره (ه.م.)

بهرمانی bahramān-ī [معر. ــ ۱- بهرمان] (إمر.) (زم.) نوعی یاقوت سرخ.

بهرمن bahraman [= بهرمان = بهرمن = بهرامن] (إ.) (زم.) نوعی یاقوت سرخ.

بهرمند bahr-mand [= بهره‌مند، بهـ. bahrmand] (ص‌مر.) ۱ - بهره برنده، متمتع، مستفید. ۲ - دارای‌سهم وحصه.

بهرمندی bahr-mand-ī [= بهره‌مندی] (حامص .) ۱ - بهره بری ، تمتع. ۲ - دارای سهم وحصه بودن.

بهرمه bahrama(-e) [= برمه = پرمه = پرما](إ.) (نج.) آلتی که نجار با آن چوب و تخته را سوراخ کند ؛ متهٔ درودگران.

بهروج beh-rūǰ [= بهروز ؛ په. vēh roč] (إمر.) ۱ - (زم.) نوعی بلور کبود شفاف‌وکم قیمت. ۲- (گیا.) کندر هندی.

بهروجه beh-rūǰ-a(-e) [= بهروج = بهروز](إمر.)(زم.) ← بهروج(همع.)

بهروز beh-rūz(-rōz.قد) [= بهروج] ۱ -(إمر.) روزنیك،روزخوش. ۲ - (ص مر.) نیك روز ، خوش‌اختر ، نیکبخت. ۳ - (إمر.)(زم.) نوعی بلور کبودوشفاف کم‌قیمت؛ بهروزه. ۴ - کندر هندی.

بهروزه beh-rūza(-e) [= بهروجه = بهروز = بهروج](إ.)۱ - (زم.) بلور کبود شفاف کم قیمت. ← ۲ - (گیا.) کندر هندی.

بهروزی beh-rūz-ī (حامص .) نیکبختی، خوشبختی، سعادت.

بهره bahra(-e) [= بهر ؛ په. bahrak] (إ.) ۱ - حصه ، قسمت ، بخش. ۲ - سود، نفع ، فایده ، ربح. ۳ - حاصل، محصول، میوه.

بهره‌بر b.-bar [= بهره‌برنده] ۱ - (إفا.) بهره‌برنده ، سودبرنده . ۲ - (ص‌مر.) شریك، انباز .

بهره بردار b.-bar-dār (إفا .) ۱ - آنکه ازحاصل‌وسود چیزی‌استفاده میکند. ۲ - سهم گیرنده.

بهره برداری b.-bar-dār-ī (حامص.) ۱ - استفاده ازسود چیزی. ۲- عمل برداشتن‌حاصل‌زراعت. ۳- سهم گرفتن. ۴ - بفروش رساندن محصول کارخانه یا معدن .

بهره برداشتن b.-bar-dāštan (مص‌ل.) ۱ - استفاده کردن از سود چیزی . ۲ - برداشتن‌حاصل زراعت. ۳ - سهم گرفتن . ۴ - عمل بفروش رساندن محصول‌کارخانه یا معدن .

بهره‌بهره b.-b. (قمر.) بخش‌بخش.

بهره‌دار b.-bardār [= بهره بردارنده](إفا.) ۱-حصه‌دار. ۲- شریك، سهیم . ۳ - دارای حظ و نصیب .

بهره‌مند b.-mand(ص‌مر.) بهره‌ور (ه.م.)

بهره‌مندی b.-mand-ī (حامص.) بهره‌وری (ه.م.)

بهره ور b.-var (ص‌مر.) ۱ - بهره بر. ۲ - بهره دار، بافایده. ۳ - سود برنده. ۴ - کامیاب.

بهره وری b.-var-ī (حامص.) ۱ - بهره‌بری. ۲ - بافایدگی، بهره‌داری. ۳ - سود برندگی. ۴ - کامیابی.

بهره یاب b.-yāb (إفا.) ۱ - کسی که سود میبرد. ۲ - بهره مند. ۳ - شریك، سهیم. ۴ - کامیاب.

بهره یابی b.-yāb-ī (حامص.) ۱ - سودبردن. ۲ - بهره‌مندی. ۳ - شرکت. ۴ - کامیابی.

بهزاد beh-zād [= به زاده] (ص مف.) نیکوزاده، نیك‌نژاد، نیکوتبار.

بهشت beh-ešt [په. vahišt، بهترین (جهان)] (إمر.) جایی خوش آب و هوا وفراخ نعمت و آراسته که نیکوکاران پس از مرگ درآن مخلد باشند؛ جنت، فردوس، خلد.

بهشت آسا b.-āsā (ص مر.) بهشت آیین (ه.م.)

بهشت‌آیین b.-āyīn (ص‌مر.) مانند بهشت، بهشت‌آسا: باغی بهشت‌آیین.

بهشتی behešt-ī (ص نسب.) ۱ - اهل بهشت، آنکه ساکن بهشت شود. ۲ - ثوابکار. ۳ - (کنـ.) خوش‌صورت، خوبروی.

بهشتی خو(ی) b.-xū(y) (ص‌مر.) خوش خوی، خوش خلق، فرشته‌خو.

بهشتی‌رو(ی) b.-rū(y) (ص مر.) خوبروی، زیبا، جمیل.

بهق bahaγ [معر. بهك] (إ.) (پز.) خالها ونقطه‌های‌سیاه وسفیدروی‌بدن[1]، لك‌وپیس، كك‌مك، بهك. ضح. - در بعضی کتب بهق را مرادف بالکه های حاصل از مرض جذام دانسته‌اند ولی بطورکلی منظور از بهق لك‌وپیس‌های روی بدن است وحتی لکه‌های ناشی‌از برص‌را هم بهق‌گویند.

بهك bahak [= بهق، معر.] (إ.) (پز.) مرضی است که در آن پوست بدن آدمی سفید شود؛ بهق.

به‌گزین beh-gozīn ۱ - (صفا. = به‌گزیننده) شخصی که چیز های نیك‌را انتخاب کند؛ نقاد، ناقد. ۲ - (ص مف.) چیزهای سره ونیکو که انتخاب شده باشند. ۳ - (إمص.) انتخاب، گزینش.

بهل be-hel [← هلیدن] ۱ - دوم شخص مفرد امر حاضر ازهلیدن (ه.م.)؛ بگذار. ۲ - (ص.)(بانکـ.) آنکه‌بدهی خود را پرداخته، یا حساب خویش را واریز کرده ومدیون نیست.

بهلول bohlūl [ع.] (ص.) ۱ - مرد خنده رو. ۲ - نیکوکار. ۳ - بزرگ طایفه، مهتر قوم.

بهله bahla(-e) [کر. bala] (إ.) دستکش چرمی که میرشکاران بر دست کنند وبدان باز وچرغ و غیره را بر دست گیرند.

بهم be-ham [← هم] (ص‌مر.) ۱ - باهم، همراه. ۲ - تنگدل، محزون.

بهمان bahmān [قس. بهمن از اسمای معمول در ایران باستان] (مبهم.) شخص یاشیء مجهول؛ باستار، بیستار: فلان وبهمان.

1- Melas (فر.)

بهمن و گل آن

بهم آمدن be-ham-āmadan (مص ل.) پیوستن دو چیز، سر بهم آوردن.

بهم آمیختگی b.-āmīxta(e)g-ī (حامص.) اختلاط.

بهم آمیختن b.-āmīxtan ۱ - (مص ل.) در هم و مخلوط شدن. ۲ - (مص م.) مخلوط کردن.

بهم آمیخته b.-āmīxta(-e) (إمف.) مخلوط، درهم شده.

بهم بر آمدن b.-bar-āmadan (مص ل.) ۱ - تنگدل شدن، اندوهگین گشتن. ۲ - غضبناك شدن.

بهم پیوستن b.-payvastan(pey.-) (مص ل.) باهم متصل گردیدن، ملحق شدن بیکدیگر.

بهم خوردن b.-xordan ۱ - تصادم کردن، برخورد کردن. ۲ - منحل شدن جمعیت، حزب وغیره. ۳ - آشوب شدن مزاج، بهم خوردن حال شخص.

بهم رسانیدن b.-ra(e)sānīdan (مص م.) ۱ - شخصی یا چیزی را بشخص یا چیز دیگر رسانیدن. ۲ - بدست آوردن چیزی، دارا شدن آن. ۳ - گرد کردن، فراهم آوردن. ۴ - دو تن را بیکدیگر نزدیک کردن، زن و مردی را بوصال یکدیگر رسانیدن.

بهم رسیدن b.-ra(e)sīdan (مص ل.) ۱ - رسیدن بیکدیگر، ملاقات کردن همدیگر. ۲ - بوصال یکدیگر رسیدن (زن و مرد). ۳ - بوجود آمدن، ایجاد شدن. ۴ - پیدا شدن، بدست آمدن: درین فصل موز بهم نمیرسد.

بهم زدن b.-zadan (مص م.) ۱ - خراب کردن، بی ترتیب کردن، آشفته ساختن. ۲ - باطل کردن. ۳ - منحل کردن (جمعیت، حزب و غیره). ۴ - مخلوط کردن، زیر و رو کردن. ۵ - قهر کردن با کسی.

بهمن bahman [په. vahuman، نیك‌منش] ۱ - (اخ.) یکی از امشاسپندان ← بخش ۳. ۲ - دومین روز از هر ماه شمسی (بنام امشاسپند مذکور). ۳ - یازدهمین ماه سال شمسی و دومین ماه زمستان (بنام امشاسپند مذکور). ۴ - (گیا.) بیخی است سپیدرنگ یا سرخ مثل زردك. سابقاً ریشهٔ آنرا باسم بهمن سرخ و بهمن سپید در داروها مصرف میکردند[1]؛ بهمنین، بهمنان. ۵ - برف انبوه و لختهای برف که از کوه بتابش آفتاب، وزش باد یا انعکاس صوت جدا شود و سرازیر گردد. ‖ ـــِ گردی. ذرات بسیار برف بحالت گرد وغبار که بسبب وزیدن باد بشکل گردباد درمی آید و ممکنست تلفات بسیار وارد آورد.

بهمنجنه bahman-ǰana(-e) [معر. بهمنگان] (إمر.) جشنی که در روز بهمن (روز دوم) از ماه بهمن، بواسطهٔ توافق اسم روز با اسم ماه، در ایران باستان منعقد میشد.

بهمنش beh-maneš [= وهمنش ← بهمن] (صمر.) دارای منش نیك، دارندهٔ اندیشهٔ خوب.

بهمنگان bahman-gān [= بهمنجنه، معر. ← بهمن] (إمر.) ← بهمنجنه.

بهنام beh-nām ۱ - (صمر.) نیك‌نام، خوشنام. ۲ - (إمر.) نام نیك، شهرت خوب.

بهنانه bahnāna(-e) [= پهنانه] (جا.) بوزینه، میمون.

بهنانه beh-nān-a(-e) (إمر.) کلیچهٔ سفید، نان سفید.

---

۱ - Behen (فر.) (مأخوذ از «بهمن» فارسی)

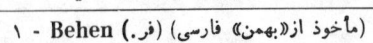

بهو bahū (اِ.) ۱ - صفه. ۲ - ایوان. ۳ - کوشك. ۴ - بالاخانه.

بهوش be-hūš [= باهوش] (ص‌مر.) هوشیار، باهوش.

بهی bahī [= ع. -īyy] (ص.) ۱ - نیکو، زیبا. ۲ - روشن، تابان.

۱- بهی beh-ī [پہ. vahēh ← به] (حامص.) ۱ - نیکویی، خوبی. ۲ - بهبود، شفا، صحت.

۲- بهی beh-ī [← به] (اِمر.) (گیا.) به (ه.م.)، آبی.

بهیار beh-yār (ص مر.) (فره.) دوشیزه یازنی که دورهٔ آموزشگاه پرستاری را بپایان رسانیده با رتبهٔ بهیاری در بیمارستانها بسمت پرستار مشغول کار گردد.

بهیاری beh-yār-ī (حامص.) عنوان و درجهٔ بهیار (ه.م.)

بهیج bahīǰ [ع.] (ص.) ۱ - شاد، شادمان، خوشحال. ۲ - نیکو، نیك، خوب.

بهیزك beh-īzak [پہ. vahīǰak] (اِمر.) هریك از ۱۲ ماه ایران باستان دارای ۳۰ روز بود وسال ۳۶۰=۳۰×۱۲ روز. بنابراین هرسال شمسی پنج روز کم داشت. برای جبران در آخر هر سال، پنج روز دیگرمی‌افزودند تاسال شمسی درست دارای ۳۶۵ روز باشد. این کبیسهٔ سال را در عربی خمسهٔ مسترقه و در فارسی پنجهٔ دزدیده و بهیزك و در پهلوی وهیجك و پنجه وپنجوه و گاه و اندرگاه نامیده‌اند. ضح. - مصحف این کلمه در فرهنگها «بهترك» است.

بهیمه bahīma(-e) [= ع. بهیمة] (اِ.) چهارپا مانندگاو، گوسفند، اسب، شتر، خر و غیره؛ چاروا. ج. بهائم (بهایم).

بهیمی bahīm-ī [= ع. -īyy] (ص‌نسبـ.) منسوب به بهیمه (ه.م.)؛ حیوانی.

بهین beh-īn [← بهینه] ۱ - (ص نسبـ.) خوب، نیکو. ۲ - برگزیده، منتخب. ۳ - (ص‌عالی.) بهترین. ۴ - گزیده‌ترین.

بهینه beh-īna(-e) [= بهین] ← بهین.

بهیه bahīyya [= ع. بهیة] (ص نسبـ.) مؤنث بهی (ه.م.)

بی bī [= ابی؛ پہ. bē] (پش.) ۱ - علامت نفی وسلب است که برسر اسم در آید وکلمه را صفت سازد (معنی صفت‌منفی دهد): بیچاره، بیخرد، بیریا، بیزور، بیکار. ۲ - گاه برسر اسمی درآید وقید مرکب سازد: بی‌شك، بی‌شبهه، بی گفتگو.

بیابان biy-āb-ān [پہ. viyāpān، viāvān، جای بی‌آب] (اِمر.) صحرای بی‌آب و علف، دشت لم‌یزرع.

بیابان‌گرد b.-gard (اِفا.، ص‌مر.) کسی که در بیابان زیست‌میکند؛ صحرا-گرد، بدوی، چادرنشین.

بیابان‌گردی b.-gard-ī (حامص.) زیستن‌دربیابان، بدویت، چادرنشینی.

بیابان نشین b.-nešīn [← بیابان نشیننده] (اِفا.، ص‌مر.) آنکه‌دربیابان زیست کند؛ صحرانشین، بدوی.

بیابان نورد b.-navard [= بیابان نوردنده] (اِفا.، ص‌مر.) بیابان‌گرد (ه.م.)

بیابان‌نوردی b.-navard-ī (حامص.) بیابان گردی (ه.م.)

بیابانی biyābān-ī (ص‌نسبـ.) ۱ - بدوی، صحرایی، صحرا نشین. ۲ - بی تربیت، وحشی. ۳ - (نجـ.) بعضی از ستارگان ثابت.

بیابانیات biyābān-īyyāt[معر.] (ص نسبـ.، اِمر.) ج. بیابانیه (هـ.م.) : ۱ـ زنان صحرا نشین. ۲ـ (نج.) کواکب قدر اول و دوم و سوم و منازل قمر.

بیابانیه biyābān-īyya(-e) [معر.] (ص نسبـ.) مؤنث بیابانی (همع.) ج. بیابانیات (هـ.م.)

بیات bayāt [ع.] ۱ـ (مص ل.) شب ماندن بجایی. ۲ـ هجوم بردن بدشمن در شب، شبیخون زدن. ۳ـ (ف.ـ ص.) شب مانده: نان بیات.

بیات اصفهان bayāt-e-esfahān (اِمر.) (مسـ.) یکی از گوشه‌های همایون (هـ.م.)

بیات ترك bayāt-e-tork (اِمر.)(مسـ.) آوازیست بسیار یك نواخت و عامه‌پسند. اگر تکنیك بیات ترك را تکنیك شور فرض کنیم تفاوتی در فواصل گام شور و بیات ترك نیست.

بیاره bayāra(-e) (اِ.)(گیا.) گیاهی که ساقهٔ بلند و مستقیم ندارد و شاخه‌های آن روی زمین افتد مانند کدو، خربزه وغیره؛ بوته.

بیاستو biyāstū [= بیاستو] (اِ.) ۱ـ خمیازه. ۲ـ بوی دهان، گند دهان.

بیاض bayāz [ع.] (اِ.) ۱ـ سفیدی، سپیدی. ۲ـ سپیده، سفیده. ۳ـ کتابچه ودفتر سفید نانوشته. ۴ـ کتاب دعا. ۵ـ کتابچه‌ای که در آن مطالبی سودمند یادداشت کنند؛ دفتر بغلی.

بیاضچه b.-ča(-e) [ع.ـف.] (اِمصغ.) ۱ـ کتابچهٔ سفید. ۲ـ دفترچهٔ یادداشت.

بیاضی bayāz-ī [ع.ـف.] (ص نسبـ.) شعر عالی قابل یادداشت کردن در بیاض (هـ.م.)

بیاع bayyā' [ع.] (ص نسبـ.) ۱ـ فروشنده، سوداگر، بایع. ۲ـ بها کننده، دلال خرید و فروش.

بیاغاریدن biy-āγārīdan ← آغاریدن.

بیاغالیدن biy-āγālīdan ← آغالیدن.

بیاغشتن biy-āγeštan ← آغشتن.

بیان bayān [ع.] ۱ـ (مص ل.) پیدا شدن، هویدا گشتن، آشکار شدن. ۲ـ (اِمص.) شرح، تعبیر، توضیح. ۳ـ فصاحت، زبان آوری. ۴ـ (بیا.) علمی است که بوسیلهٔ آن آوردن یك معنی بطرق مختلف شناخته شود. راههای مختلفی که شاعر یا نویسنده برای بیان مقصود خود انتخاب میکند، برخی روشن وواضح و بعضی خفی و پوشیده است. بنابرین ممکن است گاه کلام یا کلمه‌ای را در معنی حقیقی خود استعمال کنند وگاه معنی مقصود را از راه تشبیه، مجاز، استعاره و یا کنایه ـ که اهم مطالب علم بیان است ـ ادا کنند. هریك ازینها از لحاظ وضوح و خفا بامورد دیگر فرق دارد.

بیانك biyān-ak (اِ.)(گیا.) گیاهی است که از آن بوریا بافند.

بیاوار biyāvār (اِ.) شغل، کار، عمل.

بیانی bayān-ī [ع.ـف.] (ص نسبـ.) منسوب به بیان (هـ.م.)، مربوط بعلم بیان (هـ.م.)

بی آب bī-āb (ص مر.) ۱ـ بدون آب، فاقد آب. ۲ـ بی رونق، بی طراوت. ۳ـ بی آبرو، بی اعتبار.

بی آبی bī-āb-ī (حامص.) ۱ـ بدون آب بودن، فقدان آب. ۲ـ بی رونقی. ۳ـ بی آبرویی.

بی ادب bī-adab [ف.ـع.] (ص مر.) ۱ـ بی دانش. ۲ـ بی تربیت. ۳ـ گستاخ، جسور.

بی‌ادبی bī-adab-ī [ف.-ع.] (حامص.) عمل و کیفیت بی‌ادب (ه.م.)

بی اندازه bī-andāza(-e) [= بی‌انداز] (ص‌مر.، ق‌مر.) فراوان، بسیار.

بی‌انصاف bī-ensāf [ف.-ع.] (ص مر.) ۱- آنکه از راه عدالت منحرف گردد. ۲- ظالم، ستمکار، بیدادگر.

بی‌انصافی bī-ensāf-ī [ف.-ع.] (حامص.) عمل بی‌انصاف (همع.)

بی انضباط bī-enzebāt [ف.-ع.] (ص‌مر.) ۱- آنکه در هیچ چیز ضبط خود نتواند کرد. ۲- بی‌عصمت، بی‌ترتیب، بی‌نظم.

بی انضباطی bī-enzebāt-ī [ف.-ع.] (حامص.) ۱- بی‌ترتیبی، بی نظمی. ۲- بی‌عصمتی.

بی‌اهمیت bī-ahammiyyat [ف.-ع.] (ص‌مر.) بی‌قدر، بی ارزش، نامهم.

بی‌اهمیتی bī-ahammiyyat-ī [ف.-ع.] (حامص.) بی‌ارزشی، بیقدری، مهم نبودن، درخور توجه نبودن؛ مق. اهمیت.

بی ایمان bī-īmān [ف.-ع.] (ص مر.) آنکه ایمان ندارد ؛ فاقد دین و آیین ؛ مق. با ایمان.

بی‌ایمانی bī-īmān-ī [ف.-ع.] (حامص.) ۱- بی دینی ، بی دیانتی. ۲- ناراستی. ۳- خیانت. ۴- نمک بحرامی.

بیب bīb [= بیو] (جا ن.) بید (ه.م.)

بیباك bī-bāk (ص مر.) بی ترس، بی‌پروا، دلاور.

بیباکانه bī-bāk-āna(-e) (ق‌مر.) از روی بیباکی، متهورانه.

بیباکی bī-bāk-ī (حامص.) بی‌پروایی، دلاوری، تهور.

بی بر bī-bar (ص مر.) بی ثمر، بی‌میوه، بدون حاصل: درخت بی‌بر.

بی برگ bī-barg (ص مر.) ۱- گیاهی که برگهایش ریخته باشد، درختی که برگ نداشته باشد. ۲- بینوا، فقیر، محتاج.

بی‌برگشت bī-bar-gašt (إمر.) ۱- اعاده ناپذیر، نا برگشتنی. ۲- (بانک.) غیر قابل فسخ[۱] (فره.).

بی برگی bī-barg-ī (حامص.) ۱- فقدان برگ. ۲- فقر، احتیاج، بینوایی.

بی بضاعت bī-bezāat [ف.-ع.] (ص‌مر.) ۱- بی‌سرمایه، تهیدست، فقیر. ۲- کم سرمایه، کم مایه.

بی‌بضاعتی bī-bezāat-ī [ف.-ع.] (حامص.) ۱- بی سرمایه بودن، تهیدستی، فقر. ۲- کم سرمایگی، کم مایه بودن.

بی‌بند و بار bī-band-o-bār (ص مر.) لاابالی، لاقید، بی‌قید: «آدم بی‌بند و باریست.»

بی بهره bī-bahra(-e) (ص مر.) ۱- بی‌نصیب، بی‌حظ. ۲- (کن.) درویش، بیچیز.

بی‌بی bībī [تر. شرقی] (إ.) ۱- خاتون، کدبانو. ۲- مادربزرگ، مادر مادر یامادر پدر، جده. ۳- در بازی ورق (گنجفه) ورقی است که صورت زن (ملکه) بر آن منقوش است.

بی پا(ی) bī-pā(y) (ص مر.) ۱- بدون پای. ۲- بی‌اصل، بی‌اساس: حرف بی‌پا.

بی‌پایاب bī-pāyāb (ص‌مر.) ژرف (دریا، رود بزرگ)، عمیق.

بی پایان bī-pāyān (ص مر.) بی‌انتها، بی‌آخر، لایتناهی.

۱ - Crédit irrevocable (فر.)

بی‌پایانی

بی‌پایانی bī-pāyān-ī (حامص.) بی‌انتهایی ، لایتناهی بودن .

بی‌پایه bī-pāya(-e) (ص‌مر.) ۱ - بی‌ستون، بی‌قایمه. ۲ - بی‌اصل، بی‌اساس. ۳ - (گیا.) گل یا برگی که دم ندارد (فره.)[1]

بی‌پروا bī-parvā (ص‌مر.) بی‌باك، بی‌ترس.

بی‌پروایی bī-parvā-yī(حامص.) بیباکی، تهور.

بی‌پناه bī-panāh (ص مر.) آنکه ملجائی ندارد، آنکه کسی ویرا تحت حمایت نگیرد، بیکس.

بی‌پناهی bī-panāh-ī (حامص.) بی‌ملجائی، بیکسی.

بی‌پول bī-pūl (إمر.) ۱ - بدون پول، بی وجه، مجانی. ۲ - (ص‌مر.) بیچیز، تهیدست ، فقیر .

بی‌پولی bī-pūl-ī (حامص.) فقر، تهیدستی.

بیت bayt(beyt (ف. [ع.] (إ.) ۱ - خانه، اطاق. ج. بیوت. جج . بیوتات. ۲ - دو مصراع از شعر. ج. ابیات.

بی‌تا bī-tā (ص مر.) ۱ - بدون تا وچین. ۲ - یکتا، فرد، بیمانند.

بی‌تاب bī-tāb (ص‌مر.) آنکه‌آرام وقرار ندارد، بیقرار، بیطاقت.

بی‌تابی bī-tāb-ī(حامص.) بیقراری، بیطاقتی.

بی تجربه bī-tajreba(-e) [ف.- ع.] (ص‌مر.) ناپخته، نا آزموده ؛ مق. آزموده، مجرب.

بی‌تربیت bī-tarbiyat [ف.-ع.] (ص‌مر.) آنکه‌تربیت‌ندارد؛ نافرهیخته، بی ادب.

بی‌تربیتی bī-tarbiyat-ī [ف .- ع.](حامص.)عدم‌تربیت، نافرهیختگی، بی‌ادبی.

بی‌ترتیب bī-tartīb [ف.-ع.](ص مر.) بی‌نظم، بی انضباط.

بی‌ترتیبی bī-tartīb-ī [ف.-ع.] (حامص.) بی‌نظمی، بی‌انضباطی.

بی تردید bī-tardīd [ف.-ع.] (ص‌مر.، ق‌مر.) بدون‌شك.

بی تقصیر bī-taγsīr[ف.-ع.](ص مر.) ۱ - آنکه کوتاهی نکرده. ۲ - آنکه گناهی مرتکب نشده.

بی‌تقصیری bī-taγsīr-ī[ف.-ع.] (حامص.) ۱ - کوتاهی نکردن . ۲ - عدم ارتکاب گناه.

بی‌تکبر bī-takabbor [ف.-ع.] (ص‌مر.) آنکه تکبر ندارد، متواضع، فروتن؛ مق. متکبر، خودپرست.

بیتکچی bītak-čī [تر.،مغ.] (ص نسب.) مأمور مالیات(ایلخانان مغول).

بیتوته baytūta(bey-te) [=ع. بیتوتة](مص‌ل.)۱- شب‌ماندن‌درجایی، بسربردن‌شب‌درمحلی.۲ -شب‌زنده‌داری کردن .۳- (إمص.) شب ماندگی . ۴- شب‌زنده‌داری .

بیتوته‌کردن b.-kardan [ع.-ف.] (مص‌ل.) ۱ - شب ماندن درجایی. ۲ - شب زنده داری کردن، شب نخوابیدن، تاصبح بیدار بودن.

بیجا bī-ǰā(ص‌مر.)۱- بیهوده، بی‌فایده. ۲ - (قمر.) بی‌موقع، بی‌هنگام، بی‌وقت. ۳ - ناصواب، نادرست. ۴ - بی‌سبب.

بیجاد bīǰād ← بیجاده.

بیجاده bīǰāda(-e) [= بیجاد=معر. بیجادق = بیجیدق = بجاذة= بجادی =بزادی] (إ.) (زم.) نوعی از احجار

1- Sessile(فر.)

کریمه شبیه بیاقوت، کهربا (ه.م.)

بیجك bīǰak [= بجك] (ا.) قطعهٔ کاغذی که فروشندهٔ جنس، نوع کالا و کمیت آنرا در آن یادداشت کند و بخریدار دهد؛ فاکتور.

بیجوهر bī-ǰawhar(ǰow.-)[ف.-ع.] (ص‌مر.) ۱ - آنچه جوهر ندارد. ۲ - (کن.) بی‌هنر، هیچکاره.

بی‌جهت bī-ǰehat [ف.-ع.] (ق مر.) ۱ - بی سبب، بدون‌دلیل، بی‌علت. ۲ - بیهوده.

بیچارگی bī-čāra(e)g-ī (حامص.) ۱ - درماندگی، عجز. ۲ - بیعلاجی. ۳ - احتیاج، نیازمندی.

بیچاره bī-čāra(-e) (ص‌مر.) ۱ - عاجز، درمانده. ۲ - بیعلاج، بیدرمان. ۳ - محتاج، نیازمند.

بی‌چشم‌وروی bī-ča(e)šm-o-rū(y) (ص‌مر.)(عم.) ۱ - بیحیا، بیشرم. ۲ - حق‌نشناس.

بیچون bī-čūn (ص‌مر.) ۱ - بیمانند. بی‌نظیر. ۲ - خدای تعالی.

بیچون و چرا bī-cūn-o-čerā (قمر.) بی گفتگو، بدون جر و بحث، بی‌حرف.

بیچونی bī-čūn-ī (حامص.) بی‌مانندی، بی‌همتایی.

بیچیز bī-čīz (ص مر.) مفلس، درویش، فقیر.

بیچیزی bī-čīz-ī (حامص.) افلاس، درویشی، فقر.

بیحال bī-hāl [ف.-ع.] (ص‌مر.، ق‌مر.) ۱ - آنکه حال خوشی ندارد، بی‌رمق. ۲ - وارفته، شل. ۳ - بیعرضه.

بیحالی bī-hāl-ī [ف.-ع.] (حامص.) حالت و کیفیت بیحال (ه.م.)

بی‌حجاب bī-heǰāb [ف.-ع.] (ص مر.) ۱ - بی‌پرده. ۲ - زنی که بدون چادر و نقاب بیرون آید.

بی حجابی bī-heǰāb-ī [ف.-ع.] (حامص.) عمل و کیفیت بی حجاب (ه.م.)

بیحد bī-had(d) [ف.-ع.] (ص‌مر.، ق‌مر.) ۱ - بی‌اندازه، بی‌شمار، بی‌نهایت. ۲ - بی‌کران، غیرمحدود.

بیحس bī-hes(s) [ف.-ع.] (ص‌مر.) ۱ - بدون حس، بدون احساس. ۲ - کودن، ابله. ۳ - بی‌محبت.

بیحساب bī-hesāb [ف.-ع.] (ص مر.، ق‌مر.) ۱ - بیشمار، بی‌اندازه. ۲ - ناصحیح، نادرست. ۳ - بیهوده.

بیحسابی bī-hesāb-ī [ف.-ع.] (حامص.) ۱ - بیشماری، بسیاری. ۲ - عدم صحت، نادرستی. ۳ - بیهودگی. ۴ - ظلم، ستم.

بیحسی bī-hess-ī [ف.-ع.] (حامص.) ۱ - بدون حس شدن، عدم احساس. ۲ - کودنی، بلاهت. ۳ - عدم محبت.

بی‌حمیت bī-hamiyyat [ف.-ع.] (ص‌مر.) ۱ - آنکه مردانگی ندارد؛ نامرد؛ مق. باحمیت. ۲ - آنکه حس ناموس‌پرستی ندارد؛ بی‌ناموس، بیغیرت؛ مق. باحمیت.

بی‌حمیتی bī-hamiyyat-ī [ف.-ع.] (حامص.) ۱ - نامردی؛ مق. حمیت. ۲ - بی‌ناموسی، بیغیرتی؛ مق. حمیت.

بیحواس bī-havās(s) [ف.-ع.] (ص‌مر.) ۱ - عاری از حس و ادراك، بیخود، بیهوش. ۲ - آنکه حافظه‌اش ضعیف است، کم‌حافظه.

بیحواسی bī-havās(s)-ī [ف.-ع.] (حامص.) ۱ - حس و ادراك نداشتن،

بیحوصلگی

بیخودی ۰ ۲ـ کم حافظگی .

بیحوصلگی bī-hawsalag-ī - (how.-le-)[ف.ـع.](حامص.)بی‌حوصله (ه.م.) بودن ، شتابزدگی.

بیحوصله bī-hawsala(howsale) [ف.ـع.] (ص‌مر.) شتابزده، ناشکیبا.

بیحیا bī-hayā [ف.ـع.] (ص‌مر.) ۱ ـ بی‌شرم ، بی‌آزرم . ۲ ـ گستاخ ، جسور .

بیحیایی bī-hayā-yī [ف.ـع.] (حامص.) ۱ ـ بی‌شرمی ، بی‌آزرمی ؛ مق. حیا . ۲ ـ گستاخی ، جسارت .

بیخ(درخت)

بیخ bīx (اِ.) ۱ـ بن، اصل، اساس. ۲ـ (گیا.)ریشهٔ گیاه(عموماً). ۳ـ (گیا.) ریشهٔ اصلی هر گیاه ودرخت که‌بزرگتر از ریشه‌های دیگراست(خصوصاً).

بیختن bīxtan [= بیزیدن؛ په. vēxtan] (مص‌م.) (بیخت ، بیزد ، خواهد بیخت ، ببیز ، بیزنده، بیخته) چیزی را از غربال گذراندن ، نرمهٔ چیزی را از موبیز بیرون کردن .

بیخته bīxta(-e) [= بیزیده](اِمف.) چیزی‌که از غربال رد شده باشد.

بیخرد bī-xerad (ص مر .) آنکه خرد ندارد؛ بیعقل، گول، کودن ؛مق. بخرد ، باخرد ، خردمند.

بیخردی bī-xerad-ī (حامص .) بیعقلی، کودنی ؛مق. باخردی،خردمندی.

بیخکن bīx-kan [= بیخ کننده] ۱ـ (اِفا.) ریشه‌کن. ۲ـ (مص‌خم.) از بیخ بر کندن.

بیخو bī-xaw(xow) (ص‌مر.)زمینی که ازعلف‌و گیاهان هرزه پاک‌شده‌باشد.

بیخواب bī-xāb (ص‌مر.) ۱ـ بیدار. ۲ ـ آنکه نتواند بخوابد. ۳ ـ هوشیار.

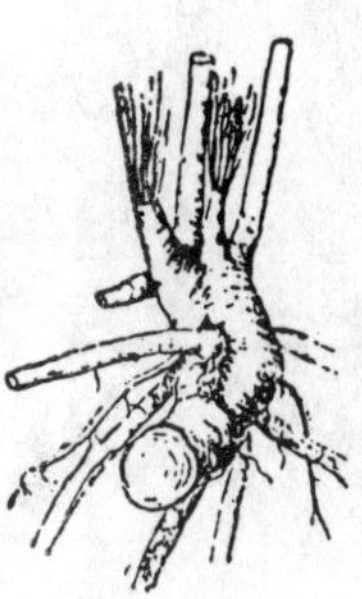

بیخوابی bī-xāb-ī (حامص.) ۱ ـ بیداری. ۲ ـ خوابیدن‌نتوانستن. ۳ ـ هوشیاری.

بیخود bī-xod (ص‌مر.) ۱ـ بیهوش، بیحال. ۲ ـ بی اختیار، بلااراده. ۳ ـ شوریده، آشفته. ۴ ـ بی‌جهت.

بیخودی bī-xod-ī (حامص .) ۱ ـ بیهوشی. ۲ـ بی‌اختیاری. ۳ـ شوریدگی، آشفتگی. ۴ ـ وجد.

بیخویش bī-xīš (ص مر .) بیخود، بیهوش .

بیخویشتن bī-xīštan (ص مر .) بیهوش، بیخویش.

بی خیال bī-xiyāl [ف.ـع.] ۱ ـ (ص مر .) بی‌فکر ، بی اندیشه . ۲ ـ غافل. ۳ ـ بی‌غم، لاقید. ۴ـ (قمر.) غفلةً، ناگهان. ۵ ـ بدون‌اراده، بدون قصد .

بی‌خیالی bī-xiyāl-ī [ف.ـع.] (حامص.) ۱ ـ بی‌فکری. ۲ ـ غفلت. ۳ ـ بی‌اندوهی، لاقیدی.

بید(درخت)

۱ـ بید bīd [په. vēt] (اِ.) (گیا.) درختی است[1] ازتیرهٔ بیدها؛ بی‌میوه ، سایه‌دار، دارای شاخه‌های‌مستقیم وبلند و جنسهای بسیار دارد، مانند: بیدسفید، بیدزرد ، بیدمعلق . ‖ ~ مجنون . (گیا.) نوعی[2] از درخت‌بید که شاخه‌هایش بسوی زمین معلق‌است. ‖ ~ مشك . (گیا.) (ه‌م.)

بید(حشره)

۲ـ بید bīd [= پت] (اِ.) (جا ن.) حشره‌ایست[3] که پارچه های پشمین و مانند آنرا تباه سازد .

۳ـ بید bīd (اِ.) در ترکیب«باد وبید» بمعنی بیفایده ، ناسودمند .

۱ - Salix pentandra (لا.)

۲ - Salix babylonica-L.(لا.)

۳- Tinea (لا.)

۴-بید bīd [← بوید] (فع.) دوم‌شخص جمع امر حاضر از بودن و باشیدن؛ باشید، بوید.

بیدا (-.bayda(bey [=ع. بیداء] ← بیداء.

بیداء (-.bayda'(bey [ع.، ف.: بیدا] (إ.) بیابان. ج. بیداوات (غم.)

بیداد bī-dād [.apēdāt.پ] (ص مر.) ستم وظلم؛ مق. داد، عدل.

بیداد کردن b.-kardan (مص ل.) ظلم کردن، ستم کردن؛ مق. دادکردن.

بیدادگر b.-gar (ص فا.) ستمگر، ظالم؛ مق. دادگر.

بیدادگری b.-gar-ī (حامص.) ظلم، ستم، تعدی؛ مق. دادگری.

بیدار bīdār [از *bīrādj = پب. wiγrād] (ص.، إ.) ۱- کسی که در خواب نباشد؛ مق. خوابیده. ۲- آگاه، هوشیار، متنبه.

بیدارباش b.-bāš (جملهٔ فع.) (نظ.) شیپوری که جهت بیدار کردن سربازان و پیشاهنگان هر صبحگاه نوازند.

بیداربخت b.-baxt (ص مر.) خوشبخت، خوش طالع، نیك‌اختر.

بیدار خواب b.-xāb (قمر.) درحال خواب و بیداری.

بیدار دل b.-del (ص مر.) دل آگاه، هوشیار؛ مق. غافل.

بیدارشدن b.-šodan (مص ل.) ۱- برخاستن ازخواب. ۲- آگاه شدن، هوشیار گشتن، متنبه شدن.

بیدارکردن b.-kardan (مص م.) ۱- ازخواب برخیزانیدن. ۲- آگاه کردن، هوشیار کردن، متنبه کردن.

بیدارماندن b.-māndan (مص ل.) نخوابیدن، خواب بچشم راه ندادن.

بیدارمغز b.-maγz (ص مر.) ۱- هوشیار، آگاه. ۲- عاقل.

بیداری bīdār-ī (حامص.) ۱- عمل بیدار بودن، یقظه؛ مق. خواب. ۲- هوشیاری، آگاهی.

بیدام bīdām [= بادام] (إ.) (گیا.) بادام هندی (ه.م.)

بیدانش bī-dāneš (ص مر.) ۱- بی‌علم، نادان. ۲- بی‌عقل.

بیدانشی bī-dāneš-ī (حامص.) ۱- بی‌علمی، نادانی، جهل؛ مق. دانش. ۲- بی عقلی.

بیدانه (bī-dāna(-e (ص مر.) بی‌هسته، بدون دانه.

بیدانجیر bīd-anǰīr (إمر.) (گیا.) کرچك (ه.م.)

بیدبرگ bīd-barg (إمر.) ۱- (گیا.) برگ درخت بید. ۲- نوعی از پیکان تیر شبیه به برگ بید.

بیدبن bīd-bon (إمر.) (گیا.) درخت بید.

بیدخ bīdax (ص.) تند و جلد (اسب).

بیدخت (-.bay-doxt(bē (قد. =] بذخت = بغ دخت، دخترخدا] (إمر.) ستارهٔ زهره، ناهید ← بخش ۳.

بیدخشت bīd-xešt (إمر.) شکرکی که روی درخت بید بعلت‌شته‌ای مخصوص ایجاد میشود[1]؛ بیدانگبین.

بیدر (-.baydar(bey [ع.] (إ.) ۱- خرمن (جو، گندم). ۲- خرمنگاه. ج. بیادر.

بیدرد bī-dard (ص مر.) ۱- آنکه دردی ندارد، بیرنج، بیحس. ۲- بیرحم، شقی.

---

۱ - Manne (فر.)

بیدردی

بیدردی bī-dard-ī (حامص.) ۱ - بیرنجی، بیحسی. ۲ - بیرحمی، شقاوت.

بی‌درو bī-dar-raw(row) (ص مر.) ۱- بن بست: کوچهٔ بی دررو. ۲ - (فز.) گرمایی که‌در دستگاهی بکار رفته واز آن هیچ کاسته نشود[1] (فره.)

بیدرمان bī-darmān (ص مر.) بیچاره (فره.)، غیرقابل علاج.

بیدرمانی bī-darmān-ī (حامص.) عدم قابلیت علاج.

بیدرنگ bī-darang (قمر.) بی‌تأمل، فوراً ، بی‌توقف.

بیدریغ bī-darīγ [← دریغ] (قمر.) بی‌مضایقه.

بیدزار bīd-zār (إمر.) بیدستان ↓.

بیدستان bīd-estān (إمر.) جایی که درخت بید بسیار باشد.

بیدستر bīdastar (قد. -bē) [= بی + دس + تر (داس کوچك، اره)؛ بی اره] (إمر.) (جاذ.) پستانداری[2] از راستهٔ جوندگان که نسبةً بزرگ‌است و بوزن ۲ کیلو گرم میرسد. موهای بدنش زیباست و بهمین مناسبت شکار میشود. پاهای‌خلفی‌اش پرده‌دار است و برای شنای حیوان مورد استفاده قرار میگیرد. بادستر، بتر، و بر

بیدستر

بی‌دست‌وپا(ی) bī-dast-o-pā(y) (ص‌مر.) ۱ - آنکه دست‌وپا ندارد. ۲- بیعرضه، بی کفایت. ۳ - بی‌قوت، بیزور.

۱ - بیدق baydaγ(bey-) [معر. پیادك، پیاده] ۱ -پیاده(ه.م.) ۲ -یکی از مهره های شطرنج، پیاده (ه.م.) ۳ - راهنما در سفر(غم.) ج. بیادق. ‖ ~ سیم (کن.) ستاره، کوکب.

۲-بیدق baydaγ, bey [محر. بیرق] (عم.) ← بیرق.

بیدگیا bīd-giyā [= بیدگیاه] (إمر.) (گیا.) بیدگیاه(ه.م.)

بیدگیاه bīd-giyāh [بیدگیا] (إمر.) (گیا.) مرغ (marγ)(ه.م.)

بیدل bī-del (ص‌مر.) ۱ - آزرده، گرفته، دلتنگ. ۲ - عاشق، دلداده، شیدا.

بیدلا bī-del-ā (إمر.) کلام بی‌معنی، سخن یاوه.

بیدلی bī-del-ī (حامص.) ۱ - آزردگی، دلتنگی. ۲ - ترس، جبن. ۳ - دلدادگی، شیدایی.

بی‌دماغ bī-demāγ [ف.-ع.] (ص مر.) بیحال، بی‌ذوق.

بیدمال bīd-māl (إمص. بیدمالیدن) پاك کردن زنگ از روی آیینه، شمشیر و سلاحهای دیگر بوسیلهٔ چوب بید وچوبهای دیگر.

بیدمشك bīd-mešk(mošk) [= بیدموش ← مشك] (إمر.) (گیا.) درختی است[3] از گونهٔ بید، دارای شکوفه‌های معطر که عرق آن مفرح است؛ شاه بید، بهرامه، مشك‌بید، بید طبری.

---

۱ - Adiabatique (فر.)

۲ - Castor (فر.)

۳ - Salix aegyptiaca (لا.)

بیدموش bīd-mūš [← بید مشك] (اِمر.) (گیا.) بیدمشك (ه.م.)

بیدوام bī-davām [ف.ـع.] (ص مر.) ناپایدار؛مق. بادوام.

بیدوامی bī-davām-ī [ف.ـع.] (حامص.) ناپایداری؛مق.دوام.

بیدین bī-dīn (ص مر.) آنکه دین ندارد ؛ بی‌کیش، لامذهب؛مق. دیندار.

بیدینی bī-dīn-ī (حامص .) بی‌کیشی، لامذهبی؛ مق . دینداری.

بی‌ذوق bī-zawγ(zowγ) [ف.ـع.] (ص‌مر.) ۱ - بیمزه . ۲ - بی‌سلیقه. ۳ - آنکه نتواند زیباییها را احساس کند ؛ مق . باذوق.

بی ذوقی bī-zawγ-ī(zowγ-ī) [ف.ـع .] (حامص .) ۱ - بیمزگی . ۲ - بی‌سلیقگی. ۳ - عدم قدرت‌احساس زیباییها ؛مق. باذوقی.

۱-بیر bīr [← بیری.قس. برك] (اِ.) جامهٔ خواب، نهالی و توشك، بستر.

۲-بیر bīr [ظ . پب vadra، است. vazra، سنس. vajra، سلاح خاص ایندره، خدای رعد و برق] (اِ.) ۱ - رعد و برق . ۲ - صاعقه ، طوفان .

۳-بیر bīr [= ویر، په. vīr] (اِ.) ۱ - حفظ، ازبر کردن. ۲ - حافظه.

۴-بیر bīr [= ع. بئر] (اِ.) چاه، بئر (ه.م.)

بیران bīrān [= ویران] ← ویران.

بیرانه bīrāna(-e) [= ویرانه] ← ویرانه.

بیراه bī-rāh [په. apērās] ۱-(ص مر.) آنکه راه را گم کرده باشد، منحرف ازراه، گمراه. ۲-(کن.) بی‌انصاف. ۳ - (کن.) آنکه کار های ناشایسته کند . ۴ - (مس .) خواننده‌ای که خارج از مقام خواند. ۵ - (اِمر .) بیراهه ↓ .

بیراهه bī-rāh-a(-e) (اِمر.) ۱ - راه منحرف از جاده ، راه کج . ۲ - بیابانی که راه بجایی نداشته باشد.

بیراهی bī-rāh-ī (حامص .) ۱ - گمراهی، انحراف. ۲ - بی انصافی.

بیربط bī-rabt [ف.ـع.] ۱-(ق‌مر.) بدون ارتباط، بی‌رابطه. ۲- بی‌اساس، مهمل. ۳- (ص‌مر.) بی‌اطلاع، بی‌علم. ۴ - بی‌ترتیب، بی‌نظم.

بیرحم bī-rahm [ف.ـع.] (ص‌مر.) ۱ - سخت دل، سنگدل ، شقی ، قسی ؛ مق.رحیم،بارحم. ۲ - ظالم، ستمکار.

بیرحمی bī-rahm-ī [ف.ـع.] (حامص .) ۱ - سخت دلی ، قساوت؛ مق . رحم. ۲ -ظلم ، ستم.

بیرزد bīr-zad [= بارزد= پیرژد = بیرزه= بیرزی] (اِ.) ۱ - (گیا.) بارزد (ه.م.) ۲ - برادهٔ فلزات.

بیرزه bīr-za(-e) [= بیرزد] (اِ.) (گیا.) بیرزد (ه.م.)، بارزد (ه.م.)

بیرزی bīr-zī [= بیرزد] (اِ.)(گیا.) بیرزد (ه.م.)، بارزد (ه.م.)

بیرق bayraγ(bey.-) [تر. ← معر. بیرق] (اِ.) پارچه‌ای ملون ومنقش که برسر چوب کنند ، و آن علامت جمعیت ، حزب، فرقه یا کشوری باشد؛علم، درفش، رایت ، بیدق ج. بیارق(غم.)

بیرق

بیرقدار b.-dār [تر.ـف.] (اِفا .) کسی که بیرق دردست گیرد و پیشاپیش گروهی یالشکری حرکت کند؛ علمدار.

بیرقداری b.-dār-ī (حامص.) عمل بیرقدار (ه.م.)؛ علمداری.

بیرگ bī-rag (ص مر .) کسی که

بیرگی

غیرت و تعصب نداشته باشد ؛ بیغیرت، بی‌عرق.

بیرگی bī-rag-ī (حامص.) بیغیرتی، بی‌عرقی، بی تعصبی.

بیرم bayram(bey.-) (ا.) نوعی پارچهٔ نخی نازك شبیه بمتقال عراق ولی باریکتر ونازکتر از آن.

بیرن bīron [= بیرون ← برون] ← بیرون.

بیرنگ bī-rang (ص‌مر.) ۱- بدون رنگ، بدون‌لون. ۲ - (نق.) طرحی که نقاشان برروی کاغذ کشند و بعد آنرا کامل کنند. ۳- (معم.) طرح ساختمانی که معماران ریزندواز روی آن ساختمان بنا کنند. ۳- (تص.) عالم‌وحدت که عبارت ازمرتبهٔ بیمرتبه واسقاط اضافات باشد.

بیرنگی bī-rang-ī (حامص.) حالت و کیفیت بیرنگ (همع.)

بیرو bī-rū ۱ - (ص‌مر.) بی‌آزرم، بیشرم، پررو، بی‌چشم ورو. ۲- (امر.) کیسه، کیسهٔ پول.

بیرون bīrūn [= برون ← بیرن؛ پهـ. bērōn] (ا.) ۱ - خارج ؛مق. درون، اندرون، داخل. ۲ - ظاهر چیزی، روی چیزی ؛مق. درون، باطن.

بیرون آمدن b.-āmadan (مص‌ل.) ۱ - خارج شدن. ۲ - ظاهر شدن. ۳ - (کن.) ترك اطاعت کردن.

بیرون آوردن b. -āva(o)rdan (مص‌م.) ۱ - خارج کردن، بدرآوردن. ۲ - ظاهر کردن، آشکار ساختن.

بیرون‌افتادن b.-oftādan (مص‌ل.) ۱ - خارج افتادن ، بدر افتادن . ۲ - ظاهر گشتن، آشکار شدن.

بیرون بردن b.-bordan (مص م.) بخارج بردن ؛مق. درون بردن، اندرون بردن .

بیرون رفتن b.-raftan (مص ل .) [= برون رفتن] خارج شدن.

بیرونسرا b.-sarā (امر.) زری که در غیرضرابخانه سکه شده باشد.

بیرون سو(ی) bīrūn-sū(y) [= برونسوی] (امر.) جهت‌خارجی‌چیزی.

بیرون شد b.-šod ۱ - (مص‌خم.) خروج، بیرون‌رفتن. ۲ -(امر.) مخرج، محل خروج .

بیرون شدن b.-šodan (مص ل .) بیرون رفتن، خارج گشتن ؛ مق . اندر شدن، داخل گشتن.

بیرون شو b.-šaw(šow) [= برون شو] (امر.) راه بیرون شدن ، مخرج، محل خروج.

بیرون فرستادن b.-ferestādan (مص‌م.) بخارج‌فرستادن، ازخانه‌وشهر بدر کردن.

بیرون کردن b.-kardan (مص م.) ۱ - خارج کردن، اخراج کردن. ۲ - استثنا کردن.

بیرون نویس کردن b.-nevīs kardan (امص .) استخراج کردن مطلب‌لازم ازمیان مطالب‌مشروح‌دریك کتاب یا رساله ونوشتن آن ↓

بیرون‌نویسی b.-nevīs-ī (حامص.) استخراج مطالب لازم از میان مطالب مشروح ومفصل ↑

۱-بیرونی bīrūn-ī [← بیرون] (ص‌نسب.) ۱ - خارجی ؛مق . درونی، اندرونی . ۲ - عمارت و حیاطی که بعمارت اندرونی متصل و مخصوص پذیرایی‌مهمانان‌بوده‌است. ۳- بیگانه، غریب .

۲-بیرونی bīrūn-ī (ص‌نسب.) منسوب

به «بیرون» (← بخش ۳)، ازمردم بیرون.

بیره bī-rah [= بیراه] (ص مر.) گمراه، ضال.

بیرهی bī-rah-ī (حامص.) ۱ - گمراهی، ضلالت. ۲ - نقصان، کاستی.

بیری bīrī [= بیر، قس. برك] (إ.) فرش، گستردنی.

بیریا bī-riyā [ف.-ع.] (ص مر.) بدون‌ریا، بدون سالوس، صادق‌ومخلص.

بیریایی bī-riyā-yī [ف.-ع.] (حامص.) عمل‌وحالت بیریا (ه.م.) خلوص، صداقت.

بی‌ریب bī-rayb(reyb) [ف.-ع.] (ص‌مر.) بی‌شك، بدون شبهه.

بیریخت bī-rīxt (ص‌مر.) بدشکل، بدترکیب، بدقواره (انسان، حیوان، جامه).

بیریش bī-rīš (ص‌مر.) ۱ - آنکه ریش ندارد، بی‌مو. ۲ - امرد، مخنث.

بیریشی bī-rīš-ī (حامص.) حالت وعمل بیریش (همع.)

بیز bīz [ری. بیزیدن(ه.م.)] (إفا.) در ترکیب بمعنی «بیزنده» آید: خاك‌بیز، مشك بیز، موبیز.

بیزار bī-zār (ص‌مر.) ۱ - بی‌میل. ۲ - متنفر، مشمئز.

بیزارشدن b.-šodan (مص‌ل.) متنفر شدن، کراهت داشتن.

بیزاری bī-zār-ī (حامص.) ۱ - بی‌میلی. ۲ - تنفر، اشمئزاز.

بی‌زحمت bī-zahmat [ف.-ع.] (ق مر.) ۱ - بی‌رنج، بدون مشقت. ۲ - سهل، آسان. ۳ - (تد.) لطفاً: بیزحمت این نامه را به‌پست برسانید.

بی‌زن bī-zan (ص‌مر.) مردی‌که زن ندارد، بی‌همسر.

بیزنده bīz-anda(-e) (إفا. بیختن) کسی‌که چیزی را غربال‌کند.

بی‌زنی bī-zan-ī (حامص.) زن نداشتن، همسر نداشتن.

بیزیدن bīz-īdan [= بیختن ← بیز] (صر← ریزیدن) ← بیختن.

بیزیده bīz-īda(-e) [= بیخته] (إمف.) ← بیخته.

بیس بال beys-bāl [انگ. base ball] (إمر.) (ور.) بازیی است‌که با یك چوبدست و توپی مخصوص، روی زمین چمن انجام میشود.

بی سبب bī-sabab [ف.-ع.] (ق مر.) بی‌جهت، بی دلیل.

بیژه bīža(-e) [= ویژه] (ص.) ۱ - خالص، بیغش. ۲ - خاص، خاصه، ویژه.

بی‌سابقه bī-sābeγa(-e) [ف.-ع.] (ص‌مر.) آنچه‌که سابقه ندارد، آنچه‌که قبلاً نبوده.

بیسامان bī-sāmān (ص مر.) ۱ - بی ترتیب، بی‌نظم. ۲ - بی‌برگ، بی‌توشه. ۳ - بیخانمان. ۴ - فقیر.

بیسامانی bī-sāmān-ī (حامص.) ۱ - بی‌ترتیبی، بی‌نظمی. ۲ - بی‌برگی، بی توشگی. ۳ - بی‌خانمانی. ۴ - فقر.

بیست bīst [په. vīst] (عد.) عددی برابر با دو ده، نوزده بعلاوهٔ یك، بست.

بیست bayst [= بایست] (فع.) بایست (دوم‌شخص‌مفردامرحاضر ازایستادن).

بیستاخ bīstāx [= بستاخ = گستاخ] (ص.) گستاخ (ه.م.)

بیستار bīstār(bēs.-قد.) [= باستار] (مبهم.) کلمه‌ایست از مبهمات که‌شخص یاشیٔ مجهول وغیر معلوم را رساند؛ فلان. ‖ باستار و ـــ. فلان وبهمان.

بیستگانی bīst-gān-ī (اِمر .) پول‌وموا جبی بوده که بسپاهیان میداده اند؛ عشرینیه.

بیستم bīst-om (عد .) عدد ترتیبی برای بیست (ه.م.)، آنکه یا آنچه‌در مرتبهٔ بیست باشد.

بیستمی bīst-om-ī [= بیستمین] (ص نسبـ. ،عد.) بیستمین.

بیستمین bīst-om-īn [= بیستمی] (ص نسبـ.، عد.) آنکه یا آنچه درمرتبهٔ بیستم باشد.

بیستون bī-sotūn (ص مر.) بدون ستون، بدون پایه.

بیستی bīst-ī (ص نسبـ . ، اِمر .) سکه‌ایست معادل بیست درم.

بی سخن bī-soxan (قمر.) بی‌گفتگو، بی‌شك، بی‌شبهه.

بی‌سر bī-sar ۱ - (ص‌مر.) آنکه‌یا آنچه سر ندارد. ۲ - بی‌اساس، بی‌اصل. ۳ - (اِمر.) (جا ن.) پرنده‌ایست‌شکاری از نوع باشه شبیه به‌پیغو ؛ بیسره.

بیسراك bīsorāk (اِ.) (جا ن.) ۱ - شتر جوان قوی. ۲ - (جا ن.) خر کره. ۳ - (جا ن.) استر، قاطر.

بی سران bī-sar-ān [ج. بی‌سر] (اِمر.) (جا ن.) دو کفه‌ییها (ه.م.)

بی‌سروپا(ی) bī-sar-o-pā(y) (ص مر.) (کنـ.) ۱ - فرومایه، پست، دنی. ۲ - ناتوان، عاجز، درمانده.

بی‌سر و پایی bī-sar-o-pāy-ī (حامص.)حالت‌و کیفیت بی‌سروپا(همـ.)

بی‌سروته bī-sar-o-tah (ص‌مر.) (عم.) بی‌معنی، پوچ، بیهوده: سخن بی‌سر و ته .

بی‌سروسامان bī-sar-o-sāmān (ص‌مر.) ۱ - بی نظم ، بی ترتیب . ۲ - بی‌خانمان. ۳ - بی‌یار ویاور، بیکس. ۴ - بینوا، فقیر. ۵ - پریشان،مشوش.

بی‌سروسامانی bī-sar-o-sāmān-ī (حامص.) کیفیت وحالت بی سروسامان (ه.م.)

بی سروصدا bī-sar-o-sadā [ف.-ع.] (ص‌مر.،قمر.) ۱ - آرام،ساکت. ۲ - بدون هیاهو.

بیسره bī-sara(-e) [← بیسر] (اِ.) (جا ن.)← بیسر۳.

بیسکویت bīskūīt [فر. biscuit] (اِ.) نوعی نان شیرینی که خشك و کم وزنست .

بی سکه bī-sekka(-e) [ف.-ع.] (ص‌مر.) ۱ - زر وسیمی که‌برروی آن نقشی حك نکرده‌باشند . ۲ -(کنـ .) بی‌قدر، بی‌اعتبار، بی‌شأن‌وشوکت(شخص). ۳ - (کنـ) بی‌طراوت، بی‌نمود (شیء).

بی‌سلیقگی bī-salīγa(-e)g-ī [ف.-ع](حامص.) بی‌سلیقه(ه.م.) بودن.

بی سلیقه bī-salīγa(-e) [ف . - ع.] (ص‌مر.) بی‌ذوق (همـ.)

بیسموت bīsmūt [فر. bismuth] (شمـ .) فلزی است سفید که بسرخی میگراید، بسیارشکننده‌است، ودر۲۶۸ درجه ذوب گردد.

بی سنگ bī-sang (ص مر .) ۱ - جایی که سنگ‌ندارد. ۲ - (کنـ.) کم‌قدر، کم ارزش، بی منزلت . ۳ - (کنـ .) بیطاقت.

بی‌سنگی bī-sang-ī (حامص .) حالت و کیفیت بی‌سنگ (ه.م.)

بی سواد bī-savād [ف.-ع.] (ص مر.) ۱ - آنکه خواندن‌ونوشتن‌نداند. ۲ - بی‌علم، بی‌معرفت.

بی‌سوادی bī-savād-ī [ف.-ع.] (حامص.) حالت‌و کیفیت بیسواد(ه.م.)

بی‌سود b.-sūd (ص‌مر.) بی‌منفعت؛ مق. سودمند.

بی‌سیرت bī-sīrat [ف.-ع.] (ص مر.) ۱ - فاسق، فاجر. ۲ - بی‌آبرو، رسوا.

بی‌سیرتی bī-sīrat-ī [ف.-ع.] (حامص.) ۱ - بی‌آبرویی، رسوایی، بی‌ناموسی. ۲ - فسق وفجور.

بیسیکلت bīsīklet [فر. bicyclette] (اِ.) دوچرخه (ه.م.)

۱- بیسیم bī-sīm (ص‌مر.) آنکه پول ندارد؛ بی‌پول.

۲- بیسیم b.-sīm (اِمر.) ۱- بدون سیم، بدون مفتول. ۲ - (مکنـ.) دستگاهی که بدون سیم امواج صوت را بمواضع‌دور انتقال دهد: تلگراف بیسیم، تلفن بیسیم.

۱- بیش bīš [په. vēš] (ص.) افزون، زیاد. ‖ بیش از... زیادتر از...، فزونتر از...

۲- بیش bīš [په. bēš] (اِ.) ۱ - (گیا.) گیاهی است که در چین و هند روید. برگهای آن مانند کاهو و کاسنی است و بیخ آن سفت‌وسخت است، وخوردن آن‌موجب هلاکت گردد. ۲ - (احکـ. نجـ.) ترح، آفت.

بیش‌بها bīš-bahā (ص مر.) پر‌ارزش، قیمتی.

بیش‌بهایی bīš-bahā-yī (حامص.) پرارزش، قیمتی‌بودن.

بی‌شبهه bī-šobha(-e) [ف.-ع.] (ق‌مر.) ۱ - بی‌شك وتردید. ۲ - بی‌اشتباه.

بیشتر bīš-tar (ص تفض.) افزونتر، زیادتر.

۱- بیشتری bīš-tar-ī(-e) (قد. ق‌مر.) اکثر، اغلب: «لقدحق‌القول‌علی‌اکثرهم، وبیشتری ازایشان‌هرآینه که واجب شده است آتش برایشان.» (تفسیر کمبریج).

۲- بیشتری bīš-tar-ī (حامص.) ۱ - افزونی، زیادتی. ۲ - (عم.) اکثریت: بیشتری مردم برین عقیده‌اند.

بیشترین bīš-tar-īn (ص. عالی.) افزونترین، زیادترین.

بیشرف bī-šaraf [ف.-ع.] (ص‌مر.) ۱ - بی‌آبرو، بی عزت. ۲ - بیعرض، بی‌ناموس.

بیشرفی bī-šaraf-ī [ف.-ع.] (حامص.) ۱ - بی‌آبرویی، بی عزتی. ۲ - بیعرضی، بی‌ناموسی.

بیشرم bī-šarm (ص مر.) بیحیا، بی‌آزرم.

بیشرمی bī-šarm-ī (حامص.) بیحیایی، بی‌آزرمی.

بیشعور bī-šɔ'ūr [ف.-ع.] (ص مر.) نادان، بی‌عقل، بی ادراك، احمق، نفهم.

بیشعوری bī-šo'ūr-ī [ف.-ع.] (حامص.) نادانی، بی‌عقلی، نفهمی.

بی‌شك bī-šak(k) [ف.- ع.] (ق مر.) بی‌تردید، بی‌شبهه، بیگمان، یقیناً. ‖ ~ وریب. بدون شك و تردید، مطمئناً. ‖ ~ وشبهه. بی‌شك وریب ↑.

بیشمار bī-šomār (ص مر.) ۱ - بیحساب، بی‌اندازه. ۲ - بسیار زیاد.

بیشماری bī-šomār-ī (حامص.) ۱ - بیحسابی، بی‌اندازه بودن. ۲ - بسیار زیاد بودن.

بی‌شوهر bī-šawhar(šow.-) (ص مر.) زنی که شوهر ندارد، زنی که بی شوهر است.

بیش

بی شوهری b.-š.-ī (حامص.) حالت و کیفیت بی‌شوهر (ه.م.)

بی‌شوی b.-šūy (ص‌مر.) ← بیشوهر.

بی‌شویی b.-šūy-ī (حامص.) ← بی‌شوهری.

بیشه bīša(-e) [په. vīšak] (إ.) ۱ - نیزار، نیستان. ۲ - جنگل کوچک. ۳ - (مس.) سازی است از نی که شبانان نوازند.

بیشی bīš-ī (حامص.) ۱ - افزونی، زیادتی. ۲ - فراوانی. ۳ - ترقی.

بی‌شیله‌پیله bī-šīla(-e)-pīla(-e) (قمر.) (عم.) بدون حقه‌بازی، بی‌شایبه، صاف و ساده.

بیشینه bīš-īn-a(-e) (ص‌نسبـ.، إمر.) بیشترین مقدار ممکن[1].

بیص bays(beys) [ع.] (إ.) تنگی، گرفتاری. ‖ **حیص و بیص**؛ تنگی و گرفتاری، گیرودار، کشاکش.

بی‌صاحب bī-sāheb [ف.-ع.] ۱ - آنکه صاحب ندارد، آنکه مالك ندارد. ۲ - بی یار ویاور.

بی‌صبر b.-sabr [ف.-ع.] (ص‌مر.) ناشکیبا، بی‌تحمل.

بی‌صبری b.-sabr-ī [ف.-ع.] (حامص.) ناشکیبایی، بی‌تحملی.

بی‌صدا b.-sadā [ف.-ع.] (ص‌مر.) ۱ - بی‌آواز. ۲ - ساکت. ‖ **حرف ــــ**. حرف صامت[2].

بی‌صرفه b.-sarfa(-e) [ف.-ع.] (ص مر.) ۱ - بیفایده، بیهوده، بی‌نفع. ۲ - یاوه، بی‌معنی.

بی‌صفا b.-safā [ف.-ع.] (ص‌مر.) مفرح؛ مق. باصفا: «این باغ بی صفا نیست.»

بی صفت b.-sefat [ف.-ع.] (ص مر.) ۱ - بی‌وفا، ناسپاس. ۲ - آنکه فاقد صفات نیك است.

بی صفتی b.-sefat-ī [ف.-ع.] (حامص.) ۱ - بی وفایی، ناسپاسی، ۲ - فقدان صفات نیك.

بیض bīz [ع.] (ص.) ج. ابیض وبیضاء. ۱ - سپیدان، سپیدها. ۲ - سیمبران، سیم‌تنان، سپیدا ندامان.

بیضا bayzā(bey.-) [=ع. بیضاء] ← بیضاء.

بیضاء bayzā'(bey.-) [=ع.، ف.: بیضا] (ص.) مؤنث ابیض. ۱ - سپید، روشن. ۲ - زن سپیدپوست. ‖ **ید ــــ**. ۱ - دست سفید. ۲ - یکی از معجزات موسی‌ع، و آن چنان بود که وی دست خود را از بغل برمیآورد و آن مثل آفتاب میدرخشید.

بیضتین bayzatayn(beyzateyn) [ع.] (إ. تثنیهٔ بیضه) دوخایه، خصیتین.

بی ضرر bī-zarar [ف.-ع.] (ص مر.) بی‌خسران، بی آزار: «خواب بعداز ظهر بی‌ضرر بلکه مفیداست.»

بیضوی bayzavī(bey.-) [ع.-īyy] (ص‌نسبـ.) ۱ - منسوب به بیضه. الف - تخم مرغی، بشکل تخم‌مرغ. ب - (هس.) یکی از اشکال هندسی؛ بیضی (ه.م.) ۲ - منسوب به بیضاء (ه.م.)

بیضه bayza(beyze) [=ع. بیضة] ۱ - تخم مرغ. ۲ - خایه، خصیه. ۳ - کلاهخود.

بیضه بند b.-band [ع.-ف.] (إمر.) ۱ - کمربندی که بهنگام فتق بیضه بر کمر بندند. ۲ - شلوار مخصوصی که درموقع‌ورزش‌های‌سخت برای جلوگیری از ضربات احتمالی بپا کنند[3].

---

۱ - Maximum (فر.) ۲- Consonne (فر.) ۳- Suspensoir (فر.)

بیضی bayzī(bey-) [= ع . bayzīyy] (ص نسبـ.، اِمر.) (هسـ.) یکی از اشکال هندسی، شبیه بتخم مرغ.

بیطار baytār(bey.-) [معر. یو. ippiatros ؛ پزشك اسب ؛ ستور پزشك](ص.) کسی که بمداوای ستوران اشتغال دارد ؛ دام پزشك ، **بیطر** ج. بیاطره (کم.)

بیطاری baytār-ī(bey.-)[معر.-ف] (حامص.) عمل وشغل بیطار(ه.م.)؛ ستور پزشکی، دام پزشکی .

بیطاقت bī-tāγat [ف.-ع.](ص مر.) ۱ ـ ناتوان، ضعیف، بی تاب. ۲ ـ بی صبر، ناشکیبا.

بیطاقتی bī-tāγat-ī [ف.-ع.] (حامص.) ۱ ـ ناتوانی، بی تابی، ضعف. ۲ ـ بی صبری، ناشکیبایی.

بیطالع b.-tāle' [ف.-ع.](ص مر.) ۱ ـ بی نصیب ، بی بهره ، محروم. ۲ ـ بدبخت .

بیطالعی b.-tāle-ī [ف.-ع.] (حامص.) ۱ ـ بی نصیبی ، محرومیت . ۲ـ نکبت ، بدبختی .

بیطر baytar(bey.-) [ع.] (ص.، اِ.) بیطار (ه.م.)

بیطرف bī-taraf [ف.-ع.](ص مر.) ۱ ـ کسی که تعصب ندارد ، آنکه جانبداری نکند . ۲ ـ (سیا.) دولتی که در سیاستهای جهانی داخل دسته‌بندیها نشود و جانب بعضی دول را نگیرد .

بیطرفی b.-taraf-ī [ف.-ع.] (حامص.) ۱ـ عدم تعصب، عدم جانبداری. ۲ـ (سیا.)عدم دخالت در دسته‌بندیهای سیاسی .

بیطره baytara(bey-e) (ع.)(اِ.) دامپزشکی(فره.) ، ستورپزشکی .

بیطس bītas [معر.یو. pitys](اِ.) (گیا.) صنوبر (ه.م.)

بیطعم bī-ta'm [ف.-ع.](ص مر.) بی مزه، بی لذت.

بیطعمی b.-ta'm-ī [ف.-ع.] (حامص.) بیمزگی، بی لذتی.

بیطمع b.-tama' [ف.-ع.] (ص مر.) ۱ ـ بی حرص، بی آز. ۲ ـ بی غرض.

بیطمعی b.-tama-ī [ف.-ع.] (حامص.) ۱ ـ آز نداشتن، بی حرصی. ۲ ـ بی غرضی.

بیظرفیت b.-zarfīyyat [ف.-ع.] (ص مر.) آنکه تحمل شداید یا خوشبختی را ندارد .

بیع bay'(bey') [ع.] ۱ ـ (مص م.) فروختن . ۲ ـ خریدن (کم.) ۳ ـ (اِمص.)خرید. ‖ ~ِ **سلف**(فق.) خرید و فروش محصولی که هنوز نرسیده برسم پیشکی ‖ ~ سِلف ← **بیع سلم**

بیعار bī-ār [ف.-ع.](ص مر.) کسی که از کارهای ناشایست ننگ نداشته باشد؛ بی ننگ.

بیعاری bī-ār-ī [ف.-ع.](حامص.) بی حیایی، بی شرمی.

بیعاطفه b.-ātefa(-e) [ف.-ع.] (ص مر.) بی رحم، بی شفقت، سنگدل.

بیعانه bay'āna(bey-e)[ع.-ف. ← بیع](اِمر.) پولی که خریدار برای انجام دادن معامله‌ای پیشکی بفروشنده دهد؛ پیش بها .

بیعت bay'at(bey.-) [=ع. بیعة] ۱ ـ (مص ل.) دست دادن بعنوان عهد و پیمان، پیمان بستن، عهد کردن . ۲ ـ (اِ.) عهد ، پیمان.

بیعت bī'at [=ع. بیعة] (اِ.) معبد

بیضی

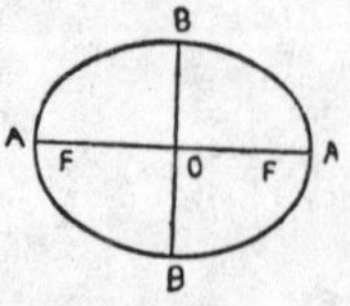

بیعت بستن

یهود و نصاری. ج. بیعات.

بیعت بستن bay'at-bastan [ع.-ف.](مص ل.) عهدبستن، بیعت کردن با.

بیعت ستاندن b.-setāndan [ع.-ف.] (مص ل.) بیعت گرفتن.

بیعت شکستن b.-ša(e)kastan [ع.-ف.] (مص م.) پیمان شکستن، برهم‌زدن قرارداد.

بیعت کردن b.-kardan [ع.-ف.] (مص ل.) عهد کردن با، پیمان دوستی بستن با.

بیعت گرفتن b.-gereftan [ع.-ف.] (مص ل.) عهد و پیمان از کسی گرفتن.

بیعدیل bī-adīl [ف.-ع.] (ص مر.) بی‌مانند، بی‌نظیر.

بیعرضگی bī-orza(e)g-ī [ف.-ع.] (حامص.) حالت و کیفیت بی‌عرضه (ه.م.)

بیعرضه bī-orza(-e) [ف.-ع] (ص‌مر.) کسی که وجودش منشأ اثر نباشد؛ بیکاره، بیمصرف.

بیعصمت b.-esmat [ف.-ع.] (ص‌مر.) بیناموس، بیعرض، بیعفت

بیعصمتی b.-esmat-ī [ف.-ع.] (حامص.) بیناموسی، بیعرضی،بیعفتی

بیعفت b.-effat [ف.-ع.] (ص‌مر.) بیعصمت(ه.م.)

بیعفتی b.-effat-ī [ف.-ع.] (حامص.) بیعصمتی (ه.م.)

بیعقل b.-aɣl [ف.-ع.] (ص‌مر.) آنکه عقل‌ندارد؛ دیوانه،خل، بیخرد، بیهوش؛ مق. باعقل، عاقل، خردمند، بخرد.

بیعقلی b.-aɣl-ī [ف.-ع.] (حامص.) دیوانگی، خلی، بیخردی، بیهوشی؛ مق. خردمندی، بخردی.

بیعلاقگی bī-alāɣa(e)g-ī [ف.-ع.] (حامص.) عدم ارتباط، بی‌ارتباطی، بدون بستگی.

بیعلاقه bī-alāɣa(-e) [ف.-ع.] (ص‌مر.) کسی که بچیزی بستگی نداشته باشد.

بیعلت bī-ellat [ف.-ع.](قمر.) بی‌سبب، بی‌جهت، بدون دلیل.

بیعنامه bay'-nāma(-e) [ع.-ف.] (اِمر.) ورقه‌ای که‌معامله‌وخریدوفروش چیزی را در آن نویسند.

بیعه bī'a(-e) [=ع. بیعة] (اِ.) کنشت، دیر. ج. بیع(biya').

بیعیب bī-ayb(eyb) [ف.-ع.] (ص‌مر.) ۱ - آنکه عیب‌ندارد، بی‌آهو، بی‌نقص. ۲ - بی‌آفت، بی‌ضرر.

بیغار bayɣār(bey.-) [=بیغاره =پیغاره] (اِ) سرزنش، طعنه.

بیغاره bayɣāra(beyɣāre) [=بیغار] ← بیغار.

بیغال bīɣāl (اِ.) نیزه، رمح.

بیغرض bī-ɣaraz [ف.-ع.] (ص مر.) عاری از غرض، بیطمع.

بیغرضی bī-ɣaraz-ī [ف.-ع.] (حامص.) بیطمعی.

بیغله bayɣola(bey.-le) [=بیغوله] (اِ.) ← بیغوله.

بیغم bī-ɣam [ف.-ع.] (ص‌مر.) بی‌اندوه، بدون‌غصه، بیرنج.

بیغمی bī-ɣam-ī [ف.-ع.] (حامص.) بی‌اندوهی، غصه‌نداشتن.

بیغوش beyɣūš (اِ.) ← بایغوش.

بیغوله bayɣūla(beyɣūle) [=بیغله= پیغوله = پیغله] (اِ.) ۱ - گوشه‌ای درخانه. ۲ - گوشه‌ای‌دور از آبادی، ویرانه.

بیغیرت bī-γayrat(γey.-) [ف.ـع.] (ص‌مر.) بیناموس ، بیشرف، نامرد.

بیغیرتی b.-γayrat-ī [ف.ـع.] (حامص.) بیناموسی، بیشرفی، نامردی.

بیفایده bī-fāyeda(-e) [ف.ـع.] (ص‌مر.) ۱ - بیهوده، بی مصرف. ۲ - نالایق.

بیفتك bīftek [فر. bifteck از انگ. beefsteak] (إ.) قطعه‌ای نازك از گوشت گاو که آنرا برشته کنند.

بیفرجام bī-farǰām (ص مر .) بی‌عاقبت: عشق بیفرجام.

بیفکر bī-fekr [ف.ـع.] (ص‌مر.) ۱ - بی‌اندیشه. ۲ - لاابالی، لاقید.

بیفکری bī-fekr-ī (حامص.) ۱ - بی‌اندیشگی. ۲ - لاابالیگری، لاقیدی.

بیقاعدگی bī-γāeda(e)g-ī [ف .ـ ع.] (حامص.) بیقاعده(ه.م.) بودن.

بیقاعده bīγāeda(-e) [ف.ـع.] (ص‌مر.، ق‌مر.) ۱ - بی‌نظم، بی‌ترتیب. ۲ - نادرست، ناصحیح.

بیقدر bī-γadr [ف.ـع.] (ص‌مر.) بیعزت ، بی‌احترام، حقیر.

بیقدری bī-γadr-ī [ف.ـع.] (حامص.) حقارت، ذلت.

بیقرار bī-γarār [ف.ـع.] (ص مر.) ۱ - بی‌ثبات، تغییرپذیر، ناپایدار. ۲ - ناشکیبا، بیصبر.

بیقراری bī-γarār-ī [ف.ـع.] (حامص.) ۱ - بی‌ثباتی ، ناپایداری. ۲ - ناشکیبایی ، بیصبری.

بیقیاس bī-γiyās [ف.ـع.] (ص مر.) بی‌اندازه، بسیار.

بیقید bī-γayd(γeyd) [ف.ـع.] (ص‌مر.) لاابالی، بی‌ضبط، لاقید.

بیقیدی bī-γayd-ī(γeyd) [ف.ـ ع.] (حامص.) لاابالیگری، لاقیدی .

بیك bayk(beyk) [تر. beg, bey، bī] (إ.) ۱ - عنوانی که بشاهزادگان ونجبا داده میشد . ۲ - امیر قبیله‌ای کوچك. ۳ - فرمانده سپاه.

بیکار bī-kār [= بیکاره] (ص‌مر.) ۱ - کسی که کاری ندارد ؛ بیشغل ، بی پیشه . ۲ - آنکه منصب ومقامی ندارد .

بیکاره bī-kār-a(-e) [= بیکار] (ص‌مر.، إمر.) ۱ - بیکار (ه.م.) ۲ - بیهنر . ۳ - ولگرد . ۴ - بیفایده ، بیسود، بیمصرف.

بیکاری bī-kār-ī (حامص.) حالت وکیفیت بیکار(ه.م.)؛ بیشغلی.

بیکران bī-karān [= بیکرانه ← کران] (ص‌مر.) بی‌پایان، نامحدود.

بیکرانی bī-karān-ī (حامص .) بی‌پایانی، نامحدودی.

بیگزاده bayk-zāda(beyk.-e) [= بیگزاده = بگزاده] (ص مف .) فرزندبیك، از خانواده‌ای نجیب.

بیکس bī-kas (ص‌مر.) ۱ - کسی که خویشاوند ویار ویاور نداشته‌باشد. ۲ - بینوا، بیچاره.

بیکسی bī-kas-ī (حامص .) ۱ - بی‌خویشاوندی، بی‌یاری. ۲ - بینوایی، بیچارگی.

بیکی bayk-ī (beyk-ī) [تر . ـ ف. ← بیك] (حامص.) مقام و رتبهٔ بیك (ه.م.)

بیگ bayg(beyg) [= بك، تر. = بیك] ← بیك .

بیگار bīgār(bē.-) (قد.) (إ.) کاری که برای انجام دادن آن اجرت نپردازند؛ کار بی‌مزد، شاکار.

بیگاری bīgār-ī (bē.- .قد) (حامص.) عمل کار کردن بیمزد؛ رایگان کار کردن.

بیگانگی bī-gāna(e)g-ī (حامص.) حالت و کیفیت بیگانه (ه.م.) ۱ - عدم آشنایی. ۲ - عدم خویشاوندی.

بیگانه bī-gāna(-e) [په. bēgānak] (ص‌مر.، إمر.) ۱ -غریب، ناآشنا ؛مق. یگانه، آشنا،خودی. ۲ - خارجی، اجنبی.

بیگانه پرست b.-parast (إفا.) کسی که‌اجنبی رابرخودی رجحان‌دهد، آنکه منافع‌خارجیان رابیشتر مراعات کند.

بیگانه‌پرستی b.-parast-ī (حامص.) عمل بیگانه پرست (ه.م.)

بیگاه bī-gāh [=بیگه] (قمر.) ۱ - بیوقت، بیموقع. ۲ - دیروقت. ۳ - اول شب، شبانگاه.

بیگزاده bayg-zāda (beyg.-e) [← بیگ] (ص‌مف.) بیکزاده (ه.م.)

بیگلر bayg-lar (beyg.-) [تر. = بیکلر= بکلر] (ص‌مر.، إمر.) ۱- امیر. ۲ - بزرگ شهر یا طایفه.

بیگلربیگ b.-lar-bayg(-beyg.-) [تر. = بگلربك = بیکلربیك] (إمر.) ۱ - بیك بیکها (← بیك)، امیر امیران. ۲ - بزرگ‌شهر، رئیس کدخدایان.

بیگلربیگی b.-l.-bayg-ī(beyg.ī) [تر. = بگلربگی = بیکلربیکی] (حامص) مقام ومنصب بیگلربیگ (ه.م.)

بیگم baygom(bey.-) [تر. begum] (ص.، إ.) ۱ - ملکهٔ‌مادر. ۲ - عنوان زنان ارجمند، خانم، خاتون،

بیل

بیگمان bī-gomān [← گمان] ۱ - (ص‌مر.) آنکه شك ندارد، کسی که سوء ظن ندارد. ۲ - (ق مر.) بدون شك، یقیناً.

بیگمانی bī-gomān-ī (حامص.) بی‌شکی، بدون ظن بودن، سوء ظن نداشتن.

بیگه bī-gah [= بیگاه] ← بیگاه.

۱-بیل bīl [← بال] (إ.) ۱- آلتی آهنین و پهن،دارای دسته‌ای مجوف که چوبی دراز را داخل آن‌کنند وبتوسط آن زمین راشیار نمایند وخاك و گل‌را زیر و رو و جابجا کنند. ۲- پارویی که بدان کشتی را رانند.

۲-بیل bīl [← معر. بیل] (إ.) (گیا.) میوهٔ‌درختی‌است که از حیث حجم شبیه بخربزه است ودرطعم‌آن عفوصت‌وقبض است، و بوی آن تند است و در هند فراوان روید.

بیلان bīlān [فر. bilan] (إ.) ترازنامه (ه.م.)

بیلچه bīl-ča(-e) (إمصغ.) ۱- بیل کوچك. ۲- کفچهٔ‌دسته دارکه‌درجابجا ساختن گلهای باغچه‌ها بکار برند.

بیلست bīlast [= bilist = بیلسته، از. سغ. قس. بدست] (إ.) وجب، شبر.

بیلسته bīlasta(-e) [= بیلست] (إ.) وجب، شبر.

بیلك baylak(bey.-) [= بیله] (إ.) ۱-منشور پادشاهان. ۲- قبالهٔ‌خانه وباغ و مانند آن.

بیلك bīl-ak [← بیل] (إمصغ.) ۱ - بیل کوچك. ۲- نوعی پیکان شبیه بیل کوچك، پیکان شکاری. ۳ - تیر دو شاخه.

بیل‌کار bīl-kār (ص‌شغل.) آنکه

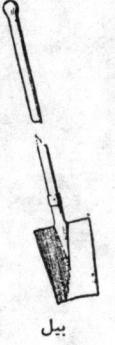

کارش بیل‌زدن زمین وباغ است .
بیله bayla,bēla(beyle) [= بیلك] (اِ.) ۱ ـ منشور پادشاهان . ۲ ـ قبالهٔ خانه وباغ ومانند آن.
بیله bīl-a(-e) [= بیل] (اِمر .) ۱ ـ پیکانی که مانند بیل سازند . ۲ ـ پاروی کشتیبانان .
بیلیون bīlyūn [فر. billion] (عد.) عددی معادل هزار میلیون.
بیم bīm [په. bīm] (اِ.) ترس، خوف.
بیمار bīmār [vēmār] ۱ـ مریض، علیل، ناخوش، دردمند. ۲ ـ ناتوان، رنجور .
بیمار دار b.-dār (اِفا.) ۱ ـ کسی که بیمار دارد. ۲ـ آنکه از بیمار مواظبت کند؛ پرستار.
بیمار داری b.-dār-ī (حامص.) ۱ ـ بیمار داشتن. ۲ ـ پرستاری از بیمار.
۱ـ بیمارسان b.-sān (ص‌مر.) بیمار مانند .
۲ـ بیمارسان b.-sān [= بیمارستان] (اِمر.) مریضخانه، بیمارستان (ه‌.م.)
بیمارستان bīmār-estān [= بیمارسان] (اِمر .) جایی که بیماران را در آنجا نگاهداری ومعالجه کنند (فره.)، مریضخانه ، دارالشفاء .
بیمار غنج b.-ɣanǰ [← ۲ـ غنج] (ص مر.) ۱ ـ کسی که غالباً بیمار باشد، دردمند، علیل . ۲ ـ آنکه بیماری وی از روی ناز وغمزه باشد.
بیماری bīmār-ī (حامص.) ناتندرستی، ناخوشی، مرض.
بیمحابا bī-mohābā [ف.ـع.] ۱ ـ (ص مر.) بی‌ادب ، بی تکلف. ۲ـ بیباك . ۳ـ ناپرهیزگار. ۴ـ (ق‌مر.) بیدریغ.
بیمر bī-mar [← ۱ـ مر] (ص مر.) بیشمار ، بیحد، بیحساب.
بیمغز bī-maɣz (ص‌مر.) بیعقل، ابله.
بیمغزی bī-maɣz-ī (حامص .) بیعقلی، ابلهی.
بیمناك bīm-nāk (ص مر .) ۱ ـ ترسنده ، بیم دارنده. ۲ ـ ترسناك ، ترس‌آور.
بیمناکی bīm-nāk-ī (حامص .) ۱ ـ ترسندگی، خوف. ۲ ـ ترسناکی، هولناکی .
بیمه bīma(-e) [اردو وهند. = بیما، ضمانت] (اِ.) عملی است که اشخاص با پرداخت وجهی قراردادی منعقد کنند که در صورتیکه موضوع بیمه گذاشته بنحوی از انحاء در مخاطره افتد، شرکت بیمه از عهدهٔ خسارت بر آید . بیمه شامل موارد ذیل میشود: بیمهٔ عمر ، بیمهٔ اعضای بدن، بیمهٔ حریق ، بیمهٔ سرقت وغیره[1]. ‖ **شرکت** ~ . شرکتی که اشخاص ومؤسسات واموال آنها را در مقابل خطرها وحوادث بیمه کند.
بیمه کردن b.-kardan [هند.ـف.] (مص‌.م.) انعقاد قراردادی باشرکت بیمه دربارهٔ حوادث احتمالی وخطرهایی که ممکن است بشیء متعلق بشخص وارد آید.
بیمه‌کننده b.-konanda(-e) [هند.ـف.] (اِفا.، اِمر.) شرکت یا بنگاهی که اشخاص ومؤسسات واموال آنها را در مقابل خطرها وحوادث بیمه کند .
بیمه‌گذار b.-gozār [= بیمه‌گذارنده] (اِفا.) کسی که سرمایه یا کالا یا جان خود را نزد مؤسسه یا شرکت بیمه، بیمه کند.

۱ـ Assurance(فر.), Insurance (انگ.)

بیمهر bī-mehr (ص مر .) آنکه مهربانی ندارد، بی‌محبت.

بیمهری bī-mehr-ī (حامص .) بی‌محبتی .

بین bayn(beyn) [ع.] ۱- (اِمص.) جدایی. ۲ ـ (اِ.) میان، وسط ، فاصلهٔ دو چیز: بین‌تهران وقزوین ۲۴ فرسخ مسافت است .

بین bīn (فع.) ۱ ـ دوم شخص مفرد امر حاضر از «دیدن». ۲ ـ (اِفا.) در ترکیبات بجای «بیننده» آید : حق‌بین ، خدا بین، خرده بین، دور بین، ذره بین، واقع بین .

بین bayyen [ع.] (ص.) آشکار، هویدا، واضح.

بینا bīnā [په. vēnāk] (ص‌فا.) ۱ - بیننده، بصیر. ۲ ـ دیده‌ور ، تیز نظر. ۳ ـ آگاه، هوشیار.

بینابین bayn-ā-bayn(beyn-ā-beyn) [ع.-ف.] (ص‌مر.، ق‌مر.) معتدل، میانه‌رو، حد وسط، بین‌بین.

بینات bayyenāt [ع.] (اِ.) ج . بینه؛ دلیلهای آشکار، براهین‌واضح.

بینا دل bīnā-del (ص‌مر.) روشن‌ضمیر، روشنفکر.

بینادلی b.-del-ī (حامص.) روشن‌ضمیری، روشنفکری.

بینام bī-nām (ص‌مر.) ۱ ـ بی‌اسم، بدون نام. ۲ ـ (باز.) نوعی‌شرکت که بنام هیچیك از شرکا نامیده نمیشود ، بلکه بنام شیئی که تجارت‌کنندخوانده شود، مانند شرکت بینام پشم‌وپوست .

بینایی bīnā-yī (حامص .) ۱ ـ بینندگی ، بصیرت . ۲ ـ قوهٔ باصره ، یکی از حواس ظاهر که مرکز آن‌چشم وظیفهٔ وی دیدن اشیاء است، باصره.

بین‌بین bayn-bayn(beyn-beyn) [ع.] (ص‌مر.، ق‌مر.) حدوسط دوچیز، نه‌خوب و نه‌بد، متوسط؛ بینابین.

بینش bīn-eš (اِمص . دیدن) ۱ ـ بینندگی، رؤیت. ۲ ـ بصیرت ، درك اشیا .

بینشان bī-nešān [= بی نشانه] (ص‌مر.) بیعلامت، بدون وجه مشخص.

بینشانه bī-nešāna(-e) [= بینشان] (ص‌مر.) بینشان (ه.م.)

بینشانی bī-nešān-ī (حامص .) بیعلامتی.

بینماز bī-namāz (ص مر.) ۱ ـ آنکه نماز نمیگزارد ؛ نماز نخوان. ۲ ـ زن حایض.

بینماز شدن b.-n.-šodan (مص ل.) قاعده شدن زن،حایض شدن زن.

بینمازی bī-namāz-ī (حامص.) ۱ ـ نماز نخواندن. ۲ ـ قاعدگی زن، عادت (ه.م.).

بی‌نمك bī-namak (ص مر.) ۱ ـ آنچه نمك ندارد. ۲ ـ (کن.) آنکه‌شکل یا حرکاتش توجه کسی راجلب‌نکند، بی‌لطف؛مق. ملیح، نمکین.

بی‌نمکی bī-namak-ī (حامص.) ۱ ـ فاقد نمك بودن . ۲ ـ بیمزه بودن. ۳ ـ (کن .) بی‌لطفی شکل یا حرکات شخص؛مق. ملاحت، نمکینی .

بینندگی bīn-anda(e)g-ī (حامص. دیدن) ۱ ـ بینایی،بیننده بودن . ۲ ـ وقوف، ادراك. ۳ ـ عاقبت‌اندیشی.

بیننده bīn-anda(-e) (اِفا . دیدن) ۱ ـ کسی‌که می بیند ، ناظر. ۲ ـ صاحب وقوف ، دارای ادراك. ۳ ـ چشم، دیده. ج. بینندگان.

بی‌ننگ bī-nang (ص‌مر.) آنکه از اعمال نا شایسته ننگ و عار ندارد ؛ بیعار.

بی‌ننگی bī-nang-ī (حامص.) ننگ نداشتن از اعمال ناشایسته، بیعاری.

بینوا bī-navā (ص‌مر.) ۱- بیچیز، تهیدست. ۲ - بیچاره، بیسامان. ۳ - ناتوان، درمانده، عاجز.

بینوایی bī-navā-yī (حامص .) ۱ - بیچیزی، تهیدستی. ۲ - بیچارگی، بی‌سروسامانی. ۳- ناتوانی، درماندگی.

بینونت baynūnat (bey.-) [= ع. بینونة] (إمص.) جدایی، مفارقت.

بینه bayyena(-e) [= ع. بینة] ۱ - (ص.) مؤنث بین (ه. م.) ۲ - (إ.) دلیل آشکار ، برهان واضح. ج. بینات.

بینه bīna(-e) (إ.) جایی درس حمام که کسان جامه‌های خود را آنجا در آورند؛ رخت‌کن.

بینی bīnī [په. vēnīk] (إ.) جزو بر آمدهٔ صورت که عموداً بین پیشانی و دهان قرار دارد و جوف آن احساس بوی کند ، و هوا نیز بتوسط آن داخل و خارج گردد.

بی‌نیاز bī-niyāz (ص‌مر.) بی‌احتیاج، توانگر، مالدار، غنی ؛ مق . نیازمند ، محتاج .

بی‌نیازی bī-niyāz-ī (حامص .) بی‌احتیاجی، توانگری، استغنا ؛ مق. نیازمندی، احتیاج .

بیو bīv [= بیب] (إ.) (جا.ن.) ← ۲- بید

بیو bayū [= بیوگ] (إ.) عروس، بیوگ .

بیواره bīvāra (bē.-قد.) (ص.) ۱ - بیکس ، غریب. ۲ - بیقدر، بی‌اعتبار.

بیواز bīvāz (bē.-قد.) (إ.) (جا.ن.) شب‌پره، خفاش (← خربیواز).

بیوباریدن ← biy-obārīdan اوباریدن .

بیوت boyūt [ع.] (إ.) ج . بیت ؛ خانه‌ها، اطاقها . ج. بیوتات (ه.م.)

بیوتات boyūt-āt [ع .] ج. بیوت ، جج . بیت؛ خانه‌ها ، اطاقها . ‖ ادارهٔ ~ . اداره‌ای که کارهای مربوط بساختمانها و اموال سلطنتی‌را بعهده دارد.

بیور bīvar [په. bēvar] (عد.) عددی معادل ده هزار.

بیوس bayūs [← بیوسیدن ، قس . نابیوسان] (إ.) ۱ - انتظار. ۲ - توقع. ۳ - طمع.

بیوسان bayūs-ān (صفا. بیوسیدن، حا.) در حال انتظار و امیدواری. ‖ نابیوسان. غیرمنتظر، غیرمترقب.

بیوسنده bayūs-anda(-e) (إفا.) ۱ - منتظر. ۲ - متوقع. ۳ - طمعکار.

بیوسیدن bayūs-īdan [← بیوس] (مص‌م.) (صر. ← بوسیدن) ۱ - انتظار داشتن. ۲ - توقع داشتن. ۳ - طمع داشتن.

بیوک boyūk [تر.] (ص.، إ.) بزرگ، مهتر.

بیوگ bayūg [= بیو = ویو = ویوگ، سنس. vaδū، عروس؛ است.- upa-vaδ، ازدواج کردن] (إ.) عروس.

بیوگانی bayūg-ān-ī [← بیوگ] (حامص.) عروسی، نکاح.

بیوگندن ← biy-ogandan اوگندن.

بیوگی bīva(e)g-ī [← بیوه] (حامص.) بیشوهری، بیزنی.

بیوه bīva(-e) (ص.،إ.) زن شوهر مرده یا زنی که شوهرش اورا طلاق‌داده باشد؛ مردزن مرده یامردی‌که زنش‌را طلاق گفته باشد.

بیوه زن b.-zan (ص‌مر.، إمر.)زن بیشوهر ، بیوه (ه‍.م.)

بیهدگی bī-hoda(e)g-ī [= بیهودگی]← بیهودگی.

بیهده bī-hoda(-e) [= بیهوده] ← بیهوده.

بیهمال bī-hamāl [← همال] (ص مر.) بیهمتا ، بی‌شریک.

بیهمالی bī-hamāl-ī [← همال] (حامص.) بیهمتایی ، بی‌شریکی.

بیهمتا bī-hamtā(ص‌مر.) بیمانند، فرد، بی‌نظیر.

بیهمتایی bī-hamtā-yī(حامص.) بیمانندی، یکتایی، بی‌نظیری .

بیهودگی bī-hūda(e)g-ī [= بیهدگی] (حامص.) ۱ - بطلان . ۲ - بیفایدگی.

بیهوده bī-hūda(-e) [= بیهده] (ص.) ۱ - باطل. ۲ - بیفایده، بی‌ثمر. ۳ - بیمعنی، پوچ، یاوه.

بیهوده‌گو(ی) b.-gū(y) [= بیهوده گوینده] (إفا.) آنکه سخنانش یاوه وبیفایده باشد،یاوه‌گوی.

بیهوده‌گویی b.-gūy-ī (حامص.) یاوه گویی، مهمل‌بافی.

بیهوش bī-hūš (ص‌مر.) ۱ - کند ذهن، کند فهم: مق. باهوش. ۲ - (پز.) آنکه طبیعةً یابادارویِ بیهوشی،حواس وی از کارافتاده‌باشد ودرد را احساس نکند .

بیهوش‌کردن b.-kardan (مص‌م.) (پز .) بوسیلهٔ داروی بیهوشی حواس کسی را از کار انداختن‌تا احساس‌درد نکند .

بیهوشی b.-hūš-ī(حامص .) ۱ - بیهوش‌بودن، ۲- بیفراستی، بی‌ادراکی. ‖ داروی ــــ .(پز.)دارویی که‌بواسطهٔ آن شخصی را بیهوش کنند.

پ

پ p . (حر.) آنرا پ ، پا ، پی ، باءِ معقوده‌و باءِ فارسی و باءِ عجمی نامند. سومین حرف از الفبای فارسی و از حروف‌صامت‌است. این‌حرف‌درزبان‌عربی نیست. رسم‌الخط ـ پ، پـ ، ـپـ ، ـپ در: پاپ، تپیدن، گپ.

پا bā [= پای. په. pād] (اِ) ۱ ـ جزئی از بدن، از بیخ ران تا سرپنجه، شامل: ران، زانو، ساق، قدم؛ پای، رجل. (جا ن.) اندام‌تحتانی‌درانسان‌وحیواناتی که روی دو پا حرکت میکنند و اندام خلفی در حیوانات ذی‌فقار. پاها در انسان وذی‌فقاران دیگر یکزوجند که بوسیلهٔ کمربند خاصره به تنه در محل مفصل رانی خاصره‌یی چسبیده‌اند ، و از سه قسمت: ران و ساق و کف پا که شامل انگشتان نیز میباشد، تشکیل شده‌اند. پاها در تیره‌های مختلف حیوانات‌بر- حسب شکل زندگی محیط و تغذیه وحرکت‌باشکال مختلف در میآیندودر حیوانات آبزی باله‌های خلفی شنا را تشکیل میدهند. ۲ ـ قسمت زیرین پا (↑) که‌عرب آنراقدم گوید ، وآن از شتالنگ تا نوك‌ابهام پاست. ۳ـ مقیاس طول‌برابر بایك‌قدم‌متوسط؛ گام ، قدم، خطوه[۱] . ۴ـ قسمت سفلای چیزی ، پایین، تك، ته، اسفل، زیر، زیرین؛ مق. بالا، زبر، زبرین: بپای تپه رفتم. ۵ـ اساس وپایهٔ‌چیزی‌چون بنایا دیوار

۱ـ Foof (انگ.)

پاآورنجن

وغیره ؛ بن ، بنیاد، بیخ، اصل. ۶ ـ تاب ، توان ، قوت ، قدرت ، طاقت (مقاومت) ضح ـ (دس.) ۱ ـ «پا» به «پاها» فقط جمع بسته شود. ۲ ـ مصغر « پا » ، «پایك» (ه.م.) است . **ترکیبات فعلی**

از ــ افتادن. ۱ ـ خسته‌شدن بسبب راه رفتن بسیار. ۲ ـ فرسوده شدن، ضعیف شدن، ازکار افتادن. ← ازپاافتاده. || **از ــ داشتن.** برپاداشتن:

« بیا بزم شادی براو بریم
بداریمش ازپا ومامی‌خوریم.» (اسدی)

|| **از ــ درآمدن.** ۱ ـ بآخر رسیدن ، بنهایت رسیدن. ۲ ـ ضعیف شدن. ۳ ـ مردن . || **از ــ نشستن.** بسبب بستوه آمدن از قیام نشستن، نشستن و ساکت و بی‌حرکت شدن . || **از ــ ننشستن.** دست‌ازفعالیت نکشیدن تارسیدن بمقصود. || **این ــ آن ــ کردن.** (عم.) مردد بودن ، دودل بودن . || **ــ از ــ برنداشتن.** یك‌جاثابت‌ایستادن. || **ــ ازجایی کشیدن.** بدانجا نرفتن. || **ــ ازسر نشناختن.** با اشتیاق سوی مقصود رفتن. || **ــ ازگلیم خویش درازترکردن.** ازحدخویش درگذشتن. || **ــ به ــ ی کسی راه‌رفتن.** قدم‌بقدم‌بااوراه‌رفتن. || **ــ برزمین‌زدن.** ۱ ـ پا برزمین کوفتن. ۲ ـ بیصبری کردن ، ناشکیبایی کردن. || **ــ بریدن از جایی.** دیگر بدانجا نرفتن. || **ــ بسن‌گذاشتن.** مسن‌شدن، بالا رفتن‌سن‌شخص. || **ــ بسنگ‌آمدن کسی‌را.** بدشواری‌ومانعی‌برخوردن‌وی، پیش آمدن مخاطره‌ای او را . || **ــ پیش گذاشتن.** (عم.) اقدام کردن بامری. || **ــ توی کفش کسی‌کردن.** (عم.) ۱ ـ با او در افتادن، بآزار او برخاستن. ۲ ـ ازوی بدگفتن. || **ــ درکفش کسی‌کردن** ← پا توی‌کفش کسی کردن ↑ ۱. || **ــ درهواماندن.** (عم.) بدون تکلیف ماندن. || **ــ راتوی‌یك کفش‌کردن.** (عم.) روی عقیدهٔ خود پافشاری‌کردن، لجاج ورزیدن، اصرار کردن درامری‌وعقیده‌ای. || **ــ رادر یك‌کفش‌کردن.** (عم.) ← پارا توی یك کفش کردن ↑. || **ــ راکج گذاشتن.** کارزشت و ناپسند کردن . || **ــ روی ــ بندنشدن.** بسیارخوشحال‌بودن. || **ــ روی حق گذاشتن.** ← حق. || **ــ روی‌دم‌کسی‌گذاشتن.** ویرا براثر آزار وایذاء بکینه جویی‌برانگیختن، اورا اذیت کردن. || **روی ــ ی خود ایستادن.** ۱ ـ مستقل بودن، متکی‌بخود بودن. ۲ ـ باستقلال کارهاراانجام‌دادن. || **ــ ی‌خودرا‌جای‌پای‌دیگری‌گذاشتن.** (عم.) ازاوتقلید‌کردن. || **ــ ی‌خود راکنارکشیدن.** (عم.) دخالت نکردن . || **ــ ی‌کسی‌بازشدن‌بجایی.** بآنجا آمد ورفت‌کردن وی . || **ــ ی‌کسی‌راتوی دو آوردن .** (عم .) او را وارد میدان نمودن. || **دو ــ داشتن‌دو ــ هم‌قرض کردن.** (عم.) بچابکی گریختن.

پاآورنجن pā-āvaranǰan [= پای آورنجن = پای آفرنجن = پای اورنجن = پای‌ابرنجن = پای افرنجن = پای آورنج = پای فرنجن = پای برنجن = پای‌برنجین = پارنجن ، قس دست‌آورنجن] (إمر .) حلقه‌ای فلزی (مخصوصاً‌طلاونقره) که‌زنان درمچ‌پای اندازند، خلخال.

پاآهو pā-āhū [= آهوپای ←] (ص‌مر.، إمر.) ۱ ـ (معم.) خانهٔ‌مسدس یامقرنس، آهوپای . ۲ ـ (کنـ .) دنیا (بسبب شش جهت).

پاافتادن pā-oftādan (مص‌ل.) ۱ ـ میسر شدن، دست‌دادن: اگر پا بیفتد. ۲ ـ اتفاق خوب یا بدی پیش آمدن: پای بدی برایم افتاد.

۱ ـ پا افزار pā-afzār [= پاافزار = پای‌افزار = پافزار = پوزار = پایزار = پای اوژاره] (اِمر.) کفش و موزه و امثال آن، پاپوش.

۲ ـ پا افزار pā.-afzār [= پای افزار، قس. پا افشار = پای افشار] (اِمر.) چوبی با اندازۀ نعلین که جولاهگان بهنگام بافندگی پای در آن گذارند و بردارند؛ پاافشار، پالوح، پای‌اوژاره.

پاافشار pā-afšār [= پای‌افشار = پای اوژاره] (اِمر.) تختۀ کوچکی که بافندگان برای بافتن پای بر آن گذارند؛ پای افشار، پای‌اوژاره، لوح پای، پای اوزار.

پا انداز pā-andāz [= پای‌انداز] (اِمر.) ۱ ـ فرشی که در درگاه اطاق میگسترانند، فرش زیر پا. ۲ ـ حصیری که جهت پاك کردن کفش در اطاق میاندازند. ۳ ـ آنچه‌گاه ورود عروس از اسب وملك پیش کشند. ۴ ـ (عم.) دلال محبت.

پاانداز‌ان pā.-andāz-ān [= پای اندازان] (ص فا.، حا.) ← پای اندازان.

پاورنجن pā-aw(ow)ranǰan [= پاآورنجن] (اِمر.) پاآورنجن (ه‌.م.)

پااوزار pā-aw(ow)zār [= پای‌افزار = پاافزار] (اِمر.) پاافزار (ه‌.م.)

پااوژاره p.-aw(ow)žāra(-e) [= پای اوژاره = پاافزار] (اِمر.) ← ۱ ـ پا افزار.

پائیدن pā-īdan [= پاییدن] (مص‌م.) پاییدن (ه‌.م.).

پائیز pāīz [= پاییز] (اِ.) پاییز (ه‌.م.)

پائیزه pāīza(-e) [مغ. = پایزه] پایزه (ه‌.م.)

پائین pā'īn [= پایین] پایین (ه‌.م.)

پابازی pā-bāz-ī (حامص.) رقص، پای‌کوبی.

پا بپا pā-ba(-e)-pā (قمر.) ۱ ـ قدم بقدم. ← پا بپا بردن. ۲ ـ برابر، همراه، طابق‌النعل‌بالنعل: پا بپای او راه‌رفت.

پا بپا بردن pā-ba(-e)-pā-bordan (مص‌م.) دست کسی را گرفتن و باخود قدم بقدم بردن.

پا بپا کردن pā-ba(-e)-pā-kardan (مص ل.) ۱ ـ مردد بودن، تأخیر کردن، درنگ کردن. ۲ ـ قبول طلب خود از طلبی که بدهکار از دیگری دارد، داینی رااز دینی‌در مقابل دینی دیگر بری کردن. ۳ ـ حواله‌کردن.

پا بدو گذاشتن pā-ba(be)-daw (dow) gozāštan (مص‌ل.) بسرعت دویدن.

پا برجا pā-bar-ǰā [= پا برجای] (ص‌مر.) ۱ ـ ثابت، استوار. ۲ ـ دایم، همیشه. ‖ ــــ بودن. ۱ ـ ثابت بودن، استوار بودن ۲. ـ دایم بودن، همیشه‌بودن.

پا برجای pā-bar-ǰāy [= پا برجا] (ص‌مر.) پا برجا (ه‌.م.)

پا برجایی pā-bar-ǰāy-ī (حامص.) ثبات، پایداری، پا برجا بودن، پای برجایی.

پا برجا کردن p.-kardan (مص م.) ۱ ـ استوار کردن، اثبات، تأکید. ۲ ـ پایدار کردن.

پا برچین pā-bar-čīn [= پاورچین] (قمر.) عمل آهسته راه رفتن،

پا برچین‌رفتن

چنانکه صدای پا شنیده نشود.

پا برچین رفتن p.-raftan (مص‌ل.) آهسته و آرام با نوك پا رفتن تا کسی آواز پای نشنود.

پا برسران pā-bar-sarān [ج. پا برسر] (فره.)(إمر.) (جا ن.) رده‌ای از شاخهٔ جانوران نرم‌تن که‌دارای‌سر مشخصی هستند (برخلاف بی‌سران که‌سر مشخصی ندارند) و در جلو دهان منقار شاخی محکم و برگشته‌ای (نظیرمنقارطوطی) دارند که بکمك آن‌اجسام‌سخت‌ازقبیل کیتین‌خرچنگها‌وصدف دیگر نرم‌تنان را خرد میکنند‌ودارای دوچشم نسبةً بزرگ در دوطرف سر میباشند. صدف عده‌ای ازاین جانوران از قبیل ماهی مرکب داخلی‌است (یعنی‌برخلاف‌نرم تنان‌دیگر در داخل‌بدن‌درزیرقشری‌از پوست و مخاط قرار گرفته) وعده‌ای هم صدف خارجی دارند (مانندنوتیل). در قسمت جلو بدن این جانوران در اطراف سر آنها تعدادی بازو که مجهز بمکینه‌های زیادی هستند قرار دارد . تعداد این بازوها در انواع مختلف‌این جانوران فرق میکند وبطور کلی بین ۸ تا ۴۸ عدد میباشد . بازوها اعضای حرکتی و وسیلهٔ شکار این‌جانورانند. انواع مختلف این حیوانات در همهٔ اقیانوسها‌ودریاها‌وجوددارد؛سرپاییان، رأسی رجلی.

پا برکاب pā-ba(e)-rekāb [ف.- ع.] (ص‌مر.) کسی که برای رفتن‌آماده است، حاضر وآماده، مهیا.

پابرنجن pā-baranǰan [= پای‌برنجن= پاآورنجن= پااورنجن] (إمر .) ← پاآورنجن.

پابرهنه pā-barahna(berehne) ۱ - (ص‌مر.) بی کفش . ۲ - بی‌چیز، تهیدست . ۳- (ق‌مر.) بدون‌پاپوش :

«شه چو عجز آن‌حکیمان رابدید
پابرهنه جانب مسجد دوید.»
(مثنوی)

پا بریده pā-borīda(-e) (ص‌مف.) آنکه پای او را قطع کرده باشند. ‖ ~ بودن. (عم.) ترك آمد و رفت کردن: پای فلانی از اینجا بریده .

پابز pā-boz (إمر.) (گیا.) گیاهی[1] از تیرهٔ چتریان[2] که در کنارنهرهادر چمنزارها وباغها میروید وبیشترسایه‌- طلب است. ساقه‌ها وبرگهای جوان‌این گیاه بعنوان سبزی خوراکی در سالاد مصرف میشود و در تداوی بعنوان‌مدر ودافع عفونتها مستعمل‌است ؛ حشیشة‌- المعز، رجل‌المعز ، حشیشة‌النقرس ، انجلیقای صغیربری.

پابست pā-bast [= پای‌بست] ۱ -(ص‌ مر.) پای‌بند، پای‌بست،مقید. ۲-دلباخته. ۳ - (إمر .) بنیاد عمارت ، پای بست (ه.م.).

پابسته pā-basta(-e) (مص‌مف.) ۱ - آنکه پای وی درقید باشد . ۲ - محبوس،دربند.

پابلند pā-boland (ص‌مر.)انسان یا حیوانی که پای بلنددارد ،پادراز؛ مق. پا کوتاه.

پابلندکردن pā-boland-kardan (مص‌ل) دویدن، بشتاب رفتن (تعبیر هندی).

پابماه pā-ba(be)-māh (ص‌مر) (عم.) آبستنی که‌زادن‌او نزدیك‌شده‌باشد.

پا بند pā-band [پای بند : اوند = پای وند] ۱ - (إمر.) آنچه برپای

---

۱ - Aegopodium podagraria (.لا), aegopode (.فر)

۲- Ombellifères(.فر)

بندند، بندی که برپای مجرم بندند ؛ پاوند. ۲ - قنداق کودک. ۳ - (ص‌مر.) گرفتار، مقید. ۴ - فریفته ، مفتون، عاشق، دلباخته . ۵ - متأهل ، دارای همسر .

پابند بریده p.-b.-borīda(-e) (ص مر .) ۱ - عنان گسیخته . ۲ - لاابالی، بی‌قید.

پابند شدن p.-b.-šodan (مص‌ل.) ۱ - مقید شدن ، گرفتار شدن . ۲ - عاشق شدن. ۳ - مؤاخذ گشتن.

پابوس pā-būs [= پای بوس] (إفا.) بوسندهٔ پا، آنکه پای کسی را بوسد . ۲ -(ـــ پابوسی، حامص) پای‌بوسی، تشرف بخدمت : بپا بوس علی بن‌موسی‌الرضا مشرف‌شدم. ‖ به ـــ کسی رفتن. بخدمت او رسیدن، حضور او مشرف شدن.

پاپ pāp [فر. pape، یو. pappas، پدر] (إ.) رئیس کلیسای کاتولیکی‌رم که توسط مجمعی‌از کاردینالها انتخاب میشود . ‖ ـــِ اعظم . رئیس کلیسای کاتولیک که مقراو واتیکان (در رم) است← پاپ .

پاپاخ pāpāx [تر.] (إ.) قسمی کلاه بزرگ پشمی.

پاپاسی pāpāsī (إ .) پشیز، مبلغ ناچیز : یک پاپاسی ارزش ندارد . ‖ یک ـــ نداشتن. هیچ نداشتن : یک پاپاسی ندارم .

پاپتی pāpatī (ص مر .) (عم .) پا. برهنه، یک‌لاقبا، تهیدست.

پاپروس pāp(e)rūs [لا. papyrus] (إ.) ۱ - (گیا .) پاپیروس (ه‌م.) ۲ - (گیا.) درگیلان توتون‌سیگاررا گویند.

پاپژ pā-paž [← ۱- پژ] (إ.) ۱- زمین پست و بلند و ناهموار. ۲ - گل کهنه ونرم، طین.

پاپس آوردن pā-pas-āva(o)rdan (مص‌م.) ۱- قطع‌نظر کردن، واگذاشتن، ۲ - (مص‌ل.) بازماندن از طلب بعجز. ۳ - منهزم شدن در رزم.

پاپوش pā-pūš (إمر .) ۱- کفش ، پا افزار (مطلقاً). ۲ - (خصوصاً). کفش راحتی مخمل مزین به یراقهای طلا ودانه‌های الماس بدلی که یک قرن‌پیش زنان ایرانی در داخل منزل آنرا بپا میکردند . ۳ - (کن .) عایق و مانع وسدی که در راه پیشرفت یا زندگانی مردم ایجاد کنند.

پاپوش

پاپوش درست کردن p.-dorost - kardan (مص‌ل.) (کن.) ـــ برای کسی ، مانع ایجاد کردن برای وی ، بهانه‌تراشیدن برای‌گرفتارساختن‌او.

پاپوش‌دوختن p.-dūxtan (مص‌م.) ـــ برای‌کسی. توطئه‌کردن ضد وی.

پاپوش دوز p.-dūz (إفا.، ص‌مر.) آنکه برای دیگران تولید درد سر ومخمصه کند، آنکه در راه‌کسان عایق و مانعی‌ایجاد کند .

پاپوش دوزی p.-dūz-ī (حامص .) وسیلهٔ گرفتاری دیگران‌رافراهم‌کردن، مردم را در مخمصه قرار دادن.

پاپی‌بودن pā-pay(-pey)būdan (مص‌ل.) (عم.) درامری‌اصراروورزیدن، امریرا تعقیب کردن ، کاری رادنبال کردن .

پاپیتال pāpītāl [ـــ پاپیچال] (إ.) (گیا.) عشقه (ه.م.)

پاپیته pāpīta(-e) (إ.) (گیا.) گیاهی[1] از تیرهٔ لوگانیها که بعضی‌ازگونه‌هایش

۱- Faba ignatii (.لا)

پاپیته

پاپیروس

پاپیون

بشکل درختچه نیز میباشد. برگهایش بیضوی شکل و ۳ تا ۵ رگبرگ اصلی بمحاذات دمبرگ آن در طول برگ قرار دارد؛ باقلای اجناز، باقلای مسهل هندی.

پاپیچ pā-pīč [=پای پیچ] ۱ - (اِفا.) آنچه که بپای پیچد. ۲ - (اِمر.) نواری که بساق پای پیچند، مچ پیچ. ۳ - پاتابه، پالیك. ‖ **عمل کسی ~ اوشدن.** نتیجهٔ گناهی که مرتکب شده عاید او گشتن، عواقب بد گناه بگناهکار باز گشتن.

پاپیچال pā-pīč-āl [پاپیتال] (اِمر.) (گیا.) ← پاپیتال.

پاپیچ فروش p.-forūš (اِفا.، ص مر.) پاتابه‌فروش (ه‌.م.)

پاپیروس pāpīrūs [لا. papyrus] (اِ.) (گیا.) بردی (ه‌.م.)، گیاهی از نوع نی که مصریان درقدیم از آن کاغذ مانندی میساختند و بر آن چیز مینوشتند؛ کاغذ مصری.

پاپی شدن pāpay(pey)-šodan (مص‌مر.) ۱ - **~ در امری.** اصرار ورزیدن، امری را دنبال کردن، تعقیب کردن. ۲ - **~ کسی را.** ایراد گرفتن براو، اذیت کردن وی، ایذا.

پاپیون pāpīyyon [فر. papillon] (اِ.) ۱ - (جا ن.) پروانه (غم.) ← پروانه. ۲ - نوعی کراوات بشکل پروانه.

۱-پات pāt (= پاد) (اِ.) اورنگ، تخت.

۲-پات pāt (اِ.) نوعی اززیان و باختن در شطرنج از قبیل لات و مات.

پاتابه pā-tāba(-e) [= پایتابه = پاتاوه = پایتاوه] (اِمر.) ۱ - پاپیچ، پالیك، چارق. ۲ - نواری که بساق پا پیچند، مچ پیچ. ‖ **~ درجایی باز کردن.** درجایی اقامت کردن.

پاتابه فروش p.-forūš (اِفا.، ص مر.) آنکه پاتابه فروشد، پاپیچ‌فروش، لواف.

پاتال pātāl (ص.)(عم.) پیر، ناتوان: از این پیروپاتالها کاری ساخته نیست.

پاتابی pātābī [= پاتاوی = پتابی = پتاوی = فتاوی] (اِ.) (گیا.) توسرخ (ه‌.م.)

پاتاوه pātāva(-e) [= پاتابه] (اِ.) پاتابه (ه‌.م.)

پاتاوی pātāvī [= پاتابی] (اِ.) (گیا.) توسرخ (ه‌.م.)

پاتخت pā-taxt [= پایتخت] (اِمر.) پایتخت (ه‌.م.)

پاتختی pā-taxt-ī (اِمر.)(عم.) ۱ - روزبعد ازعروسی، جشن روز بعد از عروسی: «صبح پاتختی از خانهٔ عروس برایش کاچی غیغناغ میفرستند.» (نیرنگستان) ‖ **~ گرفتن.** جشن گرفتن فردای شب عروسی. ۲ - میز پای تخت، میزی که بر آن درشب ظرف بول گذارند.

پاترس pā-tars (اِمر.) ترساندن اطفال وزیر دستان برای باز داشتن از کاری یا واداشتن بکاری، پاترسك.

پاترس رفتن p.-raftan (مص ل.) ترساندن (مخصوصاً کودکان را) برای واداشتن بکاری یا بازداشتن از کاری ↑.

پاترس گذاردن p.-gozārdan (مص ل.) پاترس رفتن (ه‌.م.)

پاترسك pā-tars-ak (اِمر.) پاترس (ه‌.م.)

پاتله pātela(-e) [= پاتیله = پاتیل] (اِ.) پاتیله (ه‌.م.)

پاتنگان pātengān [= بادنجان] (اِمر.) بادنجان (ه‌.م.)، باذنجان، بادمجان.

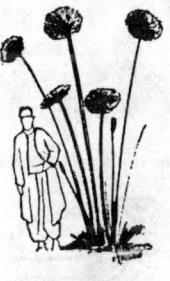

پاتنی pātenī [= پاتینی = پاتین = پتنی] (اِ.) ۱ - آلتی چوبین و پنجه مانند که بدان خرمن باد دهند. ۲ - سینی چوبی برای پاک کردن و افشاندن غله، چچ، پتنی.

پاتوغ pā-tūγ [ف.-تر.؛ پا + توغ = پاتوق ، پاطوق] (اِمر.) ۱- پای علم، جایی که رایت و درفش را نصب کنند. ۲ - محل گرد آمدن. ۳ - محل اجتماع لوطیان، در بعضی شهرهای ایران. ۴- روز عاشورا دسته‌های بعضی محلات ممتاز توغ (ه‌.م.) را حرکت دهند. زیر و اطراف توغ را «پاتوغ» گویند؛ پاتوق، پاطوق.

پاتوغدار pā-tūγ-dār (اِفا.) کسی که در پاتوغ سمت پیشوایی و ریاست دارد و بشجاعت و عفت متصف است.

پاتوق pā-tūγ [= پاتوغ = پاطوق] (اِمر.) ← پاتوغ.

پاتولوژی pāto-ložī [فر. pathologie] (اِمر.) (پز.) مبحث علل و اعراض امراض (کم.)

پاتوه pā-tova(-e) [= پاتابه] (اِمر.) (عم.) پاتابه (ه‌.م.)

پاتهی pā-tohī (ص‌مر.، قمر.) پابرهنه، بدون کفش.

پاتی‌کردن pātī-kardan (مص م.) باد دادن خرمن.

۱-پاتیل pātīl [سنس. patila] (اِ.) دیگ بزرگ مسی، دیگ خزانهٔ حمام؛ تیان، دیگ دهن فراخ حلواپزی.

۲-پاتیل pātīl (ص.)(عم.) سیاه‌مست، مست‌مست ↓.

پاتیلچه pātīl-ča(-e) [هند.-ف. پاتیل + چه پس. تصغ.] (اِمر.) دیگ کوچک، تیانچه، پاتیله.

پاتیل‌دررفته pātīl-dar-rafta(-e) (ص‌مر.) (کنـ.) پیر، شکسته.

پاتیل‌شدن p.-šodan (مصل.)(عم.) از مستی بکلی از پا در آمدن، دیگرگون شدن حال شخص

پاتیله pātīla(-e) [سنس. = پاتیل (ه‌.م.)] (اِمر.) ۱ - دیگ دهن فراخ حلواپزان. ۲ - دیگ (مطلقاً).

پاتیل

پاتیلی pātīlī (اِ.) (قلمکار) در اصطلاح قلمکارسازان اصفهان، جوشاندن پارچهٔ قلمکار، که با دو رنگ سیاه و قرمز منقش شده باشد.

پاتین pātīn [= پاتنی] (اِ.) پاتنی (ه‌.م.)

پاتینی pātīnī [= پاتنی] (اِ.) پاتنی (ه‌.م.)

پاجامه pā-ǰāma(-e) (اِمر.) ۱ - زیرجامه، تنبان. ۲ - شلوار، پاشامه. ضح.- پیژاما pyjamas در انگلیسی از این کلمه مأخوذ است.

پاجنگ pāǰanag [پاچنگ] (اِمر.) پاچنگ (ه‌.م.)

پاجوش

پاجوش pā-ǰūš [← جوش، جوشیدن] (اِمر.) ۱ - (گیا.) شاخهٔ باریکی که در پای بعض درختان از قبیل چنار، تبریزی، تمشک، آلو، گوجه، فندق وغیره میروید و آنها درحقیقت جوانه‌ها وساقه‌های جوان و نورسته‌ای از ریشهٔ گیاه اصلی هستند. ممکنست این پاجوشها نزدیک تنهٔ اصلی یعنی کاملا پای درخت و یا دور از تنهٔ اصلی باشند ولی در هر حال باریشهٔ درخت اصلی ارتباط دارند. از این پاجوشها در باغبانی برای ازدیاد گیاهان استفاده میکنند. ۲ - (گیا.) شاخه‌ای که پس از کف‌بر کردن درختی روید؛ نوچه، شکیر.

پاچال pā-čāl [پایچال ← چال] (اِمر.) ۱ - گودال زیر پای جولاهگان،

پاچالدار

گودالی که نانوا ،بقال یا آشپز در آن میایستد وچیز میفروشد. **۳-** گودالی که شیر در آن جمع کنند وفروشند.

پاچالدار pā-čāl-dār (اِفا.،ص‌مر.) آنکه آرد دکان نانوایی بدو سپرده است.

پاچاندن pā-čāndan [= پاشاندن] (مص‌م.) (صر . ← پاشاندن) (عم.) پاشیدن، متفرق کردن، پراگنده کردن.

پاچاه pā-čāh [= پاچاهه] (اِمر.) پاچال (ه‌.م.)

پاچاهه pā-čāh-a(-e) [← پاچاه] (اِمر.) پاچال (ه‌.م.)

پاچایه pā-čāy-a(-e) (اِمر.) پلیدی، نجاست، بول، غایط.

پاچپله pā-čapla(-e) (اِ.) کفش، پای افزار. ضح.ـ دهخدا در امثال وحکم ج۲ص۷۸۸ آورده:

« دردرون کعبه رسم قبله نیست
چه غم ار غواص را پاچپله نیست»

مولوی[۱].

و در حاشیه نوشته : « این کلمه در فرهنگها «پاچیله » ضبط شده است، وهمین شعر حضرت جلال الدین محمد بلخی را نیز شاهد آورده اند ، ولی حضرت آقاسیداحمد ادیب پیشاوری ... این لغت را «پاچپله» میدانندو میفرمایند که در افغانستان بمعنی کفش وپاافزار هم امروز مستعمل است ونیز ازقول آقا سید محمدعلی داعی‌الاسلام نقل فرمودند که در هند نیز چپلا بمعنی پاپوش است.» و هم دهخدا در لغت نامه ذیل پاچپله (پ ج۱ص۱۳ح۲) نویسد: «مرحوم ادیب پیشاوری می‌فرمود که این کلمه در افغانستان «پاچپله» است و پاچیلهٔ لغت نویسان غلط است، و باز ازبعض افغانیان پرسیدم، آنها نیز قول مرحوم ادیب را تأیید کردند.» داعی‌الاسلام در فرهنگ خود «پاچپله» را بمعنی کفش و پا افزار با بیت مذکور ازمولوی و بیت ذیل از نظامی:

« برون کن پا ازین پاچپلهٔ تنگ
که کفش تنگ دارد پای را لنگ.»

آورده نویسد: «فرهنگ نویسان شعری این لفظ را پاچیله ضبط کردند و در چاپها هم اشعارمذکور مطابق فرهنگها چاپ شده، لیکن چون درالسنهٔ ولایتی افغانستان و خراسان لفظ «چپله» برای قسمی از کفش موجود است و در زبان اردو هم «چپل» بمعنی قسمی از کفش موجود است، پس باید صحیح همان چپله باشد نه چیله.»

پاچراغ pā-ča(e)rāγ [= پای چراغ] (اِمر.) **۱ -** پای چراغ، جایی که چراغ گذارند، چراغدان. **۲-** جایی در تکیه و مسجد وزورخانه که در آن چراغ روشن کنند.

پاچراغی pā-ča(e)rāγ-ī [= پای چراغی] (ص‌نسبـ. ،اِمر.) **۱ -** جای گذاشتن چراغ در خانه و سرای. **۲ -** پولی که تماشاگران در زورخانه ومانند آن پای چراغ نهند. **۳ -** پولی که دکانداران سرشب پای چراغ مینهادند وبعد بفقیر میدادند .

پاچك pāčak (اِمر.) سرگین خشك شدهٔ گاو؛ غوشاك، تپاله، غوشا.

پاچنامه pāč-nāma [= پاژ نامه] (اِمر.) پاژنامه (ه‌.م.)

پاچنبری pā-čambar-ī (ص‌مر.) کسی که پایش از محور طبیعی خارج است . (پز .) کسی که دیوارهٔ خارجی کف پایش بجای آنکه بمحاذات سطح

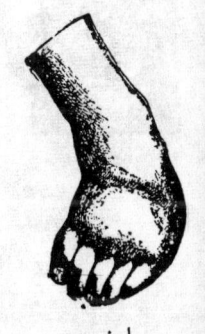

پاچنبری

---

۱ - درمثنوی چاپ نیکلسن ج۱ص۳۴۳«پاچپله» ضبط شده (م.م.)

۶۴۵
پاچیدگی

سهمی بدنش و روبخارج باشدبمحاذات سطح پیشانی قرار دارد و تقریباً عمود بر سطح سهمی‌است‌واین وضع‌ممکنست در یك پا یا در هر دوپا باشد؛التواء قدم، خروج قدم از محور طبیعی[1].

۱ـ پاچنگ pā-čang [= پاشنگ (ه.م.) = پاهنگ= پازنگ= پاژنگ= پاجنگ] (اِمر.) پای افزار ، کفش، پاهنگ، پاشنگ، پازنگ ،پاژه.

۲-پاچنگ pā-čang [= پاجنگ= پاژنگ] (اِمر.) دریچهٔ کوچك، پاجنگ، پاژنگ.

پاچنگلی pā-čangol-ī [= پا چنگولی] (ص‌مر.، اِمر.) کسی که‌در پایش پیچیدگی مادر زاد است؛ پا چنبری ، پاچنگولی.

پا چنگولی pā-čangūl-ī [= پا چنگلی] (ص‌مر.، اِمر.) پاچنگلی(ه.م.)

پاچوب pā-čūb [= پاچوق] (اِمر.) (عم.) چوب قپان ← پای چوب ایستادن (← چوب) .

پاچه pā-ča(-e) [پا+چه، پس. تصغ. = پازه= پاژه= پایچه] (اِمصغ .) ۱ ـ پای کوچك، پای خرد. ۲ ـ اززانو تا سرپنجهٔ‌پا ، کراع، پایچه. ۳ ـ اززانو تا سم پای گوسفند وگاو؛ پاچهٔ گاو، پاچهٔ گوسفند. ۴ ـ خوراکی که‌از پاچه‌درست کنند . ۵ ـ یکی از دو پای شلوار . ۶ ـ لبهٔ پایینی شلوار. ‖ **~ کسی‌را گرفتن.** بی‌جهت کسی را آزردن، بی‌مقدمه کسی رامورد عتاب قرار دادن . ‖ **کیك در ~ (پاژه)افکندن.** مضطرب وناراحت‌کردن کسی‌را.

پاچه‌بند p.-band (اِمر .) ۱ ـ بند پای طیور، بندی که بازنگوله‌بپای‌باز بندند برای تربیت کردن وی . ۲ ـ طناب خیمه.

پاچه پز p.-paz (اِفا.، ص‌مر.) کسی که پاچهٔ پخته میفروشد.

پاچه‌پلو p.-polaw(-ow) (اِمر .) نوعی پلو. **طرز تهیه** .ـ کشمس و آلوی سرخ شده را با برنج خام ونخود ولپه مخلوط می‌کنند و در شیردان وشکمبهٔ شسته‌میریزندودرش‌رامیدوزندومیپزند.

پاچه‌تنبان p.-tombān (اِمر.) شلوار.

پاچه‌خیزك p.-xīzak [= پاچه گزك، پشتو. پاچه خزك] (اِمر.) نوعی بازی‌با آتش؛ پاچه گزك.

پاچه ریزشدن p.-rīz-šodan (مص ل.) سخت مانده شدن از راه رفتن بسیار.

پاچه‌ریز کردن p.-rīz-kardan (مص م.) مانده کردن ازراه بردن بسیار، فرسوده‌کردن ازقدم زدن بسیار.

پاچه فروش p.-forūš [= پایچه فروش] (اِفا.) آنکه‌پاچه(ه.م.)فروشد.

پاچه‌گزك p.-gazak [= پاچه‌خیزك] (اِمر.) پاچه‌خیزك (ه.م.)

پاچه‌گیر p.-gīr (اِفا.، ص‌مر.) ۱ ـ گزندهٔ پاچه، گاز گیرندهٔ پاچه . ۲ ـ کسی که بی‌جهت مردم را میآزارد.

پاچه مازو p.-māzū (اِمر.) (گیا.) اوری (ه.م.)

پاچه‌ورمالیده p.-var-mālīda(-e) (ص‌مر.) (عم.) ۱ ـ حقه‌باز،شارلاتان، زرنگ . ۲ - بسیار پررو:« در میان همهمه و جنجال کشتیهای بزرگ وکوچك ... یکدسته‌کارگر،دزدوپاچه‌ورمالیده همه جور نمونهٔ نژاد حضرت آدم دیده‌میشد.» (سایه روشن ۸۹)

پاچیدگی pāčīda(e)g-ī [= پاشیدگی] (حامص. پاچیده) (عم .) پراکندگی پاشیدگی.

۱ـ Pied-bot (فر.)

۱-پاچیدن pāč-īdan [= پاشیدن] (مصم.) (صر. ← پاییدن) ۱ - (عم.) پاشیدن چنانکه فلفل و نمک را بر طعامی ← پاشیدن. ۲ - ریختن، رش کردن چنانکه آب را بر چیزی و کسی.

۲-پاچیدن pā-čīdan [= پا (پای) + چیدن] (مصل.) نرم و آهسته براه رفتن.

پاچیدنی pāč-īdan-ī (ص لیا.) (عم.) درخور پاچیدن، پاشیدنی.

پاچیده pāč-īda(-e) [= پاشیده] (إمف.) (عم.) پراکنده، پاشیده.

(پاچیله) pāčīla(-e) مصحف «پاچیله» (ه.م.)

پاچین pā-čīn (إمر.) ۱ - (معم.) زیر ازاره وروی پی در دیوار. ۲ - دامن زنانه (مخصوصاً چین دار). ‖ پی و ــــ دررفته. (صمر.) سست ودرحال انهدام.

پاخار p.-xār [= پاخاره = پای خار] (إفا.) ۱ - سنگی باشد که چرك پا را پاك کند؛ سنگ پا، قیشور. ۲ - هرچیز که چرك پا را بسترد.

پاخاره p.-xāra(-e) [= پاخار] (إمر.) ← پاخار.

پاخته pāxta(-e) (إ.)(معم.) طناب استادان بنا.

پاخر pā-xar (إمر.) (گیا.) گیاهی[۱] از تیرهٔ مرکبان[۲] جزو دستهٔ آفتابیها[۳] که بادوام است. ریشه‌اش ستبر و گوشتدار ومایل بقهوه‌یی وبضخامت یك انگشت است. این گیاه در نواحی سرد ومعتدل میروید. برگهایش بوسیلهٔ دمبرگ نسبةً طویلی مستقیماً از ریشه جدا میشوند. پهنك برگهایش قلبی شکل و نسبةً وسیع است. گلهایش در انتهای ساقه‌های فلس داری قرار دارند که نهنج آنها تا حدی وسیع (شبیه گل داودی) است. معمولاً پس از پیدایش گل انتهای ساقه‌های گل‌دار بطرف زمین خم میشود. گلهای این گیاه قبل از شکفته شدن برای مصرف دارویی بوسیلهٔ زارعان جمع آوری میشود و برای رفع سرفه ورفع نزله مصرف میگردد و بیشتر خلط آور است. این گیاه در اغلب صحاری وکوهستانهای ایران میروید ومن جمله در شمیران فراوان دیده میشود؛ سعال، حشیشة السعال، دوسة الحمار.

پاخر

پاخره pāxa(xe-x)ra(-e) [قس. پاخیره] (إ.) صفه ونشیمنی که پیش در خانه سازند؛ صفه، سکوی درخانه.

پاخسه pāxsa(-e) (إ.) بارهٔ دیوار بلند؛ طربال.

پاخوردن pā-xordan (مص ل.) ۱ - ــــ از کسی. فریب خوردن ازوی. ۲ - ــــ فرش. در معرض رفت و آمد مردم قرار گرفتن آن برای نرم ولطیف شدن.

پاخوشه pā-xūša(-e) (إمر.) آنچه از دم خوشهٔ انگور بر درخت مانده باشد.

پاخیره pāxīra(-e) [قس. پاخره] (إ.) بنای دیوار و خانه، پی.

پاخیره‌زن pāxīra-zan [إفا.، ص مر.) بنا، گلکار.

۱-پاد pād [اس. paiti؛ پب pāta؛ په. pat؛ حامی، نگهبان] (پش.) دارنده، نگهبان؛ پادشاه (ه.م.) ↓

۲-پاد pād [اس. paiti؛ پب pāta؛ په. pat، حامی، نگهبان] (پس.) نگهبان، دارنده؛ آذرپاد (آذربد، نگهبان آتش).

---

۱ - Tussilage (فر.), pas d'âne, tussilago farfar (لا.)
۲- Composées (فر.)　　۳- Radiées (فر.)

۳-پاد pād [اس. paiti، ضد] (پش.) ضد، مخالف: پادزهر.

۴-پاد pād [= پات] (ا.) تخت، سریر، اورنگ.

پادادن pā-dādan (مص‌ل.) ۱- روان کردن. ۲- قوت دادن، قدرت دادن. ۳- پیش آمدن خیری کسی را. ۴- (نظ.) بهنگام مشق صف جمع پارا بقوت ونظم برزمین کوفتن: پا بده!

پادار pā-dār [= پایدار] (ص مر.، إمر.) ۱- آنکه پا دارد؛ مق. بی‌پا. ۲- برقرار، باقی، جایگیر، متمکن، ثابت. ۳- معتبر، با اعتبار، باآبرو. ۴- توانگر، ثروتمند. ۵- باوفا، وفادار، پایداردر دوستی. ۶- چوبدستی، چماق، عمود. ۷- اسب جلد وچابک. ۸- روز بیستم از ماههای ملکی. ← پایدار.

پادارشدن p.-šodan [= پایدار شدن] (مص‌ل.) استقراریافتن، مستقر شدن، مکانت یافتن.

پاداری pā-dār-ī [= پایداری] (حامص.) ۱- استقامت، پا برجایی. ۲- اعتبار.

پاداس pād-ās [پاد (پای) + آس (ه.م.)] (إمر.) آسی که با پا بکار اندازند؛ مق. دستاس.

پاداش pā-dāš [په. pāt-dahišn = پداش (ه.م.) = پاداشت] (إمص.) ۱- مطلق مکافات و جزا از خیروشر، جزا، سزا. ۲- جزای نیک، مکافات؛ مق. پادافراه، پادافره، بادافراه، بادافره. ۳- جزای بد، بادافراه، عقاب. ۴- مهر، کابین. ‖ ~ نیک. جزای نیک، ثواب، اجر. ← پاداش. ‖ پاداش نیک دادن. اجر نیک دادن، ثواب دادن. ‖ ~ نیکو. پاداش نیک. ← پاداش.

پاداش‌دادن p.-dādan (مص‌م.) جزا دادن، مکافات. ← پاداش.

پاداشت pādāšt [په. pāt dahišt] (إمص.) پاداش (ه.م.): «و این جزا و پاداشت بیدادکارانست.» (تفسیر ابوالفتوح. چاپ قدیم ج۲ ص۱۳۷) ← پاداش، پاداشن.

پاداش‌ده pādāš-deh (إفا.، ص‌مر.) پاداش دهنده، جزا دهنده، مکافات دهنده. ← پاداش دهنده.

پاداش دهنده p.-dahanda(-e) (إفا.) آنکه پاداش دهد، مکافات کننده، جزا دهنده ← پاداش‌ده.

پاداش‌کردن p.-kardan (مص م.) جزا دادن، مکافات ← پاداش.

پاداشن pā-dāšan [په. pāt dahišn] (إمص.) پاداش (ه.م.) ‖ روز ~. قیامت، روزجزا. ← پاداش، پاداشت.

پادام pā-dām [= پایدام] (إمر.) ۱- دامی که از موی دم اسب درست میکنند وبرراه پرندگان مینهند؛ تله، دام. ۲- پرنده‌ای که نزدیک دام می‌بندند تاپرندگان دیگر بهوای او در دام افتند؛ خروهه، ملواح.

پادامان pā-dāmān [= پای دامن] (إمر.) آن قسمت از دامن که بزمین نزدیکتر است.

پادآفراه pād-āfrāh (قد. پاذآفراه) [= پادافراه] (ا.) پادافراه (ه.م.)، بادافراه، پادافره، بادافره.

پادافراه pād-afrāh (قد. پاذافراه) [په. pātifrās = پادآفراه، بادافراه، پادافره، بادافره] (ا.) مکافات کاربد، مجازات؛ مق. پاداش نیک.

پادافره pād-afrah [= پادافراه] (إمر.) پادافراه (ه.م.)

پادراز pā-darāz(der-) (إمر.)

پادرازی

(جا ن.) مرغی ماهیخوار[1] دارای پرهای سرخ کم رنگ و پاهای دراز و منقار خمیده که در کنار آبها و باتلاقها بسر میبرد و بیشتر در مصر دیده شود.

پادرازی pā-da(de)rāz-ī ۱ - (حامص.، إمر.) درازبودن پا. ۲- تجاوز ازحدخود (قس. دستدرازی). ۳- (إمر.) نوعی نان شیرینی مشبك معادل کف پایی.

پادرانه pādarāna(-e) (إ.) کسی که نام او را در سیاههٔ سربازان بنیچهٔ دهات مینوشتند، درصورتیکه بجای خود کس دیگری را بخدمت سربازی اعزام میکرد، ماهانه‌ای باو می پرداخت (قاجاریه).

پادراز

پادرختی p.-da(e)raxt-ī (إمر.) (گیا.) میوه های کرم خورده که پای درخت میافتد؛ مق. دستچین.

پادرد p.-dard (إمر.) دردپا، نقرس (ه‍.م.).

پادررفتن p.-dar-raftan (مصل.) ۱- لغزیدن، سکندری خوردن، شکوخیدن. ۲ - ورشکست شدن .

پادررکاب p.-dar-rekāb [ف.-ع.] (صمر.) ۱ - سوار . ۲ - مهیا برای سفر. ۳ - مشرف بموت، محتضر. ۴ - هرچیز که نزدیك بضایع شدن باشد عموماً وشرابی که مایل بترشی شده باشد خصوصاً.

پادرگل p.-dar-gel (صمر.) ۱ - آنکه پایش درمیان گل و خاك است. ۲ - گرفتار. ۳ - خجل، شرمسار.

پادرهوا p.-dar havā (صمر.) بی‌اصل، بی‌اساس: سخنش پادرهواست.

پادری p.-dar-ī (إمر.) ۱ - فرشی که پای درمیاندازند. ۲ - سنگی که پهلوی در میگذارند تا باد در را حرکت ندهد .

پادری pādorī [= پادر، لا. pater، اب، پدر + ی، پس. نسبت] (صمر.، إمر.) کشیش و مبلغ مسیحی. در ایران چند پادری مشهورند که کتبی بر رد اسلام نوشته‌اند و علمای ایران نیز کتبی در رد ایشان تألیف کرده‌اند ازآن جمله میرزا کریمخان و پسر او حاج محمد کریمخان رسایلی دررد پادریان نوشته‌اند؛ «دراین اوقات که پادریان عظام فرآنتونی و فرکلیستو و فرجوآن... بدینجا آمده بودند...» (نامهٔ شاه عباس کبیر به پاپ. لغ.)

پادزهر pād-zahr [پاد (اس. paiti = ضد) + زهر؛ ضدسم] (إمر.) فادزهر، پازهر، تریاق، تریاك، بادزهر، نوشدارو. ← پازهر ۴. ‖ ~ معدنی. سنگی است معدنی که برای دفع سم بکار رود. ← پازهر. ‖ ~ حیوانی. سنگی است که در شکنبهٔ بز کوهی پیدا شود؛ گاوزهره، گاوسنگ. ← پازهر ۳.

پادشا pād(e)šā [= پادشاه] (إمر.) ۱ - پادشاه (ه‍.م.)، سلطان. ۲ - فرمانروا، حاکم، مسلط، صاحب اختیار . ۳ - خدا ← پادشاه . ۴ - مجاز ، مأذون ، مختار.

پادشازاده p.-zāda(-e) [= پادشاه زاده] (صمر.، إمر.) شاهزاده، ملکزاده؛ مق. گدا زاده.

پادشانشان p.-nešān [= پادشاه نشان] (إفا.) ۱ - آنکه کسیرا بپادشاهی می‌رساند، پادشاه نشاننده. ۲ - آنکه زمام امورمملکت و پادشاه در دست اوست ← پادشاه نشان، پادشه نشان.

پادشاه pād(e)-šāh [= پاذشاه؛ په. pātaxšā] (إمر.) ۱ - هرسلطانی که دارای تاج و تخت باشد ؛ ملك ، سلطان. ۲ - فرمانروا، حاکم، مسلط، صاحب اختیار. ۳ - خدا (← پادشا ۳).

۱- Flamant (فر.)

۴ ـ مجاز، مأذون، مختار (← پادشا ۴).
۵ ـ محیط ، تاونده : « والله محیط بالکافرین، والله پادشاه است بر ناگرویدگان وتاونده با ایشان . » (کشف الاسرار میبدی. مداش ۱: ۳ص۵۱) ← پادشا.
‖ ـــِ چین. ۱ـ خاقان چین. ۲ـ آفتاب، خورشید. ‖ ـــِ ختن. ۱ـ سلطان ختن. ۲ ـ خورشید ، آفتاب. ‖ ـــِ ددان. شیر ، اسد . ‖ ـــِ درندگان. شیر. ‖ ـــِ معظم. سلطان بزرگ، خداوند بزرگ. ‖ ـــِ نوروزی. ۱ـ کسی که از صبح تا عصر روز نوروز برای تفریح مردم عنوان پادشاه داشت ، واز مردم پول می‌ستد و آنرا با حاکم تقسیم میکرد ؛ میر نوروزی . ۲ ـ آنکه اسماً نه رسماً بپادشاهی برگزیده شود، آنکه بطریق استهزاء وی را بدین سمت نصب کنند: «خمار را باتفاق باسم سلطنت موسوم کردند و پادشاه نوروزی از وی برساختند.» (جهانگشا؛ لغ .). ‖ ـــِ نیمروز. ۱ ـ پادشاه سیستان . (← نیمروز بخش۳). ۲ـ آفتاب، خورشید. ۳ـ مردم نیک پی ومبارك قدم. ۴ ـ حضرت آدم بسبب آنکه طبق روایات تا نیمروز در بهشت بود. ۵ ـ رسول اکرم ص از آن باب که طبق روایت شفاعت امتان خودرا تا نیمروز خواهد کرد.

۱- پادشاهانه pād(e)-šāh-āna(-e) (ص‌مر.) شایستهٔ شاهان، شاهانه: عاطفت پادشاهانه، رفتار پادشاهانه. ۲ ـ (ق‌مر.) بطرز پادشاهان ، ملکانه ، ملوکانه : پادشاهانه ضیافت کرد.

پادشاه بازی p.-bāzī (اِ.) قسمی بازی کودکان که یکی را شاه ویکی را وزیر کنند و دیگران فرمان آن دو را اجرا نمایند.

پادشاه پادشاهان p.-e-pād(e)šāhān [← پادشاه، شاهنشاه] (ص‌مر.، اِمر.) شاه‌شاهان، شاهنشاه.

پادشه پادشهان p.-e-pād(e)šahān [← پادشاه، شاهنشاه] (ص‌مر.، اِمر.) پادشاه پادشاهان (ه.م.)

پادشاهزاده p.-zāda(-e) (ص‌مر.، اِمر.) زادهٔ پادشاه ، شاهزاده ، ملك‌زاده .

پادشاه نشان p.-nešān (اِفا.) ۱ ـ پادشاه نشاننده. ۲ ـ آنکه دارای نشان پادشاهان‌است ، آنکه علایم وامارات سلطنت را داراست . ۳ ـ آنکه زمام امور مملکت و پادشاه در دست اوست؛ ← پادشانشان.

پادشاه نشین p.-nešīn (= پادشه نشین)(ص‌مر.، اِمر.) ۱ ـ آنکه نشستنی مانند پادشاه دارد، آنکه مانند سلاطین جلوس کند. ۲ ـ شهری که مقر پادشاه است؛ پایتخت، دارالملك.

پادشاه وزیر بازی p.-vazīr-bāzī (حامص.، اِمر.) ← پادشاه وزیری .

پادشاه‌وزیری p.-vazīr-ī (حامص.، اِمر.) نوعی بازی اطفال که یکی پادشاه و یکی وزیر و دیگران فرمانبردار پادشاه ومطیع اوامر او گردند؛ پادشاه وزیر بازی.

۱ـ پادشاهی pād(e)šāh-ī (= پادشایی، په. pātaxšāyīh) ۱ـ (حامص.) سلطنت، ملکت، امارت، سمت پادشاه. ۲ ـ (اِ.) مملکت ، قلمرو . ۳ ـ مدت سلطنت: «پادشاهی اردشیر نیکوکار دوازده سال بود.» (شاهنامهٔ بخ ۷: ۲۰۶۸) ۴ـ تسلط، چیرگی. ۵ ـ پایتخت، کرسی، عاصمه. ← پادشایی.

پادشاهی

۲-پادشاهی pād(e)šāh-ī (ص نسب.) منسوب به پادشاه (ه.م.)، ملکی، ملکانه: ضیافت پادشاهی.

پادشاهی راندن p.-rāndan (مص ل.) سلطنت کردن.

پادشاهی کردن p.-kardan (مص ل.) پادشاهی راندن (ه.م.)

پادشایی pād(e)šāy-ī [= پادشاهی] ۱-(حامص.) سلطنت، پادشاهی. ۲- (اِمر.) مملکت، قلمرو. ۳ - پایتخت، عاصمه. ← پادشاهی.

پادشه pād(e)-šah [= پادشاه] (اِمر.) پادشاه، سلطان: «پادشه پاسبان درویش است.» (سعدی)

پادشه پادشهان p.-e-pād(e)šahān [= پادشاه پادشاهان] (ص مر.، اِمر.) پادشاه پادشاهان (ه.م.)

پادشه پسر p.-pesar(po.-قد.) (اِمر.) شاهزاده، پسر پادشاه.

پادشه زاده p.-zāda(-e) [= پادشاه زاده] (اِمر.) پادشاهزاده، شاه‌زاده.

پادشه نشان p.-nešān [= پادشاه نشان] (اِفا.) ← پادشاه نشان.

پادشه نشین p.-nešīn [= پادشاه نشین] (ص مر.، اِمر.) ۱ - آنکه نشستنی چون پادشاه دارد، آنکه مانند سلاطین جلوس کند. ۲ - شهری که مقر پادشاه است، پایتخت.

پادکانه pāda(e)kāna(-e) (اِمر.) ← پادگانه.

پادگان pādegān [= بادگان؛ په. pāigān] (اِمر.) ۱- دسته‌های پیاده نظام عهد ساسانی. ۲- (نظ.) گروهی از سربازان که برای محافظت محلی در آنجا متوقف شوند؛ ساخلو (فره.)

پادگانه pādegāna(-e) [قس. پالگانه، بالگانه] (اِمر.) ۱ - بام بلند. ۲ - پنجره، دریچه. ۳ - (زم.) فضای صاف و بلند در دامنهٔ کوه[1]، صفه. ‖ **~ های آبرفتی** (زم.) ته نشستهای حاصل از آب رود خانه در کنارهٔ بستر خود[2]، زمینهای آبرفتی، بستر و دیواره‌های رودخانه. پادگانه‌های آبرفتی معمولا از تشکیلات جدید و متعلق به دوران چهارم زمین‌شناسی هستند و پادگانه‌های قدیمی‌تر در ارتفاع بیشتری نسبت بپادگانهٔ جدید قرار دارند.

پادگوسپان pād-gōs-pān ← پاذوسپان.

پادنگ pā-da(e)ng [گیل. pādang] (اِمر.) ۱ - دنگ برنج‌کوبی، پادنگه. ۲-(در اصطلاح ساعت‌سازان) مقابل پاملخ.

پادنگه pā-da(e)nga(-e) (اِمر.) ← پادنگ.

پادنگان pādengān [= پاتنگان] (اِمر.) پاتنگان (ه.م.)

پادو pā-daw(-ow) [پا[ی] + دو(نده)] (اِمر.) ۱ - دونده با پا، پاکار. ۲ - کسی که در مشاغل مختلف پی فرمانهای متعدد میرود چون پادو مغازه، پادو نانوایی. ۳ - در حمامهای قدیم کسی که پس از ورود مشتری کفش وی را زیر سکو میگذاشت

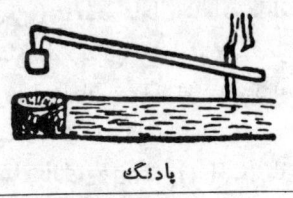

پادنگ

۱- Terrasse(فر.)

۲- Terrasses alluviales(فر.)

ولنگی برای او پهن میکردولنگ‌دیگر بدو میداد تا ببندد و داخل حمام گرم شود.

پادوی pādaw(-ow)-ī (حامص.) عمل پادو (ه.م.)، پاکاری.

پادوسانیدن pā-dūsānīdan [= وادوسانیدن = فادوسانیدن] (مص‌مر.) چسباندن، الصاق‌کردن.

پادوسپان pādōs-pān ← پاذوسپان.

پاده pāda(-e) [اس.، پب. pāta حمایت شده، محفوظ] (اِ.) ۱ - گلهٔ گاووخر. ۲ - چراگاه. ۳ - چوبدستی، چماق، باهو. ‖ ~ کرد. چماق‌کردان، باهوی کرد.

پاده‌بان p.-bān [← پاده] (ص‌مر.، اِمر.) ۱ - گله‌بان، چوپان، شبان. ۲ - پاسبان، نگاهبان.

پاده‌سنگ p.-sang [← پاده] (اِمر.) کلوخ کوب، تخماق.

پادیاب pād-yāb [= پادیاو؛ په. pātyāp] (اِمر.) شستن و پاکیزه‌ساختن چیزها بوسیلهٔ خواندن دعا. زرتشتیی که میخواهد پادیاب کند نخست یك «خشنوتره اهورهه مزداو» (بخشنودی اهورمزدا) میخواند، پس از آن یك بار «اشم‌وهو ...» می سراید. آنگاه روی‌دستها و پاهای خود را میشوید، از آن پس کشتی نومیکندو بترتیب مقرر کمربندخود میگشاید ودعای مخصوص آنرا میخواند و باردیگر بدور کمر می‌بندد.

پادیابی کردن pād-yāb-ī-kardan [= پادیاوی کردن] (مص ل.) انجام دادن عمل پادیاب (ه.م.)

پاد یاو pād-yāv [= پادیاب] (اِمر.) پادیاب (ه.م.)

پادیاوی کردن pād-yāv-ī-kardan [= پادیابی کردن] (مص ل.) پادیابی کردن (ه.م.)

پادیر pādīr [= پاذیر = پازیر] (اِ.) ستونی که زیر دیوار شکسته زنند تا نیفتد؛ دیرك، شمعك، پاذیر، پازیر.

پادیز pādīz (اِمر.) ← پاذیز.

پاذگوسپان pāzgōs-pān (pāδ.قد.) ← پاذوسپان.

پاذوسپان pāz-ōs-pān (p)āδ- (قد [په. pāδgôspān] (ص‌مر.، اِمر.) در عهدساسانی منصبی بود که‌تحت‌فرمان‌دهی «سپاهبذ» کارمیکرد. قبادپدرانوشیروان چهار پاذگوسپان در کشور معین‌کرد. ← بخش ۳. پادوسپان.

پاذیر pāzīr [= پادیر] (اِمر.) پادیر (ه.م.)

پاذیز pāzīz [= پادیز = پاییز] (اِ.) پاییز، خزان: «درسنهٔ ست واربعین وخمسمأة بفصل پاذیز قصد بغداد کرد.» (راحة‌الصدور راوندی)

۱-پار pār [پب. paruva-، سابقاً] (ق.) ۱ - سال‌گذشته، پارسال. ۲ - (پش.) گذشته، ماضی: پارسال.

۲-پار pār [= پاره] (ص.) ۱- پاره (ه.م.)، قطعه: ماهپار. ۲ - جامهٔ کهن، لباس کهنه. ۳ - ارش که بدان جامه ومانندآن راپیمایند، گز. ۴- دریده.

۳-پار pār [= پر(یدن)] (اِ.) پرواز، پرش ← پاریدن.

۴-پار pār (اِ.) چرم دباغی شده.

پاراب pār-āb [= پاراو = فاراب] (اِمر.) زراعت‌آبی؛ مق. دیم.

پارابلوم pārāblom [فر. parabellum] (اِ.) نوعی‌اسلحهٔ‌جنگی آلمانی.

پاراتیروئید

پاراتیروئید pārātīroīd [فر . parathyroïde](اِ.)(پز.)دوزوج غده که در طرفین غدهٔ تیروئید قرار دارند، بطوریکه دوتا دربالا ودوتا در پایین قرار گرفته . عمل این غده‌ها تنظیم و بررسی متابولیسم بدن است ، و حذف غده‌های مزبور موجب مرگ حیوان یا انسان میشود . این غده‌ها خاصیت ضد سم نیزدارند و برداشتن آنها سبب ایجاد تشنجات دربدن انسان میگردد ؛ غدهٔ فوق در قی.

پاراتیروئید

پاراج pārāǰ (اِ .) آنچه میهمانرا پیشکش آرند.

پارازیت pārāzīt [فر. parasite] ۱ - آنکه بهزینهٔ دیگری زندگی‌میکند، انگل (ه‌.م .) ۲ - جانور طفیلی (ه‌.م.) یا گیاهی که ازجانوران‌وگیاهان دیگر مایهٔ حیاتی‌گیرد ، انگل(ه‌.م.) ۳ - حشو، زاید. ‖ ـــ **ول کردن.** (عم.) میان سخن دیگران حرف زدن، حرف بیجازدن. ‖ ـــ **های‌جوی.** (اِ.) (فز.) امواج الکترو مغناطیس طبیعی که در نواحی تحتانی جوزمین تولید میشوند ومبدأ آنها برقهایی است‌که در ابرها ایجاد میگردد .

پاراوان

پاراشوت pārāšūt [فر . parachute] (اِ.) آلتی برای کند کردن سقوط جسم ؛ چتری که بوسیلهٔ آن از محل مرتفعی بپایین آیند ؛ چترنجات .

پاراف pārāf [فر. paraphe](اِ.) امضای اختصاری، امضاء (دراصطلاح سیاسی وبانکی معمول‌است).

پارافین pārāfīn [فر. paraffine] (اِ.) (شم.) جسمی است جامد و سفید که از سرد کردن ناگهانی روغنهای سنگین بدست میآید، ودرحدود ۴۰ درجه گداخته میشود، و مخصوصاً عایق‌خوبی برای الکتریسیته است. در شمع سازی و تهیهٔ ورنی‌ها نیز استعمال میشود . پارافین مایع درپزشکی بعنوان مسهل بکار میرود.

پاراگراف pārāgrāf [فر . paragrphe](اِ.) ۱ - قسمتی‌ازیك فصل کتاب ، بند ، قطعه ، جزو، فقره. (غفص.) ۲- نام علامت «§» (که‌مشخص هریك ازبندهاوقطعات یك‌نوشته‌است).

پارالل pārālel [فر. parallèle] (اِ) (وز.) دوچوب موازی که‌آنها را بطور افقی و نزدیك بهم برپایه‌های عمودی نصب‌کنند و روی آن حرکات ورزشی انجام دهند .

پارانتز pārāntez [فر . paranthèse](اِ.)۱ -جملهٔ‌معترضه، جملهٔ مستأنفه (کم.) ، بین‌الهلالین . ۲ - دو هلال که‌دردوطرف جملهٔ‌معترضه قراردهند، هلالین.

پارانشیم pārānšīm [فر . parenchyme] (اِ .) ۱ - (جان.) بخش فعال اعضای‌غده‌یی. ۲ - (گیا.) نسج سلولی نرم و اسفنجی که در برگها، ساقه‌های‌جوان ومیوه‌ها فواصل قسمتهای الیافی را پر میکند ؛ بافت اسفنجی.

۱ - پاراو pārāv [قس. پیر] (ص.) ۱ - پیر (مرد وزن). ۲ - گنده‌پیر.

۲- پاراو pārāv [=پاراب] (اِ.) پاراب (ه‌.م.)

پاراوان pārāvān [فر. paravent] (اِ.) دیوار متحرك از تخته و پارچه که بوسیلهٔ آن یك قسمت از اطاق یا دکان را از قسمت دیگر جدا کنند ، تجیر گونه‌ای که در اطاقها برابر تختخواب نهندتا روشنایی راکم کنند.

پاراه pā-rāh (اِمر.) گذرگاه،معبر.

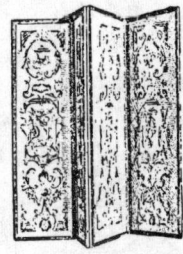

پارپار pār-pār [= پاره پاره] (ص مر.، إمر.) پاره‌پاره، تکه تکه، لت‌لت، لخت‌لخت ← ۲ - پار.

۱- پارت pārt (اِ.)(جا ن.) پرنده‌ای[۱] ازراستهٔ پابلندان[۲] که‌دارای‌منقاری‌طویل و استخوان کف پایش[۳] طویل وبرهنه و انگشتانش نیز دراز و جدا از هم است. قدش‌متوسط و تقریباً باندازهٔ یك کبك است. این‌پرنده‌درنیمکرهٔ‌شمالی زمین در چین وهندوستان‌ودیگرنواحی آسیای مرکزی‌واروپاوآمریکامیزید؛ نوك دراز، یلوه.

پارت

۲- پارت pārt (اِخ.) ← بخش۳.

۱- پارتی pārt-ī (ص نسب.) منسوب به پارت (← بخش۳). ۱ - ازقوم پارت، از مردم پارت. ۲ - زبان مردم پارت، زبان پهلوی اشکانی ← بخش۳.

۲- پارتی pārtī [فر. parti] (اِ.) ۱ - دسته، گروه، فرقه، جمعیت. ۲ - قسمت، بخش: یك پارتی جنس ازاروپا وارد شد. ۳ - حامی، طرفدار، پشتیبان؛ طرفدار ذی‌نفوذ.

پارچ pārč (اِ.) ۱ - آب پاش‌بزرگ. ۲ - ظرف آبخوری سرگشاد سفالین یا بلورین ویا فلزی.

۱- پارچه pār-ča(-e) [پار = پاره + چه، پس. تص.] (إمصغ.) ۱- پاره، تکه، قطعه: یك پارچه سنگ، یك پارچه جواهر. ۲ - هرچیز بافته‌شده خواه‌از ابریشم یا از پنبه‌وکتان و پشم، جامه، منسوج، قماش. ‖ پاره‌ای. کمی، اندکی.

۲- پارچه pārča(-e) [= پاچه] (إمر.) پاچه، خوراك پاچهٔ گوسفند.

پارچه‌باف p.-bāf [= پارچه‌بافنده] (إفا.، ص مر.) جولاه، نساج.

پارچه‌بافی p.-bāf-ī ۱ - (حامص.) عمل‌وکارپارچه‌باف (ه.م.) ۲ - (إمر.) شغل‌وپیشهٔ پارچه باف (ه.م.) ۳- دکان ومغازه‌ای‌که درآن پارچه بافند.

پارچه پارچه p.-pārča (إمر.) پاره پاره، لخت‌لخت ↓.

پارچه پارچه‌کردن p.-p.-kardan (مص م.) پاره‌پاره کردن ↑.

پاردان pārdān (إمر.) ۱ - جوال. ۲ - تنگ، ظرف شراب. ۳- شراب.

پاردم pārdom [= پاره‌دم] (إمر.) چرمی‌که برزین‌یا پالان میدوزند وزیر دم اسب یا پس ران چارپا میاندازند؛ رانکی، قشقون.

پاردم‌ساییده p.-sāyīda(-e) (ص مر.) بی‌حیا، بی‌شرم، گربز: آدم پاردم‌ساییده‌ایست.

۱- پارس pārs [پب. pārsa] ۱ - (اِخ.) نام قومی ایرانی ساکن جنوب ایران ← بخش۳. ۲ - (تد.) یك‌تن‌از افراد قوم مذکور، پارسی. ۳ - (تد.) یك‌تن ایرانی، ایرانی. ۴ - (اِخ.) مسکن قوم مذکور ← بخش۳.

۲- پارس pārs [تر. = بارس] (اِ.) یوزپلنگ.

۳- پارس pārs (اصت.) آواز سگ، عوعو، هفهف، وغواغ، وعوع، وکوك، نوف.

۱- پارسا pārsā [= پارسای] (ص.) ۱ - آنکه ازگناهان پرهیزد و بطاعت وعبادت‌وقناعت عمر گذارد؛ پرهیزکار، پاکدامن، زاهد، متقی. ۲ - دیندار، متدین، مقدس. ۳ - عارف، دانشمند؛ مق. ناپارسا. ج. پارسایان.

۲- پارسا pārsā [= پب pārsa، پارسی] (ص.) ۱ - پارسی، از مردم

۱- Bécassine (فر.), gallinago (لا.) ۲- Échassiers (فر.)
۳ - Tarse (فر.)

پارس(فارس). ۲ -ایرانی.ج. پارسایان.

پارسازن p.-zan (اِمر.) زن پارسا، زن پرهیزکار، عفیفه.

پارسا شدن p.-šodan (مص ل.) پرهیزکار شدن، زاهد شدن.

پارسال pār-sāl (اِمر.) سال گذشته، پار (ه.م.): چونکه آید سال نوگویی دریغ از پارسال.

پارسامردم p.-mardom (اِمر.) مردمی که پارسایند؛ پاکدامنان، پرهیزکاران.

پارسای pārsāy [= پارسا] (ص.) پارسا (ه.م.)

پارسایی pārsāy-ī (حامص.) پرهیز از گناه باطاعت و عبادت و قناعت؛ پرهیزکاری، پاکدامنی، زهد؛ مق. ناپارسایی.

پارسایی کردن p.-kardan (مص ل.) پرهیز کردن از گناه باطاعت وقناعت، تزهد.

پارسایی ورزیدن p.-varzīdan (مص ل.) پارسایی کردن (ه.م.)، عفاف.

پارس ئیل p.-'īl [تر. = بارس ئیل] (اِمر.) سال پلنگ، یکی ازسالهای دوازده گانهٔ ترکان ← سیچقان ئیل.

پارسچی pārs-čī [تر.-مغ. = بارسچی: پارس(یوز) + چی، پس. نسبت] (ص نسبـ.) تربیت کنندهٔ یوز.

پارس کردن pārs-kardan (مص ل.) عوعو کردن، نوفیدن: سگ در خانهٔ صاحبش پارس میکند(مثل).

پارسنگ pār-sang [= پاره‌سنگ] (اِمر.) سنگی که در یك کفهٔ ترازو گذارند تا با کفهٔ دیگر برابر گردد، پاسنگ، پاهنگ.

پارسنگ برداشتن p.-bar-dāštan (مص ل.)(عم.) ~ عقل کسی. (کنـ.) خل بودن وی، دیوانه‌گون بودن، نقصان عقل داشتن، گولی، غباوت: عقلش پارسنگ برمیدارد.

پارسنگ بردن p.-bordan (مص ل.) (عم.) پارسنگ برداشتن (ه.م.)

پارسه pārsa(-e) [= پرسه] (اِمر.) ۱ - گدایی، پرسه، تکدی. ۲ - گدا.

پارسی pārs-ī [پهـ. pārsīk] (ص نسبـ.) ۱ - منسوب به پارس، فارسی (← بخش ۳: پارس، فارس). ۲- ازمردم پارس، اهل پارس، فارسی. ۳- ایرانی، اهل ایران. ۴ - زرتشتی مخصوصاً زرتشتی مقیم هندوستان. ج. پارسیان. ۵ - زبان مردم پارس، فارسی (بمعنی خاص). ۶ - زبان مردم ایران، فارسی ← بخش ۳- پارسی ‖ ~ باستان. ← بخش ۳: ‖ ~ دری. ← بخش ۳. ‖ ~ میانه ← بخش ۳. ‖ ~ نو. ← بخش ۳. ‖ ماههای ~ . دوازده ماه سال شمسی ایرانیان: فروردین ماه، اردیبهشت‌ماه، خردادماه، تیرماه، مردادماه، شهریورماه، مهرماه، آبان‌ماه، آذرماه، دی‌ماه، بهمن‌ماه، اسفندارمذماه. ‖ روزهای ~ . سی روز ماه شمسی ایرانیان: «هرمزد، بهمن، اردیبهشت، شهریور(شهریور)، اسفندارمذ، خرداذ، مرداد، دی بآذر، آذر، آبان، خور، ماه، تیر، گوش، دی بمهر، مهر، سروش، رشن، فروردین، بهرام، رام، باذ، دی بدین، دین، ارد، اشتاذ، آسمان، زامیاذ، مهر اسفند، انیران.»

پارسی خوان p.-xān (= پارسی خواننده] (افا.، ص مر.) مردم پارسی زبان(ه.م.) ج. پارسی‌خوانان.

پارسی زبان pārsī-zabān (ص مر.) ۱ - آنکه بپارسی سخن گوید. ج. پارسی زبانان. ۲ - فصیح، بلیغ.

پارسی‌گو pārsī-gū [= پارسی گوینده] (إفا ·، ص‌مر.) پارسی زبان (ه·م·)ج. پارسی گویان.

پارسی گوی p.-gūy [= پارسی‌گو] (إفا.، ص‌مر.) پارسی‌گو ↑ · ج. پارسی گویان .

پارشمن pāršoman [فر parchemin] (إ·) پوست حیوانی ، مخصوصاً پوست بز وگوسفند که برای نوشتن وچاپ پیرایند؛ پوست‌آهو.

پارفت pā-raft (مص خم.) (عم.) آمد و شد، رفت و آمد؛ فلان بفلان‌جا پارفت ندارد.

۱ - پارك pārk [فر. parc] (إ.) باغ وسیع پردرخت برای گردش،شکار و غیره ·

۲ - پارك pārk [انگ. park](إ.) توقف اتومبیلها ودیگروسایل‌نقلیه ↓ ·

پارك‌کردن p.-kardan [انگ.ـف.] (مص‌م·) متوقف کردن اتومبیل‌ودیگر وسایل نقلیه در محل معین ·

پا رکاب برداشتن pā-rekāb - bar-dāštan [ف.-ع.] (مص‌ل.) (کن.) سواری کردن .

۱ - پارکابی pā-rekāb-ī [ف .- ع.: پا (خوار ، زبون) + رکابی (طبقچه)] (إمر.) مقدار قلیل.

۲ - پارکابی pā-rekāb-ī [ف .- ع: پا،پای، رجل +رکاب+ی،نسبت] (ص‌نسب.، إمر.) شاگرد رانندهٔ اتومبیل که معمولاً در روی رکاب ایستد ومسافران را سوار وپیاده کند.

پارکه pārke [فر. parquet](إ.) (حق ·) ادارهٔ مدعی عمومی ، دادگاه . (غم .) ضح .ـ سابقاً در محاکم فرانسه محل مدعیان‌عمومی وصاحبان‌دعاوی‌را درجایی پایین‌تر ازهیئت قضات‌تعیین میکرده‌اند· از این‌رو آن‌اداره‌ودادگاه بنام پارکه نامیده شده است .

پارگك pārag-ak (إمصغ·) ۱- پارهٔ خرد، سخت اندك. ۲ ـ کمی.

پارگی pāra(e)g-ī (حامص·) ۱ - دریدگی، کهنگی،انخراق. ۲-جزئیت، جزءبودن. ۳ ـ قحبگی .

پارگی pārgī (إمر·) ← پارگین.

پارگین pārgīn [- بارگین؛ معر. فارقین، آب‌انبار](إمر.) ۱ ـ گودالی که درآن آبهای ناپاك گردآیداز آب‌حمام، مطبخ،سرای،غسلخانه وجز آن؛ گنداب، مرداب، منجلاب.۲ ـ خندق گونه‌ای که بر گردشهر برای گردآمدن آبهای آلوده می‌ساختند. ۳ ـ مزبله .

پارلمان pārlomān [فر · parlement] ۱ ـ انجمن بزرگان مملکت در دربار سابق فرانسه · ۲ - دیوان‌عالی‌عدلیهٔ فرانسه پیش‌از۱۷۹۱. ۳ - (إ.) مجلس شورای ملی ، مجلس نمایندگان در کشورهای مشروطه وجمهوری.

پارنج pā-ranǰ [= پای‌رنج](إمر·) زری که بشاعران‌ومطربان دهند تا در جشن ومهمانی حاضر شوند، پولی که باجرت قاصدان دهند ؛ پایمزد، حق ـ القدم .

پارنجن pāranǰan [= پاآورنجن] (إمر·) پاآورنجن (ه·م·)

پارو pārō [اسـ· pāro· پیشین، پیر] (ص·) (عم.)پیرزال، زن پیر.

پارو pārū [= پاروب، گیلـ· pāru] (إمر.) ۱ ـ آلتی‌چوبین که با آن‌برف، سرگین‌وغیره را روبند ؛ برف افکن، بیل·۲ ـ آلتی برای راندن‌قایق· ۳ - آلتی چوبین که قایق رانان بدان آب

پارو

۶۵۶
پاروب

رود یا دریا بشورند. ۴ - آلتی چوبین که دسته‌ای درازوسری پهن داردوخمیر را روی آن بنحومخصوص پهن‌میکنند و در تنور میگذارند. ۵ - استخوان شانه، استخوان کتف، استخوان هوبه.
‖ پول کسی با ~ بالا رفتن. (تد.) بسیار ثروتمند بودن وی: فلانی پولش با پارو بالا میرود.

پاروب pārūb [= پارو] (اِ.) پارو (ه.م.)

پارو زن p.-zan [= پارو زننده] (اِفا.، صمر.) کسی که با پارو قایق را بحرکت درآورد؛ پارو زننده.

پارو زنی

پارو کردن p.-kardad (مص م.) روبیدن، روفتن، پاك کردن.

۱- پاره pāra [په pārak، قطعه، پول] (اِ.) ۱ - قطعه، تکه، پارچه، جزو، بخش، برخ، لخت، ترکیبات: ماه پاره، کاه پاره، آتشپاره. ۲ - پنبه، وصله، رقعه، درپی. ۳ - دریده، شکافته، چاك، گسیخته. ۴ - نادوشیزه، بکارت‌بشده. ۵- جزو؛ مق. کل، یك‌جزواز سی جزو قرآن. ۷ - سهم، بهر، بخش. ۸ - پول، مسکوك. ۹ - زری که در ولایت روم رایج است، خردترین پول مسین یانیکلی یاسیمین‌عثمانیان، چهل یك قروش (در ترکیه pārā چهل یك پیاستر و هرصد پیاسترمعادل یك لیرهٔ ترك است). ۱۰- رشوه، رشوت که قاضی را دهند. ۱۱- مدفوع انسان و حیوان که برای حاصلخیزی زمین بکار برند، کود. ۱۲- نوعی از حلوا که‌آنرا شکرپاره‌نیز گویند. ۱۳- زاده؛ مخدوم پاره. ۱۴ - مزد، جعل. ۱۵- باج، خراج. ۱۶- هدیه، تحفه، تبرك. ۱۷- گرز آهنین. ‖ یك پاره. اندکی، کمی، پاره‌ای. ↑ ‖ ~ آجر. شکستهٔ آجر، آجرپاره. ‖ ~ آرد. اوماج، ← آش‌اوماج. ‖ ~ اسب. (اِخ.) صورتی از صور فلکی، قطعةالفرس. ← بخش۳. ‖ ~ تن. عزیزترین کس نزد آدمی، خویش، وصلهٔ‌تن، پارهٔ دل، جگرگوشه. ‖ ~ دل. عزیزترین کس نزد آدمی‌چون فرزند؛ پارهٔ‌جگر، پارهٔ تن، جگرگوشه. ‖ ~ زر. قراضه. ‖ ~ زرد. پارچهٔ زردی که یهودان‌برای امتیازازمسلمانان‌بر کتف میدوختند؛ عسلی، غیار، غیاره، زرد پاره. ‖ ~ سنگ. قطعه‌ای از سنگ. ‖ ~ کار. کارآگاه، عارف بر امور.

۲- پاره pāra [= پر(پریدن)] (اِ.) پرواز، پرش، پریدن، پرواز کردن. ← ۴- پر.

پاره‌ای، پاره‌یی pāra(e)-yī, ('ī) (ق. با «ی» نکره) ۱ - قدری، اندکی، بعضی، لختی، بخشی. ۲-(اِ.) پاس، بازیره، مدت‌اندك، پاره‌ای‌ازعمر، پاره‌ای‌ازشب.

پاره پار pāra-pār [= پاره پاره] (صمر.) پاره‌پاره (ه.م.)

پاره پارشدن p.-šodan (مص ل.) پاره‌پاره شدن (ه.م.)

پاره پارکردن p.-kardan (مص‌م.) پاره پاره‌کردن (ه.م.)

پاره‌پاره pāra(-e)-pāra(-e) (پاره پار) (صمر.) ۱ - بسیار جای از هم دریده، ازهمه‌جا دریده، بقطعات بسیار تقسیم شده، پاره‌پار، شرحه شرحه، قطعه قطعه، تکه‌تکه، لخت‌لخت، پارچه پارچه، شاخ شاخ. ۲ - اندك اندك، رفته رفته، کم کم.

پاره پاره شدن p.-šodan (مص‌ل.) قطعه قطعه شدن، لخت لخت شدن، تکه تکه شدن، پارچه پارچه شدن، از همه جا دریده شدن، بقطعات بسیار

پارینه سنگی

تقسیم شدن، تجزی.

پاره‌پاره‌کردن p.-kardan (مصم.) ۱- بسیار جای ازهم دریده کردن، ازهمه‌جا دریدن، پارچه پارچه کردن، قطعه‌قطعه کردن، لخت‌لخت کردن، لت‌لت کردن، تقطیع. ۲- بقطعات جدا تقسیم کردن، بخش‌بخش کردن.

پاره پوره pāra(-e)-pūra(-e) [= پاره‌پاره] (ص‌مر.) (عم.) پاره‌پاره (ه.م.)

پاره‌خاک p.-xāk (ص‌مر.، إمر.)(کن.) آدمی(باعتبار اینکه ازخاک آفریده شده است).

پاره‌خوار p.-xār [= پاره‌خوارنده] (إفا.، ص‌مر.) آن‌کس که پاره (ه.م.) ستاند، آنکه رشوه گیرد، رشوت خوار.

پارهٔ‌خون p.-ye-xūn (إمر.)(کن.) آدمی (که بنص قرآن کریم از علقه است).

پاره‌دم p.-dom [= پاردم] (إمر.) پاردم.

پاره دوختن p.-dūxtan (مصم.) در پی نهادن جامه را، وصله کردن، رقعه دوختن، پینه‌کردن، ترقیع.

پاره دوز p.-dūz [= پاره‌دوزنده] (إفا.) ۱- آنکه کفشهارا وصله کند، پینه‌دوز، لخت دوز، لاخه‌دوز، وصله‌گر. ۲- تن‌پرست.

پاره‌دوزی ۱- p.-dūz-ī (حامص.) عمل‌پاره‌دوز، پینه‌گری، وصله‌گری، لخت دوزی، لاخه‌دوزی، ترقیع. ۲- (إمر.) جای پاره دوزی، دکان پینه‌گری.

پاره دهنده p.-dahanda(-e) (إفا.) رشوت دهنده، راشی.

پارهٔ زرد p.-ye zard (إمر.) پارچهٔ زردی که یهودیان در قدیم برای امتیاز از مسلمانان بجامهٔ خود میدوخته‌اند؛ زردپاره.

پاره‌سنگ p.-sang [= پارسنگ] (إمر.) پارسنگ(ه.م.)، پاسنگ، پاهنگ.

۱-پاره‌شدن p.-šodan (مص ل.) ۱- تکه شدن. ۲- (حس.) تقسیم شدن: «اما یکی بحقیقت پاره نشود.» (التفهیم)

۲-پاره شدن p.-šodan (مص ل.) ۱- از هم دریده شدن، مندرس شدن. ۲- تجزی، تقسیم.

پاره‌کار p.-kār (إفا.، ص‌مر.) محبوب شوخ و شنگ.

پاره‌کردن p.-kardan (مصم.) از هم‌دریدن، شکافتن، بریدن، قطع کردن.

پاریا pāryā [فر. paria، سنس. para، بیرون (ازطبقه)] (إ.) طبقه‌ای ازسکنهٔ بومی‌هند که برهمنان افراد آن طبقه‌را نجس وازحقوق اجتماعی وسیاسی‌ودینی محروم دانند.

پاریاب pāryāb [= پاراب = فاراب] ۱- (إمر.) زراعتی را گویند که بآب رودخانه و امثال آن مزروع شود؛ فاریاب، فاریاو، آبی. ۲- (اخ.) نام شهریست ← بخش۳.

پاریدن pār-īdan [= پریدن] (مص ل.) پرواز کردن، پریدن.

پاریسی pārīs-ī (ص نسب.) منسوب به‌پاریس (← بخش۳)، از مردم‌پاریس.

پاریلا pāreylā (إ.) (جان.) آب کوپیل (ه.م.)

پارین pār-īn [= پار + ین، پس. نسبت] (ص نسب.) پارینه (← پارینه ۱).

پارینه pār-īna(-e) [= پار + ینه، پس. نسبت] (ص نسب.) ۱- منسوب ومربوط بسال گذشته، منسوب به‌پار، پارسالین، پارین: «که‌تقویم پارینه نایدبکار.» (سعدی) ۲- سال گذشته، سال‌پیش، پار. ۳- کهنه.

پارینه سنگی p.-sang-ī (فره.)

پازاج

(إمر.) (زم .) دورهٔ انتهایی و طبقات فوقانی [۱] دورهٔ اول [۲] دوران چهارم [۳] زمین شناسی که در ته نشستهای آن ابزار و ادوات سنگی خشن وخالی از ظرافت که‌مصنوع انسانهای‌ماقبل‌تاریخ است یافت میشود ؛ عصر حجر قدیم ، حجر قدیم، پالئولیتیک . ضح .ـ دورهٔ پارینه سنگی به‌۶ دورهٔ کوچکتر تقسیم میشود که عبارتنداز :شلئن[٤]،آشولئن[٥] ، موستیرین[٦] اربنیاسین[۷] ،سولوترئن[۸] ، ماگدالینین[۹].

پازاج pāzāǰ [= پازاچ] (اِ.) ۱ ـ دایهٔ شیر دهنده، مرضعه . ۲ ـ زنی که پازن تازه‌زا همپایی ومعاونت کند. ۳ـ ماما، ماماچه، دایه ناف، قابله.

پازاچ pāzāč [= پازاج] (اِ.) پازاج (ه.م.)

پازخ pāzax [= پاژخ] (اِ.) پاژخ (ه.م.)

پازدن pā-zadan (مص‌ل.) ۱ ـ با حرکت پا بجلو رفتن درشنا، دوچرخه سواری وغیره. ۲ ـ بسیار راه رفتن‌در تجسس چیزی : تمام شهر را پازدم . ‖ ـــ بکسی(درحساب)· بدغلی‌ازحساب او کاستن ، مبلغی از طلب او انکار کردن، قسمتی از دین را انکار‌کردن.

پازش pāz-eš (إمص.) گیاه و علف زیادتی‌را ازمیان غله زار کندن و دور افکندن؛ وجین کردن .

پازن pāzan [= پاژن، په. pāčin] (اِ.) بزنر کوهی (ه.م.)، رنگ، وعل فارسی.

پازنامه pāz-nāma [= پاژنامه] (إمر.) پاژنامه (ه.م.)

۱ـ پازند pā-zand [= پاژند] (إمر.) چیزی که بر آتش زنه زنند تا از آن آتش برآید.

۲ـ پازند pā-zand [= پاژند] (اِخ.) ← بخش ۳.

پازنگ pā-zang [= پاچنگ= پاشنگ= پاژنگ= پاهنگ] (إمر.) پاچنگ(← ۱ـ پاچنگ).

پازننده pā-zananda(-e) (إفا.، ص‌مر.) کسی که پای برزمین زند.

پازنه pā-zana(-e) (إمر.) دو حلقهٔ چوبی از اجزای خیش.

پازه pāza(-e) [= پاچه= پاژه] (اِ.) پاچه(← پاچه۵). ‖ کیک در ـــ افتادن. کیک در شلوار کسی افتادن ، مشوش وشوریده و هراسان شدن.

پازهر pā-zahr [= پادزهر (ه.م.) = فازهر، معر.] (إمر.) ۱ ـ (پز.) ماده‌ای که گلبولهای سفید در برابر

پازن

۱ـ Paléolithique (فر.) ۲ـ Pleistocène(فر.)
۳ـ Ère quaternaire(فر.) ٤ـ Chelléen(لا.) ٥ـ Acheuléen (فر.)
٦ـ Moustérien(لا.) ۷ـ Aurignacien(فر.) ۸ـ Solutréen(فر.)
۹ـ Magdalinien(لا.)

کلیهٔ عوامل خارجی و یا اجساد میکربها از خود ترشح میکنند. در ترشح این ماده نسج ملتحمه و پارانشیم بدن هم دخالت دارند[1]. **۲** - (پز.) ضدسمی که گلبولهای سفید و پلاکتها در برابر زهرابه و سم میکربها از خود ترشح میکنند ؛ ضد سم؛ پادزهر ، فادزهر . **۳** - (پز .) ماده‌ای که از انجماد مواد صفراوی موجود در کیسهٔ صفرای بز کوهی تهیه و بنام پازهر یا حجرالتیس عرضه دارند، و آن بعنوان تریاق یا ضدسم در تداوی مورد استفاده بوده است. **۴** - (زم.) بقایای فسیل شدهٔ گونه‌ای از آمونیتها را از زمینهای دوران دوم ایران در قدیم جستجو میکردند و بعنوان سنگ پازهر و تسکین دهندهٔ دردها بکار میبردند و در تداول عامه آنرا بنام سنگ زهرکش مینامیدند.

پازهری pā-zahr-ī (ص نسب.) منسوب به پازهر (ه.م.)؛ رنگ زردی که بسرخی زند.

پازی pāzī [= پاژو] (ا.) (گیا.) گیاهی[2] از تیرهٔ اسفناجیان[3] که جزو دستهٔ چغندر است و مانند آن در ریشه‌اش مواد غذایی اندوخته میکند؛ سلق، پاژو، سلیقه. سلقی.

(پازیر) pā-zīr (امر.) پادیر (ه.م.) ضح . - ظ . مصحف « پادیر » (ه.م.) و«پاذیر» است.

پاژ pāž [= باژ = باج = باز] (ا.) باج (ه.م.)، باز.

پاژخ pāžax [= پازخ] (ا.) مالش و آزار، پازخ.

پاژگونه pāž-gūna(-e) [= باژگونه = واژگونه] (صمر.) باژگونه (ه.م.)، واژگونه . واژگون .

پاژن pāžan [پازن] (ا.) پازن (ه.م.)

پاژ نامه paž-nāma [= پازنامه = پاچنامه = پاشنامه] (امر.) **۱**- نامی که پادشاهان بچاکران دهند برای تشریف وی؛ لقب، پازنامه ، پاچنامه، پاشنامه. **۲** - قرین، همال.

۱- پاژند pā-žand (امر.) پازند (← ۱- پازند).

۲- پاژند pā-žand (امر.) (اخ.) ← پازند (بخش ۳).

۱- پاژنگ pā-žang [= پازنگ = پاشنگ = پاهنگ = پاچنگ = پاچنگ] (امر.) پاچنگ (← ۱- پاچنگ).

۲ - پاژنگ pāžang [= پاجنگ = پاچنگ] (امر.) پاچنگ (← ۲ پاچنگ).

پاژه pāža(-e) [= پازه = پاچه] (امر.) ۱ - پاچه (ه.م.) **۲** - پاچنگ (ه.م.).

۱ - پاس pās [په. pās] (ا.) **۱** - نگاهبانی ، نگاهداری ، نگهبانی ، حراست، محافظت. **۲** - ادب، احترام، حرمت، ملاحظه، رعایت . **۳** - بخش، پاره، بهر، حصه، قسمت. **۴** - یک حصه از هشت حصهٔ شبانروز ، یک حصه از چهار حصهٔ شب. **۵** - شخصی که در یک پاس از هشت پاس شبانروز عمداً بیدار باشد؛ پاسبان، نگهبان. **۶** - هریک از سه نگهبان تن یعنی چشم ، گوش و زبان. **۷** - تنگی، اندوه دل. ‖ **~ خاطر کسی راداشتن**. رعایت حال وی را کردن .

۲- پاس pās [فر. passe از passer، گذشتن] (ا.) **۱** - (فوتبال ، والیبال) ردتوپ بیکی از افراد دستهٔ خود. **۲** - (مانیه‌تیسم) حرکات دست مانیه‌تیزور (منوم) برای خواب کردن کسی .

پا ساخت pāsāxt (امر.) پسغده (ه.م.)

۱- **Anticorps** (فر.) ۲ - **Beta cycla** (لا.) ۳- **Chenopodiacées** (فر.)

۱- پاسار pā-sār [= پاسپار] (اِمر.) لگد، تیپا، پاسپار (ه.م.)

۲-پاسار pā-sār (اِمر.) تخته هایی که میان تنکه ها فاصله بشود ، تختهٔ زبرین وزیرین مصراع ، چوبهای قطورتر که در دوطرف فوق وتحت ومیان هردو تنکهٔ افقی بکار برند؛ مقابل باهو که عمودی بکار رود.

پاسار کردن p.-kardan (مصم.) لگدکوب کردن، پایمال کردن.

پاسازی pā-sāz-ī (حامص.)(مجسـ.) یکی ازمواد کاروبرنامهٔ رشتهٔ مجسمه‌سازی درهنرستانها ، وآن‌ساختن‌پا بوسیلهٔ گل و موم و غیره است از روی مدل زنده (ه.م.)؛ مق. دست سازی.

پاساژ pāsāž [فر. passage] ۱ - معبر، گذرگاه. ۲ - بازار سر پوشیده که دودر برای دخول و خروج دارد؛ تیمچه. ۳ - (نق.) رنگ رابط بین دو رنگ و هر عنصر واسطه‌بین دو عنصر یك تابلو . ۴ - (کوهنوردی) معبر مشکل سنگی که با وسایل فنی از آن گذرند .

پاسبان pās-bān [په . pāspān] (اِمر.) ۱ - نگاهبان، جاندار ، یزك ، محافظ، مراقب ، قراول، گماشته. ۲ - آنکه شب بدرگاه ملوك پاس دارد. ۳ - کسی که از طرف شهربانی مأمور حفظ نظم و آسایش شهر است . ۴ - شب زنده دار. ‖ ~ ِ شب. کسی که‌در شب پاسبانی میکند ، عسس . ‖ ~ ِ فلك . (اِخ.) زحل (← بخش ۳) ، کیوان. ‖ ~ ِ طارم‌هفتم. (اِخ.) زحل (← بخش ۳)، کیوان .

پاسبانی pāsbān-ī(حامص.)نگهبانی، نگاهبانی، حراست.

پاسبانی کردن p.-kardan (مصم.) محافظت کردن ، نگاهبانی کردن .

پاس‌بخش pās-baxš (اِفا.،صمر.) (نظ.) عوض کننده: قراول(فره.)، درجه‌داری که مأمور عوض کردن نگهبانان درساعت معین است .

پاسبز pā-sabz (صمر.،اِمر.) ۱ - میانجی. ۲ - دلال. ۳ - شوم قدم .

پاسبك pā-sabok (اِمر.) ۱- کسی که قدمش مبارك است؛ مق. پاسنگین . ۲ - جلف، بی وقار.

پاسپار pā-sepār ۱- (اِمر.) پاسار (←۱-پاسار)، لگد. ۲ - (صمف.) پای سپر، پی‌سپر، لگدکوب .

پاسپار کردن p.-kardan (مصم.) پاسار کردن (ه.م.)

پاسپر pā-separ (صمف.، صمر.) پاسپار (← پاسپار۲).

پاسپرت pāsport (اِ.) ← پاسپورت.

پاسپرده pā-seporda(-e) (صمف.، صمر.) لگدمال، لگدکوب، پایمال.

پاسپر کردن p.-kardan (مص م.) پاسار کردن (ه.م.)

پاسپورت pāsport [فر . passeport] (اِ.) ۱ - پروانه برای آزادی رفت و آمد اشخاص ازمملکتی بمملکت دیگر ؛ گذرنامه، جوازعبور، پته، تذکره، باشبرد . ۲ - اجازهٔ‌عبور بکشتی بازرگانی از آبهای ساحلی مملکتی .

پاسپوزنده pā-sepūzanda(-e) (اِفا.،صمر.) تیپا زننده، لگد زننده.

۱-پاستوریزه pāstorīze [فر . pasteuriser] (مصم.) گرم کردن آبجو و شراب‌و شیر وغیره بنا براصول علمی پاستور (← بخش ۳) برای از بین بردن موجودات تخمیری آن .

۲-پاستوریزه pāstorīze [فر . pasteurisé امف. فر. pasteurizer] ↑ (ص‌مف.) آنچه که طبق اصول علمی پاستور (← بخش ۳) میکربها و موجودات تخمیری ویرا ازبین‌برده باشند.

پاستوریزه کردن p.-kardan . [فر.-ف] (مص‌م.) ← ۱- پاستوریزه.

پاسخ pāsox [په. pāsux : پات(ضد.) + سخون = سخن (گفتار)] (امر.) ۱ - جواب؛ مق. سؤال، پرسش. ۲ - فرمان برداری، اجابت امر. ۳ - پذیرفتگی دعا، برآمدن‌حاجت، درگیری، استجابت. ۴ - عوض ، جزا ، مکافات ، پاداش ، پاداشن، ثواب، اجر، مزد. ۵ - تعبیر خواب، گزارش رؤیا. ‖ **در ~ آمدن صدا**. منعکس شدن صدا .

پاسخانه pās-xāna(-e) (امر.) جای پاسبان، قراولخانه.

پاسخ آراستن p.-ārāstan (مص م.) پاسخ دادن.

پاسخ آوردن p.-āva(o)rdan (مص م.) جواب آوردن.

پاسخ بردن p.-bordan (مص ل .) پیغام بردن، جواب‌بردن.

پاسخ خواستن p.-xāstan (مص‌ل.) استجابت، طلب کردن جواب.

پاسخ‌دادن p.-dādan (مص‌م.) جواب دادن، جواب گفتن، اجابت.

پاسخ‌ده pāsox-deh [= پاسخ‌دهنده] (افا.، ص‌مر.) جواب‌دهنده، پاسخگوی .

پاسخ سرای p.-sarāy [= پاسخ سراینده] (افا.، ص‌مر.) ۱ - جواب دهنده، پاسخگوی، پاسخ گزار . ۲ - جواب آورنده. ۳ - گزارندهٔ خواب، معبر .

پاسخ کردن p.-kardan (مص م.) ۱ - جواب گفتن ، جواب دادن . ۲ - استجابت دعا.

پاسخ گری p.-gar-ī (حامص.) جواب گزاری .

پاسخ گزار p.-gozār [= پاسخ گزارنده] (افا.، ص‌مر.) پاسخ سرای.

پاسخ گزاردن p.-gozārdan [= پاسخ گزاشتن] (مص‌م.) پاسخ دادن، جواب دادن ↓ .

پاسخ گزاشتن p.-gozāštan [= پاسخ گزاردن] (مص‌م.) پاسخ گزاردن ↑ .

پاسخ گفتن p.-goftan (مص م .) جواب گفتن، مشافهه.

پاسخ نوشتن p.-neveštan (مص م.) پاسخ نامه کردن، جواب‌نامه‌نوشتن.

پاسخ نیوش p.-neyūš [= پاسخ نیوشنده] (افا.، ص‌مر.) ۱- پاسخ نیوشنده، جواب‌شنونده. ۲ - صاحب اذن واعیه.

پاس‌دادن pās-dādan فر.-ف. ← پاس ، فر. passe + دادن] (مص ل.) ۱ - نوبت خودرا درقمار بحریف‌دادن. ۲-(ور.) دربازیهایی مثل‌والیبال‌وفوتبال توپ‌را بهمبازی خود رد کردن.

پاسدار pās-dār [= پاس‌دارنده] (افا.، ص‌مر.) نگهبان، پاسبان، مراقب، حارس.

پاسدارانه pās-dār-āna(-e) (قمر.) مانندپاسداران، همچون‌پاسداران، (← پاسدار).

پاسداری pās-dār-ī ۱ - پاسبانی. ۲ - رعایت، احترام، حرمت.

پاس‌داشتن pās-dāštan (مص م.) ۱ - پاسبانی کردن ، نگاهبانی کردن، پاییدن، نگاهداشتن، محافظت‌کردن، حفظ، حراست، پاسیدن(ه.م.) ۲ -رعایت کردن، مراعات‌کردن، ملاحظه‌کردن، ادب‌کردن . ۳ - مراقبت‌کردن، نوبت

پاسره

نگاهداشتن؛ رصد کردن. ۴ ـ جستجو کردن، تفتیش کردن. ‖ **خود را ـــ داشتن.** خود را محافظت کردن، تحرس، احتراس.

پاسره pāsora(-e) (اِ.) زمینی را گویند که صاحب زراعت در وجه اخراجات جدا کرده بمزارعان دهد تا ایشان حاصل آنرا صرف اخراجات دیوانی وغیره کنند.

پاسفره pā-sofra(-e) (امر.) ظرف خالی بر سر سفره برای جدا کشیدن طعام.

پاسك pāsa(o)k [= پاشك = باسك] (اِ.) خمیازه، دهان دره، فاژ، فاژه، آسا (ه.م.)، خامیاز، پاشك.

پاسگاه pās-gāh (اِمر.) ۱ - جای پاسبانان، جای دیده بانان. ۲ - جایگاه پاس، پست قراولی، محلی که تحت مراقبت مأمور از نظامی یا پاسبانان شهربانی است.

پاسگزار pās-gozār [= پاسگزارنده] (اِفا.، صمر.) شکور، شاکر، شکرگزار، حقگزار.

پاسگزاری pās-gozār-ī (حامص.) شکر، حقگزاری.

پاسن pāsen [= پاشنه] (اِ.) پاشنه (ه.م.)

پاسنگ pā-sang [= پای سنگ، قس. پارسنگ = پاره‌سنگ] (اِمر.) ۱ - آنچه در یك کفهٔ ترازو نهند بجهت برابر کردن با کفهٔ دیگر. ۲ - پایهٔ ستون.

پاسنگین pā-sang-īn (اِمر.) آنکه دیر دیر بدیدار دوستان وخویشان شود.

پاسوار pā-savār (اِمر.) سوارپا، پیادهٔ جلد و چابك.

پاسور pāsūr (اِ.) نوعی از بازی ورق.

پاسوز pā-sūz (عم.) عاشق شیفته.

‖ **ـــِ کسی شدن.** زیان بردن بعلت دوستی و محبت با کسی.

(پاسه) pāsa(-e) (اِ.) ۱- میل کردن بهر چیز؛ آزمندی، تاسه، تلواسه. ۲ـ غم. اندوه وفشردن گلو. ضح.ـ ظاهراً این صورت مصحف «تاسه» است.

پاسیار pās-yār (اِمر.) (غم.) سرهنگ شهربانی (فره.)

۱ـ پاسیدن pās-īdan (مصم.) (صر. ← رسیدن) ۱ - نگاهبانی کردن، پاس داشتن. ۲ - مواظبت کردن، مراقبت کردن. ۳ - بیدارخوابی داشتن، خواب خرگوشی کردن.

۲ـ پاسیدن pās-īdan [← پسودن = بسودن] (مصم.) (صر. ← رسیدن) لمس کردن، مس کردن، پسودن.

۱ـ پاسیده pās-īda(-e) (اِمف.) نگاهبانی شده، پاس داشته. (← ۱ پاسیدن).

۲ـ پاسیده pās-īda(-e) (اِمف.) لمس شده، مس شده، ملموس (← ۲ پاسیدن).

پاش pāš [ری. پاشیدن] ۱ـ (اِمص.) پاشیدن، برافشاندن. ۲ـ امر از «پاشیدن» (ه.م.) ۳ - در کلمات مرکب مانند گهرپاش، نمك‌پاش، عطر پاش، آب پاش، گلاب پاش، زرپاش؛ مخفف پاشنده است. ۴ - پریشان، افشان.

پاشا pāšā [= پادشاه] (اِمر.) ۱ - در تداول ترکان عثمانی صاحب رتبهٔ پاشایی وآن رتبه‌ای از مراتب کشوری ولشکری است. ضح.ـ سلاطین عثمانی بانتقام از سلاطین صفویه که کلمهٔ سلطان (ه.م.) را بتحقیر بصاحب منصبان خود اطلاق میکردند عنوان پاشارا که همان پادشاه است بزیر دستان خود دادند. ۲ـ خواجه، آقا و سید.

پاشالیك pāšā-līk [متر. پاشا (ه.م.) +

تر. ایلك، ادات نسبت](اِمر.) قلمرو
فرمانروایی پاشا . ولایت ، ایالتی که
تحت حکومت یك پاشاست .

پاشام مغز pāšām-e-maγz (اِمر.)
(پز.) پرده‌های[۱] مراکز اعصاب (فره .)
ام‌الغلیظ، عنکبوتیه وام‌الرقیق.

پاشامه pā-šāma(-e) [= پاجامه]
(اِمر.) پاجامه (ه‌.م.)، تنبان ، شلوار.

پاشان pāš-ān (صفا.) درحال پاشیدن:
مشك پاشان.

پاشایی pāšā-yī (حامص.) پاشاشدن،
(← پاشا)، امارت یافتن.

پاش‌دادن pāš-dādan (مص م .)
افشاندن حبوب در طبقی و مانند آن
تا خاك و خاشاك از دانه جدا شود.

پاشدن pā-šodan (مص ل.) ۱ -
برخاستن: باو نگفته‌از آنجا پاشواینجا
بنشین . ۲ - ~ از خانه‌ای (منزلی) .
تخلیه کردن آن و سکونت در خانهٔ
دیگر.

پاشش pāš-eš (اِمص. پاشیدن) عمل
پاشیدن.

پاشك pāšak [= پاسك= باسك]
(اِ.) پاسك (ه‌.م.)

پاشکسته pā-šekasta(-e) (اِمف.،
صمر.) ۱ - آنکه پای شکسته دارد.
۲ - عاجز، ناتوان. ج. پاشکستگان.

پاشکیل pā-šakīl [ف.-ع.] (اِمر.)
نوعی ازبند کشتی‌گیران باشد و آن‌پای
خود را برپای حریف پیچیده برزمین
افکندن است .

پاشکیل کردن p.-kardan [ف.-ع.]
(مص م.) پای در پای‌پیچیدن حریف‌را
درکشتی و او را انداختن.

پاشگونه pāš-gūna(-e) [=
پاشگونه = پاژگونه = باژگونه =
واژگونه](صمر.) عکس ،قلب،مقلوب،
بازگردانیده شده .

۱-پاشنا pāšnā [= پاشنه] (اِ.)
پاشنه (ه‌.م.)

۲-پاشنا pāšnā [= پاشنگ = پاشنگه
= باشنگ، قس. شنگ] (اِ.) خیار
وخربزه و هندوانه وکدووامثال آن که
بجهت تخم نگاهدارند.

پاشنامه pāš-nāma(-e) [پاژنامه =
پازنامه = پاچنامه] (اِمر.) پاژنامه
(ه‌.م.)، پازنامه، پاچنامه.

پاشنده pāš-anda(-e) (اِفا.)
پراکننده، افشاننده.

۱ - پاشنگ pāšang [= پاشنگه]
(اِ.) ۱ - خوشهٔ انگور، خوشهٔ کوچك از
انگور ، چلازه ، زنگله . ۲ - خوشهٔ
انگوری که بجهت تخم نگاهدارند.

۲ - پاشنگ pāšang [= پاشنگه
= پاشنا = پاچنگ = پاهنگ =
= باشنگ، قس. شنگ] (اِ.) ۱ - خیار
بزرگ که برای تخم میگذارند ،
شنگ، باشنگ. ۲ - خربزه و هندوانه
و کدو و امثال آن که بجهت تخم
نگاهدارند.

۳ - پاشنگ pā-šang [= پاچنگ
= پاهنگ = پازنگ] (اِمر.) پاچنگ
(← ۱- پاچنگ).

۱ - پاشنگه pāšanga(-e) [=
پاشنگ] (اِمر.) پاشنگ (← ۱- پاشنگ،
همع.)

۲ - پاشنگه pāšanga(-e) [=
پاشنگ ← ۲- پاشنگ = پاشنا = باشنگ-
پاچنگ = پاهنگ، قس. شنگ.] (اِمر.)
هرچیز که بجهت تخم نگاهدارند مانند
خربزه وهندوانه وکدو.

۱-Méninges (فر.)

پاشنه

پاشنه pāšna(-e) [= پاشنا = پایشنه؛ په. pāšnak] (اِمر.) ۱ - جزو مؤخر پای آدمی، پل، بل، پاشنا، عقب. ۲ - استخوانی درشت و کوتاه که تکیهٔ آدمی و دیگر حیوان هنگام ایستادن بر آن بود، استخوان جزو مؤخر قدم، عظم‌عقب. ‖ **پاشنهٔ پا** (ه.م.) ۳ - آنجای از کفش که پاشنهٔ آدمی بر آن آید، عقب کفش. ‖ **ـــ ٔ کفش را ورکشیدن**. مهیای انجام دادن کاری شدن. ‖ **ـــ (ـــ های) کسی را کشیدن.** ویرا بکاری بفریب تهییج و ترغیب کردن. ۴ - قسمتی از بن‌در که‌برزمین یا بگوشهٔ زیرین چارچوب فرو رود ودر بر روی‌آن‌چرخد. ‖ **ـــ ٔ خانهٔ کسی را درآوردن.** (عم.) بستوه آوردن وی بسبب مطالبهٔ‌طلبی‌یاخواهشی. ‖ **ـــ ٔ دهن را کشیدن**. عتاب بسیار کردن، دشنام فراوان‌دادن. ۵ - (نظ.) ماشهٔ تفنگ[1]. ۶ - (مس.) (در ویلن) آرشهٔ ویلن دو انتها دارد. آن قسمت از آرشه که در بین دست یا انگشتان نوازنده قرار میگیرد «ته» یا «پاشنهٔ» آرشه گفته میشود و ممکن است نغمه‌ای را روی ویلن با پاشنه‌اجرا کنند و این‌سه‌حالت دارد: ۱- آنکه فقط‌حرکت آرشه‌بطرف راست باشد. ۲- آنکه‌فقط حرکت‌آرشه بطرف چپ باشد. ۳ - آنکه حرکت آرشه درهردوجهت‌چپ و راست باشد. اجرای‌نغمه باپاشنهٔ آرشه‌باعث منقطع شدن‌نغمه‌میگردد. ‖ **مثل ـــ ٔ شتر.** نانی سیاه و سخت.

پاشنه بخواب p.-be-xāb (ص‌مر.، اِمر.) کفشی که دیوارهٔ پسین آنرا بخوابانند؛ راحتی؛ یک‌لائی؛ مق. پاشنه نخواب.

پاشنه‌برگردان p.-bar-gardān (ص‌مر.، اِمر.) پاشنه‌بخواب (ه.م.)

پاشنه‌برنهادن p.-bar-na(e)hādan (مص‌م.) مهمیز زدن، پاشنه زدن، رکاب‌گران کردن.

پاشنه‌بلند p.-boland (ص‌مر.، اِمر.) کفش زنانه که پاشنهٔ بلند دارد؛ مق. پاشنه‌کوتاه.

پاشنهٔ پا p.-ye pā (اِمر.) (جا ن.، پز.) قسمت خلفی کف پا[2] که شامل بافت پوششی مطبق کاملاً ضخیم وعضلهٔ محکم و محکمترین رباط بدن بنام رباط اخیلوس‌است[3]. این‌قسمت‌از کف‌پا در انسان کاملاروی زمین تکیه‌میکند وقسمت‌اعظم‌سنگینی بدن راتحمل می‌نماید؛ عقب‌پا، پاشنه. ‖ **استخوان ـــ.** (پز.) استخوانی که قسمت خلفی‌اسکلت کف پا را تشکیل‌میدهد[4]. این‌استخوان در زیر استخوان قاب[5] و تاسی[6] قرار دارد، و تقریباً بشکل‌یک مکعب‌مستطیل و مانند آن دارای ۶ وجه است. در سطح‌خلفی‌آن‌الیاف‌رباط اخیلوس‌التصاق یافته‌اند.

پاشنه ترکیده p.-tarakīda(-e) (ص‌مف.) (عم.) بی‌سروپا: خانم پاشنه ترکیده.

پاشنه‌خیز p.-xīz (اِمر.) برانگیختن اسب‌وماننداآن‌با زخم‌پاشنه‌یامهمیز ↓.

پاشنه خیزکردن p.-kardan (مص م.) ـــ اسب. برانگیختن و تحریک اسب با زخم پاشنه یا مهمیز.

پاشنه زدن p.-zadan (مص م.) پاشنه برنهادن (ه.م.)

پاشنه سابیده p.-sābīda(-e) (ص مف.، اِمر.) بدجنس و بیراه.

۱- Détente (فر.) ۲- Talon (فر.) ۳- Tendon d'Achylle (فر.)

۴- Calcanéum (لا.، فر.) ۵- Astragale (فر.) ۶- Cuboïde (فر.)

پاشنه سنگ p.-sang (اِمر.) سنگ سیاه متخلخل برای پاک کردن پا ازشوخ؛ سنگ‌پای خار، سنگ‌پا.

پاشنه‌کش p.-ka(-e)š (اِفا.، اِمر.) آلتی از فلز یا از جنس دیگر که‌وقت پوشیدن از درون برلبهٔ پسین کفش نهند، وسپس بیرون آرند تا کفش کج و دوتا نشود.

پاشنه‌کوب p.-kūb (اِفا.، ص‌مر.) کسی که درپی گریخته و فراری‌بدود.

پاشنه کوتاه p.-kūtāh (ص مر.) (کفش) کفشی که‌پاشنهٔ کوتاه دارد؛ مق. پاشنه بلند.

پاشنه‌کوفته p.-kūfta(-e) (ص‌مف.، اِمر.)(کنـ.) کسی که بسبب‌شدت بینوایی وبی کفش رفتن پای او کوفته و تراک خورده باشد.

پاشنه‌گاه p.-gāh (اِمر.) آنجای‌ازدو پهلوی اسب که‌پاشنهٔ سوار بر آن‌خورد.

پاشنه‌گز p.-gaz [= پاشنه گزک] (اِمر.) (جا.ن.) جنس ماده‌سوسک‌حمام[۱]. ← سوسک سیاه آشپزخانه

پاشنه‌گزک p.-gaz-ak [= پاشنه‌گز] (اِمر.)(جا.ن.) پاشنه گز (ه.م.)

پاشنه نخواب p.-na-xāb (اِمر.) ۱ - کفشی که پاشنهٔ آن نخوابد؛ مق. پاشنه بخواب. ۲ - زلفی که از نیمهٔ قفا بریده و سر آن روببالا برجسته باشد.

پاشویه pā-šūya(-e) (اِمر.) ۱ - آب گرم خالص یامخلوط بخردل ونمک و غیره که‌پای بیمار را بدان شویند. ۲ - دیوارهٔ‌حوض. ۳ - آب‌روگرداگرد حوض.

پاشویه کردن p.-kardan (مص‌م.) شستن پای بیمار با آب گرم مخلوط بنمک یا خردل وامثال آن تا حرارت وتبش کم شود.

پاشیب pā-šīb (اِمر.) نردبان زینه- پایه.

پاشیدگی pāšīda(e)g-ī (حامص.) پراکندگی، تفرق.

پاشیدن pāš-īdan [= پاچیدن] (مص‌م.) (پاشید، پاشد، خواهدپاشید، بپاش، پاشنده، پاشیده، پاشان، پاشش) ۱ - پراگندن، پریشیدن، افشاندن. ۲ - ریختن. پاچیدن (عم.)، پشنجیدن. ‖ آب ~. آب زدن جایی را. ‖ از هم ~. متلاشی شدن.

پاشیدنی pāšīdan-ī (ص‌لیا.) درخور پاشیدن، افشاندنی، پراگندنی، پریشیدنی، برافشاندنی.

پاشیده pāš-īda(-e) (اِمف. پاشیدن) ۱ - پراگنده، متفرق، برافشانده، منثور. ۲ - ریخته، ریخته شده، فروریخته.

پاشیده شدن p.-šodan (مص‌ل.) ۱ - پراگنده‌شدن، برافشانده‌شدن، افشانده شدن. ۲ - ریخته‌شدن، برشاشیده‌شدن. ‖ از هم ~. ازهم متلاشی شدن.

پاشیر pā-šīr (اِمر.) زیر زمین‌خرد که شیر آب انبار بن دیوار آن نصب شده است، گودال پای شیر آب‌انبار، کلیهٔ بنای مجاور شیر، آنجای از آب انبار که آب از شیر گیرند.

پا صلیبی کردن pā-salībī-kardan [ف.-ع. = پای صلیبی کردن] (مص ل.) پاهارامانند صلیب بیکدیگر متصل کردن.

پاطوق pā-tūγ [= پاتوغ (ه.م.) = پاتوق] (اِمر.) پاتوغ (ه.م.)

پاعلم خوان pā-alam-xān [ف.-ع. = پای علم‌خواننده] (اِفا.، ص مر.) کسی که درایام‌عاشورا بزیرعلم چیزی خواند.

---

۱ - Blatte noire des cuisines femelle (فر.)

پاعلم‌رنگین‌کردن

پا علم رنگین کردن p.-rangīn-kardan (مصم.) آنست که کسی را از فوج دشمن گرفته زیر علم خود به ـ طریق شگون گردن میزنند والازیرعلم دو گوسپند ذبح میکنند.

پاغر pā-γar (اِ.) ستونی که سقف خانه بدان قرار گیرد؛ پیلپا، پیلپایه، پالار، عماد، عمود.

پاغر pā-γor [= پاغره] (اِمر.) (پز.) مرضی که موجب خیز و تورم پاها شود[1]. این ناخوشی اغلب در قسمت‌های جنوبی ایران و عربستان دیده میشود وباحتمال قوی مربوط باختلالات جریان لنف و یا گردش خون وبالاخره ممکن است دارای یك علت عفونی ومرضی باشد. پاغره، داءالفیل، پیلپا ← داءالفیل.

پاغر

پاغره pā-γora(-e) [= پاغر] (اِمر.) (پز.) پاغر (ه‌.م.)

پاغند pā-γond [= باغند= پاغنده ← غند] (اِ.) پاغنده (ه‌.م.)

پاغنده pā-γonda(e) [= باغنده= پاغند ← غنده] (اِ.) ۱ ـ مطلق گلوله است از هر چه باشد ۲ ـ آن پنبهٔ برپیچیده که حلاجی کرده باشند عمداً، پنبهٔ گلوله کرده، پنبهٔ برپیچیده که زنان ریسند؛ کلوچ، گلیچ، گلوله، آغنده، پاغند. ۳ ـ پنبهٔ دسته کرده ازپشم وپاغنده (نمرهٔ ۲) که بریسند.

پاغوش زدن pāγūš-zadan (مص ل.) غوطه‌خوردن. ضح. ـ این صورت ومعنی آن محتاج بتأیید است (لغ.).

پافزار pā-fazār [= پا افزار = پای افزار] (اِمر.) پا افزار (ه‌.م.)

پافشاری pā-fešār-ī (حامص.) پایداری، ایستادگی، استواری، پا برجایی، استقامت، ثبات، اصرار، ابرام.

پافشاری کردن p.-kardan (مص ل.) پافشردن (ه‌.م.)

پافشردن pā-fa(e)šordan [= پای افشردن = پای افشاردن = پای فشاردن = پای‌فشردن] (مص ل.) پافشاری کردن، ایستادگی کردن، پایداری کردن، پاییدن، پای داشتن، پای افشردن: «پافشردی بردی.» (حکمت).

پاقرص pā-γors (ص مر.) پا برجا، استوار، ثابت قدم.

۱ـ پاك pāk [پهـ. pāk] (ص.) ۱ ـ بی آلایش، پاکیزه، نمازی، طاهر، طیب، نظیف، نزه، منزه، مهذب؛ مق. پلید، ناپاك، شوخ، شوخگن، نجس، رجس. ج. پاکان (آنانکه طاهر وپاك هستند). ۳ ـ ساده و بی آمیزش، صافی، بی‌غل، بی‌غش، بی آمیغ، ویژه، محض، لب. ۳ ـ روشن، رخشان، درخشان. ۴ ـ آنچه که کثیف نباشد؛ شفاف. ۵ ـ غیر حایض، آنکه دشتان نبود، که حایض نیست، که در طهراست. ۶ ـ بی گناه، پاکدامن، عفیف، عفیفه، معصوم. ۷ ـ قدوس، سبوح، اقدس، مقدس (در صفت خدای‌متعال). ۸ ـ بی‌غرض، بی کینه، بی تزویر: «آنرا که حساب پاك است ازمحاسبه‌چه باك‌است.» (سعدی) ۹ ـ درست، راست. ‖ **دین** ~ ـ دین‌درست‌وصحیح. ۱۰ ـ خالی، تهی، پرداخته، سترده، فارغ. ۱۱ ـ بی‌سلاح، بی‌اسلحه. ‖ **جامهٔ** ~ . جامهٔ کشوری، جامهٔ‌بزم، جامهٔ غیر جنگی. ۱۲ ـ تنك، رقیق. ۱۳ ـ (پز.) عاری از عفونت و طفیلی[2]، بدون میکرب و عوامل مولد مرض. ۱۴ ـ (ق.) همه، تمام، یکسر، یکسره،

---

۱ ـ **Elephantiasis des arabes** (فر.)
۲ ـ **Aseptique** (فر.)

یکباره، کلاً، کاملاً، جملةً، بالمرة.
‖ بخت ــــ . بخت‌خوش. ‖ پاکا! [پاک (ه.م.) + آ، حرف ندا] منزها! قدوسا! سبوحا!: «میگفت: پاکا که مرا میبینی و کلام مرا میشنوی.» (قصص الانبیاء)
‖ پاکان خطهٔ اول. (کنـ.) ملایکه و کروبیان و حاملان عرش معلی.
‖ ــــ و پوست‌کنده. صریح و روشن، بی کنایه، بی‌پرده: پاک و پوست کنده بشما میگویم. ‖ زر ــــ . زرخالص.

۲ـ پاک pāk [فر. pâque، pâques] (اِ.) **۱ـ** عیدبزرگ یهود که هرسال در چهاردهمین روز از نخستین ماه قمری بیاد خروج قوم بنی‌اسرائیل از مصر برپا میدارند و درچهاردهمین روز ازدومین ماه قمری هر سال نیز یهودیان جشن پاک را بنام دومین پاک می گیرند تا بیماران یا مسافرانی که‌در نخستین‌پاک نتوانسته‌اند در اورشلیم‌حضور یابنداز آن برخوردارشوند؛ عیدپاک، عید فصح، پاسکا، باغوث، عید فطیر. **۲ـ** یکی از اعیاد بزرگ مسیحیان که هرسال بیاد برخاستن مسیح از میان مردگان برپا کنند، عیداحیای‌مسیح، عیدفصح نصارا، باغوث.

پاکات pākāt [فر. بسیاق ع.] (تد.) (غفص.) ج. پاکت (ه.م.) ضح.ــ کلمهٔ اروپایی «پاکت» (ه.م.) را بقیاس غلط با جمعهای عربی چنین جمع بسته اند!

پاکار pā-kār [= پای‌کار] (ص‌مر.، اِمر.) **۱ـ** کسی‌راگویندکه چون تحصیلداری بجایی بیایداوزر از مردم تحصیل کند وبتحصیلدار دهد، شخصی که در شهرها و دهها جای مردم بمحصلان و ارباب طلب دیوانی نماید؛ کارگذار، عریف. **۲ـ** کسی‌که برای محافظت کشت وزرع دهقانان در دهکده‌ها مدت یک سال استخدام شود. **۳ـ** خدمتکار، پادو، چاکر، نوکر، خادم. **۴ـ** آنکه‌مستراح را جاروب کند؛ کناس. **۵ـ** پیر مرد برزن وده. **۶ـ** مأمور محلی که زین دست کدخدا وزیر دست میرا بست‌وکار او مراقبت کشتزارهای دهقانانست.

پاکاری pā-kār-ī [= پایکاری] **۱ـ** (حامص.) عمل پاکار (ه.م.) **۲ـ** (اِمر.) شغل وپیشهٔ پاکار (ه.م.)

پاک اصل p.-asl [ف.-ع.] (ص مر.) آنکه گوهری‌پاک‌دارد؛ پاک گوهر، پاک نژاد.

پاک اصلی p.-asl-ī [ف.-ع.] (حامص.) عمل پاک اصل (ه.م.)

پاک‌اعتقاد p.-e'teγād [ف.-ع.] (ص‌مر.) آنکه اعتقادی درست دارد، کسی که‌عقیده‌ای راست دارد.

پاک اعتقادی p.-e'teγād-ī [ف.-ع.] (حامص.) عمل پاک اعتقاد (ه.م.)

پاک اندرون p.-andarūn (ص مر.) آنکه‌باطنی‌پاک‌دارد؛ پاک نهاد، پاک اعتقاد.

پاک اندرونی p.-andarūn-ī (حامص.) عمل پاک اندرون (ه.م.)

پاک اندیش p.-andīš [= پاک اندیشنده] (اِفا.، ص‌مر.) آنکه‌اندیشه‌ای پاک دارد، آنکه سوءِ نیت ندارد، پاک اندیشه.

پاک‌اندیشه p.-andīša(-e) (ص مر.) کسی که دارای اندیشهٔ پاک‌است؛ پاک اندیش (ه.م.)

پاک اندیشی p.-andīš-ī (حامص.) عمل پاک اندیش (ه.م.)

پاک‌باختن p.-bāxtan (مص م.) پاکبازی کردن (ه.م.)

پاکباز p.-bāz (اِفا.، ص‌مر.) **۱ـ** آنکه هرچه‌دارد بازد، مقامری که‌هرچه دارد بازد؛ پاکبازنده. **۲ـ** کسی که‌در

پاکبازی

قمار دغلی نکند. ۳ - عاشقی که بنظر پاك بمعشوق نگرد، عاشقی که عشق او آمیخته باشهوت نباشد؛ عاشق پاك نظر. ۴ - زاهد، مجرد، تارك دنیا. ۵- (تص.) کسی که بدون توقع و چشمداشت بخدا عشق میورزد.

پاکبازی p.-bāz-ī عمل پاکباز (ه.م.) ۱ - عمل آن کس که هر چه دارد درقمار وعشق یا درهواهای دیگر دهد و از نداشت نیندیشد. ۲ - عشق پاك، عشقی که با هوای نفس آمیخته نباشد.

پاکبازی کردن p.-bāzī-kardan (مصل.) پاك باختن، باختن هرچه که موجود است درقماروعشق وجز آن.

پاك بوم p.-būm (ص‌مر.) ۱- کشور پاك، خطهٔ پاك، بوم پاك، زمین مقدس. ۲ - پاك نهاد.

پاکت

پاك بین p.-bīn [= پاك بیننده] (إفا.، ص‌مر.) آنکه نظری پاك دارد، آنکه عمل کسان را حمل بصحت میکند.

پاك بینی p.-bīn-ī (حامص.) پاك نظری.

پاك پیوند p.-payvand(-ey-) (ص مر.) پاك نژاد، پاك اصل.

پاکت pākat [فر. paquet] (إ.) ۱ - محفظهٔ کاغذ که نامه وغیره را در آن گذارند وفرستند. ۲- بسته، جعبه: یك پاکت سیگار. ج. پاکات (غفص.) (ه.م.)

پاك تراش کردن pāk-tarāš-kardan (مص م.) ۱ - (باغبانی) پاك تراشیدن شاخهای درختان باغ. ۲ - (آرایشگری) پاك تراشیدن ریش چنانکه بن مویها برجای بازنماند. ۳ - دوباره تراشیدن موی.

پاك تن p.-tan (ص مر.) ۱ - پاکیزه تن، پاك بدن. ۲ - پارسا، پاکجامه، عفیف؛ مق. ناپاك تن. ۳ - نیك اندام، نیکواندام، نیکچهر.

پاك تنی p.-tan-ī (حامص.) پاکیزه تنی، پارسایی، عفت.

پاکج pā-kaǰ (ص‌مر.) کسی که پای او کج باشد؛ کج پای.

پاکجامگی pāk-ǰāma(e)g-ī (حامص. پاکجامه.) پارسایی.

پاکجامه p.-ǰāma(-e) (ص‌مر.) پارسا، عفیف.

پاکجان p.-ǰān ۱ - (ص مر.) پاك درون، پاك باطن. ۲- (إمر.) جان پاك.

پاکجانی p.-ǰān-ī (حامص.) پاك درونی، پاك باطنی.

پاکجفت p.-ǰoft (ص مر.) آنکه بشوی یازن خویش خیانت نورزد؛ جفت پاك، جفت پارسا، همسر عفیف.

پاك جیب p.-ǰayb(-ey-) [ف.-ع.] (ص‌مر.) عفیف، معصوم، عفیفه.

پاکچشم p.-ča(e)šm (ص‌مر.) آنکه بریبت در نامحرمان ومحارم دیگران نبیند؛ نظر پاك.

پاکچشمی p.-ča(e)šm-ī (حامص.) عمل پاکچشم (ه.م.)؛ پاك نظری.

پاکچهر p.-čehr ۱- (إمر.) روی پاك، چهرهٔ پاك، چهر نیك. ۲-(ص‌مر.) دارای چهرهٔ پاك.

پاکحساب p.-hesāb [ف.-ع.] (ص مر.) آنکه درمحاسبه پاك ودرست است.

پاکخو pāk-xū [= پاکخوی] (ص مر.) کسی که دارای خوی پاك است؛ پاکیزه خو، خوشخوی.

پاك خواندن p.-xāndan (مص‌م.) تقدیس کردن.

پاکخون p.-xūn (ص‌مر.) پاك گهر، پاك نژاد.

پاکخوی p.-xūy [= پاکخو] (ص مر.) پاکخو (ه.م.)

پاک داد p.-dād (ص مر.) عادل ، دادگستر .

پاکدامان p.-dāmān [= پاکدامن] (ص‌مر.) ← پاکدامن.

پاکدامن p.-dāman [= پاکدامان] (مص‌مر.) پاک، پاکجامه، عفیف، باعفاف، خشك دامن .

پاکدامنی p.-dāman-ī (حامص.) عمل پاکدامن (ه.م.) ؛ پاکی ، عفت ، عفاف .

پاکدرون p.-darūn (ص‌مر.) پاک جان ، پاك باطن ، پاك اندرون .

پاك درونی p.-darūn-ī (حامص.) عمل پاك درون(ه.م.)؛ پاك جانی، پاك باطنی، پاك اندرونی.

پاکدست p.-dast (ص‌مر.) درستکار، دارای صحت عمل؛مق. ناپاکدست.

پاکدستی p.-dast-ī (حامص.) عمل پاکدست (ه.م.) ؛ درستکاری ، صحت عمل .

پاکدل p.-del (ص‌مر.) آنکه در دل حیله و مکر ندارد، آنکه کینه و حسد ندارد ؛ دلپاك ، صاف دل ، پاكقلب ، پاکیزه دل. مخلص؛مق. ناپاکدل.

پاکدلی p.-del-ī (حامص.) پاکدرونی، بی‌غل وغشی ، پاکیزه دلی.

پاکدوزی pāk-dūz-ī (حامص .) **۱** - دوختن طرف و کنار جامه تاریش نشود. ‖ **پاکدوزی‌دودرزه.** پاکدوزی کنار جامه بقصدریش نشدن دودفعه؛ یکی‌از زیر و یکی از روی.

پاکدیدگی pāk-dīda(e)g-ī (حامص .) چگونگی آنکه پاکدیده (ه.م.) است؛ پاکچشمی.

پاکدیده pāk-dīda(-e) (ص‌مر.) پاك چشم (ه.م.)

پاکدین pāk-dīn **۱** - (ص‌مر.) آن‌کس که اعتقاد پاك دارد ، صاحب دین‌پاك، راست‌دین، حنیف؛مق. ناپاکدین، بددین. ج. پاکدینان. **۲** - (اِمر.) دین‌پاك، دین درست.

پاکدینی p.-dīn-ī (حامص .) پاك اعتقادی، پاکی اعتقاد.

پاك ذهن p.-zehn [ف.-ع.] (ص‌مر.) آنکه ذهنی پاك دارد.

پاکرای p.-rāy [ف.-ع] (ص‌مر.) آنکه اندیشه‌ای پاك دارد، صاحب‌رای پاك؛ پاکیزه رای، دانا.

پاکرفتن p.-roftan (مص مر.) کامل‌رفتن، تمام‌رفتن، پاك روب کردن.

پاکرو p.-raw(-ow) [= پاکرونده] (اِفا.،ص‌مر.) پارسا، عفیف .

پاکرو(ی) p.-rū(y) (ص‌مر.) پاکیزه روی (ه.م.)

پاکروان p.-ravān (ص مر.) پاك جان، پاك درون، پاك‌باطن، پاکدامن.

پاکروانی p.-ravān-ī (حامص.) عمل پاکروان(ه.م.)؛ پاك‌جانی، پاك‌درونی، پاك‌باطنی، پاکدامنی ، پارسایی .

پاکروب‌کردن p.-rūb-kardan (مص‌م.) ← پاك رفتن.

پاکروز p.-rūz (اِمر.) روزروشن.

پاکروی p.-rav-ī (حامص.) عمل آنکه پاك رو (ه.م.) باشد؛ پارسایی.

پاکزاد p.-zād (ص‌مف.) از نژاد پاك، از نسل‌پاك؛ پاکزاده، پاك گهر؛ مق. ناپاك زاد، بدنژاد.

پاکزادگی p.-zāda(e)g-ī (حامص.) پاك‌نژادی، حلال زادگی.

پاکزاده p.-zāda(-e) (ص‌مف .) پاکزاد (ه.م.)

پاک زبان p.-zabān (ص مر.) پاک گفتار، پاک‌سخن، راستگوی.

پاک زن p.-zan (اِمر.) زن پاک، زن پاکدامن؛عفیفه، کریمه، محصنه،طاهره.

پاکستانی pākestān-ī (ص نسب.) منسوب به‌پاکستان← بخش۳.

پاک سخن p.-soxan (ص مر.) پاک گفتار، درست گفتار.

پاک سر p.-ser(r) [ف.-ع.] (ص مر.) پاک درون، پاک باطن، پاک سریرت.

پاک سرشت p.-serešt (ص‌مر.) پاک نهاد، پاکیزه سرشت، پاک طینت، پاک فطرت.

پاک سرشتی p.-serešt-ī (حامص.) پاک‌نهادی، پاکیزه سرشتی، پاک‌طینتی، پاک فطرتی.

پاک سری p.-serr-ī [ف.-ع.] (حامص.) پاک درونی، پاک باطنی، پاکی سریرت.

پاک سریرت p.-sarīrat [ف.-ع.] (ص‌مر.) پاک سر (ه.م.)

پاک‌سریرتی p.-sarīrat-ī (حامص.) پاک‌سری (ه.م.)

پاک سیر p.-siyar [ف.-ع.] (ص‌مر.) آنکه‌سیرتهای‌پاک‌دارد، آنکه سیرتهای پسندیده دارد.

پاک سیرت p.-sīrat [ف.-ع.] (ص مر.) پاکخوی.

پاکش pā-kaš(keš) (اِمر.) آنچه‌بر آن سوار شوند چون اسب و خرو اتومبیل ودرشکه و غیره؛چاروا، مرکوب،مطیه.

پاکشان رفتن pā-ka(e)šān-raftan (مصل.) رفتن چون‌کسی که پای وی فالج دارد.

پاک شدن p.-šodan (مصل.) ۱ - پاک گردیدن، پاکیزه گردیدن، طاهر شدن،طهارت، طهر. ۲ - منزه بودن، تبارک، تقدس. ۳ - از حیض بر آمدن، قطع شدن خون حیض‌ماهیانه در وقتی‌که زن هنوز بسن یأس نرسیده است، اقراء. ۴ - صفای باطن یافتن. ۵ - (نجو.) انجلاء پس‌ازخسوف‌وکسوف. ۶ - سترده شدن، زدوده‌شدن، محوشدن، زایل‌شدن. ‖ **ازعیب‌یا عوار** ~ . برائت یافتن. ‖ **از وام‌وجز آن** ~ . پرداختن آن، برائت.

پاک شده p.-šoda(-e) (ص مف.) ۱ - سترده، زدوده، زایل شده، محو شده، مطموس،منسوخ،محکوک،ممحوق. ۲ - بری، عاری. ۳ - پاک، پاکیزه، زکی، منقح، مطهر.

پاک شلوار p.-šalvār (کن.) (ص‌مر.) تمیزشلوار، نقی‌العرض، نظیف‌السراویل، عفیف.

پاک شمردن p.-ša(e)mordan (مصم.) پاک دانستن، استنظاف.

پاکشیدن pā-ka(e)šīdan (مص ل.) ۱ - ترک کردن، احتراز کردن. ۲ - رفتن و مقیم‌شدن. ‖ ~ **از جایی**. دیگر بآنجا نرفتن.

پاک ضمیر pāk-zamīr [ف.-ع.] (ص‌مر.) پاک اندیشه، پاکرای.

پاک طبع pāk-tab' [ف.-ع.] (ص مر.) پاک سرشت، پاک نهاد.

پاک طبعی p.-tab'-ī [ف.-ع.] (حامص.) عمل پاک طبع (ه.م.)

پاک طویت p.-taviyyat [ف.-ع.] (ص‌مر.) پاکدرون، پاک قصد، پاک‌نیت.

پاک طینت p.-tīnat [ف.-ع.] (ص مر.) پاک سرشت (ه.م.)

پاک طینتی p.-tīnat-ī [ف.-ع.]

(حامص.) عمل پاک طینت (ه.م.)؛ پاک سرشتی.

پاک عقیدت p.-aγīdat [ف.-ع.] (ص‌مر.) پاک فکر، پاک اندیشه، پارسا، طاهر، پاک عقیده.

پاک عقیدتی p.-aγīdat-ī [ف.-ع.] (حامص.) عمل پاک عقیدت.

پاک فطرت p.-fetrat [ف.-ع.] (ص‌مر.) پاک سرشت (ه.م.)

پاک فطرتی p.-fetrat-ī [ف.-ع.] (حامص.) عمل پاک‌فطرت (ه.م.)؛ پاک سرشتی.

پاک‌کردن p.-kardan (مص‌م.) ۱ - با دست یا بازبان‌یا آلتی چیزی را از چیزی بردن چنانکه‌مرکب را از کاغذ وکلمه را از نامه ومانند آن؛ زدودن، ستردن، محو کردن. ۲ - خالی کردن، تهی کردن. ۳ - نظیف کردن، تزکیه، تنقیح. ۴ - روفتن، تمیز کردن، نظیف کردن. ۵ - نمازی کردن، پاک کردن ازپلیدی، طاهر کردن، استنجاء. ۶ - صاف کردن، خالص کردن.

پاک‌کننده p.-konanda(-e) (إفا.، ص‌مر.) تمیز کننده، نظیف کننده، طهور.

پاک گرداندن (گردانیدن) p.-gardāndan (-ānīdan) (مص‌م.) ۱ - تزکیه، تصفیه. ۲ - نمازی کردن، تمیز کردن، تطهیر.

پاک‌گردیدن p.-gardīdan (مص ل.) ۱ - پاک شدن، طاهر شدن. ۲ - بسر رسیدن مدت واجل، برسیدن.

پاک گشتن p.-gaštan (مص ل.) پاک گردیدن (ه.م.)

پاک‌گفتار p.-goftār (ص‌مر.) پاک سخن.

پاک‌گوهر p.-gaw(ow)har [= پاک‌گهر] (ص‌مر.) پاک‌نژاد، پاک اصل، اصیل، پاکزاد، حلال زاده، نجیب، خالص نسب، پاک گهر.

پاک گوهری p.-gaw(ow)har-ī (حامص.) پاک‌نژادی، اصالت، نجابت.

پاک‌گهر p.-gohar [= پاک‌گوهر] (ص‌مر.) پاک‌گوهر (ه.م.)

پاک‌گهری p.-gohar-ī [= پاک گوهری] (حامص.) پاک گوهری (ه.م.)

پاکلاغی pā-kalāγ-ī (إمر.) ۱ - گیاهی است که برگ آن به‌پنجهٔ زاغ ماندودربهارروید وآنرا درآشهاوپلوها کنند؛ رجل‌الطیر، رجل‌الغراب، قازایاغی، اطریلال. ۲ - قسمی از دوختن.

پاکمرد pāk-mard (إمر.) مرد پاک، صالح؛ مق. ناپاکمرد.

پاک مغز p.-maγz (ص‌مر.) آنکه‌مغز واندیشهٔ پاک ودرست دارد؛ پاک‌اندیشه، پاکرای، زیرک، تیزهوش، تیز ویر.

پاک مغزی p.-maγz-ī (حامص.) پاکرایی، تیز هوشی، تیز ویری.

پاک منش p.-maneš (ص مر.) پاک فطرت، پاک جبلت، پاک اندیشه.

پاکمهر p.-mehr (ص مر.) آنکه دوستی او آمیخته بغرض نباشد؛ صفی، صفیه.

پاکنام p.-nām (ص مر.) نیکنام، خوشنام.

پاکنامی p.-nām-ī (حامص.) نیکنامی، خوشنامی، حسن شهرت.

پاک‌نژاد p.-nežād (ص‌مر.) پاک - گوهر (ه.م.)

پاک نژادی p.-nežād-ī (حامص.) پاک‌گوهری (ه.م.)

پاک نسب p.-nasab [ف.-ع.] (ص‌مر.) پاک‌گهر، پاک‌گوهر، پاکزاد، پاک‌نژاد، اصیل، نجیب.

پاك نظر

پاك نظر p.-nazar [ف.-ع.] (ص مر.) آنکه نظری پاك دارد؛ نظر پاك.

پاك نظری p.-nazar-ī [ف.-ع.] (حامص.) عمل پاك نظر (ه.م.)؛ نظر پاکی.

پاك نفس p.-nafas [ف.-ع.] (ص مر.) راستگوی.

پاك نفسی p.-nafas-ī [ف.-ع.] (حامص.) راستگویی.

پاکنویس p.-nevīs (إمر.) آنچه را که از روی نوشتهٔ نخستین پس از تصحیح آن مجدداً بنویسند؛ مبیضه؛ مق. چرکنویس، پیش‌نویس، مسوده.

پاکنویس کردن p.-kardan (مصم.) بیاض کردن، مبیضه کردن (← پاکنویس).

پاکنویسی p.-nevīs-ī (حامص.) عمل پاکنویس (ه.م.)

پاکنه pā-kana(-e) [← کندن] (إمر.) ۱- جای پا یا پله‌ای که در کاریز و قنات و مانند آن کنده باشند. ۲- آنجای از تون که تونتاب برای تیز کردن آتش ایستد.

پاك نهاد pāk-na(e)hād (ص مر.) پاك درون، پاك سرشت، پاك فطرت، پاك طینت.

پاك نهادی p.-na(e)hād-ī (حامص.) پاکدرونی، پاك سرشتی، پاك فطرتی، پاك طینتی.

پاك وار p.-vār (ص مر.) مانند پاکان، همچون طاهران؛ مق. ناپاك وار.

پاکوب pā-kūb [= پای کوب] ۱- (إفا.، ص مر.) پاکوبنده، پای باز، رقاص. ۲- (إمف.، ص مر.) کوفته شده بپای، پاکوبیده، پایمال.

پاکوبان pā-kūbān [= پای کوبان] (ص فا.، حا.) درحال پای کوفتن، درحال رقص کردن، رقص کنان.

پاکوب کردن pā-kūb-kardan [= پای کوب کردن] (مصم.) چیزی را با پا کوفتن؛ بپای کوفتن، لگدکوب کردن، پی‌سپر کردن.

پاکوبی pā-kūb-ī [= پایکوبی] (حامص.) ۱- عمل کوفتن پا برچیزی. ۲- (کذ.) رقص.

پا کوبیدن pā-kūbīdan [= پا کوفتن = پای کوبیدن] (مصل.) پا کوفتن (ه.م.)

پاك و پاکیزه pāk-o-pākīza(-e) (ص مر.) پاك، تمیز، پاکیزه.

پاك و پوست کنده p.-o-pūst-kanda(-e) (ص مر.، قمر.) آشکار، صریح.

پاکوتاه pā-kūtāh (ص مر.) ۱- حیواناتی که پای کوتاه دارند چون گاو و گوسفند و جز آنها؛ مق. پا بلند. ۲- انسان یا حیوانی که در اثر ضایعه‌ای پاهایش از معمول کوتاهتر باشد.

پا کوفتن pā-kūftan [= پای کوفتن] (مص ل.) ۱- زدن کف پای برچیزی. ۲- رقص کردن، رقصیدن، پای کوفتن، پا کوبیدن، پای کوبیدن.

پاك و ناپاك pāk-o-nā-pāk (ص مر.) هم از پاك وهم از ناپاك، درست و نادرست.

پاکی pāk-ī ۱- (حامص.) پاکیزگی، طهارت، طیب؛ مق. ناپاکی، پلیدی. ۲- قدس. ۳- حال زنی که حایض نباشد، طهارت زن از حیض، باز ایستادن خون پس از حیض، سرشستگی، طهر. ۵- پاکدامنی، پارسایی، عفت، عصمت. ۶- ویژگی، بی آمیغی، بی‌غشی، صفا، خلوص. ۷- روشنی، ضیاء. ۸- (إمر.) استرهٔ سرتراشی، تیغ. ۹- (حامص.) تمام شدن. ۱۰- (پز.) عاری بودی از میکرب و عوامل

۶۷۳ پاکیزه‌سرشت

مولدمرض[1]. ‖ آب ــــ بدست کسی ریختن. یکباره اورا نومید کردن. ‖ به ــــ یاد کردن. منزه دانستن، تقدیس، تسبیح، تنزیه. ‖ ــــِ نژاد پاك نژادی. پاکزادی، اصالت، نجابت.

پاکی جستن p.-ǰostan (مص ل.) تطهر.

پاکی‌خواستن p.-xāstan (مص‌ل.) استبراء، طلب پاك‌شدن.

پاکیدن pāk-īdan [← ۱پاك۱] (مص م.) روفتن، ستردن، پاك‌کردن.

پاکیز pākīz (اِ.) نام‌داوی ازکشتی، و آن‌چنانست که بیکدست پای‌حریف‌را گرفته‌بدست‌دیگر زور بر گردن‌او آوردن.

پاك‌یزدان pāk-yazdān [← یزدان] (اِمر.) یزدان پاك، خدای پاك، قدوس.

پاکیزگی pāk-īza(e)g-ī (حامص.) پاکی، طهارت، نظافت، لطافت، طهر، صفا.

پاکیزه pāk-īza(-e) [پاك + ایزه (ایچه=چه، پس.)] (ص‌مر.) ۱- پاك، نظیف، طیب، طاهر، صافی، منقح. ۲- منزه، مقدس. ۳- خالص: شیرپاکیزه. ۴- خالی ازعیب‌ونقص، درست‌وراست، مهذب. ۵- پاکدامن، پاك‌جامه، پارسا، عفیف، معصوم. ۶- پاکیزه روی، زیبا، خوب، مقبول، مطبوع.

پاکیزه بوم p.-būm (ص مر.) پاك تن (ه.م.)

پاکیزه پاسخ p.-pāsox (ص مر.) نیکو جواب.

پاکیزه‌تخم p.-toxm (ص‌مر.) ازنسل پاك، پاك نژاد.

پاکیزه تن p.-tan (ص‌مر.) ۱- پاك بدن، پاك‌تن. ۲- پارسا، عفیف.

پاکیزه جان p.-ǰān ۱- (ص مر.) دارای جان پاك؛ پاك‌جان، پاك درون، پاك باطن، روشن بین. ۲- (اِمر.) جان‌پاکیزه، جان پاك.

پاکیزه‌چهر p.-čehr (ص‌مر.) پاکیزه‌روی، نیکروی، زیبا، نکو منظر.

پاکیزه خلق p.-xolγ [ف.-ع.] (ص مر.) دارای خلق پاکیزه، مهذب.

پاکیزه خورش p.-xoreš (ص‌مر.) آنکه خورشهای پاکیزه دارد.

پاکیزه خوی p.-xūy (ص‌مر.) آنکه خویی پاکیزه دارد؛ پاکیزه خلق.

پاکیزه خویی p.-xūy-ī (حامص.) حالت پاکیزه‌خو (ه.م)؛ پاکیزه خلقی.

پاکیزه دل p.-del (ص مر.) پاك دل (ه.م.)

پاکیزه‌دلی p.-del-ī (حامص.) پاك‌دلی (ه.م.)

پاکیزه‌دها p.-dahā [ف.-ع.← دهاء] (ص‌مر.) زیرك، باهوش.

پاکیزه‌دهایی p.-dahā-yī [ف.-ع.] (حامص.) زیرکی.

پاکیزه دین p.-dīn (ص‌مر.) پاك‌دین (ه.م.)

پاکیزه رای p.-rāy ۱- (ص‌مر.) پاکرای (ه.م.) ۲- (اِمر.) رای‌پاکیزه، رای درست، اندیشهٔ درست.

پاکیزه‌رو p.-raw(-ow) [پاکیزه‌رونده] (ص‌مر.) آنکه‌روش‌پاکیزه‌دارد؛ نیك‌رفتار، درستکار.

پاکیزه رو p.-rū [← پاکیزه روی] (ص‌مر.) پاکیزه روی (ه.م.)

پاکیزه روی p.-rūy [= پاکیزه‌رو] (ص‌مر.) زیباروی، نکوروی، نکومنظر، صبیح‌المنظر، پاك‌رو.

پاکیزه سرشت p.-serešt (ص‌مر.) پاك سرشت (ه.م.)

---

۱ - Asepsie (فر.)

پاکیزه‌سرشتی p.-serešt-ī (حامص.) عمل پاکیزه سرشت (ه‌.م.)

پاکیزه شدن p.-šodan (مص ل.) پاك‌شدن (← پاك‌شدن ۱).

پاکیزه طبع p.-tab' [ف.-ع.] (ص مر.) پاك طبع (ه‌.م.)

پاکیزه‌طبعی p.-tab'-ī [ف.-ع.] (حامص.) عمل پاکیزه طبع (ه‌.م.)

پاکیزه‌کردن p.-kardan (مص م.) پاك کردن، تمیز کردن.

پاکیزه‌گو p.-gū [= پاکیزه گوی] (إفا.، ص‌مر.) پاکیزه‌گوی (ه‌.م.)

پاکیزه‌گوی p.-gūy [= پاکیزه‌گو = پاکیزه گوینده] (إفا.، ص‌مر.) آنکه سخنان پاکیزه گوید، گویندهٔ سخنان پاك وشایسته.

پاکیزه گوهر p.-gaw(ow)har [= پاکیزه گهر] (ص مر.) پاك‌گوهر (ه‌.م.)

پاکیزه‌گوهری p.-gaw(ow)har-ī [= پاکیزه گهری] (حامص.) پاك گوهری (ه‌.م.)

پاکیزه‌گهر p.-gohar [= پاکیزه گوهر] (ص‌مر.) پاك گهر (ه‌.م.)

پاکیزه‌گهری p.-gohar-ī [= پاکیزه‌گوهری] (حامص.) پاك گهری (ه‌.م.)

پاکیزه‌مرد p.-mard (ص مر.) پاك مرد (ه‌.م.)

پاکیزه مغز p.-maγz (ص‌مر.) آنکه مغزی پاك دارد، آنکه اندیشه‌ای پاك ودرست‌دارد؛ پاك‌مغز، پاك رای،زیرك، تیزهوش، تیز ویر.

پاکیزه مغزی p.-maγz-ī (حامص.) عمل پاکیزه مغز (ه‌.م.)

پاکی‌کردن pākī-kardan (مص‌م.) تطهر.

پاکی نمودن p.-no(e)mūdan (مص‌ل.) تطهر، تنظف.

پاگاه pā-gāh [= پایگاه] (إمر.) ۱- جایگاه اسبان، پایگاه، آخور، اصطبل. ۲- حضیض، پستی. ۳- پایه‌گاه،مرتبه،قدر، منصب.← پایگاه.

پاگر pā-gar [پا + گر، پس.نا.] (ص فا.) سازندهٔ پا، بوجود آورندهٔ پای.

پا گرفتن p.-gereftan (مص ل.) ۱- رشدکردن، نموکردن. ۲- استوار شدن، ثبات یافتن، مستقر شدن. ۳- دوام یافتن، باقی ماندن. ۴- (ور.) یکی ازحرکات نرمش(خم‌گیری) در ورزش باستانی است. ۵- (ور.) گرفتن عضلهٔپا هنگام‌شنا. ‖ ~ برف. نشستن آن برزمین چندانکه زود آب نشود. ‖ ~ کاری. رونق گرفتن آن. ‖ ~ طفل. براه‌افتادن او. ‖ ~ قبری‌را. سطح آن رااززمین‌بالاآوردن.

پاگشا p.-gošā [= پاگشای ← پاگشادن] (إمر.) جشنی که بعدازعروسی در خانهٔ اقوام ودوستان عروس وداماد بر پا میشود.

پاگشاکردن p.-g.-kardan (مص‌م.) عروس رابجشنهای میهمانی که درخانهٔ خویشاوندان عروس وداماد برپامیشود بردن، عروس رابمهمانی خواندن‌بخانهٔ نزدیکان داماد وعروس.

پاگن pāgon ← پاگون.

پاگون pāgūn [رس. pāgon] (إ.) (نظ.) سردوشی (ه‌.م.) (کم.)

پاگون‌دار p.-dār [رس.-ف. = پاگون دارنده] (إفا.، إمر.) (نظ.) سربازی که پاگون (ه‌.م.) گرفته، سپاهیی که باخذ سردوشی نایل آمده.

پاگیر pā-gīr [= پای‌گیر] ۱- (إمف.، إمر.) پای‌بند (ه‌.م)، مقید.

۲ - (اِفا. ، اِمر.) چیزی که پای انسان بآن گیر کند. ۳ - آنچه که شخص بدان پابند شود. ۴ - آنچه که موجب مزاحمت شخص گردد، چیزی که مانع پیشرفت مقصود باشد. ‖ ~ی کسی شدن. ۱ - مبلغی بحساب او آمدن. ۲ - گناهی بر او فرود آمدن. ۳ - بناخواست رنجی بر او فراز آمدن.

پاگیر آمدن p.-āmadan (مص م.) گیر آمدن پای بچیزی چنانکه شخص از حرکت باز ماند، بندشدن پای بچیزی.

۱ - پال pāl ۱ - (اِ.) ریسمان: پالدم (ریسمانی که در دم اسب اندازند).

۲ - پال pāl [← پالاییدن، پالودن] (اِفا.، ص مر.) پالنده، پالاینده: ناخن پال.

۱ - پالا pāl-ā [← پالاییدن، پالودن] ۱ - (اِفا.) پالاینده، صافی کننده: ترشی پالا، می پالا. ۲ - افزون کننده. ۳ - (فع. امر.) بپالای! صافی کن!

۲ - پالا pālā (اِ.) [= پالاد = پالاده = پالای] ۱ - مطلق اسب. ۲ - اسب کوتل، جنیبت، پالاد، پالاده.

پالائیدن pālā-īdan ← پالاییدن.

پالاپال pāl-ā-pāl [= بالابال] (اِمر.) ۱ - هیاهو، آشفتگی ← پالاپالی.

پالاپالی pāl-ā-pāl-ī [= بالابالی] (حامص.) سروصدا، هیاهو، داد و بیداد، شور و شغب.

۱ - پالاد pālād (اِ.) [= پالاده = پالای = پالا = بالاد] ۱ - مطلق اسب. ۲ - اسب نوبتی، اسب کوتل، جنیبت، پالا، پالاده. ۳ - اسب پالانی.

۲ - پالاد pālād [= پالاس] (اِ.) ، نرم دار، نمدار.

پالا دادن pālā-dādan (مص م.) پالودن، پالاییدن.

پالادن pālā-dan (مص م.) (صر. ← پالاییدن) پالودن، پالاییدن، صاف کردن.

پالاده pālāda(-e) [= پالاد = پالای = پالا = بالاد] (اِ.) اسب جنیبت، اسب کوتل، پالاد.

پالار pālār [= بالار] (اِ.) درخت و ستون بزرگ، ستون، استون، پاغر، شمع، دیرک، تیرک، پادیر (ه.م.)، بالار.

پالارنگ pāl-ā-rang (اِ.) آهن و پولاد هندی، پولاد و شمشیر جوهردار.

پالاری pālār-ī (ص نسب.، اِمر.) ستون بزرگ، شه‌تیر.

۱ - پالاس pālās [= پلاس] (اِ.) گلیم، نمد، جل کهنه.

۲ - پالاس pālās [= پالاد] نرم‌دار (ه.م.)

پالاش pālāš (اِ.) آلوده شدن پای بگل ولای.

۱ - پالان pālān (صفا.) پالنده، درحال پالودن.

۲ - پالان pālān (اِ.) پوششی انباشته از کاه که بر پشت ستور نهند تا بر آن نشینند یا بار گذارند و بدین وسیله پشت ستور از زخم و جراحت محفوظ ماند، ۲ - پشما کندی که بپشت ستور نهند. ۳ - (اِ.) نشیمنگاه، سرین. ‖ ~ی سواری. پالان خردتر و ظریفتر از پالان باری که بجای زین بکار رود؛ پالان قجری. ‖ ~اش را لوخ زدن. بقصد فریب کسی را تعظیم و تبجیل کردن. ‖ ~ی کسی کج بودن. ۱ - ناپارسا بودن، عفیف نبودن، پاکدامن نبودن. ۲ - دین یا مذهبی باطل داشتن: فلانی پالانش کج است. ‖ پوش به ~ی کسی گذاردن. پالانش را لوخ زدن (ه.م.) ‖ پیزر به ~ی کسی گذاردن. پالانش را لوخ زدن (ه.م.)

پالانچه pālān-ča(-e) (اِ مصغ.)

پالاندوز

۱ - پالان کوچك. ۲ - لباس خشن ، جامهٔ باحشو وضخامت بیش ازحاجت، جامهٔ زفت و گرم که درخور هوای بهار وتابستان نباشد.

پالاندوز pālān-dūz [= پالان دوزنده] (إفا.،ص‌مر.) آنکه پالان دوزد، سازد؛ پالان برای ستوران؛ پالانگر.

پالاندوزی p.-dūz-ī ۱ -(حامص.) عمل پالاندوز (ه‍.م.) ۲ -(إمر.) شغل و پیشهٔ پالاندوز. ۳ - جایی که در آن پالان دوخته میشود، دکان پالاندوزی.

پالان‌سابیده p.-sābīda(-e) (ص‌مف.) (عم.) کهنه کار، رند، حقه‌باز.

پالان کردن p.-kardan (مص‌م.) پالان برپشت‌ستور نهادن.

پالان گر p.-gar (ص‌شغ.) پالان‌دوز.

پالانگری p.-gar-ī (حامص .) پالاندوزی .

پالاننده pālān-anda(-e) (إفا . پالانیدن) افزون کننده، افزاینده.

پالانه pālāna(-e) (إ.) ۱- مخارجه‌ای که بر بالای خانه سازند ؛ ستاوند ، ستناوند، استوناوند . ۲ - (بنا.) یك طبقه ازخشت برروی آجر تیغهٔ سقف.

پالانی pālān-ī [= پلانی] (ص‌نسب. پالان) اسبی که اصیل نباشد، اسب کندرو که لایق پالان باشد ، اسب و استر وجز آن که بر آن پالان نهند نه زین.

پالانیدن pālān-īdan (مص م.) (صر . ← گذرانیدن) ۱ - افزودن : « همچنانکه باغبان زرد آلوی تلخ را میبرد وبرجای آن قیصی شیرین بپالاند و افزون کند.» (بهاءالدین ولد ، لغ.) ۲ - فشردن.

پالاوان pālā-vān [= پالاون] (إمر.) ← پالاون .

پالاون pālā-van [= پالاوان] (إمر.) ظرفی باشد مانند کفگیر که چیزها در آن صاف کنند ، ظرفی که طباخان وحلواییان برای صاف کردن روغن وشیره وجز آن برسر دیگ نهند ؛ آبکش ، ماشو، ماشوب ، ترشی پالا ، پالاوان، صافی .

پالاوه pālāva(-e) ۱-(ص.) بدگوی. ۲ - (إ.) اسب جنیبت، پالا.

پالاهنگ pālā-hang [= پالهنگ] (إمر.) پالهنگ (ه‍.م.)

۱- پالای pālāy [= پالا ← پالاییدن، پالودن] (فع.) ۱ - امر از پالاییدن بمعنی صافی کن، بپالای. ۲ - (إفا.) صافی کننده، بیزنده: خوناب‌پالای.

۲- پالای pālāy [= پالاد = پالاده = بالاد] ← ۱-پالاد.

پالایان pālāy-ān [← پالاییدن، پالودن] (صفا.، حا.) درحال پالودن و پالاییدن.

پالای اسب pālāy-asb (إمر .) اسب یدك کش.

پالایش pālāy-eš (إمص .) ۱ - پالودن، تصفیه (فره.)[1]، صافی کردن. ۲ - توسعاً وضع ، خط ، تصفیه (گناه و مانندآن). ۳ - آنچه بدان چیزی صافی کنندچون کفگیرحلواییان‌ومانند آن ؛ پالاوان ، پالاون ، پالونه . ۴ - تراوش، ترابش، زهیدن، زهش ، نتع. ۵ - دفع کثافات‌بدن، دفع‌فضول،استفراغ، ترشح. ۶- (إ.)پارگینی که درآن‌فاضل آب حمام گردآید، گند آب حمام . ‖ ~ نفت. تصفیهٔ نفت. ← نفت.

پالایشگاه pālāyeš-gāh (إمک .

۱- Filtration (فر.)

مر.) محل صافی کردن نفت و امثال آن، تصفیه خانه.

پالایشگر p.-gar (ص فا.) تصفیه کننده، صافی کننده.

پالایشگه pālāyeš-gah [= پالایشگاه] (إمر.) پالایشگاه (ه.م.)، تصفیه خانه، محل تصفیهٔ نفت و امثال آن.

پالاینده pālāy-anda(-e) (إفا.) پالایشگر، تصفیه کننده، صافی کننده.

پالایه pālāya(-e) [← پالاییدن] (إ.) آنچه بدان چیزی را صافی کنند؛ پالونه، صافی (ه.م.)

پالاییدن pālāy-īdan [= پالودن = پالیدن] (پالایید، پالاید، خواهد پالایید، بپالای، پالاینده، پالاییده، پالایش) **۱** - (مص م.) صافی کردن، پالودن، پالیدن. **۲** - بیختن. **۳** - (مص ل.) تراویدن، ترابیدن. **۴** - دفع شدن. ← پالودن.

پالاییده pālāy-īda(-e) (إمف. پالاییدن) صافی شده، تصفیه شده، پالوده، پالیده.

پالئوزوئیک pāleo-zoīk [فر. paléozoïque] (إ.)(زم.) دوران اول (ه.م.)

پالئوژن pāleo-žen [فر. paléogène] (إ.) (زم.) نیمهٔ اول دوران سوم زمین شناسی که خود بدو دورهٔ کوچکتر بنام ائوسن[1] والیگوسن[2] تقسیم میشود. در این دوره زمین انقلابات کوه زایی بسیار داشته و اکثر کوههای فعلی زمین مربوط باین دوره هستند. همچنین بقایای فسیل شدهٔ پستانداران در ته نشستهای این دوره بفراوانی دیده میشود. اصولاً ابتدای این دوران با پیدایش آثار اولین پستانداران زمین مشخص است.

پالئوگرافی pāleo-grāfī [فر. paléographie] (إمر.) دانش قرائت خطوط قدیم، علم خطوط باستانی.

پالئولیتیک pāleo-lītīk [فر. paléolithique] (إمر.) (زم.) پارینه‌سنگی (ه.م.)

پالئونتولوژی pāleontc-ložī [فر. paléontologie] (إمر.)(زم.) علمی که موجودات قدیمی زمین را مورد بررسی و مطالعه قرار میدهد، علم به احوال موجودات قدیمه، علمی که موجودات گیاهی و جانوری گذشتهٔ زمین را مورد تحقیق قرار میدهد. دامنهٔ این علم بسیار وسیع است و از آن علوم دیگری (از قبیل چینه شناسی، فسیل‌شناسی، آب و هوا شناسی و غیره) منشعب میشود.

پالت pālett [فر. palette] (إ.) (نق.) ← شستن.

پالتو pālto [فر. paletot] (إ.) پوششی ضخیم که مردم برای گرم نگاهداشتن بدن روی لباسهای دیگر پوشند.

پالدم pāldom [= پاردم] (إمر.) پاردم (ه.م.)

۱ - پالش pāl-eš [← پالاییدن، پالودن] (إمص.) تصفیه، پالایش. ضح. - بعضی پنداشته‌اند که این اسم مصدر صحیح نیست، زیرا ریشهٔ فعل (= امر) از «پالیدن» «پالا» است، پس اسم مصدر آن «پالایش» (ه.م.) است، اما باید دانست که پالایش اسم مصدر «پالاییدن» است و پالش اسم مصدر پالیدن (ه.م.) و بنابراین کلمهٔ اخیر هم قیاساً صحیح است.

۲ - پالش pāl-eš [محر. مبدل

1- Eocène (فر.) 2- Oligocène (فر.)

پالشگاه

« بالش »] (اِمص.) بالش. افزایش، افزونی ، فزونی .

پالشگاه pāl-eš-gāh (اِمکـ.) جای تصفیه ، تصفیه خانه . ضح . ـ بعضی پنداشته‌اند که این ترکیب صحیح نیست، ولی چنانکه درپالش (ه.م.) گفته‌ایم، قیاساً درست است ، ولی مستعمل «پالایشگاه» است.

پالغ pāloγ [= بالغ](اِ.) پیمانه‌ای که از شاخ کرگدن یا گاو یا عاج فیل یاچوب سازندوبدان‌شراب‌خورند؛ بالغ.

پالغ

پالغز pā-laγz [= پای‌لغز](اِمر.) ۱ ـ جایی که پادر آن لغزد، زمینی که پا در آن‌لغزد. ۲ ـ جرم، خطا، زلت، عثر. ۳ ـ خرابی.

پالك pālak [= پالیك] (اِمر.) ← پالیك .

پالکانه pāl(e)kāna(e) [= پالگانه = بالکانه](اِمر.) ۱ ـ دریچه‌ای که از آن پنهان ببیرون نگرند ؛ دریچه ، پنجره. ۲ـ غرفه، ستاوند. ۳ـ بام بلند. ۴ ـ پاسنگ ترازو.

پالکی pālakī [سنسـ. pālyānka] (اِ.) کجاوه؛ بی‌سقف.

پالگانه pālgāna(-e) [= پالکانه = بالکانه] (اِ.) ۱ـ پنجره ، بالکانه(ه.م.) ۲ ـ بالکن ، پیش آمدگی ساختمان (فره .)

پالوانه

پالنده pāl-anda(-e) (اِفا. پالیدن) صاف‌کننده، تصفیه‌کننده.

(پالنگ) pā-lang(long) (اِمر.) کفش، پای‌افزار ← پالیك. ضح. ـ ظ. مصحف «پالیك» است .

پالو pālū [= بالو] (اِ.) ← بالو.

پالوازه pālvāza(-e) (اِ.) تاب که آویزند و زنان‌وکودکان‌بر آن نشینند و درهوا آیند وروند.

(پالواسه) pālvāsa(-e) (اِ.) غم، اندوه، تاسه، خدوك. ضح .ـ ظ. مصحف «تالواسه» (ه.م.)

۱ـ پالوانه pāl-vāna(-e) (اِ.) [= بالوانه، وقس. بالوایه] (جاذ.) مرغی است سیاه و سپید باندازهٔ گنجشکی که پایی کوتاه دارد وهمیشه درپروازاست وچون برزمین‌نشیند بدشواری‌برخیزد؛ پالوایه، بادخورك، ابابیل. چلچله، پرستو، (ه.م.) پرستوك.

۲ ـ پالوانه pāl-vāna(-e) [= پالاون= پالونه] (اِمر .) ترشی پالا، پالونه (ه.م.) ، پالاون.

پالوایه pāl-vāya(-e) (اِ.) ← پالوانه ۱ و۲.

۱ ـ پالود pālūd [← پالودن](اِمف، اِ.) پالوده(ه.م.)، فالوذ.

۲ ـ پالود pālūd [= بالود] (اِ.) پوست‌بره، بالود.

پالودگی pālūda(e)g-ī (حامص.) بی‌غلی، بی‌غشی، ترویق .

پالودن pāl-ūdan [= پالاییدن ؛ پهـ. pālūtan] (صر.← آسودن) ۱ ـ (مصم.) چیزی‌را ازصافی‌یاغربال‌وجز آن بیرون‌کردن، چیزی آب‌دار را از الك و مانند آن در کردن تا صاف شود، آرد و مانند آنرا از تنگ‌بیزی بیرون‌کردن‌تا سبوس ونخالهٔ‌آن‌گرفته شود، پالیدن (ه.م.)، پالاییدن، صافی کردن، تصفیه. ۲ ـ (مص ل .) صافی وروشن‌شدن. ۳ ـ (مصم.) پاك‌کردن، تطهیر کردن. ۴ ـ (مصل.) پاك‌شدن، مطهر شدن. ۵ ـ (مصم.) تباه کردن، ضایع‌کردن. ۶ ـ (مصل.) تباه شدن، ضایع شدن. ۷ ـ (مصم.) تهی کردن، بپرداختن، خالی کردن. ۸ ـ کشیدن روغن ومانند آن: پالودن روغن . ۹ ـ ریختن، فرو ریختن، جاری شدن. ۱۰ـ (مصل.) تراویدن، ترابیدن، زهیدن. ۱۱ـ (مص م.) گداختن ، ذوب کردن،

۶۷۹ پالوده

بقالب ریختن سیم وزر وماننداآن. **۱۲-** (مصل.) تمام شدن، کاستن. **۱۳-** (مص م.) تشکیک کردن، انتقاد کردن. **۱۴-** نجات دادن، خلاص دادن. **۱۵-** (مص ل.) خلاص شدن، نجات یافتن. **۱۶-** بزرگ شدن. **۱۷-** (مص م.) بزرگ گردانیدن. **۱۸-** تر کردن، نمناك کردن، آغشتن. ‖ **ـــِ رنگ رخ از کسی.** پریدن رنگ او.

پالودنی pālūdan-ī (ص لیا.) درخور پالودن (ه.م.)، شایستهٔ تصفیه.

پالوده pāl-ūda(-e) [په.pālūtak] (إمف.) **۱-** پاك کرده ازغش، صاف وپاك شده، پاك کرده، صافی کرده، صاف، مصفی، مروق، خالص؛ مق. ناپالوده (ه.م.) **۲-** (إ.) حلوایی است، معرب آن «فالوذج» و«فالوذ» ومترادف عربی آن «ملوص» و«مزعزع» و«مزعفر» و«لمص» و «لواص» و«مرطراط» و «سرطراط» است. **طرز تهیهٔ آن (بسبک قدیم)** - یك رطل شکر را با سه رطل بادام خوب میکوبیدند بعد سه رطل شکر را با نصف اوقیه آب میجوشانیدند تا بصورت شربت در آید. هنگامی که حرارتش کم میشد بادام و شکر را که با کافورخوشبو شده بود در آن میریختند و خوب بهم میزدند تا سفت شود. بعد در طبق یا ظرف میریختند و بکار میبردند. **طرز تهیهٔ آن (بسبك جدید)** - درنقاط مختلف ایران متفاوت است. در تهران نشاسته را خوب تمیز میکنند وباپنج یاشش برابر آب نیك می پزند. سپس آنرا در قالبهای مخصوص ریزند وبصورت رشته‌های باریك در میآورند، بعد باشربت قند و برف وآب لیموصرف میکنند. ‖ **ـــِ آلبالو.** برای تهیهٔ آن نشاسته‌را خوب شسته‌وبا شش برابر وزن آن آب مخلوط کرده روی آتش میجوشانند و دایم بهم میزنند پس از اینکه بقدر کافی پخت و بقوام آمد آنرا درقالب مخصوص استوانه‌یی که کف آن سوراخهای ریز دارد می-ریزند وقالب چوبی‌را که درست باندازهٔ دیوارهٔ ظرف است روی آن فشار داده نشاستهٔ پخته رابصورت رشته‌های باریك و درازدر ظرف آب سردی که زیرقالب قرار داده‌اند میریزند و دو مرتبه‌آب آنرا عوض میکنند تا زود سرد شود ورشته‌ها ببندد؛ سپس مقداری برف یا یخ خرد شده روی آن ریخته و شربت آلبالو رویش میریزند، مقداری گلاب یا بیدمشك و تخم شربتی هم روی آن می‌پاشند. ‖ **ـــِ بازار.** فالوذج‌السوق. آنچه خوش ظاهر و بدباطن است. ‖ **ـــِ خیار.** خیارسبز تازه راپوست میگیرند وازرنده خارج میکنند و در شربت ساده‌میریزند. سپس مقداری‌یخ تراشیدهٔ نرم راهم باگلاب یا بیدمشك بآن‌میافزایند. ‖ **ـــِ سرکوی.** پالودهٔ بازار (ه. م.) ‖ **ـــِ سیب.** سیب را پوست میگیرند ورنده میکنند و برای جلوگیری از بدرنگ شدنش چندقطره آب‌لیمو میافزایند. این پالوده راباید زود بمصرف رسانید، چون علاوه بر بدرنگ شدن ویتامینهای خود را از دست میدهد. ‖ **ـــِ قندی.** نوعی از پالوده:

«سالها از غم پالودهٔ قندی بسحاق
چون کباب‌شدل بریان‌شده خون‌پالا بود.»
(بسحاق ۵۸)

‖ **ـــِ نشاسته.** نشاسته را بطوری که در «پالودهٔ آلبالو» (ه.م.) گفته شد بصورت رشته در میآورند یا بطوری که بیشتر معمول است آنرا درسینیی صاف بکلفتی یك سانتیمتر یا کمتر میریزند و میگذارند سرد وسفت شود. سپس آنرا باکاردبریده‌ازالك‌درشت‌یا غربالی که‌سوراخهای‌آن بقدردانه‌های جو باشد بیرون میکنند و باشربت یا

پالوده پز

آب‌وشکر یا شیره؛ نبات مخلوط میسازند و بامقداری یخ تراشیده و گلاب و بیدمشک و تخم‌شربتی بهم‌زده مصرف مینمایند. ۳ـ (ص.) تباه، ضایع. ۴ـ آهارداده. ۵ـ خلاصه ، برگزیده .

پالوده پز p.-paz [= پالوده‌پزنده] (إفا.) آنکه پالوده پزد .

پالوده خوری p.-xor-ī (حامص ، إمر.) ظرفی که در آن پالوده خورند.

پالوده فروش p.-forūš [= پالوده فروشنده] (إفا.) فروشندهٔ پالوده، آنکه پالوده فروشد ، سراط .

پالونه

پالوس pālūs [← پالوش = بالوس = بالوش] (إ.) ← پالوش.

پالوش pālūš [= پالوس = بالوس = بالوش] (إ.) کافور مغشوش ، پالوس، بالوس ، بالوش.

پالوط pālūt (إ.) (گیا) بلند مازو (ه.م.).

پالوط

پالونه pālūna(-e) [= پالوانه = پالاوان = پالاون = پالونیه] (إمر.) آلتی که بدان چیزها را صافی کنند و بپالایند، جایگاهی از کرباس وغیره که در وی چیزی پالایند ؛ آبکش ، پرویزن ، ماشوب ، ماشوبه، ترشی پالا، پالاوان، پالاون ، پالوانه (ه.م.)، صافی ،مصفات.

پالهنگ pāl(a)hang [= پالاهنگ] (إمر.) ۱ـ ریسمانی که بریک جانب لگام اسب بندند و همان اسب یا اسب کوتل را بدان بکشند ، و یا در روز جنگ دست دشمن را بدان بندند ، و نیز برای بستن صید ، مجرم و گناهکار بکار رود ؛ کمند ، پالاهنگ (ه.م.) ، قیاد ، مقود . ۲ـ چرمی که بر گردن سگ نهند . ۳ـ یوغ ، لباد ، جغ . ۴ـ زمام کشتی . ۵ـ (تص.) آنچه باعث تعلق خاطر باشد ، آنچه انسان بدان پای بند شود . ۶ـ (إخ) کهکشان ، مجره ، آسمان دره.
|| ~ **در گردن کسی افکندن** . یوغ بگردن کسی انداختن ، ریسمان بگردن خصم بستن و بردن .

۱ـ پالیدن pāl-īdan [= پالودن = پالاییدن] (پالید ، پالد ، خواهد پالید، بپال، پالنده، پالان، پالیده، پالش). ۱ـ (مصم.) صافی کردن، تصفیه کردن. (در مقدمة الادب زمخشری پالیدن زر بمعنی خالص کردن آن ازخبث آمده). ۲ـ (مصل.) تمام شدن ، بآخر رسیدن، برسیدن .

۲ـ پالیدن pāl-īdan [کر. palin ، چکه کردن ، ریختن] (مص ل.) (صر. ↑) زهیدن، تراویدن ، ترابیدن .

۳ـ پالیدن pāl-īdan (مصل.) (صر. ↑) آشفتن و ژولیده‌شدن موی سر .

۴ـ پالیدن pāl-īdan (مصم.) (صر. ↑) کاوش کردن، جستجو کردن، جستن، تفحص کردن.

پالیدنی pāl-īdan-ī (صلیا.) درخور پالیدن. (همع.)

پالیده pāl-īda(-e) (إمف. پالیدن) صاف شده، خالص‌شده، صاف کرده.

پالیز pālīz [اس. pairīdaeza ، باغ] (إ.) ۱ـ باغ، بوستان، جالیز، فالیز،

گلستان. ۲ـ کشتزار، مزرعه. ۳ـ آنجایها که هندوانه و خربزه و گرمك و طالبی و کدو و خیار و چغندر و امثال آن کارند، مزارع صیفی کاری؛ خربزه‌زار، خیارزار، کدوزار، هندوانه‌زار، تره‌زار.

پالیزبان p.-bān [پالیز + بان پس. حفاظت = پالیزوان] (اِمر.) ۱ـ نگاهدارندهٔ پالیز، محافظت کنندهٔ جالیز، باغبان، بستان‌بان، دهقان صاحب کشت، دهقان، دشت‌بان، ناطور، فالیزبان، فالیزوان، جالیزبان. ۲ـ (کنـ.) ذات باری‌تعالی. ۳ـ (مسـ.) آهنگی از موسیقی که بزعم بعضی ساختهٔ یك پالیزبان است و بعض دیگر آنرا آواز پالیزبانان دانسته‌اند. ۴ـ مغنی. ← پالیزوان.

پالیزبانی p.-bān-ī (حامص.) بستان‌بانی، باغبانی، دشت‌بانی، جالیزبانی، فالیزوانی، پالیز نمائی.

پالیززار p.-zār (اِمر.) پالیز (ه.م.)

پالیزکاری p.-kār-ī (حامص.) سبزی‌کاری، صیفی‌کاری.

پالیزگاه p.-gāh (اِمر.) پالیززار، پالیز (ه.م.)، جالیز، فالیز.

پالیز نمایی p.-na(e)māy-ī (حامص.) پالیزبانی (ه.م.)

پالیزوان p.-vān [= پالیز + وان (= بان) پس. حفاظت] (اِمر.) پالیزبان (ه.م.)

پالیك pā-līk [= بالیك] (اِمر.) ۱ـ پای افزار از چرم گاو که رشته‌ها در آن بسته‌اند؛ پای افزار، کفش، چارق، شم، بالیك (ه.م.) ۲ـ پاپیچ، پاتابه، لفافه.

۱ـ پام pām [= فام = وام = اوام = بام] (اِ.) ۱ـ رنگ، لون، گون، گونه. فام: سرخ پام. ۲ـ شبیه، نظیر.

۲ـ پام pām [= فام = افام = بام = وام = اوام، په. apām] (اِ.) قرض، دین.

پا مال pā-māl [= پایمال] (اِمفـ.) ← پایمال (همع.)

پا مال شدن p.-šodan [= پایمال شدن] (مصل.) ← پایمال شدن (همع.)

پا مال شده p.-šoda(-e) [= پایمال شده] (اِمفـ.) ← پایمال شده.

پا مال کردن p.-kardan [= پایمال کردن] (مصم.) ← پایمال کردن.

پا مال گشتن p.-gaštan (مصل.) ← پایمال گشتن.

پامچال

پامچال pāmčāl (اِ.) (گیا.)[1] سردستهٔ گیاهان تیرهٔ پامچال[2] و جزو ردهٔ دولپه‌ییهای پیوسته گلبرگ است. گیاهی است کوچك و علفی، برگهایش نسبةً پهن و در سطح زمین گسترده میشود و از وسط برگهای مسطح آن ساقه‌هایی که منحصراً بگل ختم میشوند، خارج میگردد.

پامرد pā-mard [= پایمرد] (اِمر.) ← پایمرد.

پامردی pā-mard-ī [= پایمردی] (حامص.) ← پایمردی.

پا مزد pā-mozd [= پایمزد] (اِمر.) ← پایمزد.

پا مس pā-mas [ظ. پا (پای) + مس] (ص مر.) شخصی که در شهر خود یا جایی دیگر بسبب امری گرفتار باشد و نتواند بطرف دیگر رود و در آنجا نیز نتواند بود، پای بند:

«خدایگانا پامس بشهر بیگانه
فزون ازین نتوانم نشست دستوری.»
(دقیقی، لغ.)

۱ـ Primula acaulio(.لا), P.rulgasis(.لا)   ۲ـ Primulacées(.فر)

پا ملخ pā-malax [= پای ملخ] (إمر.) ۱ ـ چیزی که شبیه به‌پای ملخ باشد. ۲ ـ (ساعت‌سازی) نوعی‌ازساعت؛ مق: پادنگ.

پا منبرخوان pā-membar-xān [ف.ـع.] (إفا.) کسی که در پای‌منبر بکمك روضه‌خوان، روضه خوانی کند.

پا منبری pā-membar-ī [ف.ـع.] (حامص.) روضه خوانی درپای‌منبر.

پا منبری خوان p.-xān [ف.ـع.] (إفا.) کسی که پامنبری کند.

پا منبری کردن p.-kardan [ف.ـع.] (مصل.)روضه‌خوانی وخوانندگی کردن در پای منبر .

۱ ـ پان pān [هند.] (إ.) (گیا .) تملول (ه‍.م.)

۲ـ پان pān [فر. pan ازیو. pantos همه] (پش .) پیشاوندیست که بر سر کلمات مختوم به « ـ یسم » در آید : پان‌ایرانیسم، پان‌ژرمانیسم. ضح.ـ(سیا.) جنبشهای پان ، نهضتهای سیاسی یا فرهنگی‌است که‌بمنظور تحکیم‌پیوستگی بین اقوام مختلفی بوجود می‌آید که رابطه‌ای‌زبانی، نژادی،دینی، تاریخی یا جغرافیایی آنها را بهم نزدیك‌میسازد. جنبشهای پان را که تاکنون در تاریخ جهان بوجود آمده میتوان بسه دسته تقسیم کرد : ۱ ـ جنبشهای پان‌ملی که عامل عمدهٔ ایجادآنها حس ملیت‌است. ۲ ـ جنبشهای پان دینی و مذهبی که برای تحکیم روابط ملل و اقوام هم‌کیش‌بوجودآمده‌است. ۳ـجنبشهای‌پان جغرافیایی که‌منظورشان‌حفظ‌منافع‌مشترك کشورهایی‌بوده‌است که‌ازنظرجغرافیایی منافع مشترك دارند .(برای اطلاع از نهضتهای‌پان...← بخش۳).

پاندول

پان اسلاویست p.-eslāvīst [فر . panslaviste] (ص مر .) آنکه پیرومکتب پان اسلاویسم (← بخش۳) است .

پان ایرانیست p.-īrānīst [فر . paniraniste] (ص مر .) آنکه پیرومسلك پان ایرانیسم (← بخش۳) است .

پانتگراف pānto-grāf ← پانتوگراف.

پان تورکیست p-tūrkīst [فر. panturkiste] (ص مر.) آنکه پیرو مکتب‌پان تورکیسم (← بخش۳) است .

پانتوگراف pānto-grāf [فر. pantographe] (إمر.) (فز.)آلتی است که با کمك آن از هر نوع نقشه وتصویری نسخه برداری کنند.

پانتوگراف

پانتومیم pāntomīm [فر . pantomime] (إ .) (نم .) نمایش حالات و احساسات و اندیشه‌هاومطالب بکمك عمل و حرکت.

پانته‌کت pāntekot [فر. pentecôte] ← بنطیقسطی.

پانجده pānǰ-dah [= پانزده](عد.) پانزده (ه‍.م.)

پاندول pāndūl [فر. pendule] (إ.)(فز.) ۱ـ جسم آویخته‌ای که‌حرکت نوسانی داشته باشد مانند آویز ساعت دیواری که بچپ‌وراست‌حرکت می کند؛ فندول.← آونگ. ۲ ـ رقاصك‌ساعت ، رقاص‌ساعت، فندول. ‖ ~ الکتریك. ← آونگ‌الکتریکی.

پانزده pānz-dah [= پنزده

پنجده؛ پنز (پنج) + ده] (عد. اصلی) ۱ - ده با ضافهٔ پنج (۱۵). خمسةعشر، عدد اصلی میان چهارده وشانزده : «آنگاه سلطان با ده پانزده غلام از لشکرگاه بیرون رفت.» (سلجوقنامه ۳۸)
۲ - وزنی از اوزان معادل باهفت سیر ونیم ودر بعض نواحی دو من تبریز.

پانزدهم pānz-dah-om [← پانزده] (عد. ترتیبی، ص.) که در مرتبهٔ پانزده (ه.م) باشد، پانزدهمین.

پانزدهمین pānz-dah-omīn [← پانزدهم] (عد. ترتیبی، ص.) که‌درمرتبهٔ پانزدهم‌باشد ، پانزدهم.

پان ژرمانیست pān-žermānīst [فر. pangermaniste] (ص مر.) آنکه پیرو مکتب پان ژرمانیسم (← بخش۳) است .

پانسمان pānsomān [فر. pansement] (إ.) (پز.) شستن‌وبستن زخم و جراحت ، مرهم گذاشتن روی زخم، زخم بندی.

پانسمان کردن p.-kardan [فر.-ف.] (مص‌م.) شستن و پاك کردن‌زخم؛ بستن زخم، زخم بندی‌کردن.

پانسیون pānsiyon [فر. pension] (إ.) جایی که با پرداخت‌ماهیانه در آن مسکن گزینند و غذا خورند.

پانصد pān-sad [= پنج صد] (عد. اصلی) پنج بار صد، پنج صد ، خمسماة، ۵۰۰. ضح.- درحساب‌جمل «ث» نشانهٔ پانصد باشد.

پانصدگانی p.-gān-ī (ص نسب.، إمر.) پانصد دیناری ، پانصد درهمی : مهر پانصدگانی، صرهٔ پانصدگانی.

پانصدم pān-sad-om [← پانصد] (عد. ترتیبی، ص.) در مرتبهٔ پانصد (ه. م.)، پانصدمین.

پانصدمین pān-sad-omīn [← پانصدم] (عد. ترتیبی، ص.) در مرتبهٔ پانصدم (ه.م.)، پانصدم.

پانصد pān-saδ [= پانصد] (عد. اصلی) پانصد (ه.م.) درتلفظ قدیم.

پان عربیست pān-arabīst [فر. panarabiste] (ص‌مر.) آنکه‌پیرو مکتب‌پان عربیسم (← بخش۳) است.

پانما pā-ne(a,o)mā [= پانماینده] (ص‌مر.) جورابی نازك که پوست پا از پشت آن‌دیده شود .

پانوراما pānorāmā [فر. panorama] ۱ - پردهٔ نقاشی‌مدور بزرگی که بدرو دیوار سقف مدوری چسبانده باشند و هرکس که وسط آن بایستد پندارد که افق را نظاره‌میکند. ۲ - ساختمانی که دارای چنین پرده‌ای باشد.

پانوراميك pān-orām-īk [فر. panoramique، منسوب به‌پانوراما] ۱ - (عکـ.) طریقه‌ای که‌عبارتست از چرخاندن‌دوربین‌عکاسی‌برروی‌محوری افقی یا عمودی در مدتی که از مناظر عکس برداری میشود. ۲ - (سینـ.) فیلمهایی که بطریقهٔ‌فوق عکس برداری میشود .

پانه pāna(-e) [← فانه = فهانه = پهانه] (إ.) ۱ - چوبی که نجاران در شکاف‌چوب‌دیگرنهند تاآسان‌بشکافد، و کفشگران در فاصلهٔ قالب و کفش میگذارند؛ فانه، پهانه،فهانه ، پغاز ، اسکنه، گوه. ۲ - چوبی که زیرستون گذارند تا راست‌ایستد. ۳ - چوبی که پشت در اندازند تا باز نشود، چوبکی که بر یك طرف آن سوراخی باشد ومیخی باریك درآن کنند چنانکه‌آن چوب بآسانی حرکت کند و آن طرف

که سوراخ دارددردیوار استوار کنند، و چون خواهند که در خانه بسته شود آنرا به پشت در باز افکنند و آنرا چلمرد خوانند. ← فانه.

پانهادن pā-na(e)hādan [= پای‌نهادن] (مصل.) ۱-قدم گذاشتن، عازم‌شدن. ۲- آغاز کردن.

پانه ترو pāne-tarū (اِمر.)(گیا.) کبر (ه‌.م.).

پان‌هلنیست pān-hellenīst [فر. panhelléniste] (ص‌مر.) (سیا.) آنکه‌پیرو پان‌هلنیسم (← بخش ۳) باشد.

پانی pānī [هند.] (اِ.) آب:

« نه در آن معده ریزه‌ای مانده

نه در آن دیده قطره‌ای پانی.»
(سنائی)

پانید pānīd [= پانیذ = فانیذ] (اِ.) ۱-شکری‌است‌سرخ‌رنگ‌یازردرنگ که‌در طب‌هم‌بکارمیرفته، شکرسرخ. ۲- شکر قلم، شکربرگ، قند مکرر، قند سفید، فانیذ. ۳- نوعی‌ازحلواماننده‌شکرلیکن ازآن غلیظ‌تر که از شکر وروغن بادام تلخ و خمیرمیساختند ؛ سکرالعشر[۱].

پانیذ pānīz(-īδ) (تد. [= پانیذ = فانیذ] (اِ.) پانید (ه‌.م.)

پاوپر pā-vo-par [= پای وپر] (اِمر.) توانایی، قدرت، تاب، طاقت.

پاوچك pāvčak [= پاچك] (اِ.) سرگین گاو خشك‌شده ، پاچك، تاپاله، تاپه .

پاورچین pā-var-čīn [= پا برچین] (قمر.) ← پابرچین.

پاورچین رفتن p.-v.-raftan (مصل.) ← پابرچین رفتن.

پاورقی pā-varaγ-ī [ف.-ع.] (ص نسب.) ۱- کلمهٔ اول سطر صفحهٔ بعد که درپایین صفحهٔ قبل بجای عدد می‌-نوشتند تا اوراق بآسانی تنظیم شود. ۲- آنچه درپایین صفحه نوشته میشود مانند شرح وتعلیق. ۳- قصه وجز آن که در ذیل صفحات روزنامه مینویسند. ‖ گفته‌های فلان ـــ ندارد. یعنی نادرست است وبصحتش نمیتوان اعتماد کرد.

پاورنجن pā-varanǰan [= پا-آورنجن = پارنجن = پای برنجن = پاآورنجن] (اِمر.) ← پاآورنجن.

پاوزار pā-vzār [= پاوزاره] (اِ.) تخته ایست که جولاهگان پای برو نهند ↓.

پاوزاره pāv-zāra(-e) [= پاوزار] (اِ.) ← پاوزار ↑.

پاوند pā-vand [= پابند] (اِمر.) بندی که برپای گناهکار و مجرم نهند؛ پابند، کند، کنده.

۱ - پاهنگ pā-hang [= پاشنگ = پاچنگ = پازنگ = پاژنگ = پاشنگ = پاجنگ] (اِمر.) پای‌افزار، کفش.

۲ - پاهنگ pā-hang [= پاسنگ = پاچنگ] (اِمر.) ۱- چیزی که‌در یك کفهٔ ترازو نهند تا با کفهٔ دیگر برابر باشد، پاسنگ (ه‌.م.)، پاچنگ. ۲- پای آورنجن (ه‌.م.)، خلخال. ۳- دریچهٔ کوچك.

۱ - پاهنگه pā-hang-a(-e) [= ۱- پاهنگ] (اِمر.) کفش، پاافزار.

۱-Colotropis gigantea (.لا)

۲- پاهنگه pā-hang-a(-e)] = ۲- پاهنگ] (امر.) پای آورنجن، خلخال (← ۲- پاهنگ۲).

۱- پای pāy] = پا (ه.م.)] (ا.) ۱- ← پا (همع.) ۲ - بخش، سهم، حصه، قسم. ۳- (کشا.) یك ربع اززمین، آن مقدار اززمین که بایك گاو میتوان شخم زد. ۴- همداستانی. || **ترکیبات اسمی و دو وصفی؛ به ~** . ایستاده، برپای، استوار، قایم، باقی. || **بر ~** . ایستاده، قایم، منصوب، منتصب. || **~ ِ چوبین.** پایی از چوب که برای لنگان درست کنند. چوبی که بازیگران وچوپانان بر پای بندند تا بلند شوند و قدمهای بزرگ بردارند. || **~ ِ حوض.** ۱- پایهٔ حوض. ۲- رسوایی. ۳- جای رسوایی و بدنامی. || **~ ِ ستور.** قوایم حیوان. || **~ ِ سخن.** (کن.) قوت و استواری سخن. || **~ ِ عدل.** (کن.) قوت و قدرت و شفاعت عدل. || **~ ِ کار.** جایی که مصالح فراهم آورده زیر عمارت انبار کنند. || **~ ِ گریز.** قوهٔ فرار: «نه پای گریز و نه روی ستیز.» (لغ.) || **~ ِ گل.** پای گلبن، زیر گلبن. || **~ ِ ملخ.** (کن.) چیزی اندك وبی‌مقدار. || **ترکیبات و تعبیرات فعلی؛ از ~ آوردن، از ~ در آوردن.** مغلوب کردن. || **از ~ افتادن، از ~ اوفتادن.** ضعیف و ناتوان گشتن، بزمین افتادن، درافتادن. || **از ~ افکندن.** بزمین افکندن، کشتن، تباه کردن. || **از ~ اندرآمدن.** تمام شدن، سپری گشتن، بپایان رسیدن، برزمین افتادن، ازپای درآمدن (ه.م.)، پایان پذیرفتن. || **از ~ برگرفتن.** کشتن، ازمیان برداشتن. || **از ~ درآمدن.** از ~ اندر آمدن (ه.م.)، مغلوب حریف در کشتی وجز آن شدن. || **از ~ در آوردن، از ~ اندر آوردن.** ۱- ازپای افکندن (ه.م.) ۲- ویران کردن. || **از ~ فرود آمدن، از ~ درآمدن.** (ه.م). افتادن. || **از ~ نشاندن.** برزمین نشاندن، نشانیدن. || **از ~ نشستن.** آرام گرفتن، قرار گرفتن، نشستن. || **به ~ آمدن.** سرنگون شدن، بزمین افتادن، تباه شدن، ویران گشتن. || **به ~ آوردن.** ۱- ویران کردن، تباه کردن، سرنگون کردن، بزمین انداختن، نابود کردن، واژگون کردن، پست کردن. ۲- تمام کردن، بانجام رساندن، ختم کردن. ۳- سپردن، پیمودن، طی کردن. || **به ~ اندر آمدن.** پست شدن. || **از ~ اندرآوردن.** ← از ~ درآوردن. || **به ~ ایستادن، بر ~ ماندن.** || **بر ~ ایستادن.** ایستادن. || **به ~ برآمدن.** برخاستن، ازجای بلندشدن. || **به ~ بودن.** ۱- ایستاده بودن، بر پای بودن، برقرار بودن، استواربودن. ۲- انتظاربردن، منتظرماندن، معطل ماندن. || **بـ ~ خاستن، بر ~ ایستادن.** برانگیخته شدن. || **بـ ~ ِ خود بگورآمدن.** اسباب هلاك و زیان خود بدست خویش مهیا کردن، تیشه بریشهٔ خود زدن، تیشه برپای خودزدن، || **بـ ~ ِ خود بگور رفتن.** بپای خویش سوی دام رفتن، بپای خود بسلاخ خانه رفتن. || **بـ ~ ِ خویش سوی دام شدن.** بپای خود بگور آمدن (ه.م.) || **به ~ داشتن.** ۱- بپا کردن؛ اقامه (نماز)، انعقاد. ۲- نصب. || **بـ ~ درآمدن.** برپا ایستادن. || **بـ ~ سپردن.** ← بپای آوردن ۳. || **بـ ~ شدن.** ۱- استوارشدن، قایم شدن. ۲- پدید آمدن، بوجود آمدن، برخاستن، ایجادشدن، قیام. || **بـ ~ ِ کسی رسیدن.** درهنریا منصب و جزآن

با او برابر بودن : ازلحاظ هنر بپای فلان نمیرسد. ‖ **بـ ـــ کردن**. قایم کردن ، نصب کردن ، منصب دادن ، انتصاب ، برانگیختن. ‖ **بـ ـــ کسی بافته نبودن کاری**. ازتاب و توان اوبیرون بودن آن. ‖ **بـ ـــ ماندن**. باقی ماندن. ‖ **بر ـــ ایستادن**. بپای ایستادن (ه.م.) ‖ **بر ـــ بودن**. ۱- ایستاده بودن ، برجای بودن. ۲- (مج.) باقی بودن. ‖ **بر ـــ خاستن**. بپای خاستن (ه.م.) ‖ **بر ـــ جستن**. بشتاب برخاستن ، از جای جستن. ‖ **بر ـــ داشتن**. بپای داشتن (ه.م.) ‖ **بر ـــ شدن**. ایستادن. ‖ **بر ـــ کردن**. ۱- ایستانیدن ، بپای کردن ، بپای داشتن ، نصب کردن ، اقامه ، برافراشتن ، برانگیختن. ۲- راست کردن ، ترتیب دادن ، انعقاد (جشن یا عزا). ۳- آویختن ، بردار کردن ، بدار زدن. ‖ **بر ـــ ماندن**. ایستادن. ‖ **ـــ از جای رفتن**. ۱- لغزیدن. ۲- مفلس گشتن ، تهی دست شدن. ‖ **ـــ ازخط بیرون نهادن**. نافرمانی کردن. ‖ **ـــ ازسرندانستن، ـــ از سرنشناختن**. کفش از دستارندانستن، سخت حیران بودن. ‖ **ـــ ازشادی بزمین نرسیدن**. بی‌حدخوشحال‌بودن. ‖ **ـــ بازپس نهادن**. کم آمدن، عقب ماندن. ‖ **ـــ بازجای آوردن**. باعتبار سابق برگشتن. ‖ **ـــ باکسی زدن**. بیکدیگر لگدزدن ، مراکله، تراکل. ‖ **ـــ باسب اندرآوردن**. سوارشدن ، برنشستن. ‖ **ـــ بر پی‌کسی نهادن**. از او پیروی‌کردن ، متابعت کردن. ‖ **ـــ برچیزی‌زدن**. لگدزدن، ترکل. ‖ **ـــ بر دنبال مارنهادن**. مخاطره کردن. ‖ **ـــ برسرکسی نهادن**. براو چیره شدن. ‖ **ـــ بر سنگ‌آمدن**. مخاطره‌ای پیش آمدن. ‖ **ـــ بُرکاب بودن**. در جناح سفر بودن. ‖ **ـــ برافکندن**. رشیدی‌گوید : بی‌طاقت و بی آرام شدن مانند نعل در آتش نهادن،واصل این مثل آنست‌که قصابان افسونی خوانده بر پای بزی دمند وآن پای بز هرجا که بیندازند گوسفندان و بزان آنجاروند وقصابان گرفته بکشند :

«مرا درکویت ای‌شمع نکویی
فلك پای بزافکندست گویی
که‌گرچون‌گوسفندم می بری‌سر
بپای‌خوددوم‌چون‌سگ‌براین‌در.»
(نظامی)

ودرنسخهٔ سروری پای بزآگندن‌بمعنی سحرکردن برای حب‌کسی‌آورده وشعر نظامی را بدین صورت خوانده : فلك پای‌بزآگندست‌گوئی. والله‌اعلم.»(لغ.) ‖ **ـــ بستن**. دربندکردن،مقیدکردن. ‖ **ـــ بیرون نهادن‌از**. تجاوزکردن‌از. ‖ **ـــ پس‌آمدن**. ۱- کم آمدن از حریف. ۲- گریختن،هزیمت. ‖ **ـــ پس‌شدن**. ← پای پس‌آمدن. ‖ **ـــ پیچیدن از**. ۱- نافرمانی کردن. ۲- رفتن ، گریختن. ‖ **ـــ پیش‌نهادن**. پیش‌آمدن ، مقدم شدن. ‖ **ـــ پیش و ـــ پس‌نهادن**. ← پایی در پیش و پایی در پس نهادن. ‖ **ـــ حق داشتن**. توانایی مقابله با حق داشتن. ‖ **ـــ خاطربسنگ درآمدن**. (کن.) آنکه‌درجایی‌میلی‌بهم‌رسانیده‌باشد ودل درگروی‌نهاده. ‖ **ـــ خاکی‌کردن**. ۱- (کن.)سفرکردن،روان‌شدن‌بسوی‌کسی، پیاده آمدن و قدم رنجه کردن. ۲- طلبکاری نمودن. ‖ **ـــ داشتن با کسی یاچیزی**. ۱- پایداری کردن با او ، تاب و توان مقاومت‌بااوداشتن، مقاومت کردن. ۲- جاودان بودن ،

برقرار بودن ، باقی ماندن ، پایدار ماندن . ‖ ~ **درآوردن.** برنشستن، سوار شدن . ‖ ~ **درآوردن به .** پای نهادن بر . ‖ ~ **دربند داشتن.** مقید بودن ، مغلول بودن . ‖ ~ **در کشیدن .** بهم در پیچیدن دو پای از مستی و جز آن. ‖ ~ **درسنگ آمدن،** ~ **بسنگ آمدن،** ~ **بسنگ خوردن.** برخوردن بمانعی سخت، نومید شدن . ‖ ~ **درکشیدن .** پای گرد کردن(ه.م.) ‖ ~ **درگشتن .** (کنـ.)عاجزوناتوان شدن.‖ ~ **در میان نهادن .** میانجی. شدن ، واسطه شدن ، توسط کردن . ‖ ~ **فروکسیدن.** (کنـ.) ماندن . توقف کردن . ‖ ~ِ **کسی پیش نرفتن .** دل باقدام در آن امر رضا و گواهی ندادن . ‖ ~ِ **کسی یا چیزی درمیان بودن .** کسی یا چیزی در امری دخالت داشتن . ‖ ~ **کشیدن ازجایی .** ← پاکشیدن ازجایی . ‖ ~ **کم آوردن.** عاجز شدن ، مغلوب گشتن . ‖ ~ **کم داشتن از .** برابری نکردن با ، برنیامدن با، حریف نشدن با. ‖ ~ **گرد کردن .** اعتکاف، گوشه گیری کردن. ‖ ~ **نبودن کسی رادرامری.** همداستان نبودن با آن . ‖ ~ **نهادن در.** درآمدن در، داخل شدن در. ‖ ~ **ی در پیش و** ~ **ی در(باز)پس نهادن .** مردد و دو دل بودن، تردید داشتن. ‖ ~ِ **کسی ازجایی بریدن .** آمدوشد وی را از آنجا بریدن. ‖ ~ِ **کسی را ببند کردن .** او را اسیر ومقیدساختن . ‖ ~ِ **کسی راگرفتن .** خرجی یا زیانی یا جنایتی تعلق بدو یافتن ،برعهدهٔ او وارد آمدن. ‖ ~ **افکندن .** خوار کردن . ‖ **رشته بر** ~ **بستن.** مقید کردن.‖ **زیر** ~ **آوردن جهان .** مسخر کردن آن . ‖ **گرد** ~ِ **حوض گردیدن .** (کنـ.) سردرگم ومبهم بودن .

پایا pāy-ā [← پاییدن](ص فا.) ۱ - پاینده، ثابت، ابدی، دایم، باقی. ۲ -قایم : «عرض پایا بجسم است یعنی عرض قایم بجسم است.» ۳ -(گیا.) گیاهی که دریکسال یا دوسال خشك نشود.

پایاب pāy-āb (إمر .) ۱-ته آب دریا ورود و حوض و جز آن؛ بن آب، ته، قعر . ۲ - گذرگاه آب، گذار، گدار؛ مق. غرقاب . ۴ - عمق. ۵ - گرداب. ۶ - راهی وپله‌ای که‌از آن بچاه وآب انبار بتوان رفتن برای برداشتن آب؛ آوای، دیر آب . ۷- پایندگی، دوام، بقا. ۸ - تاب و توان، توانایی، قدرت، مقاومت.

پایاب داشتن p.-dāštan (مص ل.) گود بودن، عمیق بودن.

پایابی pāy-āb-ī (ص نسب .) صفت مکانی که چندان گود نباشد.(فره.)

پایاپای pāy-ā-pāy (إمر .) ۱ - عمل دوکس یا دو کشور که طلبهای خود را بجای وامهایی که بهم دارند حساب کنند؛ پاپا ،تهاتر. ۲- مبادله. ۳ - هم بر:

«لبی ز نان جنازه بگور کن ندهند
وگر بباید بامرده خفت پایاپای.»
(سوزنی، لغ.)

پایار pāyār [قس. پار، پیرار] (ص مر. ، إمر.) سال گذشته،سنهٔ ماضیه، پار.

پای آفرنجن pāy-āfranǰan [= پای آورنجن] (إمر .) پای آورنجن (ه.م.)

پایان pāy-ān (إ.) ۱ - نهایت وکرانهٔ هرچیز، کران، کرانه، ته، تك، انجام، فرجام، نهایت ، آخر ، خاتمه . ۲ - سرحد ملك. ۳ - زیر پای کسی، فرود

و اسافل و اواخر هرچیز، بن ، زیر. ۴ - پایین ، پایین مجلس وصف نعال وکفش کن ؛ مق. بالا . ۵ - پاینده . ۶ - (تص.) پیوستن نقطهٔ آخرین دایرهٔ سیر است بنقطهٔ اول در اتحاد قوسین. ‖ ~ کار. غایت کار، خاتمه، نهایت، ختام، امد، اجل. ‖ در ~ . سرانجام، عاقبت . ‖ بـ~ آمدن. بانجام رسیدن، برسیدن ، بنهایت رسیدن ، تمام شدن . ‖ بـ~ آوردن. تمام کردن ، نیست کردن. ‖ بـ~ بردن. تمام کردن ، بآخر رسانیدن ، اختتام . ‖ بـ~ رسانیدن ، بـ~ بردن (ه.م.)، اکمال، تکمیل ، احصاف . ‖ بـ~ رسیدن . سر آمدن ، تمام شدن ، بآخر آمدن، آخرشدن، منقضی شدن، تناهی. ‖ ~ بردن. بپایان بردن(ه.م.) ‖ ~ دادن. بپایان رسانیدن (ه.م.) ‖ ~ روزی بخوردن. (کنـ.) انقطاع حیات وبآخر رسیدن روزی.

پایان‌آبه p.-āba(-e) (إمر.) پس آب، ته‌ماندهٔ آب. آخرآب (درمورد تحقیر بکار میرود) ؛مق. سرآبه: «این پایان-آبهٔ دنیاست که بشمارسید . » (معارف بهاء ولد ۱۱۶)

پایان بین p.-bīn [= پایان‌بیننده] (إفا.) عاقبت‌نگر ، عاقبت‌بین ، عاقبت اندیش.

پایان‌بینی p.-bīn-ī (حامص.) عاقبت اندیشی، عاقبت بینی.

پایان پذیر p.-pazīr [= پایان پذیرنده] (إفا.) خاتمه‌پذیر، تمام‌شدنی.

پایان نامه p.-nāma(-e) (إمر.) رساله ای که در پایان دورهٔ تحصیلی (لیسانس یا دکتری) نویسند ؛ رسالهٔ دکتری، تز[1].

پایان‌نگر p.-negar [= پایان‌نگرنده] (إفا.) دوراندیش، پایان‌بین، عاقبت‌اندیش.

پایان نگری p.-negar-ī (حامص.) دور اندیشی، عاقبت اندیشی.

پایانی pāyān-ī (ص نسبـ.) نهایی، انتهایی، آخرین:

«حجت بنصیحت مسلمانی
گفتت سخنی درست وپایانی.»
(ناصرخسرو)

پای آگیش pāy-āgīš [= پای آگیشنده] (إفا.) آن که‌بپای آویزد یا پیچد؛ پای پیچ ، پای‌آهنج. ‖ **مرگ** ~ . مرگ که پای پیچ‌هر کس شود، مرگ محتوم.

پای آور p.-āvar (صمر.) بزرگ، توانا ، باقدرت.

پای‌آوردن p.-āva(o)rdan (مصل.) قیام کردن، مداومت کردن.

پای‌آورنج p.-āvaranǰ [= پا - آورنجن] (إمر.) ← پای آورنجن.

پای آورنجن p.-āvaranǰan [= پا آورنجن] (إمر.) ← پا آورنجن.

پای ابرنجن p.-abranǰan [= پا آورنجن] (إمر.) ← پا آورنجن.

پای افرنجن p.-afranǰan [= پا آورنجن] (إمر.) ← پا آورنجن.

پای‌افزار p.-afzār [= پا افزار] (إمر.) ← پاافزار.

پای افزاه p.-afzāh (إفا.) (کنـ.) افزایندهٔ مرتبه.

پای‌افشار p.-afšār [= پای‌افشارنده] (إفا.، إمر.) ← پاافشار.

پای‌افشاری کردن p.-kardan (مصل.) پافشردن (ه.م.)

پای‌افشردن p.-afšordan (مصل.) پافشردن (ه.م.)

---

1 - Thèse (فر.)

پای‌انداز p.-andāz [پای اندازنده] (إمر.) پاانداز (ه.م.)

پای اندازان p.-andāz-ān (ص‌فا.، حا.) رقصان، پای‌کوبان، خوش و خرم. ‖ ~ رفتن. رفتن مانند سپاهیان با قدم بلند.

پای اورنجن p.-awranǰan (ow-) [= پا آورنجن] (إمر.) ← پا آورنجن.

۱ - پای اوزار p.-awzār (ow-) [= پاافزار] (إمر.) پاافزار (ه.م.)

۲ - پای اوزار p.-awzār (ow-) [= پاافشار] (إمر.) ← پاافشار.

پای اوزاره p.-awzāra (ow-e) [= پااوزار] (إمر.) ← پا افزار.

پای اوژاره p.-āwžāra (ow-e) [= پااوژاره = پاافزار] (إمر.) ← پا- افزار.

پای‌باز p.-bāz [= پای‌بازنده] (افا.) پایکوب، رقاص.

پای بازی p.-bāz-ī (حامص.) پای کوبی، رقص.

پای‌باف p.-bāf [= پای‌بافنده] (إفا.) جولاهه، جولاه، بافنده، نساج، حائك.

پای بافی p.-bāf-ī (حامص.) جولاهگی، بافندگی، نساجی، حیاکت.

پای برجا p.-bar-ǰā [= پابرجا] (ص مر.) ← پابرجا (ه.م.)، پای برجای ↓.

پای‌برجای p.-bar-ǰāy [= پابرجا] (ص‌مر.) پابرجا (ه.م.)، استوار، ثابت، قایم. ‖ ~ بودن. کاربسامان بودن. ‖ ~ کردن. استوار کردن، تثبیت. ‖ ~ نگهداشتن. ازحد خود نگذشتن.

پای‌برجایی p.-bar-ǰāy-ī (حامص.) استواری، ایستادگی، ثبات، استقرار، پابرجایی.

پای برداشتن p.-bar-dāštan (مص‌ل.) فرار کردن، گریختن.

پای برنجن p.-baranǰan [= پا آورنجن] (إمر.) ← پا آورنجن.

پای برنجین p.-baranǰ-īn [= پا آورنجن] (إمر.) ← پای برنجن.

پای‌برنهادن p.-bar-na(e)hādan (مص‌ل.) متابعت کردن.

پای برهنگی p.-barahnag-ī, berehneg-ī (حامص.) پای برهنه بودن، حفوت.

پای‌برهنه p.-barahna, berehne- (ص‌مر.) پاپتی، پابرهنه (ه.م.)، حافی.

پای‌برهنه شدن p.-b.-šodan (مص‌ل.) پابرهنه‌شدن، پاپتی شدن، حفوت. ← پای برهنه.

پای برهنه رفتن p.-b.-raftan (مص‌ل.) رفتن با پای بدون کفش و پوشش، پابرهنه رفتن ← پای برهنه.

پای بریده p.-borīda(-e) (إمف.) آنکه پایش بریده‌است، پابریده، اقطع.

پای بست p.-bast [= پای بسته = پابست] (ص‌مر.) ۱ - گرفتار، اسیر، مقید. ۲ - دلباخته. ۳ - ایستاده و منتظر. ۴ - بیکار. ۵ - (إمر.) بنیاد عمارت، پابست، بن، پی، بنیان، لاد، اساس:

«خانه از پای بست ویرانست
خواجه در بند نقش ایوانست.»
(سعدی)

‖ ~ بودن. ۱ - گرفتار بودن، مقید بودن. ۲ - دلباخته بودن.

پای بسته p.-basta(-e) [= پای بست = پابسته] (إمف.) ← پای‌بست ۱ و ۲.

پای بماه p.-be-māh (ص مر.) ← پابماه.

پای بند p.-band [← پابند]

پای‌بوس

۱- (اِمر.)خلخال؛ مق.دستبند. ۲- دوال وبندی که بپای باز، اسب و مانند آن بندند ؛ پایدام، بندپا، پاوند، پابند. ۳- (ص‌مر.) آنکه پای بسته‌وگرفتاراست، مبتلی ، مقید . ۴- با عیال بسیار . ‖ ~ چیزی یا کسی بودن. با آنچیز یا آنکس دلبستگی بسیارداشتن. ‖ ~ عیال. مقید به‌عیال، گرفتار اهل بیت.

پای بوس p.-būs [= پای‌بوسنده] (اِفا.، اِمر.) ← پابوس.

پای بوسی p.-būs-ī (حامص.) ۱- عمل بوسیدن پای. ۲- زیارت.

پای پش p.-paš (اِمر.) آوازپای.

پای پوش p.-pūš (ص‌فا.، اِمر.) ۱- پاافزار، کفش. ۲- نوعی‌از پا افزار، چموش، چاموش.

پای‌پیچ p.-pīč [= پای‌پیچنده] (اِفا.، اِمر.) لفافه‌ای که مسافران بر پای پیچند، پاتابه (ه.م.)

پای‌پیچیدن p.-pīčīdan (مص ل.) ۱- سرتافتن‌از خدمت، رفتن، گریختن. ۲- جان کندن.

پای‌پیش‌نهادن p.-pīš-na(e)hādan (مص‌ل.) پیش‌رفتن، اقدام کردن. ‖ ~ از کسی. براومقدم‌شدن، از او برترشدن.

پای پیل p.-pīl ۱. (اِمر.) نوعی‌از قدح‌وپیالهٔ شرابخوری، صراحی‌بزرگ دراز که بصورت پای پیل‌سازند؛ پیلپا، گاوزر. ۲- حربه و گرزی ماننده‌پای پیل؛ پیلپا. ۳- (ص‌مر.) صاحب‌مرض داءالفیل.

پایتابه p.-tāba(-e) [= پاتابه = پایتاوه = پاتاوه] (اِمر.) ۱- پاتابه(ه.م.) ۲- جوراب. ‖ ~ کسی‌درهندبازشدن. بسفر دور رفتن وی.

پایتابه گشادن p.-gošādan (مص ل.) ۱- در آوردن‌پایتابه(ه.م.)ازپا کندن پا افزار. ۲- (کنـ.) از سفرباز ماندن، درجایی مقیم شدن.

پایتاوه p.-tāva(-e) [= پایتابه] (اِمر.) ← پاتابه، پای تابه.

پایتخت p.-taxt [= پاتخت](اِمر.) شهری که‌مرکز سلطنت‌یادولت‌باشد؛ پاتخت، کرسی، قطب، دارالملك، عاصمهٔ‌پادشاهی، حضرت، واسطه، قاعده ، قاعدهٔ ملك، قصبه، مستقر، مقرملك، نشست، نشستگاه، دارالسلطنه، تختگاه، ام‌البلاد، دارالاماره، سریرگاه، دارمملکت، دارالملك. ← پاتخت.

پای ترسا pāy-e-tarsā (اِمر .) صراحی و پیالهٔ شرابخوری که بصورت پای راهبان سازند.

پای توغ p.-tūɣ [= پاتوغ](اِمر.) پاتوغ (ه.م.)

پایجامه p.-ǰāma(-e) [= پاجامه] (اِمر.) ← پاجامه، پی‌جامه.

پای جوش p.-ǰūš (اِمر .) شولان و شاخ‌تر که از ریشهٔ درخت روید ؛ پاجوش (ه.م.)

پایچال p.-čāl [= پاچال] (اِمر.) ← پاچال.

پای‌چوب p.-čūb (اِمر.) ستون، دیرك، تیرك .

پایچه p.-ča(-e) [= پاچه] (اِمصغ.) ۱- دهانهٔ هر یك از دو بخش شلوار، رجلان. ۲- پاچهٔ گاووگوسفند،مانند آن، کراع ← پاچه.

پایچه پز p.-paz [= پاچه‌پز = پاچه پزنده] (اِفا.) ← پاچه پز.

پایچه‌فروش p.-forūš [= پاچه‌فروش = پاچه‌فروشنده] (اِفا.)پاچه‌فروش(ه.م.)

پای خار p.-xār [= پاخار] (اِمر.) ← پاخار.

پای خاره p.-xāra(-e) (اِمر.)← پاخار .

پای خاسته p.-xāsta(-e) [= پای خسته] (اِمف.) پای خست (ه.م.)، پای خسته (ه.م.)
پای خست p.-xast [= پای‌خاسته = پای‌خسته = پای‌خوست] (اِمف.) هرچیز که درزیر پای کوفته‌شده باشد؛ لگدکوب، لگدمال، پای‌خاسته، پاخسته، پای‌خوست.
پای‌خسته p.-xasta(-e) [= پای‌خست] (ص‌مف.) ← پای‌خست ← پای‌خاسته.
پای خوردن p.-xordan (مص ل.) فریب خوردن در معامله وحساب.
پای‌خوست p.-xvast [= پای‌خست] (اِمف.) ← پای خست.
پای خوش p.-xūš [= پای‌خوشه] (ص‌مر.) ← پای‌خوشه.
پای خوشه p.-xūša(-e) [= پای + خوشه از خوشیدن، خشکیدن = پای خوش] (اِمر.) زمین گلناك و مرطوب که بسبب رفت‌وآمد بسیار خشك‌وسخت شده باشد.
پایدار p.-dār [= پادار = پایدارنده] (اِفا.) ۱- استوار، پابرجا، پادار، جاویدان، ثابت، باقی، دایم، قوی، مستقیم، وطید؛ مق. ناپایدار. ۲- نام خدای‌تعالی است. ۳- اسب جلدوپادار. ۴- پایین‌دار. ۵- کعبتین قلب. ۶- (فع. امر ازپای‌داشتن) استوار باش، ثابت‌باش، راسخ وپا برجا باش. ‖ ~ بودن. [= پادار بودن] مقاومت کردن.
پایداره p.-dāra(-e) (ص‌مر.) یاری دهنده، پایمرد، مددکار.
پایداری p.-dār-ī [= پاداری] (حامص.) ایستادگی، پافشاری، تاب، مقاومت، دوام.
پایداری کردن p.-kardan [= پاداری کردن] (مص‌ل.) پافشردن، پای داشتن، مقاومت کردن، استقامت‌ورزیدن.

پای داش p.-dāš [= پاداش] (اِمر.) پاداش (ه.م.)
پای داشتن p.-dāštan (مص ل.) ۱- پایداری کردن، تاب داشتن در مقاومت، استوار بودن، پای فشردن، پا فشردن (ه.م.)، مقاومت کردن، مصابرت ورزیدن، قیام و استقامت داشتن. ۲- انتظار کشیدن و درنگ کردن. ۳- مقیم بودن.
پایدام p.-dām [= پادام] (اِمر.) ۱- تله، دام، پادام (ه.م.) ۲- ← پادام ۲. ۳- دامگاه. ۴- حلقه‌ای از چرم که هر دو پای درآن کنند و بر درختهای بلند چون درخت خرماومانندآن روند.
پایدان p.-dān (اِمر.) کفش.
پای‌دربند p.-dar-band (ص مر.) مقید، مغلول.
پای درگل p.-dar-gel (ص‌مر.) ۱- ← پادرگل.
پای رنج p.-ranǰ [= پارنج] (اِمر.) پارنج (ه.م.)
پای رنجن p.-ranǰan [= پا - آورنجن] (اِمر.) پاآورنجن (ه.م.)، پای برنجن.
پای‌روب p.-rūb (اِمر.) ← پارو ۱، ۴.
پایز pāyez [= پاییز] (اِ.) ← پاییز.
پایزار pāy-zār [= پای‌افزار] (اِمر.) ← پاافزار.
پای زدن p.-zadan (مص‌م.) لگدزدن، باپای زدن.
پایزن p.-zan (ص‌مر.) ۱- اسیر. ۲- خدمتکار.
۱-پایزه pāy-za(-e), pāyeza(-e) [= پاچه = پازه = پایژه] (اِمصغ.) ۱- پاچه (ه.م.)، پازه، رجلان. ۲- ریسمانی که بردامن خیمه‌وسراپرده تعبیه‌نمایند

و آنرا پامیخ بزمین استوار کنند، پاچه‌-
بند، پایژه. ۳ ـ چیزی که عنان بدان
بندند، پایژه.

۲ـ پایزه pāyeza(-e) [= بایزه =
پایژه .مغ. از چینی « پایتزه » بمعنی
صفحهٔ کوچك مربعی از طلا یا نقره‌یا
مس(برحسب تفاوت‌درجهٔ منصب)که‌نام
امپراطور بر بالای آن منقوش است
و صاحبمنصبان‌حامل آن میباشندمانند
صاحبه‌منصبان روسیهٔ اکنون (بلوشه)]
(اِ.) لوحه‌ای بوده است از زر یا نقره
وبعض اوقات‌هم‌ازچوب برحسب‌اختلاف
رتبهٔ اشخاص بعرض کف دست و طول
تقریباً نصف ذراع و نام خدا و پادشاه
با نشان و علامت مخصوص روی آن
محکوك بوده است و پادشاهان مغول
آنرا بکسانی که لطف مخصوص درحق
ایشان داشتند ومخصوصاً برؤسای‌قشون
ازامرای‌صده وهزاره وامرای‌تومان‌عطا
میکرده‌اند، پایژه؛ ج. پایزها، پایزه‌ها.
‖ ~ ِ بزرگ. نوعی از پایزه بقطع
بزرگ‌که جهت سلاطین‌وملکان‌ومانند
آنان‌میساخته اند. ‖ ~ ِ سرشیر.
پایزه‌ای بوده است‌که صورت سرشیری
روی آن منقور بوده و آن یکی از
بالاترین‌درجات‌پایزه‌بوده است‌ومختص
امرای‌کلان، برای دیگران هیأتهای
دیگر بکار میبرده‌اند. ‖ ~ ِ گرد.
نوعی‌پایزه‌جهت ایلچیانی که‌باچارپایان
میرفته‌اند.

پایزه‌دادن p.-dādan [چین.-ف.]
(مصم.)فرمان‌دادن، مثال دادن.

پای زهر pāy-zahr [← پازهر
(ه.م.) ، پادزهر (ه.م.)] (اِ.) ←
پادزهر.

۱ـ پایژه pāyeža(-e) [= پایزه]
(اِ.)←۱ـ پایزه۲ و۳.

پایژه pāyeža(-e) [= پایزه،مغ.چین.]
← ۲ـ پایزه.

پای سپر pāy-separ [= پاسپر =
پای‌سپرنده](اِفا.، ص‌مر.) پاسپر ،
پاسپار (← پاسپار۲.)

پای سپرده p.-seporda(-e) [=
پاسپرده] (اِمف.،ص‌مر.)پاسپرده(ه.م.)

پای سپرکردن p.-separ-kardan
[= پا سپر کردن](مصم.)پاسپار کردن
(ه.م.)

پایست pāyest [= پایسته] (اِمف.،
ص.) پیاپی، پیوسته، ناگسیخته،مداوم،
بردوام.

پایستن pāy-estan [← پاییدن ،
پب. pātūv,pā، حفظ کردن] (مصل.)
(صر.← بایستن) ۱ ـ پایدار ماندن،
جاویدان بودن، پاییدن (ه.م.) ، دایم
بودن، باقی ماندن. ۲ ـ صبر و تأمل
کردن. ۳ ـ انتظار بردن.

پای ستور pāy-e sotūr (اِمر.)۱ ـ
هر یك از قوایم چارپایان. ۲ـ (مس.)
نام سازیست و آن کمینه‌ترین سازها
باشد.

پایسته pāy-esta(-e) (اِمف.)پاینده،
دایم، باقی، پیوسته.

پای سنگ pāy-sang [= پاسنگ]
(اِمر.)← پاسنگ، پارسنگ.

پای سنگین p.-e-sangīn (ص‌مر.)
۱ ـ پایی که از جای‌نجنبد. ۲ ـ آنکه
دیردیر بدیدار کسان و دوستان رود.

پای سهیل p.-sohayl(ey-) (اِمر.)
نوعی صراحی← صراحی.

پای شکسته p.-šekasta(-e) (اِمف.،
ص‌مر.) پاشکسته (ه.م.)

پایشنه pāy-ešna [= پاشنه] (اِمر.)
پاشنه (ه.م.)

۶۹۳ پایگذار

پای شیب p.-šīb (اِمر.) مکانی است در راه مکه و در آنجا عقبه‌ایست بجهت رمی جمرات که یکی از اعمال حج است.

پای صلیبی کردن p.-salībī-kardan [ف.-ع.] (مص‌ل.) پاصلیبی کردن (ه.م.)

پای فرنجن p.-faranǰan [= پا-آورنجن] (اِمر.) ← پاآورنجن.

پای فشاردن p.-fa(e)šārdan [= پای‌فشردن = پافشردن] (مص‌ل.) ← پافشردن.

پای‌فشردن p.-fa(e)šordan [= پای‌فشاردن = پافشردن] ← پافشردن.

پایك pāy-ak (اِمصغ.) ۱- پای کوچك. (فره.) ۲- (پز.) پایهٔ کوچك در برجستگیهای مغز[1] (فره.) ← پایه‌های مغزی.

پایکار pāy-kār [= پاکار] (اِمر.) پاکار (ه.م.)

پایکاری p.-kār-ī [= پاکاری] (حامص.) عمل پایکار. ۱- شاگردی، خانه شاگردی. ۲- رعیتی، نوکری؛ مق. امیری، پادشاهی، سلطنت.

پای‌کشان p.-ka(e)š-ān (ص فا.، حا.) در حال پای کشیدن. ‖ ~ رفتن. پای‌را کشیدن‌چون اشخاص‌فالج.

پای کشیدن p.-ka(e)šīdan ۱- (مص‌ل.) پاکشیدن (ه.م.) ۲- (مص م.) فریفتن، فریب دادن.

پای‌کلات p.-ke(-a)lāt (اِمر.) فنی است از کشتی که حریف را از کمر گرفته چنان بردارند که پایش بلند شود.

پای کلاغ p.-e-kalāγ (اِمر.) ۱- (گیا.) ← پاکلاغی. ۲- خطی بغایت زشت، قلم‌چرا، قلم انداز.

پای‌کوب p.-kūb [= پای‌کوبنده] (اِفا.) ۱- پاکوب (ه.م.) ۲- (نم.) پای‌باز، رقاص، بازیگر، پای‌گر (ه.م.)

پای‌کوبان p.-kūb-ān (ص‌فا.، حا.) درحال پاکوبیدن، رقصان، پای‌اندازان.

پای کوب کردن p.-kūb-kardan (مص‌م.) پاکوب کردن (ه.م.)

پایکوبی p.-kūb-ī [= پاکوبی] (حامص.) پاکوبی (ه.م.)

پای کوبیدن p.-kūbīdan [= پاکوبیدن = پاکوفتن] (مص‌ل.) پاکوفتن (ه.م.)

پای‌کوفتن p.-kūftan [= پاکوفتن = پاکوبیدن] (مص ل.) ۱- کوبیدن پا بر چیزی. ۲- رقصیدن. ۳- (کن.) نزدیك شدن برفتن ومردن.

پایگاه p.-gāh [پای + گاه، پس. مک. = پایگه] (اِمر.) ۱- جای پا، قدم. ۲- جانب پای، طرف‌پای؛ مق. سرگاه. ۳- درگاه، کفش‌کن، مقدم‌البیت، صف نعال؛ مق. پیشگاه. ۴- پیشگاه، تخت، مسند. ۵- پایاب. ۶- پایه، اساس. ۷- جایگاه، مقام، منصب، مکانت، رتبه، حد، درجه. ۸- جای، محل. ۹- آخور، ستورگاه، پاگاه (ه.م.)، طویله، اصطبل. ۱۰- مزد، حق‌القدم. ۱۱- اصل ونسب. ‖ اهل ~. اهل‌مرتبه. ‖ ~ هوایی. محل و جای برای‌فرود آمدن هواپیما (مخصوصاً هواپیماهای‌نظامی).

پایگاهی p.-gāh-ī (ص‌نسب.) مردی از طبقهٔ «پست» از مرتبتی پست.

پایگذار p.-gozār [= پای‌گذارنده] (اِفا. اِمر.) ۱- قاصد وپیك‌پیاده، پایوند. ۲- پایمزد، حق‌القدم.

۱- **Pedoncules cerebraux** (فر.)

پای گذاردن p.-gozārdan (مص ل.) ــــ از ...، بپای‌گذشتن از ...، عبور کردن از ...

پای‌گر p.-gar (ص فا.) پایکوب، پای باز، رقاص، پاکوب(ﻫ.م.)

پای‌گرفتن p.-gereftan (مص‌ل.) پاگرفتن (ﻫ.م.)

پای‌گشادن p.-gošādan (مص ل.) ۱ - پای بازکردن بجایی، باز آمدن. ۲ - طلاق دادن، مطلقه کردن. ۳ - گریختن.

پایگه p.-gah [= پایگاه] (اِمر.) پایگاه(همع.)

پایگه ساختن p.-sāxtan (مص‌ل.) ۱ -جاگرفتن. ۲- جادادن،منزل‌دادن، فرودآوردن. ۳-جای‌نشست‌معلوم کردن، سزاوار و در خور هر کس جا و مرتبه و منصب معلوم کردن. ۴ - مقام‌ومرتبه دادن.

پای‌گیر pāy-gīr [= پاگیر = پای گیرنده] (اِفا.، اِمر.) ← پاگیر (همع.) ‖ ــــ کسی‌شدن. ضرر یا جنحه و یا جنایتی بدو تعلق گرفتن.

پای‌لغز p.-laɣz [= پالغز] (اِمر.) پالغز (ﻫ.م.)

پای ماچان p.-māč-ān [= پی - ماچان] (اِمر.) کفش‌کن، درگاه، صف‌نعال، پی‌ماچان.ضح.ــ رسم‌صوفیان چنان‌است که‌اگریکی از ایشان گناهی و تقصیری کند او را در صف نعال که مقام غرامت است بیك پای باز دارند و او هر دوگوش خودرا چپ وراست‌بر دست گیرد یعنی گوش چپ را بدست راست وگوش‌راست‌را بدست چپ گرفته چندان بر یکپای بایستدکه‌پیر ومرشد عذر اورابپذیرد واز گناهش درگذرد.

پایمال p.-māl [= پامال = پای‌مالیده] (ص‌مف.)۱-زیر پای کوفته شده، لگدکوب، پی‌خسته، پی‌سپر، خراب، بپای سپرده. ۲- پایین‌پای، صف نعال. ۳ - از میان رفته. ۴- زبون، خوار، ذلیل.

پایمال شدن p.-šodan [= پامال شدن] ۱ - زیر پاشدن، پی‌سپر شدن، لگدکوب شدن. ۲ - هدر رفتن، باطل گردیدن (چنانکه خون‌کسی).

پایمال‌شده p.-šoda(-e) [= پامال شده] (اِمف.) لگدکوب شده، پی خسته شده، پی‌سپر شده.

پایمال‌کردن p.-kardan [= پامال کردن] (مص‌م.) زیرپا کردن، ازبین بردن، له کردن، اضمحلال، انهدام.

پایمال گشتن p.-gaštan (مص ل.) زیرپای شدن،زیرپارفتن، ازبین‌رفتن.

پایمالی pāy-māl-ī (حامص.)دست بدست مالیدن، تعلل، مماطله.

پایمرد p.-mard [= پامرد] (اِمر.) ۱ - خواهشگر،میانجی، شفیع،واسطه، مساعد. ۲ - یاری دهنده، دستگیر، مددکار، دستیار،همدست، معین. ۳ - خدمتکار.

پایمردی p.-mard-ī (حامص.) ۱ - میانجیگری، خواهشگری،توسط. ۲ - کمك، دستیاری،ایستادگی‌درکارکسی، معاضدت.

پایمردی‌کردن p.-m.-kardan (مص م.) ۱ - میانجی کردن، خواهشگری کردن، توسط کردن. ۲ - دستیاری کردن، کمك‌کردن. ۳ - شفاعت‌کردن.

پای مزد p.-mozd [= پامزد] (اِمر.) مزدی که بقاصدان وپیادگان‌وپزشکان و مانند آنان دهند؛ پارنج، پای‌رنج، پایگذار، حق‌القدم، جعل، خرج. ← پامزد.

پای موزه p.-mūza(-e) [← موزه]

(امر.) پا افزار (ه.م.)، پای‌افزار.

پایندان pāyandān (اِ.) ۱ - پذیرفتار، کفیل، ضامن، قبیل ← پایندانی. ۲ - (اِ.) کفش کن، درگاه، پایگاه (ه.م.)، صف‌نعال. ۳ - (ص‌فا.) میانجی کننده. ۴ - ایلچی. ۵ - (اِ.) رهن، گرو.

پایندانی pāyandān-ī [= باینداني] (حامص.) پذیرفتاری، میانجیگری، کفالت، ضمانت، تعهد، زعامه، قباله.

پایندگی pāy-anda(e)g-ī (حامص.) همیشگی، خلود، بقاء، دوام، ابدیت.

پایندگی کردن p.-kardan (مص‌م.) سرپرستی و محافظت کردن قیم، نگاهداری کردن.

پاینده pāy-anda(-e) (اِفا.) ۱ - همیشه، جاوید، جاودان، پایا، پایدار، استوار، محکم، دایم، قایم، باقی، مدام. ۲ - پایداری کننده. ۳ - آنکه چیزیرا در نظر دارد وچشم از آن برندارد، مراقب. ‖ مرحمت ــــ . (تعارف) لطف و محبت شما پایدار باد!

پای‌نهادن pāy-ne(a)hādan (مص‌ل.) ۱ - ← پانهادن. ‖ ــــ برچیزی. ترك کردن آن.

پای و پر p.-o-par [= پاوپر] (امر.) تاب وتوان، قدرت، توانایی.

پایور p.-var (امر.) صاحبمنصب شهربانی وکشوری. ‖ ــــ پیش‌آهنگی. یکی از مراتب و درجات پیشآهنگی است. فرهنگستان این کلمه را برابر اصطلاح انگلیسی Troop-officer پذیرفته است.

پای ورنجن p.-varanǰan [= پا آورنجن] (امر.) ← پا آورنجن.

پایوند p.-vand [= پاوند = پابند] (امر.) ۱ - پاوند (ه.م.) ۲ - پیك پیاده که در هرمنزل میداشتند تا پیك خسته ومانده نامه باو میداد و بدین طریق نامه زودتر بمقصد میرسید. ← اسکدار.

پایه pāya(-e) [په. pādak] ۱ - هریك از طبقات چیزی که برآن بالا روند یا پایین آیند چون طبقات نردبان ومنبرو پلکان‌بام؛ پله، پاشیب، پك، ارچین، پغنه، تله، زینه، درجه. ۲ - هرچه برآن چیزی بنا کنند و ترتیب دهند؛ بنیاد، بن، بنگاه، اصل عمارت، پی، شالوده، بنیان، اساس، بناء، قاعده. ۳ - ستون، مجردی. ۴ - قسمت زیرین تخت وصندلی و مانند آن، پایهٔ تخت، پایهٔ میز، قایمه. ۵ - درختی یا نهالی که بدان درختی دیگر پیوند کنند؛ اصله. ۶ - ریشه، اصل: پایهٔ دندان، ریشهٔ دندان. ۷ - جا، جای، مقام. ۸ - ساقهٔ گندم و جو وجزآن. ۹ - پایین، دامان، دامنه. ۱۰ - ساق، ساقه، ساقهٔ درخت، نرد، برز، کنده، تاپالی، نون، بوز. ۱۱ - پایاب. ۱۲ - مدار فلك، مدار ماه، مدار ستاره، ماه پایه، ستاره‌پایه. ۱۳ - ناسره، زبون، نبهره، خوار، ضایع، سقط؛ مق. سره. ۱۴ - ارج، ارز، جاه، جایگاه، پایگاه، قدر، پایه، مرتبه، رتبه، درجه، منزلت، مقام، حد. ۱۵ - مقام ورتبه در ادارات: فلان دارای پایهٔ پنجم اداری است. ۱۶ - (رض.) عددی است که باید چند بار درخودش ضرب شود؛ قوه. ← توان. ‖ ــــ ٔ چخماق. ماشه. ‖ ــــ ٔ حوض. ۱ - پای حوض. ۲ - جای رسوایی و بدنامی. ‖ ــــ ٔ کوه. پایین کوه، دامنهٔ کوه. ‖ ــــ ٔ والا. مقام ارجمند، مقام بلند. ‖ ــــ های مغزی. (پز.) نام دوبرجستگی سفید

پایه

پایهٔ چخماق

۱- Pédoncules cerebraux (فر.)

رنگ که در مجاورت طبقات بصری[1] قرار دارند. این برجستگیها در بالا مسطح و درعقب‌ازبالا بپایین‌استوانه‌یی شکل است. این دو برجستگی در بین خود فضایی بنام‌فضای‌بین‌پایه‌های‌مغزی بوجودمیآورند. پایك، پایه‌های کوچك در برجستگیهای مغز.

پایه پایه p.-pāya(-e) (قمر.) پله پله، اندك‌اندك، بتدریج

پایه‌دار p.-dār [= پایه‌دارنده] (إفا.) ۱- صاحب قدرومنزلت،صاحب‌رتبه،صاحب مقام، باقدرت، مقتدر. ۲- آنکه در ادارات دولتی صاحب پایه ورتبه‌است.

پایه‌گاه p.-gāh (إمر.) ← پایگاه.

پایه‌ور p.-var (ص مر.) بلند پایه، بلندمرتبه، بلند مقام.

پایی pāy-ī (ص‌نسب.) ۱- منسوب‌به پا، آنچه مربوط بپا باشد. ۲- (مکن.)دو صفحهٔ‌فلزی که درطرفین‌دستهٔ فرمان هواپیما کار گذاشته شده که با فشار دادن پایی راست هواپیما براست گردش میکند و با فشار دادن‌پایی‌چپ بسمت‌چپ‌میگردد. ‖ ترمز ~ .(مکن.) ترمزی که بافشار پا عمل کند؛ مق. ترمزدستی.

پاییدن pāy-īdan [= پایستن،است. pā، مواظبت کردن،حفظ + یدن، پس.مص] (مص‌م.) (صر. ← زاییدن) ۱-نگاهبانی کردن، حراست‌کردن، درنظرداشتن، مواظب‌بودن. ۲- توقف کردن، بودن، ایستادن،ماندن،درنگ‌کردن. ۳- ثبات ودوام‌داشتن، مدام‌بودن، جاویدبودن، قایم‌بودن. ۴- منتظر بودن،چشم‌داشتن. ۵- پایداری‌کردن، پافشردن. ۶- بقاء، زیستن، ماندن. ۷- قسمت کردن، بخشیدن. ۸- مهم‌شمردن، وزن‌نهادن. ۹- رصدکردن‌ومراقبت‌کردن:«پاییدن وقت» و «پاییدن ستاره» و «بپای تا بدایره‌اندرآید.»(التفهیم۶۴) و«بپای ارتفاع آفتاب‌را.»(التفهیم۳۱۳) ۱۰- ملتفت و متوجه بودن.

پاییز pāyīz [= پازیز (ه‌.م.)، په. pātēž] (إ.) ۱- یکی از فصول‌چهار-گانهٔ سال و آن فصل سوم سال است میان تابستان و زمستان، مدت ماندن آفتاب است در بروج میزان وعقرب وقوس؛ خزان، خریف، برگ‌ریزان. ‖ ~ عمر. روزگارپیری.

پاییزگاه p.-gāh (إمر.) هنگام‌پاییز، وقت پاییز.

پاییزه pāyīza(-e) [= پاییز + ه، پس. نسبت] (ص نسب.) پاییزی؛ مق. بهاره: کشت پاییزه.

پاییزه‌کاری p.-kār-ī (إمر.) کشت وزرع در پاییز؛مق. بهاره‌کاری.

پاییزی pāyīz-ī (ص‌نسب.) خزانی، خریفی.

پایین pāy-īn [= پایان، گیل. pāīn] (ص‌نسب.،ق.) ۱- زیر،زیرین، فرود، فرودین، پست، دون، تحت، تحتانی؛مق. بالا، بالایین. ۲- دامن، دامنه، پای، ذیل. ۳- کفش‌کن، صف نعال. ۴- از سوی پای باشد آنجا که مردم خفته‌بود؛مق.سرین‌وبالین. ۵-(إ.)(مس.) فرود؛مق. بالا، بم، بلند. ضح.- فرود (ه‌.م.) از چند صداتشکیل میشود، پس ناگزیر یکی از صداها زیرتر از همه و طبعاً یکی ازصداها بم‌تر از همه‌واقع میشود. بنا برین صدایی‌که بمتراز همه است (مقابل صدای‌بالا) و صدایی که زیرتراز همه است(مقابل صدای‌پایین) قرار میگیرد. ‖ ~ افتاده بودن‌شکم.

۱- Couche optique (فر.)

(بمزاح) گرسنه گردیده بودن.

پایین آمدن p.-āmadan (مص ل.) ۱ - بزیر آمدن، فرود آمدن، پیاده شدن، هبوط، منحط شدن، انحطاط؛ مق. بالا رفتن. ۲ - خوابیدن وفرو ریختن سقف و دیوار ومانندآن، رمبیدن: سقف خانه‌ام پایین آمد. ۳ - کم شدن، ارزان شدن، نازل شدن: هزینه پایین می‌آید. ‖ ~ ازخر شیطان ← خر.

پایین آوردن p.-āva(o)rdan (مص م.) فرود آوردن، بزیر آوردن، هبوط دادن، هابط کردن.

پایین انداختن p.-andāxtan (مص م.) فرو افکندن، بزیر افکندن.

پایین پرستی p.-parast-ī (حامص.) (کن.) اطاعت، بندگی، خدمتکاری.

پایین دسته p.-dasta(-e) (ا.) (مس.) ثلث اخیر رودجامگان (ذوات‌الاوتار) (ه.م.)، بالای نیم کاسه یا کاسه.

پایین رفتن p.-raftan (مص ل.) بزیر رفتن، فرودآمدن، هبوط.

پایین رو p.-raw(-ow) [= پایین رونده] (إفا.) فرودآینده، هابط، نازل. ضح. - این کلمه را فرهنگستان بجای (فر. descendant) پذیرفته است.

پایین کشیدن p.-ka(-e)šīdan (مص م.) فرود آوردن، پایین آوردن (ه.م.)؛ مق. بر کردن، بالا کشیدن.

پپتک peptak [= ببتک] (ا.) ۱ - پاره‌ای ازخوشهٔ انگور و خرما که چند دانه مانند خوشه‌ای کوچك درآن جمع آمده باشد؛ زنگله، چلازه، ببتك. ۲ - خوشهٔ کوچك از انگور وخرما.

پپگی papa(-e)g-ī (حامص.) حالت وکیفیت پپه؛ پخمگی، چلمنی، گولی.

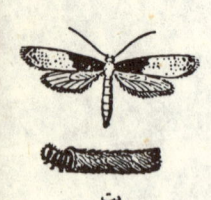

پپلس paplos (ا.) ۱ - تریدی که از نان خشك و روغن و دوشاب سازند. ۲ - اشکنه‌ای که ازروغن و پیازبروغن بریان کرده و آب ونان خشك سازند:

« گر ز ماهیت ماهیچه بگویم رمزی
نخوری رشته که این نیست چنین پپلس وار.»
(بسحاق)

پپه papa(-e) (ا.) (بزبان اطفال) نان: فلانی بنان میگوید پپه. ۲ - (عم.) پخمه، چلمن، گول، غبی.

۱ - پت pat [= بت] (ا.) ۱ - لعابی است ازکتیرا و نشاسته ومانندآن که پارچه وکاغذ و مانندآن رابدان آغشته سازند تاشخ ومحکم گردد؛ آهار، آش جامه، تانه، بخیر، آغار، لعاب، بت. ۲ - لعاب اسفرزه و برنج و امثال آن. ۳ - سریش.

۲ - پت pat [قس. پتو] (ا.) ۱ - پشم نرمی که از بن موی بز روید و آنرا بشانه برآورند و از آن شال بافند؛ بز پشم، بزوشم، کرك، کلك. ۲ - (گیا.) کرکهای ریز در هم تافتهٔ سطح بشرهٔ بعضی گیاهان[1]، کرکها و الیاف نرم سطح بعضی اندامهای گیاهی؛ پرز (فره.) ۳ - هرچین نرم.

پت

پت pet [= بید] (ا.) (جا.) بید (ه.م.)، دیوچه.

پتابی patābī [= پاتابی] (ا.) (گیا.) توسرخ (ه.م.)

پتاره patāra(-e) (ا.) دست افزار جولاهگان، جاروب مانندی که با آن آب برجامه‌ای که می‌بافند پاشند، غرواش، غرواشه، سمیر.

پتاره

۱ - پتاس potās [لا. potasse] (ا.) (گیا.) گل‌چاه (ه.م.)

۱ - Papilles (فر.)

پتاس

۲ - پتاس potās [= پطاس ، فر potasse] **۱** - (شم.) = هیدروکسید پطاسیم (KOH) جسمی است سفید رنگ و محکم وباریک که برای سفید کردن پارچه و نیز در تهیهٔ صابون بکار میرود؛ جوهر قلیا. **۲** - نام تجارتی کربنات دو پطاسیم که آنرا پطاس کستیک نیز گویند.

پتاسیم potāsyom [فر . potassium] (شم.) (K) جسمی است جامد نرم که با ناخن مخطط میگردد و با چاقو بریده میشود مانند سدیم. در نفت حفظ میشود، ودر ۶۳۵ درجه ذوب میگردد و در ۷۵۶ درجه میجوشد. سطحش کدر ولی مقطعش نقره یی است. مانند سدیم با آب ئیدرژن میدهد و در اکسیژن و کلر میسوزد و بصورت کلرور در آب دریاها و بصورت نیترات در شوره زارها دیده میشود. پتاسیم را بوسیلهٔ تجزیهٔ الکتریکی کلرور دو پتاسیم بدست میآورند.

پتانسیل potānsiyel [فر . potentiel] (اِ.) (فز.) اختلاف سطح (ه.م.) ‖ **واحد ~** . (فر.) ولت است ← ولت.

پتاوی patāvī [= پاتابی = پتابی] (اِ.) (گیا.) ← پتابی.

پت آلود pat-ālūd [= پت آلوده] (صمف.) آهار آلوده، آهارزده.

پت پت pet-pet (اِصت.) صدای فتیلهٔ چراغ چون روغنش تمام شود یا در آن آب باشد.

پت پت کردن p.-p.-kardan (مص ل.) **۱** - صدا کردن فتیلهٔ چراغ وشمع و مانند آن چون روغنش تمام شود یا آب در آن باشد. **۲** - اصطلاحی است که مکانیسینها وعوام برای صدای موتور اتومبیلها بهنگام خرابی آن استعمال کنند.

پ.ت.ت pe-te-te [P.T.T] (اِمر.) علامت اختصاری پست و تلگراف و تلفن.

پتت petat [په. patet] (اِ.) پشیمانی، توبه، استغفار. ← بخش ۳.

پت دادن pat-dādan [← پت] (مص ل.) لعاب آوردن، لعاب پس دادن: «اسفرزه پت میدهد»، «برنج پت داده است.»

پتر patar [هند. سنس. patra از ریشهٔ pat، افتادن، پریدن] (اِ.) تنکهٔ طلا و نقره و مس و برنج و امثال آن را گویند که در آن اسما وطلسمات وتعویذ نقش کنند.

پتفت pataft [← پتت] (اِ.) پتت (ه.م.)

پتفوز patfūz (قد. patfōz) [= بتفوز = بدفوز، سغ. ptB'wz، منقار] (اِ.) **۱** - گرداگرد دهان و منقار مرغان و حیوانات، پوزه، بتفوز (ه.م.)، بدفوز (ه.م.) **۲** - گرداگرد کلاه.

پتفوز بند p.-band (اِمر.) پوزه بند.

پتک patak (اِ.) **۱** - نوار پهن که سربازان وچاپاران و بعضی مردم بساق پا پیچند؛ مچ پیچ، پاپیچ. **۲** - (گیا.) کرکهای بسیار ریز ودرهم تافته در روی بعضی از اندامهای گیاهی خصوصاً برگ وگل و ساقه [1] (فره.)

پتک potk (اِ.) چکش بزرگ فولادین که آهنگران بدان آهن و پولاد و مانند آن کوبند؛ آهن کوب، کوبن، کوبیازه، مرزبه، گرزینه، پکوک، پک، مطرقه، کدین، خایسک ‖ **~ برآهن سرد زدن (کوفتن)**. ← آهن سرد کوفتن (آهن).

1- Papule (فر.)

پتکدار p.-dār [= پتك دارنده] (إفا.) آهنگر.

پتکداری p.-dār-ī (حامص.) آهنگری.

پتك زن p.-zan [= پتك‌زننده] (إفا.) پتکدار (ه.م.)

پتك‌کوب p.-kūb [= پتك کوبنده] (إفا) (إ.) آهنگر ، پتك زن.

پتکوب pat-kūb [= بتکوب ← پت] (إفا.، إمر.) آچاری که از گردو وماست وامثال آن کنند ← بتکوب.

پتگ potg [= پتك] (إ.) ← پتك.

پتگر pat-gar [← پت] (إفا.) آهار زننده، آهار کننده.

پتنی patanī [= پاتنی = پاتینی] (إ.) ← پاتنی.

پتو patū [قس. پت] (إ.) قسمی منسوج پشمین که برروی اندازند، بافتهٔ پشمینه که بجای لحاف بهنگام خواب برروی کشند.

پتو pataw(-ow) [= پرتو] (إ.) ۱- پرتو (ه.م.) ۲- موضعی را گویند از کوه وغیر آن که پیوسته آفتاب در آن بتابد؛ مقـ. نسر، نسار.

۱ - پتواز patvāz [= پدواز = پتواز= پتوازه] (إ.) نشیمن کبوتر وباز و دیگر پرندگان از شکاری وغیر شکاری، و آن دوچوبست که باندك فاصله از یکدیگر برزمین فرو برند وچوب دیگری بالای آن دو نهند، چنانکه نشستن آن پرندگان را بکار آید.

۲- پتواز patvāz [په. patvāčak] (إ.) جواب، پاسخ. ← پدواز.

پتوازه patvāza(-e) [= پتواز] (إ.) پتواز (← ۱- پتواز)، پدواز.

پت وپهن pat-o-pahn (صمر.) (عم.) پهن، فراخ، عریض.

پتوله patūla(-e) (إ.) بافتهٔ ابریشمی منقش کار هندوستان.

پته pata(-e) (إ.) ۱ - گذرنامهٔ اسب واستر وخر ومال‌التجاره وجز آن، جواز مالداران که حاکی از ادای حق راهداریست؛ پروانه، جواز. بلیط. ۲ - بندگونه‌ای که جاجادر جویهای نشیب‌دار بندند که هم آب را نگاه دارد وهم جوی شسته نشود. || ـــهٔ کسی را روی آب انداختن. راز او را فاش کردن، او را رسوا کردن. || ـــهٔ کسی را روی آب ریختن. ـــهٔ کسی را روی آب انداختن (ه.م.) || ـــهٔ کسی روی آب افتادن. رسوا شدن وی.

پته بستن p.-bastan (مصل.) جای جای بند بستن در جویهای شیب‌دار.

پته طلب p.-talab [= فته طلب] (إمر.) (بانک.) فته طلب (ه.م.)

پتی patī (ص.) (عم.) ۱ - تهی، خالی، بی‌خورش، ساده، تنها: نان‌پتی. ۲ - برهنه، روت، لخت، عور: پاپتی. ۳ - آشکار. || دوغ ـــ. دوغ بی کره وروغن و بسیار آب.

پتیار patyār [= پتیاره] (إ.) ← پتیاره.

پتیاره patyāra(-e) [= پتیار، په. patyārak] (إ.) ۱ - مخلوق اهریمنی که از پی تباه کردن و ضایع ساختن آثار نیك وآفریدگان اهورمزدا پدید آمده؛ مخلوق اهریمنی، دیو. ۲ - آفت، بلا، عیب، مصیبت. ۳ - (ص.) مهیب، زشت، نازیبا. ۴ - (إ.) دشمنی، مخالفت، ضدیت، بغضاء، عداوت، عناد. ۵ - مکر، فریب، حیله، دغا. ۶- شدت، سختی، نفاذ حکم. ۷- (ص.) (تداول زنان) دشنامی سخت قبیح است: لکاتهٔ پتیاره. ۸- (إ.) (احکـ. نجـ.) وبال کوکب، وبال ستاره.

پتیاره‌مند p.-mand (ص‌مر.) زشت، مکروه، نازیبا، مهیب.

پتیالین petyālīn [فر. ptyaline] (ا.) (پز.) دیاستازموجوددربزاق‌دهان برای هضم مواد قندی. این دیاستازکه یك امیلاز[1] است بر روی آمیدن اثر کندوآنراتامرحلهٔ دکسترین[2] میگوارد؛ جوهر بزاق.

پتیر patīr (ا.) رزمه و بقچه‌ای که جامه در آن نهند.

پتیره patīra(-e) [= پتیاره] (ا.) پتیاره (ه‌م.)

پتیله patīla(-e) [= پلیته (ه‌م.) = فتیله.معر.] (ا.) ← فتیله.

پج paǰ [= پژ ← پجار] (ا.) گریوهٔ کوه، جبل، کوه، پژ (ه‌م.)

پجار paǰ-ār [← پج] (ا.) پج (ه‌م.) پژ (ه‌م.)

پج پج peǰ-peǰ [= پچ پچ] (اصت.) لفظی‌است که‌بزرا گویند و نوازند؛ بچ‌بچ (ه‌م.)

پجردن peǰor-dan (مصم.) (عم.) بیماروطفل و مانند آنان راپرستاری ونهایت مواظبت کردن.

پجشك peǰešk [= بزشك = پزشك] (ص.، ا.) طبیب؛ پزشك (ه‌م.)

پجشکی peǰešk-ī [= بزشکی = پزشکی] (حامص.) پزشکی، طبابت.

پجول poǰūl [= بجول = پژول = بژول = بزول] (ا.) اشتالنگ.شتالنگ، استخوان کعب، قاب.

پچ poč [= پوچ] (ص.) میان‌تهی، پوك، پوچ.

پچازی pečāzī [= پیچازی] (ص نسبی) پارچه وماننداآن که‌دارای نقوش چهارخانه ومربع باشد، شطرنجی[3].

پچاق pečāɣ [تر. = پچق = پچك] (ا.) (تر.) ← پچق.

پچ پچ peč-peč [= پژپژ = فچفچه = بچ‌بچ = پچ‌پچ] ۱- (اصت.) سخنی که آهسته وزیر گوشی بایکدیگر گویند؛ نجوی، نمیمه، هسیس، منافثه. ۲- لفظی که شبانان بزرابدان‌نوازند؛ پج‌پج، بج‌بج (ه‌م.)

پچ پچ poč-poč [= بچ‌بچ = پج‌پج] (اصت.) کلمه‌ای باشد که شبانان بزرا بدان پیش خود خوانند ونوازش کنند. ← پچ پچ ↑.

پچ پچ کردن peč-peč-kardan (مصل.) آهسته با کسی سخن گفتن، نجوی کردن: «مردم‌ردیف‌ایستاده‌بودند ودرگوشی باهم پچ‌پچ میکردند.» ← پچ وپچ کردن.

پچپچه peč-peča(-e), poč-poča(-e) (اصت.) سخنی‌راگویند که‌در السنهٔ وافواه‌افتد وهمه‌کس‌بطریق سر-گوشی وخفیه بهم گویند؛ سخن آهسته.

پچپچه کردن p.-kardan [← پچپچه] (مصل.) آهسته سخن گفتن، پچ‌پچ کردن (ه‌م.)

پچخیزیدن pečxīz-īdan [= پخچیزیدن = پخجیزیدن = بجخیزیدن] (مصل.) (صر. ← خیزیدن) غلتیدن.

پچشك pečešk [= بزشك = پزشك = پجشك] (ا.) طبیب، پزشك (ه‌م.)

پچشك počošk (ا.) سرگین گوسفند وبزوامثال آن؛ پشك، پشکل، پشکل‌شتر.

پچشك ستور p.-sotūr [← پچشك] (ص‌مر.، امر.) دامپزشك، پزشك‌ستور: «بیطر، کامیر، ... پچشك ستور.» (منتهی‌الارب)

۱- Amylase(.فر) ۲ - Dextrine (.فر) ۳ - Quadrillé(.فر)

«بیطر، کصیقل، پچشک‌ستور.» (منتهی‌الارب)

پچشکی pečešk-ī [= بزشکی = پزشکی] (حامص.) طبابت، پزشکی، طب.

پچق pečaγ [تر. = پچاق = پچك] (اِ.) کارد، چاقو.

پچك pečak [تر. = پچاق = پچق] (اِ.) ← پچق.

۱- پچکم pečkam [= بچکم = بشکم = پشکم] (اِ.) ۱- خانه‌ای که‌از همه‌سوی‌در و پنجره‌دارد؛ خانهٔ تابستانی. ۲- بارگاه، ایوان، صفه.

۲- پچکم pečkam [= بچکم] (اِ.) (جا ن.) گرگ، ذئب.

پچکو pačakū (اِ) (گیا.) پنیرك (ه.م.)

پچل pačal [= بچل = چپل = پچول] (ص.) ۱- شخصی را گویند که پیوسته لباس‌خودرا ضایع کند وچرکن وملوث گرداند. ۲- شلخته، پنتی، دنس، پلشت، قذر. ۳- قبیح، مستهجن، خبیث. ۴- چرك.

پچلی pačal-ī (حامص.) چگونگی و کیفیت پچل (ه.م.)

پچ میانه poč-miyāna(-e) (ص مر.) ← پچ.

پچ و پچ کردن peč(č)-o-peč-kardan (مص ل.) (عم.) ← پچ پچ کردن.

پچودن pač-ūdan [← پخچودن] (مص ل.) کوفته شدن، پهن گردیدن.

۱- پچول pačūl [= بجول] (اِ.) کعب، قاب، بجول (ه.م.)

۲- پچول pačūl [= پچل (ه.م.)] پچل (ه.م.)

پچولی pačūl-ī (اِ.) (گیا.) گیاهی[1] از تیرهٔ نعنائیان[2] که درحدود ۳۰ گونهٔ از آن شناخته شده ودر نواحی استوایی استرالیا و آسیا وجود دارند. ازاین گیاه اسانسی استخراج میکنند که شبیه کافور[3] است ودرهندوستان برای معطر کردن توتون مورد استفاده قرار میگیرد، وهمچنین از آن برای معطر کردن صابونها استفاده میکنند.

پچیدن pač-īdan [= پیچیدن] (مص م.) (صر. ← پیچیدن.) پیچیدن (ه.م.)

۱- پخ pax (اِصت.) ۱- آوازیست که بدان سگ و گربه و خرگوش و مانند آن را رانند؛ چخ، پیشت. ۲- لفظی است که در مقام تحسین گویند؛ به، بهبه! پهپه! ۳- صوتی است برای ترساندن اشخاص مخصوصاً کودکان.

۲- پخ pax [= پخت] (ص.) پخت (ه.م.) ‖ ~ تند. (نج.) سطحی نسبت بسطح دیگر پخ تند شده‌است که‌زاویهٔ بین آنها بزرگتر از ۴۵ درجه باشد. ‖ ~ کند. (نج.) سطحی نسبت بسطح دیگر پخ کند شده‌است که زاویهٔ بین آنها کوچکتر از ۴۵ درجه باشد. ‖ ~ معمولی. (نج.) سطحی به‌نسبت سطح دیگر پخ معمولی شده که زاویهٔ بین آنها ۴۵ درجه باشد.

پخ

1- Patchouli (فر.) 2- Labiées (فر.) 3- Camppre (فر)

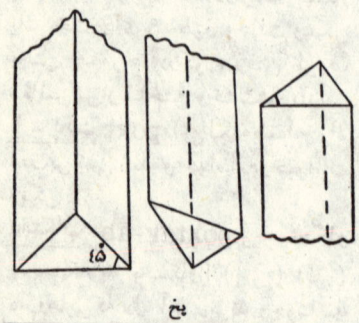

پخ pex (اِصت.) ← پخ (pax).

پخ pox (اِ.) (تر.) فضلهٔ آدمی، پلیدی، گه.

پخ پخ pax-pax (صت.) به‌به! به‌به! خوش‌خوش! آفرین! مرحبا! طوبی لك! بخ بخ!

پخ پخ کردن pex-pex-kardan (مص‌م.) (عم، تد. اطفال) بریدن چنانکه سرمرغ و گوسفند وجز آنرا.

پخپخو paxpaxū (اِ.)(پز.) تحریك اعصاب سطحی وروجلدی زیر بغل یا کف‌پا بوسیلهٔ انگشت یا پرمرغ ویا شیئی دیگر که نتیجه‌اش واکنش شخص بصورت خنده است. این تحریك ممکنست در نقاط دیگر بدن‌از قبیل تحریك اعصاب سطحی تهی‌گاه وشکم نیز انجام شود؛ غلغلك، پخلوچه.

۱ - پخت paxt [گیل. paxt. ← پخ] (اِ.) پهن وپخش، پهن و صاف چنانکه چیزی درزیر پای آدمی یاحیوان دیگر یا درزیر چیزی پهن شده باشد.

۲ - پخت paxt (اتباع رخت) (اِ.) ← رخت وپخت.

۱ - پخت poxt [← پختن] ۱- (مص‌خم، اِمص.) پختن (ه‌.م.) ۲- پزش، طبخ: پخت وپز. ۳- (اِ.) مقداری از چیزی که‌در یکبار پزند یادریکباردردیگ کنند: یك پخت چای. ۴- طرز وحالت وشکل پختن. ۵- مرحلهٔ‌درکوره رفتن ظروف سفالین‌پس‌از ساختن وخشك‌شدن‌آن.

۲ - پخت poxt (اِ.) لگدمطلقاً، خواه اسب بر کسی زند و خواه آدم‌وحیوانات دیگر.

پختکاب poxtak-āb [= پختکاو = بختکاو = بختکاو] (اِمر.) (پز.) داروهایی‌که در آب ریزند وجوشانند وبدن مریض را بدان شویند، جوشاندهٔ مقداری گیاه و علفهای دارویی برای شستشوی بدن بیمار؛ نطول، اسپرم آب، آبزن[1].

پختکاو p.-āv [= پختکاب] (اِ.) ← پختکاب.

پخت‌کردن poxt-kardan (مص‌م.) پختن (ه‌.م.)، طبخ کردن: «این نانوایی پخت نمی‌کند.»

پختگی poxta(e)g-ī (حامص.) حالت وچگونگی چیزی که پخته‌باشد؛ رسیدگی، نضج. ۱-سنجیدگی، آزمودگی، باتجربگی، متانت. ۲ - حزم، احتیاط.

پختن pox-tan [= پزیدن؛ په. puxtan] (مص‌م.) (پخت، پزد، خواهد پخت، بـ - پز، پزنده، پزا، پخته، پزش) ۱ - روی‌آتش گذاردن‌و نرم کردن‌غذا و مانند آن بطوریکه برای خوردن آماده شود؛ طبخ کردن، بآتش نرم کردن. ۲ - آماده ومهیاکردن. ۳ - آزموده‌ساختن، سنجیده کردن، مجرب کردن. ۴ - حازم‌کردن، محتاط‌کردن. ‖ ~ **پنبه.** از دانه جدا کردن آن، حلاجی کردن، فلخیدن، فلخمیدن. ‖ ~ **خلط.** نضج آن. ‖ ~ **دیگ.** ← دیگ پختن. ‖ ~ **ریش(زخم).** نرم شدن ورسیدن آن بطوریکه‌بآسانی چرك‌آن‌بیرون‌آید. ‖ ~ **زر(طلا).** آب کردن وپاك‌ساختن‌آن‌در بوته. ‖ ~ **شغل.** روبراه کردن آن، ترتیب دادن آن، مهیا کردن وی. ‖ ~ **کسی‌را.** اورا بافسون‌ونیرنگ‌رام‌کردن‌و باخود همداستان‌ساختن، قانع‌وراضی کردن. ‖ ~ **میوه.** رسیدن آن، نضج‌یافتن. ‖ ~ **هوسی.** هوی و میلی بدل راه دادن.

۱- Bain topique (فر.)

پختنی poxtan-ī (ص لیا .) ۱ - در خور طبخ ، سزاوار پختن . ۲ - مطبوخ، طبیخ؛ مق. حاضری .

پختنی ساختن p.-sāxtan (مصل.) آماده کردن پختنی، مهیا کردن مطبوخ، اطباخ.

پخت و پز poxt-o-paz (إمر.) طبخ، طباخی، پختن: پخت و پز خانه با فاطمه است .

پخت و پز کردن p.-kardan (مص م.) ۱ - طبخ کردن، پختن. ۲ - (کن.) درس و بحیله قراری بضرر کسی دادن.

پخته paxta(-e) [= شهمیرزادی baxta] (اِ.) گوسفند سه یا چهار سالهٔ نر.

پخته pox-ta(-e) (إمف.) آنچه با آتش پزند تا درخور استفاده گردد ، آنچه با آتش گرم و نرم و قابل خوردن شده، طبخ شده؛ مق. خام ، نپخته. ۲- رسیده، یانع، نضیج؛ مق. نارسیده، نرسیده، نارس، خام، کال. ‖ میوهٔ ~ . میوهٔ رسیده. ۳ - تمام، کامل، بی‌عیب ونقص. ۴ - آنکه از افراط و تفریط اندیشه بیرونست؛ آزموده ، با تدبیر ، نیک اندیشیده ، جاافتاده، مجرب، گران‌سنگ، محتاط، فهمیده، سنجیده، منتبه. ‖ مرد، زن ~ . مرد، زن مجرب. ۵ - دانا ، عاقل. ۶ - (تص.) واصل. ج. پختگان. ‖ پختگان حقیقت. (تص.) دانایان اسرار، واصلان حق. ۷ - (نق.) رنگی که بحد اشباع رسیده باشد. ۸ - گل شکل گرفته پس از بیرون آمدن از کوره ؛ مق. خام. ‖ خط ~ . خطی نیکو که از روی تعلیم و دستور باشد، که صاحب آن بسیار کتابت کرده باشد. ‖ زر ~ . که از غل و غش پاک کرده باشند؛ زر گداخته ، زرناب. ‖ کاغذ ~ . کاغذی که آهار و مهره داشته باشد. ‖ نان ~ . نعمتی که با رنج بدست آمده باشد: خدا نان پخته‌ای برایش رسانده. ‖ نوشته (کتاب) ~ . ک، مطالب آن با تحقیق ومطالعهٔ دقیق نوشته شده باشد.

پخته بر پخته p.-bar-poxta(-e) (إمر.) دیبایی که تار و پودش هیچیک خام نباشد، جامه‌ای که تار و پود تافته دارد؛ مطبوخ.

پخته جوش p.-ǰūš (إمر.) شرابی که با مقداری گوشت بره جوشانند . طرز تهیه- شیرهٔ انگور مثقالی و گوشت برهٔ فربه را در دیگ کنند وادویهٔ دیگر را نیم کوفته در کیسه ریزند و در آن دیگ اندازند و بجوشانند تا مهرا شود، بعد از آن صاف کرده بنوشند.

پخته خشت p.-xešt (إمر.) خشت پخته، آجر.

پخته‌خوار p.-xār [= پخته‌خوارنده = پخته خور] (إفا.، صمر.) ۱- آرام طلب و گرانجان . ۲ - مفت‌خور، گدا، انگل. ۳- داماد.

پخته خواری p.-xār-ī [= پخته خوری] (حامص.) ۱ - گرانجانی و آرام طلبی. ۲- مفت‌خوری، گدایی. ۳- دامادی.

پخته خور p.-xor [= پخته‌خورنده = پخته‌خوار] (إمر.) ← پخته خوار.

پخته خوری p.-xor-ī [= پخته خواری] (حامص.) ← پخته خواری.

پخته‌رای p.-rāy [ف.-ع.] (صمر.) ۱- آزموده، مجرب. ۲- فهمیده، عاقل، لبیب.

پخته‌سخن p.-soxan (صمر.) بلیغ.

پخته‌کار p.-kār (صمر.) کارآمد.

پخته کاری p.-kār-ī (حامص.) چگونگی و کیفیت حال پخته‌کار (ه.م.)

پخته‌کردن p.-kardan (مص م.) ۱-

پخج

کامل کردن، باتمام رساندن. ۲- مهیا کردن کسی برای اجرای عملی.

پخج paxǰ [= پخچ = پخش ← پخ] (ص.) پهن، پخش، پخچ، پخ (ه.م.)

پخج بینی p.-bīnī [← پخج] (ص مر.) پهن‌بینی، افطس.

پخج شدن p.-šodan [= پخچ‌شدن] (مصل.) له وپهن وبازمین یکسان‌شدن بسبب فشار؛ پخش‌شدن.

پخج کردن paxǰ-kardan (مص م.) له وبازمین‌یکسان کردن، برا برومساوی کردن با.

پخجیزیدن paxǰīz-īdan [= پخچیزیدن = پچخیزیدن = بخجیزیدن] (مصل.) ← پخچیزیدن.

پخچ paxč [= پخج = پخش] (ص.) ۱- پهن، پهن‌شده، کوفته، پخ(ه.م.)، پخش، پخج. ۲- پژمرده. ۳- پست.

پخچ شدن p.-šodan (مصل.) بسبب فشار له وپهن و با زمین یکسان شدن؛ پخش شدن.

پخچ کردن p.-kardan (مص م.) پخج کردن (ه.م.)

پخچودن paxč-ūdan [= پخچیدن ← پخچ، پخج] (مصل.)(صر. ← گشودن) کوفته شدن وپهن گردیدن باپایاباضربه وماننددآن؛ پهن‌شدن، پخچیدن، پخشودن، پخشیدن.

پخچوده paxč-ūda(-e) (امف.) کوفته شده باپایابا ضربه؛ پهن گشته، له شده.

پخچی paxč-ī (حامص.) پهن‌شدگی بینی وغیره.

پخچیدن paxč-īdan [= پخچودن = پخشیدن = پخشودن ← پخچ] (مصل.) (صر. ← چیدن) کوفته شدن، پهن گردیدن.

پخچیده paxč-īda(-e) (امف.) پهن وکوفته شده، پخش وبرابر بازمین‌شده؛ پخچوده.

پخچیزیدن paxčīz-īdan [= پخجیزیدن = پچخیزیدن = بخجیزیدن] (مصل.)(صر. ← خیزیدن) ۱- غلتیدن، بچخیزیدن. ۲- پیچیدن.

پخس paxs [= بخس] (ر.ی. پخسیدن) (امص.) ۱- گدازش، کاهش بدن. ۲- تافتن دل از غم وغصه. ۳- گدازش موم و پیه وروغن ازحرارت. ۴- (ص.) چروك خورده و پیر شده چون پوست دست وپا درآب گرم یاآفتاب؛ کنجل، ترنجیده، پژمرده. ۵- پژمرده از نیستی و غم. ٦- گداخته. ۷- مزروع بی‌آب حاصل آمده. ۸- ناقص.

۲- پخس paxs ۱- عشوه، ناز. ۲- خرام.

۱- پخسان paxs-ān (ص فا. پخسیدن = بخسان] ۱- گداخته. ۲- فراهم آمده از غم وغصه، پژمرده.

۲- پخسان paxs-ān (ص فا. حا. پخسیدن) ۱- عشوه کنان. ۲- خرامان.

پخسانیدن paxs-ānīdan [= بخسانیدن] (مصم.)(صر. ← رسانیدن) پژمرده کردن از غم، بخسانیدن(ه.م.)

پخسیدن paxs-īdan ۱- (مصل.) چین‌چین شدن پوست ازآتش وحرارت و تبش و مانند آن. ۲- پژمردن‌ازغم، آسیب، زخم، تبش وجزآن؛ تافتن دل از غم تهیدستی، پژمرده شدن. ۳- (مص م.) پژمرانیدن، پخسانیدن (ه.م.) ۴- فراهم ترنجانیدن.

پخسیده paxs-īda(-e) (امف.) ۱- پژمرده، پژمریده. ۲- ترنجیده.

۱- پخش paxš [= پخچ = پخج] (ص.) پهن، پخت.

۲ - پخش paxš [= بخش] (رد . پخشیدن) ۱ - پراکنده، پاشیده . ۲ - قسم، تقسیم، توزیع.

۳ - پخش paxš [= پخس] (اِ.،ص.) ← پخس.

۱ - پخش شدن p.-šodan [= پخچ شدن = پخج‌شدن] (مص ل.) بازمین‌هموار شدن، خرد شدن.

۲ - پخش شدن p.-šodan [= بخش شدن] (مص ل.) ۱ - پراکنده شدن، پاشیده شدن. ۲ - تقسیم شدن، توزیع گشتن.

۱-پخش کردن p.-kardan [= پخچ کردن = پخج کردن] (مص م.) پهن کردن، با زمین هموار کردن، پخت کردن، پخچ کردن (ه.م.)

۲ - پخش کردن p.-kardan [= بخش کردن] (مص م.) ۱ - پراکنده کردن، پاشیدن، متفرق کردن. ‖ ~ روز برکسی یا بردل کسی. پریشان کردن روزگار یا خاطر او. ۲ - سخت ریز ریز وخرد کردن. ۳ - بخش کردن، بخشیدن، تقسیم کردن، توزیع کردن.

پخش گشتن p.-gaštan (مص ل.) پریشان دل شدن.

پخش و پلا p.-o-palā (اِمر.) ۱ - تارومار، پراکنده، ترت و پرت، ترت ومرت. ۲ - پرت وپلا.

پخش و پلاکردن p.-kardan (مص م.) پراکندن، متفرق ساختن.

پخشودن paxš-ūdan [= پخشیدن] (مص ل.) (صر . ← پخشودن) ← بخشیدن.

پخشوده paxš-ūda(-e) [= پخشیده] (اِمف.) ← پخشیده.

پخشیدن paxš-īdan [= پخشودن = پخچیدن = پخچودن ← پخش] (مص ل.) ۱ - کوفته شدن، پهن گردیدن. ۲ - پراکنیدن، ترشح کردن، رش، رشاش.

پخشیده paxš-īda(-e) [= پخشوده = پخچوده = پخچیده] (اِمف.) پهن‌شده، کوفته شده، پراکنده.

پخ کردن pax-kardan [← پخ] (مص م.) (نجا.) قطعه چوبی را بشکل منشور مثلث‌القاعده ساختن بنحوی که زاویهٔ هر سطح نسبت بسطح دیگر قایمه نباشد.

پخل poxl (اِ.) (گیا.) پرپهن، خرفه، فرفخ، بقلة‌الحمقاء، رجله.

پخلوجه paxlūǰa(-e) [= پخلوچه] (اِ.) ← پخلوچه .

پخلوچه paxlūča(-e) [= پخلیچه = پخلیجه = پخلوجه] (اِ.) چنانست که انگشتان‌را در زیربغل کسی بحرکت در آورند تا آن کس‌را خنده گیرد ، پخپخو ، غلغلك .

پخلیچه paxlīča(-e) [= پخلوچه] (اِ.) ← پخلوچه.

پخم paxam [= فخم] (اِ.) ← فخم.

پخمگی paxma(e)g-ī [← پخمه] (حامص.) (عم.) حالت وچگونگی آنکه پخمه (ه.م.) است؛ بی‌عرضگی ، سادگی: «ازریختش، ازحالت حجب و پخمگیش، ازین سماجت وتشبثاتش، ازین نگاههای تشنهٔ او..... از هیچ کدام آنها خوشم نمیآمد.» (دشتی)

پخمه paxma(-e) (ص.) (عم.) شخص کودن و نفهم ، بی‌عرضه ، ساده ، ابله، پپه، چلمن، غبی: « این مردهای بی‌نور و پخمه برای زندگانی حاجی‌های بازار بزارها ... مناسب‌ترند.» (دشتی.)

پخن paxan [← پخنو] (اِ.) بانگ، آواز .

پخنو paxnū [← پخن] (اِ.) تندر، رعد، کنور.

۱-پد pad [= پده = پود = بد = بده]

(ا.)(گیا.)درختی است[1]؛غرب، پود، وزك، سپیدار، سفیدار. پده، ترنگوت (ه.م.)

۲-پد pad [قس.پدندر](ا.)پدر(ه.م.)

پُد pod [= پود = پده] (ا.)چوب پوسیده که آنرا آتش گیره کنند؛ پود، پده، حراق، خف، پیغه، حراقه، بد، بده.

پدآسیا pad-āsiyā [← پد](امر.) چوب آسیا.

پداش pa-dāš [= پاداش (ه.م.)] (ا.) ← پاداش.

پدال pedāl [فر.pédale](ا.) ۱- (مکن.) آلتی است آهنین که در ماشینها و دستگاههای دیگر زیر پا قراردارد (ممکن است بایك صفحهٔ لاستیکی روی آنرا بپوشند)، رکاب. ۲- رکاب دوچرخه. ۳- (مس.) زبانهٔ کوچکی است که در زیر پیانو قرار گرفته ونوازنده بهنگام لزوم برای کم و زیاد کردن صدا با پنجهٔ پا بروی آن فشار میآورد. ‖ ~ ترمز. (مکن.) آلتی است آهنین شبیه رکاب دراتومبیل که در زیر پای راننده قرار دارد و با فشار دادن آن ماشین ازحرکت باز می ایستد وترمز می کند. ‖ ~ گاز. (مکن.) آلتی است آهنین[2] دراتومبیلی کهزیر پای رانندهقرار دارد و باکمك آن راننده میتواندمقدار گازی (گاز قابل اشتعال مانندمخلوط هوا و بنزین) را که داخل سیلندر ها میشود زیاد وکم نماید.

پداندر pad-andar [= پدراند] (امر.) شوی مادر، ناپدری، پدراندر.

پدپود pod-pūd (امر.)آتش گیرنده، حراقه، پد(ه.م.)، پده (ه.م.)

پدر pedar, padar [په. pitar] (ا.) ۱- مردی که از او فرزندبوجود آمده است، مردی کهازاودیگری بوجود آمده؛ بابا، باب، والد، آب. ۲- (اخ.) آدم ابوالبشر. ۳- (اخ.) یکی ازاقانیم ثلاثه نزد ترسایان؛ آب. ۴- پدرزن، ابوالزوجه. ج. پدران. ‖ پدران. نیاکان، اجداد، آباء، اسلاف: «ما بجانب عراق... مشغول گردیم ووی بغزنین....وطریقی که پدران ما بر آن رفتهاند نگاهداشته آید.» (بیهقی) ‖ ~ اول. (اخ.) حضرت آدم، ابوالبشر. ‖ ~ بشر. (اخ.) پدراول (ه.م.) ‖ ~ پدر. (ه.م.) ‖ ~ ازکسی درآوردن. سخت اورا تنبیه کردن: «حالا پدری ازت در بیاورم که حظ بکنی!» (ص. هدایت) ‖ ~ ش را بیرون آوردن (سوزاندن). او را سخت اذیت کردن، پدرش را در آوردن:

«گندم خال توای حوربهشتی طلعت
بخدا کزهمه عالم پدرآورده برون.»
(شاطرعباس)

پدرام pa(e)d-rām [است. paiti-rāman] (ص مر.) ۱- آراسته، نیکو. ۲- خوشدل، شاد، خرم، خوش، مبتهج؛ مق. درشت، ناپدرام، بدرام، شوم. ۳- مبارك، فرخ، خجسته، بفال نیك. ۴- همیشه، دایم، پاینده. ۵- سهل؛ مق. درشت، حزن:

«اگر چه راه ناپدرام باشد.
بپدرامدچوخوش فرجام باشد.»
(ویس ورامین.)

۶- درست، صحیح. ۷- مرتب، منظم، منتظم (ه.م.)؛ مق. شوریده، بدرام. ۸- (ا.) جای خواب وآرام. ۹- [= پدرامی] شادی، خوشی:

«ما بشادی همه گوییم که ای رودبموی
ما بپدرام همی گوییم ای زیربنال.»
(فرخی)

۱- Populus euphratica (لا.)
۲- Accelerator pedal (انگ.)

پدرام شهر p.-šahr (ص‌مر.) لقبی است که درشاهنامه‌بایران‌داده شده، یعنی سرزمین خرم ونیکو وفرخنده:
«مهست آن سرافراز پدرام شهر
که با داداو زهر شد پای زهر.»
(فردوسی)

پدرام کردن p.-kardan (مصم.) شاد کردن.

پدرامیدن pedrām-īdan (مص‌ل.) (صر. ← نامیدن) نیکوشدن، خوب‌شدن، خرم شدن.

پدرانه padar-āna(pe-e) -۱ (ص مر.) درخور پدر، مانندپدر، منسوب بپدر: «درنهان سوی‌ما (مسعود) پیغام‌فرستاد (حاجب) که امروز البته روی گفت نیست.... وما آن نصیحت پدرانه قبول کردیم.»(بیهقی) ۲ ـ (قمر.)همچون پدر، مانند پدر: پدرانه سخن گفت.

پدرآمرزیده p.-āmorzīda(-e) (ص‌مر.) ۱ ـ دعایی است ، یعنی پدر شخص منظور مورد مغفرت خدا باد ؛ مق. پدرسوخته. ۲ ـ درموقع انکار بر گفتار وکردار کسی‌دراول کلام‌استعمال کنند.

پدر اندر p.-andar [= پداندر] (إمر.) پدر اندر (ه‌.م.)

پدر بر پدر p.-bar-padar(pe-) (قمر.) جداندرجد، اباًعن جد:
«پدر بر پدر پهلوان بوده ام
نگهدار تاج کیان بوده‌ام.»
(فردوسی)

پدربزرگ p.-bozorg (إمر.) ۱ - پدرپدر، جدپدری. ۲ ـ پدرمادر، جد مادری.

پدربیامرز p.-biyāmorz (ص‌مر.) ← پدرآمرزیده.

پدر پدر p.-e-pedar (إمر.)نیا، جد.

پدر پیشه p.-pīša(-e) (إمر.) پیشهٔ پدری، کار وحرفهٔ اجدادی:«پدر پیشه تبرتیشه.» (لغ.).

پدرجد p.-ǰad(-d)[ف.-ع.] (إمر.) (عم.) جد بزرگ ، جداعلی.

پدر خواندگی p.-xānda(e)g-ī (حامص.) حالت‌وچگونگی پدرخوانده (ه.م.)

پدر خوانده p.-xānda(-e) (ص مر.) آنکه کسی را بپسری پذیرفته باشد، که بپدری برداشته باشد.

پدر داده p.-dāda(-e) (ص مر.) بخشیدهٔ پدر.

پدردار p.-dār [= پدردارنده] (إفا.) ۱ ـ صاحب پدر ، دارندهٔ پدر. ۲ ـ (عم.) نجیب ، اصیل : فلان آدم پدرداری است.

پدر زن p.-zan (إمر.)پدرزن،خسر، خسوره، خسور، ابوالزوجه.

پدر زن سلام p.-zan-salām[ف.-ع.] (إمر.) دیدار اول‌که داماد کنداز پدرزن درخانهٔ پدرزن.

پدرزه padarza [← پرزه] (إ.) ۱ ـ بهره، بهر، پدمه، حصه . ۲ ـ هر چیزکه در رومال‌ولنگی بسته‌شده‌باشد، طعامی که آنرادررومال ولنگی بندند واز جایی بجایی برند؛ زله،پرزه.

پدر سگ pedar-sag (ص‌مر.) آنکه پدرش سگ باشد؛ و این دشنامی است برای‌کسان.

پدرسوختگی p.-sūxta(e)g-ī (حامص.) بدسرشتی، بدذاتی ، خبث: از سر وصورتش پدر سوختگی‌میبارد.

پدر سوخته p.-sūxta(-e) (ص‌مر.) ۱ ـ دشنامی است(مرادآنکه پدرشخص منظور درآتش جهنم سوخته‌باد!)؛مق. پدر آمرزیده (ه.م.) ۲ ـ (عم .) بد

پدرشوهر

سرشت، بدباطن. ۳ - (عم.) بسیار زرنگ: یك پدرسوخته‌ایست که لنگه ندارد.

پدرشوهر p.-šawhar(šow-) (إمر.) پدرشوی، ابوالزوج.

پدرکش p.-koš (إفا.) آنکه پدر خویش را کشد.

پدرکشتگی p.-košta(e)g-ī (حامص.) ۱ - حالت و چگونگی پدر کشته (ه.م.) ۲ - کینه، بغضاء.

پدر کشتگی داشتن p.-k.-dāštan (مص ل.) کینه‌و بغضاءداشتن، دشمنی سخت داشتن.

پدرکشته p.-košta(-e) (ص مف.) آنکه پدرش‌را کشته باشند.

پدرگان p.-gān [پدر+گان، پس. نسبت] (ص نسب.) آنچه بفرزند رسیده باشد از پدر.

پدر مادر p.-mādar (إمر. بفك اضافه) جدمادری، پدرمادر:

«ز افراسیاب آن سپهدار چین
پدر مادر شاه ایران زمین.»
(فردوسی)

پدر مادر p.-e-mādar [= پدرمادر ↑] (إمر.) جدمادری.

پدرمادر دار p.-mādar-dār [= پدرمادردارنده] (إفا.)(عم.) آنکه‌پدر ومادردارد؛ باحسب،ازخانوادهٔ نجیب، نجیب، اصیل؛ مق. بی‌پدرمادر: شخص پدرمادرداریست.

پدر مرده p.-morda(-e) (إمف.) ۱ - یتیم (ه.م.) ۲ - بدبخت.

پدردار p.-dār [= پدردارنده] (إفا.) ← پدرومادردار.

پدرداری p.-dār-ī (حامص.)(عم.) مراقبت‌پدر؛ قس. مادر داری: پدرداری را از فلان شخص یاد بگیر.

پدر وار p.-vār (ق مر.) مانندپدر، همچون پدر:

«پدر وارش از مادر اندر پذیر
وزین گاو نغزش بپرور بشیر.»
(فردوسی)

پدرود pedrūd [= بدرود = پدروذ؛ په. pa+drūt] (إ.) ۱ - ترك گفتن چیزی یا کسی را، خدا حافظی، وداع، بدرود:

«ازآن پس بپدرود با یکدگر
بسی بوسه دادند برچشم و سر.»
(فردوسی)

۲ - ترك، متروك، دور، جدا:

«مرا کردی چنان یکباره پدرود
فکندن‌نام وننگ‌خویش‌دررود.»
(ویس‌ورامین)

۳ - سلامت. ‖ ~ بودن. ۱ - خدا حافظی کردن. ۲ - برای کسی سلامتی خواستن:

«توپدرود باش ای جهان پهلوان
که جاوید بادی وروشن روان.»
(فردوسی)

پدرود کردن p.-kardan (مص م.) خداحافظی کردن، وداع کردن، ترك کردن، بدرودکردن.

پدروذ pedrūδ [= پدرود] (إ.) ← پدرود.

پدر و مادر pa(e)dar-o-mādar (إمر.) مادر وپدر، ابوان، والدین.

پدر و مادر دار p.-o-m.-dār [= پدرومادردارنده ← پدرمادردار] (إفا.) آنکه پدرومادر دارد، دارندهٔ ابوین، ازخانوادهٔ نجیب، کریم‌الطرفین.

۱ - پدری pa(e)dar-ī [پدر+ی، پس. نسبت] منسوب‌به‌پدر، ابی، ابوی: برادر پدری. ج. پدریان ↓.

۲ - پدری pa(e)dar-ī (حامص.) پدر بودن، حالت و چگونگی پدر.

← پدری کردن. ‖ پدریان، گماشتگان یا کسان پدر، منسوب بپدر: «این پدریان نخواهند گذاشت تا خداوند را مرادی بر آید.» (بیهقی).

پدری کردن p.-kardan (مص ل.) مثل پدر دلسوزی کردن: در حق فلان پدری کن.

پدم padam (إ.) (گیا.) کاروان کش (ه.م.)

پدمه padma(-e) (إ.) ۱ - بهره، حصه. ۲ - زله، پدرزه (ه.م.) ۳ - هرچیز که درلنگی یا دستمالی بسته باشند.

پدندر pe(a)d-andar [پد+اندر = پدراندر] (إ.) پدر سببی، شوهر مادر، پدراندر (ه.م.)

۱ - پدواز pad-vāz [= پتواز] (إمر.) ۱ - جای نشستن، نشیمنگاه، پتواز (ه.م.)، بتواز. ۲ - دوچوب بلند باشد که هر دو را باندك فاصله از هم بزمین فرو برند و چوبی دیگر بر بالای آن دو ببندند تا کبوتران وپرندگان شکاری بر آن نشینند، میقعه، پتواز (ه.م.)، بتواز:

« سپهدار بگشود برمرغ تیر
زپدوازش افکند در آبگیر.» (اسدی)

۲ - پدواز pad-vāz [= پتواز] (إمر.) ۱ - پاسخ، جواب، پتواز (ه.م.) ۲ - سخن، گفتگو، مطلب.

۳ - پدواز pad-vāz [قس. پتفوز] (إمر.) گرداگرد دهان انسان وحیوانات دیگر از جانب بیرون؛ پوز، پوزه، پتفوز، فنطیسه. ۱ - منقار مرغان. ۲ - گرداگرد کلاه.

پده pada(-e) [پده = پد = بد = پود] (إ.) (گیا.) پد (ه.م.)، غرب، وزك، ترنگوت (ه.م.)

پده poda(-e) [= پد] (إ.) چوب پوسیده که آنرا آتشگیره سازند، حراقه.

پدید pa-dīd [په. padīt] ۱ - (ص مر.، ق مر.) آشکار، آشکارا، روشن، نمایان، پیدا، پدیدار، هویدا، جلی، مرئی، ظاهر، مشهود، معلوم، عیان، صریح؛ مق. نهان، ناپدید، باطن. ۲ - ممتاز، مستثنی:

«ایا بمردی وپیروزی ازملوك پدید
چنانکه بود بهنگام مصطفی حیدر.»
(فرخی)

‖ ~ بودن. ۱ - آشکار بودن، ظاهر بودن، پیدا بودن، نمایان بودن، بارز بودن، پدیدار بودن. ۲ - ممتاز بودن.

پدیدار pa-dīdār [پ = به + دیدار] (ص مر.) نمایان، آشکار، ظاهر. ‖ ~ بودن ← پدیدبودن. ‖ ~ جای کسی. جای وی مشخص ومعلوم بودن.

پدیدار آمدن p.-āmadan (مص ل.) پدیدآمدن.

پدیدار شدن p.-šodan (مص ل.) نمایان گشتن، ظاهر شدن، پدید شدن (ه.م.)

پدیدارکردن p.-kardan (مص م.) ← پدیدکردن.

پدیدار گردیدن p.-gardīdan (مص ل.) ← پدیدار شدن.

پدیدار گشتن p.-gaštan (مص ل.) ← پدیدارشدن.

پدیداری padīdār-ī (حامص.) حالت وچگونگی پدیدار (ه.م.)؛ وضوح.

پدیدآر padīd-ār [= پدیدآرنده] (إفا.) پدید آورنده، ظاهر کننده، آشکار کننده.

پدید آرنده padīd-āranda(-e) (إفا.) بوجود آورنده، خالق.

پدید آمدن p.-āmadan (مص ل.)

پدید آوردن ۷۱۰

۱ - هویدا گشتن، پیدا گشتن، آشکار شدن، نمودار گردیدن. ۲ - بوجود آمدن، خلق شدن. ۳ - معلوم شدن، مرئی شدن. ۴ - طلوع کردن، طالع شدن. ‖ ~ بامدادین. پیدا شدن (زهره وعطارد) پیش ازطلوع آفتاب درمشرق. طلوع صباحی؛ مق. پنهان شدن بامدادین.

پدید آوردن p.-āva(o)rdan (مص م.) ۱- ایجاد کردن، پیدا کردن، ظاهر کردن، انشاء، تولید. ۲- ممتاز و مشخص کردن.

پدید شدن p.-šodan (مص ل.) ← پدید آمدن.

پدید کردن p.-kardan (مص م.) آشکار کردن، هویدا کردن، ظاهر کردن، ابراز و اظهار کردن، شرح، انصراح.

پدیدکن p.-kon [= پدید کننده] (إفا.) آفریدگار، موجد.

پذیذ padīδ [= پدید] ← پدید.

پذیذار pa-dīδ-ār [= پدیدار] ← پدیدار.

پدیسار padī-sār [په. ptīsār] (إ.) برسر کاری رفتن باشد که پیش ازین شروع در آن کرده باشند، ازسر گرفتن.

پذرام pa(e)δ-rām [= پدرام] (ص.) ← پدرام.

پذرفت pezroft [= پذیرفت ← پذیرفتن] (مص خم.) (إ.) تعهد، وعد، ضمان.

پذرفتار pezrof-tār [= پذیرفتار] (ص فا.) کسی که کم و بسیار کسی بر گردن گیرد و برساند؛ پایندان (ه.م.)، ضامن، کفیل، پذیرفتار.

پذرفتارشدن p.-šodan (مص م.) کفالت، ضمانت، زعامت، پایندانی (ه.م.)

پذرفتاری pezroftār-ī [= پذیرفتاری] (حامص.) پذرفتار شدن (ه.م.)، وعد، وعده، قبول، عقد، مطاوعت، پذیرفتاری.

پذرفتکار pazroft-kār [= پذیرفتکار] (ص فا.) ۱ - قبول کننده، پذیرنده. ۲ - فرمانبردار، مطیع. ۳ - مقر، معترف، خستو.

پذرفتکاری pezroft-kār-ī [= پذیرفتکاری] (حامص.) ۱ - قبول، پذرفتاری (ه.م.) ۲ - فرمانبرداری، اطاعت. ۳ - اقرار، اعتراف. ۴ - آفرین، درود، دعا، اعتذار، معذرت.

پذرفتگار pezroft-gār [= پذرفتکار = پذیرفتگار] ← پذرفتکار.

پذرفتگاری pezroft-gār-ī [= پذیرفتکاری = پذیرفتگاری] ← پذرفتکاری.

پذرفتن pezroft-an [= پذیرفتن] (مص م.) (صر. ← پذیرفتن) ← پذیرفتن.

پذرفتنی pezroftan-ī [= پذیرفتنی] (حامص.) درخور پذیرفتن، پذیرفتنی.

پذرفته pezrof-ta(-e) [= پذیرفته] (إمف.) ← پذیرفته.

پذه paδa(-e) [= پده] (إ.) ← پده.

پذیر pazīr [← پذیرفتن] ۱ - (إفا.) در ترکیب بمعنی پذیرنده (ه.م.) آید: نقش‌پذیر، دلپذیر. ۲ - (إمف.) پسندیده، مقبول: «سلطان محمود را این سخن پذیر آمد.» (راحة‌الصدور).

پذیرا pazīr-ā [پذیر (پذیرفتن) + ا پس. فاعلی وص مشبهه] (ص فا.) ۱ - پذیرنده، قبول کننده، قابل. ۲ - فرمانبردار، سخن‌شنونده. ۳ - روان شونده. ۴ - پیشرونده. ۵ - (إ.)

پیشواز، استقبال ۶ - (فل.) هیولی ، ماده؛ مق. صورت. ۷ - (فل.) محل ، قابل ، منفعل؛مق . فاعل، کنا . ۸ - (ص.) (بانک.) کسی که پرداخت‌سندی را قبول میکند[1].

پذیرا شدن p.-šodan (مص م .) پیشواز رفتن، استقبال کردن.

پذیرا سخن p.-soxan ۱ -(ص‌مر.) سخن‌پذیر، پندپذیر، نصیحت‌نیوش. ۲ - (اِمر.) سخن خوب ، سخن پذیرا،سخن مقبول و مطبوع.

پذیرانیدن pazīr-ānīdan (مص م.)(صر.←میرانیدن) ۱-قبول‌کنانیدن، قبولاندن .۲- تکفیل . ۳ - معترف گردانیدن .

پذیرایی pazīrā-yī(حامص.) ۱ - قبول، قابلیت،پذرفتاری. ۲ - شنوایی. ۳ - قیام بخدمت مهمان. ‖ اطاق(سالن) ~ .اطاقی(سالنی) که‌در آن‌مهمانان را نشانند و بخدمت ایشان قیام کنند.

پذیرایی‌کردن p.-kardan (مص‌ل. م .) قیام کردن بخدمت مهمان : از مهمانان پذیرایی کن.مهانانرا پذیرایی کن.

پذیرش pazīr-eš (اِمص. پذیرفتن) ۱ - قبول . ۲ - فرمانبرداری. ۳ - قبول تأدیهٔ وجه و مال. ۴ - (سیا.) موافقت دولتی برای شناختن نماینده سیاسی دولت دیگر نزد خود[2]. ۵ - (بانک.) قبولی‌در بانک،یعنی پذیرفتن پرداخت سندی[3].

پذیرفتار pazīrof-tār [= پذرفتار](ص‌فا.) ۱ -تاوان‌دار، ضامن، متعهد، کفیل،پایندان (ه‌.م.)، پذرفتار. ۲ - سردار،ریش‌سفید قوم، زعیم.

پذیرفتارشدن p.-šodan (مص‌م.) [= پذرفتارشدن] ← پذرفتارشدن.

پذیرفتارکردن p.-kardan (مص م.) تکفیل، کفالت کردن،ضمانت کردن.

پذیرفتاری pazīrof-tār-ī [= پذرفتاری] (حامص.) پایندانی ، ضمانت، ضمان، کفالت ،تکفل،تعهد، تقبل . ← پذیرفتاری کردن.

پذیرفتاری کردن p.-kardan (مص م.) کفالت، ضمانت.

پذیرفتاریدن pazīroftār-īdan (مص م.) متعهد کردن ، قبولانیدن ، بقبول‌واداشتن.

پذیرفتکار pazīroft-kār [= پذرفتکار= پذیرفتگار] (ص‌فا.) ۱ - قبول کننده، پذیرفتار. ۲ -فرمانبردار، مطاوع. ۳ - مقر ، معترف ، خستو . ۴ - سردار، ریش‌سفید قوم، زعیم.

پذیرفتکاری pazīroft-kār-ī [= پذرفتکاری= پذیرفتگاری] (حامص.) ۱- قبول، پذیرفتاری. ۲-فرمانبرداری، مطاوعت. ۳ - اقرار،اعتراف.

پذیرفتگاری کردن p.-kardan (مص‌م.) برعهده گرفتن،قبول کردن، تعهد کردن.

پذیرفتگار pazīroft-gār [= پذیرفتکار] (ص‌فا.) ← پذیرفتکار.

پذیرفتگاری pazīroft-gār-ī [= پذیرفتکاری](حامص.)← پذیرفتکاری.

پذیرفتن pazīrof-tan [په . patiγraftan , patgrīftan] (پذیرفت ، پذیرد ، خواهد پذیرفت ، بپذیر، پذیرا، پذیرنده،پذیرفته، پذیرش، پذیره] ۱ - (مص م.) برداشتن ، قبول‌کردن، تقبل،استقبال ، پذرفتن ؛ مق. رد کردن. ۲ - متقبل شدن، ملتزم

۱- Accepteur (فر.)
۲- Agrément (فر.)
۳- Acceptation (فر.)

پذیرفتنی

شدن، بذمه گرفتن، بعهده گرفتن، تعهد کردن: «برکن‌الدوله نوشت و مالی بی‌اندازه بپذیرفت که هرسال بدهد.» (مجمل‌التواریخ)
۳ - (مص ل.) قبول شدن نذر و مانند آن: «نشان پذیرفتنش (پذیرفتن قربانی) آن بدی که از آسمان آتشی آمدی.» (یوسف وزلیخا منسوب بفردوسی)
۴ - قبول کردن، قبولی نوشتن ← پذیرش
۵ - قبول باصطلاح منجمان؛ مق. رد: «اگر چنانست که میان ایشان قبول و پذرفتن بود یاسفلی اندروتد بود یا هردو باوتاد یامایلی‌اوتاد باشند عاقبت این ردبصلاح باز آید.» (التفهیم ۴۹۳)
۶ - انفعال، تأثر. ۷ - اقرار کردن، اعتراف کردن. ۸ - سپاس گزاشتن، شکر کردن. ۹ - مستجاب کردن، استجابت، اجابت. ۱۰ - جایز شمردن. ۱۱ - فرمانبرداری کردن، مطاوعت. ‖ ~ از کسی. قول دادن باو، عهد کردن با او. ‖ ~ پند (گفتار، سخن، نصیحت) پیروی کردن، شنودن، نیوشیدن، اطاعت کردن، اجابت کردن. ‖ ~ پوزش. درگذشتن ازگناه، عفو کردن گناه.

پذیرفتنی pazīroftan-ī (ص لیا.) ۱ - درخور پذیرفتن، قبول کردنی، پذرفتنی. ۲ - باور کردنی، قابل قبول. ۳ - (بانک.) سندی که قابل قبول باشد[1].

پذیرفته pazīrof-ta(-e) [= پذرفته] (إمف.) ۱ - قبول کرده، مقبول، پذرفته. ۲ - آنچه برعهده گرفته باشند، آنچه تقبل کرده باشند. ۳ - مستجاب (دعا). ۴ - (فل.) صورت؛ مق. پذیرا، هیولی: «وهر پذیرایی که بپذیرفته‌ای هستی وی تمام شود آن پذیرا را هیولی خوانند... وآن پذیرفته را که اندروی بود صورت خوانند.» (دانشنامهٔ علائی. الهی)
‖ ~ بودن. برعهده گرفتن.

پذیرفته شدن p.-šodan (دعا، نیایش) (مص ل.) مستجاب شدن، درگیر شدن. ۲ - قبول شدن، تصویب شدن.

پذیرنده pazīr-anda(-e) (إفا. پذیرفتن) ۱ - قبول کننده، قابل، مستعد. ۲ - پیشباز کننده، استقبال کننده. ‖ ~ ٔ پند. نیوشندهٔ پند، پندپذیر.

پذیره pazīra(-e) [په. patīrak] ۱ - (إمص.) پیشواز، پیشباز، استقبال. ← پذیره آمدن، پذیره شدن. ۲ - (ص.) استقبال کننده، پیشبازشونده. ۳ - (إمص.) فرمانبرداری، قبول امر. ۴ - غارت، نهب. ۵ - (ص.) قبول کننده امر کسی را. ۶ - راهگذر. ← پذیره فرستادن.

پذیره آمدن p.-āmadan (مص م.) ۱ - باستقبال آمدن، بپیشواز آمدن. ۲ - بجنگ آمدن، بمقابله آمدن.

پذیره رفتن p.-raftan (مص م.) ۱ - بپیشواز رفتن، باستقبال رفتن، استقبال کردن. ۲ - بجنگ رفتن، بمقابله رفتن.

پذیره بازرفتن p.-bāz-raftan (مص م.) ← پذیره رفتن.

پذیره بازفرستادن p.-b.-ferestādan ~ کسی را، وی را بمقابله و جنگ فرستادن.

پذیره شدن p.-šodan (مص م.) ۱ - پیشواز شدن، باستقبال رفتن، استقبال کردن. ۲ - بجنگ شدن، ببرابری و مقابله شدن. ‖ ~ سخنی را. پذیرفتن آن، قبول کردن آن.

پذیره فرستادن p.-ferestādan

---

۱ — Accptable (فر.)

(مصم.) ـــ کسی را. ۱ ـ اورا بجنگ فرستادن. ۲ـ باستقبال فرستادن، بپیشواز فرستادن.

پذیره نویسی p.-nevīs-ī (حامص.) نوشتن و امضاء کردن نوشته‌ای برای تعهد انجام کاری[1].
ضح.ـ هنگام تشکیل شرکتها ازکسانی که میخواهند شریك شوند دعوت میشود و هریك از آنها بوسیلهٔ پذیره نویسی قسمتی ازسهام را قبول میکنند.

۱ - پر par,parr [par.په] (اِ.)
۱ - بال مرغ ، آنچه بر تن پرندگان روید، ریش(ع.) ضح.ـ (جاز.)روپوش بدن پرندگان که جزوزوایداکتودرمی پوست بدن آنان است[2]. اصل ساختمان پرشبیه ساختمان موی بدن پستانداران است و مانند آن دارای ریشه میباشد. پرها عموماً دارای یك ساقهٔ اصلی هستند که از ریشه شروع و بنوك پر ختم میشود واز این ساقهٔ اصلی انشعابات کوچکتر و نرم تری جدامیگردد. رنگ پرها ونرمی آنها در پرندگان مختلف است وهمچنین درنقاط مختلف بدن یك پرنده فرق میکند، معمولا در بدن یك پرنده سه قسم پر تشخیص میدهیم: ۱ - شاهپرها که دربال و دم قرار دارند. ۲ - پوش پرها که تمام سطح بدن را میپوشانند. ۳ـ کرکها که درزیر پوش پرها ومستقیماً برروی پوست بدن جادارد ودر خودحرارت ثابتی برای بدن جانورنگه میدارد. ‖ **ـــِ پیشین.** (جاز.) درطیور پرهای بلند، نوك بال، قادمه. ‖ **ـــِ شال.** فاصلهٔ میان کمر وشال. ‖ **ـــِ کاه.** ۱ - ریزه‌های چیزی چون کاه و مانند آن. ۲ - چیزی بسیار حقیر و اندك. ‖ **ـــِ مگس.** ۱ - (کن.) چیزی بسیار نازك . ۲ - نوعی از جامهٔ ابریشمی بسیار لطیف ونازك. ۳ - نوعی ازاسلحه. ۴ - (استع.) شمشیر جوهردار، بلارك. ۵ - نوعی از نی نواختن و خوانندگی، نوا. ۶ - مزامیر. ‖ **ـــ وزن.** (ور.) دسته‌ای از وزنها در ورزش هالتر (وزنه برداری) (ه.م.) ‖ **ـــِ هما.** کلغی که ازپرهای بعضی مرغان سازند؛ اتاقه ، اتاغه . قدماچون سایهٔ هما را میمون میدانستند پر آنرا بر کلاه ومغفر وامثال آن میزدند . ‖ **تیرچهار ـــ .** (اِخ.) مریخ. ‖ **مثل ـــِ زاغ (پرستو، غراب)** . سخت سیاه وتاریك. ‖ **مثل ـــِ حواصل.** سخت سفید. ‖ **از ـــِ کلاه او رد شدن** . (عم.) ۱ - بلا و آسیبی از نزدیك گذشتن وآسیب نرساندن. ۲ - از سر کتف تا سرانگشتان. ۳ - دامن وکنارهٔ هرچیز، پره: پر کلاه، پر بیابان، پر بینی. ۴ - چرخ دولاب، پرهٔ آسیا. ۵ـ پهلو، ضلع، ترك کلاه وجزآن: کلاه دو پر. ۶ - پناه ، حمایت . ۷ - برگ درخت وگل : پر گل . ۸ ـ (بنا.) تیغهٔ روی قالب گرده .

پر

۲ - پر par [= پرتو] (اِ.) شعاع ، پرتو .

۳ - پر par [= پرنیان] (اِ.) پرنیان (ه.م.)

۴ - پر par [= پاره] (اِ.ص.) ← پاره.

1- Souscription (فر.)
2- La plume (فر.)

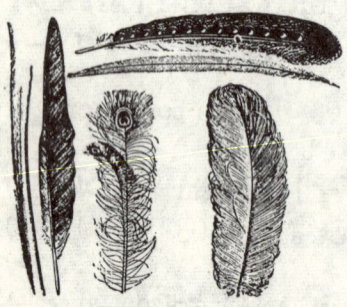

۵ - پر par (اِ.) (گیا.) درخت پر (ه.م.)

پر per [← پریدن، پرپر] (اِصو.) ۱ - درزبان اطفال آواز پریدن پرندگان. ۲ - پریدن ← پرپر.

پر por [په. pur] (ص.) ۱ - آکنده، انباشته، مالامال، لبریز، لب بلب، مملو، ممتلی، مشحون، مغمور؛ مق. تهی، خالی، بیکار: کیسهٔ پر گنجایش چیز دیگر ندارد. ۲ - تمام، کامل: ماه پر، ماه تمام و کامل. سی پر، سی تمام. ۳ - سیر قوی، تند؛ مق. کم: چای پررنگ. ۴ - جمع؛ مق. مفرد، تثنیه، اسمی که جمع باشد: «رجل، یکی، رجال، پر.» (دستوراللغه، لغ.) ۵ - (ق.) زیاد، بیش، بس، بسیار، کثیر؛ مق. کم:

«ساقی دوران از اینها پر کند
پر کند خالی وخالی پر کند.»
(درهٔ نادره. مصحح شهیدی ۲۳۳)

۶ - (پش.) پیشاوندیست دال بر کثرت وبسیاری: پرطمع، پرحرارت، پرکار. ‖ ~ بودن. ۱ - انباشته بودن، ممتلی بودن. ۲ - معلومات بسیار داشتن: آدم پری است.

پراپر por-ā-por [← پر] (قمر.) لبریز، کاملا پر.

(پراذران) par-āzar-ān [= (دو) برادران] (اِمر.) (جا.) زغن (ه.م.)

پرازده parāzda(-e) [= فرزدق، معر.] (اِ.) ۱ - گلوله‌ای ازخمیر که بجهت پختن نان آماده کرده باشند، چانه، چونه. ۲ - تکهٔ اضافی که ازگلولهٔ خمیر میگیرند هنگامی که گلوله از اندازه بزرگتر باشد. ۳ - آرد خشکی که‌زیر گلولهٔ خمیر پاشند. ۴ - نان کوله‌رفته در تنور.

پراشتوک parāštūk [= پرستو] (اِ.) پرستو (ه.م.)

پراشیدن parāš-īdan [= پریشیدن] (مصم.) (صر. ← پاشیدن) ← پریشیدن.

پراشیده parāš-īda (اِمف.) ۱ - پریشان، پراکنده گشته، بشولیده، پاشیده. ۲ - برباد داده. ۳ - بیخود گردیده.

پراکندگی parākanda(e)g-ī [= پراکندگی] (حامص.) ← پراگندگی.

پراکندن parā-kan-dan [= پراگندن] (مصم.) ← پراگندن.

پراکندنی parākandan-ī [= پراگندنی] (ص‌لیا.) ← پراگندنی.

پراکنده parākan-da(-e) [= پراگنده] (اِمف.) ← پراگنده.

پراکندیدن parākan-dīdan [= پراگندیدن] ← پراگندیدن.

پراکننده parākan-anda(-e) [= پراگننده] ← پراگننده.

پراکنیدن parākan-īdan [= پراگنیدن] ← پراگنیدن.

پراکنیده parākan-īda(-e) [= پراگنیده] ← پراگنیده.

۱ - پراکوه parā-kūh [= فراکوه] (اِمر.) آن سوی کوه، آن‌روی کوه، آن طرف کوه، فراکوه:

«گذر بودمان بر پرا کوه تون
زشهر آمدیم ازسحرگه برون.»
(نزاری)

۲ - پراکوه parā-kūh [= براکوه] (اِمر.) آنجای ازکوه که عمیق است، وآب بسوی آن سرازیر شود.

پراگرفتن parā-gereftan [= فراگرفتن] (مصم.) فراگرفتن (ه.م.)؛

«ردن ردناً، پراگرفت.» (منتهی‌الارب)

پراگندگی parāganda(e)g-ī (حامص.) پریشانی، تفرق، تشتت، افتراق، انتشار.

پراگندن parā-gan-dan [= پراکندن؛ پهـ. pargantan، ازپب parā-kan?*] (پراگند [-nd]، پراگند [-nad]، خواهد پراگند، بپراگن، پراگننده، پراگنده) ۱- (مص م.) پاشیدن، پاچیدن، پریشان کردن، متفرق کردن، تفرقه‌انداختن، بشولیدن، پخش کردن، پرت وپلا کردن، تارومار کردن، نشر، شت. ۲- گستردن. ۳- مشهور کردن، شایع کردن. ۴- بهر سوی فرستادن. ۵- (مص ل.) پراکنده شدن، متفرق شدن، نشر؛ مق. فراهم آمدن، گرد آمدن. ۶- رفع‌شدن، مرتفع گشتن. ۷- متلاشی شدن. ‖ ~ ازگفتار. تخلف از آن. ‖ ~ تخم. افشاندن آن. ‖ ~ خبر. منتشر کردن آن. ‖ ~ مال. از بین بردن وخرج کردن آن، تبذیر.

پراگندنی parāgandan-ī (ص لیا.) ۱- در خور پراگندن، قابل پراگندن. ۲- که پراگندن آن واجب بود. ۳- نثار.

پراگنده parāgan-da(-e) [= پراکنده، پرگنده] (إمف.) ۱- پاشیده، پاچیده، پریشان، پخش، بشولیده، پشولیده، پرت‌وپلا، متفرق، متشتت. ۲- تلف‌شده، صرف‌شده. ۳- گوناگون، متفرق. ۴- بیگانه، غریب؛ مق. خویش. ۵- شیفته، شوریده، مجذوب. ۶- بیشعور، کم عقل. ۷- بی‌بند و بار، لاابالی، بی‌حفاظ. ۸- مشهور. ۹- حق‌ناشناس، پست. ۱۰- مطالب جدا و تألیف‌ناشده. ‖ بخت ~ . بخت بد. ‖ ~ بودن. پهن بودن، گسترده بودن.

پراگنده خاطر p.-xāter [ف.- ع. = پراکنده خاطر] (ص مر.) ← پراگنده دل.

پراگنده دل p.-del [= پراکنده دل] (ص‌مر.) آنکه‌دلی پراکنده‌دارد؛ پریشان خاطر، پراگنده خاطر، بی‌آرام.

پراگنده دندان p.-dandān [= پراکنده دندان] (ص مر.) آنکه دندانهایش متفرق و با فاصله باشد، افشغ‌الاسنان (منتهی‌الارب).

پراگنده رای p.-rāy [ف.-ع. = پراکنده رای] (ص‌مر.) اختلاف قول و کلمه، تشتت رأی.

پراگنده روز p.-rūz [= پراکنده روز] (ص‌مر.) بدبخت، شوربخت.

پراگنده روزی p.-rūz-ī [= پراکنده روزی] (ص مر.) تهیدست، فقیر.

پراگنده شدن p.-šodan (مص ل.) ۱- پخش شدن، پرت وپلا شدن، ولو شدن، پاشیده شدن، پاچیده شدن، پریشیده شدن، انتشار یافتن، متفرق شدن، تفرق. ۲- متلاشی شدن. ۳- آواره شدن، سرگردان شدن، از خان ومان دور افتادن. ۴- دور شدن، جدا شدن، ازبین رفتن. ۵- نامنظم شدن، نامرتب شدن، مشوش شدن. ۶- رواج یافتن، رایج شدن. ‖ ~ خبر. شایع شدن آن، انتشار آن. ‖ ~ نام کسی. مشهورشدن او.

پراگنده گفتن p.-goftan (مص م.) بیجا گفتن، بیوجه گفتن، بیهوده گفتن.

پراگنده‌گو(ی) p.-gū(y) [= پراکنده‌گو] (إفا.) بیهوده گوی، پریشان گوی، مهذار.

پراگندیدن parāgand-īdan

[= پراکندیدن] (مص. مر.) ← پراگنده کردن.

پراگننده parāgan-anda(-e) [= پراکننده] (افا. پراگنیدن، پراگندن) پریشان کننده، تار ومار کننده، ولو کننده. ‖ ~ روشنایی. مفرق نور.

پراگنیدن parāgan-īdan [= پراگندن = پراکنیدن] (مص م.) ۱ - ← پراکندن. ۲- سرپیچی کردن، تخلف کردن.

پراگنیده parāgan-īda(-e) [= پراکنیده = پراگنده] (امف.) ← پراگنده.

پرالك parālak [= بلارك] (ا.) ۱ - آهن جوهردار. ۲ - تیغ وشمشیر، بلارك (ه.م.).

پران parr-ān, par-ān [← پریدن] (ص فا.) ۱ - هرچیز که می پرد، پرنده. ۲ -(حا.) درحال پریدن.

پرانتز parāntez [فر. parenthèse] (ا.) نشانه‌ایست مرکب از نیم قوس عمودی بدان شکل ( )، وآن برای نوشتن جملهٔ معترضه و مانندآن بکاررود؛ قوسین، هلالین.

پراندن par(r)-āndan [= پرانیدن] (مص م.) (صر. ← دواندن) ۱ - پرواز دادن طیور، پرانیدن، اطاره. ۲ - پرتاب کردن، افکندن، انداختن: بشقاب را پراند توی حیاط. ۳ - سخن درشت وبیجا گفتن: متلك پراندن؛ ۴ - لاف زدن ومبالغه درمدح کسی، تعریف بیجا کردن. ۵ - درنهان بامرد آمیختن (زن) ← تك پراندن، تك پرانی.

پراننده par(r)-ānanda(-e) (افا.) آنکه می پراند. ← پرانیدن.

پرانیدن par(r)-ānīdan [= پراندن] (مص م.) [صر ← دوانیدن] ← پراندن.

پراور par-ā-var [= پرآور] (ص مر.) ۱ - دارای پر، پرنده، تیزپر. ۲- تیزرو.

پرآب por-āb (ص مر.) ۱ - آنچه ازآب مملو است، که از آب پراست، مملو: ظرف پرآب. ۲ - که آب فراوان وبسیار دارد، قنات پرآب، چاه پرآب. ‖ دیدهٔ ~ . (کن.) چشم اشك آلوداست. ‖ سخن ~ . سخن خوب، نیکو، عذب. ‖ میوهٔ ~ . که آبدار وشاداب است.

پرآب وتاب p.-āb-o-tāb (ص مر.) بااوصاف بسیار، باتفصیل فراوان، پرطنطنه: سخن پرآب و تاب.

پرآبی p.-āb-ī (حامص.) فراوانی آب.

پرآتش p.-ātaš(-eš) (ص مر.) که بسیار آتش درآن ریخته باشند: منقل پرآتش. ‖ دل ~ . سخت و غمگین واندوهناك.

پرآرایش p.-ārāyeš (ص مر.) بسیار آراسته، مزین.

پرآزار p.-āzār (ص مر.) ۱- سخت رنجیده و دردمند، سخت آزرده. ← پر آزار گشتن.

پرآزارگشتن p.-ā.-gaštan (مص ل.) ۱ - سخت رنجیده ودردمندوآزرده گشتن. ۲ - سخت آزار دهنده شدن.

پرآزرم p.-āzarm (ص مر.) شرمگین، پرحیا.

پرآژنگ p.-āžang (ص مر.) پرچین وشکن، پرنورد.

پرآسیب p.-āsīb (ص مر.) ۱ - پر آفت. ۲ - پردرد ورنج.

پرآشوب p.-āšūb (ص مر.) پرفتنه وغوغا، پراز جنگ، بسیار آشفته.

‖ ــــ بودن. ۱- آشفته بودن، پرفتنه و غوغا بودن . ۲ - شوریده و متلاطم بودن.

پرآشوب شدن p.-ā.-šodan (مص ل.) پرفتنه و غوغا شدن، آشفته و پریشان شدن.

پر آشوب کردن p.-ā.-kardan (مص م.) آشفته کردن، پریشان کردن، برهم زدن. ‖ ــــ **اختر کسی را.** بدطالع کردن و بدبخت کردن اورا.

پرآشوب گشتن p.-ā.-gaštan (مص ل.) ← پرآشوب شدن.

پرآفت p -āfat [ف.-ع.] (ص مر.) پربلا، پرآسیب، پرضرر، پرآکفت.

پرآفرین p.-āfarīn (ص مر.) با آفرین بسیار.

پر آمدن p.-āmadan (مص ل.) ← پرشدن. ‖ ــــ قفیز. ← پر شدن قفیز.

پرآمد وشد p.-āmad-o-šod (ص مر.) که آمدن و شدن مردمان در آنجا بسیار باشد: کوچهٔ پرآمد وشد.

پرآواز p.-āvāz [= پرآوازه] (ص مر.) پربانگ، پرهیاهو، پر غلغله.

پرآواز شدن p.-ā.-šodan (مص ل.) ← پرآواز گشتن.

پرآواز کردن p.-ā.-kardan (مص م.) مشهور کردن.

پرآواز گشتن p.-ā.-gaštan (مص ل.) ۱ - مشهور شدن ، شهرت یافتن. ۲- پیچیدن صدا در کوه، طنین افکندن.

پرآوازه p.-āvāza(-e) [= پر- آواز] (ص مر.) پرآواز (ه.م.)

پرآوازه داشتن p.-ā.-dāštan مشهور کردن.

پرآوازه گشتن p.-ā.-gaštan (مص ل.) ← پرآواز گشتن .

پرآور par-āvar [= پراور] (إفا.) ۱ - تیزپر، تیزرو. ۲ - پرنده.

پر آورشدن p.-šodan (مص ل .) همپر وهمراه شدن.

پرآهار por-āhār (ص مر.) که آهار بسیار دارد ، بسیار آهار دار: پارچهٔ پرآهار .

پرآهو p.-āhū (ص مر.) پرعیب.

پرادعا p.-eddeā [ف.-ع.] (ص مر.) ۱ - آنکه دعاوی بسیار در بزرگی خود دارد، سخت خودپسند، پرازخود، فضول، بوالفضول ، پرمدعا ، پر افاده . ۲ - پرگوی، پرمشاجره.

پرارادت p.-erādat (ص مر.) آنکه ارادت بسیار دارد، باخلوص وحسن نیت بسیار .

پر از خود p.-az-xod (ص مر.) ← پرادعا.

پراشتها p.-eštehā [ف.-ع.] (ص مر.) کسی که میل زیاد بغذا دارد؛ مق. کم اشتها .

پرافادگی p.-efāda(e)g-ī (حامص.) (عم .) خودفروشی ، غرور ، تکبر ، پرمدعایی.

پر افاده p.-efāda(-e) [ف.-ع.] (ص مر.) (عم.) پرادعا (ه.م.)

پرافسون p.-afsūn (ص مر.) پرفریب، پردستان.

پرافشانی par-afšān-ī (حامص.) ترك علایق کردن .

پرافکندن p.-afkandan (مص ل.) ۱ - بال وپرریختن مرغان، پرریختن. ۲ - مانده شدن ، عاجز شدن ، مقهور شدن.

پراکسید ئیدرژن per-oksīd-e-īdrožen ← آب اکسیژنه (آب).

پرامید

پرامید pɔr-omīd (ص مر.) آنکه امید بسیاردارد، امیدوار.

پرانداخ parandāx [= پرنداخ] (إ.) ← پرنداخ.

پرانداخت parandāxt [= پرنداخ] (إ.) ← پرنداخ.

پرانداختن par-andāxtan (مص ل.) ۱ - ← پرافکندن۱. ۲ - ← پر افکندن۲. ۳ - مجرد گشتن و نشاط کردن .

پراندوه pɔr-andūh [= پر انده] (ص‌مر.) سخت‌اندوهناك، بسیارغمگین، پرانده، محزون، اسیف.

پراندوهی p.-andūh-ī (حامص.) حالت وچگونگی پراندوه (ه.م.)

پرانده p.-andoh (ص‌مر.) پراندوه (ه.م.)

پراندیشگی p.-andīša(e)g-ī (حامص.) چگونگی وحالت پر اندیشه (ه.م.)

پراندیشه p.-andīša(-e) (ص‌مر.) ۱ - آنکه درامری‌اندیشه‌های گوناگون دارد؛ اندوهناك، اندیشناك، بیمناك، ترسان، پربیم. ۲ - خردمند، فکور . ۳ - محتاط. ‖ ~ بودن. بیمناك‌بودن، غمناك بودن، هراسان بودن، پراندیشه بودن .

پراندیشه شدن p.-andīša(-e)-šodan (مص ل.) پر بیم شدن، هراسان شدن، غمگین شدن.

پراندیشه‌کردن p.-andīša(-e)-kardan (مص م.) متفکر ساختن.

پراندیشه گشتن p.-andīša(-e)-gaštan (مص ل.) ← پراندیشه شدن.

پراولاد p.-awlād(ow-) [ف.-ع.] (ص‌مر.) آنکه فرزندان بسیاردارد؛ کثیرالاولاد.

پرباد p.-bād (ص‌مر.) ۱ - چیزی که پرازباد است؛ دمیده، متورم، نفخ کرده، توپ پرباد. ۲ - متکبر، مغرور، پرادعا (ه.م.): کلهٔ پرباد. ۳ - پرازخودستایی.

پرباد شدن p.-b.-šodan (مص ل.) ۱ - متورم شدن، منتفخ گردیدن. ۲ - متکبرشدن، مغرور گشتن.

پربادگشتن p.-b.-gaštan (مص ل.) ← پرباد شدن.

پربادی p.-bād-ī (حامص.) حالت وچگونگی پرباد (ه.م.)

پربار parbār [= بربار = بربارہ = پرواز = پرواره = پرباره = پربال = پرباله = فروار = فرواره = فروال = فرواله] (إ.) ۱ - خانهٔ تابستانی. ۲ - بالاخانه، غرفه .

پربار pɔr-bār (ص‌مر.) ۱ - درختی که بار بسیاردارد؛ پرمیوه، پرثمر؛ مق. کم‌بار. ۲ - که شار وغش بسیار دارد (زر وسیم وغیره).

پرباره parbāra(-e) [= پربار] (إ.) ← پربار.

پرباری pɔr-bār-ī (حامص.) ۱ - حالت‌وچگونگی‌پربار (ه.م.)، پرمیوگی؛ مق. کم‌باری. ۲ - پرشاری، پرغشی؛ مق. کم‌باری .

پربازکردن par-bāz-kardan (مص ل.) ۱ - رفتن. ۲ - جفت‌شدن.

پرباك pɔr-bāk (ص مر.) ترسان، اندیشمند.

۱ - پربال par-bāl [= پربار] (إ.) ← پربار.

۲ - پربال par-bāl (إ.) (زم.) بسد، مرجان .

پرباله par-bāla [= پربار] (إ.) ← پربار .

پربانگ por-bāng (ص‌مر.) پرغوغا، پرآواز، پرسر وصدا.

پربانگ شدن p.-b.-šcdan (مص ل.) پرغوغا گشتن ، پرسروصداشدن ، پرآواز شدن .

پربدایع p.-badāye' [ف.-ع.] (ص مر.) پرطرایف .

پربر p.-bar [= پربار] (ص‌مر.) ← پرباله ۱.

پربرآوردن par-bar-āva(o)rdan (مص ل.) ۱- روییدن و برآمدن پر مرغ. ۲- سریع پرواز کردن . ۳- بشتاب رفتن .

پربرکت por-barakat [ف.-ع.] (ص‌مر.) با برکت، بسیار برکت، پرنعمت، پرحاصل.

پربرگ p.-barg (ص مر.) ۱- بسیار برگ، وریق . ۲- بسیار رخت وکالا .

پربرگی p.-barg-ī (حامص.) ۱- پربرگ بودن، حالت وچگونگی پربرگ (ه.م.) ۲- بسیار رختی، بسیار کالایی.

پربسامد p.-bas-āmad (إمر.)(فز.) حرکتی که دارای رفت وآمد متواتر بسیار سریع باشد (فره.)، کثیرالتناوب، فرکانس بالا[1].

پربسته par-basta(-e) (ص مر.) مرغی که پراو را بسته باشند.

پربلا por-balā [ف.-ع.] (ص‌مر.) پرآفت (ه.م.)

پربو p.-bū (ص‌مر.) ← پربوی.

پربوستان p.-būstān (ص‌مر.) پر- سبزه و مرغزار.

پربوستان شدن p.-b.-šodan (مص ل.) سبزشدن، مرغزار شدن.

پربوی p.-būy [= پربو] (ص مر.) خوشبوی، معطر، پرعطر، پربو.

پربها p.-bahā (ص‌مر.) چیزی که قیمت بسیار دارد؛ گرانبها، پر ارزش، پرقیمت، گران قیمت، بهاور ، ثمین؛ مق. کم‌بها.

پربهایی p.-bahā-yī (حامص.) حالت وچگونگی پربها (ه.م.)

پربهجت p.-bahjat(beh-.تد) [ف.-ع.] (ص‌مر.) بسیارشادمان، بسیار مسرور .

پربهر p.-bahr [= پربهره] (ص‌مر.) پرنصیب، پربهره.

پربهر کردن p.-b.-kardan (مص م.) پرنصیب کردن ، پر بهره کردن، بهره‌مند کردن.

پربهره p.-bahra(-e) [= پربهر] (ص‌مر.) ← پربهر.

پربیم p.-bīm (ص‌مر.) سخت ترسان، بیمناک، هراسان.

پربیم گشتن p.-b.-gaštan (مص ل.) هراسان گشتن، بیمناک شدن، ترسان شدن .

پرپا par-pā [= پرپای] (إمر.)(جا ن.) کبوتری را گویند که بر روی استخوان کف پایش[2] پرهای فراوان موجود باشد؛ پرپای، مسرول، ورشان. ضح.- باید دانست که استخوان کف پادر پرندگان بطور عمود بر پنجه ها قرار گرفته و ظاهراً بجای استخوان ساق مینماید.

پرپا

پرپا por-pā [= پرپایه] (إمر.) (جا ن.) خرخاکی، خرخدا، حمارالبیت، پرپایه (ه.م.)

پرپا

پرپاش par-pāš (إمر.) طبقی چوبین که با آن حبوب را پاش دهند، طبق چوبی که غلات و حبوب را در آن ریزند وپاک کنند.

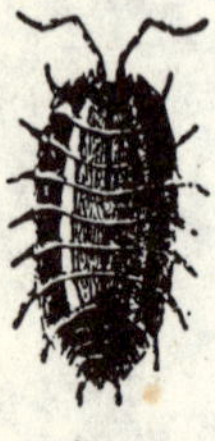

۱- Haute fréquence (فر.)
۲- Metacarpe (فر.)

۷۲۰
پرپاگاند

پرپاگاند poropāgānd ← پروپاگاند.

پرپایه por-pāya(-e) [= پرپای] (إمر.) ۱ - (جا ن.) پرپا (هـ.م.) ۲ - (جا ن.) هزارپا (هـ.م.)

پرپر parpor [= فرفور] (إ.)(جا ن.) تیهو (هـ.م.)، فرفور.

پرپر per-per (إصتـ.) (تد.اطفال) صدای پریدن گنجشک و مانند آن.

پرپر por-par (إمر.) ۱- پوشیده از پر. ۲ - (گیا.) هر گیاهی که گلش بر اثر تربیت و توجه بیش از حد معمول گلبرگ داشته باشد، گلی که جامش از حد طبیعی بیشتر گلبرگ دارد.

پرپرزدن par-par-zadan (مص ل.) ۱ - بهم کوفتن مرغ بالهای خود را بسرعت (مخصوصاً پس از ذبح). ۲- (کنـ.) مردن جوانی ناگهان و بدون کسالت مزمن.

پرپرزده par-par-zada(-e) (إمفـ.) نفرینی که زنان کودکان را کنند، ورپریده.

پرپرکردن p.-p.-kardan (مصم.) کندن و پراکندن برگهای چیزی چون گل و مانند آن: گلی را که در دستش بود پرپر کرد.

پرپر کردن per-per-kardan (مص ل.) برآمدن آواز پرش مرغان.

پرپرو perperū (ص.) (عم.) نازک وسبک.

۱ - پرپره pa(e)rpa(e)ra(-e) (إ.) ۱ - سکهٔ کوچک تنک را گویند؛ پشیز، فلوس، پولک. ۲ - دینار.

۲- پرپره perpera(-e) [= فرفره] (إ.) آلتی است که در اثر وزش باد بچرخد.

پرپری perperī (ص.) ۱ - جامه، عبا، نان و جز آن که سخت باریک و نازک و تنک باشد: نان پرپری، عبای پرپری. ۲ - (کبوتر بازی) کبوتر ماده‌ای که پرودمش را قیچی بزنند و با آن کبوتران نر را ببام خانه خوانند.

پرپشت por-pošt (ص مر.) ۱ - که نزدیک هم روییده باشد، انبوه، فراوان، متراکم؛ مقـ. کم پشت: موی پرپشت. ‖ باران ~. که بسیار و فراوان بارد. ۲ - (نقـ.قد.) پرمایه ← گندمی؛ مقـ. کم پشت.

پرپهن parpahan (إ.)(گیا.) خرفه (هـ.م.)، فرفخ، بقلة الحمقا.

پرپهنا por-pahnā (ص مر.) پهناور، پرور، عریض؛ مقـ. کم پهنا، کم ور.

پرپهنایی p.-pahnā-yī (حامص.) پهناوری.

پرپی p.-pay(-ey) (ص مر.) خمیری که کشش آن زیاد و برای نان پختن مناسبتر باشد؛ پرکشش.

پرپیچ p.-pīč (ص مر.) پرچین، پرشکن، بسیار نورد. ‖ دل ~ داشتن. مضطرب بودن.

پر پیچ و تاب p.-p.-o-tāb (ص مر.) که پیچ و تاب بسیار دارد، پرچین وشکن. ‖ گفتار ~. که مفهوم آن پیچیده و درک آن مشکل باشد؛ درهم، بغرنج.

پر پیچ و خم p.-p.-o-xam (ص مر.) ← پرپیچ و تاب.

۱- پرپین parpīn [= پروین] (إ.) ماه پروین (هـ.م.)، جدوار.

۲- پرپین parpīn (إ.) عملی است که مردمی از اهل دعا برای شفای سگ‌هار گزیده ادعا کنند و عامل آنرا «پرپین‌چی» و «پرپین گر» نامند.

پرپین‌چی p.-čī [ف.-تر.] (ص نسبـ.)،

اِمر.) عامل پرپین (← ۲ پرپین)، پرپین‌گر.

پرپین‌گر p.-gar (اِفا.) ← پرپین‌چی.

پرت part (ص.) (عم.) ۱ - بی‌معنی، مزخرف، لاطایل ← پرت و پلا. ۲ - منحرف از راه راست: از راه پرت افتاده است. ‖ از مرحله ~ است، دور از اصل موضوع است: «وقتی دیدم لیدیا اینقدر از مرحله پرت است ناچار شدم بوی گفتم...» (دشتی) ۳ - گیج.

پرت pert (اِ.) (عم.) اسباب خرده وریزهٔ متفرقه ← خرت و پرت.

پرتاب partāb [تاجیکی partāftan، پرتاب کردن] (اِ.) ۱- انداختن، گشاد دادن، افکندن. ۲- نوعی از تیر که آنرا بسیار دور توان انداخت. ۳- مسافت میان جای رها کردن تیر و افتادن آن، تیررس. ۴- پرش، سیر. ‖ ~ تیر. تیررس، تیر پرتاب، پرتاب (ه.م.) ‖ تیر ~. پرتاب تیر.

پرتاب por-tāb (ص‌مر.) ۱ - پرپیچ و شکن؛ مق. کم‌تاب. ۲ - چیزی که سخت تافته شده‌است؛ مق. کم‌تاب: پارچهٔ پرتاب. ۳ - پرگره، پرچین. ۴ - پر از حیله و مکر. ‖ ~ بودن. ← پرتاب شدن.

پرتاب شدن partāb-šodan (مص‌ل.) پرت شدن، افتادن از محلی مرتفع.

پرتاب شدن por-tāb-šodan (مص‌ل.) بر افروخته و خشمگین شدن، غضبناك شدن.

پرتاب کردن partāb-kardan (مص‌م.) ← پرت کردن.

پرتاب کردن por-tāb-kardan (مص‌م.) ~ِ روی (رخساره)، روی سرخ کردن و شادمان شدن از چیزی.

پرتاب گشتن p.-t.-gaštan (مص ل.) ~ روی (رخساره). سرخ شدن روی.

پرتاب و توان p.-t.-o-tavān (ص مر.) که طاقت بسیار دارد؛ نیرومند، پرطاقت.

پرتابی partāb-ī (ص نسبـ.) ۱ - پرتاب شده، گشاد داده شده، رها شده. ۲- تیری که آنرا نیك دور توان انداخت. ‖ تیر ~ ↑. ۳ - سلاح که بسوی دشمن از انسان و حیوان پرتاب کنند چون زوبین و مطراق وجز آن. ۴ - تیرانداز. ج. پرتابیان. ۵ - غیر مقرب، غیر معتمد؛ مق. استوار (معتمد). ج. پرتابیان؛ « گروهی که پرتابیان ساختشان
چپ اندازشد برچپ انداختشان
همان استواران درگاه را
کز ایشان بدی ایمنی شاه را
بقلب اندرون داشت باخویشتن
چو پولاد کوهی (تیغی) شد آن پیلتن.»
(نظامی گنجوی، شرفنامه)

پرتابی por-tāb-ī (حامص.) حالت وچگونگی پرتاب (ه.م.)

پرتابیدن partāb-īdan (مص م.) پرتاب کردن، گشاد دادن، رها کردن.

پرتافته partāfta(-e) (اِمف.) پرتاب شده.

پرتاو portāv [= پرتاب] (ص.) ۱ - پرتاب (ه.م.) ۲ - چیره.

پرتر partar (اِ.) آهاری که بر کاغذ وجامه مالند.

پرتره portre [فر. portrait] (اِ.) (نق.، عک.) طرح و تجسم صورت انسانی.

پرتست porotest [انگ. protest] (بانک.) اگر مدیون برات یاسفته‌ای را که واخواست داشته باشد تا ده روز بعد از انقضای مدت نپردازد داین یا بستانکار بوسیلهٔ دادگاه اعتراض‌نامه‌ای

پرتستان

بمدیون فرستدویرا بتعقیب دردادگاه تهدید کند . این عمل‌را پرتست‌کردن (واخواست‌کردن) نامند؛ واخواست، اعتراض.

پرتستان porotestān [فر . protestənt، معترض] پیرومذهب پرتستان (← پرتستان، بخش ۳)،معتقد بروش مذهبی پرتستان.

پرت شدن part-šodan (مص ل.) افتادن‌از جایی. ‖ ~ **حواس**.مشوش ومضطرب‌شدن حواس. ‖ ~ **ازموضوع یامرحله** . ازموضوع‌ومطلب دورافتادن، سهو و اشتباه کردن در موضوع.

پرتغال porta(o)γāl [= پرتقال] (اِ.)(گیا.) ← پرتقال (همع.)

پرتغالی porta(o)γāl-ī [= پرتقالی](ص‌نسبـ.) منسوب‌به پرتغال، پرتقالی(همع.)

پرتقال

پرتقال porta(o)γāl [مأخوذ از نام کشور پرتقال ← بخش ۳] (اِ.) ۱ - (گیا.) گیاهی[۱] از تیرهٔ سدابیان[۲]جزو دستهٔ مرکبات[۳] که درخت نسبةً بزرگ وزیبایی است و اصل آن از آسیااست و درعصر جنگهای صلیبی از آسیا به مغرب زمین برده شده . این گیاه در همهٔ نقاط معتدل زمین بخوبی میروید وبار میدهد . میوهٔ آن سته[۴] وکروی شکل است که از نموتخمدان چندین برچه‌یی حاصل‌شود. درداخل هر برچه سلولهای‌محتوی‌موادذخیره‌یی‌وویتامین واسیدی وآبدار قرار دارند.ودرزاویهٔ مرکزی برچه‌ها هسته‌ها جای دارند . میوهٔ این گیاه‌مطبوع‌وازمرکبات‌دیگر مطلوبتر است.درخت‌پرتقال درنواحی معتدل ایران خصوصاً نواحی اطراف دریای خزر بفراوانی و خوبی میروید ومحصولش هم‌بسیارمرغوب‌ونیکواست. شکل میوهٔ آن گاهی ممکنست بیضوی ، یا رنگ میوه‌اش بجای‌آنکه زرد رنگ باشد سرخ بود ، و در این صورت آنرا پرتقال خونی نامند ؛ پرتقان، برتقان، پرتوقال‌آغاجی، برتقان خلو. ۲-میوهٔ درخت مذکور ↑ .

پرتقال افشار p.-afšār (اِمر.) آلتی که با آن‌آب پرتقال میگیرند.

پرتقالی porta(o)γāl-ī [= پرتغالی] (ص‌نسبـ.) ۱ - منسوب بکشور پرتقال (پرتغال)← بخش۳. ۲- رنگ‌زرد چون رنگ پرتقال (میوه).

پرتکال portokāl [= پرتقال (کشور)] (اِ.) شراب معروف کشور پرتقال که نوعی می پخته و به پرتو (porto) معروف است:

«می‌شیرازیم از درد سر کشت
علاجش باده‌های‌پرتکال‌است.»(لغ.)

پرت‌کردن p.-kardan (مص‌م.) ۱- دور افکندن، انداختن‌کسی‌یاچیزی‌را ازبالا بپایین یا از جایی‌بجای دیگر : سنگی پرت کرد . ۲ - تبعید کردن، بجای دور اعزام‌داشتن. ۳ - فکر کسی را منصرف کردن از اصل قضیه ↓ . ‖ ~ **حواس‌کسی**. فکروحواس کسی را از اصل موضوع‌منصرف‌کردن‌وبموضوع دیگر معطوف ساختن، او را باشتباه انداختن.

پرتکی part-akī (ق.) (عم.) بی‌اندیشه، بی فکروتعقل: پرتکی‌چیزی گفت .

پرتگاه p.-gāh (اِ.) جایی مرتفع که احتمال سقوط از آن رود ، لغزشگاه، مزله .

۱- Oranger (فر.),citrus aurantium (لا.) ۲- Rutacées (فر.)
۳- Aurantinées (فر.) ٤- Baie (فر.)

پرت گفتن p.-goftan (مصل.) پرت و پلا گفتن (ه.م.)
پرت گو(ی) p.-gū(y) [= پرت گوینده] (إ.) آنکه پرت (ه.م.) گوید، پرت گوینده.
پرت گویی p.-gūy-ī (حامص.) چگونگی آنکه پرت گوید، پرت گفتن: «کاغذ ومداد رادور بینداز ، پرت گویی بس است.» (ص.هدایت).
پرتو partaw(-ow) [پیش، para فرا + tap، تافتن] (إمر.) ۱- فروغ وروشنایی و شعاع که ازجرمی نورانی ظاهرشود ؛ روشنی، نور، تابش، ضیاء. ۲ - انعکاس نور. ۳ - اثر، تأثر: «پرتو نیکان نگیرد هر که بنیادش بداست.» (سعدی)
۴ - آسیب، صدمه. ۵ - (هس.) شعاع[1].
پرتوان por-tawān (ص مر.) پر نیرو، پر تاب، پرطاقت.
پرتوانی por-tawān-ī (حامص.) حالت و چگونگی پرتوان (ه.م.)
پرتو افکن partaw(ow)-afkan (-gan) (إفا.) (فز.) نور افکن (ه.م.)
پرتوافکندن p.-afkandan(-gan) (مصل.) ۱ - درخشیدن. ۲ - انعکاس.
پرتو بینی p.-bīnī (إ.) (پز.) معاینهٔ اعضای داخلی بدن انسان بوسیلهٔ اشعهٔ ایکس برای تشخیص امراض درونی؛ رادیوسکپی[2].
پرت و پلا part-c-palā (ص مر.، إمر.) ۱ - تارومار، پخش و پلا، ترت و پرت، ترت ومرت. ۲ - بیهوده، بی‌معنی ، مزخرف، چرند و پرند . دری وری: «وجوابهای پرت و پلایی بسؤالات عدیده‌ای که از هرطرف بر او باریدن گرفته بود میداد.» (دشتی).

پرتوپلاسم porotoplāsm [فر. protoplasme] (إ.) (جا ن.) (گیا.) مادهٔ سیال و بیرنگ زندهٔ سلولهای گیاهی وجانوری که از دوجزوسیتوپلاسم وهسته تشکیل شده و سطح آن دارای نیروی کششی خاصی است که آنرا از جاری‌شدن محفوظ میدارد وضمناً موجب حفظ آن در برابرمایعات دیگراست. این کشش سطحی پروتوپلاسم فشردگی خاصی بسطح آن میدهد که اصطلاحاً غشاء سیتوپلاسمی نامیده میشود. ترکیب اصلی سیتوپلاسم یك ترکیب آلی ازت دار است که جزو پروتیدها میباشد.
پرت و پلا شدن part-o-palā - šodan (مصل.) پراکنده شدن، متفرق شدن.
پرت و پلاکردن p.-o-p.-kardan (مصم.) تارومار کردن، متفرق کردن، پخش کردن، پراکندن، پراکنیدن .
پرت و پلا گفتن p.-o-p.-goftan (مصل.) سخنی بیهوده گفتن، نامربوط گفتن، بیهوده گفتن، پراکنده گفتن، ول گفتن: کمتر پرت و پلا بگو.
پرتوزوئر porotozoer [فر. protozoaire] (إ.) (جا ن.) نامی است که بهریك از افراد حیوانات یك سلولی اطلاق میشود؛ جانور یك سلولی، حیوان یك سلولی، جانور تك یاخته، تك یاخته، آغازی. ‖ ـــ ها. [فر. protozoaires] (جا ن.) شاخهٔ حیوانات یك سلولی که شاخهٔ عظیمی ازحیوانات هستند و بچندین رده تقسیم میشوند ؛ شاخهٔ حیوانات آغازی ، حیوانات یك سلولی، تك یاختگان . یك سلولیها ، آغازیان.
پرتوشناس partaw(-ow)-šenās [= پرتوشناسنده] (إفا.) (پز.) کسی

پرتوزوئر

۱- Rayon (فر.)   ۲- Radioscopie (فر.)

پرتوشناسی

که بادستگاه پرتوشناسی کار کند ؛ رادیولوژیست[۱]، رادیولگ[۲].

پرتوشناسی p.-šenās-ī (حامص.، إمر.)(پز.)بکاربردن‌اشعهٔ ایکس برای تشخیص ومعالجهٔامراض؛رادیولوژی[۳].

پرتوقع por-tavaɣɣo' [ف.-ع.] (ص‌مر.)آنکه توقع بسیار دارد، بسیار متوقع.

پرتون poroton[فر proton](إ.) قسمت مرکزی‌اتم که با نوترون‌تشکیل هسته‌را می‌دهد مثلا اتم ئیدرژن‌معمولی شامل یك هسته است که تنها از یك پرتون تشکیل یافته است . وزن آن در حدود $\frac{۱۸۴۵}{۱۸۴۶}$ وزن اتم ئیدرژن را تشکیل میدهد و چون بیشتر وزن اتم ئیدرژن مربوط باین قسمت است می - توانیم بگوییم که یك پرتون درحدود یك واحد اتمی‌وزن دارد . باوجود اینکه پرتون این‌قدر سنگین تر از الکترون(باندازه $\frac{۱}{۱۸۴۶}$وزن سبکترین اتمهای ئیدرژن معمولی) میباشد ، حجم آن فقط $\frac{۲}{۵}$حجم‌الکترون‌رادارد. پرتون مقدار بسیار کمی الکتریسیتهٔ مثبت‌دارد که‌ازحیث‌مقداربا‌الکتریسیتهٔ الکترونها برابر است .

پرتونگاری partaw(ow)-negār-ī (حامص.،إمر.) (پز.) = رادیوگرافی، عکس برداری بوسیلهٔ اشعهٔ ایکس . معمولا درطب برای تشخیص زخمهای درونی یا شکستگی استخوانها از اعضای داخلی بدن بیماران بوسیلهٔ دستگاه مخصوصی عکس‌برداری کنند تا معالجهٔ مریض بهتر میسر شود . از قابلیت نفوذ اشعهٔ ایکس برای رسم تصویر بدین نحو استفاده میشود که بجای صفحهٔ پلاتینو سیانور باریم‌صفحهٔ حساس عکاسی قرار میدهند . پس از ظهور ملاحظه میشود که صفحهٔ حساس متأثرشده‌روی‌کلیشهٔ منفی‌تصویر عضو موردنظرمنعکس میگردد. این عمل را اصطلاحاً رادیوگرافی[۴] نیز گویند .

پرتوه partova(-e) (إ.) (فز.) خطوط باریکی که از تابیدن نورپیدا میشود[۵] (فره.)

پرتیات partīyyāt (إ.) (عم.)ج. پرت (ه‍.م.) ضح. - کلمهٔ «پرت» بیجا بسیاق عربی‌جمع بسته شده وغلط‌است. صحیح آن «پرتها» است.

پرثروت por-sarvat[ف.-ع.](ص مر.) که‌ثروت بسیاردار، ثروتمند؛مق. کم ثروت: «پس ازجنگهای هفت ساله فرانسه چند مستعمرهٔ پرثروت خودرا از دست داده .»

پرثمر por-samar [ف.-ع.] (ص مر.) ۱ - که بار ومیوهٔ بسیار دارد ؛ پرمیوه. ۲ - پرفایده، پرنتیجه.

پرثمری p.-samar-ī (حامص .) حالت وچگونگی پرثمر (ه‍.م.)

پرجاذبه p.-ǰāzeba(-e) [ف.-ع.] (ص‌مر.) که‌گیرایی‌بسیار دارد : زن پرجاذبه، صدای‌گرم وپرجاذبه.

پرجذبه p.-ǰazba(-e) [ف.-ع.] (ص‌مر.) ← پرجاذبه : مردی پرجذبه است.

پرجرأت p.-ǰor'at [ف.-ع.](ص مر.)پرجگر، دلیر.

پرجفا p.-ǰafā [ف.-ع.] (ص‌مر.) ستمکار ، ظالم.

پرجگر p.-ǰegar (ص مر.) پردل، دلاور، دلیر، پرجرأت،

۱- Radiologiste (فر.) ۲- Radiologue (فر.)
۳- Radiologie (فر.) ٤ - Radiographie (فر.) ٥ - Raie (فر.)

آرژانتین
آفریقای جنوبی
آفریقای مرکزی
آلبانی
جمهوری دموکراتیک آلمان
آلمان فدرال
آندورا
اتحادجماهیرشوروی
اتریش
اتیوپی
اردن هاشمی
اسپانیا
استرالیا
اسرائیل
افغانستان
اکوادر
الجزایر
ال‌سالوادر
امارات متحده عربی
اندونزی
انگلستان
اوروگوئه
اوگاندا
ایالات متحده آمر
ایتالیا
ایران
دربار شاهنشاهی ایران
ایرلند
ایسلند
باربادوس
باهاما
بحرین
برزیل
برمه
بلژیك
بلغارستان
بنگلادش
بوتان
بوتسوانا
بوروندی
بولیوی
پاپوآ
پاراگوئه
پاکستان
پاناما
پرتقال
پرو
تانزانیا
تایلند
تایوان
ترکیه
تری نیداد و توباگو
توگو
تونس
تونگا
جامائیکا
جمهوری خلق چین
جمهوری عربی مصر
چاد
چکسلواکی
دانمارك
داهومی
دومینیکن
روآندا
رودزیا
رومانی
زئیر(کنگو کینشاسا)
زامبیا
زلاند جدید
ژاپن
ساحل عاج
سازمان ملل متح
ساموآی باختری
سان مارینو
سری لانکا
سنگاپور
سنگال
سوئد

سیرالئون	سویس	سومالی	سوریه	سودان	سوازیلند
عمان	عربستان سعودی	عراق	صلیب سرخ	شیلی	سی کیم
قبرس	فیلیپین	فیجی	فنلاند	فرانسه	غنا
جمهوری کره	کانادا	کامرون	کامبوج (خمر)	کاستاریکا	قطر
کویت	کوبا	کنیا	کنگو	کلمبیا	دموکراتیک خلق کره
گینه	گویان	گواتمالا	گرانادا	گامبیا	گابون
لهستان	لوگزامبورگ	لزوتو	لبنان	لائوس	گینه استوایی
مالت	مالاوی	مالاگاسی	لیختن اشتاین	لیبی	لیبریا
مغولستان	مغرب (مراکش)	مجارستان	مالی	مالزی	مالدیو
ناءورا	نالورو	موناکو	موریس	موریتانی	مکزیک
واتیکان	نیکاراگوآ	نیجریا	نیجر	نروژ	نپال
هلند	هلال احمر	هائی تی	جمهوری دموکراتیک ویتنام	ونزوئلا	ولتای علیا
یونان	یوگسلاوی	یمن جنوبی	جمهوری عربی یمن	هندوراس	هند

پرجگری p.-ǰegar-ī (حامص.) پردلی، دلاوری، دلیری.

پرجمعیت p.-ǰam'īyyat [ف.-ع.] (ص‌مر.) (عم.) جایی که مردم بسیار درآن گرد آمده باشند؛مق. کم‌جمعیت: شهر پرجمعیت.

پر جمعیتی p.-ǰam'īyyat-ī (حامص.) حالت و چگونگی پرجمعیت (ه‌.م.)

پرجنگ‌وجلب p.-ǰang-o-ǰalab (ص‌مر.) پر گیرودار، پرشور وغوغا.

پرجنب وجوش p.-ǰonb-o-ǰūš (ص‌مر.) پر فعالیت ، پررفت و آمد ، پرشور.

پرجوانی p.-ǰavān-ī (ص مر .) حالت آنکه سرشار از جوانی است ، نوجوانی.

پرجواهر p.-ǰavāher [ف.-ع.] (ص‌مر.) آنچه در وگوهر بسیار دارد.

پرجور p.-ǰawr(ǰowr) [ف.-ع.] (ص‌مر.) پرستم، پرجفا، ستمگر،ظالم.

پرجوش p.-ǰūš (ص مر.) ۱ - که جوش وغلیان‌بسیاردارد. ۲ - پرولوله، پرغوغا، پرغلغله،باحرارت. ‖ برنج ~. برنجی که برای پخته شدن جوش‌بسیار لازم دارد. ‖ سر ~. سر پرشور ، پرحرارت.

پرچاره p.-čāra(-e) (ص‌مر.) ۱ - مدبر. ۲ - محیل، حیله‌گر.

پرچانگی p.-čāna(e)g-ī(حامص.) حالت‌وچگونگی‌پرچانه(ه‌.م.)، پرگویی.

پرچانگی کردن p.-č.-kardan(مص ل.) پرگویی کردن، وراجی کردن، پر-حرفی کردن.

پرچانه p.-čāna(-e)(ص‌مر.) پرگوی، بسیارگوی، روده دراز، پرنفس: آدم پرچانه‌ایست.

پرچك parčak (إ.) قسمی پنیرپر-روغن.

پرچ کردن parč-kardan (مص‌م.) فرو بردن میخ درچیزی و سرآنرا با چکش ومانندآن کوبیدن وپهن کردن، محکم کردن‌چیزی‌درچیزی مانندمیخی که در تخته زنند ودنبالهٔ آنرا‌ازجانب دیگر خم دهند ومحکم کنند.

پرچم parčam [تر.غزی «برجم»، قس.تر.«بجکم»] (إ.) ۱ - دسته‌ای مویا ریشه‌ومنگلهٔ سیاه رنگك که برنیزه وعلم آویزند یا بگردن اسبان بندند. این منگله‌از موی‌نوعی گاومیش کوهی است که در فارسی‌آنرا غژغاو (= کژگاو)خوانند،واین‌جانوردرهندوستان وختا(چین شمالی) زیست‌کند؛

«گاوی نشان‌دهند در این قلزم نگون
لیکن‌نه‌پرچم‌است‌مراورا، نه‌عنبراست.»
(اثیراخسیکتی)

۲ -موی‌دم گاوکوهی، دم نوعی از گاو بحری که برگردن اسبان‌بندند ↓. ۳ - نوعی ازگاوکوهی که مابین‌ملك ختا وهندوستان‌میباشد، غژغاو. ۴ - (مج.) موی‌گیسو، کاکل:

«بیکی دست می‌خالص ایمان نوشند.
بیکی دست دگر پرچم کافرگیرند.»
(مولوی)

۵ - زبانه، زبانهٔ آتش ، لهیب . ۶ - (تد. امروز) درفش،علم، رایت، بیرق. ضح.- فرهنگستان این کلمه را بمعنی اخیر گرفته. ۷ - (گیا.) نام هریك‌از میله‌های باریك[۱] نافهٔ گیاه را گویندکه از دو قسمت میله[۲] وبساك[۳] تشکیل‌شده است . تعداد پرچمها در گیاهان متفاوت است . طول پرچم در گیاهان مختلف فرق میکند در بعضی گیاهان

۱- Étamine(فر.) ۲- Filet(فر.) ۳-Anthère(فر.)

پرچمها بیکدیگر پیوسته میباشند(مانند پنیرك).

پرچه parča(-e) [= پارچه(ه.م.)] (اِ.) پارچه (ه.م.)

پرچیدن parč-īdan (مصم.)(صر.← چیدن)← پرچ کردن.

پرچین parčīn [اس. pairi، پیرامون + چین، پیرامون چیده](اِمر.) دیوار گونه‌ای که از ترکه و نی و برگ وعلف و خار و مانند آن گرد باغ کشند؛ چوبهای نوك تیز، خار، شاخ درخت ومانند آن که برسر دیوار باغ نهندتا عبور از آن سخت گردد؛ چپر، کپر، خاربست.

پرچین por-čīn (ص مر.) پرپیچ وتاب، پرشکن، پرآژنگ، پرنورد.

پرچین ساختن parčīn-sāxtan [← پرچین] (مصل.) پرچین کردن.

پرچین شدن p.-šodan (مص ل.) محکم شدن چیزی درچیزی چون میخ آهنین در تخته فرورفته محکم شود.

پرچین شدن por-čīn-šodan (مصل.) پرپیچ و تاب‌شدن، پرآژنگ شدن، پرشکن گردیدن.

پرچین کردن parčīn-kardan (مص م.) ۱ - چوب‌وخار و مانند آن بردیوار نهادن تا کسی نتواند از آن بالا رود.

پرچین کردن por-čīn-kardan (مصم.) پرچین و شکن کردن، پرپیچ وتاب کردن. ‖ ~ ابرو. خشم گرفتن. ۲ - متأثر شدن.

پرچینی p.-čīn-ī (حامص.) حالت وچگونگی پرچین (ه.م.)

پرحادثه p.-hādesa(-e) [ف.-ع.] (ص‌مر.) پرماجرا، پرکشمکش: داستان پرحادثه.

پرحاصل p.-hāsel [ف.-ع.] (ص مر.) که میوه وبار بسیار آورد؛ پربر، پربار.

پرحافظه p.-hāfeza(-e) [ف.-ع.] (ص مر.) که حافظه‌ای نیرومند دارد وچیزهای زیاد بیاد میسپارد.

پرحرارت p.-harārat [ف.-ع.] (ص مر.) ۱ - که گرمی بسیار دهد: چراغ پرحرارت. ۲ - (مجـ.) که‌پرکار وفعال‌است: آدم پرحرارتی است.

پرحرارتی p.-harārat-ī [ف.-ع.] (حامص.) حالت‌وچگونگی پرحرارت (ه.م.)

پرحرض p.-haraz [ف.-ع. ← حرض] (ص مر.) ۱ - گداخته جسم (بیمار). ۲ - تباه عقل.

پرحرف p.-harf [ف.-ع.](ص‌مر.) ← پرچانه، بسیارگو.

پرحرفی p.-harf-ī [ف.-ع.] (حامص.) پرگویی، بسیارگویی، روده درازی.

پرحرفی‌کردن p.-h.-kardan (مص ل.) ← پرچانگی کردن.

پرحلل p.-holal [ف.-ع.] (ص مر.) پرزیور، پرزینت.

پرحوصلگی p.-hawsala(e)g-ī [ف.-ع.] (حامص.) شکیبایی، بردباری، صابری؛ مق. کم حوصلگی.

پرحوصله p.-hawsala(-e) [ف.-ع.] (ص‌مر.) که صبروشکیبایی‌بسیاردارد؛ بردبار، صابر، حمول، متحمل.

پرحیله p.-hīla(-e) [ف.-ع.](ص مر.) نیرنگ‌باز، فسونگر، آب‌زیرکاه، گربز، مکار، محیل، دغل.

پرخ perex (اِ.) (گیا.) درختچه‌ای[1]

۱- *Euphorbia larica* (لا.)

از تیرهٔ فرفیون[۱] که جزو گیاهان کائوچوئی‌است و دراطراف بندرعباس بطور خودرو و وحشی دیده میشود . ازشیرابهٔ این گیاه برای ساختن کائوچو میتوان استفاده کرد؛ پره.

پرخار por-xār (ص‌مر.) که خار بسیار دارد.

پرخاش parxāš [= فرخاش] (اِ.) ۱ - نبرد، کارزار، جنگ، پیکار، ستیزه، محاربه، غزا، فرخاش. ۲ - حرب‌وجنگ بسخن‌وگفتار، بزبان‌مجادله کردن، تشر، توپ، عتاب، معاتبه.

پرخاش جستن p.-ǰostan (مص ل.) کین جستن، پیکار کردن ، نبرد کردن. ← پرخاشجوی.

پرخاشجو(ی) p.-ǰū(y) [= پرخاش جوینده] (اِفا.)جنگجوی، ستیزه‌جوی، پرخاشخر، رزمجو ، فتنه‌جو ، هنگامه طلب، غوغایی، عربده‌جوی ، دلیر ،رزم‌آور، پرخاش کیش، پرخاش‌ساز .

پرخاشجویی کردن p.-kardan (مص‌ل.) ← پرخاش جستن.

پرخاشخر p.-xar [= پرخاش‌خرنده] (اِفا.) آنکه‌خواهان جنگ وجدل‌باشد؛ پرخاشجوی. ضح.-« پرخاشخور » که‌در بعض‌فرهنگها آمده ، غلط است.

(**پرخاشخور**) p.-xor (ص‌فا.) ← پرخاشخر.

پرخاش دیده p.-dīda(-e) (ص مف.) رزم دیده ، جنگ دیده ، از کار جنگ بر آمده .

پرخاش ساز p.-sāz [= پرخاش سازنده] (ص‌فا .) پرخاشجوی(ه‍.م.)

پرخاش‌کردن p.-kardan (مص‌م.) ۱ - ستیزیدن، منازعه‌کردن. ۲ - تندی کردن، درشتی کردن، توپ‌و تشر رفتن، عتاب کردن، معاتبه.

پرخاش‌کیش p.-kīš (ص مر .) پرخاشجوی (ه‍.م.)

پرخاشگاه p.-gāh [= پرخاشگه] (اِمر.) آوردگاه، آوردگه، میدان‌جنگ.

پرخاشگه p.-gah [= پرخاشگاه] (اِمر.) ← پرخاشگاه.

پرخاصیت por-xās(s)īyyat [ف.-ع.] (ص‌مر.) که خاصیت بسیاردارد ؛ سودمند، مفید.

پرخاصیتی p.-xās(s)īyyat-ī [ف.-ع.] (حامص.) حالت‌وچگونگی پرخاصیت (ه‍.م.)

پرخج paraxǰ [= پرخچ] (اِ.) ← پرخچ.

پرخچ paraxč [= پرخش = فرخش = فرخچ = فرخج = پرخج] (اِ.) کفل وساغری اسب واستر ومانندآن.

پرخدو pɔr-xadū [← خدو] (ص مر.) پر آب دهان.

پرخدویی p.-xadū-yī [← خدو] (حامص.) زشتخویی ، خیره رویی ، خربطی .

پرخراش p.-xarāš (ص‌مر.) سخت خراشیده، بسیار شخوده.

پرخرج p.-xarǰ [ف.-ع.](ص‌مر.) که هزینه وخرج بسیار دارد.

پرخرجی p.-xarǰ-ī (حامص.) حالت وچگونگی پرخرج (ه‍.م.)

پرخرد p.-xerad (ص مر.) بسیار زیرک و عاقل، پرعقل ، پرشعور ؛ مق. کم‌خرد.

پرخردی p.-xerad-ī (حامص.)

۱ - Euphorbiacées (فر.)

پرخروش

حالت وچگونگی پرخرد (ه‌.م.)؛ مق. کم خردی.

پرخروش p.-xorūš (ص‌مر.) ۱ - پرآواز، پرغوغا. ۲ - پرناله.

پرخش paraxš [= پرخچ] ۱ - پرخچ (ه‌.م.) ۲ - شمشیر.

پرخشم por-xašm(xe-)(ص‌مر.) ۱ - خشمناك، خشمگین، غضبناك. ۲ - پرتوپ وتشر، پرپرخاش. ‖ ~ بودن. خشمگین بودن، غضبناك بودن.

پرخشم شدن p.-x.-šodan (مص ل.) پرخشم گشتن (ه‌.م.)

پرخشم گردیدن p.-x.-gardīdan (مص‌ل.) پرخشم گشتن (ه‌.م.)

پرخشم گشتن p.-x.-gaštan (مص ل.) خشمناك‌شدن، غضبناك شدن، پرخشم شدن، پرخشم گردیدن.

پرخشمی p.-xašm-ī(xe-)(حامص.) خشمناکی، شدت خشم، غضبناکی.

پرخطر p.-xatar [ف.-ع.] ۱ - پربیم و هراس، ترسناك، خطرناك، مهلك. ۲ - عظیم، خطیر، بزرگ.

پرخم p.-xam (ص مر.) ۱ - درهم، پریشان. ۲ - پرشکن، پرپیچ، پرتاب، پرناز.

پرخمار p.-xomār[ف.-ع. ← خمار] (ص‌مر.) آنکه‌خمار بسیار درسر‌دارد. ‖ چشم ~. ← چشم (خمار).

پرخنده p.-xanda(-e) (ص مر.) سخت خندان.

۱-پرخو parxaw(-ow)[= فرخو] (إ.) انباری‌که بجهت ذخیره کردن‌غله درخانه‌ها درست کنند؛ جوبه، حواطه.

۲ - پرخو parxaw(-ow) [= فرخو.] (إ.) پیراستن‌درختان، بریدن شاخه‌های زیادی اشجار.

پرخواب por-xāb (ص‌مر.) آنکه بسیار خوابد، نوام؛ مق. کم خواب. ‖ جامهٔ ~. جامه‌ای‌که خمل بسیار دارد؛ مق. کم‌خواب.

پرخوابی p.-xāb-ī (حامص.) حالت وچگونگی پر خواب (ه‌.م.)؛ مق. کم خوابی.

پرخوار p.-xār[= پرخوارنده](إفا.) آنکه بسیار خورد، پرخور.

پرخوارگی p.-xāra(e)g-ī(حامص. پرخواره) پرخوری.

پرخواره p.-xāra(-e) (ص مر.) ← پرخوار، پرخور.

پرخواری p.-xār-ī (حامص.) پرخوری.

پرخواستار p.-xāstār (ص مر.) آنکه خواستار بسیار دارد.

پرخواستاری p.-xāstār-ī (حامص.) حالت‌وچگونگی پرخواستار (ه‌.م.)

پرخواسته p.-xāsta(-e) (ص‌مر.) بسیار مال، ثروتمند، پرثروت، غنی.

پرخواندن p.-xāndan (مص م.) ~ حرکات را، اشباع (منتهی‌الارب).

پرخواه p.-xāh[= پرخواهنده] (ص‌فا.) پرآز، حریص.

پرخواهش p.-xāheš (ص‌مر.) پر آرزو، پرهوس، پرخواست.

پرخواهشی p.-xāheš-ī (حامص.) پرآرزویی، پرهوسی.

پرخور p.-xor [= پرخورنده = پرخوار](إفا.) بسیارخوار، شکم‌پرست، شکم‌خواره، شکمو، بندهٔ‌شکم، شکم‌پرور، پرخوار (ه‌.م.)، پرخواره، اکول، بلع، بلعه؛ مق. کم‌خور.

پرخوراك p.-xorāk (ص مر.) پرخور، پرخوار؛ مق. کم خوراك.

پرخوراکی p.-xorāk-ī (حامص.)
پرخوری (ه.م.)

پرخوردن p.-xordan (مص ل.)
بسیار خوردن، بیش از اندازه خوردن؛ مق. کم خوردن.

پرخوری p.-xor-ī (حامص.) شکم پرستی، شکمویی، شکم خوارگی، پرخوراکی، پرخواری، گران خواری؛ مق. کم خوری.

پرخوکردن parxaw-kardan(-ow) [← پرخو = فرخو کردن] (مص م.) بریدن شاخه‌های زیادی درختان تا باندام نشو ونما کنند؛ فرخو کردن.

پرخون por-xūn (ص مر.) ۱- کسی که دارای خون کافی ووافی باشد؛ مق. کم خون. ۲ - خون آلود. ‖ جگرودلی ~ . پرانده، پردرد، دردمند، غمزده. ‖ صورت، چهره، رخ ~ . افروخته، گلگون. ‖ مژه، چشم، دیدهٔ ~ . خونبار.

پرخونی p.-xūn-ī (حامص.) حالت وچگونگی پرخون (ه.م.)

پرخیدن parx-īdan [= پرخیدن] (مص م.) (صر. ← رنجیدن) تفتیش کردن، برخیدن.

۱-پرد pard [= برد ← پردك، بردك] (إ.) چیستان، لغز، احجیه.

۲-پرد pard (إ.) ۱ - لای وته جامه و کاغذ چنانکه گویند یك پرد ودوپرد یعنی یك لای ودولای یایك ته ودوته. ۲ - خواب مخمل وجامه ومانند آن.

پردا pardā [= فردا] (إ.) فردا (ه.م.)

پرداخت pardāxt [← پرداختن] (مص خم.، إمص.) ۱ - پرداختن (ه.م.) ۲ - جلا، صیقل. ۳ - (نق.) پرداز نقشها. ۴ - توجه.

پرداخت دادن p.-dādan (مص م.)
← پرداخت کردن ۲.

پرداخت کردن p.-kardan (مص م.)
۱ - ← پرداختن ۱. ۲ - جلادادن، برق انداختن، پاك کردن زنگ فلز، روشن وتابان کردن، صیقل کردن.

پرداختن pardāx-tan [= پردختن په. pardāxtan] (مص م.) (پرداخت، پردازد، خواهد پرداخت، بپرداز، پردازنده، پرداخته) ۱ - (مص م.) تأدیه کردن، کارسازی کردن، ادا کردن (وام خود)، پس دادن. ۲ - جلا دادن، صیقل دادن، زنگ بردن. ۳ - ساختن، مرتب کردن، فراهم کردن، ترتیب دادن. ۴- آراستن، زینت دادن. ۵ - مقید شدن، مقید گردیدن. ۶ - خالی کردن، تهی کردن. ۷ - بانتها رسانیدن، بانجام رسانیدن، کامل کردن، تمام کردن. ۸ - گرفتن، ربودن. ۹ - رفع کردن، مرتفع ساختن (حجاب وغیره). ۱۰- رای زدن، انداختن، مشورت کردن. ۱۱- بس کردن، اکتفا کردن. ۱۲- شرح دادن، توضیح دادن. ۱۳- ترك دادن. ۱۴- ترك کردن. ۱۵- دور شدن، جدا شدن. ۱۶- کشتن، بقتل آوردن. ۱۷- باکسی در ساختن. ۱۸- نواختن ساز، خواندن نغمه. ۱۹- برانگیختن. ۲۰- واگذار کردن. ۲۱- توجه کردن، اعتنا کردن. ‖ ~ از... فارغ شدن، آسوده گشتن: «چون ازآن (نواختن بربط) بپرداخت پیاله‌ای بخورد...» (سمك عیار ج ۱ ص ۴۸) ‖ ~ به... ۱ - مشغول شدن: من صبح زود بکار خود خواهم پرداخت. ‖ ~ خانه. ۱ - ساختن، تمام کردن بنا. ۲ - خالی کردن خانه: خانه از اغیار بپرداخت. ‖ ~ دفتر، کتاب، رساله. تدوین وتألیف کردن. ‖ ~ دل. ۱ - دل برگرفتن، دل کندن، فارغ کردن دل، صرفنظر کردن. ۲- منصرف گردیدن.

پرداختنی

٢ ـ عقدهٔ دل را خالی کردن. ‖ ~ عمر. بآخر رسیدن عمر، بپایان رسیدن عمر. ‖ **خانه، جای ~** . مردن ، درگذشتن. ‖ **سخن ~** . زبان آوری کردن، سخن گفتن. ← پردختن.

پرداختنی pardāxtan-ī (ص لیا.) در خور پرداختن، قابل پرداختن، انجام دادنی، بجا آوردنی.

پرداخته pardāx-ta(-e) (اِمف.) ١ ـ ادا شده ، تأدیه شده . ٢ ـ حاضر وآماده. ٣ ـ بانجام رسیده، تمام شده. ۴ ـ آراسته، زینت داده. ۵ ـ درساخته، مشغول شده، اشتغال یافته. ۶ ـ خالی، تهی، مخلی، صافی. ٧ ـ فارغ شده از جمیع علایق وعوایق ، فارغ. ٨ ـ جلا داده ، صیقل کرده. ٩ ـ ساخته، کمال یافته، انجام گرفته ، بپایان رسیده . ١٠ـ انگیخته، برانگیخته. ١١ـ ترک داده. ١٢ـ دور کرده.

پرداخته آمدن p.-āmadan (مص ل.) ~ از. فارغ شدن، فراغت یافتن .

پرداخته شدن p.-šodan (مص ل.) ١ ـ باتمام رسیدن، تمام شدن ، بانجام رسیدن. ٢ ـ حاضر شدن، آماده شدن، مهیا شدن، پرداخته گشتن.

پرداخته کردن p.-kardan (مص م.) ← پرداختن.

پرداخته گشتن p.-gaštan (مص ل.) ← پرداخته شدن ‖ **~ از کاری.** فارغ شدن از آن.

پرداد por-dād (ص مر.) پرعدل، بسیار عدل.

پرداد گشتن p.-d.-gaštan (مص ل.) پر از عدل وداد شدن.

پر دادن par.-dādan **~ بکسی** (مص ل.) یا **کسی را** (مص م.) ١ ـ اورا تشجیع کردن . ٢ ـ آزاد گذاردن وتقویت کردن اورا در کاری. ٣ـ تجمل وقدرت ودستگاه دادن وی را.

پردار p.-dār [= پردارنده] (اِفا.) دارندهٔ پر، صاحب پر، دارای پر؛ مق. بی پر.

پرداز pardāz [= پرداختن] (ری. پرداختن) (اِفا.) در ترکیب بجای « پردازنده » آید بمعانی ذیل : ١ ـ گوینده . پردازنده ، سراینده : قصه پرداز، داستان پرداز. ٢ ـ سازنده ، تمام کننده: چهره پرداز. ٣ـ تهی کننده، خالی کننده : کیسه پرداز . ۴ ـ (اِ.) تحریر باریک که گرد تصویر و نقوش مصوران میکشند چنانکه بر تصویر برگ بجای رگهایش خطوط سازند.

پردازان pardāz-ān (اِفا.، حا.) درحال پرداختن.

پردازش pardāz-eš [← پرداختن] (اِمص.) آسایش، فراغت.

پردازنده pardāz-anda(-e) (اِفا. پرداختن) ١ـ تأدیه کننده، مؤدی، کار سازی کننده. ٢ـ جلا دهنده ، صیقل دهنده. ٣ـ سازنده، مرتب کننده، فراهم آورنده. ۴ـ آراینده، زینت دهنده. ۵ـ مقید شونده. ۶ـ خالی کننده، تهی کننده. ٧ـ تمام کننده، بپایان رساننده . ٨ ـ گیرنده، رباینده. ٩ـ رفع کننده، مرتفع سازنده. ١٠ـ رای زننده، مشورت کننده. ١١ـ بس کننده، اکتفا کننده. ١٢ـ شرح دهنده، شارح. ١٣ـ ترک دهنده. ١۴ـ ترک کننده. ١۵ـ دور شونده ، جدا شونده . ١۶ـ کشنده، قاتل. ١٧ـ در سازنده. ١٨ـ نوازندهٔ ساز ، خوانندهٔ نغمه . ١٩ـ برانگیزنده. ٢٠ـ واگذارنده. ٢١ـ توجه کننده.

پردازیدن pardāz-īdan [= پرداختن (ه.م.)] (مص م.) (پردازید، پردازد، خواهد پردازید ، بپرداز ،

۷۳۱ پردروغ

پردازنده ، پردازیده، پردازش) ← پرداختن.

پرداغ por-dāγ (ص‌مر.) پر درد ورنج، پرالم ، دردناك.

پردال pardāl [= پرگار] (اِ.) ← پرگار.

پردان por-dān [= پرداننده] (إفا.، ص‌مر.) بسیاردان، بسیار دانا.

پردانش p.-dāneš (ص‌مر.) آنکه دانش بسیار دارد ؛ علامه.

پردانی p.-dān-ī (حامص.) حالت وچگونگی پردان (ه.م.)

پردخت pardaxt [= پردخته] (ری. پردختن) پردخته (ه.م.) ← پردخت کردن، پردخت ماندن، پردخت بودن، پردخت شدن. ‖ ~ بودن . (مص‌ل.) تهی بودن، خالی بودن .

پردخت‌شدن p.-šodan (مص‌ل.) تهی‌شدن، خالی‌شدن.

پردخت‌فرمودن p.-farmūdan (مص‌م.) فرمان دادن بخالی وخلوت کردن.

پردخت کردن p.-kardan (مص‌م.) خالی کردن، پرداخته کردن.

پردخت گشتن p.-gaštan (مص‌ل.) پردخت شدن (ه.م.)

پردختگی pardaxta(e)g-ī (حامص.) فراغت.

پردخت‌ماندن p.-māndan (مص‌ل.) ۱- تهی ماندن، خالی ماندن. ۲- خالی کردن، پردخت کردن(ه.م.)

پردختن pardax-tan [= پرداختن] (مص‌ل.)(صر ← پرداختن) ← پرداختن.

پردختنی pardaxtan-ī [= پرداختنی] (ص‌لیا.) ← پرداختنی .

پردخته pardax-ta(-e) (إمف.) ← پرداخته .

پردخته‌دیدن p.-dīdan (مص‌م.) تهی‌دیدن، خالی دیدن.

پردخته‌شدن p.-šodan (مص‌ل.) ۱- ← پردخته گشتن. ۲- بانجام رسیدن ، بپایان رسیدن، تمام‌شدن.

پردخته‌کردن p.-kardan (مص‌ل.) تهی کردن، خالی کردن، صافی کردن.

پردخته‌گشتن p.-gaštan (مص‌ل.) تهی گشتن، خالی‌شدن، فارغ‌شدن، صافی شدن ، خالی ماندن ، پردخته ماندن ، پردخته شدن.

پردخته‌ماندن p.-māndan (مص‌ل.) ← پردخته گشتن.

پردرآمد por-dar-āmad (ص‌مر.) چیزی‌یا کسی که درآمد بسیار دارد؛ مق. کم‌درآمد؛ ملك پردرآمد.

پردرخت p.-da(e)raxt (ص‌مر.) جایی که درخت بسیار دارد، که درختان انبوه دارد .

پردرختی p.-da(e)raxt-ī (حامص.) حالت وچگونگی پردرخت (ه.م.)

پردرد p.-dard (ص‌مر.) پراندوه (ه.م.)

پردردشدن p.-d.-šodan (مص‌ل.) پراندوه‌شدن، پرمحنت‌وغم‌شدن، پررنج شدن.

پردردگشتن p.-d.-gaštan (ص‌مر.) ← پردرد شدن.

پردرد و دود p.d.-o-dūd (ص‌مر.) ← پردرد .

پردردی p.-dard-ī (حامص.) حالت وچگونگی پردرد (ه.م.)

پردرود p.-dorūd (ص مر.) پرستایش، پرثنا .

پردروغ p.-dorūγ (ص‌مر.) ۱- دروغ پرداز، دروغگو، کذاب . ← پردروغ

پردشمن

بودن ۰ ۲- پراز دروغ ، پر از کذب .
« چهارم بیامد بدرگاه‌شاه
زبان‌پردروغ وروان‌پر گناه.»
(فردوسی. لغ.)
‖ ــــ بودن . دروغ پرداز بودن ، دروغگوبودن، کذاب بودن: «یکی آنکه داور بودپردروغ- بگیرد‌بر مرددانش فروغ .» (فردوسی)

پردشمن p.-došman (ص‌مر.) پراز دشمن، پراز اعدا :
«سراسر همه‌کوه پر دشمن‌است
در دژپرازنیزه وجوشن‌است.»
(فردوسی)

پردک pardak [ــــ =بردک=پرد= برد] (إ.) لغز، چیستان.

پردگی parda(e)g-ī (ص‌نسبـ.) ۱- هرچیزپوشیده،مستور،مستوره،محتجب، نقابدار ، مقنع . ۲- زن و دختر با حجاب، پوشیده، مستوره، پرده نشین، محجوب پرده نشین، خرگهی، نقابدار، اهل‌حرم،مخدره،مقصوره.ج. پردگیان. ۳- حاجب ، پرده‌دار . ‖ ــــ ی‌رز. (کن.) دختر رز، شراب‌انگوری. ‖ ــــ ی هفت‌رنگ . (إمر.) (کن.) جهان، عالم، دنیا .

پردگی شدن p.-šodan (مص ل.) تخدر، مستور شدن.

پردگی‌کردن p.-kardan (مص‌م.) مستور کردن ، محتجب کردن ، پرده نشین کردن، تستیر.

پردگی گردانیدن p.-gardānīdan (مص‌م.) ← پردگی کردن.

پردگین parda(e)g-īn (ص‌نسبـ.) پردگی (ه.م.)

پر دل por-del (ص مر.) ۱- پرجرأت ، پرجگر ؛ مق. بددل، کم‌دل. ۲ - جوانمرد، سخی.ج. پردلان.

پردلی p.-del-ī (حامص.) ۱- پرجگری(ه.م.)،دلیری، دلاوری،شجاعت؛ مق. بددلی. ۲ - قوت قلب، شکیمه.

پردو p.-daw(-ow) [=پردونده] (إفا. ،ص‌مر.) بسیاردونده، نیک‌دونده؛ مق. کم‌دو: «کم‌خور وپردو.»

پردوام p.-davām [ف.-ع.] (ص مر.) آنکه بسیار پاید ، آنکه بسیار دوام‌کند.

پردوامی p.-davām-ī [ف.-ع.] (حامص .) حالت و چگونگی پردوام (ه.م.)؛ پایداری .

پردود p.-dūd (ص مر.) آنچه پراز دود باشد، اطاق پردود. ‖ قلیان ــــ . که دود بسیار از آن بر آید. ‖ ــــ بودن. اندوهگین، غمگین، پردردبودن.

پردودی p.-dūd-ī (حامص.) حالت وچگونگی پردود(ه.م.)

پردوش par-dūš (قمر.) پریشب.

پرده parda(-e) (إ.) ۱ - پوشه، پوشنه، پوشش،حجاب، قشر، غشا، ستر، سجاف، حائل، حاجز، جلباب . ۲ - روی بند، روبند، روپوش، روی پوش، سرپوشه، سر پوشنه ، روپاک ، چارقد ، سرانداز، نقاب، مقنعه،حجاب، معجر، مقصوره، کله . ۳ - حجابی که بر در آویزند تامانع داخل‌شدن نوروحرارت گردد ، حجابی که در بارگاه شهان می‌آویخته‌اند؛ خیش،درسار ، درساره، شش‌خان،شش‌خانه، باشام، پرس، حجاب: «پرده داران پرده بر گرفتند.» (سمک عیار) ۴ - سراپردهٔ بزرگ‌که درونش خیمه‌ها می‌زده‌اند ، پرده سرا، چادر، خرگاه،خیمه. ۵ - حجله. ۶ - (شعبده) حجابی که شعبده بازان ومعرکه گیران آویزندوصورتهای‌عجیب بمردم‌تماشایی

پرده

نشان دهند. ۷- صفحهٔ نازک و شفافی که‌قوقوسیهای‌انارّرا ازیکدیگر جدا میکند. ۸ - ورقهای نازک‌وشفاف میان دوتوی‌پیاز. ۹ - ورقی‌بسیار‌نازک وسفید که میان سفیده وپوست تخم‌مرغ قرار‌گرفته. ۱۰- صفحه‌ای بسیار نازک که روی بعضی از اعضای‌تن آدمی را پوشانده است: پردهٔ روی کلیه، پردهٔ صماخ. ۱۱- غباری‌که برروی چشم‌افتد ومانع دیدن باشد. ۱۲- لای، تای، ته. ۱۳- اندرون ، خانهٔ اندرونی ، حرم، حرمسرا. ۱۴- (مس.) دستان ، دست ، نوا، گاه ، راه[1] چنانکه در: پردهٔ خراسان، پردهٔ بلبل، پردهٔ قمری، پردهٔ عراق، پردهٔ‌چغانه، پردهٔ دیرسال، پردهٔ زنبور، پردهٔ یاقوت، پردهٔ‌خرم، پردهٔ نوروز، پردهٔ‌عشاق، پردهٔ صفاهان، پردهٔ حجاز ونظایر‌آنها؛ و باصطلاح خاص، نام دوازده آهنگ است که هندو شاه نخجوانی نام آنها را در این ابیات آورده‌است:

«نوا وراست‌حسینی‌وراهوی وعراق
حجاز وزنگله‌وبوسلیک باعشاق.»
«دگر‌سپاهان باقی‌بزرگ وزیر‌افکند
اسامی‌همهٔ پرده‌هاست براطلاق.»(لغ.)

۱۵-(مس.)زه‌وبندهایی‌که بردستهٔ چنگ ورباب وتار بندند و بر‌آوردن اصوات گوناگونان را انگشت بر آنها نهند. آنچه از روده یابرنج یانقره بر دستهٔ طنبوره و سه تار و غیره بندند برای نگاهداشتن انگشتان و حفظ مقامات موسیقی ، مفتول روده که بفاصله‌های معین در دستهٔ تاربندند ؛ جلاذه ۱۶- (نم.) هر یک از قسمتهای نمایش که در آن منظره تبدیل شود ؛ نمایش درپنج پرده: پردهٔ اول ، پردهٔ دوم... ‖ بالارفتن ــــ. پرده‌بالارفتن (نم.)آشکار شدن صحنه برای نمایش. ۱۷- (نق.) لوحهٔ بزرگ نقاشی ، تابلو نقاشی. ۱۸- (مناظر ومرایا) صفحه‌ای که تصویرها را برروی آن رسم کنند. ۱۹-(تص.)عالم‌غیب،امور‌پوشیده‌وپنهانی، پردهٔ‌غیب. ۲۰-(تص.)مرحله،مرحلهٔ‌طریقت.

۲۱- جای، محل،موضع. ‖ ــــِ الیافی خون.(پز.)کبره(ه.م.) ‖ ــــِ اهریمنی. ۱ - حجاب شیطانی . ۲ - نفوس‌شریرهٔ انسانی. ‖ ــــِ ایزد. ۱ - عالم غیب. ۲- ← پردهٔ بکارت:

«وین‌پردهٔ ایزدبشما بر‌که‌دریده است؟»
(منوچهری)

‖ ــــِ ایزدی . حجاب الهی .
‖ ــــِ بکارت. (پز.) پرده‌ای که‌علامت دوشیزگی است ، غشایی[2] که نزد اکثر دوشیزگان‌ابتدای‌مجرای‌مهبل[3]‌را‌مسدود میکند.این غشاء از جنس مخاط‌مهبل وشکلش غالباً متغیر است.گاهی‌بشکل صلیب در ابتدای مهبل قرار دارد و گاهی بشکل یک صفحهٔ سوراخ دار (شبیه غربال)وگاهی‌هم بشکل‌صفحه‌ای است‌که دارای سوراخ‌واحدی درمرکز یا دریکی ازکناره‌هامیباشد. این‌پرده دراولین مقاربت دوشیزگان‌پاره‌میشود وگاهی در نزد بعضی از دوشیزگان دارای الیاف محکمی است که پاره شدنش دیرترانجام‌میگردد وممکنست موجب دردوناراحتی یاخونریزی، زیاد بشود و گاهی هم بسیار شل است‌و در اولین‌عمل جنسی‌پاره‌شدنش‌محسوس

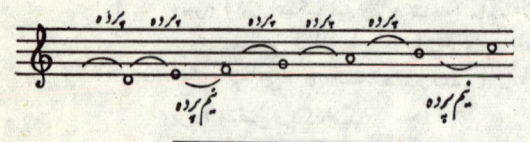

۱- Ton (فر.) ۲ - Hymen (فر.) ۳ - Vagin (فر.)

نیست. گاهی در بعضی از دوشیزگان اصولا این پرده موجودنیست. بنابراین فقدان پرده در بعضی از آنان دلیل برعمل مقاربت قبلی ایشان نیست. پارگی پردهٔ بکارت پس از انجام عمل مقاربت زوایدی مخاطی بصورت جوانه های گوشتی در اطراف سوراخ مهبل بجا میگذارد که محل التصاق اولی این غشاء است؛ دخترکی. ‖ ~ ٔ بینی. ← بینی. ‖ ~ ٔ چشم. (ه.م.) ← چشم. ‖ ~ ٔ دل ← دل. ‖ ~ ٔ صماخ [← صماخ] (پز.) پرده‌ای[1] که در ابتدای گوش وسطی قرار دارد و حدفاصل بین گوش خارجی و گوش میانی است. این پرده تقریباً مدور است و دارای تحدب و انحنایی بطرف داخل میباشد و ضمناً از بالا بپایین و بطرف داخل دارای تمایل است. عمل این پرده نقل ارتعاشات صوتی ایجاد شدهٔ در هوا بطرف اعضا و مراکز داخلی ترگوش میانی و داخلی میباشد ؛ پردهٔ گوش. ‖ ~ ٔ عنکبوت. تار عنکبوت (ه. م.) ، تنیدهٔ عنکبوت. ‖ ~ ٔ عیسی. (کن.) آسمان چهارم . ‖ ~ ٔ فانی رحم. ← رحم. ‖ ~ ٔ گوش. پردهٔ صماخ (ه.م.) ‖ ~ ٔ مکدر. ← پردهٔ اهریمنی . ‖ ~ های مراکز اعصاب . (إمر.) (پز) پرده‌هایی[2] هستند که بین استخوانهای مراکز اعصاب (جمجمه وستون فقرات) ومغزونخاع قراردارند. تعداداین پرده‌ها سه تاست که از خارج بداخل بنامهای سخت‌شامه، عنکبوتیه، ونرم شامه نامیده میشوند. بین لایهٔ دوم وسوم (بین عنکبوتیه ونرم شامه) مایع دماغی نخاعی قرار دارد ؛ پاشام مغز، اغشیهٔ دماغی. ‖ ~ ٔ هفت رنگ. ۱ـ پردهٔ منقش رنگارنگ:

«پردهٔ هفت رنگ را بگذار
توکه در خانه بوریا داری.»
(سعدی)

۲ـ (کن.) هفت آسمان، فلک ، دنیا ، عالم . ۳ ـ هفت طبقهٔ زمین. ۴ـ (کن.) حجاب نفس . ‖ در ~ . در حجاب (زنان و دختران مستوره) :

«که در پرده پوشیده رویان اوی
زدیدار آن کس نپوشند روی .»
(فردوسی)

‖ ~ ٔ زنبوری. پرده و تجیر های سوراخ سوراخ. ‖ ~ ٔ شب. (کن.) تاریکی. ‖ از ~ افتادن. بی‌چیزشدن، تهیدست شدن . ‖ بآخررسیدن ~ . ۱ـ بپایان رسیدن پردهٔ نمایش. ۲ـ باتمام رسیدن کاری ، بانجام رسیدن عملی . ‖ ~ ازروی کار برداشتن. حقیقت حال را مکشوف ساختن.

پردهان por-dahān (ص مر.) آنکه دهانش مملو از چیزی باشد.

پردهان por-e-dahān (ق مر.) با همهٔ دهان وزبان، بملأ فیه :

«زوپشت روزگار قوی گشت واین سخن
در روی روزگار بگویم پردهان .»
(اثیراخسیکتی)

پردهٔ باده parda(-e) - ye - bāda(-e) (إمر.) (مس.) نوایی است از موسیقی قدیم :

«پردهٔ راست زند نارو بر شاخ چنار
پردهٔ باده زند قمری برنارونا.»
(منوچهری)

پرده‌باز p.-bāz [= پرده‌بازنده] (إفا.) (شع.) لعبت باز، خیال باز، خیمه شب باز ↓

پرده‌بازی p.-bāz-ī (حامص.) (شعب.)

۱ـ Membrane du tympan (فر.)　۲ـ Méninges (فر.)

لعبت‌بازی، خیال‌بازی، شب‌بازی، خیمه شب‌بازی:
«وربشاهی سر فرازی میکنی
طفل راهی، پرده بازی‌میکنی.»
(عطار، اسرارنامه)

پرده برافکندن p.-bar-afkandan (مص‌ل.) آشکارشدن، پیدا شدن، ظاهر شدن.

پرده برانداختن p.-bar-andāxtan (مص‌م.) نقاب ازروی کار برداشتن، ظاهر کردن، آشکار کردن، هتك کردن، رسوا کردن، پرده دریدن، پرده خالی کردن، پرده‌بر گرفتن، پرده‌برداشتن.

پرده‌بستن p.-bar-bastan (مص‌ل.) ~ در ... (مس.)، کوك کردن ساز (آلت موسیقی) درپردهٔ خاص:
«سرو ساقی و ماه رود نواز
پرده بربسته دره شهناز.»
(فرخی)

پرده‌برداشتن p.-bar-dāštan (مص‌ل.) ← پرده برانداختن.

پرده‌برگرفتن p.-bar-gereftan (مص‌ل.) ۱ - پرده برانداختن (ه.م.) ۲ - بی‌شرمی کردن، پررویی کردن.

پرده‌بستن p.-bastan (مص‌ل.) نصب کردن پرده. ‖ ~ در. (مس.) ← پرده بربستن.

پردهٔ بلبل p.-ye-bolbol (إمر.) (مس.) ← بلبل.

پرده‌بندی p.-band-ī (حامص.) (مس.) دستان نشانی.

پرده‌پا p.-pā (إمر.) (جانـ.) پاپرده‌دار (ه.م.)

پرده‌پایی p.-pāy-ī (ص‌نسبـ.، إمر.) (جانـ.) پاپرده‌دار. ج. پرده‌پاییان ← پاپرده‌داران (ه.م.)

پرده p.-parda(-e) (ق مر.) لای‌برلای، توی‌برتوی، تو بر تو.

پرده‌پوش p.-pūš [= پرده‌پوشنده] (إفا.) مخفی کننده، پنهان دارنده، رازنگهدار، رازدار، سرنگاهدار، سرپوش، امین، ساتر؛ مق. پرده‌در.

پرده‌پوشی p.-pūš-ī (حامص.) کتمان، نهان کردن امری؛ بدون‌پرده پوشی بایدبگویم، صریحاً باید بگویم.

پردهٔ تنگ p.-ye tang (إمر.) لحنی است از الحان موسیقی قدیم ← تنگ.

پردهٔ چشم p.-ye-ča(e)šm (إمر.) (پز.) مجموع اغشیه‌وپرده‌هایی که کرهٔ چشم را احاطه‌کرده‌اند[1] و از خارج بداخل عبارتنداز: ۱ - صلبیه که در قسمت جلو چشم قرنیه‌را میسازد. ← صلبیه، قرنیه. ۲ - مشیمیه که در قسمت جلو چشم‌عنبیه‌رامیسازد. ← مشیمیه، عنبیه. ۳ - شبکیه که حساس ترین قسمت چشم است ← شبکیه، چشم.

پردهٔ چغانه p.-ye čaɣāna(-e) [← چغانه] (إمر.) نوایی است از موسیقی‌قدیم:
«مطرب عشق‌میزند هردم
چنگ‌درپردهٔ چغانهٔ عشق.»
(فخرالدین عراقی)

پرده‌خالی‌کردن p.-xālī-kardan [ف.-ع.] (مص‌ل.) ← پرده‌برانداختن.

پرده خرم p.-ye-xorram (إمر.) (مس.) پرده‌ایست از موسیقی‌قدیم:
«افتدعطارد دروحل، آتش‌درافتددرزحل
زهره نماندزهره را تا پردهٔ خرم‌زند.»
(مولوی)

پرده‌دار p.-dār [= پرده دارنده] (إفا.، إمر.) ۱- کسی که در دربار شاهان مأمور بالا بردن

1- Globe de l'oeil (فر.)

پرده‌داری

وآویختن پرده است؛ خرم باش، حاجب، سادن. ۲-دربان. ۳ - پرده پوش. (ه.م.) ۴ - (مس.) سازهایی ازقبیل تار وسه‌تار وغیره که دارای پرده (ه.م.) باشند. ‖ ~ ء فلك. (کن.) ماه، قمر.

پرده داری p.-dār-ī (حامص.) ۱ - سمت پرده‌دار (ه م.)، حاجبی، حجابت، سدانت. ۲ - دربانی. ۳ - پرده پوشی (ه.م.)

پرده در p.-dar [= پرده درنده] (افا.) هاتك استار، هتاك، فاش کنندهٔ اسرار؛ مق. پرده‌دار، پرده پوش.

پرده دری p.-dar-ī (حامص.) افشاء سر، هتك، هتاکی ستر؛ مق. پرده‌داری، پرده پوشی.

پرده دریدگی p.-darīda(e)g-ī (حامص.) بی‌شرمی، بی‌حیایی.

پرده دریدن p.-darīdan (مصم.) ۱ - پاره کردن پرده وماننده آن. ۲ - ← پرده‌برانداختن. ‖ **پردهٔ نکارت دختری را دریدن.** هتك ناموس وی کردن.

پرده دریده p.-darīda(-e) (صمف.) دریده، رسوا، بی‌شرم، بی‌حیا، مهتوك. ج. پرده دریدگان.

پرده دوز p.-dūz [= پرده‌دوزنده] (افا.) دوزندهٔ پرده.

پرده دوزی p.-dūz-ī ۱ - (حامص.) پیشهٔ آن کس که پرده دوز (ه.م.) است. ۲ - (امر.) دکان پرده دوز (ه.م.)

پردهٔ دیرسال p.-ye-dīr-sāl (امر.) (مس.) پرده‌ایست از موسیقی قدیم:

«مغنی بزن پردهٔ دیر سال
نوایی برانگیز وبا آن بنال.»
(سیف اسفرنگ)

پردهٔ راست p.-ye-rāst (امر.) (مس.) پرده‌ایست از موسیقی قدیم. ← راست.

پردهٔ زنبور p.-ye-zanbūr [ف.-ع.] (امر.) (مس.) پرده‌ایست ازموسیقی قدیم:

«مساز توشهٔ ره ازریا که نتوان ساخت
نوای خانهٔ عنقا ز پردهٔ زنبور.»
(سیف اسفرنگ)

← زنبور.

پرده ساز p.-sāz [= پرده‌سازنده] (افا.) ۱- آنکه شغل وی ساختن و تهیهٔ پرده است. ۲ - (کن.) ظاهرساز، مزور ↓.

پرده سازی p.-sāz-ī (حامص.) ظاهرسازی، تزویر.

پرده سازی کردن p.-s.-kardan (مصل.) ظاهرسازی کردن، تزویر.

پردهٔ سپاهانی p.-ye-sepāhānī (امر.) (مس.) پرده‌ایست از موسیقی قدیم ← سپاهانی.

پرده سرا p.-sarā [= پرده سرای = سراپرده] (امر.) ← پرده‌سرای.

پرده سرای p.-sarāy [= پرده سرا = سراپرده] (امر.) ۱ - خانهٔ موقت از خیمه وچادر، سراپرده. ۲- اندرون خانه، حرم، حرمسرا، پرده‌سرا، شبستان. ۳ - نغمه سرای، نغمه خوان، مطرب. ۴ - (کن.) آسمان.

پردهٔ سرکش p.-ye-sarkaš (امر.) (مس.) آهنگی است درموسیقی قدیم (ظ. منسوب به‌سرکش ← بخش ۳).

پرده شناس p.-šenās [= پرده شناسنده] (افا.) ۱ - (مس.) رامشگر، نوازنده، مطرب، موسیقیدان. ۲ - (کن.) عارف، صاحب‌فهم وفراست.

پرده شناسی p.-šenās-ī (حامص.) ۱ - (مس.) شناسندهٔ انواع پرده های موسیقی. ۲ - رامشگری، نوازندگی، موسیقیدانی.

پردهٔ صفاهان p.-ye-safāhān [ف.ـمعر.](إمر.) (مس.) آهنگی است از موسیقی قدیم←صفاهان.

پردهٔ عشاق p.-ye-oššāγ [ف.ـع.] (إمر.) (مس.)آهنگی است ازموسیقی قدیم←عشاق.

پردهٔ عنقا p.-ye anγā [ف.ـع.] (إمر.) نوایی است از موسیقی قدیم.

پرده فرو گذاشتن p.-forū-gozāštan (مص ل.) پرده فروهشتن، تسجیف، اسجاف، ارخا، اغداف.

پردهٔقمری p.-ye γomrī [←قمری] (مس.) پرده‌ایست از موسیقی قدیم.

پرده‌کردن p.-kardan (مص ل.) ۱ - غایب گشتن، غیبت کردن، محجوب شدن، محجوب‌ماندن، اغشاء. ۲ - رو-گرفتن، پوشیدن روی باحجاب.

پردهٔ لیلی p.-ye laylī [←لیلی] (إمر.) (مس.) پرده ایست از موسیقی قدیم.

(پردهٔ ماده) p.-ye māda(-e) (إمر.) (مس.) تصحیف «پردهٔ باده» (ه.م.)

پرده نشین p.-ne(a)šīn (إفا.) ۱ - مستور، مستوره، مخدره. ۲- خلوت نشین، خلوت گزین. ج. پرده‌نشینان ↓. ‖ **پرده نشینان**. ۱ - خلوت‌نشینان، خلوتیان، محرمان‌اسرار، اولیای‌مستور. ۲ - ملایکهٔ آسمان، ملایکهٔ مقرب.

پرده نشینی p.-nešīn-ī (حامص.) حالت وچگونگی پرده نشین (ه.م.)

پرده نگاهداشتن p.-negāh-dāštan (مص‌م.) پرده‌داری کردن، حجابت.

پردهٔ یاقوت p.-ye yāγūt [ف.ـع.←یاقوت] (إمر.) (مس.) پرده‌ایست از موسیقی قدیم.

پررنگ por-rang (ص‌مر.) که‌رنگ تند دارد، که سیر رنگ است ؛مق.کم رنگ؛ چای پررنگ.

پررنگی p.-rang-ī (حامص.)حالت وچگونگی پررنگ (ه.م.)

پررو(ی) p.-rū(y) (ص‌مر.) (عم.) دریده، بی‌شرم، شوخ، بی‌حیا ، وقیح؛ مق.کم‌رو، محجوب، شرمگین،شرمناك؛ آدم‌پررو.

پررودگی p.-rūda(e)g-ī (حامص.) (عم.) پرگویی، بسیارگویی.

پررووده p.-rūda(-e) (ص‌مر.)(عم.) پرچانه، بسیارگوی،روده‌دراز،پرحرف، مکثار.

پرروزی p.-rūzī (ص مر.) گشاده روزی، گشاده رزق؛ مق.کم روزی.

پررویی p.-rūy-ī (حامص .)(عم.) بی‌شرمی، بی‌حیایی، دریدگی،وقاحت؛ مق. کم رویی.

پرریختن par-rīxtan (مص ل.) ۱ - پرافکندن (ه.م.):

«آنجاکه عقاب پربریزد
ازپشهٔ لاغری چه‌خیزد؟»

۲ - مجردگردیدن از علایق.

پرریزان p.-rīzān (ص‌فا.پرریختن) عمل تولك رفتن مرغ.

پرریزان‌کردن p.-r.-kardan (مص ل.) تولك رفتن مرغ.

۱ - پرریش por-rīš [←ریش] (ص‌مر.) آنکه ریشی انبوه وپر دارد؛ مردی‌که محاسن انبوه دارد.

۲ - پرریش por-rīš [←ریش] (ص‌مر.)پراززخم، پرقرحه، پرجراحت.

پرز parz [=پرزه=فرزجه ،معر.] (إ.) آنچه زنان بخودبرگیرند؛شافه ، حمول.

پرز porz [= پرزه = برزج ، معر.] (إ.) ۱ - آنچه ازپشم یا ابریشم یا ماهوت که بجهت ناهمواریهای بافت یا بافت مخصوص روی تار وپود جامه و مانند آن ایستد ؛ پرزه ، برزج ، خمل، خواب . ۲ - کرك که بر به و هلو ومانند آن و برگ بعض میوه‌ها باشد . ۳ - پرهای ریز کوتاه که بر بعض مرغان (چون مرغابی) روید . ۴ - لیقهٔ دوات . ۵ - خاکستر نرم و سبك که برروی آتش نشیند . ‖ ~ معده ← معده .

پرزا por-zā [= پرزاینده] (إفا.) آنکه بسیار بچه زاید ، پرزاینده.

پرزاد و رود p.-zād-o-rūd (ص مر.) آنکه فرزندبسیاردارد؛ پرفرزند، پراولاد .

پرزاد و رودی p.-z.-o-rūd-ī (حامص.) حالت‌وچگونگی‌پرزادورود (ه.م.)

پرزحمت p.-zahmat [ف-ع.] (ص مر.) ۱ - پر انبوهی . ۲ - که رنج و زحمت فراوان‌دارد ؛ پررنج، پرمشقت، پردردسر.

پرزحیر p.-zahīr [ف.-ع.] (ص‌مر.) پراندوه ، پرغم : « دل بنده پر زحیر است وخواستمی که مرده بودمی تااین روزندیدمی .» (بیهقی).

پرزدار porz-dār [= پرزدارنده = پرزه‌دار ← پرز] (إفا.) که‌پرز(ه.م.) دارد؛پرزه‌دار(ه.م.)، پرزگن ، پرزناك.

پرزدن par-zadan (مصل.) ۱ - بهم زدن بال ، پریدن . ‖ ~ دل برای چیزی یاکسی . آرزومندآن چیز یا کس بودن . ۲ - (نق.) وجود داشتن موهای زاید و ناجور در نوك‌قلم‌مو . در قلم‌مو سازی پس ازعمل‌دم هم کردن موها را باآب آزمایش میکنند تااگر هنوزبعضی از تارهای موی زاید یا پرزی درمیان دارد- و باصطلاح‌قلم مو «پرمیزند»- موهای زاید و ناجور را جداکنند .

پرزگن porz-gen [= پرزگین ← پرز] (ص‌مر.) .پرزدار (ه.م.) ، پرزه دار: جامهٔ پرزگن .

پرزناك p.-nāk [← پرز] (ص‌مر.) پرزدار(ه.م.)

پرزنه perzena(-e) (إ.) (عم.،تد. خانگی) آنچه بنوك انگشت ابهام و سبابه توان گرفت‌ازآرد و نمك‌وشکر و جزآن .

پرزور por-zūr (ص‌مر.) که زور بسیار دارد ، نیرومند ، قوی ؛ مق. کم زور: مردی پرزور . ‖ آب ~ . که جریانی تند دارد . ‖ باران ~ . تند و سیلابی . ‖ آب ~ . سخت گرم .

پرزوری por-zūr-ī (حامص.) حالت و چگونگی پرزور (ه.م.)

پرزه parza [= پرز = فرزجه،معر.] (إ.) آنچه زنان‌بخود بر گیرند؛شیاف. شافه ، فرزجه .

پرزه perza(-e) [= پرزنه] (إ.) ۱ - ← پرزنه . ۲ - نهایت قلیل‌وکم؛ یك پرزه نمك .

پرزه porza [= پرز](إ.) ← پرز.

پرزه دار p.-dār [= پرزه‌دارنده = پرزدار ← پرزه، پرز](إفا.) ← پرزدار.

پرزیان por-ziyān [← زیان] (ص‌مر.) پرضرر، ضار.

پرزیانی p.-ziyān-ī (حامص.) حالت و چگونگی پرزیان (ه.م.)

پرژك paržak (إ.) گریه، گریستن.

پرژکتور porožektor ← پروژکتور.

پرژه porože [فر. projet] (إ.)

۱ - نقشه ، طرح ، زمینه . ۲ -(معم.) نقشه و برآورد بنایی . ۳ - پیشنهاد. ۴ - اندیشه ، نیت ، قصد .

پرس pars (اِ.) ۱ - پرده ، پوشش . ۲ - آنچه ازجامه که بردر و مانند آن آویزند ؛ پرده ، درسار ، خیش. ۳ - چوبی که بر بینی اشتر زنند برای مهار کردنش . ‖ ~ مویین. حلقهٔ مویین که دربینی شتر کنندو مهار بروی بندند ؛ خزامه .

پرس peres [فر. presse] (اِ.) ۱ - (مکن.) دستگاه فشاراست که درصنعت مورد استعمال فراوان دارد مثلا برای تهیهٔ چوب مصنوعی ، چوب پنبه، درست کردن ظروف فلزی ، اتومبیل سازی وهمچنین صنعت چاپ و تهیهٔ رونوشت، و نیز برای عدل بندی محمولات تجارتی وکم کردن حجم بعض اشیاءمانند پنبه و پشم که بهترقابل حمل گردند . ۲ - (چاپ.) غلطك که بدان کاغذی راکه میخواهند نمونهٔ صفحهٔ چیده شده را بردارند،روی صفحهٔمزبور فشارمیدهند. ۳ - (ور.) با فشارو با تأنی بالا بردن وزنه دربلندکردن هالتر، ازحدشانه ها تا جایی که دست‌ها راست ومستقیم‌قرار گیرند .

پرس

۱ - **پرس** pors [← پرسیدن] (ری . پرسیدن) ۱ - (اِمص.) پرسیدن، پرسش:

« چویعقوب‌فرخ بپرس و درود
ابا ابن یامین سخن گفته بود.»

(یوسف و زلیخای منسوب بفردوسی)

۲ - (اِفا.) در ترکیب بجای «پرسنده» آید: بازپرس .

۲ - **پرس** pors [مخ. فر. portion] (اِ.)مقدارخوراك و حدمعینی‌غذا که در مهمانخانه‌ها برای میهمان آورند.

پرسا pors-ā [← پرسیدن] (ص فا.) ← پرسان .

پرسان pors-ān [← پرسیدن] (ص فا.) جویا ، پرسا ، پرسنده ، متفحص، خبرگیرنده.

پرسان پرسان p.-porsān [← پرس پرسان] (حا. ،قمر.) پرسنده‌ازبسیارکس، با سؤال از اشخاص بسیار : « پرسان پرسان بکعبه می‌بتوان رفت.»

پرس پرسان pors-porsān [← پرسان پرسان] (ق مر .) ← پرسان پرسان:

«پرس پرسان‌می‌کشیدش تا بصدر
گفت گنجی یافتم آخر بصبر .»

(مولوی،مثنوی)

پرسپکتیو perspektīv [فر. perspective] (اِ.) (نق.،معم.) ۱ - منظره، منظر، چشم‌انداز، دورنما. ۲- علم‌مناظرومرایا. ← مناظر ومرایا.

پرست parast [په. parast ← پرستیدن] (اِفا.) در ترکیب بجای «پرستنده» آید: بت‌پرست،خودپرست، شهوت‌پرست.

پرستات porostāt [فر. prostate] (اِ.)(پز.) یك زوج غده که تقریباًهریك باندازهٔ بادام کوچکی هستندوبطورقرینه درابتدای پیشابراه[1] (آلت) دربالای‌میان دوراه[2] قرار گرفته‌اند. این غده‌ها خاص جنس نرپستانداران‌است و ترشحات‌سفید رنگ لزجی دارند که یکی از عناصر تشکیل دهندهٔ منی‌است‌وبااسپرم‌خارج میشود .

پرستار parastār [په. paras-tār] (ص فا.) ۱ - خدمتکار (مطلقا) ، خادم . ۲ - غلام ، بنده ،

۱- Urètre (فر.)　۲- Périnée (فر.)

پرستارخانه

برده ، عبد . ۳ - کنیز ، خادمه، امه، حاضنه،داه؛ مق. حره. ۴- فرمانبردار، مطیع . ۵ - پرستنده ، عابد ، عبادت کننده . ۶- زن ، همسر ، زوجه . ۷ - زنی که در بیمارستان ازبیماران مواظبت کند؛ بیماردار، بیماربان ، بیماروان، مریض‌دار، خادم بیماران . ۸- پاسدار، حافظ ، حارس ، ملازم ، گوشدار . ج. پرستاران. ‖ ~ ان خیال .(کن.) شعرا وصاحبان نظم ونثر .

پرستارخانه p.-xāna(-e) (إمر.) ۱- گداخانه،دارالفقراء،دارالمساکین. ۲- مکانی که درآموزشگاهها وسرباز-خانه‌ها مختص پرستاری بیماران است.

پرستار

پرستار زاده p.-zāda(-e) (ص‌مف.) آنکه‌از پدرومادری غلام یا کنیز و امه متولد شده است ؛ خادم‌زاده،خدمتکار زاده :

« پرستار زاده نیاید بکار
اگر چند باشد پدر شهریار .»
(فردوسی)

پرستار شدن p.-šodan (مص ل.) کنیزك شدن ، اموة .

پرستار فش p.-faš [= پرستاروش] (ق مر.) ← پرستاروش .

پرستارگرفتن p.-gereftan (مص م.) بکنیزکی گرفتن ، استیماء .

پرستارگی parastāra(e)g-ī (حامص .) عمل پرستاره (ه.م.) ، خدمتکاری.

پرستار وش parastār-vaš [= پرستارفش] (قمر.) مانند پرستار، پرستاروار، پرستارفش .

پرستاره parastāra(-e) (إ.) ← پرستار ۳ .

پرستاری parastār-ī (حامص.) عمل و شغل پرستار (ه.م.)؛ تیمار ، تیمارداری، زواری ، خدمت،حضانت.

پرستاری کردن p.-kardan (مص م.) تیمار داشتن ، بیمارداری کردن ، بیمار وانی کردن ، بیماربانی کردن ، پرستاری نمودن ، تمریض.

پرست‌زدن parsat-zadan (مص ل.) ← پرسه زدن.

پرستش parast-eš [← پرستیدن] (إمص. پرستیدن) ۱ - ستایش، نیایش، نماز، طاعت، عبودیت . ۲ - پرستاری، خدمت ، خدمتکاری .۳- بیمارداری، خدمت بیمار کردن . ‖ جای ~ . پرستشگاه (ه. م.) ‖ جایگاه ~ . ← جای پرستش، پرستشگاه.

پرستش‌پلاس p.-palās (إمر.)جامهٔ عبادت.

پرستشکده p.-kada(-e) (إمر.) ← پرستشگاه.

پرستش‌کردن p.-kardan (مص‌م.) ۱ - عبادت کردن، ستایش کردن، نیایش کردن، پرستیدن. ۲ - خدمت کردن.

پرستشگاه p.-gāh (إمر.) عبادتگاه، معبد، جای‌عبادت،جای پرستش(ه.م.). جایگاه پرستش (ه.م.) ، پرستشکده (ه.م.)، پرستشگه(ه.م.)

پرستشگر p.-gar (ص فا .) ۱ - پرستنده، عابد . ۲ - چاکر ، خادم ، خدمتکار، پرستنده.

پرستشگری p.-gar-ī (حامص.) ۱- نیایش، ستایش، عبادت. ۲ - خدمت.

پرستشگه p.-gah [= پرستشگاه] (إمر.) پرستشگاه(ه.م.)

پرستك parastok,peres- [= پرستو] (ا.) (جا ن.) پرستو (ه.م.)

پرست کردن parast-kardan (مص‌م.) پرستنده کردن:

«وندر رضای او گه وبیگه بشعر زهد
مرخلق را پرست کنم علم وحکمتش.»
(ناصرخسرو)

پرستندگی parastanda(e)g-ī (حامص.) ۱ - عبادت، عبودیت. ۲ - خدمت، خدمتکاری، خادمی.

پرستنده parast-anda(-e) (إفا.) ۱ - نوکر، خدمتکار، پرستار، بنده، برده، چاکر، غلام، خادم. ۲ - زن خدمتکار، کنیز، کنیزك پرستار، خادمه، داه. ۳ - ستایشگر، عبادت کننده، عابد، زاهد، پرستار. ۴ - دوستدار، ستاینده.

‖ ~ ٔباده. ساقی، باده‌دهنده، میگسار.

‖ ~ ٔخیال. (کن.) ۱ - شاعر. ۲ - نویسنده، منشی ← پرستندگان‌خیال.

پرستنده‌مرد p.-mard (ص‌مر.) عابد، زاهد، متعبد.

پرستو - parastū,peres. [= پرستوك = پرستك = فرستك = فراستوك = فراشتوك = فراشتر = فراشتروك، په. parastūk] (إ.) (جان.) پرنده‌ای[1] از ردهٔ گنجشکان[2] جزو راستهٔ شکافی‌نوکان[3] که شامل ۸۰ گونه میشود و در سراسر کرهٔ زمین پراکنده اند این پرنده دارای دم بلند ودوشاخه ومنقار نسبهٔ پهن وسه‌گوش میباشد. جثه اش کمی ازگنجشك بزرگتر است ودارای پرواز سبك و سریعی است و بهمین مناسبت دارای بالهای مناسب ومساعد برای پرواز مدتهای متمادی در هوا میباشد. پرستو غذای‌خود راحین‌پرواز درهوا جستجو میکند و ازحشرات(از قبیل مگسها وپشه‌ها و پروانه‌ها) تغذیه مینماید و اکثر صبحها(طلوع آفتاب) وعصرها (غروب آفتاب) برای‌تغذیه‌از لانه خارج میشود. پرنده‌ایست مأنوس باانسان واکثر لانه‌اش را در آبادیها درداخل اطاقها وشکافهای‌دیوار نزدیك لبهٔ بام وگاهی تنهٔ درختان بنامیکند. این پرنده جزو پرندگان مهاجر است وفصول سرد را بنقاط گرمتر مهاجرت میکند وبمحض شروع بهار بمحل اول خود و غالباً بهمان لانهٔ‌سابق برمیگردد. پرنده‌ایست بسیار مفید وحشرات‌موذی را ازبین‌میبردوضمناً بی‌آزاروزیباست؛ چلچله، زازال، ابابیل، بلوایه، پیلوایه، پرستوك، خطاف.

پرستو

پرستوك - parastūk,peres. [= پرستو] (إ.) (جان.) ← پرستو.

پرسته parasta(-e) [پرست = پرستیدن (ه.م.) + ه، پس. نسبت] (إ.) ۱ - آنچه اورا پرستندوستایش کنندبحق‌همچوخدای تعالی وبباطل همچو بت؛ پرستیده. ۲ - (إمص.) پرستش، عبادت:
«ای آنکه ترا پیشه پرستیدن‌مخلوق
چون‌خویشتنی‌راچه‌بری پیش‌پرسته؟»
(کسائی)
۳ - (ص.) زن خدمتکار.

پرستیدن parast-īdan [په. parastātan] (مص‌م.) (صر← غلتیدن) ۱ - بندگی کردن، ستایش نمودن، عبادت کردن. ۲ - اظهار اطاعت کردن، فرمانبرداری کردن: پرستیدن فرمان. ۳ - خدمت کردن، خدمت. ۴ - خم‌شدن برسم‌تعظیم، نمازبردن. ۵ - دوست گرفتن، دوست داشتن. ۶ - ورزیدن.

پرستیدنی parast-īdan-ī (ص لیا.) که‌سزاوار پرستش است، درخور پرستش.

پرستیده parast-īda(-e) (إمف.) پرستش‌شده، عبادت‌شده، معبود.

پرستیز por-setīz [= پرستیزه ←

۱ - Hirondelle(.فر), hirundo(.لا) ۲ - Passeraux(.فر)
۳ - Fissirostres(.فر)

پرستیزه

ستیز] (ص‌مر.) پرخاشجوی(ه.م.)

پرستیزه p.-setīza(-e)[= پرستیز] (ص‌مر.) پرخاشجوی (ه.م.)

پرسخا por-saxā [ف.-ع.] (ص مر.) پرجود، پربخشش.

پرسخن p.-soxan (ص‌مر.) پرگوی (ه.م.)

پرسخنی p.-soxan-ī (حامص.) پرگویی.

پرسر وصدا p.-sar-o-sadā- (تد. -sedā) (ص‌مر.) آنکه یا آنچه‌در اطراف خودسروصدابلندکند، که‌داد وفریاد برپا سازد.

پرسش pors-eš [په. pursišn] (إمص.پرسیدن) ۱ - پرسیدن (ه.م.)، سؤال، استفسار، استعلام، استخبار، اقتراح، استطلاع. ۲- پژوهش،تحقیق. ۲ - احوالپرسی، پرسش‌ازسلامت‌حال، پژوهش حال. ۳ - دلجویی، تفقد. ۴- بارخواست، مؤاخذه. ‖ **به ـــ آمدن.** بعیادت آمدن، عیادت کردن. ‖ **به ـــ رفتن.** ۱ - بعیادت‌رفتن، باحوالپرسی مریض رفتن. ۲ - پرسان‌پرسان‌رفتن:

«بپرسش برفتند گردنکشان
بجایی که‌بوداز گرامی‌نشان.»
(فردوسی)

‖ **به ـــ گرفتن.** ۱ - پژوهش کردن، تحقیق کردن، استفسارکردن، پرسش اندرگرفتن، پرسش‌گرفتن:

«بپرسش گرفت اختر دخترش
که تاچون‌بودگردش‌اخترش؟»
(فردوسی)

۲ - ← پرسش ۲.

پرسش خواندن p.-xāndan (مص ل.) **پرسش بخواند.** سلام بر او باد! السلام‌علیه: «(خوارزمشاه) بخط خود چند سطر نوشت که فرزند بوبکرپرسش بخواندو بداندکه‌مارا بخوارزم‌مهماتست.»
(راحة‌الصدور ۳۸۸)

پرسش‌رسانیدن p.-ra(e)sānīdan (مص‌ل.) ابلاغ تفقد، ابلاغ‌سلام، پرسش برسانیدن: «(منوچهر) نوذر (را) که پسر وولی‌عهداوبود باستقبال(سام) فرستاد تا او را بپرسد و حق قدوم بگزارد... نوذرپرسش‌شاه‌برسانید...»
(عوفی.جوامع‌الحکایات)

پرسش کردن p.-kardan(مص‌ل.م.) سؤال‌کردن، پرسیدن (ه.م.)

پرسشگاه p.-gāh [= پرسشگه] (إمر.) جای‌پرسش، محل سؤال.

پرسشنامه p.-nāma(-e) (إمر.) ورقه ای شامل سؤالات راجع بهویت و افراد خانواده و غیره‌که معمولا در ادارات و مؤسسات باشخاص دهند تا آنرا پر نمایند.

پرسش نما p.-ne(a)mā (إمر.) سؤال نامه (فره.)

پرسفید par-sefīd (ص‌مر.) آنکه پرسفید رنگ دارد؛ سفیدپر. ‖ **چای ـــ.** نوعی چای معطر که رنگ آن مایل‌بسفیدی است.

پرسکنه por-sakana(-e)[ف.-ع.← سکنه] (ص‌مر.) پرجمعیت، بسیارمردم.

پرسم parsom (إ.) آردی که‌برخمیر پاشند تابرجای نچسبد؛ اوروا:

«نمک‌گشت چون سر که رویش سیاه
خمیرش ز پرسم بسر ریخت‌کاه.»
(بسحاق‌اطعمه)

پرسناژ personāž [فر. personnage] (إ.) ۱ - شخص مشهور، شخص مهم. ۲ - (نم.) شخص بازی، کسی که‌داخل درحوادث وموضوع نمایشنامه یا داستان باشد.

پرسندگی porsanda(o)g-ī(حامص.) حالت وچگونگی پرسنده (ه.م.)

پرسنده pors-anda(-e) (إفا.) پرسش کننده، سؤال کننده، سایل، مستفهم، مستفسر.

۱ - پرسنگ par-sang [= پارسنگ] (إ.) ← پارسنگ.

۲ - پرسنگ par-sang [= فرسنگ = فرسخ، معر.] (إ.) ← فرسنگ.

پرسنل personel [فر. personnel] (إ.) مجموع اعضای یك اداره. ‖ **اداره** ~ . ادارهٔ کارگزینی ← کارگزینی.

پرسو(ی) por-sū(y) (ص‌مر.) پرنور؛ مق. کم‌سو: چراغ پرسو، چشم پرسو.

پرسوز por-sūz (ص‌مر.) که‌سوزش بسیار دارد، با سوزش بسیار، پرسوز و گداز.

پرسوزوگداز p.-s.-o-godāz (ص مر.) ۱ - که سوزش‌بسیاردارد؛ پرسوز. ۲ - آنکه زیاد آه وناله‌کند.

پرسویی p.-sū-yī (حامص.) حالت وچگونگی پرسو (ه.م.)؛ مق. کم‌سویی.

پرسه parsa(-e) [گبری parsa، محل اجرای مراسم دفن‌میت درخارج شهر، پیش‌ازرسیدن‌بدادگاه] (إ.) ۱ - راه رفتن بسیار و بی‌نتیجه. ← پرسه زدن. ۲ - رفتن و دورگشتن گدایان برای دریوزگی، رفتن گدایان‌به‌گدایی.

پرسه porsa(-e) [← پرسیدن] (إمص.) ۱-بعیادت‌رفتن‌بیمار، پرسش، تفقد. ۲ - (تد.زرتشتیان) مجلس‌عزا، مجلس‌ختم، عزاخانه، عزاپرسی، ماتم.

پرسه دان parsa(-e)-dān [← پرسه] (إمر.) زنبیل درویشان.

پرسه زدن p.-zadan (مصل.) ۱ - راه رفتن‌بسیار، گردش‌وحرکت‌اشخاص بیکار، ول‌گشتن، همه‌جا را گشتن: همهٔ خیابانها را پرسه زدیم. ۲- رفتن مریدی بدستور پیردر بازارها وکویها بگدایی باخواندن اشعار چون گدایان برای کشتن‌وازبین‌بردن‌کبر وعجب.

پرسه کردن porsa(-e)-kardan (مص‌ل.) بعیادت رفتن، پرسش وتفقد کردن:

«صحت ارخواهی‌در این دیر کهن
خستگان بینوا را پرسه کن.»
(ابوالقاسم‌مفخری)

پرسیان parsiyān [= پرشیان ← پرشیان] ← پرشیان.

۱- پرسیاوش par-e-siyāvo(ū)š [= پرسیاوشان، است. - parenô(yô) syâvaršānahe] (إمر.) (گیا.)[1] ← پرسیاوشان.

۲ - (پرسیاوش) parsiyāvoš (إ.) مصحف برساوش (بخش۳).

پرسیاوشان par-e-siyāvo(ū)šān [= پرسیاوش (ه.م.)] (إ.) (گیا.) گیاهی[1] ازردهٔ‌سرخس‌ها[2] جزو تیرهٔ پتریده‌ها[3] که شامل‌گونه های بسیاری‌میشود. این گیاه بیشتردرنقاط‌گرم‌ومرطوب‌میروید و گیاهی است پایاو ساقهٔ زیر زمینیش بدرازی ۱۰ سانتی‌متر همراه باریشه‌ای باریك وظریف‌است. ازساقهٔ زیرزمینی آن برگهایی‌بدرازی ۱۵تا۲۰سانتیمتر که دمبرگی قهوه‌یی نسبةً سیاه دارند، خارج میشود. ازاین‌دمبرگها انشعابات فرعی فاصله‌دار کوچك‌خارج میگردند که هریك از این انشعابات ببرگچه‌ای لوب‌دار[4]منتهی میگردد. گیاه مزبور نسبةً زیبااست‌ودرنقاط‌مرطوب‌ودیوارهٔ

۱ - **Adiantum capillus veneris**(فر.), **capillaire** (فر.)
۲- **Fougères**(فر.) ۳-**Ptéridées** (فر.)
۴- **Lobées** (فر.)

چاهها و اماکن سایه دار غالب نواحی اروپای مرکزی و جنوبی و در ایران (اطراف تهران، پس‌قلعه، شهرری، تمام نواحی مازندران و گیلان و گرگان وبندرگز ونواحی شرقی و غربی‌ایران وبلوچستان‌وخوزستان)بفراوانی‌میروید. پرسیاوشان درتداوی‌سابقاً بعنوان‌خلط آورنده و معرق و ضدتب و ضد گریپ بسیار استعمال میشده ؛ پرسیاوش ، برسیاوشان ، شعرالجبال، شعرالجبار، کزبرةالبئر ، شعرالارض ، شعرالجن، شعرالخنازیر، جعدةالقنا ، کزبرةالقنا ، شعرالکلاب، ساق‌الاسود، ساق‌الوصیف، سنبل، کالی‌جهانپ، کرجا ، رتکوت، شعرالغول، شعرالحی ، بالدیری قره ، ادیانطون ، کسبرةالبئر، لحیةالحمار، ضفائرالجن، سانقةالوصیف ، مقایر ، ارجنقیل، قرشقیله، ارجقیل . ‖ ~ آمریکایی. (گیا.) پرسیاوشان کانادایی (ه.م.) ‖ ~ اسود. (گیا.) پرسیاوشان (ه.م.) ‖ ~ سیاه. (گیا.) گونه‌ای[1] از پرسیاوشان که دمبرگ و انشعابات فرعی دمبرگهایش کاملا سیاه است ؛ پرسیاوشان‌اسود، سرخس‌البلوط، سرخس بلوط، قره‌بالدیری قره. ‖ ~ قرمز . (گیا.) گونه‌ای[2] ازپرسیاوشان که‌پایا است و دمبرگهایش قرمز تیره است (وجه تسمیه بهمین علت است) وبرگچه‌هایش بموازات یکدیگر دردو طرف دمبرگ اصلی قراردارند. ازاین‌گیاه درتداوی مانند پرسیاوشان معمولی‌استفاده‌میشده ومخصوصاً در ناخوشیهای‌مربوط‌به‌سپرز از آن استفاده‌میکردند. در ایران‌این گیاه درسراسر نواحی‌البرز ونواحی‌بحر خزر و آذربایجان‌میروید؛ لحاءالغول، شعرالغول، برسیاوشان‌احمر، قیرمیزی بالدیری‌قره، دوه‌صقلی. ‖ ~ کانادایی. (گیا.) گونه‌ای[3] ازپرسیاوشان که در کانادا میروید وبهترین‌نوع‌پرسیاوشان از نظر تداوی‌است ودمبرگهایش‌بنفش مایل‌بسیاه‌است؛ پرسیاوشان‌آمریکایی، قنادا بالدیری قره . ‖ ~ مکزیکی. (گیا.) گونه‌ای[4] ازپرسیاوشان که در تداوی مورد استعمال‌دارد ودرمکزیک میروید؛ کزبرةالبئرمکسیکیه، مکسیقا بالدیری‌قره.

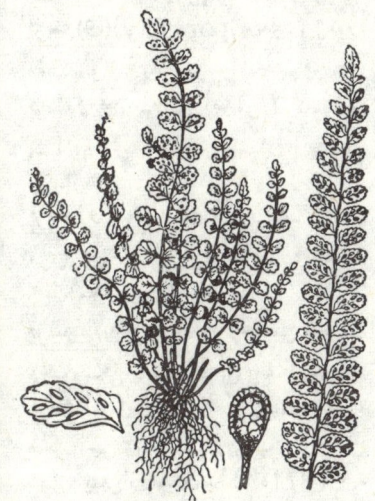

پرسیاوشان (قرمز)

پرسیاه par-siyāh (ص‌مر.) آنکه دارای پر سیاه رنگ است ؛ سیاه پر؛ مق. پرسفید.

پرسیدن pors-īdan [په . pursītan] (مص‌م.) (پرسید، پرسد، خواهد پرسید، بپرس، پرسنده، پرسا، پرسان ، پرسیده، پرسش، پرسه) ۱ - پرسش کردن، سؤال کردن، استفهام. ۲ - پژوهش کردن ازحال کسی، احوالپرسی کردن، احوال‌پرسیدن، جویای‌حال‌شدن،

۱ – Capillaire noir (فر.)
۲ – Asplenium trichomanes (لا.)
۳ – Capillaire du Canada (فر.)
۴ – Capillaire du Mexique (فر.)

از سلامت حال کسی آگاهی خواستن، تفقد کردن، تفقد. ۳ - دستوری طلبیدن، اجازه خواستن. ۴ - عیادت کردن، عیادت. ۵ - باز خواست، مؤاخذه، گرفتن بر. ۶ - جواب سلام دادن. ‖ از خر ~ که شنبه کی است. ← خر. ‖ ~ از چیزی یا کسی. پژوهش کردن، آگاهی خواستن، جویا شدن، استعلام، استخبار، تحقیق کردن ‖ مپرس! که مپرس! نظیر: که مگو، دیگر نگو. ‖ نگو و نپرس. ← گفتن.

پرسیدنی porsīdan-ī (ص لیا.) درخور پرسیدن، لایق پرسیدن، محتاج پرسیدن، محتاج سؤال.

پرسیده pors-īda(-e) (إمف.) سؤال شده، مسئول.

پرش par-eš, parr-eš [← پریدن] (إمص.) ۱ - پرواز، طیران، عمل پریدن. ۲ - جهش، جست، عمل جستن. ۳ - (ور.) جستن و پریدن در طول یا عرض یا ارتفاع، بدون وسیله یا با تکای چوبی دراز ← ‖ ~ ارتفاع. (ور.) نوعی پرش است که ورزشکار باید از روی طناب یا مانعی بپرد. ‖ ~ با نیزه. (ور.) پریدن از ارتفاع بوسیلهٔ نیزه‌ای دراز. ‖ ~ چشم. پریدن چشم، انقباض خودبخودی ماهیچه‌های اطراف چشم، اختلاج. ‖ ~ طول. (ور.) پریدن و جهش بجلو بدون وجود مانع.

پرشاخ por-šāx [← شاخ] (ص مر.) که شاخهای بسیار دارد (حیوان، درخت)؛ انبوه.

پرشاخ و برگ p.-š.-o-barg (ص مر.) که شاخ و برگ بسیار دارد؛ انبوه.

پرشاخ و برگی p.-š.-o-barg-ī (حامص.) حالت و چگونگی پرشاخ و برگ (ه.م.)

پرشتاب por-šetāb (ص مر.) ۱ - که بسیار شتابد. ۲ - چالاک، تند، سریع. ۳ - شتابزده، عجول. ۴ - بی آرام، بی قرار، مضطرب، پریشان.

پرشتابی p.-šetāb-ī (حامص.) حالت و چگونگی پرشتاب (ه.م.)

پرشدن p.-šodan (مص ل.) ۱- مملو گشتن، ممتلی شدن، امتلاء. ۲ - فراوان شدن، بسیار شدن. ‖ ~ گوش (کسی) از... ← گوش. ‖ ~ قفیز. ۱- لبریز شدن پیمانه. ۲ - سپری شدن چیزی. ۳ - مردن، کشته شدن. ۴ - (کن.) تمام شدن پیمانهٔ صبر، برسیدن شکیب. ‖ ~ پیمانه. ۱ - شکیبایی بپایان آمدن. ۲ - عمر بسر آمدن، رسیدن اجل.

پرشرار p.-šarār [ف.-ع.] (ص مر.) پرشعله، پرجرقه.

پرشرارگشتن p.-š.-gaštan (مص ل.) پرشعله گشتن، پرجرقه گشتن.

پرش (از مانع)

پرش (انواع)

پرشرر p.-šarar [ف.-ع.] (ص‌مر.) ← پرشرار.

پرشرم p.-šarm (ص‌مر.) پرآزرم، پرحیا.

پرشر وشور p.-šar(r)-o-šūr [ف.-ع.] (ص‌مر.) ۱ - پربدی، پرشر. ۲ - پرهیاهو، پرغوغا.

پرشعف p.-šaaf [ف.-ع.] (ص‌مر.) پراز سرور وشادمانی.

پرشعفی p.-šaaf-ī [ف.-ع.] (حامص) حالت‌ووضع‌پرشعف (ه.م.)، بسیار شادمانی.

پرشکاف p.-šekāf (ص مر.) پر از شکاف (ه.م.)، شکافته درچند جای.

پرشکال poršakāl [هند.= پشکال] (إ.) موسم باد و بارانهای هندوستان، برسات، بساره.

پرشکالی poršakāl-ī [هند.-ف. ← پرشکال] (ص‌نسب.) منسوب ومربوط به پرشکال، پشکالی، برساتی: هوای پرشکالی.

«گهی ابر تروگاهی ترشح گونه گه‌باران
بیا درچشم‌من‌بنگرهوای‌پرشکالی را.» (طالب آملی)

پرشکستگی por-šekasta(e)g-ī (حامص.) پراز پستی وبلندی، ناهموار، درشتناک، پر دست‌انداز.

پرشکستن par-šekastan (مص‌ل.) ۱ - (مص‌م.) شکستن بال‌وپرمرغ. ۲ - (مص‌ل.) باهم جمع کردن مرغ پر را برای پریدن.

پرشکسته par-šekasta(-e) (ص‌مف.) بال‌شکسته: مرغ پرشکسته.

پرشکم por-šekam (ص‌مر.) بزرگ شکم، کلان‌شکم.

پرشکم شدن p.-š.-šodan (مص ل.) ← پرشکم گردیدن.

پر شکم گردیدن p.-š.-gardīdan (مص‌ل.) بزرگ شکم گردیدن، کلان شکم گردیدن، پرشکم شدن.

پرشکن p.-šekan (ص مر.) ۱ - پرچین، پرشکنج، پرآژنگ، پرانجوغ، مجعد. ۲ - پرغم واندوه.

پرشکن شدن p.-š.-šodan (مص‌ل.) پرچین شدن، آژنگ‌شدن، مجعدشدن.

پرشکنج p.-šekanǰ [← شکنج] (ص مر.) ← پرشکن.

پرشکنه p.-šekana(-e) [← شکنه] (ص‌مر.) پیچ وتاب دهنده، رقاص.

پرشکنی p.-šekan-ī (حامص.) پرآژنگی، پرچینی، پر نوردی، پر انجوغی.

پرشکیب p.-šakīb (ص‌مر.) پرآرام، پرصبروتحمل.

پرشکیبی p.-šakīb-ī (حامص.) پرآرامی، پرصبری.

پرشگاه pareš-gāh (إمر.) فرودگاه هواپیما.

پرشوخ por-šūx [← شوخ] (ص‌مر.) چرکین، چرکناك.

پرشوخ شدن p.-š.-šodan (مص‌ل.) چرکناك‌شدن، چرکناك گردیدن.

پرشور p.-šūr (ص‌مر.) پرحرارت. ‖ **سری ~ داشتن.** کله‌ای پرحرارت داشتن. ‖ **نطق ~ .** که‌حرارت‌وگرمی داشته‌باشد، که تند و آتشین باشد.

پرشوروشر p.-šūr-o-šar(r) [ف.-ع.] (ص‌مر.) ← پرشر وشور.

پرشوری p.-šūr-ī (حامص.) پرحرارتی، حالت آنکه پرشور (ه.م.) است.

پرشهوت p.-šahvat [ف.-ع.] (ص

مر.) که شهوت بسیاردارد ، پرشبق؛مق. کم‌شهوت.

پرشیان paršiyān [= پرسیان← شیان] (إ.) ۱- (گیا.) گیاهی است که بر درختان پیچید ؛ عشقه (ه.م.) ۲- (گیا.) پرسیاوشان (ه.م.)

پر شیاوشان par-šiyāvo(ū)šān [= پرسیاوشان] (إ.) (گیا.) ← پرسیاوشان.

پرشیانی paršiyān-ī [← پرشیان] (ص‌نسبـ.) منسوب به پرشیان (ه.م.) :

« درویش و ضعیف شاخ بادام
کردست کنار پرشیانی . »
(ناصرخسرو)

پرشیدن parš-īdan [= پراشیدن = پریشیدن] (مصم.)(صر← ترسیدن) ← پراشیدن، پریشیدن.

پرشیر por-šīr (ص‌مر.) که‌شیر بسیار دهد: گوسفند پرشیر.

پر شیر شدن p.-š.-šodan (مص ل.) ــ پستان و مانند آن. که‌شیر بسیار در آن جمع شود، که شیر بسیار دهد : پستانش پرشیر شد.

پرصبر p.-sabr [ف.-ع.](ص‌مر.) که صبر بسیار دارد ؛ پرشکیب ؛ مق. کم صبر.

پرصبری p.-sabr-ī [ف.-ع.] (حامص.) پرشکیبی ؛مق. کم صبری.

پرصدا (تد. p.-sadā (-sedā) (ص مر.) ← پرسر و صدا.

پرطاس portās [= برطاس] ۱- (إخ.) نام‌شهریست (← بخش ۳) ۲- (إ.) جامه‌ای که ازپوست روباه‌پرطاسی دوزند ، نوعی از پوستین روباه که از ملك پرطاس ↑ خیزد.

پرطاق por-tāγ [← طاق] (إ.) قسمی جامه:

« مکن پرطاق والارا منقش
که‌بنیادش نه‌بنیادیست‌محکم. »
(نظام قاری)

پرطاقت p.-tāγat [ف.-ع.] (ص مر.) تاب آورنده، گرانجان، پرتحمل، حمول؛مق. کم‌طاقت.

پرطاقتی p.-tāγat-ī [ف.-ع.] (حامص.) حالت و چگونگی پرطاقت (ه.م.)؛مق. کم طاقتی.

پرطاوس par-tāvūs [ف.-ع.] (إمر .) نوعی شیرینی. طرز تهیه.-یك کیلو و نیم‌شکررا مانند شربت‌جوشانده و بقوام آورده همینکه بسفتی خمیر سنگك شد نیم کیلو مغز پستهٔ بو داده وخرد کرده‌بآن علاوه کرده قدری گلاب زده خوب بهم مخلوط کنند. سپس کف سینی را مغز پستهٔ ساییده ریخته مایه‌را روی آن میریزند و با قاشق چرب یا وردنهٔ‌چرب پهن کنند. بعد دوملاقه‌شربت قوام آمده را روی آن میریزند ومغز پستهٔ درشت روی آن می‌پاشند وپس‌از سرد شدن بشکل لوزی میبرند.

پرطاوسی par-tāvūs-ī [ف.-ع.] (ص‌نسبـ.) ۱ - بشکل پرطاوس . ۲ - سبزی سیر که بطلایی‌زند، غازماغازی، معرق . ۳ - (گیا .) گل پر طاوسی (ه.م.)

پرطایفگی por-tāyefa(e)g-ī [ف.-ع.] (حامص.) پرطایفه (ه.م.) بودن، پرخویشاوندی.

پرطایفه p.-tāyefa(-e) [ف.-ع.] (ص‌مر.) که خویش وقوم بسیار دارد؛ پرخویش وقوم، پرخویشاوند .

پرطراوت p.-tarāvat [ف.-ع.] (ص‌مر.) بسیار تازه وباورنق.

پرطمع por-tama' [ف.-ع.] (ص مر.) که طمع بسیار دارد؛ طماع.

پرطمعی p.-tama'-ī [ف.-ع.] (حامص.) عمل پرطمع (ه.م.)، پرچشم داشتی، طماعی.

پرعائله p.-āela(-e) [ف.-ع.] ← پرعایله.

پرعائلگی p.-āela(e)g-ī [ف.-ع.] (حامص.) حالت پرعایله (ه.م.)، کسی که اهل وعیال بسیار دارد، پراهل وعیالی.

پرعایله p.-āyela(-e) [ف.-ع. ← عایله] (ص‌مر.) که اهل وعیال بسیار دارد، پراهل وعیال.

پرعاهت p.-āhat [ف.-ع. ← عاهت] (ص‌مر.) پرآفت.

پرعتاب p.-etāb [ف.-ع. ← عتاب] (ص‌مر.) پرپرخاش، پرملامت.

پرعجایب p.-aǰāyeb [ف.-ع.] (ص مر.) پرازشگفتیها، مملواز اموری عجیب وغریب.

پرعشوگی p.-ešva(e)g-ī [ف.-ع.] (حامص.) حالت ووضع پرعشوه (ه.م.)، پرفریبی.

پرعشوه p.-ešva(-e) [ف.-ع. ← عشوه] (ص‌مر.) که فریب‌بسیاردارد؛ پرفریب، بسیارفریبنده.

پرعطر p.-etr(-atr.تد) [ف.-ع.] (ص‌مر.) که عطربسیاردارد، بسیار خوشبوی.

پرعطری p.-etr(atr)-ī [ف.-ع.] (حامص.) خوشبویی، بسیارعطری.

پرعقل p.-aγl [ف.-ع.] (ص مر.) سخت خردمند، بسیارعاقل، داهی.

پرعقلی p.-aγl-ī [ف.-ع.] (حامص.) پرخردی، خردمندی بسیار.

پرعقوبت p.-oγūbat [ف.-ع.] (ص‌مر.) پرشکنجه، پرعذاب.

پرعمر p.-omr [ف.-ع.] (ص‌مر.) که عمر بسیار کرده باشد، که‌زندگانی‌دراز کند؛ مق. کم‌عمر.

پرعمری p.-omr-ī [ف.-ع.] (حامص.) بسیار عمری، دراز عمری؛ مق. کم‌عمری.

پرغازه par-γāza(-e) [= پرغزه] (إمر.) بیخ و بن و پر پرندگان که بگوشت بدن‌آنها چسبیده‌است؛ پرغزه.

پرغرور por-γorūr [ف.-ع.] (ص مر.) پرفریفتگی، پرتکبر.

پرغریو p.-γarīv (ص‌مر.) پرشور، پرغوغا.

پرغزه par-γaza [= پرغازه] (إمر.) ← پرغازه.

پرغصه por-γossa(-e) [ف.-ع.] (ص‌مر.) سخت اندوهگین، پراندوه.

پرغم p.-γam [ف.-ع.] (ص مر.) پرغصه (ه.م.)

پرغم‌گشتن p.-γ.-gaštan (مصل.) پراندوه‌شدن، اندوهگین گشتن، غمگین شدن.

پرغمزه p.-γamza(-e) [ف.-ع.] (ص‌مر.) پرناز.

پرغول parγūl [= بلغور] (إ.) ۱ - بلغور (ه.م.) ۲ - آش‌بلغور. ۳ - حلوایی است که‌آنرا«افروشه»خوانند، خبیص.

پرغونه parγūna(-e) (ص .) ۱ - هرچیز که‌زشت ونازیبا باشد؛ فرخچ، فرخج. ۲ - درشت، ناهموار، خشن.

پر غیرت por-γayrat(-γey-) [ف.-ع.] (ص‌مر.) ۱ - پرحسدورشك، پرحمیت .

پرفایدگی p.-fāyeda(e)g-ī [ف.-ع.] (حامص.) پرسودی، پرمنفعتی.

پرفایده p.-fāyeda(-e) [ف.-ع.] (ص مر.) پرسود، پرمنفعت؛ مق. کم‌فایده .

پرفریب p.-fa(e)rīb (صمر.) بسیار حیله‌گر، پرعشوه، مکار.

پرفساد p.-fasād [ف.-ع.] (صمر.) پراز تباهی.

پرفسادی p.-fasād-ī [ف.-ع.] (حامص.) حالت و چگونگی پرفساد (ه.م.)

پرفسور porofesor [فر. professeur، انگ. professor] (ص.، إ.) استاددانشگاه (ه.م.)

پرفسوس por-fosūs [= پرافسوس] (صمر.) ۱- پرحیله، پرتزویر، پرفسون. ۲- پرحسرت.

پرفسون p.-fosūn [= پرافسون] (صمر.) ۱- پرحیله، پرتزویر. ۲- سخت زیرك، بسیار کاردان.

پرفکر p.-fekr [ف.-ع.] (صمر.) پراندیشه.

پرفکری p.-fekr-ī [ف.-ع.] (حامص.) پراندیشگی.

پرفن p.-fan(n) [ف.-ع.] (صمر.) سخت مکار، حیله‌گر، محیل، محتال.

پرفند p.-fand (صمر.) (عم.) پرفن (ه.م.)

پرفند وفعل p.-fand-o-fe'l (صمر.) (عم.) پرمکروفسون، پرفن.

پرفند وفعلی p.-f.-o-fe'l-ī (حامص.)(عم.) پرمکر وفسونی.

پرفنی p.-fan(n)-ī [ف.-ع.] (حامص.) پرمکری، پرفسونی، حیله‌گری، پرفسوسی.

پرقازه par-γāza [← پرغازه] (إمر.) قلم موی نقاشان.

پرقبیله por-γabīla(-e) [ف.-ع.] (صمر.) که خویش وقوم بسیار دارد.

پرقوت p.-γovva-t [ف.-ع.] (صمر.) پرزور (ه.م.)

پرقوتی p.-γovvat-ī [ف.-ع.] (حامص.) پرزوری، نیرومندی.

پرقیمت p.-γaymat(-γey.-تد.) [ف.-ع.] (صمر.) که‌قیمت‌بسیاردارد، پربها، گرانمایه، ثمین؛ مق. کم‌قیمت.

پرك par-ak (إمصغ.) ۱- پرکوچك، پرخرد. ۲- کاهوی خرد که بوجین ازمزرعه بیرون کنند. ۳- برگ‌های خردگل که مجموعاً گل را تشکیل میدهند. ۴- پردهٔ میان‌اجزای‌درونی یك‌گردو. ۵- پر؛ قفل، فراشه. ۶- چیزی‌چون تاج، جقه. ‖ ~ ِهندی. (گیا.) (ه.م.)

پرك parak (إ.) ستارهٔ سهیل (← بخش۳).

۱- پرك perk (إ.) ۱- بوی پیه گداخته، بوی پیه گندیده. ۲- بوی ظرف چرب ناپاك شسته و مانندآن.

۲- پرك perk [= پلك] (إ.) پلك (ه.م.)

پرکار parkār [= پرگار] (إ.) پرگار (ه.م.)

پرکار por-kār (صمر.) که بسیار کارکند، فعال؛ مق. کم‌کار.

۱- پرکاره parkāra(-e) [= پرگار] (إ.) ۱- ← پرگار.

۲- پرکاره parkāra(-e) [= پرکاله] (إ.) ← پرکاله.

پرکاری por-kār-ī (حامص.) حالت وچگونگی آنکه پرکار (ه.م.) است؛ مق. کم‌کاری.

پرکاس parkās [هند.، سنس. prakāsa] (إ.) ۱- تلاش کردن‌ودرهم آویختن. ۲- طلوع آفتاب.

پرکال parkāl [← پرگار] (اِ.) ← پرگار.

پرکاله parkāla(-e) [= پرگاله ۱] (اِ.) ← پرگاله.

پرکاوش pa(e)rkāveš (اِ.) بریدن شاخهای زیادتی از درخت انگور و درختان دیگر، بریدن و پیراستن شاخهای زیادی.

پرکبر por-kebr [ف.-ع.] (ص مر.) پرمنش، پرتکبر.

پرکر parkar (اِمص.) انتظار، منتظر بودن، چشم براه داشتن.

پرکردن por-kardan (مصم.) ۱- نهادن وریختن چیزی درظرف تا همهٔ ظرف را فرا گیرد؛ انباشتن، مملو کردن، ممتلی کردن، مشحون کردن. ۲- بسیار انجام دادن، بسیار کردن: کارنیکو کردن از پرکردن است. ۳- اشغال کردن، مشغول کردن. ۴- اشباع درحرکت: «استکان... دراصل اِستکن بود، پرکردنداستکان‌شد.» (منتهی الارب) ‖ ~ تفنگ (توپ وماننداّن). باروت وگلوله یافشنگ‌درآن نهادن. ‖ ~ دندان. تراشیدن قسمتهای کرم خورده وفاسد دندان وممتلی کردن آن باسیمان وپلاتین و مانند آن. ‖ ~ قوه، باطری‌وماننداّن. آنرادرجریان برق‌قرار دادن‌تابرق‌درآن ذخیره شود. ‖ ~ معده. پرکردن شکم، ممتلی کردن‌شکم. ‖ کسی‌را ~. باگفتار او را بدشمنی دیگری برانگیختن، نزد اوازدیگری بدگویی کردن.

پرکرده p.-karda(-e) (اِمف.) انباشته، ممتلی. ‖ کار ~. بسیارکرده، بسیار انجام شده.

پرکرشمه p.-kerešma(-e) (ص‌مر.) پرناز وغمزه.

پرکش p.-keš (ص‌مر.، ق‌مر.) (عم.) بسیار.

پرکشیدن par-ka(e)šīdan (مص ل.) ۱- پرزدن، پرواز کردن. ۲- نهایت اشتیاق را داشتن: دلم برای‌او پر میکشید.

پرکم parkam (ص.) بیکار وناچیز واز کارافتاده:

«مورکه پر یافت نه پرکم‌بود
پرزدنش ز آن‌سوی‌عالم‌بود.»
(امیر خسرو)

پرکنج por-konǰ (اِ.) حلوایی با جوز وبادام.

پرکنده par-kanda(-e) [← پراکنده = پراگنده (ه.م.)] (ص مر.) ۱- درمانده‌وعاجز. ۲- متفرق: «از آن‌قصایدپرکنده‌دفتری کردم» (ازرقی)

پرکواکب por-kavākeb [ف.-ع.] (ص مر.) پراز ستارگان: آسمان پرکواکب.

پرکوس p.-kūs (ص مر.) ۱- که کوس بسیار دارد، پرشکن، پرنورد، بسیارکیس.

پرکوك parkūk [= پرگوك] (اِ.) ← پرگوك.

پرکوك por-kūk (ص‌مر.) که کوك بسیار خواهد: ساعت‌پرکوك.

پرك هندی parak-e-hendī (اِمر.) ۱- (گیا.) گیاهی[۱] ازتیرهٔ پروانه‌واران[۲] جزودستهٔ ارغوان‌ها[۳] که گونه‌ای از سنا میباشد. این گیاه در تداوی بعنوان داروی ضد کرم مورد استعمال دارد (ضدآسکالس) وهمچنین‌درناخوشی ابنه[۴] بعنوان داروی‌معالج بکارمیرود؛ سنای مجنح. ضح. - اصل این گیاه

۱- Cassia alata (.لا), casse ailé (.فر) ۲- Légumineuses (.فر)
۳- Césalpinées (.فر) ۴- Pédérastie passive (.فر)

از هندوستان است و از آنجا بدیگر نقاط برده میشود. ۲-(گیا.) بوتیه (ه.م.)

پرکیمیا por-kīmiyā [ف.-معر. ← کیمیا] (ص مر.) پرحیله، پرتزویر، پرفریب.

پرکین p.-kīn [= پرکینه] (ص مر.) پرحسد، پرحقد.

پرکینگی p.-kīna(e)g-ī (حامص.) حالت وچگونگی پرکینه (ه.م.)

پرکینه por-kīna(-e) [= پرکین] (ص مر.) ← پرکین.

پرگار pargār [= پرگال = پرگاره = پرکار = پرکاره = پرکال = پردال = پرگر = بردال = پرکر = فرجار، معر. یو. períγa] (ا.) ۱- آلتی هندسی برای کشیدن دایره و خطوط؛ پرکار، پرکاره، پرکال، پردال، پرگر، بردال، پرکر، فرجار، دواره. ۲- شاغول. ۳- فلک، مدار گیتی، گردون، جهان، عالم. ۴- قضاوقدر، سرنوشت. ۵- مکروحیله، تدبیر، افسون. ۶- دایره، حلقه، طوق، چنبر. ۷- اسباب، سامان، جمعیت. ۸- اشیای عالم. ۹- آشیانه. ‖ ~ دو سر. (هس.) براساس مثلث‌های متشابه اسبابی بنام پرگار دو سر ساخته‌اند. با آن میتوان پاره خطهای کوچک معین را بقسمتهای مساوی بخش نمود. ‖ از ~ افتادن. از سامان افتادن، از نظم افتادن. ‖ ~ (کسی) کژ بودن. بخت او بد و باژگونه بودن. ‖ ~ چرخ. پرگار فلک ←. ‖ ~ فلک ۱- دور فلک. ۲- منطقهٔ فلک. ‖ تنگ شدن ~ کسی. بدبخت شدن او. ‖ مثل ~. نهایت آراسته و نیک.

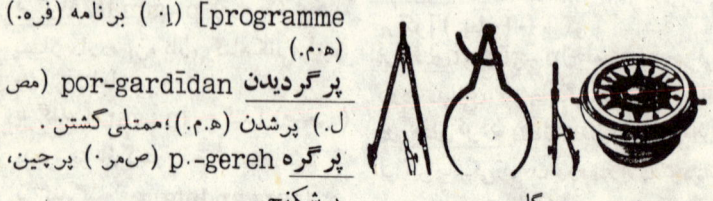

پرگار

پرگار کردن p.-kardan (مص م.) ۱- تعبیه و آمادهٔ کار ساختن آلات وادوات. ۲- (کن.) سرگردان کردن.

پرگاره pargāra(-e) [= پرگار] (ا.) ۱- ← پرگار (همع.) ۲- جنسی است از پارچهٔ مثقالی.

پرگاری pargār-ī (ص نسب.) منسوب به پرگار، فرجاری (ه.م.) ‖ خط ~. (همع.) خط مستدیر.

پرگاس pargās [= پرکاس، هند.] (ا.) ← پرکاس.

پرگال pargāl [= پرگار] (ا.) ← پرگار (همع.)

۱-پرگاله pargāla [= پرکاله = پرغاله] (ا.) ۱- وصله‌ای که بر جامه دوزند، گژنه، پینه، وصله، پرغاله، پرکاله. ۲- پاره‌ای از هرچیز، پاره، لخت، حصه.

۲- پرگاله pargāla(-e) [= پرگاره = پرگار] (ا.) ← پرگار (همع.)

پرگداز por-godāz (ص مر.، ق مر.) پرسوز، پرتب وتاب.

۱-پرگر pargar (ا.) ۱- طوق، طوق مرصعی که ملوک برگردن میکرده‌اند وگاه برگردن اسب می انداخته‌اند.

۲-پرگر pargar [= پرگار] (ا.) ← پرگار (همع.)

پرگرام porogrām [فر. programme] (ا.) برنامه (فره.) (ه.م.)

پرگردیدن por-gardīdan (مص ل.) پرشدن (ه.م.)؛ ممتلی گشتن.

پرگره p.-gereh (ص مر.) پرچین، پرشکنج.

۷۵۲ پرگزند

پرگزند p.-gazand (ص‌مر.) پرزیان، پرضرر، پرآسیب.

پرگس pargas [= پرگست] (ق نفی) ← پرگست:
«گرچه نامردمیست، مهر ووفاش
بشود هیچ از این دلم؛ پرگس!»
(رودکی)

پرگست pargast [= پرگس؛ په pargast] (ق نفی.) ۱ - هرگز! مبادا! حاشا! معاذالله! پرگس!:
«بهمت چون فلك عالی بصورت همچو مه رخشا
فلك چون او بود؛ پرگست! مه چون او بود؛ حاشا!» (قطران)
‖ ~ باد! دورباد!:
«سخنها که گفتی تو پرگست باد!
دل و جان از آن بدکنش پست باد!»
(فردوسی)

پرگستردن par-gostardan (مص ل.) ۱ - پرگشودن، پرگشادن. ۲ - فروتنی کردن، خضوع کردن، خفض جناح.

پرگشا(ی) p.-gošā(y) [= پرگشاینده] (إفا.) پرگشاینده، پرواز کننده.

پرگفتن por-goftar (مص ل.) بسیار گفتن، بدر از اکشانیدن سخن. ‖ ~ بقرآن خوش است. (مثل)، وقتی ازمباحثه دوتن خسته میشوند این جمله را گویند.

پرگل p.-gol (ص‌مر.) که گل بسیار دارد: درخت پرگل.

پرگناه p.-gonāh (ص‌مر.) که گناه بسیار دارد؛ بزه‌کار، گناهکار، اثیم. ج. پرگناهان.

پرگند p.-gand [← گند] (ص‌مر.) بدبو، پر از گند.

پرگندگی parganda(e)g-ī [= پراکندگی] (حامص.) پراکندگی (ه‌.م.)

پرگنده parganda(-e) [= پراگنده] (ص‌مر.) پراگنده (ه‌.م.)

۱-پرگنه pargana(-e) [از اس. pari-khana، پیرامون کندن] (إ.) زمینی را گویند که از آن مال و خراج بستانند.

۲- پرگنه parga(e)na(-e) (إ.) مرکبی باشد ازعطریات و بویهای خوش و آنرا در هندوستان ارگجه گویند وبعربی ذریره خوانند.

پرگنه por-gonah [= پرگناه] (ص مر.) ← پرگناه.

پرگو p.-gū [= پرگوینده = پرگوی] (إفا.) آنکه بسیار گوید؛ بسیار گوی، پرچانه، پرحرف، روده دراز، وراج، مکثار، قوال.

پرگوشت p.-gūšt (ص‌مر.) که گوشت بسیار دارد، گوشتناك، فربه.

پرگوشت شدن p.-g.-šodan (مص ل.) فربه شدن، گوشتناك شدن.

پرگوشتی p.-gūšt-ī (حامص.) فربهی، گوشتناکی.

پرگوك pargūk [= پرکوك] (إ.) عمارت عالی.

پرگوهر por-gawhar(-ow-) [= پرگهر] (ص‌مر.) ۱- پرجواهر، پرگهر (ه‌.م.) ۲ - که‌اصلی بزرگ‌دارد، که‌نسبی عالی‌دارد. ج. پرگوهران.

پرگوی p.-gūy [= پرگوینده = پرگو] (إفا.) ← پرگو.

پرگویی p.-gūy-ī (حامص.) پرحرفی، روده درازی، پرچانگی، وراجی.

پرگویی کردن p.-g.-kardan (مص ل.) پرچانگی کردن، روده‌درازی کردن، پرحرفی کردن، پرگفتن، وراجی کردن.

پرگهر p.-gohar [= پرگوهر] (ص مر.) ← پرگوهر (همع.)

پرگیا p.-giyā [= پرگیاه] (ص‌مر.) ← پرگیاه.

پرگیاه p.-giyāh [= پرگیا] (ص مر.) پراز گیاه، گیاه‌ناك، پرنبات.

پرگیر ودار p.-gīr-o-dār (ص مر.) پرشور وغوغا، پرچنك وچلب.

پرلا parelā [ماز. parelā] (اِ.) (جا ن.) گونه‌ای مرغابی که‌ازمرغابیهای معمولی کوچکتر است.

پرلاف por-lāf (ص‌مر.) که‌لاف‌بسیار زند؛ لاف‌زن، لافی، متصلف، صلف.

پرلطایف p.-latāyef [ف.- ع.] (ص‌مر.) ۱- پرازلطیفه. ۲-رنگارنگ. ۳- زیبا.

پرماجرا (ماجری) p.-mǎjarā [ف.-ع.] (ص‌مر.) پرحادثه (ه.م.)

پرماز p.-māz (ص‌مر.) پرچین، پرشکن، ترنجیده.

پرماس parmās (= برماس. ← پرماسیدن) (اِ.) ۱ - لمس، لامسه. ۲ - یازیدن، درازکردن.

پرماسش parmās-eš (اِمص.) ← پرماسیدن.

پرماسنده parmās-anda(-e) (اِفا. پرماسیدن) بپساونده، بساونده، لمس‌کننده.

پرماسه parmās-a(-e) (اِمص.) لمس، بساوش.

پرماسیدن parmās-īdan (مص‌م.) (پرماسید، پرماسد، خواهدپرماسید، بپرماس، پرماسنده، پرماسش، پرماسه). ۱ - دست‌مالیدن بچیزی برای درك آن؛ دست‌سودن، بسودن، پساویدن، مجیدن، برمجیدن، لمس کردن، پرواسیدن، برماسیدن. ۲ - یازیدن، درازکردن دست.

پرماسیده parmās-īda(-e) (اِمف. پرماسیدن) بسوده، لمس‌شده.

پرمان parmān [= فرمان] (اِ.) فرمان، امر: «و خزانه بقلعهٔ شادیاخ نهاده‌بود بحکم پرمان امیر مسعود.» (بیهقی)

پرمان برداشتن p.-bar-dāštan (مص‌ل.) فرمان‌برداشتن، اطاعت امر کردن.

پرمان یافتن p.-yāftan (مص‌ل.) ۱- فرمان یافتن. ۲- (مج.) مردن، درگذشتن، وفات‌کردن.

پرمان‌بردار p.-bordār (اِفا.) فرمانبردار، مطیع.

پرماه

پرماه parmāh [= پرمه = برمه = برماه = برماهه] (اِ.) افزاری باشد حکاکان‌ودرودگرانرا که‌بدان‌مروارید و چوب و تخته سوراخ‌کنند؛ پرمه، برمه، برماه، مته، مثقب.

پرماه por-māh [په. pur-māh] (اِمر.) ماه تمام، بدر.

پرماهی p.-māh-ī (حامص.) حالت بدری، امتلاء قمر، استقبال.

پرمایگی p.-māya(e)g-ī (حامص.) حالت و چگونگی پرمایه (ه.م.)

پرمایه p.-māya(-e) (ص‌مر.) ۱- که مایهٔ بسیار دارد؛ مق. کم‌مایه، بی‌مایه. ۲ - صاحب علم و خرد بسیار، خردمند، دانشمند، پرخرد، پردانش. ۳ - که اصل وگوهری گرانمایه دارد، بزرگوار، بزرگ، عزیز، شریف، عالیقدر. ۴ -نجیب، اصیل. ۵ - مالدار، ثروتمند، متمول. ۶ - عظیم، خطیر، جلیل. ۷ - گرانبها، پربها، پرارز، پرقیمت، ثمین. ۸- برومند. ۹- (نق.قد.)

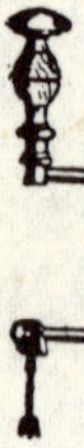

پرمخیدن

قلم مویی که نوك آن پرپشت باشد← گندمی؛ مق. کم‌مایه. ‖ **چای ~ .** پررنگ، غلیظ. ‖ **ده ~ .** آباد. ‖ **گنج ~ .** پرخاسته، پرثروت، غنی.

پرمخیدن par-maxīdan [= برمخیدن←مخیدن] (مصل.)(صر← مخیدن) عاقشدن.

پرمخیده parmax-īda(-e) (إمف.) **۱-** مخالف وخودرأی. **۲-** فرزندی که عاق و عاصی پدر ومادر شده باشد.

پرمداخل por-madāxel [ف.-ع.] (ص‌مر.) پرسود، پرنفع. ‖ **شغل ~ .** شغلی که علاوه‌بر حقوق اصلی درآمدهای مشروع و نامشروع قابل ملاحظه هم داشته باشد.

پرمدعا p.-moddaā [ف.-ع.] (ص‌مر.) ← پرادعا، پرافاده.

پرمدعایی p.-moddaā-yī (حامص.) حالت وچگونگی پرمدعا (ه‌م.).

۱- پرمر parmar [= پرمور= برمر] (إ.) **۱-** انتظار وامید، رجاء.

۲- پرمر parmar [= پرمور= برمر] (إ.) زنبور عسل (ه‌م.).

پرمشعله p.-maš'ala(-e) [ف.-ع.] (ص‌مر.) بسیارروشن، سخت نورانی ↓.

پرمشعله‌شدن p.-m.-šodan [ف.-ع.] (مصل.) سخت روشن و نورانی شدن.

پرمشقت p.-mašaγγat [ف.-ع.] (ص‌مر.) پررنج، پرتعب.

پرمصرف p.-masraf [ف.-ع.] (ص‌مر.) که‌بسیار بکار رود، که‌بسیارخرج شود، که‌مصرف بسیار دارد.

پرمعنی p.-ma'nā(-nī) [ف.-ع.] (ص‌مر.) که‌معنای بسیار دارد، که‌بسیار چیزها از آن فهمیده میشود؛ پرمغز: «سرش را با حالت پرمعنی تکان داد.» (ص.هدایت)

پرمغز p.-maγz (ص‌مر.) که مغز (ه‌م.) بسیار دارد. ‖ **گفتهٔ ~ .** سخن پرمعنی. ‖ **مرد ~ .** بسیار دانا.

پرمکر p.-makr [ف.-ع.] (ص‌مر.) پرحیله، پرفن.

پرملال p.-malāl [ف.-ع.] (ص‌مر.) که‌ملال و گرفتگی بسیار آرد، که‌بسیار بستوه آرد.

پرملالت p.-malālat [ف.-ع.] (ص‌مر.) پرملال (ه‌م.)

پرملالی p.-malāl-ī [ف.-ع.] (حامص.) حالت وچگونگی پرملال (ه‌م.)

پرمناعت p.-manāat [ف.-ع.← مناعت] (ص‌مر.) که‌عزت نفس بسیار دارد.

پرمنش p.-maneš [←منش] (ص‌مر.) **۱-** خردمند، پرخرد. **۲-** ارجمند، بزرگ. **۳-** پرمایه، رسا، بلیغ، کامل. **۴-** جسور، دلیر؛ پرقوت. **۵-** خودپسند، مغرور، متکبر. **۶-** سرکش.

پرمنش‌شدن p.-m.-šodan (مصل.) خردمند شدن، باخرد شدن.

پرمنفعت p.-manfaat [ف.-ع.] (ص مر.) که سود بسیار دارد؛ پرسود.

پرمنگنات permanganāt [فر. permanganate] (إ.) (شم.) پرمنگناتها، نمکهای اسید پرمنگانیك (MnO_4H) هستند و برای تهیهٔ آنها منگنات‌را براثر اکسید کننده‌ها یا اسیدها به‌پرمنگنات تبدیل میکنند. ‖ **~ پتاسیم.** (شم.) جسمی است جامد و از مهمترین ترکیبات مصنوعی منگنز بشمار میآید. رنگ بلورهای بنفش تیرهٔ آن بر اثر انعکاس سبز رنگ بنظر میرسد ودر آب دریا محلول است وآنرا بشدت ارغوانی تیره

می کند. این ماده بسبب حرارت (۲۴۰°) تجزیه شده و اکسیژن میدهد. پرمنگنات اکسید کننده‌ای بسیار قوی و برعکس بیکرمات در پزشکی و امور بهداشت خانه مانند گندزدایی سبزیها در آب مشکوك و نیز درشستشوی زخمها بصورت محلول ۴ تا ۱۰ گرم در لیتر بکار میرود. بعضی مواد آلی مانند گلیسرین بآسانی پرمنگنات را تجزیه میکند و با اکسیژن آن ترکیب میشود، مثلاً مخلوط پرمنگنات خشك با گلیسرین غلیظ پس از چند ثانیه بخودی خود آتش میگیرد.

پرمو(ی) por-mū(y) (ص‌مر.) که موی بسیار دارد، أشعر.

پرمودن parm-ūdan [← فرمودن] (مص‌م.) (صر ← فرمودن). ← فرمودن.

پرموده parm-ūda(-e) (إمف.) فرموده (ه.م.)

۱- پرمور parmūr [= پرمر] (إ.) پرمر (ه.م.)

۲- پرمور parmūr [= پرمر] (إ.) زنبور عسل. ‖ نقش ~ . شان عسل، خانهٔ زنبور.

پرمویی por-mūy-ī (حامص.) حالت و چگونگی پرمو (ه.م.)

پرمه parmah (إ.) پرماه (ه.م.)

پرمه perma(-e) [= پرمهه] (إ.) کاهلی در کارها.

پرمهر por-mehr (ص‌مر.) پرمحبت.

پرمهره par-mohra(-e) (إمر.) گلوله‌ای از پر وجز آن که مرغان شکاری از معده برمیآورند و آنرا بترکی اوخشی گویند.

پرمهره کردن p.-m.-kardan (مص‌مر.) خوردن جوارح طیور پررا برای اصلاح و تنقیهٔ معده.

پرمهه permaha(-e) [= پرمه] (إ.) کاهلی در کارها، پرمه.

پرمی por-may(mey) [← می] ۱ - (ص‌مر.) پراز باده: جام پرمی. ۲ - (إ.) نوعی از انگور.

پرمیوگی p.-mīva(-e)g-ī (حامص.) پرمیوه (ه.م.) بودن؛ پرباری، پرثمری، پرحاصلی.

پرمیوه p.-mīva(-e) (ص‌مر.) پرثمر، پرحاصل.

پرمیوه شدن p.-m.-šodan (مص ل.) پربارشدن، پرثمرشدن، اثمار.

۱- پرن paran [= پروین] (إ.) ۱ - پروین (ه.م.)، ثریا (← بخش ۳) ۲ - نام منزلی از منازل قمر ← پروین.

۲- پرن paran [= پرند = پروند = پرنیان] (إ.) ۱ - دیبای منقش و لطیف، پرنیان. ۲ - سدهای خاکی که با بوته وجگن درمعبر رودها بندند؛ مرز، پل.

۳- پرن paran [پب. parana، پیشین، سابقی] (ق.) دیروز، روز گذشته.

پرنار por-nār [ف.-ع.] (ص‌مر.) پرآتش.

پرناز p.-nāz (ص‌مر.) پرنخوت، پرفیریدگی، پربطر، پرغمزه.

پرناز وغمزه p.-n.-o-γamza [ف.-ع.] (ص‌مر.) ← پرناز.

پرنازی p.-nāz-ī (حامص.) حالت و چگونگی پرناز (ه.م.)

پرناك par-nāk (ص‌مر.) که پر بسیار دارد؛ پرپر: «غداف، کرکس پرناك.» (منتهی الارب).

پرناله p.-nāla(-e) (ص‌مر.) پرآه، پرانین.

پرنج para(e)nǰ [= برنج] (إ.) برنج (ه.م.)

پرنخوت por-naxvat [ف.-ع.] (ص‌مر.) ۱ - پرناز. ۲ - پرتکبر.

۱-پرند parand [= برند = افرند = فرند = پرن ← پرنیان؛ په. parand، parvand ، ابریشم] (ا.) ۱ - جامهٔ ابریشمی ساده و بی‌نقش ، حریر ساده ، پرنیان بی نقش ، پرن. ۲ - حریری که بر آن چیزمی‌نوشتند. ۳ - پرنیان منقش. ۴ - زین پوش. ۵ - تیغ ، شمشیر ، شمشیر براق ، فرند. ۶ - جوهر تیغ و شمشیر و مانند آن. ۷ - (گیا.) سبزهٔ نورسته که‌دواب آنرا برغبت تمام خورند، مرغ ،فرین.

۲-پرند parand [= پرن = پروین] (ا.) ← پرن، پروین.

۳-پرند parand [← پرندوش] (ا.) ← پرندوش.

۴-پرند parand [اتباع «چرند»] (ا.) ← چرند و پرند.

۵-پرند parand [= پیارند] (ا.) (گیا.) درختچه‌ای[۱] از تیرهٔ هفت‌بند[۲] که در بیابانهای خشك اطراف تهران بحال وحشی وجود دارد و چون ظاهراً بسیار شبیه درختچهٔ کاروان کش‌میباشد با آن اشتباه میگردد؛ پیارند.

پرنداخ parandāx [= پرانداخ] (ا.) تیماج، سختیان ، ساغری سوخته، کیمخت.

پرندآور parand-ā-var (ص‌مر.) (ا.) ۱ - تیغ، شمشیر، پرند. ۲ - (ص مر.) تیغ وشمشیرجوهردار، برندآور:

«بینداخت تیغ برند آورش
همی‌خواست‌از‌تن‌بریدن‌سرش.»
(دقیقی)

پرندخ parandax [= پرنداخ = پرانداخ] (ا.) ← پرنداخ.

پرندك parandak [= برندك] ۱- (ا.) پشته و کوه کوچك که در میان دشت باشد. ۲ - (اخ.) (← بخش۳).

پرندگی paranda(e)g-ī (حامص.) حالت وچگونگی پرنده.

۱-پرندوار parand-vār (قمر.) ← پرندوش.

۲- پرندوار parand-vār (ا.) ← پرندآور.

پرندوش paran-dūš [= پرندیش = پروندوش] (قمر.) شب‌روز گذشته، پریشب ، پرندوار (ه‌م.) ، پرندیش ، پروندوش ، پرندوشنی ، پرندوشینه ، بارحةالاولی.

پرندوشین paran-dūš-īn (ص نسبـ.،قمر.) ← پرندوش.

پرندوشینه paran-dūš-īna(-e) [= پرندوشین] (ص نسبـ.،قمر.) ← پرندوش.

پرندگان paranda(e)g-ān (ا.) ج. پرنده (جاذ.) ردهٔ بزرگی[۳] از شاخهٔ ذی‌فقاران که خون گرمند و بدنشان دارای حرارت ثابتی است و اندامهای جلو آنها بعلت پرواز در هوا بصورت بال در آمده‌وبدنشان‌نیز پوشیده ازپر میباشد. برروی‌استخوان‌قص[۴] آنها تیغه‌ای عمودی بنام برشه[۵] قرار دارد که‌عضلات پرواز بآن ملصق میباشد ، باستثنای معدودی ازپرندگان که دارای دوسریع میباشند وپروازنمیکنند (شترمرغ‌جزو این دسته‌است). استخوانهای پرندگان معمولاً‌مجوف‌وتوخالی‌ودارای‌حفره‌های هوایی برای سبك کردن وزن آنها در موقع پرواز میباشد . گردن پرندگان دارای تعداد زیادی مهره است. بهمین

۱- Pteropyrum aucheri (لا.) ۲- Polygonacées (فر.)
۳- Oiseaux (فر.) ٤- Sternum (فر.) ۵- Brechet (فر.)

پرندگان بزرگ نواحی معتدله

- عقاب
- کرکس
- ماهیخوار
- چنگله
- لک‌لک
- شاهین
- کلنگ

پرندگان نواحی حاره

- توسکا
- طوطی
- چنوک آفریقایی
- چنوک تاناکارا
- چنوک بنگالی
- چنوک کاکلی
- مرغ زنبورخوار استرالیایی
- کالور
- مگس مرغ
- موش مرغ
- چنوک نیلی
- مگس مرغ برزیلی
- مرغ بهشتی گینه جدید
- مگس مرغ دم چلچله‌ای
- سار آمریکایی
- مرغ بهشتی
- چنوک آتشی
- مرغ زنبور خوار
- کلاغ نیلی
- مرغ شهدخوار
- پریناهرخ بالنیموری
- طرقهٔ کبود
- مگس مرغ نوک دراز

مخصوص فرهنگ فارسی معین

پرندگان نواحی معتدله

دم جنبانک
مرغ قاصد
دارکوب
قاصد صومعه
دم سرخهٔ سرسفید
شرشور (ابوبرانش)
شرشور آردنی
یوبانه
(در تداول اهالی مشهد
باچه خیزک گویند)
فاخته (کوکو)
سار
قرقاول
چغوک نوک چاق
زرد سر سیاه
دارکوبک
(دارکوب صغیر)
مرغ بیشه (نوعی سهره)
سهرهٔ زرد
پریشاهرخ (مرغ انجیر)
چلچله
سهره
مرغ حشره خوار
سرخ گلو (نوعی سهره)
دم سرخ
قاصد آبی
مرغ چوپان فریب
گنجشک

مخصوص فرهنگ فارسی معین

مناسبت طول نسبهً کافی دارد و ضمناً بخوبی باطراف قابل چرخش است. قلب پرندگان دارای چهار حفره است و شریان آئورت پس از خروج از بطن چپ بطرف راست برگشته در امتداد بدن ادامه‌مییابد (برعکس پستانداران). غذای پرندگان در تیره‌های مختلف آنها فرق میکند؛ عده‌ای گوشتخوارند وعده‌ای علف خوار وعده‌ای دانه خوار واز دانهٔ حبوبات تغذیه‌میکنندوعده‌ای‌هم برحسب فصول مختلف غذایشان فرق میکند؛ طیور.

پرنده par(r)-anda(-e) (اِفا. پریدن) ۱ - هرجانوری که‌می‌پرد، مرغ، طیر، طایر. ج. پرندگان؛ مقـ. چرنده. (جاذ.) نام‌یك‌فردازردهٔ پرندگان[1]، نام عام‌فردی ازحیوانات ذی‌فقاری که‌به‌ردهٔ پرندگان تعلق‌دارد← پرندگان. ۲ - که پروازکند، که بپرد، پروازکننده، طایر: «ماچیزها رادروهم توانیم‌آورد که بحس‌نیافته‌باشیم‌چون مردم پرنده.» (بابا افضل)
‖ ~ پرنمیزد. خیلی خلوت و آرام بود. ‖ ~ ٔچراغ. پروانه، فراشه. ‖ (هواپیمایی) پرسنل ~. کسانی که در نیروی هوایی با هواپیما پرواز میکنند ورانندگی آنرا بعهده دارند. ‖ ~ ٔآتشین. (گیا.) یکی از انواع اختر← اختر.

پرنده انگور p.-angūr (اِمر.) (گیا.) تیس (ه‌م.).

پرنده شناسی p.-šenās-ī (اِمر.) (جاذ.) علم‌باحوال وزندگی‌پرندگان[2]، معرفة‌الطیر، علم‌الطیور، مرغ شناسی.

پرنده ماهی p.-māhī (اِمر.) (جاذ.) ماهی پرنده (ه‌م.)

پرنده‌ناك p.-nāk (ص‌مر.) که‌پرندهٔ بسیار در آن است: «ارض‌مطارة، زمین پرنده‌ناك.» (منتهی‌الارب).

پرندین parand-īn [پرند + ین، پس. نسبت = پرندینه] (ص‌نسبـ.) آنچه‌از پرند (ه‌م.) درست کنند، هر چه از حریر سازند، پرندینه.

پرندینه parand-īna(-e) [= پرندین] (ص‌نسبـ.) ← پرندین.

پرنشاط por-našāt [ف.-ع.] (ص مر.) بسیار شادمان.

پرنشاط‌شدن p.-n.-šodan [ف.-ع.] (مص ل.) سخت شادمان شدن، خوشحال شدن.

پرنطفه p.-notfa(-e) [ف.-ع.] (ص مر.) دارای نطفهٔ بسیار.

پرنعمت p.-ne'mat [ف.-ع.] (ص مر.) پرازمال، پرازکالا، بسیارنعمت.

پرنفس p.-nafas [ف.-ع.] (ص‌مر.) (عم.) ۱ - پرگوی، پرچانه. ۲ - آنکه در دویدن و مانند آن نفسش‌دیرتنگ شود: آدم پرنفسی است.

پرنفسی p.-nafas-ī [ف.-ع.] (حامص.) عمل وکارپرنفس (ه‌م.)

پرنقش p.-naγš [ف.-ع.] (ص‌مر.) ۱ - دارای نقش بسیار، پرنگار. ۲ - رنگارنگ.

۱-پرنگ pa(e)rang [= پرند = فرند = افرند] (اِ.) ۱ - فروغ وبرق شمشیر، گوهر، جوهر، پرند (ه‌م.)، فرند. ۲ - شمشیر جوهردار.

۲-پرنگ perang [= برنج - برنگ] (اِ.) نوعی فلز که آنرابرنج خوانند؛ برنگ.

پرنگار por-negār (ص مر.) ۱ - پرنقش (ه‌م.) ۲ - باگلها و گیاهان

۱- Oiseau (فر.)   ۲ — Ornithologie (فر.)

پرنگ‌دادن رنگا رنگ. ‖ سخن ـــ. فریبنده، سفسطه آمیز.

پرنگ دادن pa(e)rang-dādan (مصم.) برق وجلا دادن، رونق دادن.

پرنم por-nam (ص مر.) ۱ـ پر-رطوبت. ۲ـ پراشك؛مق. کم‌نم. ‖ تنباکوی ـــ. که خوب در آب خیسیده باشد؛ مق. تنباکوی کم‌نم.

پرنمایش p.-na(o)māyeš (ص‌مر.) باظاهری فریبنده.

پرنمك p.-namak (ص مر.) ۱ـ غذا و جز آن که نمك بسیار دارد؛ مق. کم نمك، بی‌نمك: غذای پرنمك. ۲ـ ملیح: دختر پرنمکی است.

پرنم‌کردن p.-n.-kardan (مصم.) ۱ـ مرطوب کردن، خیساندن. ۲ـ پراشك کردن.

پرنمکی p.-namak-ī (حامص.) ۱ـ شوری، بسیار نمك داشتن. ۲ـ ملاحت، بانمکی.

پرنور p.-nūr [ف.ـع.] (ص‌مر.) دارای شعاع بسیار.

پرنورد p.-navard (ص‌مر.) پرچین، پرآژنگ، پرشکن.

پرنون parnūn [= پرنیان] (إ.) پرنیان (ه.م.)

پرنهادن par-na(e)hādan (مص‌ل.) ۱ـ عاجز آمدن، پرافکندن. ۲ـ بیرون کردن کسی را ازجایی، آواره کردن، دفع نمودن. ۳ـ ازسرخودبلطایف‌الحیل دور کردن.

پرنهیب por-nehīb [ف.ـع.] (ص مر.) پرترس، پربیم، پرتشویش، پر اضطراب.

پرنهیب شدن p.-n.-šodan (مص ل.) پربیم‌شدن، مضطرب‌شدن، پرتشویش شدن، پرنهیب گشتن.

پرنهیب گشتن p.-n.-gaštan (مص ل.) ← پرنهیب شدن.

پرنیاز p.-niyāz (ص مر.) سخت محتاج، بسیار نیازمند.

پرنیان parniyān [= پرنون = پرنو = پرن؛ پهـ. parnīkān] (إ.) ۱ـ حریر چینی منقش، حریرمنقش، حریر، پرنو، پرنون، لاد. ۲ـ کاغذ یا پارچه‌ای از حریر که بر آن چیز می‌نوشتند. ۳ـ پردهٔ نقاشی، تابلو. ۴ـ (گیا.) قسمی انگور از نوع‌خوب. ۵ـ (مج.) شمشیر. ‖ چون ـــ گشتن. نرم و لطیف شدن. ‖ دار ـــ. ← دارپرنیان. ‖ قول یا گفتار چون ـــ. سخت نرم ولطیف.

پرنیان بر p.-bar (ص مر.) آنکه بروبالایی چون پرنیان دارد.

پرنیانخو(ی) p.-xū(y) (ص‌مر.) (کنـ.) ۱ـ خوشدل، نرم‌دل. ۲ـ خوشحال. ۳ـ خوشخوی، نرمخوی. ۴ـ صاحبدل.

پرنیانی parniyān-ī (ص‌نسبـ.) ۱ـ منسوب به پرنیان، دارای پرنیان، از پرنیان. ۲ـ برنگ‌پرنیان. ۳ـ (کنـ.) شمشیر.

پرو parv [= پروین] (إ.) ← پروین.

پرو pe(o)rov [فر. preuve] (إ.) (خیا.) آزمایش لباس از طرف خیاط بر تن مشتری.

پروا parvā (إ.) ۱ـ ترس، هراس، بیم، باك، محابا، مهابت، رعب، خوف، جبن. ۲ـ تاب، توان، طاقت، تحمل. ۳ـ فرصت، وقت وزمان مستعد برای امری. ۴ـ رغبت، میل. ۵ـ پرداختن به...، رعایت‌جانب‌کسی، توجه، التفات، میل. ۶ـ اندیشه، تذکر. ۷ـ قصد، عزم. ۸ـ آرام، فراغ، فراغت، سکون، قرار.

پروا داشتن p.-dāštan (مص ل.)

۱ - باك داشتن، ترسیدن، مبالات ، پروا کردن . ۲- التفات، توجه. ‖ ~ ی امری نداشتن. بدان توجه نکردن، التفات نکردن ، محل و وزن ننهادن، ذهول از آن .

۱ - پروار par-vār [= پرواره = پرور ← پروردن ؛ په . parvār، طویله] ۱ - (إمص.) پرورش :

«روان پرور ایدون که تن پروری
بپروار تن رنج تا کی بری؟» (اسدی)

۲ - (ص.) [= پرواری] فربه، فربی، پروری، پرواری؛ گوسفند پروار. ۳ - جایی که جانوران را نگاهدارند تا فربه شوند؛ طویله. ۴- پشتوان، پشتیبان، مایهٔ اقتحام. ‖ **به ~ بستن.** ← پروار کردن. ‖ **به ~ داشتن.** ← پروار کردن، بپروار بستن. ۵ - بول و پیشاب بیمار که نزد طبیب برند ، پرواره ، پیسیار ، قاروره، دلیل.

۲ - پروار par-vār [= پربار = پرباره = پربال = پرباله = فربال = فرباله = برواره = فرواره] (إمر.) ۱ - خانهٔ تابستانی، خانهٔ بادگیردار . ۲ - خانه‌ای که بر بالای خانهٔ دیگری ساخته باشند و اطراف آن باز باشد ؛ بالاخانه، پربار، پرباره، پربال، پرباله، فربال، فرباله ، برواره . ۳ - مجمرهٔ عود . ۴ - رف، طاق ، طاقچه، پرواره. ۵ - گنجینه. ۶- تخته‌هایی که سقف خانه را بدان پوشند.

پروارانیدن p.-ānīdan (مص م.) (صر ← پرورانیدن) تغذیه، غذادادن.

پروارکردن p.-kardan (مص م.) پروراندن، فربه کردن، تسمین، بپروار بستن، بپروار کردن.

پروارگرفتن p.-gereftan (مص ل.) فربه شدن.

۱ - پرواره par-vāra(-e) [= پروار] ← ۱ - پروار (همه.)

۲- پرواره par-vāra(-e) [= پروار] ← ۲- پروار(همه.)

پرواری par-vār-ī (ص نسب.) جانوری که در جای مناسب نگاهدارند وعلوفهٔ خوب دهند تا فربه شود؛ فربه کرده، فربه، پروری، مسمن ، اکوله ، علوفه، علیفه :

«اسب لاغر میان بکار آید
روز میدان نه گاو پرواری.» (گلستان)

پرواز par-vāz [اس. para+vaz، درپیرامون پریدن] (إ.) ۱ - بالارفتن بهوا با بال، پرش، طیران. ۲ - چرخ زدن مرغ درهوا. ۳ - چوبهای کوتاه که نزدیك یکدیگر بالای تیر خانه بچینند و روی آنرا حصیر اندازند وخاك و گل ریزند. ۴ - (تص.) سیر از جانب ناسوت بشریت بجانب لاهوت حقیقت. ‖ **به ~ برشدن.** ← پرواز کردن. ‖ **به ~ رسیدن.** ← پرواز کردن.

پرواز دادن p.-dādan (مص م.) پرانیدن، تطییر.

پرواز زدن p.-zadan (مص ل.) ← پرواز کردن.

پرواز کردن p.-kardan (مص ل.) پریدن ، تطییر ، پرواز زدن ، پرواز گرفتن، بپرواز رسیدن، بپرواز برشدن.

پروازگرفتن p.-gereftan (مص ل.) ← پرواز کردن.

پروازکن p.-kon [= پروازکننده] ۱ - (إفا.) پرواز کننده ، طایر. ۲ - (إمر.) دراج (ه.م.)

پروازه par-vāza(-e) (إ.) ۱ - توشه وطعامی که کسی همراه برد یا از پس او فرستند. ۲ - درمنه‌ای که‌ازپیش عروس برای خرمی بر افروزند. ۳ - آتشی که پارسیان بشب عروسی بیفروزند

پروازه‌گر ۷۶۰

ودامن عروس و دامادرا بهم بسته گرد آن طواف کنند، آتشی که پیش‌عروس افروزند. ۴ - ورق زر که ریزه سازند وشب زفاف برسر عروس و داماد نثار کنند. ← پروازه گر. ۵ - (نق.قد.)ورق طلا ونقره که نقاشان بر روی پوست ومانند آن کارمیگذاشتند. ← پروازه گر. ۶ - عیش‌وخرمی. ‖ ~ گوش. (جا ن.) لالهٔ گوش (ه.م.)

پروازه‌گر p.-gar (ص‌فا.) ۱ - کسی که زرورق میسازد. ۲ - کسی که ورق طلا ونقره را برروی پوست‌می‌چسباند.

پروازی بازی parvāzī-bāzī (حامص.)رقص؛: «دخترهیرودیادرمجلس اندررفت‌وپروازی‌بازی کرد. هیرودیس راعظیم‌خوش آمد.» (انجیل‌فارسی‌ص۹۶)

پروازیدن parvāz-īdan (مص‌ل.) (صر. ← تازیدن) ← پرواز کردن:

«اگرچندان مرغ‌ازکبوتر وجز آن گرد خانه می‌پروازند و یکی از ایشان‌لنگ شود بسر آن خانه نپرد.»

(ابوالفتوح ج۱ص۶۰۸)

۱- پرواس parvās [قس. پرواسیدن، پروا] (اِ.) ترس، بیم.

۲- پرواس parvās [= پرواز](اِ.) ۱ - پرواز (ه.م.) ۲ - نجات، خلاص، فراغ:

«بعدل او بود از جور بدکنش رستن
بخیر اوبود ازشراین جهان‌پرواس.»
(ناصرخسرو)

۳ - پرواس parvās [= برواس، قس. برماس = پرماس ← پرماسیدن = برماسیدن] (اِ.) لمس، لامسه.

۱-پرواسیدن parvās-īdan [← ۱-پرواس ، پروا] (مص‌ل.) (پرواسید، پرواسد ، خواهد پرواسید ، بپرواس ، پرواسنده، پرواسان، پرواسیده) ترسیدن، واهمه نمودن.

۲ - پرواسیدن parvās-īdan [= پروازیدن، ← ۲- پرواس] (مص‌ل.) (صر ← ۱-پرواسیدن) ۱ - پروازیدن (ه.م.) ۲ - پرداختن، فراغ یافتن.

۳ - پرواسیدن parvās-īdan [= برواسیدن، ← ۳-پرواس] (مص‌ل.) (صر. ← ۱- پرواسیدن) لمس کردن ، دست مالیدن، پرماسیدن.

پرواسیدنی parvās-īdan-ī (ص لیا.) در خور بسودن، قابل لمس.

پرواسیده parvās-īda(-e) (اِمف.) ۱ - پرماسیده (ه.م.)، بسوده، لمس‌شده.

پرواکردن parvā-kardan (مص ل.) ۱ - باك داشتن، پرواداشتن. ۲ - التفات کردن.

پروان parvān [قس. پروانه] (اِ.) چرخی که‌ابریشم رابدان‌ازپیله‌برآورند وآن چرخ را بپای گردانند.

پروانجات arvānaǰ-āt (اِ.) ج. (غفص. بسیاق‌عربی) پروانه(ه.م.)؛ فرامین، جوازها: «پروانجات مبارك اشرف.» (تذکرة الملوك)

پروانچه parvān-ča(-e) [پروانه + چه، پس. تصغ.] (اِمصغ.) ۱ - پروانه (ه.م.)، جواز. ۲ - فرمان پادشاهان، حکم: «واگر چنانچه دست تطاول در آستین خویشتن‌داری نکشد ، و برسم خارجی و طیارات دیوانی بی‌پروانچه ومهر آل طمغاء مامتصدی رعایا وعجزهٔ آن طرف گردد ...»

(مکاتبات‌رشیدی)

۳ -(اصط. هندوستان) فرمانی که‌احتیاج بمهر شاه نداشت. ۴ - برات، حواله ← پروانه. ۵ - گواهی نامهٔ دبستان ودبیرستان (فره.)

پروانچی parvāna-čī [ف.-تر.] (ص‌نسب.) خزانه‌دار.

پروانه‌ها
پروانه پارناسیوس ترکستانی
پروانهٔ شبانهٔ پرو
پروانه تائیس مجاری
پروانهٔ شبانهٔ آرماندیا
پروانهٔ شبانهٔ تیملیای قرمزی
پروانهٔ شبانهٔ هلیوکونیوس دوریس ویریدیس پرو
پروانهٔ شبانهٔ هلیوکونیوس پرو
پروانهٔ ویسکی گینهٔ جدید
پروانه آرژمامناس
پروانهٔ آرکاس میلونی هندوراس
پروانهٔ مزومنیا
پروانهٔ لپتوسیرکوس
پروانهٔ کانا کرام هندوراس
پروانهٔ مورفو سیپریس کلمبی
پروانهٔ لمونیاس هندوراس
پروانهٔ ارنی توپترا گینهٔ جدید.

مخصوص فرهنگ فارسی معین

پروانش وگل‌آن

پروانك

پروانه (کرم و پیلهٔ آن)

پروانش pervānš [فر. pervenche] (اِ.) (گیا.) گیاهی[1] از تیرهٔ شاهدانهٔ هندی[2] که جزو تیره های نزدیك به‌ـ زیتونیان[3] است. ساقه اش خزنده وگلهایش چهار گلبرگی و برگهایش کامل ومتقابل است. رنگ گلش غالباً آبی و گاهی سفید است. در حدود ۱۲ گونه از این گیاه شناخته شده که بیشتر زمینی هستند؛ گل تلفونی.

پروانك parvānak [په. parvānak* =۱- پروانه= فروانك، معر.] (اِ.) ←۱- پروانه ۱، ۲، ۵، ۶، ۱۰.

پروانگان parvāna(e)g-ān (اِ.) (جا ن.) ج. پروانه، راسته‌ای[4] از تیرهٔ حشرات[5] که دارای ۴ بال نازك پوشیده از پولکهای لطیف کوچکی است که غالباً رنگینند. قطعات دهانی این جانوران جهت مکیدن مایعات تغییر شکل یافته بدین‌صورت که دوآروارهٔ حیوان بشکل لوله ای در آمده و خرطوم طویلی را تشکیل میدهد. پروانگان اقسام متعدد دارند که بعضی از آنها دارای رنگ آمیزیهای بسیار زیبا وجالب میباشند. ‖ ~ روزانه[6] (جا ن.) پروانگانی هستند که در موقع استراحت ونشستن روی دیوار یا گیاهان بالهایشان بطور عمودی قرار میگیرد و شامل تعداد زیادی از پروانه ها میباشند. این پروانه‌ها رنگهای بسیار زیبایی دارند وبرروی سبزیها پرواز میکنند. ‖ ~ شبانه[7]. (جا ن.) پروانگانی هستند که گونه‌های متعددی را شامل میشوند. بالهای این پروانه‌هادرموقع استراحت بحالت افقی قرار میگیرد. بعضی از گونه‌ها مانند پروانهٔ کرم ابریشم نوزادشان پس از خروج از تخم که بشکل کرم درمیآید بدور خود پیله‌ای می تند که از الیافش ابریشم تهیه میکنند وبعضی از گونه‌ها هم انگل میوه‌ها(از قبیل سیب وگلابی وآلو)میشوندوخساراتزیادوارد میکنند؛ شب‌پره. ‖ ~ غروب[8](جا ن.) پروانگانی هستند که مانندپروانگان شبانه بالهایشان درموقع استراحت افقی است. گونه‌ای[9] از این دسته پروانگان که در داخل اماکن مرطوب وزیرزمینهای تاریك میزیندوبرروی بالهای قهوه‌یی رنگشان نقش سر مرده‌ای را دارند. نوزاد[10] گونهٔ اخیر انگل سیب زمینی میشود.

۱- پروانه parvāna(-e) [قس. پروانك] (اِ.) ۱- (جا ن.) یك فرد[11] از تیرهٔ پروانگان جزو ردهٔ حشرات که گونه‌ها واقسام متعدد دارد. ← پروانگان. ۲-[= پروانك] (جا ن.) سیاه گوش (ه.م.) ۳- حاجب. ۴- فرمان رساننده. ۵- دلیل، رهبر. ۶- پیشرو لشکر. ۷- (مس.) یکی از گوشه‌های ماهور(ه.م.) ۸- (مس.) گوشه‌ای از راست پنجگاه (ه.م.) ۹-(مس.) یکی ازگوشه‌های همایون (ه.م.) ۱۰- (مج.) نورشمع، نور-چراغ. ۱۱- (مکن.) پره‌هایی است در اتومبیل که برای سرد کردن آب رادیاتور بکار میرود. پروانهٔ اتومبیل مانندملخ طیاره منتهی بسیار کوچکتر است و درپشت رادیاتورجلو موتورروی محوری قرار گرفته و توسط تسمه ای

۱- Vinca(لا.) ۲- Apocynacées(فر.) ۳ – Oléacées (فر.)
۴- Lépidoptères (فر.) ۵- Insectes (فر.) ۶- Papillonidées (لا.), papillons diurnes (فر.) ۷- Papillons nocturnes (فر.)
۸-Sphinx(فر.) ۹-Acherontia atropos(لا.) ۱۰-Larve (فر.)
۱۱- Papillon (فر.)

بنام تسمهٔ پروانه بگردش در آمده‌هوا را از داخل پنجره‌های رادیاتور بطرف موتور کشیده و در نتیجه آب داخل رادیاتور را که از بالا بپایین جریان دارد خنک میسازد. ۱۲- (هوا.) ملخک هواپیما. ۱۳- ملخک کشتی. ‖ پرهٔ ~ ← پره. ‖ تسمهٔ ~[1] (إ.) (فز.) تسمه‌ای که بدور محور پروانه درحرکت است وموجب گردش پروانه میگردد.

۲-پروانه parvāna(-e) [= فروانق. معر. قس. پروانچه] ۱- فرمان پادشاهان، حکم نامه، حکم. ۲- جواز، اجازه نامه، تذکره، اذن. ۳- اجازهٔ عبورومرور، گذرنامه. ۴- برات، حواله: «وهیچکس از مجلس شراب بی‌اجازت شاهنشاه باوثاق نتوانستی شد...... واگر گفتی بوثاق حریف دارم شراب سلار بی‌استطلاع. ... پروانه نبشتی وشراب داران حاصل کرده با او سپردندی.» (تاریخ طبرستان، لغ.)
۵- پیک، برید، حامل خرایط، پروانچه، فروانق (معر.)

پروانه‌واران
(گل، میوه‌ودیاگرام)

پروانه‌واران parvāna(-e)-vār-ān (إمر.) (گیا.) تیره‌ای[2] از گیاهان دولپهٔ جدا گلبرگ[3] که از پراکنده‌ترین تیره‌های گیاهان است. گلهای گیاهان این تیره نا منظم با کاسبرگهایی بهم چسبیده که تبدیل بلوله‌ای باسه کنگره شده است. جام گل[4] این گیاهان دارای ۵ گلبرگ آزاد و نامساوی است. یکی از گلبرگها که ازهمه بزرگتر استودر بالا قرار دارد ودرفش[5] نامیده میشود ودو گلبرگ دیگر در دوطرف ودرزیر آن بطور قرینه قرار دارند و آنها را بال[6] گویند و دوگلبرگ دیگر که در زیر گلبرگهای دیگر هستند و لبهٔ مجاورشان بهم چسبیده ناو[7] نامیده میشوند. نافه[8] دارای ۱۰ پرچم است که ۹ تای آن بهم‌چسبیده ولوله‌ای ساخته‌اند وپرچم دهم بطور آزاد درشکاف کناری آن‌لوله‌قرار گرفته‌است. میوهٔ این گیاهان بشکل نیام است. دانه‌ها فاقد آلبومن است ولی در داخل لپه‌ها مقدار زیادی اندوخته های گیاهی جمع شده است. اکثر گیاهان خوراکی ازقبیل حبوبات (نخود ولوبیا و باقلا و ماش و خلر) وگیاهان علفی از قبیل شبدر و یونجه واقسام گون‌ها وگیاهان دارویی‌ازقبیل دستهٔ‌گل‌ابریشم‌ها وفلوس وبقم وتمرهندی وغیره جزواین‌دسته‌اند؛ سبزی آساها. ضح.- وجه‌تسمیهٔ این تیره از گیاهان بعلت شباهت جام گل آنها ببالهای پروانه است.

پروانی parvānī (إ.) فنی است از کشتی و آن عبارتست از گشتن گرد حریف وپایش را ناگهان‌برداشتن واز جا ربودن.

پروای parvāy [= پروا] (إ.) ← پروا.

پر و بال par-o-bāl (إمر.) ۱- بال وپر. ۲- نیرو، توانایی، قدرت.

پر و بال‌داشتن p.-o-b.-dāštan (مصل.) (کنـ.) زور وقوت و قدرت داشتن.

پر و بال زدن p.-o-b.-zadan (مص ل.) ۱- پرپرزدن، بال وپرزدن. ۲- نفرینی است کنایه از مردن: آی! پروبال بزنی.

۱- Fan belt (انگ.) ۲ - Papillonacées, légumineuses (فر.)
۳- Dicotylédones -dialypétales (فر.) ٤ - Corolle (فر.)
٥ - Etandard (فر.) ٦- Aile (فر.) ۷ - Carène (فر.)
۸ - Androceae (لا.)

پر و بال کردن p.-o-b.-kardan (مص‌ل.) نیرو گرفتن، قوت گرفتن.

پر و پا par-o-pā (امر.) ۱- پا (ه.م.) ۲- پیش آمد: خوب پر و پا برایش افتاده. ‖ **از ~ افتادن.** ۱- ← ازپا افتادن، سخت خسته و درمانده شدن. ۲- سکوت و آرامش یافتن. ۳- بی‌طاقت شدن.

پر و پاچه p.-o-pāča(-e) (ا.) (عم.) ← پا، پاچه: پر و پاچهٔ خود را بهمه نشان میدهد. ‖ **~ کسی را گرفتن.** (عم.) بر او متغیر شدن، باو آزار رساندن: پروپاچهٔ مردم را میگیرد.

پروپاداشتن p.-o-p.-dāštan (مص‌ل.) (عم.) اساس و پایه داشتن: حرفهای فلان پروپایی ندارد.

پر و پاقرص p.-o-p.-γors (ص مر.) ۱- دارای پاهای محکم. ۲- پابرجا، استوار، ثابت‌قدم: مؤمن پروپا قرصی است.

پروپاکیزه par-o-pakīza(-e) (ص مر.) پاك، شسته ورفته.

پروپاگاند poropāgānd [فر. propagande] (ا.) ۱- تبلیغ برای فروش جنس. ۲- هرنوع کوشش برای انتشار و ترویج مرام و مسلکی.

پر و پای par-o-pāy (امر.) ← پای و پر، پروپا.

پروپایه p.-o-pāya(-e) (ا.) (عم.) اساس، بنیان.

پروپر par-o-par (امر.) ← پرپر:

«پر پروانه پی‌درك تف شمع بود
چونکه پریافت بخواهد پروپر پاریدن.»
(مولوی)

پروپشت p.-o-pošt (امر.) ← پشت.

پر وپوچ p.-o-pūč (امر.) ← پوچ.

پروپوشال p.-o-pūšāl (امر.) پر- وفضول دیگر، پوشال: پروپوشال مرغ.

پروپی p.-o-pay(pey) (امر.) ۱- پا، پروپا. ۲- پایه، اساس، پی.

پروپیمان por-o-paymān(pey-) [= پروپیمانه] (ص‌مر.) پر، ممتلی: انباری پر وپیمان، پراز آزوقه.

پر وپیمانه p.-o-paymāna pey.-e [=پروپیمان] (ص مر.) ← پر وپیمان.

پروتکل porotokol [فر. protocole] (ا.) (سیا.؛ حق.) صورت مجلس جلسات سیاسی که برای بررسی و تحقیق ومذاکره در امری منعقد گردد.

پروتوپلاسم porotoplāsm [فر. protoplasme] (ا.) (جا‌ن.) (گیا.) پرتوپلاسم (ه.م.)

پروتیزك porotīzak (ا.) (گیا.) کاسنی صحرایی (ه.م.)

۱- پرور parvar [← پروردن] (ری. پروردن) ۱- (افا.) در ترکیب بجای «پرورنده» آید: ادب‌پرور، بنده پرور، تن‌پرور. ۲- (امف.) نیز در ترکیب بجای «پرورده» آید: سایه‌- پرور، غم پرور، ناز پرور. ۳- (ا.) پیوند بود مطلقاً خواه پیوند انسان با نسان خواه درخت با درخت.

۲- پرور par-var [= پروار] (ا.) ← پروار.

پرور por-var (ص مر.) پرپهنا، عریض، پرعرض.

پروراندن parvar-āndan [= پروراندن] (مص.م.) (صر ← راندن) ۱- پروردن، پرورش دادن، پرورانیدن، تربیت کردن، بارآوردن، بزرگ کردن، تعلیم، ترشیح.

پروراننده

۲ - تغذیه،غذادادن. ۳ - انشاء،ایجاد، خلق. ۴ - آراستن ظاهر کلام.

پرواننده parvar-ānanda(-e) (إفا.) آنکه‌پروراند، آن‌کس یاچیز که سبب تربیت شود؛ تربیت‌کننده، بزرگ کننده، مربی. ۲ - غذا دهنده. ۳ - بوجود آورنده.

پرورانیدن parvar-ānīdan [= پروراندن] ← پروراندن(همع.)

پرورانیده parvar-ānīda(-e) (إمف.) پرورده، پرورش یافته، تربیت کرده.

پرورد parvard [← پروردن] ۱ - (مص‌خم.) پروردن، تغذیه. ۲- (إمف.) در ترکیب بجای «پرورده» آید: سایه پرورد،غم‌پرورد، نازپرورد(← پرور).

پروردگار p.-(e)-gār (ص‌فا.) ۱ - پرورنده، تربیت کننده،پرورش‌دهنده، مربی: «گویندبهرام گور روزی‌پیش نعمان‌بن‌منذر ایستاده‌بود که پروردگار اوبود.» (نوروزنامه). ۲ - پادشاه. ۳ - یکی از نامهای‌باری‌تعالی، رب، حق، صانع. ۴ - رب‌النوع ‖ **پروردگارا!** کردگارا! خدایا! الهی! ربی!

پروردگاری parvard-(e)-gār-ī (حامص.) ربوبیت، الوهیت.

پروردگان parvarda-gān [= فروردگان] (إ.) پنجروز آخرآبان‌ماه قدیم ،پنج روز پسین اندر آبانماه. (التفهیم)

پروردن parvar-dan [= پروریدن؛ په. parvartan] (مص م.) (صر.← خوردن) ۱ - ← پروراندن (همع.) ۲ - درعسل یاشکر و جز آن حفظ کردن و بعمل آوردن دارویی یامیوه‌ای، آماده کردن،اطراء، تطریه: «همه را کوفته و بیخته بآب غوره بپرورند.»(ذخیرهٔ خوارزمشاهی) ۳ - پرورده شدن، تربیت یافتن. ۴ - حمایت کردن. ۵ - پرستش کردن، پرستیدن. ۶ - نهادن،قراردادن، مواضعه کردن. ۷ - آموختن، تعلیم‌دادن.

پروردنی parvar-dan-ī (ص لیا.) قابل تربیت، قابل‌پرورش، تربیت کردنی،پرورش دادنی.

پرورده parvar-da(-e) (إمف.) ۱ - پرورش یافته ، تربیت یافته، مربی. ج. پروردگان. ۲ - درعسل یاشکر یا شیریاسرکه و جزآن آغار زده، بشکر پخته و آغشته،مربی باعسل‌وشکرسخت بقوام آمده نزدیك بخشکی: زنجبیل پرورده. ۳ - مصطنع، گیرندهٔ احسان وانعام. ۴ - پخته، سخته، نیك‌اندیشیده. ۵ - پرواری شده. ‖ ــــ مرغ.(کن.) زال زر پدر رستم:

«چوپروردهٔ مرغ باشد بکوه
فکنده بدر از میان گروه.»
(فردوسی)

‖ دست ــــ . (ه‌م.) ‖ **گیلاس ــــ** . گیلاسی که‌با جنس‌بهتر پیوندشده‌باشد: گیلاس پرورده دارم (گیلاس فروشها گویند) ‖ **نمك ــــ** (ه‌م.)

پرورده شدن p.-šodan (مص ل.) ۱ - پرورش‌یافتن، بالیدن، بزرگ‌شدن، نموکردن. ۲ - اغتذاء،خوردن‌وپرورش یافتن.

پروردین parvardīn [= فروردین] (إ.) ← فروردین.

پرورش parvar-eš [په. parvarišn] ۱ - (إمص.) تربیت، تعلیم، تأدیب. ۲ - فرهنگ، تمدن. ۳ - پرستیدن، پرستش. ۴ - (إ.) خوراك، خورش، غذا، طعام.

پرورش آموخته p.-āmūxta(-e) (ص مف.) پرورش‌یافته. ج. پرورش آموختگان(کن.) ۱ - انبیا واولیا. ۲ - شاعران، گویندگان.

پرورش‌آموز p.-āmūz [= پرورش آموزنده](إفا.) ۱ -علم وحکمت آموز، معلم ، پیر ، مرشد، هادی. ۲ - صاحب علم وحکمت وادب.

پرورش‌دادن p.-dādan (مص‌م.) ← پروراندن (همع.)

پرورشگاه p.-gāh (إمر.) آنجا که نگاهدارند وپرورش‌دهند،محل‌پرورش، محل تربیت ، دارالتربیه . ‖ ~ یتیمان . جایی که کودکان یتیم را نگاهداری وپرستاری کنند،دارالایتام.

پرورش‌یافته p.-yāfta(-e) (ص‌مف.) تربیت شده ، تربیت‌یافته. ج. پرورش یافتگان. ‖ پرورش یافتگان ازل. انبیاء واولیاء.

پرورنده parvar-anda(-e) (إفا.) پرورش‌دهنده،پرورانند‌ه، پروردگار ، تربیت‌کننده، مربی، معلم، مؤدب .ج. پرورندگان .

پرورِه parvara(-e) (ص)جانوری که در پروار بسته فربه کرده باشند ؛ پرواری (ه‌م.)؛
«چومرغ‌پروره مغرورخصمت‌آگه نیست
از آنکه رمح غلامان تست با بزنش.»
(شهاب‌الدین‌مؤید سمرقندی)

۱-پروری parvar-ī (إمص. قس. پرورش) (إ.) ۱ - خوراك، غذا ؛
«گرنباشد جاه فرعون و سری
از کجا یابد جهنم پروری ؟ »
(مثنوی)

۲-پروری parvar-ī [= پرواری] (ص‌نسب.) پرواری (ه‌م.)؛
« هفت گاو فربه بس پروری
خوردشان آن هفت‌گاو لاغری. »
(مثنوی)

پروریدن parvar-īdan [= پروردن] (مص‌م.) (صر ← دمیدن) ۱ - پروردن ، پرورش دادن (← پروراندن ۱). ۲ -تغذیه، پروراندن(← پروراندن۲). ۳-حمایت کردن، نوازش کردن. ۴ - افراختن، بزرگ کردن.

پروریده parvar-īda(-e) [= پرورده] (إمف.) پرورده (ه.م.)

۱-پروز parvaz [= فراویز](إ.)۱ - گستردنی ، فرش. ۲ - جامهٔ پوشیدنی یا گستردنی که از لونی دیگر گرد آن جامه در گیرند ، وصله‌ها که بر اطراف جامه دوزند از اصل‌ابره یا رنگی دیگر، سجاف جامه، فراویز، پیرامون، حاشیه ، عطف،طراز . ۳ - جامهٔ دورنگ درهم بافته‌شده ،شب‌اندر روز. ۴ -پینه ووصله‌که‌برخرقه‌وجامه‌از رنگهای دیگر دوزند. ۵ - نژاد،اصل، نسب؛
«همان مادرت خویش گرسیوز است
از این‌سو وآن سوترا پروزاست.»
(شاهنامه)
۶ - حلقهٔ لشکر از سوار وپیاده، پره، دایرهٔ لشکر.

۲-پروز parvaz [= فریز= فرزد] (إ.) (گیا.) نوعی از سبزه در غایت سبزی وطراوت، فریز، فرزد، مرغ؛
«پروزسبزه دمید برنمط آبگیر
زلف بنفشه‌خمیدبرغبب‌جویبار.»
(خاقانی)

پروزن parvazan [= پرویزن= پریزن= پریز] (إ.) ۱ - هرچیز پر-سوراخ وشبکه دار؛
« چرخ پنداری بخواهد شیفتن
زان همی پوشد لباس پروزن . »
(ناصرخسرو)
۲ - آردبیز، غربال، پروین (ه‌م.)

پروژکتور porožektor [فر. projecteur] (إ.) (فر.) دستگاهی

پروژه

که برای ایجاد روشنایی بسیار درهوا و روی زمین بکار رود. در عکاسی وفیلمبرداری نیز ازآن استفاده کنند، وبوسیلهٔ آن تصاویر اشیاء بزرگتر از آنچه هست روی صفحه (دیوار یا پرده) روشن ونمایان گردد؛ نورافکن، پرتو افکن، شعاع افکن.

پروژکتور

پروژه porože [فر. projet] (اِ.) ۱- طرح، نقشه. ۲- (نق.، معم.) طرح اولی، نقشهٔ اولیه.

پرویزن

پروش parūš (اِ.) (پز.) جوششی که ازاعضای مردم برآیدوآنرا بعربی بشر (basar, basr) گویند.

پروفا por-vafā [ف.-ع.] (ص‌مر.) صاحب حسن‌عهد بسیار؛ دارای وفا.

پروگرام porogrām [فر. programme] (اِ.) ← پرگرام، برنامه.

پرولتاریا poroletāriyā [فر. proletariat] (اِ.) طبقهٔ کارگر که حیات تولیدی سرمایه داران بدست آنانست، طبقهٔ زحمتکش.

پرون parvan [= پروان] (اِ.) ← پروان.

پروند parvand [په. parvand، ابریشم] (اِ.) ۱- ابریشم، پرند. ۲- (گیا.) گلابی، امرود، کمثری.

پرونده parvanda(-e) [= برونده = بلونده] (اِ.) ۱- بستهٔ قماش و اسباب، بستهٔ جامه، پشتوارهٔ جامه، رزمه. ۲- پارچه‌ای که قماش را بدان پیچند، شلهٔ قماش، برونده (ه.م.) ۳- جوال مانندی که دهن آن از پهلوی آن باشد واستادان بزاز اسباب دکان خود را درآن نهند وباریسمانها بندند؛ پلونده (ه.م.) ۴- امروز پرونده را بمجموعهٔ سندها و نوشته‌های‌راجع بیك تن یایك موضوع یایك کار که در یك جاجمع آوری‌شده اطلاق کنند[1] (فره.)
‖ ~ اش پیش منست. از سوابق او کاملا مطلع‌هستم. ‖ ~ کردن‌جامه‌ها. پشتوارهٔ جامه‌ها بستن، ترزیم.

پروه parva(-e) [= پرو = پروین = پرن] (اِخ.) پروین، ثریا، پرن ← بخش ۳.

۱-پرویز parvīz [په. aparvēǰ، aparvēč = ابرویز، معر.؛ فاتح، پیروزگر] ۱- پیروز، فاتح. ۲- نام خسرو دوم شاهنشاه ساسانی ← بخش ۳. ‖ ~ِ فلك. (کن.) خورشید، آفتاب.

۲-پرویز parvīz [= پرویزن] (اِ.) پرویزن (ه.م.)

پرویزن parvīzan [= پرویز = پریزن = پریز = پروزن] (اِ.) آلتی است که بدان بیختنیها چون‌شکروآرد وامثال آن را بیزند؛ پروزن، آردبیز، گرمه‌بیز، گرمه‌ویز، تنگ‌بیز، ماشوب، پالونه، پالوانه، الك، غربال، ترشی‌پالا، سماق پالا، مسحل، هلهال.

پرویزن‌گر p.-gar (اِفا.) غربالی، آنکه پرویزن سازد.

پرویش parvīš [= فرویش] (اِ.) کوتاهی، تنبلی درکار، اهمال، سستی، فرویش.

پروین parvīn ۱- (اِخ.) ثریا ←

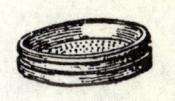

۱ – Dossier (فر.)

بخش۳. ۲ - (اخ.) منزلی از منازل قمر ← بخش۳.

پروین گسل p.-gosel [= پروین گسلنده] (إفا.) از هم گسلندهٔ ستاره‌های پروین، گسلندهٔ ثریا:

« اینت لطف دل که از یك مشت گل
ماه او چون میشود پروین گسل .»
(مثنوی)

پره para, parra(-e) [په. parrak] (إ.) ۱ - حلقه و دایرهٔ لشکر از سوار و پیاده، حلقهٔ لشکریان سوار و پیاده برای حصار دادن نخجیر وجز آن. ۲ - خطی را گویند که از سوار و پیاده تشکیل شود؛ صف. ۳ - دامن، کناره، طرف. ۴ - دندانهٔ چرخ ودولاب، دندانهٔ آسیا، پرآسیا، ناعره. ۵ - پهلو، جنب. ۶ - جزوی از قفل که بدان قفل محکم گردد. ۷ - برگ کاه. ۸- دکلان، دوك پشم رشتن. ۹ - فراشهٔ در، کوژابند، کوژانوك. ۱۰- هریك از خانه‌های مرکبات که با پرده و غشایی از دیگران جداست. ۱۱- تشنج. ۱۲- بادپره (ه.م.) ۱۳-(خاتـ.) هر یك از اجزای گل (ه.م.) خاتم و آن تشکیل شده است از یك مثلث فلزی که در وسط قرار میگیرد و سه مثلث دیگر چوبی یا استخوانی در پهلوی هریك از اضلاع آن. ۱۴- (گیا.) پرخ (ه.م.) ‖ ~ٔ آب. محیط و دایرهٔ آب. ‖ ~ های بینی. (إمر.) (پز.) قسمت غضروفی[۱] ابتدای سوراخهای بینی که دیواره‌های طرفی سوراخهای بینی را میسازند و از جلو نیز بغضروف نوك بینی منتهی میشوند؛ ارنبتین، نرمهٔ راست وچپ بینی، ارنبه، بچش، پشك. ‖ ~ٔ پروانه[۲]. (فره.) هر بخش از اجزای پروانه (ه.م.) ‖ ~ٔ قفل. جزوی از قفل که قفل را بدان محکم و مضبوط سازند؛ گره قفل، دندانهٔ قفل، دندانهٔ کلید، گرژ، شب پره. ‖ ~ٔ گوش. نرمهٔ راست وچپ گوش.

پرهازه parhāza(-e) (إ.) رکوی سوخته وچوب پوسیده که برزبر سنگ چخماق نهند و چخماق زنند آتش در آن درگیرد؛ پده (ه.م.)، پوده (ه.م.)

پره بستن par(r)a(-e)-bastan (مص‌ل.) ← پره زدن.

پرهختن parhex-tan [= پرهیختن] (مص‌م.) (صر ← پرهیختن) ← پرهیختن.

پره‌دار par(r)a(-e)-dār [= پره دارنده] (إفا.) جنسی از قفل که صاحب انواعی است؛ مق. پیچدار.

پره‌داشتن p.-dāštan (مص‌ل.) ← پره‌زدن.

پرهراس por-harās (قمر.، ص‌مر.) پرترس، پربیم.

پره‌زدن p.-zadan (مص‌ل.) گرداگرد گرفتن، حلقه زدن، دورکردن، چنبر زدن، دایره بستن، پره‌کردن، پره‌کشیدن، پره داشتن، پره‌بستن.

پره‌کردن p.-kardan (مص‌ل.) ← پره‌زدن.

پره‌کشیدن p.-ka(e)šīdan (مص‌ل.) ← پره‌زدن.

پرهمت por-hemmat [ف.-ع.] (ص‌مر.) ۱ - بزرگ همت، جوانمرد. ۲ - دلیر، شجاع. ۳ - کوشا، ساعی. ۴ - باعزم، قوی، پراستقامت.

پرهنر p.-honar (ص مر.) ۱ - آنکه صاحب صنایع و هنر بسیار است؛ صاحب هنر، صاحب‌فضیلت، پرفضیلت، پرفضل، کثیر الفضل. ۲ - پرفن، پرحیله درادا واطوار.

---

۱ — L'aile du nez (فر.)　۲ — Fan blade (انگ.)

پرهودن parh-ūdan [= برهودن] (مص ل.) (صر. ← آسودن) گردیدن رنگ چیزی از آفتاب و آتش، داغدار شدن از آتش، زرد رنگ شدن از اثر حرارت؛ برهودن، بیهودن، پیهودن، تلویح، قشف.

پرهوس por-havas [ف.-ع.] (ص مر.) آنکه هوس بسیار دارد، دارای آرزوی بسیار، بوالهوس، بلهوس؛ مق کم هوس.

پرهول p.-hawl (-howl . تد) [ف.-ع.] (ص مر.) سخت ترس آور، بسیار هول، مهیب، سهمناک.

پرهون parhūn [= برهون] (اِ.) دایره و هرچیز میان تهی مانند چنبر و طوق و امثال آن، هرچیز گرد میان تهی، چنبر ماه، خرمن ماه، هاله.

پرهیاهو(ی) por-hayāhū(y) (ص مر.) ۱ - جایی که هیاهو در آن زیاد باشد، پردادوقال، پرآواز، پرآوا، پرقیل وقال. ۲ - کسی که هیاهوی بسیار کند، جنجالی.

پرهیاهویی p.-hayāhūy-ī (حامص.) پروسرصدایی، پرآوازی.

پرهیختن parhīx-tan [= پرهختن = فرهیختن = فرهنجیدن، pahrēxtan, parēxtan] (مص م.) (صر. ← ریختن) ۱ - ادب کردن. ۲ - پرهیز کردن. ۳ - رها کردن. ۴ - خالی کردن.

پرهیز parhīz (parhēz . قد) [په. pahrēč] (اِ.) ۱ - خویشتن داری، خود داری، دوری، اجتناب، تجنب، احتراز، تحرز، حذر، تحفظ، امساك، اتقاء، کف نفس. ۲ - (پز.) (فره.) نخوردن بعضی غذاها و مشروبات بدستور طبیب؛ احتماء، رژیم؛ مق. نا پرهیزی. ۳ - بازایستادن از حرام، پارسایی، تقوی، ورع، عفت، اتقاء، تقیه. ۴ - تفاوت. ۵ - احتیاط. ۶ - ترس، بیم. ۷ - روزهٔ ترسایان، روزهٔ نصاری: ایام پرهیز. ۸ - (تص.) اجتناب ازماسوی الله.

پرهیزانه parhīz-āna(-e) (اِ مر.) ۱ - غذایی که بیمار اجازهٔ خوردن آنرا دارد. ۲ - روزه.

پرهیزانیدن parhīz-ānīdan [← پرهیز] (مص م.) (صر. ← ریزانیدن) پرهیز دادن (ه.م.)، تجنب.

پرهیزجستن p.-ǰostan (مص ل.) ← پرهیز کردن.

پرهیزخانه p.-xāna(-e) (اِمر.) جایی که در آن انواع جوشانده ها و شربتها برای پادشاهان صفوی ترتیب داده میشد.

پرهیزشکستن p.-šekastan ۱ - (مص ل.) ترك پرهیز کردن، قطع پرهیز کردن. ۲ - (مص م.) بریدن پرهیز بیماررا.

پرهیزکار p.-kār (ص فا.) ۱ - دوری کننده از حرام، پارسا، خویشتن دار، پاکدامن، زاهد، صالح، عفیف، آبدست، متقی، با تقوی. ۲ - قانع. ۳ - با احتیاط. ‖ ـــ بودن. پاکدامن بودن، ورع داشتن، متقی بودن، اتقاء، تقیه.

پرهیزکارانه p.-kār-āna(-e) (ق مر.) از روی پرهیزکاری.

پرهیزکارشدن p.-k.-šodan (مص ل.) پارسا شدن، تقوی گزیدن، دوری کردن ازحرام، تورع.

پرهیزکار گردانیدن p.-k.-gardānīdan (مص م.) پارسا کردن کسی را، بازگردانیدن کسی را ازحرام، اعفاف.

پرهیز کاری p.-k.-ī (حامص.) پارسایی (ه.م.)

پرهیزکاری کردن p.-k.-kardan پارسایی کردن، پارسا گردیدن، تورع، تعفف.

پرهیز کردن p.-kardan (مص ل.) ۱ - دوری کردن، اجتناب کردن، حذر کردن، احتراز کردن. ۲ - پارسایی کردن، اتقاء، تقیه، ورع، باز ایستادن ازحرام. ۳ - ترسیدن. ۴ - بیم کردن از چیزی نامناسب ومضر.

پرهیز کرده p.-karda(-e) (ص مف.) دوری کرده، اجتناب کرده، حذر کرده.

پرهیزگار p.-gār [= پرهیز کار] (ص فا.) ← پرهیز کار (همع.).

پرهیزگاری p.-gār-ī [= پرهیز-کاری] (حامص.) ← پرهیز کاری.

پرهیزناك p.-nāk (ص مر.) پارسا، پرهیز کار.

پرهیزنده parhīz-anda(-e) (إفا.) ۱ - دوری کننده، حذر کننده، اجتناب کننده، محتذر، محتاط. ۲ - نگهبان، حافظ.

۱- پرهیزی parhīz-ī [← پرهیز] (ص نسب.) منسوب به پرهیز، آنچه برای پرهیز است: آش پرهیزی.

۲- پرهیزی parhīz-ī [← پرهیز] (حامص.) پرهیز کردن (ه.م.)

پرهیزیدن parhīz-īdan [← پرهیز] (مص ل.) (صر ← ریزیدن) ۱- پرهیز کردن (ه.م.) ۲ - حفظ کردن، نگاهداشتن. ۳ - پارسایی کردن، پرهیز کاری کردن، تقوی جستن، تورع.

۱ - پری parī [په. parīk] (إ.) ۱ - جن. ۲- مؤنث جن. ۳ - روح پلید، دیو. ۴ - (استعاره) زن زیبا. ۵ - نوعی از قماش است در نهایت ملایمی، بسان مخمل خوابکی هم دارد ورنگارنگ است واز آن مسند وفرش سازند. ‖ ~ **درشیشه دیدن.** جادوگران وجن گیران آینه‌ای درپیش چشم اطفال نگاهدارند و اوراد و اذکاری مخصوص می‌خوانند تا کودکان نا بالغ، پریان واعمال آنهارا در آیینه ببینند وازگم شده یا سفر کرده‌ای که‌خبری ازاو نیست بوسیلهٔ مشاهدات در آیینه خبر دهند. ‖ **آدمی و** ~. انسان وجن، جن وانس.

۲- پری parī [= پریر] (إ.) دراول «پریروز»، «پریدوش» و«پریشب» آید بهمان معانی.

پری perī [فر. prix] (إ.) جایزه‌ای که در مسابقات ببرنده داده شود، جایزه برای تشویق. ضح. - عدم استعمال این کلمه اولی است.

پری por-ī (حامص) ۱ - پربودن، امتلاء، آکندگی، انباشتگی. ۲ - امتلاء معده. ۳ - کثرت. ‖ ~ **شکم.** ۱ - سیری. ۲ - آبستنی، حاملگی. ‖ ~ **ماه.** ← حالت بدری.

پریاخته por-yāxta(-e) [← یاخته] (إمر.) (جا ن.، گیا.) یك فرد از موجودات گیاهی یا جانوری که بدنش بیش از یك یاخته داشته باشد، جانور وگیاه پرسلولی، پرسلولی.[1]

پریان pariy-ān (إ.) ج. پری (ه.م.)

پری‌افسا(ی) parī-afsā(y) (ص فا.) افسونگر، کسی برای تسخیر جن افسون خواند، پری‌سای، پری‌بند، پری‌خوان.

پری‌بند p.-band (ص مر.) آنکه تسخیر جن کند، افسونگر، جن گیر، پری خوان، پریسای، پری افسا، پری افسای. ج. پری بندان.

۱ - Métacellulaire pluricellulaire (فر.)

۷۷۰
پری پو

پری پو(ی) p.-pū(y) (صفا.) که پویه‌ای چون پری دارد.

پری پیکر p.-paykar(pey-) (صمر.) که پیکری چون پری دارد، که اندامی چون پری دارد.

پریچه par-īča(-e) (إمصغ.) پوست وپوشال خرما که بدان ریسمان بافند؛ لیف خرما، پیشن، پیشند، آزوغ، آزغ، آزوغ.

پریچهر parī-čehr [= پریچهره] (صمر.) ← پریچهره.

پریچهره p.-čehra(-e) [= پریچهر] (صمر.) که چهره‌ای چون پری دارد؛ پری سیما، پری روی، خوبروی، زیبا، جمیل، پریچهر. ج. پریچهرگان.

پری‌خوان p.-xān [= پری‌خواننده] (إفا.) ← پری‌بند.

پری خوانی p.-xān-ī (حامص.) عمل کسی که جن و پری را بعزیمت حاضر سازد (بروفق عقیدهٔ عامیانه)، افسونگری ← پری‌بند.

پری دار p.-dār [= پری دارنده] (صفا.) ۱- آنکه جن اورا گرفته باشد، جن‌دار، جن گرفته، پری گرفته. ج. پریداران. ۲- دختری دوشیزه که زنان جادو افسانها خوانده براو دمند تا پری در بدن او درآید وآن دختر شروع برقص کند و در آن اثنا از مغیبات خبردهد. ۳- دیوانه، مجنون. ۴- جا ومقام دیو.

پری‌داری p.-dār-ī (حامص.) کیفیت وحالت پری‌دار (ه.م.)، پری داشتن، جن داشتن.

پریدگی par-īda(e)g-ī (حامص.) پرش، طیران. || ~ رنگ. رنگ پریدن، رنگ باختگی.

پریدگی por-īda(e)g-ī (حامص.) پرشدگی.

پریدن par(r)-īdan [پهـ. parītan] (مصل.) (پرید، پرد، خواهد پرید، بپر، پرنده، پران، پریده، پرش) ۱- باپر سوی هوا اوج گرفتن ودرهوا حرکت کردن، برپریدن، پرواز کردن، طیران کردن، طیر. ۲- برجستن وسوار شدن:

«سوار وپیادگان قلعت براسبان پریدند، وبیك ساعت جماعتی ازایشان بگرفتند.» (بیهقی)

۳- حمله کردن، برجستن، وثوب. ۴- جهیدن: پرید بالا. ۵- تند دویدن. ۶- شکستن، جداشدن: لب کاسه پرید. ۷- تبخیر شدن، متصاعد شدن: الکل چراغ پرید. || **ازانتها تاآغاز** ~. ۱- از آخر باول پرواز کردن. ۲- از جهان تن بعالم جان سفر کردن، از عالم ماده بعالم روحانی رفتن، سیر من الخلق الی الحق:

« ای دریغا مرغ خوش پروازمن
زانتها پریده تا آغاز من.» (مثنوی)

|| **ازخواب** ~. ناگهان ازخواب بیدار شدن. || ~ **اندام**. جنبیدن وحرکت کردن بی‌ارادهٔ عضوی، تشنج خفیف، اختلاج: چشمم می‌پرد. || ~ **پلك**. (پز.) تحریکات مداوم عصب پلك چشم که موجب انقباضات متوالی پلك چشم[1] شود. این عارضه غیر ازچشمك زدن وچشم بهم زدنهای پشت سرهم است که بعضی بنا بعادت و یا در برابر بعضی محرکات انجام میدهند. عارضه‌ایست بلاارادی وهردفعه که عارض شود پلك چشم (غالباً دریك چشم انجام میشود) بانقباضات سریع و متوالی درحدود یك تادو ثانیه

۱ - Nictation (فز.)

دچار میشود ؛ اختلاج پلك. ‖ ـــ **جان ، روان** . مردن ، درگذشتن . ‖ ـــ **هوش ، فکر ومانند آن**. بدر رفتن ، بیرون رفتن ، خارج‌شدن آن. ‖ **خواب ازسر ـــ** . بی خوابی بسر کسی‌زدن ، دورشدن و زایل‌شدن‌خواب از سر کسی. ‖ **رنگ کسی ـــ** . ازدست دادن رنگ طبیعی چهره بسبب ترس، مرض وغیره : رنگش از ترس پرید .

پریدن por(r)-īdan [← پر] (صر. ← پریدن) (مصل.) ۱ ـ پرشدن، مملوشدن ، انباشته‌شدن ، امتلاء . ۲ ـ پربکار بردن نیرو و قدرت ؛

« ترك این سخته کمانی رو بگو
درکمان نه تیر و پریدن مجو. »
(مثنوی)

پریدنی par-īdan-ī (ص‌لیا.) که پریدن بتواند ، قابل پریدن .

پریدنی por-īdan-ī (ص‌لیا.) که قابل پریدن باشد ، پرشدنی،انباشتنی.

پریدوش parī-dūš [پری+دوش] (قمر.) شب‌پیش‌ازدوش ، پریشب ← پرندوش .

پریده par(r)-īda(-e) (امف.) ۱ـ پروازکرده . ۲ـ تبخیرشده ، متصاعد شده . ۳ ـ نابود شده ، زایل شده . ‖ **رنگ ـــ** . رنگ باخته،رنگ‌رفته، کمرنگ شده ، قالی رنگ پریده .

پریده por(r)-īda(-e) (امف .) پرشده ، انباشته ، مملو .

پری دیدار parī-dīdār (ص‌مر.) پری رخسار ، پری پیکر، پری منظر.

پری‌دیده p.-dīda (ص‌مف.)جن گرفته، پری‌گرفته ، جن زده .

پریر parīr [په. parēr] (ق.) پریروز (ه.م.) :

« پریر قبلهٔ احرار زاولستان بود
چنانکه‌کعبه‌است امروز اهل‌ایمانرا. »
(ناصرخسرو)

‖ ـــ پریر. روزپیش ازپریر(ه.م.)

پریرخ parī-rox (ص مر.) ← پریروی .

پریرو parī-rū [= پریروی] (ص مر.) ← پریروی .

پریروز parī-rūz [پری + روز] (قمر.) یك روزپیش از دیروز ، روز قبل از دی ، پریر .

پریروی parī-rūy [= پریرو] (ص‌مر.) که‌رویی چون پری دارد ؛ پریچهره ، زیبا روی ، خوبروی ، پریرخ ، پریرو .

پریری parīr-ī (ص‌نسب.) منسوب به‌پریر (ه.م.) ، پریرینه .

پریرینه parīr-īna(-e) (ص‌نسب.) منسوب به «پریر» (ه.م.) ، پریری .

۱ ـ پریز parīz (إ.) فریاد، فغان.

۲ ـ پریز parīz [= فریز = فرزه = فرزد = فریس] (إ.) ۱ ـ (گیا.) سبزه که درکنارجوی و رودخانه‌وتالاب وجاییکه آب بسیار باشد بروید. ۲ ـ (گیا.) بیدگیا (ه.م.)

۳ ـ پریز parīz [= پرویزن = پریزن] (إ.) پرویزن (ه.م.)

پریز perīz [فر. prise] (إ.) (فز.) ۱ ـ وسیله‌ای‌که ازمجاورت و نزدیکی جسم الکتریسیته‌داری برق بگیرد. ۲ ـ دوشاخه برای گرفتن جریان برق ؛ گیرك (فره.)

پریزاد parī-zād [= پریزاده] (ص‌مف.) ← پریزاده .

پریزاده p.-zāda(-e) [= پریزاد]

پری زدگی

(ص‌مف) زادهٔ پری، فرزند پری، پری‌نژاد. ۲ - (استعاره) کودک زنی زیبا . ۳ - (استعاره) فرزند زیبا.

پری‌زدگی p.-zada(e)g-ī (حامص.) جن زدگی ، صرع ، سفع .

پری‌زدن perī-zadan (مص ل.) (تد.اطفال) پریدن ، پرواز کردن .

پری‌زده parī-zada(-e) (ص‌مف.) ۱- جن‌زده، مصروع، مجنون. ۲- کاهن. ج. پری‌زدگان.

پریزن parīzan [= پرویزن= پریز] (ا.) پرویزن (ه.م.)

پریسا parī-sā [= پریسای] (ص مر.) ← پریسای، پری‌بند.

پریسای parī-sāy [= پریسا ؛ قس. پری افسای] (ص مر.) پری بند (ه.م.)

پری سیرت parī-sīrat [ف.-ع.] (ص‌مر.) که سیرت و روشی چون پری دارد .

پریش parīš [← پریشیدن، پریشان] (ص‌مر.) ۱ - پریشان. ۲ - بباد داده، فرو فشانده، بیفشانده: زلف پریش ، جعدپریش. ۳ - (اِفا .) در ترکیب معنی «پریشنده» و «پریشان کننده» دهد: خاطر پریش، لغو پریش، خاک پریش.

پریشان parīš-ān (ص‌فا.، حا.) ۱ - درحال پریشانی ، در حال پریشیدن . ۲ - ژولیده، آشفته، بهم بر آمده، پشولیده، بشوریده، درهم وبرهم، آشفته، وژگال، آلفته . ۳ - پراکنده ، پریشیده ، پراشیده، پریش، متفرق، متشتت. ۴ - سرگردان، سرگشته، دلتنگ، مضطرب، متوحش، بی‌حواس، بدحال، محزون . ۵ - تهی دست، تنگدست، بی‌چیز، فقیر، بی‌بضاعت. ‖ بخت ~ . بخت‌بد، طالع بد ، تقدیر ناسازگار . ‖ حدیث ~ . داستان و کلام پراکنده و بی اساس . ‖ خواب ~ . خواب آشفته و درهم و برهم. ‖ سخن ~ . سخن بیهوده ، کلام بی‌ترتیب، گفتار نامربوط.

پریشان حال p.-hāl [ف.-ع.] (ص مر.) بدحال، بدبخت، دلگیر، مضطرب، ناراحت.

پریشان حالی p.-hāl-ī (حامص.) ۱ - بدحالی، تنگدستی، بدبختی. ۲ - دلتنگی، ملالت.

پریشان حواس p.-havās [ف.-ع.] (ص‌مر.) پریشان‌فکر، مضطرب.

پریشان خاطر p.-xāter [ف.-ع.] (ص‌مر.) پریشان حواس.

پریشان خاطری p.-xāter-ī (حامص.) پریشان حواسی، ناراحتی.

پریشان خوردن p.-xordan (مص م.) بی ترتیب‌خوردن، درغیروقت‌معین خوردن.

پریشان خیال p.-xayāl (تد. -xiyāl) (ص مر.) ← پریشان حواس .

پریشان‌دل p.-del (ص‌مر.) ← پریشان حواس.

پریشان‌رو p.-raw(row) (ص‌مر.) خودسر، نافرمان، خلیع.

پریشان روزگار p.-rūz(e)gār (ص‌مر.) بدحال، تبه‌روزگار.

پریشان شدن p.-šodan (مص ل .) ۱ - پراگنده‌شدن، افشان‌شدن، بباد‌تفرق داده شدن، متفرق و متشتت شدن، تقسم، تفرق. ۲ - تنگدست شدن ، گداشدن، بدبخت‌شدن، مضطرشدن. ۳- مضطرب شدن.

پریشان‌فکر p.-fekr [ف.-ع.] (ص مر.) ۱ - سرگشته ، پراگنده فکر . ۲ - مضطرب، آشفته.

۷۷۳
پریمور

پریشان‌فکرت p.-fekrat [ف.-ع.] (ص‌مر.) ← پریشان‌فکر.

پریشان‌کردن p.-kardan (مص م.) ۱ - پراگندن (ه.م.) ۲ - افشاندن (دانه ومانندآن). ۳ - آشفتن، آلفتن، گوراندن. ‖ ~ موی وزلف. ازهم باز کردن تارهای آن.

پریشان کننده p.-konanda(-e) (ص‌فا.) آشفته‌کننده، پریشنده.

پریشان‌گفتار p.-goftār (ص‌مر.) پریشان‌گوی، یاوه‌گوی، بیهوده‌گوی، پراگنده‌گوی.

پریشان‌گفتن p.-goftan (مص ل.) پراگنده گفتن: «و من بعد پریشان نگویم.» (گلستان)

پریشانی parīšān-ī (حامص.) ۱ - پراگندگی (ه.م.) ۲- تشویش، اضطراب، بیقراری، ناراحتی. ۳ - آشفتگی، شوریدگی، ژولیدگی، بی‌نظمی، بی‌ترتیبی. ۴ - تنگدستی، فقر، تهیدستی، بی‌چیزی. ۵- (تص.) «تفرقه که درسالك وجود دارد، اشاره بخلق است بدون حق، مشاهدهٔ عبودیت.». ‖ ~ حواس، پراکندگی فکر. ‖ ~ خاطر. تشویش، دلتنگی، اضطراب.

پریشانیدن parīšān-īdan [← پریشیدن، پریشان] (مص‌م.) (ص ← افشانیدن) ۱ - پراگندن، پریشان‌کردن، متفرق‌کردن، تار و مار کردن. ۲ - پریشان‌گردانیدن، بدحال‌گردانیدن، مضطرب‌کردن. ۳ - تنگدست کردن.

پریشاه‌رخ parī-šāh-rox (إمر.) (جان.) پرنده‌ای[۱] ازگونهٔ انجیرخوار (ه.م.)

پریشب parī-šab [پری+شب] (إمر.) شب پیش ازشب گذشته، پرندوش (ه.م.)، دو شب پیش.

پریش کردن parīš-kardan [← پریش] (مص‌م.) پریشان کردن (ه.م.)

پریشم parīšam [= بریشم = ابریشم] (إ.) ابریشم (ه.م.)

پریشن parīšan [= پریشان] (ص.) پریشان (ه.م.)

پریشندگی parīš-anda(e)g-ī (حامص.) عمل پریشان‌کردن.

پریشنده parīš-anda(-e) (إفا.) پریشان‌کننده.

پریشیدگی parīš-īda(e)g-ī (حامص.) پریشان شدگی.

پریشیدن parīš-īdan [← پریش] (پریشید، پریشد، خواهد پریشید، بپریش، پریشنده، پریشان، پریشیده) ۱ - (مص ل.) بدحال شدن، تهیدست شدن. ۲ - مضطرب‌گشتن. ۳ - بیخود گشتن. ۴ - (مص م.) پریشان کردن (ه.م.)

پریشیدنی parīš-īdan-ī (ص‌لیا.) درخور پریشیدن (ه.م.)

پریشیده parīš-īda(-e) (إمف.) ۱ - پریشان شده، متفرق‌شده، پراگنده‌شده. ۲ - برباد داده، افشانده.

پری صورت parī-sūrat [ف.-ع.] (ص‌مر.) پری‌رخ، پریروی.

پری‌فش p.-faš (ص مر.) پریوش (ه.م.)

پری‌گرفته p.-gerefta(-e) (ص‌مف.) کسی که جن‌باا و یارشده باشدوازمغیبات خبردهد (بعقیدهٔ عوام) ← پری‌دار ۱.

پریمور prīmover [فر. primevère] (إ.) (گیا.) گل‌نوروز (ه.م.)

۱ - Oriolus oriolus caucasicus Sar (لا.)

پری‌نژاد

پری نژاد parī-nežād (ص مر.) ۱ ـ که اصل و نژادی از پری دارد ، پری‌زاده، پری‌زاد. ۲ ـ معشوق. ۳ ـ زیباروی، زیبا.

پرینه par-īna [پری = پریر + ینه] (ص نسبـ.) پریروزی.

پری وار parī-vār (ص مر.) پریوش (ه.م.) :
«یکی لطف وخوی پری‌وار داشت.»
(بوستان)

پریورت por-yort [ف.ـ تر.] پراطاق: خانهٔ پریورت،صاحب اطاقهای بسیار.

پریوش parī-vaš (ص مر.) ← پری‌وار (ه.م.) ، پری فش.

پریون paryūn (إ.) (پز.) مرضی است باخارش؛ گر، جرب، قوباء.

۱ـ پز paz [← پختن] ۱ ـ (إفا.) در ترکیب بمعنی «پزنده» آید: آش پز، آجرپز، خوراك‌پز، آب‌پز. ۲ ـ (إمف.) نیز در ترکیب بمعنی «پخته» آید : نیم‌پز.

۲ـ پز paz [= پژ] (إ.) پشتهٔ بلند ، عقبه، کتل، پژ (ه.م.)

پز poz [فر. pose] ۱ ـ شکل،وضع، لباس، رفتار . ‖ ~ عالی وجیب خالی. خوش سرووضع ولی مفلس‌وفقیر. ۲ ـ (عک.) مدت لازمی که دوربین عکاسی‌را در معرض نور میگذارند تا عکس شیء منظور برداشته شود .

پزا paz-ā (ص فا.) ۱ ـ که‌زودپزد: لپه‌پزا . ‖ دست‌پزا. (ه.م.) ‖ ناپزا. (ه.م.)

پزائیدن pazā'-īdan (مص ل.) ← پزاییدن.

پزان paz-ān [← پختن] (ص فا.، حا.) ۱ ـ درحال‌پختن. ۲ ـ در ترکیب بمعنی «پزاننده» آید: «گرمای توت‌پزان.»

پزاندن paz-āndan [= پزانیدن] (مص م.) (پزانید، پزاند، خواهد پزانید، بپزان، پزاننده، پزانیده) پزانیدن، پختن.

پزاننده paz-ānanda(-e) (إفا.) آنچه‌که بپزد، منضج.

پزانیدن paz-ānīdan [= پزاندن] (مص م.) (صر. ← پزاندن) ۱ ـ پختن. ۲ ـ رسانیدن دمل‌وامثال آن: «وآماس را نرم کند و بپزاند.» (ذخیرهٔ خوارزمشاهی)

پزاوه pazāva(-e) [= پژاوه = پجاوه] (إ.) کوره که در آن ظروف سفالین وآجر وآهك پزند؛ آوه، پجاوه.

پزایی paz-ā-yī (حامص.) پزابودن: بشرط پزایی میخرم.

پزاییدن paz-āy-īdan [← پزیدن، پختن] (مص ل.) (صر ← زاییدن) پختن، پزیدن.

پزآمدن poz-āmadan [فر.ـ ف.] (مص ل.) ← پز دادن.

پزدادن p.-dādan [فر.ـ ف.] (مص ل.) ۱ ـ افاده کردن، فیس کردن، تکبر فروختن، پز آمدن. ۲ ـ (عک.) درمعرض نور گذاشتن دوربین عکاسی در مدت لازم ← پز.

پزداغ pazdāγ، pez.-، poz.- (إ.) مصقله که بدان آیینه و شمشیر و جز آن زدایند وروشن کنند، پزلاغ.

پزدك pazdak [په. pazduk] (إ.) (جان.) کرمکی‌باشدکه گندم را خورد وخراب کند .

پزش paž-eš [← پختن ، پزیدن] (إمص.) عمل پختن (ه.م.)

۱ـ پزشك pazašk (إ.) جغد (ه.م.)

پزشك pezešk [= بزشك = بجشك

= بچشك = پچشك؛ په . bičašk] (ص.، إ.) کسی که تداوی امراض کند[1]، کسی که مرضی را معالجه‌ودستوردوایی برای‌بهبوددهد، کسی که‌حرفه‌اش‌معالجهٔ بیماران‌و مرضی باشد، طبیب. ‖ ~ یکم . درجهٔ بالای پزشکی معمول در بیمارستانهاوادارات دولتی‌ایران و‌آن بالاتر ازپزشك دوم‌است. ‖ ~ دوم. یکی‌ازپایه‌های پزشکی معمول ومجری در بیمارستانها وادارات دولتی‌ایران، وآن پایین‌تر از پزشك یکم است .

پزشك خانه p.-xāna(-e) (إمر.) جای پذیرایی پزشکان‌ازمرضی‌درخارج مطب .

پزشك‌دستیار p.-dastyār (إمر.) معاون طبیب، دستیار (ه.م.)

۱- پزشکی pezešk-ī [← پزشکی = بجشکی = پچشکی؛ په. bīǰaškīh] (حامص.) طبابت ، معالجهٔ بیماران . ‖ ~ آزمایشی . (پز.) طب تجربی (ه.م.)

۲-پزشکی pezešk-ī (ص‌نسب.)منسوب بپزشك (ه.م.)، طبی؛ آنچه که‌مربوط بامور تداوی مرضی و کارهای مربوط بطبابت است[2].

پزشکیار pezešk-yār (إمر.)(پز.) کسی که در بیمارستانها یا در مطب دستورهای‌پزشك‌را برای معالجه‌وبهبود مریض اجرا میکنند ، معین طبیب .

پزشکیاری pezešk-yār-ī (حامص.) (پز.) ۱ - عمل پزشکیار (ه.م.)،عمل معین‌طبیب. ۲ - شغل پزشکیار(ه.م.)، معین طبیبی.

پزشکی‌کردن p.-kardan (مص‌ل.) طبابت کردن.

پزغند pozɣand [= بزغند = بزغنج = بزغن](إ.) پسته مانندی‌باشد بی‌مغز که بدان پوست‌را دباغت کنند؛ بزغند، بزغنج، بزغن.

پزندگی paz-anda(e)g-ī (حامص.) عمل پختن، عمل‌پزنده.

پزنده paz-anda(-e) (إفا.) آشپز، خوراك‌پز، دیگ‌پز، خوالیگر، طباخ. ۲ - (پز.) آنچه برزخم وجراحت‌نهند برای پختن مادهٔ زخم، مرهم.

پزوا pozvā [قس. پزوی ، پژوی] (ص.)(عم.) آدم‌بینواوچرکین‌لباس. ← پزوایی.

پزوایی pozvā-yī [قس . پزوی ، پژوی] (ص.) (عم.) ۱ - سست‌وضعیف بتن‌و‌بعقل‌و‌بفکر، بی‌حرکت و بی عمل، سختْ ضعیف. ۲ -بی‌حمیت.

پزوی pozvī [قس.پزوا،پزوایی = پژوی] (ص.) فرومایه‌ترین مردم، پست طبع، دنی ، ارذل ناس، پژوی.

پزهان pozhān [= پژهان] (إ.) ← پژهان.

پزیدگی paz-īda(e)g-ī (حامص.) پخته شدگی.

پزیدن paz-īdan [← پز، پختن] (مص‌ل.) (پزید، پزد ، خواهد پزید، بپز، پزنده ، پزا، پزیده، پزش). ۱ - پخته شدن. ۲ - رسیدن (میوه) .

پزیدنی paz-īdan-ī (ص‌لیا.)قابل پختن، که پختن او ضرور است.

۱ - پژ paž [= پز = پچ = بز ، سمنانی baš ← پچار](إ.) ۱- گردنه، گریوه، کتل، بش، بند،سرکوه. ۲ - زمین پست وبلند. ۳ - کهنه ، مندرس. ‖ سر ~ گرفتن. (ظاهراً بصورت سخریه واستهزا) کاررابکمال‌رساندن باشداز خوب یازشت، مثل اینکه‌امروز گویند: «معرکه‌کردی» .

۱- Medecin (فر.)

۲- Médicale (فر.)

۲- پژ paž [=فژ] (اِ.) ۱- چرك، ریم، پلیدی، فژ← پژآگن. ۲- کهنه، مندرس.

۱- پژ pož (اِ.) برف‌ریزها که ازشدت هوای سرد مانند زرك ازآسمان بریزد.

۲- پژ pož [=وج، معر.] (اِ.) (گیا.) چوبی باشد زرد که بدان مداوا کنند، وج (ه.م.)

پژآگن paž-ā-gen [پژ (ه.م.) + آگن = فژاکن] (صمر.) ۱- پلید، چرکین، ناشسته، آلوده بریم، فژاکن، اپژوین، دنس. ۲- زشت، نازیبا.

پژاون paž-āvan [= پژاوند] (اِمر.) ← پژاوند.

پژاوند paž-āvand [= پژاون = پژوند] (اِمر.) ۱- چوبی که برای محکمی در، پشت آن افکنند تا کسی نتواند بازکند. ۲- چوبی که جامه را بوقت شستن براو زنند؛ چوب گازران، کدین.

پژاوه pažāva(-e) [= پزاوه] (ه.م.) (اِ.) ← پزاوه.

پژپژ pož-pož [= پچ‌پچ] (اِصت.) کلمه ای باشد که شبانان بزرا بدان نوازش کنند و بسوی خود خوانند؛ پژپژی، پچ‌پچ.

پژپژی pož-pożī [= پژپژ] (اِصت.) پژپژ.

پژردگی pežor-da(e)g-ī (حامص.) پژرده شدگی ← پژرده.

پژردن pežor-dan (مصم.) (عم.) (صر← پژمردن) پرستاری کردن طفل، بیمار یا پیر را؛ تر و خشك کردن، تیمارداری، مروسیدن بیماررا.

پژردنی pežor-dan-ī (صلیا.) قابل پژردن (ه.م.)

پژرده pežor-da(-e) (اِمف. پژردن) پرستاری شده، پرستاری یافته.

پژرنده pežor-anda(-e) (اِفا. پژردن.) آنکه پرستاری کند.

پژم pažm, pežm [قس. پژ] (اِ.) ← ۱ پژ ۱.

پژمان pežmān [پهـ. pašīmān] (ص.) ۱- افسرده، غمناك، اندوهگین. ۲- پشیمان (ه.م.) ۳- ناامید. ۴- مخمور. ۵- متوحش. ۶- متنفر.

پژمانی pežmān-ī (حامص.) ۱- اندوهگینی. ۲- وحشت. ۳- نفرت.

پژمران pežmor-ān (صفا.، حا.) درحال پژمریدن (ه.م.)

پژمراندن pežmor-āndan [متعدی پژمردن و پژمریدن] (مصم.) (صر← راندن) ۱- افسرده کردن، غمناك ساختن. ۲- خشك ساختن، اذبال.

پژمراننده pežmor-ānanda(-e) (اِفا.) آنکه بپژمراند، آنکه پژمرده کند.

پژمرانیدن pežmor-ānīdan (مصم.) (صر← دوانیدن) ← پژمراندن.

پژمردگی pežmor-da(e)g-ī (حامص.) ۱- افسردگی. ۲- غمناکی.

پژمردن pežmor-dan [= پژمریدن، پب patiš-mar. پژ paž ظ. اشتباه قدیمی است بجای بژ bīž] (مصل.) (پژمرد[-rd]، پژمرد[-rad]، خواهد پژمرد، بپژمر، پژمرنده، پژمرده) ۱- افسردن، غمناك شدن. ۲- ترنجیدن، خشك شدن. ۳- دگرگون شدن، تبه‌گونه شدن. ۴- بی‌رونق شدن.

پژمردنی pežmor-dan-ī (صلیا.) افسردنی، قابل پژمردن.

پژمرده pežmor-da(-e) (اِمف.)

۱- افسرده، غمناک ، اندوهگین . ۲ - پلاسیده ، خشک‌شده ، خوشیده. ۳ - بی طراوت، بی‌رونق :
«گیاهان زخشک وزتر برگزید
زپژمرده وهرچه‌رخشنده‌دید...»
(فردوسی)

پژمرده‌دل p.-del (ص‌مر.) افسرده، خسته‌دل، پژمان.

پژمرده شدن p.-šodan (مص‌ل.) ← پژمردن .

پژمرده‌کردن p.-kardan (مص‌م.) ۱ - پژمراندن (ه.م.)، افسرده‌کردن. ۲ - خشک‌کردن، خشکاندن.

پژمرده‌گردانیدن p.-gardānīdan (مص‌م.) پژمراندن (ه.م.) ، پژمرده کردن .

پژمرندگی pežmor-anda(e)g-ī (حامص.) چگونگی و حالت پژمرنده (ه.م.)

پژمریدگی pežmor-īda(e)g-ī (حامص.)چگونگی پژمریده (ه.م.)، حالت آنچه پژمرده‌شده‌باشد، پژمردگی، پژمرده‌شدگی.

پژمریدن pežmor-īdan] = پژمردن](مص‌ل.) پژمردن (ه.م.)

پژمریدنی pežmor-īdan-ī (ص لیا .) که بتواند پژمریدن ، قابل پژمریدن.

پژمریده pežmor-īda(-e) (امف.) پژمرده (ه.م.)

پژن pažan(ا.)(جا ن.) زغن(ه.م.)، گوشت‌ربا ، غلیواج.

پژند pažand (ا) (گیا.) نوعی از برغست ، و آن گیاهی است خودروی وخوشبوی مانندا سفناج که داخل آش کنند؛ قثاءالحمار، خیار صحرایی.

پژواک pež-vāk [پژ+واک = وا = آوای] (ا.) انعکاس صوت در کوه ، صدا. ضح.- این کلمه بصورت «پژوال» تصحیف شده.

پژوژ pažūž (ا.)اصرار،الحاح ↓ .

پژوژناک p.-nāk [← پژوژ](ص‌مر.) الحاح کننده، مصر.

پژوژناکی p.-nāk-ī [← پژوژناک] (حامص.) اصرار ، مصریت.

پژول pažūl [= بجول = پجول = بجل = بژول = وژول] (ا.) ۱ - اشتالنگ، کعب، قاب، بجول ، پجول. ۲ - پستان زنان ، پستان نرم . ۳ - گلوله‌ای که طفلان بدان بازی‌کنند . ۴ - فندق، بندق.

پژولاندن pežūl-āndan [= پژولانیدن](مص‌م.)(پژولاند [-nd]، پژولاند [-nad] ، خواهد پژولاند، بپژولان، پژولاننده، پژولانده) متعدی پژولیدن (ه.م.) ۱ - پریشان کردن . ۲ - رنجه کردن.

پژولانیدن pežūl-ānīdan [= پژولاندن](مص‌م.) (پژولانید، پژولاند، خواهد پژولانید، بپژولان، پژولاننده، پژولانیده) ۱ - پریشان‌کردن . ۲ - رنجه‌کردن.

پژول باز pažūl-bāz [← پژول= بجول] (افا.) قاب‌باز .

پژول‌بازی p.-bāz-ī [← پژول‌باز] (حامص.) قاب‌بازی.

پژولش pežūl-eš [← پژولیدن] (امص.) ۱ - درهم‌شدگی ، پریشانی ، بژولش، پشولش. ۲ - پژمردگی.

پژولیدن pežūl-īdan [قس . بشولیدن] (پژولید ، پژولد ، خواهد پژولید ، بپژول ، پژولنده ، پژولیده، پژولش؛متعدی: پژولاندن، پژولانیدن) ۱ - (مص ل .) پژمرده شدن . ۲ - پریشان گردیدن . ۳ - درهم شدن .

۷۷۸ پژولیده

۴- نرم گردیدن. ۵ - (مصم.) پژمرده کردن. ۶ - درهم آمیختن. ۷ - تفحص کردن، بازپرسیدن. ۸ - نصیحت کردن.

پژولیده pežūl-īda(-e) (إمف. پژولیدن) ۱ - پژمرده‌شده، افسرده. ۲ - نرم گردیده. ۳ - بی‌آب و تاب‌شده. ۴ - ابترشده. ۵ - بازپرسی‌شده.

پژوم pažūm (ص.) ۱ - درویش، گدا، فقیر، بی‌نوا. ۲ - خوار، ذلیل، بی‌اعتبار.

پژوند paž-vand [= پژاوند](إ.) ۱ - ← پژاوند ۱. ۲ - ← پژاوند ۲. ۳ - (ص.) پس‌درنشین، دیوث.

پژوه pežūh [← پژوهیدن] (ری. پژوهیدن) (إ.) ۱ - (إمص.) بازجست، تجسس، تفحص. ۲ - پرسش، بازخواست. ۳ - در ترکیب بمعنی «پژوهنده» آید: دانش‌پژوه، دین‌پژوه، کین‌پژوه.

پژوهان pežūh-ān (صفا.، حا.) جویان، درحال پژوهیدن.

پژوهش pežūh-eš (إمص. پژوهیدن) ۱ - جستجو، بازجویی، بازجست، رسیدگی، تفحص، تحقیق، استفسار، تعرف. ۲- بررسیها وجستجوهای علمی (فره.) ۳- استیناف (فره.) ۴- بازپرسی، مؤاخذه، عقاب. ۵- خبرچینی، جاسوسی. ۶- سرپرستی، تیمار. ‖ ~ ِ حال. احوالپرسی.

پژوهش خواسته p.-xāsta(-e) (إمف.)(حق.) مستأنف عنه (فره.)

پژوهش خوانده p.-xānda(-e) (إمف.) (حق.) مستأنف علیه (فره.)

پژوهش‌خواه p.-xāh [= پژوهش خواهنده](إفا.)(حق.) مستأنف (فره.)

پژوهش‌کردن p.-kardan (مصم.) پژوهیدن (ه.م.)

پژوهش‌گر p.-gar (ص.) پژوهش کننده.

پژوهندگی pežūh-anda(e)g-ī (حامص.) جستجو، تجسس، تفحص.

پژوهنده pežūh-anda(-e) (إفا.) ۱ - جستجوکننده، جوینده، پژوهش کننده، مستفسر، محقق، متجسس. ۲ - کارآگاه، خبرچین، مفتش، جاسوس، منهی. ۳- خواهان، طالب. ۴- خردمند، دانا، زیرک. ‖ ~ ِ اختر. ستاره‌شناس، منجم.

پژوهیدگی pežūh-īda(e)g-ī (حامص.) حالت آنچه پژوهیده باشد.

پژوهیدن pežūh-īdan [په. patv(i)hītan*] (پژوهید، پژوهد، خواهد پژوهید، بپژوه، پژوهنده، پژوهیده، پژوهش)(مصم.) ۱- جستجو کردن، پی‌جویی کردن، بازجویی کردن، تفحص، تجسس، تفتیش. ۲ - پرسیدن بجد. ۳ - خواستن، طلب. ‖ با یکدیگر ~. مباحثه کردن.

پژوهیدنی pežūh-īdan-ī (ص لیا.) که پژوهیدن آن ضروری است، درخور پژوهیدن.

پژوهیده pežūh-īda(-e) (إمف.) بازجسته، کاویده، پژوهش کرده ← پژوهیده‌شدن.

پژوهیده شدن p.-šodan (مص ل.) کاویده‌شدن، بازجسته‌شدن.

پژوی pažvī (ص.) ← پزوی، پزوایی.

پژوین pažvīn (ص.) چرکین، شوخگن.

پژه paža(-e) (إ.) ← پژ.

پژهان požhān (إ.) آرزو، خواهش دل، غبطه.

پژهان بردن p.-bordan (مص ل.)

غبطه خوردن؛ اغتباط.

پژهش pežoh-eš [= پژوهش] (اِمص.) پژوهش (ه.م.)

پژیدن paž-īdan [=پزیدن] (مص م.) (صر.← پزیدن) پزیدن (ه.م.)

پس pas ۱- (حر.اض.) پشت، عقب، وراء، ظهر، خلف؛مق. پیش: «امیر خانرا بچرب زبانی راضی کردو خود پس پنجرهٔ حرم رفت.» (عالم آرا) ۲- (ق.) پشت سر، دنبال، پی:

« بر پی زن برفت مرد براه
زن ز پس کرد با کرشمه نگاه.»
(سنائی.حدیقه.مدرس ص ۳۳۳)

۳- (اِ.) قسمت عقب، مؤخر. ۴- دبر، کون. ۵- (ق.) بعدازهمه، آخر کار، عاقبة الامر، عاقبت. ۶- (اِ.) یکی از نهایت های طول را پیش نام است ودیگری پس. ۷- (ق.) بعد: «پس از پس عیسی هفتی ازهفتان بگذشت ...» (کشف المحجوب سجستانی)

۸- (حر.ربـ.) آنگاه، آنگه، آنوقت، آنزمان. « سلطان ... پس بامراء خود فرمود که اسرائیل سه روز با فرزند و ده نفراز نوکران مهمان ما باشند...» (سلجوقنامهٔ ظهیری)

۹- ازین رو، بنابراین، دراین صورت، درنتیجه، بالنتیجه، دراین حال، لذا، لهذا: «پس چون فاصله دوقسم شد...» (المعجم) ‖ پای ~ .عوض: ضیافت پای پس هم دارد. ‖ ~ و پیش نگر. محتاط:

«تاهمی ساده دل خویش نگهداشتمی
بخدا بودمی از عشق پس و پیش نگر.»
(فرخی،لغ.)

‖ از ~ افکندن. بتأخیر انداختن.
‖ از ~ چیزی بر آمدن. از عهدهٔ آن بر آمدن، در قدیم: پس آمدن با ...

پس pos [پهـ. pus] (اِ.) پسر، پور، ابن:

«پس شاه لهراسب گشتاسب شاه
نگهدار گیتی، سزاوار گاه.»
(دقیقی)

پسا pasā (ق.) وقت، نوبت: این پسا، در این وقت. آن پسا، در آن وقت.

پساپس pas-ā-pas [پس + آ(واسطه) + پس] (قمر.) پس پس.

پساپیش p.-ā-pīš (قمر.) پس و پیش، جوانب، اطراف.

پساپیش شدن p.-p.-šodan (مص ل.) تغییر محل دادن.

پساچین p.-ā.-čīn (اِمر.) بقیهٔ میوه‌ای که در باغها بعد ازچیدن میوه جابجا برسر درخت مانده باشد.

پسادست p.-ā.-dast (اِ.) چیزی که امروز بخرند و قیمت آنرا چند روز دیگر پردازند، نسیه؛مق. پیشا دست، دستادست.

پساك pasāk [= بساك. پب. pusag، ارمن. psak] (اِ.) تاجی که از گلها و ریاحین یا اسپرغمها ساختندی و پادشاهان و بزرگان بروزهای عیدو جشنها ودیگر مردمان روز دامادی یا بازگشتن از فتحی یا ظفری برسر میزدند؛ اکلیل ریحان، عمار، بساك (ه.م.)

پسان پریروز pas-ān-parī-rūz (قمر.) سه روز پیش از دیروز.

پسان پریشب p.-parī-šab (قمر.) سه شب پیش از شب گذشته.

پسان پیرارسال p.-pīrār-sāl (قمر.) سه سال پیش از پار.

پسان فردا p.-fardā (قمر.) دو روز بعد از فردا.

پسان فرداشب p.-fardā-šab (قمر.) دو شب بعد از فرداشب.

پسانیدن pasānīdan (مص م.)

(صر ← رسانیدن) آب دادن کشت و باغ، مشروب کردن، سقایت.

پساوند pas-ā-vand [= پسوند] (اِمر.) ۱ - قافیهٔ شعر. ۲ - مقطع قصیده و مانند آن؛
«همه‌یاوه ، همه خام و همه‌سست
معانی ازچکاده تا پساوند.»
(لبیبی،لغ.) ۳ - (نو.) مزید مؤخر ، جزوی که بآخر کلمه‌ملحق‌شودو تغییری درمعنی آن دهد[1] ؛ مق.پیشاوند.

پساویدن pasāv-īdan [= بساویدن = بسودن] (مصم.) (پساوید، پساود ، خواهد پساوید ، بپساو ، پساونده ، پساویده) دست‌مالیدن، لمس کردن.

پس‌آب pas-āb (اِمر.) آب‌دوم که از انگور ومیوه‌و گل‌وما نندآن گیرند، طعم ومزه وبوی‌آن از آب اول کمتر است؛مق. سرآب: پس آب گلاب.

پس‌آمدن p.-āmadan (مص ل .) بازگشتن، عقب رفتن.

پس‌آنگاه p.-ān-gāh (قمر.) سپس.

پس‌آورد p.-āva(o)rd [= پس آوردن] (مص‌خم.) ← پس آوردن.

پس‌آوردن p.-āva(o)rdan (مصم.) رد کردن‌چیزی، مراجعت دادن: کتابی که گرفته بود پس آورد .

پس‌آهنگ p.-āhang (اِمر.) آهنی باشدکه کفشگران درپس کفش نهند تا بآن‌کفش‌را فراخ‌کنند آنگاه که قالب رادرکفش کنند.

پس استاندن p.-estāndan (مصم.) باز پس گرفتن، واستدن، پس استدن.

پس‌استدن p.-estadan (مصم.) ← پس استاندن.

پس‌افت p.-oft [= پس‌افتاده] (اِمف.) ۱ - ذخیره، اندوخته، پس‌افکندن، پس انداز، پس اوگند. ۲ - آنچه‌ازاقساط بدهی و قرضی در موعد خود پرداخت نشده باشد.

پس‌افتادگی p.-oftāda(e)g-ī (حامص.) پس‌افتادن(همع.)

پس‌افتادن p.-oftādan (مص ل.) ۱ - عقب‌افتادن، تأخیر. ۲ - عودمرض در حال نقاهت ، نکس . ۳ - افتادن بپشت ومردن ، غش کردن یامردن .

پس افتاده p.-oftāda(-e) (ص‌مف.) ۱ - پس‌افت (ه.م.)، پس‌انداز،ذخیره. ۲ - آنکه در راه از رفقا باز مانده باشد.

پس افکند p.-afkand [= پس افکنده] (اِمف.) ۱ - ← پس‌افت۱. ۲ - میراث.

پس افکندن p.-afkandan (مص م.) ۱ - ذخیره‌کردن، اندوختن. ۲ - بعقب انداختن (کاررا) ، تأخیر . ۳ - میراث‌گذاشتن.

پس‌افکنده p.-afkanda(-e) (ص‌مف.) پس‌افت ۱. ۲- پیخال‌پرندگان‌وسرگین دواب.

پس انداختن p.-andāxtan (مص م.] ۱ - تأخیر کردن، بتعویق‌انداختن. ۲ - قسطی از دین را بموعد ندادن . ۳ - بتأخیر افتادن حیض درزن. ۴ - تولید فرزندکردن (درموردتوهین‌بکار رود)، تولید مثل کردن : سه بچه پس انداخته .

پس انداز p.-andāz ۱ - پس‌افت. (← پس‌افت). ۲ - پول‌صرفه‌جویی در هزینه. ‖ ~ کردن. ذخیره کردن . ‖ صندوق ~ . (بانک .) حسابی مخصوص دربانکها که درآنجا پولهای

۱- Suffixe (فر.)

حاصل از پس انداز را در دفترهای مخصوص بحساب میگذارند.

پس اندازکردن p.-kardan (مص م.) ذخیره کردن، صرفه‌جویی کردن.

پس اندازی p.-andāz-ī (حامص.) عمل پس‌انداختن و پس‌انداز کردن.

پس‌اندوز p.-andūz (إمر.) ← پس افت، پس‌انداز.

پس اوفتادن p.-ūftādan(ōf (قد. [= پس‌افتادن] (مص ل.) ← پس‌افتادن.

پس‌اوکند p.-awkand [= پس او کند = پس افکند] ← پس افکند.

پس اوگند p.-awgand [= پس اوگند = پس‌افکند] ← پس‌افکند.

پس باختن p.-bāxtan (مص‌م.) در قمار برده را باختن.

پس بال p.-bāl (إمر.) پرهایی که پس از شهپر روییده است، خافیه.

پس بردار p.-bar-dār [= پس بردارنده] (ص فا.) خادمه‌ای که‌دامان بلند خاتون را گاه رفتن بدست برمیداشت تا بزمین‌نساید ؛ پسه بردار.

پس‌برداری p.-bar-dār-ī (حامص.) عمل پس بردار (ه.م.)

پس‌بردن p.-bordan (مص‌م.) ۱ - بعقب بردن. ۲ - بازگردانیدن، رجعت دادن.

پس پاشدن p.-e-pā-šodan (مص ل.) پس‌پسکی‌رفتن، بعقب‌رفتن، بقهقرا رفتن، پس‌پایگی رفتن، نکص، نکوص.

پس پایگی‌رفتن p.-pāya(e)g-ī-raftan (مص ل.) ← پس‌پاشدن.

پس پرده p.-e-parda(-e) (إمر.) ۱ - سرای، خانه، حرم، حرمسرا. ۲ - عالم غیب. ۳ - درنهان.

پس پریروز p.-parī-rūz (قمر.) دو روز پیش از دیروز.

پس پریشب p.-parī-šab (ق مر.) دوشب پیش از شب گذشته ، پرندوش.

پس پسکی رفتن p.-pasakī-raftan (مص ل.) ← پس‌پاشدن.

پس پشت p.-e-pošt (قمر.) پشت‌سر، دنبال، عقب‌سر.

پس پیرار p.-pīrār (قمر.) (ــــ سال) سه‌سال پیش، دو سال پیش ازپار، سال‌پیش از پیرار.

پست past [هندباستان úpatiš، در تحت امر کسی قرارگیرنده] (ص.) ۱ - پایین، فرود،زیر، تحت، سفل؛مق. بالا،روی، فوق، علو. ۲-(إ.)پستی؛ مق. بالا، بلندی. ۳-(ص.) کوتاه، کم‌ارتفاع، قصیر. ۴ - برابر بازمین ، هموار ، یکسان باخاك. ۵ - (إ.) زمین هموار. ۶ - گو ، مغاك ، گودی. ۷ - نشیب ، قنوع. ۸ - (ص.) خراب ؛مق. آباد← پست گردیدن . ۹ - نابود ، معدوم . ← پست شدن . ۱۰- دون ، خوار ، دانی . ۱۱- ذلیل، زبون، بی‌مقدار ، بی‌اعتبار، مغلوب. ۱۲- فرومایه، بی‌سروپا، خسیس، بخیل، حقیر ، رذل . ۱۳- تنگ‌چشم، اندك‌بین، کاسد. ۱۴- (تص .) آنکه نتواند ببال همت بمدارج کمالات حقانی یا مرتبه‌ای از مراتب دیگرپرواز کند. ۱۵- (ق.) ازبن‌وبیخ:

«فرستاده را سر ببرید پست
زگردان‌چینی‌سواری‌بجست.»
(فردوسی)

۱۶- تند، چابك، چالاك:

«گرازه چو ازباد بگشاد دست
بزین برشدآن‌ترك‌بیدارپست.»
(فردوسی)

۱۷- ساده، آسان← پست گفتن. ۱۸- راحت، آرام،آسوده، فارغ‌بال ← پست نشستن، پست افتادن . ۱۹- هراسان ، مضطرب، مشوش. ۲۰- ناگوار، تلخ،

۲۱- سست، ضعیف. ۲۲- بیهوش، بی‌خبر از خود. ۲۳- بیزار، نفور. ۲۴- سخت خرد و ریزه و نرم. ۲۵- (مس.) بم؛ مق. زیر، تیز. ۲۶- نبهره، ناروا. ‖ ~ و بلند دنیا دیده. مجرب، آزموده، سرد و گرم چشیده.

پست pest, past [اس. pīštra، ساییدن، خرد کردن] (اِ.) ۱- هر نوع آرد (عموماً). ۲- آردی که گندم و جو و نخود آن را بریان کرده باشند (خصوصاً)، آرد بوداده، تلخان، قاووت، سویق. ۳- سبوس، سبوسه، نخاله. ۴- مرکبی باشد که بعضی از چله نشینان و فقیران و جوکیان هندوستان از جگر آهو و مغز بادام وامثال آن سازند که هرگاه مقدار پسته‌ای از آن بخورند تا چند روز محتاج بطعام نشوند. ‖ ~ **خوردن و نای زدن بهم راست نیاید (مثل).** قاووت در دهن گرفته در نای دمیدن امکان ندارد: «.... وگرنه دست از مذهب بد بدارد که پست خوردن و نای زدن بهم راست نیاید.» (النقض. ص ۶۰۶)

پستان گاو

پست post [فر. poste] (اِ.) ۱- اداره‌ای که نامه‌ها و امانات را از جایی بجایی می‌برد و می‌رساند؛ چاپارخانه. ۲- شخصی که نامه‌ها و امانات را می‌رساند؛ چاپار، چپر. پیك، برید. ۳- منازلی در راه شهرها که در آن مرکوب برای حمل مسافر و بار نگاه دارند. ۴- محل خدمت مأموران انتظامی، پاسگاه (فره.) ۶- شغل، مقام: پست حساسی دارد. ‖ ~ **امدادی.** پاسگاهی که برای کمك در مواقع ضروری ساخته شود: پست امدادی شیر و خورشید. ‖ ~ **امدادی آموزشگاهها.** شفاخانه (فره.) ‖ ~ **ژاندارم.** پاسگاه ژاندارم.

پستا pastā [په. pastāk، آغاز و انجام] (اِ.) ۱- بر سر کاری رفتن که قبل ازین شروع در آن شده باشد. ۲- ذخیره، اندوخته. ۳- بار، کرت، دفعه: «این پستا سیر آهك بساز!» (لغ.) ۴- نوبت: «من از آسیا می‌آیم تو می‌گویی پستا نیست؟» (لغ.)

پستا دست p.-dast (اِ.) ← پسادست؛ مق. پیشادست.

پستان pestān [په. pistān] (اِ.) ۱- (جاذ.) عضوی که در پستانداران ماده، غده‌های مترشح شیر را در بر دارد[1]. تعداد پستان معمولا در پستانداران یك زوج است، ولی عدهٔ آنها در تیره‌های مختلف فرق میکند. ‖ ~ **سر دست گرفتن.** عملی که هنگام دعا یا نفرین کنند. ‖ ~ **مادر را گاز گرفتن.** (کنا.) ناسپاسی و حق ناشناسی کردن.

مقطع پستان

پستان بند p.-band (اِمر.) پارچهٔ دوخته که زنان پستانها را در آن بندند تا جمع و برجسته نماید.

پستان دادن p.-dādan (مص م.) شیر دادن.

پستاندار p.-dār [= پستان دارنده] (صفا.، اِمر.) (جاذ.) یك فرد از ردهٔ ذی‌فقاران پستاندار[2]، جانور ذی‌فقاری که دارای پستان باشد؛ ذوالثدی.

پستانداران pestān-dār-ān (اِمر. ج. پستاندار) (جاذ.) ردهٔ بزرگی[3] از ذی‌فقاران[4] که بچه زا[5] هستند و با غدد مترشحهٔ شیر که در پستان آنها جای دارد نوزاد خود را تامدتی پس از تولد

۱- Mamelle (فر.) ۲- Mammifère (فر.)
۳- Mammifères (فر.) ٤- Vertebrées (فر.) ٥- Vivipares (فر.)

شیرمیدهند و درحقیقت غذای اولی این رده ازذی‌فقاران شیری است که از پستان مادر ترشح میشود. پوست بدن پستانداران معمولا از مو پوشیده شده و در فکین آنها دندانهایی موجود است که در حفراتی بنام حفره های دندانی- که در فکین حفر شده اند- قرار دارند . حرارت بدن پستانداران ثابت است وبنابراین جزو جانوران خونگرمند . در دستگاه تنفسی پستانداران همیشه ریه موجوداست و تنفس بوسیلهٔ ریه انجام میشود . این ردهٔ عظیم جانوری که هم در دریا (شناگران) وهم در خشکی پراکنده‌اند دارای نمومغزی عالیتراز دیگر جانوران میباشند . رژیم غذایی ومحیط‌زیستی آنها درتیرهٔ های مختلف فرق‌میکنند (درمادهٔ مربوط بهریك شرح داده‌شده)؛ بچه‌زایان، ذوات‌الثدی، زنده زایان. ‖ ~ ی آبی (جا.ذ.) پستاندارانی که درآب میزیند و ساختمان بدن آنها برای زندگی محیط آبی سازش پیدا کرده‌است ← آب‌بازان، ← پره‌پاییان.

پستان‌درد p.-dard (اِمر.) نوعی بیماری پستان.

پستانك pestān-ak [پستان+ك، پس.شباهت.] (اِ.) ۱ - ظرفی از بلور یا غیر آن شبیه بپستان که مادران بی‌شیر درآن شیر ریزند وبدهان طفل نهند. ۲ - سنجد، جبلان، پستنك، سنجد گرگان . ‖ ~ تفنگ. لولهٔ باریك سوراخ‌دار مجاور مخزن باروت تفنگ که چاشنی بر روی آن نهند و با انفجار چاشنی از آنجا آتش بباروت رسد .

پستایی pas-tāy-ī (ص‌نسبـ.) ۱ - پس افت (ه.م.) ۲ - (اِ.) رویهٔ بریده وآمادهٔ کفش که کفاشان برقالب زنند و کفش دوزند.

پستایی‌ساز p.-sāz [= پستایی‌سازنده] (ص‌فا.) آنکه پستایی (ه.م.) می‌سازد.

پستایی سازی p.-sāz-ī (حامص.) عمل وشغل پستایی‌ساز (ه.م.)

پستایی‌کردن p.-kardan (مص م.) پس‌اندازکردن، ذخیره کردن.

پست بالا past-bālā (ص‌مر.) کوتاه قد، کوتاه قامت، پست‌قامت، پست‌قد.

پست بینی p.-bīnī (ص‌مر.) کوتاه بینی، آنکه بینی کوتاه دارد؛ مق. بلند بینی .

پست پست p.-past (ق‌مر.) نرم‌نرم، آهسته آهسته .

پستچی post-čī [فر.-تر.] (ص‌نسبـ.، اِمر.) پیك، برید، نامه رسان، فراش پست .

پستخانه p.-xāna(-e) [فر.-ف.] (اِمر.) اداره‌ای که نامه‌ها و بسته ها و امانات پستی را بمقصد میرسانند ؛ چاپارخانه، برید خانه، پیك‌خانه .

پست دادن post-dādan [فر.- ف.] (مص‌ل.) کشیك دادن بنوبت.

پستر pas-tar [= پس‌تر] (ص‌تفض.) ۱ - عقب‌تر، دیرتر، ازعقب، ازدنبال؛ «اندکی پس‌تر وعقب‌تر.» (التفهیم ص۸۱) ۲ - ادنی.

پس ترك pas-tar-ak [پس‌تر+ك، تصغـ.] (اِمصغـ.) اندکی عقب تر، متأخر.

پست رفتار past-raftār (ص‌مر.) سست رفتار .

پس رفتن p.-raftan (مص‌ل.) عقب رفتن.

پست سرین p.-sorīn (ص‌مر.) آنکه سرین کوچك دارد .

پست شور p.-šūr (اِمر.) کبچه یا چیزی که بدان شراب زنند تا آمیزد ، مجدح .

پستانك

پست فروش

پست فروش pest-forūš [= پست فروشند] (اِفا.) آنکه پست (ه.م.) می‌فروشد؛ آردفروش، سواق.

پست فطرت past-fetrat [ف.-ع.] (ص‌مر.) ناکس، دون، فرومایه، سفله، رذل.

پست فطرتی p.-fetrat-ī [ف.-ع.] (حامص.) ناکسی، فرومایگی، پستی، نانجیبی، دنائت.

پست قامت p.-γāmat [ف.-ع.] (ص مر.) ← پست بالا.

پست قد p.-γad(d) [ف.-ع.] (ص مر.) ← پست بالا.

پستک past-ak ۱ - (ص مصغ.) کوتاه‌قد، کوتاه بالا. ۲- (اِمر.) نیم تنهٔ نمدی‌خشن، یلك، اشتربانه، زرمانقه.

پست‌کردن past-kardan (مص م.) ۱ - بزیر افکندن، پایین آوردن، فرود آوردن، تنزل‌دادن. ۲ - بازمین یکسان کردن، بازمین‌هموار کردن. ۳- کاستن، کوتاه کردن. ۴ - بریدن. ۵ - کشتن، بقتل‌رسانیدن. ۶- خراب کردن. ۷ - خوار کردن، زبون کردن، بیقدر واعتبار کردن. ۸ - آهسته کردن(آواز ومانند آن). ‖ ~ آتش. فرونشاندن آن.

پست‌گردیدن p.-gardīdan (مص ل.) ۱ - پایین آمدن، تنزل‌یافتن. ۲- خراب شدن. ۳ - یکسان‌شدن بازمین، هموار شدن.

پست‌گشتن p. - gaštan (مص‌ل.) ← پست گردیدن (همع.)

پستنک pestanak [= پستانك] (اِ.) ۱ - ← پستانك ۲ . ۲ - (گیا.) درختی[1] از تیرهٔ گل سرخیان[2] جزو دستهٔ سیبی‌ها[3] که گلهایش دارای تخمدان ۵ برچه‌یی میباشد. میوه‌اش باندازهٔ سیب کوچکی است که برنگ قهوه‌یی متمایل بسبز است. این گیاه درجنگلهای شمالی ایران فراوان است وسه گونه از آن درجنگلهای شمال شناخته شده‌است؛ غبیراء.

پستو pastū (اِمر.) اطاقکی که درپشت اطاق نشیمن وغیره تهیه کنند و اشیا و لوازم خانه را درآن نهند.

پسته pesta(-e) [آرا. فستقا، یو. pīstākion] (اِ.) ۱- (گیا.) درختی[4] از تیرهٔ سماقیها که دستهٔ مخصوص را تشکیل میدهد. این‌درخت‌دوپایه است وبحالت‌خود رو درسوریه و افغانستان میروید(درایران‌نیز در قسمتهای‌شمال خراسان بصورت وحشی دیده میشود) و درکرمان، آذربایجان، قزوین ودامغان‌بفراوانی کشت میگردد. ‖ مغز ~ . (گیا.) مغزمیوهٔ درخت پسته‌که خوراکی است ونوعی از آجیل میباشد ومطبوع است. ۲ - (کن.) دهان‌معشوق. ‖ ~ زمینی. (گیا.) گیاهی[5] ازتیرهٔ پروانه‌واران‌جزو دستهٔ‌اسپرسها که‌علفی ویك ساله‌است،و ساقه‌اش بارتفاع ۳۰ تا ۵۰ سانتیمتر میرسد. گل آن زرد ودارای خطوط قرمز است.

پسته بن p.-bon (اِمر.) درخت‌پسته.

پسته دهان p.-dahān (ص مر.) (کن.) معشوق تنگ دهان.

پسته لب p.-lab (ص‌مر.) (کن.) پسته دهان (ه.م.)

پسته ودانهٔ آن

پستهٔ زمینی

۱– Sorbus domestica (لا.), sorbier domestique (فر.), cormier (فر.)
۲– Rosacées (فر.)   ۳– Pomacées (فر.)   ٤– Pistacia vera (لا.)
۱– Arachis hypogaea (لا.)

پسته یی pesta(-e)-yī ۱- (ص نسب.) مثل پسته ، از پسته ، منسوب به‌پسته. ۲ - سبز روشن، سبزخوش رنگ، سبزی برنگ مغز پسته . ۳ - پسته فروش . ۴ - (إمر.) دکان پسته فروش.

پستی past-ī (حامص.، إ.) ۱- فرودی، پایینی. ۲- حضیض، سفل؛ مق. بالا، بلندی. ۳ - زمین‌پست ؛ مق. بلندی. ۴ - گودی. ۵ - نشیب ، قنوع . ۶ - کوتاهی ، کم ارتفاعی. ۷ - انحطاط، انخفاض. ۸ - خواری، زبونی، بی‌اعتباری، ذلت. ۹ - نانجیبی، پست فطرتی، ناکسی، رذالت، دنائت، خست. ۱۰- تنگ‌چشمی، کوته نظری. ‖ به ~ افتادن. بیچاره ومفلوک شدن .

پستی گرفتن p.-gereftan (مص ل.) ۱ - فرودآمدن، تنزل کردن ، نزول . ۲ - پست گشتن، کوتاه‌شدن. ۳- دنائت، انحطاط.

پس خانه pas-xāna(-e) (إمر.) ۱- داخل و اندرون سرای، پشت‌خانه. ۲ - بنه‌واسباب شاهی یا امیری که از پس آرند ؛ مق. پیشخانه.

پس خریدن p.-xarīdan (مص م.) بازخریدن چیز فروختهٔ خویش.

پس خزیدن p.-xazīdan (مص ل.) بعقب خزیدن، واپس‌خزیدن.

پس خواستن p.-xāstan (مص م .) ۱- چیز داده را پس گرفتن. ۲ - پس خواندن (ﻫ.م.)

پس خواندن p.-xāndan (مص م.) کسی را دعوت‌ببازگشتن کردن. ‖ ~ صیغه. فسخ کردن صیغه.

پس خور p.-xor ۱- (ص فا.) آنکه پس ماندهٔ غذای دیگران را میخورد. ۲ - (ص مف.) پس‌خورده یا بازماندهٔ طعام وغذا وشراب، سؤر.

پس خورد p.-xord [= پس‌خورده] (ص مف.) ← پس‌خور ۲.

پس خورده p.-xorda(-e) [= پس‌خورد] (ص مف.) ← پس‌خور ۲.

پس خیز p.-xīz [= پس‌خیزنده] (إفا.) شاگرد و نومشق کشتی گیران؛ نوچه.

پس دادن p.-dādan (مص م.) ۱ - باز دادن چیزی‌را که ازکسی گرفته‌اند باو، وا دادن، استرداد . ۲ - تراوش کردن، زهیدن، آب بیرون دادن: این کوزه آب پس میدهد. ۳ - درس یادگرفته‌را پیش استاد یا دیگری بازخواندن؛ فلانی درس پس میدهد.

پس درد p.-dard (إمر.) دردهایی که پس از وضع حمل در زائو پدید میآید.

پس دست p.-dast (إمر.) ← پس افت (ﻫ.م.)

پس دست‌کردن p.-kardan (مص م.) ذخیره کردن، اندوختن ، پنهان کردن، پس‌دست‌نگاهداشتن.

پس دوزی p.-dūz-ī (حامص .) (خیا.) دوختن پشت‌لباس بادست‌بنوعی مخصوص.

پس کوچه p.-kūča(-e) (إمر.) کوچه‌ای که از کوچهٔ اصلی منشعب میشود واز آن تنگ‌تر است. ‖ ~ ی بی‌در رو. بن‌بست (فره.)

پسر pesar (قد. posar) [په. pūsar] (إ.) ۱- فرزند، طفل، جوان، غلام . ۲ - فرزندنرینه، پور، پس، ابن، ولد؛ مق. دختر. ج. پسران . ۳ - یکی از اقانیم سه‌گانه نزد عیسویان ، ابن. ۵ - از «پسر» مطلق در تضاعیف جهانگشای جوینی غالباً مقصود «شاهزاده» است، یعنی کسی که ازاعقاب چنگیزخان باشد و «پسران» مرادف

شاهزادگان است (مقدمهٔ جهانگشای جوینی ج۲ص ط). ‖ ~ برادر. برادر زاده، فرزند برادر. ‖ ~ پسر. نوه، سبط. ‖ ~ خواهر. خواهر زاده. ‖ ~ شوهر. ناپسری (ه.م.)

۱- پس ران pas-rān (اِمر.) گوشت پشت ران.

۲- پس‌ران pas-rān [= پس‌راننده] (اِفا.) رانندهٔ شتر، حاد.

پسراندر pesar-andar(po-.قد) (اِمر.) ← پسندر.

پس راندن pas-rāndan (مص‌م.) بعقب راندن، عقب‌زدن، پس زدن.

پسرانه pesar-āna(-e) (ص نسب.) منسوب و مربوط بپسر؛ مق. دخترانه.

پسربچه p.-bačča(-e) (اِمر.) ۱- پسری که‌از مرحلهٔ طفلی گذشته‌و بمرحلهٔ جوانی نرسیده باشد؛ مق. دختر بچه. ۲- پسر بدکار و ناخلف.

پسرچه p.-ča(-e) (اِمر.) پسر کوچک.

پسرخالو p.-xālū (اِمر.) پسر برادر مادر، پسردایی، دایی‌زاده.

پسرخاله p.-xāla(-e) (اِمر.) پسر خواهر مادر، خاله‌زاده. ‖ ~ دسته دیزی. (عم.) بمزاح خویشاوندنزدیک را گویند: اوپسرخالهٔ دسته دیزی من نیست.

پسرخواندگی p.-xānda(e)g-ī (حامص.) پسرخوانده (ه.م.) بودن.

پسر خوانده p.-xānda(-e) (ص مف.) پسری که دیگری اورا بجای پسر خود گرفته‌است، متبنی.

پسردایی p.-dāyī (اِمر.) پسر برادر مادر، پسرنیا، پسرخال، پسرخالو.

پسرزا p.-zā [= پسرزاینده] (اِفا.) زنی که همیشه پسرزاید؛ مق. دخترزا.

پسرزاده p.-zāda(-e) (اِمر.) ۱- پسرپسر، دختر پسر. ۲- پسر ریش نیاورده، امرد.

پس رس pas-ras(res) (اِفا.، ص مر.) میوه‌ای که‌دیر میرسد، دیررس؛ مق. پیش‌رس، زودرس.

پسرعم pesar-am(m) [ف.-ع.] (اِمر.) پسرعمو، پسر برادرپدر.

پسرعمو p.-amū [ف.-مفر.] (اِمر.) ← پسرعم.

پسرعمه p.-amma(-e) [ف.-ع.] (اِمر.) پسرخواهرپدر، عمه‌زاده.

پس رفتن pas-raftan (مص ل.) ۱- عقب رفتن؛ مق. پیش آمدن. ۲- تنزل؛ مق. پیش‌رفتن، پیش‌آمدن.

پسرک pesar-ak (اِمصغ.) پسر کوچک، فرزند خرد.

پسرگیر pesar-gīr (اِمر.) ← پسر خوانده.

پس‌رو pas-raw(-ow) [= پس‌رونده] (اِفا.) ۱- پس‌رونده، پی‌رو، تابع. ۲- دنبال.

پسرو pesar-ū (اِمصغ.) ← پسرک.

پسروار pesar-wār (ص‌مر.) ۱- مانند پسر. ۲- (فق.ارث) سهم پسری.

پس رونده pas-ravanda(-e) (اِفا.) پس‌رو (ه.م.)، تابع.

پس روی pas-rav-ī (حامص.) پیروی، اتباع، تبعیت، متابعت.

پس‌روی‌کردن p.-r.-kardan (مص م.) پیروی کردن، تبعیت کردن، اتباع.

پسری pesar-ī (حامص.) حالت وچگونگی پسر، بنوت.

پسریچه pesar-īča(-e)- (posar .قد) (اِمصغ.) ۱- پسر کوچک، پسرک. ۲- پسر بدکاره. ۳- پست و فرومایه، سفله، رذل.

پس گذاشتن

پسری کرده pesarī-karda(-e) (ص‌مف.) ← پسرخوانده.

پسرینه pesar-īna(-e) (إ.) نرینه در فرزند آدمی، جنس پسر؛ مق. مردینه، عورتینه (قس. زنینه، دخترینه، مردینه).

پس زانو pas-e-zānū (إمر.) (پز.) پشت زانو (ه.م.)

پس زدن pas-zadan (مصم.) ۱ - عقب‌زدن، دور کردن. ۲ - جا گذاردن، بدنبال گذاردن: همشاگردیهایش را پس‌زده.

پس ستاندن p.-setāndan (مص م.) ← پس گرفتن ۱.

پس ستدن p.-setadan (مصم.) ← پس گرفتن ۱.

پس سو p.-sū (إمر.) ۱ - قسمت عقب بدن، مؤخر بدن. ۲ - (ق.) خلف ازجهات ست؛ مق. پیش‌سو.

پس‌قد p.-γad(d) [ف.-ع.] (ص‌مر.) کوتاه قد.

پسرگر pesar-gar (ص‌فا.) بوجود آورندهٔ پسر، موجد پسر، پسردرست کن.

پس گردن pas-e-gardan (إمر.) (پز.) پشت گردن (ه.م.)

پس شاشیدن p.-šāšīdan (مصل.) (عم.) بدشدن پس از نیکویی، بدشدن، تنزل کردن، عقب رفتن: «روز بروز پس میشاشد.» (لغ.)

پس شام p.-šām (إمر.) چیزی که روزه گیران پیش از بامداد خورند؛ طعام سحری، سحور.

پس طلبیدن p.-talabīdan (مص م.) پس خواستن.

پسغده pasaγda(-e) [ظ. سغ. padsaγde, patsaγde، مرتب، منظم، مهیا] (ص.) مهیا، ساخته، آماده.

پس غیژیدن p.-γīžīdan (مصل.) پس خیزیدن، پس لغزیدن، بچهار دست وپا مانند طفلان بعقب خزیدن.

پس‌فتادن p.-fotādan [= پس‌افتادن] (مصل.) ۱ - ← پس‌افتادن. ۲ - بازگشتن مرض بیمار پس از بهبود، عود مرض.

پس فردا p.-fardā (قمر.) یک روز بعد از فردا.

پس فرداشب p.-f.-šab (قمر.) یک شب بعد از فرداشب.

پس فرستادن p.-ferestādan (مص م.) بازگردانیدن، عودت دادن.

پس‌فروختن p.-forūxtan (مصم.) چیز خریده را بفروشنده فروختن.

پس‌فکند p.-fa(e)kand [= پس افکنده = پس‌افکند] (ص‌مف.) ← پس‌افت.

پس فکندن p.-fa(e)kandan [= پس افکندن] (مص م.) پس افکندن (ه.م.)

پس‌قراول p.-γarāvol [ف.-تر.] (إمر.) مؤخرلشکر، ساقه؛ مق. پیشقراول.

پس‌کردن p.-kardan (مصم.) ۱ - پیمودن، طی کردن، بعقب گذاردن. ۲ - کنارزدن، یکسو کردن.

پس‌کشیدن p.-ka(e)šīdan ۱ - (مص م.) بعقب کشیدن، خم کردن، سرش را پس کشید. ۲ - (مصل.) بعقب بازگشتن، بقهقرا رفتن.

پس کوچه p.-kūča(-e) (إمر.) کوچهٔ کوچکتری که بکوچهٔ اصلی پیوسته است.

پس کوهه p.-kūha(-e) (إمر.) قسمت عقب زین، مؤخر، قیقب؛ مق. پیشکوهه، قربوس. ‖ ~ پالان. عقب پالان.

پس گذاشتن p.-gozāštan (مصل.)

پس گردنی

پشت‌سر گذاشتن، بعقب گذاشتن: «همهٔ مسابقه‌دهندگان را پس گذاشت.»

پس گردنی p.-e-gardanī (اِمر.) زدن با کف دست بپشت گردن کسی، پشت گردنی، قفا، کاج. ‖ ~ زدن. زدن بپشت گردن کسی، بقفای کسی زدن.

پس گرفتن p.-gereftan (مصم.) ۱- چیزداده را گرفتن، فراز گرفتن، باز گرفتن، واستدن، استرداد: کتابش را پس گرفت. ۲- مکافات یافتن، پاداش یافتن، پاد افراه یافتن: از هر دست که بدهی پس میگیری. ‖ ~ بایع سلعه را از مشتری. متاع فروخته را از مشتری پس گرفتن و ردبهای آن. ‖ ~ درس از طفل. درس خوانده را از طفل پرسیدن.

پس گفتن p.-goftan (مصم.) پاسخ گفتن، جواب دادن.

پس لشکر p.-e-laškar (اِمر.) عقبهٔ سپاه، ساقه.

پسله pasa(e)la(-e) (اِ.)(عم.) نهان جای، جای نهانی، پنهان. ‖ در ~. (ق.) در نهان، درخفا، سراً.

پسله خور p.-xor [= پسله‌خورنده] (اِفا.) آنکه پیش دیگران کم میخورد و در نهان بسیار.

پسله خوری p.-xor-ī (حامص.) حالت و چگونگی پسله خور (ه.م.)

پس ماندن pas-māndan (مصل.) عقب ماندن، عقب افتادن، سپس ماندن، بدنبال افتادن.

پس مانده p.-mānda(-e) (صمف.) ۱- عقب مانده، سپس مانده، بدنبال مانده. ج. پس ماندگان. ۲- باقی مانده از خوراك و نوشیدنی کسی، ته‌مانده، پس خورده. ۳- بقیهٔ هرچیزی. ۴- وامانده، ترکه.

پس مانده خور p.-m.-xor [= پس‌مانده‌خورنده] (صفا.) آنکه پس‌مانده (ه.م.) خورد.

پسِ ماهور p.-māhūr (اِمر.)(مس.) ← ماهور.

پس‌میختن p.-mīxtan [← میختن] (مصل.) ← پس‌شاشیدن.

پسند pasand [په. passand] ۱- (اِمص.) پسندیدن. ۲- (ص مف.) پسندیده، مقبول؛ مق. ناپسند. ۳- ستوده، ممدوح. ۴- نیك، نغز، خوب. ۵- دلخواه، مقبول. ۶- (اِ.) مرغوبیت. ۷- (صمف.) ← پسندیده. ۸- مختار ← پسندآمدن. ۹- (امر از پسندیدن) بپذیر! قبول کن! ‖ ~ دل. مطبوع خاطر.

پسندآمدن p.-āmadan (مصل.) گزیده آمدن، خوش آمدن، مقبول گشتن، مورد قبول واقع شدن، مطبوع افتادن.

پسند داشتن p.-dāštan (مصم.) ۱- ← پسندیدن ۱. ۲- ستودن، حمد.

پسندر pos-andar [= پسراندر] (اِمر.) پسر زن ازشوی دیگر، پسر پدر از زن دیگر، ناپسری.

پسندشدن pasand-šodan (مصل.) ← مورد پسند واقع شدن.

پسندکردن p.-kardan (مصم.) ۱- ← پسندیدن ۱. ۲- ← پسندیدن ۲. ‖ ~ بر. ترجیح دادن.

پسندگار p.-gār (صفا.) راضی، قبول کننده، پسندنده (ه.م.)

پسندندگی pasand-anda(e)g-ī (حامص.) ۱- حالت و چگونگی پسندنده. ۲- عمل پسندنده (ه.م.)

پسندنده pasand-anda(-e) (اِفا.) پذیرنده، قبول کننده.

پسنده pasanda(-e) (صمف.) ۱- پذیرفته، مقبول ← پسندیده ۱.

۷۸۹ پس و پیش کردن

۲- خوب، نیکو. ← پسندیده ۲. ۳- نوعی از کباب، و آن قرصهای قیمه باشد که در روغن بریان کنند و گاهی بی روغن بریان کنند.

پسنده کردن p.-kardan (مص م.) پذیرفتن، قبول کردن.

پسندیدگی pasandīda(-e)g-ī (حامص.) ممتازی، نیکویی.

پسندیدن pasand-īdan [په. pasandītan] (مص م.) (پسندید، پسندد، خواهد پسندید، بپسند، پسندنده، پسندیده). ۱- پذیرفتن، قبول کردن، رضادادن، ارتضاء، تصویب. ۲- گزیدن، انتخاب کردن، ترجیح دادن. ۳- سزاوار دانستن، روا داشتن. ۴- نیک شمردن، مستحسن داشتن. ۵- ستودن، حمد.

پسندیده pasand-īda(-e) (اِمف.) ۱- پذیرفته، قبول کرده، مطبوع، خوش آمده، خوش آیند، مرضی. ۲- خوب، نیک، نیکو، نغز، مستحسن. ۳- برگزیده، منتخب، ممتاز. ۴- ستوده، محمود، ممدوح.

پسندیده خو(ی) p.-xū(y) (ص مر.) نیکخوی، پاکیزه‌خوی، خوشخوی.

پسندیده داشتن p.-dāštan (مص م.) پسندیدن (ه.م.)

پسندیده رای p.-rāy [ف.-ع.] (ص مر.) نیک‌رای، خوب‌رای.

پسندیده سیر p.-siyar [ف.-ع.] (ص مر.) آنکه سیرت وی نیک است؛ نیکو سیر.

پسندیده کار p.-kār (ص فا.) نیکوکار.

پسندیده کیش p.-kīš (ص مر.) آنکه رفتار یا آیین نیکو دارد.

پسندیده گو(ی) p.-gū(y) [— پسندیده گوینده] (ص فا.) آنکه گفتارش نیکو و خوش آیند باشد.

پسندیده مرد p.-mard (اِمر.) نیکمرد.

پسندیده هوش p.-hūš (ص مر.) عاقل، باهوش.

پس نشاندن pas-nešāndan (مص م.) لشکر خصم را عقب راندن.

پس نشانیدن p.-nešānīdan (مص م.) ← پس نشاندن.

پس نشستن p.-neša(e)stan (مص ل.) عقب نشینی کردن در جنگ و غیره.

پس نشین p.-nešīn [= پس نشیننده] (ص فا.) ۱- آنکه درعقب نشیند. ۲- ردیف (سواری).

پس نشینی p.-nešīn-ī (حامص.) ۱- عقب نشینی. ۲- در ردیف نشستن.

پس نشینی کردن p.-n.-kardan (مص ل.) ۱- عقب نشینی کردن، بعقب کشیدن. ۲- در ردیف نشستن.

پس نگریستن p.-negarīstan (مص ل.) التفات.

پس نماز p.-namāz (اِ.) آنکه پشت امام نماز گزارد، مأموم؛ مق. پیش‌نماز.

پس نهاد p.-na(e)hād (ص مف.) ۱- پس افت (ه.م.) ۲- میراث. ۳- گنج.

پس نهادن p.-na(e)hādan (مص م.) ذخیره کردن، پس انداز کردن، اندوخته کردن.

پسوا pas-vā (اِ.) پیرو، تابع؛ مق. پیشوا.

پس وازنک pas-vā-zan-ak (اِمر.) بازگشت مرض، رجعت بیماری، پس افتادگی، عود، نکس.

پس و پیش p.-o-pīš (ق مر.) پسا پیش (ه.م.)

پس و پیش کردن p.-o-p.-kardan (مص م.) جابجا کردن، تغییر جادادن بصورتی که آنچه پیش است بعقب برند وعقب را پیش آرند. ‖ — **مردم را.**

پس و پیش نگر

بر کنار کردن، بیکسو زدن.

پس و پیش نگر p.-o-p.-negar [= پس‌وپیش‌نگرنده] (ص‌فا.) مآل‌بین، عاقبت اندیش.

پس و پیش نگریستن p.-o-p.-negarīstan (مص ل.) عاقبت اندیشیدن، گذشته و آینده‌را در نظر داشتن، پس و پیش نگه‌کردن.

پسودن pasū-dan [= بسودن] (مص م.) (صر. ← سودن) بسودن (ه‌.م.)؛ دست مالیدن، دست زدن، لمس کردن، ببساویدن، مس.

پسوده pasū-da(-e) [= بسوده] (إمف.) ۱ - دست زده، دست مالیده، بسوده (ه‌.م.) ۲ - سوراخ کرده.

پس وردار pas-var-dār [= پس وردارنده] (ص‌فا.) ← پس بردار.

پسوند pas-vand [= پساوند] (إ.) قسمت مؤخر کلمه که جزو ریشه نباشد[1]؛ مق. پیشوند ← پساوند.

پسه‌بردار pasa(-e)-bar-dār (ص‌فا.) [= پسه‌بردارنده] ← پس بردار.

پسه‌برداری p.-bardār-ī (حامص.) پس برداری (ه‌.م.)

پس‌هشتن pas-heštan (مص‌م.) پس گذاشتن، بعقب گذاردن.

پسی pas-ī (حامص.) ۱ - پس‌رفتن، تأخر؛ مق. پیشی. ۲ - تنگی، نیازمندی. ‖ در ~ ماندن. (عم.) کامیاب‌نگردیدن، عقب‌ماندن.

پسیج pasīǰ [= بسیج] (إ.) ← بسیج.

پسیجیدن pasīǰ-īdan [= بسیجیدن] (مص ل.) ← بسیجیدن.

پسیجیده pasīǰ-īda(-e) [= بسیجیده] (إمف.) ← بسیجیده.

پسیچیدن pasīč-īdan [= بسیجیدن] (مص م.) ← بسیجیدن.

پسیکرومتر

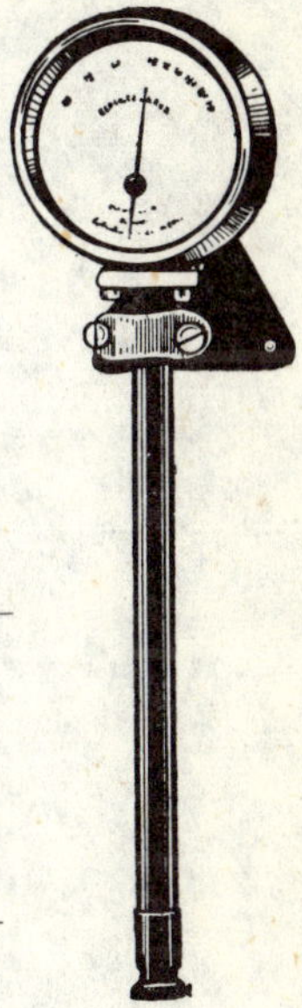

پس یکدیگر pas-e-yak-dīgar ترتیب (لغت بیهقی، پارسی نغز ۳۸۷.)

پسیکانالیز pesīk-ānālīz [فر. psychanalyse] (إ.) (رواز.) ← روانکاوی.

پسیکرومتر pesīkrometr [فر. psychromètre] (إ.) آلتی که اندازهٔ بخار آب را در آتمسفر تعیین میکند.

پسیکوتراپی pesīko-terāpī [فر. psychothérapie] (إ.) (پز.) درمان روانی (ه‌.م.)

پسیلیون pesīlyūn [لا. psyllium] (إ.) (گیا.) اسفرزه (ه‌.م.)

پسین pasīn [په. pasīn] (ص نسبـ.) ۱ - آخرین، آخر، متأخر، بازپسین، واپسین. ۲ - مؤخر؛ مق. مقدم (مقدمهٔ التفهیم ص قمب) ۳ - ما بین ظهر و غروب وعصر: نماز پسین (نماز عصر). ‖ روز ~. قیامت، یوم‌الآخر. ‖ صبح ~. صبح صادق.

پسین فردا p.-fardā (قمر.) دو روز بعد از فردا، سه‌روز بعد.

پسین فردا شب p.-f.-šab (قمر.) دو شب بعد از فرداشب.

پسینه pas-īna(-e) (ص نسبـ.، إ.) ۱ - پستو (ه‌.م.) ۲ - پسین (ه‌.م.)

پسینیان pas-īn-iy-ān (ص.) آیندگان، آخریان، متأخران.

۱ - پش paš [= وش = فش] (پس.) معنی شبه و مانند آن بخشد چون: آسا، سان، سار ← فش، وش.

۲ - پش paš [= بش = فش] (إ.) ۱ - موی گردن و کاکل اسب. ۲ - طره‌ای که برسر دستار و کمر گذارند، فش.

۳ - پش paš (إ.) ۱ - بند و گیرهٔ آهنین و سیمین که بر صندوق و تخته

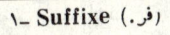

۱- Suffixe (فر.)

ومانند آن‌زنند، آهن‌جامه، ضبه. ۲۰ ـ هر
بند و گیره. ← پش‌برزدن.

۴ـ پش paš (ص.) پست وفرومایه از
هرچیز.

پش peš [= پیش] (اِ.) پیش (ه.م.)

پش poš (اِ.) ← پشک.

پشام pašām (اِ.) هرچیز تیره‌رنگ،
تیره‌فام، سیه‌چرده.

پشاییدن pašāy-īdan [= پشودن]
(مصل.) (صر. ← زاییدن) ← پشودن.

پش‌برزدن paš-bar-zadan (مصم.)
بندزدن، وصل آهنین‌زدن، بآهن‌بستن.

پشت pošt [په. pušt] ۱ـ (اِ.)
بالا، زبر. ۲ـ قسمت خلفی تن ازکمر
ببالا، ظهر. ۳ـ بیرون هرچیز، جانب
خارج. ۴ـ (ق.) پس، خلف، وراء.
۵ـ آن سوی: خانهٔ فلانی پشت مجلس
است. ۶ـ (اِ.) طرف کندشمشیر و تیغ
و مانند آن؛ مق. دمه، لبه: با پشت شمشیر زد.
۷ـ نشستنگاه، مقعد. ۸ـ بام، سقف.
۹ـ ظهر، مقابل روی: «این رقمها که بر
پشت اسطرلاب بود چیست.» (التفهیم
۳۰۰) ۱۰ـ روی:

«چو خورشید را پشت تاریک شد
بدیدار شب روز نزدیک شد.»
(فردوسی)

۱۱ـ صلب، هرنسلی از طرف اجداد یا
اولاد، تبار، نژاد، دودمان، تخمه، دوده،
اصل، نسب. ۱۲ـ (ص.) پشتیبان، پناه، یار،
یاور، کمک، حامی، معین، معاضد، ملاذ،
ملجأ. ۱۳ـ (اِ.) پشتی، یاوری، حمایت،
مدد. ۱۴ـ تکیه، اتکاء. ۱۵ـ (ص.) مفعول،
امرد، کونی، ملوط، مخنث، حیز. ۱۶ـ (اِ.)
فرار، هزیمت. ۱۷ـ پی، دنبال، متعاقب.
۱۸ـ دنباله، بقیه، بازمانده: این باران
پشت دارد. (لغ.) ۱۹ـ باطن. ۲۰ـ هرچیزی
که برای تقویت سکر داخل شراب کنند.
‖ به ـــ خفتن. طاق بازخفتن، برقفا
خفتن. ‖ بر ـــ خفتن (خسبیدن). ← بپشت
خفتن. ‖ ـــ اندر ـــ . پشت در پشت،
پشت به پشت، پدر در پدر، نسلاً بعد نسل.
‖ ـــ به ـــ آوردن. پشت بپشت دادن،
باهم مساعدت و معاضدت کردن. ‖ ـــ
به ـــ دادن. ← پشت بپشت آوردن.
‖ ـــ دوتا بودن. ۱ـ خمیده بودن.
۲ـ (کن.) خم شدن در برابر کسی برای
تعظیم.

پشتاپشت pošt-ā-pošt (قمر.) ۱ـ
پشت‌سرهم، پیاپی، متوالی، متصل،
مسلسل. ۲ـ پشت‌بپشت، برابر، دوش
بدوش.

پشتاره poš-tāra [← پشتواره] ۱ـ
(اِ.) پشتواره (ه.م.) ۲ـ (ص.) پشتیبان
(ه.م.)

پشت‌بام pošt-bām (اِمر.) (عم.)
استعمالی است بمعنی بام و سطح بام.

پشتبان pošt-bān (اِ.) ۱ـ چوب،
سنگ و مانند آن که برپشت در نهند تا
بآسانی گشوده نشود؛ پشتیوان، پشتوان.
۲ـ (صمر.) پناه، حامی، ظهیر.

پشت بدادن pošt-be-dādan (مص
ل.) ← پشت دادن (همع.)

پشت برآوردن p.-bar-āva(o)rdan (مص ل.) ۱ـ ←
پشت کردن ۱.

پشت برگاشتن p.-bar-gāštan
(مصل.) ← پشت کردن ۱، ۲.

پشت بست p.-bast [= پشت بسته]
(صمف.، اِمر.) ۱ـ گلیمی یا شالی که
برزیگران و باغبانان چیزی در آن
نهند و برپشت بندند. ۲ـ گلیمی که‌زنان
برسرین بندند تا کلان نماید.

پشت بند p.-band (اِمر.) ۱ـ
دیواری که پشت دیوار دیگر برای
نگاهداری آن بنا کنند. ۲ـ (عم.)
آب یاشربت یا غذایی که‌پس از دارو

پشت‌بندی

یا شربت یا غذای اولی خورند و نوشند . ۳ - مدد ، معین ، ردیف ، ذخیره (سپاه) . ۴ - متمم ، مکمل : پشت بندش را هم بیاور. ۵ - (بازی ورق) ورقی که براعتبار ورقهای دیگر افزاید : پشت بندش آس است (لغ.) ۶ - متعاقب.

پشت بندی p.-band-ī (حامص.) ۱ - عمل پشت بند نهادن . ۲- حالت وچگونگی پشت‌بند (ه.م.)

پشت بندی‌کردن p.-b.-kardan (مصم.) ۱ - (بنا.) پشت بندنهادن . ۲ - غذایی مختصر خوردن بانتظار آنکه موقع طعام رسد وسیر خورند.

پشت به پشت دادن p.-be-pošt-dādan (مصل.) متحد شدن ، اتحاد کردن ، اتفاق کردن،مساعدت،معاضدت،مظاهرت، پشت‌بپشت‌آوردن ، پشت‌پشت آوردن، پشت پشت‌دادن، پشت‌برپشت آوردن.

پشت پا p.-e pā ۱-(إمر.)قسمت‌ظهرپای. ۲ -تیپا،لگد. ۳ -(ص‌مر.)حیزومخنث. ‖ آش ~ . آشی که روز سوم پس از رفتن‌مسافر پزند وبفقرا و همسایگان دهند.

پشت پاپزان p.-p.-paz-ān (إمر.) آیین و رسم پختن آش پشت‌پا (ه.م.)

پشت پا خاریدن p.-p.-xārīdan (مصل.) (کن.) شادشدن، خوش‌آمدن، خوشحال‌گردیدن.

پشت پازدن p.-p.-zadan (مصل.) ۱-تیپازدن،لگدزدن: ببخت‌تو‌پشت‌پازد. ۲ - پاپشت‌پای‌کسی گذاشتن‌تا برزمین افتد. ۳- ترك‌کردن، رها کردن، دست کشیدن، صرفنظر کردن . ۴ - بیقدر و اعتبارکردن. ۵ - منهزم شدن.

پشت‌پای p.-e pāy [= پشت‌پا](إمر.) ← پشت‌پا (همه.)

پشت پای زدن p.-p.-zadan (مصل.) ردکردن‌اشیاواسباب دنیاواعراض کردن← پشت پازدن.

پشت پایی p.-pāy-ī (ص‌نسب.)حیز، بی‌ننگ.

پشت پرده p.-e-parda(-e) (ص مر.)آنچه‌که‌دراستتار واختفامیگذرد، آنچه‌که مکتوم وپوشیده است : اخبار پشت‌پردهٔ‌مجلس. ‖ اسرار یاوقایع ~ . اسرار یا وقایعی‌که پوشیده اتفاق‌افتد. ‖ ~ ٔ آهنین.(سیا.)اصطلاحاً بممالك کمونیست مانند روسیهٔ شوروی‌وممالك کمونیست اروپای شرقی و چین اطلاق شود .

پشت پلنگ p.-palang (إمر .) (کن.) ابلق.

پشت خار p.-xār [= پشت‌خارنده] (إمر.) آهنی مانند شانه که پشت‌اسب واستر ومانند آنرا خارند وپاك‌کنند؛ قشو، فرجول، کبیجه، فرجون .

پشت‌خم p.-xam (ص‌مر.) ۱- کوژ، کوز. ۲ - راکع، خاضع.

پشت خمیدن p.-xamīdan (مصل.) ۱ - خمیده گشتن پشت از پیری، پشت دوتاگشتن، کوژ پشت شدن. ۲ - سخت خسته و شکسته شدن: « ازمردن پسر پشتم خمید.» (لغ.)

پشت دادن p.-dādan (مصل.) ۱ - تکیه‌کردن، استنادکردن، اتکاء. ۲ - روگردانیدن ، روگردان شدن. ۳ - گریختن، فرار کردن،روی‌تافتن،منهزم شدن . ۴ - ادبار. ۵ - زایل‌گشتن. ۶- آماده شدن مادینه پذیرفتن نرینه را. ۷ - بپایان‌رسیدن. ‖ ~ اسب‌وستور. حاضر ورام بودن برای سواری.

پشتدار p.-dār [= پشت دارنده] (ص‌فا.) ۱- پشتیبان، یاریگر، پشتیوان،

پشتوار، مددکار. ۲ - هرچیز با ضخامت خصوصاً از جنس پوشیدنی.

پشت درد p.-dard (اِمر.) (پز.) درد پشت ، وجع‌الظهر.

پشت دری p.-dar-ī (ص نسب.، اِمر.) ۱- پارچه‌ای که بپشت در آویزند تا از تابش آفتاب بکاهد، پرده‌ای که پشت شیشه‌های پنجره و در نصب کنند. ۲- صفحه‌ای چوبی که با دو گیره بپشت شیشهٔ دکانها زنند.

پشت دست p.-e-dast (اِمر.) ۱ - کف دست:

« نسوزد کسیرا تب دیگران
مگر پشت دستی که ساید بر آن.»
(خسرو دهلوی)

‖ ~ بر زمین نهادن (گذاشتن). (کن.) کمال فروتنی نمودن، زاری و فروتنی کردن. ‖ ~ بر کندن. ← پشت دست خاییدن. ‖ ~ خاییدن. پشیمان شدن، افسوس خوردن، ندامت، تحسر، تأسف. ‖ ~ داغ کردن. (مص ل.) خود را ملزم بعدم تکرار کاری یا گفتاری کردن. ‖ ~ زدن. (مص م.) زدن با پشت دست، ضرب با پشت دست. ‖ ~ کندن. (مص ل.) ← پشت دست خاییدن. ‖ ~ گزیدن. (مص ل.) ← پشت دست خاییدن.

پشت دستی p.-e-dast-ī (ص نسب.، اِمر.) ۱ - زدن با پشت دست بپشت دست کسی. ۲ - دستکش بی پنجهٔ زنان.

پشت دوتا کردن p.-do-tā-kardan (مص م.) ۱ - خم کردن، خمیده ساختن پشت. ۲- تعظیم با خم کردن پشت.

پشت راست کردن p.-rāst-kardan (مص ل.) ۱ - راست ایستادن پس از نهادن باری سنگین. ۲ - از سختی وصعوبت رهایی یافتن.

پشت رو(ی) p.-rū(y) (قمر) وارونه، واژگونه، باژگونه: پیراهنترا پشت رو پوشیده‌ای.

پشت رو کردن p.-r.-kardan (مص م.) وارونه کردن جامه، کیسه، قبا و مانند آن.

پشت ریز p.-rīz (قمر.) پیاپی، پی‌درپی، متوالی.

پشت ریش p.-rīš (ص مر.) آنکه پشتش مجروح است، پشت‌زخم.

پشت ریش کردن p.-r.-kardan (مص م.) مجروح کردن پشت ستور و مانند آن.

پشت زدن p.-zadan (مص ل.) ← پشت پا زدن۱.

پشت سر p.-e-sar ۱- (اِمر.) قفا، پشت گردن، پس سر. ۲ - (قمر.) در عقب؛ مق. پیش‌رو، روبرو. ۳ - نهانی، درخفا، درغیاب؛ مق. روبرو، آشکار. ‖ ~ِ کسی دیدن. زوال کسی را دیدن. ‖ در ~ِ کسی . در غیاب او .

پشت سرهم p.-e-s.-e-ham (قمر.) ← پشت ریز.

پشت شکستن p.-šekastan ۱ - (مص ل.) نهایت درجه متأثر شدن (در غمی یا در پیش آمدی.) ۲ - (مص م.) ناامید و دلشکسته کردن، ضعیف و ناتوان ساختن.

پشت قوی p.-γavī [ف.-ع.] (ص مر.) نیرومند شده، مستظهر.

پشت قوی شدن p.-šodan (مص ل.) استظهار یافتن، پشت گرمی یافتن.

پشتک pošt-ak (اِمصغ.) ۱ - پشت کوچک. ۲ - (ور.) نوعی پرش در آب یا زمین و آن چنان باشد که چند معلق در هوا زنند وسپس فرود آیند، معلق. ۳ - جامهٔ کوتاهی که تا کمرگاه باشد و بیشتر مردم گیلان می‌پوشیدند، پشتی ، کلاپشت ، کلاپشته ، کمری ، عجایبی . ۴ - مرضی است که عارض

پشتک

پشت‌کار

اسب و استر و خر میشود چنانکه‌دانه‌ها بردست‌وپای آنها برمیآید و بسبب آن‌از رفتار بازمیمانند.

پشت کار p.-e-kār (امر.) ۱- قوهٔ بانجام رسانیدن کاری آغاز کرده، پایداری دراتمام عملی. ۲- تکیه‌گاه، معتمد.

پشت کاردار p.-k-dār [= پشت‌کار دارنده] (ص‌فا.)(تد.) با پشت‌کار(ه.م.): فلان آدم پشت کار داری است.

پشت‌کارداشتن p.-k.-dāštan (مص ل.)(تد.) دنبال کاری‌را باجدیت گرفتن تاباپایان برسد.

پشتک چارکش poštak-čārka(e)š (امر.) نوعی بازی‌و آن چنان باشدکه‌شخص کف دستهای خودرا بر زانو گذاشته خم شود و دیگری از پشت او بجهد، جفتک‌چارکش.

پشت‌کردن pošt-kardan (مص‌م.) ۱- ← پشت دادن (همع.) ۲- زمینهای موجود را برای زراعت بین دهقانان بحکم‌قرعه‌توزیع کردن. ‖ ~ برچیزی. ترک آن گفتن. ‖ ~ِ کتاب. جلدکردن آن، تجلید.

پشت کرده p.-karda(-e) (ص‌مف.) جلدکرده، پوست‌کرده، مجلد (کتاب ومانند آن).

پشتک زدن poštak-zadan (مص ل.) معلق زدن.

پشتک زن p.-zan [= پشتک‌زننده] (ص‌فا.) ۱- پشتک‌زننده ← پشتک. ۲- چهار پایی که بسبب مرض پشتک‌رفتار معیوب دارد و پای زند.

پشت‌کلان p.-kalān (امر.)(جا ن.) تشی، سیخول، ریکاسه، دلدل.

پشت‌کننده p.-konanda(-e)(ص‌فا.) آنکه پشت کند، مستدبر ؛مق. روی آورنده،مقبل.

پشتک وارو poštak-vārū (امر.) قسمی معلق، پریدن کسی که پشت بآب ایستاده معلق زند وبرآب آید.

پشت‌کوژ pošt-kūž (ص مر.) ۱- خمیده قامت، پشت‌خم، پشت‌کوز. ۲- (کن.) فلك.

پشت گاشتن p.-gāštan [← گاشتن] (مص‌ل.) ← پشت‌بر گاشتن.

پشتگاه p.-gāh (امر.) کفل.

پشت گردانیدن p.-gardānīdan (مص‌ل.) پشت کردن، اعراض.

پشت گردن p.-e-gardan (امر.) ۱- ناحیهٔ خلفی گردن[1]، سطح خلفی گردن، قفا، پس‌گردن. ۲- پشت‌سر.

پشت گردنی p.-(e)-gardan-ī (ص‌نسبـ.، امر.) سیلیی که بپشت گردن زنند، قفا، پی‌سر.

پشت گردنی خوردن p.-xordan (مص‌ل.) پس‌گردنی‌خوردن، قفاخوردن.

پشت‌گردنی زدن p.-zadan (مص م.) سیلی‌بپشت گردن زدن، قفازدن.

پشت‌گرم p.-garm (ص‌مر.، قمر.) مستظهر، معتمد، متکی. ‖ ~ بودن. مستظهربودن، متکی بودن.

پشت‌گرم‌شدن p.-šodan (مص ل.) متکی شدن.

پشت‌گرمی p.-garm-ī (حامص.) ۱- قوی پشتی، اعتماد، اطمینان، استظهار. ۲- مددکاری، تقویت، امداد، یاری.

پشت‌گلی p.-gol-ī (امر.) ۱- صورتی پررنگ، قرمزکم‌رنگ، سرخ روشن، آلا، آل. ۲-(جا ن.) کرمی‌است‌در آمریکا ومصروهندوستان که‌برزراعت‌پنبه‌خسارت وارد میسازد.

1- **Nuque** (فر.)

پشتوان

پشت گوژ p.-gūž (اِمر.) ← پشت کوژ.

پشت گوش انداختن p.-e-gūš-andāxtan (مصم.) (عم.) دیر انجام‌دادن، درانجام‌دادن‌کاری مسامحه کردن، مماطله.

پشت‌گوش اندازی p.-g-andāz-ī (حامص.) اهمال کاری، مماطله.

پشت گوش فراخ p.-g.-farāx (ص‌مر.) تنبل ، بیقید ، سپوزکار .

پشت‌گوش فراخی p.-g.-farāx-ī (حامص.) سستی، تنبلی، سپوز کاری، اهمال.

پشتلنگ poštlang [= پشلنگ] (ص.) پشلنگ (ه.م.)

پشت مازو pošt-māzū (اِمر.) ← پشت‌مازه.

پشت‌مازه p.-māza(-e) [= پشت‌مازو] (اِمر.) ۱ - استخوانهای میان پشت ؛ فقرات، راسته، پشت مزه، پشت مازو، پشت‌ناو. ۲ - گوشتی‌است‌که بردوطرف ستون فقرات جای دارد؛ راسته.

پشت ماهی p.-māhī (ص مر.) ۱ - تسطیحی بصورت پشت‌ماهی؛ خر پشته. ۲ - (کنـ.) شب، لیل.

پشت ماهی کردن p.-m.-kardan (مصم.) خرپشته کردن.

پشت مزه p.-maza(-e) [= پشت مازه = پشت مازو] (اِمر.) پشت مازه (ه.م.)، پشت مازو (ه.م.)

پشت مغز p.-maγz (اِمر.) (جا.) مغزحرام، حرام مغز، نخاع.

پشت مهره p.-mohra(-e) (اِمر.) ۱ - فقره‌ای از ستون فقرات. ۲- ستون فقرات.

پشت‌میزنشین p.-e-mīz-nešīn [= پشت‌میز نشیننده] (ص‌فا.) (کنـ.) کارمند دولت، عضو ادارات‌دولتی، کسی که‌باموراداری مشغول باشد.

پشت ناو p.-nāv (اِمر.) پشت‌مازه.

پشتنک poštanak (ص مر.) ← پشلنک ۱.

پشت‌نمودن p.-ne(o)mūdan (مص ل.) ۱ - تکیه‌کردن ، استناد کردن، پشت دادن. ۲- روگردانیدن، روگردان شدن، پشت دادن. ۳ - ترک دادن.

پشت نویس p.-nevīs ۱- [= پشت نویسنده] (ص فا.) آنکه در پشت‌اسناد نویسد، پشت نویسنده، ظهرنویس. ۲- (ص‌مف.) سندی که در پشت‌نوشته‌شده، ظهرنویسی‌شده. ۳- (اِمص.) ظهرنویسی.

پشت نویسی p.-nevīs-ī (حامص.) ۱ - نوشتن‌درپشت سندبرای انتقال‌آن بدیگری، عمل‌ظهرنویسی. ۲- (بانک.) کسی‌که بنفع او پشت نویسی‌شده.

پشت نویسی‌کردن p.-n.-kardan (مصم.)(بانک.) نوشتن سندیاچك‌برای انتقال آن بدیگری.

پشت نهادن p.-ne(a)hādan (مص ل) پشت دادن، استناد.

پشتو paštū [ــ بشتو = بستو = بستوق، معر.] (اِ.) مرطبان‌سفالین ، بستوق ، بشتو، بستوی ترشی وغیره .

پشتو paštū, poš.- [= پختو] (اِخ.) ← پخش ۳ .

پشتو

پشتوار pošt-vār (ص‌مر.) پشتیبان، پشتوان، یاریگر.

پشتواره pošt-vāra(-e) [ــ پشتاره] (اِمر.) آن‌مقدار بارکه‌باپشت توان حمل‌کرد ؛ پشتاره، کوله‌بار.

پشتوان pošt-vān [= پشتیبان= پشتیوان= پشتوانه] ۱ - (اِمر.) هر

پشتوانه

بنایی که برای استحکام بنای دیگر بدو پیوندند ؛ شمع ، شمعك، پشتیبان، پشتیوان. ۲ - چوبی که پشت‌در افکنند تا باز نشود. ۳- تکیه گاه. ۴- (ص‌مر.) معین، یاور، مددکار، حامی.

پشتوانه[= پشتوان] pošt-vāna(-e) (إمر.) ۱ - ← پشتیوان، پشتیبان.۲ - (بانک.) سپردهٔ بانکی برای تعیین اعتبار. ۳ - مقدار طلا و نقره و جواهر و مانند آن که بانك ملی جهت انتشار پول در خزانهٔ بانك نگهداری مینماید.

پشت و بازو pošt-o-bāzū (ص مر.) حامی، مددکار، یاریگر، ظهیر.

پشت و پا(ی) p.-o-pā(y) (إمر.) (جاذ.) رگ پشت و پای، باسلیق.

پشت و پسله p.-o-pasala(-e)[← پسله] (إمر.) جای‌نهان، مخفی گاه.

پشت و پناه p.-o-panāh (ص‌مر.) کمك، مددکار، یاریگر، حامی.

پشت و رو کردن p.-o-rū-kardan (مص‌م.) ← پشت‌رو کردن.

پشت و رو یکی p.-o-r.-yakī (ص‌مر.) آنکه پشت و رویش همانند باشد، بی‌پشت‌ورو، موجه.

پشته pošta(-e) (إمر.) ۱- پشتواره. ۲ - ارتفاعی نه بس بلند اززمین؛ تل، تپه ، توده ، نجد ، ربو . ضح .ـ پشته درست‌بهمان معنی «نجد» که معمولا‌فلات گویند، درپارسی دری‌ودر بعضی‌لهجه‌های ایران (از آن جمله لهجهٔشهمیرزادی) بکار رفته است . ۳ - (کشا .) کوز (درزراعت)[1]. ‖ از کشته ســـ ساختن. بسیار کشتن. ‖ ســـ ٔقنات. مسافت میان دو میلهٔ‌چاه‌درقنات. ‖ دو یا سه ســـ ایستادن. دردو صف یاسه صف وبدو تن یاسه تن ایستادن.

پشته انداختن p.-andāxtan (مص ل.) فروریختن‌قسمتهایی‌از سقف‌ودیوار قنات، واریز کردن قنات.

پشته بندی‌کردن p.-bandī - kardan (مص‌م.) (کشا.) پشته پشته کردن زمین برای بعض کشت‌ها چون سیب زمینی.

پشته‌کردن p.-kardan (مصل.) ← پشته انداختن.

پشته ناك p.-nāk (ص مر .) زمینی که پشتهٔ بسیار دارد .

پشت هم انداختن pošt-e-ham - andāxtan (مص ل.) تقلب کردن، شیادی کردن.

پشت هم انداز p.-e-ham-andāz [= پشت هم‌اندازنده] (ص‌فا.) فریبنده، حقه‌باز، حیله‌باز، گربز، محیل.

پشت هم اندازی p.-h.-andāz-ī (حامص.) ۱ - حقه بازی، حیله‌گری، تزویر. ۲ - (قمار) ورقها را بحیله بروفق نفع‌خودقرار دادن. ۳ - تنظیم الفبایی فیشها.

پشت‌هم‌اندازی‌کردن p.-h.-andāzī-kardan (مص‌ل.) ← پشت‌هم‌انداختن.

۱ - پشتی pošt-ī (ص نسب.) ۱ - (إ.) قسمی تشك که بردیوار یا کرسی وتخت و کالسکه‌وغیره نهند برای‌تکیه دادن ؛ متکا، بالش، مخده، وساده . ۲ - جامهٔ کوتاهی که تا کمرگاه باشد و آنرا بیشتر مردم گیلان می‌پوشیدند . ۳ - (ادا.) جزوکش . ۴ - (ص.) کمك، یار، یاور، همدست، معاون . ‖ قفل یا کشو ســـ . قفلی که از پشت‌در کوبیده باشند، قسمی قفل در.

۲ - پشتی pošt-ī (حامص .) ۱ - یارمندی، یاری، امداد، حمایت، مظاهرت:
«که ایشان بپشتی من جنگجوی
سوی مرز ایران نهادند روی.»
(فردوسی)

[1] - Billon (فر.)

۲ - تعصب. ۳ - مخنثی.

پشتیاره pošt-yāra(-e) [= پشتواره] (اِمر.) ← پشتواره.

پشت یافتن pošt-yāftan (مص ل.) ۱ - پشتیبان یافتن، حامی یافتن. ۲ - قوت یافتن.

پشتیبان poštī-bān [= پشتوان = پشتیوان؛ پهـ. poštīk-pān] ۱ - (ص مر.) پشت و پناه، پشتوان. ۲-(اِمر.) چوبی که بجهت استحکام بر دیوار نصب کنند.

پشتیبانی poštī-bān-ī (حامص.) یاری، یارمندی، کمك، مدد، مظاهرت.

پشتی کردن poštī-kardan (مص م.) یاری کردن، کمك کردن، مدد کردن، حمایت کردن، طرفداری کردن، پشتیبانی کردن.

پشتیوان poštī-vān [= پشتیبان = پشتوان] (اِمر.) ← پشتوان (همع.)

پشتیوانه poštī-vāna(-e) [= پشتوانه = پشتیوان] (اِمر.) ← پشتوان، پشتوانه.

پشتیون poštī-van [= پشتیوان] (اِ.) ← پشتوان.

پشردن pašor-dan [= فشردن] (مص م.) (صر ← فشردن) فشردن (هم.)

پشقاب pošɣāb [تر.] (اِ.) ← بشقاب.

پشك pašk [= بشك، قس. بش bоš] (اِ.) ۱- جعد موی. ۲- موی مجعد.

پشك pašak [= اپشك = افشك = بشك] (اِ.) نمی سپید که بامدادان بر دیوارها وسبزی نشیند؛ شبنم، ژاله، بژ، صقیع، اپشك، افشك.

پشك pešk، pošk [قس. پشکل، پشکر، پشکره] (اِ.) سرگین گاو و گوسفند و شتر و بز و مانند آن؛ پشکل، پشکر، پشکره، پشك. ۲ - سرگین مگس و زنبور عسل. ۳ - (عم.) نرمی و پره‌های بینی، بچش، ارنبه. ۴ - قرعه‌ای که شریکان درمیان خود بجهت تقسیم اسباب و اشیا بیندازند.

۱ - پشك pošak [= پوشك، ماوراء النهری "pošak"، قس. پیشی] (اِ.) گربه، پیشی، پیشیك، سنور.

۲ - پشك pošak (اِ.) خم، خمچه، خمبره، بستوی ترشی، مرطبان.

پشکال paškāl [= بشکال] (اِ.) ← بشکال.

پشك انداختن pešk-andāxtan [← قس. پشکل انداختن] (مص ل.) ۱ - فضله افکندن گوسفند و بز و مانند آن. ۲ - قرعه کشیدن با انگشت، قرعه افکندن، اقتراع. ← پش انداختن.

پشکر peškar(-e) [= پشك = پشکره] (اِ.) ← پشك ۱.

پشکره peškara(-e) [= پشکر = پشك] (اِ.) ← پشك ۱.

پشك شدن pašk-šodan (مص ل.) ~ موی. مجعد شدن، جعودت (دستور - اللغهٔ ادیب نطنزی. لغ.)

پشك کردن p.-kardan (مص م.) ~ موی. مجعد کردن، تجعید (تاج المصادر).

پشکل peškel [قس. پشك، پشکر، پشکره] (اِ.) سرگین گوسفند و آهو واسب و خر و استر واشتر و گاو آنگاه که سخت و مدور باشد؛ بعر، ذبله. ‖ ~ برچین. سخت بی‌سر و پا، سخت فقیر. ‖ ~ بتنور کردن. پی‌درپی خوردن. ‖ مثل ~. سخت خرد.

پشکل انداختن p.-andāxtan (مص ل.) ← پشك انداختن (همع.)

پشکل ناك p.-nāk (ص مر) آلوده به پشکل.

۱- پشکله peškala(-e) [= بشکله بسکله ← بشکل ← بشکلیدن] (اِ.) کجک کلید، بشکل (ه.م.)

۲- پشکله peškela(-e) [= پشکل] (اِ.) ← پشکل.

پشکلیدن peškel-īdan [= بشکلیدن] (مصم.) (صر. ← بشلیدن). بناخن و سرانگشت رخنه کردن ← بشکلیدن.

پشکم peškam [= بچکم = پچکم = بشکم] (اِ.) ایوان و بارگاه، پچکم، بچکم.

پشکن peškan [= بشکن] (اِ.) (عم.) مالیدن انگشتان درموقع عیش وطرب و رقص که صدایی از آن حادث گردد؛ بشکن.

پشکی pašk-ī [← پشك] (حامص.) مجعد بودن، جعودت.

پشکی peškī (اِ.) قسمی مروارید.

پشگ pašg [= پشك] (اِ.) سرگین جانوران، پشك (ه.م.)

پشگولی pašgūl-ī (حامص.) قوی اندامی وحرص در کار (لغت نامهٔ اسدی، لغ.)

پشل pašal, pešel (اِ.) دو چیز که بریکدیگرزنند تا صدا کند، دو چیز است که با یکدیگر بگیرند و بکوبند.

پشل pašal (اِ.) جهش، دفق. ← پشلناك.

پشلناك p.-nāk (ص مر.) جهنده: «خلق من ماء دافق ... او را از آب پشلناك آفریده است.» (تفسیر کمبریج)

۱ - پشلنگ pašlang (ص مر.) ۱ - پس افتاده، عقب افتاده.

۲ - پشلنگ pašlang (اِ) افزاری که بنایان بدان دیوار سوراخ کنند؛ دیلم.

۱ - پشلنگ pošlang [= پشتلنگ] (ص.) ۱ - هرزه، بیهوده، بی معنی، پشتلنگ.

۲- پشلنگ pošlang (اِ.) کلات، کلاته.

پشلیدن pašal-īdan [= بشلیدن ← بشل] (مص ل.) (صر. ← بشلیدن) چسبیدن، دوسیدن، التصاق. ← بشلیدن.

پشم pašm [په. pašm] ۱- موهای باریك که درروی پوست حیواناتی مانندگوسفند وشترمیروید، صوف. ۲- پرز بعض میوه‌ها. ۳ - (تد.عم.) هیچ؛ یعنی پشم. ‖ ~ اندر ~. آنچه تار و پودش از پشم باشد. ‖ ~ در کلاه داشتن. عزت و اعتبار داشتن، شکوه وهیبت داشتن. ‖ ~ درکلاه نداشتن. ۱ - مفلسی و خواری. ۲ - (کن.) حالی و مرتبه‌ای و دانشی نداشتن. ۳ - صاحب همت و غیرت نبودن، قدرواعتبار نداشتن. ‖ کلاهش ~ ندارد. بی‌عرضه است، بکار نمی‌آید. ‖ ~ ش ریخته. از قدرت وقوت افتاده. ‖ چه‌کشکی چه ~؟ در موقع انکار گفته میشود.

پشماق pašmāγ [تر. = بشماق = باشماق] (اِ.) کفش، بشماق، باشماق.

پشماکند pašm-ākand ← پشماگند ↓.

پشماگند pašm-āgand [پشماکند، په. pašmākand =] ۱ - چیزی باشد که آنرا پرپشم کنند وما بین پشت ستور وتنگ بارگذارند؛ خوی‌گیر، زین یاجل شتر که پالان برزبر آن نهند، بردعة. ۲ - پالان الاع، پالان چهار ـ پایان.

پشمالو pašm-ālū [= پشم آلود = پشم آلوده] (ص مف.) صاحب پشم بسیار، دارای موهای زیاد در صورت و بدن.

پشم‌چین pašm-čīn [= پشم‌چیننده] (ص فا.) ۱ - ابزاری که بدان پشم تن حیوانات ببرند. ۲ - آنکه پشم تن

حیوانات ببرد، پشم چیننده.

پشم چینی pašm-čīn-ī (حامص.) عمل چیدن یا بریدن پشم حیوانات.

پشم خوار p.-xār [= پشم‌خوارنده] (صفا.) (جانو.) حشرهٔ پشم خوار چون پت ومانند آن.

پشم در کشیدن p.-dar-ka(e)šīdan (مصم.) دور کردن معربد وهرزه‌گوی از خود بلطائف‌الحیل.

پشم ریختن p.-rīxtan (مصل.) ازاعتبارافتادن: فلانی دیگر پشمش ریخته.

پشم ریزان p.-rīz-ān (إ.) هنگام ریختن پشم بعض چارپایان چون بز وشتر وامثال آن.

پشم زدن p.-zadan (مصم.) پشم‌را باکمان وامثال آن ازهم باز کردن.

پشم شدن pašm-šodan ۱ - (مصل.) پراکنده‌شدن. ۲- (مصم.) پراکنده ساختن. ۳ - (مصل.) جدایی کردن.

پشم علیشاه pašm-alī-šāh (إ.) (تد.عم.) بدرویشان ودرویش‌مانندگان بی‌اطلاع وبی‌قدر اطلاق شود.

پشمك pašm-ak [پشم + ـك، پس. تصغیروشباهت] (إمصغ.) ۱ - مصغرپشم. ۲ - نوعی شیرینی که ازشکروروغن‌بوداده بشکل تارهای سفید دراز مانند پشم درست کنند.

پشم کشیدن pašm-ka(e)šīdan (مصل.) ۱ - (کنـ.) تفرقه و پریشانی انداختن در چیزی. ۲ - ← پشم در کشیدن. ۳- هلاك کردن.

پشمکی pašmak-ī (ص نسبـ.) ۱ - منسوب به پشمك (ه.م.) ۲ - پشمك فروش. ۳ - سبك ازحیث وزن.

پشمناك pašm-nāk (صمر.) پشمالو (ه.م.)

پشم وپیل pašm-o-pīl [= پشم وپیله] (إمر.) پشم وجز آن.

پشم وپیله pašm-o-pīla(-e) [= پشم وپیل.] (إمر.) ۱- ← پشم‌وپیل. ۲ -ریش.

پشم وران pašm-var-ān [ج. پشم ور.، إمر.) (جانو.) حیوانات چون گوسفند ومانند آن که پشم برتن دارند؛ ذوات‌الصوف.

پشم وزغ pašm-e-vazaγ (إمر.) (جانو.) جل‌وزغ، خزه، گاواب، غوك‌جامه، جامهٔ غوك، جل بك، فرزد، چم، چغزلاوه، چغزباره ← اسپیروژیر.

پشمی pašm-ī (ص‌نسبـ.) منسوب بپشم؛ پشمین، ازپشم: جوراب پشمی.

پشمین pašm-īn (ص‌نسبـ.) ← پشمینه.

پشمینه pašm-īna(-e) (ص نسبـ.) هرجامه‌که ازپشم کنند؛ جامهٔ پشمین، ازپشم ساخته شده.

پشمینه پوش p.-pūš [= پشمینه پوشنده] (صفا.) ۱ - آنکه جامهٔ پشمینه (ه.م.) پوشد، لباس پشمین دربر کننده. ۲ - (مجـ.) صوفی. ۳ - (مجـ.) زاهد.

پشنجه pašanǰa(-e) [← پشنجیدن] (إ.) جاروب مانندی از موی یا گیاه ومانند آن که بدان آهار برجامه‌وتانه افشانند.

پشنجیدن pašanǰ-īdan [= بشنجیدن؛ په. pašinčītan ← پشنجه] (مصم.) (صر← رنجیدن) آب وامثال آن پاشیدن، گل نم زدن، پشنگ زدن ← پشنجیده.

پشنجیده pašanǰ-īda(-e) [= بشنجیده] (إمف.) آب و شراب و خون وامثال آن که پاشیده شده باشد.

پشند pašand (إ.) لیف خرما که‌از آن رسن بافند؛ کپاك.

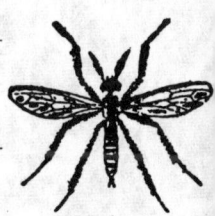

پشندی pašandī (ص نسبـ.) منسوب به پشند (← بخش ۳). ‖ سیب زمینی ~ . سیب زمینی از نوع خوب.

پشنزه pošanza(-e) [= بشنزه = بشنزه] ← بشنزه.

۱ - پشنک pašank (اِ.) ۱ - ← پشلنگ ۲. ۲ - تخته‌ای با چهار دسته که با آن خشت و گل و امثال آن کشند؛ زنبه، زنبر. ۳ - اهرم، بارخیز. ۴ - تیشه. ۵ - آلت گلگران بیرم (لغت نامهٔ اسدی).

۲- پشنک pašank [= پشنگ] ۱ - افشاندن آب و غیره، پشنگ. ۲ - آب مترشح، پشنگ.

پشنگ pašang [= پشنج ← پشنک ← پشنجیدن] (اِ.) ۱ - افشاندن آب. ۲- آب مترشح؛ یك پشنگ آب.

پشنگ زدن pašang-zadan (مص ل.) کمی آب پاشیدن با دست، گل نم زدن.

پشنگک pašang-ak (اِمصغ.) ۱- ژاله. ۲ - تگرگ.

پشودن paš-ūdan (مص م.) (صر ← گشودن) بانگ زدن و زجر کردن.

پشور pošūr [= پشول] (اِ.) نفرین، دعای بد، لعنت، پشول ← بشول.

پشوریدن pošūr-īdan [= بشوریدن] (مص م.) (صر ← شوریدن) لعن کردن، نفرین کردن.

پشول pa(e,o)šūl [← پشور ← پشولیدن] (اِ.) ← پشور.

پشولیدن pošūl-īdan [← بشولیدن] (مص م.) (صر ← بشولیدن) برهم زدن، پاشیدن، بشولیدن (ه.م.).

پشولیده pošūl-īda(-e) (اِمف.) ← بشولیده.

پشه paš(-e), pašša(-e) [سمنـ. pašä] ۱- (اِ.) (جانـ.) حشره‌ای [1] از راستهٔ دو بالان جزو ردهٔ بند پاییان که دارای اقسام و گونه‌های متعدد است. پشهٔ معمولی دارای بدنی بلند و باریك و شاخکهای درازمیباشد. زواید خارجی دهانی این حشره بصورت خرطومی در آمده. وی ببدن انسان و حیوان نیش میزند؛ سارخك، سارشك، موشه، سپید پر، خموش، بد، بعوض، بعوضه، بق، بقه. ۲ - (مج.) ذره. ‖ ~ٔ خاکی. (جانـ.) گونه‌ایست [2] از پشه که رنگش از پشهٔ معمولی روشن‌تر و برنگ خاك است و نیشش بسیار دردناك و سوزان میباشد؛ پشه‌ریزه، بعوضه. ‖ ~ٔ مالاریا. نوعی پشه که وسیلهٔ انتقال مالاریا می‌گردد. ‖ ~ را در هوا نعل کردن. بسیار ماهر بودن در تیراندازی. ‖ ~ راه گذر نبودن. سرسوزن جا نبودن. ‖ ~ لگدش زده. دردی موهوم دارد و اندك چیزی را بیماری گمان میکند.

پشه

پشهٔ مالاریا

پشه بند p.-band (اِمر.) پارچهٔ تور مانندی است که روی تختخوابها بندند تا پشه وارد آن نشود و خوابیده را نگزد؛ پشه دان، ستار، پشه خانه، کله، ناموسیه.

پشه بند

پشه بندی p.-band-ī (ص نسبـ.) منسوب به پشه بند: پارچهٔ پشه بندی (پارچه‌ای که مخصوص درست کردن پشه‌بند است).

پشه پران p.-par(r)ān (اِمر.) ۱ - نوعی بادزن که از موی سازند و برسر چوب زنند برای راندن مگس. ۲ - رشته‌هایی از طناب وچرم و مانند آن که برصورت خر و اسب آویزند تا مگس را از چشم وصورت حیوان براند.

پشه خام p.-xām (اِمر.) (گیا.) ملج (ه.م.).

۱- Culex pipieux (لا.)
۲- Cousin (فر.)

پشه خانه p.-xāna(-e) (إمر.) ۱- پشه بند (ه.م.) ۲- (گیا.) پشه‌دار (ه.م.)، نارون (ه.م.)، پشه غال.

پشه خوار paš(š)a(-e)-xār [= پشه‌خوارنده] (إفا.، إمر.) (گیا.) ملج (ه.م.).

پشه خورد p.-xord (إ.) ریشی وجراحتی باشدکه بیشتر در ملك بلخ بهم رسد ودیر خوب شود و گمان مردم آنست که از گزیدن پشه بهم‌میرسد؛ قرحهٔ بلخی.

پشه‌دار p.-dār (إمر.)(گیا.) نارون (ه.م.)؛ پشه‌خانه، پشه‌غال.

پشه دان p.-dān (إمر.) پشه بند (ه.م.)

پشه‌ریزه p.-rīza(-e) (إمر.)(جا.ن.) پشه‌خاکی (ه.م.)

پشهٔ زرین p.-ye-zarrīn (إمر.) (كن.) شرارهٔ آتش.

پشه غال p.-γāl (إمر.) پشه‌دار (ه.م.)، پشه خانه (ه.م.)، نارون (ه.م.)

پشه‌کوره p.-kūra(-e) (إمر.) پشه خاکی (ه.م.)، پشه ریزه.

پشه‌گزیدگی p.-gazīda(e)g-ī (حامص.) ریش بلخی (ه.م.)، پشه‌خورد (ه.م.)

پشه ناك p.-nāk (ص‌مر.) پرپشه.

پشه نامه p.-nāma(-e) (إمر.) صورت وسیاههٔ جهیز و اسباب زن که بخانهٔ شوهر برند وبامضای داماد رسانند.

پشی pašī [= پشیز] (إ.) ← پشیز (همع.)

پشیز pašīz [= بشیز؛ په. pašīz، خرد ترین سکهٔ عهد ساسانیان] (إ.) ۱- پول کوچك مسین یا برنجین کم‌بها، پول ریزهٔ نازك بسیار تنك رایج، قاز، پاپاسی، پشیزه، پشی، جندك، تسو، طسوج. ۲- سکهٔ مسین ساسانیان. ۳- فلس که شست تای آن یکدرم بوده‌است. ۴- سکهٔ قلب. ۵- فلس ماهی، پولك ماهی. ۶- گلها اززر وسیم که برای زینت بر دوال کمر دوزند، نوپلکهای چرم که بدامن چادر دوزند وبند ازآن گذرانند. ‖ **به ~ ی نیرزیدن**. سخت بی ارج وقدر بودن، سخت ناچیز بودن. ‖ **~ از دینار ندانستن**. قوهٔ تمیز و تشخیص نیك ازبد و صحیح از سقیم ندانستن.

پشیزه pašīza(-e) [قس. پشیز] (إ.) ۱- ← پشیز ۱. ۲- چیزی است از برنج وامثال آن که‌ما بین‌دسته‌و تیغهٔ کارد وصل کنند برای استواری. ۳- ← پشیز ۵. ۴- چرمی که در دامن خیمه دوزند و پایزه بدان استوار کنند. ۵- آنچه از آهن که‌برای‌زینت‌بردروتخته کوبند. ۶- فلس سیمین یا آهنین بر عنان اسب، زر یا سیم چون فلس ماهی که کمربند را سراسر بدان پوشند واز آن‌چون‌فلس‌جداجدا کنند تاکمربند را توان تافت ونوردید. ‖ **~ ٔ خرما**. چیزی خرد است که بربن خرماست، دمچهٔ خرما.

پشیزه پشیزه pašīza(-e)-pašīza(-e) (ص مر.) پوسه پوسه، پوسته پوسته.

پشیزه نشان p.-nešān [= پشیزه نشانده] (ص‌مف.) پولك نشانده.

پشیك pošīk [= پشك = پوشك] (إ.) گربه، سنور.

پشیم pašīm [← پشیمان] ۱- (ص.) پشیمان (ه.م.) ۲- (إ.) پراکندگی، جدایی، دوری از هم، تفرقه.

پشیمان pašīmān [په. pešāmān = پژمان (ه.م.)] (ص.) ۱- کسی که

پشیمان‌خاستن

از انجام دادن کاری متأسف باشد، نادم، منفعل، متأسف، تائب، سادم. ۲ - (اِ.) پشیمانی (هـ.م.)

پشیمان خاستن p.-xāstan (مص‌م.) ‖ ~ کسی را. پشیمانی ایجاد شدن در او.

پشیمان دل pašīmān-del (ص‌مر.) نادم، متأسف.

پشیمان شدن p.-šodan (مص‌ل.) ۱. نادم شدن، ندامت، ندامت حاصل کردن، سدم، منفعل‌شدن، متأسف‌شدن، پشیمانی خوردن، پشیمانی یافتن، پشیمانی گرفتن. ۲ - توبه‌کردن، انابت کردن.

پشیمانی pašīmān-ī (حامص.) ۱ - ندامت، انفعال، تأسف، حسرت، لهف. ۲ - توبه، انابت.

پشیمانی خوردن p.-xordan (مص‌ل.) ← پشیمان شدن۱.

پشیمانی گرفتن p.-gereftan (مص ل.) ← پشیمان‌شدن ۱.

پشیمانی نمودن p.-no(e)mūdan (مص‌ل.) اظهار دریغ و حسرت کردن، تندم.

پشیم شدن pašīm-šodan (مص‌ل.) ۱ - ← پشیمان شدن۱. ۲ - پراکندگی وجدایی ورزیدن.

پطاس potāš ← پتاس.

پطاسیم potāsyom ← پتاسیم.

پطانسیل potānsiyel ← پتانسیل.

پغاز paγāz [= بغاز] (اِ.) چوبکی باشدکه درودگران درشکاف چوب نهند تا زود شکافد، چوبکی که کفشدوزان در فاصلهٔ کفش و کالبدفرو برندتا کفش گشاده‌شود؛ پهانه، پانه، فانه، گاوه، گوه.

پغنه paγna(-e) (اِ.) پله‌و پایه، زینهٔ نردبان.

پف pof (اصت.) ۱ - بادی بودکه از دهان بدر آرند برای خاموش کردن چراغ یا تیزکردن آتش یاسرد کردن چیزی گرم و امثال آن؛ فوت، دم، پفو، باد. ۲ - آماس، ورم.

پفالو pof-ālū [= پف آلود] (ص مف.) ← پف‌آلود.

پف‌آلود pof-ālūd [= پف‌آلوده = پف‌آلو] (ص‌مف.) ۱ -بادکرده، آماس کرده،ورم کرده. ۲- آماسیده روی.

پف تلنگر pof-telengar (اِمر.) نان از شب مانده که بار دیگر برسر آتش نهاده ونرم کنند.

پفج pafǰ [= بفج] (اِ.) کف دهان، خیو، خدو.

پفك pof-ak [پف(هـ.م.)+ك، پس.] (اِمصغ.) ۱ - نیی است‌که مهره های گلی مدور خشك شده را بادمیدن(پف کردن، فوت‌کردن) بشدت و بسرعت‌ازنی پرتاب‌می کنندوبا آن‌پرندگان‌و دیگر هدفها رامی زنند؛ تفك، تزتك. ۲ - نوعی خوراکی که باتخم مرغ و مواد دیگر سازند.

پف کاسه‌گری pof-e-kāsa(e)-gar-ī (ص‌نسب.، اِمر.) نهانی‌ترین ودقیق‌ترین قسمت فنی امری.

پف‌کردن pof-kardan (مص م.) ۱ - دهن را بسته از میان دو لب دم بر آوردن ودمیدن‌برای تیز کردن یا خاموش‌کردن آتش یاسردکردن‌چیزی گرم؛دمیدن،فوت‌کردن. ۲ - بادکردن، آماس کردن، آماسیدن، نفخ کردن، ورم کردن: صورتش پف کرده است. ۳ - (عم.) (مج.) تکبر کردن.

پف کرده p.-karda(-e) (ص‌مف.) ورم‌کرده، آماسیده، پفیده.

پف‌کردگی p.-karda(e)g-ī (حامص.) حالت وچگونگی پف کرده (هـ.م.)

پفکی pofak-ī (ص نسبـ.)(عم.) سخت سست وضعیف، سخت بی دوام.

پف نم pof-nam (امر.)(عم.) با آب دهن نم زدن.

پفو pof-ū (ا.) ← پف۱.

پفیدگی pofīda(e)g-ī (حامص.) ورم کردگی.

پفیدن pof-īdan (مصل.) (پفید، پفد، خواهد پفید، بپف، پفنده، پفیده) ← پف کردن (همع.)

پفیده pof-īda(-e) (امف.) پف کرده (ه.م.)

پفیوز pofyūz (ص.) (عم .) ۱ - قرمساق، بیغیرت. ۲ - بی‌درد، بی‌رگ. ۳ - احمق.

پفیوزی pofyūz-ī (حامص .) چگونگی وحالت آنکه پفیوز (ه.م.) است .

۱- پک pak [= بک=وک] (ا.) ۱ - (جا ن.) غوک ، وزغ، چغز، قورباغه، غنجموش، بزغ، ضفدع.

۲ - پک pak (ا.) ← لك وپك.

۱ - پک pek (ا.) ۱ - بند انگشت دست وپای.

۲ - پک pek (اصت.) نقل آواز خندهٔ ناگهانی که مانع شدن از آنرا نیز خواهند، آواز خندهٔ آنکه بخواهد از خنده خود داری کند ونتواند: پکی زد بخنده.

۱ - پک pok (ا.) ۱ - گنده ودرشت ← پك ولك. ۲- جامهٔ سخت درشت.

۲ - پک pok [= پوك] (ص .) پوك (ه.م.)

۳ - پک pok [= پتك] (ا.) پتك (ه.م.)

۴ - پک pok (ا.) (قاب بازی) نام یك طرف بجول که آنرا «عاشق» گویند وروی دیگر را «جیك» خوانند.

۵- پک pok (اصت.) (ا.) ۱ - برجستن وفروجستن. ۲ - (عم.) يك بار کشیدن سیگار وچپق وتریاك وغیره؛ دم: يك پك چپق کشید .

پکر pakar (عم.) ۱- (ص.) افسرده، نومید . ۲- گیج ، سرگشته، حیران. ۳- (ا.) خوف از پیری.

پکر poker [انگ.] ← پوکر.

پکرشدن pakar-šodan (مصل.) (عم.) ۱- افسرده‌شدن ، نومیدگشتن : ازاین حرف خیلی پکرشد . ۲- گیج شدن ،متحیرشدن .

پکری pakar-ī (حامص.) (عم.) ۱ - افسردگی ، نومیدی. ۲ - گیجی ، سرگشتگی .

پك زدن pok-zadan (مص ل.) (عم.) يك بار دود دادن سیگار وچپق وقلیان وغیره ؛ کشیدن ، دودکشیدن، با نفس عمیق سیگار راکشیدن .

پکفته‌کردن pakofta(-e)-kardan (مصم.) پرکردن بالای دیوار از زیر سقف با پاره‌آجر وگل‌وگچ‌وامثال آن.

پکمز pakmaz [تر. عم. ← بگماز] (ا.) ۱ - دوشاب ، شیره ، دبس . ۲ - شراب .

پکن pakan [= پکین] (ا.)(گیا.) ارزن .

پکند pakand,pek.- [خوارزمی pakand] (ا.) نان ، خبز.

پکنه pakna(-e) (ص.) مردم فربه کوتاه بالا ، خپله ، تاپو .

پکنی pakan-ī [← پکن](ص نسبـ.) باده‌ای که از ارزن وبرنج وجوسازند.

پکنی paknī [= پگنی] ← پگنی.

پک وپوز pak-o-pūz (إمر.)(عم.) ۱ - ریخت ، شکل ، هیأت ظاهری ، وجنات(زشت): بد پک وپوز . ۲- دهان واطراف آن: پک وپوزش راخرد کرد. ‖ بی ــــ . سست وضعیف درسخن .

پک و پوزه pak-o-pūza(-e) (إمر.) ← پک و پوز .

پک وپهلو pak-o-pahlū (إمر.) سینه وقسمت راست وچپ آن .

پکوک pakūk [قس . پتک] (إ.) ۱- پتک آهنگران ، مطراق . ۲- نردهٔ چوبین که برکنار بام و صفهٔ ایوان سازند تا کس نیفتد ؛ طارمی .

پکول pakūl (إ.) تالاری باشد که بربالا خانه سازند .

۱ - پک و لک pak-o-lak (إمر.) ۱ ـ تك و پوی و گرد مردم بر آمدن. ۲ ـ بی‌هنری و رعنایی .

۲ - پک ولك pak-o-lak (إمر.) آلات خانه ، لك و پك .

پك ولك pok-o-lok (ص‌مر.) گنده و درشت و ناهموار .

پکیدن pok-īdan [شیرازی و اصطهباناتی ، پاره شدن] (مص ل.) (صر.←ژکیدن) ۱- پاره‌شدن، گسستن. ۲ ـ ترکیدن ، مردن .

پکیده pak-īda(-e) (إمف .) بهم ــــ . درهم فرو رفته ، انبوه ، سربهم آورده .

پکیده pok-īda(-e) (إمف.) مرده، ترکیده .

پکین pakīn [= پکن]← پکن .

۱ - پگ pag (إ.) زن نار پستان ، زن ودختر لیموپستان، کاعب .

۲ - پگ pag (إ.) گلوله وبندقی که طفلان بدان بازی‌کنند؛ گروهه، تیله.

۳ - پگ pag [قس. پکن ، پکین] (إ.) (گیا.) گاورس .

پگاه pa-gāh [= بگاه ، است. ūpa-gāh ، بهنگام] (ق مر.) ۱ - صبح زود ، اول بامداد . ۲ ـ زود ؛ مق. دیر .

پگاه خاستن p.-xāstan (مص ل.) صبح‌زودازخواب برخاستن؛سحرخیزی کردن ، بکور .

پگاه‌خیز p.-xīz [= پگاه‌خیزنده] (إفا.) سحرخیز ، بکر.

پگاه خیزی p.-xīz-ī (حامص.) سحرخیزی ، بکور .

پگمال pagmāl,peg.- (إ.) افزار کفشگران که بدان‌خط کشند؛خط کش کفاشان ، مخط .

پگنی pagnī [= بگنی، قس. پنگان] (إ.) ۱ - هرکاسه و پیاله(عموماً). ۲ ـ طاس مس ته سوراخ که بر روی آب گذارند برای تعیین ساعات؛ پنگان، فنجان .

پگه pa-gah [= پگاه] (قمر.) ← پگاه (همع.)

پگه خیز p.-xīz [= پگه خیزنده] (إفا.) سحرخیز، پگاه‌خیز(ه.م.)

پگه خیزی p.-xīz-ī (حامص.) ← پگاه‌خیزی .

پل pal (إ.) ۱ - زمینی که‌برای‌کاشتن کنارهایش را قدری بالاآورند؛ کرت، کرد ، کردو . ۲- مرزی که‌فاصله شود میان قطعه‌های کشت.

پل pel, pal [سغ. pδ](إ.)۱- پاشنهٔ پای،عقب . ۲- هرچیز را که ریسمان برکمرش بندند و در کشاکش آرند تا بانگ کنند . ۳- چوبی‌است بمقدار یك وجب یا کمتر و هر دو سر آنرا

پلها

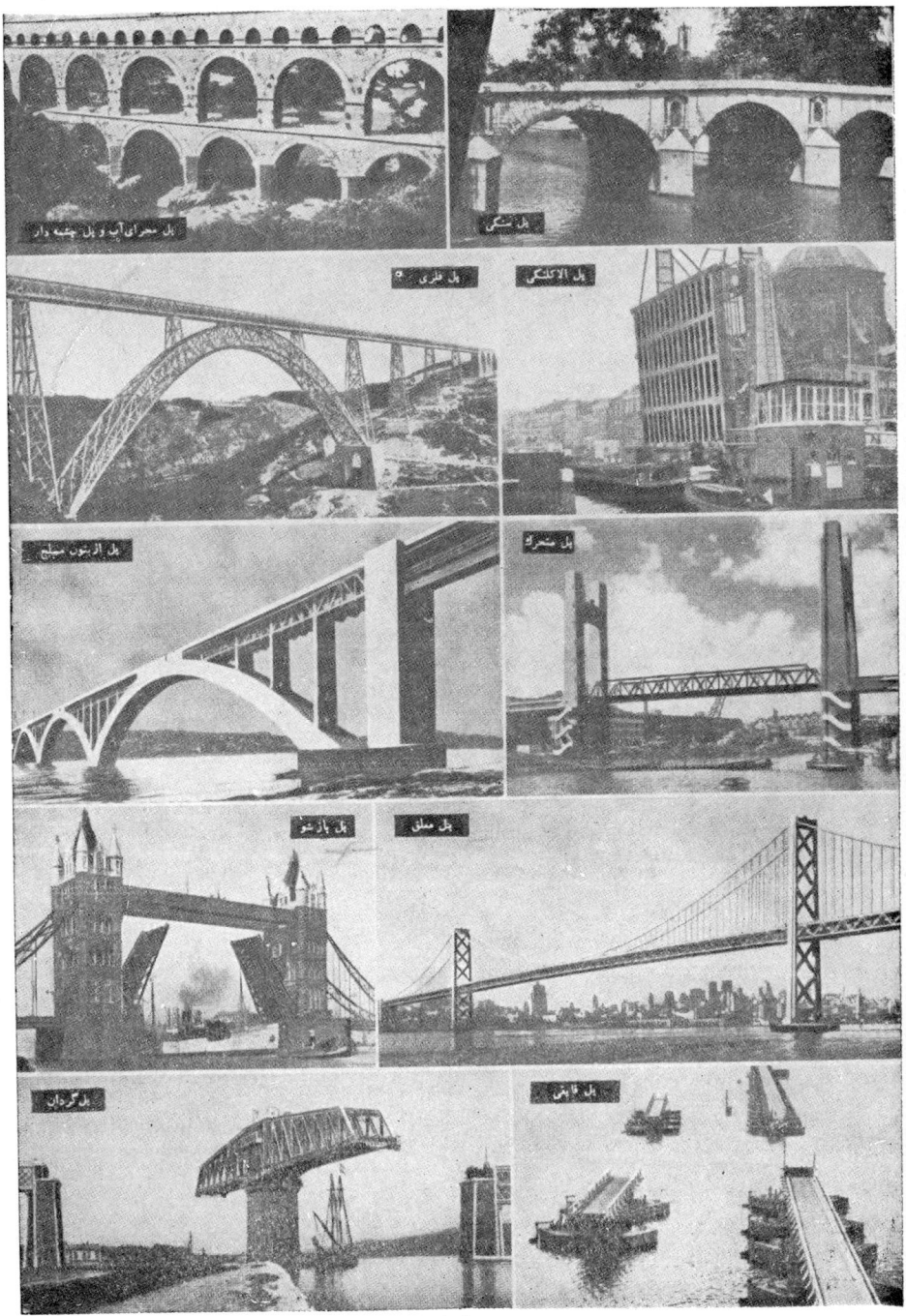

مخصوص فرهنگ فارسی معین

تیز نمایند و بدان بازی کنند باین طریق که آنرا بـزمین گذارند و چوبی دیگر بمقدار سه وجب بردست گیرند و بر یکسر آن زنند تا از زمین بلند شود و در وقت برگشتن بر کمر آن زنندتا دور رود وعرب آنراقله گویند؛ دولك (دربازی الك دولك).

پل pel (اِ.) ۱- اشکلك خیمه، و آن چوبکی باشد بمقدار چهار انگشت که ریسمانی بر کمر آن بندند و بدان بالا و پایین خیمه را بهم وصل کنند و آن بمنزلهٔ گوی گریبان و تکمهٔ کلاه باشد درخیمه، پاچه بند (درخیمه‌وخرگاه). ۲- چوبکی را گویند که طفلان ریسمانی برمیان آن بندند و در کشاکش آرند تا آوازی از آن ظاهرشود، پله، پهنه، گردا، فرموك.

پل pol [په. puhl] (اِ.) ۱- طاقی باشد که بررودخانهٔ آب بندند؛ قنطره، پول، جسر، معبر، خدك. ۲- (اخ.) پل صراط (ه.م.) ‖ **بابت سر ~**. ناچیز، فرومایه، بلایه، زبون، بابت گلخن. ‖ **~ِ آن سوی رود بودن**. (کنـ.) بیهوده بودن. ‖ **~ِ خربگیری**. مورد و موضعی که خبط و اشتباه یا ضعف و قدرت کسی در کاری آشکار گردد؛ صحنهٔ آزمایش. ‖ **~ش آن سر آب است**. کارش بنهایت خراب وتباه است. ‖ **~ِ هفت طاق**. (اخ.) هفت فلك.

پل pol [= پول (ه.م.)] (اِ.) پول (ه.م.)، وجه.

پل (معلق)

پلا palā [← پلاو (ه.م.) = پلو (ه.م.)] (اِ.) پلو (ه.م.)

پلاتین pelātīn [فر. platine] (اِ.) ← طلای سفید.

پلاخور palāxūr (اِ.) (گیا.) نام گونه‌های مختلف پیچ امین الدوله ← پیچ امین‌الدوله.

پلارك palārok [= بلارك = پلالك] (اِ.) ۱- جنسی است از پولاد گوهر دار؛ آهن جوهردار، جنسی است از آهن پولاد هندی، بلارك، بلالك. ۲- شمشیر، تیغ جوهردار، پرند. ۳- جوهر شمشیر، جوهر تیغ.

پلاژ pelāž [فر. plage] (اِ.) ۱- ساحل مسطح دریا. ۲- گرمابهٔ دریایی که جای شنا، حمام وتفریح است.

پل

۱- پلاس palās [= بلاس، معر.] (اِ.) پشمینهٔ ستبر که درویشان پوشند، نوعی از جامهای کم بها، گلیم درشت وسطبر، گلیم‌بد، کساء. ۲- قطعه‌ای از پارچه و کهنه. ‖ **~ درگردن کردن**. عزادار شدن.

۲- پلاس palās (اِ.) (گیا.) پلت (ه.م.)

۳- پلاس palās (ص.) (عم.) سرگردان. ‖ **~ بودن**. ویلان و سرگردان بودن.

پلاساندن palās-āndan [= پلاسانیدن] (مصم. پلاسیدن) (صر. ← رساندن) پژمرانیدن برگ ومانند آن، الواء.

پلاسانیدن palās-ānīdan [= پلاساندن] (مصم. پلاسیدن) (صر. ← رسانیدن) پلاساندن (ه.م.)

پلاس آخور palās-āxor (امر.) ۱- توبره. ۲- (مج.) شرم زن، آلت زن.

پلاس افکن palās-afkan [—

پلاس‌انداختن پلاس افکننده] (اِفا .) آنکه پلاس گسترد.

پلاس انداختن p.-andāxtan (مصم.) ۱ - گستردن پلاس. ۲- (کن.) پریشان ساختن، پراکنده کردن.

پلاس باف p.-bāf [= پلاس‌بافنده] (اِفا.) سازنده وکنندهٔ پلاس(ه.م.) ، لواف .

پلاستیک pelāstīk [فر. plastique] (اِ.) (پز .) ۱ - ماده‌ای که‌قابل پیوند یا قابل دخول در انساج حیوانی یا گیاهی باشد ، ماده‌ای که بتواند جای انساج منهدم شده وازبین رفتهٔ‌حیوانی یا گیاهی را پر کند و همان وظیفه را انجام دهد. ۲ - ماده‌ای که جهت‌قالب گیری‌چیزی‌بکار آید. ۳ - ماده‌ای‌شبیه رزین‌که از آن اشیاءِ مختلف سازند .

پلاس دار palās-dār [= پلاس دارنده] (اِفا. ، ص‌مر.) پلاس پوش، صوفی.

۱ - پلاسک palās-ak (اِمصغ.) پلاس کوچك.

۲-پلاسک palāsak (اِ.) فلاکت، نکبت ، بدبختی، تنگی.

پلاس‌گری palās-gar-ī (حامص.) بافتن پلاس.

پلاسما pelāsmā [فر. plasma] (اِ.) (پز.) مادهٔ آلبومی‌نوئیدی سلولها وانساج که‌محیط‌حیاتی‌سلول‌را تشکیل میدهد . در حقیقت سلولها بواسطهٔ پلاسمای‌خود عمل‌تبادل‌مواد رادرمحیط خود انجام‌داده بزندگی ادامه میدهند. دربعضی انساج‌مقداری پلاسما بصورت مایع حول سلولی درخارج سلولهاقرار دارد مانند خون ولنف. در نسج خونی پلاسما عبارت ازمایعی است‌که‌سلولهای خون (گلبولها) درآن شناورند.

پلاسندگی palās-anda(e)g-ī (حامص.) حالت و چگونگی پلاسنده (ه.م.)

پلاسنده palās-anda(-e) (اِفا.) آنچه بپژمرد، پژمرنده.

پلاسیدگی palās-īda(e)g-ī (حامص.) حالت و چگونگی پلاسیده (ه.م.)

پلاسیدن palās-īdan (مصل.) ۱ - پژمردن، پژمریدن. ۲- رو بفسادنهادن و کهنه شدن میوه.

پلاسیدنی palās-īdan-ī (ص‌لیا.) آنچه قابل پلاسیدن باشد، آنچه تواند پلاسید.

پلاسیده palās-īda(-e) (اِمف.) ۱ - پژمرده. ۲ - کهنه وروبفساد نهاده (میوه).

پلاسین palās-īn (ص‌نسب.)منسوب به‌پلاس،از پلاس.

پلاك pelāk [فر. plaque] (اِ.) ۱-لوح‌وصفحه‌ای‌ازفلز،سنگ‌ومانندآن. ۲ - ورقه یالوح فلزی که نام و نشانی کسان یاشغل وامثال‌آن بررویش حك وبر درخانه یا روی اشیا نصب کنند.

پلاك‌کوبی pelāk -kūb-ī [فر.-ف.] (حامص.) ۱- کوبیدن ونصب‌پلاك (ه.م.) ۲ -(قض.)مراحل‌اولیهٔ‌ثبت‌پس‌از تشکیل‌پروندهٔ ادعای مالکیت دراداره‌ٔ کل ثبت اسناد واملاك.

پلالك palālak [= پلارك = بلارك = بلالك] (اِ.) ← پلارك ۱.

پلان palān [← پالان] (اِ.)خوی‌گیر زین، عرق‌گیر.

پلانی palān-ī [= پالانی](ص‌نسب.) ← پالانی .

پلاو palāv [= پلو = پلا] (اِ.) ۱ - پلو (ه‍.م.) ۲ - نعمت.

پلاهنگ palāhang [= پالاهنگ] (اِ.) عنان، مهار، رسن، پالاهنگ (ه‍.م.)

پلئیستوسن peleīstosen [فر. pléistocène] (اِ.) (زم.) دورهٔ اول دوران چهارم که ته‌نشستهایش با فسیلها و بقایای انسان اولی و اجداد وی همراه است، ومعمولا این دوره از دوران چهارم را دوران ماقبل تاریخ هم گویند.

پلپل pelpel (اِ.) ← فلفل.

پلپل مشک pelpel-mešk(mošk) (اِمر.) ← مشک‌دانه.

پلپلمویه pelpel-mūya(-e) [= فلفلمویه] (اِ.) ← فلفلمویه.

پلت palat (اِ.) ۱ - (گیا.) درختی[1] از تیرهٔ افراها[2] که جزو تیره‌های نزدیک بکل‌سرخیان است ودرسراسر جنگلهای خزر وجود دارد. برگهایش پنجه‌یی است؛ گندلاش، پلاس، بستام، بلس. ۲ - (گیا.) سفیدار (ه‍.م.) ۳ - شیردار (ه‍.م.)

پلتیک poltīk [= پلیتیک. فر. politique] ۱ - پلیتیک (ه‍.م.)، سیاست. ۲ - حقه بازی؛ نیرنگ:
«درمجمع حروف مراپنج «پ» نبود:
پلتیک وپول وپررویی وپزوپارتی.»

پلچی polčī [= پلژی] (اِ.) خرمهره، پلژی، خرز.

پلچی فروش p.-forūš [= پلچی فروشنده = پلژی‌فروش] (اِفا.) خرمهره فروش، مهره‌فروش، خراز، خرزی.

پلخ palax (اِ.) حلق، گلو.

پلخته palaxta(-e) [اسپا. pleita] (اِ.) قالبی مشبک یاغربال گونه‌ای که ازشاخ بید ومانندآن سازند وپنیر را روی آن نهند تا آب آن برود.

پلخدار palax-dār (اِمر.) (گیا.) سپیدار (ه‍.م.)

پلخم pal(a)xam [= فلاخن = پلخان = فلخم، معر.] (اِ.) قلاب‌سنگ، قلماسنگ، فلاخن (ه‍.م.)

پلخمان palxamān [= فلاخن = پلخان] (اِ.) ← پلخم.

پل زدن pol-zadan (مصل.) بنا کردن پل، پل بستن، پل ساختن، پل کردن.

پلژی polžī [= پلچی] (اِ.) ← پلچی.

پلژی فروش p.-forūš [= پلژی فروشنده = پلچی فروش] (اِفا.) ← پلچی‌فروش.

پلت (برگ)

پلستک pelestok [= پرستوک = پرستو] (اِ.) (جا ن.) ← پرستو، پرستوک.

پلشت palašt, pelešt (ص.) ۱ - آلوده، ناپاک، پلید، فژه، فژگن، شوخگن، چرک، چرکین، نکبتی. ۲ - عفونی (فره.)[3]

پلشت بر p.-bar [= پلشت برنده] (اِفا.) ضدعفونی (فره.)[4].

پلشت بری p.-bar-ī (حامص.) عمل ضدعفونی، ضدعفونی کردن (فره.)[5].

پلشتی palašt-ī, pelešt-ī (ص نسبـ.) مربوط بمواد عفونی (فره.)[6].

پل‌شکستن pol-šekastan (مص‌م.) خراب کردن پل. ‖ ـــ بر. ۱ - (مصل.) (کنـ.) محروم ماندن، بی‌نصیب شدن. ۲ - (مص‌م.) بی‌بهره گردانیدن؛
«دشمنان از داغ هجرش رسته‌اند
پل همه بردوستان خواهد شکست.»
(خاقانی)
۳ - غرق کردن.

۱- Acer insigne (فر.) ۲- Acérinées (فر.) ۳- Septique (فر.)
۴- Antiseptique (فر.) ۵- Antisepsie (فر.) ۶- Septicité (فر.)

پلغ پلغ poloɣ-poloɣ (اصت.مر.) آواز جوشیدن مایعات غلیظ.

پلغ پلغ‌زدن p.-zadan (مص ل.) جوشیدن باجوشهای بزرگ در مایعات غلیظ.

پلغده palaɣda(-e) (ص.) تخم مرغ‌ومیوه‌ای که‌درون آن گندیده‌وضایع شده باشد، پوسیده و در هم شده : مرغ بیضه را پلغده کرد(یعنی گنده کرد وبچه نیاورد).

پلغده‌گردیدن p.-gardīdan (مص ل.) گندیدن، ضایع شدن ، فاسدشدن.

پلغندگی poloɣɣ-anda(e)g-ī (حامص.) برآمدگی ، برجستگی ، بیرون آمدگی.

پلغنده palɣanda(-e) (ا.) پرونده، بقچه، رزمه.

پلغیدگی poloɣɣ-īda(e)g-ī (حامص.) حالت و چگونگی پلغیده (ه.م.)

پلغیدن poloɣɣ-īdan (مص ل.) (صر ← چغیدن) بیرون زدن چیزی از جای خود، چون‌چشم در بعضی بیماریها؛ بیرون جستن ، برآمدن ، برجستن ، بیرون خزیدن، جحظ.

پلغیدنی poloɣɣ-īdan-ī (ص‌لیا.) برجستنی، بیرون جستنی، آنچه‌آمادهٔ برآمدن و بیرون جستن باشد.

پلغیده poloɣɣ-īda(-e) (امف.) (تد.عم.) برجسته‌واز حد طبیعی‌بیرون آمده (اکثر در چشم متداول است)؛ بیرون جسته ، مایل بسوی بیرون ، جاحظ.

پلفته polofta(-e) (ا.) پارچها و گلولهای علف سوخته که چون‌آتش در خانهٔ علفی افتدزود آتش آنها را برهوا برد.

پلك(چشم)

پلق پلق poloɣ-poloɣ (اصت.مر.) ← پلغ‌پلغ.

پلقندگی poloɣɣ-anda(e)g-ī (حامص.) ← پلغندگی.

پلقیدگی poloɣɣ-īda(e)g-ī (حامص.) ← پلغیدگی.

پلقیدن poloɣɣ-īdan (مص‌ل.) ← پلغیدن.

پلقیدنی poloɣɣ-īdan-ī (ص‌لیا.) ← پلغیدنی.

پلك pelk, palak [= پلکه] ۱ - (ا.) پوست گرداگرد چشم ، دو پردهٔ متحرك که چشم را می‌پوشانندومژگان ازلب آنهاروییده‌است؛ پلکه، بام‌چشم، نیام چشم، جفن. ۲ - مژگان چشم ، موی مژه. ۳ - پردهٔ‌بینی، پرهٔ‌بینی. ۴ - (ص.) آویخته ، معلق. ‖ ~ زبرین. پوست بالای چشم که حرکت میکند ، لحج. ‖ ~ زیرین. پوست پایین‌چشم که حرکت ندارد.

پلك polk (ا.) گرده، کلیه(ه.م.)

پلکا polkā [فر. polka] (ا.) رقص بوهمی معمول در فرانسه.

پلکان pellak-ān [ج. پله (ه.م.) په. parrak] (ا.) پله‌ها ← پله.

۱ - پلکن pol(o)kan [= بلکن(ه.م.)] (ا.) منجنیق ، پیلوارافکن.

۲- پلکن polokan [= پلکه] (ا.) طعنه، سرزنش، پلکه.

پلکندگی palak-anda(e)g-ī (حامص.) حالت وچگونگی پلکنده (ه.م.)

پلکنده palak-anda(-e) (افا.) آنکه پلکد.← پلکیدن.

پلکو palakū [= پلکوب] (ا.) بلغور ونیم‌کوفتهٔ گندم و جو و هرچیزدیگر.

پلکو کردن p.-kardan (مص م.) خرد کردن بدانه‌های درشت.

۱- پلکه poloka(-e) [← پلك](اِ.) ← پلك(pelk) ۱.

۲- پلکه poloka(-e) [= پلکن] (اِ.) طعنه و سرزنش و سخنان درشت و نافهمیده گفتن، سخنان کنایه آمیز گفتن که‌استنباط معانی بد از آن توان کرد.

پلکی polkī (اِ.) قسمی نان قندی.

پلکیدگی palak-īda(e)g-ī (حامص.) حالت و چگونگی پلکیده (ه.م.)

پلکیدن palak-īdan (مص ل.) (صر ← ترکیدن) ۱- افتان و خیزان یا با ضعف و سستی رفتن چنانکه‌بیمار یا کودکی، آهسته و آرام رفتن. ۲- رفت و آمد کردن. ۳- زندگی کردن‌نه بدانسان که باید، زیستن نه چنانکه مطلوب‌است،زندگی بی مقصود کردن، ول گشتن.

پلکی فروش polkī-forūš [= پلکی فروشنده = پلچی فروش] (إفا.) ← پلچی فروش.

پلگان pellag-ān (اِ.) ← پلکان.

پلم palam (اِ.) (گیا.) آقطی (ه.م.)

پلم palm (اِ.) ۱- خاك، تراب. ۲- (گیا.) کاجیره (ه.م.)، کاژیره.

پلماس palmās [= پرماس] (اِ.) دست مالی مانند کوران بهرسوی برای جستن چیزی.

پلماس کردن palmās-kardan [= پرماس کردن] (مص ل.) مانند کوران دست مالیدن بهر سوی برای جستن چیزی ← پرماسیدن.

پلماسیدن palmās-īdan [= پرماسیدن] (مص مر.) ← پرماسیدن.

پلمس palmas [← پلمه] (اِ.) ۱- مضطرب شدن و دست و پا گم کردن، اضطراب. ۲- متهم ساختن. ۳- دروغ گفتن.

پلمسه palmasa(-e) (اِ.) ← پلمس.

۱- پلمه palma(-e) (اِ.) ۱- لوحی که ابجد و غیر آن بر آن نویسند تا اطفال بخوانند. ۲- نوعی از گل‌است سخت شده وسیاه که ورقه ورقه‌جدا شود ومی‌توان برای نوشتن بکاربرد؛ سنگ لوح. ۳- (زم.) سنگی[1] که دارای ساختمان شیستی[2] است وعنصر اصلی آن رست است و بآسانی بورقه های نازك شیست[2] مانند تبدیل میشود. رنگ ظاهرش بآبی میگراید و در صنعت و ابنیه از آن استفاده میکنند. این سنگ در حقیقت نوعی از فیلاد[3] است وسیلیکات آلومینی است که مقداری عناصر آلی در بر- دارد؛ سنگ لوح.

۲- پلمه palma(-e) [= پلمس] ← پلمس (همع.)

پلمه سنگ p.-sang (إمر.) (زم.) سنگی که از عناصر مختلف تشکیل شده وورقه‌ورقه بنظر میآید. جزوغالب ترکیب آن رست است.

پلندین palend-īn [← بلند beland, baland، بلندین (ه.م.)، سغ. paδīnd = pδynd، آستانه، درگاه] (اِ.) چارچوب در، آستانه.

پلنگ palang (اِ.) ۱- (جا.) جانوری[4] ازردهٔ پستانداران از راستهٔ

پلنگ

1- Ardoise (فر.) 2- Schiste (فر.) 3- Pryllade (فر.)
4- Léopard (فر.)

گوشتخواران جزو تیرهٔ گربه‌سانان که روی پوست بدنش خالهای سیاه بسیار است و آن گونه‌های متعدد دارد؛ فهد. ۲ - (جا ن.) جانوری[۱] از گونهٔ پلنگان ↑ که در افریقا، هند و ایران فراوانست؛ نمر. ۳ - هرچیز که در آن نقطه‌ها از رنگ دیگر باشد، برنگ پوست پلنگ. ۴ - از پوست پلنگ. ۵ - نوعی از رنگ کبوتر. ٦ - چارپایه (ه‍.م.) ‖ **بسان** ـــ. که صفات پلنگ دارد. ‖ ـــِ **گوزن افکن.** ۱ - (کن.) دلاور. ۲ - مرددین. ‖ **پیشانی ـــ خاریدن.** بکار پرخطر پرداختن، بامر خطیر مشغول شدن. ‖ چرم ـــ. پوست پلنگ.

پلنگ peleng (اِ.) ۱ - از پیش آستانه تا نهایت ضخامت دیوار یعنی میان در. ۲ - پشت پا (در اصطلاح پشت پا زدن هنگام راه رفتن).

پلنگانه palang-āna(-e) (ص مر.) ۱ - برنگ و مانند پوست پلنگ. ۲ - پوست پلنگ.

پلنگ افکن palag-afkan [= پلنگ افکننده] (ص فا.) دلیر، پرزور، شجاع، قوی.

پلنگ رنگ palang-rang (ص مر.) ۱ - برنگ و گونهٔ پلنگ. ۲ - اسبی که رنگ پلنگ دارد.

پلنگ رنگ شدن p.-šodan (مص ل.) برنگ و گونهٔ پلنگ شدن، رنگی چون رنگ پلنگ یافتن.

پلنگک peleng-ak (اصتـ. مر.) آواز انگشتان و زنجیر.

پلنگ گوهری palang-gawharī (gow.-) (حامص.) کبر، تکبر، متکبری.

پلنگمشک palang-mošk [= فلنجمشک؛ په. palanǰmūšk] (اِمر.) (گیا.) ← فرنجمشک.

پلنگی پوش palang-ī-pūš [= پلنگی پوشنده] (اِفا.) که لباسی از پوست پلنگ کرده باشد؛ پلنگینه‌پوش.

پلنگین palang-īn (ص نسبـ.) منسوب به پلنگ، پلنگ‌وار.

پلنگینه palang-īna(-e) ۱ - (ص نسبـ.) آنچه از پوست پلنگ سازند. ۲ - لباس یا جوشنی که از پوست پلنگ کنند، پوست پلنگ. ۳ - نوعی جامه که در نقوش مشابه به پوست پلنگ است. ۴ - (ص.) مشابه پوست پلنگ.

پلنگینه‌پوش p.-pūš [= پلنگینه پوشنده] (اِفا.) ← پلنگی‌پوش.

پلو polow [= پلاو = پلا] (اِ.) غذایی که با برنج جوشیده شده در آب تهیه کنند و با کره یا روغن بانضمام اغذیهٔ گوشتی دیگر (بصورت قیمه، خورش، کباب) صرف میشود؛ پلاو.[۲]

پلواس palvās [= پلوس ← چاپلوس] (اِ.) فریب‌دادن بچاپلوسی.

پلوان pol-vān [= پلون] (اِ.) ۱ - بلندی اطراف زمینی را گویند که در میان آن زراعت کرده باشند و مزارعان بربالای آن آمد و شد کنند تا زراعت پایمال نگردد و آب در زمین بایستد؛ بلندی گرداگرد زمین کاشته، پلون، مرز. ۲ - پشتوارهٔ کامل.

پل و پا pal-o-pā (اِمر.) (عم.) پا، پای، رجل.

پل و پخت pel-o-poxt (اِمر.) (عم.) قرارداد و عهد مخفی، ساخت و پاخت. ‖ ـــِ **شان یکی بودن.** قرارداد کردن در نهان.

پل و پخت کردن p.-kardan (مص

۱- Panthère (فر.) ۲- Pilau (فر.)

ل.) قرار ووعدهٔ نهانی گذاردن.

پلوپز polaw(-ow)-paz [= پلو پزنده] (إفا.) آنکه پلو پزد.

پلوپزخانه p.-xāna(-e) (إمر.) محلی که آنجا پلو پزند؛ پلوپزی.

پلو پزی p.-paz-ī (حامص.) ۱ - عمل پلوپختن، طبخ پلو. ۲ - (إمر) پلوپزخانه (ه.م.)

پل و چفته pol-o-čefta(-e) (إمر.) الك دولك.

پلوخور polaw(-ow)-xor [= پلوخورنده] (إفا.) ۱ - پلوخورنده، تناول کنندهٔ پلو. ۲ - (کن.) ثروتمند، توانگر.

پلوطس palūts [قس. اسپا.: جدید. bellota] (إ.) (گیا.) بلوط (ه.م.)

پلوس polūs [= پلواس ← چاپلوس] (إ.) فریب دادن بچاپلوسی.

پلوك palawk (إ.) ۱ - تکیه‌گاه چوبین کنار بام، محجر. ۲ - پتك و چکش آهنگران، مطراق.

پلون pol-van [= پلوان] (إ.) پلوان (ه.م.)

پلونده palvanda(-e) [= پرونده = پروند] (إ.) بستهٔ جامه و قماش، پرونده (ه.م.)، پروند، کیسه، صره.

۱- پله pala(-e) (إ.) (گیا.) درختی است ← ۳- پله (pela).

۲- پله pala(-e) [= فله] (إ.) شیر حیوان نوزاییده؛ فله، آغوز، زهك.

۳- پله pala(-e) (إ.) مایهٔ کم، بضاعت مزجاة.

۴- پله pala(-e) (إ.) موی اطراف سر.

۵- پله pala(-e) (إ.) چوبکی که ریسمان بر کمر آن بندند و در کشاکش آرند تا آوازی از وی ظاهر گردد.

۶- پله pala(-e) (إ.) کفهٔ ترازو.

۷- پله pala(-e) (إ.) **پول و سه**. پول، وجه.

۱- پله pela(-e) [= پیله] (إ.) ۱ - ابریشم، پیله.

۲- پله pela(-e) [= پلك] (إ.) پلك (چشم).

۳- پله pela(-e) (إ.) (گیا.) نوعی درخت بید که برگش بشکل پنجه است.

۴- پله pela(-e) [= پله] (إ.) پله (pella).

پله pella [په. parrak] (إ.) ۱ - هر مرتبه و پایه از نردبان. ۲- هر یك از مجموع پایه‌هایی که برای بالارفتن از سطح زمین باطاق یا بام و مانند آن و پایین آمدن از آن سازند. ج. پلکان. ۳ - کپهٔ ترازو، کفه.

پله pola(-e) (إ.) الك دولك (ه.م.)

پله پله pella(e)-pella(-e) (ق مر.) بتدریج، رفته رفته: «پله پله رفت باید سوی بام.»

پله کو pala-kū [= پله کوب = پیله کوب] (ص مر.) نیم کوب، پیله کوب.

پله کوب کردن p.-kardan (مص م.) نیم کوب کردن، نیم کوفته کردن، بلغور کردن، کبیده کردن.

پلیپ polīp (إ.) (پز.) ← پولیپ.

پلیت palīt [= پلید] (ص.) پلید (ه.م.)

پلیتگی palīta(e)g-ī [← پلیته] (حامص.) تافته بودن چون فتیله، فتیله بودگی.

پلیته palīta(-e) [= فتیله، مفر.]

پلیتیک

(اِ.) ۱ - پنبهٔ تاب داده، فتیله. ۲ - (در جراحت) مسبار. ‖ ~ بر ترکردن. ۱ - بالا کشیدن فتیلهٔ چراغ. ۲ - بر دعوی افزودن.

پلیتیک polītīk [فر. politique] (اِ.) ۱ - سیاست، علم سیاست‌مدن. ۲ - ← پلتیک.

پلیتیک دان polītīk-dān [فر. - ف. = پلیتیک‌داننده] (اِفا.) سیاست شناس، سیاسی، مرد سیاسی.

پلید palīd [= پلیت] (ص.) ۱ - ناپاک، چرک، چرکین، شوخ، شوخگن، فژکنده، فژاکن، پلیت (ه‌م.)، مردار، رجس، نجس، خبیث. ۲ - بدکار، تباهکار، بدعمل. شریر. ۳ - فاسد (گوشت و مانند آن). ۴ - کشنده، قتال.

پلید ازار palīd-ezār [ف. - ع.] (ص‌مر.) زناکار، زانی.

پلید چشم palīd-čašm(češm) (ص‌مر.) بدچشم، نجیءالعین.

پلید خو(ی) p.-xū(y) (ص‌مر.) بدخوی، بدخلق.

پلیدزادگی p.-zāda(e)g-ī (حامص.) ناپاک زادگی.

پلید زبانی p.-zabān-ī (حامص.) بدزبانی، بددهنی، زشت گویی، بد - گویی.

پلید شدن p.-šodan (مصل.) ناپاک شدن، شوخگن شدن، پلید گردیدن، پلشت شدن، نجس‌شدن.

پلیدطبع palīd-tab' [ف. - ع.] (ص مر.) بدسرشت.

پلیدکار p.-kār (ص‌مر.) ۱ - بدکار. ۲ - زناکار، روسپی، قحبه، جلب.

پلیدکاری p.-kār-ī (حامص.) ۱ - تبهکاری، تباهکاری، بدکاری. ۲ - زنا.

پلیدکردن p.-kardan (مصم.) آلوده و ناپاک کردن، نجس کردن، چرک کردن، شوخگن کردن.

پلیدن pal-īdan [= پالیدن] ۱ - (مصم.) پژوهش کردن، تجسس کردن، پالیدن. ۲ - آهسته بجایی در شدن، خزیدن.

پلیدناک palīd-nāk (قمر.) آلوده به‌پلیدی، ناپاک ↓.

پلیدناک شدن p.-šodan (مصل.) ناپاک‌شدن، به‌پلیدی‌آلوده شدن.

پلیدی palīd-ī [← پلید] (حامص.) ۱ - ناپاکی، شوخگنی، شوخی، چرک، فژ، آژیخ، وژن، وسخ، چرک، قذرات. ۲ - زباله، آشغال، خاکروبه، خاشاک، آخال، خس و خاک. ۳ - مواد زاید، خبث، ریم. ۴ - نجاست، خبث، سرگین آدمی، گوه، گه، فضله، عذره. ضح. - فرهنگستان کلمهٔ «پلیدی» را بمعنی اخیر[1] پذیرفته است.

پلیدی کردن p.-kardan (مصل.) ریدن، ریستن، تغوط، غایط کردن.

پلیدی‌ناک p.-nāk (ص مر.) آلوده به‌نجاست، سرگین‌آلود.

پلیس palīs (اِ.) (بنا.) ناهمواری.

پلیس polīs [فر. police] (اِ.) ۱ - شهربانی، نظمیه. ۲ - پاسبان، آژان، عسس، محتسب. ‖ ادارهٔ ~. سر - کلانتری (فره). ‖ ~ مخفی. کارآگاه (فره.)

پلیسه pelīse [فر. plissé] (ص.) چین‌دار، بانورد: دامن‌پلیسه.

پلیسی polīs-ī [فر. - ف. ← پلیس] (ص نسبـ.) منسوب به‌پلیس (ه‌م.): داستان پلیسی.

پلی کلینیک polī-kelīnīk [فر. polyclinique] (اِمر.) (پز.) مطبی

1 - Fèces (فر.)

که دارای درمانگاههای مختلف است و درصورت لزوم امراض مختلف را در آنجا مورد مداوا قرار میدهند.

پلیل palīl (ص.) بسیاردان:
«زعلمی که بر خواند مرد پلیل
نمودی بر آن گفته برصددلیل.»
(زرتشت‌نامه)

پلیمه palīma(-e) (ص.) ۱- (درهوا) نه گرم و نه سرد ؛ هوایی پلیمه. ۲- (در آسمان) نیمی با ابرو نیمی گشاده و بی‌ابر.

پلیندی palyandī (ا.) نوعی از خربزه.

پماد pomād [فر. pommade] (ا.) (پز.) محصولات دارویی نرم که بامواد روغنی ونرم بی تفاوت و خنثی نظیر آکسونژ[۱]، وازلین، لانولین[۲]، پیه‌وروغن زیتون مخلوط کنند و جهت استعمال خارجی مورد استفاده‌قرار میگیرد، مانند پماداکسید دو زنگ یا پماد اکسیدژون دومرکور.

پمپ pomp [فر. pompe] (ا.) تلمبه (ه.م.) ‖ ~ بنزین. محلی که بصاحبان وسایل نقلیه ومانند آن بنزین فروشند.

پم پم pam-pam, pem-pem (اصت. مر.) آوازکمان حلاج آنگاه که پنبه زند.

پمج pemmeǰ (ا.) (گیا.) گونه‌ای خرما در جیرفت.

پمچال pomčāl [= پامچال] (ا.) ← پامچال.

پناباد panā-bād [= پناه‌آباد] (ا.) ← پناه آباد.

پناغ panāγ [= بناغ] (ا.) ۱- تار ابریشم. ۲- بیضه مانندی از ریسمان خام که بر دوك پیچند. ۳- ماسوره. ← بناغ.

پناگاه panā-gāh [= پناه‌گاه] (إمر.) پناه‌گاه (ه.م.)

پنام panām [په. pandām, padām، panum] ۱- (ا.) پارچه ای چهارگوشه که در دوگوشهٔ آن دو بند دوزند وزرتشتیان‌دروقت‌خواندن‌اوستا یا نزدیك شدن بآتش آنرا برویِ‌خود بندند. ۲- تعویذی که بجهت دفع چشم زخم بکار آرند؛ حرز، وقایه. ۳- اعمالی که بجهت‌دفع‌چشم زخم‌کنند. ۴- (ص.) پوشیده، پنهان.

پنام

پنامیدن panām-īdan [← پنام] (مص‌م.) (صر. ← نامیدن) باز داشتن، منع کردن.

پناه panāh [په. panāh] ۱- (ا.) حفظ، حمایت، پشتی، زنهار، امان، کنف. ۲- (ص.) نگاهبان، نگاهدار، حامی، حافظ، حارس. ۳- (ا.) پناهگاه، جای استوار، ملجأ، ملاذ، مأوی. ۴- سایهٔ دیوار. ۵- سعادت؛ مق‌. نحوست. ۶- (فعل امر.) پناه‌بر، پناهنده‌شو:
«زهربد بدارای گیتی پناه!
که‌اوراست‌برنیك‌وبددستگاه.»
(فردوسی)
۷- (إفا.) دربعضی‌ترکیبات‌بمعنی «پناه دهنده» آید: جان پناه، دولت پناه، رعیت پناه ومانندآن. ‖ ~ برخدا! بیزدان پناه، اعوذبالله، نعوذبالله، استغفرالله، عیاذاًبالله. ‖ ~ جهان. ملجأ عالمیان. ‖ جای ~. پناهگاه، جای محفوظ. ‖ در ~. درظل، در کنف.

پناه آباد panāh-ābād [= پناباد] (إمر.) سکه‌ای‌از نقره معادل نیم‌ریال

۱- Axonge (فر.) ۲- Lanuline (فر.)

(= ده‌شاهی) که آنرا منسوب به پناه آباد (قلعهٔ شوش) دانسته‌اند که در آنجا ضرب شده و «پناه‌آبادی» نام داشته . این کلمه به «پناه‌آباد» و بعد به «پناباد» تبدیل یافته است؛ پناباد.

پناه آوردن p.-āva(o)rdan (مص ل.) پناهیدن (ه.م.)، پناه بردن.

پناه باد panāh-bād [= پناه‌آباد] (اِمر.) پناه آباد (ه.م.)

پناه بردن p.- bordan (مص ل.) پناهیدن (ه.م.) ‖ **بکسی یا چیزی ~** . پناه گرفتن بوی، التجا، ملتجی شدن.

پنبه (بوته)

پناه جای p.-ǰāy (اِمر.) ۱- پناهگاه (ه.م.) ۲ - بست.

پناه‌جستن p.-ǰostan (مص ل.) پناهیدن (ه.م.)، پناه گرفتن.

پناه دادن p.-dādan ۱ - (مص م.) درحمایت خویش گرفتن، زنهار دادن، پشتی کردن، اعاذه (ترجمان القرآن ص ۱۱). ۲ - (مص ل.) پناه‌بردن (ه.م.)، پناه‌گرفتن (ه.م.)

پناه داشتن p.-dāštan (مص ل.) ملجأ داشتن، ملاذ داشتن.

پناه طلبیدن p.-talabīdan (مص ل.) پناهیدن (ه.م.)، پناه‌بردن.

پناه‌کردن p.-kardan (مص ل.) ۱ - درحمایت کسی یا چیزی در آمدن، زنهار خواستن، پناه بردن، التجا . ۲ - ← پناه دادن ۱.

پناهگاه p.-gāh (اِمر.) آنجا که برای حفظ جان وسلامت پناه برند؛ پناه‌جای، جای استوار، اندخسواره، مأمن.

پناه‌گرفتن p.-gereftan (مص ل.) پناهیدن (ه.م.)، پناه‌بردن.

پناهندگی panāh-anda(e)g-ī (حامص.) حالت وعمل پناهنده (ه.م.) ‖ **~ سیاسی.** عمل سیاستمداری که برای نجات خود بکشور دیگری پناهنده شود .

پناهنده panāh-anda(-e) (اِفا.) ۱ - آنکه بکسی یا بچیزی پناه برد؛ پناه آورنده، پناه گیرنده، پناهیده، زنهاری ، زینهاری ، ملتجی . ج . پناهندگان. ۲ - پناه‌دهنده. ۳- (مج.) باری تعالی.

پناهنده شدن p.-šodan (مص ل.) پناهیدن (ه.م.)

پناه‌یافتن p.-yāftan (مص ل.) ملجأ یافتن .

پناهیدگی panāh-īda(e)g-ī (حامص .) حالت و چگونگی پناهیده (ه.م.)

پناهیدن panāh-īdan (مص ل .) (صر. ← نامیدن) درحمایت کسی درآمدن، زنهار خواستن، پناه‌بردن، پناه گرفتن، پناه جستن.

پناهیدنی panāh-īdan-ī (ص لیا.) آنکه قابل پناهیدن است .

پناهیده panāh-īda(-e) (اِمف.) پناه گرفته، التجا یافته، ملتجی‌شده.

پنبئین panba-īn (ص نسب.) ازپنبه.

پنبوق panbūγ [متر. پنبه] (اِ.) پنبه (ه.م.)، قطن.

پنبه panba(-e) [په. pambak] (اِ.) گیاهی که از غوزهٔ آن ریسمان و پارچه کنند؛ قطن، کرسوف. ‖ **با ~ دیگری ریسمان ساختن.** کار دیگری کردن که برای خود او انتفاعی نباشد . ‖ **با ~ سر بریدن .** با نرمی وملایمت کار را از پیش بردن، با نرمی و تدبیر آزار واضرار را سبب شدن. ‖ **~ از گوش برداشتن، (بیرون کردن ، بیرون کشیدن، کشیدن ، بیرون آوردن، برآوردن)** . ۱ - هوشیار

کردن، بهوش آوردن، متنبه ساختن. ۲ ـ بهوش آمدن، متنبه‌شدن، هشیارشدن، از غفلت رستن. ‖ ـــ به (در) گوش نهادن (کردن، افکندن) (کنـ.) غفلت داشتن، تغافل کردن. ‖ ـــ شدن رشته. باطل و بیهوده شدن کار کرده.

پنبه آب p.-āb (إمر.)(بنا.) دوغاب رقیق گچ که پنبهٔ آغشته بدان را بر روی گچ دیوار وسقف کشند تا سفید وهموار و تازه گردد.

پنبهٔ بردی p.-ye-baradī (إمر.) ← پنبهٔ دوخ.

پنبه بز p.-baz [= پنبه‌وز] (ص‌مر.) پنبه‌زن (ه‌.م.)

پنبه پا(ی) p.-pā(y) (إمر.) نوعی پای افزار.

پنبه پاك كنی p.-pāk-kon-ī (حامص.) پاك کردن پنبه. ‖ کارخانهٔ ـــ. کارخانه‌ای که پنبه را پاك و تصفیه میکند.

پنبه تخم p.-toxm (إمر.) پنبه دانه (ه‌.م.)

پنبه‌خیز p.-xīz (ص مر.) جایی که پنبهٔ بسیار از آنجا بدست آید: مصر مملکتی پنبه خیز است.

پنبه دار p.-dār [= پنبه‌دارنده] (إفا.) آنچه آگندگی از پنبه دارد، که حشو از پنبه‌دارد: «قبای‌پنبه‌دار».

پنبه دارکردن p.-kardan (مصم.) آگندن لباس و مانند آن به‌پنبه.

پنبه‌دان p.-dān (إمر.) سبدی که‌زنان ریسنده پنبه را در آن نهند.

پنبه دانه p.-dāna (إمر.) تخم‌پنبه، بذر پنبه، پنبه تخم.

پنبه درگوش p.-dar-gūš (ص‌مر.) (کنـ.) غافل وسخن‌ناشنو:

«نظامی‌بس کن‌این گفتار خاموش
چه گویی‌با جهان پنبه‌درگوش؟»
(نظامی)

پنبهٔ دوخ p.-ye-dūx (إمر.) لوئی، پنبهٔ بردی، قنصف.

پنبه دوز p.-dūz [= پنبه دوزنده] (إفا.) کسی که‌پارچهٔ‌کهنه وخرقه‌وامثال آن دوزد، کهنه دوز.

پنبه دوزی p.-dūz-ī (حامص.) طرز دوختن جامه‌ای که حشو پنبه دارد.

پنبه‌دهان p.-dahān [= پنبه‌دهن] (ص‌مر.) (کنـ.) کم‌گوی، کم‌سخن.

پنبه دهن p.-dahan [= پنبه‌دهان] ← پنبه دهان.

پنبه زار p.-zār (إمر.) زمینی که در آن‌پنبه کاشته‌اند؛ مقطن.

پنبه زدن p.-zadan (مصل.) ۱ ـ بیرون کردن پنبه‌ازتخم، حلاجی کردن پنبه، ندف. ۲ ـ پر کردن پنبه‌درچیزی.

پنبه زن p.-zan [= پنبه زننده] (إفا.) آنکه پنبه را با کمان زند تا زواید را بیرون کند و پنبه را برای انباشتن درلحاف وتوشك آماده سازد؛ پنبه‌بز، پنبه‌وز، بهین، بهینه، حلاج، نداف.

پنبه زنی p.-zan-ī ۱ ـ (حامص.) عمل بیرون کردن پنبه از پنبه دانه؛ محلوج کردن‌پنبه، تندیف. ۲ ـ (إمر.) شغل‌ومحل پنبه‌زدن؛ دکان پنبه زنی.

پنبه شدن p.-šodan (مص ل.) ۱ ـ نرم و سفید شدن. ۲ ـ نرم و هموار شدن. ۳ ـ گریختن. ۴ ـ متفرق وپریشان گردیدن. ۵ ـ ازکسی بی‌موجب بریدن، بهرزه بریدن. ۶ ـ بیهوده شدن، باطل‌وبی سودماندن کاروسخنهای پیش: «هرچه رشتم پنبه شد.» (لغ.)

پنبه غاز کردن p.-γāz-kardan (مص‌م.) حلاجی کردن، حلج، حلاجت.

پنبه فرخمیدن p.-faraxmīdan [= پنبه فلخمیدن] (مص م.) ← پنبه زدن ۱.

پنبه فروش p.-forūš [= پنبه فروشنده] (اِفا.) آنکه تجارت پنبه کند، قطان.

پنبه‌کار p.-kār (ص فا.) آنکه بذر پنبه کارد.

پنبه‌کاری p.-kār-ī (حامص.) عمل پنبه کار (ه‌.م.)، زراعت پنبه.

پنبه‌کردن p.-kardan ۱ - (مص‌ل.) (مج.) گریختن. ۲ - (مص م.) گریزانیدن، پراکنده ساختن، متفرق گردانیدن. ۳ - (کن.) خاموش کردن. ۴ - دفع ومحو کردن. ۵ - منکر شدن. ۶ - (مص‌ل.) عاجز گردیدن. ۷ - (مص م.) عاجز گردانیدن. ۸ - نرم‌ساختن. ۹ - نومید کردن.

پنبهٔ کوهی p.-ye-kūh-ī (ص‌نسب.، اِمر.) (زم.) گونه‌ای[1] ازسنگهای آذرین که‌جزو دستهٔ آمفیبولهاست وبراثر تجزیهٔ برخی عناصر قلیایی آمفیبول ترکیبات سیلیکات منیزی و سیلیکات کلسیم آن بصورت الیاف ورشته‌هایی در میآیند که خاصیت نرمش وانعطاف دارند وازینرو قابل استفاده در نساجی هستند؛ حجرـ الفتیله، آذرشست، پنبهٔ نسوز.

پنبه نهادن p.-ne(a)hādan (مص م.) ۱ - قرار دادن پنبه در جامه یا جزآن. ۲ - (کن.) فریب دادن. ۳ - (کن.) راضی ساختن کسی در امری. ۴ - (کن.) روانه‌کردن کسی بجایی.

پنبه‌وز p.-vaz [= پنبه بز] (اِفا.) پنبه زن (ه.م.)

پنت pont (اِ.) ← پند.

پنتی pentī (ص.)(عم.) ۱ - آنکه از شوخی وپلیدی احتراز نکند، کسی که نظافت نداند. ۲ - بیعار، بیکار، لش، بی‌غیرت، بی‌حمیت، لاابالی، (دراصطلاح‌مشتیان مقابل لوطی.)

پنج panǰ [په. panǰ] (عد.) ۱ - عدد پس از چهار و پیش از شش، عدد «چهاربعلاوه یك»، نمایندهٔ آن‌درارقام هندی (۵) است؛ خمس، خمسة. ۲ - حواس خمسه (سامعه و باصره و ذایقه ولامسه و شامه). ۳ - پنجه، چنگال: گربه بصورتم پنج زد. ‖ **اصل ــــ** . حقیقت انسانی، نفحهٔ الهی که در کالبد انسان دمیده شده.

پنج penǰ [= پنك] (اِ.) ← پنك.

پنجاه panǰāh [په. panǰāh] (عد.) ۱ - عددی که بعدازچهل ونه و پیش از پنجاه ویك است، عددی که بیان‌میکند عددی راکه عبارتست از پنج مرتبه‌ده. نمایندهٔ آن در ارقام هندی این‌صورت است: ۵۰. ۲ - مخفف پنجاه درم که صد وشصت مثقال است یعنی ده‌سیر یا یك‌چارك.

پنجاه تیر p.-tīr (اِمر.) تفنگی که پنجاه فشنگ خورد.

پنجاهم panǰāh-om (عد. ترتیبی) در مرتبهٔ پنجاه ← پنجاهمین.

پنجاهمین panǰāh-omīn (عد. ترتیبی) آنکه در مرتبهٔ پنجاه واقع شده باشد، پنجاهم: پلهٔ پنجاهمین، شاگرد پنجاهمین.

پنجاهه panǰāh-a(-e) (اِمر.) ۱ - مدت اعتکاف نصاری وآن پنجاه روز باشد چنانکه چلهٔ اهل اسلام چهل روز

۱- Asbeste, amiante (فر.)

است؛ خمسین. ۲ - یاد کرد کسی در پایان پنجاه سال.

پنجاه هزار p.-hazār(hezār) (عد.) عددی که بیان می کند عدد پنجاه مرتبه هزار را، خمسین الف.

پنجاه هزار سال p.-ha(e)zār-sāl (إمر.) پنجاه هزار سنه. ‖ روز ــــ . روز قیامت.

پنجاه یك p.-yak (إمر.) یك پنجاهم.

پنج آیت panǰ-āyat [ف.-ع.] (إمر.) علامت «خمس» است که بصورت دایره ای از طلا درحاشیهٔ قرآن گذارند.

پنج ارش p.-araš (إمر.) ← شاه ارش.

پنج ارکان p.-arkān [ف.-ع.] (إمر.) پنج بنای اسلام، و آن کلمهٔ طیبهٔ ونماز وروزه وحج وزکات است.

پنج انگشت p.-angošt (إمر.) ۱ - مجموع انگشتان هریك از دست وپا که بکف پیوسته است: «پنج انگشت یکی نیستند.» ۲ - چوبی است بلند که بر سر آن پنج چوب کوتاه مثل انگشت نصب شده و بدان خرمن کوفته را باد دهند؛ انگشته، آشور، پنجه (ه.م.)، مدری، هاکو. ‖ (گیا.) گیاهی است[1] که برگ آن مانند برگ شاهدانه است وبوتهٔ آن در کنار رودها روید؛ ذوخمسة اصابع، ذوخمسة اوراق، دل آشوب، پنجنگشت. تخم آنرا حب الفقد خوانند.

پنج باشه p.-bāša (إمر.) شنجار، شنگار.

پنج بیچاره p.-bīčāra(-e) (إمر.) خمسهٔ متحیره (زحل و مشتری ومریخ وزهره وعطارد = کیوان وزاوش وبهرام وناهید وتیر)، پنجهٔ بیچاره.

پنج پا p.-pā [← پنج پایك = پنج پایه] ۱ - خرچنگ. ۲ - (إخ.) (نجو.) برج چهارم از دوازده برج فلکی، برج سرطان (← بخش ۳).

پنج پایك p.-pāy-ak [= پنج پایه ← پنج پا] (إمر.) ← پنج پا (همع.)

پنج پایه p.-pāya(-e) [= پنج پایك ← پنج پا] (إمر.) ← پنج پا (همع.)

پنج پنج p.-panǰ (عد.، قمر.) پنج تا- پنج تا، پنج عدد پنج عدد:

«این زمان پنج پنج میگیرد
تا شده عابد ومسلمانا.»
(موش و گربهٔ عبید زاکانی)

پنج پوشیده p.-pūšīda(-e) (إمر.) خمسهٔ محتجبه است، وآن پنج علم است: اول کیمیا، دوم لیمیا، سوم سیمیا، چهارم ریمیا، پنجم هیمیا.

پنج پهلو p.-pahlū (إمر.) (هس.) صاحب پنج ضلع، ذوخمسة اضلاع.

پنج تن p.-tan (إخ.) ← بخش ۳.

پنج تیر p.-tīr (إمر.) نوعی تفنگ که پنج فشنگ خورد.

پنج تیغه p.-tīγa(-e) (إمر.) کارد وقلمتراش که پنج تیغه دارد.

پنج چوبه p.-čūba(-e) (إمر.) نوعی خیمه است.

پنج حس p.-hes(s) [ف.-ع.] (إمر.) ۱ - پنج قوت دریافت (سمع، بصر، شم، ذوق ولمس)، حواس خمسه. ۲ - پنج قوهٔ باطنی (حس مشترك، خیال، واهمه، حافظه ومتصرفه).

پنج حواس p.-havās(s) (إمر.) پنج حس (ه.م.) ضح. ـــ درین ترکیب عدد و معدود را برخلاف قاعدهٔ معمول تطبیق داده اند.

پنج انگشت

پنج پا (پنج پا یك)

۱ - Agnus (لا.)

پنج دانگ p.-dāng (اِمر.) ۱- پنج قسمت از خانه وزمین ومانندآن، زیرا در اصطلاح ثبت و دفاتر اسنادوغیره هرزمین وخانه‌ومانند آن بشش قسمت تقسیم میشودکه هر قسمت رایك‌دانگ گویند؛ پنج دانگ‌اززمینم را فروختم. ۲ - نصف‌وثلث (زمخشری، لغ.) ‖ ـــــ ونیم. ثلثان وربع (زمخشری، لغ.)

پنج دری p.-dar-ī (ص‌نسب.) اطاقی که پنج در دریك سو(معمولا روبصحن) دارد (سابقاً بیشتر معمول بوده).

پنج دستی p.-dast-ī (ص نسب.) (بازی ورق) هنگامی‌که پنج حریف با هم بازی‌کنند؛ پنج دستی بکش.

پنج دعا p.-doā [ف.-ع.] (اِمر.) شرع.) پنج‌نماز، صلوات خمس.

پنجر panǰar [=پنجره] (اِ.) ← پنجره (همع.)

پنج روز panǰ-rūz (ص‌مر.،قمر.) ← پنج‌روزه ↓.

پنج‌روزه p.-rūza(-e) [← پنج‌روز] (ص‌مر.،قمر.) ۱ - آنچه پنج روز طول کشد. ۲-(کن.) مدت‌اندك. ‖ ـــــ دنیا. (کن.) مدت عمر.

پنج روزی p.-rūz-ī (ص نسب.، اِمر.) ← پنجهٔ دزدیده.

پنجره panǰara(-e) [= پنجر ← بنجره، معر.] (اِ.) ۱ - دریچه‌ای‌بوددردیوار که ببیرون نگرند، مشبکی باشدکه‌در سرایها بردریچها نهند. ۲- هرچه‌مشبك باشد. ۳ - تنکهٔ آهنی پرسوراخ. ۴ - دیده‌بان کشتی. ۵ - خانهٔ چوبین که برای درندگان وطیور سازند؛ قفص، قفس. ‖ ـــــ لاجورد. (کن.) آسمان. ‖ مثل ـــــ. مشبك، شبکه، دریچه‌دار، مغربل.

پنجره

پنج سر panǰ-sar (اِمر.) (قمار) پنج ورق متشابه که در بازی آس بدست یك‌تن‌آید مانند پنج آس یاپنج شاه وغیره.

پنج سو(ی) p.-sū(y) (اِمر.)(هس.) پنج ضلعی، مخمس.

پنجش penǰaš [قس. پنجك] (اِ.) ← پنجك.

پنج شاخ panǰ-šāx (اِمر.) ۱ - پنج انگشت. ۲ - پنجشاخه (ه.م.)

پنجشاخه p.-šāxa(-e) [= پنجشاخ] (اِمر.) قسمی‌شمعدان بلورین یافلزین، نوعی جار وچلچراغ‌باکاسهٔ بلورین‌که پنج شمع خورد.

پنج شعبه p.-šo'ba(-e) [ف.-ع.] (اِمر.) پنج حس (ه.م.)

پنجشنبه p.-šanba(-e) (اِمر.) روز ششم هفته، روز قبل ازجمعه، خمیس. ‖ ـــــ شب. شبی که فردای آن جمعه است؛ شب‌جمعه، شام پنجشنبه.

پنج صد p.-sad [= پانصد] (عد.) پانصد، خمسمأة.

پنج ضلعی p.-zel'-ī [ف.-ع.] (اِمر.) (هس.) پنج‌سو (ه.م.)

پنج علت p.-ellat [ف.-ع.] (اِمر.) (فل.) علت فاعله و علت آلتی و علت هیولائی وعلت صورتی وعلت تمامی.

پنج قازی p.-γāz-ī (اِمر.) قسمی پول خرد مسین، پانقازی.

پنجك panǰ-ak [= پنجه ← پنج] (اِ.) ۱ - پنجهٔ‌دزدیده (ه.م.) ۲- نوعی رقص، رقص دستبند، فنجکان، چوپی.

پنجك ponǰak [قس. پنجش] (اِ.) گلولهٔ پنبهٔ حلاجی کرده، گلولهٔ ندافی کرده برای رشتن؛ پنجش، پندش، پنده، پند، پاغنده، گاله، پندك، پاغند، کلوچ.

پنج‌کرانگی panǰ-karāna(e)g-ī

(حامص.) چگونگی پنج کرانه(ه.م.)، تخمیس.

پنج کرانه p.-karāna(-e) (إمر.) (هس.) مخمس.

پنج کوهه p.-kūha(-e) [← کوهه] (إمر.) سپاهی که پنج فوج داشته باشد وبعربی آنرا خمیس گویند: مقدمه، قلب، میمنه، میسره وساقه.

پنجگان p.-gān ۱ - (عد. توزیعی) پنج تا پنج تا، پنج پنج. ۲- (إمر.) نوعی تیر. ۳- ← پنجك ۲.

پنجگانه p.-gāna(-e) ۱- (صمر.) پنج تایی، مخمس. ۲-(إمر.) نمازهای پنج وقت.

پنج گاه p.-gāh (إمر.) ۱ - اوقات نماز پنجگانه. ۲- خانهٔ پنجم نرد(قس. شش گاه، یك گاه). ۳ - (کن.) حواس خمسه. ۴ - (مس.) آوازیست ایرانی و آن درپایان راست پنجگاه (ه.م.) خوانده میشود. «پنجگاه» و «سپهر» حالت درآمد «نوا» را دارد و مثل این است که به نوای پنجم فوقانی رفته باشیم. سپس عشاق شنیده میشود وراست پنجگاه تبدیل به نوا میگردد. (خالقی. موزیك ۱۰، ۹: ۱۶).

پنج گزی p.-gaz-ī (ص نسب.، إمر.) قسمی پارچه که آنرا بعربی خمیس میگفته اند.

پنج گنج p.-ganǰ (إمر.) ۱ - حواس خمسه (ه.م.) ۲ - صلوات خمس، پنج نماز. ۳ - (إخ.) پنج خزانهٔ خسرو پرویز (← بخش ۳). ۴ - خمسهٔ نظامی (← بخش ۳).

پنج گوش p.-gūš [= پنج گوشه] (إمر.) (هس.) آنچه که پنج زاویه دارد؛ مخمس، پنج گوشه.

پنج گوشه p.-gūša(-e) [= پنج گوش] (إمر.) پنج گوش(ه.م.)

پنج گوشه کردن p.-gūša-kardan (مصم.) تخمیس.

پنج گوهر p.-gawhar(gow-) (إمر.) پنج حس ظاهر.

پنج لو p.-lū (إمر.) (بازی گنجفه، ورق) ورقی که دارای پنج خال باشد.

پنجم panǰ-om [په. pančum](عد. ترتیبی) آنچه که در مرتبهٔ پنج واقع شده؛ که در مرتبهٔ بعداز چهارم وپیش ازششم است؛ پنجمی، پنجمین، خامس. ‖ ـــ رواق. (کن.) آسمان پنجم، فلك مریخ، سپهرپنجم.

پنج ماهه p.-māha(-e)(صمر.) آنکه پنج ماه از عمراوگذشته است.

پنج مرده p.-marda(-e) (صلیا.) درخور ولایق پنج مرد.

پنجمی panǰ-om-ī (عد. ترتیبی) پنجم، پنجمین.

پنجمین panǰ-om-īn (عد. ترتیبی) پنجم (ه.م.)، پنجمی.

پنجنگشت panǰ-angošt [= پنج انگشت] (إمر.) ← پنج انگشت.

پنج نماز p.-namāz (إمر.) نمازهای صبح وظهر وعصرومغرب وعشا؛ نمازهای پنجگانه.

پنج نوبت p.-nawbat(now-)[ف.-ع.] (إمر.) ۱ - نوبت پنج وقت که بردر پادشاهان زنند واین ازعهدسلطان سنجر مقرر شده است و پیش ازآن سه نوبت میزدند، پنج وقت نقاره باشد که در شبان روز بر در سرای سلاطین می - نواختند. ← پنج نوبت زدن. ۲ - پنج چیزی که مینوازند چون دهل و دمامه طنبك ونای وطاس. ۳ - پنج آلت اعلام جنگ که دهل و دمامه و طبل و سنج

۸۲۰
پنج نوبت زدن

ودف باشد . ۴- (کن.) اوقات نماز پنجگانه، پنج وقت نماز.

پنج نوبت زدن p.-n.-zadan [ف.-ع.] (مص ل.) اظهار جاه و سلطنت کردن.

پنج و چهار p.-o-čhār (اِمر .) (کن.) پنج حس و چهار طبع.

پنج و ده p.-o-dah (اِمر .) معامله، سروکار داشتن.

پنج و شش p.-o-šeš (اِمر.) حواس خمسه و جهات شش گانه.

پنج و شش و هفت و چهار p.-o-šeš-o-haft-o-čahār (اِمر.) (کن.) پنج حس و شش جهت و هفت کوکب و چهار طبع.

پنجه (دست)

پنج وقت p.-vaγt [ف.-ع.] (اِمر.) اوقات پنجگانهٔ نماز.

پنجول panǰ-ūl [پنج (ه) + -ول ، پس. قس. چنگول] (اِمر.) پنجهٔ گربه و مانند آن.

پنجول زدن p.-zadan (مص م .) (عم.) با ناخنهای دست روی یا تن کسی را خراشیدن: گربه پنجول زد.

پنجه panǰa(-e) [په. panǰ] (اِ .) ۱ - پنج انگشت با کف دست و پا باشد از انسان و حیوانات دیگر ، پنج انگشت دست از مچ تا سر انگشتان. ۲- چنگال، چنگ، برثن، مخلب. ۳ - پنج انگشت بدون کف دست: « این دستکش پنجه ندارد .» (لغ.) ۴ - دست. ۵ - صورت دستی که از طلا و نقره سازند و بمشاهد مقدس برای نیاز فرستند : « پنجهٔ حضرت عباس. » ۶ - گلوله‌های سنگ که دیدبانان برای جنگ نگاهدارند. ۷ - سنگ منجنیق. ۸ - سنگی که از کشتی به کشتی غنیم اندازند . ۹ - ← پنج انگشت ۲. ۱۰- پنجهٔ دزدیده (ه.م.) ۱۱- ماهی. ۱۲-دام وقلاب وشست ماهی. ۱۳- (مس.) قسمت زبرین دستهٔ تار که گوشی بدان پیوندند . ۱۴- واحدی برای شمارش هر مرحله ساززدن، دست: « یك پنجه ساززد. » ۱۵- رقصی که جمعی دست یکدیگر را گیرند و باهم رقصند ، فنزج (معر .) ← پنجك ۲ . ‖ ــِ آفتاب. ۱- شعاع خورشید. ۲ - رخسار، عارض . ‖ مثل ــِ آفتاب، بسیار بسیار زیبا . ‖ ــِ بخون کسی تر کردن . کشتن او. ‖ ــِ تاك. برگ رز. ‖ دست و ــِ نرم کردن. ← دست.

پنجه panǰah [= پنجاه] (عد.) ← پنجاه .

پنجه ponǰa(-e) [← پنچه = بنجه] (اِ.) ۱ - پیشانی، ناصیه. ۲ - مویی که از سر زلف ببرند و آنرا پیچ و خم داده بر پیشانی گذارند.

پنجه افشردن panǰa(-e)-afšordan (مص ل.) (کن.) غالب آمدن بر حریف، پنجه پیچیدن، پنجه تافتن، پنجه تابیدن.

پنجه افکندن p.-afkandan (مص ل.) مقابله کردن ، نبرد کردن ، زور کردن با کسی به پنجه، پنجه انداختن، پنجه گرفتن، پنجه زدن.

پنجه انداختن p.-andāxtan (مص ل.) ← پنجه افکندن.

پنجه باز panǰah-bāz [= پنجاه باز ← ۳باز] ۱ - (اِمر.) معادل پنجاه باز، پنجاه باع. ۲ - (ص مر.) بدرازای پنجاه باع وقلاج.

پنجه باشی panǰah-bāšī [ف .- تر. = پنجاه باشی] (ص مر. ، اِمر.) رئیس پنجاه تن از سپاهیان، منصبی در نظام دورهٔ قاجاریه.

پنجه بند panǰa(e)-band [ماوراء - النهری = پنچه بند = بنجه بند] (اِمر.) عصابه‌ای که زنان بر پیشانی بندند ؛ پیشانی بند.

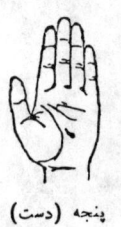

پنجهٔ بیچاره - panǰa(-e)-ye bīčāra(-e) [= پنج بیچاره] (امر.) ← پنج بیچاره.

پنجه‌پایه panǰah-pāya(-e) [= پنجاه‌پایه] (ص‌مر.) پنجاه‌پله، پنجاه‌پایه.

پنجهٔ پوشیده p.-ye-pūšīda(-e) (امر.) ← پنج پوشیده.

پنجه‌پیچیدن panǰa(-e)-pīčīdan (مص‌ل.) ← پنجه افشردن.

پنجه تابیدن p.-tābīdan (مص‌ل.) ← پنجه افشردن.

پنجه تافتن p.-tāftan (مص‌ل.) ← پنجه افشردن.

پنجه تیز کردن p.-tīz-kardan (مص‌ل.) (کن.) جنگجویی وستیزه کردن.

پنجهٔ دزدیده p.-ye-dozdīda(-e) (امر.) هر یك از دوازده ماه ایران باستان دارای سی روز بود وسال‌سیصد و شصت روز، بنابراین هر سال شمسی پنج روز کم‌داشت. برای جبران‌درآخر هرسال‌پنج‌روزدیگر (بنام‌پنجهٔ‌دزدیده) می‌افزودندتا سال شمسی درست سیصد و شصت وپنج‌روز باشد؛ خمسهٔ‌مسترقه، بهیزك، پنجك.

پنجه ریخته p.-rīxta(-e) (ص‌مف.) آنکه پنجه‌اش جداشده وفروریخته‌باشد، پنجه ریزیده.

پنجهزار panǰ-hazār (hez.-) (عد.) رقمی که پس‌ازچهار هزارونهصد ونودونه آید؛ پنج بار عدد هزار، خمس الف.

پنجهزاری p.-ha(e)zār-ī (ص‌نسب.، امر.) ۱ - سکه‌ای ازنقره معادل پنج قران؛ پنج‌ریال. ۲ - مسکوك زرکه‌ده قران‌می‌ارزید. ۳ - فرماندهی‌پنجهزار تن (صفویه).

پنجه زدن panǰa(-e)-zadan (مص ل.) ۱ - چنگ زدن، باپنجه آزردن. ۲ - ← پنجه افکندن.

پنجهٔ سرگردان - panǰa-ye sar-gardān (امر.) ← پنج بیچاره.

پنجهٔ عروس panǰa(-e)-arūs [ف.-ع.] (امر.) نوعی خرما (در جیرفت)، وآنرا لشت نیز گویند.

پنجه‌فروبرده p.-forū-borda(-e) (ص‌مر.) دانشمند، محقق، راسخ‌درعلم. ج. پنجه فروبردگان.

پنجهٔ کبیسه p.-ye-kabīsa(-e) [ف.-ع.] (امر.) ← پنجهٔ دزدیده.

پنجه کردن p.-kardan (مص ل.) ۱ - پنجه‌افکندن (ه.م.) ۲ - پنجه‌درزمین فشردن. ۳ - (مج.) ثبات‌قدم‌نمودن. ۴ - (مج.) قبض کردن، گرفتن.

پنجه‌کش p.-kaš(keš) (امر.) نوعی نان برشته ونازك، قسمی‌نان‌گرده.

پنجه کلاغ p.-kalāγ (امر.) ۱ - (گیا.) آطریلال (ه.م.) ۲ - قسمی دوختن زینتی شبیه به‌پنجه.

پنجه گرفتن p.-gereftan (مص ل.) ← پنجه‌افکندن.

پنجهٔ گزیده p.-ye-gozīda(-e) (امر.) ← پنجهٔ دزدیده.

پنجه گشادن p.-gošādan (مص‌ل.) بازکردن چنگال.

پنج هلال panǰ-helāl [ف.- ع.] (امر.) ناخنان معشوق.

پنجهٔ مریم panǰa(e)-ye-maryam (امر.) (گیا.) گل نگونسار (ه.م.)

۱ - پنجی panǰ-ī (ص نسب.) ۱ - (عد. ترتیبی) پنجم (ه.م.)، پنجمین. ۲ - (ا.) ← پنجهٔ دزدیده.

۲ - پنجی panǰ-ī (حامص.) پنج بودن.

پنجهٔ مریم

پنج یك

پنج یك panǰ-yak (عد.) یك‌پنجم، دوبرابر ده‌یك، خمس.

پنج یك شدن p.-y.-šodan (مص ل.) یك‌پنجم‌شدن، خمس.

پنچ ponč [انگ. punch] (ا.) مخلوطی‌از مسکری‌سخت قوی‌با‌اجزای دیگر مانند آب لیمو و قند و چای وجز آن.

پنچر pančar [انگ. puncture] (ا.) سوراخ شدن لاستیك چرخ ↓.

پنچر شدن p.-šodan [← پنچر] (مص‌ل.) سوراخ شدن و بیرون آمدن هوای لاستیك چرخ‌دوچرخه واتومبیل ومانندآن.

پنچه ponča(-e) [= پنجه = بنجه] (ا.) پیشانی، ناصیه.

پنچه بند p.-band [= پنجه‌بند = بنجه بند] (إمر.) پیشانی‌بند، عصابه.

۱- پند pand [په. pand] (ا.) ۱ - اندرز، صلاح‌گویی، نصیحت، موعظه،وعظ، ذکر، تذکیر. ۲ - عهد، میثاق.

۲ - پند pand [= بند = فند] (ا.) ۱ - چاره، تدبیر، بند، فند، مکر، حیله. ۲-فن‌کشتی‌گیری، حیلهٔ‌کشتی.

۳- پند pand [= بند] (ا.) (جا ن.) زغن (ه.م.).

پند pend [قس. پندی] (ا.) نشستگاه، مقعد، دبر.

۱- پند pond [قس. پنجك] (ا.) پنجك (ه.م.)، پاغنده (ه.م.).

۲-پند pond [= پنت، هلندی pond ازلا. pondus، وزن] (ا.) (چاپخانه) واحد نازکی و ضخامت فواصل بین حروف، وآن $\frac{۱}{۴۸}$ گوادراد(ه.م.) است.

پندار pendār(pan.-) [← پنداشتن] (ا.) ۱ - گمان، ظن، وهم. ۲ - سوءِ ظن، بدگمانی. ۳ - فکر، اندیشه. ۴- خود‌را بزرگ پنداشتن، خود بینی، خود پسندی.

پندار دانش pendār-dāneš (إمر.) جهل مرکب.

پندارندگی pendār-anda(e)g-ī (حامص.) حالت و چگونگی پندارنده (ه.م.).

پندارنده pendār-anda(-e) (إفا. پنداشتن) گمان برنده، خیال‌کننده.

پنداره pendār-a(-e) [← پندار] (إمص.، ا.) ۱ - پندار (ه.م.)، گمان. ۲- تخیل، خیال. ۳ - فکر، اندیشه.

۱ - پنداری pendār-ī (فع. دوم شخص مضارع ازپنداشتن) ۱ - گویی، گوییا، گویا، همانا، مانا، گمان بری، ظاهراً.

۲- پنداری pendār-ī (ص نسبـ.) ۱ - معجب. ۲- خیالی، وهمی، تصوری.

پنداریدن pendār-īdan [= پنداشتن] (مص‌م.) (صر. ← انگاریدن) ← پنداشتن (همع.)

پنداریده pendār-īda(-e) (إمف.) ← پنداشته (همع.).

پنداشت pendāšt [← پنداشتن] (مص‌خم.، إمص.) ← پندار (همع.)

پنداشتگی pendāš-ta(e)g-ī (حامص.) حالت وچگونگی پنداشته (ه.م.).

پنداشتن pendāš-tan(pan-) [په. pa-en-dāštan، چنین‌فرض کردن] (مص‌م.) ۱ - گمان بردن، تصور کردن، ظن‌بردن، توهم‌کردن، زعم، حسبان. ۲ - تصور باطل نمودن، حدس باطل زدن، گمان نادرست کردن. ۳ - شمردن، بحساب آوردن، فرض‌کردن،

پندگوی

انگاشتن، گرفتن، تقدیر. ۴ - عجب وتکبر نمودن.

پنداشته pendāš-ta(-e) (إمف.)۱ - تصور کرده، خیال کرده. ۲ - موهوم.

۱- پنداشتی pendāšt-ī[← پنداشت، پنداشتن] (حامص.، إ.) ۱ - عجب، تکبر، نخوت. ۲ - گمان باطل. ۳ - خیال، پنداشت. ۴ - قهر؛ مق. آشتی، صلح.

۲- پنداشتی pendāšt-ī (فعل. دوم شخص مفردماضی از پنداشتن) گفتی، ما نا، همانا.

پندام pandām [بروجردی panām، panam ،ورم، آماس] (إ.) آماس، ورم ← پندام کردن.

پندام کردن p.-kardan[← پندام] (مص‌م.)ایجاد ورم کردن، آماس آوردن: «وآن آب که نه فاتر بود و نه سرد، شکم‌پندام کند ومعده راست گرداند...» (الابنیه)

پنداوسی pa(e)ndāvas-ī [— بنداوسی] (إ.) سکه‌ای درقدیم بارزش پنج دینار:

«هزار وصد وشصت قنطاربود
درم بدکزو پنج‌دینار بود.»
که بر پهلوی موبد پارسی
همی نام‌بردش به پنداوسی.»
(فردوسی)

ضح.- ولف‌درفهرست‌شاهنامه«بنداوسی» باعلامت استفهام آورده و رجوع به «پیداوسی»کرده ودر کلمهٔ اخیر گوید: «سکه‌ای بارزش پنج دینار». احتمال میرود که کلمه مصحف پنداذس(یو. pentáδos ، پنج، پنج‌تن، پنج‌چیز) باشد.

پندآگین pand-āgīn (ص مر.) مشحون از پند.

پندآموز p.-āmūz [= پندآموزنده] (ص‌فا.)۱ - آموزندهٔ پند، اندرزگوی، ناصح، واعظ. ۲ - عبرت افزا، موجب عبرت، موجب‌انتباه.

پند آمیز p.-āmīz [= پندآمیخته] (ص‌مف.) آمیخته‌بنصحیت واندرز.

پند پذیر p.-pazīr[= پندپذیرنده] (ص‌فا.)← پندگیر.

پند پذیرفتن p.-pazīroftan(مص ل.) قبول نصیحت و اندرز، اتعاظ.

پندتوز p.-tūz[= پندتوزنده](ص‌فا.) نصیحت‌گر.

پند دادن p.-dādan (مص‌م.)اندرز دادن، نصیحت کردن، وعظ کردن، مناصحت، تذکیر، تذکره، نصح.

پندش pondaš [= پند= پند= پندك= پنجش← پنجك] (إ.)گلولهٔ پنبهٔحلاجی کرده؛ پنجك، پند، پندك، پاغنده، گلوج پنبه.

پند شنو pand-šenaw(-ow) [= پندشنونده] (ص‌فا.) اندرز پذیر، نصیحت پذیر.

پندك pandok [= فندق](إ.)(گیا.) ← فندق. در فصل ۲۷ بندهشن‌یا دین آگاسی‌درپارهٔ۲۳ آمده: «....ده‌سرتك (گونه) دیگر است که اندرون شاید خوردن و بیرون نشاید خوردن چون بادام، انار، نارگیل، پندك (فندق)، شاهبلوط، پسته وجزاینها.»
(هرمزدنامه‌ص۷۲)

پندك pondak [= پندش] (إ.) ← پندش.

پندگرفتن pand-gereftan (مص ل.)عبرت گرفتن، اعتبار، تذکیر، تذکر.

پندگفتن p.-goftan (مص‌م.) ← پند دادن.

پندگو(ی) p.-gū(y) [= پند

پندگیر

گوینده] (صفا.) اندرزگو، نصیحت‌گو، ناصح، واعظ.

پندگیر p.-gīr [= پندگیرنده] (صفا.) نصیحت‌آموز، عبرت‌آموز.

پند مند p.-mand (صمر.) پندآمیز (ه‌م.)، پرپند، مشحون از پند و اندرز.

پند نامك p.-nāmak [= پندنامه (ه‌م.)] (إمر.) پندنامه (ه‌م.)

پند نامه p.-nāma(-e) [په. pand-nāmak] (إمر.) ۱ - اندرزنامه، نصیحت نامه، پند نامك. ۲ - نامهٔ مشتمل بر پند و نصیحت.

پند نیوش p.-niyūš [= پند نیوشنده] (صفا.) ← پند شنو.

۲ - پندی pand-ī [= پند = بند] (إ.) زاغ، غلیواج، غلیواژ ← پند.

۱ - پندی pand-ī [← ۱ - پند] (ص نسب.) منسوب به پند؛ اندرزی.

پندی pend-ī [← پند] (ص نسب.) امرد، مخنث.

پندیات pand-īyyāt (إ.) (ج. پند، پندیه بسیاق عربی، غفص.) ← ۱ - پند.

پندیدن pand-īdan (مصل.) (صر. ← رندیدن) ۱ - پند دادن (ه‌م.) ۲ - پندگرفتن (ه‌م.)

پنزه panza(-e) [= پنجه = پنجك = فنزج، معر.] (إ.) رقص مخصوص، و آن چنانست که جمعی دست یکدیگر را گیرند و باهم برقصند؛ فنزج.

پنس pans [فر. pince] (إ.) ۱ - گیره، انبر، انبر کوچك، گازانبر. ۲ - گیرهٔ زلف. ۳ - دوشاخهٔ دهان جانوران، گیره (فره.)

پنس pens [انگ. pence] (إ.) یك دوازدهم شلینگ (بیست شلینگ یك لیره است).

پنك panak (إ.) وجب، وژه، شبر.

پنس

پنس

پنگوئن

پنك penk [قس. پنج، پنجال] (إ.) گرفتن اعضای آدمی بدو سر انگشت چنانکه بدرد آید؛ پنج، پنجال، نشگون.

پنکه panka(-e) [هند.] (إ.) بادبزن برقی.

۱ - پنگ pang [← پنگان] (إ.) آب پخشان (ه‌م.)، پنگان (ه‌م.)

۲ - پنگ pang (إ.) (گیا.) خوشهٔ خرما که پس از جدا کردن خرما بمصرف سوختن می‌رسد.

۱ - پنگ peng [← پنگان] (إ.) ← پنگان (همع.)

۲ - پنگ peng [= پنك] (إ.) ← پنك.

پنگان pangān [= بنکام = فنجان، معر. ← ۱ - پنگ] (إ.) ۱ - طاسی باشد از مس و امثال آن که در بن آن سوراخ تنگی کنند بقدر زمانی معین یعنی چون آن طاس را بر روی آب ایستاده نهند بقدر آن زمان معین پرشود و بته آب نشیند و بیشتر آبیاران و مزارعان دارند. ← آب پخشان. ۲ - ظرف آبی که در قدیم با آن پاسها و ساعتهای شبانروز را معین میکرده‌اند؛ ساعت آبی، صندوق ساعت، طاس ساعت، بنکام. ۳ - هر کاسه و طاس رویین و مسین را که ظرف طعام و یا آب باشد پنگان گویند، کاس. ۴ - تبوك، سرطاس. ۵ - جام، زلفه، اجانه، انجانه. ۶ - طشت، تشت. ۷ - ده برخ شبانروز (چه شبانروز را بده هنگام کرده‌اند). ‖ پیروزه ~ . (کن.) آسمان؛ نیلی پنگان. ‖ نیلی ~ . ← پیروزه پنگان.

پنگانچه p.-ča(-e) [= فنجانه، معر. ← پنگان] (إمصغ.) پنگان کوچك، فنجان کوچك، فنجانه، قیف.

پنگانی pangān-ī (ص نسب.) منسوب به پنگان (ه.م.) ‖ **چرخ** ـــ . (کنـ.) آسمان.

پنگی pengī [= پنگان] (اِ.) ← پنگان (همع.)

پنه panah [= پناه] (اِ.) پناه (ه.م.)

پنهام panhām [= پنهان] (ق.، ص.) ← پنهان (همع.)

پنهان panhān, pen.- [په. pa-nihān] ۱ - (ص.، ق.) نهفته، پوشیده، نهان (ه.م.)، مخفی، مکتوم، مستور، مدفون، مختفی، متواری، درسر، محرمانه، نامحسوس، درخفا. ۲ - (اِ.) راز، سر. ‖ **از** ـــ . از کمینگاه، ازکمین، از مکمن (= زپنهان). ‖ ـــ **از کسی** . بی‌خبر او، بی‌آگاهی او. ‖ **همیشه** ـــ . ابدی‌الخفاء؛ مق. همیشه پیدا، ابدی‌الظهور.

پنهان پژوه p.-pažūh [= پنهان پژوهنده] (ص فا.) جوینده اموپنهانی.

پنهان‌پژوهی p.-pažūh-ī [← پنهان پژوه] (حامص) جویندگی امور پنهانی.

پنهان‌پسله p.-pasala(-e) [← پسله] (قمر.) پنهان، در پنهان، درخفا.

پنهان داشتن p.-dāštan (مص م.) ← پنهان کردن.

پنهان شدن p.-šodan (مص ل.) روی درکشیدن، پوشیده‌شدن، مخفی‌شدن، غایب گشتن، استخفاء (ترجمان‌القرآن ۸)، خفاء، استتار، غروب. ‖ ـــِ **بامدادین**. = غایبی بامدادین، غروب صباحی؛ مق. طلوع صباحی و مسائی، پدید آمدن بامدادین (ه.م.) (التفهیم).

پنهان خانه p.-xāna(-e) (اِمر.) نهان خانه.

پنهانك panhān-ak (قمر.) پنهانی (ه.م.)

پنهان کردن p.-kardan (مص م.) پوشیدن، نهفتن، نهان کردن، پنهان ساختن، پنهان داشتن، راز کردن، اسرار (ترجمان‌القرآن ص۷)، اخفاء (ترجمان‌القرآن ص۵)، کتم، کتمان. ‖ **رو** ـــ . خودرا از داین یا محصل و مأمور دیوانی و امثال آن نهفتن. ‖ **روی در پردهٔ تراب** ـــ . مردن.

پنهان کرده p.-karda(-e) (ص مف.) مستور، مکتوم، مکنون.

پنهان گردیدن p.-gardīdan (مص ل.) ← پنهان شدن.

پنهان گشتن p.-gaštan (مص ل.) ← پنهان‌شدن.

پنهان‌گشته p.-gašta(-e) (ص مف.) مخفی‌شده.

پنهانگی panhān-a(e)g-ī (حامص.) پنهان بودن.

پنهان ماندن p.-māndan (مص ل.) مستور ماندن، پوشیده ماندن، مخفی ماندن.

پنهانی panhān-ī ۱ - (ص نسب.) نهفته، نهانی، پوشیده، مستور، مخفی، غیب؛ مق. پیدا، آشکار. ۲ - (قمر.) مخفیانه، درخفا. ۳ - (اِ.) (نجـ.) سرار (در احوال ماه) (التفهیم).

پنیر panīr [په. panīr] (اِ.) خوراکی که ازشیر بسته ترتیب دهند؛ جبن. ‖ ـــ **کردن طفل شیر را**. قی کردن طفل شیر بسته و کلچیده را. ‖ **مثل** ـــ . سپید و نرم.

پنیرآب p.-āb (اِمر.) آبی که از پنیر تر برمیآید؛ آب پنیر.

پنیرتراش p.-tarāš [= پنیر تراشنده] (ص فا.) رنده‌ای که بدان پنیر تراشیده و باریك کنند.

پنیرتن p.-tan (اِمر.) ماده‌ایست

سرخ‌رنگ مایل بسیاهی که‌ازجوشانیدن آب کشك حاصل کنند و آن بغایت‌ترش است؛ کشك سیاه ، قره‌قوروت ، ترف سرخ، لیولنگ.

پنیرفروش p.-forūš [= پنیر فروشنده] (صفا.) فروشندهٔ‌پنیر، جبان.

پنیرك panīr-ak (امر.) (گیا.) گیاهی[1] از تیرهٔ پنیرکیان[2] که‌پایاست وارتفاعش ۳۰تا۶۰ سانتیمتر و دارای کرکهای درازاست که بحالت‌خودرودر جنگلها و اراضی غیر مزروع روییده میشود.

پنیرك

پو pū [= پوی، ری. پوییدن] (إ.) ۱ - رفتار وسط که نه‌تند باشد ونه‌کند، پویه. ۲ - دو← پو گرفتن.

پوئیدن pū'īdan [= پوییدن] ← پوییدن.

پوپ pūp (إ.) ۱ - تاجی از پر که بر سربعضی از طیور دیده میشود؛ کاکل مرغ. ۲ - (جان.) پوپش (ه‍.م.)

پوپش pūp-aš [= پوپه= پوپك= پوپو= بوبو، کر. pāpū، papū، لا. upūpa، یو. epoph] (إصت.)(جان.) هدهد (ه‍.م.)، شانه‌سر.

پوپك pūpak [= پوپش(ه‍.م.)](إ.) ۱ - (جان.) هدهد (ه‍.م.) ، شانه سر . ۲ - دختر بکر، دوشیزه.

پوپك

پوپل pūpal [= فوفل] (إ .) ← فوفل .

پوپو pūpū [= بوبو= پوپش(ه‍.م.)] (إ.) (جان.) هدهد (ه‍.م.) ،شانه‌سر.

پوپوك pūpū-ak, pūpov-ak [← پوپو، پوپش] (إصت.) (جان.) هدهد (ه‍.م.)، شانه‌سر.

پوپه pūpa(-e) [= پوپش (ه‍.م.)] (إ.) (جان.) هدهد (ه‍.م.)، شانه‌سر.

۱-پوت pūt ۱ - جگر گوسفند. ۲ - خوراك قلیه که از پوت↑ سازند ، قلیه پوتی .

۲-پوت pūt (إ.) اقسام‌خوردنی،انواع اطعمه واشربه ، لوت.

۳-پوت pūt (إ.)(گیا.) نوعی‌خربزه.

۴-پوت pūt [= پوط، رس.] (إ.) مقیاس وزن روسی معادل ۱۶/۳۸۰۴۶ کیلوگرم (قریب۵من‌تبریز و کسری). ضح.- در گیلان ومازندران‌وآذربایجان مستعمل است.

پوتورو potorū [= پوتوروغ] (إ.) (گیا.) درختچه‌ای[3] از تیرهٔ پنیرکیان جزوخانوادهٔ زیزفونیان[4] ، برگهایش متناوب و گلهایش‌درانتهای شاخه‌های فرعی قرارگرفته و گل آذینش چتری ساده است. میوه‌اش سته است.درحدود ۵۰ گونه از این‌گیاه شناخته شده‌که در نواحی‌گرم آفریقا و آسیا میرویند ؛ پوتوروغ. ضح. - این گیاه در جنوب ایران (اطراف بندرعباس و چاه بهار بحالت وحشی وجوددارد).

پوتورو

پوتوروغ potorūɣ [= پوتورو] (إ.) (گیا.) پوتورو (ه‍.م.)

پوتین pūtīn [= پوطین ، فر. bottine] (إ.) کفش‌ساقه بلند.

پوتین

پوچ pūč ۱ - میان تهی ، مجوف . ۲ - میوه یا دانه‌ای که میانهٔ آن‌خالی باشد، بی‌مغز. ۳ - بیفایده ، بیهوده . ۴ - بی‌معنی ، مزخرف : حرف پوچ . ۵ - بلیط یاقرعه‌ای که برنده نباشد . ۶ - بدون اخلاق حسنه ، بی‌مردانگی. ‖ هیچ و ـــ .هیچ.

۱- Malva sylvestris(لا.),grande mauve(فر.)

۲- Malvacées (فر.)　۳- Grewie (فر.)　٤- Tiliacées (فر.)

پوچ شدن p.-šodan (مص ل) فاسد شدن چیزی. ‖ ـــِ مغز. مختل گشتن فکر، از کار افتادن عقل.

پوچال pūč-āl [← پوشال] (اِمر.) (نجا.) آنچه ازدم رندهٔ نجار پیدا آید و مانند آن؛ پوشال.

پوچالی pūčāl-ī [= پوشالی] (ص نسب.) ← پوشالی.

پوچ مغز pūč-maγz (ص مر.) (کن.) احمق، ابله.

پوچ گو(ی) p.-gū(y) [= پوچ گوینده] (ص فا.) هرزه گو، بیهوده گوی.

پوخ pūx [تر. = پخ] (اِ.) سرگین آدمی.

پوختن pūx-tan [= پختن (ه.م.)] (مص م.) ← پختن.

۱ - پود pūd [طب. pē، ماز. pī] (اِ.) ۱ - سلسله نخهایی که در پهنای جامه بافند؛ مق. تار. ۲ - (قالی) نخ سفید یا برنگ دیگر که بعداز هر رگ لای ردیف تارها کشیده میشود؛ مق. تار.

۲ - پود pūd [← پوده = پد = پده، طب. pita، سوخته] (اِ.) هرچیز سریع الاحتراق که آتش چخماق بر آن افکنند؛ آتشگیره، حراقه.

۳ - پود pūd [مخ. پودنه] (اِ.) (گیا.) ← پودنه.

پودر pūdr [فر. poudre] (اِ.) ۱ - گرد، غبار. ۲ - باروت (غم.) ۳ - گرد سفید و معطری که بچهره مالند.

پودنه pūdna(-e) [= پونه = پودینه = فوتنج، معر. ← فودنج، معر.] (اِ.) (گیا.) گیاهی[1] از تیرهٔ نعناعیان[2] که پایا میباشد. ساقه‌اش تقریباً استوانه‌یی (ولی همان شکل کلی چهارگوش بودن تیرهٔ خود را حفظ کرده) و منشعب است و برگهایش بیضوی ولی گردتر از برگ نعناع است. دندانه‌های برگهایش ظریف و گلهایش گلی رنگ و بطور فراهم در نقاط مختلف ساقه با فواصل نسبةً زیاد مجتمع میباشد. این گیاه دراکثر نواحی آسیا و اروپا و آفریقا و دیگر نقاط دنیا در اماکن مرطوب خصوصاً کنار جویبارها میروید (در ایران نیز در بیشتر نواحی کنار جویبارها و رودخانه‌ها بفراوانی میروید). پودنه دارای اسانس معطر با بوی قوی و مطبوع میباشد و از اسانس پودنه در تداوی و صابون سازی استفاده میکنند (اسانس آن دارای مانتول، استات دومانتیل، سیمونن، دیپانتن و پولدژون میباشد). برای این گیاه اثر خلط آور بادشکن وقاعده آور ومقوی وسهل کنندهٔ هضم ذکر کرده‌اند؛ پونه، پودنهٔ لب‌جوی، پودنهٔ جویباری، نعناع وحشی، پود، پونا، غاغه، حبق، حبق‌الماء، غاغ، پودینه، حبق‌التمساح، فوتنج، فودنج، نمام، نعنع‌الماء، فودنج‌النهری، کوهینه، غلیجن، جلنجوجه، جلنجویه، صعتر الفرس، سعتر فارسی، فلیه، راقوته، پودنگ، پودنهٔ دشتی، پودنهٔ صحرایی، ظفیره، ظفیرا، فودنج جبلی، فوتنج بری. ‖ ـــِ بری. (گیا.) پودنه (ه.م.) ‖ ـــِ دشتی. (گیا.) پودنه (ه.م.) ‖ ـــِ صحرایی. (گیا.) پودنه (ه.م.) ‖ عرق ـــ. (پز.) مایعی[3] که پس از جوشاندن در آب و تقطیر بخارات حاصله بدست میآید. بخارات حاصله از جوشاندن پودنه در آب حاوی مقادیر زیاد اسانس های مختلف این گیاه و مقدار زیادی بخار آب است که

پودنه

1- Mentha pulegium (.لا), pouliot (.فر)   ۲ -Labiacées (.فر)
۳ - Aqua pulegii (.لا), eau de pouliot (.فر)

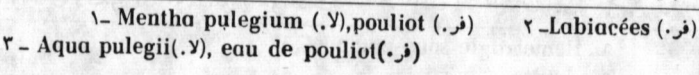

پس از تقطیر بصورت محلولی از اسانسهای پودنه در آب درمیآید. این مایع را در تداوی بکار میبرند یا برای تهیهٔ اسانس خالص پودنه مورد استفاده قرار میدهند؛ عرق پونه. ‖ ـــُ ابجوی. (گیا.) پودنه (ه‍.م.)

پوده pūda(-e) [= پوزه = پود = پید = پده] (ص.، اِ.) **۱** - کهنه، پوسیده. **۲** - چوب پوسیده. **۳** - پوچ، بی مغز، میان تهی.

پوده‌کباب pūda(-e)-kabāb (اِمر.) کبابی که از گوشت خوابانیده و ترد و نرم کرده سازند؛ کبابی که گوشت آنرا نرم بکوبند و بسیخ بریان کنند.

پودینگ pūdīng [انگ. pudding] (اِ.) نوعی خوراك. طرز تهیه - ۳۵۰ گرم شیر را با مقدار کافی قند و یك قلم وانیل جوشانده، سپس ۸ دانه بیسکویت در آن خیسانده، بیسکویتها را در قالبی که چرب کرده و آرد نان پاشیده‌اند، میگذارند. چهار دانه تخم مرغ را نیز شکسته، سفیدهٔ آنرا خوب هم‌میزنند، آنگاه زرده‌ها را هم مخلوط و با شیر جوشیده ممزوج کرده روی بیسکویتها ریزند و قالب را پنج دقیقه در فر گرم گذارند و پس از طبخ گرم یا سرد صرف کنند. ‖ ـــِ **آلبالو**. چهار دانه تخم مرغ شکسته، زرده و سفیده را خوب زده، ۱۵۰ گرم قند ساییده و ۵۰۰ گرم شیر جوشیدهٔ نیم گرم، ۵ گرم نمك و ۲۰۰ گرم آرد سفید را بتدریج مخلوط کنند. قالب شیرینی‌پزی را با کره چرب کرده و اجزا را در آن ریزند و روی آتش قرار دهند، تا زیر شیرینی سفت شود. آنگاه مقداری آلبالوی هسته گرفته را روی پودینگ ریزند و هم زنند، یا مربای آلبالو یا میوه‌های دیگر اضافه کنند و مواظبت نمایند موقع هم زدن قسمت بستهٔ ته شیرینی بهم نخورد. سپس آنرا در فر - یا بهتر است در ظرفی از آب جوش - قرار داده بپزند. پس از پختن و سرد کردن آنرا در ظرف خوراك برگردانده سرمیز برند.

پودینه pūdīna(-e) [= پودنه (ه‍.م.)] (اِ.) (گیا.) ← پودنه.

پور pūr [په. puhr] (اِ.) پسر، فرزند نرینه، ولد؛ مق. دختر. ضح. - گاه در ترکیب اسماء خاص (اعلام) درآید بمعنی پسر، فرزند، زاده دهد: حسن پور، محمدپور، جعفر پور.

پورپورا pūrpūrā [فر. purpura] (اِ.) (پز.) عارضه‌ای که در دنبال بعضی از امراض عفونی (ازقبیل حصبه و تبهای بثوری وغیره) درمریض موجب خونریزی زیر جلدی[1] شود. علامت این خونریزی دانه‌ها و لکه‌های قرمز رنگی است که بافشار انگشت محو نمیشود و پس از چند روز محل این لکه‌ها تیره و کبود شده محو میگردد؛ خونریزی زیر جلد، داءالفرافیر، نزف الدم زیر جلدی.

پوردگان pavard(a)-gān [= فروردگان = فروردجان، معر. = فوردجان، معر.] (اِمر.) ← فروردگان.

۱- پوره pūra(-e) [= پور (ه‍.م.)] (اِ.) ۱ - پسر، پور. **۲** - بچهٔ ملخ، تخم ملخ.

۲ - پوره pūra(-e) (اِ.) فضول افیون پس از سوختن آن برای کشیدن، و آن غیر از شیره وسوختهٔ تریاك است.

پوره pūre [فر. purée] (اِ.) خوراکی است که با سیب زمینی آرد شده و کدوی نرم گشته یا لوبیا وعدس واسفناج و دیگر حبوبات وسبزیها حل و کوبیده شده، تهیه میگردد. ‖ ـــِ **کدو**. یك قطعهٔ بزرگ کدو تنبل یا کدو مربایی را خرد کرده،

1- **Hemorragie sous-cutanée** (فر.)

در استکان آب نمک‌دار یاقند دار مدت نیم ساعت بپزند. سپس آبش را گرفته، از الك خارج کرده ، دو تخم مرغ زده شده و قدری کره و شیر بدان اضافه کنند، وچند دقیقه روی آتش نگاهدارند، آنگاه در آب‌سرد خنك کنند. ‖ ~ **لوبیا وعدس** . لوبیا یاعدس یاحبوبات دیگر را در آب می‌پزند تا نرم شود . آنگاه با گوشت‌کوب آنرا له‌کرده، یا از الك خارج نموده ، با کمی آب گوشت مخلوط کنند. سپس ادویه زده ، روی آن کره گذارند و قدری پیاز یا خردهٔ نان سرخ کرده وجعفری خرد کرده اطراف آن می‌ریزند وسرسفره می‌برند.

۱ـ پوز pūz [= پوزه، کر. pōz,pūz] (اِ.) ۱ـ پیرامون دهان جانوران چهارپا، پوزه. ۲ ـ دهان. ۳ ـ مابین لب و بینی. ۴ ـ منقارمرغان. ‖ **پك و ~** . پوز ↑ . ‖ **بدپك و ~** . بدقیافه. ‖ **دك و ~ کسی را خرد کردن** . او را مغلوب کردن بزدن سخت.

۲ ـ پوز pūz [= پوزه] (اِ.) تنهٔ درخت، ساقهٔ درخت.

پوزار paw-zār(ow) [مخ. پاافزار (ه.م.)](اِمر.) ← پافزار.

پوزبند pūz-band [= پوزه‌بند (اِمر.) تسمه‌های بهم پیوستهٔ مشبك که دهان چارپایان مانند استر، خر، گاو و سگ را بدان بندند تا گاز نگیرند و بره و بزغاله را بدان بندند تا دیگر ازپستان مادر شیر نمکنند؛ پوزه بند، دهان بند.

پوزخند p.-xand [= پوزه‌خند = پوزخنده، از «پوست‌خنده؟» ← درپوست خندیدن (پوست)] (اِمر.) لبخندی که بقصد انکار ، تحقیر یا استهزا زنند؛ پوزخنده، پوزه‌خند.

پوزخند زدن p.-x.-zadan [← پوزخند] (مص‌ل.) تبسم کردن برسبیل انکار، تحقیر یا استهزا.

پوز خنده p.-xanda(-e) [= پوزخند (ه.م.)] (اِمر.) ← پوزخند.

پوزه خنده pūza(-e)-xanda(-e) [= پوزخند(ه.م.)](اِمر.) ← پوزخند.

پوزش pūz-eš (اِمص. پوزیدن) ۱ ـ عذرخواهی، معذرت خواهی، درخواست عفو. ۲ ـ عذر، معذرت.

پوزش آراستن p.-ārāstan (مص ل.) پوزش کردن، پوزش گفتن(ه.م.)

پوزش آوردن p.-āva(o)rdan (مص‌ل.) پوزش کردن (ه.م.)

پوزش پذیر p.-pazīr [= پوزش پذیرنده](ص‌فا.) کسی که عذر گناهکار راقبول کند واز اودرگذرد؛ عذرپذیر.

پوزبند (انواع مختلف)

پوزش پذیرفتن p.-pazīroftan (مص‌ل.) قبول معذرت کردن، بحل کردن، بخشیدن.

پوزش پذیری p.-pazīr-ī (حامص.) عمل پوزش پذیر (ه.م.) ، قبول عذر گناهکار وعفو او.

پوزش جستن p.-ǰostan (مص ل.) پوزش خواستن (ه.م.)

پوزش خواستن p.-xāstan (مص ل.) عذرخواستن، بحلی خواستن، پوزش طلبیدن.

پوزش خواه p.-xāh [← پوزش خواهنده](ص‌فا.) عذرخواه ، طلبندهٔ پوزش.

پوزش خواهی p.-xāh-ī (حامص.) عمل پوزش خواه، عذرخواهی ، معذرت طلبی.

پوزش ساز p.-sāz [= پوزش‌سازنده (اِفا.) عذر آورنده ، عذر خواه.

پوزش طلبیدن p.-talabīdan

پوزش کردن [ف.ـع.] (مص ل .) پوزش خواستن (ه.م.)

پوزش کردن p.-kardan (مص‌ل.) پوزش خواستن، پوزش آوردن.

پوزش کنان p.-kon-ān (ص‌فا.، حا.) درحال پوزش کردن (ه.م.)

پوزش گر p.-gar (ص فا.) ۱- عذر خواه. ۲- شفیع، خواهشگر.

پوزش گری p.-gar-ī (حامص .) ۱ - عمل‌پوزش گر (ه.م.)، اعتذار. ۲ - خواهشگری، شفاعت.

پوزش گفتن p.-goftan (مص ل.) ۱ - بزبان آوردن‌پوزش، عرض‌معذرت. ۲ - توبه‌کردن.

پوزش نمودن p.-no(e)mūdan (مص ل.) اظهار پوزش کردن.

پوزمالی pūz-māl-ī (حامص.) ۱ - مالیدن پوز (چنانکه سگ‌بپای صاحب خود). ۲ - (کنـ.)تنبیه کسی بوسیلهٔ دشنام، کتك یا جریمه .

۱ - پوزه pūza(-e) [= پوز؛ په. pōčak] (اِ .) ۱ - پیرامون دهان ، گرداگرد دهن حیوانات. ۲ - چانه .

۲-پوزه pūza(-e) [= پوز= بوز= بوزه] (اِ.) تنهٔ درخت، ساقهٔ درخت.

پوزه بند pūza(-e)-band [= پوزبند] (اِمر.) ← پوزبند .

۱ - پوزیدن pūz-īdan [قس . پوزش] (مص ل.) (صر.← دوزیدن) معذرت خواستن، عذر خواستن.

۲ - پوزیدن pūz-īdan [قس . پوزش] (مص‌م.) (پوزید، پوزد،خواهد پوزید، بپوز، پوزنده، پوزیده، پوزش) ۱ - زدودن، راندن، برطرف کردن(؟):

نه‌پوزد جانت را از درد و آزار
نه شوید دلت را از داغ‌وتیمار.»
(ویس ورامین)

پوژه pūža(-e) [= پوزه (ه.م.)] (اِ.) ساق درخت، تنهٔ درخت.

پوسان pūs-ān (صفا.، حا. پوسیدن) ۱- پوسنده. ۲- درحال پوسیدن.

پوساندن pūs-āndan [= پوسانیدن] (مص‌م.) (پوساند [-nd] ، پوساند [-nad-]،خواهد پوساند ، بپوسان ، پوساننده، پوسان ، پوسانده) پوسانیدن (ه.م.)

پوساننده pūs-ānanda(-e) (اِفا. پوساندن، پوسانیدن) آنچه که‌بپوساند، آنکه بپوسیدن دارد.

پوسانیدن pūs-ānīdan [= پوساندن] (مص‌م.) (پوسانید، پوساند، خواهد پوسانید، بپوسان ، پوساننده ، پوسان، پوسانیده) بپوسیدن داشتن ، پوسیده‌کردن، تغییردادن صورت‌چیزی اعم از تروخشك باگذرانیدن زمان بر اویا بحیله‌ای. ‖ **هفت‌کفن پوسانیده.** ۱ - دیریست که مرده . ۲ - مدتی بر او گذشته.

پوسانیده pūs-ānīda(-e) (اِمف . پوساندن، پوسانیدن) آنچه که پوسیده کرده باشند.

پوست pūst(pōst.قد [pōst.په] (اِ.) ۱ - (گیا.) قسمتی از ساختمان گیاهان‌که خارجی‌ترین قسمت اندامها را تشکیل میدهد ودرحقیقت‌طبقه‌ایست که اندامهای‌دیگر گیاهی رامیپوشاند[۱]، وآن ازسه‌قسمت: بشره[۲]، پوست‌وسطی[۳] وپوست داخلی[۴] تشکیل شده‌است. ۲ - (جاذ.) قسمتی ازساختمان سطحی بدن جانوران[۵] که اعضای‌مختلف رااز خارج

پوست (مقطع)

۱- Écorce(فر.) ۲- Épiderme(فر.) ۳-Mésoderme(فر.)
٤- Endoderme(فر.) ٥ - Peau(فر.)

پوشانده است. این قسمت نیز شامل دوطبقه است که بنامهای: روپوست[1] وزیر پوست[2] نامیده میشوند. پوست پستانداران از جمله انسان از مو یا پشم پوشیده شده است. ازپوست دامها (گاو و گوسفند وبزواسب و الاغ وغیره) در چرمسازی استفاده میشود؛ جلد. ۳ - پردهٔ بیرونی، یاقشر نازك یا ستبر که برروی میوهها ودانهها کشیده: پوست زردآلو، پوست هلو. ۴ - (گیا.) هریك ازطبقات تشکیل دهندهٔ پیاز. ۵ - (گیا.) غلاف سبز غنچهٔ گل. ۶ - (جا ن.) لاك سنگپشت. ۷ - (جا ن.) غلاف سخت وشکنندهٔ بیضهٔ طیور[3]. ۸ - (پز.) رویهٔ نازك و خشکی که بر روی جراحت وقرحه بندند، کترمه[4]. ۹ - جلد کتاب. ۱۰- جلد تنك که بر- روی کاسهٔ تار و سازهای دیگر کشند. ۱۱- جلد جانوران که آنرا دباغت کنند وازآن جامه و کفش وجلد کتاب سازند؛ چرم. ۱۲- (گیا.) کوکنار. ۱۳- (گیا.) افیون، تریاك. ۱۴- نیام تیغ، غلاف شمشیر. ‖ ~ انار. (گیا.) پوست میوهٔ انار[5] که در رنگرزی مورداستفاده قرار میگیرد و ازجوشاندن آن درآب رنگ ارغوانی و بنفش ثابتی بدست میآورند. همچنین از پوست میوهٔ انار مقداری تانن استخراج میکنند. ‖ ~ تخم مرغ. (جا ن.) پوست شکننده وصدفی خارجی تخم مرغ[6] که در بعضی مواردبمناسبت داشتن یك ترکیب آهکی آلی ممکنست مورد استفاده قرارگیرد. ‖ ~ ختنه گاه. (پز.) پوست اضافی نوك آلت مرد[7] که در کودکی میبرند واین عمل راختنه گویند. ‖ ~ ریشهٔ انار. (گیا.) پوست ریشهٔ درخت انار[8] که در تداوی بعنوان ضد ودافع کرم کدو مورد استعمال دارد. درپوست ریشهٔ انار آلکالوئیدهایی از قبیل پله تیرین[9] وایزوپله تیرین[10] وجود دارد که برروی کرم کدو تأثیر وآنرا مسموم و بیحال میکنند وموجب میشوند که این جانور قلابهای سرخودش رااز جدارروده جدا کرده دفع شود. ‖ ~ ساغری. (جا ن.) چرم ساغری (ه.م.) ‖ ~ سبز گردو. (گیا.) پوست سبزرنگ خارجی میوهٔ گردو[11] که در رنگرزی مورداستعمال دارد. ‖ ~ مار. (جا ن.) جلدمار[12] که برای ساختن بعضی ابزار از قبیل کیف وکفش ازآن استفاده میشود. ‖ ~ نارنج. (گیا.) پوست میوهٔ نارنج[13] که بعلت داشتن اسانسهای مطبوع ومعطر وقوی در عطرسازی و در تداوی نیز بعنوان تقویت قلب بکارمیرود. **ترکیبات فعلی.** ‖ **آب رفتن زیر ~ کسی.** کمی فربه شدن اوپس ازلاغری. ‖ **از ~ برآمدن.** (کن.) ۱ - خندان بودن. ۲ - بمقصود رسیدن. ۳ - ترك دنیا وکشف حقیقت کردن. ‖ **از ~ برآمدن (بدرآمدن) با کسی.** بااوگستاخ شدن، رك وراست بااو سخن گفتن. ‖ **از ~ دررفتن (بدررفتن).** ← پوست انداختن. ‖ **ازخوشحالی در ~ نگنجیدن.** ← خوشحالی. ‖ **~ ازسرکسی کندن (بیرون آوردن).** ۱- او را کشتن. ۲ - سخت ویرا صدمه زدن. ‖ ~

---

۱ - Epiderme (فر.) ۲ - Derme (فر.) ۳ - Coque (فر.)
٤ - Croûte (فر.) ٥ - Écorce de grenade (فر.), Malicorium (لا.)
٦ - Coque d'œuf (فر.) ۷ - Prépuce (فر.) ۸ - Écorce de racine du grenadier (فر.) ۹ - Pelletiérine (فر.)
۱۰ - Isopelletiérine (فر.) ۱۱ - Brou de noix (فر.), Putamen nucis juglandis (لا.) ۱۲ - Peau de serpent (فر.) ۱۳ - Citri aurantii cortex (لا.), écorce d'orange (فر.)

پوست آوردن

بر تن شکافتن (گفتن) . ازغصه ترکیدن. ‖ ـــ در بدن کسی را. سخت عیب جویی او کردن. ‖ ـــِ پلنگ پوشیدن. سخت به دشمنی برخاستن . ‖ ـــِ هندوانه زیر پای کسی گذاشتن. ←هندوانه. ‖ در ـــ خندیدن . تبسم کردن بتحقیر واستهزا، پوزخند زدن:

«ورچه نگشایی لب و در پوست بخندی
از رشتهٔ جانم گره غم نگشایی.»
(خاقانی)

‖ در ـــ نگنجیدن. ۱ - بسیار مسرور شدن، بسیار شادمان شدن. ۲ - نهایت لطیف بودن. ‖ در ـــِ کسی افتادن. غیبت او کردن، در غیاب وی بد گفتن. ‖ دست و پای کسی را توی ـــ گردو گذاشتن . (عم.) عرصه براو تنگ کردن.

پوست آوردن p.-āva(o)rdan (مص ل .) پوست تازه روییدن (بر درخت، عضو سوخته و مجروح).

پوست آهو p.-e-āhū (إمر.) ۱ - جلد آهو، چرم غزال . ‖ کاغذ ـــ . کاغذی که ازچرم آهو میساختند[1].

پوست افکندن p.-afkandan (مص ل.) پوست انداختن، سلخ.

پوست انداختن p.-andāxtan (مص ل.) ۱ - پوست از تن بدر کردن بعض جانوران مانند مار و زنجره، انسلاخ. ۲ - سخت رنج دیدن.

پوست باز کردن p.-bāz-kardan (مص م.) ۱ - کندن پوست حیوان ، درخت، میوه، دانه وجز آن. ۲- صریح سخن گفتن. ۳ - درد دل گفتن.

پوست بر آوردن p.-bar-āva(o)r-dan (مص ل.) ۱ - پوست کندن از. . . ۲ - سخت عذاب کردن، سخت شکنجه دادن .

پوست بر پوست p.-bar-pūst (ص مر.، إمر.) ۱ - پوست روی پوست دارنده. ۲ - تهی، بی مغز، پوچ.

پوست بیرون کردن p.-bīrūn-kardan (مص ل.) ۱ - پوست انداختن. ۲ - پوست کندن، تسلیخ.

پوست پاره p.-pāra(-e) (إمر.) قطعه‌ای از پوست، پاره‌ای ازچرم.

پوست پسته‌یی p.-pesta(-e)-yī (ص نسب.) منسوب به پوست پسته (که در رنگ کردن پشم قالی بکار میرود). ‖ رنگ ـــ . سبز روشن وخوش.

پوست پوش p.-pūš [= پوست پوشنده] (ص فا.) ۱- گدای بینوا. ۲- عاشق.

پوست پوشی p.-pūš-ī (حامص.) ۱ - گدایی. ۲ - عاشقی.

پوست پلنگی p.-e-palang-ī (ص نسب.) منسوب به «پوست پلنگ» ، بدو رنگ زرد و سیاه بدرازا کشیده ، آلا پلنگی.

پوست پیازی p.-e-piyāz-ī (ص نسب.) منسوب به پوست پیاز: مانند پوست پیاز، تو در تو، لادرلا: عالم طبق عقیدهٔ ارسطو پوست پیازی است.

پوست پیرا(ی) p.-pīrā(y) [= پوست پیراینده] (ص فا.) ۱- آنکه پوست حیوانات را پرداخت دهد و پاک کند ، کسی که پوست جانوران را آش نهد؛ دباغ، آشگر ، چرمگر. ۲- پوستین دوز، واتگر، فراء.

پوست پیراستن p.-pīrāstan (مص م.) ۱ - آش نهادن پوست حیوان ، دباغی کردن، دباغت. ۲ - سخت عذاب دادن، سخت شکنجه کردن، پوست کندن (در اصطلاح امروز).

پوست پیرایی p.-pīrāy-ī

۱- Parchemin (فر.)

(حامص.) عمل و حرفهٔ پوست پیرای (ه.م.) ۱- دباغی، آشگری، چرمگری. ۲- پوستین دوزی. ۳- (إ.) آنجا که پوست پیرایند، دباغخانه.

پوست تخت p.-taxt [= پوست تخته = تخته پوست] (إمر.) ۱- پوست آش کرده که پشم آنرا نسترده باشند و آنرا بهنگام نشستن و خفتن مانند فرش و بساط درزیر خود گسترند و بهنگام رفتن بردوش افکنند، و آن از پوست گوسفند و گاهی شیر و ببر و پلنگ باشد (مخصوصاً درویشان آنرا بکار برند). ۲- مقام درویش. ۳- مسند: پوست تخت ارشاد (مسند ارشاد).

پوست تخت افکندن p.-taxt-afkandan (مصل.) ۱- پهن کردن پوست تخت (ه.م.)، پوست تخت انداختن. ۲- مقیم شدن، لنگر انداختن، دیر ماندن.

پوست تخت انداختن p.-taxt-andāxtan (مصل.) پوست تخت افکندن (ه.م.)

پوست تخته p.-taxta(-e) [= پوست تخت] (إمر.) پوست تخته (ه.م.)

پوست خرکن p.-e-xar-kan (صفا.) ۱- آنکه پوست خرمرده را بکند. ۲- اندك بین، خردك نگرش. ۳- طماع، خام طمع. ۴- لقب نابجایی که مردم شهرهای دیگر همدانیان را دهند.

پوست دادن p.-dādan (مص ل.) ۱- جدایی یافتن قشر از مغز. ۲- برآمدن قشر نازکی از پوست بدن در بعضی از امراض و افتادن آن. ۳- اظهار مافی الضمیر کردن، درددل گفتن.

پوست دار p.-dār [= پوست دارنده] (صفا.) آنکه پوست دارد، دارندهٔ جلد.

پوست دریدن p.-darīdan (مص م.) پاره کردن پوست، دریدن چرم. ‖ ~ کسی را: سخت بد او را گفتن، غیبت وی گفتن.

پوست دیگر پوشیدن p.-e-dīgar-pūšīdan (مصل.) تغییر روش دادن، رفتار دیگر کردن.

پوست فروش p.-forūš [= پوست فروشنده] (صفا.) ۱- آنکه پوست فروشد، فراء. ۲- پوست پیرا، چرمگر، صرام.

پوست فروشی p.-forūš-ī ۱- (حامص.) شغل و عمل پوست فروش. ۲- (إمر.) جایی که پوست فروشند، دکانی که در آن پوست فروشند.

پوستك pūst-ak (إمصغ.) ۱- پوست کوچك، پوست خرد، پوست نازك. ۲- قسمی گستردنی زبون و ناچیز. ۳- پوسته (ه.م.)

پوست کردن p.-kardan (مصم.) ۱- پوست کندن (میوه، درخت، جانور)، پوست باز کردن، سلخ. ۲- غیبت کردن، بدگویی کردن. ۳- انیس ساختن، محرم کردن. ‖ ~ کتابی را. جلد کردن آن را.

پوست کرده p.-karda(-e) (صمف.) پوست کنده، پوست باز کرده، از پوست برآورده.

پوست کلفت p.-koloft (ص مر.) ۱- آنکه پوست ستبر دارد مانند هندوانه. ۲- آنکه در سختیها ومشقات مقاومت کند. ۳- آنکه گرانجانست، سخت جان.

پوست کلفتی p.-koloft-ī (حامص.) ۱- حالت وچگونگی پوست کلفت (ه.م.) ۲- مقاومت در سختیها. ۳- گرانجانی.

پوست کن p.-kan [= پوست کننده] (صفا.) ۱- کسی که در کشتارگاه پوست

پوست‌کندن

حیوانات را بکند، سلاخ. ۲ - (ص‌مف.) دانهٔ مغز از قشر جدا کرده.

پوست کندن p.-kandan (مص‌م.)

۱ - پوست گرفتن، پوست باز کردن، سلخ کردن. ۲ - قشر از مغز جدا کردن. ۳ - غیبت کردن، طعن زدن. ۴ - صریح گفتن، بی‌پرده بیان کردن. ‖ ــــ از کسی. (عم.) او را سخت عذاب دادن: راست بگو والا پوستت را میکنم.

پوست‌کنده p.-kanda(-e) (ص‌مف.)

۱ - پوست بر آورده، پوست باز کرده. ۲ - رك، بی‌پرده، صریح، آشکار.

پوستگال pūst-gāl [= پوستگاله] (إمر.) پوست بی موی که زیر دنبهٔ گوسفند باشد.

پوستگاله pūst-gāla(-e) [= پوستگال] (إمر.) ← پوستگال.

پوست گرفتن p.-gereftan (مص م.) پوست کندن.

پوست مار p.-e-mār (إمر.) پوستی که مار از تن اندازد. ‖ مثل ــــ. سخت نازك.

پوست ماری p.-e-mār-ī (ص‌نسب.) منسوب به پوست‌مار (ه.م.) ۱ - برنگ یا بنازکی پوست مار (کفش، پارچه). ۲ - نوعی پارچهٔ سخت تنك و مانند پوست مار که زنان از آن چارقد میکردند.

پوست و استخوان شدن p.-o-ostoxān-šodan (مص‌ل.) بسیار لاغر و نزار شدن.

پوسته pūst-a(-e) [← پوستك] (إ.)

۱ - پوست. ۲ - پوست کوچك، پوستك، قشر[1] (فر.) ۳ - قطعات کوچك سفید رنگی که درسر آدمی بهنگام شوخگنی پدید آید وچون شانه زنند، فروریزد.

‖ ــــ نازك. (طبیـ.). غشاءِ نازك، شامه[2] (فر.)

پوسته پوسته شدن p.-p.-šodan (مص ل.) صورت پوستکها گرفتن، بورقه‌های نازك مبدل شدن.

پوستی pūst-ī (ص‌نسب.) منسوب به پوست. ۱ - جلدی، قشری. ‖ کلاه ــــ. کلاهی که از پوست بره و بیشتر برنگ سیاه سازند. ‖ کاغذ ــــ. کاغذی که از پوست نازك (مانند پوست آهو) سازند، قسمی کاغذ شفاف و محکم و شکننده. ۲ - پوست فروش. ۳ - آنکه پوست کوکنار خورد (درهند و ایران معمول بوده). ۴ - تریاکی، افیونی. ۵ - تنبل، کاهل وسست.

پوستین pūstīn (pōs.- قد.) [په. pōstīn] (ص نسب.، إمر. ← پوست) ۱ - جامه‌ای که از پوست حیوانات کنند:

«همی پوستین بود پوشیدنش
ز کشك وز ارزن بدی خوردنش.»
(فردوسی)

۲ - جامهٔ فراخ چون عبایی که از پوست آش کردهٔ گوسفند وبز و جز آنها کنند، بی‌آنکه پشم آنرا سترده باشند. ۳ - پوست. ۴ - غیبت، ندمت. ‖ مثل ــــ تا بستان. ۱ - چیزی که بجای خود نباشد. ۲ - بی‌ارزش، بیهوده. ‖ از برهنه ــــ کندن. کار بیهوده کردن. ‖ به ــــ کسی افتادن (رفتن). بد او گفتن. ‖ ــــ باژگونه کردن. ۱ - سخت تصمیم گرفتن، عظیم مصمم شدن، پوستین باشگونه کردن. ۲ - باطن را ظاهر کردن. ‖ ــــ باشگونه کردن. ۱ - سخت مصمم شدن، پوستین باژگونه کردن (ه.م.) ۲ - تغییر روش ورفتار و معامله دادن. ‖ ــــ برسر کسی زدن. او را اذیت و شکنجه

پوستین

1- Écorce (فر.) 2- Membrane (فر.)

وعذاب دادن. ‖ ~ بگازر دادن. ۱ - بدگویی کردن ، عیبجویی کردن . ۲ - کار بغیر اهل واگذاشتن. ‖ ~ بگازر داشتن. ← پوستین بگازر دادن ↑ . ‖ ~ بگازر فرستادن. ← پوستین بگازر دادن. ‖ ~ بلای اندرمالیدن . مانند متظلمان جامه گل آلود کرده شکایت بردن. ‖ در ~ خود بودن (افکندن). قیاس بنفس کردن ، از خود حکایت کردن. ‖ در ~ کسی افتادن (رفتن). ← به پوستین کسی افتادن ↑ .

پوستین بکن حریر بپوش p.-be-kan-harīr-be-pūš [ف.ع.] (جملهٔ فعل.، اِمر.) (جا ن.) ۱ - مرغی که بیش از مرغان دیگر در نزدیکی نوروز آواز خواند و خواندن طویل دارد ؛ چرخ ریسك (ه.م.)، چله ریسك[1] . ۲ - حکایت صوت پرندهٔ مذکور ↑ .

پوستین بگازر p.-be(ba)-gāzar (ص مر.) ۱ - پوست کنده، مسلوخ:

«من روبه پوستین بگازر
زین گرسنه شرزه شیر جنگ‌است.»
(انوری)

۲ - عیب‌جوینده ، بدگوی. ← پوستین بگازر دادن (پوستین).

پوستین بید p.-bīd (اِمر.) (جا ن.) بید (ه.م.)، پت، دیوجامه، کرم فرش[2].

پوستین پیرا(ی) p.-pīrā(y) [= پوستین پیراینده] (ص فا.) ۱ - پوستین دوز، فراء، واتگر . ۲- مؤدب، تنبیه کننده، عذاب‌دهنده .

پوستین پیرایی p.-pīrāy-ī (حامص.) عمل وشغل پوستین پیرای (ه.م.)

پوستین دریدن p.-darīdan (مص ل.) ۱ - دریدن پوست کسی. ۲- پرده از راز نهانی برداشتن، افشا کردن راز. ۳ - درغیبت یا حضور بد کسی گفتن، عیبجویی کردن.

پوستین دوز p.-dūz [= پوستین دوزنده] (ص فا.) آنکه پوستین دوزد، فراء، واتگر.

پوستین‌دوزی p.-dūz-ī ۱-(حامص.) عمل وشغل پوستین‌دوز (ه.م.)، واتگری. ۲ - (اِمر.) محل دوختن پوستین، دکان پوستین دوز .

پوستین فروش p.-forūš [= پوستین فروشنده] (ص فا.) آنکه پوستین فروشد، فراء، واتگر.

پوستین فروشی p.-forūš-ī ۱ - (حامص.) شغل و عمل پوستین فروش (ه.م.) ۲-(اِمر.) دکان پوستین‌فروش.

پوستین کردن p.-kardan (مص م.) ~ کسی را. اورا رسوا کردن، مفتضح کردن ویرا ، بدگویی او کردن .

پوسدن pūs-edan [= پوسیدن] (مص ل.) ← پوسیدن.

پوسده pūs-eda(-e) [= پوسیده] (اِمف.) ← پوسیده.

پوسندگی pūs-anda(e)g-ī (حامص.) چگونگی وحالت پوسنده (ه.م.)

پوسنده pūs-anda(-e) (اِفا.) آنکه بپوسد .

۱- پوسه pūsa(-e) (اِ.) ریسمانی که بوقت رشتن بر دوك پیچند .

۲ - پوسه pūsa(-e) [= پوسته] (اِمر.) ۱- پوستکی بسیار نازك جداشده از چیزی ، ورقه ، صحیفه ، پشیزه . ۲ - قطعات سفید و نازکی که هنگام شانه کردن موی سر - زمانی که چرك باشد - فرو ریزد ، شوره . ۳- تو ، تا ، لا : دیوار دو پوسه ، سقف دو پوسه .

پوسه پوسه شدن p.-p.-šodan [= پوسته پوسته شدن] (مص ل.) ورقه

1- Grive (فر.) 2- Tinea tapezella (لا.), teigne des fourrures (فر.)

پوسیدگی

ورقه‌شدن (چنانکه طلق و زرنیخ‌وعنبر وغیره) .

پوسیدگی pūs-īda(e)g-ī (حامص.) کیفیت و حالت پوسیده . ۱ - تباهی ، فساد . ۲- عفونت ، تعفن ، گندیدگی. ‖ ~ **استخوانها** . دیری درزیرخاک ماندن وفاسد شدن آنها. ‖ ~ **دندان**. کرم خوردگی آن .

پوسیدن pūs-īdan [په pūsītan] (مص‌ل.) (پوسید ، پوسد،خواهدپوسید، بپوس ، پوسنده ، پوسان ، پوسیده) . ۱ - متخلخل وسبک شدن‌چیزی براثر گذشت زمان یا بعللی دیگر ، فساد پذیرفتن . ۲ - عفونت یافتن . ۳ - پژمرده شدن .

پوسیدنی pūs-īdan-ī (ص‌لیا.) درخور پوسیدن ، آنکه بپوسد .

پوسیده pūs-īda(-e) (إمف.) ۱ - متخلخل وسبک شده براثر طول زمان یاعلتی دیگر . ۲ - عفن ، متعفن .

پوسیده شدن p.-šodan (مص‌ل.) پوسیدن (ه.م.) ، پوسیده گشتن .

پوسیده گشتن p.-gaštan (مص‌ل.) پوسیدن ، پوسیده شدن .

۱- پوش pūš (ری. پوشیدن) ۱- (إ.) جامه ، لباس . ۲ - خیمه ، چادر ، خرگاه، سراپرده(سلطنتی) . ۳- زره، جوشن . ۴ -(إفا.)دربعضی‌از ترکیبات بمعنی«پوشنده» آید : آهن‌پوش، ازرق پوش، پولادپوش. ۵ - (إمف.)دربرخی‌از ترکیبات بمعنی «پوشیده» آید : سفال پوش ، گالی پوش . ۶ - قسمتی ازگل که برای حفظ قسمتهای دیگر است[1].
۷ - پوشش: پوش‌ضریح آستانهٔ قدس .

۲ - پوش pūš [=بوش] (إ.) ۱ - (گیا.) درختی است‌که برگش ببرگ درخت حنا ماند و تخمش مدور و از شاهدانه کوچکتر ومایل بزردی است و در دربند وارمنستان روید ↓ . ۲ - (پز.) شیافی است متخلخل و سبک که ازکوفتهٔ برگ درخت مذکور سازند .

پوشاک pūš-āk [اشکاشمی - pošák] (إ.) پوشیدنی،لباس،جامه .

پوشال pūš-āl [قس. پوچال](إمر.) ۱ - چیزهای سبک و میان تهی مانند تراشه و رندیدهٔ چوب وخردهٔ نجاری . ۲ - الیاف و ساقه های برخی رستنیها مانند برنج . ‖ **پر و** ~ . آنچه از مرغ بجای ماند بعداز اورید کردن‌از پر وچینه‌دان وامعاءِ دورافکندنی‌آن.

پوشالی pūšāl-ī (ص‌نسبـ.) منسوب به‌پوشال (ه.م.) ۱ - ساخته ازپوشال . ۲- ضعیف ، ناتوان . ‖ **دولت(مملکت)** ~ .(سیا.) دولتی(مملکتی) کوچک وضعیف که میان دویا چند دولت قوی قرارگیرد تا تماسی میان‌آنها نباشد[2].

پوشاندن pūš-āndan [= پوشانیدن] ← پوشانیدن .

پوشانده pūš-ānda(-e) (إمف.)← پوشانیده .

پوشانیدن pūš-ānīdan [= پوشاندن← پوشیدن](مص‌م.)(پوشانید، پوشاند ، خواهد پوشانید ، بپوشان ، پوشاننده ، پوشانیده) . ۱ - جامه بتن کسی‌کردن ، جامه دربر کسی کردن، ملبس‌کردن ، درپوشانیدن. ۲- پنهان ساختن، پرده‌پوشی کردن، مخفی‌کردن. ۳ -مستور کردن، فراگرفتن،پوشاندن : سبزه سراسر زمین را پوشانیده . ۴- (نج.) کسف . ۵ - (بانک.) تعیین‌کردن پشتوانه در بانک[3] .

۱- **Enveloppe** (فر.) ۲- **Etat tampon** (فر.), **buffer state** (انگ.)
۳- **Couvrir** (فر.)

پوشیده‌چهر

پوشت pošet [فر. pochette] (اِ.) دستمال ظریفی که بعضی در جیب کوچک سمت چپ بالای کت قرار دهند؛ جیب کوچک.

پوشش pūš-eš (اِمص. پوشیدن) ۱ - عمل پوشیدن (ه.م.) ۲ - جامه، لباس. ۳ - ستر، ساتر، حجاب. ۴ - پوست، لحاء[1]. ۵ - طبقه، اشکوب، اشکوبه[2]. ۶ - سقف خانه، آسمانه. ۷ - آنچه از آن سقف سازند از چوب و نی و حصیر و آهن و جز آن.

پوشک pūšak [= ماوراءالنهری pōšek] (اِ.) گربه.

پوش کردن pūš-kardan [= بوش کردن] (مص م.) ۱ - کوشش کردن در کاری، سعی کردن. ۲ - پنهان کردن، ذخیره نهادن.

پوشگان pūš-a-gān (اِ.) (مس.) نام مقامی است از موسیقی.

پوشنجه pūšanǰ-a (ص نسب.) منسوب به پوشنج ← پوشنگ (بخش ۳)؛ نبید پوشنجه.

پوشنده pūš-anda(-e) (اِفا.) ۱ - آنکه چیزی بر تن خود یا دیگری کند، آنکه پوشد. ۲ - آنکه مستور دارد، پنهان کننده، کتمان کننده. ‖ بسیار پوشنده. ستار.

پوشنه pūš-ana(-e) (اِمر.) ۱ - سرپوش که روی چیزی بگذارند، هرچیز که بدان روی چیزی را بپوشانند. ۲ - هرچیز پوشیدنی.

پوشه pūš-a(-e) (اِ.) ۱ - مطلق پرده که بر روی میزها پوشند و از درها آویزند. ۲ - لفافه‌ای که نوشته‌های راجع بیک موضوع را در آن گذارند؛ (فره.)، شمیز.

پوشی pūš-ī (ص نسب.، اِمر.) پارچه‌ای که از آن عمامه و شال کمر میساختند.

پوشیدگی pūš-īda(e)g-ī (حامص.) کیفیت و حالت پوشیده. ۱ - مستوری، مستور بودن، خفا. ۲ - ابهام، التباس، شبهه.

پوشیدن pūš-īdan [← پوش] (مص م.) (پوشید، پوشد، خواهد پوشید، بپوش، پوشنده، پوشیده، پوشش، پوشاک) ۱ - در بر کردن، ملبس شدن، بر تن کردن. ۲ - جامه بر تن کسی کردن، ملبس کردن، پوشانیدن. ۳ - مستور کردن، پوشانیدن، فرا گرفتن. ۴ - نهفتن، مخفی کردن. ۵ - بر سر نهادن: کلاه پوشیدن. ۶ - طلاق گفتن زن را. ۷ - تحت الشعاع آوردن. ۸ - بستن (در و مانند آنرا). ‖ ~ چشم. ۱ - برهم نهادن دو پلک آن، بستن چشم. ۲ - صرف نظر کردن، در گذشتن از... ۹ - روی هوا را بتیر ~. بتندی تیر باران کردن.

پوشیدنی pūš-īdan-ī (ص لیا.) لایق پوشیدن، جامه، لباس.

پوشیده pūš-īda(-e) (اِمف.) ۱ - (ص.) جامه ببر کرده، ملبس شده. ۲ - مستور، محجوب. ۳ - پنهان، نهفته. ۴ - (ق.) مخفیانه، بطور خفاء. ۵ - (ص.) پوشانیده، نهان کرده. ۶ - مشکل، مبهم. ۷ - (اِ.) خلعت. ۸ - دام صیاد. ۹ - دختر، زن، پردگی، مستوره. ۱۰ - (ص.) مسقف، آسمانه‌دار. ۱۱ - (ق.) آهسته، یواش. ‖ ~ بودن. ۱ - جامه در بر داشتن. ۲ - مستور بودن؛ مق. برهنه بودن. ۳ - آشکارا نبودن، مخفی بودن.

پوشیده بین p.-bīn [= پوشیده بیننده] (ص فا.) بیننده نهانی، باطن بین.

پوشیده چشم p.-čašm,če.- (ص مر.) کور، نابینا، اعمی، بی دیده.

پوشیده چهر p.-čehr (ص مر.)

---

۱ – Écorce (فر.) ۲ – Étage (فر.) ۳ – Chemise (فر.)

پوشیده‌حال

۱- مستور، روی‌پوشیده. ۲-مخفی، نهان. ۳ - مبهم.

پوشیده حال p.-hāl [ف.-ع.] (ص مر.) آنکه احوال او مخفی است، آنکه احوالش آشکارا نیست؛ نهان، مخفی.

پوشیده حالی p.-hāl-ī [ف.-ع.] (حامص.) چگونگی وحالت پوشیده‌حال (ه.م.)

پوشیده حرف p.-harf [ف.-ع.] (ص‌مر.) ۱ - سخن پوشیده، کلام مبهم. ۲ - مرموز.

پوشیده‌داشتن p.-dāštan (مص‌م.) ۱- ملبس داشتن؛ مق. برهنه‌داشتن. ۲ -نهفتن، پنهان‌داشتن، پنهان کردن، مخفی کردن.

پوشیده‌دل p.-del (ص‌مر.) کوردل.

پوشیده دلق p.-dalγ [ف.-ع.] (ص‌مر.) ۱ - دلق بتن کرده ، صوفی. ۲ - (مج.) ظاهرساز، متظاهر، ریاکار.

پوشیده‌دندان p.-dandān (ص‌مر.) ۱ - لب فروبسته؛ مق. خندان. ۲- (مج.) دور از سپیدهٔ بامداد؛ تاریك.

پوشیده رازی p.-rāz-ī (حامص.) نهانی‌راز، اخفاءِ سر.

پوشیده‌رخ p.-rox (ص‌مر.) ۱ - روی پوشیده ، محجوب ، نقابدار . ۲ - دختر ، زن ، پردگی .

پوشیده رو(ی) p.-rū(y) (ص‌مر.) ۱ - روی پنهان کرده ، محجوب. ۲ - نهان، مخفی. ۳ - مستوره ، پردگی ، دختر، زن .

پوشیده رویی p.-rūy-ī (حامص.) عمل‌وحالت پوشیده رو (ه.م.):

«چه‌سازیم تا نرم‌خویی کند
ز بیگانه‌پوشیده‌رویی کند؟»
(نظامی)

پوشیده شدن p.-šodan (مص‌ل.) ۱ - ملبس شدن؛ تکفر، پوشیده شدن‌در لباس (تاج‌المصادر). ۲ - مخفی شدن، پنهان ماندن، نهان گشتن : «چنانکه دمادم قاصدان میرسیدند و مزد ایشان میدادند تاکار فرونماند وچیزی‌پوشیده نشود.» (بیهقی).

پوشیده‌کردن p.-kardan (مص‌م.) ۱ - ملبس کردن، پوشیدن، فراگرفتن چیزی را. ۲ - مستورداشتن. ۳ - نهان کردن، مخفی کردن.

پوشیده گذاشتن p.-gozāštan (مص‌م.) مخفی گذاردن، پنهان‌داشتن .

پوشیده‌گردانیدن p.-gardānīdan (مص‌م.) مخفی کردن، مستور داشتن : «شیرخواست که‌بردمنه‌حال‌هراس‌خویش پوشیده گرداند.» (کلیله.)

پوشیده گردیدن p.-gardīdan (مص‌ل.) ۱ - فرو گرفته شدن چیزی بچیزی، استتار (منتهی‌الارب). ۲-مستور ماندن، مخفی گشتن، نهان شدن .

پوشیده ماندن p.-māndan (مص ل.) مستور ماندن، نهان‌ماندن ، مخفی ماندن: «هیبت وسهم او چنان بود که مرگ اوپوشیده ماند وکسی نیارست پرسیدن.» (مجمل‌التواریخ).

پوشینه pūš-īna(-e) [← پوش، پوشیدن] (اِمر.) ۱ - سرپوش‌هرچیزی (آنندراج). ۲ - کپسول[۱] (فره.)

پوط pūt ← پوت.

پوف pūf [= پوفه] (اِصت.)(عم.،در تداول کودکان شیرخواره)غذا ، طعام.

پوفل pūfel [= فوفل] (اِ.) (گیا.) فوفل (ه.م.)

پوفه pūfa(-e) [= پوف] (اِصت.) ← پوف.

۱—Capsule (فر.)

۱- پوک pūk (گیا. pūk) (ص.،اِ.)

۱ - هرچیز متخلخل وسبك شده براثر گذشت زمان وپوسیدگی. ۲ - میوهٔ بی‌مغز (میوه‌های‌خشك کرده ماننده‌فندق، گردو ، بادام و غیره) یا میان تهی (گردو، پسته‌وغیره) ۳. - کاواك،اجوف، میان‌تهی. ‖ **دندان** ~ . دندانی که میان آن پوسیده وریزیده باشد؛ کرو. ‖ **مغزش** ~ **است**. بی‌مغزاست، بی‌عقل است. ۴ - خاشاك و خاك و گیاه ریزه که‌بر سر غلهٔ‌درچال کرده ریزند تاازرطوبت وآسیب طیور مصون ماند:

« غله کردی بزیر پوك نهان
چون برانند (برآرند) پوك برسرتو.»
(طیان . لغت‌فرس ۲۷۱)

۲ - پوك pūk [ارمنی puk ، دم ، نفس، pukk ، دم‌آهنگری] (اِ.) ۱ - بادی که بجهت روشن کردن از دهن بدمند. ۲ - هرچیزسبك زود سوز مانند سوختهٔ پنبه که‌آتش از چخماق در آن افتد برای افروختن‌آتش؛ آتشگیره، پوده، پده، حراقه:

«گربرفکنم گرم‌دم‌خویش بگوگرد
بی‌پوك‌زگوگرد زبانه‌زندآتش.»
(منجیك، لغت‌فرس ۲۷۵)

پوکر poker [انگ. poker] (اِ.) نوعی قمار با ورق.

پوکه pūka(-e) [← پوك] (اِ.) ۱ - (نظ.) غلاف فشنگ بی‌سرب و باروت، فشنگ که مادهٔ سوزنده ندارد. ۲ - پوك . ‖ **زغال** ~ ، ~ **زغال** . زغالی که‌یك‌بار آنراافروخته‌وخاموش کرده‌باشند. ‖ **مروارید** ~ .مرواریدی که‌صلابت آن بواسطهٔ کهنگی ومرور زمان از میان رفته‌باشد.

پوگان pūgān (اِ.) زهدان، رحم؛

«وزین‌همه که‌بگفتم‌نصیب روزبزرگ
غدودوزهره‌وسرگین‌وخون‌وپوگان‌کن.»
(کسائی)

پو گرفتن pū-gereftan (مص‌ل.) ۱ - رفتن(← پو). ۲ - دویدن:

«شیرسگی داشت که‌چون‌پوگرفت
سایهٔ‌خورشید برآهوگرفت.»
(نظامی)

۱ - پول pūl [یو. 'obolos] (اِ.) ۱ - قطعه‌ای از طلا، نقره، مس یا فلز دیگر که‌ازطرف‌دولت سکه زده‌میشود: «ومعاملهٔ آنجا (اخلاط) به‌پول باشد.» (سفرنامهٔ‌ناصرخسرو ۶). ۲ - اسکناس (ه‌م.) ‖ ~ **رایج**. (بانک.) پولی که در میان مردم رواج دارد و مورد قبول‌همه‌است[1]. ‖ ~ **کاغذ** . (بانک.) اسکناس[2] . ‖ ~ **کاغذقابل‌تبدیل‌بفلز** . (بانک.) اسکناسی که بتوان در مقابل آن فلز گرفت[3] . ‖ ~ **کاغذغیرقابل تبدیل‌بفلز**. (بانک.) اسکناسی که‌نتوان آنراتبدیل‌بفلزکرد[4]. ‖ ~ **هوایی**. پول و مال باد آورده (قس. وجوه هوایی). ‖ **به** ~ **نزدیك‌کردن**. (عم.) فروختن.

۲ - پول pūl [په. puhl = پل] (اِ.) پل (ه‌م.)،جسر :

«نوکه پولی نمیتوانی‌هشت
چون زند همت تو زرین‌خشت؟!»
(جام‌جم ۲۲۵).

پولاد pūlād [په . pūlāft ، polvat،polpat، polopat . از . معر . فولاد] (اِ.) ۱ - آهن خشکه و آبدار که از آن شمشیر ، خنجر ، کارد ، فنر وجز آن سازند؛ روهنی،

۱– Currency(انگ.) ۲ – Paper money (انگ.) ۳ – Convertible paper money (انگ.) ٤– Inconvertible paper money(انگ.)

شابرقان، آهن خشک؛ مقـ. نرم آهن:
«که یابد بگیتی رهایی زمرگ
اگرجان بپوشد بپولادترگ؟»
(شاهنامهٔ بخ۸: ۲۴۹۶)

۲ - گرز:
«نمایم بگیتی یکی دستبرد
که گردد زپولاد من کوه‌خرد.»
(نظامی)

۳ - شمشیر:
«مخور غیرت هند بی‌یاد من
که هندی‌ترست ازتو پولاد من.»
(نظامی)

۴ - (کشا.) کارد گاو آهن. ‖ ~ هندی. (کن.) شمشیرهندی:
«زده برمیان گوهر آگین کمر
در آورده پولاد هندی بسر.»
(نظامی)

پولاد بازو p.-bāzū (إمر.) آنکه بازوی فولادین دارد، آهنین بازو:
«هرکه با پولاد بازو پنجه‌کرد
ساعد مسکین‌خودرا رنجه‌کرد.»
(گلستان. فر. ۳۹)

پولاد بست p.-bast (ص مر.) با پولاد استوار کرده، با فولاد محکم‌شده:
«کشیده شد از صف پیلان مست
یکی باره ده میل پولاد بست.»
(گرشاسب‌نامه)

پولادپا(ی) p.-pā(y) (ص‌مر.) آنکه پایی مانند پولادسخت و نیرومند دارد؛ دارای پای فولادین:
«اشتر پویندهٔ پولاد پای
کوه‌نما ازتن کوهان‌نمای.»
(امیرخسرو)

پولاد پشت p.-pošt (ص‌مر.) آنکه پشتی چون پولاد قوی دارد:
«بدین گونه آن‌مرد پولاد پشت
بسی‌مرد لشکرشکن‌را بکشت.»
(نظامی)

پولادپوش p.-pūš [= پولادپوشنده] (ص‌فا.) آنکه‌زره‌و جوشن یا برگستوان پولادین برتن کند:
«آهنین رمحش‌چو آیدبردل پولادپوش
نه‌منی تیغش‌چو آیدبرسرخنجرگذار...»
(منوچهری. چا۲۰: ۲۹)

پولادپیکان p.-paykān, pey.- (ص من.) ۱ - دارندهٔ پیکان پولادین؛ آن که پیکان فولادین دارد. ۲ - تیری که پیکان پولادین دارد.

پولاد ترگ p.-targ (ص‌مر.) آنکه ترگ (ه.م.) ازپولاد دارد، آهنین‌خود:
«بگوش جوانان پولاد ترگ
زبان‌سنان گفت پیغام‌مرگ.»
(حبیب‌السیر)

پولاد تن p.-tan (ص‌مر.) آنکه تن سخت دارد، کسی که بدن‌قوی دارد:
«همه خیل کابل شدند انجمن
برآن کشته‌پیلان پولادتن.»
(گرشاسب‌نامه)

پولاد چنگ p.-čang (ص‌مر.) آنکه چنگی از پولاد دارد، کسی که دارای چنگی سخت وقوی است:
«پس‌وپیش، ترکان طاوس رنگ
چپ‌وراست شیران پولادچنگ.»
(نظامی)

پولادخا(ی) p.-xā(y) [= پولاد خاینده] (ص‌فا.) قوی، پرزور (مرد، اسب)، آهن خای (وقتی اسب مستعد دویدن‌است لگام ودهنه را میخاید):
«زآواز او اندر آید ز جای
دل‌مرد جنگی پولاد خای.»
(فردوسی)

پولاد درع p.-der' [ف.-ع.] (إمر.)
۱ - آنکه زره‌پولادین دارد؛ فولادزره. ۲ - مردقوی، نیرومند:

«ز پولاد درعان الماس تیغ
بسی کشت وهم کشته شد،ای دریغ!»
(نظامی)

پولاد دست p.-dast (ص‌مر.) دارای دست و پنجه‌ای چون‌پولاد؛ صاحب‌دستی نیرومند:
«بدو گفتا من‌آن پولاد دستم
که‌دینت را بدین‌خواری‌شکستم.»
(نظامی)

پولاد رگ p.-rag (ص‌مر.) (کن.) پرزور (اسب).

پولاد سازی p.-sāz-ī (حامص.) ← فولاد سازی.

پولاد سا(ی) p.-sā(y) [= پولاد ساینده] (ص‌فا.) ۱- آنکه‌پولادرا ساید:
«روارو زنان تیر پولاد سای
دراندام شیران پولادخای.»
(نظامی)
۲- بسیار سخت، بسیارمحکم:
«چو شه دید کز سنگ پولاد سای
خراشیده میشد سم چار پای...»
(نظامی)

پولاد سم p.-som [= پولادسنب] (ص مر.) مرکوبی‌که سمی‌سخت دارد، پولاد سنب:
«سیه چشم وبورابرش وگاو دم
سیه خایه و تند و پولاد سم.»
(فردوسی‌دروصف رخش. مزدیسنا،چا. ۱:۴۱۱)

پولادسنب p.-sonb [= پولادسنبنده] ۱- (ص‌فا.) آنکه‌پولاد را سنبد، کسی که فولاد را سوراخ کند:
«عزم توکشورگشاوخشم تو بدخواه‌سوز
رمح توپولادسنب و تیغ‌توجوشن‌گداز.»
(فرخی.د. ۵۹). ۲- پولادسم(ه.م.)

پولاد سنج p.-sanǰ [= پولادسنجنده] (ص‌فا.) دلاور، شجاع، جنگاور:
«گرازنده شد تیغ بی هیچ رنج
دو نیمه شدآن کوه پولادسنج.»
(نظامی)

پولادگر p.-gar (ص‌شغل.) ۱- آنکه پولاد سازد، آنکه آلات پولادین‌سازد.
۲- آهنگر:
«بدان دست بردند آهنگران
چوشدساخته‌کار گرزگران...»
«پسند آمدش کار پولادگر
ببخشیدشان جامه وسیم وزر.»
(فردوسی)

پولاد مخلب p.-mexlab [ف.-ع.] (ص‌مر.) آنکه چنگال پولادین دارد، کسی‌که مخلبی قوی‌دارد؛ پولادچنگ.

پولاد ماهی p.-māhī (إمر.)(جا.) نوعی ماهی← ماهی.

پولاد میخ p.-mīx (ص مر.) دارای میخ فولادی ومحکم(نعل و مانندآن):
«ز نعل سمندان پولاد میخ
زمین‌را زجنبش‌برافتادبیخ.»
(نظامی)

پولاد نعل p.-na'l [ف.-ع.] (ص مر.) مرکبی‌که نعل پولادین دارد:
«زتاج مرصع بیاقوت و لعل
زتازی سمندان پولاد نعل.»
(نظامی)

پولاد نهاد p.-nahād (ص مر.) دارای نیروی بسیار، بسیار قوی وزورمند.

پولادی pūlād-ī [= پولادین = فولادی] (ص‌نسبـ.) منسوب به‌پولاد(ه.م.) ۱- ساخته‌ازپولاد، فولادی، فولادین:
«مجرمانراتن پولادی فرسوده‌شدی
گرتواندرخورهرجرم دهی بادافراه.»
(فرخی.د.۳۵۵)
۲- برنگ پولاد، فولادی.

پولادین pūlād-īn [= فولادین =

پولادی] (ص نسب.) ← پولادی.

پولاو pūlāv [= پلاو = پلو] (إ.) پلو (ه.م.)، پلاو:

« ای واقف حال رشته پولاو
بشنو تو کمال رشته پولاو .»
(بسحاق.چاپ شیراز ص۲۸)

پول پرست pūl-parast [= پول پرستنده] (ص فا.) آن که بپول علاقهٔ بسیار دارد؛ پول‌دوست.

پول پرستی p.-parast-ī (حامص.) عمل و حالت پول پرست (ه.م.)

پول‌پول‌شدن p.-p.-šodan (مص ل.) (عم.)شکسته شدن ظرف چینی و سفالی و مانند آن بقطعات بسیار کوچك .

پول پولی pūl-pūl-ī (إمر.) (مال.) قسمی مالیات اصناف، پولی پولی (ه.م.)

پول چایی p.-e čāyī (إمر.) انعام، بخشش (قس. گرمابه بها)[۱]

پول خرج کن p.-xarǰ-kon [ف.-ع. = پول خرج کننده] (ص فا.) آنکه بسیار خرج کند ، خراج.

پول خرد pūl-e-xord (إمر.) پول خرده، پول‌سیاه، پشیز.

پولدار p.-dār [= پول‌دارنده] (ص فا.) آنکه پول بسیار دارد؛ غنی، توانگر.

پولداری p.-dār-ī (حامص .) توانگری، ثروتمندی.

پول دوست p.-dūst (ص مر.) ۱ - آنکه بپول عشق ورزد ، پول پرست. ۲ - (مج.) بخیل، زفت.

پول دوستی p.-dūst-ī (حامص .) حالت و عمل پول‌دوست (ه.م.)، پول‌پرستی.

پول زرد p.-e zard (إمر.) سکهٔ طلا.

پولساز pūl-sāz [= پول سازنده] (ص فا.) (نو.) آنکه اعمالش موجب گرد آمدن پول بسیار باشد: هنرپیشهٔ پولساز.

پول سفید p.-e-sefīd (إمر.) پول نقره، سکهٔ نقره.

پول سیاه p.-e-siyāh (إمر.) پول خرد ، پشیز ، مسکوك مسین . ‖ بیك ـــ نیرزیدن، سخت بی ارزش بودن. ‖ صورت یك ـــ پیدا کردن . کاملا از اعتبار وارزش افتادن.

۱- پولك pūl-ak [← پول] (إمصغ.) ۱ - پول‌خرد، پول‌کوچك. ۲ - پشیزه از برنج و مس و جز آن که جامه را بدان زینت میدهند؛ فلس[۲]، پشیزهٔ زرین یا سیمین از جنس دیگر که بر جامه میدوختند یا برروی عروس می‌چسبانیدند؛ زرك، نقده. ۳ - فلس ماهی. ۴- صفحهٔ کوچك مدور ،صفیحه. ۵ - جای کلید قفلهای مغزی و پشتی . ‖ ـــِ آهنی. (مکن.) صفحهٔ نازك آهنی است که در تلمبهٔ اتومبیل بکار میرود. ‖ ـــِ ماهی. (جان.) فلس ماهی (ه.م.)

۲-پولك pūl-ak [← ۲-پول] (إمصغ.) پل کوچك (سر پولك، محله‌ای در تهران).

پولکا polkā [فر. polka] (إ.) ۱- رقصی که از بوهم بفرانسه وممالك غربی رفته . ۲ - آهنگی موسیقی که با آن پولکا رقصند، و آن دو ضربی است.

پولك‌دوز p.-dūz [= پولك‌دوزنده] (ص فا.) آنکه با پولك (ه.م.) صورتها و اشکال بر پارچه ، پرده و گستردنیها مانند سوزنی وروسینی سازد .

پولك دوزی p.-dūz-ī (حامص .) عمل وشغل پولك‌دوز (ه.م.)

۱-پولکی pūlak-ī (ص نسب.) منسوب به‌پولك، پولك‌دار.

۲- پولکی pūl-akī (ص نسب.) ۱ - آنکه پول را دوست‌دارد . ۲- آنکه رشوه

۱- قس . فر. Pourboire

۲-Paillette (فر.)

پذیرد، آنکه‌معتاد بپول‌گرفتن است، رشوه‌خوار. ۳- آنچه‌با پول‌انجام‌گیرد؛ مق. مجانی.

پولکی شدن p.-šodan (مص ل.) ۱ - عادت‌کردن بگرفتن‌پول. ۲- عادت کردن باخذ رشوه.

پولکی‌کردن p.-kardan (مص م.) ۱ - معتاد کردن بگرفتن پول: بچه را نباید پولکی کرد. ۲ - معتاد کردن باخذ رشوه.

پول‌مول p.-mūl (اتباع، إمر.)(عم.) ← پول‌وپله.

پول و پله p.-o-pala(-e) (إمر.) (عم.) پول، وجه.

پولور pūl-ver [انگ. pull-ower] (إ.) پیراهن‌کش.

پولی پولی pūl-ī pūl-ī [= پول پولی] (إمر.) (مال.) قسمی مالیات که از دکانها میگرفتند.

پوم pom [فر. paume] (إ.) قسمی بازی‌که در آن گلوله‌ای را با راکت بسوراخی داخل کنند.

پولیپ polīp [فر. polype] (إ.) ۱ - (پز.) ایجاد نسج مخاطی اضافی‌در درون حفره‌های طبیعی بدن بشکل‌غده یا تومورهای کروی یا بیضوی شکل باندازه‌های مختلف ازیك ارزن‌تا یك سیب. گاهی ممکنست که این پولیپها مشی بدخیمی گیرند و ایجاد غده‌های سرطانی کنند. ۲- (جان.) کلنی‌حیوانات کیسه تن دردریا ← کیسه‌تنان. ‖ ~ بینی. (پز.) غده وپولیپی[1] که درداخل حفرهٔ بینی[2] از رشد غیر طبیعی‌مخاط داخلی آن بوجود آید؛ بواسیرلحمی بینی. ‖ ~ رحم. (پز.) پولیپی[3] که درداخل رحم[4] ازرشد غیر طبیعی‌مخاط آن‌بوجودمیآید؛ بچه‌خوار، بواسیرلحمی رحم. ‖ ~ گوش. (پز.) پولیپی‌که در داخل گوش میانی یا داخلی و یا مجرای‌گوش خارجی تولیدشود؛ بواسیر لحمی‌اذن[5].

پوند pond [انگ. pound] (إ.) ۱ - سکهٔ طلای‌انگلیسی، لیرهٔ انگلیسی. ۲ - اسکناس معادل لیرهٔ انگلیسی ↑. ۳ - مقیاس وزن در انگلستان معادل ۴۵۰ گرم.

پونز pūnez [فر. punaise](إ.) میخ کوتاه فلزی که ته آن‌پولك‌دارد، وآنرا بافشار سرانگشت فرومیکنند.

پونگ pūng [بشرویه وحدود طبس pung] (گیا.) سبزه‌مانندیست که بر روی نان وماست‌ودیگر مواد خوردنی بهم میرسد؛ کفه، کفك (معارف بهاء ـ ولد. ۲ : ۳۰۷) ← پونگ برزده.

پونگ‌برزده p.-bar-zada(-e) [← پونگ] (ص‌مف.) کفك‌برآورده، کفه‌زده: «درماهی‌یك من‌ونیم‌آردبس کندنان کك رك‌پونگ برزده‌را ثرید کنم.» (معارف ۲ : ۱۳۲).

پونه pūna(-e) [= پودنه = پودینه] (إ.)(گیا.) پودنه (ه.م.) ‖ ~ آبی. (گیا.) پودنه (ه.م.)

پوه! pūh (صت.) در مورد نفرت‌بکار رود: «پوه! شوهرهای امروزه همه‌عرق خور و هرزه برای لای‌جرز خوبند.» (ص.هدایت. زنده بگور ۷۴)

پوی pūy [= پو] (ری. پوییدن) ۱ - (إمص.) رفتن بشتاب ونه نرم، رفتار متوسط، تك؛

پولور

۱- Polype du nez (فر.)
۲ - Fosse nasal (فر.)
۳ - Polype de la matrice (فر.)
٤ - Vagin (فر.)
٥ - Polype de l'oreille (فر.)

« نوند شتابنده هنجار جوی
چنان‌شد که بادش نه‌دریافت پوی.»
(گرشاسب‌نامه)
۲ - (اِفا.) در بعضی ترکیبات بجای «پوینده» آید: چالاك پوی، راه پوی. ضح.- در «سگ‌پوی» و «گرگ پوی» بمعنی پوینده‌مانند سگ وماننده گرگ آید.

پویا pūy-ā (ص فا. پوییدن) ۱ - رونده. ۲ - دونده.

پویان pūy-ān (ص‌فا.حا. پوییدن) ۱ - روان:
«چنین تا برآمد برین‌چندگاه
بدآموز پویان بدرگاه شاه.»
(شا.بخ۸: ۲۴۰۴)
۲ - دوان.

پویاندن pūy-āndan [= پویانیدن] (مصم.) ← پویانیدن.

پویاننده pūy-ānanda(-e) (اِفا. پویاندن، پویانیدن) آنکه کسی یا چارپایی را بپوییدن‌دارد؛ براه‌برنده، دواننده.

پویانیدن pūy-ānīdan [— پویاندن،م: پوییدن] (مصم.) (پویانید، پویاند، خواهد پویانید، بپویان، پویاننده،پویانیده) براه بردن (ستور وغیره): «ایجاف، پویانیدن.» (ترجمان القرآن۱۸).

پوی پوی pūy-pūy [← پوییدن] (قمر.) مبالغه درپوی (پوییدن)، تند تند، دوان دوان:
«نبد راه برکوه ازهیچ روی
بگشتم بسی گرد او پوی‌پوی.»
(فردوسی)

پویچه pavīča(-e) (اِ.) (گیا.) عشقه (ه‌.م.)

پویندگی pūy-anda(e)g-ī (حامص.) حالت وچگونگی پوینده، عمل پوینده.

پوینده pūy-anda(-e) (اِفا.) ۱ - رونده. ۲ - دونده:
«چوپوینده نزدیك دستان رسید
بگفت آنچه‌دانست ودید وشنید.»
(فردوسی)
۳ - جستجو کننده. ۴ - جانورمتحرك:
«دهم همه جانوران پوینده را بود.»
(مصنفات باباافضل۲: ۴۳۵).ج. پویندگان.

پوی‌و تك pūy-o-tak (اِمر.) تك وپو، تکاپو:
«راهشان یوزگرفتست و ندارند خبر
زان‌چوآهوهمه‌در پوی‌وتك‌وبا بطرند.»
(ناصر خسرو۹۹)

پویه pūy-a(-e) (اِمص.) ۱ - (اِ.) رفتاری متوسط، رفتن نه بشتاب و نه نرم:
«با نعرهٔ گردان چکنم لحن مغنی؟
با پویهٔ اسبان چکنم مجلس گلشن؟»
(لباب.نف.۲۴)

پوییدن pūy-īdan [← پوی] (مص ل.) (پویید، پوید، خواهدپویید، بپوی، پوینده، پویا، پویان،پوییده) ۱- رفتن (نه‌بشتاب ونه‌نرم):
«بدوگفت شبگیر ازایدر بپوی
بدین مرزبانان لشکربگوی.»
(شا.بخ۸: ۲۳۲۹)

۱ - په! pah (صت.) کلمهٔ تعجب وتحسین؛ خوشا!حبذا!آفرین!

۲ - په pah (اِصت.) آوایی که ازدهان برآرند بادم زدن: «کوه، کیه، په‌گفتن کسی‌را تا بوی دهن او معلوم شود.» (منتهی‌الارب).

په peh [= پیه] (اِ.) ← پیه. ‖ — بپهلو درآمدن. فربه شدن:

«صدجگر پاره شد ز هرسویی
تا درآمد پهی به پهلویی.»
(نظامی)

پهانه pahāna(-e) [← فانه] (اِ.) ← فانه.

په په! pah-pah [← په] ۱- (صت.) درهنگام تحسین آمیخته با تحیر گویند؛ آفرین، زه:
«روحانیان چو بینند ایکار فکر من
په‌په زنند بروی و نام خدا برند.»
(کمال اسماعیل)

|| با ~ چیزی را خوردن. با لذت تمام خوردن و تحسین کردن. ۲- (اِمر.) خوردنی یا نوشیدنی شیرین و لذیذ؛ به‌به.

په پیاز peh-piyāz [= پیه‌پیاز] (اِمر.) اشکنه، پیازو (پیاز آب): «گفت تو امروز چه خوردی؟ گفت: اندکی په‌پیاز.» (تذکرة الاولیاء)

پهر pahr [= بهر] (اِ.) یک حصه از چهار حصهٔ روز و چهار حصهٔ شب (بیشتر درهندوستان متداول است)؛ بهر (ه.م.)

پهرو pahrū (اِ.) وصله، پینه، درپی.

پهرو کردن p.-kardan (مص م.) وصله کردن، پینه کردن، درپی کردن.

پهره pahra(-e) [است. pāθra، سنس. pātra، ار. parhak، افغ. pahār، pahra] (اِ.) پاس، محافظت، نگهبانی ↑.

پهره دار p.-dār [= پهره‌دارنده] (صفا.) پاسدار، محافظ، نگهبان:
«خلیل از بیم آن زنهارخواران
مرتب داشت جمعی پهره‌داران.»
(نزاری)

پهریختن pahrīx-tan [= پرهیختن] (مص ل.) ← پرهیختن.

پهریخته pahrīx-ta(-e) [= پرهیخته] (اِمف.) مؤدب، ادب آموخته: «هفت مرد بودند... بغایت عظیم پهریخته بودند.» (مقدمهٔ ارداویرافنامه. م. معین. یادنامهٔ پورداود ۱: ۲۰۸).

پهریز pahrīz [← پرهیز] (اِ، ری. پهریختن) پرهیز.

پهلو pahlū [است. peresu، دنده، جانب؛ سنس. pārçvá، په. pahlūk] (اِ.) (جا.) ۱- دو طرف سینه و شکم، جنب:
«ترا پهلوی فربه نیست نایاب
که داری در یکی پهلو دو قصاب.»
(نظامی)
ج: پهلوها، پهلوان:
«خاراست بزیر پهلوانم
بیرون تو خوابگاه سنجاب.»
(سعدی)
۲- شکم، بطن:
«فروریخت ازدیده سیندخت خون
که کودک ز پهلو کی آید برون.»
(فردوسی)
۳- جنب، نزدیک، درجوار: «امروز صبح من پهلوی رختخواب او چرت میزدم...» (ص. هدایت. زنده بگور ۸۷)
۴- نزد، پیش:
«گاه بود پهلوی او، گاه شود محو درو
پهلوی او هست خدا، محو درو هست لقا.»
(دیوان کبیر ۱: ۳۳)
۵- (رض.) ضلع: «سه سو - که او را مثلث خوانند - که هر پهلوی از وی چند یکدیگر بود...» (دانشنامه. منطق ۸۵). ضح. - فرهنگستان نیز «پهلو» را بجای ضلع[1] پذیرفته. ۶- نفع، فایده، سود:
«هر روز بز خم سروی گوسفندی را افگار کردی (تیس) و بره و بزغالگان را

۱- Côte (فر.)

بزبان آوردی ، تاشبان ازو بستوه آمد، باخود گفت : «آن به که من این زبان ازپهلوی زروی کنم . او را ببازار برد تا بفروشد.» (مرزبان نامه ۱۳۹) .

‖ ــــ ی چرب. ۱ - پهلو و جانبی که چرب باشد . ۲- سود بسیار، فایدهٔ کثیر :
«در روزگار پهلوی چربی زکس ندید
دایم بود مکیدن انگشت کار من .»
(ملك قمی)

‖ از ــــ ی کسی کاری کردن . کاری بکمك وی کردن :
«دیده‌ام گوهر بدامان ریخت از پهلوی اشك
ابر دایم ریزش از پهلوی دریا میکند.»
(هاشم ، آنند .)

‖ از ــــ ی خود خوردن . بضرر خود قیام کردن :
«بدخواه دولت تو ز پهلوی خود خورد
همچون سگی که او خورد از استخوان خویش.»
(معزی)

‖ به ــــ ی ناز خفتن . در بستر راحت و آسایش غنودن :
«ترا تیره شب کی نماید دراز
که خسبی ز پهلو بپهلوی ناز؟»
(سعدی)

‖ ــــ ی کسی راه رفتن . در عرض او رفتن ، برابر او رفتن . ‖ ــــ ی کسی را خاریدن . کاستن از وی :
«تویی برخواب خورفتنه، هما ناخود نیی آگه
که مر پهلوت را گیتی بخواب و خورهمی خارد.»
(ناصرخسرو ۱۳۷)

پهلو pahlaw(-ow) [= پهله، پب. parθava-، قوم پارت] (ص.، اِ.) ۱ - پارت (← بخش ۳)، ← پهلوی . ۲- در عهد ساسانی ، عنوان و لقب رؤسای خاندانهای «قارن» و «سورن» و «اسپاهبذ» که از نژاد اشکانیان بودند: قارن پهلو، سورن پهلو ، اسپاهبذ پهلو. ۳ - همان گونه که اسم «ماد» - قوم بزرگ شمال و شمال غربی ایران - بعدها بصورت «ماه» (پهلوی ماد) بعده‌ای از شهرها مانند : ماه نهاوند ، ماه بصره ، ماه کوفه و ماهی دشت و غیره اطلاق شده، نیز نام « پهل » ، « پهلو » و «پهله» بعده‌ای از شهرها و نواحیی که باقوم مذکور رابطه داشتند ، اطلاق گردیده از آن جمله : پهل شاهسدان pahl-e šāhisdān (پهل شاهستان) که ارشك بزرگ، مؤسس سلسلهٔ اشکانی در آنجا سلطنت را بدست گرفت (ظاهراً گرگان کنونی) . بعدها «پهلو» بمعنی شهر گرفته شده :
«از ایران هر آن کس که گو زاده بود
دلیر و خردمند و آزاده بود،»
«بفرمود تا جمله بیرون شدند
ز پهلو سوی دشت وهامون شدند.»
(لشکر کشیدن سیاوش؛ شا. بخ ۳ : ۵۵۸).
۴- دلیر، شجاع ، گرد ، پهلوان:
«چو بازارگانان درین دژ (رویین دژ) شوم
(اسفندیار)- نداند کس ازدژ که من پهلوم.»
(شا . بخ ۶ : ۱۶۰۹).

پهلوان pahlav-ān [← پهلو، قوم پارت دلیر بودند] (ص نسب.، اِمر.) منسوب به پهلو (ه‍ . م .) ۱- سخت توانا و دلیر ، شجاع:
« همه کار او پهلوان راندی
کسی را برشاه ننشاندی .»
(شا. بخ ۸ . ۲۲۸۹).
۲- درشت اندام ، عظیم جثه. ۳ - درشت گوی . ۴ - مرد اصلی که در داستانی شرح اعمال او روایت شود ، قهرمان[۱]. ۵ - کشتی گیر . ‖ ــــ پایتخت . رئیس پهلوانان ، پهلوان پهلوانان . ‖ ــــ جهان . بزرگترین پهلوان دنیا، قهرمان عالم، جهان پهلوان :

۱ – Héros (فر.)

«مدار ملك و عماددولت واساس کاراو سام نریمان بودکه اورا پهلوان جهان خواندندی.»
(جوامع الحکایات مپ، ۲۷ب).

پهلوان‌افکن p.-afkan [= پهلوان افکننده] (ص‌فا.) آنکه پهلوانان‌رامغلوب کند؛ بسیار قوی، مردافکن.

پهلوان بچه p.-bačča(-e) (إمر.) ۱ - فرزند پهلوان، پهلوان زاده. ۲ - کودك‌زورمند، پهلوان خردسال.

پهلوان پنبه p.-panba(-e) (امر.) ۱ - مسخره‌ای که‌تمام تن‌خودرا به‌پنبه گیرد، وخود باحلاجی‌که کمان دردست دارد برقص درآید، وحلاج در میان رقص اندك اندك پهلوان رابازدن‌کمان برهنه کند، یعنی‌تمام پنبه‌های‌بدن‌اورا برباد دهد:

«بپیکار سرما که‌تنها بلرزد
مگر پهلوان‌پنبه‌باشد محارب.»
(نظام‌قاری۲۸).

۲ - مردی درشت اندام و قوی هیکل وبی‌زور وقوت، آنکه ظاهری‌دلیر ودلی جبان دارد، یالانچی پهلوان، پهلوان دروغین.

پهلوان پور p.-pūr (إمر.) پسر پهلوان.

۱-پهلوانی pahlavān-ī (حامص.) ۱ - پهلوان بودن، قهرمانی، شجاعت: «درواقع اورا بهادری وقهرمانی‌بود.» (ظفرنامهٔ یزدی ۲: ۴۱۲). ۲ - مقام ورتبهٔ پهلوان: «من‌ترا پهلوانی لشکر دهم.» (سمك‌عیار ۱: ۳۳).

۲-پهلوانی pahlavān-ī (ص‌نسبـ.) منسوب به پهلوان. ۱ - هرچیز متعلق به پهلوان. ۲ - شهری (← پهلو). ۳ - زبان پهلوی (← بخش۳):

«اگرپهلوانی‌ندانی زبان
بتازی‌تو«اروند» رادجله‌خوان.»
(فردوسی)

۴ - پارسی: فارسی(فصیح):

«بسی‌رنج‌بردم، بسی‌نامه‌خواندم
بگفتار تازی‌وازپهلوانی.»
(فردوسی)

۵ - (گیا.) زرد آلویی‌خاص شهریزد.

پهلوانی دادن p.-dādan (مصل.) ۱ - سمت پهلوانی عطا کردن، عنوان قهرمانی‌دادن: «پهلوانی دادن هرمزد بهرام چوبینه‌را.» (شا.بخ۸: ۲۵۹۱) ۲ -بزرگی واعتبار دادن.

پهلوانی سخن p.-soxan(soxon) [← پهلوانی] ۱- (إمر.) زبان پهلوی (← بخش ۳):

«ورا نام کندز بدی پهلوی
اگر پهلوانی سخن بشنوی.»
(فردوسی)

۲ - آنکه بپهلوی سخن‌گوید، کسی که سخن وزبان پهلوی داند:

«یکی پیر بد پهلوانی سخن
بگفتار وکردار گشته کهن.»
(فردوسی)

پهلوانی سرود p.-sorūd (إمر.) سرود بزبان‌پهلوی یا پارسی‌فصیح:

«سخنهای رستم به نای وبه‌رود
بگفتندبرپهلوانی‌سرود.»
(فردوسی)

«مغنی سحرگاه‌بربانگ‌رود
بیاد آورآن پهلوانی‌سرود.»
(نظامی)

پهلوانی سماع p.-samā' [ف.-ع.] (إمر.) سرود وآواز خوش بپهلوی یا پارسی فصیح:

«بشنوونیکوشنونغمهٔ‌خنیاگران
بپهلوانی‌سماع، بخسروانی طریق.»
(مسعود سعد)

پهلوآکندن pahlū-ākandan
(مص‌ل.) فربه‌شدن.
پهلو آکنده p.-ākanda(-e)
(ص‌مف.) فربه‌شده، آکنده پهلو:
«چریده دیولاخ آکنده پهلو
بتن فربه، میان چون‌موی لاغر.»
(عنصری)
پهلو بندی p.-band-ī (حامص.)
کمك‌ومساعدت‌مالی نسبت‌بکسی، مدد
مالی نسبت بزیردستی.
پهلو تهی کردن p.-tohī-kardan
(مص‌ل.) کناره کردن از کاری، پرهیز
کردن، کناره گرفتن:
«پهلو ازمن تهی‌مکن که مرا
پهلوی چرب هم زپهلوی تست.»
(خاقانی. سج. ۴۶۷)
پهلو چرب p.-čarb (ص‌مر.) چرب
پهلو (ه.م.)، پهلودار.
پهلوخالی کردن p.-xālī-kardan
[ف.-ع.] (مص‌ل.) شانه خالی کردن،
پهلوتهی کردن.
پهلو دادن p.-dādan (مص‌م.)
ـــ کسی‌را. ۱ - وی‌را غنی کردن، سود
رساندن، مدد کردن:
«درپناه عارضت خط‌ملك‌خوبی‌را گرفت
دشمن‌خودراچراکس‌این‌قدر پهلودهد؟»
(کلیم)
۲ - نزدیکی کردن: «اکثبك‌الصید
فارمه، یعنی پهلوداد وتوانا کرد ترا
شکار، پس‌تیر بینداز بروی.» (منتهی
الارب). ۳-دوری کردن، کناره گزیدن.
پهلو دار p.-dār [=پهلودارنده]
(ص‌فا) ۱- دارندهٔ پهلو (ه.م.)، دارندهٔ
جانب. ۲ - چرب پهلو (ه.م.)، پهلو
چرب. ۳ - آنکه بکسان و نزدیکان
خود نعمت و مال رساند، کسی
که بزیر دستان خود سود رساند:
«روزگاریست زابنای زمان، غیرسخن
هیچکس رانشنیدم که‌بودپهلودار.»
(ظهوری)
۴ - (نظ.) واحدی از سربازان که در
طرفین (راست‌وچپ) عمده قوی مأمور
مراقبت‌ونگهبانی‌هستند. ‖ **حرف(سخن،
کلام)پهلو دار.** سخنی که گزندگی‌ودشنامی
درضمن‌داشته‌باشد، کلامی متضمن‌معنیی
تند و گزنده:
«گرگشایی درچمن بند قباگاه‌خرام
بشنوی‌ازلاله‌وگل‌حرف‌پهلودارسرد.»
(اسیر.لغ.) ‖ **عیش** ـــ. عیش ثابت
وپایدار:
«غم‌بسی‌راکرده صاحب دستگاه
پشت‌کس‌برعیش پهلودارنیست.»
(ظهوری)
پهلو داری p.-dār-ī (حامص.) عمل
وکیفیت پهلودار (همع.)
پهلو داشتن p.-dāštan (مص‌ل.)
سود داشتن، نفع داشتن، مفید بودن؛
مق. بی‌پهلویی.
پهلو درد p.-dard (إمر.) (پز.) درد
پهلو (ه.م.)، ذات‌الجنب.
پهلودریدن p.-darīdan ۱ - (مص
م.) پهلوی کسی‌را پاره کردن وشکافتن:
«درم‌پهلوی پهلوانان‌به‌تیغ
خورم گردهٔ گردنان بی‌دریغ.»
(نظامی)
۲ - (مص‌ل.) دریده‌شدن پهلوی کسی.
۳ - رسیدن صدمه وآسیب‌بپهلوی‌کسی.
پهلو دزدیدن p.-dozdīdan (مص
م.) خویشتن را باز داشتن از چیزی
بطوری که‌کسی برآن مطلع نشود:
«بغیرازتکیه‌ام‌کزسیم‌وزردزدیده‌پهلورا
غنی!ازپهلوی‌من‌هرتهیدستی‌توانگرشد.»
(غنی)
پهلو رسانیدن p.-ra(e)sānīdan
۱ - (مص‌م.) صدمه‌زدن، آسیب‌رسانیدن.

۲ - برابری کردن در قدر و مرتبه با کسی، پهلوزدن.

پهلو زبان pahlaw(-ow)-zabān
۱- (ص‌مر.) آنکه بزبان پهلوی متکلم است، پهلوی زبان. ۲ - (إمر.) زبان پهلوی:
«بهرای گنجش چو پدرام کرد
به‌پهلوزبا نش «هری» نام کرد.»
(نظامی)

پهلو زدن pahlū-zadan (مصل.)
← باچیزی یا کسی. برابری کردن با وی؛ پهلوساییدن، مقابله کردن:
«با بزرگان بزرگان جهان پهلوزدی
ابله آن کس که بخواری جنگ باخارا کند.»
(منوچهری.د.۲۰:۲۶)
‖ باچرخ (آسمان، فلك) پهلوزدن. ۱ - سر بآسمان سودن، بسی رفیع و بلند بودن:
«آن قصر که باچرخ همی‌زد پهلو
بر در گه او شهان نهادندی‌رو...»
(خیام . فر. ۱۰۸)
۲ - بسیار بلند مقام و ارجمند بودن.

پهلو زن p.-zan [= پهلو زننده]
(ص‌فا.) آنکه پهلو زند، مدعی بزرگی وهمسری، برتری‌جو ، پهلوسای :
«اگر تیر پهلوز نی را بکشت
از و بهتری راقوی کرد پشت .»
(نظامی)

پهلوسا(ی) p.-sā(y) [= پهلوساینده]
(ص‌فا.) برابری کننده در مال و قدر ومرتبه ؛ پهلوزن:
«نی که یك آه مراهم صد موکل بر سرست
ورنه چرخستی مشبك ز آه پهلوسای من.»
(خاقانی. سج. ۳۲۲)

پهلوساییدن p.-sāyīdan [= پهلو سودن] (مصل.) ← با کسی ، مقابله کردن، دعوی برابری کردن، پهلوزدن:
«هرجای که مسعود سعد باشد
کس بااو پهلوچگونه ساید؟»
(مسعود سعد. ۱۰۴)

پهلو سودن p.-sūdan [= پهلو ساییدن] (مصل.) ← با کسی. پهلو ساییدن (ه.م.)

پهلو شکاف p.-šekāf [= پهلو شکافنده] (ص‌فا.) آنکه یا آنچه پهلوی کسی را بشکافد، درندهٔ پهلو:
«چو فردا علم بر کشد برمصاف
خورد شربت تیغ پهلو شکاف.»
(نظامی)

پهلوغلط p.-γalt [= پهلوغلطنده]
(ص‌فا.) آنکه بپهلو غلطد:
«رود بکوی تو ام طفل اشك پهلوغلط
که همچو رابعه آمد بکعبهٔ احباب.»
(ملاطغرا، لغ.)

پهلو کردن p.-kardan (مصل.)
کناره گرفتن، دوری کردن، احتراز جستن، پرهیز کردن:
«با اینکه حلال تست باده
پهلوکن از آن حرامزاده.»
(نظامی)
‖ ← خربزه. کوزه کوزه کردن، تشرید.

پهلوکژ p.-kaž (ص‌مر.) آنکه پهلوی (طرفین) شکم نا راست دارد؛ کج پهلو.

پهلوگاه p.-gāh [= پهلوگه] (إمر.)
۱ - پهلو، جنب. ۲ - کنار، جنب. ← پهلوگه.

پهلو گرفتن p.-gereftan (مصل.)
← کشتی. بساحل پیوستن آن ، بکرانه آمدن آن:
«کشتی خاص خلیفه پو گرفت
در کران اندر زمان پهلو گرفت.»
(دهخدا. ۳۳)

پهلو گذار p.-gozār [= پهلو گذارنده] (ص‌فا.) آنچه از پهلو عبور کند، آنچه داخل پهلو شود:
«زدندش یکی تیغ پهلوگذار
که از خون زمین گشت چون لاله‌زار.»
(نظامی)

پهلوگه p.-gah [= پهلوگاه] (اِمر.) ۱ - پهلو، جنب. ۲ - کناره، جنب:
«پهلوگه دخمه را گشادند
در پهلوی لیلیش نهادند.»
(نظامی)

پهلومنش pahlaw(-ow)-maneš (صمر.) ۱- آنکه منش پهلوانان دارد، پهلوان طبیعت. ۲ - آنکه منش پهلوی (ه.م.) دارد.

پهلو نژاد p.-nežād (صمر.) ۱ - ازدودهٔ پهلوانان، پهلوان نسب:
«چونامه بمهراندرآمد، بداد
بدست یکی گرد پهلو نژاد.»
(فردوسی)
۲ - ازخاندان پهلو(ه.م.)، پهلوی.

پهلونشین pahlū-nešīn [= پهلو نشیننده] (صفا.) مصاحب، همنشین، یار، همدم:
«آیینه‌دار روی تو شرم‌وحیا بس‌است
پهلونشین سرو تو بند قبا بس‌است.»
(صائب)

پهلونگاه‌داشتن p.-negāh-dāštan [= پهلونگه داشتن] (مصل.) پهلو نگه‌داشتن (ه.م.)

پهلونگه‌داشتن p.-negah-dāštan [= پهلو نگاه‌داشتن] (مصل.) دوری کردن، احترازکردن، پهلوکردن:
«توای پهلوان کامدی سوی من
نگهدار پهلو زپهلوی من.»
(نظامی)

پهلو نهادن p.-na(e)hādan (مصل.) خوابیدن، درازکشیدن:
«پهلومنه که یارت پهلوی تونشسته- برگیر
سرکه این سرخوش زان سرست امشب.»
(مولوی)

پهلویجی pahlavī-ǰī (ص‌نسب.) پهلوی) منسوب به پهلوی (بندر) (← بخش۳)، از مردم بندر پهلوی.

پهلوی خوان p.-xān [= پهلوی خواننده] (صفا.) آنکه پهلوی خواند، کسی که بپهلوی سخن گوید:
«پهلوی خوان پارسی فرهنگ
پهلوی خواند بر نوازش چنگ.»
(نظامی)

پهلوی‌کیش p.-kīš (صمر.) آنکه دین پهلوی دارد، متدین بکیش ایرانیان باستان، زردشتی:
«تبه کردی آن پهلوی کیش را
چرا ننگریدی پس وپیش را.»
(گرشاسب نامه)

پهلوی نامه p.-nāma(-e) (اِمر.) ۱ - کتاب یامراسله بزبان وخط پهلوی. ۲ - کتاب یا مراسله بآیین خسروان وپهلوانان:
«یکی پهلوی نامه از خط شاه
فرستاده آورد وپیمود راه.»
(فردوسی)

پهلویی pahlū-yī (ص‌نسب.) منسوب به پهلو، جانبی[1] (فره.).

پهمزك pahmazak (اِ.) (جا.) خارپشت بزرگ تیردار؛ سیخول، اسغر.

پهن pahn [است. paθana - ، په. pahan ، کر. pān ، افغ. plan ، استی fatan، گیل. pa'n] (ص.) ۱ - فراخ، گشاد، وسیع؛ مق. تنگ:
«ددیگر چوگیتی ندارد درنگ
سرای سپنجی چه پهن وچه تنگ.»
(فردوسی)
۲ - عریض، پهناور:
«یکی باره ازآب برکش بلند
بنش پهن وبالای او ده کمند.»
(شا. بخ ۸: ۲۳۲۹)
۳ - گسترده، پخت، پخش:

۱—Latéral (فر.)

«چوآبستنان اشکم آورده پیش
چوخرما بنان پهن فرقسری.»
(منوچهری ۰د.۲: ۱۴۴)
۴ ـ مسطح. ۵ ـ (إ.) قسمی نان:
«نان‌داری اندرانبان، ده گونه باستانی
چه قرص وچه میانه، چه پهن وچه قرانی.»
(لامعی)
‖ ـــ **گوش گشادن.** بدقت گوش دادن:
«چوقیدافه آگه شد ازقیدروش
زبهر سپر پهن بگشاد گوش.»
(شا.بخ ۷: ۱۸۵۴)

۱- پهن pahan [= پهن ↑] (ص.) عریض، پهن (pahn):
«چون گل سوری شده گرد وپهن
لعل‌تر ازلاله بروی چمن.»
(امیر خسرو)

۲- پهن pahan [= پهنه] (إ.) شیری که بسبب مهربانی در پستان مادر طغیان کند، پهنه:
«پستان مثال غنچه پراز شیر شبنم است
ازمهرطفل سبزه برون آیدش پهن.»
(آنی یا آبی، جها. لغ.)

پهن pehen (إ.) (عم.) فضلهٔ اسب واستر وخر، سرگین سم‌داران. ‖ ـــ **بارش نمیکنند.** (عم.) آبرو و اعتبار وارزشی ندارد. ‖ ـــ **پامیزند.** (عم.) سخت بیکاره وولگرداست. ‖ **تخته** ـــ. پهن خشك گسترده زیر حیوانات بارکش وسواری ده در طویله بجهت خوابیدن آنها.

پهنا pahn-ā [pahnāk .په] (إ.) ۱ ـ فراخی، وسعت، گشادی؛ مق. تنگی:
«بدو گفت شاه: ای خداوند مهر!
چه باشد به پهنا فزون ازسپهر؛»
(شا. بخ ۸: ۲۴۵۹)
۲ ـ (هس.، طبیعـ.) عرض؛ مق. طول: «پیوستن را هیچگونه هست جز آن که بطول باشد ـ اورا دو گونهٔ دیگر است جزازان طول، یکی بعرض ودیگر بطبع. اما آن عرض که بپهنا ازقد آنست...» (التفهیم ۴۷۹)
ضح.ـ فرهنگستان هم این کلمه را بمعنی عرض (largeur) پذیرفته است.
۳ ـ قطر، ستبرا:
«بپهنای دیوار او بر سوار
برفتی بتندی برابر چهار.»
(فردوسی)
‖ ـــ **ی زمین.** بسیط خاك. ‖ ـــ **عمر.** حسن معاش، کیفیت عمر:
«ما به پهنای عمر افزودیم
خضراگرسعی در درازی کرد.»
(ظهوری)
‖ **بالای چیزی یاکسی را ـــ کردن.** ← پهنا کردن. ‖ ـــ **ی چیزی را بکسی نمودن.** عظمت آنرا بدو نمودن: «یك چندی میدان خالی یافتند و دست بزرگ وزیری عاجز نهادند، و ایشان را زبون گرفتند، بدیشان نمایند پهنای گلیم تا بیدار شوند.» (بیهقی ۱۰، ← ایضاً ۱۶۳۰)

پهنایی pahn-ā-yī (حامص.، إمر.) عرض؛ مق. درازی، طول: «بمیانجی ایشان مرآن باقی را وهستی سیاهی وسپیدی و درازی و پهنایی چنان نیست که هستی زمان و تغیر، که ایشانرا ثبات است وزمان و تغیررا ثبات نیست.» (دانشنامه. الهی ۳۸).

پهنا پشت pahnā-pošt (ص‌مر.) دارای پشتی پهن و عریض: «ادك، اسب پهنا پشت.» (منتهی‌الارب، لغ.)

پهنا دار p.-dār [= پهنادارنده] (ص‌فا.) دارندهٔ پهنا، پرعرض، عریض.

پهناکردن p.-kardan (مصل.) **بالای چیزی یاکسی را** ـــ. ۱ ـ مسطح کردن، هموار کردن. ۲ ـ (مج.) زیر

پهنانه

وزبر کردن ، دگرگون ساختن ، قلع و قمع کردن :
« زمین آنکه بالاست پهنا کنم
بدان دشت بی‌آب دریا کنم . »
(فردوسی)

پهنانه pahn-āna(-e) [= بهنانه] (اِ.) ۱ - بوزینه، کپی، میمون (بواسطهٔ آنکه رویش پهن است)؛
«خنبک زند چو بوزنه، چنبک زند چو خرس
این بوزنینه ریشك پهنانه منظرك.»
(خاقانی.سج.۷۸۰)
۲ - کلیچهٔ روغنی، نان میده که باروغن پزند.

پهناور pahnā-var (ص‌مر.) ۱ - فراخ، وسیع، بافضا ؛ کشور پهناور :
«چه ابر باکف دینار بار تو وچه گرد
چه بحر با دل پهناور تو و چه شمر.»
(فرخی. د. ۱۳۰)
۲ - بسیار عریض، دارای پهنا : «عریض اریض، پهناور.» (منتهی‌الارب ، لغ.)
۳ - پهن اندام : « جاریة‌سلطحة، دختر عریض و پهناور.» (منتهی‌الارب، لغ.)
۴ - دور.

پهناور شدن p.-šodan (مص‌ل.) ۱ - فراخ شدن ، وسیع گردیدن . ۲ - عریض شدن.

پهناورکردن p.-kardan (مص‌م.) ۱ - فراخ کردن ، وسیع ساختن . ۲ - عریض کردن، اعراض.

پهناور گردانیدن p.-gardānīdan (مص‌م.) پهناور کردن (ه.م.)

پهناور گردیدن p.-gardīdan (مص‌ل.) پهناور شدن (ه.م.)

پهناوری pahnā-var-ī (حامص.) حالت و کیفیت پهناور (ه.م.)، پهنی.

پهن‌اندام pahn-andām (ص‌مر.) پهن‌تن، عریض‌جثه، پهن‌بر.

پهن بازو p.-bāzū (ص‌مر.) دارای بازویی پهن‌وضخیم: «رجل‌شبح‌الذراعین، مرد پهن‌بازو.»

پهن بر p.-bar (ص‌مر.) پهن اندام (ه.م.) : «صیادی سگی معلم داشت ، ازین پهن‌بری، باریك‌ساقی.» (سندباد نامه ۲۰۰ ، لغ.)

پهن‌بینی p.-bīnī (ص‌مر.) آنکه‌دارای بینی‌پهن‌است، کسی که‌بینی پخت‌دارد ، افطس : « مردمانش (مردمان خمدان مستقر فغفورچین) گرد روینـد و پهن بینی. » (حدود ۳۹).

پهن‌پا(ی) p.-pā(y) ۱ - (ص‌مر.) آنکه پایی پهن دارد: « رجل شرداخ القدم، مرد سطبرپهن پای.» (منتهی‌الارب، لغ.) ۲ - (اِمر.) شتر ، اشتر.

پهن‌پازدن pehen-pā-zadan ۱ - سرگین ستوران را که برابر آفتاب گسترده باشند برای خشك شدن با پا گردانیدن. ۲ - (مج.) بیکاربودن ، ولگردی کردن.

پهن‌پازن p.-pā-zan [= پهن‌پازننده] (ص‌فا.) ۱- آنکه‌پهن‌پازند(← پهن‌پازدن)، آنکه‌سرگین‌سم‌داران‌را، که‌برابرآفتاب گسترده باشند ، برای خشك شدن باپا بگرداند. ۲ - (مج.) بیکار ، ولگرد.

پهن‌پازنی p.-pā-zan-ī (حامص.) (عم.) عمل پهن پازن (ه.م.) ۱ - باپا گردانیدن سرگین‌ستوران برای‌خشك شدن. ۲ - بیکاری، ولگردی.

پهن‌پشت pahn-pošt (ص‌مر.) آنکه دارای پشتی فراخ و عریض است:
«سخت‌پای‌وضخم‌ران‌وراست‌دست‌وگردسم
تیزگوش‌وپهن‌پشت‌ونرم‌چرم‌وخردموی.»
(منوچهری. د ۲۰ : ۱۳۶)

پهن پیشانی p.-pīšānī (ص‌مر.)

۸۵۳ پهن دوش

آنکه دارای پیشانی فراخ و گشاده است، اصفح.

پهن تن p.-tan (ص مر.) پهن اندام (ه.م.)

پهلوی pahlav-ī (ص نسب.) منسوب به پهلو (ه.م.) ۱ - پارتی، از قوم پارت:
«گزین کرد (سیاوش) از آن نامداران سوار
دلیران جنگی ده و دو هزار،»
«هم از پهلوی، پارس، کوچ و بلوچ
زگیلان جنگی و دشت سروج.»
(شا. بخ ۳:۵۵۸)
۲ - خسروی، سلطنتی، پادشاهی:
«نشسته بر ان بارهٔ خسروی
بپوشیده آن جوشن پهلوی.»
(گرشاسب نامه)
۳ - پهلوانی، قهرمانی:
«ز مژگان سرشکش برخ برچکید
همه جامهٔ پهلوی بردرید.»
(رستم از شنیدن خبر قتل سیاوش. شا. بخ. ۸:۲۲۷۸) ۴ - ایرانی:
«همه ایرجی زادهٔ پهلوی
نه افراسیابی و نه پیغوی.»
(شا. بنقل قزوینی. یادداشتها ۴:۹۲)
۵ - زبان عهد اشکانیان و ساسانیان ← بخش ۳ ۶ - گاه بمعنی لهجه‌های محلی بکار میرود؛ فهلوی (فهلویات) ↑. ۷ - آهنگی که فهلویات را بدان میخواندند ← گلبانگ پهلوی ↓. ۸ - شهری، بلدی.
‖ بیت ـــ . شعر بلحن پهلوی، فهلویه:
«لحن اورامن و بیت پهلوی
زخمهٔ رود و سماع خسروی.»
(بندار)
‖ راه (ره) ـــ . (مس.) آهنگی است در موسیقی قدیم:
«سرایندگان ره پهلوی
زبس نغمه داده نوارا نوی.»
(نظامی)
‖ گلبانگ ـــ . (مس.) لحن پهلوی، آهنگ پهلوی:
«بلبل زشاخ سرو بگلبانگ پهلوی
میخواند دوش درس مقامات معنوی.»
(حافظ ۳۴۵)
‖ سرود ـــ . (مس.) لحنی است در موسیقی:
«سرود پهلوی در نالهٔ چنگ
فکنده سوز آتش در دل سنگ.»
(نظامی)
‖ سنجق ـــ . علم پهلوانی، درفش قهرمانی:
«هزار و چهل سنجق پهلوی
روان در پی رایت خسروی.»
(نظامی)

پهن جای p.-ǰāy (اِمر.) جای فراخ و پهناور، زمین وسیع:
«برآمد غو بوق و هندی درای
بجوشید لشکر بدان پهن جای.»
(فردوسی)

پهن چشم p.-ča(e)šm (ص مر.) ۱ - دارای چشمانی پهن. ۲ - (مج.) شوخ، بیحیا:
«بحروکان با تو حرف جود زدند
پهن چشم این و آن دریده دهان!»
(ظهوری)

پهنخانه pahn-xāna(-e) (اِمر.) کندوی عسل: «شنیق چوبی است که بر آن قرصهٔ شهد را بردارند و در پهنخانهٔ زنبورعسل آنرا برپا کنند...» (منتهی‌الارب، لغ.).

پهند pahand (اِ.) دامی باشد که بدان آهو گیرند، تله:
«چون نهاد او پهند را نیکو
قید شد در پهند او آهو.»
(رودکی)

پهن دوش p.-dūš (ص مر.) دارای دوشی پهن، دارای کتفی عریض، پهن شانه: «بعداز مکتفی خلیفه برادر وی

پهن رخسار

مقتدر پسر معتضد نام وی جعفر بود... مردی بود... نیکو روی بلندبینی پهن دوش کوتاه‌ران.» (ترجمهٔ تاریخ طبری، لغ.)

پهن رخسار p.-roxsār (ص مر.) دارای چهره‌ای عریض.

پهن ریش p.-rīš (ص مر.) آن که دارای ریش پهن است؛ پهن محاسن.

پهن ساختن p.-sāxtan (مص م.) ۱ - وسیع کردن، فراخ کردن. ۲ - عریض کردن.

پهن ساز p.-sāz [= پهن‌سازنده] (ص‌فا.) ۱ - آنکه وسیع کند، آنکه فراخ سازد. ۲ - آن‌که عریض کند، آنکه با پهنا نماید و عریض جلوه دهد:
«به‌پهنی شدی (آیینه) چهره‌را پهن‌ساز
درازیش کردی جبین دراز.»
(نظامی‌شرفنامه ۱۵۲، دروصف آیینه)

پهن سر p.-sar (ص‌مر.) آنکه‌سری پهن دارد، افطح.

پهن سینه p.-sīna(-e) (ص مر.) دارای سینهٔ گشاده و فراخ، دارای صدری عریض.

پهن شانه p.-šāna(-e) (ص مر.) دارای شانهٔ پهن، دارای کتفی عریض، پهن دوش: «کتف، پهن‌شانه گردیدن.» (منتهی الارب)

پهن شدن p.-šodan (مص‌ل.) ۱ - فراخ شدن، وسیع گردیدن. ۲ - عریض شدن. ۳ - پخت شدن، گسترده شدن، منبسط گردیدن. ۴ - (مج.) نشستن از کاهلی: «هرجامیرسد پهن‌میشود.» ‖ ~ روی زمین. نشستن روی زمین بدون نظم و ترتیب. ‖ ~ نام کسی. مشهور شدن وی.

پهنک pahn-ak (امصغ.) (گیا.)

قسمت پهن برگ[1] (فره.)

پهن کردن p.-kardan (مص‌م.) ۱ - وسیع کردن، فراخ ساختن. ۲ - عریض کردن، پهناور ساختن. ۳ - منبسط کردن، گستردن: «روبقبله سفرهٔ سفیدی پهن میکنند (هنگام‌عقد).» (نیرنگستان ۱) ۴ - مسطح ساختن، تسطیح.

پهن گردانیدن p.-gardānīdan (مص‌م.) پهن کردن (همع.)

پهن گردیدن p.-gardīdan (مص ل.) پهن شدن (همع.)، پهن گشتن.

پهن گشتن p.-gaštan (مص ل.) پهن گردیدن، پهن شدن (همع.) ↓

پهن گشته p.-gašta(-e) (ص‌مف.) ۱ - پهن شده، فراخ گشته، متسع. ۲ - عریض‌شده، پهناور شده. ۳ - پخت‌شده، پهن گردیده:
«سری بی‌تن و پهن گشته بگرز
تنی بی‌سر افکنده برخاك برز.»
(ابوشکور)

پهن گوش p.-gūš (ص مر.) آنکه دارای گوشی پهن است: «خطلاء، گوسپند پهن‌گوش.» (منتهی‌الارب، لغ.)

پهن محاسن p.-mahāsen [ف.-ع.] (ص‌مر.) پهن ریش (ه‌م.)

پهن ناخن p.-nāxon (ص‌مر.) آنکه دارای ناخنی عریض است، عریض - الاظفار: «مردم حیوانی است خندان، گریان، پهن ناخن.» (دانشنامه. منطق ۲۶).

پهن واشدن p.-vā-šodan (مص ل.) انبساط: «امتهاد، پهن واشدن گوسفند درچراگاه.» (تاج‌المصادر، لغ.)

پهنور pahnūr (ا.) (گیا.) ۱ - چیزی مانند دستنبوی؛ حنظل، قثاء -

۱- Limbe (فر.)

النعام. **۲** - پهی(ه.م.)، خرزهره.

پهنه pahn-a(-e) [← پهن] (اِ.)

۱ - ساحت،میدان،عرصه: پهنهٔ کارزار:
«بدان امید که روزی بدست گیرد شاه
چو پهنهٔ گهر آگین شدست هفت اورنگ.»
(فرخی.عبد.۲۱۱)

۲ - وسعت[۱](فره.) **۳** - قسمی چوگان که سر آن مانند کفچه پهن است و گوی را در آن نهاده بر افکنند، و چون نزدیک بفرود آمدن شود، بازسر پهنه را بر او زنند و همچنین ادامه دهند و نگذارند برزمین آید تا بمقصدرسانند؛ طبطاب، راکت[۲]:
«هنر نماید چندانکه چشم خیره شود
بتیر ونیزه وزوبین وپهنه وچوگان.»
(فرخی.د.۳۲۷)

۴ - پهنی ران آدمی و حیوانات دیگر از جانب درون، قطن: «رگ باسلیق فرمایند زد، واگرمانعی نباشد برپهنه- که بتازی قطن گویند- حجامت فرمایند.» (ذخیرهٔ خوارزمشاهی در علاج حرقة البول لغ.) **۵**- چوبی مخروطی تراشیده، که اطفال ریسمان بر آن پیچند وطوری بر زمین اندازند که دیر باز گردد؛ فرموک، گردنای.

پهنه pahan-a(-e) [← پهن] (اِ.)
شیری که بسبب مهربانی بسیاردرپستان مادر طغیان کند.

پهنه باختن p.-bāxtan (مص ل.)
با پهنه (ه.م.) بازی کردن، پهنه بازی کردن:
«نامه نویسد بدیع ونظم کند خوب
تیغ زند نیک وپهنه بازد و چوگان.»
(فرخی)

پهنه باز p.-bāz [= پهنه بازنده]
(ص فا.) آنکه پهنه(ه.م.) بازد:
«پهنه بازی وکمند افکنی وچوگان باز
ناوك اندازی وزوبین فکن وسخت کمان.»
(فرخی)

پهنی pahn-ī (حامص.) **۱**- وسعت، گشادگی، فراخا. **۲**- عرض، پهنا؛ مق. درازی، طول:
«بپهنی شدی چهره را پهن ساز
درازیش کردی جبین را دراز.»
(نظامی.شرفنامه۱۵۲،دروصف آیینه)

پهنیدن pahn-īdan [← پهن](مص م.) (پهنید، پهند، خواهد پهنید، بپهن، پهننده، پهنیده) پهن کردن، پهنا ساختن.

پهی pahī (اِ.) **۱**- (گیا.)خرزهره[۳].
۲ - (گیا.) خربزهٔ تلخ، حنظل، پهنور.

پهین pahīn [← پهن] (ص.)فراخ، گشاده.

پهین peh-īn [← په = پیه](ص نسبـ.)
ازپیه، آلوده به پیه.

۱ - پی pay , pey [= پای= پا (ه.م.)] (اِ.) **۱** - پا، پای، رجل:
«بشهر اندر آمد سراسر سپاه
پیی را نبد برزمین نیزراه.»
(شا.بخ.۸:۲۳۴۷)

۲ - مقدار درازی یك کف پا؛
«بصد پی اندر ده جای ریگ چون سرمه
بده پی اندر صدجای سنگ چون نشتر.»
(فرخی)

۳ - قوهٔ مقاومت، تاب،توان، طاقت:
«فرستاده را گر کنم سرد و خوار
ندارم پی و مایهٔ کار زار.»
(فردوسی)

۴ - ریع (در گندم و آرد و جز آن)؛ قوهٔ کش آمدن: «این خمیر پی دار است.» **۵** - آنچه در زیر ستونها از زمین کنند و آنرا با آهك وسنگ وجز

۱-Aire(فر.) ۲-Raquette(فر.) ۳-Nerium odorum(لا.)

آن استوار کنند؛ بنیان، بنیاد، پایه، قاعده؛ شالده: «بچند روز پل نبود و مردمان دشوار از این جانب بدان جانب واز آن جانب بدین جانب میآمدند ومیرفتند، تا آنگاه که بازپیهار است کردند.» (بیهقی. اد. ۲۶۳) ۶- اساس، بیخ، اصل:

«نبشته بدان حقه تاریخ آن
پدیدار کرده پی وبیخ آن.»
(شا. لغ.)

۷- پایه، قایمه:

«که خاک منوچهر گاه منست
پی تخت نوذر کلاه منست.»
(شا.، لغ.)

۸- [= پای، اس. paδa، اثر، ردپا؛ سنس. padá، اثرپا؛ ار. het؛ کر. pei؛ افغ. pal] (اِ.) نشان‌پا، اثرپا، نقش قدم، اثر: «زکریا بآن درخت درشد، ایشان پی همی آوردند، چون بآنجا رسیدند گفتند ندانیم اکنون کجا شد.» (ترجمهٔ تاریخ طبری؛ لغ.) ‖ **~ وپاچین دررفته.** ← پاچین. ‖ **~ کسی رانهفتن.** اثر او را ازبین بردن:

«جهاندار با داد چون گشت جفت
پی او زمانه نیارد نهفت.»
(ظفرنامهٔ یزدی ۲: ۳۸۸)

۹- کرت، دفعه، مرتبه:

«ای خداوندی که با تأیید عشقت مشتری
هرزمان صدپی بذأت تو تبرک میکند.»
(سیف اسفرنگ، لغ.)

۲-پی pay, pey (اِ.) ۱- (جاز.) رشته مانندی سخت که در بدن آدمی وحیوان حرکت اعضا را تنظیم کند؛ عصب ۱ (فره.): «واثر حرارت می دررگ و پی پدید آمد.» (لباب. نف. ۳۷) ۲- (جاز.) استخوان‌مانندی نرم وزرد رنگ وشفاف درتن حیوان. ۳- (جاز.) رگی زهی که بر پشت پاشنه است، قسمت غضروفی بالای پاشنهٔ پا، وتر. ← پی بریدن.

پی pay-e, pey-e [← ۱- پی] (حر. اض.) ۱- برای، بجهت (دائم‌الاضافه):

«ما بدین درنه پی حشمت وجاه آمده‌ایم
ازبد حادثه اینجا به پناه آمده‌ایم.»
(حافظ ۲۵۲)

۲- دنبال، عقب، پشت (دائم‌الاضافه):

«یکی غرم تازان پی‌یك سوار
که چون او ندیدم بایوان نگار.»
(فردوسی)

۳- عوض، بجای (دائم‌الاضافه):

«مکن ای دوست زجور این دلم آواره مکن!
جان پی پاره بگیر وجگرم پاره مکن!»
(مولوی)

‖ **اندر ~.** دردنبال، درپی. ‖ **از ~.** ازپی. (ه.م.) ‖ **بر ~.** عقب، دنبال. ‖ **به ~.** بدنبال. ‖ **در ~.** دردنبال، درعقب.

‖ **از ~ ... افتادن.** دردنبال... آمدن، پس از... آمدن:

«گله از زاهد بدخو نکنم رسم این است
که چو صبحی بدمد ازپیش افتد شامی.»
(حافظ ۳۲۸)

‖ **از ~ ... شتافتن.** دردنبال... رفتن، درعقب... شتافتن:

«گر نه درزنجیر بودندی زموج آب چشم
کس نماندی کز پیت نشتافتی دیوانه‌وار.»
(وحشی ۵۳۰)

‖ **بر ~ کسی رفتن.** اقتدا کردن، پیروی کردن. ‖ **~ چیزی داشتن.** بدنبال آن بودن، براثر وی بودن:

«تا من سر آن زلف سرافکنده همی‌دارم
چون شمع گهی گریه وگه خنده همی‌دارم.»
(خاقانی)

‖ **~ چیزی رفتن.** برای کسب آن

۱- Nerf (فر.)

رفتن. ‖ ~ کاری را گرفتن. آنرا دنبال کردن، تعقیب کردن وی:
«پی پی عشق گیر و کم کم عقل
لب لب جام خواه ودم دم صبح.»
(خاقانی)

‖ ~ کاری رفتن. برای انجام کاری رفتن. ‖ ~ کسی فرستادن. دنبال وعقب او روانه کردن. ‖ ~ کسی آمدن. ۱- آمدن برای بردن کسی، بطلب کسی از جانب دیگری آمدن. ۲- در دنبال کسی آمدن، اورا تعقیب کردن. ‖ ~ کسی افتادن. ۱- بدنبال وی افتادن، اورا تعقیب کردن. ۲- پیروی او کردن. اورا تبعیت کردن. ‖ ~ کسی رفتن. ۱- برای طلبیدن او رفتن از جانب دیگری. ۲- مشایعت وی کردن، از دنبال او رفتن. ‖ ~ کسی فرستادن. کسی را بدنبال وی فرستادن برای طلبیدن او. ‖ ~ کسی را گم کردن. گم کردن رد پای اورا.

۱- پی pī [= پ] (اِ.) نام حرف سوم الفبای فارسی؛ پ، پا، بای فارسی:
«بحرف میم و هی و پی وری و یی پیدا
آورد (از طلسم).» (سمک عیار ۱: ۲۴)

۲- پی pī [= یو. pi] (اِ.) سیزدهمین حرف الفبای یونانی (π)، و آن نمایندهٔ ستاره‌های قدر شانزدهم است.

۳- پی pī [فر.، یو. pi، مختصر یو. peripheria] (اِ.) (رض.) نشانهٔ رابطهٔ ثابت میان محیط ودایره باقطر آن، وآن تقریباً مساوی ۳/۱۴ است. ضح.- ویلیام شانکس انگلیسی ۷۰۷ رقم اعشاری دقیق پی را محاسبه کرد که ۱۶ رقم آن چنین است:

π = ۳/۱۴۱۵۹۲۶۵۳۵۸۹۷۹۳۲

۴- پی pī [= پیه = په] (اِ.) پیه، شحم:
«سختیان را گرچه یک من پی دهد، شوره دهد
واندکی چربو پدید آید بساعت در قصب.»
(ناصرخسرو ۳۶)

پی pīī (صت.) آوایی است نمایندهٔ تعجب.

پیا piyā [لر. piyā] (ص.، اِ.) ۱- مرد کامل. ۲- (مج.) باارج، ارزنده. ۳- (تد.) متمول، صاحب اعتبار: «برای خود پیایی شد.»

پیاب piyāb [= پایاب] (اِمر.) ← پایاب (همع.)

پیاپی pay-ā-pay(pey-ā-pey) [= پی در پی] (قمر.) ۱- پی هم، پشت سرهم، دمادم:
«پیاپی همی تیغ و خنجر زدند
گهی برمیان، گاه برسر زدند.»
(فردوسی)
۲- هم قدم، همعنان:
«رود انصاف با طبعش پیایی
دود اقبال با امرش برابر.»
(مسعود سعد)

پیادگی piyāda(e)g-ī (حامص. پیاده) حالت و کیفیت پیاده؛ مق. سواری:
«تومرا اگر پیاده‌ام منکوه
که مرا ازپیادگی گله نیست.»
(انوری. تبریز ۲۹۵)

پیاده piyāda(-e) [پب. padāti-. قس. سنس. *padātaka-، padātika، معر. بیدق، معر. بیاده] (ص.، اِ.، ق.) ۱- آنکه با پای راه رود نه سواره؛ مق. سواره، سوار، راکب. ج. پیادگان: «ملکشاه سمرقند را حصار داده بگرفت. خان سمرقند را پیاده پیش اسب او کشیدند...» (سلجوقنامهٔ ظهیری ۳۱) ۲- (نظ.) صنفی از نظام که با پای روند وجنگ کنند: «وپشت بهزیمت داد، باآنکه غلبه‌ای از سوار

۸۵۸ پیاده دزد

وپیاده داشت.» (ظفر نامهٔ یزدی ۲: ۴۱۳) ۳ - بیسواد، عامی. ۴- سست، ضعیف،عاجز، مسکین، راجل، مق. سوار: «داودبیك بومحمد غازی مردی سخت فاضل ونیکو ادب ونیکو شعر، ولیکن در دبیری پیاده.» (بیهقی.اد۱۳۹،لغ.)

«بداد وبگادستهیل تو، لیکن
بدادن‌سواری، بگادن‌پیاده.»
(سوزنی،لغ.)

۵ - گوهری که بر انگشتری و مانند آن ننشانده باشند؛ مق. سواره. ۶ - پرنیاورده، ملخ پیاده، ملخ بومی که بیشتر بجهد وطیران دراز ندارد. ۷ - (گیا.) جنس کوتاه‌ازدرختان؛ مق.سواره، سرو پیاده؛ بیدپیاده، انگورپیاده:

«قدی چوسروپیاده، سری‌چوکند؛ گور
لبی چوکشتهٔ آلو، رخی چوپردهٔ نار.»
(سوزنی،لغ.)

۸ - (گیا.) نوعی از گل سرخ:

«گرکند خلق ترا شاعر مانند بگل
نه‌پیاده دمد از شاخ گلی، نی‌رعنا.»
(مختاری،لغ.)

۹ - ملازم، فراش: پیادهٔ قاضی:

«چون پیادهٔ قاضی آمداین‌گواه
که همی خواند ترا تاحکم گاه»
«مهلتی خواهی‌تو ازوی درگریز
گرپذیرد شد وگرنه گفت:خیز.»
(مولوی)

۱۰- یکی از مهره‌های شطرنج، بیدق (معر.). شانزده‌مهره؛ صف‌پیشین‌شطرنج است، هشت مهره دریك‌سوو هشت‌مهره درصف دیگر، و حرکت آن یك خانه یك‌خانه است، وگاه در آغاز دو خانه است واز چپ وراست زند:

«کس با رخ تو نباخت عشقی
تاجان چوپیاده درنینداخت.»
(سعدی)

پیاده دزد p.-dozd (امر.) دزدی که مرکب ندارد: «و آن راه مخوف باشداز پیاده‌دزد وهوای آن‌سردسیراست ومعتدل.» (فارسنامهٔ ابن البلخی ۱۳۶).

پیاده‌رفتن p.-raftan (مص‌ل.) رفتن باپای، باپاهای‌خودحرکت کردن، طی طریق بی‌مرکب؛ مق. سواره رفتن: «پس قرارافتاد که‌بخدمت عم‌آید و... بگاه رکوب ونزول‌عم درر کاب پیاده‌شود.» (سلجوقنامهٔ ظهیری۴۵۱)

پیاده‌رو p.-raw(row) ۱ - (امر.) قسمتی‌ازدوجانب‌خیابان‌یاجاده که‌معبر پیادگان‌است؛ مق. سواره رو. ۲- (ص مر.) آنکه باپای خود رود، کسی که بی‌مرکب حرکت‌کند: «مردم پیاده رو را حال بتراز این بود.» (بیهقی. اد. ۶۲۶).

پیاده روی p.-rav-ī(rov-ī) (حامص.)عمل‌پیاده رو(نده)، طی‌طریق با پای خود، رفتن بدون مرکب.

پیاده شدن p.-šodan (مص‌ل.) ۱ - فرود آمدن از مرکب و وسایل نقلیه (درشکه، اتومبیل، کشتی و جز آن)، پایین آمدن:

«پیاده شد از اسب و بگشاد لب
چنین‌گفت‌کاین‌منذراست‌ازعرب.»
(شا.بخ۸: ۲۳۳۳)

۲ - پیاده رفتن، ترجل:

«پیاده همی شد ز بهر شکار
خشنشار دید اندران رودبار.»
(فردوسی)

۳ - معزول شدن، برکنار شدن‌ازشغلی. ۴ - ازغرورپایین آمدن، ذلیل شدن.
‖ پیاده شوباهم راه برویم. (عم.) از سخنان‌خودصرف نظر کن‌تاماهم‌بتوانیم باشماهماهنگی‌کنیم (بطعن گویند).

پیاده‌کردن p.-kardan (مص‌م.) ۱ - فرود آوردن از مرکب و وسایل نقلیه (درشکه، اتومبیل، کشتی و غیره)،

ازمرکب بزیر آوردن:
«پیاده کند ترك چندان سوار
کزاختر نباشد مرآنرا شمار.»
(فردوسی)

|| **سوارها راپیاده کردن.** سخت سلیطه بودن (زن). || **شاهرا ازاسب پیاده‌میکند.** بسیار سلیطه و بی‌شرمست. ۲ - معزول کردن، ازکار برکنار کردن: «اورااز آن عمل پیاده کردیم.» ۳ - جواهر برنشانده را از جای بیرون کردن. برداشتن نگین‌انگشتری. ۴ - (مکن.) جدا کردن اجزای‌بهم پیوستهٔ ماشین‌یا دستگاه یاچرخ یاکارخانه یاتوپ‌وجز آنها، برای‌اصلاح وتعمیر یانشان‌دادن اجزای‌آن‌وتعلیم‌دادن. ۵ -(معم.)صورت خارجی دادن یعنی ساختن وبنا کردن نقشه‌ای راکه‌مهندس و معمار برکاغذ رسم‌کرده، طرحی را که بر کاغذست درخارج ساختن.

پیاده‌گرد p.-gard (إمر.) پیاده‌رو (ه‌.م.)

پیاده گردیدن p.-gardīdan (مص ل.) ـــ از... ۱ - پیاده شدن از...، فرودآمدن از مرکبی. ۲ - کوتاه‌دست شدن ازچیزی، بی‌بهره‌ماندن:
«ترا دل‌برد و خر بینم نهاده
نترسی کز دو خرگردی پیاده.»
(عطار)

پیاده گشتن p.-gaštan (مص ل.) ـــ از...، پیاده شدن از ... ، پیاده گردیدن: «سمك چون دید، از اسب پیاده‌گشت.»(سمك‌عیار ۱:۱۶۴).

پیاده‌گونه p.-gūna(-e) (ص مر.، إمر.) ۱ - مانندپیاده،همچون‌پیادگان. ۲ - بی‌بهره، کم‌بهره، راجل: «برنایی بکار آمده ونیکوخط، ودر دبیری پیاده‌گونه، وبجوانی روزگذشته شد.» (بیهقی. اد. ۲۷۴)

پیاده نظام p.-nezām [ف.-ع.] (إمر.) صنفی از قشون که افراد آن پیاده‌اند، پیادهٔ سپاهی؛مق. سواره‌نظام: «سپهسالار اعظم رئیس کل قشون از توپخانه‌وقورخانه وزنبورکخانه‌وافواج قاهر وسواره وپیاده نظام.» (مرآت‌البلدان۱،ضمیمه۶).

پیاده‌نهادن p.-na(e)hādan (مص م.) ۱ - زبون‌داشتن، عاجز پنداشتن،حقیر انگاشتن. ۲ - طرح دادن:
«پیاده نهاده رخش ماهرا
فرس طرح‌کرده بسی شاهرا.»
(نظامی)

پیارند piyārand [← پرند] (اِ.) (گیا.) پرند (ه‌.م.)

پیاز piyāz (اِ.) ۱ -(گیا.) گیاهی[1] است از تیرهٔ‌سوسنی‌ها[2] جزو تك لپه‌های‌جام وکاسه‌رنگین[3] که‌پایامیباشدوبرگهایش استوانه‌یی ونوك‌تیز وتوخالی‌وگلهایش سفیدومجتمع وچتری‌بامنظرهٔ کرویست، وهمچنین یك‌ساقهٔ‌کوتاه زیرزمینی‌دارد که بنام طبق پیاز موسوم است وازآن برگهای زیرزمینی‌پیاز (فلس‌ها)وریشهٔ افشان این‌گیاه جدا میشوند. برگهای زیر زمینی گیاه بانضمام طبق آن منظرهٔ کروی شکلی‌ایجاد میکنند که بنام سوخ یاپیاز موسوم است. این‌گیاه باسیر و موسیر ازیك خانواده‌میباشد. برگهای زیرزمینی گیاه‌مذکورکه همان پیاز معمولی است خوراکی است و با اغذیهٔ مختلف یا بصورت ترشی مصرف میشود. در پیاز ترکیبات گوگردی وویتامین های مختلف و یك قند غیر قابل تبلور بنام‌گلوکوکینین[4]- که‌بنام

پیاز (انواع)

۱- Allium cepa(.لا),oignon(.فر)
۲- Liliacées (.فر)
۳- Monocotylédones à calice pétaloïde(.فر)
۴- Glucokinine (.لا)

انسولین[۱] گیاهی مشهور است - وجود دارد وهمچنین قندهای دیگر از قبیل ساکارز[۲] ومالتوز[۳] و املاح نیترات وفسفات واستات کلسیم وسدیم وپتاسیم واینولین وجود دارد. بنابراین پیاز جزو مواد غذایی‌مفید ومهمی است که بصورت خام یاپخته مصرف میشود. در تداوی پیاز را بعنوان ضداسکوربوت[٤] وضددیابیطس[٥] نیزمصرف‌میکنند. پیاز همچنین مدر میباشد. درتشمع کبدی وسرطان کبد و ورم پردهٔ بیرونی قلب و ذات‌الجنب نیز مفید است؛ بصل، صوغان، ازلیم. ۲ - (گیا.) ریشهٔ کلیهٔ گیاهانی که ساختمان وشکلی نظیرپیاز معمولی دارند[٦]؛

«خوان چورسید از آسمان، دست‌بشوی
وهم دهان
تاکه نیایداز کفت‌بوی‌پیاز وگندنا.»
(دیوان کبیر ۱: ۳۶)

‖ ~ اسپانیولی. (گیا.) پیازچه(ه.م.) ‖ ~ تازه. (گیا.) پیازچه (ه.م.) ‖ ~ تیره‌مغز. (پز.) بصل‌النخاع (ه.م.) ‖ ~ حسرت. (گیا.) گل‌حسرت، پیازسگ، گل حضرتی (ه.م.) ‖ ~ حضرتی. (گیا.) گل حضرتی (ه.م.)، گل حسرت. ‖ ~ دریایی. (گیا.) پیاز عنصل (ه.م.) ‖ ~ دشتی. (گیا.) پیازعنصل(ه.م.) ‖ ~ زمستانی. (گیا.) پیازچه (ه.م.) ‖ ~ سگ. (گیا.) گل حضرتی (ه.م.)، گل حسرت. ‖ ~ سنبل. (گیا.) کونهٔ سنبل. ‖ ~ سیل. [فر. scille] (گیا.) پیازعنصل(ه.م.) ‖ ~ صحرایی. (گیا.) پیاز دشتی، پیاز عنصل(ه.م.) ‖ ~ عنصل. (إمر.) (گیا.) گیاهی[۷] زیبا ازتیرهٔ سوسنی‌ها[۸] جزو تک‌لپه‌ییهای‌کاسه وجام‌رنگین[۹] که دارای‌پیازی حجیم وبزرگ میباشدودر نواحی شنزار کناره‌های دریا خصوصاً سواحل‌بحرالروم (مدیترانه)، آفریقای شمالی، صقلیه وکرس‌میروید. گلهایش کوچک‌وسفیدمایل‌بسبزمیباشد و بصورت خوشهٔ دراز در انتهای‌ساقهٔ‌گل‌دار قرار دارند. میوه‌اش بشکل‌کپسول و قهوه‌یی رنگ وسه خانه است‌که در هرخانه ۳ تا۴ دانهٔ تیره رنگ موجود است. پیاز حجم‌این‌گیاه‌گاهی وزنش تا۳کیلوگرم هم‌میرسد. از پیازآن درتداوی بعنوان مقوی قلب و ادرارآور ودر استسقاءها (خصوصاً استسقاء قلبی) و همچنین بعنوان خلط آور دربرونشیت‌هاوسیاه سرفه بکارمیرود؛ عنصل، پیاز دریایی، اشقیل، پیاز دشتی، پیاز سیل، اسقیل. ضح. - نوعی از این گیاه در خراسان وجود دارد که‌دارای‌گلهای سفیدرنگ میباشد. این گیاه‌را بصل‌الخنزیر نیز گویند. ‖ ~ کوهی. (گیا.) نوعی‌پیاز[۱۰] خودروکه‌درصحاری‌وکوهستانهامیروید؛ کراث اسپانیا، یبانی صارمساقی، رکامبول. ‖ ~ لیز. (گیا.) نوعی پیاز دشتی که آنرا بعربی بصل‌الزیز گویند. ‖ ~ مریم. (گیا.) کونهٔ بوتهٔ مریم. ‖ ~ موش. (گیا.) پیاز دشتی، پیاز عنصل (ه.م.) ‖ ~ مو (موی). بن موی درپوست تن که موی برآن‌استوار است؛ بیخ‌مو، اصل‌الشعر، پیازک. ‖ ~ نرگس. (گیا.) کونهٔ بوتهٔ‌نرگس، عنصل، بصل‌النرجس.

۱- Insuline(فر.) ۲- Saccharose (فر.) ۳- Maltose(فر.)
٤- Scorbut (فر.) ۵- Diabète (فر.) ٦- Racine bulbeuse (فر.)
۷- Urginea maritima(.لا),scille(فر.), squilla maritima(.لا)
۸- Liliacées (فر.) ۹- Monocotylédones à calice pétaloïde (.لا)
۱۰- Allium scorodoprasum(.لا), rocambole(فر.)

‖ ترشی ~ . ← پیاز ترشی. ‖ ازسیر تا ~ ، از سر سیر تا ته ~ . ← سیر. ‖ ما نه سر پیازیم نه ته پیاز . درین کار دخالتی نداریم، هیچکاره‌ایم.

پیازآب p.-āb [= پیازاو] (إمر.) ← پیازاو.

پیازاو p.-aw(ow) [= پیازآب] (إمر.) غذایی مرکب از پیاز و آب و روغن یا پیه که گاه مغز گردو در آن ریزند؛ پیازآب، په پیاز.

پیازبا p.-bā [← با، ابا، وا] (إمر.) آشی که با پیاز تهیه کنند، بصلیه.

پیازترشی p.-toršī (إمر.) پیازکه درسرکه افکنند و ترشی سازند ← ترشی.

پیازچه p.-ča(-e) (إمصغ.) ۱- پیازخرد، پیاز کوچک[1]. ۲- (گیا.) گونه‌ای پیاز که دارای سوخ کوچکتر از پیاز معمولی است و جزو سبزیهای خوردنی مصرف میشود. این گیاه را پیاز زمستانی نیز گویند؛ پیاز اسپانیولی، بصل اسپانیا، پیاز تازه.

پیازحلقه p.-halγa(-e) [ف.-ع.] (إمر.) طعامی که از حلقه کردن پیاز درست کنند:

«دارم چشمی بروی جانان
چون چشم پیاز حلقه حیران.»
(وحید درصفت طباخ، آنند.لغ.)

پیاز داغ p.-dāγ (إمر.) پیاز خلال کرده که درروغن سرخ کنند و فلفل وزرد چوبه زنند؛ پیاز روغن.

پیازدانه p.-dāna(-e) (إمر.) تخم پیاز.

پیاز روغن p.-rawγan,(row.-) (إمر.) ← پیازداغ.

پیاز فروش p.-forūš [= پیاز فروشنده] (صفا.) آنکه پیاز فروشد، بصال.

پیازک piyāz-ak (إمصغ.) ۱- پیاز خرد، پیاز کوچک. ۲- پیازمو، بیخ‌مو، اصل الشعر. ۳- (گیا.) نی بوریا (ه.م.) ۴- (گیا.) قسمی سبزی خوردنی کوهی. ۵- نوعی از گرز که سر آن را با زنجیر یادوالی بردسته نصب کنند؛ پیازی.

۱- پیازکی piyāzak-ī (ص نسب.) منسوب به پیازک (ه.م.)؛ برنگ پوست پیاز، سرخ پوست.

۲- پیازکی piyāzak-ī (ص نسب.) **لعل** ~ . (زم.) نوعی لعل سرخ گرانبها منسوب بکوهی بنام «پیازک» (ربطی به پیازک (بصل) ندارد) (الجماهر بیرونی):

«لعل پیازکی رخ توبود وزرد گشت
اشکم زدرد اوست چو لعل پیازکی.»
(لؤلؤی، لغ.)

ضح.- مؤلف نخب‌الذخائر (ص ۱۵) گوید: «وازآن (بلخش = لعل) آنست که شبیه به یاقوت بهرمانی ومشهور به «یازکی» است، وآن بهترین وگرانبهاترین نوع است.» مصحح کتاب درحاشیهٔ همان صفحه نوشته: «هیچیک ازلغویان قدیم و جدید این لفظ را یادنکرده‌اند، وکلمه برای این نوعی ازبلخش (لعل)، ترکی جنطایی (جغتایی) است.» امادر فارسی «لعل پیازکی» و «لعل پیازی» (← پیازی) هر دو استعمال شده، بنا براین احتمال میرود که «یازکی» محرف یا مخفف «پیازکی» باشد.

پیازی piyāz-ī (ص نسب.) منسوب به پیاز. ۱- آلوده به پیاز. ۲- برنگ پوست پیاز سرخ، پیازکی. ‖ **لعل** ~ . (زم.) لعل پیازکی (← پیازکی):

«دریای گندنا رنگ ازتیغ شاه گلگون
لعل پیازی ازخون یک‌یک‌پشیز والش.»
(خاقانی. سج. ۲۲۸)

۱- Allium fistulosum (لا.)

۳ - نوعی از گرز ، پیازك (ه.م.) ۴ - جگر وشش گوسفند که با پیاز سرخ کنند وخورند. ‖ پوست ـــ . ۱ - ورقهٔ نازك روی پیاز . ۲ - (کن.) سخت بی‌دوام ونازك.

پیاستر piyāstr [فر . piastre ، ایتا. piastra] (اِ.) واحد پول نقره بسیاری از ممالك که ارزشهای مختلف دارند . ۱ - سکهٔ سیمین اسپانیولی . ۲ - سکهٔ خاص کشور عثمانی، قروش ، غروش. ۳ - واحد پول هند و چین.

پیاستو piyāstū [= بیاستو] (اِ.) ← بیاستو.

پیاله(ازلوازم آتشگاه)

پیاله piyāla(-e) [یو . piálē ، معر. فیالجه] (اِ.) ۱ - آوندی از چینی وبلور وجزآن که با آن شراب ودیگر نوشیدنیها نوشند؛ پیغاله: «یك عددصراحی نقره مملوازرواح ریحانی... با پیالهٔ طلاو پیش انداز زربفت ازپی او فرستادند» (عالم آرا۲: ۶۲۴) ۲ - (کن.) (تص.) محبوب ، معشوق . ۳ - (تص.) هرذره ازذرات موجودات که‌ازآن عارف شراب‌معرفت‌نوشد. ۴ - (کشا.) ساعت پیاله‌یی . ۵ - یکی از لوازم آتشگاه که‌درتشریفات دینی‌زردشتیان بکاررود. ‖ ـــ ٔ بنزین.(مکن.) آلتی است که‌درساختمان‌دستگاه کاربوراتور سادهٔ موتوراتومبیل بکاررفته است ودر داخل آن یك شناور قرار دارد که بمحض اینکه سطح بنزین بحدمعینی میرسد شناور بسوزنی فشار آورده مجرای ورود بنزین را به‌پیاله مسدود میسازد . ‖ ـــ ٔ شراب . جام شراب (← شمارهٔ۱): «صخری پیالهٔ شراب در دست داشت وبخواست خورد.» (بیهقی. اد. ۶۸۳)

پیاله‌پیما(ی) p.-paymā(y),pey.- [= پیاله‌پیماینده] (صفا.) ۱ - آنکه پیاله (شراب) دهد . ۲ - شرابخوار ، باده نوش :

«صوفی‌پیاله‌پیما، حافظ قرابه پرهیز
ای کوته‌آستینان!تاکی درازدستی؟»
(حافظ ۳۰۲)

پیالهٔ جور p.-ye-ǰawr [ف.-ع. ← جور] (اِمر.) پیالهٔ مالامال، پیالهٔ پر (چه‌جوریکی از هفت‌خط جام است که برلب پیاله باشد).

پیاله‌دار p.-dār [= پیاله دارنده] (صفا.) آنکه پیاله دارد، صاحب‌پیاله. ۲ - آنکه محافظت پیاله بااوست. ۳ - ساقی، پیاله پیما . ۴ - شرابخوار:

«میکرد گریه‌ساقی، بر گردلاله‌زاری
گویا بیادش آمد، دورپیاله‌داران .»
(آصفی)

۵ - رکابدار. ۶ - (گیا.) نوعی از رستنیها . ج. پیاله‌داران. ‖ **پیاله‌داران**. (گیا.) ۱ - ج. پیاله‌دار (ه.م.) ۲ - (گیا.)تیره‌ای[1] ازدولپه‌ییهای بی گلبرگ. بیشتردرختان منطقهٔ‌معتدلهٔ شمالی‌ازین تیره است، وبیش ازچهارصد جنس آن جنگلهای وسیع را تشکیل میدهند. چون میوهٔ آنها در پیاله‌ای که از بهم پیوستن‌برگهای گل تشکیل یافته،قرار دارد، آنها را پیاله دار نامند.

پیاله دست p.-dast (صمر.، اِمر.) آنکه پیاله (شراب) در دست دارد؛ پیاله بدست:

«ازبادهٔ عشق مست میباش!
وز داغ پیاله دست‌میباش ! »
(آنند.،لغ.)

پیاله زدن p.-zadan (مصل.)(عم.) باده نوشیدن ، می‌خوردن.

پیالهٔ زر p.-ye-zar (اِمر.) ۱ - پیاله‌ای که از زر ساخته باشند ، جام

۱ - Cupulifères (فر.)

زرین. ۲- (کن.)(اخ.)آفتاب،خورشید.

پیاله فروش p.-forūš [= پیاله فروشنده] (ص‌فا.) آنکه پیاله فروشی (ه‌.م.) کند.

پیاله فروشی p.-forūš-ī ۱ - (حامص.)عمل پیاله‌فروش(ه.م.)، با پیاله یعنی ظرفهای کوچك چون گیلاس، فروختن شراب و مسکرات دیگر، که درد کان‌می‌فروشی یا میخانه صرف شود، نه با بطری وقرابه که بخانه‌برندوصرف کنند. ۲-(امر.)محلی که‌پیاله‌فروشی ↑ کنند.

پیاله‌کاری p.-kār-ī (حامص.) ۱ - پیمودن شراب، شراب‌دادن. ۲ - پراز پیاله‌کردن، مشحون از پیاله ساختن:
«هم کرد باغها را نرگس پیاله کاری
هم کرد چهره‌ها را پیمانه‌لاله‌کاری.»
(ظهوری،لغ.)

پیاله‌کردن p.-kardan (مص ل.) (تص. دراصطلاح‌عوام‌متصوفه‌ودرویشان) مردن، درگذشتن، خاصه در گذشتن پیر یا مراد.

پیاله‌کش p.-kaš(keš) [= پیاله کشنده] (ص‌فا.) پیاله پیما، می‌خوار، باده‌نوش:
«رند پیاله کش‌را تأثیر!واگذاریم
کاری‌بما ندارد،مارا باو چه‌کاراست؟»
(محسن‌تأثیر،لغ.)

پیاله گردان p.-gardān [= پیاله گرداننده] (ص‌فا.) بدوردرآورندهٔ‌جام، می‌دهنده، ساقی:
«هواخمار شکن، گل‌پیاله گردانست
پیاله نوش ومیندیش‌ازخمار، امروز.»
(صائب،لغ.)

پیاله‌گردانی p.-gardān-ī (حامص.) عمل پیاله گردان (ه.م.)، ساقی گری.

پیاله‌گرفتن p.-gereftan (مص‌ل.) ۱ - قدح گرفتن، صراحی گرفتن.

۲ - (کن.) نوشیدن‌شراب،باده‌خوردن:
«جریده رو که گذرگاه عافیت تنگست
پیاله گیر، که عمرعزیز بی‌بدلست.»
(حافظ ۳۲)

پیاله نوا p.-navā (امر.) خوردن و آشامیدن،اکل و شرب.

پیاله‌نوش p.-nūš [= پیاله نوشنده] (ص‌فا.)پیاله‌پیما، باده نوش،شرابخوار:
«درعهد پادشاه خطا بخش جرم‌پوش
حافظ‌قرابه‌کش شدومفتی پیاله‌نوش.»
(حافظ ۱۹۳)

پیاله‌نوشی p.-nūš-ī (حامص.)عمل پیاله نوش (ه.م.)، شرابخواری، باده پیمایی.

پیام payām ,piyām [= پیغام، است. *paitigāma-، په. pētām، ار. patgam، پا. pēɣām] (اِ.) ۱ - از زبان کسی مطلبی (کتبی یا شفاهی) را بدیگری رساندن، پیغام، رسالت:
«هم آنکه چو بنشست برپای خاست
پیام سکندر بیاراست راست.»
(فردوسی)

ضح.- درقدیم‌وسیلهٔ «پیام» شخص ونامه هردو بوده لیکن امروزه غالباً شخص است. ۲ - سلام، درود:
«بهر بوم وبرکو فرود آمدی
زهرسو پیام ودرود آمدی.»
(شا.بخ۸: ۲۳۴۰)

۳ - (تص.) وحی، الهام:
«درراه عشق وسوسهٔ اهرمن‌بسی‌است
پیش آی‌وگوش دل‌به‌پیام سروش کن.»
(حافظ ۲۷۵)

۴ - (تص.)اوامر ونواهی.

پیام‌آور p.-āvar [= پیام‌آورنده = پیغام‌آور](ص‌فا.) آنکه واسطهٔ‌ابلاغ پیغام است (خواه‌کتبی‌وخواه شفاهی)، پیغام‌آور،رسول، قاصد، ایلچی؛

پیام‌آوردن

«جبرئیل آمده بر مهتر
بعیادت زحق پیام‌آور.»
(حدیقه .مد. ۲۲۷)

پیام آوردن p.-āva(o)rdan [= پیام آوریدن] (مصل.) رساندن پیغامی (کتبی یاشفاهی)، تبلیغ رسالت، پیغام گزاردن :
«بهار آمد، بهار آمد، سلام آوردمستان را
از آن پیغمبر خوبان پیام‌آوردمستان را.»
(دیوان کبیر ۱: ۴۵)

پیام آوری p.-āvar-ī (حامص.) عمل پیام‌آور (ه.م.)، پیغام گزاری ، رسالت :
«سکندر بحکم پیام‌آوری
برخویش خواندش بنام‌آوری.»
(نظامی)

پیام آوریدن p.-āvarīdan [→ پیام‌آوردن] (مصل.) پیام آوردن (ه.م.)

پیامبر payām-bar [= پیام برنده = پیغامبر] (صفا.) ۱- آنکه واسطهٔ ابلاغ پیغام (کتبی یاشفاهی) باشد، رسول ؛ پیام‌آور. ۲- قاصد ، پیك ، برید. ۳- پیغمبر ، پیغامبر ، وخشور ، نبی، رسول : «و درود بر پیامبر گزیده محمد مصطفی و بر اهل بیت و یاران وی.»
(دانشنامه . منطق۱)

پیام بردن p.-bordan (مصل.) رساندن پیغام (کتبی یا شفاهی)، اداء رسالت کردن ، پیام رساندن.

پیامبری p.-bar-ī (حامص.) عمل پیامبر (ه.م.) . ۱- پیام‌آوری، پیغام گزاری . ۲- قاصدی ، بریدی . ۳- پیغامبری ، نبوت ، رسالت .

پیام دادن p.-dādan [= پیغام دادن] (مصم.) ۱- پیغام فرستادن ، پیغام کردن، پیام‌فرستادن. ۲- تبلیغ رسالت کردن ، اداءِ رسالت نمودن ، پیغام گزاردن:
«بر قیصر آمد پیامش بداد
بپیچید بیمایه قیصر ز داد.»
(شا.بخ۸: ۲۳۳۵)

پیام داشتن p.-dāštan (مصل.) حامل پیغام بودن.

پیام رساندن p.-ra(e)sāndan [= پیغام رساندن] (مصم.) پیغام بردن ، تبلیغ رسالت کردن:
«اگر وقتی کنی بر شه سلامی
بدان حضرت رسان از من پیامی.»
(نظامی)

پیام‌رسانیدن p.-ra(e)sānīdan [= پیام رساندن] (ص.م.) ← پیام‌رساندن.

پیام‌فرستادن p.-ferestādan [= پیغام فرستادن] (مصم.) پیام دادن، پیغام فرستادن، پیغام کردن:
«چراچوسوی تونامه و پیام نفرستد
ترا بهرکس نامه و پیام بایدکرد.»
(ناصرخسرو ۱۰۸)

پیام‌کردن p.-kardan [= پیغام کردن] (مصم.) پیام فرستادن ، پیغام دادن:
«چرا چوسوی تونامه و پیام‌نفرستد
ترا بهرکس نامه و پیام بایدکرد.»
(ناصرخسرو۱۰۸)

پیام‌گزار p.-gozār [= پیام‌گزارنده = پیغام‌گزار] (صفا.) ۱- پیغام‌آور ، پیام‌رسان، پیام‌آور. ۲- قاصد، پیك، برید.

پیام گزاردن p.-gozārdan [= پیغام گزاردن] (مصم.) پیام آوردن، پیام بردن ، تبلیغ رسالت کردن:
«کرا مجال سخن گفتنست بحضرت او
مگر نسیم‌صبا کاین پیام بگزارد.»
(غزلیات‌سعدی.فر.۸۹)

پیام گزاری p.-gozār-ī (حامص) عمل‌پیام‌گزار. ۱ ـ رسالت، پیام‌آوری،

پیامبری. ۲ - قاصدی.

پیان piyān [رس. piany, piyan] (ص.) (کم.) مست مست، مست طافح، مستی که سر از پای نشناسد.

پیانو piyāno [فر.، ایتا. piano] (اِ.) (مس.) سازیست از انواع سازهای کلاویه (ه.م)، شامل دستگاهی که قادر باجرای اصوات بسیار آهسته و بسیار قوی میباشد. این ساز از روی یك ساز قدیمی که آنهم دارای کلاویه بود بوجود آمده. کلاویه‌های پیانو چکشی وچوبی است و بهنگام نواختن بسیم اصابت میکند. در کنار هریك از چکشهای این ساز یك دستگاه خفه کننده تعبیه شده که از ادامهٔ طنین صوت جلوگیری میکند. بعلاوه اجرا کننده بهرترتیب که بخواهد میتواند بوسیلهٔ پدال‌ها[1] (ه.م.) طنین صوت راکم وزیاد نماید وبدین‌وسیله بآهنگی که اجرا میکند حالت بدهد. پیانو در اواخر قرن ۱۸ بوسیلهٔ یکی از استادان ایتالیایی اختراع شد و بعدها یکی از ارگ‌سازان آلمانی، پس از مرگ مخترع اصلی، آنرا تکمیل کرد وبصورت امروزی درآورد.

پیانو زدن p.-zadan [ایتا.-ف.] (مص‌ل.) نواختن پیانو.

پیانو

پیانوزن p.-zan [ایتا.-ف. = پیانو زننده] (صفا.)(مس.) آنکه پیانو نوازد، پیانیست (ه.م.)

پیانو زنی p.-zan-ī [ایتا.-ف.] (حامص.) عمل پیانو زن (ه.م.)

پیانو ساز p.-sāz [ایتا.-ف. = پیانو سازنده] (صفا.) ۱ - آنکه پیانو سازد، صانع پیانو. ۲ـ آنکه پیانو را مرمت وتعمیر کند.

پیانو سازی p.-sāz-ī [ایتا.-ف.] (حامص.) عمل پیانو ساز (همع.)

پیانیست piyānīst [فر. pianiste] (ص.) (مس.) نوازندهٔ پیانو، کسی که پیانو نوازد، پیانوزن.

پیاوار piyāvār [= فیاوار] (اِ.) صنعت، هنر، فیاوار.

پیاهو pay-āhū [= آهوپی = آهو پای] (اِمر.) ۱ - آهوپی (ه.م.) ۲ - خانهٔ شش پهلوو گچ‌بری ومقرنس‌کاری، آهوپای.

پی آب pay-āb(pey-) (اِمر.) (گیا.) ترنگوت (ه.م.)

پی‌آورد pay-āva(o)rd (حر.اض. مر.) دنبال، عقب، ازپس، ازپی. «اما آن ظلم که به‌پی آورد اودر همدان‌بسنهٔ ...رفت ازهمهٔ سالها گذشته بود.» (راحة‌الصدور ۳۹۳)

پی آوردن p.-āva(o)rdan (مص ل.) تاب آوردن، طاقت داشتن.

پی استوار p.-ostovār (صمر.) آنکه دارای پی وعصب محکم است: «معزی، مرد درشت پی‌استوار.» (منتهی‌الارب)

پی افشردن p.-afšordan [= پای افشردن] (مص‌ل.) پایداری کردن، پافشاری کردن، استقامت نمودن:

[1] - Pédales (فر.)

«بیاورد لشکر سوی خوار ری
بیاراست‌لشکر، بیفشرد پی.»
(فردوسی)

پی‌افکن p.-afkan [= پی افکننده] (ص‌فا.) ۱ - بنیان گذار، پی افکننده، بنیاد نهنده. ۲ - بنیان کن، ویران سازنده، زیروزبر کننده: سیل پی‌افکن.

پی‌افکندن p.-afkandan (مص‌م.) ۱ - بنیاد ساختمانی‌را گذاشتن، شالدهٔ عمارتی را گذاشتن:
«زخارا پی‌افکنده درژرف آب
کشیده سرباره اندر سحاب.»
(فردوسی)
۲ - بناکردن، عمارت کردن، ساختن، تأسیس کردن:
«مداین پی‌افکند،جای کیان
پراگند بسیار سود وزیان.»
(شا.، بخ ۸: ۲۲۹۹)
۳ - بنیاد نهادن (گنج، سخن، بزم وغیره):
«بشیروی بخشیدم آن برده رنج
پی‌افکندم اورا یکی‌تازه گنج.»
(فردوسی)
۴ - باعث شدن، بدعت گذاشتن:
«پدر مرزبان بود مارابه‌ری
توافکندی این جستن تخت‌پی.»
(فردوسی)
۵- آغازکردن، شروع کردن← پی‌اندر افکندن.

پی انداختن p.-andāxtan (مص م.) پی‌افکندن (ه.م.)

پی اندر افکندن p.-andar-afkandan (مص‌م.) آغاز کردن، شروع کردن:
«چورستم بیامد،بیاورد می
بجام بزرگ اندرافکند پی.»
(فردوسی)

پی اندر پی p.-andar-pay-(pey-pey) (قمر.) متصل، یکی بدنبال دیگری، پیاپی،پی‌درپی.

پی بر p.-bar [= پی‌برنده] (ص‌فا.) ۱- آنکه‌پی‌برد، آنکه‌دریابد. ۲ - پی‌شناس. قائف. ۳ - اسبهایی که جایزهٔ دوم وسوم وچهارم رامیبرند[۱] (فره.)

پی بر پی p.-bar-pay(pey-pey) (قمر.) قدم برقدم، اثرقدم براثرقدم. ‖ ~ کسی رفتن. (کنـ.) متعاقب وی رفتن.

پی برداشتن p.-bar-dāštan (مص‌م.) ۱- دنبال‌کردن، تعقیب کردن:
«گربما هم سفری، سلسله ازما بردار!
پشت پازن دو جهانرا وپی‌ما بردار!»
(صائب،لغ.)
۲ - دنبال‌کردن کسی‌برای‌دریافتن‌وی، ایز اورا بر داشتن. ‖ **پی کشتن کسی برداشتن**. مقدمات کشتن او را فراهم کردن:
«حق نعمت شاه بگذاشتند
پی‌کشتن شاه برداشتند.»
(نظامی)
۳ - محوکردن، از میان بردن:
«دوگرگ جوان تخم‌کین‌کاشتند
پی روبه پیر بر داشتند.»
(نظامی)

پی‌بردن p.-bordan (مص ل.) ۱ - ~ بچیزی. واقف شدن بدان، آگاه گشتن،اطلاع یافتن، دریافتن:
«در بیابان فناگم شدن آخرتاکی؟
ره‌بپرسیم، مگر پی‌بمهمات‌بریم.»
(حافظ ۲۵۸)
۲ - نشان یافتن از:
«لبش‌می‌بوسم ودرمی‌کشم می
بآب زندگانی بردهام پی.»
(حافظ ۲۹۹)

۱- Placé (فر.)

پی بر کشیده p.-bar - ka(e)šīda(-e) (ص‌مف.) آنکه پی پای اورا بر آورده باشند، پی کرده:

«سبق برد برلشکر روم ، زنگ
چو بر گور پی بر کشیده پلنگ .»
(نظامی)

پی بر گسلیدن p.-bar-gosalīdan
(مص‌م .) پی بریدن، ترك کردن:

« و گر هیچ تاب اندر آری بدل
بدو روی منمای و پی بر گسل .»
(شا.بخ۸ : ۲۴۰۰)

پی بریدن p.-borīdan (مص‌م.) گوشت پاشنهٔ مرکبی را بریدن برای منع راه رفتن، قطع کردن عصب یا وتر عرقوب ستور، پی کردن، عقر :

«ملك فرمود تا خنجر کشیدند
تکاور مرکبش را پی بریدند.»
(خسرووشیرین.چا.۱.وحید.۴۵)

‖ ـــ از جایی. از آنجا رفتن، ترك آن محل گفتن :

« ببرم پی ازخاك جادوستان
شوم با پسر سوی هندوستان.»
(فردوسی)

پی بریده p.-borīda(-a) (ص‌مف.) آنکه پی او قطع‌شده، آنکه وترعرقوب او بریده شده؛ پی کرده، پی‌زده.

پی بستن p.-bastan (مص‌م.) ۱ - بستن عصب ، بستن وترعرقوب. ۲ - بنا نهادن، بنیادگذاردن، ساختن:

«دهد عمارت گیتی بسیل دیده، ولی
هم ازغبار دل ماش پی توان بستن .»
(مسیح کاشی،لغ.)

پی بند p.-band (ص‌مر.) ۱- (بنا.) آنکه پی وبنیاد دیوار بندد، بنایی که در بستن پیهای در رفته مهارت دارد . ۲ - زنجیر و پای بند ستوران.

پی بندی p.-band-ī (حامص.) (بنا.)۱ - عمل پی بند(ه.م.)،محکم کاری پی بنا باسنگ وآهك وسیمان و غیره. ۲- عمل بستن پی.

پی بندی شدن p.-bandī-šodan
(مص‌ل.) (بنا.) بسته شدن پی و بنیاد دیوار دررفته با سنگ وآهك وسیمان وغیره.

پی بندی کردن p.-bandī-kardan
(مص‌م.) (بنا.) محکم کردن پی وبنیاد بنا باسنگ وآهك وسیمان وغیره.

پی بیرون بردن p.-bīrūn-bordan
(مص‌م.) پی بردن، نشان یافتن :

« وازجوانان شهر بسیار مفقودشدند، و هیچکس پی بیرون نمیبرد. »
(سلجوقنامهٔ ظهیری ۴۰)

پیپ pīp [فر. pipe] (ا.) چبق کوچك دسته کوتاه ظریف .

پیپ

پی پر کردن p.-por-kardan (مص ل.) قوی شدن(کره خر واسب)، توانا شدن مرکوب برای سواری .

پی پر کرده p.-por-karda(-e)(ص‌مف.) ۱ - کره‌اسب وخرقوی شده ۲. - (کن.) زیرك ومجرب، کار آزموده، گرم‌وسرد روزگار چشیده :

«طالب دنیاعجب نامردپی‌پر کرده‌است
داده دایم‌پشت بردنیا که دنیا روکند.»
(فر.نظام،لغ.)

پیپ کشیدن pīp-ka(e)šīdan
(مص‌ل.) استعمال پیپ، چبق کشیدن .

پی پیش pay(pey)-pīš (ص‌مر.) (بازی کودکان) دوم در حق بازی کردن ، بعد ازپیش .

۱ - پی‌پیش pīpīš (ا.) (تد. کودکان) گربه، پی‌پیشی.

۲- پی‌پیش pīpīš (ا.) (تد. کودکان) خواب.

پی پیش‌کردن p.-kardan (مص ل.) (تد. کودکان) خوابیدن.

پی‌پیشی pī-pīš-ī [← پی‌پیش] (ا.) (تد. کودکان) گربه.

۱- پیت pī-t [= بید = پت] (ا.) (جا.) کرمی که در جامه افتد و تباه کند؛ بید، پت.

۲ - پیت pīt (ا.) چلیك فلزی (آهنی یا حلبی) برای نفت و روغن و مانند آن، تنکهٔ آهنی یا حلبی مکعب مستطیل‌شکل برای حفظ‌وحمل نفت‌و روغن وغیره.

پیت پیت pīt pīt (اصت.) سخن آهسته با کسی گفتن که دیگری در نیابد؛ پچ پچ، زیر گوشی.

پیت پیت کردن p.-p.-kardan (مص ل.) سخن گفتن با کسی بآهستگی چنانکه دیگری درنیابد؛ نجوی کردن، پچ‌پچ کردن.

پیتك pīt-ak [← پیت] (امصغ.) کرمی است که جامه‌های پشمی را بخورد وتباه کند؛ پیت، بید.

پی جامه pī-ǰāma(-e) [انگ. pajamas، pyjamas، از هند. puyjama، از ف. پاجامه] (امر.) ۱ - نوعی شلوار گشاد که زنان هند پوشند. ۲ - جامه‌ای گشادوسبك‌مرکب از نیم تنه وشلوار بند دار که درخانه وهنگام خواب پوشند؛ پیژاما.

پی جو(ی) pay-ǰū(y)(pey) [= پی جوینده = پی جور] (ص فا.) ۱ - جویندهٔ اثر پا. ۲ - (مج.) جستجو کننده. ‖ **~ (ی) کسی یا** چیزی‌شدن. درجستجوی آن بودن.

پی‌جو(ی)شدن p.-ǰ.-šodan [= پی‌جور شدن] (مص م.) (عم.) تفحص کردن، تجسس کردن.

پی جویی p.-ǰūy-ī [← پی‌جوری] (حامص.) عمل پی جو (ه.م.) ۱ - جستن اثر پا. ۲ - (مج.) جستجو، تفحص، کاوش.

پی جویی کردن p.-ǰ.-kardan (مص م.) ۱ - ایزجستن، ردپای کسی‌را یافتن. ۲ - تفحص کردن، تجسس کردن.

پی جور p.-ǰūr [= پی‌جوی] (ص فا.) (عم.) پی‌جوی (ه.م.)

پی‌جور شدن p.-ǰ.-šodan [← پی‌جور] (مص م.) (عم.) پی جوی شدن (ه.م.)

پی‌جوری p.-ǰūr-ī (حامص.)(عم.) عمل پی جور (ه.م.)، پی جویی (ه.م.)

پی جوری کردن p.-ǰ.-kardan (مص م.) (عم.) پی‌جویی کردن (ه.م.)

پیچ pīč [← پیچیدن] (ری. امص.) ۱ - خمیدگی، کجی، گردش، گشت: «امیرالمؤمنین‌علی‌مردی‌رادیدسردرپیش افکنده، یعنی که پارسام، گفت: ای جوانمرد! این پیچ که درگردن داری دردل آر...» (کشف‌الاسرار ۲: ۵۴۷) ۲ - هریك‌از خمهای چیزی(مانندزلف، پیشانی وغیره)، شکن، ماز:

«شش چیزدرآن زلف تودارد معدن
پیچ‌وگره وبند وخم وتاب وشکن.»
(قابوس‌وشمگیر. اباب. نف. ۳۱)

۳ - (ا.) میخ باشکال‌گوناگون که بر دیوارهٔ آن فرو رفتگی و برآمدگی از بالا یا از نیمه تا پایین بگردد[1]؛ مقـ. مهره. ۴ - رزای که ته‌آن پیچ‌دارد[2].

پیچ

۱ - Vis(فر.) ۲-Piton(فر.)

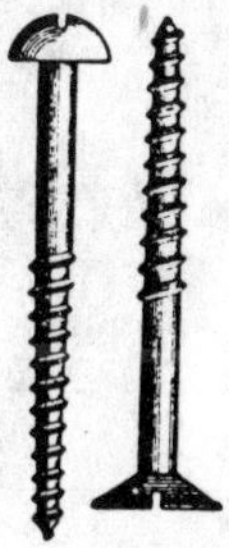

۵ ـ کلید مانندی بریك سوی سرپیچ لامپا که در میان، چرخی کوچك و با دندانه دارد، واز درون سرپیچ بگذرد، وبا گرداندن آن دندانه‌های چرخ به‌ـ فتیله در آویزد و بر اثر گرداندن فتیله را پایین وبالا آورد. ٦ ـ نوعی قفل‌که خود انواع‌دارد؛ مق. پره دار. ۷ ـ آلتی فلزی نوك تیز و پیچان که بدان چوب پنبهٔ سر بطری را بیرون کشند[1]. ۸ ـ قسمی بخاری آهنین یا چدنی (وغیره). ۹ ـ قسمی دوختن. ۱۰ـ (اِفا.) دربعضی کلمات مرکب بجای «پیچنده» آید: پای پیچ، مچ‌پیچ. ۱۱ـ (اِمف.) در بعضی کلمات مرکب بجای «پیچیده» آید: رختخواب پیچ، سؤال پیچ، کاغذ پیچ، گوش پیچ. ‖ ~ خیابان، جاده وغیره. آنجاکه خیابان، جاده و غیره از خط مستقیم منحرف شودوبطرف دیگر (بصورت زاویهٔ‌حاده یا قریب بقائمه) روی نهد، خم جاده ونشانهٔ‌آن‌چنین‌است: ⋦. ‖ مثنوی ~. (مس.) نوعی آهنگ موسیقی که‌بهنگام خواندن اشعار مثنوی آنرا بکار برند. ۱۲ـ (گیا.) کتوس (ه‌.م.) ۱۳ـ (گیا.) تاجریزی سرخ (ه‌.م.) ۱۴ـ (پز.) پیچش (ه‌.م.) ۱۵ـ (گیا.) نام‌نوعی‌از گلها و گیاهان پیچنده[2]، برخی گلهایی که‌ساق‌محکم ندارند و بر درخت‌یادیوار بالا روند، و آن شامل‌اقسام‌ذیل‌است: ‖ ~ امین‌الدوله. (اِمر.) (گیا.) گیاهی[3] از تیرهٔ بداغها[4] که بصورت درختچه‌ای‌بالارونده‌وپیچنده‌است. این گیاه مخصوص نواحی معتدل است و گونه‌های زیاد دارد و همهٔ آنها دارای گلهای معطر میباشند. غالباً گلهایش سفید و گاهی زرد است و در بهار گل میکند. گیاه مزبور را باغبان بهر طریقی قیچی کند بهمان وضع در میآید. درنقاط‌آفتاب‌رو بهتر عمل میآید و تکثیرش بوسیلهٔ قلمه یا خوابانیدن و یا تخم انجام میشود. برگهایش مرکب شانه‌یی و شاخه های جوانش شکننده است؛ پیچ باغی، شونگ، شجرة الطحال، زهرالعسل، پلاخور، شن، سفیدال، اوچ‌قد، دقزدون، دقزدانه، ام‌الشعراء، سلطان‌الجبل، ماطرشلبه، خامان، خانم‌الی، خانم پارماغی، بریقالیمنون، سلطان‌الغابه، صریمة‌الجدی، یبانی‌خانم‌الی. ‖ ~ اناری. (اِمر.)(گیا.) گیاهی[5] از تیرهٔ یاسمن شیپوری[6] که بصورت درخت یا درختچه میباشد. برگهایش مرکب شانه‌یی و مخصوص نواحی گرم است. گلهایش قرمز یاسفید و چوبش معطر است و در منبت کاری بکار میرود؛ تکومه، تکوم. ‖ ~ بادنجانی. (گیا.) تاجریزی سرخ (ه‌.م.) ‖ ~ باغی. (گیا.) پیچ امین‌الدوله (ه‌.م.) ‖ ~ تلگرافی. (گیا.) نوعی پیچ، پروانش[7]. ‖ ~ حصیری. (گیا.) گیاهی[8] ازتیرهٔ‌مارچوبه‌ها[9] که‌جزونباتات زمینی‌است. اصل‌این‌گیاه‌ازآمریکای شمالی‌است. گیاهی‌است پایا با برگهای کوچك و بیضوی وساقه‌هایش یك تادو متردرازی‌پیدامیکنند. این‌ساقه‌ها بدور دار بست گلدان میپیچند و گلهایش بشکل‌چترهای‌کوچکی درانتهای ساقه مجتمع شده‌اند. ‖ ~ درختی.

پیچ امین‌الدوله وگل‌آن

۱ـ Tire-bouchon (فر.)
۲ـ Grimpantes(plantes)(فر.)
۳ـ Chevrefeuille (فر.), Linocera(لا.)
٤ـ Caprifoliacées (فر.)
٥ـ Técome (فر.), Técoma capinsis (لا.)
٦ـ Bignoniacées (فر.)
۷ ـ Pervenche (فر.),Vinca major (لا.)
۸ـ Médéola asparagoïdes(لا.)
۹ـ Asparaginées (فر.)

(گیا.) داروش(ه.م.) ‖ ~ ساعتی . گل ساعتی (ه.م.) ‖ ~ شبدر . (گیا.) سس (ه.م.)

پیچا pīč-ā [← پیچیدن](ص فا.)۱ - پیچنده، پیچان. ۲- محیط بجمیع اطراف وبهمه‌جا فرارسیده ومحیط.

پیچایی pīčā-yī (حامص .) حالت وچگونگی پیچا (ه.م.)

پیچا پیچ pīč-ā-pīč (ص‌مر.)سخت پیچیده، باپیچ و خمهای بسیار ، پیچ پیچ، پرپیچ و خم: «وآن کوه بغیراز یك راه باریك پیچاپیچ ندارد.»(ظفر نامهٔ یزدی ۲ : ۳۷۳)

‖ وقت ~ .هنگام سختی:

«تا بدانی که وقت پیچاپیچ
هیچکس‌مر ترا نباشد هیچ.»
(حدیقه،لغ.)

پیچازی pīčāzī [← پچازی](ص نسب.) پارچهٔ شطرنجی، پارچهٔ خانه‌خانه‌چون شطرنج، پچازی (ه.م.)

پیچاق pīčāγ [تر.] (اِ.) کارد:

«شب فراق خروس سحرنفس نکشید
خوش آن‌زمان که‌سرش‌را ببرم‌از پیچاق.»
(فوقی یزدی، آنند.،لغ.)

پیچاك pīč-āk [← پیچیدن] ۱ - (ص‌فا.) پیچنده ، پیچا ، پیچدار. ۲ - (اِ.) پیچ وخم . ۳- چین (زلف) ، حلقه (گیسو):

«ننگست اگر بخاتم جمشید بنگریم
پیچاك زلف‌یار، نظیری! بدست‌ماست.»
(نظیری)

۴ - (پز .) پیچش ، شکم روش ، ذوسنطاریا[۱] : «ظحیر، نوعی از پیچاك شکم که در آن تنفس سخت باشد .» (منتهی‌الارب،لغ.)

پیچان pīč-ān [← پیچیدن] (ص فا.،حا.) ۱ - پیچنده:

«بخوردند وکردند آهنگ خواب .
بسی مارپیچان بر آمد ز آب.»
(فردوسی)

۲ - روی برگرداننده،روی برتابنده ، پرهیزکننده، روی‌گردان:

«بسنده نباشیم با شهرخویش
همی شیرجوییم پیچان زمیش.»
(شا.بخ۸: ۲۳۳۱)

۳ - بهم بر آینده ، مانند طومار بهم پیچنده:

«چوبا مهتران‌گرم‌کرد اسب شاه
زمین‌گشت جنبان وپیچان‌سپاه.»
(فردوسی)

۴ - در حال پیچیدن . ۵ - مضطرب، مشوش، بی‌آرام، بسبب‌دردی‌یااندوهی برخود پیچنده:

«بخورد وزخوان زار وپیچان‌برفت
همی راند تاخانهٔ خویش تفت.»
(فردوسی)

‖ بیت یامصراع ~ . (کن.) بیت یا مصراعی که بتأمل وتفکر معلوم شود : «مصرع‌پیچانم‌ازمن‌اهل دانش‌!بگذرید عقده‌از دل‌واشود‌گرپی بمضمونم‌برید.» (دانش، آنند.،لغ.)

پیچان‌تن p.-tan (ص مر .) ۱ - خماننده اندام،منحنی:

«چرخ ، پیچان تن چو مارجان ستان وآنگه قضا کژدمی ازپشت مارجان ستان انگیخته.» (خاقانی.سج.۳۹۵)

۲ - سخت دشمنی ، سخت خصومت : «وهوالدالخصام، واو پیچان تن‌است ، جنگ‌جوی،ستیزه‌کش.»(کشف‌الاسرار، مژده. مداش۱،۳: ۵۳)

پیچان‌دل p.-del (ص‌مر.) غمناك ، مضطرب:

۱- Dysenterie (فر.)

«همی بود پیچان دل از گفتگوی
مگر تیره گرددش ازین آب‌روی.»
(فردوسی)

پیچاندن pīč-āndan [= پیچانیدن ← پیچ] (مصم.) (پیچاند [nd-] پیچاند [nad-]، خواهد پیچاند، بپیچان، پیچاننده، پیچان، پیچانده) ۱ - خم کردن، تاب دادن، پیچیدن (متعدی) ، پیچش دادن: « در کام زبان همی چه پیچانم؟ » (مسعودسعد. ۳۵۱) ۲ - رنج دادن ، صدمه رساندن ، محو کردن :

« بپیچاند آنرا که خود پرورد
اگر بیهشست ، ار ستون خرد.»
(شا.، بخ ۸: ۲۲۷۴)

‖ ~ سر از. .از اطاعت بدر رفتن ، عاصی شدن بر:

« بباید بنزد تو ای پرهنر
مپیچان زگفتار او هیچ سر.»
(فردوسی)

‖ سرکسی را ~ . وی را بوعدهٔ دروغ فریفتن، او را بدفع‌الوقت فریب‌دادن.
‖ ~ دگمهٔ چراغ برق. ← دگمه .
‖ ~ دل. مضطرب ساختن ، مشوش کردن :

«بکوشد مگردل بپیچاندم
به‌بیشی لشکر بترساندم.»
(فردوسی)

‖ ~ سخن. منحرف ساختن ، در کش وقوس افکندن:

«وان دگر گفت ار بگوید دانمش
ور نگوید در سخن پیچانمش .»
(مثنوی. نیک. ۵۵۶)

‖ ~ کار. خراب کردن کار:

«کارم همه بخت بد بپیچاند
درکام زبان همی‌چه‌پیچانم.»
(مسعودسعد۳۵۱)

پیچانده pīč-ānda(-e) [= پیچانیده] (إمف) ۱ - تافته، خمیده، تابیده. ۲ - برنج داشته.

پیچان شدن pīčān-šodan [← پیچان] (مص‌ل.) ۱ - خمان شدن ، گردان شدن . ۲ - پریشان شدن ، مضطرب گشتن ، بیقرار گردیدن از غمی، اندوهی یا دردی :

«غمین گشت وپیچان شد از روزگار
بمرگ برادر بموییدزار .»
(فردوسی)

۳ - روی‌گردان شدن:

«بپرهیز وپیچان شو از خشم اوی
ندیدی‌که خشم آورد چشم‌اوی.»
(فردوسی)

پیچان کردن p.-kardan (مص ل .) ۱ - به پیچ و تاب در آوردن ، پیچیده کردن، گردان ساختن :

«گراین نیزه درمشت پیچان کنم
سپاه تراجمله بیجان کنم.»
(فردوسی)

۲ - مضطرب ساختن، مشوش کردن، از غم بتافتن:

«بفرمود پس تاش بیجان کنند
بروبر، دل‌دوده پیچان کنند.»
(شا. بخ ۸: ۲۲۹۴)

پیچان‌گردانیدن p.-gardānīdan (مص‌م.) پیچان کردن (همع.)

پیچان گردیدن p.-gardīdan (مص م.) پیچان شدن (همع.)

پیچان‌گشتن p.-gaštan (مص ل.) ۱ - با پیچ وخم شدن، پیچنده گشتن : «اقلعط الشعر اقلعطاطاً، پیچان گشت‌موی.» (منتهی‌الارب، لغ.) ۲ - مضطرب شدن، بی‌آرام گشتن، مشوش‌شدن از غمی یا دردی :

«پراز درد شد شه ز تیمار او
دلش گشت پیچان زکردار او.»
(فردوسی)

پیچاننده pīč-ānanda(-e) (اِفا. پیچاندن، پیچانیدن) آنکه‌بپیچاند ، خماننده، گرداننده، به‌پیچ‌وتاب‌دارنده.

پیچانی pīč-ān-ī (حامص.) حیرت، سرگشتگی، گیجی :
«هر که را دردل شك و پیچانی‌است
درجهان او فلسفی پنهانی است.»
(مثنوی. نیک.۱:۲۰۲)

پیچانیدن pīč-ānīdan [= پیچاندن] (مصم.) (پیچانید، پیچاند، خواهد پیچانید، بپیچان ، پیچاننده ، پیچان ، پیچانیده) پیچاندن (ه.م.)

پیچانیده pīč-ānīda(-e) [= پیچانده] (اِمف.) پیچ داده، تاب داده، گردانیده.

پیچ افتادن pīč-oftādan (مصل.) ــــ **در امعاء**. پیچیدن روده‌ها، حرکت کردن‌روده‌ها ازجای‌اصلی. ‖ ــــ **در کاری** . مشکلاتی‌درراه‌انجام یافتن‌آن پیش آمدن، گره‌خوردن . ‖ ــــ **در رسن، یا نخی**. گره خوردن آن، درهم شدن آن. ‖ ــــ **در معده**. از حال طبیعی بگشتن آن :
«گرافتد بیك لقمه در معده پیچ
برآید همه عمر نادان بهیچ.»
(لغ.)

پیچ انداختن p.-andāxtan (مص م.) ۱- به‌پیچش‌داشتن، گره انداختن.
۲ - پیچش درشکم ایجاد کردن ، بدل پیچه انداختن : «این‌حب ملین دل‌مرا پیچ انداخت.»

پیچ اندر پیچ p.-andar-pīč (ص‌مر.)
۱ - پرپیچ ، پیچاپیچ ، پیچ بر پیچ :
«این وعدهٔ فردای توپیچ اندرپیچ
آخرغم هجران‌تو چند اندرچند؟»
(منوچهری . د . چا ۲ . ۲۲۸)
۲ - پیچیده ، پرشکن ، مرغول(زلف).
۳ - معقد ، پیچیده ، مشکل .

پیچ برپیچ p.-bar-pīč (ص‌مر.)
۱ - پرپیچ ، خم برخم ، پیچاپیچ :
«رهی پیچ برپیچ وتاریك وتنگ
همه راه پرخار وپرخاره سنگ.»
(نظامی)
۲ - پرزحمت ، پرمشقت :
« درین زندان سرای پیچ بر پیچ
برادر زاده‌ای دارد، دگر هیچ.»
(خسروشیرین. ۵۰)
۳- پیچیده ، پرشکن ، مرغول (زلف).

پیچ برداشتن p.-bar-dāštan (مص ل.) تاب خوردن ، تاب دیدن ، خمیدن : «پای من پیچ برداشت.»

پیچ پیچ pīč-pīč (ص مر.) ۱ - با پیچ بسیار ، پرپیچ وخم :
«وین شکم بی‌هنر پیچ پیچ
صبرندارد که بسازد بهیچ.»
(گلستان . فر. ۱۱۴)
۲- پیچنده ، پرشکن، مرغول (زلف).
۳- پررنج ، پرمشقت ، سخت :
« ماکییم اندر جهان پیچ پیچ
چون الف ازخواجه‌دارد هیچ‌هیچ.»
(مثنوی. نیک. ۱:۹۳)
۴ - [= پیچ‌پیچی] پرنازوغمزه، پرادا:
«شاهد پیچ‌پیچ‌را چه‌کنی ؟
ای‌کم ازهیچ! هیچ راچه کنی؟»
(هفت‌پیکر ۱۰۹ح۸)
۵ - نه راست ومستقیم، منحرف:
«میرودکودك بمکتب پیچ‌پیچ
چون‌ندیدازمزدکارخویش‌هیچ.»
(مثنوی)
۶ - مضطرب، پیچان:
« شه از گفت آن‌مرد دانش بسیچ
فروماند برجان خود پیچ پیچ.»
(نظامی)

پیچ پیچان pīč-pīč-ān (ص‌مر ، قمر.) پیچان پیچان.

پیچ پیچان رفتن p.-p.-raftan (مص ل.) رفتن بشکل مار پیچ (چنانکه مار درزمین وفشفشه در هوا)، آنکه بسببی نتواند مستقیم رود ← پیچ پیچان رونده.

پیچ پیچان رونده p.-pīčān-ravanda(-e) (ص فا.) آنکه مار پیچ رود، آنکه مستقیم نتواند راه رود: «مسنطل، پیچ پیچان رونده که حفظ نفس خود نتواند.» (منتهی الارب)

پیچ پیچ کنان p.-p.-konān (ص فا.، حا.) حلقه حلقه گرد خود بر آینده، پیچ وخم بسیار بر آورنده:
«...دید دودی چواژدهای سیاه»
«کوهه بر کوهه پیچ پیچ کنان
برصعود فلك بسیچ کنان.»
(نظامی، لغ.)

۱- پیچ پیچی p.-pīč-ī (ص نسب.) ۱ - پرپیچ و خم، گره در گره. ۲ - پرشکن، پرخم، شکن برشکن، مرغول (زلف).

۲- پیچ پیچی p.-pīč-ī (حامص.) ۱ - پرپیچ وخم بودن، پیچ وخم داشتن. ۲ - ناز وغمزه، ادا واطوار، سرکشی (معشوق):
«شاه چون دید پیچ پیچی او (معشوق
چاره گر شد ز بد بسیچی او.»
(هفت پیکر ۱۰۹)
۳- دندان گردی، سختگیری درمعامله ↓.

پیچ پیچی کردن p.-p.-kardan (مص ل.) سختگیری در معامله کردن، دندان گردی کردن:
«پیچ پیچی مکن وسیم بکس بازمده!
نرخ ارزان کن ودرمیخ درآویز ازار.»
(سوزنی، لغ.)

پیچخوار p.-xār [= پیچ خوارنده = پیچ خور] (ص فا.) ۱ - آنکه پیچ خورد. ۲ - آنکه قابلیت انعطاف داشته باشد، آنکه تواند خمید.

پیچ خوردگی p.-xorda(e)g-ī (حامص.) حالت وکیفیت پیچ خورده.

پیچ خوردن p.-xordan (مص ل.) ۱ - پیچیدن (دست وپا، روده ومانند آن)، خمیدگی پیدا آمدن درچیزی. ۲ - گردیدن، منحرف شدن: «ازسر کوچه پیچ خورد، دیگر او را ندیدم.» ۳ - تاب برداشتن، کج شدن (چوب، میلهٔ آهنی وجز آن).

پیچ دادن p.-dādan (مص م.) ۱ - پیچاندن چیزی را، خمانیدن، تافتن. ۲ - بگردانیدن چیزی (مانند دست وجز آن) را از جای خود؛ چرخاندن، تافتن.

پیچ دار p.-dār [= پیچ دارنده] (ص فا.) دارای پیچ، باپیچ و خم، تابدار: «در بعضی بلاددرخت آن (یاسمین) عظیم میگردد، و ساق سفیدآن پیچدار ...» (مخزن الادویه: یاسمین، لغ.)

پیچ درپیچ p.-dar-pīč (ص مر.) دارای پیچ و خم، پرپیچ و خم، پیچاپیچ، پیچ اندرپیچ:
«دست درهم زده چون یاران دریاران
پیچ در پیچ چنان زلفك عیاران.»
(منوچهری در وصف رز، د. چا.۲: ۱۹۸)

پیچ زدن p.-zadan (مص ل.) چرخیدن، چرخ خوردن، گردیدن. ‖ ـــ دل یا شکم. پیداشدن دردهای پیاپی در شکم شخص مبتلی به ذوسنطاریا و اسهال، شکم روش پیدا کردن.

پیچش pīč-eš (إمص. پیچیدن) ۱ - پیچیدگی، گردش، انحراف، کجی، خمیدگی: «عوا، چهارستاره‌اند ازشمال سوی جنوب رفته و بآخر پیچش دارند چون صورت حرف لام.» (التفهیم، لغ.) ۲ - گره خوردن کاری، ناراست آمدن:

« یاری که نه راه خود بسیجد
از پیچش کارخود بپیچد.»
(نظامی)

۳ - گرد یکدیگر برآمدن سواران در جنگ، کوشش و کشش، آویزش :
«بزخمش ندیدم چنان پایدار
نه در پیچش وگردش کارزار.»
(فردوسی)

۴ - عمل بخود پیچیدن از دردی یا رنجی :
«کزین تخمه پرداغ و رنجیم و درد
شب و روز با پیچش و باد سرد.»
(فردوسی)

۵ - (اِ.)(پز.) شکم‌روش، ذوسنطاریا ، دل‌پیچه (هـ.م.) : «اندر روده‌ها پیچش و باد و قراقر پدید آید.» (ذخیره، لغ.) ۶ - پیچ ، خم : « مار بزرگ و دراز ببسیار پیچش.» (التفهیم ۹۱) ‖ ~ آواز (صدا). ۱ - طنین صوت، انعکاس آواز. ۲ - تحریر (صوت): «مثل حافظ احمد قزوینی که در گویندگی طاق ودر پیچش آواز و نمك خوانندگی شهرهٔ آفاق بود ....» (عالم آرا ا : ۱۹۰) ‖ ~ نخست. (مکن.) سیم‌پیچی نخستین در پیچکهای برق[1] (فر.) ‖ ~ دوم. (مکن.) سیم‌پیچی دوم در پیچکهای برق[2] (فر.)

پیچك pīč-ak [قس. پیچه] (اِمصغ.) ۱ - پیچ کوچك، پیچ خرد (← پیچ) . ۲ - سربند زنان، مقنعه: « و از طرفی بازیگاه دستمال و سماع خانهٔ دستار چنان گرم شد که مقنعه سرانداز و پیچك رقاص گشته.» (نظام قاری ۱۵۵، لغ.) ۳ - گروههٔ ریسمان وابریشم، استوانه‌ای که بدور آن سیم یا نخ پیچیده شود ، بوبین[3]، کویل (فر.) ۴ - انگشتری بی‌نگین که از شاخ و استخوان سازند. ۵ - (گیا.) گیاهی[4] از تیرهٔ پیچکیان[5] که پایا میباشدو دارای گونه‌های متعدد است وبرگهایش سرنیزه‌یی ودندانه‌دار وگلهایش بشکل زنگوله است وبیشتر آبی‌رنگ و دارای جام ۵ قسمتی است. گونه های این گیاه بحدوفور درایران و آسیای صغیر میروید. شیرابهٔ آن در تداوی بعنوان مسهل استعمال میشده است ؛ لوایه ، حشیشهٔ مهبوله ، بروچیچکی، نیلوفر. ۶ - (گیا.) کتوس (هـ.م.) ۷ - (گیا.) داردوست(هـ.م.) ۸ - گیا.)عشقه (هـ.م.) ‖ ~ باغی. (گیا.) نیلوفرباغی (هـ.م.) ‖ ~ دیواری. (گیا.) موچسب(هـ.م.) ‖ ~ صحرایی. (گیا .) نیلوفر صحرایی(هـ.م.)

پیچك ودانهٔ آن

پیچ‌کش p.-kaš(keš) [= پیچ کشنده] (ص‌فا.، اِمر.) آلتی که‌بدان میخها وپیچهارا بر کنند.

پیچکی pīčak-ī (ص‌نسبـ .) مانند پیچك (هـ.م.)، مثل پیچك.

پیچکیان pīčaki-y-ān (ج. پیچکی) نام تیرهٔ گیاهانی[6] دارای ساقهای پیچیده و گلهای پنج قسمتی و منظم باپرچمهایی برروی گلبرگها چسبیده وبا میوهٔ کپسولی شکل، شامل دوخانه یابیشتر ودرساق وبرگ لوله‌هایی‌دارای شیرابهٔ ساده با اثرمسهلی دارند.

پیچ گرفتن pīč-gereftan (مص ل.) ~ دل. درد گرفتن امعا بسبب اسهال، شکم روش یافتن، پیچ‌زدن‌شکم.

پیچ گوشتی pīč-gūšt-ī (اِمر.) (مکن.) آلتی است که‌بوسیلهٔ آن پیچ ها را بازکنند.

---

۱ - Enroulement primaire (فر.) ۲ - Enroulement secondaire (فر.)
۳ - Bobine (فر.) ٤ - Convolvulus althaeoïdes (لا.), liseron (فر.)
۵ - Convolvulacées (فر.) ٦ - Convolvulacées (فر.)

پیچ مهره p.-mohra(-e) (اِمر.) ← پیچ و مهره.

پیچناك p.-nāk (صمر.) پرپیچ، پیچ‌دار، خمناك.

پیچند pīč-and [قس. پیچه] (اِ.) پیشانی‌بند زنان، عصابه.

پیچندگی pīč-anda(e)g-ī (حامص.) حالت و کیفیت پیچنده (ه.م.)، عمل پیچنده.

پیچنده pīč-anda(-e) [← پیچیدن] (اِفا.) ۱ - آنکه بپیچد، آنکه گرد چیزی یا گرد خود برآید؛ پیچان:

«چو دست کمند افکنان روزگار
همه شاخها پر ز پیچنده مار.»
(گرشا.، لغ.)

۲ - ناهموار، ناراست، کج:

«چون جو راست برآید و هموار، دلیل کند که آن سال فراخ سال بود، و چون پیچنده و ناهموار برآید تنگسال بود.» (نوروزنامه ۳۱)

۳ - گرداننده، چرخاننده:

«سخنگوی هرچار با یکدگر
نماینده انگشت و پیچنده‌سر.»
(گرشا.، لغ.)

۱ - پیچان (بسبب دردی یا رنجی):

«نالنده همچون من ز هجران یار
لرزنده و پیچنده بر خویشتن.»
(فرخی. د. ۳۱۶)

پیچنده اسپ p.-asp (صمر.) آنکه در سواری ماهر است، چابك سوار:

«ز بهرام بهرام پور گشسپ
سواری سرافراز و پیچنده‌اسپ.»
(فردوسی)

پیچنده سر p.-sar (ص مر.) ۱ - آنکه سرپیچی کند، عاصی. ۲ - ازراه گرداننده، فریبنده:

«جهان یك نواله است پیچنده‌سر
دو روگاه حلوا بود، گه جگر.»
(نظامی)

پیچواپیچ p.-vā-pīč (صمر.) ۱ - با پیچهای بسیار، دارای پیچ و خم، پیچاپیچ، راه پیچواپیچ. ۲ - بسیار بدین سوی و آن‌سوی گردنده. ۳ - خم اندر خم، شکن در شکن. ۴ - درهم، بهم پیچیده، حلقه زده مانند مار ↓.

پیچ واپیچ خوردن p.-vā-pīč xordan (مص ل.) ۱ - پیچناك شدن، پیچ بسیار خوردن. ۲ - بدین سوی و آن‌سوی گردیدن، بهر سوی جنبان بودن. ۳ - بخود پیچیدن (چون مار سرکوفته).

پیچ و تاب p.-o-tāb (اِمر.) ۱ - گردش چیزی دور خود، خم و شکن. ۲ - (کنـ.) رنج و مشقت:

«تاب نور از روی من میبرد ماه
تاب و نورش گشت یکسر پیچ و تاب.»

«پیچ و تابش نور و تاب از من ببرد
تا بماندم تافته بی نور و تاب.»
(ناصرخسرو ۴۴)

‖ به ــــ افکندن یا افتادن. پیچان گشتن یا گردانیدن (از درد و رنج).

پیچ و تاب خوردن p.-xordan (مص ل.) ۱ - پیچیدن، پیچ خوردن. ۲ - بخود پیچیدن مانند دردمندی، بهر سوی متمایل شدن مانند مستی یا بیهوشی.

پیچ و تاب رفتن p.-raftan (مص ل.) بهر سوی متمایل شدن در راه رفتن، رفتن نه بطور مستقیم.

پیچ و تاب زدن p.-zadan (مص ل.) ۱ - پیچ خوردن، شکن یافتن، بخود پیچیدن:

«عاشق دیوانه چون خواهد که بیند روی یار
زلف او آشفته گشت و پیچ و تابی میزند.»
(اسیر لاهیجی، لغ.: پیچ و تاب)

۲ - غصه خوردن، غم خوردن:

«اهل‌معنی میزنند ازغیرت‌من‌پیچ‌وتاب
مصرعی‌رامیکندگرسروموزون‌ازمن‌است.»
(صائب، لغ.: پیچ‌وتاب)

پی چوب pay-čūb [= پی‌جوب] (اِ.) (گیا.) قسمی سپیدار، پی جوب.

پیچ و خم pīč-o-xam (اِمر.) ۱ - چین‌وشکن، گردش وتاب. ۲ - دارای پیچ وتاب:
«آب‌نرم است ولی خائن طبع
ساده رنگ‌است، ولی‌پیچ وخم‌است.»
(خاقانی، سج. ۸۲۰)
‖ با ~ .دارای‌پیچ‌وخم، باشکن‌بسیار. ‖ پر ~ . ۱ - پراز پیچ، بس‌منحنی، نه‌راست: راه پرپیچ‌وخم. ۲ - پرچین، پرشکن: طرهٔ‌پرپیچ وخم. ۳- مشکل، غامض: مسایل پرپیچ وخم. ‖ جوانی وهزار ~ . با اطوار گوناگون.

پیچ‌وخم خوردن p.-xordan (مص ل.) پیچ وتاب خوردن ، جنبان شدن بهر سویی.

پیچ ومهره p.-o-mohra(-e) [= پیچ مهره] (اِمر.) ← پیچ ، مهره . ‖ ~ کاری در دست کسی بودن. همهٔ وسایل پیشرفت امری نزد او بودن.

پیچ‌و واپیچ p.-o-vā-pīč (ص‌مر.) ۱ - پرپیچ، پیچاپیچ، با انحنای‌بسیار: کوچه‌های پیچ و واپیچ . ۲ - بغرنج، مشکل: مسألهٔ پیچ ووا‌پیچ.

پیچ و واپیچ خوردن p.-xordan (مص‌ل.) پیچ‌واپیچ خوردن (ه.م.)

پیچه pīč-a(-e) [قس. پیچك] (اِ.) ۱ - قسمی روی‌بندکه ازموی یال و دم اسب برنگ سیاه بافند؛ نقاب،حجاب (زنان). ۲- عصابه‌ای‌که زنان‌برپیشانی بندند. ۳ - پیرایه‌ای مرصع که برسر عروس بند کنند . ۴ - زهی که آنرا مقراض کرده ، زنان و پسران صاحب جمال‌برروی گذارندبجهت‌زیبایی. ۵ - گیس عاریه. ۶ - طره وزلف‌وکاکل‌که پیچند و بر یکدیگر گره زنند ؛ زلف پیچیده، مرغول. ۷ - پیشانی، صدغ :
«به‌تیغ طره ببرد زپیچهٔ خاتون
بگرز‌پست‌کندتاج برسرجیپال.»
(لغ.)
۸ - پوشش‌بالای در خانه، سایبان‌بالای در: «کنة، بالضم‌پیچه، یعنی پوشش‌در خانه یاسایبان بالای در یا خانهٔ خرد اندرون خانه...» (منتهی‌الارب ، لغ.)
۹ - (فز.) خطی که مانند پیچیدن مار بدور استوانه است[1] (فره.).

پیچه باف p.-bāf [= پیچه‌بافنده] ۱ -(ص‌فا.)آنکه‌پیچه بافد، آنکه روی بندمویینه‌برای‌زنان بافد. ۲ - (ص‌مف.) پیچه، عقاص.

پیچه بافی p.-bāf-ī (حامص.)عمل پیچه‌باف(ه.م.) ۲ - محل بافتن‌پیچه.

پیچه بند p.-band (اِمر.) ۱ - عصابه‌که زنان برپیشانی بندند، پیشانی بند. ۲ - رشته ای که بدان پیچه را به پیشانی بندند؛ بندپیچه :
«بپیچد دلم چون ز پیچه تبم
گشاید برغم دلم پیچه بند.»
(عسجدی،لغ.)

پیچه زدن p.-zadan (مص‌ل.) روی‌بند مویینه بروی آویختن ؛ درنقاب مویین شدن، روبند زدن.

پیچی ئیل pīčī-īl [تر.] (اِمر.) سال میمون، بحساب منجمان‌ترکستان، نهمین‌سال از دورهٔ اثناعشری (ه.م.) ← سیچقان‌ئیل.

پیچیدگی pīč-īda(e)g-ī (حامص.) حالت وکیفیت‌پیچیده،التواء،خمیدگی، تاب: «لواءالحیه ، پیچیدگی‌مار.»

1-Hélice (فر.)

(منتهی‌الارب، لغ.) ‖ ~ آواز. طنین آن، انعکاس آن[1]. ‖ ~ پا. (پز.) پیچیدگی قوزک (ه.م.) ‖ ~ چشم. کاژی[2]. ‖ ~ زبان. گرفتگی زبان بهنگام تکلم، لکنت زبان:

«تاهست حرف زلف توسر داستان‌ما
پیچیدگی برون نرود از زبان ما.»
(دانش، لغ.)

‖ ~ درسخن (کلام، مطلب). ابهام، غموض، تعقید، روشن‌نبودن آن. ‖ ~ عضله. (پز.) خوب رستن آن، ضخمی ماهیچه. ‖ ~ عضو. (پز.) ناراستی آن، تاب داشتن آن، رگ‌ بر گ‌شدن[3]. ‖ ~ قوزك. (پز.) پیچیدگی پا، التواءِ قوزك[4].

پیچیدگی کردن p.-kardan (مص ل.) ~ باکسی. بدرفتاری کردن با او، سخت‌گرفتن براو.

پیچیدن pīč-īdan [= پچیدن، په. pēčītan] (پیچید، پیچد، خواهد پیچید، بپیچ، پیچنده، پیچا، پیچان، پیچیده، پیچش) ۱- (مص م.) خم کردن، تاب دادن، پیچ دادن، خماندن: «پیچ مهره را اینقدر پیچید تاشکست.» ۲- در نوشتن، نوردیدن، لوله کردن، طومار کردن، التواء: «انطواء، پیچیدن.» (منتهی‌الارب) ۳- لفاف کردن، لف: «اگر کسی جامه‌ای تنك برانگشت پیچد...» (مصنفات باباافضل ۲: ۴۲۷) ۴- درهم کردن. ۵- عذاب کردن، رنج‌دادن:

«که اورا (پیران را) زمانه نیامد فراز
چه پیچی تو او را بسختی دراز؟»
(فردوسی)

۶- مستأصل کردن، در تنگنا قرار دادن. ← در پیچیدن. ‖ ~ آواز (صوت). انعکاس صوت، طنین آن. ‖ ~ دستار. ← پیچیدن عمامه. ‖ ~ دوا (دارو) در کاغذ. درون کاغذ نهادن‌دارو، از کاغذ لفافی گرد آن کردن. ‖ ~ عمامه (دستار). حلقه کردن آن برای بسر نهادن. ‖ ~ عنان. ۱- زمام مرکب را بطرفی دیگر متوجه کردن:

«عنان را بپیچید وبنمود پشت
پس او سپاه اندر آمد درشت.»
(شا.، بخ ۸: ۲۲۷۳)

۲- توجه کردن، روی آوردن:

«ببینی کنون زخم جنگی نهنگ
کزان پس نپیچی عنان سوی جنگ.»
(فردوسی)

‖ ~ نسخه. ۱- تهیه‌کردن داروساز داروهایی را که در نسخهٔ پزشك نوشته شده برای تسلیم بصاحب نسخه. ۲- دادن نسخه بداروساز برای تهیهٔ داروها.
۷- (مص ل.) پیچ خوردن، تاب‌خوردن، خمیدن. ۸- حلقه زدن، گرد خود بر آمدن (چون مار)، چنبره زدن. ۹- متأثر شدن، متألم گشتن:

«سپهبد پشیمان شد از کار اوی
بپیچید ازان راست گفتار اوی.»
(فردوسی)

۱۰- رنج دیدن، عذاب‌دیدن، جزا یافتن، بسزا رسیدن:

«ودیگر کجا مردم بدکنش
بفرجام روزی بپیچد تنش.»
(فردوسی)

۱۱- گلاویز شدن، جر وبحث کردن: «ازهمان بچگی آبجی خانم را مادرش میزد و با او می‌پیچید...» (زنده‌بگور. ۷۳) ‖ ~ از...، منحرف شدن، سرپیچی کردن: «الله‌در علم آید، در

۱- Raisonnance (فر.) ۲- Strabisme (فر.) ۳- Distosrtion (فر.)
۴- Entorse (فر.), spraining (انگ.)

خیال نیاید... تکلف و تأویل در آن نجویی، واز گفتن وشنیدن آن نپیچی.» (کشف‌الاسرار۲: ۵۰۷) ‖ ـــ باکسی (به‌پر و پای کسی). بدرفتاری کردن با او، سختگیری کردن بروی:

«بخت اگر یارست باسلطان بپیچ
بخت‌چون برگشت، صدسلطان‌بهیچ.»
(لغ.)

‖ ـــِ سر. بچرخ آمدن سر، دوار یافتن سر:

«دلش نگیرد ازین کوه ودشت و بیشه‌ورود
سرش نپیچد ازین آبکند ولوره وجر.»
(عنصری.لغ.)

‖ سر ازفرمان کسی ـــ. عصیان آوردن.
‖ روی ـــ از. برگشتن از، گریختن، پشت بدادن.

پیچیدنی pīč-īdan-ī (ص‌لیا.) ۱ - قابل پیچیدن، درخور پیچیدن:

«بپیچم سراز هرچه پیچیدنی
بسیچم بکار بسیچیدنی.»
(نظامی)

۲ - آنکه تواند پیچید، که‌بپیچد.

پیچیده pīč-īda(-e) [← پیچیدن] (اِمف.) ۱- خمیده، خم گشته، پیچ یافته. ۲ - درنوشته، درنوردیده. ۳- ملفوف، ملتوی، مطوی:

«چه سرزد ز بلبل الا ای گل نو!
که‌چون‌غنچه‌پیچیده‌ای پا بدامان؟»
(وحشی ۳۴)

۴ - مشکل، معقد (مطلب، کلام، سخن، شعر...): «هرعقده که‌درمعنی ابیات‌مشکله وخیالات دقیق‌پیچیدهٔ شعراپیش‌میآمد، بآسانی‌میگشود...» (عالم‌آرا.۱: ۱۸۰) ۵- درهم (کار)، مشکل، سردرگم: «سوی نشابور رویم تا به‌ری نزدیك باشیم‌وحشمتی افتد، وآن کارها که‌پیچیده‌میباشد، گشاده گردد.» (بیهقی.اد.۴۵۱) ۶ - مجعد(موی)، مرغول. ۷ - دست‌برنجنی که آنرا چهارگوشه ساخته باشند. ۸ - کج، غیرمستقیم: «چهار ستاره‌اندروشن پیچیده نهاده از شمال سوی جنوب.» (التفهیم، لغ.) ۹ - مستأصل‌ساخته، سخت گرفته بر کسی: «گفت عبدوس: عجب کاری دیدم درمردی پیچیده، وعقابین حاضر آوردند وکار بجان رسید...» (بیهقی.اد.۳۷۰، فیا.۳۶۴) ‖ ـــ از... روی برتافتن از، منحرف شدن از...:

«مگر نامور شنگل هندوان
که ازدادپیچیده‌دارد روان.»
(فردوسی)

‖ ـــِ ساق. آنکه پاهای محکم وعضلانی دارد: «کوتاه انگشت، پیچیده ساق، بزرگ پاشنه.» (التفهیم، لغ.) ‖ چشم ـــ. چشمی که اندکی کج باشد، دیده‌ای که‌سیاهی آن کمی ازجای اصلی بسویی‌مایل‌باشد. ‖ گوشت ـــ. گوشت سخت زفت، عضلانی، محکم. ‖ بهم ـــ. یك دردیگر پیوسته، باهم پیوسته و انبوه: «اغبی، غبیاء، شاخ بهم‌پیچیده.» (منتهی‌الارب) ‖ درهم ـــ. بهم پیچیده وانبوه: «واد خجل، وادی بسیار گیاه‌وپیچیده گیاه.» (منتهی‌الارب)

پیچیده انگشت p.-angošt (ص‌مر.) ۱ - آنکه انگشتی کج دارد. ۲ - آنکه انگشتی قوی دارد.

پیچیده‌پا(ی) p.-pā(y) (ص مر.) ۱ - آنکه پایی کج دارد. ۲ - آنکه پایی نیرومند وعضلانی دارد.

پیچیده پیه p.-pīh [← پیه] (ص‌مر.) فربه، پرپیه: «کوءالسنام، بزرگ وپیچیده پیه گردید کوهان.» (منتهی الارب، لغ.)

پیچیده چشم p.-ča(e)šm (ص‌مر.) ۱ - چشمی که سیاهی آن برجای اصلی نبود، چشم اندکی کج. ۲ - دارندهٔ چشم

پیچیده ↑، صاحب چشم مذکور.

پیچیده‌دست p.-dast (ص‌مر.) ۱ - آنکه‌دستی کج دارد، کسی که‌دست او را پیچیده باشند. ۲ - (کن.) دارای دست ناتوان، سست دست:

«بدان سست پایان پیچیده دست
سکندرچه لشکر تواند شکست؟»
(نظامی)

۳ - آنکه‌دستی عضلانی وقوی دارد.

پیچیده دم p.-dom (ص مر.) ← پیچیده دنب.

پیچیده دنب p.-donb [= پیچیده دم] (ص‌مر.) دارای‌دم‌تاب‌خورده: «اعقد، گرگ و سگ پیچیده دنب.» (منتهی الارب)

پیچیده ران p.-rān (ص مر.) ۱ - آنکه رانی کج دارد، دارای رانهای ناراست. ۲ - آنکه رانی عضلانی‌دارد، دارای رانهای قوی.

پیچیده ساق p.-sāγ [ف.-ع.] (ص مر.) ۱ - آنکه‌ساقی کج‌دارد، دارای‌ساق ناراست. ۲- آنکه‌ساقی‌قوی‌دارد: «کثیف، کوتاه‌انگشت‌پیچیده‌ساق.» (التفهیم، لغ.)

پیچیده شاخ p.-šāx (ص‌مر.) دارای شاخهای خمیده و پیچ درپیچ: «تیس مکعنب، تکهٔ پیچیده شاخ.» (منتهی‌الارب)

پیچیده شدن p.-šodan (مص ل.) ۱ - تاب یافتن، خمیده شدن. ۲ - در نوردیده شدن. ۳ - ملفوف‌شدن، ملتوی شدن. ۴ - منحرف‌شدن، بگشتن. ۵ - مشکل شدن (کلام، سخن...): «هتهتة، پیچیده شدن سخن.» (منتهی‌الارب، لغ.) ۶ - درهم‌پیوستن، بهم‌درآمدن: «التیاث، پیچیده شدن چیزی برچیزی.» (منتهی الارب، لغ.) ۷ - مجعد گشتن (موی)، مرغول شدن: «تعکش، پیچیده شدن موی...» (منتهی‌الارب)

پیچیده کوهان p.-kūhān (ص‌مر.) دارای‌کوهانی‌نیک‌بررسته: «علوف‌السنام، پیچیده‌کوهان که گویی بچادر بسته.» (منتهی‌الارب)

پیچیده‌کردن p.-kardan (مص‌م.) ۱ - تاب دادن، خماندن. ۲ - در نوردیدن، التواء. ۳ - ملفوف‌کردن، ملتوی ساختن. ۴ - منحرف کردن، گردانیدن. ۵ - مشکل کردن (کلام، سخن...)، معقد ساختن. ۶ - در هم پیچیدن، بهم‌پیوستن. ۷ - مجعد کردن (موی)، مرغول ساختن (زلف).

پیچیده‌گردن p.-gardan (ص‌مر.) دارای گردنی قوی، صاحب گردنی عضلانی، قوی‌گردن.

پیچیده‌گوش p.-gūš (ص‌مر.) آنکه گوش‌وی‌را برای‌سرزنش پیچیده‌باشند:

«به ذل غریبان بیمار توش
به‌اشك یتیمان پیچیده‌گوش.»
(نظامی)

پیچیده‌گوشت p.-gūšt (ص مر.) ۱ - آنکه دارای گوشت عضلانی‌است. ۲ - قوی، نیرومند.

پیچیده‌گیاه p.-giyāh (ص‌مر.) دارای گیاهان‌انبوه، پرگیاه: «اجزاء، پیچیده گیاه شدن چراگاه.» (منتهی‌الارب)

پیچیده مو(ی) p.-mū(y) (ص‌مر.) ۱ - دارای موی بهم‌تافته. ۲ - مرغول، مجعد.

پیچی‌ها pīčī-hā (ا.) ج. پیچی. (گیا.) دسته‌ای[1] ازپروانه واران که‌از پراکنده‌ترین تیره‌های گیاهان گلدار است. برگهای پیچیها همه مرکب ودر انتهای آنها یکی ازبرگچه‌ها مبدل به

1- Viciées (فر.)

۸۸۰
پیخ

پیچی شده‌است که‌میتواند بدور نباتات دیگر بپیچد. گاهی چندین برگچهٔ آن مبدل به‌پیچ میشود، و ممکن است همهٔ برگچه‌ها تبدیل به‌پیچ گردند وفقط زبانهٔ پای برگ مرکب بزرگ و پهن شود، وعمل برگ اصلی‌را انجام‌دهد. انواع‌مهم پیچیهاعبارتنداز: نخود، عدس، ماش، خلر، باقلا، خلرماش.

پیخ pīx [← پیخال] (إ.) چرك،شوخ؛ فضله:

«همواره پراز پیخ‌است آن‌چشم‌فژاگن
گویی که‌دو پیخ آنجا دوخانه گرفته‌است.»
(عماره. لغت فرس۷۶)

ضح.- درلغت‌فرس ص۷۶ آمده: «پیخ، آبی غلیظ بود که برمژه وچشم برآید وآنرا بتازی رمص گویند. عماره گفت: همواره ...» «اما پیخ بمعنی‌مطلق‌چرك وشوخ وفضله و وسخ است، و در این شعر نیزشاعرهمین اراده کرده‌است که‌از پیخ مراد فضلهٔ بوم است.» (لغ.) بعدها همین‌معنی‌لغت فرس موردتوجه‌فرهنگ نویسان واقع گردیده و شمس فخری‌در معیار جمالی همین معنی‌را با بیت‌ذیل از خود آورده:

«زبس که خون رود ازچشم‌خصم‌شاه، بود
همیشه‌برمژه‌اش‌خشك‌خون‌بصورت‌پیخ.»
(معیارجمالی. کیا. ۷۶)

پیخال pīx-āl [← پیخ] (إمر.)
۱- فضله، سرگین، پس‌افکندهٔ جانوران (پرندگان، مگس وغیره):

«چو باز دانا کوگیرد ازحباری سر
بگرد دنب نگردد، بترسد ازپیخال.»
(زینبی. لغت فرس۳۱۹)

ضح.- فرهنگستان کلمه رابمعنی براز و مدفوع[۱] پذیرفته. ۲- چرك، وسخ، شوخ.

پیخاله pīx-āl-a(-e) [← پیخال] (إمر.) فرهنگستان این کلمه را بمعنی مدفوع شکل[۲] پذیرفته است.

پیختگی pīx-ta(e)g-ī (حامص.) حالت وکیفیت پیخته (ه.م.)

پیختن pīx-tan [گیل. vá-pextan، پیچیدن، قس. پیچیدن] (مصم.) (پیخت، -، خواهد پیخت، -،-، پیخته) ۱- پیچیدن، لف: «چون چشمش برحسن زید افتاد امان طلبید، روی ازو بگردانید، وترکی رابفرمود تاگردن او بزند، واو را در چادری پیختند، و بگورستان گرگان دفن کردند.» (تاریخ‌طبرستان،لغ.) ۲- توزیع کردن، افشاندن:

«زبالا بریشان درم ریختند
زمشك وزعنبرهمی‌پیختند.»
(شا. بخ ۸: ۲۴۴۰)

پیختنی pīx-tan-ī (صلیا.) درخور پیختن، لایق پیختن (ه.م.)

پیخته pīx-ta(-e) [← پیختن] (إمف.) ۱- پیچیده: «سلطان او را بگرفت و پانصد هزاردینار زر سرخ: یك‌نقد، دو دوسبیکه‌برهم‌پیخته، هریك هزار دینار، بدیوان سلطان گزارد.» (راحة‌الصدور۳۶۷) ۲- میده (ه.م.)

پی‌خجسته pay-xojasta, pey-te [← خجسته] (ص مر.) مبارك‌پی، مبارك قدم، خجسته پی،میمون:

«دریا وکوه دره و من‌خسته‌وضعیف
ای خضر پی‌خجسته !مددکن بهمتم.»
(حافظ۲۱۳)

۱-پیخست pay-xost, xast [= پی‌خوست= پی‌خسته، لغة بپای‌کوفته ← پیخستن] (إمف.) ۱- چیزی که در زیر پای کوفته ونرم‌شده باشد، لگدمال، پی‌سپر.

۱- Matière fécale(فر.)
۲- Fécaloïde(فر.)

«چنان بنیاد ظلم از کشور خویش
بفرمان الهی کرد پیخست ...»
(عنصری)

۲ - عاجز، درمانده، کسی که در جایی گرفتار آید و نتواند رهاشدن؛ پیخسته. ۳ - بدبو، متعفن، گندیده.

۲- پیخست pay-xost, pey-] ← پیخشت](ص‌مر.) پیخشت (ه.م.)

پیخستن pay-xostan, pey-xastan [= پی‌خوستن، لغةً بپای کوفتن] (مص م.) (پیخست، ـَد، خواهد پیخست، ـ،ـ، پیخسته) ۱ - خستن با پای، بپای کوفتن، لگدمال کردن، پی‌سپر کردن:

«کوفته را کوفتند سوخته را سوخت
وین تن پیخسته‌را بقهر بپیخست.»
(کسائی، لغ.)

۲ - درمانده کردن، عاجز ساختن:

«شادی وبقا بادت وزین بیش نگویم
کاین قافیهٔ تنگ‌مرا نیک بپیخست.»
(عسجدی، لغت‌فرس ۴۸)

پیخسته pay-xosta, xasta(-e) (إمف.) ۱ - لگدمال شده، پی‌سپرده، لگدکوب، کوفته زیر پای:

«زبس کش بخاك اندرون گنج بود
ازو خاك پیخسته را رنج بود.»
(عنصری، لغ.)

۲ - کوبیده: «ماهی گیران بزمستان سر ودستها را تا ببازوان بسیر کوفته همی آلایند تا ساقها بسته شود و بخار از دست بیرون نیاید، و چون بخار اندر پیخسته بماند گرم شود. . .» (جامع الحکمتین ۱۶۸) ۳ - درمانده، عاجز، بیچاره:

«بررفتنیم اگرچه درین گنبد
بیچاره‌ایم و بسته و پیخسته.»
(ناصرخسرو ۳۹۳)

۴ - متعفن، بدبو.

پیخشت pay-xošt, pey.-] = پیخست](ص‌مر.) از بن کنده بیکبارگی، برکنده:

«چندان‌گرداندش که از پی‌دانگی
با پدر و مادر و نبیره زند مشت.»
«اف زچونین حقیر و بی‌هنر ازعقل
جان‌ز تن آن خسیس بادا پیخشت.»
(غیاثی، لغت‌فرس ۳۹)

پی‌خوره pay-xora, pey-xora(e) (إمر.) (گیا.) خرزهره (ه.م.)

پیخوست pay-xost (pey-) (إمف.) ← پیخست.

پیخوستن pay-xostan (pey-) (مص‌م.) ← پیخستن.

پیخوسته pay-xosta (pey-e) (إمف.) ← پیخسته.

پید pīd [= پیذ = پوده، کر. pet، بی‌اعتبار، büta peta (جسد فاسدشده] (إ.) ۱ - بیفایده، بی‌ارزش. ۲ - ترت ومرت، تار و مار. ۳ - هرچه از تف آتش زرد و ضایع شود: «وهم فیها کالحون. و ایشان‌دران آتش ترش رویان باشند، از بهر آنك لبهاشان برجسته باشدو دندانها پید آمده.» (تفسیر کمبریج ۶۰ ب، I ۲۰؛ براون. تفسیر ۴۵۱)

پیدا paydā, pey- [ایب. *patyāka، سنس. pratyāka, pratyánc، په. patyāk، paδtāk، paitāk] (ص.، ق.) ۱ - واضح، آشکار، هویدا؛ مق. پوشیده، پنهان:

«شب تار و شمشیر و گرد سپاه
ستاره نه‌پیدا، نه تابنده ماه.»
(فردوسی)

۲ - ظاهر؛ مق. باطن؛ ناپیدا: «تا از پیدا رهنمایی سازد سوی ناپیدا.» (مصنفات باباافضل ۲: ۳۹۰).

«هردو عالم یك فروغ روی‌اوست
گفتمت پیدا و پنهان نیز هم.»
(حافظ ۲۵۰)

پیدا آمدن

۲ - متمایز ، مشخص. ‖ ~ بودن . متمایز بودن ، اختلاف داشتن:

«پسر زاد جفت تو در شب یکی
که از ماه پیدا نبود اندکی.»
(شا.بخ ۸: ۲۲۹۷)

۴ -شناخته، معروف:«مه‌پری دختر شاه است و تومجهول‌زاده‌ای،اورا بتوندهد که ترا پدر پیدا نیست.»(سمك‌عیار۱: ۱۹۰)

پیدا آمدن p.-āmadan (مص ل.)
۱ - ظاهر شدن ، آشکار گردیدن : «چنانکه پیدا آید در این نزدیك از احوال‌این‌پادشاه.»(بیهقی.اد۳۹۳.لغ.)
۲ - حاصل‌شدن، بوجود آمدن:«هر کس مرکبست از چهار چیز ...وهر گاه که یك‌چیزازآنرا خلل افتدترازوی‌راست نهاده‌بگشت‌ونقصان‌پیدا آید.» (بیهقی، لغ.) ۳ - ظهور کردن، نامبردار شدن: «برخداوندان‌وپدران‌بیش‌ازآن‌نباشدکه بندگان و فرزندان خویش را نامهای نیکو وبسزا ارزانی‌دارند بدان‌وقت‌که ایشان‌درجهان‌پیدا آیند.»(بیهقی.،لغ.)
۴ - یافت شدن، یافته شدن: «بفرمودتا همهٔ‌آب‌آن‌چاه‌را‌وبسیاری گل‌بر کشیدند، پیدا نیامد(انگشتری پیغامبر).» (مجمل‌التواریخ،لغ.)

پیدا آوردن p.-āva(o)rdan [= مخف. پیدا آردن] (مص‌م.) ۱ - آشکار کردن، ظاهر کردن:«وردولت و نوبت خویش‌منزلت‌او‌پیدا آرند.»(کلیله،لغ.) ۲ - هستی دادن، بوجود آوردن :

«همی گویی زمانی بود ازمعلول تاعلت
پس‌ازناچیز‌محض‌آوردموجودات‌را پیدا.»
(ناصرخسرو۲۷)

پیدائی payda'-ī (حامص.) ← پیدایی.

(پیداد) paydād (ص.) در بعض فرهنگها بمعنی پیداوظاهر گرفته این بیت فرخی‌را شاهد آورده‌اند:

« بربساط ملك شرق ازو فاضل تر
کس‌بننشست وکسی کردنتاند پیداد.»

مصراع‌اخیر دردیوان فرخی . د. ۴۶ چنین است : « کس‌بننشست وکسی‌نیز نخواهد استاد » و درنسخه بدل:«کسی کرد نیارد بیداد»ودر نسخه‌بدل‌لغت‌نامه «نتاند بیداد». مرحوم‌دهخدادرلغت‌نامه پس‌از نقل بیت مذکور نوشته‌اند: «اما گمان نمیکنم درست باشد.»

پیدا داشتن p.-dāštan (مص ل.) هویدا داشتن، آشکار داشتن:

«درآبی‌که پیدا ندارد کنار
غرور شناور نیاید بکار.»
(سعدی)

پی‌دار pay-dār,pey.- [= پی دارنده](ص‌فا.)دنباله‌دار. ‖ گندم وآرد ~ . که ریع‌بسیاردارد، صاحب‌ریع . ‖ گوشت ~ . دارای قوت ، دارای پی وعصب .

پی داری pay-dār-ī,pey.- (حامص.)عمل پی‌دار(ه.م.) ۱ - دنباله داری. ۲ - ریع. ۳ - دارای چسبندگی وقوت بودن.

پیدا زا paydā-zā,pey.- [= پیدا زاینده] (ص‌فا.) (گیا.) بارزالتناسل[۱] . ضح. - این کلمه را فرهنگستان پذیرفته است.

پیداساختن paydā-sāxtan,pey.- (مص‌م.) آشکار کردن ، هویدا کردن، پدید آوردن .

پی داشتن pay- dāštan,pey.- (مص‌ل.) ۱ - دنباله داشتن ۲ - ریع داشتن، کشش داشتن، صاحب‌ریع‌بودن. ۳ - قوت‌داشتن. ۴ - دارای عصب بودن (گوشت). ‖ پی‌کسی(چیزی)داشتن. متابع او بودن، بدنبال‌اورفتن،هوای‌اوداشتن:

۱-Phanérgame (فر.)

«تامن پی آن زلف سرافکنده همی دارم
چون‌شمع گهی گریه‌و گه‌خنده‌همی‌دارم.»
(خاقانی)

پیدا شدن p.-šodan (مصل.) ۱ - ظاهر شدن، آشکار گردیدن، ظهور، نمایان شدن، تبین، تجلی: «چون پیدا شدکه چیست لون، پیدا شد که چیست بینایی.» (مصنفات باباافضل ۲: ۴۱۷).
«نخست آنکه یابی بدو آرزو
زهستیش پیدا شود نیک‌خو.»
(شا. بخ ۸: ۲۳۸۲)

۲ - معلوم گشتن، مشخص گردیدن، ممتاز شدن: «...تااین‌ازآن پیداشود.» (التفهیم ۹۴، مقدمه‌قمج)
۳ - حاضر آمدن، حاضر شدن. ۴ - یافت شدن، یافته شدن گم گشته؛ مق. گم شدن. ‖ ـــِ اثر...، نشانه‌ای ازو (ازآن) بدست آمدن: «دیگر اثری ازو پیدا نشد.» (ظفرنامهٔ یزدی. امیرکبیر ۲: ۴۱۵) ‖ ـــِ کار. بدست آمدن کار وشغل:
«مرا صائب! بفکر کارعشق انداخت بیکاری
عجب کاری برای مردم بیکار پیداشد.»
(صائب، لغ.)

پیداکردن p.-kardan (مص‌م.) ۱ - ظاهر کردن، واضح کردن، آشکار ساختن، هویداکردن، جلوه گرساختن، اظهار، ابانه: «وپیدا کرد که چگونه است آن‌نفس‌را.» (مصنفات باباافضل ۲: ۳۸۹) ۲ - شرح‌دادن، بیان‌کردن: «وپیدا کردیم اندروی صفت زمین.» (حدودالعالم ۴) ۳ - ممیز ساختن، ممتاز کردن، مشخص کردن. ۴ - یافتن (گمشده‌را)؛ مق. گم کردن: «اگر زن آبستن درکوچه سنجاق پیدا بکند، بچه‌اش دختر میشود واگر سوزن پیدا بکندپسر میشود!» (هدایت. نیرنگستان ۵). ‖ بچه ـــ. بچه‌ای بوجودآوردن.
‖ برکسی ـــ (پیداناکردن). بروی او آوردن (نیاوردن):
«شنیدی حال خاقانی که چونست
ولی برخویشتن پیدا نکردی.»
(خاقانی)
‖ ـــ خودرا. خود را نشان دادن، خود را آشکار کردن: «پس سوگندداد که‌اگرمسلمانی‌درین جمع‌هست بحرمت محمدبن عبدالله که خود راپیدا کند.» (جوامع‌الحکایات ا، چا ۱: ۶۸)

پیداکننده p.-konanda(-e) (صفا.) آشکارکننده، مبین: «شارع، پیداکنندهٔ راه‌بزرگ.» (منتهی‌الارب)

پیداگر p.-gar (صفا.) ظاهرکننده، آشکار کننده: «... یا پیدا کرده بود چندی حکم، واین رامحصوره خوانند، ولفظ پیداگر چندی را سور خوانند.» (دانشنامه. منطق ۳۹-۴۰)

پیدا گردانیدن p.-gardānīdan (مص‌م.) ۱ - ظاهرساختن، آشکارکردن. ۲ - ایجاد کردن، بوجود آوردن: «حق تعالی بفضل خود درخت کدو را پیدا گردانید، همان ساعت درخت کدو بر آمد.» (قصص‌الانبیاء ۱۳۶، لغ.) ۳ - معلوم کردن: «سوگند خورد که طعام وشراب نخورم تا ایزد تعالی مراپیدا گرداند که چه‌باید کرد.» (تاریخ‌سیستان، لغ.)

پیدا گردیدن p.-gardīdan (مصل.) ۱ - پیدا شدن، آشکار شدن:
«تاغمی پنهان نباشد، رقتی‌پیدا نگردد ـ هم
گلی‌دیده‌است‌سعدی، تاچوبلبل‌میخروشد.»
(سعدی)
۲ - ایجاد شدن، بوجود آمدن. ۳ - ممتاز شدن، مشخص گردیدن:
«بیدار چوشیداست بدیدار، ولیکن
پیدا بسخن گرددبیدار زشیدا.»
(ناصرخسرو ۳)

پیدا گشتن p.-gaštan (مصل.) ۱ - پیدا شدن، آشکار شدن:

۸۸۴
پیدانمودن

«یکی اژدها گشت پیدا ز راه
بگردش بما روز روشن‌سیاه.»
(شا.: لغ: پیداگردیدن)
۲- ظهور کردن: «پادشاهی‌عادل‌ومهربان پیدا گشت.» (بیهقی. اد. ۳۸، لغ.) ۳ - مشخص شدن، ممتاز گشتن:
«سفال را به تپانچه زدن ببانگ آرند
ببانك گردد پیدا شکستگی‌ز درست.»
(رشیدی سمرقندی، لغ.)
مق. ناپیداگشتن.

پیدانمودن p.-no(e)mūdan (مص‌م.) ۱ - آشکارا کردن. ۲ - ممیز ساختن، مشخص کردن:
«نورحق را نیست ضدی در وجود
تا بضد او را توان پیدا نمود.»
(مثنوی)

(پیداوسی) paydāvas-ī (اِ.) ← پنداوسی.

پیدایش paydā-y-eš (اِمص.) ۱ - ظهور، تکون، پیدایی. ۲ - ایجاد، بوجود آمدن: «اورا (طرغلودیس‌را) در ریزانیدن سنگ مثانه و بازداشتن از پیدایش سنگ خاصیتی شگفت است.» (ذخیرهٔ خوارزمشاهی. نسخهٔ خطی لغت‌نامه: طرغلودیس). ‖ سفر ~ . سفر تکوین (از تورات). ضح. - درقدیم «پیدایی» (ه‍.م.) بعنوان حاصل مصدر استعمال میشد، و پیدایش یکی از موارد استثنایی است که اسم‌مصدر شینی از غیر فعل مشتق شده.

پیدایی paydā-y-ī (حامص.) ۱ - ظهور، آشکارشدن. ۲ - علم، معرفت: «وآن لفظ عالم و دانا و علم دانستن است... ما آن‌را بلفظ روشنی و پیدایی و علت و مایه و معدن پیدایی وروشنی بدل کردیم...» (مصنفات بابا افضل. عرض‌نامه ۸۲) ← پیدایش.

پی‌درپی pay-dar,pay-pey-dar, pey-pey (قمر.) ۱ - پیاپی، متوالی، متواتر، یکی پس از دیگری: «و در اثنای راه حکام و داروغگان ولایات وکلانتران الوس و احشام از اطراف پی‌درپی میرسیدند.» (ظفرنامهٔ‌یزدی. امیر کبیر ۲: ۴۱۸) ۲ - دمادم، پشت سر دیگری:
«دوراهرو که براهی‌روند در یك‌سمت
عجب نباشد اگر اوفتند پی درپی.»
(کمال‌اسماعیل، لغ.)

پیر pīr [است. parya, parō * ، پیشین، په. pīr] (ص.، اِ.) ۱ - سالخورده، کلان‌سال، مسن، معمر، شیخ؛ مق. جوان، برنا:
«همان موبد موبدان اردشیر
زلشکر بزرگان برنا و پیر...»
(شا. بخ ۸: ۲۲۸۴):
«سید ابوهاشم‌پیر بود وچشمها پوشیده.» (سلجوقنامهٔ ظهیری ۴۳) ۲ - سالیان دراز بر او گذشته، دیرینه، کهنه، قدیم:
«ای‌که‌بر خیره‌همی دعوی‌بیهوده کنی
که فلان‌بودت از یاران دیرینه‌وپیر.»
(ناصرخسرو ۱۹۶)
۳ - (تص.) مراد، مرشد، شیخ (← پیر طریقت):
«هیچ خصمی‌را این شغل نیاموزدخصم
هیچ‌صوفی را این کار نفرماید‌پیر.»
(سوزنی، لغ.)
۴ - (اسماعیلیه) ملای‌اسماعیلیان. ضح. - چون اصطلاحات قدیم از قبیل مأذون و داعی و مستجیب و غیره متروك شد «پیر» جای آنرا گرفت. در عهدصفویان اصطلاح «پیر» معمول بود. ۵ - (زردشتیان) روحانی، موبد، راهنما. ‖ به‌پیر! سوگندبه‌مرشد (ازاصطلاحات صوفیه که وارد کلام عامه‌شده.) ‖ ~ چهل ساله. ۱ - (کنـ.) عقل، قوت عاقله

که درچهل سالگی کامل شود. ۲ ـ (اِخ.) جبرئیل. ۳ـ (اِخ.) آدم‌ص . ۴ ـ فیروزه. فیروزج، پیروزه. ‖ ~ خانقاه. (تص.) شیخ خانقاه ، مرشد . ‖ ~ خدای . (کن.) عثمان‌بن عفان. ‖ ~ خرابات. ۱ـ پیری که درمیکده‌ها شراب فروشد، پیر میفروش. ۲ ـ (تص.) مرشد کامل و مکمل است که مرید را بترك رسوم و عادات وادارد و براه فقر وتصوف هدایت کند:

«بندهٔ پیر خراباتم که لطفش دایم است
ورنه لطف شیخ وزاهد گاه هست وگاه نیست.»
(حافظ. ۵۰)

۳ ـ (تص.) سالك و عاشق لاابالی که افعال و صفات جمیع اشیا را محو در افعال و صفات الهی داند و هیچ صفت بخود و بدیگری منسوب ندارد؛ پیر مغان. ‖ ~ خرد . ۱ ـ عقل ، عقل کل. ۲ ـ مرد دانا و عاقل، فردکامل:

«درین چمن که گلش پیش‌خیز صبحدم است
بشرع پیرخردخواب صبح عصیان است.»
(دانش. آنند.، لغ.)

‖ ~ خسیس . ۱ ـ (کن.) زحل ، کیوان. ۲ ـ (کن.) شیطان ، ابلیس . ‖ ~ دالو. سخت پیر، بسیارسالخورده. ‖ ~ دولت. ازبزرگان دولت: «بیش کس نبود از پیران دولت که کاری برگذارد.» (بیهقی. اد. ۳۳۴، لغ.) ‖ ~ دلیل. (تص.)منصبی‌درحوزهٔ تصوف، کسی که واسطهٔ میان مرشد ومریداست. ‖ ~ دوتا. ۱ ـ پیری خمیده‌پشت. ۲ ـ (کن.) آسمان . ‖ ~ دومو(ی). ۱ ـ آنکه موی سروی‌سپید و سیاه‌بود. ۲ ـ (کن.) دنیا باعتبار شب و روز:

«پیر دومویی که شب و روز تست
روز جوانی ادب آموز تست .»
(نظامی، لغ.)

‖ ~ دیر. ۱ـ رهبان پیر ، کشیش، روحانی :

«مغانرا خبر کرد و پیران‌دیر
ندیدم‌دران‌انجمن روی‌خیر.»
(سعدی)

۲ ـ قاید، پیشوا. ۳ ـ سخت‌آزموده ، بسیارمجرب: فلان پیردیراست. ‖ ~ سالخورد (سالخورده) . پیر کهن سال . ‖ ~ سغدی. ۱ـ آلتی موسیقی‌در قدیم، وظاهراً شهرود(منسوب‌با بوحفص‌سغدی):

«نخستین شکستند بر خوان خمار
پس‌ازبزم و رامش گرفتند کار،»
«شد از ناله آن پیر سغدی بجوش
که نامش بخاری ، برآردخروش.»
(گرشاسب‌نامه ۲۷۱)

۲ ـ (کن.) شراب کهنه . ‖ ~ سگ. ۱ ـ سگ سالخورده. ۲ ـ دشنامی‌است پیران‌را ↓ . ‖ ~ سگ. دشنامی‌است پیران را. ↑ ‖ ~ ششم‌چرخ. (کن.) (اِخ.) مشتری ، برجیس ، اورمزد . ‖ ~ صحبت. (تص.) مرشد، پیرطریقت: «نخست‌موعظهٔ پیر صحبت این حرف است که ازمصاحب‌ناجنس احتراز کنید!» (حافظ ۱۶۵)

ضح.- درنسخ‌دیگر: پیرمیفروش‌این‌است. ‖ ~ صفهٔ هفتم (اِخ.) (کن.) ستارهٔ زحل ، کیوان:

«آنکه‌پیر صفهٔ‌هفتم سبکدل شدزرشک
ازوقارتوبراوچندان گرانی آمدست.»
(سنائی ، لغ.)

‖ ~ طریقت. (تص.)مرشد ، شیخ: «پیرطریقت گفت: الهی‌اعارف ترابنور تو میداند...»(کشف‌الاسرار ۲:۵۰۸) ‖ ~ غلام. ۱ ـ غلام‌پیر، خدمتکار سالخورده . ۲ـ کهتر سالخورده برابر پادشاهان و بزرگان از خود بتواضع بدین‌کلمه یادکنند. ‖ ~ فلك. ۱ ـ فلك‌کهن سال ، گیتی سالخورده ← فلك پیر. ۲ ـ (اِخ.)(کن.)زحل، کیوان. ‖ ~ کار. استادکار، دانای‌کار:

«کدوخوش بنزدیك نرگس بکار
سفارش چه حاجت؟ تویی پیر کار.»
(ظهوری، آنند.، لغ.)

|| ~ کشتهٔ غوغا. (إخ.) (کن.) عثمان ابن‌عفان. || ~ کفتار. ۱- کفتار پیر ومسن. ۲- (کن.) پیری پلید و بد ↓. || ~ کفتار. پیری پلید و بد ↑ (غالباً زنان یکدیگررا بهنگام توهین خطاب کنند). || ~ کله‌پز. طباخی که سر بریان وپاچه‌پزد. || ~ کنعان. (کن.) یعقوب ۴:

«شنیده‌ام سخنی خوش که پیر کنعان گفت:
فراق یار نه آن میکند که بتوان گفت.»
(حافظ. ۶۱)

|| ~ کنعانی. پیر کنعان ↑ :

«یوسف عزیزم رفت، ای برادران! رحمی
کز غمش عجب بینم حال پیر کنعانی.»
(حافظ. ۳۳۵)

|| ~ گبر. ۱- خطابی طنز آمیز گبرو زردشتی کهن سال را. ۲- خطابی توهین آمیز کافررا (مطلقاً). || ~ گرگ. ۱- گرگ سالخورده، گرگ مسن. ۲- (کن.) اصطلاحی است ستایش‌آمیز، مردی آزموده، مجرب وگربز ودلیر؛ گرگ پیر:

«شنیدستی آن داستان بزرگ
که ارجاسب زد، آن گو پیر گرگ؟»
(شا.، لغ.)

۳- دشنام گونه ای پیران آزموده ومحیل را:

«بیامد پس آن بیدرفش سترگ
پلیدی، سگی، جادویی، پیر گرگ.»
(دقیقی، لغ.)

|| ~ گرگ بغل‌زن. (کن.) سقرلاط دوز:

«همه عمر سرگشته گردون دوید
چنین پیر گرگ بغل‌زن ندید.»
(وحیددروصف سقرلاطدوز. آنند.، لغ.)

|| ~ گلرنگ. (تص.) ← گلرنگ.

|| ~ مغان. ۱- بزرگ مغان، پیشوای دین زردشتی. ۲- رهبان دیر. ۳- ریش سفید میکده، پیرمیفروش:

«گفتم: شراب وخرقه نه آیین‌مذهب است
گفت: این عمل بمذهب پیرمغان کنند.»
(حافظ. ۱۳۴)

۴- رند. ۵- (تص.) پیر طریقت.

|| ~ منحنی نالان. ۱- سالخوردهٔ گوژپشت زاری کننده. ۲- (کن.)(مس.) چنگ خمیده. || ~ میخانه. ۱- پیر میکده (ه‌.م.):

«پیر میخانه همی خواند معمایی دوش
ازخط جام، که‌فرجام چه‌خواهدبودن؟»
(حافظ. ۲۷۰)

۲- (تص.) پیر طریقت. || ~ میفروش. ۱- پیرخمار، سالخوردهٔ باده فروش. ۲- پیرمیکده (ه‌.م.):

«دی پیر میفروش که ذکرش بخیرباد!
گفتا: شراب نوش وغم‌دل ببر ز یاد.»
(حافظ. ۶۹)

۳- (تص.) پیرطریقت. || ~ میکده. ۱- پیر میفروش (ه.م.): «به‌پیرمیکده گفتم که: چیست راه نجات؟ بخواست جام می و گفت: عیب (راز) پوشیدن.»
(حافظ. ۲۷۱)

۲- (تص.) پیرطریقت. || ~ واستاد. مرشد کامل ومعلم: «هرچه‌ازپیرواستاد میدانست بکاربرد.» || ~ وپاتال، ~ پاتال، پیرپاتیل، پیر پتال. پیر. || ~ وپکر. رجوع بهریك ازاین دو شود. || ~ وپیغمبر. مرشد و نبی: سوگند به‌پیروپیغمبر (قسم‌مغلظ‌وشدید). || ~ وجوان. شیخ‌وشاب، همه، همگان، قاطبةً:

«همه مرگراییم پیر و جوان
که‌مرگست‌چون شیروما آهوان.»
(شا.، لغ.)

‖ ـــِ هافهافو ، هفهفو . پیری که دندانهای وی ریخته ، سخت پیر. ‖ ـــِ هشت خلد. (إخ.) (کنـ.) رضوان، فرشتهٔ موکل بر بهشت. ‖ ـــِ هفت فلك . (إخ.) (کنـ.) زحل، کیوان.

پیر piyar [ماز.، سیادهنی piyar، گیل. peer] (إ.) پدر ، اب:

«مگذر ز سر عشق که گر در یتیمی
ماننده این عشق ترا مار و پیر نیست.»
(مولوی)

پیرا(ی) pīrā(y) [← پیراستن]

۱ - (إفا.) در ترکیبات بمعنی «پیراینده» آید ؛ آرایش دهنده ، مزین : بستان پیرا(ی)، باغ پیرا(ی)، سرو پیرا(ی)، ناخن پیرا(ی). ۲ - (إمف.) در بعضی ترکیبات بمعنی «پیراسته» آید؛ ساخته، پرداخته.

پیراختن pīrāx-tan [قس. پرداختن] (مصل.) فراغ (لغت بیهقی ، پا . نغز ۳۹۴)، فراغت.

پیرار pīrār (ق .) سال پیش از پارسال، دو سال پیش از سال حاضر، پیرار سال:

«هرگز نیامده است و نیاید گذشته باز
برقول من گوا بس پیرار و پارمن.»
(ناصر خسرو ۲۴۵)

پیرارسال p.-sāl (ق مر .) سال پیرار (هـ.م.):

«پیرارسال کو سوی ترکان نهاد روی
بگذاشت آب جیحون بالشکری گران.»
(فرخی،لغ.)

پیراستگی pīrāsta(e)g-ī (حامص.) کیفیت وحالت پیراسته (هـ.م.)

پیراستن pīrās-tan [= پیراییدن = پیراهیدن، pati پش. + rād (← آراستن) ، این مصدر فارسی جانشین دو مصدر پهـ. patrāstan ، زینت دادن و virāstan ، تراشیدن مو وغیره‌شده ، و بدین سبب در ادب قدیم معنی کاستن را حفظ کرده است] (پیراست، پیراید ، خواهد پیراست ، بپیرای ، پیراینده، پیراسته، پیرایش) ۱- زینت دادن بکاستن ، کم کردن برای خوبی وزیبایی، اصلاح کردن؛ مق. آراستن:

«کی عیب سر زلف بت از کاستن است؟
چه جای بغم نشستن وخاستن است؟»
«جای طرب و نشاط و می خواستن است
کاراستن سرو ز پیراستن است .»
(عنصری.چهار مقاله ۵۷)

«تیر راتا نتراشی، نشود راست همی
سرو را تا که نپیرایی والا نشود .»
(منوچهری.د.چا ۲.۱۳:)

ضح.ـ بهمین معنی است پیراستن درخت، پیراستن ناخن، پیراستن موی. ۲ - زینت کردن (مطلقاً)، مزین کردن؛ آراستن:

«بدیبای رومی بیاراستند
کلاه کیانی بپیراستند.»
(شا.، لغ.)

«و اشباح ما را بطینت احسن تقویم بپیراست.» (المعجم. مد. دانشگاه ۱)

۳ - زدودن، صیقل دادن:

«همه شب همی لشکر آراستند
سنان وسپرها بپیراستند .»
(شا.،لغ.)

۴ - وصله کردن، رفو کردن ، دوختن دریدگی، درپی کردن:

«کهن جامهٔ خویش پیراستن
به از جامهٔ عاریت خواستن.»
(سعدی،لغ.)

«شرمم از خرقهٔ آلودهٔ خود می آید
که بر و وصله بصد شعبده پیراسته‌ام.»
(حافظ. ۲۱۲)

۵ - تنبیه کردن، سیاست کردن :

«همیدون دایه‌را لختی بپیرای
بباد افراه بر حالش مبخشای!»
(ویس ورامین،لغ.)

پیراستنی

ا ~ ادیم (چرم). دباغت کردن آن: «دبغ جلد، پیراستن ادیم.» (منتهی الارب) ا ~ دل از غم و آزرم وجز آن. زدودن اندوه از آن، پاك کردن:

«زبانرا بخوبی بیاراستن
دل تیره از غم بپیراستن.»
(شا.، لغ.)

پیراستنی pīrāstan-ī (صلیا.) لایق پیراستن (ه.م.)، درخور پیراستن.

پیراسته pīrās-ta(-e) [پهـ. pērāstak] (إمف.) ۱ - مزین بکاستن، مرتب بوسیلهٔ بریدن زواید:

«ای جهان از عدل تو آراسته
باغ ملك از خنجرت پیراسته.»
(انوری)

۲ - زینت شده (مطلقاً)، مزین: «وی از مستعدان روزگار وبانواع فضل و کمال آراسته و بعنوان هنر پروری پیراسته بود.» (عالم آرا. ۱: ۲۰۴) ۳ - صیقل شده (شمشیر، خنجر و غیره)، زدوده. ۴ - زدوده (از غم) (← پیراسته گشتن). ۵ - وصله کرده، رفو شده. ۶ - تنبیه کرده، سیاست شده. ۷ - دباغی شده، آش نهاده، مدبوغ:

«قومی که چو روبه بتو بر حیله سگالند
پیراسته بادندچو سنجاب وچوقاقم.»
(سوزنی)

۷ - مهیا، بسیجیده، آماده:

«خود توآماده بوی وآراسته
جنگ او را خویشتن پیراسته.»
(رودکی)

پیراسته شدن p.-šodan (مصل.) ۱ - مزین شدن بکاستن (← پیراسته)؛ مق. آراسته شدن. ۲ - مزین شدن (مطلقاً)، زینت یافتن، آراسته شدن.

پیراسته گشتن p.-gaštan (مصل.) ۱ - مزین شدن بکاستن ؛مق . آراسته گشتن. ۲ - مزین شدن (مطلقاً)، زینت یافتن، آراسته گشتن. ۳ - زدوده شدن (از غم):

«ز خوبی آن کودك وخواسته
دل او زغم گشته پیراسته.»
(شا، لغ.: پیراسته)

پیراگندن pīrāgan-dan [= پراگندن] (صر. ← پراگندن) ۱ - متفرق ساختن، پریشان کردن، پراگندن (ه.م.) ۲ - افشاندن، پاشیدن:

«دلم زگردش ایام ریش بود، فلك
نمك نگر که چگونه بران بپیراگند.»
(خلاق المعانی، لغ.)

پیرامن pīrāmon, -man [= پیرامون (ه.م.)] (إ.) پیرامون (ه.م.): «زرنگ شهری با حصارست، و پیرامن او خندق است.» (حدود العالم، لغ.)

«بزمگاهی دلنشان چون قصر فردوس برین
گلشنی پیرامنش چون روضهٔ دارالسلام.»
(حافظ. ۲۱۰)

پیرامون pīrāmūn [= پیرامن، پهـ. pērāmūn] (إ.، ق.) ۱ - اطراف، حوالی، دورتادور، گرداگرد: «وچون سپاه بهرام بندوی را دیدند، هیچ شك نکردند که نه خسروست ، و پیرامون بایستادند.» (مجمل التواریخ ۷۷-۸) ۲ - (رض.) محیط[۱] (فره.)

پیرانسال pīrān-sāl (قمر.) ایام پیری، روزگار پیری. ا به ~ . در روزگار پیری:

«دوستان هیچ مپرسید که چون شد حالم
باجوانی نظر افتاد به پیرانسالم.»
(حسن دهلوی، لغ.)

پیرانسر p.-sar [= پیرانه سر] (قمر.) ایام پیری، سرپیری. ا به ~ . بروزگار پیری:

۱- Périmètre (فر.)

«چو آمد مرا روز کین خواستن
به پیران سرا این لشکر آراستن.»
(فردوسی)

پیرانه pīr-āna(-e) (ص مر.، ق مر.) چون پیر، مانند پیران:
«کعبه دیرینه عروس ست، عجب نی که بر او
زلف پیرانه و خال رخ برنا بینند.»
(خاقانی. سج. ۹۸)
«پیرانه گریست بر جوانیش
خون ریخت بر آب زندگانیش.»
(نظامی)
‖ اندرز (پند، رأی) ~. اندرز (رأی) خردمندانه، نصیحتی مبنی بر تجربه:
«یکی پند پیرانه بشنو ز من
ایا نامور رستم پیلتن!»
(فردوسی)

پیرانه‌سر p.-sar (ق مر.) هنگام پیری، در عهد پیری، پیران سر (ه.م.):
«و پیرانه سر دین پدران و اجداد خویش بجای بگذارم.» (اسکندرنامه. نف.، لغ.)
‖ به ~. (ق مر.) بهنگام پیری:
«پسر را بکشتم بپیرانه‌سر
بریده پی و بیخ آن نامور.»
(فردوسی)

پیراهان pīrāhān [= پیراهن] (اِ.) پیراهن (ه.م.):
«برو بر، بوی پیراهان یوسف
که‌چون یعقوب ماتم‌دار گشتی.»
(مولوی)

پیراهش pīrāh-eš (اِمص.) ۱ - پیرایش (ه.م.)، زینت دادن:
«به پیراهش نامهٔ خسروی
کهن سرو را باز دادم نوی.»
(نظامی)
۲ - دباغت پوست.

پیراهن pīrāhan [= پیراهان = پیرهند، په. patrahan، pērāhan، pērāhen] (اِ.) ۱ - جامهٔ نیم‌تنه‌ای که زیر لباس بر بدن پوشند؛ قمیص:
«ای فتنهٔ روم و حبش، حیران شدم کین
بوی خوش پیراهن یوسف بود، یا
خود روان مصطفی!»
(دیوان کبیر ۱۱:۱)
۲ - جامهٔ بلند و نازکی که زنان پوشند.
‖ ~ خواب. ۱ - جامهٔ مخصوص هنگام خواب، جامهٔ شب. ۲ - پیراهن زیر زنان.
‖ ~ راحتی. پیراهنی که در مواقع فراغت در خانه و نیز هنگام خواب پوشند.
‖ ~ فانوس. جامهٔ فانوس، جلد فانوس. ‖ ~ کعبه. پارچه‌ای که بر کعبه گیرند، جامهٔ کعبه:
«انداخته گاه فارغ از دیر
پیراهن کعبه بر بت دیر.»
(دقیقی، آنند.، لغ.)
‖ ~ مراد. پیراهنی که زنان روز ۲۷ رمضان با پول گدایی خرند و میان دو نماز ظهر وعصر در مسجد دوزند، و برای برآمدن حاجت بر تن کنند.
‖ ~ کاغذی. ۱ - پیراهنی که از کاغذ سازند و بر تن کنند. ۲ - (کنـ.) روشنایی صبح، شعاع آفتاب. ۳ - (کنـ.) دادخواهی مظلوم، چه در قدیم معمول بود که مظلوم پیراهن کاغذی (← نمر. ۱) می‌پوشید تا بمظلومیت شناخته شود، و بپای علم داد - علم عدل - میرفته تا پادشاه داد او را از ظالم بستاند؛ کاغذین جامه؛ کاغذین پیرهن:
«از دست یار پیرهن کاغذی کنم،
کو کاغذ و سرقلم از من دریغ داشت.»
(وصاف، نسخهٔ خطی دهخدا. ۲۸۱)
‖ ~ کاغذین ← پیراهن کاغذی ↑.

پیراهنچه p.-ča(-e) (اِمصغ.) پیراهن خرد، پیراهن کوچک: «شلیل، پیراهنچه که در زیر زره پوشند.» (منتهی الارب، لغ.)

پیراهن دوز p.-dūz [= پیراهن

پیراهن‌دوزی

دوزنده] (صفا.) آنکه پیراهن دوزد ؛ خیاطی که اختصاصاً بدوختن انواع پیراهن پردازد.

پیراهن‌دوزی p.-dūz-ī ۱-(حامص.) عمل و شغل پیراهن دوز (ه.م.) ۲ - (اِمر.) دکان ومغازهٔ پیراهن‌دوز(ه.م.)

پیراهن کشیدن p.-ka(e)šīdan (مص ل.) ــــ برتن کسی. پوشانیدن پیراهن:

«چو پیراهن‌کشیدی برتن او
شدی همراز با پیراهن او.»
(مثنوی، آنند.،لغ.)

‖ ــــ از... برهنه‌کردن.

پیراهنی pīrāhan-ī (ص‌نسب.) ۱ - منسوب به‌پیراهن. ۲- که ازآن‌پیراهن توان‌کرد: پارچهٔ پیراهنی.

پیراهه pīrāh-a(-e) [= پیرایه] (اِمر.) آنچه بدان‌زینت افزاید،پیرایه (ه.م.)

پیراهیدن pīrāh-īdan [= پیراییدن، قس. پیراستن] (مص م.) (پیراهید، پیراهد، خواهد پیراهید، بپیراه، پیراهنده، پیراهیده) ۱- زینت دادن، پیراستن(ه.م.) ۲ - دباغت‌دادن چیزی را، پیراستن (ه.م.)

پیرای pīrāy [← پیراییدن، پیراستن] (ری.، اِفا.)← پیرا.

پیرایستن pīrāy-estan [= پیراستن] (مصم.) (صر.← پیراستن) پیراستن (ه.م.):

«بیخ امید من زبن برکند
آنکه شاخ زمانه‌پیرایست.»
(خاقانی)

پیرایش pīrāy-eš [= پیراهش، په. pērāyišn] (اِمص.) ۱ - زینت دادن‌بکاستن (← پیراستن). ۲- زینت کردن (مطلقاً) ، آراستن : « رسولان مبهوت و مدهوش در آرایش آن بزم وپیرایش آن مجلس بماندند.» (تاریخ یمینی ۳۴۵،لغ.) ۳- دباغت، آش‌کردن پوست. ۴ - آماده‌کردن، ساختن.

پیرایشگاه p.-gāh (اِمر.) جای‌ستردن موی سر وصورت، آرایشگاه.

پیرایشگر p.-gar (ص شغل.) ۱ - آنکه پیرایش کند ، پیراینده . ۲ - سلمانی، حلاق. ۳ - دباغ.

پیرایندگی pīrāy-anda(e)g-ī (حامص.) کیفیت وحالت‌وعمل‌پیراینده (ه.م.)

پیراینده pīrāy-anda(-e) (اِفا. پیرایستن، پیراییدن) ۱ - زینت‌دهنده بکاستن، پیرایش‌کننده؛مق. آراینده. ۲ - زینت دهنده (مطلقاً) ، مزین ، آراینده.

پیرایه pīrāya(-e) [= پیراهه، په. pirāyak] ۱ - (اِمص.) زینت دادن بکاستن ، زیوری که بوسیلهٔ نقصان حاصل‌شود همچو سر تراشیدن وبریدن شاخه‌های زیادی‌درخت ؛مق . آرایش. ۲ - زینت‌دادن (مطلقاً)،مزین‌ساختن؛ آرایش:

«چنین‌گفت برمرد پیرایه چیست؟
وزین نیکویها گرانمایه چیست ؟»
(شا. بخ۸: ۲۳۷۹) ۳ - (اِ.) زینت ، زیور مانند دست‌برنجن، پای برنجن، گوشوار: «زهره (دلالت داردبر)زینت وعطر وپیرایهٔ زر وسیم ...» (التفهیم ۳۸۵) ۴ - پارچه ورکویی که‌زرگران بدان پیرایه را روشن کنند.

پیرایه‌بند p.-band (صمر.) آنکه پیرایه‌بندد ، پیرایشگر:

«سیل‌دراقلیم ماپیرایه بند خانه‌است
رخنه‌مانندقفس آرایش‌کاشانه‌است.»
(کلیم، آنند.،لغ.)

پیرایه‌پوش p.-pūš [=پیرایه‌پوشنده]

(ص‌فا.) ۱- آنکه پیرایه پوشد، آنکه خود را در پیرایه وزیور گیرد:
«که‌گر راز این گوش پیرایه پوش
بگوش آورم، ناورد کس بگوش.»
(نظامی)
۲ - آنکه پیرایه را پنهان کند.

پیرایه‌دان p.-dān (اِمر.) طبلهٔ زنان که پیرایه‌وجواهر در آن نهند؛ ظرفی است که زنان اسباب‌وجواهر در آن گذارند.

پیرایه‌ده p.-deh [= پیرایه دهنده] (ص‌فا.) آنکه پیرایه‌دهد، آنکه در زیور گیرد:
«روشن کن آسمان بانجم
پیرایه ده زمین بمردم.»
(نظامی)

پیرایه‌سنج p.-sanǰ [= پیرایه‌سنجنده] (ص‌فا.) آنکه پیرایه سنجد، کسی که زیب و زیور سنجد:
«بآیین آن مهد پیرایه سنج
فرستاد چندین‌شتر بار گنج.»
(نظامی)

پیرایه کردن p.-kardan (مص‌ل.) بزیور آراستن، زیب وزیور کردن:
«توخود بکمال لطف آراسته‌ای
پیرایه‌مکن، عرق‌مزن، عودمسوز.»
(سعدی)

پیرایه‌گر p.-gar (ص فا.) آنکه بپیراید، پیراینده. آنکه پیرایه کند:
«پیرایه گر پرند پوشان
سرمایه‌ده شکرفروشان.»
(نظامی)

پیرایی pīrāy-ī (حامص.) در ترکیبات بمعنی عمل پیراستن (ه.م.) آید: سروپیرایی، ناخن پیرایی.

پیراییدن pīrāy-īdan [= پیراهیدن = پیراستن] (مص‌ل.) (پیرایید، پیراید، خواهد پیرایید، بپیرای، پیراینده، پیراییده، پیرایش) ۱ - زینت دادن بکاستن:
«تیررا تانتراشی نشود راست همی
سرو را تاکه نپیرایی والا نشود.»
(منوچهری. د. چا. ۱۳۰۲)
۲ - زینت دادن (مطلقاً)، مزین کردن ← پیراستن.

پیرآموز p.-āmūz (ص‌مف.) آنچه پیران بدیگران آموزند. پیرآموخته:
«درمکافات آن‌جهان‌افروز (کنیزک‌زیبای ابیه) ـ خواند (پیرزن مکار) برشه‌فسون پیرآموز.» (هفت‌پیکر ۱۹۳)

پیربوده p.-būda(-e) (ص‌مف.) پیر شده، پیر گشته:
«زسر گیتی پیر بوده جوان شد
که‌سلطان گیتی‌ملك‌ارسلان‌شد.»
(مسعود سعد ۱۱۰)

پیرپاتال p.-pātāl [= پیرپتال] (اِمر.) (عم.) پیر، فرتوت ← پیر.

پیر پتال p.-patāl [= پیرپاتال] (اِمر.) پیرپاتال (ه.م.)

پیر پرور p.-parvar ۱- [= پیر پرورنده] (ص‌فا.) پرورندهٔ پیر، خردمند کامل:
«پیرپروردایهٔ لطف تواست‌آن‌کونکرد
هیچ‌دانا را ز طفلی تابپیری‌شیرباز.»
(سوزنی، لغ.)
۲ - [= پیرپرورده] (ص‌مف.) پروردهٔ پیر، پرورش‌یافتهٔ پیر.

پیر پنبه p.-panba(-e) (ص مر.)
۱ - کسی که‌بغایت پیرشده باشدچنانکه در تمام بدن او موی سیاه نمانده‌باشد.
۲ - علامتی که بر کنار مزرعه‌نصب‌کنند تاباعث وحشت طیور گردد؛ مترس، مترسك:
«در خانگاه باغ نه‌صادر نه واردست
تا پیر پنبه گشت حریف‌گران برف.»
(کمال اسماعیل در وصف برف، لغ.)

پیرتعلیم p.-e-ta'līm [ف.-ع.] (ص مر.) معلم، آموزگار علوم دینی:

«مرادل پیر تعلیم است و من طفل زبان دانش
دم تسلیم سر عشر و سر زانو دبستانش.»
(خاقانی. سج. ۲۰۹)

پیرجادو p.-ǰādū (ص مر.) آنکه در ساحری عمری گذرانیده، بسیار ماهر در جادویی:
«یکی نام او بیدرفش بزرگ
گوی پیر جادوی سینه سترگ.»
(دقیقی)

پیرچشم p.-ča(e)šm (ص مر.)(پز.) چشمی که بسبب کار بسیار فرسوده و پیر شده باشد ← پیرچشمی.

پیرچشمی p.-ča(e)šm-ī (حامص.) (فر.) عارضه ایست[1] که در نتیجهٔ کار زیاد یا پیری در چشم ظاهر گردد. در این گونه چشمها عدسی سخت شده و نمیتواند عمل تطابق را بخوبی انجام دهد. برای رفع این عیب بنسبت فرسودگی چشم و فواصل اشیا عدسیهای مختلف محدب (همگر) استعمال کنند.

پیرخر p.-xar ۱ - (امر.) خرپیر، خر کهن سال:
«چه کوشش کند پیرخر زیر بار
تو میرو که برباد پایی سوار.»
(سعدی)

پیرخر p.-e xar (ص مر.) سالخوردهٔ نادان، کهنسال بیخرد.

پیر دل p.-del (ص مر.) آنکه دلی پیر دارد، مجرب و عاقل مانند پیر:
«باش با عشاق چون گل درجوانی پیر دل
چند ازین زهاد همچون سرو در پیری جوان؟»
(خاقانی. سج. ۳۲۶)

پیردهقان p.-dehγān [ف.-معر.] (ص مر.) ۱ - دهقان پیر، دهگان سالخورده. ۲ - کدخدا، بزرگ ده. ۳ - (کن.) شراب انگوری کهنه:
«هین جام رخشان در دهید، آزاده را جان در دهید! - آن پیر دهقان در دهید، از شاخ بر ناریخته.» (خاقانی. سج. ۳۷۷)

پیرزا p.-zā [← پیرزاده] (ص مف.) ۱ - آنکه از پدر و مادری سالخورد زاده و بدین سبب ضعیف و زشت باشد: «چرا از سرمای کم متألم میشوی؟ مگر پیرزایی» . (لغ.)
۲ - کسی که باموی سفید و بهیئت پیران ترنجیده پوست و زشت بدنیا آید.

پیرزاد p.-zād [= پیرزاده] (ص مف.) ۱ - زادهٔ پیر، پیر زاده (ه.م.) ۲ - بهیئت پیران تولد یافته.

پیرزاده p.-zāda(-e) [= پیرزاد] (ص مف.) ۱ - فرزند پیر و شیخ و مرشد. ۲ - بهیئت پیران تولد یافته.

پیرزن p.-zan (ص مر.) ۱ - زن سالخورده، پیرزال، عجوزه؛ مق. پیرمرد:
«یکی پیرزن مایه دار ایدر است
که گویی مگر دیدهٔ اختر است!»
(شا. بخ ۸: ۲۶۷۰)

پیرزه payarza(-e) [= پدرزه] (إ.) چیزی که درلنگ، دستمال، ازار-بند، یا پارچه‌ای بندند و ازجایی بجایی برند.

پی رس pay-ras, pey.- [= پی‌رسنده] (ص فا.) آنکه از عقب و از پی رسد، آنکه ازدنبال آید و ملحق گردد.

پیرسر pīr-sar ۱ - (ص مر.) کسی که موی سرش سفید شده باشد بسبب پیری، کهنسال، پیر:
«که کس در جهان گاو چونان ندید
نه از پیر سر کاردانان شنید.»
(فردوسی)
۲ - دارای موی سپید نه از پیری:
«یکی پیر سر پور پرمایه دید
که چون او نه دید و نه از کس شنید.»
(فردوسی)

---

۱ - Presbytie (فر.)

۳ -[= پیرسری]سالخوردگی، پیری:
«چنان شادشد زان سخن پهلوان
که باپیر سر شد بنوی جوان.»
(فردوسی)

پیرسن داری pīrsan-dārī (إمر.) (گیا.) گیاهی[1] از تیرهٔ سدابیان[2] که علفی است وبرگهایش مرکب شانه‌یی و جام وکاسهٔ گلش دارای تقسیمات ۵ تایی است. این گیاه‌در سرتاسر آسیاواروپا میرویدودرایران درنواحی‌البرزوکرج وقصر قجرومازندران‌وگیلان واصفهان و آذربایجان و خراسان و بلوچستان فراوان است. درتداوی‌گیاه مذکوررا بعنوان‌مسهل‌وضد کرمهای‌روده مصرف میکنند؛ سمنگ، چاشوم، اسفندسگ، کمون‌دشتی ،کمون بری، کیمیون‌بری، عذبه، رطریط، قرامن‌کیمیونی. ضح.- بعضی ازگونه‌های گیاه مزبور بصورت درختچه میباشند.

پیرشاه p.-šāh (ص‌مر.) دامادپیر:
« عروس جوان‌گفت با پیرشاه
که موی سپیدست مار سیاه . »
(لغ.)

پیر شدن p.-šodan (مصل.) کلان‌سال شدن، کهن سال گشتن،شیخوخت:
«تا پیر نشد مرد نداند خطرعمر
تامانده نشد مرغ‌نداندخطربال.»
(کسائی، لغ.)

‖ ← پوست، دست وجزآن . ترنجیده گشتن پوست بمجاورت آب حمام، آب آهك و مانند آن ، چین و شکن پدید آمدن دردست وپای وغیره. ‖ پیرشوی! دعاست جوانانرا؛ خدایت عمرطولانی دهاد!:
«پیران سخن زتجربه گویند، گفتمت
هان‌ای‌پسر که‌پیرشوی، پندگوش کن.»
(حافظ۲۷۵)

پیرکردن p.-kardan (مص م .) فرتوت ساختن ، کهنسال گردانیدن، بسالخوردگی رسانیدن :
«چه تدبیر از پی تدبیر کردن
نخواهم خویشتن‌راپیر کردن.»
(نظامی)

پیرگردانیدن p.-gardānīdan (مص‌م.) پیر کردن، کهن‌سال ساختن :
«گرد رنج وغم که بر مردم‌رسد
زودتر می‌پیرگردد مرد شاب.»
(ناصرخسرو۴۴)

پیر گردیدن p.-gardīdan (مص ل.) پیرشدن، پیرگشتن.

پیرگشتن p.-gaštan (مص‌ل.) پیر شدن، پیرگردیدن، کهنسال شدن:
«توروی‌دختر دلبند طبع‌من‌بگشای!
که پیرگشت و ندادم بشوهر عنین.»
(سعدی)

پیرگیاه p.-giyāh (إمر.) (گیا.) آذرگون(← آذرگون۲)،بابونج‌الطیور.

پیرمرد p.-mard (ص مر .) مرد سالخورده، مردکهن سال؛مق. پیر زن:
«موکلان... آن مردمان را دیدندکه‌با پیرمردگفتارمیکردند.» (سمك عيار. ۱ : ۲۲)

پیر مریدانه p.-morīd-āna(-e) [ف.ـع.](قمر.) بطریق‌ارادت، بشیوهٔ پیرمریدی(ه.م.):«میرمیران‌یزدی،واو پسرشاه نعمةالله‌است... ومریدان‌سلسلهٔ شاه نعمةالله ماضی مشهور بشاه‌نعمةالله ولی‌بااو پیرمریدانه سلوك کرده‌اقتباس انوارسعادت مینمودند.» (عالم‌آرا ۱ : ۱۴۵) ↓.

پیر مریدی p.-morīd-ī [ف.ـع.] (حامص.) ارادت نسبت به پیر: «چون معتقدان‌خاندان‌قدس نشان‌صفوی‌ازعالم اخلاص و پیر مریدی آنچه بر زبان

۱-Zygophyllum fabago(.لا),fabagelle (.فر) ۲-Rutacées (.فر)

الهام بیانش (زبان اسماعیل صفوی) میگذشت محض صدق انگاشته ...» (عالم آرا.۱: ۲۷): «بعضی ساده‌لوحان بیخرد که در میانهٔ صوفیان قزلباش پیره وخلیفه مینامند... قرارداد ندکه بخدمت نواب جهانبانی (شاه سلطان محمد) رفته چنانچه شیوهٔ پیرمریدی‌است عرض مشکل خود کرده التماس حل آن نمایند.» (عالم آرا. ۱: ۳۲۸) ← پیرمریدانه.

پیرنداخ pīrandāx [= پیرانداخ = پرنداخ] (إ.) تیماج، سختیان.

پیرو payraw, peyrow [= پی + رونده] (ص فا.، إ.) تابع، پس‌رو، دنبال‌رو، مقتدی: «قوم یزدان‌فاذار گفتند که راه ما پیرو راه تست، بفرمای تا چه مصلحت دیده‌ای؟» (تاریخ قم ۳۴، لغ.) ‖ ~ بودن. تابع بودن، متابع بودن: «بیعت کردم بسید خود... بیعت فرمانبرداری وپیرو بودن.» (بیهقی. اد. ۳۱۵. لغ.)

۱- پیرو pīr-ū [← پیر] (إمصغ.) پیر کوچک اندام، پیرک:

«گفت این نبود دگر باره دوید
مانده گشت وغیر آن پیرو ندید.»
(مثنوی. نیک. ۱: ۱۳۲)

۲- پیرو pīrū (إ.) کیسه:

«زر زپیرو سبك برون آورد
داد درویش را وخوب آورد (کذا).»
(بهرامی، لغت فرس ۴۱۹)

۳- پیرو pīrū (إ.) (گیا.) نام چند گونه سرو کوهی[1] (ه‍.م.) که درجنگلهای شمال ایران موجودند وعبارتند از:
الف- Juniperus communis- که در گرگان «پیرو» ودر درفك وشیر کوه «اَربس»، «اربز» و در دیلمان «ابرسك» و درنور و کجور «ریس» و در رودسر «ارس» خوانده میشود؛ سرو جبلی، عرعر، شیزی.
ب- Juniperus depressa
ج- Juniperus hemisphaerica
د- « oblonga
ه‍- « pigmaea

پیرو

پیروج pīrūǰ [از نام کشور «پرو»؟] (إ.) (جاذ.) پیل‌مرغ، فیلمرغ، بوقلمون.

پیروز pīrūz [است. paiti·raočah*، په. pērōč، pērōǰ، معر. فیروز] (ص.) ۱- مظفر، غالب، منصور، فیروز، فاتح:

«پسر بر پسر همچنین شادباد!
جهاندار وپیروز وفرخ‌نهاد.»
(فردوسی)

۲- میمون، مبارك، خجسته، خوش شگون:

«چه‌بود فالی فرخنده‌تر ازدیدن‌دوست؟
چه‌بود روزی پیروزتر از روزوصال؟»
(فرخی. د. ۲۱۳)

۳- خوش و خرم، کامیاب:

«همی بود پیروز وشادان سه روز
چهارم چوبفروخت گیتی‌فروز...»
(فردوسی)

۴- بهره‌مند، متمتع:

«بیا تا بامدادان زاول روز
شویم از گنبد پیروزه پیروز.»
(نظامی)

پیروز آمدن p.-āmadan (مص ل.) ۱- مظفر شدن، غالب شدن، فاتح گشتن، پیروزی یافتن: «خردمند چون بکوشد... اگر پیروز آید نام گیرد.» (کلیله، لغ.) ۲- دسترس یافتن (بحاجت)، رسیدن (بمقصد ومراد): «وهر که بدین خصال متحلی گشت شاید که برحاجت خویش پیروز آید.» (کلیله، لغ.)

پیروز اختر p.-axtar (ص مر.) مبارك طالع، خوش اقبال:

۱- Juniperus (فر.)

پیروزگاری

«همچنین عید بشادی بگذاراد هزار
درجهانداری، دردولت‌پیروزاختر.»
(فرخی.د.۱۰۷)

پیروزبخت p.-baxt [← فیروزبخت] (ص‌مر.) خوشبخت، خوش‌اقبال:
«بفرمود خاقان پیروز بخت
که‌بنهند بر کوههٔ پیل تخت .»
(شا.بخ۸: ۲۴۳۸)

پیروزبختی p.-baxt-ī [= فیروزبختی] (حامص.) کیفیت وحالت پیروز بخت (ه.م.):
«به‌پیروز بختی‌فرو خواندم
زسختی بروجان برافشاندم.»
(فردوسی)

پیروزبهر p.-bahr (ص مر.) با نصیب ازنصرت و ظفر، برخوردار از فیروزی، مظفر:
«کمر بر کمر تاجداران دهر
به‌پیش جهانجوی‌پیروزبهر.»
(نظامی)

پیروز جنگ p.-ǰang (ص مر.) فیروزدرنبرد، فاتح درحرب، آنکه در جنگها مظفرشود:
«عنان تاب شد شاه پیروز جنگ
میان بسته بر کین‌بدخواه‌تنگ.»
(نظامی)

پیروزجنگی p.-ǰang-ī (حامص.) کیفیت وحالت پیروز جنگ(ه.م.):
«چودر جنگ پیروزیش‌دیده بود
زپیروز جنگیش ترسیده بود.»
(نظامی.)

پیروز حال p.-hāl [ف.-ع.] (ص مر.) باحالی قرین‌کامیابی وظفر:
«چو پیروز بودآن‌نمونه‌ش بفال
درین هم توان بود پیروز حال.»
(نظامی)

پیروز رای p.-rāy [= پیروزرأی، ف.-ع.] (ص مر.) دارای اندیشه‌ای قرین‌ظفر، دارای‌فکری همراه کامیابی ونصرت:
«وزیر خردمند پیروزرای
به‌پیروزی‌شاه‌شد رهنمای.»
(نظامی)

پیروز رزم p.-razm (ص‌مر.) پیروز جنگ (ه.م.):
«سواری شود نیك وپیروز رزم
سرانجمنها برزم وببزم.»
(دقیقی، لغ.)

پیروز روز p.-rūz (ص‌مر.) با روزگاری‌قرین‌ظفر، کامیاب، نیکبخت:
«اقبال وبخت ودولت پیروز روزرا
فرزند نازنینی‌پرورده درکنار.»
(سوزنی، لغ.)

پیروزشدن p.-šodan (مص‌ل.) ۱ - غالب شدن، مظفر گشتن، فاتح شدن:
«چوپیروز شد دزد تیره روان
چه‌غم داردازگریهٔ کاروان؟»
(سعدی)

۲ - کامیاب شدن.

پیروز طالع p.-tāle' [ف.-ع.] (ص‌مر.) پیروز بخت.

پیروز کردن p.-kardan (مص‌م.) مظفر ساختن، غالب گردانیدن، فاتح ساختن:
«مراگر جهاندار پیروز کرد
شب تیره بربخت من‌روز کرد.»
(فردوسی)

پیروزگار p.-gār [= پیروزگر] (ص‌فا.) پیروزگر، فاتح، مظفر ← پیروزگاری.

پیروزگاری p.-gār-ī [= پیروزگری] (حامص.) پیروزگری، فتح، ظفر:
«بدو گفت پیروزگاری تراست
فزون زان‌ترا پادشاهی سزاست.»
(شا.بخ ۸: ۲۲۶۵)

پیروزگر p.-gar [= پیروزگار] (ص‌فا.) ۱ - مظفر، فیروز، فاتح:
«اگر کشته بودی وگر بسته خوار
بزندان پیروزگر شهریار ...»
(شا.بخ ۸: ۲۳۴۲)
۲ - ازنامهای خدای تعالی:
«بدانکه توپیروز باشی مگر
اگریار باشدت پیروز گر.»
(فردوسی)

پیروز گردیدن p.-gardīdan (مص‌ل.) ۱ - ظفریافتن، پیروزشدن، غالب آمدن:
«چوپیروز گردی زتن‌خون‌مریز!
چو شد دشمن بدکنش در گریز.»
(فردوسی)
۲ - دست یافتن، بدست آوردن.

پیروزگشت p.-gašt ۱ - (مص‌خم.) گشت مظفرانه ← پیروز گشتن. ۲ - [= پیروزگردنده] (ص‌فا.) پیروز گردنده، فیروزگرد:
«بهرجا که روی آری ازکوه ودشت
بهی بادت‌از چرخ پیروزه گشت.»
(نظامی)

پیروز گشتن p.-gaštan (مص‌ل.) پیروز شدن، فاتح شدن، ظفر یافتن، غلبه کردن:
«چوپیروزگشتی تو برساوه شاه
برآن برنهادند یکسر سپاه...»
(فردوسی)

پیروز گون p.-gūn (ص‌مر.) مانند فیروزه، برنگ پیروزه:
«توپنداری که نسرین وگل زرد
بباریده است بر پیروزگون لاد.»
(ناصر خسرو ۹۸)

پیروزمند p.-mand [= فیروزمند] (ص‌مر.) ۱ - باپیروزی،مظفر،منصور، فاتح، فیروزمند. ۲ - بمراد رسیده، کامیاب:
«بنوعی دلم گشت پیروزمند
کزان‌گونه دیوی درآمدبه‌بند.»
(نظامی)

پیروزمندی p.-mand-ī [= فیروز مندی] (حامص.) ۱ - ظفر، فتح، نصرت. ۲ - کامیابی، دست‌یافتن بر مراد.

پیروزنام p.-nām (ص‌مر.) دارای نامی قرین ظفر وکامیابی:
«که پیروزنامست وپیروز بخت
ازو سربلندست دیهیم و تخت.»
(فردوسی)

پیروز ور p.-var (ص‌مر.) پیروزمند، مظفر:
«همی گفت‌این‌سخن پیروزور شاه
دوچشمش‌دیده‌بان‌گشته‌سوی‌راه.»
(ویس‌ورامین، لغ.)

پیروزه pīrūz-a(-e) [= فیروزه، په. pīrōǰak، معر. فیروزج، قس. حجرالغلبه] (اِمر.) ۱ - (زم.) فیروزه (ه.م.):
«بدیبا بیاراسته پشت پیل
بروتخت پیروزه مانند نیل.»
(شا.بخ۸: ۲۴۲۴)
۲ - برنگ فیروزه، کبود: آسمان پیروزه. ‖ ~ ٔ بواسحاقی (بوسحاقی). فیروزهٔ بواسحاقی← بواسحاقی(بخش۱)، فیروزه. ‖ ~ ٔ پیکانی.ظ. نوعی‌پیروزه:
«سپهر حلقه صفت تا بدید خاتم تو
زبهر دست‌توپیروزه‌ایست‌پیکانی.»
(نجیب جرفادقانی، لغ.)
‖ خیمهٔ پیروزه[= خیمهٔ فیروزه] ۱ - سراپردهٔ نیلی. ۲ - (مج.) آسمان← فیروزه (خیمه).

پیروزه ایوان p.-ayvān [= فیروزه ایوان] (اِمر.) ۱ - ایوانی برنگ پیروزه. ۲ - (مج.) آسمان:

«زعمر این‌جهانی‌هر که‌حق‌خویش بشناسد
برون‌باید‌شد‌نش‌ازز‌یر این‌پیروزه‌ایوانها.»
(ناصرخسرو. ۲۱)

پیروزه‌پنگان p.-pangān (اِمر.) ۱ - فنجان پیروزه‌رنگ. ۲ - (مج.) آسمان.

پیروزه پوش p.-pūš [= پیروزه پوشنده] ۱-(ص‌فا.) پوشندهٔ پوشش پیروزه رنگ، آنکه‌جامهٔ فیروزه‌یی‌پوشد. ۲ - [= پیروزه‌پوشیده] (ص‌مف.) پوشیده از پیروزه، پیروزه درنشانیده:
«تو گفتی که بر تخت پیروزه‌پوش
گهرریخت هندوی گوهر فروش.»
(گرشاسبنامه)

پیروزه پیکر p.-paykar,pey.- (ص‌مر.) ۱ - دارای‌پیکری ازپیروزه. ۲ - دارای پیکری برنگ پیروزه. ۳ - (مج.) آسمان:
«که کرد این گنبد پیروزه پیکر
چنین بی‌روزن و بی‌بام و بی‌در؟»
(ناصرخسرو۱۸۱)

پیروزه تاج p.-tāǰ [ف.- معر.] (اِمر.) تاجی که پیروزه درآن نشانیده باشند؛ تاج فیروزه:
«زگستردنیها و از تخت عاج
زدیبا و دینار و پیروزه تاج.»
(لغ.)

پیروزه تخت p.-taxt (ص‌مر.) ۱ - تختی که از پیروزه ساخته باشند، سریری که پیروزه‌درآن نشانیده‌باشند:
«بران پیروزه تخت از تاجداران
رهاکردند می برجرعه خواران.»
(نظامی، لغ.)
۲ - تخت‌برنگ‌فیروزه، سریر پیروزه‌فام.

پیروزه چادر p.-čādar,-dor (اِمر.) ۱ - خیمهٔ فیروزه رنگ. ۲ - (کن.) فلک، آسمان.

پیروزه چرخ p.-čarx (اِمر.) ۱ - چرخی از فیروزه. ۲ - چرخی برنگ فیروزه. ۳ - (کن.) آسمان.

پیروزه چشم p.-ča(e)šm (ص‌مر.) دارای چشمی برنگ‌فیروزه، کبودچشم:
«همه سرخ رویند و پیروزه چشم
ز شیران نترسند هنگام خشم.»
(نظامی، لغ.)

پیروزه خرقه p.-xerɣa(-e) [ف.- ع.] (اِمر.) جامهٔ‌صوفیان‌برنگ‌پیروزه، خرقهٔ کبود رنگ صوفیان:
«الای صوفی پیروزه خرقه!
بگردش خوش همی گردی‌بحلقه»
(اسرارنامه ۳۹)

پیروزه رنگ p.-rang (ص‌مر.) برنگ پیروزه، فیروزه‌فام، کبود:
«همه جامه‌ها کرده پیروزه رنگ
دوچشمان پرازخون ورخ‌باده‌رنگ.»
(فردوسی)

‖ **چرخ** ~. (کن.) آسمان:
«چو شدچادر چرخ پیروزه رنگ
سپاه تباك(بناك) اندر آمد بجنگ.»
(فردوسی)

‖ **خیمهٔ** ~. (کن.) آسمان:
«جز به پیروزی نتابدبرهمایون‌چتر تو
آفتاب از خیمهٔ‌پیروزه‌رنگ‌بی‌طناب.»
(سوزنی، لغ.)

‖ **طاق** ~. (کن.) آسمان:
«دگر روز کاین طاق پیروزه‌رنگ
برآورد یاقوت رخشان سنگ.»
(نظامی، لغ.)

‖ **گنبد** ~. (کن.) آسمان:
«زدورگنبد پیروزه رنگ تا باشد
شب سیاه بروز سپید آبستن...»
(سوزنی، لغ.)

پیروزه سلب p.-salab (ص‌مر.) دارای پوشش (جنگی) برنگ‌پیروزه:

پیروزه‌طشت

«تاعرض دهد لشکر پیروزه‌سلب‌را
برپشته وبالای‌زمین راجل وراکب...»
(سوزنی، لغ.)

پیروزه طشت p.-tašt (اِمر.) ۱ - طشتی از فیروزه. ۲ - (مج.) آسمان:
«مرادل‌چون تنور آهنین شد
ازآن طوفان همی‌بارم بدامن.»
«درین پیروزه‌طشت ازخون چشمم
همه آفاق شد بیجاده معدن.»
«اگر نه سرنگونسارستی این‌طشت
لبالب بودی از خون دل من.»
(خاقانی، آنند.)

پیروزه فام p.-fām (ص‌مر.) پیروزه رنگ، برنگ فیروزه.

پیروزه فامی p.-fām-ī (حامص.) فیروزه‌یی، فیروزجی، پیروزه‌گونی.

پیروزه قبا p.-γabā [ف.-ع.] ۱ - (اِمر.) قبای برنگ فیروزه، قبای آبی. ۲- (ص‌مر.) دارای قبای فیروزه رنگ:
«خوش است بدیدار شما عالم، ازیرا
حوران نکوطلعت و پیروزه‌قبایید.»
(ناصرخسرو ۱۲۳)

پیروزه گنبد p.-gonbad (اِمر.) ۱ - قبه‌ای از فیروزه ساخته. ۲ - گنبدی برنگ پیروزه، قبهٔ فیروزه رنگ. ۳ - (مج.) آسمان، فلك:
«کوس‌وحدت‌زن‌درین‌پیروزه گنبدکاندراو
ازنوای کوس‌وحدت‌بر، نوایی برنخاست.»
(خاقانی)

پیروزه گون p.-gūn (ص‌مر.) ۱ - مانندپیروزه، فیروزه‌وار. ۲ - برنگ پیروزه،فیروزه فام:
«توگفتی گردزنگارست برآیینهٔ چینی
توگفتی‌موی‌سنجابست‌برپیروزه‌گون‌دیبا.»
(فرخی.د.۱.)
‖ ~ تخت . ۱-تختی ازپیروزه. ۲ - سریری برنگ پیروزه. ۳ - (مج.) آسمان:
«به‌پیروزی چوبرپیروزه‌گون تخت
عروس صبح را پیروز شد بخت...»
(نظامی)
‖ گنبد ~ . ۱ - گنبدی‌از پیروزه، قبه‌ای ساخته از فیروزه. ۲ - گنبدی برنگ پیروزه. ۳- (مج.) آسمان:
«گرآستان توبالین سرکنم ز شرف
رسد بگنبدپیروزه‌گون بی‌روزن.»
(سوزنی)
«زپیروزه‌گون‌گنبد انده مدار
که‌پیروز باشد سرانجام کار.»
(نظامی)

پیروزه مغفر p.-meγfar [ف.-ع.] (اِمر.) ۱- کلاه‌خود از فیروزه. ۲ - کلاه‌خود برنگ فیروزه. ۳ - (مج.) آسمان، فلك.

پیروزه وار p.-vār (ص‌مر.) مانند پیروزه، چون‌فیروزه:
«پیروزه‌وار یکدم بر یك صفت نپایی
تاچند خس پذیری آخرنه‌کهربایی.»
(خاقانی)

پیروزه وطا(ء) p.-vetā' [ف.-ع.] ۱ - (اِمر.) فرش پیروزه رنگ. ۲ - (ص‌مر.) دارای‌فرش پیروزه رنگ ↓.

پیروزه وطایی p.-vetā-y-ī [ف.-ع.](ص‌نسب.)منسوب به‌پیروزه‌وطا ↑:
«می‌نوش کن‌وجرعه‌براین‌دخمه‌فشان‌زانك
دل مرده درین دخمهٔ پیروزه وطایی.»
(خاقانی.سج.۴۳۴)

پیروزی pīrūzī (pērōzī قد. pērōžīh . په) [= فیروزی ،] (حامص.) ۱ - ظفر، فتح، غلبه:
«به‌پیروزی اندر نیایش کنیم
جهان آفرین را ستایش کنیم.»
(فردوسی)
۲ - کامیابی، روایی‌حاجت: «کلید سعادت وپیروزی جاودان دردست‌ایشان

نهند...» (کشف‌الاسرار۲: ۵۳۰)

پیروزی بخشیدن p.-baxšīdan (مص م.) پیروزی دادن، فیروز کردن، ظفر دادن، اظفار.

پیروزی دادن p.-dādan (مص م.) ظفر دادن، مظفر کردن، اظفار، فیروز کردن.

پیروزی رسان p.-ra(e)sān [= پیروزی رساننده] (ص فا.) رسانندهٔ پیروزی، مبشر فتح:

«رنگ جبریل است تیغش را که عقل
وحی پیروزی رسان می‌خواندش.»
(خاقانی، لغ.)

پیروزی مند p.-mand (ص مر.) صاحب پیروزی، فیروزمند.

پیروزی یافتن p.-yāftan (مص ل.) فاتح شدن، مظفر گردیدن، ظفر یافتن.

پیروکور pīr-o-kūr (ص مر.) سخت ناتوان وعاجز ازپیری وضعف بینایی، سخت سالخورده وناتوان.

پیروکور شدن p.-šodan (مص ل.) سخت ناتوان شدن ازکهنسالی.

پیروی pay-rav-ī, pey.- (حامص) پس‌روی، متابعت، تبعیت، اقتدا، اقتفا: «آنچه شرط شده برمن (مسعود) درین بیعت از وفا ودوستی ونصیحت وپیروی وفرمانبرداری وهمراهی و جد و جهد عهد خداست.» (بیهقی. اد. ۳۱۷، لغ.)

پیروی کردن p.-kardan (مص م.) اقتدا کردن، متابعت کردن، تبعیت کردن:

«سالها پیروی مذهب رندان کردم
تا بفتوای خرد حرص بزندان کردم.»
(حافظ ۲۱۷)

پیره pīr-a(-e) [← پیر] ۱- (ص.) پیر. ۲- (اِ.) (تص.) قایم‌مقام مرشد، جانشین پیر، خلیفه: «بعضی ساده‌لوحان بیخرد که درمیانهٔ صوفیان قزلباش پیره وخلیفه مینامند، این مقدمه را صوفیگری و اخلاص نام نهاده، آن طبقه‌مستحسن‌شمرده‌همگی با یکدیگر یکدل و یکزبان شده قرار دادند که بخدمت نواب جهانبانی (شاه سلطان محمد) رفته چنانچه شیوهٔ پیر مریدی است، عرض مشکل خود کرده التماس حل آن نمایند.» (عالم‌آرا. ۱: ۳۲۸) ‖ ~ خر. خر پیر، خر سالخورده. ‖ ~ غلام. پیرغلام، غلام پیر. ‖ ~ مرد. پیرمرد، مردسالخورده؛ مق. پیره‌زن:

«گفت: جوانمرد شوای پیر مرد
کاین قدرت بود ببایست‌خورد.»
(نظامی)

پیرهان pīrahān [= پیراهن = پیراهان] (اِ.) پیراهن:

«دریغ غربچگانی که چون‌غلام‌شدند(؟)
مزین از کله و پیرهان ودستارم.»
(سوزنی، لغ.)

پیره زال pīra(-e)-zāl (ص مر.) زن پیر، پیره زن.

پیره زن p.-zan (ص مر.) زن پیر، پیره‌زال:

«هر کنیزی که شه خریدی زود
پیره‌زن درگزاف‌دیدی سود...»
(هفت‌پیکر ۱۸۳)

پیره‌سر p.-sar [= پیرسر] (ص مر.) صاحب موی‌سفید، دارای موی‌کافوری، سالخورده:

«یکی پیرسر بود هیشوی نام
جوانمرد وبیدار وبافروکام.»
(شا. بخ ۶: ۱۴۵۲)

پیره طفل p.-tefl [ف.-ع.] (ص مر.، اِمر.) پیر کودک عقل، سالخورده طفل رفتار:

«می‌درد، می‌دوزد این درزی عام
جامهٔ صدسالگان طفل خام...»

«پیره طفلان شسته‌پیشش بهر کد
تا بسعد و نحس او لاغی کنند .»
(مثنوی، نیکـ۶:۳۷۱)

پیرهن pīrahan [= پیراهن = پیراهان] (اِ.) پیراهن (ه‌م.):
«کبك پوشیده یکی پیرهن خز کبود
کرده باقیر مسلسل دوبر پیرهنا .»
(منوچهری.د.چا.۲:۱)

‖ **از ــ کسی آمدن.** از نزدیکان وی بودن، باوی یك اصل داشتن:
«ای‌شاه! چه بود اینکه‌ترا پیش آمد؟
دشمنت هم از پیرهن خویش آمد ...»
(علی‌مکی (یبکی). بیهقی. فیاض۷۵، لغ.)

‖ **ازشادی‌در ــ نگنجیدن.** سخت شاد شدن، انبساط بسیار یافتن. ‖ **در ــ نگنجیدن.** انبساط بسیار داشتن:
«پرده بردار وبرهنه‌گو که من
می‌نگنجم با صنم درپیرهن.»
(مثنوی)

‖ **چند پیرهن زیادتر پاره‌کردن از کسی.** تجربه زیادتر ازاو داشتن. ‖ **در یك ــ بودن.** سخت گستاخ‌وصمیمی‌بودن:
«راد باشاعر تواند بود دریك‌پیرهن
رفت‌نگذارد به‌پیراهن که تا گوید سلام.»
(سوزنی،لغ.)

پیرهن چاك p.-čāk (ص‌مر.) ۱ـ آنکه پیراهن‌وی دریده وچاکدار باشد. ۲ ـ جامه بتن دریده از مستی:
«زلف آشفته‌وخوی کرده‌وخندان‌لب‌ومست
پیرهن‌چاك‌وغزلخوان‌وصراحی‌در دست،»
«نرگسش عربده‌جوی‌ولبش افسوس کنان
نیمشب‌دوش ببالین من آمد، بنشست...»
(حافظ۲۰)

پیرهنچه p.-ča(-e) (اِمصغ.) پیراهن کوچك: «صدار، پیرهنچه.» (منتهی‌الارب،لغ.)

پیرهند pīrahand [= پیرهن = پیراهن] (اِ.) پیراهن (ه‌م.):
«من‌ترا پیرهندم وزیباست
کهن من کلیچه ماندهٔ من.»
(سوزنی،جها.،لغ.)

پیرهن‌دریدن pīrahan-darīdan (مصل.) ۱ ـ چاك کردن‌پیرهن ، پاره کردن قمیص:
«پیرهنی گر بدرد زاشتیاق
دامن‌عفوش بگنه‌برمپوش.»
(سعدی)

پیرهن دوز p.-dūz [= پیرهن دوزنده] (صفا.) آنکه پیراهن دوزد، پیراهن دوز.

پیرهن‌دوزی p.-dūz-ī [= پیراهن دوزی] ۱ ـ (حامص.) عمل و شغل پیراهن‌دوز. ۲ـ(اِمر.)دکان‌پیراهن‌دوز.

پیرهن‌قباکردن p.-γabā-kardan [ف.-ع.] (مصم.) دریدن پیراهن در حالت خشم ، مصیبت وغیره:
«صدپیرهن قباکنم ازخرمی،اگر
بینم که دست‌من‌چو کمر برمیان اوست.»
(سعدی)

پیری pīr-ī [← پیر] (حامص.) سالخوردگی، کهنسالی، شیخوخت؛مق. جوانی. ‖ **روز ــ**.هنگام‌سالخوردی، زمان‌کهنسالی:
«بهشتاد شد سالیان قباد
نبد روزپیری هم ازمرگ شاد.»
(شا.بخ۸:۲۳۰۸)

‖ **مقام ــ.** شیخوخت. ‖ **ــ است و فراموشی.** ۱ ـ پیران بهنگام فراموشی گویند. ۲ـ جوانان که چیزی را فراموش کرده بشوخی چنین گویند. ‖ **ــ است وهزار عیب.** پیری‌عیبهای بسیار همراه دارد.

پی ریختن pay-rīxtan,pey.- (مصم.) بنیاد نهادن، پی‌افکندن،اساس چیزی (بناوغیره)را گذاشتن.

پی ریز pay-rīz,pey.- ۱- [=پی ریزنده] (ص‌فا.) آنکه پی ریزد، آنکه اساس و بنیاد نهد. ۲- (ص‌مر.) متصل، پیوسته، یک‌ریز، پیاپی: پی‌ریز گفتن.

پی ریزی pay-rīz-ī,pey. - (حامص.) بنیان‌گذاری، پی افکنی.

پی‌ریزی‌شدن p.-šodan (مص ل.) اساس گرفتن، تأسیس‌شدن، بنیادیافتن.

پی‌ریزی‌کردن p.-kardan (مص‌م.) تأسیس کردن، بنیادنهادن، پی‌افکندن.

پیری کردن pīrī-kardan (مص ل.) براه پیران رفتن، همچون سال‌خوردگان رفتار کردن:
«وای زان طفلان که پیری میکنند
لنگ مورانند و میری میکنند.»
(مثنوی)

پیز pīz [فر. pise] (اِ.) (فز.) واحد فشار است درسلسلهٔ (MTS) برابر ۱۰۰۰۰ باری، و آن فشاریست که قوهٔ یك إستن بر سطح یك متر مربع وارد می‌آورد.

پی‌زدن pay-zadan,pey.- ۱- (مص ل.) لنگیدن چارپا، ازپا، ازپی‌لنگیدن. ۲- تپق‌زدن‌اسب وغیره. ۳- قدم‌زدن، گام نهادن، رفتن:
«بسوی صیدگاه یار پی‌زن
حباب‌دیده‌را برجوش‌می‌زن.»
(زلالی‌خونساری، فر. نظا.، لغ.)
۴- (مص‌م.) پی‌بریدن (ستوران‌را)، اسب:
«زبسکه اسب‌هوارا نرفته‌ایم‌ازپی
چورو بروشده‌باخصم اسب‌پی‌زده‌ایم.»
(مسیح کاشی، آنند، لغ.)
۵- عصب بستن، پی‌بستن (کمان‌وغیره‌را):
«میان غصه وما الفت است، پنداری
کمان قامت خودرا بغصه پی‌زده‌ایم.»
(مسیح کاشی، آنند.، لغ.)
۶- ازنشانه‌ها وعلامات چیزی پی‌بدان بردن.

پی‌زده p.-zada(-e) (ص‌مف.) پی - بریده، معقور (اسب ومانند آن):
«خران‌گور گریزان تیرهجو منند
بداس پی‌زده ودرکمند مانده‌قفا.»
(سوزنی، لغ.)

پیزر pīzor (اِ.) ۱- (گیا.) نوعی جگن که در آب روید؛ لوخ، رخ، حلفاء، فیلکون، پاپیروس[1]. ضح.- هر چیزسست‌بی‌دوام را بدان تشبیه کنند، و آن بکار پرکردن پالان حیوانات وساختن بادزن آید:
«بادزن‌گاهی تواندست‌اورا بوسه‌داد
کاش‌ماهم‌اعتبار پیزری میداشتیم.»
(حمیدی‌طهرانی، لغ.)
۲- مطلق‌حشواز‌پیزروغیرآن. ‖ ~ **به(در، لای) پالان کسی گذاشتن.** بدروغ وچاپلوسی ویرا فریفتن، او را بتملق ستودن، هندوانه زیر بغل وی نهادن. ‖ ~ **درجوال گذاشتن.** درحقه بازی وفریب دادن مهارت داشتن.

پیزری pīzor-ī [← پیزر] (ص‌نسبـ.) ۱- منسوب به پیزر (ه.م.) ۲- آنکه پیزر فروشد. ۳- شیشهٔ به‌پیزر گرفته تا از شکستن مصون ماند. ۴- سبد بافته از پیزر وجگن، و آنرا برای حمل نان لواش بکاربرند. ۵- (اِ.) (گیا.) پیزر (ه.م.)، جگن:
«آن‌قدرباد بروتی که بسرداشت‌رقیب
بادزن وار همه پیزری آمد بیرون.»
(لغ.)
۶- (ص.) هیچکاره، سست: «این طبل پیزری کالبد را واین انبان پرشبه تن راچه‌پیش‌نهاده‌ای؟» (معارف‌چا. ۱۳۳۸: ۸۰) ۷- شخص‌زبون، پفیوز.

پی زن pay-zan,pey.- [=

۱- Papyrus (فر.)

پی‌زننده] (ص‌فا.) آنکه از اثر پای پیماینده را شناسد؛ قایف: «بعد از دیدن آن غاروسنگلاخ در خصوص ابی کرز پی‌زن شبهه کرد که گفت: این اثر قدم ابن ابی‌قحافه و این اثرقدم محمد ابن‌عبدالله است.» (سفرنامهٔ مکه فرهاد میرزا، لغ.) ۲- اسب ودیگر ستور.

پیزه pīza(-e) [= پیزی؛ زازا pīzé، شکم؛ رس. puzo] (اِ.) (عم.) مقعد، مخرج. ← پیزه‌شل.

پیزه شل p.-šol [= پیزه] (ص‌مر.) ۱- آنکه شکمش روان باشد. ۲- سست، زبون، ضعیف.

پیزی pīzī [= پیزه (ه.م.)، اصطهباناتی pīzī] (اِ.) ۱- دبر؛ مقعد، کون:

«تو خواه راضی باش ای رفیق و خواه مباش
قضاست آن کت وارونه میکند پیزی.»
(قائم مقام، انجمن، لغ.)

‖ ~ کاری داشتن یا نداشتن. قوهٔ اقدام و پشت کار و تعقیب آنرا داشتن یا نداشتن. ‖ ~ کسی را جا کردن. کارهای او را که بعلت نادانی یا کاهلی نتواند کرد بجای او کردن. ‖ افندی ~. آنکه صورةً شجاع و دلیر نماید ولی بهنگام جنگ ترسو باشد (مراد از افندی ترک است). ‖ رستم‌صولت و افندی ~. دارای صورتی حاکی از دلاوری و سیرتی ترسنده. ۲- تکمهٔ بواسیر.

پیزی شل p.-šol [= پیزه شل ← پیزی] (ص‌مر.) سخت کاهل و بیکاره، پیزی گشاد.

پیزی گشاد p.-gošād [← پیزی] (ص‌مر.) سخت کاهل و بیکاره، پیزی‌شل.

پیژاما pīžāmā [انگ. pyjamah از پی جامه (ه.م.)] (اِمر.) پی‌جامه (ه.م.)

پیس pīs [= پیست = پیسه = پیسی ← پیسه] (اِ.) ۱- (پز.) مرضی است جلدی؛ پیسی (ه.م.)، برص. ۲- (ص.) (پز.) ابرص، پیسه، مبروص، مبتلا به برص: «وآمده است که ایسیه (= آسیه) پیس بود.» (تفسیر کمبریج ۱۰۹ب، I. ۸؛ براون. تفسیر ۴۵۱):

«درملك توبسنده نکردند بندگی
نمرود پشه خورده وفرعون پیس لنگ.»
(سوزنی، لغ.)

۳- (اِ.) دورنگ، ابلق ← پیس شدن، پیس کردن.

پیس piyes [فر. pièce] (اِ.) (نم.) نمایشنامه (ه.م.) ضح.- عدم استعمال این کلمهٔ بیگانه اولی است.

پیسان pīs-ān (ص‌مر.) دارای مرض پیسی، مبروص: «وبسیار خلق پیش او (عیسی) گرد شدند، چیزی لنگان و چیزی پیسان وبعضی لال...» (انجیل فارسی ۱۲۲-۱۲۴)

پیس اندام pīs-andām (ص‌مر.) دارای پیسی، مبتلا به برص، مبروص.

پی سپار pay-sepār, pey.- [= پی‌سپارنده] (ص‌فا.) ۱- رونده، راهرو:

«بادبهار بین که چو فراش‌خانگی
در دشت و کوه شد بگه صبر پی‌سپار.»
(ابن‌یمین، لغ.)

پی‌سپاردن pay-sepārdan, pey.- [= پی سپردن] (مص‌ل.) پی‌سپردن (ه.م.)

پی‌سپارکردن p.-s.-kardan (مص ل.) ۱- عبور کردن، گذشتن، رفتن. ۲- لگدمال کردن، بپای کوفتن، پی‌سپر کردن.

پی‌سپر pay-separ, pey.- [= پی‌سپار] ۱- [= پی‌سپرنده] (ص‌فا.) رونده، سالك، پی‌سپار:

پی‌سر

«دوستان همچو آب پی‌سپرند
کابها پایهای یکدگرند.»
(سنائی، لغ.)

۲- بپای سپرنده، بزیرپاگیرنده، پامال کننده. **۳** - [= پی‌سپرده] (ص‌مف.) لگدکوب، پی‌سپار، پایمال، پای‌کوب:

«ازو شهر توران شود پی‌سپر
بکین تو آید همان کینه‌ور.»
(فردوسی)

پی‌سپردن pay-separdan, pey.- (مص‌م.) **۱** - پایمال کردن، زیر پا گذاشتن. **۲** - رفتن، عبور کردن:

«بشخی که کرگس بدو نگذرد
بروگور ونخچیر پی‌نسپرد.»
(فردوسی)

|| **به ـــ چیزی‌را.** زیرپا گذاشتن آنرا:

«وگر بگذری زین سخن نگذرم
سرو تخت وتاجت به‌پی‌بسپرم.»
(شا. بخ ۷: ۱۸۲۴)

پی سپرده p.-separda(-e) (ص‌مف.) **۱** - لگدمال شده، پایمال گردیده. **۲** - رفته، عبور کرده.

پی‌سپر شدن pay-separ-šodan, pey.- (مص‌ل.) ـــ **راهی.** محل عبور واقع شدن آن، پیموده گشتن:

«حافظ سراز لحد بدرآرد بپایبوس
گرخاك اوبپای شما پی‌سپرشود.»
(منسوب بحافظ، آنند. لغ.)

پی‌سپرکردن p.-s.-kardan [= پی سپار کردن] (مص‌م.) **۱** - با پای رفتن، پیمودن (راهی‌را). **۲** - لگدمال کردن، پایمال کردن.

پی سپید pay-sepīd, pey.- [= پی‌سفید] (ص‌مر.) شوم‌قدم، نامبارك.

۱- پیست pīst [= پیس] (إ.) شخص مبتلا به‌برص، ابرص، پیس.

۲ - پیست pīst [فر. piste] (إ.) محوطه یا میدان آماده برای ورزش، مسابقه، رقص؛ تاختگاه (فره.)

پیستوله pīstole [فر. pistolet، بمناسبت آنکه نخستین بار درشهر pistoie (ایتالیا) ساخته شده] (إ.) یکی‌ازسلاحهای آتشین دستی؛ طپانچه، پشتو، پشتاو، پیشتاب.

پیستوله (انواع)

پیستون pīston [فر. piston، ایتال. pistone] **۱** - (فز.) استوانهٔ متحرکی که با اِصطکاك در لولهٔ تلمبه یا سیلندر ماشین بخار حرکت کند. **۲** - تکمهٔ فنری، دگمهٔ فشاری. **۳** - کسی که‌از شخصی جانبداری کند؛ حامی، پارتی (در فرانسوی بمعنی سفارش وتوصیه‌است). **۴** - (مکن.) دراتومبیل لولهٔ فلزی تو پری است داخل لولهٔ دیگری بنام سیلندر که‌در نتیجهٔ انفجار گاز متراکم (مخلوط گاز هواوبنزین) در ناحیهٔ سر سیلندر (قسمت فوقانی پیستون) پیستون در داخل سیلندرها شدیداً حرکت کند و این حرکت بوسیلهٔ آلت دیگری بنام دستهٔ پیستون به میل لنگ منتقل شود و بالاخره رفت و آمد آن بحرکت دورانی میل لنگ تبدیل گردد. || **دستهٔ ـــ .** (مکن.) در اتومبیل‌میلهٔ آهنی است‌که به‌پیستون‌متصل است‌وبوسیلهٔ آن‌حرکت رفت و آمد پیستون را به میل لنگ منتقل میسازد. این حرکت رفت‌وآمد در داخل‌لولهٔ سیلندر بنوبهٔ‌خودبحرکت دورانی میل‌لنگ تبدیل میگردد.

پیستی pīst-ī [= پیسی] (ص‌نسبـ. پیست، إمر.) (پز.) پیس، برص:

«بر پهلوی چپ وی یك ورم سپیدیست که بجزازپیستی‌است.» (کشف‌المحجوب هجویری. لغ.)

پی‌سر pay-sar, pey.- (إمر.) **۱** -

پی‌سرزدن

پشت گردن، قفا . ۲ ـ پشت گردنی ، سیلیی که به‌پشت گردن زنند.

پی‌سرزدن p.-s.-zadan (مص م.) پشت گردنی‌زدن کسی‌را ؛ قفازدن.

پیسرك pīsorak [کر . مکری paraselērka ، کرمانجی parasikla ، کرمانجی سلیمانیه pliser، جافی pölīsör و pölīskör سنندجی pliserg ، کرمانشاهی و کرمانجی pliserek (دکتر مکری)] (إ.) پرستو (ه.م.)، پرستوك.

پی‌سر کردن pay-sar-kardan,-pey.- (مص‌م.) دست بسر کردن کسی را، ازسرباز کردن.

پیس شدن pīs-šodan (مص ل.) ۱ ـ دورنگ شدن، ابلق گشتن، خلنگ گردیدن . ۲ ـ به بیماری برص مبتلا شدن .

پی سفید pay-sefīd,pey.- [= پی‌سپید] (ص‌مر.) ۱ـ شوم‌قدم، نامبارك، پی‌سپید. ۲ ـ بدبخت، بدطالع :
«دل ازسفید گشتن مو نا امیدشد
عالم سیه بچشم‌ازین‌پی‌سفید شد.»
(صائب،لغ.)

پیس کردن pīs-kardan (مص م.) دورنگ‌کردن، ابلق ساختن ، خلنگ کردن.

پیسگی pīsa(e)g-ī (حامص .) ۱ ـ پیسه بودن، پیس‌بودن، دورنگ بودن، ابلقی: « و پیسگی پوست پلنگ دلیل است بر آنك (آن) مثل است‌برمردمی که بدل پیسه ومخالف‌باشند.» (جامع‌الحکمتین ۱۷۵) ۲ ـ برص داشتن ، پیسی.

پی‌سودن pay-sūdan,pey.- (مص ل.) ۱ ـ لگدکوب کردن، پایمال کردن. ← پی‌سوده . ۲ ـ میل کردن ، اراده کردن، مشتاق بودن ، رغبت کردن.

پی سوده pay-sūda(-e),pey- (ص‌مف.) ۱ـ لگدکوب‌شده، پایمال:
«بس‌مور کو ببردن نان ریزه‌ای زراه
پی‌سودهٔ کسان شود وجان‌زیان کند .»
(خاقانی)
۲ ـ اراده‌کرده، مشتاق.

پیسوز pī-sūz [= پیه‌سوز] (إمر.) پیه سوز(ه.م.):
« عدوی توپیوسته دلسوزباد!
چوپیسوز اندر دلش‌سوزباد!»
(شرفنامهٔ منیری، لغ.)

پیسه pīsa(-e) [است. paēs ؛ پب. pais ، نگاشتن ، نقش کردن ؛ په. pistak، نقش و نگار بسته . زینت شده ؛قس.است. paesa- ، ابرص،هندبا. pēças، آرایش وزینت، پب بنقل‌یو. piθáγas ، په. pēsak ، برص] ۱ ـ (ص.) سیاه وسپید بهم آمیخته، ابلق، دورنگ:
« هر پیسه گمان مبر نهالی
باشدکه پلنگ خفته باشد .»
(گلستان. فر. ۱۵)
۲ ـ (کن .) دورو، منافق : « و پیسگی پوست پلنگ دلیل است بر آنك(آن) مثل‌است برمردمی که‌بدل پیسه‌ومخالف باشند.» (جامع‌الحکمتین ۱۷۵) ۲ ـ (پز.) مرضی است جلدی، پیسی(ه.م.)، برص. ۳ ـ (ص.)مبتلابه‌برص، مبروص، پیس. ۴ ـ (إ .) زر نقد (بدین معنی مشترك میان هندی وفارسی است):
«کله‌پزرا پیسه دادم: کله‌ده،اوپاچه‌داد
هرکه‌باکم‌مایه‌سودا میکند، پامیخورد.»
(وحید،لغ.)
‖ ~ چرم. چرم دورنگ، پوست ابلق ستور:
«دم گرگ چون پیسه چرم ستوری
مجره همیدون چو سیمین‌سطبلی.»
(منوچهری،لغ.)

ضح. -دردیوان‌منوچهری د.چا.۲،۱۴۲: «پیسه چرمه» آمده. ‖ ـــ رسن. ← رسن پیسه. ‖ ـــ کمیت. نوعی اسب که سیاه وسفیدباشد: «پیسه کمیت رنجور وبد خوبود.» (نوروزنامه۵۴ورك.۵۳)
‖ رسن ـــ. ریسمان سیاه وسپید:
«چون آن قوتی که بزغاله فرق کندمیان مادرخویش وگرگ، وکودك فرق کند میان رسن‌پیسه ومار.» (چهارمقاله۱۴)
‖ سیاه (سیه) پیسه. آنکه یك رنگ او سیاه است:
«این‌باز سیه‌پیسه‌نگر بی‌پر وچنگال
کوهیچ نه‌آرام همی یابد ونه هال.»
(ناصرخسرو.،لغ.)
‖ غنج ـــ. جوال دورنگ:
«وان بادریسه هفتهٔ دیگرغضاره شد
واکنون‌غضاره‌همچویکی‌غنج‌پیسه‌گشت.»
(لبیبی،لغ.)
‖ کلاغ ـــ. (ه.م.) ‖ کلاپیسه. (ه.م.) ‖ مار ـــ. ماردورنگ، ارقم.

پیسه شدن p.-šodan (مصل.) دو رنگ شدن، ابلق گشتن.

پیسه‌کردن p.-kardan (مصم.) دو-رنگ‌کردن، سیاه وسفید کردن، ابلق ساختن:
«عدل تو سایه‌ایست که‌خورشیدرا زعجز
امکان پیسه‌کردن آن نیست‌درشمار.»
(انوری.مد۱۸۰۰)

پیسه‌مو(ی) p.-mū(y) (ص مر.) دارای موی سیاه وسفید؛ جو گندمی، دوموی.

۱ - پیسی pīs-ī ← پیسه، پیس.

۲ - پیسی pīs-ī (حامص.) (پز.) ناخوشیی جلدی[1] که پوست نقاط‌مختلف بدن مریض دارای لکهای کم و بیش وسیع سفید میشود. این ناخوشی را امروزه نتیجهٔ بهم خوردن متابولیسم عمومی بدن و عدم اعتدال ترشحات هورمونهای‌غددمترشحهٔ داخلی‌میدانند. بعضی قارچهای ذره‌بینی هم‌که در روی پوست زندگی میکنند میتوانند این مرض را تولیدکنند و در این صورت مریض زود با مقداری ضد عفونیهای سطحی معالجه‌میشود، برص:
«ریشش زداءثعلب ریزیده جای‌جای
چون‌یوزگشته‌ازره پیسی، نه‌ازشکار.»
(سوزنی،لغ.)

۳- پیسی pīs-ī [تر. پیس. بد+ف. ی، پس.] (حامص.) رفتارسخت‌بد، معاملهٔ سوء، آزار، اذیت. ‖ به ـــ افتادن. (عم.) بیچاره و مفلوك شدن. ‖ ـــ درآوردن یا ـــ سر(بسر) کسی‌درآوردن. نهایت او را رنج وعذاب دادن (غالباً بگفتارهای زشت)، با او رفتاری‌سخت خشن‌کردن.

پیسیار pīs-yār [= پیشیار] (إمر.) پیشیار (ه.م.)

۱ - پیش pīš [پب. patiš. مقابل، ضد؛ است. paitiš، په. pēš، pat(i)š] ۱ - (ق.مکان) جلو، قبل، قدام؛ مق. پس، پشت: «وضع، حال نهاد جزوهای جسم بود بجهشهای مختلف چنانکه نشستن‌وبرخاستن ورکوع وسجودوچون دست وپای و سر واندامهای دیگر را نهادهای‌ایشان‌سوی‌جهشهای‌راست‌وچپ وزیروزبروپیش‌وپس...» (دانشنامه. الهی۳۰) ۲ -(ق.زمان) قبل؛ مق. پس، بعد ← پیش‌از. ۳ - (حر.اض.) نزد (حضور داشتن‌چیزی یاکسی را رساند): «پیش من‌بود.»؛ «سید دری یتیم‌داشت، پیش سلطان‌نهاد...» (سلجوقنامهٔ ظهیری۴۳) ۴ - (حر.اض.) سوی، طرف، جانب: «پیش‌اورفت.» ۵ - کنار، بن:
«نیاسود تیره شب و پاك روز
همی راند تا پیش کوه اسپروز.»
(شا.، لغ.)

۱- Alphos (فر.)

۶- مقابل، درمقابل، درجلو، روبروی، پیش روی:
«بدان مرد داننده اندرز کرد
همی‌خواسته پیش او ارزکرد.»
(فردوسی)
۷- برابر، مقابل، در مقام مقایسه:
«درهمه گیتی نگاه کردم وباز آمدم
صورت کس خوب نیست پیش تصاویر او.»
(سعدی. غزلیات. فر.۲۶۷)
۸- ساحل، کنار، کرانه:
«بیامد تهمتن بتوران زمین
خرامید تا پیش دریای چین.»
(فردوسی)

۹- از پیش، از مقابل: «امیر طاهر سپاه پدررا هزیمت داد، ترسناك پیش امیر خلف آمدند، شکسته وخسته وبعضی کشته، وامیر خلف دانست که محنت رسیده است که پیش فرزند همی باید گریخت.» (تاریخ سیستان ۳۴۹) ۱۰- (اِ.) یکی از سه حرکت حروف؛ ضمه، ضم؛ مق. زیر (کسره)، زبر (فتحه). ۱۱- (پز.) نام هریك از چهار دندان جلو دهان که دو بر بالا و دو بزیرست؛ ثنیه (ج. ثنایا). ۱۲- (ص.) مقدم، ارجح، برتر:
«ای نهان گشته در بزرگی خویش
وزبزرگان بکبریا در، پیش.»
(انوری، لغ.)
۱۳- آنکه دربازی حق تقدم دارد. ۱۴- قاید، پیشرو ← پیش کردن. ۱۵- مقدمه، دیباچه: «پیش‌را دانستی.» ‖ از ــ. در قدیم، در سابق:
«بگردوی من نامه‌ای کرده‌ام
هم ازپیش تیمار او خورده‌ام.»
(فردوسی)
‖ از ــ. ۱- از جانب، از طرف: «وحکم شد که مولانا صاعد باز گردد و برعایا رساند که هرظلم وزیادتی که مولانا قطب‌الدین بارتکاب آن جسارت نموده ازپیش‌اوبوده نه‌برحسب فرمودهٔ حضرت صاحب قرانی ...» (ظفرنامهٔ یزدی۲: ۳۹۴) ۲- قبل‌از، پیش‌از: «احمد ایشانرا آورد وآنچه از پیش مرگ خوارزمشاه ساخته بود... باو گفت...» (بیهقی.، لغ.) ‖ از ــِ خود. بی اشارهٔ غیر، بخودی‌خود:
«ازچه خاکی‌ای‌دل‌ویران! که‌ازروزازل
هیچکس‌از پیش‌خودنگرفت‌تعمیر ترا.»
(قدسی، آنند.، لغ.)
‖ به ــ! (نظ.) فرمانی‌دستهٔ‌سربازان را برای حرکت‌بطرف مقابل. ‖ ــ از. قبل‌از، سابق‌بر: «وطلب‌آب‌کردن پیش از تیمم واجب نیست.» (کشف‌الاسرار۲: ۵۲۲). ‖ پس و ــ. ۱- (از لحاظ مکان) مقدم و مؤخر، جلو و عقب، روبرو وپشت سر:
«گشاده نباید که دارید راه
دورویه‌پس‌وپیش‌آن‌رزمگاه»
(فردوسی)
۲- (ازلحاظ زمان) مؤخر ومقدم، سابق ولاحق: «همه را زاد بیك دفعه‌نه‌پیشی نه‌پسی.» (منوچهری، لغ.) ‖ ــ ازاین. قبلا، سابقاً: «پیش از این اهالی‌بغداد بواسطهٔ مخالفتی‌که با عساکرما بنیان نهادند... خود را و مملکت را برباد دادند..» (ظفرنامهٔ یزدی ۲: ۳۶۸) ‖ ــ ازظهر. قبل از ظهر؛ مق. بعداز ظهر، پسین. ‖ در ــ. ۱- قبل از، پیش‌از:
«زنان دشمنان در پیش ضربت
بیاموزند الحانهای شیون؛»
«چنانچون‌کودکان ازپیش‌الحمد
بیاموزند ابجد را و کلمن.»
(منوچهری.د.چا ۱: ۵۹)
۲- درنزد، بمذاق، بسلیقهٔ:

«گفت: جوع از صبر چون دوتا شود
نان‌جو در پیش من حلوا شود.»
(مثنوی)

ترکیبات فعلی. ‖ **از ~ بردن چیزی را.** کامیاب شدن در آن، غالب آمدن:
«هر آنك استعانت بدرویش برد
اگر بر فریدون زد، از پیش برد.»
(سعدی)

‖ **از ~ برداشتن.** ۱- از بن بر کندن. ۲- کاری را کاملا انجام دادن. ‖ **از ~ِ پای کسی برخاستن.** بتعظیم او برخاستن:
«ماخویش‌را سبك پی دنیا نکرده‌ایم
از پیش پای باد نخیزد غبار ما.»
(تأثیر، آنند.، لغ.)

‖ **از ~ِ چیزی رفتن.** آنرا ترك گفتن، از آن شانه خالی کردن:
«من هوادار قدیمم، بدهم جان عزیز
نوارادت نه که از پیش غرامت بروم.»
(سعدی. غزلیات. فر. ۲۳۶)

‖ **از ~ رفتن.** میسر بودن، کفایت شدن، رواگشتن:
«تراکه هرچه مرادست، میرودازپیش
زبیمرادی امثال ما چه غم دارد؟»
(سعدی)

‖ **از ~ رفتن حرف (سخن).** مؤثر افتادن سخن، نتیجه دادن آن:
«ره بی دلیل گم نکند کاروان عقل
در وادیی که حرف من از پیش میرود.»
(تأثیر. آنند.، لغ.)

‖ **از ~ِ کسی بودن.** از آن او بودن، برای او بودن:
«اگر باز بینم ترا شادمان
پر از درد گردد دل بدگمان،
از آن پس جز از پیش یزدان پاك
نباشم کز اویست امید و باك.»
(فردوسی)

‖ **از ~ِ کسی نرفتن یا از ~ نرفتن کاری کسی را.** قادر نبودن (یا نشدن) وی بر آن:
«چون خدا میخواست از من صدق زفت
خواستش چه‌سود چون پیشش نرفت.»
(مثنوی)

‖ **~ از کسی یا چیزی بودن، یا از کسی ~ بودن.** بر او مقدم بودن، بر او برتری داشتن. ‖ **~ِ خودمان بماند.** این سر را نگهدار، بکسی مگو! نشنیده بگیر!

‖ **در ~ داشتن کاری را.** با آن مواجه بودن، موظف بودن بانجام دادن آن:
«مهمی که در پیش دارم، بر آر
وگرنه بخواهم ز پروردگار.»
(سعدی)

‖ **در ~ شدن.** تقدم (زوزنی، لغ.)
‖ **در ~ کردن.** تقدیم، تقدمه (زوزنی، لغ.) ‖ **در ~ گرفتن چیزی را.** بدان پرداختن، اجرای آنرا وجههٔ همت خود ساختن:
«من ازین باز نیایم که گرفتم در پیش
اگرم میرود از پیش وگر می‌نرود.»
(سعدی)

‖ **در ~ نهادن.** عرضه کردن:
«آن‌همه عشوه که در پیش نهادند وغرور
عاقبت روز جدایی پس پشت افکندند.»
(سعدی)

۲-پیش pīš [=بیش = پیس] (اِ.) ۱- (گیا.) شاخهٔ درخت خرما. ۲- (گیا.) برگ درخت خرما. ۳- (گیا.) خرمای ابوجهل.

پیشا pīš-ā [= پیش‌آینده] (صفا.، اِ.) (مس.) نوت کوچکی است که قبل از نوتهای اصلی قرار میگیرد. یکی از نوت‌های زینت[1] و آن نت کوچکی است که قبل از نوتهای اصلی قرار

۱- Appogiature (فر.)

میگیرد و آن بردو قسم است: ‖ ـــ ی تحتانی . یك دوم از نوت اصلی بم تر است. ‖ ـــ فوقانی . یك دوم از نوت اصلی بالاتر نوشته میشود. این دو را پیشای ساده گویند. باید دانست که پیشا امکان دارد که مضاعف باشد در این صورت پیشای فوقانی و تحتانی متفقاً قبل از نوت اصلی واقع میشود . درصورتیکه پیشا ساده باشد بصورت چنگك خط خورده واگر مضاعف باشد مانند دولاچنگك‌های کوچك نوشته میشود. (نقل از نظری بموسیقی - ج ا ص ۱۳۴).

۱- پیشاب pīš-āb [پیش = پیس + آب] (اِمر.) (پز.) مایع مترشحه[1] از کلیه‌ها که بوسیلهٔ لوله‌های حالب[2] تدریجاً وارد مثانه[3] شده و پس ازجمع شدن در آنجا (بمقدار تقریبی ۴۵۰ سانتی‌متر مکعب درانسان بالغ) احساس دفع شده و با اراده از پیشابراه[4] خارج میشود. پیشاب مایعی است برنگ زرد کهربایی بوزن مخصوص ۱/۰۱۸ + وواکنش آن اسیداست . انسان بالغ در ۲۴ ساعت در حدود ۱/۵ لیتر ادرار دفع میکند ولی این مقدار با کارفکری و هیجانات و اضطراب افزایش میبابد. در هرلیتر ادرار ۹۵۰ گرم آب و ۳۰ گرم مواد آلی و ۲۰ گرم مواد کانی موجود است. جزو مواد آلی آن مقدار نسبةً زیاد اوره[5] موجوداست وهمچنین مقداری اسیداوریك[6] واملاح آن وجود دارد. مادهٔ رنگی ادرار اوروبیلین است. جزو مواد معدنی ادرار نمك طعام وسولفاتها وفسفاتهای قلیایی وجوددارند؛ بول، شاش ، زهراب ، قاروره، ادرار. ضح .- فرهنگستان نیز این کلمه را بجای بول[1] پذیرفته.

۲- پیشاب pīš-āb (اِمر.) آبی که از میوه‌ای درآغاز فشردن گیرند ؛ مق . پس‌آب.

پیشابراه pīšāb-rāh (اِمر.)(پز.) مجرای خارج کنندهٔ ادرار[7] از مثانه بخارج . نزد مردان این مجرا شامل دو قسمت است: یکی قسمت متحرك که خارجی و قسمت قدامی این مجرا است و دارای نسج اسفنجی میباشد. طول این قسمت که ضمناً آلت مردی را نیز تشکیل میدهد در موقعیکه رگهای خونینش پر از خون شوند(حالت انتعاظ) بین ۹ تا ۱۴ سانتی‌متر متغیراست. دیگر قسمت ثابت است که طولش بین ۱ تا ۲ سانتی‌متر است و از انتهای مثانه شروع و به‌بن آلت ختم میشود ودارای تارهای عضلانی صاف و مخطط میباشد. ابتدای این قسمت دارای اسفنکتری[8] است که باراده باز و بسته میشود و بالنتیجه موجب دفع پیشاب بارادهٔ قبلی میگردد. نزد زنان پیشابراه لوله‌ایست که خیلی کوتاه‌تر از مردان است (در حدود ۵ سانتی متر) و دارای دو اسفنکتر قدامی و خلفی میباشد: اسفنکتر قدامی دارای نیروی مضیقهٔ بالنسبه مقاومی است که در موقع احتیاج بااراده بازشده و پیشاب دفع میگردد . پیشاب راه در زنان بوسیلهٔ یك جدار عضلانی ازلولهٔ رحم جدا میشود؛ مجرای بول . ضح .- این کلمه را فرهنگستان وضع کرده.

پیشاب ریختن p.-rīxtan (مص ل.) بول کردن، شاشیدن، آب تاختن، ادرار کردن.

۱- Urine (فر.) ۲- Uretère (فر.) ۳- Véssie (فر.)
٤- Urètre (فر.) ٥- Urée (فر.) ٦- Acide urique (فر.)
٧- Urètre (فر.) ٨- Sphinctère (فر.)

پیشاب کردن p.-kardan (مص‌ل.) بول‌کردن، شاش‌کردن، شاشیدن،ادرار کردن.

پیشاپیش pīš-ā-pīš (قمر.) پیش پیش، مقدم برهمه، جلوتر ازدیگران:
«گرچه ما رانیست پیشا پیش‌دودمشعلی
نیست دودآه مظلومی‌هم از دنبال ما.»
(واعظ قزوینی ، لغ.)

پیشادست pīš-ā-dast (إمر.)
۱ ـ مزد پیشی که قبل از انجام دادن کار بفروشنده یا کننده دهند ؛ اجرت پیشی، بیعانه؛ مق. پسادست. ۲ـ وجهی که هنگام خریدن چیزی بفروشنده دهند؛ نقد؛ مق. نسیه، پسادست:
«ستد و داد جز به‌پیشادست
داوری باشد و زیان وشکست.»
(لبیبی،لغ.)
۳ ـ پیشدست، مقدم . ۴ ـ پیشدستی ، تقدم .

پیشار pīš-ār [قس. پیشیار](إمر.) پیشیار (ه.م.)، پیشاب(ه.م.):
«پزشك آمد و دید پیشار شاه
سوی تندرستی نبدکار شاه.»
(شا.، لغ.)

پیشان pīš-ān [ـــ پیشین ، قس . پایان=پایین] (إمر.) ۱ـ پیش پیش، که از آن پیشتر چیزی نباشد ؛ مق. پایان :
«یکی ذاتی‌که پیشانی نداری
همه جانها تویی، جانی نداری.»
(الهی‌نامه۴)
« یکی اول‌که پیشانی ندارد
یکی آخرکه پایانی ندارد.»
(اسرارنامه. گوهرین. ۱)
۲ـ صدرخانه ، پیشانه ، پیشخانه؛ مق. صف نعال ، پای ماچان :
« زپرده پرده میشد تا به پیشان
که ممکن نیست‌کس را بیشترزان.»
(اسرارنامه . اسلامیه ۴۰ ، معراج پیغمبر ص)

پیشانه pīš-āna(-e) [= پیشان]
۱ ـ (ص‌مر.) پیشین ، سابق، جلوتر :
« ترك را از لذت افسانه‌اش
رفت از دل دعوی پیشانه‌اش .»
(مثنوی ، نیک۵۰ : ۳۶۹)
۲ ـ صدر مجلس ، بالای خانه ؛ مق. صف نعال ، پای ماچان :
«نیست دستی‌که‌کشددست مرا یارانه
وزچنین صف نعال‌سوی پیشانه‌برد.»
(مولوی، لغ.)

پیشانی pīš-ān-ī [پب. pēšānīk] (إمر.) ۱ـ (پز.) جزو فوقانی‌چهره[۱] بعد از رستنگاه موهای سر تا سطح افقی مماس بدو کمانهٔ ابرو که آنرا سطح افریاك[۲] نامند. پیشانی $\frac{1}{3}$ سطح چهره را تشکیل میدهد . از پیشانی به پایین سطح چهره‌را صورت[۳] نامند؛ ناصیه، جبین ،جبهه، چهاد: «لایفلح، به‌پیشانی وی بازبندند و گویند ...» (کشف‌الاسرار۲:۵۳۰) ‖ **استخوان ~ .** (پز.) استخوانی که سر تاسر اسکلت پیشانی‌راتشکیل‌میدهد[۴]. این‌استخوان یکی ازاستخوانهای فرد جمجمه است. سطح‌تحتانی‌استخوان‌مذکورسقف‌حدقهٔ[۵] چشم را تشکیل میدهد و در ضخامت استخوان سینوسهای پیشانی قراردارند که باحفرهٔ بینی‌مربوطند. قوس‌برجستهٔ استخوانی ابروها نیز بر روی سطح قدامی درقسمت تحتانی این استخوان قرار دارد. استخوان پیشانی درقسمت

۱ ـ Visage (فر.) ۲ـ Ophryaque(فر.) ۳ـ La face (فر.)
۴ـ Os frontal (فر.) ۵ ـ Orbite oculaire (فر.)

پیشانی‌بلند

درز میانی جمجمه با استخوانهای قحفین درقسمت قدامی سرملاذبزرگ[1] یا ملاذ قدامی سر را تشکیل میدهد . ‖ عضلهٔ ~ .(پز.)عضله‌ای که‌استخوان پیشانی[2]را تابالای ابروها و حدفاصل بین ابروها را پوشانده . عضله‌ایست مسطح و نازك ، تقریباً مستطیل‌شکل. این عضله بوسیلهٔمخاط وپوست پوشیده شده و خود مستقیماً برروی استخوان پیشانی قرار دارد. ۲ ـ بخت، اقبال، دولت، طالع:

«مطلب روان‌نشد بدر دوستان مرا
پیشانیی نبود در آن آستان مرا .»
(اسماعیل ایما،لغ.)

‖ پیشانی! ای‌پیشانی!مرا کجامی‌نشانی؟ بتخت‌زرمی‌نشانی، یا بخاکسترمی‌نشانی. (مثل،لغ.) ۳ ـ لیاقت، شایستگی:

« دلسوختگان فرو کری میدارند
پیشانی داغ غم ندارد جگرت .»
(ظهوری،لغ.)

۴ ـ سخت رویی، پررویی ، گستاخی ، بی‌شرمی:

«رستم من از خوف ورجا، عشق‌ازکجا شرم ازکجا؟ ـ ای خاك‌بر شرم وحیا، هنگام پیشانی است این.»
(مولوی، لغ.، حافظ قزوینی۳۳۵ح)

۵ ـ قوت، صلابت:

«دل زناوك چشمت گوش‌داشتم،لیکن
ابروی کمانداری میبرد به پیشانی.»
(حافظ۳۳۵)

۶ ـ تکبر، نخوت:

«گرخدارابنده‌ای،بگذار نام‌خواجگی
پیش‌اوچون‌سر نهادی، بازپیشانی‌چه‌سود؟»
(مولوی، لغ.)

۷ ـ وسعت، فراخی. ‖ ~ ازقفاکردن. هزیمت دادن، گریزانیدن :

«آن سروری که پیش‌ظفرپیشه‌رایتش
پیشانی عدو زقفا کرد روزگار .»
(انوری،لغ.)

‖ ~ برخاك نهادن . سجده کردن ، نماز بردن:

«خرد ازروی توانگشت‌نهد بردیده
عقل‌درکوی‌تو برخاك‌نهد پیشانی.»
(نزاری،لغ.)

‖ ~ بکارباز نهادن . باگستاخی‌اقدام کردن، قدم جرأت پیش نهادن: «رای وطمع خام وفرط وقاحت او را بران داشت که پیشانی بکار باز نهاد وروی ببخارا آورد تا برسبیل تحکم وتقلب ملك نوح‌را بادست‌گیرد.»(یمینی،لغ.) ‖ ~ درهم‌کشیدن. ابرودرهم‌کشیدن، اخم‌کردن، روترش کردن . ‖ ~ سخت داشتن. (کن.)سخت روی بودن ، بی‌شرم بودن:

«کسی را روبرو از خلق بخت‌است
که چون‌آیینه پیشانیش‌سخت‌است.»
(نظامی،لغ.)

‖ ~ شیر (پلنگ) خاریدن . کاری خطرناك‌کردن:

«قوت پشه‌نداری، چنگ‌با پیلان‌مزن!
همدل‌موری‌نه‌ای، پیشانی شیران‌مخار.»
(جمال‌عبدالرزاق،لغ.)

«خواهی‌که‌کینش جویی، ازبهرآزمون
پیشانی پلنگ و کف اژدها مخار!»
(قطران،لغ.)

پیشانی بلند p.-boland (ص مر.) ۱ ـ آنکه فاصلهٔ رستنگاه موی سر تا ابروان وی‌بسیارباشد، کسی‌که‌جبهه‌ای گشاده دارد . ۲ ـ خوش اقبال ، نیك بخت، نیك اختر.

پیشانی‌دار p.-dār [= پیشانی‌دارنده] (ص‌فا.)۱ـدارندهٔ‌پیشانی،صاحب‌جبهه.۲ـ دولتمند،خوش‌اقبال، نیك‌بخت.۳ ـکسی

[1]-Grande fontanelle(فر.)
[2]-Muscle frontal(فر.)

که کاری را بشکفتگی از پیش برد.

پیشانی داشتن p.-dāštan (مصل.) خوشبخت بودن ، نیك بخت بودن ، اقبال نیکوداشتن.

پیشانی سفید p.-sefīd (ص مر.) آنکه دارای پیشانی سفیدرنگ است؛ سفید جبهه. ‖ مثل گاو ــــ . مشهور میان خاص وعام.

پیشانی ساییدن p.-sāyīdan (مص م.) پیشانی سودن ↓ .

پیشانی‌سودن p.-sūdan [= پیشانی ساییدن] (مص ل.) ۱- سر بر خاك نهادن. ۲ - تعظیم کردن، سجده کردن:
«نمیدانم که باد پیك صبحی‌از کجا آمد
که‌پیشش‌سبزه‌و‌گل‌بر‌زمین‌سودند‌پیشانی؟»
(وحشی. ۱۹)

پیشانی کردن p.-kardan (مصل.) گستاخی کردن ، بیشرمی کردن:
«سپر از غمزهٔ مست تو بینداز د چرخ
باد و ابروی‌تو‌خود کس‌نکند‌پیشانی.»
(نزاری، لغ.)

پیشانی نهادن p.-nahādan (مص ل.) تواضع کردن، سرفرود آوردن:
«هر که از روی تواضع ننهد پیشانی
پیش‌روی‌تو،زهی‌روی وزهی‌پیشانی!»
(سلمان ساوجی، لغ.)

پیشاوند pīš-ā-vand (اِمر.) کلمه‌ای که در اول کلمات دیگر در آید و تغییری مختصر در معنی آن دهد ؛ پیشوند[۱]، تصدیر، مزیدمقدم؛ مق. پساوند. ضح.- این کلمه مستحدث است.

پیشاهنگ pīš-āhang [= پیش آهنگ] (ص مر.) ۱ - پیشرو قافله ، آنکه پیش پیش کاروان رود :
«الا یا خیمگی خیمه فروهل !
که پیشاهنگ بیرون‌شد‌ز‌منزل.»
(منوچهری. د. چا ۲: ۵۳)
۲ - پیشرو لشکر، آنکه برمقدمهٔ جیش حرکت کند. ۳ - هرحیوانی که پیش - پیش نوع خود حرکت کند:
«چونکه واگردید گله از ورود
پس‌فتد آن‌بز که‌پیشاهنگ‌بود.»
(مثنوی. نیک. ۳: ۶۴)
۴ - جوانی که عضو سازمان تربیتی مخصوص (پیشاهنگی) است . ضح. ـ این کلمه را در قرن حاضر درمقابل انگ. boy scout پذیرفته‌اند. درانگلیسی دختر پیشاهنگ را girl-scout گویند،ولی در فارسی‌فرقی بین مذکر ومؤنث نیست.

پیشاهنگی pīš-āhang-ī (حامص.) ۱- عمل‌پیشاهنگ (ه.م.) ، پیشروبودن: «شبانی بود گلهٔ گوسفندداشت ، تیسی را زروی نام به پیشاهنگی گله مرتب گردانید.» (مرزبان‌نامه. چا. ۲: ۱۳۹) ۲- تربیت‌جوانان نیکوکارطبق‌مقررات مخصوص. ضح. ۱- این کلمه را بدین معنی در قرن حاضر برابر انگ. scout training پذیرفته اند. ضح. ۲- سازمان جهانی‌تربیتی‌وورزشی که تشکیلات آن تاحدی شبیه سازمان نظامی است. منش افراد پیشاهنگ: «آماده‌باش» وروش‌آنان «هرروز لااقل یك کار نیك انجام‌بده.» است. مؤسس این سازمان لرد «بیدن پاول» است. ضح. ۳- درجلسهٔ ۸۷ فرهنگستان برابرهای ذیل برای اصطلاحات پیشاهنگی- که همه بزبان‌انگلیسی‌بود- پذیرفته شده:

‖ انجمن ــــ . Local council
‖ انجمن ــــِ ایران . National council
‖ پایوران ــــ . Troop officers (← پایور).
‖ پیوستگان. Scouters

۱-Préfixe (فر.)

پیش‌آگهی

‖ **جوخه.** Patrol (← جوخه).
‖ **جوخه یار.** Assistant patrol leader
‖ **دیوان پاداش.** Court of honor
‖ **رئیس ـــ.** Chef scout executive
‖ **رسد ـــ.** Scout troop (← رسد)
‖ **رسد یار ـــ.** Assistant scout master
‖ **رهبر ـــ.** Scout commissioner
‖ **رهبریار ـــ.** Assistant scout commissioner
‖ **سرپرستان رسد.** Troop committee
‖ **سرپیشاهنگ.** Provincial scout executive district commissioner
‖ **سرپیشاهنگی.** Local headquarter
‖ **سرجوخه.** Patrol leader
‖ **سررسد.** Scout master
‖ **شورای رسد.** Troop council
‖ **شیپورزن.** Bugler
‖ **کارپرداز.** Quarter master
‖ **معاون ـــ.** Assistant scout executive
‖ **نشانهٔ هنر.** Merit badge
‖ **نوآموز.** Tender foot
‖ **نویسنده.** Scribe

پیش آگهی p.-āgah-ī (إمر.) ۱ - (بانک.) آگهی مختصری که پیش از موعد پرداخت سند برای بدهکار فرستاده میشود. ضح. - فرهنگستان این کلمه را برابر فر. préavis پذیرفته‌است. ۲ - (مال.) نامه‌ای متضمن ارقام در آمد ومیزان مالیات یکسالهٔ هرفرد مشمول مالیات که پس از فرا رسیدن موعد پرداخت ادارهٔ دارایی برای اطلاع او وبمنظور پرداختن مبلغ مالیات مندرج در آن نامه فرستد؛ خواه مؤدی مالیات برآوردی را بپذیرد وخواه نپذیرد؛ اخطاریه، برگ اخطار.

پیش آمد pīš-āmad [= پیش‌آمده] (ص‌مف، إمر.) حادثه (فره.)، قضیه، رویداد، سانحه، عارضه.

پیش آمدگی p.-āmada(e)g-ī (حامص.) ۱ - حالت و چگونگی پیش آمده. ۲ - آنچه‌ازدیوار وغیره که‌ازخط وامتداد مقرر تجاوز کند: پیش‌آمدگی دیوار بنا. ۳ - آنچه از جای خود تجاوز کند و در زمین یا فضا پیش رود: پیش‌آمدگی ساختمان، پیش‌آمدگی آب در خشکی (خلیج)، پیش آمدگی خشکی در آب (دماغه).

پیش آمدن p.-āmadan (مصل.) ۱ - نزدیك آمدن، نزدیك شدن، پیش روی آمدن، جلو آمدن:

«به پیش آیدم زود نیزه بدست
که در پیشتان نره‌شیر آمدست.»
(فردوسی)

۲ - ـــ **کسی‌را.** واقع شدن براو، براو رسیدن:

«ازین‌پس‌تو ایمن مخسب ازبدی
که پاداش پیش آیدت ایزدی.»
(فردوسی)

۳ - حدوث، وقوع، اتفاق افتادن: «هر چه پیش آیدخوش آید»، «غلامان‌سرایی چنان بی فرمانی کردند تا حالی‌بدین صعبی پیش آمد.» (بیهقی، اد۲۰.۶۴۲، لغ.) ۴ - ترقی کردن، روبکمال‌نهادن: خطش پیش آمده است. ۵ - از خط امتداد یا حدمعین تجاوزکردن: این قسمت دیوارپیش‌آمده. ۶ - برجسته‌تر شدن از سابق، آماسیدن: «اندلاع، پیش‌آمدن‌شکم.» (ازمنتهی‌الارب، لغ.)
‖ ـــ **الفغده.** بجزای عمل‌خودرسیدن:

«شیرغژم آورد وجست ازجای خویش
وآمد این‌خرگوش را الفغده پیش.»
(رودکی)

|| پیش کسی یاچیزی آمدن. بمقابلهٔ او شتافتن :

«وزان پس همه‌پیش‌مرگ آمدند
زره‌دار با خود و ترگ آمدند.»
(فردوسی)

پیش‌آورد p.-āva(o)rd [=پیش آورده] (ص مف.) ۱- پیش آورده . ۲- (اِمر.) آنچه پیش از غذای اصلی برسرسفره آرند از خوردنیهای سبك ، پیشپار[1].

پیش آوردن p.-āva(o)rdan (مص‌م.) ۱- نزدیك آوردن، برابر آوردن ،پیش آوریدن:

«برخیز وفراآی‌وقدح پرکن‌وپیش‌آر
زان باده که‌تابنده‌شود زو شب‌تاری.»
(فرخی)

۲- بحضورآوردن ، بخدمت آوردن :
«سلاح آنچه‌یافته‌اندپیش بایدآوردن.» (بیهقی.اد.۱۱۴) ۳- ایجاد کردن ، احداث کردن :

«چنین است کردارگردان سپهر
گهی درد پیش آورد، گاه‌مهر .»
(فردوسی)

۴- آغازکردن، شروع کردن:

«کنون رزم کاموس پیش آوریم
زدفتر بگفتار خویش آوریم.»
(فردوسی)

۵- از حدمعمول جلوتر آوردن‌چیزی را:پیش‌آوردن‌شکم. ۶- حاصل‌آوردن، نتیجه دادن:

«چه چیز است کان ننگ‌پیش آورد
همان بد زگفتار خویش آورد.»
(فردوسی)

۷- نصیب ساختن، بهره‌مندکردن:

«گهی راحت کند قسمت ، گهی رنج
گهی افلاس پیش‌آرد، گهی گنج .»
(نظامی)

۸- درنظرگرفتن، توجه‌کردن‌به:

«ورت آرزوی لذت حسی بشتابد
پیش‌آر زفرقان‌سخن آدم وحوا.»
(ناصرخسرو۲)

|| ~ (پاسخ،جواب...). پاسخ دادن ، عرض جواب:

«چنین پاسخ آورد سودابه پیش
که‌من‌راست‌گویم‌بگفتارخویش.»
(فردوسی)

|| ~ جنگ (کارزار ،رزم) . مبادرت ورزیدن بجنگ ، شروع کردن رزم : «طلیعهٔ لشکر دمادم‌کنید، تالشکرگاه مخالفان اگر جنگ پیش‌آردبرنشینیم وکارپیش‌گیریم.»(بیهقی،لغ.) || ~ سخن(گفتار...) . عرض‌کردن ، اظهار کردن ، عرضه داشتن :

« آنکه راکاین سخن شنید ازش
باز پیش آر تا کند پژهش . »
(رودکی،لغ.)

|| ~ عذر(پوزش ...). تمهید کردن عذر ، تقدیم معذرت:

«بدین کار پوزش چه پیش آورم ؟
که دلشان بگفتار خویش آورم . »
(فردوسی)

پیش‌آوریدن p.-āvarīdan [= پیش‌آوردن](مص‌م.) ۱- برابرآوردن، نزدیك آوردن، بحضور آوردن ، پیش آوردن :

«یکی‌شاره سربند پیش آورید
شده تارو‌پود اندرو نا پدید.»
(فردوسی)

۱- Hors d'oeuvre(فر.)

پیش آوریده ۹۱۴

‖ ~ گفتار (سخن...). اظهار کردن آن، عرض کردن:
«نبایستی تو گفتاری شنیدن
چو بشنیدی به پیشم آوریدن.»
(ویس ورامین، لغ.)

پیش آوریده p.-āvarīda(-e) (صمف.) ۱ - پیش آورده. ۲ - (إمر.) پیش آورد (ه.م.)، پیشپار ۱.

پیش آوند p.-ā-vand (إمر.) ← پیشاوند.

پیش آهنگ p.-āhang (إمر.) ← پیشاهنگ.

پیش آهنگی p.-āhang-ī (حامص.، إمر.) ← پیشاهنگی.

پیش آینده p.-āyanda(-e) (صفا.) ۱ - نزدیك آینده، جلو آینده. ۲ - اقدام کننده، مقدم: «متکلف، پیش آینده بکاری که افزون باشد از حاجت.» (منتهی الارب) ۳ - مترقی. ۴ - متجاوز. ۵ - رخ دهنده، حادث شونده. ۶ - آینده، مستقبل: «پیدا کردن آنکه این جنبا ننده چیزی نبود عقلی و متغیر و ناشونده واز حال اکنون و گذشته و پیش آینده خبر نادارنده.» (دانشنامه. الهی ۱۳۲)

پیش افتاد p.-oftād [= پیش افتاده (ه.م.)] (صمف.) ۱ - پیش افتاده. ۲ - پیشاهنگ. ۳ - قسمت، نصیب:
«هر ساعت از مژگان خود، خون دلم پیش او فتد
این راز مانده بخت بد، اینست پیش افتاد من.»
(خسرو دهلوی، آنند.، لغ.)
۴ - اتفاق، حادثه، سانحه.

پیش افتادن p.-oftādan (مصل.) ۱ - تقدم یافتن، مقدم شدن، جلو افتادن، سبقت گرفتن. ۲ - تفوق یافتن، برتری یافتن. ۳ - روی دادن، حادث شدن، رخ دادن: «وبیرون این کارهای دیگر پیش افتد وهمه فرایض است.» (بیهقی. اد. ۲۸۵، لغ.)

پیش افتاده p.-oftāda(-e) (صمف.) ۱ - سبقت گرفته، جلو افتاده، تقدم جسته. ۲ - آنکه یا آنچه در خور اهمیت نبود؛ مبتذل، پیش پا افتاده. ۳ - آنچه که هر کس بتواند بشناسد؛ معلوم، روشن.

پیش افطاری p.-eftār-ī [ف.-ع.] (إمر.) خوردنیهای سبك که روزه دار در اول افطار خورد پیش از شام.

پیش افکندن p.-afkandan (مصم.) ۱ - پیش انداختن (ه.م.) ۲ - پایین انداختن، فرود آوردن (سر وجز آن):
«خجل گشتتان دل ز کردار خویش
فکندید یکسر سر از شرم پیش.»
(فردوسی)

پیش امام p.-emām [ف.-ع.] (صمر.، إمر.) پیشنماز، امام جماعت.

پیش انداختن p.-andāxtan (مصم.) ۱ - تقدم دادن، جلو انداختن، مقدم داشتن: «مردم اورا پیش انداختند، واز پی اوروان شدند.» ۲ - زودتر از موعد مقرر داشتن (چنانکه بیمار نوبت تب را وزن روزهای قاعدگی را).

پیش انداز p.-andāz [= پیش اندازنده] (صفا.) ۱ - آنکه پیش اندازد، آنکه سبقت دهد. ۲ - کسی که بجلو راند. ۳ - (إمر.) پارچه‌ای که در وقت طعام خوردن بروی زانو گسترند؛ دستار خوان: «یك عدد صراحی نقره مملو از رواح ریحانی... با پیالهٔ طلا و پیش انداز زربفت از پی او فرستادند.» (عالم آرا. ۲: ۶۲۴) ۴ - رشتهٔ جواهر که زنان از گردن آویزند ودر پیش سینه قرار دهند.

پیش اندیش p.-andīš [= پیش اندیشنده] (صفا.) آنکه از قبل چیزی را اندیشد؛ پیش بین.

پیش اندیشی p.-andīš-ī (حامص.)

---

۱ - Hors d'oeuvre (فر.)

چگونگی وحالت پیش اندیش (ه.م.)، عمل پیش اندیش، پیش بینی: «اندیشه را مقدم گفتار خویش‌دار ... که پیش اندیشی‌دوم کفایتست.» (منتخب‌قابوسنامه. ۵، لغ.)

پیش اوفتادن p.-ūftādan (ōf.-قد.) (مصل.) پیش افتادن (ه.م.):

«هرساعت ازمژگان‌خودخون‌دلم‌پیش‌اوفتد
این‌رازمانده‌بخت‌بد، اینست‌پیش‌افتادمن.»
(خسرو دهلوی: لغ.)

پیش ایستادن p.-īstādan (مصل.) برابرایستادن، مقابل‌قرارگرفتن، درپیشگاه... قرارگرفتن:

«نه‌پیش جزخدای جهان ایستاده‌ام
زان‌پس، نه‌نیزهیچکسی‌رادوتاشدم.»
(ناصرخسرو ۲۷۳)

پیش ایوان p.-ayvān (امر.) فضای مرتفع و مهتابی جلو ایوان که سقف نداشته باشد؛ صحن خانه:

«مجلسش‌راعرش‌پیش‌ایوان‌وکرسی‌صندلی
مطبخش‌راآسمان‌هادود وکوکبهاشرار.»
(محمدسعیداشرف. آنند.، لغ.)

پیشباره [= پیشپاره] pīš-bāra(-e) (امر.) پیشپاره (ه.م.)، فیشفارج.

پیشباز pīš-bāz [= پیشواز] (إ.) ۱- پیش وبرابرکسی (مسافریامهمان) رفتن‌قبل ازورود او؛ استقبال، پیشواز:

«مهین کوس وبالا وپیلان و ساز
فرستاد با سرکشان پیشباز.»
(گرشا.، لغ.)

۲- آنچه ازقسمت قدامی گشاده باشد، آنچه‌که جلو آن گشوده باشد. ‖ جامهٔ ~ . نوعی جامهٔ پوشیدنی که جلوش بازباشد، جامهٔ جلو باز.

پیشباز آمدن p.-āmadan [← پیشباز] (مصل.) استقبال کردن؛ پیشباز رفتن:

«شبستان همه‌پیشباز آمدند (سیاوش‌را)
بدیدار او بزم ساز آمدند.»
(شا.، بخ. ۳: ۵۳۵)

پیشباز رفتن p.-raftan (مصل.) پیشباز آمدن (ه.م.): «بعزمی ثابت ویقینی صادق پیشبازرفت.» (تاریخ‌یمینی، لغ.)

پیشباز شدن p.-šodan (مصل.) پیشباز آمدن (ه.م.): «مردم سیستان اندرحرب پیشباز او شدند.» (تاریخ سیستان، لغ.)

پیشباز فرستادن p.-ferestādan (مصم.) ۱- باستقبال فرستادن: «از بهرمجاملت مراپیشباز رسول‌فرستاد تا نیمهٔ بیابان.» (بیهقی. اد. ۶۸۳، لغ.) ۲- بمقابلهٔ کسی‌فرستادن:

«درفش وسپه‌دادش‌وپیل وساز
فرستادش‌ازبهرکین‌پیشباز.»
(فردوسی)

پیشباز کردن p.-kardan (مصل.) استقبال کردن.

پیش بال p.-bāl (امر.) (جا.) شهپر (ه.م.)، قادمه.

پیش بخاری p.-boxārī (امر.) ۱- تجیرمانندی‌که برابر بخاری نهند تا مانع افتادن اشیا درآتش و افتادن شراره‌ها بر فرش اطاق گردد. ۲- پارچه‌ای مربع مستطیل که از بالای بخاری دیواری‌برای‌زینت‌فروآویزند.

پیش بخاری

پیش بر p.-bar ۱- [= پیش‌برنده] (صفا.) آنکه‌پیش برد، کسی که‌قبل‌از دیگران ببرد. ۲- آنکه عدهٔ دستهای برده‌اش پیش از حریف خاتمه یابد. ‖ سه‌دست ~ . (درنرد و غیره) یعنی‌سه دست‌بازی‌را ازحریف‌زودتربردن. ۳- (اسب‌دوانی) اسبی که‌جایزهٔ نخستین را

میبرد و برندهٔ اول است[۱] (فره.)

پیش برد p.-bord (مص‌خم.) پیش بردن، انجام‌دادن : « پیش این مراد بازرفتم و در معرض پیش‌برداین‌غرض از پیشانی خود هدفی از بهر سهام اعتراضات پیش‌آوردم.» (مرزبان نامه طهران ۱۳۱۷ ص۷)

پیش‌بردن p.-bordan (مص‌م.)
۱ - موفق‌شدن‌درمقصود، بمقصودرسیدن، بمقصود نایل‌آمدن:

«بنزد جهان داور خویش‌برد
جهان‌داوری‌بین که‌چون‌پیش‌برد.»
(نظامی،لغ.)

۲ - انجام‌دادن، اجرا کردن باموفقیت: «اکنون‌چون فارغ‌شدم از رفتن‌لشکرها بهرات‌وفروگرفتن‌حاجب علی‌قریب‌واز کارهای‌دیگرپیش‌بردن...» (بیهقی،لغ.)
۳ - جلو بردن. **۴** - بحضور بردن ، بنزدیك بردن : « نامه‌ها نبشته آمد و نسخت پیش‌برد (استادعبدالغفار).» (بیهقی،لغ.) ‖ **ـــِ سخنی(حرفی، کلامی)**. بکرسی‌نشاندن آن ، سخن خود را بر حریف تحمیل کردن.

پیش‌بردنی p.-bordan-ī (ص‌لیا.) قابل اجرا ، انجام پذیر ، اجرا پذیر (فره.)

پیش برگ p.-barg (اِمر.) **۱** - (قمار.) آنکه ورق‌اول بازی‌از آن او باشد، کسی که ورق‌اول‌بازی را بدو‌دهند؛ سربرگ. **۲** - (گیا.) پوسته‌ای‌که پیش ازپیدایش برگ ظاهرشود[۲] (فره.)

پیش بستن p.-bastan (مص‌م.)
۱ - در برابر چیزی یاکسی‌مانع وسدی ایجادکردن،جلوگرفتن، راه گرفتن‌بر:

«بکوشش توان دجله را پیش بست
نشاید زبان بداندیش بست.»
(سعدی)

۲ - مسدودکردن قبل ازدیگری، تقدم و سبقت در انسداد .

پیش بسته p.-basta(-e) (ص‌مف.)
۱ - آنچه‌که در مقابل وی‌مانعی ایجاد کرده باشند. **۲** - آنچه که راه آنرا بسته باشند. **۳**-جامه‌ای که‌بخش‌جلوآن بسته باشد ، جامه‌ای‌که قسمت‌قدامی‌اش بسته باشد ؛ مق. پیشباز .

پیش‌بند p.-band-۱ [= پیش‌بندنده] (ص‌فا.) آنکه‌پیش بندد، کسی که‌جلوگیرد، آنکه سد ومانعی برابر کسی یاچیزی ایجادکند. **۲**- پارچه‌ای مربع‌مستطیل که از زیرگلو بپایین‌یاازکمرپایین فروآویزند وطرفین آنرا با بندی‌گرد کمربندند تاجامه پاکیزه‌ماند (هنگام طباخی ، خیاطی ، آرایش وجزآن)؛ پیش‌سینه، پیش دامن :

« ازپوشیم بناب وببندم زپیش بند
تا آن زبقچهٔ‌که واین‌ازمیان‌کیست؟»
(نظام قاری ۴۵، لغ.)

« پیشخدمت آنجا پیش‌بند چرك آبی رنگ‌خودش‌را بسته ومشغول گردگیری است .» (ص.هدایت. زنده بگور۴۹)
۳- بند مقدم بربندهای دیگر در زین وبرگ اسب وپالان خر وجزآن .

پیش بندر p.-bandar (اِمر.) محلی در ساحل رود و مانند، آن که بارها را بر کرجی یاکشتیهای‌خود بار کنند ودر بندر دریا بکشتیهای‌بزرگ تحویل دهند .

پیش بندی p.-band-ī (حامص.)
۱ - جلوگیری ، پیش گیری ؛ دفع . **۲** - تهیه و حاضر کردن وسایل برای کاری ، تمهید : « فلان برای مرافعهٔ خود پیش بندی خوبی‌کرده بود.»(لغ.)

پیش بها p.-bahā (اِمر.) چیزی

۱- Gagnant (.فر) ۲ — Préfeuille (.فر)

که پیش از دریافت کالا بفروشنده دهند، بیعانه[1] (فره.).

پیش بین p.-bīn [= پیش‌بیننده] (ص فا.) ۱ - آنکه پیش بیند، پیش بیننده، عاقبت اندیش:

«گرفتند یکسر براو آفرین
که : ای شاه نیک‌اختر پیش‌بین!»
(فردوسی)

۲ - باحزم، بااحتیاط، احتیاط کار، محتاط:

« بکار اندرون داهی پیش بینی
بخشم اندرون صابر بردباری.»
(فرخی. د. ۳۷۳)

۳ - عاقل، دانا. ۴ - آنکه حوادث را قبل از وقوع گوید، غیب‌گو:

«کجا گفته بودش یکی پیش بین
که پردخته ماند زتو این زمین.»
(فردوسی)

پیش بیننده p.-bīnanda(-e) (ص‌فا.) ۱ - عاقبت اندیش، پیش‌بین. ۲ - باحزم، محتاط، احتیاط‌کار:

« ببخشید یك بدره دینار زرد
بدان پرهنر پیش بیننده مرد.»
(فردوسی)

پیش بینی p.-bīn-ī (حامص.) عمل پیش‌بین (ه.م.) ۱- عاقبت‌اندیشی، دوراندیشی، آخربینی:

« خردمندی و پیش بینی بود
توانایی و پاك دینی بود.»
(فردوسی)

ضح.- پیش‌بینی حدس زدن وقایع آینده است از علل و اسباب وقراین موجود، مثلا یك پزشك گاهی از دیدن احوال بیماری میتواند بگوید که او بهبود خواهدیافت یا خواهد مرد. درجنگی که میانهٔ دو دولت درمیگیرد، ازاندازهٔ نیروی آن‌دو وپافشاری سپاهیان وغیره میتوان گفت فاتح کیست ومغلوب که؟ و آن در اصل با پیشگویی که از پیش گفتن وقایع آینده از طریق علوم مکنونه است فرق دارد (رك. کسروی. پندارها. چا. ۳: ۵-۶) ولی پیش‌بینی بمعنی اخیرهم آمده (← شمارهٔ ۴). «دوربینی» گویا در مورد علم اخلاق بهتر است و «پیش بینی» در مورد عمل و(امور) مادی. پیش‌بینی‌اصلا اعم‌است و شامل پیشگویی و اخبار قبل‌الوقت هم گویا میشود، مثلا من باران این ماه را بواسطهٔ شدت گرمای ماه گذشته پیش‌بینی کرده بودم، یامن این‌جنگ رابواسطهٔ کثرت‌رقابت انگلیس وآلمان پیش‌بینی کرده بودم (قزوینی. یادداشتها ۴ : ۱۴۳) (← شمارهٔ ۴.) ۲ - حزم، احتیاط، احتیاط‌کاری: « سلیمان را ازحزم و بیداری واحتیاط و هشیاری و پیش بینی برمك عجب آمد. و دل بروی خوش کرد » (تاریخ‌برامکه، لغ.) ۳- دانایی. ۴- دریافت و گفتن‌حوادث قبل از وقوع آنها؛ غیب‌گویی:

«به‌پیش‌بینی آن بیند اوکه دیده نبیند
منجمان سطرلاب آسمان پیمای.»
(فرخی. د. ۳۷۱)

پیش بینی‌کردن p.-b.-kardan ۱- (مص ل.) عاقبت اندیشیدن، دور اندیشیدن:

« خردمندی و پیش بینی کنی
توانایی و پاکدینی کنی.»
(فردوسی)

۲ - احتیاط کردن، حزم ورزیدن. ۳ - (مص‌م.) دریافتن و گفتن حوادث قبل از وقوع آنها، غیب‌گفتن.

پیش‌پا p.-pā [= پیش‌پاینده] (ص‌فا.) آنکه‌ازقبل‌پایدوپاسی‌دارد؛ پیش‌پاینده.

پیش پا p.-e-pā [= پیش پای] (إمر.) ۱ - جلو پا، برابر پا:

1—Arrhes (فر.)

پیش‌پا افتاده

«گرمن‌ازباغ‌تویك‌میوه‌بچینم، چه‌شود؟
پیش پایی بچراغ‌توببینم،چه‌شود؟»
(حافظ ۱۵۴)

۲- بخش مقدم پا ، قسمت‌قدامی پای :
«ازسیاهی دل بتقصیرات‌خود بینا نشد
مستی طاوس‌کم ازعیب پیش پا نشد.»
(صائب ، آنند.،لغ.)

‖ ــــ ی‌کسی. (عم.) لحظه‌ای پیش ازآمدن‌او: «حسن پیش پای شمارفت.»

‖ ــــ ی‌چپ سردادن(نهادن). ۱-هنگام دخول درمسجد ومکانهای مقدس باید اول پای‌راست را پیش گذاشت، واگر کسی پای چپ جلونهد ، خطا و بی ـ احترامی کرده . ۲ ـ خوبی را ببدی تلافی کردن :
«مرجفاگر را چنینها می‌دهم
پیش پای چپ چسان سر می‌نهم.»
(مثنوی. نیک. ۱: ۲۳۶)

پیش پاافتاده p.-e-pā-oftāda(-e) (صمف.) ۱ ـ برابر پای ساقط‌شده وافکنده. ۲ ـ مبتذل. ۳ ـ معلوم همه کس، آنچه‌که همه‌کس داند، آشکار:
«زلف‌او را رشتهٔ‌جان گفتم وگشتم‌خجل
زانکه‌این‌معنی‌چوزلفش‌پیش‌پاافتاده‌است.»
(ملاشیدای هندی، لغ.)
۴ ـ آنچه‌که‌فراوان وبسیار باشد،آنچه که بآسانی بدست‌آید.

پیش پاخوردن p.-pā-xordan (مص‌ل.)لغزیدن‌پا،شکوخیدن. ‖ ــــ اسب. سکندری خوردن ، سرسم رفتن، بسردرآمدن .

پیشپار p.-pār [=پیشپاره] (إمر.) حلوایی است، پیشپاره (ه.م.)

پیشپاره p.-pāra(-e) [=پیشپار= فیشفارج(مع.)=شفارج(معر.)](إمر.) ۱ ـ نوعی از حلوای بسیار نرم ونازك که‌ازآرد وروغن و دوشاب‌پزند:
«سخن باید‌که پیش آری‌خوش، ایراك
سخن خوشتر بسی از پیشپاره.»
(ناصرخسرو۳۹۵ که‌پیشیاره چاپ‌شده)
۲ ـ غذای مختصری که پیش از دیگر ماحضر صرف کنند[1].

پیش پاس p.-pās (إمر.) (پز.) معالجهٔ‌قبلی[2]. ضح.ـ این کلمه برساختهٔ فرهنگستان‌است.

پیش‌پای p.-e pāy [=پیش‌پا] ۱ ـ (قمر.) جلو، امام ، پیش‌پا(ه.م.) ۲ ـ (ص‌مر.) آنکه‌دررفتارپیش‌پایها نزدیك گذارد و پاشنه‌ها را دور . ۳ ـ (إخ.) (نج.) ستاره‌ای‌که برپای‌مقدم دوپیکر است . ‖ ــــ کسی برخاستن. بر پا ایستادن برای تعظیم وی :
«سپیده‌دم مه من چون زخواب‌برخیزد
به پیش پای رخش آفتاب برخیزد.»
(تأثیر ،آنند.، لغ.)

‖ راهی‌را ــــ کسی‌گذاشتن . هدایت کردن ویرا بدان طریق، متوجه‌ساختن او را بدان.

پیش‌پرداخت p.-pardāxt (إمر.) پولی که قبل‌ازموعدمقرر بعنوان‌مساعده بکارگران و حقوق بگیران دهند ؛ مساعده[3](فره.)

پیش‌پیرا(ی) p.-pīrā(y) [=پیش پیراینده] (صفا.) ۱ ـ پیرایندهٔ‌ازقبل. ۲ ـ(کن.) آرایش‌دهندهٔ عصر پیشین :
«کجا پیش پیرای پیرکهن
غلطراندهٔ‌بوداز درستی‌سخن.»
(نظامی، و مراد او فردوسی‌است، لغ.)

۱-پیش پیش pīš-pīš (قمر.) جلو جلو، پیشاپیش:
«زانکه هرمرغی بسوی جنس‌خویش
می‌پرد او درپس وجان پیش‌پیش.»
(مثنوی. نیک. ۱: ۴۰)

۱- Hors d'oeuvre (فر.) ۲-Préventif (فر.) ۳- Avance (فر.)

۲ - نکته بنکته، جزو بجزو (مثنوی نیکـ. ۸ ص۴۰۴):
« تا ابد هرچه بود او پیش‌پیش
درس‌کرد ازعلم‌الاسماء خویش.»
(مثنوی. نیکـ. ۱: ۱۶۳)

۲-پیش پیش pīš-pīš (اصت.) آوازی که بدان گربه را خوانند؛ مق. پیشت (که برای راندن گربه استعمال شود). پیشی‌پیشی ← پیشاپیش (مثنوی نیکـ. ص ۴۰)

پیش‌پیشی pīš-pīš-ī (اِمر.)(گیا.) بیدمشك (ﻫ.م.)

پیشت! pīšt (اصت.) کلمه‌ای که گربه را بدان رانند؛ آوازی برای راندن گربه، مق. پیش‌پیش (ﻫ.م.)

۱-پیش‌تاب pīš-tāb [= پیش‌تابنده] (صفا.) آنکه از پیش‌تابد؛ پیش‌تابنده.

۲-پیشتاب pīštāb [پیشتو(ﻫ.م.)] (اِ.) آلتی آتشی و کوچك؛ رولور لوله بلند؛ تپانچه، طپانچه، پیستوله (ﻫ.م.)

پیش‌تاز p.-tāz [= پیش‌تازنده] (صفا.) ۱ - آنکه قبل‌ازدیگران‌رود، آنکه بجلو تازد، آنکه جلو کاروان‌یادسته‌ای بتازد. ۲ - مقدم، پیشرو: «پیشتاز عرصهٔ بلاغت.» (لغ.) ۳ - (نظ.) آنکه‌درمقدمهٔ گروهی از سپاهی تازد؛ طلایه، مقدمه: «پیش تازان توپخانه.» (مرآت‌البلدان ۱، ضمیمه: ۹)

پیش‌تازی p.-tāz-ī (حامص.) عمل پیش‌تاز (ﻫ.م.)

پیش‌تخت p.-taxt (اِمر.) ۱ - تخت مقدم بر دیگر تختها، تخت‌پیشینی. ۲ - پیشکار: « و این‌چند فصل رادر جواب‌آن پیش تخت املا فرمودیم تا بواجبی آنرا تأمل کند وعرض آن واجب دارد.» (عتبة‌الکتبه، لغ.)

پیش تخته p.-taxta(-e) (اِمر.) ۱ - تخته‌ای که‌جلودکان‌دکانداران‌است وبر آن ترازو وغیره نهند؛ پیشخوان، طبله، جلو خوان. ۲ - صندوق‌پول‌کسبه ودکانداران. ۳ - صندوق‌ماننده بشکل مکعب‌مستطیل بادیواره‌ای بسیارکوتاه که قسمت جلو آن مرتفعتر از قسمت خلفی‌است، وآنرا بهنگام‌پرش ازروی خرك زیرپا گذارند. ۴ - جزوه‌کش، رحل.

پیش تختی p.-taxt-ī (اِمر.) ۱ - پله ماننده‌ای‌ازچوب که‌برابر تخت‌مرتفع نهند تا بر تخت شدن آسان باشد. ۲ - میز کوچکی که کنار یا نزدیك تخت‌نهند؛ پاتختی.

پیشتر pīš-tar ۱ - (ص‌تفض.) سابق‌تر، اسبق؛ مق. پستر: «سعدی‌پیشتر از حافظ‌است.» ۲-(ق.زما.) سابقاً، ازپیش:
«چنین خواندندش همی پیشتر
که خوانی‌کنون ماوراء النهر.»
(شا.، لغ.)
«پیشتر بشما گفتم.» ۳ - قبلاً، قبل‌از کاری دیگر: «تاآنکه که‌پیشتر غسل کنید.» (کشف‌الاسرار ۲: ۵۱۱) ۴ - قبل، مقدم‌بر:
«یارب ازابر هدایت‌برسان بارانی
پیشترزآنکه‌چوگردی زمیان‌برخیزم.»
(حافظ ۲۳۱)
۵ - (ق.مکـ.) جلوتر:
«بدوگفت ازیدر مرو پیشتر
بمن‌دارگوش ازیلان بیشتر.»
(شا.، لغ.)

پیشترك pīštar-ak [مصغ. پیشتر] ۱ - (ق زما.) اندکی قبل، کمی‌پیش:
«یاران موافق همه ازدست شدند
درپای اجل‌یکان یکان پست‌شدند،»
«بودیم بیك شراب درمجلس عمر
یك‌دوره زما پیشترك مست شدند!»
(خیام. هدایت ۸۰)

۲ - (قمک.) اندکی جلوتر :
«من که درین منزلشان مانده‌ام
مرحله‌ای پیشترک مانده‌ام.»
(نظامی،لغ.)

پیشترین pīš-tar-īn (ص‌عالی.)
۱ - مقدم برهمه، اسبق (ازلحاظ زمان):
«باز پسین طفل پریزادگان
پیشترین بشری زادگان.»
(نظامی،لغ.)
۲ - مقدم ترین ، سابقترین ، اقدم (ازلحاظ مکان).

پیشت کردن p.-kardan (مص م.) گفتن «پیشت» (ه.م.)، راندن گربه : « یکی گربه را از آشپزخانه پیشت میکرد.» (ص.هدایت. زنده‌بگور ۸۰)

پیشتو pīštaw(-ow) [= پیشتاب (ه.م.). گویا تحریف‌همان‌کلمهٔ پیستوله (pistolet) فرانسوی یا ایتالیایی است، یاشاید(واین احتمال ارجح‌است ظاهراً) مأخوذ از پیستوا pistoie است که‌شهری‌است‌در ایتالیا که‌این‌نوع اسلحه را آنجا میساختند . قزوینی. یادداشتها ۹۳:۴)] (اِ.) رولور لوله بلند، تپانچه؛ طپانچه، پیستوله (ه.م.)، پیشتاب (ه.م.)

پیش جنگ p.-ǰang (ص‌مر.) ۱ - آنکه پیش ازدیگران باحریف جنگ کند ومنتظر امداد واعانت نباشد، کسی که در رزم پیشی کند:
«که‌در سپه که‌چوتومیر پیش‌جنگ‌بود
اگر زپیل بترسد برو بود تاوان.»
(فرخی. د.۳۰۳)
۲- آن حصه‌ازلشکر که‌درمقدمهٔ‌لشکری بزرگ‌است ؛ سوارانی که‌درصف‌پیشین نبرد جای گیرند : « باوجود کثرت سپاه‌وقلت‌غازیان رزمخواه، بمجردآنکه آواز نفیرازعقب‌قلب برآمد،ودلاوران پیش جنگ دلیرانه‌پیش آمدند ، پای ثبات و قرارشان متزلزل گشته ... » (عالم‌آرا. ۱: ۳۱۳)

پیش جنگی p.-ǰang-ī (حامص.) کیفیت وحالت وعمل پیش‌جنگ(ه.م.)

پیش‌چشم p.-ča(e)šm (قمر.) در منظر، درمرأی، برابر دیده.

پیش‌چین p.-čīn ۱- (اِمص.) چیدن قبل ازموعد؛ مق. پس چین ۲.- [= پیش‌چیننده](ص‌فا.)آنکه پیش چیند، کسی که زودتر از دیگران بکار چیدن پردازد.

پیش چین کردن p.-čīn-kardan (مص‌م.) چیدن پیش از وقت مقرر.

پیش حرف p.-harf [ف.ـع.] (ص مر.) آنکه سخنش مقدم باشد، کسی که درسخن غالب باشد:
« شبلی آن پیش حرف صاحب حال
وان مربع نشین صدر کمال.»
(طالب آملی، آنند.،لغ.)

پیش خان p.-xān (اِمر.) صندوق مانندی که دکانداران (عطار ، سقط فروش وغیره) درپشت آن نشینند وبر بالای آن ترازو آویزند؛ جلو خان ، پیش تخته.

پیش خانه p.-xāna(-e) (اِمر.)
۱ - پیشگاه خانه، صدر اطاق، صدر بیت، رواق؛ مق. پس‌خانه. ۲ - ایوانی که‌در مرتبهٔ دوم باشد. ۳ - باروچادر واسباب سفر شاهان‌وبزرگان که‌ازپیش برند: « درتوجه خراسان اهتمام نمود (شاه‌عباس‌اول) ودرساعت سعد از مقر سلطنت‌عظمی، پیشخانهٔ همایون بیرون زدند...»(عالم‌آرا. ۱: ۳۹۹)

پیشخدمت p.-xedmat [ف.ـع.] (ص‌مر.) خدمتگزاری که‌چیزها بمجلس آرد وبرد، کسی که در حضور خدمت کند؛ نوکر حاضر بخدمت، پیشکار؛

«این آهوی رمیده زمردم نگاه کیست؟
این فتنهٔ پیشخدمت چشم سیاه کیست؟»
(صائب، آنند.، لغ.)

‖ ~ خاصه. پیشخدمت مخصوص (قاجاریان) (مر آت البلدان ۱، ضمیمه ۶)
‖ ~ مخصوص. نوکر خاص: «غلامان مهدیه بریاست میرزا احمدخان پیشخدمت مخصوص.» (مر آت البلدان ۱، ضمیمه ۲۴)

پیشخدمت باشی p.-bāšī [ف.-ع.-تر.] (ص مر.، إمر.) رئیس پیشخدمتان، مهتر خدمتکاران، رئیس خدام. ‖ ~ سلام. منصبی در عهد قاجاریه که صاحب آن مأمور تنظیم امور «سلام» و تشریفات بود (مر آت البلدان ۱، ضمیمه ۵)

پیشخدمتی p.-xedmat-ī [ف.-ع.] (حامص.) عمل وشغل پیشخدمت (ه.م.)

پیش‌خر p.-xar ۱- (إمص.) خریدن چیزی قبل از آنکه موعد فروش فرارسد؛ پیش‌خرید. ۲-[= پیش‌خرنده] (ص فا.) آنکه پیش‌خرد، کسی که قبل از فرارسیدن موعد بخریدن متاعی پردازد.

پیش‌خرکردن p.-kardan (مص م.) خریدن پیش از موعد، ابتیاع کردن قبل از فرارسیدن هنگام معهود آن.

پیش‌خری p.-xar-ī (حامص.) عمل پیش‌خر (ه.م.)، خریدن پیش از موعد.

پیش خرید p.-xarīd [= پیش خریدن] (مص خم.) خریداری کردن قبل از وقت، پیش‌خریدن، بیع سلم:
«هرچه بینی همگی پیش‌خرید عدم است
درقفای همه تحصیل نکوحالی کن!»
(واله هروی، آنند.، لغ.)

پیش‌خریدکردن p.-kardan (مص م.) آنکه از پیش چیزی راخریداری کرده باشند؛ خریده داشتن قبل ازموعد مقرر و تغییر بها.

پیش خواستن p.-xāstan (مص م.) بحضور خواستن، احضار، نزد خود خواندن:
«ز اندیشه شد شاه را پشت راست
فرستاده و درج را پیش‌خواست.»
(شا.، لغ.)

۱- پیش‌خوان p.-xān (إمر.) پیش خان (ه.م.)، پیش تخته.

۲-پیش‌خوان p.-xān [= پیش خواننده] (ص فا.) ۱- آنکه چون کسی درمجلس واردشود بیان حسب و نسب او کند تا اهل مجلس درخور آن تعظیم و مراعات او کنند:
«در خلاصم رستمیها کرد عشق
پیش خوان قصهٔ من بیژن است.»
(ظهوری، آنند.، لغ.)
۲- (روضه‌خوانی) پامنبری اطفالی که پیش از اقامهٔ روضه یا تعزیه بجماعت میخوانند. ۳- (تعزیه) چند پسر ودختر که مقابل هم صف‌بسته و با هم چون براعت استهلالی، در برابر مستمعان و بینندگان شعرخوانند. ۴- (مس.) سرخوان.

پیش‌خواندن p.-xāndan (مص م.) دعوت کردن کسی که نزدیک آید، بحضور طلبیدن، پیش‌خواستن:
«پراندیشه دل گیو را پیش‌خواند
وزان خواب چندی سخنها براند.»
(شا.، لغ.)
‖ **پیش خود خواندن**. نزد خودخواندن، پیش خود احضار کردن: «چون پیش ابراهیم شدند برخاست و ایشانرا پیش خود خواند و با همدیگر بنشستند.» (قصص الانبیاء ۵۷، لغ.)

پیش خوانی p.-xān-ī (حامص.) ۱- عمل پیش‌خواندن (ه.م.) (← ۲ پیش‌خوان۱). ۲- عمل بحضور طلبنده (← پیش‌خواندن). ۳- (روضه خوانی) پامنبری. ۴- (مس.، تعزیه) خواندن دسته‌جمعی چند پسرودختر باهم شعری را

پیش‌خوانی کردن

برابر مستمعان و بینندگان.

پیش خوانی کردن p.-kardan
عمل پیش‌خوان (← ۲ پیش‌خوان۱):
«چون‌شود هنگامهٔ گل گرم‌درطرف‌چمن
پیشتر ازمرغ‌بستان پیش‌خوانی‌میکنم.»
(علی‌ترکمان، آنند.، لغ: پیش‌خوان)

پیش‌خور p.-xor ۱ -(إمص.) گرفتن و صرف کردن تمام یا قسمتی ازحقوق مقرری برسم مساعده و پیشکی، پیش خورد. ۲ - [= پیش خورنده] (ص‌فا.) آنکه پیش‌خورد.

پیش‌خورد p.-xord [= پیش‌خورده] (ص‌مف.، إمر.) ۱ - طعامی که اول‌بار بر سفره خورند، طعامی اندك که برسبیل چاشنی خورند:
«جهان پیش خورد جوانیت باد!
فزون از همه زندگانیت باد!»
(نظامی، لغ.)
۲ - قسمتی از مزد یا اجرت یا سهم محصول‌که پیش از موعد گرفته وصرف کرده‌باشند. ۳ - پیشکی وسلم‌فروخته، غلهٔ نارسیده و میوهٔ ناپخته و امثال‌آن که پیشتر فروشند:
«گفتا (گفت‌که) فردا دهمت‌من‌سه‌بوس
فرخی! امید به از پیش خورد.»
(فرخی، لغ.)

پیش‌خوردکردن p.-kardan (مص م.) پیش‌خور کردن (ه.م.)

پیش خوردن p.-xordan (مص‌م.)
۱ - خوردن قبل از موعد مقرر. ۲ - پیش خور کردن: «امید به از پیش خوردنست.»

پیش خور کردن p.-kardan (مص م.) پیش خوردن، پیش خورد کردن.

پیش خیز p.-xīz [= پیش‌خیزنده]
۱- (ص‌فا.) آنکه‌پیش‌خیزد، کسی که از قبل برخیزد:
«منم که‌جوش فغان برلب‌خموش‌منست
خروش‌محشریان‌پیش‌خیزجوش‌منست.»
(طالب‌آملی، آنند.، لغ.)

۲ - خدمتکار چالاك، شاگرد چست.
۳ - (کشتی) نوچه، که‌کشتی‌گیر اول‌با او کشتی‌میگیرد؛ مق. پس‌خیز:
«چه می پرسی از فتنهٔ آن عزیز
که او را قیامت بود پیش خیز؟»
(وحید، درتعریف‌معشوق‌کشتی گیر، لغ.)
۴ -(مس.) آهنگ سرود، نشید.

۱- پیشداد pīš-dād [= پیش‌داده]
۱ -(ص‌مف.) داده ازپیش، ازپیش‌داده، داده ازقبل. ۲ - (إمر.) مزدی که‌پیش از کار بمزدور وکارگردهند، تقدمه، بیعانه، مساعده:
«زبس حرص بخشش، نکرده سؤال
بسایل دهد حرص او پیشداد.»
(عسجدی، لغ.)

۲-پیشداد p.-dād [است. paraðāta]
کسی که در پیش قانون وضع کرد، نخستین واضع = فیشداد، معر.] (ص. مر.) ۱ - کسی‌که درپیش قانون‌گذارد و دادگری‌کرد، نخستین واضع‌قانون: هوشنگ‌پیشداد. ضح. ـ حمزهٔ‌اصفهانی این‌کلمه را درست معنی‌کرده؛ نویسد: «فیشداد اول حاکم میباشد، چه اوشهنج (= هوشنگ) اول‌حاکم‌ممالك بشماراست.» دراوستا پره ذاته = پیشداد همیشه با اسم هوشنگ‌آمده جزیك‌بار (وندیداد، فرگرد ۲۰ بند۱) که تنها استعمال شده. درتفسیرپهلوی اوستا، درتوضیح کلمهٔ «پره ذاته» دربند مذکور قیدشده: «یعنی نخستین کسانی که قانون گذاشته‌اند مانند هوشنگ.»: «و هم‌گویند‌که ازپس مرگ گیومرث صد وهشتاد و اند سال پادشاهی نبود، و جهانیان یله بودند چون گوسپندان بی شبان درشبانگاهی‌تاهوشنگ‌پیشداد بیامد...» (مقدمهٔ شاهنامهٔ‌ابومنصوری. برگزیدهٔ نثر ۱:۱۸-۱۹) ۲- هریك‌از

پادشاهان سلسلهٔ داستانی پیشدادی (← بخش ۳).

پیش دادن pīš-dādan (مص م.)
۱ - دادن از پیش، دادن از قبل. ۲ - درس را بمعلم پس دادن. ۳ - ضمه دادن حرف، مضموم خواندن حرفی را. ۴ - مضموم نوشتن حرفی را.

پیشدادی p.-dād-ī (ص نسب.) ۱ - منسوب به پیشداد (← ۲ پیشداد ۱) ۲ - هریك از پادشاهان سلسلهٔ داستانی پیشدادی (← بخش ۳). ج. پیشدادیان: «پادشاهان پیشدادیان یازده تن و مدت ملکشان دو هزار و چهارصد و پنجاه سال است.» (تاریخ گزیده ۱۱)

پیشدار pīš-dār [= پیش دارنده] (ص فا.) ۱ - دارای پیش (جلو). ۲ - دارای ضمه (حرف). ۳ - (إمر.) حربه ای بسیار بزرگ مانند نیزه ای ستبر و کوتاه از آهن و فولاد که بر آن حلقه‌های چهارگوشه از فولاد تعبیه کنند، و بدان خوك و گراز را کشند ۴ - ماما، قابله.

پیشداری p.-dār-ī (حامص.) ۱ - داشتن پیش، داشتن جلو. ۲ - دارای ضمه بودن، مضموم بودن حرف. ۳ - مامایی، قابلگی.

پیشداشت p.-dāšt [= پیش داشتن] (مص خم.) تقدیم کردن، پیشکش کردن ↓.

پیش داشتن p.-dāštan (مص م.) ۱ - تقدیم کردن، عرض کردن: «... بر جملگی ولایت پدر از دست خلیفت، و تاج وطوق و اسب سواری پیش داشتند.» (بیهقی. اد. ۴۴۰، لغ.) ۲ - در حضور داشتن، درمجلس و بارگاه داشتن:

« می سوری بخواه کامد رش
مطربان پیش دار و باده بکش!»
(خسروی، لغ.)

۳ - مقدم داشتن: «گفت: ای خداوند من! در همسایگی خود بنا کن مرا خانه‌ای. اول همسایگی پیش داشت، آنگاه خانه.» (قصص الانبیاء ۱۰۵، لغ.) ۴ - جلو آوردن، برجسته ساختن، از حد طبیعی برتر و آماسیده‌تر نمودن (چنانکه عضوی):

« جملهٔ آن زر که برخویش داشت
بذل شکم کرد و شکم پیش داشت.»
(نظامی، لغ.)

|| **در ~ شغلی (کاری) را.** در برابر داشتن آن: «و شغلی در پیش داریم، چنانکه سخت پیداست سخت زود فیصل خواهد شد.» (بیهقی. اد. ۳۶، لغ.)

پیشدامان p.-dāmān (إمر.) ← پیشدامن ↓.

پیشدامن p.-dāman [= پیشدامان] (إمر.) ۱ - لنگ یا حوله و امثال آن که بعضی کارگران جلو دامن از کمر بزیر آویزند؛ پیش بند، پیشگیر. ۲ - چرمی که آهنگران بر زانو گسترند و کار کنند تا جامه شان نسوزد:

«از آن درفش فریدون گرفت عالم را
که پیشدامن آهنگر صفاهانیست.»
(سراجا نقاش، آنند.، لغ.)

۳ - هریك از دو قسمت از دامن جلو لباس؛ مق. پس‌دامن. ۴ - خادم، پیشکار.

پیش دان p.-dān [= پیش داننده] (ص فا.) آنکه از پیش داند، پیش بین.

پیش در آمد p.-dar-āmad ۱ - (مص خم) پیش درآمدن، اقدام. ۲ - (ص مف.) مقدمه، مدخل (هرچیز). ۳ - (مس.) قطعه‌ای که در آغاز دستگاهی خوانند یا نوازند؛ درآمد، برداشت. ضح. - (مس.) در هر نوبت مرتب (ه.م.) سه قسمت اساسی میتوان قایل شد که اولین قسمت آن پیش درآمد است. در پیش درآمد مصنف ماهر رعایت براعت استهلال

پیش‌درآمدکردن

کند . (مجمع‌الادوارج ۳ص۸۲) :
« پیش درآمدهای درویش در موسیقی عصرحاضر ممتازاست . »

پیش درآمد کردن p.-kardan (مص‌م.) آغازمطلب کردن، شروع کردن بسخن گفتن : «مادرش پیش‌درآمد کرد که عباس نوکرهمان خانه‌که ماهرخ‌در آنجاخدمتکاراست،خیال‌دارداورا بزنی بگیرد...» (ص.هدایت.زنده‌بگور۷۷)

پیش در آمدن p.-dar-āmadan (مص‌ل.) درآمدن مقدم‌بر... ‖ از پیش کسی درآمدن. بحمایت او برخاستن .

پیش‌درد p.-dard (اِمر.) درد دایم زائو قبل از تولد بچه ، درد ابتدایی زن باردارقبل‌ازشدت‌آن و پیش‌ازتولد فرزند .

پیش در کردن p.-dar-kardan پیش کردن ، جلو انداختن ↓ .

پیش درکرده p.-dar-karda(-e) (ص‌مف.) پیش کرده، جلوانداخته :
« او چو خاشاك سایه پرورده
سیلش ازکوه پیش درکرده.»
(نظامی.،لغ.)

پیشدست p.-dast ۱ - (ص‌مر.) سابق، سبقت‌گیر، مقدم :
« بدانیدکوشد به بد پیشدست
مکافات این بد نشایدنشست.»
(شا.،لغ.)
۲ - [← پیشدستی] (حامص.) پیشدستی ، سبقت :
«کنون‌کینه راکوس برپیل بست
همی جنگ ما راکند پیشدست.»
(شا.،لغ.)
۳-(اِمر.) پیشادست، پول‌پیشکی که‌قبل‌از شروع بکاربکارگردهند؛ بیعانه . ۴ - نقد؛ مق. نسیه . ۵ - صدرمجلس ، صف اول. ۶-(قمر.) ابتدا، آغاز. ۷ -(ص‌مر.) مبارز. ۸-مددکار، معاون، نایب، پیشکار:

« خرابم کرده چشم نیم مستی
که‌داردهمچومژگان‌پیشدستی.»
(صائب،لغ.)

پیش دست p.-e dast (قمر.) مقابل، روبرو ، برابر:« خواجه برراست‌امیر بود وبونصرپیش‌دست‌بود.» (بیهقی،لغ.)

۱ - پیشدستی p.-dast-ī (حامص.)
۱ - سبقت جویی برکسی درکاری ، پیشی ، سبقت :
« چنین داد پاسخ که‌دانی درست
که از ما نبد پیشدستی نخست .»
(شا.، لغ.)
۲ - نیابت .

۲ - پیشدستی p.-dast-ī (ص‌نسب.، اِمر.) ظرفی‌که بهنگام غذا خوردن برابرهریك از خورندگان‌گذارندتااز طرف بزرگتربرای‌وی درآن‌غذانهند؛ بشقاب .

پیشدستی‌کردن p.-kardan (مص ل.) سبقت جستن برکسی درکاری ، پیشی‌گرفتن ، تقدم جستن :
«تو پیروزی ارپیشدستی کنی
سرت‌پست‌گرددچوسستی‌کنی.»
(شا.بخ۸:۲۳۹۶)
«مصلحت ما درآن‌که پیشدستی‌کنیم ، و اورا بمکروحیلت بگیریم.»(تاریخ غازانی ۱۱۴،لغ.)

پیش دندان p.-dandān (اِمر.)
۱ - دندان پیش ، دندان مقدم‌بردیگر دندانها . ۲ - طعام اندك‌که قبل از خوراك خورند، چیزی که نهار بدان شکنند :
« هزارتوبره بنگ و هزار قاص‌افیون
کمست بهریکی لمحه پیش دندانش .»
(شفائی ، فر.نظا.،لغ.)
۳ - پیشخورد (ه.م.)

پیش دوزی p.-dūz-ī (حامص.) دوخت‌درروی‌جامه ؛ مق. پس‌دوزی ↓ .

پیش دوزی کردن p.-kardan (مص م.) دوختن در روی جامه ؛ مق. پس‌دوزی کردن .

پیش دویدن p.-davīdan (مص ل.) دویدن بحضور، برابر کسی شتافتن.

پیش دید p.-dīd ۱- [= پیش‌دیدن] (مص‌خم.) پیش بینی ، دیدن از قبل . ۲ - (اِمر.) عزم ، اراده .

پیش دیدن p.-dīdan (مص‌م.) ۱ - دیدن از قبل . ۲ - پیش بینی کردن .

پیش دین p.-dīn (ص‌مر.) ۱ - سابق در دین. ۲ - پیشوای دین .

پیش راندن p.-rāndan (مص‌م.) بجلو راندن ،حرکت دادن بسوی مقابل (مرکب و غیره را) :

«تو مرا بگذار زین پس پیش ران
حد من این بود ، ای سلطان جان!»
(مثنوی.،لغ.)

پیشرس p.-ras(res) [= پیش‌رسنده] ۱ - (ص‌فا.) آنکه از همگان زودتر رسد ، کسی که جلوتر از دیگران واصل شود :

« بمنزل رسد از همه پیشتر
بود عزت پیشرس بیشتر . »
(هاتفی، لغ.)

۲ - جوان ، شاب . ۳ - میوه ای که پیش از میوه های موسم خود پخته گردد، نوبر؛ گلی که زودتر از فصل خود پدید آید :

« سخن بوسه که جنگست گل پیشرسش
بچه امید من غنچه دهان عرض کنم ؟»
(صائب.،لغ.)

« هم طالع بیدیم درین باغ ،که باشد
سر پیش فکندن ثمر پیشرس ما.»
(صائب.،لغ.)

پیشرسی p.-ras(res)-ī (حامص.) ۱ - عمل پیشرس (ه.م.)← پیش‌رسیدن. ۲ - حالت و چگونگی پیشرس ؛ مق. دیررسی .

پیش رسیدن p.-ra(e)sīdan (مص ل.) ۱ - پیش از دیگری رسیدن،ملحق گشتن قبل از دیگری . ۲ - پخته‌شدن میوه زودتر ازمیوه‌های هم صنف‌خود .

پیشرفت p.-raft (مص‌خم.) [= پیش رفتن] ۱ -پیش‌رفتن ، جلوتر رفتن . ۲ - ترقی ، ارتقاء .

پیشرفت داشتن p.-dāštan (مص ل.) ترقی کردن ، پیشروی داشتن .
‖ ــــِ کاری یامقصودی. میسر بودن آن.

پیشرفت کردن p.-kardan (مص‌ل.) ۱ - پیشروی کردن ، جلو رفتن . ۲ - ترقی کردن، ارتقاء . ۳ - میسر بودن .

پیش رفتن p.-raftan (مص‌ل.) ۱ - جلو رفتن ، حرکت کردن بسوی مقابل ؛ مق. پس رفتن :

«این همه نیش میخورد سعدی و پیش میرود
خون برود درین میان گر تو تویی و من منم.»
(سعدی ، لغ.)

۲ - ترقی کردن ، ارتقاء . ۳ - بحضور کسی رفتن ، بخدمت بزرگی شدن :

« تو خداوند را از آمدن من آگاه کن، اگر راه باشد بفرماید تا پیش روم . »
(بیهقی ،لغ.) ‖ ــــ ازکسی . جلوتر رفتن ازوی ، سبقت گرفتن براو :

« زان دو قدم کز دو جهان بیش رفت
گرچه پس آمد ، زهمه پیش رفت .»
(امیرخسرو،لغ.)

‖ ــــ با(بر)کسی. غلبه داشتن براو، تفوق و برتری داشتن :

« زورت ار پیش میرود با ما
باخداوندغیب‌دان نرود.»
(سعدی،لغ.)

‖ ــــِ حرف (سخن). مورد قبول واقع شدن آن؛

« تأثیر! پیش‌یار دگر آبرو مریز
میرفت پیش‌حرف‌تو،اکنون‌نمیرود!»
(تأثیر،لغ.)
‖ ~ کاری . بخوبی‌انجام شدن‌آن.
‖ ~ کسی را . باستقبال او رفتن، وی را استقبال کردن : « امیر گوزکانان...ازجیحون‌بگذشت‌وبنزدیك امیراسمعیل‌آمد ببخارا . امیرشاد شد و وی را پیش رفت با سپاه ، وبااعزاز و اکرام ببخارا در آورد.» (تاریخ بخارا ۱۰۲ ،لغ.)

پیشرفته p.-rafta(-e) (ص‌مف.) ۱ - مسبوق ، مقدم . ۲ - بجانب‌پیش‌روان شده ،گذشته . ۳ - ترقی کرده . ۴ - تجاوزکرده ، ازحد طبیعی درگذشته .

پیشرو p.-raw(row) [= پیش رونده] (ص‌فا.) ۱ - پیش رونده :
« ابالشکر و جنگسازان نو
طلایه به پیش اندرون‌پیشرو .»
(شا.،لغ.)
۲ - آنکه نخست رفتن‌گیرد ،پیشقدم، مقدم، سابق؛ مق. پس رو . ۳ - مقدمة الجیش ، طلیعه ، طلایه :
« سپه بود چندانکه برکوه و دشت
همی ده شبان روز لشکر گذشت»
« چو دم داربرداشتی ، پیشرو
بمنزل رسیدی همی نو بنو . »
(شا.،لغ.)
۴ - سردار، سالار، پیشوا :
« چو مهراس داننده شد پیشرو
گوی درخردپیر و درسال نو.»
(شا.، بخ۸:۲۳۵۰)
‖ ~ کوکب انبیاء . پیغمبراسلام‌ص.
‖ ~ لشکرصحرا . (کن.)گورخر. ۵ - (مج.)خدمتکاری‌که پیش اسب‌میرود:
« حیات ابد خنده را پیشرو
صفای‌گهرپیش دندان‌گرو .»
(ظهوری،آنند،لغ.)
۶ - خادم ، خدمتگزار . ۷ - (مس.) یکی ازاصناف تصانیف موسیقی و آن ازاشعارو ابیات خالی بود و مشتمل برچند یا چندین خانه باشد : نشیدی که پیش ازنقش خوانند ،مقدمهٔ‌آهنگ ساز:
«بهر آواز صد تصنیف نو داشت
پس‌هر پرده چندین‌پیشروداشت.»
(تأثیر،آنند.،لغ.)

پیش رو p.-e rū [= پیش‌روی] (قمر.) برابر، مقابل،جلو، پیش‌روی (ه.م.)

پیشروی p.-rav-ī (حامص.) عمل پیشرو.(ه.م.)۱ - بجلورفتن، پیشرفت. ۲ - ترقی،ارتقاء. ۳ -پیشوایی،قیادت:
« آلت خسروی و پیشروی
همه داده است مرترا یزدان.»
(فرخی، لغ.)
۴ - تجاوزکردن ازحد طبیعی.

پیش‌روی p.-e rūy [= پیش‌رو] (قمر.) برابر، مقابل، جلو، روبرو، درحضور، بنزد، قدام، امام؛ مق. پشت سر، عقب: « و ارتفاع این دکه مقدار سی‌گز همانا باشد و از پیش روی دو نردبان برآن ساختست‌که سواران بر آن روند . » (فارسنامهٔ ابن‌البلخی. ۱۲۶، لغ.)

۲-پیشروی‌کردن p.-rav-ī-kardan (مص‌ل.) ۱ - پیش رفتن، ازجای خود فراتررفتن. ۲ - ترقی کردن ، کمال یافتن. ۳ - درآمدن‌درمجاور، گذشتن ازحد طبیعی ودر آمدن درحیطهٔ‌مجاور (چنانکه لشکری از مرز بگذرد).

پیشرویه p.-rūya(-e) (قمر.)قبل، پیش؛ مق. سپس‌رویه: «قبیل‌آنچه‌پیش-

رویه فرود آرد ریسنده ازریسمان.» (منتهی‌الارب، لغ.)

پیش زاد p.-zād [= پیش‌زاده] (ص‌مف.) آنکه قبلاً زاده‌شده، کسی‌که پیشتر متولد گردیده.

پیش‌زاده p.-zāda(-e) [= پیش‌زاد] (ص‌مف.) ۱ - آنکه قبلاً متولد شده، کسی که پیشترزاده‌شده. ۲ - ناپسری.

پیش زدن p.-zadan (مص‌م.) ۱ - جلو زدن، سبقت گرفتن. ۲ - ریختن گندم وجو و برنج وجزآن رادر طبق و حرکت دادن، تاسنگ وشن وکاه آن ازدانه‌ها جداگردد؛ پیش کردن، باد دادن. ۳ - کشیدن چیزی‌را بطرف خود بادست وغیر آن.

پیش ستدن p.-setadan (مص‌م.) ستدن قبل از فرارسیدن موعد، گرفتن پیش از فرا رسیدن زمان مقرر چون بیعانه واجرت کار وبهای چیزی‌را.

پیش‌سلام p.-salām [ف.-ع.] (ص مر.) کسی که‌ازراه‌خاکساری‌یاخوشخویی درسلام گفتن سبقت کند: مرد افتادهٔ پیش سلامی است:

«هرجا غمی است پیش سلام‌دل‌منست
مشهور ملك فتنه بود روشناس من.»
(شفایی. آنند.،لغ.)

پیش‌سینه p.-sīna(-e) (إمر.) ۱ - قسمت قدامی پیراهن که‌جدا آهار زده باشند ۲ - قطعهٔ‌پارچه‌ای که‌اطفال‌روی سینه قرار دهند.ازگلو بپایین‌فروهشته تاجامه از آلودگی برکنار ماند. ۳ - قسمتی از گوشت جلو سینهٔ گوسفند وگاو وغیره. ‖ جیب ــــ. جیبی که در جامه وسط سینه تعبیه کنند.

پیش‌شاخ p.-šāx (إمر.) جامهٔ‌پیش گشوده، فرجی وجامهٔ‌پیش‌باز که بیشتر زنان پوشند:

«در پیش شاخ آمدم ازدگمه‌ها بیاد
چون‌غنچه جلوه‌داد براطراف‌جویبار.»
(نظام‌قاری۴۶)

پی شدن - pay-šodan,pey (مص ل.) بریده‌شدن‌رگ‌عرقوب‌اسب یاچهار پای دیگر، قلم شدن:

«گر صدهزار سربودت همچو بیدبن
ورصد هزار دل‌بودت همچو کوکنار،»
«پی گردد آن همه‌سر، همچون سرقلم
خون گرددآن‌همه‌دل، همچون‌دل‌انار.»
(حسن غزنوی،لغ.)

پیش سو p.-sū ۱ - (قمر.) قدام (ازجهات ست) (مقدمهٔ‌التفهیم ص‌قمج.) ۲ - (إمر.) قسمت مؤخر از بدن وهر چیز دیگر؛ مق. پس‌سو(مقدمهٔ التفهیم ص‌قمج).

پیش‌شدن pīš- šodan (مص‌ل.) ۱ - پیش رفتن، جلو رفتن، بحضور رفتن: «رقعتی نبشتم‌بشرح تمام وپیش شدم.» (بیهقی،لغ.) ۲ - سبقت گرفتن، جلوتر رفتن:«زم، پیش شدن‌دررفتن.»(منتهی الارب ،لغ.) ۳ - پیشرفت کردن، پیشرفت‌داشتن، بنتیجه رسیدن:«سالار بکتغدی گفت: این هردو هیچ نیست وپیش نشود. وآب ما ریخته گردد.» (بیهقی.اد. ۲۲۱،لغ.)

پیش طاق p.-tāγ (إمر.) ۱ - صحن خانه. ۲ - دروازهٔ بلند قصر، دروازهٔ عظیم کاخ پادشاهان وامیران.

پیش طلبیدن p.-talabīdan [ف.-ع.] (مص‌م.) ۱ - بحضور طلبیدن، بحضور خواستن. ۲ - خواستن قبل از موعد مقرر.

پیش عهد p.-ahd [ف.-ع.](ص‌مر.) سابقاً (زمانی). پیشین، مقدم. ج. پیش‌عهدان:

«گزارندهٔ داستانهای پیش
چنین گوید از پیش عهدان خویش.»
(نظامی، لغ.)

پیش فتادن p.-fe(o)tādan [= پیش‌افتادن] (مص ل.) پیش‌افتادن (ه.م.)

پیش فرا شدن p.-farā-šodan (مص ل.) استقبال، پیشباز رفتن، فرا-پیش شدن.

پیش فرستادن p.-ferestādan (مص م.) ۱ - فرستادن پیش از موعد، ارسال داشتن قبل از زمان معهود : «تقدیم ، پیش فرستادن» (ترجمان القرآن ۲۹). ۲ - بجلو فرستادن ، بمقابله اعزام داشتن:

«برگ عیشی بگور خویش فرست
کس نیارد زپس، تو پیش فرست.»
(گلستان)

پیش‌فرش p.-farš [ف.-ع.] (إمر.) جعبه‌ای بشکل مکعب‌مستطیل که ارابه‌چی یادرشکه‌چی بر آن نشیند وارابه یا درشکه‌را براند.

پیش‌فروختن p.-forūxtan (مص م.) فروختن پیش ازموعدمقرر، پیش‌فروش کردن.

پیش‌فروش p.-forūš (إمص.) ۱ - فروختن مال یاغله قبل‌از مهیاشدن ، بهاستدن پیش ازتحویل‌مال یاغله. ۲ - [= پیش‌فروشنده] (ص‌فا.) آنکه‌قبل از موعدمقرر وتهیه‌شدن جنس‌بها ستاند.

پیش‌فروش‌کردن p.-kardan (مص م.) فروختن قبل‌ازمهیاشدن مال‌یاغله.

پیش‌فروشی p.-forūš-ī (حامص.) عمل پیش فروش (ه.م.)

پیش فکندن p.-fa(e)kandan [= پیش‌افکندن] (مص م.) پیش‌افکندن (ه.م.)

پیش‌فنگ p.-fang (إمر.) (نظ.) عملی است‌که سربازان با تفنگ انجام دهند بدین طریق: نخست تفنگ‌عمودی برزمین ومماس باپای‌راست قراردارد، بایك حرکت تفنگ را با دست راست از زمین بلند کنند ودر هوا بچرخانند وپاشنهٔ آنرا درکف‌دست چپ گذارند، وباحرکت دیگر دست راست را بجای خود برند.

پیش‌قبض p.-γabz [ف.-ع.] (إمر.) ۱ - نوعی از اسلحه. ۲ -(ور.باس.) فنی است‌ازکشتی ، وآن عبارتست ازدست بردست‌حریف گذاشتن وبانواع‌مختلف زورزدن. ۲ -(ور.باس.) محلی از قسمت جلو کمر ونواحی مجاور آن‌که طرف بادست آنرا تواند گرفت :

«پیش قبض همه‌در پنجهٔ‌شایستهٔ‌اوست.»
(میرنجات، لغ.)

پیشقدم p.-γadam [ف.-ع.] (صمر.) ۱ - آنکه نخست بکاری درآید، مقدم، سابق. ۲- آنکه‌بردیگران‌سابقهٔ دوستی وخدمتگزاری‌دارد. ۳- (فتوت) بزرگ قوم، کبیر، شیخ، پدر.

پیشقدمی p.-γadam-ī [ف.-ع.] (حامص) حالت‌وکیفیت پیشقدم (ه.م.)، سبقت.

پیش‌قراول p.-γarāvol [ف.-تر.] (إمر.) ۱ - (نظ.) سربازی که‌درمقدمهٔ گروهی‌ازسپاهیان برای‌مراقبت‌حرکت کنند ، دیده‌ور[1] . ۲ - (نظ.) جلو دار (ه.م.) ۳ - کسی که در امری پیشقدم است، پیش آهنگ .

پیشقراولی p.-γarāvol-ī [ف.-تر.] (حامص.) عمل پیش قراول (همع.)

پیش قسط p.-γest [ف.-ع.] (إمر.) ۱ - مساعده، وجهی که پیشکی دهند.

---

۱ – Eclaireur (فر.)

۲ - قسمت نخست از چند قسمت وجهی که پیشکی دهند وبقیه را باقساط. ۳ - بیعانه.

پیش قطار p.-γatār [ف.-ع.] (ص مر.، إمر.) نخستین‌شتر ازشتران‌قطار کرده:

«هرسر موکوکب خورشید چهر
ناقه مگو پیش قطار سپهر.»
(وحید، درتعریف‌ناقه، لغ.)

پیشك pīš-ak (إمصغ.) ۱ - (قمر.) اندکی‌پیش. ۲- ظ. نوعی‌پارچه‌یاجامه:
«پیشك آفتاب وبارانی است
بقچه دانست وجامه وابزار.»
(نظام قاری ۳۴، لغ.)

۱- پیشکار pīš-kār [قس. پیشیار] (ص‌مر.، إمر.) ۱- خادم، پیشخدمت، نوکر؛ مق. پیشگاه:
«نه‌ماه سیامی، نه‌ماه فلك (سپهر)
که اینت غلامست وآن پیشکار.»
(رودکی، لغ.)

۲-شاگرداستادکار. ۳-بزرگترین‌چاکر هرمرد بزرگ‌وصاحب‌دستگاه‌که نیابت کارهای اوکند. ۴ - (دریانوردی)سر ورئیس‌ملاحان: «بعدسه‌روزکه‌بادبنشست پیشکار کشتی‌نگاه‌کرد وفریاد برآورد وزاری‌کرد که ای مسلمانان! شهادت بیارید که‌کار ما بآخر رسید... ماگفتیم آخرچه‌افتاده‌است؟» (مجمل‌التواریخ، لغ.) ۵ - نایب، معاون، وکیل، قایم‌مقام، مباشر: «وکارها فروبماند تاجوانی‌را که معتمد بود پیشکار امیر کردبخلافت خود.» (بیهقی. اد. ۳۶۴) «میرزا فتحعلی خان صاحب دیوان وزیر نظام وپیشکارمملکت آذربایجان.» (مرآت‌البلدان ۱، ضمیمه ۳۳) ۶- نایب‌الحکومهٔ شهر باحضورحاکم در آنجا. ۷- رئیس دارایی‌ایالت (قاجاریه وپهلوی). ۸ - (کشا.) محصولی‌که زودکاشته باشند. ۹ - (کشا.)هریك‌ازچاههای آخرقنات، چاهی که از آنجا مقنیان لایروبی را شروع کنند. ۱۰- (نانوایی) کسی که زیردست شاطر کارکند ونان از تنور درآورد.

پیشکاره p.-kāra(-e) [= پیشکار] ۱ - خدمتگزار، خدمتکار، خادم، پیشکار:
«ای‌که مه باکمال خوبی خویش
پیش روی تو پیشکاره بود.»
(عمادی شهریاری، لغ.)

ضح. - در آنند راج بامیرخسرو نسبت داده شده. ۲ - رئیس، مهتر. ۳ - فرش‌اطاق مهمانخانه. ۴ - قابله، ماما.

پیشکاری p.-kār-ī (حامص.) عمل پیشکار (ه.م.) ۱ - چاکری، خدمتکاری؛ مق. پیشگاهی:
«زجهل تواکنون همی جان دانا
کند پیشکار تراپیشکاری.»
(ناصرخسرو ۴۲۶)

۲ - نایبی، مباشری، مباشرت. ۳ - ریاست دارایی ایالت (استان). ۴ - عمل مقدماتی تنقیه ولاروبی‌قنات. ۵ - (کفاشی) کشیدن رویه و دوختن رویهٔ کفشی‌را.

پیشکاول p.-kāvol [= پیشکاوول = پیشکاول] (إمر.) یکی از وسایلی که دربرنج‌کاری بکار برند، آلتی است چوبین که به‌گاو یا اسب مربوط‌کنند وبدان زمین را شخم زنندتابرنج‌درآن بکارند؛ ماله.

پیشکاوول p.-kāvūl [= پیشکاول] (إمر.) ← پیشکاول.

پیشکرایه p.-kerāya(-e) [ف.-ع.] (إمر.) ۱ - مبلغی که پیشکی به مکاری دهند تابقیهٔ وجه کرایه را در مقصد بپردازند. ۲- قسمتی‌ازاجاره‌بهای

دکان یا منزل که بصاحب آنها دهند وبقیه را در موعد مقرر تأدیه کنند.

پیش‌کردن p.-kardan (مصم.)

۱ - بجلو انداختن، راندن بجانب مقابل (مثل‌راندن‌مواشی ودواب‌وامتعه وغیره):

«هرچه درهندوستان‌پیل‌مصاف‌آرای‌بود
پیش‌کردی‌ودرآوردی بدشت شابهار.»
(فرخی.د.۸۷)

۲ - بچهارچوب پیوستن جانب‌خارجی در یك لتی، بهم آوردن دو لنگه در؛ بستن، فرازکردن: «(لیث)... بمسجد آدینه شد و آنجا فرود آمد وفرمودتادرهاء شارستان‌پیش‌کردند...» (تاریخ سیستان۲۸۲) ضح.- امروزهم بهمین معنی‌مستعمل است. ۳ - پیشرو قرار دادن، قایدکردن:

«بدو گفت‌گودرز، پرمایه شاه
ترا پیش‌کرد او بدین‌برسپاه.»
(شا.،لغ: پیش)

۴ - تقدیم‌کردن، تقدیم داشتن. ۵ - مقدم داشتن، جلوانداختن:

«حساب آرزوی خویش کردن
بروی دیگران درپیش کردن.»
(نظامی..لغ.)

۶ - برابرقراردادن چون مانعی: «غلام مغیرة بن شعبه او را سه طعنه بزد. عمر دردناك شد، عبدالرحمن عوف را دست‌کردوپیش‌کردتانمازکرد.» (تاریخ سیستان،لغ.)

پیش کسوت p.-kesvat [ف.-ع.] (ص‌مر.) ۱ - (تص.) یکی از مدارج طریقت، آنکه درجهٔ پیش کسوتی (ه.م.) دارد: «اگرعزالدین ازوجودچنین ترجمه‌ای از استاد و شیخ صحبت یا برادر طریقتی‌پیش کسوت خودآگاهی داشت درمقدمهٔ کتاب خود از آن نام می‌برد.» (همائی.مقدمهٔ مصباح‌الهدایه ۳۹) ۲ - (ور. باس.) قدیمترین‌وبزرگترین پهلوان یك زورخانه که حق تقدم در پهلوانی دارد.

پیش کسوتی p.-kesvat-ī [ف.-ع.] (حامص.) ۱ - (تص.) مقامی‌بالاتر از مرید وفروتر از شیخ، وآن یکی‌از درجات تصوف است: «ترجمهٔ فارسی ظهیرالدین‌ازعوارف درصورتی که‌صحت داشته باشد، بقرینهٔ عصرزندگانی‌وسمت پیشقدمی وپیش کسوتی‌وشخصیت‌اونسبت بعزالدین ظاهر این است...» (همائی. مقدمهٔ‌مصباح‌الهدایه۳۹) ۲ - (ور.باس.) قدمت وبرتری درپهلوانی زورخانه.

پیشکش p.-kaš(keš) ۱ - (إمص.) درپیش کردن‌چیزی کسی راتااوبستاند، تقدیم‌کردن چیزی بکسی ← پیشکش ساختن، پیشکش کردن. ۲ - هدیه‌ای که زیر دست بزبر دست خود دهد، پیشکشی: «فخرالملك... از خراسان بیامد و سلطان را بسیاری پیشکش وآلات و اسباب آورد.» (سلجوقنامهٔ ظهیری۳۶) ۳ - (مال.) حقوق‌وعوارضی که بصورت پیشکش وصول شود، نوعی خراج که درقدیم از قری میگرفته‌اند (مرآت‌البلدان۱: ۳۳۷)

پیشکش ساختن p.-sāxtan (مصم.) پیشکش کردن:

«دل‌پیشکشت سازم اگر پیش‌من‌آیی
جان روی‌نمایت دهم ار روی‌نمایی.»
(خاقانی.سج.۴۳۵)

پیشکش کردن p.-kardan (مصم.) تقدیم کردن کوچکتر ببزرگتر هدیه‌ای را:

«دستارچه‌ای پیشکشش کردم، گفت:
وصلم‌طلبی، زهی‌خیالی که‌تراست!»
(حافظ۳۷۶)

پیشکش‌نویس p.-nevīs [= پیشکش نویسنده] (ص‌فا.) آنکه‌حساب پیشکش‌های نوروزی و غیره رانگاه میداشته

(صفویان): «میرزا محمد پیشکش قوم میرزا بابای پیشکش نویسی معزز و معتبر بود.» (عالم آرا. ۱: ۱۶۶)

پیشکشی p.-ka(e)š-ī (ص نسب.) هدیه، تقدیمی، پیشکش (← پیشکش ۲): «چند روز اورا مهلت دهند که پیشکشی سامان کرده بدرگاه معلی آید.» (عالم آرا. ۱: ۲۸۳)

پیش کشیدن p.-ka(e)šīdan (مص م.) ۱ - بسوی خود کشیدن، بخود نزدیک کردن؛ مق. پس زدن: «بادست پس میزد و با پا پیش میکشید.» ۲ - مطرح کردن، عنوان کردن، (مطلبی یا سخنی را). ۳ - بزیر افکندن (چنانکه سر را): «از شرم سر پیش افکند.» ۴ - برافراختن و آخته داشتن (چنانکه سر را):

«سران سپه سر کشیدند پیش
که ریزیم در پای تو خون خویش.»
(نظامی، لغ.)

۵ - تقدیم کردن، پیشکش کردن:

«نیم جانی که هست پیش کشم
چون بدست من این قدر باشد.»
(از العراضه، لغ.)

۶ - ریشخند کردن، استهزاء کردن.

پیش کوه p.-kūh, p.-e kūh (إمر.) ۱ - نزدیک کوه و قرب دامنهٔ آن. ۲ - قسمت قدامی کوه، آن سوی کوه که برابر باشد؛ مق. پشت کوه.

پیش کوهه p.-kūh-a(-e) (إمر.) بر آمدگی جلو زین اسب، قاچ زین، قربوس زین:

«به پیشکوههٔ زین بر نهاده... چو یوغ
سوار گشته بر آن مرکبان رهوارم.»
(سوزنی، لغ.)

پیشکی pīš-akī (قمر.) ۱ - از پیش، زودتر ازهنگام مقرر. ۲ - آنچه که پیش دهند برای خرید یا اجاره یا کرایهٔ خانه، دکان و مانند آن؛ مساعده.

پیشکی دادن p.-dādan (مص م.) دادن قبل از زمان معهود، پیش از فرا رسیدن موعد مقرر دادن.

پیشگاول p.-gāvol [= پیشکاول] (إ.) ← پیشکاول.

پیشگاه p.-gāh [= پیشگه] (إمر.) ۱ - صدر اطاق، صدر مجلس، بالای مجلس؛ مق. پایگاه:

«سپارم ترا گنج و تخت و کلاه
نشانمت با تاج در پیشگاه.»
(شا. بخ ۶: ۱۶۳۸)

«شکر و سپاس مر موجدی را که از پیشگاه عقل تا پایگاه طبع هر که هست در تحت اوامر و نواهی اوست.» (جوامع الحکایات ۱: ۱) ۲ - رئیس، صدر، دارای مقام عالی:

«ناکسان پیشگاه و کامروا
فاضلان دور مانده، وین عجب است!»
(علی بن اسد امیر بدخشان، جامع الحکمتین ۱۶) ۳ - پادشاه، سلطان:

«ستاره شمر، چون برآشفت شاه
بدو گفت کای نامور پیشگاه!»
(شا.، لغ.)

«از چو تو محتشم فروزد ملک
وز چو تو پیشگاه نازد گاه.»
(مسعودسعد ۴۸۵)

۴ - تخت، مسند:

«چنین گفت پیر خراسان که شاه
چو بنشست بر نامور پیشگاه...»
(شا.، لغ.)

۵ - کرسی و صندلیی که در پیش تخت (سلطان یا امیری) نهند:

«دبیر جهاندیده را پیش خواند
بر آن پیشگاه بزرگی نشاند.»
(شا.، لغ.)

۶ - صحن سرای و خانه، فضای جلو عمارت، جلوخوان: «برحسب فرموده در پیشگاه ساحت خانقاه متصل بصفهٔ جنوبی، قبه‌ای فلک مثال برافراختند.» (ظفرنامهٔ

۹۳۲
پیشگاهی

یزدی۲:۴۲۰) ۷ - فرشی که پیش خانه افکنند، زیلوچه: «گفتند مجالس باشد (یعنی زخرف) و نشستگاهها از نهالیها ومتکاها و پیشگاهها.» (تفسیر ابوالفتوح چا. ۱ج۵:۲۱۹، لغ.) ‖ ~ مسجد. محراب مسجد:

«در پیشگاه مسجد و در کنج صومعه
یك پیر کاردیده و یك مرد کار کو؟»
(عطار، لغ.)

‖ ~ نشور. قیامت:

«ببین که تا چه نشیب و فراز در کارست
ز آستان عدم تا به پیشگاه نشور؟»
(ظهیر، شرفنامه، لغ.)

پیشگاهی p.-gāh-ī [= پیشگهی] (حامص.) حالت و کیفیت شخص در پیشگاه، جلوس در پیشگاه، ریاست، پیشوایی:

«این علم اگر حاضرست پیشت
یزدان بتو دادست پیشگاهی.»
(ناصرخسرو ۴۴۹)

۲ - پادشاهی، سلطنت:

«نخستین کیومرث آمد بشاهی
گرفتش در بگیتی پیشگاهی.»
(مسعودمروزی، لغ.)

۳ - آنچه روزه‌دار در وقت افطار خورد؛ مق. سحرگاهی.

پیش گذاشتن p.-gozāštan (مص م.) ۱ - برابر گذاشتن، نزدیك قرار دادن. ۲ - بار دادن، اجازهٔ حضور رسیدن دادن: «دیگر روز هیچکس را پیش نگذاشتند که رنجور تر شده.» (قصص الانبیاء ۲۳۹، لغ.)

پیشگر p.-gar [قس. پیشکار] (ص شغل.) خادم، خدمتکار.

پیش گردیدن p.-gardīdan (مص ل.) ۱ - بسته شدن دریك لتی، بهم فراز آمدن هر دو لنگهٔ در دولختی. ۲ - سبقت گرفتن، سبق بردن.

پیش گرفتن p.-gereftan (مص م.) ۱ - قبل از موعد مقرر گرفتن، ستدن پیش از وقت: «استسلاف، بها پیش گرفتن.» (منتهی الارب، لغ.) ۲ - مقابل خود قرار دادن، پیش روی نهادن: «نخست از مجاهدان دلاوری سپری پیش گرفته، پای تهور بفشرد.» (ظفرنامهٔ یزدی ۲: ۳۷۶) ۳ - جلو افکندن، پیشاپیش قرار دادن و روان ساختن، جلو انداختن و بحرکت واداشتن: «ابوطالب را پیش گرفتند و بنزدیك ابرهه بردند.» (قصص الانبیاء ۲۱۳، لغ.) ۴ - آغاز کردن، شروع کردن: «با کیومرث طریقهٔ مصالحت و دوستی گرفت.» (ظفرنامهٔ یزدی ۲: ۴۰۵) ۵ - سد راه شدن، مانع آمدن، جلوگیری کردن:

«دل رمیدهٔ ما را که پیش میگیرد؟
خبر دهید بمجنون خسته از زنجیر.»
(حافظ ۱۷۴)

‖ ~ درسی را. پس گرفتن استاد آن درس را از شاگرد، پرسیدن معلم درسی را از شاگرد. ‖ ~ راهی یا سفری را. بدان راه یا سفر شدن. ‖ ~ کاری (شغلی) را. بدان مشغول شدن، اشتغال ورزیدن بدان:

«مشعله‌ای برفروز، مشغله‌ای پیش گیر
تا ببرند از سرت زحمت خواب و خمار.»
(سعدی، لغ.)

‖ در ~ کاری (شغلی) را. مشغول آن شدن. ‖ در ~ سفری را. اقدام بدان کردن: «مردی امید بمن و بجاه من دارد و سفری دراز در پیش گیرد از عراق تا ارمنیه.» (تاریخ برامکه، لغ.)

پیش گشاده p.-gošāda(-e) (ص مف.) ۱ - جامه ای که قسمت جلو آن گشاده باشد؛ مق. پیش‌بسته: «طبة، جامهٔ پیش گشادهٔ دراز دامن.» (منتهی الارب، لغ.) ۲ - آنچه دربرابر گسترده و پهن

کرده باشد؛ پیش‌درنوشته.

پیشگو p.-gū [= پیشگوی = پیش گوینده] (ص‌فا.) ۱ - آنکه‌ازپیش گوید، کسی که ازقبل گفتن آغازد. ۲- آنکه قبل ازوقوع امورازآنها خبردهد. ۳ - آنکه‌درحضور شاهان‌وبزرگان،زایران وواردان را بشناساند، معرف:

«مروفارا طبع محمود تو آمدپیشگو
مرسخارا دست‌مسعودتوآمدترجمان.»
(ازرقی،لغ.)

۴ - کسی که سپاهیان را پیش شاهان سان دهد، عارض‌لشکر. ۵ - کسی که مقاصدمردم رابخدمت شاهان‌وبزرگان عرض کند؛ امیرعرض، میرعرض.

پیشگوی p.-gūy [= پیشگو = پیش‌گوینده] (ص‌فا.) ← پیشگو.

پیشگویی p.-gūy-ī [← پیشگو] (حامص.) عمل‌پیشگو (ه‌.م.)، کهانت، غیب‌گویی. ضح.- پیشگویی دراصل با پیش‌بینی فرق دارد← پیش بینی.

پیشگویی کردن p.-kardan (مص م.) ۱ - گفتن‌ازپیش. ۲ - خبردادن امور پیش از وقوع، غیب‌گویی کردن.

پیشگه p.-gah [= پیشگاه] (إمر.) ۱ - صدر مجلس:

«نهادند برپیشگه تخت عاج
همان طوق‌زرین وپیرایه تاج.»
(شا.،لغ.)

۲ - رئیس، صدر،حایزمقام‌عالی:

«من‌رانده بهم، چوپیشگه باشد
طنبوری وپایکوب وبربط زن.»
(ناصرخسرو ۳۷۶)

۳ - پادشاه، سلطان. ۴ - تخت،مسند، پیشگاه (ه‌.م.) ۵ - کرسی و صندلیی که‌در پیش‌تخت(سلطان‌یاامیری) نهند؛ پیشگاه (ه‌.م.) ٦ - صحن‌سرای‌وخانه، فضای جلو عمارت ، پیشگاه (ه‌.م.) ۷- فرشی که پیش‌خانه‌افکنند،زیلوچه، پیشگاه (ه‌.م.)

پیشگهی p.-gah-ī [= پیشگاهی] (حامص.) ۱ - ریاست ، پیشوایی ، پیشگاهی :

«هنرت باید ازآغاز اگرنه بیهنری
محال باشد جستن مهی وپیشگهی.»
(ناصرخسرو،لغ.)

ضح.- دردیوان‌ناصر ۴۸۹ چنین‌است: محال‌باشدجستن‌کمی وبیش‌وبهی . ۲ - پادشاهی ، سلطنت ، پیشگاهی (ه‌.م.) ۳ - آنچه روزه داربوقت‌افطار خورد، پیشگاهی (ه‌.م.)

پیش گیر p.-gīr [= پیش گیرنده] ۱ -(ص‌فا.) آنکه پیش گیرد،کسی که جلوگیری کند،آنکه‌مانع‌آید. ۲-(إمر.) پیش بند، پیش دامن. ۳ - لنگی که از کمر تاپایین بندند ازجلو؛ فوطه.

پیش گیره p.-gīr-a(-e) [= پیش‌گیر] (إمر.) پیش‌بند.

پیش‌گیری p.-gīr-ī (حامص.) عمل پیش‌گیر (ه‌.م.) ۱ - جلوگیری،دفع. ۲ - (پز.) منع سرایت مرض از پیش (فره.)؛ تقدم بحفظ، صیانت، حفظ صحت، جلو مرض گرفتن.

پیش‌گیری‌کردن p.-kardan (مص م.) ۱ - جلوگیری کردن، مانع شدن. ۲ - (پز.) مانع سرایت مرض شدن از پیش. ۳ - جلوبستن، پیش‌بندی‌کردن (چنانکه‌سیل‌را در صحرا).

پیش‌لنگ p.-long (إمر.)پارچه‌ای که‌قصاب وآهنگروآشپز وغیره‌برمیان بندند تا جامه شان از چربی وآتش مصون ماند ؛ پیش‌بند،پیش‌لنگی ↓ .

پیش لنگی p.-long-ī (ص نسب.) (عم.) پیش‌لنگ ↑ .

پیش‌مانده p.-mānda(-e) (ص‌مف.)

۱ - مانده ازپیش ، ازقبل بازمانده . ۲ - ته‌مانده، پس‌مانده، طعام نیم‌خورده.

پیش مردن p.-mordan (مصل.) فداشدن کسی‌را، برخی جان اوشدن:
«نه‌هرکس پیش میری، پیش‌میرد
بدین سختی غمی درپیش گیرد.»
(نظامی، لغ.)

پی‌شمردن pay-šo(e)mordan, pey-.. (مصم.) ← کسی‌را. مراقبت اعمال او کردن، حساب کاراوراداشتن:
«بداد ودهش دل توانگر کنید!
ازآزادگی برسرافسر کنید!»
«که‌فرجام هم‌روزمان بگذرد
زمانه پی ماهمی بشمرد .»
(شا.، لغ.)

پیش‌مرگ p.-marg (ص‌مر.) ۱ - آنکه‌پیش‌ازکسی بمیرد؛ پیش‌میر. ۲ - کسی که‌پیش‌ازشاه‌یاامیرازغذای‌اوخورد تااگر سمی در آن باشد ، وی بمیرد و مخدوم مصون ماند؛ بلاگردان.

پیش‌مرگ‌شدن p.-šodan (مصم.) ← کسی‌را . ۱- فدای اوشدن، تصدق اوشدن: الهی‌پیش مرگت‌شوم، فلان‌کار رابکن! (لغ.) ۲- شغل‌پیش‌مرگ (← پیش مرگ۲) داشتن.

پیش مزد p.-mozd (إمر.) مساعده، بیعانه، پیش دست.

پیش مصرع p.-mesra' [ف.-ع.] (إمر.) مصراع‌اول از یك بیت:
«باندك‌فرصتی‌ازهم خیالان‌پیش‌می‌افتد
تواندهرکه،صائب!پیش‌مصرع‌رارسانیدن.»
(صائب، آنند.، لغ.)

پیش مهر p.-mehr (إمر.) سابق‌در محبت:
«چرا پیشکین خواند اورا سپهر
که‌هست‌ازچنان خسروان پیش مهر.»
(نظامی، لغ.)

پیش میر p.-mīr [= پیش میرنده] (ص‌فا.) ۱ - آنکه پیش میرد، کسی که پیش‌ازدیگری‌فوت‌کند. ۲- تصدق‌عزیز خود رونده، فدای دلبند خود شونده:
«بسوزد دل‌مادر پیش میر
که‌باشد جوان مرده واومانده‌پیر.»
(نظامی، لغ.)
۳ - پیش مرگ (← پیش‌مرگ۲):
«بهرکس‌مده‌بهره چون آب‌جوی
که‌تا پیش میرت شود هر سبوی.»
(نظامی، لغ.)

پیشن pīšan [= پیشند] (إ.) لیف خرما که از آن رسن تابند.

پی‌شناس pay-šenās, pey- [= پی شناسنده] (ص‌فا.) آنکه‌اثرپای‌راشناسد، کسی‌که‌رد پای راتواند یافت؛ قائف.

پی‌شناسی p.-šenās-ī (حامص.) عمل پی‌شناس (ه.م.)، معرفت اثرپای، ایزبرداری.

پیش‌ناف pīš-nāf (إمر.) گوشت ← . (قصابی) گوشت ناحیهٔ ناف گوسفند ، گاو وغیره: «المنقب، پیش‌ناف‌اسب.» (السامی، لغ.)

پیشند pīšand [= پیشن] (إ.) لیف خرما که ازآن رسن‌تابند.

پیش‌نرفتنی p.-na-raftan-ī (ص لیا.) غیرقابل اجرا ، انجام ناپذیر (فره.) ؛مق. پیش رفتنی .

پیش‌نشین p.-nešīn [= پیش‌نشیننده] (ص‌فا.) ۱ - آنکه درصدرجلوس کند:
« پیشگاه ستم عالم را
داور پیش نشین بایستی.»
(خاقانی . سج . ۸۰۱)
۲- آنکه درپیش‌کسی یاچیزی‌نشیند ، آنکه در برابر و نزدیك جا گیرد :
« پروانه‌که نور شمع افروخت
چون پیش نشین شمع شد، سوخت.»
(نظامی، لغ.)

۳ - زنی که هنگام زادن زن حامله در پیش وی نشیند و اورا یاری کند ؛ قابله ، ماما ، مام ناف.

پیشنماز p.-namāz (ص‌مر.،اِمر.)
آنکه در نماز جماعت مردم بدو اقتدا کنند ؛ امام جماعت ؛ مق . مأموم : «وامیر عادل رحمةالله علیه را پیشنماز بود .» (بیهقی . اد . ۴۹۹ ، لغ.): « معلم درس فارسی و پیشنماز مدرسه. » (مرآت البلدان ۱ ، ضمیمه ۲۶) ← پیشنمازی ↓ .

پیشنمازی p.-namāz-ī (حامص.)
عمل پیشنماز (ه.م.) ، امامت جماعت: «میر رحمةالله پیشنماز از سادات نجف اشرف و فضلاءِ عصر بود . در درگاه معلی منصب پیشنمازی داشت ...»
(عالم آرا.۱ : ۱۴۶)

پیش نویس p.-nevīs (ص‌مف.،اِمر.)
۱ - مسوده، سواد؛مق. پاکنویس، بیاض. ضح.- فرهنگستان این کلمه را بجای مینوت[۱] پذیرفته و آن نامهٔ موقتی‌است که پیشنهادمضمون‌نامه را در آن‌نوشته، پس از تصویب وزیر یا رئیس اداره آنرا پاکنویس کرده بامضا میرسانند ومیفرستند. ۲ - (ادا .) قطعه کاغذی خاص نوشتن مسوده.

پیش نویس کردن p.-kardan (مص م.) نوشتن نامه‌ای‌بعنوان مسوده،مسوده کردن؛مق. پاکنویس کردن.

پیشنهاد p.-na(e)hād (ص‌مف.،اِمر.)
۱ - اندیشه‌ای که آدمی بر نفس خود عرضه کند: « هر کسی چون عزم جایی وسفری می کنداو را اندیشهٔ معقول‌روی می‌نماید : اگر آنجا روم مصلحتها وکارهای بسیار میسر شود، و احوال من نظام پذیرد و دوستان شاد شوند وبر دشمنان‌غالب گردم، او را پیشنهاد این است و مقصود حق خود چیزی دیگر...» (فیه مافیه۱۶۱، ورك ایضاً ۱۹۹ و ۲۰۹) ۲ - قصد ، آهنگ ، اراده، مقصود، مراد، غرض:
«ای پیشنهاد من هوایت
دیباچهٔ طبع من ثنایت.»
(تحفةالعراقین . ۱۷۲)
«پیشنهاد خاطرم اینکه هلاك اوشوم
تشنهٔ جام میروم، شایداگرسبوشوم.»
(سنجر کاشی، آنند.،لغ.)
۳ - قدر، تقدیر: «هرچه پیشنهادآدمی است آن قدر است‌اورا، و هرچ‌پیشنهاد نیست او را ، آن‌جبرست او را ، مثلا چنین‌که معرفت‌و ذکرالله و محومرترا پیشنهاد است ، می‌بینی چگونه جهد می‌کنی و طلب می‌کنی.هیچ نمی‌گویی که تقدیرالله چیست و قضا چیست...» (معارف ۱۰۱:۱۳۳۸) ۴ - امل،آرزو: «امل را بپارسی پیشنهادگویند ، وآن در اصل اندیشه ایست باطل و سودایی است فاسد...» (طرب‌المجالس . امیر حسینی هروی . مجموعهٔ اشعةاللمعات ۲۷۱) ۵ - مقدمه.۶ -قضیه. ۷ -عمل یك تاجر یا هنرپیشه یا فروشنده یا خریدار که انجام کاری را با شرایط معین‌آگاهی میدهد ، عرضه[۲] (فره.)، اعلام خواستاری کاری یا خریدی یا فروشی با شرایطی خاص . ۸ - طرح واظهار مطلبی برای‌تشخیص نیك وبد آن. ج. پیشنهادها، پیشنهادات (غلط متداول) .

پیشنهاد دادن p.-dādan (مص‌م.)
۱ -تسلیم‌اعلام‌نامه‌ای حاکی‌ازقبول‌کار یا خرید و فروش،پیشنهادکردن. ۲ - طرح کردن مطلبی برای حلاجی شدن آن .

پیشنهاددهنده p.-dahanda(-e)

۱- Minute (فر.) ۲- Offre (فر.)

پیشنهادساختن (ص‌فا.) آنکس که پیشنهاد دهد (← پیشنهاد۷)، پیشنهادکننده .ج. پیشنهاد دهندگان.

پیشنهاد ساختن p.-sāxtan (مص‌م.) **پیشنهادهمت‌ساختن.** وجههٔ همت خود قرار دادن : «تسخیرولایت آذربایجان و شیروان را پیشنهاد همت ساخت. » (عالم‌آرا. ا: ۳۲۳)

پیشنهادکردن p.-kardan (مص‌م.) ۱ - قصدکردن، اراده‌کردن. ۲ - اعلام خواستاری کاری یاخریدی ویافروشی؛ پیشنهاددادن، عرضه‌کردن. ۳ - طرح کردن مطلبی برای حلاجی شدن آن . ‖ **پیشنهاد همت‌کردن.** ← پیشنهادساختن.

پیشنهادگردانیدن p.-gardānīdan (مص‌م.) **پیشنهادهمت‌گردانیدن.** مقصد خود قراردادن، وجههٔ‌همت‌خودساختن: « و نهایت‌موهبت‌شاهنشاهی راکه‌شامل این دولت نا متناهی است پیشنهاد همت‌گردانید. » (حبیب‌السیر چا . ا طهران جزو ۴ مجلد ۳: ۳۲۳، لغ.)

پیشنهادکننده p.-konanda(-e) (ص‌فا.) پیشنهاددهنده (ه.م.) . ج . پیشنهادکنندگان.

پیش‌نهادن p.-na(e)hādan (مص م.) ۱ - فراپیش‌آوردن،از جای‌اصلی بنزدیك خودآوردن؛ مق. پس‌نهادن:

«آینه‌ای پیش نه ازدل‌صافی گهر
صورت‌خودرا ببین،معنی‌اشیاطلب!»
(وحشی ۱۰)

۲ - برابر چیزی گذاشتن برای منع عبور، ایجاد مانع و سدکردن:

«ای‌پای‌بست‌عمر! تو بر رهگذارسیل
چندین‌امل‌چه پیش‌نهی،مرگ‌ازقفا.»
(سعدی. ، لغ.)

۳ - برابر چشم نهادن ، نصب‌العین ساختن : « چون پادشاهی بر کسری انوشیروان عادل قرار گرفت ، عهود اردشیر بن‌بابك‌پیش نهاد.» (فارسنامه. ابن‌البلخی ۸۸ ،لغ.) ‖ **پا (قدم) پیش نهادن** . اقدام‌کردن، مقدم‌شدن :

«قدم پیش‌نه‌کز ملك‌بگذری
که‌گر بازمانی‌زددکمتری.»
(سعدی،لغ.)

پیش‌نهاده p.-na(e)hāda(-e) (ص‌مف.) ۱ - برابرنهاده؛مق. پس‌نهاده. ۲ - از حد متعارف‌تجاوزداده وبمجاور درآورده،جلوآورده:

«چوکاسه بازگشاده‌دهان زجوع‌الکلب
چوکوزه پیش نهاده شکم ز استسقا. »
(خاقانی. سج. ۱۰)

پیشنهادی p.-na(e)hād-ī (ص‌نسب.) منسوب به پیشنهاد (ه.م.) : « طرح پیشنهادی بتصویب رسید .»

پیشوا p.-vā [پیش+وا=بان=پان، پس. حفاظت] (ص‌مر.،اِمر.) ۱- رهبر، رئیس ، پیشرو ، مقتدی ، زعیم ؛ مق. پیش‌ایست، پی‌شو، پس‌رو، پیرو، پسوا:

« اول وآخرین خلیفهٔ‌ما
پیشوایی و شیخ در دوسرا.»
(ولدنامه ۱۲۳)

« مقتداءِ صدور عالم و پیشوای دهاء بنی آدم بر جملهٔ سلطنت بعداز وفات پدرش ... دستور شد . » (سلجوقنامهٔ ظهیری ۳۰) ۲- نوعی ازجامه‌که زنان پوشند؛ پیشواز؛مق. بغل‌بند. ‖ ~ی **ستارگان** . ۱ - آفتاب :

«آمد از حوت برنهاده ثقل
پیشوای ستارگان بحمل . »
(ابوالفرج رونی ۶۹)

۲ - (کن.) حضرت رسول ص .

پیش‌وا رفتن p.-raftan [= پیشباز رفتن] (مص‌م.) استقبال رفتن، پیشباز رفتن :

«بکوی عاشقی‌شرطست‌راه عقل نارفتن
چودردعشق‌پیش‌آیدبصدجان‌پیشوارفتن.»
(خاقانی.،لغ.)

پیشواز p.-vāz [= پیشباز] (اِمر.)
۱ - استقبال ، پیشباز :
« بهار آمد از باغ فردوس باز
می ونغمه را فرض شد پیشواز.»
(ملاطغرا . آنند.، لغ.)
۲ - جلوگشاده، پیشباز. ‖ قبای ~ . قسمی قبا که ظاهراً ازگریبان تادامن چاك داشته ؛ مق. بغل بند :
«فروغ لالهٔ گلشن بسیمای تو می‌زیبد
قبای پیشوازگل ببالای تو می‌زیبد.»
(محسن تأثیر . آنند.،لغ.)

پیشواز آمدن p.-āmadan (مص‌م.)
استقبال‌کردن :
«همه مهتران پیشواز آمدند
پر از درد وگرم وگدازآمدند.»
(شا. بخ ۶ : ۱۷۹۳)

پیشواز رفتن p.-raftan (مص‌م.)
۱ - پذیرفته شدن ، استقبال کردن .
۲ - یك روزیا پیشتر قبل‌ازغرهٔ‌رمضان روزه داشتن (یعنی باستقبال ماه صیام رفتن) .

پیشواز کردن p.-kardan [= پیشبازکردن] (مص‌م.) پیشواز رفتن ، استقبال‌کردن . ‖ مثل : سگ بخورد پیشوازگرگ میرود ، طعامی بس‌ثقیل و ناسازوار است (لغ.)

پیشوازی p.-vāz-ī (حامص.)(عم.)
پیشواز ، استقبال : «امروزاهل محله رفته‌اند پیشوازی‌زوارخراسان.»(لغ.)

پیشوا ساختن pīšvā-sāxtan
(مص‌م.) پیشوازکردن ، رهبرساختن:
«آنچه خلاصهٔ مکارم اخلاق گذشتگان وسبب نام نیك در دنیاوثواب ومغفرت درعقبی‌بود ازبهرخود برگزینندوآنرا پیشوا سازند.» (سلجوقنامهٔ ظهیری۹)

۱- پیشواشدن p.-šodan (مص‌ل.)
پیشرو شدن، مقتدی‌گشتن، راهبرشدن، هادی شدن .

۲ - پیشوا شدن p.-šodan [= پیشواز شدن] (مص‌م.) استقبال‌کردن.

پیشوا کردن p.-kardan (مص‌م.)
مقتدی کردن ، راهبر کردن ، رئیس قرار دادن .

پیشوایی pīšvā-y-ī (حامص.)
عمل پیشوا ، امامت ، قیادت،رهبری:
«پس‌در روزگارپادشاهان‌این‌خاندان... برانم از پیشواییها و قضاها وشغلهاکه ویرا (بوصادق تبانی را)فرمودند... »
(بیهقی . اد . ۱۹۴ ، لغ.) ‖ ~ فرستادگان. پیشواز رفتن، پذیره‌شدن.

پیشوایی‌کردن p.-kardan(مص‌م.)
قیادت کردن ، امامت کردن ، رهبری کردن .

پیش و پس pīš-o-pas ۱- (قمر.)
جلووعقب ، پیش‌رو و پشت سر ، قدام و خلف :
«چو شورش درآب آمدی پیش وپس
نخوردندی آن آب را هیچکس.»
(نظامی ، لغ.)
۲ - مقدم و مؤخر (صف وغیره):
«پیش و پسی بست صف کبریا
پس شعرا آمد و پیش انبیا.»
(مخزن‌الاسرار چا . ۲ : ۴۲)
‖ ~ کاری را نگریستن. درآن‌خوب تأمل‌کردن ، سخت دقت کردن درآن:
«وما چون‌کارها را نیکوتر بازجستیم، وپیش وپس آنرا بنگریستیم ، و این مرد را دانسته بودیم وآزموده، صواب آن نمود ...» (بیهقی ، لغ.)

پیش وجود p.-vojūd [ف‌.-ع.]
(ص‌مر.،اِمر.) سابق در وجود :
« پیش وجود همه آیندگان
بیش بقای همه پایندگان . »
(نظامی ، لغ.)

پیشوند p.-vand [= پیشاوند]
(اِمر.) کلمه‌ای که درآغاز کلمهٔ‌دیگر

درآید و کما بیش تصرفی درمعنی آن کند[1]؛ مق. پسوند . ضح.ـ استعمال این کلمه مستحدث و در عصر ما معمول شده. ‖ ــِـ فعل. کلمه‌ای که در آغاز فعل درآید و کما بیش تصرفی درمعنی آن کند[2].

پیشه pīša(-e) (اِ.) ۱- صنعت، حرفه:

«دبیریست از پیشه‌ها ارجمند
وزو مرد افکنده گردد بلند.»
(شا. بخ ۸: ۲۳۹۸)

«مجو زشعله فروز ستیزه خاتم‌مهر
چراکه پیشهٔ زرگر نیاید ازسکاک.»
(وحشی. ۱۲)

ضح.ـ فرهنگستان این کلمه را بمعنی «کسب و حرفه» پذیرفته. ۲ - شغل، کار، عمل:

«ای آنکه ترا پیشه، پرستیدن مخلوق
چون خویشتنی را چه بری بیش پرسته؟»
(کسائی، لغ.)

۳ - عادت، خوی:

«سپاهی که‌شان تاختن پیشه بود
وزآزاد مردی کم اندیشه بود ...»
(شا.، لغ.)

پیشه‌آتش p.-ātaš(-teš) (ص‌مر.) (کنـ.) کار شیطان، کار شیطانی.

پیشه آموختن p.-āmūxtan ۱ - (مص‌ل.) فراگرفتن پیشه، کسب هنر:

«گفت چه پیشه می‌آموزی؟ گفت: قرآن حفظ میکنم.» (نوروزنامه، لغ.) ۲ - (مص‌م.) تعلیم پیشه، یاد دادن هنر.

پیشه داشتن p.-dāštan (مص‌م.) ملازم شغل یا کار یا حرفه‌ای بودن:

«اژدهایی پیشه دارد روز و شب با عاقلان
بازباجهال پیشه‌ش گربگی وراسوی.»
(ناصر خسرو، لغ.)

«همان مهرو خدمتگری پیشه داشت
همان کاردانی در اندیشه داشت.»
(اقبالنامه. ۶۰)

پیشه ساختن p.-sāxtan (مص‌م.) پیشه کردن، حرفه و شغل خود قرار دادن.

پیشه‌کار p.-kār (ص‌شغل.) پیشه‌ور، صانع، صنعت کار، صنعتگر:

«بدو گفت کای گازر پیشه‌کار!
به‌پیشه روان‌را پراندیشه‌دار!»
(شا. بخ ۶: ۱۷۷۴)

«یکی پیشه‌کار و دگر کشت‌ورز
یکی آنکه پیمود فرسنگ و مرز.»
(شا. بخ ۸: ۲۴۱۱)

پیشه کردن p.-kardan (مص‌م.) ــِـ کاری‌را. حرفهٔ خود ساختن آنرا، شغل خویش قراردادن آنرا، آن صنعت ورزیدن:

«چو بشناخت آهنگری پیشه کرد
کجا زوتبر، اره وتیشه کرد.»
(شا.، لغ.)

پیشه‌گانی p.-gān-ī (حامص.) پیشه‌وری: «باب چهل وچهارم، اندر آیین ورسم دهقانی و هر پیشه‌گانی.»
(منتخب قابوسنامه. ۹، لغ.)

پیشه‌گر p.-gar (ص‌شغل.) پیشه‌ور، پیشه کار:

«عقل قوت گیرد ازعقل دگر
پیشه‌ور کامل شود ازپیشه‌گر.»
(مثنوی، لغ.)

پیشه‌گرفتن p.-gereftan (مص‌م.) ۱- پیشه‌کردن، پیشه‌ساختن، حرفه‌وشغل خود قراردادن:

«اگر شاعری راتو پیشه گرفتی
یکی نیز بگرفت خنیاگری را.»
(ناصرخسرو، لغ.)

۲ - کارخود قراردادن، عمل‌خود ساختن؛ ورزیدن:

«هر آن کس که او پیشه گیرد دروغ
ستمکاره خوانیمش و بی فروغ.»
(شا.، لغ.)

۱- Préfixe (فر.)　۲- Préverbe (فر.)

پیشه گشتن p.-gaštan (مص‌م.)
۱ - شغل گشتن، حرفه قرار گرفتن:
«بر آن شیشه دلان از ترکتازی
فلک را پیشه گشته شیشه بازی.»
(نظامی،لغ.)
۲ - کار شخصی محسوب شدن، عمل کسی قرار گرفتن. **۳** - عادت شدن:
«کسی را که خون ریختن پیشه گشت
دل دشمن ازوی پر اندیشه گشت.»
(شا.،لغ.)

پیشه نهادن p.-na(e)hādan (مص م.) پیشه کردن، پیشه ساختن: «فسق وفجور آغاز کرد و مبذری پیشه‌نهاد.» (سعدی، لغ.)

پیشه‌ور p.-var (ص‌مر.) اهل‌حرفه، صنعتگر، صانع، صنعتکار ، پیشه کار، پیشه گر: «و پیشه‌ور و بازرگان بیشتر غریب‌اند، زیرا که‌مردمان این‌ناحیت (قارن) جزلشکری وبرزیگر نباشند.» (حدودالعالم ،لغ.) ضح.- فرهنگستان «پیشه‌وران» (ج.پیشه‌ور) را بجای کسبه واصناف پذیرفته است.

پیشه‌ورز p.-varz [= پیشه‌ورزنده] (ص‌فا.) ورزندهٔ پیشه، پیشه کار:
«سپاهی نباید که با پیشه‌ور
بیک روی جویند هردو هنر.»
(شا.،لغ.)

پیشه ورزی p.-varz-ī (حامص.) عمل پیشه ورز (ه.م.) ؛ پیشه کاری.

پیشه‌ورشدن p.-var-šodan (مص ل.) پیشه کارشدن، اشتغال ورزیدن‌به پیشه، صاحب حرفه گشتن.

پیشه‌وری p.-var-ī (حامص.) عمل پیشه‌ور (ه.م.): «وطبقهٔ سوم بعضی را پیشه‌وری‌فرمودچون: نانوا وبقال‌وقصاب وبنا ودیگر پیشه‌ها.» (فارسنامه. ابن‌البلخی ۳۱،لغ.)

پیشه و هنر p.-vo-honar (إمر.) شغل وصنعت، حرفه وصنعت. ‖ **وزارت ~** . وزارت‌صناعت(فره.)(←وزارت).

پیش هشتن pīš.-heštan (مص‌م.) پیش گذاشتن.

پیش هنگ p.-hang [= پیش آهنگ] (إمر.) پیشرو لشکر، پیش آهنگ (ه.م.)

۱-پیشی pīš-ī (حامص.) **۱-** سبقت، پیشدستی ، تقدم؛ مق. تأخر ، سپسی : «این چیز که نام‌پیشی برو افتدبزمان پیش ازآن بوده باشد که‌نام سپسی‌برو افتادست ...»(جامع‌الحکمتین **۲۴۳**)
۲ - مزیت که بحریف ضعیف دهند در شطرنج وغیره، مانند برداشتن‌رخ‌خود ازعرصه هم‌ازاول بازی[1]← پیشی‌دادن.
۳ - تمام یاقسمتی از مواجب یاجیره ومانندآن‌را پیش‌ازرسیدن‌وقت‌پرداختن؛ بطور مساعده دادن.

۲- پیشی pīšī [← پیشت] (إ.) (بزبان کودکان) گربه.

۱- پیشیار pīš-yār [← پیشاب، پیشیاره](إمر.) **۱** -بول، شاش،ادرار، پیشاب: «(دلالت ستارگان بر اندامهاءِ تن) دوگونه‌وکون و رودگانی‌وپیشیار وپلیدی وپشت و دوزانو.» (التفهیم **۳۷۹**) **۲** - شیشه‌ای که‌بول بیمار درآن کنند وپیش طبیب برند؛قارورهٔ بیمار، پیشیاره :
«آن‌چنان‌دردی که‌باجانان‌نگویددردمند
نی‌ازآن‌دردی که‌باترسا بگویدپیشیار.»
(سنائی،لغ.)

۲- پیشیار pīš-yār [← پیشکار](ص مر.) **۱** - پیشکار ، مددکار:
«بخت ودولت چوپیشیار تو اند
نصرت وفتح پیشیار توباد!»
(رودکی،لغ.)

---

1 – Avance (فر.)

۲ - خدمتکار، خدمتگر.

پیشیاره pīš-yāra(-e) [← پیشیار] (اِمر.) ← پیشیار ۲.

پیش یازیدن p.-yāzīdan (مص ل.) ۱ - آهنگ کردن به پیش. ۲ - دراز کردن بجلو.

پیشیانه pīš-iyāna(-e) [← پیشانه] (اِمر.) پیشانه (ه‌م.)

پیشی پیشی pīšī-pīšī [= پیش پیش] (اِصت.) ۱ - آوازی که بدان گربه را خوانند، پیش‌پیش؛ مق. پیشت. ۲ - (تد. کودکان) گربه، آنگاه که بدو التفات کنند.

پیشی جستن p.-ǰostan (مص ل.) تقدم جستن، پیشی گرفتن، مقدم‌شدن، سبقت گرفتن.

پیشی دادن p.-dādan (مص‌م.) ۱ - دادن قبل از موعدمقرر، مساعده‌دادن. ۲ - مزیت‌دادن بحریف ضعیف‌بخصوص دربازی نردوشطرنج وجز آن: «چنانکه نراد آسمان‌راسه‌ضربه پیشی دادی...» (سند بادنامه ۳۰۴، لغ.):

«گاه ازجولان بدارد خیره نکبارا بجای
گاه‌صرصررا بتک پیشی‌دهد یکساله‌راه.»
(محمدبن نصیر درصفت‌اسب، لغ.)

پیشی کردن p.-kardan (مص ل.) سبقت گرفتن، پیش‌افتادن، پیشی گرفتن:

«هرآن کس که در کار پیشی کند
بکوشد که آهنگ بیشی کند.»
(شا. بخ۸: ۲۳۷۵)

پیشی گرفتن p.-gereftan (مص ل.) ۱ - سبقت جستن، جلو افتادن، پیش افتادن: «مردمان بصره سبقت وپیشی گرفتند براهل کوفه.» (تاریخ‌قم ۳۰۱، لغ.) «در این مقام آمدند که بر اضداد پیشی گرفته لوای استقلال برفرازند.» (عالم‌آرا ۱: ۲۲۸) ۲ - تفوق پیدا کردن.

پیشی گیرنده p.-gīranda(-e) (صفا.) آنکه‌پیشی گیرد: «عزهل، پیشی گیرندهٔ شتاب رو.» (منتهی‌الارب)

پیشین pīš-īn (ص‌نسب.) ۱ - سابق، قبلی، مقدم، قدیم؛ مق. پسین، تازه، جدید، مؤخر: «وتقدیر ایزد چنان‌بود که شریعت پیشین منسوخ شودوشریعت تازه پدید آید.» (کشف المحجوب سجستانی ۱۳۲):

«شکن زین نشان درجهان کس‌ندید
نه از کاردانان پیشین شنید.»
(شا. بخ۶: ۱۷۹۶)

‖ ایام ~ . روزهای گذشته ←. ‖ روز ~ . روز گذشته: «تاروز دیگر بهمان وقت دیدم بازآمدوبهمان ترتیب که‌روز پیشین تقدیم نموده بود طهارت و نماز بجای آورد.» (جوامع‌الحکایات نسخهٔ کتابخانهٔ ملی پاریس شمارهٔ ۴۰۷۴۹ [ضمیمهٔ فارسی 95] ۲۳ب) ‖ دانش (علم) ~ . علم‌اولی، حکمت‌الهی: «علم نظری سه گونه‌است: یکی راعلم برین خوانند، وعلم پیشین وعلم آنچه سپس طبیعت‌است‌خوانند.» (دانشنامه. الهی ۳) ۲ - شخصی که در قدیم بوده، آنکه در گذشته میزیسته. ج. پیشینیان (ه‌م.) ۳ - (ق.) اول، نخست، نخستین: «چون زلیخا یوسف‌را بخود دعوت کرد، پیشین برخاست‌وآن بت‌راکه بخدایی‌میداشت روی بپوشید.» (کیمیای سعادت، لغ.) ۴ - (ق.) پیشتر، جلوتر: «پیغامبر پیشدستی میکرد ازغایت تواضع وسلام میداد، واگر تقدیراً سلام پیشین‌ندادی هم‌متواضع‌او بودی.» (فیه‌مافیه ۱۰۵، لغ.)

«دگرره بود پیشین رفته شاپور
به‌پیش آهنگ آن بکران چون‌حور.»
(نظامی، لغ.)

۵ - (اِ.) آنچه پیش از دخول در کار بتعارف دهند:

«وعده‌هاشان کرد و هم پیشین بداد
بردکان اسبان ونقد وجنس وزاد.»
(مثنوی،لغ.)

۵ - ظهر، نیمروز؛مق. پسین:
«چوبر خیزد ز خواب بامدادی
زمن‌خواهد حریر استاربادی،»
«چو باشدروز را هنگام پیشین
زمن خواهدپرند وبهمن چین.»
(ویس‌ورامین۴۰)

|| **نماز** ــــ . نماز ظهر: «پس این نماز پنجگانه همه دو رکعت بودند، آنگه دیگر باره درنماز پیشین و دیگر (و) شام و خفتن بیفزودند.» (کشف‌الاسرار ۱۴۸:۱) ۶ -(فره.) ثنایا (ه.م.):
«یکی را بگفتم زصاحبدلان
که‌دندان‌پیشین ندارد فلان...»
(سعدی،لغ.)

|| **خواب** ــــ . خواب پیش ازنیمروز:
«زسنت نبینی از ایشان اثر
مگر خواب پیشین ونان سحر.»
(بوستان،لغ.)

|| **سرای** ــــ . بیرونی: «ودر دهلیز سرای پیشین‌عدنانی‌بنشست.»(بیهقی، لغ.) || **صبح** ــــ . صبح کاذب. || **صف** ــــ . صف‌مقدم، ردهٔ جلو:
«صف پیشین شیعیان حیدرند
جز که‌شیعت‌دیگران‌صف‌النعال.»
(ناصرخسرو ۲۴۰)

|| **نیمهٔ** ــــ . ← نیمه.

پیشینگان pīšīna(e)g-ān (اِ.)ج. پیشینه؛قدما،اسلاف،متقدمان، پیشیتیان:
«این جهان بقیهٔ دولت پیشینگان است که پادشاهی کرده‌اند...» (علی بن حسین بن علی مشهور بعلامهٔ قزوینی. مناهج‌الطالبین. نسخهٔ عکسی کتابخانهٔ ملی ۳۵۷ ب.)

«سکندر نه‌زین پایه دارد خرد
که از راه پیشینگان‌بگذرد.»
(شا. بخ ۱۷۸۸:۶)

پیشین‌گاه pīšīn-gāh [= پیشین‌گه] (اِمر.)وقت نمازپیشین، وقت‌نمازظهر:
«رفت روزی بوقت پیشین گاه
تادران باغ روضه یابد راه.»
(نظامی،لغ.)

پیشین‌گه p.-gah [= پیشین‌گاه] (اِمر.) پیشین گاه (ه.م.) ← پیشین‌گهان.

پیشین‌گهان p.-gah-ān (اِمر.) وقت نماز ظهر، پیشین‌گاه، پیشین‌گه:
«زپیشین‌گهان تا نماز دگر
بمیدان نشد رزم ساز دگر.»
(نظامی، آنند.، لغ.)

پیشین نماز p.-namāz ۱ - (ص‌مر.، اِمر.) امامی‌که پس او نماز گزارند؛ امام جماعت، پیشنماز. ۲ - (اِمر.)نماز پیشین ← پیشین:
«چنین‌گفت هنگام پیشین‌نماز
نبودی چنین پیش آتش دراز.»
(شا.،لغ.)

پیشینه pīš-īna(-e) [= پیشین] (ص‌نسب.) ۱ - قدیم، دیرینه، سلف، قبلی، سابق، پیشین: «وپیش از وی نامها که نوشتندی از دیگر پادشاهان پیشینه مختصر بودی.» (فارسنامه.ابن‌البلخی۴۹،لغ.) ۲ - نخستین،اولین، پیشین:
«ز هرگونه‌ای داستانها زدیم
بدان رای پیشینه باز آمدیم.»
(شا.،لغ.)

۳ - مقدم، جلوتر:
«قیاسی گیر از اینجا آن واین‌را
خر پیشینه پل باشد پسین را.»
(لغ.)

۴ - فرهنگستان این کلمه را «بجای

گذشته و سابقهٔ کار اداری - که‌پیشتر «سابقه» گفته‌میشد- برگزیده‌است.

پیشینیان pīšīn-iy-ān (اِ.) ج. پیشین؛ گذشتگان، سابقان، سابقین ؛ مق. پسینیان: « و میگویند این نیست الافسانهٔ پیشینیان وحدیث‌اولینان . » (تفسیر ابوالفتوح۲:۲۶۴) «مگر آنکه نخست باید که گفتار پیشینیان‌را درخود یاد کنیم.» (مصنفات باباافضل۲:۳۹۵)

پیغاره payγāra(pey-e) [=بیغاره، است. paiti-gar*، هندبا. prati-gar، آواز دادن، سلام دادن ، پاسخ دادن] (اِ.) طعنه، سرزنش، ملامت :
«سه چیزت بباید کزو چاره‌نیست
وزان نیز برسرت‌پیغاره نیست...»
(شا. ،لغ.)

پیغاره‌جو p.-ǰū [= پیغاره‌جوینده = پیغاره‌جوی] (ص‌فا.) پیغاره‌جوی ↓ .

پیغاره جوی p.-ǰūy [= پیغاره‌جو] (ص‌فا.) ملامت‌جوی.

پیغال pīγ-āl [← پیغ] (اِ.) نیزه، رمح:
«دریغ آن سر وبرز وآن یال او
هم‌آن تیر وآن تیغ‌وپیغال‌او .»
(فر. اسدی، لغ.)

پیغاله payγāla(pey-e) [= پیاله (ه‌م.)، قس . پیغام= پیام] (اِ.) قدح شراب، جام ، پیاله:
«گربه پیغاله از کدو فکنی
هست‌پنداری‌آتش اندرآب.»
(عنصری، لغ.)

پیغام payγām,pey.- [= پیام ، قس. پیغاله= پیاله] (اِ.) ۱ - از زبان کسی خبری ومطلبی بدیگری گفتن ، رسالت، پیام:
«چوبشنید پیغام او سوفرای
بیاورد لشکر بپرده سرای.»
(شا. بخ۸:۲۲۸۳)
«محصل پیغام آنکه بنده‌راچه‌حدآنست که آن حضرت‌بنفس مبارك متوجه‌قهر این خاکسار بی‌مقدار گردد.» (ظفرنامهٔ یزدی۲:۳۷۱) ۲ - بشارت، مژده: «تاشنید از یار پیغام وصال یار، گل برهوامی‌افکند ازخرمی‌دستار، گل.» (وحشی ۲۵)
ج. پیغامات (غفص.) ‖ ~ **کاغذی**. پیغامی‌که بتوسط مکتوب اداکنند:
« آمد زمانهٔ تو چو پیغام کاغذی
خوردیم‌ازنشاطمی‌ازجام کاغذی. »
(سیدحسین‌خالص، آنند.،لغ.)
‖ ~ **و پسغام**. (عم.) پیغام ، پیام .

(پیغامات) payγām-āt,pey.- (اِ.) ج. غفص. پیغام (بسیاق‌عربی): «ادارهٔ حامل‌پیغامات‌جناب‌اشرف...» (مرآت‌البلدان۱،ضمیمه۱۸)

پیغام‌آوردن p.-āva(o)rdan (مص م.) رساندن‌پیغام ، رساندن‌سخنی‌ازکسی بدیگری: « آن‌وقت‌پیغام‌آوردندازامیر وپس‌بپرسش‌خودامیرآمد.» (بیهقی. اد. ۳۶۳، لغ.)

پیغامبر payγām-bar(pey-) [= پیامبر= پیغمبر، استی. pexumpar، گیل. paxumper، peyγombar] (ص‌فا.، اِمر.) ۱ - آنکه پیغام رساند ، آنکه پیغام برد. ۲ - آنکه پیغام‌خدا را بخلق رساند، کسی که‌مردم راهدایت کند؛ رسول، پیامبر، نبی: «روانبود که هیچ‌پیامبر برمنوال‌بیان نسج‌نسیج نظم بافد.» (لباب‌الالباب. نف.۱۸) ۳ - (اِخ.) پیغامبر اسلام، محمدص: «ودردعاءِ پیغامبراست...» (کشف‌الاسرار۲:۵۲۳)

پیغامبر بچه p.-bač(č)a(-e) (ص مر.، اِمر.) فرزند پیغامبر ، فرزند رسول .ج. پیغامبر بچگان: «پیغامبر بچگان‌را بدین بوته‌ها پالایند.» (مقدمهٔ حدیقه.مد.۳۶.قول‌رسول‌ص بفاطمه۴)

پیغام بردن p.-bordan (مص‌م.) پیغام رساندن ، رسالت: «من این پیغام نزدیك خواجه احمد بردم.» (بیهقی، اد. ۳۹۷ ،لغ.)

پیغامبری p.-bar-ī [= پیامبری = پیغمبری] عمل پیغامبر. ۱ - ابلاغ پیغام، رسالت، رساندن‌پیام. ۲ - ابلاغ پیغام خدای بخلق، نبوت.

پیغام‌دادن p.-dādan [= پیام‌دادن] (مص‌م.) مطلب وخبری را بوسیلهٔ کسی بدیگری ابلاغ کردن: «با آن‌قوم تاختند سوی‌احمد وساقه ومقدمان‌که برلب‌رود بودند، وپیغام‌داد که حال چنین‌است.» (بیهقی.اد. ۳۵۲، لغ.) ‖ ~ بکسی. مطلب وخبری‌را بوسیلهٔ‌شخصی بدوابلاغ کردن.

پیغام‌دار p.-dār [= پیغام دارنده] (ص‌فا.) کسی که‌پیغام دارد، حامل‌پیغام، پیغام آور:

«چو آورد ، پیش سکندر نهاد
به‌پیغام‌داران زبان بر گشاد.»
(نظامی،لغ.)

پیغام داشتن p.-dāštan (مص‌ل.) داشتن مطلب و خبری از جانب کسی برای ابلاغ بدیگری: «بنده بطارم نشیند وپیغامی‌که دارد بزبان معتمدی بمجلس عالی‌فرستد.» (بیهقی،لغ.)

پیغام ده p.-deh [= پیغام دهنده] (ص‌فا.) آنکه پیغام‌دهد، کسی که مطلبی یاخبری بوسیلهٔ شخصی بدیگری ابلاغ کند:

«وان‌غنچه که‌درخسك نهفته‌است
پیغام ده گل شکفته است .»
(نظامی،لغ.)

پیغام‌رسان p.-ra(e)sān [= پیغام رساننده = پیام‌رسان] (ص‌فا.) آنکه پیغام رساند، کسی که ادای‌رسالت کند:

« پیغام رسان او دگر بار
آورد پیام ناسزاوار .» (نظامی،لغ.)

پیغام‌رسانیدن p.-ra(e)sānīdan [= پیغام‌رساندن = پیام‌رسانیدن] (مص‌م.) پیغام‌بردن، ابلاغ رسالت‌کردن:

«ای‌مرغ! اگر پری بسر کوی آن صنم
پیغام دوستان برسانی بآن پری.»
(سعدی ،، لغ.)

«از قتل من فارغ شوی حسبة لله ازمن پیغامی بسلطان و خواجه برسانی .» (سلجوقنامهٔ ظهیری ۲۳)

پیغام‌رفتن p.-raftan [= پیام رفتن] (مص‌ل.) پیغام فرستاده شدن ، پیام رفتن: «سوی وی دوسه روز قریب شصت پیغام رفت،البته‌اجابت نکرد.» (بیهقی،لغ.)

پیغام فرستادن p.-ferestādan [= پیام‌فرستادن] (مص‌م.) ‖ ~ بکسی (نزدکسی، سوی‌کسی) . پیغام دادن‌بوی، پیام‌دادن بدو: «هرچند سلطان برزبان بوالحسن عقیلی پیغام فرستاده بود در معنی تعزیت ... امیر بلفظ عالی خود تعزیت‌کرد.» (بیهقی، اد. ۳۴۶،لغ.)

پیغام کردن p.-kardan [= پیام کردن] (مص‌م.) پیغام فرستادن، پیام دادن :

«که مرا عیسی چنین پیغام کرد
کز همه‌یاران وخویشان‌باش‌فرد.»
(مثنوی،لغ.)

پیغام‌گزار p.-gozār [= پیغام گزارنده] (ص‌فا.) آنکه پیغام‌گزارد؛ رسول ، فرستاده:

«پیغام گزار داد پیغام
کای طالع توسنت شده رام.»
(نظامی ، لغ.)

پیغام‌گزاردن p.-gozārdan [= پیام‌گزاردن] (مص‌م.) پیغام رسانیدن، ادای‌رسالت کردن: «ما رسالت رسانیدیم، و پیغام گزاردیم.» (کشف‌الاسرار ۲ : ۵۲۹)

پیغام‌گزاری p.-gozār-ī (حامص.) عمل وشغل پیغام‌گزار(ه.م.)، رسالت.

پیغام گفتن p.-goftan [— پیام گفتن] (مصم.) پیغام رسانیدن، پیام بردن: «ای باد بی‌آرام ما با گل بگو پیغام ما.» (دیوان کبیر ۱ : ۱۱)

پی غلط p.-γalat [ف.-ع.] (إمر.) ناپدیدی اثر پا، محو رد پای برای فریفتن پی‌جویان:

«در کعبه و در دیر بجستیم وندیدیم
از پی‌غلط خود زکه پرسیم‌سراغی؟»
(حیاتی گیلانی.، لغ.)

پی غلط افشردن p.-afšordan (مص‌ل.) پافشاری نابجاکردن:

«بیکی پی‌غلط که افشردم
رخت‌هندونگر که‌چون بردم.»
(نظامی، لغ.)

پی غلط راندن p.-rāndan (مص‌ل.) پی گم کردن:

«پی غلط راندن اجتهادی نیست
بر غلط‌خواندن اعتمادی‌نیست.»
(مثنوی، لغ.)

پی غلط زدن p.-zadan (مص‌ل.) پی‌غلط راندن (ه.م.):

«پی‌غلط میزنم، ناله زبیداد نیست
بهر چه افتاده سر در پی افغان ما.»
(ظهوری، آنند.، لغ.)

پی غلط کردن p.-kardan (مص‌ل.) ۱ - محو کردن اثر پا. ۲ - نشانه‌های کار خود را مخفی‌کردن‌تاکسی ازآن سر در نیاورد:

« در تو نرسید و پی غلط کرد
آن مرغ که بال و پر بینداخت.»
(سعدی، لغ.)

پیغلوش pīγlūš [مقلوب پیلغوش = پیلگوش] (إمر.) (گیا.) پیلگوش (ه.م.)

پیغله pay-γola, pey-γola(-e) [= پیغوله = بیغوله = بیغله] (إ.) ۱ - کنج وگوشهٔ خانه، زاویه:

«کنم هرچه دارم بر ایشان یله
گزینم ز گیتی یکی پیغله.»
(شا.، لغ.)

۲ - کنج وگوشهٔ چشم. ۳ - بیراهه؛ مق. راه.

پیغمبر payγam-bar(pey-) [= پیغامبر(ه.م.) = پیامبر] (ص‌فا.) ۱ - پیغام‌گزار، پیام‌ده، رسول. ۲ - فرستادهٔ خدا، نبی، رسول:

« زچیزی که‌گفتند پیغمبران
همان‌دادگر موبدان وسران ...»
(شا. بخ ۸ : ۲۳۰۲)

۳ - (إخ.) پیغمبر اسلام، محمدبن عبدالله ص: «پیغمبرعلیه‌السلام فرموده است ...» (اوصاف‌الاشراف ۶)

«کافرش خوانم و کنم ثابت
کافراست او بشرع پیغمبر.»
(وحشی ۵۵)

‖ به ~ . سوگند به پیغمبر اسلام.
‖ ~ اسلام . محمدبن عبدالله ص.
‖ ~ چاهی . یوسف بن یعقوب ص.
‖ ~ عربی . محمدبن عبدالله ص.
‖ ~ گم کرده فرزند . یعقوب ص.
‖ ~ مختار . محمدبن عبدالله ص.
‖ **خاتم پیغمبران**. محمد بن عبدالله ص: «وبآواز بلند برخاتم پیغمبران و ناسخ ادیان دیگران صلوات‌فرستاد.» (ظفرنامهٔ یزدی ۲ : ۳۷۵)

پیغمبرزاده p.-zāda(-e) (صمر.، إمر.) فرزندپیغمبر. ج. پیغمبرزادگان: «زکریا در محراب نشسته بود، و بنی اسرائیل وعلما وپیغمبر زادگان‌نشسته بودند.» (قصص‌الانبیاء ۲۰۳، لغ.)

پیغمبری payγam-bar-ī, pey.-

[= پیغامبری = پیامبری] (حامص.)
۱ - پیام آوری، قاصدی، رسالت:
«بپیغمبری رنج بردم بسی
نپرسید ازین‌باره ازمن کسی.»
(شا. بخ ۶: ۱۴۸۷)
۲ - نبوت، رسالت، پیغامبری:
«مگر خواب را بیهده نشمری
یکی بهره دانش زپیغمبری.»
(شا. بخ ۸: ۲۳۶۷)

پیغن payγan(-ey-) [= پیگن = فیجن](إ.) (گیا.) سداب (ه.م.)

(پیغو) payγū [مصحف «یبغو» (ه.م.)]
۱ - حاکم خلخ. ۲ - پادشاه ترکستان:
«اندر عمل تسکین عیاربك غازی
بندند میان‌پیشت‌صدپیغو وصدتکسین.»
(سوزنی، لغ.)
← پیغوی.

پیغوله payγūla(-ey-e) [= بیغوله = بیغله = پیغله](إ.) ۱ - کنج و گوشهٔ خانه، زاویه:
«به‌پیغوله‌ای شد فرود ازجهان
پراز درد بنشست خسته روان.»
(شا.، بخ ۶: ۱۴۵۸)
۲ - کنج و گوشهٔ چشم. ۳ - بیراهه؛ مق. راه.

(پیغوی) payγov-ī [مصحف «یبغوی» [منسوب به‌یبغو، مصحف آن‌پیغو(ه.م.)]
۱ - ترك، ترکی:
«همه ایرجی زادهٔ پهلوی
نه‌افراسیابی و نه پیغوی.»
(شا. ۳: ۲۸۶ بنقل قزوینی: یادداشتها ۴: ۹۳) ۲ - تورانی:
«چو از شهر توران ببلخ آمدند
بدرگاه اوبر، پیاده شدند...»
«بدادندش آن‌نامهٔ خسروی
نوشته براوبر، خط پیغوی.»
(شا. ۳: ۲۸۸ بنقل قزوینی: یادداشتها ۴: ۹۳)

پیف pīf(f) [= پیفه](إصت.) کلمه‌ایست که کراهت از بوی بدرا رساند.

پی‌فراخ pay-farāx(pey.-) (ص مر.) تندرو، مفرط:
«بشهری که داور بود پی‌فراخ
شود دخل برنانوا خشك شاخ.»
(لغ.)

پی فراخی pay-farāx-ī(pey.-) (حامص.) عمل پی‌فراخ (ه.م.):
«بود با راهواریش همه لنگ
باچنین پی‌فراخیش همه تنگ.»
(نظامی، لغ.)

پی فشردن p.-fa(e)šordan [= پی افشردن] (مص‌ل.) ۱ - ثابت قدم بودن، مقاومت کردن:
«بنطع کینه برچون پی‌فشردی
درافکن پیل وشه‌رخ‌زن‌که‌بردی.»
(نظامی، لغ.)
۲ - قدم نهادن، قدم زدن.

پی فکندن p.-fa(e)kandan [= پی‌افکندن](مص‌م.) ۱ - بنیان‌گذاردن، پی‌افکندن. ۲ - ازبن برکندن.

۱ - پیفه pīfa(-e) (إ.) چوب پوسیده که بجای آتشگیره بر چخماق زنند؛ پد، پود، پده:
«سوخته‌پیفه‌ت درفش لشکرترکان‌چین
پرزهٔ گرد سیاهت لشکر هندوستان.»
(عنصری، لغ.)

۲ - پیفه pīf-a(-e) [= پیف] (إصت.) پیف (ه.م.)

پیك payk(peyk) [است. padika، پیاده‌رونده؛ قاصد. = فیج، معر.] (إ.)
۱ - کسی که مأمور رساندن بارها ونامه‌های پستی از جایی بجای دیگر است (فره.)؛ قاصد، برید، چاپار، پیام‌-گزار، خبربر:
«ای پیك راستان! خبریارما بگو!
احوال گل به‌بلبل دستانسرا بگو.»
(حافظ ۲۸۶)

«دو مرد پیک راست کردند با جامهٔ پیکان که از بغداد آمده‌اند.» (بیهقی، اد. ۱۸۳،لغ.) ۲ - (نج.) قمر، تابع سیاره، کوکب سیار ثانی که برگرد سیار اصلی گردد. ‖ ~ آسمانی. فرشته:

«هردمش صدنامه صدپیک ازخدا
یاربی زد، شصت لبیک ازخدا.»
(مثنوی،لغ.)

‖ ~ الهی. (کن.) جبرئیل ← پیک درگاه. ‖ ~ چرخ. (کن.) ماه، قمر. ‖ ~ درگاه. (کن.) جبرئیل:

«درگوشش گفته پیک درگاه
کای عامر کعبه عمرك‌الله.»
(تحفة‌العراقین ۱۹۷)

‖ ~ رایگانی. ۱- (کن.) ماه،قمر:

«هرماه به‌پیک رایگانی
خلعت بدهی وداستانی.»
(تحفة‌العراقین ۱۶)

۲ - (کن.) سوداگر. ۳ - راهگذر. ۴ - (کن.) باد صبا. ‖ ~ رب. (کن.) عزرائیل:

«کان مسلمان رابخشم ازچه سبب
بنگریدی بازگو ای پیک رب!»
(مثنوی،لغ.)

‖ ~ سپید وسیاه. شب وروز:

«اگر نامه‌ای رفتنم رانوید
دهند این دوپیک سیاه‌وسپید...»
(گرشا. ،لغ.)

‖ ~ فلك. (کن.) ماه،قمر. ‖ ~ مرتب. پیك باراتبهٔ دایم نه‌موقت، برید مرتب:

«ورم ضعیفی وبی‌بدیم نبودی
وآنك نبود ازامیر مشرق‌فرمان،»
«خود بدویدی بسان‌پیك مرتب
خدمت اورا گرفته چامه بدندان.»
(رودکی.نف. ج۳: ۱۰۱۸)

‖ ~ هوائی. (کن.) ابر، سحاب.

پیک pīk [فر. pīc] (اِ.) ورق قمار که بر آن صورتی‌چون سر نیزه‌است وبهمان‌مناسبت آنرا بدین‌نام خوانند: تك‌خال پیك، دولوی پیك، بی‌بی‌پیك، ده‌لوی پیك.

پیکاپ pīkāp [انگ. pick up] (اِ.) (فز.) دستگاهی که‌ارتعاشات ضبط‌شده روی صفحه‌را باامواج الکتریکی‌تبدیل کند (تغییر شکل دهد)، دستگاه الکتریکی که‌صدای گرامافون‌را تبدیل بجریان الکتریك می کند، اسباب الکتریکی که برنامه‌های‌خارج‌را بمحل رادیوی فرستنده متصل میسازد.

پیکادر pīkādor ← پیکادور.

پیکادور pīkādor [اسپا.، فر. picador] (اِ.) سوار کاری که در تاخت‌حیوانی‌مهاجم‌مانند گاووجز آنرا بنیزه زند.

پیکادور

پیکار pay-kār(pey.-) [=پیگار، است. paitikāra* ،به. patkār] (اِمر.) جنگ،رزم، نبرد،حرب،محاربه:

«نبد سودمندی زافسون ورنگ
نه‌از بند ورنج ونه‌پیکار وجنگ.»
(شا.، بخ ۸: ۲۳۳۱)

«وشاهزادگان که‌در نبرد وپیکار،رستم واسفندیار روزگار بودند،بعد ازتلاقی باتفاق از فرات بگذشتند.» (ظفرنامهٔ یزدی ۲:۳۹۱) ۲ - جدل (ترجمان القرآن۳۳)، مجادله، بدخویی:

«وگر بازگردم ازین رزمگاه
شوم رزم ناکرده نزدیك‌شاه.»

«همان خشم و پیکار باز آورد
بدین غم تن اندر گداز آورد.»
(شا.،لغ.)

۳ - مجادلهٔ لفظی، جدال زبانی: «باید که جوابی جزم قاطع دهید، نه عشوه و پیکار.» (بیهقی. فیاض ۲۱ متن و حاشیه)

۴ - گلاویز، دست بیقه:
«جوانیش را خوی بد یار بود
ابا بد همیشه به پیکار بود.»
(شا.،لغ.)

پیکار افتادن p.-oftādan (مصل.) جنگ درگرفتن، وقوع حرب: «میان بلال بن الازهر و میان لیث بن علی پیکار افتاد، سرهنگان میان ایشان صلح کردند.» (تاریخ سیستان.لغ.)

پیکارپرست p.-parast [= پیکار پرستنده] (صفا.) پیکارجوی، جنگجوی، دلاور:
«از فتنه درین سوی فلک جای نبینند
پیکارپرستان نه عمل را، نه امانرا.»
(انوری، آنند.،لغ.)

پیکار جستن p.-ǰostan (مصل.) جنگ جستن، نبرد خواستن:
«همیرفت بالشکر و گنج و ساز
که پیکار جوید ابا خوشنواز.»
(شا.،لغ.)

پیکارجو p.-ǰū [= پیکارجوینده = پیکارجوی] (صفا.) پیکارجوی (ه.م.):
«سپهبد شگفتی بماند اندرو
بدو گفت کای ماه پیکارجو!»
(شا.،لغ.)

پیکار جوی p.-ǰūy [= پیکارجو] (صفا.) کسی که پیکار جوید، آنکه رزم کردن خواهد، پیکارجو:
«هر آنکه که شد پادشا کژ گوی
ز کژی شود زود پیکار جوی.»
(شا.، بخ ۸: ۲۲۸۸)

پیکارخر p.-xar [= پیکارخرنده] (صفا.) پیکارجوی (ه.م.)، جنگ‌خواه:
«از ایران سپاهیست بسیار مر
همه سر فروشان پیکار خر.»
(شا.،لغ.)

پیکار خواه p.-xāh [= پیکار خواهنده] (صفا.) پیکارجوی (ه.م.)، طالب جنگ:
«نه سام و نریمان و گورنگ شاه
نه گرشاسب جنگی پیکارخواه.»
(شا.،لغ.)

پیکار داشتن p.-dāštan (مصل.) جنگ داشتن، درحرب بودن:
«زره پوش گشتند مردان بستان
مگر باغ با زاغ پیکار دارد؟!»
(ناصرخسرو،لغ.)

پیکارساختن p.-sāxtan (مصل.) ترتیب جنگ دادن، رزم بنیاد کردن:
«نشان ده که پیکارسازم بدوی
میان یلان سرفرازم بدوی.»
(شا.،لغ.)

پیکارساز p.-sāz [= پیکارسازنده] (صفا.) آنکه پیکارسازد (← پیکار ساختن)، کسی که ترتیب جنگ دهد:
«نمد پوشی آمد بجنگش فراز
جوانی جهانسوز پیکارساز.»
(سعدی، لغ.)

پیکارسان p.-sān [= پیکارستان] (إمر.) محل جنگ، شهر رزم:
«دریغ است رنج اندرین شارسان
که داننده خواندش پیکارسان.»
(شا.،لغ.)

پیکارکرد p.-kark (مصخم.) ۱ - پیکار کردن، جدال، مجادله:
«چنین برز و بالا و این کارکرد
نه خوبست با دیو پیکارکرد.»
(شا.،لغ.)

۲ - (مس) سرودی و آهنگی درقدیم،

پیکارکردن

«زننده دگرگون بیاراست رود
برآورد ناگاه دیگر سرود،»
«که پیکارکردش همی خوانند
چنین نام از آواز او راندند.»
(شا.،لغ.)

پیکار کردن p.-kardan (مص‌ل.)
ـــ با. جنگ کردن با، رزم کردن با:
«ورنه خوش آیدت همی قول من
با فلك گردان پیکار کن!»
(ناصرخسرو،لغ.)

پیکارکش p.-kaš(keš) [= پیکار کشنده] (ص‌فا.) آنکه پیکار کشد، جدلی: «خصیم، پیکارکش.» (مهذب الاسماء)

پیکارکشی p.-kaš(keš)-ī (حامص.) عمل پیکارکش (ه.م.)، جدل.

پیکار کشیدن p.-kašīdan(keš.-) (مص‌ل.) جدل کردن، مجادله کردن.

پیکارگاه p.-gāh [= پیکارگه] (إمر.) میدان جنگ، حربگاه، رزمگاه:
«دوزخی شد عرصهٔ پیکارگاه
که درآن پیکارگه خنجر کشد.»
(مسعود سعد،لغ.)

پیکارگر p.-gar (ص‌فا.) پیکارکننده، مبارز، جنگی:
«چنین پاسخ آورد پیکارگر
که: ای پهلوانان با نام وفر!...»
(شا.،لغ.)

پیکارگه p.-gah [= پیکارگاه] (إمر.) پیکارگاه (ه.م.):
«ازبرای آنکه درپیکارگه روی‌هوا
پرستاره آسمانی کردی ازدود وشرار.»
(مسعود سعد، لغ.)

پیکان paykān(pey.-) [است. paiti+kan? (kan کندن)، په. paikān] (إ.) ۱ - آهن سرتیر و نیزه، فلزی نوك دار که برسر تیر و نیزه نصب کنند؛ نصل:
«چه افسرنهی برسرت بر، چه ترگ
برو بگذرد پر وپیکان مرگ.»
(شا.، بخ۸: ۲۳۵۶)
«وکمان وی (کیومرث) بدان روزگار چوبین بود بی‌استخوان یك پارچه‌چون درونهٔ حلاجان وتیر وی کلکین با سه پر، وپیکان استخوان.» (نوروزنامه.لغ.)

پیکان ریز p.-rīz [= پیکان‌ریزنده] (ص‌فا.) ریزندهٔ پیکان، تیرزن:
«غمزه پیکان‌ریزوعاشق‌محواومایل بقتل صیدناپیدا وهرسو تیرباران دیده‌اند.»
(حسین ثنائی،لغ.)

پیکان‌کش p.-kaš(keš) [= پیکان کشنده] (ص‌فا.) آنکه پیکان از زخم برآورد:
«زبس خستهٔ تیر پیکان‌نشان
شده آبله دست پیکان‌کشان.»
(نظامی،لغ.)

پیکان کندن p.-kandan (مص‌م.) برآوردن پیکان اززخم، پیکان کشیدن:
«سخت مشتاقیم پیمانی بکن!
سخت مجروحیم، پیکانی بکن!»
(سعدی،لغ.)

پیکان‌نشان p.-nešān ۱ - [= پیکان نشاننده] (ص‌فا.) تیری که پیکان خود درتن‌مردم نشاند. ۲ - نشانندهٔ پیکان. ۳ - [پیکان نشانده] (ص‌مف.) پیکان نشانده براو، دارای پیکان:
«زبس خستهٔ تیر پیکان نشان
شده آبله دست پیکان‌کشان.»
(نظامی،لغ.)

پیکانگر p.-gar (ص شغل.) آنکه پیکان سازد، نصال:
«این قدرپیکان که دریك زخم ماست
در دکان هیچ پیکانگر نبود.»
(کلیم،لغ.)

پیکانه paykāna(pey.-) [= پیکان] (إ.) پیکان (ه.م.) ← پیکانه‌سم.

پیکانه سم p.-som [← پیکانه] (إمر.)

آنکه سمش باندام پیکان باشد، یا آنکه همچون پیکان بهر چیزی رسد آنرا بشکافد، یا آنکه مانند پیکان برتیر، سم یا ساق پای استوار دارد:
«علف درزمین گشت چون گنج گم
ز نعل ستوران پیکانه سم .»
(نظامی، لغ.)

پیکانی paykān-ī(pey.-) [← پیکان] (ص نسبـ.) ۱ - منسوب به پیکان . ۲ - (زمـ.) نوعی از لعل، برشکل وهیأت پیکان:
«درون پردهٔ گل، غنچه بین که میسازد
ز بهر دیدهٔ خصم تو لعل پیکانی .»
(حافظ قزوینی. قکه)
۳ - (زمـ.) نوعی فیروزه. ۴ - (شمـ.) نوعی نوشادر برشکل وهیأت پیکان:
«گرسرمه کشد روزی برچشم حسوداو
هرذرهٔ آن گردد نوشادر پیکانی .»
(سیف اسفرنگی، لغ.)
۵ - (گیا.) نوعی لاله. ۶ - (گیا.) قسمی انگور .

پیك پیك pīk-pīk (اصتـ.) حکایت صوت عطسه‌های پیاپی زکام زده؛ پیك وپیك . ‖ ـــ عطسه کردن. عطسه های پیاپی خرد آواز کردن.

پیك خانه payk-xāna(peyk.-) (xāne) (امر.) پست‌خانه ، چاپارخانه.

پیکر paykar(pey.-) [پب . patikara- ، پهـ. patkar ، دسته، بسته] (اِ.) ۱ - جسد، جسم، کالبد؛ مقـ. جان، روان، روح:
«ز نزدیك ارجاسب ترك سترگ
کجا پیکرش پیکر خوك و گرگ.»
(شا.، لغ.)
۲ - صورت، تصویر، نقش:
«خانه برداشت، پای تا سرخویش
برپرندی نگاشت پیکر خویش.»
(هفت پیکر ۲۱۹)
۳ - (مجـ.) مجسمه، تندیس، تندیسه:
« اگر بتگر چوتو پیکر نگارد
مریزاد آن خجسته دست بتگر.»
(دقیقی، لغ.)
۴ - (نق، پارچه بافی) زمینه، نقش، متن؛ مقـ. بوم:
«بیاراست آنرا (درفش کاویان را) بدیبای روم - زگوهر برو پیکر وزرش بوم.»
(شا.، لغ.)
۵ - قماش مصور (ظ.):
«زگوهر زیوری کن گوهرت را
زپیکر خامه‌ای کن پیکرت را.»
(ویس‌ورامین ۹۵)
۶ - هیأت، صورت، ریخت (التفهیم مقدمه ص قمج، منتهی الارب). ۷ - (نجـ.) هریك از صور فلکی:
«بیست و یك پیکر که از صقلاب دارد خیلتاش
گردراه خیل او تاقیروان افشانده اند.»
(خاقانی. سجـ. ۱۰۷)
۸ - (حسا.) فرهنگستان این کلمه را بجای «رقم»[۱] در اصطلاح حساب برگزیده، مانند پیکر۵ وپیکر۶ درعدد۵۶ . ۹ - علم، درفش، لوا، رایت :
« هنوزش بود خون آلود خنجر
هنوزش بود گرد آلود پیکر ،»
«دگرره کارجنگ دشمنان ساخت
دگرره پیکر کینه بر افراشت.»
(ویس‌ورامین ۶۶)
«همانگه نای رویین در دمیدند
سر پیکر بدو پیکر کشیدند .»
(ویس ورامین۸۴)
۱۰ - (مجـ.) دختر زیبا، نیکو، لعبت :
«یکی گفت ارمن است این بوم آباد
که پیکرهای او باشد پریزاد.»
(نظامی، لغ.)
۱۱ - بازیچه، عروسك: «بنات، پیکرهایی کوچك که دختران بدان بازی کنند.»

۱- Chiffre (فر.)

پیکرآرا

(منتهی‌الارب،لغ.) ۱۱- (فل.) صورت؛ مق. هیولی، مایه:
« همه زو یافته نگار و صور
هم‌هیولای (هیولانی) اصل وهم پیکر.» (حدیقه۶۸)
‖ **پیکران.** ج. پیکر (نج.) صور فلکیه[1]، اشکال نجومی. ‖ **بیست ویك ــ** . ← بخش۳: بیست ویك پیکر. ‖ **ــ گاو.** (کنـ.) صراحیی که بصورت گاو ساخته باشند و در آن شراب خورند:
«آن لعل لعاب از دهن گاو فرو ریز
تا مرغ صراحی کندت نغز نوایی...»
« از پیکر گاو آید در کالبد مرغ
جان پری، آن کز تن خم یافت رهایی.»
« از گاو بمرغ آید و زمرغ بماهی
وزماهی سیمین سوی دلهای‌هوایی.» (خاقانی.سج.۴۳۴)
(ازلعل لعاب مراد شراب است و دهن گاو کنایه از صراحی و از گاو بمرغ آید کنایه ازآنست که از صراحی بپیاله ریزدوماهی سیمین کنایه ازانگشتانست که پیاله رابدست گیرد. «انجمن آرا»)
‖ **ــ های آسمانی.** (نجـ.) صورمتوهمهٔ کواکب. (التفهیم. مقدمه.ص: قمج) .

پیکرآرا p.-ārā [= پیکرآراینده = پیکرآرای](صفا.) پیکرآرای ↓ .

پیکر آرای p.-ārāy [= پیکرآرا] (صفا.) ۱ - آنکه پیکررا آرایش‌دهد. ۲ - نقاش. ۳ - مجسمه ساز. ۴ - بت تراش ، بتگر.

پیکرآرایی p.-ārāy-ī (حامص.) عمل پیکرآرای (ه.م.) ۱ - آراستن پیکر. ۲ - نقاشی. ۳ - مجسمه‌سازی. ۴ - بتگری.

پیکرآهو p.-āhū (صمر.) ۱- مصور بصورت آهو. ۲-دارای کالبد و اندامی مانند آهو، آهوپیکر.

پیکر پرست p.-parast [= پیکر پرستنده](صفا.) بت‌پرست.

پیکرپرستی p.-parast-ī (حامص.) عمل پیکر پرست (ه.م.)؛ بت‌پرستی.

پیکر تراش p.-tarāš [= پیکر تراشنده] (صفا.) آنکه‌پیکر تراشد؛ مجسمه ساز .

پیکر تراشی p.-tarāš-ī (حامص.) عمل وشغل‌پیکرتراش (ه.م.)؛ مجسمه سازی.

پی‌کرد pay-kard(pey.-) (مصخم. پی‌کردن) ۱ - دنبال‌کردن ، تعقیب . ۲ - (حقـ.) تعقیب شخصی ازلحاظ قانونی.

پی کردن pay-kardan(pey.-) (مصم.) ۱ - تعقیب‌کردن،دنبال‌کردن: « اگر شما شعبهٔ ریاضی را پی کرده بودید حالا یکی‌از بزرگان علم‌ریاضی بودید.» (لغ.) ۲ - مداومت کردن به، استمرارداشتن‌در. ۳-رگ‌وپی‌پای‌انسان یاحیوان را بشمشیرقطع‌کردن ؛ عقر:
«دگر مرکبان را همه کرد پی
بشمشیر ببرید برسان نی .» (شا.،لغ.)
۴ - عاجز کردن، از حرکت بازداشتن:
«چوگل برگ حیا خوی‌کرده جانش
خیال وهم را پی کرده جانش .» (اسرارنامه۲۱)
۵ - راندن، دورکردن، بیرون‌کردن:
«ساغری چند چون ز می خوردند
شرم را از میانه پی کردند .» (نظامی،لغ.)

پی‌کرده p.-karda(-e) (صمف.)۱ - دنبال‌کرده ، تعقیب شده. ۲ - بضربتی پی‌پا بریده، قلم‌کرده: «هرقدمی که نه درراه موافقت اوپوید، بتیغ قطیعت پی کرده بادا!» (سعدی، لغ.)

پیکرشناس p.-šenās [= پیکر

1- Constellations (فر.)

۹۵۱

شناسنده] (ص‌فا.) آنکه پیکر شناسد، شناسندهٔ نقش‌ونگار ومجسمه:
«عروس مرا پیش پیکر شناس
همین‌تازه‌رویی بس‌است‌ازقیاس.»
(نظامی،لغ.)

پیکرشکن p.-ša(e)kan [= پیکر شکننده] (ص‌فا.) آنکه‌پیکر شکند:
«ز پولاد پیکان پیکر شکن
تن‌کوه لرزنده برخویشتن.»
(نظامی،لغ.)

پیکرکننده p.-konanda(-e)(ص‌فا.) ۱ ـ مصور،صورت‌ساز. ۲ ـ مجسمه‌ساز، پیکر ساز.

پیکرگراز p.-gorāz (ص مر.) دارای نقش‌گراز (علم،درفش):
«درفشی پس‌پشت پیکر گراز
سرش ماه سیمین وبالادراز.»
(شا.،لغ.)

پیکرگرد p.-gard(امر.) (مس.) ← پیکارکرد.

پیکرنگار p.-negār [= پیکر نگارنده] (ص‌فا.) نقاش،صورت ساز، مصور:
«چودست وعنان‌تو ای شهریار!
بایران ندیدست پیکرنگار.»
(شا.،بخ۸: ۲۳۲۳)
«نه پیکر،خالق پیکر نگاران
بحیرت‌زین‌شماراخترشماران.»
(نظامی،لغ.)

پیکرنما p.-na(e,o)mā [= پیکر نماینده= پیکرنمای] (ص‌فا.) پیکر نمای ↓.

پیکرنمای p.-na(e,o)māy [= پیکرنما] (ص‌فا.) نماینده و نشان دهندهٔ پیکر(ه.م.):
«چو پیکر برانگیخت پیکر نمای
شه ازبیش پیکر تهی‌کرد جای.»
(نظامی،لغ.)

پیکره paykar-a(pey.-e)[← پیکر] (ا.) ۱ ـ (نق.) تصویر،صورت. ۲ ـ (مج.) مجسمه، تندیس ، تندیسه. ۳ ـ (نق.) زمینه؛مق. بوم. ۴ ـ زمینه، اساس، شالده : «ازپیکرهٔ کار معمول است‌که...» (لغ.) ۵ ـ ترتیب، نسق.

پی‌کندن pay-kandan(pey.-) (مص‌م.) ۱ ـ جمع کردن،فراهم آوردن:
«هرآنچه داود آنرا بسالها پیوست
هرآنچه‌قارون‌آنرا بعمرها پی‌کند...»
(رودکی،لغ.)
۲ ـ (بنا.) گودکردن جای دیوار یا دوربنایی که خواهندساختن تا درآن گود پی‌افکنند.

پی‌کننده p.-konanda(-e) (ص‌فا.) ۱ ـ دنبال‌کننده. ۲ ـ برندهٔ رگ وپی پای؛ عاقر.

پیک نیک pīk-nīk [فر.- pique nique] (ا.) غذا خوردن و گردش دسته جمعی که هر فرد سهم خود را می‌پردازد؛ دانگی.

پی‌کوب pay(ey)-kūb ۱ ـ(امص.) لگدمال،لگدکوب،پای‌خست← پی‌کوب کردن. ۲ ـ (ص مف.) پی‌کوفته ، لگد مال‌شده:« وزمین‌پی‌کوب‌دل مارامزین بخضر طاعت‌گردان!» (معارف بهاء ولد، لغ.)

پی کوب کردن p.-kardan (مص م.) لگدکوب کردن، لگد مال‌ساختن:
«ازبس‌که همه روزکاروان سودای‌فاسد بر من‌گذرد از جملهٔنیات خیرواوصاف پسندیدهٔترا پی‌کوب کردند.» (معارف بهاء ولد،لغ.)

پیک وپیک pīk-o-pīk(اصت.)آواز عطسه‌های پیاپی کسی که تازه سرما خورده باشد؛ پیک‌پیک.

پی‌کور pay(ey)-kūr (ص‌مر.) آنکه اثر پای بجای نگذارد ، کسی که رد پایش بجانماند؛ بی‌نشان:

«پی کورشبرویست، نه رهجسته و نهزاد
سرمست بختییاست نهمیدیده و نهجام.»
(خاقانی.سج.۳۰۰)

پی کور کردن p.- kūr-kardan
۱ - (مصم.) پی گم کردن؛مق. پی بردن.
۲ - محو کردن رد پای تا کسی بدان پی نتواند برد:
«رای بتدبیر پیر قلعه بپرداخت
خم زد و پی کورکردنام ونشان را.»
(ابوالفرج رونی۴)
۳ - (مصل.) (کنـ.) بی نشان شدن.

پی کورکنان pay-kūr-konān
(صفا.،حا.) بی نشان شونده:
«رندان دیدم بهر خرابات
پی کورکنان گه مناجات.»
(تحفةالعراقین ۳۷)

پیگ payg(peyg) [= پیك = فیج، معر.] (اِ.) پیك (ه.م.)، قاصد.

پیگار paygār(pey..) [= پیکار] (اِ.) پیکار (ه.م.) (رك.فهرستولف).

پی گذار p.-gozār ۱-[= پی گذارنده] (صفا.) پی گذارنده ، پایه گذار ، بنیان نهنده. ۲ - قدم گذارنده. ۳ - [= پی گذارده] (صمف.) جای عبور ، محل گذاشتن قدم، معبر:
«بساط ناصح توپیشگاه باده و رود
سرای حاسدتوپی گذار آتش وآب.»
(مسعود سعد.۳۱)

پی گذاری p.-gozār-ī (حامص.) عمل پی گذار (ه.م.)

پی گر p.-gar- [= پی گری] (حامص.) پیروی، تبعیت ↓.

پی گرکردن p.-kardan [= پی گری کردن] (مص م.) پیروی کردن ، تبعیت نمودن: «ونکردیم ما آن قبله که تو بودی بر آن، مگرما بدانیم که پی گر میکنند رسول را از آنکه بر گردد بر-پی خود.» (تفسیرابوالفتوح چا.قدیم. ۱: ۲۱۶)؛ «واگربیاری بآنان که ایشان را کتاب دادند بهر دلیلی پی گرمی-نکنند قبلۀ تورا و نه توپیروی کنی قبلۀ ایشانرا.» (تفسیرابوالفتوح ایضاً ۱:۲۱۷)

پی گرد p.-gard ۱- (مصخم.) گشتن درپی چیزی ، پی گشت. ۲ - [= پی-گردنده] (صفا.) کسی که درپی چیزی میگردد[1] (فره.)

پی گردی p.-gard-ī (حامص.) عمل پی گرد، پی چیزی گشتن[2].

پی گردیدن p.-gardīdan (مصل.) قطع شدن دست و پای مرکب بضرب شمشیر وغیره، قلم شدن :
«چون خرد دررہ تو پی گردد
گرد این کار وهم کی گردد؟!»
(نظامی،لغ.)
|| **پی چیزی گردیدن** . بدنبال آن گشتن، آنرا تعقیب کردن.

پی گرفتن p.-gereftan (مصم.) ~ چیزی را. ۱- آنرا دنبال کردن، درعقب وی رفتن:
«گریزان ره خانه را پی گرفت
شبی چند با عاملان می گرفت.»
(نظامی،لغ.)
۲- ردپای برداشتن، براثرپای رفتن:
«گراز گریزنده را پی گرفت
شبیخون زد وراه بروی گرفت.»
(نظامی،لغ.)

پی گسلیدن p.-goselīdan [= پی گسیختن] (مص م.) ترك مراوده کردن، قطع کردن، بریدن:
«پی از هر خسی سایه پرورد بگسل
نظر برعزیزان جان پرور افکن.»
(خاقانی، سج.۶۵۰)

پی گسیختن p.-gosīxtan [= پی گسلیدن] (مصم.) پی گسلیدن ↑.

1- Explorateur (فر.)
2- Exploration (فر.)

پی گم p.-gom (ص‌مر.) (فره.) گم شده، ناپیدا، ناپدید، مفقودالاثر.

پی گم کردن p.-gom-kardan (مص م.) ۱ - پوشیدن اثر پای، ایز گم کردن:
«چو پی گم کرده‌اند از راه اسرار
چگونه پی‌بری ای مرد هشیار؟!»
(اسرارنامه ۱۱۶)

۲ - گول‌زدن، فریب‌دادن، مشتبه‌ساختن، بغلط‌انداختن:
«تب مرگ چون قصد مردم کند
علاج از شناسنده پی گم کند.»
(نظامی، لغ.)

۳ - نیافتن نشان پای کسی، گم کردن رد پای کسی: «انتکاف، پی گم کردن.» (منتهی‌الارب. لغ.) ۴ - (مص‌ل.) بغلط افتادن:
«ز تاراج آن سبزه پی کرد گم
سپنج ستوران پیکانه سم.»
(نظامی، لغ.)

پیگو pīgū [منتسب بناحیهٔ پیگو ← بخش ۳] (اِ.) ۱ - نوعی آبگینه که در پیگو (← بخش ۳) سازند وسبز رنگ باشد مانند زمرد. ۲ - قسمی لعل:
«تو پیگویی از آن باشد مقام لعل در پیگو
تو ویرانی از آن آمد مقام گنج در ویران.»
(ناصرخسرو ۳۶۲، لغ.)

پی گیر p.-gīr [= پی گیرنده] (ص‌فا.) ۱ - تعقیب کننده، دنبال‌گیرنده. ۲ - آنکه ردپای کسی را دنبال کند، ردزن، اثرشناس: «چون سراقة بن مالك آنجا (غارثور) رسید، و او پی گیری هول بود...» (تفسیر ابوالفتوح چا. ۲۰۱: ۵۹۲) ۳ - اصرارورزنده، مصر. ۴ - (نو.) مداوم، دنباله‌دار: «درین راه کوششهای پی گیری از طرف دانشمندان بعمل میآید.»

پی گیری p.-gīr-ī (حامص.) عمل پی گیر (ه.م.). ۱ - تعقیب، دنبال کردن. ۲ - برداشتن رد پای. ۳ - اصرار. ۴ - مداومت.

پی گیری کردن p.-kardan (مص م.) ـــ کاری را. دنبال کردن آن‌را، مداومت کردن بر آن.

۱ - پیل pīl [آشوری pūru؛ آرا. pīlā، په. pīl، معر. فیل fīl] (اِ.) ۱ - (جان.) فیل (ه.م.):
«مسعود بر پشت پیل بر خواب شد.» (سلجوقنامهٔ ظهیری ۱۵). ج. پیلها، پیلان:
«چو شب تیره شد پهلوان سپاه
به پیلان آسوده بر بست راه.»
(شا.، بخ ۸: ۲۲۸۱)

‖ ـــِ آبکش. (کن.) ابر سیاه باران بار. ‖ ـــِ معبری. پیل بزرگ که بر آن نشینند وازدریا عبور کنند. ‖ ـــِ کسی را یاد هندوستان دادن. بمستی وشور آوردن پیل را:
«بگردان پی شیر ازین بوستان
مده پیل را یاد هندوستان.»
(نظامی، لغ.)

‖ ـــِ کسی یاد هندوستان کردن. بیاد گذشته افتادن او. ‖ در(زیر) پای ـــ افکندن کسی را. گذاردن تا پیل او را در زیر لگد گیرد و هلاك کند. ۲ - مهره‌ای ازمهره‌های شطرنج بشکل فیل یا اشکال دیگر تراشیده، و حرکت آن در خانه‌های شطرنج کج و مورب است؛ فیل:
«زمیدانش خالی نبودی چو میل
همه وقت پهلوی اسبش چو پیل.»
(سعدی، لغ.)

۳ - (مج.) بزرگ، کلان: پیل‌امرود. ۴ - قلمه، فیل. ۵ - کیسه، خریطه.

۲ - پیل pīl [= بیل] (اِ.) گره، غده: دشپیل (ه.م.)

۳ - پیل pīl [فر. pile] (فز.) دستگاهی که نیروی حاصل از فعل وانفعال شیمیایی را بصورت الکتریسیتهٔ جاری درمی آورد ، و آن شامل اقسام ذیل است: ‖ ~ **بیکرمات**. الکترولیت این پیل بیکرمات پتاسیم (جسم اکسیژن دهنده و مانع عمل پلاریزاسیون [فاسد شدن پیل]) و جوهر گوگرداست. قطب منفی آن میله‌ای ازروی است که هروقت لازم نباشد میتوان بوسیلهٔ پیچی آنرا بیرون از مایع نگاهداشت. قطب مثبت آن نیز دو میلهٔ زغال قرع است که در طرفین روی قرار دارد. نیروی محرك این پیل تقریباً دو ولت و مقاومت داخلیش کم است . ‖ ~ **خشك** [1]. بمنظور سهولت حمل و نقل وجلوگیری از ریختن محلول نشادر تیغهٔ روی پیل لکلانشه را در این پیل بصورت ظرف استوانه‌یی شکل ساخته ودر آن مخلوطی از خاکه‌اره، گلیسرین و نشادر میریزند. ‖ ~ **دانیل**. [انگ. Daniell] دستگاهی که مجموعهٔ آن از یك ظرف پر از الکترولیت جوهر گوگرد رقیق و قطبهای آن از تیغه‌های مس و روی است ، تشکیل شده و ضمناً مقداری محلول کات کبود برای جلوگیری از عمل پلاریزاسیون (فاسدشدن پیل) بدان اضافه کنند و بوسیلهٔ یك جدار متخلخل آنرا از محلول جوهر گوگرد جدا سازند. در این فعل وانفعالات بتدریج ازوزن تیغهٔ روی کاسته شده بر وزن تیغهٔ مس افزوده میگردد و همچنین مقدار کات کبود در نتیجهٔ تجزیه کم میشود. مقاومت داخل این پیل تقریباً یك اهم و نیروی محرك آن تقریباً یك ولت است. دانیل فیزیك‌دان وشیمی‌دان انگلیسی مخترع پیل مذکوراست. ‖ ~ **فری** [Féry]. این پیل مانند پیل لکلانشه است و بجای استعمال بی‌اکسید منگنز میلهٔ زغال قرع را بزرگتر ومتخلخل ساخته‌اند. قطب منفی آن نیز یك صفحه روی است که در ته ظرف قرار دارد . ‖ ~ **لکلانشه** [فر. Leclanché]. الکترولیت این پیل محلول نشادراست وقطب مثبت آن تیغهٔ زغالی است که اطراف آنرا با مخلوط برادهٔ زغال وبی‌اکسید منگنز (که اکسیژن‌دهنده ومانع پلاریزاسیون [فاسدشدن پیل] میشود) پوشانیده‌اند، وقطب منفی آن از روی میباشد . قوهٔ محركهٔ این پیل تقریباً ۱/۵ ولت ومقاومت داخلی آن یك اهم است. لکلانشه مهندس فرانسوی مخترع پیل مذکور است . ‖ ~ **ولتا** [فر. Volta]. پیل ولتا مجموعه ایست از دو میلهٔ فلزی غیر همجنس ویك محلول هادی که میتواند نیروی شیمیایی را به نیروی الکتریکی تبدیل نماید، مانند ظرفی که محتوی محلول اسیدسولفوریك (جوهر گوگرد) باشد و دومیلهٔ فلزی از مس وروی در آن فرو برند و هر یك از آنها را بقطعهٔ سیمی متصل سازند. دراین صورت پیل سادهٔ ولتارا خواهیم داشت. ولتا فیزیکدان معروف ایتالیایی اول کسی است که ثابت کرد هرگاه دو میلهٔ فلزی غیر همجنس را در یك محلول هادی وارد کنند جریان برق تولید میشود و بدین

انواع پیل

1- Pile sèche (فر.)

ترتیب ولتا اولین پیل را ساخت و آن بنام وی موسوم گشت.

پیلاس pīlās [= پیلاسته = پیلسته] (إمر.) عاج فیل ← پیلسته.

پیل‌آفرین p.-āfarīn [= پیل آفریننده] (صفا.) آفرینندهٔ پیل، خالق فیل، باری‌تعالی که موجودات‌عظیم چون‌فیل آفریده:

«تاعنکبوت غار زآسیب پای‌پیل
اندرحریم کعبهٔ پیل‌آفرین گریخت.»
(خاقانی،لغ.)

پیل استخوان p.-ostoxān (إمر.) استخوان فیل، پیلسته، عاج:

«سیاهی که چون‌جنگ بر گاشتی
بکف سنگ و پیل استخوان داشتی،»
«همان‌سنگ‌وپیل‌استخوان‌دررہ‌بود
دوید از پس پهلوان همچو دود.»
(گرشا.،لغ.)

پیل افکن p.-afkan [= پیل‌اوژن = پیل افکننده ← پیل افکندن] ۱- (صفا.) آنکه پیل را برزمین افکند.
۲ - شجاع، دلیر:

«چوکاموس پیل افکن شیر مرد
چو منشور جنگی، سپهر نبرد.»
(شا.،لغ.)

پیل افکندن p.-afkandan (مص م.) ۱ - برزمین‌افکندن پیل، برزمین زدن فیل. ۲ - (کن.) عاجز کردن:

«ازدرخاقان کجا پیل‌افکندمحمودرا
بدره‌بردن‌پیل‌بالا‌برنتابد بیش‌ازین.»
(خاقانی.عبد. ۳۴۹)

۳ - (کن.) ترك غرور کردن:

«پیل بفکن که سیل ره کندست
بیلکیهای چرخ بین چندست.»
(نظامی،لغ.)

۴ - (شطرنج) طرح دادن پیل، مات کردن:

«بنطع کینه برچون پی فشردی
درافکن‌پیل‌وشهرخ‌زن‌که‌بردی.»
(نظامی،لغ.)

پیل افکنی p.-afkan-ī (حامص.) عمل پیل‌افکن (ه.م.):

«دگر ره‌سوی جنگ پرواز کرد
به پیل‌افکنی‌جنگ راساز کرد.»
(نظامی،لغ.)

پیل‌امرود p.-amrūd (إمر.)(گیا.) نوعی از امرود بزرگ.

پیل اوژن p.-awžan(ow.-) [= پیل افکن] (صفا.) ۱ - پیل افکن(ه.م.) ۲ - پیل‌کش.

پیل بار p.-bār [= پیلوار](إمر.) ۱ - آن مقدار که یك پیل حمل تواند کرد؛ باریك‌پیل، پیلوار. ۲- (کن.) بسیار بسیار:

«زبهر نام اگر شاه زاولی محمود
به پیلوار بشاعر همی شیانی‌داد،»
«کنون‌کجاست، بیاگوبجود شاه نگر
که‌جوداو‌بصله‌گنج شایگانی‌داد.»
(معزی،لغ.)

پیلباران p.-bārān (إمر.) باران بزرگ وفراوان:

«شدی فیل ازتیر لرزان چنان
که ازپیلباران برهنه تنان.»
(کلیم. آنند.،لغ.)

پیلباز p.-bāz [= پیل‌بازنده](صفا.) ۱ - آنکه با پیل بازی‌کند، کسی که بافیل ببازی‌مشغول شود. ۲ - (شطرنج) آنکه‌فیل‌را بازد؛ بازندهٔ پیل.

پیلبازی p.-bāz-ī (حامص.) عمل پیلباز. ۱- بازی کردن با فیل. ۲- (شطرنج) باختن فیل ۳ - بازی مانند لعب فیل:

«هم این زابلی نامبردار مرد
زپیلی فزون‌نیست‌اندرنبرد،»
«یکی پیلبازی نمایم بدوی
کزین‌پس‌نیاردسوی‌جنگ‌روی.»
(شا.،لغ.)

پیل‌بالا p.-bālā (صمر.) ۱- بلند

پیلبان

وبزرگ بقامت‌فیل ، بزرگ جثه‌وقوی هیکل :
«ازدر خاقان کجا پیل افکندمحمودرا
بدره بردن‌پیل بالابرنتابد بیش‌ازین.»
(خاقانی. عبد. ۳۴۹)
۲ - بسیار. ۳ - توده وخرمن کرده.

پیلبان p.-bān [= فیلبان](ص‌مر.) آنکه از پیل مراقبت کند ؛ نگهبان فیل ، کسی که بر سر فیل نشیند و با کجك اورا براند؛ فیلبان : « مسعود پیلبانرا سیاست فرمود، اماچه سود.» (سلجوقنامهٔ ظهیری۱۶):
«پیلبان‌راروزی اندرخدمت‌پیلان‌بود
بندگان‌راروزی اندرخدمت‌شاه‌زمین.»
(منوچهری.د.چا۲.۸۰:۲)

پیلبانی p.-bān-ī [= فیلبانی] (حامص.) عمل وشغل پیلبان؛فیلبانی.

پیل بند p.-band ۱ -[= پیل‌بندنده] (ص‌فا.) آنکه پیل را بندد ، کسی که بقوت‌بازو فیل‌را ببندکشد؛
« برغم سیاهان شه پیل بند
مزورهمی خورد ازان‌گوسفند.»
(نظامی،لغ.)
۲ - زنجیری که بپای فیل بندند؛ بند پای پیل. ۳ - (امر.) جایی که فیل‌را در آن نگاهداری‌کنند. ۴ - (شطرنج) قسمی بازی شطرنج که بایك پیل و دو پیاده بازی شود، وآن تدبیری است‌در شطرنج بدین‌طریق که درپس پیل‌خود دوپیاده‌نهندتااین‌هرسه تقویت‌همدیگر کنند و مهرهٔ حریف را بدین سوآمدن نگذارند وپیل بند حریف را به پیادهٔ خود می‌شکنند← پیل بندکردن :
«بند برپیلتن زمانه نهاد
پیلبند زمانه راکه‌گشاد؟»
(نظامی،لغ.)

پیل بندادن p.-bādan[← پیل‌بند] (مص ل.)پیل‌بندکردن (ه.م.):
«چودر جنگ پیلان‌گشایی کمند
دهی شاه قنوج را پیل بند.»
(نظامی،لغ.: پیل‌بند)

پیل بندکردن p.-kardan [← پیل بند] (مص‌ل.) (شطرنج) دو پیاده در پس‌پیل نهادن‌برای تقویت‌سه‌مهره یکدیگررا، ونیز بجهت آنکه حریف را نگذارند پیستر رود:
« پیاده روان گرد پیل بلند
بهرگوشه‌ای کرده‌صد پیل‌بند.»
(نظامی ،لغ.: پیل بند)

پیلپا p.-pā [= پیلپای= پیلپایه] (امر.) ۱ - پای پیل، پای فیل. ۲ - دارای پایی چون پیل← پیلپای. ۳ - نوعی سلاح درقدیم‌که بشکل پای پیل بود و آنرا بجای گرز بکارمیبردند وغالباً زنگیان داشتند:
«چو درپیلپایی قدح می کنم
بیك‌پیلپا پیل را پی‌کنم.»
(نظامی، لغ.)
۴ - قسمی ظرف شرابخوری بزرگ :
«چه‌گویی شرابی چند پیلپا بخوریم.»
(بیهقی.اد. ۶۷۱،لغ.) ۵ -[= معر. فیلفاء]ستونی که‌سقف برآن قرارگیرد؛ پیلپایه. ۶ - (پز.) مرضی است‌که‌پای آدمی ورم کندوبزرگ شود؛ داءالفیل (ه.م.)، پاغر (ه.م.) ۷ - حقهٔ ادویه.

پیلپای p.-pāy [= پیلپا= پیلپایه] (امر.) ۱ - پای پیل، پای‌فیل . ۲ - دارای پایی چون پیل:
«گورجست‌وگاوپشت‌وگرگ‌ساق‌وکرگ روی ببرگوش‌ورنگ چشم‌وشیردست وپیلپای.» (منوچهری د.۲.۱۲۳:۲)
۳ - نوعی‌گرز← پیلپا. ۴ - قسمی قدح شراب← پیلپا:
« زراجه منم پیل پولاد خای
که‌برپشت‌پیلان کشم‌پیلپای.»
(نظامی،لغ.)

پیلپایه (p.-pāya(-e [= پیلپای] (اِمر.) (معم.) ستونی که از گچ وسنگ سازند و بر بالای آن پایه های اطاق گذارند؛ پی جرز ومجردی (در بنا) : «آنگاه دانشمند را گفت که درزیرهر پیلپایهٔ مثل آن کس بیابی که مسئلهٔ حیض ترا جواب گوید.» (معارف بهاء ولد۱۳۳۸: ۱۵۹ ورك. تعلیقات ۳۲۲)

پیل پیکر p.-paykar(pey -) (ص مر.) ۱ - دارای پیکری چون پیل ، فیلتن، پیلتن، بزرگ جثه :
«برفت وبرخش اندر آورد پای
برانگیخت آن پیل پیکرزجای.»
(شا.،لغ.)
۲ - آنچه بشکل پیل ساخته باشند (گرز) :
«ازدشمن ارچوکوره یك دم خلاف بینی
ازگرز پیل پیکر، ساکن کنش چوسندان.»
(پیغوملك،لباب. نف۵۴۰)
۳ - دارای نقش وتصویر پیل (درفش ، علم،لوا) :
«زده پیش اوپیل پیکر درفش
بنزدش سواران زرینه کفش.»
(شا.،لغ.)

پیل پیلی خوردن pīl-pīlī-xordan (مصل.) (عم.) رفتن بطوری که ازچپ وراست مایل بسقوط باشند، مانندمستان بچپ وراست مایل شدن درحرکت؛ پیل پیلی رفتن

پیل پیلی رفتن p.-raftan (مص ل.) پیل پیلی خوردن (ه.م.)

پیلتن pīl-tan [= فیلتن](ص مر.) ۱ - دارای اندامی چون پیل ، بزرگ جثه، عظیم الجثه، بسیار زورمند (چون فیل) :
« چو آگاهی آمد با یرانیان
که آن پیلتن راسر آمدزمان...»
(شا.، بخ۸: ۲۲۹۴)
۲ - (اِخ.) لقب رستم بن زال. ۳ - (استعاره) اسبی که پیل پیکر باشد:
«بنیروی یزدان گیهان خدای
برانگیختم پیلتن را ز جای.»
(شا.،لغ.)

پیلتنی p.-tan-ī [← پیلتن](حامص.) حالت و کیفیت پیلتن(ه.م.)، عظمت جثه، زورمندی.

پیلته pīlta(-e)) [= فتیله= پلیته] (اِ.) (عم.) فتیله (ه.م.)

پیلته پیچ p.-pīč(عم.) ۱ - [= پیلته پیچنده] (ص فا.) پیچندهٔ فتیله ۲ - [= پیلته پیچیده] (ص مف.) پیچیده چون پیلته، تابدار چون فتیله ، چیزی که مانند فتیله تاب یافته باشد:
«مدعی! ورزش بیجا چه کنی؟هیچی هیچ
چندباریك بریسی، شده ای پیلته پیچ.»
(میرنجات.،لغ.)
۳ - (کشتی) داوی از کشتی که دست زیر بغل حریف برده بگردن اوپیچد. ← کنده.

پیل جادو p.-ǰādū (ص مر.) ۱ - جادوی بزرگ، جادوگر بزرگ. ۲ - تصویر پیلی که تصویرات دیگراجزای اوباشند (قس.شیر جادو.): «پیل جادو که دردشت صفحهٔ مقابل کوب اژدراست، ازکوه پیکری پناه چندین هزارجانور است.»(ملاطغرادرپری خانه، آنند.،لغ.)

پیل جامه p.-ǰāma(-e) [← عم. پیرجامه] (اِمر.) جامهٔ فراخ و بلند، رب دشامبر[1] (قس. پی جامه) .

پیل حمله p.-hamla(-e) [ف.-ع.] (ص مر.) آنکه مانند پیل دمد وحمله برد، دمان چون پیل: « صیادی سگی معلم داشت، ازین پهن بری ... پیل حمله ای.»(سندبادنامه ۲۰۰، لغ.)

پیلخانه p.-xāna(-e) [= فیلخانه]

۱- Robe de chambre (فر.)

جایی که‌در آن پیلان را نگاهداری کنند: «گوسفند از بیم آتش خود را در پیلخانه اوگند... آتش در نی افتاد وقوت گرفت و پیلخانه در گرفت.» (سندبادنامه ۸۲، لغ.)

پیلخوار p.-xār [= فیلخوار = پیل خوارنده] ۱ - (صفا.) آنکه پیل خورد، کسی که فیل تواند خورد. ۲ - (مجـ.) قوی وضخیم:

«ابر هزبر گون و تماسیح پیلخوار
بادست اوست یعنی شمشیر اوست، ای.»
(منوچهری. د. چا. ۲: ۱۱۳)

۳ - [= پیل‌خوارده] (صمف.) آنکه پیل اورا خورد، کسی که فیل اورا قوت خویش کند (لغ.)

پیلدار p.-dār [= فیلدار = پیل‌دارنده] (صفا.) ۱- دارندهٔ فیل. ۲- نگهبان فیل، هدایت کنندهٔ فیل (درجنگ):

«همه جنگ با پیلداران کنید!
برایشان چنان تیرباران کنید!»
(شا.، لغ.)

پیل در پیل p.-dar-pīl (قمر.) پیلی پس پیلی، فیلی بدنبال فیل دیگر، پیلان بصف:

«طناب نوبتی یك میل در میل
بنوبت بسته بر در پیل در پیل.»
(نظامی، لغ.)

پیل دل p.-del (صمر.) آنکه دلی مانند پیل دارد؛ شجاع، دلیر:

«ملك پیل دل پیلتن پیل نشین
بوسعید بن ابوالقاسم بن ناصردین...»
(منوچهری، لغ.)

ضح.- در دیوان (منوچهری. د. چا. ۲: ۱۶۲) «شیردل» آمده (بجای: پیل‌دل).

پیل‌دندان p.-dandān ۱ -(صمر.) آنکه دندانی مانند پیل دارد، دارای دندانی طویل و بزرگ چون دندان فیل. ۲ - (إمر.) دندان فیل، عاج، پیلسته:

«سرو ترگ گفتی که‌سندان شدست
برو ساعدش پیل دندان شدست.»
(شا.، لغ.)

پیل رنگ p.-rang (صمر.) دارای رنگی مانند رنگ فیل؛ فیلی.

پیل زور p.-zūr ۱ - (صمر.) آنکه چون پیل قوت و نیرو دارد؛ بسیار قوی و نیرومند:

«چو آتش بیامد گو پیل‌زور
چو کوهی روان کرد ازجا ستور.»
(شا.، لغ.)

۲ - (إمر.) فنی از کشتی.

پیل زهره p.-zahra(-e) ۱- (صمر.) دارای زهرهٔ فیل؛ پردل، شجاع، دلیر. ۲ - (إمر.) (گیا.) [= فیل‌زهره = فیل زهرج، معر.] ← فیل زهره، فیل زهرج.

پیلس pīlas [= پیلسته = پیلاس] (إمر.) پیلسته (ه‌م.)، عاج.

پیل زوری p.-zūr-ī (حامص.) حالت و چگونگی پیل زور (ه‌م.)، با قوت، نیرومندی.

پیلسا p.-sā [= پیلسای = پیل آسای] (صمر.) ← پیلسای ↓.

پیلسای p.-sāy [= پیلسا = پیل آسای] (صمر.) درشت و گران وضخم مانند اندام فیل؛ پیل‌آسا:

«درسایهٔ تخت پیلپایش
پیلان نکشند پیلسایش.»
(نظامی.، لغ.)

پیلستگین pīl-asta(e)g-īn [← پیلسته] (صنسبـ.) منسوب به پیلسته، آنچه ازعاج ساخته باشند؛ پیلسته:

«مزن پیلستگین دو دست برروی
مکن ازماه تابان عنبرین موی.»
(ویس ورامین. مجـ. ۵۱)

پیلسته pīl-asta(-e) [پیل + استه (= است <استخوان>) = پیلاس = پیلس = فیلسته] (إمر.) ۱ - استخوان فیل، دندان فیل، عاج:

«وان چون چنار قدتو چنبر شد
پر شوخ گشت دست چو پیلسته.»
(ناصرخسرو۳۹۳)

۲ - (مج.) انگشت دست، اصبع:
«به‌پیلسته سنبل همی دسته کرد
بدر باز پیلسته را خسته کرد.»
(اسدی،لغ.)

(یعنی: زن‌ازمرگ‌شوی باد ست گیسوان بکندوبا دندان‌دست‌بگزید،لغ.) ۳ - (مج.) ساعد(دست). ۴ - رخ، روی، رخساره.

پیلسم p.-som [= فیلسم] (إمر.) ۱ - سم ستبر ودرشت وسخت. ۲ - (ص‌مر.) اسبی‌دارای‌سم‌ضخم و گران. ۳ - (مج.) اسب قوی وزور آور.

پیلسوار p.-savār [= فیلسوار] (ص‌مر.) ۱ - آنکه بر پیل نشیند؛ پیل نشین. ۲ - سوار بزرگ (نزهة‌القلوب ۹۱،لغ.) ۳ - سواری کلان جثه.

پیلسواری p.-savār-ī [= فیلسواری] (حامص.) عمل پیلسوار (ه.م.)، بر پیل نشستن.

پیل شرم p.-šarm (ص‌مر.) زنی که شرم بزرگ دارد ؛ زنی که آلت وی کلان باشد.

پیلغوش p.-γūš [= پیلگوش] (إمر.) ۱ - (گیا.) پیلگوش (ه.م.)، سوسن (ه.م.):
«چون گل سرخ ازمیان پیلغوش
یاچو زرین گوشوار از خوب گوش.»
(رودکی،لغ.)

۲ - (گیا.)گل نیلوفر. ۳- آلتی باشد بترکیب بیلی پهن که دوپهلوی او را بلند و یك پهلوی او را صاف کنند ودسته‌ای بر او نهند وخاك وخاشاك در آن کنند وبیرون ریزند؛ خاك انداز.

پیل‌فام p.-fām (ص‌مر.) برنگ پیل، پیلگون، پیل رنگ.

پیل‌فکن p.-fa(e)kan [= پیل‌افکن = پیل‌فکننده] (ص‌فا.) پیل‌افکن(ه.م.):
«شیر بچه‌گر بزخم مور اجل رفت
پیل‌فکن شیر مرغزار بماناد!»
(خاقانی،لغ.)

پیل قدم p.-γadam [ف.-ع.] (ص‌مر.) آنکه چون فیل گام تواند برداشت ،کسی که مانند فیل‌راه رود ؛ پیل‌گام :
«برق جه، بادگذر، یوز دو و کوه‌قرار
شیردل، پیل‌قدم، گورتك، آهو پرواز.»
(منوچهری. د.چا ۲.:۴۱)

پیلك pīl-ak (إمصغ.) پیل‌خرد ، بچه پیل.

پیل گام p.-gām (ص‌مر.) دارای‌قدی چون فیل ، پیل‌قدم:
«گورساق‌وشیرزهره، یوزتاز وغرم تگ
پیش‌گام‌وکرگ‌سینه ، رنگ تازوگرگ پوی.» (منوچهری.د.چا.۲:۱۳۷)

پیلگوش p.-gūš [= پیلغوش = فیلگوش] (إمر.) ۱- (گیا.) سوسن(ه.م.):
«می‌خورکت بادنوش، برسمن‌وپیلگوش
روزرش‌ورام‌وجوش، روزخوروماه‌وباد.»
(منوچهری.د.چا.۲:۱۹)

۲ - (گیا.) گل نیلوفر. ۳ - (گیا.) دارویی که آنرا لوف گویند وبیخ آنرا اصل‌اللوف‌خوانند. ۴ - (ص‌مر.) آنکه گوشی‌چون‌فیل‌دارد . ۵ -(إخ)قومی‌از یأجوج که قدما آنانرا پهن گوش می پنداشتند :
«ازان پیلگوشان بر آورد جوش
بهر گوشه زایشان سرافکند وگوش.»
(گرشا.،لغ.)

۶ - پیلغوش (ه.م.)، خاك‌انداز :
«آفتابش پیلگوش و خاکروب
و آسمانش گنبد و خرگاه‌باد! »
(ابوالفرج‌رونی ۳۸)

۷ - قسمی شیرینی .

پیلگوشك p.-gūš-ak [← پیلگوش] (اِمصغ.) ۱ - (گیا.) مصغر پیلگوش (ه.م.)، پیلگوش‌خرد. ۲ - (گیا.) ریواس (ه.م.)

پیلگون p.-gūn (صمر.) ۱- برنگ پیل، بلون فیل. ۲ - مانند فیل از گرانی و تناوری، دارای جثهٔ فیل.

پیل گیر p.-gīr [= پیل گیرنده = فیل گیر] (ص‌فا.) آنکه پیل گیرد، کسی که پیل را بفرمان آرد، آنکه بر فیل غلبه کند:
«بکشتند فرجام کارش به تیر
یکی آهنین کوه بد پیل گیر.»
(شا.،لغ.)

۱ - پیل مال p.-māl [= پیل‌مالیده] (ص‌مف.) مالیده به‌پیل، پی سپر شده در زیر پای پیل، وآن نوعی سیاست ازطرف سلاطین بود.

۲- پیل مال p.-māl [ف.-ع.] (اِمر.) مال بسیار.

پیل‌مرغ p.-morγ [= فیلمرغ] (اِمر.) (جاذ.) بوقلمون (ه.م.)، پیروج.

پیل نشین p.-nešīn [= پیل‌نشیننده] (ص‌فا.) آنکه برپیل نشیند، کسی که مرکب وی فیل باشد:
«ملك شیر دل پیلتن پیل نشین
بوسعید بن ابوالقاسم بن ناصردین.»
(منوچهری.د.چا.۲:۱۶۲)

پیلو pīlū (اِ.)(گیا.)درختی است که چوب آنرا مسواك کنند؛ اراك، چوج (ه.م.)

۱- پیلوار pīl-vār [= فیلوار] (ص‌مر.) ۱ - مانند فیل، پیل آسا:
«چون بوم بام‌چشم با برو برد بخشم
وزکینه گشته پرهٔ بینیش پیلوار.»
(سوزنی،لغ.)
۲ - چون فیل از گرانی و عظم جثه، همچون پیل از تناوری:
«که او پهلوان جهان را ببست
تن پیلوارش بآهن بخست.»
(دقیقی،لغ.)

۲-پیلوار pīl-vār [= فیلوار = پیلبار] (اِمر.) ۱ -بار یك فیل، مقداری که بر پیلی بارتوان کرد: پیلبار:
«عنصری ازخسرو غازی شه‌زابل بشعر
پیلوارزر گرفت ودیبه واسب‌وستام...»
(سوزنی،لغ.)
۲ - بسیار بسیار.

پیلوار افکن p.-afkan [= پیلوار افکننده] (ص‌فا.اِمر.) منجنیق: «پلکن، منجنیق باشد یعنی پیلوار افکن.»

پیلوان pīl-vān [= پیلبان = فیلبان] (ص‌مر.،اِمر.) پیلبان (ه.م.) (لغت فرس، لغ.)

پیلوایه p.-vāya(-e) [= بالوایه = بلوایه = بادوایه] (اِمر.) (جاذ.) پرستو(ه.م.)

پیلور pīla-var [= پیله‌ور] (ص‌مر.،اِمر.) ۱- کسی که دوافروشد؛ داروفروش، صیدلانی:
«در ته پیلهٔ فلك پیلور زمانه را
نیست ببخت خصم تو، داروی درد مدبری.»
(خاقانی.)
۲ - آنکه سوزن و نخ ومهره‌ومانند آن بخانه‌ها برد وفروشد، خرده‌فروش.

۱_پیله pīla(-e) [= بیله = پله = فیله، معر. = فیلجه، معر. = فیلق، معر.] (اِ.) ۱ - (جاذ.) محفظه‌ای[۱] که نوزاد[۲] برخی حشرات دور خود می‌تنند و در داخل آن دورهٔ دگردیسی[۳] خود را میگذرانند وپس ازتبدیل بحشرهٔ بالغ پیله‌را سوراخ کرده‌ازآن‌خارج‌میگردند.
۲ - (جاذ.) پیله بالاخص در تداول

۱ - Cocon (فر.) ۲ - Larve (فر.) ۳ - Métamorphose (فر.)

بمحافظهٔ ایجاد شده بوسیلهٔ کرم ابریشم گفته میشود[1]. زیرا از الیاف این پیله در صنعت برای تهیهٔ تار های ابریشم استفاده میگردد. الیاف پیله را نو-زاد حشرات که صورت کرمی دارند بوسیلهٔ غدد مترشحهٔ بزاقی خود ترشح میکنند و بوسیلهٔ اندامهای حرکتی خود آنرا بصورت یك محفظهٔ کاملا مطمئن در میآورند. ترشحات این غدد ابتدا شکل لعاب مانند و مایع لزجی دارد که دربرابر هوا بصورت رشته‌های بسیار باریك (شبیه تارعنبکوت) درمیآید؛ فیلق، جوزالقز، پیلهٔ کرم ابریشم، پیلهٔ ابریشم:

«تا پیل چویك فریشم پیله
اندر نشود بچشمهٔ سوزن...»
(عسجدی، لغ.)

۳ - (جان.) کرمی که ازو ابریشم حاصل شود، کرم ابریشم:

«چو پیلان راز خود با کس نگفتم
چو پیله در گلیم خویش خفتم.»
(نظامی، لغ.)

۴ - کیسه‌ای که در آن اشیای مختلف را برای فروش ریزند و بدوش کشند وگردانند؛ خریطه، توبره:

«در ته پیلهٔ فلك پیلور زمانه را
نیست ببخت خصم تو داروی دردمد بری.»
(خاقانی.)

۵ - بوی‌دان، عطر دان. ‖ **پشم و ~ ٔ کسی ریختن.** (عم.) ناتوان شدن او، ازبین رفتن قدرت وهیمنهٔ او. ‖ ~ ٔ **ابریشم.** (جان.) پیله (← پیله۲). ‖ **کرم ~ .** کرمی که ازاو ابریشم حاصل گردد (← پیله۳):

« کرم پیله همی بخود بتند
که همی بند گردش چپ و راست.»
(مسعودسعد، لغ.)

۲- پیله pīla(-e) (اِ.) (عم.) ۱ - کینه، عداوت: بدپیله، بدپیلگی. ۲ - آزار و تعرض توأم بالجاجت: «فلانی بنای پیله را گذاشت.» ‖ ~ **پیدا کردن باکسی.** کینه و عداوت یافتن نسبت بدو. ‖ ~ ٔ **کسی بکسی گرفتن.** آزار و تعرض وی بدو رسیدن.

۳- پیله pīla(-e) (اِ.) ۱ - چرکی که از میان زخم برآید و روان شود: پیله‌خیم (ه.م.) ۲ - دمل و عفونت نسج اطراف لانهٔ دندان[2]، یا عفونت مغز دندان، یا عفونت و چرکی شدن مخاط لانهٔ دندان و بافتهای مجاور که با ورم و درد دندان توأم باشد؛ آبسهٔ دندان، پیلهٔ دندان، نزلهٔ دندان. ۳ - هر گره عموماً و خصوصاً گرهی که در میان دمل بهم رسد و تا آنرا برنیاورند دمل نیك نشود. ‖ ~ ٔ **دندان.** (پز.) پیله ↑ .

پیله

۴- پیله pīla(-e) [اتباع شیله] (اِ.) (عم.) مهمل « شیله» (ه.م.)؛ نیرنگ، نادرستی: شیله پیله.

۵- پیله pīla(-e) (اِ.) دارو، دوا. ← پیله‌ور، پیلور.

۶- پیله pīla(-e) [= بیله ← بیل] (اِ.) پیکانی سر پهن، پیکان‌تیر، بیله:

«چنان چون سوزن از وشی و آب روشن از توزی
بطوسی پیل بگذاری بآماج اندرون پیله.»
(فرخی، لغ.)

پیله بندی p.-band-ī [← ۱- پیله۱] (حامص.) ۱ - عمل تنیدن کرم ابریشم پیله را. ۲ - بسته‌بندی بادامه‌های ابریشم.

پیله خیم p.-xīm [← ۳ پیله۱] (ص مر.) چرك وقی چشم که روان باشد.

پیله دوزی p.-dūz-ī [← ۱- پیله] (حامص.) ۱ - دوختن بادامه‌های ابریشم دونیمه‌شده بر پارچهٔ مخملی. ۲- دوختن

۱-Cocon du ver à soie (فر.) ۲-Fluxion dentaire (فر.), cellulite (فر.)

پیله‌کردن

قطعاتی از بادامچهٔ پیله میان نقوش و تصاویر بر قطعهٔ مخملی.

۱- پیله‌کردن p.-kardan [← ۱- پیله] (مص‌ل.) ← کرم ابریشم. بادامه‌تنیدن کرم ابریشم از لعاب‌دهان بدور خویش.

۲- پیله کردن p.-kardan [← ۲- پیله] (مص‌ل.) ← به (با) کسی. (عم.) ۱- اورا بسماجت رنج دادن، اذیت کردن (بگفتار یا کردار) وی با ابرام: «چرا مثل مستها با من پیله میکنی؟» ۲- کینه یافتن نسبت بوی، بااو بد شدن، با او چپ شدن.

۳- پیله‌کردن p.-kardan [← ۳- پیله] (مص‌ل.) ← چشم. جوش کوچك در پلك چشم بر آمدن. ‖ ← دندان. گوشت بن آن آماس کردن در حالی که چرك در آن گرد آمده باشد.

پیله کوب p.-kūb [= پیله‌کوبنده = پله‌کو، عم.] (ص‌فا.) نیم کوب، نیم کوفته، کبیده، بلغور.

پیله کوب کردن p.-kardan [= پله‌کوکردن، عم.] (مص‌م.) نیم کوب کردن، نیم کوفته کردن، بلغور کردن.

پیله‌ور p.-var [= پیلور، قس. فلاوره، معر. (پیله‌وران) ← ۵- پیله)] (ص‌مر.، إمر.) ۱- شخصی که دارو و اجناس عطاری وسوزن و ابریشم و مهره و مانند آن بخانه‌ها گرداند و فروشد؛ خرده‌فروش، دوره‌گرد:

«چو در بسته باشد چه داند کسی
که جوهرفروش است یا پیله‌ور؟»
(سعدی، لغ.)

۲- طبیب، پزشك.

پیلی pīl-ī [= فیلی] (ص نسب.) ۱- منسوب به پیل، چون پیل بمقاومت و جثه. ۲- برنگ پیل، فیلی.

پیلی پیلی pīlī pīlī (إمر.) (عم.) تلو تلو ↑.

پیلی‌پیلی‌خوردن p.-xordan (مص ل.) (عم.) تلوتلو خوردن.

پیم payam [= پیام = پیغام] (إ.) ← پیام.

پیما paymā(pey.-) [= پیمای، از پیمودن = پیماییدن] ← پیمای (همع.)

پی‌ماچان pay-māčān(pey.-) [= پای‌ماچان] (إمر.) پای‌ماچان (ه‌.م.)؛ «به پی‌ماچان غرامت بسپریمن» (بلهجهٔ شیرازی) یعنی بپای ماچان غرامت خواهیم سپرد (حافظ. ۳۰۵)

پیمان paymān(pey.-) [= فیمان، معر. ایب pati-mānā * از mā، پیمودن، اندازه گرفتن، په. patmān] (إ.) ۱- عهد، معاهده، قرارداد، میثاق:

«فرستاد بازش بایوان خویش
برو خواند آن عهد و پیمان خویش.»
(شا.، ۸: ۲۲۶۶)

ضح. - فرهنگستان این کلمه را بمعنی عهدنامه‌ای که میان دو یا چند تن ودو یا چند دولت بسته‌شود پذیرفته[1]. ۲- شرط:

«شما نیز دلها بفرمان نهید
بهر کار باما سه پیمان نهید:»
«از آزردن مردم پارسا
و دیگر کشیدن سر از پادشا،»
«سوم، دور بودن ز چیز کسان
که وردش بود سوی آن کس رسان،»
«که درگاه و بیگه کسی را بسوخت
به بی‌مایه‌چیزی دلش بر فروخت.»
(شا.، بخ. ۹: ۲۶۷۸)

‖ ← اتحاد. (حق.) عهدنامه ای که طبق آن دو یا چنددولت تعهدنمایند که با یکدیگر برای وصول بمقاصدی سیاسی معاضدت کنند. ‖ ← بیطرفی. (حق.) عهدنامه‌ای که طبق آن دولت

۱- Pacte (فر.)

بیطرف تعهد میکند که جز برای مدافعه بجنگ اقدام ننماید. دول ضامن نیز درمقابل بیطرفی او را محترم میشمارند؛ و آن ممکن است شامل پیمان بیطرفی دایم یا موقت باشد. ‖ ~ سیاسی. (حق.، سیا.) عهدنامه‌ای که دو یا چند دولت برای حفظ موجودیت و تمامیت ارضی ومتعلقات آن با یکدیگر منعقد سازند، و آن شامل پیمان اتحاد، پیمان بیطرفی، پیمان صلح، پیمان کمک وغیره است. ‖ ~ صلح. (حق.) عهدنامه‌ای که دو یا چند دولت متخاصم با یکدیگر منعقد سازند و در آن شرایط متارکه وصلح را گنجانند. ‖ ازسر ~ گشتن (برگشتن). نقض عهد کردن. ‖ ~ بسر بردن. وفای بعهد کردن:

«موفق شد ترا توفیق تا پیمان بسر بردی
بتخت پادشاهی برنهادی برسرش افسر.»
(ظهوری، لغ.)

‖ دست به ~ دادن. متعهد شدن، بذمه گرفتن:

«باهیچ دوست دست به پیمان نمیدهی
درد مرا به بوسی پایان نمیدهی.»
(خاقانی، لغ.)

۳- خویش و پیوند. ۴- (کشا.) مقیاسی است برای آب.

پیمان بستن p.-bastan (مص ل.) عهد کردن، عهد بستن:

«همیدون ببستند پیمان برین
که گر تیغ دشمن بدرد زمین...»
(شا.، لغ.)

پیمان پذیر p.-pazīr [= پیمان پذیرنده](صفا.) قبول کنندهٔ عهد وشرط.

پیمان داشتن p.-dāštan (مص ل.) عهد داشتن:

«عمریست که با عشق تو پیمان دارم
خون دل و غم بسینه مهمان دارم.»
(علی میرزا بیك درمنی، آنند.، لغ.)

پیمان ساختن p.-sāxtan (مص ل.) عهد بستن:

«دولت و پیروزی و فتح و ظفر هر ساعتی
با تو سازند، ای ملك! میثاق و پیمان دگر.»
(سوزنی، لغ.)

پیمان شکستن p.-ša(e)kastan (مص ل.) نقض عهد کردن، عهد شکستن، نکث:

«شمارا زپیمان شکستن چه باك؟
که او ریخت بر تارك خویش خاك.»
(شا.، لغ.)

← شکستن پیمان.

پیمان شکن p.-ša(e)kan [= پیمان شکننده](صفا.) آنکه عهد بسته نگاه ندارد، ناکث، عهدگسل، ناقض عهد:

«ز دانا شنیدم که پیمان شکن
زن جاف جاف است، بل کم ز زن.»
(ابوشکور، لغ.)

«پیر پیمانه کش من که روانش خوش باد!
گفت: پرهیز کن از صحبت پیمان شکنان.»
(حافظ ۲۶۷)

پیمان شکنی p.-ša(e)kan-ī (حامص.) عمل پیمان شکن (ه.م.)، نگاه نداشتن عهد بسته، نقض عهد.

پیمانکار p.-kār (ص شغل.) ۱- کسی که انجام دادن کاری را درقبال وجهی تعهد کند؛ مقاطعه کار، مقاطعه چی، کنتراتچی[1]. ۲- (ماا.) آنکه ضمن عقد قرار دادی کتبی ساختن بنایی یا تهیه و تحویل کالایی را در مقابل پول معینی تعهد کند.

پیمانکاری p.-kār-ī (حامص.) عمل پیمانکار (ه.م.)، تعهد کردن اجرای کاری یا ساختن بنایی درقبال وجهی، مقاطعه.

۱- Entrepreneur (فر.)

پیمان کردن p.-kardan (مص‌ل.) متعهد شدن، عهد کردن، تعهد:
«چو گویی بسوگند پیمان کنم
که هرگز وفای ترا نشکنم.»
(شا. بخ ۸: ۳۲۹۵)
«گفت: دست مراده و عهد بکن، دست بدو دادم و پیمان کرد.» (بیهقی . اد . ۱۹۱، لغ.) ‖ زرع و ـــ . طناب زدن، گز کردن ، پیمودن.

پیمان کشیدن p.-ka(e)šīdan = [پیمانه کشیدن] (مص‌ل.) پیمانه کشیدن، شراب خوردن:
« زسرها سجدهٔ طاعت بریده
زهر پیمانه پیمانی کشیده .»
(محمد زمان راسخ، آنند.)
ضح. ـ مصدر فوق در این بیت، در آنندراج بمعنی « گرفته » آمده و مؤلف گوید: غریب است (← لغ.)

پیمان گرفتن p.-gereftan (مص‌ل.) عهد گرفتن، میثاق گرفتن، پیمان بستن: « آنجا عهد کنیم و پیمان گیریم.» (کشف‌الاسرار ۲: ۵۳۹)
«برسم کیان نیز پیمان گرفت
وفا در دل ومهر درجان گرفت.»
(نظامی، لغ.)

پیمان گسستن p.-gosestan [= پیمان گسلیدن = پیمان گسیختن] (مص‌م.) قطع کردن رشتهٔ عهد ، عهد گسستن، نقض عهد، پیمان شکستن؛ مق. پیمان نگاهداشتن :
«شوخی که گسسته بود پیمان ازمن
بنشسته برم کشیده دامان از من.»
(ذوقی اردستانی، لغ.)

پیمان گسل p.-gosel [= پیمان گسلنده] (ص‌فا .) آنکه برعهد خود ثابت نباشد ؛ ناقض‌عهد ، پیمان شکن:
«دلبندم آن پیمان گسل، منظور چشم آرام دل
نی نی دلارامش مخوان، کز دل ببرد آرام را.»
(سعدی، لغ.)

پیمان گسلی p.-gosel-ī (حامص.) عمل پیمان گسل (ه.م.)؛ پیمان‌شکنی، نقض عهد.

پیمان گسلیدن p.-goselīdan [= پیمان گسستن = پیمان گسیختن] (مص م.) پیمان گسستن (ه.م.)

پیمان گسیختن p.-gosīxtan [= پیمان گسستن = پیمان گسلیدن] (مص م.) ۱ - پیمان گسستن (ه.م.) ۲ - (مص‌ل.) شکسته شدن عهد :
«وفا از که جوید، که پیمان گسیخت
خراج از که خواهد، که دهقان گریخت.»
(سعدی، لغ.)

پیمان نگاهداشتن p.-negāh-dāštan (مص‌م.) استوار داشتن عهد، وفا؛ مق. پیمان گسستن ، پیمان گسلیدن ، پیمان گسیختن .

پیمان نامه p.-nāma(-e) (اِمر.) (فره.) تعهد نامه، عهدنامه.

پیمان نماینده p.-namāyanda(-e) (ص فا.) آنکه عهد کند: «معاقد ، عهد وپیمان نماینده.» (منتهی‌الارب، لغ.)

پیمان نمودن p.-no(e)mūdan (مص ل.) عهد بستن، معاهده کردن: «املاه، پیمان نمودن ومبالغه کردن در آن.» (منتهی‌الارب، لغ.)

پیمان نهادن p.-nahādan (مص ل.) عهد کردن، شرط کردن :
«نهاده است پیمان که هرك این کمان
کشد ، دختر او را دهم بیگمان .»
(گرشا.، لغ.)

پیمانه paymāna(peymāne) [پیمان + ه، پس. نسبت و آلت] (اِمر.) ۱ـ ظرفی که غله وجز آن را بدان پیمایند، مکیال:

« گرترا دسترس فزونستی
زر به‌پیمانه می‌ببخشی‌ومن.»
(فرخی)

۲ ـ جام شراب ، پیالهٔ باده ، قدح شرابخواری:
«مرا بدور لب دوست هست پیمانی
که برزبان نبرم‌جز حدیث‌پیمانه.»
(حافظ)

۳ ـ (مج.) شراب ، باده:
«سخنوران زسخن‌پیش توفرومانند
چنان‌کسی که‌به‌پیمانه‌خورده‌باشدبنگ.»
(فرخی)

۴ ـ (تص.) چیزی که در وی مشاهدهٔ انوارغیبی کنندوادراك معانی(نمایند)، یعنی دل عارف (کشاف‌اصطلاحات،لغ.)

‖ ـــِ آفتاب. پیمانه‌ای که همچون آفتابست دراضائت نور ، یاپیمانه‌ای که‌اطفای‌حرارت‌آفتاب‌بدان‌توان‌کرد:
«زخاکی که ازسایه‌ات یافت آب
توان ساخت پیمانهٔ آفتاب.»
(کلیم،آنند.،لغ.)

‖ ـــ برسرکشیدن. یکباره شراب خوردن، همهٔ‌پیاله را سرکشیدن:
«دامن صحبت مده‌ازکف‌که دوران‌بهار
نیست‌چندانی که‌گل‌برسر کشدپیمانه‌را.»
(صائب،لغ.)

‖ پرشدن ـــ. ۱ـ مالامال شدن‌پیاله، لبریز گشتن جام. ۲ ـ (کن.) رسیدن مرگ، فرارسیدن اجل، مردن:
«خصم را پیمانه پر شد زود زود
هم‌حسام او دروگر هم سنانش.»
(کمال اسماعیل،لغ.)

‖ پرشدن ـــ ازجایی. سیر آمدن از توقف درآنجا:
«دگر پرشد از شام پیمانه‌ام
کشید آرزومندی‌خانه‌ام.»
(سعدی،لغ.)

‖ پرکردن ـــ. ۱ـ پرکردن‌جام‌شراب. ۲ ـ پرکردن مکیال. ۳ ـ بسر آمدن چیزی (عمر وغیره):
«بدوزخ برد مدبری را گناه
که پیمانه‌پرکرد ودیوان‌سیاه.»
(سعدی،لغ.)

‖ لبریزشدن ـــ. پرشدن پیمانه ↑ :
«در آرزوی‌روی‌توپیمانه‌اش‌شودلبریز
کسی‌که‌کردترادست درکمرگستاخ.»
(تأثیر،لغ.)

پیمانه آشامیدن p.-āšāmīdan
(مص‌م.) شراب خوردن، باده نوشیدن:
«چوآشامیدم این پیمانه را پاك
درافتادم ز مستی برسرخاك.»
(گلشن‌راز،لغ.)

پیمانه‌درکشیدن p.-dar-ka(e)šīdan
(مص‌م.) جام شراب رانوشیدن:
«گفتی زسرعهدازل یك‌سخن‌بگو
آنگه‌بگویمت‌که دوپیمانه‌درکشم.»
(حافظ ۲۳۲)

پیمانه پرست p.-parast [=پیمانه پرستنده] (ص‌فا.) آنکه پیمانه را پرستد؛ می‌پرست.

پیمانه خور p.-xor [=پیمانه‌خوار =پیمانه خورنده] (ص‌فا.) ۱ـخورندهٔ پیمانه،شرابخوار. ۲ـ (کشا، قزوین) باغهایی که‌فقط ازیك آب‌معین مشروب شود و از سیلاب حق ندارد.

پیمانه خوردن p.-xordan (مص‌م.) (کن.) شراب خوردن ، پیمانه نوشیدن.

پیمانه زدن p.-zadan (مص‌م.)(کن.) شراب خوردن، پیمانه نوشیدن.

پیمانه کردن p.-kardan (مص‌م.) پیمودن (ه‌.م.)

پیمانه‌کش p.-kaš(keš) [=پیمانه کشنده] (ص‌فا.) ۱ ـ آنکه‌پیمانه‌کشد، کسی‌که پیمانه برد. ۲ ـ پیمانه گسار، شرابخوار:

پیمانه‌کشی

«پیر پیمانه‌کش ما که روانش خوش باد!
گفت: پرهیز کن از صحبت پیمان‌شکنان.»
(حافظ)

پیمانه‌کشی p.-kaš(keš)-ī (حامص.)
عمل پیمانه‌کش (ه.م.)، شرابخواری:
«مطلب طاعت و پیمان صلاح ازمن مست
که به‌پیمانه‌کشی شهره‌شدم روز الست.»
(حافظ)

پیمانه‌کشیدن p.-kašīdan(keš.-)
(مص‌م.) شراب خوردن، باده‌نوشیدن:
«درعشق دل پیاله چو مستانه میکشد
در آتش است لاله و پیمانه‌میکشد.»
(سلیم،لغ.)

پیمانه‌گسار p.-gosār [= پیمانه
گسارنده] (ص‌فا.)شرابخوار، باده نوش:
«دردی کش بادهٔ محبت ماییم
پیمانه‌گسار بزم الفت ماییم.»
(شفیع‌بن‌شریف، آنند.،لغ.)

پیمانه نوشیدن p.-nūšīdan (مص
م.) پیمانه زدن، شراب خوردن:
«نمیدانم کجا پیمانه‌می نوشد که باز امشب
کباب دل‌نمك‌سود‌ست از گلگشت‌مهتابش.»
(معز فطرت، آنند.،لغ.)

پیمانی paymān-ī(pey.-) (ص‌نسب.)
۱ - منسوب به‌پیمان. ۲ - (ادا.) قرار
دادی، کارمندی که‌باقرارداد استخدام
شده‌باشد.

پیمای paymāy(pey.-) [= پیما، از
پیمودن = پیماییدن] (إفا.)درترکیب
بجای«پیماینده» آیدبمعانی‌ذیل: ۱-پیدا
کنندهٔ اندازهٔ هرچیز، اندازه گیرندهٔ
اشیا، سنجنده، کیال: زمین پیمای،
سخن پیمای. ۲ - راه رونده،طی‌کننده:
آسمان‌پیمای، بحرپیمای، جهان‌پیمای،
راه پیمای، رود پیمای. ۳ - نوشنده ،
خورنده : باده پیمای، قدح پیمای ،
جام پیمای.

پیمایش paymāy-eš(pey.-)
(إمص. پیمودن، پیماییدن) ۱ - عمل
پیمودن، اندازه گیری:
«میان‌دوصد چاهساری شگفت
به‌پیمایش اندازه نتوان گرفت.»
(شا.،لغ.)
۲ - مساحت.

پیمایشگر p.-gar (ص شغل.) ۱ -
اندازه گیر. ۲ - مساح. ۳ - مهندس.

پیمایندگی paymāy-anda(e)g-ī
(pey-) (حامص.) حالت و کیفیت
پیماینده(ه.م.)

پیماینده paymāy-anda(-e)(pey-.)
(إفا. پیمودن، پیماییدن) ۱ - آنکه
پیماید، آنچه اندازه گیرد. ۲-آنکه
آشامد، نوشنده (شراب‌وماننداَن). ۳ -
(ریاض.) عاد: «هرگاه‌که‌اندازه‌ای‌دیگر
اندازه‌هارا بپیماید بازها، واوراسپری
کندچنانکه چیزی‌نماند، آن‌پیماینده‌را
جذر خوانند.» (التفهیم، لغ.)

پیمایی paymāy-ī(pey.-) [پیمای
+ی، پس.حامص.] (حامص.)درترکیب
آید، عمل پیماینده: آسمان پیمایی،
بادپیمایی، بحرپیمایی، قدح‌پیمایی.

پیماییدن paymāy-īdan(pey-) [=
پیمودن] (مص‌م.) (پیماید، پیماید،
خواهد پیماید، بپیمای، پیماینده،
پیماییده، پیمایش) پیمودن (ه.م.):
«همی‌خواهم‌ای داور کردگار!
که چندان امان یابم‌ازروزگار،»
«که‌از تخم ایرج یکی نامور
ببینم ابرکینه بسته کمر...»
«چودیدم چنین زان سپس شایدم
کجا خاك‌بالا بپیمایدم.»
(شا.، بخ۱: ۹۳، لغ.)

پیمبر payam-bar(payom.-)
[= پیامبر = پیغامبر = پیغمبر]
(ص‌فا.، إمر.) ۱ - رسول، پیغام‌برنده،
خبر برنده:

«پیمبر فرستاد نزدیك شاه
گرانمایگان برگرفتند راه.»
(شا.، بخ۸ : ۲۳۵۰)

۲ - فرستادهٔ خدا، رسول، پیغمبر، نبی:
«پیمبر (خضر) سوی آب‌حیوان کشید
سر زندگانی بکیوان کشید.»
(شا.،لغ.)

۳-(اخ) پیغمبر اسلام، محمدبن‌عبدالله‌ص :
«گرسوی آل‌مردشود مال‌او، چرا
زین آل‌او نشدز پیمبر شریعتش؟»
(ناصرخسرو)

|| ~ **تازی.** محمدبن عبدالله‌ص ↓ .
|| ~ **عربی** . محمدبن‌عبدالله‌ص ↑ .
|| ~ **مختار.** محمدبن عبدالله‌ص . ↑

پیمبرزادگی p.-zāda(e)g-ī [= پیغمبرزادگی] (حامص.) فرزند پیمبر بودن:
«چوکنعان راطبیعت بی‌هنر بود
پیمبر زادگی قدرش نیفزود.»
(سعدی،لغ.)

پیمبرزاده p.-zāda(-e) [= پیغمبر زاده] (اِمر.) فرزند پیغمبر، ازاولاد پیامبر.

پیمبرصفت p.-sefat [ف.-ع. = پیغمبرصفت] (ص‌مر.، اِمر.) آنکه‌دارای صفت وسیرت پیامبر است:
«تویی سایهٔ لطف حق برزمین
پیمبر صفت، رحمة‌العالمین.»
(سعدی،لغ.)

پیمبری payam-bar-ī (payom.-) [= پیغمبری = پیغامبری — پیامبری] ۱- پیام آوری، خبربری، رسالت. ۲ - پیغمبری، نبوت، رسالت:
«گرچه محمد پیمبری بعرب یافت
صبح کمالش زحد شام برآمد.»
(خاقانی)

پیمودگی paymūda(e)g-ī (حامص.) حالت وکیفیت پیموده (هـ.م.)

پیمودن paym-ūdan (pey.-) [=
پیمایدن، است. mā) *paiti+mā
اندازه گرفتن) ، په. patmutan]
(مص‌م.) (پیمود، پیماید، خواهدپیمود، بپیما(ی)، پیماینده، پیموده، پیمایش) ۱ - اندازه گرفتن (مطلق)، پیمایدن: «رای هند را ندیمی بود هنرپرور ... که هنگام محاوره در دامن‌روزگار پیمودی ... » (مرزبان‌نامه‌جا.۱تهران ۱۳۰) ۲ - باگز و ذراع وارش‌چیزی راا ندازه‌گرفتن، ذرع کردن، گز کردن: « وآنرا اساس‌انداخته‌وبطناب پیموده، بر شاهزادگان و امرا قسمت‌کردند.» (ظفرنامهٔ یزدی۲ : ۳۸۶) ۳ - کیل کردن، اندازه‌گرفتن‌با پیمانه، پیمانه کردن: «. . . و دو قفیز داردکه بدو طعام پیماید: یکی‌کمترو یکی‌بیشتر.» (بلعمی، لغ.)
« شایدآنگه کزین جوال بکیل
اندك اندك برو بپیماید . »
(ناصرخسرو)

۴ - مساحت‌کردن، مساحی‌کردن : « و آن وقت عدل آن بودکه‌هر سالی زمین بپیمودندی وازآبادانی‌خراج گرفتندی و از ویرانی‌نگرفتندی.» (بلعمی ،لغ.)

۵ - آشامیدن، نوشیدن(باده،شراب...):
هنوز از فزونی زمی شاد کام
نپیموده بدشاه با ماه جام . »
(شا.، لغ.)

۶ - آشامانیدن ، خورانیدن (می ، شراب...):
«بپیمود ساقی می و داد زود
تهمتن‌شدازدادنش‌شاد زود.»
(شا.، لغ.)

۷ - طی‌کردن (طریق)، سپردن (راه)، قطع‌کردن (مسافت)، بریدن:
« وز ارمنیه تا در اردبیل
بپیمود بینادل و بوم گیل .»
(شا.، بخ۸: ۲۳۱۴)

«و صیدکنان منازل و مراحل پیموده بولایت کرج درآمد.» (ظفرنامهٔ یزدی ۲ : ۳۷۱) ‖ **آب بغربال ـــ**. کاری بیحاصل کردن :
«کان‌چاره‌چوسنبیدن کوهست‌بسوزن
وان‌حیله چوپیمودن آبست‌بغربال.»
(معزی)

‖ **باد ـــ**. کاری‌بیحاصل‌و بی‌نتیجه کردن:
«تو تامی‌باد پیمایی شب و روز
در این خانه برآمد سال‌هفتاد.»
(ناصر خسرو)

‖ **ـــ بگرز**. گرز زدن بر، آزمودن که‌تاب گرزخوردن دارد:
«هنوز اندرآورد نبسودمش
بگرز دلیران نپیمودمش.»
(شا.،لغ.)

‖ **ـــ جواب**. پاسخ دادن:
«برسخن لب‌گشوده‌خاموشی
برسؤالش جواب پیمایم.»
(ظهوری، لغ.)

‖ **ـــ رزم**. رزم کردن، جنگیدن:
«مرا نیز هنگام آسودنست
ترا رزم بدخواه‌پیمودنست.»
(شا.،لغ.)

‖ **ـــ چرخ(گردون)روزگار (عمر،سال) برکسی**. او را به پیری رسانیدن:
«ای پیر! نگه کن‌که چرخ برنا
پیمود بسی روزگار بر ما.»
(ناصرخسرو،لغ.)

«مه ده یکی پیر بدنامجوی
بسی‌سال‌پیموده گردون بدوی.»
گرشا.، لغ.)

‖ **ـــ خاك**. سر بخاك‌گذاشتن برای سجده و عبادت:
«بیك هفته در پیش یزدان پاك
همی با نیایش بپیمود خاك.»
(شا.، لغ.)

‖ **ـــ رنج**. رنج‌بردن، رنج کشیدن:
«مرا چون مخزن‌الاسرار گنجی
چه باید در هوس پیمود رنجی؟»
(نظامی، لغ.)

‖ **ـــ روزی**. گذشتن روزی بر شخصی:
«وگرنه من ایدرهمی‌بودمی
بسی با شما روز پیمودمی.»
(شا.، لغ.)

‖ **ـــ سالی**. گذشتن‌سالی برشخص:
«باندیشه‌گفت: ای جهاندیده زال!
بمردی بی‌اندازه پیموده سال!»
(شا.، لغ.)

‖ **ـــ سخن**. سخن‌گفتن:
«بدانست‌کو این سخن جز بمهر
نپیمود با شاه خورشید چهر.»
(شا.، لغ.)

‖ **ـــ بالای(قامت) شب**. بروزآوردن شب:
«برفت و بپیمود بالای شب
پر اندیشه‌دل، پر زگفتارلب.»
(شا.، لغ.)
«چشم‌خونین‌همه‌شب قامت‌شب‌پیمایم
تا زخونین‌جگری لعل قباآرایم.»
(خاقانی، لغ.)

‖ **ـــ شبی**. گذشتن شبی برشخص ← پیمودن روزی. ‖ **ـــ عمر**. اندازه گرفتن عمر:
«چو پیمانهٔ تن‌مردم‌همیشه‌عمرپیماید
ببایدزیر پیمودن‌همان یك‌روزپیمانه.»
(کسائی، لغ.)

‖ **مهتاب بگز ـــ، مهتاب ـــ**. کار بیحاصل کردن، کار بیهوده‌کردن:
«بنعل دلدل او چون‌رسد مه نوتو؟
روای‌سپهر ومپیمای‌بیش‌ازین‌مهتاب.»
(وحشی ۱۶)

پیمودنی (-.paymūdanī(pey (ص لیا.) درخورپیمودن. **۱** - آنچه بکیل

٩٦٩ پینو

در آید، مانند گندم و جو. ۲ - آنچه قابل نوشیدن باشد مانند شراب، عرق وجز آن.

پیموده (pey-e) paym-ūda (إمف.)
۱ - با پیمانه سنجیده، مکیل: «اکتیال، پیموده فاستدن.» (تاج المصادر بیهقی، لغ.): «زمان ازدهر بحرکات فلک بحرکات پیموده است که نام آن روز وشب و ماه وسال وجز آنست، ودهر زمان ناپیموده که مراورا آغاز وانجام نیست.» (جامع‌الحکمتین ۱۱۸) ۲ - طی کرده، سپرده:
«زخاور همی آمد این، آن ز روم
بسی یافته رنج وپیموده بوم.»
(گرشا.، لغ.)

پیموده شدن p.-šodan [← پیموده] (مص‌ل.) گذشتن، سپری شدن:
«پیموده شد ازگنبد برمن چهل ودو
جویای خرد گشت مرانفس سخنور.»
(ناصرخسرو، لغ.)

پین pīn (بنا.) ۱ - مقداری بپهنای یک آجر: «یک پین باید این زمین راکند.» (لغ.) ۲ - ریختگی وگلی که درقنات پیدا شود ومانع جریان وزهیدن آب گردد. ‖ پین پین برداشتن. تنقیهٔ کاریز از پین.

پی‌ناک pay-nāk (pey.-) (ص‌مر.) دارای پی، دارای عصب، پی‌دار: «عصب‌اللحم، پی‌ناک شدن گوشت.» (منتهی‌الارب، لغ.)

پینره pīnere (إ.) (گیا.) گیاهی[1] زینتی ازتیرهٔ مرکبان[2] جزوگونه‌های سینره[3]. گلهایش کاملا شبیه سینره است منتهی قدری کوچکتر و برگهایش نیز درازتر (بیضوی شکل) وتقریباً بدون بریدگی است؛ ارنیکا، ارنیکای کوهی، خانق‌الفهد، ارنیکای جبلیه، تنباکوی کوهی، داغ توتونی، داغ‌کستره‌سی، اوکوزگوزو، دخان‌الفوخ.

پینک pīn-ak (إمصغ.) (عم. زنان)
۱ - پیشانی خرد، پیشانی ناچیز. ۲ - (مج.) بخت، اقبال: «این پینک بسوزد.» (این بخت منست که موجب این همه مصیبتهاست) (لغ.)

پینکی pīnak-ī (إمر.) (عم.) حالتی که برای شخص خواب گرفته ـ نشسته یا ایستاده ـ دست دهد که سرش پیاپی فرود آید ازخواب وسپس ازخواب جهد وسر راست کند؛ چرت، سنه:
«افتاد همچو جوز مقشر بگاه چرت
ازآستین وپاچهٔ تنبان پینکی.»
(آنند.، لغ.)

پینکی رفتن p.-raftan (مص‌ل.) چرت زدن، پینکی زدن.

پینکی زدن p.-zadan (مص‌ل.) چرت زدن، پینکی رفتن:
«مانند چراغی که بود کم روغن
ازاول عمر پینکی زد تامرد.»
(باقر کاشی، آنند.، لغ.)

پینکی زن p.-zan [= پینکی‌زننده] (ص‌فا.) چرت زن:
«ریزد ز دهانش آب‌حیوان
گرددهرگاه پینکی زن.»
(باقر کاشی درتعریف مرغابی، آنند.، لغ.)

پینگ‌پونگ

پینگ پونگ pīng-pong [انگ.، فر. ping-pong] (إ.) ورزش وبازیی است که توسط دوتن روی میز مخصوص که وسط آن دارای توراست با دوراکت چوبی ویک توپ سبک وزن انجام میشود وآن قسمی تنیس رومیزی است.

پینو pīnū [= بینو = پینوک، طبر. binu، ماز. patyu ، patu]

۱- Cinérariac ernua (لا.), arnica montana (لا.)
۲ - Composées (فر.) ۳-Cinéraire (فر.)

پینه دوز

(ا.) دوغ ترش که خشک کرده باشند، کشک، قروت، ترف:

«نیکی بگزین وبد بنادان ده !
روغن بخر و جدا کن ازپینو.»
(ناصرخسرو ۳۸۰)

پی‌نوشت pay-nevešt(pey.-) ۱ - [= پی‌نوشتن](مص‌خم.) (ادا.) نوشتن درپی‌چیزی. ضح. - فرهنگستان این کلمه را بجای لفظ apostille (فر) اختیار کرده؛ و آن‌دستوری است که رئیسهای اداره‌ها درپایین نامه‌ها نویسند. ۲ - [= پی‌نوشته] (ص‌مف.) بدنبال چیزی‌نوشته شده. ۳ - (ادا.) نامه‌ای که درتعقیب نامهٔ قبلی نویسند.

پینوک pīnūk [= پینو] (ا.) پینو (ه.م.)

پینووا p.-vā [← پینو، وا = با = ابا] (إمر.) آش کشک، آش قروت.

پینه pīna(-e) (ا.) ۱ - رقعه‌ای که برجامه یا کفش دریده وجز آن‌دوزند؛ وصله، پاره، درپی، درپه، دژنگ، باز افکن. ۲ - (پز.) برجستگیهای پوستی[1] که بیشتر در کف دست وبن انگشتان وکف پا براثر ازدیاد طبقات اپیدرم بوجود میآید. علت این امر تماس‌وکار وفشار زیادتر آن نقطهٔ اپیدرم است؛ ستبریی که‌در پوست کف دست و پای، زانو وغیره ازکار یا رفتن پدید آید؛ شوغ، شغ، شغه، شوخ، سرو، کبره:

«برزبان ذکر وخاتمش بیمین
سبحه دردست وپینه بارجبین.»
(مجموعهٔ دهخدا ۵، دروصف‌امام‌ده)

۳ - (کشا.) عمل پینه زدن (ه.م.)، پینه جلو بردن (ه.م.)

پی‌نهادن pay-na(e)hādan(pey.-) (مص‌ل.) ۱- قدم گذاردن، فراتررفتن:

«چو از نامداران بپالود خوی
که‌سنگ‌از سرچاه‌ننهادپی...»
(شا.،لغ.)

۲ - پاگذاشتن، مستقر شدن:

«بهرتختگاهی که بنهاد پی
نگهداشت آیین شاهان کی.»
(نظامی،لغ.)

پینه انداختن p.-andāxtan (مص‌ل.) پینه‌کردن، وصله‌کردن، درپی‌زدن.

پینه برآوردن p.-bar-āva(o)rdan (مص‌ل.) تولیدشدن پینه وشوخ‌وکبره.

پینه بستن p.-bastan (مص‌ل.) کبره بستن (← پینه۲)، شوغ بستن:

«پینه بسته است جفتهٔ هر دو
بسکه ازحکه‌کون بکون زده‌اند.»
(محسن وضیحی، آنند.، لغ.)

|| ~ بر پیشانی. ازکثرت‌نماز گزاردن وسر برمهر نهادن ایجاد شدن پینه در پیشانی. || مثل‌زانوی‌شتر ~ . سخت پینه‌دار شدن.

پینه بسته p.-basta(-e) (ص‌مف.) ۱ - کبره بسته، شوغ بسته، ایجاد پینه‌شده (← پینه‌بستن). ۲ - نرم ظاهر سخت باطن:

«دلهای پینه بستهٔ ابنای‌روزگار
ازناخن پلنگ کندجوی‌خون‌روان.»
(صائب،لغ.)

پینه جلو بردن p.-ǰolo-bordan [ف.-تر.] (مص‌م.) ← پینه زدن.

پینه دوز p.-dūz [= پینه دوزنده ← پینه] ۱ - (ص‌فا.) آنکه کفشهای دریده را وصله‌واصلاح کند؛ پاره دوز رقعه دوز:

«گربغریبی فتد از شهر خویش
سختی ومحنت نبرد پینه دوز.»
گلستان. فر. ۱۰۶

۲ - (جا‌ن.) قسمی حشره ← کفشدوز.

۱- Callosité (فر.)

پینه دوزی p.-dūz-ī (حامص.) عمل وشغل پینه دوز (ه.م.)؛ پاره‌دوزی ↓ .

پینه دوزی کردن p.-d.-kardan (مص‌ل.) پاره دوزی کردن:
«پینه دوزی میکنی اندر دکان
زیر این‌دکان توباشد دوکان.»
(مثنوی.خاور۲۵۶)

پینه زدن p.-zadan (مص‌م.) ۱ - وصله کردن؛رقعه‌دوختن (کفش‌وغیره):
«دلق صدرنگ نماید بنظر مردم را
بسکه عشاق توبرجامهٔ...پینه زنند.»
(علی‌خراسانی،آنند.،لغ.)
۲ - (مص‌ل.) سخت‌شدن پوست کف‌دست ویا وزانو وغیره‌براثر کار ورفتن، پینه بستن (ه‌م.) ۳ - (مص‌م.)(کشا.) گود کردن مجرای قنات درصورتیکه قنات خشك شود. پس‌از «گمانه زدن» قنات درصورتیکه بآب نرسد مجرای قنات‌را گودتر کنند.

پینه زده p.-zada(-e) (ص‌مف.) وصله کرده، رقعه دوخته، درپی کرده، پیوند بست.

پینه‌کار p.-kār (ص‌شغل.) وصله‌کننده، رقعه دوزنده ، وصال.

پینه‌کاری p.-kār-ī (حامص.) عمل وشغل پینه کار (ه.م.)، وصالی.

پینه‌کردن p.-kardan ۱- (مص‌م.) وصله‌کردن، درپی کردن، رقعه‌دوختن . ۲ - (مص‌ل.) سخت شدن‌پوست کف دست ویا، سینه ، زانو و غیره بسبب تماس ، کار بسیار وراه رفتن مدام:
«یکی مشت در کارم ازکینه‌کرد
که همچون شترسینه‌ام پینه‌کرد.»
(یحیی‌کاشی،آنند.، لغ.)

۱ - پیو piyū (إ.) پارهٔ‌گل خشك شده، کلوخ .

۲ - پیو piyū [درسواحل‌جنوب‌ایران piyūk] (إ.)۱-(پز.) کرمی است‌مانند قیطان که زیر پوست و روی عضلات‌در مواضعی‌که عصب‌زیادتر است‌تولیدشود، وطول‌آن گاهی به۵۷ سانتیمترمیرسد. سلمانیها وقصابان محلی مهارت دارند که آنرا بدون پاره شدن کرم از زیر پوست خارج کنند. بدین ترتیب که وقتی از محلی‌که سراین کرم در زیر پوست واقع است، روی پوست جوش یا تاولی ایجاد شود، آن جوش یاتاول‌را شکافند وسر کرم‌راازروی‌پوست‌باندازهٔ یکی دو سانتیمتر خارج کنندوآنرادور چوب‌کبریتی پیچند و چوب‌کبریت را بهمان حالی که کرم دور آن پیچیده شده روی زخم‌گذارند تاروز بعدمجدداً آنرا بازکنند وچند سانتیمتراز آنرا بیرون‌کشند، وبازدورهمان‌چوب‌کبریت پیچند و رها کنند. این عمل چند روز تکرار شود تابتدریج همهٔ‌کرم از زیر پوست خارج شود. اگر درحین عمل یا بی‌دقتی مریض کرم- که قسمتی ازآن خارج شده- پاره شود و سرپارگی آن زیرپوست‌باشد ، بعلت ترشحاتی که از بدن کرم زیر پوست‌خارج گردد،محل کرم بادکندوبسیاردرد آوردوخطرناك باشد . این کرم دربدن ساکنان بنادر جنوب ایران‌مخصوصاً اطراف‌لارستان، بندرلنگه وبندرعباس‌شیوع‌دارد؛ پیوك، نارو، رشته. ۲ - (پز.) مرضی‌که‌براثر آن کرم مزبور ↑ تولید شود.

(۱ - پیواز) pay-vāz [إستا. paiti-vač*، گفتن؛ پهـ. patvāčak، جواب، پهـ. تورفان padvaz] ـــــ کردن. اجابت‌کردن:
«باومید رفتم بدرگاه اوی
امید مرا جمله پیوازکرد.»
(بهرامی،لغ.)
ضح. - ممکن است این کلمه مبدل یا

مصحف «پتواز» باشد.

۲-پیواز (-.pey) pay-vāz] ← بیواز (خربیواز)] (اِ.) (جا ن.) خفاش، شب‌پره، مرغ مسیحا:

«درجهان روح کی گنجد بدن؟
کی شود پیواز همفر همای؟»
(مولوی، لغ.)

پی و پاچین (-.pay-o-pāčīn(pey (اِمر.) (عم.) پی و بنیان، شالده. ‖ **خانهٔ ~ در رفته.** خانهٔ از پای بست ویران (لغ.) ‖ **رطوبت در ~ این بنا نفوذ کرده است.** سخت نمناک گشته است (لغ.)

پی و پا درست pay-o-pā-dorost (-.pey) (صمر.) (عم.) دارای بنیادی محکم و استوار.

پی و پخش (-.pay-o-paxš(pey (اِمر.) تاب و توان، تاب وطاقت، پاو پر (ه.م.):

«بدین رخش ماند همی رخش اوی
ولیکن ندارد پی و پخش اوی.»
(شا. بخ ۲: ۴۹۸)

پی و تاو (-.pay-o-tāv(pey (اِمر.) تاب و توان، پی و پخش.

پیوره piyore [فر. pyorrhé] (اِ.) (پز.) بیماری نسوج اطراف طوق و ریشهٔ دندان[1] که بیشتر با تحلیل لانهٔ دندان[2] و لثه و خروج چرک از پای دندان همراه است و در بعضی حالات جریان چرک وجود ندارد. این حالت آنرا پیورهٔ خشک نامند. در اکثر موارد این مرض با احتقان[3] شدید لثه و خارش و سوزش همراه است و بندهای دندان[4] نیز انسجام و استحکام خود را از دست میدهد بطوریکه دندان در داخل لانه‌اش شل میشود و تکان میخورد. درحالاتی که لثه محتقن باشد در موقع شستن دندانها از لثه خون جاری میگردد. پیدایش این مرض بواسطهٔ چندین علت است: یکی عدم تعادل متابولیسم[5] بدن، دیگر عدم تعادل هورمونهای داخلی، سوم نتیجهٔ بعضی امراض عفونی عمومی از قبیل سیفیلیس و سل و حصبه، چهارم حملهٔ موضعی برخی میکربها (از قبیل استرپتوکوک و استافیلوکوک و کلی باسیل و غیره) بنسوج اطراف دندان و مخاط دهان، پنجم عدم تطابق صحیح دندانها وطرز تغذیه و عادت بیک‌طرف جویدن غذا و نشستن مرتب دندانها از عوامل مهم ایجاد این مرض است و همچنین جنس و نژاد و سن در ایجاد آن مؤثر است.

پیوس piyūs [= بیوس؛ په. پارتی - paδbōs، په. تورفان - pyws، امیدوار بودن، اشتیاق داشتن] (اِ.) **۱-** انتظار، امید:

«با عقل کاردیده بخلوت شکایتی
میکردم از نکایت گردون پرفسوس،»
«گفتم زجور اوست که ارباب فضل را
عمر عزیز میرود اندر سر پیوس.»
(ابن یمین، لغ.)

۲- طمع، توقع.

پیوست (-.payvast(pey] ← پیوستن] **۱-** (مص‌خم.) پیوستن، الحاق، اتصال: «چندانکه شربت مرگ تجرع افتد... هر آینه بدو باید پیوست.» (کلیله، لغ.) **۲-** (اِمف.، ص.ق.) پیوسته، همیشه، دایم، مدام، دایماً:

«معشوق بتی که هست پیوست
عشقش چو زمانه پرعجایب.»
(انوری. مد. ۳۳)

---

۱ - Paradentite (فر.) ۲- Alvéole dentaire (فر.)
۳- Congestion (فر.) ٤- Ligaments alvéolo-dentaire (فر.)
٥- Métabolisme (فر.) ٦- Articulation (فر.)

۳ ـ متصل به : « اگرچیزی بویا را پیوست‌مجرای‌بینی‌بازنهی...»(مصنفات باباافضل۲: ۴۲۰) ‖ ـــ بودن با... : متصل بودن با... :
«مملکت راایمنی‌باعمراو پیوست‌بود
ایمنی آمدبسرچون‌عمراوآمدبسر.»
(معزی، لغ.)

‖ ـــ نامه. ضمیمهٔ آن.

پیوست کردن p.-kardan (مص‌م.) ۱ ـ منضم ساختن، ضمیمه کردن. ۲ ـ پیوندکردن (چنانکه درخت‌را) :
«درخت عیش‌ما پیوسته‌بار آردبرمحنت
کندگربوستان‌پیرا زشاخ‌خلدپیوستش.»
(علی‌نقی کمره‌یی. لغ.)

پیوستگی payvastag-ī(pey.-) [=پیوسته] (حامص.) ۱ـ چگونگی پیوسته، اتصال، اتحاد؛ مق. گسستگی، گسیختگی، انقطاع: «گمان‌نیست که‌صورت جسم نه‌این‌سه‌اندازه‌است که‌آن‌پیوستگی است که پذیرای آن توهم است ... ، و آن صورت پیوستگی است لامحاله ، که اگرهستی جسم گسستگی بودی ، این‌ابعاد سه‌گانه را اندر وی نشایستی توهم کردن .» (دانشنامه. الهی ۱۵) ۲ـ مواصلت کردن، دخترگرفتن‌ودختر دادن ← پیوستگی کردن. ۳ـ (نج.) اتصال دوکوکب؛ مق. انصراف (التفهیم ص قمه). ۴ـ نظم، انتظام :
«چو این کرده باشد که‌کردیم یاد
سخن را بپیوستگی داد داد.»
(شا.، لغ.)

۵ ـ استمرار ، دوام ، بقا :
«شادیش باد وکامروایی ومهتری
پایندگی سعادت وپیوستگی ظفر.»
(فرخی، لغ.)

‖ ـــ بااختر (کوکب). (احکا. نج.) بزعم‌قدما هرکس‌را درآسمان‌اختریست که‌طالع‌اوباآن‌اخترمطابقت دارد. این اختران‌که در زندگانی بشر مؤثرند ، دارای امزجهٔ خاص و شکل و کیفیت مخصوصی هستندکه آن امزجه واشکال و کیفیات در زندگانی صاحب طالع مؤثر است ، مثلا مریخ را طبعی گرم وخشك بافراط و رنگی‌سرخ‌است، وشکل‌وکیفیتش‌درازی وخشکی‌ودرشتی آنست ، وهرکس که بامریخ پیوستگی داشته باشد متهور و بی باك و لجوج و زودخشم‌گردد (فرهنگ مثنوی ۲ : ۳۸۶ـ۷) :
«هرکرا با اختری پیوستگی‌است
مرو را بااختر خود هم‌تگی‌است.»
«طالعش گر زهره باشد در طرب
میل کلی دارد و عشق و طلب.»
«وربود مریخی خون ریز خو
جنگ وبهتان وخصومت‌جوید او.»
(مثنوی. نیک. ۱ : ۴۶)

پیوستگی‌ساختن p.-sāxtan (مص ل.) وصلت کردن ، مواصلت کردن ، پیوستگی‌کردن :
«بخون نیز پیوستگی ساختم
دل ازکین ایران بپرداختم.»
(شا.، لغ.)

پیوستگی کردن p.-kardan (مص ل.) وصلت کردن ، مواصلت کردن ، پیوستگی ساختن : «درنامه‌ای‌که زال همی نویسد بسام نریمان بمازندران ، در آن حال که با رودابه دختر شاه کابل پیوستگی خواست کرد.»
(چهارمقاله ۷۶)

پیوستن payvastan(pey.-)[است. patvastan ، *paiti-band (پیوست ، پیوندد ، خواهد پیوست ، بپیوند، *، پیوندنده، پیوسته) ۱ـ (مص م.) متصل کردن ، اتصال دادن ؛ مق. گسستن ، گسیختن ، گسلیدن، انقطاع:
«تاسه‌شبانروز صبوح بغبوق وغذا بعشا

پیوستند.» (سلجوقنامهٔ ظهیری ۱۲) ۲- افزودن،ملحق کردن، ضمیمه‌ساختن؛ مق. کاستن ، کاهیدن : «گفت: من‌چیز دیگر براین پیوندم .» (بیهقی . اد . ۱۰۱ ، لغ.) ۳- برقرارساختن، برقرار کردن : «احمدگفت : کار ازین درجه گذشته است ، صواب آنست که من پیوسته‌ام...» (بیهقی . اد . ۳۵۵،لغ.) ۴- برشتهٔ نظم کشیدن ، بشعردرآوردن:

«اگرچه نپیوست (دقیقی) جزاندکی
ز بزم و ز رزم از هزاران یکی...»

(شا.، بخ ۶ : ۱۵۵۵)

۵- بزنی دادن، بزوجیت‌دادن:

«مر اورا بپیوست با شاه نو
نشاند از برگاه چون ماه نو.»

(شا.،لغ.)

۶ - (مصل.) متصل گشتن، ملحق‌شدن: «طغرلبك بولایت طوس بود از برادر چغربیك جدا ، مسعود خواست که ... نگذاردایشان‌بهم‌پیوندند.»(سلجوقنامهٔ ظهیری ۱۵) ۷ - (فل.) اتصال اجزای جسم : «پیداکردن حال اجسام‌که‌چون پیوندند چگونه‌شاید بوند؟»(دانشنامه. الهی ۱۱۹) . ۸ - (نج.) اتصال؛ مق. انصراف: «اتصال‌پیوستن‌است‌وانصراف بازگشتن ، و این هردو با نگریستن باشند ...» (التفهیم ۴۷۵) ۹- وصول، رسیدن ، واصل شدن :

« کسی را نبد با جهاندار تاو
بپیوست ازهرسویی باژ و ساو.»

(شا.،لغ.)

۱۰- وقوع یافتن ، واقع‌شدن ، حادث گشتن . ۱۱- آمیختن ، یار شدن ، معاشرت کردن :

«گویند نخستین سخن از نامهٔ پازند
آنست که با مردم بداصل مپیوند.»

(لبیبی،لغ.)

۱۲ - وصلت کردن ، همسر شدن : «مرزبانشاه بساعتی مبارك بوی(عروس) پیوست...» (سمك عیار ۱:۷) ‖ ~ آفرین (دعا ، نیکویی ، بزرگی، معذرت، تکبیر) . آفرین (دعا ، ...) بتقدیم رسانیدن: «مردچون این‌جوابها بشنید، بروی آفرین پیوست .» (سندبادنامه ۹۵،لغ.)«چون‌بنشست‌ازامیرالمؤمنین سلام برسانید و دعای نیکو پیوست .» «بیهقی . اد . ۴۳ ، لغ.) : «قابوس‌از تخت فرود آمد و چندگام ابوعلی را استقبال‌کرد ... و بزرگیها پیوست...» (چهار مقاله ۱۲۲-۳) ‖ ~ جشن . جشن گرفتن ، سور وسرور برپا کردن: «جمله شادیها کردند و صدقه‌ها دادند و قربانها کردند و جشنها پیوستند.» (چهار مقاله ۱۱۷) ‖ ~ جنگ . درگرفتن جنگ ، آغاز شدن پیکار :

« بپیوست جنگی کز آن سان نشان
ندادند گردان و گردنکشان .»

(شا.،لغ.)

‖ ~ داستان. بنظم‌درآوردن‌داستان:

« زگفتاردهقان یکی‌داستان
بپیوندم از گـفتهٔ باستان.»

(شا.،لغ.)

‖ ~ سخن(گفتار...) . آغاز سخن کردن، درحدیث‌آمدن: «ایستادم و از طرزی دیگر سخن پیوستم ستودن عجم راکه این‌مردك از ایشان‌بود.»(بیهقی. اد . ۱۷۱، لغ.)

« بدوگفت: نزد دلارام شو!
بخوبی بپیوند گفتار نو! »

(شا ، لغ.)

‖ ~ صلح. برقرار کردن‌صلح،سازش پدیدآوردن:

«جنگی که‌توآغازی،صلحی که‌توپیوندی شوری که توانگیزی،عذری که تو پیش آری.» (منوچهری.د.چا۲۰ : ۱۰۳)

‖ ~ قصد برکسی . آهنگ آزار او

کردن : « وچون دیگری برو قصدی پیوندد، از روی مروت و حمیت واجب آید آن قصد را دفع کردن.» (سندبادنامه ۳۲۴) ‖ ~ کاری. انجام دادن آن: « اگر در آن وقت سکونت را کاری پیوستند، اندر آن فرمانی از آن خداوند ماضی نگاهداشتند .» (بیهقی ، لغ .)

‖ ~ **نامه** . ۱ - بنظم درآوردن آن:

« بپیوستم این نامه بر نام اوی
همه مهتری باد فرجام اوی .»
(شا.، لغ.)

۲ - پیاپی رسیدن مراسله و مکتوب :

« بپیوست نامه ز هر کشوری
زهر نامداری وهر مهتری.»
(شا. بخ. ۲۴۴۷)

‖ ~ **نسل** . زاد و رود یافتن، فرزند و تبار یافتن : « خدای تعالی همه را زنده کرد و بشهر بازآمدند و نسلشان پیوست... » (مجمل التواریخ ، لغ.)

‖ ~ **مقاومت** . پایداری کردن: «اگر شجاع نبودی ، هیچ کس با سپاه دیو وپری مقاومت نپیوستی.» (سندبادنامه ۳۲۱ ، لغ.) ‖ ~ **وصال** . آشنا شدن، مصاحب گردیدن :

« وی امسال پیوست با ما وصال
کجا داندم عیب هفتاد سال .»
(سعدی ، لغ.)

پیوستنی payvastan-ī(pey.-)

(ص لیا.) لایق پیوستن ، درخور اتصال، آنکه پیوستن تواند .

پیوسته payvasta(pey.-te)

[← پیوستن] (امف.) ۱ - متصل ، بهم بسته، بلافصل، ملحق، لاحق ؛ مق. گسسته، گسیخته: « جنیانجکث ، قصبهٔ تغزغزست... ومستقر ملک است وبحدود چین پیوسته است . » (حدود العالم ، لغ.) ضح .- فرهنگستان این کلمه را بمعنی متصل (continu) برگزیده.

۲ - (ق.) دایم، همیشه، مدام، همواره، لاینقطع : «کسی است که پیوسته با تو بود.» (کشف الاسرار ۲ : ۵۰۱)

« از جاه عشق و دولت رندان پاکباز
پیوسته صدر مصطبه‌ها بود مسکنم.»
(حافظ ۲۳۶)

۳ - (ص.، اِ.) خویش ، خویشاوند ، نزدیک، قریب. ج. پیوستگان: «کس فرستاد و عبدالملک و حبیب و مروان برادران یزیدبن مهلب بودند ، همه بیاوردند و بند کردند و آن کسان نیز که پیوستهٔ او بودند.» (بلعمی ، لغ.)

« ز پیوستگانم هزار و دویست
کز ایشان کسی را بمن راز نیست.»
(شا.، لغ.)

۴ - مقرب، ندیم. ج: پیوستگان: «قصد این خاندان کرد و بر تخت امیران محمود و مسعود و مودود بنشست چون شد، وسرهنگ طغرل کش باوو پیوستگان او چه کرد.» (بیهقی . فیاض ۶۸۵، لغ.) ۵ - منظم، برشته کشیده (جواهر...):

« او هنردارد بایسته چو بایسته روان
او سخن راند پیوسته چو پیوسته درر.»
(فرخی. د. ۱۰۶۰)

۶ - برشتهٔ نظم کشیده، منظوم (← شاهد بالا، پیوستهٔ اول). ۷ - یک لخت ، یک پارچه، آنچه که اجزای وی بهم متصل باشد :

« نبینی ابر پیوسته برآید
چو باران زو ببارد، برگشاید.»
(ویس ورامین، لغ.)

۸ - (گیا.) پیوندخورده، پیوندشده:

« گهرشان بپیوند با یکدگر
که پیوسته نیکوتر آید ببر.»
(گرشا.، لغ.)

۹ - (پیشاهنگی) فرهنگستان این کلمه را بمعنی اعضای دایم پیشاهنگی

پذیرفته . ج . پیوستگان ۱. ‖ ~ خون. خویش نسبی ، کسی که از تخمه و نژاد شخص باشد :
« چو پیوستهٔ خون نباشد کسی
نباید برو بودن ایمن بسی.»
(شا.، لغ.)

پیوسته‌آمدن p.-āmadan (مصل.)
۱ - دایم آمدن، لاینقطع آمدن . ۲ - سر گرفتن، کرده شدن : « این کاری بزرگ است که می‌پیوسته‌آید.» (بیهقی. اد.۲۱۱،لغ.) ۳ - یك‌لخت و بی رخنه آمدن.

پیوسته ابرو p.-abrū [= پیوسته برو] (ص‌مر.) دارای ابروی متصل ، اقرن،مقرون‌الحاجبین.

پیوسته برو p.-barū [= پیوسته ابرو] (ص‌مر.) پیوسته ابرو (ه.م.)

پیوسته بپهنا p.-be-pahnā (ص مر. ، اِمر.) (نج.) اتصال درعرض؛مق. اتصال‌درطول: «آنست که‌هر دوستاره‌اند و یکی جهت- یاشمال یاجنوب-راست شوند، ودرجات عرض یك عدد باشند، آن وقت ایشانراپیوسته بپهنا گویند.» (التفهیم ۴۷۹)

پیوسته خشم p.-xa(e)šm (ص‌مر.) آنکه‌همواره‌خشمگین‌بود،غضبناك‌دایم: «مغداد، بسیار خشم از مرد و زن ، یا پیوسته خشم.» (منتهی‌الارب،لغ.)

پیوسته‌داشتن p.-dāštan (مص‌م.) مواظبت(لغ. بیهقی، پالغ.۳۸۵).

پیوسته دامان p.-dāmān (ص مر.) متصل دامان، متصل‌الذیل:
« نورست‌بخت‌روشنش،سردر گریبان‌تنش
چون‌سایه‌اندردامنش، پیوسته‌دامان‌بادهم.»
(خاقانی،لغ.)

پیوسته دندان p.-dandān (ص مر)آنکه دندانهایش بیکدیگرمتصل باشد،دارای‌دندانهای بی‌فاصله‌ومتصل.

پیوسته شدن p.-šodan (مص‌ل.) ۱- متصل‌شدن، مربوط‌شدن؛مق. گسسته‌شدن:
«وزان سوی پیوسته شد ده بده
بهرده یکی نامبردار مه .»
(شا.،لغ.)
۲ - دوام یافتن، طول کشیدن:
«چورزمش بدین‌گونه پیوسته شد
ز تیر دلیران تنش خسته شد .»
(شا.،لغ.)
۳ - دایم شدن، پیاپی شدن، علی‌الدوام شدن . ۴ - واصل‌شدن، رسیدن:
«زهرمرزپیوسته شد باژ وساو
کسی‌را نبد با جهاندار تاو.»
(شا.،لغ.)
۵ - بنظم درآمدن، منظوم شدن:
« حدیث پراکنده بپراکند
چوپیوسته شدجان ومغز آکند.»
(شا.،لغ.)
‖ ~ جنگ(رزم). درگرفتن جنگ ، آغاز شدن پیکار: «جنگی پیوسته شد، جنگی سخت‌بنیرو.»(بیهقی.اد.۴۶۶، لغ.) ‖ ~ کار. انتظام یافتن آن ، مستقیم شدن امر:
«بدانگه که پیوسته شد کارشان
بهم در کشیدند بازارشان .»
(شا.،لغ)
‖ ~ مهر(محبت). برسرمهر آمدن ، محبت یافتن:
« چومهر جهانجوی پیوسته شد
دل مرد آشفته آهسته شد .»
(شا.،لغ.)
‖ ~ نامه. رسیدن مکتوب:
«شدند آن زمین شاه‌را چاکران
چو پیوسته شد نامهٔ مهتران....»
(شا.،لغ.)

۱-Scouters (انگ.)

پیوسته ظفر p.-zafar [ف.-ع.] (ص‌مر.) آنکه همواره پیروز است، کسی که همیشه مظفر است:
«کامران باد همه‌ساله و پیوسته ظفر
بخت پاینده و دل تازه و دولت برناه.»
(فرخی.د.چا۲۰:۳۴۷)

پیوسته‌کار p.-kār (ص‌مر.) جلد، جلید (دستوراللغه،لغ.)

پیوسته‌کردن p.-kardan (مص‌م.) ۱ ـ متصل کردن، اتصال. ۲ ـ ملحق کردن، وصل کردن، دوسانیدن، چسبانیدن:
«بندیش نکو که این سه خط را
پیوسته که کرد یك بدیگر؟»
(ناصرخسرو ۱۵۴)
۳ ـ پیاپی کردن، علی‌الدوام کردن: «تدییم، پیوسته کردن عطا.» (تاج ـ المصادر،لغ.) ۴ـ منسوب کردن، مرتبط ساختن: «اول خویشتن را پیوسته‌کرد بآل طاهر بن حسین، واورا ولایت‌هری دادند.»(تاریخ‌سیستان،لغ.) ‖ ~ نامه (مکاتبت،رسول). نامه (رسول)فرستادن (پیاپی): «امیر سبکتگین. . . نامه‌ها ورسولان پیوسته کرد ببخارا وگفت: خراسان قرار نگیرد تا بوعلی ببخارا باشد.» (بیهقی،لغ.) «واز کوفه‌جماعتی نامه و رسول پیوسته کردند بخواندن حسین‌بن‌علی و بیعت کردند با او.» (مجمل‌التواریخ،لغ.)

پیوسته‌گردانیدن p.-gardānīdan (مص‌م.) ۱ـ متصل کردن، پیوسته کردن. ۲ـ پیاپی کردن، متواتر کردن:«ادرار، پیوسته‌گردانیدن عطا.»(تاج‌المصادر، لغ.)۳ ـ رسانیدن،ایصال:«پیوسته گردانند نبشتهٔ ترا در همه احوال بما.»(بیهقی. اد.۳۱۴، لغ.)

پیوسته‌گردیدن p.-gardīdan [= پیوسته‌گشتن] (مص‌ل.) ۱ ـ پیوسته شدن، متصل شدن، ملحق گردیدن. ۲ ـ متواتر شدن، پیاپی شدن: «چون خداوند را فتحها پیوسته گردد ...» (بیهقی. اد.۵۶۸، لغ.) ۳ـ رسیدن، واصل گردیدن: «برکات آن بمارسد، و بفرزندان ما پیوسته‌گردد.»(بیهقی.اد. ۲۱۱،لغ.)

پیوسته‌گری p.-gar-ī (حامص.) پیوندکردن،موافقت‌نمودن،پیوندگری:
«برده‌رضوان‌ببهشت ازپی‌پیوسته‌گری
ازتوهرفضله‌که‌انداخته‌بستان‌پیرای.»
(انوری. مد. ۴۴۳)

پیوسته‌گشتن p.-gaštan [= پیوسته گردیدن] (مص‌ل.) ۱ ـ متصل شدن:
«تیرتوپیوسته گشته باکمان وزبیم او
جسته‌جان از شخص‌اعدای‌توچون‌تیراز کمان.» (وطواط،لغ.)
۲ ـ متواتر شدن، پیاپی گشتن. ۳ ـ واصل شدن، رسیدن. ‖ ~ نامه (مکاتبت...). متواتر شدن نامه، پیاپی رسیدن آن: «پس از آن میان هر دو ملاطفات و مکاتبات پیوسته گشت.» (بیهقی،لغ.) «ونامه‌پیوسته گشت‌میان لیث وموفق.»(تاریخ سیستان،لغ.)

پیوسته گلبرگان payvasta-gol-barg-ān(pey-te) (إمر.) (گیا.) دسته‌ای[۱] ازگیاهان‌دولپه‌که‌شامل تیره‌های‌بسیاراست. این‌گیاهان دارای جام‌پیوسته[۲]هستند وممکنست که علاوه برجام کاسهٔ گل[۳] نیزپیوسته‌باشد؛ گیاهان پیوسته‌جام.ضح.ـ فرهنگستان‌این‌ترکیب رابجای‌متصل‌الطاس[۱]وضع کرده‌است.

پیوسیدن piyūs-īdan [= بیوسیدن ← پیوس] (مص‌ل.) (پیوسید، پیوسد،

۱ـ Gamopétales(فر.)　۲ـ Corolle(فر.)　۳ـ Calice (فر.)

خواهد پیوسید ، بپیوس ، پیوسنده ، پیوسیده) ۱ - چشم‌داشتن، امیدداشتن: «هرچه خواهند یابند، وبهرچه‌پیوسند، رسند.» (میبدی. کشف‌الاسرار ۱:۱۱) ۲ - طمع‌داشتن: «افتطعمون، می‌پیوسیدوطمع میدارید.» (کشف‌الاسرار ۱:۲۳۱)

پیوك piyūk [= پیو] (اِ.) (پز.) پیو (← ۲ پیو)، رشته (ه‌.م.)

پیوگ payūg [= بیوک (ه‌.م.) = بیو] (اِ.) عروس.

پیوگان payūg-ān [= بیوگان ← پیوگ] (اِ.) عروس، پیوگ.

پیوگانی payūg-ān-ī [= بیوگانی ← پیوگ] (حامص.) عروسی.

پیوند payvand(pey.-) [پهـ. patwand، از پیوستن] (اِ.) ۱ - پیوستگی، وصل، اتصال؛ مق. گسستگی، گسیختگی، انفصال، انقطاع: «پیدا کردن آنکه‌خوشترین‌خوشی‌وبزرگترین‌سعادتی و نیکبختی‌پیوند واجب‌الوجوداست.» (دانشنامه.الهی ۱۰۲) ‖ ~ قانونی[1]. (حق.) اتصال وهمبستگی‌دوقانون، جوش خوردن وپیوند یافتن دو قانون از دو کشور مختلف، وآن بردو قسم است: کلی وجزئی. کلی آنست که قوانین کشور نخستین درکشور دوم ودر همان موارد استعمال کشور اولی‌بکار رود، و جزئی آنکه قسمتی از قوانین کشور نخستین بعینه درکشور دوم اجراشود. ۲ - وصلت، مزاوجت:

«چونام بند من بر ویس افتاد
ازوشادی نبیند هیچ داماد.»
«تو این‌پیوند نورا باد میدار!
همیدون دل‌ازآن‌پیوندبردار!»
(ویس‌ورامین ۷۸)

۳ - وصل، وصال؛ مق. فرقت، فراق، جدایی:

«نداند دل آمرغ پیوند دوست
بدانگه که بادوست‌کارش‌نکوست.»
(ابوشکور،لغ.)

‖ ~ چیزی. وابسته بدان، جزئی از آن:

«دبیران چو پیوندجان منند
همه پادشا بر نهان منند.»
(شا.،لغ.)

۴ - خویشاوند، قوم، نزدیك نسبی، خویش نسبی:

«چو پیروز گردم (اسفندیار) سپارم ترا (توران را بگرگسار)
بخورشید تابان برآرم ترا.»
«نیازارم آنرا که پیوند تست
هم‌آنراکجا خویش‌وفرزندتست.»
(شا. بخ ۶ : ۱۵۸۶-۷)

‖ ~ خون. بستگی بخون، خویشی سببی:

«مرا با تو مهرست وپیوند خون
نباید که آیی زپندم برون.»
(شا.،لغ.)

۵ - خویشاوند سببی، خویش سببی؛ مق. خویش نسبی:

«سه خواهر زیك مادر ویك پدر
پریچهره و پاك و خسرو گهر.»
«بخوبی سزای سه فرزند من
چنانچون بشاید به پیوند من.»
(شا.،لغ.)

۶ - پیوستگی، دوستی، علاقه، اتحاد: «محمدبن ملکشاه ... در هرشخصی که از آن بدعت شمه‌ای یافت یا نسبت وپیوندی‌به‌ایشان، سرش‌ازتن‌برداشت.» (سلجوقنامهٔ ظهیری ۳۹) ۷ - عهد، پیمان:

«بدین روز پیوند ما تازه گشت
همه کار بردیگر اندازه‌گشت.»
(شا.،لغ.)

۱- Greffe legislative (فر.)

٨ ـ بند، مفصل :
«یکی نیزه زد بر کمربند اوی
زکبر اندر آمد بپیوند اوی.»
(شا.، لغ.)

٩ ـ (جان.) رشته‌هایی که ماهیچه‌ها را بیکدیگر وصل میکنند[1] (فره.) ١٠ـ پینه، وصله، رقعه، در پی : «رسول ص گفت مرعایشه‌را : لاتضیعی الثوب حتی ترقعیه، جامه را ضایع مکن تا پیوندها برآن نگذاری.» (کشف المحجوب هجویری، لغ.) ١١ـ نظم، شعر :
«فسانه کهن بود و منثور بود (شاهنامه)
طبایع ز پیوند او دور بود.»
«نبردی به پیوند او کس گمان
پر اندیشه گشت این دلشادمان.»
«گرفتم بگوینده بر (دقیقی) آفرین
که پیوند را راه داد اندرین.»
(شا. بخ ٦ : ١٥٥٤ ـ ٥٥)

١٢ـ صلح، آشتی :
«جز این است آیین پیوند و کین
جهانرا بچشم جوانی مبین!»
(شا.، لغ.)

١٣ـ ترکیب. ١٤ـ (نج.) اتصال دو کوکب : «اگر درجات فرود آینده کمتر بود و بر آینده بیشتر، گویند منصرف است وز پیوند باز گشته. اگر غایت عرضش کمتر نبود از غایت عرض آنك درجاتش بیشترست گویند سوی پیوند همی‌رود.» (التفهیم ٤٧٩) ↓. ١٥ ـ (إفا.) در بعض ترکیبات بجای «پیوندنده» و «پیوند کننده» آید : آفرین پیوند، داستان پیوند. ‖ از ~ بازگشته. (نج.) منصرف : «اگر درجات فرود آینده کمتر بود و برآینده بیشتر، گویندمنصرف است وازپیوندباز گشته.» (التفهیم ٤٧٩) ← نمر. ١٤. ‖ ~ (به) پهنا. (نج.) اتصال بعرض : «وقوام پیوند پهنا بر پیوند طول است، زیرا که تا نگرستن نبود پیوند پهنا نبود...» (التفهیم ٤٧٩) ‖ ~ بطول. (نج.) اتصال بطول، اتصال طولی : «واین اندر پیوند بطول بیك وقت راست نیاید.» (التفهیم ٤٨٠، لغ.) ١٦ـ (گیا.) التصاق و اتصال عضوی از یك گیاه (جوانه، شاخه، ساقه) بگیاه دیگر[2] بمنظور اصلاح نژاد و تکثیر گونه‌های بهتر ومفیدتر یا جوان ساختن پایه‌های مسن. پیوند اقسام مختلف دارد وبسته بنوع و جنس و سن گیاه انجام میشود. گیاهی که بآن پیوند زده‌میشود پایهٔ پیوند یا گیاه‌پایه نام دارد. ‖ ~ اسکنه. (گیا.) پیوند شکافی (ه‍.م.) ‖ ~ بدنی. (گیا.) پیوندمجاورتی (ه‍.م.) ‖ ~ شکافی. (گیا.) نوعی پیوند[3] که برای اصلاح درختان کهن سال بکارمیرود. وجه تسمیه‌از اینجهت است که‌تنهٔ‌درخت‌مسن رابرند و شکافی در آن ایجاد کنند وشاخه‌هایی‌راکه‌برای پیوند انتخاب کرده‌اند در شکاف‌جای دهند؛ پیونداسکنه. ‖ ~ شکمی. (گیا.) نوعی پیوند[4] که بیشتر در اشجاری‌زده میشود که بوسیلهٔ بذر روییده باشند وبمنظور اصلاح نژاد وتولید گونهٔ‌بهتر پیوند زده میشوند وآن بدینطریق‌است که پوست درخت را شکافی بشکل T میدهند وجوانهٔ مورد نظررا در داخل شکاف‌قرار داده پوست‌قطع شدهٔ‌درخت پایه رارویش برمیگردانند. وجه‌تسمیه ازاینجهت است که جوانهٔ مورد نظردر داخل شکم شکاف جای میگیرد. ‖ ~ لوله‌یی. (گیا.) نوعی پیوند[5] که پوست شاخهٔ جوانی را برداشته وپوست جوانه‌دار شاخهٔ موردنظر راکه

١ـ Ligament (فر.) ٢ـ Greffe (فر.) ٣ـ Greffe en fente (فر.)
٤ـ Greffe en écusson (فر.) ٥ـ Greffe en flûte (فر.)

بهمان قطر باشد بجای پوست اولی گیاه میگذارند و آنرا با نخ محکمی می بندند تا جوش بخورد . ‖ ~ مجاورتی . (گیا.) نوعی پیوند[1] که بیشتر درمووم‌رکبات انجام میشود. وجه‌تسمیه بدانجهت است که پوست دوشاخهٔ گیاه‌را که منظور پیوند آنها بیکدیگر است مجاور هم از روی ساقه کنده و دو نقطهٔ پوست‌کنده را بهم چسبانده‌ودور دوشاخه را محکم باطناب می بندند تا جوش بخورند ؛ پیوند بدنی. ‖ ~ وصله‌یی. (گیا.) نوعی‌پیوند[2] که شاخهٔ مورد نظر بشکل قلم‌نی بریده میگردد ودر گیاه پایه‌که پوست وقسمی از بافت

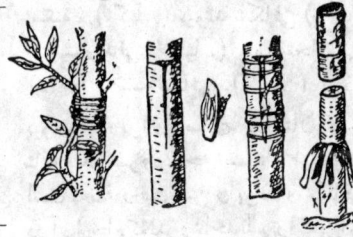

از راست بچپ: ۱ـ پیوند لوله‌یی. ۲و۳و٤ ـ پیوند شکمی. ۵ـ پیوندمجاورتی(بدنی)ساده.

چوبی ساقه اش بهمان شکل برداشته شده گذاشته میشود و دورش را محکم می‌بندند تاجوش‌خورد . **۱۷ـ** (پز.) رباط (ه.م.) **۱۸ـ** (پز.) پیوند حیوانی ↓ . ‖ ~ حیوانی. (پز.) التصاق‌واتصال قسمتی‌از نسج سالم در محل نسجی که منهدم وازبین‌رفته‌است[3]. انجام‌دادن‌این عمل را جراحی ترمیمی یا جراحی پلاستیك گویند.

پیوندانْدن payvand-āndan
(ـَ-.pey) [= پیوندانیدن] (مصم. ل: پیوندیدن = پیوستن) (پیونداند، (-nd)، پیونداند (-nad)، خواهد پیونداند، بپیوندان، پیوندانده ، پیوندانده) پیوند دادن، متصل کردن: «چون‌بپیونداند اوباقبضهٔ‌شمشیردست بگسلدهرچ‌اندراندام‌عدوشریان‌بود.» (عنصری، معارف بهاءولد۱۳۳۸: ۲۵۷) « سبحانك عبارت آمد که منزه ازین همه‌ای ازعقل و علم و قدرت من ومزه وشهوت وشکل جهان ،لکن همه از تو دور آمدند از ماندگی بدینها ولکن خود همه‌توی درساختن اینها. مثال تو چون پرستاری تا نپیوندانْدت مزه بمزه گاهت‌وشهوتی‌بشهوتگاهت نرساند ترامزه‌ای نباشدت...» (معارف بهاءولد ۱۳۳۸: ٤۹)

پیوندانیدن payvand-ānīdan
(ـَ-.pey) [← پیوندانْدن (ه.م.)] (مص م.ل: پیوندیدن = پیوستن) (پیوندانید، پیونداند (-nad)، خواهد پیوندانید، بپیوندان، پیوندانَنده ، پیوندانیده) پیوندانْدن (ه.م.)

پیوند بریدن p.-borīdan (مص‌ل.)
قطع خویشی‌ونسبت وپیوستگی کردن، گسستن‌پیوند. ← پیوند بریده.

پیوندبریده p.-borīda(-e) (ص‌مف.)
قطع خویشی‌و نسبت و بستگی کرده، پیوند گسسته:
«ای‌یار جفاکرده وپیوند بریده!
این بود وفاداری و عهد توبدیده!» (سعدی، لغ.)

پیوندبست p.-bast [= پیوندبسته]
(ص‌مف.) **۱ـ** پیوندبسته. ‖ **جامهٔ ~** .جامهٔ وصله‌کرده، رقعهٔ دوخته، پینه زده: «لدیم، جامهٔ‌پیوند بست.» (مهذب‌الاسماء، لغ.)

پیوند پذیر p.-pazīr [= پیوند پذیرنده] (ص‌فا.) درخورپیوند ، لایق پیوستگی، قابل‌اتصال: «چنانکه‌جنبانَنده

۱ـ Greffe par approche (فر.)
۲ـ Greffe en placage (فر.)
۳ـ Greffe animale (فر.)

هرچند که‌سبب هستی جنبش‌است آنجا نیز پیوندپذیری باید. . . »(دانشنامه. الهی ۱۵۸)

پیوند پذیرفتن p.-pazīroftan (مصل.) قبول اتصال: «پس اندر طبع ایشان‌بود که‌یك‌بادیگرپیوند پذیرند.» (دانشنامه. الهی ۱۵۱)

پیوند پذیری p.-pazīr-ī (حامص.) عمل پیوندپذیر (ه‌.م.)

پیوند جستن p.-ǰostan (مصل.) ۱ - وصل‌جستن، اتصال‌خواستن. ۲ - پیوستگی خواستن:

«آن بیت که‌استادعجم گفت بدان‌وزن
زنهار بدین‌جست همی شاید پیوند.»
(عثمان‌مختاری، لغ.)

۳ - خویشی خواستن:

«کنون با تو پیوند جویم همی
رخ آشتی‌را بشویم همی.»
(شا.، لغ.)

پیوند جو p.-ǰū [= پیوندجوی] (صفا.) پیوند جوی (ه‌.م.)

پیوندجوی p.-ǰūy [= پیوندجوینده = پیوندجو] (صفا.) آنکه‌پیوندجوید، پیوند خواه،وصل‌جو.

پیوند جویی p.-ǰūy-ī (حامص.) عمل پیوندجوی (ه‌.م.)، پیوندجستن.

پیوند چسب p.-časb (إمر.) چسبی که بدان پیرامون پیوند را بتنه‌یاشاخ استوار کنند تااز دخول‌هوا مانع‌شود.

پیوندخواه p.-xāh [پیوندخواهنده] (صفا.)وصل‌جو:

«چومن بانوی مصر وهمتای شاه
شوم باتویکتا و پیوند خواه...»
(یوسف‌وزلیخا، لغ.)

پیوندخوردن p.-xordan (مصل.) ۱ - پیوند زده شدن درخت یا گیاه، متصل شدن پوست یاقسمتی از درختی بدرخت دیگرتامیوه یاگل درخت‌اخیر دگرگون یابهتر شود؛ پیوند یافتن. ۲ - بندخوردن (کاسهٔ شکسته و مانند آن).

پیوندخورده p.-xorda(-e) (ص‌مف.) ۱ - پیوند زده شده(درخت، نهال). ۲ - بندخورده: «قصعة مشعبة، کاسهٔ پیوند خورده.»(منتهی‌الارب،لغ.)

پیوند دار p.-dār [= پیونددارنده] (صفا.) ۱ - هرچیز که‌آنرا پیوندکرده باشند،دارای‌پیوند. ۲-(فل.)مرکب:«هر-چه‌گردش‌پذیرد‌بسببی‌پذیرد... پس‌هستی وی‌پیونددار‌بود،وپدیدکردیم که‌واجب-الوجودپیونددار نیست، پس‌واجب‌الوجود تغییر نپذیرد.» (دانشنامه.الهی۷۶) ۳ -(گیا.)درختی که ازپوست‌یاشاخهٔ درخت دیگر بدو پیوند زده باشند. ۴ - بند خورده، بندزده (کاسه ومانند آن):

«الفت بعداز جدایی بدنما باشدبسی
گرهمه‌چسبان بود چون‌کاسهٔ‌پیونددار.»
(اثر، آنند.،لغ.)

پیوند داشتن p.-dāštan (مصل.) اتصال داشتن، ارتباط داشتن: «از دو بیرون نبود: یا خواست جنباننده بر سبیل فاعلی یافت وی بود، یا یافت چیزی‌که‌بوی‌پیونددارد ووصف‌بود...» (دانشنامه.الهی۱۴۷)

پیوند زدن p.-zadan (مصم.) ۱ - انجام دادن‌عمل‌پیوند (ه‌.م.)در گیاهان یا در نسوج حیوانی[۱]؛ پیوند کردن. ۲ - بهم پیوستن قطعات شکستهٔ ظرفی چینی یابلورین چنانکه‌ناشکسته‌بنظر آید؛ بندزدن.

پیوندساختن p.-sāxtan (مصم.) ۱- پیوندکردن. ۲ - زناشویی‌کردن،وصلت

۱ - Greffer (فر.)

پیوندش

کردن : « عادت ملوك فرس واکاسره آن بودی که‌ازهمهٔ‌اطراف‌چون‌چین‌و... دختران ستدندی‌وپیوند ساختی‌وهرگز هیچ دختر بدیشان‌ندادندی.»(فارسنامهٔ ابن البلخی ۹۷) ‖ ~ بایکدیگر (بیکدیگر) ⋅ باهم‌متحد شدن: دست‌بیکی کردن :

« نباید مهان سپه سر بسر
که‌پیوند سازند بایکدگر »
(گرشا.،لغ.)

‖ ~ بخون باکسی. وصلت‌کردن بااو، خویشاوندی سببی یافتن باوی :

« چوپیوند سازیم بااو بخون
نباشدکس او راببد رهنمون.»
(شا.،بخ۸: ۲۴۲۹)

پیوندش payvand-eš(pey.-) (إمص.) پیوستگی: «... ایرا که میان چهار امهات فرجه نیفتاده‌است از بهر پیوندش‌ومشارکت که‌میان‌هریکی افتاده است.» (شرح قصیدهٔ ابوالهیثم ۱۰۰)

پیوند کردن p.-kardan (مص‌م.) ۱ - متصل‌کردن، وصل‌کردن : « فصل کردن میتوان ، پیوند کردن مشکل است.» (لغ .) ۲ - پیوند زدن گیاهان یانسوج حیوانی (← پیوند) . ۳- بهم پیوستن، ملحق‌کردن‌دوقسمت جداشده از یکدیگر:

«صوابست پیش‌ازکشش بند کرد
که‌نتوان سرکشته پیوندکرد.»
(سعدی،لغ.)

۴ - منظم‌کردن،مرتب‌کردن. ۵- وصله کردن جامه، پینه‌کردن ، رقعه دوختن برجامه . ۶ - چسبانیدن‌قطعات‌شکستهٔ ظرفی ، بند زدن . ‖ ~ روح. ایجاد فرح ونشاط کردن، روح بخش‌شدن: «ای باد بامدادی! خوش‌میروی‌بشادی
پیوند روح کردی، پیغام دوستداری.»
(سعدی،لغ.)

‖ ~ سخن. (گفتار) ۱ - پرداختن سخن :

«سخنها براین گونه پیوندکن!
وگر پند نپذیردش بند کن ! »
(شا.،لغ.)

۲ - آغازیدن سخن:

«سخن سلم پیوند کرد از نخست
ز شرم پدر دیدگانرا بشست .»
(شا.،لغ.)

پیوند کرده p.-karda(-e) (ص‌مف.) ۱ - ملحق،متصل. ۲ - پیوندزده(گیاه یانسج حیوانی). ۳ - بندزده (ظرف، کاسه) ← پیوندکردن.

پیوندگاه p.-gāh (إمر.) ۱ - جای بهم پیوستن دواستخوان، مفصل، بند[1]: « قصاص ، پیوندگاه هر دو سرین .» (منتهی‌الارب ،لغ.) ‖ ~ مشت. مچ (ه‌م.): «رسغ، پیوندگاه‌مشت.»(منتهی الارب،لغ.) ۲ - فراهم‌آمدنگاه.

پیوندگرفتن p.-gereftan (مص‌ل.) ۱ - متصل شدن، اتصال یافتن:

« دیگر نرود بهیچ مطلوب
خاطرکه‌گرفت باتو پیوند.»
(سعدی،لغ.)

۲ - جوش خوردن استخوان وجزآن .
۳ -پیوند یافتن‌درخت یانسوج‌حیوانی.
۴ - بهم‌پیوسته‌شدن‌قطعات شکستهٔ‌ظرفی بلورین یا چینی و جز آن :

«زخم شمشیر غمت را ننهم مرهم کس
طشت زرینم وپیوند نگیرم‌بسریش.»
(سعدی،لغ.)

پیوندگرفته p.-gerefta(-e) (ص‌مف.) ۱ - متصل شده . ۲ - جوش خورده (استخوان ومانندآن)، ملتئم: «اتعاب،

۱- Artherose (فر.)

پیوندگرفته را بازشکستن.» (منتهی‌الارب، لغ.) ۳ - پیوند یافته (درخت یا نسوج حیوانی). ۴ - بهم پیوسته (قطعات شکستهٔ ظرف).

پیوند گری p.-gar-ī (حامص.) ۱ - پیوند کردن، متصل کردن. ۲ - ایجاد موافقت.

پیوندگسستن p.-gosestan [= پیوندگسلیدن = پیوند گسیختن] (مص م.) پیوند بریدن، پیوند گسلیدن؛ مق. پیوستن.

پیوندگسل p.-gosel [= پیوند گسلنده] (ص‌فا.) آنکه پیوند بگسلد.

پیوند گسلی p.-gosel-ī (حامص.) عمل پیوندگسل (ه.م.)

پیوندگسلیدن p.-goselīdan [= پیوند گسستن = پیوندگسیختن] (مص م.) پیوند بریدن، پیوندگسستن؛ مق. پیوستن:

«نگفتمت که چنین زود نگسلی پیوند
مکن کز اهل‌مروت نیاید این کردار.»
(سعدی، لغ.)

پیوندگسیختن p.-gosīxtan [= پیوندگسلیدن = پیوندگسستن] (مص م.) پیوندگسستن (ه.م.)، پیوندگسلیدن (ه.م.)

پیوند مریم p.-e-maryam (إمر.) (گیا.) نوعی آلبالوی تلخ.

پیوند نامه p.-nāma(-e) (إمر.) (إدا.، سیا.) مقاوله نامه (فره.)

۱ - پیوندی payvand-ī (pey.-) (حامص.) قرابت (نسبی وسببی)، خویشی: «پس انوشروان... با اوصلح کردو دختر او را بخواست وقرار دادند که ماوراء النهر یا فرغانه انوشیروان‌را باشد بسبب پیوندی ...» (فارسنامهٔ ابن‌البلخی ۹۴. لغ.)

«همزبانی خویشی وپیوندی است
مرد با نامحرمان چون بندی است.»
(مثنوی، لغ.)

۲ - پیوندی payvand-ī (ص نسب.) ۱ - منسوب به پیوند (ه.م.)، دارای پیوند. ۲ - (گیا.) پیوند یافته (درخت)، میوه یا گیاهی که بر اثر پیوند بوجود آمده باشد، پیوند شده[1]. ۳ - (گیا.) قسمی زردآلوی مرغوب. ۴ - (گیا.) قسمی قیسی خشک. ۵ - (گیا.) قسمی گوجه (سرخ درشت)، قسمی گوجهٔ درشت خشک کرده، گوجهٔ برقانی. ۶ - (گیا.) قسمی گل سرخ پرپر[2]؛ سوری پرپر، صدبرگ، ورد مضاعف. ‖ جامهٔ ~ . جامهٔ وصله زده و پینه دار، مرقع. ‖ صفتهای (صفات) ~ . صفات مکتسب، صفات عرضی: «پس مرواجب‌الوجودرا نشاید که صفتهای بسیار بود و از آن جمله که‌ذاتی‌بود یاعرضی‌بود... و اما صفتهای پیوندی وآنکه وی با چیزی دیگر بودیا ازوی چیزی‌دیگر بود...» (دانشنامه. الهی ۸۰)

پیوند یافتن p.-yāftan (مص ل.) ۱ - اتصال یافتن، متصل شدن: «پیوند یافتن جان مردم بعالم روحانی.» (دانشنامه. طبیعی ۱۳۵) ۲ - پیوند خوردن (درخت یا نسوج حیوانی.) ۳ - بهم پیوستن قطعات شکستهٔ ظرف.

پیوند یافته p.-yāfta(-e) (ص‌مف.) ۱ - متصل شده، مرتبط گشته. ۲ - پیوند خورده (درخت یا نسوج حیوانی). ۳ - بهم پیوسته (قطعات شکستهٔ کاسه).

پیوندیدن payvand-īdan (pey.-) [= پیونیدن = پیوستن ← پیوند] (پیوندید، پیوندد، خواهد پیوندید،

۱ - Greffé (فر.)
۲ - Rosa gallica (لا.)

بپیوند، پیوندنده، پیوندیده) . ۱ - (مصم.) پیوند دادن. ۲ - (مص ل.) پیوند یافتن، پیوند خوردن (همع .)

پیونیدن payvan-īdan(pey-) [= پیوندیدن=پیوستن] (مصم.) پیوند کردن(درخت وجز آن):

«درخت آسان توان ازبن بریدن
ولکن باز نتوان پیونیدن . »
(ویس ورامین،لغ.)

پیه pīh [= په=پی، پب. -piθu* ، اس . pitu ، غذا ، طعام؛ په. pīh] (إ.) چربی[1] گرفته شده ازانساج جانوری مخصوصاً ازدامها (گاو، گوسفند، خوك ،اسب، الاغ، بز وغیره). ترکیب پیه مخلوطی از چربیهای مختلف است (ازقبیل استآرین[2] ، اولئین[3]) ورنگ آن نیز درحیوانات مختلف وهمچنین برحسب جنس و سن آنها فرق میکند. پیه گاو و گوسفند و بزرا بیشتر از نسج چربی تشکیل شده برروی صفاق وروده بند بدست میآورند؛ شحم ، چربی ، وزد : «اگر پاره‌ای پیه پلنگ اندر خانه بنهی، هرج بدان حوالی موش باشد ، آنجا آید ... » (جامع الحکمتین ۱۷۲) ‖ ـــ **بز. ۱-** پیهی که ازامعای بز گیرند، وبهترین آن پیه گردهٔ او باشد . ۲ - غرور، کبر: «فلانی درپیه خود میمیرد.» (ازکبر وغرور خود در اندوه است) (برهان). ۳ - چشم (قدماساختمان چشم رااز پیه میدانستند):

«دریکی پیهی نهی تو روشنی
استخوانی را دهی سمع. ای غنی!»
(مثنوی. نیک. ۱: ۴۳۱)

۴ - گوشت پاره‌ای از نباتات چون پیه کبست، پیه انار. ۵ - (عم .) احمق ، بیهوش. ‖ ـــ **چیزی یا کاری را بتن مالیدن.** خود را برای آن آماده کردن، با شداید احتمالی آن ساختن:

«القصه که پیه سوختن راچون شمع
روز اول بخویش مالیدم. »
(آنند. ،لغ.)

‖ ـــ **صبح.** سپیدی صبح:

ز فقر رتبهٔ اهل هنر کمی نپذیرد
چو پیه صبح شدآخر چراغ مهر بخیزد.»
(تأثیر، آنند ،لغ.)

‖ ـــ **قاوندی** [= پیه قیوندی] چیزی باشد مانند پیه بسته شده، وآن روغنی است منجمد شده که از دانه گیرند مانند فندق؛ شحم قاوندی، گل پیه. ‖ ـــ **گرگ مالیدن برکسی.** اورا ازچشم دیگران انداختن ، مورد نفرت قرار دادن (عوام گمان کنند چون برتن یا جامهٔ کسی پیه گرگ مالند، وی ازنظرها افتد ومنفور گردد):

«مکن روباه بازی وبیارام
که پیه گرگ درمالیدت ایام.»
(اسرارنامه ۱۵۴)

‖ **دلش ـــ دارد.** ترشیهای تندرا تواند خورد. ‖ **مثل ـــ .** سخت نارسیده وسفید اندرون (هندوانه). ‖ **مثل ـــ گرگ.** جدایی افکن ، منفور سازنده ← پیه گرگ مالیدن ↑ .

پیه piya(-e) (إ .) آرد جوبریان کرده، قاووت که ازآرد جوبرشته کنند.

پیه آکند p.-ākand [= پیه آکنده] (صمف .) ۱ - لقمه‌های نان که درون آن چربی کنند : « ترتین، پیه آکند کردن.» (تاج المصادر، لغ.) ۲ - پرپیه، پیه‌دار.

پیه آلود p.-ālūd [= پیه آلوده] (صمف.) بسیارپیه: «وآن زن که شیر او دهد ... شیر اوپاك وپسندیده باید وزن تندرست وبسیارخون وگوشت آلود نه پیه آلود.» (ذخیرهٔ خوارزمشاهی، لغ.)

۱-Suif (فر.) ۲-Stéarine (فر.) ۳-Oléine (فر.)

پیه‌آوردن p.-āva(o)rdan (مص ل.) ۱ - پیه گرفتن، در آمدن پیه گرد عضوی. ۲ - نابینا شدن:

«بعدعمری کامشب آن‌مه‌محفل آرای منست
پیه اگر چشم‌رقیب آرد چراغم روشنست.»
(تأثیر. آنند.، لغ.)

پیه اندودن p.-andūdan (مص م.) ـــ چیزی را. مالیدن پیه بر آن: «شحم‌الادیم، پیه‌اندود پوست را.» (منتهی‌الارب، لغ.)

پیه با p.-bā [= پیه‌وا] (إمر.) آشی که پیه در آن کنند: «ثربیه، پیه با.» (مهذب‌الاسماء)

پیه‌پرورد p.-parvard [= پیه‌پرورده] (ص‌مف.) آنکه یا آنچه با پیه وشحم پرورده باشد:

«وزان دنبه که آمد پیه پرورد
چه کرد آن پیرزن با آن جوانمرد؟»
(نظامی، لغ.)

پیه پیاز p.-piyāz [= په پیاز] (إمر.) ← په‌پیاز.

پیه خواه p.-xāh [= پیه‌خواهنده] (صفا.) آزمند پیه.

پیه‌دار p.-dār [= پیه‌دارنده] (صفا.) ۱ - دارندهٔ پیه، با پیه. ۲ - دارندهٔ پیه بسیار، بسیار پیه.

پیه دارو p.-dārū (إمر.) (بنا.) مخلوطی از پیه و لوئی برای گرفتن شکافهای صاروج حوض وجز آن، ترکیبی از پیه و پنبه که برای سد کردن سوراخ پهلوی شیرآب انبار وجز آن کنند.

پیه دان p.-dān (إمر.) ۱ - روغن دان. ۲ - ظرفی کوچک که در آن لحاف دوزان پیه کنند وسوزن در آن فرو برند تا چرب شود و آسانتر در جامه فرورود وآسانتر برآید. ۳ - پیه سوز. ۴ - (مج.) ساعت قراضه، ساعت بد کار وبی ارزش. ‖ مثل ـــ. ساعتی بد کار وبی ارز.

پیه‌فروش p.-forūš [ـــ پیه‌فروشنده] (صفا.) آنکه پیه بفروش رساند.

پیه سوز p.-sūz [= پی سوز ـــ بیسوس، معر.] (إمر.) نوعی ظرف سفالین یا فلزی که در آن پیه یا روغن کرچك یا روغن بزرك می‌ریختند وروشن میکردند، وآن دارای فتیله‌ای از پنبه بود؛ چراغدان، پیه‌دان:

«چو صد شمعدان چید مجلس فروز
برافروخت نرگس دوصد پیه سوز.»
(ملاطغرا، لغ.)

پیه‌کردن p.-kardan (مص ل.) بالیدن و گوشت و پیه بهم رسانیدن، شحم ولحم بهم رسانیدن:

«گفتی مرا برشتهٔ جان آتش افکنم
چون شمع میکند دل من زین نشاط پیه.»
(جامی، لغ.)

پیه گرفتن p.-gereftan (مص ل.) ۱ - پیه آوردن، برآمدن پیه گرداگرد عضوی. ۲ - (کن.) نابینا شدن:

«پیه گرفته است چشم جوهرمانرا
ورنه چومن گوهری نبود بمعدن.»
(طالب آملی، لغ.)

پی‌هم pay(-e)-ham (pey.-) (قمر.) پی در پی، پشت سرهم، بدنبال یکدیگر:

«بگفت این وزان هفت، پی‌هم بخورد
ازان می پرستان برآورد گرد.»
(شا.، لغ.)

‖ از ـــ. پشت‌سرهم ↑:

«عیدقدم مبارك نوروز مژده داد
کامسال تازه از پی‌هم فتحها شود.»
(خاقانی، لغ.)

پیهن pīhan [= بیهن] (إ.) (جا.) خارپشت بزرگ تیرانداز؛ اسغر، بیهن.

پیه ناك p.-nāk (ص‌مر.) پرپیه، دارای پیه بسیار: «مدموم، سخت فربه پیه‌ناك از شتر وجز آن» (منتهی‌الارب، لغ.)

پیه ناک گردیدن p.-gardīdan (مصل.) پرپیه شدن، دارای پیه بسیار شدن: «فئم، پیه ناک گردیدن سر کتف شتر.» (منتهی الارب، لغ.)

پیه وا pīh-vā [= پیه‌با] (إمر.) ← پیه‌با.

پیهودن payh-ūdan(pey-) [= بیهودن] (مصل.) نیم سوخته گشتن بوسیلهٔ تا بش آتش ؛ بیهودن (ه.م.)

پیهی pīh-ī (ص نسب.) منسوب به پیه، از پیه: شمع پیهی (شمعی که از پیه ساخته باشند).

ت t. (حر.) یکی از حروف صامت فارسی وآن چهارمین حرف از الفبای فارسی وسومین حرف از الفبای عربی وبیست‌ودومین حرف ابجد (جمل) است، وآنرا درحساب جمل چهارصد (۴۰۰) محسوب کنند. این حرف را بنامهای ذیل خوانند: ت (te)، تا، تاء، تای مثناة، تی. ؛وبصورت: ت، ﺗ، ﺘ، ﺖ نویسند: مناجات، تبریز، مترسك، تخت.

ت (a)t [په. -t] (ضم.) ضمیر متصل شخصی، دوم شخص مفرد؛ تو؛ وآن بردوگونه است: الف- اضافی: کتابت، خانه‌ات، دلت. ب- مفعولی: گفتمت، پرسیدمت.

ت te [فر. té] (اِ.) (نق.، معم.) نوعی خط‌کش که‌ازدوقطعه تشکیل شده. این دوقطعه‌باهم‌دوزاویهٔ قایمه تشکیل‌دهند. استعمال «ت» برای اطمینان درصحت زوایا وخطوط ونسبت آنها بیکدیگر است.

۱- تا tā [په. tāk] (معدود) گاهی درشماره کردن بعدد الحاق کنند: دو تا، پنج تا، ده تا، هزار تا.

۲- تا tā [په. tāk] (اِ.) تخته، ورق، طاق.

۳- تا tā [په. tāk] (اِ.)، مثل، مانند، عدیل: «من تای شما نیستم.» (تداول). ← «همتا» (بمعنی نظیر، عدیل).

۴- تا tā (اِ.) ۱- تار مو، رشتهٔ ریسمان. ۲- (مس.) تار، سیم.

۵- تا tā [—تاه] (اِ.) ۱- لا، شکن، تو، چین. ۲- لا، ورق.

۶- تا tā (اِ.) (گیا.) داغداغان (ه‌.م.)

۷- تا tā [په. tāk] (حر. ربط) بمعانی ذیل آید: ۱- شرط:

«تاغم نخورد و درد ، نیفزود قدر مرد
تالعل خون نکرد، جگر قیمتی نیافت.»

۲ - «همینکه» ، «بمحض اینکه» :
«تا برگرفت قافله از باغ عندلیب
زاغ سیه بباغ درآورد کاروان .»
(فرخی)

۳ - عاقبت ، فرجام :
« تا ببینیم سرانجام چه خواهد بودن ؟
تا ببینیم که از غیب چه آید بظهور؟»

۴ - درنتیجه، بدین سبب :
« نام نیک رفتگان ضایع مکن
تا بماند نام نیکت برقرار . »
(سعدی)

تاب

۵ - مرادف «که» :
« عمر گرانمایه درین صرف شد
تا چه خورم صیف و چه پوشم شتا.»
(سعدی)

۶- مرادف «چندانکه» ، «هرقدر» :
« مزن تا توانی برابرو گره
که دشمن اگرچه زبون، دوست به .»
(سعدی)

۷ - دوام واستمرار :
«تا سال وماه وروزوشب است اندرین جهان
فرخنده باد روزوشب وسال وماه تو.»
(فرخی)

۸ - بمعنی زنهار :
« زصاحب غرض تا سخن نشنوی
که گرکار بندی پشیمان شوی .»
(سعدی) (قبفهی)

۸ - تا tā [پهـ. tāk] (حر.اض.) بمعنی نهایت وانتها (زمانی یا مکانی) باشد و با متمم ذکر شود: « ازخانه تا بازار رفتم.»
« از امروز تا سال هشتاد و پنج
ببالدش گنج و بکاهدش رنج .»
(فردوسی)

تائب ta'eb [ع.] (إفا.) ← تایب .

تائج tāeǰ [ع.] ← تایج .

تائر tāer [ع.] ← تایر.

تائع tāe' [ع.] ← تایع .

تائق tāeγ [ع.] (إفا.) ← تایق.

تائه tāeh [ع.] ← تایه .

تائیدن tā'-īdan (مصل.) ← تاییدن.

۱ - تاب tāb (إ.) ۱- توان، توانایی. ۲ - تحمل ، پایداری . ۳- قرار، آرام. ۴ - صبر ، شکیب ، شکیبایی .

۲ - تاب tāb [← تابیدن، تافتن] ۱- (إ.) چرخ و پیچ که در طناب و کمند وزلف میباشد ، پیچ وشکن . ۲- خلل، فساد . ۳ - خشم ، قهر ، افروختگی. ۴ - اضطراب ، غم ، رنج . ۵ - کجی (در چشم) ، اعوجاج . ۶ - (إفا.) در بعضی ترکیبات بمعنی «تابنده» آید : رسن تاب ، ریسمان تاب ، عنان تاب.

۳- تاب tāb [پهـ. tāp ← تابیدن] (إ.) ۱ - حرارت، گرمی. ۲ - فروغ، تابش، نور. ۳ - (إفا.) در بعضی ترکیبات بمعنی «تابنده» آید: جهانتاب، جگرتاب، شب تاب، عالمتاب.

۴- تاب tāb (إ.) طنابی که دوسوی آنرا بردرخت وغیره استوار کنندودر میان آن نشسته در هوا آیند وروند ، برای بازی وورزش؛ بادپیچ، نرموره ، ارجوحه .

تاباق tābāγ (إ.) چوب دستی را گویند، وآن چوب گنده ایست که بیشتر قلندران بردست گیرند.

تاباك tābāk [= تاپاك = تپاك ← تب، تپیدن] (إ.) ۱ - تپیدن واضطراب وبی قراری. ۲ - تب داشتن.

تابال tābāl ← تاپال.

۱ - تابان tāb-ān (صفا. تابیدن ، تافتن) روشن، درخشان، براق.

۲ - تابان tābān [= تاوان] (إ.) غرامت، تاوان.

تاباندن tāb-āndan [= تابانیدن = تافتن] (مص‌م.) (صر. ← دواندن) ۱- روشن کردن، مشعشع‌ساختن، پرتو افکندن. ۲- سخت‌افروختن، سخت‌تافتن: «تاتوانست اجاقرا تاباند.» (لغ.) ۳- تاب‌دادن، پیچ‌دادن. ۴- اعراض کردن.

تابان کردن t.-kardan (مص‌م.) درخشان ساختن، نورانی کردن، روشن کردن.

تابان گردانیدن t.-gardānīdan (مص ل.) درخشان کردن، روشن گردانیدن.

تابان گردیدن t.-gardīdan (مص ل.) درخشان شدن، روشن شدن.

تابانی tāb-ān-ī (حامص.) ۱- درخشانی، تلألؤ. ۲- لغزندگی، نسویی.

تابانیدن tāb-ānīdan [= تاباندن = تافتن] (مص‌م.) ۱- بتابش داشتن، بتافتن داشتن. ۲- گرم کردن تنور وغیره. ۳- تاب دادن، پیچ دادن.

تاب‌آوردن t.-āva(o)rdan (مص ل.) ۱- صبر کردن، مصابرت، شکیبا بودن. ۲- تحمل کردن، طاقت آوردن. ۳- برخود هموار کردن. ۴- ایجاد خلل وفساد کردن.

تاب افکندن t.-afkandan (مص م.) ۱- پیچ و گره انداختن، چین وشکن‌دادن (گیسو وزلف‌ومانند آنرا). ۲- موجب‌دردورنج‌وآشفتگی‌گردیدن، اذیت کردن، آزار دادن.

تاب بازی t.-bāz-ī (حامص.) بازی وتفریح کردن باتاب (ه.م.)

تاب برداشتن t.-bar-dāštan (مص‌ل.) پیچیدن چوب‌یاتختهٔ تر پس از خشک شدن. ‖ ~ چشم. کج شدن چشم.

تاب بردن t.-bordan (مص‌ل.) مقاومت کردن‌با، برآمدن با کسی یا چیزی.

تاب تاب t.-tāb [= تاب‌تابنده] (ص‌فا.) پرتو افکن، نورافشان.

تابتا tā-ba(-e)-tā (ص‌مر.) لنگه‌به لنگه، آنچه که‌یك‌شکل‌نباشد: «چشمهایش تابتاست»، «کفشهایم‌تابتاشده‌است.»

تا بچند tā-ba(-e)-čand (ادات استفهام) تاکی؛ تاچند؟:
«تابچندای‌غنچه‌لب درپرده‌خواهی گفت حرف؟- دست‌بردار از جهان تابوستان پرگل‌شود.» (صائب، آنند.) ← تاچند.

تابخانه tāb-xāna(-e) (اِمر.) ۱- خانه‌ای که در آن شیشه بندی وآینه‌کاری‌بودتاهرچه‌ازبیرون باشددیده‌شود و روشنایی خورشید در آن افتد. ۲- خانه‌ای که‌در آن تنور یابخاری‌باشد، خانهٔ زمستانی‌که درآن آتش افروزند. ۳- حمام، گرمابه. ۴- شبستان.

تابخورد t.-xord(xvard (قد. [= تابخورده] (ص‌مف.) تابخورده، پیچیده، مجعد.

تاب‌خوردن t.-xordan(xvar- (قد.) (مص‌ل.) ۱- درتاب نشستن و در هوا آمدن ورفتن. ۲- درپیچ وتاب شدن، پیچیده شدن.

تاب خورده t.-xorda(-e)- (قد. -xvar) (ص‌مف.) پیچیده، تابیده شده.

۱- تاب دادن t.-dādan [← تاب] (مص‌م.) ۱- تافتن، مرغول کردن، فتیله کردن، مفتول کردن، پیچاندن نخ‌وریسمان ومفتول وزلف‌وغیره‌را. ۲- بوسیلهٔ تاب (ارجوحه) درهوا آوردن

وبردن. ۳ـ تافتن، پیچ‌دادن، خماندن، خم کردن: «بازوی اورا تاب داد.»

۲ـ تاب دادن t.-dādan [← تاب]

۱ ـ چیزی رادرظرفی فلزی‌درحرارت آتش بدون آب و روغن سرخ و برشته کردن، سرخ کردن. ۲ ـ پرتوافکندن، روشن ساختن.

۱ ـ تاب داده t.-dāda(-e) (ص‌مف.) پیچیده، بهم بافته: زلف تابداده.

۲ ـ تاب داده t.-dāda(-e) (ص‌مف.) سرخ کرده، برشته، بریان شده.

۱ـ تابدار t.-dār [= تاب‌دارنده] (ص‌فا.) تابان، روشن، درخشان، براق.

۲ـ تابدار tāb-dār [↑] ۱ـ خم‌دار، پیچیده: زلف تابدار، گیسوی تابدار. ۲ ـ قماشی‌است که نخش را تاب داده بافند.

۱ـ تابداری tāb-dār-ī (حامص.) عمل تاب داشتن، حالت و کیفیت تابدار (ه‌م.).

۲ ـ تابداری tāb-dār-ī (إمر.) کرباس تنك که برای قاب دستمال وصافی بکار برند، پارچهٔ تنك که‌بدان مایعات یاچیزهای نرم کوفته‌را پالایند.

تاب‌داشتن t.-dāštan (مصل.) ۱ ـ طاقت‌داشتن، تحمل‌داشتن. ۲ ـ دررنج بودن، درد داشتن. ۱ ـــِ چشم کسی. کمی حول (کجی)در چشم او بودن.

تابدان t.-dān [= تاوانه] (إمر.) ۱ ـ طاقچهٔ بزرگی نزدیك بسقف خانه که‌هردوطرف گشوده باشد، گاهی‌طرف بیرون‌آنراپنجره‌گذاشته وطرف درون آنرانقاشی کرده‌وجام وشیشهٔ‌الوان‌کنند وگاهی‌خالی‌گذارند، وگاه‌هردوطرف‌را شیشه‌کنند. ۲ ـ روزنی که برای ورود روشنی آفتاب در عمارت گذارند.

۳ ـ قسمتی از حمام که در آن نشینند وخودرا شویندوچرك خودرا بازگیرند. ۴ ـ گلخن حمام. ۵ ـ کوره؛ مسگری وآهنگری.

تاب دیده t.-dīda(-e) (ص‌مف.) ۱ ـ بریان. ۲ ـ سوخته دل.

تاب رفتن t.-raftan (مصل.) در رنج بودن، درپیچ وتاب شدن.

تابزن tāb-zan [= تاب زننده] (ص‌فا.، إمر.) سیخ کباب.

تابستان tāb-estān [په.ما نوی t'b'n] (إمر.) ۱ ـ زمان گرما، فصل گرما. ۲ ـ یکی از چهار فصل گرما، بین‌بهار وپاییز؛ صیف.

تابستانگاه t.-gāh (إمر.) ۱ ـ فصل تابستان. ۲ ـ ییلاق، سردسیر.

تابستانی tāb-estān-ī (ص‌نسبـ.) منسوب‌به‌تابستان، صیفی: لباس تابستانی، خانهٔ تابستانی.

تابش tāb-eš (إمص.) روشنی، فروغ، درخشش.

تابع tābe' [ع.] (إفا.) ۱ ـ پس‌رو، پس‌رونده. ۲ ـ فرمانبردار، مطیع، چاکر. ۳ ـ آنکه اصحاب رسول‌ص را دیده. ج. تابعین. ۴ ـ (نحوعربی) هر کلمهٔ دوم است که اعراب کلمهٔ سابق گیرد ازهمان جهت که‌او دارد. تابع بر پنج قسم‌است: تأکید، صفت، بدل، عطف بیان، عطف بحرف (تعریفات‌جرجانی) ۵ ـ جنی که همراه آدمی باشد وپی‌او هرجا رود. ۶ ـ (رض.) هرگاه میان‌دو تغییر پذیر چنان بستگی وجود داشته باشد که‌تغییر یکی دردیگری تغییری پدید آورد؛ نخستین را متغیر اصلی ودومی رامتغیر‌تابع یا «تابع» گویند. ۱ ـــِ مهمل. لفظ مهملی است که‌بعد از یك لفظ موضوع‌میآید واغلب‌حروف

آن باحروف‌متبوعش یکی است مثل : چراغ مراغ، کتاب متاب.

تابع شدن t.-šodan [ع.-ف.] (مص‌ل.) ۱- پیرو شدن. ۲- بنده و فرمانبردار گشتن.

تابعون tābe'-ūn [ع.] (اِ.) ج. تابع. ۱- تابعان (← تابع). ۲- آنانکه اصحاب رسول‌ص را دیده باشند. ← تابعین.

تابعه tābe'-a(-e) [= تابعة] (اِفا.) ۱- مؤنث تابع (هم‌ع.) ۲- جنی که عاشق انسان وهمراه اوباشد. (منتهی الارب) ودر فارسی جن و پری و فرشتهٔ همراه انسان:

«ورچ دوصد تابعه فریشته داری
نیز پری باز وهرچ جنی وشیطان...»
(رودکی)

تابعی tābe'-ī [=ع. -īyy] (ص نسب.) منسوب به تابع، آنکه اصحاب رسول‌ص را دیده.

تابعیت tābe'-īyyat [ع.] (مص جع.) ۱- پیروی کردن، اطاعت کردن. ۲- (حق.، سیا.) از رعایای یك ملك و دولت بودن، تبعهٔ مملکتی بودن: تابعیت ایران.

تابعین tābe'-īn [ع.] (اِ.) ج. تابع. ۱- تابعان (← تابع) ۲- آنانکه اصحاب رسول‌ص را دیده باشند ← تابعون.

تابعیون tābe'-īyy-ūn [ع.] (اِ.) ج. تابعی (ه.م.) ← تابعون.

تابعیه tābe'-īyya(-e) [ع. = تابعیة] (ص نسب.) مؤنث تابعی (ه.م.)، زنی که صحابهٔ رسول‌ص را درك کرده باشد.

تابقور tābγūr [مغ.] (اِ.) فرع خراج.

۱- تاب گرفتن t.-gereftan (مص‌ل.) راه خلاف رفتن، اعراض کردن، منحرف شدن.

۲- تاب گرفتن t.-gereftan (مص‌ل.) نور گرفتن، از پرتو چیزی روشن شدن.

تابگی tāba(e)g-ī [← تابه] (ص نسب.) منسوب به تابه (ه.م.) ‖ نان ~. نان ساجی.

تابگیری tāb-gīr-ī (حامص.) تاب گرفتن (ه.م.)

تابل tābel [ع.] (اِ.) چیزهایی که برای خوشبویی طعام بکار برند؛ دیگ افزار، ادویه (عم). ج. توابل.

تابلو tāblo [فر. tableau] ۱- پردهٔ نقاشی یا تصویر برجسته. ۲- تخته یا قطعهٔ فلزی که روی آن عنوان شخص یا مؤسسه را نویسند و بدر یا دیوار خانه یا مغازه نصب کنند. ۳- تخته سیاه که در مدارس روی آن با گچ چیز نویسند.

تابلو

تابلو ساز t.-sāz [فر.-ف. = تابلو سازنده] (ص فا.) آنکه پردهٔ نقاشی سازد؛ صورتگر.

تابلو سازی t.-sāz-ī [فر.-ف.] (حامص.) عمل وشغل تابلوساز (ه.م.)

تابلونویس t.-nevīs [فر.-ف. = تابلو نویسنده] (ص فا.) آنکه روی تابلو (ه.م.) چیز نویسد، تابلو ساز.

تابلونویسی t.-nevīs-ī [فر.-ف.] (حامص.) عمل وشغل تابلونویس (ه.م.)

تابمك tābmak (اِ.) (گیا.) مازریون (ه.م.)

تابن tāben [ع.] (اِفا.) کاه‌دهنده.

تابناك tāb-nāk (ص مر.) تابدار، روشن، درخشان، مشعشع.

تابناکی tāb-nāk-ī (حامص.) درخشندگی، پرتوافکنی.

تابندگی tāb-anda(e)g-ī (حامص.) شعشعه، پرتو افشانی، براقی.

۱ - تابنده tāb-anda(-e) (اِفا. تابیدن، تافتن) ۱ - تابان، درخشان، براق، مشعشع. ۲ - گرمادهنده، حرارت بخش، سوزان.

۲ - تابنده tāb-anda(-e) (اِفا. تابیدن، تافتن) ۱ - پیچان، در تب وتاب، در رنج. ۲ - (اِفا.) ریسنده، ریسمان باف، ریسمان تاب.

تابو tābū [زبان پولینزی tabu و tapu، مقدس و ممنوع] (اِ.) طبق آیین پولینزیان شخص یا چیزی را که دارای سجیهٔ مقدس و از تماس با دیگران ممنوع باشد، تابو گویند. نیز اهالی جزایر واقع در اقیانوس کبیر «تابو» رابه معبودی خیالی وموهوم و بتعبیر اصح بمقدسات واشیاءمحبوب خویش اطلاق نمایند. همینکه این نام بچیزی ذی روح یا بی روح اطلاق شد همهٔ افراد بتعظیم و احترام بلکه به پرستش و ستایش او مجبور و مجذوب میشوند و هرکه در این باره سهل انگاری کند منفور و مظهر تحقیر همگانی گردد.

تابه

تابوت tābūt [ع.] (اِ.) ۱ - صندوق چوبی یا فلزی که مرده را در آن گذارند. ۲ - جایی که در آن بقایای اجساد پاکان و قدیسان را نگاهداری کنند.

تابوت

تاب وتب tāb-o-tab (اِمر.) رنج وسوز، سوز وگداز.

تابوت خشکه t.-xoška(-e) (اِمر.) مثل ــــ (عم.) بسیار لاغر، بسی نزار.

تابوت کش t.-kaš(keš) [ع.-ف. = تابوت کشنده] (صفا.) حمل کنندهٔ تابوت، کسی که تابوت را بگورستان برد.

تابوت کشی t.-kaš(keš)-ī [ع.-ف.] (حامص.) حمل کردن تابوت، بردن تابوت بگورستان.

تاب و توان tāb-o-tavān (اِمر.) قدرت، نیروی مقاومت.

تاب و توش t.-o-tūš (اِمر.) ۱ - تاب و توان. ۲ - وسایل زندگی، اسباب معیشت.

تابوتی tābūt-ī [ع.-ف.] (ص نسبـ.) منسوب به تابوت (ه.م.)

تاب و طاقت tāb-o-tāγat [ف.-ع.] (اِمر.) توانایی، نیروی مقاومت.

تابوغ tābūγ [تر.-مغ.] (اِ.) سلام خاص که مغولان سلاطین و خوانین را میدادند، بدین طریق که با سر برهنه یك گوش را بدست گرفته کرنش میکردند. گاه بدین وسیله عذر تقصیر میخواستند.

تابوك tābūk (اِ.) ۱ - بالاخانهٔ کوچك، مخارجه. ۲ - (مج.) لالهٔ گوش.

تابه tāba(-e) [په. tāpak = طابق، معر.] (اِ.) ۱ - ظرفی فلزی پهن که برای پختن گوشت، ماهی، کوکو، خاگینه و غیره بکار برند. ۲ - قرص سفالین یا آهنین که بر آن نان پزند؛ تاوه. ۳ - آلتی است که در آن دانهٔ گندم وحبوب دیگر را بریان کنند. ۴ - خشت پخته، آجر بزرگ. ۵ - شیشهٔ تابدان. ۶ - نوعی غذای مطبوخ ملوکانه.

تابه ماهی p.-māhī (اِمر.) ماهیی که در تابه باروغن سرخ کنند. ‖ ــــ ٔ زر. (اِخ.) آفتاب خورشید. ‖ ــــ ٔ نقل. تابه‌ای که بر آن تنقلات مانند پسته و بادام را بو دهند.

۱ - تابی tāb-ī [ازمصدر تابیدن = تافتن بمعنی پیچ و تاب دادن] (حامص.) در ترکیبات حاصل مصدر (اسم معنی) سازد:

رسن تابی ، ریسمان تابی ، زه‌تابی ، نخ‌تابی .

۲ - تابی tāb-ī (حامص.) در ترکیبات حاصل مصدر (اسم‌معنی) سازد از مصدر تابیدن بمعنی تاب و طاقت داشتن : چرکتابی.

۱ - تاب‌یافتن t.-yāftan (مص‌ل.) پرتو یافتن ، نوریافتن .

۲ - تاب‌یافتن t.-yāftan (مص‌ل.) پیچ و خم یافتن.

تابیدگی tāb-īda(e)g-ī [← تابیده] (حامص.) حالت و کیفیت تابیده (ه.م.)

۱ - تابیدن tāb-īdan [= تاویدن] (مص‌ل.) (تابید ، تابد، خواهد تابید، بتاب، تابنده، تابیده) تاب‌دادن، طاقت آوردن، تحمل‌کردن.

۲ - تابیدن tāb-īdan [= تافتن] (صر. ↑) ۱ - (مص‌م.) پیچیدن، فتیله کردن، مفتول ساختن (موی، ریسمان، آهن و غیره). ۲ - (مص‌ل.) کج‌شدن، پیچیده‌شدن. ۳ - اعراض کردن ، روی برگرداندن، منحرف‌شدن. ۴ - آزرده شدن، بخود رنج دادن .

۳ - تابیدن tāb-īdan [= تافتن] (صر. ↑) ۱ - (مص‌ل .) درخشیدن ، روشن‌شدن، پرتوافکندن. ۲ - گرم‌شدن، حرارت‌یافتن. ۳- (مص‌ل.) گرم‌کردن، گداختن: «کوره‌را تابیدم.»

تابین tābīn [ع. تأبین (مصدر) پیروی کردن، بمعنی اسم فاعل ، پیروی‌کننده؟] (ا.) (نظ.) سربازی که درجه‌ندارد؛ مق. درجه‌دار ، صاحب منصب (افسر) . ‖ ــِ بحری . (نظ.) سرباز نیروی دریایی، ناوی (فره.)

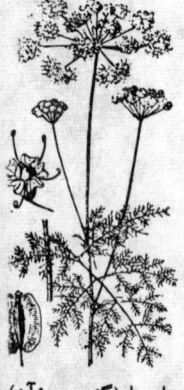

تاپ tāp (اصت .) صدای افتادن چیزی برجایی.

تاپاك tāpāk [= تاباك = تپاك] (ا.) تپیدن و اضطراب و بیقراری. ← تاباك.

۱ - تاپال tāpāl [= تپاله] (ا.) سرگین گاو، تپاله .

۲ - تاپال tāpāl (ا.) تنهٔ درخت ، دوحه.

تاپ تاپ tāp-tāp (اصت.، امر.) آواز زدن کف دست بر متکا یا بالشت یا بر پشت کسی و مانند آن.

تاپ‌تاپ‌خمیری t.-xamīr-ī (امر.) نوعی بازی است که کودکان کنند.

تاپسیا tāpsiyā [= معر. ثافسیا، لا. thapsia ، مأخوذ از نام جزیرهٔ ثفسوس thapsus] (ا.) ۱ - (گیا.) گیاهی[1] از تیرهٔ چتریان[2] که کوچك و پایا[3] میباشد. ارتفاعش حداکثر تا ۱/۵ متر وبحد وفور در آفریقای شمالی وصقلیه و آسیای صغیر و نواحی بحرالرومی میروید. برگهایش برنگ سبز شفاف و دراز و نوك تیز و دارای بریدگیهای باریك است و سطح تحتانی پهنك برگها کمرنگ‌تر از سطح فوقانی آنها است. گل آذینش چتر مرکب و گلهایش سبز روشن است. از پوست ریشهٔ این گیاه رزینی استخراج میکنند که بنام رزین تاپسیا مشهور است واثر آن در تداوی بصورت مشمع بعنوان محرك جلدی است ولی باید در بکار بردنش احتیاط کامل را مرعی داشت زیرا ایجاد تاولهایی بر روی پوست مینماید و بعلاوه ایجاد خارش میکند؛ ثافسیا. ۲ - (گیا .) تافیسیا، تافسیا، سداب (ه.م.)

تاپسیا (گل و میوهٔ آن)

تاپو tāpū (ا.) ظرفی از گل چون خمره

۱- Thapsia garganica (لا.), faux fenouil (فر.)　۲- Ombellifères (فر.)
۳- Vivace (فر.)

که در آن آرد و گندم ذخیره کنند.

تاپ توپ tāp-tūp [= تاپ‌وتوپ] (اِمر.) غوغا، داد و فریاد.

تاپه tāpa(-e) [← تاپال، تپاله] (اِ.) سرگین گاو، تپه، تاپال، تپاله.

تات tāt (اِخ.) ← بخش ۳.

تاتا tātā (اِصت.) گرفتگی زبان، لکنت، گنگلاج.

تاتار tātār [= تتار = تتر] (اِخ.) ← بخش ۳.

تاتاری tātār-ī (ص نسب.) ۱- منسوب به تاتار، از مردم تاتار (ه.م.) ۲- زبان تاتاران (← بخش ۳ مغولی). ‖ اسب ~. ۱- اسبی که در زمین تاتار نشو و نما کند. ۲- اسب تیزرو. ‖ مشک ~. مشکی که از بلاد تاتار آورند، و آن بسیار نیک است.

تاتا کردن tātā-kardan (مص ل.) (درزبان شیرخوارگان) راه رفتن.

تاتلی tātelī (اِ.) سفره، دستارخوان.

۱- تاتو tātū [= تتو] (اِ.) (جا ن.) اسبی از نوع خرد و کوتاه باموی و یال دراز وموهای بلند بر تن.

۲- تاتو tātū [فر. tatou] (اِ.) (جا ن.) نوعی پستاندار که بدنش از فلس پوشیده است مانند حلقه‌های زره، و در آمریکای جنوبی دیده میشود.

۱- تاتوره tātūra(-e) (اِ.) ۱- ریسمانی که برپای اسب واستر گذارند.

۲- تاتوره tātūra(-e) [= طاطوره = تاتوله = داتوره، لا. datūra] (اِ.) (گیا.) گیاهی[1] از تیرهٔ بادنجانیان که علفی و یکساله و دارای گونه‌های متعدد است. ارتفاع آن تا ۸۰ سانتیمتر وگاه تا یک متر میرسد. دارای بویی قوی و ناپسند است و ریشه‌اش نسبةً ضخیم وساقه‌اش گرد و منشعب و برگهایش پهن و نوک تیز است؛ جوزماثل، شیطان الماسی.

تاتوره

۱- تاتول tātūl (ص.) شخصی که دهان و پوزه‌اش کج و پیچیده شده باشد.

۲- تاتول tātūl [گنابادی tātūl، گیل. dādūl] (ص.) ۱- گیج، بیهوش. ۲- خل، ابله.

تاتوله tātūla(-e) (اِ.) ← تاتوره.

تاتی tāt-ī (ص نسب.) ۱- منسوب به تات (← بخش ۳). ۲- یکی از لهجه‌های ایرانی ← بخش ۳.

تاتی کردن t.-kardan (مص ل.) (درزبان کودکان) راه رفتن.

تاج tāĵ [معر. په. tāg] (اِ.) ۱- کلاه جواهر نشان که شاهان درمراسم رسمی برسر گذارند؛ افسر. ۲- کلاه ترک ترک درویشان، کلاه قلابدوزی شدهٔ صوفیان. ۳- دسته‌ای از پر یا گلابتون و مانند آنها که بر پیشانی کلاه طوری نصب کنند که حصه‌ای از آن از کلاه بلندتر باشد؛ جیغه. ۴- هر چیز شبیه بتاج (افسر) مثل تاج خروس (ه.م.) ۵- (پز.) قسمت آشکار ومرئی دندان که ازلثه خارج و از مینا پوشیده است[2]. ۶- قسمتی از ناخن که متصل بگوشت نیست ودر بن آن چرک گرد آید؛ اکلیل. ۷- (هس.) سطحی که ما بین دو محیط دایره داخل هم باشد. ۸- جزو زینتی درها و گنجه‌ها ودولابها ومانند آن که نجاران بربالای آنها نصب کنند، وآن مثلث شکل یا نیم‌دایره است. ‖ ~ شمع. شعلهٔ شمع. ‖ ~ عنبر. (کن.) زلف. ‖ ~ فلک. (کن.) خورشید. ‖ ~ فیروزه. (کن.) ۱- فلک، آسمان. ۲- آفتاب. ‖ ~ کیخسرو. (اِخ.)

تاج

۱- Datura stramonium (لا.)

۲- Couronne (فر.)

۱ - تاج متعلق به کیخسرو (← بخش ۳). ۲ - (کنـ .) آفتاب. ‖ ـــِ گردون . (کنـ.) آفتاب. ‖ ـــِ گل. (گیا.) اکلیل گل، گونهٔ گل، چتر، تاجك. ‖ ـــِ لاله. (گیا.) حقهٔ لاله. ‖ ـــِ لعل. (کنـ .) آفتاب. ‖ ـــِ مقوا (مقوی). تاجی که ازمقوا سازند. ‖ ـــِ هدهد. (جاذ.) پرهایی که بصورت تاج بر سر هدهد روییده. ‖ ـــ برسرزدن. تاج برسر گذاشتن، تاج پوشیدن ↓. ‖ ـــ برسرنهادن. تاج برسر گذاشتن، پادشاه شدن.

تاج بخش t.-baxš [معر.-ف. = تاج بخشنده] (صفا.) دهندهٔ تاج، دهندهٔ افسر.

تاج بخشی t.-baxš-ī [معر.-ف.] (حامص.) ۱ - عمل تاج بخش، اعطای تاج. ۲ - بزرگی، جلال، پادشاهی.

تاج بر t.-bar [معر.-ف. = تاج برنده] (صفا.) ← تاجور.

تاج پرست t.-parast [معر. - ف. = تاج پرستنده] (صفا.) ۱ - دوستدار تاج، خواهندهٔ تاج، تاج‌خواه. ۲ - پادشاه، سلطان.

تاج‌پوش t.-pūš [معر.-ف. = تاج پوشنده] (صفا.) کرباسی است که بر روی تاج کشند، غاشیهٔ تاج.

تاج پوشیدن t.-pūšīdan [معر.-ف.] (مصم.) تاج بر سر نهادن؛ تاج برسرزدن، تاج برسر گذاشتن.

تاج خروس t.-e xorūs (اِمر.) ۱ - (جاذ) تکهٔ گوشت سرخی که روی سرخروس است[1]؛ خوچ، خوچه، خود، خودخروج، خود خروه. ۲ - (گیا.) گیاهی[2] از تیرهٔ اسفناجیان که یکساله و دارای گلهای کوچك است. رنگ گلهایش اکثر قرمز و گاهی نیز سبز است. گلها تشکیل سنبله‌ای را دهند که در بعضی انواع شبیه تاج خروس ↑ است (وجه تسمیه). کاسهٔ گل دارای ۳ تا ۵ کاسبرگ رنگین است؛ زلف عروسان، عرف‌الدیك.

تاج خواه t.-xāh [معر.-ف. = تاج‌خواهنده] (صفا.) ۱ - افسرخواه، دوستدار وخواهندهٔ تاج؛ تاج پرست. ۲ - پادشاه.

تاجدار p.-dār [معر.-ف. = تاج دارنده] (صفا.) ۱ - دارندهٔ تاج، نگاهدارندهٔ افسر، حامل افسر. ۲ - پادشاه، سلطان. ۳ - بزرگ، سرور، ارجمند. ۴ - نگهبان ومحافظ تاج. ۵ - خانه و مخزن تاج، تاجخانه. ۶ - (گیا.) گیاه صاحب تاج و اکلیل، چتری، ذواکلیل. ‖ ـــِ فلك. خورشید.

تاج‌دار t.-e-dār [معر.-ف.] (صمر.) بمنزلهٔ افسر برداراعدام، برسردار:
«خدیو تاجدارانی و آن‌کو همچو تیغ تو
دورویی کرد درملکت، سراو تاج‌دار افتد.»
(بدرچاچی)

تاج دارنده t.-dāranda(-e) [معر.-ف.] (صفا.) ← تاجدار.

تاجداری t.-dār-ī [معر.-ف.] (حامص.) ۱ - حالت و کیفیت تاجدار (ه.م.)، تاجوری. ۲ - پادشاهی، سلطنت.

تاج‌دوز t.-dūz [معر.-ف. = تاج دوزنده] (صفا.) آنکه کلاه سقرلاتی دوازده ترك دوزد و آن کلاه قزلباشان بوده.

تاج ده t.-deh [معر.-ف. = تاج دهنده] (صفا.) ۱ - تاج دهنده، تاج بخشنده. ۲ - پادشاهی‌ده. ۳ - بزرگ گرداننده، ارجمند کننده.

تاج دیك t.-e dīk [معر.-ع.] (اِمر.) (جا.) تاج خروس (ه.م.)

تاج‌خروس

تاج خروس (گیاه)

۱- Crête de coq (فر.)
۲- Amaranthus (لا.)

تاجر tāǰer [ع.] (إفا.) بازرگان، سوداگر. ج. تجار.

تاجرانه tāǰer-āna(-e) [ع.-ف.] (قمر.) همچون تاجران، مانند بازرگانان.

تاجرزاده t.-zāda(-e) [ف.-ع.] (صمر.) بازرگان زاده، فرزند تاجر. ج. تاجر زادگان.

تاجرمآب t.-maāb [ع.ع.] (صمر.، قمر.) بروش و سیرت بازرگانان.

تاجره tāǰer-a(-e) [=ع. تاجرة] مؤنث تاجر (ه.م.)؛ زنی که بازرگانی کند.

تاجریزی tāǰ-rīz-ī (إمر.)(گیا.) گیاهی است ازتیرهٔ بادنجانیان که علفی است وبعض گونه‌هایش بصورت درختچه اند. برگهای آن پهن وگلهایش منظم وگل آذینش گرزن است. میوه اش سته میباشد؛ انگور روباه، عنب الثعلب.

تاج ریزی

تاج ستان t.-setān [معر.-ف. = تاج ستاننده] (صفا.) ۱ - گیرندهٔ تاج ازشاهان، سلب کنندهٔ تاج وتخت. ۲ - پادشاه پیروز، سلطان فاتح.

تاج سر t.-e sar [معر.-ف.] (صمر.، إمر.) بزرگ، گرامی، سرور، ارجمند. ‖ ~ِ عشاق. معشوق.

تاج شدن t.-šodan [معر.-ف.] (مصل.) ۱ - همچون تاج برسر قرار گرفتن، افسر شدن. ۲ - (مج.) موجب زیب وزینت شدن. ۳ - (مج.) موجب مباهات وافتخار گردیدن.

تاجورك

تاج فروز t.-forūz [معر.-ف. = تاج افروزنده] (صفا.) ۱ - افروزندهٔ تاج. ۲ - شکوه دهندهٔ خسروان، ارجمند گرداننده پادشاهی. ۳ - (مج.) موجب سربلندی.

تاجك tāǰek [= تاجیك] ← تاجیك.

تاجگاه t.-gāh [معر.-ف.] (إمر.) مکانی که در آن تاج را نگهداری کنند.

تاج گذاران t.-gozār-ān [معر.-ف.] ۱ - (حامص.) تاج گذاری، آیین تاج برسر نهادن. ۲ - (صفا.، حا.) در حال تاج گذاری.

تاج گذاری t.-gozār-ī [معر.-ف.] (حامص.) آیین نهادن دیهیم بر سر پادشاهی نو، جشن تاج گذاردن پادشاهان؛ تتویج، تکلیل.

تاجگه t.-gah [معر.-ف. = تاجگاه] (إمر.) ← تاجگاه.

تاجمان tāǰemān (إ.) نوعی توتون چپق.

تاجوار t.-vār [معر.-ف.] (صمر) ۱ - مانند تاج. ۲ - گوهر یا چیزی دیگر که درخور تاج باشد. ۳ - گرانبها، قیمتی.

تاج و تخت t.-o-taxt [معر.-ف.] (إمر.) ۱ - افسر وسریر (اهم لوازم سلطنت) ۲ - (مج.) پادشاهی، سلطنت.

تاجور t.-var [ارمن. tagavor] (صمر.) ۱ - دارای تاج، با افسر. ۲ - پادشاه، سلطان.

تاجورك tāǰvar-ak [معر.-ف.] (إمر.) (جان.) مگس خوار (ه.م.)

تاجوری t.-var-ī [معر.-ف.] (حامص.) ۱ - تاجداری. ۲ - سلطنت، پادشاهی، بزرگی.

تاجیك tāǰīk [= تاجك = تازیك (بیك معنی) = تاژیك، تر: تات tāt (رعیت) + چیك (پس. تصغیر وتحقیر)] ۱ - غیر ترك (عموماً)، آنکه ترك ومغولی نباشد. ۲ - ایرانی (خصوصاً). ۳ - سکنهٔ کنونی «تاجیکستان» (←

۱- Solan um miuiatum (لا.)

بخش۳) شوروی. ضح.- « تاجیك » با «تازی» (= تازیك بمعنی عرب) فرق دارد .

تاجیکانه tāǰīk-āna(-e) [← تاجیك] (ص‌مر.) منسوب به‌تاجیك ، مانند تاجیکان؛ روی‌تاجیکانه.

تاجیکی tāǰīk-ī [← تاجیك] (ص نسبـ.) ۱ -ازمردم تاجیك(← بخش۳).۲- اهل تاجیکستان (← بخش ۳) . ۳- لهجه‌ایست‌ایرانی(← بخش۳).

تاچه tā-ča(-e) [= تایچه؛ تا (عدل، لنگه)+چه، پسـ. تصغ.)(إمصغ .) لنگهٔ خرد، یك‌لنگه از خورجین، یك عدل، یك‌جوال.

تاچه بندی t.-band-ī (حامص.) عدل‌بندی، بستن‌تاچه.

تاخ tāx [= تاغ = تاق](إ.)← تاغ.

تاخت tāxt [پهـ tāxt] (مص‌خم، إ.) ۱ - نوعی ازرفتن اسب بطیء‌تراز چهارنعل. ۲ - دو ،دویدن. ۳ - دویدن برسر کسی یا قومی بقصد جنگیدن یا غارت‌کردن.

تاخت‌آوردن t.-āva(o)rdan (مص ل.) ۱ - حمله‌کردن، هجوم‌بردن. ۲ - مؤاخذه، عتاب سخت‌کردن.

تاخت زدن t.-zadan (مص ل .) ۱ - تاختن (ه.م.) ۲ - مبادله کردن جنسی‌باجنسی، عوض کردن چیزی با چیزی (وبیشتر درکتاب‌مستعمل‌است)

تاخت کردن t.-kardan (مص‌ل.) بشتاب دوانیدن اسب را ؛ تاختن.

تاختگاه t.-gāh(إمر.) ۱-جایی که‌در آن‌اسب‌را برای‌تمرین یامسابقه‌دوانند. ۲ - خطی که اسبهای‌دونده‌دراسب‌دوانی درآن می‌دوند؛ پیست[1] (فره.)

تاختن tāx-tan [پهـ. tāxtan] (تاخت، تازد ، خواهد تاخت ، بتاز ، تازنده، تاخته، تازش) ۱ - (مص‌ل.) بسرعت رفتن،سخت دویدن. ۲ - هجوم کردن ، حمله بردن . ۳ - (مص م.) تازاندن،بتاخت بردن. ۴- (مجـ.)غارت کردن، تاراج کردن. ۵- راندن،فراری ساختن، بیرون کردن ۶ - بسرعت فرستادن (نامه وخبر)؛آگهی‌تاختن.

تاختن آوردن t.-āva(o)rdan (مص‌ل.) هجوم کردن، حمله بردن.

تاختن بردن t.-bordan (مص‌ل.) ۱ - بسرعت‌بردن، تازاندن. ۲ - هجوم بردن، حمله کردن.

تاختن کردن t.-kardan (مص‌ل.) ۱ - تازاندن، بسرعت‌بردن(اسب‌ومانند آنرا).۲ - هجوم کردن، حمله بردن.

تاخته tāx-ta(-e) (إمف.) ۱- دویده. ۲- دوانیده(اسب ومانندآن). ۳- غارت شده. ۴ - ریخته (خون، ادرار و مانند آن) ۵ - تافته ، تابیده (ریسمان ، ابریشم). ۶ - (ق.) بتاخت.

تاخیره tāxīra(-e) (إ.) بخت ، طالع، سرنوشت:«تاخیرهٔ توچنین‌بود.»

تادار tā-dār (إمر.) (گیا.)تاقوت (ه.م.)

تادانه tā-dāna(-e) (إمر.) (گیا.) تاقوت (ه.م.)

۱- تار tār [اسـ. *taθra] ۱ - رشتهٔ دراز بسیار باریك‌ازموی‌وابریشم وپنبه وتنیدهٔ عنکبوت . ۲ - فلز بسیار باریك وطویل،سیم: تارساز، تارچنگ. ۳ - (مسـ.) سازایرانی[2]ازذوات‌الاوتار، و آن دارای پنج سیم است که بازخمه نوازند و بر کاسهٔ آن پوست برهٔ تنك کشیده شده. ۴ - (بافندگی،) اولین

تار

1- Piste (فر.)
2- Thar (فر.)

عنصرو اساس زمینه در بافندگی است و آن‌سلسله نخهایی است که بموازات یکدیگر در دستگاه قرار میگیرند. ‖ ~ طراز. تاری بسیار نازك که در کارخانه‌های مخصوصی برای بافتن جامه‌های نیکوجهت پادشاهان وبزرگان میبافته‌اند. ‖ ~ عنکبوت. رشته‌های نازك وباریکی که‌عنکبوت ازلعاب‌خود میتنند وبدان مگس وحشرات را شکار کند. ‖ ~ مو(ی). ۱ - دانهٔ موی، تای مو. ۲ - بسیارباریك، نزار.

۲ - تار tār [په. tār] (ص.) ۱ - تیره، تاریك.مظلم. ظلمانی؛ مق.روشن: «روز رخشنده کزو شاد شود مردم

ازپس انده ورنج شب تارآمد.»

(ناصر خسرو بلخی. ۱۰۹)

۲ - گل‌آلود: آب تار.

۳ - تار tār [هند. thār = تال] (إ.) درختی است شبیه بدرخت خرما که‌از آن آبی‌حاصل‌کنند که نشأه‌وردرد سرآورد، واکثردرهندوستان‌بعمل آید؛ تال.

۴ - تار tār [قس. تارك] (إ.) میانهٔ سر؛ تارك، مفرق. ‖ ~ سر. تارك سر، فرق سر.

تارا tārā [قس. ستاره] (إ.)ستاره، کوکب.

تارات tārāt [ع.]ج. تاره؛دفعات، کرات،مرتبه‌ها. ضح.ـ بعضی ازفرهنگها «تارات» را بمعنی‌تاراج نوشته‌اندوبیت ذیل را از خاقانی شاهد آورده‌اند: «بر تربت‌پاکش(تربت‌علی۴)ازکرامات

تا تار همی رود بتارات.»

ولی محققان «تارات» رابمعنی مذکور یعنی بکرات ومرات دانسته‌اند.

تاراج tārāǰ (إ.) ۱- غارت.چپاول، یغما کردن. ۲ - (تص.) سلب اختیار سالك در جمیع احوال واعمال ظاهری وباطنی(کشاف اصطلاحات الفنون). ‖ به ~ افکندن. بیغمادادن،درمعرض غارت‌وچپاول‌گذاشتن ↓. ‖ به ~ بردن. به‌تاراج‌افکندن ↑. ‖ به ~ رفتن. بغارت رفتن، بچپاول رفتن.

تاراج ده t.-deh [= تاراج دهنده] (ص‌فا.)تاراج دهنده، بغارت دهنده.

تاراج‌زدن t.-zadan (مص‌ل.) تاراج کردن.

تاراج‌شدن t.-šodan (مص‌ل.)تاراج رفتن، بغارت رفتن.

تاراج کردن t.-kardan (مص‌م.) یغما کردن، چاپیدن، چپاول کردن.

تاراجگاه t.-gāh (إمر.)جای‌غارت، جای‌تاراج.

تاراجگر t.-gar(ص‌فا.)۱- غارتگر، یغماگر، چپوچی، تاراج کننده. ۲ - (مج.) معشوق، محبوب.

تاراجگری t.-gar-ī (حامص.)عمل تاراجگر (ه‌.م.)؛ تاراج‌کردن،چپاول کردن.

تاراجیدن tārāǰ-īdan (مص‌م.) (صر← آجیدن) تاراج کردن.

تاراغ‌وتوروغ ārāγ(γ)-o-tūrūγ [= تاراق‌وتوروق] (إصت، اتباع) آوایی‌که از برخورد دوچیز برخیزد، صدایی‌که از بهم کوفتن دوچیز حادث شود و موجب ناراحتی انسان گردد.

تاران tār-ān [= تار] (ص.) تار، تاریك.

تاراندن tār-āndan [= تارانیدن] (مص‌م.)(تاراند[nd-]،تاراند[nad]، خواهد تاراند، بتاران، تاراننده، تارانده) ۱ - پراکندن.متفرق‌ساختن. ۲ـ دورکردن. ۳ـزجرکردن، ترسانیدن

تارانده tār-ānda(-e) [← تاراندن] (إمف.) ۱- پراکنده، متفرق. ۲- دور کرده. ۳- زجر کرده، ترسانیده.

تاراننده tār-ānanda(-e) (إفا.) ۱- پراکنده کننده، متفرق سازنده. ۲- دور کننده. ۳- زجر کننده، ترساننده.

تارانیدن tār-ānīdan [= تاراندن] (مصم) ← تاراندن.

تارانیده tār-ānīda(-e) [← تارانیدن] (إمف.) تارانده (ه.م.)

تارآوا t.-āvā (إمر.) (پز.) (فره.) طناب صوتی (ه.م.)

تاربام tār-bām [← بام] (إمر.) صبح زود که هنوز هوا تاریك باشد؛ صبح نخست.

تارت tārat [= ع. تارةً] ← تاره.

تارتار tār-tār (إمر.) ریزه‌ریزه، پاره پاره، ذره ذره.

تارتریك tārtrīk [فر. tartrique] (إ.) (شم.) اسیدی است که بصورت ملح پتاسیم در بیشتر گیاهان یافت شود و فرمول خام آن $C_4H_6O_6$ میباشد.

تارتن tār-tan [= تارتننده ← تارتنك. تارتنندو] (صفا.، إمر.) ۱- جولاهه، بافنده. ۲- عنکبوت. ۳- کرم ابریشم.

تارتنك t.-tan-ak [= تارتن ← تاتنندو] (إمر.) عنکبوت.

تارتنندو t.-(-e)tanandū [= تارتننده ← تنیدن] (إمر.) تارعنکبوت، تاری که تارتنك سازد برای خانه‌ساختن.

تارتنیدن t.-tanīdan (مصل.) تار گستردن، کشیدن تار پود:

«آن تویی آن زخم برخود میزنی
برخود آن دم تار لعنت می‌تنی.»
(مثنوی، لغ.)

۱- تارتور tār-tūr [← تار] (صمر.) تاریك، سخت تاریك.

۲- تارتور tār-tūr [← تار] (إمر.) پاره‌پاره، ذره ذره، ریزه ریزه.

تارجامه tār-ǰāma(-e) (إمر.) ریسمان‌جامه، تانهٔ بافندگان؛ مق. پود.

تارچه tār-čа(-e) (إمصغ.) تار کوچك ← تار.

تارخیرا tāraxīrā (إ.) (گیا.) خشخاش (ه.م.)

تاردان tār-dān (إمر.) ظرفی که در آن تارهای ساز نگاهدارند.

تارزدن tār-zadan (مص‌مر.) ۱- نواختن تار (آلت‌موسیقی). ۲- (عم.) فروختن.

تارزن t.-zan [= تارزننده] (صفا.) نوازندهٔ تار (آلت‌موسیقی).

تارس tāres [ع.] (إفا.، ص.) مرد با سپر، سپردار.

تارساز tār-sāz [= تارسازنده] (صفا.) آنکه تار (آلت‌موسیقی) سازد، سازندهٔ تار.

تارسازی t.-sāz-ī (حامص.) ۱- عمل تار ساز، شغل تارساز. ۲- (إمر.) مغازه و دکان تار ساز.

تارشدن tār-šodan (مص ل.) تار گشتن، تیره‌شدن، تاریك‌شدن. ‖ ~ چشم. کاسته شدن بینایی چشم. ‖ ~ مرغ (عم.) وحشی شدن مرغ. ‖ ~ هوا. تاریك گشتن هوا.

تارفام t.-fām (ص مر.) تار گون، تیره رنگ، کدر.

تارك tārak [← تار] (إمصغ.) ۱- کلهٔ سر، فرق‌سر، میان‌سر آدمی. ۲- قسمت‌اعلای هرچیز، قله. ۳- مغز، دماغ. ۴- آنچه که در جنگ بر سر

گذارند مانند کلاه‌خود، مغفر و مانند آن. ۵ - (هسـ.) رأس (مثلث وغیره). ‖ ــِ سر. فرقسر، میان بالای سر.

تارك tārek [ع.] (اِفا.) ترك کننده، رها کننده، دست بدارنده. ‖ ــِ ادب. بی‌ادب، گستاخ. ‖ ــِ دنیا. آنکه‌از دنیا اعراض کند؛زاهد، پارسا. ‖ ــِ صلاة(صلوة). آنکه‌نماز نگزارد.

تارکاری tār-kār-ī (حامص.) زری بافی.

۱ - تارکردن tār-kardan (مص م.) تیره ساختن، تاریك کردن، کدر کردن.

۲ - تارکردن tār-kardan (مص م.) تارانیدن، رمانیدن.

تارك ساى tārak-sāy [= تارك ساینده](صفا.) آنچه تارك سر راساید، برتارك سررسنده، کوبندهٔ تارك.

تارکش tār-kaš(keš) [= تار کشنده] (صفا.) آنکه‌تار کشد؛ مفتول کش، زرکش.

تارك‌شدن tārek-šodan [ع.-ف.] (مصل.) چیز آموخته‌را فراموش کردن.

تارك شکاف t.-ša(e)kāf [= تارك شکافنده](صفا.)شکافندهٔ تارك،شکنندهٔ فرق.

تارك‌نشین tārak-nešīn [= تارك نشیننده] (صفا.) ۱ - کسی که بتارك جای دارد، بالانشین. ۲ - بلند پایه، والامقام.

تارکه tārek-a(-e) [= ع. تاركة] (اِفا.) مؤنث تارك(ه‌م.) ‖ ــِ دنیا. زنی‌که ازدنیا اعراض کرده، زاهده.

تارم tāram(-om) [= طارم،معر. یو. taronána] (اِ.) ۱ - خانهٔ چوبین. ۲ - محجرو دیوار مانندی‌که از چوب و آهن سازند ودر اطراف باغ گذارند تا مانع از دخول شود. ۳ - چوب بندی که برای انگور، یاسمین وکدوی صراحی بر پا کنند؛ داربند. ۴ - (کنـ.) آسمان، فلك: کبودتارم، تارم کبود، نه‌تارم.

تارمار tār-mār [= تارومار](اِمر.) زیروزبر، پریشان وپراکنده.

تارم‌کش tāra(o)m-koš (اِمر.) (گیا.) کاروان کش(ه‌م.)

تارمی tāra(o)m-ī [← تارم] (ص نسبـ.، اِمر.) محجرو دیوار مانندی از چوب یا آهن‌که جلوباغ یا ایوان‌وغیره سازند.

تارمیغ tār-mīγ [← میغ] (اِمر.) بخاری که در زمستان بر روی هوا پدید آید ومانند دودی شود و اطراف را تیره و تاریك سازد؛ «تمن»، «ماغ»، «میغ»، «نژم».

تارو tārū (اِ.) کنه‌که بر گاوودیگر جانوران چسبد.

تار و پود tār-o-pūd (اِمر.) ۱ - تارهای طول و عرض جامه. ۲ - کنه واساس وپایهٔ هرچیز. ‖ بی ــ شدن. (کنـ.) ۱ - پریشان و مضمحل شدن. ۲ - سخت‌رنجه‌گشتن. ‖ بی ــ کردن. (کنـ.) پراکنده ونابود وویران‌ساختن.

تار و تفرقه tār-o-tafreγa(-e) [ف.-ع.← تفرقه] ــ شدن. (مص ل.) سخت پراکنده شدن، تارومارشدن. ‖ ــ کردن (مصل.)،سخت‌پراکندن.

تار و تمبك tār-o-tombak [= تاروتنبك] ← تار وتنبك.

تاروتنبك t.-o-tonbak [= تار وتمبك](اِمر.)۱ -(مسـ.) تارهمراه‌تنبك (رك.هریك ازین‌کلمات). ۲ - (مسـ.) آلات‌ضرب‌ونوازندگی، آنچه‌نوازندگان باآنها زنند و نوازند.

تار وتنبور t.-o-tanbūr [= تار وطنبور] (اِمر.) ۱ - (مس.) تار همراه تنبور (رك. هريك ازين كلمات). ۲ - (مس.) همه گونه آلات سازندگی و نوازندگی.

تاروتنگ t.-o-tang (ص‌مر.) تیره وتار، سخت تیره، تاریك وسخت.

تاروتنگ آوردن t.-āva(o)rdan (مص ل.) تیره و تار کردن ، تاریك وسخت ساختن .

۱-تاروتور tār-o-tūr (ص مر.) ۱ - سخت تیره و تاریك، بسیار تیره و تاریك، سخت تاریك.

۲-تاروتور tār-o-tūr (ص‌مر.) ریزه، ریزه ریزه، ذره ذره.

تار و طنبور tār-o-tanbūr [= تار وتنبور] ← تار وتنبور.

تارومار tār-o-mār (اِمر.) پراکنده، ازهم پاشیده ، زیر وزبرشده.

تار ومار شدن t.-šodan (مص‌ل.) ازهم پاشیده شدن، زیروزبرشدن.

تار ومارکردن t.-kardan (مص م.) ازهم پاشیدن، زیرو زبر کردن ، تاراندن.

تار ومارگشتن t.-gaštan (مص‌ل.) تار ومارشدن (ه‌م.)

تارون tārūn [= تاران] (ص فا.) تیره وتاریك، تاری.

۱ - تاره tāra(-e) [قس. تارم] (اِ.) تارم، طارم.

۲ - تاره tāra(-e) [= تار] (اِ.) ۱ - تار(مو، ریسمان، چنگ، ابریشم). ۲ - تارجولاهگان؛ مق. پود.

۳ - تاره tāra(-e) [= تار] (ص.) تار، تاریك، تاری.

۴ - تاره tāra(-e) [= ع. تارة] (اِ.) دفعه، مرتبه، مره. ج. تارات.

تارةً tārat-an [ع.] (ق.) یکبار، گاهی: «تارةً اینطور است.»

۱ - تاری tār-ī [= تاریك] (ص نسبـ.) ۱ - تیره، تار، تاریك، مظلم، ظلمانی. ۲ - پلید، ناپاك.

۲ - تاری tār-ī ۱ - (ص‌نسبـ.) آبی که از درخت تار حاصل کنند ، و آن شربتی باشد که نشأهٔ باده درسر آورد. ۲ - (گیا.) درخت تار (ه‌م.)

۳ - تاری tār-ī (حامص .) ۱ - کژی ، نادرستی . ۲ - گمراهی .

۴ - تاری tār-ī [تر.قس. تنگری] (اِ.) خدا.

تاری جا(ی) tārī-ǰā(y) (اِمر .) ۱ - جای تاریك. ۲ - (کنـ.) مکان سخت وهولناك.

تاری چشم t.-čašm(češm) (اِمر.) چشم تاریك، چشم ضعیف .

تاریخ tārīx [ع.] (مص م.) ۱ - وقت چیزی پدید کردن . ۲ - تعیین کردن مدتی را از ابتدای امری عظیم وقدیم ومشهور تا ظهورامر ثانی که عقب اوست. ۳ - (اِ.) رقمی که زمان را نماید، زمان وقوع واقعه‌ای. ۴ - سرگذشت یا سلسله اعمال و وقایع و حوادث قابل ذکر که بترتیب ازمنه تنظیم شده باشد. ضح .ـ تقسیمات تاریخ: ۱ - **تاریخ قدیم** در بارهٔ ادواری از ازمنهٔ بسیار قدیم بحث میکنند . تاریخ قدیم بانقراض امپراتوری روم غربی بسال ۴۷۶ م . و بعقیدهٔ برخی دیگر بمرگ «تئودوسیوس» بسال ۳۹۵ م .خاتمه میبابد. ۲ - **تاریخ قرون وسطی.** دربارهٔ ادواری بحث میکند که مابین تاریخ قدیم و تاریخ جدید قرار دارد. ۳ - **تاریخ قرون جدید.** یا **تاریخ جدید** که از زمان کشف قارهٔ آمریکا تا امروز بسط میبابد. ۴ - **تاریخ معاصر.** عبارت است ازحوادث زمان ما یا منسوب

بازمانده‌ای که هنوز شواهد و آثار آن موجود باشد. ‖ ـــِ الهی. تاریخی است که جلال‌الدین محمداکبر پادشاه هند در سال ۹۹۲هق. وضع کردو مبداء آن را ازجلوس خود (ربیع‌الاول سنهٔ ۹۶۳) قرار داد. رك. یادداشتهای قزوینی ج ۱ ص۱۰۷. ‖ ـــِ جلالی. یا ملکی. منسوب بملکشاه‌سلجوقی‌است. در زمان‌وی آنرا درسنهٔ ۴۷۱ه ق /۱۰۷۹م. تأسیس کردند، و نوروزرا که تا آن‌زمان‌سیار بودثابت گردانیدندو آن بنوروزسلطانی معروف شد. ‖ ـــِ غازانی. در زمان غازان‌پادشاه مغول‌درایران تأسیس‌شد، ومبداء آن سال۷۰۱ هق. است. ‖ ـــِ طبیعی. از عنوان‌کتاب مشهور پلینیوس Plinius بنام – Historiae Naturalis گرفته‌شده است و این کتاب بمنزلهٔ دائرة‌المعارفی بوده‌است‌ولی اکنون‌تاریخ طبیعی‌بمعنی‌محدودتراست یعنی کتاب شامل نباتات و حیوانات واحجار. ‖ ـــِ ملکی (malekī). ← تاریخ‌جلالی ‖ ـــِ میلادی. ازسال‌میلاد (تولد) عیسی‌مسیح‌شروع‌میشود. ‖ ـــِ هجری. از سال هجرت‌رسول‌اکرم‌ص از مکه بمدینه آغاز میشود که برابر با سال ۶۲۲م. است. ‖ ـــِ یزدگردی. ایرانیان پیش‌از اسلام جلوس‌هرپادشاه را مبداء تاریخ قرار میدادند و چون دیگری بجای‌اومی‌نشست بازمبدأتغییر میکرد وچون یزدگرد آخرین پادشاه ساسانی‌است‌بعضی‌جلوس‌اورا (۶۳۲م.) مبداء تاریخ گرفته‌اند وبرخی‌نیزپایان پادشاهی وتاریخ قتل اورا (۶۶۱ م.) مبداء قرار داده‌اند.

تاریخچه tārīx-ča(-e) [ع-ف.] (إمصغ.) تاریخ کوتاه و مختصر مانند تاریخچهٔ‌معادن، تاریخچهٔ‌حکومت‌مشروطه

تاریخ‌گو(ی) t.-gū(y) [ع-ف. = تاریخ‌گوینده] (ص‌فا.) ناقل‌تاریخ. مورخ.

تاریخی tārīx-ī [ع.-ف.] (ص نسبـ.) ۱ - منسوب‌بتاریخ: جنبهٔ‌تاریخی، داستان تاریخی. ۲ - قابل درج در تاریخ: «این‌واقعه تاریخی‌است.»

تاریك tārīk [tārīk.پهـ = تاری،] (ص.) ۱ - تیره، تار، مظلم، ظلمانی؛ مقـ. روشن. ۲ - سیاه. ۳ - ناخردمند. ۴ - گمراه. ۵ - عاری ازصفا، پلید. ۶ - بدکار، سیاهکار. ۷ - پیچیده، مبهم، مشکل.

تاریکا tārīk-ā (حامص.) (عم.) تاریکی، ظلمت.

تاریکان tārīk-ān (قمر.) بهنگام تاریکی.

تاریك بخت t.-baxt (ص مر.) بدبخت، تیره‌بخت.

تاریك جان t.-ǰān (ص‌مر.) ۱ - تیره جان، سیاه‌دل. ۲ - اندوهگین. ۳ - گمراه ۴ - بیخرد. ۵ - عاری‌از صفا، پلید.

تاریك‌جو(ی) t.-ǰū(y) [= تاریك جوینده] (ص‌فا.) ۱- ظلمت طلب. ۲ - بیراهه رو، منحرف، کجرو.

تاریك چشم t.-čašm(češm) (ص مر.) ۱ - آنکه بینایی چشمش اندك باشد؛ چشم‌تاریك، ضعیف‌چشم. ۲ - کوته نظر. ۳ -(إمر.) (جانـ.) شب‌کور (ه.م.)

تاریك چهره t.-čehra(-e) (ص مر.) سیه روی مانند شب.

تاریك خانه t.-xāna(-e) (إمر.) ۱ - اطاق تاریك. ۲ - (عکا.) اطاق مخصوصی که در آن عکاس‌باچراغی‌کم نور فیلم و شیشه را می شوید، اطاق تاریك برای ظاهر کردن عکس.

تاریك داشتن t.-dāštan (مصل.)

تازاندن

۱ - تیره ساختن، تاریک کردن ۰ ۲ - غمگین کردن.

تاریکدان t-dān (امر.) جای بسیار تاریک، مکان تیره و تار.

تاریک دل t.-del (صمر.) سیاه‌دل، تیره ضمیر.

تاریک دین t.-dīn (ص مر.) ۱ - آنکه بردین باطل است، کافر. ۲ - زشت پندار. ۳ - گمراه.

تاریک رای t.-rāy [ف -ع.] (ص مر.) دارای رای تاریک، بدفکر، بد اندیشه، بدگمان.

تاری کردن tārī-kardan (مصم.) ← تاریک کردن.

تاریک‌رو(ی) tārīk-rū(y) (ص مر.) ۱ - تیره‌رو، روسیاه، سیه روی. ۲ - سخت روی. ترش‌روی.

تاریک روز t.-rūz (ص مر.) تیره روز، غمگین، سیه‌روز، سیه بخت .

تاریک روشن t.-rawšan(row-) (قمر.) ۱ - آن‌وقت از صبح که هنوز هوا تمام روشن نشده ، بین‌الطلوعین. ۲ - (نق.) سایه روشن.

تاریک‌شب t.-šab (امر.) شب‌تاریک، از شبهای محاق.

تاریک شدن t.-šodan (مصل.) تیره شدن، تارگردیدن، تیره گشتن. ‖ ~ بخت. ۱- تیره بخت شدن ، سیاه بخت شدن. ۲- فرارسیدن‌مرگ. ‖ ~ چشم. تیره و تار شدن چشم .

تاریک‌شده t.-šoda(-e) (ص‌مف.) تیره شده، تار شده.

تاریک طبع t.-tab' [ف.-ع.] (ص مر.) بدسرشت، بدنهاد.

تاریک فام t.-fām (صمر.) تیره رنگ، سیاه رنگ.

تاریک کردن t.-kardan (مصم.) تیره کردن، تار کردن.

تاریک‌کرده t.-karda(-e) (ص‌مف.) تیره و تار کرده.

تاریک‌گردیدن t.-gardīdan (مص ل.) تاریک‌شدن، تاریک گشتن، تیره‌و تار شدن.

تاریک گشتن t.-gaštan (مص ل.) ← تاریک گردیدن.

تاریک ماه t.-māh (امر.) ۱- محاق. ۲ - سرار.

تاریک مغز t.-maγz (صمر.) کم اندیشه، کم‌خرد.

تاریک‌میغ t.-mīγ [← میغ] (امر.) ابر تاریک، ابرسیاه.

تاریک وتنگ t.-o-tang (صمر.) تار و تنگ (ه.م.)

تاریک وروشن t.-o-rawšan(row-) (صمر.) ← تاریک روشن.

تاریکی tārīk-ī [په. tārīkīh] (حامص.، امر.) ۱ - تیرگی، سیاهی ، ظلمت. ۲ - گرفتگی، درهم فرو رفتن خطوط‌چهره براثرخشم وغم، خشمگین شدن. ۳ - جهل، نادانی ، بی‌خبری .

۱- تاز tāz (ا.) ۱ - معشوق، محبوب. ۲ - فرومایه.سفله. ۳ - امرد، مخنث، کند، پشت پای.

۲- تاز tāz [← تازیدن، تاختن] ۱ - (امص.) تاختن، تاخت: گورساق‌وشیر زهره یوز تاز وغرم‌تک . (منوچهری) ۲ - (إفا.) درترکیبات بمعنی «تازنده» آید: تیز تاز.

تازان tāz-ān (ص‌فا.،حا.، تازیدن. تاختن) ۱ -درحال تاختن . ۲ - (ق.) بتاخت، باسرعت: «آن‌دیوسواران‌درو‌قت تازان‌برفت.» (بیهقی)

تازاندن tāz-āndan [= تازانیدن،

ل. : تازیدن](مصم.)(تازاند[nd-] ، تازاند[nad-] ،خواهدتازاند، بتازان، تازاننده ،تازانده) دواندن ، تاختن، تازانیدن.

تازانده tāz-ānda(-e) [= تازانیده ← تازاندن] (إمف.) دوانیده، دوانده.

تازانه tāzāna(-e) [= تازیانه، په. tāčānak](إ.) شلاق،قمچی، تازیانه.

تازانیدن tāz-ānīdan [= تازاندن](مصم.) (تازانید ، تازاند ، خواهد تازانید ، بتازان ، تازاننده ، تازانیده) دواندن، دوانیدن، تازاندن.

تازانیده tāz-ānīda(-e) [= تازانده ← تازانیدن](إمف.) دوانیده، دوانده.

تازباره tāz-bāra [← تاز] (ص مر.) غلام باره، امرد باز.

تازبازی tāz-bāz-ī (حامص.)عمل تازباز (ه.م.)، امردبازی .

تازدن tā-zadan(مص مر.) تا کردن.

تازش tāz-eš [← تازیدن ، په . tačišn] (إمص.)تاختن، تك و پوی کردن .

تازك tāzek [= تازیك] (إ.) تازیك (ه.م.)

تازکردن tāz-kardan (مص مر.) تاختن، حمله کردن، تعرض کردن.

تازگان tāza(-e)g-ān (إ.)ج. تازه:
«بیشتراز جنبش این تازگان
نوسفران و کهن آوازگان.»
(نظامی)

تازگی tāza(e)g-ī ۱ـ(حامص.)تازه بودن، نوی، جدت؛مق. کهنگی . ۲ ـ خرمی،طراوت، تری،غضاضت .۳ ـ(ق.) جدیداً ،اخیراً. ‖ به ــــ .(ق.)جدیداً. ‖ ــــ ها.(ق.)(عم.) درین اواخر.

تازگی کردن t.-kardan (مصل.) ۱ ـ روی خوش نشان دادن، تازه‌رویی کردن . ۲ ـ گرم پرسیدن ، تعارف کردن، خوش آمد گفتن.

تازنده tāz-anda(-e) (إفا .) ۱ ـ دونده، تندرو. ۲ ـ دواننده.

تازنگ tāzang (إ.) پیل‌پایه، و آن ستونی باشدکه از گچ وسنگ‌سازندو بر بالای پایه‌های اطاق گذارند.

تازه tāza(-e) [کر. tāze] (ص .) ۱ـ نو،جدید؛مق. کهنه، دیرین، دیرینه، بیات(درنان‌وغیره). ۲ ـ (مج.)خرم، خوش، شادمان، بانشاط، خوشحال. ۳ ـ طری، باطراوت،خرم، شاداب، نوشکفته؛ مق. پژمرده، خشك . ۴ ـ بدیع . ۵ ـ بارونق، باجلوه. ۶ ـ(ق.)اخیر، اخیراً، درین نزدیکی؛مق. گذشته،دور،جدیداً. ۷ ـ (تد.) اکنون،پس ازاینهمه : «تازه می‌پرسد لیلی نر بود یاماده .»

تازه‌اندرز t.-andarz(إمر.) نصیحت تازه، اندرز نو.

تازه اندیشه t.-andīša(-e)(إمر.) اندیشهٔ تازه، فکرنو.

تازه‌بتازه t.-be-tāza(-e) ۱ـ(ص‌مر.) چیزهای جدیدپشت سرهم؛ نوبنو. ۲ ـ (قمر.) مجدداً، مکرراً ، نوی‌وتازگی مکرر .

تازه بدن t.-badan [ف.ـع.] (ص مر.) تنی‌تر وتازه وجوان، بدنی‌لطیف و باطراوت.

تازه‌بدوران‌رسیده t.-be-dawrān-ra(e)sīda(-e) (ص‌مر.) [ف.ـع.] کسی که از درجهٔ پست‌بدرجهٔ بلندترقی کرده ومغرورشده باشد؛ نودولت، ندید بدید، نوکیسه:«جوان تازه بدوران‌رسیده خودرا گم کرد.»

تازه‌برگ t.-barg ۱ـ(إمر.)برگ تازه (درخت) . ۲ ـ(ص‌مر.) تر، خرم، پرطراوت، جوان.

تازه بنیاد t.-bonyād (ص‌مر.) بنیاد تازه و نو، اساس نو.

تازه بوم t.-būm (اِمر.) جا ومقام تازه، منزل‌خوش ونیك ،سرزمین‌خرم.

تازه بهار t.-bahār (اِمر.) ۱ - گل نوشکفته. ۲ - نوبهار. ۳ - زمین آرایش یافته از بهار مجدد. ۴ - (مج.) زیبا روی، باطراوت.

تازه پرواز t.-parvāz (ص‌مر.) بتازگی پروبال باز کرده، از سر نو پرواز کرده.

تازه پیکر t.-paykar(pey.-) (ص مر.) (مج.) خوش اندام.

تازه ترنج t.-toranǰ (اِمر.) ۱ - ترنج لطیف‌وتر. ۲- (مج.)زیباروی.

تازه‌جانی‌کردن t.-ǰānī-kardan (مص‌م.) ۱- ازنو زنده‌کردن. ۲- (مج.) مهر ومحبت بیحد کردن.

تازه جنگ t.-ǰang (ص‌مر.) آنکه بتازگی بجنگ‌درآمده،جنگ‌ناآزموده.

تازه جوان t.-ǰavān (ص‌مر.) ۱ - نوجوان، جوان نو رسیده. ۲ - محبوب نوجوان. ۳ - (مج.) لطیف، باطراوت، زیبا.

تازه چرخ t.-čarx (ص‌مر.) ۱ - کسی که تازه برتبهٔ عالی رسیده . ۲ - ناآزموده، تازه کار.

تازه‌چهر(ه) t.-čehr(a-e) [← تازه، چهر] (ص‌مر.) خندان،شادان، بشاش، خوشرو.

تازه خدمت t.-xedmat [ف.-ع.] (ص‌مر.) ۱ - خدمتکاری که تازه بسر خدمت‌رفته باشد؛ نوکر تازه. ۲- (مج.) تازه نفس، خوش خدمت، چابك.

تازه خط t.-xat(t) [ف.-ع.] (ص مر.) آنکه ریش و سبلت وی بتازگی دمیده باشد ؛ نوخط.

تازه داشتن t.-dāštan (مص م.) ۱ - نو کردن ، جدید کردن ، احیا کردن. ۲ - ازنوبکار بردن. ۳- خوش داشتن . ۴ - خوشروی بودن ، خندان بودن، شادمان بودن (چهره).

تازه‌داماد t.-dāmād (ص‌مر.)جوانی که تازه عروسی کرده،داماد جوان.

تازه‌درآمد t.-dar-āmad (ص‌مر.) نوظهور، مدنو ، جدیدالاختراع.

تازه‌دل t.-del (ص‌مر.) آنکه‌دارای دل جوان باشد.

تازه دم t.-dam (ص‌مر.) ۱- کسی که تازه وارد کاری شده و هنوز خسته نشده باشد؛ تازه نفس. ۲- چای‌وما نند آن که تازه دم‌کرده باشند.

تازه دماغ t.-demāɣ [ف.-ع.](ص مر.) ۱ - سرحال، خوشحال. ۲ - دانا.

تازه دماغی t.-demāɣ-ī [ف.-ع.] (حامص.) ۱ - سرحال بودن،خوشحالی. ۲ - دانایی.

تازه رای t.-rāy [ف.-ع. = تازه رأی] (ص‌مر.) صاحب فکرنو، دارای اندیشهٔ تازه و روشن.

تازه رخ t.-rox (ص‌مر.)روی‌گشاده، خوشرو ، تازه روی.

تازه‌رخسار t.-roxsār [= تازه رخساره] (ص‌مر.) تازه رخ (ه.م.)

تازه رخساره t.-roxsāra(-e) [= تازه رخسار] (ص‌مر.) تازه‌رخ (ه.م.)

تازه رس t.-ras(res) [= تازه رسیده] (ص‌مف.) ۱ -نورس، تازه‌رسیده. ۲ - جدید، نو.

تازه رو(ی) t.-rū(y) (ص‌مر.) ۱ - خوشرو، شادمان. ۲ - باطراوت. ۳ - نوظهور، نوآمده. ۴- محبوب زیبا.

تازه رویی t.-rūy-ī (حامص.) ۱ -

تازگی و نیکویی صورت. ۲ - خوشرویی، گشاده رویی، بشاشت.

تازه زا t.-zā [= تازه‌زاده] (ص‌مف.) آنکه بتازگی زاییده باشد (زن یا حیوان)؛ تازه زاد.

تازه زور t.-zūr (ص‌مر.) ۱ - تازه نفس. ۲ - آنکه قوت بکمال داشته باشد، بسیار قوی.

تازه ساز t.-sāz [= تازه ساخته] (ص‌مف.) نوساز، نوساخته، نوساختمان: بنایی تازه ساز، خانه‌ای تازه ساز.

تازه ساختن t.-sāxtan (مص م.) نو کردن، تجدید کردن.

تازه سخن t.-soxan (ص‌مر.) ۱ - تازه گوی، نوپرداز. ۲ - (مج.) خوش سخن، نیکو گفتار. ۳ - (إمر.) سخن تازه، کلام خوش و بدیع.

تازه سکه t.-sekka(-e) [ف - ع.] (ص‌مر.) ۱ - پولی که بتازگی سکه‌زده باشند، مسکوك جدید، جدیدالضرب. ۲ - (مج) نو، تازه.

تازه شدن t.-šodan (مص ل.) ۱ - تجدید شدن، تجدید یافتن. ۲ - خرم گشتن، شادشدن. ۳ - بارونق شدن، با طراوت گشتن. ۴ - جوان شدن، جوان گشتن. ۵ - بار دیگر پس‌از فراموشی بیاد آمدن، بخاطر آمدن. ۶ - حیات تازه یافتن، زنده‌شدن. ۷ - حادث‌شدن، پدید گشتن.

تازه عروس t.-arūs [ف.-ع.] (ص مر.) دختری که تازه بخانهٔ شوی رفته باشد، نوبیوگ.

تازه‌عهد t.-ahd [ف.-ع.] ۱ - (إمر.) پیمان نو، عهد جدید. ۲ - (ص‌مر.) نو بنیان، جدیدالتأسیس. ۳ - نو، تازه.

تازه‌کار t.-kār (ص‌مر.) کسی که تازه کاری راشروع کرده وهنوز آنرا درست نیاموخته باشد؛ کارنادیده، کم‌تجربه؛ مق. کهنه کار.

تازه‌کاری t.-kār-ī (حامص.) تازه کردن کاری، نوسازی، تجدید.

تازه‌کردن t.-kardan (مص‌م.) ۱ - نو کردن، دوباره کردن، احیا کردن. ۲ - (مج) شاد کردن، خوشحال ساختن. ۳ - بارونق کردن. ۴ - آباد کردن.

تازه گرداندن t.-gardāndan [= تازه گردانیدن] (مص م.) تازه کردن (ه‌م.)

تازه گردانیدن t.-gardānīdan [= تازه گرداندن] (مص‌م.) تازه کردن (ه.م.)

تازه گردیدن t.-gardīdan (مص ل.) ۱ - نوشدن، تازه گشتن، نو گشتن، نو گردیدن. ۲ - (مج.) بنوی پدید آمدن، حادث شدن، اتفاق افتادن. ۳ - (مج.) خوش شدن، خرم گشتن.

تازه‌گشتن t.-gaštan (مص‌ل.) تازه گردیدن (ه.م.)

تازه‌گفتار t.-goftār (ص‌مر.) تازه گو، نو پرداز.

تازه‌گفتاری t.-goftār-ī (حامص.) تازه گویی، نوپردازی.

تازه‌گل t.-gol (إمر.) ۱ - گل تازه، گل نوشکفته. ۲ - محبوب نوجوان.

تازه‌گو(ی) t.-gū(y) [= تازه گوینده] (ص‌مر.) ۱ - نوگوینده، نوسراینده، نو پرداز. ۲ - نیکوگفتار، نغزسخن.

تازه گیا t.-giyā [= تازه گیاه] (إمر.) ۱ - گیاه تازه، نبات تازه‌رسته. ۲ - (مج.) نورسته (مطلقا)، جوان.

تازه‌گیاه t.-giyāh (إمر.) نباتی که جدیداً روییده، تازه گیا (ه.م.)

تازه مسلمان t.-mosalmān [ف.-

ع.] (ص مر.) کسی که جدیداً اسلام آورده؛ نومسلمان. جدیدالاسلام.

تازه نخل t.-naxl [ف.-ع.] ۱ - نخل تازه ، خرمابن جوان و سر سبز، نخل‌نورسته و باطراوت، خرمابن شاداب وبارور. ۲ -(مج.) محبوب.

تازه نفس t.-nafas [ف.-ع.] (ص مر.)کسی که‌تازه وارد کاری‌شده‌وهنوز خسته نشده است؛تازه‌دم:« لشکری‌تازه نفس بمیدان فرستادند. »

تازه‌نگار t.-negār (ص‌مر.)محبوب نوجوان؛معشوق‌تازه، نگار زیباوجوان.

تازه نهال t.-nahāl (ص‌مر.) ۱ - نهال تازه، نهال نورسته،تازه‌گیاه. ۲ - (مج.) مطلق‌نورسته وجوان. ۳ - تازه بدوران‌رسیده. ‖ ~ بهاری. محبوب نوجوان.

تازه وارد t.-vāred [ف.-ع.] (ص مر.) کسی که تازه ورود کرده باشد، بتازگی آمده، جدیدالورود.

۱ - تازی tāz-ī [په. tāžhīk، منسوب بقبیلهٔ طی، عرب] (ص.) ۱ - عربی، عرب. ۲ - زبان عربی ← بخش ۳. ‖ اسب ~ .اسب عربی.

۲- تازی tāz-ī [← تازیدن.تاختن] (اِ.) (جا ن.) سگ شکاری (ه.م.)

تازیان tāz-iyān [← تازیدن] ۱- (ص‌فا.،حا.)دوان‌دوان. تاخت کنان، تازنده ، دونده. ۲ - متحرک، جنبان. ۳ - قصد کنان.

تازی

تازیانه tāziyāna(-e) [= تازانه (ه.م.)] (اِ.) آنچه بدان چهارپایان‌را زنند ورانند؛ شلاق ، قمچی. ‖ ~ٔ آتش (کن.) حدت‌زبانهٔ آتش. ‖ ~ٔ زرین (کن.) اشعهٔ خورشید.

تازیانه‌زدن t.-zadan (مص‌م.)کسی رابا تازیانه سیاست کردن. باشلاق‌زدن.

تازیانه کردن t.-kardan (مص‌م.) تازیانه زدن (ه.م.)

تازیانی tāziyān-ī (ص نسب.) ۱ - منسوب به تازیان ، تازی. ۲ - اسب تازی. ۳ - عرب وار.

تازی چرمه tāzī-čarma(-e) [← تازی ، چرمه] ۱ -نوعی اسب که‌سفید موی باشد.۲- اسب(مطلقا) .

تازیدن tāz-īdan [= تاختن] (تازید، تازد،خواهدتازید، بتاز ، تازنده، تازان ، تازیده ، تازش) ۱ - (مص‌ل.) تاختن،دویدن. ۲- حمله کردن، هجوم کردن. ۳ - زادن. ۴ - پیدا شدن. ۵ - گرو بستن. ۶ -(مص‌م.) دوانیدن، بتاخت آوردن(اسب‌وغیره) ۷ - آتش‌افروختن، مشتعل کردن. ۸ - سوراخ کردن.

۱- تازیک tāz-īk [= تازی(ه.م.)] (ص.،اِ.) تازی، عرب.

۲ - تازیک tāz-īk [= تاجیک (ه.م.) = تاژیک](ص.،اِ.) ۱-غیر ترک. ۲ - ایرانی .ج. تازیکان.

تازی نژاد t.-nežād (ص‌مر.)آنکه ازنژاد عرب باشد،عربی.

تازیانه(انواع مختلف)

تازی‌هش

تازی هش t.-hoš [= تازی هوش] (ص‌مر.) دارندهٔ هوش واندیشهٔ عربی.

تاژک tāžak (اِ.)(جانـ.)(فره.) رشتهٔ دراز وباریک[1] که‌در دنبالهٔ پروتوپلاسم برخی جانوران تك سلولی وجود دارد. این دنبالهٔ پروتوپلاسمی در نتیجهٔ حرکاتی که‌میکند موجب سهولت حرکت جانوران تاژك دار میشود.

تاژک داران tāžak-dār-ān (اِ. ج. تاژك‌دار ← تاژك) (جانـ.) جانوران تك سلولی که دارای تاژك میباشند، حیوانات تك‌یاخته‌ای که گروه نسبهٔ[2] زیادی‌را شامل میشوند و ضمناً دارای یك دنبالهٔ سیتو پلاسمی هستند که موجب سهولت حرکت آنان میشود، فلاژله[2].

تاژیک tāž-īk [= تاجیك] (ص.، اِ.) تاجیك (ه‌.م.)

۱ـ تاس tās [= تاسا = تاسه (ه‌.م.)] (اِ.) ۱ ـ اضطراب، بی‌طاقتی، بی‌قراری. ۲ ـ اندوه، ملالت. ۳ ـ تیرگی روی‌از غم‌واندوه، میل‌بچیزها، مخصوصاً میل زنان آبستن بخوردن چیزها، تلواسه، واسه.

۲ ـ تاس tās [= طاس ← تز] (ص.) بی‌مو؛ سرتاس.

۳ ـ تاس tās [= طاس] (اِ.) ۱ ـ مکعبی کوچك دارای شش سطح که‌در روی آن نقطه‌هایی گذاشته وبدان نرد بازی کنند؛ طاس، کعبتین. ۲ـ ظرفی است که‌در آن آب ومایعات‌ریزند؛ طاس.

تاس

تاسا tāsā [= تاسه = تاس (ه‌.م.)] ← ۱ـ تاس.

تاسانیدن tās-ānīdan [← تاس، تاسا، تاسه، تاسیدن] (مص‌م.) (صر ← رسانیدن) خفه کردن، خبه ساختن، فشردن گلو تا بمیرد.

تاس باز tās-bāz [= تاس‌بازنده = طاس باز] (ص‌فا.) ۱ ـ نرد باز. ۲ ـ بازیگری که با تاس نمایش دهد، حقه باز.

تاس بازی tās-bāz-ī [= طاس‌بازی] (حامص.) نوعی بردو باخت که بوسیلهٔ تاس انجام گیرد.

تاس بین t.-bīn [= تاس بیننده = طاس‌بین] (ص‌فا.) کسی که‌بر تاس (کاسه) دعا نویسد وخواند تا تاس خود بحرکت آید وبجایی که‌وی خواهد رود؛ تاس گردان.

تاسع tāse' [ع.] (عد.) نهم.

تاسعاً tāse'-an [ع.] (عد.، ق.) درمرحلهٔ نهم، نهمین.

تاسعه tāse'a(-e) [= ع. تاسعة] (عد.) مؤنث تاسع (ه‌.م.) ۱ ـ نهم. ۲ ـ (رض.، نج.) یك جزو از شصت‌جزو، ثامنه.

تاس گردان tās-gardān [= تاس گرداننده = طاس گردان] (ص‌فا.) تاس بین (ه‌.م.)

تاسلیغوه tāslīγva(-e) (اِ.)(گیا.) کراث (ه‌.م.)

تاسمامت tāsamāmt [معر. بربری] (اِ.)(گیا.) ترشك (ه‌.م.)

تاس ماهی tās-māhī (اِمر.)(جانـ.) ماهی خاویار (ه‌.م.)

تاس ماهی

تاسمه tāsma(-e) [تر= تسمه] (اِ.)

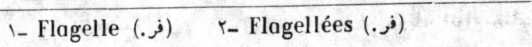

۱ـ Flagelle (فر.) ۲ـ Flagellées (فر.)

۱ ـ چرم خام . ۲ ـ دوال چرمی .
تاسندگی tās-anda(e)g-ī (حامص.) حالت و کیفیت تاسنده (ه.م.)
تاسنده tās-anda(-e) (اِفا. تاسیدن) آنکه بتاسد (← تاسیدن).
تاسوج tāsūǰ [= تسوج = طسوج. معر.] (اِ.) ← طسوج.
تاسوعا tāsūā [ع.] (اِ.) روز نهم ماه محرم.
۱ـ تاسه tāsa(-e) [= تاسا = تاس ← تاسیدن ؛ کر. tāsa، انتظار آمیخته با بیقراری] (اِ.) ۱ ـ اندوه، ملالت: «علامت وی آنست که تاسه و غمی اندر آن کس پدید آید.» (ذخیرهٔ خوارزمشاهی). ۲ ـ اضطراب، بی‌قراری، تلواسه:

«تاسه‌گیرد ترا ز حق شنوی
من بگویم رواست شو تو تباس.»
(عنصری)

۳ ـ تیرگی روی از غم و الم. ۴ ـ فشار گلو بسبب پیری یا ملال و اندوه. ۵ ـ اشتیاق بشهر و کشور یا شخصی بهنگام غربت. (← تاسه آوردن) ۶ ـ میل بخوردنی و خواهش چیزی (بیشتر در زنان آبستن).
۲ـ تاسه tāsa(-e) [← ۲ تاسیدن] (اِمص.) نفس زدن پیاپی انسان و حیوان از کثرت گرما یا تلاش کردن ← تاسه برافتادن.
تاسه آوردن t.-āva(o)rdan [← ۱ تاسه ۵] (مص‌ل.) اشتیاق یافتن بشهر و کشور هنگام غربت.
تاسه‌برافتادن t.-bar-oftādan [← ۲ تاسه، تاسیدن] (مص ل.) بنفس افتادن، بشدت دم‌زدن.
تاسه‌زده t.-zada(-e) (ص‌مف.) مبتلی به تاسه (ه.م.)
تاسه‌گیر t.-gīr [= تاسه‌گیرنده] (ص‌فا.) ۱ ـ چیزی که تاسه آرد، آنچه که سبب اضطراب و بیم و گرفتگی گلو شود. ۲ ـ اندوه‌آور، ملال‌آور.
۱ ـ تاسیدن tās-īdan [← تاس، تاسه، تاسا] (مص‌ل.) (صر. ← آماسیدن) ۱ ـ غمناك شدن، دلگیر شدن، اندوهناك گشتن. ۲ ـ اضطراب یافتن. ۳ ـ احساس اشتیاق بشهر و کشور یا شخصی بهنگام مسافرت کردن. ۴ ـ میل یافتن بخوردنی و خواهش چیزی (بیشتر در زنان آبستن.)
۲ـ تاسیدن tās-īdan [= تفسیدن] (مص‌ل.) (صر. ← آماسیدن) نفس زدن پیاپی انسان و حیوان از کثرت گرما.
۱ ـ تاش tāš (اِ.) کلفی باشد که بر روی و اندام مردم پدید آید؛ ماه گرفت.
۲ـ تاش tāš [تر. = داش] (پس.) ادات شرکت، بمعنی «هم» آید: خواجه‌تاش، خیلتاش.
تاشدن tā-šodan (مص ل.) (عم.) ۱ ـ دولا شدن، منحنی گشتن. ۲ ـ جمع شدن و چین برداشتن (کاغذ و مانند آن).
تاشك tāšak (ص.) ۱ ـ چابك، چالاك.
۱ ـ تاغ tāɣ [= توغ = تاق] (اِ.) ۱ ـ (گیا.) درختچه‌ای[1] از تیرهٔ اسفناجیان دارای برگهای مثلثی شکل و گلهای خوشه‌یی که درحدود ۱۰ گونه از آن در ایران و دیگر ممالك آسیا و آفریقا و اروپا شناخته شده. ۲ ـ (گیا.) بداغ (ه.م.) ۳ ـ (گیا.) زیتون تلخ (ه.م.)
۲ ـ تاغ tāɣ (اِ.) تخم‌مرغ.

۱ـ Haloxylon ammodendron (.لا)

تاغدان tāγ-dān (إمر.) (گیا.) تاقوت (ه.م.)

تاغندست tāγandast (إ.) (گیا.) آککرا (ه.م.)، عاقرقرحا.

تاغوت tāγūt [= تاقوت] (إ.) (گیا.) تاقوت (ه.م.)

تافتان tāft-ān [= تافتون ← تافتن] (إ.) نانی که بر دیوارهٔ تنور پخته شود.

۱ - تافتن tāf-tan [= تابیدن، گیل. táftan] (مصم.) (تافت، تابد، خواهد تافت، بتاب، تابنده، تافته) ۱- پیچیدن، تاب دادن. ۲ - (مج.) آزرده شدن، مکدر گشتن.

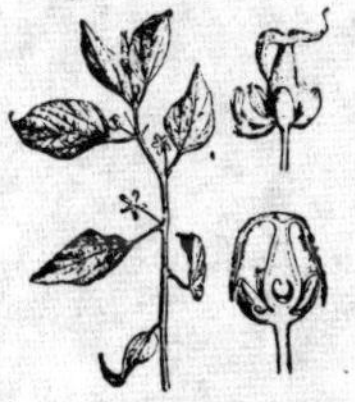

تاقوت (گل و مقطع گل)

۲- تافتن tāf-tan [په. tāftan، قس. tap(i)šn، تب] (مصل.) (صر. ← ۱- تافتن) ۱ - (مص ل.) برافروختن، روشن شدن. ۲ - طلوع کردن. ۳ - گرم گردیدن. ۴ - (مص م.) روشنایی دادن، پرتو انداختن.

تافتون tāft-ūn [= تافتان] (إ.) ← تافتان.

۱- تافتونی tāftūn-ī (إ.) (گیا.) گل تافتونی (ه.م.)

۲- تافتونی tāftūn-ī [← تافتون] (ص نسب.) نانوایی یا کسی که نان تافتون فروشد.

۱- تافته tāf-ta(-e) (إمف.) ۱- برافروخته، روشن‌شده. ۲ - طلوع کرده. ۳- گرم گردیده. ۴ - روشنایی داده.

۲- تافته tāf-ta(-e) (إمف.) ۱- پیچیده، تاب داده. ۲ - بافته. ۳ - (مج.) آزرده، مکدر.

تافروت tāfrūt (إ.) (گیا.) گیاه خارداری[۱] ازتیرهٔ مرکبان[۲] که شبیه کنگر است. ضح. - در بعضی کتب تافروت را مرادف باکنگر وانواع آن دانسته‌اند.

تافسیا tāfsiyā [= تافیسیا = ثافسیا = ثفسیا] (إ.) ۱- (گیا.) تافیسیا (← تافیسیا ۱.) ۲- (گیا.) تاپسیا (ه.م.)

تافغیت tāfγīt [معر. بربری] (إ.) (گیا.) کنگر صحرایی (ه.م.)

تافیسیا tāfīsiyā [= تافسیا = ثافسیا = ثفسیا معر.، یو. θapsia] (إ.) ۱ - (گیا.) سداب (ه.م.) ۲ - تاپسیا (ه.م.)

تاق tāγ [= تاغ] (إ.) (گیا.) ← تاغ.

تاقدیس tāγ-dīs [= طاقدیس] (إمر.) (زم.) چین خوردگیهای عظیم زمین که بشکل قوسی است که تحدبش بطرف بالا است، چین‌خوردگیهای عظیم طاقی شکل، آنتی کلینال[۳].

تاقوت tāγūt (إ.) (گیا.) درختی[۴] از تیرهٔ گزنه‌ها[۵] که بارتفاع ۱۰ تا ۱۵ و حتی ۲۵ متر هم میرسد و بطور وحشی در نواحی بحرالروم (مدیترانه) وشمال ایران (اطراف دریای خزر) وشمال خراسان فراوان است. برگهایش بیضوی ونوک تیز ودندانه‌دار وگلهایش مایل بسبز ومیوه‌اش آبدار است وهسته‌ای شبیه گیلاس دارد. در تداوی ازبرگ وجوانه‌ها و ریشهٔ این درخت استفاده میکنند (برگ وجوانه‌هایش درانواع اسهالها مخصوصاً اسهال خونی وریشه‌اش درمرض صرع مورد استفاده است). از دانهٔ این گیاه نوعی روغن استخراج میکنند و از ریشه وپوست آن نیز رنگ زرد ثابتی استخراج میشود. چوب این درخت هم مصرف صنعتی دارد؛ لوطس، میس، امرود کوهی، نشم ابیض، ته، تی، توخ، توغ، دغدغان،

۱- Carduncellus pinatus (لا.)   ۲- Composées (فر.)
۳- Anticlinal (فر.)   ۴- Celtis australis (لا.), micocoulier (فر.)
۵- Urticées (فر.)

دغون، داغون، لوسوس، لطوس، میسن، تایله ، تا ، داغداغان ، سلتس ، تادار، ته دار ، توغدان ، تی گیله ، تادانه، تاغران ، د غداغان ، تاغوت، تیاتوغ، تخم .

تاك tāk [په. tāk](ا.)(گیا.)درخت انگور،مو(ه.م.) :

«تاك رزبینی‌شده‌دینارگون
پرنیان سبز او زنگارگون.»
(رودکی،لغت‌فرس‌ص۲۵۰)

تاکتیك tāktīk [فر. tactique]

(ا.) بکارانداختن قوای‌مختلف‌نظامی درجنگ؛ تدبیرحرب.

تاکردن tā-kardan (مص‌م.)(عم.) عمل‌کردن، رفتارکردن: «باهرکس یك طورباید تاکرد.» || خوب ~ . خوب رفتارکردن باکسی.

تاکس tāks [فر. taxe] (ا.)قیمت، نرخ، نرخ ثابت هرچیز.

تاکسی tāksī[فر. taxi](ا.)اتومبیل کرایه‌یی که مسافران را در داخل شهر از نقطه‌ای بنقطهٔ دیگر برد.

تاکسی متر tāksī-metr [فر. taximètre] (امر.)(مکن.)دستگاهی که‌در تاکسی‌نصب‌کنند تامقدارمسافتی راکه تاکسی برای حمل مسافرپیموده، معین کندومسافر ازروی آن‌مبلغی‌راکه بعهدهٔ وی تعلق‌گیرد ، بپردازد.

تاکوت tākūt [=تیکوت] (ا.) (گیا.) صمغ درخت افربیون که آنرا لبانهٔ‌مغربیه‌نیز گویند[1]←فرفیون.ضح.ـ دربعضی‌کتب **تاکوت** را بصورت‌تیکوت هم ذکرکرده اند، و در برهان‌بصورت تاکوب آمده‌است.

۱ ـ تال tāl [=تار] (ا.) ۱ـ (گیا.) درختی شبیه خرما (ازتیرهٔ نخل‌ها) که درهندوستان میروید و در نزد بومیان هندی درخت مقدسی است. این درخت را بنام درخت ابوجهل نیزنام‌برده‌اند (برهان)؛ تار. ضح.ـ بنظرمیآیددرخت فوق‌الذکر درخت فوفل باشد . ۲ ـ (گیا.) تمیس (ه.م.) ۳ ـ (گیا.)عشقه (ه.م.) ۴ ـ (گیا.) ریسه (ه.م.)

۲ ـ تال tāl [هند. tal] (ا.)(مس.) زنگ (ه.م.)

۳ ـ تال tāl (ا.) طبق فلزی.

تالاب tāl-āb (ا.) (زم.) محلی که آبهای‌رودخانه‌هاوچشمه‌ها واحیاناً آب باران درآنجا جمع شود وراکد بماند (فره.) ؛ آبگیر ، استخر، برکه.

تالار tālār [= طالار، کر. tālār]

(ا.) ۱ ـ خانه‌ای باشد که بر بالای چهار ستون یا بیشتر ازچوب سازند . ۲ ـ اطاق بزرگ طویلی که باطاقهای دیگر راه داشته باشد .

۱ ـ تالان tālān[فر. talent]ازیو.

تاکسی

تالاب

۱ـ Résine d'euphorbe (فر.)

talanton] (اِ.) ۱ - واحد وزنی در یونان قدیم. ‖ ~ آتیك. (که در آتیك معمول بوده) وزنی بود در حدود ۲۶ کیلوگرم یا ۵۶ پوند. ‖ ~ ایرانی. واحد وزن برابر با ۶۰ منه (من) پارسی و هر منه معادل ۴۲۰ گرم بود. ۲ - واحد پول. ‖ ~ طلا. ده برابر تالان نقره و تقریباً معادل ۵۶۰۰۰ فرانك طلا بوده. ‖ ~ نقره. معادل ۵۶۰۰ فرانك طلا بوده.

۲ - تالان tālān [مغ.] (اِ.) تاراج.

تال‌زن tāl-zan [= تال‌زننده] (ص فا.)(مس.) نوازندهٔ تال (ه.م.)

(تالسقیر) tālesγīr محر. ثالسفیس (ه.م.)

تالواسه tālvāsa(-e) [= تلواسه = تلوسه = تالوسه] (اِ.) ۱ - بی‌قراری، بی‌آرامی. ۲ - اندوه، ملالت. ۳ - میل بچیزی کردن (بیشتر در زنان آبستن).

تال ومال tāl-o-māl [= تار ومار] (اِمر.) متفرق، تار ومار.

تالی tālī [ع.] (اِفا.، ص.) ۱ - پس‌رو، ازپی‌رونده، تابع. ۲ - دنبال، دوم.

تالیسفر tālīsfer (اِ.) (گیا.) طالیسفر (ه.م.)

تالیه tāliya(-e) [= ع. تالیة] (اِفا.، ص.) مؤنث تالی (ه.م.). ج. توالی.

تام tām(m) [ع.] (ص.) چیزی که اجزای آن کامل باشد؛ تمام، کامل.

تامر tāmer [ع.](ص.) خرمافروش.

تامشاورت tāmšāvort [معر. بربری] (اِ.) (گیا.) کمون کوهی (ه.م.)

تامول tāmūl [= تانبول = تنبول = تملول] (اِ.) (گیا.) ← تانبول.

۱ - تان tān (اِ.) دهان، فم.

۲ - تان tān [است. tan، تنیدن ← تانه، تونه] (اِ.) ۱ - تار؛ مق. پود. ۲ - رشته‌ای چند که جولاهگان از پهنای کار زیاده آورند و آنرا نبافند.

۳ - تان tān [په. tān] (ضم.) ضمیر متصل شخصی، دوم شخص جمع؛ و آن بر دو قسم است: الف - اضافی: کتابتان، کلاهتان. ب - مفعولی: بردتان، گفتتان.

تاناغت tānāγat [معر. بربری] (اِ.) (گیا.) فرفیون (ه.م.)

تانبول tānbūl [= تامول = تنبول = تملول] (اِ.) (گیا.) ← تملول.

تانژانت

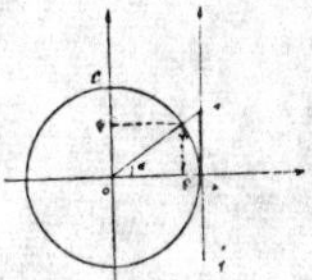

تانژانت tānžānt [فر. tangente] ۱ - (هس.) ~ یك منحنی. خط مستقیمی که فقط یك نقطهٔ مشترك با منحنی مذکور دارد. ۲ - (مثلثات.) ~ یك زاویه. یا ظل، نسبت سینوس است به کسینوس؛ مق. کوتانژانت.

تانستن tān-estan [= توانستن] (مصل.) ← توانستن (ه.م.)

تانسوخ tānsūx [مغ. = تنسوخ = تنسخ = تانکسوق = تنکسوق = تنسق] (اِ.) چیز نفیس، تحفهٔ نایاب که بعنوان هدیه برای بزرگان برند.

تانسوق tānsūγ [= تانسوخ] (اِ.) ← تانسوخ.

تانك tānk [انگ. tank] (اِ.) اتومبیل زره پوش که با مسلسل و توپ مجهز است و بوسیلهٔ چرخهای محکم وسنگین خود میتواند درزمین ناهموار حرکت کند.

تانکسوق tānksūγ [= تانسوخ] (اِ.) ← تانسوخ.

۱ـ تانگری tāngar-ī [= توانگری] (حامص.) توانگری (ه.م.)

۲ ـ تانگری tāngar-ī [تر . = تنگری] (إ.) خدا ، تنگری(ه.م.)

تانن tānan [فر. tanin] (إ.) (گیا.) جفت (ه.م.)

تانگو tāngū [= توانگو = تونگو] (ص.) سرتراش، حجام .

تانگو tāngo [اسپا. tango] (إ.) نام عمومی رقصهای دو تنهٔ اسپانیا وآمریکای جنوبی .

تانه tāna(-e) [= تان(ه.م.)] (إ.) تاری که جولاهگان برای بافتن مهیا کنند؛ مق. پود.

۱ ـ تاو tāv [= تاب] (إ.) ۱ - تاب ، روشنایی، پرتو. ۲ - حرارت، گرمی.

۲ ـ تاو tāv [= تاب] (إ.) ۱- پیچ، تاب. ۲ - محنت، مشقت.

۳ ـ تاو tāv [= تاب] (إ.) طاقت ، قدرت، توانایی.

تاواتا tāv-ā-tā [= تاواتاو] (إمر.) قدرت، قوت، توانایی.

تاواتاو tāv-ā-tāv [= تاواتا] (إمر.) قدرت،قوت،توانایی.← تاواتا.

تاوان tāvān [په. tāvān] (إ.) ۱ ـ غرامت، جریمه،وجه خسارت. ۲ - عوض ،بدل. ۳ - جرم،جنایت. ‖ ــــ پس ندادن. (مجـ.)خسیس بودن .

تاوان دادن t.-dādan (مص م .) ۱ ـ جریمه دادن، غرامت دادن . ۲ - عوض دادن، بدل دادن.

تاوان نهادن t.-nahādan (مص ل.) تقصیر نهادن بگردن کسی.

تاوانه tāv-āna(-e) [← تاو = تاب] (إ.) تابخانه، گرم خانه.

تاوستن tāv-estan [← تاو = تاب] (مص ل.) (تاوست، تاود،خواهدتاوست، بتاو، تاونده، تاوسته) مقاومت کردن، تاب آوردن، ازعهده برآمدن .

۱ ـ تاول tāval(-el) [← تبل] (إ.) (پز.) برآمدگی و آماس پوست ومخاط که در نتیجهٔ سوختگی شدید یا ساییدگی پوست بدن پدید آید و معمولا پر ازمایع شود[1].

۲ ـ تاول tāvel [= توله = ترانه] (إ.) خر وگاو جوان.

تاول زدن t.-zadan (مص ل.) ایجاد تاول شدن (← ۱ـ تاول).

تاول کردن t.-kardan (مص ل .) تاول زدن (← ۱ـ تاول) ، آبله کردن.

تاوه tāv-a(-e) [= تابه] (إ.) ۱ - ظرفی باشد که در آن خاگینه پزند وماهی بریان کنند . ۲ - خشت پخته ، آجر بزرگ.

۱ـ تاویدن tāv-īdan [= تابیدن = تافتن] (مص ل.) درخشیدن، تابیدن.

۲ ـ تاویدن tāv-īdan [← تاو = تاب] (مص ل.) تاب آوردن ، تحمل کردن.

۱ ـ تاه tāh [= تا = تای] (إ.) ۱ - ته، لای: یک تاه ، دوتاه. ۲ - فرد؛ مق. جفت، زوج.

۲ ـ تاه tāh (إ.) زنگی باشد که بر روی شمشیر وامثال آن نشیند.

۱ ـ تای tāy [= تاه = تا] (إ.) ۱ - ته، لای: یک تای، دوتای. ۲ - فرد؛ مق. جفت، زوج: یک تای، دو تای . ۳ - نصف خروار، عدل، لنگه.

۲ ـ تای tāy [= تا = تاگ = طاقه]

۱- Phlogose (فر.)

(اِ.) طاقه (جامه، کاغذ).

تایب tāyeb [= ع. تائب] (اِفا.) توبه‌دار، توبه‌کار، نادم.

تایج tāyeǰ [= ع. تائج] (اِفا.) تاجدار، تاجور.

تایچه tāy-ča(-e) [= تاچه] (اِمصغ.) ← تاچه.

تایر tāyer [= طایر، انگ. tyre] (اِ.) لاستیک رویی چرخ اتومبیل.

تایر

تایق tāyeɣ [= ع. تائق] (اِفا.) آرزومند، شایق.

تایله tāyla(-e) (اِ) (گیا.) تاقوت (ه‌.م.)، داغداغان (ه‌.م.).

تایه tāyeh [= ع. تائه] (اِفا.) ۱ - متکبر، لافزن. ۲ - سرگشته، حیران، متحیر. ۳ - هلاک شونده.

تاییدن tāy-īdan [= تائیدن] (مص ل.) تأمل کردن، درنگ کردن. ضح. - ازین مصدر جز مفرد امر حاضر «بتا(ی)» دیده نشده.

تآتر، تئاتر teātr [فر. théâtre] (اِ.) ۱ - (نم.) محلی که در آن نمایش میدهند؛ تماشاخانه. ۲ - (نم.) یکی از هنرهای ترکیبی که تلفیقی از هنرهای معماری، حجاری، نقاشی، ادبیات و موسیقی است؛ و آن نمایش دادن سرگذشتها، حالات و احساسات افراد وجوامع است در صحنهٔ نمایش.

تآلیف taālīf [ع.] (اِ) ج. تألیف.

تأبی taabbī [ع.] ۱ - (مص ل.) سرکشی کردن، سر باززدن. ۲ - (اِمص.) سرکشی، گردن‌کشی.

تأبید ta'bīd [ع.] ۱ - (مص م.) جاوید کردن، جاودانه کردن، جاودان ساختن. ۲ - (اِ.) دعایی که شاعران فارسی در اواخر قصاید بعبارت «تا... باشد... باد» می‌آورند؛ شریطه.

تأتی taattī [ع.] (مص ل.) ۱ - آماده شدن، حاصل گشتن کار، دست دادن، فراهم آمدن. ۲ - رفق و نرمی کردن.

تأثر taassor [ع.] ۱ - (مص ل.) اندوهگین شدن. ۲ - براثر رفتن، پس چیزی رفتن. ۳ - نشان پذیرفتن، قبول اثر کردن. ۴ - (اِمص.) اندوهگینی. ۵ - (اِ) اندوه. ج. تأثرات.

تأثرات taassor-āt [ع.] ج. تأثر (ه‌.م.).

تأثرآور t.-āvar [ع.-ف. = تأثرآورنده] (ص فا.) غم‌انگیز، تأثرانگیز.

تأثرانگیز t.-angīz [ع - ف. = تأثرانگیزنده] (ص فا.) غم‌انگیز، تأثرآور.

تأثل taassol [ع.] (مص ل.) بن گرفتن، استوار شدن، محکم شدن، بنیاد داشتن.

تأثم taassom [ع.] (مص ل.) باز ایستادن از گناه، توبه کردن.

تأثیر ta'sīr [ع.] ۱ - (مص م.) کارگر شدن، کارگر افتادن، کاری شدن. ۲ - نشان گذاشتن، اثر کردن. ۳ - (اِمص.) نفوذ، کارگری. ج. تأثیرات.

تأثیرات ta'sīr-āt [ع.] (مص، اِ) ج. تأثیر.

تأثیرکردن t.-kardan [ع.-ف.] (مص م.) ۱ - کارگر شدن، نفوذ کردن. ۲ - نشان گذاشتن، اثر کردن.

تأثیل ta'sīl [ع.] (مص م.) با اصل و استوار کردن، با بنیاد کردن.

تأثیم ta'sīm [ع.] (مص.) گنهکار شمردن، بزه‌مند کردن، کسی را بگناه نسبت دادن.

تأجیل ta'ǰīl [ع .] (مص‌م.) مهلت دادن، زمان دادن؛ مق. تعجیل.

تأحد taahhod [ع.] (مص‌ل.) یگانه شدن، یکی شدن.

تأخر taaxxor [ع.] ۱ - (مص‌ل.) پس افتادن، باز پس آمدن، دنبال افتادن، پس ماندن؛ مق. تقدم. ۲ - (إمص.) پس افتادگی، عقب ماندگی. ج. تأخرات. ‖ تقدم و ~. پس و پیش بودن، پیشی و پسی.

تأخرات taaxxor-āt [ع.] (إمص.، إ.) ج. تأخر (ه.م.)

تأخی taaxxī [ع.] (مص‌ل.) برادری کردن دو گروه با هم.

تأخیر ta'xīr [ع.] ۱ - (مص م.) دنبال افکندن، پس انداختن، دیر کردن. ۲ - دیر آمدن. ۳ - (إمص.) دیر کرد. ج. تأخیرات.

تأخیرات ta'xīr-āt [ع.] (مص.، إ.) ج. تأخیر (ه.م.)

تأدب taaddob [ع.] ۱ - (مص‌ل.) فرهنگ آموختن، فرهنگ پذیرفتن، ادب آموختن. ۲ - با ادب شدن. ۳ - (إمص.) فرهختگی. ج. تأدبات.

تأدبات taaddob-āt [ع.] (مص.، إ.) ج. تأدب (ه.م.)

تأدباً taaddob-an [ع.] (ق.) از روی ادب (نگاهداشت حد).

تأدیب ta'dīb [ع.] ۱ - (مص‌م.) ادب آموختن، فرهیختن. ۲ - باز خواست کردن کسی را برای کار بد. ۳ - گوشمال دادن. ۴ - (إمص.) گوشمالی، گوشمال. ج. تأدیبات.

تأدیبات ta'dīb-āt [ع.] (مص.، إ.) ج. تأدیب (ه.م.)

تأدیب کردن t.-kardan [ف.-ع.] (مص‌م.) ۱ - ادب آموختن، فرهیختن. ۲ - گوشمال دادن.

تأدیبی ta'dīb-ī [ف.-ع.] (ص نسب.) منسوب به تأدیب (ه.م.) ‖ حبس (زندان) ~. (حق.) حبسی است که برای جرم از جنس جنحه معین شده باشد.

تأدیه ta'diya(-e) [=ع تأدیة] ۱ - (مص‌م.) گزاردن، پرداختن. ۲ - (إمص.) پرداخت.

تأدیه کردن t.-kardan [ع.-ف.] (مص‌ل.) پرداختن، گزاردن.

تأذن taazzon [ع.] (مص م.) آگاهانیدن، آگاه کردن.

تأذی taazzī ۱ - (مص‌ل.) آزردن، آزرده شدن، اذیت دیدن. ۲ - (إمص.) آزردگی.

تأریخ ta'rīx [ع.] (مص‌م.) ← تاریخ.

تأسف taassof [ع.] ۱ - (مص ل.) دریغ خوردن، اندوه خوردن، افسوس داشتن، حسرت خوردن. ۲ - (إ.) افسوس، دریغ. ج. تأسفات.

تأسفات taassof-āt [ع.] (مص.، إ.) ج. تأسف (ه.م.)

تأسف آور t.-āvar [ع.-ف. = تأسف آورنده] (ص فا.) آنچه که اندوه و حسرت آورد؛ تأسف انگیز.

تأسف انگیز t.-angīz [ع.-ف. = تأسف انگیزنده] (ص فا.) تأسف آور (ه.م.)

تأسف بار t.-bār [ع.-ف. = تأسف بارنده] (ص فا.) اندوه آور، اندوهبار.

تأسف خوردن t.-xordan [ع.-ف.] (مص‌ل.) اندوه خوردن، افسوس داشتن، دریغ خوردن.

تأسی taassī [ع.] ۱ - (مص ل.) پیروی کردن، اقتدا کردن. ۲ - شکیب

ورزیدن، شکیبایی کردن. ۳ - (اِمص.) پیروی، اقتدا. ۴ - شکیبایی.

تأسیس ta'sīs [ع.] ۱ - (مص م.) بنیاد نهادن، بنیاد گذاردن، پی افکندن، بنا کردن. ۲ - (اِمص.) بنیادگذاری. ۳ - (اِ.) مؤسسه. ج. تأسیسات. ۴ - (معا.) آوردن کلمه‌ای که اِفاده معنیی تازه کند غیر از معنی اول ؛ مق . تأکید . ‖ **حرف ــــ .** (قافیه) الف است که میان آن و میان حرف «روی» یك حرف متحرك باشد، مانند اینکه آهن و سترون یا حاصل و مقبل را قافیه کنند.

تأسیسات ta'sīs-āt [ع.] (مص.، اِ.) ج. تأسیس (ه‍.م.)

تأکد taakkod [ع.] ۱ - (مص ل.) استوار شدن، محکم گشتن. ۲ - (اِمص.) استواری، استحکام.

تأکید ta'kīd [ع.] ۱ - (مص م.) استوار کردن، سخت کردن. ۲ - کلام سابق را بادلیل و ابرام ثابت کردن . ۳ - (اِمص.) استواری. ۴ - الزام، اثبات. ۵ - (نحو ع.) بر دو قسم است: **الف -** تقریر چیزی بطور ثابت در ذهن مخاطب. **ب -** لفظی است که بر تقریر دلالت کند. ۶ - (معا.) مق. تأسیس (← تأسیس ۴). ج. تأکیدات .

تأکیدات ta'kīd-āt [ع.] ج. تأکید (ه‍.م.)

تألف taallof [ع.] ۱ - (مص ل.) خوگرفتن، خوگر شدن، دمساز شدن ، الفت یافتن. ۲ - دل بدست آوردن. ۳ - (مص م.) بنظم آوردن، تنظیم کردن . ۴ - (اِمص.) دمسازی ، خوگری. ج. تألفات.

تألفات taallof-āt [ع.] (مص.، اِ.) ج. تألف.

تألم taallom [ع.] ۱ - (مص ل.) دردیافتن، اندوهگین شدن، دردمندی نمودن . ۲ - (اِمص .) اندوهناکی ، اندوهگنی. ج. تألمات.

تألمات taallom-āt [ع.] (مص.، اِ.) ج. تألم (ه‍.م.)

تأله taalloh [ع.] ۱ - (مص ل.) پرستیدن، بمعبودیت گرفتن. ۲ - الهیت را بخود بستن، خداشدن. ۳ - (اِمص.) خدا پرستی. ۴ - پارسایی . ۵ - (اِ.) مذهب کسانی که در نظام آفرینش بذات واحد مدبر بر نظام عالم معتقدند (← متأله) .

تألیف ta'līf [ع.] ۱ - (مص م.) فراهم آوردن، گرد کردن، جمع کردن . ۲ - دوستی افکندن ، دمساز کردن ، ایجاد الفت میان کسان. ۳ - نوشتن کتاب. ضح. - برای فرق بین تألیف و تصنیف ← تصنیف. ۴ - (خط.، نق.) جمع کردن هر حرف متصل با متصل عنه . ۵ - (نق.) انتخاب و قراردادن مواد در یك پردهٔ نقاشی و بهم پیوستن آنها بطریقی که مجموعه‌ای کامل از آن حاصل آید[1]. ۶ - (مس.) ← علم تألیف ↓ . ج. تألیفات. ‖ **ــــ الحان.** (مس.) ترکیب نغمات موسیقی با نظامی موزون. ‖ **ــــ قلوب.** ایجاد اتحاد و الفت میان کسان. ‖ **ضعف ــــ .** (دس.) غیر جاری بودن کلمه بر قوانین نحوی و آنچه برخلاف محاوره باشد . ‖ **علم ــــ .** نزد قدما از شعب ریاضی (ه‍.م.) است و موضوع آن معرفت نسب مؤلفه و احوال آنست و چون در معرفت اصوات و آهنگها بکار میرود، آنرا علم موسیقی (ه‍.م.) هم میگویند.

تألیفات ta'līf-āt [ع.] (مص.، اِ.) ج. تألیف (ه‍.م.)

تألیف کردن t.-kardan [ع.-ف.]

۱ - Composition (فر.)

۱ ـ سازواری دادن دوچیز را با هم. ۲ ـ میان دوتن را الفت دادن . ۳ ـ نوشتن کتابی درموضوعی علمی، ادبی وغیره. ← تألیف.

تأمر taammor [ع.] ۱ ـ (مصل.) فرمان راندن ، میری کردن . ۲ ـ (امص.) فرمانروایی.

تأمل taammol [ع.] ۱ ـ (مصل.) نیك نگریستن، در نگرستن، اندیشه کردن، اندیشیدن. ۲ ـ (إ.) درنگ . ج. تأملات.

تأملات taammol-āt [ع.] (مص.، إ.) ج. تأمل (ه.م.)

تأمل کردن t.-kardan [ع.-ف.] (مصل.) ۱ـ نیك نگریستن، اندیشیدن. ۲ ـ درنگ کردن.

تأمیر ta'mīr [ع.] ۱ ـ (مص م.) امیری دادن ، امیر کردن ، بامارت گماردن. ۲ ـ (إمص.) امیری.

تأمیل ta'mīl [ع.] (مصم.) آرزو دادن، آرزومند کردن، بامید افکندن، بیوسیدن. ج. تأمیلات.

تأمیلات ta'mīl-āt [ع.] (مص.، إ.) ج. تأمیل (ه.م.)

تأمین ta'mīn [ع] ۱ ـ (مص م.) ایمن کردن، آرام دادن، بی‌بیم کردن. ۲ ـ امین کردن. ۳ ـ حفظ کردن، امن کردن. ۴ ـ آمین گفتن دعای کسی‌را (عم.) ۵ ـ (امص.) ایمنی .ج.تأمینات. ‖ ~ آتیه (آینده). اندوخته برای زندگانی آینده نهادن وپیش‌بینی برای معاش آتیه. ‖ ~ عبور ومرور. منظم ساختن‌خط سیر وسایل‌نقلیه‌برای جلوگیری ازتصادفات. ‖ ~ معاش. پیش‌بینی‌وتدارك‌وسایل‌زندگی. ‖ ~ منافع . پیش بینی سود برای خویش ‖ ~ نظر . اعمال نظر ومیل خود.

تأمینات ta'mīn-āt [ع.] (مص.، إ.) ج . تأمین (ه.م.) ‖ اداره ~ . اداره‌ایست‌درشهربانی که‌بتوسط‌مأموران خود تقصیرات قانونی‌راکشف‌میکنند؛ ادارهٔ آگاهی (فره.)

تأمینی ta'mīn-ī [ع.ـ ف.] (ص نسب.) منسوب‌ومربوط به تأمین(ه.م.): اقدامات تأمینی.

تأمینیه ta'mīn-īyya(-e) [ع.] (ص‌نسب.)مؤنث‌تأمینی (ه.م.): اقدامات تأمینیه.

تأنس taannos [ع.] (مصل.)انس گرفتن، خوی گرفتن؛ مق. توحش.

تأنق taannoγ [ع.] ۱ ـ (مصل.)در کاری‌نیکونگریستن تاخوب‌انجام‌شود. ۲ ـ (إمص.) ریزه کاری . ج.تأنقات.

تأنقات taannoγ-āt [ع.] (مص.، إ.) ج. تأنق (ه.م.)

تأنی taannī [ع.] ۱ ـ (مص ل.) درنگ کردن ، ایست کردن ، آهسته کردن. ۲ ـ سستی کردن، تأخیر کردن. ۳ـ (إمص.) آهستگی، درنگ. ۴ـ تأخیر.

تأنیث ta'nīs [ع.] ۱ ـ (مص م.) علامت‌مادگی‌بکلمه‌ملحق کردن، مؤنث گردانیدن؛ مق . تذکیر . ۲ ـ مادینه خواندن، مؤنث‌خواندن. ۳ ـ (إمص.) مادگی؛مق. تذکیر، نری . ۴ ـ (ص.) ماده ، مؤنث.

تأنیس ta'nīs [ع.] (مصم.) خوگر کردن، دمسازکردن، انس دادن.

تئودولیت teodolīt [فر . théodolite] (إ.) ← ارتفاع یاب.

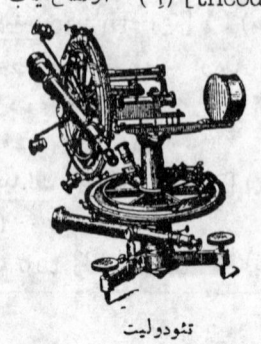

تئودولیت

تئوری teorī [فر. théorie] (اِ.) ۱ - معتقدات منظم و مرتب ، فرضیه : تئوریهای‌سیاسی. ۲ - مجموعهٔمعلوماتی که بعض امور وحوادث راتشریح کند: تئوری حرارت.

تئوکراسی teokrāsī [فر. théocratie] (اِمر.) دولتی که از اختلاط قدرتهای دینی وسیاسی بوجود آید ؛ حکومت دینی ؛ مانند حکومت امویان وعباسیان.

تأویل ta'vīl [ع.] (مص م.) ۱ - بازگردانیدن ، بازگشت دادن . ۲ - تفسیر کردن، بیان‌کردن. ۳ - (اِمص.) شرح و بیان کلمه یا کلام بطوری که غیر از ظاهر آن باشد ؛ تعبیر . ج . تأویلات.

تأویلات ta'vīl-āt[ع.] (مص.،اِ.) ج. تأویل (ه.م.)

تأهب taahhob [ع.](مص‌ل.)مهیا وآماده شدن برای کاری.

تأهل taahhol [ع.] (مص‌ل.) زن کردن، زن خواستن.

تأهیل ta'hīl [ع.] (مص‌ل.)ارزانی داشتن،سزاوار شمردن،سزاوار کردن.

تئین teīn [فر. théine] (اِ) شبه قلیایی که از چای استخراج کنند.

تأیید ta'yīd [ع.] ۱ - (مص م.) نیرو دادن ، نیرومند کردن ، بنیرو کردن ، توفیق دادن . ۲- (اِمص.) توفیق . ج.تأییدات .

تأییدات ta'yīd-āt [ع.] (مص.، اِ.) ج. تأیید (ه.م.)

تب tab [است. tafnu ← تابیدن ، تبش] (اِ.) ۱ - (پز .) نتیجه و اثر حالت مرض و اختلال دستگاه طبیعی بدن که با بالا رفتن حرارت طبیعی وناراحتیهای عصبی همراهست [۱].

تباب tabāb [ع.] ۱ - (مص ل.) زیانکار شدن ، خسران یافتن . ۲ - هلاك شدن . ۳ - (اِمص.) زیانکاری. ۴ - هلاکت .

تبادر tabādor [ع.] ۱ - (مص‌ل.) پیشی جستن، پیشدستی کردن. ۲- شتاب کردن. ۳- (اِمص.) پیشی، سبقت. ۴ - شتاب. ج. تبادرات.

تبادرات tabādor-āt[ع.] (مص.، اِ.) ج. تبادر (ه.م.)

۱ - تبار tabār (اِ.) اصل، نژاد.

۲- تبار tabār [ع.] (اِ.) هلاك ، هلاکت.

تبارزه tabāreza(-e)[معر.](ص.، اِ.) ج. تبریزی، مردمان شهرتبریز.

تبارك tabārok [ع.] (مص‌ل.) ۱ - فال نیك گرفتن‌بچیزی. ۲ - بلندشدن. ۳ - بابرکت‌شدن. ۴- خجسته گردیدن، مبارك شدن.

تباسیدن tabās-īdan [= تبسیدن = تفسیدن](مص‌ل.)(صر.←هراسیدن) ۱ - از گرما بیخود شدن. ۲ - بیخود گشتن، بیهوش گردیدن.

تباشیر tabāšīr [= طباشیر ، معر.] (اِ.) ۱ - ماده‌ای سفید رنگ (سیلیکاتهای‌قلیایی) که آنرا ازدرون نی‌هندی (خیزران) گیرند و سابقاً در داروها بکارمیرفت. ۲ -سپیدی،سفیدی:

۱- Fièvre (فر.)

تباهی آوردن

تباشیر صبح. ‖ ~ هندی. (گیا.) خیزران (ه.م.)

تباعت tabāat [= ع. تباعة] ۱ - (مصل.) پس روی کردن، دنباله روی کردن. ۲ - (إمص.) دنباله روی.

تباعد tabāod [ع.] ۱ - (مصل.) از یکدیگر دورشدن، دوری جستن، دوری نمودن؛ مق. تقارب. ۲ - (إمص.) دوری. ۳ - (إمص.) واگرایی (فره.)

تباکی tabākī [ع.] (مصل.) بگریه زدن، خود را گریان نمودن.

تبانی tabānī [ساخته از «بنی»] ۱ - (مصل.) با یکدیگر قراری نهادن، نهانی پیمان بستن (بیشتر تبانی ضد شخص ثالثی است). ۲ - (إمص.) مواضعه. ضح.- این کلمه درلغت عرب نیست و آنرا فارسی زبانان از «ب ن ی» ساخته‌اند.

تباه tabāh [په. tapāh] (ص.، إ.) ۱ - ضایع، فاسد. ۲ - باطل، بکار نیامدنی.

تباهانیدن tabāh-ānīdan (مصم.) (صر. ← آگاهانیدن) ۱ - پوسیدن کردن. ۲ - ویران کردن فرمودن. ۳ - فاسد ساختن.

تباهجه tabāhǰa(-e) [= تباهچه (ه.م.)] ← تباهچه.

تباهچه tabāhča(-e) [= طباهجه = تباهجه، معر.] (إ.) گوشت پختهٔ نرم و نازك.

تباه خرد t.-xerad (صمر.) خل، دیوانه.

تباه‌خو(ی) t.-xū(y) (صمر.) بدخو.

تباه‌دست t.-dast (صمر.) کسی که دستش فالج بود یا رعشه داشته باشد، چلاق.

تباه‌رای t.-rāy [ف.-ع. = تباه‌رأی] تباه‌خرد، سست عقل.

تباه روز t.-rūz (صمر.) کسی که روزگارش تباه باشد؛ تیره روز.

تباه‌ساختن t.-sāxtan (مصم.) ۱ - تباه کردن، ضایع و فاسد کردن. ۲ - منهدم کردن، ویران ساختن.

تباه شدن t.-šodan (مصل.) ۱ - فاسد شدن، ضایع گردیدن. ۲ - پوسیدن، گندیدن. ۳ - ویران شدن. ۴ - نابود گردیدن، هلاك شدن. ۵ - خشمگین شدن. ۶ - پریشان شدن، دل مشغول گردیدن.

تباهکار t.-kār (ص فا.) ۱ - فساد کننده، خراب کننده. ۲ - فاسق، فاجر.

تباهکاری t.-kār-ī (حامص.) عمل تباهکار (ه.م.) ۱ - خرابکاری. ۲ - فسق، فجور. ۳ - زنا.

تباه‌کردن t.-kardan (مصم.) ۱ - فاسد کردن، ضایع کردن. ۲ - ویران کردن. ۳ - نابود کردن، هلاك کردن. ۴ - خشمگین کردن. ۵ - پریشان کردن.

تباه کیش t.-kīš (صمر.) بدکیش، کافر.

تباه گردانیدن t.-gardānīdan (مصم.) تباه کردن (ه.م.)

تباه گردیدن t.-gardīdan (مصل.) تباه‌شدن (ه.م.)

تباه‌گشتن t.-gaštan (مصل.) تباه شدن (ه.م.)

تباهه tabāha(-e) [← تباهچه] ← تباهچه.

تباهی tabāh-ī (حامص.) ۱ - فساد، ضایع شدن. ۲ - نابودی.

تباهی آوردن t.-āva(o)rdan (مصم.) فساد انداختن.

تباهی پذیر t.-pazīr [= تباهی پذیرنده] (صفا.) ۱ - فسادپذیر. ۲ - فناپذیر.

تباهی پذیرفتن t.-pazīroftan (مصل.) ۱ - فساد پذیرفتن. ۲ - فنا پذیرفتن.

تباهی‌پذیری t.-pazīr-ī (حامص.) ۱ - فساد پذیری. ۲ - فناپذیری.

تباهی جستن t.-ǰostan (مصل.) فساد جستن، افساد.

تباهی کردن t.-kardan (مصم.) ۱ - فاسد کردن، افساد. ۲ - نابود کردن.

تباهی گرفتن t.-gereftan (مصل.) تباهی پذیرفتن (ه.م.)

تباهی ناپذیر t.-nā-pazīr [= تباهی‌ناپذیرنده] (صفا) ۱ - آنکه‌فساد پذیر نباشد؛ مق. تباهی پذیر. ۲ - نامیرا، ابدی؛ مق. فانی، تباهی‌پذیر.

تباهی ناپذیری t.-nā-pazīr-ī (حامص.) عمل و کیفیت تباهی ناپذیر (ه.م.)

تبایع tabāyo' [ع.] (مصل.) ۱ - خرید وفروش کردن، باهم‌بیع کردن. ۲ - بیعت کردن.

تباین tabāyon [ع.] ۱ - (مصل.) جداشدن‌ازیکدیگر. ۲ - اختلاف‌داشتن. ۳ - (إمص.) جدایی. ۴ - اختلاف. ۵ - (منط.) تباین بین دو قضیه آنست که مفهوم یکی بر مصادیق دیگری بطور کلی یا بر بعض آن صادق نباشد. ۶ - (رض.) دوعدد صحیح را گویند که‌جز بر واحد (یك) قابل قسمت نباشند مانند ۷ و ۹ که مشترکاً جز بر واحد قابل قسمت نیستند، واین‌دورامتباین گویند.

تب‌بر tab-bor [= تب‌برنده] (صفا.) چیزی که تب را قطع کند.

تبت tebet [= تبد] (إ.) (جا.) کرك (ه.م.)

تبتل tabattol [ع.] ۱ - (مصل.) باخدای پناهیدن، ازجهان بریدن، از مردم‌بریدن. ۲ - مطلق‌بریدن، انقطاع یافتن. ۳ - (إمص.) انقطاع، انفصال.

تبتیل tabtīl [ع.] (مصم.) ۱ - بریدن(مطلقاً). ۲ - از دنیا بریدن، انقطاع از جهان ومردم.

تبجیل tabǰīl [ع.] ۱ - (مصم.) بزرگ داشتن، بزرگ شمردن، احترام کردن. ۲ - (إمص.) بزرگداشت. ج. تبجیلات.

تبجیلات tabǰīl-āt [ع.] (مص.، إ.) ج. تبجیل (ه.م.)

تبحر tabahhor [ع.] ۱ - (مصل.) بسیار دانا شدن، علم و معرفت بسیار داشتن. ۲ - (إمص.) تعمق در دریای علم ومعرفت.

تبخال tab-xāl [= تبخاله] (إمر.) (پز.) تاولی[۱] که بر اثر عفونت حاد عمومی‌بدن‌درکنارلب یا درمخاط دهان پدید آید.

تبخاله tab-xāla(-e) [= تبخال] (إمر.) ← تبخال.

تبختر tabaxtor [ع.] ۱ - (مصل.) خرامیدن، بخود بالیدن، نازیدن. ۲ - (إمص.) خود بینی. ج. تبخترات.

تبخترات tabaxtor-āt [ع.] (مص.، إ.) ج. تبختر (ه.م.)

تبخیر tabxīr [ع.] ۱ - (مصل.) بخار کردن، تبدیل‌شدن مایع بصورت بخار. ۲ - بخور دادن.

---

۱ - Herpès (فر.)

تبد tebed [= تبت] (اِ.) (جا ن.) کرك (هـ.م.)

تب دار tab-dār [= تب دارنده] (ص فا.) کسی که تب دارد.

تب داشتن t.-dāštan (مص ل.) تب گرفتن (هـ.م.)

تبدل tabaddol [ع.] ۱ - (مص ل.) دگرشدن، دیگرگون شدن، بدل‌شدن. ۲ - بدل کردن، تبدیل کردن. ۳ - (اِمص.) دگرگونی. ج. تبدلات.

تبدلات tabaddol-āt [ع.] (مص.، اِ.) ج. تبدل (هـ.م.)

تبدیل tabdīl [ع.] ۱- (مص م.) دگر کردن، دیگرگون کردن، بدل کردن. ۲ - (اِمص.) دگرگون‌سازی. ج. تبدیلات.

تبدیلات tabdīl-āt [ع.] (مص.، اِ.) ج. تبدیل (هـ.م.)

تبذل tabazzol [ع.] ۱ - (مص ل.) خوشرویی کردن. ۲ - درباختن و نگاه نداشتن چیزی را. ۳ - (اِمص.) خوشرویی، گشاده رویی. ج. تبذلات.

تبذلات tabazzol-āt [ع.] (مص.، اِ.) ج. تبذل (هـ.م.)

تبذیر tabzīr [ع.] ۱ - (مص م.) پراکندن، پریشان‌ساختن. ۲ - (مص ل.) باددست بودن، دست بباد بودن. ۳ - (اِمص.) فراخ روی، فراخ رفتاری. ج. تبذیرات.

تبذیرات tabzīr-āt [ع.] (مص.، اِ.) ج. تبذیر (هـ.م.)

تبر tabar [په. tabrak] (اِ.) آلتی فولادی که بدان چوب و درخت شکنند.

تبرا tabarrā [ع. ← تبرء] ۱ - (مص ل.) دوری کردن، بیزاری جستن. ۲ - شفا یافتن بیمار (غم.) ۳ - پاك و منزه‌شدن از تهمت و گناه. ۴ - (اِمص.) بیزاری. ۵ - پاکی، تنزیه.

تبرا کردن t.-kardan [ع.- ف.] (مص ل.) ۱ - دوری کردن، بیزاری جستن. ۲ - شفا یافتن بیمار (غم.) ۳ - پاك و منزه شدن از تهمت و گناه.

تبرء tabarro' [ع.] ۱ - (مص ل.) بیزار شدن. ۲ - (اِمص.) بیزاری.

تبرئه tabrea(-e) [= ع. تبرئة] ۱ - (مص م.) پاك کردن. ۲ - بیزار کردن. ۳- رفع اتهام کردن. ۴ - (اِمص.) پاکی.

۱- تبرخون tabarxūn [= طبرخون، معر.] (اِ.) ۱ - (گیا.) عناب (هـ.م.) ۲ - چوبی سخت و سرخ‌رنگ که شاطران در دست گیرند. ۳ - (گیا.) چوب بقم (هـ م.)

۲ - تبرخون tabarxūn [= ترخون] ← ترخون.

تبرز tabarroz [ع.] ۱ - (مص ل.) برتری یافتن، پیشی جستن. ۲ - برآمدن بصحرا برای قضای حاجت. ۳ - (اِمص.) فزونی، برتری. ج. تبرزات.

تبرزات tabarroz-āt [ع.] (مص.، اِ.) ج. تبرز (هـ.م.)

تبرزد tabar-zad [په. tawarzat = تبرزه = طبرزد، معر.] (اِ.) ۱ - نبات (قندسفید). ۲ - (شم.) بلور نمك طعام. ۳ - (گیا.) نوعی از انگور در آذربایجان که حبه‌هایش سفت است. ۴ - (گیا.) صمغی باشد در نهایت تلخی، صبر (هـ.م.)

تبرزه tabar-za(-e) [= تبرزد] (اِمر.) تبرزد (هـ.م.)

تبرزین tabar-zīn (اِمر.) ۱ - نوعی از تبر که سپاهیان در پهلوی زین می‌بستند، و درویشان در دست میگرفتند. ۲ - نمك سفید بلوری.

تبر

تبرزین

تبرع tabarro' [ع.] (مص ل.) نیکویی کردن برای رضای خدا، بدون توقع پاداش کاری نیک کردن.

تبرك tabarrok [ع.] ۱ -(مص م.) همایون داشتن، خجسته داشتن، مبارك شمردن. ۲ - (مص ل.) برکت یافتن، برکت داشتن. ۳ - (امص.) خجستگی، میمنت. ۴ - (ص.) خجسته. ج. تبرکات.

تبرکات tabarrok-āt [ع.] (مص.، ا.) ج. تبرك (ه.م.)

تبرم tabarrom (مص.) ستوهیدن، بستوه آمدن، ملول شدن.

تبره tobra(-e) [= توبره] (ا.) ← توبره.

تبری tabarrī [ع. ← تبرا، تبرء] ۱ - (مص ل.) بیزاری جستن، بیزار شدن. ۲ - (امص.) بیزاری.

تبری tabar-ī [= طبری] (ص نسب.) ۱ - منسوب به‌تبرستان (طبرستان)، از مردم طبرستان. ۲ - (مس.) آهنگ ومقامی که از طبرستان باشد.

تبرید tabrīd [ع.] ۱ - (پز.) خنکی خوردن، سردی خوردن. ۲- (مص م.) سرد کردن، خنکی آوردن، خنك کردن. ۳ - (امص.) خنکی. ج. تبریدات.

تبریدات tabrīd-āt [ع.] (مص.، ا.) ج. تبرید (ه.م.) (پز.) مجموعهٔ اعمالی که برای پایین آوردن حرارت بدن یك مریض بکار میرود[1].

تبرید کردن t.-kardan [ع.-ف.] ۱ - (مص ل.) (پز.) خنکی خوردن، سردی خوردن. ۲ - (مص م.) سرد کردن، خنك کردن.

۱- تبریز tabrīz [ع.] ۱-(مص م.) بیرون آوردن، آشکار کردن. ۲- پیشی گرفتن، فزون شدن.

۲- تبریز tabrīz ۱ -(اخ.) ← بخش ۳. ۲-(مس.) شعبه‌ای ازموسیقی.

تبریزی tabrīz-ī (ص نسب.) ۱ - منسوب به تبریز (← بخش ۳)، ازمردم تبریز، اهل تبریز. ۲ - (ا.) (گیا.) درختی[2] از تیرهٔ بیدکه تنهٔ آن مستقیم رشد میکند و کم شاخه است، ازین جهت تنهٔ این درخت مصارف مختلف دارد وبعنوان تیر چوبی برای پوشش بامها مورد استفاده است.

تبریك tabrīk [ع.] ۱ - (مص م.) شادباش گفتن، خجستگی خواستن. ۲- (امص.) شادباش، تهنیت. ج. تبریکات.

تبریکات tabrīk-āt [ع.] (مص.، ا.) ج. تبریك (ه.م.)

تبریك گفتن t.-goftan [ف.-ع.] تهنیت گفتن، شادباش گفتن: «عیدسعید نوروزرا بشما تبریك میگوییم.»

تبست tabast (ص.) ۱ - تباه‌وضایع، چیز ازکار افتاده. ۲ - زشت.

تبستغ tabastoγ (ص.) کسی که تند حرف زند، تند زبان.

تبسط tabassot [ع.] ۱ -(مص ل.) گستاخ رفتن، گستاخ‌وار بهرسوی رفتن. ۲ - گستردن. ۳ - پهناور گردیدن.

تبریزی

۱—Rafraîchissements (فر.)
۲—Populus nigra (لا.), peuplier noir (فر.)

تبسم tabassom [ع.] ۱ - (مص‌ل.) لبخندزدن. ۲ - (إ.) لبخند، شکرخنده. ج. تبسمات. ‖ **~ برلب آوردن.** شکر خند زدن، تبسم کردن: «بعد تبسمی اسرارآمیز برلب آورد و گفت...»

تبسم کردن t.-kardan [ع.-ف.] (مص‌ل.) شکرخند زدن، لبخندزدن.

تبسیدن tabs-īdan [= تفسیدن] (صر. ← تفسیدن] (مص‌ل.) گرم شدن.

۱ - تبش tab-eš (إمص.) ۱- گرما، گرمی، حرارت. ۲ - تابش، فروغ، پرتو.

۲ - تبش tab-eš [= تپش] (إمص.) اضطراب.

تبشی tabšī [= طبشی، معر.] (إ.) طبقی باشد لب گردان از مس و نقره و طلا.

تبشیر tabšīr ۱ - (مص‌م.) مژده دادن، مژده آوردن. ۲ - (إمص.) بشارت، مژده. ج. تبشیرات.

تبشیرات tabšīr-āt [ع.] ج. تبشیر (ه‌م.)

تبصبص tabasbos [ع.] ۱ - (مص ل.) گرد گشتن. ۲ - دم جنبانیدن. ۳ - (إمص.) چاپلوسی، تملق. ج. تبصبصات.

تبصبصات tabasbos-āt [ع.] ج. تبصبص (ه‌م.)

تبصر tabassor [ع.] ۱ - (مص‌ل.) بیناشدن، شناسا گردیدن، در نگریستن. ۲ - (إمص.) بینایی، شناسایی. ج. تبصرات.

تبصرات tabassor-āt [ع.] ج. تبصر. (ه‌م.)

تبصره tabsera(-e) [= ع. تبصرة] ۱- (مص‌م.) بینا کردن. ۲ - عبرت گرفتن. ۳- (إمص.) توضیحی که بمواد قوانین واساسنامه‌ها ومانند آن افزایند.

تبصیر tabsīr [ع.] (مص‌م.) بینا کردن، شناسا گردانیدن.

تبطر tabattor [ع.] ۱ - (مص‌ل.) سرکشی کردن، سرمستی کردن. ۲ - (إمص.) سرکشی. ج. تبطرات.

تبطرات tabattor-āt [ع.] (مص.، إ.) ج. تبطر (ه‌م.)

تبطل tabattol [ع.] ۱ - (مص‌ل.) کاهلی کردن، تنبلی کردن. ۲ - (إمص.) کاهلی، بیکارگی، تن آسانی. ج. تبطلات.

تبطلات tabattol-āt [ع.] (مص.، إ.) ج. تبطل (ه‌م.)

تبطیل tabtīl [ع.] ۱- (مص‌م.) باطل کردن، باطل ساختن. ۲- (إمص.) بطلان. ج. تبطیلات.

تبطیلات tabtīl-āt [ع.] ۱ - (مص.، إ.) ج. تبطیل (ه‌م.)

تبطین tabtīn [ع.] (مص‌م.) آستر کردن جامه را.

۱- تبع taba' [ع.] (إمص.، إ.) پیروی، پس‌روی: «من بتبع شما این کار را پذیرفتم.»

۲ - تبع taba' [ع.] (ص.) ج. تابع. ۱ - پیروان، پس روان. ۲ - چاکران.

تبع tobba' [ع.] (إ.) عنوان پادشاهان یمن. ج. تبابعه.

تبعات tabe'-āt [ع.] (إ) ج. تبعت (تبعه). ۱ - نتایج و عواقب. ۲ - عقوبتهای معاصی، جزای گناهان.

تبعت tabeat [= ع. تبعة] (إ.) ← تبعه.

تبعض tabaoz [ع.] ۱ - (مص‌ل.) پاره‌پاره‌شدن. ۲- (إمص.) پاره‌پارگی. ج. تبعضات.

تبعضات tabaooz-āt [ع.] (مص.، إ.) ج. تبعض (ه.م.)

تبعه taba'a(-e) [=ع. تبعة] (ص.، إ.) ج. تابع. ۱- پیروان، پسروان. ۲- چاکران. ۳- رعایا: «از تبعهٔ دولت... است.» ضح. - این کلمه در فارسی بجای مفرد استعمال شود و غیر فصیح است، مانند: طلبه، کسبه، عمله.

تبعه tabea(-e) [= تبعت = ع. تبعة] (إ.) ۱- بزه. ۲- بادافراه، فرجام بد. ج. تبعات.

تبعیت taba'-īyyat [=ع. تبعیة] (إمص.) پیروی، پسروی.

تبعید tab'īd [ع.] ۱- (مصم.) دور کردن، راندن (ازشهر وجایی). ۲- (إمص.) نفی بلد. ج. تبعیدات.

تبعیدات tab'īd-āt [ع.] (مص.، إ.) ج. تبعید (ه.م.)

تبعید شدن t.-šodan [ع.-ف.] (مصل.) نفی بلد گردیدن، ازشهر و دیار خود رانده شدن.

تبعید شده t.-šoda(-e) [ع.-ف.] (صمف.) نفی بلد گردیده، ازشهر و دیار خود رانده. ج. تبعیدشدگان.

تبعیدکردن t.-kardan [ع.-ف.] (مصم.) کسی را از شهر و دیار وی راندن، نفی بلد کردن.

تبعیدی tab'īd-ī [ع.-ف.] (ص نسب.) کسی که تبعید شده، نفی بلدشده، منفی.

تبعیض tab'īz [ع.] ۱- (مص م.) تقسیم وجدا کردن بعضی را از بعضی. ۲- بین دویا چند کس مساوی یکی یا بعضی را امتیاز دادن. ۳- (إمص.) رجحان بعضی بربعضی بدون مرجح. ج. تبعیضات.

تبعیضات tab'īz-āt [ع.] (مص.، إ.) ج. تبعیض (ه.م.)

تبغیض tabγīz [ع.] ۱- (مصم.) دشمن گردانیدن کسی را با دیگری. ۲- (إمص.) ایجاد دشمنی. ج. تبغیضات.

تبغیضات tabγīz-āt [ع.] (مص.، إ.) ج. تبغیض (ه.م.)

تبقیه tabγiya(-e) [=ع. تبقیة] (مص م.) گذاشتن، بجا ماندن، ماندن، باقی گذاشتن.

تب کردن tab-kardan (مص ل.) (پز.) تب گرفتن (ه.م.)

تبکیت tabkīt [ع.] (مصم.) ۱- خاموش کردن، زبان بند کردن. ۲- زدن کسی را بشمشیر وچوبدستی. ۳- پیش آمدن کسی را بمکروه. ۴- غلبه کردن بحجت.

تبکیر tabkīr [ع.] (مص ل.) زود برخاستن، پگاه خاستن.

تب گرفتن t.-gereftan (مصل.) (پز.) تب دار شدن، به‌تب دچار شدن، ازدیاد درجهٔ حرارت بدن که با علایم دیگر مشخصات تب همراه باشد؛ تب کردن، تب داشتن.

تبلج taballoǰ [ع.] (مصل.) دمیدن، روشن شدن.

تبلد taballod [ع.] (مصل.) ۱- کاهلی ورزیدن. ۲- بتکلف بلادت نمودن. ۳- دریغ خوردن.

تب لرز tab-larz [= تب لرزه] (إمر.) (پز.) مالاریا (ه.م.)

تب لرزه t.-larza(-e) [= تب - لرز] (پز.) مالاریا (ه.م.)

تبلور tabalvor [ع.] (مص ل.) (شم.، فز.) بلوری شدن جسم، بشکل بلور درآمدن[1].

۱- Cristallisation (فر.)

تبلیغ tablīɣ [ع.] (مص م.) رسانیدن (پیام یا خبر یا مطلبی بمردم)، ابلاغ. ۲ - موضوعی را با انتشار اخبار (بوسایل مختلف مانند رادیو، تلویزیون، روزنامه وغیره) در اذهان عمومی جاگیر کردن[1]. ج. تبلیغات.

تبلیغات tablīɣ-āt [ع.] (مص.، إ.) ج. تبلیغ (ه.م.) ‖ **ادارهٔ** ~. اداره‌ای که وظیفهٔ آن پخش اخبار و پیامها و مطالب میان مردم است بوسیلهٔ مطبوعات، رادیو، تلویزیون وغیره.

تبن tebn (إ.) (گیا.) کاه (ه.م.)

تبنجه tabanǰa(-e) [= تپانچه] (إ.) سیلی که بصورت زنند؛ تپانچه، طپانچه.

۱- تبنک tabank [= تپنگ، قس. تبنگو] (إ.) ۱ - طبقی باشد پهن و بزرگ از چوب ساخته که بقالان اجناس در آن کنند.

۲ - تبنک tabank (إصت.) ۱ - آوازی را گویند که بلند و تند باشد، مانند صدای ناقوس. ۲ - دف، دهل.

تبنگ tabang [= تپنگ = تبنک] ← تپنگ.

تبنگو tabangū [قس. تبنک] (إ.) ۱ - زنبیل، سبد. ۲ - تغار. ۳ - صندوق وکیسهٔ عطاران وسرتراشان، جونه.

تبن مکه tebn-e-makka [ع.] (إمر.) (گیا.) گورگیا (ه.م.) ↓

تبن مکی t.-e-makkī [ع.] (إمر.) (گیا.) گورگیا (ه.م.) ↑

تبنی tabannī [ع.] ۱ - (مص ل.) پسرخواندن، فرزند گرفتن، بفرزندی پذیرفتن. ۲ - (إمص.) فرزندخواندگی.

تبوء tabavvo' [ع.] (مص ل.) جای گرفتن، جای ساختن.

تبوراک tabūrāk (إ.) ۱ - طبلی کوچک که زارعان بجهت رمانیدن جانوران از کشت زار نوازند. ۲ - دف، دایره. ۳ - غربال. ۴ - طبقی پهن و بزرگ از چوب ساخته که بقالان اجناس و نانوایان نان در آن نهند.

تبویب tabvīb [ع.] (مص م.) باب باب کردن کتاب و نوشته، تقسیم کردن کتاب بفصول.

تبه tabah [= تباه] (ص.، إ.) ← تباه (همع.)

تبیان tebyān [ع.] ۱ - (مص ل.) روشن کردن، پیدا کردن، آشکار کردن. ۲ - (إمص.) گزارش، شرح.

تبیر tabīr [= تبیره] (إ.) ← تبیره.

تبیره tabīra(-e) [= تبیر] (إ.) ۱ - دهل، کوس، طبل، نقاره. ← تبیره زن. ۲ - خانه‌ای که در آن پلیدیها ریزند.

تبیره زن t.-zan [= تبیره زننده] (ص فا.) نوازندهٔ تبیره (ه.م.)

تبین tabayyon [ع.] ۱ - (مص ل.) بجای آوردن، شناختن. ۲ - هویدا شدن، پیدا گشتن. ۳ - (مص م.) پیدا کردن، آشکار کردن.

تبییض tabyīz [ع.] (مص م.) ۱ - سپید کردن. ۲ - پاکنویس کردن. ج. تبییضات.

تبییضات tabyīz-āt [ع.] (مص.، إ.) ج. تبییض (ه.م.)

تبیین tabyīn [ع.] ۱ - (مص م.) پیدا کردن، آشکار کردن، روشن کردن. ۲ - روشن گفتن. ۳ - (إمص.) روشنگری. ۴ - روشن گویی. ج. تبیینات.

تبیینات tabyīn-āt [ع.] (مص.، إ.) ج. تبیین (ه.م.)

تپ tap [= تب = تاب] (إ.) اضطراب، بی‌قراری، بی‌آرامی.

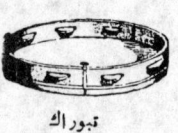

تبوراک

تبیره

1- Propagande (فر.)

تپانچه

تپاك tap-āk [← تاپاك ، تپ ، تپسیدن] (اِ.) اضطراب، بی‌قراری.

تپاله tapāla(-e) [= تپله = تاپاله] (اِ.) پهن گاو.

تپانچه tapānča [= طپانچه = طبانچه، معر.] (اِمر.) ۱ - سیلی ، لطمه. ۲ - کوهه، موجهٔ دریا.

تپاندن tap-āndan [= طپاندن] (مصم.، ل.: تپیدن) (صر. ← دواندن) فرو کردن، چپاندن، تپانیدن.

تپانیدن tap-ānīdan [= طپانیدن = تپاندن = طپاندن] (صر. ← دوانیدن) (مصم. .،ل.: تپیدن) ← تپاندن.

تپ تپ خمیر tap-tap-xamīr (اِمر.) نوعی بازی کودکانست.

تپش tap-eš [← تپ، تپیدن] (اِمص.) اضطراب، بیقراری (ازحرارت وضعف). ‖ ~ قلب. ضربان قلب[1].

تپشی tepešī [مغ. = تبشی tebeši = تبسی] (اِ.) بشقاب گود.

تپق topoγ (اِ.) (عم.) گرفتگی زبان. ← تپق زدن.

تپق زدن t.-zadan (مص ل.) (عم.) ~ زبان کسی. گرفته شدن زبان او و نادرست ادا کردن کلمات: «فلانی زبانش تپق زده بجای طفل «طلف» گفت.»

تپل topol (ص.) (عم.) چاق، فربه. ‖ ~ (و) مپل. چاق وچله، تپول مپول.

تپله tapala(-e) [= تپاله] (اِ.) ← تپاله. ‖ ~ ٔ گاو. مدفوع گاو.

تپلی topol-ī [← تپل] (ص نسب.) (عم.) گرد وچاق.

تپنگ tapang [= تبنگ = تبنك] (اِ.) طبق چوبین بقالان ومیوه فروشان.

تپنگ topnag (اِ.) قالبی که زرگران وصفاران چیزها را درآن ریزند.

تپول topūl [= تپل] (ص.) ← تپل. ‖ ~ مپول. ← تپل مپل.

تپه tappa(-e) (اِ.) ۱ - پشتهٔ بلند برآمده اززمین. ۲ - کلاه زنان، وآن چیزی باشدمحرابی که زنان ازگلابتون ومروارید دوزند، و ازطلا وجواهر نیز سازند، وبرپیشانی نصب کنند.

تپیدن tap-īdan (مص ل.) (صر. ← دویدن) [← تپ، تب، تاب] ۱ - بی‌قراری کردن، اضطراب نمودن. ۲ - لرزیدن. ۳ - از جای جستن.

تت tet (صت.) کلمه‌ایست که برای راندن سگ گویند.

تتابع tatābo' [ع.] (مص ل.) پیاپی شدن، دمادم گشتن، پی در پی شدن. ‖ ~ اضافات. آنکه درنظم یا نثرچند کلمه را درحال اضافه پی‌درپی آورند: بصفای دل رندان صبوحی زدگان. (حافظ)

تتار tatār [= تاتار] (اِ.) ← تاتار.

تتبع tatabbo' [ع.] (مص ل.) ۱ - درپی رفتن، ازپی فرا شدن. ۲ - جست وجو کردن، تحقیق کردن. ۳ - (اِمص.) پی‌جویی، تحقیق. ۴ - تلاش. ج. تتبعات.

تتبعات tatabbo'-āt [ع.] (مص.، اِ.) ج. تتبع (ه‌.م.)

تتر tatar [= تاتار] (اِ.) ← تاتار.

تتری tatar-ī [= تاتاری] (ص نسب.، اِ.) منسوب به تاتار، تاتاری.

تتری tatrī (اِ.) سماق[2] (ه‌.م.)

تتق totoγ (اِ.) ۱ - چادر ، پردهٔ بزرگ. ۲ - پردهٔ پیاز. ‖ ~ سپهرگون. ۱ - پردهٔ کبود. ۲ - پیالهٔ کبودی که

1-Palpitation du coeur (فر.)   2- Rhus coriara (لا.)

ازمیناسازند. ‖ ـــِ نیلی. ۱- آسمان. ۲ - ابر سیاه.

تتق‌کشیدن t.-ka(e)šīdan (مصم.) پرده کشیدن.

تتماج totmāɣ [تر.] (اِ.) نوعی آش که از آرد میساختند.

تتمه tatemma(-e) [=ع. تتمة] (اِ.) مانده، بجامانده: تتمهٔ حساب ← ‖ ـــِ حساب. آنچه‌ازحساب باقی مانده باشد.

تتمه داشتن t.-dāštan [ع.- ف.] (مصل.) باقی‌داشتن (مطلبی، داستانی).

تتمیر tatmīr ۱ - خشك کردن گوشت پاره پاره. ۲ - خشك کردن خرما.

تتمیم tatmīm [ع.] (مصم.) بسر آوردن، تمام کردن. ج. تتمیمات.

تتمیمات tatmīm-āt [ع.] (مص.، اِ.) ج. تتمیم (ه.م.)

تته پته tete-pete (اِ.)(عم.) تمجمج، لکنت‌زبان. ‖ به ـــ افتادن. به‌لکنت زبان و تمجمج افتادن.

تتی tetī [= تی‌تی] (اِ .) ۱ - صورتهایی باشدکه بجهت بازی کردن و مشغول نمودن‌اطفال‌از خمیر سازند وپزند؛ عروسك. ۲ - (اِصت.) کلمه‌ای که مرغان را بدان طلبند.

تثاوب tasāvob [=ع. تثاوب] ۱ - (مصل.) دهن‌دره کردن،خمیازه کشیدن. ۲ - (اِ.) دهن دره،، خمیازه.

تثبت tasabbot [ع.] ۱ - (مصل.) پا برجا بودن. ۲ - آهستگی کردن، درنگ کردن. ۳ - (اِمص.) پایداری.

تثبط tasabbot [ع.] ۱ - (مصل.) وقوف داشتن بر کاری. ۲ -بازایستادن از کاری، توقف و فروماندن.

تثبیت tasbīt [ع.] ۱ - (مص م.) محکم کردن ، استوار کردن. ۲ - بر‌جای‌داشتن، پا برجا کردن. ۳- (اِمص.) استواری، اثبات. ‖ ـــِ قیمتها. ثابت نگاهداشتن نرخ اشیا.

تثبیت کردن t.-kardan [ع.-ف.] (مصم.) استوار کردن، پا برجا کردن: «مقام‌خودرا تثبیت کرد.»

تثبیط tasbīt [ع.] (مصل.) درنگی کردن، توقف کردن.

تثریب tasrīb [ع.] ۱ - (مص م.) سرزنش کردن، نکوهش کردن، نکوهیدن. ۲ - (اِمص.) سرزنش، نکوهش.

تثقل tasaɣɣol [ع.] ۱ - (مص ل.) گران شدن. ۲ - (اِمص.) گرانی.

تثقیب tasɣīb [ع.] (مصم.) سوراخ کردن، سنبانیدن. ج. تثقیبات.

تثقیبات tasɣīb-āt [ع.] (مص.، اِ.) ج. تثقیب (ه.م.)

تثقیف tasɣīf [ع.] (مصم.) راست کردن، پروردن، بار آوردن.

تثقیل tasɣīl [ع.] ۱ - (مصم.) گرانبار کردن، سنگین نمودن، گرانی کردن. ۲ - (اِمص.) گرانباری. ج. تثقیلات.

تثقیلات tasɣīl-āt [ع.] (مص.، اِ) ج. تثقیل (ه.م.)

تثلیث taslīs [ع.] (مص م.) ۱ - سه‌بخش کردن، بسه تقسیم کردن. ۲ - سه گفتن، سه خواندن، قایل‌بسه گانگی (درالوهیت) شدن. ۳ - سه گوش کردن، سه سو کردن. ۴ - سیکی پختن. ج. تثلیثات.

تثلیثات taslīs-āt [ع.] (مص.، اِ.) ج. تثلیث.

تثمیر tasmīr [ع.] (مص م.) بسیار کردن، ببار آوردن، بار آوردن: «در

تشمیرمال باید کوشید.»

۱ - تشمین tasmīn [ع.](مص م.) بها کردن ، قیمت کردن.

۲ - تشمین tasmīn [ع.] (مص م.) هشت سو کردن، هشت گوش ساختن.

تثنی tasannī [ع.] (مص ل.) خمیدن، نوان شدن، دوتا شدن.

تثنیه tasniya(-e) [=ع. تثنیة] ۱- (مص م.) دوتا کردن. ۲- (إمص.) دوتایی. ۳- (مص م.) (دس.) کلمه‌را دال بر دو کردن. ۴- (إ.)(دس.) کلمه‌ای که دال بر دو است؛ مثنی[1]، مانند: شمسین، امامین. ضح.- در فارسی تثنیه وجه خاصی ندارد و تثنیه وجمع مشترک کنند، یعنی برای دو، سه، ده، صد و غیره صیغهٔ جمع بکار برند، مثلا «مردان» که شامل دو مرد و صد مرداست. درعربی علامت تثنیهٔ کلمه، اگر کلمه درحالت رفع باشد «ـ ان» (ān-e)است که بآخر کلمه ملحق کنند، واگردرحالت نصبی‌وجری باشد «ـ ین» (ayn-e) :رجلان (دومرد) ، رجلین (دومرد). در فارسی در صورت لزوم مثنای عربی (مختوم به ـین) را بکار برند: شمسین، قمرین، حسنین ؛ وگاه بسیاق فارسی عدد«دو» را درآغازاسم درآورند؛ دوامام ،دوستاره، دومرد.

تجا taǰā [طبر. teǰ ← تیز](ص.) تند، تیز.

تجادل taǰādol [ع.] ۱- (مص ل.) باهم ستیزیدن ، داوری کردن ، درهم افتادن. ۲- (إمص.) داوری، ستیزه. ج. تجادلات.

تجادلات taǰādol-āt [ع.] (مص.، إ.) ج. تجادل (ه.م.)

تجاذب taǰāzob [ع.] ۱- (مص م.) از دوسو کشیدن، ازهم درکشیدن. ۲- (إمص.) کشش: «مابین محب ومحبوب تجاذبی است.» ج. تجاذبات.

تجاذبات taǰāzob-āt [ع.](مص.، إ.) ج. تجاذب (ه.م.)

تجار toǰǰār [ع.] (ص.) ج. تاجر؛ بازرگانان، سوداگران.

تجارب taǰāreb [ع.] (إ.) ج. تجربه؛ آزمایشها، آزمونها.

تجارت teǰārat [=ع. تجارة] ۱- (مص ل.) بازرگانی کردن ، داد و ستد کردن . ۲- (إمص .) بازرگانی ، سوداگری.

تجارت کردن t.-kardan [ع. - ف.] (مص ل.) بازرگانی کردن، داد-وستد کردن، معامله‌کردن.

تجارتی teǰārat-ī [ع.-ف.] (ص نسبـ.) منسوب به تجارت؛ مربوط بامور بازرگانی. ضح.- درعربی طبق قاعده «تجاری» مستعمل است، ولی‌درفارسی بقیاس اباحتی و ملامتی « تجارتی » آورده‌اند.

(تجاره) taǰāra [محر. تخاره] ← تخاره.

تجاسر taǰāsor [ع.] ۱- (مص ل.) دلیری کردن، گستاخی کردن. ۲- خیرگی نمودن. ۳- (إمص.) گستاخی، دلیری. ۴- خیرگی. ج. تجاسرات.

تجاسرات taǰāsor-āt [ع.] (مص.، إ.) ج. تجاسر (ه.م.)

تجافی taǰāfī [ع.] ۱- (مص ل.) دوری کردن ، کرانه گرفتن ، بیکسو شدن. ۲- (إمص.)دوری، کرانه‌گیری.

تجافیف taǰāfīf [ع.] (إ .) ج . تجفاف (ه.م.)

تجالد taǰālod [ع.] (مص ل.)جنگ کردن، بشمشیرزدن بعضی بعض‌دیگر را.

۱- Duel (فر.)

تجانس taǰānos [ع.] ۱ - (مصل.) همجنسی داشتن، همرنگ بودن. ۲ - (إمص.) همجنسی، همرنگی: «میان‌ما تجانس اخلاقی نیست.» ج. تجانسات.

تجانسات taǰānos-āt [ع.] (مص.، إ.) ج. تجانس (ه.م.)

تجاور taǰāvor [ع.] ۱ - (مصل.) همسایه بودن، با یکدیگر همسایگی کردن. ۲ - (إمص.) همسایگی.

تجاوز taǰāvoz [ع.] (مصل.) ۱ - درگذاشتن، فراگذاشتن. ۲ - گذشت کردن. ۳ - گذشتن: «ازحد خودتجاوز نکن.» ۴ - (إمص.) گذشت، عفو. ۵ - درگذشتگی از حد. ج. تجاوزات.

تجاوزات taǰāvoz-āt [ع.] (مص.، إ.) ج. تجاوز (ه.م.)

تجاوز کار t.-kār [ع.-ف.] (صفا.) آنکه تجاوز کند (← تجاوز)، متجاوز.

تجاوز کارانه t.-kār-āna(-e) [ع.-ف.] (ص‌مر.) مانند تجاوزکاران، از روی تجاوز کاری، اعمال تجاوز-کارانه.

تجاویف taǰāvīf [ع.] (إ.) ج. تجویف. ۱ - لاها. ۲ - کاواکها، مغاره‌ها. ۳ - جوفها.

تجاهر taǰāhor [ع.] (مصل.) ۱ - آشکار کردن: تجاهر بفسق. ۲ - آشکار شدن، ظاهر شدن. ج. تجاهرات.

تجاهرات taǰāhor-āt [ع.] (مص.، إ.) ج. تجاهر (ه.م.)

تجاهل taǰāhol [ع.] (مصل.) نادانی نمودن، خود را بنادانی زدن. ‖ ~ عارف. بنادانی زدن دانا خود را، تجاهل‌العارف.

تجبر taǰabbor [ع.] ۱ - (مصل.) بزرگی کردن. ۲ - (إمص.) سرکشی، گردنکشی، گردنفرازی. ج. تجبرات.

تجبرات taǰabbor-āt [ع.] (مص.، إ.) ج. تجبر (ه.م.)

تجبیر taǰbīr [ع.] ۱ - (مصم.) شکسته‌بستن، وابستن استخوان. ۲ - (إمص.) شکسته بندی. ج. تجبیرات.

تجبیرات taǰbīr-āt [ع.] (مص.، إ.) ج. تجبیر (ه.م.)

تجدد taǰaddod [ع.] ۱ - (مصل.) نوشدن، تازه شدن. ۲ - (إمص.) نوی، تازگی. ج. تجددات.

تجددات taǰaddod-āt [ع.] (مص.، إ.) ج. تجدد (ه.م.)

تجدید taǰdīd [ع.] ۱ - (مصم.) نوکردن، ازسر گرفتن، ازنو ساختن. ۲ - (إمص.) نوسازی، ازسرگیری. ج. تجدیدات. ‖ ~ چاپ (طبع). از نو چاپ کردن (کتابی یا رساله‌ای). ‖ ~ نظر. در امری یا نوشته‌ای دوباره نظر کردن، آنرا مورد بررسی مجدد قرار دادن.

تجدیدات taǰdīd-āt [ع.] (مص.، إ.) ج. تجدید (ه.م.)

تجدیدی taǰdīd-ī [ع.-ف.] (ص نسبـ.) ۱ - منسوب به تجدید (ه.م.) ۲ - شاگردی که ازعهدهٔ امتحان چنانکه باید برنیامده وباید دوباره امتحان دهد.

تجذیر taǰzīr [ع.] ۱ - (مصم.) بریدن، ازبیخ کندن. ۲ - (رض.) ضرب کردن عددی را در نفس خود. ۳ - (إمص.)(رض.) ریشه گیری عدد درصورتیکه توان عدد را بدانیم (مثلا ۴۹ که ریشهٔ آن ۷ است بتوان ۲). ج. تجذیرات.

تجذیرات taǰzīr-āt [ع.] (مص.، إ.) ج. تجذیر (ه.م.)

تجر taǰar [← پب. tačara] (إ.) کاخ زمستانی.

تجربت taǰrebat [= ع. تجربة] ← تجربه.

تجربه taǰreba(-e) [= ع. تجربة] ۱ـ (مصم.) آزمودن، آزمون کردن. ۲ ـ (إمص.) آزمایش، آزمون. ج. تجارب.

تجربه دیده t.-dīda(-e) [ع.-ف.] (ص‌مف.) آزموده، سرد و گرم چشیده.

تجربی taǰrebī [= ع. -īyy] (ص نسب.) منسوب به تجربه (ه‌م.)، آزمایشی.

تجربیات taǰrebīyy-āt [ع.] (إ.) ج. تجربیه (ه‌م.)

تجربیه taǰrebīyya(-e) [ع.] (ص نسب.) مؤنث تجربی (ه‌م.) ج. تجربیات.

تجرد taǰarrod [ع.] ۱ ـ (مص ل.) زن نا گرفتن، زن نداشتن، بی زن بودن. ۲ ـ پیراسته بودن، پیراسته شدن. ۳ ـ برهنه شدن. ۴ ـ (إمص.) بیزنی. ۵ ـ گوشه گیری. ج. تجردات.

تجردات taǰarrod-āt [ع.] (مص ل.) ج. تجرد (ه‌م.)

تجرع taǰarro' [ع.] ۱ ـ (مص ل.) جرعه جرعه نوشیدن. ۲ ـ فروخوردن خشم و آنچه بدان ماند. ۸ ـ (إ.) جرعه جرعه. ج. تجرعات.

تجرعات taǰarro'-āt [ع.] (مص.، إ.) ج. تجرع (ه‌م.)

تجرم taǰarrom [ع.] ۱ ـ (مص ل.) گذشتن، بسر آمدن. ۲ ـ گناه کردن. ۳ ـ (مصم.) خرمای ریخته راچیدن.

تجری taǰarrī [از ع. تجرء taǰarro'] (مص ل.) ۱ ـ دلیری کردن، گستاخی نمودن. ۲ ـ (إمص.) گستاخی، دلیری، شوخی. ج. تجریات.

تجریات taǰarriy-āt [از ع.] (مص.، إ.) ج. تجری (ه‌م.)

تجرید taǰrīd [ع.] ۱ـ (مص ل.) تنهایی گزیدن. ۲ ـ (مصم.) پیراستن: تجرید معانی. ۳ ـ برهنه کردن. ۴ ـ تیغ برکشیدن (غم.) ۵ ـ (إمص.) تنهایی. ۶ ـ پیرایش. ۷ـ (تص.) عاری شدن بنده از قیود مادی و حجابهای ظلمانی و انصراف از ماسوی‌الله و توجه بذات احدیت. ۸ ـ (رواذ.) عملی از ذهن که صفتی ازصفات چیزی‌یاجزئی ازاجزای معنایی رابنظر آورده‌وسبب غفلت از صفات اجزای دیگر شوددر صورتیکه آن جزو یا آن‌صفت بتنهایی ومستقلا نمیتواند وجود داشته باشد، مثلا تصور شکل یاقطریارنگ یاوزن یك کتاب، قطع نظر از دیگر صفات وخصوصیات. ج. تجریدات.

تجریدات taǰrīd-āt [ع.] (مص.، إ.) ج. تجرید (ه‌م.)

تجریع taǰrī' [ع.] (مصم.) آشامانیدن، چشانیدن، فروخورانیدن. ج. تجریعات.

تجریعات taǰrī'-āt [ع.] (مص.) ج. تجریع (ه‌م.)

تجزی taǰazzī [از ع. تجزء taǰazzo'] (مص ل.) قسمت شدن، بهره‌شدن: غیر قابل تجزی. ج. تجزیات.

تجزیات taǰazziy-āt [ع.] (مص.) ج. تجزی (ه‌م.)

تجزیت taǰziyat [= ع. تجزیة ← تجزیه.] (مصم.) تجزیه (ه‌م.)

تجزیه taǰziya(-e) [= ع. تجزیة ← تجزیت] (مصم) ۱ ـ جدا کردن، بهره کردن، قسمت کردن، جزو جزو کردن. ۲ ـ (دس.) تحلیل مفردات عبارتها و جمله‌ها طبق قواعد صرف، بدون در نظر گرفتن رابطه‌و ترکیب آنها؛ مق. ترکیب. ۳ ـ (شم.) تبدیل یك جسم بچند جسم ساده‌تر[1] مانند تبدیل آب

۱ـ Décomposer (فر.)

به‌اکسیژن وئیدرژن.

تجزیه طلب t.-talab [ع.] = تجزیه طلبنده] (ص‌فا.)(سیا.) آنکه طرفدار تجزیهٔ مملکت یا ناحیه‌یاحزبی باشد.

تجزیه طلبی t.-talab-ī [ع.-ف.] (حامص.) عمل تجزیه طلب (ه.م.)

تجسد taǰassod [ع.] ۱ - (مص‌ل.) تناوری، جسدپذیری. ج. تجسدات.

تجسدات taǰassod-āt [ع.](مص.، إ.) ج. تجسد(ه.م.)

تجسس taǰassos [ع.] ۱ - (مص ل.) پژوهیدن، خبرجستن. ۲ - (إمص.) پژوهش، جست وجو. ج. تجسسات.

تجسسات taǰassos-āt [ع.](مص.، إ.) ج. تجسس (ه.م.)

تجسس کردن t.-kardan [ع.-ف.] (مص‌م.) پژوهیدن، خبرجستن.

تجسم taǰassom [ع.] ۱ - (مص‌ل.) تناور شدن، دارای جسم شدن، جسم پذیرفتن. ۲ - (إمص.) تناوری، جسم پذیری. ج. تجسمات.

تجسمات taǰassom-āt [ع.](مص.، إ.) ج. تجسم (ه.م.)

تجشم taǰaššom [ع.] ۱ - (مص‌ل.) رنج برخود نهادن، رنج بردن، رنج کشیدن، رنجه شدن. ۲ - (إمص.)رنج بری. ۳ - تکلف. ج. تجشمات.

تجشمات taǰaššom-āt [ع.](مص.، إ.)ج. تجشم (ه.م.)

تجصیص taǰsīs [ع.] ۱ - (مص‌م.) گچ اندود کردن، بگچ اندودن. ۲ - (إمص.) گچ کاری.

تجعید taǰ'īd [ع.] (مص‌م.) پیچدار کردن(زلف)، جعددادن،مرغول کردن، بشك کردن.

تجفاف teǰfāf [ع.](إ.) برگستوان. ج. تجافیف.

تجفف taǰaffof [ع.](مص‌ل.)خشك شدن، خشکیدن ↓.

تجفیف taǰfīf [ع.] (مص م.) خشکانیدن، خشك کردن ↑.

تجلد taǰallod [ع.] ۱ - (مص ل) چابکی نمودن، چالاکی کردن. ۲ - (إمص.) چابکی، دلیری، جلدی. ج. تجلدات.

تجلدات taǰallod-āt [ع](مص، إ.) ج. تجلد (ه.م.)

تجلی taǰallī [ع.] ۱ - (مص ل.) نمودار شدن، پدید آمدن، هویدا گردیدن. ۲ - (إمص.) هویدایی، پیدایی. ۳ - تابش، روشنی، تابداری. ۴ - (إ.) نمود، جلوه. ۵ - (تص.)تأثیر انوار حق بحکم اقبال بر دل مقبلان که شایستگی ملاقات حق را بدل پیدا کنند. ج. تجلیات.

تجلیات taǰallīy-āt [ع.](مص.، إ.) ج. تجلی (ه.م.)

تجلید taǰlīd [ع.] (مص م.) جلد کردن (کتاب وماننددآن).ج. تجلیدات.

تجلیدات taǰlīd-āt [ع.](مص.،إ.) ج. تجلید (ه.م.)

تجلیل taǰlīl [از ع.](مص‌م.) ۱ - بزرگ داشتن، تبجیل. ۲ - (إمص.) بزرگداشت. ج. تجلیلات. ضح. - درعربی بمعنی «قراردادن جل اسب‌را» آمده وایرانیان‌درمعنی‌آن‌تصرف کرده‌بمعنی «اجلال» گرفته‌اند.

تجلیلات taǰlīl-āt [ع.] (مص م.) ج. تجلیل (ه.م.)

تجلیه taǰliya(-e) [= ع. تجلیة] ۱ - (مص‌م.) روشن کردن، پیدا کردن، زدودن. ۲ - (تص.) تهذیب ظاهراست

بسبب استعمال نوامیس واحکام الهی وامتثال اوامر ونواهی خداوند.

تجمش tağammoš [ع.] ۱ - (مص ل.) بازی کردن. ۲ - سخن گفتن بازنان. ۳ - عشق ورزیدن، مغازله کردن. ۴ - ستردن موی. ۵ - (إمص.) مغازله، ملاعبه.

تجمع tağammo' [ع.] (مص ل.) گرد آمدن، انجمن شدن. ج. تجمعات.

تجمعات tağammo'-āt [ع.] (مص ل.) ج. تجمع (ه.م.)

تجمل tağammol [ع.] ۱ - (مص ل.) زیور بستن، آذین کردن، خود آراستن. ۲ - مال و اثاثهٔ گرانبها داشتن (نو.) ۳ - (إمص.) خودآرایی. ۴ - (إ.) جاه‌وجلال، خدم‌و حشم، سامان بزرگی. ج. تجملات.

تجملات tağammol-āt [ع.] (مص.، إ.) ج. تجمل (ه.م.)

تجملی tağammol-ī [ع.-ف.] (ص نسبـ.) منسوب به‌تجمل (ه.م.): لوازم تجملی.

تجمیع tağmī' [ع.] ۱ - (مص م.) گرد کردن، بسیار گرد آوردن. ۲ - (مص ل.) بنماز جمعه حاضر شدن (غم.) ۳ - (إمص.) گردآوری. ج. تجمیعات.

تجمیعات tağmī'-āt [ع.] (مص.، إ.) ج. تجمیع (ه.م.)

تجمیل tağmīl [ع.] ۱ - (مص م.) زینت دادن، آراستن، نیکو کردن. ۲ - (إمص.) آراستگی. ج. تجمیلات.

تجمیلات tağmīl-āt [ع.] (مص.، إ.) ج. تجمیل (ه.م.)

تجن tağan(-ğen) (إ.) نهری که از رود جدا کنند (← بخش۳).

تجنب tağannob [ع.] ۱ - (مص ل.) دوری جستن، کرانه گرفتن، بیک سو شدن، دور شدن. ۲ - (إمص.) دوری. ج. تجنبات.

تجنبات tağannob-āt [ع.] (مص.، إ.) ج. تجنب (ه.م.)

تجنن tağannon [ع.] ۱ - (مص ل.) دیوانگی نمودن، دیوانگی ورزیدن. ۲ - (إمص.) دیوانگی.

۱-تجنی tağannī [ع.] (مص م.) ۱ - گناه بستن، جنایت نهادن، کسی را منسوب بگناه نکرده کردن.

تجنی tağannī [ع] (مص م.) چیدن میوه.

تجنیب tağnīb [ع.] (مص م.) دور کردن، پرهیزدادن، پرهیزانیدن.

تجنید tağnīd [ع.] ۱ - (مص م.) لشکر آراستن، لشکر گرد کردن، لشکرساختن. ۲ - (إمص.) لشکرآرایی.

تجنیس tağnīs [ع.] ۱ - (مص م.) همجنس آوردن، همتا کردن. ۲ - (مص ل.) باچیزی مانند شدن. ۳ - (بع.) آوردن جناس (ه.م.) ۴ - (إ.) جناس (ه.م.) ۵ - (مص م.) (رض.) عددصحیح‌راهم‌جنس عدد کسری گردانیدن، مانند: $3\frac{2}{5}$ که پس ازتجنیس $\frac{17}{5}$ شود. ج. تجنیسات.

تجنیسات tağnīs-āt [ع.] (مص.، إ.) ج. تجنیس (ه.م.)

تجوز tağavvoz [ع.] ۱ - (مص ل.) آسان گرفتن، آسان فراگرفتن. ۲ - عفو کردن (گناه‌را). ۳ - سخنی بمجاز گفتن. ۴ - (فق.) سبک گزاردن (نمازرا). ج. تجوزات.

تجوزات tağavvoz-āt [ع.] (مص.، إ.) ج. تجوز (ه.م.)

تجوع tağavvo' [ع.] (مص ل.) گرسنه بودن، خودرا گرسنه داشتن بقصد.

تجوهر taǰawhar(-ow) [ع.] ۱ - (مصل.) جوهر داشتن . ۲-(امص.) جوهریت، حقیقت جوهری اشیا. ‖ ~ِ اشیا. (فل.) ذاتیات و حقایق جوهری اشیا ، آنچه جوهریت جوهر بآن بستگی دارد.

تجوید taǰvīd [ع.] ۱ - (مص م.) نیکو کردن ، سره کردن . ۲ - نیک گفتن . ۳ - (اِ.) علم نیکو تلفظ کردن حروف و کلمات قرآن.

تجویز taǰvīz [ع.] (مص م.) روا داشتن، رواشمردن، رواکردن ، جایز داشتن. ج. تجویزات.

تجویزات taǰvīz-āt [ع.] (مص م.) ج. تجویز (ه.م.)

تجویف taǰvīf (مص م.) ۱ - خالی کردن. ۲ - (اِ.) (تد.) آنچه که درمیان چیزی خالی باشد؛ جوف، کاواك . ۳ - مغاره. ج. تجویفات.

تجویفات taǰvīf-āt [ع.] (مص. اِ.) ج. تجویف (ه.م.)

تجهز taǰahhoz [ع.] ۱- (مصل.) آمادهٔ کار شدن ، ساخته شدن (جهاز عروس، لشکر، مسافر). ۲-(مص م.) کار ساختن ، ساز کردن .

تجهیز taǰhīz [ع.] ۱ - (مص م.) ساختن ، آراستن، آماده کردن(جهاز عروس ، لشکر ، مسافر وغیره). ۲ - بسیج کردن (لشکرها) ، بسیجیدن (سپاهیان) . ج. تجهیزات . ‖ ~ِ عساکر . بسیج کردن لشکرها .

تجهیزات taǰhīz-āt [ع.] (مص. اِ.) ج. تجهیز. ۱ - بسیجها. ۲- سازها، ساز و برگها.

تجهیز ساختن t.-sāxtan [ع.-ف.] (مص م.) ساز کردن، آماده کردن، بسیج ساختن، بسیجیدن (جهاز عروس، لشکر، مسافر وغیره).

تجهیل taǰhīl [ع.] (مص م.) کسی را بنادانی منسوب کردن، نادان شمردن.

تجیر teǰīr [اصف. tijīr] (اِ.) حصیر نیی که دور محوطه نصب کنند.

تحادث tahādos [ع.] (مص ل.) همسخن شدن، باهم سخن گفتن . ج. تحادثات .

تحادثات tahādos-āt [ع.] (مص. اِ.) ج. تحادث (ه.م.)

تحارب tahārob [ع.] (مصل.) درهم آویختن، باهم آویختن، باهم حرب کردن، هم نبرد شدن.

تحاسد tahāsod [ع.] (مص م.) بد خواه هم گشتن، بریکدیگر حسد بردن، رشك برهم بردن.

تحاشی tahāšī [ع.] (مصل.) تن زدن ، پرهیز کردن ، دوری جستن ، امتناع کردن.

تحاشی کردن t.-kardan [ع.-ف.] (مص ل.) تن زدن، پرهیز کردن، دوری جستن .

تحالف tahālof [ع.] ۱ - (مص م.) باهم سوگند خوردن، همسوگند شدن. ۲ - (امص.) همسوگندی. ج. تحالفات.

تحالفات tahālof-āt [ع.] (مص. اِ.) ج. تحالف (ه.م.)

تحامق tahāmoγ [ع.](مصل.) خود را بنادانی زدن، خویشتن را بنا بخردی زدن، بیخردی نمودن.

تحامل tahāmol [ع.] ۱ - (مص م.) حمل کردن عصیان برخصم. ۲ - کسی را برکاری دور از طاقت واداشتن.

تحامی tahāmī [ع.](مصل.) پرهیز کردن، خودرا نگاه داشتن.

تحاور tahāvor [ع.] ۱ -(مصل.) همسخن شدن، پاسخ هم گفتن. ۲-(امص.)

همسخنی. ج. تحاورات.

تحاورات tahāvor-āt [ع.] (مص.، إ.) ج. تحاور (ه.م.)

تحاویل tahāvīl [ع.] (مص.، إ.) ج. تحویل (ه.م.)

تحبب tahabbob [ع.] ۱ - (مص ل.) دوستی جستن، دوستی ورزیدن. ۲ - (إمص.) دوستی.

تحبیب tahbīb [ع.] (مص‌م.) دوست کردن، دوست گردانیدن، دوستدار کردن. ج تحبیبات.

تحبیبات tahbīb-āt [ع.] (مص.، إ.) ج. تحبیب (ه.م.)

تحبیر tahbīr [ع.] (مص‌م.) ۱ - نیکو کردن، بیاراستن. ۲ - نیکو نوشتن، نیکو نگاشتن. ج. تحبیرات.

تحبیرات tahbīr-āt [ع.] (مص.، إ.) ج. تحبیر (ه.م.)

تحبیس tahbīs [ع.] ۱ - (مص‌م.) بند کردن، بازداشتن، حبس کردن. ۲ - (فق.) اصل چیزی را در ملك خود داشتن و ثمرهٔ آنرا در راه خدا وقف کردن. ۳ - (إمص.) حبس، بازداشت. ج. تحبیسات.

تحبیسات tahbīs-āt [ع.] (مص.، إ.) ج. تحبیس (ه.م.)

تحت taht [ع.] (ق.) زیر، پایین. ‖ ــ وفوق. زیر وزبر، زیر و بالا، فرود و فراز.

تحتانی taht-ānī [ع - -īyy.e] (ص نسبـ. تحت) زیرین (فره.)، فرودین، زیری؛ مق. فوقانی، زبرین.

تحتانیه taht-ānīyya(-e) [ع = تحتانیة] (ص نسبـ.) مؤنث تحتانی (ه.م.): طبقات تحتانیهٔ ارض.

تحت حنك taht-e hanak [ع = تحت‌الحنك] (إمر.) پیچی از عمامه که فقها از زیر زنخ گذرانیده بسر پیچند.

تحتم tahattom [ع.] ۱ - (مص ل.) بایسته بودن، دربایست شدن، لازم شدن. ۲ - چیزی را برخود واجب کردن.

تحت نظر taht-e nazar [ع.] (إمر.) زیر نظر، تحت مراقبت ↓.

تحت نظر گرفتن t.-gereftan [ع.-ف.] (مص‌م.) زیر نظر گرفتن، مراقبت کردن.

تحجب tahaǰǰob [ع.] (مص ل.) در پرده شدن، محجوب گشتن.

تحجر tahaǰǰor [ع.] (مص ل.) سنگ شدن. ج. تحجرات.

تحجرات tahaǰǰor-āt [ع.] (مص.، إ.) ج. تحجر (ه.م.)

تحجم tahaǰǰom [ع.] ۱ - (مص ل.) بیرون بر آمدن هرچیز. ۲ - حجامت کردن، مکیدن. ۳ - برآمدن پستان. ۴ - (مص‌م.) بازداشتن. ج. تحجمات.

تحجمات tahaǰǰom-āt [ع.] (مص.، إ.) ج. تحجم (ه.م.)

تحجیب tahǰīb [ع.] (مص م.) در پرده کردن، بازداشتن.

تحجیر tahǰīr [ع.] (مص‌م.) علامت گذاری اراضی موات پیش از آباد کردن آنها.

تحجیم tahǰīm [ع.] ۱ - (مص م.) تیز نگریستن. ۲ - (إمص.) تیز نگری. ج. تحجیمات.

تحجیمات tahǰīm-āt [ع.] (مص.، إ.) ج. تحجیم (ه.م.)

تحدب tahaddob (ع.) (مص ل.)

۱- کوژشدن. ۲ - برجسته بودن؛مق. تقعر. ۳ - کوژپشت گردیدن. ۴ - (إمص.) برجستگی، برآمدگی ۵ - کوژپشتی، قوزی. ج. تحدبات.

تحدبات tahaddob-āt [ع.] (مص. إ.) ج. تحدب (ه.م.)

تحدب داشتن t.-dāštan [ع.-ف.] (مص ل.) برآمده بودن، برجسته بودن.

تحدث tahaddos [ع.] ۱- (مص ل.) سخن گفتن، حدیث کردن. ۲ - (إمص.) سخن گویی. ج. تحدثات.

تحدثات tahaddos-āt [ع.] (مص. إ.) ج. تحدث (ه.م.)

تحدر tahaddor [ع.] ۱ - (مص ل.) فرو ریختن. ۲ - فرودویدن. ۳ - سرازیر شدن، بنشیب آمدن. ۴ - (إمص.) فروریزی. ج. تحدرات.

تحدرات tahaddor-āt [ع.] (مص. إ.) ج. تحدر (ه.م.)

تحدی tahaddī [ع.] ۱ - (مص ل.) برابری کردن در کاری. ۲ - نبرد جستن، به نبرد خواندن. ۳ - فزونی جستن. ۴ - (مص م.) قصد کردن چیزی را. ۵ - پیش خواندن.

تحدیث tahdīs [ع.] (مص ل.) سخن گفتن، حدیث کردن.

تحدید tahdīd [ع.] (مص م.) ۱ - تعیین حد و کرانهٔ چیزی. ۲ - تیز کردن کارد وجز آن. ۳- تیز در کسی نگریستن. ج. تحدیدات.

تحدیدات tahdīd-āt [ع.] (مص. إ.) ج. تحدید (ه.م.)

تحدید حدود t.-e hodūd [ع.] ۱ - (مص م.) تعیین کردن حدها و مرزهای زمینی. ۲ - (إمص.) تعیین حدها و مرزها.

تحدید حدود کردن t.-kardan [ع.- ف.] (مص م.) حدها و مرزهای زمینی‌را تعیین کردن.

تحدید کردن t.-kardan [ع.-ف.] (مص م.) حد و کرانهٔ چیزی را معین کردن.

تحدیق tahdīγ [ع.] (مص ل.) ۱ - تیز نگریستن، تندنگاه کردن، چشم هشتن. ۲ - گرد کسی برآمدن.

تحذق tahazzoγ [ع.] (مص ل.) خود را حاذق وزیرك وانمودن بدون آنکه باشند.

تحذیر tahzīr [ع.] (مص م.) ۱ - ترسانیدن، بیم دادن. ۲ - پرهیزانیدن، پرهیز فرمودن. ج. تحذیرات.

تحذیرات tahzīr-āt [ع.] (مص. إ.) ج. تحذیر (ه.م.)

تحرج taharroγ [ع.] (مص ل.) ۱ - گناهکار شدن. ۲ - پرهیز کردن از گناه. ۳ - توبه کردن. ۴ - برآمدن از تنگی.

تحرر taharror [ع.] (مص ل.) آزاد گردیدن.

تحرز taharroz [ع.] ۱ - (مص ل.) در پناه شدن. ۲ - خویشتن داشتن، پرهیزیدن. ۳ - (إمص.) خویشتن‌داری، پرهیز. ج. تحرزات.

تحرزات taharroz-āt [ع.] (مص، إ.) ج. تحرز (ه.م.)

تحرس taharros [ع.] ۱ - (مص ل.) در پناه شدن. ۲ - پاس داشتن. ۳ - (إمص.) پاسداری.

تحرض taharroz [از ع.] ۱ - (مص ل.) برانگیخته شدن. ۲ - (إمص.) آغالش. ضح.- این لغت در قاموسهای عربی نیامده، امادر مرزبان نامه مکرر

استعمال شده ازآن جمله: «داعیهٔ طلب پادشاهی و فرماندهی بر شما و دیگر انواع درباطن من پدید آورد،وتحرض وتعرض من (بر) مهتری وسروری شما بیفزود.»(مرزبان‌نامه‌چا۱۳۱۷تهران. ۱۶۵) و ظاهراً منشاء توهم مؤلف این کتاب وجود «تحریض» است «قزوینی. مرزبان‌نامه.ایضاً).

تحرف taharrof [ع .] ۱ - (مص ل.) برگشتن، میل کردن، بگردیدن. ۲ - (إمص.) برگشت،میل. ج. تحرفات.

تحرفات taharrof-āt [ع.] (مص.،إ.) ج. تحرف (ه.م.)

تحرق taharroγ [ع.] (مص ل.) سوخته شدن.

تحرك taharrok [ع.] ۱ - (مص ل.) جنبیدن. ۲ -(إمص.) جنبش. ۳ - (فل.) انفعال . ج. تحركات. ‖ ~ وسكون. جنبش وآرامش.

تحركات taharrok-āt[ع.](مص.، إ.) ج. تحرك (ه.م.)

تحرم taharrom [ع.] ۱ -(مص‌ل.) حرمت داشتن. ۲ - (إمص.) حرمت.

تحرمز taharmoz [معر . از حرامزاده](مص‌جع.ل.)۱ -حرام‌زادگی کردن.۲ - ذکی گردیدن، باهوش‌بودن.

تحری taharrī [ع.] ۱ - (مص‌ل.) جستن. ۲ -درست‌جستن، صواب‌جستن. ۳ - قصدکردن بسوی قبله، پیداکردن قبله. ۴ - (إمص.) به‌جویی.ج. تحریات. ‖ ~ حقیقت. حقیقت جویی.

تحریات taharriy-āt[ع.](مص.، إ.) ج. تحری (ه.م.)

تحریر tahrīr [ع.] ۱- (مص م.) نوشتن، نبشتن . ۲ - آزادکردن‌بنده. ۳ - سره کردن، پاکیزه‌کردن، تهذیب (کتب‌پیشینیان). ۴-نقش‌خط برکشیدن. ج. تحریرات . ۵ - (مس.) غلط دادن آواز. ۶ - (إمص.) پیچیدگی‌درآواز، کشش. ۷ -غلت آواز . ۸-(ص.) از حشو و زواید پیراسته، مهذب (کتب پیشینیان):«کتاب... تحریر نصیرالدین طوسی‌است.» ‖ ~ رقبه . آزادکردن بنده. ‖ ماشین ~ . ماشینی که‌برای نوشتن بکار رود.

تحریرات tahrīr-āt [ع.] ج. تحریر (ه.م.)

تحریر دادن t.-dādan [ف.-ع.] (مص‌م.) (مس.) غلط دادن آواز ، پیچیدگی دادن درآواز.

تحریر کردن t.-kardan [ع.-ف.] (مص‌م.) نوشتن، نگاشتن.

تحریری tahrīr-ī [ع.-ف.] (ص‌نسبـ.) منسوب و مربوط به‌تحریر (نوشتن، نگاشتن).

تحریریه tahrīr-īyya(-a) [ع.] (ص‌نسبـ.) مؤنث تحریری (منسوب به تحریر). ‖ هیئت ~ .هیئت‌نویسندگان یك‌روزنامه، یك مجله ومانندآن .

تحریز tahrīz [ع .] (مص‌م.) ۱ - بسیارنگاهداشتن. ۲ - پناه دادن. ۳ - استوارگردانیدن.

تحریش tahrīš [ع.] ۱ - (مص‌م.) اغراءوبرافژولیدن‌قوم‌وسگ‌بریکدیگر. ۲ - انگیزش، تحریك. ج. تحریشات.

تحریشات tahrīš-āt [ع.] (مص.، إ.) ج. تحریش (ه.م.)

تحریص tahrīs [ع.] (مص‌م.) ۱ - آزمند کردن ، بآز افکندن . ۲ - برانگیختن، ترغیب‌کردن، تحریض . ۳ - (إمص.) انگیزش،ترغیب،تحریك. ج. تحریصات. ضح.- این کلمه بدین

معنی مستحدث است.

تحریصات tahrīs-āt [ع.](مص.، اِ.) ج. تحریص (ه.م.)

تحریص دادن tahrīs-dādan [ع.-ف.] (مصم.) برانگیختن، آزمند کردن، تحریك کردن.

تحریض tahrīz [ع.] ۱ - (مص م.) برانگیختن، برآغالیدن، ترغیب کردن، تحریك کردن. ۲- تعریف کردن. ۳ - (اِمص.) انگیزش، تحریك. ج. تحریضات.

تحریضات tahrīz-āt [ع.](مص.، اِ.) ج. تحریض (ه.م.)

تحریف tahrīf [ع.] ۱ - (مص م.) گردانیدن، کژ کردن. ۲- تبدیل و تغییر دادن کلام را از وضع و طرز و حالت اصلی. ۳- بعضی از حروف یك کلمه را عوض کردن. ج. تحریفات.

تحریفات tahrīf-āt [ع.] (مص.، اِ.) ج. تحریف (ه.م.)

تحریق tahrīγ [ع.] (مصم.) سوختن، سوزانیدن. ج. تحریقات.

تحریقات tahrīγ-āt [ع.](مص.، اِ.) ج. تحریق (ه.م.)

تحریك tahrīk [ع.] ۱ - (مص م.) جنبانیدن، بجنبش آوردن، برآغالیدن. ۲ - (اِمص.) انگیزش، ترغیب. ج. تحریکات.

تحریکات tahrīk-āt [ع.](مص.، اِ.)ج. تحریك (ه.م.)

تحریك آمیز t.-āmīz [ع.-ف. = تحریك آمیخته] (ص مف.) سخنی یا نوشته‌ای که موجب تحریك اشخاص گردد (بیشتر در مورد شر بکار رود): «با سخنان تحریك آمیز خود دوستان را عصبانی کرد.»

تحریك کردن t.-kardan [ع.-ف.] (مصم.) برانگیختن، برآغالیدن، اغوا کردن.

تحریم tahrīm [ع.] (مصم.) ناروا داشتن، ناروا کردن، حرام کردن: تحریم خمر. ج. تحریمات.

تحریمات tahrīm-āt [ع.](مص.، اِ.) ج. تحریم (ه.م.)

تحریمه tahrīma(-e) [ع.] (اِ.) (شرع.) تکبیر اول نماز یعنی تکبیری که بعد از نماز گفته میشود. ← تکبیرة‌الاحرام (بخش ۲).

تحریمه بستن t.-bastan [ع.-ف.] (مصم.) (شرع.) گفتن تکبیرة‌الاحرام در نماز.

تحزب tahazzob [ع.] ۱ - (مص ل.) فراهم آمدن، انجمن شدن، گرد آمدن. ۲ - گروه گروه شدن قوم ۳ - (اِمص.) دسته بندی. ج. تحزبات.

تحزبات tahazzob-āt [ع.](مص.، اِ.) ج. تحزب (ه.م.)

تحزن tahazzon [ع.] ۱ - (مص ل.) اندوه بردن، اندوه خوردن. ۲ - (اِمص.) اندوهناکی.

تحزین tahzīn [ع.] (مص م.) اندوهگین کردن کسی را.

تحسر tahassor [ع.] ۱ - (مص ل.) دریغ خوردن، آرمان خوردن، اسف خوردن. ۲ - اندوه بردن. ۳ - (اِ.) رنج، اندوه. ۴ - افسوس، پشیمانی، تأسف. ج. تحسرات.

تحسرات tahassor-āt [ع.](مص.، اِ.) ج. تحسر (ه.م.)

تحسیر tahsīr [ع.] (مص م.) ۱ - مانده کردن. ۲ - دریغ خورانیدن دیگری را. ۳ - حقیر داشتن. ۴ - آزردن. ج. تحسیرات.

تحسیرات

تحسیرات tahsīr-āt [ع.] (مص.، إ.) ج. تحسیر (ه.م.)

تحسین tahsīn [ع.] ۱ - (مص م.) آفرین گفتن، نیک شمردن. ۲ - نیکو کردن، زیبا ساختن. ۳ - (إمص.) تعریف، تمجید، آفرین. ج. تحسینات.

تحسینات tahsīn-āt [ع.] (مص.، إ.) ج. تحسین (ه.م.)

تحسین آمیز t.-āmīz [ع.-ف. = تحسین آمیخته] (صمف.) ۱ - توأم با تحسین: «عباراتی تحسین آمیز گفت.» ۲ - سزاوار تعریف و تمجید، لایق آفرین.

تحسین برآمدن t.-bar-āmadan [ع.-ف.] (مص ل.) ـــ از...، تعریف شدن از جانب...

تحسین داشتن t.-dāštan [ع.-ف.] (مص ل.) سزاوار تعریف و تمجید بودن، دارای آفرین بودن.

تحسین کردن t.-kardan [ع.-ف.] (مص م.) آفرین گفتن، نیک شمردن، تعریف و تمجید کردن:

«رتبهٔ فکر تورا صائب عروج دیگراست
میکند تحسین خود هر کس کند تحسین تو.»
(صائب)

تحشیر tahšīr [ع.] (مص م.) ۱ - بسیار جمع کردن، گرد آوردن. ۲ - تنگ داشتن نفقه بر اهل و فرزندان وغیره. ج. تحشیرات.

تحشیرات tahšīr-āt [ع.] (مص.، إ.) ج. تحشیر (ه.م.)

تحشیه tahšiya(-e) [= ع. تحشیة] ۱ - (مص م.) نوشتن حاشیه بر کتاب. ۲ - آرایش کردن کنارهٔ جامه را با طراز و جز آن (کم.) ۳ - (إمص.) حاشیه نویسی.

تحصل tahassol [ع.] (مص ل.) ۱ - حاصل بودن، بدست بودن، بحصول پیوستن. ۲ - گرد آمدن. ۳ - ثابت گردیدن.

تحصن tahasson [ع.] ۱ - (مص ل.) درپناه شدن، پناه جستن. ۲- بدز نشستن، درقلعه پناه گرفتن. ۳- (إمص.) دزنشینی، دژنشینی. ج. تحصنات.

تحصنات tahasson-āt [ع.] (مص.، إ.) ج. تحصن (ه.م.)

تحصن جستن t.-ǰostan [ع.-ف.] (مص ل.) پناه جستن، در پناه شدن، تحصن طلبیدن.

تحصن طلبیدن t.-talabīdan [ع.-ف.] (مص ل.) پناه‌جستن، در پناه‌شدن، تحصن جستن.

تحصن کردن t.-kardan [ع.-ف.] (مص ل.) پناهنده شدن، در پناه شدن.

تحصیل tahsīl [ع.] ۱ - (مص م.) بدست آوردن، حاصل کردن، کسب کردن. ۲- گرد کردن، اندوختن. ۳ - مالیات گرفتن (← محصل). ۴ - دانش آموختن، علم آموختن. ۵ - (إمص.) کسب. ٦ - اندوختگی، جمع آوری. ۷ - دانشجویی، دانش آموزی. ج. تحصیلات.

تحصیلات tahsīl-āt [ع.] (مص م.) ج. تحصیل (ه.م.)

تحصیلدار t.-dār [ع.-ف. = تحصیل دارنده] (صفا.) ۱ - محصل مالیات، مالیات بگیر، جمع کنندهٔ مالیات ومقرری‌ها. ۲ - محاسب.

تحصیلداری t.-dār-ī [ع.-ف.]

(حامص.) عمل وشغل تحصیلدار(ه.م.)

تحصیل فرمودن t.-farmūdan [ع.-ف.] (مصم.) بدست آوردن، حاصل کردن، کسب کردن.

تحصیل کردن t.-kardan [ع.-ف.] (مص م.) ۱ - بدست آوردن، حاصل کردن، کسب کردن. ۲ - جمع کردن، اندوختن. ۳ - جمع کردن مالیات، گرفتن مالیات و مقرریها. ۴ - خلاصهٔ چیزی را برآوردن. ۵ - کسب کردن علم.

تحصیل کرده t.-karda(-e) [ع - ف.] (صمف.) باسواد، بامعلومات. ج. تحصیل کردگان.

تحصین tahsīn [ع.] (مصم.) ۱ - استوار کردن، محکم گردانیدن. ۲ - درحصن کردن. ۳ - باره بر آوردن گرد شهر. ج. تحصینات.

تحصینات tahsīn-āt [ع.] (مص.، إ.) ج. تحصین (ه.م.)

تحضر tahazzor [ع.] ۱ - (مصم.) حاضر کردن. ۲ - (مصل.) حاضر شدن

تحضیر tahzīr [ع.] (مصم.) آماده کردن.

تحضیض tahzīz [ع.] (مص م.) برانگیختن، خواهان کردن.

تحف tohaf [ع.] (إ.) ج. تحفه؛ ارمغانها، هدیه‌ها.

تحفظ tahaffoz [ع.] ۱ - (مصل.) نگاه داشتن. ۲ - خودداری کردن، پرهیز کردن. ۳ - هشیار بودن، بیدار بودن. ۴ - یك یك یاد گرفتن. ۵ - (إمص.) خودداری، خویشتن داری.

۱- تحفگی tohfa(e)g-ī [ع.-ف.] (حامص.) کمیابی.

۲- تحفگی tohfa(e)g-ī [ع.-ف.] (ص نسب.) ۱ - هدیه، ارمغان، تحفه. ۲ - ضیافت.

تحفل tahaffol [ع.] (مصل.) ۱ - گرد آمدن و پر گردیدن مجلس از مردم. ۲ - زینت گرفتن، آراسته شدن. ج. تحفلات.

تحفلات tahaffol-āt [ع.] (مص.، إ.) ج. تحفل (ه.م.)

تحفه tohfa(-e) [= ع. تحفة] (إ.) ۱ - هدیه، ارمغان، سوغات. ۲ - چیز بدیع و نفیس: «چیز تحفه‌ایست.» ۳ - نوآیین، تازه. ۴ - کمیاب، نادر. ۵ - (کذ.) عنایت، مهربانی. ج. تحف.

تحفه آوردن t.-āva(o)rdan [ع.-ف.] (مصم.) هدیه آوردن، ارمغان دادن.

تحفه بردن t.-bordan [ع.-ف.] (مصم.) پیشکشی بردن، هدیه دادن.

تحفه بستن t.-bastan [ع.-ف.] (مصم.) ترتیب تحفه دادن.

تحفه خواستن t.-xāstan [ع.-ف.] (مصم.) طلب کردن هدیه و ارمغان.

تحفه دادن t.-dādan [ع.-ف.] (مص م.) هدیه دادن، پیشکش دادن، ارمغان بردن.

تحفه فرستادن t.-ferestādan [ع.-ف.] (مصم.) هدیه فرستادن، ارمغان فرستادن، پیشکشی ارسال داشتن.

تحفه کردن t.-kardan [ع.-ف.] (مص م.) پیشکش دادن، هدیه کردن.

تحفیظ tahfīz [ع.] (مصم.) یاد دادن کتاب و جز آن کسی را. ج. تحفیظات.

تحفیظات tahfīz-āt [ع.] (مص.، إ.) ج. تحفیظ (ه.م.)

تحفیل tahfīl [ع.] (مصم.) زینت دادن، آراستن.

تحقد tahaγγod [ع.] (مصل.) کینه گرفتن.

تحقق tahaγγoγ [ع.] ۱ ـ (مص ل.) درست شدن، درست آمدن، بحقیقت پیوستن. ۲ ـ بودن، هست شدن. ۳ ـ (اِمص.) حقیقت، واقعیت، راستی. ج. تحققات.

تحققات tahaγγoγ-āt [ع.] (مص.، اِ.) ج. تحقق (ه.م.)

تحقق پیدا کردن t.-paydā(-ey-)-kardan [ع.-ف.] (مص ل.) هستی پذیرفتن، موجودشدن: «این امروقتی تحقق پیدا میکند که شرایط دیگرهم موجود باشد.» (فرتا.)

تحقق یافتن t.-yāftan [ع.-ف.] (مص ل.) بثبوت رسیدن، درست شدن، واقعیت یافتن: «بطلان این مطلب تحقق یافت.» (فرتا.)

تحقیر tahγīr [ع.] ۱ ـ (مص م.) خوار کردن، خوارداشتن، خردشمردن. ۲ ـ (اِمص.) خوارداشت، توهین، اهانت. ۳ ـ خواری، حقارت. ج. تحقیرات.

تحقیرات tahγīr-āt [ع.] (مص.، اِ.) ج. تحقیر (ه.م.)

تحقیرانه tahγīr-āna(e) [ع.-ف.] (ق مر.) بطور حقارت و کوچکی وخواری.

تحقیراً tahγīr-an [ع.] (ق.) بطور خواری و اهانت، از روی کوچکی وحقارت.

تحقیر کردن t.-kardan [ع.-ف.] (مص م.) خوار کردن، خوار داشتن، خردشمردن، پست کردن: «هیچکس را تحقیر مکنید.» (فرتا.)

تحقیق tahγīγ [ع.] ۱ ـ (مص م.) درست کردن، رسیدن، بررسیدن، پژوهیدن. ۲ ـ (اِمص.) پژوهش، رسیدگی (فره.)، بررسی، مطالعه. ۳ ـ حقیقت، واقعیت. ج. تحقیقات.

تحقیقات tahγīγ-āt [ع.] (اِ.) ج. تحقیق (ه.م.) ‖ ~ علمی یا ادبی. مطالعات و کنجکاویها و پژوهشهای علمی یا ادبی.

تحقیقاتی tahγīγ-āt-ī [ع.-ف.] (ص نسب.) منسوب به تحقیقات (ه.م.)

تحقیقانه tahγīγāna(-e) [ع.-ف.] (ق مر.) بطور تحقیق، از روی واقعیت وحقیقت.

تحقیقاً tahγīγ-an [ع.] (ق.) براستی، بدرستی، بطور حقیقت، یقیناً، بدون شبهه: «تحقیقاً چنین نیست.»

تحقیق کردن t.-kardan [ع.-ف.] (مص م.) بررسیدن، وارسی کردن، پژوهیدن.

تحقیقی tahγīγ-ī [=ع. -īyy] (ص نسب.) حتمی، یقینی، بدون شبهه.

تحکر tahakkor [ع.] ۱ ـ (مص م.) احتکار کردن. ۲ ـ (مص ل.) افسوس خوردن.

تحکم tahakkom [ع.] ۱ ـ (مص ل.) زور گفتن، تعدی کردن. ۲ ـ داوری کردن، قضاوت عادلانه کردن. ۳ ـ (اِمص.) زورفرمایی، زور گویی، تعدی، جور: «بتحکم کاری از پیش نمیرود.» (فرتا.) ۴ ـ فرمانروایی، حکومت، غلبه. ۵ ـ داوری، حکم، قضاوت عادلانه. ۶ ـ فتوای شرعی. ج. تحکمات.

تحکمات tahakkom-āt (ع.) (مص ل.) ج. تحکم (ه.م.)

تحکم آمیز t.-āmīz [ع.-ف = تحکم آمیخته] (ص مف.) توأم بازور، آمرانه.

تحکم بردن t.-bordan [ع.-ف.] (مص ل.) فرمان بردن، فرمانبری کردن، تحمل زور کردن.

تحکم کردن t.-kardan [ع.-ف.]

تحلیه

(مصل.) زورگویی کردن. فرمانروایی کردن.

تحکم کشیدن t.-ka(e)šīdan [ع.-ف.] (مص ل.) تحمل زور کردن، فرمانبری کردن.

تحکیم tahkīm [ع.] ۱ - داور کردن، حکم ساختن. ۲ - (ف.) استوار کردن، محکم ساختن: تحکیم روابط دوستانه. ضح.- بمعنی اخیر در لغت عربی نیامده و بجای آن «احکام» مستعمل است. ج. تحکیمات.

تحکیمات tahkīm-āt [ع.] (مص.، إ.) ج. تحکیم (ه.م.)

تحلق tahallo𝛾 [ع.] (مص ل.) حلقه حلقه نشستن مردم، پره زدن، پره بستن، گرد درگرفتن.

تحلل tahallol [ع.] (مص ل.) ۱ - استثنا کردن در سوگند. ۲ - بیرون آمدن از قسم بکفاره. ۳- بحلی خواستن.

۱- تحلم tahallom [ع.] (مص ل.) ۱ - بردباری نمودن، حلم ورزیدن. ۲ - بتکلف بردباری نمودن.

۲- تحلم tahallom [ع.] (مص ل.) خواب دیدن.

تحلی tahallī [ع.] ۱ - (مص ل.) زیور بستن، پیرایه بر کردن، پیرایه بستن. ۲ - آراسته شدن. ۳ - (إمص.) آراستگی. ۴ - (تص.) «تحلی نسبت باشد بقوم ستوده بقول وعمل.»، «ماننده کردن خودرا بگروهی بی حقیقت معاملت ایشان تحلی بود و آنانکه نمایند ونباشند زود فضیحت شوند.» (کشف المحجوب هجویری) ج. تحلیات.

تحلیات tahallīy-āt [ع.] (مص.، إ.) ج. تحلی (ه.م.)

تحلیت tahliyat [= ع. تحلیة] ← تحلیه.

تحلیف tahlīf [ع.] (مص م.) سوگند دادن: «مراسم تحلیف بعمل آمد.» ج. تحلیفات.

تحلیفات tahlīf-āt [ع.] (مص.، إ.) ج. تحلیف (ه.م.)

۱- تحلیل tahlīl [ع.] ۱ - (مص م.) ازهم گشادن (چیزی را)، تجزیه کردن. ۲ - فانی کردن (چیزی را) بگداختن، محو کردن. ۳ - حل کردن غذا (درمعده)، هضم کردن. ۴ - (شرع.) تمام کردن نماز وسلام دادن در آخر آن. ۵ - (إمص.) تجزیه، حل. ج. تحلیلات. ‖ ~ قوه. (پز.) ضعف قوای جسمانی[۱]. ‖ ~ قیاس (فن). انالوطیقای اولی (ه. م.)، یکی از بخشهای علوم منطقی نزد قدما.

۲ - تحلیل tahlīl [ع.] ۱ - (مص م.) حلال کردن، روا شمردن، روا داشتن. ۲- (معما.) دویاچندبخش کردن لفظی را و از هربخش معنی علی حده گرفتن وبعضی را بحال خود گذاشتن. ۳ - (إمص.) روایی، حلیت. ج. تحلیلات.

تحلیلات tahlīl-āt [ع.] (مص.، إ.) ج. تحلیل (ه.م.)

تحلیل بردن t.-bordan [ع.-ف.] (مص م.) هضم کردن (غذا)، گواریدن.

تحلیل کردن t.-kardan [ع.-ف.] (مص م.) ۱ - ازهم گشادن (چیزی را)، تجزیه کردن. ۲ - فانی کردن (چیزی را) بگداختن، محوکردن.

تحلیه tahliya [= ع. تحلیة ← تحلیت] ۱ - (مص م.) زیور برنهادن، پیرایه بستن، آراستن. ۲ - (فل.) یکی ازمراتب قوهٔ عقل عملی، وآن آراسته شدن باوصاف ستوده و خصال پسندیده است.

۱- Dépérissement (فر.)

تحمل tahammol [ع.] ۱ - (مص ل.) برتافتن، تاب داشتن، تاویدن. ۲ - شکیب داشتن. ۳ - (إمص.) توانایی، طاقت. ۴ - شکیبایی. ۵ - فروتنی، خضوع. ۶ - قبول رنج و مشقت. ج. تحملات. ‖ با ~ بودن. با صبر وشکیبایی بودن، برد باری داشتن، باطاقت بودن.

تحملات tahammol-āt [ع.] (مص.، إ.) ج. تحمل (ه.م.)

تحمل پذیر t.-pazīr [ع.-ف. = تحمل پذیرنده] (صفا.) ۱ - آنکه تحمل کند. ۲ - شکیبا، صابر.

تحمل پذیری t.-pazīr-ī (حامص.) عمل و کیفیت تحمل پذیر (ه.م.)

تحمل داشتن t.-dāštan [ع.-ف.] (مص ل.) ۱ - طاقت داشتن، تاب و توانایی داشتن. ۲ - صبر داشتن، شکیبا بودن.

تحمل کردن t.-kardan [ع.-ف.] (مص ل.) ۱ - طاقت آوردن. ۲ - صبر کردن، شکیبا بودن. ۳ - قبول رنج ومشقت کردن، رنج کشیدن.

تحمل گداز t.-godāz [ع.-ف. = تحمل گدازنده] (صفا.) طاقت فرسا، بیشتر از توانایی.

تحمل ناپذیر t.-nā-pazīr [ع.-ف = تحمل ناپذیرنده] (صفا.) غیر قابل تحمل، غیر قابل صبر وشکیبایی.

تحمید tahmīd [ع.] ۱ - (مص م.) ستودن، ستایش کردن. ۲ - پسندیدن. ۳ - (إمص.) ستایش. ج. تحمیدات.

تحمیدات tahmīd-āt [ع.] (مص.، إ.) ج. تحمید (ه.م.)

تحمیر tahmīr [ع.] (مص م.) سرخ کردن.

تحمیق tahmīγ [ع.] (مص م.) بی‌خرد خواندن، نابخرد شمردن، نسبت حماقت بکسی دادن. ج. تحمیقات.

تحمیقات tahmīγ-āt [ع.] (مص.، إ.) ج. تحمیق (ه.م.)

تحمیق کردن t.-kardan [ع.-ف.] (مص م.) نابخرد شمردن، نسبت حماقت بکسی دادن.

تحمیل tahmīl [ع.] ۱ - (مص م.) بار کردن، بار نهادن، سربار کردن. ۲ - بعهدهٔ کسی گذاشتن، بگردن گذاشتن. ۳ - کسی را حامل پیغامی کردن. ۴ - (إ.) پیغام، رسالت: «گفت ترا می‌بایدرفتن وطوایف‌طبور را که بر قول تو استواری زیادت دارند واز کار تو ایمن باشندوباخودت بیگانه نداننداززبان من تحمیلات رسانیدن که...» (مرزبان نامه. چا. ۱۳۱۷ تهران. ۱۶۵) ج. تحمیلات. ضح. - باین معنی درلغت عربی نیامده.

تحمیلات tahmīl-āt [ع.] (مص.، إ.) ج. تحمیل (ه.م.)

تحمیل شدن t.-šodan [ع.-ف.] (مص ل.) سربار شدن.

تحمیل کردن t.-kardan [ع.-ف.] (مص م.) ۱ - بار کردن، بار نهادن. ۲ - بگردن گذاشتن. ۳ - کاری را بکسی فرمودن که فوق طاقت او باشد.

تحنن tahannon [ع.] ۱ - (مص ل.) مهربانی کردن. ۲ - آرزومند شدن. ۳ - (إمص.) آرزومندی. ج. تحننات.

تحننات tahannon-āt [ع.] (مص.، إ.) ج. تحنن (ه.م.)

تحنی tahannī [ع.] (مص ل.) ۱ - مهر ورزیدن. ۲ - خمیده شدن، کج گردیدن.

تحول tahavvol [ع.] ۱ - (مص ل.) گشتن، گردیدن. ۲ - دیگر گون شدن، تغییر یافتن. ۳ - ازجای شدن،

جابجا شدن . ۴ - پشتواره برداشتن ، بسته‌ای برپشت‌داشتن . ۵ -(إمص.) گردش. ۶ - تغیر. ج. تحولات.

تحولات tahavvol-āt [ع.](مص.، إ.) ج. تحول (ه.م.): « تحولات پیاپی جهان.»

تحویل tahvīl [ع.] ۱ - (مص م.) جابجا کردن. ۲ - تغییر دادن، تبدیل کردن. ۳ - برگردانیدن، گردانیدن . ۴ - واسپردن ، باز دادن . ۵ - حواله کردن. ۶ - (مص ل.) جابجاشدن ، در آمدن. ۷ - برگشتن. ۸ - بار بستن ، کوچ کردن، کوچیدن. ۹ -(نج.) انتقال یافتن خورشید ازبرج حوت ببرج حمل، یاسیاره‌ای ازبرجی ببرج دیگر . ۱۰- (إمص.) انتقال. ۱۱- تغییر، تبدیل . ۱۲- برگشت. ۱۳- (إ.) خراج، مالیات. ۱۴- محصول. ۱۵- پول نقد ، سرمایه . ج. تحویلات. ‖ ~ سال. تبدیل سال کهن بسال نو ، مخصوصاً تحویل سال شمسی پیشین بسال شمسی نو.

تحویلات tahvīl-āt [ع.] (مص.، إ.) ج. تحویل(ه.م.)

تحویل دادن t.-dādan [ع.-ف.] (مص م.) چیزی رابکسی سپردن، دادن.

تحویلدار t.-dār [ع.-ف. = تحویل دارنده](ص فا.) کسی که نقدینه یاجنسی را بوی سپرند و بعداز او بازگیرندیا بکسی حواله کنند .

تحویلداری t.-dār-ī [ع.- ف.] (حامص.) عمل وشغل تحویلدار (ه.م.)

تحویل شدن t.-šodan [ع.- ف.] (مص ل.) ۱ - سپرده شدن . ۲ - (نج.) واقع شدن خورشیددرمحاذات برج حمل.

تحویل کردن t.-kardan [ع.-ف.] (مص م.) ۱- سپردن، بازدادن. ۲ -حواله کردن. ۳ - کوچ کردن، جابجا شدن.

تحیات tahīyy-āt [ع.](مص.، إ.) ج. تحیت: درود گفتنها ، درودها ، آفرینها.

تحیت tahīyyat [ع. تحیة] ۱ - (مص م.)درود گفتن، آفرین گفتن، سلام گفتن. ۲ - (إ.) درود، آفرین، سلام. ج. تحیات.

تحیر tahayyor [ع.] ۱ - (مص ل.) سرگشته شدن ، خیره گردیدن ، خیره‌ماندن. ۲ - (إمص.) سرگردانی، سرگشتگی ، حیرت . ۳ - آشفتگی . ج. تحیرات.

تحیرات tahayyor-āt [ع.](مص.، إ.) ج. تحیر (ه.م.)

تحیر داشتن t.-dāštan [ف.-ع.] (مص ل.) حیرت داشتن، فرو ماندن: « در این حسن مقال تحیر دارم . » (فرتا.)

تحیز tahayyoz [ع.] ۱ - (مص ل.) جای گرفتن، جاگزین شدن، جادار شدن. ۲ - بکرانه شدن، بگوشه‌رفتن. ۳ - فراهم آمدن. ۴-(إمص.)جایگزینی. ج. تحیزات.

تحیزات tahayyoz-āt [ع.](مص.، إ.) ج. تحیز (ه.م.)

تخ tax (إ.) ثفل کنجد روغن کشیده.

تخ tox [= توخ] (إ.) ← دغدغان.

تخادع taxādo' [ع] ۱ - (مص م.) هم را فریفتن، یکدیگر را فریفتن . ۲ - (مص ل .) خود را فریب خورده وانمودن ، درصورتیکه نباشند . ج. تخادعات.

تخادعات taxādo'-āt [ع.](مص.، إ.) ج. تخادع (ه.م.)

تخاذل taxāzol [ع.] (مص م.) یکدیگر را فروگذاشتن. ج. تخاذلات.

تخاذلات taxāzol-āt [ع.](مص.، إ.) ج. تخاذل (ه.م.)

تخت شاهی

تخاره toxāra(-e) [= تخاری] (اِ.) اسبی که در آسیای مرکزی وتخارستان (طخارستان) پرورش یافته، اسب تخاری. ضح. ـ این کلمه که درویس ورامین ترجمهٔ گرجی آمده، درچاپهای فارسی منظومهٔ مذکور ونیزدر فرهنگها بصورت «تجاره» تحریف شده.

تخاریب taxārīb [ع .] (اِ.) ج. تخروب. ۱ ـ سوراخها. ۲ ـ خانه‌های زنبور، لانه‌های زنبور.

تخاصم taxāsom [ع.] ۱ ـ (مصم.) باهم جنگیدن، در هم افتادن ، پیکار کردن. ۲ ـ بهم خصمی کردن، باهم دشمنی کردن. ۳ ـ داوری جستن. ۴ ـ (اِمص.) دشمنی. ج. تخاصمات.

تخاصمات taxāsom-āt [ع.] ج. تخاصم (ه.م.)

تخاطب taxātob [ع.] ۱ ـ (مص ل.) با یکدیگر سخن درروی گفتن ، بیکدیگر خطاب کردن. ۲ ـ (اِمص.) خطاب. ج. تخاطبات.

تخاطبات taxātob-āt [ع.] (مص.، اِ.) ج. تخاطب (ه.م.)

تخاقوی ئیل taxāɣūy-īl [تر.] (اِمر.) (نج.) سال مرغ، دهمین سال از دورهٔ دوازده‌سالهٔ ترکان ← سیچقان ئیل.

تخالف taxālof [ع.] ۱ ـ (مص ل.) با همدیگر خلاف کردن. ۲ ـ (اِمص.) مخالفت، دگرگونی. ج. تخالفات.

تخالفات taxālof-āt [ع.] (مص.، اِ.) ج. تخالف (ه.م.)

تخبط taxabbot [ع.] ۱ ـ (مص م.) تباه کردن. ۲ ـ ناقص‌عقل کردن، دیوانه گردانیدن. ۳ ـ (مص ل.) بر گزاف وبیراه رفتن. ۴ ـ (اِمص.) تباهی خرد، ناقص عقلی. ج. تخبطات.

تخبطات taxabbot-āt [ع.] (مص.، اِ.) ج. تخبط (ه.م.)

تخبیر taxbīr [ع.] ۱ ـ (مص م.) خبردادن، آگاه کردن ، آگاهانیدن . ۲ ـ (اِمص.) آگاهی. ج. تخبیرات.

تخبیرات taxbīr-āt [ع.] (مص.، اِ.) ج. تخبیر (ه.م.)

تخت taxt [taxt .په] (اِ.) ۱ ـ کرسی ، نشیمنگاه چوبین یا آهنین چهار پایه . ۲ ـ منبر . ۳ ـ اریکهٔ سلطنت، کرسیی که شاه درروز بار وسلام روی آن نشیند. ۴ . شهر ومقر سلطنت. ۵ ـ هر جای مرتفعی اززمین که درروی آن نشینند و خوابند وتکیه کنند. ۶ ـ هرجای مسطح وبرابر و هموار . ۷ ـ (اِخ.) عرش خدا. ۸ ـ کف کفش، گیوه ومانند آن. ‖ ~ **آبنوس(آبنوسی).** ۱ ـ تختی که از چوب آبنوس ساخته باشند. ۲ ـ (کنـ.) شب. ‖ ~ **حاسب (حاسبان ، حساب ، محاسب ، محاسبان).** تخته‌ای که محاسبان ومنجمان خاک نرم بر آن ریزند وبامیل آهنین یاچوبین اعداد ونقوش طالع برآن نویسند وحساب کنند. ‖ ~ **حریر.** (کنـ.) گل. ‖ ~ **حساب.** ← تخت حاسب. ‖ ~ **سینه.** (عم.) وسط سینه. ‖ ~ **عاج.** ۱ ـ تختی که ازعاج (دندان پیل) ساخته‌شده باشد. ۲ ـ (کنـ.) روز. ۳ ـ (کنـ .) سرین ، شرمگاه . ‖ ~ **فیروزه.** ۱ ـ تختی که فیروزه رنگ باشد . ۲ ـ تخت مرصع به‌فیروزه. ۳ ـ (اِخ .) تخت کیخسرو. ۴ ـ (کنـ.) آسمان. ‖ ~ **میل.** ← تخت حاسب. ‖ **بر ~ برآمدن.** بربالای منبر رفتن. ‖ **بر ~ نشستن.** جلوس کردن پادشاه براریکهٔ سلطنت. ‖ ~ **خوابیدن.** (عم.) راحت و آسوده خوابیدن.

تخت اردشیر t.-e-ardašīr (إمر.) نوایی است در موسیقی.

تخت بند t.-band (ص‌مر.) محبوس، در بند افتاده.

تخت پوش t.-pūš [= تخت پوشنده] (ص‌فا.، إمر.) پوششی از پارچه که بر روی تخت اندازند.

تخت خانه t.-xāna(-e) (إمر.) مقر سلطنت، پایتخت.

تخت خواب، تختخواب t.-(e)-xāb (إمر.) تخت چوبی یا فلزی که روی آن میخوابند. ‖ ~ آهنی. تختخوابی که از آهن ساخته شده.

تخت دار t.-dār [= تخت دارنده] (ص‌فا.) ۱ - صاحب تخت، پادشاه. ۲ - کسی که شغل او نگاهداری تخت روان باشد. ۳ - (إ.) جامهٔ خواب که بالای تخت گسترند. ۴ - جامهٔ سفید و سیاه.

تخت روان t.-(e)-ravān (إمر.) ۱ - تختی که بزرگان بر آن نشینند و غلامان آنرا حمل کنند؛ تخت رونده. ۲ -

تخت روان

(کنـ.) اسب روندهٔ خوش‌راه. ۳ - (إ.) (کنـ.) آسمان. ۴ - (إخ) تخت سلیمان نبی. ۵ - (إخ.) چهار ستارهٔ نعش از بنات النعش.

تخت رونده t.-e-ravanda(-e) (إمر.) تخت روان (همع.)

تخت زدن t.-zadan (مص‌ل.) تخت نهادن، تخت گستردن.

تخت ستان t.-setān [= تخت ستاننده] (ص‌فا.) ۱ - گیرندهٔ تخت. ۲ - جهانگیر.

تخت شدن t.-šodan (مص‌ل.) (عم.) دراز کشیدن. ‖ ~ دماغ. چاق شدن دماغ از نشأه.

تخت طاقدیس t.-e-tāγ-dīs ۱ - (إخ.) ← بخش ۳. ۲ - (إمر.) (مس.) گوشه‌ای در دستگاه سه‌گاه (ه‌.م.)؛ تخت طاقدیسی. ۳ - (إخ.) یکی از سی لحن باربدی.

تخت طاقدیسی t.-e-tāγ-dīs-ī ۱ - (إخ.) تخت طاقدیس (← بخش ۳). ۲ - (إمر.) (مس.) ← تخت طاقدیس.

تخت کاوس t.-(e)-kāvūs (إمر.) (مس.) ← تخت طاقدیس.

تخت کردن t.-kardan (مص‌م.) (عم.) هموار و مسطح کردن.

تختگاه t.-gāh [= تختگه] (إمر.) ۱ - محل تخت. ۲ - محل جلوس شاه. ۳ - پایتخت، مقر پادشاه.

تخت گشتن t.-gaštan (مص‌ل.) (عم.) (کنـ.) تخت شدن (ه‌.م.) ‖ ~ تریاك. (کنـ.) پر نشأه شدن تریاك.

تخت گیر t.-gīr [= تخت گیرنده] (ص‌فا.) ۱ - تخت گیرنده. ۲ - شاه توانا، کشورگشای.

تخت نرد t.-(e)-nard (إمر.) تخته نرد.

تخت نشان t.-nešān [= تخت نشاننده] (ص‌فا.) بر تخت نشانندهٔ پادشاه، امیرنشان، بخشندهٔ تخت.

تخت نشین t.-nešīn [= تخت نشیننده] (ص‌فا.) پادشاهی که دارای تخت و تاج باشد. ‖ تخت نشینان خاك. ۱ - ساکنان زمین. ۲ - پادشاهان. ۳ - (کنـ.) ارواح. ۴ - (تص.) (کنـ.) اهل سلوك.

تختخواب

تخته. taxta(-e) [← تخت] (اِ.) **۱** - قطعه چوب پهن و مسطح . **۲** - هرچیز مسطح و صاف و پهن . **۳** - خوابگاه و بستر کوچك . **۴** - لوح . **۵** - صفحه. **۶** - ورق کاغذ . **۷** - آلت بازی نرد. **۸** - صفحه‌ای که بدن مرده را روی آن غسل داده کفن کنند . **۹** - جنازه. **۱۰**- تابوت، عماری. **۱۱**- واحدی که درمورد قالی‌وفرش و پتواستعمال شود: سه‌تخته‌قالی . ‖ ــــِ **آسیا.** چوب پهنی که‌گاوآهن را جهت شیار کردن زمین بدان نصب‌کنند. ‖ ــــِ **استرش.** ← تختهٔ آسیا . ‖ ــــِ **اول** . **۱** - تختهٔ اطفال که در آن الفبا نویسند . **۲** - لوح‌محفوظ. ‖ ــــِ **خط‌کش** . خط‌کش، مسطر. ‖ ــــِ **خط‌کش درفش.** تخته‌ای است بشکل مکعب مستطیل که‌هنگام سوراخ کردن تخت کرباسی گیوه، جهت مهار کردن آن بکار رود. ‖ ــــِ **تابوت.** تخته‌ای که مرده را بر آن حمل کنند؛ تابوت . ‖ ــــِ **تعلیم** . لوحی که کودکان بر آن مشق کنند . ‖ ــــِ **جامه.** **۱** - قیدی که‌بدان پارچه رافشار داده هموار کنند ، نوعی اتو. **۲** - آلت شکنجه‌ای که بشکل اسب ساخته‌باشند. ‖ ــــِ **جوهری** . **۱** - رنگ سرخ و کبود. **۲**- هرچیز رنگارنگ. ‖ ــــِ **حمام.** تخته سنگی که در حمام برای نمازگذارند . ‖ ــــِ **خاك** . ← تخت حاسب. ‖ ــــِ **حاسب(حساب، محاسب)** ← تخت‌حاسب. ‖ ــــِ **در.** قطعه‌چوب پهن و مسطح که در میان لنگهٔ درقراردهند. ‖ ــــِ **رقوم** . ← تخت حاسب . ‖ ــــِ **روز.** لوح‌روز (اضافهٔ تشبیهی). ‖ ــــِ **زرنیخ.** زغال افروخته، انگشت. ‖ ــــِ **سالخورد** . (کن.) حکایت گذشته. ‖ ــــِ **سیاه** . تختهٔ‌مربع‌شکل مسطحی که‌روی آنرا برنگ‌سیاه‌درآورند و شاگردان مدرسه بوسیلهٔ گچ بر آن نویسند. ‖ ــــِ **شطرنج** . صفحه‌ای که برروی آن شطرنج بازی کنند. ‖ ــــِ **قماش** . آنچه‌که از دوتختهٔ چوب‌سازند ودرآن قماشهارانگاهدارندوبازبطناب محکم بندند . ‖ ــــِ **قیمه.** تختهٔ چوبی که‌گوشت را برآن ببرند و قیمه کنند . ‖ ــــِ **کشتی.** سطح کشتی . ‖ ــــِ **کفاشی** ← تختهٔ کفشگر . ‖ ــــِ **کفشگر.** کنده‌ای که کفشگر برروی آن چرم را میبرد و میکوبد. ‖ ــــِ **محاسبان** . **۱** - تخت حاسب (ه.م.) **۲** - (کن.) زمین . ‖ ــــِ **مشق** . **۱** - لوحی که‌کودکان برآن مشق کنند. **۲** - هرچیز که بسیار استعمال شود . ‖ ــــِ **مینا.** (کن.) آسمان . ‖ ــــِ **یخ** . پارچهٔ یخ که از کمال برودت هوا در حوضها و رودها می‌بندد و بغایت شفاف میباشد. ‖ ــــ **برداشتن ازدکان.** بازکردن‌دکان. ‖ ــــ **برسرکسی زدن.** (کن.) اورارسواکردن. ‖ ــــ **برسرکسی شکستن.** (کن.) او را رسوا کردن.

تخته

تخته tox-ta(-e) [= توخته] (امف.) ← توخته.

تخته آموختن taxta(-e)-āmūx-tan (مص‌م.)(کن.)تعلیم گرفتن.

تخته بازی t.-bāzī (حامص.) بازی باتخته نرد← نرد.

تخته بر t.-bor [= تخته برنده] (ص‌فا.) آنکه‌چوب را تراشد و بشکل قطعات تخته درآورد.

تخته بر تخته t.-bar-taxta(-e) (قمر.) صفحه بصفحه، ورق برروی‌هم، تخته تخته، پاره‌پاره.

تخته بر دوختن t.-bar-dūxtan (مص‌م.) (کن.) ترك کردن.

تخته بری t.-bor-ī **۱** - (حامص.)

شغل و عمل تخته بر (ه.م.) ۲ ـ (إمر.) مکان تخته‌بر (ه.م.)

تخته بند t.-band ۱ ـ (إمر.) پارچه‌ای را گویند که چون کسی را دست بشکند یا از جا بدر رود تختها بر آن نصب کنند، و آن پارچه را بر آن تختها و دست‌شکسته پیچند. ۲ ـ نوعی از شکنجه که دست و پای کسی را با تخته‌ها بندند تا اوحرکت نتواند کرد. ۳ ـ دو تخته‌ای که کسی رادر میان آن نهند و اره بر سرش کشند، تا نتواند جنبد وآنگاه دو پاره‌اش کنند. ۴ ـ (ص‌مر.) چیزی که با تخته و نوار بسته شده. ۵ ـ محبوس، دربند افتاده، گرفتار. ‖ ~ بودن. اسیر و گرفتار و در بند بودن. ‖ ~ بودن دکان. بسته بودن دکان، تعطیل بودن آن.

تخته‌بند شدن t.-b.-šodan (مص ل.) ~ دکان. بسته شدن آن.

تخته‌بند کردن t.-b.-kardan (مص ل.) ~ دکان. بستن دکان.

تخته بید t.-bīd (إمر.) (جاذ.) ساس (ه.م.)

تخته پل t.-pol (إمر.) پلی که از تخته‌ها بر خندق قلعه سازند تا بقلعه آمد ورفت شود.

تخته پوست t.-pūst (إمر.) قطعه پوستی است که درویشان از یک روی آن درزمستان وازروی دیگرش درتابستان بجای فرش استفاده کنند.

تخته پوست انداز t.-andāz (ص فا.) ۱ ـ (کذ.) کسی که ناخوانده بجایی رود. ۲ ـ (کذ.) کسی که بدون دعوت در جایی رحل اقامت افکند وایجادمزاحمت کند. ۳ ـ (کذ.) مزاحم، مخل آسایش دیگران.

تخته‌تخته taxta(-e)-taxta(-e) (إمر.، ق‌مر.) قطعه قطعه، پارچه‌پارچه.

تخته در دوختن t.-dar-dūxtan (مص ل.) ← تخته بردوختن.

تخته رند t.-rand [= تخته‌رندنده] (ص‌فا.، إمر.) (خاتـ.) دستگاهی است از چوب بطول تقریباً ۵۰ وعرض ۸ و قطر ۱/۵ سانتیمتر که چوب دیگری موسوم به‌تنگ برروی‌آن کوبیده شده است ودرآن‌شیاری طولی تعبیه‌میکنند که قاعدهٔ آن بشکل‌مثلث است‌وباشیار تنگ بیک‌اندازه ونسبت‌میباشد. هرچه این شیار نازکتر باشد خاتم ریزتر وظریفتر وگرانبهاتری بدست‌میآید.

تخته زدن t.-zadan (مص‌م.) پنبه زدن، حلاجی کردن پنبه. ضح.ـ بعضی این ترکیب را محرف « پخته زدن » دانند. ‖ ~ دکان. بستن‌دکان، تعطیل کردن آن.

تخته ساب t.-sāb [= تخته‌سای] (ص‌فا.، إمر.) نوعی‌سوهان‌که بدان‌تخته را می‌سایند. ‖ ~ نرم. (خاتـ.) یکی از انواع سوهانهای مورد استعمال خاتمسازان که عاج آن ریز است.

تخته شدن t.-šodan (مص‌ل.) ~ دکان. بسته‌شدن‌دکان، تعطیل‌شدن‌آن. ‖ ~ یاقوت. مسطح و هموار شدن یاقوت.

تخته شستی t.-šastī (إمر.) (نقـ.) تخته‌ای ازچوب که روی آن رنگ را باهم مخلوط کنند.

تخته‌شلنگ‌زدن t.-šelang-zadan (مص ل.) (ور.) نوعی ورزش بدین طریق که‌تخته‌ای‌را بدیوارمیگذارند واز جا برمیجهند و یک پا را بزور بر آن تخته میزنند.

تخته قاپو t.-γāpū [ف.ـ تر. = تخته‌قاپی] (إمر.) ایل‌راخانه‌نشین‌وساکن

تخته‌قاپوشدن

ده وشهر کردن، اسکان عشایر وایلها.

تخته قاپو شدن t.-šodan [ف. - تر.] (مص‌ل.) خانه نشین و ساکن ده وشهر شدن عشایر وایلها.

تخته قاپوکردن t.-kardan [ف.- تر.] (مص‌م.) خانه نشین و ساکن ده وشهر کردن عشایر وایلها.

تخته‌قاپی t.-γāpī [= تخته‌قاپو] ← تخته قاپو.

تخته‌کردن t.-kardan ۱ - (مص م.) پهن کردن. ۲ - (عم.) بساط خودرا برچیدن. ۳ - (مص‌ل.) ساکت ماندن. ‖ ~ دکان. ۱ - بندکردن دکان، بستن آن، تعطیل کردن آن. ۲ - (کن.) جمع کردن بساط خود.

تخته‌کشیده t.-ka(e)šīda(-e) (ص مف.) گسترده شده از تخته.

تخته‌کلاه t.-kolāh (إمر.) ۱ - کلاه چوبی بسیار گشاد و بلندی که بشکلی مضحك برسرمحکوم میگذاردند بطوری که وی قادر بحفظ تعادل خود نبوده وروی پامیلغزیده، ومردم درپی او راه افتاده، هیاهو میکردند و کف میزدند. ۲ - نوعی تنبیه و کیفر که‌در مورد کسبه‌ای که در مقیاسها تقلب میکردند معمول بوده بدین طریق که گردن محکوم را از یك صفحهٔ چوبی بزرگ که‌شبیه‌خاموت‌است‌میگذرانیدند. این تخته روی شانه های متهم قرار میگرفت‌ودرجلوآن زنگوله‌ای‌آویزان بود، ودرروی سراو کلاهی بلندازجنسی کم بها میگذاشتند و درمحلهٔ خودوی میگردانیدند ومردم بی سروپا با بانگ وفریاد اورا مورد ملامت وشماتت‌قرار میدادند.

تخته گردن t.-gardan (ص‌مر.) ۱- مرکب سخت که عنان را برنتابد. ۲- دارای گردن پهن‌وکلفت و راست.

تخته نرد t.-nard (إمر.) آلت مخصوص بازی نرد، وآن شامل‌دوقطعهٔ مستطیل شکل است‌که بوسیلهٔ لولا بهم متصل شده‌اند. دوسر هر قطعه‌به۶خانه تقسیم گردیده ومهره‌های بازی‌بترتیبی خاص‌دراین‌خانه‌هاقرارمیگیرند← نرد.

تختی taxt-ī (ص‌نسبـ.) ۱ - منسوب به‌تخت (لوحی‌که کودکان بروی آن علم وعمل‌خط می‌آموزند). ۲ - مهر، خاتم سنگی. ۳ - صدر، سینه.

تخجم taxaǰǰom (ص.) ۱ - نامبارك، نافرخنده. ۲- حریص.خداوند شره. ضح.- انجمن‌آرا وآنندراج این کلمه را محرف «تحجم» عربی دانسته بمعنی دوم گرفته‌اند، ولی تحجم‌و تخجم و مشتقات دیگر در عربی بدین معانی نیامده‌وشواهدمعنی اول راتأییدمیکند.

تخجیل taxǰīl [ع.] ۱- (مص‌م.) شرمنده کردن. ۲ - (مص‌ل.) شرمگین‌بودن.

تخدر taxaddor [ع.] ۱ - (مص ل.) کرخ شدن، خفتن، سست شدن. ۲ - پردگی شدن، بپرده نشستن، پنهان گردیدن. ۳ - (إمص.) سستی، کرخی. ۴ - اختفا.

تخدیر taxdīr [ع.] ۱ - (مص م.) کرخ کردن، کرخت‌گردانیدن، سست گردانیدن. ۲ - پردگی کردن، درپرده کردن، پنهان‌کردن. ۳ -بی‌حس کردن. ج. تخدیرات.

تخدیرات taxdīr-āt [ع.] (إ.) ج. تخدیر (ه.م.)

تخدیر کردن t.-kardan [ع.-ف.] (مص‌م.) بی‌حس کردن، سست کردن اندام وجز آن.

تخدیش taxdīš [ع.] ۱ - (مص‌م.) خدشه‌دار ساختن، خراب‌کردن. ۲ - (إ.) خدشه. ج. تخدیشات.

۱۰۴۹ تخصیص‌داشتن

تخدیشات taxdīṣ-āt [ع.] (مص.، اِ) ج. تخدیش (ه.م.)

تخروب toxrūb [ع.] (اِ.) (عم.) ج. تخاریب (ه.م.)

تخریب taxrīb [ع.] ۱ - (مص‌م.) ویران‌کردن، خراب‌کردن، برهم‌زدن: «تخریب‌بنا». ۲- (اِمص.) برهمزنی. ج. تخریبات.

تخریبات taxrīb-āt [ع.] (مص.، اِ.) ج. تخریب (ه.م.)

تخریج taxrīǰ [ع.] ۱ - (مص م.) آموختن، استادکردن. ۲ - ادب‌دادن برنیکی. ۳ - بیرون آوردن. ۴ - (اِ) مخرج، سوراخ، دهانه، گذرگاه. ۵ - نوعی‌ایوان، بالاخانه، شاه‌نشین. ج. تخریجات.

تخریجات taxrīǰ-āt [ع.] (مص.،اِ.) ج. تخریج (ه.م.)

تخریق taxrīɣ [ع.] ۱ - (مص‌م.) پاره‌کردن، درانیدن. ۲ - (مص ل.) بسیار دروغ‌گفتن. ۳ - حیله کردن، گول زدن. ۴ - (اِ.) نیرنگ، حیله. ج. تخریقات.

تخریقات taxrīɣ-āt [ع.] (مص.،اِ.) ج. تخریق (ه.م.)

تخس taxs, taxas [= تاس = تاسه] (اِ.) تافتن دل از غم، اندوهمندی.

تخسیر taxsīr [ع.] ۱ - (مص ل.) هلاك کردن، نابود گردانیدن. ۲ - (اِمص.) کمی. ج. تخسیرات.

تخسیرات taxsīr-āt [ع.] (مص.، اِ.) ج. تخسیر (ه.م.)

۱-تخش taxš [قس. یو. tóxon] (اِ.) ۱ - تیر، سهم. ۲ - کمان، قوس. ۳ - نوعی از کمان، چرخ. ۴ - تیر آتشبازی.

۲-تخش taxš [← تخشیدن] (اِ.) صدر مجلس، بالای مجلس.

تخشا toxšā [په. tuxšāk ← تخشیدن] (ص‌فا.) سعی‌کننده، کوشا.

تخشایی toxšā-yī [← تخشیدن] (حامص.) ۱ - کوشیدن، سعی. ‖ ادارهٔ ~ . ادارهٔ تسلیحات (نظام).

تخشع taxaššo' [ع.] ۱ - (مص‌ل.) فروتنی کردن، فروتنی ورزیدن، افتادگی‌کردن. ۲ - تضرع‌کردن. ۳ - (اِمص.) فروتنی، تواضع. ۴ - تضرع. ج. تخشعات.

تخشعات taxaššo'-āt [ع.] (مص.، اِ.) ج. تخشع (ه.م.)

تخشیدن taxš-īdan [← تخش] (مص‌ل.) (صر. ← بخشیدن) بالانشستن، درصدر نشستن.

تخشیدن toxš-īdan [= په. tuxšītan] (مص ل.) (صر. ← بخشیدن) کوشیدن، سعی‌کردن.

تخصص taxassos [ع.] ۱ - (مص ل.) خاص گردیدن، بامری مخصوص شدن. ۲ - در کاری مهارت داشتن. ۳ - (اِمص.) اختصاص، ویژگی. ۴ - مهارت. ج. تخصصات.

تخصصات taxassos-āt [ع.] (مص.،اِ.) ج. تخصص (ه.م.)

تخصیص taxsīs [ع.] ۱ - (مص‌م.) ویژه گردانیدن، ویژه کردن، خاص کردن؛ مق. تعمیم. ۲ - اختصاص، ویژگی. ج. تخصیصات.

تخصیصات taxsīs-āt [ع.] (مص.، اِ.) ج. تخصیص (ه.م.)

تخصیص دادن t.-dādan [ع.-ف.] (مص‌م.) خاص‌کردن، ویژه‌گردانیدن: «منافع‌تجارت‌وفلاحت را بخودتخصیص داد.» (فرتا.)

تخصیص داشتن t.-dāštan [ع.-ف.] (مص‌ل.) ویژه بودن، خصوصیت

تخضیب

داشتن،مخصوص بودن؛ «این امر بشما تخصیص دارد.» (فرتا.)

تخضیب taxzīb [ع.] (مص‌م.) رنگ کردن، خضاب کردن.

تخطئه taxtea(-a) [=ع تخطئة] (مص م.) خطا کار خواندن ، نادرست شمردن ،خطا بر کسی گرفتن.

تخطئه کردن t.-kardan [ع. - ف.] (مص‌م.) خطاکار خواندن، نسبت خطا دادن کسیرا.

تخطی taxattī [ع.] ۱ - (مص ل.) درگذشتن، گذشتن، آنسو شدن ، تجاوز کردن، گذشتن ازحد خود. ۲ - گام زدن ۳ - (امص.) تجاوز ازحد. ج. تخطیات.

تخطیات taxattiy-āt [ع.] (مص.، ا.) ج. تخطی (ه.م.)

تخطی کردن t.-kardan [ع.-ف.] (مص‌ل.) گذشتن ، درگذشتن ، تجاوز کردن؛ «تخطی ازاوامرمکن.» (فرتا.)

تخطیط taxtīt [ع.] (مص م.) ۱ - راه‌راه بافتن. ۲ - خط‌دار کردن‌چیزی را. ج. تخطیطات.

تخطیطات taxtīt-āt [ع.] (مص.،ا.) ج. تخطیط (ه.م.)

تخفی taxaffī [ع.] ۱ - (مص‌ل.) نهان گردیدن، پوشیده گردیدن. ۲ - (امص.) پوشیدگی.

تخفیف taxfīf [ع.] (مص م.) ۱ - سبك کردن ، سبکبار ساختن . ۲ - کاستن. ۳ - کم‌کردن قیمت چیزی‌را. ۴ - تسکین دادن، آرام دادن . ۵ - سبکی کردن. ۶ - (زبا ن.، دس.) حذف بعض حروف‌یك کلمه برای کوتاه کردن آن (← مخفف). ۷ - (امص .) کاهش. ۸ - کاهش‌قیمت. ۹ - آرامش، تسکین. ج. تخفیفات.

تخفیفات taxfīf-āt [ع.] ج. تخفیف (ه.م.)

تخفیف دادن t.-dādan [ع.-ف.] (مص‌م.) ۱ - سبك کردن ، سبکبار ساختن. ۲ - کاستن. ۳ - کم کردن قیمت چیزی را. ۴ - تسکین دادن ، آرام دادن.

تخفیف‌کردن t.-kardan [ع.-ف.] (مص م.) ۱ - سبك کردن ، سبکبار ساختن. ۲ - کاستن .

تخفیفه taxfīfa(-e) [=ع.تخفیفة] (ا.) دستار کوچکی که هنگام خواب و خلوت بسر پیچندو آن ازعمامه‌سبکتر میباشد.

تخ‌کردن tex-kardan (مص م.) (عم. بزبان کودکان) از دهان بیرون انداختن.

تخلج taxalloǰ [ع.] ۱ - (مص‌ل.) جنبیدن، لرزیدن. ۲ - (امص.)جنبش، لرزش. ج. تخلجات.

تخلجات taxalloǰ-āt [ع.] (مص.، ا.) ج. تخلج (ه.م.)

تخلخل taxalxol [ع.] (مص ل.) ۱ - پای اورنجن بستن، خلخال بپای کردن. ۲ - (فل.) ازدیاد حجم جنس بدون‌آنکه جسمی‌دیگر بآن‌ضمیمه‌شود. ۳ - پیوسته نبودن اجزای جسمی(← متخلخل). ج. تخلخلات.

تخلخلات taxalxol-āt [ع.] (مص. ا.) ج. تخلخل (ه.م.)

تخلس taxallos [ع.] ۱ - (مص‌م.) ربودن. ۲ - (امص .) ربایش. ج. تخلسات.

تخلسات taxallos-āt [ع.] (مص. ا.) ج. تخلس (ه.م.)

تخلص taxallos [ع.] ۱ - (مص‌ل.) رهایی جستن،رستن، رستگاری‌جستن.

۲ ـ گریز زدن بمدح ممدوح (درشعر). ۳ ـ (إمص.) رهایی، رهایش. ۴ ـ گریز بمدح ممدوح. ۵ ـ (إ.) نام شعری هرشاعر، مانند: رودکی، خاقانی، معزی. ۶ ـ هربیتی که شاعر نام شعری (↑) خود را در آن آورد. ج. تخلصات. ‖ حسن ← حسن.

تخلصات taxallos-āt [ع.] ج. تخلص (ه.م.)

تخلص کردن t.-kardan [ع.-ف.] (مصم.) (شعر.) ۱ ـ ذکر کردن شاعر تخلص خود را در شعر. ۲ ـ آوردن نام ممدوح در شعر.

۱ـ تخلف taxallof [ع.] (مصل.) سپس ماندن، واپس کشیدن، بازماندن، دنبال افتادن.

۲ـ تخلف taxallof [ع.] ۱ ـ (مصم.) خلاف جستن. ۲ ـ (إمص.) سرپیچی، روگردانی. ج. تخلفات.

تخلفات taxallof-āt [ع.] (مص.، إ.) ج. تخلف (ه.م.)

تخلف افتادن t.-oftādan [ع.-ف.] (مصل.) خلاف واقع شدن.

تخلف کردن t.-kardan [ع.-ف.] (مصم.) ۱ ـ سرپیچی کردن، خلاف جستن. ۲ ـ خلف عهد کردن. ‖ ــــ از وعده. خلاف وعده کردن.

تخلف ورزیدن t.-varzīdan [ع.-ف.] ۱ ـ (مصل.) تخلف کردن. ۲ ـ خلف کردن. ‖ ــــ از وعده. خلاف وعده کردن.

تخلق taxalloγ [ع.] ۱ ـ (مصل.) خوی ورزیدن، خوی گرفتن، عادت کردن. ۲ ـ خوشخو شدن، خلق نیك یافتن. ۳ ـ (إمص.) خوی ورزی. ج. تخلقات.

تخلقات taxalloγ-āt [ع.] (إ.) ج. تخلق (ه.م.)

۱ـ تخلل taxallol [ع.] (مصل.) درمیان رفتن، در میان قوم شدن.

۲ـ تخلل taxallol [ع.] (مصم.) خلال کردن دندان.

تخلی taxallī [ع.] ۱ ـ (مصل.) خالی شدن، فارغ شدن، تهی شدن. ۲ ـ آب تاختن، قضای حاجت کردن. ۳ ـ تنها نشستن. ۴ ـ (تص.) اعراض کردن از شغلهایی که بنده را از خداوند دور دارد مانند حب دنیا، متابعت هوا، صحبت خلق وغیره. ۵ ـ (إمص.) قضای حاجت. ۶ ـ تنهایی. ج. تخلیات.

تخلیات taxalliy-āt [ع.] (مص.، إ.) ج. تخلی (ه.م.)

تخلید taxlīd [ع.] ۱ ـ (مصم.) جاودانه کردن، پاینده ساختن. ۲ ـ (مصل.) مقیم گردیدن درجایی. ۳ ـ (إمص.) جاودانگی. ج. تخلیدات.

تخلیدات taxlīd-āt [ع.] (مص.، إ.) ج. تخلید (ه.م.)

۱ـ تخلیص taxlīs [ع.] (مصم.) رهانیدن، رهایی دادن، خلاص کردن. ج. تخلیصات.

۲ـ تخلیص taxlīs [ع.] (مصم.) ویژه کردن، ویژه گردانیدن، پاك کردن، خالص کردن. ج. تخلیصات.

۳ـ تخلیص taxlīs [ع.] ۱ ـ (مصم.) خلاصه کردن، خلاصه گرفتن. ج. تخلیصات.

تخلیصات taxlīs-āt [ع.] (مص.، إ.) ج. تخلیص (۱ و ۲ و ۳).

تخلیط taxlīt [ع.] ۱ ـ (مص م.) دروغ آمیختن. ۲ ـ دوبهم زدن، میانه بهم زدن. ۳ـ آمیختن چیزی را و فساد افکندن در آن، کار آشفتن. ۴ـ آمیختن باطل در کلام. ۵ـ (إمص.) دروغ آمیزی. ۶ ـ اغتشاش، درهم برهمی. ج. تخلیطات.

۱۰۵۲ تخلیطات

تخلیطات taxlīt-āt [ع.] (مص.، ا.) ج. تخلیط (ه.م.)

تخلیط جو(ی) t.-ǰū(y) [ع.-ف. = تخلیط جوینده](ص فا.) دروغ آمیز ، اشتباه کار.

تخلیط کردن t.-kardan [ع.-ف.] (مص م.) ۱ - دروغ آمیختن. ۲ - دو بهم زدن، میانه‌بهم زدن. ۳ - آمیختن چیزی را وفساد افکندن در آن ، کار آشفتن. ۴ - آمیختن باطل در کلام .

تخلیع taxlī' [ع .] (مص م.) ۱ - تفکیك کردن (غم.) ۲ - دست‌بریدن، (عر.) یکی از ازاحیف عروض عرب : «چون خبن وقطع درمستفعلن جمع‌شود «متفعل» بماند «فعولن» بجای آن‌بنهند واین زحاف‌را تخلیع خوانند و فعولن چون از مستفعلن خیزد آنرا مخلع خوانند یعنی دست بریده .» (المعجم شمس‌قیس.چا.دانشگاه:۴۶)ج. تخلیعات.

تخلیعات taxlī'-āt [ع.] (مص.، ا.) ج. تخلیع (ه.م.)

۱ - تخلیف taxlīf [ع.] ۱ - (مص م.) جانشین کردن،خلیفه کردن. ۲ - (إمص .) تعیین خلیفه و جانشین. ج. تخلیفات .

۲-تخلیف taxlīf [ع.] ۱ - (مص م.) سپس انداختن کسی‌را،واپس‌هشتن، بازپس گذاشتن. ۲ - (إمص.) بازپس گذاری. ج. تخلیفات.

تخلیفات taxlīf-āt [ع.] (مص.، ا.) ج. تخلیف(۱ و۲).

تخلیق taxlīγ [ع.](مص‌م.) مالیدن بوی خوش وزعفران، خوشبوی ساختن.

تخلیل taxlīl [ع.] (مص م.) ۱ - خلال کردن دندان را. ۲ - انگشتان درمیان یکدیگر برآوردن بوقت وضو تاآب‌درآن‌رسد. ‖ ~ لحیه. (شرع.) از مستحبات وضو، و آن انگشتان در میان محاسن کردن‌است برای‌رسانیدن آب :

«ناخنان پرزچربی بن مو
بسکه تخلیل لحیه‌گاه وضو.»
(دهخدا)

ج. تخلیلات.

تخلیلات taxlīl-āt [ع.] (مص ، ا.) ج.تخلیل (ه.م.)

تخلیه taxliya(-e) [ع.تخلیة =] (مص‌م.) ۱ - تهی‌کردن،خالی‌کردن. ۲- رها کردن ، یله‌کردن،واگذاشتن. ۳ - (نظ.) خالی کردن قوای نظامی ناحیه یاشهری را. ۴ - (ص.) (عم.) خالی ، تهی . ۵ - (فل.، تص.) تهذیب باطن از اخلاق ناپسند،اعراض ازآنچه انسان‌را از خدا بازمیدارد. ‖ ~ ٔشکم. کار کردن شکم وخالی‌شدن آن . ‖ ~ ٔ هوا. خالی کردن محیطی را از هوا . ‖ تلمبهٔ ~ ٔهوا. (فز.) وسیله‌ای که در آزمایشگاهها‌ودر صنعت‌برای‌خالی کردن هوای دستگاهی یا محفظه‌ای بکاررود. ‖ ~ ٔید. دست‌متصرف‌راازملك یاخانه کوتاه کردن، خلع‌ید.

تخلیه‌شدن t.-šodan [ع.-ف.](مص ل.) خالی‌شدن، تهی گردیدن.

تخلیه کردن t.-kardan [ع.-ف.] مص‌م.) ۱ - خالی کردن، واگذاشتن: «خانه را تخلیه کرد.» ۲ -(نظ.)خالی وترك کردن‌قوای‌نظامی‌ناحیه‌یاشهری‌را.

تخم taxm (ا.)(عم.)مهمل‌اخم(ه.م.)؛ اخم وتخم.

تخم toxm [په. tōhm,tōxm](ا.) (إ.) ۱ - اصل هرچیز. ۲ -نطفه ،منی، آب‌پشت. ۳ - بیضهٔ‌ماکیان وغیر آن ، تخم مرغ (ه.م.) ۴ - اصل، نسب،نژاد. ۵ - دانه یابذر (غله، انواع گیاهان)؛

«هر آنکه تخم بدی کشت وچشم نیکی داشت
دماغ بیهده پخت وخیال باطل بست.»
(گلستان ۲۹)
۶ - (گیا.) تاقوت (هـ.م.) ۷ - (جا ن.) غدهٔ جنسی کلیهٔ جانوران (اعم از نر یا ماده). ۸ - (جا ن.) تخمك کلیهٔ جانوران ← تخمك. ۹ - (پز.) تخمه (هـ. م.)

ترکیبات اسمی. ــــ **ماهی**. (جا ن.) ۱ - تخمك های درون شکم ماهی ماده که بمصرف تغذیه میرسد؛ اشبل[۱]. ۲ - خاویار، تخم نوعی ماهی (تاس‌ماهی) که دربحرخزر فراوانست ← ماهی‌خاویار. ‖ ــــ **مرغ**. (جا ن.) تخم پرندگان، ← تخم‌مرغ. ضح.- هر تخم‌مرغ از خارج با یك پوستهٔ سفید آهکی نسبةً سخت پوشیده شده وزیر آن نیز غشایی نازك موجود است. این غشاء در ته تخم مرغ جدار خارجی یك اطاقك هوایی را بوجود میآورد. درداخل این غشای نازك سفیده قرار دارد که‌از مواد پروتیدی ترکیب شده. در داخل و مرکز سفیده، زرده بصورت کره‌ای جای گرفته. درترکیب زرده علاوه‌برمواد پروتیدی، مقداری لسیتن ومقداری چربی‌ومواد ذخیره‌یی موجود است.

ترکیبات فعلی. ــــ **کسی را خوردن**. (عم.) ۱ - اکل بیضهٔ او. ۲ - (کن.) قدرت آزار واذیت کسی‌را داشتن. ‖ **نتوانستن** ــــ **کسی را خوردن**. (عم.) قدرت آزار واذیت‌اورا نداشتن. ‖ **روی** ــــ **نشستن**. روی تخم خوابیدن مرغ. ‖ ــــ **اش را ملخ خورده**. (عم.) نایاب است.

تخم toxam (اِ.) پارچه‌ای که‌نثارچینان برسر چوب بندند و بدان از هوا نثار بربایند.

تخمار toxmār (اِ.) تیری که بجای پیکان گرهی داشته باشد.

تخماق toxmāγ [تر.] (اِ.) افزار چوبی که بر سر میخ زنند تا میخ در زمین خوب فرورود واستوارباشد، قطعه چوب سنگین دسته دار که‌با آن کلوخ یاچیز دیگر کوبند.

تخم افشاندن toxm-afšāndan (مص م.) تخم کاشتن، زراعت کردن.

تخم افکندن t.-afkandan (مص م.) دانه ریختن برای زراعت، زراعت کردن.

تخم انداختن t.-andāxtan (مص م.) دانه ریختن بمنظورزراعت، زراعت کردن.

تخم‌بازی‌کردن t.-bāzī-kardan (مص ل.) بازی کردن باتخم ماکیان.

تخم بد t.-(e)-bad (ص مر.) بداصل، پست نژاد.

تخم برچیدن t.-bar-čīdan (مص م.) برداشتن تخم، جمع آوری کردن تخم و بذر.

تخم پاشیدن t.-pāšīdan (مص م.) تخم افشاندن، زراعت کردن.

تخمدان t.-dān (اِمر.) ۱ - زمینی‌را گویند که‌در آن شاخهای درختان فرو برده باشند یاچیزی کاشته‌باشند که‌بعد ازسبزشدن بجای‌دیگر نقل کنند. ۲ - (پز.) عضوی که‌تخمك جانوران وگیاهان در داخل آن نشو ونمامییابد[۲]. در انسان و دیگر پستانداران و اکثر حیوانات تخمدان بصورت یکزوج‌غدهٔ‌قرینه‌است. درانسان تخمدانهادر طرفین رحم‌جای دارند و بوسیلهٔ‌الیافی برحم متصلند؛ خصیةالنساء.

تخمك toxm-ak (اِمر.) (پز.) تخم ماده که در داخل نشو و نمایافته پس ازتکمیل‌ازمجرای‌تخمدان‌خارج‌وآماده

---

۱ – Frai de poisson (فر.)
۲- Ovaire (فر.)

برای لقاح میشود[۱].

تخمگذار t.-gozār [= تخم گذارنده](ص‌فا.، اِمر.)(جان.)جانوری که‌تولیدمثلش بوسیلهٔ تخم است[۲]. ← تخمگذاران ↓.

تخمگذاران t.-gozār-ān (ج. تخمگذار، اِمر.) (جان.) جانورانی که تولید مثلشان بوسیلهٔ تخم است[۲] مانند: ماهیان، نواعم، حشرات، خزندگان وذوحیاتین‌ها.

تخمگذاری t.-gozār-ī (حامص.) ۱- تخم گذاشتن، بیضه نهادن. ۲- (جان.) دوران تخم گذاشتن مرغان وپرندگان.

تخم مرغ t.-(e)-morγ (اِمر.) بیضهٔ مرغ، تخم‌ماکیان، خایه. ‖ ~ عسلی. تخم مرغی که‌درآب گرم نیم‌پز کنند.

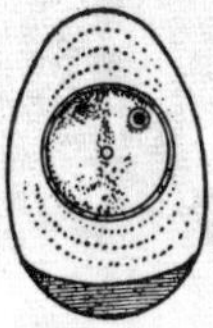

تخم‌مرغ (مقطع)

تخمه [toxmak .په] toxma(-e) (اِ) ۱- اصل، نسب، نژاد. ۲- (گیا.)(فر.) سلول مادهٔ گیاهی[۳]، یاختهٔ‌مادهٔ گیاهان. ۳- دانه های داخل خربزه، هندوانه وکدو که آنها رابوداده وآجیل‌سازند وپوست آنها را خارج کرده مغزشان‌را خورند.

تخمه toxama(-e) [ع.](ص.) سوء هضم، سوء هاضمه (ه‌.م.)،هیضه.

تخمیر taxmīr [ع.] (مص م.) ۱- سرشتن، مایه زدن. ۲- (اِ.) (پز.،شم.) پدیده‌ای که‌دراجسام آلی‌موجب استحاله یاتجزیهٔ آنها بمواد ساده‌تر گردد[۴]. تخمیر معمولاً درمحیط مرطوب انجام میشود وبحرارت متعادل احتیاج دارد و خودعمل‌تخمیر نیز حرارت زاست. ج. تخمیرات.

تخمیرات taxmīr-āt [ع.] (مص. اِ.) ج. تخمیر (ه‌.م.)

تخمیس taxmīs [ع.] (مص‌م.) ۱- پنج‌قسمت کردن. ۲- پنج گوشه‌ساختن، پنج‌زاویه‌یی کردن. ۳- پنج‌تایی کردن. ۴- (شعر.)مخمس‌ساختن(← مخمس). ج. تخمیسات.

تخمیسات taxmīs-āt [ع.] (مص.، اِ.) ج. تخمیس (ه‌.م.)

تخمین taxmīn [ع.] ۱- (مص م.) اندازه گرفتن بحدس، بر آورد کردن، بگمان سخن گفتن. ۲- (اِمص.) بر آورد. ج. تخمینات.

تخمینات taxmīn-āt [ع.] (مص.، اِ.) ج. تخمین (ه‌.م.)

تخمیناً taxmīn-an [ع.] (ق.) بگمان، ازروی گمان.

تخویف taxvīf [ع.] (مص‌م.) ترسانیدن، بیم‌دادن. ج. تخویفات.

تخویفات taxvīf-āt [ع.] (مص.، اِ.) ج. تخویف (ه‌.م.)

تخیل taxayyol [ع.] ۱- (مص‌ل.) خیال‌بستن، خیال‌کردن، پنداشتن. ۲- (اِ.) خیال، پندار. ج. تخیلات.

تخیلات taxayyol-āt [ع.] (مص.، اِ.) ج. تخیل (ه‌.م.)

تخییل taxyīl [ع.] (مص‌م.) ۱- بخیال انداختن، بخیال افکندن. ۲- تهمت بکسی متوجه ساختن. ج. تخییلات.

تخییلات taxyīl-āt [ع.] (مص.، اِ.) ج. تخییل (ه‌.م.)

تدابیر tadābīr [ع.] (مص.، اِ.) ج. تدبیر. ۱- پایان بینیها، کارساختنها. ۲- اندیشه‌ها.

۱- Ovule (فر.) ۲- Ovipares (فر.) ۳- Oosphère (فر.)
۴- Fermentation (فر.)

تداخل tadāxol [ع.] ۱ـ (مص ل.) درهم شدن، دریکدیگر داخل‌شدن: «تداخل اجسام محال‌است.» ۲ـ (پز.) درهم‌خوردن، هنوزغذای قبلی‌هضم نشده غذایی جدیدخوردن. ۳ـ (إمص.)درهم شدگی. ۴ـ درهم خوری.ج.تداخلات.

تداخلات tadāxol-āt [ع.](مص.، إ.) ج. تداخل (ه.م.)

تدارک tadārok [ع.] ۱ـ (مص‌م.) فراهم کردن، تهیه‌کردن، آماده‌ساختن. ۲ـ بازبدست آوردن، عوض چیزی را فراهم کردن، تلافی کردن. ۳ـ دریافتن خطا واشتباهی را، اصلاح کردن. ۴ـ بهم رسیدن. ۵ـ (إمص.) تلافی. ۶ـ دریافت خطا، اصلاح. ج. تدارکات.

تدارکات tadārok-āt [ع.](مص.، إ.)ج. تدارک (ه.م.)

تدارک اندیشیدن t.-andīšīdan (مص‌م.) ۱ـ فراهم‌کردن امری‌پیش‌از واقعه. ۲ـ پیش بینی کردن، پیشگیری کردن.

تداعی tadā'ī [ع.] ۱ـ (مص ل.) هم را خواندن، یکدیگررا خواندن. ۲ـ باهم دعواکردن. ۳ـ (إمص.) هم خوانی. ج. تداعیات. ‖ ~ **معانی**. (روان.) پی‌بردن ازمعنیی بمعنی‌دیگر، بیادآوردن‌مفهومی‌بوسیلهٔ‌مفهوم‌دیگر[1].

تداعیات tadā'iy-āt [ع.](مص.، إ.)ج. تداعی (ه.م.)

تدافع tadāfo' [ع.] ۱ـ (مص‌م.) یکدیگررا راندن، هم را دفع کردن، همدیگررا پس زدن. ۲ـ (إمص.)دفع یکدیگر. ج. تدافعات.

تدافعات tadāfo'-āt [ع.] (مص.، إ.) ج. تدافع (ه.م.)

تدافعی tadāfo'-ī [ع.-ف.](ص نسب.) منسوب به‌تدافع(ه.م.) ‖ **جنگهای** ~ . (نظ.) جنگهایی‌که جنبهٔ دفاع دارد نه تعرض وحمله.

تداول tadāvol [ع.] ۱ـ (مص ل.) دست بدست شدن. ۲ـ رایج‌شدن. ۳ـ (مص م.) ازهم فراستدن، از یکدیگر دست بدست گرفتن، چیزی‌را بهمدیگر دادن‌وگرفتن. ۴ـ (إمص.)تکلم‌مردم. ج. تداولات.

تداولات tadāvol-āt [ع.](مص.، إ.) ج. تداول (ه.م.)

تداوی tadāvī [ع.] ۱ـ (مص‌م.) درمان کردن، دارو کردن، خود را معالجه‌کردن. ۲ـ (إ.) درمان. ‖ **اصول** ~ . (پز.)درمان شناسی.

تدبر tadabbor [ع.] ۱ـ (مص ل.) اندیشه کردن، نیک اندیشیدن، در عاقبت کاری‌فکرکردن. ۲ـ (إمص.) ژرف بینی، چاره‌اندیشی. ج.تدبرات.

تدبرات tadabbor-āt [ع.](مص.، إ.) ج. تدبر (ه.م.)

تدبیر tadbīr [ع.] ۱ـ (مص م.) پایان کاری را نگریستن، در امری اندیشیدن، پایان دیدن. ۲ـ کار ساختن. ۳ـ رای زدن، مشورت‌کردن، انداختن. ۴ـ (إمص.) پایان بینی. ۵ـ شور، مشورت، انداخت. ج. تدبیرات. ‖ ~ **امراض**. (پز.) تداوی. ‖ ~ **منزل** (علم). یکی‌از شعب حکمت عملی (ه.م.)است وموضوع‌آن تنظیم‌امورخانه ومعاش خانوادگی است.

تدبیرات tadbīr-āt [ع.] (مص.، إ.) ج. تدبیر (ه.م.)

تدبیر کردن t.-kardan [ع.-ف.]

۱–Association des idées (فر.)　　۲ – Tsaiteueut(فر.)

(مصم.) ۱ـ پایان کاری را نگریستن، درامری اندیشیدن. ۲ـ مشورت کردن، رای زدن.

تدثر tadassor [ع.] (مصل.) جامه بخویش پیچیدن.

تدخین tadxīn [ع.] (مصل.) دود کردن، کشیدن سیگار و مانند آن. ج. تدخینات.

تدخینات tadxīn-āt [ع.] (مص.، اِ.) ج. تدخین (ه.م.)

تدرب tadarrob [ع.] ۱ـ (مص ل.) بار آمدن، خوگرفتن. ۲ـ آموختن.

تدرج tadarǰ [= تذرج، معر. تذرو] (اِ.) (جا ن.) ← تذرو.

تدرج tadarroǰ [ع.] ۱ـ (مصل.) اندك اندك و آهسته آهسته پیش رفتن، پایه پایه نزدیك شدن. ۲ـ (اِمص.) پیش روی کم کم. ج. تدرجات.

تدرجات tadarroǰ-āt [ع.] (مص.، اِ.) ج. تدرج (ه.م.)

تدریب tadrīb [ع.] ۱ـ (مصم.) بار آوردن، خوگر کردن. ۲ـ آموزانیدن، آموختن. ۳ـ (اِمص.) بار آوری. ج. تدریبات.

تدریبات tadrīb-āt [ع.] (مص.، اِ.) ج. تدریب (ه.م.)

تدریج tadrīǰ [ع.] ۱ـ (مص ل.) درجه بدرجه پیش رفتن، پایه پایه بالا رفتن. ۲ـ آهسته آهسته کاری کردن. ۳ - (اِمص.) اجرای امری اندك اندك. ج. تدریجات.

تدریجات tadrīǰ-āt [ع.] (مص.، اِ.) ج. تدریج (ه.م.)

تدریس tadrīs [ع.] ۱ - (مص م.) درس گفتن، درس دادن. ۲ - (اِمص.) درس گویی. ج. تدریسات.

تدریسات tadrīs-āt [ع.] (مص. اِ.) ج. تدریس (ه.م.)

تدفق tadaffoɣ [ع.] ۱ـ (مصل.) جهیدن آب، روان گشتن آب باسرعت وفشار. ۲ـ (اِمص.) جهش آب. ج. تدفقات.

تدفقات tadaffoɣ-āt [ع.] (مص. اِ.) ج. تدفق (ه.م.)

تدقیق tadɣīɣ [ع.] ۱ - (مصل.) باریك اندیشیدن، دقت کردن. ۲ـ (اِمص.) باریك اندیشی، باریك بینی، غوررسی. ج. تدقیقات.

تدقیقات tadɣīɣ-āt [ع.] (مص.، اِ.) ج. تدقیق (ه.م.)

تدلی tadallī [ع.] (مص ل.) فرو آویختن، در آویختن، فروهشته‌شدن.

تدلیس tadlīs [ع.] ۱ـ (مصل.) فریبکاری کردن، فریب‌دادن، پنهان کردن عیب چیزی را. ۲ـ (اِمص.) فریبکاری. ۳ - عوام فریبی. ج. تدلیسات.

تدلیسات tadlīs-āt [ع.] (مص.، اِ.) ج. تدلیس (ه.م.)

تدلیس کردن t.-kardan [ع.-ف.] (مصل.) فریب دادن، پنهان کردن عیب چیزی را.

تدمیر tadmīr [ع.] (مصم.) نیست کردن، هلاك کردن، تباه گردانیدن. ج. تدمیرات.

تدمیرات tadmīr-āt [ع.] (مص.، اِ.) ج. تدمیر (ه.م.)

تدنی tadannī [ع.] ۱ - (مصل.) نزدیك آمدن. ۲ - پایین آمدن، پست شدن. ۳ - (اِمص.) نزدیکی. ۴ - پستی. ج. تدنیات.

تدنیات tadanniy-āt [ع.] (مص.،

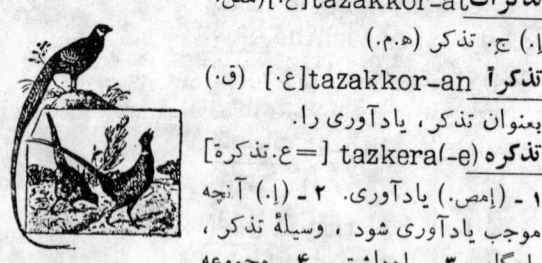

ا.) ج. تدنی (ه.م.)

تدنیس tadnīs [ع.] ۱ - (مصم.) شوخگین کردن، بچرك آلودن، ریمناك کردن. ۲ - شوخگینی ، چرکینی. ج. تدنیسات .

تدنیسات tadnīs-āt [ع.] (مص.، ا.) ج. تدنیس (ه.م.)

تدویر tadvīr [ع.] ۱ - (مص م.) گرد کردن، گردساختن، دایره درست کردن . ۲ - دور دادن. ۳ - (امص.) گردی. ج. تدویرات.

تدویرات tadvīr-āt [ع.] (مص.، ا.) ج. تدویر (ه.م.)

تدوین tadvīn [ع.] ۱ - (مصم.) گرد آوردن ، فراهم آوردن چیزی (مانندشعر، نثروغیره). ۲-تألیف کردن. ۳ - (امص.) گرد آوری . ۴- تألیف . ج. تدوینات .

تدوینات tadvīn-āt [ع.] (مص .، ا.) ج. تدوین (ه.م.)

تدهین tadhīn [ع.] ۱ - (مصم.) چرب کردن، روغن مالیدن. ۲ - (امص.) روغن مالی[1].

تدین tadayyon [ع.] ۱ - (مص ل.) دین داشتن، دین‌دار شدن . ۲ - (امص.) دین ورزی .

تذبذب tazabzob [ع.] ۱ - (مص ل.) دو دل شدن ، مردد بودن . ۲- (امص.) دودلی، دورویی. ج. تذبذبات.

تذبذبات tazabzob-āt [ع.] (مص.، ا.) ج. تذبذب (ه.م.)

تذرو tazarv [= تدرج، معر. = تدرج.، په. titar] (ا.) (جا ن.) قرقاول (ه.م.)

تذکار tazkār [ع.] ۱- (مص م.) ذکر کردن، بیادآوردن. ۲- (امص.) یادآوری، ذکر. ج. تذکارات.

تذکارات tazkār-āt [ع.] (مص.، ا.) ج. تذکار (ه.م.)

تذکر tazakkor [ع.] ۱- (مص ل.) بیاد آمدن، بیاد آوردن، یادآور شدن. ۲- پندگرفتن. ۳ - (امص .) یادآوری. ۴- پندگیری. ج. تذکرات.

تذکرات tazakkor-āt [ع.] (مص.، ا.) ج. تذکر (ه.م.)

تذکراً tazakkor-an [ع.] (ق.) بعنوان تذکر، یادآوری را.

تذکره tazkera(-e) [= ع. تذکرة] ۱ - (امص.) یادآوری. ۲ - (ا.) آنچه موجب یادآوری شود ، وسیلهٔ تذکر ، یادگار. ۳ - یادداشت . ۴ - مجموعه وکتابی که درآن ترجمهٔ احوال شاعران و نویسندگان را گرد آورند . ۵ - گذرنامه، پاسپورت. ج. تذاکر (کم .)

۱ - تذکیر tazkīr [ع.] ۱ -(مص م.) یاد کردن ، فرایاد آوردن ، بیاد دادن. ۲ - پند دادن. ۳ - (امص .) یادآوری. ۴ - پنددهی. ج. تذکیرات.

۲ - تذکیر tazkīr [ع.] (مصم.) کلمه‌ای را مذکر ساختن. ج. تذکیرات.

تذکیرات tazkīr-āt [ع.] (مص.، ا.) ج. تذکیر (← ۱- تذکیر و ۲- تذکیر).

تذکیر گفتن t.-goftan [ع.-ف.] (مص ل.) وعظ کردن، موعظه کردن.

تذکیه tazkīya(-e) [= ع تذکیة] ۱ - (مصم.) افروختن (آتش را). ۲ - ذبح کردن، بسمل کردن. ۳ - (امص.) افروزش. ۴ - ذبح.

تذلل tazallol [ع.] ۱ - (مص ل.) خواری نمودن، فروتنی کردن. ۲- رام

تذرو

۱- Friction (فر.)

شدن . ۳- (إمص.) خواری، فروتنی. ج. تذللات.

تذللات tazallol-āt [ع.](مص.، إ.) ج. تذلل (ه.م.)

تذلیل tazlīl [ع.] ۱ - (مصم.) خوار کردن ، ذلیل گردانیدن ، ذلیل شمردن. ۲ - رام ساختن. ج. تذلیلات.

تذلیلات tazlīl-āt [ع.] (مص ، إ.) ج. تذلیل (ه.م.)

تذهیب tazhīb [ع.] ۱ - (مصم.) زر گرفتن،زراندود کردن. ۲- (إمص.) زرکاری،طلاکاری. ج. تذهیبات.

تذهیبات tazhīb-āt[ع.](مصم.) ج.تذهیب (ه.م.)

تذییل tazyīl [ع.] ۱ - (مص م.) دراز دامن کردن ، دامن فروهشتن ، دامن‌دار کردن. ۲ - مطلبی را درذیل صفحهٔ کتاب نوشتن. ۳ - (إمص.) ذیل نویسی. ج. تذییلات.

تذییلات tazyīl-āt [ع .] (مص.، إ.) ج. تذییل (ه.م.)

۱ - تر tar [په . tarr] (ص .) ۱ - تازه، جدید، طری. ۲ - مرطوب؛ مق. خشك. ۳ - (کن.) شخص ملوث ، فاسق. ۴ - (کن .) شخصی که بانك چیزی‌ازجای‌درآید. ۵ - (کن)شخصی که درقمار ستیزه کند، یا آنچه باخته باشد، پس گیرد.

۲- تر tar(إ.) مرغی‌است کوچك و کم سکون وخوش آواز[۱] ،صعوه.

۳-تر tar [په.tar](پس.)علامت‌صفت تفضیلی: بهتر، سپیدتر، درازتر.

ترا tarā (إ.) ۱ - دیوار بلندمانند دیوار سرای پادشاهان و دیوار قلعه وکاروانسرا. ۲ - سدودیواری که‌درپیش چیزی کشند. ۳ - دیواری که‌با کاهگل وگلابه استوار کنند .

ترا to-rā [= تورا] (ضمیر باعلامت مفعول) تورا.

ترائب tarāeb [ع.] (إ.)← ترایب.

تراب tarāb [← ترابیدن] (إ.) تراوش آب یامایعی‌دیگر؛ چکه، ترشح.

تراب torāb [ع.] (إ.) خاك،زمین. ج. اتربه (atreba (غم.)، تربان (terbān)(غم.) ‖ ـــ اقدام علما . خاك پاك دانشمندان(طلاب در نوشته‌ها ازخود چنین تعبیر کنند).

ترابیدن tarāb-īdan[= تراویدن ← تراب] (مص ل.) ← تراویدن.

تراجع tarājo' [ع.] ۱ - (مص ل.) باز پس آمدن، پس افتادن، بازگشتن، بعقب برگشتن. ۲ - بیکدیگر مراجعه وگفتگو کردن درامری. ۳ - (إمص.) بازگشت، واگشت. ج. تراجعات.

تراجعات tarājo'-āt [ع.](مص.، إ.) ج. تراجع (ه.م.)

تراجم tarājem [ع.] (مصم.) ج. ترجمه. ۱ - گزارشها، تفسیرها. ۲ - شرح حالها.

تراجم tarājom[ع.] ۱ - (مصم.) سنگ انداختن بیکدیگر . ۲- دشنام دادن بهم. ۳ - (إمص.) سنگ‌اندازی بهم. ۴ - دشنام دهی. ج. تراجمات.

تراجمات tarājom-āt[ع.](مص.، إ.)ج. تراجم (ه.م.)

ترجیح tarājīh [ع.] (مصم.)ج. ترجیح(ه.م.)،فزونیها. ‖ تعادل و ـــ . همسنگی وفزونی، برابری وپیشی.

تراخم taraxom[فر. trachome] (إ.)[۲] (پز.) مرضی‌است که چشم‌راعارض

---

۱ - Parum quiescens et conora, avis parva(.لا)

میشود وموجب پیدایش جوشهای عفونی درمخاط پلك بالاشده وپلك راازحالت معمول ضخیم‌تر میسازد، واگر معالجه نشود موجب ناراحتیهای شدیدمیگردد وعاقبت منجر بکوری میشود.

تراخمی taraxom-ī [فر.-ف.] (ص نسب.) ۱ - منسوب به‌تراخم(ه‌.م.) ۲ - آنکه مبتلی به تراخم است.

ترادف tarādof [ع.] ۱ - (مصل.) پیاپی شدن، پشت سرهم قرار گرفتن. ۲ - ردیف یکدیگر شدن در سواری. ۳ - پشت سرهم قرارگرفتن دو یا چند کلمه که یك معنی داشته باشند. ۴ - بیك معنی بودن دو یا چند کلمه. ج. ترادفات.

ترادفات tarādof-āt [ع.] (مص.، إ.) ج. ترادف.

۱- تراز tarāz (إ.) رشتهٔ ریسمان خام.

۲ - تراز tarāz (إ.) (گیا.) صنوبر (ه‌.م.)

۳ - تراز tarāz [= طراز، معر.] (إ.) ۱ - زینت، آرایش. ۲ - نقش ونگار پارچه. ۳ - زردوزی پارچه.

۴ - تراز tarāz (إ.) ۱ - (بنا.، معم.) آلتی است که بتوسط آن پستی و بلندی سطحی را معلوم کنند و آن انواع مختلف دارد. ‖ ~ آبی. (فره.) عبارت است ازلوله‌ای فلزی که دو سر آن شیشه‌یی ودارای مایع رنگین است وآنرا برروی سه‌پایه قراردهندوچوبهای دیگری درمقابل نگاه میدارند وبیننده (ترازکننده) سطح مایع را در دوشیشه بانقاط هم سطح وهم ترازی روی چوبها نشان نماید تابدان‌وسیله اختلاف ارتفاع دونقطه‌را بدست آورند. این ترازدر نقشه‌برداری وراهسازی وغیره مورداستفاده دارد. ‖ ~ هوائی. (فز.) آلتی که‌برای تعیین افقی بودن سطوح مختلف از آن استفاده کنند و عبارتست از یك لولهٔ شیشه‌یی سربسته که در آن مایع‌رنگینی ریخته‌اند باندازه‌ای که‌کاملا پر نشود وحبابی از هوا درآن باقی بماند چون برروی سطح زمین‌قرار دهند اگرسطح مورد آزمایش کاملا افقی نباشدحباب هوا بچپ یاراست میل کندوبدان‌وسیله

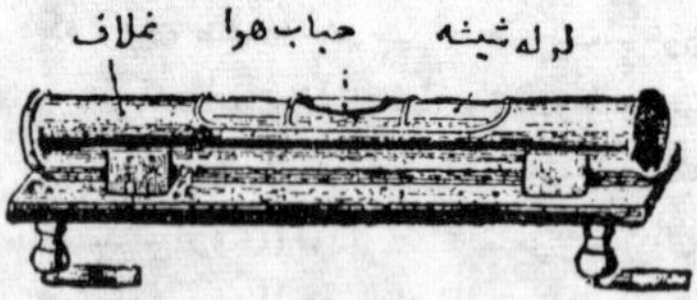

لوله شیشه
حباب هوا
غلاف

تراز هوائی

ترازکنند. ۲ - (بانک.) مبلغی معادل اختلاف مبلغ‌بدهکارو بستانکار حساب که درآخرصورت‌حساب، درپایان‌ستونی که‌جمعش کمتراست نویسند، ودرنتیجه جمع‌دوستون‌مساوی‌یکدیگر گردد[1]. ۳- (عم.)(دام‌پروری) پیمان‌صاحب گوسفند وبزباکسی که‌آنها را برای‌مدت‌معینی باو می‌سپارد. بر حسب چنین پیمانی محصول و نتاج حیوانات مزبور بین طرفین تقسیم میشود.

ترازکردن t.-kardan (مص‌م.) ۱ - تعیین کردن پستی‌وبلندی سطح‌چیزی. ۲ - هموار کردن سطح زمین، مسطح ساختن زمین یاچیزی دیگر.

ترازمند tarāz-mand (ص مر.) (فره) متعادل[2] (ه‌.م.)

ترازمندی tarāz-mand-ī (حامص.) (فره.) تعادل[3] (ه‌.م.)

ترازنامه t.-nāma(-e) (إمر.) سیاهه‌ای که مؤسسات در پایان سال نویسند ودارایی وبدهی خودرا در آن

۱- Balance (فر.) ۲- Equilibré (فر.) ۳-Equilibre (فر.)

۱۰۶۰
ترازو

درج کنند، بیلان.

ترازو tarāzū [پهـ. trāzūk] (اِ.)
۱ - (فز.) آلتی که برای اندازه گرفتن وزن اجسام بکاررود[1] واساس آن ازیك شاهین و دو کفه تشکیل شده است. معمولا جسم وزن کردنی را دریك کفه ووزنه هایی برای تعیین سنگینی جسم در کفهٔ دیگر قرار دهند تا آنجا که شاهین آن بحال تعادل قرار گیرد. ممکن است حالت تعادل بوسیلهٔ عقربه‌ای که روی صفحهٔ مدرجی باحرکت شاهین درحرکت است نشان داده شودوهمچنین ممکن است ترازو دارای یك کفه باشد مانندترازوی آلمانی. ۲ - برج میزان. ۳ - عدل، عدالت.

ترازو (شاهینی)

ترازو (کفه‌یی)

تراژدی terāžedī [فر. tragédie] (اِ.) نوعی نوشته یا نمایش که موضوعی غم انگیز دارد، و غالباً بدبختیها، شکنجه‌های جسمی وروحی وخیانت را نشان میدهد.

تراس terrās [فر. terrasse] (اِ.) ۱ - بام، پشت بام. ۲ - ایوان وسیع، مهتابی.

تراسخ tarāsox [ع.] (مص‌ل.)(فل.، مل.) انتقال یافتن نفس انسانی بجسم معدنی.

تراش tarāš [است. *taš، تراشیدن، بریدن ← تراشیدن] (ری.). ۱ - (امص.) تراشیدن: تراش فلزات. ۲ - (اِفا.) در بعضی ترکیبات بجای «تراشنده» آید: قلمتراش، موتراش، چوب تراش، سنگتراش.

تراشکار t.-kār (ص‌شغل.) (مکند.) کسی که آلات وابزار آهنی رابوسیلهٔ ماشین مخصوص تراشد.

تراشکاری t.-kār-ī (حامص.) ۱ - عمل و شغل تراشکار (ه‌.م.) ۲ - (اِمر.) محل و کارگاه تراشکار.

تراشنده tarāš-anda(-e) (اِفا.) کسی که چیزی رامیتراشد (← تراشیدن).

تراشه tarāša(-e) [← تراش] (اِ.) ۱ - تراشیده‌شده، آنچه از تراش برآمده باشد. ۲ - هلال واری از خربزه و هندوانه؛ قاچ.

تراشیدن tarāš-īdan [پهـ. tāšītan ← تراش] (مص‌م.) (صر. ← پاشیدن) ۱ - ستردن موی بوسیلهٔ تیغ از بدن. ۲ - خراشیدن وپاك کردن چیزی. ۳ - رنده کردن بوسیلهٔ سوهان یاچرخ. ۴ - حك کردن. ۵ - خراطی کردن. ۶ - صاف کردن چوب و تخته.

تراشیده tarāš-īda(-e) (اِمف.) هر چیزی که آنرا تراش داده باشند مانند چوب، تخته وغیره.

تراضی tarāzī [ع.] ۱ - (مص‌ل.) از هم خشنود شدن، راضی گشتن. ۲ - (امص.) خشنودی، رضایت. ‖ به ~ طرفین. بخشنودی دوجانب، برضایت دو طرف معامله.

ترافع tarāfo' [ع.] (مص‌ل.) باهم بداور شدن، با هم مرافعه پیش قاضی بردن. ج. ترافعات.

ترافعات tarāfo'-āt [ع.] (مص.، اِ.) ج. ترافع (ه‌.م.)

تراك tarāk [= طراك = طراق = ترك] (اِصت.) ۱ - آوازی که ازشکستن یا شکافته شدن چیزی بگوش رسد. ۲ - صدای رعد. ۳ - چاك، شکاف.

تراکتور terāktor [فر. tracteur] (اِ.) نوعی ماشین که برای کارهای کشاورزی از قبیل شخم زدن زمین، خرمن کوبی، کشیدن یدکی و غیره

۱- Balance (فر.)

بکار رود. چرخهای آن لاستیکی یا زنجیری‌است؛ ماشین زراعتی.

تراکتور

تراکم tarākom [ع.] ۱ - (مصل.) روی هم افتادن، برهم نشستن، انباشته شدن، انبوه شدن: تراکم امور. ۲ - (إمص.) انبوهی، انباشتگی. ج. تراکمات.

تراکمات tarākom-āt [ع.] (مص.، إ.) ج. تراکم (ه.م.)

ترام terām [فر. trame] (إ.) (عک.) خانه‌های ریزروی عکس، شیشه و گراور.

تراموای terāmvāy [انگ. tramway] (إ.) واگنی که روی خطهای آهن معادل باسطح خیابان یا جاده با نیروی برق حرکت کند؛ راه آهن شهری.

تراموای

ترانزیت terānzīt [فر. transit] (إ.) عبور کالاومال‌التجاره از مملکتی بمملکت دیگر بدون تأدیهٔ حق گمرك ومالیات (فقط حقی می‌پردازند که آنرا حق‌ترانزیت گویند).

ترانزیستور terānzīstor [انگ. transistor] (إ.)(فز.) دستگاهی است که برای توسعه دادن نوسانات الکتریکی بوسیلهٔ‌عمل‌شارژ‌الکترونیکی در جسم نیم هادی کریستالین انجام شود. چون ترانزیستور میتواندارای ساختمان کوچك ودرعین حال بادوام باشد، دروسایل ارتباط و موارد دیگر ازآن بسیار استفاده میشود.

ترانسفورماتور terānsformātor [فر. transformateur، انگ. -mator، تغییر دهنده] (إ.) (فز.) دستگاهی که برای افزودن یا کاستن نیروی الکتریسیته‌بکار رود.

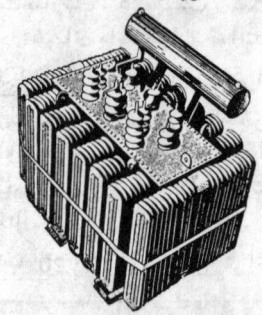

ترانسفورماتور

ترانه tarāna(-e) [است. tauruna، خرد، تروتازه] (إ.) ۱ - جوان خوش صورت، شاهدتروتازه‌و صاحب‌جمال. ۲ - (مس.) تصنیفی که سه‌گوشه داشته باشد هریك بطرزی: یکی بیتی و دیگری مدح وسوم تلا وتلالا. ۳ - دوبیتی. ۴ - سرود، نغمه.

تراورس terāvers [فر. traverse] (إ.) تخته‌های‌چوبی‌ضخیم

تراوش

که‌درعرض‌راه‌آهن زیر ریلها گذارند تا ریلها در مقابل عبور واگنها مقاومت بیشتری بخرج دهند.

تراورس

تراوش tarāv-eš [= ترابش = تلابش ← تراویدن] (إمص.) عمل تراویدن (ه.م.)

تراویح tarāvīh [ع.] (إ.) ج. ترویحه. ۱- نشستن‌ها. ۲- جلسه‌ها. ۳- جلسهٔ کوتاه پس ازخواندن‌چهار رکعت نماز در شبهای ماه رمضان. ۴- چهار رکعت نمازشب. ۵- بیست رکعت‌نماز که در شبهای ماه رمضان خوانند.

تراویدن tarāv-īdan [= ترابیدن] (مص‌ل.) (تراوید، تراود، خواهدتراوید، بتراو، تراونده، تراویده، تراوش) چکیدن، تراوش کردن آب وشراب و امثال آن؛ ترشح کردن.

ترایب tarāyeb [= ع. ترائب] (إ.) ج. تریبه. ۱- سینه‌ها، برها. ۲- استخوانهای سینه.

ترانگبین tar-angabīn (إمر.) ← ترنگبین، ترنجبین.

۱- ترب tarb [← ترفند] (إ.) ۱- مکر، حیله، زرق، تزویر. ۲- گزاف، گزافه. ۳- زبان‌آوری، چرب زبانی. ۴- حرکت از روی ناز یا قهر.

ترب terb [ع.] (ص.) همزاد، همال، همسال.

ترب torb [طبر. tarab: گیل. turb] (إ.) (گیا.) گیاهی است[۱] از تیرهٔ چلیپاییان[۲] که یك ساله و بعضی انواعش دو ساله است و بارتفاع ۴۰ سانتیمتر تایك متر میرسد. گلهایش زرد یاسفید مایل به‌بنفش‌وگل آذینش خوشه‌یی است‌وریشه‌اش ضخیم‌وخوراکی است.

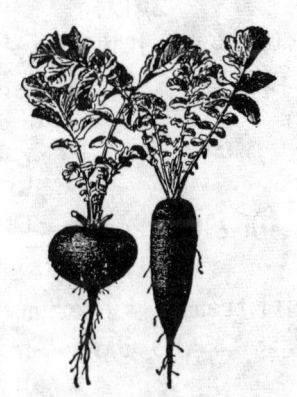

ترب سیاه

ترب torob (إ.) (گیا.) ← ترب (torb).

تربار tar-bār [= تره بار] ← تره‌بار.

تربال tarbāl [= طربال] ← طربال.

تربانتین terebāntīn [فر. térébenthine] (إ.) (گیا.) صمغ حاصل از اقسام درختان کاج که‌از‌آن اسانس تربانتین وکولوفان[۳] استخراج

۱- Raphanus sativus (لا.), radis (فر.)   ۲- Crucifères (فر.)
۳- Colophane (فر.)

ترت ومرت

میکنند که درطب بکاررووند ؛ راطینا، راتینه، راتینج.

تربت torbat [=ع. تربة] (إ.) ۱ - خاك. ۲ - گور، قبر، مقبره، آرامگاه.

تربچه torob-ča(-e) [← ترب] (إمصغ.) (گیا.) گونه‌ای ترب[1] که یکساله است وجزو سبزیهای خوردنی مصرف میشود. ریشهٔ این گیاه از تربهای معمولی کوچکتر و بیخ وی سرخ است.

تربد torbod (إ.) (گیا.) ۱ - گیاهی[2] از تیرهٔ پیچکیان که پایاست وساقه‌اش پیچنده وزاویه‌دار وبرگهایش قلبی شکل است. وریشه وساقهٔ این گیاه درتداوی بعنوان یك مسهل قوی مصرف میشود، و چون سمی است در استعمال آن باید احتیاط کرد. ۲ - (گیا.) برگ سنای شهری (ه.م.)

تربص tarabbos [ع.] ۱ - (مص ل.) چشم داشتن، انتظار کشیدن. ۲ - (إمص.) انتظار، چشمداشت. ج. تربصات.

تربصات tarabbos-āt [ع.] (مص.، إ.) ج. تربص (ه.م.)

تربیت tarbiyat [ع. تربیة] ۱ - (مص م.) پروردن، پروراندن. ۲ - آداب واخلاق رابکسی آموختن. ۳ - (إمص.) پرورش ‖ ~ بدنی. پرورش بدن بوسیلهٔ انواع ورزش[3]. ‖ تعلیم و ~. آموزش وپرورش.

تربیع tarbī' [ع.] (مص م.) ۱ - چهار بخش کردن، چهارقسمت کردن. ۲ - چهار گوشه کردن، چهارسو کردن. ۳ - (إمص.) چهار تایی. ۴ - چهارسویی. ج. تربیعات. ‖ ~ اول. (نجـ.) تربیع اول ماه (قمر) در شب هفتم ماه قمری صورت میگیرد که نصف نیمکرهٔ روشن ماه را اهل زمین رؤیت کنند. ‖ ~ دوم. (نجـ.) تربیع دوم ماه (قمر) درشب بیست ویکم صورت میگیرد. درین حالت نصف نیمکرهٔ روشن ماه را مردم زمین رؤیت کنند.

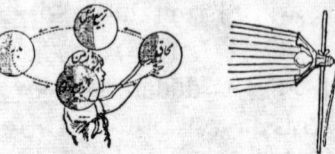

تربیع

تربیه tarbiya(-e) [=ع. تربیة] ← تربیت.

ترپ tarp [← ترف = ترپك = ترپه] (إ.) قراقروت (ه.م.)

ترپی torpī [فر. torpille] (إ.) (جا ن.) سفره ماهی (ه.م.)

ترپیاز tar-piyāz (إمر.) (گیا.) گیاهی از تیرهٔ سوسنیها که دارای پیاز نسبةً حجیمی است وبطور خودرو دراکثر نقاط آسیا و آفریقا میروید، و پیازش دارای قطعات جداگانه شبیه سیر میباشد؛ کراث ابوشوشه، قفلوط.

ترپیل torpīl ← تورپیل.

ترتب tarattob [ع.] ۱ - (مص ل.) راست ودرست شدن. ۲ - پشت سر هم قرار گرفتن، در جای خویش قرار یافتن. ج. ترتبات.

ترتبات tarattob-āt [ع.] (مص.، إ.) ج. ترتب (ه.م.)

ترتوف tartūf [ع.] (إ.) (گیا.) سیب زمینی ترشی (ه.م.)

ترت ومرت tart-o-mart (إمر.) ۱ - تاخت وتاراج. ۲ - (ص مر.) زیر وزبر. ۳ - پراگنده و پریشان.

تربچه

ترپیاز

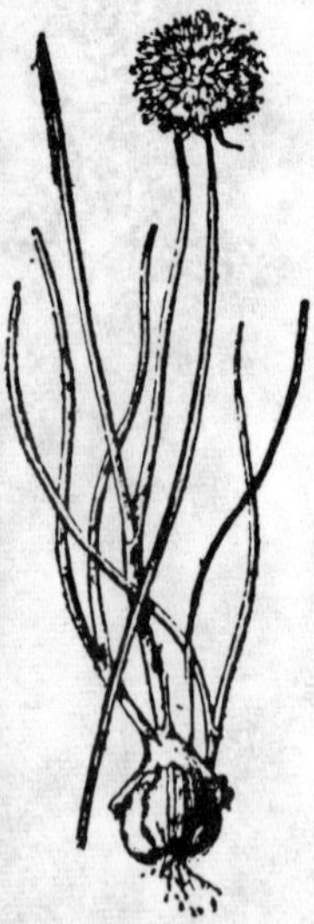

۱– Radis rose (فر.) ۲– Convolvus turpethum (لا.), turbith (فر.)
۳– Culture physique (فر.)

ترتیب

ترتیب tartīb [ع.] ۱ - (مص م.) باندام کردن، سامان دادن، نظم دادن. ۲ - هرچیزی را در جای خود قرار دادن، پشت سر هم قرار دادن. ۳ - (اِمص) نظم، انتظام. ج. ترتیبات.

ترتیبات tartīb-āt [ع.] (مص.، اِ.) ج. ترتیب (ه.م.)

ترتیب دادن t.-dādan [ع.-ف.] (مص م.) ۱ - سامان دادن، نظم دادن. ۲ - هرچیزی را در جای خود قرار دادن، پشت سرهم قرار دادن.

ترتیبی tartīb-ī [ع.-ف.] (ص نسبـ.) منسوب به ترتیب (ه.م.). ‖ غسل ~ . (فق.) غسلی است که با نیت وقصد قربت پروردگار نخست سراپای بدن را بآب بشویند و سپس جانب راست بدن را ازشانهٔ راست تا پایین درمعرض آب قراردهند و آنگاه جانب چپ بدن را از شانهٔ چپ بپایین؛ مق. غسل ارتماسی.

ترتیزک

ترتیزک tar-tīzak [= تره‌تیزک] (اِمر.) (گیا.) تره‌تیزک (ه.م.)

ترتیل tartīl [ع.] ۱ - (مص م.) نرم‌خواندن، آهسته خواندن، سخن را آراسته و بی‌تکلف ادا کردن. ۲ - قرآن را با قرائت صحیح و آهنگ نیک خواندن. ۳ - (اِمص.) نرم خوانی، آهسته خوانی. ۴ - خوش‌آوازی، حسن کلام. ج. ترتیلات

ترتیلات tartīl-āt [ع.] (مص.، اِ.) ج. ترتیل (ه.م.)

ترجح taraǰǰoh [ع.] ۱ - (مص ل.) چربیدن، فزون آمدن، فزونی جستن. ۲ - (اِمص.) فزونی، افزونی. ج. ترجحات.

ترجحات taraǰǰoh-āt [ع.] (مص.، اِ.) ج. ترجح (ه.م.)

ترجمان tarǰomān [ع.] (ص.) ۱ - مترجم، گزارنده. ۲ - نیازی را گویند که پس از ارتکاب جرم گذرانند.

ترجمت tarǰamat [= ع. ترجمة] ← ترجمه.

ترجمه tarǰama(-e) [= ع. ترجمة = ترجمت] ۱ - (مص م.) گزاردن، گزارش کردن، گردانیدن، از زبانی بزبان دیگر نقل کردن. ۲ - ذکر کردن سیرت و اخلاق و نسب شخصی. ۳ - (اِمص.) گزارش. ج. تراجم. ‖ ~ احوال. شرح احوال[1]. ضح. ~ در تداول این کلمه را tarǰome تلفظ کنند.

ترجی taraǰǰī [ع.] ۱ - (مص ل.) امیدداشتن، امیدوار بودن. ۲ - (اِمص.) امیدواری. ۳ - (معا.) ← تمنی. ج. ترجیات.

ترجیات taraǰǰiy-āt [ع.] (مص.، اِ.) ج. ترجی (ه.م.)

ترجیح tarǰīh [ع.] ۱ - (مص م.) فزون‌داشتن، فزونی‌دادن، برتری‌دادن، مزیت دادن. ۲ - (اِمص.) فزونی، برتری. ج. ترجیحات. ‖ ~ بلامرجح. فزونی دادن نه درجای فزونی (بی آنکه مایهٔ فزونی درکار باشد).

ترجیحات tarǰīh-āt [ع.] (مص.، اِ.) ج. ترجیح (ه.م.)

ترجیع tarǰī' [ع.] ۱ - (مص م.) برگردانیدن. ۲ - آواز را در گلو گردانیدن. ۳ - (اِمص.) برگشت، بازگرد. ۴ - (اِ.) ترجیع‌بند (ه.م.) ج. ترجیعات.

ترجیعات tarǰī'-āt [ع.] (مص.، اِ.) ج. ترجیع (همع.)

1- Biographie (فر.)

ترخوانه

ترجیع بند t.-band [ع.-ف.] (إمر.) (بع.) آنست که شاعر چند بیت در یک بحر و بیک قافیه بگوید وسپس چند بیت دیگر در همان بحر و بقافیهٔ دیگر وهمچنین، ویک بیت (بهمان وزن) را در میان بند ها تکرار کند ؛ مق. ترکیب بند.

ترحال tarhāl [ع.] ۱ - (مص ل.) باربستن، کوچیدن. ۲ - (إمص.) رحلت، کوچ.

ترحل tarahhol [ع.] ۱ - (مص ل.) باربرداشتن، کوچ کردن. ۲ - (إمص.) رحلت، کوچ. ج. ترحلات.

ترحلات tarahhol-āt [ع.] (مص.، إ.) ج. ترحل (ه.م.)

ترحم tarahhom [ع.] ۱ - (مص ل.) بخشودن، رحم کردن، بخشایش آوردن، برسر لطف و مهربانی آمدن. ۲ - (إمص.) مهرورزی، مهربانی. ج. ترحمات.

ترحمات tarahhom-āt [ع.] (مص.، إ.) ج. ترحم (ه.م.)

ترحم آور t.-āvar [ع.-ف.] = ترحم‌آورنده] (صفا.) آنچه که موجب ترحم شخص شود؛ رقت‌آور: «وضع ترحم آوری داشت.»

ترحیب tarhīb [ع.] ۱ - (مص م.) مرحبا گفتن، خوشامد گفتن. ۲ - جارا فراخ کردن ۳ - (إمص.) خوشامد گویی. ج. ترحیبات.

ترحیبات tarhīb-āt [ع.] (مص.، إ.) ج. ترحیب (ه.م.)

ترحیل tarhīl [ع.] (مص م.) کوچانیدن، کوچ فرمودن. ج. ترحیلات.

ترحیلات tarhīl-āt [ع.] (مص.، إ.) ج. ترحیل (ه.م.)

ترحیم tarhīm [ع.] ۱ - (مص م) رحم کردن، مهربانی کردن. ۲ - طلب آمرزش کردن، درود فرستادن برای میت. ‖ **مجلس** ~. مجلسی که برای طلب مغفرت جهت مرده خویشاوندان وی ترتیب دهند، ودرآن قرآن تلاوت میشود و واعظ پس از وعظ از مناقب میت یاد و برای اوطلب آمرزش میکنند.

۱-ترخان tarxān [= ترخون = طرخون] (إ.) (گیا.) ← ترخون.

۲-ترخان tar-xān [= طرخان، تر.-مغ.] (إ.) ۱ - شاهزادهٔ ترک ومغول وبزرگی که ازبعض مزایای موروثی از جمله معافیت از مالیات و عوارض متعدد برخوردار بود و مجاز بود که هرگاه میخواست بنزد سلطان رود. بعض روحانیان نیز بدین مقام میرسیدند.

۱-ترخانی tarxān-ī [تر.-مغ.-ف.] (حامص) ترخان (ه.م.) بودن.

۲-ترخانی tarxān-ī [تر.-مغ.-ف.] (ص نسبـ.) ۱-مستمری ۲-تیول موروثی که متضمن بعضی بخشودگیها (مثلاازمالیات وعوارض) بود (ایلخانان ودورهٔ بعد از آن).

ترخص taraxxos [ع.] ۱-(مص ل.) آسان گرفتن، آسان‌واگرفتن. ۲- اجازه گرفتن، رخصت یافتن، دستوری یافتن. ۳ - جایز بودن، روابودن. ۴- (إمص.) اجازه، رخصت. ج. ترخصات.

ترخصات taraxxos-āt [ع.] (مص.، إ.) ج. ترخص (ه.م.)

ترخوانه tarxāna(-e) [= ترخینه] (إ) نوعی طعام که ازگندم بلغورسازند وبا داروهای گرم درآب بجوشانند تا خوب بپزد و قوام گیرد و قدری آب غوره یا شیردرآن ریزند، وآنرابشکل

گلوله‌هایی درآورند و خشك کنند ودر زمستان خورند.

۱ - ترخون tar-xūn (ص‌مر.) مردم خونی و بی‌باك ودزد واوباش.

۲ - ترخون tarxūn [= طرخون، معر. = ترخان] (اِ.) ۱ - (گیا.) چوب بقم (ه.م.) ۲ - (گیا.، پز.) دارویی باشد که آنرا عاقرقرحا (ه.م.) گویند. ۳ - (گیا.) گیاهی‌است[1] ازتیرهٔ مرکبان که پایاست وارتفاع بوته‌اش تایك‌متر میرسد. برگهایش درازو باریك‌وخوشبو و حاوی مواد ذخیره‌یی است‌ومزهٔ تند و مطبوعی دارد. گلهایش زرد رنگ و بشکل سنبله‌های کوچکی حول‌ساقهٔ اصلی‌قرارگرفته‌اند؛اورسیطون،ارنبیز.

ترخون

۱ - ترخیص tarxīs [ع.] ۱ - (مص‌م.) دستوری دادن، اجازت. ج. ترخیصات. ‖ ~ کالا (متاع). اجازهٔ خروج‌دادن ازگمرك وغیره.

۲ - ترخیص tarxīs [ع.] ۱ - (مص‌م.) ارزان کردن، ازبها کاستن. ۲ - (اِمص.) ارزانی. ج. ترخیصات.

ترخیصات tarxīs-āt [ع.] (مص.، اِ.) ج. ترخیص (ه.م.)

۱ - ترخیص‌کردن t.-kardan [ع.-ف.] (مص‌م.) دستوری دادن، رخصت فرمودن.

۲ - ترخیص‌کردن t.-kardan [ع.-ف.] (مص‌م.) ارزان‌کردن، ازبها کاستن.

ترخیم tarxīm [ع.] ۱ - (مص‌م.) نرم کردن آواز، نرم‌خواندن. ۲ - دم بریدن، دنبالهٔ چیزی را قطع کردن. ۳ - (دس.) انداختن حرف یا حروف آخر کلمه ←. ۴ - (ص.) (دس.) مرخم: «بست» ترخیم «بستن» است. ج. ترخیمات.

ترخیمات tarxīm-āt [ع.] (مص.، اِ.) ج. ترخیم (ه.م.)

ترد tord (ص.) (عم.) ۱ - تروتازه، لطیف. ۲ - آنچه که زود شکسته گردد؛ زود شکن.

تردامن tar-dāman (ص مر.) ۱ - آنکه دامنش مرطوب گردیده. ۲ - (کن.) فاسق، فاجر. ۳ - عاصی، مجرم، گناهکار.

تردد taraddod [ع.] ۱ - (مص ل.) آمد وشد کردن. ۲ - دو دل شدن، دو دله گردیدن. ۳ - شکم راندن، اسهال گرفتن. ۴ - (اِمص.) آمد وشد، رفت و آمد. ۵ - دودلی. ۶ - شکم‌روش، اسهال. ج. ترددات.

ترددات taraddod-āt [ع.] (مص.، اِ.) ج. تردد (ه.م.)

تردست tar-dast (ص‌مر.) ۱ - چلد، چست، چالاك، زرنگ. ۲ - ماهر، حاذق. ۳ - نیرنگ باز، شعبده گر، مشعبد، حقه‌باز.

تردستی tar-dast-ī (حامص.) ۱ - چلدی، چالاکی، چابکی، زرنگی. ۲ - مهارت، حذاقت. ۳ - نیرنگ بازی، شعبده گری، حقه‌بازی.

تردید tardīd [ع.] ۱ - (مص م.) دودل کردن، دودله‌ساختن. ۲ - بازپس دادن، ردکردن. ۳ - (اِمص.) دودلی. ج. تردیدات.

تردیدات tardīd-āt [ع.] (مص.، اِ.) ج. تردید. (ه.م.)

تردید داشتن t.-dāštan [ع.-ف.] (مص‌ل.) دودل بودن، دودله بودن.

تردیدکردن t.-kardan [ع.-ف.] (مص‌ل.) تردید داشتن (ه.م.)

---

۱ - **Artetmis dracunculus** (لا.), **estragon** (فر.)

ترذیل tarzīl [ع.] (مص‌م.) پست شمردن، خوار داشتن، ناکس داشتن، فرومایه شمردن. ج. ترذیلات.

ترذیلات tarzīl-āt [ع.] (مص.، ا.) ج. ترذیل (ه‌.م.)

ترس tars [است.، پب. *tras] ۱- (ا.) بیم، خوف. ۲- (إفا.) در ترکیب بمعنی «ترسنده» آید: خداترس.

ترس tors [ع.] (ا.) سپر، جنه. ج. اتراس، تروس (کم.)

ترسا tars-ā [په. tarsāk ← ترسکار] ۱- (ص‌فا.) ترسنده، بیمدارنده. ۲- (ص.، ا.) نصرانی، مسیحی. ج. ترسایان.

ترساندن tars-āndan [= ترسانیدن ← ترس] (مص‌م.) (صر. ← رساندن) بیم‌دادن، ایجاد خوف‌کردن، دچارترس کردن (کسی‌را).

ترساننده tars-ānanda(-e) [← ترساندن، ترسانیدن] (إفا.) آنکه دیگری‌را بترساند و بخوف اندازد.

ترسانیدن tars-ānīdan [= ترساندن ← ترس] (مص‌م.) (صر. ← رسانیدن) ← ترساندن.

ترسکار tars-kār ۱- (ص فا.) ترسنده. ۲- خداترس، زاهد، پارسا. ۳- خاشع. ۴- ترسا، مسیحی.

ترسل tarassol [ع.] ۱- (مص‌ل.) نامه‌نوشتن، نامه‌نبشتن، رساله نوشتن. ۲- (إمص.) نامه نویسی، نامه‌نگاری، دبیری. ج. ترسلات. ‖ کتاب ~. کتابی که آداب نامه‌نویسی‌را یاد دهد.

ترسلات tarassol-āt [ع.] (مص.، ا.) ج. ترسل (ه‌.م.)

ترسم tarssom [ع.] ۱- (مص‌ل.) ظاهر پرستیدن. ۲- سالوسی کردن. ۳- (إمص.) ظاهرپرستی. ۴- سالوسی. ج. ترسمات.

ترسمات tarassom-āt [ع.] (مص.، ا.) ج. ترسم (ه‌.م.)

ترسناک tars-nāk (ص‌مر.) بیمناک، خوف انگیز، ترس آور.

ترسناکی t.-nāk-ī (حامص.) بیمناکی، خوف انگیزی.

ترسنده tars-anda(-e) [← ترسیدن] (إفا.) کسی که بترسد، خایف.

ترسو tars-ū [سمنانی، فریزندی، یرنی و نطنزی tarsū] (ص.) ترسنده، خایف، کم‌جرأت، کم‌دل.

ترسیدن tars-īdan [په. tarsītan] (مص‌ل.) (صر. ← پرسیدن) ۱- بیم داشتن، ترس داشتن، خوف کردن.

ترسیم tarsīm [ع.] ۱- (مص‌م.) نشان گذاشتن. ۲- خط کشیدن بر چیزی. ۳- رسم کردن، نگاشتن: ترسیم مثلث، ترسیم نقشه. ج. ترسیمات.

ترسیمات tarsīm-āt [ع.] (مص م.) ج. ترسیم (ه‌.م.)

ترش torš [په. turuš] (ص.) آنچه که حموضت داشته باشد، هرچه که طعم سرکه داشته باشد، حامض؛ مق. شیرین.

ترشا torš-ā (ص‌فا.) حالتی که در معده بسبب پرخوری یا علتی دیگر بواسطهٔ ازدیاد ترشحات اسیدی ایجاد گردد؛ سوء هاضمه.

ترشح taraššoh [ع.] ۱- (مص‌ل.) تراویدن، ترابیدن. ۲- افشانده‌شدن. ۳- آماده شدن، درخور گشتن. ۴- (إمص.) تراوش. ۵- افشاندگی. ۶- آمادگی. ج. ترشحات.

ترشحات taraššoh-āt [ع.] (مص.، ا.) ج. ترشح (ه‌.م.): ترشحات معده.

ترش‌رو(ی) torš-rū(y) (toroš)

ترش‌رویی

(ص‌مر.) کسی که‌دارای‌خوی تنداست، آنکه همیشه اخمو وتند مزاج‌است.

ترش‌رویی torš-rūy-ī(toroš-) (حامص.) بدخویی، تندخویی، عصبانیت.

ترشك torš-ak (امصغ.) (گیا.) گیاهی[1] از تیرهٔ هفت بند که پایاست وبارتفاع ۳۰ سانتیمتر تا یك‌متر میرسد. ریشه‌اش ضخیم و ساقه‌اش راست و بی کرك است. این گیاه وحشی‌درچمنزارها وکشت زارها وکنار رودها میروید؛ بقلهٔ حامضه، حبق خراسانی.

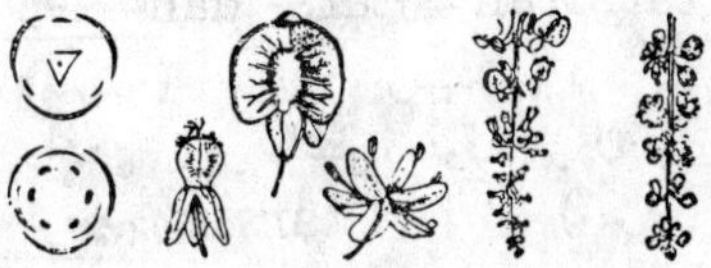

ترشك
(ساقهٔ گلدار، میوه، گل نر و ماده، تخمدان)

ترش مازو torš-māzū (امر.) (گیا.) اوری (ه.م.)

ترش و شیرین torš-o-šīrīn (ص‌مر.) میخوش (ه.م.)

ترشه torša(-e) [= ترشك] (ا.) (گیا.) ترشك (ه.م.)

ترشی torš-ī ۱ - (حامص.) کیفیت چیز ترش (ه.م.)، حموضت[2]. ۲ - (ا.) کلیهٔ مواد غذایی که‌مزهٔ ترش دارند[3]. و مقداری از اسیدهای مختلف در ترکیبشان وجوددارد. ترشیهارا بعنوان چاشنی‌غذا بکار میبرند. ۳ -(شم.) اسید (ه.م.) ج. ترشیها (فص.)، ترشیجات (غفص.).

ترشیح taršīh [ع.] ۱ - (مص م.) پروردن، آماده ساختن، درخور کردن. ۲ - (امص.) پرورش، آمادگی. ج. ترشیحات.

ترشیحات taršīh-āt [ع.] (مص.، ا.) ج. ترشیح (ه.م.)

ترصد tarassod [ع.] ۱ - (مص ل.) چشم داشتن، انتظار داشتن. ۲ - نگاهبان شدن، پاس داشتن، مراقب بودن. ۳ - (امص.) چشم داشت، انتظار. ۴ - نگاهبانی، مراقبت. ج. ترصدات.

ترصدات tarassod-āt [ع.] (مص.، ا.) ج. ترصد (ه.م.)

ترصیع tarsī' [ع.] ۱ - (مص ل.) گوهر نشان کردن، جواهر نشاندن. ۲ - (مس.) صورتهای مختلف بنغمات موسیقی دادن. ۳ - (امص.) گوهر نشانی. ۴ - (بع.) یکی بودن کلمات مصراعی با مصراع دیگر یا جمله‌ای باجملهٔ‌دیگردروزن وحروف خواتیم:

«ای منور بتو نجوم جلال
وی مقرر بتو رسوم کمال.»

(وطواط) ج. ترصیعات.

ترصیعات tarsī'-āt [ع.] مص.، ا.) ج. ترصیع (ه.م.)

ترضیه tarziya(-e) [=ع. ترضیة] (مص‌م.) راضی کردن، خشنودساختن.

ترعه tor'a(-e) [ع.] (ا.) ۱ - دهانهٔ جوی. ۲ - راه آب، آبراه. ۳- مجرای آب باریکی که مصنوعاً برای اتصال دریا یا دواقیانوس یادورود بیکدیگر حفر کرده باشند؛ تنگه: ترعهٔ پاناما، ترعهٔ سوئز.

ترغ torγ (ا.) اسبی باشدسرخ‌رنگ که آنراکهر خوانند.

ترغیب tarγīb [ع.] (مص م.) ۱-خواهان کردن، گراینده کردن، راغب کردن، برغبت آوردن. ۲ - (امص.) گرایندگی، راغبی. ج. ترغیبات.

---

۱ – Rumeux acetosa(.لا), surette (.فر)   ۲ – Acidité (.فر)
۳– Acidule (.فر)

ترغیبات tarγīb-āt [ع.] (مص.، إ.) ج. ترغیب (ه.م.)

ترف tarf [= ترپ، پهـ. ما نوی tfr، نوعی پنیر] (إ) کشك سیاه، قراقوروت.

ترف taraf [ع.] (إمص.) شادخواری، خوشگذرانی.

ترفبا tarf-bā [← ترف، با= ابا] (إمر.) آشی که در آن قراقوروت ریخته باشند؛ آش ترف، ترفینه

ترفع taraffo' [ع.] ۱ - (مص ل.) برتری نمودن، بلندی جستن، خودرا برتر گرفتن، تکبر ورزیدن. ۲ - (إمص.) برتری، تکبر. ج. ترفعات.

ترفعات taraffo'-āt [ع.] (مص.، إ.) ج. ترفع (ه.م.)

ترفق taraffoγ [ع.] ۱ - (مص ل.) نرمی کردن، مهربانی نمودن. ۲ - همراهی کردن. ۳ - (إمص.) نرمی، مهربانی. ۴ - همراهی، رفاقت. ج. ترفقات.

ترفقات taraffoγ-āt [ع.] (مص.، إ.) ج. ترفق (ه.م.)

ترفنج tarfanǰ (إ.) راه باریك ودشوار.

ترفند tarfand [= ترفنده، قس. پهـ. tarftīnītan] (ص.) ۱ - بیهوده، محال. ۲ - (إ.) تزویر، مکر، حیله.

ترفنده tarfanda(-e) [= ترفند] (ص.، إ.) ← ترفند.

ترفه taraffoh [ع.] ۱ - (مص ل.) آسودن، در رفاه بودن، آسایش داشتن. ۲ - (إمص.) تن آسایی، آسایش. ج. ترفهات.

ترفهات taraffoh-āt [ع.] (مص.، إ.) ج. ترفه (ه.م.)

ترفیع tarfī' [ع.] ۱ - (مص م) بالا بردن، بر کشیدن، بر آوردن. ۲ - (إمص.) بر کشی، ارتقاء. ج. ترفیعات.

ترفیعات tarfī-āt [ع.] (مص.، إ.) ج. ترفیع (ه.م.) : ترفیعات اداری.

ترفینه tarf-īna(-e) [← ترف] (ص نسبـ.، إمر.) ترف با (ه.م.)

ترفیه tarfīh [ع.] (مص م.) آسایش دادن، تن آسان کردن، دررفاه داشتن. ج. ترفیهات.

ترفیهات tarfīh-āt [ع.] (مص.، إ.) ج. ترفیه (ه.م.)

ترقب taraγγob [ع.] ۱ - (مص ل.) چشم داشتن، انتظار داشتن. ۲ - مراقب بودن، پاس داشتن. ۳ - (إمص.) چشم داشت، انتظار. ۴ - دیده بانی، مراقبت. ج. ترقبات.

ترقبات taraγγob-āt [ع.] (مص.، إ.) ج. ترقب (ه.م.)

ترقص taraγγos [ع.] ۱ - (مص ل.) رقص کردن، رقصیدن. ۲ - (إمص.) رقص. ج. ترقصات.

ترقصات taraγγos-āt [ع.] (مص.، إ.) ج. ترقص (ه.م.)

ترقوه tarγova(-e) [= ع. ترقوة] (إ.) (جاذ.، پز.) یکی از استخوانهای کمربند شانه یی که درجلو وبالا بتعدادیك زوج درطرفین سینه قرار دارد[1]. این استخوان بشکل S لاتینی است که افقی بین استخوان جناغ (عظم قص) واستخوان کتف واقع شده؛ آخورك، چنبر.

ترقوه

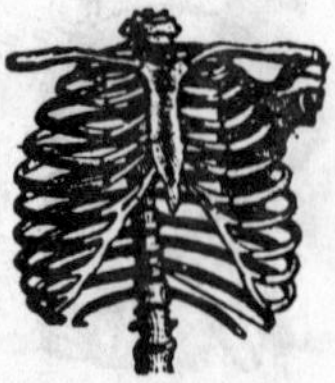

ترقی taraγγī [ع.] ۱ - (مص ل.) برشدن، بالا رفتن، برتری یافتن، بدرجات عالی رسیدن. ۲ - (إمص.) برتری یابی. ج. ترقیات.

1- Clavicule (فر.)

ترقیات

ترقیات taraɣɣiy-āt [ع.] (مص.، اِ.) ج. ترقی (ه.م.)

ترقیع tarɣī' [ع.] (مص م.) ۱ - پینه کردن، پاره دوختن، وصله کردن. ۲ - قطعات چهار گوش رنگارنگ را جنب هم قرار دادن ودوختن. ج. ترقیعات.

ترقیعات tarɣī'-āt [ع.] (مص.، اِ.) ج. ترقیع (ه.م.)

ترقیم tarɣīm [ع.] (مص م.) ۱ - نوشتن، خط نوشتن. ۲ - خط کشیدن، رقم زدن. ج. ترقیمات.

ترقیمات tarɣīm-āt [ع.] (مص.، اِ.) ج. ترقیم (ه.م.)

ترقین tarɣīn [معر. نبطی] ۱-(مص م.) باطل کردن عبارتی از دفتر وحساب دیوانی، سیاه کردن موضعی را بفرد حساب بخط زایده تا گمان نشود که اینجارا برای نوشتن سفید گذاشته‌اند. ۲ - (اِ.) خطی که محرران در بعضی مواضع میان دو حرف بی‌مد کشند.

۱- ترك tarak (اِ.) ۱ - خندقی که بردور حصار وباغ و قلعه و امثال آن کشند.

۲ - ترك tar-ak [← تر.] (ص.، اِمصغ.) ۱ - تر، مرطوب؛ مق. خشك. ۲- تروتازه، لطیف. ۳ - دختر بکر ودوشیزه. ۴ -حلوایی که ازقندو نشاسته وتخم ریحان پزند.

۳ - ترك tarak [= تراك] (اِصت.) ۱ - هر صدا و آوازی که از شکستن وترکیدن چیزی آید. ۲ - صدای رعد، آواز تندر.

۴ - ترك tarak [= تراك] (اِ.) ۱ - شکاف، رخنه. ۲ - (زم.) شکاف کوه وزمین[1]، فواصلی که بین دو قطعه زمین بر اثر زلزله وحرکات دیگر کوه‌زایی تشکیل گردد؛ تراك.

ترك

۱-ترك tark (اِ.) ۱ - کلاه خود، مغفر. ۲ - بخشها وسوزهای کلاه وخیمه وامثال آن.

۲-ترك tark [ع.] (مص م.) واگذاشتن، دست کشیدن، دست برداشتن، هلیدن، هشتن، رها کردن. ‖ ~ ادب. ← ادب.

ترکان tarkān [تر. = ترکن] ۱ - ملکه، شهربانو. ۲ - لقب زنان ارجمند، بی‌بی، بیگم. ضح. - این کلمه را بغلط «ترکان» torkān خوانند.

ترکاندن tarak-āndan [= ترکانیدن ← ترك] (مص م.) ← ترکانیدن.

ترکانیدن tarak-ānīdan [= ترکاندن ← ترك] (مص م) (ترکانید، ترکاند، خواهد ترکانید، بترکان، ترکاننده، ترکانیده) ۱ - ترك دادن، تراك دادن، شکاف دادن. ۲ - منفجر کردن، انفجار.

ترکب tarakkob [ع.] ۱ - (مص ل.) استوار شدن، برهم نشستن. ۲ - (اِمص.) سواری.

ترکتاز tork-tāz [= مخف. ترکتازی] (حامص.) ← ترکتازی.

ترکتازی tork-tāz-ī (حامص.) ۱ - تاخت بشتاب وناگاه برسبیل تاراج و غارت کردن (مانند ترکان قدیم). ۲ - جولان.

ترکتازی کردن t.-kardan (مص ل.) ۱-تاخت آوردن بشتاب و ناگاه برسبیل تاراج وغارت کردن (مانند ترکان قدیم). ۲ - جولان کردن.

ترك‌جوش tork-ǰūš (اِمر.) آبگوشتی که گوشت آن نیم‌پخته باشد.

۱- Fissure (فر.)

ترک‌خوردن tarak-xordan (مص ل.) (عم.) شکاف برداشتن.

ترک خورده t.-xorda(-e) (ص مف.)(عم.)شکاف برداشته ؛ بشقاب ترک خورده.

ترکش tarkaš [← تیرکش](إمر.) جعبه یا کیسه‌ای که در آن تیرهای کمان را جا میدادند و بپهلومی آویختند؛ تیرکش، تیردان.

ترک‌کردن tark-kardan [ع . - ف.] (مص م.) واگذاشتن، رها کردن، ول کردن، دست کشیدن.

ترک‌گفتن t.-goftan [ع .-ف.] (مص م.) ← ترک کردن.

ترکمان torkamān [= ترکمن] ۱ - (إخ.) ← بخش ۳. ۲ - فردی از قوم ترکمان (← بخش ۳).

ترکنده tarak-anda(-e) (إفا .) ۱ - آنچه که ترک یابد، چیزی که شکاف پیدا کند. ۲ - منفجر شونده.

ترکه tarka(-e) (إ.) شاخهٔ باریک ودراز که ازدرخت بریده باشند.

ترکه tareka(-e) [= ع. ترکة] (إ.) ۱ - وامانده، هرچیز متروك. ۲ - مالی که از مرده باقی مانده باشد ؛ مرده ریگ .ضح. - در تداول taraka(-e) تلفظ شود.

۱- ترکی tork-ī [← ترك(بخش ۳)] (حامص.) ترك بودن.

۲- ترکی tork-ī [← ترك(بخش ۳)] (ص نسبـ.) ۱ - منسوب به ترك. ۲ - زبان ترکان ← بخش ۳. ۳ - (مس.) آوازدوم از اصول درموسیقی قدیم که آنرا بحر ترك نیز گویند.

ترکیب tarkīb [ع.] ۱ - (مص م.) برهم نشانیدن، بر نشانیدن، سوار کردن. ۲ - بهم پیوستن. ۳ - آمیخته کردن، مخلوط ساختن. ۴ - (إمص.) آمیزش، اختلاط. ۵ - (شم.) تبدیل چندجسم بجسمی سنگین‌تر. ۶ - (دس .) تحلیل عبارتها و جمله‌هاست از لحاظ روابط کلمات طبق قواعد نحو ؛مق. تجزیه . ۷ - (إ .) نهاد ، اندام : «ترکیب او زیباست». ۸ - (بع.) ترکیب بند(ه.م.) ج. ترکیبات.

ترکیبات tarkīb-āt [ع.] (مص.، إ.) ج. ترکیب (ه.م.)

ترکیب بند t.-band [ع.-ف.](إمر.) (شعر.) آوردن چند بند دریك بحر که هر بند دارای قافیه‌ای جداگانه باشد و در آخر هربند یك بیت غیر مکرر آورند؛مق. ترجیع بند.

ترکی تاز torkī-tāz [= ترکتاز] (حامص) ← ترکتاز ، ترکتازی.

ترکیدن tarak-īdan (مص ل .) (ترکید، ترکد، خواهد ترکید، بترك، ترکنده ، ترکیده) ۱ - ترك یافتن ، تراك خوردن، شکافته‌شدن. ۲- منفجر شدن .

ترکیده tarak-īda(-e) (إمف.) ۱ - تراك خورده، شکافته شده. ۲- منفجر شده.

ترگز tar-gaz [← گز] (إمر.) (گیا.) تاغ(ه.م.)

ترمز tormoz [رس. tórmoz] (إ.)

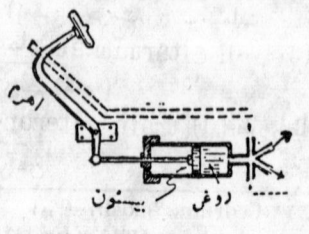

ترکش

ترمز

ترمزاج

(مکن.) آلتی است در اتومبیل و ماشینهای مشابه که با فشار دادن آن حرکت اتومبیل یا ماشین دیگر را متوقف یا کند میسازد[1]. ‖ ~ پایی. (مکن.) ترمزیست در اتومبیل که بوسیلهٔ پدال پچرخها منتقل میشود. ‖ ~ دستی. (مکن.) ترمزیست که علاوه بر ترمز پایی در اتومبیل تعبیه شده که بوسیلهٔ دستگیره‌ای آنرا با دست کشند.

ترمس

ترمزاج tar-mezāǰ [ف.-ع.] (ص مر.) ۱ - آنکه دارای طبیعت تر و تازه است؛ خوش مزاج. ۲ - سالم، تندرست.

ترمزاجی t.-mezāǰ-ī [ف.-ع.] (حامص.) کیفیت و حالت ترمزاج (ه.م.)

ترمز بریدن tormoz-borīdan [رس.-ف.] (مص ل.) از کار افتادن ترمز (ه.م.)

ترمز کردن t.-kardan [رس.-ف.] (مص ل.) استفاده از ترمز برای کند کردن حرکت (اتومبیل و ماشین دیگر) یا متوقف ساختن آن.

ترمز گرفتن t.-gereftan [رس.-ف.] (مص ل.) ترمز کردن (ه.م.)

ترمس tormos [ع] (إ.) (گیا.) لوبیا گرگی (ه.م.)

ترمومتر

ترمومتر termometr [فر. theomètre] (إمر.) (فز.) میزان‌الحراره (ه.م.) مقیاس‌الحراره.

ترمیم tarmīm [ع.] ۱ - (مص م.) مرمت کردن، رخنه بستن، خلل بر گرفتن. ۲ - (إمص.) مرمت. ج. ترمیمات.

ترمیمات tarmīm-āt [ع.] (مص.، إ.) ج. ترمیم (ه.م.)

ترنج

ترن teran [فر. train] (إ) قطار. قطار راه آهن.

ترنانه tar-nāna(-e) (إمر) هر چیز که آنرا با نان توان خورد همچون ماست و پنیر و دوشاب و مانند آن؛ نان خورش، ادام.

ترنتای torontāy (إ.) (مس.) سازیست از مقیدات (ه.م.) آلات ذوات‌الاوتار (ه.م.) که سطح آن مسدس و ساعدش مطول است و بر آن یك وتر بندند (مقاصدالالحان - سخن ۵ ش ۳ ص ۲۰۵).

ترنج toranǰ [= معر. اترج] (إ.) ۱ - (گیا.) بالنگ[2] (ه.م.) ۲ - (گیا.) میوهٔ درخت مذکور، تفاح‌مائی. ۳ - (نق.) از طرحهای قراردادی هنرهای تزیینی ایران و آن چهارگوشهٔ پیچ و خم داری است که در وسط آن برگهایی طراحی شده است.

ترنج toronǰ, taranǰ (إ.) ۱ - چین و شکن. ۲ - سخت درهم فشرده، درهم کشیده. ۳ - خشك شده، درشت گردیده.

ترنجان toronǰ-ān [← ترنجانی] (إ.) (گیا.) بادرنجبویه (ه.م.)

ترنجانی toranǰ-ān-ī [← ترنجان] (ص نسبـ.، إمر.) (گیا.) بادرنجبویه (ه.م.)

ترنجبین tar-anǰabīn [معر. ترنگبین] (إمر.) (گیا.) ترشحات و شیرابه های برگ و ساقه های گیاه خارشتر که از لحاظ شیمیایی نوعی از «من» میباشد[3]. در ترکیب ترنجبین ساکارز[4] و ملزیتوز[5] موجود است، و آن در تداوی بعنوان ملین استعمال میشود.

ترنجیدن toronǰ-īdan, taranǰ- (مص ل.) (ترنجید، ترنجد، خواهد ترنجید، ترنجنده، ترنجیده). ۱ - سخت

1-Brake (انگ.), frein (فر.) 2-Cedrum (.لا), kedros (.يو)
3- Alhagi camelerum (.لا) 4-Saccharose (.فر) 5-Mélézitose (.فر)

درهم کشیده و کوفته شدن . ۲ - چین بهم رسانیدن، چین وشکن شدن . ۳ - درشت گردیدن.

ترنجیده toronǰ-īda(-e), taranǰ (إمف.) ۱ - سخت درهم کشیده و کوفته. ۲ - چین بهم رسانیده، پرچین وشکن. ۳ - درشت گردیده.

ترنگ tarang (إصت.) ۱ - صدا و آواز زه کمان باشد بوقت تیر انداختن. ۲ - صدای رسیدن پیکان تیر وخوردن گرز وشمشیر بجایی. ۳ - شکستن تیغ. ۴ - آواز تار بهنگام نواختن ساز.

ترنگ torang [= تورنگ] (إ.) (جان.) تذرو، قرقاول (ه.م.)

ترنگاترنگ tarang-ā-tarang (إمر.) ۱ - صدای چلهٔ کمان. ۲ - آوای تارهای ساز. ۳ - صدای انداختن تیرهای پی‌درپی.

ترنگانیدن tarangān-īdan (مص م.) (صر. ← ترکانیدن) بصدادرآوردن چلهٔ کمان.

ترنگبین tar-angabīn (إمر.) (گیا.) ترنجبین (ه.م.)

ترنگست tarangast [=طرنگست ← ترنگ] (إ.) (مس.) آوازهٔ سازهایی که ازاوتارباشد، آواز تارهای ذوی‌الاوتار.

ترنگوت tarangūt (إ.) (گیا.) درختی[1] از تیرهٔ بیدها که یکی از گونه‌های سپیداراست. این گیاه در اغلب نقاط ایران بحال خودرو وجود دارد وهمچنین کشت میشود؛ پرک، غرب.

ترنم tarannom [ع.] ۱ - (مص ل.) سراییدن، آوازگردانیدن. ۲ - (إمص.) آوازه خوانی. ۳ - (إ.) آوازنیکو، سرود، نغمه. ج. ترنمات.

ترنمات tarannom-āt [ع.] (مص.، إ.) ج. ترنم (ه.م.)

ترنیق tarnīγ [ع.] (إ.) (گیا.) جالیگون (ه.م.)

تروح taravvoh [ع.] ۱ - (مص ل.) آسایش جستن. ۲ - باد زدن.

ترومبون terombon [فر. trombone] (إ.) (مس.) یکی ازسازهای بادی مسی که صدای آن شبیه ترمپت ولی قویتر و بهتر ازآنست وغالباً نواهای باشکوه وپرصدا را اجرا میکنند. این سازازحیث ساختمان بردو نوع میباشد.

ترومپت terompet [فر. trompette] (إ.) (مس.) یکی ازسازهای بادی مسی وآن قسمی شیپور است که در قدیم آنرا از شاخ حیوانات میساختند. این ساز همیشه در معابد یهودیان مورد استفاده بوده وامروز هم درکنیسه‌ها از آن استفاده میکنند. ترومپت فلزی را یونانیان اختراع کرده‌اند.

ترومپت

تروند tar-vand [= ترونده] (ص مر.) ← ترونده.

ترونده tar-vanda(-e) [← تروند] (ص مر.) نورس (میوه)، نوباوه، نوبر.

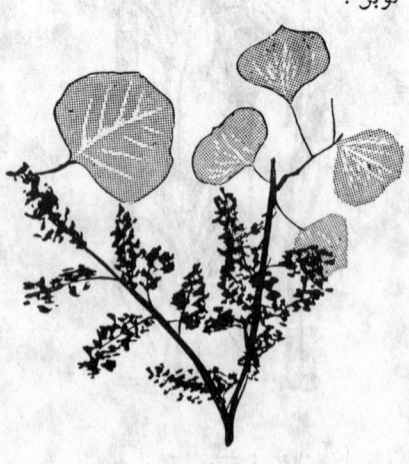

ترنگوت و برگ آن

۱ - Populus euphratica (لا.)

تروی taravvī [ع.] ۱ - (مص ل.) اندیشه کردن، تأمل کردن در امری. ۲ - (إمص.) تأمل، تفکر.

ترویج tarvīǰ [ع.] ۱ - (مص م.) رواج دادن، رواکردن، روایی دادن. ۲ - (إمص.) رواج، روایی. ج. ترویجات.

ترویجات tarvīǰ-āt [ع.] (مص.، إ.) ج. ترویج (ه.م.)

ترویح tarvīh [ع.] (مص م.) آسوده کردن، آسایش دادن، راحت کردن. ج. ترویحات.

ترویحات tarvīh-āt [ع.] (مص.، إ.) ج. ترویح (ه.م.)

ترویه tarviya(-e) [=ع. تروية] (مص م.) ۱ - سیراب کردن. ۲ - آب برای سفر برداشتن. ۳ - اندیشیدن در کاری ‖ یوم (روز) ~ . روز هشتم ذی‌حجه.

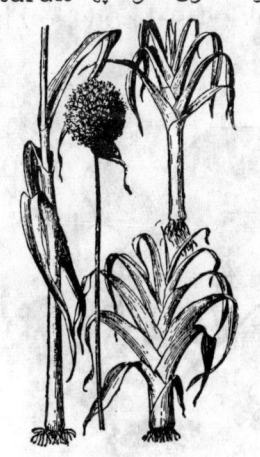

تره tara(-e), tarra(-e) [= ترج، معر. = طرج، معر.، په. tarak] (إ.)

تره
(گل وساقهٔ بلند و کوتاه آن)

۱ - (گیا.) گیاهی[1] است از تیرهٔ سوسنیها جزو دستهٔ گل سوسن که گیاهی است دوساله و در اروپا و آسیا و افریقا میروید. ارتفاعش در بعضی گونه‌ها ممکن است تا ۶۰ سانتیمتر برسد. ساقهٔ گل دارش منفرد است. گل آذینش چتری است و گلها بشکل کره‌یی در انتهای ساقه قرار دارند. برگهای این گیاه جزو سبزیهای خوردنی مصرف میشود؛ گندنا، بقل. ۲ - (گیا.) گیاه تیزی که بر سرهای دانه‌های جو و گندم درخوشه میباشد.

ترهات torrahāt [ع.] (إ.) ج. تره؛ بیهوده‌ها، یاوه‌ها.

ترهب tarahhob [ع.] ۱ - (مص ل.) عبادت کردن، راهب شدن. ۲ - (مص م.) ترسانیدن. ۳ - (إمص.) پرستش، عبادت.

تره بار tara(-e)-bār [= تربار] (إمر.) (گیا.) سبزیهای خوردنی و برخی میوه‌ها از قبیل کدو و گوجه فرنگی و بادنجان و باقلا و غیره.

تره تندک t.-tondak (إمر.) ← تره تیزک.

تره توت t.-tūt (إمر.) ۱ - (گیا.) برگ توت. ۲ - (گیا.) ترتیزک. ۳ - (گیا.) فلوس، سلیخه.

تره تیزک t.-tīzak [= ترتیزک] (إمر.) گیاهی است[2] از تیرهٔ چلیپاییان که جزو سبزیهای خوراکی معمولی است و مزه‌اش تند و تیز است. گیاهی است یکساله و برگهایش کوچک و میوه‌اش خرجینک و بالدار است؛ ترتیزک، رشاد، تره تندک، حب‌الرشاد.

ترهلان tarhalān (إ.) (گیا.) قونیزه (ه.م.)

---

۱ – Allium porrum (لا.), poireau (فر.)
۲ – Lepidium sativum (لا.), cresson aléonois (فر.)

ترهلی terhelī (اِ.) (گیا.) شابانگ (ه.م.)

ترهه torraha(-e) [=ع. ترهة] (اِ.) (کم.) ۱ - بیهوده، یاوه. ۲ - سخن بیفایده. ج. ترهات.

ترهیب tarhīb [ع.] (مصم.) ترسانیدن. ج. ترهیبات.

ترهیبات tarhīb-āt [ع.] (مص.، اِ.) ج. ترهیب (ه.م.)

تریاق teryāγ [معر.یو. θēriaka، سبعی (منسوب به سبع، جانور درنده)، ضدگزش درندگان] ۱ - (اِ.) پادزهر، پازهر، تریاك. ۲ - افیون، تریاك. ۳ - (پز.) معجونی مرکب[1] از داروهای مسکن و مخدر که بعنوان ضد دردها وسموم بکارمیرفته ودرترکیبش عصاره‌های گیاهان خانوادهٔ شقایق وخشخاش بکار میرفته‌است؛ تریاق‌فاروق، تریاق‌کبیر. ج. تریاقات. ‖ ~ فاروق. (پز.) ← نمر. ۳.

تریاقات teryāγ-āt [ع.] (اِ.) ج. تریاق (ه.م.)

تریاق‌زار teryāγ-zār [معر.-ف.] (اِمر.) محل تریاق، آنجاکه پادزهر بسیار باشد.

تریاق لان t.-lān [معر.-ف.] (اِمر.) محل تریاق، مکان پادزهر.

تریاك teryāk [= تریاق (ه.م.)] (اِ.) ۱ - پادزهر، پازهر، ضد سموم. ۲ - شیرهٔ میوهٔ گیاه خشخاش[2] که باتیغ زدن میوهٔ خشخاش بطرق مخصوصی میگیرند. این شیره در ابتدای خروج از میوهٔ کپسول شکل خشخاش سفید رنگ است، ولی درمجاورت هواتغییر رنگ داده ابتدا زرد و بعداً قهوه‌یی رنگ میشود. شیرهٔ حاصل حاوی آلکالوئید بسیار است؛ افیون. ‖ ~ فاروق. (پز.) تریاق‌فاروق (ه.م.)

تریاك برگردان t.-bar-gardān (اِمر.) (گیا.) گندل (ه.م.)

تریاك‌سایی t.-sāy-ī (حامص.) (پز.) مالیدن وفشردن شیرهٔ تریاك[3] برای بعمل آوردن وآماده کردن آن بصورت تجارتی که بطرق مخصوص انجام میشود؛ تریاك مالی.

تریاك‌مالی t.-māl-ī (پز.) تریاك سایی (ه.م.)

تریاکی teryāk-ī [← تریاك] (ص نسب.) معتاد بکشیدن یا خوردن تریاك؛ افیونی.

تریان taryān (ter.-) [← تریانان] (اِ.) ۱ - طبق چوبین. ۲ - طبقی که از شاخ بید بافند.

تریبه tarība(-e) [=ع. تریبة] (اِ.) (پز.) استخوان سینه، جناق (ه.م.) ج. ترایب. (ترائب).

تریت tarīt (terīt .تد) [= تلیت = ترید] (اِ.) ریزه کردن نان دردوغ، شیر، آب گوشت و مانند آن.

تریج terīǰ [= تریز = تیریز] (اِ.) ← تریز.

ترید tarīd (ter.-) [= تریت = تلیت] (اِ.) ← تریت.

تریز terīz [= تیریز = تریج] (اِ.) ۱ - دو مثلث که از دو طرف دامن جامه برآورند، شاخ جامه و قبا. ۲ - بال و پر مرغان.

تریسموس terīsmūs [فر. trismus] (اِ.) (پز.) کزاز فکی (ه.م.)

1- Electuaire andromaque (فر.)
2- Opium (لا.)
3- Rouler ou frotter d'opium (فر.)

تریشه tarīša(-e) [= تراشه] (اِ.) خرده ریزه، مانند ریزهٔ کاغذ، چوب.

تریشین terīšīn [فر. trichine] (اِ.) (جانـ.) یکی از کرمهای طفیلی که از خانوادهٔ نماتودها[1] که در انسان مرض تریشینوز (ه.م.) را بوجود میآورد. این جانور کرم کوچك نخی شکل و باریکی است که حد اکثر طولش در حدود ۶ میلیمتر است.

تریشین

تریشینوز terīšīnoz [فر. trichinose] (اِ.) (پز.) مرضی که توسط کرم تریشین (ه.م.) در بدن انسان بوجود میآید. این جانور بصورت بالغ در عضلات مخطط انسان جایگزین میشود و تولید دردهای شدید مفصلی شدید شبیه دردهای روماتیسمی حاد میکند.

تریلیون terīlyon(-yūn) [فر. trillion] (عد.) عددی اصلی معادل یك میلیارد میلیارد، 10^{18}.

ترینه tar-īna(-e) (ص نسبـ.، اِمر.) نوعی خوراکی است که عبارت است از اینکه نان تنوری نیم‌پخته را ریزه‌ریزه کرده با فلفل و زنجبیل وزیره وسیاه‌دانهٔ نیم کوفته وسبزیهای ریزه کرده‌در تغاری کنند و سرکه ودوشاب بر بالای آن ریزند و مشت زنند تا خوب خمیر شود و درآفتاب نهند وتا ۴۰ روزهر‌روز سرکه و دوشاب ریزند و برهم‌زنند و درآفتاب‌نهند تا بقوام آید. سپس از آن قرصها سازند و خشك کنند.

تریو taryū (اِ.) پارچه وجامهٔ سفید باریك.

تریو teriyo [فر. trio] (اِ.) ۱- (مس.) قطعاتی که‌برای سه‌ساز از روی فرم سنات (ه.م.) ساخته شده باشد. ۲- (مس.) آوازسه‌نفری. ۳- (مس.) قسمت دوم یك منوئه (ه.م.).

۱- تز taz [قس. تاس] (ص.) کچل، کل.

۲- تز taz [= تژ] (اِ.) (جانـ.) صعوه (ه.م.).

۳- تز taz [= تزه = تژه] (اِ.) دندانهٔ کلید، پرهٔ کلید.

۱- تز tez [= تژ = تیج] (اِ.) برگ نو برآمده از درخت، جوانه.

۲- تز tez [فر. thèse] (اِ.) ۱- موضوعی که کسی برای اثبات آن کتباً یاشفاهاً بکوشد. ۲- رساله‌ای که دانشجو پس از فراغ تحصیل تألیف کند وازمطالب آن درجلسه‌ای دفاع نماید؛ پایان‌نامه، رسالهٔ دکتری.

تزاحم tazāhom [ع.] (مص ل.) ۱- گرد آمدن مردم دریکجا وبیکدیگر فشار وارد آوردن؛ انبوهی کردن. ۲- (اِمص.) انبوهی. ج. تزاحمات.

تزاحمات tazāhom-āt [ع.] (مص.، اِ.) ج. تزاحم.

تزار tezār [فر. tsar رس. tsar'] (اِ.) عنوان پادشاهان روسیه، قیصر.

تزاوج tazāvoǰ [ع.] (مص ل.) بهم جفت شدن.

تزاید tazāyod [ع.] (مص ل.) زیاد شدن، افزون گشتن. ۲- (اِمص.) افزونی، فزونی، افزایش.

تزجیه tazǰiya(-e) [= ع. تزجیة] (مص م.) گذرانیدن، روزگار گذرانیدن، گذاشتن روزگار.

تزریق tazrīγ [ع.] ۱- (مص م.) داخل کردن داروی مایع درزیر پوست بدن یا در داخل رگ بوسیلهٔ سوزن

۱- Nématodes (فر.)

مخصوص[1]؛ آمپول زدن. ۲ - (اِمص.) عمل مذکور. ج. تزریقات.

تزریقات tazrīɣ-āt [ع.] (مص.، اِ.) ج. تزریق.

تزریق کردن t.-kardan [ع.-ف.] (مصم.) داخل کردن داروی مایع درزیر پوست بدن ← تزریق.

تزکیت tazkiyat [=ع. تزکیة ← تزکیه] ← تزکیه.

تزکیه tazkiya(-e) [=ع. تزکیه ← تزکیت] (مصم.) ۱- پاکیزه گردانیدن، بی‌آلایش کردن. ۲ - ستودن. ۳- زکات دادن (غم.)

تزلزل tazalzol [ع.] (مصل.) ۱ - جنبیدن، لرزیدن. ۲ - سست‌شدن. ۳ - (اِمص.) جنبش. ۴ - اضطراب. ج. تزلزلات.

تزلزلات tazalzol-āt [ع.] (مص.، اِ.) ج. تزلزل (ه.م.)

تزلزل داشتن t.-dāštan [ع.-ف.] (مصل.) اضطراب داشتن.

تزلزل یافتن t.-yāftan [ع.-ف.] (مصل.) اضطراب یافتن.

تزمل tazammol [ع.] (مصل.) در جامه پیچیده شدن.

تزمیل tazmīl [ع.] (مصم.) بجامه پیچیدن.

تزوج tazavvoǰ [ع.] ۱ -(مصل.) جفت شدن با ، زناشویی کردن . ۲ - (اِمص.) زناشویی. ج. تزوجات.

تزوجات tazavvoǰ-āt [ع.] (مص.، اِ.) ج. تزوج (ه.م.)

تزود tazavvod [ع.] (مصل.) توشه گرفتن، توشه ساختن.

تزویج tazvīǰ [ع.] ۱ - (مصم.) همسر گرفتن ، جفت گرفتن . ۲ - (اِمص.) زناشویی. ج. تزویجات.

تزویجات tazvīǰ-āt [ع.] (مص.، اِ.) ج. تزویج (ه.م.)

تزویج کردن t.-kardan [ع.-ف.] (مص م.) ۱ - همسر گرفتن ، جفت گرفتن. ۲ - بهمسری دادن.

تزویر tazvīr [ع.] ۱ - (مص ل.) دروغ آراستن ، دروغ پردازی کردن. ۲ - مکر کردن، فریب دادن، گول زدن. ۳ - دورویی کردن. ۴ -(اِمص.) دروغ پردازی. ۵- غدر ، حیله.

تزویر کردن t.-kardan [ع.-ف.] (مص ل.) ۱ - دروغ آراستن ، دروغ پردازی کردن. ۲ - مکر کردن،فریب دادن. ۳ - دورویی کردن.

تزه taza(-e) [= تز] ← تز۳ (taz).

تزهد tazahhod [ع.] ۱ - (مصل.) زهد ورزیدن، زاهد شدن، پارساشدن . ۲ - (اِمص.) زاهدی، پارسایی.

تزهید tazhīd [ع.] (مص م.) ۱ - زاهد کردن. ۲ - پارسا خواندن.

تزین tazayyon [ع.] ۱ -(مصل.) آراسته شدن،زینت یافتن. ۲ -(اِمص.) آراستگی. ۳ - خودآرایی. ج. تزینات.

تزینات tazayyon-āt [ع.] (مص.، اِ.) ج. تزین (ه.م.)

تزیید tazyīd [ع.] (مص م.) زیاد کردن ، افزون کردن ، افزودن . ج. تزییدات.

تزییدات tazyīd-āt [ع.] (مص.، اِ.) ج. تزیید (ه.م.)

تزییف tazyīf [ع.] (مصم.) ناسره داشتن، نبهره داشتن، نادرست خواندن.

تزیین tazyīn [ع.] ۱ - (مص م.)

۱ - Injection (فر.)

زینت‌دادن، زیور کردن، آراسته‌نمودن. ۲ -(اِمص.) آراستگی . ج.تزیینات.

تزیینات tazyīn-āt [ع.] (مص.، اِ.) ج.تزیین (ه.م.)

تزیین کردن t.-kardan [ع.-ف.] (مصم.) زینت دادن، زیور کردن.

تژ taž [= تز] (اِ.) (جان.) صعوه (ه.م.)

تژ tež [= تژه = تزه = تز = تیج] (اِ.) ۱ - (گیا.) برگ‌درخت یا گیاه نورسته، جوانه. ۲ -(گیا.) گیاهی که تازه سراز خاك برآورده باشد .

۱ - تژه taža(-e) [— تژ] (اِ.) ۱ - (گیا.) برگ درخت یا گیاه نورسته . ۲ - (گیا.) گیاهی که تازه سراز خاك برآورده‌باشد. ۳ - خسهای سر تیزی که برسردانه‌های گندم وجوی که‌درخوشه است میباشد .

۲ - تژه taža(-e) [= تزه= تز] (اِ.) دندانهٔ کلید، پرهٔ کلید.

تس tas (اِ.) تپانچه،سیلی.

تس tos (اِصت.) ۱ - باد بیصدایی که ازمقعد خارج گردد. ۲ - تف، خدو ، خیو.

تسابق tasāboγ [ع.](مصل.) پیشی گرفتن بریکدیگر.

تسارع tasāro' [ع.] (مص ل .) شتافتن، شتاب آوردن، سرعت گرفتن.

تسافل tasāfol [ع.](مصل.)بنشیب آمدن، فرود آمدن.

تساقط tasāγot [ع.] ۱ - (مصل.) افتادن، بیفتادن ، سقوط کردن ، فرو افتادن. ۲ -(مصم.)افکندن،بیفکندن، خودرا برچیزی افکندن.

تسالم tasālom [ع.] (مصم.) صلح کردن، آشتی کردن، بایکدیگر آشتی کردن، آشتی‌جستن، باهم‌سازش کردن.

تسامح tasāmoh [ع.] ۱ - (مصل.) آسان‌گرفتن، مداراکردن. ۲- کوتاهی کردن، فروگذار کردن. ۳ - (اِمص.) سهل انکاری. ج.تسامحات.

تسامحات tasāmoh-āt[ع.](مص.، اِ.) ج.تسامح. (ه.م.)

تسامع tasāmo' [ع.] ازهم شنیدن، از همدیگرخبرشنیدن.

تساوی tasāvī [ع.] ۱ - (مصل.) برابر شدن باهم، همانندشدن دوچیز. ۲ - (اِمص.) برابری.

تساهل tasāhol[ع.] ۱ - (مصل.) سهل گرفتن بریکدیگر، آسان‌گرفتن، بنرمی رفتار کردن. ۲ - آسان‌گفتن. ۳ -(اِمص.) سهل انگاری.

تسایر tasāyīr [ع.] (مص.،اِ.) ج.تسییر (ه.م.)

تسبانیدن tasb-ānīdan [= تفسانیدن] (مصم.) ۱ - گرم کردن. ۲ - خفه کردن.

تسبب tasabbob [ع.] (مص ل.) ۱ - سبب شدن. ۲ - سبب جستن ، راه جستن. ۳ - زحمت کشیدن.

تسبیب tasbīb [ع.] ۱ - (مصم.) ایجاد سبب کردن . ۲ - وصول کردن مالیات تا دینار آخر. ۳ - حواله‌کردن طلب کسی بردیگری که بدهکاراست. ۴ - (اِمص.) سبب سازی، وسیله‌سازی. ج. تسبیبات.

تسبیبات tasbīb-āt [ع] (مص ، اِ.) ج. تسبیب.

تسبیح tasbīh [ع.] ۱ - (مص م.) خدارا بپاکی یادکردن، نیایش خدای کردن. ۲- سبحان‌الله گفتن.۳- (اِمص.) ذکر خدا، یاد خدای. ۴ - (ف.) (اِ.)

تژ

دانه‌های برشته کشیده که هنگام ذکر ودعا در دست گیرند؛ سبحه. ج. تسبیحات.

تسبیحات tasbīh-āt [ع.] (مص.، إ.) ج. تسبیح.

تسبیح‌خوان tasbīh-xān [ع.-ف. = تسبیح‌خواننده] (ص‌فا.) ۱ـ آنکه برای کسی نماز میگزارد وعبادت میکند و پول میگیرد. ۲ـ آنکه ذکر سبحانیت خداوند را میگوید، آنکه ذکرهایی در بارهٔ پاکی وسبحانیت خدا بر زبان میراند.

تسبیح کردن t.-kardan [ع.-ف.] (مص م.) بپاکی یاد کردن خدای را. ۲ـ سبحان‌الله گفتن.

تسبیح گفتن t.-goftan [ع.-ف.] نیایش خدای کردن، ذکر خدا کردن.

تسبیع tasbī' [ع.] (مص م.) به‌هفت بخش‌در آوردن چیزی را، برهفت رکن تقسیم کردن، هفت جزء کردن چیزی را.

تسبیغ tasbīγ [ع.] (مص م.) (عر.) نوعی از تصرفات و زحافات است در عروض، وآن افزودن حرفی ساکن است برسببی که به‌آخر جزو افتد چنانکه در «فاعلاتن»، «فاعلاتان» میشود: «و بعضی آنرا مسبغ خوانند از تسبیغ تا مبالغت بیشتر باشد در تمام کردن.» (المعجم. چا.مد: ۳۹)

تست test [انگ. test] (إ.) ۱ـ آزمایش، امتحان. ۲ـ نوع خاصی از آزمایش که بنای آن برطرح پرسشهای کوتاه ومحدود است.

تستر tasattor [ع.] (مص ل.) ۱ـ پوشیده گشتن، در پرده شدن، روی نهفتن. ۲ـ پرهیز کردن.

تسترغیده tostorγ-īda(-e) (إمف.) درهم فشرده، ترنجیده.

تستیر tastīr [ع.] (مص م.) پوشانیدن، در پرده داشتن. ج. تستیرات.

تستیرات tastīr-āt [ع.] (مص.، إ.) ج. تستیر (ه.م.)

تسجیع tasǰī' [ع.] (مص ل.) باسجع سخن گفتن، کلام موزون گفتن. ج. تسجیعات.

تسجیعات tasǰī'-āt [ع.] (مص.، إ.) ج. تسجیع.

تسجیل tasǰīl [ع.] (مص م.) ۱ـ ثابت و استوار کردن، بکرسی نشاندن. ۲ـ حکم دادن. ۳ـ عهد کردن، پیمان کردن. ۴ـ مهر کردن قباله. ۵ـ (إمص.) استواری، تأیید. ج. تسجیلات.

تسجیلات tasǰīl-āt [ع.] (مص.، إ.) ج. تسجیل (ه.م.)

تسجیل کردن t.-kardan [ع.-ف.] (مص ل.) ۱ـ ثابت و استوار کردن. ۲ـ حکم دادن. ۳ـ عهد کردن، پیمان کردن. ۴ـ مهر کردن قباله.

تسحب tasahhob [ع.] (مص ل.) ۱ـ گستاخی کردن. ۲ـ دامن کشیدن. ۳ـ ناز کردن.

تسخر tasxar [مفر. ع. تمسخر، سخره] ۱ـ (مص م.) مسخره کردن، ریشخند کردن. ۲ـ (إمص.) ریشخند.

تسخر tasaxxor [ع.] (مص ل.) ۱ـ رام شدن، مطیع شدن، ذلیل گشتن. ۲ـ کار بیمزد کردن.

تسخر زدن tasxar-zadan [مفر.-ف.] تسخر کردن ↓.

تسخر کردن t.-kardan [مفر.-ف.] (مص ل.) مسخره کردن کسی را، ریشخند کردن.

تسخیر tasxīr [ع.] (مص م.) ۱ـ رام کردن، مطیع کردن، مقهور کردن، مغلوب کردن. ۲ـ بکار بی‌مزد واداشتن.

تسخیرات

۳ - بدست آوردن. ۴- (اِمص.) قهر، غلبه. ۵ - تصرف. ج. تسخیرات.

تسخیرات tasxīr-āt [ع.] (مص.، اِ.) ج. تسخیر (ه.م.)

تسخیر کردن t.-kardan [ع.-ف.] (مصم.) ۱ - رام کردن، مطیع کردن. مقهور کردن. ۲ - بدست آوردن، تصرف کردن.

تسخین tasxīn [ع.] (مصم.) ۱ - گرم کردن، بر گرمی چیزی افزودن. ۲ - گرمی خوردن، داروی گرم خوردن؛ مق. تبرید.

تسدید tasdīd [ع.] (مصم.) ۱ - استوار کردن، محکم کردن. ۲- راست گردانیدن، راست و درست کردن. ۳ - صواب جستن. ج. تسدیدات.

تسدیدات tasdīd-āt [ع.] (مص.، اِ.) ج. تسدید (ه.م.)

تسدیس tasdīs [ع.] (مصم.) ۱ - شش گوشه ساختن چیزی. ۲ - شش قسمت کردن، به‌شش جزو تقسیم کردن. ۳ - (ص.) مسدس، شش تایی. ج. تسدیسات.

تسدیسات tasdīs-āt [ع.] (مص.، اِ.) ج. تسدیس (ه.م.)

تسریح tasrīh [ع.] (مص م.) ۱ - یله کردن، رها ساختن، واگذاشتن، گسیل کردن. ۲ - به‌چرا گذاشتن ستور را. ۳ - گشادن و فروهشتن موی را. ۴ - طلاق دادن زن را. ج. تسریحات.

تسریحات tasrīh-āt [ع.] (مص.، اِ.) ج. تسریح (ه.م.)

تسریع tasrī' [ع.] ۱ - (مص ل.) شتافتن، شتاب آوردن، سرعت آوردن در کار، سرعت گرفتن. ۲ - (اِمص.) شتاب، سرعت. ج. تسریعات. ضح. - بمعنی شتافتن در کتب عرب نیامده و بجای آن «اسراع» مستعمل است.

تسریعات tasrī'-āt [ع.] (مص.، اِ.) ج. تسریع (ه.م.)

تسریع کردن t.-kardan [ع.-ف.] (مص ل.) شتاب کردن، سرعت گرفتن.

تس‌سگ tos-sag [شیرازی. ایضاً] (گیا.) گیاهی است دارویی، بنفسج‌الکلاب.

تسطیح tastīh [ع.] (مصم.) هموار کردن (زمین و مانند آن)، پهن کردن. ج. تسطیحات.

تسطیحات tastīh-āt [ع.] (مص.، اِ.) ج. تسطیح (ه.م.)

تسطیح کردن t.-kardan [ع.-ف.] هموار کردن (زمین و غیره)، پهن کردن.

تسطیر tastīr [ع] (مص م.) ۱ - خط کشی کردن. ۲ - سطربندی کردن. ۳ - نوشتن، تألیف کردن. ج. تسطیرات.

تسطیرات tastīr-āt [ع.] (مص.، اِ.) ج. تسطیر (ه.م.)

تسع tes' [ع.] (عد.) نه (۹).

تسع tos' [ع.] (عد. کسری) نه‌یك، یك نهم ($\frac{۱}{۹}$).

تسعون tes'ūn [ع.] (عد.) نود (۹۰).

تسعه tes'a(-e) [=ع تسعة] (عد.) نه (۹).

تسعین tes'īn [ع.] (عد.) نود (۹۰).

تسعیر tas'īr [ع.] ۱ - (مصم.) نرخ گذاشتن، تعیین بها کردن. ۲- (اِمص.) ارزیابی. ۳ - تبدیل پول کشوری بپول کشور دیگر، مبادلهٔ ارز. ج. تسعیرات.

تسعیرات tas'īr-āt [ع.] (مص.، اِ.) ج. تسعیر (ه.م.)

تسعیر کردن t.-kardan [ع.-ف.] (مص‌م.) نرخ گذاشتن، تعیین بها کردن. ۲ - تبدیل کردن پول کشوری بپول کشور دیگر.

تسعین tes'īn [ع.] (عد.) نود (۹۰).

تسفسط tasafsot [ع.] (مص‌ل.) سفسطه کردن، استدلال باطل کردن.

تسقیه tasʔiya(-e) [= ع. تسقیة] (مص‌م.) آب‌دادن، سیراب ساختن.

تسکین taskīn [ع.] ۱ - (مص‌م.) آرام کردن، ساکن کردن، آرامش‌بخشیدن. ۲ - تسلی‌دادن. ۳ - (إمص.) آرامش. ۴ - تسلی. ج. تسکینات.

تسکینات taskīn-āt [ع.] ج. تسکین (ه.م.)

تسکین بخش t.-baxš [ع.-ف. = تسکین‌بخشنده] (ص‌فا.) ۱ - آرام‌بخشنده. ۲ - تسلی دهنده.

تسکین دادن t.-dādan [ع.-ف.] (مص‌ل.) ۱ - آرام کردن، آرام بخشیدن. ۲ - تسلی دادن.

تسکین یافتن t.-yāftan [ع.-ف.] (مص‌ل.) ۱ - آرام‌شدن، آرامش یافتن. ۲ - تسلی یافتن.

تسلسل tasalsol [ع.] ۱ - (مص‌ل.) پیوسته شدن، پشت‌سرهم بودن، پی درپی بودن. ۲ - (إمص.) بهم‌پیوستگی. (فل.) ترتیب امور غیر متناهی بنحوی که مرتبهٔ سابق برمرتبهٔ لاحق مترتب باشد. ج. تسلسلات.

تسلسلات tasalsol-āt [ع.] (مص.، إ.) ج. تسلسل (ه.م.)

تسلط tasallot [ع.] ۱ - (مص‌ل.) چیره شدن، غلبه یافتن. ۲ - (إمص.) چیرگی، غلبه، چیره دستی.

تسلط داشتن t.-dāštan [ع.-ف.] (مص ل.) ۱ - چیرگی داشتن، غلبه داشتن. ۲ - نفوذ داشتن.

تسلط یافتن t.-yāftan [ع.-ف.] (مص‌ل.) غلبه‌کردن بر، چیره‌شدن بر.

تسلی tasallī [ع.] ۱ - (مص ل.) آرام یافتن از اندوه، خشنودی(اندك) یافتن. ۲ - خشنودی(اندك) ج. تسلیات.

تسلیات tasalliy-āt [ع.] (مص.، إ.) ج. تسلی (ه.م.)

تسلی بخش t.-baxš [ع.-ف. = تسلی بخشنده] (ص فا.) تسلی بخشنده، آرام‌بخش.

تسلیت tasliyat [= ع. تسلیة] ۱ - (مص‌م.) دلخوشی‌دادن، رهایی‌بخشیدن از اندوه، تسلی‌دادن (مخصوصاً عزادار را). ۲ - (إمص.) دلخوشی، سرسلامتی.

تسلیت آمیز t.-āmīz [ع -ف.] (ص مف.) مقرون به‌تسلیت، همراه تسلیت.

تسلیت دادن t.-dādan [ع.-ف.] (مص‌م.) رهایی‌دادن از اندوه (مخصوصاً عزادار را).

تسلیت گفتن t.-goftan [ع.-ف.] (مص‌م.) جمله‌های تسلیت آمیز گفتن.

تسلیت نامه t.-nāma(-e) [ع.-ف.] (إمر.) نامه‌ای که‌بعنوان تسلیت‌بعزادار نویسند.

تسلیح taslīh [ع.] (مص‌م.) سلاح دادن، سلاح پوشانیدن. ج. تسلیحات.

تسلیحات taslīh-āt [ع.] (مص.، إ.) ج. تسلیح (ه.م.) ‖ ادارهٔ ~ . (نظ.) اداره‌ایست جزووزارت جنگ که‌وظیفهٔ وی تولید و جمع آوری انواع اسلحه است.

تسلیخ taslīx [= تشلیخ] ← تشلیخ.

تسلی بخشیدن t.-baxšīdan [ع.-ف.] (مص‌م.) آرام بخشیدن از اندوه، تسلی دادن.

تسلی‌دادن

تسلی دادن t.-dādan[ع.-ف.](مص م.) اندوه کسی‌را برطرف کردن، خاطر کسی را شاد کردن.

تسلیط taslīt[ع.](مص م.) گماشتن، چیره دست کردن، مسلط ساختن.

تسلی گاه t.-gāh [ع.-ف.] (إمر.) جایی که در آن تسلی یابند.

تسلیم taslīm [ع.] ۱ - (مص م.) گردن نهادن (بحکم قضا یا امر شخصی را)، رام شدن. ۲ - سلام گفتن، تحیت دادن. ۳ - پذیرفتن اسلام. ۴- واگذار کردن، سپردن. ج. تسلیمات.

تسلیمات taslīm-āt [ع.] (مص.، إ.) ج. تسلیم (ه.م.)

تسلیم‌شدن t.-šodan [ع.-ف.](مص ل) ۱ - گردن‌نهادن، رام شدن. ۲ - خود را در اختیار دیگری گذاشتن. ‖ ~ دختر یا زنی بمردی. راضی‌شدن دختر یا زن بآرمیدن مرد با وی.

تسلیم کردن t.-kardan [ع.-ف.] (مص م) واگذار کردن، سپردن.

تسلی یافتن t.-yāftan [ع.-ف.] (مص ل.) رهایی‌یافتن از اندوه، آرامش یافتن، دلشاد شدن.

تسمه tasma(-e) [تر. تاسمه = طسمه، معر.] (إ.) بندچرمی که بدان‌چیزی را بندند؛ دوال چرمی.

تسمیت tasmiyat [= ع. تسمیة] ← تسمیه.

تسمیط tasmīt [ع.] ۱ - (مص م.) چیزی برفتراك زین بستن. ۲ - رها کردن قرض‌دار را (غم.) ۳ - (شعر) الف - یك‌بیت شعررا بچهارپارهٔ (هر مصراع دو پاره) موزون تقسیم کردن (معمولا سه پارهٔ اول مقفی هستند):
«در رفتن جان از بدن، گویند هر نوعی سخن
من خود بچشم خویشتن، دیدم که جانم میرود»
(سعدی)
ب - مسمط ساختن ← مسمط. ج. تسمیطات.

تسمیطات tasmīt-āt[ع.](مص.، إ.) ج. تسمیط (ه.م.)

تسمین tasmīh [ع.](مص م.) ۱- فربه کردن، پروار ساختن. ۲ - روغن‌دار کردن.

تسمیه tasmiya(-e) [= ع. تسمیة ← تسمیت] ۱ - (مص م.) نام‌نهادن، نام دادن، نامیدن. ۲ - (إمص.) نامگذاری.

تسمیه کردن t.-kardan [ع.-ف.] (مص م.) نام نهادن، نامیدن.

تسنن tasannon[ع.] ۱ - (مص ل.) پیرو سنت بودن، قبول سنت کردن. ۲ - سنی بودن، عقیدهٔ فرقهٔ اکثریت که پس از پیغمبر اسلام ص خلفای راشدین را بترتیب خلیفه وامیرالمؤمنین دانند؛ مق. تشیع. ‖ اهل ~. سنی؛ مق. شیعی.

تسنیم tasnīm[ع.] (مص م.) خرپشته کردن: تسنیم قبور.

تسو tasū [په. tasuk = طسوج، معر.] (إ.) ۱ - وزنی است معادل وزن چهارجو. ۲ - یك بخش از ۲۴ بخش شبانروز. یك‌ساعت. ۳ - یك حصه از ۲۴ حصهٔ چوب گز خیاطان. ۴ - یك حصه‌از ۲۴ حصهٔ سیر بقالان (درقدیم).

تسوج tasūǰ [= تاسوج = طسوج، معر.] (إ.) ← طسوج، تسو.

تسویت tasviyat [= ع. تسویة] ← تسویه.

تسوید tasvīd [ع.] ۱ - (مص م.) سیاه کردن: تسوید اوراق. ۲ - مسوده کردن، پیش‌نویس کردن. ج. تسویدات.

تسویدات tasvīd-āt[ع.](مص.، إ.) ج. تسوید (ه.م.)

تسویف tasvīf [ع·] (مص‌م·) تأخیر کردن، مماطله کردن.

تسویل tasvīl [ع·] (مص م·) ۱ - آراستن چیزی برای فریب و گمراهی دیگران. ۲ - اغوا کردن، بگمراهی افکندن. ج. تسویلات

تسویلات tasvīl-āt [ع·] (مص·، ا·) ج. تسویل (ه·م·)

تسویه tasviya(-e) [=ع. تسویة ← تسویت] (مص‌م·) برابر کردن، مساوی ساختن، یکسان کردن.

تسویه کردن t.-kardan [ع.-ف.] (مص‌م·) برابر کردن، مساوی ساختن.

تسهیل tashīl [ع·] (مص م·) آسان کردن، سهل ساختن. ج. تسهیلات.

تسهیلات tashīl-āt [ع·] (مص·، ا·) ج. تسهیل (ه·م·)

تسهیل کردن t.-kardan [ع.-ف·] (مص‌م·) آسان کردن، سهل ساختن.

تسهیم tashīm [ع·] (مص م·) ۱ - سهم دادن· ۲ - سهم بندی کردن، جزو جزو کردن. ۳ - پارچه‌را منقش‌ومخطط کردن (غم·) ج. تسهیمات. ‖ ~ بنسبت. (رض·) تقسیم کردن مبلغ یا کمیتی بین چندتن متناسب با اعدادی معین، مثلا بخواهیم مبلغ ۲۶۰۰ ریال‌را بین‌سه‌تن بنسبت اعداد ۲،۴و۷ تقسیم کنیم، این عمل را تسهیم بنسبت گویند. اعداد ۲، ۴ و ۷ را اعداد نسبت نامند.

تسهیمات tashīm-āt [ع·] (مص·، ا·) ج· تسهیم (ه·م·)

تسییر tasyīr [ع·] (مص م·) ۱ - راندن، روانه کردن، بیرون کردن. ۲ - (احکـ. نجـ.) تصور کردن حرکت نقطه‌ایست از منطقة‌البروج در صورت طالع بر توالی هر چند فی‌الحقیقه بآن حرکت متحرک نباشد. اهل احکام گویند که آن عبارت است از رسیدن اثر دلیل اول بدلیل ثانی، تا از امتزاج دلیلین استدلال بیکی از حوادث مستقبل حاصل شود. ج. تساییر.

۱ - تش taš [= آتش] (ا·) ← آتش.

۲ - تش taš [= تیشه، است. taša] (ا·) تیشهٔ درودگری.

۳ - تش taš [= تشنه (ه·م·)] (ص·) ← تشنه.

تشابه tašāboh [ع·] (مص‌ل·) ۱ - بهم مانند بودن، بیکدیگر شبیه بودن. ۲ - (امص·) همانندی. ج. تشابهات.

تشابهات tašāboh-āt [ع·] (مص·، ا·) ج. تشابه (ه·م·)

تشاجر tašāǰor [ع·] (مص‌ل·) ۱ - باهم نزاع کردن، باهم‌ستیزیدن، مشاجره کردن. ۲ - (امص·) کشمکش، مشاجره.

تشارك tašārok [ع·] (مص‌ل·) ۱ - باهم‌شریك کردن. ۲ - (امص·) انبازی.

تشاعر tašā'or [ع·] (مص‌ل·) بشاعری تظاهر کردن، خود را شاعر نشان‌دادن، بتکلف شعر سرودن.

تشاغل tašāɣol [ع·] (مص‌ل·) خودرا مشغول‌ساختن، خودرا بکاری سرگرم کردن.

تشاکل tašākol [ع·] ۱ - (مص ل·) مانند هم شدن، بهم مانستن، هم‌شکل گشتن. ۲ - (امص·) همانندی.

تشاکی tašākī [ع·] (مص ل·) از یکدیگر شکایت کردن، گله کردن.

تشاور tašāvor [ع·] (مص‌ل·) ۱ - باهم مشورت کردن، رای زدن. ۲ - (امص·) رای زنی، شور.

تشاهد tašāhod [ع·] (مص‌ل·) همرا دیدن، یکدیگر را دیدار کردن.

تشبث tašabbos [ع.] (مصل.) ۱- چنگ درزدن بچیزی، درآویختن به ۲- وسیله قرار دادن کسی یا چیزی را، دست آویز ساختن. ۳- (إمص.) آویختگی، چنگ زنی. ج. تشبثات.

تشبثات tašabbos-āt [ع.] (مص.، إ.) ج. تشبث (ه.م.)

تشبث کردن t.-kardan [ع.-ف.] (مص ل.) ۱- چنگ درزدن بچیزی، درآویختن به. ۲- وسیله قرار دادن کسی یا چیزی را.

تشبه tašabboh [ع.] ۱- (مصل.) مانند بودن، شبیه بودن. ۲- خود را مانند دیگری کردن، شبیه کردن. ۳- (إمص.) مانندی. ج. تشبهات.

تشبهات tašabboh-āt [ع.] (مص.، إ.) ج. تشبه (ه.م.)

تشبیب tašbīb [ع.] ۱- (مصل.) یاد جوانی کردن، احوال ایام جوانی راذکر کردن. ۲- (إ.) آغاز قصیده که در آن بیتهایی درباره عشق وجوانی آورده باشند. ج. تشبیبات.

تشبیبات tašbīb-āt [ع.] (مص.، إ.) ج. تشبیب (ه.م.)

تشبیه tašbīh [ع.] ۱- (مصم.) چیزی را بچیز دیگر مانند کردن، شبیه کردن. ۲- (معا.، بع.) مانند کردن چیزیست بچیز دیگر در صفتی، وآن شامل چهار رکن است که آنها را ارکان تشبیه گویند: **الف-** مشبه، چیزی که آنرا تشبیه کنند. **ب-** مشبه‌به- چیزی که مشبه را بدان مانند کنند. **ج-** وجه شبه، امری که میان مشبه و مشبه‌به مشترک است. **د-** ادات تشبیه، کلماتی که دال بر تشبیه است مانند: مثل، چون، همچون، بسان، همانند، مانند؛ مثلا: «گونهٔ یار در سرخی همچون برگ گل سرخ است.» گونهٔ یار، مشبه؛ برگ گل سرخ، مشبه به؛ سرخی، وجه‌شبه؛ همچون؛ ادات تشبیه؛ ج. تشبیهات.

تشبیهات tašbīh-āt [ع.] (مص.، إ.) ج. تشبیه (ه.م.)

تشبیه شدن t.-šodan [ع.-ف.] (مصل.) همانند شدن بچیزی (← تشبیه).

تشبیه کردن t.-kardan [ع.-ف.] (مصم.) همانند کردن چیزی را بچیزی (← تشبیه).

تشت tašt [په. tašt = طشت، معر.] (إ.) ظرف فلزی بزرگ و پهن و اندکی گرد که در آن لباس و غیره شویند. ‖ ~ کسی از بام افتادن. رسواشدن او، آشکار گشتن راز وی.

تشت

تشتت tašattot [ع.] ۱- (مصل.) پراکنده‌شدن. ۲- (إمص.) پراکندگی. ج. تشتتات.

تشتتات tašattot-āt [ع.] (مص.، إ.) ج. تشتت (ه.م.)

تشتخانه t.-xāna(-e) (إمر.) ۱- اطاقی که تشت وآفتابه درآن گذارند. ۲- اطاق خواب. ۳- جامهٔ خواب از توشك و لحاف و نهالی و مانند آن. ۴- مبرز، مستراح.

تشتخوان t.-xān (إمر.) ۱- تشت و سینی غذا. ۲- خوانی که برآن طعام چینند.

تشت‌دار t.-dār [= تشت‌دارنده] (صفا.) شخصی که تشت و آفتابه را نگاهدارد و پاکیزه‌سازد؛ آفتابه‌چی.

تشت داری t.-dār-ī (حامص.) عمل و شغل تشت‌دار (ه.م.)

تشتر teštar [په. tištar] (إ.) ۱- (إخ.) (نج.) ← بخش ۳. ۲- (إخ.) نام ایزدی است ← بخش ۳. ۳- سیزدهمین

روز هرماه‌شمسی (بنام ایزد مذکور.)

تشت و خایه tašt-o-xāya(-e) (اِمر.) ۱ - نوعی بازی، وآن‌چنانست که خایه‌ای (تخم مرغی) را خالی کنند و از شبنم پرسازند و راه آنرا محکم کنند و در هوای گرم در تشتی مسی گذارند و اگر هوا گرم نباشد اندکی آتش درزیر تشت افروزند. چون تشت گرم شود، تخم مرغ بجانب هوا پران گردد. ۲ - (کن.) زمین و آسمان (چه مدتها زمین را درمیان آسمان می‌پنداشتند). ۳ - نام طلسمی است. ‖ علم ~ . علم نجوم.

تشتیت taštīt [ع.] (مصم.) پراکندن، فتالیدن.

تشجیع tašǰī' [ع.] ۱ - (مصم.) دلیر کردن، جرأت دادن، دل دادن. ۲ - دلیر خواندن.

تشجیع کردن t.-kardan [ع.-ف.] (مصم.) دلیر گردانیدن، جرأت دادن.

تشحیذ tašhīz [ع.] (مصم.) ۱ - تیز کردن، تند کردن (کارد، شمشیر و مانند آن). ۲ - روشن کردن (ذهن، خاطر، قریحه).

تشحیذ کردن t.-kardan [ع.-ف.] (مصم.) ۱ - تیز کردن (کارد، شمشیر و مانند آن). ۲ - روشن کردن (ذهن، خاطر و قریحه).

تشخص tašaxxos [ع.] ۱ - (مص ل.) بزرگی داشتن، شخصیت داشتن، امتیاز داشتن. ۲ - (اِمص.) شخصیت. ۳ - امتیاز. ۴ - تعین، بزرگ منشی. ج. تشخصات. ‖ ~ بخرج دادن. افاده فروختن، تکبر نمودن.

تشخصات tašaxxos-āt [ع.] ج. تشخص (ه.م.)

تشخص داشتن t.-dāštan [ع.-ف.] (مص ل.) ۱ - بزرگی داشتن، شخصیت داشتن. ۲ - تعین داشتن، بزرگ منش بودن.

تشخیص tašxīs [ع.] ۱ - (مصم.) تمیز دادن چیزی را از دیگری، بازشناختن. ۲ - (اِمص.) بازشناخت، تعیین. ج. تشخیصات.

تشخیصات tašxīs-āt [ع.] (مص.، اِ.) ج. تشخیص (ه.م.)

تشخیص دادن t.-dādan [ع.-ف.] (مصم.) تمیزدادن، بازشناختن.

تشدد tašaddod [ع.] ۱ - (مص ل.) سخت شدن، سختی کردن، تندی نمودن. ۲ - راندن، دواندن (عم.) ۳ - (اِمص.) سختی، درشتی. ج. تشددات.

تشددات tašaddod-āt [ع.] (مص.، اِ.) ج. تشدد (ه.م.)

تشدد کردن t.-kardan [ع.-ف.] (مص ل.) سختی کردن، تندی نمودن.

تشدید tašdīd [ع.] ۱ - (مصم.) سخت گرفتن، سخت کردن. ۲ - استوار کردن. ۳ - تکرار کردن یک حرف، شده دادن بحرف. ۴ - (اِمص.) سخت‌گیری. ۵ - (اِ.) علامت (ّ) که بربالای حرفی گذارند، و آن نشانهٔ تکرار حرف است. ج. تشدیدات.

تشدیدات tašdīd-āt [ع.] (مص.، اِ.) ج. تشدید (ه.م.)

تشدید دادن t.-dādan [ع.-ف.] (مصم.) تکرار کردن یک حرف، مشدد تلفظ کردن حرف.

تشدید کردن t.-kardan [ع.-ف.] (مصم.) ۱ - سخت کردن. ۲ - استوار کردن.

تشر tašar (اِ.) (عم.) کلمه‌ای که از روی خشم بکسی گفته شود؛ پرخاش، عتاب.

تشر زدن t.-zadan (مص ل.) عتاب

کردن، تندی کردن.

تشرف tašarrof [ع.] ۱ - (مصل.) بزرگوار شدن، بزرگی یافتن ، شرف یافتن، بزرگی جستن. ۲ - (امص.) شرفیابی. ‖ ــــ بفقر. (تص.) وارد طریقت صوفیان شدن. ‖ ــــ حاصل کردن. افتخار شرفیابی یافتن.

تشرف یافتن t.-yāftan [ع.-ف.] (مصل.) ۱ - شرف یافتن، بزرگی یافتن. ۲ - بحضور بزرگی رسیدن.

تشریح tašrīh [ع.] ۱ - (مص م.) شرح دادن ، توضیح دادن . ۲ - شرحه شرحه کردن ، قطعه قطعه کردن . ۳ - (پز.) جدا کردن اجزای بدن مرده برای تحقیق ومطالعه، کالبدشکافی . ج. تشریحات. ‖ علم ــــ . (پز.) دانش کالبد شکافی[۱].

تشریحات tašrīh-āt [ع.] (مص.، ا.) ج. تشریح (ه.م.)

تشریح کردن t.-kardan [ع ف.] (مص م.) ۱ - شرح دادن، توضیح دادن. ۲ - کالبد شکافی کردن.

تشریحی tašrīh-ī [ع.-ف.] (ص نسب.) ۱ - توضیحی، تبیینی. ۲ - مربوط بعلم تشریح، وابسته بکالبدشکافی.

تشرید tašrīd [ع.] (مص م.) راندن.

تشریع tāšrī' [ع.] (مص م.) شریعت آوردن، آیین نهادن.

تشریعی tašrī'-ī [ع.-ف](ص نسب.) مربوط به تشریع (ه.م.)، وابسته بشریعت.

تشریف tašrīf [ع.] ۱ - (مص م.) شرف دادن، شریف گردانیدن، بزرگوار کردن. ۲ - خلعت دادن. ۳ - پذیرایی آبرومندانه کردن . ۴ - (امص .) بزرگداشت. ۵ - (ا.) خلعت. ج. تشریفات. ‖ ــــ حضور ارزانی داشتن . آمدن (احتراماً گویند) .

تشریفات tašrīf-āt [ع.] (مص.، ا.) ج. تشریف. ۱ - تشریفها (← تشریف). ۲ - مراسم پذیرایی آبرومندانه[۲]. ۳ - لوازم پذیرایی آبرومندانه.

تشریفاتی tašrīf-āt-ī [ع.-ف.] (ص نسب.) ۱ - مربوط بتشریفات. ۲ - معتقد و پابند به تشریفات.

تشریف آوردن t.-āva(o)rdan [ع.-ف.] (مصل.) آمدن شخص بزرگ (احتراماً چنین گویند).

تشریف بردن t.-bordan [ع.-ف.] رفتن شخص بزرگ (احتراماً چنین گویند).

تشریق tašrīγ [ع.] ۱ - (مص م.) روشن کردن، نورانی ساختن. ۲ - (مص ل.) زیبا شدن. ۳ - بسوی مشرق توجه کردن. ۴ - (مص م.) خشک کردن گوشت درآفتاب. ‖ ایام ــــ . سه روز پس از عید قربان که در آن، درقدیم گوشتهای قربانی را خشک میکردند.

۱ - تشریک tašrīk [ع.] ۱ - (مص م.) شریک کردن، شرکت دادن، انباز کردن. ‖ ــــ مساعی. بایکدیگر یاری کردن درامری. ضح. ــ چون «تشریک» بدین معنی نیامده . فصیحان این ترکیب راغیرفصیح دانند وبجای آن «اشتراک مساعی» یا «توحید مساعی» استعمال کنند.

۲ - تشریک tašrīk [ع.] (مص م.) شراک بستن نعلین، بستن بند نعلین.

تشرین tešrīn [معر.] (ا.) دو ماه از ماههای مشهور به « شهور رومی»: تشرین اول و تشرین دوم که بین ایلول و کانون اول واقع اند.

تشعب taša''ob [ع.] ۱ - (مصل.)

۱- Anatomie (فر.) ۲- Cérémonies (فر.)

شعبه‌شعبه‌شدن، شاخ‌شاخ گشتن، پراکنده شدن، متفرق گردیدن. ۲ - (إمص.) پراکندگی، تفرق. ج. تشعبات.
تشعبات taša''ob-āt [ع.](مص.، إ.) ج. تشعب (ه.م.).
تشعشع taša'šo' [ع.] ۱ - (مص‌ل.) شعاع انداختن، پرتو افکندن. ۲ - (إمص.) پرتو افکنی، درخشندگی. ج. تشعشعات.
تشعشعات taša'šo'-āt [ع.](مص.، إ.) ج. تشعشع (ه.م.)
تشفع tašaffo' [ع.] ۱ - (مص ل.) شفاعت کردن، پایمردی کردن. ۲ - (إمص.) خواهشگری، پایمردی.
تشفی tašaffī [ع.] ۱ - (مص ل.) شفا یافتن، بهبودجستن. ۲ - آسودگی یافتن، دلخوش کردن: تشفی خاطر. ۳ - (إمص.) بهبود. ۴ - دل آسایی.
تشفی یافتن t.-yāftan [ع.-ف.] (مص‌ل.) ۱ - شفا یافتن. ۲ - آسودگی یافتن، دلخوشی یافتن.
تشفیع tašfī' [ع.] (مص م.) ۱ - شفیع قرار دادن، پایمرد کردن. ۲ - شفاعت کردن، پایمردی کردن.
تشقیق tašγīγ [ع.](مص‌م.) شکافتن، نیك بشکافتن.
تشك tošak [= توشك](إ.) ← توشك.
تشکر tašakkor [ع.] (مص ل.) ۱ - شکر کردن، سپاس‌داشتن. ۲ - (إمص.) سپاسگزاری، سپاسداری. ج. تشکرات.
تشکرات tašakkor-āt [ع.] (مص.، إ.) ج. تشکر (ه.م.)
تشکك tašakkok [ع.] (مص ل.) گمان کردن، بشك افتادن.
تشکل tašakkol [ع.] ۱ - (مص‌ل.) صورت پذیرفتن، قبول شکل و صورت کردن. ۲ - نیکو صورت شدن. ۳ - (إمص.) صورت پذیری. ج. تشکلات.
تشکلات tašakkol-āt [ع.](مص.، إ.) ج. تشکل (ه.م.)
تشکی tašakkī [ع.] ۱ - (مص‌ل.) شکایت کردن، گله‌کردن. ۲ - نالیدن. ۳ - (إمص.) گله‌گزاری، شکوه.
تشکیك taškīk [ع.] ۱ - (مص‌م.) درشك انداختن، در گمان افکندن. ۲ - (مص‌ل.) شك‌آوردن. ۳ - (إ.) شك، شبهه. ج. تشکیکات.
تشکیکات taškīk-āt [ع.](مص.، إ.) ج. تشکیك (ه.م.)
تشکیل taškīl [ع.] (مص‌م.) شکل وصورت دادن بچیزی، درست کردن، بپاکردن، برپای کردن، ساختن. ج. تشکیلات.
تشکیلات taškīl-āt [ع.](مص.، إ.) ۱ - ج. تشکیل (ه.م.) ۲ - سازمانهای مختلف، ادارات ومؤسسات.
تشکیل دادن t.-dādan [ع.-ف.] (مص‌م.) برپاکردن، درست‌کردن.
تشکیل کردن t.-kardan [ع.-ف.] (مص‌م.) تشکیل دادن (ه.م.)
تشکیل یافتن t.-yāftan [ع.-ف] (مص‌ل.) برپا شدن، بپا شدن، درست شدن.
تشلیخ tašlīx [= تسلیخ، معر.] (إ.) سجاده.
تشمر tašammor [ع.] (مص ل.) ۱ - آستین برزدن، دامن در چیدن. ۲ - آماده شدن. ۳ - چابکی کردن.
تشمیر tašmīr [ع.] (مص ل.) ۱ - دامن بالازدن، دامن درچیدن، دامان بکمرزدن. ۲ - آماده شدن. ۳ - چابکی کردن.
تشمیزج tašmīzaǰ [معر. چشمیزك] (إمصغ.) دارویی که در چشم ریزند؛

. چشمیزك، سیاه دانه (ه.م.)
تشمیس tašmīs [ع.] (مص م.) در آفتاب نهادن.
تشمیم tašmīm [ع.] (مص م.) بو کردن، بوییدن.
تشنج tašannoǰ [ع.] ۱ - (مص ل.) ترنجیده شدن، درهم کشیده شدن اعضای بدن، انجوغ گرفتن. ۲ - لرزیدن. ۳ - (إمص.) ترنجیدگی، لرزش. ج. تشنجات.
تشنجات tašannoǰ-āt [ع.] (مص.، إ.) ج. تشنج (ه.م.)
تشنگی tešna(e)g-ī [په. tišnakīh] (حامص.) حالت و کیفیت تشنه (ه.م.)؛ عطش.
تشنه tešna(-e) [په. tišnak] (ص.) آنکه عطش دارد، دارای تشنگی، عطشان، آنکه بنوشیدن آب احتیاج دارد.
تشنه جگر t.-ǰa(e)gar (ص مر.) ۱ - تشنه، عطشان. ۲ - (کن.) مشتاق، آرزومند.
تشنه دل t.-del (ص مر.) ← تشنه جگر (همع.)
تشنه شدن t.-šodan (مص ل.) ۱ - عطش یافتن. ۲ - مشتاق چیزی شدن.
تشنیع tašnī' [ع.] ۱ - (مص م.) زشت گفتن کسی را، بدگفتن، عیوب کسی را آشکار کردن، شناعت زدن، رسوا ساختن. ۲ - (إمص.) زشت گویی، بدگویی. ج. تشنیعات.
تشنیعات tašnī'-āt [ع.] (مص.، إ.) ج. تشنیع (ه.م.)
تشنیع کردن t.-kardan [ع.-ف.] (مص م.) زشت گفتن، بدگفتن، شناعت زدن.
تشوش tašavvoš [ع.] ۱ - (مص ل.) شوریده شدن، آشفتن، بشولیدن. ۲ - (إمص.) شوریدگی، آشفتگی.
تشوق tašavvoγ [ع.] ۱ - (مص ل.) آرزومند شدن. ۲ - (إمص.) آرزومندی.
تشویر tašvīr [ع.] (مص م.) ۱ - اشاره کردن (غم.) ۲ - [ف.] شرمنده ساختن، شرمنده کردن. ۳ - (إمص.) شرمساری، شرمزدگی. ۴ - شور و اضطراب، آشوب. ج. تشویرات (ه.م.)
تشویرات tašvīr-āt [ع.] ج. تشویر (ه.م.)
تشویش tašvīš [ع.] ۱ - (مص م.) شوریده کردن، درهم کردن، پریشان ساختن. ۲ - (إمص.) پریشانی، آشفتگی. ج. تشویشات.
تشویشات tašvīš-āt [ع.] (مص.، إ.) ج. تشویش (ه.م.)
تشویق tašvīγ [ع.] (مص م.) آرزومند کردن، بشوق افکندن، راغب ساختن. ج. تشویقات.
تشویقات tašvīγ-āt [ع.] (مص.، إ.) ج. تشویق (ه.م.)
تشویه tašvīh [ع.] (مص م.) زشت کردن، زشت بنمودن.
تشهد tašahhod [ع.] (مص ل.) ۱ - شاهد خواستن، طلب گواهی کردن. ۲ - گفتن شهادتین (اشهدان لااله الاالله، اشهد ان محمداً رسول الله) در نماز.
تشهی tašahhī [ع.] (مص ل.) میل داشتن بچیزی، رغبت داشتن.
تشهیر tašhīr [ع.] (مص م.) ۱ - شهره کردن، مشهور کردن. ۲ - رسوا کردن.
تشی tašī [طبر. tašī] (إ.) (جا ن.) پستانداری[1] از راستهٔ جوندگان که خاص

1– Porc-épic (فر.)

نواحی گرم و معتدل آسیا و افریقا و اروپاست. این جانور نسبةً قوی وجثه‌اش تقریباً باندازهٔ روباه و دارای تیرهای نوك تیز وبالنسبه طویلی است که سطح پشت وی را فرا گرفته؛ خارپشت تیرانداز.

تشیخ tašayyox [ع.](مصل.)شیخ شدن، پیر گردیدن.

تشیع tašayyo' [ع.] ۱ - (مصل.) پیروی کردن، متابعت نمودن. ۲- شیعه شدن، دارای مذهب شیعه بودن؛ مق. تسنن. ۳ - (إمص.) پیروی. ۴ - شیعه گری؛ مق. تسنن.

تشیید tašyīd [ع.] ۱ - (مص م.) استوار کردن، مستحکم کردن. ۲ - بلند کردن، برافراشتن (دیوار، بناوغیره). ۳ - (إمص.) استواری، استحکام.

تشییع tašyī' [ع.](مصل.) ۱- بدرقه رفتن، بقصد تودیع ازپی کسی رفتن. ۲ - درمراسم دفن مرده شرکت کردن؛ تشییع جنازه.

تصابی tasābī [ع.] (مص ل.) ۱ - کودکی کردن، اعمال کودکانه کردن. ۲ - عشق ورزیدن.

تصاحب tasāhob [ع.] ۱ - (مص ل.) صاحب شدن، درتصرف خود آوردن. ۲ - دست انداختن. ۳- (إمص.) تصرف. ۴ - دست اندازی. ‖ ~ دختر یا زنی. با او آرمیدن، براو دست یافتن.

تصادف tasādof [ع.] ۱- (مصل.) برخورد کردن، باهم روبروشدن، بهم برخوردن اتفاقاً. ۲ - پیش آمدن، اتفاق افتادن. ۳ - (إمص.) بر خورد. ۴ - پیش آمد. ج. تصادفات.

تصادفات tasādof-āt [ع.](مص.، إ.) ج. تصادف. (ه.م)

تصادف کردن t.-kardan [ع.-ف.] (مصل.) ۱ - بهم برخوردن. ۲ - پیش آمدن، اتفاق افتادن.

تصادق tasādoγ [ع.] (مصل.) ۱- دوست شدن، دوستی داشتن. ۲- راست آمدن.

تصادم tasādom [ع.] ۱ - (مصل.) بهم کوفتن، سخت بهم خوردن. ۲ - (إمص.) بهم کوفتگی، برخورد سخت. ج. تصادمات.

تصادمات tasādom-āt [ع.](مص.، إ.) ج. تصادم (ه.م.)

تصاریف tasārīf [ع.] (مص.، إ.) ج. تصریف (ه.م.)؛ پیشامدها، حوادث، اتفاقات، گردشهای زمانه.

تصاعد tasā'od [ع.] ۱ - (مصل.) صعود کردن، بالارفتن، بررفتن. ۲ - (إمص.)صعود. ۳ - (رض.)رشتهٔ اعدادی که نسبت هر دوتای پیاپی از آنها مقداری ثابت باشد (که آنرا قدرنسبت گویند) وآن بردوقسم است: **الف-تصاعد عددی**- آنست که تفاضل هردوعدد پیاپی آن مقداری ثابت باشد. مثلا ۲، ۴، ۶، ۸ که تفاضل هردو عدد متوالی ۲ است. **ب- تصاعد هندسی**- آنست که خارج‌قسمت هردوعدد متوالی آن مقدار ثابت باشد، مثلا ۲، ۴، ۸، ۱۶ که خارج قسمت هر دوعدد متوالی ۲است. ج. تصاعدات.

تصاعدات tasā'od-āt [ع.](مص إ.) ج. تصاعد (ه.م.)

تصافح tasāfoh [ع.] (مصل.) بهم دست دادن، مصافحه کردن، دست همرا گرفتن.

تصالح tasāloh [ع.] ۱ - (مصل.) سازگار شدن، باهم ساختن، سازگاری کردن. ۲ - (إمص.) سازش.

تصانیف tasānīf [ع.] (مص.، إ.) ج. تصنیف (ه.م.)

تصاویر tasāvīr [ع.] (مص.، إ.) ج. تصویر. ۱ - صورتها، نگارها، تمثالها. ۲ - پرده‌های نقاشی.

تصاویر خانه t.-xāna(-e) [ع.-ف.] (إمر.) نگارخانه، نگارستان.

تصبر tasabbor [ع.] (مص ل.) شکیب ورزیدن، صبر کردن، شکیبایی کردن.

تصحیح tashīh [ع.] ۱ - (مص م.) درست کردن، صحیح کردن، غلطهای نوشته‌ای را درست کردن. ۲ - کتابی راکه ناسخان در آن تصرف کرده‌اند، طبق قواعد، بصورت اصل - یا نزدیك بدان- درآوردن. ۳ - (إمص.) غلط گیری. ج. تصحیحات.

تصحیحات tashīh-āt [ع.](مص.، إ.) ج. تصحیح (ه.م.)

تصحیف tashīf [ع.] ۱ - (مص م.) خطاخواندن. ۲ - خطا کردن‌در نوشتن. ۳ - تغییر دادن کلمه بوسیلهٔ کاستن‌یا افزودن‌نقطه‌های آن. ۴- (بع.) استعمال کلماتی توسط نویسنده یا شاعر که با تغییر دادن نقطه معنی آنها تغییر کند؛ مثل آوردن «بوسه» که «توشه» گردد. ج. تصحیفات.

تصحیفات tashīf-āt [ع.](مص.، إ.) ج. تصحیف (ه.م.)

تصحیف خوانی t.-xār-ī [ع.-ف.] (حامص.) خطا خواندن کلمه‌ای بطوریکه شکل ومعنی آن تغییر یابد.

تصدر tasaddor [ع.] ۱ - (مص‌ل.) بالا نشستن، درصدرمجلس‌جای‌گرفتن. ۲ - (إمص.) بالا نشینی.

تصدق tasaddoγ [ع.] ۱- (مص‌م.) چیزی بمستمندان دادن برای دفع‌بلا، صدقه دادن. ۲ - (إ.) صدقه، بلاگردان. ج. تصدقات.

تصدقات tasaddoγ-āt [ع.](مص.، إ.) ج. تصدق (ه.م.)

تصدق دادن t.-dādan [ع.-ف.] (مص‌ل.) چیزی‌برای‌دفع‌بلابنیازمندان دادن، صدقه دادن.

تصدق شدن t.-šodan [ع.-ف.] ~ کسی‌را. فدای او شدن، قربان او رفتن، بلاگردان وی شدن.

تصدق کردن t.-kardan [ع.-ف.] (مص‌م.) تصدق دادن (ه.م.)

تصدی tasaddī [ع.] ۱ - (مص‌ل.) پیش آمدن. ۲ - (مص م.) عهده دار کاری شدن، کاری پیش‌گرفتن، مبادرت کردن بامری.

تصدیر tasdīr [ع.] ۱ - (مص م.) آغازکردن. ۲ - درصدرمجلس‌نشاندن، بالانشاندن. ۳ - درآغازکتاب یا نوشته مطلبی را نوشتن، دیباچه نوشتن. ۴ - (بع.) ردالعجزعلی‌الصدر ← بخش۲ ج. تصدیرات.

تصدیرات tasdīr-āt [ع.](مص.، إ.) ج. تصدیر (ه.م.)

تصدیع tasdī' [ع.] ۱ - (مص‌م.) دردسر دادن، دردسر آوردن، باعث زحمت شدن. ۲ - (إمص.) دردسر، مزاحمت. ج. تصدیعات.

تصدیعات tasdī'-āt [ع.] (مص.، إ.) ج. تصدیع (ه.م.)

تصدیع دادن t.-dādan [ع.-ف.] (مص‌م.) دردسر دادن، زحمت دادن.

تصدیق tasdīγ [ع.] ۱ - (مص م.) باور کردن، براست داشتن، بدرستی چیزی اقرار کردن؛ مق. تکذیب. ۲ - (إمص.) باورداشت، باور. ۳ - (منط.) حکم کردن‌بر تصوری که درذهن دارند. ج. تصدیقات.

تصدیقات tasdīɣ-āt [ع.] (مص.، إ.) ج. تصدیق (ه.م.)

تصدیق نامه t.-nāma(-e) [ع.-ف.] (إمر.) گواهی نامه (ه.م.)

تصرف tasarrof [ع.] ۱ - (مصم.) بدست آوردن، دردست داشتن، مالك شدن. ۲ - دست بکاری زدن. ۳- چیزی را بمیل خود تغییر دادن. ۴- (إمص.) دست اندازی. ۵ - تغییر. ج. تصرفات.

تصرفات tasarrof-āt [ع.] (مص.، إ.) ج. تصرف (ه.م.)

تصرف کردن t.-kardan [ع.-ف.] (مصم.) ۱ - مالك شدن، بدست آوردن. ۲ - چیزی را بمیل خود تغییر دادن.

تصرم tasarrom [ع.] ۱ - (مصل.) بریده شدن. ۲ - بسر آمدن، گذشتن. ۳ - (إمص.) بریدگی، برش. ۴- گذشت.

تصریح tasrīh [ع.] ۱ - (مص م.) پیدا کردن، هویدا کردن. ۲-روشن گفتن، آشکار گفتن. ۳ - (إمص.) پیدایی، هویدایی. ۴-آشکار گویی. ج. تصریحات.

تصریحات tasrīh-āt [ع.] ج. تصریح (ه.م.)

تصریحاً tasrīh-an [ع.] (ق.) آشکار، آشکارا. ‖ ~ و تلویحاً. (قمر.) آشکار وسربسته.

تصریح کردن t.-kardan [ع.-ف.] (مصم.) آشکار گفتن، مطلبی را فاش ساختن.

تصریف tasrīf [ع.] ۱ - (مص م.) برگردانیدن، بازگردانیدن، تغییر دادن. ۲ - روی دادن حادثه. ۳- مشتق ساختن کلمه‌ای را از ریشه یا مصدر. ۴ - (إمص.) تغییر. ۵ - اشتقاق. ج. تصریفات. ‖ علم ~. صرف، اشتقاق.

تصریفات tasrīf-āt [ع.] (مص.، إ.) ج. تصریف (ه.م.)

تصعد tasa''od [ع.] (مص ل.) بالا رفتن.

تصعید tas'īd [ع.] ۱ - (مصل.) بالا رفتن، صعود کردن، بر رفتن. ۲- (إمص.) بالاروی. ج. تصعیدات.

تصعیدات tas'īd-āt [ع.] (مص.، إ.) ج. تصعید (ه.م.)

تصغیر tasɣīr [ع.] ۱ - (مص م.) کوچك کردن، حقیر کردن، خوارداشتن. ۲ - (دس.) کوچك کردن معنی کلمه بوسیلۀ ادات تصغیر: الف ـ ك (ak-): مردك، پسرك. ب ـ چه: دریاچه، دفترچه. ج ـ و (ū -): دخترو، گردو. ج. تصغیرات.

تصغیرات tasɣīr-āt [ع.] (مص.، إ.) ج. تصغیر (ه.م.)

تصفح tasaffoh [ع.] ۱ - (مصم.) بدقت ملاحظه کردن چیزی را، نیك دیدن، ژرف نگریستن، رسیدگی وجستجو کردن. ۲ - کتابی را صفحه بصفحه و بدقت مطالعه کردن. ۳ - (إمص) ژرف نگری. ۴ - جستجو. ج. تصفحات.

تصفحات tasaffoh-āt [ع.] (مص.، إ.) ج. تصفح (ه.م.)

تصفح کردن t.-kardan [ع.-ف.] (مصم) ۱ - بدقت ملاحظه کردن چیزی را، ژرف نگریستن. ۲ - کتابی را صفحه بصفحه و بدقت مطالعه کردن.

تصفیق tasfīɣ [ع.] (مصل.) دست زدن.

تصفیه tasfiya(-e) [= ع. تصفیة] ۱ - (مصم.) پاك کردن، پاکیزه ساختن، پالودن، صاف کردن، بی آلایش کردن، خالص کردن. ۲- بپایان رسانیدن امری. ۳ - رفع اختلاف کردن. ‖ ~ حساب.

تصفیه‌خانه

پاك کردن حساب خود باشخص دیگر یا مؤسسه‌ای، تفریغ حساب.

تصفیه خانه t.-xāna(-e) [ع.-ف.] (إمر.) محلی که در آن نفت و مانند آن را تصفیه کنند؛ پالایشگاه.

تصفیه کردن t.-kardan [ع.-ف.] (مصم.) ۱ - پاك کردن، پالودن، بی‌آلایش کردن. ۲ - بپایان رسانیدن امری را. ۳- رفع اختلاف کردن. ‖ ~ حساب. ← تصفیه.

تصلب tasallob [ع.] ۱ - (مص ل.) سخت شدن، سفت شدن. ۲ - (إمص.) سختی، سفتی: تصلب شرایین.

تصلف tasallof [ع.] ۱ - (مص ل.) لاف زدن، گزاف گفتن. ۲- تملق گفتن، چاپلوسی کردن. ۳ - (إمص.) لاف گویی، باد پرانی. ۴- چاپلوسی.

تصمیم tasmīm [ع.] ۱ - (مص م.) اراده کردن، آهنگ کاری کردن. ۲ - (إ.) قصد، آهنگ. ج. تصمیمات.

تصمیمات tasmīm-āt [ع.] (مص.، إ.) ج. تصمیم (ه.م.)

تصمیم‌داشتن t.-dāštan [ع.-ف.] (مص ل.) آهنگ داشتن، قصد انجام دادن کاری داشتن.

تصمیم گرفتن t.-gereftan [ع.-ف.] (مص ل.) آهنگ انجام دادن کاری کردن، ارادهٔ کاری کردن.

تصنع tasanno' [ع.] ۱ - (مص ل.) خود آرایی کردن. ۲ - بتکلف حالتی بخود دادن، ظاهر سازی کردن. ۳ - (إمص.) خود آرایی. ۴ - ظاهرسازی. ج. تصنعات.

تصنعات tasanno'-āt [ع.] (مص.، إ.) ج. تصنع (ه.م.)

تصنعی tasanno'-ī [ع.-ف.] (ص نسب.) ساختگی، مصنوعی.

تصنیع tasnī' [ع.] (مص م.) ۱ - ساختن، پرداختن، مهیا کردن. ۲ - زینت دادن، آراستن.

تصنیف tasnīf [ع.] ۱ - (مص م.) صنف صنف کردن، دسته دسته کردن. ۲ - گرد آوردن، فراهم ساختن. ۳ - نوشتن کتاب یا رساله. ۴ - شعر گفتن. ۵ - (ص.) گردآورده، مصنف: «گلستان تصنیف سعدی است.» ۶- (إ.) نوعی شعر که با آهنگ موسیقی خوانده شود، ترانه. ج. تصانیف، تصنیفات. ضح. - بعضی بین تصنیف و تألیف فرق گذارند: در تصنیف جنبهٔ ابتکار نویسنده آشکار است و در تألیف بیشتر از نوشته‌های دیگران استفاده میشود.

تصنیفات tasnīf-āt [ع.] (مص.، إ.) ج. تصنیف (ه.م.)

تصوب tasavvob [ع.] (مص ل.) فروشدن، فرود آمدن، بنشیب رفتن.

تصور tasavvor [ع.] ۱ - (مص ل.) چیزی را در ذهن آوردن، اندیشیدن، انگاشتن. ۲ - (إمص.) انگار، اندیشه. ۳ - (منط.) حصول صورت شیء در ذهن بوسیلهٔ اشاره بدان؛ مق. تصدیق. ج. تصورات.

تصورات tasavvor-āt [ع.] (مص.، إ.) ج. تصور (ه.م.)

تصور کردن t.-kardan [ع.-ف.] (مصم.) ۱ - چیزی را درذهن آوردن، انگاشتن، اندیشیدن. ۲ - خیال کردن، فرض کردن.

تصوری tasavvor-ī [ع.-ف.] (ص نسب.) منسوب به تصور (ه.م.) ۱ - آنچه مبتنی بر تصور باشد. ۲- خیالی، فرضی.

تصوف tasavvof [ع. صوف پوشیدن] ۱ - (مص ل.) صوفی شدن، پشمینه پوش

گردیدن، سالک راه حق شدن. ۲- (اِ.) طریقهٔ درویشان ← بخش ۳.

تصویب tasvīb [ع.] ۱ - (مص م.) صواب شمردن، راست و درست دانستن، براستی چیزی حکم کردن. ۲ - (حق.) رأی موافق دادن بلایحه‌ای از طرف مجلس شورای ملی یا مجلس سنا یا هیأت وزیران. ۳ - (اِمص.) صوابدید. ۴ - (ص.) تصویب شده، مصوب. ج. تصویبات.

تصویبات tasvīb-āt [ع.] (مص.، اِ.) ج. تصویب (ه.م.)

تصویب کردن t.-kardan [ع.-ف.] (مص م.) ۱ - صواب دانستن. ۲ - رأی موافق دادن مجلس یا هیأت وزیران بلایحه‌ای.

تصویب نامه t.-nāma(-e) [ع.-ف.] (اِمر.) مقرراتی که هیأت وزیران تصویب کنند.

تصویر tasvīr [ع.] ۱ - (مص م.) صورت کسی یا چیزی را کشیدن، نقش کردن. ۲ - (اِمص.) صورتگری، صورت سازی. ۳ - (اِ.) صورتی که بر کاغذ، دیوار وغیره کشند، نقش. ج. تصویرات، تصاویر. ۴ - (هس.) نمایش اشکال بر روی صفحه‌ای مستوی (صفحهٔ تصویر).

تصویرات tasvīr-āt [ع.] (مص.، اِ.) ج. تصویر (ه.م.)

تضاحک tazāhok [ع.] (مص ل.) باهم خندیدن، خنده کردن با هم.

تضاد tazād(d) [ع.] ۱ - (مص ل.) ضد یکدیگر بودن، مخالف هم بودن. ۲- (اِمص.) ناسازگاری، ناهمتایی. ۳- دشمنی، مخالفت. ۴- (فل.) دو مفهوم که اجتماع آنها در یکجا ممکن نباشد تضاد دارند مثل سیاهی و سفیدی. ۵ - (بع.) مطابقه آوردن دو چیز متقابل مانند: سود و زیان، شب و روز؛ طباق، تکافؤ. ج. تضادات.

تضادات tazādd-āt [ع.] (مص.، اِ.) ج. تضاد (ه.م.)

تضاد داشتن t.-dāštan [ع-ف.] (مص ل.) ـــ باهم. ضد یکدیگر بودن، مخالف هم بودن.

تضارب tazārob [ع.] ۱ - (مص م.) یکدیگر را زدن، باهم زد و خورد کردن.

تضاریس tazārīs [ع.] (مص.، اِ.) ج. تضریس. ۱ - دندانه‌ها. ۲- چیزهای دندانه دار. ‖ ـــِ ساحلی. (جغ.) بریدگیهای ساحلی مانند خلیج، دماغه، شبه جزیره و مانند آن.

تضاعف tazā'of [ع.] (مص ل.) دوچندان شدن، دو برابر شدن.

تضاعیف tazā'īf [ع.] (مص.، اِ.) ج. تضعیف (ه.م.)

تضامن tazāmon [ع.] (مص ل.) ضامن یکدیگر شدن.

تضحیه tazhiya(-e) [= ع. تضحیة] (مص م.) قربانی کردن گوسفند، شتر و مانند آن؛ ذبح کردن.

تضرر tazarror [ع.] (مص ل.) ۱- زیان دیدن، زیان بردن، ضرر کشیدن، خسران بردن. ۲- گزند دیدن.

تضرع tazarro' [ع.] ۱ - (مص ل.) خواری کردن، فروتنی کردن. ۲ - زاری کردن. ۳ - التماس کردن. ۴ - (اِمص.) فروتنی. ـه التماس. ج. تضرعات.

تضرعات tazarro'-āt [ع.] (مص.، اِ.) ج. تضرع (ه.م.)

تضریب tazrīb [ع.] ۱ - (مص م.) سخت زدن (غم.) ۲ - میان دو تن را بهم زدن، فتنه انگیختن، سخن چینی کردن. ۳ - (اِمص.) سخن چینی، دو بهم زنی. ج. تضریبات.

تضریبات tazrīb-āt [ع.](مص.
ا.) ج. تضریب (ه.م.)
تضریس tazrīs [ع.] ۱ - (مص م.)
دندانه‌دار کردن، دندانه‌دندانه کردن.
۲ - (إمص.) ناهمواری، بریدگی.
۳ - (ا.) هرچیزدندانه‌دار.ج. تضاریس.
تضعیف taz'īf [ع.] ۱ - (مص م.)
دو چندان کردن، دوبرابر کردن. ۲ -
ضعیف کردن، ناتوان‌ساختن. ۳- (إمص.)
ناتوانی، سستی، ضعف. ج. تضعیفات.
تضعیفات taz'īf-āt [ع.] (مص.
ا.) ج. تضعیف (ه.م.)
تضلیل tazlīl [ع.] ۱ - (مص م.)
گمراه کردن. ۲- بگمراهی نسبت‌دادن.
۳ - (إمص.) گمراهی، ضلالت. ج.
تضلیلات.
تضلیلات tazlīl-āt [ع.] (مص.
ا.) ج. تضلیل (ه.م.)
تضمن tazammon [ع.] ۱ - (مص
ل.) دربرداشتن، شامل بودن، درضمن
داشتن. ۲ - (إمص.) شمول. ج.
تضمنات.
تضمنات tazammon-āt [ع.](مص.
ا.) ج. تضمن.
تضمنی tazammon-ī [ع. = niyy-]
(ص نسب.) منسوب ومربوط به تضمن.
۱ دلالت ـــ . (منط.) دلالت لفظ است
بر جزئی از معنی موضوع له خود،
مانند دلالت «انسان» بر «حیوان ناطق».
تضمین tazmīn [ع.] ۱ - (مص م.)
بر عهده گرفتن تاوان، ضامن شدن،
پذرفتاری کردن. ۲ - در پناه خود
درآوردن. ۳ - در ظرفی قرار دادن
(چیزی را) (غم.) ۴ - (ادب) آوردن
مصراع، بیت، یاابیاتی از شعردیگران
در ضمن شعر خود. اگر شعر مشهور
وشاعر آن شناخته‌باشد احتیاجی بذکر
نام آن شاعر نیست، والاباید نام او را
ذکر کرد تا «سرقت» محسوب‌نشود.
۵ - (إمص.) پذرفتاری، پایندانی.
ج. تضمینات.
تضمینات tazmīn-āt [ع.] (مص.
ا.) ج. تضمین (ه.م.)
تضوع tazavvo' [ع.] (مص ل.)
دمیدن، بوی دادن، بوی پراکندن.
تضییع tazyī' [ع.] ۱ - (مص م.)
ضایع کردن، تباه ساختن، تلف کردن.
۲ - مهمل وبیکار کردن، یاوه کردن.
۳ - (إمص.) تباهی، تلف. ج. تضییعات.
تضییعات tazyī'-āt [ع.](مص. ا.)
ج. تضییع (ه.م.)
تضییع کردن t.-kardan [ع.-ف.]
(مص.) ۱ - ضایع کردن، تباه ساختن.
۲ - مهمل و بیکار کردن.
تضییق tazyīγ [ع.] ۱ - (مص م.)
تنگ کردن، تنگ گرفتن، در مضیقه
افکندن، در تنگی انداختن. ۲- تنگ
گیری. ج. تضییقات.
تضییقات tazyīγ-āt [ع.] (مص.
ا.) ج. تضییق (ه.م.)
تطابق tatāboγ [ع.] (مص ل.) ۱ -
باهم برابر شدن، بهم راست آمدن. ۲ -
همانند شدن، همداستان گشتن. ۳ -
(إمص.) همداستانی، همدستی، همپشتی.
ج. تطابقات.
تطابقات tatāboγ-āt [ع.](مص.
ا.) ج. تطابق (ه.م.)
تطاول tatāvol [ع.] ۱ - (مص ل.)
گردنکشی کردن. ۲- درازدستی کردن،
تعدی و گستاخی کردن. ۳ - (إمص.)
گردنکشی. ۴ - درازدستی. ج.
تطاولات.
تطاولات tatāvol-āt [ع.](مص.
ا.) ج. تطاول (ه.م.)

تطایر tatāyor [ع.] ۱ - (مص‌ل.) پریدن. ۲ - پراکنده‌شدن. ۳ - (امص.) پرش. ۴ - پراکندگی.

تطبب tatabbob [ع.] ۱ -(مص‌ل.) پزشکی کردن، طبابت کردن. ۲ - (امص.) پزشکی، طبابت.

تطبیق tatbīγ [ع.] ۱ - (مص‌م.) برابر کردن‌دوچیز باهم، باهم مطابق ساختن. ۲ - (امص.) برابری. ج. تطبیقات.

تطبیقات tatbīγ-āt [ع.] (مص.، ا.) ج. تطبیق (ه.م.)

تطبیق کردن t.-kardan [ع.-ف.] (مص م.) برابر کردن دوچیز باهم، مطابق ساختن.

تطرق tatarroγ [ع.] (مص‌ل.) راه جستن، راه یافتن

تطریب tatrīb [ع.](مص‌م.) بطرب آوردن، آواز طرب آور خواندن.

تطفل tataffol [ع.] (مص ل.) ناخوانده رفتن، طفیلی شدن، انگل گردیدن.

تطلیق tatlīγ [ع.] ۱ -(مص‌م.) رها کردن، هشتن. ۲ - طلاق گفتن(همسر).

تطمیع tatmī' [ع.] (مص‌م.) بطمع انداختن، بیوسانیدن، آزمند ساختن، بطمع آوردن. ج. تطمیعات.

تطمیعات tatmī'-āt [ع.] (مص.، ا.) ج. تطمیع (ه.م.)

تطمیع کردن t.-kardan [ع.-ف.] (مص‌م.) بطمع انداختن، آزمند کردن، بیوسانیدن.

تطور tatavvor [ع.] ۱ -(مص‌ل.) گونه گونه شدن، گوناگون گشتن، حال بحال شدن. ۲ - (امص.) گوناگونی ج. تطورات.

تطورات tatavvor-āt [ع.] (مص، ا.) ج. تطور (ه.م.)

تطوع tatavvo' [ع.] ۱ - (مص‌ل.) فرمانبرداری کردن، منقاد شدن. ۲ - داوطلب گردیدن. ۳ - (فق.) مستحبی بجاآوردن، کاری بقصد عبادت ونیکی انجام‌دادن. ۴ - (امص.) فرمانبرداری. ۵ - خوش‌منشی.

تطوف tatavvof [ع.] (مص ل.) چرخ زدن، طواف کردن.

تطول tatavvol [ع.] (مص‌ل.) ۱ - فزونی جستن. ۲ - سپاس‌نهادن.

تطویل tatvīl [ع.] ۱ - (مص ل.) دراز کردن، طول‌دادن، طولانی کردن. ۲ - درازگفتن. ۳ -(امص.) درازگویی. ج. تطویلات. ‖ ~ بلاطائل. درازگویی بیهوده.

تطویلات tatvīl-āt [ع.] (مص.، ا.) ج. تطویل (ه.م.)

تطهر tatahhor [ع.] ۱ - (مص‌ل.) پاک‌شدن، سروتن شستن. ۲ - (امص.) شست وشو.

تطهیر tathīr [ع.] ۱ - (مص م.) پاک کردن، پاکیزه ساختن، شستن. ۲ - (امص.) پاکی، طهارت. ج. تطهیرات.

تطهیرات tathīr-āt [ع.] (مص.، ا.) ج. تطهیر (ه.م.)

تطهیر کردن t.-kardan [ع.-ف.] (مص‌م.) پاک کردن، پاکیزه ساختن، شستن.

تطیب tatayyob [ع.] (مص ل.) عطرزدن، خودرا خوشبو کردن، بوی خوش زدن.

تطیر tatayyor [ع.] ۱ - از روی پرواز مرغ فال بدزدن، مرغوا زدن. ۲ - فال بدزدن، بفال بد گرفتن. ۳ - (امص.) مرغوا. ج. تطیرات.

تطیرات tatayyor-āt [ع.] (مص.، ا.) ج. تطیر (ه.م.)

تطیر زدن t.-zadan [ع. ـ ف.] (مص ل.) ۱ - فال بدزدن از روی پرواز مرغ. ۲ - فال بد زدن (مطلقا). مرغوا زدن.

تطییب tatyīb [ع.] (مص م.) ۱ - پاکیزه گردانیدن، طیب وطاهر کردن. ۲ - حلال کردن،

تطیین tatyīn [ع.] (مص م.) بگل اندودن، اندود کردن.

تظاهر tazāhor [ع.] ۱ - (مص ل.) آشکار شدن ، خودنمایی کردن. ۲ - چیزی راظاهراً بخود بستن ، خود را بداشتن صفتی وانمود کردن . ۳ - هم پشت شدن، یکدیگر رایاری کردن . ۴ - (امص.) خودنمایی. ۵ - عوام‌فریبی. ۶ - ← تظاهر کردن. ج. تظاهرات

تظاهرات tazāhor-āt [ع.] (مص.، ا.) ج. تظاهر (ه.م.)

تظاهر کردن t.-kardan [ع.-ف.] (مص ل.) ۱ - آشکار شدن، خود نمایی کردن. ۲ - خودرا بداشتن صفتی وانمود کردن. ۳ - یکدیگر را یاری کردن. ۴ - اجتماع کردن گروهی با شعارهای مخصوص برای وصول بهدفی.

تظرف tazarrof [ع.] ۱ -(مص ل.) زیرکی نمودن. ۲ - ظرافت ورزیدن. ۳ - (امص.) زیرکی. ۴ - ظرافت. ج. تظرفات.

تظرفات tazarrof-āt [ع.] (مص.، ا.) ج. تظرف (ه.م.)

تظلم tazallom [ع.] ۱ - (مص ل.) ستم کشیدن . ۲ - داد خواستن ، گله کردن، ازظلم کسی شکایت کردن. ۳ - (امص.) داد خواهی ، فریاد خواهی . ج. تظلمات.

تظلمات tazallom-āt [ع.] (مص.، ا.) ج. تظلم (ه.م.)

تظلم کردن t.-kardan [ع . ف.] (مص ل.) شکایت کردن (ازظلم)، دادخواستن.

تظلیل tazlīl [ع.] (مص ل.) ۱ - سایه افکندن، درسایه قرار دادن. ۲ - سایبان ساختن.

تعاتب taātob [ع.] (مص ل.) ۱ - ازیکدیگر گله کردن. ۲ - هم‌را مورد عتاب قرار دادن.

تعادل taādol [ع.] (مص ل.) ۱ - باهم برابر شدن، راست آمدن، همتا بودن. ۲ - (امص.) برابری. ۳ - (فز.) هنگامی جسمی درحال تعادل است که منتجهٔ همهٔ نیروهای وارد برآن برابر صفر باشد. دراجسام متکی تاوقتی که خط قایم مار ازمرکز ثقل آنها داخل سطح اتکاء باشد، جسم بحال تعادل خواهد ماند. ج. تعادلات.

تعادل

تعادل

تعادلات taādol-āt [ع.] (مص.، ا.) ج. تعادل (ه.م.)

تعادل داشتن t.-dāštan [ع.-ف.] (مص ل.) با همدیگر برابر بودن ، با یکدیگر همتا بودن.

تعادی taādī [ع.] (مص ل.) با هم دشمنی ورزیدن، دشمن شدن با یکدیگر.

تعارض taāroz [ع.] ۱ - (مص ل.) خلاف یکدیگر ورزیدن، متعرض یکدیگر شدن، باهم اختلاف داشتن. ۲ - (امص.) خلاف ورزی، معارضه. ج. تعارضات.

تعارضات taāroz-āt [ع.] (مص.، ا.) ج. تعارض (ه.م.)

تعارف taārof [ع.] ۱ - (مص ل.) یکدیگر راشناختن. ۲ - خوشامد گفتن بیکدیگر . ۳ - پیشکش دادن . ۴ - (امص) اظهار آشنایی . ۵ - خوشامد گویی. ۶ - (ا.) پیشکش ، هدیه. ج. تعارفات.

تعارفات taārof-āt [ع.] (مص.، ا.) ج. تعارف .

تعارف دادن t.-dādan [ع.-ف.]

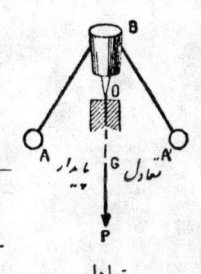

(مص م.) هدیه دادن، پیشکش دادن.

تعاضد taāzod [ع.] (مص ل.) کمك کردن بیکدیگر، یکدیگر را یاری کردن.

تعاطف taātof [ع.] ۱ - (مص ل.) باهم مهربانی کردن، بیکدیگر مهربان گردیدن. ۲ - (إمص.) مهربانی. ج. تعاطفات.

تعاطفات taātof-āt [ع.] (مص.، إ.) ج. تعاطف (ه.م.)

تعاطی taātī [ع.] ۱ - (مص ل.) باهم در امری خوض و مشورت کردن، فرا گرفتن امری را، بکاری پرداختن. ۲- چیزی بیکدیگر دادن، سپردن، عطا کردن. ۳- داد وستد کردن. ۴- (إمص.) فراگیری (امری). ٦- عطا. ۷- دادوستد. ج. تعاطیات. ‖ ~ افکار. مبادلهٔ اندیشه‌ها و مشورت کردن.

تعاطیات taātīy-āt [ع.] (مص.، إ.) ج. تعاطی (ه.م.)

تعاقب taāɣob [ع.] ۱- (مص م.) از پی هم آمدن، دنبال کردن، از پی رفتن، دم گرفتن. ۲- (إمص.) دنبال گیری. ج. تعاقبات.

تعاقبات taāɣob-āt [ع.] (مص.، إ.) ج. تعاقب (ه.م.)

تعاقب کردن t.-kardan [ع.-ف.] (مص م.) دنبال کردن کسی یا چیزی را، از پی رفتن.

تعاقد taāɣod [ع.] ۱- (مص ل.) باهم پیمان بستن. ۲- (إمص.) پیمان بندی.

تعالی taālī [ع.] ۱- (مص ل.) بلند شدن، برشدن، بلند گردیدن. ۲- (إمص.) بلندی، برتری.

تعالیق taālīɣ [ع.] (مص.، إ.) ج. تعلیقه (ه.م.)

تعالیم taālīm [ع.] (مص.، إ.) ج. تعلیم (ه.م.)

تعامی taāmī [ع.] (مص ل.) خود را بکوری زدن، کوری نمودن.

تعاند taānod [ع.] ۱- (مص ل.) باهم عناد ورزیدن، بایکدیگر ستیزه کردن. ۲- (إمص.) عناد، ستیزه. ج. تعاندات.

تعاندات taānod-āt [ع.] (مص.، إ.) ج. تعاند (ه.م.)

تعانق taāneɣ [ع.] (مص ل.) دست در گردن هم انداختن، یکدیگر را در آغوش کشیدن.

تعاون taāvon [ع.] ۱- (مص م.) یکدیگر را یاری کردن، بهم یاری کردن. ۲- (إمص.) همدستی، یاری، دستگیری. ج. تعاونات.

تعاونات taāvon-āt [ع.] (مص.، إ.) ج. تعاون (ه.م.)

تعاونی taāvon-ī [ع.] (ص نسب.) منسوب به تعاون (ه.م.) ‖ شرکت ~. (بانک.) شرکتی که برای کمك و یاری باعضای یك مؤسسه یا اداره تشکیل گردد.

تعاویذ taāvīz [ع.] (مص.، إ.) ج. تعویذ (ه.م.)

تعاهد taāhod [ع.] ۱- (مص ل.) باهم عهد بستن، پیمان بستن، هم‌عهد شدن، هم‌پیمان شدن. ۲- (إمص.) هم‌پیمانی. ج. تعاهدات.

تعاهدات taāhod-āt [ع.] (مص.، إ.) ج. تعاهد (ه.م.)

تعب taab [ع.] ۱- (مص ل.) رنجه شدن، رنجور شدن، مانده گشتن. ۲ - (إمص.) خستگی، ماندگی. ۳- سختی، مشقت. ج. اتعاب.

تعبد taabbod [ع.] ۱- (مص ل.)

عبادت کردن، بندگی ورزیدن ، پرستش کردن ۰ ۲ - چیزی را بی چون وچرا پذیرفتن. ۳- (إمص.) بندگی، پرستش. ج. تعبدات.

تعبدات taabbod-āt [ع.] (مص.، إ.) ج. تعبد (ه.م.)

تعبداً taabbod-an [ع.] (ق.) از روی تعبد (ه.م.)، کورکورانه.

تعبدی taabbod-ī [ع.= -dīyy] (ص‌نسبـ.) ۱- منسوب و مربوط به تعبد (ه.م.) ۲- (ق.) تعبداً (ه.م.)

تعبید ta'bīd [ع.] (مص‌م.) ببندگی گرفتن کسی را، بندهٔ خود ساختن.

تعبیر ta'bīr [ع.] ۱- (مص‌م.) بعبارت آوردن ، بسخن آوردن ، بیان کردن . ۲ - خواب را تفسیر کردن ، خواب گزاردن. ۳-شرح دادن. ۴-(إمص.) بیان ، عبارت . ۵ - خوابگزاری . ج. تعبیرات، تعابیر.

تعبیرات ta'bīr-āt [ع.] (مص.، إ.) ج. تعبیر (ه.م.)

تعبیر گوی t.-gū(y) [ع.-ف. = تعبیر گوینده] (ص‌فا.) خوابگزار، معبر.

تعبیرنامه t.-nāma(-e) [ع -ف.] (إمر.) کتاب ورساله‌ای که‌درآن تعبیرات خوابها نوشته شده؛ خواب‌نامه.

تعبیه ta'biya(-e) [ع = تعبیة] ۱- (مص‌م.) آراستن ، ساختن ، آماده کردن (سپاه، لشکر) . ۲- (إمص .) آراستگی، ساختگی، آرایش. ۳- (إ.) ساز و برگ .

تعجب taaǰǰob [ع.] ۱- (مص‌ل.) بشگفت آمدن، حیرت کردن. ۲- (إمص.) شگفتی، حیرت. ج. تعجبات.

تعجبات taaǰǰob-āt [ع.] (مص.، إ.) ج. تعجب (ه.م.)

تعجب آور t.-āvar [ع. -ف. = تعجب آورنده] (ص‌فا.) آنچه‌مورد تعجب باشد؛ شگفت‌انگیز.

تعجب کردن t.-kardan [ع.-ف.] (مص‌ل.) حیرت کردن، شگفت داشتن.

تعجیب ta'ǰīb [ع.] (مص‌م.) بشگفت آوردن، بحیرت در آوردن.

تعجیز ta'ǰīz [ع.] ۱- (مص‌م.) درمانده کردن. ۲ - درمانده خواندن.

تعجیل ta'ǰīl [ع.] ۱ - (مص‌ل.) عجله کردن، شتافتن، شتاب کردن. ۲- (إ.) شتاب.

تعدا taaddā [= ع. تعدی. قس. تمنا] (مص‌ل.) ← تعدی.

تعداد ta'dād(te'-.تد.ف) [ع.] ۱- (مص‌م.) شماره کردن، شمردن، بشمار آوردن. ۲ - (إ.) شماره.

تعدد taaddod [ع.] ۱ - (مص ل.) بیشمار شدن ، زیاد شدن عدد ، بسیار گشتن. ۲ - (إمص.) افزونی، فراوانی.

تعدی taaddī [ع.] ۱ - (مص ل.) تجاوز کردن، ازاندازهٔ خود گذشتن. ۲ - ستم کردن، دست اندازی کردن . ۳ - (إمص.) دست اندازی. ۴ - ستمکاری. ۵ - (دس.) سرزدن فعل ازفاعل وبمفعول رسیدن ← متعدی ج. تعدیات.

تعدیات taaddīy-āt [ع.] (مص.، إ.) ج. تعدی (ه.م.)

تعدی کردن t.-kardan [ع.-ف.] (مص‌م.) ستم کردن، تجاوز کردن، دست اندازی کردن.

تعدید ta'dīd [ع.] ۱ - (مص م.) شمردن، شماره کردن. ۲-(إمص.) شمارش. ج. تعدیدات.

تعدیدات ta'dīd-āt [ع.] (مص.، إ.) ج. تعدید (ه.م.)

تعدیل ta'dīl [ع.] ۱ - (مص م.)

راست کردن، معتدل کردن، بحد وسط آوردن. ۲ - تقسیم کردن ازروی عدالت. ۳ - راستکار خواندن ، پارسا داشتن . ج. تعدیلات .

تعدیلات ta'dīl-āt [ع.] (مص.،إ.) ج. تعدیل (ه.م.)

تعدیل کردن t.-kardan [ع.-ف.] ۱- (مصم.) راست کردن، تعدیل کردن. ۲ - ازروی عدالت تقسیم کردن . ۳ - راستکار خواندن، پارسا داشتن.

تعدیه ta'diya(-e) [= ع. تعدیة] (مصم.) ۱- گذرانیدن، گذرا کردن . ۲- متعدی ساختن فعلی را.

تعذر taazzor [ع.] ۱ - (مص ل.) دشوار شدن، دشوار یاب شدن. ۲- عذر داشتن، عذر آوردن، امتناع ورزیدن. ۳ - (إمص.) دشوار یابی. ۴ - امتناع. ج. تعذرات.

تعذرات taazzor-āt [ع.] (مص.، إ.) ج. تعذر (ه.م.)

تعذر داشتن t.-dāštan [ع.-ف.] (مص ل.) ۱- دشوارشدن، دشوارگردیدن. ۲ - عذر داشتن، امتناع ورزیدن .

تعذیب ta'zīb [ع.] ۱ - (مص م.) عذاب کردن، شکنجه دادن . ۲ - (إ.) شکنجه، عذاب. ج. تعذیبات.

تعذیبات ta'zīb-āt [ع.] (مص ، إ.) ج. تعذیب(ه.م.)

تعذیب کردن t.-kardan [ع.-ف.] (مصم.) عذاب کردن، شکنجه دادن.

تعذیر ta'zīr [ع.] (مص ل.) عذر آوردن، بهانه تراشیدن.

تعرب taarrob [ع.] ۱ - (مص ل.) عرب شدن، خوگرفتن باخلاق عرب ، تازی شدن. ۲ - بیابانی گردیدن. ۳ - (إمص.) بیابان نشینی.

تعرض taarroz [ع.] ۱ - (مص ل.) بامری پرداختن . ۲ - دست درازی کردن. ۳- پرخاش کردن، عتاب کردن. ۴ - روی برگردانیدن از. ۵ - (إمص.) دست درازی. ۶ - عتاب، مخالفت. ج. تعرضات.

تعرضات taarroz-āt [ع.] (مص.، إ.) ج. تعرض (ه.م.)

تعرض کردن t.-kardan [ع.-ف.] (مص ل.) ۱ - بکارپرداختن. ۲- دست درازی کردن . ۳ - پرخاش کردن ، عتاب کردن. ۴ - روی برگردانیدن از.

تعرف taarrof [ع.] ۱ - (مص ل.) آشنا شدن ، شناخته گردیدن . ۲ - شناختن، پژوهیدن. ۳- (إمص.) روشناسی، شناختگی. ج. تعرفات.

تعرفات taarrof-āt [ع.] (مص.، إ.) ج. تعرف (ه.م.)

تعرفه ta'refa(-e) [= ع. تعرفة] ۱ - (مصم.) معرفی کردن، شناساندن. ۲ - (إمص.) شناسایی. ۳ - (إ.) ورقهٔ شناسایی. ۴- فهرست قیمت کالاها . ۵ - سیاههٔ مالیات وعوارضی که بامتعه تعلق گیرد.

تعرق taarroγ [ع.] (مص ل.) ۱ - عرق کردن، خوی کردن، خوی برافشاندن. ۲ - بیرون شدن رطوبت زیادی گیاهان بصورت بخار. ۳ - ریشه دواندن درخت درزمین. ج. تعرقات .

تعرقات taarroγ-āt [ع.] (مص.، إ.) ج. تعرق (ه.م.)

تعریب ta'rīb [ع.] ۱- (مصم.) بعربی ترجمه کردن، بتازی گردانیدن . ۲ - کلمه ای غیر عربی را بصورت عربی درآوردن . ۳ - بی غلط و فصیح بیان کردن (غم.). ج. تعریبات .

تعریبات ta'rīb-āt [ع.] (مص .

إ.) ج. تعریب (ه.م.)

تعریض ta'rīz [ع.] ۱ - (مص ل.) بکنایه سخن گفتن، سربسته گفتن. ۲- گوشه‌زدن. ۳- عریض کردن، پهن کردن، بپهنای چیزی افزودن. ۴ - (إمص.) سربسته‌گویی. ج. تعریضات.

تعریضات ta'rīz-āt [ع.] (مص.، إ.) ج. تعریض (ه.م.)

تعریضاً ta'rīz-an [ع.](ق.) سربسته، بکنایه. ‖ ~ و تصریحاً. (قمر.) سربسته و آشکار.

تعریف ta'rīf [ع.] ۱ - (مص م.) شناساندن، معرفی کردن. ۲- آگاهانیدن. ۳ - حقیقت امری را بیان کردن. ۴ - ستودن، تمجید کردن. ۵ - (دس.) معرفه بودن؛ مق. تنکیر. ۶- (إمص.) شناسایی. ۷ - ستایش، تمجید. ج. تعریفات.

تعریفات ta'rīf-āt [ع.] (مص.، إ.) ج. تعریف (ه.م.)

تعریف کردن t.-kardan [ع.-ف.] (مص م.) ۱ - معرفی کردن، شناساندن. ۲ - آگاهانیدن. ۳- حقیقت امری را بیان کردن. ۴ - ستودن، تمجید کردن.

تعریق ta'rīɣ [ع.] ۱ - (مص ل.) بعرق آوردن، بخوی آوردن. ۲- شراب را باکمی آب مخلوط کردن. ۳- کمی آب‌ریختن (درظرف). ۴ - (مص ل.) عرق کردن، خوی افشان کردن.

تعریک ta'rīk [ع.] ۱ - (مص م.) گوشمال دادن. ۲ - (إمص.) گوشمال. ج. تعریکات.

تعریکات ta'rīk-āt [ع.] (مص.، إ.) ج. تعریک (ه.م.)

تعریه ta'riya(-e) [=ع. تعریة] (مص م.) برهنه کردن.

تعزی taazzī [ع.] (مص ل.) شکیب ورزیدن، شکیبایی کردن.

تعزیت ta'ziyat [=ع. تعزیة ← تعزیه] ۱- (مص م.) تسلیت دادن (مصیبت دیده را)، شکیبایی دادن، شکیب فرمودن، سرسلامتی گفتن. ۲ - تعزیه (ه.م.)، عزاداری کردن. ۳ - (إمص.) ماتم پرسی، پرسه. ۴ - (إ.) عزاداری، سوگواری.

تعزیر ta'zīr [ع.] ۱ - (مص م.) نکوهش کردن، ملامت کردن. ۲- مالیدن، مالش دادن، گوشمال دادن، ادب فرمودن، مجازات کردن. ۳ - (إمص.) گوشمال. ۴ -(فق.) تأدیب مادون الحد (در امری که حد شرعی ندارد) ← حد. ج. تعزیرات.

تعزیرات ta'zīr-āt [ع.] (مص.، إ.) ج. تعزیر (ه.م.)

تعزیز ta'zīz [ع.] ۱ - (مص م.) عزیز کردن، ارجمند کردن.

تعزیه ta'ziya(-e) [=ع. تعزیة ← تعزیت] ۱ - (مص م.) تعزیت (ه.م.)، عزاداری کردن (مطلقاً). ۲ - برپاداشتن مجلس عزا برای حسین بن علی ۴ (مخصوصاً). ۳- نمایش دادن وقایع کربلا وحوادثی که برسر بعض ایمه آمده. ۴- (إمص.) نمایش مذهبی، شبیه خوانی.

تعزیه‌خوان t.-xān [ع.-ف. = تعزیه خواننده] (صفا.) کسی که در تعزیه (ه.م.) وظیفه‌ای را ایفا کند و اشعار مخصوص را خواند.

تعزیه خوانان

تعزیه دار t.-dār [ع.-ف. = تعزیه دارنده] (صفا) برپادارندهٔ مجلس تعزیه (ه.م.)

تعزیه داری t.-dār-ī [ع.-ف.] (حامص.) ۱ - انعقاد مجلس تعزیه (ه. م.) ۲ - روضه خوانی .

تعزیه گردان t.-gardān [ع.-ف. = تعزیه گرداننده] (ص فا.) ۱- کارگردان تعزیه (ه.م.)، مدیر تعزیه. ۲- چرخانندهٔ یك دستگاه ، گردانندهٔ امری (بطنز گویند).

تعزیه‌گیر t.-gīr [ع.-ف. = تعزیه گیرنده] (ص فا .) تعزیه‌دار (ه.م)

تعسر taassor [ع.] ۱ - (مص ل.) دشوار شدن، سخت‌شدن، دشوار یاب‌شدن. ۲ - (امص.) دشواری، سختی.

تعسف taassof [ع.] (مص ل.) بیراهه رفتن، راه را کج کردن، گمراه شدن، منحرف‌شدن. ۲- ستم کردن. ۳- (امص.) گمراهی، انحراف. ۴ - ظلم، ستم. ج. تعسفات.

تعسفات taassof-āt [ع.] (مص.، ا.) ج. تعسف (ه.م.)

تعسیر ta'sīr [ع.] (مص م.) ۱ - دشوار ساختن. ۲ - تنگ گرفتن. ۳ - خلاف ورزیدن. ج. تعسیرات.

تعسیرات ta'sīr-āt [ع.] (مص.، ا.) ج. تعسیر (ه.م.)

تعشق taaššoγ [ع.] (مص ل.) عاشق شدن، مهرورزیدن، عاشقی نمودن.

تعصب taassob [ع.] ۱ - (مص ل.) جانب‌داری کردن، حمایت کردن، حمیت داشتن. ۲- پرخاش کردن، سخت گرفتن. ۳ - (امص .) حمیت ، عصبیت . ۴ - سختگیری. ج. تعصبات.

تعصبات taassob-āt [ع.] (مص.، ا.) ج. تعصب (ه.م.)

تعصب داشتن t.-dāštan [ع.-ف.] (مص ل.) جانبداری کردن ، حمایت کردن.

تعطف taattof [ع.] ۱ - (مص ل.) مهرورزیدن، مهربانی کردن. ۲- بسویی خم شدن. ۳ - بازگشتن. ۴ - (امص .) مهربانی، دلسوزی. ج. تعطفات.

تعطفات taattof-āt [ع.] (مص.، ا.) ج. تعطف (ه.م.)

تعطل taattol [ع.] ۱ - (مص ل.) بیکار شدن ، بیکار ماندن ، از کار افتادن. ۲ - متوقف شدن کاری . ۳ - بی‌پیرایه ماندن. ۴- (امص.) بیکارگی (ه.م.) ۵ - بی‌زیوری. ج. تعطلات.

تعطلات taattol-āt [ع.] (مص.، ا.) ج. تعطل (ه.م.)

تعطیر ta'tīr [ع.] (مص م.) خوشبو گردانیدن، بویا کردن، عطرزدن. ج. تعطیرات.

تعطیرات ta'tīr-āt [ع.] (مص.، ا.) ج. تعطیر (ه.م.)

تعطیل ta'tīl [ع.] ۱ - (مص م .) بیکار کردن، دست از کار کشیدن. ۲ - مهمل گذاشتن ، تیمار نداشتن . ۳ - (امص.) بیکاری. ۴- (ا.) روز بیکاری. ج. تعطیلات .

تعطیلات ta'tīl-āt [ع.] (مص .، ا.) ج. تعطیل (ه.م.)

تعظم taazzom [ع .] ۱ - (مص ل.) بزرگی نمودن ۲ - (امص .) گردنفرازی. ج. تعظمات.

تعظمات taazzom-āt [ع.] (مص.، ا.) ج. تعظم (ه.م.)

تعظیم ta'zīm [ع .] ۱ - (مص م.) بزرگ داشتن، بزرگ کردن. ۲ - بپا خواستن. ۳- دوتا شدن (نزد بزرگان). ۴- (امص.) بزرگداشت. ج. تعظیمات .

تعظیمات ta'zīm-āt [ع.] (مص.، ا.) ج. تعظیم (ه.م.)

تعظیم کردن t.-kardan [ف.-ع.]
۱ - احترام کردن، بزرگ داشتن. ۲ - سررا بعلامت احترام خم کردن، خدمت کردن.

تعفف taaffof [ع.] ۱ - (مص ل.) پرهیز جستن ، پرهیز کاری کردن ، عفیف بودن، عفت ورزیدن. ۲- (إمص.) پرهیز کاری، پاکدامنی. ۳-(إ.) پرهیز. ج. تعففات .

تعففات taaffof-āt [ع.] (مص.، إ.) ج. تعفف (ه.م.)

تعفن taaffon [ع.] ۱ - (مص ل.) بدبو شدن، گندیدن ، گندیده شدن. ۲- (إمص.) بدبویی، گندگی، گندیدگی. ج. تعفنات .

تعفنات taaffon-āt [ع.] (مص.، إ.) ج. تعفن (ه.م.)

تعفیر ta'fīr [ع.] ۱ - (مص م .) بخاك مالیدن ، خاك‌آلود كردن ، در خاك‌گردانیدن. ۲ - (إمص.) خاك‌مالی. ج. تعفیرات.

تعفیرات ta'fīr-āt [ع.] (مص.، إ.) ج. تعفیر (ه.م.)

تعقب taaɣɣob [ع.] ۱ - (مص ل.) ازپی درآمدن. ۲ - بررسیدن. ۳ - (إمص.) پی گیری. ج. تعقبات.

تعقبات taaɣɣob-āt [ع.] (مص.، إ.) ج. تعقب (ه.م.)

تعقل taaɣɣol [ع.] ۱ - (مص ل.) اندیشیدن، اندیشه کردن. ۲- (إمص.) خردمندی. ج. تعقلات.

تعقلات taaɣɣol-āt [ع.] (مص.، إ.) ج. تعقل (ه.م.)

تعقل کردن t.-kardan [ع.-ف.] (مص ل.) اندیشیدن، اندیشه کردن.

تعقیب ta'ɣīb [ع.] ۱ - (مص م.) از پی درآمدن، پی برداشتن، پی کردن ، دنبال کردن، ازپی چیزی رفتن. ۲ - (إمص.) دنباله‌گیری، پی‌گیری. ۳ - (إ.) دعایی که بعداز نماز خوانند. ج. تعقیبات .

تعقیبات ta'ɣīb-āt [ع.] (مص.، إ.) ج. تعقیب (ه.م.)

تعقید ta'ɣīd [ع.] ۱ -(مص م.) گره زدن، بسته کردن، پیچیدن. ۲ - (اد.) کلام پیچیده گفتن. ۳-(إمص.) پیچیدگی. ج. تعقیدات. ‖ ~ لفظی. (اد.) آنست که بسبب پیچیدگی الفاظ خواننده وشنونده معنی کلام را بآسانی دریابد. ‖ ~ معنوی. (اد.) آنست که شاعر یا نویسنده کلماتی آورد که مرادش معنی حقیقی آنها نباشد، بلکه منظور معانی ومفاهیم دور از ذهنی باشد که شنونده و خواننده بآسانی آنها را درنیابد.

تعقیدات ta'ɣīd-āt [ع.] (مص.، إ.) ج. تعقید (ه.م.)

تعقیم ta'ɣīm [ع.] (مص م.) ۱ - عقیم کردن، نازاساختن، سترون کردن. ۲ - (پز.) ضد عفونی کردن میکروبها بوسیلهٔ ضد عفونی ساختن شیء. ج. تعقیمات.

تعقیمات ta'ɣīm-āt [ع.] (مص.، إ.) ج. تعقیم (ه.م.)

تعلق taalloɣ [ع.] ۱ - (مص ل.) آویخته‌شدن. ۲- درآویختن، دلبستگی داشتن. ۳ - (إمص.) دلبستگی. ج. تعلقات .

تعلقات taalloɣ-āt [ع.] (مص.، إ.) ج. تعلق (ه.م.)

تعلل taallol [ع.] ۱ - (مص ل.) بهانه کردن، بهانه‌آوردن، بهانه‌جستن. ۲ - درنگ کردن. ۳ - (إمص.) بهانه جویی. ج. تعللات.

تعللات taallol-āt [ع.] (مص.، إ.) ج. تعلل (ه.م.)
تعلم taallom [ع.] ۱ - (مص ل.) آموختن، دانش آموختن، یادگرفتن. ۲ - (إمص.) دانش‌آموزی. ج. تعلمات.
تعلمات taallom-āt [ع.] (مص.، إ.) ج. تعلم (ه.م.)
تعلیف ta'līf [ع.] (مص م.) علوفه خوراندن (بچار پایان)، علف دادن (بستوران). ج. تعلیفات.
تعلیفات ta'līf-āt [ع.] (مص.، إ.) ج. تعلیف (ه.م.)
تعلیق ta'līγ [ع.] ۱ - (مص ل.) آویختن، آویزان کردن، درآویختن. ۲ - یادداشت کردن، نوشتن مطالب در ذیل رساله یا کتاب. ۳ - (إ.) یادداشت ضمیمهٔ کتاب ورساله. ج. تعلیقات.
تعلیقات ta'līγ-āt [ع.] (مص.، إ.) ج. تعلیق (ه.م.)
تعلیقه ta'līγa(-e) [=ع. تعلیقه] (إ.) شرحی که درحاشیه یاذیل کتاب یارساله نوشته شود. ج. تعالیق.
تعلیل ta'līl [ع.] ۱ - (مص م.) علت آوردن، علت نهادن، سبب امری راذکر کردن. ۲- (إمص.) ذکرعلت. ج. تعلیلات.
تعلیلات ta'līl-āt [ع.] (مص.، إ.) ج. تعلیل (ه.م.)
تعلیم ta'līm [ع.] ۱ - (مص م.) آموختن، دانش آموختن، یاددادن. ۲ - (إمص.) آموزش. ج. تعلیمات. ‖ ~ وتربیت. آموزش و پرورش. ‖ ~ وتعلم. یاد دادن ویادگرفتن.
تعلیمات ta'līm-āt [ع.] (مص.، إ.) ج. تعلیم (ه.م.) ‖ ادارهٔ ~. ادارهٔ آموزش. ‖ ~ اجتماعی. آموختنیهای مربوط بمسایل اجتماعی. ‖ ~ دینی. آموختنیهای مربوط بدین. ‖ ~ مدنی. آموختنیهای مربوط به تمدن و اموراجتماعی.
تعلیم دادن t.-dādan [ع.- ف.] (مص م.) آموختن، یاددادن.
تعلیم کردن t.-kardan [ع.- ف.] (مص م.) تعلیم دادن (ه.م.)
تعلیم یافتن t.-yāftan [ع.- ف.] (مص ل.) یادگرفتن، آموختن.
تعلیمی ta'līm-ī [ع.- ف.] ۱ - (ص نسب.) مربوط به تعلیم (ه.م.): امور تعلیمی. ۲ - (إ.) تسمه‌ای که بلگام اسب بندند. ۳ - عصای سبکی که بدست گیرند.
تعمد taammod [ع.] (مص ل.) دیده ودانسته کردن، بقصد کردن، از روی عمد کاری را انجام دادن. ج. تعمدات.
تعمدات taammod-āt [ع.] (مص.، إ.) ج. تعمد (ه.م.)
تعمداً taammod-an [ع.] (ق.) دیده ودانسته، بعمد.
تعمق taammoγ [ع.] ۱- (مص ل.) دور رفتن، فرورفتن، ژرف اندیشیدن، غور کردن. ۲ - (إمص.) ژرف‌اندیشی. ج. تعمقات.
تعمقات taammoγ-āt [ع.] (مص.، إ.) ج. تعمق (ه.م.)
تعمل taammol [ع.] ۱ - (مص ل.) بعمل پرداختن، کاورزیدن. ۲ - (إمص.) کاورزی. ج. تعملات.
تعملات taammol-āt [ع.] (مص.، إ.) ج. تعمل (ه.م.)
تعمم taammom [ع.] ۱ - (مص ل.) دستار بستن، عمامه بستن. ۲ - (إمص.) دستار بندی، عمامه بندی. ج. تعممات.
تعممات taammom-āt [ع.] (مص.، إ.) ج. تعمم (ه.م.)

تعمید ta'mīd [ع.] (مص.م) قصد کردن، بعمد کاری را انجام دادن. || غسل ــ . (در نزد مسیحیان) غسل دادن کودکان و کسانی که بدین عیسوی در آیند طبق مراسم مخصوص. ج. تعمیدات.

تعمیدات ta'mīd-āt [ع.](مص.، إ.) ج. تعمید (ه.م.).

تعمیر ta'mīr [ع.] ۱ - (مص.م.) آباد کردن، عمارت کردن. ۲ - مرمت کردن خرابی. ۳ - زندگانی دادن، زندگانی دراز دادن. ۴ - (إمص.) آبادانی، عمارت. ۵ - مرمت. ج. تعمیرات.

تعمیرات ta'mīr-āt [ع.] (مص.، إ.) ج. تعمیر (ه.م.).

تعمیر کردن t.-kardan [ع.-ف.] (مص.م.) ۱ - آباد کردن، عمارت کردن. ۲ - مرمت کردن خرابی.

تعمیق ta'mīγ [ع.] ۱ - (مص.م.) گود کردن، ژرف کردن. ۲ - غور کردن در امری، ژرف اندیشیدن. ۳ - (إمص.) ژرف اندیشی. ج. تعمیقات.

تعمیقات ta'mīγ-āt [ع.] (مص.، إ.) ج. تعمیق (ه.م.).

تعمیم ta'mīm [ع.] ۱ - (مص.م.) وارسیدن، همه‌رس بودن، فراگرفتن، شامل همه کردن، عمومیت دادن؛ مق. تخصیص. ۲ - (إمص.) وارسی، شمول، عمومیت. ج. تعمیمات.

تعمیمات ta'mīm-āt [ع.] (مص.، إ.) ج. تعمیم (ه.م.).

تعمیم دادن t.-dādan [ع.-ف.] (مص.م.) شامل همه کردن، عمومیت دادن؛ مق. تخصیص دادن.

تعمیه ta'miya(-e) [ع. =تعمیة] ۱- (مص.م.) کور کردن، نابینا ساختن.

۲ - پوشیدن. ۳ - پوشیده گفتن، معمی گفتن. ۴ - (بع.) بیان کردن امری بوسیلهٔ قلب و تصحیف و تبدیل کلمات، یا بوسیلهٔ رموز و محاسبات ابجدی که پس از تعمق کشف گردد.

تعنت taannot [ع.] ۱ - (مص.ل.) خرده گرفتن، عیب جستن، گناه جستن. ۲ - خواری و مشقت کسی را خواستار شدن. ۳ - (إمص.) خرده‌گیری، عیب جویی. ج. تعنتات.

تعنتات taannot-āt [ع.] (مص.، إ.) ج. تعنت (ه.م.).

تعویذ ta'vīz [ع.] (مص.م.) پناه دادن، در پناه آوردن. ۲ - (إ.) دعایی که نوشته بگردن یا بازو بندند تا دفع چشم زخم و بلا کند؛ بازوبند، چشم پناه. ج. تعویذات.

تعویذات ta'vīz-āt [ع.] (مص.، إ.) ج. تعویذ (ه.م.).

تعویض ta'vīz [ع.] (مص.م.) عوض کردن، بدل کردن، عوض دادن. ج. تعویضات.

تعویضات ta'vīz-āt [ع.] (مص.، إ.) ج. تعویض (ه.م.).

تعویض کردن t.-kardan [ع.-ف.] (مص.م.) عوض کردن، بدل کردن، عوض دادن.

تعویق ta'vīγ [ع.] ۱ - (مص.ل.) بازداشتن، پس افکندن، عقب انداختن. ۲ - (مص.ل.) تأخیر و درنگ کردن در کاری. ۳ - (إمص.) سست کاری. ج. تعویقات.

تعویقات ta'vīγ-āt [ع.] (مص.، إ.) ج. تعویق (ه.م.).

تعویق کردن t.-kardan [ع.-ف.] (مص.ل.) تأخیر و درنگ کردن.

تعویل ta'vīl [ع.] ۱ - (مص.م.)

بصدای بلند گریه کردن. ۲ - از کسی یاری‌خواستن، مدد طلبیدن. ۳ - اعتماد کردن، تکیه نهادن. ۴ - (إمص.) مدد خواهی. ۵ - اعتماد، تکیه. ج. تعویلات.

تعویلات ta'vīl-āt [ع.] (مص.، إ.) ج. تعویل (ه.م.)

تعهد taahhod [ع.] ۱ - (مص ل.) بگردن گرفتن کاری‌را، بعهده گرفتن. ۲ - تیمار داشتن، نگاه داشتن. ۳ - عهدبستن، پیمان بستن. ۴ - (إمص.) تیمارداشت، غمخواری. ج. تعهدات.

تعهدات taahhod-āt [ع.] (مص.، إ.) ج. تعهد (ه.م.)

تعهدکردن t.-kardan [ع.-ف.] (مص ل.) ۱ - بگردن گرفتن کاری را. ۲ - تیمارداشتن، نگاه داشتن. ۳ - عهد بستن، پیمان بستن.

تعیش taayyoš [ع.] ۱ - (مص ل.) خوش زیستن، خوش گذراندن. ۲ - اسباب معیشت فراهم آوردن، گذران کردن. ۳ - (إمص.) خوش گذرانی. ۴ - کوشش برای تهیهٔ وسایل زندگی. ۵ - (إ.) گذران. ج. تعیشات.

تعیشات taayyoš-āt [ع.] (مص.، إ.) ج. تعیش (ه.م.)

تعین taayyon [ع.] ۱ - (مص ل.) بچشم دیدن چیزی و بیقین پیوستن. ۲ - بزرگی وثروت‌یافتن. ۳ - (إمص.) بزرگی. ج. تعینات.

تعینات taayyon-āt [ع.] (مص.، إ.) ج. تعین (ه.م.)

تعییب ta'yīb [ع.] ۱ - (مص م.) عیب دار کردن، معیوب ساختن. ۲ - بعیب نسبت دادن. ج. تعییبات.

تعییبات ta'yīb-āt [ع.] (مص.، إ.) ج. تعییب (ه.م.)

تعییر ta'yīr [ع.] ۱ - (مص م.) سرزنش‌کردن. ۲ - (إمص.) سرزنش. ج. تعییرات.

تعییرات ta'yīr-āt [ع.] (مص.، إ.) ج. تعییر (ه.م.)

تعیین ta'yīn [ع.] ۱ - (مص م.) پیدا کردن، باز نمودن. ۲ - مخصوص کردن. ۳ - بر گماشتن، کسی‌را بکاری نصب کردن. ج. تعیینات.

تعیینات ta'yīn-āt [ع.] (مص.، إ.) ج. تعیین (ه.م.)

تعیین‌کردن t.-kardan [ع.-ف.] (مص م.) کسی را بکاری نصب کردن، بر گماشتن.

تغابن taγābon [ع.] ۱ - (مص ل.) زیانمند شدن، ضرر کردن. ۲ - افسوس خوردن. ۳ - (مص م.) هم را بزیان افکندن. ۴ - (إمص.) زیانمندی، ضرر. ۵ - افسوس‌خوری، تأسف. ج. تغابنات.

تغابنات taγābon-āt [ع.] (مص.، إ.) ج. تغابن (ه.م.)

تغار taγār [تر.] (إ.) ۱ - ظرف سفالی دراز که در آن ماست ریزند. ۲ - ظرفی گلین که در آن آرد گندم وجو خمیر کنند، لاوك. ۳ - واحدی برابر با ۱۰ کیلو (طبق فرمان غازان خان پادشاه مغول). ۴ - (گیا.) ممرز (ه.م.)، تغر (ه.م.).

تغار

تغافل taγāfol [ع.] ۱ - (مص ل.) خود را بغفلت زدن، خویشتن‌را غافل وانمودکردن. ۲ - چشم پوشی کردن. ۳ - غفلت ورزیدن. ۴ - (إمص.) چشم پوشی. ۵ - غفلت. ج. تغافلات.

تغافلات

تغافلات taɣāfol-āt [ع.] (مص.، إ.) ج. تغافل (ه.م.)

تغافل کردن t.-kardan [ع.-ف.] (مص ل.) ۱ - خود را بغفلت زدن. ۲ - چشم پوشی کردن. ۳ - غفلت ورزیدن.

تغافل‌ورزیدن t.-varzīdan [ع.-ف.] (مص‌ل.) تغافل کردن (ه.م.)

تغامز taɣāmoz [ع.] (مص‌ل.) با چشم‌وابرو اشاره کردن بیکدیگر، غمزه کردن، چشمك زدن. ج. تغامزات.

تغامزات taɣāmoz-āt [ع.](مص.، إ.) ج. تغامز (ه.م.)

تغایر taɣāyor [ع.] ۱ - (مص‌م.) غیر هم شدن، ازهم جدا بودن، با هم اختلاف داشتن. ۲ - (إمص.) جدایی، مغایرت. ج. تغایرات.

تغایرات taɣāyor-āt [ع.](مص.، إ.) ج. تغایر (ه.م.)

تغذی taɣazzī [ع.] ۱ - (مص‌ل.) خوردن، غذا خوردن. ۲ - (إمص.) خورد. ج. تغذیات.

تغذیات taɣazzīy-āt [ع.](مص.، إ.) ج. تغذی (ه.م.)

تغذیه taɣziya(-e) [=ع. تغذیة] ۱- (مص‌م.) خورش دادن، خورانیدن، خوراك دادن. ۲ - خوردن.

تغذیه کردن t.-kardan [ع.-ف.] ۱-(مص‌م.) خوراك دادن، غذادادن. ۲ - خوردن.

تغر taɣar [=تغار۴] (إ.) (گیا.) ممرز (ه.م.)

تغریر taɣrīr [ع.] (مص‌م.) چیزی را در معرض هلاك گذاشتن، بخطر انداختن. ج. تغریرات.

تغریرات taɣrīr-āt [ع.](مص.، إ.) ج. تغریر (ه.م.)

تغریق taɣrīɣ [ع.] (مص‌م.) غرق کردن، درآب فروبردن. ج. تغریقات.

تغریقات taɣrīɣ-āt [ع.](مص.، إ.) ج. تغریق (ه.م.)

تغز taɣaz (إ.) (گیا.) تاغ (ه.م.)

تغزل taɣazzol [ع.] ۱ - (مص‌ل.) غزل سرایی کردن، شعر عاشقانه گفتن. ۲ - عشق ورزیدن. ۳ - (إمص.) غزل سرایی. ۴ - عشق ورزی. ج. تغزلات.

تغزلات taɣazzol-āt [ع.](مص.، إ.) ج. تغزل (ه.م.)

تغسیل taɣsīl [ع.] ۱ - (مص م.) غسل دادن، شستشو کردن. ۲ - (إمص.) غسل، شستشو. ج. تغسیلات.

تغسیلات taɣsīl-āt [ع.] (مص.، إ.) ج. تغسیل (ه.م.)

تغشی taɣaššī [ع.] (مص م) ۱ - پوشیدن (جامه). ۲ - فروگرفتن.

تغطی taɣattī [ع.](مص‌م.) پوشیدن، مستورداشتن.

تغطیه taɣtiya(-e) [=ع. تغطیة] (مص‌م.) پوشیدن، مستورداشتن.

تغل taɣal (إ.) واحد وزن در کردستان، معادل ۳۰ من کردستانی.

تغلب taɣallob [ع.] ۱ - (مص ل.) پیروز شدن، چیره آمدن، دست یافتن، چیره شدن. ۲ - (إمص.) چیرگی، پیروزی. ج. تغلبات.

تغلبات taɣallob-āt [ع.](مص.، إ.) ج. تغلب (ه.م.)

تغلیب taɣlīb [ع.](مص‌م.) چیرگی دادن، چیره کردن، غلبه دادن. ج. تغلیبات.

تغلیبات taɣlīb-āt [ع.](مص.، إ.) ج. تغلیب (ه.م.)

تغلیط taɣlīt [ع.] ۱ - (مص م.) غلط کار خواندن، بغلط نسبت دادن. ۲ - بغلط انداختن. ۳ - (امص.) غلط کاری. ج. تغلیطات.

تغلیطات taɣlīt-āt [ع.] (مص.، ا.) ج. تغلیط (ه.م.)

تغلیظ taɣlīz [ع.] ۱ - (مص م.) غلیظ کردن، سفت کردن، سخت ودرشت ساختن. ۲ - سخن درشت گفتن، درشتی کردن. ۳ - (امص.) درشت سازی. ۴ - سخن درشت گویی، درشتی. ج. تغلیظات.

تغلیظات taɣlīz-āt [ع.] (مص.، ا.) ج. تغلیظ (ه.م.)

تغلیق taɣlīɣ [ع.] (مص م.) بستن، فراز کردن.

تغمد taɣammod [ع.] (مص م.) پوشیدن، فرا گرفتن.

تغنج taɣannoǰ [ع.] ۱ - (مص ل.) غنج ودلال نمودن، نازو کرشمه کردن. ۲ - (امص.) غنج ودلال. ج. تغنجات.

تغنجات taɣannoǰ-āt [ع.] (مص.، ا.) ج. تغنج (ه.م.)

۱ - تغنی taɣannī [ع.] ۱- (مص ل.) سرود گفتن، سراییدن، شعررا با آواز خواندن. ۲ - (امص.) آوازه خوانی. ۳ - (ا.) سرود. ج. تغنیات.

۲ - تغنی taɣannī [ع.] ۱- (مص ل.) توانگرشدن، بی‌نیاز گشتن. ۲ - (امص.) توانگری، بی‌نیازی. ج. تغنیات.

تغنیات taɣannīy-āt [ع.] (مص.، ا.) ج. تغنی (۱ و ۲).

تغنیه taɣniya(-e) [= ع. تغنیة] (مص ل.) آوازخواندن، سرودخواندن.

تغوط taɣavvot [ع.] (مص ل.) پلیدی کردن، غایط کردن، قضای حاجت کردن، ریدن. ج. تغوطات.

تغوطات taɣvvot-āt [ع.] (مص.، ا.) ج. تغوط (ه.م.)

تغوط کردن t.-kardan [ع.-ف.] (مص ل.) غایط کردن، پلیدی کردن، ریدن.

تغیر taɣayyor [ع.] ۱ - (مص ل.) گشتن، گردیدن، دگرشدن، دیگرگون شدن. ۲ - برآشفتن، تشدد کردن، خشمگین شدن بر. ۳- (امص.) گردش، تبدل. ۴ -(ا.) پرخاش. ج. تغیرات.

تغیرات taɣayyor-āt [ع.] (مص.، ا.) ج. تغیر (ه.م.)

تغیر کردن t.-kardan [ع.-ف.] (مص ل.) خشمگین شدن بر، عصبانی گشتن.

تغیر یافتن t.-yāftan [ع.-ف.] (مص ل.) دیگرگون شدن، ازحال خود برگشتن.

تغییر taɣyīr [ع.] ۱ - (مص م.) گردانیدن، دیگر کردن، دیگرگون ساختن. ۲ - (امص.) گردش، دیگرگونی. ج. تغییرات.

تغییرات taɣyīr-āt [ع.] (مص.، ا.) ج. تغییر (ه.م.)

تغییر دادن t.-dādan [ع.-ف.] (مص م.) دیگرگون ساختن؛ از حالی بحال دیگر درآوردن.

تغییر یافتن t.-yāftan [ع.-ف.] (مص ل.) دیگرگون شدن، ازحالی بحال دیگر درآمدن.

تف taf [= تب = تاب] (ا.) ۱ - حرارت، گرمی. ۲- روشنی، پرتو، نور.

تف tof (اصت.) مجموعهٔ ترشحات غدد بزاقی و مخاط حفرهٔ دهان که بخارج

انداخته‌شود؛ آب‌دهن، خدو. ‖ اخ ـــ ۱ تفی که پس از سرفه‌های متعدد بخارج انداخته شود.

تفاؤل tafā'ol [ع.] (مص ل.) ← تفأل.

تفاح toffāh [ع.](إ.) سیب.

تفاحش tafāhoš [ع.] ۱ - (مص ل.) فحش دادن، ناسزا گفتن. ۲- کار زشت کردن. ۳ - ازحد گذشتن در بدی. ج. تفاحشات.

تفاحشات tafāhɔš-āt [ع.](مص.، إ.) ج. تفاحش (ه.م.)

تفاخر tafāxor [ع.] ۱ - (مص م.) برهم نازیدن، نازیدن، بهم فخر کردن. ۲ - (إمص.) نازش. ج. تفاخرات.

تفاخرات tafāxor-āt [ع.](مص.، إ.) ج. تفاخر (ه.م.)

تفاخر کردن t.-kardan [ع.- ف.] (مص ل.) برهم نازیدن، بیکدیگر فخر کردن.

تفارق tafāroγ [ع.] ۱ - (مص ل.) ازهم جدا شدن. ۲ - جدایی. ج. تفارقات.

تفارقات tafāroγ-āt [ع.](مص.، إ.) ج. تفارق (ه.م.)

تفاریق tafārīγ [ع.](مص.، إ.) ج. تفریق؛ پراکنده‌ها، چیزهای پراکنده. ‖ به ـــ . (ق مر.) جداجدا، پراکنده.

تفاسخ tafāsox [ع.] (مص ل.)(فل.، مل.) انتقال نفس بجسم نباتی ← فسخ.

تفاسیر tafāsīr [ع.] (مص.، إ.) ج. تفسیر (ه.م.)؛ گزارشها.

تفاصیل tafāsīl [ع.] (مص.، إ.) ج. تفصیل (ه.م.). ۱ - شرح و بسطها. ۲- فصلهای متمایز از هم.

تفاضل tafāzol [ع.] ۱ - (مص ل.) از هم فزون آمدن، برتری جستن بر یکدیگر. ۲ - (إمص.) فزونی، پیشی، برتری. ۳ - (حسا.) حاصل تفریق، نتیجهٔ کاهش عددی از عددیگر؛ مانده، باقیمانده، مثلاً ۶ = ۹ — ۱۵ (شش تفاضل ۹ از ۱۵ است).

تفال tofāl [← تف] (إ.) آب دهن که از اثر مزهٔ چیزی بهم رسد؛ آب‌دهن، تف، خدو، کفك.

تفالج tafāloǰ [ع.] (مص ل.) اظهار فالج بودن کردن، بهانهٔ فالج بودن نمودن.

تفاله tofāla(-e) (إ.) ۱ - جزو بیکار و بیفایده ازهرچیزی. ۲ - باقی ماندهٔ میوه‌وسبزی‌فشرده‌شده که‌شیره‌اش را گرفته باشند. ‖ ـــ ٔ آهن **ریم**. آهن، توبال‌الحدید. ‖ ـــ ٔ **انگور**. چوب و پوست و هستهٔ انگور که پس‌از آب گرفتن یا خوردن میماند.

تفانی tafānī [ع.] ۱ - (مص م.) یکدیگر را نابودکردن، هم را نیست کردن. ۲ - (مص ل.) باهم نیست‌شدن.

تفاوت tafāvot [ع.] ۱ - (مص ل.) از هم جدا و دور شدن. ۲ - (إمص.) عدم موافقت، اختلاف، فرق. ج. تفاوتات. ‖ ـــ ِ عمل. عوارضی که دیوانیان گذشته از مقدار مالیات تقویم شده برای تأمین مخارج خود وصول میکردند (قاجاریه).

تفاوتات tafāvot-āt [ع.](مص.، إ.) ج. تفاوت (ه.م.)

تفاوت آمدن t.-āmadan [ع.-ف.] (مص ل.) تفاوت داشتن (ه.م.)

تفاوت داشتن t.-dāštan [ع.-ف.] (مص ل.) اختلاف داشتن، فرق‌داشتن، امتیاز داشتن.

تفاوت دیدن t.-dīdan [ع.-ف.]

(مص ل.) تفاوت‌شناختن، تفاوت یافتن، فرق و اختلاف بین دو چیز دیدن، جدایی و مباینت بین دوچیز یافتن.

تفاوت شناختن t.-šenāxtan [ع.-ف.] (مص ل.) تفاوت دیدن (ه.م.)

تفاوت‌کردن t.-kardan [ع.-ف.] (مص ل.) ۱ - فرق‌کردن، مختلف شدن: «قیمتها تفاوت کرده.» ۲ - موافق نبودن. ۳ - امتیاز حاصل کردن.

تفاوت گذاشتن t.-gozāštan [ع.-ف.] (مص ل.) فرق‌گذاشتن، امتیاز گذاشتن.

تفاهم tafāhom [ع.] (مص م.) مقصود یکدیگر را فهمیدن، درك کردن مطلب همدیگر. ‖ حسن ـــ . مقاصد یکدیگر را نیکو درك کردن؛ مق. سوءِ تفاهم. ‖ سوءِ ـــ . مقاصد یکدیگر را بد فهمیدن؛ مق. حسن تفاهم. ج. سوءِ تفاهمات.

تفأل tafa''ol [ع.] ۱ - (مص ل.) فال‌زدن. ۲ - (إمص.) فال‌شناسی، فال‌اندازی، فال‌گویی. ۳ - (إ.) فال، فال نیك، شگون. ج. تفألات.

تفألات tafa''ol-āt [ع.] (مص.، إ.) ج. تفأل (ه.م.)

تفألاً tafa''ol-an [ع.] (ق.) بطور تفأل (ه.م.)، بشگون، بفال نیك.

تفأل زدن t.-zadan [ع.-ف.] (مص ل.) ← تفأل کردن.

تفأل‌فرمودن t.-farmūdan [ع.-ف.] (مص ل.) ← تفأل کردن.

تفأل‌کردن t.-kardan [ع.-ف.] (مص ل.) فال‌گرفتن، فال‌زدن، تفأل فرمودن، تفأل‌زدن.

تف انداختن tof-andāxtan (مص ل.) آب دهن افکندن.

۱ - تفت taft [است. -tafta، گرم شده] ۱ - (إ.) گرمی، حرارت. ۲ - (ص.) گرم. ۳ - (إ.) تعجیل، شتاب. ۴ - گرمی حادث‌ازخشم، قهر، غضب، تیزی، سورت، شدت. ۵ - گرم رفتن و گرم آمدن و گرم گفتن. ۶ - خرام، خرامان.

۲ - تفت taft (إ.) (گیا.) گیاهی[۱] از تیرهٔ بادنجانیان که پایا میباشد. برگهایش پهن ونسبةً ضخیم وگلهایش زرد مایل بسبز و جامش قیفی شکل ومیوه‌اش کپسولی‌است.

تفت (گل ومیوه)

۳ - تفت taft [تد. تهران] (إ.) سبد چوبین که در آن میوه جا دهند.

تفتان taft-ān [← تفت، تفتیدن] ۱ - هرچیز گرم شده از آفتاب یا از آتش؛ گرم، داغ. ۲ - (إ.) قسمی‌از نان؛ تافتون.

تفتت tafattot [ع.] (مص ل.) ریز ریزشدن، ازهم بریزیدن.

تفتح tafattoh (مص ل.) ۱ - از هم بازشدن. ۲ - شکفتن.

تفت‌دادن taft-dādan (مص م.) ـــ گوشت و مانندآن. کمی حرارت دادن تا رنگ آنها بگردد؛ حرارت دادن.

تفتق tafattoγ [ع.] ۱ - (مص ل.) شکافتن، شکاف‌خوردن، کفتن، کافتن. ۲ - (إمص.) شکافتگی. ج. تفتقات.

تفتقات tafattoγ-āt [ع.] (مص.، إ.) ج. تفتق (ه.م.)

تفتگی tafta(-e)g-ī (حامص. تفته) ۱ - گرمی، داغی. ۲ - آزردگی، تکدر. ۳ - اضطراب. ۴ - کوفتگی.

تفتن taftan [= تافتن (ه.م.)]

۱- **Scopolia corniolica, Mutica** (.لا) **scopolie** (.فر)

۱۱۱۰ تفته

(تفت، ـ، خواهد تفت، ـ، ـ تفته) ۱ ـ (مصل.) تافتن، گرم‌شدن. ۲ ـ خشمناك گردیدن. ۳ ـ شتافتن، دویدن، خرامیدن. ۴ ـ (مصم.) گرم گردانیدن یکدیگر را. ۵ ـ بخشم درآوردن.

۱ـ تفته taf-ta(-e) [= تافته، است. tapta ، تفته ، تبدار] (امف.) ۱ ـ بسیار گرم شده، تافته (ه.م.) ۲ ـ گداخته شده. ۳ ـ آزرده . ۴ ـ مکدر . ۵ ـ کوفته شده.

۲ـ تفته taf-ta(-e) [← تابیده] ۱ ـ (امف.) تابیده. ۲ ـ (ا.) تار عنکبوت.

تفته جگر t.-ǰegar (صمر.) ۱ ـ گرفتار بیماری دق ، گرفتار بیماری تب لازم. ۲ ـ عاشق .

تفته‌دل t.-del (ص مر .) غمناك ، تنگ‌دل، دل‌فگار.

تفتی tafattī [ع.] (مص ل.) ۱ ـ باز ایستادن دختر از لهو و بازی با کودکان(غم.) ۲ ـ جوانمردی نمودن. ۳ ـ ورزشکار بودن.

تفتیت taftīt [ع.] ۱ ـ (مصم.) ریز ریز کردن، ازهم‌پاشیدن: تفتیت‌حصاة. ۲ ـ (مص ل.) شکسته وریزه‌شدن .ج. تفتیتات.

تفتیتات taftīt-āt [ع.] (مص.، ا.) ج. تفتیت (ه.م.)

تفتیح taftīh [ع.] ۱ ـ (مص م.) بازکردن، گشودن: تفتیح سدد . ۲ ـ (امص.) گشایش. ج. تفتیحات.

تفتیحات taftīh-āt [ع.] (مص.، ا.) ج. تفتیح (ه.م.)

تفتیدن taft-īdan [است . tāfta-,tap- ، تبدار← تفته] (مص ل.) (تفتید، تفتد، خواهدتفتید، بتفت، تفتنده ، تفتیده) گرم شدن از آفتاب وآتش، داغ شدن.

تفتیده taft-īda(-e) (امف .) گرم شده، داغ شده.

تفتیش taftīš [ع.] ۱ ـ (مص م.) تفحص کردن، بازرسیدن ، بازجستن ، واپژوهیدن . ۲ ـ (امص .) بازرسی ، بازجست، پژوهش. ج. تفتیشات. ‖ ادارهٔ ــــ . ادارهٔ بازرسی (ه.م.)

تفتیشات taftīš-āt [ع.] (مص.، ا.) ج. تفتیش (ه.م.)

تفتیش کردن t.-kardan [ع.-ف.] (مصم.) نیك جستجو کردن، کاویدن، تفحص کردن، بازرسی کردن.

تفتیشی taftīš-ī [ع -ف.] (ص نسبـ.) ۱ـ منسوب‌به‌تفتیش: امور تفتیشی. ۲ـ مباشر، مفتش.

تفتیق taftīɣ [ع.] (مصل.) کهنه شدن، شکافتن، دریدن.

تفتیك taftīk (ا.) ۱ ـ پشم نرم‌که اززیر موی بز بشانه بر آرند و آنرا رشته شال وبرك سازند. ۲ ـ بخاری‌که از جوشش دیگ پدیدآید .

تفتین taftīn [ع.] ۱ ـ (مص م.) آشوب کردن، برهم زدن، دوبهمزدن ، آشوب انگیختن. ۲ ـ (امص .) فتنه انگیزی ، آشوبش ، دوبهمزنی . ج. تفتینات.

تفتینات taftīn-āt [ع.] (مص.، ا.) ج. تفتین (ه.م.)

تفتین کردن t.-kardan [ع.-ف.] (مص م .) آشوب کردن، دوبهم زدن : «درمیان دوستان تفتین کند.»

تفجر tafaǰǰor [ع.] ۱ ـ (مصل.) روان‌شدن، آب‌بدویدن. ۲ ـ بردمیدن، روشن شدن صبح . ۳ ـ جوانمردی نمودن. ۴ ـ (امص.) روانی، جریان. ۵ ـ دمیدگی ، طلوع (صبح) . ۶ ـ جوانمردی. ج. تفجرات .

تفجرات tafaǰǰor-āt [ع.](مص.، إ.) ج. تفجر (ه.م.)

تفجع tafaǰǰo' [ع.] ۱ - (مص ل.) دردیافتن، دردمند شدن از سختی و بلا واندوه. ۲ - دردمندی. ج. تفجعات.

تفجعات tafaǰǰo'-āt [ع.](مص.، إ.) ج. تفجع (ه.م.)

تفجیر tafǰīr (مص م.) روان کردن، گشوده کردن، آب بدوانیدن. ج. تفجیرات.

تفجیرات tafǰīr-āt [ع.] (مص م.) ج. تفجیر (ه.م.)

تفحص tafahhos [ع.] ۱ - (مص م.) بررسیدن، بازجست کردن، تجسس کردن. ۲ - (إمص.) کاوش، بررسی، جستجو. ج. تفحصات.

تفحصات tafahhos-āt [ع.](مص.، إ.) ج. تفحص (ه.م.)

تفحص کردن t.-kardan [ع.-ف.] (مص ل.) کاوش کردن، جستجو کردن، بررسی کردن.

تفخر tafaxxor [ع.] ۱ - (مص ل.) بزرگ منشی نمودن، بزرگی کردن، فیریدن. ۲ - (إمص.) بزرگ منشی، فیریدگی. ج. تفخرات.

تفخرات tafaxxor-āt [ع.](مص.، إ.) ج. تفخر (ه.م.)

تفخیم tafxīm [ع.] (مص م.) ۱ - بزرگ داشتن، بزرگ گردانیدن. ۲ - حرف رابی اماله خواندن. ۳ - (إمص.) بزرگداشت، اعظام. ج. تفخیمات.

تفخیمات tafxīm-āt [ع.](مص.، إ.) ج. تفخیم (ه.م.)

تف دان tof.-dān (إمر.) ۱ - ظرفی که در آن تف (ه.م.) ریزند. ۲ - ثفل‌دان.

تفدیه tafdiya(-e) [ع. = تفدیة] (مص م.) برای خلاص خود وجه‌یامالی دادن، فدیه دادن.

تفرث tafarros [ع.] ۱ - (مص ل.) شوریدن دل زن باردار. ۲ - (إمص.) تشنج زن حامله.

تفرج tafarroǰ [ع.] ۱ - (مص ل.) گشایش یافتن، از تنگی ودشواری بیرون آمدن. ۲ - خوشی‌جستن. ۳ - (إمص.) گردش، سیر، گشادگی خاطر: «بقصد تفرج بصحرا رفت.» (فرتا.) ج. تفرجات.

تفرجات tafarroǰ-āt [ع.](مص.، إ.) ج. تفرج (ه.م.)

تفرج کردن t.-kardan [ع.-ف.] (مص ل.) سیر کردن، گردش نمودن جهت گشادگی خاطر.

تفرج زدن t.-zadan [ع.-ف.](مص ل.) تفرج کردن.

تفرجگاه t.-gāh [ع.-ف. = تفرجگه] (إمر.) جای‌تفرج، گردشگاه، جایی که شادمانی آورد، جای گشت و گذار مانند باغ ومرغزار وجز آن.

تفرد tafarrod [ع.] ۱ - (مص ل.) یگانه بودن، تنها شدن، یکه و تنها شدن، یکه و تنها بودن. ۲ - (إمص.) استقلال، خود رایی. ج. تفردات.

تفردات tafarrod-āt [ع.](مص.، إ.) ج. تفرد (ه.م.)

تفرس tafarros [ع.] ۱ - (مص م.) دانستن چیزی بعلامت و نشان، بفراست دریافتن، بوبردن. ۲ - (إمص.) دریافت بفراست، ادراک، فهم. ج. تفرسات.

تفرسات tafarros-āt [ع.](مص.، إ.) ج. تفرس (ه.م.)

تفرس کردن t.-kardan [ع.-ف.] (مصم.) بفراست دریافتن، درك کردن، بو بردن.

تفرشی tafreš-ī (ص نسبـ.) منسوب به‌تفرش، ازمردم تفرش (← بخش۳).

تفرع tafarro' [ع.] ۱ - (مص ل.) شاخه‌شاخه شدن، شعبه شعبه گردیدن. ۲ - (إمص.) انشعاب. ج. تفرعات.

تفرعات tafarro'-āt [ع.] (مص.، إ.) ج. تفرع (ه.م.)

تفرعن tafar'on [ع.] ۱ - (مص ل.) مانستن بفرعون در تکبر و ستم. ۲ - زشت‌خوی شدن، ستمکار گردیدن. ۳ - (إمص.) تکبر، خودپرستی. ج. تفرعنات.

تفرعنات tafar'on-āt [ع.] (مص.، إ.) ج. تفرعن (ه.م.)

تفرغ tafarroγ [ع.] ۱ - (مص ل.) فارغ شدن از امری، دست از کار کشیدن. ۲ - آماده شدن‌برای امری. ۳ - (إمص.) فراغت. ۴ - آمادگی. ج. تفرغات.

تفرغات tafarroγ-āt [ع.] (مص.، إ.) ج. تفرغ (ه.م.)

تفرق tafarroγ [ع.] ۱ - (مص ل.) پراکنده شدن، جدایی افتادن. ۲ - (إمص.) جدایی، پراکندگی، پریشانی. ج. تفرقات. ‖ ~ اتصال. (پز.) شکستگی (استخوان)[۱]. ‖ ~ حواس. پراکنده دلی، دل آشفتگی.

تفرقات tafarroγ-āt [ع.] (مص.، إ.) ج. تفرق (ه.م.)

تفرقه tafreγa(-e) [=ع. تفرقة] ۱ - (مصم.) پراکندن، جدایی کردن، جدایی افکندن. ۲ - (إمص.) جدایی، پراکندگی.

تفرقه افکندن t.-afkandan [ع.-ف.] ← تفرقه انداختن.

تفرقه انداختن t.-andāxtan [ع.-ف.] ایجاد تفرقه (ه.م.)، جدایی افکندن.

تفریج tafrīǰ [ع.] ۱ - (مص م.) گشودن، وسعت دادن. ۲ - دفع کردن‌غم و اندوه. ۳ - (إمص.) گشایش. ج. تفریجات.

تفریجات tafrīǰ-āt [ع.] (مص.، إ.) ج. تفریج (ه.م.).

تفریح tafrīh [ع.] ۱ - (مص ل.) شادمانی نمودن، شادی کردن. ۲ - (مص م.) شاد کردن، شادمان ساختن. ۳ - (إمص.) خوشی. ۴ - گردش. ج. تفریحات.

تفریحات tafrīh-āt [ع.] (مص.، إ.) ج. تفریح (ه.م.)

تفریح کردن t.-kardan [ع.-ف.] (مص ل.) ۱ - شادمانی نمودن، شادی کردن. ۲ - گردش کردن.

تفرید tafrīd [ع.] ۱ - (مص م.) یگانه کردن، یگانه خواندن. ۲ - کناره گیری کردن، گوشه‌گیری کردن. ۳ - (إمص.) تنها نشینی، تنها روی. ج. تفریدات.

تفریدات tafrīd-āt [ع.] (مص.، إ.) ج. تفرید (ه.م.)

تفریط tafrīt [ع.] ۱ - (مص م.) کوتاهی کردن، کوتاه آمدن؛ مق. افراط. ضح. - «افراط» زیاده روی کردن و «تفریط» کوتاه‌آمدن است. ۲ - تباه کردن، برباد دادن، ضایع ساختن. ۳ - دست کشیدن‌از کار که‌بموجب‌قرارداد یا برحسب‌عرف وعادت برای‌حفاظت‌مال غیرلازم است. ۴ - (إمص.) کوتاهی. ۵ - تباهی. ج. تفریطات.

تفریطات tafrīt-āt [ع.] (مص.، إ.) ج. تفریط (ه.م.)

۱-Rupture (فر.)

تفریط کردن t.-kardan [ع.-ف.] (مصل.) ۱ - کوتاهی کردن، کوتاه آمدن؛ مق. افراط کردن. ۲ - تباه کردن، ضایع ساختن.

تفریغ tafrīɣ [ع.] ۱ - (مص م.) پرداخته کردن، آماده کردن. ۲ - فارغ ساختن، خالی کردن. ۳ - (إمص.) پرداختگی، آمادگی. ‖ ~ حساب. واریز کردن حساب و فراغت از آن. ج. تفریغات.

تفریغات tafrīɣ-āt [ع.] (مص.، إ.) ج. تفریغ (ه.م.)

تفریق tafrīɣ [ع.] ۱ - (مصم.) جدا کردن. ۲ - پراکنده کردن. ۳ - کم کردن، کاستن. ۴ - (إمص.) جدایی. ۵ - کاهش. ۶ - (حسا.) کم کردن عدد کوچکتر از عدد بزرگتر. کوچکتر را مفروق و بزرگتر را مفروق‌منه گویند. ج. تفریقات.

تفریقات tafrīɣ-āt [ع.] (مص.، إ.) ج. تفریق (ه.م.)

تفریق کردن t.-kardan [ع.-ف.] (مصم.) (حسا.) ← تفریق ۶.

تفس tafs [← تفسیدن، تبسیدن] (إ.) گرمی، حرارت.

تفسان tafs-ān [← تفس، تفسیدن] (ص فا.) آنچه که از گرمی آفتاب یا آتش داغ شده باشد؛ داغ.

تفسره tafsera(-e) [ع.] (إ.) ۱ - (پز.) پیشاب بیمار که پزشك ازمعاینه و تجزیهٔ آن مرض را کشف کند. ۲ - هر چیزی که شخص را بچیزی دیگر دلالت کند.

تسفطط tasaftot [← ع. تسفسط] (مصل.) ۱ - احمق شدن. ۲ - هذیان گفتن. ۳ - انکار حقایق کردن، سوفسطایی کردن.

۱ - تفسه tafsa(-e), tof.- [← تفس، تفسیدن] (إ.) سیاهی و داغی که درصورت، بشره و اندام انسان پدید آید؛ ماه گرفت، کلف.

۲ - تفسه tafsa(-e) [قس. تاسه] (إ.) ۱ - اندوه، بیقراری دل. ۲ - میل وخواهش بهرچیز که دیده شود هرچند که سیر باشند (بیشتر درزنان آبستن).

تفسیا tafsiyā [معر. یو.] ← تافسیا.

تفسیدن tafs-īdan [= تبسیدن ← تفس] (مصل.) (تفسید، تفسد، خواهد تفسید. بتفس، تفسنده، تفسیده) گرم شدن از تف آتش یا آفتاب؛ تفیدن.

تفسیده tafs-īda(-e) [= تبسیده] (إمف.) بغایت گرم شده، تفتیده.

تفسیر tafsīr [ع.] ۱ - (مص.، إ.) پدید کردن، هویدا کردن. ۲ - گزارش کردن، بیان کردن، شرح دادن. ۳ - (إمص.) گزارش. ۴ - بیان و تشریح معنی ولفظ آیات قرآن. ضح. - علمی است که حقیقت معانی آیات قرآن را بحسب طاقت انسان و بمقتضای قواعد لغوی وصرفی ونحوی وبلاغی عرب بیان کند، ومراد خدارا ازقرآن آشکارسازد، ودر مورد مفردات و ترکیبات ومعانی آنها و اسباب نزول و ترتیب نزول و توضیح اشارات و مجملات و تمییز ناسخات ومنسوخات ومحکمها ومتشابهات ازیکدیگر وتفصیل تعریضات و قصص وحکایات آن بحث کند. غرض از آن معانی وحقایق قرآنی وفایدهٔ آن حصول قدرت در استنباط احکام شرعیه بروجه صحیح وموضوع آن کلام‌الله است. ج. تفاسیر، تفسیرات.

تفسیر کردن t.-kardan [ع.-ف.] (مصم.) ۱ - گزارش کردن، بیان کردن، شرح دادن. ۲ - تشریح معنی و لفظ آیات قرآن.

تفسیق tafsīγ [ع.] (مص‌م.) فاسق شمردن، بفسق نسبت دادن. ج. تفسیقات.

تفسیقات tafsīγ-āt [ع.] (مص.، ا.) ج. تفسیق (ه.م.)

تفسیله tafsīla(-e) (ا.) قسمی پارچهٔ ابریشمی که از آن قبا و ازار وغیره دوزند.

تفش tafš [← تفشه] (ا.) سرزنش، طعنه.

تفش taf-eš [= تبش] (امص.، ا.) حرارت، گرمی.

تفشله tafšela(-e) [آرا. = تفشیله] (ا.) ← تفشیله.

تفشه tafša(-e) [= تفش] (ا.) طعنه، سرزنش.

تفشیله tafšīla(-e) [آرا. = تفشله] (ا.) قلیه‌ای که با گوشت و تخم مرغ وزردك وعسل تهیه کنند.

تفصی tafassī [ع.] ۱ - (مص ل.) رستن، رهایی جستن. ۲ - از تنگی درآمدن. ۳ - (امص.) رهایی. ج. تفصیات.

تفصیات tafassīy-āt [ع.] (مص.، ا.) ج. تفصی (ه.م.)

تفصیل tafsīl [ع.] ۱ - (مص م.) جدا کردن. ۲ - فصل فصل کردن کتاب. ۳ - شرح دادن، بسط دادن (مطلب). ۴ - (امص.) شرح وبسط. ج. تفصیلات.

تفصیلات tafsīl-āt [ع.] (مص.، ا.) ج. تفصیل (ه.م.)

تفصیل دادن t.-dādan [ع.-ف.] (مص‌م.) شرح دادن، بسط دادن.

تفصیله tafsīla(-e) [=ع. تفصیلة] ۱ - قطعه‌ای پارچه. ۲ - برشی ازجامه.

تفضل tafazzol [ع.] ۱ - (مص‌ل.) سپاس نهادن. ۲ - فزونی جستن، برتری یافتن. ۳ - نیکی کردن، نکویی کردن، لطف کردن. ۴ - (امص.) فزونی، برتری. ۵ - نیکی، لطف، مهربانی. ج. تفضلات.

تفضلات tafazzol-āt [ع.] (مص.، ا.) ج. تفضل (ه.م.)

تفضل کردن t.-kardan [ع.-ف.] (مص‌ل.) مهربانی کردن، لطف کردن.

تفضیح tafzīh [ع.] ۱ - (مص م.) رسوا کردن. ۲ - (امص.) رسوایی. ج. تفضیحات.

تفضیحات tafzīh-āt [ع.] (مص.، ا.) ج. تفضیح (ه.م.)

تفضیض tafzīz [ع.] ۱ - (مص‌م.) نقره کوب کردن، سیم اندود کردن. ۲ - آب نقره دادن. ۳ - (امص.) نقره - کوبی. ج. تفضیضات.

تفضیضات tafzīz-āt [ع.] (مص.، ا.) ج. تفضیض (ه.م.)

تفضیل tafzīl [ع.] ۱ - (مص م.) برتری دادن، برتر داشتن، فزون نهادن. ۲ - (امص.) برتری، رجحان. ج. تفضیلات.

تفضیلات tafzīl-āt [ع.] (مص.، ا.) ج. تفضیل (ه.م.)

تفضیل نهادن t.-nahādan [ع.-ف.] (مص‌م.) رجحان دادن، برتری دادن.

تفطن tafatton [ع.] ۱ - (مص‌ل.) دریافتن، دانستن، بفطانت درك کردن. ۲ - (امص.) زیرکی، هوشمندی. ج. تفطنات.

تفطنات tafatton-āt [ع.] (مص.، ا.) ج. تفطن (ه.م.)

تفظیع tafzī' [ع.] ۱ - (مص م.)

فظیع گردانیدن، زشت و سخت کردن. ۲ - بزشتی نسبت دادن. ۳ - (إمص.) زشتی، شناعت. ج. تفظیعات.

تفظیعات tafzī'-āt [ع.] (مص.، إ.) ج. تفظیع (ه.م.)

تفقد tafaγγod [ع.] ۱ - (مص ل.) بازجستن، واجستن، جویا شدن. ۲ - دلجویی کردن ۳ - (إمص.) بازجست، واجست. ۴ - دلجویی. ج. تفقدات.

تفقدات tafaγγod-āt [ع.] (مص.، إ.) ج. تفقد (ه.م.)

تفقد کردن t.-kardan [ع.-ف.] (مص ل.) دلجویی کردن.

تفقه tafaγγoh [ع.] ۱ - (مص ل.) فقه آموختن، دانشمندی جستن. ۲ - (إمص.) فقاهت، دانشمندی. ج. تفقهات.

تفقهات tafaγγoh-āt [ع.] (مص.، إ.) ج. تفقه (ه.م.)

تفك tof-ak [تف، إصت. + -ك، پس.] (إمر.) ۱ - چوب دراز میان خالی که باگلولۀ گلی و زور نفس بدان گنجشك و مانند آن را زنند. ۲ - تفنگ (ه.م.)

تفکر tafakkor [ع.] ۱ - (مص ل.) اندیشه کردن، اندیشیدن. ۲ - (إمص.) اندیشه. ج. تفکرات.

تفکرات tafakkor-āt [ع.] (مص.، إ.) ج. تفکر (ه.م.)

تفکر کردن t.-kardan [ع.-ف.] (مص ل.) اندیشیدن، اندیشه کردن.

تفکه tafakkoh [ع.] ۱ - (مص ل.) میوه خوردن. ۲ - لذت بردن. ۳ - مزاح کردن، خوش طبعی کردن. ۴ - (إمص.) میوه خوری. ۵ - لذت. ۶ - خوش طبعی. ج. تفکهات.

تفکهات tafakkoh-āt [ع.] (مص.، إ.) ج. تفکه (ه.م.)

تفکیر tafkīr [ع.] ۱ - (مص ل.) اندیشه کردن، اندیشیدن. ۲ - (إمص.) اندیشه. ج. تفکیرات.

تفکیرات tafkīr-āt [ع.] (مص.، إ.) ج. تفکیر (ه.م.)

تفکیك tafkīk [ع.] ۱ - (مص م.) ازهم گشودن، جدا کردن، بازگشادن. ۲ - (إمص.) جدایی، گشودگی. ج. تفکیکات.

تفکیکات tafkīk-āt [ع.] (مص.، إ.) ج. تفکیك (ه.م.)

تفکیك کردن t.-kardan [ع.-ف.] (مص م.) جدا کردن، از هم گشودن.

تفنگ tofang [= تفك، از: تف + -نگ، پس.] (إ.) آلتی که بدان گلوله بمسافات دور و نزدیك پرتاب کنند.

تفنن tafannon [ع.] ۱ - (مص ل.) گوناگون شدن، گونه گونه گشتن. ۲ - امری را بطرق مختلف انجام دادن. ۳ - ببازی‌ها و تفریحات گوناگون مشغول شدن. ۴ - (إمص.) سرگرمی متنوع. ج. تفننات.

تفننات tafannon-āt [ع.] (مص.، إ.) ج. تفنن (ه.م.)

تفنن کردن t.-kardan [ع.-ف.] (مص ل.) ۱ - امری را بطرق مختلف انجام دادن. ۲ - ببازیها و تفریحات گوناگون مشغول شدن.

تفو tofū (إصت.) ۱ - آب دهن، تف. ۲ - درمورد تحقیر و توهین بکسی یا چیزی گویند: «تفو بر تو» : تفو بر تو ای چرخ گردون، تفو! (شاهنامه).

تفوق tafavvoγ [ع.] ۱ - (مص ل.) برتری یافتن. ۲ - (إمص.) برتری. ج. تفوقات.

تفوقات tafavvoγ-āt [ع.] (مص.، إ.) ج. تفوق (ه.م.)

تفنگ

تفوق جستن t.-ǰostan [ع.-ف.] (مصل.) تفوق یافتن (ه.م.)

تفوق یافتن t.-yāftan [ع.-ف.] (مصل.) برتری‌جستن، برتری‌یافتن.

تفوه tafavvoh [ع.] ۱ - (مصل.) دهان‌گشودن، بزبان‌آوردن، سخن گفتن. ۲ - (إمص.) سخن‌گویی. ج. تفوهات.

تفوهات tafavvoh-āt [ع.] (مص.، إ.) ج. تفوه (ه.م.)

تفوه‌کردن t.-kardan [ع.-ف.] (مصل.) دهان‌گشودن، بزبان‌آوردن، سخن‌گفتن: «حتی‌باین‌کلمه تفوه نباید بکنی.»

تفویت tafvīt [ع.] (مصم.) از دست دادن.

تفویض tafvīz [ع.] ۱ - (مصم.) سپردن، واگذاشتن، واگذار کردن (کاری‌بکسی). ۲ - (إمص.) واگذاری. ج. تفویضات. ۳ - (مل.) مسلکی که پیروان‌آن‌معتقدند خدا بانسان‌آزادی و اختیار داده و هر کس در اعمال‌خود قادر و مختار است، اختیار؛ مق. جبر.

تفویضات tafvīz-āt [ع.] (مص.، إ.) ج. تفویض (ه.م.)

تفویض‌کردن t.-kardan [ع.-ف.] (مصم.) واگذار کردن (کاری بکسی)، سپردن، واگذاشتن.

تفهم tafahhom [ع.] ۱ - (مصل.) دریافتن، فهمیدن، فهم‌کردن. ۲ - (إمص.) دریافت، فهم. ج. تفهمات.

تفهمات tafahhom-āt [ع.] (مص.، إ.) ج. تفهم (ه.م.)

تفهیم tafhīm [ع.] (مصم.) فهمانیدن، حالی‌کردن. ج. تفهیمات.

تفهیمات tafhīm-āt [ع.] (مص.، إ.) ج. تفهیم (ه.م.)

تفی tefī (إ.) (گیا.) انجیلی (ه.م.)

تفیدن taf-īdan [= تفتن = تابیدن = تویدن] (مصل.) (صر. ← رسیدن) تافتن، گرم شدن، داغ گشتن.

تفیده taf-īda(-e) (إمف.) تافته، گرم‌شده، داغ گشته.

تقا teγā [= ع. تقاء] ← تقاء.

تقاء teγā' [ع.، ف. تقا] (إمص.) پرهیزگاری.

تقابل taγābol [ع.] ۱ - (مصل.) برابرشدن، رویاروی گردیدن، روبروی هم واقع شدن. ۲ - (إمص.) برابری، همبری. ج. تقابلات.

تقابلات taγābol-āt [ع.] (مص.، إ.) ج. تقابل (ه.م.)

تقاتل taγātol [ع.] ۱ - (مصم.) یکدیگر راکشتن. ۲ - جنگ کردن با هم.

تقادم taγādem [ع.] (مص.، إ.) ج. تقدمه (ه.م.)

تقادم taγādom [ع.] ۱ - (مصل.) کهنگی‌بودن، دیرینه‌شدن. ۲ - (إمص.) کهنگی، دیرینگی. ج. تقادمات.

تقادمات taγādom-āt [ع.] (مص.، إ.) ج. تقادم (ه.م.)

تقادیر taγādīr [ع.] (مصم.) ج. تقدیر. ۱ - پنداشتها، انگاشتها. ۲ - قضاهای الهی.

تقارب taγārob [ع.] ۱ - (مصل.) نزدیك هم شدن، نزدیك هم‌آمدن. ۲ - (إمص.) نزدیکی. ۳ - همگرایی. ج. تقاربات. ۴ - (ص.) گاه بمعنی متقارب (از بحور شعر) آمده (غفص.): «ببحر تقارب تقرب نمای.» (نصاب)

تقاربات taγārob-āt [ع.] (مص.، إ.) ج. تقارب (ه.م.)

تقارن taγāron [ع.] (مصل.) قرین

۱۱۱۷ تقبیح کردن

ـدن بایکدیگر ، باهم یار و دوست گردیدن. ج. تقارنات .

تقارنات taɣāron-āt [ع.] (مص ، ا.) ج. تقارن (ه.م.)

تقاسم taɣāsom [ع.] ۱ - (مص ل.) باهم بخش کردن، باز بخشیدن. ۲ - باهم سوگند خوردن . ۳ - (امص.) همسوگندی. ج. تقاسمات.

تقاسمات taɣāsom-āt [ع.] (مص.، ا.) ج. تقاسم (ه.م.)

تقاص taɣās(s) [ع.] ۱ - (مصم.) قصاص گرفتن از هم. ۲- تاوان گرفتن . ۳ - معامله بمثل کردن .

تقاضا taɣāzā [ع. تقاضی. قس. تمنا] ۱ - (مص ل.) درخواست کردن. ۲ - (امص.) درخواست.

تقاضا داشتن t.-dāštan [ع.-ف.] (مص ل.) درخواست داشتن ، خواهش داشتن: «تقاضای عفو دارد.»

تقاضا کردن t.-kardan [ع.-ف.] (مص ل.) درخواست کردن ، خواهش کردن.

تقاضی taɣāzī [ع. ← تقاضا] ۱ - (مص ل.) درخواست کردن ، خواهش کردن. ۲ - (امص.) درخواست!

تقاطر taɣātor [ع.] (مص ل.) قطره قطره آمدن (آب یا مایع دیگر)، چکه چکه ریختن . ج. تقاطرات .

تقاطرات taɣātor-āt [ع.] (مص.، ا.) ج. تقاطر (ه.م.)

تقاطع taɣāto' [ع.] ۱ - (مص ل.) برخورد کردن، یکدیگر را قطع کردن. ۲ - از هم بریدن، از هم گسستن ، از یکدیگر جداشدن . ۳ - (هس.) قطع کردن دو خط یکدیگر را دریک نقطه. ۴ - (امص.) برخورد، قطع. ج. تقاطعات.

تقاطعات taɣāto'-āt [ع.] (مص.، ا.) ج. تقاطع (ه.م.)

تقاطع کردن t.-kardan [ع.] (مص م.) ۱ - یکدیگر را قطع کردن ، برخورد کردن . ۲ - (هس.) قطع کردن دو خط یکدیگر را در یک نقطه.

تقاعد taɣā'od [ع.] ۱ - (مص ل.) بازایستادن ، بازماندن (از کاری) . ۲ - از کار کناره گرفتن ، بازنشستن . ۳- (امص.) کناره گیری. ۴- بازنشستگی. ج. تقاعدات. || **ادارهٔ ~** . ادارهٔ بازنشستگی (ه.م.)

تقاعدات taɣā'od-āt [ع.] (مص.، ا.) ج. تقاعد (ه.م.)

تقاوی taɣāvī [ع.] ۱ - (مصم.) مساعده دادن بکارگر و زارع . ۲ - (امص.) پیش پرداخت ، مساعده .

تقبل taɣabbol [ع.] ۱- (مص ل.) پذیرفتن، بگردن گرفتن، بعهده گرفتن. ۲- (امص.) پذرفتاری ، پذرفتگاری . ۳ - هنگامی که مؤدی مالیات بامأمور مالیات در مورد پرداخت مالیاتی که بازدید وتخمین شده بودتوافق میکرد، حقوق و عوارضی از او میگرفتند که تقبل نام داشت(آق قویونلو). ج. تقبلات.

تقبلات taɣabbol-āt [ع.] (مص.، ا.) ج. تقبل (ه.م.)

تقبل کردن t.-kardan [ع.-ف.] بعهده گرفتن ، بگردن گرفتن .

تقبیح taɣbīh [ع.] ۱ - (مصم.) زشت داشتن، زشت کردن، زشت شمردن، بدگفتن . ۲ - (امص.) زشت شماری ، بدگویی . ج. تقبیحات .

تقبیحات taɣbīh-āt [ع.] (مص.، ا.) ج. تقبیح (ه.م.)

تقبیح کردن t.-kardan [ع.-ف.]

۱۱۱۸
تقبیل

(مص‌م.) زشت گفتن ، زشت شمردن ، بدگفتن .

تقبیل taγbīl [ع.] ۱ - (مص‌م.) بوسه زدن ، بوسیدن ، بوسه‌دادن. ۲ - (إمص.) بوسه زنی . ج.تقبیلات .

تقبیلات taγbīl-āt [ع.] (مص.، إ.) ج.تقبیل (ه.م.)

۱ - تق تق taγ-taγ [قس. دقدق] (إصت.) آواز بهم خوردن کوبهٔ در و مانند آن .

۲- تق تق taγ-taγ (إ.) (گیا.) کام (ه.م.)

تقدس taγaddos [ع.] ۱- (مص‌ل.) پاك بودن ، منزه شدن (از عیب) . ۲ - پرهیزگار بودن . ۳ - (إمص.) پاکی. ۴ - پرهیزگاری . ج.تقدسات .

تقدسات taγaddos-āt [ع.] (مص.، إ.) ج.تقدس (ه.م.)

تقدم taγaddom [ع.] ۱- (مص‌ل.) پیش افتادن، فرا پیش‌شدن، پیش‌رفتن، جلورفتن. ۲-(إمص.) پیشی.ج.تقدمات. ‖ حق ~ . حق پیش افتادن .

تقدمات taγaddom-āt [ع.] (مص.، إ.) ج.تقدم (ه.م.)

تقدم داشتن t.-dāštan [ع.-ف.] (مص‌ل.) پیش بودن ، جلوبودن .

تقدمه taγdema(-e) [=ع.تقدمة] ۱ - (مص‌م.) پیشکش کردن . ۲- (إ.) پیشکش ، هدیه . ۳ - مالیاتی که قبل ازموعدپرداخت مطالبه‌کنند (ایلخانان مغول) . ۴ - آنچه برزگر از پیش گیرد ، مبلغ معینی که بعنوان مساعده و برحسب قرار معین مالك در آغاز سال بزارع میدهد وهنگام برداشت پس میگیرد . ج.تقادم .

تقدیر taγdīr [ع.] ۱ - (مص‌م.) اندازه گرفتن ، مقیاس گرفتن . ۲ - جریان یافتن فرمان خدا. ۳ - مستتر بودن (امری در کلام) . ۴ - (إمص.) اندازه‌گیری . ۵ - (إ.) فرمان خدا ، سرنوشت ، قسمت . ج.تقدیرات .

تقدیرات taγdīr-āt [ع.] (مص.، إ.) ج.تقدیر (ه.م.)

تقدیر کردن t.-kardan [ع.-ف.] (مص‌م.) ۱- اندازه کردن . ۲- تشویق کردن .

تقدیرنامه t.-nāma(-e) [ع.-ف.] (ادا.) نامه‌ای از جانب وزیر یا رئیس حاکی ازتحسین و تشویق کارمند.

تقدیس taγdīs [ع.] ۱ - (مص‌م.) پاك خواندن ، پاك شمردن ، بپاکی ستودن . ۲ - (إمص.) پاك خوانی . ج.تقدیسات .

تقدیسات taγdīs-āt [ع.] (مص.، إ.) ج.تقدیس (ه.م.)

تقدیس‌کردن t.-kardan [ع.-ف.] (مص‌م.) پاك خواندن ، بپاکی‌ستودن.

تقدیم taγdīm [ع.] ۱ - (مص‌م.) پیشکش کردن ، هدیه دادن . ۲- پیش افکندن، فراپیش‌کردن، پیش‌انداختن. ۳ - (إ.) پیشکش . ج.تقدیمات . ‖ ~ وتأخیر . پیش و پس داشتن .

تقدیمات taγdīm-āt [ع.] (مص.، إ.) ج.تقدیم .

تقدیم داشتن t.-dāštan [ع.-ف.] (مص‌م.) پیشکش کردن .

تقدیم کردن t.-kardan [ع.-ف.] (مص‌م.) تقدیم داشتن .

تقرب taγarrob [ع.] ۱- (مص‌ل.) نزدیك شدن ، نزدیکی جستن . ۲ - خویشاوند بودن. ۳- (إمص.) نزدیکی. ۴ - خویشی . ج.تقربات .

تقربات taγarrob-āt [ع.] (مص.، إ.) ج.تقرب (ه.م.)

تقرب داشتن t.-dāštan [ع.-ف.] (مص ل.) نزدیکی داشتن، نزدیک بودن.

تقرر taɣarror [ع.] ۱ - (مص ل.) پا برجا شدن، برقرارشدن، قراریافتن، استوار گردیدن. ۲- (إمص.) پابرجایی، برقراری، استواری. ج. تقررات.

تقررات taɣarror-āt [ع.] (مص.، إ.) ج. تقرر (ه.م.)

تقریب taɣrīb [ع.] ۱- (مص م.) نزدیک کردن، نزدیک گردانیدن. ۲- یورتمه بردن اسب:

« همی راندم فرس را من بتقریب
چو انگشتان مرد ارغنون زن. »
(منوچهری)

۳- (إمص.) زمینه سازی. ۴- (إ.) زمینه. ج. تقریبات.

تقریبات taɣrīb-āt [ع.] (مص.، إ.) ج. تقریب (ه.م.)

تقریر taɣrīr [ع.] ۱ - (مص م.) پدید کردن، روشن ساختن. ۲- بیان کردن. ۳ - پا برجا کردن، قراردادن. ۴ - خستو کردن، مقر کردن، باقرار آوردن. ۴- (إ.) بیان، گفتار. ج. تقریرات.

تقریرات taɣrīr-āt [ع.] (مص.، إ.) ج. تقریر (ه.م.)

تقریر کردن t.-kardan [ع.-ف.] (مص م.) بیان کردن.

تقریض taɣrīz [ع.] ۱ - (مص م.) بریدن، قطع کردن. ۲ - شعر گفتن. ۳- مدح گفتن. ۴- ذم گفتن (اضداد). ۴ - (إمص.) قطع. ۵ - مدح. ۶- ذم. ج. تقریضات.

تقریضات taɣrīz-āt [ع.] (مص.، إ.). ج. تقریض (ه.م.)

تقریظ taɣrīz [ع.] ۱ - (مص م.) ستودن، مدح کردن. ۲- تمجید کردن از کتابی یا رساله‌ای. ۳- (إمص.) ستایش. ج. تقریظات.

تقریظات taɣrīz-āt [ع.] (مص.، إ.) ج. تقریظ (ه.م.)

تقریع taɣrī' [ع.] ۱ - (مص م.) سرزنش کردن، ملامت کردن. ۲ - (إمص.) سرزنش، بیغاره. ج. تقریعات.

تقریعات taɣrī'-āt [ع.] (مص.، إ.) ج. تقریع (ه.م.)

تقزز taɣazzoz [ع.] ۱ - (مص ل.) پرهیزگار شدن. ۲ - پاک بودن از آلایش، کناره کردن از گناه. ۳ - رمیده‌شدن طبع ازچیزی. ۴ - (إمص.) پرهیزگاری. ۵ - پاکی. ج. تقززات.

تقززات taɣazzoz-āt [ع.] (مص.، إ.) ج. تقزز (ه.م.)

تقسم taɣassom [ع.] ۱ - (مص ل.) بخش شدن، پراکنده گشتن. ۲ - (إمص.) پراکندگی: تقسم خاطر. ج. تقسمات.

تقسمات taɣassom-āt [ع.] ۱ - (مص.، إ.) ج. تقسم (ه.م.)

تقسیط taɣsīt [ع.] (مص م.) ۱ - قسط قسط کردن، جدا کردن. ۲ - دین خود را بقسطهای معین اداکردن. ج. تقسیطات.

تقسیطات taɣsīt-āt [ع.] (مص.، إ.) ج. تقسیط (ه.م.)

تقسیم taɣsīm [ع.] ۱ - (مص م.) بخش کردن، قسمت کردن، بخشیدن. ۲ - (حسا.) بخش کردن عددی برعدد دیگر ↓. ۳ - (إ.) بخش، قسمت، بهره. ۴ - (حسا.) بخش، یکی از چهارعمل اصلی، و آن عملی است که توسط وی عددی را برعدد دیگر بخش کنند تا معلوم شودکه عدد اول چند برابرعدد دوم است، مثلا اگر۱۰ را

بر ۵ بخش کنیم ، نتیجه ۲ است ، پس ۱۰ دو برابر ۵ است . ده را مقسوم (بخشی) ، ۵ را مقسوم علیه (بخشیاب) و ۲ را خارج قسمت (بهره) گویند . اگر پس از تقسیم چیزی اضافه ماند ، آنرا باقیمانده (مانده) گویند ، مثلا باقیماندهٔ تقسیم ۱۱ بر ۵ ، یك است . ج. تقسیمات .

تقسیمات taγsīm-āt [ع.] (مص.، إ.) ج. تقسیم (ه.م.)

تقسیم کردن t.-kardan [ع.-ف.] (مص م.) ۱- بخش کردن، قسمت کردن. ۲ - (حسا.) بخش کردن ← تقسیم ۴ .

تقشف taγaššof [ع.] ۱- (مص ل.) بکم ساختن ، سخت گذراندن. ۲- جامهٔ درشت پوشیدن. ۳-(إمص.) سخت گذرانی. ج. تقشفات .

تقشفات taγaššof-āt [ع.] (مص.، إ.) ج. تقشف (ه.م.)

تقشیر taγšīr [ع.] ۱ - (مص م.) پوست گرفتن، پوست کندن. ۲- (إمص.) پوست کنی . ج. تقشیرات .

تقشیرات taγšīr-āt [ع.] (مص.، إ.) ج. تقشیر (ه.م.)

تقصیر taγsīr [ع.] ۱ - (مص م.) کوتاه کردن . ۲- کوتاهی کردن، سستی ورزیدن . ۳ - (إمص.) کوتاهی . ۴ - (إ.) گناه . ۵ - خطای عمدی . ۶ - فقر، تهیدستی. ج. تقصیرات. ‖ ـــ در حج . (فق.) یکی از اعمال حج است. حاجی باید موی سر و تن و ناخن خودرا کوتاه کند و پس از فراغت از حج جامهٔ خود را بشوید و آنرا سفید نماید.

تقصیرات taγsīr-āt [ع.] (مص.، إ.) ج. تقصیر (ه.م.)

تقصیرکار t.-kār [ع.-ف.] (ص مر.) (عم.) آنکه تقصیر دارد : « درین کار همه تقصیر کاریم .»

تقصیر کردن t.-kardan [ع.-ف.] (مص ل.) ۱ - کوتاهی کردن ، سستی ورزیدن . ۲ - گناه کردن . ۳ - خطای عمدی کردن. (← تقصیر در حج).

تقصیری taγsīr-ī [ع.-ف.] (حا مص.) تهیدستی، فقر، بینوایی، درویشی.

تقضی taγazzī [ع.] (مص ل.) گذشتن، سپری شدن ، بسر آمدن .

تقطر taγattor [ع.] (مص ل.) ۱ - چکیدن ، چکیده شدن . ۲ - بپهلو افتادن .

تقطع taγatto' [ع.] (مص ل.) بریده شدن ، ازهم بریدن .

تقطیب taγtīb [ع.] ۱ - (مص م.) روی درهم کشیدن ، رو ترش کردن ، گره به پیشانی زدن . ۲ - ترشرویی. ج. تقطیبات .

تقطیبات taγtīb-āt [ع.] (مص.، إ.) ج. تقطیب (ه.م.)

تقطیر taγtīr [ع.] ۱ - (مص م.) چکانیدن . ۲- (شم.) جدا کردن مادهٔ فرار جسمی از مادهٔ غیر فرار آن بوسیلهٔ حرارت دادن ← تقطیر کردن . ج. تقطیرات .

تقطیرات taγtīr-āt [ع.] (مص.، إ.) ج. تقطیر (ه.م.)

تقطیر کردن t.-kardan [ع.-ف.] (مص م.) (فر.) مایعی را بمنظور جدا کردن موادی از آن تبخیر کردن و سپس بخارات حاصل را متراکم کرده مجدداً بمایع مبدل ساختن چون آب و شراب که با عمل تقطیر خالص ترمیگردد[1].

تقطیع taγtī' [ع.] ۱- (مص م.)

۱- Distiller (فر.)

تقلیب

پاره کردن، پاره پاره ساختن. ۲ - بریدن پارچه. ۳ - کوتاه گفتن. ۴ - (عر.) تجزیه کردن مصراع (شعر) باجزا و ارکان عروضی. ۵ - (إ.) جامه (تقطیع کرده). ۶ - آرایش وپیرایش لباس. ج. تقطیعات.

تقطیعات taɣtī'-āt [ع.] (مص.، إ.) ج. تقطیع (ه.م.)

تقطیع کردن t.-kardan [ع.-ف.] (مصم.) ۱ - پاره پاره ساختن. ۲ - (عر.) تجزیه کردن مصراع (شعر) باجزا و ارکان عروضی.

تقعر taɣa''or [ع.] ۱ - (مص ل.) گود شدن، گودی یافتن. ۲ - (إمص.) گودی. ج. تقعرات.

تقعرات taɣa''or-āt [ع.] (مص.، إ.) ج. تقعر (ه.م.)

تقعیر taɣ'īr [ع.] (مص م.) گود کردن، ایجاد کردن گودی. ج. تقعیرات.

تقعیرات taɣ'īr-āt [ع.] (مص.، إ.) ج. تقعیر (ه.م.)

تقفل taɣaffol [ع.] ۱ - (مص ل.) بسته شدن در، قفل شدن. ۲ - بستگی (در ومانند آن). ج. تقفلات.

تقفلات taɣaffol-āt [ع.] (مص.، إ.) ج. تقفل (ه.م.)

تقلا taɣallā [ازع. تقلی] ۱ - (مص ل.) دست وپازدن در بستر، غلت خوردن در رختخواب. ۲ - کوشش وتلاش کردن، سعی کردن. ۳ - (إمص.) کوشش، تلاش، سعی. ضح. - درعربی «تقلی» بمعنی از پهلو بپهلو غلطیدن وبی‌قرار بودن برفراش است.

تقلا کردن t.-kardan [ع.-ف.] (مص ل.) کوشیدن، سعی کردن.

تقلب taɣallob [ع.] ۱ - (مص ل.) برگشتن ازحالی بحالی، دیگرگون شدن. ۲ - واژگون شدن، زیر وروشدن. ۳ - در کاری بنفع خود و بضرر دیگری تصرف کردن. ۴ - (إمص.) نادرستی، دغلی، دغلکاری. ۵ - گردش. ج. تقلبات.

تقلبات taɣallob-āt [ع.] (مص.، إ.) ج. تقلب (ه.م.)

تقلب کردن t.-kardan [ع.-ف.] (مص ل.) دغلی کردن در کاری، حقه زدن.

تقلبی taɣallob-ī [ع.-ف.] (ص نسب.) منسوب به تقلب، هرچیز که بوسیلهٔ تقلب ساخته شود، جنس قلب، قلابی، مغشوش: سکهٔ تقلبی، زعفران تقلبی.

تقلد taɣallod [ع.] ۱ - (مصم.) بگردن گرفتن، بعهده گرفتن. ۲ - قلاده بگردن انداختن. ۳ - گردن گیری، تعهد. ج. تقلدات.

تقلدات taɣallod-āt [ع.] (مص.، إ.) ج. تقلد (ه.م.)

تقلد کردن t.-kardan [ع.-ف.] (مصم.) بعهده گرفتن، بگردن گرفتن.

تقلص taɣallos [ع.] ۱ - (مص ل.) بهم پیوستن، بهم آمدن. ۲ - درهم کشیده شدن؛ مق. تمدد. ۳ - (إمص.) بهم پیوستگی. ۴ - درهم کشیدگی. ج. تقلصات.

تقلصات taɣallos-āt [ع.] (مص.، إ.) ج. تقلص (ه.م.)

تقلی toɣlī [تر.] (إ.) گوسفند شش ماهه، بره.

تقلیب taɣlīb [ع.] ۱ - (مصم.) زیرورو

کردن ، باژگون کردن. ۲- دیگرگون کردن، ازحالی بحالی درآوردن. ۳- (صر.) بدل کردن حرف بحرف دیگر. ۴- (إمص.) باژگونی. ۵- دیگرگونی. ج. تقلیبات.

تقلیبات taγlīb-āt [ع.] (مص.، إ.) ج. تقلیب (ه.م.)

تقلید taγlīd [ع.] ۱- (مص م.) گردن‌بند بگردن انداختن. ۲- پیروی کردن، ازپی رفتن. ۳- (فق.) عمل کردن بفتوای مجتهد؛ مق. اجتهاد. ۴- واگذار کردن. ۵- (نم.) حرکات وطرز تکلم کسی را نشان‌دادن. ۶- (إمص) پیروی. ج. تقلیدات.

تقلیدات taγlīd-āt [ع.] (مص.، إ.) ج. تقلید (ه.م.)

تقلید کردن t.-kardan [ع.-ف.] (مص‌م.) ۱- پیروی کردن. ۲- (فق.) عمل کردن بفتوای مجتهد. ۳- (نم.) حرکات وطرز تکلم کسی‌را نشان‌دادن.

تقلیع taγlī' [ع.] ۱- (مص‌م) از بیخ بر کندن، قلع کردن، ریشه کن‌ساختن. ۲- (إمص.) ریشه‌کن‌سازی. ج. تقلیعات.

تقلیعات taγlī'-āt [ع.] (مص.، إ.) ج. تقلیع (ه.م.)

تقلیل taγlīl [ع.] ۱- (مص م.) کاستن، کاهش دادن، کم کردن. ۲- (إمص.) کاهش. ج. تقلیلات.

تقلیلات taγlīl-āt [ع.] (مص.، إ.) ج. تقلیل (ه.م.)

تقلیل دادن t.-dādan [ع.-ف.] (مص‌م) کاستن، کم کردن.

تقنین taγnīn [ع.] ۱- (مص‌م.) وضع قانون کردن، قانون گزاردن. ۲- (إمص.) قانونگزاری. ج. تقنینات.

تقنینات taγnīn-āt [ع.] (مص.، إ.) ج. تقنین (ه.م.)

تقنینی taγnīn-ī [ع.-ف.] (ص نسب.) منسوب به تقنین (ه.م.)

تقنینیه taγnīn-īyya(-e) [=ع. تقنینیة] (ص نسب.) مؤنث تقنینی (ه.م.)؛ دورهٔ تقنینیه، مجالس تقنینیه. ‖ قوهٔ ــــ. یکی از قوای سه‌گانهٔ کشور که عامل تشکیل حکومت صحیح است، و آن شامل مجلس شورایی است مرکب از نمایندگان ملت، که وضع قوانین را بعهده میگیرد؛ قانون گزاری (فره.)

تقوی taγvā [ع.] (إمص.) پرهیزگاری، ترسکاری، اطاعت از خدا.

تقوی taγavī [ع.] (ص نسب.) منسوب به تقی (taγī) (ه.م.)

تقویت taγviyat [=ع. تقویة] ۱- (مص م.) نیرو دادن، بنیرو کردن، نیرومندساختن، نیرومند گردانیدن، قوه دادن. ۲- (إمص.) نیرومندی.

تقویت کردن t.-kardan [ع.-ف.] نیرومند کردن، نیرودادن، قوه‌دادن.

تقوی طلب taγvā-talab [ع. = تقوی‌طلبنده] (ص فا.) پرهیزجوی.

تقویم taγvīm [ع.] ۱- (مص م.)

صفحه‌ای از تقویم

بها کردن، نرخ کردن، ارز بستن، قیمت کردن. ۲ - راست کردن، کجی چیزی را برطرف کردن. ۳ - (نج .) تعیین اوقات وازمنه طبق قواعد معین . ۴ - (اِمص.) برآورد، ارزیابی. ۵ - (اِ .) دفتری که درآن حساب روزها وماهها را درج کنند، گاهنامه. ج. تقویمات.

تقویمات taʔvīm-āt [ع.] (مص.، اِ.) ج. تقویم (ه.م.)

تقویم کردن t.-kardan [ع.-ف.] (مصم.) بها کردن، نرخ کردن، قیمت کردن.

تقهقر taʔahʔor [ع.] ۱ - (مص ل.) بعقب برگشتن، بقهقرا رفتن، واپس رفتن. ۲ - (اِمص.) قهقراروی، واپس روی. ج. تقهقرات.

تقهقرات taʔahʔor-āt [ع.] (مص.، اِ.) ج. تقهقر (ه.م.)

تقی taʔī(yy) [ع.] (ص.) پرهیزگار، ترسکار. ج. اتقیاء.

تقی toʔā [ع.] (ص.) پرهیزگاری، ترسکاری.

تقید taʔayyod [ع.] ۱ - (مص ل.) پابند شدن، بندبودن، خویش را بند کردن. ۲ - (اِمص.) پابندی. ج. تقیدات.

تقیدات taʔayyod-āt [ع.] (مص.، اِ.) ج. تقید (ه.م.)

تقیل taʔayyol [ع.] ۱ - (مص ل.) برپی رفتن. ۲ - مانندگی کردن. ۳ - (اِمص.) پیروی. ج. تقیلات.

تقیلات taʔayyol-āt [ع.] (مص.، اِ.) ج. تقیل (ه.م.)

تقیه taʔīyya(-e) [= ع. تقیة] ۱ - (مص ل.) پرهیز کردن، خودداری کردن. ۲ - (اِمص .) پرهیزگاری، خودداری. ۳ - (شرع .) خودداری از اظهار عقیده و مذهب خویش درمواردی که ضرر مالی یاجانی یاعرضی متوجه شخص باشد.

تقیید taʔyīd [ع.] ۱ - (مص م.) بندنهادن، در بند کردن. ۲ - نگاه داشتن. ۳ - پایدار کردن. ج. تقییدات.

تقییدات taʔyīd-āt [ع.] (مص.، اِ.) ج. تقیید (ه.م.)

۱ - تک tak [قس. تق] (اِصت.) ۱ - زدن دست بر کنار تخته نرد که کعبتین درست بنشینند. ۲ - هرقسم زدن (عموماً).

۲ - تک tak ۱ - (اِ.) (گیا.) گیاهی است که در گندم زار روید و آن سخت تر از گیاه گندم باشد. ۲ - (گیا.) گیاهی است که درمیان آب روید، ودرمصر از آن کاغذ می ساختند، حفأة.

۳ - تک tak [په. tak] (ص.) اندك، کم، قلیل.

۴ - تک tak (ص.، اِ.) تنها، یگانه.

۵ - تک tak [په. tag] (اِ.) دو، دویدن.

۶ - تک tak [= ته] (اِ.) قعر، ته: تك جو، تك گور، تك چاه.

تك tek [فر. teck] (اِ.) (گیا.) ساج (ه.م.)

تك tok [گیل. tūk] (اِ.) ۱ - منقار مرغ، نوك پرنده. ۲ - تیزی سرچیزی مانند نوك سوزن، خنجر، نیزه، زبان وغیره.

تکاب tak-āb [= تکاو] (اِمر.) ۱ - زمین آبکند. ۲ - دره (میان دو کوه). ۳ - زمینی که در آن بعضی جا آب فرو رود و از جای دیگر بر آید وبعضی جاخشك باشد ودر بعضی جا آب ایستاده بود.

تکاپو(ی) tak-ā-pū(y) (اِمر.) ۱ - رفت وآمد بتعجیل. ۲ - جستجوی

تکاپو کردن

بسیار، تفحص زیاد. ۳ - کوشش.

تکاپو کردن t.-kardan (مصل.) ۱ - رفت و آمد کردن بتعجیل. ۲ - جستجوی بسیار کردن. ۳ - کوشش کردن.

تکاتب takātob [ع.] ۱ - (مصل.) نامه نوشتن بیکدیگر. ۲ - (امص.) نامه‌نگاری.

تکاثر takāsor [ع.] ۱ - (مصل.) افزون گشتن، فراوان شدن. ۲ - ببسیاری مال نازیدن. ۳ - (امص.) افزونی، فراوانی. ج. تکاثرات.

تکاثرات takāsor-āt [ع.] (مص.، إ.) ج. تکاثر (ه.م.)

تکاثف takāsof [ع.] ۱ - (مصل.) انبوه شدن، ستبر گشتن، فراهم آمدن، فشرده شدن. ۲ - غلیظ شدن. ۳ - (امص.) فشردگی، ستبری. ۴ - غلظت. ج. تکاثفات. ‖ ~ نسبی. (فز.) مقایسه کردن تودهٔ ویژهٔ اجسام با یکدیگر، چگالی یك جسم نسبت بجسم دیگر مساوی نسبت تودهٔ ویژهٔ آنهاست.

تکاثفات takāsof-āt [ع.] (مص.، إ.) ج. تکاثف (ه.م.)

تکادو tak-ā-daw(-dow) (إمر.) ← تکاپو (همع.)

تکاسل takāsol [ع.] ۱ - (مصل.) کاهلی نمودن، بکاهلی زدن، سستی نمودن. ۲ - (امص.) تن آسانی، کاهلی، تنبلی. ج. تکاسلات.

تکاسلات takāsol-āt [ع.] (مص.، إ) ج. تکاسل (ه.م.)

تکافؤ takāfo' [ع.] ۱ - (مصل.) برابر شدن، همتا گردیدن، مساوی شدن. ۲ - بس شدن، کافی بودن. ۳ - (امص.) برابری، همتایی. ۴ - بسندگی.

تکافؤ کردن t.-kardan [ع.-ف.] (مصل.) بس بودن، کافی بودن.

تکالیف takālīf [ع.] (إ.) ۱ - ج. تکلفه (ه.م.): کارهای سخت، مشقتها. ۲ - (ف.) ج. تکلیف (ه.م.)

تکامل takāmol [ع.] ۱ - (مصل.) بکمال رسیدن، رو بکمال رفتن، بتدریج کامل شدن. ۲ - (امص.) کمال. ج. تکاملات.

تکاملات takāmol-āt [ع.] ج. تکامل (ه.م.)

تکان takān [← تکاندن] (إ.) حرکت، جنبش.

تکان خوردن t.-xordan (مصل.) حرکت کردن، جنبیدن.

تکان دادن t.-dādan (مص م.) حرکت دادن، جنباندن.

تکاندن takān-dan [= تکانیدن] (مصم.) (صر. ← راندن) ۱ - حرکت دادن، تکان دادن، جنباندن. ۲ - حرکت دادن و افشاندن محتویات چیزی بزمین.

تکانده takān-da(-e) (إمف.) حرکت داده، جنبانده.

تکاننده takān-anda(-e) (إفا. تکاندن و تکانیدن) حرکت دهنده، جنباننده.

تکانیدن takān-īdan [= تکاندن] ← تکاندن.

تکانیده takān-īda(-e) [= تکانده] (إمف.) ← تکانده.

تکاو tak-āv [= تکاب] (إمر.) ← تکاب.

تکاور tak-ā-var (صمر.، إمر.) ۱ - دونده، رونده. ۲ - اسب تندرو. ۳ - شتر تندرو.

تکبر takabbor [ع.] ۱ - (مص ل.) بزرگی نمودن، بزرگ منشی کردن، باد سرشدن، خود را بزرگ پنداشتن. ۲ - (إمص.) برمنشی، گردن فرازی، برتنی، بادسری. ج. تکبرات.

تکبرات takabbor-āt [ع.] (مص.، إ.) ج. تکبر (ه.م.)

تکبر کردن t.-kardan [ع.-ف.] (مص ل.) بزرگ منشی کردن، خود را بزرگ پنداشتن.

تکبیر takbīr [ع.] ۱ - (مص م.) بزرگ کردن، بزرگ داشتن. ۲ - ببزرگی یاد کردن خدا. ۳ - الله اکبر گفتن. ج. تکبیرات.

تکبیرات takbīr-āt [ع.] (مص.، إ.) ج. تکبیر (ه.م.)

تکبیر آوردن t.-āva(o)rdan [ع.-ف.] (مص ل.) الله اکبر گفتن.

تکبیر گفتن t.-goftan [ع.-ف.] (مص ل.) تکبیر آوردن (ه.م.)

تك‌تك tak-tak (قمر.) یکی‌یکی، فرداًفرد: «تك‌تك وارد شدند.»

تکثر takassor [ع.] ۱ - (مص ل.) بسیار شدن، زیاد شدن. ۲ - (مص م.) بسیاری جستن، بسیار گرفتن (از چیزی). ۳ - (إمص.) بسیاری. ج. تکثرات.

تکثرات takassor-āt [ع.] (مص.، إ.) ج. تکثر (ه.م.)

تکثیر taksīr [ع.] (مص م.) بسیار کردن، افزودن. ج. تکثیرات.

تکثیرات taksīr-āt [ع.] (مص.، إ.) ج. تکثیر (ه.م.)

تکثیر کردن t.-kardan [ع.-ف.] (مص م.) زیاد بعمل آوردن، بسیار کردن، افزودن.

تکحل takahhol [ع.] ۱ - (مص ل.) سرمه کشیدن، سرمه درچشم کردن. ۲ - (إمص.) سرمه‌کشی. ج. تکحلات.

تکحلات takahhol-āt [ع.] (مص.، إ.) ج. تکحل (ه.م.)

تکدر takaddor [ع.] (مص ل.) تیره شدن، کدر شدن، دلتنگ گردیدن. ۲ - (إمص.) آزادگی، دل آزردگی، دلتنگی. ج. تکدرات.

تکدرات takaddor-āt [ع.] (مص.، إ.) ج. تکدر (ه.م.)

تکدر داشتن t.-dāštan [ع.-ف.] (مص ل.) کدورت داشتن، دلتنگی داشتن.

تکدی takaddī [ع.] ۱ - (مص ل.) گدایی کردن، دریوزگی کردن. ۲ - (إمص.) گدایی، دریوزگی. ج. تکدیات.

تکدیات takaddīy-āt [ع.] (مص.، إ.). ج. تکدی (ه.م.)

تکدی کردن t.-kardan [ع.-ف.] (مص ل.) گدایی کردن، دریوزگی کردن.

تکدیر takdīr [ع.] ۱ - (مص م.) تیره گردانیدن، کدر ساختن. ۲ - آزرده کردن، آزردن. ۳ - توبیخ کردن. ۴ - (إمص.) توبیخ؛ مق. تقدیر. ج. تکدیرات.

تکدیرات takdīr-āt [ع.] (مص.، إ.) ج. تکدیر (ه.م.)

تکدیر کردن t.-kardan [ع.-ف.] (مص م.) توبیخ کردن؛ مق. تقدیر کردن.

تکدیری takdīr-ī [ع.-ف.] (ص نسب.) منسوب به تکدیر (ه.م.) ‖ **حبس** ~ . (حق.) حبس برای بزه‌های کوچك از دو تا ده روز.

تکذیب takzīb [ع.] ۱ - (مص م.)

دروغ شمردن، دروغزن داشتن، دروغگو خواندن، نسبت دروغ دادن بکسی؛ مق. تصدیق. ۲ - انکار کردن. ۳- (إمص.) دروغشماری. ۴ - انکار. ج. تکذیبات.

تکذیبات takzīb-āt [ع.] (مص.، إ.) ج. تکذیب (ه.م.)

تکذیب کردن t.-kardan [ع.-ف.] (مصم.) ۱ - دروغ شمردن ، دروغگو خواندن. ۲ - انکار کردن.

تکرار takrār [ع.] ۱ - (مصم.) دوباره کردن، عملی را دو یا چند مرتبه انجام دادن. ۲ - دوباره گفتن، باز گفتن، چندبار گفتن یك مطلب. ۳ - (إمص.) دوبارگی، تجدید. ج. تکرارات. ضح. - در تداول فارسی زبانان tekrār گویند.

تکرارات takrār-āt [ع.] (مص.، إ.) ج. تکرار (ه.م.)

تکرار کردن t.-kardan [ع.-ف.] (مصم.) ۱ - دوباره کردن، عملی را دو یا چندبار انجام دادن. ۲ - دوباره گفتن، چندبار گفتن یك مطلب.

تکرر takarror [ع.] ۱ - (مصل.) دوباره شدن، چندبار انجام یافتن عملی. ۲ - بازگو شدن. ۳ - گردانیده شدن. ۴ - (إمص.) دوبارگی ، چندبارگی. ج. تکررات.

تکررات takarror-āt [ع.] (مص.، إ.) ج. تکرر (ه.م.)

تکرم takarrom [ع.] ۱ - (مص ل .) اظهار کرم کردن ، کرم کردن بتکلف، جوانمردی نمودن. ۲- (إمص.) اظهار کرم. ج. تکرمات.

تکرمات takarrom-āt [ع.] (مص.، إ.) ج. تکرم (ه.م.)

تکریر takrīr [ع.] ۱ - دوباره کردن ، چند بار انجام دادن عملی . ۲ - دوباره گفتن، بازگو کردن، چندبار گفتن مطلبی. ۳- (بع.) آوردن دو یا چند کلمه بیك معنی. ج. تکریرات.

تکریرات takrīr-āt [ع.] (مص.، إ.) ج. تکریر (ه.م.)

تکریم takrīm [ع.] ۱ - (مص م.) گرامی داشتن، گرامی کردن، بزرگوار شمردن. ۲- (إمص.) گرامی داشت. ج. تکریمات.

تکریمات takrīm-āt [ع.] (مص.، إ.) ج. تکریم (ه.م.)

تکریم کردن t.-kardan [ع.-ف.] (مص م .) گرامی داشتن ، بزرگوار شمردن، ارجمند شمردن.

تکژ takaž [= تکس = تکسك = تکیز = تکش] (إ.) استخوان و تخم انگور، هستهٔ انگور.

تکس takas [= تکژ](إ.) ← تکژ.

تکسر takassor [ع .] ۱ - (مص ل.) شکسته شدن، شکستن، خردشدن. ۲ - (إمص.) شکستگی. ج. تکسرات .

تکسرات takassor-āt [ع.](مص.، إ.) ج. تکسر (ه.م.)

تکسك takask [= تکس = تکژ] ← تکژ.

تکسیر taksīr [ع.] (مصم.) شکستن، ریز ریز کردن ، درهم شکستن. ج. تکسیرات.

تکسیرات taksīr-āt [ع.](مص.، إ.) ج. تکسیر (ه.م.)

تکش takaš [= تکس = تکژ] ← تکژ .

تکعیب tak'īb [ع.](مصم.) (رض.) بقوهٔ سه رسانیدن عددی، بتوان سه رسانیدن شماری ، مثلا ۲۷ = ۳ × ۳ × ۳ (۲۷ مکعب ۳ است). این عمل را تکعیب خوانند.

تکفل takaffol [ع .] ۱ - (مص

ل.) پایندانی کردن، کفالت کردن، کفیل شدن، متعهد گشتن. ۲- (امص.) پذیرفتاری، پایندانی، کفالت. ج. تکفلات.

تکفلات takaffol-āt [ع.](مص.، ا.) ج. تکفل(ه.م.)

تکفل کردن t.-kardan [ع.-ف.] (مص.م.) کفالت کردن کسی را، کفیل شدن، پایندانی کردن.

تکفین takfīn [ع.] ۱- (مص.م.) مرده را کفن کردن، کفن پوشاندن. ۲- (امص.) کفن پوشانی ج. تکفینات.

تکفینات takfīn-āt [ع.] (مص.، ا.) ج. تکفین (ه.م.)

تکفین کردن t.-kardan [ع.-ف.] (مص.) کفن کردن مرده، کفن پوشاندن.

تك لپه tak-lappa(-e) (امر.)(گیا.) یك فرد[1] از گیاهان تك لپه یی، یك گیاه منسوب بر ستنیهای تك لپه؛ ذوفلقه ← تك لپه ییها. ‖ **تك لپه ییها** (گیا.) دستهٔ عظیمی[2] از گیاهان که دانهٔ آنها شامل یك قسمت است که لپه نامیده میشود. لپهٔ دانهٔ این گیاهان محتوی مواد ذخیره یی واندوخته یی است، مانندخرما وگندم. تك لپه ییها خود بچندین تیره تقسیم میشوند وروبهمرفته نسبت به گیاهان دو لپه یی ابتدایی ترند؛ ذوفلقات.

تکل takal [= تگل = دکل] (ا.) ۱- گوسفند شاخدار، قوچ. ۲- جوان بلندقد. ۳- بی اندام، بدهیکل، درشت هیکل. ۴- امرد درشت اندام.

تکلان toklān [ع.] ۱- (مص م.) سپردن کارخودبدیگری، تفویض کردن امر، اعتماد کردن. ۲- (امص.) تفویض امر.

تکلتو takaltū (ا.) نمدی که زیرزین برپشت اسب میاندازند؛ نمد زین، آدرم.

تکلس takallos [ع.] (مص ل.) آهك شدن، مانند آهك گردیدن.

تکلف takallof [ع.] ۱- (مص ل.) رنج برخود نهادن، رنج بردن. ۲- کاری را بمشقت انجام دادن. ۳- بگردن گرفتن. ۴- (امص.)خودنمایی. ۵- تجمل. ٦- (ا.)رنج. ج. تکلفات.

تکلفات takallof-āt [ع.](مص.، ا.) ج. تکلف.

تکلف کردن t.-kardan [ع.-ف.] (مص ل.) ۱- رنج برخودنهادن، رنج بردن. ۲- کاری را بمشقت انجام دادن. ۳- تحمل بکار بردن.

تکلم takallom [ع.] ۱- (مص ل.) سخن گفتن، بسخن درآمدن. ۲- (امص.) سخنگویی. ج. تکلمات.

تکلمات takallom-āt [ع.](مص.، ا.) ج. تکلم (ه.م.)

تکلم کردن t.-kardan [ع.-ف.] (مص ل.) سخن گفتن.

تکلیس taklīs [ع.] ۱- (مص م.) آهك زدن، آهك مالی کردن، با آهك وساروج اندودن. ۲- (فز.) حرارت دادن بجسمی تاهمچون آهك گردد. ۳- (امص.) آهك مالی. ج. تکلیسات.

تکلیسات taklīs-āt [ع.] (مص.، ا.) ج. تکلیس (ه.م.)

تکلیف taklīf [ع.] ۱- (مص م.) برنج افکندن. ۲- بار کردن، بگردن گذاشتن، کاری سخت و شاق را بعهدهٔ کسی گذاشتن. ۳- (حق.) رسیدن بسن بلوغ ورشد (پسر ودختر). ۴- (ا.)

[1] - Monocotylédone (فر.)

[2] - Monocotylédones (فر.)

۱۱۲۸
تکلیفات

وظیفه‌ای که باید انجام شود (مانند مشق خط وحل‌مسایل‌شاگردان) . ۵ - (شرع .) اوامر و نواهی خداوند بر بندگان . ۶ - مالیات غیر مستمر یا فوق‌العاده (غم.) ۷ - مصادره(غم.) ج. تکلیفات(← تکالیف).

تکلیفات taklīf-āt [ع.] (مص.، إ.)ج. تکلیف (ه.م.) ‖ ~ دیوانی. مصادرات دیوانی(غم.).

تکلیف کردن t.-kardan [ع.-ف.] (مص‌م.) ۱ - بگردن گذاشتن ، کاری سخت را بعهدهٔ کسی گذاشتن . ۲ - موظف ساختن.

تکلیف کش t.-kaš [ع.-ف. = تکلیف کشنده] (صفا.) زحمت کش ، رنجبر .

تکمار tokmār [= تکمر = تخمار] (إ.) تیر بی‌پیکان که‌بجای پیکان گرهی ازچوب یا استخوان دارد.

تکمر tokmar [= تکمار] (إ.) ← تکمار.

تکمله takmela(-e) [←ع. تکملة] (إ .) ۱ - تتمه ، متمم . ۲ - مالیات اضافی که برای جبران کسردرآمدهای مالیاتی ناشی ازغیبت یامهاجرت یا ـ موت جمعی از مؤدیان‌بدیگر مؤدیان تحمیل‌میشد (غم.)

تکمه tokma(-e) [←دگمه] (إ.) ۱ - گوی گریبان وهر نوع جامه؛ پولك، دگمه. ۲ - آلتی کوچك که‌با فشاردادن آن‌زنگ‌اخبار بصدادرآید ویاماشینی بکار افتد؛ دگمه. ۳ - (فره.) (گیا.) برجستگیهای‌زیرزمین برخی‌ازرستنیها؛ ساقه‌های‌غده‌یی زیرزمینی (مانند سیب زمینی)؛ توبرکول[۱].

تکمیل takmīl [ع.] ۱ - (مص‌م.) رسانیدن ، رسا کردن ، تمام کردن . ۲- نیکوکردن. ۳ - (إمص.) رسیدگی، رسایی، کمال. ج. تکمیلات.

تکمیلات takmīl-āt [ع.] (مص.، إ.) ج. تکمیل(ه.م.)

تکمیل کردن t.-kardan [ع.-ف.] (مص‌م.) کامل کردن، تمام کردن .

تکند takand (إ .) آشیانهٔ مرغ خانگی، لانهٔ مرغ.

تکنیك teknīk [فر. technique] (ص‌نسب.، إ.) فنی، کارفنی.

تکو takū [= تکوی] (إ .) ۱ - موی درهم پیچیده و مجعد . ۲ - نان روغنی .

تکوك takūk (إ.) ظرفی‌اززریاسیم و غیره که بشکل جانوران مانند شیر، گاو، مرغ سازند و در آن‌شراب خورند.

تکومه takūme [فر. técome](إ.) (گیا.) پیچ اناری (ه.م.)

تکون takavvon [ع.] ۱ - (مص ل.) هست شدن، بودن. ۲ - (إمص .) هستی. ج. تکونات.

تکونات takavvon-āt [ع.](مص.، إ.) ج. تکون (ه.م.)

تکون یافتن t.-yāftan [ع.-ف.] (مص‌ل.) بوجود آمدن، هست شدن.

تکوین takvīn [ع.] ۱ - (مص‌م.) هست کردن، بهستی‌آوردن، هستی دادن. ۲ - (إمص.) ایجاد. ج. تکوینات.

تکوینات takvīn-āt [ع.] (مص.، إ.) ج. تکوین (ه.م.)

تکه takka(-e) (إ.) بز نر، بزی که پیشاپیش گله حرکت کند.

تکه tekka(-e) [عم. tīkke] (إ.) قطعه، پاره‌ای ازچیزی. ‖ ~ گرفتن

۱-Tubercule (فر.)

برای کسی. برای او پاپوش دوختن. || خوب تکه (تیکه) ایست (عم.) دختر خوشگلی است.

تکه تکه tekka(-e)-tekka(-e) (ص مر.) قطعه‌قطعه، پاره پاره.

تك یاختگان tak-yāxta(e)g-ān (اِمر.) (جا ن.) (گیا.) ج. تك یاخته، حیوانات وگیاهان یك‌سلولی، آغازیان ↓.

تك یاخته tak-yāxta(-e) (اِمر.) (جا ن.) (گیا.) موجود زندهٔ یك‌سلولی[1]، موجود زنده‌ای که‌ساختمانش فقط دارای یك سلول باشد؛ گیاه‌وجانور یك‌سلولی، آغازی، تك‌سلولی، جانور تك‌سلولی[2]، گیاه تك‌سلولی[3]. ج. تك یاختگان.

تکیدن tak-īdan [← تك] (مص ل.) (صر. ← رمیدن) دویدن، تاختن.

تکیف takayyof [ع.] ۱ - (مص م.) دانستن چگونگی، شناختن کیفیت چیزی. ۲- (ف.) کیف‌بردن، نشأه گرفتن (ازخوشیها ومخدرات). ۳-عیب‌ناك کردن. ۴- (اِمص.) کیفیت‌پذیری. ج. تکیفات.

تکیفات takayyof-āt [ع.] (مص.، اِ.) ج. تکیف (ه.م.).

تکین takīn [تر. ← تگین] ← تگین.

تکیه takya(-e) (تد. tek-) [ع. تکیة] ۱ -(مص ل.) پشت‌دادن بچیزی، پشت‌نهادن. ۲ - (اِ.) محل نگاهداری تهیدستان. ۳ - جایی وسیع که در آن مراسم عزا وروضه خوانی بر پا کنند: تکیهٔ حسینی.

تکیه کردن t.-kardan [ع.-ف.] (مص ل.) ۱ - پشت دادن بچیزی، پشت نهادن. ۲ - پشت گرم بودن بشخصی.

تکیه گاه t.-gāh [ع.-ف.] (اِمر.) ۱ - جای تکیه دادن. ۲ - پشتی. ۳- پشت وپناه. ۴- (فز.) نقطه یاسطحی که‌شیءبدان‌تکیه کندمانندا هرم که‌ممکن است تکیه‌گاه آن در وسط یا انتهای آن قرار گیرد.

تکییف takyīf [ع.] (مص م.) ۱ - نیك بریدن، قطعه‌قطعه کردن (غم.). ۲ - کیفیتی معلوم قرار دادن برای شیء. ج. تکییفات.

تکییفات takyīf-āt [ع.] (مص.، اِ.) ج. تکییف (ه.م.).

۱ - تگ tag [= تك] (اِ.) ته، بن، پایین، قعر (حوض وچاه وامثال آن).

۲- تگ tag [= تك] (اِ.) ۱ -دو، دویدن. ۲ - واحدی‌برای‌مقیاس مساحت، معادل یك میدان اسب.

۱ - تگاب tag-āb [= تگاو] (اِمر.) ۱ - پیاله‌ایست ازنقره وجز آن که در ته‌وی لوله‌ای نصب کنند وبا آن‌شراب و گلاب و امثال آن در شیشه ریزند؛ قیف. ۲ - پرده‌ایست از موسیقی.

۲ - تگاب tag-āb [= تکاب = تکاو] (اِمر.) ۱ - زمین شیب‌دارپر- سبزه وعلف که آب باران بر آن دود وجابجا بماند. ۲ - جنگ، خصومت.

تگاو tag-āv (اِمر.) ← ۱-تگاب.

تگاور tag-ā-var [= تکاور] (ص مر.) ← تکاور.

تگرگ tagarg [په. tagarg] (اِ.) ۱ - دانه‌های یخچه که ازآسمان بارد، قطره‌های یخ بستهٔ باران که ازآسمان فروریزد. ۲ - پایهٔ دیوار، پی‌دیوار.

تگین tagīn [تر. ← تکین] (ص.) خوش ترکیب، زیبا شکل. ۲ - پهلوان، شجاع. ج. تگینان. ۳ - در ترکیب اسمای اعلام ترکی آید: الپتگین، بکتگین، سبکتگین.

۱-Unicellulaire (فر.) ۲-Protozoaire (فر.) ۳-Protophyte (فر.)

۱ - تل tal [قس. تگل، دگل] (اِ.) پسرامرد مزلف ومضخم، تگل.

۲- تل tal(l) [ع.] (اِ.) پشته، تپهٔ بلند. ج. تلال، تلول. ۲ -هرچیزی که برروی هم ریخته خرمن کرده باشند.

تل tol (اِ.) (گیا.) کرکو (ه.م.)

تلابیدن talāb-īdan [= تراویدن] ← تراویدن.

تلاتف talātof [= تلاتوف] ← تلاتوف.

تلاتوف talātūf [= تلاتف] ۱ - (اِ.)شوروغوغا.۲ - (ص.) کسی که خودرا چرکین وپلید نگاهدارد ومورد نفرت مردم باشد.

تلاج talāǰ [= تلانج] (اِ.) بانگ، مشغله،شور وغوغا.

تلاحق talāhoγ [ع.] ۱ - (مص ل.) بهم رسیدن، در یکدیگر رسیدن. ۲ - پی‌درپی شدن، پیوسته شدن. ۳ - (امص.) پیوستگی، اتصال. ج. تلاحقات.

تلاحقات talāhoγ-āt [ع.](مص.، اِ.) ج. تلاحق (ه.م.)

تلازم talāzom [ع.] ۱ - (مص ل.) همراه بودن. ۲ - درپای‌هم بودن،لازم هم بودن، بیکدیگر وابسته بودن. ۳ - (امص.) همراهی. ۴ - لزوم، وابستگی. ج. تلازمات.

تلازمات talāzom-āt [ع.](مص.، اِ.) ج. تلازم (ه.م.)

تلاش talāš (اِ.)کوشش، سعی، جد وجهد جهت بدست آوردن چیزی.

تلاشی talāšī [ازع. «لاشیء»، ناچیز] ۱ - (مص ل.) نیست شدن، نابودگشتن. ۲ - پراکنده‌شدن. ۳ - (امص.)نیستی، نابودی. ۴ - پراکندگی.

تلاصق talāsoγ [ع.] ۱ - (مص ل.) بهم چسبیدن، متصل‌شدن. ۲- (امص.) چسبیدگی، اتصال. ج. تلاصقات.

تلاصقات talāsoγ-āt [ع.](مص.، اِ.) ج. تلاصق (ه.م.)

تلاطم talātom [ع.] ۱ - (مص ل.) بهم خوردن، بهم برآمدن، بیکدیگر خوردن(موجها) : تلاطم امواج. ۲ - بهم تپانچه زدن، لطمه زدن بیکدیگر، سیلی زدن. ۳ - (امص.) بهم‌خوردگی. ۴ - سیلی زنی. ج. تلاطمات.

تلاطمات talātom-āt [ع.] (مص.، اِ.) ج. تلاطم.

تلاطم داشتن t.-dāštan [ع.-ف.] (مص ل.) متموج بودن (دریا)، سخت بهم برآمدن (امواج دریا).

تلافی talāfī [ع.] ۱ - (مص م.) دریافتن، جبران‌کردن، تدارك‌کردن. ۲ - عوض دادن. ۳- (امص.) دریافت، جبران.

تلافی کردن t.-kardan [ع.-ف.] (مص م.) ۱ - جبران کردن، تدارك کردن. ۲ - عوض دادن.

تلاق talāγ [=ع. تلاقی] ← تلاقی:

«عشق‌صورتها بسازد در فراق
نامصور سر کند وقت تلاق.»
(مثنوی)

تلاقی talāγī [ع.] ۱ - (مص م.) دیدار کردن، فراهم‌رسیدن، بهم‌رسیدن، هم را دیدن. ۲ - (امص.) دیدار. ‖ یوم تلاقی (یوم التلاقی). روزقیامت.

تلاقی کردن t.-kardan [ع.-ف.] (مص‌م.) دیدار کردن، فراهم‌رسیدن، هم‌را دیدن.

تلاقی یافتن t.-yāftan [ع.-ف.] (مص‌م.) تلاقی کردن (ه.م.)

تلال telāl [ع.] (اِ.) ج. تل؛ پشته‌ها.

تلالا talālā (اِ.) (مس.). ۱- رکن تقطیع موسیقی قدیم. ۲- صوت، خوانندگی، آواز.

تلامذه talāmeza(-e) [= ع. تلامذة] (اِ.) ج. تلمیذ؛ شاگردان.

تلامیذ talāmīz [ع.] (اِ.) ج. تلمیذ؛ شاگردان.

تلانج talānaǰ (اِ.) ← تالاج.

تلاوت telāvat(ta-) (تد.) [= ع. تلاوة] ۱- (مص م.) خواندن، قرائت کردن. ۲- (اِمص.) قرائت.

تلاوت کردن t.-kardan [ع.-ف.] (مص م.) خواندن، قرائت کردن.

تلاوش talāv-eš [= تراوش] (اِمص.) ← تراوش.

تلاهی talāhī [ع.] (مص ل.) بازی کردن با یکدیگر، همدیگررا سرگرم ساختن، بلهو و لعب مشغول گردیدن.

تلألؤ tala'lo' [ع.] ۱- (مص ل.) درخشیدن، برق زدن. ۲- (اِمص.) درخشندگی. ج. تلألؤات.

تلألؤات tala'lo'-āt [ع.] (مص.، اِ.) ج. تلألؤ (ه.م.)

تلبث talabbos [ع.] ۱- (مص ل.) درنگ کردن، توقف کردن. ۲- (اِمص.) توقف. ج. تلبثات.

تلبثات talabbos-āt [ع.] (مص.، اِ.) ج. تلبث (ه.م.)

تلبس talabbos [ع.] ۱- (مص ل.) جامه پوشیدن، لباس پوشیدن. ۲- آمیخته شدن کار، مبهم گشتن. ۳- (اِمص.) جامه پوشی. ۴- آمیختگی، ابهام. ج. تلبسات.

تلبسات talabbos-āt [ع.] (مص.، اِ.) ج. تلبس (ه.م.)

تلبیس talbīs [ع.] ۱- (مص م.) رنگ آمیختن، نیرنگ ساختن، پنهان کردن حقیقت، پنهان کردن مکر خویش. ۲- (اِمص.) نیرنگ‌سازی. ۳- (اِ.) رنگ، نیرنگ. ج. تلبیسات.

تلبیسات talbīs-āt [ع.] (مص.، اِ.) ج. تلبیس (ه.م.)

تلجئه talǰea(-e) [= ع. تلجئة] (مص م.) ۱- قراردادن مال برای بعضی از وارثان دون بعض. ۲- واگذار کردن زمین خود بدیگری و بدین نحو تحت حمایت او درآمدن؛ التجاء.

تلخ talx [پارتی txl، په. tāxl] (ص.) ۱- دارای مزهٔ غیر مطبوع، بدمزه؛ مق. شیرین. ۲- زننده، سخت: سخنی تلخ. ۳- تندخو، بدخلق: آدمی تلخ است.

تلخ شکوگ talx-šokūg (اِمر.) (گیا.) خبر آور (ه.م.)

تلخک talx-ak (اِمصغ.) ۱- مصغر تلخ. ۲- (گیا.) خربزهٔ تلخ، حنظل، قثاءالنعام. ۳- (گیا.) کاسنی (ه.م.)

تلخی talx-ī [← تلخ] (حامص.) ۱- بدمزگی، دارا بودن مزهٔ غیر مطبوع؛ مق. شیرینی. ۲- سختی، بدی؛ مق. خوشی: «تلخی و خوشی وزشت وزیبا بگذشت.» (گلستان) ۳- ترشرویی، بدخلقی.

تلخ کام talx-kām (ص مر.) ۱- (کن.) کسی که زندگانی او سخت گذرد.

تلخ کامی t.-kām-ī (حامص.) عمل وحالت تلخ کام (ه.م.)؛ بدبختی، ناامیدی.

تلخه talxa(-e) [= تلخک] (اِمر.) ۱- تلخک. ۲- صفرا، زرداب.

تلخیص talxīs [ع.] ۱- (مص م.) خلاصه کردن، مختصر کردن کلام. ۲- (اِمص.) خلاصه گویی. ج. تلخیصات.

تلخیصات talxīs-āt [ع.] (مص.، إ.) ج. تلخیص (ه.م.)

تلخیص کردن t.-kardan [ع.ف.] (مصم.) خلاصه کردن، مختصر کردن کلام.

تلذذ talazzoz [ع.] ۱ - (مصل.) مزه گرفتن، لذت بردن. ۲ - (إمص.) لذت. ج. تلذذات.

تلذذات talazzoz-āt [ع.] (مص.، إ.) ج. تلذذ (ه.م.)

تلسك telesk [گناباد telesá، قس. تلنگ] (إ.) خوشهٔ کوچك انگور که جزو خوشهٔ بزرگ است.

تلسکوپ

تلسکوپ teleskop [فر. télescope] (إمر.) دوربین بزرگ که با آن ستارگان را رصد کنند.

تلطف talattof [ع.] ۱ - (مصل.) نرمی کردن، مهربانی کردن. ۲ - چربدستی کردن، چابکی ورزیدن. ۳ - (إمص.) نرمی، مهربانی. ۴ - چربدستی، چابکی. ج. تلطفات.

تلطفات talattof-āt [ع.] (مص.، إ.) ج. تلطف (ه.م.)

تلفن

تلطف کردن t.-kardan [ع.-ف.] (مصل.) نرمی کردن، مهربانی کردن، لطف کردن.

تلطیف taltīf [ع.] (مصم.) ۱- لطیف کردن. ۲- زیبا ساختن. ج. تلطیفات.

تلطیفات taltīf-āt [ع.] (مص.، إ.) ج. تلطیف.

تلطیف کردن t.-kardan [ع.-ف.] (مصم.) لطیف کردن، زیباساختن.

تلعب tala''ob [ع.] ۱ - (مص ل.) بازی کردن، بلهو ولعب مشغول شدن. ۲ - (إمص.) بازی، لعب. ج. تلعبات.

تلعبات tala''ob-āt [ع.] (مص.، إ.) ج. تلعب (ه.م.)

تلفاف telfāf [ع.] (إ.) (گیا.) خس دشتی (ه.م.)

تلفظ talaffoz [ع.] ۱ - (مصل.) اداکردن لفظ؛ برزبان آوردن کلمه. ۲ - سخن گفتن. ۳ - (إمص) ادای لفظ. ۴ - سخن گویی. ج. تلفظات.

تلفظ کردن t.-kardan [ع.-ف.] (مصل.) ۱ - اداکردن لفظ. ۲ - سخن گفتن.

تلف کردن talaf-kardan [ع.-ف.] (مصم.) ۱ - برباد دادن: «همهٔ اموال خودرا تلف کرد.» ۲ - نابود کردن، کشتن.

تلفن telefon (إمر.) ← تلفون.

تلفون telefon [فر. téléphone] (إمر.) دستگاهی است که بوسیلهٔ آن میتوان اصوات ومکالمات‌را از مسافت دور انتقال داد ویا دریافت کرد.

تلفونچی t.-čī [فر.-تر.] (ص نسبـ.) مأمور تلفون.

تلفونخانه t.-xāna(-e) [فر.-ف.] (إمر.) ۱ - ادارهٔ تلفون. ۲ - اطاقی که‌دارای انشعابات تلفون باشدوبتوان درداخل آن مکالمهٔ تلفنی کرد.

تلفون‌گرام t.-gerām [فر. téléphone-gramme] (إمر.) پیام تلفونی که‌آنرا روی کاغذی‌نوشته برای‌طرف فرستند؛ خبر تلفونی.

تلفونی telefon-ī [فر.-ف.] ۱ - (ص نسبـ.) منسوب به تلفن: پیغام تلفونی. ۲ - (ق.) بوسیلهٔ تلفون: «تلفنی خبر داد.»

تلفیف talfīf [ع.] (مصم.) در هم پیچیدن، درنوردیدن. ج. تلفیفات.

تلفیفات talfīf-āt [ع.] (مص.، إ.)

ج. تلفیف (ه.م.)

تلفیق talfīγ [ع.] ۱ -(مصم.) باهم آوردن، بهم بستن، ترتیب‌دادن، مرتب کردن. ۲ -(إمص.) ترتیب. ج. تلفیقات.

تلفیقات talfīγ-āt [ع.] (مص.، إ.) ج. تلفیق (ه.م.)

تلفیق کردن t.-kardan [ع.-ف.] (مصم.) مرتب کردن، ترتیب دادن، آراستن، باهم جور کردن.

تلقاء telγā' [ع.] ۱ - (مصم.) دیدار کردن، روبرو شدن. ۲ -(إمص.) دیدار، رویارویی. ۳ - (إ.) جای دیدار، محل ملاقات. ۴ - (ق.) روبرو، رویاروی.

تلقب talaγγob [ع.] ۱ -(مص ل.) لقب یافتن، دارای لقب گردیدن. ۲ - (إمص.) لقب یابی. ج. تلقبات.

تلقبات talaγγob-āt [ع.](مص.، إ.) ج. تلقب (ه.م.)

تلقن talaγγon [ع.] ۱ - (مصم.) فراگرفتن، آموختن کلامی از کسی. ۲ - (إمص.) فراگیری، آموزش. ج. تلقنات.

تلقنات talaγγon-āt [ع.](مص.، إ.) ج. تلقن (ه.م.)

تلقی talaγγī [ع.] ۱ - (مص ل.) آموختن، فراگرفتن، فروگرفتن. ۲ - ملاقات کردن، برخورد کردن. ۳ - پذیرفتن. ۴ - (إمص.) فراگیری، آموزشی. ۵ - دیدار، برخورد. ۶ - پذیرش. ج. تلقیات.

تلقیات talaγγīy-āt [ع.](مص.، إ.) ج. تلقی (ه.م.)

تلقیب talγīb [ع.] (مص م.) لقب دادن. ج. تلقیبات.

تلقیبات talγīb-āt [ع.] (مصم.) ج. تلقیب (ه.م.)

تلقیح talγīh [ع.] ۱ - (مص م.) گشن دادن، مایهٔ خرمای نر را بدرخت خرمای ماده داخل کردن تا بارور گردد. ۲ - داخل کردن مایهٔ آبله در بدن برای جلوگیری کردن ازسرایت آن (اختصاصاً). ۳ - مایه‌زدن، واکسن زدن (مطلقا). ۴ - (إمص.) مایه‌کوبی. ج. تلقیحات.

تلقیحات talγīh-āt [ع.] (مص.، إ.) ج. تلقیح (ه.م.)

تلقیح کردن t.-kardan [ع.-ف.] (مصم.) ۱ - مایهٔ خرمای نر را بدرخت خرمای ماده داخل کردن تا بارور گردد؛ گشن دادن. ۲ - مایه زدن، واکسن زدن (برای جلوگیری از آبله ومانند آن).

تلقی کردن talaγγī-kardan [ع.-ف.] (مصم.) ۱- فراگرفتن، درک کردن. ۲ - پذیرفتن.

تلقین talγīn [ع.] ۱ - (مصم.) در دهان نهادن، یاددادن، فرا زبان‌دادن، فهماندن، مطلبی را زبانی گفتن. ۲ - شخصی را وادار بگفتن کلامی کردن. ۳ - اصول و مبانی مذهبی را بمیت هنگام دفن القاکردن. ۴ - (إمص.) القاء. ج. تلقینات.

تلقینات talγīn-āt [ع.] (مص.، إ.) ج. تلقین (ه.م.)

تلقین کردن t.-kardan [ع.-ف.] (مصم.) ۱ - دردهان نهادن، مطلبی را زبانی گفتن. ۲ - شخصی را وادار بگفتن کلامی کردن. ۳ - اصول‌ومبانی مذهبی را بمیت هنگام‌دفن القاکردن.

تلک talk [= طلق] (إ.) ← طلق.

تلکه talaka(-e) (إ.) (عم.) پولی یامالی که با مکر و فریب و تملق از دیگری بگیرند.

تلگراف telegrāf [فر.

فرستنده تلگراف

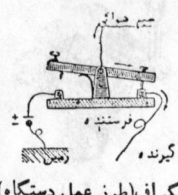

تلگراف(طرز عمل دستگاه)

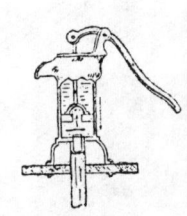

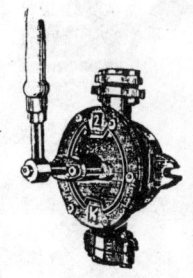

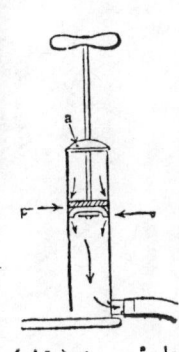

تلگرافی

[télégraphe (إمر.) دستگاهی است که بوسیلهٔ آن اخبار ومطالب را از راه دور مخابره کنند، و آن مرکب است از: دستگاه فرستنده، دستگاه گیرنده وسیمهای رابط. ‖ ـــِ بی‌سیم. (فر.) ← بی‌سیم. ‖ مخابره کردن ـــ . بوسیلهٔ تلگراف مطلب یا خبری را بدیگری از راه دور ابلاغ کردن.

تلگرافی telegrāf-ī [فر.ـ ف.] ۱ - منسوب به‌تلگراف. ۲ - (ق .) بوسیلهٔ تلگراف: «تلگرافی حواله کنید!»

تلگرام telegrām [فر. télégramme] (إمر.) مطلبی که بوسیلهٔ تلگراف مخابره و برکاغذی نوشته شده باشد؛ پیام تلگرافی.

تلم talam (إ.)(گیا.) همیشك (ه.م.)

تلمبار talambār [= تلینبار = تلنبار = تلیبار، گیل. telembár] (إ.) ۱ - هرچیز که روی هم ریخته و انبار شده باشد. ۲ - اطاقی درازکه بام آن گالی پوش است، و در آن کرم ابریشم را پرورش دهند.

تلمبار

تلمبه tolomba(-e) [تر. = تلونبه = تلومبه، ازفر. trompe ، بادزنی بزرگ که با آب حرکت کند و در کارخانه‌های آهنگری بکاررود] (إ.) دستگاهی[1] که بوسیلهٔ آن مایعات و گازها را ازمنبعی بیرون کشند وآن معمولا از یك استوانه موسوم به‌تنهٔ تلمبه و یك پیستون تشکیل شده، وانواع واقسام دارد.

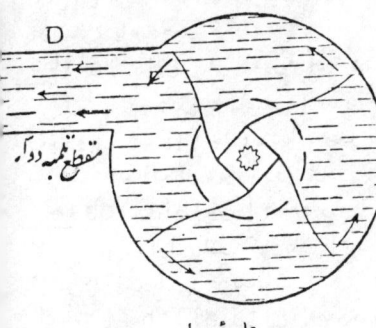

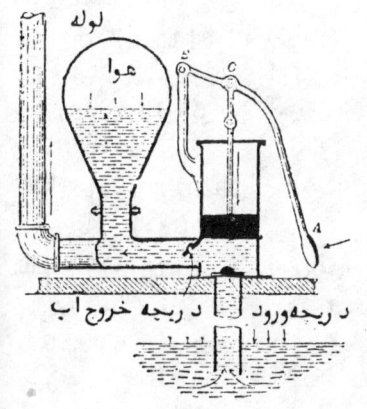

تلمبهٔ برقی

تلمبهٔ دوار

تلمبهٔ فشاری

تلمبه‌خانه tolomba(-e)-xāna(-e) ۱ - محلی که در آن تلمبه نصب کنند. ۲ - (در اصطلاح تأسیسات نفت) ساختمانهایی که درمسیر لوله‌های نفت، درفواصل معین احداث شده، ودر آنها بوسیلهٔ تلمبه‌های مخصوص سرعت جریان

تلمبهٔ تنفسی

تلمبهٔ دستی

تلمبهٔ دوچرخه (مقطع)

۱ - Pompe (فر.)

نفت را درلوله‌ها تنظیم میکنند.

تلمذ talammoz [ع.] ۱ - (مص‌ل.) شاگردی کردن، شاگرد شدن، درس خواندن. ۲ - (إمص.) شاگردی. ج. تلمذات.

تلمذات talammoz-āt [ع.] (مص.، إ.) ج. تلمذ (ه.م.)

تلمذ کردن t.-kardan [ع.-ف.] (مص‌ل.) شاگردی کردن، درس‌خواندن.

تلمع talammo' [ع.] ۱ - (مص‌ل.) روشن شدن، درخشیدن (برق وغیره). ۲ - روشنایی. ج. تلمعات.

تلمعات talammo'-āt [ع.] (مص.، إ.) ج. تلمع (ه.م.)

تلمیح talmīh [ع.] ۱ - (مص‌م.) نگاه کردن بچیزی، اشاره کردن بسوی چیزی. ۲ - (بع.) اشاره کردن بقصه یا مثلی مشهور یا آوردن اصطلاحات علمی در شعر. ۳ - (إمص.) اشاره. ج. تلمیحات.

تلمیحات talmīh-āt [ع.] (مص.، إ.) ج. تلمیح (ه.م.)

تلمیح کردن t.-kardan [ع.-ف.] (مص‌م.) اشاره کردن بسوی چیزی.

تلمیذ talmīz [ع.] (إ.) شاگرد، دانش آموز. ج. تلامذه، تلامید.

تلنبار talanbār(telen-) [= تلمبار] (إ.) ← تلمبار.

تلنگ talang (إ.) میوه‌ایست شبیه بشفتالو.

تلنگ teleng [قس. تلنگر] (إصت.) زدن انگشت باشد بر دف ودایره وامثال آن.

تلنگ tolang [= تلنه ← تلنگی] (إ.) ۱ - حاجت، ضرورت. ۲ - میل، خواهش، نیاز، آرزو.

تلنگبین tal-ango(-e)bīn [= ترنگبین] ← ترنگبین، ترنجبین.

تلنگر talangor(telen-) [قس. تلنگ tel.-] (إصت.) سرانگشت که بچیزی زنند.

تلنگی tolang-ī [← تلنگ] (ص نسبـ.) نیازمند، گدا.

تلو telv [ع.] ۱ - (حر. إض.) دنبال، پس، پی. ۲ - (ص.) پس‌رو، دنبال‌گیر.

تلواسه talvāsa(-e) [= تالواسه = تلوسه] (إ.) اضطراب، بیقراری، اندوه.

تلواً telv-an [ع.] (ق.) درپی، از دنبال.

تلوتلو telaw-telaw(-ow-ow) (إمر.) حرکت بچپ وراست مانندراه رفتن اشخاص مست.

تلوتلو خوردن t.-t.-xordan (مص‌ل.) متمایل شدن بچپ وراست درحین راه‌رفتن براثر مستی یاضعف.

تلوث talavvos [ع.] (مص ل.) آلوده شدن (بپلیدی، گل‌ولای‌وغیره)، پلیدگردیدن.

تلوسه talvasa(-e) [= تلواسه = تالواسه] ← تلواسه.

تلون talavvon [ع.] ۱ - (مص‌ل.) گونه گرفتن، دارای رنگ شدن. ۲ - رنگارنگ شدن، رنگ‌برنگ گشتن. ۳ - رنگارنگی. ج. تلونات.

تلونات talavvon-āt [ع.] (مص.، إ.) ج. تلون (ه.م.)

تلویح talvīh [ع.] ۱ - (مص م.) نمودن، بانگشت نمودن، نشان‌دادن، اشاره‌کردن از دور. ۲ - سربسته گفتن، مطلبی راباشاره فهماندن؛ مق. تصریح. ۳ - (اد.) موضوعی را باشاره و کنایه درطی سخن درج کردن. ۴ - (إمص.) اشاره. ج. تلویحات.

تلویحات talvīh-āt [ع.] (مص.، إ.) ج. تلویح (ه.م.)

تلویحاً talvīh-an [ع.] (ق.) سربسته، باشاره. ‖ ~ وتصریحاً. سربسته و آشکار.

تلویزیون televīzyon [فر. télévision] (إمر.) دستگاهی است که تصاویر اشیا و اشخاص را از مسافت دور بوسیلهٔ امواج الکتریکی انتقال دهد.

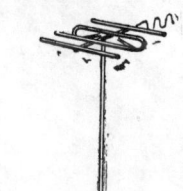

تلویزیون

تلویزیون (آنتن)

تلویم talvīm [ع.] ۱ - (مص م.) ملامت کردن، سرزنش کردن، نکوهش کردن. ۲ - (إمص.) سرزنش، نکوهش. ج. تلویمات

تلویمات talvīm-āt [ع.] (مص.، إ.) ج. تلویم (ه.م.)

تلوین talvīn [ع.] ۱ - (مص م.) رنگ کردن، رنگ‌رنگ کردن، رنگ دادن. ۲ - غذای متنوع حاضر کردن. ۳ - (اد.) اسلوب سخن را تغییر دادن وبگونهٔ دیگردر آوردن. ۴ - (إمص.) گوناگونی، رنگارنگی. ج. تلوینات.

تله

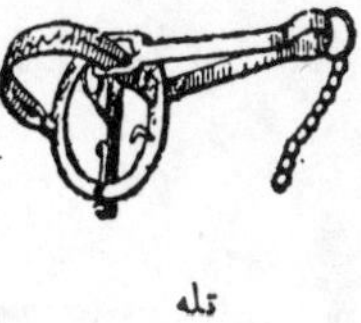

تلوینات talvīn-āt [ع.] (مص.، إ.) ج. تلوین (ه.م.)

تله (طرز عمل)

تله tala(-e) (إ.) ۱ - دامی که برای جانوران نهند. ۲ - جایی که چاروارا در آن بندند. ۳ - اتویی که بر جامه وامثال آن کشند.

تله tale (إ.) (گیا.) ← کرکو.

تلهب talahhob [ع.] ۱ - (مص ل.) زبانه زدن، زبانه کشیدن، برافروختن. ۲ - (إمص.) زبانه کشی. ج. تلهبات.

تلهبات talahhob-āt [ع.] (مص.، إ.) ج. تلهب (ه.م.)

تله بست tala(-e)-bast (إمر.) چوبهای افقی و عمودی که پیش از ساختن دیوار وحصار برپا کنند ومیان آنها را تیغه کشند؛ چوب بست، چوب بندی.

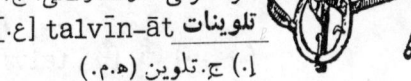

تله بست

تله پاتی tele-pātī [فر. télépathie] (إمر.) (روان.) ارتباط فکری میان دو تن از مسافت دور؛ انتقال فکر.

تله تایپ tele-tāyp [انگ. teletype] (إمر.) (فز.) دستگاهی است شبیه ماشین تحریر که سیمهای برقی آنرا بماشین تحریر دیگری نظیر خود آن در نقطهٔ دیگر وصل کنند، وچون مطالبی بوسیلهٔ ماشین اول نوشته

شود ماشین دومی رونوشت آنرا بطور خودکار حاضر میکند.

تلهف talahhof [ع.] ۱ - (مص ل.) دریغ خوردن، اندوه بردن، افسوس خوردن. ۲ - (إمص.) اندوه‌خوری. ج. تلهفات.

تلهفات talahhof-āt [ع.] (مص.، إ.) ج. تلهف (ه.م.)

تلی tolī (إ.) ۱ - کیسه‌ای که در آن وسایل خیاطی (سوزن، نخ، انگشتانه وغیره) را جا دهند. ۲ - دست‌افزار حجام.

تلیبار talībār (talēbār .قد) (إ.) ← تلمبار.

تلین talayyon [ع.] ۱ - (مص ل.) نرم شدن، لینت یافتن. ۲ - (إمص.) نرمی. ج. تلینات.

تلینات talayyon-āt [ع.] (مص.، إ.) ج. تلین (ه.م.)

تلین tellīn (إ.) (گیا.) کرب (ه.م.)

تلیوار talīvār [= تلمبار] ← تلمبار.

تلیین talyīn [ع.] (مص م.) نرم کردن، نرم گردانیدن. ج. تلیینات.

تلیینات talyīn-āt [ع.] (مص.، إ.) ج. تلیین (ه.م.)

تم tam [tum .په] (إ.) ۱ - آفتی که درچشم پیدا شود مانند پرده. ۲ - تاریکی، سیاهی.

تم tem [théme .فر] (إ.) ۱ - موضوع اساسی، مایه. ۲ - زمینه.

تمائم tamāem [ع.] ← تمایم.

تمات tamāt (to-) [tomate .فر] (إ.) (گیا.) گوجه فرنگی (ه.م.)

تماته tamāta(-e) [tomate .از فر] (to-) (إ.) (گیا.) گوجه فرنگی (ه.م.)

تماثل tamāsol [ع.] ۱ - (مص ل.) مانند هم شدن، همچون یکدیگر گردیدن. ۲ - (إمص.) همانندی. ج. تماثلات.

تماثلات tamāsol-āt [ع.] (مص.، إ.) ج. تماثل (ه.م.)

تماثیل tamāsīl [ع.] (إ.) ج. تمثال. ۱ - صورتها، نگارها. ۲ - مجسمه‌ها، پیکرها، تندیسها.

تماخره tamāxara(-e) ۱ - (إمص.) مزاح، مسخرگی. ۲ - مطایبه، خوش طبعی. ۳ - (إ.) سخنی که بشوخی گفته شود، هزل.

تمادح tamādoh [ع.] ۱ - (مص م.) یکدیگر را ستودن، هم را مدح کردن. ۲ - (إمص.) ستایش.

تمارض tamāroz [ع.] (مص ل.) بیماری نمودن، خود را به بیماری زدن. ج. تمارضات.

تمارضات tamāroz-āt [ع.] (مص.، إ.) ج. تمارض (ه.م.)

تمازح tamāzoh [ع.] ۱ - (مص ل.) مزاح کردن با هم، شوخی کردن با یکدیگر. ۲ - (إمص.) شوخی. ج. تمازحات.

تمازحات tamāzoh-āt [ع.] (مص.، إ.) ج. تمازح (ه.م.)

تماس tamās(s) [ع.] ۱ - (مص ل.) یکدیگر را مس کردن، بهم‌سوده‌شدن، بسودن. ۲ - (إمص.) نزدیکی، پیوستگی، پیوند.

تماسخ tamāsox [ع.] (فل.، مل.) انتقال نفس ببدن حیوان دیگر غیر انسان ← مسخ.

تماسك tamāsok [ع.] ۱ - (مص ل.) خودرا نگاهداشتن، خویشتن‌داری کردن. ۲ - چنگ در زدن، آویختن.

۳- (اِمص ۰) خویشتن داری. ۴- چنگ زنی، آویزش. ج. تماسکات.

تماسکات tamāsok-āt [ع ۰] ج. تماسك (ه.م.)

تماسیح tamāsīh [ع.] (اِ.) ج. تمساح (ه.م.)

تماشا tamāšā [از ع. تماشی (ه.م.)] ۱ - (مصم.) دیدن مناظر و گردشگاهها، نظر کردن بچیزی ازروی حظ یا عبرت. ۲ - (مصل.) گردش کردن. ۳- (اِمص.) تفرج، تفریح، سرگرمی، مشغولی.

تماشاچی t.-čī [ع.-تر.] (صمر.، اِمر.) کسی که نمایش یا بازی یا مسابقه‌ای را تماشا کند؛ تماشاگر.

تماشاخانه t.-xāna(-e) [ع.-ف.] (اِمر.) جایی که در آن هنرپیشگان نمایش دهند؛ تآتر.

تماشاگاه t.-gāh [← تماشاگه] (اِمر.) جای تماشا، منظر، منظره.

تماشاگه t.-gah [= تماشاگاه] (اِمر.) ← تماشاگاه.

تماشی tamāšī [ع. ← تماشا] (مصل.) باهم راه رفتن، با یکدیگر قدم برداشتن.

تمالك tamālok [ع.] ۱ - (مصل.) خودداری کردن، مالك نفس خود گردیدن. ۲ - (اِمص.) خودداری. ج. تمالکات.

تمالکات tamālok-āt [ع.] (مص.، اِ.) ج. تمالك (ه.م.)

تمام tamām [ع.] ۱ - (ص.) کامل، درست. ۲- صحیح، بی‌عیب. ۳ - پرداخته، برآورده، بجا آورده. ۴ - پخته، رسیده، رسا. ۵ - همه، همگی، جملگی، سراسر، یکسر: تمام مردم. ۶ - (ق.) کلاً، جمعاً: «اعضا تمام حاضر بودند.» ۷ - (اِ.) عاقبت، انجام، انتها. ۸ - (ق.) بس، بسنده. ۹ - (مص.) بسر آمدن، بسر رسیدن، بپایان آمدن. ۱۰- مردن، درگذشتن.

تماماً tamām-an [ع.] (ق.) همه، همگی.

تمامت tamāmat [= ع. تمامة] ۱ - (مصم.) تمام کردن، کامل کردن. ۲ - (ق.) همه، همگی.

تمام رخ tamām-rox (اِمر.)(نقـ.) نقشی از صورت که از روبرو باشد؛ مق. نیم رخ.

تمام شدنی t.-šodan-ī [ع.-ف.] (صلیا.) آنچه که تمام میشود، لایق تمام شدن: «مثل اینکه این پرده تمام شدنی نیست.»

۱ - تمامی tamām-ī [ع.-ف.] (حامص.) ۱- بسر آمدن. ۲- رسیدگی، رسایی. ضح.- باوجود آنکه «تمام» مصدر است، چون در فارسی بصورت صفت آید، استعمال «تمامی» صحیح است. رك. اسم‌مصدر بقلم نگارنده ص۷۳ ببعد.

۲- تمامی tamām-ī [ع.-ف.] ۱ - (صنسبـ.) تمام، همه: تمامی افراد. ۲ - (ق.) تمام، تمامت، کلاً، جمعاً: «اعضا تمامی حاضر شدند.»

تمایل tamāyol [ع.] ۱ - (مصل.) گراییدن، میل کردن. ۲ - اظهار میل ورغبت کردن. ۳ - بیکسوی کج شدن. ۴ - (اِمص.) گرایش، میل. ۵- (روانـ.) عاطفه، احساس. ج. تمایلات.

تمایلات tamāyol-āt [ع.] (مص.، اِ.) ج. تمایل (ه.م.)

تمایل داشتن t.-dāštan [ع.-ف.] (مصل.) میل داشتن، رغبت داشتن.

تمایم tamāyem [= ع. تمائم] (اِ.) ج. تمیمه (ه.م.)

تمباکو tambākū [= تنباکو] (اِ.) (گیا.) تنباکو (ه.م.)

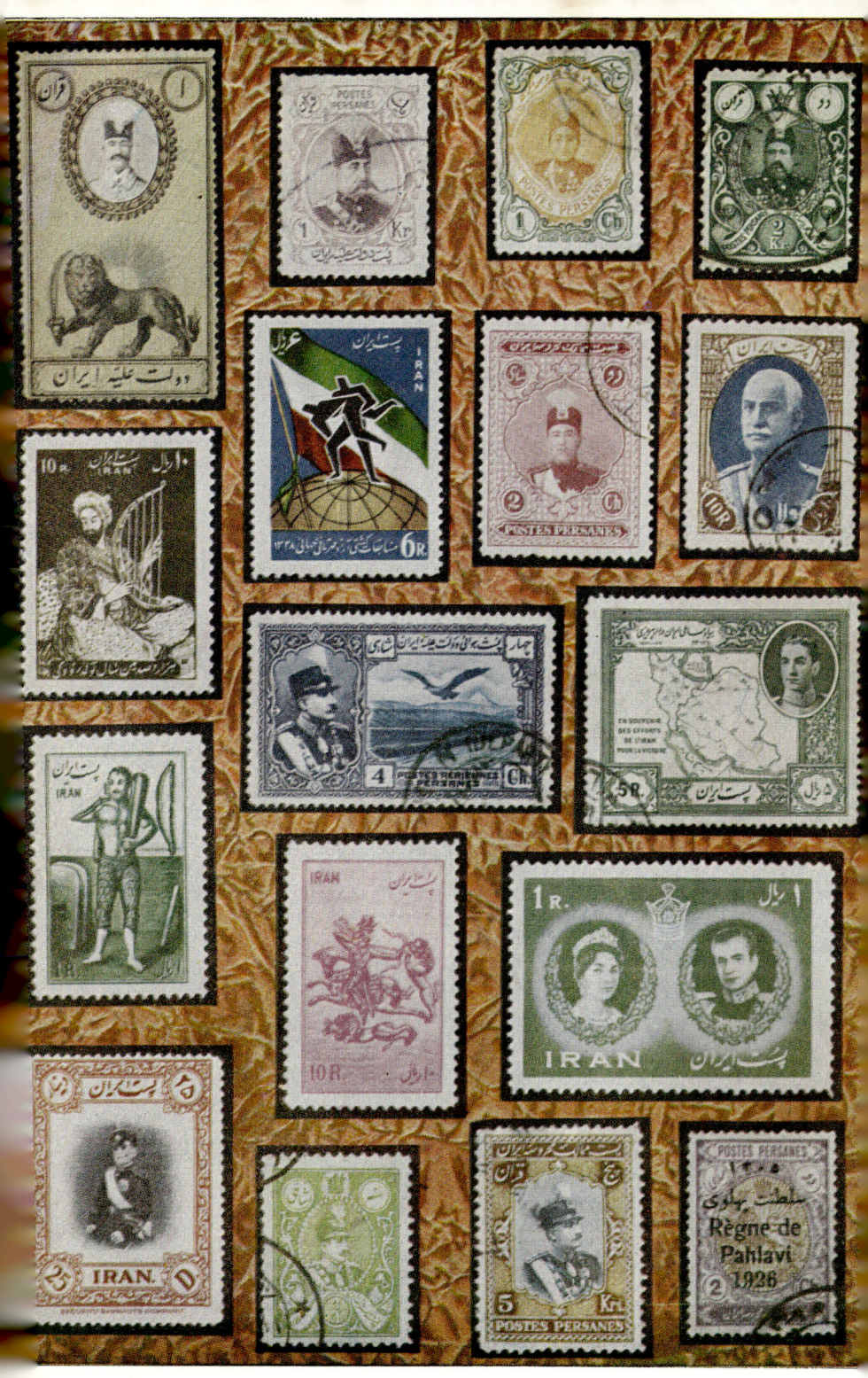

مخصوص فرهنگ فارسی م

تمبر tambr [فر· timbre] (ا·) برگه‌ای کوچك که ادارات پست طبع و در مقابل اخذ حق حمل و نقل نامه‌ها وغیره بنامه ومحمول الصاق کنند.

تمبر هندی tambr-e-hendī (ا.) (گیا·) تمرهندی (ه·م·)

تمبك tombak [= تنبك] (ا)(مس.) ← تنبك.

تمبك زن t.-zan [= تمبك‌زننده = تنبك‌زن](ص‌فا.) ← تنبك زن.

تمتع tamatto' [ع.] ۱ - (مص‌ل.) برخوردار شدن، برخورداری یافتن، بهره‌بردن. ۲ - (امص.) برخورداری. ج. تمتعات. ‖ حج ـــ ←حج.

تمتعات tamatto'-āt [ع·](مص·، ا.) ج. تمتع (ه.م.)

تمتع بردن t.-bordan [ع.-ف.] بهره بردن، برخوردار شدن.

تمتم tamtam [ع·](ا·) (گیا·)سماق (ه·م·)

تمثال tamsāl [ع.] (مص ل.) ۱ - مثل زدن، مثل‌آوردن. ۲ - چیزی را شبیه چیزی دیگر کردن.

تمثال temsāl [ع .] (ا.) صورت منقوش، نگار، تصویر، مجسمه، پیکر، تندیس. ج. تماثیل.

تمثل tamassol [ع] ۱ - (مص‌ل.) داستان زدن، مثال زدن. ۲ - شعر یا حدیثی جهت مثل آوردن . ۳- مثل چیزی شدن، نظیر چیزی گردیدن. ج. تمثلات.

تمثلات tamassol-āt [ع·](مص·، ا.) ج. تمثل (ه.م.)

تمثیل tamsīl [ع.] ۱ - (مص‌م.) مثال آوردن. ۲ - تشبیه کردن، مانند کردن . ۳ - صورت چیزی را مصور کردن. ۴ - داستانی یا حدیثی را بعنوان مثال بیان کردن ، داستان آوردن . ج. تمثیلات .

تمثیلات tamsīl-āt [ع.] (مص.، ا.) ج. تمثیل (ه.م.)

تمجمج tamaǰmoǰ [ع .] (مص ل.) کلمات را نامفهوم وجویده جویده ادا کردن ، سخن نامفهوم گفتن. ج. تمجمجات .

تمجمجات tamaǰmoǰ-āt [ع .] (مص.،ا.) ج. تمجمج(ه.م.)

تمجمج کردن t.-kardan [ع.-ف.] (مص‌ل.) کلمات را نامفهوم وجویده جویده اداکردن.

تمجید tamǰīd [ع.] ۱ - (مص‌م.) ستودن ، تعریف کردن . ۲ - بزرگ داشتن، ببزرگی یاد کردن. ۳ - (امص.) ستایش، تقدیر . ۴ - بزرگداشت. ج. تمجیدات.

تمجیدات tamǰīd-āt [ع.] (مص.، ا.) ج. تمجید (ه.م.)

تمجید کردن t.-kardan [ع.-ف.] (مص‌م.) ۱ - ستودن، تعریف کردن . ۲ - بزرگ‌داشتن، ببزرگی یادکردن.

تمدد tamaddod [ع.] ۱ - (مص ل.) کشیده‌شدن، درازشدن، درازکشیدن: تمدد اعصاب. ۲ - (امص.) کشیدگی. ج. تمددات .

تمددات tamaddod-āt [ع.](مص.، ا.) ج. تمدد (ه.م.)

تمدن tamaddon [ع.] ۱ - (مص ل.) شهرنشین شدن ، باخلاق و آداب شهریان خوگرشدن. ۲ - (ا.) همکاری افراد یك جامعه در امور اجتماعی ، اقتصادی، دینی، سیاسی‌وغیره، حضارت. ج. تمدنات .

تمدنات tamaddon-āt [ع.] (مص.، اِ.) ج. تمدن (ه.م.)

تمدیح tamdīh [ع.] (مصم.) مدح کردن کسی را، ستودن.

تمدید tamdīd [ع.] ۱ - (مصم.) کشیدن، دراز کردن. ۲ - (اِمص.) کشش. ‖ ~ مدت. طولانی کردن مدت.

۱- تمر tamr (اِ.)(پز.) آب مروارید، علتی که بعضی را در چشم بهم میرسد و بینایی نقصان پذیرد.

۲- تمر tamr (اِ.)(گیا.) تمرهندی ↓. ‖ ~ هندی (گیا.) درختی[1] از تیرهٔ پروانه واران از دستهٔ ارغوانها که تنها گونهٔ نوع خود میباشد، و آن درختی است عظیم و مرتفع که بلندیش تا ۲۵ متر میرسد. برگهایش مرکب ومتناوب و هر برگ بین ۲۰ تا ۴۰ برگچه دارد. گلهایش زرد یا سفید ویا صورتی است؛ امله، املی، انبله، خنجه، خرمای هندی، خرمای گجراتی.

تمر هندی ودانهٔ آن

۳- تمر tamr [ع.](اِ.) خرما.

تمرد tamarrod [ع.] ۱ - (مصل.) گردنکشی کردن، ستنبه‌شدن. ۲ - سرپیچی کردن، نافرمانی کردن. ۳ - (اِمص.) گردنکشی، سرکشی. ۴ - نافرمانی. ج. تمردات.

تمردات tamarrod-āt [ع.] (مص.، اِ.) ج. تمرد (ه.م.)

تمردکردن t.-kardan [ع.-ف.] (مصل.) ۱ - گردنکشی کردن. ۲ - نافرمانی کردن.

تمرگیدن tamarg-īdan (مصل.) (عم.) (تمرگید، -، -، بتمرگ، -، -) نشستن (درمورد توهین بطرف گویند): بتمرگ!

تمرین tamrīn [ع.] ۱ - (مصم.) نرم گردانیدن. ۲ - عادت دادن، آشنا ساختن بامری. ۳ - (مصل.) خو کردن، ورزیدن. ۴ - (اِمص.) عادت، خوگری، ورزش. ج. تمرینات.

تمرینات tamrīn-āt [ع.] (مص.، اِ.) ج. تمرین (ه.م.)

تمرین کردن t.-kardan [ع.-ف.] (مصل.) عادت کردن، ورزیدن، مشق کردن.

تمس tames (اِ.)(گیا.) تمیس (ه.م.)

تمساح temsāh [ع.] (اِ.) (جاذ.) تیره‌ای[2] از سوسماران آبی که بداشتن دندانهای قدامی فک پایین مشخص است. این دندانها در فرو رفتگیهای فک فوقانی در موقع بستن دهان جای میگیرند. اندامهای خلفی جانور متناسب برای شناست و فاصلهٔ بین انگشتهارا پرده‌ای پوستی فراگرفته. طول وی تا ۶ متر ممکنست برسد. ضح. - بعضی تمساح را مرادف با نهنگ دانسته‌اند، درصورتیکه نهنگ اسم عام پستانداران عظیم الجثهٔ دریایی است. ← نهنگ.

تمساح

تمسخر tamasxor [ع.] ۱ - (مصم.) مسخره کردن، ریشخند زدن.

---

۱ - Tamarindus indica (لا.), tamarinier de l'Inde (فر.)
۲ - Crocodile (فر.)

۲- (اِمص.) تماخره ، ریشخندزنی . ج. تمسخرات

تمسخرات tamasxor-āt [ع.] (مص.۱اِ.) ج. تمسخر (ه.م.)

تمسخر آمیز t.-āmīz [ع.-ف. = تمسخر آمیخته] (ص‌مف.) توأم با تمسخر، مسخره آمیز: « بالحن تمسخر آمیزی گفت....»

تمسخر کردن t.-kardan [ع.-ف.] (مص‌م.) مسخره کردن، ریشخندزدن.

تمسک tamassok [ع.] ۱ - (مص ل.) چنگ درزدن ، دست در زدن ، دستاویزساختن . ۲ - (اِمص.) چنگ زنی، دستاویز سازی، تشبث. ۳ - (اِ.) حجت، سند. ج. تمسکات.

تمسکات tamassok-āt [ع.] (مص.،اِ.) ج. تمسک(ه.م.)

تمسک کردن t.-kardan [ع.-ف.] چنگ‌درزدن، دستاویز ساختن، تشبث کردن.

تمسکن tamaskon [ع.] ۱- (مص ل.) مسکین گردیدن ، تهیدست شدن . ۲ - (اِمص.) تهیدستی ، درویشی . ج. تمسکنات .

تمسکنات tamaskon-āt [ع.] (مص.،اِ.) ج. تمسکن (ه.م.)

تمشا temšā [= ع. تمشاء] ← تمشاء.

تمشاء temšā' [ع.،ف. : تمشا] (مص ل.) راه رفتن، رفتن.

تمشک tamešk (اِ.) درختچه‌ای[1] از تیرهٔ گل‌سرخیان که دستهٔ مستقلی را بنام دستهٔ تمشکها[2] تشکیل میدهد، و بحالت وحشی در نقاط ساحلی وگرم مرطوبی مخصوصاً در مازندران وگیلان فراوانست . گیاهی است با ساقه‌های تیغدار که در کنار جاده ها ومزارع وجنگلها بصورت انبوه میروید. برگهایش متناوب و گوشوارك دار ومرکب وشامل ۳ تا ۵ برگچه‌است.

تمشک

تمشی tamaššī [ع.] ۱-(مص ل.) راه رفتن، گام‌زدن، روان گشتن. ۲-(اِمص.) پیاده روی . ج. تمشیات.

تمشیات tamaššīy-āt [ع.] (مص.، اِ.) ج. تمشی (ه.م.)

تمشیت tamšiyat [ع. = تمشیة] ۱ - روان کردن، برفتن آوردن، براه انداختن. ۲- (مص‌م.) کارگزاردن، سروسامان‌دادن، راندن : تمشیت‌امور.

تمشیت دادن t.-dādan [ع.-ف.] (مص‌م.) ۱ -روان کردن، براه‌انداختن. ۲ - سروسامان دادن : تمشیت دادن امور.

تمضمض tamazmoz [ع.] ۱ - (مص ل.) مضمضه کردن ، آب در دهن گرداندن . ۲ - (اِمص.) مضمضه.

تمطی tamattī [ع.] ۱ - (مص ل.) درازکشیدن. ۲ -خرامیدن. ۳ -خمیازه کشیدن .

تمغا tamγā [مغ.] (اِ.) ۱ - نشان، داغ ، علامت . ۲ - مهری که در قدیم بفرمانهای‌شاهی میزده‌اند. ۳ -مالیاتی که بمال‌التجاره می‌بستند، مالیات بر مال وسرمایه (ایلخانان). ۴- رسومات وعوارض شهرداری (ایلخانان).

تمغاچی t.-čī [مغ.-تر.] (ص‌نسب.) کسی که بمال‌التجاره ، پس از وصول مالیات وعوارض، مهروعلامت‌مخصوص میزده ، مأمور وصول خراج از مال‌التجاره.

۱—Rubus caesius, R. idaeus (لا.), framboisier (فر.)

۲—Fragariées (فر.)

تمك tamak [= ثمك، ع.] (إ.) (گیا.) گیاهی[1] از تیرهٔ چتریان که دارای برگهای طویلی است ودر غالب نقاط میروید. دم کردهٔ آن بعنوان مدر وضد روماتیسم در تداوی قدیم مصرف میشده؛ ابرة الراعی، حربث.

تمکن tamakkon [ع.] ۱- (مص ل.) جاگیر شدن، پابر جاشدن، جای گرفتن. ۲- جاه ومقام یافتن، منزلت پیدا کردن. ۳ - دست یافتن، توانا شدن. ۴ - (إمص.) توانایی، قدرت. ۵ - دارایی. ج. تمکنات.

تمکنات tamakkon-āt [ع.] (مص.، إ.) ج. تمکن.

تمکن یافتن t.-yāftan [ع.-ف.] (مص ل.) ۱ - جاگیر شدن، پا برجا گشتن. ۲ - جاه ومقام یافتن، منزلت پیدا کردن. ۳ - دست یافتن، توانا شدن.

تمکین tamkīn [ع.] ۱ - (مص م.) دست دادن، بفرمان بودن، فرمان بردن. ۲ - قبول کردن، پذیرفتن. ۳ - پابرجا کردن. ۴ - نیرو دادن، قدرت دادن. ۵ - (إمص.) فرمانبرداری. ۶ - احترام. ۷ - توانایی. ج. تمکینات.

تمکینات tamkīn-āt [ع.] (مص.، إ.) ج. تمکین (ه.م.)

تمکین کردن t.-kardan [ع.-ف.] (مص م.) ۱- فرمان بردن، اطاعت کردن. ۲ - قبول کردن، پذیرفتن.

تملق tamalloγ [ع.] ۱ - (مص ل.) چاپلوسی کردن، چرب زبانی کردن. ۲ - (إمص.) چاپلوسی، چرب زبانی. ج. تملقات.

تملقات tamalloγ-āt [ع.] (مص.، إ.) ج. تملق (ه.م.)

تملك tamallok [ع.] ۱ - (مص ل.) دارا شدن، بچنگ آوردن، مالك شدن. ۲- (إمص.) مالکیت، دارایی. ج. تملکات.

تملکات tamallok-āt [ع.] (مص.، إ.) ج. تملك (ه.م.)

تملول tamlūl [ع. = تامول = تنبل = تانبول = تنبول] (إ.) درختچه‌ای[2] از تیرهٔ بیدها[3]، ازدستهٔ فلفلها که گیاه بومی هند ومالزی وفیلیپین است ودرهندوچین و ماداگاسکار و افریقای شرقی نیز میروید. برگ خشك شدهٔ این گیاه طعمی معطر دارد واز آن ماده‌ای بنام بتل استخراج کنند. این مادهٔ مستخرج دارای اثر قابض واشتها آور و ضد کرم است. دراثر جویدن برگ تملول ترشحات بزاق زیاد میگردد واشتهارا تحریك میکند و ضمناً رنگ بزاق نیز قرمز میشود؛ شاه حسینی، بتل‌غاجی، پان.

تملول و مقطع گل آن

تملیح tamlīh [ع.] ۱ - (مص م.) نمك ریختن (درطعام). ۲ - (مص ل.) سخن ملیح گفتن. ج. تملیحات.

تملیحات tamlīh-āt [ع.] (مص.، إ.) ج. تملیح (ه.م.)

تملیك tamlīk [ع.] (مص م.) دارا کردن، خداوند گردانیدن، مالك گردانیدن. ج. تملیکات.

تملیکات tamlīk-āt [ع.] (مص.، إ.) ج. تملیك (ه.م.)

تمنا tamannā [= ع. تمنی] ۱ - (مص م.) تمنی (ه.م.) ۲ - (إمص.) درخواست، التماس. ۳ - (إ.) آرزو، خواهش.

تمنا کردن t.-kardan [ع.-ف.]

۱- Daucus gingidium (لا.)
۲- Piper betel (لا.), betel (فر.)
۳ - Salicinées (فر.)

(مص‌م.) ۱ - آرزو کردن. ۲ - خواهش کردن، التماس کردن.

تمنده tam-anda(-e) (ص‌فا.) کسی که‌زبانش درسخن گفتن میگیرد، آنکه حرف رانمیتواند از مخرج ادا کند.

تمنع tamanno' [ع.] ۱ -(مص‌ل.) استوار شدن. ۲-بازایستادن، خودداری کردن. ۳ -(إمص .)مناعت. ج. تمنعات.

تمنعات tamanno'-āt [ع.] (مص.، إ.) ج. تمنع (ه.م.)

تمنی tamannī [ع. ← تمنا] ۱ - (مص‌ل.) آرزو کردن، آرزو بردن ، آرزوداشتن. ۲-(إ.) آرزو. ج. تمنیات.

تمنیات tamannīy-āt [ع.](مص.، إ.) ج. تمنی .

تموج tamavvoǰ [ع.]۱ - (مص‌ل) موج زدن، خیزاب برآوردن، موج‌دار شدن. ۲-(إمص.)موج‌زنی. ج.تموجات.

تموجات tamavvoǰ-āt [ع.] (مص.،إ.) ج.تموج (ه.م.)

تموز tammūz، tamūz [معر سر.، بابلی] ۱ - گرمای سخت. ۲ - نام ماه اول تابستان وماه دهم ازسال رومیان. ۳ - تابستان، فصل گرما.

تموک tamūk (إ.) ۱ - قسمی تیر که دارای پیکان پهن‌است. ۲ -نشانهٔ‌تیر، هدف.

تمول tamavvol [ع.] ۱ -(مص‌ل.) توانگر شدن ، ثروتمند گشتن . ۲ - (إمص .) توانگری ، مالداری . ج. تمولات.

تمولات tamavvol-āt [ع.](مص.، إ.) ج. تمول .

تمول داشتن t.-dāštan [ع.-ف.] (مص‌ل.) توانگر بودن ، مال داشتن، ثروتمند بودن.

تمول یافتن t.-yāftan [ع.-ف.] (مص‌م.) مال یافتن، ثروت یافتن.

تمویل tamvīl [ع.] (مص‌م.)(رض.) مال‌کردن، بقوهٔ دو رسانیدن، عددی‌را در نفس خودضرب‌کردن. ج. تمویلات.

تمویلات tamvīl-āt [ع.](مص.،إ.) ج. تمویل (ه.م.)

تمویه tamvīh [ع.] ۱ - (مص‌م.) زراندودکردن، آب‌طلا زدن. ۲ - آب نقره‌زدن. ۳ - دروغ‌آراستن ، نیرنگ ساختن ، امری را خلاف حقیقت جلوه دادن. ۴ - (إمص .) دروغ آرایی ، نیرنگ سازی، تلبیس. ج. تمویهات.

تمویهات tamvīh-āt [ع.](مص.، إ.) ج. تمویه؛ دروغ‌آرایی‌ها ، نیرنگ سازیها، ترفندها .

تمهد tamahhod [ع.] ۱ - (مص ل.)گسترده شدن (فرش) . ۲ - آسان شدن (کاری) . ۳ - جاگرفتن . ۴ - قادرشدن برامری ، دست‌یافتن . ۵ - (إمص.)گستردگی. ۶ - آسانی . ۷ - جای‌گیری. ۸ - توانایی، تسلط . ج. تمهدات .

تمهدات tamahhod-āt [ع.] (مص.،إ) ج. تمهد(ه.م.)

تمهل tamahhol [ع.] ۱ - (مص ل.)آهستگی کردن ، درنگ کردن ، امری را بکندی و نرمی انجام‌دادن . ۲ - (إمص .) آهستگی ، کندی. ج. تمهلات.

تمهلات tamahhol-āt [ع.](مص.، إ.) ج. تمهل (ه.م.)

تمهید tamhīd [ع.] ۱- (مص‌م.) گسترانیدن، هموارکردن. ۲ - آسان ساختن، آماده‌کردن، آراستن . ۳ - مقدمه‌چیدن. ۴ - (إمص.) زمینه‌سازی، مقدمه‌چینی. ج. تمهیدات.

تمهیدات tamhīd-āt [ع.](مص.، اِ.) ج. تمهید (ه.م.)

تمهیل tamhīl [ع.] ۱ - (مص م.) زمان‌دادن، مهلت‌دادن، فرصت‌دادن. ۲ - نرمی کردن، مدارا کردن. ۳ - (اِمص.) مهلت. ۴ - نرمی، مدارا. ج. تمهیلات.

تمهیلات tamhīl-āt [ع.] (مص.، اِ.) ج. تمهیل (ه.م.)

تمیز tamīz [=ع. تمییز] ۱ - (مص م.) بازشناختن. ۲ - جدا کردن. ۳ - برتری دادن (چیزی را برچیزی). ۴ - (اِمص.) بازشناسی، بازشناخت. ۵ - کارشناسی. ۶ - امتیاز، تشخیص. ۷ - (ف.)(ص) پاکیزه، پاک. ‖ **دیوان ~** . (حق.) یکی ازمحاکم وزارت دادگستری که متهمان محکوم از آراءِ صادره در این دادگاه فرجام خواهند. وظیفهٔ این محکمهٔ عالی رسیدگی باحکام صادره از محاکم قبلی است؛ دیوان کشور.

تمیز tamayyoz [ع.] ۱ - (مص ل.) جداشدن، فرق‌یافتن. ۲ - (اِمص.) جدایی، بازشناختگی. ج. تمیزات.

تمیزات tamayyoz-āt [ع.](مص.، اِ.) ج. تمیز (ه.م.)

تمیزدادن tamīz-dādan [ع.-ف.] (مص م.) ۱ - بازشناختن، تشخیص‌دادن. ۲ - جدا کردن.

تمیزکردن t.-kardan [ع.-ف.] (مص م.) ۱ - تمیز دادن (ه.م.) ۲ - (ف.) نظیف کردن (جاومکانی)، پاکیزه‌ساختن.

تمیس tamīs [معر. لا. tamus] (اِ.) (گیا.) گیاهی[1] از تیرهٔ سوسنیها که بالارونده ودارای برگهای متناوب، شفاف، قلبی شکل و نوک تیز است وممکن‌است تا ارتفاع ۸ متر هم برسد. گلهای آن مایل بسبزی و دارای آرایش خوشه‌یی است.

تمیم tamīm [ع.] (ص.) ۱ - تمام وکامل. ۲ - استوار، سخت.

تمیمات tamīm-āt [ع.] (اِ.) ج. تمیمه (ه.م.)

تمیمه tamīma(-e) [=ع. تمیمة] (اِ.) مهره یا طلسمی که‌برای دفع‌چشم زخم بگردن اطفال‌آویزند؛ بازوبند، چشم‌آویز، گردن‌بند. ج. تمائم (تمایم)، تمیمات.

تمییز tamyīz [ع. ← تمیز] ۱ - (مص م.) باز شناختن، باز دانستن، فرق گذاشتن. ۲ - جدا کردن. ۳ - (اِمص.) شناخت، شناسایی. ۴ - (فل.، روان.) قوه‌ای‌نفسانی که شخص بتوسط آن معانی‌را استنباط کند. ۵ - (نحو) کلمه‌ایست که‌رفع ابهام‌ماقبل کند(درعربی تمییز منصوب است). ج. تمییزات.

تمییزات tamyīz-āt [ع.] (مص.، اِ.) ج. تمییز (ه.م.)

تمییز دادن t.-dādan [ع.-ف.] ← تمیز کردن.

تمییز کردن t.-kardan [ع.-ف.] ← تمیز کردن.

۱ - تن tan [په. tan] (اِ.) ۱ - بدن. ۲ - جسم. ۳ - ذات، شخص.

۲ - تن tan [← تنیدن] (ری.، اِفا.) در بعض کلمات مرکب بمعنی «تننده» آید: تارتن، کارتن.

۳- تن tan (پس. مصدری) یکی ازعلامات مصدر فارسی است که بریشهٔ دستوری پیوندد، وآن بدوصورت‌است: الف- تن: گفتن، رفتن، شنفتن. ب- ستن: گریستن، خواستن.

۱- تن ton [فر. tonne، انگ. ton]

۱ - Tamus communis(.لا), tamier(.فر)

(اِ.) مقیاس وزن که آنرا معمولاً با ۳۱ خروار (ه.م.) معادل دانند ، ولی معادل ۱۰۰۰ کیلو گرم یا ۲۲۹۱/۲۴ پوند انگلیسی است.

۲ - تن ton [فر. ton] (اِ.) درجهٔ بلندی و پستی صدا و آواز؛ مایه.

تناجی tanāǰī [ع.] ۱ - (مص ل.) باهم رازگفتن، با یکدیگر رازکردن. ۲ - (اِمص.) سرگوشی.

تنادی tanādī [ع.] (مص م.) یکدیگر را نداکردن، هم را خواندن.

تنازع tanāzo' [ع.] ۱- (مص ل.) با هم نزاع کردن ، با یکدیگر پیکار کردن، درهم افتادن. ۲-(اِمص.) کشمکش. ج. تنازعات. ‖ ~ بقا . کشمکش موجودات با یکدیگر برای حفظ بقای خود[1] (← بخش ۳: داروین).

تنازعات tanāzo'-āt [ع.] (مص.، اِ.) ج. تنازع (ه.م.)

تناسان tan-āsān ← تن آسان.

تناسانی tan-āsān-ī ← تن آسانی.

تناسب tanāsob [ع.] ۱ - (مص ل.) با هم نسبت داشتن ، نسبت یافتن با یکدیگر ، خویش هم بودن. ۲ - وجود داشتن نسبت و رابطه میان دو کس یا دو چیز. ۳ - برازیدن. ۴- (اِمص.) خویشاوندی ، خویشی. ۵ - سازواری، موافقت. ۶ - (بع.) ← مراعاة‌النظیر. ۷ - (حسا.) بیان تساوی دو نسبت (ه.م.) را تناسب نامند. مثلا $\frac{۸}{۶} = \frac{۴}{۳}$ تناسب است. این تناسب را چنین میخوانند: ۴ به ۳ مثل ۸ است به ۶ . اعداد ۴ ، ۳ و ۸ و ۶ راجمله‌های این تناسب نامند. - (مس.) هماهنگی. ج. تناسبات.

تناسبات tanāsob-āt [ع.] (مص.، اِ.) ج. تناسب (ه.م.)

تناسخ tanāsox [ع.] ۱ - (مص م.) یکدیگر را نسخ کردن، باطل ساختن، ابطال، زایل کردن. ۲ - (مص ل.) گشتن، تغییر یافتن. ۴ - (فل.، مل.) انتقال روح بعداز موت از بدن ببدن انسانی دیگر. ‖ ~ ازمنه. پیاپی گذشتن زمانها و قرنها چنانکه گویی هریک ازآنها حکم ماقبل را نسخ میکند. ‖ ~ درمیراث. (فق.) مردن وارثان یکی پس ازدیگری وتقسیم نشدن میراث آنان. ج. تناسخات.

تناسخات tanāsox-āt [ع.] (مص.، اِ.) ج. تناسخ (ه.م.)

تناسخی tanāsox-ī [ع. = -īyy] (ص نسبـ.) کسی که قایل به‌تناسخ ارواح است، معتقد به‌تناسخ (ه.م.)

تناسل tanāsol [ع.] ۱ - (مص ل.) پدید آوردن نسل، زادوزه کردن، زه‌وزا کردن. ۲- (اِمص.) زادوزه، ایجاد نسل. ‖ آلت ~ .(درمرد) شرم مرد، آلت رجولیت؛ (در زن) شرم زن، فرج.

تناسلی tanāsol-ī [ع.] (ص نسبـ.) منسوب ومربوط به‌تناسل (ه.م.)[2]: آلات تناسلی، امراض تناسلی.

تناشد tanāšod [ع.] (مص ل.) برهم خواندن، باهم سرودن.

تناصح tanāsoh [ع.] (مص ل.) هم را اندرز دادن، بهم پند گفتن.

تناصر tanāsor [ع.] (مص ل.) هم‌را یاری کردن، یار هم شدن.

۱ - تناصف tanāsof [ع.] (مص ل.) بیکدیگر انصاف دادن ، با هم انصاف داشتن. ج. تناصفات.

۲ - تناصف tanāsof [ع.] (مص ل.) باهم نصف کردن. ج. تناصفات.

۱-Struggle for existence (انگ.)　۲— Génératif (فر.)

تناصفات tanāsof-āt[ع.](مص.، إ.) ج. تناصف(← ۱ و ۲ تناصف).

تناظر tanāzor [ع.] (مص ل.) ۱ - بیکدیگر نظر کردن. ۲ - باهم بحث ومجادله کردن. ج. تناظرات.

تناظرات tanāzor-āt [ع.](مص.، إ.) ج. تناظر(ه.م.)

تنافر tanāfor [ع.] ۱ - (مص ل.) ازهم رمیدن، ازیکدیگر بیزاری جستن. ۲ - دوری جستن. ۳ - (إمص.) رمیدگی، ناسازی. ‖ ~ درحروف. (معا.) آنست که درکلمه ترکیب حرفها طوری باشد که تلفظ آن دشوار بود. ‖ ~ درکلمات. (معا.) آنست که ترکیب کلمات درجمله یا عبارت طوری باشد که تلفظ دشوار گردد؛ درین در گه که گه گه که که و گه گه که آید که. ‖ ~ درمعنی(معا.) آنست که معانی کلمات ازیکدیگر دور بوند وسازگار نباشند. ج. تنافرات.

تنافرات tanāfor-āt [ع.](مص.، إ.) ج. تنافر (ه.م.)

تنافس tanāfos [ع.] ۱ - (مص ل.)خودنمایی کردن، بهم نمایش دادن. ۲ - رغبت کردن درامری بسبب رقابت و پیشی گرفتن برای وصول بدان بریکدیگر. ۳ - (إمص.)خودنمایی. ج. تنافسات.

تنافسات tanāfos-āt [ع.](مص.، إ.) ج. تنافس(ه.م.)

تنافور tanāfūr[په. tanāpuhr] (ص.) محکوم بسبب گناهان (در دین زرتشتی).

تنافی tanāfī [ع.] ۱ - (مص ل.) منافی هم بودن، با هم مخالف شدن، یکدیگررا نفی کردن. ۲ - (إمص.) ناسازگاری.

تناقض tanāɣoz [ع.] ۱ - (مص ل.) باهم ضد ونقیض بودن، ضدیکدیگر بودن. ۲ - (إمص.) ناهمتایی، ناسازی. ضح.ـ (منط.) تناقض دولفظ درصورتی است که یکی ازآن دو امری را اثبات کند و دیگری نفی، مانند: «هست» و«نیست» و«روشنایی» و«تاریکی»، پس اجتماع دو متناقض محال است. ج. تناقضات.

تناقضات tanāɣoz-āt [ع.](مص.، إ.) ج. تناقض(ه.م.)

تناکح tanākoh [ع.] (مص ل.) زن خواستن.

تناوب tanāvob [ع.] ۱ - (مص ل.) نوبت گذاشتن، نوبت بنوبت کاری را انجام دادن. ۲ - (إ.) نوبت بنوبت، گمار بگمار.

تناور tan-ā-var (ص مر.) ۱ - تنومند، فربه. ۲ - قوی‌جثه، نیرومند.

تناوری tan-ā-var-ī (حامص.) ۱ - تنومندی، فربهی. ۲ - قوت، نیرومندی.

تناول tanāvol[ع.] (مص ل.) ۱ - گرفتن، بگرفتن، برداشتن، فاگرفتن، دست‌رساندن. ۲ - (مج.)خوردن(غذا). ج. تناولات.

تناولات tanāvol-āt [ع.](مص.، إ.) ج. تناول (ه.م.)

تناهی tanāhī [ع.] ۱ - (مص ل.) بپایان رسیدن، بنهایت رسیدن. ۲ - بازایستادن، بس کردن. ۳ - (إمص.) انجامش. ۴ - بازایستادگی. ‖ ~ ابعاد.(فل.) پایان داشتن بعدها. ‖ ~ اعداد.(رض.) پایان داشتن شمارها.

تن‌آسان tan-āsān [= تناسان] (ص مر.) ۱ - آسوده، مرفه. ۲ - تندرست، سالم. ۳ - تن‌پرور، خوشگذران، تن آسا.

تن آسانی tan-āsān-ī [= تناسانی] (حامص .) ۱ - آسودگی ، رفاه. ۲ - تندرستی ، سلامت . ۳- تن پروری، خوشگذرانی، تن آسایی.

تنباکو tanbākū [= تونباکو = تمباکو = تومباکو، زبان بومی آمریکایی tubaco، برگ خشك شدهٔ تنباکو ونیز ابزاری که در آن توتون دود میکردند ومیکشیدند؛ یا نام جزیرهٔ هایتی یا یکی از جزایر کریب carib] (اِ.) ۱ - (گیا.) گیاهی از گونه‌های توتون از تیرهٔ بادنجانیان[1]، که یکساله است و بارتفاع ۲ متر میرسد و پوشیده از کرکهای چسبنده و کوتاه و دارای بویی نامطبوع است و آن از نباتات بومی امریکاست که برگهای آنرا خشك و سپس لوله کنند ویا بریده خرد سازند وبطرق مختلف میکشند. ۲ - (ف.) قسمی توتون که آنرا درسر غلیان ریز ندو کشند.

تنباکو

تنبان tonbān [= توبان = تبان ، معر.] (اِ.) ۱ - زیرجامه، ازار. ۲ - شلوار. ۳ - شلوارچرمی کشتی گیران.

تنبك tonbak [= دنبك = طنبك] (اِ.) (مس.) یکی از آلات موسیقی مانند دهل که ازچوب وسفال یا فلز سازند ودر یك‌سوی آن پوستی نازك کشند وبهنگام نواختن آنرا درزیر بغل گیرند وباسر انگشتان نوازند؛ دنبك.

تنبل tanbal [گیل.، فریز.، یر.، نط. tämbäl = طنبل، معر.] (ص.) کسی که ازکار گریزانست؛ تن پرور، کاهل، بیکاره.

تنبل tanbol (ton.-) (اِ .) ۱ - مکر ، حیله ، نیرنگ ، فریب . ۲ - افسون، جادو.

تنبل خان tanbal-xān [ف.-تر.] (عم.) عنوانی است که به تن پروران دهند: تنبل.

تنبل کردن t.-kardan (مص ل .) ۱ - کاهلی کردن، تنبلی کردن. ۲ - اهمال کردن، مسامحه کردن.

تنبلی tanbal-ī (حامص .) کیفیت وعمل تنبل (ه‍.م.) ۱ - تن پروری، بیکارگی، کاهلی. ۲ - اهمال، مسامحه.

تنبلی کردن t.-kardan (مص ل.) ۱ - کاهلی کردن. ۲ - اهمال کردن ، مسامحه کردن.

تنبلیت tanbalīt [= تملیت، کر. tambelít] (اِ.) ۱ - بار کوچکی که بر بار بزرگ بندند ، و گاه بربالای چاروا نهند وبرروی آن سوار شوند . ۲ - یك لنگ بار ،عدل.

تنبور tanbūr [= دنبره ، په . tanbūr = طنبور، معر.] (اِ.) (مس.) یکی از آلتهای موسیقی ذوی‌الاوتار که‌دسته‌ای دراز وکاسه‌ای کوچك‌مانند سه‌تار دارد.

تنبور

تنبوره tanbūra(-e) [= تنبور = طنبور] (اِ.) ← تنبور.

تنبوشه tanbūša(-e) (اِ .) لولهٔ سفالین یاسمنتی کوتاه که در زیرخاك یا میان دیوار کارگذارند، تا از آن آب عبور کند.

تنبوك tanbūk [= تنبك] (اِ.) دامنهٔ زین وتسمهٔ رکاب، جناغ زین.

۱ - تنبول tanbūl [هند.] (اِ.) ۱- (گیا.) پان (ه‍.م.). تملول(ه‍.م.)

۲ - تنبول tanbūl [= تملول] (اِ.) (گیا.)← تملول. ۲ - (گیا.) فوفل (ه‍.م.)

تنبه tanabboh [ع.] ۱ - (مص ل .) بیدارشدن ، هوشیارشدن . ۲ - (امص.) بیداری، بیدارمغزی، آگاهی، هوشیاری. ج. تنبهات.

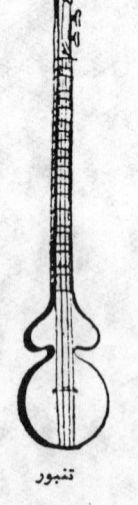

۱ـ Solanées (فر.)

۱۱۴۸
تنبهات

تنبهات tanabboh-āt [ع.] (مص.، ا.) ج تنبه (ه.م.)

تن بها tan-bahā (امر.) وجهی که برای آزادشدن کسی از زندان در صندوق دادگستری گذارند؛ وجه الکفاله.

تنبنده tanb-anda(-e) (افا.) ۱ - جنبنده، لرزنده. ۲ - (ا.) بنایی که در حال فروریختن است.

تنبیدن tanb-īdan (مصل.) (صر. ← سنبیدن). ۱ - جنبیدن، لرزیدن. ۲ - فروریختن ساختمان.

تنبیده tanb-īda(-e) (امف.) ۱ - جنبیده، لرزیده. ۲ - بنایی که سقف و دیوارهای آن فروریخته.

۱ - تنبیك tanbīk [= تنبك = تنبوك] (ا.) جناغ زین.

۲ - تنبیك tanbīk [= تمبك = طنبك] (ا.) (مس.) ← تمبك.

تنبیه tanbīh [ع.] ۱ - (مص م.) بیدار کردن، هوشیار ساختن. ۲ - آگاه کردن، واقف کردن. ۳ - مجازات کردن، ادب کردن (بوسیلهٔ کتك و مانندآن)، گوشمال دادن. ۴ - (امص.) گوشمال، تأدیب. ج. تنبیهات.

تنبیهات tanbīh-āt [ع.] (مص.، ا.) ج تنبیه (ه.م.)

تنبیه کردن t.-kardan [ع.-ف.] (مص م.) ۱ - بیدار کردن، هوشیار ساختن. ۲ - آگاه کردن. ۳ - گوشمال دادن، مجازات کردن.

تن پرست t.-parast [= تن پرستنده] (صفا.) ۱ - آنکه تنش را دوست دارد، تن پرور. ۲ - خودخواه.

تن پرور tan-parvar [= تن پرورنده] (صفا.) آنکه تن خویش را بپروراند و بیاساید؛ تن آسا، خوش گذران.

تن پروری t.-parvar-ī (حامص.) عمل و کیفیت تن پرور (ه.م.)؛ تن ـ آسایی، خوشگذرانی.

تن پوش t.-pūš [= تن پوشنده] (صفا.، امر.) پارچه وجامه‌ای که تن را بپوشاند؛ جامه.

تن تن tan-tan [← تن تننا، تن تنن] (امر.) ۱ - (مس.) وزن اجزای آواز موسیقی. ۲ - (عر.) از ارکان تقطیع. ۳ - نغمه، سرود.

تن تننا tan-tananā [← تن تن، تن تنن] (امر.) (مس.) وزن اجزای آواز.

تن تنن tan-tanan [← تن تن، تن تننا] (امر.) (مس.) وزن اجزای آواز موسیقی.

تنتور tantūr [فر. teinture] (ا.) (شم.) مایع رنگین الکل یا اتر که از عناصر فعال مواد معدنی، نباتی و حیوانی استخراج میشود. ‖ ـــ ید [فر. t.-d'iode] (شم.، پز.) محلول ید والکل که برای التیام زخم بکاررود.

تنجز tanaǰǰoz [ع.] ۱ - (مص م.) رواگردانیدن، رواکردن. ۲ - (امص.) روایی. ج. تنجزات.

تنجزات tanaǰǰoz-āt [ع.] (مص.، ا.) ج. تنجز (ه.م.)

تنجس tanaǰǰos [ع.] ۱ - (مصل.) نجس شدن، پلید گشتن، آلوده گردیدن. ۲ - (امص.) پلیدگی، آلودگی، نجاست. ج. تنجسات.

تنجسات tanaǰǰos-āt [ع.] (مص.، ا.) ج. تنجس (ه.م.)

تنجنده tanǰ-anda(-e) [← تنجیدن] (افا.) بخود پیچنده، درهم فشرده، ترنجنده.

تنجیدن tanǰ-īdan (مص‌ل.) (صر. ← رنجیدن) پیچیدن بخود، درهم‌فشرده شدن، ترنجیدن.

تنجیده tanǰ-īda(-e) [← تنجیدن] (إمف.) بخود پیچیده، درهم فشرده، ترنجیده.

تنجیز tanǰīz [ع.] ۱ - (مص م.) رواکردن، رواگردانیدن. ۲- (إمص.) روایی. ج. تنجیزات.

تنجیزات tanǰīz-āt [ع.] (مص.، إ.) ج. تنجیز (ه.م.)

تنجیس tanǰīs [ع.] (مص‌م.) ۱ - ناپاک کردن، پلید گردانیدن. ۲- پلید خواندن، ناپاک شمردن. ج. تنجیسات.

تنجیسات tanǰīs-āt [ع.] (مص.، إ.) ج. تنجیس (ه.م.)

تنجیم tanǰīm [ع.] ۱ - (مص م.) (نج.) رصدکردن ستارگان. ۲- (إمص.) ستاره شماری، اختر شماری. ‖ اهل ~. منجمان، اخترشماران. ‖ علم ~. علم نجوم.

تنحنح tanahnoh [ع.] ۱ - (مص ل.) آواز ازسینه برآوردن برای صاف کردن گلو تاصدا نیکو گردد؛ سرفه زدن، خفیدن. ج. تنحنحات.

تنحنحات tanahnoh-āt [ع.] (مص.، إ.) ج. تنحنح (ه.م.)

تنحی tanahhī [ع.] ۱ - (مص‌ل.) دورشدن، دوری جستن. ۲ - (إمص.) دوری.

تنحیه tanhiya(-e) [= ع. تنحیة] (مص‌م.) دورکردن، دور ساختن.

تنخواه tan-xāh (إمر.) ۱- سرمایه، پول نقد ومال، ثروت. ۲ - مال ومتاع. ۳ - برات بخزانه برای تأدیهٔ حقوق ومقرریها. ‖ ~ گردان. (فره.) پولی که‌در صندوق اداره یامؤسسه‌ای گذارند تا در موقع لزوم بمصرف هزینه‌های فوری رسد؛ اعتبار متحرك.

تند tond [است.- tvant * = tuvant *] ۱ - (ص.) تیز، برنده (شمشیر، خنجر وغیره)؛ مق. کند. ۲ - مزهٔ تیز و حاد مانند فلفل. ۳ - جهنده. ۴ - جلد، چالاك، چابك. ۵ - خشمگین، غضبناك، عصبانی. ۶ - غلیظ (رنگ)، سیر (رنگ)، پررنگ: سبز تند. ۷- (ق.) باشتاب، بعجله: تندراه‌میرود. ۸ - (إ) سرکوه، تندی. ۹- غول‌بیابانی ‖ گوشهٔ ~. (فره.) (هس.) زاویهٔ حاده.

تنداب tond-āb [= تندآب] ← تند آب.

تندآب tond-āb [↑] (إمر.) تیزآب، تنداب.

تندباد t.-bād (إمر.) بادتند وسخت که با رعد و برق شدید همراه است وهوارا تیره سازد؛ طوفان.

تندخو(ی) t.-xū(y) (ص‌مر.) بدخلق، خشمگین.

تندر tondar [= تندور، پارتی مانوی tndwr] (إ.) غرشی که‌ازآسمان بگوش رسد؛ آسمان غرش، غرش ابر، رعد.

تن در دادن tan-dar-dādan (مص‌ل.) حاضرشدن برای امری، قبول کردن کاری.

تندرست tan-dorost (ص مر.) کسی که‌بدنش‌سالم باشد؛ سالم، صحیح‌المزاج.

تندرستی tan-dorost-ī (حامص.) سلامت، صحت مزاج.

تند رفتار tond-raftār (ص‌مر.)

آنکه درحرکت و رفتن سریع باشد ؛ تندرو.

تندرو t.-raw(row) [= تندرونده] (صفا.) ۱ - آنکه‌در حرکت و رفتن سریع باشد؛ مق. کندرو. ۲ - بی‌باك ، بی پروا.

تندرو(ی) t.-rū(y) ۱ - (صمر.) ترشرو. ۲ - بخیل.

تندس tan-des [= تندیس] ← تندیس.

تندسه tan-desa(-e) [= تندیسه] ← تندیسه.

تند گذر tond-gozar [= تند گذرنده] (صفا.) آنچه بسرعت گذرد ؛ آنچه زود از بین رود: لذت‌تند گذر ، مستی تند گذر.

تندم tanaddom [ع.] ۱- (مصل.) پشیمان شدن ، پشیمانی خوردن . ۲ - (إمص.) پشیمانی.

تند مزاج tond-mezāǰ [ف.-ع.] (ص مر.) تندخو (ه.م.)

تند وخند tond-o-xand (صمر.) تارومار، زیر وزبر، ازهم پاشیده.

تندور tondūr [= تندر] ← تندر.

تنده tanda(-e) (إ.)(گیا.)(فره.) تیژ (ه.م.)

تنده tonda(-e) (إ.) [← تند] (فره.) سرازیری، سراشیبی بسیارتند کوه[1]، دامنهٔ پرشیب‌کوه.

تندی tond-ī [← تند] ۱-(حامص.) تیزی ، برندگی ؛ مق. کندی . ۲ - حدت (در مزه مانند مزهٔ فلفل)؛ تند مزگی. ۳ - جلدی، چالاکی، چابکی. ۴ - خشمگینی، غضبناکی ، عصبانیت. ۵ - (نق.) غلظت رنگ،سیری(رنگ)، پررنگی ؛ مق. کمرنگی. ۶- سراشیبی. ۷ - (إ.)هرجای‌سراشیب.

۱ - تندیدن tond-īdan [← تند] (مصم.)(صر. ← جنبیدن)تندی‌کردن، درشتی کردن، خشم گرفتن، تیزشدن.

۲ - تندیدن tond-īdan (مصم.) (صر. ←جنبیدن) (فره.) سرزدن‌غنچه و شکوفه و برگ‌درخت،تژزدن، جوانه زدن[2] .

تندیس tan-dīs [= تندس = تندیسه = تندسه ← تن،دیس](إمر.) ۱-صورت، تصویر، تمثال. ۲ - مجسمه. ۳ -پیکر، جثه. ۴ - کالبد، قالب.

تندیسه tan-dīsa(-e) [= تندیس] ← تندیس (همع.)

تن زدن tan-zadan (مصل.) ۱ - خاموش‌شدن، سکوت کردن. ۲ - امتناع کردن، اباکردن.

تنزل tanazzol [ع.] ۱ - (مصل.) نزول کردن، فرودآمدن، پایین‌آمدن. ۲ - (إمص.) نزول،فرودی.ج. تنزلات. ‖ ~ بها(قیمت) . پایین آمدن قیمت اشیا ، ارزان‌شدن. ‖ ~ مقام (رتبه). پایین آمدن مقام (رتبه) ؛ مق. ترفیع مقام .

تنزلات tanazzol-āt [ع.](مص.، إ.) ج. تنزل(ه.م.)

تنزل‌کردن t.-kardan [ع.-ف.] (مصل.) فرودآمدن، پایین‌آمدن.

تنزه tanazzoh [ع.] ۱ - (مصل.) دوری‌جستن، پاك‌بودن.۲ -خرمی‌جستن، بگردش رفتن . ۳ - (إمص.) پاکی ، بی آلایشی. ۴ -خرمی ، گردش . ج. تنزهات .

تنزهات tanazzoh-āt [ع.] (مص.،إ.) ج.تنزه(ه.م.)

---

۱ - Escarpement (فر.) ۲—Germer (فر.)

تنزیب tanzīb (اِ.) ۱ - پارچه یا منسوج نازك و سفید که از آن پیراهن سازند . ۲ - جامه‌ای که در زیر قبا پوشند؛ ارخالق.

تنزیل tanzīl [ع.] ۱ - (مصم.) فرود آوردن. ۲ - فروفرستادن ، نازل کردن. ۳ - مرتب ساختن . ۴ - (اِخ.) قرآن، نبی. ۵ -(اِ.)(بانک.)سودوربحی که بپول وام داده تعلق گیرد . ج. تنزیلات.

تنزیلات tanzīl-āt [ع.] (مص.، اِ.) ج. تنزیل(ه.م.)

تنزیل دادن t.-dādan [ع.-ف.] ۱ - سود و ربح پول‌را دادن. ۲ -وجهی را با سود وام دادن.

تنزیه tanzīh[ع.] ۱ - (مصم.)دور کردن از عیب و آلایش کسی را ، پاك وبی‌آلایش‌دانستن. ۲ - (اِمص.)پاکی، طهارت،پاکدامنی.ج.تنزیهات. ‖ ـــ وتشبیه . پاك‌داشتن‌ومانندکردن(خدای را) .

تنزیهات tanzīh-āt [ع.] (مص.، اِ.) ج.تنزیه(ه.م.)

تنسته tanasta(-e) [← تنیدن](اِ.) بافتهٔ عنکبوت.

تنسخ tansox [مغ. = تنسق] ← تنسق .

تنسق tansoγ [مغ . = تنسوق = تانسوخ = تنسوخ = تنسخ = تانکسوق] (اِ.)هرچیز نفیس، تحفهٔ نایاب .

تنسك tanassok[ع.] ۱ - (مصل.) عابدشدن ، زاهدگردیدن ، پارساشدن، پارسایی‌ورزیدن. ۲ - (اِمص.) زاهدی، پارسایی. ج. تنسکات.

تنسکات tanassok-āt [ع .] (مص.، اِ.) ج. تنسك(ه.م.)

تنسم tanassom [ع.] ۱ - (مصل.) جستن، جست‌وجوکردن. ۲- دم‌زدن،دم برآوردن . ۳ - (اِمص .) جستجو ، پژوهش .

تنسوخ tansūx [مغ.= تنسق] ← تنسق.

تنسوق tansūγ [مغ . = تنسق] ← تنسق .

تنسیق tansīγ [ع.] ۱ - (مصم.) نظم‌دادن، نسق‌دادن، ترتیب‌دادن. ۲ - آراستن. رسته‌کردن، بهم پیوستن. ۳ - (اِمص.) نظم ، نسق. ۴ - آراستگی. ج. تنسیقات.

تنسیقات tansīγ-āt [ع.] (مص.، اِ.) ج. تنسیق(ه.م.)

تن شناس t.-šenās [= تن‌شناسنده] (ص‌فا.) ۱- کسی که‌معرفت احوال تن‌را حاصل کرده، طبیب. ۲ - ظاهری، قشری.

تنشیط tanšīt [ع.] (مصم.) شادی انگیختن، شادکردن، شادمان‌ساختن.

تنشیف tanšīf [ع.] ۱ - (مص م.) خشك‌کردن آب یا رطوبت چیزی. ۲ - (مص‌ل.)خشك‌گردیدن شیر در پستان.

تنصر tanassor [ع.] (مص ل.) مسیحی شدن، نصرانی گردیدن ، ترسا گشتن.

تنصیر tansīr [ع.](مصم.) نصرانی کردن، مسیحی گردانیدن.

تنصیص tansīs [ع.] (مصم.) ۱ - آشکار کردن معنی کلام . ۲ -(حد.) اسناد دادن حدیث بنخستین کسی که حدیث‌را گفته .ج. تنصیصات.

تنصیصات tansīs-āt [ع.](مص.، اِ.) ج. تنصیص (ه.م.)

تنصیف tansīf [ع.] (مصم.) نصف کردن، دونیمه کردن. ج. تنصیفات.

تنصیفات tansīf-āt [ع.] (مص.، إ.) ج. تنصیف (ه.م.)

تنضید tanzīd [ع.] (مصم.) ۱ - روی هم چیدن، برهم نهادن. ۲- مرتب کردن. ج. تنضیدات.

تنضیدات tanzīd-āt [ع.] (مص.، إ.) ج. تنضید (ه.م.)

۱- تنطق tanattoɣ [ع.](مصل.) سخن گفتن، نطق کردن.

۲ - تنطق tanattoɣ [ع.] (مصل.) کمر بستن، نطاق بستن .

تنظیف tanzīf [ع.] ۱ - (مصم.) پاك کردن، پاکیزه‌ساختن. ۲- (إمص.) پاکیزگی. ۳ - رفت وروب (خیابانها وکوچه‌های‌شهر). ج. تنظیفات.

تنظیفات tanzīf-āt [ع.] (مص.، إ.)ج. تنظیف(ه.م.)

تنظیم tanzīm [ع.] ۱ - (مص م.) نظم دادن، سروسامان دادن ، بسامان کردن، مرتب‌ساختن. ۲ - پیونددادن، برشته‌کشیدن. ۳ - (إمص.) آراستگی، نظم. ج. تنظیمات.

تنظیمات tanzīm-āt [ع.](مص.، إ.) ج. تنظیم(ه.م.)

تنظیم کردن t.-kardan [ع.-ف.] (مصم.) ۱ - نظم دادن، بسامان کردن، مرتب‌ساختن. ۲ - بهم پیوسته کردن.

تنعم tana''om [ع.] ۱ - (مص ل.) بناز ونعمت زیستن، مال‌ونعمت‌داشتن. ۲ - بنعمت رسیدن. ۳ - (إمص.) شادخواری، تن آسانی ، خوشگذرانی .ج. تنعمات.

تنعمات tana''om-āt [ع.] (مص.، إ.) ج. تنعم (ه.م.)

تنغص tanaɣɣos [ع.] ۱- (مص ل.) تیره‌شدن،مکدر گشتن . ۲ - تیره شدن زندگی، مکدر گشتن عیش. ۳ - (إمص.) تیرگی. ج. تنغصات.

تنغصات tanaɣɣos-āt [ع.](مص.، إ.) ج. تنغص(ه.م.)

تنغیص tanɣīs [ع.] ۱ - (مصم.) تیره گردانیدن. ۲ - تیره‌ساختن‌عیش، خوشی کسی‌رامکدر کردن. ج. تنغیصات.

تنغیصات tanɣīs-āt [ع.] (مص.، إ.) ج. تنغیص (ه.م.)

تنفذ tanaffoz [ع.] ۱ - (مص ل.) نفوذ داشتن، نفوذیافتن. ۲ - (إمص.) نفوذ. ج. تنفذات.

تنفذات tanaffoz-āt [ع.](مص.، إ.) ج. تنفذ(ه.م.)

تنفر tanaffor [ع.] ۱ - (مص ل.) نفرت داشتن ، رمیدن ، بیزار بودن ، کراهت داشتن. ۲ - (إمص.)رمیدگی، نفرت، بیزاری.ج. تنفرات. ‖ **اظهار ~ کردن.** نفرت‌خودرا بیان کردن،شمیدن.

تنفرات tanaffor-āt [ع.](مص.، إ.)ج. تنفر (ه.م.)

تنفر داشتن t.-dāštan [ع.-ف.] (مص ل.) نفرت داشتن ،بیزار بودن ، کراهت داشتن.

تنفس tanaffos [ع.] ۱ - (مص.،إ.)

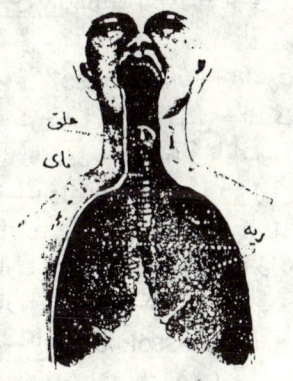

تنفس (جهاز)

داخل ریه شدن هوا، دم بر کشیدن ، دم زدن، نفس کشیدن. ۲ - تفرج کردن. ۳ - (إمص.) دم زنی، نفس کشی. ۴ - (إ.) استراحت و تعطیل بین ساعتهای درس مدرسه و کار مجلسی یا انجمنی. ج. تنفسات. ‖ جهاز ــــ . (جا ن.، پز.) دستگاه تنفس که عبارتست از راههای ورود هوا (منخرین، دهان، قصبةالریه، ریتین). ‖ دستگاه ــــ . ← جهاز تنفس. ‖ جهاز ــــ . اعضایی از بدن که عمل تنفس راا انجام دهند مانند: منخرین ، دهان ، قصبةالریه، ریتین.

تنفسات tanaffos-āt [ع.] (مص.، إ.) ج. تنفس (ه.م.)

تنفس کردن t.-kardan [ع-ف.] (مص ل.) نفس کشیدن، دم زدن.

تنفسی tanaffos-ī [ع.-ف.] (ص نسب.) منسوب به تنفس، مربوط به تنفس: جهاز تنفسی.

تنفسیه tanafoss-īyya(-e) [ــــ ع. تنفسیة] (ص نسب.) مؤنث تنفسی (ه.م.): آلات تنفسیه.

تنفیذ tanfīz [ع.] ۱ - (مص م.) نفوذ دادن. ۲ - نفوذ کردن وعبور از چیزی همچون تیر از نشانه. ۳- روان کردن (فرمان، نامه) ، اجرا کردن. ۴ - امضا کردن، گذراندن . ۵- تأیید کردن، استوار کردن . ۶ - فرستادن (حکم، نامه). ۷ - (إمص.) انفاذ . ۸ - اجراء. ۹ - ارسال . ج. تنفیذات.

تنفیذات tanfīz-āt [ع.] (مص ، إ.) ج. تنفیذ (ه.م.)

تنفیذ کردن t.-kardan [ع.-ف.] ۱- روان کردن، اجرا کردن: «قول خود را تنفیذ کرد.» ۲ - تأیید کردن ، استوار کردن : « حکم سابق را تنفیذ کرد.»

تنقاد tanɣād [ع.] ۱ - (مص م.) جدا کردن پول سره از ناسره، صرافی کردن. ۲ - تمیز دادن عیبها و نیکوییهای کلام. ۳ - (إمص .) صرافی . ۴ - سنجش ادبی.

تنقب tanaɣɣob [ع.] (مص ل.) روبند بستن.

تنقل tanaɣɣol [ع.] ۱ - (مص ل.) از جایی بجایی رفتن، نقل مکان کردن، جا بجا گردیدن. ۲ - مزه خوردن، نقل و آجیل خوردن. ۳ - (إ.) مزه ، نقل و آجیل. ج. تنقلات.

تنقلات tanaɣɣol-āt [ع.] (مص.، إ.) ج. تنقل (ه.م.)

تنقیح tanɣīh [ع.] ۱ - (مص م.) پاکیزه کردن. ۲ - خالص کردن، ویژه کردن. ۳ - اصلاح کردن کلام از عیب و نقص. تهذیب کردن سخن. ۴ - (إمص.) اصلاح، تهذیب. ج. تنقیحات . ‖ ــــ مناط . (فق.، حق.) تعمیم حکم متعلق بموضوعی مخصوص است بالغای خصوصیات، بدین نحو که خصوصیات مذکور داخل در حکم نباشد و بعبارت دیگر نظر واجتهاد است در تعیین امری که نص بر علیت آن وارد است، مثلا هر گاه شارع حکمی را بسببی تشریع کرده و اوصافی هم در ضمن آن حکم مندرج است که اگر آن اوصاف را حذف کنند، علت اصلی که مورد نظر شارع بوده از میان نمیرود ، حذف اوصاف مزبور برای توسعهٔ حکم لازم است .

(تنقید) tanɣīd [از ع. تنقاد و انتقاد] (مص م.) ← تنقاد . ج. تنقیدات. ضح . - این کلمه که در فارسی متداول گردیده در عربی نیامده واستعمال آنرا غیرفصیح دانند .

(تنقیدات) tanɣīd-āt [ع .] (مص.، إ.) (غفص.) ج. تنقید (ه.م.)

تنقیص tanγīs [ع.] (مص م.) ۱- کم شمردن، بکم داشتن. ۲- ناقص کردن، کم کردن. ج. تنقیصات.

تنقیصات tanγīs-āt [ع.] (مص.، ا.) ج. تنقیص (ه.م.)

تنقیه tanγiya(-e) [= ع. تنقیة] (مص م.) ۱- پاك کردن، پاکیزه ساختن. ۲- پاك کردن قنات و مانند آن، لای روبی کردن.

تنك tonok [هندباس.- tánuka، نازك، لطیف] (ص.) ۱- نازك، لطیف. ۲- کم حجم. ۳- پهن. ۴- روان، رقیق؛ مق. غلیظ. ۵- کم، اندك.

تنکه

تنکار tenkār, tan- [ع.] (ا.) (شم.) نوعی است[1] از نمك بورقی[2]، و آن بذوب طلا و نرمی آن کمك کند. قسمی از آن معدنی است که باطلا ومس در جوانب معدن یافت شود، ومصنوع آن از ادرار (بول) وغیره بدست آید. ← براکس.

تنکبیز tonok-bīz [= تنك بیزنده] (صفا.، ا.) غربال، مو بیز.

تنك دل t.-del (ص مر.) حساس، رقیق القلب.

تنك کردن t.-kardan (مص م.) ۱- نازك ساختن. ۲- کم حجم کردن. ۳- پهن کردن، گسترانیدن فرش.

تنکر tanakkor [ع.] ۱- (مص ل.) ناشناس بودن، خود را ناشناس نشان دادن، ناشناس شدن. ۲- ازحالی بحالت زشت و ناخوش در آمدن، دگرگون گشتن. ۳- (امص.) ناشناختگی. ج. تنکرات.

تنکرات tanakkor-āt [ع.] (مص.، ا.) ج. تنکر (ه.م.)

تنکه tonoka(-e) [← تنك tonok قس. لا. tunica] (ا.) ۱- تنبان چرمی که تا سر زانو باشد و کشتی گیران وقت کشتی گرفتن پوشند:

«تنکه درقدمش زود زهم میپاشد
هر که رویش تنك افتاد چنین میباشد.»
(میر نجات)

۲- شلوار کوتاه زنانه. ۳- زیرشلواری کوتاه مردانه.

تنکه tanka(-e) [کر. tenūke، taneka، آهن سفید ← تنگه] (ا.) قرص رایج از زر وسیم ومس.

تنکیر tankīr [ع.] ۱- (مص م.) مجهول کردن، ناشناس ساختن. ۲- (دس.) نکره ساختن اسم (← نکره). ج. تنکیرات.

تنکیرات tankīr-āt [ع.] (مص.، ا.) ج. تنکیر (ه.م.)

تنکیس tankīs [ع.] (مص م.) واژگون کردن، سرازیر ساختن.

تنکیل tankīl [ع.] ۱- (مص م.) عقوبت کردن. ۲- نکول کردن، برگردانیدن. ۳- پست کردن. ۴- سرکوب ساختن، مایهٔ عبرت کردن. ۵- (امص.) نکول. ۶- سرکوبی. ج. تنکیلات.

تنکیلات tankīl-āt [ع.] (مص.، ا.) ج. تنکیل (ه.م.)

۱- تنگ tang [په. tang] ۱- (ص.) باریك، کم عرض، اندك پهنا؛ مق. گشاد. ۲- جایی که کسی یا چیزی بدشواری درآن جای گیرد؛ مق. فراخ، گشاد. ۳- (ا.) درهٔ کوه.

۲- تنگ tang (ا.) ۱- تسمه

---

۱ - Chrysocolle (فر.), spalt (آلم.)   ۲- Borax (فر.)

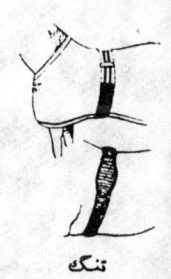

تنگ نفس

ونواری پهن که بکمر مرکوب(اسب یا الاغ) بندند، دوالی که بدان بار را بر پشت چارپا محکم سازند. ۲ - آنچه که بدان چیزهایی را تحت فشار قرار دهند ، مانند قید صحافی. ۳ - جوال، لنگه‌بار، عدل. ۴ - بار،حمل. ‖ ~ِ شکر. ۱ - بارشکر. ۲- (کن.) لب معشوق.

تنگ tong (اِ.) کوزه(آب، شراب). ۱ - کوزه‌ایست سفالین یا بلورین بیضی شکل که لوله ونایژهٔ آن برسرش قرار دارد ولوله‌اش آنجا که بکوزه متصل شود تنگ است وسرلوله فراخ وگشاد است؛ بلبله، صراحیه.

تنگ

تنگاتنگ tang-ā-tang (ص‌مر.) بسیار نزدیك و بدون فاصله ، بسیار تنگ.

تنگان tang-ān (اِمر.) طبق‌چوبی، تبوك.

تنگان

تنگ آمدن tang-āmadan (مص‌ل.) ستوه شدن، ملول گشتن، آزرده شدن. ‖ به ~ . بستوه آمدن، ملول گشتن.

تنگ آوردن t.-āva(o)rdan (مص‌م.) سخت گرفتن، درمضیقه گذاشتن. ‖ به ~ . بستوه آوردن ، در مضیقه گذاشتن.

تنگبار tang-bār ۱ - (اِمر .) درگاه و بارگاه شاه و امیری که بار یافتن در آن دشوار باشد. ۲ - (ص‌مر.) کسی که به هیچکس اجازهٔ ورود نزد خود ندهد. ۳ - (اِخ.) خدا، باری تعالی.

تنگ چشم tang-čašm (češm) (ص مر.) ۱ - آنکه چشمش تنگ است. ۲ - (کن.) بخیل،ممسك،خسیس. ۳-نظر تنگ .

تن گداز tan-godāz [= تن - گدازنده](ص‌فا .) گدازندهٔ تن ، لاغر کننده.

تنگدست t.-dast (ص مر.) (کن.) تهیدست، فقیر، بی‌چیز.

تنگدستی t.-dast-ī (حامص .) بیچیزی، تهیدستی.

تنگدل t.-del (ص‌مر.) اندوهگین، افسرده،غمگین.

تنگدلی t.-del-ī (حامص .) اندوهگینی،افسردگی،غمگینی.

تنگرس tangars (اِ.) (گیا.) درختی[1] از تیرهٔ عنابها که خواص عمومی ودارویی تیرهٔ خودرادارد وچهار گونه از این گیاه تاکنون در جنگلهای شمالی ایران شناخته شده‌است. گونه‌های مختلف این گیاه در جنگلهای شمال خراسان واستپهای اطراف تهران نیز میرویند . میوهٔ گیاه مذکور در تداوی بعنوان مسهل مصرف میشود، اَرجنك، شال چس، شغال چس، قره میخ ، قره زله، گیزی

تنگری tangarī [تر.قد.](اِ.) خدا.

تنگس tangas (اِ.) (گیا.) ارژن (ه.م.)

تنگسالی t.-sāl-ī (حامص.) خشك‌سالی، قحط، کمیابی وگرانی ارزاق.

تنگنا tang-nā [= تنگنای](اِمر.) ۱ - تنگی ، ضیق . ۲ - جای تنگ ، مضیقه. ۳ - سختی، فشار. ۴ - درهٔ کوه. ۵ - راه میان دو کوه. ۶ - قبر ، لحد . ۷ - دنیا. ۸ - قالب آدمی .

تنگنای tang-nāy [= تنگنا] (اِمر.) ← تنگنا

تنگ نفس t.-nafas [ف.-ع.] ۱ - (ص‌مر.) آنکه دچار ضیق النفس باشد.

۱- Rhamnus (.لا)

۲- (إمر.)(درتداول) ضیق‌النفس. ضح. - بمعنی اخیر «تنگی‌نفس» صحیح است.

تنگوزئیل tangūz-īl [تر.](إمر.) سال خوك، نام سال دوازدهم از دورهٔ دوازده سالهٔ ترکی. ← سیچقان ئیل.

۱ - تنگه tanga(-e) [← تنگ] (إمر.)(جغ.) شاخه‌ای از دریا که بین دوخشکی واقع است و دو دریا را بهم ارتباط میدهد؛ باب: تنگهٔ جبل‌طارق(که بحرالروم را باأقیانوس اطلس پیوندد).

تنگه

۲ - تنگه tanga, tenge [← تنکه] (إ.) ۱ - مقداری از زروسیم، مقداری پول. ۲- قطعه‌ای کوچك از طلا و نقره.

تنگی tang-ī (حامص.) کم عرضی، کم پهنایی؛ مق. گشادی، فراخی.

تنگیاب tang-yāb (ص‌مر.) چیزی که‌بدشواری بدست‌آید؛ نادر، کمیاب، عزیزالوجود.

تنگی نفس tangī-ye-nafas [ف.-ع.] (إمر.) ضیق‌النفس. ضح. - در تداول «تنگ‌نفس» (ه.م.) گویند.

تنگین tang-īn [← تنگ](ص نسب.) تنگ، ضیق.

تنمر tanammor [ع.] (مص‌ل.) مانند پلنگ شدن، تندخویی نمودن.

تنمیه tanmiya(-e) [= ع. تنمیة] (مص‌م.) ۱ - نمودادن، نشوونمادادن، بالنده کردن. ۲ - افروختن آتش. ۳ - (إمص.) رشد، نمو.

تنندو tan-andū [= تننده = تنند ← تنیدن] (إ.) عنکبوت، تارتن.

تننده tan-anda(-e) [← تنیدن] (إفا.) ۱ - آنکه می‌تند، نساج. ۲ - عنکبوت، تنندو (ه.م.) ۳ - آلتی است جولاهگانرا، مکوك.

تنودن tan-ūdan [= تنیدن] (مص م.)(صر. ← گشودن) ← تنیدن.

تنور tanūr [ع. tannūr، اکدی، tinūru، است. tanūra] (إ.) محل پختن نان درخانه‌یا نانوایی. ج. تنانیر (کم.)

۱ - تنور tanavvor [ع.] ۱ - (مص ل.) روشن شدن، در معرض روشنایی قرارگرفتن. ۲ - (إمص.) روشنی، روشنایی.

۲ - تنور tanavvor [ع.](مص‌م.) نوره کشیدن، واجبی کشیدن.

تنورخانه t.-xāna(-e) (إمر.) مطبخ، آشپزخانه.

تنوره tanūr-a(-e) [← تنور] (إمر.) ۱ - لولهٔ حلبی یا آهن سفید که روی سماور گذارند. ۲ - لولهٔ دودکش کارخانه و کشتی. ۳ - سوراخ فوقانی آسیا که‌آب ازآن روی پره‌های آسیا ریزد. ۴ - جامهٔ جنگ شبیه به جوشن.

تنوره زدن t.-zadan (مص‌ل.) ← تنوره کشیدن.

تنوره‌کشیدن t.-ka(e)šīdan (مص ل.) در حال چرخیدن بهوا پریدن: «دیوان تنوره‌میکشندوباسمان‌میروند.»

تنوع tanavvo' [ع.] ۱ - (مص‌م.) گوناگون شدن، دارای انواع شدن. ۲ - (إمص.) گوناگونی. ج. تنوعات.

تنوعات tanavvo'-āt [ع.](إمص.، إ.) ج. تنوع (ه.م.)

تنوق tanavvoγ [ع.] ۱ - (مص ل.) استادی بکار آوردن . ۲ - (إمص.) چربدستی .

تنومند tan-ūmand(ōmand (قد. [= تن + اومند، پس.] (ص.مر.) ۱ - تناور، ضخیم‌الجثه ، جسیم ۲ - فربه ، چاق . ۳ - پرزور، قوی ،توانا .

تنومندی tan-ūmand-ī- (قد.-ōmand-) [← تنومند] (حامص.) ۱ - تناوری ، جسامت . ۲ - فربهی ، چاقی. ۳ - پرزوری، قوت.

۱- تنویر tanvīr [ع.] ۱ - (مصم.) روشن کردن؛ تنویر افکار.

۲ - تنویر tanvīr [از ع.] ۱ - (مصم.) نوره کشیدن ، واجبی کشیدن. ۲ - (إ.) نوره ، واجبی . ضح. - باین معنی در عربی «تنور» (ه.م.) مستعمل است .

تنویم tanvīm [ع.] (مصم.) خواب کردن ،خوابانیدن. ‖ ~ ِ مغناطیسی. هیپنوتیزم (ه.م.)

تنوین tanvīn [ع.] ۱ - (مصم.) (نحو) دو زبر یا دو زیر یا دو پیش دادن به کلمه ← . ۲ - (إ.)(نحو) دوزبر (ـً) ، دوزیر (ـٍ) ، دو پیش ـٌ که بآخر کلمات عربی در حالت نصبی، جری و رفعی افزوده شود: عالماً، امیرٍ ، شاعرٌ. ج. تنوینات. ضح . - تنوین مخصوص کلمات عربی است والحاق آن بکلمات فارسی و اروپایی غلط است ، مثلاً جاناً، رایگاناً، تلگرافاً ، تلفناً نادرست است.

تنوینات tanvīn-āt [ع.] (مص.، إ.) ج. تنوین(ه.م.)

۱ - تنه tan-a(-e) [= تن + ه ، پس.] ۱ - تن، بدن (انسان وحیوان). ۲ - ساقهٔ درخت.

۲ - تنه tan-a(-e) [= تن(تنیدن) + ه، پس.] (إ.) تنیدهٔ عنکبوت.

۱ - تنها tanhā (ص.)۱ -شخصی که همنشین نداشته باشد؛ منفرد. ۲ -(ق.) تك، یگانه . ‖ ~ ی تنها . تأکید «تنها» (ه.م.)، منفرد، بیکس.

۲ - تنها tan-hā (إ.) ج . تن : «دلا ! خوکن بتنهایی که از تنها بلا خیزد .»

تنهایی tanhā-yī (حامص.) ۱ - تنها بودن، یگانه بودن. ۲ - خلوت.

تنیدن tan-īdan [= تنودن، است.- tan] (مصم.) (صر.← رسیدن) ۱ - بافتن، نسج ، تابیدن . ۲ - تار بافتن عنکبوت یا کرم ابریشم. ۳ - لفافه کردن. ۴ - (کنـ.) فریب دادن.

تنیده tan-īda(-e) [← تنیدن] ۱ -(إمف.) بافته، منسوج . ۲ -(إ.) پردهٔ عنکبوت، تار عنکبوت .

تنیزه tan-īza(-e) (إمصغ.) دامن (دشت،کوه) ، دامنه .

تنیس tenīs [انگ. tennīs] (إ.) (ور.) نوعی ورزش که دوتن بوسیلهٔ راکت و توپ کوچك در محوطه‌ای تقریباً بمسافت ۸×۲۴ متر- که آنرا با پردهٔ توری بدو بخش متساوی تقسیم کنند- انجام دهند.

تنین tennīn [ع.] (إ.) ۱ - مار بزرگ، اژدها ، اژدرها . ۲ - ماهی.ج. تنانین. ‖ ~ ِ فلك .(نجـ.)← بخش۳.

تو taw(tow) [= تاب = تاو = تب] (إ.) تاب، تف، تابش.

تو to [پهـ. tō] (ضم.) ضمیر شخصی متصل، دوم شخص مفرد درحالت فاعلی

(تورفتی، توبردی) یا اضافی (کتاب تو، خانهٔ تو). درحالت مفعولی «تورا» (که غالباً ترا نویسند): ترا گویند.

۱ - تو tū [= توی] (اِ.) اندرون، درون چیزی.

۲ - تو tū [= توی = توه] (اِ.) پرده، لا ← تو بر تو، تودرتو.

تواب tavvāb [ع.] ۱- (ص.) توبه پذیرنده، بخشایندهٔ گناه. ۲- ازصفات باری تعالی. ۳ - بازگردنده ازگناه، توبه کننده. ج. توابین.

توابع tavābe' [ع.] (ص.، اِ.) ج. تابع. ۱ - چاکران. ۲ - پس‌روان، پس‌روها. ‖ ~ ولواحق. (مال.) حقوق وعوارض اضافی.

توابل tavābel [ع.] (اِ.) ج. تابل؛ داروهایی که درغذا ریزند مانند فلفل، زیره، دارچین، زردچوبه وغیره؛ بوی افزارها، دیگ افزارها.

تواتر tavātor [ع.] ۱- (مص ل.) پی‌درپی شدن، پیاپی بودن. ۲ - پیاپی رسیدن، دمادم رسیدن. ۳ - (اِمص.) توالی. ج. تواترات.

تواترات tavātor-āt [ع.] (مص.، اِ.) ج. تواتر. (ه.م.)

تواجد tavāǰod [ع.] (مص ل.) شور نمودن، وجد کردن.

توارث tavāros [ع.] (مص م.) ۱ - ارث بردن از یکدیگر. ۲ - بهم ارث دادن. ج. توارثات.

توارثات tavāros-āt [ع.] (مص.، اِ.) ج. توارث (ه.م.)

توارد tavārod [ع.] ۱ - (مص ل.) پیاپی وارد شدن، پشت سر هم داخل شدن. ۲ - دریک وقت وارد شدن، باهم فرود آمدن. ۳- (اد.) شعرسرودن دوشاعر بدون اطلاع ازیکدیگر، بطوریکه شعرشان لفظاً ومعناً (یا یکی ازاین دو) عین هم یا مانند یکدیگر باشد؛ مواردة. ج. تواردات.

تواردات tavārod-āt [ع.] (مص.، اِ.) ج. توارد (ه.م.)

تواره tovāra(-e) (اِ.) ۱ - اطاقی که درآن سرگین چارپایان وکاه وغیره ریزند. ۲- بته‌های خارکه بالای دیوار و گرد باغ وپالیز جای دهند.

تواری tavārī [ع.] ۱ - (مص ل.) پنهان شدن، نهفته گشتن. ۲ - در بدر شدن. ۳ - (اِمص.) اختفا. ۴- دربدری.

تواریخ tavārīx [ع.] (اِ.) ج. تاریخ (ه.م.)

توازن tavāzon [ع.] ۱ - (مص ل.) هموزن شدن، همسنگ گردیدن. ۲ - (اِمص.) هموزنی، همسنگی. ج. توازنات.

توازنات tavāzon-āt [ع.] (مص.، اِ.) ج. توازن (ه.م.)

توازن یافتن t.-yāftan [ع.-ف.] (مص ل.) ۱ - برابر شدن دروزن، همسنگ گردیدن. ۲ - برابر شدن.

توازی tavāzī [ع.] (مص ل.) ۱ - باهم محاذی شدن، مقابل گردیدن. ۲- برابر شدن.

تواصل tavāsol [ع.] ۱- (مص ل.) بیکدیگر رسیدن، بهم پیوستن. ۲ - (اِمص.) بهم پیوستگی. ج. تواصلات.

تواصلات tavāsol-āt [ع.] (مص.، اِ.) ج. تواصل (ه.م.)

تواضع tavāzo' [ع.] ۱ - (مص ل.) فروتنی کردن. ۲- ازجای خودبرخاستن برای احترام دیگری. ۳ - (اِمص.) فروتنی، کم‌زنی. ج. تواضعات.

تواضعات tavāzo'-āt [ع.] (مص.، اِ.) ج. تواضع (ه.م.)

تواطؤ tavāto' [ع.] ۱ - (مص ل.)

سازش کردن باهم ، موافقت کردن با یکدیگردرامری، باهم ساختن، همدست شدن. ۲ - (إمص.) موافقت، سازش.
تواعد tavā'od [ع.] (مصل.)وعده کردن باهم، بیکدیگر وعده دادن.
توافر tavāfor [ع.] ۱ - (مصل.) فراوان شدن، بسیار شدن. ۲ -(إمص.) فراوانی، وسعت. ج. توافرات.
توافرات tavāfor-āt [ع.](مص.، إ.) ج. توافر (ه.م.)
توافق tavāfoγ [ع.] ۱ - (مصل.) باهم متفق شدن، متحدشدن بایکدیگر. ۲ -موافقت کردن بایکدیگر، سازگاری کردن. ۳- (إمص.)موافقت، سازگاری، سازش. ج. توافقات. ‖ علم ــــ (مس.) دانش هماهنگی (ه.م.)
توافقات tavāfoγ-āt [ع.](مص.، إ.) ج. توافق (ه.م.)
توافی tavāfī [ع.] ۱ - (مصم.) وفا بعهد کردن بایکدیگر ۲ - باهم تمام کردن. ۳ - (مصل.) تمام گردیدن، کامل شدن.
توالت toālet [فر. toilette] (إ.) آرایش چهره وسر، بزك.
توالد tavālod [ع.] ۱ - (مصل.) ازیکدیگر زادن. ۲ - (مص م.) بسیار فرزند آوردن ، زاد وزه کردن . ۳ - (إمص.) زایش. ج. توالدات.
توالدات tavālod-āt[ع.](مص.، إ.) ج. توالد (ه.م.)
توالی tavālī [ع.] (مصل.) پیاپی رسیدن، پشت سر هم بودن، پی در پی قرار گرفتن، دمادم شدن.
توان tavān (tuvān .قد ([په. tuvān] ۱ - قدرت، قوه، زور . ۲ - (رض.) قوه، حاصل ضرب چند عدد متساوی دریکدیگر. درین صورت یکی از عاملهای ضرب را «پایه» و شمارهٔ عاملها رانماینده یا «نما» گویند، مثلاً

$$۵ \times ۵ \times ۵ \times ۵ = ۶۲۵$$

۶۲۵ توان (قوهٔ) چهارم عدد ۵ است. ۵ پایه و ۴ نمایندهٔ (نمای) توان است. ۳ - (فز.) مقدار کاری که درمدت یك ثانیه انجام گیرد.
توانا tavānā(tuv-. قد) [← توانستن] (ص‌فا.) ۱ - نیرومند، قوی. ۲ - قادر، مقتدر.
توانایی tavānā-yī(tuv-.قد) [← توانا](حامص.) نیرومندی، اقتدار، قدرت.
توانچه tavānča(-e) [= تپانچه] ← تپانچه.
توانستن tavān-estan(tuv-.قد) [په. tuvān(i)stan] (مص ل.) (توانست، تواند، خواهدتوانست، بتوان (غم)، تواننده، توانا، توانسته، توانش) قدرت‌داشتن، توانایی‌داشتن.
توانگر tavān-gar (tuv-.قد) [په. tuvān-kar] (ص فا.) ۱ - توانا، قادر. ۲ - زورمند ، قوی . ۳ - ثروتمند، مالدار، غنی.
توانگری tavān-gar-ī(tuv-.قد) [په. tuvān-karīh] (حامص.) ۱ - توانایی ، قدرت . ۲ - زورمندی، قوت . ۳ - ثروتمندی، مالداری.
توانی tavānī [ع.] ۱- (مص ل.) سست شدن. ۲ - سستی کردن، کوتاهی کردن. ۳ - (إمص.) سستی، کوتاهی.
تواهه tavāha(-e) [= تباهه، از آرا.] (إ.) نوعی غذا که از گوشت وبادنجان سازند؛ قلیهٔ بادنجان.
تواهی tavāhī [= تباهی] ← تباهی.
توأم taw'am(tow.-) [ع.](ص.،

توأمان

اِ.) ۱ - کودکی که با کودک دیگر در یک هنگام زاییده شده باشد؛ همزاد ؛ دوقلو. تث. توأمان، توأمین؛ ج. توائم. ۲ - جفت (زن و شوهر). ۳ - دوچیز همراه.

توأمان tow'am-ān (tow-) [ع.] (ص.، اِ.) تثنیهٔ توأم. ۱ - دوهمزاد. ۲ - دو همراه، دو قرین.

توأمین taw'am-ayn (tow'am-eyn) [ع.] (ص.، اِ.) تثنیهٔ توأم ← توأمان.

توبال tūbāl [معر. توپال] ← توپال.

توبان tūbān [= تنبان - تمان] (اِ.) ۱ - شلوار. ۲ - تنکه. ۳ - شلوار کوتاه کشتی گیران.

توبت tawbat (-ow.-) [ع. توبة = توبه] ← توبه.

توبتو tū-ba(-e)-tū [← تو] (قمر.) ۱ - متوالی، پی درپی. ۲ - گوناگون، متنوع.

توبرتو tū-bar-tū [← تو. قس. تو درتو] ۱ - (قمر.) لابلا، ته‌برته. ۲ - پی‌درپی، دنبال یکدیگر. ۳ - هزارخانهٔ گوسفند. ۴ - (ص‌مر.) سردرخود. ۵ - حرام توشه.

توبره tūbra(-e) (اِ.) ۱ - کیسهٔ بزرگ. ۲ - کیسه‌ای که مسافران وشکارچیان لوازم کار و توشهٔ خود رادر آن گذارند. ۳ - کیسه‌ای که‌دارای‌بند است ودرآن کاه وجو ریزند و بگردن چارپایان بندندتا ازآن بخورند.

توبه tawba(towbe) [ع. توبة = تد. توبت] ۱ - (مصل.) دست کشیدن از گناه، بازگشتن بطریق حق، پشیمان شدن از گناه. ۲ - (امص.) بازگشت از گناه، پشیمانی. ‖ ~ نصوح. (شرع.) توبهٔ راست، توبه‌ای که باز رجوع نکنند برآنچه‌از آن توبه کرده باشند.

توبرهٔ اسب

توبره

توپ (فوتبال)

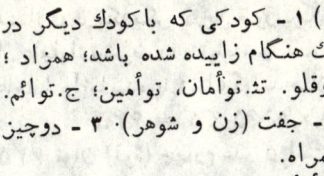

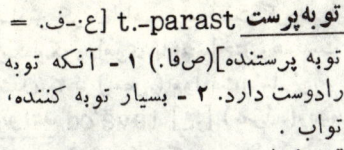

توبه‌پرست t.-parast [ع.-ف. = توبه پرستنده] (ص‌فا.) ۱ - آنکه توبه رادوست دارد. ۲ - بسیار توبه کننده، تواب.

توبیخ tawbīx (tow.-) [ع.] ۱ - (مص‌م.) سرزنش کردن، نکوهیدن. ۲ - (امص.) سرزنش، نکوهش. ج. توبیخات.

توبیخات tawbīx-āt (tow.-) [ع.] (مص.، اِ.) ج. توبیخ (ه.م.)

توپ tūp [تر.؟] (اِ.) ۱ - یکی ازسلاحهای آتشین جنگی که توسط آن گلوله‌های بزرگ را بمسافت دور پرتاب کنند، و آن دارای انواع است. ۲ - . گوی لاستیکی که‌با آن بازی (فوتبال، والیبال وغیره) کنند. ۳ - یک بسته پارچه که در کارخانه‌های پارچه بافی پیچیده ونشان کارخانه رابدان زنند. ‖ ~ وتشر. (کن.) سخنان درشت وسخت.

توپ (جنگی)

توپال tūpāl [= توبال، معر.] (اِ.) ریزه‌های مس و آهن تفته که بر اثر کوبیدن وچکش زدن ریزد؛ سونش.

توپ انداختن t.-andāxtan (مص م.) ۱ - شلیک کردن توپ. ۲ - (قمار) توپ‌زدن (ه.م.)

توپچی tūp-čī [تر.] (ص‌نسبـ.، امر.) ۱ - سربازی که‌مأمور تیراندازی باتوپ است. ۲ - واحدی از نظام که مأمور تیراندازی با توپ است.

توپخانه t.-xāna(-e) [تر.-ف.] (امر.) ۱ - محل حفاظت توپها. ۲ - (نظ.) واحدی

در نظام که وظیفهٔ آن تیراندازی با توپ است .

توپ زدن t.-zadan (مص ل.) (قمار) بر روی دست حریف برخاستن، در صورتیکه دست شخص پست تر از دست حریف باشد.

توپ و تشر زدن t.-o-tašar-zadan (مص ل.) (عم.) سخنان درشت و سخت بکسی گفتن .

توت tūt [= تود = توذ = توث ، معر.، از آرا.] (إ.) ۱ - (گیا.) درختی[1] از تیرهٔ گزنه ها که خود دسته‌ای جداگانه را تشکیل میدهد . گلهایش منفرد-الجنس است که گاهی بر روی یك پایه هم گلهای نر موجود است و هم گلهای ماده، و زمانی گلهای نر و ماده بر روی دو پایه قرار دارند. گل آذینش سنبله‌یی و میوهٔ آن بصورت شفتهای کوچك مرکبی است که پهلوی هم قرار گیرند ↓ . ۲ - (گیا .) میوهٔ درخت مذکور ↑ . ‖ ~ سیاه . (گیا.) گونه‌ای توت که میوه‌اش قرمز تیرهٔ مایل بسیاه است و کاملاً شبیه شاه‌توت است ولی برخلاف آن میوه‌اش شیرین و تاحدی لزج است. شاخه‌های جوان این درخت مانند شاخه‌های بید مجنون بسوی زمین برمیگردد و شکل چتر زیبایی می‌یابد ؛ توت مجنون . ‖ ~ فرنگی. (گیا.) ← چیالك. ‖ ~ مجنون. (گیا.) ← توت سیاه ↑ .

توت (سیاه وسفید) ومیوه‌های آنها

توتزار t.-zār (إمر.) جایی که درختان توت در آن زیاد باشد؛ توتستان .

توتستان t.-estān (إمر.) ← توتزار.

۱ - توتك tūtak [= توتی = طوطی] (إ.) (جان.) طوطی (ه.م.).

۲ - توتك tūtak (إ.) قسمی نی که چوپانان نوازند؛ نی لبك ، نی توتك.

توتکی tūtak-ī (إ.) درمی بوده در عهد سامانیان .

توتون tūtūn [= تتن، تر. دود] (إ.) (گیا.) گیاهی[2] از تیرهٔ بادنجانیان که دارای گونه‌های متعدد است ، وبنام تنباکو یا توتون کشت میشود. این گیاه علفی و پایاست، و ارتفاعش بین یك تا دومتر است . برگهایش متناوب وپهن و بزرگ است بحدی که درازای پهنهٔ آنها تا ۶۰ سانتیمتر میرسد. برگها بیضوی شکل و چسبناکند . گلها در انتهای ساقه جمع میشوند و آرایش آنها خوشه‌یی است (← تنباکو) .

توته tūta(-e) (إ.) گوشت زاید پلك چشم؛ جوش پلك، تراخم.

توتی tūtī [= طوطی] (إ.) ← طوطی.

توتیا tūtiyā [معر. توتیا ، قس، آلم. tuthia] (إ.) ۱ - (شم.) اکسید طبیعی و ناخالص[3] روی که در کوره‌های ذوب سرب و روی بدست آید، ومحلول آن گندزدایی قوی است و درچشم پزشکی محلول رقیق وی برای شستشوی مخاط و پلکها بکار میرود. در قدیم اکسید ناخالص مزبور را درجوشهای بهاره و جوشهای تراخمی بصورت گرد (پودر) روی پلکها میپاشیدند . ۲ - (زم.) سنگ توتیا (ه.م.) . ۳ - نوعی جانور دریایی[4] جزو شاخهٔ خارپوستان از تنهٔ خارتنان

توت فرنگی

توتون و گل آن

توتیا

---

۱ – Morus alba(لا.)
۲ – Nicotiana tobacum(لا.), tabac(فر.)
۳ – Oxyde de zinc impur(فر.)
۴ – Oursin(فر.)

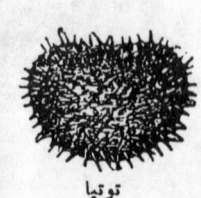

که بدن وی از یک صدف یک قطعه‌یی کاملا محکم‌وپوشیده ازخارهای‌بسیار، تشکیل شده . شکل صدف کروی یا سیبی‌شکل‌است؛ بلوط دریایی،خارپشت دریایی.

توث tūs [معر. توت] (اِ.) (گیا .) ← توت.

توثیق tawsīγ(tow.-)[ع.](مص‌م.) ۱ - استوارکردن، محکم ساختن. ۲ - ثقه دانستن (کسی‌را)، اطمینان کردن (بکسی). ج. توثیقات.

توثیقات tawsīγ-āt(tow -)[ع.] (مص.، اِ.)ج. توثیق(ه.م.)

توج tūǰ [= توچ، گیل. tūǰ] (اِ.) (گیا.) بهی، به، آبی.

توجبه tūǰaba(-e)(اِ.)سیل،سیلاب.

توجع tavaǰǰo' [ع.] ۱ - (مص‌ل.) ۲ - دردناک‌شدن، نالیدن ازدرد،ازدرد شکایت کردن. ۳- همدردی کردن (با کسی)، اندوه خوردن (برای کسی) . ۴ - (إمص.) دردناکی، دردمندی. ۵ - همدردی. ج. توجعات .

توجعات tavaǰǰo'-āt [ع.](مص.، اِ.) ج. توجع (ه. م.)

توجه tavaǰǰoh [ع.] ۱ - (مص‌ل.) روی‌کردن، روآوردن. ۲ - دل دادن ، روی دل فراچیزی کردن . ۳ - تیمار داشتن، غمخواری کردن. ۴ - (إمص.) روی آوری، اقبال. ۵ - تیمارداری ، تیمار داشت .ج. توجهات.

توجهات tavaǰǰoh-āt[ع.](مص.، اِ.) ج توجه (ه.م.)

توجیه tawǰīh(tow.-) [ع.] ۱ - (مص‌م.) کسی‌را بسوی‌دیگری‌فرستادن. ۲ - روی کسی یا چیزی را بسویی برگرداندن. ۳ - توضیح‌دادن مطلبی. ۴ - (مص‌ل.) روی‌آوردن بسوی‌چیزی. ۵ - (إمص.) روی آوری. ۶ - توضیح، شرح . ج. توجیهات . ‖ طوامیر ~. (مال.) اخطاریهٔ مالیاتی ، پیش آگهی (صفویه). ‖ ~ سرخرمن. (مال.)حقوق وعوارضی که‌کدخدا از رعایامیگیرد.

توجیهات taw(ow)ǰīh-āt [ع.] (مص.،اِ.) ج. توجیه (ه.م.)

توچال tawčāl(tow.-)(اِ.)یخچال طبیعی در کوهها و دره‌هایی که دایماً برف دارند ودرمعرض وزش بادند.← بخش۳.

توچال

توحد tavahhod [ع.] ۱ - (مص ل .) تنها شدن ، یگانه گشتن ، تنها باقی ماندن. ۲ - (إمص .) تنهایی ، یگانگی .

توحش tavahhoš [ع.] ۱ - (مص ل .) رمیده شدن از مردم ، وحشی گردیدن. ۲ - ترسیدن، وحشت‌داشتن. ۳ - خالی شدن مکانی. ۴ - دژم شدن، خشمگین گشتن. ۵ - (إمص.)رمیدگی ازمردم، وحشیت، بیابان نشینی . ج. توحشات.

توحشات tavahhoš-āt[ع.](مص.، اِ.)ج. توحش (ه.م.)

توحید tawhīd(tow.-)[ع.] ۱ - (مص م.) یکتا کردن ، یگانه‌کردن . ۲ - خدا را یگانه‌دانستن. ۳- (إمص.) اقرار بیگانگی خدای. ۴ - (اخ.) ← بخش۳.

توخ tūx (اِ.) (گیا.) تاقوت(ه.م.)

۱ - توختن tūx-tan [= توزیدن، په. tōxtan] (مص‌م.) (توخت، توزد، خواهد توخت، بتوز، توزنده، توخته) ۱ - جستن، خواستن؛ کینه توختن. ۲ - حاصل کردن، اندوختن، جمع کردن. ۳ - اداکردن(وام، امانت)، تأدیه، گزاردن.

۲ - توختن tūx-tan [= دوختن] (مص‌م.)(صر. ↑)← دوختن.

توخته tūx-ta(-e) (إمف.) ۱ - جسته. ۲ - حاصل شده. ۳ - اداشده، گزارده.

تود tūd [= توت](اِ.)(گیا.) ← توت.

تودد tavaddod [ع.] ۱ - (مص‌م.) اظهار دوستی کردن، دوستی نمودن. ۲ - دوستی کسی را جلب کردن. ۳ - (إمص.) دوستی. ج. توددات.

توددات tavaddod-āt [ع.] (مص.، اِ.) ج. تودد(ه.م.)

تو درتو tū-dar-tū [← تو، قس. توبرتو] ← توبرتو.

توده tūdara(-e) (اِ.) (جا.) هوبره، حباری.

تودری tūdarī [ع = توذری](اِ.) (گیا.) قدومه (ه.م.)، قدامه.

تودریون tūdariyūn [معر. یو.] (اِ.) (گیا.) بیخ گیاهی است که آنرا دورس گویند[۱] و تخم آنرا شوکران (ه.م.) خوانند.

توده tūda(-e) (اِ.) ۱ - هر چیز روی‌هم‌ریخته، کوت کرده، انباشته؛ تودهٔ هیزم. ۲ - انبوه مردم، عامهٔ خلق.

تو دماغی tū-damāɣ-ī (ص‌نسب.) (عم.) صدایی که بخشی ازآن از بینی برآید؛ خیشومی: «باصدایی تودماغی گفت.» ‖ ـــ صحبت کردن. سخن گفتن تودماغی ↑.

توده شناسی t.-šenās-ī (حامص.) ۱ - شناختن توده‌وعامهٔ خلق. ۲ - دانش آداب‌وعادات‌ورسوم تودهٔ مردم‌وترانه‌های محلی وافسانه‌های آنان؛ فولکلور[۲].

۱ - تودیع tawdī'(tow.-) [ع.] (مص‌م.) وداع کردن، بدرود گفتن.

۲ - تودیع tawdī'(tow -) [ع.] (مص‌م.) سپردن‌چیزی‌بکسی، گذاشتن چیزی درجایی. ج. تودیعات.

تودیعات tawdī'-āt(tow.-) [ع.] ج. تودیع (۱ و ۲).

توذرنج tūzaranǰ [معر. = تودری] (اِ.) (گیا.) تودری (ه.م.)

توذری tūzarī [= تودری] (اِ.) (گیا.) تودری (ه.م.)

۱ - تور tūr (اِ.) پارچهٔ نازک ومشبک که از نخ ومانند آن بافند و آنرا برای پرده واشیاء دیگر بکار برند. ‖ ـــِ ماهیگیری. توری که از نخ ضخیم و ریسمان بافند و بدان ماهی صید کنند.

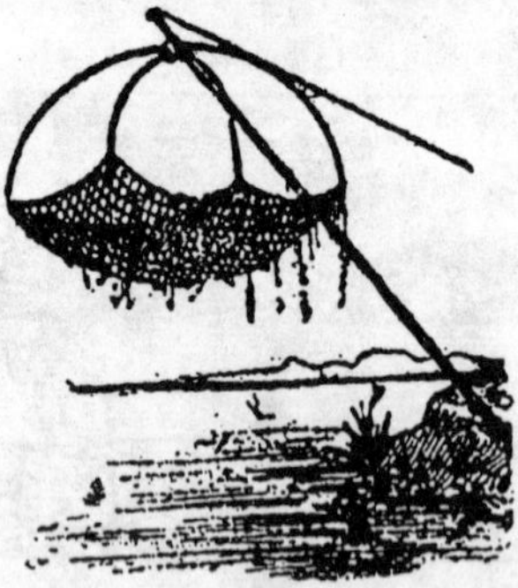

تور(ماهیگیری)

۲ - تور tūr [← تار] (ص.) تیره، تاریک.

تور tavar [= تبر، طبر. tūr] (اِ.) تبر (ه.م.)

تورب tūrb [فر. tourbe] (اِ.) نوعی زغال‌طبیعی برنگ‌قهوه‌یی تیره

۱- Hellebore(فر.) ۲— Folklore (فر.)

که صدی پنجاه تا صدی شصت جزو کربن دارد وازخزه‌ای مخصوص تولیدمیشود.

توربین tūrbīn [فر. turbine] (اِ.) (مکا.) قسمی ماشین مولدنیرو که پره‌های آن بقوت آب یا بخار بحرکت در آید ، وآن برای بکار انداختن دستگاه مولد برق استعمال شود.

توربین

توربیل torpīl [فر. torpille] (اِ.) سلاحی که برای غرق کردن کشتی‌های دشمن بکار رود؛ اژدر(ه.م.)

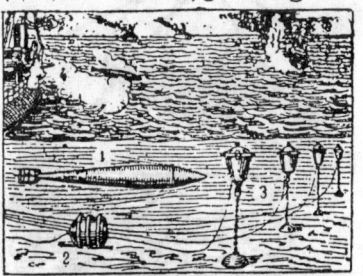

توربیل

تورع tavarro' [ع.] ۱ - (مصل.) پرهیز کردن، دوری جستن(ازکاربد). ۲ - (اِمص.) پارسایی، پرهیزگاری. ج. تورعات .

تورعات tavarro'-āt [ع.](مص.، اِ.) ج. تورع (ه.م.)

تورق tavarroγ [ع.] ۱ - (مصم.) برگ خوردن شتر وغیره . ۲ - (مص ل.) (فز.، شم.)ورقه‌ورقه شدن جسمی. ج. تورقات.

تورقات tavarroγ-āt [ع.](مص.، اِ.) ج. تورق(ه.م.)

تورک tūrak (اِ.)(گیا.)خرفه(ه.م.)

تورم tavarrom [ع.] ۱- (مصل.) آماس کردن، ورم کردن. ۲ - (اِ.) آماس، آماه، ورم. ج. تورمات.

تورمات tavarrom-āt [ع.](مص.، اِ.) ج. تورم (ه.م.)

تورنسل tūrensol [فر. tourensol] (اِ.) (شم.)جسمی که‌از تخمیر گلسنگها بوسیلهٔ ادرار یا بمجاورت آمونیاک وکربنات وپتاس ایجاد شود . تورنسل درمحیط اسیدی برنگ سرخ‌ودرمحیط قلیایی برنگ آبی درآید.

تورنگ tūrang [= ترنگ](اِ.) (جا.) خروس صحرایی، تذرو(ه.م.)

توره tūra(-e) [په . tūrak - tōrak، شغال، است. tauruna،جوان] (اِ.)شغال (ه.م.)، شکال .

توریت tawriyat(tow.-) [= ع. تورية] ← توریه.

توریث tawrīs(tow.-) [ع.](مص م.)میراث گذاشتن،ارث‌دادن(بکسی)، وارث‌کردن(کسی‌را). ج. توریثات.

توریثات tawrīs-āt(tow.-)[ع.] (مص.،اِ.) ج. توریث(ه.م.)

توریدن tūr-īdan [= تولیدن] (مصل.)(صر.← شوریدن) ۱- شرمنده گردیدن. ۲ - رمیدن ، دور شدن.

توریه tawriya(towriye) [= ع. تورية← توریت] (مصم.) پوشانیدن حقیقت، برخلاف‌نشان‌دادن امری‌را .

۱ - توز tūz [= توزه = توژ = توز، معر.] (اِ.) (گیا.) پوست نازک‌ومحکم خدنگ که‌بکمان‌وزین‌اسب‌میپیچیده‌اند.

۲ - توز tūz [← توزیدن ، توختن] (رین.،اِفا.) درترکیبات‌بمعنی «توزنده»

آید : جنگ توز، کینه‌توز ،وام‌توز.

توزع tavazzo' [ع.] ۱ - (مص‌ل.) پراکنده‌شدن. ۲ - (امص.) پراکندگی. ج. توزعات.

توزعات tavazzo'-āt [ع.] (مص.، إ.) ج. توزع (ه.م.)

توزنده tūz-anda(-e) (إفا. توختن، توزیدن). ۱ - جستجوکننده، جوینده. ۲ - حاصل کننده، اندوزنده ۳ - ادا کننده، گزارنده.

توزه tūz-a(-e) [← توز] (إمر.) پوست درخت خدنگ، توز (ه.م.)

توزی tūz-ī(tōz-ī) (قد. tōz [درآذربایجان، پارچهٔ نازک شبکه‌دار] (ص‌نسب.، إمر.) ۱ - منسوب به توز (ه.م.) ۲ - (إ.) پارچهٔ کتانی نازکی که نخست‌در شهر توز (← بخش۳) می‌بافته‌اند.

توزیدن tūz-īdan [= توختن] (ص‌ر. آموزیدن) توختن.

توزیع tawzī' (tow-) [ع.] (مص م.) بخش کردن، پراکنده ساختن، تقسیم کردن. ۲- (امص.) تقسیم، بخشش. ج. توزیعات.

توزیعات tawzī'-āt(tow-) [ع.] (مص.، إ.) ج. توزیع (ه.م.)

توزیعاً taw(ow)zī'-an [ع.] (ق.) پراکنده، بدفعات: «توزیعاً دویست تومان باو دادند.»

توزین tawzīn (tow-) [ع.] ۱ - (مص م.) وزن کردن، سنجیدن. ۲ - (امص.) سنجش. ج. توزینات.

توزینات tawzīn-āt(tow-) [ع.] (مص.، إ.) ج. توزین (ه.م.)

توژی tūžī [= توشی] ← توشی.

توس tūs (إ.) (گیا.) غان (ه.م.)

توسا tūsā (إ.) (گیا.) توسکا (ه.م.)

توسبز tū-sabz (إمر.) (گیا.) گونه‌ای توسرخ (ه.م.) که‌قسمت‌خوراکی میوه‌اش سبزرنگ است.

توسرخ tū-sorx (إمر.) (گیا.) گونه‌ایست[1] از نوع مرکبات شبیه پرتقال ولیمو دارای برگهای پهن و خارهای بیشتر وگلهای بزرگتر ومیوه‌اش نیز بسیار درشت تراست. طعم آن ترش وشیرین وگوشت آن سرخ است.

توسرخ

توسط tavassot [ع.] ۱ - (مص ل.) میان دو یا چند چیز واقع شدن، در میان نشستن. ۲ - میانجی کردن میان دو یا چند تن، پایمردی کردن. ۳ - (امص.) میانجی گری، وساطت. ج. توسطات.

توسطات tavassot-āt [ع.] (مص.، إ.) ج. توسط (ه.م.)

توسط کردن t.-kardan [ع.-ف.] (مص‌ل.) میانجی گری کردن، وساطت کردن.

توسع tavasso' [ع.] (مص‌ل.) ۱ - گشاده شدن، فراخ شدن. ۲ - فراخ نشستن. ۳ - (امص.) فراخی. ۴- فراخ دستی. ج. توسعات.

توسعات tavasso'-āt [ع.] (مص.، إ.) ج. توسع (ه.م.)

توسعه tawse'a(towse'e) [= ع. توسعة] ۱ - (مص‌م.) گشاد کردن، فراخ کردن. ۲ - (امص.) گشادی، فراخی.

توسعه دادن t.-dādan [ع.-ف.] (مص‌م.) وسعت دادن، گشاد کردن، فراخ کردن.

توسعه یافتن t.-yāftan [ع.-ف.]

۱- pamplemousse (فر.)

۱۱۶۶
توسکا

(مص ل.) وسعت یافتن ، گشاد شدن ، فراخ گشتن.

توسکا tūskā [← توسا] (اِ.)(گیا.) درختی[1] از تیرهٔ غانها که بعضی گونه‌هایش بصورت درختچه میباشد . این درخت معمولا دراماکن مرطوب و نهرهای پر آب و برکه‌ها میروید. گلهای آن منفردالجنس ولی خوددرخت یك‌پایه‌است؛ حوررومی، حورهٔ رومیه، قزل‌آغاج، توز.

توسل tavassol [ع.] ۱ - (مص ل.) دست بدامان شدن، دستاویز گرفتن . ۲ - نزدیکی‌جستن. ۳- (اِمص.) تشبث. ج. توسلات.

توسلات tavassol-āt [ع.](مص.، اِ.) ج. توسل (ه‌.م.)

توسکا و گل نر و مادهٔ آن

توسل جستن t.-ǰostan [ع.-ف.] (مص ل.) دست بدامان کسی شدن ، تشبث کردن .

توسن tawsan(tow.-) (ص.) ۱ - وحشی،رام‌ناشونده. ۲-سرکش(چارپا).

توسنی tawsan-ī(tow.-)(حامص.) سرکشی،عصیان.

توسم tavassom [ع.](مص‌م.) ۱- بفراست دریافتن. ۲ - وسمه کشیدن. ۳- (مص‌م.) نشان‌کردن،علامت گذاشتن. ۴ - بعلامت چیزی پی‌بردن.

توسه tūsa(-e) [= توسا ← توسکا] (اِ.) (گیا.) توسکا (ه‌.م.)

توسیط tawsīt(tow.-) [ع.](مص م.) ۱ - واسطه‌کردن، درمیان‌گذاشتن. ۲ - چیزی را از وسط دو نیم کردن . ۳ - میانجی‌گری کردن.

توسیع tawsī'(tow.-) [ع.](مص م.) ۱ - فراخ‌کردن، گشادکردن. ۲ - توانگرکردن. ۳ - (اِمص.) فراخی ، گشادی. ۴- توانگری. ج. توسیعات.

توسیعات tawsī'-āt [ع.] (مص.، اِ.) ج. توسیع (ه‌.م.)

توسیم tawsīm (tow.-) [ع.] ۱ - (مص‌م.) داغ و نشان نهادن. ۲- (مص ل.) درموسم حاضرشدن، بموسم آمدن. ۳ -(اِمص.) نشان‌گذاری.ج. توسیمات.

توسیمات tawsīm-āt(tow.-)[ع.] (مص.،اِ.) ج. توسیم (ه‌.م.)

توش tūš [است. tevišī](اِ.) ۱ - تاب، طاقت، توانایی. ۲ - تن، بدن، جثه. ۳ - توشه، زاد، قوت‌لایموت.

توشقان‌ئیل tūšγān-īl[تر.](اِمر.) سال‌خرگوش،سال‌چهارم ازدورهٔ‌دوازده سالهٔ ترکی← سیچقان ئیل .

توشك tūšak[= تشك، تر. = دوشك = معر. دوشك] (اِ.) زیر اندازی که از پشم یا پنبه آکنده است و آنرا روی زمین یا روی تختخواب‌اندازندو بر آن دراز کشند وبخوابند؛ نهالی، بستر.

توشکان tūškān(اِ.)گلخن، آتشدان گرمابه، تون حمام.

توشك خانه tūšak-xāna(-e) (اِمر.)اطاقی که درآن وسایل‌خوابیدن وجامه‌های پوشیدنی گذارند.

توشه tūša(-e) [← توش] (اِ.) ۱ - طعام اندك، قوت لایموت . ۲ - خوراك وطعامی که مسافران‌باخود همراه‌برند؛ زاد .

توشه برداشتن t.-bar-dāštan (مص‌م.) ۱ - خوراکی برداشتن برای سفر. ۲ - (کن.)سفرکردن،مسافرشدن.

توشه دان t.-dān (اِمر.) ۱- ظرفی یاجایی‌که توشه را درآن گذارند. ۲ - خرجین، کیسه.

۱-Alnus tourn,A.glutinosa(.لا),aune (.فر)

توشی tūšī [= توژی](ا.) ضیافتی که در آن هر کس طعامی با خود آورد و باهم تناول کنند ؛ دانگی.

توشیح (ـ.) tawšīh(tow-.) [ع.](مص م.) ۱ - آراستن، زینت دادن. ۲- حمایل بگردن بستن، میان بند نهادن. ۳ - نوشته‌ای را بمهر وامضای خود مزین کردن. ۴ - (بع.) شعری گفتن که‌چون حروف اول هرمصراع یا هربیت را بهم پیوندند نام شخصی یا چیزی پیدا آید. ج. توشیحات.

توشیحات (ـ.) tawšīh-āt(tow-.) [ع.] (مص.،ا.) ج. توشیح (ه.م.)

توشیم (ـ.) tawšīm (tow-.) [ع.] ۱ - (مص م.) خال کوبیدن. ۲ - (امص.) خالکوبی. ج. توشیمات.

توشیمات (ـ.) tawšīm-āt(tow-.) [ع.] (مص.،ا.)ج. توشیم(ه.م.)

توصل tavassol [ع.] (مص ل.) ۱ - رسیدن، وصول. ۲ - بچاره گری یافتن.

توصیف (ـ.) tawsīf(tow-.) [از ع.] (مص م.) وصف کردن، صفات وخصایص چیزی را بیان کردن. ۲ - ستودن ، ستایش کردن. ۳ - (امص.) وصف،شرح. ج. توصیفات.

توصیفات (ـ.) tawsīf-āt(tow-.) [از ع.] ج. توصیف(ه.م.)

توصیف کردن t.-kardan [ع.-ف.] (مص م.) ۱ - صفات چیزی را بیان کردن. ۲ - ستودن.

توصیه (تد.) tawsiya(towsiye.) [= ع. توصیة] (مص م.) ۱ - سفارش کردن. ۲ - اندرزدادن، وصیت کردن. ۳ - (ا.) سفارشنامه.

توصیه کردن t.-kardan [ع.-ف.] ۱ - سفارش کسی را بدیگری کردن. ۲ - اندرزدادن ، وصیت کردن.

توضؤ tavazzo' [ع.] (مص ل.) وضو گرفتن.

توضیح (ـ.) tawzīh (tow-.) ۱ - (مص م.) واضح کردن، آشکار کردن، روشن ساختن. ۲ - شرح دادن، بیان کردن. ۳ - (امص.) شرح، بیان. ج. توضیحات.

توضیحات (ـ.) tawzīh-āt (tow-.) [ع.] (مص.، ا.) ج. توضیح(ه.م.)

توضیح دادن t.-dādan [ع.-ف.] (مص م.) شرح دادن، بیان کردن.

توطئه tawte'a (towtee) [= ع. توطئه] ۱ - (مص م.) آماده کردن. ۲ - پست و هموار ساختن. ۳ - باهم ساختن. ۴ - مقدمه‌چیدن برای وصول بامری. ۵ - (امص.) مقدمه‌چینی، زمینه سازی. ۶ - ساخت و پاخت.

توطئه‌کردن t.-kardan [ع.-ف.] ۱ - باهم ساختن، ساخت‌وپاخت کردن. ۲ - مقدمه چیدن برای وصول بامری.

توطن tavatton [ع.] (مص ل.) وطن اختیار کردن، جای گزیدن.

توطین (ـ.) tawtīn(tow-.) [ع.] (مص م.) دل بستن، دل نهادن.

توعد tava''od [ع.] (مص م.) بیم دادن، ترساندن.

۱ - توغ tūγ [= تاغ = تاخ] (ا.) ۱ - (گیا.) تاقوت(ه.م.). ۲ - (گیا.) آزاد درخت (ه.م.)

۲ - توغ tūγ [تر. = توق](ا.) ۱ - علم، درفش ، رایت . ۲ - علم و رایت بزرگی که درایام عزاداری سکنهٔ بعض محله‌ها در برخی از شهرها آنرا حرکت دهند ، وآن ازامتیازات محلات مزبور محسوب شود.

توغ

توغل tavaγγol [ع.] ۱- (مص‌ل.) دور رفتن. ۲ - فروشدن، فرو رفتن‌در امری، تعمق کردن. ۳ - (امص.) تبحر: «درفلسفه.توغل دارد.» ج. توغلات.

توغلات tavaγγol-āt [ع.] (مص.، إ.) ج. توغل (ه.م.)

توف tūf (إ.) فریاد، غوغا، غلغله.

توفال tūfāl (إ.) تخته های نازک وباریک که بسقف اطاق کوبند وسپس روی آنرا کاهگل وگچ مالند.

توفان tūf-ān (صفا. توفیدن) ۱ - شور و غوغاکننده، فریادکننده، غران. ۲ - (إ.) (زم.) (فره.) طوفان (ه.م.) ضح.- در بعض‌فرهنگها «توفان»رافارسی«طوفان»وبمعنی‌شورش دریاگرفته‌اند، ولی‌این‌دوکلمه‌باهم‌ربطی ندارند ← طوفان.

توفی tavaffī [ع.] ۱ - (مص ل.) در گذشتن، مردن. ۲ - (مص م.) میرانیدن.

توفیدن tūf-īdan (صر. ← رسیدن) ۱ - (مص‌ل.)فریاد کردن، آوازوشور وغوغا برآوردن. ۲ - غریدن، عربده کردن. ۳ - جنبش کردن، هزاهز.

توفیر tawfīr (tow.-) [ع.] ۱ - (مص م.) زیاد کردن، اضافه کردن، افزودن. ۲ - حق کسی را تمام دادن. ۳ - اندوختن مال، کسب کردن، گرد کردن. ۴ - (مص‌ل.) بسیار شدن. ۵ - (إ.) تفاوت. ۶ - آنچه در اجاره‌از آن فایده بردارند. ج. توفیرات.

توفیرات tawfīr-āt(tow.-)[ع.] (مص.، إ) ج. توفیر (ه.م.)

توفیق tawfīγ (tow.-) [ع.] ۱ - (مص‌م.) سازش‌افکندن، سازواری‌دادن، موافقت دادن، موافق گردانیدن (اسباب). ۲ - موافق گردانیدن خدا اسباب‌راموافق‌خواهش بنده،مدد کردن بخت. ۳ - دست یافتن (بکاری). ۴ - (إمص.) کارسازی. ۵ - تأیید الهی. ج. توفیقات.

توفیقات tawfīγ-āt(tow.-)[ع.] (مص.،إ.) ج. توفیق (ه.م.)

توفیق یافتن t.-yāftan [ع.-ف.] (مص‌ل.) دست یافتن بتأیید الهی، توانایی یافتن برای انجام کاری بمدد بخت.

توق tūγ [تر.] (إ.) ← توغ.

توقد tavaγγod [ع.] ۱ - (مص ل.) بر افروختن، زبانه زدن، زبانه کشیدن. ۲ - (إمص.) افروزش، زبانه کشی. ج. توقدات.

توقدات tavaγγod-āt[ع.](مص.، إ.) ج. توقد (ه.م.)

توقع tavaγγo' [ع.] ۱- (مص‌ل.) چشم داشتن، انتظار حصول امری را

داشتن. ۲- (اِمص.) چشم‌داشت، انتظار. ج. توقعات.

توقعات tavaɣɣo'-āt [ع.] (مص.، ا.) ج. توقع (ه.م.)

توقع داشتن t.-dāštan [ع.-ف.] (مص‌م.) انتظار داشتن چیزیرا، چشم داشتن.

توقف tavaɣɣof [ع.] ۱- (مص‌ل.) درنگ کردن، فرو ایستادن، باز ایستادن. ۲- ثابت‌ماندن (در امری). ۳- (اِ.) درنگ، ایست. ۴- (بانک.) حالت تاجری که نتواند وام خود را بپردازد، درماندگی. ج. توقفات.

توقفات tavaɣɣof-āt [ع.] (مص، ا.) ج. توقف (ه.م.)

توقف کردن t.-kardan [ع.-ف.] (مص‌ل.) ۱- درنگ‌کردن، بازایستادن. ۲- ثابت ماندن (در امری).

توقی tavaɣɣī [ع.] ۱- (مص‌ل.) نگاه داشتن پرهیز کردن، خویشتن داشتن. ۲- (اِمص.) نگهداری، نگهداشت، خویشتن داری.

توقیت tawɣīt (tow.-) [ع.] ۱- (مص م.) هنگام نهادن، وقت معین کردن (برای انجام دادن‌کاری). ۲- (اِمص.) تعیین وقت. ج. توقیتات.

توقیتات tawɣīt-āt (tow.-) [ع.] (مص.، اِ.) ج. توقیت (ه.م.)

توقیر tawɣīr (tow.-) [ع.] ۱- بزرگ داشتن، تعظیم کردن، عزت وحرمت‌کسی‌را نگاهداشتن. ۲- آزموده کردن. ۳- (اِمص.) بزرگداشت، تعظیم. ج. توقیرات.

توقیرات tawɣīr-āt (tow.-) [ع.] ج. توقیر (ه.م.)

توقیع tawɣī' (tow.-) [ع.] ۱- (مص‌م.) نشان گذاشتن، نشان کردن. ۲- امضا کردن نامه و فرمان. ۳- نوشتن عبارتی درذیل مراسله و کتاب. ۴- (اِمص.) نشان گذاری. ۵- امضا. ۶- (اِ.) فرمان شاه، طغرای شاهی. ۷- دستخط. ج. توقیعات، تواقیع. ‖ صاحب ~ . کسی که توقیعی برای او صادر شده باشد؛ صاحب‌التوقیع.

توقیعات tawɣī'-āt (tow.-) [ع.] (مص، اِ.) ج. توقیع (ه.م.)

توقیف tawɣīf (tow.-) [ع.] ۱- (مص‌م.) بازداشتن، باز داشت کردن (کسی‌را). ۲- ازحرکت بازداشتن. ۳- واقف گردانیدن. ۴- قبضه کردن، ضبط کردن. ۵- (اِمص.) بازداشت. ج. توقیفات.

توقیفات tawɣīf-āt (tow.-) [ع.] (مص.، اِ.) ج. توقیف (ه.م.)

توقیف کردن t.-kardan [ع.-ف.] (مص‌م.) بازداشت‌کردن (کسی‌را).

۱- توک tūk [تر.] (اِ.) ۱- یک‌دسته موی وپشم. ۲- موی‌پیشانی. ۳- کاکل اسب.

۲- توک tūk [قس. لر.، ده‌های‌فارس tia] (اِ.) چشم، عین.

توکا tūkā (اِ.) (جا.ن.) پرنده‌ای[۱] از تیرهٔ گنجشکان‌جزودستهٔ مخروطی‌نوکان دارای پرهای سبزرنگ‌وخاکستری که درحوالی بحرالروم وامریکای‌مرکزی وشمال ایران وجود دارد.

توکسین toksīn [فر. toxine] (اِ.) (شم.، پز.) سمی‌است که ازمیکربها تولید شود؛ زهرابه.

توکل tavakkol [ع.] ۱- (مص‌ل.) کار باز گذاشتن، کار باکسی افکندن،

۱ – Emberiza melanocephala (لا.)

توکلات

بدیگری اعتماد کردن. ۲ - کار خود بخدا حواله کردن، بامید خدا بودن. ۳ - (إمص.) سپردگی. ج. توکلات.

توکلات tavakkol-āt [ع.] (مص.، إ.) ج. توکل (ه.م.)

توکل کردن t.-kardan [ع.-ف.] (مص‌ل.) کار خود بخدا حواله کردن.

توکید tawkīd (tow.-) [ع. = تأکید] ۱ - (مص‌م.) استوار کردن (عهد، کلام)، محکم کردن. ۲ - (إمص.) استواری، محکمی. ج. توکیدات.

توکیدات tawkīd-āt (tow.-) [ع.] (مص.، إ.) ج. توکید (ه.م.)

توکیل tawkīl (tow.-) [ع.] (مص م.) برگماشتن، وکیل کردن کسی را، اجرای کاری را بعهدهٔ شخصی واگذاشتن. ج. توکیلات.

توکیلات tawkīl-āt (tow.-) [ع.] (مص.، إ.) ج. توکیل (ه.م.)

توگلو tūgalū (إ.) (خاتم.) شکلی مرکب از چهار پره که یکی درمیان قرار دارد و سه پره در اطراف آن است و دارای مقطع مثلثی است.

تول tūl (tōl. قد.) [← تولیدن] (إ.) رم، وحشت.

تولا tavallā [=ع. تولی. قس. تمنا] تولی (ه.م.)؛ مق. تبری.

تولد tavallod [ع.] ۱- (مص‌ل.) زادن، زاییده شدن. ۲ - پدید آمدن، بوجود آمدن. ۳ - (إمص.) زایش، ولادت. ج. تولدات.

تولدات tavallod-āt [ع.] (مص.، إ.) ج. تولد (ه.م.)

تولد یافتن t.-yāftan [ع.- ف.] (مص‌ل.) زاییده شدن.

تولک tūlak (ص.) ۱-زیرک، چابک. ۲ - پرریخته (مرغ).

تولک رفتن t.-raftan (مص‌ل.) پر ریختن (پرندگان).

تولکی tūlak-ī (إ.) (زم.) گنداب (ه.م.)

۱-توله tūla(-e) [= توره، په. tūruk، taruk] (إ.) ۱ - (جا.ن.) بچهٔ شیرخوار سگ[1]، نوزاد سگ، بچهٔ سگ که هنوز از لحاظ تغذیه و نگهداری احتیاج بمادرش دارد؛ تولهٔ سگ. ضح.- در بعضی کتب توله را نیز مرادف با سگ شکاری ذکر کرده‌اند. ۲ - (جا.ن.) بچهٔ شغال. ‖ ~ شکاری. (جا.ن.) سگ شکاری (ه.م.)

۲- توله tūla(-e) (إ.) (گیا.) نان کلاغ، خبازی.

۱- تولی tavallī [ع. ← تولا] ۱ - (مص‌ل.) دوستی کردن؛ مق. تبری. ۲ - (مص‌م.) ولی قرار دادن، ولایت دادن. ۳ - کاری را بعهده گرفتن. ۴- (إمص.) دوستی، محبت: «تولی بخاندان رسول‌(ص) دارد.»

۲-تولی tavallī [ع.] ۱- (مص‌ل.) پشت کردن، برگشتن. ۲ - (إمص.) برگشت.

تولیت tawliyat (tow.-) [=ع. تولیة] ۱ - (مص م.) خداوندی کردن، خداوندی دادن، دست دادن، والی گردانیدن، ولایت دادن. ۲-سرپرستی شغلی را بعهدهٔ کسی سپردن. ۳ -(مص‌ل.) عهده‌دار بودن امور موقوفات و مزارات. ۴ - (إمص.) سرپرستی.

تولید tawlīd (tow.-) [ع.] ۱ - (مص‌م.) زایاندن، زادن. ۲- پدید آوردن، پیدا کردن، ایجاد: تولید ثروت.

1- Petit chien, barluchon(فر.)

۳-(إمص.)زایش. ۴-ایجاد. ج. تولیدات. ‖ ~ مثل. نظیر خودرا پدید آوردن، فرزند آوردن.

تولیدات tawlīd-āt(tow.-) (مص.،إ.) ج. تولید (ه.م.)

تولیدکردن t.-kardan [ع.] (مص م.) ایجاد کردن، پدید آوردن.

تولیدن (قد. tūl-īdan(tōl- ← تول] (مص ل.) (صر. ← مالیدن) ۱ - رمیدن، وحشت یافتن. ۲ - نفرت داشتن. ۳ - دورشدن، بیکسو رفتن.

تولیدی tawlīd-ī(tow.-) [ع.] (ص نسب.) منسوب به تولید(ه.م.) ‖ امور (کارهای) ~. (اقتص.) کارهایی که موجب بکار افتادن چرخهای اقتصادی کشور وبکار گماشتن عده‌ای از افراد میگردد.

تومان tūmān [تر.- مغ. ، ده‌هزار] (إ.،عد.) ۱- ده‌هزار(۱۰،۰۰۰). ۲ - ده هزاردینار. ۳ - سکه‌ای معادل ۱۰ قران یا ۱۰ «یک‌هزار» بود(قاجاریان). ۴ - امروزه معادل ۱۰ ریال است. ‖ امیر ~. (نظ.قد.) فرمانده ۱۰،۰۰۰ سرباز.

تومرون tūmerūn (إ.)(گیا.) سیسنبر (ه.م.)

تومن tūman [تر.- مغ. = تومان] (إ.) ← تومان.

۱- تون tūn (إ.) ۱ - آتشدان حمام، گلخن.

۲ - تون tūn (إ.)(قال.) اساس وزمینه درقالی بافی، و آن دو سلسله نخهای موازی است که یکی در جلوودیگری در عقب قرار گیرد و هردو با «گرد» پس وپیش میشود؛ تار.

تونتاب tūn-tāb [= تون تابنده] (ص فا.) کسی که در گلخن حمام آتش افروزد؛ گلخن تاب، آتش انداز.

تونتابی tūn-tāb-ī (حامص.) عمل وشغل تونتاب (ه.م.)

تونگه tavanga(-e) [= تبنگه] (إ.) ← تبنگه.

تونل tūnel [فر. tunnel] (إ.) دالان زیر زمینی عمیق ، بنای ساخته شده در اعماق زمین وزیر کوه که برای عبور قطارها، اتومبیلها وغیره احداث کنند.

تونی tūn-ī (ص نسب.) ۱ - منسوب به تون (ه.م.) حمام ، آنکه در گلخن زندگی کند. ۲ - تونتاب. ۳ - عیار، راهزن، دزد. ۴ - آواره، دربدر، خانه بدوش.

توه tūh (tōh قد.) [په. tōk] (إ.) لای، ته، پرده.

توه‌توه tūh-tūh(tōh-tōh قد.) [← توه](قمر.) لابلا، پرده‌درپرده، توبتو.

توهم tavahhom [ع.] ۱ - (مص ل.) گمان بردن، پنداشتن، وهم داشتن. ۲ - ترسیدن، بیم کردن. ۳- (إمص.) وهم، پندار. ۴ - (إ.) ترس، بیم. ج. توهمات.

توهمات tavahhom-āt [ع.] (مص.،إ.) ج. توهم (ه.م.)

توهیم tawhīm (tow.-) [ع.] (مص م.) بوهم انداختن، در گمان افکندن، ایجاد پندار کردن. ج. توهیمات.

توهیمات tawhīm-āt(tow.-)[ع.] (مص.،إ.) ج. توهیم (ه.م.)

توهین tawhīn (tow.-) [ع.] (مص ل.) ۱- خوار کردن، خوار داشتن، سبک داشتن، خفیف کردن، سست کردن. ۲ - (إمص.) خواری، خفت. ج. توهینات.

توهینات tawhīn-āt (tow.-) [ع.] (مص.،إ.) ج. توهین (ه.م.)

تونل

توی tūy [→ ۲ تویی](اِ.) (گیا.) آنجیلی(هـ.م.)

توی توی tūy-tūy [→توی](اِمر.) ۱ - پرپیچ وخم. ۲ - دارای چندلاوتا. ۳ - پرچین وچروك.

تویدن tav-īdan [= تفتن = تافتن = تابیدن] (مصل.) (صر. → رسیدن) گرم شدن، داغ گشتن.

تویل tavīl (ص.) آنکه موهای جلو سرش ریخته باشد؛ دغسر، اصلع.

۱ - تویی tū-yī ۱- (ص نسبـ.) داخلی، اندرونی. ۲-(اِ.)(مکـ.) لاستیك داخلی چرخ اتومبیل که درآن هوای متراکم جای دهند.

۲- تویی tūyī [→ توی] (اِ.)(گیا.) آنجیلی(هـ.م.)

۱ - ته tah [→ تك، پهـ. tūh-īk ، خالی، تهی] (اِ.) پایین، زیر، قعر. ‖ ~ و توی چیزی را درآوردن. (عمـ.) از رموز آن باخبر شدن: «میخواست از ته و توی موضوع سردرآورد.»

۲ - ته tah [= تك](ص.) طاق، تك؛ مقـ.جفت.

۳ - ته tah [= تا = تای](اِ.)تا، لای.

۴ - ته tah [→ تهدار] (اِ.) (گیا.) تاقوت (هـ.م.)

ته te [فر. té] (اِ.) (نقـ.، معمـ.) نوعی خط کش که طراحان آنرا بکارمیبرند ومرکب ازدوشاخهٔ کوچك وبزرگ است. انتهای شاخهٔ بزرگ بشاخهٔ کوچك، در وسط، بازوایهٔ قایمه ملحق میگردد.

ته toh [قس. تف] (اِصتـ.) آب دهن، خدو.

تهاتر tahātor [ع.] ۱ - (مصل.) دعوی باطل کردن بر یکدیگر، ادعا کردن دو تن نسبت بیکدیگر که در آن هردو برباطل باشند. ۲ - (اِمص.) (اقتصـ.) معاملهٔ جنس باجنس، دادوستد جنسی، معاوضهٔ جنس بین دو کشور، پایاپای. ج. تهاترات.

تهاترات tahātor-āt [ع.](مص.، اِ.) ج. تهاتر (هـ.م.)

تهاجم tahāǰom [ع.] ۱ - (مصل.) بانبوه درآمدن، ناگاه آمدن، درتاختن، هجوم بردن، حمله کردن بیکدیگر. ۲ - (اِمص.) هجوم، یورش. ج. تهاجمات.

تهاجمات tahāǰom-āt [ع.](مص.، اِ.) ج. تهاجم (هـ.م.)

تهافت tahāfot [ع.] ۱ -.(مصل.) درافتادن، پیاپی افتادن. ۲ - (اِمص.) لغزش.

تهالك tahālok [ع.] ۱ - (مصل.) باز افتادن، افتادن، تساقط. ۲- تمایل یافتن درحین راه رفتن. ۳ - آزمند شدن، حریص شدن بر چیزی. ۴ - کوشش کردن بشتاب در امری. ۵ - (اِمص.) آزمندی. ج. تهالکات.

تهالکات tahālok-āt [ع.](مص.، اِ.) ج. تهالك (هـ.م.)

تهامی tahāmī [= ع. īyy-] (ص نسبـ.) منسوب به تهامه (→ بخش۳). ج. تهامیون.

تهانی tahānī [ع.] (مص ل.) ج. تهنیت(هـ.م.)؛ شادباشها، تبریکها.

تهاون tahāvon [ع.] ۱ - (مصل.) کوتاهی کردن، کوتاه آمدن، آسان گرفتن. ۲ - خوار شمردن، خفیف دانستن. ۳ - (اِمص.) سستی، سهل ـ انگاری. ج. تهاونات.

تهاونات tahāvon-āt [ع.](مص.، اِ.) ج. تهاون (هـ.م.)

تهاویل tahāvīl [ع.] (مص.، اِ.) ج. تهویل. ۱ - ترسانیدنیها. ۲ - رنگهای مختلف از سرخ وزرد وسبز، زینت تصویرها.

تهبج tahabboǰ [ع.] ۱ - (مص ل.) آماسیدن، آماس کردن. ۲ - (ا.) آماس. ج. تهبجات.

تهبجات tahabboǰ-āt [ع.] (مص.، ا.) ج. تهبج (ه.م.)

ته بندی tah-bandī (حامص.) ۱ - (صحا.) بستن و دوختن ته جزوه‌ها وکتابها. ۲ - خوردن غذای اندك برای رفع گرسنگی.

تهتك tahattok [ع.] ۱ - (مص ل.) دریده شدن پرده، رسوا شدن. ۲ - (إمص.) پرده دری، بی‌شرمی، رسوایی. ج. تهتکات.

تهتکات tahattok-āt [ع.] (مص.، إ.) ج. تهتك (ه.م.)

تهجد tahaǰǰod [ع.] ۱ - (مص ل.) خوابیدن درشب. ۲ - بیدار شدن درشب (اضداد). ۳ - (إمص.) شب بیداری، شب زنده‌داری. ج. تهجدات.

تهجدات tahaǰǰod-āt [ع.] (مص.، إ.) ج. تهجد (ه.م.)

تهجی tahaǰǰī [ع.] ۱ - (مص م.) حروف يك كلمه را از هم جدا كردن وخواندن، حروف الفبارا باسم خواندن. ۲ - (إمص.) قرائت حروف باسم آنها. ‖ حروف ـــ . حروف الفبا.

تهجی کردن t.-kardan [ع.-ف.] (مص م.) حروف الفبا را جدا كردن وباسم آنها خواندن.

تهجیه tahǰiya(-e) [=ع. تهجية] ۱ - (مص م.) شمردن حرفها، حرفهای يك لفظ را جدا كردن و شمردن. ۲ - آموختن (کتاب). ۳ - (إمص.) شمارش حروف. ۴ - آموزش.

ته چك tah-čak(ček) [← چك] (إمر.) ۱ - (بانک.) بخش ذیل چك (ه.م.) که نزد صاحب چك باقی ماند ↓. ۲ - (بانک.) مجموعهٔ ته‌چکها ↑ که صاحب چك برای حفظ حساب خویش نگهداری میکند.

ته چین tah-čīn (إمر.) پلویی که درمیان آن قطعات بزرگ گوشت نهاده و پخته باشند.

۱ـ ته دار tah-dār [= ته دارنده] (ص فا.) آنچه دارای ته و عمق است.

۲ـ ته دار tah-dār [← ۴ ته، دار (درخت)] (إمر.) (گیا.) تاقوت (ه.م.)

ته دوزی tah-dūz-ī (حامص.) بهم دوختن ورقهای کتاب بوسیلهٔ نخ یاسیم؛ ته بندی.

تهدید tahdīd [ع.] ۱ - (مص م.) ترسانیدن، بیم دادن، بیم کردن. ۲ - (إ.) بیم. ج. تهدیدات.

تهدیدات tahdīd-āt [ع.] (مص.، إ.) ج. تهدید (ه.م.)

تهدید آمیز t.-āmīz [ع.-ف = تهدید آمیخته] (ص مف.) توأم با تهدید، همراه تهدید: «صورتش خشك و تهدید آمیز مینمود.»

تهدید کردن t.-kardan [ع.-ف.] (مص م.) ترسانیدن، بیم کردن.

ته دیگ tah-dīg (إمر.) ورقه‌ای از پلو که در ته دیگ چسبیده و برشته شده باشد.

تهذیب tahzīb [ع.] ۱ - (مص م.) پاکیزه کردن، پیراستن، پاك داشتن. ۲ - پاکیزه کردن اخلاق. ۳ - (اد.) اصلاح کردن ازعیب ونقص (شعریا نثر را). ۴ - (إمص.) پیرایش. ۵ - پاکیزگی. ج. تهذیبات. ‖ ـــِ اخلاق. (علم) ← اخلاق. ‖ ـــِ نفس (علم). ← اخلاق.

تهذیبات tahzīb-āt [ع.] (مص.، إ.) ج. تهذیب (ه.م.)

تهذیب کردن t.-kardan [ع.-ف.] (مص م.) ۱ - پیراستن، پاکیزه کردن. ۲ - (اد.) اصلاح کردن عیب (شعر یا نثر را).

ته رنگ tah-rang (اِمر.) (نق.) آستر، رنگی کم رمق ، که‌بوسیلهٔ آن جای عوامل وعناصریك تابلو مشخص میشود. نقاش‌بروی ته‌رنگ،رنگ‌اصلی را قرار میدهد.

ته ریش tah-rīš (اِمر.) ریش اندك، ریشی باموهای اندك‌که برصورت‌ظاهر باشد؛ محاسن کوتاه.

تهك tuhīk [په. tohek،tehek، tihik،قس. تهی] (ص.) ۱ - خالی، تهی. ۲ - برهنه، عریان.

تهکم tahakkom [ع.] ۱ - (مص ل.) فسوس داشتن،دست انداختن. ۲ - (اِمص.) ریشخند. ج. تهکمات.

تهکمات tahakkom-āt [ع.](مص.، اِ.) ج. تهکم (ه.م.)

تهلکه tahloka(-e) [=ع. تهلکة] ۱- (مص ل.) هلاك شدن، نابود گشتن. ۲ - (اِمص.) هلاك، نابودی. ۳ - (اِ.) هر-چیزی که‌نتیجه‌اش نابودی باشد.

تهلیل tahlīl [ع.از هیللة] (مص ل.) تسبیح کردن ، لااله‌الاالله گفتن . ج. تهلیلات.

تهلیلات tahlīl-āt [ع.](مص.،اِ.) ج. تهلیل (ه.م.)

تهم tahm [په. tahm] (ص.) ۱ - قوی، نیرومند. ۲ - شجاع، دلیر. ← تهمتن.

تهم tọham [ع.] (اِ.) ج. تهمت(ه.م.)

تهمت tohmat [=ع. تهمة] (اِ.) بدگمانی ، گمان بد ، افترا . ج. تهم وتهمات.

تهمتن tahm-tan [← تهم](ص‌مر.) ۱ - قوی ، نیرومند. ۲ - شجاع،دلیر. ۳ -(اِخ.)لقب‌رستم‌بن زال . ۴ -(اِخ.) لقب‌بهمن‌بن گشتاسب .

ته‌نشست tah-neša(e)st [= ته - نشستن] ۱ - (مص‌خم.) (فره.)رسوب مواد موجود درآبها. ۲- (اِمر.) (زم.) ماده ای که در آب رودها و مردابها و دریاچه‌ها و دریاها راسب میشود[1]. ۳ - طبقه‌ای اززمین که‌نتیجهٔ‌رسوب‌مواد محلول‌یامخلوط درآب دریاها وررودها است . ۴ -آنچه ته‌نشین شود.

ته نشستن tah-neša(e)stan (مص ل.) ته نشین شدن ، در ته ظرف جای گرفتن مواد؛ رسوب.

ته نشسته tah-neša(e)sta(-e) ۱- (اِمف.) راسب شده ، رسوب یافته، ته‌نشین‌شده، بصورت رسوب‌درآمده. ۲ - (زم.)زمینهاوسنگهایی‌که نتیجهٔ رسوب مواد محلول یا معلق آب دریاهاست ، سنگها و طبقاتی اززمین که در نتیجهٔ رسوب‌موادموجوددرآب‌دریاورودخانه‌ها بوجودآمده‌اند[2]؛ رسوبی.

ته نشین tah-nešīn [= ته‌نشیننده] (ص‌فا.،اِمر.) ۱ - آنچه زیر آب رود وته ظرف جای‌گیرد ، ته‌نشسته . ۲ - (پز.)موادداروییکه براثرعدم انحلال درحلال یادر نتیجهٔ ترکیبات شیمیایی راسب‌شوند[3] ، درد، راسب .

ته نشین شدن t.-šodan (مص ل.) ته‌نشستن (ه.م.)

تهنیت tahniyat [=ع تهنئة] ۱ - (مص‌م.) شادباش گفتن،مبارکباد گفتن. ۲ - (اِمص.) شادباش. ج. تهانی.

تهور tahavvor [ع.] ۱ - (مص ل.) منهدم شدن، فروریختن بنا . ۲ - بی‌باکی کردن، بی‌پروایی کردن. ۳ - (اِمص.) بی‌باکی، بی‌پروایی، گستاخی. ج. تهورات.

تهورات tahavvor-āt [ع.](مص.، اِ.) ج. تهور(ه.م.)

۱- **Sédiment** (فر.) ۲- **Sédimentaire** (فر.) ۳- **Précipité** (فر.)

تهوع tahavvo' [ع.] ۱ - (مص ل.) بهم خوردن (ذل ، معده ، انقلاب معده)، قی کردن، استفراغ کردن . ۲ - (إ.) منش گردا، استفراغ. ج. تهوعات.

تهوعات tahavvo'-āt [ع.] (مص.، إ.) ج. تهوع (ه.م.)

تهوید tahvīd (مص ل.) (مس.) ۱- آواز بگلو بر گردانیدن بنرمی. ۲- نیکو کردن آواز، سرود گفتن، اشتغال یافتن بسرود وسماع، نرم بانگ کردن.

تهویل tahvīl [ع.] (مص م.) ۱ - بترس افکندن، ترسناك نمودن، سهمناك کردن . ۲ - زینت دادن بوسیلهٔ جامه وزیور. ج. تهویلات.

تهویلات tahvīl-āt [ع.] (مص.، إ.) ج. تهویل (ه.م.)

تهویه tahviya(-e) [= ع. تهویة] ۱ - (مص م.) هوا دادن ، عوض کردن هوای اطاق ومحوطه‌ای. ‖ **دستگاه ~** . (فز.) دستگاهی که برای ایجاد هوای مطبوع درسالن‌ها واماکن عمومی نصب کنند .

تهویه (دستگاه)

تهی tohī [په. tihīk، tūhīk ← تهك، تی] (ص.) خالی؛ مق. پر.

تهیؤ tahayyo' [ع.] ۱ - (مص ل.) آماده بودن، ساخته شدن. ۲ - (إمص.) آمادگی.

تهیه tahīyya(-e) [= ع. تهیئة] ۱ - (مص م.) آماده کردن، ساختن. ۲- (إمص.) آمادگی ، بسیج.

تهیج tahayyoǰ [ع.] ۱ - (مص ل.) برانگیخته شدن، بهیجان آمدن . ۲ - (إمص .) برانگیختگی ، هیجان . ج. تهیجات.

تهیجات tahayyoǰ-āt [ع.] (مص.، إ.) ج. تهیج (ه.م.)

تهیدست tohī-dast (ص مر.) بی‌چیز، تنگدست، فقیر.

تهیدستی tohī-dast-ī (حامص.) بی‌چیزی، تنگدستی ، فقر، بی‌پولی.

تهیگاه tohī-gāh (إمر.) ۱- جانب راست و چپ شکم، پهلو . ۲ - لگن خاصره .

تهی رفتن tohī-raftan (مص ل.) سفر بیفایده و بی‌جهت کردن ← تهی‌رو.

تهی رو tohī-raw(row) [= تهی رونده ← تهی رفتن] (ص فا.) ۱- بیهوده سفر کننده. ۲ - آواره، دربدر، خانه بدوش.

تهییج tahyīǰ [ع.] ۱ - (مص م.) برانگیختن. ۲ - (إمص .) انگیزش. ج. تهییجات.

تهییجات tahyīǰ-āt [ع.] (مص .، إ.) ج. تهییج (ه.م.)

تهییج کردن t.-kardan [ع.-ف.] (مص م.) برانگیختن، تحریك کردن.

تی tī [= تهی] (ص.) خالی، تهی: اشکم تی (مثنوی)

تیابشت tiyābašt (إ.) (گیا.) سقز (ه.م.)

تیاتر tiyātr (إ.) (نم.) ← تآتر.

تیاسر tayāsor [ع.] ۱ - (مص ل.) بچپ گشتن، بطرف چپ مایل شدن؛ مق. تیامن. ۲ - (إ.) سمت چپ.

تیامن tayāmon [ع.] ۱ - (مص ل.) براست گشتن، بسمت راست قرار گرفتن؛

مق. تیاسر. ۲ - (إ.) سمت راست.

تیان tiyān (إ.) دیگ سر گشاد؛ بزرگ، دیگ پهن، پاتیل.

تیانچه tiyān-ča(-e) (إمصغ.) پاتیل کوچك.

تیب tīb [← تیب و شیب] (ص.) سرگشته، مدهوش، حیران.

تیب و شیب tīb-o-šīb [← تیب] (صمر.) سرگشته، مدهوش، بیقرار، حیران.

تیبا tībā (إ.) ۱ - عشوه، فریب. ۲- دفع، ردسخن کسی. ۳ - وقت گذرانی بیهوده. ۴ - شوخی، ریشخند.

۱ - تیپ tīp [فر. type] (إ.) نمونهٔ بارز ازیك دسته، نوع، جنس، صنف؛ تیپ فرانسوی، تیپ انگلیسی.

۲ - تیپ tīp [فر. type، نمونه (واحد نظامی)؟] (إ.) واحدی در نظام که در تشکیلات کنونی شامل چند هنگ (فوج) است و هرلشکر شامل چند تیپ. ‖ به ~ یکدیگرزدن (عم.) با یکدیگر منازعه کردن.

تیپا tīpā (إ.) ضربه‌ای که با نوك پنجه زنند، تك پا.

تیپا زدن t.-zadan (مصم.) با نوك پا ضربه زدن، تك پا زدن.

تیتال tītāl (إ.) ۱ - فریب، مکر. ۲- چاپلوسی، تملق.

تی تی tī-tī (إصت.) ۱ - کلمه‌ای که بدان مرغان را طلبند. ۲ - زبان کودکانه. ۳ - سخن گویی همچون کودکان.

تیتو tī-tū [= طیطو = طیطوی] (إ.) ← طیطو.

تی تی tītī [= تتی] (إ.) ۱ - آنچه از خمیر نان بشکل مرغان و جانوران سازند و بپزند و بکودکان دهند تا بخورند. ۲ - کلمه‌ای که مرغان را بدان طلبند.

تیج tīǰ [= تژ = تز] (إ.) برگ نو برآمده از درخت؛ جوانه.

تیجان tīǰān [ع.] (إ.) ج. تاج (ه.م.)؛ افسرها.

تیخ tīx [= تیغ] (إ.) هرچیز که‌سر آن تیز باشد.

۱ - تیر tīr [په. tīr] (إ.) ۱ - چوب راست و باریك دارای نوکی آهنین و تیز که آنرا باکمان پرتاب کنند. ۲ - گلوله‌ای که باتفنگ، توپ و مانند آنها پرتاب کنند. ۳ - چوب راست و دراز و کلفت که از تنهٔ درختان محکم برند و روی سقف بناها اندازند. ‖ ~ آهن (آهنی). آهنی دراز که بجای تیر چوبی برای پوشش سقف یا نصب ستون و غیره در بنا بکار برند. ‖ ~ تخش [← تخش]. تیر هوایی، تیرآتشبازی. ‖ ~ تظلم. (کن.) آه مظلومان. ‖ ~ چرخ. ۱ - (إخ.) عطارد. ۲ - چیزی مانند تیر هوایی که‌ازآهن میساختند، ودرون آنرا پر از باروت کرده آتش میزدند و بجانب دشمن سرمیدادند، وآن در هندوستان معمول بود. ‖ ~ سحر. (کن.) ۱ - روشنی صبح کاذب. ۲ - آه سحری. ۳ - دعای بد، نفرین. ‖ ~ شه (شاه). تیری بوده است که بر آن نام‌پادشاهان‌را می‌نوشتندوبدست غلامان شاهی که بکشورهای خارجه مسافرت میکردند، میدادند و آن بمنزلهٔ گذرنامهٔ امروز بود. ‖ ~ گردون. ۱ - (إخ.) عطارد. ۲ - (کن.) حادثهٔ آسمانی.

۲ - تیر tīr [په. tištar] (إ.)

۱ - (اخ.) فرشته‌ای که موکل است بر روز گیر و ماه تیر ← بخش۳. ۲ - ماه چهارم از هر ماه شمسی . ۳ - روز سیزدهم از هرماه شمسی . ۴ - فصل پاییز، خزان. (ضح . - در قدیم تیرماه بپاییز می‌افتاد.) ۵ - ستارهٔ عطارد .

۳ - تیر tīr (ا.) بهره، حصه، قسمت.

۴ - تیر tīr [= تیره] (ص.) تیره، تاریك.

تیر tayor [= تیور] (ا.) (جانـ .) ← تیور .

تیرازن tīrāzan (ا.) (گیا.) شاه افسر (ه.م.)

تیراژ tīrāž [فر. tirage] (ا.) تعداد روزنامه ، مجله ، کتاب و غیره که در یك نوبت بچاپ رسد .

تیراژه tīrāža(-e) [← تیراژی] (ا.) قوس قزح، رنگین کمان.

تیراژی tīrāžī [= تیراژه] (ا.) ← تیراژه .

تیراست tīr-ast [= تیرست] (ا.، عد.) ← تیرست.

تیر افکندن tīr-afkandan (مص ل.) ۱ - پرتاب کردن تیر بوسیلهٔ کمان، تفنگ و غیره. ۲ - (کنـ.) طعنه زدن. ۳ - (کنـ.) دعای بد کردن ، نفرین کردن .

تیر انداختن tīr-andāxtan (مص ل.) ← تیر افکندن .

تیرباران tīr-bārān (امر.) ۱ - فروریختن تیرهای متوالی و بسیار از هرطرف. ۲ - نوعی اعدام، وآن چنین است که محکوم را سر پا نگاهداشته ، چند سرباز بایك فرمان بسوی او شلیك کنند .

تیر باران کردن t.-kardan [← تیرباران] (مص م.) شلیك کردن سربازان بسوی دشمن یا محکوم باعدام.

تیربند tīr-band (امر.) کمربندی که از چند رشته پشم شتر بر تافته ساخته باشند، وآنرا سابقاً شاطران در بالای قنطوره بر کمر می‌بستند و بر یك سر آن زهگیر و خلالدان و مانند آن می آویختند و زنگها را بدان بند میکردند.

تیردان tīr-dān (امر.) جای تیر ، ترکش، تیرکش .

تیررس tīr-ras(res) (امر.) ۱ - مسافتی که تیر بتواند بهدف اصابت کند. ۲ - پایان مسافت مذکور ↑ .

تیرست tīr-ast [= تری‌ست = سه‌صد = سیصد] (ا.،عد.) سیصد(۳۰۰).

تیرروز tīr-rūz [← ۲ تیر۳]. (امر.) روز سیزدهم از هرماه شمسی.

تیرك tīr-ak ۱ - (امصغ .) تیر کوچك. ۲ - ستونی که در وسط چادر و سراپرده نصب کنند و چادر بر روی آن قرار گیرد؛ دیرك. ۳ - آبله‌هایی که در دیگ آب جوشان یا در میان روغن جوشان بسبب پخته شدن گوشت بهم رسد. ۴ - جهش خون از رگ یا آب از آبدزدك یا سوراخ مشك ومانند آن. ۵ - ایجاد درد و وجع در اعضا.

تیرك زدن tīrak-zadan (مص ل.) ۱- جهیدن آب یامایعی دیگر ازسوراخی باریك. ۲ - تیر کشیدن.

تیرکش tīr-kaš [= ترکش] (ا.) ← ترکش.

تیرکشیدن tīr-kašīdan(keš.-) (مص ل.) درد گرفتن اعضای بدن چنانکه گویی سوزنی در آن فرو میکنند .

تیرکمان tīr-kamān (امر .) ۱ - تیر وکمان. ۲ - کمان . ‖ ~ آبی،

تیر وکمان

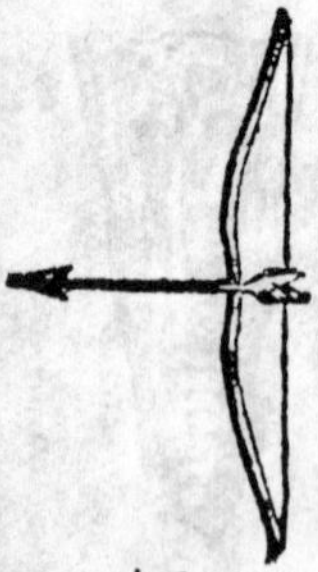

تیرگان

(گیا.) گیاهی[1] از تیرهٔ بارهنگهای آبی جزو ردهٔ تك لپه‌ییها که آبزی و پایا وعلفی است، ودارای ساقه‌ای افقی میباشد که ازآن برگهای هوایی وبرگهای آبی خارج شوند.

تیر کمان آبی (گل ودانه)

تیروئید

تیرهٔ پشت

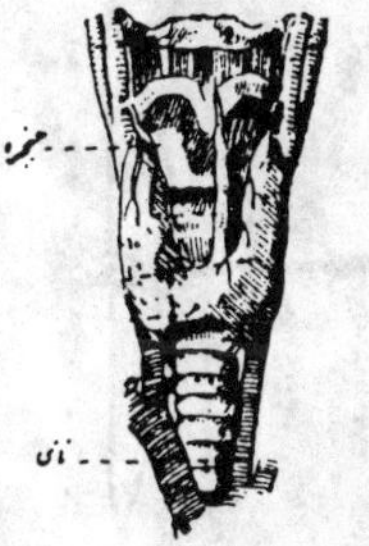

تیرگان tīr-gān (اِ.) جشنی که در تیرروز (سیزدهم) از تیرماه برپامیشده.

تیرگی tīra(e)g-ī (حامص. تیره) ۱ - تاریکی، سیاهی اندك. ۲ - (کنـ.) کدورت خاطر.

تیرم tīram [تر.] (اِ) بانوی‌بزرگ، خاتون ارجمند.

تیرماه tīr-māh [← ۲ تیر ۲] (اِمر.) ماه چهارم از سال شمسی.

تیرماهی tīr-māh-ī [← تیرماه] (ص‌نسبـ.) ۱ - منسوب به تیر ماه. ۲ - پاییزی، پاییزه. (ضح. ـ درقدیم تیرماه درفصل پاییز می‌افتاد). ۳ - محصولی که در پاییز کشته باشند (بیشتر در سیستان).

تیروئید tīroīd [فر. thyroïde] (اِ.) (پز) یکی از غدد مترشح داخلی[2] که درقسمت قدامی و تحتانی حنجره قرار دارد. این غده درانسان ازواحدی ساخته‌شده‌ودارای دولب طرفی‌وتنگه‌ای وسطی است. رنگش خاکستری و نرم ودر ملامسه قابل ارتجاع است. وزنش در انسان بالغ بر ۲۰ تا ۳۵ گرم است. فقدان این‌غده یا اختلالی‌در ترشحات آن‌موجب اختلالات شدید درحیات شخص گردد. برداشتن آن یاکمی ترشح آن موجب توقف نموجسمی وعقلی شود وتبادلات غذایی را نقصان دهد.

۱ - تیره tīra(-e) [است. taθrya] (ص.) ۱ - تاریك، سیاه، کمرنگ. ۲ - گل‌آلود: آب تیره.

۲ - تیره tīra(-e) (اِ.) ۱ - دسته‌ای از مردم ازیك نژاد. ۲ - طایفه، دسته‌ای ازمردم. ۳ - (جانـ.، گیا.) یکی ازمدارج تقسیم بندی گیاهان و جانوران که‌پس از «رده» قرار دارد.

۳ - تیره tīra(-e) [گیلـ. tīra] ۱ - مهره، گلوله (گلین). ‖ ~ پشت. (پز.) ستون‌فقرات[3] (فره.).

تیره بخت t.-baxt (ص‌مر.) بدبخت، سیاه بخت.

تیره بختی t.-baxt-ī (حامص.) بدبختی، سیاه‌بختی.

تیره دست t.-dast (ص‌مر) ۱ - آنکه اعمال بد ازو سرزند. ۲ - (کنـ.) دنیا، عالم.

تیره دل t.-del (ص‌مر.) سیاه دل، گمراه، بدخواه مردم.

تیره دلی t.-del-ī (حامص.) عمل وحالت تیره دل (ه‌م.)، سیاه‌دلی.

تیره رنگ t.-rang (ص‌مر.) سیاه رنگ.

تیره رنگی t.-rang-ī (حامص.) سیاهرنگی، سیاهی.

---

۱ – Sagittaria sagittifolia (لا.), sagittaire (فر.)
۲ – Glande endocrine (فر.)
۳ – Colonne vertébrale (فر.)

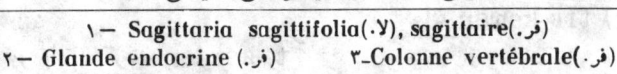

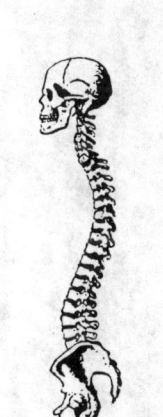

تیره روز t.-rūz (ص‌مر.) سیاه‌روز، بدبخت.

تیره روزی t.-rūz-ī (حامص.) سیاه روزی، بدبختی.

تیره گل t.-gel (ص‌مر.) دردآمیز، درد آمیخته (آب، شراب).

تیریز tīrīz (tērīz. قد) [= تریز = تریج] (إ.) ۱- شاخ جامه را گویند که جا پوق است. ۲- بال و پر مرغان.

تیز tīz (tēz. قد) [tēž. په] ۱- (ص.) تند، بران، قاطع؛ مق. کند. ۲- (ق.) زود، بشتاب؛ مق. کند. ۳- (ص.) هرچیز که طعم آن حاد باشد و زبان را بسوزاند. ۴- (إ.) گوز، ضرطه.

تیزاب tīz-āb (إمر.) (شم.) مایعی است بیرنگ و تندبو. استنشاق بخار آن خطرناك است. غالب فلزات را حل میکند. اگر آنرا با اسیدکلریدریك مخلوط کنند تیزاب سلطانی بدست آید؛ تندآب، جوهرشوره، اسیدازتیك[۱]، اسیدنیتریك[۲]. ‖ ~ سلطانی[۳]. (شم.) مخلوطی از تیزاب (اسیدازتیك) و اسید کلریدریك (جوهرنمك) که میتواند همهٔ فلزات ـ حتی طلا ـ را درخود حل کند؛ تیزاب طلایی، تیزاب فاروق.

تیزآب tīz-āb (إمر.) ← تیزاب ↑.

تیزبال t.-bāl (ص‌مر.) پرنده‌ای که تند پرواز کند؛ تیزپر، سریع‌الطیران.

تیزبالی t.-bāl-ī (حامص.) تند پروازی، تیزپری.

تیزبین t.-bīn [= تیزبیننده] (ص‌فا.) (کن.) دقیق، بادقت، کنجکاو.

تیز بینی t.-bīn-ī (حامص.) دقت، کنجکاوی.

تیز شدن tīz-šodan (مص‌ل.) ← تیز گردیدن.

تیز طرف tīz-tarf [ف.-ع.] (ص‌مر.) تیزچشم، تیزبین، روشن‌بین.

تیز فعل tīz-fe'l [ف.-ع.] (ص‌مر.) آنچه زود تأثیر و عمل کند، سریع‌التأثیر، سریع‌العمل.

تیزك tīz-ak (إمر.) (گیا.) ← تره تیزك.

تیز کردن tīz-kardan (مص م.) ۱- تند و بران کردن لبه یا نوك چیزی (مانند شمشیر، نیزه وغیره). ۲- (کن.) خشمگین ساختن، عصبانی کردن.

تیز گردیدن tīz-gardīdan (مص ل.) ۱- تند و بران شدن لبه یا نوك چیزی (مانند شمشیر، نیزه و غیره). ۲- (کن.) خشمگین شدن، قهرآلود شدن.

تیز مغز tīz-maγz (ص‌مر.) مرد تند و تیز که زود از جا در رود.

تیز مغزی t.-maγz-ī (حامص.) حالت تیز مغز (ه.م.)

تیزنا t.-nā [← نا] (إمر.) تیزی تیغ، شمشیر، خنجر وغیره.

تیز ویر t.-vīr [← ویر] (ص‌مر.) تیزهوش، هوشیار.

تیزویری t.-vīr-ī (حامص.) تیز‌هوشی، هوشیاری.

تیزهش t.-hoš [= تیزهوش] (ص‌مر.) ← تیزهوش.

تیزهشی t.-hoš-ī [= تیزهوشی] (حامص.) ← تیزهوشی.

تیز هوش t.-hūš [= تیزهش] (ص‌مر.) هوشیار، هوشمند، تیزویر، با هوش.

تیز هوشی t.-hūš-ī [= تیزهشی]

۱- Acide azotique (فر.) ۲- Acide nitrique (فر.) ۳- Eau régale (فر.)

(حامص.)هوشیاری، هوشمندی، باهوشی، تیز ویری.

تیزی tīz-ī (قد. tēz-ī-) (حامص.) ۱ - تیز بودن، تندبودن؛ مق . کندی . ۲ - حدت طعم(فلفل، زنجبیل وغیره). ۳ - (اِ.) زنجبیل. ۴ - (مس.) یکی‌از آهنگهای‌موسیقی. ‖ ~ **باخرز.** (مس.) پرده‌ایست از موسیقی قدیم . ‖ ~ **راست** . (مس.) نغمه‌ایست‌ازموسیقی‌قدیم، گردانیه.

تیشه

تیژ tīž [= تز] (اِ.)(گیا.) تز(ه.م.)

تیس tīs (اِ.) (گیا.) درختی[1] ازتیرهٔ گل‌سرخیان که برگهایش مرکب‌است. گلهایش‌سفیدخوشه‌یی‌ومیوه‌اش‌ریزوگرد است. چوب این‌درخت‌سخت و رنگین وقرمز رنگ‌است؛ غبیرای‌بری، پرندهٔ انکور .

تیس (گل ومقطع آن)

تیغ سلمانی

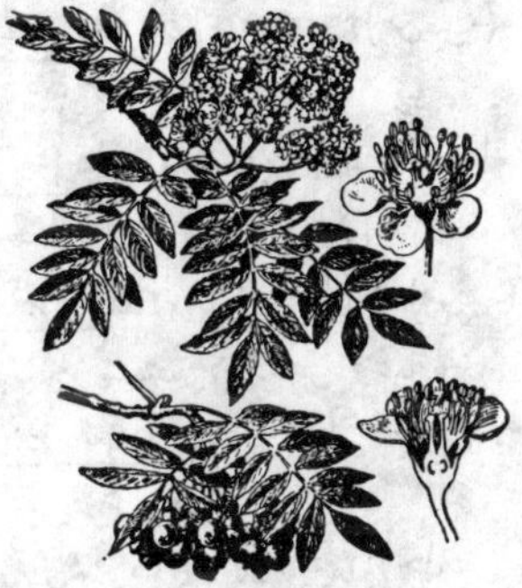

تیسر tayassor [ع.] ۱ - (مص‌ل.) آسان شدن، دست دادن. ۲ - (اِمص .) آسانی. ج. تیسرات.

تیسرات tayassor-āt [ع.] (مص.، اِ.) ج. تیسر (ه.م.)

تیسیر taysīr [ع.] ۱ - (مص م .) آسان‌کردن، سهل‌کردن. ۲ - (اِمص.) آسانی. ج. تیسیرات.

تیسیرات taysīr-āt [ع.] (مص.، اِ.) ج. تیسیر (ه.م.)

تیشه tīša(-e) [په. tīšak] ۱-(اِ.) افزار آهنی نجاران. ۲ - افزار آهنی سنگتراشان. ‖ ~ **برپای خودزدن.** (کن.) برهم زدن کارو بارخود، ضایع کردن کارخویش. ‖ ~ **بسوی خودزدن.** (کن.) حریص بودن ، طمع‌داشتن. ‖ ~ **فرهاد تیزکردن.** (کن .) شروع کردن به‌عشق ورزی .

تیغ tīγ (قد. tēγ) [په. tīγ] ۱-(اِ.) شمشیر. ۲ - استرهٔ حجام وسرتراش. ‖ ~ **چوبین.** ۱ - شمشیری که از چوب سازند ، و کودکان با آن بازی کنند . ۲ - آلت بیفایده. ۳ - دلایل واحتجاجات بیمورد وبیهوده. ‖ ~ **ستم.** (کن.) رونق ظلم، رواج تعدی . ‖ ~ **نطق.** (کن.)زبان‌فصیح. ‖ ~ **درغلاف‌کردن.** ۱ - شمشیر را در غلاف جای دادن. ۲ - ساکت ماندن ، سخن را تمام ناکرده‌خاموش شدن. ‖ ~ **لا راندن.** شمشیرلااله زدن، ازغیر حق اعراض‌کردن، محو کردن ما سوی‌الله ازلوحهٔ‌دل. ۳ - بلندی کوه، قله. ‖ ~ **کوه** . قلهٔ کوه . ۴ - فروغ، روشنی ، روشنایی. ‖ ~ **آفتاب.** ← تیغ‌خورشید ↓. ‖ ~ **افراسیاب.** (کن.)خط‌شعاعی که از تابش آفتاب، آتش ، چراغ در پیاله افتد . ‖ ~ **خورشید.** (کن .) شعاع‌خورشید . ‖ ~ **سحر.** ۱- (کن.) آه سحری‌که از روی درد باشد . ۲ - دعای صبحگاهی . ۳ - روشنایی صبح صادق وصبح کاذب.

تیغ زن tīγ-zan [= تیغ زننده] (ص‌فا.) ۱ -شمشیرزن. ۲ -بکاربرندهٔ استره. ۳ -روزسیزدهم‌ازماههای‌ملکی.

۱- **Sorbus aucuparia** (لا.), **sorbier** (فر.)

تیمارخوردن

‖ ~ِ آسمان. ۱ - (کنـ.) صبح‌صادق. ۲ - (کنـ.) آفتاب ، خورشید . ۳ - (کنـ.) مریخ.

تیغه tīγa(-e) [په. tēxak ← تیغ] (إمر.) ۱ - هرچیز که مانند تیغ باشد، آنچه که از آهن و فولادساخته باشندودارای لبه‌ای تیز بود. ۲ - ساقهٔ شمشیر ، کارد وغیره. ۳ - (بنا.) دیوار یک‌لایی‌نازک بقطر یک آجر. ۴ - بلندی کوه، قله، تیغ. ‖ ~ٔ کوه. قلهٔ کوه.

تیف tīf [گیل. tīf] (إ.) خس وخار وخلاشه.

تیفاف tīfāf (إ.) (گیا.) کاسنی (ه.م.)

تیفاگنج tīfā-ganǰ (إمر.) (مس.) ← تیف‌گنج.

تیف‌گنج tīf-ganǰ [= تیفاگنج] (إمر.)(مس.) نوایی‌است‌ازموسیقی‌قدیم.

تیفوئید tīfoīd [فر. typhoïde] (إ.) (پز.) حصبه (ه.م.)

تیفوس tīfūs [فر. typhus] (إ.) (پز.) مرضی عفونی که بوسیلهٔ شپش سرایت کند و چون علایم ظاهری آن شبیه به تیفوئید (حصبه) است بدین نام خوانده‌شده، وچون‌دارای‌بثورجلدی است آنرا تیفوس پتشیال[1] یا تیفوس اکزانتماتیک[2] نامند. میکرب بوسیلهٔ نیش زدن شپش و ریختن مدفوع‌اش درمحل گزیدگی یاخاراندن خودشخص وارد خون میشود وشخص سالم رامبتلا میکند و در صورتیکه در معالجهٔ آن اهمال شود خطرناک است ؛ محرقه .

تیقظ tayaγγoz [ع.] ۱ - (مصل.) بیدار شدن از خواب ، هوشیار گردیدن. ۲ - (إمص.) بیداری، هوشیاری. ج. تیقظات.

تیقظات tayaγγoz-āt [ع.] (مص.، إ.) ج. تیقظ (ه.م.)

تیقن tayaγγon [ع.] ۱ - (مصل.) یقین کردن، بی‌گمان‌شدن. ۲ - (إمص.) بی‌گمانی، یقین. ج. تیقنات.

تیقنات tayaγγon-āt [ع.] (مص.، إ.) ج. تیقن (ه.م.)

تیکوت tīkūt [= تاکوت] (إ.) (گیا.) تاکوت (ه.م.)

تی‌گیله tīgīla(-e) (إ.) (گیا.) تاقوت (ه.م.)

تیله tīla(-e) (إ.) گلولهٔ کوچک سنگی‌یا بلورین که‌کودکان با آن‌بازی کنند.

۱ - تیم tīm [سغ. tym] (إ.) کاروان‌سرای بزرگ.

۲ - تیم tīm (إ.) تعهد، غمخواری.

۳ - تیم tīm [انگ. team] (إ.) (ور.) دسته‌ای‌ورزشکار که دریکی از فنون ورزشی کار کنند : تیم فوتبال ، تیم والیبال.

تیما taymā [= ع. تیماء] (إ.) ← تیماء.

تیماء taymā' [ع.، ف.: تیما] (إ.) نجد، دشت، بیابان.

تیماج tīmāǰ (إ.) پوست بز دباغی شده.

تیمار tīmār (إ.) ۱ - خدمت‌وغمخواری و محافظت کسی که بیماربود ؛ تعهد. ۲ - فکر، اندیشه.

تیمار خوار t.-xār [= تیمارخوارنده] (صفا.) ۱ - غمخوار. ۲ - پرستار.

تیمارخوردن t.-xordan (مصل.) غمخواری کردن، تعهدکردن.

۱- Typhus ptéchiale (فر.)

۲- T. exanthématique (فر.)

۱۱۸۲ تیماردار

تیمار دار t.-dār [= تیماردارنده] (صفا.) ۱ - غمخوار. ۲ - پرستار، خدمتکار.

تیمار داری t.-dār-ī (حامص.) ۱ - غمخواری. ۲ - پرستاری، خدمتکاری.

تیمار داشت t.-dāšt [= تیمار داشتن] (مص خم.) ۱ - غم‌خوردن، تعهد کردن، مواظبت. ۲ - خدمت، پرستاری.

تیمار داشتن t.-dāštan (مص م.) ۱ - تعهد کردن، غمخواری کردن. ۲ - خدمت ومحافظت کردن کسی را که بیمار باشد یا ببلایی گرفتار بود.

تیمارستان tīmār-estān (اِمر.) (فره.) جایی که دیوانگان را نگهداری ومداوا کنند؛ دارالمجانین.

تیمارگاه tīmār-gāh (اِمر.) (فره.) بخشی ازادارهٔ بهداری شهری که در آن بیماران تهیدست را مداوا کنند؛ پست امدادی.

تیمار کردن t.-kardan (مص م.) ۱ - غمخواری کردن، تعهد کردن، محافظت کردن از کسی. ۲ - خدمت کردن، پرستاری کردن.

تیمچه tīm-ča(-e) [← تیم] (اِمصغ.) کاروانسرای کوچك، سرایی دارای چند دکان که تاجران در آن داد وستد کنند (فره.).

تیمر tīmar (اِ.) (گیا.) گیاهی[1] از تیرهٔ شاه‌پسند که بصورت درخت یا درختچه میباشد. اصل آن ازهندوستان و افریقای مرکزی است و در نواحی جنوبی ایران نیز یافت شود. برگش بیضوی کامل و سطح فوقانی پهنکش سبز رنگ و سطح تحتانی پهنك سفید است. پوست آن در تداوی بعنوان‌مدر مستعمل است.

تیموس

تیمسار tīm-sār [= تیم (ه‍.م.) + سار = سر] (اِمر.) عنوانی که در نظام بصاحبمنصبان (ازسرتیپ ببالا) اختصاص دارد؛ حضرت. ضح. - این لغت از برساخته های فرقهٔ آذرکیوان است که بار دیگر درعصر ما متداول گردیده.

تیمم tayammom [ع.] ۱ - (مص ل.) ازروی قصد و عمدکاری کردن. ۲ - (فق.) دست وروی را بخاك‌مالیدن، بجای وضووغسل بهنگام بیماری یادر جایی که‌بآب‌دسترس نیست. ج. تیممات.

تیممات tayammom-āt [ع.] (مص.، اِ.) ج. تیمم (ه‍.م.)

تیمن tayammon [ع.] ۱ - (مص‌ل.) همایون داشتن، خجسته‌داشتن، تبرك جستن، فرخ شمردن، بفال‌نیك‌گرفتن. ۲ - (اِمص.) خجستگی، فرخندگی، میمنت. ج. تیمنات.

تیمنات tayammon-āt [ع.] (مص.، اِ.) ج. تیمن (ه‍.م.)

تیمناً tayammon-an [ع.] (ق.) بطور میمنت وبرکت، برای تیمن.

تیموس tīmūs [فر. thymus] (پز.) غده‌ای فرد[2] که‌درجلو قصبةالریه ودرعقب‌استخوان جناغ سینه واقع‌است وازدولب چپ و راست تشکیل شده است. این غده صاف ورنگش درجنین گلی ولی در کودك خاکستری است. غدهٔ مذکور درسن بلوغ بنهایت نمو خود میرسد ولی از آن ببعد کوچك میشود ودرسن کهولت ازبین میرود. وجود این غده موجب مساعدکردن‌نمو بدن است و فقدانش نمو را متوقف میسازد.

۱ - تین tīn [ع.] (اِ.) (گیا.) انجیر (ه‍.م.) ‖ ـــ هندی. (گیا.) ریزوفور (ه‍.م.)

---

۱ - Avicennia officinalis (لا.), avicenne (فر.)   ۲ - Sternum (فر.)

۲ ـ تین tīn [انگ. tin، فر. tine] (إ.) جعبهٔ حلبی که در آن آب، روغن ومانند آن کنند.

تیو tīv (tēv. قد.) [← تاو، تاب] (إ.) تاب، طاقت، توانایی.

تیور tayūr [= تیر tayor] (إ.) (جا ن.) مرغی است شبیه به طاوس ماده، شفنین.

تیول toyūl [تر.] (إ.) واگذاری درآمد وهزینهٔ ناحیهٔ معینی است از طرف پادشاه و دولت باشخاص براثر ابراز لیاقت یا بازای مواجب وحقوق سالیانه (ایلخانان تا قاجاریه)؛ اقطاع.

تیول دار t.-dār [تر. ـ ف. = تیول دارنده] (صفا.) دارندهٔ تیول (ه.م.)

تیول داری t.-dār-ī [تر. ـ ف.] (حامص.) عمل وشغل تیول‌دار (ه.م.)، تیول داشتن.

تیول نامچه t.-nām(a)-ča(-e) [تر. ـ ف.] (إمصغ.) ← تیول‌نامه.

تیول نامه t.-nāma(-e) [تر. ـ ف.] (إمر.) فرمان یاسندی مبنی بر واگذاری تیول بکسان؛ تیول نامچه.

تیه tīh [ع.] ۱ ـ (إمص.) گمراهی، سرگردانی. ۲ ـ خودپسندی، تکبر. ۳ ـ (إ.) بیابان بی آب وعلف که در آن سرگردان شوند.

تیهو tīhū (tey.-) [په. tīhūk] (إ.) (جا ن.) پرنده‌ای[1] از دستهٔ کبکها که کمی از کبک معمولی کوچکتر است، ولی گوشتش بمراتب خوشمزه تر ومطبوع‌تر از کبک است. رنگ پرهایش خاکستری مایل بزرد و زیر بالهایش سیاه است.

تیهو

تی یاتوغ tiyātūγ (إ.) (گیا.) تاقوت (ه.م.)

۱ـ Amnoperdrix griseogularis (.لا), perdrix grise (فر.)

ث (θ)s [ع.] (حر.) ثاء، ثی، حرف پنجم از الفبای فارسی و حرف چهارم از الفبای عربی و چهاردهمین از حروف جمل (ابجد) است و در حساب جمل ۵۰۰ بشمار آید. این حرف در لغات فارسی وجود ندارد و در کلمات دخیل در فارسی تلفظ آن سین است و حرفی صامت (= س) بشمار میرود، و در عربی صوت آن شبیه است به «س» آنگاه که زبان را در میان دندانها در آورند، و آن بصورتهای: ﺛ ، ﺜ ، ث و ﺚ نوشته شود، مانند: ثلث، مثلث، اثاث. ضح. - این حرف در اوستایی و پارسی باستان وجود داشته مانند maēθana (میهن)، miθra (مهر) در اوستایی و spiθra (سپهر) در پارسی باستان.

ث s(θ) [ع.] (اِ.) نشانهٔ اختصاری «حدیث».

ث (θ)s [ع.] (اِ.) (نج.) نشانهٔ اختصاری «تثلیث» (غالباً بدون نقطه [ب] نویسند).

ثا sā(θā) [= ع. ثاء] (اِ.) ← ثاء.

ثاء sā'(θā') [= ثا] (اِ.) نام حرف «ث» (ه.م.)

ثائر sāer [ع.] ← ثایر.

ثائره sāera(-e) [ع.] ← ثایره.

ثابت sābet [ع.] (اِفا. ثبات، ثبوت) ۱- پابرجا، برقرار. ۲- پایدار، پاینده، بادوام. ۳- محقق، مدلل. ۴- مثبت؛ مق. منفی. ۵- (نج.) ستاره‌ای که ساکن است و حرکت نکند؛ مق. سیاره. ج. ثوابت. ‖ **حساب** ~[1]. (بانک.) حسابی که در بانکی از جهت وجهی ثابت برای مدتی معین (معمولاً یکسال) تنظیم شود و در مدت یکسال از آن برداشت نکنند؛ مق. حساب جاری. ‖ **رنگ** ~. رنگی که باشستن و تافتن آفتاب تغییر نکند و محو نگردد. ‖ **ودیعهٔ** ~. (بانک.) ← حساب ثابت.

1- Dépôt fixe (فر.)

ثابتات sābetāt [ع.] ج ثابته (هـ.م.) ستارگان ثابت(هـ.م.) ‖ **چرخ** ~ . **فلك** ~ . فلکی که ستارگان ثابت در آن هستند(بعقیدهٔ قدما)، فلك ثوابت، چرخ هشتم.

ثابت ارکان s.-arkān [ع.](ص مر.) آنچه پایه‌های محکم دارد.

ثابت‌رأی s.-ra'y(rāy (قد. [از ع.] (ص مر.) آنکه درعقیدهٔ خود پا برجاست؛ ثابت عقیده.

ثابت ساختن s.-sāxtan (مص م.) اثبات کردن، مدلل ساختن.

ثابت شدن s.-šodan [ع.-ف.](مص ل.) محقق شدن، مبرهن شدن، مدلل شدن، درست گشتن.

ثابت عزم s.-azm [ع.] (ص مر.) آنکه در تصمیم خود پا برجا باشد؛ راسخ عزم.

ثابت قدم s.-γadam [ع.] (ص مر.) ۱ - آنکه یا آنچه بافشار وزور ازجا نجنبد؛ پا برجا، متین، استوار. ۲ - ثابت عزم، ثابت رأی.

ثابت کردن s.-kardan [ع.-ف.] ۱ - درست کردن، مدلل ساختن، محقق کردن؛ اثبات. ۲ - محق شمردن در دعوی، تصدیق کردن.

ثابته sābet-a(-e) [= ع. ثابتة](إفا.) ۱ - مؤنث ثابت (هـ.م.) ج. ثوابت. ثابتات. ۲ - یکی ازستارگان ثابت (هـ م.)؛ مق. سیاره. ج. ثوابت، ثابتات. ‖ **بروج** ~ . (نج.) ثور، اسد، دلو، عقرب. ‖ **کواکب** ~ . (نج.) ستارگان ثابت (هـ.م.)

ثار sār [ع.] (إ.) ۱ - (إ.) کینه. ۲ - (مص ل.) کینه کشیدن. ۳ - (إمص.) کینه کشی، انتقام، خونخواهی. ۴ - (إ.) خون. ‖ **اخذ** ~ . کین کشی، خونخواهی.

ثافسیا sāfsiyā [= ثافسیا — ثفسیا = تافسیا، معر. سر. مأخوذ از نام جزیرهٔ ثفسوس Thapsus](إ.) (گیا.) صمغ سداب کوهی، صمغ سداب صحرایی. ← تاپسیا.

ثافیسا sāfīsā [= ثافسیا] (إ.) (گیا.) ← ثافسیا، تاپسیا.

ثاقب sāγeb [ع.] (إفا. ثقوب، ثقب) ۱ - روشن، فروزان، مضیء، رخشان، تابان. ۲ - روشن کننده. ۳ - سوراخ کننده. ۴ - (نج.) ستارهٔ روشن. ۵ - نافذ: عقل ثاقب. ج. ثواقب. ‖ **رأی** ~ . رأی نافذ، رأی حاذق. ‖ **شهاب** ~ . (نج.) نیازك ← شهاب ‖ **نجم** ~ . (نج.) ۱ - ستارهٔ بلند وروشن از کواکب. ۲ - (إخ.) زحل، کیوان.

ثاقبه sāγeb-a(-e) [= ع. ثاقبة] (إفا.) مؤنث ثاقب: آراء ثاقبه.

ثالث sāles [ع.](عد. ترتیبی، ص.) ۱ - سوم. ۲ - شخص سوم (بجز گوینده وشنونده). ۳ - (حق.) آنکه نه مدعی و نه مدعی علیه است ودعوی ما به الادعا کند.

ثالثاً sāles-an [ع.] (عد. ترتیبی.) سوم، بارسوم، سه دیگر.

ثالثه sāles-a(-e) [= ع. ثالثة] ۱ - (عد.، ص.) مؤنث ثالث (هـ.م) ۲ - (إ.) شصت یك ثانیه (هـ.م.)، ۱/۶۰ ثانیه، ۱/۳۶۰۰ دقیقه، ۱/۲۱۶۰۰۰ ساعت، وآن به ۶۰ رابعه قسمت شود. ج. ثوالث.

ثالسقیس sālesγīs [معر. یو.] (إ.)(گیا.) تره تیزك صحرایی (هـ.م.). ← تالسقیر.

ثالوث sālūs [ع.] (إ.) آنچه مرکب از سه باشد. ‖ ~ **اقدس**. اب، ابن، روح القدس (درآیین نصاری)؛ اقانیم.

ثافسیا(گل ومقطع میوهٔ آن)

ثالسقیس(و گل آن)

ثامن sāmen [ع.](عد. ترتیبی،ص.) هشتم، هشتمین: امام ثامن.

ثامنه sāmen-a(-e) [=ع. ثامنة] ۱ـ (عد.،ص.) مؤنث ثامن (ه.م.). ۲ـ (إ.) (نجـ.) شصت یك سابعه، $\frac{۱}{۶۰}$ سابعه. هر ثامنه شامل شصت تاسعه است. ج. ثوامن.

ثانوی sānavī(yy) [ع.](ص نسبـ.) منسوب به ثانی (ه.م.)، دومی، دومین: «عادت طبیعت ثانوی است.»

ثانویه sānavīyy-a(-e) [=ع. ثانویة] (ص نسبـ.) مؤنث ثانوی (ه.م.): طبیعت ثانویه.

ثانی sānī [ع.](إفا. ثنی. عد. ترتیبی.) ۱ـ دوم، دویم. ۲ـ جفت. ۳ـ دوتاکننده. ‖ ← اثنین. ← بخش ۲.

ثانیاً sāniy-an [ع.](عد. ترتیبی،ق.) ۱ـ دوم. ۲ـ دوم‌بار، باردیگر، ددیگر، دوباره. ۳ـ پس، سپس.

ثانیه sāniy-a(-e) [=ع ثانیة] ۱ـ (عد.،ص.) ۱ـ مؤنث ثانی. ۲ـ (إ.) شصت یك دقیقه (ه.م.)، $\frac{۱}{۶۰}$ دقیقه، $\frac{۱}{۳۶۰۰}$ ساعت، و آن شامل ۶۰ ثالثه است. ج. ثوانی.

ثانیه‌شمار s.-šomār [ع.-ف. = ثانیه شمارنده] (ص فا.، إمر.) عقربهٔ کوچك که ثانیه‌های دقیقه‌را در دستگاه ساعت معلوم کند.

ثاوی sāvī [ع.](إفا. ثواء) ۱ـ فرود آینده. ۲ـ اقامت (دراز) کننده، مقیم.

ثایر sāyer [=ع. ثائر] ۱ـ (إفا. ثور، ثوران) کینه کشنده، قصاص کننده ۲ـ (إ.) خشم، غضب.

ثایره tāyer-a(-e) [=ع. ثائرة] ۱ـ (إفا.) مؤنث ثایر (ه.م.) ۲ـ (إ.) هیجان.

ثآلیل saālīl [ع.] ج. ثؤلول؛ آزخها، زگیلها. ‖ ← عصبی. (پز.) تومورهایی[۱] که برروی رشته‌های عصبی پیدا میشوند. بعضی از این تومورها منشأی جز منشأ عصبی دارند که بآنها اصطلاحاً نورومهای کاذب[۲] یا ثآلیل عصبی کاذب نام نهاده‌اند (ازقبیل میکزوم‌ها[۲] وفیبرومها[۳] وغیره). ولی بالاختصاص ثآلیل عصبی حقیقی[۵] آنهایی هستند که از خود بافت عصبی منشاء میگیرند. ثآلیل عصبی دردهای شدید تولید میکنند. علت آنها گاهی ممکنست یك علت عفونی یا ضربه باشد. ‖ ← لسان. (إمر.)(پز.) برجستگیهای سطح زبان (ه.م.)

ثاولوجیا saūlūǰiyā [=اثولوجیا، معر. یو. θeologia[۶]] (إ.) ۱ـ علم الهی (اخص)، الهیات. ۲ـ علم کلام.

ثؤلول so'lūl [ع.] (إ.) آزخ، زگیل. ج. ثآلیل.

ثبات sabāt [ع.] ۱ـ (مص ل.) برجای ماندن، قرار گرفتن. ۲ـ دوام یافتن، پایدار ماندن. ۳ـ (إمص.) پابرجایی، استقرار، ثبوت. ۴ـ پایداری، استواری. ‖ ← خواهش. پایداری اراده‌وعزم، ثابت عزمی. ‖ ← عزم. راسخ عزمی، ثابت عزمی. ‖ ← قدم. استقامت، پایداری.

ثبات sabbāt [ع.](ص.) ثبت کننده، کارمند اداره که نامه ها را در دفتر مخصوص ثبت کند، آنکه در دوایر وادارات دولتی وشرکتها وتجارتخانه‌ها بامر ثبت اشتغال دارد.

ثبات sobāt [ع.] (إ.) (پز.) دردی که آدمی‌را از حرکت باز دارد.

ثبات کردن sabāt-kardan [ع.-

۱—Névrome, neurome (فر.) ۲—Pseudo - névrome (فر.) ۳ - Myxomes (فر.) ۴- Fibromes (فر.) ۵—Névrome proprement dit (فر.) ۶— Théologie (فر.)

ف.] ۱ - (مص ل.) پایداری کردن. استقامت ورزیدن. ۲ - ثابت شدن، پایدار ماندن، مداومت کردن، مواظبت نمودن. ۳ - ثبات ورزیدن، مقاومت کردن. ۴ - (إمص.) پایداری، استقامت.

ثبت sabt [ع.] ۱ - (مصم.) قرار دادن، برجای بودن. ۲ - (إمص.) استواری، پایداری، ثبوت. ۳ - نوشتن. ۴ - (إ.) حجت، دلیل، برهان، بینه. ۵ - مهر توقیع. ۶ - (ص.) مرد معتمد، استوار. ۷ - مرد دلاور. ۸ - ثابت رای، ثابت دل. ۹ - (= إمف.) قرار داده شده. ۱۰ - نوشته شده، مرقوم. ۱۱ - (حق.) نوشتن قراردادها و مشخصات املاك در دفاتری که از طرف دولت برای این امور تعیین شده. ثبت مربوط بقراردادها را ثبت اسناد و ثبت مربوط باملاك را ثبت املاك نامند. ‖ ~ اجباری سند. (حق.) هرگاه قانون بلحاظ حفظ منافع عمومی ثبت سندی را لازم شمارد آنرا ثبت اجباری سند گویند و این امر بموجب مادهٔ ۶۴ قانون ثبت استثنایی است.

ثبت sabat [ع.] (ص.) ثقه، مورد اطمینان، کسی که قول او حجت باشد. ج. اثبات. ضح. - این کلمه در «درایه» مستعمل است.

ثبت آمدن sabt-āmadan [ع. - ف.] (مص ل.) نوشته شدن.

ثبت اسناد s.-e asnād [ع.] (إمر.) ۱ - نوشتن سندها (← سند). ۲ - (حق.) ثبت کردن سندها و قراردادها. ‖ ادارهٔ ~ . اداره‌ای که در آن معاملات و نقل و انتقالهای مربوط باملاك و مستغلات را در دفترها و پرونده‌ها ثبت کنند تا حجت باشد. ‖ ~ واملاك. ← ثبت اسناد ↑ .

ثبت املاك s.-e amlāk [ع.] (إمر.) (حق.) ثبت کردن مشخصات ملکها، و آن بر دو قسم است: ‖ ثبت عادی. (حق.) ثبت ملکی که بموجب درخواست مالك در نقطه‌ای از کشور که ثبت املاك اجباریست، بعمل آید. ‖ ثبت عمومی. (حق.) ثبت ملکی که بموجب اظهار نامهٔ ادارهٔ ثبت و دعوت از مالك در نقطه‌ای از کشور که ثبت املاك اجباریست، بعمل آید.

ثبت برداشتن s.-bar-dāštan [ع. - ف.] (مص ل.) صورت برداشتن، سیاهه برداشتن.

ثبت کردن s.-kardan [ع. - ف.] (مصم.) نوشتن، مطلبی را در دفتر نوشتن.

ثبوت sobūt [ع.] ۱ - (مص ل.) ایستادن، برجای ماندن. ۲ - استوار شدن، استقرار یافتن. ۳ - پایدار ماندن. ۴ - ثابت شدن. ۵ - (إمص.) قرار. ۶ - استواری، استقرار. ۷ - پایداری، دوام. ۸ - تحقق. ۹ - حکم بوجود نسبت، وقوع وایقاع نسبت. ۱۰ - (ملل.) نزد اشاعره با «کون» و «وجود» مرادف است و نزد معتزله اعم از «کون» است. ‖ به ~ رسانیدن. درست کردن، محقق ساختن. ۱۱ - (عک.) مرحله‌ایرا گویند که تصاویر روی صفحه یا کاغذ عکاسی ثابت شود و برای این کار آنرا در دوای ثبوت (حمام ثبوت) برای مدت کوتاهی (۱۰ دقیقه) فرو برند. معمولا باید برای عمل ثبوت دو حمام هیپوسولفیت بکار برد: حمام اول که در آن همهٔ نمونه ها را پشت سرهم مدت ۱۰ دقیقه نگاه میدارند، حمام دوم (تازه) که در آن عمل ثبوت در حین همان مدت خاتمه می یابد. ‖ دوای ~ . (شم.، عک.) محلول ثبوت که در عکاسی بکار میرود، و آن عبارت است از: آب معمولی ۱۰۰ سانتیمتر مکعب، هیپوسولفیت

۱۱۸۸
ثبوتی

دوسود ۱۵۰ گرم ، بی‌سولفیت دوسود تجارتی ۱۰ سانتیمتر مکعب ، زاج معمولی ۳ گرم .

ثبوتی sobūt-ī [ع.-ف.](ص نسبـ.) ۱ ـ منسوب به ثبوت ، اثباتی ؛ مق. سلبی . ۲ ـ (ملل.، فل.) اطلاق میشود بدانچه که سلب جزیی از مفهومش نباشد. ۳ ـ (ملل.، فل.) آنچه که شأنش وجود خارجی است و نیز بر موجود خارجی اطلاق گردد؛ وجودی. ‖ **صفات ـــ** . صفاتی که حق تعالی داراست، مانند: قادر، عالم، حی، مرید، مدرك، ازلی، ابدی ، متکلم ، صادق .

ثبوتیه sobūtīyy-a(-e) [=ع. ثبوتیة](ص نسبـ.) مؤنث ثبوتی (ه.م.)؛ مق. سلبیه : صفات ثبوتیه. ‖ **صفات ـــ** ← ثبوتی .

ثبور sobūr [ع.] ۱ ـ (مصم.) باز داشتن. ۲ ـ هلاك کردن، بهلاکت رسانیدن. ۳ ـ (مص ل.) زیان کشیدن. ۴ ـ هلاك گردیدن. ۵ ـ واهلاکا گفتن، ویل، وای! ۶ ـ (إ.) عذاب . ۷ ـ زیان، خسران. ۸ ـ زفیر، زفره.

ثخانت saxānat [=ع. ثخانة](مص ل.) ← ثخونت .

ثخذ saxxez [ع.] (إ.) صورت وجملهٔ هفتم از صور وجمل هفت گانهٔ جمل (ابجد).

ثخن saxen [ع.] ۱ ـ (مص ل.) ستبر و سخت گردیدن ، ثخونت . ۲ ـ (إ.) ستبرنا، ستبرا، ستبری، قطر، ضخامت، کلفتی. ۳ ـ غلظت. ۴ ـ سختی.

ثخن soxon [ع.] (إ.) ج . ثخین (ه.م.)

ثخونت soxūnat [=ع. ثخونة](مص ل.) ستبر و سخت گردیدن ، ثخن ، ثخانت .

ثخین saxīn [ع.] (ص.) ۱ ـ ستبر و سخت . ۲ ـ محکم ، استوار . ۳ ـ غلیظ. ۴ ـ حلیم، بردبار، با رزانت ، رزین.

ثدی sady,sedy,sadā [ع.](إ.) پستان (زن ، مرد) .

ثرا sarā [=ع. ثراء] ← ثراء.

ثراء sarā' [ع.،ف.: ثرا] ۱ ـ (مص ل.) توانگر شدن، بی‌نیاز شدن. ۲ ـ افزودن (مال ومردم و مانند آن). ۳ ـ (مصم.) بسیار مال گردانیدن. ۴ ـ (إمص.) بسیاری مال ، توانگری.

ثرب sarb [معر. چرب ، چربی ، چربو] (إ.) ۱ ـ (پز.) آستر و بطانهٔ صفاق و ابره و ظهارهٔ معده ، وآن پیه رقیقی است که معده و امعارافراگرفته است و از فم معده تا معی‌قولون ادامه دارد؛ چادر پیه (ه.م.) ۲ ـ غش‌مشك، ناك .

ثرم sarm [ع.] ۱ ـ (مصم.) شکستن دندان کسی را بوسیلهٔ زدن. ۲ ـ (مص ل.) افتادن دندان. ۳ ـ (عر.) اجتماع قبض وثلم است درفعولن «عول» (بضم لام). بماند، «فعل» (بسکون عین وضم لام) بجای آن بنهند، و ثرم درشعرعرب پدید آید ، در اشعار فارسی نیاید .

ثروت sarvat [=ع . ثروة] ۱ ـ (إمص.) دارایی، توانگری. ۲ ـ (إ.) مال بسیار ، مکنت ، دولت ، هستی . ‖ **علم ـــ** . علم اقتصاد[1] (ه.م.)، علم تولید و تقسیم و مصرف کردن ثروت ، و درین مورد ثروت‌عبارتست از انواع دارایی آدمی از کالا وخواربار وابزار و ماشین‌ها وغیره .

۱ ـ Economie (فر.)

ثروتمند sarvat-mand [ع.-ف.] (ص مر.) دارا، مالدار، توانگر.

ثروتمندی s.-mand-ī [ع.-ف.] (حامص.) دارایی، مالداری، توانگری.

۱ - ثری sarā [ع.] (اِ.) ۱ - تری (زمین)، رطوبت (کم.) ۲ - خاك نمناك، خاك نمدار، خاك نمگن. ۳ - زیرزمین. ۴ - زمین، خاك. ‖ از ــــ تا به ثریا. از زمین تا بالای آسمان.

۲ - ثری sarā (اِ.) (گیا.) دنقه (ه.م.)

ثری sarī (sarē. قد. [ممال ع. ثری sarā ↑] (اِ.) خاك، زمین.

ثریا sorayyā [ع.] (مصغ. ثروی) ۱ -(اِ.) چهلچراغ، چلچراغ. ۲- (اخ.) پروین ← بخش۳: ثریا. ۳ - (اخ.) منزلی از منازل قمر ← بخش۳: ثریا.

ثرید sarīd [معر. ترید = تریت = تلیت، عم.] (اِ.) طعامی است که پاره‌های نان رادرشوربای گوشت تر کنند؛ تریت، تلیت (عم)، اشکنه.

ثعابین saābīn [ع.] (اِ.) ج. ثعبان (ه.م.)

ثعالب saāleb [ع.] (اِ.) ج. ثعلب؛ روباهان.

ثعالبی saāleb-ī [ع.= -īyy] (ص نسب.) آنکه بعمل پوست روباه اشتغال دارد.

ثعبان so'bān [ع.] (اِ.) ۱ - مار بزرگ. ۲ - اژدها. ج. ثعابین.

۱ - ثعلب sa'lab [ع.] (اِ.) (جا.) روباه (ه.م.)

۲ - ثعلب sa'lab [ع.] (اِ.) ۱- (گیا.) گیاهی[1] از ردهٔ تك‌لپه‌ییها[2] که گونه‌هایش تیرهٔ خاصی‌را بنام تیرهٔ ثعلب[3] بوجود میآورد. گیاهی است پایه ودارای گلهای خوشه‌یی و برگهای پهن. برگهای تحتانیش بنوك باریك وتیزی منتهی‌میشوندو برگهای فوقانیش‌معمولا دارای لکه‌هایی برنگ قهوه‌یی است. گلهایش صورتی یا سفید با خطوط و نقاط بنفش یا ارغوانی است. کاسهٔ گل آن‌شامل سه کاسبرگ است که اکثر رنگ‌گلبرگهارادارند. دوتااز کاسبرگها مانند بال و سومی راست قرار گرفته است. جامش نیز شامل سه گلبرگ‌است که‌دو عدد آنها درراست وچپ قرینهٔ یکدیگروسومی زبانه‌ای خمیده‌میسازد. نافه‌اش دارای‌یك‌پرچم است که بساکی درشت وچسبنده دارد. تخمدان نیز سه برچه‌یی و گرده افشانی غیر مستقیم است (بوسیلهٔ حشرات). ریشهٔ ثعلب دو غده دارد که‌یکی توخالی‌است ومربوط بگیاه رویدهٔ فعلی‌است ودیگری توپر است که مایهٔ جوانهٔ سال آینده است. غده‌های‌توپرثعلب‌دارای موادنشاسته‌یی ولعابی‌وغذایی‌است. ازغده‌های‌زیرزمینی ثعلب آردی تهیه میکنند که‌در تجارت نیز بنام ثعلب[4] مشهور است. این آرد حاوی نشاسته وقند و مقداری موسیلاژ است. درتداوی این آرد رابعنوان رفع خستگی و تجدید قوی‌و در سابق برای تقویت نیروی باه وهمچنین نرم کنندهٔ سینه(بعنوان‌خلط آور)استعمال‌میکردند ومعمولا مصرفش بصورت جوشاندهٔ یك در صداست. ثعلب‌دارای گونه‌های‌زیادی است ودر حدود ۲۵ گونه‌حداقل از آن شناخته شده است که‌ازغده‌های‌زیرزمینی تمام آنها برای تهیهٔ پودرثعلب‌استفاده

ثعلب

۱- Orchis maculata(.لا),Orchis mascula(.فر) ۲-Monocotylédones(.فر)
۳- Orchidées(.فر) ٤- Salep (.فر)

میشود. غیر از تداوی ثعلب را برای تهیهٔ بستنی و شیرینی نیز بکار میبرند. این گیاه در اکثر نقاط اروپا و آسیا میروید. در ایران (آذربایجان ، کردستان ، لرستان ، سواحل دریای خزر ، نواحی البرز ، خراسان) کشت میشود و یکی از اقلام صادراتی را تشکیل میدهد. بعضی از انواع ثعلب را بعنوان گل زینتی خصوصاً درباغهای اروپا میکارند؛ ثعلبی، خصی‌الثعلب ، ثعلب معمولی . ۲ - ع.(جا ن.) روباه (ه.م.) ۳ - (پز.) آرد تهیه‌شده ازغده‌های زیرین گیاه ثعلب[1] . ‖ تیرهٔ ~ . (گیا.) گیاهان تك لپه‌یی[2] که از نظر ساختمان مورفولوژی و کیفیات زیستی ودیگرخواص شباهت بگیاه ثعلب دارند وجزو تیرهٔ ثعلب بشمار آیند. تعداد این گیاهان درحدود ۵هزار میشود که برخی ازآنها در چمنزارهای مرطوب وبسیاری ازآنهادرمناطق گرم میرویند وسردستهٔ آنها ثعلب معمولی است که شرح شده است. ‖ ~ِ معمولی. (گیا.) ثعلب (ه.م.)

ثعلبی sa'lab-ī [ع.-ف.](ص نسب.، إ.) (گیا.) ثعلب (ه.م.)

ثغر saγr [ع.](إ.) ۱- دندان، دندان پیشین ، دندان که هنوز درلثه باشد . ۲ - دهان ، دهن . ۳ - سرحد، مرز ، دربند (مخصوصاً سرحد بین مسلمانان وکافران). ج. ثغور.

ثغور soγūr [ع.] (إ) ۱ - ج. ثغر؛ دندانها ، دندانهای پیشین. ۲ - ج. ثغر. سرحدها ، مرزها ، دربندها (مخصوصاً بین مسلمانان و کافران).

ثفسیا safsiyā [= ثافسیا] (إ.) (گیا.) ← ثافسیا ، تاپسیا .

ثفل sofl [ع. ← ف. تفاله] (إ.) ۱- کنجاره، تفاله. ۲- آنچه ازمایعی ته‌نشین شود چون درد شراب ؛ دردی . ۳ - تیرگی شیر وروغن. ۴- آنچه دفع شود از معده؛ سرگین.

ثقات seγāt [ع.] (ص.، إ.) ج. ثقه؛ معتمدان ، اشخاص مورد اطمینان . ‖ علم ثقات وضعفا از رواة حدیث . مهمترین شعبهٔ علم رجال است و بدان معرفت صحت وسقم حدیث حاصل آید.

ثقافت saγāfat [= ع. ثقافة](مص ل.) ۱ - زیرك وسبك روح وچست و چالاك گردیدن. ۲ - استاد شدن . ۳ - سخت استوار گردیدن. ۴ - (نو.) (إ.) تمدن.

ثقالت saγālat [= ع. ثقالة] ۱ - (مص ل.) سنگین شدن ، گران شدن . ۲ - (إمص.) سنگینی، گرانی؛ مق. خفت، سبکی .

ثقب saγb [ع.] ۱ - (مص م.) سوراخ کردن. ۲ - (إ.) سوراخ ، رخنه . ج. ثقوب .

ثقب soγab [ع.] (إ.) ج. ثقبه ؛ سوراخها.

ثقب soγb [ع.](إ.) ج. ثقبه؛ سوراخها.

ثقبه soγba(-e) [= ع. ثقبة] (إ.) ۱ - سوراخ کوچك . ۲ - سوراخ . ج. ثقب (soγb) وثقب (soγob) . ‖ ~ٔ اعمی. (پز.) سوراخ اعور(ه.م.) ‖ ~ٔ اعور لسان . (پز.) سوراخ اعورزبان (ه.م.) ‖ ~ٔ بیضوی شکل. (پز .) سوراخ بیضوی. ‖ ~ٔ پاره شدهٔ خلفی. (پز.) سوراخ پارهٔ خلفی(ه.م.) ‖ ~ٔ پاره شدهٔ قدامی(پز.) سوراخ پارهٔ قدامی(ه.م.) ‖ ~ٔ تحت زهار. (پز.) سوراخ سدادی (ه.م.) ‖ ~ٔ جنینیهٔ دهلیز قلب. (پز.)

۱-Salep (فر.) ۲-Orchidées (فر.)

سوراخ جنینی دهلیزی قلب (هـ.م.) ‖ ~ سهمی و حلمه‌یی. (پز.) سوراخ نیزه‌یی پستانی (هـ.م.) ‖ ~ عصب باصره. (پز.) سوراخ باصره‌یی. ‖ ~ عظیم قمحدوه. (پز.) سوراخ پشت‌سری (هـ.م.) ‖ ~ عنبیه. (پز.) مردمك (هـ.م.) ‖ ~ مؤخر زایدهٔ خارجی قمحدوه. (پز.) سوراخ مجرای لقمه‌یی خلفی (هـ.م.) ‖ ~ مدورهٔ صغری. (پز.) سوراخ گرد کوچك (هـ.م.) ‖ ~ مدورهٔ کبری. (پز.) سوراخ گرد بزرگ (هـ.م.) ‖ ~ مسدود. (پز.) سوراخ سدادی (هـ.م.) ‖ ~ مقدم زایدهٔ خارجی قمحدوه. (پز.) سوراخ مجرای لقمه‌یی قدامی (هـ.م.)

ثقت seγat [= ع. ثقة] ۱ - (مص ل.) اعتماد کردن، استوار داشتن. ۲ - درست شدن. ۳ - (إ.) اطمینان، خاطر جمعی، استواری. ۴ - (ص.) کسی که مردم بگفتار و عمل او اعتماد کنند. ج. ثقات (← ثقه).

ثقفی saγafī [= ع. saγafīyy] (ص نسب.) منسوب به قبیلهٔ ثقیف (← بخش ۳).

ثقل saγal [ع.] ۱ - (إ.) متاع و بار مسافر و حشم و خدمتگاران او، بار و بنه. ۲ - هرچیز نفیس نگاهداشتنی.

ثقل saγl [ع.] ۱ - (مص ل.) گران شدن، آزمودن وزن چیزی در دست. ۲ - چربیدن و افزون آمدن چیزی بر چیزی در وزن. ۳ - سنگین شدن بیماری کسی.

ثقل seγal [ع.] ۱ - (مص ل.) گران شدن. ۲ - (إمص.) گرانی؛ مق. خفت، سبکی.

ثقل seγl [ع.] (مص ل.) ۱ - گران شدن. ۲ - ظاهر شدن آبستنی زن. ۳ - (إمص.) گرانی، سنگینی. ۴ - (إ.) رخت و بار و بنهٔ مسافر. ۵ - کالای خانه. ۶ - گناه، اثم. ۷ - گنج زمین، دفینهٔ زمین. ج. اثقال. ۸ - (مس.) بم؛ مق. زیر. ۹ - (پز.) امتلاء معده[1]. ‖ ~ سامعه. (پز.) سنگینی گوش، گرانی گوش. ‖ ~ سرد. (پز.) شکم‌دردی که از بسیار خوردن میوه خصوصاً از میوه‌های نارس پدید آید؛ هیضه، وباء پاییزی[2]. ‖ ~ معده. (پز.) امتلاء معده، سوءهاضمه[1]. ‖ قوهٔ ~. (فز.) قوهٔ جاذبهٔ زمین. ‖ مرکز ~. (فز.) نقطه‌ایست که همهٔ قوهٔ جاذبه‌وارد از زمین در آنجا تمرکز یابد.

ثقلا soγalā [= ع. ثقلاء] ← ثقلاء.

ثقلاء soγalā' [ع.، ف.: ثقلا] ج. ثقیل؛ گرانجانان، گرانان.

ثقلان saγalān [ع.] (إ. تثنیهٔ ثقل) آدمی و پری، آدمیان و پریان، انس و جن، ثقلین. ‖ سید ~. رسول اکرم ص.

ثقلت saγlat [= ع. ثقلة] (إمص.) گرانی، سنگینی.

ثقلت saγlat, saγalat [= ع. ثقلة] (إمص.) ۱ - گرانی. ۲ - گرانی طعام. ۳ - پینکی، نعاس.

ثقل کردن seγl-kardan [ع.-ف.] (مص ل.) (عم.) سخت شدن فضول در معده و اجابت نکردن آن با دردشکم.

ثقلین saγalayn(-ey-) [ع.] (إ.) (تثنیهٔ ثقل) ← ثقلان.

ثقوب saγūb [ع.] (إ.) هیمهٔ خرد که

۱—Embarras gastrique (فر.)   ۲– Choléra sporadique (فر.)

باآن آتش افروزند؛ آتشگیره، آتش افروزینه.

۱- ثقوب soγūb [ع.](مص ل.) ۱ - روشن شدن (ستاره)، افروخته گشتن. ۲ - دمیدن بوی. ۳- نافذرأی گردیدن.

۲ - ثقوب soγūb [ع.] (اِ.) ج. ثقب (saγb)؛ سوراخها.

ثقه seγa(-e) [=ع. ثقة] ۱ - (مص.، اِ.) ← ثقت. ۲ - اعتقاد: «نخست ثقه درست کردم که‌هرچه ایزد-عزذکره- تقدیر کرده‌است، باشد.» (تاریخ بیهقی چاپ‌ادیب‌ص۳۴۱). ۳-(ص.)مردمعتمد، امین، طرف‌اطمینان: «این‌محمود ثقه ومقبول‌القول است.» (تاریخ بیهقی ص ۲۶۲). ۴ - استوار، درست:

«بااین چنین حماقت گویی که‌شاعرم
سوگند خور که‌نیست‌مرا قول‌تو ثقه.»
(سوزنی سمرقندی)

ثقیف saγīf [ع.] (ص.) ۱ - زیرك، چالاك. ۲ - استاد حاذق. ۳ - (اِخ.) نام قبیله‌ایست از عرب ← بخش۳.

ثقیل saγīl [ع.] (ص.) ۱ - گران، سنگین، وزین؛ مق. خفیف، سبك. ۲ - گرانجان، آنکه‌صحبت ویرا ناخوش دارند. ۳- سخت بیمار. ۴ -(مس.)یکی از هفده بحر اصول موسیقی. ‖ درهم ــــ . واحد وزن در قدیم وآن بوزن یك درهم و دودانگ بوده است.

ثقیله saγīla(-e) [=ع. ثقیلة](ص.) مؤنث‌ثقیل (ه.م.). ‖ اجسام ــــ . اجسام‌وزین مانند خاك و سنگ.

ثکل sakl [ع.] ۱ - (مص ل.) مصیبت زده شدن بمرگ فرزند، بی‌فرزند شدن مادر. ۲ - گم کردن دوست. ۳ - (اِمص.)فرزندمردگی. ۴ -بی‌فرزندی. ۵ - مرگ، هلاك.

ثکلی saklā [ع.] (ص.) مؤنث ثکل. ۱ - زن فرزند مرده، بچه گم کرده. ج. ثکالی. ۲ - زن عزیزمرده، زن گم کرده دوست.

ثلاث salās [ع.](عد.اصلی، اِ.) سه، سه تا. ‖ اقانیم ــــ ← (بخش۳). ‖ موالید ــــ . جماد، نبات، حیوان.

ثلاث solās [ع.] (عد.، ص.) ۱ - ثالث، سوم. ۲ - سه سه. ۳ - سه‌گان، مثلث.

ثلاثا salāsā,so- [=ع. ثلاثاء] (اِ.) ← ثلاثاء.

ثلاثاء salāsā',so.- [ع.ف.: ثلاثا] (اِ.) سه‌شنبه (روز). ج. ثلاثاوات(غم.)

ثلاثون salāsūn [ع.](عد اصلی، اِ.) سی.

ثلاثه salāsa(-e) [=ع. ثلاثة](عد. اصلی،اِ.) ۱-سه. ۲-سه‌مرد. ‖ ــــ ٔسرد. ذی‌قعده و ذی‌حجه و محرم(سرد بمعنی زره است و چون این سه ماه متصل‌اند تشبیه به زره شده‌اند). ‖ ــــ ٔ غساله. سه پیالهٔ شراب که بوقت صبح نوشند وآن راشویندهٔ فضول تن وزایل‌کنندهٔ هم و غم دانند؛ ستا. ‖ ــــ ٔمتناسبه. (رض.) عددی راگویندکه‌نسبت‌اولش بدومش مانندنسبت‌دومش بسومش‌باشد، و آنرا متناسبهٔ فرد نیز گویند.

ثلاثی solāsī [=ع. solāsīyy](ص نسب.) ۱ - سه تایی. ۲ - (صر.) سه حرفی(کلمه): اسب، دست، فرس، کتف.

ثلاثین salāsīn [ع.](عد.اصلی،اِ.) سی.

ثلاثیه solāsīyy-a(-e) [=ع. ثلاثیة](ص.)مؤنث ثلاثی: کلمهٔ ثلاثیه (کلمهٔ سه‌حرفی).

ثلث sols [ع.] (عد. کسری،اِ.) ۱ - یك‌سوم، سه‌یك. ج. اثلاث. ۲ - دو

دانگ.ج.اثلاث. ۳ - قسمی از خطوط اسلامی. قط قلم‌ثلث بپهنای‌هشت‌موی یال برذون است. ۴ - (حق.،فق.) یك سوم ترکهٔ موصی‌در زمان فوت ؛ طبق مادهٔ ۸۴۳ قانون مدنی اخراج ثلث بعد از تأدیهٔ دیون و حقوق وتعهدات.

۱ - ثلثان solosān [ع.] (عد.،اِ.) دوسه یك، دوحصه از جملهٔ سه‌حصه.

۲ - ثلثان solosān (اِ.) (گیا.) تاجریزی (ه.م.)

ثلثان شدن s.-šodan [ع.- ف.] (مص ل.) ~ شراب. جوشیدن شراب تا آنکه دو ثلث آن تبخیر شود ویك ثلث بماند.

ثلث‌پذیر sols-pazīr [ع.-ف.=ثلث پذیرنده] (ص فا.) قابل‌تقسیم بسه جزو[۱].

ثلج salǰ [ع.] (اِ.) برف (ه.م.)

ثلج‌چینی salǰ-e čīnī [ع.-ف.] (اِمر.) (پز.) رطوبتی‌است منجمدبرفی شبیه بنمك‌که جهت جلای چشم‌وظلمت بصر بکار میبردند؛ ثلج‌صینی[۲].

ثلم salm [ع.] ۱ - (مص ل.) رخنه کردن در. ۲ - ترك دادن. ۳ - (مص م.) بینی بریدن. ۴ - (عر.) اسقاط فاءِ فعولن است‌تا«عولن» بماند،«فعلن» بجای آن نهند، و ثلم در اشعار عرب است، و در شعر فارسی نیاید.

ثلم solam [ع.] (اِ.) ج.ثلمت(ثلمة) (ه.م.)

ثلمت solmat [=ع.ثلمة] (اِ.) ۱ - سوراخ، رخنه، ترك. ۲ - چاك. ج.ثلم. ۳ - (مص ل.) رخنه‌کردن.

ثلمه solma(-e) [=ع. ثلمة] ← ثلمت.

ثمار semār [ع.] (اِ.) ج.ثمر، ثمره؛ میوه‌ها.

ثمان samān [ع.] (عد.اصلی،اِ.) هشت، ثمانیه.

ثمانون samānūn [ع.] (عد.اصلی،اِ.) هشتاد، ثمانین.

ثمانی samānī [ع.] (عد. اصلی،اِ.) هشت.

ثمانین samānīn [ع.] (عد.اصلی،اِ.) هشتاد، ثمانون.

ثمانیه samāniy-a(-e) [=ع.ثمانیة] (عد.اصلی اِ.). ۱- هشت. ۲- درهمهایی درقدیم که وزن ده‌عدد آن‌هشت مثقال بوده است. ‖ آباءِ ~. هشت فلك (افلاك‌سبعهٔ‌سیاره‌وفلك‌البروج). ‖ جنات ~. هشت بهشت،هشت‌خلد. ‖ رذایل ~. دوطرف افراط وتفریط فضایل اربعه.

ثمر samar [ع.] (اِ.) ۱ - میوه، بار، بر؛واحدآن، ثمره. ۲- حاصل، نتیجه، سود، فایده. ج.ثمار؛ جج. اثمار.

ثمرات samarāt [ع.] (اِ.) ج.ثمره: ۱ - میوه‌ها. بارها. ۲- نتیجه‌ها، نفعها، سودها.

ثمره samar-a(-e) [=ع.ثمرة] (اِ.) واحد ثمر. ۱ - یکی میوه، یك‌بر. ۲- نتیجه، حاصل. ۳ - نسل، فرزند.

ثمن saman [ع.] (اِ.) بها، ارز، نرخ، قیمت. ج.اثمان. ‖ ~ بخس. بهای کم.

ثمن somn [ع.] (عد.کسری،اِ.). ۱ - هشت‌یك، یك‌هشتم($\frac{1}{8}$). ۲- سه تسو. ج.اثمان.

ثمین samīn [ع.] (ص.) گران، گرانبها، پرقیمت، قیمتی.

ثمینه samīn-a(-e) [=ع.ثمینة] (ص.)

۱- Tripartible (فر.)
۲- Pierre d'Assos (فر.)

مؤنث ثمین (ه.م.): جواهر ثمینه.

ثنا sanā [=ع. ثناء.] ← ثناء.

ثناء 'sanā [ع.،ف.: ثنا] (إمص.، إ.) ۱ - آفرین، تمجید، تعریف، تحسین. ۲ - مدح، مدیحه، ستایش. ۳ - شکر، سپاس. ۴ - درود، تحیت. ۵ - دعا. ۶ - ذکر جمیل، ذکر حسن. ج. اثنیه.

ثنائی sanā'ī [=ع. sanā'īyy] (ص نسب.) دندان ـــ. دو دندان پیشین.

ثنائی sonā'ī [=ع. sonā'īyy] (ص نسب.) کلمهٔ دوحرفی.

ثنائیه sonā'īyy-a(-e) [=ع. ثنائیة] (ص نسب. نث.) (منط.) قسمی از قضیهٔ حملیه باشد.

ثنا خوان sanā-xān [ع.-ف. = ثناخواننده] (ص فا.) مداح، ستایشگر.

ثنا خواندن s.-xāndan [ع.-ف.] (مص ل.) مدح کردن، ستایش کردن.

ثنا خوانی s.-xān-ī [ع.-ف.] (حامص.) عمل ثناخوان (ه.م.)؛ مدح، ستایش.

ثنا خواه s.-xāh [ع.-ف. = ثنا خواهنده] (ص فا.) مدح‌جوی، ستایش‌طلب.

ثنا سرای s.-sarāy [ع.-ف. = ثنا سراینده] (ص فا.) مدح گوی، ستایشگر.

ثنا کردن s.-kardan [ع.-ف.] ۱ - ستایش کردن، مدح گفتن. ۲ - حمد گفتن، محمدت کردن.

ثناگر s.-gar [ع.-ف.] (ص فا.) مداح، ستایشگر.

ثناگستر s.-gostar [ع.-ف. = ثنا گسترنده] (ص فا.) مدح گستر، مداح، ستایشگر.

ثنا گستردن s.-gostardan [ع.-ف. = ثنا گستریدن] (مص م.) مدح گفتن، ستایش کردن.

ثناگستری s.-gostar-ī [ع.-ف.] (حامص.) مداحی، ستایشگری.

ثناگستریدن s.-gostarīdan [ع.-ف. = ثنا گستردن] (مص م.) ← ثنا گستردن.

ثناگفتن s.-goftan [ع.-ف.] (مص م.) مدح گفتن، ستایش کردن.

ثناگو(ی) s.-gū(y) [ع.-ف. = ثنا گوینده] (ص فا.) ۱ - مداح، ستایشگر. ۲ - دعاگوی.

ثناگوینده s.-gūyanda(-e) [ع.-ف.] (ص فا.) ۱ - مداح، ستایشگر. ۲ - دعاگو. ۳ - شاکر، شکور.

ثنا گویی s.-gūy-ī [ع.-ف.] (حامص.) ۱ - مداحی، ستایشگری. ۲ - دعاگویی.

ثنانیوش s.-niyūš [ع.-ف. = ثنا نیوشنده] (ص فا.) ۱ - مدح‌شنو. ۲ - دعاشنو.

ثنایا sanāyā [ع.] (إ.) ج. ثنیه. (پز.) دندانهای تیز پیشین[1]. دندان‌های پیشین انسان و دیگر پستانداران که معمولا برنده هستند و برای بریدن و قطع اغذیه بکار میروند. ضح. - تعداد این دندانها در انسان ۸ است که ۴ عدد در فك بالا و ۴ عدد در فك پایین قرار دارد. دو دندان ثنایایی را که درهر فك در وسط قرار دارند بنام ثنایای مرکزی[2] خوانند و دو دندان ثنایایی را که درهر فك درطرفین قرار دارند بنام ثنایای کناری[3] نام‌گذاری کرده‌اند. تاج این دندانها بطور کلی شبیه پاروی پهن است و دارای لبهٔ باریك برنده‌ای هستند که سطح برنده یا قطع کننده نامیده میشود. ریشهٔ این

۱- Dents incisives (فر.) ۲- D.i. centrales (فر.) ۳- D.i. latérales (فر.)

دندانها مخروطی وراست است ؛ دندان پیشین، دندان پیش. ‖ ~ ی کناری. (پز.) چهار دندان ثنایایی[1] که در طرفین ثنایای مرکزی واقعند و دو عدد آنها در فك بالا و دو عدد درفك پایین قرار دارند. ‖ ~ ی مرکزی (پز.) چهار دندان ثنایایی[2] که در جلو دهان و در وسط ثنایای کناری قرار دارند و دو عدد از آنها در فك بالا و دو عدد در وسط پایین جا گرفته‌اند.

ثنوی sanavī(yy) [ع.] (ص نسب.) ۱ - منسوب به اثنان. ۲ - منسوب به ثنویه، معتقد به ثنویه (← بخش ۳)، دوگانه پرست، قایل بدو اصل.

ثنویت sanavīyyat [= ع. ثنویة] (مص جع.) ۱ - دوگانگی. ۲ - دوگانه پرستی ← بخش ۳.

ثنویه sanavīyy-a(-e) [= ع. ثنویة] (ص.، إ.) ۱ - تأنیث ثنوی. ۲ - گروهی که بدو مبدأ قائلند. ۳ - مانویه.

ثنویین sanavīyy-īn [ع.] (إ.) ج. ثنوی (ه.م.)

ثواب savāb [ع.] (إ.) ۱ - مزد، پاداش. ۲ - پاداش هر عمل نیك که از بندگان خدای سرزند و در ازای آن بنده استحقاق بخشایش و مزد و اجر یابد؛ کرفه. ۳ - احسان. ۴ - عوض، اجر، جزاء.

ثوابت savābet [ع.] (إ.) ج. ثابته (ه.م.)؛ ستارگان ثابت (← ثابت)، ستارگان آرمیده، نجوم ثابته؛ مق. سیارات.

ثوابکار savāb-kār [ع.-ف.] (ص فا.) کسی که عمل نیکو وخیر کند.

ثوابکاری s.-kār-ī [ع.-ف.] (حامص.) نیکویی، عمل در خور پاداش نیك.

ثواقب savāʔeb [ع.] (إ.) ج. ثاقب. ۱ - روشنیها. ۲ - ستاره‌های روشنی دهنده.

ثوالث savāles [ع.] (إ.) ج. ثالثه (ه.م.)

ثوامن savāmen [ع.] ج. ثامنه (ه.م.)

ثوانی savānī [ع.] (إ.) ج. ثانیه (ه.م.)، شصتم حصهٔ دقیقه. ‖ ~ ِ نجوم. (احک. نج.) هرچه بزیر فلك قمر پیدا آید از چیزهای نورانی جز برق وصاعقه، و از آن جمله است: انسی، جابیه، حربه، ذوذنب، ذوذؤابه، شهب، طیفور، عمود، فارس، قصعی، مصباحی، نیازك، وردی؛ واز آن روآنها راثوانی نجوم گویند که در دلایل واحکام در مرتبهٔ ثانی‌اند، واحکام و دلایل اولیه نجوم را باشد.

ثوب sawb(sowb) [ع.] (إ) ۱- جامه، لباس، پوشش. ۲ - عمل.

ثور sawr(sowr) [ع.] (إ.) (جا ن.) ۱- گاو نر، بقر. ۲ - (نج.) گاو فلك، گاو گردون ← بخش ۳: ثور. ۳ - سومین برج از بروج دوازده گانه که مطابق اردیبهشت ماه و ۲۰ آوریل تا ۲۱ مه فرنگی است.

ثوران savarān [ع.] (مص ل.) ۱ - برانگیخته شدن، بهیجان آمدن. ۲ - برخاستن گرد ودود. ۳ - برپا شدن فتنه. ۴ - ظاهر شدن خون.

ثورت sawrat(sow-) [= ع. ثورة] (إمص.) ۱ - کینه، کین. ۲ - شورش، انقلاب. ۳-بسیاری مال و مردم.

ثوم sūm [ع.] (إ.) (گیا.) سیر (خوردنی) (ه.م.)

ثوم

ثی sī [= ثاء] (إ.) نام حرف «ث».

ثیاب siyāb [ع.] (إ.) ج. ثوب. ۱ - جامه‌ها، لباسها. ۲ - اعمال.

۱- Dents incisives latérales(فر.)

۲-D. incisives centrales(فر.)

ثیل

ثیابی [sīyābīyy.ع =]siyāb-ī (ص نسب.) جامه‌دار، بزاز.

ثیب sayyeb [ع.] (ص.) ۱ - زن شوی‌دیده که اکنون بی‌شوی است بطلاق یامرگ شوی؛ بیوه؛ مق. دوشیزه، عذراء، باکره. ج. ثیبات. ۲ - (حق.) زنی که بکارت وی بسبب مواقعه (قانونی یاغیر قانونی) زایل شود. ۳ - مرد زن گرفته که اکنون بی‌زن است؛ مق. پسر، عزب.

ثیبوبت saybūbat(-ey-) [= ع. ثیبوبة](مصل.) حالتی که پس از ثیبه (ه.م.)شدن برای زن پیدا میشود.

ثیبه sayyeb-a(-e-) [= ع. ثیبة](ص.) مؤنث ثیب (ه.م.)، زن‌شوی دیده و از شوهر جدا مانده خواه بطلاق و خواه بمرگ شوی ؛ بیوه ؛ مق. باکره ، دوشیزه.

ثیل sīl,sayyel [ع.](ا.) ۱- (گیا.) فریز، فرزند، نجم، مرغ (ه.م.) ۲ - (گیا.) گیاهی است[1] ازتیرهٔ گندمیان ؛ پنجه مرغ.

۱– Agropyrum ropens (لا.)

ج ǰ (حر.) یکی از حروف صامت ، حرف ششم از الفبای فارسی و حرف پنجم از الفبای عربی (ابتث) و حرف سوم از ابجد، وآنرا « جیم » نامند ، ودرحساب جمل سه گیرندو بصورتهای ذیل نویسند: ج، ﺟ ، ﺠ، مانند : جوراب، بجا ، درج.

ج ǰ (اِ.) علامت اختصاری کلمات ذیل: ۱ - نزد لغویان واهل صرف ونحو نشانهٔ اختصاری «جمع» است. ۲ - (تجوید) علامت خاصهٔ «وقف جایز». ۳ - (نج.) نشانه ورمز برج سرطان . ۴ - علامت «جواب». ۵ - در کتب رجال شیعی رمز اصحاب امام جواد ۴ . ٦ - علامت «جمادی الاولی» و «جمادی الاخری».

جا ǰā [= جای، په. giyāk] (اِ.) ۱ - مکان، مقام، محل ، موضع ، مستقر. ۲ - منزل، مأوی. ۳ - بستر، رختخواب ، جامهٔ خواب. ۴ - جرأت، توانایی. ۵ - ظرف، کاسه، بشقاب. ٦ - قدر، مقام، حد، اندازه. ۷ - (ادات استفهام) کجا : ای نموده ترش روی ، از جا بد این شوخی ترا؟ (عسجدی، لغت فرس) **ترکیبات اسمی** ‖ **به ~** بموقع، مناسب. ‖ **به ~ ی.** ۱ - درحق، دربارهٔ. ۲ - عوض، بدل. ‖ **بر ~ ی.** بعوض، بدل. ‖ **~ ی خواب.** ۱ - محل خواب. ۲ - محل استراحت. **ترکیبات فعلی وجملات** ‖ **از ~ اندرآوردن** . حرکت دادن. ‖ **از ~ بردن.** نابودساختن، از بن بر کندن. ‖ **از ~ جستن.** (برجستن، برجهیدن) ← جستن. ‖ **از ~ جنبیدن.** حرکت کردن، تکان خوردن . ‖ **از ~ در رفتن.** (عم.) عصبانی شدن ، خشمگین گشتن : « با این حرف او دوستان همه ازجا در رفتند. » ‖ **از ~ در**

کردن. عصبانی کردن. ‖ از ـــ رفتن. ۱ - متزلزل شدن، لغزیدن، لرزیدن. ۲ - منتقل شدن، جابجاشدن. ‖ از ـــ شدن. ۱ - ازمکان خود حرکت کردن. ۲ - خشمگین شدن. ‖ به ـــ آمدن. خلق شدن، بوجود آمدن. ‖ به ـــ آوردن. ۱ - انجام دادن. ۲ - فهمیدن، دریافتن. ‖ به ـــ گذاشتن. چیزی را ترك کردن و باخود نبردن (عمداً یا سهواً). ‖ به ـــ ماندن. ۱ - بجا گذاشتن ↑. ۲ - باقی بودن، دوام یافتن. ‖ به ـــ یی رسیدن. مقامی یافتن، رتبه ای بدست آوردن. ‖ ـــ تراست و بچه نیست. یارو دررفته، آن شیء ازمیان رفته. ‖ ـــ گرم کردن. (کنـ.) درجایی مستقر شدن وبدان الفت کردن. ‖ ـــ ی آنست. سزاوار است. ‖ ـــ ی ارزن نیست. همهٔ مجلس و محل انباشته از مردم است. ‖ ـــ ی سوزن انداختن نیست. مجلس یا مکان پراست. ‖ ـــ ی شکرش باقی است. باید شکر کرد که ازین سخت تر و بدتر نشده. ‖ در ـــ زدن. ۱ - (نظ.) پاهارا بنوبت چپ و راست بزمین کوبیدن بدون راه رفتن. ۲ - دریك شغل یا بر یك حال باقی ماندن. ۳ - کار بیفایده کردن.

جاآمدن ǰā-āmadan (مصل.) ۱ - بهبود یافتن: «حالم جا آمد.» ۲ - آرامش یافتن، مطمئن شدن. ۳ - بهوش آمدن، بخود آمدن. ‖ ـــِ حال. به شدن، بهبود یافتن. ‖ ـــِ حواس. بهوش آمدن، افاقه. ‖ ـــِ دل. آرامش یافتن، مطمئن شدن.

جاآوردن ǰā-āva(o)rdan (مص م.) شناختن، دریافتن، فهمیدن ← بجا آوردن (← جا): «شمارا جا نیاوردم.»

جائبه ǰāeba(-e) [ع.] ← جایبه.

جائر ǰāer [ع.] ← جایر.

جائز ǰāez [ع.] ← جایز.

جائزه ǰāeza(-e) [ع.] ← جایزه.

جائع ǰāe' [ع.] ← جایع.

جاافتادن ǰā-oftādan (مصل.) ۱ - جای گیر شدن. ۲ - بجای خود قرار گرفتن استخوان از جای بشده. ۳ - دم کشیدن پلو یا غذای دیگر، نیك پخته شدن غذا. ۴ - کامل شدن، درست شدن: «ترشی کاملا جا افتاده». ۵ - با بتدای سن کهولت و عقل و تدبیر رسیدن.

جا افتاده ǰā-oftāda(-e) (صمف.) ۱ - بجای خود قرار گرفته. ۲ - کار کشته، سرد و گرم روزگار دیده، پخته، مجرب: «آدم جا افتاده ایست.» ۳ - مسن: «زن جاافتاده ایست». ۴ - کامل شده، کاملا درست شده.

جاء گیر ǰā'-gīr [= جای گیر = جای گیرنده] (صفا.) املایی از «جای گیر» (ه.م.)

جا انداختن ǰā-andāxtan (مص م.) ۱ - رختخواب انداختن. گستردن رختخواب. ۲ - چیزی را کاملا در محل مخصوصش انداختن: «شیشه راشیشه گر در پنجره جا انداخت.» ۳ - استخوان از جای در رفته را بجای خود باز آوردن. ۴ - کسی یا چیزی را بموقعی دلخواه آوردن.

جائی ǰā'ī (إ.) ← جایی.

جائیدن ǰā-īdan (مصم.) ← جاییدن.

جابجا ǰā-be-ǰā (ق مر.). ۱ - در حال، فوراً، فی الفور: «جابجا افتاد ومرد.» ۲ - محل بمحل، مکان بمکان، نقطه بنقطه:

«آن حکیم خارچین استاد بود
دست میزد جابجا میآزمود.»
(مولوی. لغ.)

جابجا افتادن ǰ.-oftādan (مص‌ل.) ۱ - ازجایی بجایی منتقل‌شدن، ازجایی بجایی رفتن. ۲ - درحال افتادن، فوراً بزمین افتادن.

جابجا شدن ǰ.-šodan (مص ل.) ۱ - نقل مکان کردن . ۲ - از جا در رفتن .

جابجا شده ǰ.-šoda(-e) (ص‌مف.) انتقال یافته.

جابجا کردن ǰ.-kardan (مص م.) ۱ - چیزیرا از جایی بجایی دیگر نهادن، نقل، انتقال. ۲- نهال‌را ازجایی بجایی‌دیگر نشاندن. ۳-ذخیره کردن. ۴- هرچیزرا درجای‌خود نهادن. ۵-پنهان کردن .

جابر ǰāber [ع.] (إفا.) ۱ - شکسته بند. ۲ - ستمگر، ستمکار، جبار. ج. جابرون، جابرین.

جابرانه ǰāber-āna(-e) [ع.-ف.] (ق مر.) ستمگرانه، ستمکارانه، ظالمانه.

جابره ǰāber-a(-e) [=ع. جابرة] (إفا .) مؤنث جابر (ه.م.) : رسوم جابره.

جابلوس ǰāblūs [=چاپلوس] (ص.) ← چاپلوس .

جابلوسی ǰāblūs-ī [=چاپلوسی] ← چاپلوسی.

جا پا ǰā-pā [=جای پا] (إمر .) جای پا ، رد پا، ایز، اثر .

جاپیچ ǰā-pīč [=جاپیچنده] (ص‌فا.) قواد، پاانداز، جاکش.

جاپیچی ǰā-pīč-ī (حامص.) عمل وشغل جاپیچ (ه.م.)؛ قوادی، پااندازی، جاکشی.

جات ǰāt (پس. جمع) تازیان بعض کلمات فارسی مختوم به « ـه » غیر ملفوظ را تعریب کرده به «ـات» جمع بسته‌اند و ایرانیان اینگونه جمع‌معرب را از آنان اقتباس کرده و کلمات‌دیگر (اعم ازفارسی و عربی وغیره) را نیز بهمان سیاق استعمال کرده‌اند: « تو زیربای‌خوری، واز کامه‌وانبجات‌پرهیز نکنی، معالجت‌موافق نیفتد.» (چهارمقالهٔ نظامی). عوام بسیاق کلمات فوق ، کلماتی راهم‌که مختوم به « ـه » غیر ملفوظ نیستند ولی بحروف مصوت « ـا » یا « ـی » ختم شوند به « ـجات» جمع‌بسته‌اند (برای احتراز از التقای دوحرف مصوت) : مرباجات ، دواجات، طلاجات. ضح .- کلمات عربی مختوم به ـة وکلمات فارسی مختوم به ـه غیر ملفوظ که به جات جمع بسته شوند در تحریر باید ـة یا ـه را حذف کردوبنا براین‌روز نامه‌جات، میوه‌جات، تعلیقه‌جات ، رقیمه‌جات و امثال آن غلط است.

جاتاغ ǰātāγ [تر. = چاتاق] (إ.) کلیجهٔ‌خیمه وآن‌تخته‌ای‌باشدسوراخ‌دار که برسرستون خیمه گذارند .

جاثلیق ǰāselīγ [معر.یو. kaθolikos] (ص.،إ.) مهتر ترسایان، یکی از درجات روحانیت مسیحیان.

جاثم ǰāsem [ع.] (إفا.) ۱ - برسینه خفته. ۲ - تنها برزمین‌افتاده، افتاده. ۳-هلاك شده . ۴ - برجای مانده. ۵ - بی‌حس وحرکت شده. ج.جاثمین.

جاثمین ǰāsem-īn [ع.] (إفا.) ج. جاثم (ه.م.)

جاجا ǰā-ǰā [گیل. ba-ǰā, ba-ǰá] (إمر .) ۱ - آوازیست که بدان مرغ رابلانه رانند. ۲ - (ق مر.) جابجا ، جای جای، مکان تا مکان.

جاجاجا ǰā-ǰā-ǰā (امر.)←جاجا۱.

جاجا کردن ǰā-ǰā-kardan (مص م.) ۱ ـ مرغ را با گفتن جاجا بلانه کردن. ۲ ـ گشتن و سر کشیدن مرغ برای پیدا کردن جایی مناسب که تخم نهد. ۳ ـ شیء یا اشیائی را درجاهای متعدد نهادن.

جاجرمی ǰāǰarm-ī (ص نسبـ.) منسوب به جاجرم(←جاجرم، بخش۳).

جاجل ǰā-ǰol [←جل] (امر.)(عم.) رختخواب، جاجو: «جاجل بچه‌ها را بینداز!»

جاجم ǰāǰem [= جاجیم] (اِ.) ← جاجیم.

جاجم‌باف ǰ.-bāf [= جاجیم‌بافنده] (ص فا.)←جاجیم باف.

جاجم بافی ǰ.-bāf-ī [= جاجیم بافی] (حامص.)←جاجیم بافی.

جاجو ǰāǰū (امر.)(عم.)←جاجل.

جاجیم ǰāǰīm [= جاجم] (اِ.) ۱ ـ فرشی که آنرا از نمد الوان دوزند. ۲ ـ (اراك و بروجرد) بافته‌ای از پشم تابیدهٔ الوان که بسیار زبر و خشن است، و بیشتر برای پیچیدن رختخواب و مانند آن بکار رود.

جاجیم باف ǰ-bāf [= جاجم‌باف = جاجیم بافنده] (ص فا.) بافندهٔ جاجیم، آنکه جاجیم سازد.

جاجیم بافی ǰ.-bāf-ī (حامص.) عمل جاجیم باف (ه‍.م.)، بافتن جاجیم.

جاچ ǰāč [= جاش] (اِ.)←جاش.

جاچراغی ǰā-čarāɣī(če.-)(امر.) جایی در دیوار که برای نهادن چراغ تخصیص دهند، جایی که چراغ در آن نهند.

جاحد ǰāhed [ع.] (اِفا.) انکار کننده با وجود دانستن؛ منکر. ج. جاحدین.

جاحدین ǰāhed-īn [ع.] (اِفا.)ج. جاحد (ه‍.م.)

جاحظ ǰāhez [ع.] (ص.) مردچشم برآمده و بزرگ چشم، آنکه حدقهٔ چشم او بیرون آمده باشد

جا خاکستری ǰā-xākestar-ī (اِمر.) ظرفی که خاکستر (سیگار و مانند آن) درآن ریزند.

جا خالی انداختن ǰā-xālī-andāxtan [ف.ـع.] (مص ل.) در بازی والیبال توپ را بنقاطی که حریف خالی کرده است انداختن.

جاخالی با(د) ǰā-xālī-bā(d) [ف.ـع.] (اِمر.) هدیه‌ای که شخص مسافر را فرستند بنشانهٔ تأثر واندوه در فراق او، آنچه برسم هدیه فرستند کسی را که از جایی رفته است.

جا خالی رفتن ǰā-xālī-raftan [ف.ـع.] (مص ل.) بدیدار خانوادهٔ مسافر رفتن پس از سفر کردن او.

جاخالی کردن ǰā-xālī-kardan (مص ل.) خودرا کنار کشیدن، خودرا جمع کردن.

جاخوردن ǰā-xordan (مص ل.) ۱ ـ از دیدن امری غیر منتظر تعجب کردن، یکه‌خوردن. ۲ ـ خودرا مغلوب دیدن.

جا دادن ǰā-dādan (مص م.) ۱ ـ نهادن چیزیرا در جایی، هشتن. ۲ ـ نصب کردن.

جادار ǰā-dār [= جادارنده] (ص فا.) ۱ ـ فراخ، وسیع: «اطاق جادار.» ۲ ـ ظرفی که چیز بسیار بتوان درآن جاداد.

جاداری ǰā-dār-ī (حامص.) فراخی، گشادگی، وسعت.

جا داشتن ǰā-dāštan (مصل.) ۱ - گنجایش داشتن، ظرفیت داشتن، وسعت داشتن. ۲ - نگاهبان ساختن ، کسی را بنگاهبانی گماشتن. ۳ - (تد. عم.) سزاوار بودن: «هرچه او را تعریف کنی، جادارد.»

جادو ǰādū [yātūk.پهـ] ۱ -(ص.) آنکه جادو کند ، افسون کننده ، افسونگر. ۲ - (اِ.) سحر، ساحری ، جادوگری . ۳ - (کنـ.) چشم معشوق. ۴ - (ص.) (مجـ.) دلفریب. ۵ - (مجـ.) محیل، مکار.

جادوانه ǰādov-āna(-e) ۱ -(قمر.) مانندجادوان(عمل کردن). ۲ -(صمر.) مانند جادوگر:
«آن چشم جادوانهٔ عابد فریب بین
کش کاروان حسن بدنباله میرود.»
(حافظ)

جادوآفرین ǰ.-āfarīn [= جادو آفریننده] (صفا.) ۱ -بوجود آورندهٔ سحر. ۲ - خدای تعالی:
«چونك جادو می‌نماید صدچنین
چون بود دستان جادو آفرین.»
(مثنوی)

جادوبند ǰ.-band (صمر.) ۱- آنکه جادورا از کار اندازد. ۲- کسی که جادوگر را افسون کند.

جادو پرست ǰ.-parast [= جادو پرستنده] (صفا.) کسی که‌جادورا بسیار دوست دارد، ستایشگر جادو.

جادو پیشه ǰ.-pīša(-e) (صمر.) جادوگر (ه.م.)

جادوجنبل ǰ.-ǰanbal (اِمر.)(تداول زنان) سحر، جادو، افسون.

جادو جنبل کردن ǰ.-ǰ.-kardan (مصل.) جادو کردن.

جادوخیال ǰādū-xayāl(xiyāl) [ف.-ع.] (ص مر.) ۱- خیال باف ، خیالپرداز. ۲- شاعری که‌درشعرخویش بتخیلات پردازد←(جادو خیالی).

جادوخیالی ǰ.-xayāl-ī(-xiyāl-) (حامص.) خیال‌پردازی .

جادوخیز ǰ.-xīz (صمر.) جادوگر (ه.م.)

جادو زبان ǰ.-zabān (ص مر.) چرب زبان، شیرین گفتار ← جادو زبانی.

جادو زبانی ǰ.-zabān-ī (حامص.) چرب زبانی، شیرین زبانی.

جادوزن ǰ.-zan(صمر.)زن‌جادوگر، ساحره .

جادوستان ǰādū-s(-e)tān, ǰādov-estān (اِمر.) ۱ - محلی که جادوان در آن جمع باشند. ۲ - (مجـ.) هندوستان.

جادوسخن ǰ.-soxan (صمر.)(کنـ.) شاعر فصیح.

جادو سخنی ǰ.-soxan-ī (حامص.) ۱ - فصاحت. ۲ - سخن فصیح وبلیغ.

جادوفریب ǰādū-fa(e)rīb [= جادو فریبنده] (صفا.) آنکه یا آنچه جادوگر رابفریبد، آنکه جادوگر را افسون کند، فریبندهٔ جادو.

جادو فریبی ǰ.-fa(e)rīb-ī (حامص.) عمل جادو فریب (ه.م.)

جادوفش ǰ.-faš (صمر.)مانندجادو، جادونما .

جادوك ǰādov-ak [← جادو] (اِمصغ.) جادوگر کوچك، ساحرك.

جادو کار ǰ.-kār (صفا.) جادوگر (ه.م.)

جادو کردن ǰ.-kardan (مصل.)

جادوکش

۱ - افسون کردن، سحر کردن . ۲ - تسخیر کردن.

جادو کش ǰ.-koš [= جادوکشنده] (ص‌فا.) کشندهٔ جادو، قاتل ساحر.

جادوگر ǰ.-gar (ص‌فا.) آنکه جادویی کند؛ ساحر، افسونگر.

جادوگری ǰ.-gar-ī (حامص.) عمل جادوگر (ه‌.م.)، جادویی، سحر.

جادومنش ǰ.-maneš (ص‌مر.) کسی که روش جادو دارد ، جادو صفت.

جادو نژاد ǰ.-nežād (ص‌مر.) آنکه ازنژاد جادو باشد، جادونسب.

جادونسب ǰ.-nasab [ف.-ع.] (ص‌مر.) ۱ - جادو نژاد (ه‌.م.) ۲ - (مج.) جادوگر، سحار.

جادو نگاه ǰ.-negāh (ص‌مر.)(کنـ.) معشوق .

جادوگر

جادو وش ǰ.-vaš [= جادوفش] (ص‌مر.) جادوفش (ه‌.م.)

جادوی ǰādov-ī [= جادویی] (حامص.) ← جادویی.

جادوی کردن ǰ.-kardan (مص‌م.) سحر کردن، ساحری کردن.

جادوی کرده ǰ.-karda(-e) (ص‌مف.) آنکه اورا جادو کرده اند؛ سحرشده، مسحور.

جادویه ǰādūya(-e) [= جاذویه ، په. ǰātūkgōB] (ص.) در اسامی نظیر «هرمز جادویه» و «بهمن جادویه» (=جاذویه) بمعنی شفیع وواسطه‌است.

جادویی ǰādū-yī (حامص.) ۱ - سحر، ساحری، جادوگری. ۲- عجیب، شگفت آور (جادوییها ؛ شگفتیها ، عجایب).

جادویی ساز ǰ.-sāz [= جادویی سازنده] (ص‌فا.) کسی که جادو کند ، جادوگر، ساحر.

جادویی کردن ǰ.-kardan (مص‌م.) سحر کردن، جادو کردن.

جاده ǰādda(-e) [ع.] (إ.) ۱- شاه‌راه، راه بزرگ . ۲ - طریقه، شرع. || ~ ٔ **خاکی**. جاده‌ای که اسفالت نشده، راه خاکی. || (تد.عم.) پیاده (بعنوان مزاح گویند). || ~ ٔ **خوابیده**. راه دور ودراز، راه خوابیده.

جاده

جاده‌سازی ǰ.-sāz-ī [ع.-ف.] (حامص.) ایجادجاده، ساختن جاده، راه سازی.

جاده صاف‌کن ǰ.-sāf-kon [ع.-ف. = جاده‌صاف کننده] (ص‌فا.، إمر.) ماشینی که با آن جاده‌ها را صاف وهموار کنند.

جاده‌کشیدن ǰ.-kašīdan (keš.-) [ع.-ف.] (مص‌ل.) راه‌ساختن ، ایجاد جاده کردن ، راه درست کردن .

جاده‌کوب ǰ.-kūb [ع.-ف. = جاده کوبنده] (ص‌فا.) ماشینی که با آن جاده‌را میکوبند تاصاف وهموار شود.

جاده‌کوبی ǰ.-kūb-ī [ع.-ف.] (حامص.) عمل جاده کوب (ه‌.م.)، راه صاف کردن.

جاده‌کوبیدن ǰ.-kūbīdan [ع.-ف.] (مص‌ل.) ۱- هموار کردن راه، استوار کردن‌راه. ۲- (تد.عم.) بر اوضاع مسلط شدن: «فلان خوب جاده را کوبیده.»

جادی ǰādī [ع.] (إ.) (گیا.) زعفران (ه‌.م.)

جاذب ǰāzeb [ع.] (إفا.) **۱-** کشنده، جذب کننده. **۲-** برگردانندهٔ چیزی ازجای آن. **۳-** رباینده، گیرنده، آهنجنده. ج. جواذب. ‖ **ادویهٔ ـــ.** (پز.) دواهایی که جذب رطوبت کنند ویا نیروی جذب مواد درون سلولی اطراف خودرا دارند.

جاذبه ǰāzeb-a(-e) [ــع. جاذبة] (إفا.) **۱-** مؤنث جاذب (ه.م.) ‖ **ادویهٔ ـــ.** (پز.) ← جاذب. **۲-** (فز.) ← جاذبهٔ عمومی. ‖ **ـــ ٔ عمومی.** (فز.) نیرویی که همهٔ اجسام رابطرف مرکز زمین میکشد[1]، جذب، ربایش. **۳-** محبت. **۴-** قوه‌ای‌درحیوان ونبات که‌غذا راجذب میکند. ‖ **ـــ ٔ جنسی.** (روان.) کشش جنسی در زن و مرد[2]. ‖ **ـــ ٔ محبت.** کشش عشق.

جاذبیت ǰāzebi-īyyat [ــع. جاذبیة] (مص‌جع.) **۱-** کشندگی، دلکشی، دلربایی. ‖ **ـــ ومجذوبیت.** دلبری ودلدادگی، ربایندگی و ربودگی. **۲-** قوهٔ جذب در اجسام (مانند قوهٔ جذب در مغناطیس).

۱- جار ǰār [ــزار] (پس.) زار (ه.م.): انار جار، نرگس‌جار. **ضح.-** در بعض اسماء امکنه نیز آید.

۲- جار ǰār [هند. ǰhār] (إ.) چراغ بلورین‌چندشاخه که‌بسقف آویزند، چهل‌چراغ.

۳- جار ǰār [ع.] (إ.) **۱-** آنکه خانه‌اش نزدیک‌یاچسبیده بخانهٔ‌شخصی باشد؛ همسایه. ج. جیران. **۲-** شریک (در تجارت). **۳-** خانهٔ نزدیک. **۴-** زنهار دهنده از ظلم، آنکه کسی را پناه دهد. **۵-** یاری‌دهنده. **۶-** نگهبان. **۷-** زنهار خواهنده. **۸-** همسوگند.

۴- جار ǰār [ع. ǰāren = جاری] (ص.) آب روان، یا هر مایع که روان باشد؛ جاری.

۵- جار ǰār [تر.] (إ.) ندا، بانگ وفریاد ← جار زدن. ‖ **ـــ وجنجال.** (عم.) داد و فریاد، بانگ و غوغا: «هرگز نبایدبا این قبیل‌جار وجنجال‌های افتضاح‌آمیز شروع بکارکرد.»

جار ǰār(r) [ع.] (إفا.) (نحو ع.) جر دهنده، حرفی‌که مدخول خود را جر دهد. مدخول رامجرورگویند ومجموع را جار ومجرور.

جار بلجار ǰār-bolǰār [تر.] (إمر.) طلب و وعده.

جارچی ǰār-čī [تر.] (ص‌نسبـ.، إمر.) کسی‌که مردم راآواز دهد و امری را بآنان ابلاغ‌کند یا خبری دهد؛ ندا کننده. منادی‌گر.

جارچی‌باشی ǰ.-bāšī [تر.] (إمر.) رئیس جارچیان (صفویه،قاجاریه).

جارچی باشی گری ǰ.-gar-ī [تر - ف.] (حامص.) منصبی‌از مناصب دولتی در زمان صفویه، شغل‌جارچی‌باشی.

جارحه ǰāreha(-e) [ــع. جارحة] **۱-** (إفا.) مؤنث‌جارح، جراحت‌کننده. **۲-** (إ.) اسب ماده. ج. جوارح. **۳-** اندام‌آدمی، دست‌واعضای دیگر. **۴-** جانور شکاری از مرغ (شکره) وسگ و دد. ج. جوارح.

جارختی ǰā-raxt-ī (إمر.) چوبی که بآن جامه‌آویزند؛ چوب‌رختی.

جار زدن ǰār-zadan (مص ل.) بآواز بلند در کویها و برزنها امری را باطلاع عموم‌رسانیدن، ندا دردادن.

جارف ǰāref [ع.] **۱-** (إفا.) زمین-

۱- Force de l'attraction universelle (فر.) ۲- Sex appeal (انگ.)

جاروب الکتریکی

کن: سیل جارف. ۲ - (إ.) مرگ و میر، مرگامرگی.

جارفتن ǰā-raftan (مص ل.) ۱ - (عم.) منفعل شدن از کرده یا گفتهٔ خود پس از آنکه طرف دلیلی آشکار آورد؛ مجاب شدن، مغلوب گردیدن. ۲ - (قمار) ورق خود را که بنظر برنده نیست بعلامت عدم شرکت در بازی بزمین انداختن.

جارکش ǰār-kaš(keš) [= جارکشنده] (ص فا.) کسی که با آواز بلند مردم را بامری دعوت کند، جارزن.

جارکشیدن ǰār-kašīdan(keš.-) (مص ل.) جارزدن (ه.م.)

جارکون ǰārkūn [معر. جارگون، چارگون] (إ.) (گیا.) بسباسه (ه.م.)

جارگون ǰārgūn [= چارگون = معر. جارکون] (إ.) (گیا.) بسباسه (ه.م.)

جارو ǰārū [= جاروب] (إمر.) ۱ - ← جاروب. ۲ - (گیا.) درمنه، جاروب. ‖ تخم ~ . (گیا.) تخم درمنه (ه.م.)

جاروب ǰā-rūb [= جارو] (إمر.) ۱ - آلتی است از گیاهان خشک که بدان خانه روبند، جارو. ‖ به ~ زبان گردی کردن. سخنان بیجا گفتن، با حرف آشوب بپا کردن، سخن مفت و یاوه گفتن. ‖ ~ ازمژگان کردن. ۱ - یعنی مژه های چشم را بمنزلهٔ جارو بکار بردن. ۲ - (کنـ.) مراقبه، سجده کردن. ۲ - (گیا.) درمنه (ه.م.)

جاروب دیده ǰ.-dīda(-e) (ص مف.) صاف و پاک، تمیز: صحن جاروب دیده.

جاروب زدن ǰ.-zadan (مص م.) جاروب کردن (ه.م.)

جاروب زن ǰ.-zan [= جاروب زننده] (ص فا.) آنکه کارش جاروب زدنست، جاروب کش، جاروب کننده.

جاروب ساز ǰ.-sāz [= جاروب سازنده] (ص فا.) آنکه جاروب میسازد.

جاروب کردن ǰ.-kardan (مص م.) روفتن جایی را، جاروب زدن، جاروب کشیدن.

جاروب کش ǰ.-kaš(keš) [= جاروب کشنده] (ص فا.) کسی که کار وی جاروب کشیدن است، جارو کننده.

جاروب کشی ǰ.-kaš-ī(-keš-) (حامص.) کار آنکه جاروب کشد، عمل جاروب کش (ه.م.)

جاروب کشیدن ǰ.-ka(e)šīdan (مص م.) ← جاروب کردن.

جاروب وار ǰārūb-vār (قمر.) مانند جاروب، چون جارو.

جاروپارو کردن ǰ.-pārū-kardan (مص م.) ← جاروب کردن.

جار و جنجال ǰār-o-ǰanǰāl [تر.- ف.] (إمر.) ← ۵ جار، جار و جنجال کردن.

جار و جنجال کردن ǰ.-kardan هیاهو کردن، سر و صدا کردن: «کمتر جار و جنجال کنید!»

جارو زدن ǰ.-zadan (مص م.) ← جاروب کردن.

جارو فراشی ǰ.-farrāš-ī (إمر.) نوعی جارو که دارای دسته‌ای بلند است.

جارو کردن ǰ.-kardan (مص م.) ← جاروب کردن.

جاروکش ǰ.-kaš(keš) [= جارو کشنده] (ص فا.) ← جاروب کش.

جاروکشی ǰ.-kaš-ī(keš) (حامص.) ← جاروب کشی.

جاروکشیدن (ǰ.-kašīdan(keš.-) (مص‌م.) ← جاروکردن.

جارو نرمه ǰ.-narma(-e) (إمر.) قسمی جارو ازگیاهی نرم که برای گرد گیری بکاررود.

۱-جاری ǰārī [= یاری = یِیری] (إ.) (تد.عم.) زنان دو برادر را نسبت بهم جاری گویند، زن برادر شوهر ؛ یار ، یاری، همریش (اصفهانی).

۲-جاری ǰārī [ع.] ۱ -جریان کننده، روان. ۲ - زمانی که در آن هستیم: ماه جاری، سال جاری. ‖ **امور** ــ . اموری که درهمین ایام جریان دارند . ‖ ــ **وراکد**. روان و ایستاده. ‖ **حساب** ــ . (بانک.) حسابی در بانك که بتدریج از سپرده بردارند و باز بسپارند. ‖ **رسوم** ــ . رسومی که معمول درمیان مردم است. ‖ **سال** ــ . سال حاضر، امسال، هذه‌السنه. ‖ **شعر(لفظ)** ــ . (معا.) که ازتعقید وتقدم وتأخرنابجا خالی باشد و اینگونه سخن را درسهولت شنیدن، بآب جاری یا روان تشبیه کنند و در فارسی کلمهٔ «روان» بکار برند. ‖ **ماه** ــ . همین ماه که در آن هستیم ، ماه حاضر. ‖ **مقررات** ــ . مقرراتی که در مملکت رایج است . ‖ ــ **بودن** . روان بودن، متداول بودن، رایج بودن: «عادت براین جاری بود.»

جاریات ǰāriy-āt [ع.] (ص.) ج. جاریه (ه.م.)

جاری شدن ǰ.-šodan [ع.-ف.] (مص‌ل.) روان شدن، سرازیر شدن.

جاری کردن ǰ.-kardan (مص م.) روان ساختن، معمول داشتن، متداول کردن.

جاری مجری ǰ.-maǰrā [ع.](إمر.) جاری مجرای...، قائم‌مقام...، جانشین، نایب مناب...

جاریه ǰāriya(-e) [= ع جاریة] ۱- (ص.)مؤنث جاری (ه.م.) ‖ **سنن** ــ . عادات ورسوم رایج ۲ -(إ.) کشتی، سفینه. ۳ - ماری از نوع افعی. ۴ - نعمت خدا. ۵ - دخترك، دخترخرد. ۶ - زن جوان. ج. جاریات ، جواری . ۷ - آفتاب ، خورشید. ۸ - آب روان. ۹ - کنیزك، امه، داه.

جاز ǰāz [انگ. امریکایی jazz] (إ.) (مس.) موسیقی ارکستری است که از تطابق موسیقی آوازی وضربی سیاهان افریقایی درامریکا بوجود آمده و برای رقص بکار میرود .

جا زدن ǰā-zadan (مص‌م.) ۱ - چیزی بدلی را بجای اصلی بکسی دادن یا فروختن، قالب کردن. ۲ - کسی را بجای دیگری معرفی کردن . ۳ - تحمیل کردن.

جاز زدن ǰāz-zadan [امریکایی-ف.] (إ.) (مس.) عمل نواختن جاز (ه.م.)

جاز زن ǰāz-zan [امریکایی-ف. = جاز زننده] (صفا.)(مس.) کسی که جاز (ه.م.) نوازد.

جازم ǰāzem [ع.] (إفا.) ۱- برنده، قطع کننده . ۲ - بی‌گمان ، استوار . ۳ - (نحو ع.) ← جازمه(حروف). ۴ - (منط.) قضیه، خبر. ‖ **قول** ــ . مشتمل براخبار امری باثبات یا نفی است.

جازم شدن ǰ.-šodan [ع.-ف.](مص ل.) دل بر کاری نهادن، یکدل شدن بر کاری، قاطع بودن بر کاری.

جازمه ǰāzema(-e) [= ع. جازمة] (إفا.) ۱ -مؤنث جازم (ه.م.) ۲ - (نحو ع.) حرفی که چون برفعل درآید حرف آخر آنرا ساکن گرداند. ‖ **حروف** ــ . (نحو ع.) حروفی که کلمهٔ بعداز خودرا جزم دهند (حرکت حرف آخر

کلمه را ساقط سازند) وعبارتنداز: ل-
لا-لم- لما-اِن. ج.جوازم.

جا زن ǰā-zan[=جازننده](ص‌فا.)
(عم.) آنکه‌کسی‌را از جای خودبراند.
‖ ~ کردن‌کسی‌را. اورا ازجای‌خود
راندن .

جا سپردن ǰā-sepordan (مصم.)
۱ - دادن جا ومکان. ۲ - مردن .

جاست ǰāst(اِ.)جای افشردن‌انگور،
جایی که انگوررا درآن لگد زنند تا
شیرهٔ آن برآید.

جا سنگین ǰā-sangīn (ص مر.)
(عم.) (کن.) ۱ - ازخانوادهٔ نجیب
ومتمول: «زنی جا سنگین است» (لغ.)
۲ - آنکه دیر از جای خود جنبد ،
تنبل .

جاسر ǰāser [ع.] (اِفا.،ص.)جسور،
بی‌باك، گستاخ.

جاسوس ǰāsūs [ع .] (اِفا.) آنکه
اخبار و اطلاعات کسی یامؤسسه‌ای‌ویا
کشوری را مخفیانه‌گرد آورد وبشخص
یا مؤسسه ویاکشوری دیگر اطلاع‌دهد.
ج. جواسیس.

جاش ǰāš [←چاش←جاشدان](اِ.)
۱ - غلهٔ پاك‌کرده . ۲ - انبار غلهٔ پاك
کرده.

جاشدان ǰāš-dān[=جاشکدان=
چاشکدان←جاش] (اِمر.) ۱ - انبار
غله. ۲ - صندوقچهٔ نان.

جاشو ǰāšū (اِ.) کسی که در کشتی
کار میکند، کارگرکشتی.

جاعل ǰāel [ع.] (اِفا.) ۱ - سازنده،
گرداننده،خلق‌کننده. ۲ - جعل‌کننده.
تقلب کننده. ۳ - (حق.) ← جعاله۳.

جاغر ǰāγer [=ژاغر=زاغر] (اِ.)
←ژاغر.

جاغسوك ǰāγsūk [←جاخسوك]
(اِ.)←جاخسوك.

جاف ǰāf [← جاف جاف] ←جاف-
جاف.

جاف جاف ǰāf-ǰāf [=جفجاف←
جاف] (ص مر.) زن بدکار ، قحبه ،
فاحشه .

جافی ǰāfī [ع.] (اِفا.) جفاکننده ،
جفاکار،جور کننده. ج.جفاة(جفات).

جا قلم ǰā-γalam [ف.-ع.=جای
قلم]←جای قلم.

جا کردن ǰā-kardan (مصم.) ۱ -
گنجاندن، مقام دادن. ‖ خودرا ~ .
۱ -خودرادرردیف‌کسانی‌مهم‌درآوردن.
۲ - در اداره‌ای یا مؤسسه‌ای وارد
شدن.

جاکش ǰā-kaš(keš)(ص‌فا.) آنکه
وسایل اطفاء شهوت دیگران را فراهم
آورد؛ قواد، پاانداز.

جاکشو ǰākšū [=جاکسو=چاکسو
=چاکشو] (اِ.)←چاکشو.

جاکشی ǰā-kaš-ī(keš-)(حامص.)
عمل وشغل‌جاکش (ه م.) ؛ قوادی ،
پااندازی.

جا گرفتن ǰā-gereftan (مص ل.)
۱ - در جایی استقرار یافتن : « همهٔ
مدعوان دریك سالن‌جا نمیگیرند.» ۲ -
جایی را بخود اختصاص دادن : « هر
کس درمسجد برای خود جهت شنیدن
وعظ جاگرفته بود. »

جاگیر ǰā-gīr [= جای‌گیرنده]
(ص‌فا.) ۱ - آنچه جایی‌رااشغال‌کند،
جای‌گیر، متحیز. ۲ - شاغل.

جاگیر شدن ǰā-gīr-šodan (مص
ل.) ۱ - جاگرفتن. ۲ - تأثیر کردن،
مؤثرشدن، بدل نشستن.

جال ǰāl [سنس. ǰāla](اِ.) دام‌برای
پرندگان؛ تله.

جام

جالب ǰāleb [ع.] (اِفا.) ۱ - جلب کننده، رباینده، جاذب. ۲ - (تد ف.) بجای «جالب توجه» و «جالب دقت» آید.

جالس ǰāles [ع.] (اِ.) نشیننده، نشسته. ج. جالسین، جلاس.

جاله ǰāla(-e) [=ژاله] (اِ.) قطعاتی ازچوب وتخته که بمشک‌های پرباد بندند و در آب اندازند وروی آن نشسته‌از آب عبور کنند.

جالی ǰālī [ع.] (اِفا.) ۱ - روشن، واضح. ۲ - جلا دهنده، پاك کننده. || **ادویهٔ ~** . (پز.) دواهایی که عفونتهای جلدی را پاك کنند، ضد عفونیهای جلدی[1].

جالیز ǰālīz [تهـ ǰālīz، قس. پالیز] (اِ.) کشتزار خربزه، هندوانه، خیار و مانندآن، پالیز؛ گودالی که در آن خیاروتره بار مانند آن کارند.

جالیزکاری ǰ.-kār-ī (حامص.) زراعت خربزه، هندوانه وغیره.

جالیگون ǰālīgūn [= جالیقون معر.] (اِ.) (گیا.) گیاهی از خانوادهٔ نعناعیان که بعربی ترنیق گویند ویونانی قدیم آنرا فلیسون[2] خوانند؛ جالیقون.

جالینوس ǰālīnūs (اِخ.) ۱ - ← بخش ۳. ۲ - (اِ.) نوایی است ازموسیقی قدیم.

جالیه ǰāliya(-e) [ع.] (اِفا.) ۱ - مؤنث جالی (همع.) ۲ - غریبانی که‌از وطن خود هجرت کرده‌اند. ۳ - اهل ذمه. ۴ - جزیه‌ای که‌ازاهل ذمه گیرند. || **ادویهٔ ~** . (پز.) ← جالی.

جام ǰām [پهـ ǰām] (اِ.) ۱ - پیاله، ساغر. ۲ - ظرفی برنجین که‌درآن آب خورند. ۳ - قطعهٔ بزرگ شیشه. ۴ - (مس.) مقامی‌است از موسیقی قدیم. || **~ پر از شیر ومی.** ۱- (کن.) پیالهٔ پراز آب کوثر. ۲ - دهان معشوق. ۳ - کلامی‌که شنیدن آن مردم رابشور دراندازد وحال آورد. ۴ - شعرنیك. || **~ پراز می.** ← جام‌پراز شیرومی. || **~ جم.** ← بخش ۳. || **~ جمشید.** ← بخش ۳. || **~ جهان‌نما.** ← بخش۳. || **~ راهب.** ۱ - ظرف شراب مقدس دیر. ۲ - خمر الهی. || **~ سحر.** (کن.) آفتاب، خورشید. || **~ شهریاری.** قدح‌بزرگ. || **~ شیر.** (کن.) پستان شیردار. || **~ کیخسرو.** ← بخش ۳. || **~ گوهری.** (کن.) ۱ - پیالهٔ‌بلوری. ۲ - لب‌ودهان معشوق. || **~ گیتی‌نما.** ← بخش۳. || **~ برسنگ زدن.** (کن.) ۱- توبه‌کردن از شرابخواری. ۲ - توبه‌کردن، انابه کردن.

جاماندن ǰā-māndan (مصل.) ۱- فراموش شدن چیزی ازکسی. ۲ - بجای ماندن چیزی از کسی عمداً یا سهواً ← بجای‌گذاشتن.

جام پرداختن ǰām-pardāxtan (مصل.) شراب خوردن، ساغر کشیدن.

جامد ǰāmed [ع.] (اِفا.) ۱- یخ بسته، افسرده، منجمد. ۲ - آنچه که نمو وزندگی ندارد مانند سنگ وکلوخ. ج. جوامد. || **ادویهٔ ~** . (پز.) داروهایی که حالت چسب مانند داشته و در آب یك محلول کلوئید بوجود آورند[3]، مانندنشاسته وکتیرا وغیره.

جامده ǰāmed-a(-e) [= ع. جامدة] (اِفا.) ۱ - مؤنث جامد (ه.م.). ج. جامدات. || **ادویهٔ ~** . (پز.) ← جامد.

۱ - Antiseptiques cutanées (فر.)   ۲- Flisun (فر.)
۳-Remèdes collagènes(فر.)

جامع ǰāme' [ع.] ۱ - (إفا.) جمع کننده، گردآورنده. ۲ - تمام، کامل. ۳ - مسجدی که در آن نماز جمعه گزارند. ج. جوامع.

جامع

جامعه ǰāme'a(-e) [= ع. جامعة] ۱ - (إفا.) مؤنث جامع (ه.م.) ۲ - (إ.) گروه مردم یك شهر، یك کشور، جهان ویا صنفی ازمردم: **جامعهٔ** بشریت، جامعهٔ ایرانی، جامعهٔ علما. ج. جوامع. ۳ - علاقه. ۴ - غل وقید زندانیان.

جام کشیدن ǰ.-kašīdan(keš.-) (مصل.) ساغر کشیدن، شراب خوردن.

جامگی ǰāma(e)g-ī [= جامکی = جامکیة، معر.] (ص نسب.، إمر.) ۱ - آنچه بخدمتگزاران و سربازان دهند. ۲ - وظیفه، راتبه، مستمری. ۳ - فتیلهٔ تفنگ. ۴ - دردی پیاله.

جامگی خوار ǰ.-xār [= جامگی خوارنده] (صفا.) ۱ - گیرندهٔ جامگی (ه.م.)، خدمتکار، پرستار. ۲ - مردم علوفه‌دار. ۳ - شرابخوار.

۱ - جامه ǰāma(-e) [په. ǰāmak، yāmak] (إ.) ۱ - پارچهٔ بافتهٔ نادوخته، پارچهٔ خیاطی نشده. ۲ - قبایی که پوشند، لباس. ‖ ~ ٔ **بغدادی**. ۱ - جامه‌ای که در بغداد بافند، جامه‌ای که از بغداد آرند. ۲ - نوعی جامه که آجیدهٔ (بخیهٔ) آن بفاصلهٔ سه انگشت باشد. ‖ ~ ٔ **تعزیت**. لباسی که درماتم کسان پوشند، وآن کبود یا سیاه رنگ است؛ لباس‌عزا. ‖ ~ ٔ **خواب**. رخت خواب، مجموع لحاف و توشك و متکا وبالش‌وغیره، فراش. ‖ ~ ٔ **خورشید**. ۱ - (کن.) برگ‌درختان. ۲ - (کن.) آنچه روی خورشید را بپوشاند مانند غبار، ابر وغیره. ۳ - (کن.) مردمك دیده. ۴ - (کن.) زمین، ارض. ۵ - (تص.) بدن آدمی (چه جسم را لباس جان دانند و خورشیدرا روح حیوانی). ‖ ~ ٔ **سحر**. ۱ - (کن.) آفتاب. ۲ - (کن.) بادصبا. ‖ ~ ٔ **عید**. ۱ - (کن.) لباس‌سرخ. ۲ - (کن.) گلهاوشکوفه‌های بهاری. ‖ ~ ٔ **غوك**. جسمی سبزشبیه بابریشم که در روی آب راکد تولید شود؛ جل‌وزغ. ‖ ~ ٔ **قطران**. جامهٔ سیاهی که درعاشورا وتعزیتها پوشند. ‖ ~ ٔ **نخجوانی**. سقرلات، لندره ومانندآن. ‖ ~ **ازرق کردن**. لباس کبودپوشیدن، سوگواری کردن. ‖ ~ **درنیل‌زدن**. (کن.) تعزیه وماتم‌داشتن. ‖ ~ **فوطه‌کردن**. (کن.) چاك کردن جامه. ‖ ~ ٔ **کبودپوشیدن**. لباس‌سیاه پوشیدن، عزاداری کردن.

۲ - جامه ǰāma(-e) [= جام] (إ.) ۱ - کوزه‌ای که در آن شراب کنند. ۲ - صراحی، جام.

جامه بافتن ǰ.-bāftan (مص م.) ۱ - پارچه بافتن، قماش بافتن. ۲ - بافتن جامه، نسج لباس.

جامه بافی ǰ.-bāf-ī (حامص.) عمل جامه‌باف، شغل جامه‌باف (ه.م.)

جامه بریدن ǰ.-borīdan (مص م.) **جامه بر قد کسی بریدن**. پارچهٔ نو قطع کردن وباندازهٔ قامت وی بریدن.

جامه پوشیدن ǰ.-pūšīdan (مص م.) لباس پوشیدن، جامه برتن کردن.

جامه چاك ǰ.-čāk (ص مر.) ۱ - آنکه لباسش دریده است. ۲ - (تص.) صوفی (چه صوفیان هنگام سماع گرم شوند واز سرمستی‌حالتی یابند که‌خرقهٔ خود را چاك کنند.) ۳ - عاشق.

جامه خانه ǰ.-xāna(-e) (إمر.) خانه‌ای باشد که‌رخوت پوشیدنی وغیر پوشیدنی دوخته ونادوخته درآن نهند؛ رخت خانه.

۱۲۰۹
جانانه

جامه دار ǰ.-dār [= جامه دارنده] (ص فا.) ۱ - محافظ جامه‌خانه، نگهبان البسه. ۲ - کارگری که در حمام جامه‌های مردم را حفظ کند.

جامه دان ǰ.-dān (إمر.) ۱ - صندوقی که در آن جامه‌ها را گذارند. ۲ - اطاقی که در آن جامه‌ها را حفظ کنند.

جامه دران ǰ.-dar-ān ۱ - (ص فا.) جامه درنده. ۲ - (حا.) در حال جامه دریدن. ۳ - (إ.) (مس.) گوشه‌ای در دستگاه شور (ه.م.)

جامه دریدن ǰ.-darīdan (مص م.) ۱ - پاره کردن لباس. ۲ - بی طاقت شدن، ناشکیبایی کردن.

جامه شویی ǰ.-šūy-ī (حامص.) شستشوی لباس. ‖ **~ صوفیان.** (تص.) رها کردن صوفیان حواس ظاهره را و دست شستن از ماسوی‌الله و رها شدن از خیالات فاسد و بیهوده.

جامه‌کوب ǰ.-kūb [= جامه کوبنده] (ص فا.) رخت‌شوی، گازر، قصار (رخت شویان هنگام شستن جامه آنرا میکوبند تا چرك آن بدررود و پاك شود).

جامه‌کن ǰ.-kan (إمر.) محلی در سر حمام که جامه‌ها را در آنجا از تن در آورند و داخل حمام شوند؛ جامه خانهٔ گرمابه، سربینه.

۱- جان ǰān [gyān .په] (إ.) ۱ - روح انسانی، روان. ۲ - نفس. ۳ - (ص.) عزیز، گرامی:

«گوش من از گفت غیر او کر است
او مرا از جان شیرین جان‌تر است.»
(مثنوی)

‖ **~ آتش.** ۱ - روح ناری. ۲ - نفس اماره، روح شهوانی. ‖ **~ آهنی.** ۱ - (کن.) بی رحم. ۲ - (کن.) سخت جان. ۳ - دلاور. ‖ **~ اول.** (تص.) جانی که مدرك است، ولی معرفة‌الله اورا حاصل نمیشود، روح بدون معرفت. ‖ **~ پری (پریان).** (کن.) شراب انگوری. ‖ **~ جان.** ۱ - (کن.) روح اعظم. ۲ - حق تعالی. ۳ - روح انبیا و اولیا. ۴ - (کن.) نان. ۵ - (کن.) طعامی که بته دیگ چسبیده باشد. ‖ **~ جان‌جان.** (تص.) روح ابدی که منزلگاهش دل مردان کامل است. ‖ **~ جهان.** خطابی است بمعشوق یا شخصی عزیز، حاکی از آنکه وی در حکم جان و روان عالم است. ‖ **~ حیوان.** ۱ - (کن.) شیر وماست و روغن و گوشت وشهد وعسل. ‖ **~ دیگر.** ۱ - روحی غیر از روح ما. ۲ - جانی که خدا در کالبد آدم ابوالبشر دمید؛ روح انسانی. ‖ **~ زمین.** (کن.) سبزه و گل ومیوه. ‖ **~ شیشه.** ۱ - جانی که مانند شیشه شکننده است؛ نازکدل. ۲ - ترسو. ‖ **~ طاق.** ۱ - جانی که در نوع خود یکتاست و مانند ندارد. ۲ - روح نبی و ولی. ‖ **~ نو.** نفحه‌ای که خدای تعالی در کالبد آدم دمید؛ روح آدم. ‖ **~ وحی آسا.** (تص.) جانی که دارای عالیترین استعدادها و قوی است و مانند ارواح انبیا و اولیا استعداد قبول وحی دارد. ‖ **~ بدر بردن.** نجات یافتن از مهلکه، گریختن از خطر. ‖ **~ بدستارچه دادن.** (کن.) جان بشکرانه دادن، جان پیشکش کردن. ‖ **~ درمیان.** (کن.): مرا با تو بجان مضایقه نیست.

جامه‌دان

۲- جان ǰān [است. jan، زدن، کشتن، ← جاندار] (إ.) سلاح جنگ.

جان ǰān(n) [ع.] (إ.) ج. جن (ه.م.)؛ مق. انس، پریان.

جانان ǰān-ān [← جانانه] (إمر.) معشوق، محبوب، شاهد، دلبر زیبا.

جانانه ǰān-āna(-e) [← جانان]

۱۲۱۰
جان‌آزار

(اِمر.) ۱- معشوق، محبوب. ۲-(عم.) کامل، تمام،حسابی:سیلی جانانه.

جان‌آزار ǰān-āzār [= جان‌آزارنده] (صفا.) آزاردهندهٔ جان، جفاپیشه، ظالم.

جان آزاری ǰ.-āzār-ī (حامص.) عمل آنکه جان آزارد؛ جفاپیشگی، ظلم، ستم.

جان‌آفرین ǰ.-āfarīn [= جان آفریننده](صفا.)روان آفرین، خالق روح، آفریدگار.

جان آهنج ǰ.-āhanǰ [= جان آهنجنده] ۱- (صفا.) برکشندهٔ جان، آنچه روح آدمی را از تن بر آورد. ۲- (اِمص.) احتضار، جان کندن.

جان پناه

جان افروز ǰ.-afrūz [= جان افروزنده](صفا.)افروزندهٔ جان، تازه کنندهٔ جان، روشن کنندهٔ جان.

جان افزا(ی) ǰ.-afzā(y) [= جان افزاینده] (صفا.) آنچه‌جانرا بیفزاید، آنکه یاآنچه باعث شادی شود.

جان افشان ǰ.-afšān [= جان افشاننده] (صفا.)جان‌فداکننده، آنکه جان‌خویش را در راه‌کسی فدا کند .

جان افشاندن ǰ.-afšāndan (مص ل.) مردن، جان دادن.

جان اوبار ǰ.-awbār(ow.-) [= جان اوبارنده](صفا.)بلع‌کنندهٔ جان، جانگیر: زهر جان اوبار.

جانب ǰāneb [ع.] (اِ.) ۱- پهلو، کرانه، طرف، کنار. ۲- سوی،جهت. ۳- ناحیه، ناحیت.ج.جوانب. ‖ ~ بی‌جانبی. (تص.)گوشهٔ بی گوشه ، عالم بدون جهت، جهان غیب، عالم امر.

جان باختن ǰ.-bāxtan (مص ل.) جان‌راازدست دادن، جانرا درراه‌کسی یا چیزی فدا کردن.

جان باز ǰ.-bāz [= جان بازنده] (صفا.) کسی که جان‌خودرا فداکند کسی‌که جان خویش رادرمعرض خطر اندازد.

جان بازی ǰ.-bāz-ī (حامص.) ۱- عمل جان‌باز (ه.م.) ، فداکردن جان خود، فداکاری. ۲-دلیری،مردانگی.

جان‌بخش ǰ.-baxš [= جان‌بخشنده] (صفا.) بخشندهٔ جان، حیات دهنده ، زنده کننده (غالباً صفت خدای تعالی آید).

جان بخشی ǰ.-baxš-ī (حامص.) عمل‌جان بخش (ه.م.)

جانب دار ǰāneb-dār [ع.-ف = جانب دارنده] (صفا.) حمایت‌کننده، امداد کننده، طرفدار.

جانب داری ǰ.-dār-ī (حامص .) عمل جانب‌دار (ه.م.)، طرفداری، مددکاری، حمایت.

جان بردن ǰ.-bordan (مص‌ل.) نجات یافتن، رهاشدن، خلاص گشتن.

جان بوز ǰ.-būz(bōz) (اِمر.) خانه وحفاظ، جان پناه.

جان پرداز ǰ.-pardāz [= جان پردازنده] (صفا.)۱- روح‌پرور. ۲- فریبنده، جاذب. ۳-ترک‌جان گوینده.

جان‌پردازی ǰ.-pardāz-ī (حامص.) ترک‌جان گفتن، مردن، کشته شدن.

جان پرور ǰ.-parvar [= جان پرورنده](صفا.)پرورندهٔ جان وروان، روح‌پرور،آنچه باعث تیمارجان شود.

جان‌پروری ǰ.-parvar-ī (حامص.) عمل وکیفیت جان پرور (ه.م.)

جان‌پناه ǰ.-panāh (اِمر.)۱- پناه

جان ومحافظ جان. ۲ - (نظ.) موضعی از خاك که سرباز در پناه آن بتواند عملیات نظامی کند؛ پناهگاه.

جانت قبطه ǰānat-ɣabta [معر. اسپا ن.] (إ.) (گیا.) ماش‌دارو (ه.م.)

جانخانی ǰānxānī (إمر.) (عم.) جوال بزرگ.

جان دادن ǰ.-dādan (مصل.) قبض روح شدن، جان سپردن.

۱ - جان‌دار (جاندار) ǰ.-dār [= جان‌دارنده ← ۱ جان] (صفا.) ۱- آنکه جان دارد، حیوان وانسان زنده. ۲ - قادر، توانا.

۲ - جان دار (جاندار) ǰ.-dār [= جان‌دارنده ← ۲ جان] (صفا.) ۱ - سلاح‌دار، اسلحه‌دار، سلحشور. ۲ - محافظت کننده، نگاهبان.

جان‌دارو ǰ.-dārū (إمر.) ۱ - تریاقی که حفظ جان کند وزندگی بخشد، نوش‌دارو. ۲ - تریاك، افیون.

جان داری (جانداری) ǰ.-dār-ī (حامص.) عمل جاندار، شغل جاندار (ه.م.):

«آن ترك که یافت منصب جان‌داری
یك لحظه نمی شکیبد از دلداری.»
(فخرالدین خطاط)

جان دانه ǰ.-dāna(-e) (إمر.) جایی از پیش سر که در کودکی نرم وجهنده باشد، یافوخ.

جان ریزه ǰ.-rīza(-e) (إمر.) ۱ - جان کوچك و ناچیز، روح ضعیف، روح ناقص. ۲ - روح حیوانی.

جان سپار ǰ.-sa(e)pār [= جان‌سپارنده] (صفا.) جان‌دهنده، فدائی.

جان‌سپاردن ǰ.-sapārdan(sep.-) (مصل.) مردن، هلاك شدن، جان‌سپردن.

جان سپاری ǰ.-sapār-ī(sep.-) (حامص.) عمل جان‌سپار، جان‌دهی، فداکاری.

جان سپردن ǰ.-sapordan(sep.-) (مصل.) مردن، موت.

جان‌ستان ǰ.-setān [= جان‌ستاننده] (صفا.) ۱- جان‌ستاننده، روح‌ستاننده، کشنده، قاتل. ۲ - صفت عزرائیل، فرشته‌ای که جان زندگان را میگیرد.

جان ستاندن ǰ.-setāndan (مصم.) کشتن، قبض روح کردن.

جان ستانی ǰ.-setān-ī (حامص.) عمل آنکه یا آنچه جان را می‌ستاند؛ جان‌گیری.

جان ستدن ǰ.-setadan (مصم.) جان را گرفتن، کشتن، قبض روح کردن.

جان سخت ǰ.-saxt (صمر.) ۱ - آنکه بسختی جان دهد. ۲ - دیرمیر. ۳ - کسی که در سختیها و مشقتها استقامت کند. ۴ - (کنـ.) ممسك، لئیم.

جان سختی ǰ.-saxt-ī (حامص.) ۱ - عمل جان‌سحت (ه.م.) ۲- دیرمیری. ۳ - استقامت در مشقات. ۴ - ممسکی، لئامت.

جان شکر ǰ.-šekar [= جان شکرنده] (صفا.) ۱- شکارکنندهٔ جان، جان ستان. ۲ - معشوق، دلبر. ۳ - (إخ.) عزرائیل.

جان شناس ǰ.-šenās [= جان شناسنده] (صفا.) ۱ - کسی که معرفت باحوال روح دارد. ۲ - (تص.) ولی، مرد کامل، مرشد، قطب.

جانشین ǰā-nešīn [= جانشیننده] (صفا.) ۱- کسی که بجای دیگری نشیند و وظایف او را انجام دهد، قائم مقام، خلیفه. ۲ - ولیعهد.

جانشینی ǰā-nešīn-ī (حامص.) ۱ - جانشین دیگری شدن، قائم‌مقامی، خلافت. ۲ - ولایت عهد.

۱۲۱۲
جانفرسای

جانفرسا(ی) ǰ.-farsā(y)]= جان فرساینده[(ص‌فا.) جان‌فرساینده، عذاب دهندهٔ روح.

جانفرسایی ǰ.-farsāy-ī (حامص.) عمل جان فرسای (ه.م.)، جان‌کاهی.

جانفزا(ی) ǰ.-fazā(y)]= جان فزاینده[(ص‌فا.) ۱ ـ افزایندهٔ جان، آنچه که موجب نشاط روان گردد. ۲ ـ آب حیات، آب زندگانی.

جانفشان ǰ.-fašān(feš.-)]= جان‌فشاننده[(ص‌فا.) کسی‌که جان خود را فدا کند، فداکنندهٔ جان.

جان‌فشاندن ǰ.-fašāndan(feš.-)]= جان‌افشاندن[(مصل.) جان‌خود را فدا کردن، جان در راه کسی دادن.

جانفشانی ǰ.-fašān-ī(feš.-)]= جان افشانی[(حامص.) ۱ ـ عمل‌جان فشاندن (ه.م.)، فدا کردن جان. ۲ ـ زحمت سخت، کوشش بسیار.

جانکاه ǰ.-kāh]= جان‌کاهنده[(ص‌فا.) ۱ـ آنکه‌جان را بکاهد. ۲ ـ آنکه روح را خسته‌کند. ۳ ـ مولم، رنج‌آور.

جان کشیدن ǰ.-kašīdan(keš.-) (مص‌م.) ۱ ـ کشتن، بیرون‌آوردن‌جان. ۲ ـ عذاب‌دادن، معذب کردن.

جان‌کندن ǰ.-kandan (مصل.) ۱ ـ جان‌دادن، محتضر بودن. ۲ ـ رنج‌دیدن، عذاب کشیدن.

جان‌کنش ǰ.-kaneš (امص.) عمل جان‌کندن، نزع.

جانگداز ǰ.-godāz]= جان‌گدازنده[(ص‌فا.) ۱ ـ گدازندهٔ‌جان‌وروان، آنچه روان‌را ملول‌سازد. ۲ ـ ناتوان‌کننده، عاجز کننده، سست‌کننده.

جانگدازی ǰ.-godāz-ī (حامص.) عمل‌جان‌گداز (ه.م.)، روح گداز.

جان گرفتن ǰ.-gereftan (مصل.) ۱ ـ زندگانی یافتن. ۲ ـ قوت یافتن پس از ضعف و بیماری، قوی شدن پس از سستی. ۳ ـ جنبان شدن پس از افسردگی: «مار افسرده در آفتاب‌جان گرفت.» (لغ.) ۴ ـ جان‌ستدن، چنانکه عزرائیل از آدمی. ۵ ـ کشتن، قتل. ‖ ~ خاطرات کسی. بیاد او آمدن آنها.

جانگزا(ی) ǰ.-gazā(y)]= جان گزاینده[(ص‌فا.) ۱ـ گزایندهٔ جان، کاهندهٔ حیات. ۲ ـ آنچه روان را بیازارد.

جان گسل ǰ.-gosel]= جان‌گسلنده[(ص‌فا.) گسلندهٔ جان، کشنده، قاتل.

جا نماز ǰā-namāz]= جای‌نماز[(إمر.) فرشی کوچك که بر کف اطاق یا زمین گسترند و روی آن نماز گزارند؛ سجاده.

جانور ǰān(a)-var]پهـ. ǰānavar[(ص‌مر.، إمر.) ۱ ـ جان‌دار، ذوحیات. ۲ ـ حیوان. ج. جانوران.

جانور شناس ǰ.-šanās(šen.-)]= جانورشناسنده[(ص‌فا.) حیوان‌ـ شناس، آنکه در بارهٔ جانوران تتبع و تحقیق‌دارد[۱].

جانور شناسی ǰ.-šenās-ī (حامص.) (جا ن.) علمی که‌موجودات زندهٔ‌حیوانی را مورد مطالعه قرار میدهد، علمی که از ساختمان و تقسیم بندی حیوانات و کیفیت زندگی آنها گفتگو میکند؛ معرفة‌الحیوان[۲].

۱ـ جانی ǰān-ī (ص‌نسبـ.) ۱ـ منسوب به‌جان، حیوانی. ۲ـ قلبی. ۳ـ گرامی، عزیز. ‖ یار ~. یارعزیز، معشوقی

۱ –Zoologue, zoologiste (فر.)　۲– Zoologie (فر.)

که عاشق اورا چون جان گرامی‌دارد. ۴ - (تص.) باقی و ابدی که فنا را بدو راه نیست.

۲ - جانی ǰānī [ع.] (إفا.) آنکه مرتکب جنایت‌شود، جنایتکار، تبهکار. ج. جناة (جنات).

جانیه ǰāniya(-e) [= ع. جانیة] (إفا.) مؤنث جانی (ه.م.)، زن جنایتکار، زن تبهکار. ج. جانیات.

جاود ǰāved [= جاوید ← جاودان] (ص.) ← جاوید، جاویدان.

جاودان ǰāved-ān [= جاویدان ← جاودانه] (صمر.، قمر.) جاویدان (ه.م.)

جاودانه ǰāved-āna(-e) [= جاودان = جاویدان] (صمر.، قمر.) جاویدان (ه.م.)

جاورد ǰāvard (إ.) (گیا.) قسمی خار سفید رنگ، ثغام.

جاورس ǰāvars [معر. گاورس] (إ.) (گیا.) گاورس (ه.م.)

جاورسیه ǰāvars-īyya(-e) [معر. گاورسی] (إ.) (پز.) تب عرق گزی. (ه.م.)

جاوشیر ǰāvšīr [معر. گاوشیر] (إ.) (گیا.) گاوشیر (ه.م.)

جاوی ǰāvī [ع.] (إ.) (گیا.) حسن‌لبه (ه.م.)

جاوید ǰāvīd [= جاود، په. ǰāvīt-، ǰavēt-ān ← جاودان، جاویدان] (ص.، ق.) ابدی، دایمی، همیشه.

جاویدان ǰāvīd-ān [په. ǰāvītān] (صمر.) ← جاودان.

جاویدن ǰāv-īdan [= جویدن، په. ǰūtan] (مصم.) (جاوید، جاود، خواهد جاوید، بجاو، جاونده، جاویده) جویدن، مضغ کردن.

جاه ǰāh [= جاه، معر.، پب. yāea-] (إ.) ۱ - مقام، منزلت، درجه، رتبه. ۲ - جلال، فر وشکوه.

جاهد ǰāhed [ع.] (إفا.) جهد کننده، کوشنده، ساعی.

جاه طلب ǰāh-talab [معر.-ع. = جاه‌طلبنده] (صفا.) آنکه‌خواهان‌رسیدن بمقامات ودرجات عالی است.

جاه‌طلبی ǰ.-talab-ī [معر.-ع.-ف.] (حامص.) خواستاری رسیدن بمقامات ودرجات عالی.

جاهل ǰāhel [ع] (إفا.، ص.) ۱ - نادان. ج. جهال، جهلاء، جهله. ۲ - (عم.) لات، لوطی.

جاهلیت ǰāhel-īyyat [= ع. جاهلیة] (مصجع.) ۱ - حالت وکیفیت جاهل (ه.م.)، نادانی. ۲ - دورهٔ پیش از اسلام عرب، عهد بت پرستی.

جای ǰāy [= جا] (إ.) (ه.م.) ← جا.

جایب ǰāyeb [= ع. جائب] (إفا.) خبر رسنده از دور.

جای باش ǰāy-bāš (إمر.) ۱ - محل اقامت. ۲ - خانه، سرا، منزل.

جایبه ǰāyeba(-e) [= ع. جائبة] (إفانث.) خبررسنده از دور. ج. جوایب (جوائب).

جایر ǰāyer [= ع. جائر] (إفا.) ۱ - ستمکار، جورکننده، ظالم. ۲ - آنکه از راه حق براه باطل میل کند، گشته از راه. ۳ - (إمص.) گرمی دل از گرسنگی وخشم. ۴ - (فق.) کسی که بدون رعایت‌قوانین موضوعهٔ شیعه‌قدرت را بدست گیردیا کسی که ازچنین‌شخصی قبول شغلی کند. ج. جائرون.

جایره ǰāyer-a(-e) [= ع. جائرة]

جایری

(إفا.) مؤنث جایر (ه.م.)

جایری ǰāyer-ī [ع.-ف.](حامص.) ستمگری، بیدادگری.

جایز ǰāyez [=ع. جائز.] (إفا.) ۱- روا. ۲- مباح. ۳- نافذ، روان.

جایز داشتن ǰ.-dāštan [ع.-ف.] ۱- روا داشتن. ۲- مباح کردن، اباحه.

جایزوار ǰ.-vār [ع.-ف.] (صمر.) ممکن.

جایزه ǰāyez-a(-e) [=ع جائزة] ۱- (إفا.)مؤنث جایز (ه.م.) ۲-(إ.)صله، عطیه، انعام، پاداش. ج. جوایز (جوائز).

جایع ǰāye' [=ع. جائع] (ص، إ.) گرسنه. ج. جایعین (جائعین).

جای قلم ǰāy-e-γalam [ف.-ع. =جاقلم] (إمر.) محلی که در آن قلم گذارند.

جایگاه ǰāy-gāh [=جایگه] (إمر.) ۱- محل، مکان. ۲- مقام، مرتبه. ۳- سرای، منزل، خانه.

جایگزین ǰ.-gozīn [=جای گزیننده] (صفا.) کسی که جایی را برای خویش انتخاب کند، آنکه یا آنچه که درجایی استقرار یابد.

جایگزینی ǰ.-gozīn-ī (حامص.) عمل وحالت جایگزین (ه.م.)

جایگه ǰāy-gah [=جایگاه](إمر.) ← جایگاه.

جایگیر ǰ.-gīr [=جای گیرنده] (صفا.) کسی یا چیزی که درمحلی قرار گیرد، جاگیرنده، متمکن.

جایی ǰāy-ī (إمر.)(عم.) مستراح، مبرز، بیت‌الخلاء.

جاییدن ǰāy-īdan [=جاویدن] (مصم.) ← جاویدن.

جاییدنی ǰāyīdan-ī (صلیا.) ۱- جویدنی، قابل جاییدن. ۲- چیزی که با دندان توان خردکرد.

جاییده ǰāy-īda(-e) (إمف.) جویده، جاویده.

جبا ǰebā [ع. ← جبایت] (إ.) باج، خراج.

جبائر ǰabāér [ع.] ← جبایر.

جبابره ǰabābera(-e) [=ع. جبابرة] (ص.، إ.) ج. جبار. ۱- گردنکشان، طاغیان. ۲- شجاعان، دلاوران. ۳- پادشاهان مستبد، سلاطین با عظمت وجبروت.

جباجبا گفتن ǰabā-ǰabā-goftan (مصم.) ← جبا کردن.

جبار ǰabbār [ع.] ۱- (ص.) قاهر، مسلط. ۲- متکبر. ۳- پادشاه مستبد. ۴- یکی ازصفات خدای تعالی است.

جبا شدن ǰabā-šodan (مص ل.) داده شدن پیالهٔ شراب بکسی از راه دوستی و تواضع ← جبا کردن.

جبا کردن ǰabā-kardan (مصم.) (اصطلاح قهوه خانه‌های قدیم) پیالهٔ (قهوه، شراب) خود را از راه دوستی و تواضع بدیگری دادن.

جبال ǰebāl [ع.] (إ.) ج. جبل (ه.م.)؛ کوهها.

جبان ǰabān [ع.] (ص.) ترسو، کم‌دل، بی‌جرأت. ج. جبناء.

جبانت ǰabānat [=ع. جبانة] (إمص.) کم دلی، بددلی، ترس.

جباه ǰebāh [ع.] (إ.) ج. جبهه (ه.م.)؛ پیشانیها.

جبایت ǰebāyat [=ع. جبایة] (مصم.) باج گرفتن، خراج ستدن.

جبایر ǰabāyer [=ع. جبائر] (إ.) ج. جبیره (ه.م.)

جبت ǰebt [ع.] (اِ.) ۱ - بت،صنم. ۲ - سحر. ۳ - ساحر. ۴ - کسی که خیری درو نیست.

جبر ǰabr [ع.] ۱ - (مصم.) استخوان شکسته را بستن. ۲ - توانگر ساختن تهیدست. ۳ - کسی را بکاری بزور گماشتن، ناچار کردن. ۴ - (مل.) قایل بودن بعدم اختیار بنده ↓. ۵ - (اِ.) (مل.) طریقه‌ای که پیروان آن (جبریه) معتقدند که اعمال انسان بارادهٔ خدای تعالی انجام گیرد و بندگان هیچگونه اختیاری از خود ندارند؛ مق. اختیار، تفویض. ۶ - (رض.) جبر و مقابله، بخشی از ریاضی که در آن برای حل مجهولات حروف و علامات را بجای اعداد بکار روند. ۷ - (مکن.) اصلی مبتنی بر اینکه هیچ جسم ساکنی متحرك نمیشود وهیچ متحرکی ساکن نمیگردد مگر آنکه قوه‌ای ویرا بحرکت وسکون وادارد [۱].

جبرائیل ǰebrā'īl ← جبرئیل.

جبران ǰobrān [ع.] ۱ - (مصم.) تلافی کردن. ۲ - (إمص.) تلافی.

جبران شدن ǰ.-šodan [ع.-ف.] (مص ل.) ۱ - تلافی شدن (خسارت ومانند آن). ۲ - جوش خوردن استخوان شکسته.

جبران کردن ǰ.-kardan [ع.-ف.] (مصم.) ۱ - تلافی کردن (خسارت ومانند آن). ۲ - استخوان شکسته را بستن وبحال اصل برگرداندن.

جبران گردیدن ǰ.-gardīdan [ع.-ف.] (مص ل.) ← جبران شدن.

جبر آهنگ ǰabrāhang [= جبلهنگ = جبلاهنگ = جلبهنگ] (اِ.) (گیا.) تخم گیاه زردخار ← زردخار.

جبروت ǰabarūt [ع.] (اِ.) ۱ - قدرت، عظمت. ۲ - عالم قدرت وعظمت الهی، جهان برین؛ مق. ناسوت.

جبره ǰabra(-e) (اِ.) (گیا.) گیاهی [۲] از تیرهٔ قرنفلیان [۳] که در مناطق معتدل آسیا واروپا میروید؛ جبرو، اولسطیون.

جبرئیل ǰebra'īl [= جبرائیل = جبریل] ۱ - (اِخ.) یکی از فرشتگان مقرب ← بخش ۳. ۲ - (اِ.) دل که بزعم صوفیان مهبط انوار الهی ومحل وحی و الهام اوست.

جبریل ǰebrīl ← جبرئیل.

جبس ǰebs [معر. = جبص، معر. لا. gypsum، فر. gypse] (اِ.) (زم.) گچ، جص.

جبسین ǰabsīn [= جیبسین، معر. لا. gypsum] [۴] (اِ.) گچ، جص.

جبغوت ǰabγūt [= جغبوت = جغبت = چغبت = چغبوت = چبغوت = چبغت] (اِ.) ۱ - پشم وپنبه که درون لحاف وتوشك کنند. ۲ - هرچیز آکنده از پشم وپنبه مانند توشك وبالش.

جبل ǰabal [ع.] (اِ.) کوه. ج. جبال، اجبال. ‖ ~ جبهه. (پز.) تحدب پیشانی.

جبلاهنگ ǰablāhang [= جبر آهنگ] (اِ.) جبر آهنگ (ه.م.)، زردخار (ه.م.)

جبلهنگ ǰablahang [= جبر آهنگ] (اِ.) جبر آهنگ (ه.م.)، زردخار (ه.م.)

جبلت ǰebellat [= ع. جبلة] (اِ.) طبیعت، سرشت، فطرت، اصل.

جبلی ǰebellī [-īyy.ع =] (ص نسبـ.) طبیعی، ذاتی، اصلی، فطری.

---

۱ - Inertie (فر.) ۲ - Holosteum umbellatum(.لا), holostée(.فر)
۳ - Caryophyllacées(.فر) ٤ - Gypse (.فر)

جبن ǰabn [← جبین] (اِ.) (گیا.) خر زهره (ه.م.)

جبن ǰobn [ع.] (اِ.) ترس، کم‌دلی، بددلی.

جبه ǰobba(-e) [= ع. جبة] (اِ.) ۱ - جامهٔ گشاد و بلند که فراز جامه‌های دیگر پوشند. ‖ **~ ٔ خورشید.** (کنـ.) روز. ‖ **~ ٔ درویش.** (کنـ.) ۱ - ابر، سحاب. ۲ - (کنـ.) شب. ‖ **~ ٔ ماه.** (کنـ.) شب. ‖ **~ ٔ هزارمیخی.** ۱ - (کنـ.) فلک ثوابت. ۲ - (کنـ.) شب. ۳ - زره، درع. ج. جباب، جبب.

جخش

جبهات ǰabahāt [ع.] (اِ.) ج. جبهه (ه.م.)؛ پیشانیها.

جبهت ǰabhat [= ع. جبهة] (اِ.) ← جبهه.

جبهه ǰabha(-e) [= ع. جبهة ← جبهت] (اِ.) ۱ - پیشانی. ج. جبهات، جباه. ۲ - رئیس قوم. ۳ - گروه مردم. ۴ - (نظ.) سلامی خاص که برای احترام امرا انجام دهند. ۵ - (نظ.) خط خارجی که سربازان مشغول جنگ در مقابل دشمن تشکیل دهند، فرونت [۱] ضح. - در تداول ǰebhe تلفظ شود.

جبهه بستن ǰ.-bastan [ع.-ف.] (مص ل.) (نظ.) ادای احترام نسبت بامرا بطرزی مخصوص.

۱ - جبیره ǰabīra(-e) [= چپیره] (اِ.) ← چپیره.

۲ - جبیره ǰabīra(-e) [= ع. جبیرة] (اِ.) تخته‌های باریک و نوارهایی که شکسته بند بدانها محلی از بدن را که استخوانش شکسته می‌بندد، تخته بند. ج. جبائر (جبایر).

۱ - جبین ǰabīn [← جبن] (اِ.) (گیا.) خرزهره (ه.م.)

۲ - جبین ǰabīn [ع.] (اِ.) ۱ - پیشانی، جبهه. ۲ - یک طرف پیشانی. ج. اجبن، اجبنه.

جبین ǰobbīn [= چپین] (اِ.) طبق چوبین، سله.

جبین نهادن ǰabīn-nahādan [ع.-ف.] (مص ل.) پیشانی نهادن، سجده کردن.

جثجاث ǰasǰās [ع.] (اِ.) (گیا.) غافث (ه.م.)

جثه ǰossa(-e) [= ع. جثة] (اِ.) بدن، تن. ج. جثث.

جحد ǰahd [ع.] ۱ - (مص م.) انکار کردن (امری یا حق کسی را)، تکذیب کردن. ۲ - (اِمص.) انکار، تکذیب.

جحود ǰohūd (مص م.) انکار کردن، امری را دیده و دانسته منکر شدن.

جحیم ǰahīm [ع.] (اِ.) ۱ - (اخ.) پنجمین دوزخ. ۲ - (اخ.) دوزخ، جهنم. ۳ - جای بسیار گرم. ۴ - آتش نیرومند که در گودالی افروزند، آتش سخت شعله‌زن.

جخاجخ ǰax-ā-ǰax [= چخاچخ = چکاچاک] (اِصت.) ← چکاچاک.

جخج ǰaxǰ [= جخش] (اِ.) ← جخش ↓.

جخش ǰaxš [= جخج] (اِ.) (پز.) علتی باشد مانند بادنجان که از گلو و گردن مردم برآید و درد نکند[۲].

۱ - جد ǰad(d) [ع.] (اِ.) پدر پدر، پدرمادر، پدربزرگ، نیا. ج. اجداد.

۲ - جد ǰad(d) [ع.] (اِ.) ۱ - بخت، نیکبختی. ۲ - حظ، بهره، نصیب. ۳ - رزق، روزی. ۴ - بزرگی، عظمت. ۵ - بی‌نیازی، توانگری.

۱- Front (فر.)   ۲- Goitre (فر.)

جد(د) ǰed(d) [ع.] ۱ - (مص ل.) کوشیدن، کوشش کردن، سعی کردن. ۲ - (إمص.) کوشش، پافشاری. ‖ ~ وجهد. پافشاری و کوشش. ۳ - شتاب، عجله. ۴ - راستی، درستی: «کار بجد در سید.» ۵ - حقیقت؛ مق. هزل، شوخی: «بجد میگویم.» ‖ ~ وهزل. حقیقت و شوخی.

جدا ǰodā [په. yutāk، ǰutāk] (ص.) ۱ - منفصل، دور از هم، سوا. ۲ - تنها، منفرد. ۳ - ممتاز، مشخص.

جدا افتادن ǰ.-oftādan (مص ل.) تنها ماندن، دور افتادن.

جداجدا ǰodā-ǰodā (ق مر.) یك یك، جداگانه، علی حده.

جدار ǰedār [ع.] (إ.) دیوار. ج. جدر، جدران.

جداشدن ǰodā-šodan (مص ل.) ۱ - منفصل شدن، سوا شدن. ۲ - دور شدن. ۳ - ممتاز گشتن.

جدا شده ǰ.-šoda(-e) (ص مف.) ۱ - منفصل گشته، سوا شده. ۲ - دور شده. ۳ - ممتاز گشته.

جدا کردن ǰ.-kardan (مص م.) ۱ - منفصل کردن، سوا کردن. ۲ - دور کردن. ۳ - تمیز دادن.

جداکننده ǰ.-konanda(-e) (ص فا.) ۱ - منفصل کننده، سوا کننده. ۲ - دور کننده. ۳ - تمیز دهنده.

جداگانه ǰ.-gāna(-e) (ص مر.) ۱ - منفرد، تنها. ۲ - (ق مر.) قطعه قطعه، پاره پاره، علی حده.

جدا گردانیدن ǰ.-gardānīdan (مص م.) ← جدا کردن.

جداگشتن ǰ.-gaštan (مص ل.) ← جداشدن.

جداگلبرگ ǰ.-gol-barg (إمر.) (گیا.) یك فرد از گیاهان وابسته به رده جداگلبرگان ←. ‖ **جداگلبرگان.** (گیا.) رده‌ای[۱] از گیاهان دو لپه که تیره‌های بسیار دارد. اختصاص این دسته از رستنیها این است که علاوه بر کامل بودن همهٔ اندامهای گیاهی جام آنها گسسته است و گلبرگها از هم جدا هستند.

جدال ǰedāl [ع.] ۱ - (مص ل.) پیکار جستن، نبرد کردن. ۲ - داوری جستن، ستیهیدن. ۳ - (إمص.) پیکار جویی، خصومت، کشمکش. ۴ - پرخاش جویی. ۵ - (إ.) جنگ، ستیز، نبرد.

جدامیشی ǰadāmīšī [مغ.-ف.] (حامص.) جادوگری بوسیلهٔ سنگ جده (= یده). ضح. - مغولان و ترکان معتقد بودند که توسط چنین سحری میتوانند طوفانهای برف را در وسط تابستان ایجاد کنند ← یده.

جدانشدنی ǰodā-na-šodan-ī (ص لیا.) غیر قابل انفصال، غیر قابل انفکاك.

جدا وزن ǰ.-vazn [ف.-ع.] (ص مر.) مختلف الوزن، مباین الوزن.

جداول ǰadāvel [ع.] (إ.) ج. جدول (همع.)

جدایی ǰodā-yī (حامص.) ۱ - منفصل بودن، دور از هم بودن، مفارقت. ۲ - تنهایی، انفراد. ۳ - بیگانگی. ۴ - ممتاز بودن، امتیاز. ۵ - غیریت، جزاویی.

جداً ǰedd-an [ع.] (ق.) ۱ - بطور راستی و درستی، بحقیقت. ۲ - بدون شوخی و هزل. ۳ - باسعی و کوشش. ۴ - بتأکید.

جدب ǰadb [ع.] ۱ - (إمص.) تنگسالی، خشکسالی، قحط. ۲ - (مص.) عیب

۱ - Dialypétales (فر.)

کردن. ۳ - (اِ.) عیب.

جدت ǰedat [=ع. جدة] (اِمص.) ۱ - نوی ، تازگی . ۲ - توانگری ، دارایی. ۳ - (فل.) ملك، له،وآن یکی ازمقولات نه‌گانهٔعرض‌است ، وعبارتست ازهیأت محاط بودن بنحوی که محیط ومحاط باهم منتقل شوند یعنی هرگاه محاط‌منتقل شودمحیط نیزمنتقل گردد، مانند تلبس و تسلح و تقمص.

جدد ǰadad [ع.](اِ.) ۱ - راه‌راست. ۲ -زمین رست . ۳ - هامون ، زمین هموار درشت.

جد داشتن ǰed(d)-dāštan [ع.-ف.] (مصل.) سعی و کوشش داشتن.

جدر ǰadr [ع.](اِ.)دیوار.ج.جدران.

جدر ǰodr [ع.] (اِ.) ج.جدار؛ دیوارها ↓.

جدر ǰodor [ع.] (اِ.) ج.جدار ؛ دیوارها ↑.

جدران ǰodrān [ع.](اِ.)۱- ج.جدار؛ دیوارها. ۲ - ج.جدر؛ دیوارها.

جدری ǰodarī [-īyy.ع =](اِ.)(پز.) آبله (ه.م.)، نوعی از آبله‌که‌بر پاهای کودکان پدید آید، چیچك. ‖ ~ کاذب . (پز.) آبله مرغان(ه.م.)

جدع ǰad' [ع.](مصم.) ۱ -بریدن، قطع کردن. ۲- بریدن‌بینی، گوش، دست ولب. ۳ - حبس وبند کردن.

جدکاره ǰod-kār-a(-e) (اِمر.) رایهای مختلف، تدبیرهای گوناگون، روشهای متعدد.

جدکردن ǰed(d)-kardan [ع.-ف.] (مصل.) کوشش کردن، سعی کردن: «خیلی جد کردم که رضایت خاطراورا فراهم کنم.»(فرتا.)

جدکمرزده ǰad(d)-kamar-zada(-e) (صمر.) درنفرین به«سید» گویندیعنی: جدش (پیغمبرص) اورا بسزا رساند !

جدل ǰadal [ع.] ۱- (اِمص.)داوری، خصومت، نزاع، ستیزه. ۲ - جنگ ، پیکار. ۳ - (منط.) یکی از صناعات خمس وعبارتست‌ازقیاسی که‌مقدمات آن ازقضایای مشهورتشکیل یافته‌است ↓. ‖ فن(یا علم) ~ . (منط.) علمی‌است که‌بوسیلهٔ آن اصول وشرایط وکیفیات مناظره شناخته‌میشود. آنراهم‌ازفروع علم منطق میشمرند وهم از فروع علم احکام دین ودر هر مورد موضوع وروش آن فرق میکند؛ طوبیقا (ه.م.)

جدل‌داشتن ǰ.-dāštan [ع.-ف.] (مصل.)خصومت داشتن،دعوی‌داشتن، مناقشه داشتن.

جدل زدن ǰ.-zadan [ع.-ف.] (مصل.) ادعاداشتن، دعوی‌برتری داشتن.

جدل کردن ǰ.-kardan (مصل.) ۱ - جنگ کردن، منازعه کردن . ۲ - مباحثه کردن.

جدلی ǰadal-ī [-īyy.ع =](ص نسبی.) ۱ -کسی که راغب ومایل به‌جنگ وجدال‌وخصومت‌باشد،جنگی. ۲ - کسی که‌اهل جدل وبحث ومناظره باشد.

جدوار ǰadvār [= جذوار، معر. = زدوار (ه.م.)] (اِ.) (گیا) زرنباد (ه.م.). ضح .- در بعضی کتب جدوار برای گونه‌ای‌از تاج‌الملوك که‌تاج‌الملوك زردرومی[۱] نامیده‌میشودنیزذکرشده‌است.

جدول ǰadval [ع.] (اِ.) ۱ - نهر کوچك، جویك،جویچه. ۲ -جوی آب. ۳ - خطوطی که‌از طلا وشنگرف وجز آن گرداگرد صفحه کشند. ۴- (نج.) خطوط متوازی ومتقاطع که‌منجمان‌در

۱– **Aconitum anthora** (لا.)

حرکات کواکب کشند. ۵ - طرح، نقشه. ۶ - (سحر) صور مربع یا کثیرالاضلاع و یا دایره که در آنها با نواع مختلف اسامی یا علایم محاط بخطوط مرموز سحری می‌نگاشتند. ۷ - مربع یا مربع مستطیلی که بر کاغذ کشند و آنرا توسط خطهای عمودی و افقی موازی بخانه‌های شطرنجی تقسیم کنند. ۸ - افزار آهنی که بدان خطوط کشند. ج. جداول. ‖ ~ شطرنجی. جدولی که خانه‌های شطرنجی داشته باشد. ‖ ~ ضرب. (حسا.) جدولی که در آن حاصل ضرب اعداد را نویسند.

۱	۲	۳	۴	۵	۶	۷	۸	۹	۱۰
۲	۴	۶	۸	۱۰	۱۲	۱۴	۱۶	۱۸	۲۰
۳	۶	۹	۱۲	۱۵	۱۸	۲۱	۲۴	۲۷	۳۰
۴	۸	۱۲	۱۶	۲۰	۲۴	۲۸	۳۲	۳۶	۴۰
۵	۱۰	۱۵	۲۰	۲۵	۳۰	۳۵	۴۰	۴۵	۵۰
۶	۱۲	۱۸	۲۴	۳۰	۳۶	۴۲	۴۸	۵۴	۶۰
۷	۱۴	۲۱	۲۸	۳۵	۴۲	۴۹	۵۶	۶۳	۷۰
۸	۱۶	۲۴	۳۲	۴۰	۴۸	۵۶	۶۴	۷۲	۸۰
۹	۱۸	۲۷	۳۶	۴۵	۵۴	۶۳	۷۲	۸۱	۹۰
۱۰	۲۰	۳۰	۴۰	۵۰	۶۰	۷۰	۸۰	۹۰	۱۰۰

جدول ضرب

جدول انگیختن ǰ.-angīxtan [ع.-ف.] (مص ل.) جدول کشیدن (ه.م.)

جدول بندی ǰ.-band-ī [ع.-ف.] (حامص.) ۱- کشیدن جدول. ۲- احداث نهر کوچك. ‖ ~ خیابان و کوچه. نهر سازی در خیابان و کوچه.

جدول کش ǰ.-kaš(keš) [ع.-ف. = جدول کشنده] (ص فا.) ۱- آنکه بر صفحات کتاب و مانند آن جدول کشد. ۲ - قلمی که با آن جدول کشند. ۳ - تخته یا چوب مدوری که در جدول کشیدن استعمال شود.

جدول کشیدن ǰ.-kašīdan(keš-) (مص م.) ۱ - کشیدن صورت خط کشیده، کشیدن مربع یا مربع مستطیلی که دارای خانه های شطرنجی باشد. ۲ - احداث جوی و نهر کردن.

جدوی ǰadvā [ع.] (اِ.) ۱ - بخشش، عطا. ۲ - سود. ۳ - باران عام، باران بسیار و بیحد.

جده ǰeda(-e) [= ع. جدة] (اِمص.) ← جدت (همع.)

جده ǰadd-a(-e) [ع. ← جد] (اِ.) مادر پدر، مادر مادر، مادر بزرگ.

جدی ǰady [ع.] (اِ.) ۱ - بزغالهٔ نر. ۲ - (نج.) یکی از بروج ← بخش ۳. ۳ - (نج.) یکی از صور فلکی ← بخش ۳.

جدی ǰoday(y) [ع. مصغ. جدی ǰady] (اِمصغ.) ۱ - بزغالهٔ کوچك. ۲ - (اِخ.) ستاره‌ایست ← بخش ۳.

جدی ǰedd-ī [ع.-ف.] (ص نسب.) ۱ - منسوب به جد (ه.م.): «مردم جدی مثل من صاف و پوست کنده حرف میزنند.» (حجازی) ‖ کار ~. کار مهم که با سعی و کوشش دنبال گردد. ۲ - (ق.) از روی حقیقت و راستی، جداً؛ مق. شوخی: «جدی میگویی؟»

جدیت ǰedd-īyyat [ع.] (مص جع.) سعی، کوشش.

جدید ǰadīd [ع.] (ص.) ۱ - نو، تازه: «بعمارت جدید انتقال یافت.» ۲ - آنکه بتازگی دین اسلام پذیرفته، جدیدالاسلام. ۳ - (عر.) بحری که ایرانیان آنرا کشف کردند و در عروض عرب شناخته نبود و بهمین جهت آنرا جدید نامیدند، و آن در اصل بروزن «فاعلاتن فاعلاتن مستفعلن» بود و مزاحف آن بروزن «فاعلاتن فاعلاتن مفاعلن» آمده.

جدیدان ǰadīd-ān [ع.] (ص نسب.) ۱ - تثنیهٔ جدید (ه.م.) ۲ - شب و روز.

جدیر ǰadīr [ع.] (ص.) ۱ ـ لایق، سزاوار. ۲ ـ هرجایی که دورآن دیوار بنا کرده باشند.

جدیری ǰodayrī [← جدری] (اِ.) (پز.) آبله مرغان (ه.م.)

جذاب ǰazzāb [ع.](ص.) ۱ـ بسیار جذب کننده، بطرف خود کشنده، بسیار محکم جذب کننده. ۲ ـ دلکش، دلربا: «صورتی جذاب دارد.»

جذابه ǰazzāb-a(-e)[= ع. جذابة] (ص.) مؤنث جذاب (ه.م.) ‖ ادویهٔ ~ . (پز.) دواهایی که بصورت حب یا کپسول ساخته میشود و آنها را بلع میکنند[۱].

جذابیت ǰazzāb-īyyat[ع.] (مص جع.) قوه‌ای که هرچیزی را بجانب خود می کشد و جذب میکند، دلربایی: «چشمان او حالت وجذابیت خاصی دارد.»

جذاذ ǰozāz [ع.] (اِ.) ریزه، خرده پاش، پاره و ریزه از هرچیز.

جذام ǰozām[ع.](اِ.)(پز.) بیماریی[۲] عفونی و مزمن که سیرش بسیار بطیء وبا زخمهای حاد تحلیل برندهٔ انساج همراه است، وآن مخصوص انسان است وسرایتش مستقیم است؛ آکله، خوره.

جذام‌خانه ǰ.-xāna(-e) [ع.-ف.] (اِمر.) بیمارستان مبتلایان به جذام (ه.م.)

جذب ǰazb[ع.] ۱ـ(مص م.) بسوی خود کشیدن، ربودن. ۲ ـ (اِمص.) کشش، ربایش. ۳ ـ (فز.) جاذبه (ه.م.)

جذبات ǰazabāt [ع.] (اِ.) ج. جذبه (ه.م.) ۱ ـ کششها. ۲ ـ فریبها.

جذب کردن ǰ.-kardan [ع.-ف.] (مص م.) ربودن، بسوی خود کشیدن، جلب کردن: « طوری تکلم میکند که همهٔ شنوندگان را جذب میکند.»

جذبه ǰazbā(-e)[= ع. جذبة] ۱ـ(اِمص.) کشش، ربایش: «جذبهٔ صورت متولد از معنی است.» ۲ـ نفوذ و تسلط روحی شخصی بر دیگری. ضح. ـ باین‌معنی در تداول ǰazaba گویند. ۳ـ (تص.) تقرب بنده بمقتضای عنایت خداوند که درطی منازل بسوی حق بدون رنج وسعی وی همه‌چیز ازطرف خداوند برای او تهیه شود. ج. جذبات.

جذر ǰazr [ع.] (اِ.) ۱ ـ بن، پایه، ریشه. ۲ ـ سیم‌جلب که بپادشاه دهند. ۳ ـ (رض.) عددی که‌در نفس خودضرب شود (حاصل ضرب را مجذور گویند) مثلاً عدد سه‌جذرعدد نه‌است وعددچهار جذر شانزده و نه و شانزده مجذور سه وچهار. ‖ ~ اصم. (رض.) جذر هر عددی که‌چون آنرامجذور فرض‌کنند، برای آن جذر سالم پیدا نشودچنانکه عدد ده که‌جذر تقریبی داردنه‌تحقیقی.

جذع ǰez' [ع.] (اِ.) ۱ ـ تنهٔ درخت: جذع‌نخل. ۲ـ تیر. ۳ـ ستون. ج. جذوع.

جذوب ǰazūb [ع.] (ص.) بسیار کشنده، کشندهٔ چیزی، برگردانندهٔ چیزی راازجای وی.

جذور ǰozūr[ع.](اِ.) ج. جذر (ه.م.)

جذوع ǰozū'[ع.](اِ.) ج. جذع (همع.)

جذوه ǰazva(-e)[= ع. جذوة](اِ.) ۱ـ پارهٔ آتش، اخگر. ۲ ـ پارهٔ هرچیز.

جر ǰar [طبر. ǰar، خندق، نهر.] (اِ.) ۱ ـ شکاف (عموماً). ۲ ـ زمین شکافته، تراکهای زمین. ۳ ـ بن کوه. ۴ ـ خندق کم عرضی که‌دور باغها ومزارع کنند تا مانع رفتن حیوانات گردد.

۱ ـ جر ǰer (اِ.) (عم.) ۱ ـ لج، اوقات تلخی، عصبانیت. ← جر انداختن، جر گرفتن.

---

۲ ـ Lépre, phagédénisme(.فر)　　۱ـ Remèdes absorbants (.فر)

۲- جر (r)ǰer (إصت.) آواز پاره‌شدن پارچه: «دیروز دیدم فلان بزازمشتری زیادی‌داردوجروجرپارچه‌پاره‌میکند.»

جر ǰor (إ.) زین اسب.

جر (r)ǰar [ع.](مصم.) ۱- کشیدن، فرو کشیدن. ‖ ~ِ اثقال(ثقیل) (ه.م.) ‖ ~ِ ذیل. دامن کشیدن. ۲ - جلب کردن ۳-اخذ کردن،چیزی‌را بچاپلوسی وشیرین‌زبانی‌ازکسی گرفتن. ۴-(إمص.) (عم.) کشمکش ، نزاع: « فلان همیشه کارش‌جرودعوی‌بامردم‌است.» ۵ - (إ.) (صر.ع.) کسره ، زیر. ‖ ~ ومد. زیروبالاکشیدن‌وبیش‌وکمی آب دریا.

جرا ǰarā [ع.] (إ.) نفقه ، آنچه بدان معاش گذرانند ،اخراجات.

جرا ǰerā [ازع. =جری←اجراء] (إ.) راتبه، وظیفهٔ جنسی، اجرا، جیره.

جرائد ǰarāéd [ع.] ←جراید.

جرائر ǰarāér [ع.] (إ.)←جرایر.

جرائم ǰarāém [ع.](إ.)←جرایم.

جراب ǰerāb [ع.] (إ.) انبان.

جرابه(e-)ǰarāba[←جوراب](إ.) جوراب ساق کوتاه.

جراثیمǰarāsīm[ع.](إ.)ج.جرثوم. ۱ - خانه‌های مورچه . ۲- خاکهای پای درختان. ۳ - کرمهای ذره‌بینی ، میکربها (نو.)

جراح ǰarrāh [ع.] (ص.) (پز.) آنکه زخمهاوجراحتهارا معالجه کند، طبیبی که برای تداوی بعض امراض اعضای‌بدن‌را بشکافد و ببرد، دستکار[۱]. ‖ ~ِ دندانساز . (پز.) پزشکی که علاوه بر معالجهٔ دندانها عمل جراحی داخل دهان رانیز انجام دهد ؛ دندان پزشك جراح[۲].

جراح ǰerāh [ع.](إ.) ج.جراحت؛ زخمها، ریشها، خستگیها.

جراحات ǰarāhāt [ع.] (إ.) ج.جراحت ؛ زخمها ، ریشها.

جراحت ǰerāhat [=ع. جراحة] (إ.) ۱ - زخم،خستگی،ریش. ۲- زخم کهنه، ناسور. ۳- چرك، ریم. ۴ -(ص.) زخمی، مجروح، «مرغان دشت‌را ز غم دل جراحت است .» (نظیری) ضح.- در تداول فارسی زبانان ǰarāhat تلفظ‌شود. ‖ ~ بهم‌رساندن(رسانیدن). (پز.) مجروح شدن، زخمی شدن، زخم برداشتن. ج.جراحات،جراح.

جراحت بند ǰ.-band [ع.-ف.] (إمر.)پارچه یا نواری‌که‌بدان جراحت رابندند.

جراحت دوست ǰ.-dūst [ع.-ف.] (ص‌مر.) جراحت گزین(ه.م.)

جراحت دیده (e-)ǰ.-dīda [ع.-ف.] (ص‌مف.) زخمی، خسته، مجروح.

جراحت کردنǰ.-kardan (مصل.) چرك کردن .

جراحتگاهǰ.-gāh[ع.-ف.] (إمر.) مکان جراحت.

جراحت گزین ǰ.-gozīn [ع.-ف. جراحت‌گزیننده](ص‌فا.)کسی که عاشق جراحت دل ازتیر نگاه معشوق باشد: « جراحت گزین رابمرهم چه‌کار؟ » (آملی)

جراحت‌نهادنǰ.-nahādan[ع.-ف.] (مصم.) ایجاد جراحت کردن، زخم نهادن.

جراحی ǰarrāh-ī [ع.- ف .] (حامص.،إ.) ۱ - (پز.) رشته‌ای از علم پزشکی که با قطع و برداشتن انساج

---

۱ - Chirurgien (فر.)　　۲— Chirugien dentiste(فر.)

جراد

واعضای ناسالم ومعیوب بمنظور بهبود حال مریض سروکار دارد[1]. ۲ - شغل جراح (ه.م.)، عمل جراح (ه.م.) ‖ ~ پلاستیك[2]. (پز.) رشته‌ای از جراحی که بمنظور ترمیم اعضای ازدست رفته یا زیباتر ساختن اعضای موجود انجام میشود؛ جراحی ترمیمی.

جراد ǰarād [ع.] (إ.) (جا ن.) ملخ (ه.م.) ‖ ~ منتشر. ملخ پراکنده.

جراده ǰarād-a [=ع. جرادة] (إ.) واحد جراد، یك ملخ.

جرار ǰarrār [ع.] (ص.) ۱- انبوه، بیشمار، بسیار: لشکر جرار. ۲- کندرو. ۳ - گران سلاح. ۴ - بسوی خود کشنده، بسیار کشنده.

جراره ǰarrār-a(-e) [=ع. جرارة] (إ.) ۱ - نوعی ازعقرب زرد وستبر که دم کشان رود وزهر شدیدی دارد. ۲ - (کن.) زلف معشوق. ‖ کتیبهٔ ~. لشکر جرار (← جرار).

جراسك ǰarāsak [=جرواسك] (إ.) ← جرواسك.

جراسیا ǰarāsiyā (إ.) (گیا.) آلبالو (ه.م.)

جراکسه ǰarākesa(-e) [معر.] (إ.) ج. جرکسی؛ چراکسه، چرکسیان (ه.م.)

جرامقه ǰarāmeɣa(-e) [ع.] (إ.) (گیا.) نوعی ازخار که چون آنرا بشکافند از میان آن کرمهای کوچك برآید، اگر برگ آنرا بکوبند ودر خرقه کنند ودرمیان آن اندك شیری بمالند وآن شیر را برشیر بسیاری بریزند مانند پنیر بسته شود؛ خس الکلب.

جرانغار ǰarānɣār [مغ.] (إ.) جانب دست چپ، میسره؛ مق. برانغار.

جرانه ǰarrāna(-e) (إ.) (گیا.) جنتیانا (ه.م.)

جراید ǰarāyed [=ع. جرائد] (إ.) ج. جریده. ۱ - روزنامه‌ها: «درجراید خارجه انتشاریافته است.» ۲- دفترها: «برجراید ایام نقش این عمل ثبت است.» ۳ - نیزه‌های کوتاه.

جرایر ǰarāyer [=ع. جرائر] (إ.) ج. جریره؛ گناهان، گناهها.

جرایم ǰarāyem [=ع. جرائم] (إ.) ج. جریمه. ۱ - گناهان. ۲ - تاوانها، مجازاتهای نقدی.

جر آمدن ǰer-āmadan (مص ل.) (عم.) غضبناك شدن.

جرأت ǰor'at [=ع. جرأة] (إمص.) دلیری، پردلی: «جرأت حرف زدن ندارد.»

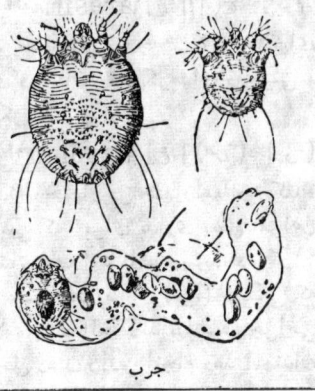

جراثقال ǰarr-e-asɣāl [ع.] (إمر.) ← جرثقیل.

جر انداختن ǰer-andāxtan (مص م.) (عم.) ~ کسی را. بغضب آوردن اورا، اوقات ویرا تلخ کردن: «فلانی ازبس بیهوده اصرار کرد، جرم انداخت.» (یکی بودیکی نبود).

جرب ǰarab [ع.] (إ.) (پز.) گری،

جرب

۱ – Chirurgie (فر.)
۲ – Chirurgie plastique (فر.)
۳ – Gale (فر.)
٤ – Sarcodte (فر.)

گرگنی: «جرب بیماری بدیست.» ضح. - مرضی است جلدی[1] و ساری که بوسیلهٔ کنهٔ مخصوصی بنام سارکوپت[2] - که از ردهٔ عنکبوتیان است - در پوست بدن انسان و دامها وسگ ایجاد میشود.

جرب ǰorab (ا.) (جا ن.) پرنده ایست صحرایی شبیه بخروس، دراج.

جرباء ǰarbā' [ع.] (ا.) ۱- آسمان. ۲- ناحیه‌ای از آسمان که در آن فلك آفتاب وماه میگردد (بعقیدهٔ قدما). ۳- زمین قحط زده. ۳- دختر با نمك.

جربز ǰorboz [معر. گربز] (ص.) گربز، محیل، فریبنده، خدعه کننده.

جربزه ǰorboza(-e) [=ع. جربزة] ۱- گربزی، فریبندگی، زیرکی در مکر. (إمص.) ۲- (عم.) تندفهمی، زیرکی، استعداد اجرای کاری؛ مق. بلاهت: «فلانی آدم بی جربزه ایست.» ۳- (عم.) شهامت: «فلان جربزهٔ کار را ندارد.» ۴- قابلیت، شایستگی.

جربناك ǰarab-nāk [ع.-ف.] (ص مر.) آنکه مبتلا به جرب است، گرگین ← جرب.

(جربوا) ǰar-bawā، [مصحف «جزبوا» معر.] (ا.) ۱- (گیا.) جوز بویا (ه.م.) ۲- (گیا.) هل (ه.م.)

جربوب ǰarbūb [ع.] (ا.) (گیا.) سلمه (ه.م.)

جرت و قوز ǰert-o-ɣūz (ص مر.) (عم.) سبکسر و بی ادب که بسر و وضع ولباس خود مغرور باشد.

جرثقیل ǰarr-e-saɣīl [ع.] ۱- (مص م.) کشیدن بارهای سنگین. ۲- دستگاهی که بدان میتوان بارهای سنگین را با نیروی کارگر بحرکت درآورد، ویا باقدرت یك ماشین بوسیلهٔ یك اهرم شیئی را از محلی بمحلی دیگر منتقل ساخت. ۳- علمی که در آن از قواعد برداشتن و کشیدن بارهای سنگین بحث شود.

جر ثقیل

جرثوم ǰorsūm [ع.] ۱- (ا.) اصل، ریشه. ۲- خاك اطراف ریشهٔ درخت. ۳- خانهٔ مورچه. ۴- میکرب، انگل. ۵- (ص.) اصیل، نجیب، دارای اصل استوار. ج. جراثیم.

جرثومه ǰorsūm-a [=ع. جرثومة] (ا.) واحد جرثوم (ه.م.)

جرجر ǰerǰer [ع.] (ا.) (گیا.) باقلا (ه.م.)

جرجیر ǰarǰīr [ع.] (ا.) (گیا.) شاهی آبی (ه.م.)

جرح ǰarh [ع.] (مص م.) ۱- وازدن، باز داشتن، عیب گواهان را آشکار کردن، رد کردن شهادت: جرح شهود. ۲- خسته کردن، خستن، زخم زدن. ‖ ~ وتعدیل. اصلاح ومعتدل کردن چیزی.

جرح ǰorh [ع.] (ا.) خستگی، زخم، ریش.

جرح شدن ǰarh-šodan (مص ل.) رد شدن. ‖ ~ شاهد. قبول نا شدن گواهی شاهد.

۱ – Gale (فر.)   ۲ – Sarcopte (فر.)

جرح کردن ǰarh-kardan (مص م.) رد کردن (شهادت). ‖ ~ شاهد. رد کردن گواهی شاهد.

جرخست ǰarxast [= جرخشت = چرخشت] (اِ.) ← چرخشت.

جر خوردن ǰer-xordan (مص ل.) (عم.) پاره شدن.

جرد ǰarad (ص.) زخمدار، مجروح.

۱ - جرد ǰard (اِ.) ۱ - تخت سلطنتی، اورنگ پادشاه.

۲ - جرد ǰard (اِ.) (جاذ.) پرنده‌ای کبود رنگ که پیوسته در کنار آب نشیند، خرچال.

جرس

۳ - جرد ǰard [ع.] (اِ.) ۱ - زمین هموار بی گیاه. ۲ - جامهٔ کهنه. ج. جرود.

جرد ǰerd [معر. گرد] (ص.) گرد، مدور.

جرد ǰared [ع.] (ص.) بی گیاه.

جرد ǰord [ع.] (اِ.) ج. اجرد (ه.م.)؛ بیمویان، خردمویان، کوتاه مویان.

جرداب ǰerdāb [معر. گرداب] (اِمر.) ← گرداب.

جر دادن ǰer-dādan (مص م.) (عم.) پاره کردن (کاغذ، پارچه و مانند آن)؛ «لباسش را جر داد.»

جرده ǰarda(-e) [= زرده] (اِ.) اسب زرد رنگ.

۱ - جرده ǰorda(-e) (اِ.) ۱ - اسبی که پدرش عربی و مادرش غیر عربی باشد. ۲ - اسب خصی.

۲ - جرده ǰorda(-e) (اِ.) برهنگی.

جرذ ǰoraz [ع.] (اِ.) موش دشتی. ج. جرذان.

جرذان ǰerzān [ع.] (اِ.) ج. جرذ؛ موشان دشتی.

جرز ǰarz [= چرز] (اِ.) (جاذ.) پرنده‌ایست که آنرا حباری گویند.

جرز ǰerz (اِ.) ۱ - دیوار اطاق و ایوان. ۲ - پایهٔ ساختمان که از سنگ و آجر سازند. ‖ **~ دیوار.** وسط دیوار، لای دیوار. ‖ **برای لای ~ خوب بودن.** (عم.) مناسب بودن برای گذاشتن میان دیوار، برای از بین رفتن و نابود شدن: «شوهرهای امروزه همه عرقخور و هرزه برای لای جرز خوبند.» (ص. هدایت)

جرز ǰarz, ǰaraz, ǰoroz [ع.] (اِ.) زمینی که بروی گیاه نروید.

جر زدن ǰer-zadan [ع.] (مص ل.) [عم.] ۱ - جر دادن (ه.م.)، پاره کردن چیزی مانند کاغذ و پارچه که در حین پاره شدن صدا بکند. ۲ - بهانه در آوردن، دبه در آوردن در بازی، از اجرای تعهد و قول خود سر باز زدن. ۳ - انکار کردن حق دیگری را.

جرزن ǰer-zan [= جرزننده] (ص فا.) کسی که در قمار و بازی جر زند و دبه در آورد.

جرس ǰars (اِ.) ۱ - (مص ل.) سخن گفتن. ۲ - نغمه سرودن. ۳ - (اِ.) آواز نرم.

جرس ǰaras [ع.] (اِ.) ۱ - زنگ، درای. ۲ - صدایی که از برهم خوردن دو چیز حاصل شود. ‖ **~ در گلو بستن.** (کن.) دعا کردن بآواز خوش.

جرس جنباندن ǰ.-ǰonbāndan [ع.-ف.] ۱ - (مص م.) حرکت دادن زنگ. ۲ - (مص ل.) حرکت کردن، سفر کردن ↓.

جرس جنبانیدن ǰ.-ǰonbānīdan [ع.-ف.] ← جرس جنباندن.

جرعه ǰor'a [= ع. جرعة] ۱ - (مص ل.) بآشام خوردن، اندک اندک آشامیدن.

جرواسك

۲ - (اِ.) آن مقدار از آب یا مایع دیگر که یك بار و یك دفعه آشامند. ‖ ~ ٔ صفا. ۱ - اندك آب آشامیدنی زدوده. ۲ - (کن.) روح، جان. ‖ ~ برخاك ریختن. ریختن چند جرعه بر زمین. ضح. - رسمی قدیم بود که میخوارگان اندکی شراب را برخاك میریختند.

جرعه دان ǰor'a-dān [ع.-ف.] (إمر.) ظرفی که در آن جرعهٔ شراب ریزند.

جرعه ریز ǰ.-rīz [ع.-ف. = جرعه ریزنده] ۱ - (ص فا.) آنکه جرعه (شراب و مانند آن) ریزد. ۲ - (إمر.) جامی باشد ناوچه دار، و آن دو قسم است: بزرگ و کوچك. با بزرگ آن زنان در حمام آب بر سر ریزند، و با کوچك آن دارو و شربت وغیره در گلوی اطفال ریزند.

جرعه ناك ǰ.-nāk [ع.-ف.] (ص مر.) بهره مند، متمتع.

جرعه نوش ǰ.-nūš [ع.-ف. = جرعه نوشنده] (ص فا.) ۱ - میخوار، شرابخوار. ۲ - مست.

جرغاتو ǰarγātū [= جرغتو] (اِ.) ← جرعه ریز ۲.

جرغتو ǰarγatū [= جرغاتو] (اِ.) جرعه ریز ۲.

جرغند ǰar-γand [= جگرآگند] (إمر.) ← جگرآگند.

جرغول ǰarγūl [~ چرغول = جرغون = چرغون] (إمر.) (گیا.) زبان بره، لسان الحمل.

جرك ǰork (اِ.) دشت، صحرا، بیابان.

جرغون ǰarγūn [= جرغول] ← جرغول.

جرقه ǰeraγγa(-e) (اِ.) ریزهٔ آتش که از زغالی که در حال احتراق است جدا گردد و بهوا جهد.

جرگرفتن ǰer-gereftan (مص ل.) (عم.) ~ کسی را. اوقات وی تلخ شدن، بغضب آمدن، لج گرفتن: «فلانی از بس بیهوده اصرار کرد جرم گرفت.» (یکی بود یکی نبود)

جرگه ǰarga(-e) (اِ.) ۱ - حلقهٔ مردم و حیوانات. ۲ - زمره، گروه: «در جرگهٔ درویشان درآمد.»

جرم ǰerm [ع.] (اِ.) ۱ - درد، ته نشین: جرم روغن. ۲ - تن، جسم. ۳ - (فز.) مقدار ماده‌ای که در جسم وجود دارد. ۴ - (نج.) هریك از ستارگان. ج. اجرام، جروم.

جرم ǰorm [ع.] (اِ.) گناه، بزه. ج. اجرام، جروم.

جرم دار ǰorm-dār [ع.-ف. = جرم دارنده] (ص فا.) گناهکار، مجرم.

جرم شناسی ǰorm-šenās-ī [ع.-ف.] (حامص.) شعبه‌ای از علوم اجتماعی که بحث از جرم و مجرم می کند.

جرموج ǰarmūǰ (اِ.) (گیا.) ثعلب (ه.م.).

جرموز ǰarmūz (اِ.) (گیا.) پازی (ه.م.).

جرنده ǰeranda(-e) [= چرنده = چرندو] (اِ.) استخوان نرم که میتوان آنرا جوید، غضروف.

جرنگ ǰarang [= چرنگ = عم. جیرینگ] (اصت.) ۱ - صدای زنگ وطاس و امثال آن. ۲ - آواز زدن شمشیر و تیغ و خنجر وغیره.

جرنگیدن ǰarang-īdan [← جرنگ] (مص ل.) آواز کردن شمشیر و گرز و امثال آن بهنگام استعمال.

جرواسك ǰarvāsak [= جراسك] (اِ.) (جان.) جانوریست شبیه بملخ و کوچکتر

ازآن که پیوسته بانگ کند؛ صرار، چهره ریسك؛ چرخه ریسك.

جروح ǰorūh [ع.] (اِ.) ج. جرح؛ زخمها.

۱-جرور ǰarūr [ع.] (ص.) سرکش (اسب).

۲-جرور ǰarūr (اِ.) چاه عمیق.

جروم ǰorūm [ع.] (اِ.) ج. جرم؛ گرمسیرها.

جره ǰarra(-e) [= جرق، معر.] (اِ.) خمچه، سبو، جرق.

جره ǰorra(-e) (اِ.) (جاذ.) ۱- جنس نر جانوران بطور عام. ۲- بازنر، باز سفید (اعم ازنر یا ماده) ← جره‌باز.

جره

جره باز ǰorra(-e)-bāz [← جره] (امر.) (جاذ.) بازسفید وچست وچالاك وشکاری.

جری ǰarī [= ع. جری‌ء ǰarī'] (ص.) ۱- گستاخ، بی‌باك. ۲- دلیر، شجاع، دلاور.

جری ǰerī [ازع. = جرا ← اجراء] (اِ.) وظیفه، راتبه.

جریان ǰarayān [ع.] ۱- (مص ل.) روان شدن (آب ومایع دیگر). ۲- وقوع یافتن امری. ۳- (بانک.) دست بدست شدن پول. ۴- (امص.) روانی. ۵- (بانک.) گردش پول. ج. جریانات.

جریب ǰarīb [معر. گریب = گری] (اِ.) مساحتی از زمین برابر ۱۰،۰۰۰ مترمربع؛ گریب، گری.

جریبانه ǰarīb-āna(-e) [معر. - ف.] (قمر.) مالیات یاعوارضی که بوسیلهٔ اندازه گرفتن زمین تعیین شود.

جریح ǰarīh [ع.] (ص.) خسته، زخمدار، افگار، مجروح.

جریحه ǰerīha(-e) [ممال ع. جراحة] (اِ.) جراحت (ه.م.)، خستگی، زخم.

جریحه دار ǰ.-dār [ازع.-ف. = جریحه‌دارنده] (صفا.) آنکه زخم برداشته؛ مجروح، خسته: «قلبش را جریحه دار کرد.»

جرید ǰarīd [ع.] (ص.) تنها، تنهارو، منفرد.

جریده ǰarīda(-e) [= ع. جریدة] ۱- (اِ.) دفتر: جریدهٔ اعمال. ۲- روزنامه. ۳- شاخهٔ نخل. ۴- شاخهٔ بی برگ. ۵- جماعتی ازسواران بدون پیاده. ج. جرائد (جراید). ۶- (ص.، ق.) تنها: «جریده روکه گذرگاه عافیت تنگ‌ست.»

جریر ǰarīr [ع.] ۱- (اِ.) رسنی که شتررا بجای افسار باشد. ۲- (ص.) جاری، روان. ۳- تند زبان، گویا.

جریره ǰarīra(-e) [= ع. جریرة] (اِ.) گناه، بزه، جنایت. ج. جرائر (جرایر).

۱- جریم ǰarīm [ع.] (ص.) بزرگ جسم، کلان‌جثه، ستبر.

۲-جریم ǰarīm [ع.] (ص.) گناهکار، مجرم.

جریمه ǰarīma(-e) [= ع. جریمة] ۱- (ص.) مؤنث جریم (ه.م.) ۲- (اِ.) گناه، جرم، بزه. ۳- تاوان، مجازات نقدی که از مجرم گیرند. ج. جرائم (جرایم).

جرینگ ǰerīng [= جرنگ = چرنگ] (اصت.) ← جرنگ.

جز ǰez(z) [= جیز] (اصت.) ۱- صدایی که ازتماس آب با آتش یا فلز تافته بر خیزد. ۲- صدای تف دادن چیزی در روغن.

جز ǰoz [په.yut.قس،جذ،جدا](در بعضی‌از دستورها ق. استثنا ودر برخی کلمهٔ استثناء و معادل آن در فرهنگها ودستورهای اروپایی حر. اض.) غیر، مگر، الا، باستثنای: «همه‌آمدند جز برادرت.» ‖ ~ که. مگر، الا. ‖ ~ مگر. مگر، الا.

جزا ǰazā [=ع.جزاء] ←جزاء.

جزاء ǰazā' [ع.،ف.:جزا] ۱ـ (مص م.) مکافات، سزای عمل کسی‌رادادن. ۲ـ (امص.)پاداش،پاداشن،پاداشت. ۳ـ (ا.)کیفر،بادافره. ‖ ~ (جزای)سیئه. پاداش بدی.

جزائر ǰazāer [ع.] ←جزایر.

جزاف ǰazāf [معر. گزاف] (ص.) گزاف،بیهوده.

جزالت ǰazālat [=ع.جزالة] ۱ـ (ص.)استوار بودن ،محکم‌بودن. ۲ـ (امص.) استواری، زفتی. ۳ـ استوار گویی، استواری سخن.

جزایر ǰazāyer [=ع.جزائر] (ا.) ج.جزیره (ه.م.)؛ آبخستها، جزیره‌ها.

جزء ǰoz' [ع ← جزو] (ا.) ۱ـ بخشی‌ازچیزی، پاره‌ای‌ازشیء؛مق. کل. ج.اجزاء (اجزا). ←جزو.

جزئی ǰoz'-ī [=ع.ǰoz'īyy](ص نسبـ) ۱ـ منسوب به جزء؛مق. کلی. ۲ـ کم، اندك.

جزئیات ǰoz'-īyyāt [ع.](ا.) ج. جزئیه (ه.م.)

جزئیت ǰoz'-īyyat [=ع.جزئیة] (مص‌جع.) جزء بودن (←جزء)؛ مق. کلیت.

جزئیه ǰoz'-īyya(-e) [=ع. جزئیة] (ص‌نسبـ.) مؤنث جزئی؛ مق. کلیه: امورجزئیه.

جزبوا ǰaz-bovvā [معر =جوزبویا] ۱ـ(ا.) (گیا.) جوزبویا (ه.م.) ۲ـ (گیا.) هل (ه.م.) ضح ـ مصحف آن «جربوا» با رای مهمله است.

جزجز ǰez-ǰez [=جیزجیز←جز] (اصت.)←جز (Jez).

جزد ǰazd (ا.) (جا.) ←جرواسك.

جزدر ǰazdar [=جزدره←جزده] (ا.) دنبهٔ برشته‌کرده.

جزدره ǰazdara(-e) [=جزدر← جزده] (ا.) دنبهٔ برشته‌کرده.

جزده ǰazda(-e) [ده‌های اطراف تهران ǰazdak←جزدر،جزدره](ا.) دنبهٔ برشته‌کرده.

جزر ǰazar [معر. گزر] (ا.)(گیا.) گزر، حویج.

جزر ǰazr [ع.] ۱ـ (مصل.)پایین رفتن آب دریا، فرو نشستن‌آب‌بحر؛ مق.مد. ۲ـ (ا.) آب نشست؛ مق.مد ←. ‖ ~ ومد. (جغ.)پایین رفتن‌آب دریا و بالا آمدن‌آن، و این عمل بر اثرجاذبهٔ ماه و خورشید، در شبانه روزدوبار انجام‌گیرد، و چون ماه از خورشید بزمین نزدیکتراست بیشتراز آن در جزر و مد زمین تأثیر دارد.

جززدن ǰez-zadan (مصل.) ناله و زاری‌کردن.

جزع ǰaza' [ع.] ۱ـ (مصل) بی‌صبری‌کردن، ناشکیبایی کردن. ۲ـ زاری‌کردن. ۳ـ (امص.)ناشکیبایی، بیتابی، بی صبری. ۴ـ زاری.

جزع ǰaz' [ع.] (ا.) سنگی‌استسیاه و سفید با خالهای سفید و زرد و سرخ و سیاه؛ مهرهٔ یمانی، مورش یمنی، مهرهٔ سلیمانی.

جزغال ǰez-γāl [=جزغاله] (اِ.) دنبهٔ برشته کرده ، جزدر، جزدره .

جزغاله ǰez-γāla(-e) [=جزغال] (اِ.) دنبهٔ برشته شده.

جزل ǰazl [ع.] (ص.) ۱ - استوار، محکم. ۲ - بزرگ،عظیم. ۳- فراوان، بسیار. ۴ - سخن فصیح. ج.جزال.

جزم ǰazm [ع.] ۱ - (مص م.) قطع کردن ، بریدن . ۲ - استوار کردن (امری) . ۳ - عزم کردن‌اجرای کاری بی‌تردید. ۴- (مص.ع.)ساکن گردانیدن آخرین حرف کلمه یا حذف کردن‌آن طبق‌قواعدصرفی. ۵- (اِمص.)استواری. ۶ - (ص.) استوار، قطعی: عزم‌جزم. ۷- نشانه‌ای که بالای حرف ساکن گذارند.

جزمازج ǰaz-māzaǰ [معر. گزمازك] (اِمر.) (گیا.) گزمازك (ه.م.)

جزمازو ǰaz-māzū [معر. گزمازو] (اِمر.) (گیا.) گزمازك (ه.م.)

جزو ǰozv [= ع.جزء] (اِ.) ۱ - ← جزء. ۲-(تص.) سالك‌راه‌خدا، راهرو. ‖ ~ جمع . (مال.) ارزیابی مالیاتی (غم.). ‖ دفتر ~ . (مال.) دفتری که در آن نتیجهٔ ارزیابی مالیاتی‌ناحیهٔ معینی‌ثبت میشد (غم.)

جزوات ǰozavāt [ع.] (اِ.) ج.جزوه (ه.م.)

جزور ǰazūr [ع.] (اِ.) شتر.

جزوه ǰozva(-e) [=ع.جزوة] (اِ.) ۱ - دسته‌ای از کاغذ نوشته، یك دستهٔ مخطوط . ۲ - بخشی از کتاب . ۳ - کتابچه، دفترچه. ج.جزوات .

جزوه‌دان ǰ.-dān [ع.-ف.] (اِمر.) جلدی مقوایی که چند پوشه را در آن جادهند؛ کارتن.

جزوع ǰozū' [ع.] ۱ - (مص ل.) ناشکیبایی کردن، بی‌تابی کردن. ۲ - (اِمص.) ناشکیبایی، بی‌تابی.

جزوع ǰazū' (ص.) ناشکیبا، جزع کننده.

جزیره ǰazīra(-e) [=ع. جزیرة] (اِ.) (جغ.) قطعه خاکی که از هرطرف بتوسط آب‌محصور شده باشد؛ آبخوست. ج.جزائر (جزایر). ‖ (مل.) اسماعیلیه (ه.م.) کرهٔ ارض‌را ازلحاظ نشردعوت به دوازده ناحیه تقسیم کرده بودند که هرناحیه را جزیره مینامیدند، وکسی که درجزیره‌دعوت میکرد «حجت»خوانده میشد، چنانکه‌ناصرخسروحجت‌جزیرهٔ خراسان بود .

جزیره

جزیل ǰazīl [ع .] (ص.) ۱ - فراوان ، بسیار ؛ ثنای جزیل . ۲ - استوار، محکم. ۳ - عظیم ، بزرگ.

جزیه ǰezya(-e) [معر. گزیت](اِ.) (فق.) مالی (جنس‌یا نقد) که اهل کتاب هرسال بدولت اسلامی پردازند؛ گزیت.

جس ǰas(s) [ع.] (مص م.) بسودن ، برماسیدن، مس کردن.

جساد ǰasād (اِ.) (گیا.) زعفران (ه.م.)

جسارت ǰasārat [= ع.جسارة] ۱ - (مص‌ل.) گستاخی کردن، دلیرشدن. ۲ - (اِمص.) گستاخی، دلیری، شوخی.

جسامت ǰasāmat [= ع . جسامة] (مص‌ل.) تنومندشدن، تناور گردیدن. ۲ - (اِمص.) تنومندی، تناوری.

جست ǰost [=جستن] (مص خم.) جستن، تفحص کردن: جست وجو.

جستار ǰos-tār [← جستن] ۱ - (اِمص.) بحث. ۲ - مبحث.

جستجو ǰost-ǰū [← جست + جو] ← جست وجو.

جستن ǰas-tan, ǰestan [= جهیدن، په. yastan, ǰastān] (جست، جهد، خواهد جست، بجه، جهنده، جهان، جسته، جهش) ۱ - (مص ل.) رهاشدن، خلاص شدن. ۲ - گریختن. ۳ - خیز کردن، خیز برداشتن.

جستن ǰos-tan [قس، په. ǰō(i)šn] (جست، جوید، خواهد جست، بجو(ی)، جوینده، جسته) ۱ - طلب کردن، جستجو کردن. ۲ - تفتیش کردن، پرسیدن. ۳ - یافتن، پیدا کردن.

جست وجو(ی) ǰost-o-ǰū(y) [= جستجو] (اِمص.) ۱ - طلب. ۲ - تفتیش، پرسش. ۳ - کوشش برای یافتن و کسب چیزی.

جست و خیز ǰast-o-xīz (ǰest-) (اِمص.) جستن و خیز برداشتن، پرش.

جسته ǰas-ta(-e), ǰes-ta(-e) [← جستن ǰastan] (اِمف.) ۱ - رها شده. ۲ - گریخته.

جسته ǰos-ta(-e) (اِمف.) ۱ - طلب شده، جستجو شده. ۲ - تفتیش شده، پرسیده. ۳ - یافته، پیدا شده.

جسد ǰasad [ع.] (اِ.) ۱ - کالبد، تن، بدن. ۲ - (ف.) جسم شخص مرده. ج. اجساد.

جسر ǰesr [ع.] (اِ.) پل. ج. جسور.

جسك ǰask [په. yask] (اِ.) محنت، رنج، بلا.

جسم ǰesm [ع.] (اِ.) ۱ - تن، بدن. ۲ - (فل.) چیزی که دارای ماده باشد و فضایی را اشغال کند، هر چیز که دارای طول و عرض و عمق باشد و بتوان آنرا با حواس پنجگانهٔ ظاهر درك کرد. ج. اجسام، جسوم.

جسمانی ǰesm-ānī [ع. = -ānīyy] (ص نسبـ.) منسوب به جسم (ه.م.)، جسمی؛ مق. روحانی.

جسمانیت ǰesm-ānīyyat [← ع. جسمانیة] (مص جع.) جسمانی بودن، جسم بودن.

جسم پز ǰ.-paz [ع.-ف. ← جسم پزنده] (صفا.) ۱ - آنچه تن را بپزد. ۲ - سوزنده، سوزان.

جسور ǰasūr [ع.] (ص.) ۱ - گستاخ، شوخ. ۲ - دلیر، بی باك.

جسور ǰosūr [ع.] (اِ.) ج. جسر؛ پلها.

جسورانه ǰasūr-āna(-e) [ع.-ف.] (ق مر.) باجسارت، همچون جسوران: «جسورانه حرف میزند.»

جسوم ǰosūm [ع.] (اِ.) ج. جسم (ه.م.).

جسیم ǰasīm [ع.] (ص.) ۱ - تناور، تنومند، ستبر. ۲ - دارای اعضای متناسب، خوش اندام.

جشان ǰašān [← هزارجشان، چشان، هزارافشان] (اِ.) گز استادان خیاط و بنا، چوبی که بدان زمین و امثال آنرا پیمایند.

جشن ǰašan (اِ.) افزایش حرارت بدن، سوزش تب.

جشن ǰašn [په. ǰašn] (اِ.) ۱ - مجلس شادمانی، محفل نشاط. ۲ - ضیافت، مهمانی. ۳ - سور و سرور، شادی.

جشیر ǰašīr [= جشیره] (اِ.) جولاهه، حائك.

جشیره

جشیره ǰašīra(-e) [=جشیر](ا.) ← جشیر.

جشیش ǰašīš (ا.) (گیا.) بلغور (ه.م.)

جص ǰas(s) [معر. گچ.](ا.) گچ (ه.م.)

جصاص ǰassās [ع.](ص شغل.) گچکار، گچ گر.

جعاب ǰeāb [ع.] (ا.) ج. جعبه (ه.م.)

جعاشیش ǰaāšīš [ع.] (ص.، ا.) ج. جعشوش (ه.م.)

جعال ǰeāl [ع.] (ا.) ۱- اجرتی که بسپاهیان در زمان جنگ دهند. ۲- اجرت عامل، حق‌العمل. ← جعاله.

جعال ǰa''āl [ع.] (ص.) ۱- دروغ‌ساز، دروغ پرداز، ترفندباف، سندساز. ۲- جعل کننده. ج. جعالین.

جعاله ǰeāla(-e) [=ع. جعالة] (ا.) ۱- حق‌العمل، اجرت عامل. ۲- مژدگانیی که ازطرف شخصی که‌چیزی را گم کرده به کسی داده میشود که آنرا یافته وتحویل دهد. ۳- (حق.) التزام شخصی بادای اجرت معلوم در مقابل عملی اعم از اینکه طرف معین باشد یاغیر معین. ملتزم‌راجاعل‌وطرف را عامل واجرت را جعل گویند.

جعالی ǰa''āl-ī [ع.-ف.](حامص.) عمل جعال (ه.م.) ۱- دروغ سازی، دروغ پردازی، ترفند بافی. ۲- جعل کردن (ه.م.)

جعالین ǰa''āl-īn [ع.](ص.، ا.) ج. جعال (ه.م.)

جعبه ǰa'ba(-e) [=ع. جعبة] (ا.) ۱- تیردان، ترکش. ۲- قوطی، صندوقچه. ۳- (مس.) یکی از آلات موسیقی. ج. جعاب.

جعفری (دانه وگل آن)

جعبه رنگ ǰ.-rang [ع.-ف.] (اِمر.) (نق.) وسیله‌ایست قابل‌حمل‌از چوب یا فلز که نقاشان اسباب کار خود را در آن قرار دهند. در این جعبه را اغلب برای‌جادادن‌آثارمجوف میسازند. ۲- جعبه‌ای مخصوص که محتوی‌آن رنگ‌است ودرآن رنگهارا بترتیب میچینند.

جعبه زن ǰ.-zan [ع.-ف. = جعبه زننده] (صفا.) (مس.) نوازندهٔ جعبه (ه.م.)

جعد ǰa'd [ع.] ۱- (ا.) پیچش (گیسو). ۲- (ص.) مجعد، پیچیده (موی، گیسو).

جعده ǰa'da(ǰo'-) [ع.] (ا.)(گیا.) مریم نخودی کوهی (ه.م.)

جعشوش ǰo'šūš [ع.] (ص.، ا.) ۱- گدا. ۲- مرد پست وزشت روی. ۳- مرد دراز وکوتاه. ج. جعاشیش.

جعفر ǰa'far [ع.] (ا.) ۱- نهر، جوی کلان فراخ. ۲- ماده شتر پر شیر.

۱- جعفری ǰa'far-ī [ع.-ف.](ص نسبـ.، اِمر.) (گیا.) گیاهی از تیرهٔ چتریان که دوساله است. ریشه‌اش‌راست و مایل بزردی و بویش معطر و شبیه زردک‌است. برگهایش‌شفاف ودندانه‌دار و دارای بریدگیهای بسیار وگلهایش چتری و سفید و کوچک و میوه اش کوچک و تخمش بسیار معطر است؛ بطرسالیون[1].

۲- جعفری ǰa'far-ī [= ع. -arīyy] (ص‌نس.) منسوب به جعفر صادق۴ (← بخش۳): مذهب جعفری.

جعل ǰa'l [ع.] ۱- (مص‌ل.) کردن،

۱- Apium petroselinum sativum (.لا), persil (فر.)

جعل

جغجغه (ومیوهٔ آن)

جغد

ساختن. ۲ - آفریدن، خلق کردن. ۳ - قراردادن، وضع کردن. ۴ - (ف.) تقلب کردن (دراسناد وغیره). ۵ - (امص.) آفرینش ۶- تقلب. ضح. - (حق.) ساختن نوشته یا سند یا چیز دیگر بر خلاف حقیقت یاساختن‌مهر و امضای‌اشخاص وماننداآن.

جعل ǰo'l [ع.] (اِ.) ۱ - اجرت عامل، مزدکار، حق‌العمل، پایمزد. ۲- (حق.) ← جعاله۳.

جعل ǰoʻal [ع.] (اِ.) حشره‌ای[1] از تیرهٔ قاب بالان که بیشتر در کویرها وصحاری گرم میزید. بدنش سیاه‌رنگ وجزو قاب بالان درشت‌است و بزرگیش ازسوسکهای خانگی کمی بیشتر است. این حشره علاقهٔ زیادی بسرگین شتر دارد؛ سرگین غلطان، گوگال، گشتك.

جعل کردن ǰa'l-kardan [ع.-ف.] (مص م.) ۱ - کردن، ساختن. ۲ - آفریدن، خلق کردن. ۳ - قراردادن، وضع کردن. ۴ - تقلب کردن (دراسناد وغیره) ← جعل: «فلانی سندجعل‌میکند.»

جعلی ǰa'l-ī [ع.] (ص نسبـ.) ساختگی: شجرهٔ نسب جعلی.

جعیده ǰaʻīda(-e) [=ع. جعیدة] (اِ.) (گیا.) مریم نخودی کوهی (ه.م.)

جغ ǰaγ [=چغ، پب. yaka] (اِ.) (گیا.) چوبی سیاه برنگ آبنوس که ازآن چیزها سازند وتراشند.

جغ ǰoγ [← یوغ = جوغ، هندی باستان- yugá] (اِ.) ۱ - چوبی باشد که بر گردن گاوقلبه‌کش وزراعت‌کننده نهند؛ یوغ (ه.م.) ۲ - چوبی که دوغ را بدان زنند تا مسکه برآید.

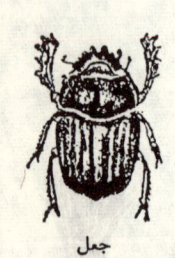

جغبت ǰaγbot [=جغبوت] (اِ.) ← جغبوت.

جغبوت ǰaγbūt [=جغبت] (اِ.) پنبهٔ لحاف وتوشك‌ونهالی؛ حشوآگنده.

۱-جغجغه ǰeγǰeγa(-e) (اصت.) نوعی اسباب بازی کودکان، وآن مرکب‌از جعبه‌ایست کوچك که‌ازفلز یامقواسازند ودرداخل آن‌یك یا چندگوی سنگی‌ویا فلزی‌تعبیه کنند وچون جعبه را تکان دهند، بسبب‌حرکت گوی‌درداخل‌صدایی از آن برآید.

۲ - جغجغه ǰeγǰeγa(-e) (اِ.) (گیا.) گیاهی[2] ازتیرهٔ پروانه‌آساها که‌باکرات آنرا مخلوط میکردند و در تداوی بعنوان قابض بکار میبردند. این گیاه بصورت درخت‌یا درختچهٔ خاردار میباشد. گلهایش‌خوشه‌یی است. جغجغه ازگیاهان بومی هندوستان است؛ بچه گربه.

جغد ǰoγd [=چغد، سغ. -čγwt] (اِ.) (جاذ.) پرنده‌ای[3] ازردهٔ شکاریان شبانه که با داشتن یك زوج کاکل در بالای گوشها متمایز است، و شبها از لانه‌اش‌برای‌شکارخارج میشودوحشرات مضر و جانوران کوچك موذی مزارع وباغهارا‌شکارمیکنند؛ بوم، بوف، کوف.

جغرات ǰoγrāt [تر. =سقرات= صغراط، معر.] (اِ.) ماست (ه.م.)

جغرافی ǰoγrāfī [=جغرافیا، فر. géographie] (امر.) علمی‌است که از احوال زمین واوضاع طبیعی، سیاسی واقتصادی آن بحث میکند وآن شامل اقسامی است.

جغرافیا ǰoγrāfiyā [=جغرافی] (اِ.) ← جغرافی.

جغنه ǰaγna(-e) [= چغنه] (اِ.) (جاذ.) باشه (ه.م.)

۱-Scarabaens stercorarius(.لا), scarabée (.فر)
۲-Prosopis stephaniana(.لا) ۳-Asio otus, strix bubo(.لا), hibou(.فر)

جغه ǰeγγa(-e) [=جیغه] (اِ.) ۱ - تاج، افسر. ۲ - هرچیز تاج مانند که بکلاه نصب کنند.

جف ǰaf(f) [ع.] (ص.) ۱ - خشك (کاه)، پژمرده. ۲ - میان تهی (مانند نی)، توخالی. ۳ - پوست شکوفهٔ خرما، غلاف شکوفهٔ خرما. ۴ - ظرفی ازچرم که سربند ندارد.

جفا ǰafā [=ع. جفاء] ← جفاء (ǰa-).

جفا ǰofā [=ع. جفاء.] ← جفاء (ǰo-).

جفاء ǰafā' [ع.، ف.: جفا] ۱ - (مص م.) آزردن، جور کردن، ستم کردن. ۲ - بیوفایی کردن، بیمهری کردن. ۳ - (اِمص.) جور، ظلم. ۴ - بیوفایی، بیمهری.

جفاء ǰofā' [ع.، ف.: جفا] ۱ - (مص م.) برزمین‌زدن، انداختن. ۲ - کفك انداختن دیگ. ۳ - بیرون دادن زر ونقره ومانند آن. ۴ - (اِ.) خاشاك، رودآورد.

جفا پیشه ǰafā-pīša(-e) [ع.-ف.] (ص مر.) ۱ - ستمکار، ظالم. ۲ - معشوق نامهربان، محبوب ستمگر.

جفاف ǰafāf [ع.] (مص ل.) خشك شدن.

جفاکردن ǰafā-kardan [ع.-ف.] (مص م.) آزردن، آزاردن، ظلم‌کردن، ستم کردن.

جفاله ǰofāla(-e) [=ع. جفالة] (اِ.) ۱ - گروه مردم، جماعت. ۲ - (ف.) دستهٔ مرغان. ضح. - همین کلمه است که بصورت «چقاله» و «چغاله» تحریف شده.

۱- جفت ǰaft [=جفتا =جفته= جفت=چفته] (ص.) خمیده، کج.

۲- جفت ǰaft [=جفته=چفت= چفته] (اِ.) ۱ - سقف خانه. ۲ - چوب بندی انگور، چوب‌بست‌مو. ۳ - سقف خانه. ۴ - طاق ایوان.

۳- جفت ǰaft [ع.] (اِ.) (گیا.) ترکیبی سه‌تایی که از کربن وئیدرژن و اکسیژن ترکیب شده و فرمول کلی آن $C^{14}H^{10}O^{9}$ است[1]. جفتها درمجاورت پوستهای حیوان جسمی سخت ترکیب میکنند و بهمین جهت در چرمسازی مورد استعمال دارند. جفتها در گیاهان سبز فراوانند وبخصوص در پوست‌ساقهٔ گیاه- از جمله بلوط - وجود دارند. ‖ ← بلوط. (گیا.) †

جفت ǰoft [په. yuxt] (اِ.) ۱ - زوج، دوعدد از یك چیز؛ مق. فرد. ۲ - (رض.) یا زوج، عددی است که اگر آنرا بر ۲ بخش کنیم باقیمانده صفرشود. مثلا ۱۴ جفت‌است (۷ = ۲ : ۱۴). ۳ - دو چیز برابر و معادل هم. ۴ - زن وشوهر. ۴ - نر و ماده (حیوان). ۵ - قرین، همنشین. ۶ - یك زوج گاو که برای شخم‌زدن بکار برند. ۷ - واحدی برای اندازه گرفتن‌زمین، بنه(تهرانی). ۸ - (پز.) نسج گوشتی[2] و اسفنجی وعروقی که قرص مانندا ستو عضورابط بین جنین و رحم مادر است، و جنین بوسیلهٔ آن تغذیه می کند. ‖ ← فلك. (کن.) آفتاب و ماه. ‖ ← گاو. گاو زراعت، فدان.

جفت آفرید ǰoft-āfarīd [=جفت آفریده] (ص مف.، اِمر.) (گیا.) گیاهی است باشاخه‌های باریك و کوتاه‌ودارای برگهای ریز. تخمهای آن شبیه حلبه ودر طب مستعمل است.

جفت ساز ǰoft-sāz [=جفت‌سازنده] (ص فا.) ۱ - سازندهٔ زوج. ۲ - (اِمر.) (مس.)

جغه

جفت

۱- Tanin (فر.)　۲- Placenta (لا.), arrière faix (فر.)

نوعی از سازندگی. ۳ - (مس.) صفتی از صفات سازهای ذوی‌الاوتار که جفت ساز و راست‌ساز و یك ونیم ساز باشد.

جفتك ǰoft-ak [= جفته] (اِ.) ۱ - لگدحیوانات، جفته. ۲ - نوعی پرش که عبارتست از جفت کردن‌هردوپا باهم و پریدن. ۳ - (جانو.) مرغی که نر وماده آن هر کدام یك بال دارند و بجای بال دیگر نر را قلابی و ماده راحلقه‌ایست از استخوان و چون پرواز کنند نر قلاب را بر حلقهٔ ماده‌اندازد وباهم پرواز نمایند وچون بدانه‌خوردن‌مشغول گردند از یکدیگر جدا شوندونزدیك بهم چرا کنند وآنها را بعربی «لاینفك» گویند.

جفت کردن ǰoft-kardan (مص‌م.) ۱ - زوج قراردادن. ۲ - چیزی را با چیزی‌دیگر برابر کردن. ۳ - جفتگیری کردن، بارور کردن چارپایان ماده را بوسیلهٔ چارپایان نر؛ لقاح.

۱- جفته ǰafta(-e) [= چفته = جفتا = چفت] (ص.) خمیده، کج.

۲- جفته ǰafta(-e) [جفت = چفت = چفته] ← ۲جفت (ǰaft).

جفته ǰofta(-e) [= جفتك] (اِ.) ۱ - لگد اسب و استر و شتر و غیره، جفتك. ۲ - سرین، کفل. ۳ - گره ریسمان.

جفته انداختن ǰofta(-e)-andāxtan (مص‌ل.) لگدزدن ستور (اسب و شتر و مانند آنها).

جفتی ǰoft-ī [← جفت] (ص‌نسب.) ۱ - دوتایی. ۲ - زوج، جفت.

جفتی‌زدن ǰ.-zadan (مص‌ل.) ۱ - دوتا دوتا کردن (حیوانات). ۲ - (کن.) جماع کردن، مباشرت کردن.

جفتی کردن ǰ.-kardan (مص‌ل.) ← جفتی زدن.

جفجاف ǰaf-ǰāf [= جاف جاف] (ص‌مر.) ← جاف‌جاف.

جفر ǰafr [ع.] (اِ.) فنی که توسط‌آن امور نهانی‌را باز گویند، دانشی که‌ازغیب اخبار کند.

جفری ǰafr-ī [= ع. -rīyy] (ص نسب.) کسی که جفر داند، دانای فن جفر (ه‌.م.).

جفری ǰafarrī (اِ.) (گیا.) کوپوره (ه‌.م)

جفن ǰafn [ع.] (اِ.) ۱ - پلك‌چشم. ۲ - غلاف شمشیر. ج. اجفان، جفون، اجفن.

جفنگ ǰaf-ang [= جف = جاف + ـ‌نگ، پس. نسبت واتصاف؟] (ص.) (عم.) ۱ - بیهوده، بیربط. ۲ - سخن بی‌معنی، یاوه.

جفنگ گفتن ǰ.-goftan (مص‌م.) یاوه گفتن، بیهوده گفتن.

جفنی ǰafn-ī [ع.-ف.] (ص‌نسب.) (پز.) مربوط بپلك[1]، آنچه‌که مربوط بانساج پلك است؛ پلکی.

۱- جك ǰak [= چك] (اِ.) ۱ - برات. ۲ - شب پانزدهم شعبان، شب برات ← چك.

۲- جك ǰak [انگ. jack] (اِ.) (مك.) دستگاهی بشکل‌اهرم‌که‌برای بالابردن و نگاهداشتن اشیاء سنگین مانند اتومبیل و غیره بکار برند.

جگاره ǰagāra(-e) [— جدگاره] (اِ.) رایها وتدبیرهای مختلف، راهها وروشهای گوناگون.

جگر ǰagar, ǰe- [په. ǰikar] (اِ.)

جگر

1- Palpébral (فر.)

جگرآکند

۱ - (جانـ.، پز.) یکی از احشاء بطنی و مهمترین غدهٔ گوارشی بدن که رنگش سرخ تیره و وزنش نزد انسان درحدود ۱/۵ کیلوگرم است، و در زیر حجاب حاجز در طرف راست شکم قراردارد بطوریکه قسمت فوقانی معده را فرا میگیرد. جگر دارای یك ترشح خارجی است که صفرا یا زرداب نامیده میشود، و دارای ترشحات داخلی نیز میباشد که مستقیماً وارد خون میشود؛ کبد[1]. ‖ ~ سیاه. (جانـ.، پز.) ↑ ۲- (تد. عم.) عزیز، عزیزدلم (بفرزندان و پسران و دختران گرامی اطلاق کنند). ۳ - (کنـ.) غم، غصه، رنج، محنت. ۴ - انتظار. ۵ - وسط هرچیز، میانه. ۶ - شفقت، مرحمت. ۷ - شجاعت، دلیری.

جگرآکند(آگند) ǰ.-ākand(-gand) [= جگرآگنده = چرغند] (إمر.) امعاء و رودهٔ گوسفند که آنرا با گوشت و مصالح پر کرده باشند؛ عصیب، چرغند.

جگربند ǰ.-band (إمر.) ۱ - مجموع جگر و شش و دل (درانسان و حیوان). ۲ - فرزند. ۳ - هرچیز لاغر و زبون.

جگر تشنگی ǰ.-tešna(e)g-ī (حامص.) ۱ - آب طلبیدن کبد، تشنگی سوزان. ۲ - (کنـ.) اشتیاق بسیار. ۳ - (کنـ.) سوزش عشق.

جگر تشنه ǰ.-tešna(-e) (صمر.) بسیار تشنه. ۲ - (کنـ.) بسیار مشتاق.

جگر تفته ǰ-tafta(-e) (صمر.) ۱ - آنکه جگرش میسوزد. ۲ - (کنـ.) عاشق. ۳- شخصی که بمرض کوفت و دق مبتلا باشد.

جگر خراش ǰ.-xarāš [= جگر خراشنده] (ص فا.) آنچه جگر را میخراشد؛ ناراحت کننده. عذاب دهنده: «اسب شیهه های جگرخراش میکشید.»

جگر خوار ǰ.-xār [= جگر خوارنده ← جگرخواره] (ص فا.) ← جگرخواره (همع.).

جگرخواره ǰ.-xāra(-e) [← جگر خوار] (ص فا.) ۱ - خورندهٔ جگر، جگرخوار. ۲ - قسمی ساحر، نوعی جادوگر. ۳ - رنج کش، محنت پرست، آنکه بسیار غم و اندوه خورد. ۴ - آنکه غم دیگری خورد، آنکه تعهد دیگری کند.

جگرخوردن ǰ.-xordan (مصل.) ۱ - رنج کشیدن، مشقت بردن. ۲ - غم خوردن، غصه خوردن. ۳ - اندوه فراوان بردن، غم فراوان خوردن. ۴ - صبر و تحمل کردن.

جگرك ǰagar-ak (ǰeg.-) (إمصغ.) ۱ - جگر گوسفند: «صنار (صد دینار) جگرك سفرهٔ قلمکار نمیخواد (نمیخواهد).» ۲ - خوراکی که از جگر گوسفند سازند و با روغن و پیاز در تابه تف دهند.

جگرکی ǰagar-ak-ī (ǰe.-) (ص نسبـ.) کسی که دل و جگر گوسفند را کباب کند و فروشد؛ جگرفروش.

جگرگاه ǰ.-gāh [= جگرگه] (إمر.) محل جگر در شکم.

جگرگوشه ǰ.-gūša(-e) (إمر.) ۱ - پاره‌ای از جگر. ۲ - (کنـ.) فرزند. ج. جگرگوشگان.

جگرگه ǰ-gah [= جگرگاه] ← جگرگاه.

جگن ǰagan (إ.) (گیا.) گیاهی[2] از تیرهٔ جگنها[3] جزو ردهٔ تك لپه‌ییها که دارای ساقهٔ سه گوش و برگهای مقطع و گلهای منفردالجنس است و معمولا در نقاط

۱- Foie (فر.)　۲ -Carex comans(.L), laîche , carex (فر.)
۳ -Cypéracées (فر.)

مرطوب و با تلاقی میروید.

۱ - جل ǰal [مشهدی ǰal، ← جلك، خرجل] (اِ.) (جا ن.) پرنده‌ای[1] از راستهٔ گنجشکان از دستهٔ مخروطی نوکان که جزو پرندگان نیمکرهٔ شمالی است. پرهایش خاکستری و پرهای زیر گردنش روشنتر است. قدش کمی از گنجشك بزرگتر و از سار کوچکتر است؛ جلك، چکاوك، قبره، طرقه.

جل

۲ - جل ǰal (اِ.) (گیا.) غارگیلاس (ه.م.)

جل ǰol(l) [ع. ǰoll] (اِ.) ۱ - (در فارسی) مطلق پوشش از هرجنس، و برای آدمی نیز بکار رفته: «دیدم که بیاوردند او را در پارهٔ جل بصوف سپیدتر از حریر.» (تاریخ سیستان ص ۶۲ وص یز). ۲ - (در عربی) پوشش ستور، پالان چارپایان. (در فارسی نیز بدین معنی بکار میرود): جل اسب. ج. اجلال، جلال.

جل ǰol(l) [ع. ǰoll] (اِ.) ۱ - بزرگترین، پیشین. ۲ - همه: جل خلایق. ۳ - بخش اعظم یك چیز، معظم آن.

جلا ǰalā [- ع. جلاء] (مص م.) ← جلاء.

جلاء ǰalā' [ع. - ف. = جلا] ۱ - (مص م.) روشن کردن، افروختن. ۲ - زدودن، صیقل دادن. ۳ - (مص ل.) آواره شدن: جلاء وطن. ۴ - (اِمص.) آوارگی.

جلاء ǰelā' [ع.] (اِ.) سرمه، کحل.

جلاب ǰallāb [ع.] (ص.) ۱ - جلب کننده، بسوی کشنده. ۲ - آنکه بندگان و بردگان را از شهری بشهر دیگر برای فروش برد.

جلاب ǰollāb [معر. گلاب] (اِمر.) گلاب (ه.م.)

جلابیب ǰalābīb [ع.] (اِ.) ج. جلباب (ه.م.)

جلاجل ǰalāǰel [ع.] (اِ.) ج. جلجل. ۱ - درای خرد، چیزی باشد مانند سینه‌بند اسب که در آن زنگها وجرسها نصب کنند و بر سینهٔ اسب بندند. ۲ - زنگها، زنگوله‌ها. ۳ - سنج دایره. ۴ - دف، دایره. ۵ - (جا ن.) مرغی است خوش آواز.

جلاجل

جلاجل‌زن ǰ.-zan [ع.-ف. = جلاجل زننده] (صفا.) نوازندهٔ جلاجل[2] (ه.م.)

جلاد ǰallād [ع.] (ص.) آنکه مأمور شکنجه دادن یا کشتن محکومان است. ‖ ~ِ فلك. (کن.) مریخ.

جلاد ǰelād [ع.] (اِ.) ج. جلید (ه.م.)

جلادت ǰalādat [= ع. جلادة] ۱ - (مص ل.) جلد بودن، چابك بودن. ۲ - نیرومند بودن. ۳ - (اِمص.) چابکی، چابك سواری. ۴ - یلی، پهلوانی، شجاعت.

جلادی ǰallād-ī [ع.-ف.] (حامص.) عمل و شغل جلاد (ه.م.)؛ میرغضبی.

جلازه ǰelāza(-e) (اِ.) (مس.) نوایی است از موسیقی قدیم.

جلاس ǰollās [ع.] (ص.، اِ.) ج.

۱ - Alouette (فر.)   ۲ - Cymbalist (انگ.)

جالس (ه‍.م.) و جلیس (ه‍.م.)

جلافت ǰalāfat [= ع . جلافة] ۱ -(مص ل .) میان تهی بودن . ۲ - (امص.) بیمغزی، حماقت.

جلال ǰalāl [ع.](امص.)۱ -بزرگی، بزرگواری، عظمت. ۲ - شکوه.

جلالت ǰalālat [= ع . جلالة] (مص ل.) ۱ -بزرگ‌شدن . ۲ -(امص.) بزرگی، بزرگواری .

جلالت مآب ǰ.-maāb [ع .] (ص مر.) دارای جلالت (ه‍.م.) ؛ جناب جلالت مآب آقای...

جلاهق ǰalāheγ [معر . گروهك] (ا.) ۱ - کمان گروهه . ۲ - مهره وگلولهٔ گلی که با کمان‌گروهه پرتاب میکردند.

۱- جلب ǰalab [← چلب] (ا.) ۱ - شور و غوغا ، فریاد . ۲ - چلب (ه‍.م.)

۲- جلب ǰalab [ع.] (ص.) ۱ - زن نابکار ، فاحشه ، نامستور . ۲ - (تد.ف.) (کن.) حقه‌باز،مکار، محیل.

۳- جلب ǰalab [معر . jalap] (ا.) (گیا) زالاپ (ه‍.م.)

جلب ǰalb [ع.]۱ - (مص‌م.)کشیدن، بردن ، ربودن . ‖ ~ خاطرکسی . ربودن‌دل‌اورا. ‖ ~ قلوب . ربودن دلها. ۲ - کشانیدن، آوردن.

جلباب ǰelbāb [ع.](ا.) ۱ - چادر زنان. ۲ - جامهٔ فراخ ، پیراهن گشاد. ج. جلابیب .

جلبان ǰolbān [معر. = ǰollabān ، ǰelbān] (ا.) گیاهی است [۱] شبیه بکرسنه، وآنرا در بعض نقاط مانند باقلای تر پزند وبا نمك خورند وگاهی هم آرد کنند و ازآن نان پزند ، وتازهٔ آنرا نیز ناپخته خورند؛ خلر(ه‍.م.)

جلبان

جلبك ǰole-bak(ǰolbak) (ا.) (گیا.) آلگ (ه‍.م.)

جلب کردن ǰ.-kardan [ع.-ف.] (مص‌م.) کشانیدن ، آوردن: «او را بمحکمه جلب کردند.»

جلبو ǰalbū (ا.) (گیا.) سبزه وتره‌ایست شبیه به نعناع .

جلبوب ǰalbūb (ا.) (گیا.)گیاهی است که بر درخت پیچد ؛ عشقه ، حبل‌المساکین.

جلبهنك ǰalbehank [معر . جلبهنگ، جبلهنگ] (ا.) (گیا.)← جلبهنگ ↓ .

جلبهنگ ǰalbahang [= جبلا-هنگ=جبلهنگ = جبرآهنگ = جلبهنك، معر.](ا.) تخم زردخار [۲] ← زردخار .

جلبی ǰalab-ī [ع.-ف.] (حامص.) جلب بودن (←جلب) . ۱ -فاحشگی، نامستوری. ۲ - (تد.ف.) (کن.) حقه بازی، مکاری، محیلی .

(جلبیثا) ǰalbīsā [ع.مجر. حلبیتا] (ا.) (گیا.) فرفخ (ه‍.م.)

جلبیز ǰalbīz [=جلویز=جلیز] ۱ - (ا.) کمند، مقود . ۲ - (ص.) مفسد، غماز .

جلتاق ǰaltāγ [معر.] (ا.) (گیا.) حلیمو، وآن بیخ نباتی‌است که بعربی حماض جبلی خوانند.

جلجبین ǰol-ǰabīn [معر. گل‌انگبین] (امر.) (پز.) گل انگبین(ه‍.م.)

جلجل ǰolǰol [ع.] (ا.) ۱ - درای خرد، زنگ، جرس. ۲ - دف، دایره. ۳ - سنج‌دایره. ۴ - (جا.) مرغی‌است

۱- Lathyrus sativus(.لا)

۲- Semen fruticis spinosi(.لا)

خوش آواز. ← جلاجل.

جلجلان ǰolǰolān [ع.](اِ.)(گیا.) کنجد (ه.م.) ضح. - در بعض کتب این کلمه مرادف با گشنیز نیز ذکر شده است.

جلد ǰald [ع.] (ص.) ۱ - چابك، چالاك، زرنگ. ۲ - چابك سوار. ۳ - یل، پهلوان. ج. اجلاد.

جلد ǰeld [ع.] ۱ - پوست (انسان یا حیوان). ج. اجلاد، جلود. ۲ - آنچه از جنس مقوا وجز آن که متن کتاب را فرا گیرد.

جلدا ǰoladā [= ع. جلداء] ← جلداء.

جلداء ǰoladā' [ع.ف.: جلدا] (اِ.) ج. جلید (ه.م.)

جلدی ǰald-ī [ع.-ف.] (حامص.) ۱ - چستی، چالاکی. ۲ - سرعت، شتاب، عجله.

جلدی ǰeld-ī [ع.-ف.] (ص نسب.) منسوب به جلد (ه.م.)، پوستی: امراض جلدی.

جلدی کردن ǰaldī-kardan [ع.-ف.] (مصل.) ۱ - چابکی کردن، زرنگی کردن. ۲ - شتاب کردن، عجله کردن.

جلسا ǰolasā [= ع. جلساء] ← جلساء.

جلساء ǰolasā' [ع.ف.: جلسا] (ص.، اِ.) ج. جلیس؛ همنشینان.

جلسات ǰalasāt [ع.] (اِ.) ج. جلسه (ه.م.)

جلسه ǰalsa(-e) [= ع. جلسة] ۱ - (مصل.) نشستن. ۲ - (اِ.) یك نشست، یکبار نشستن. ۳ - مجمع، انجمن. ج. جلسات.

جلسه ǰelsa(-e) [= ع. جلسة] (اِ.) هیأت نشیننده (جالس).

جلغوزه ǰalɣūza(-e) [= چلغوزه] (اِ.) ← چلغوزه.

جلف ǰelf [ع.] (ص.) ۱ - سبکسر، سبك‌سار، سبك‌مایه. ۲ - سفیه، ابله، گول، بی‌عقل. ۳ - خودسر، بی‌باك. ۴ - ستمگر. ج. اجلاف، جلوف.

جلفی ǰelf-ī [ع.- ف. ← جلف] (حامص.) جلف بودن، سبکسری.

جلق ǰalɣ [ع.] ۱ - (مصل.)(پز.) ارضاء کردن غریزهٔ جنسی بوسایل غیر طبیعی ←. ۲ - (اِمص.)(پز.) عملی که بوسیلهٔ آن بطور غیر طبیعی ارضاء غریزهٔ جنسی واقناع لذات شهوانی میشود. این عمل را ممکنست جوانان توسط دست یاوسایل دیگر درخفا انجام دهند[1].

جلق زدن ǰ.-zadan [ع.-ف.](مصل.)(پز.) انجام دادن عمل جلق[2](ه.م.) ضح. - اگر این عمل بین دو زن بوسیلهٔ مالش اعضاء تناسلی انجام شود آنرا طبق زدن نیز گویند ← طبق زدن.

جلك ǰalak [← جل] (اِ.) (جا ن.) ← ۱ - جل (ǰal).

جلکه ǰolka(-e) ← جلگه.

جلگه ǰolga(-e) [= جلکه ← جرك] (اِ.) (جغ.) زمینی است صاف و هموار که در آن محل زمین چین خوردگی یافته یا آثار وعوامل خارجی چین‌خوردگیها راصاف ومسطح ساخته است.

جلم ǰalam (اِ.)(گیا.) ممرز (ه.م.)

جلماثا ǰolmāsā [معر. سر.] (اِ.) (گیا.) خیار (ه.م.)

جلمد ǰalmad [ع.] (اِ.) سنگ؛ جلمود (ه.م.)

جلمود ǰolmūd [ع.] (اِ.) سنگ، جلمد (ه.م.)

۱- Onanisme (فر.) ۲- Masturber (فر.)

جلنار ǰolnār, ǰollanār [معر. گلنار] (اِ.) (گیا.) گلنار (ه.م.)

جلنبر ǰolanbor [← جل] (ص‌مر.) آنکه جامه‌ای کثیف و کهنه پوشد، کسی که‌پارچه‌ای جل مانند بتن کند.

جلنبری ǰolanbor-ī (حامص.) حالت و کیفیت جلنبر (ه.م.)

جلنجبین ǰol-anǰabīn [معر. گل انگبین] (اِمر.) (پز.) گل انگبین (ه.م.)

(جلنجوجه) ǰalanǰūǰa [محر. جلنجون = حلانجون، معر. هلونك] (اِ.) (گیا.) پودینهٔ بری، فوتنج بری.

۱- جلنگ ǰeleng (اِ.) نوعی از قماش ابریشمی که آنرا با زرتار و بی زرتار بافند، واز آن قباو چکمه و کلاه وشلوار و امثال آن سازند.

۲- جلنگ ǰeleng [= جلونك = چلونك] (اِ.) بنهٔ خربزه و هندوانه و کدو وعشقه ومانند آنها؛ بیاره.

۳- جلنگ ǰeleng [= جیرینگ = جرنگ] (اِصت.) صدای زنگ وزنگله وزنجیر ومانند آنها.

۱- جلو ǰalū (ص.) شوخ وشنگ.

۲- جلو ǰalū (اِ.) سیخ کباب (چوبی یا آهنی).

جلو ǰolaw(-ow) [= تر. جیلاو] ۱ - (اِ.) لگام‌مرکوب، عنان. ۲- اسب کوتل، جنیبت. ۳ - (ق.) پیش، مقابل.

جلوات ǰalavāt [ع.] (اِ.) ج. جلوه (ه.م.)

جلوت ǰalvat [= ع. جلوة ← جلوه] ۱ - (مص‌م.) آشکار کردن، ظاهر ساختن. ۲ - (اِمص.) آشکارایی، پیدایی. ۳ - (ق.) آشکار، پیدا. ‖ خلوت و ـــ. پنهان و آشکار.

جلوخان ǰolaw-xān(-low.-) [تر.-ف.] (اِمر.) پیشگاه‌خانه، میدانی که درمقابل عمارت‌ومنزل واقع باشد.

جلود ǰolūd [ع.] (اِ.) ج. جلد؛ پوستها.

جلودار ǰolaw-dār(-low.-) [تر.-ف. = جلودارنده] (ص‌فا.، اِمر.) ۱ - کسی که زمام اسب مخدوم خودیا کسی که اسب ویرا کرایه کرده‌دردست گرفته راه برد، آنکه سواره‌یا پیاده جلومرکوب ارباب حرکت کند؛ پیشرو. ‖ جلوداران. ۱ - ج. جلودار ↑. ۲ - (نظ.) سوارانی که‌پیشتر ازدیگرسواران حرکت‌کنند، طلایه، طلایع، پیشقراول.

جلوداری ǰ.-dār-ī [← جلودار] (حامص.) عمل و شغل ووظیفهٔ جلودار (همع.)

جلوز ǰalūz [= ǰellawz معر.] (اِ.) (گیا.) فندق (ه.م.)

جل‌وزغ ǰol-vazaγ [= جل + وزغ (ه.م.). قس. جل‌بك] (اِمر.) ۱ - (گیا.) آلگ (ه.م.) ۲ - (گیا.) اسپیروزیر (ه.م.)

جلوزه ǰalūza(-e) [= چلغوزه] (اِ.) ← چلغوزه.

جلوس ǰolūs [ع.] ۱ - (مص ل.) نشستن ۲ - نشستن پادشاه بر تخت سلطنت. ۳ - (اِمص.) نشست.

جلوس‌کردن ǰ.-kardan [ع.-ف.] (مص‌ل.) ۱ - نشستن. ۲ - بر تخت‌سلطنت نشستن.

جلوف ǰolūf [ع.] (ص.، اِ.) ج. جلف (ǰelf) (ه.م.)

جلوگیر ǰolaw-gīr(ǰolow.-) [تر.-ف. = جلوگیرنده] (ص فا.) آنکه جلوگیری کند؛ مانع.

جلوگیری ǰolaw-gīr-ī(ǰolow-) (حامص.) منع، ممانعت.

جلوگیری کردن ǰ.-kardan (مص م.) منع کردن، ممانعت کردن.

جلوند ǰalvand [=جروند] (اِ.) چراغ.

جلونك ǰalūnak [= چلونك = جلنگ] (اِ.) ← ۲جلنگ.

جلوه ǰalva,ǰelva(-e) [= ع. جلوة ← جلوت] ۱ - (مص ل.) نمود کردن، خودرا نشان‌دادن، عرضه‌کردن، نیك نمودن. ۲ - (مص م.) آشکار کردن، ظاهر ساختن، ۳ - آراستن، زیب‌نمودن. ۴ - (اِمص.) نمایش، نمود. ج. جلوات.

جلوه ǰelva(-e) [=ع. جلوة] (اِ.) هدیه‌ای، که داماد درشب زفاف بعروس دهد (غم.)

جلوه کردن ǰ.-kardan [ع.-ف.] (مص ل.) ۱ - خوش آراستن، نیك نمودن: «بچشم‌ما جلوه کرد.» ۲ - دلبری کردن، کرشمه نمودن.

جلویز ǰalvīz [= جلبیز = جلیز] ۱ - (اِ.) کمند، مقود. ۲ - (ص.) مفسد، غماز. ۳ - برگزیده، منتخب.

۱ - جله ǰolla(-e) [= گرهه = گروهه = جلاهق، معر.] (اِ.) گروهۀ ریسمان، جلاهق (معر.)

۲ - جله ǰolla(-e) (اِ.) (گیا.) گیاهی سرپهن مانند سماروغ که در جاهای نمناك روید.

۳ - جله ǰolla(-e) [= ع. جلة] (اِ.) ۱ - ظرف مایعات مانند خم و خمچه و کدوی شراب. ۲ - کدوی بزرگ از تمروخرما.

جلهم ǰolhom [ع.] (اِ.) (گیا.) راس هندی (ه.م.)

جلی ǰalī [= ع. -īyy] (ص.) ۱ - آشکار، روشن: برهان جلی، خط جلی. ۲ - صیقل داده شده.

جلیتقه ǰelītγa(-e) [تر. ایجلك،

فر. gilet] (اِ.) نیم تنۀ کوتاه بی‌آستین که روی پیراهن و زیر نیم تنه (کت) پوشند.

۱ - جلید ǰalīd [ع.] (اِ.) ۱ - یخ. ۲ - شبنم، ژاله.

۲ - جلید ǰalīd [ع.] (ص.) ۱ - چالاك، چابك. ۲ - چابك سوار. ۳ - قوی، نیرومند. ج. جلاد، جلداء.

جلیدیه ǰalīd-īyya(-e) [= ع. جلیدیة] (ص نسبـ.، اِ.) (پز.) جسمی است جامد بشکل عدسی محدب الطرفین، شفاف و بی‌رنگ که درعقب مردمك چشم قرار دارد و دارای یك سطح قدامی محدب و یك سطح خلفی میباشد که نسبت بسطح قدامی تحدب بیشتری دارد. وزن عدسی ۲۰ سانتی گرم است و درحالت طبیعی ضخامت آن درمرکز ۴ میلیمتر و قطرش ۱۰ میلیمتر است؛ عدسی چشم[۱].

جلیز ǰalīz [= جلبیز = جلویز] ۱ - (اِ.) کمند، مقود. ۲ - (ص.) مفسد، غماز.

جلیس ǰalīs [ع.] (ص.) همنشین، مصاحب. ج. جلاس، جلساء.

جلیف ǰalīf [ع.] (ص.) ۱ - مرد بدخو، درشتخو. ۲ - ستمگار، ظالم. ۳ - احمق، ابله، گول.

جلیل ǰalīl [ع.] (ص.) ۱ - بزرگ، عظیم، بزرگوار. ۲ - باشکوه، بشکوه. ۳ - کلانسال آزموده. ج. اجلاء، اجله. ۴ - یکی از اسماءالله.

جلیل ǰolayl [ع.] (اِمصغ.) ۱ - مصغر جل (ه.م.)؛ جلك، پوشاك ستوران ۲ - پرده‌ای که روی کجاوه کشند، کجاوه پوش.

جلیه ǰalīyy-a(-e) [= ع. جلیة]

۱ - Cristallin (فر.)

جمازه

۱ - (ص.) مؤنث جلی (ه.م.) ۲ - (إ.) حقیقت امر، خبر یقینی.

جم ǰam(m) [ع.] (إ.) ۱ - بسیاری از هرچیز. || ~ غفیر. گروه بسیاری ازمردم. ۲ - بخش اعظم (آب)، معظم چیزی. ج. جمام، جموم.

جمائع ǰamāe' [ع.] ← جمایع.

جماجم ǰamāǰem [ع.] (إ.) ج. جمجمه (ه.م.)

جماد ǰamād [ع.] (إ.) ۱ - موجود بیجان و بی‌حرکت مانند سنگ وچوب؛ مق. نبات، حیوان. ۲ - هرچیز بیجان، بی‌حرکت. ۳ - (کن.) آنکه در خارج از جهان معانی وحقایق زندگی کند، کسی که عاری ازحیات روحانی است. ۴ - (کن.) معشوق ظاهری. ۵ - آرزوهای مادی. ج. جمادات.

جمادات ǰamād-āt [ع.] (إ.) ج. جماد (ه.م.)

جمادی ǰomādā [ع.] (إ.) ماه پنجم وششم ازماههای قمری (جمادی‌الاولی وجمادی‌الاخری).

جمار ǰamār [ع.] (إ.) گروهی از مردم که درجایی گرد آیند؛ جماعت.

جمار ǰommār (إ.)(گیا.) ۱- مغز تنهٔ درخت خرما ۲- جوانه‌های نوك شاخهٔ خرما (← خرما). ج. جمارات.

جمار ǰemār [ع.] (إ.) ج. جمره؛ سنگریزه‌ها.

جمارات ǰommār-āt [ع.] (إ.) ج. جمار (ǰommār) (ه.م.)

جماز ǰammāz [ع. ← جمازه] ۱ - (ص.) تندرو، سریع‌السیر. ۲ - (إ.) شتر تندرو.

جماز ǰemāz (إ.) (گیا.) سرخس نر (ه.م.)

جمازه ǰammāza(-e) [=ع. جمازة =جماز] (إ.) شتر تیزرو، هیون.

جماش ǰammāš [ازع.] (ص.) ۱ - شوخ، دلفریب، فسونکار، فسونساز. ۲ - مست. ضح. - درعربی بمعنی مردی است پیش آینده بزنان، گویاکه طلب میکند زهار سترده ازایشان، وبمعانی متن تصرف ایرانیانست.

جماع ǰemā' [ع.] (مص م.) ۱- گرد آمدن با کسی، موافقت کردن. ۲- نزدیکی کردن مرد بازن، مقاربت کردن. ضح. - درتداول ǰamā' تلفظ کنند.

جماعات ǰamāāt [ع.] (إ.) ج. جماعت (ه.م.)

جماعت ǰamāat [=ع. جماعة] (إ.) گروه، گروهی ازمردم. ج. جماعات.

جمال ǰamāl [ع.] ۱ - (مص ل.) زیبا بودن، نیکو صورت وسیرت بودن. ۲ - (امص.) زیبایی، خوش صورتی.

جمال ǰammāl [ع.] (ص.) شتربان، ساروان، ساربان.

جمال ǰemāl [ع.] (إ.) ج. جمل؛ شتران.

جمام ǰemām [ع.] (إ.) ج. جم (ǰamm) (ه.م.)

۱- جمان ǰomān (إ.) (گیا.) گیل‌دارو (ه.م.)

۲- جمان ǰomān [ع.] (إ.) لؤلؤ، مروارید.

جمانه ǰomān-a [=ع. جمانة] (إ.) واحد جمان (ه.م.)، یك دانه مروارید.

جماهیر ǰamāhīr [ع.] (إ.) ج. جمهور. ۱- توده‌ها، گروهها. ۲- (سیا.) جمهوریها.

جمایع ǰamāye' [=ع. جمائع] ج. جمیعه (ه.م.)

جم‌اسپرم ǰam-esparam [=جمسفرم = جم (جمشید) + اسپرم] (إمر.)

(گیا.) یکی از انواع ریاحین است که شکوفهٔ آن بسیار کوچک میباشد، و نبات آن بدرختانی که درجوار او باشند تعلق گیرد یعنی مانند عشقه ولبلاب درآنها پیچد؛ ریحان‌السلیمان.

جمبوری ǰambūrī [انگ. ǰambory] (ا.) (ور.) اجتماع پیشاهنگان نقاط مختلف دریك‌محل، کنگرهٔ پیشاهنگان.

جمجم ǰomǰom [= چمچم] (ا.) گیوه (ه.م.)

جمجمه ǰomǰoma(-e) [= ع. جمجمة] (ا.) (پز.) کاسهٔ سر (ه.م.)، استخوان سر که دارای هشت‌قطعه استخوان‌متصل بهم است. ج. جماجم.

جمد ǰamad [ع.] (ا.) ۱ - یخ. ۲ - برف.

جمرات ǰamarāt [ع.] (ا.) ج. جمره (ه.م.)

جمره ǰamra(-e) [= ع. جمرة] (ا.) ۱ - اخگر آتش، تکه‌ای آتش. ۲ - حرارت و بخاری‌است که درآخرزمستان در شباط ماه رومی بسه دفعه از زمین برمیخیزد: الف- در هفتم ماه مذکور وزمین بسبب آن گرم میشود، و آنرا سقوط جمرهٔ اول میگویند. ب- در چهاردهم، و آنرا سقوط جمرهٔ دوم میگویند وبسبب آن آب گرم میگردد. ج- در بیست و یکم که سقوط جمرهٔ سوم باشد. اشجار ونباتات گرم شوند. ۳- (نج.) نزد عرب مراد از سقوط جمره، سقوط منازل قمراست، چه در هفتم ماه‌مذکور سقوط جبهه باشد، و درچهاردهم سقوط زبره و در بیست و یکم سقوط صرفه، وتأثیرات اینها نیز همچنانست که در اول زمین گرم شود و در ثانی آب ودرثالث نباتات. ۴- (اخ.) ← بخش ۳؛ ج. جمرات.

جمست ǰamast [= گمست = جمشت] (ا.) جوهریست[1] فرومایه وکم قیمت ورنگش کبود مایل بسرخ، زرد، سرخ وسفید باشد.

جمسفرم ǰam-asfaram [= جم‌اسفرم] [ع.] (ا.) (گیا.) ریحان سلیمانی (ه.م.) ← جم‌اسفرم.

جمشاك ǰamšāk [= چمشاك = جمشك] (ا.) کفش، پای‌افزار.

جمع ǰam' [ع.] ۱ - (مص م.) گرد کردن، گرد آوردن. ۲ - فراهم کردن، فراهم آوردن، غندکردن. ۳ - (ا.) انجمن، مجمع. ۴ - گروه، جمعیت. ۵ - مجموع، همه: «جمع هستی را بزن برنیستی.» (صفیعلیشاه) ۶ - (حسا.) یکی ازچهارعمل اصلی، و آن افزودن دو یا چند عدد است بیکدیگر، مثلا ۱۴=۳+۶+۵. ۷- (دس.) کلمه‌ای که بر دوببالا دلالت کند وعلامات آن ازین قراراست: الف- نشانه‌های فارسی: - ها (دستها، کتابها)، - ان (اسبان، مردان). ب- نشانه‌های مأخوذ ازتازی: - ات (استخراجات، محسوسات، حبسیات)، - ون: ریاضیون، طبیعیون، حواریون، - ین: مؤمنین، معلمین، متفکرین.

جمجمه

جمع آوردن ǰ.-āva(o)rdan [ع.- ف.] (مص م.) گرد کردن، فراهم آوردن.

جمع بستن ǰ.-bastan [ع.- ف.] (مص م.) ۱- ← جمع آوردن. ۲- (دس.) کلمهٔ مفرد را بصورت جمع در آوردن (← جمع ۷).

جمع کردن ǰ.-kardan [ع.- ف.] ۱ - گرد کردن، گرد آوردن: «اموال بسیار جمع کرد.» ۲ - فراهم کردن، غند کردن: «لوازم و اسباب خانه راجمع کرد تا با وسیلهٔ نقلیه حمل کند.»

۱- Améthystes (فر.)

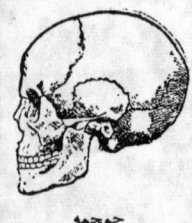

جمعه ǰom'a(-e) [=ع.جمعة](اِ.) هفتمین روز هفتهٔ مسلمانان، آدینه . ‖ مسجد ~ . مسجد جامع (ه.م.) ‖ نماز(صلاة) ~ . نمازمخصوص روز جمعه .

جمعیت ǰam'-īyyat [=ع.جمعیة] ۱ - (مص ل.) انجمن شدن ، گرد هم آمدن . ۲- (امص.) همگروهی . ۳ - (اِ.) گروه . ۴ - مردم بسیار که در جایی گرد آیند . ۵ - سکنهٔ یك ده ، شهر، ایالت و کشور. ۶- انجمن.

جمل ǰamal [ع.] (اِ.) شتر (یك کوهانه و دوکوهانه). ج.جمال،اجمال.

جمل ǰomal [ع.] (اِ.) ج.جمله(ه.م.)

جمل ǰommal [ع.](اِ.) ۱ - ریسمان ضخیم. ۲- طناب کشتی. ‖ حساب ~ . حساب حروف ابجد ← ابجد .

جملگی ǰomlag(leg)-ī [ع.-ف.] (ق.) ۱-همگی، همه. ۲-سراسر، تماماً.

جمله ǰomla(-e) [=ع.جملة] (اِ.) ۱ - همه، همگی : «جملهٔ اعضا آمدند.» ۲ - تماماً ، سراسر : «جملهٔ کتاب را خواندم.» ۳ - (دس.) کوچکترین واحد کلام که مفیدمعنی باشد و آن مرکب است از : مسندالیه ، مسند ، رابطه یا فعل. ۴ - (مس.) واحد ساختمانی یك قطعه در موسیقی که دارای معنی کامل باشد و در آخر آن سکوت طویل قرار میگیرد . ج.جمل .

جمنده ǰom-anda(-e) [=جنبنده] (اِفا.*جمیدن=جنبیدن). ۱-جنبنده، (ه.م.) ، متحرك . ۲ - دابه ، چهارپا (باین معنی درترجمهٔ تفسیر طبری ج۱ ص۱۶ آمده) . ۳- شپش : «یادرسروی جمنده .» (میبدی . کشف الاسرار ج۱ ص ۵۲۳)

جمود ǰomūd [ع.] ۱ - (مص ل.) جامد شدن ، افسرده شدن ، یخ بستن آب . ۲ - (امص.) افسردگی، بستگی ۳ - ناپذیرایی ، خشکی (اخلاقاً) .

جموع ǰomū' [ع.] (اِ.) ج.جمع(ه.م.)

جموم ǰomūm [ع.](اِ.)ج.جم(ǰamm) (ه.م.)

جمهره ǰamhara(-e) [=ع.جمهرة] (اِ.) ریگ توده ، تودهٔ ریگ .

جمهور ǰomhūr [ع.](اِ.) ۱- توده، گروه : جمهورحکما . ۲ - بخش اعظم یك چیز ، معظم شیء . ج.جماهیر . ۳- حکومتی که زمام آن بدست نمایندگان ملت باشد ، و رئیس آن رئیس جمهور خوانده شود[1]، جمهوری (تد.ف.) ↓ . ج.جماهیر.

جمهوری ǰomhūr-ī [=ع.-rīyy] (ص نسب.) ۱-(تد.ف.)(سیا.)طرزحکومتی که رئیس آن(رئیس جمهور) از جانب مردم کشور برای مدتی محدود انتخاب میشود← جمهوریت.ضح.-درعربی باین معنی «جمهور» (ه.م.) مستعمل است ؛ و جمهوری بمعنی طرفدار حکومت مذکور و جمهوریخواه است . ۲- (پز.) آب انگوری[2] که جوشیده شود تاحدی که نصف حجم آن بخار گردد. وجه تسمیهٔ این قسم آب انگور جوشیده بدان جهت است که تهیهٔ آن عمومیت داشته و باوجودآنکه تاحدی سکرآور بوده مصرفش معمول ومشروع بوده است ؛ آب انگور غلیظ شده .

جمهوریت ǰomhūr-īyyat [= ع.جمهوریة] (مص جع.) حکومت جمهوری ↑ .

جمهوریخواه ǰomhūrī-xāh [ع.-ف. = جمهوری خواهنده] (ص فا.) طرفدارحکومت جمهوری[3](ه.م.)

جمهوریخواهی ǰ.-xāh-ī (حامص.)

۱- République (فر.) ۲- Moût concentré(فر.) ۳- Républicain(فر.)

جناغ

طرفداری حکومت جمهوری (ه.م.)

جمیع [ع] ǰamī' ۱ - (ق.) همه، همگی، همگان. ۲ - (اِ.) جماعت مردم.

جمیعاً [ع.] ǰamī'-an (ق.) ۱ - همگی، همه، همگان. ۲ - سراسر، تماماً.

جمیعه [= ع. جمیعة] ǰamī'a(-e) اجتماع. ج. جمائع (جمایع).

جمیل [ع.] ǰamīl (ص.) زیبا، نیکوروی، نیکو.

جمیله [= ع. جمیلة] ǰamīl-a(-e) (ص.) ۱ - مؤنث جمیل (ه.م.): اخلاق جمیله. ۲ - زن زیباروی، زن نیکو.

جن [هند باستا. yăna- ، راه، طریق] ǰan (اِ.) طرف، جانب، سوی.

جن [ع.] ǰen(n) (اِ.) موجودی متوهم وغیرمرئی، پری.

جنائز [ع.] ǰanā'ez ← جنایز.

۱- جناب [← جناغ] ǰanāb (اِ.) (قمار بازی) شرطی و گروی که دو کس باهم بندند.

۲- جناب [ع.] ǰanāb (اِ.) ۱ - درگاه، آستان. ۲ - عنوانی است بزرگان را (اکنون رسماً به وکلای مجلسین و وزراء خطاب شود).

جنابت [= ع. جنابة] ǰanābat ۱ - (مص ل.) دور شدن (غم.) ۲ - (فق.) جنب شدن، حالتی که با همخوابگی زن و مرد را حاصل گردد و غسل کردن برآنان واجب شود. ۳ - (اِمص.) جنب شدگی ↑. ‖ **غسل ~**. (فق.) غسلی که جنب باقصد قربت باید انجام دهد.

جنابه ǰonāba(-e) (ص.) بچه‌ای که با بچهٔ دیگر توأماً ازیک مادر زاییده شده باشد؛ توأم، دوقلو.

جنات [ع.] ǰannāt (اِ.) ج. جنت. ۱ - بهشتها، فردوسها. ۲ - بوستانها، باغها.

جناح [ع.] ǰanāh (اِ.) ۱ - بال. ۲ - کنارهٔ لشکر، بخشی از سپاه که در یکی ازدوجانب (راست وچپ) قرار گیرد. ‖ **~ ایمن (راست)**. میمنه. ‖ **~ ایسر (چپ)**. میسره.

جناح ǰonāh [معر. گناه] (اِ.) گناه، بزه.

جنادره [= ع. جنادرة] ǰanādera(-e) ج. جندار (ه.م.)

جنازه [= ع. جنازة] ǰanāza(-e), ǰe-. (اِ.) ۱ - جسد مرده، مرده، نعش. ۲ - تابوت حاوی جسد مرده. ج. جنائز (جنایز).

جناس [ع.] ǰenās ۱ - (مص ل.) همجنس بودن. ۲ - (اِمص.) همجنسی. ۳ - (بع.) آوردن دو یا چند کلمه که لفظاً یکی و معنی مختلف باشند، و آن دارای انواعی است.

جناغ ǰanāγ, ǰe-. (اِ.) ۱ - (پز) استخوانی که قفسهٔ سینه را در خط وسط وجلو محدود میکند، و ۷ زوج دنده‌های حقیقی قفسهٔ سینه از طرفین بوسیلهٔ غضروفهای دنده‌ای بآن مفصل میشوند، ودر قسمت انتهایی آن نیز ۳ زوج دنده‌های کاذب بوسیلهٔ غضروفشان بغضروف دنده‌های بالاتر مفصل میشوند. استخوانی است خنجری شکل وفرد وطویل که در قسمت قدامی و میانی قفسهٔ سینه قرار دارد[1]. ‖ **~ سینه**. (پز.) ↑. ۲ - (جان.) استخوانی که جلو سینهٔ مرغ است. ۳ - (جان.) استخوانی بشکل V در مرغ که توسط آن شرط بندی کنند. ۴ - شرطی و گروی که دو کس باهم بندند، جناغ (ه.م.)

---

۱ - Sternum (لا.)

جناغ ǰonāγ (إ.) ۱ ـ طاق پیش زین اسب، دامنهٔ زین‌اسب، یون. ۲ ـ تسمهٔ رکاب. ۳ـ نوعی ازاسباب زایدهٔ اسب که برای زینت نقاشی کنند.

جناغ‌شکستن ǰ.-šekastan (مصم.) شرط‌بندی کردن‌دوتن بوسیلهٔ جناغ‌مرغ.

جنان ǰanān [ع.] (إ.) ۱ ـ دل، قلب. ۲ ـ درون چیزی، باطن. ۳ ـ شب، تاریکی شب (غم.)؛ ج.اجنان.

جنان ǰenān [ع.] (إ.) ج.جنت. ۱ـ بهشتها، فردوسها. ۲ـ باغها، بوستانها.

جنات ǰonāt [=ع.جناة] (ص.،إ.) ج.جانی (ه.م.)؛ جانیان.

جنایات ǰenāyāt [ع.] (مص.،إ.) ج.جنایت (ه.م.)

جنایت ǰenāyat [=ع.جنایة] ۱ ـ (مصل.) گناه کردن، بزه کردن. ۲ ـ (إمص.) تباه‌کاری، بزه‌کاری. ۳ ـ (إ.) گناه بزرگ. ج.جنایات.

جنایز ǰanāyez [=ع.جنائز] (إ.) ج.جنازه (ه.م.)

جنب ǰanb [ع.] (إ) ۱ ـ پهلو، کنار. ۲ ـ ناحیه، سمت. ج.اجناب، جنوب.

جنب ǰonb (ری.جنبیدن) (إفا.) در ترکیب بمعنی «جنبنده» آید: زودجنب، دیرجنب.

جنب ǰonob [ع.] (ص.) ۱ ـ آنکه به‌نجاست آلوده‌شده‌باشد، کسی که‌بسبب انزال منی غسل بر او واجب باشد (←جنابت). ۲ ـ غریب، بیگانه. ۳ ـ دور، بعید.

جنبان ǰonb-ān [←جنبیدن] (صفا.) ۱ ـ در ترکیب بمعنی «جنبا ننده» آید: سلسله جنبان. ۲ ـ جنبنده.

جنبا ندن ǰonb-āndan [= جنبانیدن، م.جنبیدن (ه.م.)] (مصم.) (جنباند (-nd)، جنباند (-nad)، خواهد جنباند، بجنبان، جنباننده، جنبانده) حرکت دادن، تکان دادن.

جنبا نده ǰonb-ānda(-e) [← جنباندن] (إمف.) حرکت‌داده، تکان‌داده.

جنبانیدن ǰonb-ānīdan [= جنباندن (ه.م.)] (مصم.) ←جنباندن.

جنبانیده ǰonb-ānīda(-e) [← جنبانیدن] (إمف.) جنبانده (ه.م.)

جنبش ǰonb-eš [←ǰunbišn .په] جنبیدن] (إمص.) ۱ ـ حرکت، تکان. ۲ ـ لرزه، لرزش. ۳ ـ اضطراب. ۴ ـ کار، شغل، عمل. ‖ ~ آبا (آباء). (کنـ.) حرکت وسیر هفت‌کوکب: زحل، مشتری، مریخ، خورشید، زهره، عطارد وقمر. ‖ ~ اول. ۱ـ (کنـ.) جنبش وحرکت قلم وقضا و قدر در اوح. ۲ ـ (کنـ.) حرکت اولی که‌فلك اول‌کرد. ۳ ـ (کنـ.) حرکت اولی که‌سیارات از برج حمل کردند، چه‌گفته‌اند که در مبداءِ آفرینش مراکز کواکب سبعه هریك دراوج‌تدویرواوجات تداویردر نقطهٔ اول حمل بود.

جنب شدن ǰonob-šodan [ع.ـ ف.] (مصل.) بحالت جنب در آمدن (←جنب ǰonob).

جنبنده ǰonb-anda(-e) [= جمنده] ۱ـ (إفا.) متحرك. ۲ـ (إ.) شپش: «پوستینی‌داشتیم، جنبندهٔ بسیار در آن افتاده بود.» (عطار. تذکرةالاولیاء ج۱ص۸۴)

جنبیدن ǰonb-īdan [ǰunbītan .په] (مصل.) (جنبید، جنبد، خواهدجنبید، بجنب، جنبنده، جنبان، جنبیده، جنبش) ۱ـ حرکت کردن، جنبش کردن، تکان خوردن. ۲ـ لرزیدن. ۳ـ مضطرب‌شدن.

جنبیده ǰonb-īda(-e) (إمف.)

جنتیانا

جنبیدن) ۱ - حرکت کرده، تکان‌خورده. ۲ - لرزیده. ۳ - مضطرب شده

جنت ǰannat [=ع. جنة] (ا.) ۱ - بهشت، فردوس. ۲ - بوستان، باغ. ج. جنات، جنان.

جنتر ǰantar [هند. ǰaltrang ؟] (ا.)(مس.) قسمی ساز هندی.

جنتلمن ǰentel-man [انگ. gentleman] (ص.) نجیب، نجیب زاده، جوانمرد.

جنتیانا ǰantiyānā [= جنطیانا، معر. لا. gentiana] (ا.) (گیا.) گیاهی[1] از تیرهٔ جنتیانا[2] جزو تیره‌های نزدیك بزیتونیان که علفی و دارای برگهای متقابل است، ودرمناطق معتدل نیمکرهٔ شمالی میروید؛ جنطی‌الملك، کف‌الذئب.

جنثی ǰonsā [ع.] (ا.)(گیا.) سریش (ه.م.)

جنجال ǰanǰāl(ǰen-) (ا.) ۱ - شور وغوغا، دادوفریاد. ۲ - ازدحام. ‖ ~ برپاکردن. با داد و فریاد آشوب برپا کردن.

جنجالی ǰanǰāl-ī(ǰen-) (ص نسب.) کسی که جنجال برپا کند، آنکه داد وفریاد کند.

جنحه ǰenha(-e) [ازع.] (ا.)(حق.) گناه، بزه. ضح. - درتداول‌فارسی‌جنحه ǰonha(-e) تلفظ‌شود. این کلمه‌درمتون معتبروقاموسهای عربی‌نیامده‌واحتمال میرود که آنرا از «جناح» (گناه) ساخته‌اند. در محیط المحیط آمده: «الجنحه (بکسرالجیم)، الاثم و هی من کلام‌العامة.»

جند ǰond [= معر. گند] (ا.) لشکر، سپاه، گند. ج. جنود، اجناد.

جندار ǰen-dār [معر. جاندار] (ا.) سربازی که‌مأمورحفاظت‌فرمانده‌قشون، حاکم‌وجز آنانست، نگهبان. ج. جنادره.

جند بادستر ǰond-e-bādastar [= جندبیدستر] (امر.) (جانو.، پز.) جندبیدستر (ه.م.)

جند بیدستر ǰond-e bīdastar [= جند بادستر، معر. گند بیدستر ← گند، بیدستر] (امر.) (جانو.، پز.) بیضهٔ بیدستر[3] (ه.م.) است که سابقاً در تداوی ضددردهای عصبی و ناراحتیهای روحی و ضایعات سیفیلیسی و امراض عفونی دیگر بکارمیرفته است؛ خصیة‌ـ الکلب‌البحر، خایهٔ سگ‌آبی.

جندر ǰandar [← جندره] (ا.) رخت، جامه.

جندرخانه ǰ.-xāna(-e) [← جندر] (امر.) اطاقی که‌در آن اسباب‌پوشیدنی وغیر پوشیدنی گذارند.

جندره ǰandara(-e) [← جندر سنس. yantra، کارخانه، آلت] (ا.) ۱ - جامهٔ ژنده وپاره. ۲ - چوب گنده‌ای که‌بجهت‌کوفتن وهموارساختن‌رختهای پوشیدنی آماده سازند؛ رخت‌مال. ۳ - (کن.) ناصاف و پرچین و چروك. ۴ - (کن.) مردم‌ناتراشیدهٔ لك وپك.

جندك ǰendak (ا.) مسکوك مسین کوچك که نصف نیم پول قیمت داشت (قاجاریه).

جندل ǰandal [ع.] (ا.) سنگ.

جنده ǰenda(-e) [= ج (= جه، په. ǰeh، فاحشه) + نده، پس. ؟] (ص.)(عم.) فاحشه، روسپی. ضح. - دروجه تسمیهٔ این کلمه حدسهای مختلف زده اند.

جندی ǰond-ī [معر. - ف] (ص نسب.) ۱ - لشکری، سپاهی. ۲ - زنی روسپی که درمیان لشکریان بکار می‌پرداخت.

---

۱ - Gentiane (فر.) ۲ - Gentianacées (فر.)
۳ - Testicule de castor (فر.)

جنرال ǰenerāl [انگ. general] ←ژنرال.

جن‌زده ǰ.-zada(-e) [ع.-ف.] (ص مف.) ۱- پری زده، آنکه مورد اذیت وآزار جنیان واقع شده. ۲- مصروع.

جنس ǰens [ع.] (ا.) ۱- قسم، صنف، دسته. ۲- (منط.) کلیی که شامل انواع متعدد باشد مانندحیوان که‌شامل انسان، خرس، گربه وجز آنهاست. ۳- (جا ن.، گیا.) یکی‌ازمدارج تقسیم‌بندی گیاهان وجانوران که‌پس از «گونه» قراردارد، وشامل چند «نژاد» میشود، مانندجنس انسان‌که شامل چند نژاداست ؛ جور. ۴- (ف.) مردی وزنی، رجولیت وانوثیت[1] ←جنسی. ۵- کالا، متاع. ۶- (ف.) کالای قاچاق مخصوصاً هروئین، کوکائین و مانند آنها. ج. اجناس. ‖ ~ ضعیف. (کن.) زن[2].

جنسی ǰens-ī [ع.-ف.] (ص نسبـ.) ۱- منسوب به‌جنس (ه.م.) ۲- آنچه مربوط‌بامور شهوانی‌باشد: اعمال‌جنسی.

جنسیت ǰens-īyyat [=ع. جنسیة] (مص جع.) ۱- حالت و کیفیت جنس (ه.م.) ۲- رجولیت یاانوثیت افراد.

جنسیه ǰens-īyya(-e) [= ع. جنسیة] (ص نسبـ.) مؤنث جنسی(ه.م.): اعمال جنسیه.

جنطی ǰantī [= جنطیانا = جنتیانا] [معر.] (ا.) (گیا.) جنتیانا (ه.م.)

جنطیانا ǰantiyānā [معر.] (ا.) (گیا.) جنتیانا (ه.م.)

جنفج ǰanfaǰ [ع.] (ا.) (گیا.) قدومهٔ شیرازی (ه.م.)

جنگ ǰang (ا.) جدال، ستیزه، نبرد. ‖ ~ زرگری. جنگ دروغی با کسی برای فریفتن دیگران.

جنگ ǰong [سنس. junk، کشتی، قس. سفینه بدومعنی۱و۲] (ا.) ۱- کشتی، جهاز بزرگ، سفینه. ۲- بیاض بزرگ، دفتری که‌در آن اشعارومطالب دیگر نویسند؛ سفینه. ۳- آلبوم‌عکسها وتصاویر. ۴- نوعی از قمار.

جنگار ǰangār (ا.)(جا ن.) خرچنگ (ه.م.)

جنگاور ǰang-āvar [= جنگ آور] (ص فا.) جنگجو، جنگی، دلیر، شجاع.

جنگاوری ǰang-āvar-ī (حامص.) جنگجویی، دلیری، شجاعت.

جنگ آوردن ǰ.-āva(o)rdan (مص ل.) جنگ کردن (ه.م.)

جنگجو(ی) ǰ.-ǰū(y) [= جنگ‌جوینده] (ص فا.) جنگاور، دلیر، شجاع.

جنگجویی ǰ.-ǰūy-ī (حامص.) جنگاوری، دلیری، شجاعت.

جنگ کردن ǰ.-kardan (مص ل.) نبرد کردن، رزم کردن، پیکار کردن، زد و خورد کردن.

جنگل ǰangal [سنس. jangala] (ا.) (گیا.) زمین‌وسیعی که‌ازدرختهای انبوه و بسیار پوشیده باشد. درجنگل معمولا درختان کوچك و بزرگ وتنومند بطور نامنظم‌و همچنین‌علفهای خودرو فراوانند. ‖ ~ مصنوعی. (گیا.) جنگلی که درختانش رااشخاص بمنظور خاصی کاشته باشند.

جنگلاهی ǰanglāhī [= جنگلایی = جنگلاهی] (ا.) (جا ن.) زغن(ه.م.)

جنگلایی ǰanglāyī [= جنگلاهی] ←جنگلاهی ↑.

۱- Sexe (فر.)　۲- Sexe faible (فر.)

جنگلبان ǰangal-bān (صمر.) آنکه مأمور حفاظت جنگل است؛ نگهبان جنگل.

جنگلبانی ǰ.-bān-ī (حامص.) ۱ - شغل و عمل جنگلبان (ه.م.) ۲ - اداره‌ای از شعب وزارت کشاورزی که حفاظت و مراقبت جنگلها را بعهده دارد.

جنگنده ǰang-anda(-e) (إفا. جنگیدن) آنکه جنگ کند، جنگی، رزم‌کننده، محارب.

جنگی ǰang-ī ۱ - (ص‌نسبـ.) منسوب به جنگ: لوازم جنگی. ۲ - (صفا.) رزم‌آور، جنگنده، حربی.

جنگیدن ǰang-īdan [← جنگ] (مص ل.) (جنگید، جنگد، خواهد جنگید، بجنگ، جنگنده، جنگیده) جنگ کردن، رزم کردن، پیکار کردن.

جن گیر ǰen-gīr [ع.-ف. = جن گیرنده] (صفا.) آنکه جن را تسخیر کند؛ پری‌خوان، پری‌فسای، پری‌سای.

جن‌گیری ǰen-gīr-ī [ع.-ف.] (حامص.) عمل و شغل جن‌گیر (ه.م.)؛ پری‌خوانی، پری‌فسایی، پری‌سایی.

جنم ǰanam (عم.) ۱ - صورت، هیأت، قیافه. ۲ - ذات، سرشت، طبیعت: «جنم فلانی بد است.»

جنوب ǰanūb [ع.] (إ.) یکی از چهارجهت اصلی که مقابل شمال است؛ نیمروز، جهت قبله.

جنوب

جنوب ǰonūb [ع.] (ص.، إ.) ج. جنب (ǰanb). ۱ - پهلوها، کنارها. ۲ - جهتها، نواحی.

جنوبی ǰanūb-ī [ع.-ف.] (ص نسبـ.) منسوب به جنوب.

جنود ǰonūd [ع.] (إ.) ج. جند؛ لشکرها، سپاهها.

جنون ǰonūn [ع.] (إ.) دیوانگی (ه.م.).

جنون آور ǰ.-āvar [ع.-ف. = جنون‌آورنده] (صفا.) آنچه تولید دیوانگی کند؛ دیوانگی‌آور.

جنه ǰonna(-e) [= ع. جنة] (إ.) سپر.

جنی ǰanī [= ع. -īyy] (ص.) چیده، چیده شده.

جنی ǰenn-ī [ع.] (إ.) واحد جن؛ پری.

جنیبت ǰanībat [= از ع. جنیب ← جنیبه] (إ.) یدك، اسب کتل، بالاد، بالاده. ضح. - جنیبة در عربی صوف پشم شتر شش‌ساله و ناقه‌ایست که بدراهم بکسی دهند تا بر آن غله آرد (منتهی الارب) و بمعنی مذکور در بالا در عربی «جنیب» است. رك. منتهی‌الارب.

جنیبت‌کش ǰ.-kaš(keš) [ع.-ف. = جنیبت کشنده] (صفا.) ۱ - شخصی که اسب کتل را میکشد. ۲ - میرآخور، ریش‌سفید طویله.

جنیبه ǰanība(-e) [= ع. جنیبة] ← جنیبت ↑.

جنین ǰanīn [ع.] (إ.) ۱ - هرچیز پوشیده، مستور. ۲ - (پز.) موجودی که پس از لقاح تخمك بوسیلهٔ اسپرما توزوئید

جنین (حیوانی)

جنین (گیاهی)
(در داخل لپهٔ لوبیا)

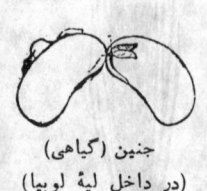

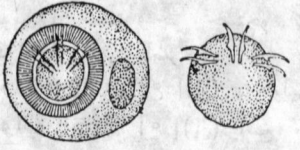

و پس از تقسیمات اولی سلول تخم حاصل میشود ولی هنوز دوران رشد خود را در داخل پوستهٔ تخمك یا رحم مادر (یا کیسهٔ جنینی در گیاهان) میگذراند. ج. اجنه[1].

جنیه ǰonayh [ع.] (ا.) لیرهٔ مصری برابر با ۱۰۰ غرش یا ۱۰۰۰ ملیم.

جو ǰaw(ǰow) [په. ǰav, yav] (ا.) ۱ - (گیا.) گیاهی[2] از خانوادهٔ گندمیان جزو دستهٔ غلات که دارای سنبلهٔ ساده‌ایست که از هر بند آن سه سنبلهٔ بی‌دم در دو ردیف قرار گرفته وهر سنبله دارای یك گل است؛ اشقیله، شعیر. ‖ ~ دو سر. (گیا.) یولاف (ه.م.) ۲- واحد وزن ومقصود از آن جویست که در بزرگی و کوچکی میانه باشد، یك حبه (رسالهٔ مقداریه. فرهنگ ایران زمین ۱۰: ۱-۴ ص۴۱۳)

جو

جو ǰav(v) [ع.] (ا.) طبقهٔ سیال گازی که دارای بخارهای مختلف است و کرهٔ زمین را احاطه کرده؛ آتمسفر (ه.م.)؛ ج. اجواء(اجوا).

۱- جو ǰū [=جوی، په. ǰōī، yōī] (ا.) ۱ - رود کوچك. ۲ - مجرایی که آب را از آن جهت مشروب کردن زمین عبور دهند.

۲- جو ǰū [← جوغ = یوغ = جغ = جوه] (ا.) چوبی که بوقت شیار کردن زمین بر گردن گاو گذارند؛ جوغ، یوغ.

۳ - جو(ی) ǰū(y) (ری. جوییدن = جستن) ۱ - (مص خم.) جستن، جوییدن: جست و جو، جستجو. ۲ - (فع.) مفرد امر حاضر.

جوائز ǰavāez [ع.] (ا.) ← جوایز.

جواب ǰavāb [ع.] (ا.) پاسخ؛ مق. سؤال، پرسش. ج. اجوبه.

جواب‌دادن ǰ.-dādan [ع.-ف.] (مص ل.) جواب گفتن (ه.م.)

جواب‌گفتن ǰ.-goftan [ع.-ف.] (مص ل.) پاسخ گفتن، جواب دادن.

جوابگو(ی) ǰ.-gū(y) [ع.-ف. =جواب گوینده] (صفا.) ۱ - آنکه جواب دهد؛ پاسخ دهنده. ۲ - آنکه یا آنچه مقابله با امری کند: «جوابگوی این اولتیماتوم توپ است.»

جوابگویی ǰ.-gūy-ī [ع.-ف.] (حامص.) ۱- عمل جواب گفتن، پاسخ گویی: «برای جوابگویی دهن باز کرد...» ۲ - مقابله.

جوابه ǰavāba(-e) [ع.] (إمر.) (مس.) گوشه‌ای در سه گاه (ه.م.)

۱ - جواد ǰavād [ع.] (ص.) راد، بخشنده، جوانمرد، سخی. ج. اجاود، اجاوید، اجواد(غم.)

۲- جواد ǰavād [ع.](ا.) اسب نیك، اسب راهوار. ج. اجیاد، جیاد، اجاوید (غم.)

جواد ǰavvād [ع.] (ص.) بسیار جود کننده، بسیار بخشنده.

جواذب ǰovāzeb [ع.] (ص.، ا.) ج. جاذب (ه.م.)

جوار ǰevār [ع.](ا.) ۱ - همسایگی، نزدیکی. ۲ - پناه، زنهار.

جوارح ǰavāreh [ع.] (ا.) ج. جارحه. ۱ - اندامها. ۲ - مرغان شکاری، جانوران شکاری.

جوارش ǰavārėš [معر. گوارش (ه.م.)] ۱ - نوعی حلوا. ۲ - (پز.) ترکیبی است که بجهت هضم طعام خورند. ۳ - (پز.) معجونی مفرح و مقوی

۱ - Embryon, foetus (فر.) ۲- Hordeum (لا.), orge (فر.)

ومحلل ریاح و مصلح اغذیه.

۱ - جواری ǰavārī (اِ.) (گیا.) ذرت (ه.م.)، بلال.

۲ - جواری ǰavārī [ع.] (اِ.) ج.جاریه. ۱ - کنیزکان، دختران. ۲ - کشتیهای بزرگ، کشتیهای رونده.

جواز ǰavāz [ع.] ۱ - (مص م.) روا داشتن، روادیدن، رخصت دادن، اجازه دادن. ۲ - گذشتن، سپردن، سپری کردن. ۳ - (إمص.) روایی، رخصت، دستوری. ج. اجوزه (غم.) ۴ - (اِ.) رخصت نامه، پروانه. ۵ - گذرنامه، پاسپورت. ‖ ـــِ عبور. پروانهٔ گذشتن از جایی وداخل شدن در جایی.

جواز ǰovāz [= گوازه ـــ جوازه] (اِ.) ۱- هاون سنگین وچوبین، مهراس. ۲ - چوبی که ستوران را بدان رانند.

جوازه ǰovāza(-e) [= جواز] (اِ.) هاون کوچك سنگین یاچوبین، مهراس.

جواسق ǰavāseγ [ع.] (اِ.) ج. جوسق؛ کوشکها، قصرها، کاخها.

جواسیس ǰavāsīs [ع.] (اِ.) ج. جاسوس (ه.م.)

جواسیق ǰavāsīγ [ع.] (اِ.) ج. جوسق؛ کوشکها، قصرها، کاخها.

جواشن ǰavāšen [ع.] (اِ.) ج. جوشن (ه.م.)

جوال ǰavāl، ǰovāl [= گوال = جوبال] (اِ.) ۱ - ظرفی از پشم بافته که چیزها در آن کنند. ۲ - پارچهٔ خشن و کلفت. ۳ - یك لنگه بار. ۴ - بدن (انسان). ۵ - چیزی گشاده.

جوال ǰavvāl [ع.] (ص.) گردنده، گرد برآینده، بسیار جولان کننده.

جوالدوزك ǰavāl-dūz-ak (إمر.) (گیا.) درخت جوالدوز (ه.م.)

جواله ǰavvāl-a(-e) [= ع. جوالة] بسیار جولان کننده، بسیار گردنده.

جوالق ǰovālaγ، ǰevāleγ [معر. جولخ] (اِ.) ← جولخ. ج. جوالق، جوالیق.

جوالق ǰavāleγ [ع. (معر.)] (اِ.) ج. جوالق (ǰovālaγ) و جوالق (ǰēvāleγ) (ه.م.)

جوالقی ǰ.-īyy [ع. -ī، معر. جولخی] (ص نسب.) ← جولخی.

جوالیق ǰavālīγ [ع. (معر.)] (اِ.) ج. جوالق (ǰovālaγ) و جوالق (ǰevāleγ) (ه.م.)

جوامد ǰavāmed [ع.] (ص.، اِ.) ج. جامد (ه.م.)

جوامع ǰavāme' [ع.] (ص.، اِ.) ج. جامع وجامعه.

جوامیس ǰavāmīs [ع.] (اِ.) ج. جاموس؛ گاومیشان، گاومیشها.

جوان ǰavān (ǰuvān قد.) [په. yuvān، ǰūvān] (ص.، اِ.) ۱- هرچیز که از عمر او چندان نگذشته باشد، خواه انسان باشد، خواه حیوان وخواه نبات؛ شاب؛ مق. پیر، شیخ.

جوانب ǰavāneb [ع.] (اِ.) ج. جانب؛ کنارهها، سویها.

جوان سپرم ǰavān-separam [← سپرم، اسپرم] (إمر.) (گیا.) گونه‌ای از یاسمین (ه.م.)

(جوانقار) ǰavānγār [محر. مغ. جرانغار] (اِ.) ← جرانغار.

جوانمرد ǰavān-mard (ص مر.) ۱ - کریم، سخی، بخشنده. ۲ - صاحب همت، فتی.

جوانمردی ǰ.-mard-ī (حامص.) ۱- سخاوت، بخشندگی. ۲- همت، فتوت.

جوال

جوانه (ǰavān-a(-e)[←جوان] ۱- (إ.) جوانی، شباب. ۲ -(ص.) مرد جوان. ۳ - (إ.) شاخهٔ تازهٔ درخت، نوباوهٔ درخت. ۴ -(گیا.) تیژ (ه‍.م.)

جوانی ǰavān-ī [په. jûvânîh، yuvānīh] (حامص.) جوان بودن، شباب؛ مق. پیری.

جواهر ǰavāher [ع.](إ.) ج. جوهر (ه‍.م.)؛ گوهران، گوهرها. ج. جواهرات (غفص.) ‖ ~ فرد. (فل.) ← جوهر (فرد).

(جواهرات) ǰavāher-āt [ازع.] (إ.) (غفص.) ج. جواهر، جج. جوهر.

جوایز ǰavāyez [=ع. جوائز] (إ.) ج. جایزه (جائزه)؛ بخششها، نورهانها، پاداشها.

جوجه کشی (ماشین)

جواسفرم ǰaw-esfaram(-ow-) [← اسفرم، اسپرم] (إمر.)(گیا.) برگ گیاه شاهدانه ← شاهدانه.

جوب ǰūb [=جوی](إ.) ← جوی.

جوبجو ǰaw-ba-ǰaw (ǰow-be-ǰow) (قمر.) پاره پاره، ذره ذره.

جوبی ǰūb-ī [← جوی] (ص نسبـ.) ۱ - منسوب به جوب (ه‍.م.)، جویی. ۲ - حقی که به دشتبان بابت زراعت محصولات کنار جوی دهند.

جوجادو ǰaw-ǰādū(ǰow.-) [قس. جوزن] (إمر.) حبه‌ایست شبیه به جو و باریکتر ودرازتر از آن.

جوجگک ǰūǰag-ak [= جوژگک ← جوجه] (إمصغ.) مصغر جوجه، جوجهٔ کوچك.

جوجن ǰōǰan [= جوژن] (إ.) ← جوژن.

جوجو ǰaw-ǰaw (ǰow-ǰow) (ق مر.) اندك اندك، کم کم.

جوجه ǰūǰa(-e) [= جوژه = چوزه = چوژه، قس. په. žūzak، جوجه تیغی] (إ.) (جا ن.) ۱ - نوزاد پرندگان[1]. ۲ - (تد.) نوزاد مرغ خانگی، بچهٔ ماکیان[2].

جوجه تیغی ǰ.-tīγ-ī [په. žūzak] (إمر.) (جا ن.) پستانداری[3] از راستهٔ حشره خواران که خاص آسیا و اروپا و آفریقاست. این پستاندار قدش از خرگوش کمی کوچکتر است و پشتش از تیغهای تیزی پوشیده شده که آلت دفاعی حیوان را بوجود میآورد؛ خارپشت، ارمجی.

جوجه تیغی

جوجه‌خروس ǰ.-xorūs (إمر.) ۱ - (جا ن.) نوزاد نرمرغ خانگی که پس از بلوغ تبدیل به خروس میشود[4]. ۲ - (کن.) جوان تازه بدوران رسیده، جوانك.

جوجه کشی ǰ.-kaš-ī (-keš-) (حامص.) عمل خواباندن بعضی مرغها مانند مرغ خانگی، بوقلمون، کبوتر وجز آنها برروی تخم تا جوجه تولید شود. ‖ ماشین ~ . ماشینی که بوسیلهٔ حرارت معینی که بتخم بعض طیور دهد، تولید جوجه کند.

جوجه مرغ ǰ.-morγ (إمر.) (جا ن.) نوزاد مادهٔ مرغ خانگی که پس از بلوغ تبدیل بمرغ میشود[5].

۱- Oiselet (فر.)　۲ - Poulet (فر.)　۳- Hérisson (فر.)
٤- Cochet (فر.)　٥- Poulette (فر.)

جوخ ǰūx [تر. = چوخ = چوق = جوق، بسیار ← جوقه، جوخه] (اِ.) ← جوق.

جوخه ǰūxa(-e) [تر. ← جوخ](اِ.) ۱- فوج، گروه مردم. ۲- (نظ.) کوچکترین واحد نظامی که تعداد افراد آن بالغ بر ۸ تن است.

جود ǰūd [ع.](اِ.) ۱- بخشش، کرم. ۲- رادی، جوانمردی.

۱ - جودان ǰaw-dān(ǰow.-) [← جودانه] (اِمر.) ۱ - (گیا.) نوعی کافور بغایت خوشبو که آنرا خورند؛ مق. کافور میت. ۲ - (گیا.) نوعی از چوب بید که از آن دستهٔ بیل سازند، جودانك[1]. ۳ - سیاهیی شبیه بدانهٔ جو درمیان دندان اسب وخر و مانند آن که جوانی و پیری آنها را از آن شناسند. ۴ - (گیا.) جنسی از انار که دانهٔ آن خشك و بی آب باشد؛ جودانه.

۲ - جودان ǰaw-dān(ǰow.-) [= جو + دان، پس. مکان] (اِمر.) چینه دان مرغان.

جودانك ǰaw-dānak(ǰow.-) [← جودانه] (اِمر.) (گیا.) بید جودانك (ه‍.م.)

۱ - جو دانه ǰaw-dāna(ǰow-dāne) [= جودان](اِمر.) ۱- (گیا.) نوعی کافور ← ۱ جودان ۱ (ه‍.م.) ۲- سیاهی میان دندان ستور ← ۱ جودان ۳. ۳- (گیا.) جنسی از انار ← ۱ جودان ۴.

۲ - جو دانه ǰaw-dāna(ǰow-dāne) [= جودان] (اِمر.) چینه دان مرغ ← ۲ جودان.

جودت ǰawdat(ǰow.-) [= ع. جودة] ۱ - (مص ل.) نیك بودن، خوب شدن، نیکو گشتن. ۲- (اِمص.) نیکویی، خوبی. ‖ ~ ذهن. حدت ذهن. ‖ ~ فهم. خوش فهمی، زودیابی.

۱- جودر ǰaw-dar(ǰow.-) [= جوذر = جودره = گودر] (اِ.) (گیا.) چاودار (ه‍.م.)

۲- جودر ǰaw-dar(ǰow.-) [= جوذر = گودز] (اِ.) گاو، بقر.

۱- جوذر ǰawzar(ǰow.-) (اِ.) ← ۱ جودر، چاودار.

۲- جوذر ǰawzar(ǰow.-) (اِ.) ← ۲ جودر.

جور ǰawr(ǰowr) [ع.] (مص ل.) ۱ - ستم کردن، ظلم کردن. ۲- (اِ.) ستم، ظلم. ۳ - یکی از خطوط جام که خط لب جام و پیاله باشد، و پیالهٔ جور پیالهٔ مالامال است.

جور ǰūr ۱ - (اِ.) نوع، گونه، قسم: «این روزها هزار جور گرفتاری دارم.» ۲ - (جا ن.، گیا.) جنس (ه‍.م.) ۳- (ص.) (عم.) منظم، مرتب؛ مق. ناجور: «اجناس ما جور است.» ۴- (عم.) هماهنگ.

جورکردن ǰawr-kardan(ǰowr-) [ع.-ف.] (مص ل.) ستم کردن، ظلم کردن.

جورکردن ǰūr-kardan (مص م.) یکسان کردن، یکنواخت گردانیدن، چیزی را بدسته‌های شبیه و نظیر تقسیم کردن.

جوراب ǰūrāb [= گوراب = گورب] (اِ.) پاپتابه‌ای که آنرا از نخهای پنبه‌یی یا پشمی ویا ابریشمی بافند و پا را بدان پوشانند. ج. (ع.) جوارب.

جوربور ǰūr-būr [= چورپور ← چور] (اِمر.) (جا ن.) تندرو (ه‍.م.)، قرقاول (ه‍.م.)

جوراب (زنانه)

۱ — Salix zygostemon (لا.)

جوز هندی

جوزبویا (دانه ومیوهٔ آن)

جوزغه

جوز ǰawz(ǰowz) [معر. گوز] (اِ.) (گیا.) گردو (ه.م.) ‖ ~ هندی. (گیا.) نارگیل (ه.م.)

جوزا (-. ǰawzā(ǰow [= ع. جوزاء] ← بخش ۳.

جوزاء (-. ǰawzā'(ǰow [ع.-ف.: جوزا] ← بخش ۳.

جوزاغند (-. ǰawz-āɣand(ǰow [= گوزآگند = جوزغند] (اِمر.) هلو یا شفتالوی خشك کرده که مغز گردو در میان آن آکنده باشند؛ **جوز آگند**، جوزغند.

جوزبوا ǰawz-e-bavvā [معر. جوزبویا] (اِمر.) ← جوزبویا.

جوزبویا (-. ǰawz-e-būyā(ǰow [= گوزبویا = جوزبوا، معر.] (اِمر.) (گیا.) گیاهی[۱] از تیرهٔ بسباسه‌ها که درختی است دوپایه بارتفاع ۸ تا ۱۰ متر ودارای برگهای دایمی وکامل و پایا وساده و متناوب و بیضوی و نوك تیز وبدون گوشوارك ونسبةً ضخیم‌وچرمی برنگ سبز تیره بارگبر گهای‌شانه‌یی است. این گیاه بطور وحشی درجزایر ملوك میروید؛ جوزالطیب، بسباسه.

جوزغند (-. ǰawz-ɣand(ǰow [= جوزاغند] (اِمر.) ← جوزاغند.

جوزغه ǰawzaɣa(ǰowzaɣe) [معر. گوزغه ← غوزه] (اِ.) (گیا.) جوزقه (ه.م.)

جوزق (-ow-) ǰawzaɣ [= جوزقه] (اِ.) (گیا.) جوزقه (ه.م.)

جوزقه ǰawzaɣa(ǰowzaɣe) [معر. جوزغه = گوزغه ← غوزه] (اِ.) (گیا.) غوزهٔ بازشدهٔ پنبهٔ رسمی که هنوزوش‌را ازآن بیرون نیاورده باشند؛ کتو.

جوزك (-. ǰawz-ak(ǰow [معر.-ف.] (اِ.) (پز.) سیب آدم (ه.م.)

۱ - جوزن (-. ǰaw-zan(ǰow [= جوزننده، قس. دانه‌زن] (صفا.، اِمر.) طایفه‌ای درهندکه دانهٔ جو و گندم را بزعفران زرد کنند و افسونی بر آن خوانندو کسی‌را که خواهند مسخرخود سازند، از آن دانه‌ها بروی زنند؛ ساحر، افسونگر.

۲ - جوزن (-. ǰaw-zan(ǰow [= جوزننده، آسیب‌رساننده‌بجو] (صفا.، اِمر.) آفتی که درجو و گندم افتدو آنها را خشك کند، وآن زرد مایل بسرخی است؛ زردی.

جوزن ǰōzan [= جوژن] (اِفا.) ← جوژن.

جوزه ǰawz-a(-e) [= ع. جوزة] (اِ.) واحد جوز (ه.م.)، یك گردو. ‖ ~ مطلقه. (پز. قد.) واحد وزن معادل نه درخمی (ه.م.) و نزد بعضی مساوی چهار مثقال (رسالهٔ مقداریه. فرهنگ‌ایران‌زمین ۱۰: ۱-۴ ص ۴۱۸) ‖ ~ ملکیه. (پز. قد.) واحد وزن معادل شش درخمی (ه.م.) (رسالهٔ مقداریه. ایضاً) ‖ ~ نبطیه. (پز. قد.) واحد وزن معادل یك بندقه (ه.م.) و بقولی یك مثقال (ه.م.) (رسالهٔ مقداریه. فرهنگ ایران زمین ۱۰: ۱-۴ ص ۴۱۷)

جوزهر (-. ǰawzahar(r)(ǰow [معر. گوزهر = گوچهر] (اِمر.) ۱ - (نج.) فلك اول، فلك‌قمر. ۲ - (نج.) هریك ازعقدهٔ رأس وذنب، و آن محل تقاطع فلك حامل ومایل قمراست.

جوزینه ǰawz-īna(-e) [معر. گوزینه] (اِنسب.) ← گوزینه.

---

۱ - Myristica fragrans, M. officinalis (لا.)

جوژك ǰūž-ak [= جوجه] (اِ.) ← جوجه.

جوژگك ǰūžag-ak [= جوجگك] (اِمصغ.) ← جوجگك.

جوژن ǰōžan [= جوجن؛ سنس. yavana] (اِ.) مقیاس طول هندی معادل ۸ میل یا ۳۲،۰۰۰ ذراع.

جوژه ǰūža(-e) [= جوجه] (اِ.) ← جوجه.

جوسق ǰawsaγ (ǰow.-) [معر. کوشك] (اِ.) ۱ - کوشك، قصر، کاخ. ۲ - (کن.) برج فلکی. ج. جواسق، جواسیق.

جوسنگ ǰaw-sang (ǰow.-) (اِمر.) مقدار یك جو، همچند یك جو در وزن و کوچکی.

جوسه ǰawsa (ǰowse) [← جوسق، کوشك] (اِ.) ۱ - کوشك، قصر. ۲ - بالاخانه.

۱- جوش ǰūš [← جوشیدن] (ری.) ۱ - (اِمص.) جوشیدن، جوشش، غلیان. ۲- بهم‌بر آمدن، آشفتگی. ۳- اضطراب. ۴ - شورش‌دل. ۵ - گرمی. ۶- فوران. ۷ - (اِ.) هنگامه. ۸ - دانه‌ای ریز که بر پوست بدن ظاهر شود. ‖ ~ ترش. (شم.) ← اسیدطرطریك. اسید تارتاریك[1]، اسیدی است که از دارتو[2] (دردی که از شراب درچلیك باقی ماند) بدست آید. ‖ ~ شیرین. (شم.) = بیکربنات دوسود = بیکربنات‌سدیم (CO_3HNa)، جسمی است سفید رنگ که در هوای خشك وسرد فاسد نمیشود، ودر آب‌سرد کم‌محلول ودر آب گرم تجزیه‌میگردد. در طب برای رفع ترشی معده و سوء‌هاضمه بکار میرود.

۲ - جوش ǰūš (اِ.) اتصال، پیوند ← جوش‌خوردن، جوش‌دادن.

۳- جوش ǰūš [معر. گوش] ۱- (اِخ.) فرشته‌ایست ← بخش ۳: گوش. ۲ - روز چهاردهم از هر ماه شمسی.

جوشاك ǰūš-āk [← جوشیدن] (اِمص.) جوشیدن (مایعات)، جوشش.

جوشان ǰūš-ān [← جوشیدن] ۱ - (صفا.) جوشنده. ۲ - (حا.) در حال جوشیدن.

جوشاندن ǰūš-āndan [= جوشانیدن، م. جوشیدن] (مصم.) (جوشاند (-nd)، جوشاند (-nad)، خواهد جوشاند، بجوشان، جوشاننده، جوشانده) ۱ - بجوش آوردن مایعات بوسیلهٔ حرارت. ۲ - ریاضت دادن، امتحان کردن، آزمایش کردن.

جوشانده ǰūš-ānda(-e) [= جوشانیده] (اِمف.) ۱ - بجوش آورده. ۲ - (پز.) دارویی که آنرا در آب جوشانیده باشند و عصارهٔ آنرا برای معالجه بمریض دهند.

جوشاننده ǰūš-ānanda(-e) (اِفا. جوشاندن، جوشانیدن) آنکه مایعی‌را بجوش آورد.

جوشانیدن ǰūš-ānīdan [= جوشاندن] (مصم.) ← جوشاندن.

جوشانیده ǰūš-ānīda(-e) [= جوشانده] (اِمف) ← جوشانده.

جوش‌آمدن ǰūš-āmadan (مصل.) گرم شدن وغلیان یافتن مایعی.

جوش‌بره ǰ.-bara(-e) (اِمر.) آشی است که آنرا از خمیر گندم بشکل قطعات مثلث ومربع سازند واز گوشت وسبزی ومصالح دیگر پر کنند ودر آب جوشانند وماست وکشك بر آن ریخته صرف کنند.

۱-Acide tartarique (فر.)

۲-Tartre (فر.)

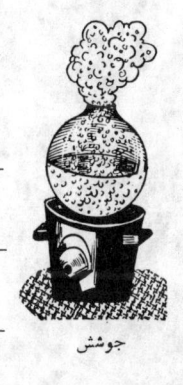

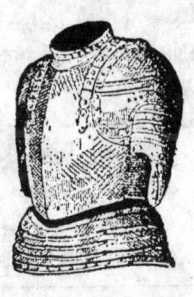

جوش خوردن ǰ.-xordan (مص ل.) ۱- بهم‌پیوستن دو چیز (مخصوصاً دوفلز) که جداکردن آنها مشکل باشد؛ لحیم شدن. ۲ - (عم.) عصبانی شدن ، ناراحت گردیدن: «این‌قدرجوش نخور!»

جوش دادن ǰ.-dādan (مص‌م.) بهم پیوستن دوچیزسخت(چون دوتکه‌فلز)؛ التصاق دادن، لحیم کردن.

جوش‌زدن ǰ.-zadan ۱ - (مص‌م.) جوش دادن (ه.م.) ۲ - (مص ل.) عصبانی شدن، داد وفریاد بیجا کردن.

جوشش ǰūš-eš (اِمص.) جوش‌داشتن، جوشیدن ، بجوش آمدن ← جوش ، جوشیدن .

جوشش

جوشك ǰūš-ak [=چوشك] (اِمصغ.) کوزهٔ کوچك لوله‌دار؛ بلبله.

جوشکاری ǰūš-kār-ī (حامص.) جوش دادن قطعات فلزی، لحیم کاری.

جوش کردن ǰ.-kardan (مص ل.) ۱ - بغلیان آمدن . ۲ - اضطراب وبی‌تابی نمودن. ۳ - شور وشوق‌نشان دادن.

جوش کوره ǰ.-kūra(-e) (اِمر.) (زم.) مواد مختلفی که درنتیجهٔ ذوب سنگهای معدنی درکوره متحجر شوند وباقی‌مانند.این‌موادبیشتر ازترکیبات املاح قلیایی هستندکه چون سبکترند برروی تودهٔ مذاب کوره بصورت کفی قرار میگیرند و کم و بیش بافلزات مختلف مخلوطند ، وپس از سرد شدن سنگهایی پرخلل‌وفرج باوزن مخصوصهای متفاوت‌بوجود میآورد؛اقلیمیا،کلیمیا.

جوشن ǰawšan(ǰow.-) [ع.] (اِ.) سلاحی جبه مانند که از حلقهٔ آهن سازند وشبیه به زره است. ج.جواشن.

جوشنده ǰūš-anda(-e) (اِفا.) ۱ - آنچه‌میجوشد،غلیان کننده. ۲-فوران کننده .

جوشیدن ǰūš-īdan [=هندباس. -yūš ← جوش] (مص ل.)(جوشید،جوشد، خواهدجوشید، بجوش،جوشنده،جوشان، جوشیده ، جوشش) ۱ - حاصل شدن جوش بواسطهٔ حرارت‌یا تخمیروانقلاب؛ غلیان کردن. ۲ - حرارت یافتن. ۳ - فوران کردن، بیرون‌آمدن آب‌اززمین وچشمه. ۴ - سربر آوردن کشت.

جوشیده ǰūš-īda(-e) (اِمف .) ۱ - بجوش آمده، غلیان یافته. ۲- حرارت یافته ۳- فوران کرده. ۴ -سر برآورده (کشت).

جوشیده مغز ǰ.-maγz (ص مر.) (کن.) ۱ - خشمناك ، غضبناك . ۲ - تندذهن، هوشیار.

جوشیر ǰaw-šīr(ǰow.-) [= جوشیره = جشیره] (اِ.) نوعی آش که‌از آردسازند.

جوشیره ǰaw-šīra(ǰow-šīre) [=جوشیر](اِ.) ←جوشیر.

جوع ǰū' [ع.](اِ.)گرسنگی. ‖ ~ بقر(گاو). ← بخش ۲: جوع‌البقر. ‖ ~ کلب(سگ). ← بخش ۲ : جوع‌الکلب. ‖ ~ کلبی(سگی). ← بخش۲ ؛جوع-الکلب.

جوشن

جوعان ǰaw'ān(ǰow.-) [ع.] (ص.) گرسنه.

جوغ ǰūγ [=جغ = یوغ = جو= جوه] (اِ.) چوبی که روی گردن جفت گاو نهند و گاو آهن را بدان بندند وزمین را شیار وشخم کنند.

جوف ǰawf(ǰowf) [ع.] ۱ - (مص ل.) فراخ شدن، درون کاواك شدن. ۲ - (إمص.) فراخی. ۳ - (اِ.) هرچیز که‌درمیان چیزی دیگر باشد، اندرون. ۴ - شکم. ج. اجواف.

جوق ǰūγ [تر. =چوق = جوخ = چوخ ← جوقه، جوخه] ۱ - (اِ.) گروه، دسته (انسان و حیوان). ۲ - گروهی از سواروپیاده، فوج. ۳ - (ص.) بسیار، کثیر.

جوق جوق ǰūγ-ǰūγ [تر. ← جوق] (قمر.) ۱ - دسته‌دسته، گروه گروه. ۲ - بسیاربسیار.

جوقه ǰūγa(-e) [تر. = جوخه ← جوق] ۱ - دسته، گروه. ۲ - (نظ.) ← جوخه.

جوکی ǰūkī ← جوگی.

جوگك ǰūg-ak [= جوجه] (اِ.) ← ← جوجه.

جوگندمی ǰaw-gandom-ī(ǰow.-) (ص نسب.) ۱ - منسوب به‌جوگندم. ۲ - (کن.) موی سر و ریش که سیاه و سفید باشد.

جوگی ǰūgī [سنس. yoga] ۱- (اِ.) فرقه‌ای از مرتاضان هند ← بخش ۳. ۲- (ص.) پیروطریقهٔ جوگیان ↑، مرتاض هندو.

جول ǰūl [طبر. ǰūl] (اِ.) (جا ن.) غلیواج (ه.م.)

جولا ǰūlā [=جولاه] ← جولاه.

جولان ǰavalān(ǰowlān) [ع.] (مص ل.) ۱ - گشتن، گرد برآمدن، گردیدن، دورزدن. ۲ - تاختن، تاخت زدن. ۳ - (إمص.) تاخت و تاز.

جولان‌کردن ǰ.-kardan [ع.-ف.] ۱- دور گردیدن، گردبرآمدن، گردیدن. ۲ - تاخت‌کردن، تاختن.

جولاه ǰawlāh(ǰow.-) [=جولاهه = جولاهك = جولخ = جولق = جولقی = جوله = جولهه] ۱- (ص.) بافنده، نساج. ۲ - (اِ.) عنکبوت.

جولاهك ǰawlāh-ak(ǰow.-) [= جولاهه = جولاه] ← جولاه (همع.)

جولاهه ǰawlāh-a(-e)(ǰow.-) [= جولاه] ← جولاه (همع.)

جولخ ǰūlax(ǰōlax) [= جولق معر. ← جوالق معر.، جوله، جولاه، جولاهه، جولاهك] (اِ.) نوعی پارچهٔ پشمین خشن که‌از آن خرجین وجوال سازند، ونیز قلندران و تهیدستان از آن جامه کنند.

جولخی ǰ.-ī [= جولقی معر.] (ص نسب.) جولخ‌پوش، پشمینه پوش، جولقی.

جولق ǰawlaγ(ǰow.-) [معر. جولخ] ۱ - جولخ (ه.م.)، جوالق. ۲ - (اِ.) (گیا.) دارشیشعان (ه.م.)

جولقی ǰawlaγ-ī(ǰow.-) [ع. -qīyy، معر. جولخی] (ص نسب.) جولخی (ه.م.)، جوالقی.

جوله ǰūlah [=جولاه] ۱- (ص.) بافنده، جولاه (ه.م.) ۲ -(اِ.) عنکبوت.

جوله ǰūla(-e) [شیراز. čūla] (اِ.) ۱ - (جا ن.) خار پشت بزرگ. ۲ - تیردان، ترکش.

جوله ǰūla(ǰōla) (اِ.)(گیا.) سبزه، مرغ، فریز، چمن.

جولاه

۱۲۵۶ جوله‌زار

جوله زار ǰūla-zār(ǰōl-قد.) (إمر.)مرغزار، چمن‌زار.

جوله گاه ǰ.-gāh (إمر.) جوله زار، مرغزار.

جولهه ǰawlah-a(-e) [= جولاهه = جولاه] ← جولاه.

جولیدن ǰūl-īdan [= ژولیدن] ← ژولیدن.

جون ǰavan [اصف. čum، اراك čon] (إ.) چوبی که درزیر آن غلطکها نصب کنند وبر گردن گاو بندند و بر بالای غله‌ای که‌از کاه‌جدا نشده‌باشد بگردانند تاغله از کاه جدا شود.

جون ǰawn(ǰown) [ع.] (ص.) سیاه.

جوندگان ǰavanda(e)g-ān (إ.) ۱ - ج. جونده (ه.م.) ۲ - (جان.) راسته‌ای[1] از پستانداران که شامل جانورانی است که عموماً جثهٔ کوچك دارند ودندان بندی آنها ناقص است (فاقد انیاب هستند). دندانهای پیشین آنها بلند و برنده و در انتها فاقد میناست. بهمین جهت عاج دندان آنها مرتباً نمو کرده موجب افزایش طول دندانها میگردد بطوریکه‌جانور ناچار است برای کوتاه کردن آنها هر چیز را که در دسترس می یابد بجود. از پستانداران مهم این راسته خرگوش، موش، سنجاب، بیدستر و خوکچه را باید نام برد.

جونده ǰav-anda(-e) (إفا. جویدن) ۱ - آنکه چیزی را می جود. ۲ - (جان.) فردی‌ازراستهٔ‌جوندگان[2](ه.م.)، یك‌تن از جانوران راستهٔ جوندگان.

جوه ǰūh [= جو = جوغ = جغ = یوغ] (إ.) ← جوغ.

جوهر ǰawhar(ǰow.-) [معر. گوهر] (إ.) ۱ - اصل وخلاصهٔ هرچیز. ۲ - (فل.) آنچه قایم‌بذات باشد؛ مق. عرض. ۳ - (زم.) هرسنگ گرانبها مانندیاقوت، الماس، فیروزه؛ هریك‌ازاحجار کریمه. ج. جواهر، جواهرات (غفص.) ۴ - (شم.) بعضی اسیدها را بنام جوهر خوانند مانندجوهر سرکه = اسیداستیك، جوهر شوره = اسیدازتیك، جوهر گوگرد = اسیدسولفوریك، جوهر لیمو = اسید - سیتریك ← اسید. ۵ - اصیل، پاك‌نژاد. ۶ - رشید، صاحب‌رشد. ‖ ~ **فرد.** (فل.) کوچکترین جزو هرجسم که‌قابل تجزیه و تقسیم نیست (بعقیدهٔ قدما). ج. جواهر فرده.

جوهرز ǰaw-harz(ǰow.-) (إمر.) (گیا.) یولاف صحرایی (ه.م.)

جوهری ǰaw(ow)har-ī [= ع. -īyy، معر. گوهری] (ص‌نسب.) ۱ - هر چیز جوهردار، صاحب جوهر. ۲ - جواهر فروش، جواهری.

جوی ǰūy [= جو ǰū] (إ.) ← جو (ǰū).

جویا ǰūy-ā [← جستن، جوییدن] (ص‌فا.) جوینده، جویان، جستجو کننده.

جویان ǰūy-ān [← جستن، جوییدن] ۱ - (ص‌فا.) جوینده، جستجو کننده. ۲ - (حا.) درحال جستجو کردن.

جویبار ǰūy-bār [اشکاشم dzubār] (إمر.) ۱ - کنار جوی، کناررود کوچك. ۲ - جایی که در آن جوی‌آب بسیار باشد. ۳ - جوی‌بزرگی که ازجویهای کوچك تشکیل‌شده‌باشد.

جویدن ǰav-īdan [= جاویدن] (مص‌م.) ← جاویدن.

جویده ǰav-īda(-e) [= جاویده]

۱- Rongeurs (فر.) ۲- Rongeur (فر.)

(إمف.) آنچه که زیر دندان نرم و خرد شده باشد ؛ جاویده.

جوین ǰav-īn(ǰov-) [=جوینه] (ص نسب.) منسوب به جو ، آنچه که از جو سازند : نان جوین .

جوینده ǰūy-anda(-e) [← جستن، جوییدن] (إفا.) ۱ - جستجو کننده ، طلب کننده. ۲ - تفتیش کننده، پرسنده. ج. جویندگان.

جهابذه ǰahābeza(-e) [ع.(معر.) ← جهبذ] (إ.) . ج. جهبذ ؛ گهبدان، بزرگان دانشمند.

جهات ǰehāt [ع.] (إ.) ج. جهت (ه.م.) ۱ - سویها ، سوها، اطراف . جوانب . ۲ - هریك از چهارسمت اصلی و سمتهای فرعی ↓ ۳ - رویها ، همه روی: بهمه جهات. ۴ - (مال.) مالیاتی است که بر صنایع تعلق میگرفته . ‖ ـــ اربعه (چهارگانه) . ← جهات اصلی. ‖ ـــ اصلی (اصلیه) . شمال، جنوب ، مشرق ومغرب. ‖ ـــ فرعی (فرعیه). شمال شرقی ، شمال غربی ، جنوب شرقی ، جنوب غربی . ‖ مال و ـــ . (مال.) مالیاتی که بمصرف تأمین خواربار کاروان حج میرسید ؛ مال‌الجهاة.

جهاد ǰehād [ع.] ۱- (مص ل.) کارزار کردن ، جنگ کردن . ۲ - (شرع.) جنگیدن درراه حق . ۳ - (إ.) جنگ دینی ، غزو مسلمانان با کافران . ‖ ـــ اصغر. کارزار کوچك ؛ جدال با کافران ↑ ؛ مق. جهاد اکبر. ‖ ـــ اکبر. کارزار بزرگ ، جدال با نفس ، ریاضت؛ مق. جهاد اصغر.

جهار ǰehār [ع.] (مص م.) ۱- آشکار کردن . ۲ - با کسی رویاروی جنگ کردن . ۳- بآواز خواندن . ۴- دشنام دادن . ۵ - (ق.) آشکار ، پیدا .

جهاراً ǰehār-an [ع.] (ق.) بآشکار، آشکارا : سراً و جهاراً .

جهارت ǰahārat [= ع. جهارة] ۱ - (مص ل.) بلند شدن و اوج گرفتن آواز. ۲ - (إ.) زیبایی قد ومنظر.

جهاز ǰahāz ، ǰəhāz [ع.] (إ.) ۱ - ساز ، ساز وبرگ ، اسباب ولوازم خانه ، مسافر و عروس . ۲ - مجموعهٔ اعضایی که عمل معینی را انجام دهند: جهاز تنفس ، جهازهاضمه . ۳- کشتی، سفینه . ۴ - چرخ روغنگیری . ج. اجهزات ، اجهزه ، جهازات .

جهازات ǰahāzāt [از ع.] ج. جهاز؛ کشتی‌ها ، سفینه‌ها .

جهال ǰohhāl [ع.] (إ.) ج. جاهل؛ نادانان .

جهالت ǰahālat [= ع. جهالة] ۱ - (مص ل) نادان بودن. ۲- (إمص.) نادانی ، بیخردی .

جهان ǰahān [په. gēhān] (إ.) ۱ - عالم از زمین و کرات آسمانی ، دنیا ،گیتی . ۲ - آنچه تحت فلك قمر است . ۳ - کرهٔ ارض، زمین. ‖ ـــ آبگون . دنیای روشن ، عالم درخشان. ‖ ـــ امتحان . دنیای آزمایش، عالم مادی. ‖ ـــ پیچ پیچ. ۱- دنیای پرمشقت و رنج ، عالم مادی. ۲ - دنیای کثرت وتعدد. ‖ ـــ جستجو. دنیای امتحان، عالم کشش و کوشش، عالم مادی وظاهری. ‖ ـــ راستان. دنیای نیکوکاران، عالمی که انبیا و اولیا در آن میزیند ، عالم امر . ‖ ـــ زنده . دنیای باقی، عالم امر ، عالم ملکوت. ‖ ـــ ساده. دنیای بدون رنگ ، عالم ارواح، عالم معنی . ‖ ـــ کهین. انسان ، بشر ، عالم صغیر، عالم اصغر . ‖ ـــ مرگ.

دنیای نیستی ، عالم مادی . ‖ ـــ مهین . عالم ، دنیا ، انسان کبیر .

جهان ǰahān(ǰe.-) [← جستن ، جهیدن] ۱ ـ (ص فا .) جهنده . ۲ ـ (حا .) درحال جستن و جهیدن.

جهان آرا(ی) ǰahān-ārā(y) [= جهان آراینده] (ص فا.) ۱ ـ زینت دهندهٔ جهان ، آرایش کنندهٔ دنیا . ۲ ـ ماه ششم از ماههای ملکی .

جهان آفرین ǰ.-āfarīn [= جهان آفریننده] (ص فا .) آفرینندهٔ دنیا ، خدا .

جهان افروز ǰ.-afrūz [جهان افروزنده] (ص فا .) روشن کنندهٔ عالم ، جهانتاب . ضح .ـ صفتی است برای خورشید .

جهانبان ǰ.-bān (ص مر .) نگاهبان عالم ، نگهدارندهٔ جهان . ضح .ـ صفتی است برای پادشاهان بزرگ .

جهانبانی ǰ.-bān-ī (حامص .) سلطنت ، پادشاهی .

جهان بین ǰ.-bīn [= جهان بیننده] (ص فا .) ۱ ـ بینندهٔ جهان ، آنکه یا آنچه دنیا را ببیند . ۲ ـ چشم ، عین . ۳ ـ چشم باطنی . ۴ ـ فرزند ۵ ـ گردش کننده در اقطار عالم ، سیاح ، جهانگرد . ۶ ـ (تص .) روحی که درباطن آدمی نهفته است .

جهان پهلوان ǰ.-pahlavān (ص مر . ، إمر .) بزرگترین پهلوان دنیا ، قهرمان گیتی .

جهان پهلوانی ǰ.-pahlavān-ī (حامص .) مقام و شغل جهان پهلوان (ه.م.)

جهانتاب ǰ.-tāb [= جهان تابنده] ۱ ـ (ص فا .) نوردهنده بجهان ، تابنده برعالم : آفتاب جهانتاب . ۲ ـ (إمر .) ماه پنجم از ماههای ملکی .

جهانجو(ی) ǰ.-ǰū(y) [= جهان جوینده] (ص فا .) ۱ ـ جویندهٔ عالم ، طالب جهان . ۲ ـ پادشاه بزرگ ، سلطان کشورگشا .

جهان خوردن ǰ.-xordan (مص م .) استفاده کردن از نعمتهای دنیوی ، متنعم گردیدن .

جهاندار ǰ.-dār [= جهان دارنده] (ص فا .) ۱ ـ نگهبان جهان ، پادشاه ، سلطان . ۲ ـ مدبر امور جهان ، پادشاهی که مملکت را نیکو اداره کند ؛ مق . جهانگیر .

جهانداری ǰ.-dār-ī (حامص .) عمل جهاندار (ه.م .) ۱ ـ سلطنت. ۲ ـ ادارهٔ مملکت بنحوی نیکو ؛ مق . جهانگیری .

جهاندن ǰah-āndan [= جهانیدن ، م . جهیدن ، جستن] (مص م .) (جهاند (-nd) ، جهاند (-nad) ، خواهد جهاند ، بجهان ، جهاننده ، جهانده) بجستن واداشتن ، پرش دادن ، به جست و خیز وادار کردن .

جهانده ǰah-ānda(-e) [= جهانیده] (إمف .) بجستن واداشته ، پرش داده شده .

جهاندیده ǰ.-dīda(-e) (ص مر .) آنکه دراقطار عالم بسیار سفر کرده ؛ سیاح ، جهانگرد . ج . جهاندیدگان .

جهانگرد ǰ.-gard [= جهان گردنده] (ص فا .) آنکه دراقطار عالم بسیارسفر کند ؛ سیاح .

جهانگردی ǰ.-gard-ī (حامص .) در اقطار عالم سفر کردن ، سیاحت .

جهانگشا(ی) ǰ.-gošā(y) [= جهان گشاینده] (ص فا .) تسخیر کنندهٔ عالم ، جهانگیر ، کشور گیر . ضح .ـ صفت پادشاه فاتح است .

جهانگشایی ǰ.-gošāy-ī (حامص .)

تسخیر عالم، جهانگیری.

جهانگیر ǰ.-gīr [= جهان‌گیرنده] (صفا.) گیرندهٔ عالم، مسخر جهان. ضح. - صفت پادشاه فاتح آید ← جهاندار. ‖ شهرت ـــ . شهرتی که بهمهٔ اقطار جهان رسد.

جهاننده ǰah-ānanda(-e) (إفا.) بجست وخیز درآورنده، پراننده.

جهان‌نما(ی) ǰ.-na(o,e)mā(y) [= جهان‌نماینده] ۱- (صفا.) نشان‌دهندهٔ عالم: جام‌جهان نما. ۲- (إمر.) نقشهٔ جغرافیا که‌زمین را بصورت دونیمکرهٔ شمالی وجنوبی نشان دهد.

جهانی ǰahān-ī (ص‌نسبـ.) ۱- منسوب به‌جهان، دنیوی: امور جهانی. ۲- آنچه که‌بهمهٔ جهان رسد: شهرت‌جهانی. ۳- اهل دنیا، مردم گیتی. ج. جهانیان.

جهانیدن ǰah-ānīdan [= جهاندن = جهیدن، جستن] (مص‌م.) ← جهاندن.

جهانیده ǰah-ānīda(-e) [= جهانده] (إمف.) ← جهانده.

جهبذ ǰehbaz [معر. = گهبذ] (ص.، إ.) ۱- گهبد، دانشمند بزرگ. ج. جهابذه. ۲- واسطه ودلالی که مؤدیان مالیات، مالیات خود را توسط او بدیوان می‌پرداختند (غم.).

جهت ǰehat [= ع. جهة] (إ.)

جهت‌ها

۱- سوی، طرف. ۲- (جغ.) هریک از جهات اربع ← جهات: جهت‌شمال. ۳- روی: بهمه‌جهت. ۴- ناحیه. ج. جهات. ‖ بجهت. بسبب، بعلت. ‖ برجهت. بسبب، بعلت.

جهد ǰahd [ع.] ۱- (مص‌ل.) کوشیدن، رنج‌بردن. ۲- (إمص.) کوشش، رنج.

جهد ǰohd [ع.] (إمص.) توانایی، کوشش.

جهد کردن ǰahd-kardan [ع.-ف.] (مص ل.) کوشش کردن، سعی کردن، رنج بردن.

جهر ǰahr [ع.] ۱- (مص م.) بلند خواندن، آواز بر کشیدن. ۲- (إ.) آشکار: علم سر وجهر.

جهش ǰah-eš (ǰeh.-) ۱- (إمص.) جستن، جهیدن، جست وخیز. ۲- (إ.) سرشت، طینت.

جهل ǰahl [ع.] ۱- (مص‌ل.) نادان بودن. ۲- (إمص.) نادانی. ‖ ـــ مرکب. نادانی کامل.

جهلا ǰohalā [= ع. جهلاء] ← جهلاء.

جهلاء ǰohalā' [ع.، ف.: جهلا] (ص.، إ.) ج. جاهل وجهول؛ نادان.

جهله ǰahala(-e) [= ع. جهلة] (إ.) ج. جاهل؛ نادانان.

جهنده ǰah-anda(-e) (إفا. جستن، جهیدن) جست زننده، جست و خیز کننده، پرنده.

جهنم ǰahannam [معر. عبر. گهنوم] (إ.) دوزخ، سقر ← بخش ۳.

جهود ǰohūd [آرا. = یهود] (ص.، إ.) یهود، یهودی.

جهودانه ǰohūd-āna(-e) [← جهود] ۱- (قمر.) مانندجهودان (در تعصب، خودبینی، لجاجت). ۲- (إمر.) پارچهٔ زردی که جهودان برای شناخته شدن

جیرجیرک (نر وماده)

ازمسلمانان بردوش خود میدوختند. ۳ - چرب روده، جگر آگند، چرغند.

جهودی ǰohūd-ī [← جهود] (حامص.) جهود بودن، یهودیت.

جهوری ǰahvarī(yy) [ع.](ص.) بلندآواز ، بلند.

جهول ǰahūl [ع.] (ص.) ۱-نادان، بیخرد . ۲ - خود پسند . ج.جهلاء . (جهلا).

جهیدن ǰah-īdan [= جستن] (مص ل.) (جهید، جهد، خواهد جهید، بجه، جهنده، جهان، جهیده، جهش) جستن، جست زدن، پریدن روی زمین.

جهیر ǰahīr [ع.] (ص.) بلندآواز، بلند.

جهیز ǰahīz [ع.] (ا.) ۱- اسب چابك وتندرو. ۲ -(ف.)جهاز عروس←جهاز.

جهیزیه ǰahīz-īyya(-e) [از ع.] (ص نسبـ. جهیزی، اِمر.) جهازعروس. ← جهاز.

جیاب ǰiyāb [ع.] (ا.) ج.جیب (ǰayb) (ه.م.)

جیاد ǰiyād [ع.] (ا.) ج.جید (ǰayyed)؛ نیکوها.

جیب ǰayb(-ey-) [ع.] (ا.) ۱ - گریبان، یخه. ج.جیوب. ۲- سینه، دل. ۳- کیسه‌مانندی که بجامه‌ودامن‌دوزندودر آن چیزنهند. ج.جیاب. ۴ - (رض.)← سینوس. ‖ ~ تمام.(رض.) ← کسینوس. ‖ ~ متمم. (رض.) ← کسینوس.

جیب ǰīb [ازع. ǰayb] (ا.) کیسه مانندی‌که بجامه دوزند و در آن چیز نهند.

جیب بر ǰīb-bor [= جیب برنده] (ص فا.) دزدی که پول‌ومال‌کسان رااز جیب آنان برباید؛ کیسه بر.

جیب بری ǰ.-bor-ī (حامص.) شغل وعمل جیب‌بر (ه.م.) ، کیسه بری.

جیبسین ǰībsīn [معر. لا. gypsum[1]] (ا.) (زم.) گچ.

جیپ ǰīp [انگ. jeep] (ا.) نوعی اتومبیل‌محکم وسبك‌که ازعهدهٔ‌حرکت در جاده‌های ناهموار برآید.

جیحون ǰayhūn(-ey-) [ع.] ۱ - (اخ.)← بخش ۳. ۲-(ا.)رود،رودخانه.

جید ǰayyed [ع.](ص.) نیکو، نیك، خوب. ج.جیاد.

جید ǰīd [ع.](ا.) گردن. ج.اجیاد، جیود.

۱ - جیر ǰīr [طبر. ǰer، گیل. ǰīr] ۱ -(ص.،ق.)زیر. ۲-نازك. ۳-(ا.)جیغ.

۲ - جیر ǰīr [ع.] (ا.) (شم.) آهك زنده[2]، گچ.

جیران ǰayrān [تر.](ا.) آهو، غزال.

جیران ǰīrān [ع.] (ا.) ج.جار؛ همسایگان.

جیرجیر ǰīr-ǰīr (اِصت.) ۱ - صدای بعض‌پرندگان وحشرات مانندگنجشك وسوسك. ۲ - (گیا.) منداب (ه.م.)

جیرجیرک ǰ.-ǰīr-ak (اِصت.)(جان.) حشره‌ای[3] ازراستهٔ راست بالان که‌همه چیز خواراست واکثر بمناسبت‌زندگی بحالات انزوا بالهایش رااز دست‌داده. این‌حشره درزیرزمینها وباغها‌ومزارع فراوانست؛ الی‌ورجه. جیك، صرار.

جیرجیر کردن ǰ.-ǰ.-kardan (مص ل.)صدا کردن‌بعضی‌پرندگان وحشرات مانند گنجشك وسوسك.

جیرووير ǰīrr-o-vīr (اِصت.) (عم.) داد وفریاد، غوغا.

جیرووير کردن ǰ.-kardan(مص ل.)

۱- Gypse (فر.) ۲- Chaux vive (فر.) ۳- Grillon (فر.)

(عم.) داد وفریاد کردن.

جیره (ǰīra(-e [قس. اجری، اجراء] (اِ.) جنسی (از خوردنی و نوشیدنی و پوشاك) که بمزدوران وسربازان دهند؛ مق. مواجب.

جیره خوار ǰ.-xār [= جیره خوارنده = جیره خور ← جیره] (صفا.) آنکه از مخدوم خود جیره گیرد.

جیره خواری ǰ.-xār-ī [= جیره خوری] (حامص.) عمل جیره خوار (ه.م.)

جیره خور ǰ.-xor [= جیره خورنده = جیره خوار] (صفا.) ← جیره خوار.

جیره خوری ǰ.-xor-ī [= جیره خواری] (حامص.) ← جیره خواری.

جیز ǰīz [= جز] (اِصت.) ← جز (ǰez).

جیزجیز ǰīz-ǰīz [= جزجز] ← جزجز، جز (ǰez).

جیش ǰayš(ǰeyš) [ع.] (اِ.) لشکر، سپاه. ج. جیوش.

جیغ ǰīγ (اِ.) (عم.) صدای نازك وبلند، فریاد.

جیغ زدن ǰ.-zadan (مصل.) صدای نازك وبلند برآوردن، فریاد کشیدن.

جیغ کشیدن ǰ.-kašīdan(-keš.) (مصل.) جیغ زدن (ه.م.)

جیغه ǰīγa(-e) [= جغه] (اِ.) ← جغه.

جیف ǰiyaf [ع.] (اِ.) ج. جیفه (ه.م.)؛ مردارها.

جیفه ǰīfa(-e) [= ع. جیفة] (اِ.) ۱- مردار، مردار بوگرفته ۲- هرچیز پست ناپایدار. ج. جیف.

جیقه ǰīγa(-e) [= جیغه] (اِ.) ← جیغه، جغه.

جیك ǰīk (اِ.) یك جانب قاب (بجول) که با آن بازی کنند؛ مق. بوك.

جیك جیك ǰīk-ǰīk (اِصت.) ۱- آواز مرغان. ۲- سخنی که فهمیده نشود، کلام غیر فصیح.

جیل ǰīl [ع.] (اِ.) ۱- صنفی از مردم، گروه، دسته. ۲- اهل یك زمان. ۳- قرن. ج. اجیال، جیلان.

جیلان ǰīlān [ع.] (اِ.) ج. جیل (ه.م.)

جیوب ǰoyūb [ع.] (اِ.) ج. جیب (ه.م.)؛ گریبانها.

جیود ǰoyūd [ع.] (اِ.) ج. جید؛ گردنها.

جیوش ǰoyūš [ع.] (اِ.) ج. جیش. ۱- لشکرها، سپاهها. ۲- لشکریان، سپاهیان.

جیوه ǰīva(-e) [= زیوه = زیبق، معر. په. zīvandak، زنده] (اِ.) (شم.) فلزیست بصورت مایعی بسیار سنگین، وزن مخصوص آن ۱۳/۶، سیمین‌فام و درخشان (بهمین مناسبت آنرا سیماب گویند). در ۳۸/۹- منجمدشود و در ۳۵۷ درجه بجوش آید؛ ابوالارواح.

چ č (حر.) یکی از حروف صامت وحرف هفتم از الفبای فارسی است، وآن درزبان عرب وجود ندارد، ودر حساب جمل مانند ج (جیم) آنرا سه محسوب دارند. این حرف بصورتهای: چ ، چ ، چـ ؛ نوشته میشود، مانند: چاچ، لچك، هیچ

چا čā [=چای] (ا.) ←چای.

چائیدن čā-īdan [= چاییدن] (مص ل.) ←چاییدن.

چابك čābok [= چابوك، پهـ. čāpūk] ۱ - (ص.) چست وچالاك، زرنگ. ۲ - ماهر، زبردست. ۳ - (ا.) تازیانه، شلاق.

چابکدست č.-dast (ص مر.) ماهر، زبردست.

چابکدستی č.-dast-ī (حامص.) مهارت، زبردستی.

چابك سوار č.-savār (ص مر.) سوارکار ماهر، آنکه درمسابقهٔ اسب دوانی سوار اسب میشود.

چابکسواری č.-savār-ī (حامص.) عمل وکیفیت چابك سوار (ه.م.)، سوارکاری.

چابکی čābok-ī [= چابك] ۱ - (حامص.) چالاکی، چستی، جلدی. ۲ - (ا.) اسب رهواری که اگر تازیانه براو زنند، راه را غلط نکنند.

چابوك čābūk [= چابك] (ص.) ←چابك.

چاپ čāp [هنـ. سنسـ. chāp] (ا.) نقش کردن نوشته‌ها و تصویرها روی کاغذ بوسیلهٔ آلات و ابزاری مخصوص؛ طبع. ‖ ~ سنگی. طبع نوشته‌ها وغیره بوسیلهٔ تحریر برروی صفحهٔ مخصوص

وانعکاس آن برروی کاغذ. ‖ ـــِ سربی. طبع نوشته‌هاوغیره بوسیلهٔحروف سربی.

چاپاتی čāpātī [=چپاتی] (اِ.) نان فطیر نازك که خمیر آنرا بادست پهن کنند وبرروی تابه پزند.

چاپار čāpār[تر.](اِ.)پیك، نامه‌بر، قاصد.

چاپار خانه č.-xāna(-e)[تر.-ف.] (اِمر.) پستخانه، ادارهٔ پست.

چاپاری čāpār-ī [تر.-ف.] ۱ - (ص نسبـ.) منسوب به‌چاپار (ه‍.م.) ۲ - (ق.) تند، سریع: «چاپاری بشیراز حرکت کرد.»

چاپچی čāp-čī [هند.-تر.](ص‌مر.) ۱ - چاپ‌کننده. ۲ - کارگرچاپخانه.

چاپخانه č.-xāna(-e) [هند.-ف.] (اِمر.) محل چاپ کردن، جای چاپ کردن، مطبعه.

چاپ‌کردن č.-kardan [هند -ف.] (مص‌م.) نقش‌کردن نوشته‌ها وتصاویر روی کاغذ باآلات وابزار مخصوص؛ طبع کردن.

چاپلوس čāplūs [= چابلوس= چالپوس=چبلوس= چپلوس] (ص.) کسی که‌با تواضع‌وچرب‌زبانی‌وخوشامد گویی دیگری را فریب دهد؛ متملق، خوشامدگو.

چاپلوسی čāplūs-ī (حامص.)عمل چاپلوس (ه‍.م.)، تملق.

چاپنده čāp-anda(-e)(اِفا.چاپیدن) آنکه مال مردم‌را بیغما میبرد؛ غارت کننده.

چاپیدن čāp-īdan [تر.-ف. ← چپاول=چاپاوتی] (مص‌م.) (چاپید، چاپد، خواهد چاپید، چاپنده،چاپیده) تاراج کردن،غارت کردن، بیغما بردن.

چاپیده čāp-īda(-e)(اِمف.چاپیدن) تاراج شده، غارت شده.

چاتاق čātāγ [تر.=چاتاغ] ← چاتاغ.

چاتلانقو čātlānγū[= چاتلانقوش (ه‍.م.)] (اِ.) (گیا.) بنه (ه‍.م.)

چاتلانقوش čātlānγūš [تر.= چاتلانقو= چتلاقوچ] (اِ.) (گیا.) بنه (ه‍.م.)

چاتمه čātma(-e) [تر. ازچاتماق وچاتماقلیغ، بهم پیوستن، دوچیز را بیکدیگر بستن](اِ.)(نظ.)وضع‌استقرار چند تفنگ بر روی زمین بدین نحو که ته آنها را باکمی فاصله ازهم‌بروی زمین قرار وسرآنها را بهم تکیه‌دهند تا بصورت مخروطی درآید.

چاتمه زدن č.-zadan [تر.-ف.] (مص‌م.)(نظ.)۱-قراردادن‌تفنگها بشکل چاتمه ↑، چیدن تفنگها بشکل‌چاتمه. ۲- توقف عده‌ای از قراولان درمحلی.

چاتمه فنگ č.-fang [= چاتمه تفنگ] (اِمر.) (نظ.) فرمانی است‌که فرمانده‌بسربازان‌دهد وآنان تفنگهای خود را بشکل چاتمه بر روی زمین قرار دهند.

چاچله čāčala(-e) (اِ.) کفش، پا-افزار، پاپوش.

چاچی čāč-ī (ص‌نسبـ.) منسوب به-چاچ(← بخش۳). ۱ - ساخته شده در شهرچاچ: کمان چاچی، چاچی کمان. ۲ - ازمردم شهر چاچ. ‖ ـــ کمان، کمان ـــ . ۱- کمان‌ساخته شده درشهر چاچ. ۲ - کمان بسیار خوب.

چاخان čāxān [تر.= چخان](ص.) حقه‌باز، شارلاتان.

چاخچور čāxčūr [→چاقشور = چاقچور] (ا.)→چاقچور.

چاخماق čāxmāγ [تر. = چخماق] (ا.) چخماق (ه.م.)

چاخو čā-xū [= چاه‌خو] ← چاهخو.

چادر čādor [= شادر = چتر، سنس. *čatar] (ا.) ۱ - بالاپوشی که زنان روی سر اندازند و همهٔ اندام آنان را پوشاند. ۲ - خیمه، پردهٔ بزرگ. ۳ - سایبان. ‖ ~ ترسا. ۱ - چادر زرد و کبود درهم بافته. ۲ - (کن.) شفق و سرخی افق بهنگام غروب آفتاب. ‖ ~ کافوری. (کن.) سفیدی صبح. ‖ ~ کحلی. ۱ - (کن.) آسمان. ۲ - (کن.) شب تاریک. ‖ ~ لاجورد. (کن.) آسمان.

چادرپیه čādor-pīh (امر.) (پز.) قسمتی از چین صفاقی است که دو عضو داخل بطن را بیکدیگر مربوط میسازد[۱]، پرده‌ای که اصل آن مزودرمی است و قسمتی از صفاق[۲] و رابط بین دو عضو داخل بطن است. ضح. - این کلمه بغلط در کتب طبی و تشریحی معاصر به «چادرینه» تصحیف شده است.

چادرشب č.-šab (امر.) چادر بزرگ که رختخواب را در آن پیچند.

چادرنشین č.-nešīn [= چادر نشیننده] (ص فا.) آنکه در صحرا و ییلاق و قشلاق در زیر چادر و خیمه زندگی کند.

چادر نشینی č.-ī (حامص.) زندگی کردن در زیر چادر و خیمه، چادرنشین بودن.

چادرنماز č.-namāz (امر.) چادری که از پارچه‌ای نازک دوزند و زنان در خانه یا بهنگام نمازگزاردن برسر کنند.

۱ - چار čār [= چهار] (عد.، ا.) چهار (ه.م.)

۲ - چار čār [= چاره، پہ. čār] (ا.) چاره (ه.م.)

۳ - چار čār (ا.) کورهٔ سفال‌پزی، داشی که در آن خشت و آهك و کاسه و کوزه پزند.

چارآخر č.-āxor [= چهارآخر] (امر.) ۱ - (کن.) چهار عنصر: آب، باد، خاك، آتش. ۲- (اخ.)(نجو.) نعش ← بخش ۳.

چار آخشیج č.-āxšīǰ [= چهار آخشیج] (امر.) چهارعنصر: آب، باد، خاك، آتش.

چار آینه ǰ.-āyena(-e) [= چهار آیینه] (امر.) چهارآیینه (ه.م.)

چارارکان č.-arkān [ف.-ع. = چهارارکان] (امر.) ←چهار ارکان.

چاراژدها č.-aždahā (امر.)(کن.) چهارعنصر: آب، باد، خاك، آتش.

چاراستاد č.-ostād [= چهاراستاد] (امر.) (کن.) چهارعنصر: آب، باد، خاك، آتش.

چارباغ č.-bāγ [= چهارباغ] (امر.) (مس.) چهارپاره (ه.م.)، چارپاره، چالپاره.

چاربالش č.-bāleš [= چهاربالش] (امر.) چهاربالش (ه.م.)

چاربالشت č.-bālešt [= چهار بالشت ←چاربالش] (امر.) چهار بالش (ه.م.)

چاربند č.-band [= چهاربند] (امر.) چهاربند (ه.م.) ‖ ~ قایم. (ور.) نهادن دستها بر کمر بطوریکه شست با قسمت عقب کمر مماس شود

۱- Epiploon(فر.) ۲ - Péritoine(فر.)

وچهار انگشت دیگر با قسمت جلو آن.

چاربندی č.-band-ī (ص نسبـ.، اِمر.) توبرهٔ پشتی که چهار بند دارد و مسافران پیاده و روستاییان آنرا بپشت خود بندند.

چاربیخ č.-bīx [= چهاربیخ] (اِمر.) ← چهاربیخ (همع.)

چارپا(ی) č.-pā(y) [= چهارپا = چاروا] (اِمر.) چهارپا (ه.م.)

چارپاره č.-pāra(-e) [= چهارپاره] (اِمر.) ۱- هرچیز که بچهار قطعه تقسیم شده باشد. ۲- هر بیتی که بچهار بخش موزون تقسیم شده باشد وسه بخش اول آن مقفی بود و بخش چهارم تابع قافیهٔ قصیده وغزل است. ۳- (مس.) چهار پاره (ه.م.)

چارپایه č.-pāya(-e) [= چهارپایه] (اِمر.) چهارپایه (ه.م.)

چارپهلو شدن č.-pahlū-šodan (مص ل.) (کن.) ۱- غذای بسیار خوردن. ۲- به‌پشت خوابیدن.

چارتا č.-tā [= چهارتا] (اِمر.) ۱- (کن.) چهارعنصر: آب، باد، خاك، آتش. ۲- (کن.) دنیا باعتبار چهار رکن. ۳- (مس.) چارتار (ه.م.)، چارتاره.

چارتار č.-tār [= چهار تار = چارتاره = چهارتاره] (اِمر.) (مس.) ربابی که دارای چهار سیم است، طنبوری که چهار تار دارد.

چارتاره č.-tār-a(-e) [= چهار تاره = چهارتار = چارتار = چارتاره] (اِمر.) چارتار (ه.م.)

چارتخم čār-toxm [= چهار تخم] (اِمر.) (پز.) چهارتخم (ه.م.)

چارتخمه č.-toxm-a(-e) (اِمر.) (پز.) چهارتخم (ه.م.)

چارتکبیر č.-takbīr [ف.-ع.] (اِمر.) چهارتکبیر (ه.م.)

چار تکبیر زدن č.-zadan [= چهارتکبیر زدن] (مص ل.) چهارتکبیر زدن (ه.م.)

چار جوهر č.-ǰawhar (ǰow.-) [ف.-ع. = چهارجوهر] (اِمر.) ← چهار جوهر.

چارچوب č.-čūb [= چهارچوب] (اِمر.) چهارچوب (ه.م.)

چاردوال č.-dovāl [= چهاردوال] (اِمر.) چوبی باشد بمقدار یك قبضه که چاروادارن بر سر آن سیخی کوچك بقدر مهمیزی نصب کنند و زنجیری با چند حلقه و چهار تسمه بر آن تعبیه نمایند وچارپایان را بدان رانند.

چار دیوار č.-dīvār [= چهار دیوار] (اِمر.) ← چهاردیوار. ‖ ~ جهان (گیتی). ← چهاردیوار. ‖ ~ نفس. ← چهار دیوار.

چاررئیس č.-ra'īs [ف.-ع. = چهار رئیس] (اِمر.) ← چهاررئیس.

چارزانو č.-zānū [= چهارزانو] (اِمر.) چهارزانو (ه.م.)

چارسو č.-sū [= چهارسو] (اِمر.) چهارسو (ه.م.)

چارسوق č.-sūγ [= چهارسوق = چهارسوك] (اِمر.) چهارراه میان بازار، چارسوق، چهارسوك.

چارشاخ č.-šāx [= چهار شاخ] (اِمر.) چهارشاخ (ه.م.)

چارشانه č.-šāna(-e) [= چهار شانه] (اِمر.) چهارشانه (ه.م.)

چارضرب č.-zarb [ف.-ع. = چهار ضرب] (اِمر.) ← چهارضرب.

چارطاق č.-tāγ [= چهار طاق] (اِمر.) چهارطاق (همع.)

چار طاقی č.-tāγ-ī [= چهار طاقی] (اِمر.) ← چهارطاقی.

چارغ čāroγ [← چارق] (اِ.) چارق (ه.م.)

چارق čāroγ [تر. = چارغ = چاروغ = چاروق] (اِ.) کفش چرمی که بندها وتسمه‌های بلنددار دوبندهای آن بساق پا پیچیده میشود؛ پاتابه، پالیك.

چارق

چارقب čār-γab [ف.-ع.] (اِمر.) نوعی از لباس پادشاهان وامرا: «دامن آلوده مکن چارقب هستی را جامهٔ عاریه را پاك نگه بایدداشت.» (شفیع اثر)

ضح.- این کلمه را مؤلف غیاث ترکی دانسته‌ولی‌در فرهنگ نظام«قب» عربی (پاره‌های درون جیب پیراهن)محسوب شده، و همین صحیح مینماید. برخی «چارقد» ↓ رامحرف همین کلمه‌دانند.

چارقد čār-γad [ف.-ع. ← چارقب] (اِمر.) پارچه‌ای مربع شکل مخصوص زنان، که آنرا دولا کرده، بشکل‌مثلث درآورند وسپس آنرا دروسط طوری بر روی سراندازند که طرف زاویهٔ قایمه درپشت سر ودو زاویهٔ حاده درطرفین واقع شود. سپس آنرادر زیر گلومحکم کنند.

چارقد

۱- چارك čārak [= چهاریك] (اِمر.) . ۱ - یك چهارم هرچیز . ۲ - واحد وزن، یك‌چهارم‌من که معادل ده‌سیراست . ضح.- طبق قانون مصوب ۱۳۰۴ ه ش. یك‌چارك (یا ۷۵۰ درهم) = ۷۵۰ گرم. ۳ - یك‌چهارم ذرع که معادل چهارگره است.

۲- چارك čārak [سنس.- čāra (از -čar، رفتن، دویدن)؛رونده،جاسوس] (ص.،اِ.) چاووش، نقیب قافله.

چارگامه č.-gāma(-e) [= چهار گامه] (اِمر.) چهار گامه (ه.م.)

چارگاه č.-gāh [=چهارگاه] (اِمر.) چهار گاه (ه.م.)

چارگل č.-gol [=چهارگل] (اِمر.) (پز.) چهار گل (ه.م.)

چارگوشه č.-gūša(-e) [= چهار گوشه] (اِمر.) چهار گوشه (ه.م.)

چار گوشی č.-gūš-ī [= چهار گوشی] ← چهار گوشی.

چارگون čārgūn (اِ.) (گیا.) بسباسه (ه.م.)

چارگوهر čār-gawhar(gow-) [= چهار گوهر] ← چهار گوهر.

چارگهر č.-gohar [= چار گوهر = چهار گوهر] (اِمر.) ← چهار گوهر.

چارم čār-om [= چهارم] (عد. ترتیبی) ← چهارم .

چارمضراب č.-mezrāb [ف.-ع. = چهارمضراب] (اِمر.)(مس.) ← چهار مضراب.

چارمغز č.-maγz [=چهارمغز] (اِمر.) گردو ، گردکان .

چارمیخ č.-mīx [=چهارمیخ] (اِمر.) چهارمیخ (ه.م.)

چارمیخ کردن č.-kardan [=چهار میخ کردن] (اِمر.) چهار میخ کردن (ه.م.)

چارنفس č.-nafs [ف.-ع. = چهار نفس] (اِمر.) ← چهار نفس.

چارو čārū [= سارو = صاروج، معر. = صهروج، معر.] (اِ.) ← ساروج.

چاروا čār-vā [← چارپا =چهارپا] (اِمر.) حیوان بارکش مانند اسب، خر، استر وشتر.

چاروادار č.-dār [=چهاروادار -

چهارپادارنده](صفا.) کسی که حیوانات بارکش رامیراند یا با آنها باربری کند.

چاروغ čārūγ [= چارق] (ا.) ← چارق.

چاروق čārūγ [= چارق] (ا.) ← چارق.

چاره čāra(-e) [په. čārak] (ا.)
۱ - علاج، درمان. ۲- تدبیر. ۳-مکر، حیله.

چاره پذیر č.-pazīr [= چاره پذیرنده] (صفا.) قابل علاج (مرض)، قابل اصلاح (امر).

چاره‌پذیری č.-pazīr-ī (حامص.) قابلیت علاج، قابل اصلاح بودن.

چاره جو(ی) č.-ǰū(y) [= چاره جوینده](صفا.) چاره‌جوینده، کسی که در جستجوی راه علاج کسی یا اصلاح امری باشد.

چاره جویی č.-ǰūy-ī (حامص.) جستجوی چاره، جستجوی راه علاج.

چاره ساز č.-sāz [=چاره سازنده] (ص فا.) ۱ - چاره کننده. ۲ - علاج کننده. ۳- خدای تعالی.

چاره سازی č.-sāz-ī (حامص.) ۱ - عمل چاره کردن. ۲ - علاج.

چاشت čāšt [په. čāšt] (ا.) ۱ - یک حصه ازچهار حصهٔ روز. ۲ - غذایی که بهنگام چاشت ↑ خورند.

چاشت‌دادن č.-dādan (مصم.)طعام دادن بوقت چاشت ↑ .

چاشتدان č.-dān [= چاشدان = چاشدان = چاشکدان] (امر.) ۱ - ظرفی که نان و خوردنی در میان آن گذارند. ۲ - صندوقچهٔ زنان.

چاشدان čāš-dān [= چاشکدان = چاشتدان] ← چاشتدان .

چاشکدان čāšk-dān [=چاشتدان =چاشدان] (امر.) ← چاشتدان.

چاشنی čāšnī [په. čāšnīk] (ا.)
۱ - چیزی که باندازهٔ چشیدن باشد، آن‌قدر از خوراک که برای‌مزه کردن بچشند؛ مزه. ۲ - مقداری اندک ترشی مانند آب‌غوره، سرکه، ورب انار که بخوراک زنند. ۳ - کلاهک فلزی که درته آن مقداری اندک مادهٔ قابل انفجار تعبیه‌شده، و آنرا درته فشنگ یادر تفنگهای‌سرپر برای آتش کردن تفنگ بکار برند. ۴ - نمودار، نمونه. ۵ - مزه. ‖ ~ دل. (کن.) سخنان لطیف ودلکش.

چاشنی گیر č.-gīr [= چاشنی گیرنده](صفا.) ۱-آنکه غذا را برای درک طعم و مزهٔ آن بچشد. ۲ - (قد.) کسی که درسر سفرهٔ پادشاهان اندکی ازهرغذا میچشد تااطمینان حاصل شود که زهردر آنها نیست. ۳ - (قد.) مدیر مطبخ، حاکم آشپزخانه ، توشمال ، بکاول. ۴ -قسمت کنندهٔ طعام، سفره‌چی.

چاشنی گیری č.-gīr-ī (حامص.) عمل وشغل چاشنی گیر (ه.م.)

چاق čāγ [تر. = چاغ] ۱ - (ا.) صحت، سلامت. ۲ - زمان: درچاق آدم (درزمان آدم). ۳ - (ص.) فربه، سمین. ۴- تنومند. ۵- تندرست، سالم. ‖ دماغش ~ است. ۱ - (کن.) سالم وتندرست است. ۲ - (کن.) کار وبارش خوبست. ‖ ~ وچله. (عم.) چاق وفربه.

چاقالو čāγ-ālū [تر. ـ ف. = چاق + آلو(د)](صمف.) (عم.) فربه، چاق.

چاقچور čāγčūr [= چاقشور = چاخچور] (ا.) شلوار گشادو بلندو کف‌دار زنانه که آنرا برروی‌شلیته و تنبانها می‌پوشیدند ودارای لیفه‌وبندی بود که درزیر شکم بسته میشد.

۱۲۶۸
چاقشور

چاقشور čāγšūr [= چاقچور] (اِ.) ← چاقچور.

چاقو čāγū [= چاکو، قس. چاکوچ، چکش] (اِ.) آلتی مرکب از تیغهٔ فولادین و دسته‌های چوبین، و آن برای بریدن و تراشیدن بکار رود.

چاقوکش č.-kaš(keš) [= چاقو کشنده] (صفا.) ۱- آنکه با چاقو بمردم حمله کند. ۲- (کن.) شریر.

چاقوکشی č.-kaš-ī (keš.-) (حامص.) عمل چاقوکش (ه.م.)

انواع چاقو

۱- چاک čāk (اِ.) ۱- شکاف، تراك، رخنه. ۲- پاره. ۳- سفیدهٔ صبح. ۴- دریچه.

۲- چاک čāk [= چك = جك] (اِ.) قبالهٔ باغ وخانه و مانند آن ← چك.

۳- چاک čāk [← چاکاچاک. چکاچاک] (اِصت.) صدای زدن شمشیر و تبرزین وخنجر ومانند آن.

۱- چاکاچاک čāk-ā-čāk [= چکاچاک = چکاچك = چکچاک = چکچك = چخاچخ] (اِصت.) ۱- آواز بهم خوردن اسلحه مانندشمشیر وگرز و امثال آنها. ۲- چاک‌چاک‌شدن بدنها از ضرب شمشیر.

۲- چاکاچاک čāk-ā-čāk [← چاک] (ص‌مر.) ۱- دارای شکاف بسیار، پرشکاف. ۲- پاره پاره.

چاکانیدن čāk-ānīdan [= چکانیدن] ← چکانیدن.

۱- چاک‌چاک čāk-čāk [= چاکاچك = چکاچاک] (اِصت.) ←۱ چاکاچاک.

۲- چاک‌چاک čāk-čāk [= چاکاچاک] (اِمر.) ←۲ چاکاچاک.

چاک دادن č.-dādan (مص‌م.) ۱- شکاف دادن، دریدن. ۲- پاره کردن.

چاک داده č.-dāda(-e) (ص‌مف.) ۱- شکاف داده، دریده. ۲- پاره کرده.

چاکر čākar(ker) [تر.؟ = شاکر، معر.] (اِ.) نوکر، بنده، خدمتگزار.

چاکری čākar-ī (ker-) [تر.؟-ف.] (حامص.) نوکری، بندگی، خدمتگزاری.

چاکسو čāksū [= چاکشو = چاکسو = جاکشو] (اِ.)(گیا.) دانه‌ای ریز و سیاه باندازهٔ بهدانه که در قدیم با کافور برای مداوا در چشم میکشیدند؛ بزرالخمخم.

چاکشو čākšū [= چاکسو] ← چاکسو.

چاک صوت čāk-sawt(-ow-) [ف.-ع.] (اِمر.) (پز.) مزمار (ه.م.)

چاک نای čāk-nāy (اِمر.) (فره.) (پز.) مزمار (ه.م.)

چاکوچ čākūč [= چکوچ = چکش] (اِ.) ۱- پتك آهنگران و مسگران؛ مطراق. ۲- چکش (ه.م.)

۱- چال čāl [تهر. čāl = چاله] ۱- (اِ.) گودال، گودی که عمق آن بیشتر از یك گز نباشد. ۲- گوی که جولاهگان پاهای خودرا در آن آویزند. ۳- آشیانهٔ مرغان. ۴- (ص.) گود، عمیق.

۲- چال čāl [تر.] (اِ.) ۱- ریشی (لحیه) که دارای موهای سیاه و سفید باشد؛ دوموی. ۲- اسبی که رنگ موی او سرخ وسفید باشد. ۳- بچهٔ شتر

۳- چال čāl [سنس. čāla، قس. خرچال] (اِ.) (جا.) قسمی مرغابی است که دو نوع دارد: بزرگ آنرا «خرچال» وکوچك آنرا «چال» گویند.

چالاک čāl-āk [= چالاق] (ص.) ۱- چست، چابك، جلد، زرنگ. ۲- جای بلند، محل مرتفع.

چالانچی čālān-čī [تر.] (ص‌نسبـ.)

(مس.) سازنده، نوازنده، ساززن.
چالپاره čāl-pāra(-e) [= چارپاره = چهارپاره] (إمر.) (مس.) ← چهارپاره.
۱- چالش čāl-eš [= چالیش ← چال، چلیدن] (إمص) ۱- رفتن با نازوخرام، رفتار ازروی کبروغرور. ۲- جولان.
۲- چالش čāleš [= جالش] (إمص.) مباشرت، جماع.
۳- چالش čāleš [تر.] (إ.) زد وخورد، جنگ وجدال.
چالش کردن č.-kardan (مص ل.) زد وخورد کردن، جنگ وجدال کردن.
۱- چالشگر č.-gar [← ۱ چالش] (ص فا.) کسی که از روی کبرو غرور بخرامد.
۲- چالشگر č.-gar [← ۲ چالش] حریص در جماع.
۳- چالشگر č.-gar [تر- ف. ← ۳ چالش] (ص فا.) مبارز، جنگجو.
۱- چالشگری č.-ī [← ۱ چالشگر] (حامص.) خرامیدن ازروی کبروغرور.
۲- چالشگری č.-ī [← ۲ چالشگر] (حامص.) حرص درجماع.
۳- چالشگری č.-ī [← ۳ چالشگر] (حامص.) جنگجویی، مبارزه.
چال کردن č.-kardan [← چال] (مص ل.) ۱- گود کردن، عمیق کردن. ۲- چیزی را زیرخاک کردن دفن کردن.
چالو čālū [← چال، چاله] (إ.) گودالی که بیش ازسه گز عمق نداشته باشد.
چاله čāla(-e) [گیل. čāla] (إ.) گودال، گو.
چالیش čālīš [← چالش] (إمص.) ← ۱ چالش.
چالیک čālīk (إ.) دو پارچه چوب که کودکان بدانها بازی مخصوصی کنند؛ الك دولك.

چام čām [= چم] (إ.) خم، پیچ وخم.
چام چام čām-čām [= چم‌چم] (إمر.) پرپیچ وخم (دره، راه).
چامه čāma(-e) [قس. چکامه] (إ.) ۱- شعر؛ مق. چانه. ۲- سرود، نغمه.
چامه سرا(ی) č.-sarā(y) [= چامه‌سراینده] (ص فا.) (مس.) آوازخوان، کسی که شعری را بآواز بخواند، آنکه غزل‌را در دستگاه موسیقی بخواند.
چامه‌گو(ی) č.-gū(y) [= چامه گوینده] (ص فا.) ۱- شاعر، گوینده. ۲- سرودساز، تصنیف ساز. ۳- آوازه خوان.
۱- چامیدن čām-īdan [= چمیدن] (مص ل.) (چامید، چامد، خواهد چامید، بچام، چامنده، چامیده) خرامیدن، چمیدن.
۲- چامیدن čām-īdan [= چمیدن، قس. چامین] (مص ل.) (صر. ↑) شاش کردن، شاشیدن، ادرار کردن.
چامین čām-īn [= چمین ← ۲ چامیدن] (إ.) شاش، بول.
۱- چانه čāna(-e) [تهر. čūne] (إ.) (جانـ.) استخوان زنخ، فك اسفل، ذقن.
۲- چانه čāna(-e) [تهر. čūne] (إ.) گلولهٔ خمیر شده؛ چونه.
۳- چانه čāna(-e) (إ.) سخن منثور؛ مق. چامه.
چانه زدن č.-zadan (مص ل.) بسیار سخن گفتن در هنگام خرید برای کم کردن یا زیاد کردن قیمت.
چاو čāv [چینی č'ao] (إ.) پول کاغذی که بتقلید چین درزمان سلطنت گیخاتو خان پادشاه مغولی ایران در سال ۶۹۳ ه‌ق. مدتی اندك معمول گردید،

چانه(استخوان)

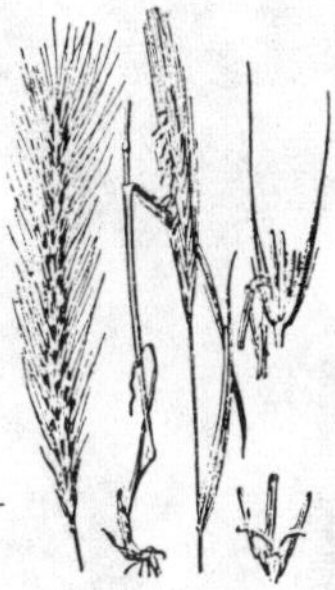

چاودار (گل ودانهٔ آن)

چاه آب (مقطع)

چای (بوته)

وچون مورد قبول مردم واقع نشد، از بین رفت.

چاوخانه č.-xāna(-e) [چینی-ف.] (اِمر.) دستگاه و محلی که تهیهٔ چاو (ه.م.) را بعهده داشت.

چاو چاو čāv-čāv (اِصت.) ۱ -ناله وزاری. ۲ -سر وصدای پرنده‌ای کوچك مانند گنجشك هنگامی که پرندهٔ دیگر باوحمله کندیاکسی بلانهٔ اوتجاوز نماید تابچه‌اش را بگیرد.

چاو دار čāvdār [= چودار، قس. جودر، جودره] (اِ.) (گیا.) گیاهی[1] ازتیرهٔ گندمیان بارتفاع یك تادومتر ودارای برگهای پهن خشن وسنبله‌ای دراز مرکب از سنبلکهاست، وآن دراراضی خشك وآهکی روییده‌میشود. دانه‌هایش برای تهیهٔ آرد ونان بکارمیرود؛ دیرك، دیله، بارنج.

چاوش čāvoš [تر. = چاووش] (ص.،اِ.) ۱- پیشرو لشکر و کاروان، نقیب‌قافله. ۲ - کسی که پیشاپیش‌قافله یا زوار حرکت کند وآواز خواند. ۳- حاجب.

چاوك čāvak [=چکاوك] (اِ.) (جا ن.) ←چکاوك.

۱- چاوله čāvala(-e) (اِ.) (گیا.) گل صدبرگ که بغایت رنگین است.

۲- چاوله čāvala(-e) [اراك čowla] (ص.) کج، معوج.

چاووش čāvūš [تر. = چاوش] (ص.، اِ.) ←چاوش.

چاویدن čāv-īdan (مصل.) (چاوید، چاود، خواهد چاوید، بچاو، چاونده، چاویده) ۱ - بانگ کردن، نالیدن. ۲ - راز ونیاز عاشقانه کردن.

چاه čāh [استـ. čāt-] (اِ.) گودالی بشکل استوانه که در زمین حفر کنند واز آن آب‌بالا کشند، یا فاضل آب‌را در آن ریزند؛ بئر. ‖ ~ِ آب. چاهی که ازآن آب درآید. ‖ ~ِ آرتزین. ← آرتزین. ‖ ~ِ پست. ۱ - چاه کم عمق. ۲ - (کن.) دنیا، عالم. ‖ ~ِ دلو. ۱ - (کن.)برج، دلو. ۲ - (کن.) دنیا، عالم. ‖ ~ِ ظلمانی. ۱ - (کن.) دنیا، عالم. ۲ - (کن.) قالب آدمی. ‖ مادر ~ . (ه.م.)

چاهجو čāh-ǰū [= چاه‌جوینده] (صفا.) ۱ - چاه‌کن، مقنی:

«چاهجویی زسرزلف کژت راست کنم
مگر آرم دل‌ازآن‌چاه زنخدان‌برسر.»
(سپاهانی)

ضح.-این کلمه‌با «چاهخو» (ه.م.) هم‌معنی است. ۲ - چاه یوز (ه.م.)

چاهخو č.-xū [= چاخو← خو] (ص فا.) کسی که پیشه‌اش کندن چاه یالاروبی کاریز یا تنقیهٔ مستراح‌است؛ مقنی، چاهکن. ضح.- این کلمه را نباید‌با «چاهجو» (ه.م.) که آن‌نیز بهمین معنی‌است خلط کرد. درمشهدمقنی‌های دوره‌گرد را «چخو» (čaxo و čaxū) گویند.

چاه یوز čāh-yūz(yōz. قد) [←یوز، جستجوکننده، قس. رزم یوز؛ وقس. چاهجو] (اِمر.) قلابی باشد که بدان چیزی راکه بچاه افتد برآرند.

چای čāy [=چا، چینی dža·da، ta] (اِ.) (گیا.) گیاهی[2] از ردهٔ دولپه‌ییهای جداگلبرگ که‌تیرهٔ‌متمایزی را بنام خود[3] تشکیل میدهد (دربعضی کتب این گیاه را جزو تیرهٔ‌پنیرکیان محسوب داشته‌اند). این گیاه بحالت خودرو ممکنست درختی بارتفاع ۱۰ متر بوجودآورد، ولی چون جوانه‌ها

۱- Seigle (فر.) ۲- Camellia thea(لا.), thé(فر.) ۳- Theaceae(لا.)

و برگهایش را هر سال میچینند. نوع پرورش یافته‌اش بیش از ۲ متر بلند نمیگردد. چای بومی چین‌وهندوستان است. برگهای آنرا دم کرده مصرف کنند، وآن دارای مادهٔ «تئین» است.

چایکاری

چایخوری č.-xor-ī ۱-(حامص.) عمل چای خوردن، چای‌نوشیدن. ۲- (إمر.) آنچه که بدان‌چای نوشند: قاشق‌چایخوری.

چایش čāy-eš (إمص . چاییدن) عمل چاییدن (ه.م.)

چای‌صاف‌کن čāy-sāf-kon [چینی-ع.-ف. =چای‌صاف‌کننده](ص‌فا.، إمر.) آلتی که بدان ریزه‌های‌چای را ازمایع آن خارج کنند[1].

چایمان čāy-mān [← چاییدن] (إمص.) چایش، چاییدن.

چاییدن čāy-īdan [= چائیدن = چاهیدن] (مصل.) (چایید، چاید ، خواهدچایید،-،-،چاییده،چایش،چایمان) سرما خوردن ، ناخوش شدن بسبب سرماخوردگی.

چبین čobīn, čabīn [=چپین] (إ.) ← چپین.

چپ čap [=چب،افغانی čap](إ.) ۱- (إ.) یسار ، ایسر ؛ مق . راست. ۲- (ص.،ق.) ناراست، نادرست. ۳ - (ص.) واژگون. ۴ - لوچ ، احول، کاژ، کاج. ۵ - آنکه بادست چپ کار کند. ۶ - (سیا.) طرفدارسیاست‌دست‌چپی، طرفدار سوسیالیسم وکمونیسم. ۷ - (إ.) (مس.) بی‌اصولی ساز و گویندگی .

چپاتی čapātī [=چاپاتی] (إ.) نان تنك فطیر که بر روی‌تابه پزند.

چپار čapār [تر.] (ص.) ۱ - هر چیز دورنگ عموماً. ۲ - کبوتری‌سبز که خالهای سیاه دارد . ۳ - اسبی که نقطه‌ها وگلهای‌سیاه با غیررنگ‌اصلی خود بربدن دارد؛ ابرش.

چپاغ čapāγ [تر.چاپاق=چاپاخ] (إ.) نوعی ماهی کوچك.

چپان čapān, čappān [←چپانی] (إ.) لباس کهنه، جامهٔ مندرس.

چپاندن čap-āndan [=چپانیدن] (مصم.) چپانیدن (ه.م.)

چپاننده čap-ānanda(-e) (إفا . چپانیدن) کسی که چیزی رابزوروفشار درچیز دیگر جا دهد؛ تپاننده.

چپانی čapān-ī [←چپان] (ص نسبـ.) ۱ - کهنه پوش. ۲ -بیسر وپا.

چپانیدن čap-ānīdan [=چپاندن، م.: چپیدن] (مصم.) (چپانید، چپاند، خواهد چپانید ، بچپان ، چپاننده ، چپانیده) چیزی‌را بازور و فشارمیان چیز دیگر جا دادن ؛ تپاندن.

چپانیده čap-ānīda(-e) [= چپانده](إمف.) بازوروفشار میان‌چیزی جادادن؛ تپانده.

چپاول čapāvol [تر.قس.چپاونی] (إ.) غارت، تاراج، یغما.

چپاولچی č.-čī [تر. ←چپاول] (ص‌نسبـ.) غارتگر، یغماگر.

۱-Tea strainer (انگ.)

چپ اندرقیچی čap-andar-γeyčī (اِمر.) (عم.) کج ومعوج.

چپچاپ čap-čāp [= چپچپ] (اِصت.) صدای بوسه، آواز بوسیدن.

چپچپ čap-čap [← چپچاپ] (اِصت.) ← چپچاپ.

چپ چپی čap-čapī (اِ.) (گیا.) شفت (ه م.)

چپ دادن čap-dādan (مص م.) ۱ - فریب دادن، فریفتن. ۲- ترک کردن، واگذاشتن.

چپر

چپر čapar [مغ.، هند. چهپر čahpar] (اِ.) ۱ - دیواری که از چوب وعلف وشاخه‌های درخت سازند؛ پرچین. ۲ - گروهی ازمردم یاجانوران که دایره وار گرد هم آیند و حلقه زنند.

چپسیدن čaps-īdan [= چسپیدن = چفسیدن = چسبیدن = چوسیدن] ← چسپیدن.

چپش čapeš [طبر. čapeš] (اِ.) بزغالهٔ یکساله.

چپ شدن č.-šodan (مص ل.) ۱ - منحرف شدن، واژگون گردیدن، چپه شدن. ۲ - (سیا.) طرفدار سیاست دست چپی شدن.

چپق čopoγ [تر. چوبوق. قس. ف. چوبك] (اِ.) نوعی آلت تدخین، دارای دسته‌ای چوبی وسرسفالی. توتون چپق رادرسر آن ریزند ودود کنند.

چپقك čopoγ-ak (اِ.) (گیا.) زرآوند (ه.م.)

چپ کوك čap-kūk (ص مر.) (مس.) کوك آلات موسیقی متناسب با صدای زن (زیر)؛ مق. راست کوك.

چپل čapal [= پچل ← چپلك] (ص.) کسی که خودرا بچیزهای ناشایسته آلوده کند؛ چرکن، نکبتی.

چپلك čapal-ak [← چپل] (ص.) ← چپل.

چپلوس čaplūs [= چاپلوس] (ص.) ← چاپلوس.

چپ مضراب čap-mezrāb [ف.-ع.] (ص مر.) (مس.) اصطلاحی است درطرز مضراب زدن بسیمهای ساز، از پایین ببالا؛ مق. راست مضراب.

چپو čapaw(-ow) [تر.] (اِ.) غارت، یغما، تاراج.

چپوچی č.-čī [تر.] (ص نسب.) غارتگر، یغماگر، تاراج کننده.

چپه čapa(-e) (اِ.) تخته‌ای دسته‌دار بهیأت بیل که کشتی‌بانان کشتی رابدان رانند.

چپه čappa(-e) [← چپ] ۱ - (ص.) کسی که کارها بدست چپ انجام دهد. ۲ - (اِ.) (عم.) انحراف بیك سمت ↓.

چپه شدن čappa(-e)-šodan [← چپه] (مص ل.) برگشتن اتومبیل ومانند آن بیك سمت؛ واژگون شدن.

چپیدن čap-īdan [قس م. چپاندن، چپانیدن] (مص ل.) (چپید، چپد، خواهد چپید، بچپ، چپنده، چپیده) فرورفتن چیزی در چیز دیگر بزور، جاگرفتن چیزی درچیزدیگر بافشار.

چپیره čapīra(-e) [= ۱ جبیره] (اِ.) آمادگی وگردآمدن مردم بجهت شغلی وکاری.

چپیره شدن č.-šodan (مص ل.) آماده شدن و جمع آمدن مردم بجهت شغلی وکاری.

چپین čopīn [= چبین، طبر. čapī]

(اِ.) طبقی که ازچوب بید بافته باشند ؛ طبق چوبین، سله.

چپیه čapya(-e) (اِ.) دستار بزرگی که عربان بجای کلاه برسر گذارند وبر روی آن عگال (عقال) بندند.

چپیه‌عقال č.-eγāl [ف.-ع.] (اِمر.) ← چپیه.

چتر čatr [سنس.- čahattra] (اِ.) ۱ - سایبان کوچك دسته‌دار که برای حفظ خود از آفتاب یاباران و برف بالای‌سر نگاهدارند. ۲ - موی کوتاهی که مردان برفرق گذارند. ۳ - چتر نجات (ه.م.) ‖ ~ آبگون. (کنـ.) آسمان. ‖ ~ دریایی. (اِمر.)(جا ن.) مدوز (ه.م.) ‖ ~ روز. (کنـ.) آفتاب، خورشید. ‖ ~ زرین. (کنـ.) آفتاب. ‖ ~ سحر. (کنـ.) آفتاب. ‖ ~ سیمابی. (کنـ.) ماه‌شب‌چهارده. ‖ ~ سیمین. (کنـ.) ماه‌شب چهارده. ‖ ~ شاهی (سلطنتی). سایبانی که بر سر پادشاهان نگاه میداشتند. ‖ ~ عنبرین. ۱ - (کنـ.) تاریکی‌شب. ۲ - شب، لیل. ‖ ~ کحلی. ۱ - (کنـ.) آسمان. ۲ - (کنـ.) ابرسیاه. ‖ ~ نجات. [ف.-ع.] (اِمر.) چتری که با آن از هواپیما فرود آیند ؛ پاراشوت. ‖ ~ نور. (کنـ.) آفتاب.

چترباز č.-bāz [= چتر بازنده] (صفا.) کسی که باچتر نجات ازهواپیما بزمین فرود آید.

چترك čatr-ak [← چتر] (اِ.) (گیا.) سرخسی[1] از خانوادهٔ آسپلنی‌ها که برروی دیوارها وتخته سنگهارويد ودرشمال ایران فراوانست. برگهایش کوچك و دارای بریدگی بسیاراست، وازآن درطب در امراض مجاری‌ادرار و کلیه‌ها استفاده میکنند ؛ حشیشة - الطحال، آلتون اوتی.

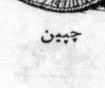

چتری čatr-ī [← چتر] (ص‌نسبـ.) ۱ - منسوب به چتر، مانند چتر، چرخی. ۲ - درخت یا بوته‌ای که شاخه‌های آن مدور ومانند چترباشد. ‖ چتریان. (گیا.) تیره‌ای از گیاهان که گلهای آنها بشکل چتر در بالای شاخه‌ها قرار دارد مانند: جعفری، وهویج.

چتکه čotke [= چرتکه، رسـ.] (اِ.) (عم.) ← چرتکه.

چتلاقوچ čatlāγūč [=چاتلانقوش] (اِ.) ← چاتلانقوش، بنه.

چتلانغوز čatlānγūz (اِ.) ۱ - (گیا.) میوهٔ گیاه خاورك ← خاورك. ۲ - (گیا.) چتلانقوش (ه.م.)

چتلانقوش čatlānγūš [= چاتلانقوش] (اِ.) (گیا.) بنه (ه.م.)

چتوار čatvār [از رسـ. = چتور] (اِ.) چتور (ه.م.)

چتور čatvar [رسـ.] (اِ.) یك‌چهارم گیروانکه، تقریباً برابربا ۱۲۵ گرم.

چتوك čotūk [سنس.- *čataka] (اِ.) (جا ن.) گنجشك (ه.م.)

چچ čač (اِ.) ۱ - چوبی باشد چند

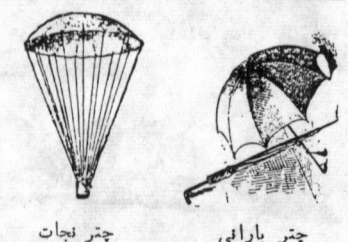

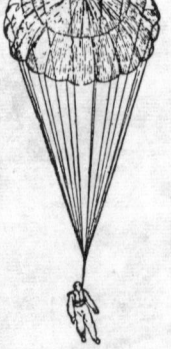

چپین

چپیه

چتری (گیاه)

چترباز وچتر نجات

چتر نجات

چتر بارانی

1–Ceterach officinarum(.لا)

چچك

شاخه مانند پنجهٔ دست و دسته‌ای هم دارد که غلهٔ کوفته را بدان باد دهند؛ چهارشاخ، هید. ۲ - غربالی که بدان غله پاك کنند.

چچك čačak [تر.] (اِ.) گل، ورد.

چچلاس čečelās [گیلـ. čīčīlās] (اِ.) (جاذ.) سنجاقك (ه‌.م.)

چچلاس

چچم čačam [= چچن] (اِ.)(گیا.) شلك (ه‌.م.)

چچن čečen [= چچم] (اِ.) (گیا.) شلمك (ه‌.م.)

چچن (ودانهٔ آن)

چچو čočū (اِ.) پستان (زن یا جانور ماده).

چچول čočūl [= چچوله = چچله] (اِ.) ۱ - قطعهٔ کوچك گوشت میان فرج زن؛ خروسه، چچوله، چچله. ۲ - آلت تناسل پسر خرد سال.

چچوله čočūla(-e) [= چچول] (اِ.) چچول (ه‌.م.)

چچیق čačīγ [= ججیق، معر.] (اِ.) (مس.) ازمطلقات آلات ذوات النفخ که آنرا موسیقار ختایی نیز گویند وآن چنان بود که نایها راجمع کنند وبرهم چسبانند، درزیر هرنایی سوراخی باشد وبریك طرف نای کجیی از برنج ساخته‌اند وآن انبوبه بود واز آن نفخ داخل شود و در مجموع نایها در رود و هرنغمه‌ای که خواهند بدان وسیله استخراج کنند.

چخماق (سنگ)

چخماق تفنگ

تفنگ و چخماق آن

۱ - چخ čax (اِ.) غلاف کارد، شمشیر ومانند آن.

۲ - چخ čax [= جخ] (ر‌ی. چخیدن) (اِمص.) ۱ - کوشش، سعی. ۲ - خصومت، تعدی، جنگ.

۳ - چخ čax [← چخین] (اِ.) چرك، ریم.

۱ - چخ čex (اِ.)(گیا.) خاس (ه‌.م.)

۲ - چخ čex (اِصتـ.) کلمه‌ایست که برای نهیب زدن به سگ و راندن او گویند.

چخاچخ čax-ā-čax [= جخاجخ = چکاچك = چکاچاك = چقاچاق] (اِصتـ.) صدا وآواز شمشیر زدن از پی‌هم.

۱ - چخان čaxān [← چخیدن] (ص فا.) ۱ - ستیزه کننده. ۲ - کوشنده، ساعی.

۲ - چخان čaxān [= چاخان] ← چاخان.

چخش čaxš [= جخش] (اِ.) ← جخش.

چخماخ čaxmāx [تر. = چخماق] (اِ.) چخماق (ه‌.م.)

چخماخی čaxmāx-ī [= چقماقی = چخماقی] ← چخماقی.

چخماق čaxmāγ [تر. = چخماخ = چاخماق = چاقماق] (اِ.) ۱ - سنگ آتش‌زنه، سنگ آتش (ه‌.م.) ۲ - قطعهٔ آهن که بسنگ زنند تا جرقه تولید شود. ۳ - (نظ.) یکی از آلات تفنگ که بوسیلهٔ ضربهٔ آن چاشنی تفنگ میترکد و باروت آتش میگیرد وساچمه یا گلوله خارج میگردد.

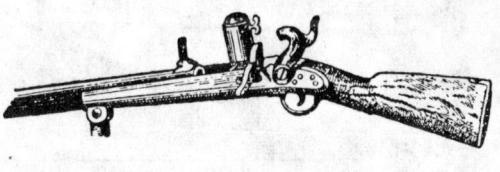

چخماقی čaxmāγ-ī [تر.-ف. = چخماخی = چقماقی] (ص نسبـ.) منسوب به‌چخماق. ۱ - ازسنگ‌چخماق[1]. ۲ - آنکه سنگ چخماق دارد یا سنگ چخماق میزند. ‖ سبیل ~ . سبیل تاب داده که از دو سوی بطرف بالا گراییده.

چخنده(-e) čax-anda [← چخیدن] (إفا.) ۱ - کوشنده، ساعی. ۲ - ستیزه کننده. ۳ - دم زننده.

چخیدن čax-īdan [= چغیدن] (مص ل.) (چخید، چخد، خواهدچخید، بچخ، چخنده، چخیده) ۱ - کوشیدن، سعی کردن. ۲ - ستیزه کردن. ۳ - دم زدن.

چخیده (-e) čax-īda (إمف.) ۱ - کوشیده. ۲ - ستیزه کرده شده. ۳ - دم زده.

چخین čax-īn [← ۳چخ] (ص نسبـ.) چرکین، ریم آلوده.

چدن če-dan [= چیدن] (مص م.) (← چیدن) ۱ - جدا کردن میوه و مانند آن (از درخت). ۲ - برگزیدن.

چدن čodan (إ.) فلزی است مرکب از آهن و زغال که قریب صدی پنج کربن دارد و بر دوقسم است: ‖ ~ خاکستری. که در ریخته‌گری و قالب‌گیری استعمال شود و در ۱۲۰۰ درجه حرارت ذوب گردد. ‖ ~ سفید: که سخت و شکننده است.

چده (-e) če-da [= چیده] (إمف. چدن) ← چیده.

چر čar (ری. چریدن) (إفا.) در ترکیب بمعنی «چرنده» آید: علف‌چر.

چر čor [= چل = چول] (إ.) آلت تناسل مرد؛ چل.

چرا čar-ā [← چریدن] (إمص.) چریدن، عمل جانوران چرنده در چراگاه.

چرا če-rā ۱ - (ادات استفهام)، کلمه‌ای که پرسش را رساند، بمعنی برای چه؟: «چرا باین زودی آمدی؟» ۲ - (ادات تأکید و اثبات) در پاسخ سؤال منفی بمعنی بلی، آری. ‖ ~ نه. (نو.) در جواب سؤال طرف هنگامی گویند که اثبات امری را بخواهند برسانند[2].

چرابه čarāba(-e) (إ.) چربیی که روی شیر بندد؛ سرشیر، قیماق.

چراخوار čarā-xār [= چراخور] (إمر.) چراگاه، چراخور.

چراخواره čarāx-vāra(-e) [= چراغواره] (إمر.) ← چراغواره.

چراخور čarā-xor [= چراخوار] (إمر.) چراخوار (ه.م.)

چراسك čarāsak [= جرواسك] (إ.) ← جرواسك.

چراغ čarāγ (če.-) [پهـ. cirāγ = معر. سراج] (إ.) آلتی که در تاریکی آنرا روشن کنند و بدان اشیا را ببینند؛ و آن دارای اقسامی چند است. ‖ ~

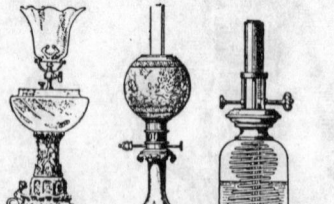

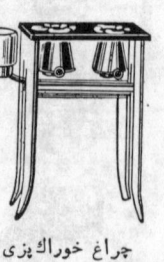

چخماقی (سبیل)

چراغ الکلی

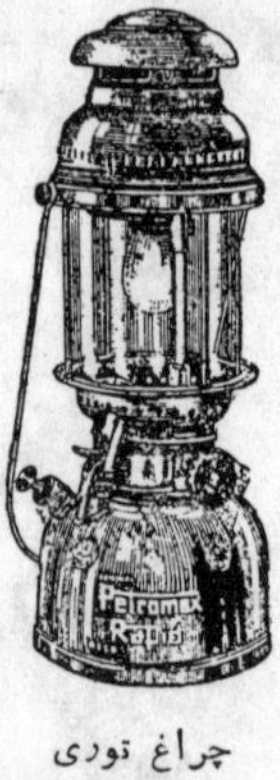

چراغ توری

چراغ خوراک‌پزی

انواع چراغ

۱ - Silicieux (فر.)
۲ - قس. Pourquoi pas (فر.)

چراغان

آخر . (-āxor) (کنـ.) فراخی عیش، بسیاری نعمت ‖ ـــ الکتریکی . ← چراغ برق. ‖ ـــ الکلی . چراغی که مادهٔ مولد حرارت و روشنی آن الکل است. ‖ ـــ برق . چراغی است که با

چراغپا

انواع چراغ برق

استفاده از برق روشن میشود ؛ چراغ الکتریکی. ‖ ـــ پرهیز . آنچه که چراغ را از باد حفاظت کند ؛ فانوس. ‖ ـــ چشم . (کنـ.) فرزند. ‖ ـــ سپهر . (کنـ.) ۱ - آفتاب. ۲ - ماه . ۳ - ستارگان . ‖ ـــ سحر. ۱ -(کنـ.) آفتاب . ۲ - ستارهٔ صبح . ‖ ـــ سحرگهان . (کنـ.) آفتاب . ‖ ـــ مغان . (کنـ.) شراب انگوری. ‖ ـــ نفتی . چراغی که با نفت روشن‌شود.

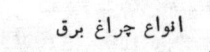

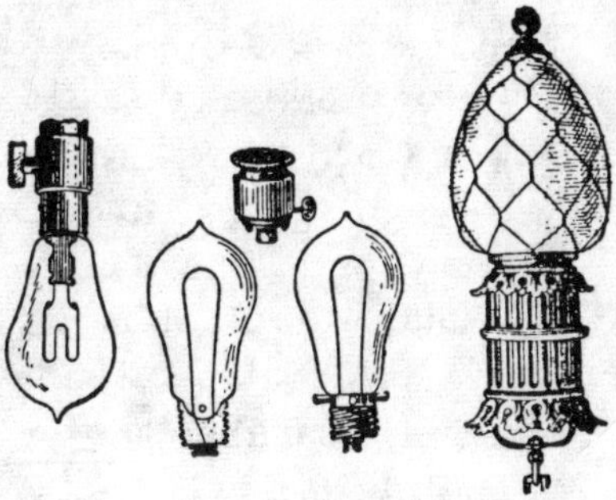

چراغپایه

چراغ پیه‌سوز

چراغان čarāγ-ān(če.-) (اِمر.) ۱ - عمل روشن کردن چراغهای بسیار در جشن و شادمانی ؛ چراغانی . ۲ - مجلس شادمانی که در آن چراغهای بسیار روشن کنند . ۳ - نوعی شکنجه که چند جای سر و تن محکوم را سوراخ کرده ، فتیله یا شمع افروخته در آن سوراخها فرو میکردند.

چراغانی č.-ī (اِمر .) چراغان (ه.م.)

چراغانی کردن č.-kardan (مص م.) چراغان کردن، آذین بستن: «تمام شهر را چراغانی کردند.»

چراغ بره č.-bara(-e) [= چراغواره] (اِمر.) چراغواره (ه.م.)

چراغپا č.-pā [= چراغپایه] (اِمر.) ۱ - پایهٔ چراغ، آنچه که چراغ را روی آن گذارند . ۲ - حالت ایستادن اسب هنگامی که هر دو دست خود را بلند کند و روی دو پای خویش بایستد.

چراغپایه č.-pāya(-e) [= چراغپا] (اِمر.) ← چراغپا.

چراغچی č.-čī [ف.-تر.] (ص نسبـ.) خدمتگزاری که مأمور روشن کردن چراغهاست .

چراغدان č.-dān (اِمر.) ۱ - جایی که چراغ را در آن بگذارند؛ جاچراغی. ۲ - فانوس .

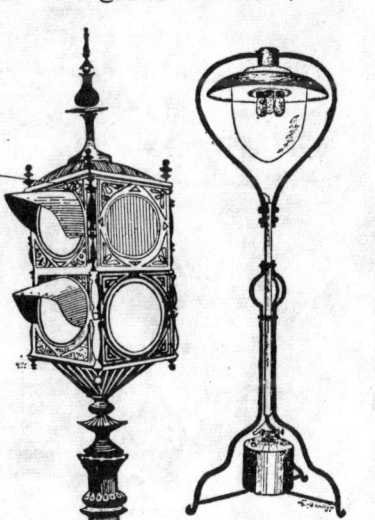

چراغ راهنما

چراغ توری پایه‌دار

چراغپایه

چراغك (-.čarāɣ-ak(če [← چراغ](امصغ.)۱ - مصغر چراغ (هـ.م.) ۲ -(جا ن.) کرم شب‌تاب ، شبچراغك ، چراغینه .

چراغله (čarāɣ-la(-e [←چراغ] (إمر.) (جا ن.) کرم شب تاب (← چراغك ۲).

چراغواره (č...vāra(-e[=چراغ‌واره=چراغ‌بره=چراغوره] (إمر.) جاچراغی که از شیشه سازند وچراغ را در آن گذارند تا باد آنرا خاموش نکند؛ چراغ بره.

چراغوره (č.-vara(-e [= چراغواره] (إمر.) ←چراغواره.

چراغینه (č.-īna(-e [←چراغ] (ص‌نسبـ.، إمر.) (جا ن.) کرم شب‌تاب، شبچراغك، چراغك، چراغله .

چراگاه(تد.-.čarā-gāh(če(إمر.) جای‌چریدن‌حیوانات علفخوار؛ مرتع، علفزار،چراگه ، چراخور .

چراگر č.-gar (ص‌فا.) چرنده،چرا کننده، حیوانی که علف بخورد .

چرام čarām [← چر ، چریدن ، چرامین] (إ.) چراگاه، علفزار .

چرامین čarāmīn [← چرام] (ص‌نسبـ.، إمر.) ۱ - چراگاه، علفزار. ۲ - کاه ، علف.

چران čar-ān [← چر ، چریدن] (إفا.) در ترکیب بمعنی «چراننده» آید: گاوچران، گوسفندچران.

چراندن (تد.-.čar-āndan(čer [=چرانیدن](مص‌م.)چرانیدن(هـ.م.)

چراننده(تد.-.čar-ānanda(-e)(čer (إفا.چراندن،چرانیدن)کسی که‌حیوان علفخوار را در چراگاه بچرا وادارد.

چرانیدن(تد.-.čar-ānīdan(čer [= چراندن](مص‌م.)(چرانید،چراند، خواهد چرانید ، بچران ، چراننده ، چرانیده) علف‌خورانیدن بحیوانات، گردش دادن حیوانات علفخوار در علفزارها تا چرا کنند.

چرانیده (تد.-.čar-ānīda(čer.-e (إمف .چرانیدن) علف خورانیده .

چراییتا čerāyītā [لا . gentianae chirayitae] (إ.) (گیا.) نی نهاوندی (هـ.م.)

چرب čarb [په . carp] (ص .) روغن، روغن دار، چیزی که‌دارای‌مادهٔ روغنی باشد ؛ روغن آلود[1] . ‖ ـــ وخشك . (کنـ.) ۱ - بد و نیك . ۲ - زیاده و کم . ۳ - سخا و بخل . ۴ - سخی و بخیل.

چرب‌آخر(آخور) č.-āxor [= آخرچرب] ← آخر چرب.

چرب‌آخری(آخوری) č.-āxor-ī (حامص .) (کنـ .) استفادهٔ امرا وبزرگان‌از علوفهٔ جایی بدون‌پرداخت وجه .

چرب پهلو č.- pahlū ۱ - (کنـ.) کسی که مردم از پهلوی او فایده ونفع یابند . ۲ -.(کنـ.)فربه، سمین ؛ مق. لاغر .

چربدست č.-dast (ص‌مر.) ۱ - چابك ، چالاك ، جلد . ۲ - ماهر ، زبردست .

چربدستی č.-dast-ī(حامص.) ۱ - چابکی، چالاکی، جلدی. ۲ - مهارت، زبردستی .

چرب‌روده (č.-rūda(-e(إمر.)← جگرآکند .

---

۱ - Graisseux (فر.)

چرب زبان

چرب‌زبان č.-zabān (ص‌مر.) ۱ - شیرین زبان، خوش‌سخن. ۲ - متملق، چاپلوس.

چرب زبانی č.-ī (حامص.) ۱ - شیرین زبانی، خوش سخنی. ۲ - چاپلوسی، خوشامدگویی.

چربش čarb-eš [= چربیش، په. čarbišn] (اِ.) چربی، پیه سوختنی.

چرب قامت čarb-γāmat [ف-ع.] (ص‌مر.) (کن.) بلندقامت، خوش‌قد.

چربک čarb-ak [= چربه = متر. چلبک = چلپك] ۱ - (اِ.) قسمی نان روغنی تنك، نانی که خمیر آنرا تنك سازند ودرمیان روغن بریان کنند. ۲ - سرشیر، قیماق. ۳ - (مج.) دروغ، بهتان، سخنی که از راه سیاست و غمز دربارهٔ کسی گویند.

چربوز

چرب گفتار č.-goftār (ص‌مر.) ۱ - شیرین سخن، چرب زبان. ۲ - نکته سنج.

چرب‌گو(ی) č.-gū(y) [= چرب گوینده] (ص‌فا.) ← چرب زبان (همع.)

چربو čarb-ū [= چربه = چربی] (اِمر.) چربی.

چربوز čarbūz (اِ.) (جا.) کلاکموش (ه‌.م.)

چربه čarba(-e) [= چربك = چربی = چربو] (اِ.) ۱ - کاغذ چرب و تنك که نقاشان بر روی صفحهٔ تصویر و طرح گذارند و با قلم مو صورت و نقش آنرا بردارند. ۲ - پرده‌ای که بر روی شیر بندد؛ قیماق.

۱ - چربی čarb-ī [= چربو = چربه، په. čarpīh] (اِمر.) ۱ - سفیدی روی گوشت گاوو گوسفندومانند آنها که چرب است. ۲ - مادهٔ روغنی که روی آبگوشت جمع میشود. ۳ - سرشیر، قیماق. ۴ - (پز.) ماده‌ای که در دستهٔ اجسام چرب قرار میگیرد[1] ← چربیها ↓. ‖ **چربیها**. (پز.) دستهٔ بزرگی[2] از مواد آلی که از اکسیژن و ئیدرژن و کربن ترکیب شده‌اند و جزو مواد سه تایی محسوب میشوند.

۲ - چربی čarb-ī (حامص.) ۱ - چرب بودن، روغنی‌بودن. ۲ - نرمی، ملایمت. ۳ - چستی، چالاکی. ۴ - (اِ.) سخن چرب و دلفریب.

چربیدن čarb-īdan (مص ل.) (چربید، چربد، خواهد چربید، ـ، چربنده، چربیده) ۱ - سنگین‌تر شدن چیزی بر چیز دیگر از حیث وزن. ۲ - غالب شدن کسی بر دیگری، چیره شدن بر، فزونی یافتن بر.

چرت čort (اِ.) حالت بین خواب وبیداری، خواب سبك، پینکی.

چرت زدن č.-zadan (مص ل.) بخواب سبك رفتن، خواب سبکی کردن واندکی بعد بیدار شدن.

چرتکه čortke [= چتکه، رس. scetka] (اِ.) چهارچوبه‌ای که‌دارای چند رشته مهره های چوبین بسیم کشیده است، و بدان اعداد را محاسبه و جمع و تفریق کنند.

۱ - چرخ čarx [په. čark] ۱ - (اِ.) هر چیز مدور که حرکت دورانی داشته باشد و دور محورخود بچرخد: چرخ درشکه، چرخ ارابه، چرخ دوچرخه، چرخ اتومبیل. ۲ - هر دستگاهی که باگردش دور محوری کار کند: چرخ دولاب، چرخ‌عصاری. ۳ - (کن.) آسمان.

---

۱ - Graisse (فر.)

۲- Lipides (فر.)

۴ -(کن.)فلك.۵ - کمان‌سخت.۶ - گریبان (جامه‌وپیراهن). ۷ - پیراهن.۸ - طاق ایوان، طاق درگاه شاهان. ۹ - جایی که انگور درآن ریزند و لگد کنندتا شیرهٔ آن برآید ؛ معصر ، چرخشت . ۱۰- دستگاهی که بدان پنبه ریسند ؛ چرخه. ۱۱- نوعی از منجنیق که بدان تیر اندازند ؛ کمان حکمت . ۱۲- (إمص.) گرد کسی یا چیزی گردیدن، حرکت دوری . ۱۳- (تص.) گردمجلس برآمدن درویشان در هنگام سماع . ‖ ~ **اخضر** . (کن.) آسمان. ‖ ~ **پایی** . نوعی از چرخ خیاطی که چرخ طیارآن بوسیلهٔ پاحرکت کند. ‖ ~ **پنبه‌ریسی** . دستگاه پنبه‌ریسی. ‖ ~ **ترساجامه** . (کن.) فلك اول، فلك قمر. ‖ ~ **چاه** . دستگاهی است‌که برای بالا آوردن اجسام سنگین از ته چاه بکار رود. ‖ ~ **چنبری** . (کن.) آسمان. ‖ ~ **خیاطی** . ماشین‌خیاطی. ‖ ~ **دستی** . نوعی چرخ حیاطی که چرخ طیارآن با نیروی دست حرکت کند. ‖ ~ **دولابی** . (کن.) آسمان. ‖ ~ **زرین کاسه** . (کن.) فلك‌چهارم، فلك خورشید . ‖ ~ **صوفی‌جامه** . (کن.) فلك اول ، فلك قمر . ‖ ~ **کبود** . (کن.) آسمان. ‖ ~ **گندناگون**. (کن.) فلك اول ، فلك قمر . ‖ ~ **مقوس** . ۱ - (کن.) فلك (عموماً). ۲ - فلك‌البروج (خصوصاً) . ‖ ~ **نختابی**. ماشین نختابی .

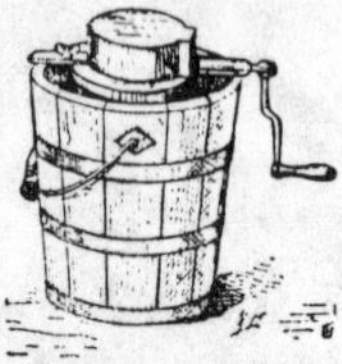

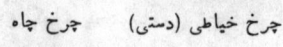

چرخ بستنی

چرخ چاه

چرخ خیاطی (دستی)

چرخ لاستیک

چرخ‌خیاطی (پایی)

چرخ شیر

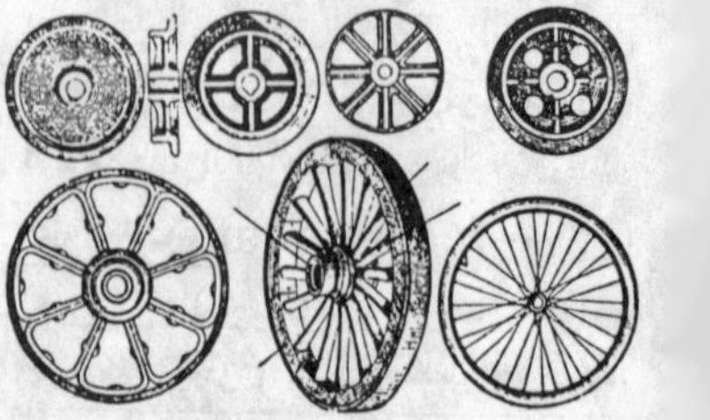

چرخ (انواع مختلف)

۲ - چرخ čarx [= چرغ] (اِ.) (جا ن.) ← چرغ.

چرخاب čarx-āb [= چرخ‌آب] (إمر.) ۱ - چرخی که‌بقوهٔ آب حرکت کند. ۲ - گرداب.

چرخاندن čarx-āndan [= چرخانیدن] (مص م.) چرخانیدن (ه.م)

چرخاننده čarx-ānanda(-e) (إفا. چرخاندن، چرخانیدن) کسی که چیزی را بچرخاند .

چرخانیدن čarx-ānīdan [= چرخاندن .قس. چرخیدن] (مص‌م.) (چرخانید، چرخاند، خواهدچرخانید، بچرخان، چرخاننده،چرخانیده) چرخ دادن، گرداندن ، حرکت دادن چرخ بدور محورش .

چرخ خوردن č.-xordan (مص‌ل.) چرخ‌زدن، چرخیدن.

چرخ دادن č.-dādan (مص م.) چیزی را دور خودش گردانیدن ؛ چرخانیدن .

چرخ ریسک č.-rīs-ak [=چرخ ریسو] (اِمر.) (جا ن.) پرنده‌ایست کوچک[1] از تیرهٔ گنجشکان، از راستهٔ دندانی نوکان که در غالب نقاط روی زمین دیده میشود. گونه های مختلف آن برنگهای مختلف، آبی، خاکستری، زرد و سیاه است. صدایش مانندصدای دوک نخ ریسی‌است. این پرنده برای زراعت بسیار مفید است زیرا حشرات مختلف را شکار میکند و میخورد؛ چرخ‌ریسو، دوك‌ریسک.

چرخ ریسک

چرخ‌زدن č.-zadan (مص‌ل.) دور خود گردیدن، چرخیدن.

چرخست čarxost [=چرخشت] (اِ.) ←چرخشت.

چرخ سوار čarx-savār (ص مر.) آنکه سوار دوچرخه شود.

چرخ سوار

چرخشت čarxošt [=چرخست، سغد. crxwšt، قس. په. karxōš] (اِ.) ۱- چرخی که با آن آب انگور گیرند. ۲- حوضی که درآن انگور بریزند و لگدکنند تا شیرهٔ آن برآید. ۳- ظرفی که در آن انگور ریزندولگدکنند تا شیرهٔ آن گرفته شود.

چرخشت

چرخ کردن č.-kardan (مص‌م.) ۱- بوسیلهٔ دستگاه مخصوص عصارهٔ چیزی را گرفتن: چرخ کردن شیر. ۲- با دستگاه مخصوصی چاقو و مانندآنرا تیز کردن. ۳- بوسیلهٔ دستگاهی گوشت را ریز ریز کردن. ۴- (پز.) دندان‌را با دستگاه خاصی تراشیدن.

چرخله čarx-ala(-e) [←چرخه] (اِ.) (گیا.) ←چرخه۴.

چرخنده čarx-anda(-e) (اِفا. چرخیدن) کسی‌یا چیزی که دورچیزی چرخد؛ گردگردنده.

چرخوك čarx-ūk [← چرخ] (اِمر.) چوبی است‌مخروطی‌که‌کودکان ریسمانی برآن بندند و طوری‌برزمین اندازندکه تا مدتی‌بر روی زمین‌چرخ زند؛ گردنا.

چرخه čarxa(-e) [←چرخ] (اِ.) ۱- هرچیز شبیه چرخ. ۲- آلتی در چرخ نخ‌ریسی‌دستی‌که نخ را دور آن پیچند. ۳- کلاف نخ. ۴- (گیا.) گیاهی است که ساقهٔ سست و باریک دارد؛ چرخله، کافیلو، شکاعی. ۵- قرقره. ‖ ~ آبنوس. ۱- (کنـ.) آسمان (عموماً). ۲- (کنـ.) فلك‌اول، فلك قمر (خصوصاً).

چرخی čarx-ī (ص‌نسبـ.، اِمر.) (منسوب به چرخ) ۱- مدورمانند چرخ، گرد مثل‌چرخ. ۲- هرچیز که بچرخد. ۳- جامهٔ نازك ابریشمی. ۴- نوعی‌از اطلس. ۵- هرچیز که آنرا استادان ریخته‌گر و مسگر چرخ‌کرده باشند. ۶- مستراح، ادبخانه.

چرخیدن čarx-īdan (←چرخ) (مص‌ل.) (چرخید، چرخد، خواهد چرخید، بچرخ، چرخنده، چرخیده.

۱- Mésange (فر.)، parus (لا.)

متعدی: چرخاندن، چرخانیدن) چرخ زدن، چرخ‌خوردن، دورخود یا چیزی گردیدن، گرد گردیدن .

۱ - چرد čard [=چرده=چرته] (اِ.) رنگ، لون (مخصوصاً در چارپایان).

۲ - چرد čard (اِ.) جایی که چارچوب در خانه را بر آن کار گذارند؛ آستانه.

چرده čarda(čerde) [=چرته= چرد] (اِ.) ۱ - رنگ، لون (عموماً). ۲ - رنگ چهره و پوست: سیاه‌چرده.

چرز čarz [=جرز، په. čarz] (اِ.) (جاذ.) چکاوك (ه.م.)، قبره.

۱- چرس čaras (اِ.) ۱ - بند، زندان. ۲ - شکنجه، آزار.

۲- چرس čaras [قس. چر، چریدن] (اِ.) چراگاه چهارپایان.

۳- چرس čaras [←چرسدان] (اِ.) چیزهایی که درویشان و گدایان از گدایی جمع کنند.

۴- چرس čaras [←چرخ، چرخشت] (اِ.) چرخشت (ه.م.)

چرس čars (اِ.) ماده‌ای سقزی[1] که از برگ شاهدانه گیرند، و آن مخدر است و با توتون یا تنباکو در سرچپق یا قلیان ریزند و دود کنند.

چرسدان čaras-dān [←۳چرس] (اِمر.) رومال و روپاکی باشد که قلندران چهار گوشهٔ آنرا بهم بندند وبر دوش یا ساق اندازند، و آنچه از گدایی بهم رسد در آن نهند.

چرغ čarγ [=چرخ←صقر، معر.] (اِ.) (جاذ.) پرنده‌ایست شکاری[2] از ردهٔ شکاریان روزانه، جزو راستهٔ عقابها[3] که جثه‌اش از باز وحتی از کلاغ معمولی نیز کوچکتر است. استخوان تارس پای این پرنده بلند و قوی و نیروی پنجه‌هایش متوسط و بالها و پرهای دمش طویل است. چرغ برنگهای خاکستری با لکه‌های سیاه و سفید دیده میشود؛ چرخ، صقر.

چرغ

چرغند čar-γand [=جرغند= چرغنده=جگرآکند] (اِمر.) ← جگرآکند.

چرغنده čar-γanda(-e) [= چرغند=جرغند=جگرآکند] (اِمر.) ←جگرآکند.

چرغول čarγūl [= چرغون = جرغول] (اِ.) (گیا.) زبان بره، لسان‌الحمل، بارهنگ (ه.م)

چرغون čarγūn [= چرغول] (اِ.) ←چرغول.

چرك čerk [گیل. čark] (اِ.) ۱-مادهٔ سفیدرنگی که از زخم ودمل بیرون آید. ۲ -مادهٔ تیره رنگ و چربی که بسبب ناشستن تن یا جامه در روی پوست بدن یا لباس ظاهر شود؛ شوخ. ۳ - (ص.) (عم.) چرکین، کثیف.

چرك čorak [تر. =چروك] (اِ.) نان.

چرك‌آلود čerk-ālūd [= چرك آلوده] (صمف.) چرکین، کثیف: «لباس چرك‌آلودی بتن داشت.»

چرك آلوده č.-ālūda(-e) [= چرك‌آلود] (صمف.) چرکین، چرك-آلود (ه.م.)

چرکتاب čerk-tāb [= چرك‌تابنده] (صفا.) پارچه یا جامه‌ای که رنگ آن خاکستری یا قهوه‌یی باشد، و چرك در آن دیر نمایان گردد.

چرکن čerk-en [= چرکین]

۱- Charas (فر.) ۲ - Crécerelle (فر.), cerchneis (لا.)

۳ - Rapaces diurnes (لا.)

(ص نسبـ.) ← چرکین .

چرکین čerk-īn [= چرکن ← چرك] (ص نسبـ.) ۱ - آنچه که چرك آلود و ناپاك باشد . ۲ - زخمی که از آن چرك آید .

چرم čarm [اسـ. čareman] (اِ.) ۱ - پوست گاو یا شتر دباغی شده . ۲ - پوست بدن انسان. ‖ ~ شیر. ۱ - پوست شیر. ۲ - (کنـ.) تازیانه، شلاق. ‖ ~ گور ۱ - پوست گورخر. ۲ - (کنـ.) چله و زه کمان .

(چرمدان) čaram-dān [محر. حرمدان = خرمدان] ← حرمدان.

چرم گیله čarm-gīla(-e) (اِمر.) (گیا.) غار گیلاس (ه.م.)

چرم لیوه č.-līva(-e) (اِمر.) (گیا.) غار گیلاس (ه.م.)

چرمه čarma(-e) [= جرمه] (اِ.) ۱ - اسب (مطلقاً). ۲ - اسب سفید. ۳ - چرمینه (ه.م.)، مچاچنگ .

چرمین čarm-īn [= چرمینه ← چرم] (ص نسبـ.) منسوب به چرم، هر چیز که از چرم ساخته شده باشد .

چرمینه čarm-īna(-e) [= چرمین] (ص نسبـ.) ۱ - هر چیز که از چرم ساخته شده باشد ، چرمین . ۲ - آلتی که از چرم وغیره بشکل آلت رجولیت سازند وزنان شهوی آنرا بکار برند ؛ مچاچنگ، چرمه .

چرند čarand (ص.) بیهوده، یاوه، سخن بی‌معنی.

چرند بافتن č.-bāftan (مص ل.) مطالب بیهوده بهم بافتن، لاطایل گفتن.

چرندبافی č.-bāf-ī (حامص.) عمل چرند بافتن (ه.م.)

چرند گفتن č.-goftan (مص ل.) ← چرند بافتن.

چرندگو(ی) č.-gū(y) (ص فا.) آنکه لاطایلات گوید ؛ بیهوده گوی .

چرندو čarandū [= چرنده = جرنده] (اِ.) غضروف .

۱ - چرنده čar-anda(-e) (اِفا. چریدن) حیوان علفخوار که چرا کند ، علفخوار. ج. چرندگان .

۲ - چرنده čaranda(-e) [= چرندو = جرنده] (اِ.) غضروف.

چرنگ čarang [= جرنگ = جیرینگ] (اِصت.) ۱ - آوازی که از برخورد پیاپی شمشیر و گرز و مانند آنها برآید. ۲ - صدای زه کمان. ۳ - آواز درای وزنگ . ۴ - صدایی که در کوه وگنبد پیچد . ۵ - آواز شکستن بلور و مانند آن.

چرنگیدن čarang-īdan [= جرنگیدن] (مص ل.) (صر. ← لنگیدن) آواز کردن شمشیر و گرز و مانند آنها بر اثر تصادم.

۱ - چروک čorūk (اِ.) چین وشکن که در روی پارچه یا پوست بدن انسان ظاهر گردد .

۲ - چروک čorūk [تر. = چرك] (اِ.) نان .

چروکیدن čorūk-īdan [← چروك] (مص ل.) چروك یافتن، پرچین و چروك گردیدن.

چروکیده čorūk-īda(-e) (اِمف.) چروك یافته، پرچین و چروك شده .

۱ - چرونده čarv-anda(-e) [← ۱ چرویدن] (اِفا.) چاره‌جوینده.

۲ - چرونده čarv-anda(-e) [← ۲ چرویدن] (اِفا.) ۱ - رونده . ۲ - دونده .

چرونس červons [رسـ. červonets] (اِ.) واحد پول روسیه معادل ده روبل، طلای ده‌مناتی.

۱ - چرویدن čarv-īdan [← چار، چاره] (مصل.) (صر. ← دویدن) چاره جستن.

۲ - چرویدن čarv-īdan (مص ل.) (صر. ← دویدن) ۱ - رفتن. ۲ - دویدن.

چریدن čar-īdan [است. čar ، چرا کردن] (مصم.) (چرید، چرد، خواهد چرید، بچر، چرنده، چریده. متعدی: چراندن، چرانیدن) علف خوردن جانوران علفخوار در چراگاه؛ چرا کردن.

چریش čərīš (ا.) (گیا) درختی است[1] از تیرۀ سماقیان[2] که شبیه درخت سنجد تلخ است و در جنوب ایران (بندر عباس و چاه بهار) کشت میشود و از هندوستان وارد ایران شده است.

چریك čarīk(če-) [تر. = چری] (ا.) سربازان داوطلب تعلیم ندیده، جنگجویانی که از افراد عشایر و قبایل گردآورند و بیاری سربازان تعلیم دیده فرستند؛ حشر.

چزغ čezγ [= چزك = چژك] (ا.) (جا ن.) خارپشت.

چزك čezk [= چزغ = چژك] (ا.) (جا ن.) خارپشت.

چژك čežk [= چزغ = چزك] (ا.) (جا ن.) خارپشت.

چس čos (ا.) بادی بد بو که بیصدا از مقعد (انسان یا حیوان) خارج شود.

چسان če-sān (ادات استفهام) چگونه؟ چه جور؟ چه نحو؟: «این مدت را چسان گذرانیدی؟»

چسب časb (ا.) ماده‌ای که با آن دو قطعه کاغذ، چوب، شیشه و غیره را بیکدیگر چسبانند.

چسباندن časb-āndan [= چسبانیدن] (مصم.) (چسباند[-nd]، چسباند [-nad]، خواهد چسباند، بچسبان، چسباننده، چسبانده] ← چسبانیدن.

چسباننده časb-ānanda(-e) (إفا. چسباندن، چسبانیدن). ۱ - کسی که دو چیز را بهم چسباند. ۲ - میل دهنده، منحرف سازنده.

چسبانیدن časb-ānīdan [= چسباندن] (مصم.) (چسبانید، چسباند، خواهد چسبانید، بچسبان، چسباننده، چسبانیده، لازم: چسبیدن) متصل کردن دوچیز بهم، پیوستن دوچیز بیکدیگر.

چسبندگی časb-anda(e)g-ī (حامص.) چسبنده بودن، چسبناك بودن.

چسبنده časb-anda(-e) (إفا. چسبیدن) ۱ - کسی یا چیزی که بدیگری چسبد. ۲ - چیزی که دارای چسب باشد. ۳ - میل کننده، منحرف.

چسبیدن časb-īdan [= چسپیدن = چفسیدن] (مص ل.) (چسبید، چسبد، خواهد چسبید، بچسب، چسبنده، چسبیده. متعدی: چسباندن، چسبانیدن) ۱ - متصل شدن چیزی بچیز دیگر چنانکه جدا کردن آنها دشوار باشد. ۲ - چیزی را محکم بدست گرفتن. ۳ - محکم پیوستن بکسی یا چیزی. ۴ - میل کردن، متمایل شدن، منحرف شدن.

چسبیده časb-īda(-e) (إمف.) ۱ - متصل شده. ۲ - میل کرده، منحرف شده.

چسپ časp [= چسب] (ا.) ← چسب.

چسپاندن časp-āndan [= چسباندن] ← چسبانیدن.

۱- Melia indica Brand (.لا)

۲ - Térébinthacées (.فر)

چسپاننده časp-ānanda(-e) [= چسباننده] ←چسباننده (همع.)

چسپانیدن časp-ānīdan [= چسبانیدن] (مصم.) ←چسبانیدن.

چسپندگی časp-anda(e)g-ī (حامص.) ←چسبندگی.

چسپنده časp-anda(-e) [= چسبنده] (إفا.) ←چسبنده.

چسپیدن časp-īdan [= چسبیدن] (مصل.) ← چسبیدن.

چست čost [قس. په. vičōdišn] (ص.) ۱ - چالاك، چابك، جلد. ۲ - محکم، استوار. ۳ - تند، سریع. ۴ - تنگ، چسبان؛ مق. فراخ، گشاد.

چستی čost-ī [←چست] (حامص.) چابکی، چالاکی.

چس‌خور čos-xor [= چس‌خورنده] (صفا.) (کنـ.) ممسك، بخیل.

چس خوری čos-xor-ī (حامص.) (کنـ.) بخل، لئامت.

چسنده čos-anda(-e) (إفا. چسیدن) آنکه چس کند، کسی که فسوه دهد.

چس‌فیل čos-e-fīl (إمر.) (عم.) ذرت بو داده. ضح. - دانه‌های ذرت (بلال) رادرظرفی سرپوشیده وسوراخ‌دارروی آتش‌جنبانندتا دانه‌ها بتدریج بوداده شوند و بترکند و سفیدگردند. چس فیل را بعنوان تنقل خورند.

چس نفس čos-nafas [ف.-ع.] (صمر.) (عم.) ۱ - پرحرف، روده‌دراز. ۲ - هرزه‌درا، یاوه‌گو.

چس نفسی č.-nafas-ī [ف.-ع.] (حامص.) (عم.) ۱ - پرحرفی، روده‌درازی. ۲ - هرزه درایی، یاوه‌گویی.

چسنگ časang (ص.) ۱ - کل، کچل. ۲ - (إ.) داغ پیشانی که براثر کثرت سجده یا بعلتی دیگر حاصل گردد.

چسو čos-ū [←چس] (صفا.) آنکه چس بسیار کند، کسی که فسوه بسیار دهد.

چس و فس čos-o-fes (إمر.)(عم.) خرت وپرت، خرده ریز ناقابل، اشیاء بی‌مصرف.

چسونه čos-ūna(-e) [←چسو] ۱ - (صفا.) آنکه چس بسیار کند؛ چسو (ه‌م.) ۲ - (جانـ.) جانورکی مانند خنفساء ودرازتر از آن‌که درخانه‌های مرطوب وزیر فرشها پیدا شود، وچون بدان دست‌زنندبوی‌عفن ازخودپراکند؛ خرچسونه، چسینه. ۳ - (عم.) نوعی دشنام برای تحقیر کسان؛ پست‌و نالایق.

چسی čos-ī [←چس] (حامص.) (عم.) لاف وگزاف بیهوده ↓ : «چسی مالیات دارد(داره).»

چسی آمدن č.-āmadan (حامص.) (عم.) لاف و گزاف زدن، پز دادن: «چسی نیا.»

چسیدن čos-īdan [←چس] (مصل.) (صر. ←رسیدن) چس‌دادن، فسوه دادن.

چسینه čos-īna(-e) [←چس] (صنسب.، إمر.) (جانـ.) چسونه (ه‌م.)، خرچسونه.

۱ - چش čaš(češ) [= چشم] (إ.) (عم.) چشم، دیده.

۲ - چش čaš [ریـ. چشیدن] (إفا.) در ترکیب بمعنی «چشنده» آید: نمك چش، تلخی چش.

چش če-š [= چه‌اش] ۱ - (موصول + ضم.) چه‌اش. ‖ هر ــ. هر چه آنرا، هرچه وی را:

«چوهرچش ببایست ، شد ساخته
وزان ساخته گشت پرداخته...»
(شا.)
۲ - (ادات استفهام + ضم.) چه آنرا: چش است(عم.چشه)، چیست اورا:«چون نان حرام میخوری آب چش است ؟» (اشرف).

چش čoš (اِصت.) کلمه ایست که بدان خررا از رفتار باز دارند.

چشام češām [=چشم = چشخام] (اِ.) (گیا) چشم (češom) (ه.م.)

چشان čaš-ān[←چشیدن] ۱-(ص فا.) چشنده. ۲ - (حا.) درحال چشیدن .

چشاندن čaš-āndan(češ.-) [= چشانیدن] (مصم.)←چشانیدن .

چشانده čaš-ānda(češ-de) [= چشانیده] (اِمف.)←چشانیده.

چشاننده čaš-ānanda(češ-de) (اِفا.چشاندن، چشانیدن) کسی که مزهٔ چیزی را بدیگری چشاند.

چشانیدن čaš-ānīdan(češ.-) [= چشاندن] (مصم.)(چشانید ، چشاند، خواهد چشانید ، بچشان ، چشاننده ، چشانیده، لازم:چشیدن) کمی ازخوردنی دردهان دیگری گذاشتن تاطعم و مزهٔ آنرا دریابد.

چشانیده čaš-ānīda(češ-de) [= چشانده] (اِمف.) کمی ازخوردنی داده شده.

چشایی čaš-ā-yī(češ.-) [← چشیدن] (حامص.) ۱ - عمل چشیدن، ذوق. ۲ - (اِ.) یکی از حواس ظاهره که باآن مزهٔ چیزها را دریابند وآلت آن زبانست، ذایقه (فره.) .

چشته čašta(češte) [← چاشت ، چاشته] (اِمر.) ۱ - چاشت. ۲- طعمه، نواله. ۳- غذایی که بحیوانات(ماهیان، جانوران درنده وغیره) دهند. ۴-چاشنی، مزه . ۵ - کمی از گوشت که بمرغان شکاری دهندتا آنهاراحریص بشکار کنند.

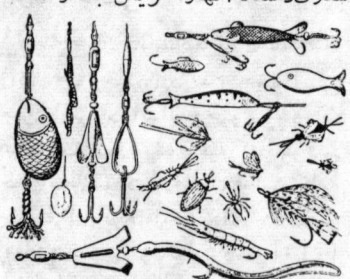

چشته (انواع مختلف)

چشته خوار č.-xār [= چشته خوارنده = چشته خور] (ص فا.) ۱- طعمه خوار، نواله خور . ۲ - چاشنی خور . ۳ - کسی که چون یکبارمزهٔ چیزی راچشد همواره آرزوی آنرا کند. ۴- هرحیوان اعم ازدرنده و پرنده که اورا طعام اندك دهند تارام شود.

چشته خواری č.-xār-ī (حامص.) عمل وحالت چشته خوار (ه.م.)

چشته خور č.-xor [=چشته خورنده = چشته خوار] ←چشته خوار.

چشته خوری č.-xor-ī [= چشته خواری]←چشته خواری.

چشته خوردن č.-xordan (مص ل .) ۱ - چاشت خوردن ، طعام اندك خوردن . ۲ - طعمه خوردن جانوران درنده. ۳ - از چیزی لذت بردن وباز درپی آن برآمدن .

چشخام čašxām [=چشام = چشم] (اِ)←چشم (češom).

چشزخ čaš-zax [= چشم زخم] (اِمر.) ←چشم زخم.

چشش čaš-eš(češeš) ۱ - (اِمص. چشیدن) عمل چشیدن، مزه کردن. ۲ - (اِ.) طعم. ۳ - چشایی، ذوق.

چشك češk,češak ۱-(ص.)افزون، غالب، بیش.۲-(اِ.)افزونی،غلبه،زیادتی.

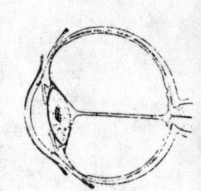

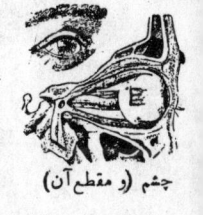

چشمگر čaš-gar [←چش، چشیدن] (ص‌فا.) چاشنی گیر (ه‌.م.)

۱ - چشم čašm,češm [پہ.čašm]

(اِ.) **۱** ـ (جاذ.) دیده ، عضو اصلی حس باصره درانسان وحیوان[1]، و آن عبارتست ازدو عضوقرنیه که‌درطرفین خط وسط صورت درقسمت قدامی کاسهٔ چشم قرار گرفته‌اند وبرای حفاظت‌از آفات خارجی پلکها روی آنها را می‌پوشانند . تعداد چشمها در انسان واکثر جانوران یك زوج‌است، ولی‌در بعض‌راسته‌های مختلف بندپاییان‌تعداد آنها بیش ازآنست وگاه بچندین‌هزار میرسد (مثلادرزنبوروپروانه). بطورـ کلی ساختمان چشم رابدوقسمت تقسیم میکنند: **الف**-جدارها. **ب**-دیگرمحتویات چشم. جدارهای چشم عبارتند از: ۱ ـ صلبیه، که درقسمت‌جلو قرنیه‌رامیسازد. ۲ ـ مشیمیه. ۳ ـ شبکیه. محتویات‌چشم عبارتندازقسمتهای شفافی که‌نوراز آنها عبور میکند و از جلو بعقب عبارتند از: ۱ ـ مایع‌زلالیه. ۲ ـ عدسی. ۳ ـ زجاجیه . ج.چشمان ، چشمها . **۲** ـ نگاه، نظر. **۳** ـ چشم زخم، نظربد . **۴** ـ امید: «چشم آن‌دارم.» **۵**ـ (ق.) قید اجابت و تصدیق ؛ بچشم ، بالای چشم،سمعاً وطاعةً . **۶** ـ(اِ.) گشادگی‌در نوشتن بعض حروف. **۷** ـ سفیدی‌میان سر «ف»،«ق» و «و». **۸** ـ هر یك از خالهای طاسهای‌نرد. **۹** ـ (ص.)(مج.) عزیز، گرامی. **ترکیبات‌اسمی:**‖**آب ~** . اشك‌چشم. ‖ **~ آخربین**. دیدهٔ‌آخر بین، چشم عاقبت نگر. ‖ **~ امید**. امید وانتظار وآرزوی‌بسیار. ‖ **~ بد**. نظربد، نگاه‌بد، چشمی که اثر بد دارد وچشم زخم زند. ‖ **~ بصیرت**. چشم بینایی ، دیدهٔ عقل . ‖ **~ بی‌آب**. (کنـ.) بیحیا، بی‌شرم. ‖ **~ بیمار**. چشم نیم بسته که برجمال معشوق بیفزاید . ‖ **~ بینا**. چشم روشن وبیننده. ‖ **~ پرویزن**.(کنـ.) سوراخ پرویزن . ‖ **~ پشت**. (کنـ.) مقعد. ‖ **~ ترك**. (کنـ.) چشم‌تنگ. ‖ **~ تنگ**. (کنـ.) **۱** ـ چشم‌تنگ‌ـ بین. **۲** ـ حریص ، آزمند . ‖ **~ حسود**. چشم‌زخم . ‖ **~ حقارت**. نظر تحقیر. ‖ **~ خروس**. (گیا.)(ه‌.م.) ‖ **~ خروسان**. (کنـ.)شراب‌انگوری. ‖ **~ دام**. (کنـ .) شبکه‌های دام. ‖ **~ درع**. حلقهٔ‌زره. ‖ **~ دل**. (کنـ.) چشم باطن، دیدهٔ عقل. ‖ **~ روز**. (کنـ.) آفتاب . ‖ **~ سحاب** . (مج.) دیدهٔ ابرها که‌ازآن‌اشك(باران) میریزد . ‖ **~ سر** . (sar) چشم ظاهر، بصر؛مق. چشم‌باطن،چشم‌سر ↓ ، ‖ **~ سِر**. سر (serr). چشم باطن، چشم‌دل ؛مق. چشم‌سر ↑ . ‖ **~ سوزن**. (کنـ.) سوراخ سوزن . ‖ **~ سیاه**. چشم سیاهرنگ . ‖ **~ سیل روان**. دریا. ‖ **~ شادی**. چشمی که ازشوق و آرزوی خبری در پریدن باشد. ‖ **~ شب**. (کنـ.)ماه‌وستاره. ‖ **~ شوخ**. دیدهٔ گستاخ،چشم‌بیحیا. ‖ **~ شور**. چشم بدکه زود اثر کند. ‖ **~ عقل**. دیدهٔ خرد، چشم باطن. ‖ **~ عنایت** . دیدهٔ عنایت ، نظر لطف . ‖ **~ غزال** . پیالهٔ لبالب شراب . ‖ **~ فتراك**. (کنـ.) حلقهٔ فتراك . ‖ **~ فرنگی**. عینك،چشمك. ‖ **~ گاو**. (ه‌.م.) ‖ **~ گاوانه**. (کنـ.)چشم فراخ. ‖ **~ گاومیش**.(ه‌.م.) ‖ **~ گرداب**. (کنـ.) حلقهٔ گرداب. ‖ **~ گندم** . دانهٔ گندم که چاك آن بچشم میماند. ‖ **~ مور**. **۱**ـاشیاءِخردوریزه.

ساختمان چشم

چشم (و مقطع آن)

۱ـ OEeil (فر.)

۲ - کاغذ وجز آن که بر آن افشان بسیار خرد وریزه کرده باشند. ‖ ـــِ موری. ۱ - اشیاء خرد وریزه. ۲ - قیمه قیمه شده. ‖ ـــِ میم. (کنـ.) حلقهٔ میم (م). ‖ ـــِ نرگس. (کنـ.) دیدهٔ گل نرگس. ‖ ـــِ نرم. (کنـ.) چشم بی آزرم، دیدهٔ بیحیا. ‖ ـــِ نی. (کنـ.) سوراخ نی. ‖ ـــِ نیلوفری. چشم کبود، دیدهٔ فیروزه رنگ. **ترکیبات فعلی:** ‖ **آب ـــ ریختن.** (کنـ.) گریستن. ‖ **آب در ـــ آمدن.** اشك شوق درچشم آمدن. ‖ **از ـــ کسی یا چیزی افتادن.** درنظر شخصی بیقدرومنزلت شدن، منفورشدن نزد او پس از محبوبیت. ‖ **از ـــ انداختن کسی یاچیزی را.** (کنـ.) مورد بغض ونفرت یاعدم توجه قرار دادن آن کس یا آن چیز را. ‖ **به ـــ آمدن.** ۱ - مهم جلوه کردن. ۲ - از نظر بد آفت رسیدن. ‖ **به ـــ خوردن چیزی.** بنظر آمدن، بنظر رسیدن. ‖ **به ـــ درآمدن.** درنظر جلوه کردن. ‖ **به ـــِ کسی کشیدن چیزی را.** جلوه فروختن بدان کس بسبب آن چیز. ‖ **به ـــ کسی کشیدن کاری را.** منت گذاشتن بدان کس بسبب انجام دادن آن کار. ‖ **به ـــ کردن کسی یاچیزی را.** درنظر گرفتن وزیر نظر داشتن آن کس یا آن چیز را. ‖ **پشت ـــ نازك کردن.** (کنـ.) کبروغروروناز و افاده کردن. ‖ **پیش ـــ داشتن.** در نظر داشتن، از نظر گذرانیدن. ‖ **پیش ـــ کردن.** (کنـ.) بیاد داشتن چیزی یا مطلبی. ‖ **ـــ آب دادن.** (کنـ.) تماشا کردن. ‖ **ـــ از جهان بستن.** (کنـ.) مردن، دم در کشیدن. ‖ **ـــ بچیزی دوختن.** با چشم آنرا نگریستن: «وی که هنوز چشم بتابلوی نقاشی دوخته بود، گفت ...» ‖ **ـــ بخواب کردن.** ۱ - خواباندن کسی را. ۲ - چشم ... را ببستن واداشتن. ‖ **ـــ برپشت پا دوختن (داشتن).** (کنـ.) باشرم وحیا بودن، خجالت کشیدن. ‖ **ـــ براه داشتن.** درانتظار چیزی یا کسی بودن. ‖ **ـــ ودل پاك بودن.** (کنـ.) امانت داشتن، عفت داشتن. ‖ **ـــ و دل سیر بودن.** (کنـ.) اعتنا بمال ومنال نداشتن. ‖ **ـــ هارا چهارکردن. ـــ هایش چهارشدن.** انتظار شدید بردن. ‖ **در ـــ آمدن کسی یا چیزی.** (کنـ.) خوب وزیبا و باارزش جلوه کردن آن کس یا آن چیز در نظر.

۲- چشم čašm, čašom [= چشام = چشمزك = چشمیزج = تشمیزك = تشمیزج، معر.] (اِ.) (گیا.) گیاهی[1] از تیرهٔ پروانه‌واران که بطور خودرودر افریقا خصوصاً مصر و سودان روید، و شبیه به سنای مکی است و میوه‌اش مانند میوهٔ باقلانیام است و دانه‌هایش ریز وتقریباً باندازهٔ به دانه و مثلثی شکل وسیاه و براق است. سابقاً دانه‌های آنرا در تداوی امراض چشم بکار میبردند؛ چشام، چشمیزك، جاکسو.

چشمارو čašm-ā-rū [= چشماروی] (اِمر.) تعویذی که بجهت دفع چشم‌زخم (ازانسان، حیوان، باغ، خانه و جز آنها) سازند؛ حرز.

چشماروی č.-ā-rūy [= چشمارو] (اِمر.) ← چشمارو.

چشم آرو č.-ā-rū [= چشمارو] ← چشمارو.

چشم آروی č.-ā-rūy [= چشماروی] ← چشمارو.

چشم آغل č.-āγel [= چشم آغیل] ← چشم آغیل.

چشم آغلیدن č.-āγel-īdan (مص

۱- Cassia absus (لا.), casse d'Egypte (فر.)

چشم آغول

ل.) بگوشهٔ چشم نگریستن از روی قهر وغضب.

چشم آغول č.-āγūl [= چشم آغیل] ← چشم آغیل.

چشم آغیل č.-āγīl [= چشم غله č.-γola، چشم آغل = چشم آغول ← ۲ آغیل] (إمر.) نگریستن بگوشهٔ چشم از روی غضب ؛ چشم غله.

چشم بند č.-band (إمر.) ۱- افسونی که بدان چشم مردمان را بندند. ۲ - پارچه یا پارهٔ چرمی که بر چشم گاو خراس وجز آن بندند. ۳ - روبنده که ازپارچهٔ سیاه نازك سازند و زنان بر- چهره افکنند؛ پیچه، روبند. ۴ - کفش زنانه. ۵ - (صفا.) آنکه چشم بندی کند، شعبده‌باز.

چشم آلوس č.-ālūs ۱ - (إمر.) نگریستن بگوشهٔ چشم، چشم آغیل. ۲ - (صفا.) بغضب نگاه کننده

چشم آویز č.-āvīz (صمف.، إمر.) ۱ - نقابی سیاه وشبکه‌دار که زنان آنرا از پیش چشم آویزند. ۲- چیزیست از پوست که آنرا تریشه تریشه کنند و بجهت دفع مگس ازپیش چشم اسب آویزند. ۳ - تعویذ دفع چشم زخم، چشمارو.

چشم افتادن č.-oftādan (مصل.) ~ برچیزی. واقع شدن نگاه بدان، خیره شدن نظر برکسی یاچیزی، دیدن کسی یا چیزی را.

چشم افروز č.-afrūz [← چشم افروزیده] (صفا.) روشنی بخش چشم، هرچیز یاهرکس که مشاهدهٔ وی چشم را روشنایی بخشد.

چشم افسا(ی) č.-afsā(y) [= چشم افساینده] (صفا.) باچشم فریب دهنده.

چشم افکن č.-afkan [= چشم افکننده] (صمف.، إمر.) منظر، چشم انداز، دورنما.

چشم افکندن č.-afkandan (مص ل.) ~ به...، چشم انداختن، نظر کردن. ‖ ~ از...، چشم پوشیدن از...، صرف نظر کردن از ...

چشم انداختن č.-andāxtan ~ به (بر، در) چیزی. نگاه کردن به...، نظر کردن در ...

چشم انداز č.-andāz (صمف.، إمر.) مساحتی از دشت یاتپه و کوه که چشم آنرا ببیند؛ منظره.

چشم انداز شدن č.-šodan (مص ل.) ۱ - ازبالا نظر کردن. ۲ - غافل بودن از...، تغافل کردن از ...

چشم باختن č.-bāxtan (مص ل.) (کن.) کور شدن.

چشم باز č.-bāz (ص.)(مج.) بیدار، مواظب، مراقب.

چشم باز کردن č.-kardan (مص م.) ۱ - گشودن چشم ؛مق. چشم بستن. ۲ - کسی یا چیزی‌را بدقت نگریستن. ۳ - (مج.) بیدار شدن از خواب. ۴ - چشم رضا ومحبت بکسی باز کردن.

چشم براه č.-be-rāh (صمر.) کسی که در انتظار ورود مسافر یا مهمانی عزیز باشد. ‖ ~ بودن. منتظربودن، نگران بودن.

چشم بستن č.-bastan (مصم.) ۱ - چشم برهم نهادن، فروبستن چشم؛مق. چشم باز کردن. ۲ - افسون کردن، چشم‌بندی کردن. ‖ ~ ازجهان. (کن.) مردن.

چشم بلبل č.-bolbol (إمر.) نوعی پارچه که بصورت چشم بلبلان بافند؛ بلبل چشم.

چشم بلبلی Č.-bolbol-ī (ص نسب.، إمر.) قسمی لوبیا که درخورش ریزند.

چشم بندک Č.-band-ak (إمر.) بازیی است کودکانرا که در آن چشم یکی را بندند و دیگران پنهان شوند سپس چشم اورا گشایند تادیگران را پیدا کند، هرکدام راکه‌پیدا کند بر او سوار شود تا محل معین و بعد ازآن چشم کودك پیدا شده را بندند.

چشم بندی Č.-band-ī (حامص.) افسونگری، ساحری.

چشم پریدن Č.-parīdan (مصل.) ــــ کسی‌را. (کنـ.) جستن چشم وی‌از رنج وغیره.

چشم پزشك Č.-pezešk (إمر.)(پز.) طبیبی که‌بیماریهای‌چشم‌را مداوا کند[1]؛ کحال.

چشم‌پنام Č.-panām [← پنام](إمر.) تعویذی که جهت دفع چشم زخم نویسند.

چشم‌پوش Č.-pūš [= چشم پوشنده] (صفا.) کسی که اغماض کند.

چشم پوشی Č.-pūš-ī (حامص.) نادیده گرفتن گناه کسی‌را؛ اغماض.

چشم پوشیدن Č.-pūšīdan (مص ل.) اغماض کردن، نادیده انگاشتن.

چشم پیش Č.-pīš (ص مر.) (کنـ.) شرمنده، خجل.

چشم تنگ Č.-tang (ص مر.) ۱ - بخیل. ۲ - حسود.

چشم تنگی Č.-tang-ī (حامص.) ۱ - آزمندی، حرص ورزی، بخل. ۲ - حسد.

چشم چران Č.-čarān [= چشم چراننده](صفا.) کسی که چشم چرانی کند، آنکه نظر بازی کند.

چشم چراندن Č.-čarāndan (مص ل.) (کنـ.)چیزمرغوب یاشخص محبوب را تماشا کردن.

چشم چرانی Č.-čarān-ī(حامص.) نظر بازی.

چشم‌چرانی‌کردن Č.-kardan(مص ل.) نظربازی‌کردن.

چشمخانه Č.-xāna(-e)(إمر.) خانهٔ چشم، حفره‌ای که چشم درآن‌جادارد، کاسهٔ چشم.

چشم خروس Č.-e-xorūs (إمر.) (گیا.) گیاهی‌است[2] ازتیرهٔ‌پروانه‌واران جزو تیرهٔ پیچیها که برگهایش مرکب ویکی از برگچه‌هایش تبدیل به پیچی شده که میتواند بدور نباتات دیگر بپیچد، وآن‌جزوگیاهان‌بومی‌هندوستان و جنوب شرقی آسیاست ؛ عشقهٔ چشم خروس، شجرة‌العقد، عین‌الدیك.

چشم‌خواباندن Č.-xābāndan[= چشم خوابانیدن] (مص ل.) (کنـ.) تغافل کردن.

چشم خوابانیدن Č.-xābānīdan (مصل.)← چشم خواباندن.

چشم خوابیدن Č.-xābīdan (مص ل.) ــــ ازکسی. چشم پوشیدن ازاو، بخشودن وعفو کردن وی.

چشم خوردن Č.-xordan (مصل.) (کنـ.) چشم زخم خوردن ، هدف چشم بد شدن.

چشم خورده Č.-xorda(-e)(صمف.) چیزی یاکسی که ویرا چشم زخم‌رسیده باشد.

چشمداشت Č.-dāšt(مص‌خم.)انتظار وصول‌چیزی، توقع، امیدیاری‌وهمراهی ازکسی داشتن.

۱– Oculiste(فر.) ۲– Abrus procotorius (.لا)

چشم داشتن č.-dāštan (مص ل.) توقع وامید داشتن، انتظار داشتن.

چشمدان č.-dān (إمر.) چشمخانه، کاسهٔ چشم.

چشمدانه č.-dāna(-e) (إمر.)(پز.) نوعی داروی چشم.

چشم دراندن č.-darāndan [= چشم‌درانیدن](مص‌ل.) ۱ - چشم‌چهار کردن، دریده کردن چشم. ۲- بیحیایی کردن.

چشم درد č.-dard (إمر.)دردچشم، بیماری چشم.

چشم دریده č.-darīda(-e) (ص مر.) بی‌شرم، بی‌حیا.

چشم رسان č.-rasān [= چشم رساننده] (ص‌فا.)←چشم رساننده.

چشم‌رساننده č.-rasānanda(-e) (ص‌فا.) کسی‌که چشم زخم رساند.

چشم رسیدن č.-rasīdan(res.-) (مص‌ل.) (کنـ.) چشم زخم رسیدن، اثر نظر بد رسیدن.

چشم رسیده č.-rasīda(resīde) (ص‌مف.) کسی‌که چشم زخم باو رسیده باشد.

چشم روشنی č.-raw(ow)šan-ī (إمر.) پیشکشی که‌برای عروس وداماد یاتازه وارد از سفربرند.

چشم‌زاغ č.-zāγ (ص‌مر.) ۱ - کبود چشم. ۲ - (کنـ.) بی‌شرم، بی‌حیا.

چشم زاغ‌داشتن č.-z.-dāštan(مص ل.) ۱ - دارای چشم‌کبود بودن. ۲ - بی‌شرم بودن، بی‌حیا بودن

چشم‌زال č.-zāl (کنـ.) چشم‌بی آزرم.

چشم زخ č.-zax [= چشم زخم] (إمر.) ←چشم زخم.

چشم زخم č.-zaxm [= چشم‌زخ = چشزخ] (إمر.) آسیبی که از چشم بد بکسی رسد.

چشم زخم دیدن č.-dīdan(مص‌ل.) آسیب دیدن از چشم بد.

چشم‌زخم‌رسانیدن č.-rasānīdan (res.-) (مص‌م.) کسی یاچیزی راaز اثرچشم بدآسیب رسانیدن.

چشم زخم زدن č.-zadan (مص‌م.) چشم‌زخم رسانیدن(ه.م.)

چشم زد č.-zad ۱-(ص‌مف.)چشم‌زده (ه.م.) ۲ - (إ.) مهرهٔ سیاه و سفیدکه برای دفع چشم زخم بگردن کودك آویزند. ۳ - زمان اندك؛طرفةالعین، لحظه، لمحه. ۴ - (مص‌خم.) اشاره کردن، چشمك زدن.

چشم‌زدگی č.-zada(e)g-ī(حامص.) چشم زخم (ه.م.)

چشم زدن č.-zadan ۱ - (مص م.) ۱ - ایما واشاره کردن، چشمك زدن. ۲ - چشم زخم زدن. ۳ - بشوق‌ورغبت دیدن. ۴ - (مص‌ل.) (کنـ.) بیداربودن. ۵ - ترسیدن ، هراسیدن . ۶ - زمان اندك، طرفةالعین، لحظه.

چشم‌زده č.-zada(-e) [= چشم‌زد] (ص‌مف.) ۱ - کسی که چشم زخم بدو رسیده باشد؛ چشم زد، چشم رسیده . ۲ - مأیوس، ناامید.

۱ - چشم زن č.-zan[= چشم‌زننده] (ص‌فا.) چشم‌بدرساننده،چشم‌زخم‌زننده.

۲ - چشم زن č.-zan[= چشمیزج، معر. = تشمیزج ← چشمك ، چشام ، چشوم] (إ.)←۲چشم.

چشم زهره č.-zahra(-e) (إمر.) نگاه خیره وغضب‌آلود.

چشم زهره رفتن č.-raftan (مص

ل.) نگاه خیره و غضب‌آلود کردن بکسی.

چشم‌سپید č.-sapīd(se-) [= چشم سفید] (ص‌مر.) ← چشم سفید.

چشم سرخ کردن č.-sorx-kardan (مص‌ل.) غضبناك شدن. ‖ ~ به‌چیزی. ۱ - (کن.) نگریستن بتمام شوق‌ورغبت. ۲ - طمع کردن.

چشم سفید č.-safīd(se.-) (ص‌مر.) ۱ - گستاخ، بی‌حیا. ۲ - لجوج، حرف نشنو. ۳ - (کن.) کور، نابینا.

چشم سفیدی č.-safīd-ī(se.-) (حامص.) ۱ - گستاخی، بی‌شرمی. ۲ - لجاجت، حرف نشنوی.

چشم‌سیاه č.-siyāh (ص‌مر.) آن کس که چشمان سیاه دارد؛ سیاه چشم.

چشم سیاه‌کردن č.-kardan (مص ل.) ۱ - سیاه رنگ کردن چشم باسرمه ومانند آن. ۲ - (کن.) طمع کردن. ۳ - نگریستن درچیزی بشوق ورغبت. ۴ - حسد ورزیدن. ۵ - روشن کردن چشم، باز و بینا کردن دیده.

چشم شدن č.-šodan (مص‌ل.)(کن.) ظاهر شدن، روشن گشتن، منکشف گشتن.

چشم شکستن č.-šakastan(še.-) (مص م.) ۱ - بی‌حیا شدن، گستاخ گردیدن. ۲ - کور شدن.

چشم‌شکسته č.-šakasta(šekaste) (ص مف.) چشم سفید (ه‌م.).

۱ - چشم شور č.-šūr [= چشم شوی] (ص‌مر.) (عم.) آلتی برای‌شست‌وشوی چشم.

۲ - چشم شور č.-šūr (ص مر.) آنکه چشم زخم زند.

۱ - چشم شوری č.-šūr-ī [= چشم شویی] (حامص.) (عم) ۱ - شست و شوی چشم. ۲ - ظرف چشم‌شویی.

۲ - چشم‌شوری č.-šūr-ī (حامص.) چشم زخم زنی.

چشم‌شوی č.-šūy [= چشم‌شوینده] (ص‌فا.، إمر.) ۱ - آن کس که چشم‌خود را شست و شو دهد. ۲ - دارویی که بدان چشم را شست و شو دهند. ۳ - ظرفی مخصوص شست وشوی چشم.

چشم شویی č.-šūy-ī (حامص.) ۱ - شست وشوی چشم با آب یا داروی مایع. ۲ - ظرفی که درآن چشم‌را شست وشو دهند.

(چشم غره) č.-γorra(-e) [مبدل ومصحف «چشم‌غله»] (عم.) (إمر.) ۱ - نگاه خشم آلود. ۲ - تهدید، تخویف.

چشم غره رفتن č.-raftan [← چشم غره] (عم.) (مص ل.) ۱ - نگاه خشم آلود کردن. ۲ - تهدید کردن، تخویف کردن.

چشم غله č.-γolla(-e) [= چشم آغیل ← آغول ← ۲ آغیل] (إمر.) چشم‌غره (ه‌م.).

چشم فرو بستن č.-forū-bastan (مص‌ل.) ۱ - چشم برهم نهادن، چشم بستن. ‖ ~ ازچیزی. صرف‌نظر کردن از آن. ‖ ~ ازجهان. (کن.) مردن، قطع حیات کردن.

چشم‌فرودوختن č.-forū-dūxtan (مص‌ل.) ← چشم فرو بستن.

چشم فسا(ی) č.-fasā(y)(fes.-) [= چشم‌فساینده] (ص‌فا.) کسی که افسون چشم زخم کند.

۱ - چشمك čašm-ak(češ.-) (إمصغ.) ۱ - چشم کوچك. ۲ - اشاره باگوشهٔ چشم. ۳ - عینك.

۲ - چشمك čašm-ak(češ.-)

چشم کردن

(اِصغ.) (گیا.) چشام، چشم (← ۲ چشم)، تشمیزج.

چشم کردن č.-kardan (مص م.) (کن.) چشم زخم رسانیدن.

چشم کرده č.-karda(-e) (ص مف.) چشم زخم رسیده. ۲ - افسون شده.

چشمك زدن čašmak-zadan - (-.češ) (مص ل.) قسمی برهم زدن چشم بقصد ایما واشاره، اشاره کردن بگوشهٔ چشم.

چشمك زن č.-zan [= چشمك زننده] (ص فا.) ۱- بگوشهٔ چشم اشاره کننده. ۲ - چشم زخم زننده. ۳ - جادوگر، ساحر.

چشمك کردن č.-kardan (مص ل.) چشمك زدن (ه.م.)

چشم گاو č.-e gāv [← چشم گاومیش] (اِمر.)(گیا.) گلی است؛ عین البقر.

چشم گاو میش č.-e-gāv-mīš [← چشم گاو] (اِ.) (گیا.) ← چشم گاو.

چشم گرداندن č.-gardāndan [= چشم گردانیدن] (مص ل.) ۱ - خیره نگریستن. ۲ - بقهر و غضب نگاه کردن.

چشم گردانیدن č.-gardānīdan [= چشم گرداندن] (مص ل.) ← چشم گرداندن.

چشم گرفتن č.-gereftan (مص ل.) ۱ - چشم بستن، دیده برهم نهادن. ۲ - چشم پوشی کردن، صرف نظر کردن.

چشم گشته č.-gašta(-e) (ص مف.) احول، کج نظر، لوچ.

۱ - چشملان čašm-a-lān (اِمر.) ۱ - مردمك چشم. ۲ - حدقه.

۲ - چشملان čašm-a-lān [← چشم، چشمیزج، تشمیزج، چشام] (اِمر.) (گیا.) ← ۲ چشم.

چشم مالیدن č.-mālīdan (مص م.) ۱ - پلك دیده را با دست یا چیزی مالیدن. ۲ - (کن.) هوشیار شدن، ازغفلت بیرون آمدن. ‖ **چشمت را بمال!** درست حواست را جمع کن!

چشم نرم č.-narm (ص مر.) کودك امرد فرمانبردار.

چشم نشین č.-našīn(ne.-) [= چشم نشیننده] (ص فا.)(کن.) محبوب (زیرا که چشم عاشقان جلوه گاه اوست)؛ معشوق.

چشم نمایی č.-na(o,e)māy-ī (حامص.) ۱ -(کن.) چشم غره، نگاه خشم آلود. ۲ - تهدید، تخویف. ۳- سرزنش، طعنه، ملامت.

چشم نمودن č.-no(é)mūdan ۱ - (مص ل.) ترسیدن. ۲ - (مص م.) ملامت کردن، سرزنش نمودن.

چشم نهادن č.-nahādan (مص م.) مواظب بودن، مراقب بودن.

چشم نهاده č.-nahāda(-e) (ص مف.) کسی که چشم بچیزی دوخته باشد.

چشم و چراغ č.-o-čarāγ(čer.-) (اِمر.)(کن.) ۱ - موجب بینایی، سرمایهٔ رؤیت. ۲ - محبوب عزیز الوجود.

چشم و همچشمی č.-o-ham-čašm-ī(češ.-) (حامص.) همسری کردن با کسی، رقابت.

چشمه čašma(češme) [پب. čašmak] (اِ.) ۱ - جایی که آب از زمین بیرون آید. ۲ - سوراخ ریز (مانند سوراخ سوزن، جوالدوز). ۳ - حلقه (دام، زره، کمربند). ۴-منبع، اصل، مبدأ: چشمهٔ شور بختی. ۵ - آب اندك. ۶ - چیز اندك. ۷ - ممر معاش، محل ارتزاق. ۸ - دهانهٔ جراحت. ۹ - قسم، نوع؛

«فلانی چندین چشمه کار دارد». ۱۰- فن، بند: «فلان حقه بازده چشمه بازی میکند.» ۱۱- طاق (پل، گنبد). ۱۲- خورشید.
‖ ـــِ **آب**. جایی که آب بطورطبیعی اززمین یا کوه جوشد و جاری شود.
‖ ـــِ **آب گرم**. چشمه‌ای که از آن آب گرم معدنی بیرون آید. ‖ ـــِ **آتش**. ۱- کورهٔ آهنگری و مانند آن. ۲- (کن.) آفتاب. ‖ ـــِ **آتشفشان**. (کن.) آفتاب. ‖ ـــِ **آفتاب**. (کن.) خورشید. ‖ ـــِ **اخضر**. ۱- آب حیات (ه.م.) ۲- دهان معشوق. ۳- شراب.
‖ ـــِ **تدبیر**. ۱- (کن.) مغز سر آدمی. ۲- (کن.) صاحب تدبیر، حکیم.
‖ ـــِ **ترازو**. سوراخ دو سر شاهین ترازو که بندهای ترازو را بدان بیاویزند. ‖ ـــِ **تیره گون**. (کن.) شب تاریك. ‖ ـــِ **تیغ**. ۱- آب تیغ. ۲- آب دم شمشیر. ‖ ـــِ **چشم**. منبع چشم، سرچشمهٔ اشك چشم. ‖ ـــِ **حکمت**. منبع حکمت، سرچشمهٔ خردمندی.
‖ ـــِ **حیات**. ۱- مبدإ حیات. ۲- (اِخ.) آب زندگانی. ‖ ـــِ **حیوان**. ۱ و ۲- چشمهٔ حیات ↑. ۳- (کن.) لب ودهان معشوق. ‖ ـــِ **خاوری**. (کن.) آفتاب. ‖ ـــِ **خضر**. ۱- (کن.) آب حیات. ۲- دهان معشوق. ‖ ـــِ **خور**. قرص آفتاب. ‖ ـــِ **خورشید**. قرص آفتاب. ‖ ـــِ **خون**. ۱- چشمه‌ای که خون در آن جاریست. ۲- دل، قلب.
‖ ـــِ **دام**. شبکه‌های دام. ‖ ـــِ **روز**. (کن.) خورشید. ‖ ـــِ **روزن**. (کن.) سوراخ روزن. ‖ ـــِ **روشن**. (کن.) خورشید. ‖ ـــِ **زرد**. (کن.) جام شراب زرد. ‖ ـــِ **زمزم**. ۱- عین زمزم (بخش ۳: زمزم). ۲- (کن.) دهان محبوب. ‖ ـــِ **زندگانی (زندگی)** ۱- آب حیات. ۲- (کن.) دهان محبوب.

‖ ـــِ **زنگاری**. (کن.) آسمان. ‖ ـــِ **سخن**. (کن.) منبع سخن. ‖ ـــِ **سلسبیل**. ۱- (اِخ.) جویی در بهشت. ۲- (اصطلاح لوطیان) مقعد. ‖ ـــِ **سوزن**. ۱- (کن.) سوراخ سوزن. ۲- (کن.) نهایت تنگی. ۳- تنگ چشمی. ۴- (اصطلاح لوطیان) فرج.
‖ ـــِ **سیماب**. ۱- (کن.) آفتاب. ۲- (کن.) ماه. ۳- (کن.) روز. ۴- معدن سیماب. ‖ ـــِ **سیماب ریز**. ۱- (کن.) آفتاب. ۲- ماه. ‖ ـــِ **شیر**. ۱- (اِخ.) جوی شیر که در بهشت است. ۲- (کن.) برج اسد. ۳- (کن.) پستان معشوق. ‖ ـــِ **ظلمات**. جایی که در آن همیشه شب باشد. ‖ ـــِ **غربال**. هریك از سوراخهای غربال. ‖ ـــِ **قیر**. (کن.) شب تاریك. ‖ ـــِ **قیرگون**. (کن.) شب تاریك. ‖ ـــِ **کوثر** ← کوثر (بخش ۳). ‖ ـــِ **گرم**. (کن.) آفتاب. ‖ ـــِ **منفجر**. (اِخ.) یکی از منازل قمر. ‖ ـــِ **میم**. (کن.) حلقهٔ میم (م). ‖ ـــِ **(نفت، نفط)**. چاه نفت. ‖ ـــِ **نور**. ۱- (کن.) آفتاب. ۲- روشنایی. ‖ ـــِ **نوربخش**. ۱- (کن.) آفتاب. ۲- (کن.) آب حیوان، آب حیات. ۳- (کن.) دهان معشوق. ‖ ـــِ **نوش**. ۱- (کن.) آب حیات. ۲- (کن.) دهان معشوق. ‖ ـــِ **وقت وساعت**. هرچشمه که آب آن درساعات وروزهای معین جاری شود ودرساعات وروزهای معلوم بازایستد؛ چشمهٔ متناوب.
‖ ـــِ **هفت اختر**. (اِخ.) منزلی است از منازل قمر؛ ثریا، پروین. ‖ ـــِ **هور**. آفتاب.

چشمه‌چشمه č.-čašma(-e) (ص مر.) سوراخ سوراخ، متخلخل، مشبك، خانه خانه.

چشمه‌خیز č.-xīz [= چشمه خیزنده] (ص فا.، اِمر.) جایی که استعداد جاری

ساختن چشمهٔ آب‌رادارد(زمین‌یاکوه).
چشمه دار č.-dār [= چشمه‌دارنده] (ص‌فا.) ۱- هرچیز که سوراخ سوراخ باشد مانند زره. ۲- حلقه‌دار.
چشمه زار č.-zār (إمر.) محلی که در آن چشمه‌های بسیار باشد.
چشمه سار č.-sār (إمر.) ۱- زمینی که‌در آن‌چشمه‌بسیار باشد. ۲ - سرچشمه (آب).
چشمه‌گاه č.-gāh (إمر.) جایی که چشمهٔ آب ازآنجا بیرون آید؛ منبع، سرچشمه.
چشمه‌گشا(ی) č.-gošā(y) [= چشمه گشاینده] (ص‌فا.) آن‌کس که‌چشمهٔ آب را از زمین ، کوه و جز آنها باز کند وجاری سازد. ۲ - سحر، شعبده.
چشمه‌گشادن č.-gošādan (مص‌م.) بیرون آوردن آب‌چشمه اززمین، کوه وجزآنها.
چشمه‌وار č.-vār (ص‌مر.)چشمه‌مانند، سوراخ مانند.
چشمیزك čašm-īzak [= چشمیزج = تشمیزج] (إمصغ.) دانه‌ایست سیاه باندازهٔ بهدانه ، و آنرا ازگیاهی که در حجاز و سودان روید بدست آرند ودرطب قدیم مستعمل بود ؛ چشمك ، چشام، چشوم، چشم (← ۲چشم).
چشنده čaš-anda(če-de) (إفا. چشیدن) ۱- کسی که‌مزهٔ‌چیزی‌رابچشد. ۲ - چاشنی گیر (ه‍.م.)
چشنی čašnī [= چاشنی] ← چاشنی.
چشو čošū [= چش = چشه] (صت.) کلمه‌ای که‌خر راگویندتا بایستد؛چش.
چشوم češūm [= چشم = چشام] (إ.) (گیا.) چشم(← ۲چشم).
چشه čoša, čošša(-e) [= چش = چشو](صت.)۱- کلمه‌ای که برای‌متوقف ساختن خر واستر گویند. ۲- (درزبان کودکان شیرخوار)خر، الاغ. ۳- کلمه‌ای که‌عوام بصورت تحقیر یادشنام گویند چون خواهند کسی را از تندرفتن باز دارند.
چشیدن čaš-īdan(češ.-) (مص‌م.) (چشید، چشد، خواهدچشید، بچش، چشنده، چشیده . متعدی درمتعدی: چشاندن، چشانیدن) ۱ - کمی از چیز خوردنی رادردهان گذاشتن‌و مزه کردن، خوردن مقداری اندك ازچیزی برای درك‌مزهٔ آن. ۲ - احساس کردن، دریافتن. ۳ - لذت گرفتن. ۴ -امتحان کردن، آزمایش کردن .
چشیدنی čašīdan-ī(češ.-) (ص لیا.) ۱ - لایق چشیدن، طعام یاشرابی که‌برای مزه کردن و آزمودن برزبان زنند.
چشیده čaš-īda(češīde) (إمف.) ۱ - مزه کرده، چاشنی شده. ۲- تجربه شده، آزموده.
چشینه čašīna(-e) (إ.) رنگ‌اسب واستر سفیدموی ؛ خنگ.
چطور če-tawr(towr) [ع.-ف.] (عم.) (ادات استفهام) ۱ - چگونه ؟ چسان: «احوالت چطور است؟» ۲- چه؛ دربرابر وقوع حادثه‌ای یاشنیدن‌خبری گویند: چطورشده؟
چغ čaγ [= چق](إ.) ۱ -چوبی‌است که‌بدان ماست را همزنند تامسکه‌وکره ازآن جداگردد. ۲ - چرخی که زنان رشته بدان ریسند.
چغ čeγ [تر. چیغ، چق] (إ.) ۱ - پرده مانندیست که از چوبهای باریك سازند. ۲ - آلاچیق (ه‍.م.)
۱-چغ čoγ (إ.)چوبی‌است‌مانندآبنوس.

چغرات

۲-چغ čoγ [← جغ = جوغ = یوغ] (اِ.) ۱ - چوبی که بر گردن گاو گردونه‌کش نهند. ۲ - گاو گردونه کش.

چغاز čaγāz (ص.) زنی که دشنام ده وسلیطه و بی‌حیا باشد.

چغال čaγāl [= شغال] (اِ.) ← شغال.

چغاله čaγ-āla(-e) (اِمر.) میوهٔ نارس مانند بادام، زردآلو وامثال آنها.

چغاله‌بادام č.-bādām (اِمر.)(گیا.) میوهٔ نارس وسبز بادام که دراوایل بهار چیده‌میشود ومورد استفاده قرارمیگیرد؛ بادام منقی.

چغاله بادامی č.-bādām-ī (ص نسبـ.) آنکه چغاله بادام (ه.م.) فروشد.

چغامه čaγāma(-e) [= چگامه] (اِ.) ۱ - شعر. ۲ - قصیده.

چغان čaγān [= چغانه] (اِ.)(مسـ.) چوبی که میان آنرا شکافته جلاجلی چند بر آن نصب کنند وسر آوازه خوانان بدان اصول نگاه‌دارند؛ چغانه. ۲ -(مسـ.) نغمه و پرده‌ایست ازموسیقی. ۳ -(مسـ.) سازیست ؛ چغانه (ه.م.)

۱- چغانه čaγāna(-e) [= چغنه = چغان] (اِ.) ۱ - (مسـ.) آلتی موسیقی که عبارتست از دو باریکهٔ چوب تراشیده که انتهای آنها بهم متصل بود وآنرا بشکل انبر و زنگ میساخته‌اند وزنگوله‌هایی در دو انتهای دیگر آن می‌بستند وبا بستن وباز کردن این دوشاخه زنگها و زنگوله‌های مذکور بصدا در میآمد. ۲ - (مسـ.) آلتی موسیقی از ذوی‌الاوتار که بامضراب وزخمه نواخته میشد. ۳ -(مسـ.) چوبی شبیه بمشتهٔ حلاجی که یك سر آنرا بشکافند وجلاجلی چند در آن تعبیه کنند وبدان اصول را نگاه دارند؛ چغان. ۴ -(مسـ.) پرده و نغمه‌ایست از موسیقی.

چغانه زدن č.-zadan (مص م.) ۱ - (مسـ.) زدن و نواختن چغانه (ه.م.)، ساززدن. ۲ -(مسـ.) پرده ونغمه وآهنگی از موسیقی نواختن.

چغانه زن č.-zan [= چغانه زننده] (ص فا.) ۱ - آن کس که درزدن و نواختن چغانه مهارت دارد. ۲ - مطرب، خنیاگر. ۳ - سرودخوان، سرودگوی.

چغانی čaγān-ī [= صغانی، معر.] (ص نسبـ.) ۱ - منسوب به چغانیان (← بخش ۳). ۲ - از مردم چغانیان (← بخش ۳).

چغبت čaγbot [= چغبوت] ← چغبوت.

چغبلغ čaγbaloγ [قس. زنبلغ، زنبغل] (اِ.) نعره وفریادی که از روی اضطراب وبی‌آرامی کشند.

چغبوت čaγbūt [= چغبت = جغبوت = جغبت = جغبوت] (اِ.) ۱ - پنبه وپشم ومانند آن که در میان نهالی، لحاف، بالش، ابره و آستر قبا کنند؛ آگنده شده ازپشم وپنبه.

چغبه čaγba(-e) (اِ.) (مسـ.) قسمی از ساز.

چغته čoγta(-e) [= چقته = چوکده] (اِ.) آلتی است که بعض مردم گیلان وطالش، هنگامی که برف زیاد برزمین نشسته بپای خود بندند تا در برف فرونروند؛ قسمی راکت برف.

چغد čoγd [= جغد، سغـ. čγwt] (اِ.) ← جغد.

چغر čaγar [تهر. čeγer = شغر = چغل] (اِ.) ۱ - سختی وستبریی که در پوست دست و پا بر اثر کار و راه رفتن بسیار پدید آید. ۲ - چغل (← ۳چغل).

چغرات čoγrāt [تر. = جغرات = یوغورت = صقرات، معر. = صغراط،

معر.] (اِ.) نوعی ماست که آب آنرا گرفته باشند.

۱ - چغز čaɣz [سغ. -čɣz] (اِ.) ۱ - (جان.) وزغ، غورباغه. ۲ - صدای وزغ، آواز غوک. ۳ - ناله، زاری.

۲ - چغز čaɣz (اِ.) زخم سر بسته وچرکین، جراحت سرباز نکرده.

چغز čaɣaz [= چوز] (اِ.) (گیا.) بوتهٔ گیاهی است شبیه به درمنه، لیکن مانند جاروب سفید است.

چغزابه čaɣz-āb-a(-e) [= چغزاوه] (اِمر.) ← چغزواره.

چغزاوه č.-āv-a(-e) [= چغزابه] (اِمر.) ← چغزواره.

چغزباره č.-bāra(-e) [= چغزپاره] (اِمر.) ← چغزواره.

چغزپاره č.-pāra(-e) [= چغزباره] (اِمر.) ← چغزواره.

چغزلاوه č.-lāva(-e) (اِمر.) ← چغزواره.

چغزواره č.-vāra(-e) [= چغزباره = چغزپاره ← چغزابه، چغزاوه، چغزلاوه] (اِمر.) چیزیست مانندابریشم سبز که در آبهای ایستاده بهم رسد؛ طحلب، جل وزغ، جامهٔ غوک.

چغزیدن čaɣz-īdan [← چغز] (مص‌ل.) (صر. ← لرزیدن) ۱ - فریاد کردن غوک. ۲ - ناله کردن، زاری کردن. ۳ - شکایت کردن.

چغزیده čaɣz-īda(-e) (اِمف.) ۱ - ناله‌کرده، زاری‌کرده. ۲ - شکایت‌کرده. ← در چغزیده.

چغک čoɣok [= چغوک = چغو = چکک = چکوک] (اِ.) (جان.) گنجشک (ه.م.).

چغندر رسمی

۱ - چغل čaɣal (اِ.) چین، شکنج، آژنگ.

۲ - چغل čaɣal (اِ.) ظرفی چرمین که از آن آب خورند؛ مطهره.

۳ - چغل čaɣal [= چغر] (ص.) سفت وسخت، چیزی که زیر دندان جویده نگردد مانند گوشت ناپخته.

چغل čeɣel [= چگل] (اِ.) گل ولای.

چغل čoɣal (اِ.) جامه‌ای مرکب از حلقه‌های آهنین که درروز جنگ پوشند؛ جوشن.

چغل čoɣol (ص.) ۱ - کسی که آنچه ازمردم بیند یا شنود بحاکم و داروغه وعسس یادیگری نقل کند. ۲ - سخن‌چین، نمام.

چغل خور čoɣol-xor [= چغل خورنده] (ص‌فا.) سخن‌چین، نمام.

چغل خوری č.-xor-ī (حامص.) سخن‌چینی، نمامی.

چغلی čoɣol-ī (حامص.) عمل چغل (ه.م.) ۱ - سعایت، تضریب، سخن‌چینی، نمامی. ۲ - غیبت. ۳ - شکایت از عمل کسی.

چغلی دادن č.-dādan (مص‌ل.) گزارش دادن خطاهای کسی بمافوق.

چغلی کردن č.-kardan (مص‌ل.) ۱ - خطا وگناه کسی را بازگو کردن (نزد حاکم، داروغه و دیگران). ۲ - شکایت از عمل کسی کردن.

چغندر čoɣondar(-dor) [= چگندر = چقندر] (اِ.) گیاهی است[1] از تیرهٔ اسفناجیان ویکی از گونه‌های گیاه پازی[2] میباشد، و دارای انواع متعدد است. چغندر معمولی گیاهی است دوساله که درسال اول مواد غذایی را در ریشهٔ ستبرش

۱- Beta vulgaris, B. rapa (لا.), bettrave (فر.)   ۲- Bette (فر.)

اندوخته میکند و درسال‌دوم گل و بذر میدهد. چغندر معمولی‌درحدود ۲.٪ تا ۶.٪ موادقندی دارد؛ بنجر، پنجار. ‖ ~ قند. (گیا.) گونه‌ای از چغندر[1] که‌برای استفاده ازقند ذخیره شده در ریشه‌اش کشت میشود و در کارخانه‌های‌قندسازی قندآنرااستخراج میکنند.

چغندرکار č.-kār [= چغندر کارنده] (ص‌فا.) ۱ - آن کس که‌چغندر کارد. ۲ - مالك یازارعی که درملك یازمین‌خود برای مصرف کارخانهٔ قند چغندر کاری دارد.

چغندر کاری č.-kār-ī (حامص.) عمل کشت چغندر.

چغندر کاشتن č.-kāštan (مصم.) کشت چغندر کردن ، زراعت کردن چغندر .

چغندرکشك č.-kašk (إمر.) خوراکی که از اختلاط چغندر و کشك سازند.

چغنده čaγ-anda(-e) [= چخنده] (إفا. چغیدن) آن کس که‌میچغد؛ چخنده.

چغنه čaγana, čaγna(-e) [= چغانه] (إ.) ۱ - (مس.) سازیست که نوازند؛ چغانه. ۲ - (مس.) چوبی‌است میان شکافته که‌جلاجلی چندبر آن‌تعبیه کنند و بدان اصول نگاه دارند. ۳ - (مس.) نوایی است از موسیقی.

چغنه čoγna(-e) [قس. چغك، چغو، چغوك] (إ.) گنجشك.

چغو čoγū [= چغوك = چغك = چکك = چکوك] (إ.) (جا.) ← چغك.

چغواره čaγ-vāra(-e) [= چغز-واره] (إمر.) ← چغزواره.

چغوك čoγūk [= چغك = چغو = چکوك = چکك] (إ.) ← چغك.

چغیدن čaγ-īdan [= چخیدن. از است. -čaγ، جستجو کردن ، مشتاقانه خواستن] (مص‌ل.) چخیدن (ه.م.)

چفت čaft [= چفته = جفت] (إ.) ۱ - چوب بندیست‌که تاك انگور وبیارهٔ‌کدو ومانند آنرا بر بالای وی گذارند. ۲ - عمارتی که‌ازچوب وتخته سازند؛ تالار. ‖ ~ فلك. گنبدآسمانی. ‖ ~ مقوس. سقف طاق‌ماننده‌خمیده.

۱ - چفت čeft (إ.) زنجیر دراطاق، قلاب پشت در، زرفین.

۲ - چفت čeft [تر. از ف. ǰoft] (إ.) زوج، جفت (ه.م.)

۱ - چفت čoft [تربت‌حیدریه čeft] ۱ - (ص.) تنگ وچسبان؛ مق. فراخ. گشاد. ۲ - (إ.) جامهٔ تنگ وچسبان.

۲ - چفت čoft [قس. čaft] (إ.) چوب و تیری که‌درزیر بنای‌شکسته‌نصب کنند تا نیفتد.

چفت‌پایه čaft-pāya(-e)(čeft.-) (إمر.) ← ۱-چفت.

چفت‌کردن čeft-kardan (مصم.) ۱ - بستن در، متصل کردن‌چیزی بچیز دیگر. ۲ - محکم کردن، سفت کردن.

چفتگی čefta(e)g-ī, čof- [← چفت] (حامص.) خم (زلف، چوب وغیره)، خمیدگی، انحنا.

چفتن čaf-tan [= جفتن = چفتیدن ← چفته] (مص‌ل.) خمیدن، خم‌شدن، منحنی گشتن.

۱ - چفته čaf-ta(-e) [= چفت = چفده ← چفتن] (إمف.) ۱ - خمیده، کج، خم‌شده. ۲ - (إ.) طاق، سقف‌خانه. ۳ - چوب بندی تاك انگور. ۴ - طاق

چغندر قند

۱ - Bettrave à sucre (فر.)

چفته

ایوان وعمارت. ‖ ~ ٔ زانو. خمیدگی زانو، مفصل زانو.

۲- چفته čafta(-e) (اِ.) دروغ، بهتان.

۳- چفته čafta(-e) [طبر. čaft] (اِ.) خوابگاه گوسفند، آغل.

چفته‌بند č.-band (اِمر.) چوب‌بندی تاك انگور ومانند آن.

چفته‌بندی č.-band-ī (اِمر.) ← چفته بند.

چفته‌بینی č.-bīnī (ص‌مر.) آن‌کس که بینی خمیده دارد.

چفته پشت č.-pošt (ص‌مر.) خمیده‌ـ پشت، کوژپشت.

چفته پشتی č.-pošt-ī (حامص.) کوژی، پشت خمی، قوز داشتن.

چفته پیکر č.-paykar(pey-) (ص‌مر.) آنکه قامتی بشکل هلال‌دارد؛ خمیده قامت.

چفته شدن č.-šodan (مص‌ل.) ۱ - خمیده شدن، منحنی‌شدن. ۲- کوژپشت گشتن، قوزیافتن.

چفته‌شکل č.-šakl(šekl تد.)[ف.-ع.] (ص‌مر.) آن‌کس که‌اندام وهیکلی ناراست وبی‌قواره دارد؛ کج وکوله.

چفته‌کردن č.-kardan (مص‌م.) خم کردن، خماندن.

چفتیدن čaft-īdan [=جفتیدن = چفتن = جفتن] (مص‌ل.) (صر. ← چسبیدن) چفتن (ه.م.)، خمیدن، خم‌شدن.

چفده čaf-da(-e) [=چفته] (اِمف.) خمیده، خم‌شده، چفته (ه.م.)

چفسان čafs-ān [← چفسیدن] (ص فا.) چسبان، چسپان، چسبنده.

چفساندن čafs-āndan [= چفسانیدن ← چفسیدن] (مص م.) ← چسباندن.

چفساننده čafs-ānanda(-e) (اِفا. چفساندن‌وچفسانیدن) چسباننده، الصاق کننده.

چفسانیدن čafs-ānīdan [= چفساندن] (مص م.) ← چسبانیدن، چسباندن.

چفسانیده čafs-ānīda(-e) (اِمف.) ← چسبانیده.

چفسندگی čafs-anda(e)g-ī [= چسبندگی] (حامص.) ← چسبندگی.

چفسنده čafs-anda(-e) (اِفا.) ← چسبنده.

چفسیدن čafs-īdan [= چسپیدن = چپسیدن = چسبیدن] (مص‌ل.) (صر. ← چسبیدن) ۱ - ملصق‌شدن، پیوستن. ۲ - میل کردن، منحرف شدن (ازراه راست).

چفسیدنی čafs-īdan-ī [= چسپیدنی = چسبیدنی] (ص‌لیا.) هرچیز که‌خاصیت چسبیدگی دارد؛ چسبیدنی، دوسیدنی.

چفسیده čafs-īda(-e) [= چسپیده = چسبیده] (اِمف.) ملصق، دوسیده، چسبیده.

چق čaγ [= چغ] (اِ.) چوبی که‌بدان ماست راهم زنند تامسکه وکره از آن جدا شود.

چق čeγ [تر. = چغ = چیق] (اِ.) پرده‌ای که از نی‌وحصیر سازند وبردر اطاق‌آویزند.

چق čoγ [= چوق = چغ = جوغ = یوغ] (اِ.) چوبی که بر گردن گاو گردونه‌کش نهند.

چقاچاق čaγ-ā-čāγ [متر. = چقاچق از ف. چکاچاك = چکاچك]

(اصت.) آواز پیاپی خوردن شمشیر، تیر و مانند آن.

چقاچق čaγ-ā-čaγ [متر. = چقاچاق] ← چقاچاق.

چقته čoγta(-e) [= چغته = چوکده] (ا.) ← چغته، چوکده.

چق‌چق čaγ-čaγ [متر. = چقاچاق] ← چقاچاق.

چق‌چق کردن č.-kardan [متر.-ف.] (مص ل.) صدا و آواز برآوردن با زدن چیزی بچیز دیگر.

چقچقه čeγčeγa(-e) [= جقجقه = جغجغه] (اصت.) نوعی اسباب بازی کودکان؛ جغجغه.

چقچقی čaγčaγī [تر.] (ا.) (مس.) قسمی ساز که از چوب سازند.

چقر čaγar [تر.] (ا.) شرابخانه، میخانه، میکده.

چقرمه čeγerma(-e) [گیل. čaxartama] (ا.) ۱ - غذایی از گوشت و تخم مرغ و پیاز. ۲ - هرچیز سخت چون چرم و مانند آن.

چقشور čaγšūr [= چاقشور] = (ا.) ۱ - قسمی از چاقشور سرخ رنگ. ۲ - نوعی کفش.

چقلی čoγol-ī [= چغلی] ← چغلی.

چقلی کردن č.-kardan [= چغلی کردن] ← چغلی کردن.

چقماق čaγmāγ [= چخماخ = چخماق = چقمق] (ا.) ۱ - ← چخماق. ۲ - طعنه، سرزنش.

چقماقی čaγmāγ-ī [تر.-ف.] (ص نسب.) منسوب به‌چقماق. ۱ - آن کس که‌چقماق دارد یا چقماق میزند. ۲ - (ا.) طعن، سرزنش، دشنام. ۳ - نوعی تفنگ که‌دارای سنگ و چقماق است. ‖ سبیل ـــ ← چخماقی.

چقمق čaγmaγ [متر. ← چقماق] ← چقماق.

چقندر čoγondar [= چغندر] ← چغندر.

چقو čaγū [= چاقو] ← چاقو

۱ - چك čak [= معر. صك، شك، شاك = تر. چك، فر. chèque ← چك ček] (ا.) ۱ - برات وظیفه و مواجب. ۲ - منشور، فرمان. ۳ - قبالهٔ خانه و باغ و غیره. ‖ ـــ مسافر. تذکره، پاسپورت، گذرنامه. ‖ شب ـــ. شب نیمهٔ ماه شعبان، لیلة‌الصك.

۲ - چك čak [← چکاچاك، چکاچك، چقاچاق] (اصت.) ۱ - آواز ضربت تیغ. ۲ - صدایی که ازچیزی برآید مانند شکستن چوب و نی وخوردن چیزی بر چیزی.

۳ - چك čak (ا.) فك اسفل، چانه: چك وچانه.

۴ - چك čak [گیل. čak-o-čolā، سخن بیهوده] (ا.) سخن، کلام.

۵ - چك čak, ček [← چکه، چکیدن] ۱ - (ا.) چکه. ۲ - چکیدن.

۶ - چك čak [← چك زدن] (ا.) چوبی چند شاخه‌ٔدسته دار بشکل پنجهٔ دست که‌دهقانان‌بدان غلهٔ کوفته‌شده‌را برباد دهند تا از کاه جدا گردد.

۷ - چك čak (ص.، ا.) معدوم، نابود.

۸ - چك čak [← چك‌زدن] (ا.) سیلی، تپانچه، کشیده.

۱ - چك ček [فر. chèque مأخوذ از فارسی چك čak ↑] (ا.) (بانك.) نوشته‌ای که بوسیلهٔ آن ازپولی که در بانك‌دارند‌مبلغی دریافت‌دارند‌یا بکسی دیگر حواله دهند. ‖ ـــ بی‌محل.

چك

(بانک.) چکی که بعلتی برگشت داده شود خواه صاحب‌چك در بانك‌موجودی داشته باشد یا نه.

۲- چك ček [← چکه، چکیدن] (اصت.) ۱ - (ا.) قطره ← ۴ چك (čak). ۲ - صدای‌افتادن قطرهٔ آب.

۳- چك ček [= جیك] (ا.) یك جانب از چهار جانب بجول، دزد؛مق. پك (pok).

۴- چك ček (ا.) گردویی‌که مغز آن بآسانی برنیاید.

۱- چك čok [=چوك] (ا.) آلت تناسل مرد؛ نره

۲- چك čok [تر.امر از čök-mak بزانو نشستن] زانو ‖ به ــــ نشستن. چنباتمه زدن، بر سر دو پای نشستن، چندك زدن.

چکا čakā [=چکاوك] (ا.) ← چکاوك.

چکاچاك čak-ā-čāk [= چاکاچاك] (اصت.) ← چاکاچاك.

چکاچك čak-ā-čak [= چکاچاك= چاکاچاك] (اصت.) ← چاکاچاك.

چکاچك čok-ā-čok [=چك‌چك] (امر.) سخن‌وخبری که در افواه‌افتد.

چکاد čakād [= چکاده، په. čakāt، رأس، قله] (ا.) ۱ - تارك سر، بالای سر،فرق‌سر. ۲ - بالای پیشانی،جبهه. ۳ - سر کوه، قله. ۴ - سپر، جنه.

چکاده čakāda(-e) [=چکاد] ← چکاد (همع.)

چکار če-kār [= چه کار] (چه ادات‌استفهام + کار،ا] چه کار؛ کدام کار؛ ‖ **مرا چکار؟** بمن‌چه؟ بمن‌چه‌ربطی دارد؛ «مراچکار که منع شرابخواره کنم؟» (منسوب به‌حافظ)

چکاره če-kār-a(-e) [=چه‌کاره (چه، استفهام + کار،ا + ه، پس.) ۱ - اهل چه‌کار، عامل کدام عمل، شاغل کدام‌شغل؟:«پدرومادردخترچکاره‌اند؟» ۲ - (ص.) نابکار. ۳ - باطل، بیفایده. ۴ - (کنـ) کسی‌که بدون سبب‌درامری مداخله کند:«فلان کس‌چکاره‌است.؟»

چکاری če-kār-ī [← چکار. چکاره] (ص‌نسب.) ۱ - نابکار. ۲ - باطل، بیهوده. ۳ - بی‌قدر،حقیر.

چکاك čakāk (ا.) (گیا.) قسمی انگور نامرغوب.

چکاله čekāla(-e) [فیض‌آبادمحولات čīkla] (ا.)چکه‌ها.

چکامه čakāma(-e) [=چغامه = چگامه؛په. čikāmak] (ا.) ۱ - قصیده، شعر. ۲- شعر. ضح.- این‌کلمه باکاف‌پارسی و تازی هردوآمده.

چکامه سرا(ی) č.-sarā(y) [= چکامه‌سراینده](ص‌فا.)۱ -قصیده‌سرا. ۲ - شاعر.

چکامه سرایی č.-sarāy-ī (حامص.) ۱ - قصیده سرایی. ۲ - شاعری.

چکامه سرودن č.-sorūdan (مص ل.) ۱ - قصیده سرودن، قصیده‌گفتن. ۲ - شعر گفتن.

چکامه‌گو(ی) č.-gū(y) [= چکامه گوینده] (ص‌فا.) ۱ - قصیده سرا. ۲ - شاعر.

چکان čak-ān [← چکیدن] (ص فا.) ۱ - چکنده. ۲ - چکاننده. ضح.- در ترکیبات نیز بمعنی«چکاننده»آید: قطره چکان، خون چکان، خوی چکان.

چکاندن čak-āndan [= چکانیدن

= چاکانیدن] (مص م.) [چکاند [-nd]، چکاند [-nad]، خواهد چکاند، بچکان، چکاننده، چکانده) ۱ - قطره قطره ریختن مایعی را. ۲ - (نظ.) کشیدن ماشهٔ تفنگ و تیر انداختن: تفنگ خالی کردن.

چکاننده čak-ānanda(-e) (إفا. چکاندن، چکانیدن). ۱ - کسی یا چیزی که مایعی را قطره قطره فرو چکاند. ۲ - آلتی که آب یا مایع دیگر را چکه‌چکه بچکاند.

۱- چکانه čakāna(-e) [= چغانه] ← چغانه.

۲ - چکانه čakāna(-e) [← چکه] (إ.) چکه.

چکانیدن čak-ānīdan [= چاکانیدن] ← چکاندن (همع.)

چکاو čakāv [= چکا ← چکاوك] (إ.) ۱- (جا ن.) چکاوك (ه.م.)، جل (ه.م) ۲ - (مس.) نغمه‌ایست از موسیقی، نوای چکاوك.

۱- چکاوك čakāv-ak [= چکاو = چکا = چکاوه، په čakāk] (إ.) ۱ - (جا ن.) جل (ه.م.) ۲ - (مس.) نوایی است از موسیقی.

۲ - چکاوك čakāvak [هند. čakvā مرغابی نر، čakvī مرغابی ماده] (إ.) (جا ن.) نوعی مرغابی که آنرا سرخاب گویند.

چکاوه čakāva(-e) [= چکاوك] (إ.) ← چکاوك (همع.)

چکچاك čak-čāk [= چاکاچاك ← چکاچاك] (إصت.) ← چاکاچاك.

۱- چکچك čak-čak [= چاکاچاك = چکاچاك] (إصت.) چاکاچاك (ه.م.)

۲- چکچك čak-čak [← چکه، چکیدن] (صت.) صدای چکیدن آب وامثال آن.

۳- چکچك čak-čak [← ۴ چك] (إ.) سخن وخبری که درافواه افتد.

چکچك ček-ček (إصت.) ۱ - آواز سوختن فتیلهٔ چراغ، وقتی که تر باشد. ۲ - آواز روغن داغ‌شده که در آن آب باشد.

چکرنه čakarna(če.-ne) [= چگرنه = جگرنه = جکرنه] (إ.) (جا ن.) کاروانك، جفتك.

چکره čakra(-e) [= چکله ← چك، چکه] (إ.) ۱ - قطرهٔ آب، رشحه. ۲ - حباب، کف آب.

چکری čokrī (إ.) (گیا.) ریواس.

۱ - چك‌زدن čak-zadan (مص م.) سیلی زدن، تپانچه زدن.

۲- چك‌زدن čok-zadan [← چك، چوك] (مص‌م.) چنباتمه زدن، چندك زدن، برسر دوپای نشستن.

چکس čakas,čaks [= چکسه] (إ.) نشیمن چرغ وباز وشاهین وجز آنها.

چکس čaks [= چکسه] (إ.) پارچهٔ کاغذی که‌در آن‌دوا وچیزهای دیگری پیچند.

۱- چکسه čaksa(-e) [= چکس] (إ.) نشیمن چرغ وباز وشاهین و جز آنها.

۲- چکسه čaksa(-e) [= چکس] (إ.) پارچهٔ کاغذی که‌در آن‌دوا وچیزهای دیگر پیچند.

چکش čak(k)oš [= چکوچ = چاکوچ] (إ.) آلتی آهنین بادسته‌ای چوبین شبیه تیشه که بدان آهن، میخ وغیره را کوبند؛ چاکوچ، مطرقه.

چکش پذیر č.-pazīr [= چکش

چکاوك

چکش(دو نوع)

چکمه(چرمی ولاستیکی)

پذیرنده](ص‌فا.)پذیرای‌چکش، درخور چکش.

چکش‌پذیری č.-pazīr-ī (حامص.) خاصیت چکش خوری فلزات.

چکش خواره č.-xāra(-e) [= چکش‌خور] ← چکش‌خور.

چکش‌خور č.-xor [= چکش‌خورنده = چکش‌خواره] ۱- (ص‌فا.، ص.) چکش پذیر. ۲- (اِمص.) قابلیت تخته‌شدن و کوفته شدن.

چکش خوردن č.-xordan (مص ل.) کوبیده شدن آهن یا فلز دیگر؛ تطرق.

چکش‌خوری č.-xor-ī (حامص.) قابلیت ورقه شدن فلز.

چکش‌زدن č.-zadan (مص‌م.) فلزی (مانند زر، مس، آهن) راچکش کاری کردن. ‖ ~ برای کسی. (کن) ویرا سیاست کردن، بدگویی کردن ازاو.

چکش کاری č.-kār-ī (حامص.) عمل چکش زدن فلزات.

چکك čakak [= چکاوك] (اِ.) (مس.) نوایی است از موسیقی.

چکك čokok [= چگك = چغك = چغو = چگوك = چغوك] (اِ.)(جا ن.) گنجشك، چغك.

چك کشی ček-kaš-ī(-keš.-) [فر.-شده.-ف.] (حامص.) (بانك.) گرفتن پول ازحساب شخصی بوسیلهٔ چك؛ چك نویسی.

چك کشیدن č.-kašīdan(-keš.-) [فر.-شده.-ف.] (مص ل.) حواله کردن ببانك بوسیلهٔ چك.

چکله čakla(-e) [= چکره ← چك، چکه] (اِ.) ← چکره.

چکمه čakma(čekme) [تر.] (اِ.) کفش ساقه بلند که تازیر زانو رسد؛ موزه.

چکمه‌پوش č.-pūš [= چکمه‌پوشنده] (ص‌فا.) آن کس که چکمه پوشد؛ پوشندهٔ چکمه.

چکمه‌دوز č.-dūz [= چکمه‌دوزنده] (ص‌فا.) کفش‌دوزی که چکمه دوزد؛ چکمه‌ساز.

چکمه دوزی č.-dūz-ī (حامص.) عمل چکمه دوز (ه.م.)؛ دوختن‌چکمه.

چکمیزك čak-mīzak [قس. چك، چکره، چکه] (اِ.) (پز.) مرضی که انسان نتواند ادرار خودرا نگاه دارد وادرار چکه‌چکه خارج میشود؛ سلس‌البول، تقطیرالبول.

چکمیزك‌زده č.-zada(-e) (ص‌مف.) (پز.) مبتلا به چکمیزك (ه.م.)

چکمیزك‌شدن č.-šodan (مص ل.) (پز.) به بیماری‌چکمیزك (ه.م.) مبتلا شدن.

چکن čakan, čaken [= چگن = چکین] (اِ.) نوعی از کشیده و زرکش دوزی و بخیه دوزی.

چکنامه čak-nāma(-e) (اِمر.) ۱- قبالهٔ اراضی واملاك. ۲- فهرستی که حدود اراضی و املاك در آن ثبت شده. ۳- فرمان ملکیت املاك خالصهٔ دیوان که بکسی داده شود.

چکندر čokondar [= چگندر = چغندر] (اِ.) ← چغندر.

چکن‌دوز čakan-dūz [= چکن دوزنده] (ص‌فا.) کسی که زرکش دوزی و بخیه‌دوزی کند.

چکنده čak-anda(-e) (اِفا. چکیدن) آنچه که میچکد.

چکن دوزی čakan-dūz-ī ۱- (حامص.) عمل‌چکن‌دوز (ه.م.) ۲- (اِمر.) جامه و قبایی که زر کش دوزی و بخیه دوزی شده باشد.

چکنویس čak-nevīs(ček-) = چك‌نویسنده](صفا.) ۱ - برات‌نویس. ۲ - قباله نویس. ۳ - مستوفی.

چکوچ čakūč [= چاکوچ = چکش] (ا.) ۱ - چکش(ه.م.) ۲- ابزاری‌سر‌تیز ودسته‌دار که آسیابان بدان آسیا را تیز کند.

چك و چانه čak-o-čāna(-e) (إمر.) ۱ - (عم.) فك‌اسفل، زنخ. ۲ - (کنـ.) قابلیت، استعداد، عرضه. ۳ - (عم.) ریخت، شکل، قیافه: «چك‌وچانه‌اش راببینید.» ‖ بی ~ . (قمر.) بی گفت وشنود، بی کم وزیاد.

چك و چانه زدن č.-zadan (مص ل.) (عم.) ۱ - چانه زدن. ۲ - سخن بیهوده گفتن، وراجی کردن.

چك و چیل čak-o-čīl (إمر.) (عم.) ← چك وچانه.

چکوش čakūš [= چکش = چاکوچ = چکوچ](ا.) ← چکش.

۱ - چکوك čakūk [= چغك = چغوك] (ا.) (جانـ.) گنجشك.

۲ - چکوك čakūk [= چکاوك] (ا.) ۱ - (جانـ.) چکاوك. ۲ - (مسـ.) نوایی است از موسیقی.

۳ - چکوك čakūk (ا.) (گیا.) خرفه (ه.م.)، بقلة‌الحمقاء.

چکه čakka(čekke) [← چکیدن، چك، چکره، چکله] (ا.) آب اندك که ازجایی‌یاچیزی‌بچکد؛ قطره، چك، چکله.

چکه čaka(-e) [تر. čakka، بسیار کوچك] ۱ - (ا.) کوچك، خرد، حقیر. ۲ - (ص.) شوخ، مسخره.

چکه‌چکه čakka-čakka(-e.-e) (قمر.) قطره قطره.

چکه کردن č.-kardan (مص ل.) ریختن قطرات آب از سقف وغیره.

چکی čak(k)-ī (ص‌نسبـ.، ق.)(عم.) دادوستد اجناس و اشیاء وزن ناکرده ونپیموده.

چکیدن čak-īdan [← چك](مص ل.) (چکید، چکد، خواهد چکید، بـ ، چکنده، چکیده. متعدی: چکاندن، چکانیدن). ۱ - چکه چکه آمدن آب از جایی‌یاچیزی. ۲ - چکاندن، چکانیدن. ۳ - پاره شدن، ترکیدن.

چکیدن čok-īdan [چوشیدن](مص م.) (صر. ↑) مکیدن.

۱ - چکیده čak-īda(čekīde) (إمف.چکیدن) ۱ - چکه‌چکه شده. ۲ - مقطر. ۳ - افشره، عصاره.

۲ - چکیده čakīda(-e) (ا.) گرز، عمود.

چکیده čok-īda(-e) [= چوکیده ← چکیدن] (إمف.) مکیده.

چکیده خون čakīda-xūn (إمر.) (کنـ.) شراب انگوری.

چکین čakīn,če- [= چکن = چگن](ا.) نوعی از کشیده‌وزرکش‌دوزی وبخیه دوزی.

چگال čagāl (ا.) ۱- گران‌وسنگین، کثیف. ۲ - جسم جامد که ذرات آن بسیار بهم نزدیك و درهم فشرده‌است.

چگالی čagāl-ī [← چگال] (ص نسبـ.) (نو.) تکاثف (ه.م.)

چگالی سنج č.-sanǰ [= چگالی سنجنده] (صفا.، إمر.)(فز.)(نو.) آلتی که با آن درجهٔ‌غلظت‌مایعات رامی‌سنجند.

چگالی سنج

چگامه čagāma(-e) [= چغامه = چکامه] ← چکامه. ضح.- برای‌مرکبات این کلمه ← چکامه.

چگاو čagāv [= چکاو = چکاوك] ←چکاوك.

چگاوك čagāvak [= چکاوك] (إ.) ← (إ.) چکاوك.

چگر čogor [تر. = چگور] (إ.) (مس.) قسمی ساز روستایی از ذوی‌الاوتار که نزد ترکان و ترکمانان رواج دارد ونوازندهٔ آنرا «عاشق» نامند.

چگرچی č.-čī [تر = چگورچی] (ص‌نسب.) کسی که چگر نوازد.

چگرد čegerd (إ.) (گیا.) درختی[1] از تیرهٔ پروانه واران جزو دستهٔ گل ابریشم‌ها که درجنوب ایران‌نیز کشت میشود؛ طلح، سیال.

چگر زدن čogor-zadan [تر. - ف. = چگرزدن] (مصل.) نواختن‌چگر، چگر نواختن.

چگر زن č.-zan [تر. - ف. = چگر زننده] (ص‌فا.) نوازندهٔ چگر، چگرچی.

چگرنه čagarna(če-ne) [= چکرنه = جگرنه = جکرنه] ← چکرنه.

چگك čogok [= چغك = چغوك = چگوك] (إ.) گنجشك.

چگل čegel (إ.) گل ولای. لجن.

چگلی čegel-ī (ص‌نسب.) ۱- منسوب به چگل (← بخش ۳) ؛ ازاهل‌چگل. ۲ - (کن.) زیبا روی.

چگن čagan,-gen [= چکن = چکین] (إ.) ← چکن.

چگندر čogondar [= چکندر = چغندر] (إ.) ← چغندر.

چگور čogūr [تر. čugūr = چگر čögör] (إ.) (مس.) ← چگر.

چگورچی č.-čī [تر. = چگرچی] (ص‌مر.، إمر.) ← چگرچی.

چگور زدن č.-zadan [تر. - ف. = چگرزدن] (مصل.) ← چگرزدن.

چگوك čogūk [= چغوك = چغو = چغك = چگك] (إ.) (جا ن.) گنجشك.

چگونگی če-gūna(e)g-ī [په. čēgōnīh] (حامص.) ۱ - کیفیت. ۲ - طبیعت، حالت. ۳ - حقیقت، حاق مطلب.

چگونه če-gūna(-e) [= چه گونه، په. čēgōn] ۱ - (ادات استفهام) از چه‌نوع، درچه‌وضع؟: «دمنه‌پرسید چگونه بودآن حکایت؟» (کلیله) ۲ - (ادات تعجب) چه‌جور، چطور؟:

«تهنیت خواهم گفتن که‌خداوندمرا
پسری داد خداوند وچگونه‌پسری!»
(فرخی)

۱- چل čal [گیل. čal، چرخ ابریشم‌کشی] (إ.) سدی از چوب وعلف وگل وخاك‌وسنگ که‌در پیش‌رودخانه بندند.

۲- چل čal [سنس. čal، برو، ازری. čal، حرکت کردن] (فع. امر. چلیدن) برو.

۱ - چل čel (إ.) اسبی که‌دست‌راست وپای‌چپ اوسفید باشد؛ اشکل، اشکیل.

۲ - چل čel [= چهل] (عد. إ.) چهل، دوبار بیست، اربعین.

۳ - چل čel [گلپایگان وبروجرد. čel] (ص.) ۱ - کم‌عقل، نادان، احمق، گول. ۲ - دیوانه، مجنون.

چل čol [= چول = چر] (إ.) آلت تناسل مرد، نره.

چلا čel-ā [= چله = چهله] (إمر.) ۱- چهل‌روزی، که مرتاضان‌چله‌نشینند. ۲ - چهل‌روز ایام‌نفاس، یعنی آن مدت پس‌از زاییدن که زن ناپاك میباشد.

۱- Acacia giraffae, A.seyal (.لا)

چلاق čolāγ [تر. = چولاق] (ص.) کسی که دست یا پای شکسته یا بریده دارد (وبیشتر درپا مستعمل است).

چلاقی čolāγ-ī [تر.-ف.] (حامص.) شکسته یا بریده بودن دست یا پای.

چلاندن čal-ādan [= چلانیدن] ←چلانیدن.

چلانده čal-ānda(-e) (إمف.) ← چلانیده.

چلاننده čal-ānanda(-e) (إفا. چلاندن، چلانیدن) فشارنده، فشاردهنده، عصاره گیرنده.

چلانیدن čal-ānīdan [= چلاندن] (مص م.) (چلانید، چلاند، خواهدچلانید، بچلان، چلاننده، چلانیده) فشاردادن، منضغط کردن، عصاره گرفتن.

چلانیده čal-ānīda(-e) [= چلانده] (إمف.) فشار داده شده، عصاره گرفته.

چلاو čolāw [= چلو] (إ.) ←چلو.

چلب čalab [= چلپ = جلب] (إ.) ۱ - دوپارچه برنج تنك وپهن كه در نقاره خانه‌ها وغیره برهم زنند؛ سنج. ۲ - شور وغوغا. ۳- آشوب، فتنه.

چلبك čalbak [متر. از چربك] (إ.) ← چربك، چلپك.

چلبله čolbola(-e) ۱ - (إ.) شتاب واضطراب. ۲- (ص.) باشتاب، مضطرب. ۳ - صلهٔ شعر، انعام شاعر.

چل بند čel-band [= چهل بند] (إمر.) جامهٔ مخصوص رقاصان که از پارچه‌های مختلف بالوان گوناگون میساختند.

چلبی čalabī [تر.] (إ.) آقا، خواجه، سرور، سیدی.

چلپ čalap [= چلب = جلب] ←چلب (همع.)

چلپاسه čalpāsa(-e) [= کرپاسه = کرپاشه = کرپاسو = کرباسك] (إ.) (جاز.) مارمولك (ه.م.)

چلپاسه

چلپ‌چلپ čalap-čalap(čelep-čelep) (إصت.) ۱ - آواز راه‌رفتن‌در زمینی که‌آب کمی در آن‌باشد. ۲- صدایی که‌از شلوار وجامهٔ تر هنگام راه رفتن برخیزد.

چلپك čalpak [متر. ازف. چربك] (إ.) قسمی‌نان روغنی تنك. ←چربك.

چلپك پز č.-paz [متر . -ف. = چلپك‌پزنده] (ص‌فا.) آن‌کس که‌درپختن چلپك (ه.م.) مهارت دارد.

چل‌پله čel-pella(-e) [= چهل‌پله] (ص‌مر.) آب انباری که‌قریب چهل‌پله گودی آنست.

چل تاج čel-tāǰ [ف.- معر.] (ص مر.) مرغ‌یاخروسی که‌تاج بزرگ زیبا و شعبه شعبه دارد.

چل تکه čel-tekka(-e) (ص‌مر.) پارچه‌ای که‌از کناره‌های‌ماهوت بریده دوزند.

چلتوك čaltūk [= شلتوك] (إ.) برنج پوست نگرفته.

چلتوك زار č.-zār [= شلتوك‌زار] (إمر.) زمینی که‌در آن برنج کارند ؛ برنجزار.

چلچراغ čel-čerāɣ [= چهل چراغ] (إمر.) ۱ - نوعی جار یا قندیل بزرگ که شمعها یا چراغهای بسیار در آن باشد[1]. ۲ - نوعی آتشبازی.

چلچراغ (انواع)

چلچل čel-čel (ص.) خال خال ، دارای خالهای سپیدوسیاه یا کبودوسیاه.

چلچله čelčela(-e) (إ.) ۱ - (جا ن.) پرستو (ه.م.). ۲ - (جا ن.) غلیواج (ه.م.). ۳ - (جا ن.) لاك پشت (ه.م.)، سنگ پشت.

چلچله

چلچلی čel-čel-ī (حامص.) (عم.) بلهوسی، هوسبازی: « مرد که بچهل سال رسید اول چلچلیش است. »

چلر čelar (ماز čelar) (إ.) (گیا.) راش (ه.م.)

چل ستون čel-sotūn (ص مر.) ۱ - عمارتی که چهل ستون داشته باشد. ۲ - بنایی که دارای ستونهای بسیار باشد.

چلسکاندن čelesk-āndan [= چلسکانیدن] ← چلسکانیدن .

چلسکانیدن čelesk-ānīdan [= چلسکاندن] (مص م.) (صر. ← تکانیدن) پژمرانیدن ، پلاسانیدن .

چلسکیدن čelesk-īdan [← چلسکانیدن] (مص ل.) پژمردن، پلاسیدن.

چلسکیده čelesk-īda(-e) (إمف.) (عم.) پژمرده، پلاسیده. ‖ ~ فلسکیده. (عم.) پژمرده و پلاسیده.

چلسه čalsa(-e) (ص.) خرد، کوچك؛ مق. بزرگ.

چلش čološ (إ.) (گیا.) گیاهی است ترش که در آشها کنند؛ ترشك.

چلشته‌خور čelešta(-e)-xor [— چلشته‌خورنده، قس چشته‌خور] (ص فا.) ← چشته‌خور.

چل صبح čel-sobh [= چهل صبح] [ف.-ع.] (إمر.) ۱ - چهل صباح که در آن کاری (ریاضت وغیره) انجام دهند. ۲ - چهل صباح که در آن تخمیر طینت آدم شده.

چلغوز čalɣūz (إ.) ۱ - فضلهٔ مرغ خانگی و کبوتر وجز آنها. ۲ - (عم.) برسبیل توهین و تحقیر بافراد کوچك جثه و کوتاه‌قد اطلاق شود.

چلغوزه čelɣūza(-e) [= چهل غوزه] (إ.) باردرخت صنوبر (باعتبار کنگره‌های آن که هر یك بمنزلهٔ غوزه است)؛ بندق، فستق.

چلفتی čoloftī (ص.) (عم.) **دست و پا** ~ .بیعرضه، نالایق، بی‌دست و پا.

چلقب čelɣab (إ.) چلقد (ه.م.)، چلته.

چلقد čelɣad [← چلقب] (إ.) ۱ - جبهٔ سطبر و دولایی سپاهیان؛ چلته (ه.م.) ۲ - جوشن.

چلقوز čalɣūz [= چلغوز] ۱ - (إ.) فضلهٔ هر نوع مرغ. ۲ - (ص.) (عم.) در توهین و تحقیر بافراد خرد جثه اطلاق شود.

چلقوزه čalɣūza(-e) [= چلغوزه] (إ.) ← چلغوزه .

چلك čalok, čelek [= چالیك = چلیك] (إ.) دو پارچه چوب که اطفال بدان بازی کنند، یکی بقدر سه وجب ودیگری بمقدار یك قبضه و هردو سر چوب کوچك میباشد.

۱ - Lustre (فر.)

چلك (ا.) čelk,čolk ۱ - کفچهٔ دیگ، کفگیر. ۲ - انگشت وسطی ، بنصر.

چلك (ا.) čolak ۱- طناب ابریشمی. ۲ - کلافه (ریسمان، ابریشم).

چلك [تر.] (ا.) čalak ۱ - کاسهٔ چوبین. ۲ - دلو برای آب کشیدن.

چلك باز čalok-bāz [= چلك بازنده] (صفا.) کودکی که چلك بازی کند، بازی کنندهٔ الك دولك.

چلك بازی č.-bāz-ī (حامص.) بازی کردن با چوبهای چلك، الك‌دولك بازی.

چلك‌چلك čelek-čelek [= چلیك چلیك] (اصت.) آواز کفشهای پاشنه خوابیده هنگام راه رفتن کسی که آنرا بپا دارد.

چل کلید čel-kelīd [= چهل کلید] (صمر.) صفت جامی که درویشان با خود دارند.

چلگی čella(e)g-ī [= چهلگی] (حامص.) چل‌روزگی نوزاد، روزچهلم تولد طفل.

۱-چلم (ا.) čalam ۱- (گیا.) همیشك (ه.م.) ۲ - (گیا.) توت‌فرنگی (ه.م.)

۲ - چلم čalam,čelem [هند. = چلیم] (ا.) ۱ - سرقلیان گلی که تنباکو درآن گذاشته آتش بر آن نهند؛ حقهٔ قلیان . ۲ - (درافغانستان) قلیان. ۳ - نوعی از مخدرات از قبیل بنگ وچرس.

چلم čel-om [= چهلم] (عد. ترتیبی) چهلم، چیزی که در مرتبهٔ چهل واقع شده باشد.

چل مرد čel-mard (امر.) چوب گنده‌ای که پس در بسته گذارند.

چلمردان čel-mard-ān (امر.) پارچه‌ای چرمی که زیر قلتاغ زین گذارند.

چلمله čalmala(-e) (ص.) مفت ، رایگان.

چلمن čolman [← چل] (عم.) کسی که‌زود فریب خورد؛ گول، پخمه، پپه.

چلمنی čolman-ī (حامص.) (عم.) گولی، پخمگی، فریب‌خوارگی.

چلنچو čalančū [← چل] (ص.) ۱ - کسی که لباسهای خود راچرکین وملوث سازد. ۲ - کسی که‌عقلش‌ناقص باشد. ۳ - بی‌نزاکت.

چلنگر čelengar [= چلینگر = چیلانگر] (ص‌شغل.) آنکه‌آهن‌آلات‌خرد ازقبیل قفل، کلید، چفت‌ورزه، زنجیر، انبر، میخ و مانند آنها سازد.

چلنگرخانه č.-xāna(-e) [← چلنگر.] (امر.) دکان چلنگر (ه.م.)؛ چلنگری.

چلنگری čelengar-ī [← چلنگر] ۱-(حامص.) عمل وشغل‌چلنگر(ه.م.)، ساختن‌چیزهای‌خرد آهنی‌ازقبیل قفل، کلید، چفت‌ورزه، میخ، انبر و مانند آنها. ۲ - (امر.) دکان چلنگر (ه.م.)

چلو čolow,čelo [= چلاو = چیلاو؛ هند. چاول، برنج] (ا.) غذایی که از برنج باروغن یا کره پزند وبا خورش خورند.

چلوار čelvār (ا.) پارچهٔ پنبه‌یی سفید آهار داری که از آن پیراهن وزیرجامه ودیگر جامه‌ها سازند.

چلوارباقی č.-bāf-ī ۱ -(حامص.) عمل بافتن چلوار . ۲ -(امر.) دستگاه وکارخانه‌ای که درآن چلوار بافند.

چلواری čelvār-ī (ص‌نسب.) پارچهٔ پنبه‌یی‌سفید آهارداری که‌ازآن‌پیراهن وزیرجامه ودیگرجامه‌هاسازند؛چلوار.

چلوپز čelow(lo)-paz [= چلوپزنده] (ص‌فا.) آنکه چلو (ه.م.) طبخ کند، کسی که‌شغلش پختن چلوست.

چلو پزخانه (e)-č.-xāna (اِمر.) ۱ - دکان چلوپزی، محلی که در آن چلو پزند. ۲- آشپزخانه، مطبخ‌خانه.

چلوپزی č.-paz-ī ۱-(حامص.) عمل وشغل چلوپز (ه.م.)، پختن‌چلو (ه.م.) ۲ -(اِمر.) دکانی که‌در آن‌چلوطبخ کنند.

چل وچو čel-o-čaw(čow) (اِمر.) (عم.) خبردروغ، شایعهٔ بی‌اساس.

چلوچوب čolaw-čūb(-ow) [= چلوچوب] (اِمر.) سیخ کباب.

چلوخورش čolow-xoreš(čelo-) (اِمر.) غذایی مرکب از چلو و قسمی خورش.

چلوصاف‌کن č.-sāf-kon [هند.-ع. ف = چلوصاف‌کننده] (ص‌فا.، اِمر.) ظرفی مسین یاچوبین که‌سوراخهای‌ریز داردوچلوجوشیدهٔدر آب‌رادر آن‌ریخته آبش‌رابگیرند؛ چلوصافی.

چلوصافی č.-sāf-ī [هند.-ع.-ف.] (اِمر.) سماق‌پالا، سماق پالان، چلو صاف‌کن (ه.م.)

چلوك čalūk (اِ.) ریسمانی‌است‌که بر گردن اسبان بندند؛ عنان، افسار.

چلوکباب čolaw-kabāb(če.-ke) [هند.-ف.] (اِمر.) غذای‌معروف‌ایرانی مرکب ازچلو ساده وکباب که غالباً با تخم‌مرغ‌وپیازوترشی ودوغ‌مصرف کنند.

چلوکبابی č.-kabāb-ī [هند.-ف.] (اِمر.) محل تهیه و فروش چلوکباب (ه.م.)؛ دکان چلوکباب پزی.

چلومرغ č.-morγ [هند.-ف] (اِمر.) چلوی که خورش‌آن مرغ پخته است.

چلونك čalūnak [= جلونك = جلنگ] ۱-(اِ.) بوتهٔ خربزه و هندوانه ومانند آنها؛ بیاره. ۲ - تخم خربزه وگل آن.

چلوی čolov-ī, čelov-ī (ص‌نسب.) کسی که شغلش چلوپزی و چلوفروشی است.

چل‌ویك‌منبر čel-o-yak-menbar [= چهل‌ویك منبر، ف.-ع.] (اِمر.) نذری است که در شب عاشورا یا شب یازدهم محرم چهل ویك شمع‌در چهل‌و یك‌جا که‌منبر وروضه‌خوانی‌است، به‌نیت بر آورده شدن حاجات یاسلامت وبقای عزیزان افروزند.

۱ - چله čella(-e) (اِ.) ریسمانی که از پهنای کار جولاهگان‌زیاد آید وآنرا ببافند و با انگشت پیچیده در جایی گذارند؛ تارجولاهگان؛ مق. پود.

۲ - چله čella(-e) [= چهله] (اِمر.) ۱ - چهل روز که‌زن‌بعداززادن گذراند تا پاك شود. ۲ - چهل روزی که درویشان‌در گوشه‌ای نشینندوعبادت کنند وریاضت کشند. ۳ - روز چهلم مرگ عزیزی. ۴ - روز چهلم شهادت امام حسین، اربعین، بیستم صفر. ۵ - چهلمین‌روز تولدکودك که مراسمی‌برپا کنند. ٦ - اربعین (اعم ازچهل روزیا چهل سال). ۷ - مدتی معین از فصل زمستان وفصل تابستان ←. ‖ ~ ُ بزرگ ۱ - چهل روز از زمستان که آغاز آن مطابق اول جدی و هفتم دی ماه جلالی و بیست و دوم دسامبر فرنگی است و پایانش شانزدهم بهمن ماه جلالی و سی ام ژانویهٔ فرنگی است. ۲ - چهل‌روز از تابستان که‌اول آن مطابق است با پنجم تیرماه جلالی و آخر آن یازدهم مرداد ماه جلالی. ‖ ~ ُ کوچك. ۱ - بیست روزازفصل زمستان، که آغازآن ازهفدهم بهمن‌ماه جلالی شروع‌میشود ودر پنجم اسفندماه

پایان می‌یابد. ۲ - بیست روزهٔ تابستان که آغاز آن دوازدهم مردادماه و آخر آن‌روز اول شهریورماه باشد. ‖ ـــِ تابستان. ۱ - ← چلهٔ بزرگ۱. ۲- (کنـ.) گرمای سخت. ‖ ـــِ زمستان. ۱- ← چلهٔ بزرگ۲. ۲- (کنـ.) سرمای سخت.

چله (e-) čella(-e) [تر. čelya، čelī] (اِ.) زه کمان، وتر.

چله(e-) čolla(-e) [چل = چول = چر] (اِ.) آلت تناسل‌مرد، نره.

چله‌افشاندن čella(-e)-afšāndan (مصم.) زه کمان را بحرکت در آوردن ورها کردن.

چله‌بری č.-bor-ī (حامص.) ۱ - عملی از قبیل عزایم . ۲ - (مجـ . در اصطلاح بانوان تهرانی) بسیار آمدن ورفتن ازروی چیزی مانندسفره‌وجامهٔ گسترده .

چله‌بری کردن č.-borī-kardan (مصل.) انجام دادن چله‌بری (ه.م.)

چله بستن č.-bastan (مص م.) زه بستن، چله بر کمان بستن .

چله خانه č.-xāna(-e) (اِمر .) خانه ای که مرتاضان و درویشان ایام چله‌را در آن بسر برند؛ جای چله نشستن.

چله دادن č.-dādan (مصل.) مراسم چهلم مرگ کسی‌را بوسیلهٔ اطعام‌مساکین ودیگران بجا آوردن.

۱ - چله‌دار č.-dār [= چله‌دارنده] (صفا.) سازندهٔ کمان، کمان‌ساز.

۲ - چله‌دار č.-dār [= چله‌دارنده] (صفا.) (عم.) کسی که در روز چهلم مرگ عزیزی‌عزا داری‌برپا کند، آنکه مراسم چله را برگزارکند .

چله داری č.-dār-ī (حامص.) عزاداری‌در چهلم مرگ عزیزی.

چله داری کردن č.-kardan (مص ل.) مراسم عزای‌چهلم‌مرگ‌عزیزی‌را بپاداشتن .

چله‌داشتن č.-dāštan (مصل.) ۱- درچله‌خانه معتکف‌شدن مدت‌چهل‌روز، مدت‌چهل‌روز بعبادت‌وریاضت‌پرداختن. ۲ - در روز چهلم مرگ عزیزی‌مراسم خاصی برپا کردن.

چله ریسک č.-rīs-ak [= چرخ ریسک] (اِ.) (جا نـ.) چرخ‌ریسک(ه.م.)

چله کردن č.-kardan (مصم.) زه کردن کمان را ، کمان را چله‌بستن.

چله‌گرفتن č.-gereftan (مصل.) ۱ - چله داشتن(ه.م.) ۲ - (عم.)(کنـ.) نذر و نیاز کردن. ۳ - درچهلم مرگ عزیزی عزاداری کردن.

چلگی čella(e)g-ī [= چهلگی] (حامص.) (عم .) ۱ - چهل روزگی (مخصوصاً‌چهل‌روزگی کودك نوزاد.) ۲- چهل سالگی.

چله‌گیر čella(-e)-gīr [= چله گیرنده] (صفا.، اِمر.) انگشتانه‌ای از پوست که تیراندازان انگشت ابهام‌در آن کنند؛ زهگیر.

چله‌نشستن č.-nešastan(-šes.-) (مص ل.) بقصد عبادت و ریاضت چله داشتن (ه.م.) ، در چله‌خانه معتکف شدن.

چله‌نشین č.-nešīn [= چله‌نشیننده] (صفا.) ۱ - کسی که‌درچله‌خانه نشیند وریاضت‌کشد. ۲ - گوشه گیر، منزوی، معتکف . ۳ - (اصطلاح‌لوطیان) آلت تناسل مرد، نره.

چلی čel-ī [← چل] (حامص.) ۱ - احمقی، بیعقلی. ۲ - دیوانگی،سفاهت.

چلیپا čelīpā [آرا. صلیبا = معر. صلیب] ۱ - (اخ.) داری که عیسی را بر آن مصلوب کردند ؛ صلیب (ه.م.) ۲ - چوب چهار پره که مسیحیان بنشانهٔ دارعیسی۴ بر گردن آویزند یا باخوددارند ویادر کلیساها و نقاط دیگر برپا کنند. ۳ - خط منحنی، کج و منحرف نوشته. ۴- (کن.) زلف معشوق. || ~ ی فلک ۰ (نجـ ۰) شکلی که از تقاطع خط محور وخط معدل النهار حاصل گردد.

چلیپا

چلیپائی čalīpā'-ī [= چلیپا] ← چلیپایی ۰

چلیپائیان čalīpā'-īyān (ا ۰) ۱ - ج. چلیپائی (= چلیپایی). ۲ - (گیا.) تیره ای[1] ازگیاهان گلدار دولپه‌یی وجدا گلبرگ که گل شب‌بو نمونهٔ کامل آنست.

چلیپا پرست č.-parast [= چلیپا پرستنده] (ص فا.) خاج‌پرست ، عیسوی، مسیحی.

چلیپاپرستی č.-parast-ī (حامص.) مسیحیت، عیسویت.

چلیپا خم č.-xam (ص مر.) (کن.) زلف معشوق، زلف خم اندر خم.

چلیپا داشتن č.-dāštan (مص م.) صلیب داشتن، خاج داشتن.

چلیپا ساختن č.-sāxtan (مص م.) ساختن صلیب، ساختن چلیپا (ه.م.)

چلیپا سوختن č.-sūxtan (مص م.) ۱ - سوختن صلیب وچلیپا (ه.م.) ۲ - (کن.) مخالفت کردن با دین مسیح.

چلیپا کردن č.-kardan (مص م.) منحنی کردن، خم کردن، خماندن.

چلیپا نوشتن č.-neveštan (مص م.) قسمی درهم نوشتن برای آموختن خوش نویسی.

چلیپاوار č.-vār (ص مر.) صلیبی شکل، بشکل چلیپا.

چلیپا واری č.-vār-ī (حامص.) صلیبی شکلی، بشکل چلیپا بودن.

چلیپاوش č.-vaš (ص مر.) چلیپاوار، صلیب‌وار، بشکل خاج.

چلیپایی čalīpā-yī (ص نسب.) منسوب به چلیپا (ه.م.)

چلیدن čal-īdan (مص ل.) (چلید، چلد، خواهد چلید، بچل، چلنده، چلیده) ۱ - روان شدن، رفتن. ۲ - جنبیدن. ۳ - رمیدن. ۴ - لایق بودن، سزاوار بودن.

چلیك čelīk [تر.] (ا.) ۱ - ظرفی چوبین که دوقاعدهٔ آن بشکل دودایرهٔ مسطح است که بوسیلهٔ تخته‌هایی بیکدیگر متصل شده و در آن شراب، سرکه وغیره ریزند. ۲ - ظرفی آهنی یا حلبی.

چلیك

چلیك چلیك čelīk-čelīk [= چلك‌چلك] (اصت.) ۱ - صدای کفشهای پاشنه خوابیده و نعلین بهنگام راه رفتن. ۲ - صدای تخمه شکستن.

چلی کردن čelī-kardan [←

۱ـ Crucifères (فر.)

چلی] (مص ل.) دیوانگی کردن، خل خلی کردن.

چلیکه čelīka(-e) (ا.) (عم.) ۱ - تکه‌های خرد و باریك که از هیزم شکسته برجای ماند. ۲ - (کن.) دستها و پاهای سخت لاغر.

چلیم čalīm [هند. ← چلم] (ا.) ۱ - سر قلیان. ۲ - قلیان.

چلیم čelīm (ا.) (گیا.) گیاهی[1] از ردهٔ پیوسته گلبرگان که خود تیرهٔ جداگانه ای را شبیه به‌تیرهٔ زیتونیان تشکیل میدهد، و آن در مرداب میروید و دارای گلهای تنها و چهارقسمتی است؛ ابوقرنین، شاه‌بلوط آبی.

چلینگر čelīn-gar [← چلنگر = چیلانگر] ← چلنگر.

۱ - چم čam (ا.) ۱ - رفتار بناز، رفتاری با ناز و ادا و اطوار، خرام. ۲ - رفتار بطور تمایل و باخم و پیچ. ۳ - (عم.) عادت مخصوص هر کس در بکار انداختن دستها و پاها برای انجام دادن عملی یا اجرای حرکتی. ۴ - (عم.) (کن.) رگ خواب، نقطهٔ ضعف هر کس. ‖ ~ کسی را بدست آوردن. (کن.) رگ خواب اورا دانستن، نقطهٔ ضعف ویرا بدست آوردن.

۲ - چم čam (ص.) ۱ - ساخته، آراسته، آماده. ۲ - اندوخته، فراهم آمده.

۳ - چم čam [په. čim، علت، سبب، شرح، معنی] (ا.) معنی، شرح.

۴ - چم čam (ا.) جرم، گناه.

۵ - چم čam (ا.) سینه، صدر.

۶ - چم čam (ا.) ۱ - طبق پهنی که آنرا از نی بوریا بافند و غله را بدان افشانند و پاك سازند. ۲ - آب‌گردان بزرگ چوبین؛ چمچه.

۱ - چم čem (ا.) جل‌وزغ، جامهٔ غوك، چغز واره (ه.م.).

۲ - چم če-m [= چه موصول + م ضم. مفعولی] چه‌مرا: «وز آن چم تو فرمان‌دهی نگذرم.» (فردوسی)

۱ - چم čūm, čam [= چشم] (ا.) ← چشم.

۲ - چم čūm [= چشم = تشمیزج = چشمیزك] ← چشم (češom).

۱ - چم čom [← چمیدن] (ری.، ا.) لاف، تفاخر.

۲ - چم čom (ا.) ۱ - جانور. ۲ - حیوان بارکش.

چماق čomāγ [تر. = چوماق] (ا.) ۱ - گرز آهنی شش پر، عمود. ۲ - چوبدست سر گره‌دار. ۳ - (کن.) آلت تناسل مرد، نره.

چماقدار č.-dār [تر.-ف. = چماق‌دارنده] (ص فا.) دارندهٔ چماق، آن کس که چماق بدست دارد.

چماقلو č.-lū (ص مر.) (عم.) (کن.) زورگو و مزاحم و مردم آزار؛ قلدر، قلتشن. ‖ مجتهد ~. مجتهدی که علم او کم است ولی بدست طلاب زیر دست خود برامور مسلط است.

چماله čomāla(-e) [= مچاله] (ص.) (عم.) پارچه یا لباس و یا کاغذ ناصاف و پرچین و چروك؛ مچاله؛ مق. صاف و صوف.

چماله کردن č.-kardan [= مچاله کردن] (مص م.) درهم مالیدن چیزهایی از قبیل پارچه، لباس، کاغذ، دستمال و غیره؛ پرچین و چروك ساختن پارچه، کاغذ و مانند آنها؛ مچاله کردن.

۱ - چمان čam-ān [← چم، چمیدن]

چلیم

۱ - Macre, chataîgne d'ean (فر.)

چمان

(صفا.) خرامان، خرامنده، چمنده، رونده بناز.

۲ - چمان čam-ān [=چمانه] (إ.) پیالهٔ شراب، پیمانهٔ باده.

چمانچی č.-čī [ف.-تر.] (ص نسبـ.) کوزهٔسر تنگ‌شکم‌فراخ که در آن‌شراب کنند؛ ابریق شراب، صراحی.

چماندن čam-āndan [=چمانیدن] (مص م.) ← چمانیدن.

چمانه čamāna(-e) [=چمان] (إ.) ۱ - کدویی که در آن شراب کنند؛ صراحی. ۲ - پیالهٔ شراب.

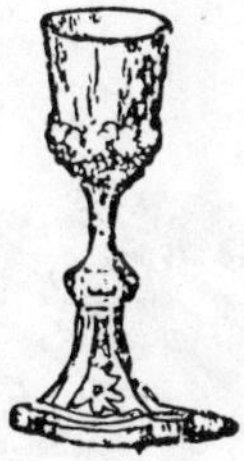

چمانه

چمانه čomāna(-e) [← چم] (إ.) حیوان، جانور.

چمانی čamān-ī [← چمان] (ص نسبـ.) ساقی، باده‌پیما، باده دهنده.

۱ - چمانیدن čam-ānīdan [= چماندن] (صر. ← خمانیدن) ۱ - (مص م.) درسیروخرام‌آوردن، خرامانیدن. ۲ - (مص ل.) خوش خرامیدن، بناز وکشی راه رفتن.

۲ - چمانیدن čam-ānīdan (مص م.) (صر. ← خمانیدن) خماندن، خم آوردن.

چمباتمه čombātma(-e) [= چنباتمه، تر. = چونقاتیمه] (إ.) نوعی ازنشستن، چندك، چمبك ← چمباتمه زدن.

چمباتمه زدن č.-zadan [تر.-ف.] (مص ل.) چندك زدن، سرپا نشستن، پس زانو نشستن.

چمباتمه نشستن č.-nešastan - (-šes.-) [تر.-ف.] (مص ل.) ← چمباتمه زدن.

چمپا čampā [= چنپا] (إ.) ۱ - قسمی برنج که محصول گیلان است. ۲ - (گیا.) نوعی گل یاس معطر.

چمچاچ čamčāč (ص.) خمیده، منحنی.

چمچاره čem-čāre (إمر.) (عم.) دشنام و نفرین گونه‌ایست در پاسخ کسی که گوید: آره.

چمچاق čamčāγ [= چمچاخ = چخماق = چقماق] (إ.) ۱ - ← چخماق. ۲ - کیسهٔ کوچکی که سپاهیان در آن شانه و سوزن و چیز های دیگر را میگذارند.

چم چرغه čam-čorγa(-e) (إمر.) ۱ - رشته‌ای که تازیانه را از آن بافند. ۲ - نوعی از تازیانه وقمچی.

چمچم čamčam [← چمچه] (إ.) چمچه، ملعقه، کفگیر.

۱ - چمچم čom-čom, čem-čem [← چم] (إمر.) رفتار بناز، خرام.

۲ - چمچم čom-čom (إمر.) ۱ - سم اسب واستر وخروگاو ومانندآنها. ۲ - نوعی پای افزار که ته آنرا بجای چرم ازکهنه ولته سازند؛ گیوه.

چمچمه čomčoma(-e) (إصو.) صدای پا درهنگام راه رفتن.

چمچه čamča(-e), čomča(-e) [تر. = چمچم] (إ.) قاشق، کفگیر کوچك، ملعقه، کفگیر.

چمچه

چمچه‌زدن č.-zadan [تر.-ف.] (مص ل.) برهم‌زدن‌غذا در دیگ بوسیلهٔ چمچه.

چمچه‌ساز č.-sāz [تر.-ف. = چمچه سازنده] (صفا.) آنکه چمچه‌ها سازد، سازندهٔ چمچه.

چمخال čamxāl [= شمخال] (إ.) نوعی تفنگ گلوله‌یی یاساچمه‌یی‌سر پر که درقدیم متداول بود.

۱ - چم داشتن čam-dāštan (مص ل.) بارونق بودن.

۲ - چم داشتن čam-dāštan (مص ل.) معنی داشتن، بامعنی بودن.

چمدان čama-dān [رس. čemodān ازف. جامه‌دان] (إمر.) صندوق چرمی بزرگ یا کوچکی که هنگام سفر جامه‌ها ولوازم دیگر رادرآن نهند؛ جامه‌دان، حرمدان، خرمدان.

چمکانی čamkān-ī [= چیمکانی] (إ.) (گیا.) فلوس (ه.م.)

چمن čaman [گیل. čämän] (إ.) (گیا.) ۱ - زمین سبزوخرم، مرغزار. ۲ - (گیا.) گیاهی است[1] از تیرهٔ غلات که‌دارای گونه‌های متعدداست. برگهایش کشیده و طویل و سبز تیره و دارای رگبرگهای موازی است؛ قلیب، فریز.

چمن‌آرا(ی) č.-ārā(y) [= چمن آراینده] (صفا.) آنکه چمن رازینت دهد، آرایش دهندهٔ مرغزار.

چمن آرایی č -ārāy-ī (حامص.) عمل و شغل چمن آرا (ه.م.)؛ آرایش مرغزار.

چمن افروز č.-afrūz [= چمن افروزنده] (صفا.) ۱ - افروزندهٔ چمن، آنکه یا آنچه مرغزار را زینت‌دهد. ۲ - گلی که موجب جلوهٔ چمن باشد.

چمن‌افروزی č.-afrūz-ī (حامص.) عمل و کیفیت چمن افروز (ه.م.)

چمن پیرا(ی) č.-pīrā(y) [= چمن پیراینده] (صفا.) آنکه برگهای زیادی چمن را ببرد؛ پیرایش دهندهٔ چمن، باغبان.

چمن پیرایی č.-pīrāy-ī (حامص.) عمل وشغل‌چمن پیرا (ه.م.)؛ باغبانی.

چمنده čam-anda(-e) (إفا. چمیدن) کسی که بناز راه‌رود، خرامنده.

چمن‌زار č.-zār (إمر.) ۱ - زمینی که درآن چمن بسیار باشد. ۲- زمینی که چمن در آن کاشته باشند.

۱- چموش čamūš [= شموس، معر.] (ص.) لگدزن، سرکش، بدرفتار (اسب، استر وجزآنها).

۲ - چموش čamūš [= چاموش گیل. čumūš] (إ.) نوعی کفش، چاموش (ه.م.)

چمی čam-ī [په. čēmīk، čimīk، معقول، معتدل ← چم]. (صنسب.) با معنی، معنوی.

چمیدن čam-īdan [پارتی‌مانـ. č'm، په. اشکانی čm-] (مصل.) (صر. ← رمیدن). ۱- راه‌رفتن بناز، خرامیدن. ۲ - راه رفتن متمایل، باپیچ وخم راه رفتن. ۳ - پیچ وخم خوردن.

چمیده čam-īda(-e) (إمف. چمیدن). ۱ - راه رفته با ناز، خرامیده. ۲ - خم شده.

چمیکانی čamīkānī (إ.) (گیا.) فلوس (ه.م.)

چمین čamīn [= چامین] (إ.) شاش، بول، ادرار.

چناچن čanāčan [سنس. *ǰhanǰhana-] (إ.) آواز و صدای تیر که پیاپی اندازند.

چنار čanār (تد. če-) [= چنال، په. činār] (إ.) (گیا.) درختی[2] ازتیرهٔ گزنه‌ها که یکی ازدرختان زیباوپردوام است وتنداش بسیار قطور و ارتفاعش به ۳۰ تا ۴۰ متر میرسد. این درخت دارای پهنهٔ وسیعی ازلحاظ شاخ‌وبرگ

چمدان

چنار

۱ - Poa palustris (لا.), pâturin (فر.)　۲- Platanus vulgaris (لا.), platane (فر.)

است و برفضایی‌وسیع سایه میگسترانند؛ ارس، صنار.

چناری čanār-ī(če.-تد) [← چنار] (ص‌نسبـ.، اِمر.) رنگی است مخلوط از *آبی وزرد پر رنگ بطوریکه آبی آن از زرد بیشتر باشد.

چنال čanāl [= چنار] (اِ.) (گیا.) ← چنار.

چنال čenāl (اِ.) (گیا.) درختی[1] از تیرهٔ پروانه‌واران جزو دستهٔ گل ابریشم‌ها که از هند وشمال افریقا وارد ایران شده و در باغهای جنوب ایران کاشته میشود.

چنان čonān(če-) [= چون‌آن = چونان] (ق. تشبیه) ۱- آنسان، آنگونه، آنطور، طوری: «چنان میرفت که باد بگردش نمیرسید.» ۲ - مثل آن، مانند آن: «این چنان است که گویند.» (کشف‌الاسرار) ۳ - مثل، مانند: «بهار آری بیارایی ، چنان جنات حورائی .» (سنائی)

چنانچون čon-ān-čon [= چون آن چون] (ق . تشبیه) همانگونه ، همان سان :

« بسان آتش تیزست عشقش
چنانچون‌دورخش همرنگ‌آذر.»
(دقیقی)

چنانچه čon-ān-če(čen.-) ۱ - (ق. تشبیه) آنطور، آنسان، بطوری که: «و این‌بنده مدت دولت هرقوم چنانچه درتواریخ یافته ...» (تاریخ گزیده) : «دراجراء حکم سیاست بروی اززبان بریدن و میل کشیدن چنانچه اعتبار تمامت غمازان ومفسدان و مستخرجان گردد.» (ترجمهٔ محاسن اصفهان) ۲ - (حر.ربط) ازادات شرط وتعلیق؛اگر: «چنانچه راستکار باشی‌رستگارشوی.» ‖ اگر ــــ . (حر. ربط مر.) اگر مثلاً ، اگر: « اگر چنانچه پسندیده است فمرحبا، واگربخلاف این‌فرمانی بود ، در عهدهٔ عهد شکستن نباشم که فرمان سلطان باضطرار لازم بود ...» (مجموعهٔ مکاتیب غزالی)

چنانکه čon-ān-ke(če.-) [= چون آنکه] ۱ - (ق. تشبیه) بطوریکه، بدانسان که ، آنطور که : « محمود در هندوستان فتوحات بسیار کرد ، چنانکه‌درتواریخ مسطوراست.» ‖ اگر ــــ . (حر.ربطمر.) اگرمثلاً ،اگر: «اگرچنانکه درستی وراستی نکند
خدای باد بمحشر میان ماداور.»
(انوری)

چنبر čanbar [په. čambar](اِ.) ۱ - محیط دایره : چنبردف ، چنبر گردن، چنبر افلاك. ۲ - حلقه: چنبر زلف. ۳ - قید، گرفتاری. ۴- (جاذ.، پز.) یکی از استخوانهای[2] کمربند شانه‌یی که‌در همهٔ پستانداران و بیشتر ذی‌فقاران وجود دارد ، فقط در شاخهٔ خزندگان‌راستهٔ‌ماران‌فاقداین‌استخوانند. درانسان استخوان چنبراستخوانی‌است نسبهٔ دراز و بشکل S که افقی بین استخوان قص (جناغ سینه) واستخوان کتف واقع است. دواستخوان چنبر در بالا وجلوسینه درطرفین بطوربرجسته مشهودند : ترقوه. ۵ - (مس.) بحر دوازدهم از اصول هفت‌گانهٔ موسیقی. ‖ ــِ مینا. (کن.)آسمان.

چنبرزدن č.-zadan (مص‌ل.) دور خویش‌حلقه زدن (مانند حلقهٔ مار).

چنبره čanbara(-e) [← چنبر] ۱ - (ص‌نسبـ.) بشکل چنبر، چنبرمانند. ۲ - حلقه.

۱- Alluzzia Sp.(لا.) ۲ - Clavicule (فر.)

چنبره زدن č.-zadan [= چنبر زدن] ← چنبرزدن.

چنبك čonbak [← چنبیدن] (اِ.) ۱ - خیز، جست. ۲ - چمباتمه.

چنبك زدن č.-zadan (مص ل.) ۱- جستن، خیز برداشتن. ۲-چمباتمه‌زدن.

چنبه čonba(-e) ۱-(اِ.) هرچوب گنده وستبر (مانند چوبی که پس‌در اندازند، وچوبی که گازران برجامه زنند). ۲ - چماق ، چوبدستی (مانند چوبدستی شتربانان). ۳- هرچیز درشت وستبر. ۴ - شخص گنده وفربه ، مرد ناهموار درشت.

چنبیدن čonb-īdan [← چنبك] (مص ل.) (صر. ← جنبیدن) ۱ -جستن، خیز کردن. ۲ - گریختن.

چنپا čanpā [هند. = چمپا] ← چمپا.

چنته čanta(čente) (اِ.) کیسه‌ای که درویشان وشکارگران در آن توشه ولوازم خودنهند وباخود دارند؛ توبره. ‖ ــِ چوپان. (گیا.) کیسهٔ کشیش.

چند čand [په. čand] ۱ - (عد. مبهم، ق. مقدار.) مقدار نامعلوم: «امروز چند کتاب خریدم.» ضح.- گاه بآخر آن «ی» نکره افزایند:

«خروشی برآورد بیژن‌چوشیر
ز ترکان برفتند چندی دلیر.»

وگاه «یك» دراول آن آرند:

«یك چند روزگار جهان دردمند بود
به‌شد که‌یافت بوی‌سمن‌را دوا طبیب.»
(رودکی)

۲ - (ادات استفهام) درمقدار و زمان استعمال شود؛ چقدر؟ تا کی؟:

«چندپری چون مگسی بهرقوت
در دهن این تنهٔ عنکبوت؟»
(نظامی)

چند čand-e [↑](حر. اِض.) معادل، مساوی، باندازهٔ: «وعمرو معتضد را اشتری‌دو کوهان‌فرستاده چندماده پیلی بزرگ.» (تاریخ‌سیستان). ضح.- بدین معنی لازم‌الاضافه است.

چندال čandāl [سنس. čandāla-] (اِ.) شخصی که نجاستها و پلیدیها را پاك کند؛ کناس.

چندان čand-ān [= چند + آن، اشاره] ۱ - (ق. مقدار) آن قدر، آن اندازه: «اگر آب نیابد یا چندان‌یابد که خوردن ویرا ورفیقان ویرا چیزی‌بسر نیامد...» (کشف‌الاسرار) ۲- (ق.زمان) تا آن زمان:

«چندان بمان که‌خرقهٔ ازرق کندقبول
بخت جوانت‌ازفلك پیر ژنده‌پوش.»
(حافظ)

‖ ــ که. ۱ - (ق.مقدار) آن‌مقدار که، آن اندازه که: «بیك تیمم بیش‌از یك فریضه گزاردن‌رواست، همچنانکه بیك طهارت چندانکه خواهد فرایض نماز گزارد.» (کشف الاسرار) ۲- هر قدر که:

«چندانکه گفتم غم‌باطبیبان
درمان نکردند مسکین‌غریبان.»
(حافظ)

۳- (حر. ربط مر.) همینکه، بمحض‌اینکه: «چندانکه مقربان حضرت برحال من وقوف یافتند وباکرام در آوردند...» (گلستان)

چنداول čandāvol [تر. čandāvel] ــِ چندول = چندل] (اِ.) جمعی از مردم که‌درعقب لشکرهای منظم‌حرکت میکردند؛ حشر، چریك.

چندبر čand-bar (اِمر.) (هـ.) سطحی که چند خط مستقیم برآن‌محیط باشد؛ کثیر الاضلاع، چندضلعی (هـ.م.)

چندر čondor [= چگندر = چغندر] (اِ.) (گیا.) ← چغندر.

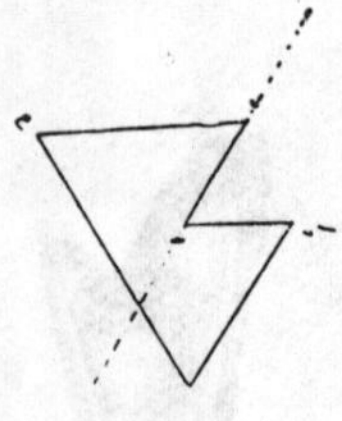

چند بر مقعر

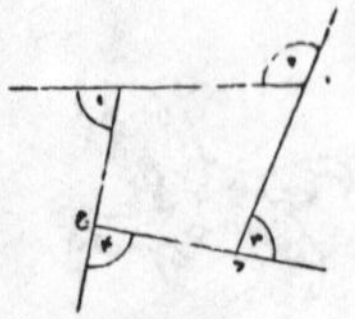

چندبر (زوایای خارجی)

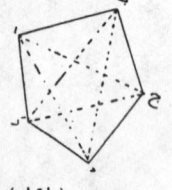

چندبر محدب (با قطر)

چنگ

چنگال (حیوان)

چندسر čand-sar (إمر.) (گیا.) جیرجیر (ه.م.)

چند سور čand-sūr (إمر.) (گیا.) جیرجیر (ه.م.)

چندش čend-eš [په. čandišn قس. قمی چندیدن، لرزیدن] (إمص.) (عم.) حرکت اعصاب شخص توأم با نفرت از چیزی.

چند ضلعی čand-zel'-ī [ف-ع.] (ص نسبـ.، إمر.) (هس.) سطحی که‌دارای اضلاع متعدد باشد؛ چندبر (ه.م)

چندل čandal [= چندن] ← صندل.

چندن čandan [= چندل = صندل، معر. از سنس. -čandana] (إ.)(گیا.) ← صندل.

۱-چندی čand-ī(-ē (قد.) (ق.) يك چند. ← چند.

۲-چندی čand-ī [په. čandīh ← چند] (حامص.) ۱- اندازه، مقدار. ۲- (فل.) کمیت؛ مق. چونی، کیفیت.

چندین čand-īn (ق. مقدار) این همه، این اندازه (دال بر کثرت):
«چندین غم مال و حسرت دنیا چیست؟
هرگز دیدی کسی که‌جاوید بزیست؟»
(خیام)

۱- چنگ čang [است. -čingha ← چنگال] (إ.) ۱- (جاذ.) پنجه و مجموعهٔ انگشتان انسان و دیگر جانوران. ۲- (جاذ.) چنگال مرغان وجانوران. ضح. - در پرندگان بیشتر کلمهٔ «چنگال» استعمال میشود.

۲-چنگ čang [په. čang ← چنگله وقس. صنج] (إ.) (مس.) آلتی‌موسیقی از ذوات الاوتار که انواع ابتدائی آن شکل مثلث داشت و شامل يك تخته بطول تقریباً يك گز و يك میلهٔ چوبی بود که بطور عمودی، بر يك انتهای این تخته نصب میشد، و انتهای دیگر این میلهٔ چوبی، شکل دست انسان را داشت؛ و بتدریج تکمیل گردید؛ هارپ.

۳-چنگ čang [تر. آذری čang (ölmāx)، خم] ۱-(ص.) منحنی، خمیده.

۴-چنگ čang [قس. چنگك] (إ.) ۱- مطلق قلاب. ۲- قلابی که بدان فیل‌را رانند خصوصاً؛ کجك.

چنگ čeng [گنابادی čong، čeng] ۱- منقار مرغان. ۲- نوك سنان و پیکان ومانند آنها.

چنگ čong [← چنگیدن] (إ.) سخن، گفتار.

چنگار čang-ār [= جنگار] (إ.) (جاذ.) خرچنگ (ه.م.)

چنگال čang-āl [← چنگ، سریکلی čangāl] (إ.)(جاذ.) پنجه ومجموعهٔ انگشتان پرندگان[1] خصوصاً پرندگان شکاری. ۲- چنگ (ه.م.) ۳- نان گرمی که‌باروغن وشیرینی در یکدیگرمالیده باشند؛ چنگالی، چنگال خوست. ۴- (مجـ.) شخص باریك میان. ۵- آلتی فلزی از لوازم‌میز غذاخوری که‌دارای دسته وسه یا چهار دندانه است.

چنگال

چنگالخوست č.-xost [= چنگال خوسته] (ص‌مف.، إمر.) ۱- درهم‌مالیده. ۲- چنگال (← چنگال۳)، چنگالی.

چنگالی čang-āl-ī (ص نسبـ.) ← چنگال۳، چنگالخوست.

۱- چنگ‌زدن č.-zadan (مص ل.) ~ درچیزی. متشبث شدن بآن، تشبث بدان، توسل بآن.

۲-چنگ‌زدن č.-zadan (مص ل.) (مس.) نواختن چنگ (ه.م.)

1- Griffe (فر.)

۱- چنگ زن č.-zan [= چنگ زننده] (صفا.) آنکه در چیزی چنگ زند؛ متشبث.

چنگ‌زن (مینیاتور، کار حسین بهزاد)

۲- چنگ زن č.-zan [= چنگ زننده] (صفا.) (مس.) نوازندهٔ چنگ (ه.م.)

چنگک čang-ak [گیل، اراکی čängäk] (امر.) ۱- قلاب عموماً. ۲- قلابی که فیل را بدان رانند خصوصاً؛ کجک. ۳- میلهٔ کوتاه فلزی سر کج که چیزی بآن آویزان کنند. ۴- آلتی که برسر نخ یا ریسمان بندند و بدان ماهی گیرند.

چنگل čangal (ا.) (گیا.) سیاه تلو (ه.م.)

چنگل čang-ol(-al) [= چنگال] (ا.) ← چنگال ۱.

چنگلاهی čang-lāhī [= جنگلاهی] (ا.) (جا ن.) غلیواج (ه.م.)

چنگلوک čang-lūk [= جنکلوک = جنکوک = چنگوک = عم. چنگولک] (ص.) آنکه دست و پایش معیوب و ضعیف باشد.

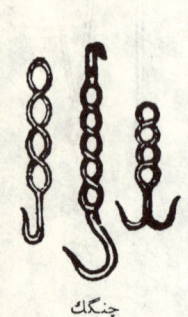

چنگله čangola(-e) (ا.) (مس.) ← چنگ.

چنگ مریم čang-e-maryam (امر.) (گیا.) گیاهی است پنجه انگشت، پنجهٔ مریم، بخور مریم. ضح. - قدما معتقد بودند چون زنی دشوار زاید آنرا در آب گذارند، همینکه آن گیاه از هم واشد، آن زن وضع حمل کند.

چنگوک čang-ūk [= چنگلوک] (ص.) ← چنگلوک.

چنگولک čang-ūl-ak [= چنگلوک (ه.م.)] (ص.) (عم.) ضعیف وسست: «دست و پاش چنگولک شده.»

چنگک

چنگی čang-ī (ص نسبـ.) ۱- (مس.) آنکه چنگ نوازد؛ چنگ‌زن. ۲- مطرب، خنیاگر.

چنو čon-ū [= چون او] (حر. ربط + ضم.) مانند او، مثل او.

چنه čana(-e) [= چانه] (ا.) ← چانه.

چنه čena(-e) [= چینه] (ا.) ← چینه.

چنیدن čen-īdan [= چیدن] (مص م.) ← چیدن.

چنیده čen-īda(-e) (امف.) ← چیده.

چنین čon-īn(čen-) [= چون این] (ق. تشبیه) مانند این، مثل این، اینگونه، این‌طور:

«باچنین دیوان بگو بندسلیمان وارکو؟» (سنائی)

چو čo [= چون] ← چون.

چو čū [= چوب] ← چوب.

چوب čūb(čōb. (قد. čōp [= چو، پهـ.]) (ا.) ۱- ماده‌ای سخت که ریشه و ساقه و شاخهٔ درخت را تشکیل میدهد و آنرا برای سوزاندن یا ساختن اشیا بکار برند. ۲- (عم.) واحد پول است در معاملات بازاری، و این اصطلاح بسته بمقدار معامله است. اگر

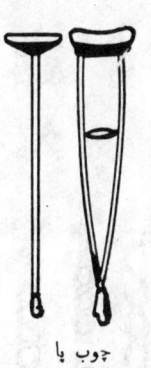

چوب بست

معامله کلان باشد و در آن گفتگو ازهزار (تومان) بود، یك‌چوب معادل یك‌هزار (تومان) است و در غیر این صورت مراداز یك‌چوب‌یك‌تومان‌است؛ چوق. ‖ پای ـــ ایستادن. (عم.) در اصطلاح کاسبهای میدان، حاضر شدن شخصی‌برای خرید جنس (دست اول) درصبح زود در میدان، و منتظرقپان کردن‌آن شدن پس از خرید.

چوب بست č.-bast (إمر.) ۱- چوبهایی که‌عمودی وافقی بهم متصل سازند ودر کنار دیوار نصب کنند و عمله وبنا بر روی‌آن کار کنند ؛ چوب بندی. ۲- چوبهایی که‌بهم پیوندند وشاخه‌های‌مو را روی‌آن گسترند.

چوب پا č.-pā [= č.-e pā] (إمر.) چوب باریك و دراز که لنگان‌وپا‌بریدگان زیربغل گیرند وبکمك آن راه روند.

چوب پا

چوب پنبه č.-panba(-e) (إمر.) نوعی چوب سبك که‌از پوست درختان مخصوص باندازه‌های مختلف سازند، وبرای بستن‌سربطری و مانندآن بکار برند.

چوبخوار č.-xār [= چوبخوارك = چوبخوارنده] (إفا.، إمر.) (جا.) کرمی است که‌چوب وپشمینه وپلاس را بخورد وضایع سازد؛ ارضه.

چوبخوارك č.-xār-ak [= چوبخوار] ← چوبخوار.

چوبدار č.-dār [= چوب دارنده =عم. چوقدار] (صفا.) ۱- آنکه‌شغلش خرید وفروش گوسفند است؛ گله‌دار، گوسفنددار. ۲- شخصی‌که درمیدانهای بارفروشی دوسرچوب‌قپان‌را روی‌دوش گیرد. ۳- (اصطلاحاً) قپاندار.

چوبداری č.-dār-ī (حامص.) ۱- عمل وشغل‌چوبدار (ه.م.)؛ خریدوفروش گوسفند. ۲- یکی ازمشاغل میدان‌های بارفروشی‌است؛ قپانداری. ‖ حق ـــ . مبلغی که خریدار بعنوان حق توزین به چوبدار (قپاندار) می‌پردازد.

چوب دانه č.-dāna(-e) (إمر.) (گیا.) ← سنجد.

چوبدست č.-dast (إمر.) چوبی که دردست گیرند؛ دستوار، عصا.

چوبدستی č.-dast-ī (ص‌نسبـ.) ← چوبدست.

چوب‌زدن č.-zadan (مصم.) ۱- کتك‌زدن. ۲-(عم.) قیمت گذاشتن‌وتقویم اجناس ازطریق‌حراج . ضح.- درموقع حراج‌شخصی‌که عهده‌دار فروش کالاست دو قطعه چوبی‌راکه دردست دارد برهم می‌زندو آخرین بهای پیشنهاد شده را باصدای بلند اعلام می‌کند.

چوبك čūb-ak (إمصغ.) ۱- چوب کوچك (مطلقا). ۲- چوب کوتاه وباریك‌که بدان طبل‌نوازند. ۳- چوب وتخته‌ای که مهتر پاسبانان شبها بدست میگرفت وآن چوب‌رابرآن تخته میزد تاپاسبانان ازصدای آن بیدار باشند. ۴- (گیا.) گیاهی[1] ازتیرهٔ قرنفلیان که‌دارای گلهای مجتمع‌بآرایش‌مرکب میباشد، و برگهایش دارای‌خاراست. ریشهٔ آن‌ضخیم ولعابدار است وکوبیدهٔ آن‌نیزبنام«چوبك»بمصرف لباس‌شویی میرسد؛ چوبه، بیخ.

چوبکاری č.-kār-ī (حامص.)(عم.) عمل‌چوبکاری کردن ↓.

چوبکاری کردن č.-kardan (مصم.) (عم.) ۱- کتك زدن. ۲- (مجـ.) بیش‌ازحد معمول ومورد انتظارازکسی

۱- **Acanthophyllum squarrosum** (لا.)

پذیرایی ومحبت کردن: «چوبکاری‌می فرمایید.» (هنگام‌تعارف ادا شود) .

چوبك اشنان Č.-ošnān (اِمر.) ماده‌ای که‌از گیاه چوبك ↑ گیرند وبدان رخت شویند؛ گلیم‌شوی،صابون القاق[1] (←چوبك).

چوبك‌زن Č.-zan [=چوبك‌زننده] (ص‌فا.،ص‌مر.) ۱- آنکه‌چوبك‌زند(← چوبك۲). ۲- مهتر پاسبانان. ۳- کسی که در هنگام سحر ماه رمضان برای بیداروهوشیار کردن مردم‌چوبك‌میزده.

چوبکی čūbak-ī [←چوبك] (ص نسبـ.،فا.) ۱-مهتر پاسبانان،چوبك‌زن. ۲ - نوکرعسس وداروغه.

چوبکین čūbak-īn (اِمر.)افزاری چوبین یا آهنین که بدان پنبه‌دانه را از پنبه جدا کنند.

چوبلمه čūblama(-e) (اِ.) (گیا.) خربق سفید (ه‌.م.)

چوب‌نظر čūb-e-nazar [ف.-ع.] (اِمر.)(گیا.) تاقوت (ه‌.م.)

چوبنه čūb-ena(-e) [= چوبینه] ←چوبینه.

چوبه čūb-a(-e) [←چوبك](اِمر.) ۱ - چوبی که بدان خمیر نان را تنك سازند؛ صوبج (معر.) ۲ - خدنگ (ه‌.م.) ۳ - تازیانه. ۴ - (مس.) زخمه. ۵ - چوبدستی، چوبك. ۶ - (گیا.) چوبك (ه‌.م.)

چوبین čūb-īn [=چوبینه] (ص نسبـ.،اِمر.) ۱ - ساخته ازچوب،چوبی: افزار چوبین. ۲ - روپاکی سرخ‌رنگ که برسر بندند. ۳ - (جا ن.) مرغی‌است صحرایی، کاروانك (ه‌.م.)

چوبینك čūb-īnak [=چوبینه] (اِمر.) ۱ - روپاکی سرخ رنگ که‌بر سر بندند. ۲ - (جا ن.) کاروانك(ه‌.م.)

چوبینه čūb-īn-a(-e) [=چوبین] (ص‌نسبـ.،اِمر.) ←چوبین (همه.)

چوپان čū-pān(čō- .قد) [قس شبان (؟) په. šupān] (ص‌مر.،اِمر.) نگهبان گلهٔ گوسفند و گاو ؛ شبان ، رمه بان .

چوپانی čūpān-ī(čo- .قد)(حامص.) شغل‌چوپان(ه‌.م.)،نگهبانی گلهٔ‌گوسفند وگاو، شبانی .

چوج čūǰ (اِ.) (گیا.) اراك(ه‌.م.)

چوچوله čūčūla(-e) [= چچله] (اِ.) (عم.) گوشتی مانند زبان در فرج زنان.

چوچونچه čūčūnča(-e) (اِ.)نوعی پارچهٔ لطیف سفید رنگ که ازآن‌جامهٔ تابستانی دوزند.

چوخا čūxā [=چوخه،استی čūqqa] (اِ.) ۱ - جامهٔ پشمی خشن که چوپانان و برزیگران پوشند. ۲ - جامهٔ پشمی ضخیم که راهبان نصاری پوشند.

چوخه čūxa(-e) [=چوخا]←چوخا.

۱-چوخیدن čūx-īdan(čox- .قد) (مصل.) (ص.← مولیدن) لغزیدن ، بسردرآمدن وافتادن.

۲-چوخیدن čūx-īdan(čox- .قد) [=چخیدن] ←چخیدن.

چودار čaw-dār(čow-) (اِ.)(گیا.) چاودار (ه‌.م.)

چور čūr(čōr) [په . čōr] ، نوعی قرقاول] (اِ.) (جا ن.) تذرو (ه‌.م.) ، خروس صحرایی.

چورپور čūr-pūr(čōr-pōr .قد) (اِمر.) (جا.) ←چور.

چوزه čūza(-e) [=چوزه←جوزه =

---

۱ - Saponaire (فر.)

جوگك = جوجه] ← جوجه.

چوزه‌ربا č.-robā [← چوزه‌ربا ینده = چوزه لوا] (ص فا.، إمر.) (جا ن.) غلیواج.

چوزه لوا č.-lovā [= چوزه‌ربا] ← چوزه ربا.

چوژه čūža(-e) [= چوزه = جوزه = جوگك = جوجه] ← جوجه.

چوسیدن čaws-īdan [= چسبیدن = چسپیدن = چفسیدن = چپسیدن] ← چسبیدن.

چوشت čūšt (إ.) (گیا.) کوله خاس (ه‌.م.).

چوشدن čūš-edan [= چوشیدن] ← چوشیدن.

چوشك čūš-ak [جوشك] (إ.) کوزهٔ لوله‌دار.

چوشیدن čūš-īdan [= چوشدن] (مص م.) (صر. ← جوشیدن) مکیدن.

چوغ čūγ [= چوق = چق = چغ] ← چغ (čoγ).

۱ - چوق čūγ [= چوغ = چق = چغ] ← چق (čoγ).

۲- چوق čūγ [قس. چوب] (عم.) چوب (ه‌.م.) ← چوق‌الف، چوقدار، چوقی.

چوق الف čūγ-alef [قس. چوب الف] (إمر.) (عم.) نشانه‌ای که با کاغذ سازند و در لای کتاب نهند بعلامت اینکه تا آن صفحه خوانده شده. ‖ مثل ــــ. (عم.) (مج.) لاغر و باریك.

چوقدار čūγ-dār [= چوقدارنده، قس. چوبدار] ← چوبدار.

چوقی čūγ-ī [← ۲ چوق] (ص نسبـ.) (عم.) (مج.) لاغر و باریك، مانند چوق الف (ه‌.م.).

۱-چوك čūk (čōk قد.) (إ.) (جا ن.) مرغی است مانند جغد که خود را از درخت آویزان سازد و فریاد کند؛ شب‌آویز، مرغ حق.

۲ - چوك čūk [په. čuč] (إ.) آلت تناسل مرد، نره.

چوگان

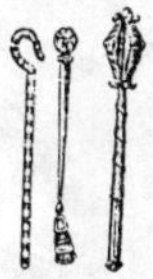

چوگان čawgān (čōgān) [په. čōpgān، čōpēqān] (إمر.) ۱ - چوبی که دستهٔ آن راست و باریك و سرش کمی خمیده است و بدان در بازی مخصوصی (چوگان بازی) گوی زنند. ۲ - هر چوب سر کج عموماً. ۳ - چوب سرکجی که دهل و نقاره را بدان نوازند. ۴ - چوبی بلند و سرکج که فولادی از آن آویخته باشند و آن از لوازم پادشاهی است؛ کوکبه. ‖ ـــِ سنبل. (کن.) زلف معشوق.

چوگان‌باز č.-bāz [= چوگان بازنده] (ص فا.) آنکه چوگان بازی (ه‌.م.) کند.

چوگان بازی č.-bāz-ī (حامص.) قسمی بازی که وسیلهٔ آن چوگان و گوی است، و آنرا سواره یا پیاده بازی کنند.

چوگانی čawgān-ī (čō.-) (ص نسبـ.) اسبی ورزیده که مناسب چوگان بازی باشد.

۱- چول čūl [= چوله] (ص.) خمیده، منحنی.

۲- چول čūl (čōl قد.) [= چل = چر] (إ.) آلت تناسل مرد، نره.

۳ - چول čūl [تر.] (إ.) بیابان، صحرای خالی از بشر.

چولاق čūlāγ [= چلاق] ← چلاق.

چوماق čūmāγ [= چماق] ← چماق.

چون čon [په. čigōn] ۱ - (ق. تشبیه) مانند، مثل. ۲ - (حر. ربط) وقتی، هنگامی:

«سخن چون برابر شود با خرد
زگفتار گوینده رامش برد.»

۳- زیرا، ازیرا، بدین‌سبب: «من نرفتم، چون توهم نرفتی.» ۴- (ادات استفهام) چگونه، چطور، چسان: «میگوید چون بود حال آن جهودان و منافقان؟» (کشف‌الاسرار)

چونان čūn-ān(čon.-) [= چون آن = چنان] ← چنان.

چونتور čūntūr (اِ.) (گیا.) فلوس (ه.م.)

چونکه čon-ke (حر. ربط مر.) زیرا که: «من باو کمك کردم چونکه بمن خدمتی کرده بود.»

چونه čūna(-e) (اِ.) ۱- واحدی برای خمیر آرد گندم یا جو بدان مقدار که یك قرص نان سازد. ۲- گلوله‌ای از هر نوع خمیر.

چونی čūn-ī(čon-ī) (حامص.) چگونگی، کیفیت؛ مق. چندی، کمیت.

چونین čūn-īn(čon-) [= چون این] ← چنین.

چه čah [= چاه] ← چاه.

چه ča(-e) [= -یچه، پهـ. īčak] (پس. تصغیر) پسوندیست دال بر تصغیر: باغچه، طاقچه، کتابچه، آلوچه، کوچه.

چه če [سغ. čē، زیراکه] ۱- (حر. ربط) در صورتی حرف ربط بشمار آید که دوجمله را بهم پیوندد وآن بمعانی ذیل آید: الف- (تعلیل) زیرا، ازیرا: «ای فرزند! هنرآموز، چه بیهنر همه‌جا خواراست.» ضح.- بعداز «چه» تعلیل آوردن لفظ «که» نادرست است. ب- (مساوات، وبرابری) خواه... خواه:

«دست کوتاه باید از دنیا
آستین چه دراز و چه کوتاه.» (سعدی)

۲- (موصول) در صورتی موصول باشد که قسمتی ازجمله‌را بقسمت دیگر پیوندد و بمعنی چیز آید (درغیر عاقل مستعمل است). ضح.- پیش از «چه» موصول یکی ازکلمات ذیل آید:

الف- آن: «آنچه میدانم زوصف آن ندیم
باورت ناید چو گویم ای کریم!»

ب- هر: «هرچه اندر ابر ضو بینی و تاب
آن ز اختردان وماه و آفتاب.»

۳- (ق.) چقدر، بسیار:

«چه خوش باشد که بعداز انتظاری
بامیدی رسد امیدواری.»

۴- (ادات استفهام) پرسش را رساند (در مورد اشیا):

«کافران! ازبت بیجان چه تمتع دارید
باری آن بت بپرستید که جانی دارد.»

ج. چها.

چهار čahār(če-) [= چار، پهـ. čahār] (عد.، اِ.) عدد اصلی میان سه و پنج، دو برابر دو.

چهار آخر سنگین č.-āxor-e-sangīn (= چار آخر سنگین ← آخر سنگین] (اِمر.) ۱- (کن.) چهار حدجهان: مشرق، مغرب، شمال‌وجنوب. ۲- (کن.) چهار عنصر.

چهار آخشیج č.-āxšīǰ [← چار آخشیج] (اِمر.) چهار عنصر (ه.م.)

چهار آیین č.-āyīn [= چارآیین] (اِمر.) ۱- نوعی خیمهٔ چهار گوشه؛ شروانی، چهارارکان. ۲- (کن.) خلفای اربعه. ۳- چهار مذهب معروف اهل سنت: حنفی، شافعی، مالکی وحنبلی.

چهار آیینه č.-āyīna(-e) [= چار آینه] (اِمر.) نوعی جامهٔ جنگ که سابقاً بهنگام رزم آنرا می پوشیدند، وآن دارای چهارقطعه آهن صیقل‌شده وآیینه مانندبوده‌که درپیش‌سینه وپشت وبالای زانوان قرارمیگرفته.

چهار ارکان č.-arkān [ف.-ع. = چارارکان] (إمر.) ۱- چهارحد جهان: مشرق، مغرب، شمال وجنوب. ۲- نوعی خیمهٔ چهارگوشه؛ شروانی، چهارآیین.

چهار اقران č.-aγrān [ف.-ع. = چار اقران] (إمر.) ← چهارارکان (همه.)

چهار باغ č.-bāγ [= چارباغ] (إمر.) (مس.) چارباغ (ه.م.)، چارپاره، چالپاره.

چهار بالش č.-bāleš [= چار بالش = چهاربالشت] (إمر.) ۱- چهار بالش که هنگام نشستن در پشت سروزیر پاوجانب راست وچپ بگذارند وبدانها تکیه دهند. ۲- تخت، مسند. ۳- (کن.) دنیا. ۴- (کن.) چهارعنصر. ۵- چهار جهت: مشرق، مغرب، شمال وجنوب. ‖ ~ ارکان. ۱- (کن.) خلفای اربعه. ۲- نوعی خیمهٔ چهارگوشه، چهارارکان (ه.م.)

چهارپایه

چهار بالشت č.-bālešt [= چهار بالش] (إمر.) ← چهاربالشت (همه.)

چهاربر č.-bar (إمر.) (هس.) سطحی که توسط چهارخط مستقیم محیط گردد؛ چهار ضلعی.

چهاربسیط č.-basīt [ف.-ع. = چاربسیط] (کن.) چهار عنصر.

چهاربند č.-band [= چاربند] (إمر.) ۱- چهار مفصل، دومفصل دست (آرنج) ودو مفصل زانو. ۲- (کن.) چهار عنصر. ۳- (کن.) دنیا. ‖ ~ قایم. (ور.) ← چاربند.

چهاربندی č.-band-ī [= چاربندی] ← چاربندی.

چهاربیخ č.-bīx [= چاربیخ] (إمر.) ۱- (پز.) بیخ کاسنی وبیخ رازیانه وبیخ کبر وبیخ کرفس که آنها را اصول الاربعه گویند. ۲- (کن.) چهارعنصر: آب، باد، خاک، آتش.

چهارپا č.-pā [= چهارپای = چارپا = چهاروا، چاروا، په. čahārpāδ] (إمر.) هرحیوانی که چهارپا (دودست ودوپا) دارد، وغالباً باسب والاغ وقاطر وشتر اطلاق شود. ج. چهارپایان.

چهارپایان

چهارپاره č.-pāra(-e) [= چارپاره] (إمر.) ۱- چارپاره (همه.) ۲- زنگهای کوچکی که رقاصان بهنگام رقص در انگشتان کنند وبتناسب ضرب موسیقی آنرا بصدا در آورند. ۳- نوعی رقص که درقدیم معمول بوده. ۴- نوعی از گلوله‌ایست که در شکار با تفنگ بکارمی‌رود ومعمولا شکارهای سنگین را با آن می‌زنند.

چهارپای č.-pāy [= چهارپا] ← چهارپا.

چهارپایه č.-pāya(-e) [= چارپایه] (إمر.) کرسی کوچکی که روی آن نشینند؛ چارپایه.

چهارپهلو شدن č.-pahlū-šodan [= چار پهلوشدن] ← چارپهلوشدن

چهارتا č.-tā [= چارتا] (إمر.) ← چارتا (همه.)

چهارتار č.-tār [= چارتاره = چارتا] (إمر.) (مس.) ← چارتار.

چهارتاره č.-tār-a(-e) [= چارتار = چهارتار = چارتار] (إمر.) (مس.) ← چارتار.

۱۳۲۳ چهار زانو نشستن

چهار تخم č.-toxm [= چهار تخمه = چار تخم = چار تخمه] (إمر.) (پز.) مخلوط دانه‌های قدومه و بارهنگ و بهدانه و سپستان است که جوشاندهٔ آنها بمناسبت داشتن لعاب فراوان بعنوان ملین و نرم کنندهٔ سینه و خلط آور درامراض ریه مصرف میشده؛ چار تخم.

چهار تخمه č.-toxm-a(-e) [= چار تخمه] (إمر.) (پز.) ← چهار تخم.

چهار تکبیر č.-takbīr [ف.-ع. = چار تکبیر] (إمر.) اشاره است بنماز میت که در آن چهار تکبیر باید بگویند (طبق عقیدهٔ اهل سنت).

چهار تکبیر زدن č.-zadan [ف.-ع. = چار تکبیر زدن] (مص ل.) ۱ - گزاردن نماز میت. ۲ - (کن.) ترک دنیا گفتن و چشم پوشیدن ازلذایذ آن.

چهارجوهر č.-ǰawhar(ǰow.-) [ف. - معر. = چهار گوهر = چار جوهر] (إمر.) ۱ - (کن.) چهار عنصر. ۲ - (إخ.) (نج.) ← بخش ۳.

چهارجهت č.-ǰehat [ف.-ع. = چار جهت] (إمر.) چهار حد اصلی: مشرق، مغرب، شمال و جنوب. ‖ ~ اصلی. ← چهارجهت ↑. ‖ ~ فرعی. شمال شرقی، شمال غربی، جنوب شرقی و جنوب غربی.

چهارچوب č.-čūb [= چارچوب] (إمر.) چهار قطعه چوب تراشیده و متصل بهم که درچهارجانب چیزی قراردهند (مانند چهارچوب در)؛ چهارچوبه.

چهارحد č.-had(d) [ف.-ع. = چارحد] (إمر.) چهار جهت اصلی: مشرق، مغرب، شمال وجنوب.

چهار حمال č.-hammāl [ف.-ع. = چارحمال] (إمر.) (کن.) چهار عنصر.

چهار دریچه č.-darīča(-e) [= چاردریچه] (إمر.) (کن.) گوش، چشم، بینی ودهان.

چهاردوال č.-dovāl [= چاردوال] (إمر.) ← چار دوال.

چهار ده č.-dah [= چارده] (عد، إ.) عدد اصلی بین سیزده و پانزده، ده بعلاوهٔ چهار.

چهاردهم č.-dah-om [= چاردهم] (عد.، ص.) عدد ترتیبی چهارده، در مرتبهٔ چهارده.

چهار شنبه سوری čahār - šanba(-e)-sūrī (إمر.) آخرین چهارشنبهٔ هرسال شمسی. در عصر این روز بوته‌های خار را مشتعل کنند و از روی آن پرندو گویند: سرخی تو از من! زردی من از تو! و این عمل را بشگون گیرند.

چهار دیوار č.-dīvār [= چار دیوار] (إمر.) ۱ - محوطه‌ای مربع که گرد آن دیوار باشد. ۲ - (کن.) چهار حد جهان. ‖ ~ جهان (گیتی). ۱ - چهارحد عالم. ۲ - (کن.) چهار عنصر. ‖ ~ نفس. ۱ - جسد آدمی، قالب بدن. ۲ - (کن.) دنیا، جهان.

چهارراه č.-rāh [= چارراه] (إمر.) میدانی که ملتقای چهار خیابان باشد؛ جایی که ازآن چهارراه منشعب شود.

چهاررئیس č.-ra'īs [ف.-ع. = چار رئیس] (کن.) چهار عنصر.

چهار زانو č.-zānū [= چارزانو] (إمر.) عمل چهار زانونشستن ↓.

چهارزانو نشستن č.-neša(e)stan [= چارزانونشستن] (مص ل.) نوعی از نشستن بطوری که زانوها در طرف راست وچپ و پای راست زیر زانوی چپ و پای چپ زیرزانوی راست قرار گیرد.

چهار زبان

چهارزبان č.-zabān [= چارزبان] (صمر.) (کنـ.) شخصی که بریك سخن نماند وهرلحظه سخنی گوید.

چهار سمت č.-samt [ف.-ع. = چارسمت] (إمر.) ← چهار حد، چهار جهت.

چهار سو č.-sū [= چارسو = چارسوی = چارسوق، په. čahār-sūg] (إمر.) ۱- چهارجانب: شمال، جنوب ، مشرق ومغرب. ۲ - چهارراه. ۳ - چهارراه میان بازار؛ چارسوق، چهار سوك. ۴ - (کنـ.) دنیا، جهان.

چهار سوق č.-sūγ [= چارسوق] ← چارسوق.

چهارشاخ č.-šāx [= چارشاخ] (إمر.) آلتیچوبی چهارشاخه و دسته‌دار که با آن‌خرمن کوفته‌را برباد میدهندتا کاه از دانه جدا شود؛ انگشته ، غله‌ـ برافشان .

چهار ضلعی(کامل)

چهار شانه č.-šāna(-e) [= چار شانه] (صمر.) مرد تنومند که دارای شانه‌های پهن باشد : «مردی کوتاه قد وچهارشانه وارد شد.»

چهارشنبه č.-šanba(-e) [ف.-عبر. = چارشنبه، په. čahār-šumbat] (إمر.) روز پنجم ازایام‌هفتهٔ‌مسلمانان ، بین سه‌شنبه وپنجشنبه؛ اربعاء.

چهار ضرب čahār-zarb [ف.-ع. = چار ضرب] (إمر.) (مسـ.) بحر هفتم ازاصول(هـ.م.)هفده گانهٔموسیقی.

چهار ضلعی č.-zel'-ī [ف.-ع.] (ص نسبـ.) (هـ.) صفحه‌ایست محدود بیك خط‌شکستهٔ چهاربر،وانواع آن‌عبارتست از: مربع ، مربع مستطیل ، لوزی ، متوازی‌الاضلاع، ذوزنقه، چهار ضلعی محاطی، چهارضلعی محیطی؛ چهاربر.

چهار طاق č.-tāγ [= چارطاق] (إمر.) ۱ - (معمـ.) سقف یاگنبدی که برروی چهارپایه بناشده وچهار طرف آن باز باشد . ۲ - نوعی خیمهٔ چهار گوشه، شروانی. ۳- (کنـ.) چهارعنصر.

چهارطاقی č.-tāγ-ī [=چارطاقی] (ص‌نسبـ.، إمر.) (معمـ.) بنای مربعی میانه (نه بزرگ و نه کوچك) که بر سر گور مردگان سازند .

چهار عنصر č.-onsor [ف.-ع. = چارعنصر] (إمر.) عناصر اربعه که مراد آب ، خاك ، باد وآتش باشد ؛ چهارآخشیج .

چهار عیال č.-īyāl [ف.-ع. = چارعیال] (إمر.)(کنـ.) چهارعنصر.

چهار قد č.-γad [=چارقد](إمر.) ← چارقد، چارقب .

چهار کرکس č.-karkas (إمر.)۱- (کنـ.) چهارعنصر. ۲ - (إخ .) تخت شداد. ۳ - (إخ.) تخت کیکاوس.

چهار گامه č.-gāma(-e) [= چار گامه] (إمر.)اسب‌تندرو،اسب راهوار، چارگامه.

چهار گاه č.-gāh [= چارگاه] (إمر.) (مسـ .) یکی‌از هفت دستگاه موسیقی‌ایرانی که‌جنبهٔ حماسی‌وپهلوانی دارد، وآن دارای گوشه‌ها و تکه‌های مختلفی است مثل: درآمد چهارگاه ، زابل، حصار ، مخالف ، مغلوب . این گوشه‌ها درسه‌گاه هم متداول و دربین خوانندگان مشهور است .

چهار گل č.-gol [=چارگل](إمر.) (پز.) مخلوط گل بنفشه وگل پنیرك و گل‌کدو و گل نیلوفر را گویند که جوشاندهٔ‌آنها درطب قدیم‌بعنوان‌مسهل وملین بکار میرفته‌است ؛ چارگل.

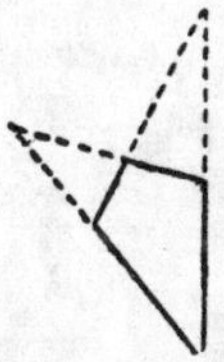

چهار گلخن č.-golxan [= چار گلخن ← گلخن] (إمر.) ۱ - (کن.) چهارحد، چهارجهت. ۲ - (کن.) چهار عنصر.

چهار گوشه č.-gūša(-e) [= چار گوشه] (إمر.) ۱ - هرچیزی که دارای چهار زاویه باشد؛ مربع، چهارگوش، چارگوشه. ۲ - (کن.) تخت پادشاهان. ۳ - (کن.) تابوت. ۴ - چهارحد، چهار جهت. ۵ - سربند. ۶ - سفرهٔ کوچك.

چهار گوشی č.-gūš-ī [= چار گوشی] (إمر.) صراحی و سبویی که چهار دسته داشته باشد.

چهار گوهر č.-gawhar(gow.-) [= چار گوهر = چهارجوهر] (إمر.) چهار عنصر.

چهارگهر č.-gohar [= چهار گوهر = چهارجوهر] (إمر.) ← چهار گوهر.

چهارلاشه č.-lāša(-e) [= چارلاشه] (إمر.) ← چارلاشه.

چهارم čahār-om (če.-) [= چارم] (عد.،ص.) عددترتیبی چهار (ه.م.)، آنچه که درمرتبهٔ چهار واقع شده باشد؛ چهارمین.

چهار مضراب čahār-mezrāb [ف.-ع. = چارمضراب] ۱ - (إمر.) (مس.) اصطلاحی است در نواختن آهنگ موسیقی، نوعی از آهنگ موسیقی که نوازندهٔ ساز در دستگاههای مختلف آواز مینوازد تا آوازه‌خوان برای خواندن مهیا شود، گونه‌ای از زدن که زننده خواننده را برای خواندن مهیا سازد. ۲ - (مس.) گوشه‌ای در دستگاه «شور». ۳ - (مس.) گوشه‌ای در «همایون».

چهارم منظر čahārom-manzar [ف.-ع. = چارم منظر.] (کن.) فلك چهارم، فلك آفتاب.

چهار منقوطه čahār man-γūta(-e) [ف.-ع. = چارمنقوطه] (إمر.) (کن.) فلك البروج باعتبار چهار جهت.

چهار میخ č.-mīx [= چار میخ] (إمر.) ۱ - چهار عدد میخ که روی زمین یا روی دیوار بشکل مربع یا مربع مستطیل بکوبند، و چهار گوشهٔ چیزی را بدان ببندند. ۲ - نوعی شکنجه که چهاردست و پای کسی را بچهارمیخ ببندند وشکنجه‌اش کنند.

چهار میخ کردن č.-m.-kardan [= چار میخ کردن] (مص‌م.) عمل چهار میخ (ه.م.) را انجام دادن.

چهار نظم č.-nazm [ف.-ع. = چار نظم] (کن.) چهارعنصر.

چهار نفس č.-nafs [ف.-ع. = چار نفس] (إمر.) مراد نفسهای ذیل است: نفس اماره، نفس لوامه، نفس ملهمه، نفس مطمئنه.

چهاروا č.-vā [= چاروا] (إمر.) چاروا (ه.م.)، چهارپا (ه.م.).

چهار و هفت č.-o-haft [= چار وهفت] (إمر.) چار وهفت.

چهار یك č.-yak(yek) [= چار-یك] (عد. کسری) یك چهارم چیزی، چارك.

چهچه čahčah [= چهچهه] (إصت.) ۱ - آواز بلبل وپرندگان خوش آواز دیگر. ۲ - (مس.) تحریر صدا.

چهچه زدن č.-zadan (مص‌ل.) ۱ - آوازخواندن بلبل وپرندگان خوش آواز دیگر. ۲ - (مس.) تحریر دادن صدا.

چهچهه čahčaha(-e) [= چهچه] ← چهچه (ه.م.).

چهر čehr [= چهره، په. čihr، čīhr] (إ.) ۱ - اصل، نژاد. ۲ - روی، صورت.

چهره čehra(-e) [پب. = چهر .] (اِ.) روی، صوت.

۱- چهره čohra(-e) [ــــ جهره] (اِ.) چرخ جولاهگان، جهره.

۲-چهره čohra(-e) [هند.، اردو čorā مخفف čokr] (اِ.) ۱- پسر سادهٔ امرد. ۲ - نوکر، ملازم.

چهره پرداز čehra(-e)-pardāz [= چهره‌پردازنده] (صفا.) صورتگر، مصور، نقاش.

چهره‌پردازی č.-pardāz-ī (حامص.) ۱ - (نقـ.) صورتسازی. ۲ - نقاشی.

چهره پردازی کردن č.-kardan (مصل.) ۱ - صورت اشخاص را نقاشی کردن. ۲ - نقاشی کردن.

چهره گشا(ی) č.-gošā(y) [= چهره گشاینده] (صفا.) آنکه صورت خودرا بگشاید، معشوقی که رخ نماید.

چهره‌گشایی č.-gošāy-ī (حامص.) ۱ - اظهار، نمایش. ۲ - نقاشی.

چه‌کار če-kār ← چکار.

چه‌کاره če-kār-a(-e) ← چکاره.

چهل čehel [= چل] (عد.، اِ.) چهار بار ده، سی بعلاوهٔ ده.

چهلم čehel-om [= چلم] (عد.، ص.) عدد ترتیبی چهل (ه.م.)، درمرتبهٔ چهل.

چهل مرد č.-mard (اِمر.) یکی از ابزار گیوه کشی، و آن آلتی است که پس ازرد شدن تسمه از کرباس تخت گیوه جهت مهار کردن آن بکاررود.

چهلمین čehel-om-īn [← چهلم] (عد.، ص.) عدد ترتیبی چهل (ه.م.)، در مرتبهٔ چهل، چهلم.

۱-چی čī [= چیز] (اِ.) چیز (ه.م.)

۲ - چی čī [= چه] (عم.) (ادات استفهام) چه؟ (ه.م.)

۳- چی čī [تر.] (پس. نسبت‌واتصاف) پسوندیست‌دال برورزندهٔ کاری وشغلی وآن بکلمات ترکی (باشماقچی، کفشگر)، یالانچی (دروغگوی، مقلد)، وغیر ترکی (ارابه چی، تماشاچی، درشکه‌چی) پیوندد.

چیالك čiyālak [= چیلك] (اِ.) (گیا.) گیاهی‌است[1] ازتیرهٔ گل‌سرخیان که جزو گیاهان پایاست، ودارای ساقهٔ خزنده‌ای میباشدکه‌جابجا از آن‌ریشه بیرون‌میزند وضمناً ازهمان نقطه ساقهٔ هوائی نیزخارج میگردد؛ توت‌فرنگی، چلم.

۱ - چیت čīt [هند. چهیت] (اِ.) پارچهٔ نخی‌نازك‌و‌گلداروداراى‌رنگهای گوناگون.

۲ - چیت čīt (اِ.) ۱ - (گیا.) کرب (ه.م.) ۲ - (گیا.) اولس (ه.م.)

چیت‌ساز č.-sāz [= چیت سازنده] (صفا.) سازندهٔ‌چیت(ه.م.)، آنکه‌پارچه‌های نخی گلدار ورنگارنگ سازد.

چیت سازی č.-sāz-ī ۱- (حامص) عمل چیتساز (ه.م.) ۲ - (اِمر.) کارخانه‌ای که در آن چیت سازند.

چیدن čī-dan [= چدن، پهـ čītan] (چید، چیند، خواهد چید، بچین، چیننده، چیده) ۱ - کندن میوه و گل ازدرخت. ۲ - انتخاب کردن، گزیدن. ۳ - دانه‌برداشتن مرغ ازرمین و فرو بردن. ۴ - زدن شاخه‌های گیاه. ۵ - گرفتن ناخن. ٦ - ستردن موی. ۷ - بر بالای هم گذاشتن چیزی. ۸- گستردن متاع با نظم و ترتیب، پهن کردن بساط.

چیده čī-da(-e) (اِمف. چیدن) ۱ - گل یامیوهٔ از درخت کنده شده. ۲ - برگزیده، منتخب. ۳ - بر بالای‌هم‌قرار

[1] — Fragaria vulgaris (.لا), fraisier (.فر)

داده بنظم و ترتیب. ۴- گسترده و پهن شده بنظم و ترتیب.

چیر čīr [=چیره، په. čēr] (ص.) ۱ - غالب، مظفر، پیروز. ۲ - مسلط.

چیر شدن č.-šodan (مص ل) ۱ - غلبه کردن، ظفر یافتن، پیروز شدن. ۲ - مسلط شدن، تسلط.

چیرگی čīra(e)g-ī [په. čērakīh] (حامص. چیره). ۱- غلبه، ظفر، پیروزی. ۲ - تسلط، استیلا.

۱ - چیره čīra(-e) [=چیر] (ص.) ←چیر.

۲ - چیره čīra(-e) [هند.، اردو ǰīra] (إ.) دستاری که برسر پیچند.

چیره دست č.-dast (ص‌مر.) ماهر، زبردست.

چیره دستی č.-dast-ī [←چیره‌دست] (حامص.) مهارت، زبردستی.

چیز čīz [=چی، په. čiš] (إ.) هرچه موجود باشد، هر بودنی، شیء؛ مق. ناچیز، معدوم.

چیست čīst (čēst .قد) [←چه‌است؟] (فع.) جملهٔ استفهامی، چه است، چه هست!: «خلاف است میان علما که ذره چیست؟» (کشف‌الاسرار)

چیستان čīst-ān [=چیست‌آن] (إمر.) لغز، اغلوطه (که غالباً با «چیست آن...» شروع گردد).

چیستی čīst-ī [←چیست] (حامص.) (فل.) ماهیت.

چیغ čīγ [تر. =چغ=چیق] (إ.) پرده مانندی که آنرا ازچوبهای باریک سازند وجلو در اطاق آویزند.

چیق čīγ [=چیغ] ←چیغ.

۱-چیلان čīlān (إ.) (گیا.) ←عناب.

۲- چیلان čīlān [قس. چیلانگر، چلنگر] (إ.) آلات وادواتی که از آهن سازند مانند زرفین در و زنجیر و حلقه‌های کوچك و یراق زین ولگام اسب و رکاب.

چیلانگر č.-gar [=چلنگر] (ص شغل.) ←چلنگر.

چیلانگری č.-gar-ī [=چلنگری] (حامص.) ←چلنگری.

چیلانه čīlāna(-e) [=چیلان] (إ.) ←۱ چیلان.

چیلك čīlak [=چیالك] (إ.) (گیا.) چیالك (ه‌.م.)

چیمکانی čīmkānī [=چمکانی] (إ.) (گیا.) فلوس (ه‌.م.)

۱- چین čīn (إ.) ۱ - شکن، شکنج، چروك، تا. ‖ ~ بر ابرو افکندن. ۱- (کنـ.) روی درهم کشیدن، درغضب شدن. ۲ - (کنـ.) پیرشدن. ۳ - (زمـ.) شکل قسمتی ازطبقات زمین پس ازجنبشهای کوهزایی[1]؛ ناهمواریها و پست و بلندیهایی که بسبب عوامل طبیعی درسطح زمین بوجود آمده.

۲ - چین čīn [←چیدن] ۱- (إفا.) در بعض ترکیبات بمعنی «چیننده» آید: خوشه‌چین، گلچین.

چین خوردگی č.-xorda(e)g-ī (حامص.) ۱ - عمل چین خوردن (ه‌.م.) ۲ - (زمـ.) تحول و تغییر شکلی که در شکل طبقات زمین بر اثر فشارهای جانبی و جنبشهای کوهزایی حاصل میشود و نتیجه‌اش تشکیل پستیها و بلندیها و واریختگی و عدم نظم طبقات قبلی است[2].

چین خوردن č.-xordan (مص ل.) ۱ - چین برداشتن، شکنج یافتن، شکن یافتن، چروك شدن. ۲ - (زمـ.)

۱ - Pli (فر.)   ۲- Plissement (فر.)

چین خورده

پست و بلندی یافتن و ناهموار شدن سطح زمین← چین، چین خوردگی.

چین خورده č.-xorda(-e)(ص‌مف.)
۱- چین برداشته، چروك شده. ۲- (زم.) پست و بلند و ناهموار گردیده (سطح زمین).

چیننده čīn-anda(-e) (اِفا. چیدن)
۱- آنکه می‌چیند، کسی که میوه یا گلی را از درخت جدا میکند. ۲- آنکه اشیایی‌را منظم ومرتب بالای‌هم‌یا کنار هم قرار میدهد.

چینه čīna(-e) [= چنه، پهـ. čīnak، دام] (اِ.) ۱- دانه‌ای که مرغ اززمین برچیند و بخورد. ۲- (بنا.)هرطبقه‌از دیوار گلی. ۳- (بنا.)دیوار گلی. ۴- (زم.) قسمتی‌از ساختمان پوستهٔ جامد کرهٔ زمین‌که دارای ساختمان مشابه‌از لحاظ‌مواد ترکیبی است وآثاروبقایای فسیل‌شناسی‌آن مربوط بیك زمانست؛ طبقهٔ زمین[۱].

چینه دان č.-dān [← چینه](اِمر.) (جا نـ.)کیسه مانندی که درامتدادمری اکثر پرندگان قراردارد و چینه‌وارد آن‌میشود؛ حوصله، ژاغر.

چینه شناسی č.-šenās-ī(حامص.) (زم.) علمی که طبقات و چینه های مختلف زمین‌را ازلحاظ جنس‌ساختمان و قدمت زمان و نوع آثار جانوری وگیاهی آن مورد بحث قرار میدهد؛ علم طبقات‌الارض[۲].

چینی čīn-ī(ص‌نسبـ.) منسوب به‌چین (← بخش۳). ۱- ازمردم چین، اهل چین. ۲- هرچیز ساخته‌شده در چین. ۳- ظرف آبگینه (که در قدیم‌از چین میآوردند).

چینی (ظروف)

---

۱ - Strate(فر.)   ۲- Stratigraphie(فر.)

ح he,hā (حر.) هشتمین حرف از الفبای فارسی وششمین حرف از الفبای عربی (ابتث). درحساب جمل (ابجد) آنرا ۸ بشمار آورند. این حرف در لغات اصیل فارسی یافت نمیشود وخاص لغات مأخوذ از عربی است؛ و آنرا بصورتهای: ح، حـ، ـحـ نویسند، مانند: راح،حج، محتاج.

حائر hāer [ع.] ← حایر.

حائز hāez [ع.] ← حایز.

حائض hāez [ع.] ← حایض.

حائضه hāeza(-e) [ع.] ← حایضه.

حائط hāet [ع.] ← حایط.

حائل hāel [ع.] ← حایل.

حاتم hātem [ع.] (ص.) حاکم، قاضی، داور.

حاتم بخشی hātem-baxš-ī (تد.- hātam) بخشش مانند حاتم طائی (← بخش ۳). ضح.- غالباً بتمسخر استعمال شود.

حاج hāǰ(ǰ) [ع] ۱ - (اِفا.) آنکه در مکه مراسم حج بجا آورد، حج گزارنده، حاجی. ج. حجاج (hoǰǰ.-) ۲ - (اِج.) حج گزارندگان، حاجیان.

حاجات hāǰāt [ع.] (اِ.) ج. حاجت (ه.م.)؛ نیازها، خواهشها، دربایستها.

حاجب hāǰeb [ع.] (اِ.) ۱ - ابرو. ج. حواجب، حواجیب. ۲ - پرده‌دار، دربان. ج. حجاب (hoǰǰ.-). ۳ - هرچه از دیدن چیزی مانع گردد؛ حایل. ‖ ~ ماوراء. آنچه که از ورای آن

حاجبانه

دیدن اشیا ممکن نباشد؛ مق. حاکی ماوراء[1].

حاجبانه hāǰeb-āna(-e) [ع.-ف.] (قمر.) مانند حاجبان، همچون حاجبان.

حاجت hāǰat [= ع. حاجة] (اِ.) ۱- ضرورت، دربایست، احتیاج، نیاز. ۲- امید، آرزو: قبلهٔ حاجتها. ج. حاجات، حوائج (حوایج).

حاجت داشتن h.-dāštan [ع.-ف.] (مص‌ل.) احتیاج داشتن، نیازداشتن، نیازمندبودن.

حاجت روایی h.-ravā-yī [ع.-ف.] (حامص.) ۱- برآمدن حاجت. ۲- برآوردن حاجت، رواکردن حاجت

حاجتمند h.-mand [ع.-ف. = حاجتومند] (ص‌مر.) ۱- نیازمند، محتاج، متوقع ۲- تهی‌دست، فقیر، گدا.

حاجتمندی h.-mand-ī [ع.-ف.] (حامص.) ۱- نیازمندی، احتیاج. ۲- تهی‌دستی، فقر، گدایی.

حاجتومند h.-ūmand(-ōmand (قد. [ع.-ف. = حاجتمند] (ص مر.) ← حاجتمند (همع.)

حاجز hāǰez [ع.] ۱- (اِفا.) آنچه بین دوچیز قرار گیرد؛ حایل، مانع. ۲- (اِ.) (پز.) پرده‌ای که میان اعضای سینه و اعضای شکم حایل است؛ دیافرغما[2].

حاج حسینی hāǰ-hosayn-ī(-ey-) [ع.-ف.] (ص‌نسب.) (مس.) گوشه‌ای در سه گاه (ه.م.).

حاجی hāǰī [از ع. حاجی hāǰǰīyy] کسی که درمکه مراسم حج بجا آورد؛ حاج (ه.م.) ضح. - استعمال این کلمه قیاساً صحیح است و گویندگان بزرگ هم آنرا بکار برده‌اند. ‖ **حاجی حاجی‌مکه.** (عم.) در مورد کسی گویند که بجایی میرود و تادیری باز نمیگردد.

حاجیانی hāǰī-yān-ī [ع.-ف.] (ص‌نسب.، اِمر.) (مس.) گوشه‌ای در دستگاه شور (ه.م.)

حاجی ارزانی h.-arzān-ī [ع.-ف.] (ص‌مر.) (عم.) گرانفروش (بطعنه استعمال شود).

حاجی بادام h.-bādām [ع.-ف.] (اِمر.) نوعی شیرینی از آرد و بادام و شکر وروغن، وبهترین نوع آن در یزد تهیه میشود.

حاجی ترخانی hāǰī-tarxān-ī (اِمر.) (گیا.) رشتی (ه.م.)

حاجی فیروز hāǰī-fīrūz [ع.-ف.] (اِمر.) مردی که چهرهٔ خودرا سیاه کند و جامهٔ قرمز پوشد و از چند روز بنوروز مانده تا پایان مراسم نوروز، با حرکات واطوار و تصنیفهای خود موجب خنده و نشاط مردم گردد.

حاجی فیروز

حاجی لقلق h.-laγlaγ [ع.-ف.] (ص‌مر.) (عم.) شخص بلندقد وباریک اندام.

---

۱ - Opaque (فر.) ۲-Diaphragme (فر.)

حاد hād(d) [ع.] (إفا.، ص.) ۱ - تند، تیز، برنده ۲ - تند طعم.

حادث hādes [ع.] (إفا.) آنچه نو پدید آمده؛ تازه، نو؛ مق. قدیم. ضح. - (فل.) حادث در فلسفه بر دو معنی اطلاق شده: الف - وجود چیزی بعد از عدم آن بنحو بعدیت زمانی که حادث بحدوث زمانی نامند، در مقابل قدیم زمانی. ب - نیازمند بغیر و علت که آنرا حادث بحدوث ذاتی نامند، مقابل قدیم ذاتی که ذات حق باشد (شرح حکمةالعین ۸۹، فرع.، سج.) ‖ ~ و قدیم. ۱- نو و کهنه. ۲-(فل.) موجودی که نبود و بودشد و موجودی که از آغاز بوده و هست و خواهد بود.

حادثات hādes-āt [ع.] (ا.) ج. حادثه (ه.م.)؛ پیش آمدها.

حادث شدن hādes-šodan [ع.-ف.] (مص ل.) ۱ - بظهور رسیدن، پدید آمدن. ۲ - خلق شدن، ایجاد گردیدن.

حادث گردیدن h.-gardīdan [ع.-ف.] (مص ل.) ← حادث شدن

حادث گشتن h.-gaštan [ع.-ف.] (مص ل.) ← حادث شدن.

حادثه hādes-a(-e) [= ع. حادثة] (إفا.) ۱ - مؤنث حادث (ه.م.)، آنچه نو پدید آمده، نورسیده ۲ - واقعه، اتفاق، پیش آمد تازه. ج. حادثات، حوادث.

حادثه جو(ی) h.-ǰū(y) [ع.-ف.= حادثه جوینده] (صفا.) آنکه همواره در پی حوادث و وقایع تازه است، آنکه از مخاطرات نترسد.

حادثه جویی h.-ǰūy-ī [ع.-ف.] (حامص.) عمل حادثه جو (ه.م.)

حادی hādī [ع.] (إفا.) ۱ - راننده شتر، شتر ران، شتربان. ۲- حدی خوان، سرودگوی.

حاذق hāzeγ [ع.] (إفا.) ۱- ماهر، استاد. ۲- زیرك، چابك. ج. حذاق.

حار hār(r) [ع.] (إفا.، ص.) سوزنده، سوزان، گرم؛ مق. بارد: دوای حار. ‖ ~ ِ رطب. (پز. قد.) گرم تر.

حارب hāreb [ع.] (إفا.) جنگنده، رزم کننده. ج. حاربین.

حارث hāres [ع.] (إفا.) برزگر، زارع، کشاورز. ج. حراث (horrās).

حارس hāres [ع.] (إفا.) پاسدار، پاسبان، محافظ، نگهبان. ج. حارسین، حراس (horrās)، حرسه (harasa)، احراس (ah-).

حاره hārr-a(-e) [= ع. حارة] (إفا.) ۱- مؤنث حار (ه.م.): ادویهٔ حاره، اغذیهٔ حاره. ۲- (ا.) (گیا.) ترب رشتی (ه.م.)

حازم hāzem [ع.] (إفا.) دوراندیش، هوشیار، با حزم. ج. احزام (ah.-)، حزمه (haza.-) (غم.)

حاس hās(s) [ع.] (إفا.) حس کننده؛ مق. محسوس.

حاسب hāseb [ع.] (إفا.) حساب کننده، شمارگیر. ج. حاسبین.

حاست hāssat [= ع حاسة ← حاسه] (إفا. نث حاس، ا.) ۱- حس کننده. ۲- (فل.، رواز.) قوهٔ نفسانی که اشیاء را حس کند؛ قوهٔ حس کننده: حاست بینایی (باصره)، حاست شنوایی (سامعه). ضح. - (فل. قد.) حاست یا حاسه عبارت از قوتی است که دریابندهٔ جزئیات جسمانیه است و قوای حاسهٔ ظاهره در انسان پنج است و باطنه نیز پنج است. هریك از قوای دریابنده را حاسه وجمع آنها را حواس نامند (شفا ۱: ۲۹۵، ۲۹۷؛ فرع.، سج.)

حاسد hāsed [ع.] (اِفا.) ۱- رشك برنده، رشكین. ۲- بدخواه، بداندیش. بدسگال. ج.حساد (.-hoss)، حسده (-.hasa) (غم.)، حاسدین.

حاسدین hāsed-īn [ع.] (ص.،اِ.) ج.حاسد (ه.م.)

حاسر hāser[ع.] (ص.) ۱- بی‌زره، بی‌خود. ۲- برهنه.

حاسه hāssa(-e) [= ع. حاسة ← حاست] (اِفا. نث‌حاس،اِ.) ← حاست. ‖ ~ٔ بصر. (فل.، رواز.) حس بیننده، قوهٔ باصره. ‖ ~ٔ ذوق. (فل.، رواز.) حس چشنده، قوهٔ ذایقه. ‖ ~ٔ سمع. (فل.،رواز.) حس‌شنونده، قوهٔ سامعه. ‖ ~ شم. (فل.، رواز.) حس بوینده، قوهٔ شامه. ‖ ~ٔ لمس. (فل.، رواز.) حس بساونده، قوهٔ لامسه.

حاسیس hāsīs [= حاشیش (ه.م.)] (اِ.)(پز.) حسن‌یوسف (ه.م.)

۱-حاشا hāšā[ع.] ۱-(ق. کلمهٔ انکار) هرگز، مبادا، نه‌چنین است: «من نه آنم که زجور توبنالم،حاشا!» (حافظ) ۲- (ف.) (اِ.) انکار. ‖ **دیوار ~ بلند است.** بسهولت میتوان موضوع را انکار کرد.

۲-حاشا hāšā[ع از آرا.](اِ.)(گیا.) آویشن شیرازی (ه.م.)

حاشا کردن h.-kardan [ع.-ف.] (مص‌م.) انکار کردن، منکرشدن کاری را.

حاشور hāšūr (اِ.)(نق.) ←هاشور.

حاشیت hāšiyat [= ع. حاشیة] (اِ.) ←حاشیه.

حاشیش hāšīš [= معر. حاشیش = حاسیس] (اِ.)(گیا.)حسن‌یوسف (ه.م.)

حاشیه hāšiya(-e) [= ع. حاشیة ← حاشیت] (اِ.) ۱- کناره، کرانهٔ جامه، کتاب، ناحیه وغیره. ۲- شرحی که‌در کنارهٔ رساله یا کتاب نویسند. ۳- اطرافیان از اهل و عیال و چاکران و خدمتگزاران. ۴- مصاحبان، همدمان. ۵ -(فل.) صدرالدین شیرازی دوطرف وجود را دوحاشیه (حاشیتین) وجود نامیده، گوید: وجودمطلق رادو حاشیه وطرف است که یك طرف آن واجب‌الوجود است، وطرف دیگر آن هیولای اولی است. طرف وحاشیهٔ اول درغایت‌شرف و نورانیت است، وطرف وحاشیهٔ دیگر آن درغایت‌ظلمت وخست است ومتوسطات متفاوتندبرحسب‌قرب وبعد از مبداء اعلی (اسفار ۳: ۱۶۵؛ فرع.،سج.) ۶ - (مس.) گوشه‌ای در چهارگاه. ج.حواشی.

حاشیه نشین h.-nešīn [ع.- ف. = حاشیه‌نشیننده](صفا.) کسی که درکنار مجلس نشیند.

حاصد hāsed [ع.](اِفا.)درو کننده، دروگر. ج.حصاد (.-hoss)، حصده (-.hasa) (غم.)

۱- حاصر hāser [ع.] (اِفا.) ۱- محاسب، شمارنده. ۲- آنچه یا آنکه سد نماید.

۲-حاصر hāser [ع.] (اِفا.)حصیر بافنده.

حاصل hāsel [ع.] ۱- (اِفا.،اِ.) آنچه‌بدست آیدازقبیل غله،میوه‌وغیره. ۲- نتیجه، ثمره. ۳ - نفع، سود. ۴ - مالیات، خراج. ۵ - باقی مانده. ٦ - (فل.)واسطهٔ میان موجودومعدوم(فرع.، سج.) ۷ - (فل.) وجود، هستی(فرع.، سج.) ۸ - (ق.) خلاصه ، الحاصل. ‖ ~ِ جمع . (رض.) عددی که‌ازجمع کردن‌دو یاچندعدد بدست آید. ‖ ~ِ ضرب. (رض.) نتیجه‌ای که‌از عمل‌ضرب کردن عددی درعدد دیگر بدست آید.

حافظ

|| ~ مصدر . ۱- (دس.) بطور اطلاق اسم مصدر (ه.م.) ۲- (دس.) خاصةً کلماتی که دال بر معنی مصدر باشند، ولی از فعل مشتق نباشند، مانند: نیکی، بدی؛ یگانگی، دیوانگی.

حاصلخیز h.-xīz [ع.-ف. = حاصل‌خیزنده] (صفا.) حاصل دهنده، بارور، برومند: زمین حاصلخیز.

حاصلخیزی h.-xīz-ī [ع.- ف.] (حامص.) باروری، برومندی.

حاصل کردن h.-kardan [ع.-ف.] (مصم.) ۱- جمع کردن، فراهم آوردن، تحصیل کردن. ۲ - نتیجه گرفتن.

حاصله hāsel-a(-e) [= ع. حاصلة] (إفا.) مؤنث حاصل (ه.م.): منافع حاصله.

حاضر hāzer [ع.] (إفا.. ص.) ۱- آماده، مستعد، مهیا. ۲- موجود. ۳- بحضور آمده، کسی که درحضور است؛ مق. غایب. ۴ - شهرنشین. ج. حضار (hozz.-)، حاضرین. ۵ - زمانی که در آن هستیم، حال.

حاضر جواب h.-ǰavāb [ع.] (ص‌مر.) ۱ - آنکه مهیای جواب گفتن است، آماده ومهیای پاسخ گفتن، آنکه عادةً جواب فی‌الحال تواند گفتن، آنکه زود پاسخ کند گفته‌را:

«ساقیان نادره گویندهٔ شیرین ادا
مطربان چابک طمغاجی حاضرجواب.»
(مختاری غزنوی)

۲- شوخ، گستاخ.

حاضر جوابی h.-ǰavāb-ī [ع.-ف. ← حاضرجواب] (حامص.) ۱- پاسخ دادن بدون اندیشه، زودجواب گفتن. ۲- بذله گویی.

حاضر شدن h.-šodan [ع.- ف.] (مصل.) ۱- پدید آمدن، ظاهرشدن. ۲- موجود شدن، تولید گشتن.

حاضرغایب h.-γāyeb [ع. = حاضر غائب] ← حاضر وغایب.

حاضر کردن h.-kardan [ع.-ف.] (مصم.) ۱- آماده کردن، مهیا ساختن. ۲- حاضر آوردن، بحضور آوردن.

حاضر و غایب h.-o-γāyeb [ع. ← حاضرغایب] ~ کردن. خواندن نامهای جمعی برای تعیین کسانی که غایب‌اند؛ چنانکه معلم شاگردانرا و صاحب‌منصب سربازانرا.

حاضروقت h.-vaγt [ع.] (ص‌مر.) آماده، مهیا، حاضر.

حاضره hāzer-a(-e) [= ع. حاضرة] (إفا.) مؤنث حاضر (ه.م.): نسخهٔ حاضره، نسخ حاضره.

۱ - حاضری hāzer-ī [ع.- ف.] (ص‌نسبـ.، إمر.) غذایی که پختن نخواهد، غذایی که سردست و بدون رنج تهیه کنند؛ و آن مرکبست از پنیر، سبزی، ماست، دوغ، سکنجبین، خیار، نیمرو و مانند آن؛ ماحضر؛ مق. پختنی.

۲ - حاضری hāzer-ī [ع.-ف.] (حامص.) حاضر بودن، حضور.

حاضریراق h.-yarāγ [ع -تر.] (ص مر.) مهیا، آماده.

حافد hāfed [ع.] (ص.، إ.) ۱- فرزند‌زاده، نبیره، نوه. ۲- خدمتکار، مددکار، خادم (غم.)؛ ج. حفده (hafada).

حافر hāfer [ع.] ۱- (إفا.) حفر کننده، کنندهٔ زمین. ۲- (إ.) سم، سنب. ج. حوافر. ۳ - کفش چوبی.

حافظ hāfez [ع.] (إفا.) ۱- نگهبان، حارس، پاسبان. ۲- حفظ کننده، از بردارنده. ۳ - آنکه قرآنرا از بردارد.

ج. حفظه، حفاظ، حافظین.

حافظه hāfez-a(-e) [= ع. حافظة] ۱- (اِفا.) مؤنث حافظ (ه.م) ۲- (فل.، روا.) یکی از قوای باطنی که حوادث و مطالب مختلف را بیاد نگاه دارد؛ ذاکره، یاد. ضح. - (فل. قد.) قوت حافظه قوتی است که مترتب در تجویف اول دماغ است و عبارت از خزانهٔ وهم و نگهبان صور وهمیه است چنانکه خیال خزانهٔ حس مشترک است. حافظه را ذاکره و مسترجعه هم نامیده‌اند از جهت قدرت آن بر بازگردانیدن صوری که از خزانهٔ مخصوص بیرون رفته باشد (فرع.، سج.)

حافی hāfī [ع.] (ص.) کسی که بدون کفش راه رود؛ پابرهنه. ج. حفاة (حفات).

حاق hāγ(γ) [ع.] (اِ.) ۱- حقیقت شیء، واقع مطلب: «حاق مطلب ازین قرار است.» ۲- وسط چیزی، میان شیء.

حاقد hāγed [ع.] (اِفا.) کینه‌جوی، بداندیش.

حاقن hāγen [ع.] (اِفا.) آنکه وی را بول بشتاب گرفته باشد، حبس کنندهٔ ادرار.

حاکم hākem [ع.] (اِفا.، ص.، اِ.) ۱- آنکه بر دیگران حکومت کند. ۲- قاضی، داور. ۳- فرماندار، والی، استاندار. ج. حکام. ‖ ~ ِ شب. عسس‌باشی، رئیس شبگردان (صفویان). ‖ ~ ِ شرع. عالم روحانی که بر امور شرعی مردم حکومت کند.

حاکم نشین h.-nešīn [ع.-ف.] (اِمر.) شهری که مقر حاکم است.

حاکمه hākem-a(-e) [= ع. حاکمة] (اِفا.) مؤنث حاکم (ه.م.): طبقهٔ حاکمه، هیأت حاکمه.

حاکمی hākem-ī [ع.-ف.] (حامص.) حاکم بودن، حکومت.

حاکمیت hākem-īyyat [ع.] (مص جع.) ۱- حاکم بودن، مسلط بودن. ۲- (حق.) اعمالی که دولتها برای اعمال قدرت و حل مسایلی که بحفظ نظم عمومی وابسته است، انجام دهند. ‖ ~ ِ ملی. (حق.) حقی است که سازمان ملل برای هرملتی شناخته است و بموجب آن ملتها باید بر سرنوشت خود مسلط باشند و هیچ ملتی حق مداخله در تعیین سرنوشت ملت دیگر ندارد.

حاکی hākī [ع.] (اِفا) ۱- حکایت کننده، بیان کننده. ۲- داستان گوی، داستانسرا. ج. حکاة (حکات) (غم.) ‖ ~ ِ ماوراء. آنچه که از ورای آن دیدن اشیا ممکن باشد؛ مق. حاکی ماوراء.

حال hāl [ع.] (اِ.) ۱- کیفیت چیزی، چگونگی شیء یا حیوان یا انسان، هیأت، وضع: «حال شما چطور است؟» ۲- وقتی که شخص در آنست، اکنون. ۳- (دس.) فعلی که دلالت بر زمان حاضر کند؛ مق. ماضی: میرود، میگوید. ۴- خوشی، سرمستی ← به(در) حال آوردن. ۵- روش، طریقه. ۶- (فل.) هریك از اعراض و کیفیات غیرراسخه؛ مق. ملکه، کیفیات راسخه. ۷- (تص.) معنیی که ازحق بدل پیوندد، آنچه بمحض موهبت بر دل پاك سالك از جانب حق وارد شود بی تعمد سالك و باز بظهور صفات نفس زایل گردد (فرع.، سج.) ج. احوال، حالات. ‖ **از ~ بگردانیدن.** تغییر دادن. ‖ **از ~ بگشتن.** تغییر. ‖ **~ (حالی) به ~ (حالی) شدن.** منقلب شدن، تغییر حال دادن. ‖ **~ ِ کسی را جا آوردن.** او را تنبیه کردن. ‖ **~ ِ کسی سرجا آمدن.** بهوش آمدن، بازگشتن بحال طبیعی. ‖ **~ و احوال.** (عم.) حال، بحال طبیعی. ‖ **~ و استقبال.** زمان حاضر و آینده. ‖ **~ و حوصله.**

(عم.) حال واحوال، ذوق. ‖ به(در) ــــ آوردن. خوشی وسرمستی آوردن، سرمست کردن: «سماع او را به (در) حال آورد.» ‖ بهم خوردن ــــِ کسی. (عم.) ۱ - تغییر حال دادن . ۲ - غش کردن : « بر اثر گرمای زیاد ودود اطاق حالش بهم خورد.» ۳- استفراغ کردن، قی کردن.

حال (1)hāl [ع.] (اِفا.) حلول کننده، فرود آینده ، جای گیرنده: «عرض حال در جسم است یا نه.» (فرتا.)

حالا hālā [=ع.حالاً] (ق.) اکنون، درین وقت ، الآن، الحال: «حالا فرصت ندارم.»

حالات hālāt [ع.] (اِ.) ج.حالت . ۱ - کیفیات، چگونگیها، اوضاع. ۲ - وقایع، حوادث.

حالا حالا hālā-hālā [از ع.] (ق مر.) (عم.) باین زودی: «حالا حالا این کار تمام نمیشود.» ‖ ــــ ها. (عم.) باین زودی ها: «حالا حالا ها ما کار داریم.»

حال آمدن hāl-āmadan [ع.-ف.] (مصل.) چاق شدن، فربه گشتن . ‖ به ــــ. بهوش آمدن، هوش خود را باز یافتن .

حال آوردن h.-āva(o)rdan [ع.-ف.] (مصم.) ایجاد حال وسرخوشی کردن.

حالب hāleb [ع.] (اِ.) (پز.) میزه نای (ه‍.م.)

حالبی hāleb-ī [ع.] (اِ.) (گیا.) گیاهی[۱] از تیرهٔ مرکبان که دارای ساقهٔ محکم وبرافراشته ایست که در انتهای آنها گلهای زرد رنگ وستاره یی شکل - شبیه گلهای بابونه - قرار دارند ؛ بوبونیون، خرم.

حالت hālat [=ع.حالة] (اِ.) ۱- کیفیت، چگونگی ، وضع، حال . ۲ - خوشی، سرمستی. ۳ - (مس.) کیفیت نواختن قطعات موسیقی بشرط حفظ اصل آن. ۴- مرگ، فوت. ۵ - (نم.) تجسم افکار و احساسات بوسیلهٔ حرکات متناسب چهره وبدن. ج.حالات.

حال داشتن h.-dāštan [ع.-ف.] (مصل.) ۱ - ذوق داشتن. ۲- حوصله داشتن. ۳-حالت وجد وجذبه داشتن.

حالق hāleγ [ع.] (اِفا.) (پز.) ماده ودوایی که زایل کننده و سترندهٔ موی باشد مانند زرنیخ و نوره وسفیدآب وخاکستر وغیره؛ حلاق.

حالك hālek [ع.] (ص.) ۱- سخت سیاه. ۲ - موحش، هولناك.

حال گردان hāl-gardān [ع.-ف. = حال گرداننده] (صفا.) ۱- تغییر حال دهنده. ۲- محول الاحوال، خدا.

حالوما hālūmā [ع.] (اِ.) (گیا.) آنخوسا (ه‍.م.)

۱- حالی hāl-ī [ع.-ف: حال + ی نسبت] (ص نسب.) کنونی، فعلی: «رنجهای بی نهایت مالی برشماتت اعداء حالی برگزیدم.» (نفثة المصدور)

۲ - حالی hāl-ī [= حالاً] (ق.) ۱ - همینکه، بمحض اینکه: «حالی که من این سخن بگفتم، دامن گل بریخت ودر دامنم آویخت.» (گلستان). ۲-آنگاه، آن زمان: «حالی طاقت حرکت نداشت (شتزبه)» (کلیله) .ضح.- یاء این کلمه یاءِ وحدت ونکره نیست وبنا برین یاءِ مجهول نبوده بلکه بیاءِ معروف تلفظ میشده .

۳- حالی hālī [ع.] (اِفا) آراسته، مزین، متحلی.

۱- Aster atticus(.لا)

حالیا hāl-iyā [= ع. حالیاً ، بتشدید یاء] (ق.) اکنون، حالا، فعلاً، عجالةً :

«حالیا مصلحت وقت در آن می بینم
که کشم رخت بمیخانه و خوش بنشینم.»
(حافظ)

حالیذونیون hālīzūnyūn [معر. یو. xelidonion] (اِ.) (گیا.) مامیران (ه.م.)

۱ - حالی‌شدن hālī-šodan [ع.- ف.] (مص ل.) مزین شدن، آراسته گردیدن.

۲ - حالی‌شدن h.-šodan [ع.- ف.] (مص ل.) (عم.) فهمیدن، درک کردن.

حامل صوت

حالی کردن h.-kardan [ع.- ف.] (مص م.) (عم.) فهماندن، فهمانیدن.

حامااقطی hāmā-aγtī [معر. یو. xamaïákté] (اِ.) (گیا.) خامااقطی (ه.م.)

حامالاون hāmālāvon [معر. یو. xamaïléôn] (اِ.) (گیا.) خامالاون (ه.م.)

حامامیلون hāmāmīlon [معر. یو. xamaïmélon] (اِ.) (گیا.) خامامیلون (ه.م.)

حامد hāmed [ع.] (اِفا.) ۱ - ستاینده، ستایشگر. ۲ - سپاسگزار. ج. حامدین.

حامض hāmez [ع.] (اِفا.، ص.) ترش، ترش مزه (غذا، دوا).

حامل hāmel [ع.] (اِفا.) ۱ - بردارندهٔ چیزی، حمل کننده، کسی که باری را حمل کند. ج. حمله (hamala)، حاملین. ۲ - زن آبستن، زن باردار، حامله. ۳ - وادارنده، محرک. ۴ - (مس.) برای نوشتن نوت، پنج خط افقی موازی را که بفاصلهٔ مساوی رسم شده باشد بکار میبرند، و نوت را در روی خطوط و ما بین آنها مینویسند. مجموع این پنج خط را حامل نامند.

پنج نوت روی خطوط حامل

چهار نوت بین خطوط حامل

یک نوت پائین حامل و یکی بالای آن

حامل

۵ - (فز.) قطعه خطی است که بوسیلهٔ آن مبدأ و امتداد و جهت و مقدار کمیتی چون نیرو مشخص گردد. ابتدای هر حامل مبدأ وطول آن نمایندهٔ مقدار وخطی که حامل بر آن قرار دارد، امتداد حامل نامیده میشود وجهت آنرا بوسیلهٔ سهمی (←) مشخص میسازند. ‖ ~ پیغام. قاصد، پیک. ‖ ~ صوت. بلندگو.

حامله hāmel-a(-e) [ازع. حاملة] (اِفا.) مؤنث حامل (ه.م.)، آبستن، زن باردار. ضح. - درعربی فصیح «حامل» بدین معنی آمده، ولی در متون فارسی «حامله» استعمال شده: «این دختر من حامله شده است ومن اورا بشوهر نداده‌ام.» (جوامع الحکایات ج ۱ چا. ۱: ۸۹)

۱ - حامی hāmī [ع.] (اِفا.) ۱ - نگهبانی کننده، حمایت کننده، پشتیبان. ۲ - یار، طرفدار. ج. حماة (حمات).

۲ - حامی hām-ī [← بخش ۳: حام] (ص نسب.) منسوب به حام بن نوح، از اولاد حام.

حانوت hānūt [ع.] (اِ.) ۱ - دکان، مغازه. ۲ - کلبه. ۳ - میکده. ج. حوانیت.

حاوی hāvī [ع.] (اِفا.) دربردارنده، گرد فروگیرنده، شامل: «حاوی مطالب سودمند است.»

حایر hāyer [= ع. حائر] (اِفا.) سرگردان، سرگشته.

۱۳۳۷
حباحب

حایز hāyez [= ع. حائز] (اِفا.) ۱ - گردآورنده، فراهم‌آورنده، جامع. ۲ - دربردارنده، دارا: «این موضوع حایز اهمیت است.» ج. حایزین؛ حایزین اکثریت.

حایض hāyez [= ع. حائض] (اِفا.، ص.) زنی که در حالت حیض است؛ بی‌نماز، دشتان.

حایضه hāyez-a(-e) [از ع. حائضة] (اِفا. نث) زن دشتان، حایض (ه.م.)

حایط hāyet [= ع. حائط] (اِ.) ۱ - دیوار بست. ۲ - دیوار، جدار. ج. حیطان، حیاط (hiyāt).

حایك hāyek [= ع. حائك] (اِفا.، ص.) جولاه، جولاهه، بافنده، نساج.

حایل hāyel [= ع. حائل] (ص.) ۱ - آنچه که میان دو چیز واقع شود و مانع ازاتصال آن دو گردد؛ فاصل، حجاب. ۲ - جداکننده.

حایل شدن h.-šodan [ع.-ف.] (مص ل.) فاصله‌شدن، مانع اتصال‌شدن.

حایل گردیدن h.-gardīdan [ع.-ف.] (مص ل) حایل شدن (ه.م.)

حایل گشتن h.-gaštan [ع.-ف.] (مص ل.) حایل شدن (ه.م.): «ظلمت حایل گشت.»

حب hab(b) [ع.] (اِ.) ۱ - هرچیز گرد کوچك که کمابیش باندازهٔ نخودی باشد؛ دانه: حب انگور. ج. حبوب، جج، حبوبات (غفص.) ۲ - (پز.) مادهٔ دارویی جامد که برای سهولت بلع آنرا بصورت گلوله‌ای کوچك درآورده‌اند[1].

۱ - حب hob(b) [ع.] (اِ.) دوستی، محبت، عشق. ‖ ~ جاه. دوستی مقام و رتبه. ‖ ~ مال. دوستی مال. ‖ ~ مقام. ← حب جاه ↑. ‖ ~ وطن. میهن دوستی، وطن پرستی. ‖ ~ ولد. محبت بفرزند.

۲ - حب hob(b) [معر. خنب] (اِ.) ظرف سفالین بزرگ که در آن آب کنند؛ سبوی کلان.

حب

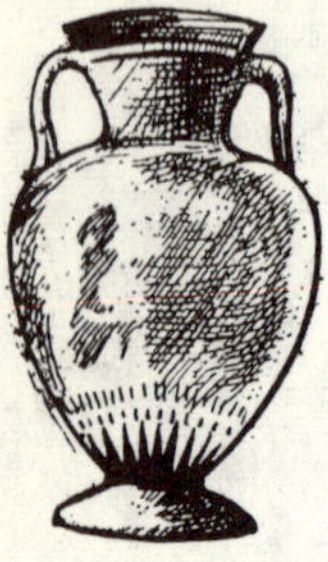

حبائل habā'el [ع.] ← حبایل.

حباب habāb (ho-تد.) [ع.] (اِ.) ۱ - برآمدگی کوچك بشکل نیم کره که در سطح آب بسبب سقوط چیزی یا آمدن باران و مانند آن ایجاد شود؛ آب‌سوار، گنبد آب. ۲ - روپوش چراغ از شیشه یا بلور.

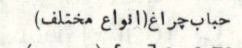

حباب‌چراغ (انواع مختلف)

حباب (روی غذا ومیوه)

حباب hebāb [ع.] (مص م.) دوست داشتن.

حبابچه habāb-ča(ho-če) [ع.-ف.] (اِمصغ.) حباب کوچك. ‖ ~ های ریوی. (پز.) خانه‌های شش (فره.)

حباب‌وار h.-vār [ع.-ف.] (ص مر.، قمر.) مانند حباب، همچون حباب.

حبات habb-āt [ع.] (اِ.) ج. حبه (ه.م.)

حباحب hobāheb [ع.] (اِ.) (جا ذ.)

۱ — Pilule (فر.)

حباحب

حشره‌ایست که درشب میدرخشد؛ کرم شب‌تاب (ه‍.م.)

حباری hobārā [معر. هوبره] (اِ.) ← هوبره (ه‍.م.)، چرز.

حباقا hobāγā [ع. = حباقی] (اِ.) (گیا.) شبدر وحشی (ه‍.م.) ↓

حباقی hobāγā [ع. = حباقا] (اِ.) (گیا.) شبدر وحشی (ه‍.م.) ↑

حبال hebāl [ع.] (اِ.) ج. حبل (habl)؛ ریسمانها، رشته‌ها.

حبال habbāl [ع.] (ص.) ۱ - ریسمان تاب. ۲ - ریسمان فروش.

حباله hebāla(-e) [= ع. حبالة] (اِ.) ۱ - قید، بند. ‖ ~ نکاح. قید ازدواج. ۲ - دام.

حبایل habāyel [= ع. حبائل] (اِ.) ج. حباله (ه‍.م.)؛ دامها.

حب بر hab(b)-bor [ع.-ف. = حب برنده] (اِفا.، اِمر.) (پز.) آلتی[1] که دواسازان با آن خمیرهای لوله‌شدهٔ دارویی را بریده و بعداً بصورت حب درآورند.

حب دان hab(b)-dān [ع.-ف.] (اِمر.) (پز.) قوطی یا جعبه‌ای که جای حب (ه‍.م.) است.

حبر hebr [ع.] (اِ.) ۱ - سیاهی دوات، مرکب، دوده، مداد. ۲ - دانشمند یهود، عالم جهودان. ۳ - دانشمند، عالم.

حبرج hobraǰ [ع. قس. هوبره، حباری] (اِ.) (جان.) نوعی مرغابی شبیه به هوبره و کوچکتر از آن، که در مصر فراوانست.

حبس habs [ع.] ۱ - (مص م.) زندانی کردن، بازداشتن. ۲ - (اِمص.) بازداشت. ‖ ~ عادت. (پز.) بند آمدن خونریزی ماهانهٔ زنان، حبس الطمث[2]. ۳ - (اِ.) زندان، محبس. ‖ ~ ابد. (حق.) حبسی که محکوم باید تا پایان حیات را در زندان بگذراند. ‖ ~ با اعمال شاقه. (حق.) حبسی که محکوم باید در طی مدت معین کارهای سختی را انجام دهد. ‖ ~ تأدیبی. (حق.) حبسی که برای ارتکاب جنحه تعیین شود و مدت آن بیش از سه سال نیست. ‖ ~ تکدیری. (حق.) حبسی که برای بزه‌های کوچك تعیین کنند و مدت آن از ۲ تا ۱۰ روز است. ‖ ~ مؤبد. ← حبس ابد. ‖ ~ مجرد. (حق.) حبس بدون کار که از ۲ تا ۱۰ سال است. ‖ به ~ افتادن. زندانی شدن.

حب ساختن hab(b)-sāxtan [ع.-ف.] (مص م.) ۱ - چیزی را بشکل گلوله‌های کوچك درآوردن. ۲ - (پز.) دارویی را بصورت حب درآوردن.

حبسگاه habs-gāh [ع.-ف.] (اِمر.) زندان، محبس.

حبسه hobsa(-e) [= ع. حبسة] (اِمص.) زبان‌گرفتگی، بستگی زبان.

حبسی habs-ī [ع.-ف.] (ص نسب.) آنکه در حبس است؛ زندانی.

حبسیات habs-īyy-āt [ع.] (اِ.) ج. حبسیه (ه‍.م.): «حبسیات مسعود سعد در نوع خود بی‌نظیر است.»

حبسیه habs-īyya(-e) [= ع. حبسیة] (ص نسب.، اِ.) قصیده‌ای که شاعر در زندان و مربوط بحبس خود ساخته باشد. ج. حبسیات.

حبشی habaš-ī [ع.-ف.] (ص نسب.) منسوب به حبش و حبشه (← بخش ۳). ۱ - ساختهٔ حبشه. ۲ - از مردم حبشه، اهل حبشه.

حبق habaγ [ع.] (اِ.) ۱ - (گیا.) هر گیاه ما بین درخت و علف؛ بته، بوته.

---

۱ - Pilulier (فر.)   ۲ - Amerrorrhée (فر.)

۲ - (گیا.) پودنهٔ بری(ه.م.)
حبقاله habɣāla(-e) [ع.] (ا.) (گیا.) گوش‌موش (ه.م.)
حب‌کردن hab(b)-kardan [ع.-ف.] (مص‌م.) (پز.) دارویی‌را بصورت حب در آوردن؛ حب ساختن.
۱- حبل habl [ع.] (ا.) ۱-ریسمان، رشته، بند: «حبل مودت را مستحکم کرد.» ج.احبال، حبول،حبال. ۲ - عهد، پیمان. ۳ - رگ،عرق. ۴ -درخت انگور، شاخهٔ انگور.
۲ - حبل habl [ع.] ۱ - (امص.) آبستنی. ۲ - (ا.) بچه‌ای که در شکم مادر است.
حبل hebl [ع.← حبر] (ص.،ا.) ۱- دانشمند. ۲- زیرك، داهیه. ج.حبول.
حبلی hoblā [ع.](ص.) آبستن.
حبن habn [ع.] (ا.) (گیا.)خرزهره (ه.م.)، حبین.
حبوب hobūb [ع.] (ا.) ج.حبه وحب؛ دانه‌های نباتات ،دانه‌های عدس و نخود و لوبیا و باقلا ومانند آنها. ج.حبوبات (غفص.)
حبوبات hobūb-āt [ع.] (ا.) ج. (غفص.) حبوب (ه.م.)
حبوره habbūra(-e) [معر. لا. papaver] (ا.) ۱- (گیا.) کپسول خشخاش. ۲- گیاه خشخاش←خشخاش.
حبه habba(-e) [←ع.حبة] (ا.) ۱- یك‌دانه، دانه، یك‌حب.ج.حبات. ۲- (ف.) مقدار کم، اندکی، قلیلی: «یك‌حبه‌خیانت نکرده.» ۳-واحدوزن، و آن مقدار یك جو و ربع‌قیراط است (رسالهٔ مقداریه. فرهنگ ایران زمین. ۱:۱-۴ص۴۱۳)←جو. ضح.ـ دررسالهٔ مزبور حبه‌برابر نیم‌تسو(طسوج)محسوب شده درصورتیکه دربرخی ازمآخذتسو معادل وزن چهارجوست. ‖ ~ ٔ دل. حبة‌القلب (← بخش۲).
حبیب habīb [ع.](ا.) ۱- دوست، یار. ۲- معشوق، محبوب. ۳ - (تص.) انسان کامل. ج. احباء، احباب، احبه (غم.)
حتراب hatrāb [ع.] (ا.) (گیا.) گزر دشتی(ه.م.)
حتف hatf [ع.] (ا.) مرگ، موت. ج.حتوف (غم.)
حتم hatm [ع.] ۱- (مص‌م.) واجب کردن امری، لازم کردن . ۲- (ص.) بایسته،لازم،حتمی: «مسافرتش‌حتم‌است.» ج.حتوم. ۳ - ساده، خالص، محض.
حتماً hatm-an [ع.] (ق.) قطعاً، براستی، یقیناً: «حتماً خواهم رفت.»
حتمی hatm-ī [ع.-ف.] (ص‌نسبـ.) ۱-قطعی، یقینی: «وقوع‌این‌حادثه‌حتمی است.» ۲-بایسته، ضروری.
حتوف hotūf [ع.] (ا.) ج.حتف (ه.م.)؛مرگها، هلاکها.
حتی hatī [ع.](ا.) (گیا.) میوهٔ درخت‌مقل مکی←مقل‌مکی.
حتی hattā [ع.] (حر.اض.) تا، تا آنکه:«حتی‌باو گفتم که‌نزد شما بیاید.»
حث has(s) [ع.](مص‌م.) برانگیختن، تشویق کردن.
حثرما hesremā [ع.] (ا.) (گیا.) پودنه (ه.م.)
حج haǰ(ǰ) [ع.] ۱- (مص‌م.) آهنگ کردن، قصد کردن. ۲-(شرع.) قصدطواف کعبه کردن مسلمان‌مستطیع‌طبق‌شرایط مقرر. ۳ - (امص.)(شرع.) زیارت‌کعبه با اعمال مخصوص . ‖ ~ افراد . (شرع.) مانند حج قران ↓ است در

مناسك ، جز آنکه راندن هدی در آن نیست. ‖ ← تمتع . (شرع.) واجب است برهمهٔ مکلفان که جز اهل مکه وحاضران آنجا باشند، وازخانهٔ ایشان تا مکه ۴۸ میل باشد. متمتع باید از میقاتگاه احرام گیردو بمکه‌رودوچون خانهای مکه بیند«تلبیه» گویدو بمکه رود وهفت بار طواف کند، و در مقام ابراهیم دورکعت نماز بجا آرد، وسعی بین صفا ومروه کند، سپس سربتراشد ومحل شود. آنگاه در روز ترویه‌نماز ظهر ونماز عصر بعرفات گزارد، و تا هنگام غروب بدانجا بماند ، سپس به مشعر شود وشب آنجا اقامت کند وبامداد بمنی آید و مناسك بجا آرد وهمان‌روز یاروزدیگر بمکه آیدوطواف حج کند ودورکعت نماز طواف وسعی بین صفا ومروه کند، آنکه طواف‌نساء بجا آرد هرگاه که خواهد ، وهمه چیز بروی حلال گردد . و بروی واجب است هدی یاذبح کردن یانحر کردن بمنی روز نحر. ‖ ← قران.(شرع.) برای مردم مکه است، وکسی که‌ازمکه کمتراز ۱۲ میل دورباشد. حج قران آنست که‌از میقاتگاه یا از خانهٔ خود (اگر مادون میقات‌باشد)احرام گیرد، وشتری (که‌در اصطلاح شرع بدان‌هدی hady گویند) باخودببرد وآنرا‌باخود بمنی‌راند، وروانبود که‌شخص‌محل‌شودتا هدی بمحل‌خودرسد، وباید همهٔ‌مناسك بجای آردازوقوف‌دردو موقف و دیگر مناسك بمنی، سپس بازآید وهفت بار طواف خانه کند وسعی میان‌صفاومروه هفت باربجا آرد وطواف نساء کند، آنگاه محل‌شود، وبروی لازم است‌بجا آوردن عمره پس‌ازآن. ۴ - (تص.)سیر وسلوك الی‌الله (فرع.،سجـ.)

حجاب

حجاب heǰāb [ع.] (اِ.) ۱- پرده، ستر. ۲-نقابی که زنان‌چهرهٔ خودبدان پوشانند؛روبند، برقع.۳-چادری که‌زنان سرتاپای‌خود رابدان پوشانند.۴-(پز.) غشاء (ه.م.) ۵ - (تص.) کدورت دل ، زنگ‌دل، هوای نفسانی، علاقه بدنیا. ۶ - (تص.) هریك‌از صور واسباب‌مانع ازتجلی و افاضات الهی . ۷ - (تص.) واسطهٔ میان حق و خلق . ج.حجب (hoǰob). ‖ ← حاجز.(پز.)عضله‌ای که در سطح میانین تنه بطور افقی قرار دارد و تنه را بدو قسمت صدری وبطنی تقسیم میکند، وآن عضله‌ایست پهن ونازك ومسطح وشبیه‌گنبدیست که تحدبش فوقانی یعنی بطرف قفسهٔ سینه است ؛ دیافرغما[1].

حجاب hoǰǰāb [ع.] (اِ.)ج.حاجب (ه.م.)؛پرده داران (شاهان وامیران).

حجابت heǰābat [= ع. حجابة] (اِمص.) ۱- پرده داری. ۲- دربانی.

حجاب گشتن heǰāb-gaštan [ع.-ف.] (مصل.) مانع‌شدن،حایل گردیدن.

حجابگه h.-gah [ع.-ف. = حجاب‌گاه] (اِمر.) جای پوشیده، خلوت.

حجاج haǰǰāǰ [ع.] (ص.) بسیار حج کننده.

حجاج hoǰǰāǰ [ع.] (اِ.) ج. حاج (ه.م.) ؛ کسانی که حج گزارند.

حجار heǰār [ع.] (اِ.) ج.حجر (ه.م.)؛سنگها.

حجار haǰǰār [ع.] (ص.، اِ.) سنگتراش .

حجاره heǰāra(-e) [= ع.حجارة] (اِ.) ج.حجر (ه.م.)؛ سنگها.

۱- Diaphragme (فر.)

حجاری haǰǰār-ī [ع.ـ ف.] ۱- (حامص.) عمل و شغل حجار (ه.م.)، سنگتراشی. ۲- (إمر.) دکان حجار.

حجاز heǰāz [ع.] ۱- (إخ.) ← بخش ۳. ۲- یکی از دوازده مقام موسیقی ایرانی.

حجازی heǰāz-ī [ع.ـ ف.] (ص نسب.) منسوب به حجاز (← بخش ۳) ۱- ساختهٔ حجاز، متعلق به حجاز. ۲- از مردم حجاز، اهل حجاز. ۳- (مس.) دوازدهمین دور از ادوار ملایم موسیقی قدیم.

حجام haǰǰām [ع.] (ص.) کسی که حجامت کند، آنکه خون گیرد؛ حجامت کننده، گرا، خونگیر.

حجامت heǰāmat [= ع. حجامة] (مص م.) گرفتن خون از بدن[1] بطریقی که با تیغ مخصوصی پوست قسمتی از پشت را در میان دو استخوان کتف برش داده با ابزار مخصوص (شاخ حجامت)، قسمتهای بریده شدهٔ پوست رامیمکند وبمقدار کافی خون از بدن خارج میکنند. ‖ **شاخ ~** . (پز. قد.) قسمت انتهایی شاخ گاو که درونش راخالی کرده بوسیلهٔ آن حجامت کنند.

حجامت‌چی h.-čī [ع.ـ تر.] (ص نسب.) خونگیر، حجامت کننده.

حجب haǰb [ع.] (مص م.) ۱- پوشانیدن، پنهان کردن. ۲- بازداشتن، منع کردن. ۳- (حق.) حالت وارثی است که بواسطهٔ بودن وارث دیگر از بردن ارث کلاً یا جزءً محروم میشود.

حجب hoǰb [ع.] (إ.) شرم، حیا.

حجب hoǰob [ع.] (إ.) ج. حجاب (ه.م.)؛ پرده‌ها، شادروانها.

حجب داشتن hoǰb-dāštan [ع.ـ ف.] (مص ل.) حیاداشتن، شرم‌داشتن.

حجت hoǰǰat [= ع. حجة] (إ.) ۱- دلیل، برهان. ۲- (منط.) معلوم تصدیقی که موصل بمجهول تصدیقی باشد، مانند: عالم متغیر است، وهر متغیر حادث است- که موصل اند به: پس عالم حادث است. حجت خود بر سه قسم است: قیاس، استقراء، تمثیل. ‖ **~ اقناعی.** (منط.) حجتی است که مفید گمان باشد نه یقین ومقصود از آن گمان بمقصود باشد مانند متواترات وغیره که قیاس خطا بی است (دستور ۲: ۱۴۰؛ فرع.، سج.) ‖ **~ الزامی.** (منط.) مرکب از مقدمات مسلمهٔ نزد خصم است که مقصود از آن اسکات والزام خصم باشد (از کشاف ۲۴۸؛ فرع.، سج.) ۱- ‖ **~ قطعی.** (منط.) حجتی است که مفید یقین باشد ومقصود از اقامهٔ آن رسیدن بنتیجهٔ قطعی باشد (دستور ۲: ۱۴۰؛ فرع.، سج.) ۲- سبب، موجب. ۳- حکم، امر. ۴- فتوای قاضی، قضا. ۵- رهبر، پیشوا، رهنمون. ‖ **~ حق برخلق.** (تص.) انسان کامل. ۶- (ملل.) یکی از مراتب روحانیت اسماعیلیه پایین‌تر از امام وبالاتر از داعی. ۷- سند، مدرک. ج. حجج. (hoǰaǰ) ‖ **اتمام ~** . ۱- تمام کردن بینه ودلیل. ۲- اولتیماتوم (ه.م.) ‖ **الزام ~** . تمام کردن بینه ودلیل.

حجت آوردن h.-āva(o)rdan [ع.ـ ف.] (مص ل.) دلیل آوردن، استدلال کردن.

حجت انگیختن h.-angīxtan [ع.ـ ف.] (مص ل.) حجت آوردن (ه.م.)

حجت‌داشتن h.-dāštan [ع.ـ ف.] (مص ل.) دلیل داشتن، برهان داشتن.

حجج hoǰaǰ [ع.] (إ.) ج. حجت (حجة) (ه.م.) ‖ **~ اسلام.** ج. حجت اسلام (حجة الاسلام)؛ حجة الاسلامان.

---

۱ - Ventouser (فر.)

حجر haǰar [ع.] (اِ.) سنگ . ج. احجار، حجاره، احجر. ‖ **عهد (دورهٔ) ~** . (زم.) یکی از دوره‌های دوران چهارم زمین شناسی که مقارن با ظهور مصنوعات وادوات ساخته شده از سنگ توسط انسانهای ماقبل تاریخ است[1].

حجر haǰr [ع.] (مصم.) ۱ - منع کردن، بازداشتن. ۲- (حق.) منع کردن دادگاه وقاضی کسی را از تصرف در اموال خویش.

حجر -heǰr,ho. [ع.](اِ.) ۱-کنار، دامن. ۲- پناه، کنف: حجر تربیت.

حجرات hoǰarāt [ع.] (اِ.) ج. حجره (ه.م.) ۱ - خانه‌ها، اطاقها. ۲ - کلبه‌ها.

حجره hoǰra(-e) [ع.](اِ.)۱- خانه، اطاق، غرفه. ۲ - کلبه. ج. حجرات. ‖ **~ ٔدست‌چپ.** (کن.) دل، قلب.

حجز haǰz[ع.](مصم.)۱- بازداشتن. ۲ - درمیان آمدن.

حج کردن haǰ(ǰ)-kardan [ع.-ف.] (مصل.) مراسم حج (ه.م.) را بجا آوردن، حج گزاردن.

حج گزاردن h.-gozārdan [ع.-ف.] (مصل.) حج کردن (ه.م.)

حجل haǰal [ع.] (اِ.) (جاذ.) کبک (ه.م.)

حجله haǰala(heǰle) [ع.] (اِ.) اطاق آراسته ، حجرهٔ زینت کرده جهت عروس وداماد. ج. حجال.

حجم haǰm [ع.](اِ.) ۱ - برآمدگی وستبری وجسامت چیزی. ۲ - مقداری از فضا که جسم آنرا اشغال میکند، گنج (فره.) ؛ ج. حجوم (غم.)، احجام (غفص.)

حجی haǰī [ع.-īyy] (ص.) سزاوار، درخور، شایسته.

حجل

حجیب heǰīb(heǰēb.قد) [ممال ع. حجاب] (اِ.) حجاب (ه.م.)

۱ - حجیج haǰīǰ [ع.](اِ.) ج. حاج.

۲-حجیج haǰīǰ [ع.](ص.) ۱- مرد حجت گوی. ۲ - مردی که غورزخم وی بمیل آزموده شده باشد .

حجیم haǰīm [از ع.] (ص.) دارای حجم، گنجا (فره.) ضح.- حجیم درلغت عربی نیامده.

حد had(d) [ع.] (اِ.) ۱ - حایل میان دوچیز. ۲ - کنارهٔ چیزی، انتها، کرانه، مرز: «یك حد این مزرعه رود ...است.» ۳-تیزی (شمشیر و مانند آن)، تندی. ‖ **~ سیف.** دم تیغ ، تیزنای شمشیر. ۴ - اندازه: «ازحد خود تجاوز میکند.» ‖ **بیرون از ~** . بیشمار . ‖ **تا ~ ی** . تا اندازه‌ای. ‖ **~ اقل.** کمترین اندازه، کمینه. ‖ **~ اکثر.** بیشترین اندازه؛ بیشینه. ‖ **~ وحصر.** اندازه وحد . ‖ **زیاده از ~** . بیش از اندازهٔ مقرر . ‖ **از ~ بردن.** بیرون از اندازه کاری راکردن. ‖ **از ~ درگذشتن (گذشتن).** ۱ - افراط کردن. ۲ - تعدی کردن، تجاوز کردن. ‖ **~ وحصر نداشتن.** بی‌اندازه بودن . ۵ - (فق.) هر خطا که برای آن عقوبتی مقدر باشد، مجازاتی است که اسلام بنص معین برای جرم تعیین کرده ، و آن تنبیه بدنی ومقدارش قطعی است یعنی حداکثر وحداقل ندارد . ضح.- فرق تعزیر (ه.م.) و حد آنست که حد در شرع معین است لیکن تعزیر برأی امام بسته است ، و حد به‌شبهه ساقط شود ، لیکن تعزیر با شبهه هم واجب است ، وحد برکودك نیست، وتعزیر برکودك لازم است، وحد برذمی جاری شود، لیکن

۱- Ère lytique (فر.)

تعزیر براو نیست. ۶- (منط.) تعریف شیء بذاتیات. ضح.ـ حد عبارت ازممیز ذاتی ورسم ممیز عرضی است، و مدار تمام بودن حدورسم اشتمال آن برجنس قریب است. مقومات ماهیت درمقام تفصیل حد است ودرمقام اجمال محدود، وحد ازمحدود خارج نیست وتفاوت حد ومحدود باجمال وتفصیل است. (فرع.، سج.) ‖ ~ اوسط. (منط.) ← اوسط. ‖ ~ تام. (منط.) تعریفی که مرکب ازجنس وفصل قریب باشد، چنانکه در تعریف انسان «حیوان ناطق» آرند. (دستور۲:۱۶؛ فرع.،سج.) ‖ ~ ناقص. (منط.) تعریفی که مرکب از فصل قریب وجنس بعید ویا فقط فصل باشد، چنانکه درتعریف انسان «جسم نامی ناطق» یا «ناطق» تنها آرند (دستور۲:۱۶؛فرع.،سج.) ۷- (مصم.) بازداشتن. ۸- تعدی کردن، تجاوز کردن.

حدا hedā, ho- [ع.حداء] ← حداء.

حداء hedā', ho.- [ع.،ف.:حدا] ۱- (مصم.) زجر کردن وراندن شتران را بسرود وآواز. ۲- (اِ.) سرود وآواز ساربانان برای راندن شتران.

حدائق hadāeγ [ع.] ← حدایق.

حداثت hadāsat [=ع.حداثة] ۱- (مصل.) نوشدن، تازه گردیدن. ۲- (اِمص.) نوی، تازگی. ۳- نوخاستگی، نوجوانی. ۴- (اِ.) ابتدای هرچیز، اول هرامر. ۵- اول جوانی.

حداد haddād [ع.] (ص.) ۱- آهنگر، آهن‌فروش. ۲- دربان. ۳- زندان‌بان.

حدادی haddād-ī [ع.-ف.] ۱- (حامص.) عمل و شغل حداد (ه.م.)، آهنگری. ۲- (اِمر.) دکان حداد (ه.م.)، آهنگری. ۳- حقی که باآهنگر ده وقریه داده شود؛ آهنگری.

حدایق hadāyeγ [=ع.حدائق] (اِ.) ج.حدیقه (ه.م.)؛ باغها. ‖ ~ معلقه. ← بخش ۳.

حدأت hed'at [=ع.حدأة] (اِ.) (جان.) زغن (ه.م.). ج.حدأ (hed')، حداء (he.-)، حدآن (hed-).

حدب hadab [ع.] ۱- (اِمص.) گوژپشتی. ۲- (اِ.) زمین مرتفع، تپه. ۳- موج آب.

حدبه hadaba, hodba [= ع. حدبة] (اِمص.) ۱- گوژپشتی. ۲- برآمدگی (در زمین ومانند آن).

حدت heddat [=ع.حدة] (اِمص.) ۱- تندی، تیزی، برندگی. ۲- خشم، غضب. ۳- (فل.) صفات وحالات مذموم (فرع.،سج.) ‖ ~ طبع. تندخویی. ‖ ~ لسان (زبان). آتش زبانی، تیز زبانی. ‖ ~ بخرج دادن. تندی کردن. ۴- (اِ.) (مس.) زیر؛ مق. بم.

حدث hadas [ع.] (ص.،اِ.) ۱- امری که تازه واقع شده، نو. ۲- چیزی نو که زشت و غیر معتاد باشد، امری که درسنت وشرع معروف نباشد. ۳- برنا، نوجوان. ۴- نوزاد، نوخواسته. ۵- غایط. ج.احداث.

حدثان hadasān [ع.] (اِ.) ۱- پیشامدها، حوادث. ‖ ~ دهر(روزگار). نوایب روزگار. ۲- حدوث؛ مق. قدم:

«چون زکونین بدرنهاد قدم
حدثان رابماند، وماند قدم.»
(حدیقه، مد. ۲۲۴)

حدثان hedsān [ع.] (اِ.) ۱- اول امر، آغاز چیزی. ۲- پیشامدها، حوادث.

حدج hadaǰ [ع.] (اِ.) (گیا.) هندوانهٔ ابوجهل (ه.م.)

حدج hedǰ [ع.](إ.) کجاوه، هودج.

حدس hads [ع.] ۱ - (مص م.) دریافتن امری را، گمان بردن، تخمین زدن. ۲ - (إمص.) دریافت، تخمین: «حدس شما صایب بود.» ۳- (فل.) سرعت انتقال ذهنی است از مبادی بمطلوب و مقابل فکر است. فرق ما بین فکر وحدس آنست که درفکر دوحرکت لازم است: یکی حرکت ذهن برای تحصیل مبادی و دیگر حرکت ذهن برای ترتیب آن مبادی، و حال آنکه انتقال ذهن از مبادی بمطلوب آنی الوجود است ومستلزم حرکت تدریجی الوجود نیست وعلاوه بر آن ممکن است مبادی ومطلوب یکجا برای ذهن حاصل گردد (فرع.، سج.)

حدس زدن h.-zadan [ع.-ف.] (مص م.) دریافتن امری را، گمان بردن: «حدس میزنم که شما پیروز خواهید شد.»

حدسی hads-ī [ع.-ف.] (ص نسب.، قمر.) منسوب به حدس (ه.م.)، ازروی حدس: «این مطلب را حدسی گفتم.»

حدسیه hads-īyya(-e) [= ع. حدسية] (ص نسب.) مؤنث حدسی (ه.م.). ج. حدسیات.

حدسیات hads-īyyāt [ع.](ص نسب.، إ.) ج. حدسیه (ه.م.)؛ قضایایی که بحدس ادراك شوند. ضح. ۱-(فل.، تص.) قضایایی که حکم کند بآنها عقل بواسطهٔ حدس، وآنچه راحدس دریابد، وچنانکه حدس درمرتبت قوت وشدت باشد و ازالهٔ شك کند ازقطعیات شمرده میشود، و اگر قوی نباشد ازظنیات بحساب آید (از کشاف ۳۰۱؛ دستور۲:۱۶؛ فرع.، سج.) ضح. ۲ - در فارسی غالباً ج. حدس گیرند: «حدسیات شما کاملا صایب است.»

حدق hadaγ [ع.](إ.)(گیا.) گیاهی است[1] از تیرهٔ بادنجانیان که بوته اش شبیه بادنجان معمولی است ودرعربستان وشمال افریقا میروید؛ عرصم، شوکة العقرب.

حدقات hadaγ-āt [ع.](إ.) ج. حدقه (ه.م.)

حدقه hadaγa(-e) [= ع. حدقة] (إ.) ۱ - مردمك چشم، سیاهی چشم. ج. حدقات، احداق. ۲ - (تد. ف.) حفره‌ای که چشم در آن جای دارد؛ چشم خانه، کاسهٔ چشم.

حدو hadv [ع.](مص م.) زجر کردن وراندن شتران بسرود و آواز.

حدوث hodūs [ع.](مص ل.) ۱ - نوپیدا شدن، روی دادن امری تازه، رخ دادن. ۲ - (فل.) بوجود آمدن چیزی که قبلا نبوده؛ مق. قدم. ضح. - (فل.) حدوث یعنی وجود بعداز عدم وحادث همانطور که در حدوث احتیاج بعلت دارد در بقاء هم احتیاج بعلت دارد زیرا علت احتیاج که امکان باشد، بعدازوجودهم موجود است (فرع.، سج.)

حدوثت hodūsat [= ع. حدوثة] (إمص.) تازگی، حداثت.

حدود hodūd [ع.](إ.) ج. حد (ه.م.) ۱- اندازه‌ها. ‖ **تجاوز کردن از ـــِ خود.** از اندازهٔ خود در گذشتن، پا از گلیم خوددرازتر کردن. ۲-سوی‌ها، کرانه‌ها، مرزها، سامانها. ۳ - آیینها، روشها. ‖ **ـــ واطراف.** کنار و گوشه‌ها. ‖ **ـــ ورسوم.** آیینها وروشها.

حدی hodī(-dē قد.) [ممالع. حداء] (إ.) سرود وآوازی که ساربانان عرب خوانند تا شتران تیزتر روند.

حدیث hadīs [ع.] ۱ - (ص.) تازه، جدید، نو. ج. حداث (he)، حدثاء

1- Solanum cordatum, S. pomiferum (لا.)

(hoda)·: ‖ ـــ وقدیم. نوو کهن. ۲- (إ.) هرچه که ازآن خبردهند و نقل کنند، خبر، سخن. ۳- خبری که از رسول‌ص وایمه۴ نقل کنند. ج.احادیث. ‖ علم ـــ .(شرع.)علم‌بخبرهاواقوالی که ازرسول‌ص وایمه۴ روایت‌شده.

حدید hadīd [ع.] ۱- (إ.) آهن (ه.م.) ۲- (ص.) تند، تیز، برنده.

حدیده hadīd-a(-e) [=ع.حدیدة] (إ.) ۱- قطعه‌ای از آهن. ۲- ابزار آهنین. ۳- صفحه‌ای فلزی‌وسوراخ‌دار که فلزات را بتوسط آن بشکل میلهٔ نازك ومفتول درآورند. ۴- آلتی که میلهٔ فلزی را بوسیلهٔ آن بشکل پیچ درآورند. ج.حدائد (حداید)،حدیدات (غم.)

حدیدی hadīd-ī [ع.-ف.] ۱- (ص‌نسب.) منسوب به‌حدید؛ آهنی. ۲- (إ.) (گیا.) سمسمپقا (ه.م.)

حدیقه hadīγa(-e) [=ع حدیقة] (إ.) باغ، بوستان. ج.حدائق(حدایق).

حذا hezā [ع.حذاء] ← حذاء.

حذاء hezā' [ع.،ف.: حذا] ۱-(مص ل.) روبرو شدن، برابرشدن، رویاروی بودن. ۲- (ق) برابر،روبرو: «بحذاء منزل وی نزول کرد.» ۳- (إ.)کفش. ۴- نعل. ۵- سم‌ستوران. ج.احذیه.

حذاق hozzāγ [ع.] (ص.، إ.) ج. حاذق(ه.م.)

حذاقت hazāγat,he- [=ع. حذاقة] (إمص.) مهارت، چیره دستی، استادی.

حذاقت‌داشتن h.-dāštan [ع.-ف.] (مص ل.) مهارت داشتن، چیره دست بودن.

حذر hazar [ع.] ۱- (مص ل.) پرهیزکردن، پرهیزیدن. ۲- ترسیدن، بیم داشتن. ۳- (إ.) پرهیز. ۴- ترس، بیم.

حذر hazer [ع.] (ص.) ۱- پرهیزنده، پرهیزکننده. ۲- ترسنده، ترسان.

حذر کردن hazar-kardan [ع.-ف.](مص‌ل.) پرهیزکردن، پرهیزیدن: «ازمصاحبت ناکسان حذر کنید!»

حذف hazf [ع.] ۱- (مص‌م.)ساقط کردن، انداختن، قطع کردن،افکندن. ۲- (ادب.)انداختن وترك کردن‌حرفی از حروف درنظم یا نثر، وگفتن‌شعری که حرفی معین (مثل«د» یا«ك»)درآن نباشد، و یا آوردن کلمات بی‌نقطه. ۳- (دس.) انداختن کلمه یا جمله‌ای بقرینه، مثلا وقتی بگوییم:«توانگری بهنر است نه‌بمال، وبزرگی بعقل‌است نه‌بسال.»درجملهٔ اول پس‌از کلمهٔ«مال» فعل «است» بقرینهٔ «است» مذکور در سابق حذف گردیده، وهمچنین درجملهٔ دوم.

حذق hazγ,hezγ [ع.] (إمص.) مهارت، چیره‌دستی، حذاقت،استادی.

حذو hazv [ع.] ۱- (مص‌م.)برابر کردن. ۲- پیروی‌کردن، تتبع‌کردن (شاعری یا نویسنده‌ای‌را): «برحذواو قصیده‌ای سرود.» ۳-(قا.)حرکت‌ماقبل حرف ردف وقید.

حذور hazūr [ع.] (ص.) ترسان، ترسنده، باترس وبیم.

حر har(r) [ع.] (إ.)گرما، گرمی؛ مق.برد. ‖ ـــ وبرد. گرما وسرما.

حر hor(r) [ع.] (ص.،إ.) آزاد، آزاده، آزاده مرد؛ مق. عبد،بنده. ج. احرار.

حرائر harāer [= حرایر] ← حرایر.

حراب herāb [ع.] ۱ - (مص م.) جنگیدن، محاربه. ۲ - (اِ.) ج. حربه (ه.م.)

حراث harrās [ع.] (ص.) برزگر، کشاورز، زارع.

حراث horrās [ع.] (اِ.) ج. حارث (ه.م.)؛ برزگران، کشاورزان، زارعان.

حراثت herāsat [= ع. حراثة] ۱- (مص ل.) کشاورزی کردن، کاشتن، کشت کردن. ۲- (اِمص.) برزیگری، کشت‌ورزی.

حراج (تد. ف.) harrāǰ [از ع. حراج harāǰ] (اِمص.) مزایده؛ چیزی را بمزایده گذاشتن.

حراجی harrāǰ-ī [ع.-ف. ← حراج] (اِمر.) دکانی که در آن حراج کنند.

حرارت harārat [= ع. حرارة] (اِ.) ۱ - گرما، گرمی؛ مق. برودت، سرما، سردی. ۲ - تندی، تیزی. ‖ **ـــ بخرج دادن.** فعالیت شدید کردن: «درمسابقه حرارت زیادی بخرج دادند.» ۳ - (مس.) تصنیف، حراره (ه.م.)

حراره harāra(-e) [= ع. حرارة] (اِ.) (مس.) قول، تصنیف، ترانه.

حراره گوی h.-gūy [ع.-ف. = حراره گوینده] (صفا.) (مس.) ترانه‌ساز، تصنیف‌ساز، تصنیف‌سرای.

حراس horrās [ع.] (ص.، اِ.) ج. حارس (ه.م.)؛ پاسبانان، نگاهبانان.

حراست herāsat [= ع. حراسة] (اِمص.) نگاهبانی، پاسبانی، حفاظت: «بحفظ وحراست خزاین مشغول شد.»

حراص herās [ع.] (ص.، اِ.) ج. حریص وحریصه (ه.م.)؛ آزمندان، آزوران.

حراص horrās [ع.] (ص.، اِ.) ج. حریص (ه.م.)؛ آزمندان، آزوران.

حراف harrāf [از ع.] (ص.) ۱ - پرگوی، پرچانه. ۲ - ناطق، زبان‌آور. ضح. - این کلمه در کتب لغت عربی نیامده.

حرافت harāfat [= ع. حرافة] ۱- (مص ل.) تند بودن، زبانگز بودن. ۲ - (اِمص.) تیزی، زبانگزی، تندمزگی.

حراق harrāɣ [ع.] (ص.) بسیار سوزان، نیك سوزنده.

حراق horāɣ [ع.] (اِ.) ۱ - آب بسیار شور. ۲ - اسب تند رو، اسب تیز رو.

۱ - حراق horrāɣ [ع.] (اِ.) آب بسیار شور.

۲- حراق horrāɣ, horāɣ [از ع.] (اِ.) سوخته‌ای که ازسنگ چخماق بر آن آتش گیرند:

«اندردل وجان وجگرت محنت دنیا
چون آتش سوزنده درافتد بحراق.»
(قوام رازی)

حراقه horāɣa(-e) [از ع.] (اِ.) ۱- سوختهٔ چخماق. ۲ - شعله.

حراقه harrāɣa(-e) [= ع. حراقة] (اِ.) ۱ - نوعی کشتی جنگی در قدیم که از آن موادمحرقه بسوی دشمن پرتاب میشد؛ کشتی نفت انداز. ج. حراقات. ۲- آینه، آیینه.

حراك harāk [ع.] (اِمص.) جنبش.

حرام harām [ع.] (اِ.) ۱ - ناروا، ناشایست. ۲ - (شرع.) کاری که اسلام آنرا منع کرده وارتکاب آن گناه باشد، آنچه که خوردن یا نوشیدنش شرعاً ممنوع است؛ مق. حلال: «از حرام اجتناب کن!» ج. حرم (horom). ‖ **ـــ وحلال.** شایست وناشایست، روا وناروا: «حرام وحلال را از هم تمیز نمیدهد.»

حرامخوار h.-xār [ع.-ف. = حرام خوارنده] (صفا.) ۱- کسی که مال حرام میخورد. ۲ - رشوه‌خوار، رشوه‌گیر.

حرام ریزه h.-rīza(-e) [ع.-ف.] (إمر.) زراندك، پول کم.

حرامزادگی h.-zāda(e)g-ī [ع.-ف.] (حامص.) حرامزاده (همع.) بودن؛ مق. حلالزادگی.

حرامزاده h.-zāda(-e) [ع.-ف.] (صمر.) ۱ - فرزندی که مادراو از راه نامشروع بامردی رابطه یافته ودر نتیجه‌وی بوجود آمده؛ فرزندنامشروع، ناپاك زاده؛ مق. حلالزاده. ۲ - (کن.) بسیار زرنگ وزیرك، بسیار محیل.

حرام شدن h.-šodan [ع.-ف.] (مصل.) ۱ - (شرع.) ممنوع گشتن از جانب شرع. ۲ - (عم.) مردن حیوانات حلال گوشت.

حرامکاره h.-kāra(-e) [ع.-ف.] (صمر.) رشوه خوار، حرامخوار.

حرام کردن h.-kardan [ع.-ف.] (مصم.) ۱ - (شرع.) ممنوع کردن عملی را، تحریم. ۲ - بیهوده از بین بردن چیزی را.

حرامی harām-ī [ع. = -mīyy] ۱ - (صنسب.) منسوب به حرام، حرامکار. ۲ - (إ.) دزد، راهزن.

حرایر hārayer [= ع. حرائر] (إ.) ج. حره (ه.م.)؛ زنان آزاده، آزادزنان.

حرب harb [ع.] ۱ - (مص ل.) جنگ کردن، جنگیدن: «بحرب دشمن شتافت.» ۲ - (إ.) جنگ، نبرد، کارزار، پیکار: «روان محمد ازین حرب شاد است.» (عثمان بن حرب سجزی). ج. حروب.

حربا herbā [= ع. حرباء] ← حرباء.

حرباء herbā' [ع.، ف.: حربا] (إ.) (جان.) آفتاب پرست (← آفتاب پرست ۴.)

حربث horbos [ع.] (إ.) (گیا.) تمك (ه.م.)

حربه harba(-e) [= ع. حربة] (إ.) آلت حرب و نزاع مانند شمشیر، خنجر، نیزهٔ کوتاه، کارد وغیره، ساز جنگ، سلاح.

حربی harb-ī [= ع. -īyy] (ص نسب.) ۱ - منسوب به حرب، جنگی: کوس حربی. ۲ - جنگنده، رزمنده: مردحربی. ۳ - کافر حربی ←. ‖ **کافر** ~. (شرع.) کسی که اهل کتاب (مسلمان، مسیحی، یهودی، زردشتی) نباشد. درین صورت مسلمانان او را بقبول اسلام دعوت کنند ودرصورت عدم قبول با اومیجنگند واورا میکشند. ۴- (مس.) گوشه‌ای ازماهور. ۵ - (مس.) گوشه‌ای درراست پنجگاه.

حرث hars [ع.] ۱ - (مصم.) شخم زدن مزرعه، شیار کردن زمین برای کشاورزی. ۲ - (إمص.) کشت، کاشت، کشتکاری.

حرج haraǰ [ع.] (إ.) ۱ - تنگی، فشار. ۲ - جای تنگ، مضیقه. ۳ - گناه، بزه. ۴ - باك، اعتراض: «اگر موفق نشوید حرجی نیست.» ۵ - (مص ل.) تنگدل شدن، بکار درماندن.

حرجل harǰol [ع.] (إ.) (جان.) حرجول (ه.م.)

حرجول harǰūl [= ع. حرجل] (إ.) (جان.) نوعی ملخ، میگو.

حردون herdawn(-ow-) [= حرذون] ← حرذون.

حرذون herzawn(-ow-) [= حردون، معر. سر.] (إ.) (جان.) آفتاب‌پرست (ه.م.)

حرز herz [ع.] (إ.) ۱- جای استوار،

حرباء

حرذون

پناهگاه. ۲ - بهره، حظ، نصیب. ۳ - دعایی که بر کاغذی نویسند و با خود دارند؛ بازوبند، چشم آویز، تعویذ. ج. احراز.

حرس haras [ع.] (ص ،إ.) ج. حارس (ه.م.)؛ پاسبانان، نگاهبانان، پاسداران.

حرس hares [مخ.ع.حارس] (إفا.، ص.) پاسبان، نگاهبان.

حرس hars [ع.] (مص‌م.) پاسبانی کردن، نگاهبانی کردن.

حرشاء haršā' [ع.] (إ.) (گیا.) خردل (ه.م.)

حرشف haršaf [ع.] (إ.) ۱-(گیا.) کنگر (ه.م.) ۲ - (جا ن.) فلس‌ماهی. ۳ - (جا ن.) ملخ که‌هنوزبال در نیاورده باشد.

حرص hers [ع.] (إ.) آز، آزمندی، شره. ضح.ــ(فل.) ضدقناعت است، و آن طلب بدست آوردن‌نعمت زیادو آرزوی زوال نعمت غیر است و یا طلب‌شی‌ءاست بکوشش زیاده از حد (فرع، سج.) ‖ **ــ وجوش.** (عم.) عصبانیت. ‖ **ــ کسی‌را درآوردن.** (عم.) او را عصبانی کردن.

حرصا horasā [= ع.حرصاء] ← حرصاء.

حرصاء horasā' [ع.،ف.،حرصا] (ص.، إ.) ج. حریص (ه.م.)؛ آزمندان.

حرص‌آوری h.-āvar-ī [ع.-ف.] (حامص.) حریصی، آزمندی.

حرص خوردن h.-xordan [ع.-ف.] (مص‌ل.) (عم.) عصبانی شدن، خشمگین گشتن.

حرض haraz [ع.] (إ.) هلاك، موت.

حرف harf [ع.] (إ.) ۱ - هریك از واحدهای الفباء مانند: ا، ب، پ، ت؛ ج. حروف، احرف (کم.). ۲ - کلمه‌ای که‌بتنهایی استعمال نشود: از، با، بر (فارسی)، من، مع، علی (عربی). ۳ - کلمه ۴ - سخن، گفتار. **ترکیبات اسمی.** ‖ **ــ اضافه.** (دس.) کلمه‌ایست که نسبت میان دو کلمه را بیان کند، و مابعد خود را متمم کلمهٔ دیگر قرار دهد، چنانکه معنی کلمهٔ نخستین بدون‌ذکر دوم ناتمام باشد. حروف اضافه‌عبارتند از: ب (به)، با، بر، پیش، تا، در، اندر، نزد، نزدیك، برای، بهر، روی، زیر، زبر، سوی، میان، پی. ‖ **ــ پهلودار، حرف‌چند پهلو.** (عم.) سخن مبهم که‌معانی مختلف ومتضاد دارد. ‖ **ــ ربط.** (دس.) کلمه‌ایست که دو عبارت یا دو کلمه را بیکدیگر ربط‌دهد، و آن‌بردو قسم است: مفرد، مانند: و، یا، پس، اگر، نه، چون، چه، تا وماننداینها ــ مرکب، مانند: چونکه، چندانکه، زیراکه، همینکه، همانکه، بلکه، چنانچه، چنانکه، تا اینکه وماننداینها. ‖ **ــ زاید.** (دس.، زبان.) حرفی است که در اول یا آخر ریشهٔ فعل‌در آیدوقاعدةً تصرفی‌در معنی اصل کند؛ حرف لاحق، و آن بر دوقسم‌است: پیشاوند (پیشوند) (ه.م.)، پساوند (پسوند) (ه.م.) ‖ **ــ عطف.** (دس.) کلمه‌ایست که در اتصال‌دوکلمه بهم استعمال شود، مانند: و (حسن وحسین). **ترکیبات فعلی.** ‖ **بافلان حرفم شد.** (عم.) بااو مشاجره کردم. ‖ **ــ دهان (دهن) خود را فهمیدن.** (عم.) متوجه شدن شخص مفهوم آنچه راکه‌میگوید، مزخرف نگفتن: «مردکهٔ جلنبری! حرف دهنت رابفهم، بازن مردم چه‌کار داری؟» (ص.هدایت)

حرف heraf [ع.] (إ.) ج. حرفه (ه.م.)؛ پیشه‌ها، صنعتها. ‖ **اهل ــ.** پیشه‌وران، صنعتگران: «اهل‌حرف درجامعه‌اهمیتی تام‌دارند.»

حرف horf [ع.] (ا.) (گیا.) اسم عام گیاهان دستهٔ تره‌تیزك است ازقبیل: شاهی، شاهی آبی، تره‌تیزك وغیره.

حرفا horafā [=ع. حرفاء] ← حرفاء.

حرفاء horafā' [ع.، ف.: حرفا] (ص.، ا.) ج. حریف (ه.م.)؛ همکاران، رقیبان.

حرف زدن harf-zadan [ع.-ف.] (مص ل.) سخن گفتن، تکلم کردن.

حرفگیر h.-gīr [ع.-ف. = حرف گیرنده] (ص فا.) خرده گیر، ایرادگیرنده.

حرفه herfa(-e) [=ع. حرفة] (ا.) پیشه، کسب و کار، صناعت: «حرفهٔ شما چیست؟»

حرفه‌یی herfa(-e)-yī [ع.-ف.] (ص نسب.) منسوب به حرفه (ه.م.)، پیشه‌یی، شغلی. ‖ دزد ~ . شخصی که پیشه‌اش دزدی باشد. ‖ مدرسهٔ ~ . مدرسه‌ای که در آن صنایع مختلف را بشاگردان یاددهند.

حرق harɣ [ع.] ۱- (مص م.) سوختن، سوزانیدن. ۲- (امص.) سوختگی. ۳- (تص.) عبارت از اواسط تجلیات است که منجر بفنا و نیستی میشود، واین فنا اوایلش برق است واواخرش طمس در ذات (تاریخ تصوف ۶۴۴؛ فرع.، سج.)

حرقت horɣat, har [=ع. حرقة] (امص.) ۱- سوزش، سوختگی، سوز. ۲- حرارت، گرمی. ۳- (تص.) بردو قسم است: الف- حرقت بنار. ب- حرقت بنور. کسی که بواسطهٔ نار محروق گردد خاکستر شود، وکسی که بنور بسوزد چراغ مضیء گردد ومردم از آن مستضیء شوند (فرع.، سج.)

حرقفه herɣafa(-e) [=ع. حرقفة] (ا.) (پز.) خاصره (ه.م.)

حرقفی herɣaf-ī [ع.-ف.] (امر.) (پز.) بزرگترین استخوان[1] از سه استخوانی که استخوان خاصره[2] را تشکیل میدهند. این استخوان در بالا وخارج استخوان خاصره قرار دارد ودر دورهٔ جنینی ازدو استخوان دیگر تشکیل دهندهٔ خاصره کاملا جدا است. ضح.- برای شناختن مکان استخوان حرقفی بشکل استخوان خاصره مراجعه شود.

حرقوص harɣūs [ع.] (ا.) (شم.) سولفور مس (ه.م.)

حرکات harak-āt [ع.] (ا.) ج. حرکت (ه.م.) ۱- جنبشها، حرکتها (← حرکت) ۲- کارها، اعمال: «ازین حرکات باید جلوگیری کرد.»

حرکت harakat [=ع. حرکة] ۱- (مص ل.) جنبش کردن، جنبیدن؛ مق. سکون. ۲- (فل.) خروج از حالت موجود بطور تدریج؛ و آن عبارتست ازفعل و کمال اول چیزیست که بالقوه است. پس قوت برای موجود متحرك بمنزلهٔ فصل مقوم است، و مقابل حرکت سکون است از باب تقابل عدم وملکه، وبالجمله حقیقت حرکت عبارت ازحدوث تدریجی و خروج از قوت بفعل است (فرع.، سج.) ۳- (ا.) حرف مصوف، وایل[3]. ج. حرکات. ترکیبات اسمی. ‖ ~ ارادی. (روان.، پز.) حرکت یك عضو یا تمام بدن تحت فرمان مراکز دماغی یا بمیل واردهٔ خودشخص؛ مق. حرکت غیرارادی. ‖ ~ انتقالی. (نج.) حرکت کرهٔ زمین درمدت ۳۶۵ روز و ۵ ساعت و ۴۸ دقیقه یعنی یك سال شمسی گرد آفتاب؛ مق. حرکت وضعی ↓. ‖ ~ جوهری (جوهریه). (فل.) هراکلیتوس فیلسوف یونانی و گروهی از حکمای دیگر قایل

۱- Iléon (فر.)   ۲- Iliaque (فر.)   ۳- Voyelle (فر.)

بوقوع حرکت در مقولهٔ جوهر بوده‌اند. صدرالدین‌شیرازی این مسأله‌را بنحوی خاص مورد بحث قرار داده گوید: حرکت درمقولهٔ‌جوهرواقع‌است ،وازین قول نتایجی گرفته‌است. (فرع.،سج.) ‖ ~ دائم(دائمه). (فل.) حرکت افلاك را گویند که دایم است ومستدیر است (تفسیر ۱۶۱۱، ۱۵۷۲؛فرع. ،سج.) ‖ ~ سماوی. (فل.) حرکات افلاك همواره مستدیروقدیم‌اند ازجهت‌اجزاء وواسطهٔ میان حوادث وقدیمند (فرع.، سج.). ‖ ~ طبیعی. (فل.) مقابل حرکت قسری است که مبداء‌آن میل طبیعی باشد، مانند حرکت آتش‌بسوی بالا (فرع.،سج.) ‖ ~ غیرارادی. (رواز.،پز.) حرکتی که بدون فرمان مراکز دماغی‌وبدون‌ارادهٔ شخصی‌انجام گیرد؛ مق. حرکت ارادی. ‖ ~ قسری. (فل.) هرحرکت‌که مخالف‌میل طبیعی متحرك ومستفاد ازخارج باشد، وآنرا حرکت قهری‌هم نامند، بعبارت دیگر حرکتی است که محرکش‌خارج ازذات‌متحرك‌باشد(فرع.،سج.) ‖ ~ قهری. (فل.)←حرکت قسری. ‖ ~ وضعی. (نج.) حرکت کرهٔ زمین‌درمدت ۲۴ ساعت‌ـ یك شبانه روزـ بدورمحور خود؛مق. حرکت‌انتقالی ↑. ‖ به(در) ~ درآوردن. بجنبش درآوردن.

ش ۱۰ - حرکت وضعی و تولید شب و روز

حرکت وضعی

حرکت دادن h.-dādan [ع.ـف.] (مص‌م.)جنبش‌دادن، بحرکت‌درآوردن، جنبانیدن.

حرکت کردن h.-kardan [ع.ـف.] (مص‌ل.) ۱ - جنبیدن، تکان‌خوردن. ۲ - از جایی بجای دیگر رفتن، نقل مکان کردن.

حرم haram [ع.] (ا.) ۱- گرداگرد سرای و خانه. ۲ - گرداگرد امکنهٔ مقدس مخصوصاً کعبه. ۳ - داخل‌خانه، اندرون سرای. ۴ - داخل امکنهٔ‌مقدس مخصوصاً کعبه. ۵ - محل اقامت اهل و عیال مرد، مشکو(ی). ۶ - اهل وعیال شخص، پردگیان، پرده‌نشینان، زنان عقدی وصیغه و کنیزان مرد. ج.احرام.

حرم horam [ع.] (اِ.) ج.حرمت (حرمة) (ه.م.)

حرم horom [ع.] (اِ.) ج.حریم (ه.م.)

حرمات horom-āt, horam- [ع.] (اِ.)ج.حرمت (حرمة) (ه.م.)

حرمان hermān [ع.] ۱- (مص‌ل.) بی‌بهره بودن، بیروزی ماندن. ۲ - (اِمص.) بی‌بهرگی، بی‌نصیبی، نومیدی.

حرمت hormat [=ع. حرمة] ۱ - (اِ.) آبرو، عزت، احترام. ۲ - آنچه که حفظ آن واجب بود. ۳ - (مص‌ل.) حرام بودن. ۴ - (تص.) نهایت تعظیم وفروتنی درمقابل اوامر ونواهی است که موجب‌امتثال اوامرحق‌است(فرع.، سج.)؛ج. حرم (horam)، حرمات (hora(o)-).

حرمت داشت h.-dāšt [ع.ـف.] (مص‌خم.)←حرمت داشتن.

حرمت داشتن h.-dāštan [ع.ـ ف.] (مص ل.) ۱ - ارجمند بودن، احترام داشتن،توقیر. ۲ - حرام‌بودن.

حرمخانه h.-xāna(-e) [ع.ـف.] (اِمر.) محل زنان حرم، حرمسرا، فغستان.

حرمدان horam-dān(horom-)

[=خرمدان، معر.] (اِمر.) کیسه‌ای چرمین که درآن پول و اشیاءِ دیگر گذارند:

«چونك حق وباطلی آمیختند
نقد وقلب اندر حرمدان ریختند.»
(مثنوی. نیک. ۲: ۴۱۲)

ضح.- این کلمه بصورت «چرمدان» تحریف شده.

حرمسرا(ی) haram-sarā(y) [ع.-ف.] (اِمر.) محل زنان حرم، فغستان.

حرمل harmal [ع.] (اِ.) (گیا.) اسفند ← اسفند ۴.

حرمله harmala(-e) [=ع. حرملة] (اِ.) (گیا.) ۱ - توت فرنگی درختی. ۲ - (گیا.) قضبان (ه‌.م.)

حروب horūb [ع.] (اِ.) ج. حرب (ه‌.م.)؛ جنگها، رزمها، کارزارها.

حرور harūr [ع.] (اِ.) ۱ - گرما، حرارت آفتاب. ۲ - بادگرم. ۳ - آتش.

حروف horūf [ع.] (اِ.) ج. حرف (ه‌.م.) ۱ - حرفها (← حرف.) ۲ - (تص.) حقایق بسیطهٔ اعیان (اصطلاحات شاه نعمة‌الله ۱۶؛ فرع.، سج.) ‖ ~ عالیات. (فل.) موجوداتی که شئون ذاتی موجود درغیب‌الغیوب‌اند، مانند درخت درهسته (فرع.، سج.)

حروفچین h.-čīn [ع.-ف. = حروف‌چیننده] (صفا.) کارگر چاپخانه که‌حرفهای سربی را برای چاپ کردن طبق نمونه می‌چینند.

حروفچینی h.-čīn-ī [ع.-ف.] (حامص.) عمل وشغل حروفچین (ه‌.م.)

حروفی horūf-ī (ص نسب.) ۱ - منسوب به‌حروف، شناسندهٔ حروف (غم.) ۲ - منسوب به‌فرقهٔ حروفیه (← بخش ۳).

حرون harūn [ع.] (ص.) اسب یا استری که‌ازسوار اطاعت نکند؛ سرکش، توسن: «برمرکبی حرون سوار شد.»

حرونی harūn-ī [ع.-ف.] (حامص.) سرکشی، سرپیچی، توسنی.

حره harra(-e) [ع.] (اِ.) سنگستان.

حره horra(-e) [=ع. حرة] (اِ.) زن‌آزاد، آزاد زن. ج. حرات.

حری harī [=ع. -īyy] (ص.) سزاوار، شایسته، لایق.

حریت horr-īyyat [=ع. حریة] (اِمص.) آزادی، آزادگی، آزادمردی، آزادمنشی. ضح.- (فل.) ملکه‌ایست نفسانی که‌نگهبان نفس است بنحو حراست جوهری نه‌صناعی، وکسی که قوای عقلی او قویتر باشد حریت او زیادتر است و بعکس کسی که قوای عقلی او کمتر باشد بردهٔ شهوات وامیال نفسانی خود میشود (دستور ۲: ۳۴؛ اسفار ۴: ۱۱۹؛ فرع.، سج.) ‖ ~ خاصه. (فل.) خروج ازبردگی ومرادها ورسوم و آثار است از جهت فناءِ آنها در ارادهٔ حق (دستور

حرمل

حروفچین

حریر

۲ : ۳۳ ؛ فرع.، سج.) || ـــ عامه. (فل.) خروج از بردگی شهوات است (دستور ۲ : ۳۳ ؛ فرع.، سج.)

حریر harīr [ع.] (اِ.) ۱- پرنیان، پرند، ابریشم. ۲ - جامهٔ ابریشمین. ۳ - تار عنکبوت.

حریره(e) harīr-a(-e) [= ع. حریرة] (اِ.) ۱ - قطعهٔ حریر. ۲ - حلوایی رقیق از آرد برنج ومغز بادام وشکر.

حریری harīr-ī [ع.-ف.] (ص نسب.) ۱ - حریر باف ، ابریشم تاب . ۲ - حریرفروش .

حریص harīs [ع.] (ص) کسی که حرص ورزد؛ آزمند، طمع کار، خداوند آز. ج. حرصاء (hora ـ) ، حراص (horrās).

حریصی harīs-ī [ع.-ف.] (حامص.) عمل حریص (ه.م.)؛ آزمندی، طمعکاری.

حریف harīf [ع.] (ص .) ۱- هم‌پیشه، همکار. ۲ - هم‌زور، هماورد : «برحریف غالب گردید.» ۳- هم پیاله : «حریف باده پیما.» ۴- رفیق، یار. ۵- طرف مقابل در قمار. ج. حرفاء (horafā').

حریف herrīf [ع.] (ص .) تند ، زبانگز.

حریق harīγ [ع.] (اِ.) ۱- سوزش، آتش سوزی: «دامنهٔ حریق بالا گرفت.» ۲ - زبانهٔ آتش. ۳ - سوخته‌درآتش.

حریم harīm [ع.] (اِ.) آنچه از پیرامون خانه وعمارت که بدان متعلق باشد . ۲ - مکانی که حمایت و دفاع از آن واجب باشد. ج. احرم، احاریم (غم .)

حزار hazzār [ع.] (ص.) کسی که مقدار محصول زمین یامیوهٔ درختی‌را تخمین زند.

حزاری hazzār-ī [ع.-ف.] (حامص.) تخمین محصول مزرعه.

حزام hezām [ع.] (اِ.) ۱ - هرچه بدان چیزی‌را ببندند. ۲ - تنگ اسب. ۳- وسط چیزی.

حزب hezb [ع.] (اِ.) ۱ - گروه ، دسته. ۲ - (سیا) دسته‌ای از مردم که دارای مسلك خاصی هستند : «حزب آزادیخواه تصمیم گرفت...» ۳- هریك از ۱۲۰ جزو قرآن مجید. ۴ - بهره، حظ، نصیب. ج. احزاب.

حزب بازی h.-bāz-ī [ع.-ف.] (حامص.) ایجادو تشکیل حزب بمنظور استفاده‌های مادی: «اودرین حزب بازیها وارد نیست.»

حزر hazr [ع.] ۱- (مصم.) اندازه گرفتن بحدس، تخمین کردن (محصول مزرعه یا میوهٔ درخت). ۲- (نج.) تخمین، تقدیر ستارگان.

حزم hazm [ع.] (مصم.) محکم کردن امری ، استوار ساختن . ۲- (اِمص.) استواری. ۳ -هوشیاری: «بحزم واحتیاط رفتار میکند.» ۴- پیش بینی، دوراندیشی.

حزن hazan [ع.] (اِ.) اندوه، گرم ↓.

حزن hozn [ع.] (اِ.) اندوه، گرم ، غمگینی: «حزن وی دراین مصیبت بوصف درنیاید.» ج. احزان ↑ ضح.- (فل.) یکی ازکیفیات نفسانی است که از تبعات آن حرکت روح است بدرون بنحو تدریج یا حصول قبض است براثر وقوع مکروه یافوت محبوبی (دستور ۲، ۳۴؛ اسفار ۲ : ۵۰؛ فرع.، سج.)

حزن آلود h.-ālūd [ع.-ف. = حزن آلوده] (صمف.) محزون، حزن آور : «چهره‌ای حزن آلود داشت.»

حزن آور h.-āvar [ع.-ف. = حزن

آورنده](ص‌فا.)صاحب‌حزن:« قیافه‌ای حزن‌آور دارد.»

حزیران hazīrān [ع.ـ سر.] (إ.) ماه نهم‌ازسال‌سریانی، بین‌ایار وتموز.

حزین hazīn[ع.] (ص.) اندوهناك، غمگین، اندوهمند: «نوای حزین نی.»

حس hes(s) [ع.] ۱ - (مص‌ل.) دریافتن، ادراك کردن. ۲ - (إمص.) دریافت، درك، ادراك. ۳ - (فل.)قوتی است که بدان‌محسوسات ادراك میشود. ابتدا اشیاء توسط حواس‌ظاهره‌ادراك میشوندوعملیات فکری و عقلی بدنبال آن‌انجام‌میگردد (فرع.، سج.)ضح.ـ (روا.)حس‌انعکاس‌ذهنی‌تأثربدنی‌است؛ دریافت. ‖ ـِ باصره. (روا.)حسی که‌اشیاء رارؤیت میکند وعضوآن‌چشم است؛ حس‌بینایی، بیننده. ‖ ـِ باطن. (فل.) هر يك از قوای‌مدركهٔ باطنی؛ مق.حس‌ظاهر. ‖ **حس بساوایی**. (روا.) ← حس لامسه ↓. ‖ ـِ بویایی. (روا.) ←حس شامه. ‖ ـِ بینایی. (روا.) ←حس باصره ↑. ‖ ـِ چشایی. (روا.) ← حس ذایقه ↓. ‖ ـِ ذایقه. (روا.) حسی که طعم اشیاء رادرك‌میکندوعضوآن‌زبان‌است؛ حس‌چشایی. ‖ ـِ سامعه.(روا.)حسی که‌صوت اشیاء رادرك میکند وعضوآن گوش‌است؛حس‌شنوایی. ‖ ـِ شامه. (روا.) حسی که بوی اشیاء را درك میکند و عضو آن بینی است؛ حس بویایی. ‖ ـِ شنوایی. (روا.) ← حس سامعه ↑. ‖ ـِ لامسه. (روا.) ۱ - نزدقدما حسی مرکب‌از حواس مختلف است: فشار، خشونت ولینت، گرما وسرما و غیره. ۲ - نزد معاصران حسی است که‌مارا از تماس وفشار آگهی میدهد وعضو این حس‌را بطور مبهم پوست‌بدن‌میدانند. ‖ ـِ مشترك. (فل.) قوتی‌است مودع‌درمقدم دماغ، وآن عبارت ازقوت نفسانیه‌است که‌استعدادحصول آن درمقدم‌دماغ‌است وبلکه درروح مصبوب درآنست، زیرا صورمحسوسات‌ظاهری ابتدا همه بدان رسدو نسبت دیگر حواس بدان مانند جاسوسانند که اخبار نواحی را بوزیر ملك رسانند، و بالجمله حس مشترك مجمع محصولات همهٔ حواس ظاهری ومخزن‌آنهاست (اسفار۱: ۲۹۰؛ ۴: ۴۹؛ فرع.، سج.)

حساب hesāb [ع.](إ.) ۱- (مص‌م.) شمردن، شماره کردن. ۲- (إمص.) شمارش،شمارگیری. ۳ - (إ.) شماره، اندازه، شمار. ۴ - (کلام.) هرمکلفی درروز قیامت حاصل اعمال‌وافعال‌خود راخواهد دید وخدای متعال را قدرت و توانایی است که در يك لحظه همهٔ اعمال بندگان را برای آنها آشکار نماید تاهرکس نتیجهٔ اعمال خود را برأی‌العین مشاهده کند (اسفار ۴: ۱۷۸؛ فرع.،سج.) ‖ **علم** ـ.(رض.) علمی است که از اصول خواص اعداد بحث میکند؛ ارثماطیقی[1]. ‖ **اعمال** ـ. (رض.) اعمالی که‌بتوان بحسب مقصود ومقام در اعداد مجری داشت ازقبیل آنکه از روی مقادیر معلوم مقادیر مجهول را بدست آورد؛ فن محاسبه. ‖ ـِ کسی پاك‌بودن. درست عمل بودن وی. ‖ ـ ش پاك است. (عم.) کارش بسیار خراب است.

حسابدار h.-dār[ع.ـ ف. = حساب دارنده] (ص‌فا.،ص‌مر.) کسی که حساب معاملات‌ودخل‌وخرج اداره یامؤسسه‌ای را دردفاترمخصوص‌ضبط کند(فره.)؛ محاسب.

حسابداری h.-dār-ī [ع.ـ ف.]

1 - Arithmétique (فر.)

حسابدان

۱-(حامص.)عمل وشغل حسابدار(ه.م.)؛ محاسبی. ۲- اداره یا دایره‌ای در وزارتخانه یا ادارهٔ کل ویا مؤسسه‌ای که اعضای آن بحسابهای مربوط رسیدگی کنند.

حسابدان h.-dān [ع.-ف.=حساب داننده] (صفا.)کسی که از علم حساب اطلاع دارد؛ محاسب.

حسابداني h.-dān-ī [ع.- ف.] (حامص.) عمل وشغل حسابدان(ه.م.)؛ محاسبی.

حسابگر h.-gar [ع.-ف.] (صفا.) کسی که همهٔ جوانب امور رادقت کند وبسنجد، «حسابگر ماهری است.»

حسابگری h.-gar-ī [ع.-ف.] (حامص.) عمل حسابگر (ه.م.)

حسابی hesāb-ī [ع.-ف.](ص نسبـ.) ۱-منسوب ومربوط به‌حساب (ه.م.) ۲- عالم بعلم حساب؛ حسابدان. ۳- (عم.) درست، صحیح: «کاری حسابی کرده.»

حساد hassād [ع.](ص.)آنکه بسیار حسد ورزد.

حساد hossād[ع.](ص.،إ.) ج.حاسد (ه.م.)؛ بدخواهان، بداندیشان، رشکینان.

حسادت hasādat [=ع. حسادة] ۱- (مص ل.) رشك بردن، حسد بردن. ۲- حسد ورزی.

حساس hassās [ع.] (ص.) ۱- حس کننده ، دریابنده. ۲- کسی که امری را زود درك کند؛ زودیاب: «ذهن حساس کودك.» ۳- آنکه زود متأثر شود، سریع‌التأثر، زود رنج: «او بسیار حساس است، درصحبت بااو باید دقت کرد.»

حساسه hassās-a(-e) [= ع. حساسة] (ص.) مؤنث حساس (ه.م.)؛ قوای حساسه.

حساسی hassās-ī [ع.-ف.] (حامص.) حساس بودن (← حساس)؛ حساسی سامعه.

حساسیت hassās-īyyat [= ع. حساسية] (مص جع.) ۱-حساس بودن، حساسی. ۲- (پز.) تأثر شدیددرمقابل یك عامل خارجی (بوی گل وغیره)، آلرژی[۱].

حسام hosām [ع.] (إ.) ۱ - شمشیر بران، شمشیر تیز. ۲- جانب تیز شمشیر.

حسان hesān[ع.](ص.،إ.) ج. حسن. (hasan) وحسناء(-has)؛ نیکوان، خوبرویان، نیکورویان.

۱ - حسب hasb [ع.] ۱ - (مصم.) شمردن، شماره کردن. ۲- (إ.) شمار. ۳ - (مصم.) کفایت کردن، کافی بودن، بسنده بودن. ۴ - (امص.) کفایت، بسندگی.

۲ - حسب hasb [از ع. hasab] (ق.) وفق، طبق. ‖ بر ~. بروفق: «برحسب گزارشهای رسیده.» ‖ ~ حال. گزارش حال، شرح ماوقع. ضح.- اصل حسب(hasab)است وایرانیان تصرف کرده‌اند ↓.

حسب hasab [ع.](إ.) ۱ - اندازه، شمار، قدر. ۲- آنچه ازمفاخراجداد که بشمرند ویاد کنند؛ گوهر نیك. ج. احساب. ۳ - (مص ل.) صاحب نژاد نیك شدن، گوهری گشتن. ۴ -(إ.) (ف.)بزرگواری و فضایل اکتسابی. ‖ بر ~. مطابق، بروفق: «برحسب گزارش.» ↑

حسبا hosbā [=ع. حسباء] ← حسباء.

حسباء hosbā' [ع.،ف.: حسبا](إ.) ج. حسیب (ه.م.)

حسبان hesbān [ع.] ۱- (مصم.) گمان کردن، پنداشتن. ۲- (امص.) گمان، پندار، پنداشت.

۱-Allergie (فر.)

حسبان hosbān [ع.] ۱- (مصم.) شمار کردن، شمردن. ۲- (إمص.) شمارش، حساب.

حسبت hesbat [= ع. حسبة] (إ.) ۱- مزد، اجر. ۲- ثواب ازخدای، اجری که خدای مؤمنان را دهد.

حسبی hasab-ī [ع.- ف.] (ص نسب.) منسوب به حسب (ه.م.)، مربوط بشرف خانوادگی.

حسد hasad [ع.] ۱- (مصل.) زوال نعمت کسی را خواستن، رشك بردن. ضح.- (فل.) بدخواستن و آن عبارت از آرزو کردن زوال نعمت محسوداست، و یکی ازصفات پست انسانی است که از اجتماع بخل وشره نفس حاصل میشود (فرع.، سج.) ۲- (إمص.) بدخواهی، رشکینی. ۳- (إ.) رشك. ۴- (ص.) محسود: «چشم او حسد جزع و عبهر (بود).» (چهار مقاله)

حسد hossad [ع.] (ص.، إ.) ج. حاسد (ه.م.)؛ حسودان، رشکینان.

حسد بردن hasad-bordan [ع.- ف.] (مصل.) زوال نعمت کسی راخواستن، رشك بردن.

حسد پیشه h.-pīša(-e) [ع.- ف.] (صمر.) آنکه طبعاً وعادةً حسود باشد؛ رشکین.

حسدناك h.-nāk [ع.-ف.] (صمر.) حسود، رشکین.

حسر hasr [ع.] (مصم.) برهنه کردن.

حسران hasrān [ع] (ص.) آنکه حسرت برد؛ ارمان خور.

حسرت hasrat [= ع. حسرة] ۱- (مصل.) افسوس خوردن، تأسف داشتن. ۲- (إ.) افسوس، دریغ. ۳- (عم.) هنگامی که بخواهند چیزی را کمتر از آنکه ادعاشده ارزش دهند گویند: «مگر حسرت است.» یعنی حسرت آنرا نداریم. ‖ . ـــ بدل ماندن. (عم.) بآرزوی خود رسیدن.

حسرت خوردن h.-xordan [ع.- ف.] (مصل.) افسوس خوردن، تأسف داشتن.

حسك hasak [ع.] (إ.) (گیا.) خارخسك (ه.م.)

حس کردن hes(s)-kardan [ع.- ف.] (مصم.) دریافت کردن، درك کردن (← حس).

حسل hesl [ع.] (إ.) (گیا.) زوفا (ه.م.)

حسم hasm [ع.] (مصم.) بریدن.

حسن hasan [ع.] ۱- (ص.) خوب، نیکو، جمیل. ج. حسان (-he) ۲- (إخ.) علم برای مردان ← بخش ۳.

حسن hosn [ع.] (إمص.) ۱- زیبایی، جمال، نیکویی. ۲- رونق، فروغ. ۳- خوشی، خوبی: حسن سیرت، حسن خلق. ۴- (تص.) کمال ذات احدیت. ترکیبات اسمی: ‖ ـــ اخلاق. نیکخویی. ‖ ـــ تخلص. (بع.) آنست که شاعر از غزل یا افتخار یاغیرآن بمدح آید وسلاست لفظ و تناسب معنی را رعایت کند برخلاف اقتضاب، مثلاً:

«افسر سیمین فروگیرد زسر کوه بلند
بازمیناچشم وزیباروی ومشکین سر شود»
«روزهر روزی بیفزاید چوعمر شهریار
بوستان چون بخت او هر روز برناتر شود.»
(عنصری)

‖ ـــ تفاهم. منظور ومطلب یکدیگر را نیك دریافتن؛ مق. سوءتفاهم. ‖ ـــ خدمت. نیکو خدمتی، پرستاری. ‖ ـــ خلق. نیکخویی. ‖ ـــ رای. ۱- نیکویی عقیده. ۲- دانایی

حسنا

درکار، بصیرت. ‖ ~ سلوك. نیکویی رفتار و کردار. ‖ ~ سیرت. خوشرفتاری، نکورفتاری. ‖ ~ صورت. خوبرویی، نیکورویی. ‖ ~ طلب. (بع.) ← بخش۲: براعة الطلب. ‖ ~ ظن. عقیدهٔ خوب نسبت بکسی یا چیزی داشتن؛ مق. سوء ظن.

حسنا hasnā [= ع. حسناء] ← حسناء.

حسناء hasnā' [ع. ـ ف.: حسنا] (ص.) مؤنث حسن (ه.م.)؛ زن خوبروی، زن خوشگل. ج. حسان (he-)

حسنات hasan-āt [ع.] (إ.) ج. حسنه (hasana) (ه.م.)؛ کارهای نیك، اعمال خیر.

حسن بك اودی hasan-bak-ūdī [ع. ـ تر.] (إمر.) (گیا.) گل گندم (ه.م.)

حسن لبه hasan-laba(-e) [مصح. ع. عسل اللبنی] (إمر.) (گیا.) درختی[1] از تیرهٔ جاوی‌ها که بعض گونه‌هایش بصورت درختچه میباشد، و آن خاص نواحی حاره‌است، و برخی انواع آن در نواحی معتدله میروید. برگهایش ساده ومنفرد وبدون گوشوارك و پوشیده از کرك است.

حسنه hasana(-e) [= ع. حسنة] (إ.) ۱- کار نیك، عمل خیر. ج. حسنات. ۲- عمل بروفق احکام شرعی. ‖ اخلاق ~. خویهای نیك. ‖ روابط ~. ارتباط نیکو در معاشرت با دیگران.

حسنی hasan-ī [= īyy-] (ص نسب.) منسوب به حسن ۴ بن علی ۴؛ از اولاد امام حسن ۴.

حسنی hosnā [ع.] ۱- (ص.) مؤنث «احسن»، نیکوتر؛ مق. سوأی (غم.) ۲- (إ.) عاقبت نیکو. ۳- کار نیك. ۴- رؤیت

خدا. ۵- فیروزی. ۶- شهادت. ‖ اسماء ~. نامهای خدا که شمارهٔ آنها ۹۹ است، مانند: رحیم، کریم، رازق وغیره.

حسود hasūd [ع.] (ص.) آنکه زوال نعمت دیگران را خواهد، رشك برنده، بدخواه. ج. حسد (hossad) وحساد (hossād).

حسودی hasūd-ī [ع. ـ ف.] (حامص.) حسدورزی، رشکینی، بدخواهی.

حسی hess-ī [ع. ـ ف. = ع. īyy-] (ص نسب.) ۱- آنچه باحس ظاهری درك شود، محسوس؛ مق. عقلی، روحی.

حسیات hess-īyy-āt [ع.] (إ.) ۱- ج. حسیه (ه.م.) ۲- (منط.) الف - قضایایی که عقل بمجرد تصور دوطرف آن حکم بدان کند از روی جزم ویقین بواسطهٔ حس ظاهر یا حس باطن که آنها را محسوسات ومشاهدات نامند و ازمقدمات یقینهٔ ضروریه باشند. ب- محسوسات بمعنی مشاهدات حسی (کشاف ۳۵؛ فرع.، سج.)

حسیب hasīb [ع.] (ص.) ۱- حساب کننده، محاسب. ۲- دارای حسب، والاگهر، بزرگوار. ج. حسباء (hosa-).

حسیب hesīb(-sēb (قد. [ممال ع. حساب] (إ.) ۱- شمار، شماره. ۲- معامله، داد وستد، بیع وشری.

حسیر hasīr [ع.] (ص.) ۱- مانده، فرومانده ازهرچیز. ۲- حسرت برنده، ارمان خور.

حسین hosayn(-eyn) [ع.] (إمصغ. حسن). ۱- خوبك، نیکوك. ۲- (إخ.) علم برای مردان ← بخش۳.

حسینقلی خانی h.-ɣolī-xān-ī

1- Styrax (.لا), benjoin (.فر)

[ع.ـ تر.ـ ف.] (ص نسـ.) (عم.) (کنـ.) هرج ومرج.

حسینی hosayn-ī(-ey-) [ع.ـ ف.] (ص نسبـ.، إمر.) (مسـ.) یازدهمین دوره از ادوار دوازده گانهٔ ملایم موسیقی ایرانی که معرف یك دستگاه است.

حسینیه hosayn-īyya(-ey-ye) [= ع. حسینیة] (ص نسبـ. نث حسینی؛ إمر.) تکیه‌ای که در آنجا مرثیهٔ حسین‌بن ـ علی۴ را خوانند وعزاداری کنند.

حسیه hess-īyy-a(-e) [= ع. حسیة] (ص نسبـ.) مؤنث حسی (ه.م.): امورحسیه.

حشا hašā [ع.] (إ.) ۱ - درون، اندرون. ۲ - آنچه درون شکم باشداز جگر، سپرز، شکنبه و مانند آن، ویا آنچه مابین استخوان پهلووسرین باشد.

حشاش haššāš [ع.] (ص.) ۱-جمع کنندهٔ علف خشك. ۲ - فروشندهٔ علف خشك. ۳ - معتاد باستعمال حشیش (ه.م.)؛ ج. حشاشین.

حشاش hošāš [ع.] (إ.) بقیهٔ روح در بیمار ومجروح.

حشاشه hošāš-a(-e) [= ع. حشاشة] (إ.) بقیهٔ روح در بیمار ومجروح.

حشاشین haššāš-īn [ع.] (ص.، إ.) ج. حشاش (ه.م.) درحالت نصبی وجری (در فارسی مراعات این قاعده نکنند).

حشر hašar [ع.] (إ.) ۱ - گروه، دسته. ۲ - قشون غیرمنظم، لشکر غیر منظم، چریك.

حشر hašr [ع.] ۱ - (مص م.) گرد آوردن مردم. ۲ - برانگیختن. ۳ - معاشرت کردن، آمیزش کردن. ۴ - (إمص.) آمیزش. ‖ روز (یوم) حشر. روز قیامت، روز رستاخیز.

حشرات hašar-āt [ع.] (إ.) ج. حشره (ه.م.)، ردهٔ بزرگی ازبندپاییان[1] که بواسطهٔ داشتن ۶ پا از بندپاییان دیگر متمایزند، بدین جهت آنها را شش پاییان[2] نیز نامیده‌اند. اختصاص دیگر این رده آنست که تنفس افراد آن بوسیلهٔ منافذ مخصوصی که برروی جلد بدن آنهاست صورت میگیرد.

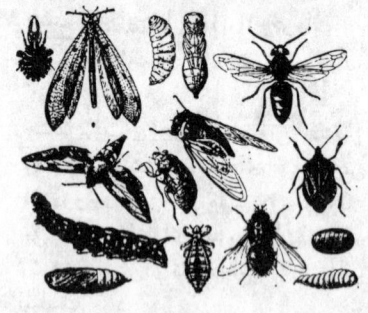

حشرات

حشره hašara(-e) [= ع. حشرة] (إ.) (جا ن.) یك فرد از ردهٔ حشرات (ه.م.)؛ ج. حشرات.

حشره خواران h.-xār-ān [ع.-ف.] (ج. حشره‌خوار؛ إمر.) راسته‌ای[3] از پستانداران که کف رو هستندو عموماً دارای جثه‌ای کوچك وپوزه‌ای درازند و بیشتر غذای آنها را حشرات تشکیل میدهند.

حشره شناس h.-šenās [ع.-ف. = حشره‌شناسنده] (ص فا.) (جا ن.) کسی که عالم باحوال وزندگانی حشرات است، عالم بعلم حشره‌شناسی.

حشره شناسی h.-šenās-ī [ع.-ف.] (حامص.) (جا ن.) علم باحوال و زندگانی حشرات[4].

حشره‌کش h.-koš [ع.-ف. = حشره-

۱- Insectes (فر.) ۲- Arthropodes (فر.) ۳- Insectivores (فر.)
۴- Insectologie (فر.)

حشیش

کشنده] (ص‌فا.، اِمر .) ۱ - آلت وابزاری که‌برای کشتن حشرات مانند پشه، مگس ، ساس وغیره بکار برند[1]. ۲- داروی‌سمی که‌برای کشتن حشرات استعمال‌شود از قبیل اِمشی وغیره[1].

حشری hašar-ī [ع.-ف.](ص‌نسب.) منسوب به حشر(ه.م.) ۱ - شهوتران، کثیرالشهوه . ۲- سرباز متعلق بقشون غیرمنظم.

حشف hašaf [ع.](اِ.)۱-خرمای‌بد، خرمای‌بسیارپست. ۲- سخن‌ناسودمند، گفتار بیهوده .

حشفه hašafa(-e) [= ع. حشفة] (اِ.) ۱ - (گیا.) ریشه‌های گیاه که‌پس از درو درزمین باقی‌ماند. ۲ - (جا.ز. پز.) قسمت انتهای قدامی آلت مرد که کمی حجیم‌تراز تنه میباشد ؛ سرآلت تناسلی مرد .

حشل hašal [= هچل] (اِ.) (عم.) خطر: «چراپولت‌رادرحشل‌می‌اندازی؟»

حشم hašam [ع.] (اِ.) ۱ - خویشان وکسان وچاکران‌مرد. ۲- گوسفندان. ضح .- واحد وجمع در آن یکسانست، یااحشام جمع (منتهی‌الارب).

حشمت hešmat [=ع.حشمة] (اِ.) ۱- عظمت،شوکت، جاه وجلال، بزرگی، شکوه. ۲-شرم،حیا: «ستر حشمت بدرید.»

حشو hašv [ع.] (اِ.) ۱ - آنچه که بدان درون چیزی را پر کنند ، مانند پشم‌و پنبه‌درلحاف‌وتشک؛ آگین، آگنه. ۲ - (کن.) مردم فرومایه وپست . ۳ - (شعر) اجزای میان صدروعروض. ۴ - (بع.) کلام زایدکه در وسط جمله‌افتد؛ اعتراض؛ وآن سه‌قسم‌است : حشوقبیح (ازمعایب کلام)، حشو متوسط (نه‌حسن دارد ونه قبح) وحشو ملیح (ازمحاسن کلام) .

حشوی hašv-ī [ع.-ف.](ص‌نسب.) فرومایه ، دون : منجم حشوی (منجم بازاری وبی‌علم).

حشیش hašīš [ع.] (اِ.) ۱- (گیا.) گیاه خشک(واحد.حشیشه). ۲ -(گیا.) شاهدانه(ه.م.) ۳ - سرشاخه‌های گل‌دار گیاه شاهدانه که خشک کنند وپس از آماده کردن بطرق مخصوص وکوبیدن، آنهارا بصورت جویدن در دهان ویاتدخین‌مورداستفاده‌قرارده‌ند.

حشیش‌کشیدن h.-ka(e)šīdan [ع.-ف.] (مص‌ل.) تدخین‌حشیش (← حشیش ۳).

حشیشی (درحال حشیش کشیدن)

حشیشی hašīš-ī [ع.-ف.] (ص‌نسب.) آنکه‌مبتلاباستعمال‌حشیش(ه.م.)است. ج.حشیشیون.

حشیشیون hašīš-īyy-ūn [ع.] (ص.،اِ.)ج.حشیشی(ه.م.) ۱-مبتلایان به حشیش(ه.م.) ۲- فدائیان‌اسماعیلی.

حصا hasā [=ع.حصی](اِ.)سنگریزه ← حصی.

حصاة hasāt [ع.](اِ.) واحد«حصی» (حصا)؛ سنگریزه. ج.حصیات (ه.م.)

حصاد hasād,he- [ع.] ۱ - (مصر

۱- **Insecticide** (فر.)

م.) درو کردن، بریدن محصول با داس و مانند آن؛ درویدن. ۲ - (اِ.) هنگام درو .

حصار hesār [ع.] ۱ - (اِ.) دیوار، دیوار دور قلعه. ۲ - بارو، باره. ۳ - قلعه، دژ . ۴ - پناهی که شخص را از دشمن نگاهدارد. ۵ - هرجای محصور ودیواردار. ۶ - (مص م.) محاصره کردن.

حصاردادن h.-dādan [ع.-ف.] (مص م.) محاصره کردن، قلعه بندی کردن.

حصاری hesār-ī [ع.-ف.] (ص نسب.) محصور شده (مردم)؛ بحصار پناه برده.

حصافت hasāfat [= ع. حصافة] ۱- (مص ل.) خرد استوار داشتن، رای نیکو داشتن. ۲ - (اِمص.) استواری عقل، پختگی رای وعقیده، خردمندی.

حصان hesān [ع.] (ص.) اسب نجیب و نیرومند، اسب نر، اسب تکاور.

حصانت hasānat [= ع. حصانة] ۱- (مص ل.) استوار بودن، محکم بودن. ۲ - (اِمص.) استواری، استحکام. ۳ - (مص ل.) پاکدامن بودن، عفیف بودن. ۴ - (اِمص.) پاکدامنی، عفت.

حصب hasab [ع.] (اِ.) ۱- آتشگیره، فروزینه، بوته. ۲ - سنگریزه.

حصبا hasbā [= ع. حصباء] ← حصباء.

حصباء hasbā' [ع.، ف.: حصبا] (اِ.) سنگریزه.

حصبه hasba(-e) [= ع. حصبة] (اِ.) مرضی است عفونی و ساری که بواسطهٔ تب دایمی و بثور سرخ رنگ در سینه و پشت و شکم وغیره، و در تشریح بسبب وجود زخمهای دگمه‌یی شکل در روده تشخیص داده میشود؛ تیفوئید[1]، مطبقه.

میکرب حصبه

حصد hasd [ع.] ۱ - (مص م.) درو کردن محصول، درویدن: «موقع حصد فرا رسیده.» (غم.) ۲ - (اِ.) درو.

۱- حصر hasar [ع.] ۱ - (مص ل.) بسخن درماندن. ۲ - تنگدل شدن. ۳ - (اِمص.) تنگدلی.

۲- حصر hasar [ع.] (اِ.) (گیا.) چچم، شلك (ه.م.)

حصر hasr [ع.] ۱- (مص م.) محاصره کردن، احاطه کردن، تنگ گرفتن، گرداگرد چیزی را فراگرفتن. ۲ - (اِمص.) احاطه، محاصره. ۳- (مص م.) شمردن، شماردن. ۴ - (اِمص.) شمارش: «تعداد آنان از حصر بیرون است.» ۵ - (معا.) ← قصر.

حصر hosor [ع.] (اِ.) ج. حصیر (ه.م.)؛ بوریاها.

حصرم hesrem [ع.] (اِ.) غورهٔ انگور، انگور نارس.

حصص hasas [ع.] (اِمص.) موی رفتگی از سر.

حصص hesas [ع.] (اِ.) ج. حصه (ه.م.)؛ بهره‌ها، برخه‌ها، پاره‌ها.

حصن hesn [ع.] (اِ.) دژ، قلعه، پناهگاه، جای محکم و بلند؛ ج. احصان (ah-) وحصون (ho-).

حصن

حصول hosūl [ع.] ۱ - (مص ل.) حاصل شدن، بدست آمدن، دست دادن، رسیدن: حصول مراد. ۲ - (اِمص.) ظهور، ایجاد، وقوع، پیدایش. ۳ - (فل.) وجود بعد از عدم. ضح.- فارابی گوید: حصول صورت در چیزی برسه نوع است: یکی حصول صورت درحس، ودیگر حصول صورت درعقل، وسه دیگر

۱- Thyphoïde(فر.)

حصول صورت در جسم. قسم اول بواسطهٔ تصور است، وقسم دوم بواسطهٔ حصول صورت منفرداً وغیرملابس با ماده در عقل است، وقسم سوم با نفعال است (رسائل متفرقهٔ فارابی ۱۶؛ فرع.، سج.)

حصون hosūn [ع.] (اِ.) ج. حصن (ه.م.)؛ دژها، پناهگاهها.

حصه hessa(-e) [= ع. حصة] (اِ.) ۱ - نصیب، بهره، برخه. ج. حصص (hesas) ۲ - (فل.) طبیعت مقید بقید شخص است، بنا برین مبنی که قید خارج و اضافه داخل باشد حصص وجود، نفس مفهوم مضاف بماهیت است بنحوی که اضافه داخل ومضاف الیه خارج باشد، ومفهوم وجود انتزاعی مقول بتشکیك است واورا حصص مختلف است بکمال ونقص، واکمل آن حصص حصه‌ایست که عین وجود حقیقی است (اسفار ۱: ۵۹؛ رسائل ۱۳۴؛ فرع.، سج.)

حصه بخش h.-baxš [ع.-ف. = حصه بخشنده] (ص فا.) قسمت کنندهٔ بهره‌ها.

حصه دار h.-dār [ع.-ف. = حصه دارنده] (ص فا.) شریك، سهیم.

حصی hasā [ع. ← حصا] (اِ.) ۱- سنگریزه. ۲- شمار بسیار. واحد آن حصاة. ج. حصیات.

حصیات hasayāt [= ع. حصیاة] (اِ.) ج. حصاة (ه.م.)؛ سنگریزه‌ها.

حصید hasīd [ع.] (ص.) آنچه که از مزرعه دروشده باشد، درو شده.

حصیر hasīr [ع.] ۱- (اِ.) فرشی که از نی یا برگ خرما بافند. ۲- پهلو. ۳ - جای تنگ. ۴ - زندان. ۵ - (ص.) زمخت، تندخوی. ج. حصر (hosr)، احصره (ahse-) (غم.)

حصیر

حصیری hasīr-ī [ع.-ف.] (ص نسبـ.) آنچه که از جنس حصیر باشد: کلاه حصیری، پردهٔ حصیری.

حصیف hasīf [ع.] (ص.) خردمند، درست رای.

حصین hasīn [ع.] (ص.) ۱- استوار ومحکم (جای، قلعه): حصن حصین.

حض haz(z) [ع.] (مص م.) برانگیختن، تحریك کردن.

حضار hozzār [ع.] (ص.، اِ.) ج. حاضر (ه.م.)؛ کسانی که درمجلس حضور دارند.

حضارت hazārat, he- [= ع. حضارة] (اِمص.) ۱- اقامت در شهر، شهرنشینی؛ مق. بداوت. ۲- تمدن.

حضال hazāl [ع.] (اِ.) (گیا.) شیرینك (ه.م.)

حضانت hezānat [= ع. حضانة] ۱- (مص م.) درزیر بال گرفتن، دربر گرفتن. ۲- دردامن خود پروردن، پروراندن. ۳ - (اِمص.) دایگی، پرستاری (کودك)، تیمار داشت.

حضانه hezāna(-e) [= ع. حضانة] ← حضانت.

حضر hazar [ع.] (اِ.) ۱ - محل حضور. ۲ - منزل. ۳- شهر؛ مق. بیابان، بادیه. ۴ - (اِمص.) اقامت درشهر؛ مق. سفر: «درسفر وحضر رفتار اویکی است.»

حضرات hazar-āt [از ع.] (اِ.) ج. حضرت. ۱- اشخاص حاضر وموجود. ۲- برای تعظیم کسان استعمال شود: حضرات علما.

حضرت hazrat [= ع. حضرة] (اِ.) ۱- قرب، حضور، نزدیکی. ۲- پیشگاه، درگاه. ۳ - پایتخت. ۴ - برای تعظیم پیش از نام خدا، پیغامبران، ایمه، شاهان وبزرگان آید: حضرت قدس، حضرت رسول ص، حضرت آقای... ضح.- امروزه

حظیره

رسماً بعنوان رؤسای جمهور ممالك بکار رود.

حضرتی hazrat-ī [ع.- ف.] (ص نسبـ.) منسوب به حضرت، غالباً درمورد استناد بایمه و امامزادگان استعمال شود: خرازی حضرتی، صحن حضرتی (در مشاهد متبرکه مانند مشهد، قم، حضرت عبدالعظیم).

حضرمی hazram-ī [ع. = -īyy] (ص نسبـ.) منسوب بهحضرموت (← بخش۳)؛ از مردم حضرموت.

حضری hazar-ī [ع. = -īyy] (ص نسبـ.) کسی کهدرشهر وخانه مسکن دارد؛ شهرنشین؛ مقـ. بدوی.

حضض hozaz,hozoz [ع.] ۱-(ا.) (گیا.) فیل زهره (ه.م.) ۲- (گیا.) عصارهٔ گیاه فیل زهره ← فیل زهره.

حضض hozoz [ع.] (ا.) ج.حضیض (ه.م.)

حضن hezn [ع.] (ا.) بغل، آغوش: «درحضن تربیت وی نشو و نما یافت.»

حضور hozūr [ع.] ۱- (مص ل.) حاضر گردیدن، نزد کسی بودن. ۲- (امص.) وجود، ظهور؛ مقـ. غیبت. ۳- (حر. اض.) نزد، روبروی. ۴- (ا.) درگاه، آستان، پیشگاه. ۵- پیش از نام بزرگان برای تعظیم آید: «حضور حضرت آقای...» ۶- (تصـ.)مقابلغیبت است و غیبت از خلق است و حضور عندالحق است. (فرع.، سجـ.) ۷- (تصـ.) مقام وحدت. ‖ ~ جناب عالی، ~ محترم ... بهنگامخطاب یاارسالنامهنزد شخصیمحترم بکاربرند. ‖ ~ وغیاب. حاضر وغایب کردن، شناختن کسانی که حاضرند و کسانی که غایبند. ‖ ~ بهم رساندن (رسانیدن). حاضر شدن.

حضوریافتن h.-yāftan [ع.-ف.] (مص ل.) ۱- حاضر شدن، آمدن. ۲- حال یافتن، نشاط وسرور و وجد یافتن.

حضیض hazīz [ع.] (ا.) ۱- نشیب، پستی. ۲- جای پست درپایین کوه یا درزمین، بنکوه، دامنهٔ کوه. ۳- فراز، بالا؛ مقـ. اوج: «زندگانی اوج وحضیض دارد.» ۴- (نجـ.) نقطهٔ مقابل اوج. ج.حضض(hozoz)واحضه(ahezza).

حط hat(t) [ع.] ۱- (مصم.) فرو نهادن، فروآوردن. ۲- ازبهایچیزی کاستن، کم کردن. ۳- (امص.) پستی.

حطام hotām [ع.] (ا.) ۱- ریزهٔ گیاه خشك، پاره وشکسته از چیزیخشك. ۲- ریزه و شکسته، خرده و ریز. ۳- (کنـ.) مال دنیا (چهکم وچه زیاد).

حطب hatab [ع.] (ا.) هیزم،هیمه. ج.احطاب.

حطم hatm [ع.] (مص م.) شکستن (چیز خشك).

حطی hottī [ع. = hottīyy] (ا.) سومین ترکیب تذکاری ازحروف ابجد (ه.م.) کهشامل «ح»،«ط» و«ی» است.

حظ haz(z) [ع.] ۱- (مص ل.)بهره بردن، نصیب یافتن. ۲- (امص.) برخورداری. ۳- سعادت، خوشی، کامیابی، کامرانی. ۴- (ا.) بهره، نصیب. ۵- بدبختی(غمـ.) ۶- ج.حظوظ (ho-). حظاظ (he-)(غمـ.)

حظ بردن h.-bordan [ع.-ف.] (مص ل.)لذتیافتن، برخورداری یافتن.

حظر hazr [ع.] (مصم.)بازداشتن، ممنوع کردن، ناروا داشتن، حرام کردن؛ مقـ. اباحت (اباحه).

حظوظ hozūz[ع.](ا.)ج.حظ(ه.م.)؛ ۱- بهرهها، برخورداریها.۲-خوشیها. ۳- بدبختیها (غمـ.).

حظیره hazīra(-e) [ع. = حظیرة]

(اِ.) ۱- محوطه‌ای که پیرامنش از چوب و نی وخار حصار کشند ؛ دیوار بست . ۲- جایی که برای چارپایان سازند تا از باد وسرما محفوظ مانند ؛ شبگاه چارپایان، آغل.

حظیظ hazīz [ع.](ص.) ۱- دارندهٔ حظ ، بابهره ، متمتع . ۲- کامیاب، خوشبخت.

حظیه hazīyy-a(-e) [=ع.حظیة] (ص.) زن گرامی دلارام.

حف haf(f) [ع.] (مص م.) گرد گرفتن، گرد چیزی برآمدن.

حفاء hafā' (اِ.)۱- (گیا.) یاپیروس (هـ.م.) ۲- (گیا.) لوئی (هـ.م.)

حفائر hafāer [ع.] ←حفایر.

حفار haffār [ع.] (ص.) ۱- کسی که پیشه‌اش کندن زمین و کاوش کردن آنست. ۲- گور کن ، قبرکن. ۳- باستان‌شناسی که برای اشیاءِ عتیقه‌زمین را حفر کند: «هیأت حفاران فرانسوی در شوش بکار مشغول شدند.»

حفاظ hefāz [ع.] ۱- (مص م.) نگاهداشتن ، نگاهداری کردن. ۲- بازداشتن از کارهای ناروا. ۳-(اِمص.) مراقبت، مواظبت. ۴- زنهار داری، پیمان داری. ۵- عار، حمیت، مروت. ۶- پرهیز. ۷- ستر، پرده.

حفاظ hoffāz [ع.] (ص.، اِ.) ج.حافظ (هـ.م.)

حفاظت hefāzat [از ع.] ۱- (مص م.) نگاهداشتن. ۲- (اِمص.) نگهداری، مراقبت: «از حفاظت امانت غفلت مکن!» ضح.- مصدریست مجعول ودر کتب عربی نیامده.

حفاوت hafāvat [= ع. حفاوة] ۱-(مص ل.) مهربانی کردن، احوالپرسی کردن، نوازش کردن. ۲- گرامی داشتن. ۳- (اِمص.) مهربانی، دلسوزی.

حفایر hafāyer [= ع. حفائر] (اِ.) ج.حفیره (هـ.م.)؛ گودالها.

حفد hafad [ع.](اِ.)ج.حافد (هـ.م.) ۱- خدمتکاران. ۲-یاران، دوستان. ۳- فرزندزادگان.

حفر hafr [ع.] ۱- (مص م.) کندن (زمین ومانندآن) ، گود کردن ، فرو کندن: حفر خرابه‌ها. ۲- کاویدن ، کاوش کردن. ۳- (اِمص.) کاوش.

حفره hofra(-e) [= ع . حفرة] (اِ.) ۱- گودال ، مغاك . ۲- قبر ج.حفر (hofar).

حفره بر h.-bor [ع.-ف. = حفره برنده] (ص فا.) نقب‌زن ، آهون بر.

حفری hafr-ī [= ع: -īyy] (ص نسب.) منسوب به‌حفر (هـ.م.)

حفریات hafr-īyy-āt [ع.](اِ.) ج.حفریه(هـ.م.)؛ کاوشها: حفریات شوش.

حفریه hafr-īyy-a(-e) [ع.] (ص نسب.) مؤنث حفری(هـ.م.)؛ ج.حفریات (هـ.م.)

حفظ hefz [ع.] ۱- (مص م.) نگاهبانی کردن ، نگهداری کردن چیزی را. ۲- (اِمص.) نگهبانی ، نگهداری: «وی برحفظ مقام خود قادر نیست.» ۳- (مص م.) بیاد سپردن، از بر کردن، بیادداشتن: حفظ شعر. ۴- (اِ.) یاد: ازحفظ نطق کرد. ۵- حافظه: حفظش قوی است. ‖ ~ِ تماس. (نظ.) نگهداری وادامهٔ تماس باقوای خودی. ‖ ~ِ صحت. (پز.) بهداشت، حفظ الصحه. ‖ ~ِ عهد. (تص.) امتثال واجبات ودوری ازمحرمات (فرع.،سج.) ‖ ~ِ غیب. پاس خاطر شخص غایب داشتن.

حفظ کردن h.-kardan [ع.-ف.] (مص م.) ۱- نگهداری کردن ، نگاهبانی کردن . ۲- بیاد سپردن ، ازبر کردن.

حفظه hafaza(-e) [=ع. حفظة]

(ص.، إ.) ج. حافظ (ه.م.) ۱- نگاهبانان: «دستور اکید بحفظه برای نگاهبانی وی‌داد.» ۲- ازبرکنندگان: حفظهٔ قرآن.

حفظی hefz-ī [ع.-ف.] (ص‌نسب.) منسوب به حفظ (ه.م.)، آنچه‌که باید حفظ کنند: دروس حفظی.

حفل hafl [ع.] ۱- (مص‌ل.) انبوه شدن، گرد آمدن. ۲- (إ.) جمعیت، گروه.

حفی hafī [= ع. īyy-] (ص.) مهربان، دلسوز.

حفید hafīd [ع.] (إ.) زاده، پسرپسر. ج. حفداء (-hofa).

حفیره hafīr-a(-e) [ع.] (إ.) ۱- گودال، مغاك. ۲- قبر، گور. ج. حفایر (حفائر).

حفیظ hafīz [ع.] (ص.) نگاهبان، نگاهدار، مراقب: «خدا حفیظ وعلیم است.»

حفیظت hafīzat [=ع. حفیظة ← حفیظه] (إ.) ۱- خشم، غضب. ۲- جنگ ونبرد.

حفیظه hafīza(-e) [= ع. حفیظة] ← حفیظت.

حق haγ(γ) [ع.] ۱- (ص.) راست، درست؛ مق. باطل: مطلب‌حق. ۲- (إ.) راستی، درستی، حقیقت: «ازحق عدول کرد.» ۳- یقین: «این‌مطلب حق‌است.» ۴- عدل، داد، انصاف: «حق‌مطلب‌را اداکرد.» ۵- نصیب، بهره، مزد. ۶- سزاواری، شایستگی: «حق بود که بگویید...» ۷- ملك، مال. ج. حقوق. ۸- (إخ.) خدای تعالی. ‖ ~ِ اول. (فل.) ۱- سبب اول، عقل اول. ۲- ذات واجب (فرع.، سج.) ‖ به ~. سوگند به: بحق خدا. ‖ ~ِ حساب. (عم.) باج سبیل، رشوه. ‖ در ~. دربارهٔ، درباب: «درحق وی‌شفاعت کرد.» ‖ ~ بجانب کسی بودن. حق داشتن وی، محق بودن او.

حقا haγγ-ā [ازع. حقاً] ← حقاً.

حقائق haγāēγ [= حقایق] ← حقایق.

حقابه haγγ-āb-a(-e) [ع.-ف.] (إمر.) حقی نسبت بسهمی از آب‌قنات وغیره.

حقارت haγārat [= ع. حقارة] ۱- (مص‌ل.) خوارشدن، حقیر گشتن. ۲- (إمص.) خواری، پستی، زبونی.

حقانی haγγ-ānī [= ع. īyy-] (ص‌نسب.) منسوب به‌حق (ه.م.)؛ راست ودرست، از روی حق.

حقانیت haγγ-ānīyy-at [=ع. حقانیة] (مص‌جع.) ۱- حق داشتن، حق بودن. ۲- درستی و راستی.

حقایق haγāyeγ [= ع. حقائق] (إ.) ج حقیقت. ۱- حقیقتها (← حقیقت) ۲- (فل.) ذاتیات، واقعیات. ‖ ~ِ ابداعی (ابداعیه). عقول مجرد و نفوس (اسفار ۲:۱۰۲!؛ فرع.، سج.) ‖ ~ِ ازلی (ازلیه). (فل.) مثل‌افلاطونی (آراءِ اهل مدینةالفاضلة، مقدمه ۱۱؛ فرع.، سج.) ‖ ~ِ اسماء. (تص.) اسماءِ الهی. ‖ ~ِ اشیاء. (فل.) ذاتیات‌وفصول آنها.

حقاً haγγ-an [ع. ← حقا] (ق.) براستی ودرستی.

حق‌بجانب h.-be-ǰāneb [ع.-ف.] (ص‌مر.) کسی که حق بااوست. ‖ قیافهٔ ~ بخودگرفتن. خود را محق جلوه دادن.

حق‌پژوه h.-peǰūh [ع.-ف. = حق پژوهنده] (ص‌فا.) حق جوی ↓.

حق‌جو(ی) h.-ǰū(y) [ع.-ف. =

حق جوینده] (ص‌فا.) آنکه در پی کشف حقیقت است.

حقد heγd [ع.] ۱ - (مص ل.) کینه ورزیدن. ۲ - (امص.) کینه ورزی، عناد. ج. احقاد، حقود (ho-). ضح. - (فل.) یکی از کیفیات نفسانی است، و آن عبارتست از کیفیتی که در موقع غضب پدید می آید و در موقع انتقام از خصم که نه در نهایت دشواری باشد و نه در سهولت، زیرا اگر انتقام برای او سهل باشد در صدد انتقام گرفتن بر آید و نفس او همواره جهت انتقام در حرکت باشد، حقدی حاصل نمیشود، و اگر در نهایت دشواری باشد بطور کلی صورت انتقام از نفس او زایل میگردد و در نتیجه موردی برای حقد باقی نمی‌ماند و یأس و نا امیدی از انتقام جای حقد را خواهد گرفت (اسفار ۲: ۵۱؛ فرع.، سج.)

حق‌دار haγ-dār [ع.-ف. = حق دارنده] (ص‌فا.) ۱ - آنکه حق با اوست، صاحب‌حق، ذی حق. ۲ - کسی که‌چیزی را از راه حق‌متصرف است، مالك حقیقی.

حق‌شناس h.-šenās [ع.-ف. = حق‌شناسنده] (ص‌فا.) ۱ - معتقد بحقیقت وراستی. ۲ - خداشناس. ۳ - اداکنندهٔ حق‌کسی؛ قدردان.

حق‌شناسی h.-šenās-ī [ع.-ف.] (حامص.) ۱ - اعتقاد بحقیقت‌وراستی. ۲ - خداشناسی. ۳ - ادای حق کسی، قدردانی.

حقگزار h.-gozār [ع.-ف. = حق گزارنده] (ص‌فا.) ۱ - دادگر، عادل. ۲ - قدردان، شکرگزار.

حقگو(ی) h.-gū(y) [ع.-ف. = حق‌گوینده] (ص‌فا.) ۱ - حقیقت‌گوی، راست‌گو. ۲ - (جا ن.) مرغ حق، مرغ شب‌آویز.

حقن haγn [ع.] (مص م.) بازداشتن، نگاهداشتن.

حقن hoγan [ع.] (ا.) ج. حقنه ↓.

حقنه hoγna(-e) [= ع. حقنة] (ا.) ۱ - (پز.) داخل کردن‌دوای مایعی‌را بوسیلهٔ آلتی مخصوص‌از راه مقعد در روده‌ها برای روان‌کردن شکم‌بیمار؛ اماله. ۲ - (پز.) تزریق (غم.) ج. حقن (hoγan) ↑.

حقود haγūd [ع.] (ص.) کینه‌ور، پر کینه.

حقور haγ-var [ع.-ف.] (ص‌مر.) صاحب حق، دارندهٔ حق.

حقوق hoγūγ [ع.] (ا.) ج. حق (ه.م.) ۱ - راستیها، درستیها. ۲ - حصه‌ها، بهره‌ها. ۳ - وظایف، تکالیف. ۴ - مواجب، شهریه‌ها. ضح. - معمولا در تداول بصورت مفرد آید: «حقوق این ماه را هنوز نداده‌اند.» ۵ - اموال و املاك. ۶ - قوانین. ۷ - (حق.) سلطنت و تسلط استقلالی یا قراردادی ویا غیرقراردادی اشخاص است بر اشخاص یا اشیاء، بعبارت‌دیگر درنتیجهٔ قواعد حقوقی‌ویا قانون برای افراد قدرتی‌دست میدهد که می توانند پاره‌ای از امور را از شخص دیگر بخواهند ویا اعمال افعالی درچیزی کنند. ‖ علم ~. (حق.) علمی است که از قواعد و نظاماتی بحث میکند که تنظیم کنند: حقوق افراد و روابط بین مؤسسات عمومی است. ۸ - (تص.) احوال‌ومقامات ومعارف و ارادات و قصود و معاملات وعبادات (فرع.، سج.) ‖ ~ نفس. (تص.) چیزیست که بقاء و حیات نفس متوقف برآنست (لمع ۳۳۶؛ کشاف ۱: ۳۳؛ فرع.، سج.)

حقوقات hoγūγ-āt [از ع.] (ا.) ج. (غفص.) حقوق (ه.م.) که خود جمع حق (ه.م.) است.

حقوق بگیر h.-be-gīr [ع.-ف. = حقوق بگیرنده] (ص فا.) آنکه از

مؤسسات دولتی یاملی، ماهیانه دریافت دارد.

حقوق‌دان h.-dān [ع.-ف. = حقوق‌داننده] (ص‌فا.) کسی که از حقوق و قوانین و مقررات داخلی و خارجی آگاهی دارد؛ متخصص حقوق.

حقه haγγa(-e) [= ع. حقة] (ص.) مؤنث حق (ه.م.): حقوق حقه.

حقه hoγγa(-e) [ع.] (إ.) ۱- ظرف کوچکی که در آن جواهر یا اشیاء دیگر گذارند، قوطی. ج. حقق (hoγaγ) وحقاق (he-). ۲- (ف.) ظرف سفالی کوچکی که بر سر وافور یا غلیان شیره نصب کنند. ۳- (ف.) حیله، شعبده.

حقه باز h.-bāz [ازع.-ف. = حقه بازنده] (ص‌فا.) ۱- کسی که کارهای شگفت‌آور انجام دهد؛ شعبده باز. ۲- مکار، عیار، فریب دهنده.

حقه بازی h.-bāz-ī [ع.-ف.] (حامص.) ۱- شعبده بازی. ۲- مکاری، فریبکاری.

حقه زدن h.-zadan [ع.-ف.] (مص ل.) (عم.) فریب دادن.

حقیر haγīr [ع.] (ص.) ۱- کوچک. ۲- ذلیل، خوار، زبون.

حقیری haγīr-ī [ع.-ف.] (حامص.) ۱- کوچکی، حقارت. ۲- پستی، دونی، زبونی، خواری.

حقیق haγīγ [ع.] (ص.) سزاوار، لایق. ج. احقاء.

حقیقت haγīγat [= ع. حقیقة] ۱- (إمص.) راستی، درستی. ۲- (إ.) اصل هرچیز. ۳- واقع امر؛ مق. مجاز. ۴- (معا.) کلمه‌ای که در معنی اصلی خود استعمال شود؛ مق. مجاز. ۵- (فل.) ذات؛ مق. اعتبار، حیثیات لاحقه (فرع.، سج.) ۶- (فل.) نفس الامر؛ مق. فرض (فرع.، سج.) ۷- (فل.) مقابل مفهوم، چنانکه گویند: بصر داخل در مفهوم عمی است نه در حقیقت آن (فرع.، سج.) ۸- (تص.) ظهور ذات حق بی‌حجاب تعینات. ج. حقائق (حقایق). ‖ **~ انسان.** (فل.، تص.) انسان کامل. ‖ **~ اول.** (فل.) موجود اول، اول ما خلق (اسفار ۱: ۹۶؛ فرع.، سج.) ‖ **~ جامعه.** (فل.، تص.) انسان کامل (فرع.، سج.) ‖ **~ وجود.** (فل.) اصل وجود و مرتبهٔ تأکد وجود است که ذات واجب تعالی است (اسفار ۳: ۴؛ فرع.، سج.)

حقیقت بین h.-bīn [ع.-ف. = حقیقت بیننده] (ص‌فا.) کسی که همه چیز را از دریچهٔ حقیقت بنگرد؛ واقع بین.

حقیقت بینی h.-bīn-ī [ع.-ف.] (حامص.) عمل حقیقت بین (ه.م.)؛ واقع بین.

حقیقت‌جو(ی) h.-ǰū(y) [ع.-ف. = حقیقت‌جوینده] (ص‌فا.) کسی که جویای حقیقت باشد.

حقیقت‌گو(ی) h.-gū(y) [ع.-ف. = حقیقت‌گوینده] (ص‌فا.) کسی که حقیقت را میگوید.

حقیقت‌گویی h.-gūy-ī [ع.-ف.] (حامص.) عمل حقیقت‌گو (ه.م.)، گفتن حقیقت و واقع.

حقیقةً haγīγat-an [ع.] (ق.) بطور راستی و درستی، ازروی حقیقت.

حقیقتی haγīγat-ī [ع.-ف؛ درع. حقیقی] (ص‌نسب.) حقیقی (ه.م.)؛ مق. مجازی.

حقیقی haγīγ-ī [-īyy. ع =] (ص نسب.) منسوب به حقیقت. ۱- واقعی، اصلی؛ مق. مجازی. ۲- صحیح، درست. ۳- (معا.) معنی اصلی لفظ؛ مق. مجازی.

حقیقیه haγīγ-īyy-a(-e) [= ع. حقیقیة] (ص نسب.) مؤنث حقیقی (ه.م.) ‖ قضیهٔ ~. (منط.) قضیه‌ایست که موضوع حکم و مصادیق آن اعم از

مصادیق متقرر و متحقق در عین باشد، یعنی اعم از آنکه متحقق الوجود باشد یا متقدر الوجود. ‖ قضیهٔ ــــ منفصله. (منط.) قضیه‌ایست که حکم بتنافی در آن صدقاً و کذباً باشد (ازدستور ۲: ۴۳ ؛ فرع.، سج.)

حك hak(k) [ع.] ۱-(مصم.) سودن جرمی را برجرمی؛ خراشیدن، ساییدن. ۲ - تراشیدن. ۳ - ستردن، کندن. ۴- خاراندن. ۵- (امص.) سایش، خراش. ۶ - تراش. ۷ - سترندگی. ۸- خارش.

حکاك hakkāk [ع.] ۱ - (ص.) بسیار حك کننده. ۲ - آنکه شکل یا نوشته‌ای را برفلز یا نگین انگشتری حك کند؛ نگین سای، مهرکن، مهرساز. ۳ - (ا.) (پز.) دردی که بسبب آن از خاریدن اعضا سوزش بهم‌رسد. ۴ - (پز.) دارویی که موجب تحریك وخارش پوست گردد.

حکاکه hakkāka(-e) [= ع. حکاکة] (ا.) (جا ن.) کف‌دریا (ه.م.)

حکاکی hakkāk-ī [ع.-ف.] ۱-(حامص.) عمل وشغل حکاك (ه.م.) ۲ - (امر.) دکان حکاك (ه.م.)

حکام hokkām [ع.] (ا.) ج. حاکم (ه.م.)؛ فرمانروایان، ولات، استانداران.

حکایات hekāyāt [ع.] (ا.) ج. حکایت (ه.م.)؛ داستانها، افسانه‌ها، قصه‌ها، سرگذشتها.

حکایت hekāyat [= ع. حکایة] ۱ - (مصم.) نقل کردن مطلب یا داستانی. ۲ - (ا.) داستان، قصه، سرگذشت. ج. حکایات. ‖ **حکایتی است.** (عم.) بسیار عجیب است، مهم است.

حکایت کردن h.-kardan [ع. - ف.] (مص م.) ۱ - نقل کردن، قصه گفتن. ۲ - بیان حال کسی کردن، سرگذشت کسی را روایت کردن.

حك کردن hak(k)-kardan [ع.- ف.] (مصم.) ۱ - سودن، ساییدن. ۲- تراشیدن، محو کردن. ۳ - کندن شکل یا نوشته برفلز و مانند آن؛ حکاکی کردن.

حکم hakam [ع.] (ص.) (حق.) کسی که برای قطع و فصل امور مردم انتخاب شود؛ داور.

حکم hekam [ع.] (ا.) ج. حکمت (ه.م.)؛ اندرزها، پندها.

حکم hokm [ع.] (ا.) ۱-امر، فرمایش. ۲ - داوری، قضاء. ۳ - منشور، ابلاغ، فرمان. ۴ - اجازه، فتوی. ۵ - (منط.) اثبات امری که قایل راسکوت بر آن صحیح باشد. ضح.ـ عبارت از اذعان به‌نسبت ایجابی یا سببی میان موضوع ومحمول است (فرع.، سج.) ‖ به ــــ. بطریق، ازراه: «ابن‌السبیل راهگذاری است، اگر توانگر باشد واگردرویش، بحکم مهمانی بتو فروآید.» (کشف الاسرار)

حکما hokamā [= ع. حکماء] ← حکماء.

حکماء hokamā' [ع.، ف.: حکما] (ا.) ج. حکیم (ه.م.)

حکم‌انداز hokm-andāz [ع.-ف. = حکم‌اندازنده] (صفا.، صمر.) تیرانداز ماهری که تیر او خطا نکند.

حکمت hekmat [= ع حکمة] (امص.) ۱- عدل، داد. ۲ - علم، دانش، دانایی. ۳ - حلم، بردباری. ۴ - راستی، درستی، صواب. ۵ - کلام موافق حق. ۶ - پند، اندرز. ۷-(امص.) معرفت حقایق اشیا بقدر طاقت بشری؛ فلسفه. ‖ ــــ اشراق. ← اشراق (بخش ۱و۳). ‖ ــــ مشاء. (فل.)

← بخش ۳. ‖ ~ عملی(عملیه). علم باحوال اشیا وموجوداتی که وجود آنها تحت حیطه وقدرت بشراست، بعبارت دیگر نیل بسعادت اخروی واستعلای نفس است(دستور۲: ۴۷؛ اسفار۱: ۵؛ فرع.، سج.)؛ مق. حکمت نظری. حکمت عملی شامل: تهذیب اخلاق، تدبیر منزل وسیاست مدن است. ‖ ~ کشفی(کشفیه). (فل.) حکمت اشراق (ه.م.) ‖ ~ مشارقه(مشرقیه). (فل.) حکمت مشرق زمین؛ حکمت اشراق (مجموعهٔ دوم مصنفات ۲۹۷؛ فرع.، سج.) ‖ ~ مطلقه. (فل.) ۱- فلسفهٔ اولی. ۲- حکمت خداوندیست آنچه را که ایجاب کند (فرع.، سج.) ‖ ~ نظری(نظریه). (فل.) علم باحوال اشیا وموجوداتی که وجود آنها تحت قدرت واختیار بشر نیست. غایت حکمت نظری انتقال نفس وسیر اوست ازمراتب ناقص بمراتب کامل؛ مق. حکمت عملی. حکمت نظری شامل: علم اعلی (فلسفهٔ اولی، علم کلی، علم ما بعدالطبیعه، علم ماقبل طبیعت)، علم اوسط (ریاضی) وعلم طبیعی(علم ادنی، فلسفهٔ طبیعی)است (فرع.، سج.). ۸- انجام دادن فعلی که پسندیده باشد. ۹- اقتدا بخالق در عبادات بقدر قدرت. (اسفار ۱: ۵، ۳۲؛ فرع.، سج.) ج. حکم (hekam).

حکمت آمیز h.-āmīz [ع.-ف.] (ص‌مف.، ص‌مر.) با دانش و خردمندی سرشته: سخنان حکمت آمیز.

حکمران hokm-rān [ع.-ف. = حکم راننده] (ص‌فا.) حاکم، والی، فرمانروا.

حکمرانی h.-rān-ī [ع.-ف.] (حامص.) حکومت، فرمانروایی.

حکمفرما h.-farmā [ع.-ف. = حکم فرماینده] (ص‌فا.) حکمران (ه.م.)

حکمفرمایی h.-farmāy-ī [ع.-ف.] (حامص.) حکمرانی (ه.م.)

حکم کردن h.-kardan [ع.-ف.] (مص‌ل.) ۱- فرمان دادن، امر کردن. ۲- حکومت کردن، فرمانروایی کردن. ۳- قضاوت کردن، فتوی دادن.

حکم نویس h.-nevīs [ع.-ف. = حکم نویسنده] (ص‌فا.) ۱- آنکه اسناد و مدارکی راکه قرار بود بمهر دیوان ممهور گردد دراختیار داشت(صفویه). ۲- نویسندهٔ ابلاغات دولتی.

حکمه hakama(-e) [= ع. حکمة] (إ.) آنچه ازلگام که زنخ وروی دهان ودو سوی بینی را بپوشاند؛ چانه‌بند.

حکماً hokm-an [ع.] (ق.) ۱- البته، قطعاً. ۲- بدون تعلل، بی‌درنگ.

حکمیت hakam-īyyat [= ع. حکمیة] (مص‌جع.) ۱- میانجی گری. ۲- (حق.) داوری بین دو یا چند تن، رسیدگی ورأی بختم قضیه در خارج از محکمه تحت شرایط معینی.

حکومت hokūmat [= ع. حکومة] ۱- (مص‌ل.) فرمان دادن، امر کردن. ۲- فرمانروایی کردن. ۳- سلطنت کردن، پادشاهی کردن. ۴- داوری کردن، قضاوت کردن. ۵- (إمص.) فرمانروایی. ۶- سلطنت، پادشاهی. ۷- داوری، قضاوت.

حکومتی hokūmat-ī [ع.-ف.] (ص‌نسب.) ۱- منسوب ومربوط بحکومت (ه.م.) ۲- فرمانداری، استانداری، دارالحکومة.

حکه hekka(-e) [= ع. حکة] (إمص.) ۱- خارش. ۲- (إ.) (پز.) مرضی که سبب خارش بدن شود مانند جرب. ۳- (پز.) ابنه (ه.م.)

حکیم hakīm [ع.] (ص.) ۱- دانشمند. ۲- فیلسوف. ۳- طبیب، پزشک. ج. حکما(ع).

حکیمانه hakīm-āna(-e) [ع.] -
ف.] ۱ - (ص.)ازروی حکمت؛سخنان
حکیمانه. ۲ - (ق.) همچون حکیمان:
«حکیمانه سخن میگوید.»
حکیم باشی h.-bāšī [ع.-تر.]
(صمر.)۱ - رئیس پزشکان.۲-عنوان
احترام آمیز پزشکان .
حکیمی hakīm-ī[ع.-ف.](حامص.)
۱ - حکمت ، فلسفه . ۲ - طبابت ،
پزشکی.
حل hal(1) [ع.] - ۱ - (مص م.)
گشودن (گره)، باز کردن، گشادن؛حل
عقده، حل‌مشکل. ۲ - مخلوط کردن
چیزی‌در مایعی. ۳ - گداختن ، ذوب
کردن .
حل hel(1) [ع.] - ۱ - (مص‌ل.) روا
بودن، حلال‌شدن؛مق.حرمت . ۲ - از
احرام بیرون آمدن.
حلائل halāel [=حلایل]←حلایل.
حلایل halāyel [=ع.حلائل](ا.)
ج.حلیله(ه.م.)؛ زنان شوی دار.
حلاج hallāǰ [ع.] (ص.) کسی‌که
بوسیلهٔ دستگاهی مخصوص پنبه را از
پنبه دانه جداسازد؛ پنبه زن، نداف.
حلاجت helāǰat [=ع. حلاجة]
(امص.) پنبه‌زنی، پنبه پاک‌کنی ، شغل
حلاج (ه.م.).
حلاف hallāf[ع.](ص.)(کم.)آنکه
قسم‌بسیاریاد کند، بسیارسوگندخورنده..
حلاق hallāγ [ع.] (ص .) آنکه
موی سروریش دیگران را میتراشد ؛
سرتراش ، سلمانی.
حلاقت helāγat [=ع. حلاقة]
(امص.) (کم .) سرتراشی، شغل حلاق
(ه.م.).
۱ - حلال halāl [ع.] (ص .) ۱ -
روا، جایز، شایست. ۲ - (شرع.)آنچه

که عمل بدان یاخوردن و نوشیدن آن
طبق احکام شرع رواباشد؛ مق.حرام.
۲ - حلال halāl [ع.] (ا.) (گیا.)
نی بوریا (ه.م.).
حلال hallāl [ع.](ص.) ۱- بسیار
گشاینده (گره ، مشکل) . ║ –
مشکلات . ۱ - آنکه مشکلات مردم را
رفع کند، کسی که امور سخت را حل
کند.۲ - خدای تعالی. ۳ -(کن.)پول.
حلال زادگی halāl-zāda(e)g-ī
(حامص.) حلالزاده بودن، پاکی نسل؛
مق. حرامزادگی.
حلال‌زاده h.-zāda(-e) [ع.-ف.]
(صمر.) فرزندی که انعقاد نطفهٔ وی
بطریق مشروع انجام گرفته باشد؛مق.
حرامزاده.
حلال کردن h.-kardan [ع.-ف.]
(مص‌م.) ۱ - روا دانستن،جایز شمردن.
۲ - (عم.) بخشودن، عفو کردن.
حلاوت halāvat [=ع.حلاوة] ۱-
(مص‌ل.) شیرین بودن. ۲ - (امص .)
شیرینی.
حلب halab [مخف.حلبی]←حلبی.۲
حلب halb [ع.]۱-(مص‌م.)دوشیدن
شیر، شیر دوشیدن. ۲ - (ص.) شیر
دوشیده .
حلبلاب halablāb [= ع.
heleblāb](ا.) ۱-(گیا.)عشقه(ه.م.)
(←لبلاب). ۲-(گیا.) فرفیون (ه.م.).
حلبوب halbūb [ع.] (ا.) (گیا.)
سلمه (ه.م.).
حلبه halba(-e) [= ع. حلبة]
۱ - (امص.) مسابقهٔ اسب دوانی. ۲ -
(ا.) اسبان مسابقه.
حلبه holba(-e) [=ع.حلبة] (ا.)

(گیا.)شنبلیله (ه‌.م.)

حلبی halab-ī [ع.-ف.]۱- منسوب به حلب (← بخش۳): الف- ساخته در شهرحلب. ب- ازمردم حلب. ۲- ورقهٔ آهنی که روی آنرا باقلع اندود کنند تادرمقابل‌رطوبت‌محفوظ بماند[۱]؛حلب.

حلبیتا halbītā [ع.] (ا.) (گیا.) فرفخ (ه‌.م.) ضح. - محرف این کلمه «جلبیثا» است.

حلبی‌ساز halabī-sāz [ع.-ف. = حلبی سازنده] (ص‌فا.) آنکه پیشه‌اش ساختن‌آلات وابزارازحلبی(ه‌.م.)است.

حلبی سازی h.-sāz-ī [ع.-ف.] ۱- (حامص.) شغل و عمل حلبی ساز (ه‌.م.) ۲-(اِمر.)دکان‌حلبی‌ساز(ه‌.م.)

حلبینک halbīnak[ع.](ا.)(گیا.) خربق سیاه (ه‌.م.)

حلتیت heltīt [ع.] (ا.) (گیا.) آنغوزه (ه‌.م.)

حلحال halhāl [ع.] (ا.) (گیا.) استوقدوس (ه‌.م.)

حلزون halazūn [ع.] (ا.)(جاذ.) جانوریست[۲] از ردهٔ شکمپاییان جزو شاخهٔ نرم تنان که در حدود ۳۵۰۰ گونه از آن شناخته شده و در سراسر کرهٔ زمین‌درخشکی وکنار نهرهازیست میکنندو برخی از گونه‌های آن نیز دریازی هستند.

حلزونی halazūn-ī [ع.-ف.] (ص‌نسبه.) ۱- منسوب به‌حلزون(ه‌.م.) ۲-خط یاشکل شبیه‌به‌حلزون؛مارپیچی.

حلف half [ع.] (مص‌ل.) سوگند خوردن، قسم یاد کردن.

حلف helf [ع.] (ا.) ۱- سوگند، قسم. ۲- عهد، پیمان. ج. احلاف(ah-).

حلفا holafā [= ع.حلفاء.] ← حلفاء.

حلفاء holafā' [ع.،ف.:حلفا](ا.) ج. حلیف(ه‌.م.)؛هم‌عهدان، هم‌پیمانان.

۱- حلق halγ [ع.] (مص م.) تراشیدن موی.

۲- حلق halγ [ع.] (ا.) (جاذ.، پز.) فضای عقب دهان که‌ازجلوبه‌شراع‌الحنك واز عقب و طرفین به لوزه‌های خلفی و ازبالا به حفره‌های بینی و از پایین‌به‌قصبة‌الریه ومری محدوداست[۳]؛ گلو، نای.

۳- حلق halγ [ع.] (ا.) (گیا.) گیاهی[۴] ازتیرهٔ گزنه‌ها که‌گلهایش‌یك پایه ودارای‌یك‌برچه است. قریب شش گونه از آن شناخته شده که در شمال افریقا ونواحی بحرالرومی میرویند.

حلقات halaγ-āt [ع.] (ا.) ج. حلقه (ه‌.م.)

حلقوم holγūm [ع.] (ا.) مجرای غذا بین دهان‌ومعده؛ خشکنای،حلق، گلو،حنجره (ه‌.م.). ج.حلاقم،حلاقیم (غم.)

حلقوی halγ-avī [ع.= -īyy] (ص‌نسبه.) منسوب به‌حلق(ه‌.م.) وحلقه (ه‌.م.)

حلقه halγa(-e) [ع.حلقة=] (ا.) ۱- هرچیزمدور ودایره‌شکل که‌میانش خالی بود مانند حلقهٔ انگشتر ، حلقهٔ در ؛ چنبر . ۲- دور ، دایره . ۳- انجمن، مجلس، گروه مردم که‌گردهم آیند. ۴- زره . ‖ ~ ژیمناستیك. (ور.) دوحلقه‌که‌بوسیلهٔ‌ریسمانی‌برپایه‌های‌بلندآویزندوبدان‌ضمن‌تاب‌خوردن حرکات ورزشی انجام دهند . ج.حلق (halaγ) ، حلقات (-hala).

حلقه بگوش h.-be-gūš [ع.-ف.] (ص‌مر.) مطیع، فرمانبردار: غلام‌حلقه بگوش.

حلزون(حیوان)

حلزون(گوش)

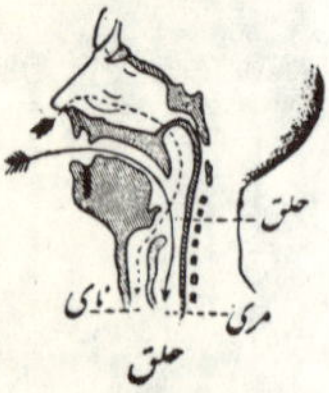

حلق

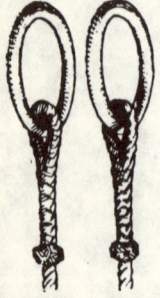

حلقه

حلقهٔ انگشتر

حلقهٔ ژیمناستیک

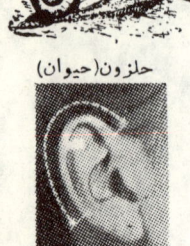

۱-Tin plate(انگ.) ۲-Hélix (فر.) ۳-Pharynx (فر.)
۴-Soelanthus ternatus(لا.),forskal (فر.)

۱۳۷۰ حلقه‌بگوشی

حلقه بگوشی h.-be-gūš-ī [ع.- ف.] (حامص.) اطاعت، فرمانبرداری.

حلقه درگوش h.-dar-gūš [ع.- ف.] (صمر.) حلقه بگوش (ه.م.)

حلقه زدن h.-zadan [ع.- ف. = حلقه‌زننده] (صفا.) سایلی که حلقه‌بر درخانه زند؛ گدا.

حل کردن hal(l)-kardan [ع.- ف.] (مص م.) ۱ - گشودن (عقده، مشکل)، بازکردن. ۲ - مخلوط کردن چیزی با مایع. ۳- گداختن، ذوب کردن.

حلل holal [ع.] (إ.) ج. حله (ه.م.) ۱ - زیورها، پیرایه‌ها. ۲ - لباسهای نو، جامه‌ها. ۳ - بردهای یمانی.

حلم helm [ع.] ۱ - (مصل.) بردباری کردن، آهستگی نمودن. ۲ - (امص.) بردباری، شکیبایی، صبر؛ مق. غضب، تندی. ج. احلام (ah-)، حلوم (ho-). ضح. - (فل.) آنست که نفس را طمأنینتی حاصل شود که غضب بآسانی تحریک او نتواند کرد، واگر مکروهی بدو رسد مغلوب نگردد ودر شغب نیاید (اخلاق ناصری ۷۶؛ فرع.، سج.)

حلم holm [ع.] (إ.) آنچه‌درخواب بینند؛ خواب بوشاسب. ج. احلام.

حلو holv [ع.] (ص.) ۱ - شیرین؛ مق. مر، تلخ. ۲ - لذیذ.

حلوا halvā [= ع. حلواء] ← حلواء.

حلواء halvā' [ع.، ف.: حلوا] (إ.) خوراکی که بوسیلهٔ آرد وروغن‌وشکر (یاقند وعسل) ومواد دیگر تهیه کنند؛ شیرینی. ج. حلاوی.

حلوا پز halvā-paz [ع.- ف. = حلواپزنده] (صفا.) کسی که حلواپزد؛ حلواگر.

حلوا پزی h.-paz-ī [ع.- ف.] ۱- (حامص.) شغل و عمل حلواپز (ه.م.) ۲ - (إمر.) دکان حلواپز (ه.م.)

حلواگر h.-gar [ع.- ف.] (صشغل.) حلواپز (ه.م.)

حلوا گری h.-gar-ī [ع.- ف.] (حامص.) حلواپزی (ه.م.)

حلوان holvān [ع.] (إ.) آنچه بدلال یا کسی که خدمتی انجام داده دهند؛ عطاء، پاداش، مژدگانی.

حلوانی halv-ānī [= ع. -nīyy] (صنسب.) (غم.) حلواپز، حلوافروش.

حلوایی halvā-yī [ع.- ف.] (ص نسب.) حلواپز، حلوا فروش.

حلوسیا halūsiyā [ع.] (إ.) (گیا.) کتیرا (ه.م.)

حلوق holūɣ [ع.] (إ.) ج. حلق (ه.م.)؛ گلوها، حنجره‌ها، خشکنایها.

حلول holūl [ع.] ۱- (مصل.) فرود آمدن درجایی، درآمدن بجایی. ۲ - (فل.) واردشدن روح شخصی دردیگری. ۳ - (فل.) وارد شدن شیئی درشیء دیگر مانند حلول اعراض دراجسام که حلول حقیقی است و مانند حلول علوم در مجردات که تقدیری است (فرع.، سج.) ۴ - (فل.) تعلق شیئی است بشیء دیگر بنحوی که یکی صفت و دیگری موصوف باشد مانند سفیدی که متعلق وحال در جسم است (فرع.، سج.)

حلول کردن h.-kardan [ع.- ف.] (مصل.) ۱ - وارد شدن بجایی، فرود آمدن درجایی. ۲ - (فل.) وارد شدن روح کسی بقالب بدن دیگری.

حلولی holūl-ī [ع.- ف. = ع. -īyy] (ص نسب.) ۱- کسی که معتقد به‌حلول (← حلول ۲) باشد. ۲- کسی که بحلول روح خدا درآدم وپس ازاو در انبیای دیگر

نا محمدبن‌عبدالله‌ص قایل باشد . بعضی ازغالیان شیعه بحلول روح خدادرعلی وفرزندان او هم قایل شده‌اند .

حلوی halvī [-īyy.ع=] (ص نسبـ.) منسوب به‌حلواء، خورندۀ‌حلوا، شیرینی دوست. ضح .ـ معمولا halavī(yy) تلفظ شود.

حله hella(-e) [=ع.حلة] (إ.) ۱- محله، کوی (غم.) ۲ - محل اجتماع، مجلس (غم.) ج .حلال (he-) وحلل (he-).

حله holla(-e) [=ع.حلة] (إ.) ۱- جامۀ‌نو، پوشاکی که همۀ بدن‌را بپوشاند. ۲- بردیمنی. ج.حلل (holal) وحلال (he-).

حلی haly [ع.] ۱ - (مصم.) پیرایه بستن، پیرایه‌بر کردن. ۲ - (إ.) پیرایه. ج.حلی (holīyy).

حلی helā [ع.] (إ.) ج.حلیه (ه.م.)؛ زیورها، آرایشها ↓ .

حلی holā [ع.] (إ.) ج. حلیه (ه.م.)؛ زیورها، آرایشها ↑ .

حلی holī [=ع.-līyy] (إ.) ج. حلی (haly) (ه.م.)؛ زیورها، زینتها.

حلیب halīb [ع.] ۱ -شیر دوشیده، شیر. ۲ - شراب خرما.

حلیت helyat [=ع.حلیة ← حلیه] (إ.) زیور، آرایش، پیرایه ← حلیه.

حلیت hellīyyat [=ع.حلیة] ۱- (مص ل.) حلال بودن، روا بودن. ۲ - (إمص.) حلالی، روایی.

حلیف halīf [ع.] (ص.) ۱ - هم‌عهد، هم سوگند. ۲ - یار ، دستیار. ج.حلفاء (hola-).

حلیل halīl [ع.] (إ.) ۱ - حلال، روا، شایست. ۲ - شوهر، زوج.

حلیله halīla(-e) [=ع.حلیلة] (إ.) زن شرعی مرد، همسر، زوجه. ج. حلائل (حلایل).

حلیم halīm [ع.] ۱- (ص.) بردبار. ج.احلام (ah-) وحلماء (hola-) (غم.) ۲ - (إ.) پیه، چربی (غم.) ۳ - (إ.) شترفربه (غم.).

حلیمه halīma(-e) [=ع.حلیمة] ۱ - (ص.نث.حلیم) زن بردبار. ۲ - (إ.) از اعلام زنان‌است.

حلیه helya(-e) [=ع.حلیة ← حلیت] (إ.) زینت، زیور، پیرایه. ج. حلی (helan=helā) وحلی (holā=holan). ‖ ~ انسان. هیأت ظاهری انسان ورنگ چهرۀ وی.

حما hemā [=ع.حماء] ← حماء.

حماء hemā' [ع.،ف.: حما] (مصم.) نگاهداری کردن کسی‌را، دفاع کردن ازکسی.

حمأ hama [ع.] (إ.) گل‌سیاه، لجن ↓

حمأه ham'a [=ع.حمأة] (إ.) گل سیاه، لجن ↑ .

حمائد hamāéd [= حماید] ← حماید.

حمائل hamāél [= حمایل] ← حمایل.

حمائی hommā'-ī [ع.-ف.] (ص نسبـ. حمی) ۱ - آنچه که مربوط به‌تب است، عوارض‌ناشی‌ازتب. ۲ -تبدار، تب‌زده.

حماحم hamāhem [ع.] (إ.) (گیا.) ریحان سبز (ه.م.).

حمار hemār [ع.] (إ.) خر، درازگوش، الاغ. ج.حمیر (ha-)، حمور (homūr)، حمر (homor). ‖ ~ اهلی. (جا.) خراهلی. ‖ ~ وحشی. (جا.) خر وحشی.

حماسه hamāsa(-e) [=ع.حماسة] ۱ - (مصل.) دلیری کردن ، شجاعت نمودن. ۲ - (امص.) دلیری، دلاوری، شجاعت. ۳ - (ا.) رجز، ارجوزه. ۴ - (ادب) نوعی ازشعر که در آن ازجنگها و دلاوریها سخن رود ؛ شعر رزمی [۱] ، شعرحماسی.

حماسه‌سرا(ی) h.-sarā(y) [ع.-ف. = حماسه‌سراینده] (صفا.) ۱-(ادب) شاعری که شعرحماسی ورزمی سراید.

حماسه سرایی h.-sarāy-ī [ع.-ف.] (حامص.) ۱- رجزخوانی، ارجوزه‌خوانی. ۲ - (ادب) سرودن اشعاررزمی وحماسی.

حماسی hamās-ī [=ع. -īyy] (ص نسب.) ۱ - منسوب ومربوط به‌حماسه (ه.م.)؛ پهلوانی. ۲ - (ادب) شعری که موضوع آن وصف جنگها و دلاوریها باشد[۱].

حماسیات hamās-īyy-āt [ع.] (ص نسب.) ج. حماسیه (ه.م.)

حماسیه hamās-īyya(-e) [=ع. حماسیة] (ص نسب.) مؤنث حماسی (ه. م.): اشعار حماسیه. ج. حماسیات.

حماض hommāz [ع.] (ا.) ۱-(گیا.) ترشك (ه.م.) ۲-(گیا.) شبدر ترشك (ه.م.)

حماقت hamāʔat [= ع.حماقة] (امص.) کم‌خردی، بیخردی، نابخردی، ساده لوحی. ضح.- در تداول hemāʔat تلفظ شود .

حمال hammāl [ع.] (ص.) آنکه بار بر پشت خودحمل کند؛ باربر.

حماله hemāla(-e) [= ع. حمالة] (ا.) بند شمشیر، دوال تیغ ، حمیله. ج. حمائل (حمایل).

حمالی hammāl-ī [ع.-ف.] (حامص.) شغل و پیشهٔ حمال (ه.م.)؛ باربری.

حمام hamām [ع.] (ا.) ۱ - (جا ن.) کبوتر. ۲ - (جا ن.) هرمرغ طوق دار مانندفاخته. ج. حمائم(حمایم)، حمامات.

حمام hammām [ع.](ا.)محلی که‌در آن استحمام کنند؛ گرمابه. ج. حمامات. ‖ ~ آفتاب. بدن خود را درمعرض اشعهٔ آفتاب قرار دادن[۲].

حمام hemām [ع.] (ا.)مرگ، موت.

حماما hamāmā [ع.](ا.) (گیا.)هل (ه.م.)

حمام گرفتن hammām-gereftan [ع.-ف.] (مصل.) استحمام کردن، بدن‌خودرا شستشو دادن.

حمامی hammām-ī [ع.-ف.] (ص نسب.) ۱ - گرمابه دار، گرمابه‌بان . ۲ - حقوقی که گرمابه‌دار ده‌وقریه را دهند.

حمات homāt [= ع.حماة](ص.، ا.) ج.حامی (ه.م.)؛ پشتیبانان ، نگهدارندگان، نگهبانان.

حمایت hemāyat [= ع. حمایة] ۱ - نگاهبانی کردن، دفاع کردن از کسی، پشتیبانی کردن. ۲ - (امص.) نگاهبانی، پشتیبانی، حفاظت.

حمایت‌کردن h.-kardan [ع.-ف.] (مصم.) نگاهبانی کردن، دفاع کردن از کسی.

حماید hamāyed [= ع.حمائد](ا.) ج. حمیده(ه.م.)؛خوبیها، خصلتهای نیکو.

حمایل hamāyel [= ع. حمائل] (ا.) ج. حماله (-he) وحمیله (-ha). ۱- بندهای شمشیر، آنچه بشانه وپهلو آویزند، مانندشمشیروجز آن. ۲- قرآن

حمایل

۱—Epique(فر.) ۲-Bain de soleil(فر.)

کوچکی که در برآویزند. ۳ - پارچهٔ ابریشمین ودوال مانندوپهن برنگهای مختلف که پادشاه بخدمتکاران باعتبار درجات وبازای خدمات آنان عطا کند.

حمبلاس hambalās [ع.](إ.)(گیا.) مورد (ه.م.)

حمحم hemhem, homhom [ع.] (إ.) (گیا.) گاو زبان (ه.م.)

حمد hamd [ع.] ۱- (مصم.) ستودن کسی را، ستایش کردن. ۲- (إمص.) سپاسداری، ستایش، ثناگویی. ۳ - (تص.) اظهار کمال محمود بصفات جمال ونعوت جلال بر سبیل تعظیم و تبجیل (فرع.، سج.)

حمدان hamdān [ع.] (إ.) آلت تناسلی مرد، آلت مردی، نره.

حمدونه hamdūna(-e) [= ع. حمدونة] (إ.) (جا.) بوزینه، میمون. ج.(ف.) حمدونگان.

حمر homr [ع.](ص.، إ.) ج. احمر. ۱- سرخها. ۲- سرخرویان. ۳-سرخ‌پوستان.

حمر homar [ع.] (إ.) ۱- (پز.) مومیایی (ه.م.) ۲ - (گیا.) تمرهندی (ه.م.)

حمر homor [ع.] (إ.) ج. حمار (ه.م.)؛ خران، درازگوشان.

حمرا hamrā [= ع. حمراء] ← حمراء.

حمراء hamrā' [ع.، ف.: حمرا] (ص.) مؤنث احمر (ه.م.) ۱-سرخ‌رنگ. ضح. - در فارسی توجهی بتأنیث آن نکنند: گوهرحمرا، لالهٔ‌حمرا. ۲- سال سخت. ۳ - شدت حرارت، گرمای زیاد.

حمرایه hamrāγa(-e) [= ع. حمراية] (إ.) (گیا.) توسکای قشلاقی (← توسکا).

حمرت homrat [= ع. حمرة ← حمره] ۱- (إمص.) سرخی، قرمزی. ۲- (إ.) رنگ سرخ، قرمز. ۳ - (پز.) نوعی آماس دربدن؛ باد سرخ، سرخ‌باد.

حمره homra(-e) [= ع. حمرة] ← حمرت (همع.)

حمزه hamza(-e) [= ع. حمزة] (إ.) ۱-(گیا.) تره‌تیزک (ه.م.) ۲ -از اعلام مردان است.

حمزه پرست h.-parast [ع.-ف. = حمزه‌پرستنده] (ص‌فا.) ۱-دوستدار تره‌تیزک؛ آنکه‌خوردن تره‌تیزک‌رادوست دارد، حمزه‌خوار. ۲- (کن.) صوفی.

حمزه خوار h.-xār [ع.- ف. = حمزه‌خوارنده] (ص‌فا.) ۱-حمزه‌پرست (ه.م.) ۲-(کن.)صوفی.

حمص hemmas, -es [ع.](إ.)(گیا.) نخود (ه.م.)

حمض hamz [ع.] (إ.)(گیا.)اشنان قصارین(← اشنان).

حمضیض hamzīz [ع.] (إ.)(گیا.) شبدر ترشك (ه.م.)

حمق homγ [ع.] (إمص.) کم‌خردی، بیخردی، کم‌عقلی، ساده‌لوحی.

حمقا hamγā [= ع. حمقاء] ← حمقاء.

حمقا homaγā [= حمقاء] ← حمقاء.

حمقاء hamγā' [ع.، ف.: حمقا] (ص.) مؤنث احمق(ه.م.)؛ زن کم‌خرد، زن کم عقل.

حمقاء homaγā' [= حمقا، از ع.] (ص.، إ.) ج. احمق(ه.م.) ضح.- درعربی ج. احمق، حماقی (homāγā) وحماقی (hamāγā) آید.

حمقی hamγā [ع.](ص.، إ.) ج. احمق

حمحم

(ه.م.) ۱- کم‌خردان. ۲ - بیخردان.

حمل haml [ع.] ۱- (مص‌م.) بردن چیزی‌ازجایی‌بجایی، بار برداشتن. ۲ - (إمص.) آبستنی. ۳- توجیه، تأویل ← حمل کردن. ۴ - (إ.) بار درخت یا بار شکم. ج.احمال (ah-) و حمال (he-). ۵ - (ف.) بار (بدین معنی در عربی حمل (heml) است. ۶ - (فل.) نسبت امریست بامر دیگر بایجاب یا سلب، چنانکه گویند: «دانش پسندیده است» که‌دانش موضوع و پسندیده‌محمول و «است» رابط میان موضوع ومحمول است (فرع.، سج.)

حمل hamal [ع.] (إ.) ۱- (جا ن.) بره. ۲- اولین برج ازبروج دوازده‌گانهٔ شمسی معادل فروردین. ۳- (إخ.) ← بخش ۳.

حمل heml [ع.] (إ.) ۱ - آنچه که بدست یادوش کشندو ازجایی بجایی‌دیگر برند؛ بار. ج.احمال (ah-). ضح.- در فارسی باین‌معنی‌حمل (haml) تلفظ‌شود. ۲- کجاوه، هودج؛ ج.حمول (homūl).

حملات hamalāt [ع.] (مص.، إ.) ج.حمله (ه.م.)؛ تاختنها، تاختها.

حملان homlān [ع.] ۱- ستور باردار که بکسی بخشند. ۲ - اجرت‌حمل، مزد باربری.

حمل برداشتن haml-bar-dāštan [ع.-ف.] (مص‌ل.) آبستن شدن.

حمل کردن h.-kardan [ع.-ف.] ۱ - نقل کردن وبردن چیزی‌ازجایی بجای دیگر (← حمل haml). ۲ - توجیه کردن، تعبیر کردن، قیاس کردن: «این‌مطلب را برچه حمل میکنید؟»

حمله hamla(-e) [= ع.حملة] ۱ - (مص‌ل.) آهنگ جنگ کردن، هجوم بردن. ۲- (إ.) هجوم، یورش. ۳- (پز.) غش. ۴ - دفعه، مره.

حمله hamala(-e) [= ع. حملة] (ص.، إ.) ج. حامل (ه.م.)؛ برندگان، حمل کنندگان.

حمله‌آوردن hamla(-e)-āva(o)r-dan [ع.-ف.] (مص‌ل.) هجوم آوردن، یورش بردن.

حمله بردن h.-bordan [ع.-ف.] (مص‌ل.) حمله آوردن (ه.م.)

حمله کردن h.-kardan [ع.-ف.] (مص‌ل.) حمله‌آوردن (ه.م.)

حمله ور h.-var [ع.-ف.] (ص مر.) کسی که حمله‌کند. هجوم‌آورنده، یورش برنده.

حمله‌یی h.-yī [ع.-ف.] (ص‌نسب.) کسی که گاه‌گاه به‌غش‌مبتلاشود، غشی.

حملی haml-ī [ع.-ف.] (ص‌نسب.) ۱ - منسوب به‌حمل (ه.م.) ۲- (منط.) قضیه‌ایست که حکم‌بوقوع‌ولاوقوع‌نسبت در آن مشروط بشرط و مقید بقیدی نباشد: «مردم‌جانورست» یا «مردم‌جانور نیست.»

حملیه haml-īyya(-e) [= ع. حملیة] (ص‌نسب.) مؤنث حملی (ه.م.): قضیهٔ حملیه. (← حملی).

حموضت homūzat [= ع.حموضة] ۱ - (مص‌ل.) ترش شدن، ترش مزه گردیدن. ۲ - (إمص.) ترشی، ترش‌مزگی.

حمول hamūl [ع.] (ص.) ۱- بارکش. ۲ - بردبار، شکیبا.

حموله hamūla(-e) [= ع.حمولة] (ص.) ستور بارکش.

حمه homa(-e) [= ع. حمة] (إ.) ۱- زهر، سم. ۲- نیش کژدم.

حمی hommā [ع.] (إ.) (پز.) تب

(ه.م.). ج.حمیات (hommayāt).

حمیات hommayāt [ع.] (اِ.) ج.حمی (ه.م.)؛ تبها.

حمیت hamīyyat [= ع. حمیة] (اِمص.) ۱- مردانگی، مروت. ۲- غیرت، رشك. ضح. - (فل.، اخلاق) آنست که در محافظت ملت یا حرمت از چیزهایی که محافظت از آنها واجب بود، تهاون نمایند (اخلاق ناصری ۷۷؛ فرع.، سج.) ۳- نخوت، اباء. ‖ ~ِ قسمتی. (نظ.) تعصبی که افراد ودرجه داران هر قسمت نظام نسبت بقسمت خود باید داشته باشند چنانکه افراد ودرجه داران یك هنگ نسبت به هنگ خود.

حمید hamīd [ع.] (ص.) ۱- پسندیده، ستوده: خلق حمید. ۲- مبارك، فرخنده: روز حمید. ۳- (اِخ.) صفتی از صفات خدای تعالی است.

حمیده hamīd-a(-e) [= ع. حمیدة] (ص.) مؤنث حمید (ه.م.)؛ ستوده، پسندیده: اخلاق حمیده.

حمیر hamīr [ع.] (اِ.) ج.حمار (ه.م.)؛ خران، درازگوشان.

حمیرا homayrā(-ey-) [= ع. حمیراء] ← حمیراء.

حمیراء homayrā'(-ey-) [ع.، ف.: حمیرا] (اِمصغ.) مصغر حمراء (ه.م.) ۱- سرخك. ۲- (گیا.) هوه چوبه (ه.م.).

حمیری hemayr-ī [= ع. -īyy] (ص نسب.) منسوب به حمیر (← بخش ۳). ۱- ساختهٔ حمیر. ۲- از مردم حمیر، اهل حمیر.

حمیضه homayza(ey-e) [= ع. حمیضة] (اِ.) (گیا.) شبدر ترشك (ه.م.)

حمیقا homayγā(-ey-) [= ع. حمیقاء] ← حمیقاء.

حمیقاء homayγā' [ع.، ف.: حمیقا] (اِ.) (پز.) مرضی است شبیه به جدری (نوعی آبله)[1].

حمیم hamīm [ع.] (اِ.) ۱- خویشاوند، قریب، نزدیك. ۲- دوست، صدیق. ج. احماء (ahemmā'). ۳- آب گرم. ج. حمائم (حمایم). ۴- آب سرد. ۵- گرما. ۶- عرق، خوی.

حنا hanā [ازع. حناء] ← حناء.

حناء henā' (hanā تد.) [ع.] (اِ.) (گیا.) گیاهی[2] از ردهٔ دولپه‌ییهای جدا گلبرگ که خود تیرهٔ مشخصی را بنام حنا[3] میسازد این گیاه بصورت درختچه‌ای است که در شمال و مشرق افریقا وعربستان وایران وهند کشت میشود.

حنا (وگل آن)

حناساب hanā-sāb [ازع.-ف. = حناسای] (اِمر.) سنگی که روی آن حنارا می‌سایند.

حناجر hanāǰer [ع.] (اِ.) ج. حنجره (ه.م.)

حناط hannāt [ع.] (ص.) ۱- آنکه جسد مرده راحنوط کند. ۲- گندم‌فروش.

حنان hanān [ع.] (اِمص.) ۱- رحمت، بخشایش. ۲- مهربانی، شفقت. ۳- رقت قلب. ۴- هیبت، وقار.

حنان hannān [ع.] (ص.) ۱- بخشاینده. ۲- بسیار مهربان.

حنانه hannāna(-e) [= ع. حنانة] (ص.) بسیار ناله کننده، نوحه کننده: ستون حنانه.

حنبل hanbal [ع.] (ص.) مرد کوتاه قامت بزرگ شکم، مردفربه.

حنبلی hanbal-ī [= ع. -īyy] (ص

۱- Fausse variole (فر.)
۲- Lawsonia alba (.لا), henné (فر.)
۳- Lythracées (فر.)

حنجره

حندقوقی

حنظل

نسب.) منسوب بفرقهٔ حنبلیه (← بخش ۳).

حنث hens [ع.] ۱ - (مص ل.) سوگند شکستن. ۲ - (إمص.) بزه‌مندی. ۳ - (إ.) گناه، بزه، اثم.

حنجر hanǰar [ع.] (إ.) نای، حلقوم ↓.

حنجره hanǰar-a(-e) [=ع. حنجرة ← حنجر] (إ.) (جا ن.) قسمت فوقانی قصبة‌الریه که عضو تولید صوت میباشد، و آن درقسمت میانی وقدامی گردن‌در زیر استخوان لامی قرار دارد[1]. ج. حناجر.

حندقوقی handaγūγī- -γūγā [= معر. آرا. hindéqôqā] (إ.) (گیا.) شبدر (ه‌.م.)

حنطه henta(-e) [= ع. حنطة] (إ.) (گیا.) گندم (ه‌.م.)؛ ج. حنط (henat) (غم.)

حنظل hanzal [ع.] (إ.) (گیا.) هندوانهٔ ابوجهل (ه‌.م.)

حنفا honafā [= ع. حنفاء] ← حنفاء.

حنفاء honafā' [ع. - ف.: حنفا] (إ.) ج. حنیف (ه‌.م.)؛ راست کیشان.

حنفی hanafī [= ع. -īyy] (ص نسب.) منسوب به ابوحنیفه (← بخش ۳)، ازفرقهٔ حنفیه (← بخش ۳).

حنق hanaγ [ع.] (إ.) ۱ - کینه، دشمنی (شدید). ۲ - خشم شدید، شدت غیظ.

حنک kanak [ع.] (إ.) (جا ن.، پز.) کام (ه‌.م.)، زیر گلو. ج. احناك.

حنوط hanūt [ع.] (إ.) داروی معطرمانند کافور که پس از غسل میت بجسد او زنند تا دیری بماند ومتلاشی نگردد.

حنون hanūn [ع.] (ص.) مهربان، باشفقت.

حنیف hanīf [ع.] (ص.) ۱ - راست، مستقیم. ۲ - ثابت دردین، راست کیش. ۳ - آنکه درملت ابراهیم باشد، متمسك بدین اسلام. ج. حنفاء (hona-).

حنین hanīn [ع.] ۱ - (مص ل.) بانگ کردن از شادی یاحزن. ۲ - زاری، ناله، شدت گریه. ۳ - شفقت، اشتیاق.

حوا havva [=ع. حواء] ← حواء.

حواء hāvvā' [ع. ف.: حوا] ۱ - (ص.) مؤنث احوی، زن گندمگون. ۲ - (اِخ.) از اعلام زنان است.

حوائج havāeǰ [ع. = حوایج] ← حوایج.

حوائل havāel [= ع. حوایل] ← حوایل.

حواجب havāǰeb [ع.] (إ.) ج. حاجب (ه‌.م.)؛ ابروان، ابروها.

حوادث havādes [ع.] (إ.) ج. حادثه (ه‌.م.)؛ پیشامدها، وقایع، حادثات. ‖ ~ جو (جوی). مجموعهٔ تغییرات سماوی مانند: باد، باران، رعد، برق، وغیره؛ کائنات الجو.

حواری havārī [= ع. -īyy. معر. از حبشی] (ص.، إ.) ۱ - یارمخلص، دوست صمیم، یاری کننده. ۲ - کسی که پیغمبررا یاری کند. ۳ - هریك ازیاران عیسی ۴ که مبلغ دین او بودند. ج. حواریون، حواریین.

حواریون havārīyy-ūn [ع.] (ص.، إ.) ج. حواری درحالت رفعی (درفارسی مراعات این قاعده نکنند)؛ حواریین.

1-Larynx (فر.)

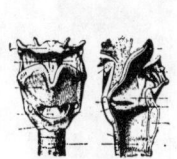

حوارِیین havārīyy-īn [ع.] (ص.) ج. حواری (ه‍.م.) درحالت نصبی‌وجری (درفارسی‌مراعات این‌قاعده نکنند).

حواس havās(s) [ع.] (اِ.) ج. حاسه (ه‍.م.)؛ قوای مدرکه، قوه های شاعره. ‖ ~ باطنه (باطنی). پنج‌حس درونی که عبارتند از: حس‌مشترك، خیال، وهم (واهمه)، حافظه، متصرفه. ‖ ~ خمس (خمسه). حسهای پنجگانه و آن شامل حواس‌باطنه (↑) وحواس ظاهره (←) است. ‖ ~ ظاهره (ظاهری). پنج‌حس بیرونی که عبارتند از: باصره (بینایی)، ذائقه(چشایی)، سامعه (شنوایی)، شامه (بویایی)، لامسه(بساوایی).

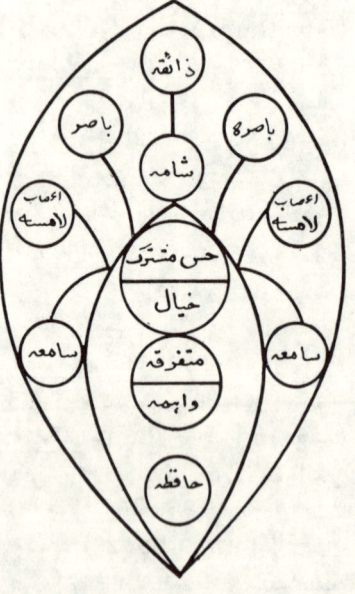

حواس باطنه وظاهره (بعقیدهٔ قدما)

حواس پرت h.-part [ع.- ف.] (ص‌مر.) پریشان خاطر، پریشان‌حواس.

حواس پرتی h.-part-ī [ع.-ف.] (حامص.) پریشان خاطری، پریشان حواسی.

حواشی havāšī [ع.] (اِ.) ج. حاشیه. ۱ - کناره‌ها، جوانب. ۲- اهل‌وعیال. ۳ - چاکران.

حواصل havāsel [ع.] (اِ.) (جا.) غم‌خورك (ه‍.م.)

حواصیل havāsīl [ع.] (اِ.) (جا.) حواصل (ه‍.م.)

حوافر havāfer [ع.] ج. حافر. ۱ - (اِفا.) کاوش کنندگان، حفرکنندگان. ۲ - (اِ.) سمهای‌چارپایان.

حوالت havālat [=ع. حوالة ← حواله] ۱ - (مص‌م.) سپردن. ۲- (اِ.) حواله (ه‍.م.)

حوالتگاه h.-gāh [ع.-ف.] (اِمر.) حواله‌گاه (ه‍.م.)

حوالجات havāla(e)ǰ-āt [ازع.] (اِ.) ج. (غلط.) حواله (ه‍.م.)

حواله havāla(-e) [=ع. حوالة ←حوالت] ۱ - (مص‌م.) سپردن. ۲ - (اِ.) آنچه بکسی واگذار گردد، چیزی که بعهدهٔ دیگری محول شود. ۳ - پول یاجنسی که بموجب نوشته‌ای بشخصی واگذار شود تا ازدیگری‌دریافت‌دارد.

حواله دادن h.-dādan [ع.-ف.] (مص‌م.) کتباً یاشفاهاً پرداخت پول‌یا جنس یاانجام‌دادن عملی‌رابعهدهٔ‌شخصی واگذار کردن.

حواله‌کرد h.-kard [ع.-ف.] (اِمر.) (بانک.) پول‌یا چیزی که پرداخت‌آن بدیگری واگذار میشود[1] (فره.)

حواله‌کردن h.-kardan [ع.-ف.] (مص‌ل.) حواله دادن.

حواله‌گاه h.-gāh [= حوالت گاه

حواصیل

۱- Ordre (فر.)

ع.ـ ف.] (إمر.) ۱ - جای سپردن، محل حواله. ۲- تفرجگاه، گردشگاه.

حوالی havālī [از ع. havālā] (إ.) گرداگرد، پیرامون، جوانب، جهات. ضح.ـ درفارسی havālī استعمال شده و میشود:

«درسایهٔ آن درخت عالی
گردآمده آبی ازحوالی.» (نظامی)

حوایج havāyeǰ [= ع. حوائج] (إ.) ج. حاجت. ۱ - نیازها، احتیاجها، نیازمندیها. ۲- کارهای لازم. ۳- مایحتاج مطبخ، لوازم آشپزخانه. ۴- تره که از آن نانخورش سازند.

حوایج کش h.-kaš [ع.ـف.] (ص‌فا.) کسی که لوازم ووسایل آشپزخانه را حمل کند.

حوایجی havāyeǰ-ī [ع.ـ ف.] (ص نسبـ.) فروشندهٔ حوایج (ه.م.)، حوایج فروش.

حوایل havāyel [=ع. حوائل] (إ.) ج. حائل (حایل)؛ زنان نازا.

حوت hūt [ع.] (إ.) ۱- ماهی، ماهی بزرگ. ج. احوات (ah-)، حیتان (hī-). ۲- برج دوازدهم از بروج دوازده‌گانه، معادل اسفندماه. ۳-(إخ.) ← بخش ۳.

حوجم hawǰam(-ow-) [ع.] (إ.) (گیا.) گل سرخ فرنگی (ه.م.).

حوحو hū-hū (إصت.) آواز اسب.

حودان hawdān(-ow-) [ع.] (إ.) (گیا.) آلاله (ه.م.).

حور hawr(howr) [ع.] (إ.) (گیا.) تبریزی (ه.م.) وگونه‌های آن.

حور havar [ع.] ۱- (مصل.) بخش سیاه چشم بغایت سیاه بودن و بخش سفید آن بغایت سفید. ۲- (إمص.) سیه‌چشمی.

حور hūr [ع.] (إ.) ۱ - زن سیاه چشم. ۲- زن بهشتی، هریك ازحورالعین. ضح.ـ درعربی «حور» جمع «حوراء» است بمعنی زنی سپیدپوست که سیاهی چشم وموی او بغایت باشد، ولی درفارسی آنرا مفرد گیرند ودر جمع «حوران» گویند و گاه یایی به «حور» افزایند و«حوری» گویند و سپس حوری را به «حوریان» جمع بندند. ‖ ــ عین. ← حورالعین (بخش ۲).

حورا hawrā(-ow-) [= ع. حوراء] ← حوراء.

حوراء hawrā'(-ow-) [ع.، ف.: حورا] (ص.) مؤنث «احور». ۱ - زنی که سیاهی چشمش بغایت باشد وسفیدی چشمش نیز بنهایت؛ زن سپید پوست سیاه‌چشم. ۲- زن بهشتی، هریك از حورالعین. ج. حور (hūr) (ه.م.)

حورافش hawrā-faš(-ow-) [ع.ـ ف.] (ص‌مر.) مانند حوراء، حوری‌سان.

حورسرشت hūr-serešt [ع.ـف.] (ص مر.) زنی که سرشتش از خمیرهٔ حوریان باشد؛ حورنژاد؛ زن بسیارزیبا.

حور نژاد h.-nežād [ع.ـف.] (ص مر.) زنی که ازتخمه و نژاد حوریان باشد؛ زن بسیار زیبا.

حور وش h.-vaš [ع.ـف.] (ص‌مر.) زنی که مانند حوریان باشد؛ زن زیبا.

حوری hūr-ī [ع.ـف.] (ص نسبـ.) یکی ازززنان بهشتی، یکتن ازحورالعین (← حور). ج. (ف.) حوریان.

حوزه hawza(howze) [= ع. حوزة] (إ.) ۱ - ناحیه. ‖ ــ علمیه. مرکز تحصیل علوم دینی: حوزهٔ علمیهٔ قم. ۲- جانب، طرف. ۳- وسط مملکت، میان کشور. ۴ - طبیعت.

حوش hawš(howš) [ع.] (إ.) ۱ - پیرامون، گرداگرد، اطراف خانه وسرای.

۲- چهار دیواریی که‌شبیه بکلبه باشد. ‖ ــــ و پوش. (اتباع) دار و دسته، اطرافیان.

حوصله hawsala(howsale) [= ع. حوصلة] (اِ.) ۱- چینه‌دان مرغ، ژاغر. ۲- بردباری، شکیبایی، تحمل.

حوصله داشتن h.-dāštan [ع.-ف.](مص ل.) ۱- تحمل‌داشتن، بردباری داشتن. ۲- حال و فرصت انجام دادن کاری داشتن.

حوض hawz(howz) [ع.](اِ.) ۱- جایی که‌برای نگاهداری آب سازند. ۲- آبگیر، تالاب؛ ج. احواض (ah-) وحیاض (hiyāz).

حوضچه h.-ča(-e)[ع.-ف.](اِمصغ.) ۱- حوض کوچك. ۲- لگنچه (فره.)

حوضخانه h.-xāna(-e) [ع.-ف.] (اِمر.) زیرزمین خانه که در آن‌حوض باشد.

حوضه hawza(howze) [از ع. حوض] (اِ.) ۱- عماری فیل که‌بصورت حوض سازند. ۲- اراضیی که توسط رودی‌یاشعب رودی مشروب‌شود. ضح.- این کلمه‌درقاموسهای‌معتبرعربی نیامده ولی‌در «دزی» مذکور است.

حوقله hawɣala(howɣale) (تد. [= حوقلة] (مص ل.) لاحول‌ولاقوة‌الابالله گفتن.

حوك hawk(howk) (ف. [ع.] (اِ.) (گیا.) ریحان (ه.م.)

حول haval [ع.] ۱- (مص ل.) لوچ بودن چشم، کج چشم بودن. ۲- (اِمص.) کج بینی، دوبینی.

حول hawl(howl) (تد. [ع.] ۱- (اِمص.) قوت، قدرت، توانایی. ۲- جودت‌نظر.

۳- (اِ.) قوه، نیرو. ۴- سال، سنه. ج. احوال (ah-). ۵- پیرامون، گرداگرد.

حوله hawla(howle) [از انگ. towel] (اِ.) پارچه‌ای که بدان صورت ودستهارا پاك وخشك كنند.

حومانه hawmāna(howmāne) (تد. ع. حومانة] (اِ.)(گیا.) یکی‌ازگیاهان[1] تیز؛ پروانه واران ویکی ازگونه‌های شبدر است؛ عوینه.

حومر hawmar(how- (تد [ع.] (اِ.)(گیا.) تمرهندی (ه.م.)

حومه hawma(howme) (تد. [= ع. حومة] (اِ.) ۱- معظم هر چیز (غم.) ۲- کارزار بزرگ (غم.) ۳- (ف.) اطراف وگرداگرد شهر.

حویج

حویج havīǰ [مخف. ع. حوایج] (اِ.) ۱- لوازم‌طبخ، حوایج‌آشپزخانه. ۲- (گیا.) گزر، زردك. ضح.- امروزه‌غالباً «هویج» نویسند ↓.

حویج خانه h.-xāna(-e) [از ع-ف.] (اِمر.) جایی که لوازم طبخ ومأکولات را ذخیره کنند.

حویجدار h.-dār [ازع.-ف. = حویج دارنده] (ص فا.، اِمر.) آشپز، طباخ.

حی hay(y) [ع.] ۱- (ص.) زنده؛ مق. میت، مرده. ج. احیاء (ah-). ۲- ازصفات خداوند تعالی است یعنی‌زندهٔ (جاوید). ۳- (اِ.) قبیله. ج. احیاء (ah-). ‖ ــــ ناطق. ۱- زندهٔ گویا. ۲- (کن.) انسان، بشر.

۱- حیا hayā [= ع. حیاء] ← حیاء.

۲- حیا hayā [ع.](اِ.) ۱- باران. ۲- فراخی سال.

۱- Trêfle bitumineux (فر.)

حیاء 'hayā [ع.،ف.:حیا] (إمص.) شرمساری، خجلت. ضح. ـ (فل.، اخلاق) انحصار نفس است دروقت استشعار از ارتکاب قبیح بجهت احتراز از استحقاق ندمت (اخلاق‌ناصری ۷۷؛فرع.،سج.)

حیات hayāt [=ع.حیاة، حیوة] ۱- (مصل.) زنده بودن. ۲ - (إمص.) زندگانی، زندگی، زیست؛مق. ممات. ‖ ـــ و ممات. زندگانی ومرگ.

حیات hayyāt [ع.] (إ.) ج.حیه (ه.م.)؛ مارها، ماران.

حیات انگیز h.-angīz [ع.ـف. = حیات‌انگیزنده] (صفا.) زندگی‌بخش.

حیات بخش h.-baxš [ع.ـف. = حیات‌بخشنده] (صفا.) زندگی‌بخش.

حیادار hayā-dār [ع.ـف.=حیا دارنده] (صفا.) شرمگین، باحیا.

حیازات hiyāz-āt [ع.] (مص.، إ.) ج.حیازت (ه.م.) ۱- گردآوردنها، جمع آوریها. ۲- (قد.) مراتع اختصاصی که دربعضی نواحی (مانندکرج و نهاوند) بچراندن گله‌های خلیفه اختصاص داشت.

حیازت hiyāzat [= ع.حیازة] ۱- (مصم.) جمع کردن، گردآوردن. ۲ - فراهم ساختن، بدست آوردن. ج. حیازات.

حیاصه hiyāsa [=ع.حیاصة] (إ.) دوالی که بدان تنگ زین بندند.

حیاض hiyāz [ع.] (إ.) ج. حوض (ه.م.)؛آبدانها، آبگیرها، تالابها.

حیاط hayāt [ازع. hiyāt ↓] (إ.) صحن خانه، زمین برابرساختمان که دور آن دیوار باشد. ضح. ـ این کلمه لفظاً ومعناً تصرفی‌است درحیاط (hiyāt) عربی ↓.

حیاط hiyāt [ع.] (إ.) ج.حائط (حایط). ۱ - دیوارها. ۲ - بستانها.

حیاطت hiyātat [= ع.حیاطة] ۱ - (مصم.) پاس‌داشتن، نگه داشتن، حفظ کردن، تعهد کردن. ۲ - (إمص.) پاسداری، نگهداری.

حیاکت hiyākat [=ع.حیاکة] ۱ - (مص م.) بافتن. ۲ - (إمص.) بافندگی، جولاهی.

حیاکردن hayā-kardan [ازع.ـف.] (مصل.) شرم‌کردن، شرم‌داشتن، خجالت‌کشیدن.

حیتان hītān [ع.] (إ.) ج.حوت؛ (ه.م.)؛ ماهیان، ماهیها.

حیث hays(heys [ع.hayθo تد.] (إ.) ۱ - جا، هرجا، هرکجا. ۲ - جهت، لحاظ. ‖ از ـــ. از جهت، از لحاظ. ‖ بهـــ. بجهت، بلحاظ.

حیثیات hays-īyyāt(hey-) [ع.] (إ.) ج.حیثیت (ه.م.) ‖ دلیل (برهان) ـــ. (فل.) دلیلی است بمنظور ابطال تسلسل: هرگاه دوحیثیت غیر متناهی مترتب موجود باشند (یعنی حیثیات علل ومعلول) چنانکه هر یك از جهتی علت و ازجهتی دیگر معلول باشد (علت لاحق ومعلول سابق خود) ودوحیثیت‌که یکی حیثیت علت بودن ودیگر حیثیت معلول بودنست موجود باشد، میان هرحیثیت وحیثیت دیگر ازآن‌سلسله‌متناهی‌خواهد بودوبنا براین همهٔ آن سلسله متناهی است (اسفار۲: ۱۳۰؛دستور۲: ۶۷؛فرع.،سج.)

حیثیت hays-īyyat(hey-) [= ع حیثیة] (مص‌جع.) ۱ - وضع، اسلوب. ۲ - اعتبار، آبرو. ج.حیثیات(ه.م.)

حیدر haydar(hey-) [ع.] (إ.) ۱ - شیر، اسد. ۲ - لقب علی۴ بن ابی‌طالب.

حیدری (-haydar-ī(hey [ع.ـ ف.] (ص نسبـ.) منسوب به حیدر (قطب الدین) (← بخش ۳) ، پیرو طریقت حیدری ؛ مق. نعمتی .

حیران (-hayrān(hey [ع.](ص.) سر گردان، سر گشته ،خیره، متحیر.

حیران ماندن h.-māndan [ع.ـ ف.](مص ل.) سر گردان ماندن، سر گشته ومتحیر ماندن.

حیرت (-hayrat(hey [= ع . حیرة] ۱ - (مص ل.) سر گشته شدن، سر گردان گشتن. ۲-(إمص.) سر گشتگی، سر گردانی، خیر گی. ۳- (تصـ.) امریست که وارد میشود بردلهای عارفان بهنگام تأمل وحضور و تفکر آنان و ایشانرا از تأمل و تفکر حاجب گردد .

حیرت آباد h.-ābād [ع.ـ ف.] (إمر.) جایی که کسان در آن متحیر گردند؛ محل سر گردانی.

حیرت آور h.-āvar [ع.ـ ف.= حیرت آورنده] (ص فا.) تعجب آور، حیرت انگیز .

حیرت انگیز h.-angīz [ع.ـ ف.= حیرت انگیزنده] (ص فا.) تعجب انگیز، حیرت آور .

حیرت زده (h.-zada(-e [ع.ـ ف.] (ص مر.) متحیر ، سر گشته : «باقیافهٔ حیرت زده .»

(**حیز**) hīz ← هیز.

حیز hayyez [ع.] (إ.) ۱- جای ، مکان، محل. ۲ - کرانهٔ هرچیز. ۳ - (فل.) سطح باطنی جسم حاوی که مماس سطح ظاهری جسم محوی است. ۴ - (فل.) مکان. ضح.- ابن سینا «حیز» را اعم از مکان داند، زیرا حیز شامل وضع هم میشود مثلا فلك الافلاك دارای حیز ودرحیز است ودرمکان نیست، زیرا ورای آن جسمی نیست که مماس با آن باشد.

(شفا ۱: ۱۸۵، ۱۶۴، ۱۴۴؛ دستور ۲: ۶۸؛ فرع.، سج.)

حیص (hays(heys [ع.] ۱-(مص ل.) کنار افتادن، بیکسو شدن. ‖ ~ بیص. گیر و دار ، سختی و تنگی ، جنگ و غوغا .

حیض (hayz(heyz [ع.] ۱-(مص ل.) خروج خون از زن هرماه یك بار بمدت چند روز متوالی، قاعده شدن زن. ۲ - (إمص.) قاعدگی، بی نمازی زن ، عادت (هـ.م.)

حیضه (hayza(heyze (تد. [= ع. حیضة] ۱ - (مص ل.) سنگین وسدشدن معده از غذای ناگوار . ۲ - (إ.) یك دفعه از دفعات خون حیض.

حیضی (-hayz-ī(hey [ع.ـ ف.] (ص نسبـ.) ۱ آنکه نطفهٔ وی بهنگام حیض مادر انعقاد یافته. ۲-بدکار، بدکردار، شرور.

حیطان hītān [ع.] (إ.) ج. حائط (حایط) (هـ.م.) ؛ دیوارها.

حیطه (hīta(-e [= ع. حیطة] ۱ - (مص م.) حفظ کردن، در پناه گرفتن ، نگاهبانی کردن . ۲ - (إ.) هر جای احاطه شده، زمینی فراخ که اطراف آنرا احاطه کرده باشند؛ دیوار بست.

حیف (hayf(heyf [ع.] ۱-(إمص.) ظلم، جور، ستمگری. ۲-افسوس، دریغ. ‖ ~ بودن. جای دریغ و افسوس بودن: «حیف است از او که تنبلی میکند.»

حیل hiyal [ع.](إ.) ج. حیله (هـ.م.) ۱-چاره‌ها، چاره گریها، دستانها. ۲ - فنی که عبارتست از معرفت اصولی که بدان بر اعمال عجیب و غریب دست یابند. ۳-فن مکانیك .

حیلت hīlat [= ع. حیلة ← حیله] ۱- (إمص .) قدرت، توانایی ۲ - حذاقت، جودت نظر. ۳ - (إ.) چاره. ۴ - مکر، فریب، تزویر .

حیلت گر h.-gar [= حیله گر، ع.ـ

ف.] (صفا.) حیله گر (ه.م.)

حیله hīla(-e) [= ع. حیلة ← حیلت] حیلت (ه.م.)

حیله باز h.-bāz [ع.-ف. = حیله بازنده] (ص فا.) چاره گر، مکار، فریبنده، محیل.

حیله کار h.-kār [ع.-ف.] (ص فا.) حیله گر، مکار، محیل.

حیله کاری h.-kār-ī [ع.-ف.] (حامص.) حیله گری، مکاری.

حیله کردن h.-kardan [ع.-ف.] (مص ل.) ۱ - چاره کردن. ۲ - افسون کردن، نیرنگ زدن.

حیله گر h.-gar [= حیلت گر، ع.-ف.] (ص فا.) حیله باز، مکار، فریبنده.

حیله گری h.-gar-ī [ع.-ف.] (حامص.) حیله بازی، مکاری.

حیله ناک h.-nāk [ع.-ف.] (ص مر.) ۱ - چاره گر، چاره ساز. ۲ - باحیله، محتال، مکار.

حین hayn (heyn. تد.) [ع.] (ا.) هلاك، مرگ. ۲ - محنت.

حین hīn [ع.] (ا.) هنگام، وقت، مدت؛ ج. احیان (ah-).

حیوان hayavān, hayvān (hey-) [hayavān ع.] (ا.) جانور (ه.م.)؛ ج. حیوانات. ضح. - (فل.) حیوان جوهر یا جسم نامی متحرك بالاراده است (فرع.، سج.) ‖ آب ~ . آبزندگی (← بخش ۳). ضح. - تادورهٔ مغول بمعنی جانور غالباً hayavān وبمعنی آب زندگی hayvān آورده اند. ‖ ~ ناطق. انسان، بشر.

حیوانات hayvān-āt (hey-) [ع.] (ا.) ج. حیوان (ه.م.)؛ جانوران، جانداران.

۱ - حیوانی hayvān-ī (hey-) [= ع. -īyy] (ص نسب.) منسوب به حیوان؛ جانوری؛ زندگانی حیوانی، نفس حیوانی. ۲ - شهوانی، نفسانی.

۲ - حیوانی hayvān-ī (hey-) [ع.-ف] (حامص.) حیوان بودن، ماهیت جانور داشتن.

حیوانیت hayvān-īyyat (hey-) [= ع. حیوانیة] (مص جع.) طبیعت و صفت حیوان داشتن، مانند جانور زندگی کردن؛ مق. انسانیت.

حیوة hayāt [ع. = حیاة] ← حیات.

۱ - حیه hayya(-e) [= ع. حیة] (ص.) مؤنث حی (ه.م.)؛ زنده: ملل حیه.

۲ - حیه hayya(-e) [= ع. حیة] (ا.) مار، افعی. ج. حیات (hayyāt) وحیوات (hayavāt) (غم.).

خ x (حر.) **الف**-خ(x) -حرف نهم از الفبای فارسی وحرف هفتم از الفبای عربی، ویکی ازحروف صامت ، وآن خا وخاء تلفظ شود ، وعدد آن در حساب جمل ۶۰۰ است. ب-**خو**(xv) - رك.خو.

۱- خا xā [= خاء]← خاء.

۲-خا xā [= خای؛ رِی .خاییدن] (اِفا .) درتر کیب بمعنی«خاینده» آید، آنکه چیزی را بخاید : انگشت خا ، شکرخا .

خاء xā' [ع.،ف.؛خا] (حر.) حرف نهم ازالفبای فارسی و حرف هفتم از الفبای عربی ← خ.

خائب xāeb [ع.=خایب]←خایب.

خائف xāef [ع.=خایف]←خایف.

خائض xāez [ع . =خایض] ← خایض .

خائن xāén [ع.=خاین]←خاین.

خائنانه xāen-āna [ع.-ف. = خاینانه] ←خاینانه .

خائیدن xā'-īdan [= خاییدن]← خاییدن.

خاب xāb (ص.،اِ.) بازپس افکنده .

خابیه xābiya(-e) [= ع. خابئة] (اِ.) خم، خنب .

خات xāt [= خاد] (اِ.)(جا ن.)زعن، غلیواج، موش گیر، حدأه .

خاتم xātam [ع.](اِ.)۱-انگشتری، انگشتر. ۲ - مهر، نگین . ج.خواتم. ۳ - (کن.) دهان‌معشوق. ۴ - بازپسین، آخرین: خاتم‌انبیا. ۵-اسبابی که‌ازعاج فیل واستخوان شتروجزآن ساخته‌وبر آن گلها و تصاویر چند نقش کنند : جعبهٔ خاتم ، قلمدان خاتم . ۶-(تص.)

خاتم

آنست که سالك قطع‌مقامات کرده باشد بتمامی‌وبلوغ‌یافته‌بنهایت(ازاصطلاحات شاه نعمة‌الله ۶۷ ؛ فرع ،سج.) ‖ ــــِ زمردین. (کن.) آسمان.

خاتم xātem [ع.] ۱ - (إفا.، ص.) ختم کننده. ۲ - (إ.) پایان، عاقبت.

خاتم‌بستن xātam-bastan [ع.-ف.] (مص‌م) توسط‌عاج واستخوان‌شتر وغیره نقوش وگلهایی برسطح چیزی ایجاد کردن؛خاتم کاری‌کردن.

خاتم بند x.-band [ع.- ف.] (ص مر.) آنکه از عاج فیل و شتر و چوب و جزآن گلها و نقوشی برسطح چیزی ایجاد کند .

خاتم بندی x.-band-ī [ع.-ف.] (حامص.)شغل‌وعمل‌خاتم بند(ه.م.) ؛ خاتم کاری .

خاتم ساز x.-sāz [ع.-ف. = خاتم‌ـ سازنده] (ص‌فا.) خاتم بند (ه.م.)

خاتم سازی x.-sāz-ī [ع.-ف.] (حامص.) شغل و عمل‌خاتم‌ساز(ه.م.)؛ خاتم‌بندی.

خاتم‌کار x.-kār [ع.-ف.](ص‌شغل.) خاتم‌بند (ه.م.)

خاتم کاری x.-kār-ī [ع.-ف.] (حامص.) شغل و عمل‌خاتم‌کار(ه.م.)؛ خاتم‌بندی .

خاتمه xātema(-e) [=ع.خاتمة] ۱ - (إفا.) مؤنث خاتم (ه.م.) ۲-(إ.) پایان ، انجام . ج.خواتیم . ‖ ــــِ خدمت. پایان کار وخدمت (مثلاً در سربازی): ورقهٔ خاتمهٔ خدمت.

خاتمه دادن x.-dādan [ع.-ف.] (مص‌م.) پایان دادن امری را، بپایان رسانیدن .

خاج (گیاه)

خاتون xātūn [تر. = معر.خاتون] (إ.) ۱ - بانوی عالی‌نسب. ۲ - خانم، بانو ، کدبانو . ج.خاتونان (بسیاق فارسی)، خواتین (بسیاق عربی).

۱ - خاج xāǰ ۱ - (پز.)نرمهٔ گوش. ۲ - (گیا.) گیاهی[۱] ازتیرهٔ روناسیان که‌پایاست، وارتفاعش۲۰تا۷۰سانتیمتر است و بطور خودرو در کنار جاده‌ها واماکن مرطوب ودر جنگلهامیروید. رنگ برگهایش سبززیتونی وگلهایش زردرنگ وکوچك ومتعدداست و بوی خاصی دارد .

۲ - خاج xāǰ [ارمنی xač] (إ.) صلیب، چلیپا . ‖ ــــِ اعظم . صلیبی که عیسی را بدان دارکشیدند.

خاخام xāxām (إ.) پیشوای دینی یهود، ربانی، ربن.

خاد xād [= خات] (إ.) (جا.ن.)زغن (ه.م.)

خادر xāder [ع.](ص.) ۱-پرده‌نشین. ۲- سست ،کسل. ۳ -متحیر،سرگشته.

خادع xāde' [ع.](إفا.،ص.)فریبنده، خدعه کننده .

خادم xādem [ع.] (إفا.، إ.) ۱ - خدمت‌کننده، خدمتگزار ، مستخدم . ج.خدام(xoddām)، خدم(xadam)، خادمین. ۲- خصی،خواجه، خایه‌کننده. ۳ - (تص.) کسی که مقیم خانقاه‌باشد وخدمت اهل‌الله وواردان در خانقاه را کند وخدمت مرشد را بعهده‌گیرد (از فرع.،سج.)

خادم باشی x.-bāšī [ع.-تر.] (إمر.)رئیس‌خادمان،رئیس‌خدمتگزاران (صفوی) .

خادمه xādem-a(-e) [=ع.خادمة] (إفا.) مؤنث خادم (ه.م.) ، خدمتکار

۱-Galium cruciata(.لا), croisette(.فر)

زن، کلفت. ج. خادمات.

خادمین xādem-īn [ع.] (إفا.) ج. خادم (ه.م.)؛ خدمتگزاران : خادمین درگاه.

خادمیت xādem-īyyat [= ع. خادمیة] (مصجع.) خادم (ه.م.) بودن.

خاده xāda(-e) (إ.) ۱ - چوبی بلند وراست که کشتی با نان بدان کشتی را رانند. ۲ - چوبی که جاروبی برسر آن بندند و دیوار وسقف را بدان جاروب کنند. ۳ - هرچوب راست و بلند. ۴ - چوب‌دار (اعدام). ۵ - چوب سفیدار (ه.م.)

۱ - خار xār [په. xār] (إ.)(گیا.) ۱ - گیاهی که دارای شاخه‌های باریك ونوك تیز وخراشنده است؛ شوك. ۲ - هریك از سیخهای نوك تیز شاخه‌های درختان؛ تیغ درخت. ۳ - هرچیز نوك تیزوخراشنده. ۴ - (پز.) هریك از تیغهای مهرهٔ گردن.

۲ - خار xār [= خاره = خارا] (إ.) خارا (ه.م.)

خارا xārā [= خاره = خار، په. xār] (إ.) (زم.) سنگی است از دستهٔ سنگهای آذرین درونی که خود دستهٔ مشخصی را بنام سنگهای خارایی تشکیل میدهد. سنگی است سخت ومرکب از بلورهای اصلی کوارتز، فلدسپات و میکا که برنگهای خاکستری وپشت گلی وسبز دیده میشود؛ گرانیت[۱]. ۲ - نوعی از بافتهٔ ابریشمی که مانند صوف موج‌دار است و مخطط؛ عتابی. ۳ - (مس.) نغمه‌ایست ازموسیقی. ← نوروزخارا.

خاراگوش x.-gūš (إمر.) (گیا.) گیاهی است[۲] از تیرهٔ مرکبان که پایاست وارتفاعش از ۵۰ سانتیمتر تا یك متر متغیر است. برگهایش متناوب وپهنکش دارای بریدگیهای بسیارمیباشدو گلهایش زرد رنگ است ودر آخر تابستان پدید شوند؛ افسنتین، کشوث رومی.

خاراندن xār-āndan [= خارانیدن] (مصم.؛ ل.: خاریدن) (خاراند [-nd]، خاراند [-nad]، خواهد خاراند، بخاران، خاراننده، خارانیده) باسرناخن روی پوست بدن (خودیادیگری) کشیدن؛ خارش‌دادن.

خارانما x.-na(o)mā (صفا.، صمر.) (زم.) مانند خارا. ضح. - فرهنگستان این کلمه رابجای granitoïde (فر.) پذیرفته‌است.

خارانو xārānū (إ.) (جان.) جوجه‌تیغی (ه.م.)

خارانیدن xār-ānīdan [= خاراندن] (مصم.) خاراندن (ه.م.)

خارایی xārā-yī (ص نسب.) (زم.) از جنس خارا؛ گرانیتی. ضح. - فرهنگستان این کلمه را بجای granitique (فر.) پذیرفته‌است.

خار اشتر xār-oštor [= خارشتر] (إ.) (گیا.) جنسی از خاراست که شتر آنرا برغبت خورد؛ خارشتر (ه.م.)، شترخار، اشترخار.

خار انداز x.-andāz [= خار اندازنده] (صفا.، إمر.) (جان.) نوعی خارپشت که خارهای خود را مانند تیراندازد؛ قنفذ.

خار بادرنگ xār-bādrang [= خیار بادرنگ] (إ.) (گیا.) خیاربادرنگ (ه.م.)

خار بست xār-bast (إمر.) دیواری کوتاه که ازخار وخاشاك بدور مزرعه وباغ سازند؛ خاربند، خارچین.

خاربن x.-bon (إمر.) (گیا.) بوتهٔ

---

۱ - Granite (فر.) ۲ - Absinthe commune (فر.)

خار، گیاه خار دار.

خار پشت xār-pošt (اِمر.) (جا ن.) جوجه تیغی (ه‍.م.)

خارپوست xār-pūst (اِمر.)(جا ن.) جانوری که پوستش دارای خاراست. ‖ **خار پوستان.** ج.خارپوست. (جا ن.) شاخه‌ای[1] ازجانوران دریایی که پوست بدنشان ازخارهای بسیار پوشیده شده ودارای تقارن شعاعی میباشند.

خارج xāreǰ [ع.] ۱ - (اِفا.)خروج کننده، شورش کننده، عاصی. ۲ - (اِ.) بیرون، برون، ظاهر؛مق. داخل،درون. ۳- (فل.) جهان بیرون؛ مق. ذهن، چنانکه گویند اشیا در خارج منشاء اثرند.

خارپشت

خارج آهنگ x.-āhang [ع. - ف.] (ص‌مر.) ۱- (مس.)مخالف‌آهنگ موسیقی، ناساز. ۲ - (مج.) ناموافق، ناهماهنگ.

خارج خواندن x.-xāndan [ع.- ف.] (مس.) خارج شدن خواننده از آهنگ موسیقی.

خارج شدن x.-šodan [ع.-ف.] (مص ل.) ۱ - بیرون شدن، بیرون رفتن (ازخانه، شهر و غیره). ۲ - ترك کردن (اداره، مؤسسه وغیره).

خارجه xāreǰ-a(-e) [=ع.خارجة] (اِ.) ۱ - مؤنث خارج (ه‍.م.) : دول خارجه. ضح. - درفارسی بهمین صورت پذیرفته شده صرف‌نظراز تأنیث آن: «کسانی که در خارجه هستند...» ۲ - خارج ازمملکت، بیگانه: دول‌خارجه، اتباع خارجه. ۳ - پاورقی کتاب.

خارجی xāreǰ-ī [ع.-ف.= ع. -ǰīyy] (ص‌نسبـ.) منسوب به‌خارج و خارجه. ۱ - بیرونی،ظاهری؛مق.داخلی(فره.): در خارجی. ۲ - کسی که از کشور بیگانه باشد؛ تابع مملکت بیگانه: دولت خارجی. ۳- خروج کننده، آنکه مخالفت خلیفه یا پادشاه یا جمهورملت کند. ج.خوارج. ۴ - پیرومذهب‌خوارج (← بخش ۳). ج.خوارج.

خارجیه xāreǰ-īyya(-e) [= ع. خارجیة] (ص نسبـ.) مؤنث خارجی (ه‍.م.) ‖ قضیهٔ ~. (منط.)قضیه‌ایست که‌مصادیق‌موضوع آن موجود درخارج باشد ویا حکم برمصداق خارجی شده باشد، چنانکه گفته‌شودجسم جوهریست ملموس و ذو وزن که در خارج این اوصاف برای جسم هست نه در ذهن (دستور۲: ۷؛فرع.، سج.).

خار خار xār-xār [← خاریدن] ۱ - (اِ.) خارش تن. ۲ - تعلق خاطر که ضمیر آدمی را بر طلب و کنجکاوی وادارد؛ خلجان، اضطراب.

خارخسک x.-xasak (اِمر.) ۱ - (گیا.) گیاهی است[2] بیابانی از تیرهٔ گواچها. شاخه‌هایش‌روی زمین‌میخوابد وخارهای سه‌پهلودارد؛ حسك، سه‌کوهك، شکرخنج. ۲- (کن.) (عم.) شخص‌مزور ومردم آزار.

خار دار x.-dār [=خاردارنده] ۱- (ص‌فا.)۱-چیزی‌که دارای خار وشوك باشد؛ خارآور: سیم‌خاردار. ۲-(اِمر.) (جا ن.) کرمی که درمصروهندوستان‌زیاد دیده‌میشود وازمهمترین آفات‌پنبه‌است.

خارسان x.-sān [= خارستان] (اِمر.) جای‌پرخار، خارزار، خارستان.

خارستان x.-estān (اِمر.) جای پرخار، خارزار، خارسان.

خارش xār-eš [← خاریدن] ۱ - (اِمص.) عمل خاریدن. ۲ - (اِ.)(پز.)

۱— Echinodermes (فر.)　۲— Tribulus terrestris (لا.)

گری ، جرب، حکه، سودا. ۳ - (پز.) مرضی است که در گلو عارض میشود ؛ خناق.

خار شتر [= خاراشتر] xār-šotor (اِمر.) (گیا.) گیاهی است خاردار[1] از تیرهٔ مرکبان، دارای گلهای خوشه‌یی برنگ سرخ یا سفید. ارتفاعش به نیم‌متر میرسد . در خراسان و آذربایجان وافغانستان از آن ترنجبین گیرند ؛ اشترخار، خاراشتر ، اشترگیا.

خارش‌کردن xāreš-kardan [← خارش] (مص ل.) خاریدن (ه.م.)

خارصینی xār-sīnī (اِمر.) روی (ه.م.)

خارق xāreγ [ع.] ۱ -(اِفا.) پاره کننده، ازهم درنده ۲- آنچه که برخلاف نظم عمومی‌وجریان‌طبیعی امور باشد؛هرچه که نظام‌عمومی‌را برهم‌زند. ج.خوارق. ‖ ~ عادت. ۱ - آنچه که بر خلاف عادت باشد؛خارق‌العاده. ۲-امری‌عجیب وغیر معتاد که ازپیغمبر، امام‌ویا ولی سرزند؛ معجزه، کرامت،خارق‌العاده.

خارك xār-ak [← خار] (اِمصغ .) ۱ - خارکوچك . ۲ - (گیا.) نوعی خرمای زرد وخشك؛ خرك .

خارکش xār-kaš(-keš) [= خار کشنده] ۱-(ص‌فا.) کسی که‌خارهارا جمع آورد وبرای‌فروش حمل‌کند؛ خارکن. ۲- (اِمر.)(مس.) آهنگی‌است‌درموسیقی قدیم← خارکن.

خارکش x.-koš [← خارکشنده] (ص‌فا.،اِمر.) کفشی که روی موزه بپا کنند؛سرموزه .

خارکن xār-kan [= خارکننده] (ص‌فا.) آنکه خاررا اززمین میکند، خارکش ؛ « خارکنی رادیدم که پشتهٔ خار فراهم آورده . » (گلستان) ۲ - (اِمر.)بوتهٔ‌پرخار. ۳-(مس.) آهنگی‌در موسیقی قدیم ← خارکش(kaš-).

خار ناك x.-nāk (اِمر .) جایی که خاربسیار باشد؛ پرخار.

خاره xār-a(-e) [= خارا](اِ.) ۱- (زم.) سنگی است سخت، خارا (ه.م.) ۲ - زن؛مق. مرد. ۳ - پتك؛مق.سندان. ۴ - آلتی‌مرکب‌از مویهای‌درشت‌وخشن مانند ماهوت پاك کن.

خاریدن xār-īdan [← خار](خارید، خارد، خواهد خارید، بخار، خارنده ، خاریده ، خارش) ۱ - (مص‌ل.) پوست بدن را با ناخن یاچیز دیگر چند بار مس کردن برای تسکین حس‌مخصوصی که ازگزیدن شپش یاکیك یا چرکین بودن بدن یا بعلت‌بعضی بثورات‌حاصل شود: تنم‌میخارد. ‖ تنش‌میخارد. (عم.) میل بکتك خوردن دارد. ۲- (مص‌م.) خاراندن : « کس نخارد پشت‌من ، جز ناخن انگشت من.»

۱ - خاز xāz (اِ.) نوعی پارچهٔ کتانی مانند متقال.

۲ -خاز xāz (اِ.)چرك(بدن وپارچه)، ریم .

خازن xāzen [ع.] (اِفا .) متصدی خزانه، خزانه‌دار، نگهبان خزینه.ج. **خزنه** (xazana)،خزان(xozzān)، خازنین .

خازنه xā-zana(-e) [= خواهرزن] (اِمر.) خواهرزن .

خازه xāza(-e) (اِ .) ۱ - سرشته ، خمیر کرده. ۲ - گلی که بدیوارمالند.

خاست xāst [← خاستن] (مص‌خم.، اِمص .) عمل خاستن (ه.م.) : خفت و خاست .

خاستگاه x.-gāh (اِمر.)مبدأ[2](فره.)

خاستن xās-tan [په . xāstan]

۱- Alhagi camelosum(.لا)

۲- Origine(.فر)

خاسته

(مصل.)(خاست،خیزد، خواهد خاست، بخیز ، خیزنده،خیزان.خاسته)۱-بلند شدن، برخاستن. ۲ - پدید آمدن،ظاهر شدن ۳ - زایل شدن، ازبین رفتن.

خاسته xās-ta(-e) [← خاستن] (إمف.) ۱ - بلندشده، برخاسته . ۲ - پدید آمده، ظاهر شده.

خاسر xāser [ع.](إفا.،ص.)زیانکار، زیان رسیده،خسران دیده.ج.خاسرین.

۱- خاش xāš [=خاشه] (إ.) ۱ - ریزهٔ چوب و علف ، ریزهٔ دم مقراض وامثال آن.

۲- خاش xāš [=خش=خشو= خوشه] (إ.) مادرزن، مادرشوهر.

۳ - خاش xāš (إ.) کسی که محبت بافراط دارد؛ عاشق شوریده.

خاشاك xāš-āk [←خاش،خاشه] (إ.)ریزهٔچوب وعلف وکاه،خار وخس.

خاشع xāše' [ع.] (إفا.،ص.)۱-آنکه اظهار فروتنی کند ؛ فروتنی کننده . ضح.- (فل. ، اخلاق) متواضع بوسیلهٔ قلب وجوارح‌را گویند (دستور۲:۷۵؛ فرع.،سج.) ۲- شکسته دل، تیماردار. ۳ - ترسکار ، ترسان . ج.خاشعون ، خاشعین.

خاشك xāš-ak [=خاشه](إ.) ← خاشاك.

خاشه xāša(-e) [=خاش] (إ.)← خاشاك، خاش.

خاشه روب x.-rūb [=خاشه‌روبنده] (صفا.)کسی که خیابانها وکوچه‌ها را پاك کند، مأمور نظافت اماکن عمومی؛ سپور.

خاص xās(s) [ع.] (ص.) ۱-مخصوص، ویژه، اختصاصی؛مق.عام. ۲ - ممتاز، اعلی. ۳ - برگزیدهٔ قوم . ‖ ~ وعام. همهٔافراد ،افرادبرگزیده‌وافراد عادی. ۴ - (فل.،منط.) امری که نسبت بامر دیگر محدودتر و کم وسعت‌تر باشد، مانند انسان نسبت بحیوان، که انسان خاص است وحیوان عام . ۵ - مال متعلق بشاه؛مق. خرجی. ‖ ~ وخرجی. ۱ - مخصوص‌وممتازومتعارفی ومعمول. ۲ - اموال‌واملاك شاه‌وبیت‌المال رعایا . ۳ - خالصه . ۴ - قسمی پارچهٔ تافته.

خاصره(استخوان لگن)

خاصره xāser-a(-e) [= ع.خاصرة] (إ.) (جان.) استخوانی‌است‌مسطح‌وپهن ودرشت که‌بدورخودپیچ‌خورده‌وشبیه‌بیك بال‌میباشد ، و آن‌با استخوانی دیگر نظیرخود واستخوان‌خاجی‌لگن‌خاصره رامیسازد[1]. ‖ لگن ~ .(جان.) ↑ .

خاصگی xāssa(e)g-ī [ع .-ف.← خاصه](ص‌نسبـ.) ۱ -ندیم‌پادشاه ،مقرب سلطان . ۲ - خزینه دار . ۳ - کنیزك زیبا. ج.خاصگیان. ۴ - هرچیز نفیس.

خاصه xāssa(-e) [= ع. خاصة]۱- (إ.) خاص، ویژه،مخصوص. ۲- مقرب پادشاه، ندیم. ج.خواص. ۳- برگزیدهٔ قوم، شریف ؛مق. عام،عامه . ۴- (مذ.) شیعه؛مق. عامه،اهل سنت. ۵- پارچه‌ای مخصوص‌که درهندوستان میبافند. ۶ - وضعی‌که اختصاص بشیء داشته باشد. ۷ - (منط.) کلیی‌است محمول و مقول بر افراد حقیقت واحده بر نحو حمل عرضی، مانند کاتب نسبت بانسان‌تنها و یا کاتب بالفعل نسبت بافراد کاتب بالفعل (فرع.،سج.) ۸-←خاص۵. ۹- خالصه. ‖ ~ وخرجی . ← خاص وخرجی. ۱۰- (ق.) خصوصاً،مخصوصاً: «درودبربرگزیدگان‌وپاکان...بادخاصه بربهترین خلق خدا محمد...»(مقدمهٔ شاهنامهٔ ابومنصوری)

۱–Hanche(فر.)

خاصةً xāssat-an [ع.] (ق.) مخصوصاً، بویژه.

خاصیات xāss-īyy-āt [ع.] ج. خاصیت (ه.م.)

خاصیت xās(s)-īyyat [= ع. خاصیة] (مص جع.، إ.) ۱ - طبیعت، خوی، سجیه، خاصه. ۲ - فایده، اثر. ج. خصائص (خصایص)، خاصیات. ضح. - درعربی xāssīyyāt تلفظ شود ودر فارسی غالباً xāsīyyat.

خاضع xāze' [ع.] (إفا.، ص.) فروتنی کننده، فروتن، افتاده؛ ج. خاضعین.

خاطیء xāte' [ع.] ← خاطی.

خاطب xāteb [ع.] (إفا.، ص.) ۱ - خطبه خواننده، خطیب، سخنران. ج. خطباء. ۲ - خواستگار.

خاطر xāter [ع.] ۱ - (إفا.، إ.) آنچه که بقلب خطور کند، آنچه که در دل گذرد؛ اندیشه، فکر. ۲ - (إ.) دل، قلب، ضمیر، ذهن. ۳ - قریحه (شعر). ۴ - حافظه، یاد. ۵ - (فل.) حرکت نفس برای تحصیل دلیلی وآن در حقیقت عبارتست از خاطر ببال و حاضر نزد نفس، الا آنکه چون نفس محل آن معنی است که خاطر ببال است، نفس را خاطر گفته اند از باب نامگذاری محل باسم حال (اسفار ۱: ۳۲۶؛ فرع.، سج.) ۶ - (تص.) خطابی است که بقلب وارد شود اعم از آنکه ربانی بود یا ملکی یا نفسانی یاشیطانی، بدون آنکه در قلب اقامت نماید؛ یاواردیست که بدون سابقهٔ تفکر وتدبر درقلب وارد شود (دستور ۲: ۷۷؛ لمع ۳۴۲؛ فرع.، سج.) ج. خواطر. ‖ ~ حقانی. (تص.) علمی است که حق تعالی بیواسطه دردل اهل قرب وحضور قذف کند (مصباح الهدایه ۵۶؛ فرع.، سج.) ‖ ~ شیطانی. (تص.) خاطریست که داعی برمناهی ومکاره بود (از کشاف ۴۱۶)، وآن داعی برمخالفت حق است (فرع.، سج.) ‖ ~ ملکی. (تص.) خاطری که از ملك (فرشته) بود و آن باعث برمندوب است (فرع.، سج.) ‖ ~ نفسانی. (تص.) خاطری که از نفس است، ودر آن حظ نفس باشد؛ هاجس (فرع.، سج.)

خاطر آزار x.-āzār [ع.-ف. = خاطر آزارنده] (ص فا.) ناراحت کنندهٔ خاطر، آزاررسانندهٔ خاطر، امرغیرمطبوع.

خاطر آزرده x.-āza(o)rda(-e) [ع.-ف.] (ص مف.) ملول، متأثر.

خاطرآسوده x.-āsūda(-e) [ع.-ف.] (ص مف.) کسی که او را رنجی وناراحتیی نباشد، بی دغدغه؛ مق. خاطر آشفته.

خاطرآشفته x.-āšofta(-e) [ع.-ف.] (ص مف.) کسی که خاطرش پریشان باشد؛ آشفته خاطر، پریشان دل، مشوش؛ مق. خاطر آسوده.

خاطرپریش x.-parīš [ع.-ف. = خاطر پریشنده] (ص فا.) ملول کننده، امرغیر ملایم، نامطبوع؛ سخنان خاطرپریشان.

خاطر پسند x.-pasand [ع.-ف.] (ص مر.) دلپذیر، مطبوع، جذاب.

خاطرجمع x.-ǰam' [ازع.] (ص مر.) دل آسوده، بی تشویش، مطمئن، آسوده - خاطر: «خاطر جمع بود که موفق خواهد شد.»

خاطر جمعی x.-ǰam'-ī [ع.-ف.] (حامص.) خاطر جمع (ه.م.) بودن، اطمینان، آسودگی خاطر.

خاطرخواه x.-xāh [ع.-ف.] ۱ - [= خاطرخواهنده] عاشق، محب. ۲ - [= خاطرخواسته] (ص مف.) مورد علاقه، مطابق میل.

خاطرخواهی

خاطر خواهی x.-xāh-ī [ع.ف.] (حامص.) عشق، علاقه، محبت.

خاطر نشان x.-nešān [ع.ـ ف.] (إمر.) مرکوز خاطر، مرکوز ذهن ، خاطرنشین.

خاطف xātef [ع.] ۱-(إفا.) رباینده. ۲ - آنچه که چشم را خیره کند: برق خاطف. ۳ - تیری که بزمین اصابت کند وسپس بسوی هدف رود. ج. خواطف.

خاطی xātī [= ع. خاطیء] (إفا.) خطاکننده ، خطاکار.

خافض xāfez [ع.] (إفا.) پست کننده، خوار کننده، فرود آرنده.

خافق xāfeγ [ع.] (إفا.، ص.) ۱ - بنرمی زننده (ضارب)(غم.) ۲-مضطرب. ۳-غایب، پنهان. ۴ - خالی (مکان).

خافقان xāfeγ-ān [ع.] (إ.) تثنیهٔ خافق درحالت رفعی (درفارسی مراعات این قاعده نکنند) ← خافقین.

خافقین xāfeγ-ayn(-eyn) [ع.] (إ.) تثنیهٔ خافق در حالت نصبی (در فارسی مراعات این قاعده نکنند)؛ مشرق ومغرب، خاور وباختر.

خاقان xāγān [تر. = معر. خاقان] (إ.) عنوانی است که بپادشاهان چین وترکان داده اند. ج.(ع.) خواقین.

خاقانی xāγān-ī [تر.ـ ف.] (ص نسب.) منسوب به خاقان (ه.م.)؛ سلطانی.

خاك xāk [په xāk] (إ.) ۱ - آنچه که بخشی ازسطح کرهٔ زمین را پوشانده موجب رویاندن نباتات شود ؛ تراب . ۲ - زمین. ۳ - مملکت ، کشور. ۴ - قبر، گور. ۵- (مج.) فروتن، متواضع، سلیم النفس . ۶ -(مج.) چیز بی قدر وقیمت، ضایع ، بکار نیامدنی.

خاك انداز

خاك انداز x.-andāz ۱ -[= خاك اندازنده] (صفا. إمر.) بیلچه‌ای دارای دستهٔ کوتاه که ازحلبی، آهن، مس ونقره سازند وبدان خاکروبه وخاکستر و غیره بدور اندازند . ۲ -سنگ انداز برج قلعه وحصار . ۳ -ساحر، جادوگر. ۴- [= خاك انداخته] (ص مف.) آنچه که در آن خاك ریزند ؛ خاکریز. ۵- پارچه‌ای که دورسایبان وشامیانه کشند.

خاك برسر x.-bar-sar (ص مر.) ۱ - آنکه خاك برسراو ریزند . ۲ - (کن.) پست ، ذلیل ، فرومایه . ۳ - دشنامی است کسان را (← نمر ۲۰).

خاکبیز x.-bīz [= خاك بیزنده] (ص فا.) ۱-کسی که خاك کوچه وبازاررا جاروب کند. ۲ - (کن.) کسی که برای حصول بمقصود بکارهای سخت و پست اقدام کند. ۳ - (کن.) باریك بین ، دقیق النظر.

خاکدان x.-dān (إمر.) ۱ - محل ریختن خاك و خاکروبه؛ مزبله . ۲ - (کن.) دنیا ، جهان، عالم.

خاکروب x.-rūb [= خاك روبنده] ۱ - (ص فا.) آنکه خاك و آشغال کوچه ومحله را پاك کند. ۲ - کناس. ۳ - (إمر.) جاروب ، جارو.

خاکروبه x.-rūb-a(-e) (إمر.) خاك وخس وخاشاك و آشغال که بسبب روفتن جایی گرد آید.

خاکریز x.-rīz ۱-[= خاك ریزنده] (ص فا.) خاکریزنده. ۲-[= خاك ریخته] (ص مف.) محلی که خاك در آن ریزند. ۳ - محلی دربیرون دیوار قلعه وکنار خندق که در آن خاك ریزند تا مانع عبور مردم شود .

خاکزاد x.-zād [= خاك زاده] (ص مف.) خاکی نژاد.

خاکژی x.-žī [= خاکشی] (إ.) ← خاکشیر.

خاکسار x.-sār [= خاکسر] (ص مر.) ۱ - خاك مانند ، شبیه بخاك .

۲- گردآلود، آمیخته بگرد وغبار . ۳ - (کن.) مردم افتاده وفروتن. ۴ - (کن.) پست، خوار، ذلیل. ۵ - (کن.) کسی که‌درصف نعال نشیند. ۶-(مل.)منتسب بفرقهٔ خاکساری (← بخش ۳).

خاکساری x.-sār-ī (ص نسب.) ۱ - منسوب به‌خاکسار (ه.م.) ۲ - (مل.)از فرقهٔ خاکساری (← بخش۳).

خاکستر xak-estar [قس . په. ātur-astar] (اِ.) گردی که پس از سوختن چوب ، زغال وغیره بجای ماند، و رنگ آن سفید مایل بسیاهی است؛ رماد.

خاکستر نشین x.-nešīn [= خاکسترنشیننده](ص‌فا.،ص‌مر.) (کن.) مردتهیدست و بیچاره‌ای که‌خانه‌ومأوایی ندارد ودر گلخن حمام بسر برد.

خاکستری xākestar-ī (ص نسب.) منسوب به خاکستر (ه.م.) ، برنگ خاکستر، خاکسترگون، سربی.

خاکشو xākšū [= خاکشی] (اِ.) (گیا.) ← خاکشیر.

خاکشی xākšī [= خاکشو = خاکژی] (اِ.) (گیا.) ← خاکشیر.

خاکشیر xākšīr [= خاکشی = خاکشو= خاکژی] (اِ.) ۱ - (گیا.) گیاهی است[1] ازتیرهٔ صلیبیان که‌بطور خودرو در باغها و صحراها میروید . ارتفاع آن به‌نیم مترمیرسد، شاخه‌هایش باریك و برگها دراز و .گلها کوچك وزردند. دانه‌های آن که سرخ‌اند ودر غلافی جادارند ، در پزشکی مورد استعمال دارند. ۲ - (جاذ.) جانوری[2] ازتیرهٔ سخت پوستان‌ازشاخهٔ‌بندپاییان که‌قرمز رنگ وشبیه‌دانه‌های خاکشیر گیاهی است ودر آبهای حوض و آب انبارهای آلوده دیده میشود؛ توتو.

خاکه xāka(-e) [← خاك] (اِ.)خاك مانند ونرم، ساییده شده: خاکهٔ‌زغال، خاکهٔ قند.

خاکی xāk-ī (ص‌نسب.) ۱ - منسوب به‌خاك، زمینی ، ارضی ؛ مق . آبی ، بحری ؛ جانوران خاکی . ۲ - ساکن کرهٔ‌ارض، آدمی.ج.خاکیان.۳- (کن.) خوار، ذلیل.

خاگ xāg [په. xāīk] (اِ.) تخم‌ـ مرغ .

خاگینه xāg-īna(-e) [= خایگینه ← خاك](اِمر.) خوراکی که ازهم زدن زرده و سفیدهٔ تخم مرغ وسرخ کردن آن در روغن تهیه کنند.

۱ - خال xāl [ع.] (اِ.) ۱ - نقطهٔ سیاه یالکه‌ای که روی پوست بدن یا چیزی دیگری ظاهر شود . ج.خیلان (غم.) ۲ - (تص.) نقطهٔ وحدت حقیقی است ازجهت خفاء. ۳ - (تص.) ظلمت معصیت است که میان انوار طاعت بود وچون نیك اندك بود خال گویند (کشاف ۱: ۴۵۱ ؛ فرع.، سج.) ‖ ~ سیاه . (تص.) عالم غیب (فرع.، سج.)

۲- خال xāl [ع.] (اِ.) دائی،خالو، برادر مادر.

خالاون xālāvon [معر. یو.] (اِ.) (گیا.) خندروس (ه.م.)

خالد xāled [ع.](اِفا.،ص.) پاینده، جاوید، دایم.

خال زدن xāl-zadan [ع.ـ ف.] (مص‌م.) ایجاد خال (ه‌م.) برنقطه‌ای ازبدن؛ خال کوبیدن.

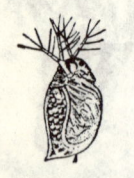

خالص xāles [ع.](اِفا.، ص.) بی‌ـ آمیغ، بی آلایش، بی‌غش، ناب،سره.

خاکشیر(جانور)

خاکشیر(گیاه)

۱-Sisymbrii irionis(.لا) ۲-Cyclops(.لا)

خالصجات xālesa(e)ǰ-āt [ازع.] (اِ.) ج خالصه (ه‌م.) (غلط.)

خالصه xālesa(-e) [ع.] ۱- (اِفا.) مؤنث خالص (ه‌م.) ۲- (اِ.) زمین متعلق بدولت. ۳- زمینی که ارباب آنرا از تقسیم میان دهقانان و باصطلاح پشك انداختن مستثنی میدارد و خود رأساً آنرا زراعت میکند. (بیشتر در کردستان). ج. خالصجات (غلط).

خالق xāleγ [ع.] (اِفا.) ۱- آفریننده، خلق کننده، بوجود آورنده. ۲- یکی از نامهای خدای تعالی. ج. خالقین.

خامالاون

خالکوب xāl-kūb [ع.-ف. = خال‌کوبنده] (صفا.) آنکه شغلش ایجاد خال (ه‌م.) در پوست بدن است.

خالکوبی x.-kūb-ī [ع.- ف.] (حامص.) عمل خال کوبیدن (ه‌م.)

خال کوبیدن x.-kūbīdan [ع.-ف.] (مص‌م.) خال زدن (ه‌م.)

۱- خالو xālū [از ع. خال] (اِ.) دائی، خال، برادر مادر.

۲- خالو xālū (اِ.) (مس.) سورنای (ه‌م.)

خاله xāl-a(-e) [= ع. خالة] (اِ.) خواهر مادر. ج. خالات.

خالی xālī [ع.] (اِفا.، ص.) ۱- تهی؛ مق. پر. ۲- آزاد، رها. ۳- تنها، منفرد، مجرد.

خام xām [هند. قد.- āmá] (ص.) ۱- ناپخته؛ مق. پخته؛ گوشت خام. ۲- آنچه که حالت طبیعی آنرا تغییر نداده باشند. ۳- چرم دباغت ناکرده. ۴- کمند ریسمانی بلند. ۵- جامهٔ چرمین. ۶- ابریشم ناتافته. ۷- خامه، کلك. ۸- شراب خام؛ مق. می پخته (میفختج). ۹- (کن.) ناآزموده، بی‌تجربه (شخص). ۱۰- کاری که سر براه نشده باشد.

خاما اقطی xāmā-aγtī [معر. یو. xamāi aktē] (اِمر.) (گیا.) خمان‌الارض[1]، وآن گیاهی است بردوقسم: کوچك آنرا «بل» و بزرگ آنرا «شبوقه» گویند.

خامادریوس xāmādriyūs [= کمادریوس، معر. یو xamaidrus] (اِ.) (گیا.) گیاهی است سبز رنگ وبغایت تلخ؛ بلوط‌الارض[2].

خامالاون xāmālāvon [معر. یو. xamailéōn] (اِ.) ۱- (گیا.) گیاهی است دارویی؛ ماذریون. ۲- (جا.) نوعی سوسمار، حرباء[3].

خامد xāmed [ع.] (اِفا.، ص.) ۱- خاموش، ساکت، آرمیده. ۲- بی‌حرکت، بی‌جنبش.

خامدست xām-dast (ص‌مر.) آنکه درکار خویش خام است؛ مبتدی، تازه کار.

خام رای x.-rāy [ف.-ع.] (ص‌مر.) ناقص‌عقل.

خامس xāmes [ع.] (عد.، ص.) پنجم.

خامش xāmoš [= خاموش] (ص.) ← خاموش.

خامشی xāmoš-ī [= خاموشی] (حامص.) ← خاموشی.

خام سر xām-sar (ص‌مر.) آنکه خیالات فاسد و اندیشه‌های باطل در سر دارد.

خام‌طبع x.-tab' [ف.-ع.] (ص‌مر.) خام‌سر (ه‌م.)

خام‌طمع x.-tama' [ف.-ع.] (ص‌مر.) آنکه آرزوهای بیهوده درسر پروراند.

۱- Hièble (فر.) ۲- Chamaedrys (فر.) ۳- Caméléon (فر.)

خامل xāmel [ع.] (إفا.،ص.) ۱- گمنام، بی نام و نشان. ۲- بی قدر، فرومایه. ج. خاملین.

خاموش xāmūš [= خامش = خمش، قس. سنس. ā-marš، تحمل، صبرکردن] (ص.) ۱- ساکت، بیصدا. ۲- بی زبان، گنگ. ۳- آرام. ۴- چراغ یا آتش که نور و حرارت آن از میان رفته؛ منطفی. ۵- (إفع.) [= خاموش باش] ساکت باش!: «(روباه) گفت: خاموش! که اگر حسودان بغرض گویند (روباه) شتر است و گرفتار آیم کرا غم تخلیص من باشد؟» (گلستان. قر۳۶۰)

خاموشی xāmūš-ī [← خاموش] (حامص.) ۱- سکوت، بیصدایی. ۲- بیزبانی، گنگی. ۳- آرامی. ۴- انطفاء.

خامه xāma(-e) [← خام] (إ.) ۱- ابریشم خام، ابریشم ناتابیده. ۲- چربیی که روی شیر جمع گردد؛ سرشیر. ۳- نیی که با آن چیز نویسند؛ قلم. ۴- توده (عموماً) وتل ریگ (خصوصاً).

خامه زن x.-zan [= خامه زننده] (ص فا.) نقاش، صورتگر.

خامه زنی x.-zan-ī (حامص.) نقاشی، صورتگری.

خامیاز xāmyāz [= خامیازه = خمیازه] (إ.) خمیازه (ه.م.)

خامیازه xāmyāza(-e) [= خامیاز = خمیازه] (إ.) خمیازه (ه.م.)

۱- خان xān [← خانه] (إ.) ۱- خانه، سرا. ۲- کاروانسرا. ۳- لانهٔ زنبور، کندو. ۴- شیار داخل لولهٔ تفنگ.

۲- خان xān [تر.] (إ.) ۱- عنوانی که بشاه یا امیری در ترکستان وسپس در نواحی دیگر دادند. ۲- عنوان رجال وبزرگان: احمدخان، محمدخان. ضح. ۱- در قرون اخیر از اهمیت این عنوان کاسته شد و تقریباً بهر کسی آنرا اطلاق میکنند (مانند: آقا). ضح. ۲- احتراماً باقوام نزدیک خطاب کنند: خان دائی، خان عمو.

خان بالیغ xān-bālīγ [← بخش۳] (إ.) نوعی کاغذ که اصل آن از شهر خان بالیغ (← بخش۳) بود.

خان خانی x.-xān-ī [تر.-ف. ← خان] (حامص.) حکومتی که در هر گوشهٔ آن خان یا امیری حکمفرما باشد؛ ملوك الطوایفی[1].

خاندان xān(a)-dān (إمر.) خانواده، دودمان.

خان غرد xān-γard [← خان، غرد] (إمر.) خانهٔ تابستانی.

خانق xāneγ [ع.] ۱- (إفا.) خفه کننده. ۲- (إ.) راه تنگ، کوچهٔ تنگ وباریك.

خانقاه xāna-γāh [= خانقه، معر. خانگاه] (إمر.) ← خانگاه.

خانگاه xāna-gāh [= خانگه، معر. خانقاه] (إمر.) ۱- خانه، سرا. ۲- محلی که درویشان و مرشدان در آن سکونت کنند، ورسوم و آداب تصوف را اجرا نمایند.

خانگی xāna(e)g-ī [← خانه] (ص نسب.) ۱- منسوب و مربوط به خانه. ۲- آنچه درخانه تهیه کنند؛ شیرینی خانگی، نان خانگی. ۳- زنی که درخانه بسر برد. ۴- مرغی که درخانه نگهداری شود؛ مق. وحشی: مرغ خانگی، کبوتر خانگی. ۵- درونی، داخلی: «شکایت از که کنم، خانگی است غمازم.» (حافظ)

خانم xānom [تر.] (إ.) ۱- زن بزرگزاده ونجیب، خاتون. ۲- عنوان

1- Féodalité (فر.)

خانمان

احترام آمیز که باول و آخر نام زنان افزایند: خانم راضیه، پروین خانم . ۳ - زوجه، زن (درین صورت باضافه آید): خانم مهندس آشوری. ۴- (عم.) فاحشه، روسبی.

خانمان xān(a)-mān [= خان ومان] (إمر.) ← خان ومان.

خانمانسوز x.-sūz [= خانمان سوزنده] (ص فا.) امری که سبب از بین رفتن خانمان شود: «قمار خانمانسوز است.»

خانواده xān(a)-vāda(-e) (إمر.) خاندان، اهل خانه، اهل البیت، دودمان.

خانوار xāna-vār (إمر.) مجموع افرادی که در یك خانه زیست کنند؛ واحدی که شامل پدر و مادر و فرزندان آنان است.

خان ومان xān-o-mān [= خانمان] (إمر.) ۱ - خانه، سرای . ۲ - خانه و اثاثهٔ آن. ۳ - اهل خانه، اهل البیت، زن و فرزند.

خانه xāna(-e) [= خان، په. xānak] (إ.) ۱ - اطاق، بیت. ضح.- از متون قدیم برمیآید که «خانه» و «سرای» باهم فرق دارند : خانه بمعنی اطاق است وسرای بمعنی حالیهٔ خانه ودار عربی یعنی مجموع محوطه‌ای که شامل اطاقها وحیاط وغیره است. ۲ - (تد.) سرای، دار. ۳ - جایی که در آن زیست کنند؛ منزل ، مأوی . ۴ - زن، زوجه . ۵ - (تص.) خودی خود که غیب وجود است (فرع.، سج.)

خانه باز x.-bāz [= خانه بازنده] (ص فا.، ص مر.) کسی که در قمار اسباب خانه ومالکیت خود را ببازد.

خانه بدوش x.-be-dūš (ص مر.) آدم بی خانه، کسی که خانه و جای معینی ندارد؛ بی خانمان، آواره.

خانه برانداز x.-bar-andāz [= خانه براندازنده] (ص فا.، ص مر.) ۱ - آنکه خانه و خانمان شخص را بر باد دهد. ۲ - (کن.) معشوق، محبوب.

خانه خدا x.-xodā (إمر.) صاحبخانه، خداوند خانه.

خانه دار x.-dār [= خانه دارنده] (ص فا.، ص مر.) کسی که بکارهای خانه پردازد، آنکه امور خانه را با نظم و اقتصاد اداره کند ↓ .

خانه داری x.-dār-ī (حامص.) ۱- عمل خانه دار (ه.م.) ۲- شغل خانه دار، تدبیر منزل.

خانه زاد x.-zād [= خانه زاده] (ص مف.) فرزند خدمتگزار (نوکر یا کلفت) که در منزل مخدوم (آقا، ارباب) متولد شده .

خانه شاگرد x.-šāgerd (ص مر.) پسری که کارهای خانه را انجام دهد؛ شاگرد خانه.

خانه شمار x.-šomār (إمر.) (مال.) مالیات خانوار، مالیات سرانه، خانه‌شماری.

خانه شماری x.-šomār-ī (حامص.) ← خانه شمار.

خانه فروش x.-forūš [= خانه فروشنده] (ص فا.) ۱ - کسی که خانهٔ خود را بفروشد. ۲ - کسی که از جانب دیوان برای اخذ مالیات عقب افتاده یا مصادره یا جریمه و یا از روی ظلم وستم خانه و اثاث کسی را بزور بفروشد. ۳ - (کن.) تارك دنیا.

خانه فروشی x.-forūš-ī (حامص.) ۱- فروختن خانهٔ خود یا دیگری (← خانه فروش). ۲- عرض تجمل و ساز و برگ وسامان.

خانه‌کش x.-kaš(kəš) (إمر.) کشو (میز) (ه‍.م.)

خانه‌کن x.-kan [= خانه کننده] (ص‌فا.) ۱ - خانه‌برانداز. ۲ - ناخلف. ۳ - تدبیر کننده، مدبر، محیل.

خانه‌گیر x.-gīr [= خانه گیرنده] ۱ - (ص‌فا.) گیرندهٔ خانه. ۲ - جایگیر، متمکن. ۳ - بازی چهارم از هفت بازی نرد.

خانه نشین x.-nešīn [= خانه نشیننده] (ص‌فا.) ۱ - کسی که در خانه نشیند و پی شغلی نرود. ۲ - منزوی، گوشه نشین.

خانه نشینی x.-nešīn-ī (حامص.) عمل خانه‌نشین (ه‍.م.)

خانه‌وار x.-vār [= خانوار] (إمر.) ۱ - جمعیت یك خانه از پدر و مادر و فرزندان؛ خانوار (ه‍.م.) ۲ - اندازهٔ یك خانه (اطاق)، متناسب با اطاق: خانه‌واری حصیر.

۱ - خانی xān-ī [په. xānīk] (إ.) ۱ - چشمه. ۲ - حوض (آب).

۲ - خانی xān-ī [تر.- ف.] (ص نسب.) ۱ - منسوب به‌خان (ه‍.م.) ۲ - زری که در ماوراءالنهر رایج بوده. ۳ - زرخالص.

۳ - خانی xān-ī [تر.-ف.] (حامص.) خان بودن، امیری، امارت، پادشاهی.

خانیت xān-īyyat [تر.-ع.] (مص جع.) خان‌بودن، خانی، امیری.

خانیچه xānī-ča(-e) [← ۱خانی] (إمصغ.) ۱ - چشمهٔ کوچك. ۲ - حوض کوچك.

۱ - خاور xāvar [مخ. خاوران، از په. xvār-varān، مغرب] (إ.) ۱ - (قد.) مغرب. ۲ - مشرق.

۲ - خاور xāvar [= خار] (إ.) خار (ه‍.م.)

خاوران xāvarān [از په. xvar-varān] (إ.) ۱ - (قد.) مغرب. ۲ - مشرق. ۳ - (مس.) گوشه‌ای در دستگاه ماهور. ۴ - (اِخ.) ← بخش ۳.

خاور شناس x.-šenās [= خاور شناسنده] (ص‌فا.) مستشرق، شرق‌شناس[1].

خاورشناسی x.-šenās-ī (حامص.) استشراق، شرق شناسی[2].

خاوند xā-vand [= خداوند = خاونده] (إ.) خداوند، صاحب.

خاوندگار x.-gār [= خداوندگار] (إمر.) خداوندگار (ه‍.م.)

خاونده xā-vanda(-e) [= خاوند = خداوند] (إمر.) خداوند، صاحب.

خاویار xāviyār [رس.] (إ.) (جا‌ن.) ۱ - نوعی سگ‌ماهی[3] که از تخم آن خوراکی گرانبها سازند. ۲ - تخم ماهی مزبور[4].

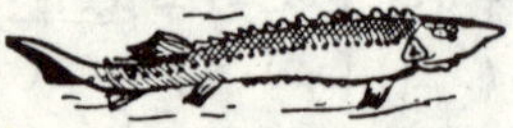

خاویار (ماهی)

۱ - خاویدن xāv-īdan [= خاییدن] ← خاییدن.

۲ - خاویدن xāv-īdan [= خوابیدن] ← خوابیدن.

خاویه xāviya(-e) [= ع. خاویة] (ص.) زمین خالی (از سکنه).

خای xāy [= خا] ← ۲خا.

خایب xāyeb [= ع. خائب] (إفا.، ص.، ق.) ناامید، نومید، بی‌بهره: «از درگاه وی خایب بازگشت.» ج. خایبین.

---

۱ - Orientaliste (فر.) ۲- Orientalisme (فر.)
۳- Esturgeon (فر.) ٤- Caviar (فر.)

|| ــــ وخاسر. نومید وزیانکار.

خایسك xāyesk (ا.) پتك، چکش، مطرقه.

خایض xāyez [= ع. خائض] (افا.) فرو رونده.

خایف xāyef [= ع. خائف] (افا.) ترسنده، ترسان، هراسان: «همواره خایف است.» ج. خایفین.

خایگینه xāy-gīna(-e) [ــــ خاگینه] (امر.) خاگینه (ه.م.)

خاین xāyen [= خائن] (افا.) ۱ - خیانت کننده، خیانتکار، نادرست، دغلکار. ۲ - پیمان شکن، زنهارخوار؛ ج. خاینین.

خاینانه xāyen-āna(-e) [ع.-ف.] ۱ - (ص‌مر.) آنچه ازروی خیانت انجام گیرد: اعمال خاینانه. ۲ - (قمر) ازروی خیانت: «خاینانه رفتار میکنند.»

خایه xāya(-e) [په. hāyīk] (ا.) ۱ - تخم مرغ، بیضه. ۲ - تخم انسان یا حیوان نر؛ بیضه، خصیه.

خایه دیس x.-dīs [خایه + دیس (ه.م.)، تخم‌مرغ مانند] (امر.) قارچ (ه.م.)، سماروغ.

خاییدن xāy-īdan [= خاویدن، هند. قد. -xād] (مصم.) (خایید، خاید، خواهد خایید، بخا(ی)، خاینده، خاییده) جاویدن، جویدن، بدندان نرم کردن.

خبائث xabāes [ع.] ← خبایث.

خباثت xabāsat [= ع. خباثة] ۱ - (مصل.) پلید شدن، ناپاك گشتن. ۲ - (امص.) پلیدی، ناپاکی. || ــــِ ذات. بدگوهری، پلید گوهری ←. || ــــِ طینت. خباثت ذات ↑. || ــــِ نفس. پلیدی نفس.

خباز xabbāz [ع.] (ص.) نانوا.

خبازخانه x.-xāna(-e) [ع.-ف.] (امر.) نانواخانه (فره.)

خبازی xabbāz-ī [ع.-ف.] ۱ - (حامص.) عمل و شغل خباز (ه.م.)، نانواگری. ۲ - (امر.) دکان نانوایی.

خبازی xob(b)āzā(zī) [ع.] (ا.) (گیا.) نوعی خطمی[۱]؛ خطمی کوچك، پنیرك، پنیره.

خباط xobāt [ع.] (ا.) حالت شبیه دیوانگی، شوریدگی مغز، شوریده‌مغزی، پری زدگی.

۱- خباك xabāk [= خپاك] (ا.) چهاردیواری سرگشاده که گاو و گوسفند ودیگر چارپایان رادر آن نگاهداری کنند.

۲- خباك xabāk [← خبه، خفه] (ا.) ۱ - جای تنگ، محل خفگی آور. ۲ - خناق.

خبایا xabāyā [ع.] (ا.) ج. خبیئه (ه.م.)؛ پوشیده‌ها، نهفته‌ها، نهانیها، مخفیها.

خبایث xabāyes [= ع. خبائث] (ص.، ا.) ج. خبیث (ه.م.)؛ پلیدها، ناپاکها.

خبب xabab [ع.] ۱ - (مص ل.) برداشتن اسب هردو دست وپای راست را باهم وهردو دست‌وپای چپ را باهم، گاه برین دست و گاه بر آن دست ایستادن اسب. ۲ - تیزرفتن. ۳ - (ا.) نوعی دویدن، پویه.

خبث xabas [ع.] ۱ - (امص.) پلیدی، نجاست. ۲ - (ا.) جرمی که از فلزات پس ازذوب آنها در کوره باقی ماند؛ ریم آهن. ۳ - چیزی که از آن فایده‌ای عاید نشود، بیهوده.

۱- Mauve (فر.)

خبث xobs [ع.] ۱ - (مص‌ل.) پلید شدن. ۲ - (إمص.) پلیدی، ناپاکی، بدگهری، بدسرشتی. ۳ - بدخواهی، دشمنی، کینه‌ورزی.

خبثا xobasā [= ع. خبثاء] ← خبثاء.

خبثاء xobasā' [ع.، ف.: خبثا] (ص.، إ.) ج. خبیث (ه.م.)

خبجه xabǰa(-e) (إ.) (گیا.) تمرهندی[1].

خبر xabar [ع.] ۱ - (إمص.) آگاهی، اطلاع. ۲ - (إ.) مطلبی که برای آگاهی مردم گویند و نویسند. ۳ - (حد.) گفتار پیغمبر و امام؛ حدیث. ۴ - (منط.، معا.) سخنی که در آن احتمال صدق و کذب رود. ۵ - (نحو ع.) کلمه‌ایست درجمله که حالت یاصفت مبتدا را بیان کند؛ مسند؛ مق. مبتدا. ۶ - (چا.) اوراق نوشته که بچاپخانه دهند، تا از روی آن حروف را بچینند و پس از تصحیح چاپ کنند.

خبرا xobarā [=ع. خبراء] ← خبراء.

خبراء xobarā' [ع.، ف.: خبرا] (ص.، إ.) ج. خبیر (ه.م.)

خبرآور xabar-āvar [ع.-ف. = خبرآورنده] (صفا.) آنکه خبر از کسی یا جایی آورد.

خبرت xebrat, xob- [← ع. خبرة] ۱ - (مص‌ل.) اطلاع داشتن، آگاهی داشتن. ۲ - آزموده بودن، مجرب بودن. ۳ - (إمص.) اطلاع، دانایی، بینایی. ۴ - آزمون، آزمایش.

خبرچین x.-čīn [ع.-ف. = خبرچیننده] (صفا.) آنکه رفتار و گفتار کسی را برای دیگران نقل کند؛ جاسوس.

خبرچینی x.-čīn-ī [ع.-ف.] (حامص.) عمل خبرچین (ه.م.)؛ جاسوسی.

خبردادن x.-dādan [ع.-ف.] (مص م.) اطلاع دادن، آگهی دادن.

خبردار x.-dār [ع.-ف. = خبردارنده] (صفا.) ۱ - آنکه خبر از امری دارد؛ مطلع، آگاه. ۲ - (نظ.، ور.) فرمانی است که سرباز یا ورزشکار براثر آن باید دو کف پاها را بهم چسبانده، راست و مستقیم بایستد بطوریکه سینه پیش و شکم عقب و سر بالا باشد.

خبر داشتن x.-dāštan [ع.-ف.] (مص‌ل.) مطلع بودن، آگاه بودن.

خبر رسیدن x.-ra(e)sīdan [ع.-ف.] (مص‌ل.) آگاهی رسیدن، اطلاع رسیدن.

خبرشدن x.-šodan [ع.-ف.] (مص‌ل.) ~ کسی. مطلع گشتن وی، آگاهی یافتن او.

خبرگزاری x.-gozār-ī [ع.-ف.] (حامص.) ۱ - ابلاغ خبر، اطلاع دادن (غم.) ۲ - (إمر.) اداره و مؤسسه‌ای که خبرها را کسب و منتشر کند؛ آژانس: خبرگزاری پارس.

خبرنگار x.-negār [ع.-ف. = خبرنگارنده] (صفا.، ص‌مر.) کسی که اخبار را برای روزنامه ومجله یا جهت خبرگزاری تهیه کند؛ آنکه مسئول جمع آوری خبراست.

خبرویت xebravīyyat [از ع.] (مص‌جع.) کارشناسی (فره.)

خبره xebra, xob-(-e) [=ع. خبرة] (مص‌م.) ۱ - دانستن حقیقت و کنه چیزی را. ۲ - (إمص.) شناخت. ۳ - (ص.) (تد.ف.) آگاه، مطلع، بصیر: «فلانی خبرهٔ کار است.» ۴ - (تص.) معرفتی است که بطریق تجربه و تفتیش بآن توان رسید (اسفار ۱: ۳۲۷؛ فرع.، سج.)

۱- Tamerindus indica (.لا)

خبز xobz [ع.] (اِ.) نان.

خبزدو xabazdū [= خبزدوك، اسـ. pazdu] (اِ.) (جانـ.) جعل (ه.م.)

خبزدوك xabazdūk [= خبزدو] (اِ.) (جانـ.) جعل (ه.م.)

خبط xabt [ع.] ۱- (مصل.) بیراه رفتن، کژ رفتن. ۲- بدون آگاهی وبصیرت در امری تصرف کردن. ۳- سهو کردن، اشتباه کردن. ۴- (اِمص.) کژروی، کجروی. ۵- سهو، اشتباه: «خبط ایشان درغالب امور واضح وآشکار است.» ۶- شوریدگی، پریشانی، آشفتگی: خبط دماغ.

خبك xabak [= خپك، ← خبه، خفه] (اِ.) فشردگی گلو، خفگی.

خبل xabl [ع.] (مصم.) ۱- فاسد کردن، تباه کردن. ۲- (اِمص.) فساد، تباهی.

خبل xabal [ع.] ۱- (مصل.) مبتلا بجنون شدن. ۲- (اِمص.) تباهی عقل، تباه مغزی، دیوانگی. ۳- تباهی اعضا وفالج و قطع دستان وپاها. ج. خبول. ۴- (مص ل.) (عر.) افتادن سین وفاء از «مستفعلن» دربحرهای بسیط ورجز.

خبزدو

خبن xabn [ع.] (مصم.) ۱- پیچیدن کنار جامه وغیره ودوختن آن (غم.) ۲- پنهان کردن ونهادن طعام برای روزسختی (عم.) ۳- (عر.) اسقاط حرف دوم ساکن ازرکن: چون از «مستفعلن» سین بیندازند مستفعلن بماند، مفاعلن بجای آن نهند، وازفاعلاتن فعلاتن سازند.

خبوك xabūk [= خبوه] (ص.) محکم، استوار.

خبوه xabūh [= خبوك] ← خبوك.

خبه xaba(-e) [= خپه = خفه] (ص.) خفه.

خبه‌کردن x.-kardan [= خفه کردن] (مصم.) ← خفه کردن.

خبیء xabī' [ع.] (ص.، اِ.) پنهان شده، مخفی، نهفته.

خبیئه xabī'-a(-e) [= ع. خبیئة] (ص.،اِ.) پنهان شده، پنهان، مخفی؛ ج. خبایا.

خبیث xabīs [ع.] (ص.) ۱- پلید، نجس، ناپاك؛ مق. طیب. ۲- زشت‌سیرت، بدفطرت، بدنیت. ج. اخباث، خبثاء (xoba-)، خبثه (xabasa).

خبیثات xabīs-āt [ع.] (ص.،اِ.) ج. خبیثه (ه.م.)

خبیثین xabīs-īn [ع.] (ص.،اِ.) ج. خبیث (ه.م.)

خبیثه xabīs-a(-e) [= ع. خبیثة] (ص.) مؤنث خبیث (ه.م.). ج. خبائث (خبایث)، خبیثات.

خبیر xabīr [ع.] (ص.) ۱- آگاه، مطلع، بسیار خبردارنده. ۲- کاروان، آزموده. ج. خبراء.

خبیص xabīs [ع.] (اِ.) آفروشه (ه.م.)

خپاك xapāk [= خباك] (اِ.) ← خباك.

خپك xapax [= خبك = خفه = خبه] (اِ.) ← خبك.

خپله xepele, xopola(-e) (ص.) (عم.) چاق وقدکوتاه.

خپه xapa(-e) [= خفه] (اِ.) خفه (ه.م.)

خپه‌شدن x.-šodan [= خفه شدن] (مصل.) خفه شدن (ه.م.)، انخناق.

خپیدن xap-īdan [= خبیدن] (مص ل.) (صر. ← رسیدن) خفه شدن.

ختار xatār, xo- (اِ.) پاك کردن

باغ وزراعت ازخار و خلاشه وگیاهان خودرو .

ختام xetām [ع.] (إ.) پایان، آخر، انجام : «ختام مراسله را مؤثر نوشته.» ۲ - هرچیزی که بدان چیزی یا جایی را لاك مهر کنند همچون شمع، موم، لاك.

ختان xetān [ع.] (مص م.) ختنه کردن[1].

ختایی xatā-yī [← بخش۳: ختا] (ص نسب.) ۱ - از مردم ختا، اهل ختا. ۲ - (نق.) یکی از طرحهای اساسی و قراردادی هنرهای تزیینی ایرانی که در قالی وکاشی وتذهیب بکار میرود، وآن طرح نموداری است از شاخهٔ درخت یا بوته با گل وبرگ وغنچه ← خطایی.

ختل xatl [ع.] ۱ - (مص م.) فریب دادن، فریفتن، گول زدن. ۲ - (إ.) فریب، افسون.

ختلان xatlān [ع.] (مص م.) فریب دادن، خدعه کردن، گول زدن، ختل.

ختلی xatl-ī [=معر. xottalīyy] (ص نسب.) منسوب به ختلان (← بخش۳). ۱ - از مردم ختلان، اهل ختلان. ۲ - اسبی که در ناحیهٔ ختلان خیزد .

ختم xatm [ع.] ۱ - (مص م.) بپایان بردن، بسر آوردن، انجام دادن، تمام کردن. ۲ - مهر کردن. ۳ - قرآن را از اول تا آخر خواندن. ۴ - (مص ل.) بسر آمدن ، انجام یافتن . ۵ - (إ.) انجام، پایان (کار). ۶ - هر بار خواندن قرآن .

ختم کردن x.-kardan [ع.-ف.] (مص ل.) ۱ - بآخر رسانیدن ، انجام دادن، تمام کردن. ۲ - مهر کردن. ۳ - قرآن را از اول تا آخر خواندن .

ختن xatan [ع.] (إ.) ۱ - هریک از خویشاوندان زوجهٔ شخص مانند پدر یا برادر وی (غم.) ۲ - شوهر دختر، داماد.

ختنبر xatanbar (ص.) تهیدستی که لاف توانگری زند .

ختنه xatna(-e) [از ع. ختن] (مص م.) بریدن غلاف سر آلت مرد طبق شریعت اسلام. ضح.- در عربی «ختن» مصدر و «ختان» و «ختانة» اسم مصدر آمده.

ختنه سوران x.-sūrān [ع.-ف.] (إمر.) جشنی که برای ختنه کردن کودکان برپای دارند.

ختو xotū [تر.؟ — خوتو] (إ.) (جا ن.) دندان دراز یاعاج جنس نرینهٔ نوعی ماهی (وال = بال)[2] در دریاهای قطب شمال که طولش به ۲ متر و ۵۰ سانتیمتر میرسد. وسط آن مجوف است و برای ساختن اشیاء کوچك بکار میرود . دندان کامل ماهی مزبور را گاه در تزیینات بکار میبرند . عاج مذکور در قرون وسطی بعنوان سنگ محك برای تشخیص وجود زهر در غذای سلاطین و امرا مستعمل بود.

نروال وختوی آن

خجاره xoǰāra(-e), xa- (ص.) اندك: بمدتی خجاره .

خجالت xaǰālat (xeǰ- تد.) [از ع. خجل] (إمص.) شرمساری ، شرمزدگی. ضح.- در عربی بدین معنی «خجل» xaǰal آمده، ولی در فارسی بسیار مستعمل است:
«آن شغل طلب زروی حالت
کز کرده نباشدت خجالت.» (نظامی)

خجالت زده x.-zada(-e) [ع.-ف.] (ص مف.) شرمسار ، خجل.

خجالت کشیدن x.-ka(e)šīdan [ع.-

---

۱ - Circonciser (فر.) ۲ — Monodon monoceros (لا.), narval (فر.), narwhal (انگ.)

۱۴۰۰ خجالتی

ف.] (مص ل.) شرمسار شدن، خجل گشتن: «از رفتار خود خجالت کشید.»

خجالتی (تد.-xe) xaǰālat-ī [ع.-ف.] (ص نسبـ.) پرحیا، کم رو: «پسری خجالتی است.»

خجستگی xoǰasta(e)g-ī [← خجسته] (حامص.) میمنت، فرخندگی، مبارکی.

خجسته xo-ǰasta(-e) [است. - hu-ǰasta *] (ص.) ۱ - مبارك، میمون، باسعادت. ۲ - نیك، خوب، خوش. ۳ - (إ.) (مس.) یکی از گوشه‌های کوچك نوا (ه.م.) ۴-(گیا.) گل همیشه‌بهار (ه.م.)

خجسته‌پی x.-pay(pey) (ص مر.) مبارك قدم، مبارك پی، فرخ پی.

خجسته طالع x.-tāle' [ف.-ع.] (ص مر.) نیك بخت، خوش اقبال.

خجك xaǰak (إ.) ۱ - لکه، داغ. ۲ - نقطه. ۳ - خال. ۴ - خال سفیدی که درچشم افتد. ۵ - نشانی که با سر چوب یا با انگشت در زمین کشند.

خجل xaǰal [ع.] ۱ - (مص ل.) شرمگین شدن. ۲ - (إمص.) شرمساری، شرمزدگی، شرمندگی. ضح. - (اخلاق) اضطرابی است که منشإ آن شرم و حیاست و از کیفیات نفسانی است که از تبعات و عوارض آن حرکت روح است بداخل وخارج و مرکب ازفزع و فرح، یعنی هم حالات فرح درخجول هویدا شود و هم فزع (اسفار ۲:۵۱؛ فرع.، سجو.)

خجل xaǰel [ع.] (ص.) شرمگین، شرمنده، شرمسار.

خجلان xaǰlān [ع.] (ص.) شرمگین، شرمنده، شرمسار.

خجلت (تد.-xeǰ) xaǰlat [ازع. خجل] ۱ -(مص ل.) شرمنده شدن. ۲ - (إمص.) شرمندگی، شرمساری. ضح. - درقاموسهای عربی نیامده ولی درفارسی متداول است:
«درخجلت یك میوه ز بی برگی خویشم
نخل توظهیر ازچه سبب بی ثمری داشت؟»
(ظهیر فاریابی)

خجلت آور x.-āvar [ع.-ف. = خجلت آورنده] (صفا.) شرم آور.

خجلت بردن x.-bordan [ع.-ف.] (مص ل.) شرمساری بردن، خجالت کشیدن.

خجلت‌زده x.-zada(-e) [ع.-ف.] (ص.) شرمسار، خجل.

خجنده xaǰ-anda(-e) [= خزنده] (إفا.) خزنده (ه.م.)

خجول xaǰūl [ازع.] (ص.) شرمگین، شرم‌زده، شرمسار. ضح. - درعربی بدین معنی خجل (xaǰel) و (xaǰlān) آمده.

خجیر xoǰīr [= هژیر = هجیر] (ص.) ۱ - خوب، نیك، پسندیده. ۲ - زیبا، خوبرو، خوشگل.

خد xad(d) [ع.] (إ.) روی، رخسار، گونه. ج. خدود.

خدا xodā [= خدای، په. xvatāy] ۱ - (إ.) آفریدگار جهان، الله ← بخش ۳. ۲- مالك، صاحب. ج. خدایان.

خداآزار x.-āzār [= خدای آزار = خدا آزارنده] (صفا.) آنکه مرتکب کارهایی شود که خدا نپسندد.

خدا آزاری x.-āzār-ī [= خدای آزاری] (حامص.) عمل خدا آزار (ه.م.)، ارتکاب اعمال ناپسند.

خدابیامرز x.-biy-āmorz (ص مر.) مرحوم، شادروان، مغفور (در مورد مرده گویند): «بی بی خانم! آن خدا - بیامرز وقتیکه رو بقبله بود بمن گفت...» (ص. هدایت)

خدا بیامرزی x.-biy-āmorz-ī (حامص.) خدا بیامرز گفتن، طلب مغفرت (برای مرده).

خدابین x.-bīn [= خدا بیننده] (صفا.) آنکه در اعمال و رفتار خود متوجه خدا باشد.

خدابینی x.-bīn-ī (حامص.) عمل خدابین (ه.م.)

خداپرست x.-parast [= خدا پرستنده] (صفا.) آنکه خدا را پرستش کند.

خدا پرستی x.-parast-ī (حامص.) عمل خداپرست (ه.م.)، عبادت حق تعالی.

خدا پسند x.-pasand [= خدا پسندیده] (صمف.) (نو.) آنچه که مورد پسند و رضای خدا باشد؛ گفتار خداپسند.

خداپسندانه x.-pasand-āna(-e) بطور خداپسند (ه.م.)، بنحوی که مقبول درگاه خداوند است: «خداپسندانه با وی رفتار کرد.»

خداترس x.-tars [= خداترسنده] (صفا.) آنکه از خدا ترسد؛ متقی، پرهیزگار.

خداترسی x.-tars-ī (حامص.) عمل خداترس (ه.م.)؛ تقوی، پرهیزگاری.

خداحافظ x.-hāfez [ف.-ع.] (جمله = خدا حافظ تو باشد؛ إمر.) بدرود، تودیع. ‖ ~ **گفتن.** تودیع کردن، بدرود کردن.

خدا حافظی x.-hāfez-ī [ف.-ع] (حامص.) (عم.) ← خداحافظ. ‖ ~ **کردن.** تودیع کردن، بدرود گفتن.

خداداد x.-dād [= خداداده] (ص مف.) آنچه که ازطرف خدا هبه شده؛ خداداده: حسن خداداد.

خدادادی x.-dād-ī (ص نسب.) منسوب به خداداد (ه.م.): موهبت خدادادی.

خدارت xedārat [از ع. خدر] (إمص.) پرده نشینی (زن)، مخدره بودن.

خداشناس xodā-šenās [= خدا شناسنده] (صفا.) آنکه خدا را بشناسد؛ موحد.

خدا شناسی x.-šenās-ī (حامص.) شناسایی خدا، معرفت خدای.

خداع xedā' [ع.] ۱ - (مص م.) فریفتن، فریب دادن. ۲ - (إمص.) فریبکاری، فریب آوری. ۳ - (إ.) خدعه، مکر، فریب.

خداع xaddā' [ع.] (ص.) فریبکار، فریفتار، سخت مکار.

خدام xoddām [ع.] (ص.، إ.) ج. خادم (ه.م.)؛ خدمتکاران، خدمتگزاران.

خدا نگهدار xodā-negah-dār (جملهٔ اسمیه) جمله‌ای که بهنگام خداحافظی و تودیع گویند؛ خداحافظ!

خداوند xodā-vand [= خاوند = خدا + وند، پس.] (إمر.) ۱ - صاحب، مالك: خداوندجاه. ۲ - پادشاه. ۳ - خدا، الله.

خداوندگار x.-gār [= خاوندگار ← خداوند] (إمر.) ۱ - مالك، صاحب. ۲ - پادشاه. ۳ - خدا، الله.

خداونده xodā-vanda(-e) [= خداوند] (إمر.) مالك، صاحب.

۱- خداوندی x.-vand-ī (حامص.) ۱- مالکیت، صاحب بودن. ۲- پادشاهی. ۳ - الوهیت.

۲ - خداوندی x.-vand-ī (ص نسب.) ۱ - منسوب و مربوط بخداوند، پادشاهی:

«گر التفات خداوندیش بیاراید
نگارخانهٔ چینی و نقش ارتنگی است.»
(گلستان)

خدای

۲ - منسوب و مربوط بخداوند، الهی: «لطف خداوندی شامل حال او شد.»

خدای xodāy [= خدا] ← خدا (همع.)

خدای آزار x.-āzār [= خدای آزارنده] ← خدا آزار.

خدای آزاری x.-āzār-ī (حامص.) ← خدا آزاری.

خدای بین x.-bīn [= خدای بیننده] ← خدابین.

خدای بینی x.-bīn-ī [= خدابینی] ← خدابینی.

خدایگان xodāy-gān (إمر.) ۱ - صاحب بزرگ. ۲ - پادشاه بزرگ.

خدایگانی xodāy-gān-ī (ص نسبـ.) پادشاهی، سلطنتی.

۱ - خدایی xodāy-ī [← خدا] (حامص.) الوهیت، خداوندی: «تا خدا خدایی میکند...»

۲ - خدایی xodāy-ī [← خدا] (ص نسبـ.) الهی، ربانی: «کار خدایی بود.»

خدر xadar [ع.] (إمص.) سستی، کرخی، خواب رفتگی اعضای بدن.

خدر xader [ع.] (ص.) سست، کرخ، بیحس، خواب رفته (عضو).

خدر xedr [ع.] (إ.) ۱ - پرده. ۲ - چادر. ۳ - پرده‌ای که برای دختران وزنان در گوشهٔ خانه زنند؛ ج. اخدار، خدور.

خدره xodra(-e) (إ.) ۱ - ریزه وخرده. ۲- شرارهٔ آتش.

خدش xadš [ع.] ۱-(مصم.) خراشیدن روی را. ۲- خراشیدن پوست را بچوب وما نندآن. ۳ - پاره کردن پوست را. ۴ - (إ.) نشان واثر زخم وخراش.

خدشه xadša(-e) [ع.] (إ.) ۱ - خراش: «خدشه‌ای وارد ساخت.» ۲-(مجـ.) شك، شبهه.

خدعت xod'at [= ع. خدعة] ← خدعه.

خدعه xod'a(-e) [= ع. خدعة ← خدعت] ۱ - (إمص.) مکر ورزی، دستان آوری: «بمکرو خدعه در دام افتاد.» ۲ - (إ.) مکر، فریب، دستان، فسون.

خدم xadam [ع.] (ص.، إ.) ج. خادم (ه.م.)؛ خدمتکاران، چاکران: «خدم و حشم بسیار دارد.»

خدمات xadamāt [ع.] (إ.) ج. خدمت (ه.م.)؛ خدمتها، بندگیها، چاکریها.

خدمت xedmat [= ع. خدمة] ۱ - (مص ل.) کار کردن برای کسی. ۲ - بندگی کردن، چاکری کردن. ۳-(إمص.) بندگی، چاکری. ۴-(إ.) کار، مأموریت. ۵ - هدیه، تحفه، پیشکش. ۶ - سلام، تعظیم، کرنش. ۷ - نامه‌ای که ببزرگتر نویسند؛ عریضه. ۸ - حضور، نزد (باین معنی باضافه آید): «خدمت استاد رفت.»

خدمتانه xedmat-āna(-e) [ع.- ف.] (إمر.) آنچه بمأمور سلطان وحاکم بطریق هدیه دهند.

خدمتکار x.-kār [ع.- ف.] (ص شغلـ.) آنکه در خانهٔ کسی کار وخدمت کند؛ نوکر، چاکر.

خدمتکاری x.-kār-ī [ع.- ف.] (حامص.) عمل خدمتکار (ه.م.)؛ نوکری، چاکری، کلفتی.

خدمت کردن x.-kardan [ع.-ف.] (مصم.) ۱ - کاری را برای کسی انجام دادن. ۲ - تعظیم کردن، کرنش کردن.

خدمتگار x.-gār [= خدمتکار] ← خدمتکار.

خدمتگاری x.-gār-ī [= خدمتکاری] (حامص.) ← خدمتکاری.

خدمتگر x.-gar [ع.ـ ف.] (ص شغل.) خدمت کننده، خدمتکار.

خدمتگری x.-gar-ī [ع.ـ ف.] (حامص.) خدمتکاری، نوکری، چاکری.

خدمتگزار x.-gozār [ع.ـ ف. = خدمت گزارنده] (صفا.) ۱- نوکر، مستخدم. ‖ ~ جزء. مستخدمی که در ادارات ومؤسسات بخدمات کوچک مشغولست. ۲- مهربان، مشفق.

خدمتگزاری x.-gozār-ī [ع.ـ ف.] (حامص.) عمل خدمتگزار (ه.م.)؛ نوکری.

خدمتی xedmat-ī [ع.ـ ف.] (ص نسبـ.، إمر.) پیشکش، هدیه.

خدمه xadama(-e) [=ع. خدمة] (ص.، إ.) ج. خادم (ه.م.)؛ خدمتکاران، چاکران.

خدنگ xadang [= معر. خدنك] (إ.) ۱- (گیا.) درختی است[1] بسیار سخت که از چوب آن نیزه و تیر و زین اسب سازند. ‖ تیر ~. تیری که از چوب خدنگ ↑ سازند. ‖ زین ~. زین اسب که ازچوب خدنگ ↑ سازند.

خدو xadū [= خیو] (إ.) آب دهان، بزاق.

خدود xodūd [ع.] (إ.) ج. خد (ه.م.)؛ رویها.

خدور xodūr [ع.] (إ.) ج. خدر (xedr) (ه.م.)

خدوك xadūk [= خذوك، سغ. γδwk] ۱- (ص.) آشفته؛ پریشان، آزرده، پراکنده. ۲- اندوهناك از حسد یا اثری ناملایم. ۳- رشك، حسد. ۴- غصه، اندوه. ۵- قهر، خشم.

خدیش xodīš [قس. خدا] (ص.، إ.) ۱- بزرگترخانه، کدخدا. ۲- بانوی خانه، کدبانو. ۳- پادشاه.

خدیعت xadī'at [=ع. خدیعة] (إ.) فریب، دستان، خدعه، مکر، حیله؛ ج. خدائع (خدایع) (غم.)

خدیو xadīv [از پهـ. xvatāy، خدا] (إ.) ۱- پادشاه، خداوند (مطلقا). ۲- عنوان هر یك از پادشاهان دورهٔ اخیر مصر. ۳- امیر. ۴- بزرگ قوم.

خدیوی xadīv-ī [← خدیو] (حامص.) ۱- سلطنت، پادشاهی. ۲- پادشاهی مصر. ۳- امیری، امارت.

خذلان xezlān [ع.] ۱- (مصم.) فروگذاشتن یاری، مددنکردن. ۲- (إمص.) بی‌بهرگی از یاری. ۳- درماندگی، ضعف، سستی. ۴- خواری.

خر

۱- خر xar [پهـ. xar] (إ.) ۱- (جاذ.) پستانداری[2] از راستهٔ فردسمان جزو خانوادهٔ اسبان. حیوان بارکشی است و دارای گوشهای دراز و یال کوتاه است؛ درازگوش، حمار اهلی؛ ج. خران، خرها. ‖ **از ~ شیطان پایین آمدن.** (عم.) ازعمل زشت خوددست کشیدن. ‖ **~ ش میرود.** (عم.) اهمیت و اعتبار دارد. ‖ **مثل ~ توی گل ماندن.** (عم.) هاج وواج ماندن، درمانده شدن در کاری. ‖ **مخ (مغز) ~ خوردن.** (عم.) ۱- احمق بودن. ۲- (مجـ.) احمق، ابله. ۳- [= خرك] چوبکی که در زیر تارهای آلات موسیقی (تاروطنبورورباب ومانند آن) گذارند؛ خرك.

۲- خر xar(r) [= خل ← خلاب] (إ.) ۱- گل تر، گل تیره و چسبنده. ۲- لای شراب.

۳- خر xar (پش.) درکلمات مرکب بصورت پیشوند آید بمعنی بزرگ

۱- Peuplier blanc (فر.)
۲- Equus asinos (لا.), âne (فر.)

ونتراشیده وناهموار: خرامرود، خربط، خرپشته، خرچنگ، خرسنگ، خرکمان، خرمگس، خرمهره.

خر xer (عم.) (اِ.) گلو: «بیخ خرش گرفت.» ‖ ~ به ~ گرفتن. (عم.) گلاویز شدن.

خرائد xarā'ed [ع.] ← خراید.

خراب xarāb [ع.] ۱ - (مص ل.) ویران‌شدن (غم.) ۲ - (اِمص.) ویرانی. ۳ - (ص.) ویران؛ مق. آباد. ۴ - تباه، ضایع؛ مق. آباد. ۵ - (کنـ.) مست لایعقل.

خراب آباد xarāb-ābād [ع.-ف.] (اِمر.) ۱ - آنچه که آبادی وی از ویرانی است. ۲ - (کنـ.) دنیا.

خرابات xarāb-āt [ع.] (اِ.) ۱ - ج. خرابه؛ ویرانه‌ها (غم.) ۲ - شرابخانه، میکده. ۳ - مرکز فسق و فساد، فاحشه خانه. ۴ - محلی که در آن شیره، تریاک و غیره کشند؛ شیره کش خانه. ۵ - (تص.) جای و مرتبهٔ بی‌اعتنایی برسوم و آداب و عادات. ضح. - این اصطلاح درشعر فارسی ازطرف قلندریه رسوخ کرده است، وبمعانی ۲-۵ کلمهٔ جمع بجای مفرد بکار رفته. ‖ ~ مغان. (تص.) مقام وصل و اتصال که واصلان بالله را از بادهٔ وحدت سرمست کند.

خراب شدن x.-šodan [ع.-ف.] (مص ل.) مست ولایعقل گشتن.

خرابکار x.-kār [ع.-ف.] (صفا.) آنکه خراب کند (اموریاساختمانهارا)، کسی که موجب تخریب شود.

خرابکاری x.-kār-ī [ع.-ف.] (حامص.) ایجادفساد وتباهی (درامور وساختمانها).

خراب کردن x.-kardan [ع.-ف.] (مصم.) ۱ - ویران کردن؛ مق. آباد کردن. ۲ - تباه کردن.

خرابه xarāba(-e) [=ع. خرابة] (اِ.) ۱ - ویرانه. ۲ - آثار و نشانه‌هایی که علامت آبادانی جایی باشد. ج. خرابات.

خرابی xarāb-ī [ع.-ف.] (حامص.) ۱ - ویرانی؛ مق. آبادی. ۲ - تباهی، فساد. ۳ - مستی و بیخودی. ۴ - زیان، ضرر.

خراتین xarātīn [= معر. خراطین] ← خراطین.

خراج xarāǰ [ع.] (اِ.) مالیات، باج، مالیات ارضی.

خراج xarrāǰ [ع.] (ص.) آنکه بسیار خرج کند؛ دست بباد. ضح. - در لغت عرب «خراج» بمعنی کسی که بهر کاری اقدام کند وزیرك و کارآگاه آمده.

خراج xorāǰ [ع.] (اِ.) دانه وجوشی که روی پوست بدن پیداگردد؛ دمل. ج. خراجات.

خراجگزار x.-gozār [ع.-ف. = خراج گزارنده] (صفا.) مالیات‌دهنده، باج دهنده، جزیه دهنده.

خراخر xar-ā-xar [← خرخر، خراك] (اِصو.) آوازی که از گلوی شخص خفته یا کسی که گلویش را فشرده باشند، برآید.

خراز xarrāz [ع.] (ص.) ۱ - دوزندهٔ درز موزه و جز آن. ۲ - مشکدوز. ۳ - (ف.) آنکه مهره و آینه و گردن‌بند ومانند آن فروشد؛ مهره‌فروش. ← خرازی.

خرازی xarrāz-ī [ع.-ف.] ۱ - (حامص.) (ف.) شغل خراز (ه.م.) ۲ - (اِمر.) (ف.) دکان خراز (ه.م.) ضح. - بمعنی مهره فروش در عربی «خرزی»

xarazī (منسوب به‌خرز بمعنی‌مهره) بکاررود.

خراس xar-ās [← آس](اِمر.)۱- آسی که باخر گردانند. ۲ - آسی که با چارواگردانند (اعم ازخر وگاو وجز آنها). ‖ ~ خراب. (کن.)آسمان.

خراسان xor-āsān [په . xvarāsān، مشرق] ۱ - مشرق؛مق. بابل، مغرب. ۲ - (مس.) نغمه‌ایست از موسیقی قدیم. ۳ - (اِخ.)← بخش۳.

خراسانی xorāsān-ī (ص نسبـ .) منسوب به‌خراسان (← بخش۳) ، از مردم خراسان، اهل خراسان.

خراش xarāš [=غراش] (ری.،اِ.) ۱ - اثری که ازناخن یاآلتی‌نوك تیز برروی چیزی پیدا شود، شکافی‌که از ناخن وخار وجزآن ایجاد شود. ۲ - ریش، زخم. ۳ - بیفایده، نابکار، از کار افتاده، سقط شده . ۴ - میوهٔ خف زده وپوسیده. ۵ - (اِفا .) در ترکیب بمعنی «خراشنده» آید: آسمان‌خراش ، جگرخراش، دلخراش، گوش‌خراش .

خراشاندن xarāš-āndan [= خراشانیدن←خراش](مصم.)(صر.← دواندن) خراش دادن .

خراشنده xarāš-anda(-e) (اِفا.) خراش دهنده .

خراشیدن xarāš-īdan [= غراشیدن←خراش] (مصم.) (صر.← پاشیدن) . ۱ - ازپوست بدن یا سطح چیزی باسرناخن، خار وجزآن ایجاد خراش‌کردن؛ خراش‌دادن. ۲ - ریش کردن، مجروح ساختن.

خراشیده xarāš-īda(-e)۱-(اِمف.) خراش داده شده . ۲ - (اِ.) ریش ، زخم .

خراص xarrās [ع.] (ص.)دروغ‌باف، دروغزن، ترفندباف.

خراط xarrāt[ع.](ص.) آنکه‌چوب تراشد واز چوب اشیایی سازد ؛چوب‌تراش .

خراطت xerātat [= ع. خراطة] (اِمص .) شغل و حرفهٔ خراط (ه.م.) ؛ خراطی، چوب‌تراشی.

خراطی xarrāt-ī [ع.ـف .] (حامص) ۱-عمل وشغل خراط(ه.م.)؛ تراشیدن چوب وبرابر ساختن آن. ۲- (اِمر.) دکان خراط (ه.م.)

خراطین xarātīn [معر.خراتین] (اِ.) (جا ن.) نوعی‌کرم دراز و سرخ‌که در جاهای نرم و مرطوب بهم رسد ؛ حمرالارض[1].

خرافات xorāf-āt [ع.] (اِ.) ج. خرافت (خرافه) (ه.م.) ۱ - سخنان بیهوده. ۲ - افسانه‌ها.

خرافت xorāfat [= ع.خرافة← خرافه] (اِ.) ۱- سخن بیهوده حدیث باطل. ۲-افسانه،اسطوره؛ ج.خرافات.

خرافه xorāfa(-e) [= ع.خرافة] ←خرافت .

خراك xar-āk [←خرخر،خراخر] (اِصت.)←خراخر .

خرام xorām,xe- [←خرامیدن] ۱- (ری.،اِ.)رفتارآهسته‌ازروی‌ناز،سرکشی، زیبایی ووقار. ۲ - وفای بوعد ؛ مق . نوید . ۳ - بمهمانی بردن شخصی پس ازنوید . ۴ - کسی که مأمور همراهی مهمان بخانهٔ میزبانست. ۵ - (اِفا.)در ترکیب‌بمعنی «خرامنده »آید : خوش خرام، زیباخرام.

خرامان xorām-ān [←خرام] ۱ - (ص‌فا.) رونده باناز وتکبر و تبختر .

---

۱ - Lombrics(فر.)

خرامنده

۲ - (حا.) درحال خرامیدن (ه.م.)

خرامنده xorām-anda(-e) (إفا.) آنکه با ناز وتکبر راه رود.

خرامیدن xorām-īdan [هند با. krāmati-] (مصل.) (خرامید، خرامد، خواهد خرامید، بخرام، خرامنده، خرامان، خرامیده) راه‌رفتن‌ازروی‌ناز، تکبر، زیبایی ووقار.

خرامیده xorām-īda(-e) (إمف.) بناز وتکبر وزیبایی ووقار رفته.

خرامین xerāmīn (إ.) نوعی علف.

خراید xarāyed [= ع.خرائد] (إ.) ج.خریده (ه.م.) ۱ - لؤلؤهای ناسفته. ۲ - دوشیزگان، زنان شرمگین.

خرآسیا xar-āsiyā (إمر.) آسیایی که باخر میگردد؛ خرآس.

خراستر xar-astar [په. xrafst(a)r] (إمر.) جانور موذی مانند مار، عقرب، زنبور.

خرب xarb [ع.] ۱- (مصل.) خراب شدن، ویران شدن (غم.) ۲ - (عر.) از تصرفات عروضی است مرکب‌ازخرم وکف.

خرب xareb [ع.] (ص.) ویران.

خربان xar-bān (ص‌مر.، إمر.) صاحب‌خر، رانندهٔ‌خر، خرکچی.

خربت xar-bat (إمر.) سوراخ‌پهن.

خربز xarboz [= خربزه] ← خربزه.

خربزه xarboza(-e) [= خربوزه، ایرانی میانه xarbūzak، [xarbūǰīnā] (إ.) ۱ - (گیا.) گیاهی‌است[۱] از تیرهٔ‌کدوییان که‌میوه‌اش درشت وشیرین وآبدار است. بوتهٔ آن کوتاه وساقه‌هایش روی زمین‌میخوابد. ۲ - (گیا.) میوهٔ گیاه مزبور.

خربزه (گل و بوتهٔ آن)

خربط xar-bat (إمر.)(جا.) قاز، غاز.

خربق xarbaγ [ع.] (إ.) (گیا.) گیاهی است[۲] از تیرهٔ آلاله‌ها، دارای برگهای دراز وساقهٔ‌کوتاه، با گلهای پنج برگ وسرخ کمرنگ وبیخ دراز مانند پیاز وریشه‌های باریك. طعم آن تلخ‌است وانواع‌بسیار داردکه‌مهمترین آنها دونوع سیاه[۳] وسفید[۴] است.

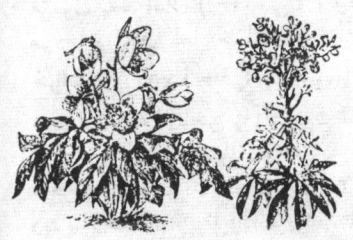

خربق

خربق سفید

خربق کاذب

خربندگی xar-banda(e)g-ī (حامص.) شغل وعمل خربنده (ه.م.)

خربنده xar-banda(-e) ۱ - نگاهبانی خر، مهتر الاغ. ۲- آنکه الاغ راکرایه دهد؛ ج.خربندگان.

خربوزه xarbūza(-e) [= خربزه] (إ.) (گیا.) خربزه (ه.م.)

خربیواز x.-bīvāz [= خرپیواز = خربواز ← بیواز] (إمر.) (جا.) شب پرهٔ کلان‌که ببزرگی غلیواج‌است؛ خفاش.

خرپا x.-pā (إمر.) چوبی ضخیم یا میله‌ای آهنین‌که‌آنرا عموداً در زیر سقف یاجایی دیگر کارگذارند.

خرپشته x.-pošta(-e) (إمر.) ۱ - پشتهٔ بزرگ. ۲ - خیمه. ۳ - طاق.

۱- Cucumis melo(.لا), melon (.فر) ۲-Ellébore(.فر)
۳- E.noir(.فر) ٤- E.blanc(.فر)

۴- ایوان. ۵- نوعی جوشن که در روز جنگ می‌پوشیدند.

خرپول x.-pūl (ص مر.، اِمر.)(عم.) کسی که پول بسیار دارد؛ پولدار.

خرتال xartāl [= خرطال] (اِ.) پوست گاو که از طلا و نقره پر کنند؛ خرطال، قنطار.

خرت و پرت xert-o-pert (اِمر.) (عم.) اثاثهٔ مختلف و کم‌بها، خرده‌ریز.

خرتوخر xar-tū-xar (اِمر.) (عم.) بی‌نظمی، هرج ومرج.

خرج xarǰ [ع.] (اِ.) ۱- هزینه؛ مق. دخل. ۲- حق کار وزحمت. ۳- نفقه. ۴- باج، خراج. ‖ **سخن (حرف) به ~ کسی نرفتن.** (عم.) مؤثر واقع نشدن سخن (حرف) در وی.

خرج xorǰ [ع.](اِ.) خرجین (ه.م.)، خرجینه، باردان.

خرجی xarǰ-ī [ع.-ف.](ص نسبـ.، اِمر.) ۱- پولی که جهت معاش دهند، هزینه‌ای که برای اهل بیت و غیره کنند؛ مق. خاصه. ۲- قدری از مال که اخراجات ضروری سفر موقوف بر آن باشد. ۳- متعارفی، معمولی؛ مق. خاص: کسوتهای خاص وخرجی. ۴- انعام، بخشش؛ مق. خاصه، خاصگی.

خرجی دادن x.-dādan [ع.-ف.] (مص م.) ۱- دادن پول جهت معاش، نفقه دادن باهل بیت. ۲- اطعام مردمان در ایام متبرك.

خرجین xorǰīn [= خرجینه = خرجان، قس ع. خرج] (اِ.) کیسه‌ای از پلاس که در آن جامه، خوراکی و چیزهای دیگر نهند.

خرچال xar-čāl [← چال] (اِمر.) ۱- مرغابی بزرگ، غاز. ۲- هوبره (ه.م.)

خرچرانی xar-ča(e)rān-ī (حامص.) نگاهبانی الاغ، چراندن.

خرچسانه xar-čosāna(-e) [= خرچسونه] (اِ.) (جا ن.) کوز (ه.م.)

خرچسونه xar-čosūna(-e) [= خرچسانه] (اِ.)(جا ن.) کوز (ه.م.)

خرچنگ xar-čang [پهـ. karčang] (اِمر.)(جا ن.) جانوریست[1] از شاخهٔ بندپاییان، از ردهٔ سخت‌پوستان دارای چنگالهای بلند که در آب زندگی کند و در خشکی هم راه رود و بیك پهلو حرکت نماید؛ پنجپا، سرطان.

خرچنگ پهن

خرچنگ‌قورباغه x.-γūrbāγa(-e) (اِمر.) (عم.) ناخوانا (نوشته، خط).

خرحمالی xar-hammālī [ف.-ع.](حامص.)(عم.) عمل بی‌اجر، زحمت مفت.

خر حمالی کردن x.-h.-kardan [ف.-ع.] (مص ل.) کار کردن بی‌اجر، زحمت مفت کشیدن.

خرخاکی xar-(e)-xākī (اِمر.) (جا ن.) جانوریست[2] از شاخهٔ بندپاییان جزو ردهٔ سخت‌پوستان که بدنش از حلقات متعدد کیتینی پوشیده شده، و بزرگیش باندازهٔ یك دانهٔ باقلا یا کمی کوچکتر است و دارای پاهای متعدد کوتاه میباشد و در جاهای تاریك و نمناك بسر میبرد و از بقایای خوراکیها و مواد آلی تغذیه میکند؛ خرك خاکی؛ خرخدا، هدبه؛ پرپا.

خرچنگ دراز

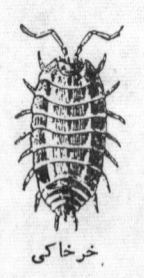

خرخاکی

۱- Astacus (.لا), ecrevisse (.فر)   ۲- Cloporte (.فر)

خرخر xar-xar, xor-xor (اِصت.) آوازی که از گلوی فشرده یا درخواب از گلوی شخص خفته و بعضی حیوانات (مانند گربه) بر آید؛ خراك.

خرخر xer-xer (اِصت.) آوای ناصاف گوشخراش مانند صدایی که از کشیدن قطعه‌ای سنگ، چوب یا آهن در روی زمین یا چیزی دیگر شنیده شود.

خرخره xar-xar-a(-e) [= خرخر] (اِصت.) ← خرخر (xar-xar).

خرخره xer-xer-a(-e) (اِ.) (عم.) گلو، قصبة‌الریه، نای گلو [1].

۱ - خرخشه xarxaša(-e) [= خرخسه] (اِ.) جانوری که صیادان بر کنار دام بندند تا جانوران دیگر بدام افتند.

۲ - خرخشه xarxaša(-e) [= غرغشه ← خرشه، تر. قارغاش] (اِ.) نزاع، مجادله، آشوب.

خرخیار xar-xiyār (اِمر.) (گیا.) سیماهنگ (ه.م.)

خرد xard [قس. خره، خر] (اِ.) گل ولای، لجن، گل تیره وچسبناك.

خرد xerad [په. xrat] (اِ.) ۱ - عقل. ۲ - ادراك، دریافت، فهم.

خرد xord [په. xvart] (ص.) ۱- کوچك، کم‌جثه. ۲ - اندك سال، کودك. ج. خردان. ۳ - باریك، دقیق. ‖ ~ وخاکشیر کردن. (عم.) خرد کردن. ‖ ~ وخمیرشدن. (عم.) ۱ - له شدن، کوفته شدن. ۲ - بسیارخسته شدن.

خرداد xordād [په. xordāt] (اِ.) ۱ - (اِخ.) نام ایزدی است ← بخش ۳. ۲ - ماه سیم از سال شمسی. ۳ - روز ششم از ماه شمسی.

خردادگان x.-gān (اِمر.) جشنی در ایران باستان که درروز خرداد (ششم) از ماه خرداد برپا میشده.

خرد اندیش xord-andīš [= خرداندیشنده] (صفا.) خرده بین، کوتاه نظر، خردك نگرش.

خر در چمن xar-dar-čaman (اِمر.) (عم.) ۱- آوازناهموار وخشن. ۲ - هرج ومرج.

خردسال xord-sāl (صمر.) کم‌سال، اندك سال، کودك. ج. خردسالان.

خردسالی x.-sāl-ī (حامص.) کم‌سالی، اندك سالی، کودکی.

خردك xord-ak (اِمصغ.، قمر.) اندك. ‖ **خردك خردك.** اندك اندك، کم کم.

خردکردن xord-kardan (مصم.) ۱ - ازهم پاشیدن، ریز ریز کردن. ۲ - کشتن، نابود کردن.

خردك نگرش xordak-negareš [= خردنگرش (ه.م.)] (صمر.) خرده بین، کوته‌نظر.

خرد کننده xord-konanda(-e) (صفا.) ۱- ازهم‌پاشنده، ریزریز کننده. ۲ - کشنده، قاتل.

خردگی xorda(e)g-ī (اِمص.) ۱- کوچکی، خردی. ۲ - کاستگی بسبب ساییدن.

خردل xardal [ع.] (اِ.) ۱- (گیا.) گیاهی است [2] از تیرۀ چلیپاییان (صلیبیان) که دو نوع سفید وسیاه‌دارد. برگهایش شبیه برگ ترب ولی کوچکتر از آنست. دارای گلهای زرد ودانه‌های ریز وقهوه‌یی وطعم تند است. دانه‌های وی را پس‌ازکوبیدن در آب یا سرکه خمیر سازندوباغذا جهت تحریك اشتها تناول کنند؛ تخم سپندان، اسپندان، حب‌الرشاد. ۲ - وزنی است معادل $\frac{1}{8}$ شعیر (بیشتر در کردستان).

خردل (و گل آن)

1- Trachée artère (فر.)

2- Sinapis (لا.), moutarde (فر.)

خردمند xerad-mand [=خردومند، په. xratomand] (ص‌مر.) ۱-عاقل، خداوند عقل. ۲ - بافهم ، با ادراك ، صاحب هوش.

خردمندانه x.-mand-āna(-e) (ق مر) از روی خردمندی ، عاقلانه : «خردمندانه رفتار میکند.»

خردمندی x.-mand-ī (حامص .) خردمندبودن، عاقل‌بودن.

خردنفس xord-nafs [ف.-ع.] (ص مر.) صاحب نفس ضعیف.

خرد نگاری x.-negār-ī (حامص.) دانشی که هدف آن‌تحقیق اشیای‌بسیار کوچك بتوسط ذره بین است، میکرو-گرافی[1] .

خرد نگرش xord-negareš (ص مر.)خرده‌بین، کوته‌نظر، خردك نگرش.

خرد و مرد xord-o-mord (اِمر.) ته‌بساط، چیزهای خرد وریز.

خردومند xerad-omand [= خردمند] خردمند(ه.م.)

خرده xorda(-e) (اِ .) ۱ - ریزه ، خرد. ‖ یك ـــــ . (عم.) اندکی، کمی: «یك‌خرده کارمن‌باقی است، الان تمام میشود.» ۲ - شرارهٔ آتش . ۳ - قوس قزح . ۴ - (کنـ.) دقیق، باریك . ۵ - نکته، دقیقه. ٦-اعتراض ،ایراد. ضح.- این کلمه‌را بغلط «خورده» نویسند.

خرده‌باج x.-bāǰ (اِمر.)عوارض‌متفرقه.

خرده بین x.-bīn [=خرده بیننده] (ص‌فا.) ۱-باریك‌بین، تیزفهم،هوشمند. ۲ - عاقبت اندیش . ۳ - ایرادگیر ، معترض.

خرده بینی x.-bīn-ī (حامص.) ۱- ادراك، فراست ، زیرکی، هوشمندی . ۲- عاقبت‌اندیشی. ۳ - ایراد گیری ، اعتراض .

خردپا(ی) x.-pā(y) (ص مر.) ۱- بیچیز، بی‌سر وسامان. ۲ - (دیه‌ها) کسی که ملك وزمین‌مختصرداشته‌باشد: «اکثررعایای‌شهریار(۶فرسنگی‌تهران) خرده‌پا هستند »

خرده‌خرده xorda(-e)-xorda(-e) (ق‌مر.) اندك‌اندك، بتدریج، رفته‌رفته: «بچه‌هاخرده خرده همهٔ شیرینی‌ها را خوردند.»

خرده ریزه x.-rīza(-e) (اِمر . (عم.) ۱ - اشیاءِ کم ارزش، چیزهای کم فایده یابیهوده. ۲ - باقیماندهٔ هر چیز؛ آشغال .

خرده شناس x.-šenās [=خرده شناسنده] (ص‌فا.) نکته‌بین، دقیق.

خرده شناسی x.-šenās-ī (حامص.) نکته بینی، دقت.

خرده فرمایش x.-farmāyeš (اِمر.)(عم.) دستورهای مختلف‌متنوع، فرمایشهای پیاپی وخسته کننده .

خرده فروش x.-forūš [=خرده فروشنده] (ص‌فا.) آنکه کالاها واجناس را بمقدار اندك فروشد ؛ مق . عمده فروش .

خرده‌فروشی x.-forūš-ī (حامص.) عمل و شغل خرده فروش ؛ مق . عمده فروشی .

خرده کار x.-kār (ص مر.) آنکه درکار وهنر خویش دقیق وباریك بین است؛ زیباکار.

خرده کاری x.-kār-ī (حامص.) عمل‌خرده‌کار (ه.م.)

خرده کردن x.-kardan [=خرد

[1]- Micrographie(فر.)

خرزهره

خرس سفید

خرس قهوه‌یی

خرس گریزلی

کردن] (مصم.) پایمال کردن، نابود کردن.

خرده گرفتن x.-gereftan (مص م.) ~ برکسی: عیب جویی کردن، نکته گرفتن براو.

خرده گیر x.-gīr [= خرده گیرنده] (صفا.) عیب‌جو، ایرادگیر، نکته - گیرنده.

خرده گیری x.-gīr-ī (حامص.) عمل خرده گیر (ه.م.)، عیب‌جویی، ایرادگیری، نکته‌گیری، انتقاد.

خرده مالك x.-mālek [ف.- ع.] (إمر.) ۱ - کسی که شریك ملك مشاع است. ۲ - مالك خرده‌پا؛ مق. عمده مالك. ۳ - ملك مشاعی که دارای صاحبان متعدد است وسهم یاسهام هریك مفروز ویاغیر مفروز است. ۴ - ملك متعلق بیك تن خرده مالك.

خرده مردم x.-mardom (إمر.) مردم طبقهٔ سوم، مردم بی‌اسم ورسم.

خرد همت x.-hemmat [ف.- ع.] (ص مر.) آنکه همت وی پست باشد؛ کوته‌همت.

خردهمتی x.-hemmat-ī [ف.-ع.] (حامص.) کوته‌همتی، پست همتی.

خردی xord-ī (حامص.) طفولیت، کودکی.

خرز xarz [ع.] (إ.) ۱ - آنچه که بنخ کشند مانند مهره، دانهٔ شیشه‌یی و گلی، صدف وغیره؛ مهره.

خر رنگ کن xar-rang-kon [= خررنگ کننده] (صفا.، صمر.) (عم.) فریبنده: «خررنگ کن عجیبی است!»

خرزه xarza(-e) (إ.) آلت تناسلی مرد (مخصوصاً آلت تناسلی ستبر و گنده ودراز)؛ نره، شرم مرد.

خرزهره xar-zahra(-e) (إمر.) (گیا.) گیاهی است[۱] بوته مانند از تیره‌های نزدیك تیرهٔ زیتونیان، دارای شاخه‌های باریك با گلهای سرخ وسفید وبرگهای دراز شبیه ببرگ بیدوسه‌تایی وتلخ و سمی. از گیاهان زینتی است؛ دفلی.

خرزین xar-zīn (إمر.) ۱ - چوبی دراز که در طویله‌ها نصب کنند وزین ویراق اسب را بربالای آن نهند. ۲ - نوعی پالان.

خرس xaras [ع.] (إمص.) گنگی.

خرس xers [په. xirs] (إ.) ۱ - (جاذ.) پستانداری است[۲] از راستهٔ گوشتخواران تنومندوقوی. بدنش پر پشم و دارای رنگ زرد تیره، قهوه‌یی یاسفید. خرس میتواند روی دوپا بایستد واز درخت بالا رود. این جانور تیرهٔ خاصی را بنام تیرهٔ خرسان در شاخهٔ پستانداران بوجود آورده‌است. ‖ ~ سفید. (جاذ.) نوعی خرس سفیدرنگ که‌در مناطق قطبی زیست میکند. وزنش به ۶۰۰ کیلوگرم میرسد. ۲ - (مج.) (عم.) شخص چاق. ۳ - (مج.) (سیا.) دولت روسیه.

خرس xors [ع.] (ص.) ج. اخرس وخرساء؛ گنگان.

خرسا xarsā [= ع. خرساء] ← خرساء.

خرساء xarsā' [ع.، ف: خرسا] (ص.) مؤنث اخرس، گنگ. ج. خرس (xors).

۱- Nerium oleander (.لا), laurier -rose (.فر)

۲- Ursus (.لا), ours (.فر)

خرس باز xers-bāz [= خرس بازنده] (ص‌فا.) کسی که خرس را تربیت کند و او را ببازیهای مختلف وادارد وازین راه روزی خورد.

خرس بازی x.-bāz-ī (حامص.) عمل وشغل خرس‌باز (ه‍.م.)

خرس بچه x.-bačča(-e) (إمر.) بچهٔ خرس.

خرست xarast (ص.) سیاه مست، طافح.

خرسته xeresta(-e) (ا.) (جا ن.) زالو (ه‍.م.)؛ زلو.

خرسک xers-ak (إمصغ.) ۱- خرس کوچك، بچهٔ خرس. ۲- نوعی بازی، و آن‌چنان باشد که خطی بکشندو شخصی درمیان خط بایستد ودیگران آیندواورا زنند و او پای خود را بجانب ایشان افشانند، بهر کدام که پای او بخورد اورا بدرون خط بجای خود آورد. ۳- (قال.) قالی ضخیم وپشم بلند وسنگین وبدنقشه.

خرسند xorsand [په. xorsand] (ص.) ۱- آنکه قناعت ورزد، قانع. ۲- آنکه رضا بقضا دهد، راضی. ۳- شادمان، خشنود، بشاش.

خرسندشدن x.-šodan (مصل.) ۱- قانع شدن. ۲- راضی‌شدن. ۳- شادمان گشتن.

خرسندی xorsand-ī (حامص.) ۱- قناعت. ۲- رضایت. ۳- شادمانی، بشاشت.

خرسنگ xar-sang (إمر.) سنگ بزرگ نتراشیده وناهموار.

خرش xoroš [=خروش] (ا.) ← خروش.

خرشاد xor-šād [=خورشید] (ا.) ← خورشید.

خرشوف xoršūf [ع.] (ا.) (گیا.) کنگرفرنگی (ه‍.م.)

خرشید xoršīd (xoršēδ .قد) [= خورشید] (ا.) ← خورشید ضح.- در غالب نسخه‌های خطی قبل ازعهد مغول واوایل آن عهد همین صورت‌ضبط شده نه «خورشید».

خرط xart [ع.] (مص‌م.) تراشیدن چوب.

خرطال xartāl [ع.=خرتال] (ا.) ۱- ← خرتال. ۲- (گیا.) یولاف (ه‍.م.) ۳- (گیا.) سبوس (ه‍.م.)

خرطبع xar-tab' [ف.-ع.] (ص.) احمق، گول.

خرطبعی xar-tab'-ī [ف.-ع.] (حامص.) احمقی، گولی.

خرطوم xortūm [ع.] (ا.) ۱- بینی فیل. ۲- بینی دراز.

خرطوم

خرغلط xar-γalt (إمر.) ۱- غلطیدن خر برروی زمین. ۲- مانند خر برروی خاك غلطیدن. ‖ ~ زدن. مانند خر برروی خاك غلطیدن.

خرف xarf [ع.] (مص‌م.) میوه‌چیدن.

خرف xaraf [ع.] (ا.) فساد عقل از پیری. تباهی خرد.

خرف xaref [ع.] (ص.) مرد کم‌عقل وپیر.

خرفت xereft [ازع. خرف xaref] (ص.) (عم.) ۱- ابله، گول، نادان، «پیری خرفت است.» ۲- کند ذهن، بیهوش.

خرفستر xarafstar [په. xrafst(a)r] (ا.) جانورموذی مانند مار، عقرب، زنبور وغیره.

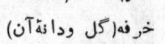

خرفك xarfak (اِ.) جرقهٔ (آتش)، برق (آتش).

خرفه xorfa(-e) [= خفرج، معر.] (اِ.) (گیا.) گیاهی است از تیره‌ای بنام خرفه[1]، جزو ردهٔ جداگلبرگها، که خودرو ودارای ساقه‌های سرخی است که روی زمین میخوابد. گلبرگهایش سفید یا زرد وتخم های آن ریز وسیاه است. تخم آن درپزشکی بکارمیرود؛ پرپهن، فرفهن، فرفین، بوخله، خفرج، بقلة‌ـ الحمقاء.

خرفه(گل ودانهٔ آن)

خرفهم xar-fahm [ف.ـ ع.] (اِمص.) (عم.) فهماندن با بله، تفهیم مطلب باحمق. ضح.ـ وقتی که همین مفهوم را بخواهند مؤدبانه ادا کنند «شیر فهم» گویند.

خرفی xaref-ī [ع.ـف.](حامص.) کم‌عقلی از پیری، خرف‌بودن.

خرق xarγ [ع.] ۱ - (مص‌م.) پاره کردن، درانیدن، شکافتن، چاك زدن. ۲ - (اِ.) شکاف، رخنه. ۳ - درز، چاك. ج.خروق. ‖ ~ِ عادت. ۱ - خلاف عادت. ۲ - کرامت اولیا. ‖ ~ والتیام. ۱ - پاره کردن وپیوستن. ۲ - (فل.) نفوذ درافلاك و خروج از آن، واین مسأله‌ایست مورد اختلاف فلاسفه. بعضی گویند آن بلامانع است و برخی آنرا مردود دانند (فرع.، سج.).

خرك(ورزش)

خرق xaraγ [ع.] (اِ.) ج. خرقه (ه.م.).

خرق xarγ, xorγ [ع.] (اِ.) ۱ - سستی اندیشه، ضعف رای، احمقی، نادانی. ۲ - درشتی؛ مق. رفق، نرمی.

خرقه xerγa(-e) [= ع. خرقة](اِ.) ۱ - قطعه‌ای از پارچه، تکه‌ای لباس. ۲ - جامه‌ای که ازقطعات مختلف دوخته شود. ۳ - جبهٔ درویشان که آستر آن پوست گوسفند یاخز و سنجاب است؛ ج. خرق (xaraγ). ‖ ~ تهی کردن. (تص.) مردن، فوت کردن.

خرقه افکندن x.-afkandan [ع.ـ ف.](مص‌ل.) ۱ - خرقه راازدوش انداختن وبخشیدن آن. ۲ - جامه بخشیدن. ۳ - (تص.) از هستی دست کشیدن، مجرد گردیدن، از خودی بیرون آمدن.

خرقه‌بازی x.-bāz-ī [ع.ـ ف.] (حامص.) جامه دریدن صوفیان هنگام سماع.

خرقه پوش x.-pūš [ع.ـف. = خرقه پوشنده] (ص‌فا.) درویش، صوفی.

خرقه پوشی x.-pūš-ī [ع.ـ ف.] (حامص.) ۱ - پوشیدن خرقه. ۲ - تصوف.

خرقه کردن x.-kardan [ع.ـف.] (مص‌م.) پاره کردن، دریدن، چاك زدن.

۱- خرك xar-ak (اِمصغ.) ۱ - خر کوچك. ۲ - (ور.) چهارپایه‌ای چوبین که در ورزش آن رابکار برند. ۳ - آلتی کوچك، استخوانی یاچوبی، که روی کاسهٔ تار نصب کنند وسیمهای تار را ازروی آن عبور دهند؛ خر.

۲- خرك xar-ak [= خارك] (اِ.) ۱ - (گیا.) نوعی خرمای خشك.

خرك xer-ak [xer ← خر] (اِ.) تخمه که درگلو آید؛ جخج.

خرکار xar-kār (ص‌فا.)(عم.) آنکه بسیار کار کند.

خرکچی xarak-čī [ف.ـ تر.](ص نسبـ.) آنکه خرراکرایه‌دهد؛ خربنده.

خرکردن xar-kardan (مص م.) فریب‌دادن، فریفتن.

---

۱ - Portulaca oleracea (لا.), pourpier (فر.)

خرکره x.-korra(-e) (اِمر.)
کره‌خر، بچه‌خر.

خرکوف xar-kūf (اِمر.) (جا ن.)
گونه‌های بزرگتر جغد (ه.م.)

خرکی xarak-ī (ص نسبـ.) (عم.)
احمقانه: شوخی خرکی.

خرگاه xar-gāh [= خرگه]
(اِمر.) خیمهٔ بزرگ، سراپرده. ‖ ~ ِ اخضر. (کن.) آسمان. ‖ ~ ِ سبز. (کن.) آسمان. ‖ ~ ِ قمر. (کن.) خرمن ماه، هاله. ‖ ~ ِ مینا. (کن.) آسمان.

خرگاه زدن x.-zadan (مص م.)
خیمهٔ بزرگ زدن، نصب کردن خیمه.

خرگور xar-gūr (اِمر.) گورخر (ه.م.)

خرگوش x.-gūš [xargōš . په]
(اِمر.)(جا ن.) پستانداری است علفخوار[1]، جزو راستهٔ جوندگان با ندام گربه، دارای گوشهای دراز و لبهای شکافدار. دستهای وی از پاها کوتاهتر است و بسیار تند میرود، و آن دارای اقسامی است؛ ارنب.

خرگوش

خرگوشک xar-gūš-ak (اِمصغ.)
۱- خرگوش کوچک. ۲- (گیا.) بارهنگ (ه.م.)

خرگوشی xar-gūš-ī (ص نسبـ.)
منسوب به خرگوش: خواب خرگوشی.

خرگه xar-gah [=خرگاه] (اِ.)
← خرگاه.

خرگیر x.-gīr [=خرگیری] (اِ.)
گرفتن خر، مقید کردن الاغ.

خرم xarm [ع.] (مص م.) ۱- بریدن، شکافتن. ۲- سوراخ کردن (گوش یا بینی وغیره) ۳- (عر.) اسقاط حرف اول «فعولن» یا «مفاعلتن» تا «عولن» و «فاعلتن» بماند. ج. خروم.

خرم xorram [په . xurram]
۱- (ص.) شاد، شادمان، خندان. ۲- (اِ.) ماه دهم از سال شمسی، دی. ۳- روز هشتم از هر ماه شمسی. ۴- (مس.) مقام و پرده ایست در موسیقی قدیم. ۵- (گیا.) گیاهی است[2] از تیرهٔ مرکبیان که برگهای آن در طب قدیم مستعمل بود؛ حالبی.

خرما xormā [په. armāv] (اِ.) ۱- (گیا.) درختی است[3] از تیرهٔ گرمسیری جزو تیرهٔ نخلها[4] که میوه‌اش جزو میوه‌های سته میباشد یعنی تمام قسمت پریکارپ[5] آن گوشتی و محتوی مواد غذایی است. دارای هسته‌ای سخت و پوست نازک وشیرین که بهیأت خوشه‌ای بزرگ از شاخه آویزان گردد و برگهای آن بزرگ است. ارتفاع وی به ۱۰ تا ۲۰ متر نیز میرسد؛ خرمابن، نخل. ۲- میوهٔ درخت مذکور.

خرمابن x.-bon (اِمر.)(گیا.) درخت خرما ← خرما.

خرماستان x.-setān (اِمر.) جایی که درخت خرما بسیار باشد؛ نخلستان.

خرماگون x.-gūn (اِمر.) ۱- برنگ خرما، خرمایی. ۲- نوعی اسب برنگ خرمایی.

خرمالو x.-lū (اِمر.) ۱- (گیا.) درختی است[6] جزو تیره‌های نزدیک

خرگوش فرنگی

خرما

خرمالو (برگ و میوهٔ آن)

1- Oryctolagus cuniculus (لا.) 2- Aster atticus (لا.)
3- Dattier (فر.) 4- Palmiers (فر.) 5- Pericarpe (فر.) 6- Diospyros (لا.)

خرمدان

به‌تیرهٔ زیتونیان که‌میوه‌اش شبیه گوجه فرنگی‌ودارای پوست سرخ‌و نازك‌است. طعم آن در آغازگس است و بعدشیرین میشود. ۲ - (گیا .) میوهٔ درخت مذکور ↑ .

خرمدان xoram-dān [قس . خرمدان] (إمر.) کیسه‌ای چرمین که درویشان ومسافران برپهلوبندندوپول واشیاءِ دیگررا در آن ریزند .

خرمست xar-mast (ص مر.) مست مست، سیاه مست، طافح.

خرمشهری xorram-šahr-ī (ص نسبـ.)منسوب به‌خرمشهر(← بخش۳)؛از مردم‌خرمشهر،اهل‌خرمشهر،محمره‌یی.

خرمگاه x.-gāh (إمر .) خرگاه (ه.م.)

خرمگس xar-magas(إمر.)(جان.) گونه‌ای مگس [1] درشت‌تر از مگسهای معمولی ودارای‌خرطومی کوتاه وقوی. ‖ ـــِ معرکه. (عم.) ۱ - مزاحم،موی دماغ، سرخر. ۲ - بیگانه، نامحرم.

خرمن xarman,xer.- (إ.) ۱ - تودهٔ هرچیز. ۲ - محصول گندم‌یاجو که روی هم انباشته باشند؛ تودهٔ‌غله‌که هنوز آنرا نکوفته وازکاه جدانکرده باشند. ۳ - هالهٔ ماه ↓ . ‖ ـــِ ماه. هالهٔ ماه .

خرمن پا x.-pā [=خرمن پاینده] (ص‌فا.)مراقب‌خرمن،«بپا»ی خرمن .

خرمن کردن x.-kardan (مصم.) ۱ - انباشتن ، توده‌کردن. ۲- توده کردن غله‌که هنوزآنرا نکوفته و از کاه جدا نکرده باشند.

خرمن کوب x.-kūb [= خرمن کوبنده](ص‌فا.)(کشا.)افزارودستگاهی که‌با آن خرمن‌را کوبند.

خرمن کوبی x.-kūb-ī (حامص.) ۱ - (کشا.) عمل خرمن کوبیدن. ۲ - (کشا.)حقی‌یادستمزدی که‌دربعض نواحی بابت کوبیدن خرمن بزارع دهند.

خرمن‌گاه x.-gāh (إمر.) جایی‌که خرمنها را برای‌کوبیدن درآنجا گرد کنند؛ محل‌کوفتن خرمن.

خرموش xar-mūš (إمر.) (جان.) نوعی موش بزرگ .

خرمهره x.-mohra(-e) (إمر.) ۱- نوعی مهرهٔ بزرگ سفید یا آبی که‌آنرا برگردن خر و اسب و استر آویزند . ۲ - نوعی بوق‌و نفیر که در حمامها و بازیگاهها و آسیاها نوازند . ۳ - (پز.) خال سفیدی که‌درچشم مردم‌افتد وبسبب آن نابینا گردند .

خرمی xorram-ī [← خرم] (حامص.)شادی، شادمانی،شعف،سرور.

خرناس xornās[=خرناسه](إصتـ.) آواز خرخر خوابیده.

خرناس کردن x.-kardan (مص ل.) خرخرکردن در خواب. .

خرناسه xornāsa(-e) [=خرناس، قس.خرنش] (إصتـ.) خرناس (ه.م.)

خرنای xarnāy [= کرنای] (إ.) ۱ - کرنای (ه.م.) ۲ - (مس .) لحن وسرودی از موسیقی قدیم.

خرنبار xar-anbār [=خرانبار] (إمر.) ۱ - سوارکردن مجرم بر خر و در اطراف شهرگردانیدن اورا. ۲- جمعیت، اجتماع، ازدحام . ۳ - فتنه، آشوب .

خرند xarand (إ .) ۱ - ردیفی از آجر که روی‌زمین، کنارجوی یا باغچه جنب یکدیگر چینند ؛ خشتکاری

۱-Tabanus(.لا),toon(.فر)

اطراف باغچه و کنار صفه و ایوان. ۲- ردیف، رده، قطار. ۳ - (گیا.) گیاهی است شبیه اشنان که بدان رخت‌شویند واشخار و قلیا از آن سازند.

خرنده xar-anda(-e) (إفا. خریدن) آنکه چیزهارا خرد؛ خریدار، مشتری. ج. خرندگان.

خرنش xorn-eš [قس. خرنه، خرناسه] (إمص.) آوایی که ازدهان خوابیده شنیده شود.

خرنوب xarnūb (إ.) ۱ - (گیا.) درختی است[1] ازتیرهٔ پروانه واران، شبیه بدرخت گردو ودارای گلهای زرد. میوه‌اش درغلافی دراز شبیه باقلا جای دارد. طعم آن شیرین است واز آن رب سازند. ۲- (گیا.) قسمی از آن بوته‌ایست مرتفع وخاردار، دارای شاخه‌های متفرق وگلهای زرد رنگ؛ خرنوب نبطی. ۳- خرنوب یا خرنوب شامی (پز.، قد.) واحد وزن معادل یك قیراط (ه.م.) بود (رسالهٔ مقداریه. فرهنگ ایران زمین ۱۰-۳ ص ۴۱۴).

خرنه xorna(-e) [قس. خرنش، خرناسه] (إصت.) غرش جانوران مانند گربه وببر.

خرنه کشیدن x.-ka(e)šīdan [← خرنه] (مص ل.) غرش کردن جانوران مانند گربه وببر.

خرو xorū [= خروس] (إ.) خروس (ه.م.)

خروار xar-vār [= خربار] (إ.) ۱ - مقدار باریك خر. ۲ - مقیاسی است برای وزن. ضح. - طبق قانون مصوب ۱۳۰۴ ه ش. یك خروار (یا ۳۰۰۰،۰۰۰ درهم) = ۳۰۰ کیلوگرم. -ولی طبق معمول یك خروار = ۱۰۰ من تبریز = ۲۹۷/۰۰ کیلو گرم = ۶۵۴/۶۴ پوند انگلیسی. -۳ خروار = یك تن کوتاه (تقریباً) = ۱۹۶۳/۹۲ پوند انگلیسی. ۳ ۲/۱ خروار = یك تن (تقریباً) = ۲۲۹۱/۲۴ پوند انگلیسی.

خروب xarrūb [ع.] ← خرنوب.

خر و پف xorr-o-pof (إصت. مر.) (عم.) آوایی که بهنگام خواب ازدهان شخص بسبب تنفس بادهان، برآید.

خرنوب (ودانهٔ آن)

خروج xorūǰ [ع.] ۱ - (مص ل.) بیرون شدن، بیرون آمدن؛ مق. دخول، اندر شدن. ۲ - طغیان کردن، عصیان ورزیدن. ۳ - (إمص.) بیرون‌شدگی؛ مق. دخول. ۴- طغیان، عصیان، سرکشی. ۵ - (عر.) الف که در شعر بعدصله آید وبسبب دوری آن درطبع وخروج آن در کثرت متحرکات ازاعتدال آنرا کبری نام نهادند. ۶ - (قا.) حرفی است که به «وصل» پیوندد: «درخت غنچه برآورد وبلبلان مستند.» تاء حرف روی نون حرف وصل و دال حرف خروج است (بدیع همائی).

خروس

خروج کردن x.-kardan [ع.-ف.] (مص ل.) بدشمنی برخاستن، عصیان کردن، طغیان کردن.

خروچ xorūč [= خروس] (إ.) خروس (ه.م.)

خرور xar-var (إمر.) راننده وبرندهٔ خر؛ خربنده، خرکچی.

خروس xorūs [= خرو = خروج = خروه، په. xros] (إ.) ۱- (جا ن.) مرغ نرخانگی[2] ازراستهٔ ماکیان[3] که‌دارای نژادهای مختلف است. ‖ ــ بی‌محل.

۱- Certonia siliqua(.لا), caroulier(.فر)　۲ - Coq (.فر)
۳ - Gallinacés (.فر)

خروس‌خوان

(عم.) کسی که کارها را بیموقع و بیجا انجام دهد.

خروس‌خوان x.-xān (إمر.) ۱ - هنگام سحر (زمانی که خروس میخواند). ۲ - خروسی که بانگ کند.

خروسك xorūs-ak [← خروس] (إمصغ.) ۱ - خروس کوچك. ۲-(پز.) گوشت پاره‌ای بردم فرج زن. ۳- (پز.) پوست ختنه‌گاه مرد (که بریدن آن سنت است). ۴ - (جاذ.) حشره‌ای سرخ رنگ مانند سوسك که در گرمابه‌ها وجایهای نمناك زیست کند. ۵ - (پز.) مرضی است[1] که غالباً کودکان بدان مبتلا شوند وسبب تورم وتشنج گلوشود وصدای شخص مبتلا بطور مخصوص شبیه بصدای خروس از گلوی او خارج گردد.

خروس کولی

خروس کولی xorūs-kowlī (إمر.) (جاذ.) پرنده‌ایست[2] وحشی مانند خروس، دارای چشمهای درشت وپایهای دراز وبالهای بزرگ ودم پهن وکاکلی از پر برسر دارد.

خروسه xorūs-a(-e) [= خروسك = خروهه] (إ.) ← خروسك ۲ و۳.

خروش xorūš [= اخرش = خرش، است. xraos، خروشیدن] (إ.) بانگ وفریاد.

خروشان xorūš-ān (صفا. خروشیدن) فریادکنان، نالان.

خروشیدن xorūš-īdan (مصل.) [خروشید، خروشد، خواهد خروشید، بخروش، خروشنده، خروشان، خروشیده] بانگ برزدن، فریادکردن.

خروق xorūγ [ع.] (إ.) ج. خرق (xarγ)(ه.م.) ۱- درزها، چاکها. ۲ - سوراخها.

خروع xerva' [ع.] (إ.) (گیا.) کرچك (ه.م.)، بیدانجیر.

خروه xorūh [= خروس] (إ.) ۱- خروس (ه.م.). ۲ - تاج خروس.

خروهه xorūh-a(-e) [= خروسه = خروسك] (إ.) ۱- ← خروسك ۲. ۲- جانوری است که صیادان کنار دام بندند تا جانوران دیگر فریب خورده در دام افتند؛ پایدام، ملواح.

خرویله xarvīla(-e) (إ.) ۱- بانگ وفریاد بلند. ۲ - آوای گریهٔ بلند.

خره xorra(-e) [په. xvarreh] ۱ - موهبتی ایزدی که بپادشاهان وروحانیان اختصاص داشت، وآنانرا از دیگر خلایق ممتاز میساخت. ۲ - نور، فروغ. ۳ - بخش، حصه، قسمت. ۴ - [= معر. کور؛ ج. کور] قریه، دیه.

خره xore (إ.) (کشا.) مدار یا گردش آب (درمورد آبیاری بکار رود).

خره xorra(-e) [قس. خرخر] (إصت.) آواز گلو بهنگام خواب یا فشردن حلق؛ خرخر.

خره xoroh [= خروس = خروه] (إ.) خروس (ه.م.)

خره‌بندی xora(-e)-band-ī (حامص.) تعیین خره (ه.م.)، تعیین گردش یا مدار آب (آبیاری).

خری xar-ī (حامص.) ۱ - خر بودن، الاغ بودن. ۲- (مج.) حماقت، احمقی.

خریار xar-yār [= خریدار] (ص فا.) خریدار، مشتری.

خریاری x.-yār-ī [= خریداری] (حامص.) خریداری.

(خریت) xar-īyyat [ف.-ع.] حماقت، ابلهی: «خریتش گل کرد.» ضح. - «خر» فارسی را بعلامت مصدر جعلی

۱-Laryngite stridouleure (فر.)

۲-Vanneau (فر.), vanelus sp. (لا.)

خزانه‌داری

«یت» پیوسته‌اند و آن غلط مشهور است.

خرید xar-īd [← خریدن] (مص خم.) عمل خریدن چیزی، بیع؛ مق. فروش. ‖ ~ وفروخت(فروش). بیع و شرا، داد وستد.

خریدار xar-īd-ār (ص فا.) مشتری، خرید کننده.

خریداری xarīdār-ī (حامص.) خرید، ابتیاع.

خریداری کردن x.-kardan (مص م.) ابتیاع کردن، خرید کردن.

خریدن xar-īdan [په. xarītan] (مص م.) (خرید، خرد(xarad)، خواهد خرید، بخر، خرنده، خریده) با پرداخت پول چیزی از کسی گرفتن، بیع؛ مق. فروختن.

۱- خریده xar-īda(-e) (إمف. خریدن) بیع شده، خریداری شده.

۲- خریده xarīd-a [= ع. خریدة] (ص نث) ۱- دختر نارسیده. ۲- کنیزک بچه. ۳- خاتون با شرم وحیا.

خریر xarīr [ع.] (إمص.) ۱- آواز آب وباد. ۲- آواز گلوی خفته. ۳- جای پست میان دو بلندی.

۱- خریش xarīš [= خراش] (إ.) خراش (ه.م.)

۲- خریش xarīš [= خنده ریش] (إ.) ریشخند، استهزا.

خریشیدن xarīš-īdan [= خراشیدن] (مص م.) خراشیدن (ه.م.)

خریشیده xarīš-īda(-e) (إمف.) خراش برداشته، خراشیده.

خریطه xarīta(-e) [= ع. خریطة] (إ.) ۱- کیسهٔ چرمین یا پوستین. ۲- صندوقی که از پوست وغیر آن سازند. ۳- نقشهٔ جغرافیا. ج. خرائط (خرایط).

خریف xarīf [ع.] (إ.) پاییز، خزان.

خریگوش xar-ī-gūš [= خرگوش] (إ.) خرگوش (ه.م.)

خز xaz(z) (إ.) ۱- (جا ن.) پستانداری[1] از راستهٔ گوشتخواران، از تیرهٔ سموریان دارای دم دراز پرمو. پوست وی قهوه‌یی یا خاکستری وزیر گردنش سفید و دارای پوستی گرانبهاست. ۲- جامهٔ ابریشمین.

خز

خزائن xāzāén [ع.] ← خزاین.

خزامه xezāma(-e) [= ع. خزامة] (إ.) ۱- حلقهٔ مویین که در بینی شتر کنند و مهار بروی بندند. ۲- تسمه‌ای که بدان نعلین را بروی پا بندند.

خزان xazān [تخاری] (إ.) فصلی که بین تابستان وزمستان واقع است؛ پاییز، خریف.

خزان xozzān [ع.] (ص.، إ.) ج. خازن (ه.م.)؛ خزانه داران، گنجوران.

خزانه xezāna(-e) [= ع. خزانة] (إ.) ۱- جایی که اموال ونقود را در آن نگاهداری کنند؛ گنج خانه، گنجینه خانه. ج. خزائن (خزاین). ۲- (کشا.) قطعه‌زمینی که در وی تخم گیاهان وگلها را کارند وپس از سبز شدن از آنجا بیرون آورند ودر جاهای مختلف کارند. ‖ ~ ٔ حمام. حوضی در حمام‌های قدیم که در آن آب گرم میکردند. ‖ ~ ٔ کتب. کتابخانه.

خزانه‌دار x.-dār [ع.-ف. = خزانه دارنده] (ص فا.) ۱- نگهبان خزانه، گنجور. ۲- صندوقدار، رئیس صندوق، تحویلدار. ۳- توپ یا تفنگی که دارای مخزن باشد.

خزانه داری x.-dār-ī [ع.-ف.] ۱- (حامص.) عمل وشغل خزانه‌دار (ه.م.)، گنجوری. ۲- (إمر.) یکی از ادارات

۱—Fouine (فر), Mustela fouina (.لا)

خزاین

وزارت دارایی که عایدات دولت در آن متمرکز گردد ودستور پرداخت حقوق وهزینه‌ها ازآنجا صادر شود.

خزاین xazāyen [=ع. خزائن] (اِ.) ج. خزانه (وخزینه)؛ گنجینه‌ها. ‖ ~ **ودفاین.** گنجینه‌ها ودفینه‌ها.

خزدوك xazdūk [= خبزدوك] (اِ.) (جا.) خبزدوك (ه.م.)، جعل (ه.م.)

خزر xazr [ع.] (اِ.) ۱- تنگی‌چشم. ۲- حالتی در چشم که گویی شخص بگوشهٔ چشم نگاه میکند.

خزرانی xazar-ānī (ص نسب.) منسوب به‌قوم‌خزر (← بخش۳)،خزری.

خزرا xazrā[=ع.خزراء]←خزراء.

خزراء xazrā' [ع.،ف.:خزرا](ص.) مؤنث اخزر. ۱- زن تنگ چشم. ۲- زنی که بگوشهٔ‌چشم نگاه کند.

خزری xazar-ī (ص نسب.) منسوب به‌خزر (← بخش۳)؛ خزرانی.

خزعبل xoza'bal.xa.- [ع.] (اِ.) سخن بیهوده و مضحك، لاطایل. ج. خزعبلات.

خزعبلات xoza'bal-āt,xa.- [ع.] (اِ.) ج.خزعبل ↑.

خزف xazaf [ع.] (اِ.) هرچیز گلی که در آتش پخته شده باشد؛ ظرف سفالین.

خزن xazn [ع.] (مص‌م.) گنج نهادن، اندوختن.

خزنده xaz-anda(-e) (اِفا.خزیدن) (جا.) جانوری که روی زمین بخزد. ج.خزندگان(جا.)جانورانی‌جزوشاخهٔ ذی‌فقاران که بسبب کوتاهی دست و پایا فقدان‌آنها شکمشان روی زمین کشیده شود وغالباً درخشکی‌زیست کنند. بعضی ازآنها تخم‌خودرا در کیسه‌ای زیرشکم خود حفظ نمایند. خزندگان عموماً بوسیلهٔ شش تنفس میکنند. رسته‌های آنهاعبارتست‌از: تمساحان،سوسماران، ماران، لاك‌پشتها.

خزنه xazana(-e) [= ع. خزنة] (ص.،اِ.) ج.خازن (ه.م.)؛ گنجوران.

خزوك xazūk [= خبزدوك] (اِ.) (جا.) خبزدوك (ه.م.)، جعل (ه.م.)

خزه xaza(-e) (اِ.) (گیا.) نوعی رستنی[۱] که جزو شاخهٔ نهانزادان[۲] است وساقه وبرگ‌دارد ولی‌ریشه وگل‌ندارد وبجای ریشه دارای کرکهای ریز در پایین‌ساقه است که گیاه‌بوسیلهٔ آنهامواد غذایی‌را جذب میکند. بعضی ازاقسام آن‌هم ساقه ندارند.

خزه

خزی xezy [ع.] ۱- (مص ل.) خوارشدن. ۲- رسواشدن. ۳- (اِمص.) خواری. ۴- رسوایی.

خزیدن xaz-īdan [په.xēzistan] (مص‌ل.) (خزید، خزد، خواهدخزید، بخز، خزنده، خزیده) ۱- روی سینه وشکم خودرا بروی‌زمین کشیدن (مانند مار). ۲- آهسته بجایی داخل شدن ودرکنجی پنهان گشتن.

خزیده xaz-īda(-e) (اِمف.) ۱- بروی‌سینه وشکم روی‌زمین کشیده. ۲- آنکه درکنجی ورخنه‌ای پنهان شده.

خزینه xezīna(xazīne.تد)[ممال ع.خزانة] (اِ.)خزانه (ه.م.)، گنجینه

خزینه‌دار x.-dār [از ع.-ف. = خزینه دارنده] (ص فا.) خزانه‌دار (ه.م.)

خزینه داری x.-dār-ī [از ع.-ف.] (حامص.) خزانه داری (ه.م.)

۱- Mousse (فر.) ۲- Cryptogames (فر.)

۱-خس xas (إ.) ۱- خاشاك ، خاشه، تراشه، کاه‌وعلف خشك. ۲-(مج.) شخص پست فرومایه.

۲-خس xas(s) [ع.] (إ.) کاهو (ه.م.)، کوك.

۳-خس xas [هند.] (إ.) (گیا.) ریشهٔ گیاهی است پیچیده ودارای گره، مانند ریشهٔ سنبل رومی که معطر است وعطر آنرا استخراج کنند.

خسائس xasāes [ع.] (إ.) ← خسایس.

خسار xasār [ع.] (إمص.) ۱- تباهی. ۲- نیستی.

خسارات xasār-āt [ع.] (إ.) ج. خسارت (ه.م.)

خسارت xasārat [= ع. خسارة] ۱- (مص ل.) ضرر کردن، زیان بردن. ۲- (إمص.) زیانکاری، زیانمندی. ۳- (إ.) زیان، ضرر: «خسارت بسیارمتوجه اوگردید.» ج. خسارات.

خساست xasāsat [= ع. خساسة] ۱- (مص ل.) خسیس بودن ، فرومایه بودن. ۲- (إمص.) فرومایگی، پستی، ناکسی.

خسایس xasāyes [= ع. خسائس] (إ.) ج. خسیسه (ه.م.)

خسباندن xosb-āndan [= خسپاندن] (مص م.) (صر. ← چسباندن) خواباندن.

خسبیدن xosb-īdan [= خسپیدن] (مص ل.) (صر. ← چسبیدن) خفتن، بخواب رفتن.

خسپاندن xosp-āndan [= خسباندن] (مص م.) (صر. ← چسباندن) خواباندن.

خسپیدن xosp-īdan [= خسبیدن] (مص ل.) (صر. ← چسبیدن) خوابیدن، بخواب رفتن.

خست xessat [= ع. خسة] ۱- (مص ل.) خسیس بودن، فرومایه بودن. ۲- لئیم بودن، تنگ‌چشم بودن. ۳- (إمص.) فرومایگی، پستی. ۴- تنگ چشمی، لئامت.

خستر xastar [= خرستر = خرفستر] (إ.) خرفستر (ه.م.)

خستگی xasta(e)g-ī ۱- (حامص.) مجروح بودن ۲- (إ.) ریش، جراحت. ۳- فرسودگی، رنج دیدگی از کار بسیار. ‖ ~ درکردن. استراحت کردن ، رفع خستگی کردن.

خستن xas-tan [په. xvastan] (خست، -، خواهد خست، -، -، خسته) ۱- (مص م.) مجروح کردن ، زخمی کردن. ۲- آزردن. ۳- (مص ل.) مجروح شدن، زخمی شدن. ۴- آزرده شدن.

۱-خستو xastū [= خستون] (ص.) مقر، معترف؛ ج. خستوان.

۲-خستو xastū [= هسته = خسته] (إ.) هسته (میوه).

خستوانه xastavāna, xos-(-e) (إ.) ۱- جامهٔ پشمی خشن. ۲- جامهٔ درویشان، خرقه.

خستوشدن x.-šodan (مص ل.) مقر شدن، اعتراف کردن.

خستون xastūn [= خستو] (ص.) خستو (ه.م.)

۱- خسته xas-ta(-e) [← خستن] (إمف) ۱- مجروح، آزرده. ۲- دردمند، درمانده. ۳- فرسوده و رنجدیده‌از بسیاری کار.

۲- خسته xasta(-e) [= هسته] (إ.) هسته (میوه).

خسته دل x.-del (ص مر.) ۱- آزرده‌دل ۲- مصیبت زده، غمدیده.

خس دشتی

خسته دلی x.-del-ī (حامص.) ۱- آزرده‌دلی. ۲-مصیبت‌زدگی، غم‌دیدگی.

خسته جگر x.-ǰa(e)gar (ص‌مر.) ۱- دل‌ریش، آزرده‌دل. ۲- اندوهمند.

خسته جگری x.-ǰa(e)gar-ī (حامص.) ۱-دل‌ریشی، آزرده‌دلی. ۲ - اندوهمندی.

خسته خانه x.-xāna(-e) (اِمر.) جایی که ناتوانان رادر آن نگاهداری می‌کنند(فره.)

خسته کردن x.-kardan (مصم.) ۱ - مجروح کردن، آزردن. ۲ - در تعب انداختن. ۳ - وامانده کردن، فرسوده ساختن.

خسخانه xas-xāna(-e)(اِمر.)خانهٔ تابستانی که از خس سازند.

خسر xosr [ع.] ۱ - (مصل.) زیان کردن. ۲ - (اِمص.) زیانکاری. ۳ - (اِ.) زیان، ضرر.

خسر xosor [=خسور = خسوره، است. -xvasura](اِ.) ۱-پدرزن. ۲- پدرشوهر. ۳- مادر زن. ۴- مادرشوهر.

خسران xosrān [ع.] ۱ - (مصل.) زیان‌بردن، ضرر دیدن. ۲ - (اِمص.) زیانکاری، زیانمندی. ۳ - (اِ.) زیان، ضرر.

خسرك xosor-ak [← خسر] (اِمصغ.)خسر(xosor) (من باب تحبیب) (←خسر) .

خسرو xosraw(-ow) [= کسری، معر. په. husrūv، نیك‌شهرت](اِ.) ۱ - پادشاه بزرگ،سلطان عظیم‌الشأن. ۲ -پادشاه. ج.خسروان. ‖ ~ انجم. (کن.) خورشید.

خسروانه xosrav-āna(-rovāne) [← خسرو] ۱ - (ص مر.) شاهانه، ملوکانه : عاطفت خسروانه. ۲- (قمر.) همچون‌خسروان:«خسروانه‌سخن گوید.»

خسروانی xosrav-ān-ī [← خسرو] (ص‌نسبـ.) منسوب‌به خسروان. ۱ - شاهانه، خسروی. ۲ - (اِ.)(مسـ.) نوعی سرودبنثر مسجع که گویندباربد درمجلس خسرو پرویز میخواند؛ لحن سی‌ویکم باربدی. ۳ - (مسـ.) گوشه‌ای در ماهور، راست پنجگاه ، شور. ۴ - نوعی شراب اصفهانی. ۵ - نوعی‌دینار.

خسروانی‌سرود x.-sorūd (اِمر.) (مسـ.) ۱-نوای‌خسروانی ، لحن‌شاهانه. ۲- ←خسروانی ۲ .

خسرودارو xosraw(-ow)-dārū (اِمر.) (گیا.) خولنجان.

خسرو فر x.-far(r) (ص‌مر.) بافر وشکوه پادشاه، پادشاه‌فر.

خسرو نسب x.-nasab [ع.-ف.] (ص‌مر.) پادشاه نژاد.

خسروی xosrav-ī(-ov-ī) ۱ - (ص‌نسبـ.) ۱-منسوب به‌خسرو،پادشاهی، شاهانه. ۲-درخورپادشاه،لایق، شایسته. ۳-نوعی ازعرق‌شراب. ‖ خم ~ . ۱ - خم‌سلطنتی. ۲- خمی که‌در آن مسکوکات قدیم باشد.

خسف xasf [ع.] ۱ - (مصم.) فرو بردن، ناپدید کردن، بزمین‌فروبردن. ۲ -(مصل.) بزمین فروشدن، ناپدید شدن. ۳ - (اِمص.) ناپدیدی. ۴ - کمی، کاستی، نقیصه. ۵ -خواری، پستی.

خسك xas-ak [← خس] (اِمصغ.) ۱ - خار کوچك. ۲ - خس، خار. ۳ - خارسه‌پهلو. ۴ - خار فلزی سه گوشه که‌در زمان جنگ سرراه دشمن‌ریزند.

خسکدانه xasak-dāna(-e)(اِمر.) (گیا.) تخم کاجیره.

خسودن xosū-dan [= خسوردن] (مصم.) درودن،دروکردن.

خسور xosūr [=خسر = خسوره]

(اِ.) خسر (xosor) (ه.م.)

خسوف xosūf [ع.] ۱ - (مص ل.) ناپدید شدن، فرو رفتن . ۲ - (نجـ.) پنهان شدن قمر ، گرفتن ماه[۱]، و آن هنگامی است که زمین بین ماه وخورشید قرار گیرد. چون جرم زمین مانع از رسیدن نور خورشید بماه میشود، سایهٔ زمین برروی ماه می‌افتد، وماه تاریك بنظر میرسد؛ ماه گرفتگی ؛ مق. کسوف. ضح.ـ عوام بر آنند که علت ایجاد خسوف آنست که اژدهایی ماه را بکام خود فرو میبرد! ‖ ~ غیرمرئی. (نجـ.) ماه گرفتگی که باچشم دیده نشود؛ مق. خسوف مرئی. ‖ ~ مرئی. (نجـ.) ماه گرفتگی که باچشم دیده شود؛ مق. خسوف غیرمرئی.

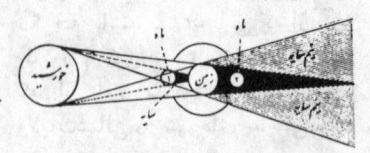

خسوف

خسیس xasīs [ع.] (ص.) ۱ - فرومایه، دون، پست، حقیر. ۲ - ممسك، زفت. ج. خساس (xe-)، اخسه (axessa).

خسیسه xasīs-a(-e) [= ع. خسیسة] (ص.) مؤنث خسیس (ه.م.)؛ ج. خسائس (خسایس).

خسیسی xasīs-ī [ع.-ف.] (حامص.) ۱- دون همتی، پستی، فرومایگی. ۲- ممسکی، زفتی.

خش xaš [— خاشه] (اِ.) ریزه، خاشه.

خش xoš [— خشو = خوش] (اِ.) ۱ - مادر زن. ۲ - مادر شوهر.

خشاب xašāb (اِ.)(نظ.) جعبه ایست فلزی حاوی گلوله‌ها که آنرا درسلاحهای گرم جامیدهندو گلوله بتوالی ازآن وارد لوله شود.

خشاب xaššāb [ع.] (ص.) چوب‌فروش، هیزم فروش.

خشانیدن xaš-ānīdan [= خسانیدن] (مصم.) (صر. ← دوانیدن) ۱ - بادندان زخم کردن، ریش کردن بدندان. ۲ - خاییدن.

خشب xašab [ع.] (اِ.) چوب، چوب خشك.

خشت xešt (اِ.) ۱ - آجر خام، آجر ناپخته. ‖ ~ پخته. آجر. ‖ ~ پیروزه. کاشی. ۲ - نوعی سلاح در جنگهای قدیم که عبارت بوداز نیزه‌ای کوچك که بسوی دشمن پرتاب میکردند. ۳ - ورقی در بازی گنجفه که شکل خشت بر آن منقوش است.

خشت خشت xašt-xašt (xešt-xešt) [= خشت وخشت] (اصت.) صدای جویدن موش و مانند آن : «خشت وخشت موش در گوشش رسید.» (مثنوی)

خشتچه xešt-ča(-e) (امصغ.) ۱ - خشت (ه.م.) کوچك. ۲ - قطعه‌ای پارچهٔ مربع که در انتهای آستین لباس و زیر بغل دوخته شود. ۳ - قطعه‌ای پارچه که بین دوپاچهٔ شلوار میدوزند؛ خشتك.

خشت زن x.-zan [= خشت زننده] (صفا.) ۱ - آنکه خشت (← خشت ۱) سازد، خشت‌ساز. ۲ - آنکه خشت (← خشت ۲) را بهنگام جنگ پرتاب کند.

خشت زنی x.-zan-ī (حامص.) ۱ - عمل وشغل خشت زن (← خشت زن ۱). ۲ - عمل خشت‌زن (← خشت‌زن ۲).

خسوف
(بتصور عوام)

۱ـ Eclipse de lune (فر.)

خشتك xešt-ak [← خشت](إمصغ.) ۱ - خشت کوچك (← خشت). ۲- پارچهٔ چهارگوشهٔ زیر بغل جامه. ۳- پارچه‌ای که‌میان دو پاچهٔ شلوار دوزند. ۴ - زیرکش جامه.

خشتمال x.-māl [= خشت مالنده] (ص‌فا.) آنکه‌شغلش درست کردن خشت است؛ خشت زن.

خشت‌وخشت xešt-o-xešt(xašt-o-xašt) ← خشت خشت.

خشتوك xaštūk,xoš- [= خشوك] (ص.) خشوك (ه.م.)

خشته xešta,xašta(-e) (ص.) بینوا، بی‌چیز، تهیدست، مفلس.

خشتی xešt-ī (ص‌نسبـ.) ۱- منسوب به‌خشت، مانندخشت. ۲- (إ.) خانه‌ای که ازخشت سازند. ۳- مربع، چهارگوشه.

خشخاش xašxāš (إ.) ۱ - (گیا.) گیاهی است [۱] از تیرهٔ کوکناریان دارای ساقهٔ باریك و برگهای طویل و درشت و مضرس. گلهای آن سفید وارتفاعش بیك متربالغ میشود. میوهٔ خشخاش بشکل حقه است (غوزه) وپس ازریختن برگها گل‌در سرشاخه‌آشکار گردد. وسط‌آن‌پراز دانه‌های ریزسفید است که آنرا میخورند و روغن آنرا استخراج کنند. چون‌پوست‌غوزهٔ‌خشخاش را پس ازرسیدن باتیغ مخصوص‌خراش دهند، ازآن‌شیره‌ای‌سفیدبیرون آیدکه پس‌از خشك‌شدن برنگ قهوه‌یی‌درآید وهمانست‌که بنام تریاك نامیده‌میشود. درشیرابهٔ‌خشخاش الکالوئیدهای‌مختلف مانندمرفین، نارکوتین وغیره‌موجود است. ۲ - نوعی پارچه که در گرگان می‌بافتند.

خشخاش

خشخاش (و گل آن)

خش‌خش xeš-xeš [قس. خشت‌خشت] (إصت.) صدایی که ازبهم خوردن‌جامه، کاغذ وامثال آن برخیزد.

خشخشه xašxaša(-e) (إصت.) صدا و آواز شکستن چیزی مانند یخ.

خشك xošk [پهـ. hušk] (ص.) ۱- آنچه که‌رطوبت‌و نم‌نداشته باشد؛ یابس، بی‌نم؛مق. تر، مرطوب. ۲ - آنچه که فاقد آب‌باشد، بی‌آب ؛مق. آبدار، مرطوب. ۳ - گیاه پژمرده و بی ثمر. ۴ - خالص، سره؛زرخشك. ۵- خسیس، ممسك. ‖ ــه وخالی. (عم.) فقط، تنها؛«ببوسهٔ خشك وخالی‌قناعت‌کرد.»

خشکار xošk-ār [= خشگار] (إمر.) ۱ - آردی که سبوس آنرا نگرفته باشند. ۲- نانی که از آرد مذکور ↑ گیرند. ۳ - نوعی شیرینی که از آرد مذکور ↑ سازند ودر ولایات‌شمالی در شهرهای ساحلی‌بحرخزر مصرف کنند.

خشکاشه xoškāša(-e) [= خوشکاشه] ← خوشکاشه.

خشکامار xošk-āmār [← آمار۲] (إمر.) استقصاء، پی‌جویی.

خشکانج xošk-ānǰ(-naǰ) (ص.) ۱ - آنکه از لاغری پوستش باستخوان چسبیده باشد و بدنش سخت و خشك بود، بالاکشیده با لاغری و باریکی، معشوق.

خشکاندن xošk-āndan [= خشکانیدن](مصم.)(صر. ← افشاندن) ← خشکانیدن.

خشکاننده xošk-ānanda(-e) (إفا. خشکاندن، خشکانیدن) خشك کننده.

خشکانیدن xošk-ānīdan [=

۱—*Papaver somniferum alba* (.لا)

خشکاندن](مص.) (صر.← ترکانیدن) خشك کردن ، آب ورطوبت چیزی را گرفتن (بوسیلهٔ حرارت دادن یا در آفتاب گذاشتن).

خشك آخر(آخور) xošk-āxor (إمر.) ۱ - آخری که در آن کاه وجو نباشد . ۲ - (کنـ.) کسی که چیزی نداشته باشد بخورد. ۳ - (کنـ .) خشکسالی، سال قحط .

خشك آوردن x.-āva(o)rdan (مص ل .) سکوت کردن بسبب اعراض وبیحوصلگی، سخن نگفتن .

خشك افزار x.-afzār (إمر.) حبوب خشك خوردنی مانند نخود ، لوبیا ، عدس وغیره .

خشك انگبین x.-anga(o)bīn] = خشکنگین = خشکنجبین ، معر .] (إمر.) ۱ - نوعی صمغ که در بعضی درختان فارس پدید آید. ۲ - عسلی که در کندو خشك شده باشد.

خشکبار x.-bār [= خشکه بار] (إمر.) میوه‌های خشك‌شده مانند: توت، آلو، زردآلو، شفتالو، هلو ،انجیر؛ مق. تره بار.

خشك باز x.-bāz] = خشك‌بازنده] (صفا.) ۱ - پاکباز. ۲ - (کنـ.) سالك طریقت، عارف .

خشك بازه x.-bāza(-e) (إمر.) ۱ - شاخه‌های خشك که ازدرخت برند. ۲ - پوست درخت .

خشك جان x.-ǰān (إمر.) ۱ - بی‌هنر، بی‌معرفت . ۲ - آنکه از عشق بیخبر است .

خشك جانی x.-ǰān-ī (حامص.) عمل و حالت خشك جان (همع.)

خشك دامن x.-dāman (ص مر .) نیکوکار، پاکدامن؛مق. تردامن.

خشك دامنی x.-dāman-ī (حامص.) عمل خشك دامن (ه.م.)

خشك دماغ x.-demāγ [ف.ـع.] (ص‌مر.) غمناك ، مهموم، اندوهناك ، اوقات‌تلخ؛ مق. تردماغ.

خشك‌دماغی x.-demāγ-ī [ف.ـع.] (حامص.) حالت خشك دماغ (ه.م.)

خشك ریش x.-rīš (إمر.) ۱ - جراحت خشك . ۲ - خشکیی که بر روی زخم بسته شود. ۳ - جرب خشك.

خشك‌زدن x.-zadan (مص ل .) خشکش‌زد . (عم.) مات و مبهوت ماند (بسبب تعجب).

خشکسار x.-sār [= خشك‌سر] (إمر.) ۱ - سرزمینی‌که از آب بی‌بهره است ، زمین بی‌آب و گیاه ؛ خشکزار.

خشك سر x.-sar (ص‌مر.) ۱ - تندخو، سودایی. ۲ - بیهوده گو. ۳ - بی‌عقل، خشك‌مغز. ۴ - سبك‌وزن: بادخشك‌سر.

خشکسال x.-sāl (إمر.) سالی‌که در آن باران نبارد؛ سال خشك، سال‌قحط.

خشکسالی x.-sāl-ī (حامص.) وضع خشکسال(ه.م.)، قحط وغلا.

خشك شدن x.-šodan (مص ل .) بر طرف شدن نم و رطوبت چیزی ؛ خشکیدن.

خشك کردن x.-kardan (مص م.) بر طرف کردن نم و رطوبت چیزی ؛ خشکاندن.

خشك‌کن x.-kon [= خشك کننده] (صفا.، إمر.) آب‌خشك‌کن ، کاغذی مخصوص که مرکب‌وجوهررا با مالیدن آن‌خشك کنند. ۲ - آلتی‌چوبین‌یا فلزی دارای کاغذ خشك‌کن ↑ .

خشکنا x.-nā (إمر.) ← خشکنای .

خشکنان x.-nān [= خشك‌نان =

خشکنانه = خشکنانگ = خشکنانج معر.] (امر.) نانی که با آرد و روغن و شکر پزند.

خشکنانج x.-nān-aǰ [معر. خشکنانگ] (امر.) ← خشکنان.

خشکنانك x.-nān-ak [= خشکنانگ] (امر.) ← خشکنان.

خشکنانه x.-nān-a(-e) [= خشکنانگ] (امر.) ← خشکنان.

خشکنای x.-nāy [= خشکنا] (امر.) (پز.، جا ن.) نای گلو، حلقوم، گلو.

خشك مغز x.-maɣz (صمر.) ۱ - تندخو، سودایی. ۲ - دیوانه‌وش، احمق، خل.

خشك مغزی x.-maɣz-ī (حامص.) ۱- تندخویی. ۲ - دیوانگی، بی‌عقلی.

خشکنجبین x.-anǰabīn [معر. خشکنگبین] (امر.) ← خشك انگبین.

خشکنگبین x.-anga(o)bīn [= خشك انگبین] (امر.) ← خشك انگبین.

خشکه xošk-a(-e) [← خشك] (ا.) ۱ - هر چیز خشك. ۲ - نان خشك. ۳ - نانی که با آرد رقیق مخصوص پزند و در صبحانه خورند. ۴- پلو (پلاو) بدون روغن. ۵ - آرد گندم نابیخته، آردی که سبوس آنرا نگرفته باشند. ۶- آهن آب نداده، آهنی که آب آنرا گرفته باشند و آن سخت‌تر از آهن وشکننده است. ۷ - (عم.) بهای چیزی بنقد؛ مق. جنس: «خشکه بپردازید.»

خشکه پز x.-paz [= خشکه پزنده] (صفا.) نانوایی که نان خشکه (← خشکه ۳) پزد.

خشکه‌پزی x.-paz-ī ۱ -(حامص.) عمل و شغل خشك‌پز (ه‌.م.) ۲- (امر.) دکان خشکه پز (ه.م.)

خشکی xošk-ī (حامص.) ۱- خشك بودن (← خشك)؛ مق. تری. ۲ - (ا.) بر؛ مق. دریا، بحر.

خشکیدن xošk-īdan [← خشك] (مص‌ل.) (خشکید، خشکد، خواهد خشکید، -، خشکاننده، خشکیده) ۱ - بر طرف شدن آب و رطوبت چیزی، خشك شدن. ۲ - پژمرده شدن (گیاه).

خشکیده xošk-īda(-e) (امف.) ۱- آنچه که آب و رطوبت آن از میان رفته باشد. ۲ - پژمرده (گیاه).

خشگار xošg-ār [= خشکار] (امر.) نانی که نخالهٔ آرد آن گرفته نشده؛ مق. میده.

خشم xašm, xe-[ēšm ،hēšm .په] (ا.) غضب، قهر، غیظ.

خشم‌آلو x.-ālū [= خشم آلود] (صمر.) ← خشم آلود.

خشم‌آلود x.-ālūd [= خشم آلوده] (صمف.) ← خشم آلوده.

خشم آلودگی x.-ālūda(e)g-ī (حامص.) غضب، قهر.

خشم آلوده x.-ālūda(-e) (صمف.) غضبناك، خشمناك.

خشم گرفتن x.-gereftan (مص‌ل.) غضبناك شدن.

خشمگن x.-gen [= خشمگین] (صمر.) ← خشمگین.

خشمگین x.-gīn [= خشمگن] (صمر.) غضبناك، خشمناك.

خشمگینی x.-gīn-ī (حامص.) غضبناکی، خشمناکی.

خشمناك x.-nāk (صمر.) غضبناك، خشم آلود، خشمگین.

خشمناکی x.-nāk-ī (حامص.) غضبناکی، خشمگینی.

۱ - خشن xašan [= خشین ←

خشنسار] (ص.) ۱ - مرغابیی بزرگ تیره رنگ وسفیدسر. ۲ - بازی که نه‌سفید باشد نه سیاه.

۲-خشن xašan [←خشنخانه] (اِ.) (گیا.) گیاهی است از انواع بوریا که از آن جامه بافند و درویشان پوشند.

خشن xašen [ع.] (ص.)۱- درشت، زبر، غیراملس؛مق. نرم، املس. ۲ - تندخو، عصبانی.

خشنخانه xašan-xāna(-e) [← ۲ خشن] (اِمر.) خانه‌ای که از نی بوریا سازند، خانه‌ای که بردروپنجرهٔ آن خار شتربندند وآب برآن پاشندتا نسیم خنك بدرون آید.

خشنسار xašan-sār [=خشن+ سار=سر] (اِمر.) (جا ن.) نوعی‌مرغابی بزرگ که سری سفیددارد وتنش‌تیره‌گونست وبسیاهی زند.

خشند xošnod [=خشنود](ص.)← خشنود.

خشندی xošnod-ī [=خشنودی] (حامص.)←خشنودی.

خشنگ xašang (ص.) کچل، کل، اقرع.

خشنو xošnū [=خشنود] (ص.)← خشنود.

خشنود xošnūd[=خشنو=خشند،په. xušnūt] (ص.) ۱ - راضی. ۲ - شاد، شادمان، خوشحال.

خشنودی xošnūd-ī [= خشندی] (حامص.) ۱- رضایت،رضا. ۲- شادی، شادمانی.

خشودن xoš-ūdan(xaš.-) (مص م.) (صر.←گشودن) بریدن شاخه‌های زیادی درخت، پیراستن درخت.

خشوع xošū' [ع.] ۱ - (مصل.) فروتنی کردن،خضوع کردن. ۲- فرمان بردن ، فرمانبرداری کردن ، اطاعت کردن. ۳ - (اِمص.) فروتنی،خضوع. ۴ - فرمانبرداری.

خشوك xašūk(ص.)فرزندنامشروع، حرامزاده، ولدالزنا.

خشونت xošūnat [=ع.خشونة] (اِمص.) ۱ - درشتی،زبری،ناهمواری؛ مق. نرمی،لین. ۲-تندخویی،درشتخویی.

خشی xašī [=خشین] (ص.) ۱ - کبود رنگ. ۲ -سیاه رنگ.

خشیت xašyat [←ع. خشیة] ۱ - (مصل.) ترسیدن ، بیم داشتن. ۲ - (اِ.) ترس، خوف، بیم. ضح.- (اخلاق، تص.) تألم قلب‌است بسبب‌توقع‌وانتظار امر مکروهی در آینده که گاه بواسطهٔ ارتکاب کثرت‌جنایت استوگاه‌بواسطهٔ معرفت جلال خداست (دستور۲: ۸۲؛ فرع.،سج.)

خشیج xašīǰ [= آخشیج] (اِ.) ← آخشیج.

خشیشار xašī-šār [= خشنسار] (اِ.)←خشنسار.

خشین xaš-īn [=خشی=خشینه ، است. axšaēna] ۱ -(ص.)کبودرنگ، تیره‌رنگ. ۲ - سیاه‌رنگ. ۳ - (اِ.) بازی که‌پشت آن‌کبود وتیره‌وچشمهایش سیاه رنگ بود، بازی که نه‌سیاه باشد نه سپید.

خشینه xaš-īna(-e) [=خشین= خشی] (ص.)←خشین.

خصا xesā [=ع. خصاء] ←خصاء.

خصاء xesā' [ع.،ف.:خصا](مصم.) اخته کردن، خایه کشیدن.

خصائص xasā'es [ع.]←خصایص.

خصائل xasā'el [ع.]← خصایل.

خصال xesāl [ع.] (اِ.) ج. خصلت (ه.م.)؛ خویها، عادات.

خصاف xassāf [ع.] (ص.) پینه‌دوز.

۱- خصام xesām [ع.] (اِ.) ج. خصم. ۱- دشمنان. ۲- جنگجویان، ستیزه‌کاران.

۲- خصام xesām [ع.] ۱- (مص ل.) دشمنی کردن. ۲- نزاع کردن. ۳- (اِمص.) دشمنی. ۴- نزاع، جدال.

خصایص xasāyes [=ع. خصائص] (اِ.) ج. خصیصه (ه.م.)؛ خاصیتها، اختصاصات، شایستگیها، سزاواریها.

خصایل xasāyel [=ع. خصائل] (اِ.) ج. خصیلت (خصیله) (ه.م.)؛ خصلتها، صفات.

خصب xesb [ع.] (اِ.) بسیاری نبات، فراوانی گیاه وسبزه، فراخی سال. ‖ ~ عیش. فراخ‌گذرانی، فراخی گذران.

خصل xasl [ع.] (اِ.) ۱- آنچه که برسر آن قمار کنند. ۲- داو و شرط گروبندی در قمار.

خصلت xaslat [= ع. خصلة] (اِ.) خوی، صفت (خواه نیك وخواه بد)، عادت. ج. خصال.

خصله xosla(-e) [=ع. خصلة] (اِ.) دستهٔ موی، کلاله.

خصم xasm [ع.] (اِ.) دشمن، پیکارجوی، منازع. ج. خصام، خصوم.

خصما xosamā [=ع. خصماء] ← خصماء.

خصماء xosamā' [ع.، ف.: خصما] (اِ.) ج. خصیم (ه.م.)؛ دشمنان، پیکارجویان.

خصمانه xasm-āna(-e) [ع.-ف.] (قمر.) ازروی دشمنی، ازروی خصومت: «با همه‌کس خصمانه رفتار میکنند.»

خصم‌افکن xasm-afkan [ع.-ف. = خصم‌افکننده] (ص فا.) دشمن افکن، دشمن شکن.

خصمی xasm-ī [ع.-ف.] (حامص.) دشمنی، خصومت.

خصوص xosūs [ع.] ۱- (مص م.) خاص کردن، مخصوص گردانیدن، ویژه ساختن. ۲- (مص ل.) خاص بودن، منفرد بودن. ۳- (اِمص.) گزیدگی، ویژگی، انحصار، انفراد؛ مق. عموم. ۴- (ق.) مخصوصاً، بخصوص، بویژه. ۵- (ص.) اهل خصوص ←. ‖ **اهل** ~. مؤمنانی که خدای تعالی آنانرا مخصوص گردانیده است بحقایق واحوال او خصوص الخصوص اهل تفرید و تجرید لتوحیدند (لمع ۳۶۷؛ فرع.، سج.)

خصوصاً xosūs-an [ع.] (ق.) بطور خصوص، علی‌الخصوص، بویژه.

خصوصی xosūs-ī [ع.-ف.] (ص نسب.) ۱- شخصی، داخلی: «زندگی خصوصی اشخاص را درنظر میگیرد.» ۲- صمیمی: «با او خصوصی است.» ‖ نامهٔ (مراسله) ~. نامه‌ای که فقط بدست مخاطب باید برسد و محرمانه است.

خصوصیات xosūs-īyy-āt [ع.] (اِ.) ج. خصوصیت (ه.م.)؛ صفتهای مخصوص، ویژگیها.

خصوصیت xosūs-īyyat [= ع. خصوصیة] ۱- (مص ل.) اختصاص داشتن، ویژه بودن. ۲- (اِمص.) ویژگی، اختصاص. ۳- آشنایی، دوستی. ۴- (اِ.) صفت مخصوص، سجیه؛ ج. خصوصیات.

خصوم xasūm [ع.] (اِ.) دشمن، منازع.

خصوم xosūm [ع.] (اِ.) ج. خصم (ه.م.)؛ دشمنان، پیکارجویان، منازعان.

خصومات xosūm-āt [ع.] ج. خصومت (ه.م.)؛ دشمنیها، عداوتها.

خصومت xosūmat [= ع. خصومة] (اِمص.) دشمنی، عداوت. ج. خصومات.

۱۴۲۷
خط

خصی xasī(yy) [ع.](ص.) مردی که بیضه‌اش را کشیده باشند؛ اخته.

خصیصه xasīsa(-e) [=ع.خصیصة] (ا.) هرچیز که خاص کسی باشد؛ ج.خصائص (خصایص).

خصیل xasīl [ع.] (ا.) ج.خصیله (ه.م.)؛گوشتهای پی‌دار.

خصیله xasīla(-e) [=ع.خصیلة] (ا.) **۱-** قطعهٔ گوشت پی‌دار، گوشتی که در آن عصب باشد. ج.خصیل،خصائل. **۲-** دستهٔ مو، موی درهم پیچیده.

خصیم xasīm [ع.] (ص.) خصومت کننده، دشمن، مخاصم. ج.خصماء.

خصیه xosya(-e) [=خصیة] (ا.) بیضه، خایه.

خضاب xezāb [ع.](ا.) آنچه که موی سر وصورت یا پوست بدن را بدان رنگ کنند مانند: وسمه، حنا، گلگونه.

خضر xazar [ع.] **۱-** (ص.) سبز شدن، برنگ برگ درخت درآمدن.

خضر xazer [ع.] **۱ -** (ص.) سبز. **۲ -** شاخهٔ درخت. **۳-**زراعت. **۴-** جای بسیار سبز.

خضرا xazrā [=ع. خضراء] ← خضراء.

خضراء xazrā' [ع.،ف.:خضرا] **۱-** (ص.) مؤنث اخضر (ه.م.) ضح.- در فارسی توجهی در استعمال آن بمذکر ومؤنث ندارند:

«بسان مرغزار سبز رنگ اندرشده گردش
بیك ساعت ملون کردروی گنبدخضرا.»
(فرخی)

۲- (ا.) سبزه. **۳-** آسمان. **۴-** آشکوب فوقانی عمارت. ج.خضر (xozr).

خضرت xozrat [=ع. خضرة] **۱ -** (امص.) سبزی، گندمگونی. **۲-** رنگ سبز. **۳-** (ا.) سبزه.

خضوع xozū' [ع.] **۱-** (مص ل.) فروتنی کردن، تواضع کردن. **۲ -** (امص.) فروتنی، تواضع. **۳ -** (تص.) فروتنی وتذلل درپیشگاه جبروت الهی ومحو درسطوات انوار قدسی (فرع.، سج.).

خضیب xazīb [ع.](ص.) رنگ بسته، حنا بسته. ‖ **کف ~** . کف دست رنگ کرده.

خط xat(t) [ع.](ا.) **۱-** اثر و نشانهٔ قلم بر کاغذ وغیره؛ نوشته، نبشته. ‖ **~ فرمان.** سند، حکم. **۲-** مجموع نشانه‌هایی که برای تحریر دریك زبان بکار میرود از حروف وعلایم: خط فارسی، خط فرانسوی. ‖ **~ تصویری.** ← هیروگلیف. **۳-** (حروفیه) نشانه، آیت. **۴ -** فاصلهٔ بین دونقطه. **۵ -** کشش قلم ومانند آن که بین دونقطه را اتصال دهد. ‖ **~ آهن.** دو خط موازی آهنین که بین دو نقطه درزمین وبرروی تراورسهایی کارگذاشته شود وقطار آهن ازروی آن عبور کند. ‖ **~ اتحاد.** (مس.) خطی است منحنی که روی دو یا چند نوت هم اسم و هم صدا گذارده شود وصدای آنها را متحد کند. ‖ **~ اتصال.** (مس.) روی چند نوت مختلف الاسم قرارمیگیرد و آنهارا بهم متصل میکند. ‖ **~ افقی.** (هس.) خطی است که بموازات سطح آب ساکن باشد. ‖ **~ سبز. ۱-** ← سبزهٔ خط. **۲ -** (تص.) عالم برزخ. ‖ **~ عمودی.** (هس.) خطی است که برخط دیگر عمود (ه.م.) باشد ‖ **~ قایم (قائم).**

خط اتحاد

خط اتصال

(هس.) خطی است که بموازات شاغول باشد. ‖ ــــِ مختلط. (هس.) خطی است مرکب از مستقیم و منحنی. ‖ ــــِ مستقیم (راست). (هس.) خطی راست بین دو نقطه، و آن کوتاهترین فاصلهٔ بین آن دو نقطه است مانند: — ‖ ــــِ منحنی. (هس.) خطی است که نه مستقیم باشد و نه منکسر، مانند: ⌒ ‖ ــــِ منکسر (شکسته). (هس.) خطی است مرکب از چند قطعه خط مستقیم که در یك امتداد نباشند مانند: ╲╱╲╱ ‖ سبزهٔ خط. ۱- سبلت نورستهٔ جوانان. ۲- مویی که در زیر صدغ روید. ۳- (هس.، فل.) محل تلاقی دو سطح؛ حدسطح، و آن طولی است بی‌عرض. ۴- (تص.) تعینات عالم ارواح که اقرب مراتب وجود است؛ عالم کبریایی (فرع.، سج.)

خطا xatā [= ع. خطاء] ← خطاء.

خطاء xatā' [ع.، ف.: خطا] (اِ.) ۱- گناهی غیرعمدی. ۲- سهو، اشتباه، نادرست.

خطاف

خطاب xattāb [ع.] (ص.) ۱- کسی که بسیار خطاب کند (غم.) ۲- کسی که بسیار خطبه خواند.

خطاب xetāb [ع.] ۱- (مص م.) رویاروی سخن گفتن؛ مخاطبه. ۲- (اِ.) سخنی که رویاروی گفته شود، سخنی که بکس بگویند و پاسخ شنوند.

خطابت xatābat [= ع. خطابة ← خطابه] ۱- (مص ل.) خطبه خواندن، وعظ کردن. ۲- (إمص.) سخنرانی، خطیبی. ۳- (منط.) هرچه مفید اعتقاد غیرجازم بود؛ و آن صناعتی است که با وجود وی ممکن باشد اقناع جمهور در آنچه که باید ایشان را بدان تصدیق حاصل آید بقدر امکان، و گفته‌اند خطابت قوت است بر تکلف اقناع ممکن در هر یکی از امور مطروده، و به «قوت» ملکهٔ نفسانی خواهند که یا بتعلم قوانین حاصل شود یا بحصول تجربه از کثرت مزاولت افعال (اساس الاقتباس ۳۴۲، ۵۲۹؛ فرع.، سج.) ‖ فن ـــــ. (منط.) نزد قدما یکی از بخشهای علوم منطقیه است؛ ریطوریقا ← خطابی (قیاس).

خطابه xatāba(-e) [= ع. خطابة ← خطابت] ← خطابت.

خطابی xatāb-ī [ـــ ع. -īyy] (ص نسب.) منسوب به خطابه (هـ م.) ‖ قیاس ـــ. (فل.) قیاسی است مرکب از مقدمات مقبوله یا مظنونه، و غرض از خطابه و قیاس خطابی ترغیب مردم است در آنچه آنان را سود دارد از امور معاش و معاد (دستور ۲: ۸۸؛ فرع.، سج.) ← خطابیات ۲.

خطابیات xatāb-īyy-āt [ع.] (ص نسب.، إمر.) ۱- ج. خطابیه (هـ م.) ۲- (فل.) اموری که با برهان خواسته نشوند، بلکه مجرد ظن و گمان در آنها کافی باشد ← قیاس خطابی (خطابی).

خطابیه xatāb-īyy-a(-e) [= ع. خطابیة] (ص نسب.) مؤنث خطابی (هـ م.). ج. خطابیات.

خطاط xattāt [ع.] (ص.) ۱- کسی که زیاد نویسد (غم.) ۲- خوشنویس، خوش خط.

خطاطی xattāt-ī [ع.- ف.] (حامص.) عمل و شغل خطاط (هـ م.)؛ خوشنویس.

خطاطیف xatātīf [ع.] (اِ.) ج. خطاف ↓.

خطاف xattāf [ع.] (ص.) ۱- بسیار رباینده. ۳- دزد، سارق. ۲- چنگال چنگك. ۴- (جا ن.) پرستو، چلچله. ج. خطاطیف.

خطایا xatāyā [ع.] (اِ.) ج. خطیئه (هـ م.)؛ گناهها، خطاها، کژرویها.

خطایی xatā-yī [= ختایی] (ص

بنی آدم اعضای یکدیگرند   که در آفرینش ز یک گوهرند

نستعلیق

توانا بود هر که دانا بود   ز دانش دل پیر برنا بود

شکسته

جمعت الطبيعة عبقريتها فكانت الجمال

ثلث

وكان أحسنه وأشرفه ما حل في الهيكل الآدمي وجاور العقل الشريف والنفس اللطيفة والحياة الشاعرة

نسخ

لا المثال البارع استطاع أن يخلعه على الدمى الحسان ولا للنيران الزهر في ليالي الصحراء ما له من لمحة وبهاء

ریحانی

ولا البديع الزهر وغريبه في شباب الربيع ما له من بشاشة وطيب

رقعی

وليس الجمال بلمحة العيون ولا ابريق الثغور ولا هيف القدود ولا أسيل الخدود

دیوانی

ولا اللؤلؤ الثنايا وعقيق الشفاه ولكن شعاع علوي يسطع من البديع على بعض الهياكل البشرية

دیوانی جلی

يكسوها روعة ويجعلها سحرا وفتنة للناس

کوفی

خطوط اسلامی

مخصوص فرهنگ فارسی معین

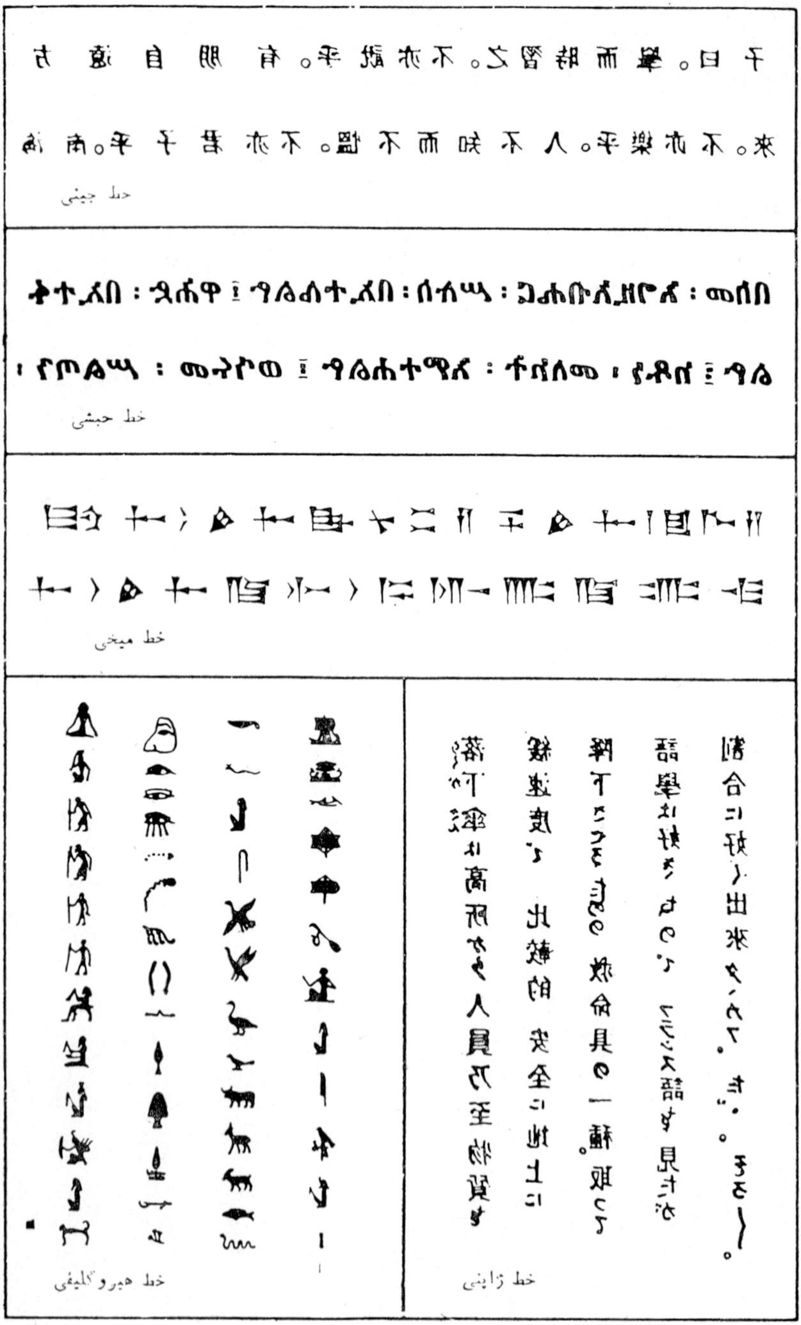

子曰。學而時習之。不亦說乎。有朋自遠方
來。不亦樂乎。人不知而不慍。不亦君子乎。

خط چینی

ሰበሙ ፡ ኢንግሊዝኛ ፡ የማትችሉና ፡ ሰላም ፡ ከግብጾችና ፡ ውጣት
፡ ያገሪቱ ፡ መስከን ፡ ያምባላይ ፡ ተላሞ ፡ ወንጌል

خط حبشی

𒀸𒈾𒅎𒆪𒈠𒆷𒀭𒉏𒅆𒁺𒌋𒆠𒌓𒀸𒉺𒁺
𒋗𒋛𒆠𒁴𒅆𒂊𒌋𒈾𒃶𒈠𒃲𒌋𒈾𒀀𒃲

خط میخی

خط هیروگلیفی

خط ژاپنی

خطوط شرقی

مخصوص فرهنگ فارسی معین

نسب.) منسوب به خطا (← بخش ۳). ۱ - ازاهل خطا (ختا)؛ ختایی. ۲ - آنچه در سر زمین خطا (ختا) ساخته میشد. ۳ - نوعی پارچه منسوب به خطا (ختا). ۴ - یکی از انواع چینی درعهد صفویه، وآن نازك ورنگارنگ بودو بومش زرد وسفید وسبز یك رنگ (ازجنگ مورخ ۱۰۸۵ متعلق بدکتر شاپور بختیار، یغما ۱۲:۱۵ ص ۵۵۹). ← ختایی.

خطاین xataayn [ع.] (إ.) تثنیهٔ خطأ. ۱ - دوخطا. ۲ - (رض.) طریقی است برای رسیدن بجواب مسایل حسابی بوسیلهٔ تخمین بااختیاردومقداردرجهت اضافه ونقصان.

خطب xatb [ع.] (إ.) کار، کارسخت، کاربزرگ؛ ج. خطوب.

خطب xotab [ع.] (إ.) ج. خطبه (ه.م.)؛ سخنرانیها، خطابه‌ها.

خطبا xotabā [= ع. خطباء] ← خطباء.

خطباء xotabā' [ع.، ف.: خطبا] (ص.، إ.) ج. خطیب (ه.م.)؛ سخنرانان، خطبه‌گویان.

خطبت xetbat [= ع. خطبة] ۱ - (مصم.) خواستگاری کردن (دختر، زن) ۲ - (إمص.) خواستگاری.

خطبت xotbat [= ع. خطبة] ← خطبه.

خطبه xotba(-e) [= ع. خطبة ← خطبت] (إ.) ۱ - سخنرانی، سخنوری. ۲ - وعظ، موعظه، نصیحت خلق. ۳ - مقدمهٔ کتاب. ج. خطب.

خطر xatar [ع.] ۱ - (إ.) نزدیکی بهلاکت، نزدیکی بدانچه تلف شدن کسی یاچیزی باشد. ۲ - بیم تلف شدن. ۳ - دشواری. ۴ - کاربزرگ. ۵ - بزرگی، بلندی قدر. ج. اخطار، خطرات (تد.).

۱ - خطرات xatar-āt [از ع.] (إ.) ج. خطر (ه.م.) در تداول. ۱ - آسیبها. ۲ - دشواریها.

۲ - خطرات xatar-āt [ع.] (إ.) ج. خطره (ه.م.) (تص.) آنچه بردل گذرد از احکام طریقت.

خطرناك xatar-nāk [ع.-ف.] (ص مر.) آنچه که موجب خطر گردد؛ مهلك، هولناك، پرخطر.

خطرناکی x.-nāk-ī [ع.-ف.] (حامص.) ۱ - خطر، بیم، ترس، هول. ۲ - دشواری.

خطره xatra(-e) [= ع. خطرة] (مصل.) ۱ - بدل گذشتن. ۲ - (تص.) چیزی که بردل گذرد ازاحکام طریقت. ۳ - (تص.) قلب (باعتبار تسمیهٔ حال باسم محل). ۴ - (تص.) ادعیه‌ای که خوانده شود (فرع.، سج.). ج. خطرات.

خط زدن xat(t)-zadan [ع.-ف.] ۱ - خط کشیدن روی چیزی. ۲ - حذف کردن: «اسم او را از دفتر کلاس خط زدند.»

خطط xetat [ع.] (إ.) ج. خطه (ه.م.)

خطف xatf [ع.] (مصم.) ۱ - ربودن، بسرعت ربودن چیزی را. ۲ - خیره کردن برق چشم را.

خط کش xat-kaš(keš) [ع.-ف. = خط کشنده] (صفا.، إمر.) آلتی چوبین یا فلزی که بوسیلهٔ آن خطوط مستقیم را رسم کنند.

خط کشی x.-kaš(keš)-ī [ع.-ف.] (حامص.) خط کشیدن روی کاغذ بوسیلهٔ خط کش (ه.م.)

خط کشیدن x.-kašīdan(keš-) [ع.-ف.] (مصل.) ۱ - رسم کردن خط. ۲ - محو کردن، برطرف ساختن.

خطمی xetmī(xat. تد (ع. [= -mīyy](اِ.)(گیا.) گیاهی‌است[1] ازتیرهٔ پنیر کیان، که‌دارای گونه‌های دایمی و نیز یکساله‌است و بحدوفور در ایران روییده و کشت میشود . ساقه‌اش ضخیم و بلند، برگهایش پهن وستبر و ریشه‌اش دراز ودوکی‌شکل و آبدار است . ریشهٔ آن درپزشکی مستعمل است.

خطوات xotovāt [ع.] (اِ.) ج. خطوه (ه.م.)؛ گامها ، قدمها .

خطوب xotūb [ع.] (اِ.) ج. خطب (ه.م.)؛ کارهای بزرگ، کارهای‌سخت.

خطور xotūr [ع.] (مص‌ل.) بیاد آمدن، بدل گذشتن، بخاطر آمدن .

خطوط xotūt [ع.] (اِ.) ج. خط (ه.م.) ۱- خطها (← خط). ۲- نبشته‌ها. ۳- رشته‌ها، راهها.

خطمی

خطوه xotva(-e) [= ع. خطوة] (اِ.) ۱- گام، قدم. ۲- (تص.) گامی که سالك درطریق میگذارد و باید مراقب باشد پیروی شیطان نکند(فرع.،سج.). ج. خطوات .

خطه xetta(-e) [= ع. خطة] (اِ.) ۱- پاره‌ای از زمین. ۲- زمینی که برای عمارت گرداگرد آن خط کشیده باشند؛ زمین محدود. ۳- شهر بزرگ. ۴- ناحیه، مملکت، کشور: خطهٔ ایران. ج. خطط.

خفاش

۱- خطی xatt-ī [ع.-ف.] (ص‌نسب.) منسوب به خط، نوشته با خط دست ؛مق. چاپی: نسخهٔ خطی.

۲- خطی xatt-ī [= ع. -īyy] (ص‌نسب.) منسوب به خط (سرزمینی در ساحل بحرین) : نیزهٔ خطی.

خطیئات xatī'-āt [ع.] (اِ.) ج. خطیئه(ه.م.)؛ گناهها ، خطاها.

خطیئه xatī'a(-e) [= ع. خطیئة] (اِ.) گناه، خطا. ج. خطیئات، خطایا.

خطیب xatīb [ع.] (ص.) ۱- مرد خطبه خوان ، سخنران . ۲- واعظ. ج. خطباء (خطبا) .

خطیر xatīr [ع.] (ص.) ۱- ارجمند، بزرگ قدر، بلند مرتبه. ۲- بزرگ، مهم، عظیم. ۳- مشکل، پرخطر.

خف xaf (اِ.) پارهٔ کرباس و پنبه یا گیاه خشك که بدان جرقه را ازسنگ چخماق گیرند و آتش افروزند؛ آتشگیره.

خف xef(f) [ع.] (ص.) سبك، خفیف.

خف xof(f) [ع.] (اِ.) ۱- کفش ، پای افزار، موزه. ۲- سپل شتر. ۳- سم شترمرغ. ج. اخفاف، خفاف .

خفا xafā [= ع. خفاء] ← خفاء.

خفاء xafā' [ع.،ف.: خفا] (مص‌ل.) ۱- پوشیده شدن، نهفته گشتن. ۲- (إمص.) پوشیدگی، نهانی، نهفتگی؛ مق. ظهور .

خفاش xoffāš [ع.] (اِ.) (جان.) پستانداری است[2] از راستهٔ خفاشان سیاه رنگ شبیه موش. دست و پای وی با پردهٔ نازکی بهم متصل و بشکل بال است وبدان پرواز میکنند . دست خفاش پنج انگشت دارد. شست وی کوتاه است وبچنگالی تیز ختم میشود. پوزه‌ای باریك و دو گوش برجسته ودندانهای تیز دارد. چشمهایش ضعیف است وبدین سبب روزها را درتاریکی بسر میبرد وهنگام غروب پرواز میکنند.

خفاف xaffāf [ع.] (ص.) کفش فروش، کفش دوز ، موزه دوز.

۱- خفاف xefāf [ع.] (اِ.) ج. خف (xoff) (ه.م.)؛ کفشها، موزه‌ها.

۲- خفاف xefāf [ع.] (ص.، اِ.) ج. خفیف (ه.م.)

۱- Althaea officinalis(.لا), guimauve(.فر)　۲- chauve-souris(.فر)

خفایا xafāyā [ع.] (اِ.) ج. خفیه ، خفی(ه.م.) ؛ نهفته‌ها، نهانها: خفایای اسرار.

خفت xeffat [=ع. خفة] (اِمص.) ۱ - سبکی؛مق. ثقل. ۲ - سبکمایگی، سبکسری، بادساری. ۳- خواری؛«خفت بسیار کشید.»

خفت xoft [←خفتن] (مص خم.) خفتن. ‖ ~ وخیز. ۱ - همخوابی با کسی، جماع. ۲-آهستگی ، مدار. ۳ - اضطراب ، بیقراری.

خفتان xaftān(xef-) [= خفدان] (اِ.) قسمی جامهٔ کژآگند که بهنگام جنگ میپوشیدند؛ کژآگند، قزآکند.

خفتانیدن xoft-ānīdan [← خفتن] (مص م.) ۱ - خوابانیدن. ۲ - غلتانیدن.

خفتک xoft-ak [←خفتن ، خفتو] (اِ.) بختك (ه.م.)

خفتگی xofta(e)g-ī [←خفتن] (حامص.) ۱-خوابیدگی، حالت‌خواب. ۲ - سستی، رخوت (اندام).

خفتن xof-tan [په. xuftan] (مص ل.) (خفت، خوابد، خواهد خفت، بخواب، خوابنده، خفته) خوابیدن ، خواب کردن، خسپیدن . ‖ نماز ~ : نماز عشاء.

خفتو xoft-ū [←خفتن، خفتك] (اِ.) بختك (ه.م.)

خفته xof-ta(-e) [←خفتن] (اِمف.) خوابیده، بخواب رفته ، خسپیده . ج. خفتگان.

خفتیدن xoft-īdan [← خفتن] (مص ل.) (خفتید، خفتد، خواهدخفتید، بخواب، خفتنده، خفتیده) خوابیدن، خفتن ، خسپیدن.

خفتیده xoft-īda(-e) [←خفتیدن] (اِمف.) خفته، خوابیده، خسپیده.

خفج xafǰ [افغ. xapasa] (اِ.) سنگینیی که بهنگام‌خواب شخص احساس کند؛ بختك (ه.م.)

خفجه xafǰa(-e) (اِ.) درختی است پرخار ۱ ومیوه‌ای گرد و سرخ رنگ دارد؛ عوسج، ولیك.

خفچه xafča(-e) (اِ.) شوشهٔ زروسیم، طلاونقرهٔ گداخته که درناوچهٔ آهنین ریخته باشد.

خف‌خف‌کردن xaf-xaf-kardan (مص م.) پاره کردن پارچه .

خفدان xafdān [= خفتان] (اِ.) خفتان (ه.م.)

خفرج xafraǰ [=خرفه] (اِ.) خرفه (ه.م.)

خفرق xafraγ [معر. خفرگ = خفریق] خفریق (ه.م.)

خفرگ xafrag [=معر.خفرق = خفریق] خفریق (ه. م.)

خفریق xafrīγ [=خفرق=خفرگ] (ص.) گنده و پلید.

خفسیدن xofs-īdan [=خسپیدن =خسبیدن] (مص ل.)(صر. ← چسبیدن) خفتن، خوابیدن.

خفسیده xofs-īda(-e) [←خفسیدن] (اِمف.) خفته، خوابیده، بخواب رفته.

خفض xafz [ع.] ۱ - (مص م.) پست کردن، فرودآوردن، فروداشتن. ۲ - (اِمص.) فراخی‌عیش ، خوشگذرانی . ‖ ~ جناح . ۱ - بال گستری ، پر-گستردن(غم.) ۲ - فروتنی . ‖ ~ عیش. تن آسایی. ‖ ~ ورفع. پستی وبلندی.

خفقان xafaγān [ع.] ۱- (مص ل.)

خفج

1 – Crataegus (.لا)

خفگی

تپیدن، تپش یافتن. ۲ - (اِمص.) تپش دل، اضطراب.

خفگی xafa(e)g-ī (حامص.) حالتی که بسبب سخت شدن تنفس بعلل مختلف شخص را عارض شود؛ تنگی نفس، فشردگی گلو.

خفه xafa(-e) [= خبه = خپه، په. xapak] ۱ - (اِ.) فشردگی گلو. ۲ - (ص.) آنکه دچار خفگی شده، گلوفشرده.

خفی xafī [= ع -īyy] (ص.) ۱- نهان، پنهان، پوشیده. ۲ - گوشه‌گیر. ۳- (تص.) روح (باعتبار آنکه حقیقتش بر عارفان وجز آنان مخفی است). ۴- (تص.) حق‌تعالی. ‖ ~ و جلی. پنهان و آشکار.

خفیات xafīyy-āt [ع.] (اِ.) ج. خفیه (ه.م.)

خفیدن xaf-īdan (مصل.)(صر. ← رمیدن) عطسه کردن.

خفیر xafīr [ع.] (ص.) ۱-راهبر، نگهبان. ۲ - حامی، پناه‌دهنده. ج. خفراء (خفرا).

خفیف xafīf [ع.] (ص.) ۱- سبک؛ مق. ثقیل، سنگین. ‖ ~ و ثقیل. سبک وسنگین. ۲ - چابک درعمل وحرکت. ۳ - خوار، بی‌مقدار: «میخواست اورا درانظار خفیف کند.» ج. اخفاء، خفاف، اخفاف. ۴ - (عر.) یکی از بحرهای سبک وزن، بر وزن فاعلاتن مستفعلن فاعلاتن. ۵ - (مس.) بحر ششم ازاصول هفده گانهٔ موسیقی قدیم.

خفیفه xafīf-a(-e) [= ع. خفیفة] (ص.) مؤنث خفیف (ه.م.): اسباب خفیفه.

خفیه xafīyy-a(-e) [= ع. خفیة] (ص.) مؤنث خفی (ه.م.)؛ پنهان، پوشیده، نهفته. ج. خفایا، خفیات.

خفیه xofya(-e) [= ع. خفیة] ۱- (مصل.) پنهان‌شدن، نهفته ماندن. ۲- (اِمص.) پوشیدگی، نهانی. ‖ به ~ ، در ~ . (ق.) در نهان، پنهانی. ‖ پلیس ~ . کارآگاه، پلیس مخفی.

خل xal(l) [ع.] (اِ.) سرکه.

خل xel [قس. خله، خیل، خلم] (اِ.) خلطی که از بینی انسان یا جانوران برآید.

خل xel(l) [ع.] (اِ.) دوست.

۱-خل xol [طبر. fol] (اِ.) خاکستر.

۲-خل xol [گلپا. xol] (ص.) کج، خمیده.

۳-خل xol [گیل. xul] (ص.)(عم.) ۱ - ابله، احمق. ۲ - دیوانه، مجنون.

خلا xalā [= ع. خلاء] ← خلاء.

خلاء xalā' [ع.، ف.: خلا] ۱- (مصل.) خالی بودن، فارغ بودن؛ مق. ملاء. ۲ - (اِ.) جایی که درآن کسی نباشد، جای خلوت؛ مق. ملاء (ملا). ۳ - جای خالی از هوا. ۴ - (فل.) آنست که دو جسم بایکدیگر تماس نیافته باشند، وبین این دو جسم دیگری که مماس هر دو باشد، وجود نداشته باشد. ۵ - مستراح، جایی، ادبخانه.

خلائف xalāef [ع.] ← خلایف.

خلائق xalāeγ [ع.] ← خلایق.

خلاب xal-āb [← خل، خله، خلیش] (اِمر.) ۱ - گل ولای بهم آمیخته. ۲- زمین باتلاقی که پای آدمی وچارپا در آن بماند؛ لجن‌زار.

خلاشمه xelāšma(-e) (اِ.)(پز.) علتی است که بین بینی و گلو بسبب تخمه بهم رسد.

خلاشه xalāša(-e) (اِ.) خاشاک.

خلاص xalās [ع.] (مصل.) رهایی

یافتن، نجات یافتن. ۲ - (إمص.) رهایی، رستگاری، نجات.

خلاص xelās [ع.] (ص.) بی‌غش، ناب، ناآمیخته (طلا، نقره، روغن وجز آن).

خلاصه xolāsa(-e) [=ع.خلاصة] (ص.) ۱- خالص، بی‌آمیغ. ۲- برگزیده، منتخب. ۳- کوتاه شدهٔ مطلب یا نوشته‌ای. ۴ - (ق.) سخن کوتاه، باری، بهرحال: «خلاصه، کار بجایی رسید که برای او آبرو نماند.»

خلاصی xalās-ī [ع.-ف.] (حامص.) رهایی، رستگاری، نجات.

خلاع xelā' [ع.] (إ.) ج. خلعت (ه.م.)

خلاعت xalāat [=ع.خلاعة] ۱ - (مص ل.) افسارگسیختن، افسار بر-گرفتن. ۲-(إمص.) خودکامی، خویشتن-کامی. ۳- نابسامانی، پریشانی.

خلاف xelāf [ع.] ۱ - (إمص.) ناسازی، ناسازگاری، سرپیچی؛ مق. موافقت. ۲ - (ص.) ناهمتا، مخالف، عکس، ضد؛ مق. موافق. ‖ بر ~. برعکس، ضد. ۳ - ناحق، دروغ. ۴ - (فل.) یکی ازشعب فن‌جدل، که کیفیت ایراد حجتهای شرعی ودفع شبهات با ایراد براهین قطعی بیاری آن‌شناخته شود. ۵- (حق.) عملی ناشایسته که مجازاتش حبس تکدیری از دوتا ده روز یا غرامت تا دویست ریال است.

خلافت xelāfat [=ع.خلافة] ۱ - (مص ل.) خلیفه بودن. ۲ - (إمص.) خلیفگی، جانشینی پیغمبر. ۳ -پادشاهی، سلطنت. ۴ - (تص.) مقامی است که سالك بعد از قطع مسافت و رفع بعد میان‌خود وحق بر اثر تصفیه وتجلیه‌ونفی خاطر و خلع لباس‌صفات بشری ازخود وتعدیل و تسویهٔ اخلاق واعمال وجمیع آن منازل که ار باب تصفیه‌معلوم کرده‌اند وطی منازل‌سائرین ووصول بمبدأ‌حاصل کرده باصل و حقیقت واصل گشته سیرالی‌الله‌وفی‌الله تمام‌شده و از خودی محووفانی و ببقای احدیت باقی‌گشته، آنگاه سزاوار خلافت است (از شرح گلشن راز ۳۸۸؛ فرع.، سج:خلیفه). ‖ ~ الهی. (تص.) مقام نفوس کامله انسانی است (اکسیرالعارفین۲۹۲؛ فرع.،سج.)

خلافکار xelāf-kār [ع.-ف.] (ص فا.) کسی که‌مرتکب امور ناشایست‌شود.

خلافکاری x.-kār-ī [ع.-ف.] (حامص.) عمل خلافکار (ه.م.)

خلاق xallāγ [ع.] (ص.) ۱ - آفریننده، آفریدگار. ۲ - خدای‌تعالی که آفرینندهٔ جهان وجهانیانست.

خلاقه xallāγ-a(-e) [=ع.خلاقة] (ص.) مؤنث‌خلاق(ه.م.) ‖ قدرت ~. نیرویی که موجب خلق‌آثاربدیع گردد.

خلال xallāl [ع.] (ص.) سرکه‌فروش.

۱ - خلال xelāl [ع.] (إ.) ۱- میان وفاصلهٔ دوچیز. ‖ در ~. در میان، دراثنای. ۲ - چوب یا آهنی که بدان دو کنارهٔ جامه را بهم بدوزند تا از باد نپرد. ۳ - چوب باریکی که لای چیزی گذارند. ۴ - چوب باریکی که بدان خردهٔ غذاراازلای‌دندانها بیرون آرند. ۵ - آلتی که‌بدان سوراخ‌کنند. ۶ - پوست نارنج وبادام و غیره را که ریزریز کنند.

۲-خلال xelāl [ع.] (إ.) ج. خلل (ه.م.)؛ تباهیها، فسادها.

۳-خلال xelāl [ع.] (إ.) ج. خله (خلت xalla)؛ خصلتها، خویها، منشها.

خلالوش xalālūš [= خرا روش - هلالوش] (إ.) فتنه، آشوب، شوروغوغا.

خلان xollān [ع.] (اِ.) ج. خلیل (ه.م.)؛ دوستان.
خلاندن xal-āndan [= خلانیدن] (مصم.)(صر. ← دواندن) ← خلانیدن.
خلانده xal-ānda(-e) [← خلاندن] (اِمف) ← خلانیده.
خلانیدن xal-ānīdan [= خلاندن] (مصم.)(صر. ← دوانیدن) فرو کردن چیزی باریک و نوک تیز مانند خار، سوزن وغیره دربدن یادر جسمی دیگر.
خلانیده xal-ānīda(-e) [← خلانیدن] (اِمف.) فرو کرده (سوزن، خار ومانند آن در چیزی)
خلایا xalāyā [ع.] (اِ.) ج. خلیه (ه.م.)؛ خانه‌های زنبور عسل؛ کندوها.
خلایف xalāyef [= ع. خلائف] (اِ.) ج. خلیفه (ه.م.) ۱- جانشینان. ۲- جانشینان پیغمبر ص، پیشوایان امت.
خلایق xalāyeq [= ع. خلائق] (اِ.) ج. خلیقه (ه.م.) ۱- طبیعتها، سرشتها. ۲- آفریدگان، مخلوقات. ۳- آدمیان.
خلأ xala' [= ع. خلاء] (اِ.) فضایی که هیچ ماده‌ای در آن نباشد، فضای خالی، خلاء (ه.م.)؛ مق. ملأ (ملاء). ضح. - (فل.) مسأله‌ای مطرح است که آیا ممکن است درجهان مکانی باشد که خالی بود- یعنی شامل هیچ شیء نباشد- یا همهٔ مکانها و فضاها ملأ و پر از اشیا وموجوداتست، وآن مورد اختلاف است (فرع.، سج.)
خلبان xal-bān [= خله‌بان ← خله] (صمر.، اِمر.) آنکه هواپیما را هدایت کند؛ هوانورد.
خلت xollat [= خلة] (اِمص.) ۱- دوستی. ۲- (تص.) تخلل مودت است دردل، ومقام محبت ارفع ازمقام خلت است (کشاف ۴۴۸؛ فرع.، سج.)

خلجان xalaǰān [ع.] (مصل.) ۱- پریدن پلك چشم. ۲- جستن پهلو یا عضو دیگر. ۳- لرزیدن، تکان خوردن. ۴- اضطراب. ۵- بخاطر در آمدن. ۶- (اِ.) میل خاطر، خواهش چیزی.
خلخال xalxāl [ع.] (اِ.) حلقه‌ای فلزی که زنان بمچ پای اندازند؛ پای‌برنجن، پای‌اورنجن. ج. خلاخیل (غم.) ‖ ~ زر. (کن.) آفتاب. ‖ ~ فلك. (کن.) ۱- آفتاب. ۲- ماه.
خلخان xalxān (اِ.) (گیا.) گیاهی است مانند اشنان (ه.م.) که از آن اشخار سازند.
۱- خلد xold [ع.] (اِ.) (جان.) پستانداری است[1] که از حشرات تغذیه میکند و چشمان وی ضعیف است و در زیر زمین زیست مینماید؛ انگشت برك.

خلد

۲- خلد xold [ع.] (اِ.) ۱- دوام، همیشگی، بقا. ۲- بهشت. ‖ ~ برین. بهشت برین، بهشت اعلی.
خلر xollar (اِ.) (گیا.) گیاهی است[2] از تیرهٔ پروانه واران جزو دستهٔ پیچیها، دارای برگهای کوچك وگلهای سفید یا آبی ویازرد. ارتفاع آن بیك متر میرسد. دانه‌های وی بمقدار یك نخود است ودر غلافی جای دارد. سبز آنرا خام میخورند ورسیده وخشك شدهٔ آنرا می‌پزند ومیخورند؛ ململی، بسله، کلول.
خلس xals [ع.] (مصم.) ربودن.
خلسه xolsa(xalse .تد) [= ع. خلسة]

۱ - Taupe (فر.)
۲ - Lathyrus sativus (لا.), pisum (فر.)

۱ - (إمص.) ربودگی. ۲- (إ.) فرصت مناسب. ۳ - (تص.) حالتی‌است‌صوفی‌را بین خواب وبیداری که‌در آن حقایقی بروی مکشوف گردد.

خلش xal-eš [← خلیدن] (إمص.) فروبردن‌چیزی‌باریك‌و نوك‌تیزدرجایی.

خلشك xalošk (إ.) کوزهٔ‌گلی‌منقش.

خلص xollas [ع.] (ص.) ج. خالص (ه.م.) ‖ **خالص** ـــ. (تد ف.) خالص خالص ، ویژهٔ ویژه

خلصا xolasā [= ع. خلصاء] ← خلصاء.

خلصاء xolasā' [ع.، ف.: خلصا] (ص.) ج. خالص (ه.م.)؛ گزیدگان، دوستان گزین.

خلط xalt [ع.] ۱- (مصم.) آمیختن چیزی باچیز دیگر ، درهم آمیختن ، درهم کردن، مخلوط کردن. ۲- (إمص.) آمیزش، اختلاط.

خلط xelt [ع.] (إ.) ۱ - آنچه که باچیزی دیگر آمیخته‌شده باشد؛ آمیز، آمیزه. ۲-هریك‌از آمیزه‌های‌چهارگانه: خون، بلغم ، سودا ، صفرا . ج. اخلاط.

خلطا xolatā [= ع. خلطاء] ← خلطاء.

خلطاء xolatā' [ع.، ف.: خلطا] (ص.، إ.) ج. خلیط (ه.م)؛ آمیزگاران، آمیزشکاران.

خلطه xolta(-e) [= ع. خلطة] (إمص.) آمیزش، معاشرت، اختلاط.

خلع xal' [ع.] ۱ - (مصم.) کندن، برکندن(جامه وغیره). ‖ ـــ سلاح . ازتن بیرون‌کردن سلاح. ‖ ـــ قالب. (تص.) مردن. ‖ ـــ ید. کوتاه‌کردن دست کسی. ۲- جدا کردن. ۳ - عزل کردن کسی از شغل. ‖ ـــ درجه. درجهٔ یك افسر یا درجه دار را ازاو گرفتن. ‖ ـــ عادات. ترك عادات و رسوم و علایق دنیوی (فرع.، سج.) ۴ - (مصم.) کنده‌شدن (جامه وغیره). ۵ - بیرون شدن عضوی‌ازبندگاه‌خود. ۶- (فل.) زوال صورت است؛ مق. لبس. ‖ ـــ ولبس. ۱- کندن وپوشیدن. ۲- (فل.) ← نمر. ۶؛ کون‌وفساد (فرع.، سج.)

خلع xela' [ع.] (إ.) ج. خلعت (ه.م.)

خلع xol' [ع.] ۱- (مص م.) طلاق گرفتن زن‌ازشوهر با بخشیدن مهرخود یا بادادن مال.

خلعت xel'at [= ع. خلعة] (إ.) جامهٔ دوخته‌که بزرگی بکسی بخشد. ج. خلع (xela').

خلعت‌بها x.-bahā [ع.-ف.] (إمر.) (مال.) حقوق‌وعوارضی‌که بازای‌اعطای خلعت وصول میشد (قاجاریه).

خلعه xel'a [= ع. خلعة] ← خلعت.

خلعه‌نورد xel'a-navard [ع.-ف. = خلعه‌نوردنده] (صفا.) آنکه خلعت را درهم پیچد.

خلف xalf [ع.] (ق.) واپس ؛ مق. امام، پیش. ‖ ـــ وامام . عقب‌وجلو.

خلف xalaf [ع.] (إ.) ۱-جانشین. بازمانده. ۲ - فرزند، فرزند شایسته وصالح. ۳ - نیك، نیکوکار. ۴- بدل، عوض. ج. اخلاف.

خلف xolf [ع.] ۱-(مص‌ل.) خلاف‌کردن وعده،وفانکردن بوعده. ۲-دروغ گفتن. ۳- (منط.) اثبات مطلوب است باابطال نقیض آن ←. ‖ قیاس ـــ. (منط.) قیاسی‌است که‌منظور ازترتیب‌آن‌اثبات مطلوب است باابطال نقیض آن: اگر «حیوان نامی (نشوونما کننده) است» درست نباشد، «غیرنامی» درست‌خواهد بود، اگر «چهارزوج‌است»درست‌نباشد، «غیرزوج (فرد)» درست‌خواهد بود.

خلفا xolafā [= ع. خلفاء] ← خلفاء.

خلفاء xolafā' [ع.، ف.: خلفا] (إ.) ج. خلیفه (ه.م.)

خلق xalγ [ع.] ۱- (مصم.) آفریدن،

بوجود آوردن. ضح.ـ (فل.) ایجاد شیء
است از شیءِ دیگر ، یا ایجاد مسبوق
به‌مادت ومدت (فرع.،سج.) ۲-(إمص.)
آفرینش . ۳ - (ا.) آفریده، مخلوق.
۴ - آدمی، انسان. ج.خلقان. ‖ ~ِ
جدید . (تص.) اتصال امداد وجود از
نفس حق در ممکنات یا اتصال امداد
وجود از نفس‌الرحمن بهر واحدی از
موجوات ممکن،و ممکن‌الوجود بذات
خود معدوم است (فرع.، سج.) ‖ عالم
~ . (فل.) عالم‌عناصر، جسمانیات؛
مق. عالم امر ، عالم ابداع.

خلق xalaγ [ع.] (ص.) کهنه،ژنده،
پوسیده. ج.اخلاق (غم.)، خلقان.

خلق xaleγ [ع.] (ص.) نیکخوی،
خوشخوی .

خلق xolγ [ع.] (ا.) خوی، عادت،
سجیه. ج.اخلاق. ضح.ـ (فل.، اخل.)
هیئت راسخه‌ایست در نفس که مصدر
افعال جمیله‌است عقلاً وشرعاً بسهولت
چنانکه خلق نیکو گویند . (فرع.،
سج.) ‖ ~ِ عظیم . (تص.)اعراض‌ازدو
جهان واقبال‌بخدا (فرع.،سج.)

خلقان xolγān [ع.] (ص.، ا.)
ج.خلق (xalaγ) (ه.م.) ؛ کهنه‌ها،
ژنده‌ها ؛ جامه‌های کهنه.

خلقاً xalγ-an [ع.] (ق.) بدیدار،
ازنظر خلقت، هیأة : «خلقاًوخلقاًشبیه
پدراست.»

خلقاً xolγ-an [ع.](ق.)ازنظرخلق،
از جهت‌خوی.

خلقت xelγat [= ع. خلقة] ۱ -
(إمص.) آفرینش، فطرت . ۲ - (ا.)
هیئت، سرشت، نهاد. ۳ - پیکر.

خلقی xalγ-ī [= ع. -īyy] (ص
نسبـ.) منسوب به‌خلق (xalγ) (ه.م.)

خلقی xolγ-ī [= ع. -īyy] (ص.
نسبـ.) منسوب به‌خلق (xolγ)(ه.م.)

خلقیات xalγ-īyy-āt [ع.] (ص
نسبـ.، ا.) ج.خلقیه (-xal) (ه.م.)

خلقیات xolγ-īyy-āt [ع.] (ص
نسبـ.، ا.) ج.خلقیه (-xol)(ه.م.)

خلقیه xalγ-īyy-a(-e) [= ع.
خلقیة] (ص‌نسبـ.)مؤنث‌خلقی (-xal)
(ه.م.)

خلقیه xolγ-īyy-a(-e) [= ع.
خلقیة] (ص‌نسبـ.)مؤنث خلقی(-xol)
(ه.م.)

خلل xalal [ع.] ۱ - (إمص.) تباهی
(کار)، وهن، فساد . ۲ - پراکندگی
(رای)، تفرق . ۳ - گشادگی بین‌دو
چیز، فاصلهٔ میان دوشیء. ۴ - شکاف،
رخنه.ج.خلال. ‖ ~ وفرج.سوراخها
وگشادگیها .

خلل پذیر x.-pazīr [= ع.-ف.
=خلل پذیرنده] (ص‌فا.) آنچه قابل
اختلال وتباهی وآشفتگی باشد.

۱-خلم xelm [xulma* ،قس.خله]
(ا.) ۱ - خلط غلیظی که‌از بینی آدمی
وجانوران ریزد؛ آب بینی ستبر. ۲ -
گل‌تیرهٔ چسبنده.

۲ - خلم xelm (ا.) خشم، غضب.

۱- خلنج xalanǰ [=خلنگ] ←
۱خلنگ .

۲-خلنج xalanǰ [=خلنگ] (ا.)
(گیا.) ←۲خلنگ.

خلنج xelenǰ (ا.) ← خلنگ
(xeleng) .

خلنجبین xel-anǰabīn [ع.-ف.
= خل (ع.) + انجبین(معر. انگبین)]
(إمر.) شربتی که از سرکه و انگبین
یا شکر وقند سازند؛ سکنجبین.

خلنده xal-anda(-e) [= خلیدن]

آنچه که‌در چیزی‌فرورود(مانندسوزن، خار و غیره).

۱ - خلنگ xalang [= خلنج] (ص.) دورنگ، ابلق، سیاه وسفید.

۲ - خلنگ xalang (اِ.) (گیا.) گیاهی است[۱] ازتیرهٔ خلنگها که‌بصورت درختچه یاعلفی‌است وقریب ۴۰۰ گونه‌از آن‌شناخته‌شده واکثردرآفریقاونواحی گرم و معتدل میروید؛ علف جاروب، خلنج. ‖ **خلنگها** .(گیا.)تیرهٔ بزرگی[۲] ازگیاهان دولپهٔ[۳] پیوسته جام[٤] که اکثر شامل‌گیاهانی‌است بصورت درختچه یا درخت، وگاهی هم علفی هستند واغلب مختص‌نواحی گرم‌اند. برگهای انواع مختلف این تیره غالباً ساده و بدون گوشوارك وگلهایشان نروماده ودارای قطعات ۴یا ۵تایی است . کاسهٔ گل در بعضی گونه‌ها برنگ جام و در برخی نیز کاسبرگها جدا ازهم هستند. میوهٔ این گیاهان‌حقه یاشفت است وبرخی‌از انواع آن سمی است.

خلنگ xeleng [= خلنج] (اِ.) گرفتن اعضا وکندن بناخن.

خلو xelv [ع.] (ص.) ۱- تهی، خالی. ۲ - بیزار.

خلو xolū [=هلو] (اِ.) (گیا.)← هلو.

خلو xolov(v) [ع.] (مص‌ل.) ۱ - خالی‌شدن، تهی‌گشتن. ۲ - تنها بودن. ۳ - (اِمص.) تنهایی.

خلوار xal-vār [= خروار] (اِ.) ←خروار.

خلوت xalvat [= ع. خلوة] ۱ - (مص‌ل.) تنهایی گزیدن، تنها نشستن. ۲- (اِمص.) تنهایی، انزوا. ۳ - (تص.) مجموعه‌ایست‌ازمخالفات‌نفس وریاضات ازکاستن خوراك وخواب وروزه گرفتن وکم‌سخن‌گفتن وترك مخالطت بامردم ومداومت ذکرخداونفی‌خواطرومحادثهٔ سر باحق چنانکه غیر مجال نیابد (فرع.، سج.) ۴ - جای‌خالی ازاغیار. ۵ - شبستان، خوابگاه. ج.خلوات.

خلوتخانه x.-xāna(-e) [ع.- ف.] (اِمر.) ۱ - جای آسایش. ۲ - اطاق مخصوص. ۳ - اطاق زن، شبستان. ۴ - نمازخانه. ۵ - (تص.) مقام‌کمال‌ولایت که‌اتحاد محب‌ومحبوب وعاشق‌ومعشوق ونبی‌وولی‌است (فرم.،سج.) ‖ ~ ٔ قرب . (تص.) مقام قرب حضرت‌ربوبی (شرح‌گلشن‌راز ۲۶۶؛ ۲۸۴؛ فرم.، سج.)

خلوت سرا(ی) x.-sarā(y) [ع.- ف.] (اِمر.) ←خلوتخانه.

خلوت‌کردن x.-kardan [ع.-ف.] ۱ - (مص‌ل.) ~ باکسی‌ سخن گفتن باوی درجای‌خلوت. ۲- عزلت گزیدن. ‖ ~ جایی را.۳- بیرون‌کردن‌اغیاررا ازآنجا.

خلوتگاه x.-gāh [ع.-ف. = خلوتگه] (اِمر.) ←خلوتخانه.

خلوتگه x.-gah [ع.ف. =خلوتگاه] (اِمر.) ←خلوتگاه.

خلوت نشین x.-nešīn [ع.-ف. = خلوت‌نشیننده] (صفا.) کسی‌که درجای خلوت نشیند و عزلت گزیند؛ منزوی.

خلوتی xalvat-ī [ع.- ف.] (ص نسب.) ۱- گوشه‌نشین، منزوی، مجرد. ۲ - (تص.) پیرو فرقهٔ خلوتیه.

خلود xolūd [ع.] ۱- (مص ل.)

خلنگ

۱- Erica (.لا), bruyère (.فر)   ۲ - Ericacées (.فر)
۳- Dicotylédones (.فر)   ٤- Gamopétales (.فر)

همیشه بودن، جاوید بودن، جاویدزیستن. ۲ - (اِمص.) همیشگی، دوام.

خلوص xolūs [ع.] ۱ - (مص ل.) خالص شدن، بی آلایش بودن. ۲ - (اِمص.) پاکی، بی آلایشی، سادگی. ۳ - یکدلی.

خلولیا xolūliyā [= مالیخولیا] (اِ.) ← مالیخولیا.

۱-خله xala(-e) (اِ.) چوب درازی که بدان کشتی رانند؛ پاروی قایق‌رانی.

۲ - خله xala(-e) [← خلیدن] (اِ.) ۱ - آنچه که درچیزی یا جایی بخلد وفرو رود مانند سوزن، جوال دوز، درفش وغیره. ۲ - بادی که در شکم خلنده باشد. ۳ - دردی که ناگاه در پهلو و مفاصل بهم رسد.

خله xalla(-e) [= ع. خلة] (اِ.) ۱- خصلت. ۲ - حاجت، فقر. ج. خلال (xe-) وخلل (xalal).

خله xella(-e) [= ع. خلة] (اِمص.) مصادقت، برادری.

خله xola(-e) (اِ.) (گیا.) قارچ (ه.م.)، سماروغ.

۱- خله xolla(-e) [← خل؛ قس. خلم] (اِ.) آب‌بینی.

۲ - خله xolla(-e) [= ع. خلة] (اِمص.) ۱-دوستی، صداقت. ۲-خصلت.

خلیج xalīǰ [ع.] (اِ.) (جغ.) قسمتی

خلیج

ازدریا که درخشکی پیش رفته و از سه طرف از خشکی محصور باشد؛ شاخابه.

خلیدن xal-īdan (مص ل.) (خلید، خلد، خواهد خلید، بخل، خلنده، خلیده، خلش) فرو رفتن چیزی نوک تیز (مانند خار، سوزن وغیره) در چیز دیگر.

خلیده xal-īda(-e) [← خلیدن] (اِمف.) ۱- فرورفته. ۲ - زخم شده، مجروح.

۱- خلیش xalīš [= خلاش] (اِ.) گل‌ولای درهم آمیختهٔ چسبنده؛ خلاب.

۲ - خلیش xalīš [قس. خلش] (اِمص.) شور وغوغا، آشوب.

خلیط xalīt [ع.] (ص.) ۱-آمیخته. ۲ - آمیزشکار. ۲ - انباز.

۱-خلیطه xalīt-a(-e) [= ع. خلیطة] (ص.) مؤنث خلیط (ه.م.)

۲-خلیطه xalīt-a(-e) [= خریطه] (اِ.) ← خریطه.

خلیع xalī' [ع.] (ص.) ۱ - خلع شده. ۲-پریشان، نابسامان. ۳-نابفرمان. ۴- خودکام، خویشتن‌کام.

خلیفت xalīfat [= ع. خلیفة] (اِ.) ← خلیفه.

خلیفه xalīfa(-e) [= ع. خلیفة ← خلیفت] (ص.، اِ.) ۱ - جانشین، قایم مقام. ۲ -جانشین پیغمبر، پیشوای مسلمانان. ۳ - (تص.) کسی که بمقام خلافت (ه.م.) رسیده. ۴ -(تص.) جانشین قطب ومرشد، ارشدمریدان. ۵ - کمك استاد. ۳ - شاگرد ارشد در مدارس و مکتبهای قدیم، مبصر. ج. خلفاء (خلفا)، خلائف (خلایف)، خلیفگان (بسیاق فارسی).

۱ - خلیق xalīq [ع.] (ص.) ۱ - آنکه دارای آفرینش تام باشد. ۲ - سزاوار، شایسته. ج. خلقاء (خلقا).

۲- خلیق xalīγ (ص.) خوش خلق، خوشخوی. ضح.- باین معنی در کتب معتبر لغت عربی نیامده.

خلیقه xalīγ-a(-e) [= خلیقة] (عم.) (إ.) ۱ - سرشت، نهاد، طبیعت. ۲ - خوی، عادت. ۳ - آفریدهٔ خدا. ۴ - مردم. ج خلائق (خلایق).

خلیل xalīl [ع.] (ص.، إ.) دوست خالص، صادق، دوست مهربان. ج. اخلاء (اخلا).

خلیه xalīyya(e-) [= ع. خلیة] (إ.) کندوی عسل، خانهٔ زنبور عسل.

۱ - خم xam [پب ka(n)pa*] ۱- (ص.) کج؛ مق. راست. ۲ - (إ.) پیچ وتاب. ۳ - چین وشکن (زلف، گیسو، کمند وغیره). ۴ - منحنی (فره.) ۵ - طاق ایوان. ۶ - (تص.) موقف (فرم.، سج.) ‖ ـــ زلف. ۱ - پیچ وتاب گیسو. ۲- (تص.) اسرارالهی (اصطلاحات فخرالدین؛ فرم.، سج.)

۲ - خم xam [= خن] (إ.) خانهٔ زمستانی.

خم xem [=خیم] (إ.) خوی، طبیعت.

خم xom [= خنب = خمب، په. xumbak] (إ.) ۱ - ظرف سفالینی بزرگ که در آن آب، شراب ومانند آن ریزند. ۲ - گنبد. ۳ - نقاره‌ای که روز جنگ نوازند. ۴- نای رویین کوچك، نفیر.

خماخسرو xom-ā-xosraw(-ow) (إمر.) (مس.) یکی از آهنگهای موسیقی قدیم.

خمار xammār [ع.] (ص.) ۱- شراب فروش، باده‌فروش. ۲- (تص.) پیر کامل، مرشد واصل.

خمار xemār [ع.] (إ.) روبند، روسری (زنان). ج. اخمره (غم.)

خمار xomār [ع] (إ.) ملالت ودرد سری که پس از رنج نشأهٔ شراب ایجاد شود.

خمارآلود x.-ālūd [ع.-ف. = خمار آلوده] (ص‌مف.) خمارزده، مخمور (چشم وجز آن).

خمارزده x.-zada(-e) [ع.- ف.] (ص‌مف.) آنکه بحالت خمار افتاده.

خماری xomār-ī [ع.-ف.] (حامص.) ملالت ودردسری که از افراط در نوشیدن انواع مشروب ایجاد شود.

خماسی xomās-ī [= ع. -īyy] (ص‌نسب.) ۱ - پنج‌جزوی، آنچه دارای پنج جزو باشد. ۲ - کلمهٔ پنج حرفی.

خمان xam-ān [← خمیدن] (ص‌فا.) خم شونده.

خمان xomān [ع. = خماما] (إ.) (گیا.) گیاهی است[1] باشاخه‌های دراز و سفید مانندنی. برگهای آن کوچك و بدبو و گلهایش سفید رنگ است وبسرخی زند؛ آقطی (ه.م.)

خماندن xam-āndan [= خمانیدن] (مص‌م.) (صر. ← دواندن خمانیدن (ه.م.)

خماننده xam-ānanda(-e) [← خماندن، خمانیدن] (ص‌فا.) آنکه یا آنچه چیزی را خم وکج کند.

خمانده xam-ānda(-e) [← خماندن] (إمف.) خم‌شده، کج گردیده.

خمانیدن xam-ānīdan [= خماندن] (مص‌م.) (صر. ← دوانیدن) ۱ - خم کردن، کج گردانیدن. ۲ - تقلید کردن گفتگو وحرکات وسکنات مردم بطریق مسخرگی.

۱- Sureau (فر.), hièble (فر.)

خمانیده xam-ānīda(-e) | ← خمانیدن] (إمف.) خمانده (ه.م.)

خماهان xom-āhān [= خماهن = خماهین] (إ.) (زم.) نوعی سنگ سخت و تیره‌مایل بسرخی؛ حجرحدیدی، صندل‌حدیدی.

خماهن xom-āhan [= خماهان] (إ.) خماهان (ه.م.)

خم اندرخم xam-andar-xam (ص‌مر.) ۱ - پیچ در پیچ . ۲ - مجعد (زلف).

خمب xomb [= خنب = خم] (إ.) خم (xom) (ه.م.)

خمپاره xom-pāra(-e) (إمر.) ۱- (نظ.) نوعی گلوله که بوسیلهٔ خمپاره‌انداز پرتاب شود . ۲ - گلوله‌ای که جهت آتشبازی سازند و آن در هوا منفجر گردد و بچند رنگ درآید.

خمپاره‌انداز

خمپاره‌انداز x.-andāz [= خمپاره اندازنده] (صفا.، إمر.) سلاحی‌شبیه‌توپ که‌دارای لوله‌ای کوتاه ودهانه‌ای فراخ است و بوسیلهٔ آن خمپاره (ه.م.) را پرتاب کنند.

خمره

خمخانه xom-xāna(-e) (إمر.) ۱ - سردابی که‌خمهای باده رادرآنجا گذارند . ۲ - میخانه ، میکده . ۳ - (تص) عالم تجلیات که درقلب است، مهبط غلبات عشق.

خم‌دادن xam-dādan (مصم.) ۱ - کج کردن، پیچیدن، تاب دادن. ۲- دفع کردن، ردکردن. ۳ - مقاومت کردن.

خمر xamr [ع.] (إ.) نوشابهٔ‌مسکر از شراب، عرق وغیره.

خمر xomor [ع.] (إ.) ج.خمار، (xe-)(ه.م.)؛ سرپوشها ، پاشامه‌ها.

خمره xomra(-e) [= خنبره = خمبره] (إ.) خم کوچک ، خمچه.

خمس xoms [ع.، إ.](عد.) ۱-پنج‌یك هرچیز، یك‌پنجم . ۲ - پنج یك سود تجارت یاغنیمت که مسلمانان‌پردازند. ج. اخماس .

خمستان xom-estān (إمر.) ۱ - میکده ، شرابخانه . ۲ - کورهٔ سفال‌پزی وخشت پزی؛ داش.

خمسه xamsa(-e) [= ع.خمسة] (عد.، إ.) ۱ - پنج . ۲- پنج‌انگشت . ‖ ~ متحیره.(نج.) عطارد و زهره ومریخ ومشتری وزحل؛ پنج بیچاره . ‖ ~ مسترقة. (تق .) پنجهٔ دزدیده. ‖ خمسهٔ‌مفرده. (منط.) کلیات پنجگانه ؛ جنس ونوع‌و فصل وخاصه وعرض عام .

خمسین xamsīn [ع.] (عد.،إ.) ۱- پنجاه. ۲- (ملل.) مدت‌اعتکاف مسیحیان که‌پنجاه‌روز بکشد(نظیرچلهٔ‌مسلمانان)؛ پنجاهه.

خمش xamoš [= خاموش] (ص.) خاموش (ه. م.)

خمك xomm-ak [= خنبك] (إمصغ.) دف و دایرهٔ کوچکی که چنبر آن از برنج یا روی باشد .

خمك‌زدن x.-zadan [= خنبك‌زدن] (مص‌ل.) ← خنبك زدن.

خمکده xom-kada(-e) (إمر .) خمخانه، شرابخانه .

خمل xaml [ع.] (إ.) ریشه، پرز، خواب (مخمل، ماهوت ومانند آن).

خمود xomūd [ع.] ۱ - (مص‌ل.) خاموش شدن زبانهٔ آتش. ۲ - بیهوش شدن. ۳ - (إمص.) خاموشی، سکوت، بیهوشی. ضح. - استعمال «خمودت» بمعنی‌افسردگی صحیح نیست‌وهمچنین کلمهٔ «خموده» بمعنی افسرده‌وپژمرده درست‌نباشد و بجای‌آن «خامد» صحیح

۱۴۴۱ خنازیر

است . ‖ ~ شهوت.(اخلـ.) سکون بود ازحرکت درطلب لذات ضروری که شرع وعقل دراقدام بر آن رخصت داده باشد، از روی اختیار نه ازراه نقصان خلقت؛ وآن طرف تفریط «عفت» است (اخلاق ناصری ۸۴؛فرع.، سج.)

خمور xomūr [ع] (اِ.) ج.خمر؛میها، باده‌ها.

خموش xamūš [= خاموش] (ص.) خاموش (ه.م.)

خموشی xamūš-ī [= خاموشی] (حامص .) خاموشی(ه.م.)

خموشانه xamūš-āna(-e) [= خاموشانه] ۱ -(ق.) خاموشانه ، بطور خاموش. ۲- (اِ.) حق‌السکوت.

خمول xomūl [ع.] ۱ - (مصل.) گمنام شدن، بی‌نام گردیدن. ۲-(اِمص.) بی‌نامی، بی‌نشانی، گمنامی .

خمی xam-ī (حامص.) کجی، انحنا، اعوجاج .

خمیاز xam-yāz [=خمیازه] (اِمر.) خمیازه (ه.م.)

خمیازه xam-yāza(-e) [=خمیاز =خامیازه](اِمر.) ۱ -حالتی که بسبب خستگی، ناتمام‌ماندن‌خواب ، بیخوابی وکسالت درشخصی ایجاد شودبطوریکه دهان گشاده،دستها کشیده وسینه‌منبسط گردد[1]. ۲ - دهان دره.

خمیازه‌کشیدن x.-ka(e)šīdan (مصل.) حالت خمیازه(ه.م.) بخودگرفتن.

خمیدگی xam-īda(e)g-ī (حامص.) انحنا (فره.)

خمیدن xam-īdan [←خم] (مصل.) (صر.←دویدن) ۱ - کج شدن ، خم شدن. ۲ - لنگیدن .

خمیده xam-īda(-e) [← خمیدن] (اِمف.) خم شده، مایل .

خمیر xamīr [ع .] (اِ.) ۱ - آرد جو یا گندم که برای پختن نان با آب آمیخته باشند. ۲ - هرچیزمخلوط با آب که غلیظ باشد (مانندگل). ‖ ~ دندان . (پز.) خمیری طبی که برای شستشوی دندانها بکاررود .

خمیرگیر x.-gīr [=خمیرگیرنده] (صفا.) ۱-کسی که در دکان نانوایی خمیرنان رابعمل‌آرد. ۲ - نانوا.

خمیرگیری x.-gīr-ī (حامص.)عمل و شغل خمیرگیر (ه.م.)

خمیرمایه x.-māya(-e) (اِمر.)۱- هرچیز که مخصوص حصول تخمیر در جسمی باشد . ۲ - قطعه‌ای از خمیر ترشیده که ازآردگندم، روغن، شیریا ماست تهیه‌کنند و آنرا در خمیر نان داخل کنند تابرآید وآماس‌کندوفطیر نشود؛ خمیر ترش.

خمیره xamīra(-e) [= ع.خمیرة] (اِ.) ۱ - خمیرترش، خمیرمایه. ۲ - سرشت،طینت. ۳- (فلـ.) رکن،اسطقس، اساس هرچیز (رسائل جابربن حیان ۱۹۹؛فرع.،سج.) ۴- (فلـ. اشراق) . مجموعهٔ معتقدات یك مکتب فلسفی : خمیرهٔ خسروانیین .

خمیس xamīs [ع.] ۱-(اِ.،ق.) پنجشنبه. ۲- (اِ.)لشکر (چه‌شامل پنج فرقه‌است). ج.اخمساء واخمسه .

خمیص xamīs [ع.](ص.) ۱-باریك، نزار. ۲ - باریك میان .

خن xan [=خان=خانه] (اِ.) ۱ - خانه. ۲ - خانهٔ طبقهٔ پایین کشتی.

خنازیر xanāzīr [ع.] (اِ.) ج . خنزیر.(ه.م.) ۱-خوکها. ۲-(پز.)غده‌های

۱- Baillement (فر.)

خناس

سختی که در زیر گلو ایجاد شود وزخم وجراحت تولید کند[1].

خناس xannās [ع.] (ص.، ا.) ۱- شیطان، اهریمن، دیو سرکش. ۲- بدکار، شیطان صفت.

خناق xonāγ [معر. خناك] (ا.) (پز.) دیفتری (ه.م.)

خناك xonāk [=خناق، معر.] (ا.) (پز.) دیفتری (ه.م.)

خنب xonb [= خم] (ا.) خم (xom) (ه.م.)

خنبره xonb-ara(-e) [= خمره] (إمر.) خمره (ه.م.)

خنبك xonb-ak [= خمك] (إمصغ.) خمك (ه.م.)

خنبك زدن x.-zadan [= خمك زدن] (مص ل.) ۱- تنبك زدن. ۲- دست زدن و اظهار شادمانی کردن.

خنجر

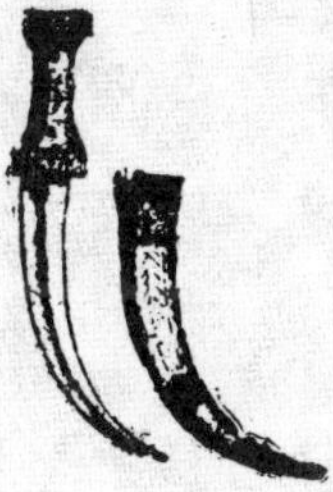

خنبه xonb-a(-e) (ا.) ۱- خم بزرگ ودراز سفالین یا چوبین که در آن غله کنند. ۲- گودال یا چهار دیواری که در آن غله ریزند. ۳- گنبد، قبه.

خنپاره xonpāra(-e) [=خمپاره] (ا.) خمپاره (ه.م.)

خنثی xonsā [ع.] (ص.) ۱- کسی‌است که نه مرد باشد ونه زن، آنکه دارای آلت مردی وزنی هر دو باشد؛ نرماده. ۲- بیفایده، بیهوده.

۱- خنج xanǰ (ا.) ۱- شادی، عیش، طرب. ۲- سود، نفع.

۲- خنج xanǰ [= خنجه] (إصت.) آوازی که وقت جماع از بینی و گلوی شخص برآید.

خنجر xanǰar [ع.] (ا.) ۱- سلاحی باندازهٔ کارد که نوك دار وتیغه‌اش کج وبرنده است، دشنه. ۲- سرنیزهٔ تفنگ. || ~ زر. (کن.) ۱- سرزدن آفتاب. ۲- عمود صبح. || ~ زرفشان. (کن.) ← خنجر زر ↑. || ~ سیم. (کن.) عمود صبح. || ~ فلك. (کن.) ۱- دمیدن صبح. ۲- طلوع آفتاب.

خنجر اوژن x.-awǰan(ow.-) [= خنجر اوژننده] (صفا.) خنجرزن.

خنجرکش x.-kaš(keš) [= خنجر کشنده] (صفا.) خنجرزن (ه.م.)

خنجر گذار x.-gozār [= خنجر گذارنده] (صفا.) آنکه خنجر را فرو کند؛ خنجر زن.

خنجك xanǰak (ا.) (گیا.) خارخسك، شیح.

خنجك xenǰak (ا.) (گیا.) دانه‌ایست که آنرا خورند؛ ون کوهی، حبة‌الخضراء.

خنجك xonǰak [=خونجك] (ا.) (گیا.) ۱- سیاه دانه. ۲- درمنه.

خنجه xanǰa(-e) [← ۲خنج] (إصت.) ۱- آوازی که بوقت جماع از بینی و گلو برآید. ۲- شادی، خوشی.

خنجیر xanǰīr [از ع. خنجر] (ا.) خنجر (ه.م.)

خنجیر xenǰīr(xan.-) (ا.) ۱- بوی تیزی که از سوختن استخوان، چرم، پشم و پنبهٔ چرب، چراغ خاموش گشته ومانند آن برآید. ۲- هر چیز تند وتیز.

خنچه xon-ča(-e) [= خوانچه] (إمصغ.) (عم.) ← خوانچه ۲.

خنداخند xand-ā-xand [= خندخند ← خندیدن] (إمر.) خندهٔ متصل واز روی دل.

خندان xand-ān [← خندیدن]

۱- Scrofule (فر.)

۱- (ص فا.) خنده کننده. ۲- تبسم کننده، متبسم. ۳- (ق.) درحال خندیدن. ۴- شکوفه کننده. ۵- (ص.) هرچیز شکفته مانند غنچهٔ گل، انار، پسته.

خندان خند xandān-xand [← خندیدن] ۱- (ص مر.) بلندخنده کننده. ۲-(ق.) درحال خنده.

خندان خندان xandān-xandān [← خندیدن] (ص فا.) ۱- خندان (بتأکید). ۲- بلند خنده کننده.

خنداندن xand-āndan [= خندانیدن] (مص م.) (خنداند[-nd]، خنداند [-nad]، خواهد خنداند، بخندان، خنداننده، خندانده] بخنده درآوردن.

خندانده xand-ānda(-e) [← خنداندن] (إمف.) بخنده درآورده.

خندان لب xandān-lab (ص مر.) آنکه لبش متبسم است؛ خندان، بشاش.

خنداننده xand-ānanda(-e) [← خنداندن، خندانیدن] (إفا.) آنکه کسی را بخنده در آورد.

خندانیدن xand-ānīdan [= خنداندن] (مص م.) (خندانید، خنداند، خواهد خندانید، بخندان، خنداننده، خندانیده) بخنده درآوردن.

خندانیده xand-ānīda(-e) [← خندانیدن] (إمف.) بخنده در آورده.

خند خریش xand-xarīš [= خنده خریش] (إمر.) استهزا، مسخره.

خندخند xand-xand [= خنداخند] (إمر.) خندهٔ متصل و از روی دل.

خندروس xandrūs(-rōs) [معر. یو. xòndros] (إ.) (گیا.) جو رومی[1]، علس.

خندریس xandarīs [ع.] (إ.) شراب کهنه، بادهٔ کهن.

خندریلی xandarīlī [معر. یو. xondrīlē] (إ.) (گیا.) گیاهی است[2] از تیرهٔ مرکبیان، و آن نوعی از کاسنی بری است و تلخ مزه و دارای ساقهٔ باریک و گلهای زرد رنگ است. شاخه‌هایش صمغی چسبناك تولید کنند و آن در آسیا و اروپا روید.

خندستان xand-a(e)stān (إمر.) ۱- افسوس، سخره، لاغ. ۲- مجلس مسخرگی، معرکهٔ مسخرگی. ۳- (کن.) لب و دهان معشوق.

خندستانی xand-a(e)stān-ī [← خندستان] (حامص.) استهزاء، مسخره.

خندق xandaγ [معر. خندك = کندگ = کنده] (إ.) گودالی که گرد حصار و قلعه و لشکرگاه کنند تا مانع عبور دشمن و سیل گردد. ج. خنادق.

خندمین xanda-mīn [قیاس غلط‌ها آزرمین، گندمین] (ص نسبـ.) مضحك؛ خنده آور:

«گفت لاغی خندمین‌تر از دو بار
که فتاد از قهقه او برقفا.» (مثنوی)

خندناك xand-nāk [= خنده‌ناك] (ص مر.) خنده‌ناك (ه.م.)

خندناکی xand-nāk-ī [= خنده ناکی] (حامص.) خنده‌ناکی.

خندنده xand-anda(-e) [← خندیدن] (إفا.) آنکه خنده کند، ضاحك.

خندوتند xand-o-tand (إمر.) ۲- زیر وزبر. ۲- تاخت و تاراج. ۳- پراکنده و پریشان، تار و مار.

خنده xand-a(-e) [په. xandak]

۱-Epeautre (فر.) ۲-Chondrille (فر.)

خنده آور

(إمص..إ.) حالتی در انسان که بسبب شادی ونشاط ایجاد شود ولبها ودهان گشاده گردند وآوازی مخصوص ازحلق برآید؛مق.گریه. ‖ ~ ٔ جام. ۱ - موج جام. ۲- پرتوشراب. ‖ ~ ٔ زمین. دمیدگی سبزه ورياحين. ‖ ~ ٔ می. پرتو شراب.

خنده‌آور x.-āvar [= خنده‌آورنده] (ص‌فا.) آنچه که تولیدخنده کند؛مضحک.

خنده خریش x.-xarīš [= خندخریش = خنده ریش] ۱ - (ص مر.) کسی که مردم بدو بخندند واورامسخره کنند. ۲ - (إ.) ریشخند، مسخره.

خنده‌دار x.-dār [= خنده‌دارنده] (ص‌فا.) آنچه‌موجب‌خنده باشد، مضحک؛ مق. گریه آور.

خنفساء

خنده‌رو(ی) x.-rū(y) (ص مر.) کسی که دارای چهرهٔ بشاش است.

خنده زدن x.-zadan (مص ل.) خندیدن.

خنده کردن x.-kardan (مص‌ل.) خندیدن.

خنده‌گرفتن x.-gerefan. (مص‌ل.) ~ کسی‌را. عارض شدن خنده اورا.

خنده‌ناک x.-nāk [= خندناک] (ص مر.) شاد، بشاش، خرم.

خندیدن xand-īdan [قس. په. xandak، خنده] (مص‌ل.) (خندید، خندد، خواهد خندید، بخند، خندنده، خندان، خندیده، خنده) خنده کردن، خنده‌زدن، ضحک؛مق.گریستن. ‖ بریش کسی ~ . (عم.) اورا استهزا کردن.

خنزیر xenzīr [ع.] (إ.) (جا ن.) خوک.ج.خنازیر. ‖ ~ ِ بحری. (جا ن.) دلفین (ه‌.م.)

خنصر xenser [ع.] (إ.) انگشت

خرد، کلیک، کالوج، کابلیج.

خنفسا xonfasā [= ع.خنفساء] (إ.) ← خنفساء.

خنفساء xonfasā' [ع.، ف.: خنفسا] (إ.) (جا ن.) حشره‌ایست از راستهٔ قاب‌بالان کوچکتر ازجعل برنگ‌سیاه وبدبو. ج.خنافس.

خنک xonok(-nak) [کر. henīk، ملایم، مطبوع] ۱ - (ص.) سردمطبوع: هوای خنک. ۲ - خوب، خوش، نیک. ۳ - تر، تازه. ۴ - (صت.) تحسین‌رارساند؛ خوشا! نیکا! حبذا! خنکا!

۱- خنکا xonok-ā [← خنک ۱] (حامص.) خنکی.

۲- خنکا xonok-ā [← خنک۴] (صت.) تحسین را رساند؛خوشا!نیکا!

خنک جان x.-ǰān (ص‌مر.) ۱ - بی‌عشق. ۲ - کسی که از دیگری انتقام کشد. ۳ - پاکدامن.

خنکی xonok-ī(-nak-) [← خنک] (حامص.) ۱- سردی مطبوع. ۲ -خوشی، نیکبختی.

خنگ xeng ۱ - (ص.) سفید. ۲ - (إ.) اسب سفید موی، اسب‌سفیدرنگ. ‖ ~ ِ شب‌آهنگ. (کن.) ۱ -ماه،قمر. ۲- صبح صادق. ۳ - اسب ابلق سیاه وسفید. ۴ - (إخ.) براق رسول‌ص. ‖ ~ ِ عقاب. نوعی اسب. ‖ ~ ِ نوبتی. اسب جنیبت، اسب کوتل.

خنگال xeng-āl (إمر.) سوراخی که نشانهٔ تیر باشد.

خنگ بید x.-bīd (إمر.) (گیا.) ۱-خار(مطلقاً). ۲-خارسفید(خصوصاً).

خنگ زیور x.-zīvar (ص مر.) اسب ابلق ودو رنگ.

خنگسار x.-sār ۱ - (ص‌مر.) کسی

که همهٔ موهای سرش سفید شده باشد ؛ سرسفید. ۲ - (إمر.) شوره که از آن باروت سازند.

خنگل xangal (اِ.) سلاحی که روز جنگ پوشند؛ جوشن.

خنگ و لوک xeng-o-lūk (صمر.) کسی که درهمه چیزعاجز باشد و کاری ازو برنیاید.

خنور xan-ūr [قس. کنور](اِ.) آلات ولوازم خانه‌ازظرف وکاسه‌وکوزه وخم وغیره.

خنیا xonyā [په. hunivāk](اِ.) سرود، نغمه، آواز.

خنیاگر x.-gar [= خنیا] (صفا.) آوازخوان ، خواننده ، سرود گوی . ‖ ~ فلك . (کن.) زهره.

خنیاگری x.-gar-ī [← خنیاگر] (حامص.) خوانندگی ، سرود خوانی، آوازخوانی.

۱-خنیدن xan-īdan (مصل.)(صر. ← دویدن) ۱- پیچیدن آواز (درکوه، حمام، گنبد، و غیره). ۲- آوازه پیدا کردن، مشهور شدن.

۲- خنیدن xan-īdan,xon [← خواندن] (مصل.) (صر. ↑) خواندن (آواز).

۱-خنیده xan-īda(-e) [← ۱ خنیدن](إمف.) معروف، شهرت یافته.

۲- خنیده xan-īda(-e) [← ۲ خنیدن] ۱ -(إمف.) سروده ، خوانده شده. ۲ - دانای درکارسرود ، مصنف، موسیقی دان. ۳ - (اِ.) صدا و آوازی که درمیان دوکوه و گنبد وخم و مانند آن پیچد.

خنیده xon-īda(-e)(ص.) پسندیده.

خو xv یکی ازحروف صامت درزبان پهلوی و دری قدیم. واوی را که بعد از حرف «خ» قرار میگرفته «واومعدوله» مینامیده‌اند و تلفظ آن ترکیبی از خ (x)+و(va) بوده و در تلفظ بایستی حرف اول راابتدا بساکن خواندوواوی مفتوح رادرآن فروبرد (مانند:خواب، خورشید). در قرون اخیر تلفظ این حرف فراموش شد، وتنها کردان مغرب ایران آنرا درست تلفظ میکنند ، وبختیاریان خای مفتوح و طبرستانیان خاءِ مکسور ودیگران خاءِ مضموم ادا سازند، مثل:خورد(xvard)، xard، xerd، xord؛ خدا(xvadā)، xadā، xedā، xodā ... و تازیان نیز این حرف را نداشته و ندارند ، بنابر این «خوارزم»را«خوارزم»بفتح خاو بتصریح واو گویند ، وگاه واو بعد از خ حذف میشود مثل خراسان و خرداد (سبك شناسی۱: ۱۹۰)

۱-خو xaw(xow) (اِ.)(گیا.)۱-گیاه خودرو که در میان غله زارها و باغها روید؛ علف هرزه. ۲ - (گیا.) هرگیاه که خودرا بدرخت پیچد (عموماً). ۳ - (گیا.) عشقه،لبلاب (خصوصاً) .

۲-خو xaw(xow) (اِ.) ۱ - چوب بنایی که بنایان و نقاشان در درون وبیرون عمارت ترتیب دهند وبربالای آن کارکنند؛ چوب بست. ۲ - قالبی که بنایان طاق بر بالای آن زنند.

خو xū [← خوی] (اِ.) خوی(ه.م.)

خوا xā(xvā.قد) [= خواه] (ق.) خواه، (ه.م.)،خواهی .

خواب xāb(xvāb.قد)[په.xvāb] ۱- (اِ.) حالتی توأم با آسایش و آرامش که براثر از کار بازماندن حواس ظاهر درانسان وحیوان پدید آید؛ نوم؛ مق. بیداری ، یقظه. ۲ - غفلت. ۳ - پرز جامه (مانند مخمل). ۴ - (ص.)(عم.)

۱۴۴۶
خواب‌آلو

خوابیده: حسن خواب‌ست. ‖ ~ خرگوش. غفلت، تغافل، فراموشی. ‖ ~ خرگوشی. ← خواب خرگوش. ‖ ~ غفلت. غفلت و تغافل (که بمنزلهٔ خواب است).

خواب‌آلو x.-ālū [=خواب آلود] (ص‌مف.) (عم.) خواب آلود (ه.م.)

خواب آلود x.-ālūd [= خواب آلوده] (ص مف.) آنکه مایل بخواب است یا خواب کامل نکرده و رخوتی مخصوص احساس میکند: «وقتی وارد اطاق شدم گیج و خواب آلود بود.»

خواب آلودگی x.-ālūda(e)g-ī (حامص.) حالت خواب آلوده (ه.م.)

خواب آلوده x.-ālūda(-e) [= خواب‌آلود] (ص‌مف.) خواب‌آلود (ه.م.)

خواباندن xāb-āndan [= خوابانیدن] (مص‌م.) (خواباند [-nd]، خواباند [-nad]، خواهد خواباند، بخوابان، خواباننده، خوابانده) خوابانیدن (ه.م.)

خوابانده xāb-ānda(-e) [← خواباندن] (إمف.) خوابانیده (ه.م.)

خواباننده xāb-ānanda(-e) [← خواباندن، خوابانیدن] (إفا.) خواب‌کننده.

خوابانیدن xāb-ānīdan [= خواباندن = خوابنیدن] (مص م.) (خوابانید، خواباند [-nad]، خواهد خوابانید، بخواباں، خواباننده، خوابانیده) ۱- کسی را خواب کردن، بخواب (طبیعی یا مصنوعی) بردن. ۲- باعث زانو زدن گشتن: «ساربان شتر را خوابانید.» ۳- (تد.) تعطیل کردن (کارخانه و مانند آن).

خوابانیده xāb-ānīda(-e) [← خوابانیدن] (إمف.) بخواب فرو کرده، بخواب برده.

خواب آور x.-āvar [= خواب آورنده] (ص‌فا.) آنچه تولید خواب کند: داروی خواب آور.

خواب بستن x.-bastan (مص م.) خواب‌بند کردن کسی را بافسون.

خواب بند x.-band (إمر.) بافسون کسی را خواب کردن، چندانکه تا سحر باطل نگردد، بیدار شود.

خواب دیدن x.-dīdan (مص ل.) رؤیا (در حال خواب).

خواب‌رفتن x.-raftan (مص‌ل.) ۱- بخواب‌فرورفتن، خواب‌شدن. ۲- بیحس شدن (دست یا پا).

خواب شدن x.-šodan (مص ل.) بخواب فرورفتن.

خواب‌گزاردن x.-gozārdan (مص م.) تعبیر کردن رؤیا.

خوابگاه x.-gāh [= خوابگه] (إمر.) ۱- جای خواب، اطاق خواب. ۲- تخت خواب. ۳- بستر، فراش.

خوابگزار x.-gozār [= خواب‌گزارنده] (ص‌فا.) خوابگزارنده ↓.

خوابگزارنده x.-gozāranda(-e) [= خوابگزار] (ص‌فا.) آنکه خواب را تعبیر کند؛ معبر.

خواب‌نادیده x.-nā-dīda(-e) (ص مر.) نابالغ: کودک خواب نادیده.

خوابناک x.-nāk (ص مر.) آنکه حالت خواب دارد؛ خواب آلود.

خوابناکی x.-nāk-ī (حامص.) حالت خوابناک (ه.م.)، خواب آلودگی.

خواب نامه x.-nāma(-e) (إمر.) کتاب یا رسالهٔ تعبیرخواب.

خواب نما(ی) x.-no(a-e)mā(y) [= خواب نماینده] (ص‌فا.) ملهم‌شدن از جانب بزرگان دین در خواب.

خوابنیدن xāb-anīdan [= خوابانیدن] (مص م.) خوابانیدن (ه.م.)

خوابنیده xāb-anīda(-e) [← خوابنیدن] (إمف.) خوابانیده (ه.م.)

خوابیدن xāb-īdan [← خواب] (مص ل.) (خوابید، خوابد، خواهد خوابید، بخواب، خوابنده، خوابیده) ۱- بخواب رفتن، خواب کردن، خفتن، خسبیدن. ۲ - آرام گرفتن (فتنه ومانند آن). ۳ - (تد.) متوقف شدن (کار، ساعت وغیره). ۴- (تد.) تعطیل شدن (کارخانه، مؤسسه ومانند آن).

خوابیده xāb-īda(-e) [← خوابیدن] (إمف.) ۱- بخواب رفته، نایم. ۲- آرام گرفته.

خواتم xavātem [ع.] (إ.) ج. خاتم (-tam)، خاتم (-tem). ۱ - پایانها، انجامها، سرانجامها. ۲ - انگشتریها. ۳ - مهرها، نگینها.

۱ - خواتیم xavātīm [ع.] (إ.) ج. خاتمه (خاتمة). ۱ - پایانها، انجامها. ۲ - (إخ.) ← بخش ۳.

۲- خواتیم xavātīm [ع.] (إ.) ج. خاتام. ۱ - انگشتریها. ۲ - مهرها.

خواتین xavātīn [معر.] (إ.) ج. خاتون (بسیاق عربی)؛ زنان بزرگ، بانوان امرا.

خواجگی xāǰa(e)g-ī [← خواجه] (حامص.) ۱ - خواجه (ه.م.) بودن، ریاست، آقایی. ۲- مالداری، دولتمندی. ۳ - سوداگری، تجارت.

خواجه xāǰa(-e) (قد. xvā-) (ص.) ۱- بزرگ، صاحب، سرور، خداوند. ۲ - مالدار، دولتمند. ۳- سوداگر، تاجر. ۴ - وزیر. ‖ ~ ٔ بزرگ. صدراعظم، نخست وزیر. ۵ - مردی که خایهٔ اورا کشیده باشند، خصی.

خواجه باشی x.-bāšī [ف.-تر.] (إمر.) رئیس خواجگان، رئیس خواجه‌سرایان.

خواجه تاش x.-tāš [ف.-تر. هم خواجه] (ص.) غلامان و نوکران یك شخص (نسبت بهم). ج. خواجه تاشان.

خواجه تاشی x.-tāš-ī [ف.-تر.] (حامص.) نسبت غلامان ونوکران یك شخص.

خواجه سرا x.-sarā (ص مر.، إمر.) ۱ - نوکر محرم، چاکری که در حرم خدمت کند. ۲ - غلامی که خایهٔ اورا کشیده باشند؛ اخته، خصی.

خواجه شمار x.-šomār (إمر.) کسی که درشمار خواجگان باشد؛ همردیف خواجه (ه.م.)

خواجه‌غلامی x.-γolām-ī [ف.-ع.] (حامص.) گاهی خواجه و گاهی غلام بودن.

خواجه‌کردن x.-kardan (مص م.) در آوردن خایهٔ کسی؛ اخته کردن، خصی کردن.

خواجیم xāǰīm (قد. xvā-) [قس. خواجه] (ص.، إ.) خواجه، بزرگ، سرور.

۱- خوار xār (قد. xvār-) [په. xvār] (ص.) ۱- آسان، سهل. ۲ - پست، ذلیل، حقیر، بی‌اعتبار.

۲- خوار xār (قد. xvār -) [← خواردن، خوردن] ۱ - (إ.) خوردنی؛ خواربار. ۲ - (إفا.) درترکیبات بمعنی «خوارنده» (خورنده) آید: باده‌خوار، شرابخوار، کبابخوار.

۳- خوار xovār [ع.] (إ.) بانگ گاو وگوساله وگوسفند.

خواربار x.-bār (إمر.) ۱- خوراك اندك، قوت‌لایموت. ۲ - مأکول. ضح.-

فرهنگستان این کلمه را بمعنی ارزاق پذیرفته .

خوارتن xār-tan (ص‌مر.) ۱- خاضع، فروتن. ۲ - ذلیل. ۳- ریاضت کشیده، مسلط برهوای نفس.

خوارتنی x.-tan-ī [← خوارتن] (حامص.) حالت خوارتن (ه.م.)

خوارج xavārej [ع.] (ا.) ج. خارجه، خارجی. ۱ - کسانی که مخالفت خلیفه یا پادشاه یا جمهور ملت کنند. ۲ - کسانی که معتقد بمذهب خوارج باشند. رك. خوارج (بخش ۳) .

خوار خوار xār-xār (xvār. (قد. (ق‌مر.) بسهولت، بآسانی .

خوارداشتن x.-dāštan (مص‌م.) توهین کردن، اهانت.

خواردن xār-dan (xvār- (قد. [= خوردن] (مص‌م.) ← خوردن.

خوارزمشاه xārazm-šāh (ص‌مر.، امر.) پادشاه خوارزم (ه.م.)، و آن عنوان امیران و سلاطین خوارزم بود (← بخش ۳: خوارزمشاهیان) .

خوارسار xār-sār [= خوار سر] (ص‌مر.) خوار، ذلیل.

خوارق xavāreγ [ع.] (ا.) ج. خارق. ۱ - آنچه که خلاف عادات مردم باشد. ۲ - کرامات اولیا. ‖ ~ عادات. ← نمر. ۱.

خوارکار x.-kār (ص‌فا.) ۱- خواری دهنده، دشنام دهنده. ۲ - تنبل، سست.

خوار کاری x.-kār-ī (حامص.) ۱ - خواری دادن، دشنام دهی . ۲ - تهاون، تکاسل، سستی .

خوار کردن x.-kardan (مص م.) ۱ - سرزنش کردن، اهانت. ۲ - ذلیل کردن .

خوار گرفتن x.-gereftan (مص‌م.) ۱ - آسان گرفتن کاری را . ۲ - بی اهمیت دانستن، بی اعتبار تلقی کردن.

خوارمایه x.-māya(-e) (ص مر.) پست، فرومایه.

خواره (قد. -xār-a(-e)(xvâra [= خوار ← خواردن] ۱- (ا.) خوردنی. ۲ - طعامی که مقوی بدن شود . ۳ - (إفا.) در ترکیب بمعنی «خوارنده» (خورنده) آید: شرابخواره، میخواره.

خواری xār-ī [په . xārīh] (حامص.) ۱ - پستی ، زبونی، مذلت. ۲ - توهین، اهانت. ۳ - دشنام، فحش.

خواری‌خوار x.-xār [= خواری خوارنده] (ص‌فا.) دشنام شنونده .

خوازه (قد. -xāza(-e)(xvā [کر. xvāzim، من میخواهم] (ا.) ۱ - خواهش، میل. ۲- چوب بندی که برای جشن و چراغانی سازند؛ طاق نصرت. ۳ - کوشك وقبه‌ای از گلها و ریاحین که برای مراسم عروسی و جشن سازند.

خوازه زدن x.-zadan (مص‌م .) ساختن خوازه (ه.م.)، طاق نصرت بستن.

خوازه گری x.-gar-ī (حامص .) خواستگاری (دختر)، خواهشگری.

۱- خواست xāst(xvāst. (قد. [← خواستن] ۱- (مص‌خم.) خواستن، میل، خواهش، اراده، مشیت: خواست خدا. ‖ به ~ . بارادهٔ، بمیل. ۲- سؤال، درخواست (چیزی). ۳ - (ا.) [= خواسته] مال، ثروت .

۲- خواست xāst(xvāst. (قد. [= خواست (ه.م.)] (ص.) کوفته شده (راه وجز آن).

خواستار xāst-ār [← خواستن] (ص‌فا.) ۱- خواهنده، طلب کننده، طالب: «توفیق وسلامت شما را خواستار است .» ۲ - طالب زناشویی ، خواستگار .

خواستاری xāst-ār-ī [← خواستار] (حامص.) ۱ - طلب، خواست . ۲ - طلب زناشویی، خواستگاری .

خواست برگ x.-barg (إمر .) (حق.) ورقه‌ای که‌ازجانب دادگاه‌برای کسی جهت احضار وی فرستاده شود ؛ احضارنامه، احضاریه .

خواستداری x.-dār-ī (حامص .) خواستاری (ه.م.) ، خواستگاری .

خواستگار x.-gār (ص فا .) ۱ - خواهنده،طالب. ۲- طالب زناشویی.

خواستگاری x.-gār-ī [← خواستگار](حامص.) ۱-طلب،خواست، خواهش. ۲ - طلب زناشویی.

خواستن xās-tan(xvās- .قد) [په. xvāstan](مصم.)(خواست،خواهد، خواهد خواست ، بخواه ، خواهنده ، خواهان، خواسته، خواهش)۱-خواهش کردن، درخواست کردن . ۲ - طلب کردن ، طلبیدن . ۳- اراده کردن . ۴ - آرزو داشتن ، مشتاق بودن. ۵ - احتیاج داشتن، لازم داشتن. ٦- حکم کردن ، فرمودن . ۷ - فراخواندن ، احضار کردن (کسی را).

خواسته xās-ta(-e) [په. xvāstak ← خواستن] (إمف.) ۱ - طلب‌شده. ۲- اراده شده. ۳ - (إ .) مال ، ثروت ، دارایی. ۴ - (حق.) امر مورد دعوی (مدعی‌به) (فره.)

خواص xavās(s) [ع.] (إ.) ج.خاصه. ۱ - نزدیکان، محارم. ۲- بزرگان ، برگزیدگان قوم؛مق.عوام.۳-خاصیتها ، منفعتها، فواید؛ خواص ادویه .

خواصر xavāser [ع.] (إ .) ج . خاصره(ه.م.)؛ تهیگاهها.

خواطر xavāter [ع.] (إ.) ج.خاطر (ه.م.) ؛ اندیشه‌ها.

خواطف xavātef [ع.] (ص.،إ.) ج. خاطف(ه.م.) ۱-تیرهایی که‌بزمین‌افتد وسپس بسوی هدف رود. ۲- درخشهای چشم ربای .

خوافی xavāfī [ع.] (إ.) ج.خافیه (ه.م.) ۱ -پنهانها، نهانها. ۲ - پرهای خرد؛ مق. قوادم.

خوافی xāf-ī (ص نسبـ) منسوب‌به خواف (← بخش۳)؛ از مردم خواف.

خواقین xavāγīn [معر.] (ص.،إ.) ج.خاقان (ه.م.)؛ خاقانان،پادشاهان.

خوال xāl(xvāl- .قد) [= خوار] (إ.) ۱ - خوردنی.۲- دوده‌ای که‌برای ساختن مرکب‌سیاه ازدودچراغ گیرند.

خوالستان xāl-estān [← خوال۲] (إمر.)ظرفی کوچك که در آن‌مرکب‌سیاه کنند؛ دوات.

خوالیگر xāl-ī-gar(xvāl- .قد) [= خوالگر](ص‌شغل.) آشپز، طباخ .

خوالیگری x.-gar-ī [← خوالیگر] (حامص.) آشپزی، طباخی .

۱ - خوان xān(xvān- .قد) [په. xvān] (إ.) ۱ - سفره. ‖ ســ یغما. سفره‌ای که برای عموم مردم گسترند ودعوت عام کنند. ۲-طبق‌چوبی‌بزرگ. ۲ - خوردنی، مائده.

۲- خوان xān(xvān- .قد) (إ.) ۱- خار وخلاشه. ۲ - گیاه خودرو ، علف هرزه.

۳-خوان xān(xvān .قد) [← خواندن] ۱ - (ری.) ریشهٔ «خواندن» (ه.م.) ۲ - (إفا .) در ترکیب بمعنی « خواننده » آید: تعزیه‌خوان، روضه‌خوان، قرآن‌-خوان .

خوانا xān-ā(xvā- .قد) ۱-(ص‌فا .) خواننده،قاری ۲-(ص‌لیا.)خط‌ونوشته‌ای که بسهولت خوانده شود .

خواناگردانیدن x.-gardānīdan [← خوانا] (مصم.) افراء. (ترجمان القرآن ص۱۲).

خوان پایه x.-pāya(-e) (إمر.) دستار خوان، دستمال سفره.

خوانچه x.-ča(-e) (إمر.) ۱- سفرهٔ کوچک، خوان کوچک. ۲- طبق چوبین کوچک که در آن شیرینی، میوه یا جهاز عروس گذارند و برروی سر حمل کنند. ۳- طبقی که در آن انواع شیرینی را بترتیب خاص چینند وجمله‌هایی مبنی بر تبریک و تهنیت نویسند و در مجلس عقد در اطاق عروس گذارند.

خواندگار xānd(e)-gār [= خداوندگار] (ص فا.) خداوندگار (ه.م.)

خواندن xān-dan (xvān. قد. [په. xvāntan] (مصم.) (خواند[-nd]، خواند[-nad]، خواهدخواند، بخوان، خواننده، خوانا، خوانده) ۱- قرائت کردن، مطالعه کردن (نوشته، کتاب، روزنامه ومجله). ۲- (مس.) آوازخواندن، سرود گفتن. ۳- دعوت کردن، بمهمانی خواستن کسی را. ۴- احضار کردن، فراخواندن.

خواندنی xāndan-ī (xvān- قد.) (ص لیا.) چیزی که‌شایستهٔ خواندن باشد، قابل‌قرائت؛ کتاب خواندنی.

خوانده xān-da(-e) (xvān- قد.) [← خواندن] (إمف.) ۱- قرائت‌شده، مطالعه شده. ۲- دعوت شده بمهمانی. ۳- احضار شده، فراخوانده. ۴- (حق.) مدعی علیه (فره.)

خوانسالار xān-sālār (xvān- قد.) (صمر.، إمر.) ۱- طباخ، سفره‌چی، ناظرمطبخ (غم.) ۲- مأموری که‌متصدی سررشته‌داری دربار بود (غم.).

خوانق xavāneγ [ع.] (إ.) ج. خانقاه (ه.م.)

خوانگاه xān-gāh (xvān- قد.) [= خانگاه] (إمر.) ← خانگاه.

خوان گستردن x.-gostardan (مص ل.) سفره گستردن.

خوانندگی xān-anda(e)g-ī [← خواندن] (حامص.) آوازه خوانی.

خواننده xān-anda(-e) [← خواندن] (إفا.) ۱- آنکه خواند، کسی که قرائت کند. ۲- (مس.) آوازه‌خوان. ج. خوانندگان.

خوانین xavānīn [معر.] (إ.) ج. خان (ه.م.)؛ خانان، پادشاهان، امیران.

خواه xāh (xvāh- قد.) [← خواستن] ۱- (ری.) امرو ریشهٔ «خواستن». ۲- (إفا.) در برخی ترکیبات بمعنی «خواهنده» آید: بدخواه، خیرخواه، هواخواه، مشروطه خواه. ۳- (إمف.) در بعضی کلمات بمعنی «خواسته» آید: دلخواه. ۴- (ق.) قید تردید؛ یا... یا. ضح.- دراین‌صورت درعبارت دوبار آید و باید دوجمله‌ای که پس از آن در آیند ضد یا مقابل‌یکدیگر باشند:

«من آنچه شرط بلاغست باتومیگویم
توخواه از سخنم پندگیر وخواه ملال.»
(سعدی)

گاه بآخر آن «ی» افزایند و «خواهی» گویند:

«ماجان فدای خنجر تسلیم کرده‌ایم
خواهی ببخش وخواه بکش، رای رای تست.»
(خسرودهلوی)، خواهی بیا وخواهی نیا.

خواهان xāh-ān [← خواستن] (ص فا.) ۱- خواهنده، خواستار. ۲- آرزومند، مشتاق، شایق. ۳- (حق.) کسی که از دیگری چیزی طلب دارد؛ مدعی (فره.).

خواهر xāhar(xvā-.فد) [پهـ. xvāhar] (اِ.) دختری که با شخص ازطرف پدر یا مادریاهردومشترك باشد؛ همشیره، اخت. ج.خواهران.

خواهرخواندگی x.-xānda(e)g-ī (حامص.) خواهر خوانده(ه.م.)بودن.

خواهرخوانده x.-xānda(-e)(اِمر.) دختر یازنی که شخص اورا بخواهری پذیرفته باشد.

خواهرزاده x.-zāda(-e) (اِمر.) فرزند خواهر(پسریادختر)؛ج.خواهر زادگان.

خواهر زن x.-zan (اِمر.) دختریا زنی که خواهر زوجهٔ مردی باشد.

خواهرشوهر x.-šawhar(šow.-) (اِمر.) دختر یا زنی که خواهرشوی زنی باشد.

خواهش xāh-eš(xvā-.قد) [← خواستن] (اِمص.) ۱- خواست، درخواست. ۲- دعا. ۳- تضرع، التماس. ۴- میل، رغبت، آرزو.

خواهشگر x.-gar (ص فا.) ۱- خواهش کننده. ۲- شفاعت‌کننده، شفیع، میانجی.

خواهشگری x.-gar-ī (حامص.) ۱- خواهش، درخواست. ۲- شفاعت، میانجیگری.

خواهشمند x.-mand(ص‌مر.)خواهش کننده، درخواست‌کننده، متقاضی.

خواه‌ناخواه xāh-nā-xāh [← خواه](قمر.) خواهی نخواهی، طوعاً اوکرهاً، بمیل و برخلاف میل.

خواهندگی xāh-anda(-e)g-ī [←خواهنده] (حامص.) ۱- خواهش، درخواست. ۲-خواستاری، خواستگاری.

خواهنده xāh-anda(-e) [← خواستن] (اِفا.) ۱- خواهش کننده، درخواست‌کننده، تقاضا کننده. ۲- میل‌کننده، رغبت‌کننده. ۳- خواستار، خواستگار(دختر). ۴- گدا، سایل. ج.خواهندگان.

خواهی xāh-ī(xvā.قد) [←خواه] (ق.) قید تردیداست؛یا... یا،خواه... خواه. ضح.- گاه «خواهی» دوبار آید (نظیر «خواه»): «هر دایره خواهی بزرگ باش وخواهی خرد.» (التفهیم) وگاه یکبار: «اگر خواهی گویی که آن عمود است که ازیك سرقوس فرود آید.» (التفهیم)

خوب xūb [پهـ. xvap,xūp] (ص.) ۱- نیکو، پسندیده؛ مق. بد. ۲- زیبا، قشنگ، جمیل. ج.خوبان؛ مق. زشت. ۳- (تد.) پس‌از تقاضای‌اجرای امری گویند: «خوب»، یعنی قبول داری؟ می‌پذیری؟ ۴- (تد.) پس از شنیدن بخشی ازمطلب گویند: «خوب» یعنی «بعد» «بعد چه شد؟»

خوبرو(ی) x.-rū(y) (ص مر.) آنکه چهره‌اش زیبا باشد؛زیبا، نیکو-روی. ج.خوبرویان.

خوبکاری x.-kār-ī (حامص.) حسن عمل، نیکو خدمتی.

خوب نهاد x.-nahād (ص‌مر.) خوب-سرشت، پاك طینت.

خوبی xūb-ī [← خوب] (حامص.) ۱- نیك‌بودن، پسندیده بودن، نیکویی. ۲- زیبایی، جمال.

خوتو xūtū [=ختو] (اِ.) ← ختو.

۱-خوچ xūč [=خوچه←خروچ] (اِ.) ۱- گوشت پارهٔ سرخی که‌برسر خروس است؛ تاج‌خروس. ۲ -فرق‌سر، کله. ۳ - ترك، کلاهخود. ۴ - پارچهٔ سرخی که برنیزه کنند. ۵ - (گیا.) بستان‌افروز،

تاج‌خروس(ه.م.) ۶-(معم.) تیزی‌طاق وایوان (غم.)

۲-خوچ xūč [= قوچ] (اِ.) (جا.) ← قوچ.

خوچه xūča(-e) [= خوچ] (اِ.) ۱- تاج خروس (← تاج‌خروس ۱)، خوچ (ه.م.) ۲- (گیا.) بستان‌افروز، تاج‌خروس (← تاج‌خروس ۲).

خوخ xūx [ع.] (اِ.) (گیا.) شفتالو.

خود xūd [= خوی، پب. xauda] (اِ.) کلاه فلزی که سربازان بهنگام جنگ یا تشریفات نظامی برسر گذارند؛ کلاهخود.

خود

خود xod(xvad (قد. [پب. xvat] (ضم.) ۱- ضمیر مشترک که درمیان متکلم، مخاطب وغایب مشترک است و همیشه مفرد آید: من‌خود آمدم، توخود آمدی، اوخودآمد، ماخود آمدیم، شما خود آمدید، ایشان خود آمدند. ۲- شخص، ذات، وجود.

خودآرا(ی) xod-ārā(y) [= خود آراینده] (ص‌فا.) کسی که‌خودرا آرایش کند ودرزیبایی صورت و اندام وجامهٔ خویش بکوشد.

خود آرایی x.-ārāy-ī (حامص.) عمل خود آرا (ه.م.).

خودبخود xod-be-xod (قمر.) ۱- بمیل و ارادهٔ خود. ۲- بدون جهت، بی‌سبب.

خودبین x.-bīn [= خود بیننده] (ص‌فا.) مغرور، متکبر.

خود بینی x.-bīn-ī [← خودبین] (حامص.) غرور وتکبر.

خودپرست xod-parast [= خود پرستنده] (ص‌فا.) متکبر، خود خواه، معجب.

خودپرستی x.-parast-ī (حامص.) تکبر، خودخواهی.

خود پسند x.-pasand [= خود پسندنده] (ص‌فا.) آنکه‌قیافه و اعمال وصفات خودرا می‌پسندد؛ ازخودراضی.

خودپسندی x.-pasand-ī (حامص.) عمل خود پسند (ه.م.)

خود تراش x.-tarāš [= خود تراشنده] (ص‌فا.) ماشین کوچک که‌صورت رااصلاح کند: خود تراش برقی[1].

خودخوار x.-xār [= خودخوارنده] (ص‌فا.) هر موجودی‌که بدون احتیاج بموجودات دیگر زیست کند (فره.)[2]

خودخواه x.-xāh [= خودخواهنده] (ص‌فا.) آنکه‌فقط خویشتن راخواهد؛ خودپرست، متکبر.

خود خواهی x.-xāh-ī (حامص.) خودپرستی، تکبر.

خودخور x.-xor [= خودخورنده] (ص‌فا.) (عم.) کسی که‌غصه‌بسیارمیخورد.

خود خوری x.-xor-ī (حامص.) (عم.) عمل خودخور (ه.م.)، غصه بسیار خوردن.

خود دار x.-dār [= خود دارنده] (ص‌فا.) ۱- بردبار، شکیبا، خویشتن‌دار. ۲- آنکه خودرا از ارتکاب اعمال ناپسند حفظ کند.

خودداری x.-dār-ī (حامص.) ۱- بردباری، شکیبایی، خویشتن داری. ۲- امتناع، سرپیچی. ۳- حفظ خود از ارتکاب اعمال ناپسند.

خودرای x.-ra'y(rāy (ف. (ص‌مر.) آنکه بفکر خود کار کند و به‌رأی دیگران اعتنا نکند؛ خودسر.

خود رأیی x.-ra'y-ī(rāy-ī (ف. (حامص.) عمل خودرأی (ه.م.)؛ خودسری.

۱- Electric shave (انگ.)
۲- Autophage (فر.)

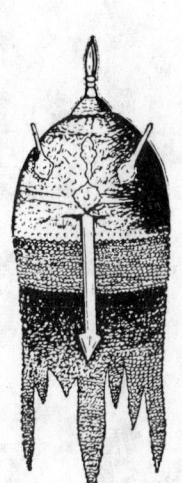

خود رو(ی) x.-rū(y) [= خود روینده] (ص‌فا.) ۱- گیاهی که بخودی خود روییده شود. ۲- (مج.) کسی که تعلیم و تربیتی ندیده.

خود ستا(ی) x.-setā(y) [= خود ستاینده] (ص‌فا.) کسی که کردار و صفات خودرا تمجید کند و خویشتن را برتر از دیگران داند.

خودستایی x.-setāy-ī (حامص.) عمل خودستا (ه‌م.)؛ ازخود تمجید کردن، تفاخر بیهوده.

خودسر x.-sar (ص‌مر.) ۱- آنکه بمیل و اراده خود کار کند و به‌رأی دیگران و نظامات اجتماع اعتنا نکند؛ خودرای. ۲ - متمرد . ۳ - بی‌باك ، گستاخ.

خودسری x.-sar-ī (حامص.) ۱- خودرایی. ۲- سرپیچی از اطاعت (قانون یا بزرگتران)، تمرد . ۳ - بی‌باکی، گستاخی.

خود فروش x.-forūš [= خود فروشنده] (ص‌فا.) ۱ - آنکه خود را در معرض استفادهٔ شهوت کسان قرار دهد واز آنجا کسب معاش کند. ۲- متکبر، خودپرست .

خودفروشی x.-forūš-ī (حامص.) عمل خود فروش (همع.)

خودکار x.-kār (ص مر.) دستگاه وآلتی که بخودی‌خود کار کند، اتوماتیك[۱] (فره.)

خودکاری x.-kār-ī (حامص.) ۱- کاری راازپیش خود انجام دادن. ۲- عمل خودکار (ه‌م.)، خود بخود انجام دادن عملی .

خودکام x.-kām [= خود کامه] (ص مر.) ۱ - کسی که بکام و میل خود رسیده باشد؛ خودسر، خودرای. ۲- هوی‌پرست، هوس جوی.

خودکامگی x.-kāma(e)g-ī [← خودکامه ← خودکامی] (حامص.) ۱ - خودسری، خودرایی. ۲ - هوی‌پرستی، هوس جویی .

خودکامه x.-kāma(-e) [= خودکام] (ص مر.) خودکام (ه‌م.)

خودکامی x.-kām-ī [← خودکام ← خودکامگی] (ص‌نسب.) ۱ - خودسری، خودرایی . ۲ - هوی پرستی ، هوس جویی.

خودکشی x.-koš-ī (حامص.) خودرا بوسیله‌ای کشتن ؛ انتحار. ۲- (کن.) کارزیادکردن، کوشش بسیار کردن.

خودمانی xod-a(e)-mān-ī (ص نسب.) خصوصی ، بی‌تعارف و تکلف : صحبت خودمانی .

خود مختار x.-moxtār [ف.-ع.] (ص‌مر.) ۱ - کسی که در کارهای‌خود مستبد وخود رأی است. ۲ - (سیا .) ناحیه و کشوری که در کارهای داخلی خود استقلال گونه‌ای دارد .

خودمختاری x.-moxtār-ī [ف.-ع.] (حامص.) ۱ - عمل خود مختار (← خودمختار ۱). ۲- (سیا.) وضع ناحیه و کشور خود مختار (← خود مختار ۲) .

خودمنش x.-maneš (ص‌مر.) خودپرست، مغرور، متکبر .

خودمنشی x.-maneš-ī (حامص .) خودپرستی، غرور، تکبر.

خود نما(ی) x.-no(a,e)mā(y) [= خودنماینده] (ص‌فا.) کسی که خود واعمال خویش را بمردم خوب بنماید؛ خودستا .

خود نمایی x.-no(a,e)māy-ī

---

۱ - Automatique (فر.)

(حامص.) خودستایی، غرور.

خود نویس x.-nevīs [= خود نویسنده] (صفا.، اِمر.) قلمی که مایع نوشتنی درمخزن آنجای دارد وبرای نوشتن احتیاجی بدوات ندارد.

۱-خودی xod-ī (ص نسب.) آشنا.

۲-خودی xod-ī (حامص.) ۱-خودسری. ۲- انانیت، هستی.

۱-خور xor(xvar.قد)[په.xvar] (اِ.) ۱- (اِخ.) خورشید، آفتاب (← بخش۳). ۲- (اِ.) فرشتهٔ موکل بر خورشید (← بخش۳). ۳- روز یازدهم هر ماه شمسی.

۲-خور xor(xvar.قد)[← خوردن] ۱- (ری.،اِ.) ریشهٔ خوردن، خوراك؛ خواب وخور. ۲- خوردنی اندك، قوت لایموت. ۳- (اِفا.) در ترکیب بمعنی «خورنده» آید: باده خور، شرابخور، میراث خور.

خورا xor-ā [←خوردن](صلیا.) درخور، سزاوار، لایق، شایسته.

خورابه xor-āb-a(-e) [=خورآبه] (اِمر.) چون درجویی که از آن آب بازگیرند، سدی ببندند و از زیربندگاه آن آب اندك اندك پالاید، آنرا خورابه گویند.

خوراك xor-āk [←خوردن](اِمر.) چیز خوردنی، طعام، خوردنی.

خوراکی xor-āk-ī (ص نسب.،اِمر.) خوردنی، طعام.

خوراندن xor-āndan(xvar-.قد) [=خورانیدن] (مص م.) (صر. ← دواندن) خورانیدن (ه.م.)

خوراننده xor-ānanda(-e) (اِفا. خوراندن و خورانیدن) کسی که غذا یا چیز دیگر (مانند سم) را بدیگری بخوراند.

خورانیدن xor-ānīdan(xvar-.قد) [= خوراندن] (مص. ← دوانیدن) بخوردن واداشتن، غذا دادن.

خورانیده xor-ānīda(-e) (اِمف.) کسی که چیزی بخورد او داده باشند.

خورجین xor-.xūrǰīn [= خرجین] (اِ.) ۱- جامه‌دان. ۲- کیسه‌ای که معمولا از پشم تابیده تعبیه کنند و شامل دوجیب است. ۳- جامه دان. ‖ ~ ِ تحریر. خورجینی که در آن میرزاها لوازم تحریر مانند قلمدان وغیره را میگذاشتند.

خورخجیون xorxoǰīvan [= خرخجیون، سر] (اِ.) کابوس، بختك.

خورخور xor-xor (اِصت.) صدای گربه بهنگام خواب.

خورد xord(xvard-.قد) [← خوردن] ۱- (مص خم.) خوردن: خورد وخوراك. ۲- (اِ.) خوراك، طعام.

خوردن xordan (xvar-.قد) [په.xvartan] (مص م.) (خورد [-rd]، خورد[-rad]، خواهد خورد، بخور، خورنده، خورا، خوران، خورده، خورش، خورشت] ۱-فرودادن غذا از گلو وبلعیدن آن، اکل: غذا خوردن، نان خوردن. ۲- آشامیدن، نوشیدن: آب‌خوردن، خونخوار. ۳-بهره‌مند شدن از نعمت‌های جهان. ۴- تلف کردن، برباددادن. ۵-تصرف کردن مال وپول مردم وبمصرف رسانیدن آن. ۶- سپری کردن (سال وماه). ۷- کتك خوردن؛ مق. زدن.

خوردنی xordan-ī (صلیا.) چیزی که قابل خوردن باشد؛ خوراکی.

خورده xor-da(-e) [← خوردن] (اِمف.) چیزی که از گلو فرورفته وبلعیده شده.

خورده پز x.-paz [=خورده‌پزنده] (صفا.) طباخ، آشپز، خوردی‌پز.

خورده پزی x.-paz-ī ۱-(حامص.) طباخی، آشپزی. ۲ - (إمر .) دکان آشپزی.

خوردی xord-ī [← خورد] (ص نسبـ.، إمر.) خورده (ه.م.)

خوردی‌پز x.-paz [= خوردی‌پزنده] (ص‌فا.) خورده‌پز(ه م.)

خوردی‌پزی x.-paz-ī (حامص.) خورده پزی (همـ.)

خورش xor-eš(xvar- (قد.- =] xvarišn .پهـ، خورشت] ۱ - (إمص.) خوردن. ۲ - (إ.) خوردنی ، طعام ، غذا. ۳ - آنچه با نان یا برنج‌خورند؛ قاتق .

خورشت xor-ešt [= خورش] (إمص.، إ.) خورش(ه.م.)

خورشگر xoreš-gar (ص شغـ .) آشپز، خوالیگر، طباخ.

خورشید xor-šīd(xvar-šēδ- (قد.- [= xvaršēt.پهـ، خور(ه.م.)درخشنده] (إمر.) ۱ - (إخ.) آفتاب← بخش۳. ۲ - هرستارۀ ثابتی که مرکز یکی‌از منظومه‌های شمسی باشد.۳- نوعی‌اسب.

خورشید پرست x.-parast [= خورشیدپرستنده](ص‌فا.)آنکه‌خورشید راعبادت‌کند؛ آفتاب پرست.

خورشید پرستی x.-parast-ī (حامص.) آفتاب پرستی .

خورم xor(r)am [= خرم] (ص.) خرم(ه.م.)

خورمی xor(r)am-ī [= خرمی] (حامص.) خرمی (ه.م.)

خورند xor-and (إمر.) فراخور ، مناسب،درخور،شایسته:«گرز به‌خورند پهلوانست.»

خورنده xor-anda(-e) [← خوردن] (إفا.) آنکه خورد ، آکل.

خورنق xavarnaγ [معر.خورنگه =خره] ۱ - (إ .) کاخ با شکوه ، کوشک‌باجلال. ۲ - (إخ.) ← بخش۳.

خورنگاه xoran-gāh [= خورنگه = خورنق، معر.] (إ.) خورنق(ه.م.)

خورنگه xoran-gah [= خورنگاه] (إ.) خورنق (ه.م.)

خوره xor-a(-e) [← خوردن](إ.) ۱ - آنچه که چیزی را بخورد و از میان برد. ۲ - (پز.) جذام.

خوره xorra(-e)(xvarra- (قد.- [xvarreh .پهـ] (إ.) ۱ - موهبت ایزدی که بشاهان وپیامبران عطاشود وبدان برمردم تسلط یابند؛ فر،فره، خره. ۲ - بخشی از ولایت ، ناحیه : خورۀ اردشیر، خورۀ استخر .

خوزستانی xūzestān-ī (ص‌نسبـ.) منسوب به خوزستان (← بخش۳) ، از مردم خوزستان، خوزی .

خوزی xūz-ī (ص‌نسبـ.) ۱-منسوب‌به‌خوزستان(← بخش۳)،ازمردم‌خوزستان، خوزستانی. ۲ -(مسـ.)شعبۀ بیست‌وسوم از شعب‌بیست‌وچهارگانۀ موسیقی‌قدیم. ۳ - کوفته کباب.

خوزی‌خوار x.-xār [= خوزی خوارنده](ص‌فا.) ۱ -کوفته خور. ۲- (کنـ.) دیوث .

خوست xost(xvast- (قد.- [= خست] (ص.) کوفته‌شده (راه)، پایمال شده : آبخوست، پای خوست، چنگال‌خوست.

۱- خوش xoš(xvaš- (قد.- [پهـ. xvaš] ۱ - (ص.)خوب، نیک، نیکو. ۲- شاد، شادمان، خرم. ۳ - (إ.)بوسه، قبله .

۲- خوش xoš [= خشک← خوشیدن] (ص.)خشک، خشکیده.

۳-خوش (قد.- xvaš) xoš [= خوشه خشو] (اِ.) ۱ - مادر زن. ۲ - مادر شوهر.

خوشاب xoš-āb (ص‌مر.) ۱ - سیر- آب، آبدار (مخصوصاً جواهر). ۲ - تر و تازه.

خوشا! xoš-ā (صت.) دال بر تحسین است؛ نیکا! طوبی.

خوشامد، خوش آمد x.-āmad (مص خم.، اِمر.) سخنی مبنی بر تبریک و تهنیت و تعارف.

خوشامد گفتن x.-goftan (مص‌م.) ۱ - تعارف کردن. ۲ - تبریک ورود گفتن.

خوشامد گویی x.-gūy-ī (حامص.) ۱ - تبریک، تهنیت. ۲ - تملق، چرب- زبانی.

خوشانیدن xūš-ānīdan [← ۲ خوش] (مص‌م.) (صر ← دوانیدن) خشک کردن، خشکانیدن.

خوشایند x.-āyand [= خوش آینده] (ص‌فا.) مقبول، دلپذیر، پسندیده.

خوش آمد x.-āmad ← خوشامد.

خوش آمدن x.-āmadan (مص‌ل.) ~ چیزی کسی را. مطبوع واقع شدن آن چیز، مورد پسند وی شدن. ‖ **خوش آمدید**. تعارفی است که بمهمان هنگام ورود بخانه گویند.

خوش آواز x.-āvāz (ص‌مر.) آنکه (شخص یا پرنده) آواز نیک دارد؛ خوشخوان.

خوش آیند x.-āyand [= خوش آینده] (ص‌فا.) ← خوشایند.

خوش آینده x.-āyanda(-e) (ص‌فا.) مطبوع، مقبول، پسندیده.

خوش ادا x.-adā (ص‌مر.) ۱- کسی که حرکات و ادا و اطوارش مطبوع باشد؛ مق. بد ادا. ۲ - کسی که طرز بیانش مطبوع باشد؛ مق. بد ادا.

خوش اخلاق x.-axlāγ [ف.-ع.] (ص‌مر.) نیکخوی، خوشخوی.

خوش اخلاقی x.-axlāγ-ī [ف.- ع.] (حامص.) نیکخویی، خوشخویی.

خوش اقبال x.-eγbāl [ف.-ع.] (ص‌مر.) نیکبخت، خوشبخت؛ مق. بداقبال، بدبخت.

خوش اقبالی x.-eγbāl-ī [ف.-ع.] نیکبختی، خوشبختی؛ مق. بداقبالی، بدبختی.

خوش الحان x.-alhān [ع.-ف.] (ص‌مر.) آنکه صوت مطبوع و دلپسند دارد؛ خوش آواز.

خوش الحانی x.-alhān-ī [ف.- ع.] (حامص.) دارای صوت مطبوع بودن، خوش آوازی.

خوش اندام x.-andām (ص‌مر.) آنکه دارای قامت و اعضای متناسب باشد.

خوش اندامی x.-andām-ī (حامص.) دارای قامت واعضای متناسب بودن.

خوشباش x.-bāš [= خوش باشنده] ۱- (ص‌فا.) آنکه خوش میزید، آنکه ازغم وغصه بدوراست. ۲- (فع.، اِمر.) تهنیت، تبریک.

خوشباور x.-bāvar (ص‌مر.) آنکه زود و بسادگی هر چیز را باور کند؛ زودباوری.

خوشباوری x.-bāvar-ī (حامص.) زودباوری: «بعضی اوقات خوشباوریش اورا باشتباه می‌اندازد.»

خوشبخت x.-baxt (ص مر.) نیک- بخت، خوش اقبال، سعادتمند، سعید؛ مق. بدبخت.

خوشبختی x.-baxt-ī (حامص.) نیك‌بختی، خوش اقبالی، سعادت ؛مق. بدبختی .

خوش برخورد x.-bar-xord (ص مر.) کسی که با روی گشاده مردم را ملاقات کند ؛ خوش معاشرت ؛ مق. بد برخورد: «خیلی خوش برخوردوخوش صحبت‌است.»

خوش برش x.-boreš (ص‌مر.)۱- خیاطی که لباس را خوب می‌برد ونیك میدوزد ؛ خوشدست. ۲ - جامه‌ای که برش ودوخت آن نیك باشد .

خوشبو(ی) x.-bū(y) (ص‌مر.)آنچه که دارای بوی خوش باشد؛ معطر.

خوشبویی x.-būy-ī (حامص .) دارای بوی خوش بودن.

خوش بیان x.-bayān [ف.-ع.] (ص‌مر.)آنکه‌دارای بیانی خوش‌باشد؛ شیرین سخن .

خوش بین x.-bīn [=خوش بیننده] (ص‌فا.) ۱ - آنکه بنظر نیك در امور مینگرد[1] ؛مق. بدبین. ۲ - (فل.)آنکه جهان آفرینش را پر از لطف و صفا می‌بیند[1] ؛مق. بدبین.

خوش بینی x.-bīn-ī (حامص.)۱- بنظر نیك‌درجهان‌وجهانیان‌نگریستن[2] ؛ مق. بدبینی. ۲ - (فل.) اعتقاد باین که جهان‌پرازلطف‌وصفا وسعادت‌است[2] ؛مق. بدبینی.

خوش پز x.-poz [ف.- فر.] (ص مر.) کسی که جامه وآرایش وی‌جالب توجه باشد.

خوش تراش x.-tarāš [= خوش تراشیده] (ص‌مف.) ۱- نیکوتراشیده ؛ بلورخوشتراش، مجسمهٔ خوش تراش . ۲ - (کن.)خوش‌شکل،زیبا ؛ اندام‌خوش‌تراش.

خوش ترکیب x.-tarkīb [ف.-ع.] (ص‌مر.) زیبا،خوش‌اندام، خوش‌شکل.

خوشحال x.-hāl [ف.-ع.](ص‌مر.) ۱ - شاد،شادمان، بشاش. ۲ - کامران، کامروا. ۳ - نیکبخت، سعادتمند.

خوشحالی x.-hāl-ī [ف.-ع.] (حامص.) ۱ - شادی، شادمانی،بشاشت. ۲- کامرانی، کامروایی. ۳-نیکبختی، سعادت.

خوش‌حساب x.-hesāb [ف.-ع.] (ص‌مر.) کسی که وام وبدهی خود را درسر وعده پرداخت‌کند؛مق. بدحساب.

خوش‌حسابی x.-hesāb-ī [ف.-ع.] (حامص.)عمل‌خوش‌حساب (ه.م.) ؛ مق. بدحسابی.

خوش‌خدمت x.-xedmat [ف.-ع.] (ص‌مر.) ۱ - کسی که‌به‌سرورخودنیکو خدمت‌کند. ۲- نیکورفتار ،خوشرفتار.

خوش خدمتی x.-xedmat-ī (حامص.) ۱- نیکوخدمت کردن‌بسرور خود. ۲- نیکو رفتاری، خوشرفتاری.

خوشخرام x.-xorām (ص‌مر.)آنکه خوب خرامد، کسی که‌راه رفتنش‌مطبوع باشد .

خوشخرامی x.-xorām-ī (حامص.) عمل خوشخرام (ه. م.)

خوش‌خط x.-xat(t) [ف.-ع.](ص مر.) ۱ - کسی که خطش نیکو وزیبا باشد،آنکه‌خطرااز روی‌اصول و قواعد وزیبانویسد؛مق. بدخط. ۲- نوشتهٔروشن وخوانا ؛مق. بدخط.

خوش‌خطی x.-xatt-ī [ف.-ع.] (حامص.) خوش‌خط (ه.م.) بودن.

۱- Optimiste(فر.) ۲ – Optimisme (فر.)

خوش خلق x.-xolγ [ف.-ع.](ص مر.) خوشخو(ه.م.) ؛ مق. بدخلق.

خوش‌خلقی x.-xolγ-ī [ف.-ع.] (حامص.) خوشخویی (ه.م.) ؛ مق. بدخلقی.

خوشخو x.-xū (ص‌مر.) کسی که دارای خلق پسندیده باشد؛ خوش‌خلق؛ مق. بدخو.

خوشخوار x.-xār [= خوش‌خوارنده] (ص‌فا.) ۱- آنکه خوب و بمقدار زیاد غذا خورد. ۲ - کسی که زندگانیش خوش و توأم با عیش و عشرت باشد.

خوشخوان x.-xān [= خوش‌خواننده] (ص‌فا.) سرودگوی، آوازخوان، مغنی.

خوشخوراك x.-xorāk (ص مر.) ۱- کسی که خوب و بمقدار زیاد غذا خورد. ۲- غذایی که مطبوع باشد؛ لذیذ، خوشمزه

خوشخوراکی x.-xorāk-ī (حامص.) خوشخوراك (همه.) بودن.

خوش خوش xoš-xoš [← خوش خوشك، خوشك خوشك] (قمر.) اندك اندك، بتدریج، کم کم، نرم نرم.

خوش خوشك xoš-xoš-ak [← خوش خوش ، خوشك خوشك] (قمر.) خوش‌خوش (ه.م.)

خوشخوی x.-xūy [= خوشخو] ← خوشخو.

خوشخویی x.-xūy-ī (حامص.) خوش اخلاقی، نیکخویی؛ مق. بدخویی.

خوش‌خیم x.-xīm [← خیم] (ص‌مر.) ۱- خوش‌اخلاق، خوش رفتار. ۲- نیك فطرت، نیك‌نهاد، نیك سرشت.

خوش داشتن x.-dāštan (مص‌م.) (عم.) علاقه‌مند بودن.

خوشدامن x.-dāman [= خشتامن = خشامن] (إ.) مادرزن، مادرشوهر.

خوشدل x.-del (ص‌مر.) شاد، شادمان، مشعوف، مسرور.

خوشدلی x.-del-ī (حامص.) شادی، شادمانی، شعف، سرور.

خوش‌ذوق x.-zawγ (zowγ) [ف.-ع.] (ص‌مر.) ۱- خوش سلیقه. ۲- خوش قریحه (شاعر)، نیکو طبع.

خوشرفتار x.-raftār (ص مر.) ۱ - آنکه نیکو راه رود، خوشخرام. ۲ - خوشخوی، مهربان.

خوشرفتاری x.-raftār-ī (حامص.) عمل خوشرفتار (ه.م.)

خوش رکاب x.-rekāb [ع.-ف.] (ص‌مر.) مرکوبی که نیکو سواری دهد و تند رود.

خوش رکابی x.-rekāb-ī [ع.-ف.] (حامص.) عمل و حالت خوش رکاب (ه.م.)؛ تندروی.

خوشرنگ x.-rang (ص‌مر.) ۱ - آنچه که رنگش نیکو باشد. ۲- هرچه که دارای ظاهری آراسته و مطبوع باشد.

خوشرنگی x.-rang-ī (حامص.) حالت و کیفیت خوشرنگ (ه.م.)

خوش رو(ی) x.-rū(y) (ص مر.) ۱- زیبا، خوش‌شکل، خوشگل. ۲ - خنده‌رو، مهربان.

خوشرویی x.-rūy-ī (حامص.) عمل خوشرو (همه.)

خوش زبان x.-zabān (ص مر.) کسی که دارای گفتار نیکو وخوش باشد؛ شیرین زبان؛ مق. بدزبان.

خوشزبانی x.-zabān-ī (حامص.) حالت و عمل خوش زبان (ه.م.)؛ مق بدزبانی.

خوش سخن x.-soxan (ص مر.)

خوش کلام، نیکوسخن.

خوش‌سخنی x.-soxan-ī (حامص.) خوش کلامی، نیکوسخنی.

خوش سلیقگی x.-salīγa(e)g-ī [ف.-ع.] (حامص.) حالت خوش‌سلیقه (ه.م.)؛ مق. بدسلیقگی.

خوش‌سلیقه x.-salīγa(-e) [ف.-ع.] (ص‌مر.) کسی که‌دارای‌سلیقهٔ نیك باشد؛ خوش‌ذوق ؛ مق. بدسلیقه.

خوش سودا x.-sawdā(sow.-) [ف.-ع.] (ص‌مر.) کسی که دردادوستد درست باشد؛ خوش معامله.

خوش سیما x.-sīmā [ف.-ع.] (ص مر.) زیبا، خوشگل.

خوش‌صحبت x.-sohbat [ف.-ع.] (ص‌مر.) آنکه خوش گفتار بود؛ نیکو سخن: «خیلی خوش بر خورد وخوش صحبت است.»

خوش‌صحبتی x.-sohbat-ī [ف.-ع.] (حامص.) خوش‌گفتاری ، نیکو-سخنی.

خوش طبع x.-tab' [ف.-ع.] (ص مر.) ۱ - نیکوطبیعت. ۲- بذله‌گو ، شیرین زبان. ۳ - خوش‌قریحه (شاعر)، نیکوطبع.

خوش طبعی x.-tab'-ī [ف.- ع.] (حامص.) حالت و کیفیت خوش‌طبع (همه.)

خوش ظاهر x.-zāher [ف.- ع.] (ص‌مر.) کسی که دارای ظاهر آراسته باشد؛ مق. خوش‌باطن، نیکو باطن.

خوش علف x.-alaf [ف.-ع.] (ص مر.) جانوری که‌علوفهٔ نیك و بمقدار زیاد خورد: حیوان خوش علف.

خوش قد وقامت x.-γad(d)-o-γāmat [ف.- ع.] (ص مر.) آنکه دارای قامت زیباست؛ خوش هیکل.

خوش قول x.-γawl(γowl) [ف.-ع.] (ص‌مر.) آنکه بقول‌خود‌عمل کند، کسی که بعهدخویش‌وفا کند؛ مق. بدقول.

خوش قولی x.-γawl-ī(γow-) [ف.- ع.] (حامص.) عمل خوش قول (ه.م.)؛ مق. بدقولی.

خوش قیافه x.-γiyāfa(-e) [ف.- ع] (ص‌مر.) ۱ - زیباچهره، زیباروی. ۲ - زیبااندام، خوش هیکل.

خوشك خوشك xoš-ak-xoš-ak [← خوش خوش، خوش‌خوشك] (قمر.) خوش خوش (ه.م.)

خوش کلام x.-kalām [ف.- ع.] (ص‌مر.) شیرین سخن، خوش بیان.

خوش کلامی x.-kalām-ī [ف.-ع.] (حامص.) شیرین‌سخنی، خوش‌بیانی.

خوشگذران x.-gozarān [= خوش گذراننده] (ص‌فا.) ۱- آنکه‌زندگی را بخوشی گذراند ؛ عیاش. ۲ - تن‌پرور، بیعار.

خوشگذرانی x.-gozarān-ī (حامص.) ۱ - عیاشی. ۲ - تن‌پروری، بیعاری.

خوشگل x.-gel (ص مر.) زیبا ، قشنگ، جمیل.

خوشگلی x.-gel-ī (حامص.) زیبایی، قشنگی، جمال.

خوشگو(ی) x.-gū(y) [= خوش گوینده] (ص‌فا.) ۱ - خوش‌زبان، خوش‌کلام. ۲ - فصیح، زبان آور.

خوشگوار x.-govār [= خوش گوارنده] (ص‌فا.) ۱- غذایی که بسهولت هضم گردد؛ گوارا. ۲ - لذیذ، خوش‌مزه.

خوشگواری x.-govār-ī [← خوشگوار] (حامص.) ۱ - گوارایی. ۲ - لذیذی، خوش‌مزگی.

خوش لباس x.-lebās [ف.ـ ع.] (ص‌مر.) آنکه جامهٔ نیك پوشد؛ نیکو‌جامه.

خوش لباسی x.-lebās-ī [ف.ـ ع.] (حامص.) حالت خوش لباس (ه.م.)، نیکوجامگی.

خوش لقا x.-leγā [ف.ـ ع.] (ص‌مر.) خوب چهره، زیبا روی.

خوش لهجه x.-lahǰa(-e) [ف.ـ ع.] (ص‌مر.) ۱- کسی که طرز بیانش دلپسند باشد. ۲- آنکه سخنش مطبوع باشد، خوش زبان.

خوشمزگی x.-maza(e)g-ī (حامص.) حالت و کیفیت خوشمزه (ه.م.)

خوشمزه x.-maza(-e) (ص مر.) آنچه که دارای طعم و مزهٔ نیك باشد.

خوش‌منش x.-maneš (ص‌مر.) ۱- خوش طبع، نیکوطبیعت. ۲- سازگار. ۳- شاد، شادمان.

خوش‌منشی x.-maneš-ī (حامص.) حالت ووضع خوش منش (همه.)

خوش منظر x.-manzar [ف.ـ ع.] (ص‌مر.) نیك منظر، خوب صورت، نیکوچهره.

خوشنام x.-nām (ص‌مر.) کسی که به‌نام نیك مشهور است؛ نیکنام.

خوشنامی x.-nām-ī [← خوشنام] (حامص.) خوشنام (ه.م.) بودن.

خوش نشین x.-nešīn [= خوش نشیننده] (ص‌فا.) ۱- آنکه در هرجا خوشش آید بنشیند واقامت گزیند. ۲- (کشا.) آن‌عده ازسکنهٔ ده که نه‌مالك بشمار میروند ونه زارع سهم بر. ۳- ایلی که نیمه‌قاپو شده باشد.

خوش‌نشینی x.-nešīn-ī [← خوش نشین] (حامص.) عمل و حالت خوش نشین (ه.م.)

خوش نغمه x.-naγma(-e) [ف.ـ ع.] (ص‌مر.) خوش آواز، نیك‌سرود.

خوش نفس x.-nafas [ف.ـ ع.] (ص‌مر.) پاك طینت، خیرخواه.

خوش‌نفسی x.-nafas-ī [ف.ـ ع.] (حامص.) پاك طینتی، خیرخواهی.

خوشنما(ی) x.-no(a,e)mā(y) [= خوش‌نماینده] (ص‌فا.) آنچه که بنظر نیك آید، چیزی که‌ظاهرش آراسته وخوشایند باشد.

خوشنوا x.-navā (ص‌مر.) خوش‌آواز، خوش نغمه.

خوشنواز x.-navāz [= خوش نوازنده] (ص‌فا.) آنکه نیکو نوازد (آلات موسیقی‌را)، کسی که نیکو ساز بزند؛ خنیاگر وسازنده.

خوشنویس x.-nevīs [= خوش نویسنده] (ص‌فا.) کسی که دارای خط نیکو باشد؛ خوش خط؛ مق. بدنویس.

خوشنویسی x.-nevīs-ī [← خوشنویس] (حامص.) خوش خطی.

خوشه xūša(-e)(xōša (قد.) (إ.) ۱- (گیا.) چند دانه میوهٔ بهم پیوسته که‌از شاخهٔ درخت یاساقهٔ گیاه‌آویزان باشد[1] (خوشهٔ‌انگور، خوشهٔ‌خرما)، گل آذینی که‌درآن تعدادبسیارگل بادمگل برروی دمگل اصلی قرار گرفته‌اند. ۲- (إخ.) برج سنبله (← بخش۳).

خوشه (انگور)

خوشه xoša(-e) [← خوش، خشو] (إ.) مادر زن، مادر شوهر.

خوشه چین xūša(-e)-čīn [= خوشه‌چیننده] (ص‌فا.) ۱- آنکه‌خوشه‌های غلات یادرختان میوه‌دار را چیند. ۲- آنکه پس‌ازدروشدن‌وجمع‌آوری محصول

۱- Grappe (فر.)

خوك مالزی

خوشه‌های باقیمانده را برای خودجمع کند. ۳ - کسی که از هر جا چیزی (مادی یا معنوی) برای خود اندوخته کند.

خوشه‌چینی x.-čīn-ī [← خوشه چین] (حامص.) عمل خوشه‌چین (همع.)

خوش‌هیکل x.-haykal(hey.-) [ف.-ع.] (صمر.) آنکه دارای اندام متناسب باشد؛ زیبااندام.

خوش‌هیکلی x.-haykal-ī(hey.-) [ف.-ع.] (حامص.) حالت و وضع خوش‌هیکل (ه.م.)

خوشی xoš-ī(xvaš قد.-) [← خوش] (حامص.) ۱- نیکی، خوبی. ۲ - شادی، شادمانی. ۳- عیش،عشرت.

خوشیدن xūš-īdan(xōš قد.-) [په. xūšītan] (مص ل.) (صر.← جوشیدن) خشك شدن، خشکیدن.

خوشیده xūš-īda(-e)(xōš.-قد.) [← خوشیدن] (إمف.) خشك شده، خشکیده.

خوش یمن xoš-yomn [ف.- ع.] (صمر.) آنچه که میمون‌ومبارك باشد، چیزی که شگون دارد؛خجسته،میمون؛ مق. بدیمن، بدشگون.

خوشی یاب xošī-yāb [= خوشی یابنده] (صفا.) آنکه ادراك‌خوشی کند؛ فرح‌یابنده.

خوص xūs [ع.] (إ.) برگ درخت خرما.

خوض xawz(xowz) [ع.] ۱- (مص م.) فرورفتن درآب. ۲ - فرورفتن‌در فکر، ژرف اندیشیدن . ۳ - (إمص.) ژرف اندیشی.

خوض‌کردن x.-kardan [ع.-ف.] (مصم.) ←خوض۱ و۲.

خوف xawf(xowf) [ع.] ۱- (مص ل.) ترسیدن، بیم‌داشتن، بیمناك گشتن. ۲ - (إمص.) بیمناکی. ۳ - (إ.) ترس، بیم. ۴ - (تص.) انزعاج قلب وانسلاخ او از طمأنینت امن بتوقع مکروهی ممکن الحصول (فرع.، سج.) ‖ ~ ورجا. ترس وامیدواری، بیم و امید.

خوفتن xūf-tan [=خفتن] (مص ل.) (صر.← کوفتن) خفتن (ه.م.)

خوفناك xawf(xowf)-nāk [ع.- ف.] (صمر.) ترسناك، مهیب.

خوفناکی x.-nāk-ī [ع.- ف.] (حامص.) ترسناکی، مهیب بودن.

خوك xūk [په. xūk] (إ.) ۱-(جاذ.) پستانداری[1] ازراستهٔ سم‌داران که‌تیرهٔ خاصی‌بنام«تیرهٔ خوکان»بوجودآورده. این جانور در هر دست و پادارای ۴ انگشت است وهمه‌چیز میخورد. بدنش دارای چربی بسیار و پوستش ضخیم

خوك (انواع)

ودارای‌موست. ‖ ~ِ دریایی. (جاذ.) ← دلفین. ‖ ~ِ وحشی. (جاذ.) گونه‌ای خوك[2] که دارای جثهٔ سنگین وبینی پهن است،ودرجنگلهای با تلاقی میزید، و شب بجستجوی شکار میرود. دندانهای نیش وی از طرفین دهان بیرون آمده وآلت دفاعی خطرناکی‌را تشکیل میدهد. این جانور بمحصولات

۱- Suis (لا.), porc (فر.)　۲- Sanglier (فر.)

خوك وحشى

زراعتی خسارت بسیار وارد میکند. || ~ هندی. (جا ن.) پستانداری کوچك[1] از راستهٔ جوندگان علفخوار، دارای پشمهای ریز و پوزهٔ پهن و پاهای کوتاه؛ خوکچه. ۲- (کن.) شخص چاق، بسیار فربه.

خوکدان x.-dān (اِمر.) محلی که خوکان را در آن نگهداری کنند.

خوکدانی x.-dān-ī [تهر. x.-dūn-ī] (صمر.، اِمر.) ۱- محلی که خوکان را در آن نگهداری کنند. ۲- (کن.) جایی کثیف و نامتناسب برای سکونت.

خوکردن xū-kardan (مص ل.) عادت کردن بچیزی، معتاد شدن.

خوگر xū-gar [← خو = خوی] (ص فا.) ۱- عادت گرفته، معتاد. ۲- الفت گرفته، مأنوس.

خون (دستگاه گردش)

خول xūl (قد. xōl) (اِ.) (جا ن.) پرنده‌ایست کوچك و خوش آواز و تیزپرواز.

خول xaval [ع.] (اِ.) خدمتکاران وچارپایان شخص.

خول xawl (xowl) [ع.] (مص م.) پرستاری کردن.

خون xūn [په. xūn، xōn] (اِ.) مایعی سرخ‌رنگ[2] که درهمهٔ رگهای بدن جانوران جریان دارد و تغذیهٔ بدن از آن تأمین میشود و باستثناء بشره، موو ناخن همهٔ سلولهای بدن را فرا میگیرد، و آن قسمت اصلی محیط داخلی بدن است. طعمش کمی شور است. خون مرکب است از گلبولهای سرخ و گلبولهای سفید و پلاسما. || **گردش خون.** (پز.) حرکت خون از قلب و جریان آن در تمام رگهای بدن و بازگشت بقلب؛ دوران دم. || **~ پیاله.** (کن.) شراب، باده. || **~ جگر.** (کن.) غم، غصه، اندوه. || **~ دل.** ۱- خون که از قلب برآید. ۲- (کن.) رنج و مشقت بسیار. ۳- (کن.) اندوه بردن، غصه خوردن. || **~ دل خوردن.** ۱- رنج و مشقت بسیار کشیدن. ۲- غصهٔ بسیار خوردن. || **~ رز (رزان).** (کن.) شراب، باده. || **~ کسی بگردن شخص (یاخودش) بودن.** مسئولیت قتل آن کس بعهدهٔ این شخص (یاخود مقتول) بودن.

خوناب xūn-āb [← خونابه] (اِمر.) ۱- خون آمیخته بآب. ۲- اشك خونین. || **~ زرد.** اشك.

خونابه xūn-āb-a(-e) [← خوناب] (اِمر.) ۱- خون آمیخته بآب. ۲- اشك خونین. ۳- (پز.) مایعی که پس از انعقاد خون در روی لختهٔ انعقادی وجود دارد؛ سرم.

خون‌آشام x.-āšām [= خون آشامنده] (ص فا.) ۱- آنکه خون نوشد، خونخوار. ۲- (کن.) بی‌رحم، سخت‌دل، خونریز.

خون‌آشامی x.-āšām-ī [← خون آشام] (حامص.) عمل و حالت خون آشام (همع.).

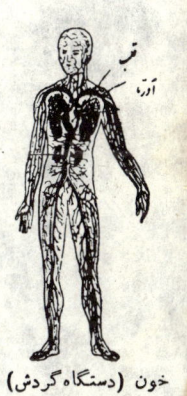

خون‌آشامیدن x.-āšāmīdan (مص ل.) ۱- نوشیدن خون. ۲- خونخواری کردن، بیرحمی کردن، سفاکی کردن.

خون‌آلود x.-ālūd [= خون آلوده]

۱- Cobaye (فر.)   ۲- Sang (فر.)

جریان خون

۱ـ شریان پیشانی
۲ـ ورید صورتی
۳ـ ورید وداج داخلی
۴ـ شریان سبات
۵ـ تنهٔ شریان درقی گردنی کتفی
۶ـ تنهٔورید بازویی سری
۷ـ قوس آئورت
۸ـ شریان ریوی
۹ـ شریان وورید زیر بغلی
۱۰ـ شریان بازویی
۱۱ـ ورید اجوف تحتانی
۱۲ـ ورید باب
۱۳ـ شریان وورید طحالی
۱۴ـ ورید کلیوی
۱۵ـ آئورت
۱۶ـ ورید خاصره‌یی
۱۷ـ شریان خاصره‌یی
۱۸ـ شریان زنداسفل
۱۹ـ شریان زند اعلی
۲۰ـ قوس سافن
۲۱ـ شریان رانی
۲۲ـ ورید رانی
۲۳ـ ورید سافن داخلی
۲۴ـ شریان قصبهٔ صغری
۲۵ـ شریان درشت‌نیی خلفی
۲۶ـ شریان کف پایی داخلی
۲۷ـ قوس وریدی پشت پا
۲۸ـ ورید زند اسفل سطحی
۲۹ـ ورید زند اعلای سطحی
۳۰ـ ورید قیفال
۳۱ـ ورید باسلیق

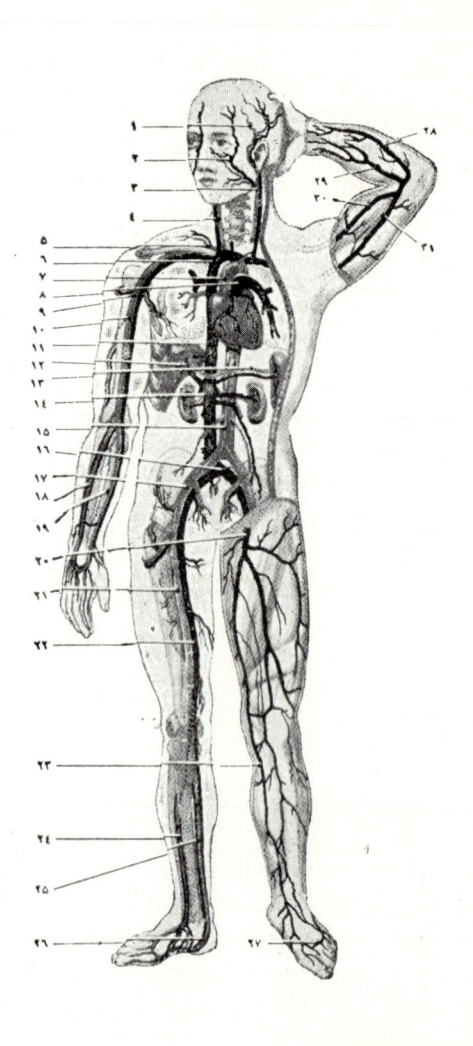

مخصوص فرهنگ فارسی معین

۱۴۶۳ خون‌سیاوشان

ص مف.) خون آلوده (ه.م.)

خون آلودگی x.-ālūda(e)g-ī [←خون‌آلوده] (حامص.) خون‌آلوده (ه.م.) بودن.

خون آلوده x.-ālūda(-e) [= خون‌آلود] (ص‌مف.) آغشته بخون، لکه‌دار از خون.

خون افشان x.-afšān [= خون افشاننده = خون‌فشان] (ص‌فا.) ۱- آنچه که از آن خون چکد. ۲ - خونریز، سفاك.

خون‌افشانی x.-afšān-ī [←خون افشان = خون‌فشان] (حامص.) عمل وحالت خون افشان (ه.م.)

خونبار x.-bār [= خون‌بارنده] (ص‌فا.) آنچه که از آن قطرات خون بچکد؛ خونچکان.

خونبها x.-bahā (إمر.) مبلغی که در ازای خون مقتول ببازماندگان او دهند؛ بهای‌خون، دیه.

خونچه xon-ča(-e) [= خوانچه] (إمصغ.) خوانچه (ه.م.)

خونخوار xūn-xār [= خون خوارنده=خونخواره] (ص فا.) ۱ - آنکه خون نوشد. ۲ - بیرحم، سفاك، خونریز.

خونخواره x.-xār-a(-e) [← خونخوار] (ص‌فا.) خونخوار (ه.م.)

خونخواری x.-xār-ī [←خونخوار] (حامص.) ۱-نوشیدن‌خون، خون‌آشامی. ۲ - بیرحمی، سفاکی، خونریزی.

خونخواه x.-xāh [←خون‌خواهنده] (ص‌فا.) انتقام‌جوینده، منتقم.

خونخواهی x.-xāh-ī [←خون‌خواه] (حامص.) انتقام، کینه خواهی.

خون‌خوردن x.-xordan (مص‌ل.) ۱ - نوشیدن خون. ۲ - (کنـ.) زحمت بسیار کشیدن. ۳ - (کنـ.) اندوه بسیار خوردن، غصه خوردن. ‖ **خون خود را خوردن.** (تد.) بسیار عصبانی شدن. ‖ **خون خونش‌را خوردن.** (تد.) بسیار عصبانی شدن.

خوند xond [←خداوند] (إمر.) خداوند، امیر، مخدوم (←خوندگار، خوندمیر).

خوندگار x.-(e)-gār (ص‌مر.) ۱- مخدوم، خداوندگار، سرور. ۲- عنوان هریك از پادشاهان آل عثمان.

خون دماغ xūn-damāγ (إمر.) خونی که از بینی ریزد؛ رعاف.

خون ریختن x.-rīxtan (مص‌م.) کشتن، کشتار کردن.

خونریز x.-rīz [← خون‌ریزنده] (ص‌فا.) ۱-کسی که مردم را بکشد. ۲ - سفاك، بیرحم.

خونریزی x.-rīz-ī (حامص.) عمل خونریز (همه.)

خونسرد x.-sard (ص‌مر.) کسی که اعصابش را در اختیار دارد و زود خشمگین نشود؛ بردبار، آرام.

خونسردی x.-sard-ī (حامص.) عمل وحالت‌خونسرد (ه.م.)؛ بردباری، متانت.

خون سیاوش xūn-e-siyāvoš [= خون سیاوشان] (إمر.) خون‌سیاوشان (ه.م.)

خون سیاوشان x.-e-siyāvoš-ān (إمر.) ۱ - (گیا.) درختی[1] از تیرهٔ خرما که دوپایه است و بومی جزایر برنئو و سوماترا میباشد. این گیاه

۱- Calamus draco(لا.), rotang (فر.)

خونفشان

دارای ساقهٔ دراز واستوانه‌یی وبندبند وکم و بیش تیغ دار است. برگهایش شامل برگچه‌های متناوب وباریک‌ونوک تیز و دمبرگهایش پوشیده از تیغهای سوزنی‌شکل‌میباشد. گلهایش بدوصورت نرو‌ماده‌است که‌برروی‌دودرخت‌جداگانه قراردارند. ۲ - (گیا.) دراسنا(ه.م.) ۳ - (گیا.) ماده‌ایست صمغی برنگ قرمزخونی (وجه تسمیه بهمین جهت است) که از میوهٔ درخت خون‌سیاوشان (← نمر. ۱.) استخراج میشود؛ خون سیاوشان‌مشرقی. ۴ - (گیا.)ماده‌ایست صمغی برنگ قرمز خون‌که از دراسنا (ه.م.)استخراج میشود؛ خون‌سیاوشان مغربی.

خونفشان x.-fa(e)šān [= خون افشان] (اِ.) خون افشان (ه. م.)

خونفشانی x.-fa(e)šān-ī [= خون افشانی] (حامص.) عمل و حالت خونفشان ← خون افشانی.

خون کردن x.-kardan (مص م.) ۱ - کشتن، قتل. ۲ - قربانی کردن گوسفند، گاو و غیره بمیمنت قدوم مردی بزرگ.

خون‌گرم x.-garm (ص مر.) ۱ - جانوری که خونش گرم باشد. ضح. - جانداری‌که دارای‌حرارت بدنی‌تقریباً ثابت باشد خونگرم محسوب میشود. ۲ - (کنـ.) مهربان، بامحبت.

خون گرمی x.-garm-ī (حامص.) حالت‌ووضع‌خون‌گرم (ه.م.)؛مهربانی، مودت.

خونگیر x.-gīr [= خون‌گیرنده] (ص‌فا.)رگزن،فصاد، حجام.

خونی xūn-ī (ص‌نسبـ.) ۱ - منسوب به‌خون. ۲ - آلوده به‌خون، خونین. ۲ - قاتل، کشنده.

خونین xūn-īn (ص‌نسبـ.) خونی(ه. م.) ‖ ~ ومالین.(عم.)آغشته بخون.

خونین جگر x.-ǰa(e)gar (ص‌مر.) (کنـ.)دارای‌غم‌وغصه، پراندوه، خونین‌دل.

خونین‌دل x.-del (ص مر.) (کنـ.) دارای‌غم‌وغصه، پراندوه،خونین‌جگر.

خوهل xohl(xvahl (قد. [= خوهله = خوهلی] (ص.) کج، کژ؛ مقـ. راست.

خوهله xohla(-e)(xvahla (قد. [= خوهل = خوهلی] (ص.) خوهل (ه.م.)

خوهلگی xohla(e)g-ī- (قد.-xvahl) [← خوهله](حامص.) خوهله(ه.م.) بودن،خوهلی، کجی؛مقـ. راستی.

خوهلی xohl-ī(xvahl- (قد. [← خوهل] (حامص.)خوهل (ه.م.) بودن، خوهلگی، کجی؛ مقـ.راستی.

۱- خوی xūy [= خو](اِ.) عادت، خصلت. ‖ ~ بازکردن. ترک عادت کردن، اعراض کردن.

۲-خوی xūy [= خود] (اِ.) خود، کلاهخود.

خوی xoy(xvay,xay (قد. [طبر. xoli، آب دهن←خیو، خدو] (اِ.) ۱ - آب دهان. ۲ - رطوبت وآبی که از مسامات‌پوست‌بدن خارج شود؛عرق.

خوید xīd(xvīd) (اِ.) غلهٔ سبزکه هنوز نرسیده،قصیل.

۱ - خویش xīš(xvīš (قد. [په. xvēš] ۱- (اِ.) کسی‌که‌باشخصی‌قرابت ونسبت دارد، خویشاوند. ج.خویشان. ‖ ~ وقوم.(تد.)خویشاوندان،اقربا. ۲- (ضم.) ضمیر مشترک‌برای‌اول‌شخص ودوم شخص وسوم شخص مفرد وجمع؛

خود: «کتاب خویش را برداشتم.» ، «قلم خویش را برداشت.»

۲-خویش xīš [= خیش] (إ.) خیش (ه.م.)، گاوآهن.

۳-خویش xīš(xvēš) [= خوش] (ص.) خوش (ه.م.)، نیك.

خویشاوند xīš-ā-vand [← خویش] (إ.) کسی که باشخص قرابت و نسبت دارد؛ خویش.

خویشاوندی xīš-ā-vand-ī [← خویشاوند] (حامص.) قرابت، نسبت، خویشی.

خویشتن xīštan(xvēš-.قد) ۱- (إ.) شخصیت، ذات: «خویشتن خویش را دژم نتوان کرد.» ۲- (ضم.) ضمیر مشترك برای اول شخص ودوم شخص وسوم شخص مفرد وجمع؛ خویش: «دردفتر خویشتن نوشت»، «در کارنامهٔ خویشتن دیدند.»

خویشتن بین x.-bīn [= خویشتن بیننده] (ص فا.) آنکه پیوسته بخود میبالد؛ خودبین.

خویشتن بینی x.-bīn-ī [← خویشتن بین] (حامص.) عمل وحالت خویشتن بین (ه.م.)

خویشتن پرست x.-parast [= خویشتن پرستنده] (ص فا.) آنکه خودرا برتر از دیگران بیند؛ خودپرست.

خویشتن پرستی x.-parast-ī [← خویشتن پرست] (حامص.) حالت ووضع خویشتن پرست (ه.م.)

خویشتن دار x.-dār [= خویشتن دارنده] (ص فا.) کسی که اختیار نفس خود را دردست دارد وازارتکاب اعمال ناپسند خودداری میکند؛ خوددار.

خویشتن داری x.-dār-ī (حامص.) عمل وحالت خویشتن دار (ه.م.)

خویشتن نگر x.-negar [= خویشتن نگرنده] (ص فا.) خودبین، معجب.

۱-خویشکار xīš-kār [← ۲خویش] (ص شغل.) ۱- کشاورز، کشتکار، دهقان.

۲-خویشکار xīš-kār [← ۱خویش] (ص فا.) ۱- وظیفه‌شناس. ۲- پارسا، متدین.

۱-خویشکاری xīš-kār-ī [← ۱خویشکار] (حامص.) ۱- کشاورزی، دهقانی.

۲- خویشکاری x.-kār-ī [← ۲خویشکار] (حامص.) ۱- وظیفه‌شناسی. ۲- پارسایی، تدین.

خویشکام x.-kām (ص مر.) ۱- آنکه درپی کام و آرزوی خویش است. ۲- خود پسندی. ۲- خودسر، مستبد.

خویشکامی x.-kām-ī [← خویشکام] (حامص.) ۱- درپی کام وآرزوی خویش بودن. ۲- خودپسندی. ۳- خودسری، استبداد.

خویشی xīš-ī [← ۱خویش] (حامص.) نزدیکی بسبب نسبت ازطرف پدرومادر وجز آنان؛ قرابت، خویشاوندی.

خهل xohl(xah-) xahl (گیل.قد.) [= خوهل] (ص.) کج، کژ، خوهل (ه.م.)

خهله xohla(-e)(xah-) [= خوهله] (ص.) کج، کژ، خوهله (ه.م.)

خهی xah-ī [← خه] (صت.) خه (ه.م.)

خویی xoy-ī (ص نسب.) منسوب بشهر خوی (← بخش ۳)، ازمردم خوی.

خه xah (صت.) کلمهٔ تحسین؛ زه! خهی! خوشا! مرحبا!

خه خه xah-xah [← خه] (صت.) خه (ه.م.)

خی xī [= خیك] (إ.) ۱- خیك، مشك پوستی. ۲- کیسه.

خیابان xiyābān [= خیاوان] (إ.) ۱- راه گشاده وهمواری که برای عبور ومرور درباغ سازند و کناره‌های آنرا گل کاری کنند. ۲- هر کوی مستقیم وفراخ ودراز که

۱۴۶۶ خیابان بندی

اطراف آن درخت‌وگل باشد. ۳ - راه گشاد وهموار در شهر که مردم از آن عبور کنند.

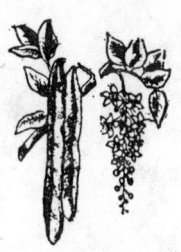

خیابان بندی x.-band-ī (حامص.)
۱ - طرح ریزی خیابانها درمحلی. ۲- ایجادخیابان درخانه، باغ، محله‌یاشهر.

خیابان‌سازی x.-sāz-ī (حامص.)
ایجاد خیابان.

خیابان گرد x.-gard [= خیابان گردنده] (صفا.) ولگرد ↓.

خیابان‌گردی x.-gard-ī (حامص.)
پرسه زدن در خیابانها بدون مقصد؛ ولگردی.

۱-خیار xiyār [په. xyār] (اِ.) ۱- (گیا.) گیاهی[1] از تیرهٔ کدوییان که اقسام گوناگون دارد، ومیوه‌اش‌درشت وسبز یاسفیدرنگ است، و آنرا خام خورند. بوتهٔ آن مانند بوتهٔ خربزه است. ۲ - میوهٔ رسیده (گردوومانند آن). ‖ ~ بادرنگ. (گیا.) خیار معمولی ↑. ‖ ~ بالنگ. (گیا.) خیارمعمولی سبز ولطیف ↑. ‖ ~ چنبر. (گیا.) گونه‌ای از خیار[2] که میوه‌اش دراز ومنحنی و شیاردار است و بلطافت خیار معمولی نیست؛ خیار ترکی، خیارنیشابوری، خیار کازرونی. ‖ ~ شنبر. [معر خیارچنبر] (گیا.) ۱-← فلوس. ۲-خیارچنبر ↑. ‖ ~ شور. (گیا.) خیار سبز که آنرا مدتی درآب‌نمک گذارند وسپس مانند ترشی با غذا ومشروب خورند.

خیار

خیار شنبر

۲-خیار xiyār [ع.] ۱ - (مص ل.) اختیارداشتن. ۲ - (حق.) قدرت‌قانونی که یکی از طرفین عقد پیدا میکندکه بموجب آن میتواند عقدرا منحل‌کند. ج.خیارات. ۳- (ص.) دارای اختیار، صاحب‌اختیار. ۴- برگزیده،منتخب.

خیارک xiyār-ak (اِمصغ.) (پز.)
ورم‌ودملی بشکل خیار که‌در غده های لنفاوی کشالهٔران ظاهر شودوتولیددرد کند[3].

خیاره xiyāra(-e) [= ع. خیارة] (ص.)هرچیزلطیف وظریف‌وبرگزیده، منتخب.

خیاط xiʔāt [ع.] (اِ.) ۱- آنچه بدان جامه دوزند. ۲ - سوزن. ۳ - گذرگاه، معبر.

خیاط xayyāt [ع.] (ص.) آنکه جامهٔ مردم دوزد؛ درزی، جامه‌دوز.

خیاطت xiyātat [= ع.خیاطة] (اِمص.) دوزندگی، خیاطی.

خیاطی xayyāt-ī [ع.- ف.] (حامص.)دوزندگی،درزیی، خیاطت.

خیاطی

خیال xayāl(xiyāl تد.) [ع.] (اِ.)
۱ - گمان، وهم. ۲- صورتی که در خواب دیده شود. ۳ - هرصورتی که‌از ماده مجرد باشد مانند شیء در آینه. ۴ - (فل. قد.) قوه ایست که در مؤخر تجویف اول دماغ گذارده شده‌وصوری

۱—Cucumis sativus(لا.), concombre (فر.) ۲—Cucumis flexuosus(لا.), concombre serpent(فر.) ۳ -Bubon (فر.)

را که حس مشترك ادراك کرده است نگاه میدارد ومانند خزانه‌ایست برای حس‌مشترك وبدین قوه آن‌کسی که در زمانی دیده شده سپس‌غایب گردیده ، حاضر و شناخته میشود . ضح.-(روان.) هرگاه اشیاء باحواس مواجه باشند ، صورتی که از آنها در ذهن پیدا میشود احساس یا ادراك حسی خوانده میشود؛ هرگاه باحواس‌مواجه‌نباشند ، صورت ذهنی آنها «خیال» یا « تصور جزئی» نام دارد. (سیاسی.روان‌شناسی ازلحاظ تربیت ۱۷۶)→ تخیل؛ج. اخیله، خیالات. ‖ ~ مجرد. (تص.) آن‌بود که خواطر نفسانی بردل‌غلبه‌دارد، وبغلبهٔ آن روح از مطالعهٔ عالم غیب محجوب ماند، پس درحال خواب یا واقعه آن خواطر قوی گردد ومخیله هر یك را کسوتی درپوشد ومشاهده افتد، تاصور آن خواطر بعینها بی تصرف متخیله وتلبیس اومشاهده ومرئی‌افتد(مصباح‌الهدایه ۱۷۵؛ فرع.، سج.)

خیالات xayāl-āt(xiyā) [ع.] (ا.) ج.خیال (ه.م.)

خیال اندیش x.-andīš [ع.- ف. = خیال اندیشنده](ص‌فا.) آنکه‌بسیار خیال کند، کسی که‌غالباً بتخیل‌پردازد.

خیال‌اندیشی x.-andīš-ī [ع.-ف.] (حامص.) چیزی را در خیال انجام دادن بدون آنکه آنرا بمرحلهٔ تحقق آرند؛ خیال بافی.

خیال بازی x.-bāz-ī [ع.- ف.] (حامص.) خیال‌بافی (ه.م.)

خیال باف x.-bāf [ع.-ف. =خیال بافنده](ص‌فا.)آنکه امور رادر خیال انجام‌دهد و بمرحلهٔ‌تحقق‌نرساند؛خیال‌اندیش.

خیال بافی x.-bāf-ī [ع.- ف.] (حامص.) عمل‌خیال‌باف(ه.م.)؛خیال‌اندیشی.

خیال بستن x.-bastan [ع.- ف.] (مص‌ل.) خیال کردن، توهم کردن.

خیال‌پرست x.-parast [ع.-ف. = خیال‌پرستنده](ص‌فا.)۱- خیال‌باف.۲- شاعر. ۳ - عاشق.

خیال پرستی x.-parast-ī [ع.- ف.](حامص.)عمل وحالت خیال‌پرست (همع.)

خیالی xayāl-ī(xiyā-) [ع.- īyy-](ص‌نسب.) ۱-منسوب به‌خیال،از روی‌خیال:امرخیالی. ۲-تصوری،وهمی، موهوم. ۳-ناپایدار.

خیام xayyām [ع.] (ص.)۱ - کسی که‌در خیمه زندگی کند. ۲- خیمه‌دوز، چادر دوز، خیمه فروش.

خیام xiyām [ع.] (ا.) ج.خیمه (ه.م.)؛خیمه‌ها ، چادرها ، سراپرده‌ها.

خیانت xiyānat [= ع. خیانة] (امص.) ۱ - غدر ، مکر ، نقض عهد وپیمان. ۲ - بیوفایی، نمك بحرامی. ۳ - نادرستی، بیدیانتی. ۴ - دزدی . ۵ - بی عصمتی، زناکاری. ۶ - دغلی، دغلکاری. ۷ - (تص.) خروج‌ازمأمورات وارتکاب منهیات حق وورود درحظوظ نفسانی (حاشیه برشرح رسالهٔ قشیریه ۱۲۲؛ فرع.،سج.) ‖ ~ درامانت. (حق.) تصرف امین درمالی که‌نزد او باامانت‌گذاشته‌شده‌درجهتی‌مخالف‌مقصود امانت گذار.

خیانت ورزیدن x.-varzīdan [ع.-ف.] (مص‌ل.) انجام دادن‌خیانت (همع.)

خیاوان xiyāvān[=خیابان](ا.) خیابان (ه.م.)

خیبت xaybat(xey-) [= ع.

خید

خیبة] ۱ - (مصل.) ناامید گردیدن. ۲ - زیانکار شدن. ۳ - ناسپاس گشتن، کافرشدن. ۴ -(إمص.) ناکامی، ناامیدی. ۵ - زیانکاری.

خید xīd [=خوید] (اِ.) خوید (ه.م.)

خیدن xī-dan [= خمیدن] (مصل.) (صر. ← خمیدن) خمیدن (ه.م.)

خیده xī-da(-e) [← خیدن] (إمف.) خمیده (ه.م.)

خیر xayr(xeyr) [ع.] ۱ - (اِ.) نیکویی، خوبی؛ مق. شر. ۲ - مزد، اجر نیك. ۳-مال، نعمت. ۴-فیض، برکت. ۵ -(ص.) صواب. ۶- بافیض، بابرکت. ۷ - نیکوکار ۸-(ص‌تفض.) نیکوکارتر. ج. اخیار. ۹ - بهتر، نیکوتر. ۱۰- (تد. ف.) نه، نی. ‖ ~ محض. (فل.) نیکویی صرف و تام (فلاسفهٔ اسلام وجود را خیر محض دانند). ‖ ~ مقدم. تهنیتی است که بهنگام ورود کسی گویند؛ خوش آمدی. ‖ از ~ چیزی گذشتن. (عم.) از آن صرف نظر کردن. ‖ ~ باد، ~ باشد. پس از شنیدن خواب کسی بتفأل نیك گویند.

خیرو

خیر xayyer [ع.] (ص.) نیکوکار، بسیار خیر، سخت نیك.

خیر xyr [=خیره] (ص.) ۱ -خیره، سرگشته، متحیر، حیران. ۲ - عبث، بیهوده، هرزه.

خیرات xayr-āt(xeyr.-) [ع.] (ص.، اِ.) ج. خیره (xayra) . ۱ - بسیارخیرها. ۲-کارهای نیکو، اعمال حسنه ↓.

خیرات کردن x.-kardan [ع.-ف.] (مصم.) انفاق کردن در راه خدا، چیزی بذل کردن بفقیران که ثواب آن باموات رسد.

خیراندیش xayr(xeyr)-andīš [ع.-ف. = خیر اندیشنده] (صفا.) آنکه در اندیشهٔ نیکی دیگران باشد، طالب خوبی، خیرخواه.

خیراندیشی x.-andīš-ī [← خیر اندیش] (حامص.) رغبت در نیکی، خیرخواهی.

خیرخواه x.-xāh [ع.-ف. = خیرخواهنده.] (صفا.) آنکه نیکی دیگران راخواهد؛ خیراندیش.

خیرخواهی x.-xāh-ī [ع.- ف.] (حامص.) نیکی دیگران راخواستن؛ خیراندیشی.

خیرخیر xīr-xīr [← خیر] (ق مر.) بیهوده، بی‌سبب.

خیر دیدن xayr(xeyr)-dīdan [ع.-ف.] (مصل.) نفع و برکت دیدن ازمعامله‌ای. ‖ خیر بینی . (دعا است وبکسی که کمك و یاریی بشخص کرده، گویند).

خیر رساندن x.-ra(e)sāndan [ع.-ف.] (مصم.) خیررسانیدن.

خیررسانیدن x.-ra(e)sānīdan [ع.- ف.] (مص م.) نفعی بدیگری رسانیدن.

خیرگی xīra(e)g-ī [← خیره] (حامص.) ۱ -سرگشتگی، حیرت . ۲ - لجاجت ، سرکشی . ۳ - خودسری ، خودرایی. ۴ - شجاعت ، دلیری. ۵ - بیهودگی، هرزگی. ۶- تاریکی، ظلمت.

خیرو xīrū [=خرو، کر. hirū] (اِ.) ۱- (گیا.) نوعی ازخطمی که سرخ وسفید میباشد؛ خبازی، خیروج. ۲ - (گیا.) گل همیشه بهار (ه.م.)، خیری.

خیره xayra(xeyre) [ع. خیرة=] (ص.) ۱-نیکو، نیکوکار (کم.) ۲- منتخب، برگزیده (کم.). ج. خیرات.

۱-خیره xīra(-e) [=خیر] (ص.) ۱- سرگشته، حیران، متحیر، فرومانده. ۲ - لجوج، سرکش. ۳ - شجاع، دلیر.

۴ - بیهوده، هرزه، عبث. ۵ - عضوی که بخواب رفته باشد. ٦- تاریك، مظلم.

۲-خیره xīra(-e) [= خیرو = خیری] (اِ.) (گیا.) گل همیشه‌بهار (← خیرو۲).

خیره‌دست x.-dast (ص‌مر.) سرکش، عاصی.

خیره‌سر x.-sar (ص‌مر.) ۱- گستاخ، خودسر، لجوج. ۲- بی‌پروا. ۳- احمق، ابله. ۴ - پریشان، آشفته.

خیره سری x.-sar-ī [← خیره‌سر] (حامص.) عمل خیره‌سر (همع.).

خیره‌کش x.-koš [= خیره کشنده] (ص‌فا.) ۱- آنکه بی‌سبب مردم را کشد. ۲- ظالم. ۳ - بی‌باك، بی پروا. ۴- سرکش، عاصی. ۵ - (کن.) معشوق.

خیره‌کشی x.-koš-ī [← خیره کش] (حامص.) عمل خیره کش (ه.م.).

۱-خیری xīrī [= خیرو = هیری، په. hērīk] (اِ.) ۱- (گیا.) گل‌شب‌بو. ۲ - (گیا.) گل همیشه‌بهار.

۲- خیری xīrī (اِ.) صفه، ایوان، طاق، رواق.

خیریت xayr-īyyat(xey.-) [= ع. خیریة] (مص‌جع.) ۱-خوبی، نیکویی. ۲ - سلامت، عافیت. ۳ - رستگاری، خلاص.

خیریه xayr-īyya(xey-e) [= ع. خیریة] (ص‌نسب.) مؤنث خیری؛ وابسته به‌خیر: امور خیریه (کارهایی که‌نفع وخیر خلق در آن باشد).

خیز xīz [← خیزیدن] ۱- (ری.، اِ.) برخاستن، برجستن. ۲- جست، جهش. ۳- بلندی طاق در ساختمان (فره.)، ارتفاع. ۴ - موج، کوههٔ آب. ۵- مستی کبوتر ماده در وقت نشاط نر. ٦- (اِفا.) در ترکیب بمعنی «خیزنده» آید: سحرخیز، فتنه خیز. ‖ **افت و ــــ**. نشستن و برخاستن.

خیزاب xīz-āb (اِمر.) موج، کوههٔ آب.

خیزان xīz-ān [← خیزیدن] ۱- (ص‌فا.) جهنده. ۲ - (اِ.) موج، کوههٔ آب. ۳ - ریشه‌ای که بهر طرف پنجه انداخته باشد.

خیزاندن xīz-āndan [= خیزانیدن] (مص‌م.) (صر. ← دواندن) خیزانیدن (ه.م.).

خیزانیدن xīz-ānīdan [= خیزاندن] (مص‌م.) (صر. ← دوانیدن) ۱- جهاندن، بجست واداشتن. ۲- از زمین بلند کردن و سرپا نگاهداشتن کسی را. ۳ - لغزاندن.

خیز داشتن x.-dāštan (مص ل.) جستن، جست برداشتن.

خیزران xayzorān (تد. xeyzarān) [ع.] (اِ.) ۱ - (گیا.) قسمی نی[1] مغزدار ازتیرهٔ گندمیان جزو دستهٔ غلات صنعتی، دارای ساقه‌های راست و محکم و بلند و خوشرنگ. ارتفاعش به ۲۰ متر میرسد. برگهایش درازوشبیه ببرگ خرماست. ازشاخه‌های آن عصاو چوبدستی سازند و از برگ و پوست آن ریسمان وفرش بافند. ۲- (کن.) (عم.) شخص دراز ولاغر.

خیزران (گل ودانهٔ آن)

خیز کردن xīz-kardan (مص‌ل.) جهیدن، جست برداشتن.

خیزنده xīz-anda(-e) (اِفا. خیزیدن وخاستن). ۱- جهنده، جست‌زننده. ۲ - آنکه از زمین بلند شود و بپا ایستد.

۱- Bambusa (.لا), bambou (.فر)

خیزیدن xīz-īdan [په. āxēzītan] (مص ل.) (خیزید، خیزد، خواهد خیزید، بخیز، خیزنده، خیزان، خیزیده) ۱ - لغزیدن، سرخوردن. ۲ - آهسته بجایی درشدن. ۳ - جهیدن ، جستن ، خیز برداشتن. ۴ - اززمین بلند شدن وبرپا ایستادن.

خیس xīs (ص.) آب بخود کشیده؛ مرطوب، تر.

خیساندن xīs-āndan [= خیسانیدن] (مص م.) ← خیسانیدن.

خیسانده xīs-ānda(-e) (اِمف. خیساندن) خیسانیده (ه.م.)

خیساننده xīs-ānanda(-e) (اِفا. خیساندن وخیسانیدن) آنکه چیزی را خیس ومرطوب سازد.

خیسانیدن xīs-ānīdan [= خیساندن = خوسانیدن ← خیس] (مص م) (خیسانید، خیساند، خواهد خیسانید، بخیسان، خیساننده، خیسانیده) تر کردن، مرطوب ساختن.

خیسانیده xīs-ānīda(-e) [← خیسانیدن] (اِمف. خیسانیدن) خیس شده، مرطوب.

خیس شدن xīs-šodan (مص ل.) مرطوب شدن، ترشدن.

خیس کردن x.-kardan (مص م.) ۱- مرطوب کردن ، تر کردن ۲- (عم.) شاشیدن (بچه).

خیسنده xīs-anda(-e) (اِفا. خیسیدن) آنچه در آب یا باران رطوبت بردارد.

خیسیدن xīs-īdan (مص ل.) (صر. ← لیسیدن) ۱ - مرطوب شدن، ترشدن. ۲ - حل کردن. ۳ - سرشتن (مانند معجون). ۴ - خمیر کردن .

خیسیده xīs-īda(-e) (اِمف. خیسیدن) ترشده، مرطوب، آبدیده.

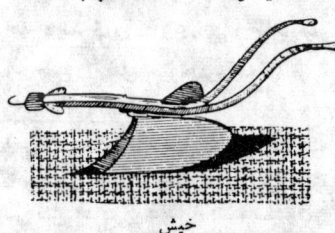

۱- خیش xīš [= خیچ = هیش، په. xēš؟] (اِ.) ۱- (کشا.) آلتی آهنین که آنرا بگردن گاو بندندو بدان زمین راشخم زنند؛ گاو آهن. ۲ - (کشا.) شخم (زدن). ۳- (کشا.) جفت (زمین)، بنه.

۲- خیش xīš [= کیش = معر. خیش] (اِ.) ۱ - پارچه‌ای خشن ازکتان. ۲- پرده‌ای ازپارچهٔ مذکور که آنرا در اطاق می‌آویختند وبرای خنکی آنرا نمناك میکردند. ۳ - جامهٔ پنبه آگنده.

خیش

خیشخانه x.-xāna(-e) [← ۲خیش] (اِمر.) ۱ - خانه‌ای که ازنی و علف وخاروخس یا با پردهٔ خیش (ه.م.) سازند وبر آن آب پاشند تا هوای داخل آن خنك گردد. ۲ - خیمه‌ای که برای رفع هوای گرم ازکتان سازند و درون آن برگ بید گسترانند، وبر اطراف وی آب پاشند.

خیشوم xayšūm (xey.-) [ع.] (اِ.) ۱- بینی. ۲ - بن بینی. ۳ - اندرون بینی. ۴ - قسمت شامه ازرأس آن. ۵ - دماغهٔ کوه، پیش آمدگی کوه. ج. خیاشیم.

خیط xayt (xeyt) [ع.] (اِ.) ۱ - رشته، سلك. ج. اخیاط، خیوط. ‖ ~ ابیض . (کنـ.) صبح صادق. ‖ ~ اسود. (کنـ.) صبح کاذب. ۲ - (اِمص.) درزی‌گری.

خیط شدن xīt-šodan (عم.) (مص ل.) بور شدن، شرمنده گشتن.

خیط کردن x.-kardan (عم.) (مص م.) بور کردن، شرمنده کردن .

خیك xīk [= خیگ = خی] (اِ.) ظرف چرمین که در آن آب، روغن، شیره و جز آن کنند؛ مشك. ‖ ~ اش پر است. (عم.) سیر است.

خیکچه x.-ča(-e) (اِمصغ.) خیك کوچك.

خیك نای x.-nāy [= نای خیك] (اِمر.) (مس.) آلتی از ذوات النفخ، و آن خیکی است که بریك دهانهٔ آن انبونه‌ای باشد که در آن دمند تا پرباد شود و بر دهانهٔ دیگر خیك، دو نای هم‌قد را که در طول و عرض متساوی باشند پهلوی یکدیگر محکم کنند، و چند انگشت برسوراخها فرو گیرند، چنانکه هر نغمه از یك نای شنیده شود، از نای دیگر هم همان مسموع گردد.

خیکی xīk-ī (ص نسب.) منسوب به خیك: پنیر خیکی (پنیری که در خیك جا دهند). ‖ ~ بالا آوردن. (~ در آوردن.) (عم.) کار را خراب کردن، افتضاح کردن.

خیل xayl(xeyl) [ع.] (اِ.) ۱ - گروه اسبان. ۲ - گروه سواران. ۳- سپاه، لشکر، فوج. ۴ - پیرو، مرید. ۵ - اردوگاه، لشکرگاه. ۶ - قبیله، طایفه. ج. اخیال، خیول.

خیلا xoylā [= ع. خیلاء] ← خیلاء.

خیلاء xoylā' [ع.، ف.: خیلا] ۱ - (مص ل.) خرامان رفتن، خرامیدن. ۲ - (اِمص.) خودبینی، بزرگ‌منشی. ۳ - گردنکشی.

خیلباش xayl(xeyl)-bāš [ع.- تر.] (اِمر.) فرمانده خیل (ه.م.)، فرمانده سواران.

خیلتاش x.-tāš [ع.- تر.] ۱ - سپاهیانی که از یك خیل و یك واحد نظامی باشند. ۲ - گروه نوکران و غلامان از یك خیل. ۳ - صاحب‌خیل، فرمانده سپاهیان، امیر.

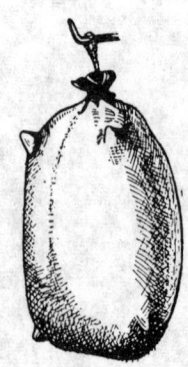

خیلخانه x.-xāna(-e) [ع.-ف.] (اِمر.) خاندان، دودمان، طایفه.

خیل خیل xayl-xayl(xeyl-xeyl) [ع.] (قمر.) ۱- گروه گروه. ۲- بسیار بسیار، فراوان، بی‌نهایت.

خیلی xayl-ī(xeyl-) (قد. -ē) [ع.-ف.] (ق.) ۱ - گروهی از اسبان. ۲- گروهی از سواران. ۳ - گروهی، عده‌ای. ۴ - بسیار، فراوان (چیز و شخص). ضح.- در تداول «خیلی» در مورد اشخاص به -ها جمع بسته شود: «خیلیها آمدند.»

۱- خیم xīm [پهـ. xēm] (اِ.) ۱ - خوی، طبیعت. ۲- خوی بد. ۳- استفراغ، قی. ۴ - چرکی که در گوشه‌های چشم بهم رسد. ۵- لعابی که از بینی و دهان بر آید. ۶-جراحت. ۷-دیوانه و مجنون.

۲- خیم xīm (اِ.) ۱- جوالی که آنرا از ریسمان و پنبه بافند. ۲-رندش روده و شکنبه، آنچه از روده و شکنبه بتراشند.

خیم xiyam [ع.] (اِ.) ج. خیمه (ه.م.)؛ خیمه‌ها، چادرها، سراپرده‌ها.

خیمه xayma(xeyme) [ع. = خیمة]

خیك

انواع خیمه

۱۴۷۲
خیمه زدن

(إ.) ۱ - منزلگاهی از پارچهٔ کلفت (مانند کرباس ، وجز آن) که قابل حمل و نقل باشد ؛ چادر. ج. خیام، خیم. ۲ - (تص.) خیمهٔ بارگاه ذات احدیت و مرتبت حجاب . ۳- (تص.) جهان وجود (فرم.، سج.)

خیمه زدن x.-zadan [ع.-ف.](مص م.) ۱ - برپا کردن خیمه، چادر زدن. ۲ - فرود آمدن، مقیم شدن درجایی. ۳- (کن.) عجب و تکبر کردن. ‖ اندر عدم ــــ . (تص.) فانی شدن ، رسیدن بعالم حقایق.

خیمه شب بازی x.-šab-bāzī (إمر.) یکی از هنرهای نمایش که در آن عروسکها را از پشت پرده یا خیمهٔ کوچکی بوسیلهٔ سیم یا نخ بحرکت در آورند و یک تن از داخل خیمه بزبان آنها سخن گوید.

خیو xiyū [= خدو = خوی، په. xadūk] (إ.) آب دهان، تف.

خیوط xoyūt [ع.] (إ.) ج. خیط. (ه.م.) ۱-رشته‌ها. ۲-گروه ملخها(غم.) ۳ - گلهٔ شترمرغان (عم.)

خیول xoyūl [ع.](إ.) ج. خیل(ه.م.) ۱ - گروههای اسبان. ۲ - گروههای سواران. ۳- لشکرها، سپاهها.

Mo'in Persian Dictionaries
No. 3

AN INTERMEDIATE
PERSIAN DICTIONARY

*Including a preface and three parts: Vocabulary,
Foreign Compound Expressions, and Proper Names*

by

Dr. Mohammad Mo'in

Professor in the Faculty of Literature,

University of Tehran

Vol. 1: A-X (KH)

Amir Kabir Publishing Corporation

Third Impression
TEHRAN
1977

Printed by Sepehr Printing House

S0-EUU-658